BIBLIOGRAPHIE

BIOGRAPHIQUE

UNIVERSELLE.

TOME SECOND.

N — Z

(27391 — 45666)

BIBLIOGRAPHIE

BIOGRAPHIQUE UNIVERSELLE.

DICTIONNAIRE DES OUVRAGES

RELATIFS

A L'HISTOIRE DE LA VIE PUBLIQUE ET PRIVÉE DES PERSONNAGES CÉLÈBRES
DE TOUS LES TEMPS ET DE TOUTES LES NATIONS,

DEPUIS LE COMMENCEMENT DU MONDE JUSQU'A NOS JOURS ;

CONTENANT :

1º LA DÉSIGNATION CHRONOLOGIQUE DE TOUTES LES MONOGRAPHIES BIOGRAPHIQUES ;
2º L'ÉNUMÉRATION DE LEURS DIVERSES ÉDITIONS, RÉIMPRESSIONS ET TRADUCTIONS ;
3º LES DATES EXACTES DE LA NAISSANCE ET DE LA MORT DES PERSONNAGES MENTIONNÉS ;
4º LA DATE DE L'AVÉNEMENT DES SOUVERAINS ET CELLE DU MARIAGE DES REINES ET DES PRINCESSES ;
5º L'INDICATION DES PORTRAITS JOINTS AUX OUVRAGES CITÉS ;
6º DES RENSEIGNEMENTS SUR LES BIBLIOTHÈQUES PUBLIQUES OU SE TROUVENT LES BIOGRAPHIES INDIQUÉES ;
7º DES NOTES HISTORIQUES ET LITTÉRAIRES SUR LES AUTEURS ET LES ÉCRITS CURIEUX,
SUR LES OUVRAGES CONDAMNÉS AU FEU, MIS A L'INDEX OU SAISIS PAR LA POLICE,
AINSI QUE SUR LES ÉCRITS COURONNÉS PAR LES ACADÉMIES ET LES SOCIÉTÉS SAVANTES,
ET SUR LES PAMPHLETS, LIBELLES, SATIRES, PASQUILLES, ETC.

ENRICHI DU

RÉPERTOIRE DES BIO-BIBLIOGRAPHIES

GÉNÉRALES, NATIONALES ET SPÉCIALES.

PAR

Edouard-Marie Oettinger.

TOME SECOND.

N — Z

(27391 — 45666)

BRUXELLES.

J. J. STIENON, IMPRIMEUR-ÉDITEUR,
FAUBOURG DE LOUVAIN, 19.

1854

BIBLIOGRAPHIE

BIOGRAPHIQUE.

N

Naaldwijk ou **Naeldwijk** (Jan van),
homme d'État hollandais († 1489).

(Verbrugge, M...). Ridder J. van Naaldwijk, heer van Berg-Ambacht; laatste hoofd der Hoeksche staatspartij, anno 1488-1492, s. l. et s. d. (*Devent.* 1843). 8. (Extrait du journal de *Fakkel.*) — (*Ld.*)

Naamani (Ludolph),
philanthrope danois (1497 — 31 déc. 1574).

Moeller (Olaus Heinrich). Erneuertes Andenken der milden Stiftungen, durch welche sich der vor 200 Jahren verstorbene Stifter der lateinischen Schule L. Naamani und dessen Eltern um Flensburg verdient gemacht. *Flensb.* 1774. 4.
—— Vermischte Nachrichten und Urkunden von L. Naamani und den Schicksalen des Franciscaner Ordens in Dänemark. *Flensb.* 1775. 4.

Nabonassar,
roi de Babylone (vers 600 avant J. C.).

Arrhenius (Jakob). Dissertatio historica de Nabonassaro. *Upsal.* 1702. 8.
Scheuchzer (August). Phul und Nabonassar; chronologische Untersuchung. *Zürch.* 1850. 8.

Nabuchodonosor, voy. **Nébucadnézar.**

Nachi (Ludovico),
camaldule italien (1741 — 7 janvier 1810).

Zurla (Placido). Memorie intorno la vita e gli studii del P. L. Nachi, abate Camaldolese. *Venez.* 1810. 4. *Ibid.* 1838. 4.

Nachich,
famille vénitienne.

Trassunto delle benemerenze della famiglia Nachich verso la repubblica (di Venezia). *Venez.* 1795. 4.

Nachtigal (Johann Carl Christoph),
théologien allemand (25 février 1753 — 12 juin 1819).

Biographie des Generalsuperintendenten J. C. C. Nachtigal, von ihm selbst geschrieben und herausgeg. von Johann Gottfried Hoche. *Halberst.* 1820. 8.

Nádasdi (Gróf Ferencz),
magnat hongrois († exécuté le 30 avril 1671).

Vera et deducta descriptio criminalium processuum et secuti supplicii in tres reos comites F. de Nádasd, Petri a Zriny et Francisci Christophori Frangipani. *Vienn.* 1671. Fol. Trad. en ital. *Vienn.* 1671. Fol.
Beschreibung, wie es mit denen Criminal-Processen und darauf erfolgten Executionen wider die drei Grafen F. Nádasdi, Peter v. Zriny und Franz Christoph Frangepan hergegangen, etc. *Nürnb.* 1671. 4.

Nádasdi (Gróf Ferencz),
homme d'État hongrois.

Chiolich v. Loewensperg (Maximilian). Oratio funebris piis manibus incomparabilis herois comitis F. Nádasdi, pro-regis Dalmatiæ, Croatiæ, Slavoniæ, etc. *Zagrab.* 1783. Fol.

Nádasdi (Gróf Jósef Vincenz),
homme d'État hongrois.

Graf J. V. Nádasdi der Edelmüthige; eine ungarische wahre neuere Geschichte. *Leipz.* 1797. 8.

Nádasdi (Gróf Thomas),
palatin de Hongrie.

Heroes Hungariæ. *Tyrnav.* 1743. 8. *
* Contenant entre autres l'éloge de T. Nadasdi.

Nadiani (Luigi),
prêtre italien.

Biografia di D. L. Nadiani, arciprete di Castrocaro, etc. *Forli.* 1858. 8.

Nadir-Schah,
roi de Perse (1688 — 1736 — assassiné le 20 juin 1747).

Mohammed Madhy-Kan. Histoire de Nadir-Schah. *Teheran.* 1760. 4. (Écrit en persan.) Trad. en franç. par Guillaume Jones. *Par.* 1770. 4.

Naef ou **Naefve** (James),
gouverneur de la Dalécarlie.

Ihre (Johan). Dissertatio de tumultu Dalecarlorum, vulgo Näf-täget dicto. *Upsal.* 1743. 8.

Naegeli (Hans Georg),
musicien suisse (1773 — 26 déc. 1836).

Biographie H. G. Naegeli's. *Zürch.* 1838. 4. Portrait.
Keller (Augustin). H. G. Naegeli. Festrede zur Einweihung seines Denkmals, gehalten zu Zürich am 16 Oct. 1848. *Aarau.* 1849. 8.

Naerebout (Frans),
littérateur (?) hollandais.

Lofrede of F. Naerebout. *Goes.* 1820. 8.

Nævius (Cnæus),
poëte romain (vers l'an 233 avant J. C.).

Schuette (A...). Dissertatio de C. Nævio poeta. *Herbipol.* 1841. 8.
Klussmann (Ernst). C. Nævii poetæ romani vita, etc. *Jenæ.* 1843. 8.

Nagel (Christian Samuel Gottlieb Ludwig),
prêtre allemand.

Ammon (Friedrich v.) et **Herold** (Theodor). Leben C. S. G. L. Nagel's, Directors des Gymnasiums zu Cleve, etc. *Cleve.* 1829. 2 vol. 8. Portrait.

Nagel (Johann Andreas Michael),
philologue allemand (29 sept. 1710 — 29 sept. 1788).

(Jaeger, Wolfgang). Programma funebre in memoriam J. A. M. Nagelii. *Altorf.* 1788. Fol.

Nagy de Séllye (Ignaz),
évêque hongrois.

C... (C... C... P...). Epicedion in mortem I. Nagy, episcopi Albaregalensis. *Budæ.* 1790. 8.

Nahuijs (Jan),
théologien hollandais.

Hofstede (Petrus). Leven van J. Nahuijs, laast hoogleeraar in de godsgeleerdheid en kerkelijke geschiedenis te Leiden. *Rotterd.* 1782. 8. (*Ld.*)

Nahuijs van Burgst (Huibert Gerard, baron),
général hollandais (28 mars 1782 — ...).

Nahuijs van Burgst (Huibert Gerard). Herinneringen uit het openbare en bijzondere leven (1799-1849). *Utrecht.* 1852. 8. Portrait. *
* Ces souvenirs n'ont pas été mis dans le commerce.

Naigeon (Jean),
peintre français (19 avril 1757 — 22 juin 1832).

(**Naigeon**, fils). Notice historique sur J. Naigeon, peintre d'histoire, ancien conservateur du musée du Luxembourg. *Par.* 1848. 8. (*Lv.*)

Nain, voy. **Lenain**.

Nakar (Matheo),
archevêque de Nabek (1794 — ...).

Notice sur la vie de Mgr. M. Nakar, archevêque de Nabek et Kériatim, près du mont Liban, écrite par lui-même en langue syriaque et trad. par Alphonse BAUME. *Par.* 1849. 8. *Nancy.* 1850. 8. *Tournai.* 1850. 8. Trad. en flamand. *Tournai.* 1851. 8.

Nani (Giovanni),
évêque de Brescia.

(**Gussago**, Jacopo). Memorie appartenenti alla vita di monsignor G. Nani, vescovo di Brescia. *Venez.* 1821. 8. *
* Plusieurs bibliographes attribuent ces mémoires à l'abbé GRASSIO.

Nani (Giovanni Battista),
procurateur de S. Marc (30 août 1616 — 5 nov. 1678).

Quirini (Giovanni). In obitum equitis J. B. Nani, D. Marci procuratoris, etc., oratio. *Venez.*, s. d. (1678). 8.

Ferrari (Ottavio Maria). Oratio in funere G. B. Nani, D. Marci procuratoris. *Patav.* 1679. 4. *Norimb.* 1680. 12.

Piovene (Lelio). Glorie funebri; compositioni in morte di S. E. il signor G. B. Nani, cavaliere e procuratore di S. Marco. *Venez.* 1679. 12.

Nani (Giovanni Battista),
prêtre italien.

Gradenigo (Giovanni Agostino). Vita del venerabile servo di Dio D. G. Nani, patrizio Veneto e monaco Cassinese. *Venez.* 1761. Fol.

Nannestad (Friderik),
évêque de Trondheim (21 oct. 1692 — ...1774).

Programma academicum in mortem episcopi F. Nannestad. *Hafn.* 1774. Fol.

Wolf (Simon). Lovtale over Biskop Nannestad. *Trondhjem.* 1775. 8.

Nannestad (Nicolai Engelhart),
théologien danois (13 oct. 1730 — 14 mars 1782).

Ancher (Lorents). Ligtale over N. Nannestad. *Odense.* 1782. 8.

Nannoni (Angelo),
chirurgien italien (1er juin 1715 — 30 avril 1790).

Nannoni (Agostino). Elogio del professore di chirurgia A. Nannoni. *Firenz.* 1790. 8.

Nannoni (Lorenzo),
chirurgien italien (1749 — 14 août 1821).

Mazoni (N... N...). Elogio storico di L. Nannoni. *Milan* 1821. 8.

Nansius (Franciscus),
jurisconsulte et poëte hollandais (vers 1525 — 1595).

Schotel (Gilles Dionysius Jacobus). Iets over F. Nansius, s. l. et s. d. 8. (Extrait du *Konst- en Letterbode.*)—(*Ld.*)

Nansouty (Étienne Antoine Marie **Champion**, comte de),
général français (30 mai 1768 — 12 février 1815).

Notice historique sur le général Nansouty, par un officier supérieur des mousquetaires gris, avec des notes de Claude Nicolas AMANTON. *Par.* 1815. 8. (*P.*)

Nanteuil (Robert),
peintre-graveur français (1630 — 1678).

Notice sur R. Nanteuil, peintre et graveur, s. l. et s. d. 8. (Peu commun.)

Nantechild ou **Nantilde**,
l'une des épouses de Dagobert I, roi de France * († 642).

Magnin (Charles). De la statue de la reine Nantechild et des révolutions de l'art en France au moyen âge. *Par.* 1832. 8.
* Ce saint roi eut, selon les priviléges de ce temps heureux, trois épouses, sans compter une demi-douzaine de concubines.

Nanula (Angelo),
naturaliste italien.

Omaggio funebre alla memoria del cavaliere A. Nanula, fondatore del gabinetto di anatomia descrittiva, patologica e comparata nella regia università degli studii. *Napol.* 1846. 8. Portrait.

Napier (Archibald, lord),
homme d'État anglais.

Memoirs of A. first lord Napier. *Edinb.* 1793. 4.

Napier (John),
mathématicien écossais, inventeur des logarithmes (1550 — 3 avril 1617).

Buchan (David Stewart **Erskine** of) et **Minto** (Walther). Account of the life, writings and inventions of J. Napier, of Merchiston. *Edinb.* 1788. 4.

N... (M...). Memoirs of J. Napier of Merchiston, his lineage, life and times, with a history of the invention of logarithms. *Lond.* 1834. 4. (*Oxf.*)

Napione (Giovanni Francesco **Galeani**),
historien italien (1er nov. 1748 — 12 juin 1830).

Martini (Lorenzo). Vita del conte G. F. Napione. *Torin.* 1836. 8. Portrait. (*Oxf.*)

Napoléon.

Astesani (Alessandro). Serie cronologica e documentata di molti distinti personaggi chiamati col nome di Napoleone. *Milan.*, s. d. 8.

Napoléon I Buonaparte,
empereur des Français (15 août 1769 — nommé premier consul pour dix ans le 24 déc. 1799 — consul à vie le 2 août 1802 — proclamé empereur le 18 mai 1804 — abdiquant la première fois le 11 avril 1814 et de nouveau le 22 juin 1815 — 5 mai 1821).

(**Cotta** v. **Cottendorf**, Christoph Friedrich). Das Haus Bonaparte; genealogischer Versuch. *Carlsr.* 1814. 8. *Ibid.* 1815. 8. Trad. en dan. *Kjoebenh.* 1830. 8.

C*** (N... J... de). La famiglia di Napoleone Buonaparte dal 1183 al 1834. *Napol.* 1840. 8.

Valeriani (Giovanni). Genealogia della famiglia Bonaparte. *Napol.* 1843. 8.

Genealogia della famiglia Bonaparte, originaria di Treviso, patrizia di San Miniato in Firenze nel 1268. *Torin.* 1843. 8.

Darnoo (J...). Die Napoleoniden bis auf die gegenwärtige Zeit; welthistorisches Erinnerungsbuch. *Siegen.* 1844. 8.

Boyeldieu d'Auvigny (Louis). Biographie de la famille de l'empereur Napoléon. *Par.* 1848. 18.

Wouters (Félix). Les Bonapartes depuis 1815 jusqu'à ce jour. *Brux.* et *Leipz.* 1848. 18.

—— Histoire de la famille Bonaparte depuis 1815 jusqu'à ce jour. *Par.* 1849. 8. 14 portraits.

Bielitz (Carl). Die Napoleoniden im Jahre 1849, mit geschichtlichen Notizen aus dem Leben sämmtlicher Mitglieder der Napoleoniden-Familie, seit deren Erhebung vor fünfzig Jahren bis jetzt. *Berl.* 1849. 8.

Pérignon (Eugénie). Les Bonaparte. *Par.* 1851. 8.

The Napoleon dynasty, or a history of the Bonaparte family, by the *Berkeley Men* and an other. *New-York.* 1852. 8. *Ibid.* 1853. 8. (Avec 22 portraits.)

Stenzler (Ernst). Die Familie Bonaparte, genealogische Tabelle derselben, mit eingestreuten Notizen aus dem Leben ihrer sämmtlichen Mitglieder. *Leipz.* 1853. 8.

Vogl (Johann Nepomuk). Die Familie Bonaparte, nach Norvins *Geschichte Napoleon's.* *Münch.* 1855. 8. Portrait de Napoléon III.

(**Bourgoing**, Jean François). Quelques notices sur les premières années de Bonaparte, recueillies en anglais par un de ses condisciples, mises en français par le C(itoyen) B(ourgoing). *Par.*, an vi (1797). 8. Trad. en allem. s. c. t. Bonaparte's Jugendjahre bis zum Anfange seines Commando's in Italien (1796), par Paul ENGELHARD. *Leipz.* 1800. 8. (*L.*)

Tisset (François Barnabé). Vie privée du général Bonaparte. *Par.*, an iv (1798). 12. * Portrait. (*P.*)
* Ce livre fut mis à l'index à Vienne.

Albertsen (Albert). Skildring af Bonaparte. *Odense.* 1798. 8.

Leben des Generals Buonaparte. *Berl.* 1798. 8.

Bonaparte und seine Gefährten in Aegypten. *Leipz.* 1799. 8.

Bonaparte, als Befreier Aegyptens und erster Consul. *Hamb.* 1800. 8.

Lebensbeschreibung Bonaparte's. *Winterthur.* 1800. 8.

Mackereth (George). Historical account of the transactions of Napoleon Bonaparte. *Lond.* 1801. 8.

Leven en daden van Bonaparte, van deszelf kindschheid tot aan den vrede van Lunéville (9 février 1801). *Hage.* 1801. 8. Portrait.

Cousin d'Avallon (Charles Yves). Histoire de Buonaparte. *Par.* 1801. 4 vol. 12.

Chas (Jean). Sur Bonaparte, premier consul de la république française. *Par.*, an VIII (1801). 8.

—— Tableau historique et politique des opérations militaires et civiles de Bonaparte. *Par.* 1801. 8.

    Trad. en allem. *Leipz.* 1802. 2 vol. 8. (*L.*) *Ibid.* 1805. 2 vol. 8. Portrait.

    Trad. en ital. par Paolo Ludovico ALBANI. *Firenz.* 1806. 8. Portrait.

Bosch (Jérôme de). Laudes Buonapartii et elogia, cum primi consulis vita. *Ultraj.* 1801. 8. Trad. en allem., franç. et holland. *Utrecht.* 1801. 8.

Dubroca (Louis). Vie de Bonaparte, premier consul. *Par.*, an IX (1802). 12.

Bornschein (Johann). Leben und Thaten des Generals Bonaparte. *Gera.* 1802. 8. Portrait.

Beck (Johann Renatus Wilhelm). Leben Bonaparte's. *Leipz.* 1802. 8. (*L.*)

Bonaparte als mensch, burger, krijgsman en regent geschilderd. *Amst.* 1802. 8.

Linden (J... van der). Leven van Bonaparte. *Amst.* 1803. 2 vol. 8.

(**Pagès**, François Xavier). Histoire du consulat de Bonaparte. *Par.* 1803. 3 vol. 8. *

    * Publ. s. l. lettres S. M. Y.

Sarratt (John Henry). Life of Buonaparte. *Lond.* 1803. 12. Geschichte Bonaparte's, ersten Consuls der französischen Republik. *Leipz.* 1803-06. 4 vol. 8. *

    * Le dernier volume porte aussi ce titre : *Geschichte Napoleon's, ersten Kaisers der Franzosen.*

(**Schlabrendorf**, Gustav v.). Napoleon Bonaparte, wie er lebt und lebt, und das französische Volk unter seinem Consulate. *Germanien.* (*Hamb.*) 1804..8.

Musesti (Pietro). Gesti di Napoleone Buonaparte. *Bresc.* 1804. 4.

Chas (Jean). Coup d'œil d'un ami de la patrie sur les grandes actions de Napoléon, depuis ses opérations militaires à Toulon jusqu'à son avénement au trône. *Par.* 1804. 8. *Ibid.* 1805. 8.

Simonnin (Antoine Jean Baptiste). Histoire du voyage du premier consul, en l'an XI, dans les départements de la ci-devant Belgique. *Par.* 1804. 18. Portrait.

Bourdon (William). Life and character of Bonaparte. *Lond.* 1804. 12.

Barre (William). History of the French consulate under Bonaparte. *Lond.* 1804. 8.

—— Rise, progress and decline of Buonaparte's empire in France. *Lond.* 1805. 8.

Prévost de Saint-Lucien (Roch Henri). Histoire de la conquête faite en soixante-trois jours (du 1er oct. jusqu'au 2 déc. 1805) par l'empereur Napoléon. *Par.* 1805. 8.

—— Histoire de l'empire français sous le règne de son premier empereur. *Par.* 1805. 4 vol. 8.

Schoenebeck (Johann Bernhard Constantin v.). Actenmässige Geschichte der letzten Verschwörung gegen die Regierung und den ersten Consul, jetzigen Kaiser von Frankreich. *Coeln.* 1805. 8. *

    * Cette conjuration est celle qui fut tramée le 24 décembre 1800 par une machine infernale. Les principaux auteurs de ce complot furent Aréna, Ceracchi, Topino-Lebrun (voir ces noms).

Napoleon, wie er leibt und lebt. *Petersb.* (*Hamb.*) 1806. 2 vol. 8. *Ibid.* 1814. 2 vol. 8.

Re (Giuseppe del). Compendio della storia di Napoleone. *Napol.* 1806. 6 vol. 12.

Historia Napoleona I Cesarza francuzow as do roku. *Lipsk.* 1807. 8.

Kern (W... H... L...). Napoleon und sein Zeitalter. *Coblenz.* 1808. 8.

(**Aretin**, Johann Christoph Anton Maria v.). Biographie Napoleon's des Grossen. *Münch.* 1810. 8.

(**Plersch**, Robert). Von dem Leben und den Heldenthaten Napoleon's des Grossen. *Ulm.* 1810. 3 vol. 8.

Schuetz (Franz Carl Julius). Handbuch der Geschichte Napoleon's I und seines Zeitalters. *Leipz.* 1810. 8.

Hoest (Jens Kragh). Kejser Napoleon's Levnet. *Kjoebenh.* 1810-14. 2 vol. 8.

Voss (Christian Daniel). Das Jahrhundert Napoleon's. *Leipz.* 1811. 8. (*L.*)

(**Rittmann**, N... N...). Biographische Notizen über Napoleon. *Coeln.* 1812. 8.

(**Couchery**, Jean Baptiste). Moniteur secret, ou tableau de la cour de Napoléon, de son caractère et de celui de ses agents. *Par.* 1813. 2 vol. 8. (P.) *Ibid.* 1814. 2 vol. 8. (*Bes.*) *Ibid.* 1815. 2 vol. 8.

Boniface (Alexandre). Buonaparte prédit par les prophètes et peint par des historiens, des orateurs et des poëtes. *Par.* 1814. 12.

(**Coffinières**, Antoine Simon). Bonaparte peint par lui-même dans sa carrière politique et militaire. *Par.* 1814. 8. *

    * Publ. s. l. lettres M. C.

(**Beuchot**, Adrien Jean Quentin). Oraison funèbre de Buonaparte, etc. *Par.* 1814. 8. * (*Lv.*)

    * Cette sanglante satire, renfermant toutes les adulations prodiguées à Napoléon par ses flatteurs, a eu, la même année, 5 éditions considérablement augmentées.

Pichon (L... A...). De l'état de la France sous la domination de Napoléon Bonaparte. *Lond.* 1814. 1826. 8.

Nettement (Philippe). Introduction à l'histoire de Buonaparte, etc. *Par.* 1814. 8.

Crestin (Jean François). Réflexions historiques sur la seconde usurpation du trône de France par Bonaparte. *Gray.* 1814. 8.

Rivière (J... L...). Réflexions sur Napoléon Bonaparte, précédées d'une notice concernant le caractère français. *Par.* 1814. 8.

Holcroft (Thomas). Life of Napoleon Buonaparte. *Lond.* 1814. 8. Trad. en allem. (par Johann Adam BERGK). *Sonnenstadt*, s. d. (1814). 8.

Van Ess (W... L...). History of the life, battles and campaigns of Buonaparte. *Lond.* 1814. 7 vol. 12.

Kramerius (Wenzeslav Rodomil). Napoleon Bonaparte, co byl a co jestnyni. *Praze.* 1814. 8.

(**Imbert**, Jean Baptiste Auguste). Traits remarquables de l'histoire du règne de Napoléon, depuis son entrée dans la carrière des armes jusqu'à sa déchéance. *Par.* 1815. 8. Réimpr. s. c. t. Fastes de Napoléon, ou traits les plus remarquables de son règne. *Par.* 1818. 8. Port.

M* (A... D... B...). Une année de la vie de l'empereur Napoléon, ou précis de tout ce qui s'est passé depuis le 1er avril 1814 jusqu'au 21 mars 1815. *Par.* 1815. 8.

Giraud (Pierre François Félix Joseph). Précis des journées des 13, 16, 17 et 18 juin 1815, ou la fin de la vie politique de Napoléon Bonaparte. *Par.* 1815. 8.

Châteauneuf (Agricole Henri de). Histoire de Napoléon Buonaparte. *Lond.* 1815. 8. (Non terminé.)

(**Paganel**, Pierre). Histoire de Napoléon Bonaparte, depuis ses premières campagnes jusqu'à son exil à l'île de Sainte-Hélène. *Par.* 1815. 8.

(**Michaud**, Joseph François). Histoire des quinze semaines, ou le dernier règne de Bonaparte. *Par.* 1815. 8. *

    * Il y a environ 27 éditions de cet ouvrage.

(**Colau**, Pierre). Histoire de Napoléon Bonaparte depuis sa naissance jusqu'à sa dernière abdication. *Par.* 1815. 18. (6e édition.)

Levallois (Jean Pierre Alphonse). Bonaparte, dévoilé par lui-même, ou journal raisonné des actions et des paroles de Bonaparte, depuis sa sortie de l'île d'Elbe et sa rentrée en France, jusqu'à sa chute. *Par.* 1815. 8.

La Martelière (Jean Henri Ferdinand). Conspiration de Bonaparte contre Louis XVIII, etc., ou relation succincte de ce qui s'est passé depuis la capitulation de Paris du 30 mars 1814 jusqu'au 22 juin 1815, époque de la seconde abdication de Bonaparte. *Par.* 1815. 8. *Ibid.* 1816. 8. (5e édition.)

Hempel (Christian Gottlieb). Napoleon Bonaparte, oder Lebens- und Heldengeschichte des vormaligen Kaisers von Frankreich und Königs von Italien, poetisch beschrieben in einer Reihe von Bardengesängen. *Leipz.* 1815. 8. Portrait.

Napoleon, wie er war und was er ist. *Prag.* 1815-16. 4 vol. 8.

Soldin (Salomon). Napoleon Buonaparte's Regjeringshistorie. *Kjoebenh.* 1815. 8. Trad. en suéd. par J... P... WAHLIN. *Stockh.* 1817. 8.

Saalfeld (Jacob Christoph Friedrich). Geschichte Napoleon Buonaparte's. *Leipz.* et *Altenb.* 1815-17. 2 vol. 8. Augment. s. c. t. Geschichte Napoleon Buonaparte's, oder Grundriss der Geschichte des neuesten europäischen Staatensystems unserer Zeit von 1796 bis 1815. *Leipz.* 1816-17. 2 vol. 8.

Muechler (Carl). Napoleon Buonaparte und seine Brüder. *Berl.* 1816. 8.

(Bergk, Johann Adam). Echo der Säüle von Paris, oder merkwürdige Erzählungen und unbekannte Anecdoten von Napoleon, seiner Regierung, seiner Umgebung, seinem Hofe und seinem Beamten. *Leipz.* 1816. 2 vol. 8. * (*L.*)
    * Le dernier volume porte aussi pour titre : *Bonaparte und seine Familie.*

Godin (A... L... J...). Histoire de Bonaparte, depuis sa naissance jusqu'à ce jour. *Par.* 1816. 2 vol. 12. *Ibid.* 1817. 2 vol. 12.

Bonaparte, sa famille et sa cour. *Par.* 1816. 2 vol. 8.

Guenther (Christian August). Leben Napoleon Bonaparte's bis zu seiner Verbannung nach Sanct-Helena. *Eisenberg.* 1816. 8.

Gifford (Edward). Leven, veldtogen en regering van Napoleon Bonaparte. *Amst.* 1816. 6 vol. 8. Portraits.

(Doris, Charles). Le protégé de Joséphine Beauharnais. *Par.* 1817. 8.

Histoire secrète de Napoléon Bonaparte depuis sa naissance jusqu'à sa translation à l'île de Sainte-Hélène en 1815. *Par.* 1817. 4 vol. 8.

David (P...). Histoire en vers burlesques d'une partie des folies et des crimes du Corse empereur, depuis son entrée en Egypte jusqu'à sa déportation à Sainte-Hélène. *Par.* 1817. 8.

Christensen (Christen). Authentiske Efterretninger om de vigtigste Begivenheder i Napoleon Buonapartes Liv. *Kjoebenh.* 1817. 8.

Aus Napoleon Buonaparte's Leben. *Bresl.* 1817-1818. 2 v. 8.

Defauconpret (Antoine Jean Baptiste). Anecdotes sur la cour et l'intérieur de la famille de Napoléon Bonaparte. *Par.* et *Lond.* 1818. 8.

Béraud (Antoine). Mémoires sur les événements de 1815 et sur l'empereur Napoléon. *Par.* 1818. 2 vol. 8.

Mémoires pour servir à l'histoire d'un homme célèbre. *Par.* 1819. 2 vol. 8.

(Lebret, Friedrich Carl). Napoleon, biographische Skizze. *Stuttg.* 1821. 12. Portrait.

Zuzzinger (J... Z...). Leben, Thaten und Schicksale Napoleon Bonaparte's, s. l. et s. d. (*Zürch.*) 2 vol. 4.

Bertrand (Henri Gratien). Éloge funèbre de Napoléon, prononcé sur sa tombe (le 9 mai 1821 à Sainte-Hélène). *Par.* 1821. 8.

Ockerse (W... A...). Lijkrede aan het graf van Napoleon Bonaparte. *Amst.* 1821. 8.

(Vibaille, N... N...). Il n'est pas mort! *Par.* 1821. 8. *
    * Brochure relative à Napoléon.

Bigonnet (Jean Adrien). Napoléon Bonaparte considéré sous le rapport de son influence sur la révolution. *Par.* 1821. 8.

(Auguis, Pierre René). Napoléon et la grande armée, etc. *Par.* 1821. 2 vol. 8.

Low (Alexandre de). Napoléon Bonaparte envisagé comme vainqueur des nations, restaurateur des lois, protecteur des lettres et fondateur des empires. *Par.* 1821. 8.

(Cuisin, Jean Pierre). Bonaparte ou l'homme du destin. Tablettes historiques et chronologiques, présentant le précis de la vie entière de cet homme extraordinaire, etc. *Par.* 1821. 8.

Jullian (Pierre Louis Pascal de). Vie de Napoléon Bonaparte. *Par.* 1821. 8. Trad. en holland. *Rotterd.* 1821. 8. (Omis par Quérard.)

(Simonnin, Antoine Jean Baptiste). Histoire des trois derniers mois de la vie de Napoléon Bonaparte. *Par.* 1821. 8.

D... (D...). Napoleon's kurze Lebensbeschreibung. *Mainz.* 1821. 8.

Napoleon's Leben und Ende, mit einer Zugabe von Characterzügen. *Wiesbad.* 1822. 8.

Petri (Samuel Friedrich Erdmann). Erinnerungen an Napoleon Bonaparte und Philipp den Macedonier. *Schmalkald.* 1822. 8.

Bourg (Edme Théodore). Napoléon considéré comme général, premier consul, empereur, prisonnier à l'île d'Elbe et à Sainte-Hélène, ou vie impartiale de ce grand capitaine. *Par.* 1821-22. 2 vol. 8. *
    * Cet ouvrage devait avoir 5 volumes, mais les nombreuses condamnations de l'éditeur Plancher l'ayant forcé de quitter la France, la suite du livre fut suspendue.

Arnault (Antoine Vincent). Vie politique et militaire de Napoléon,* etc. *Par.* 1822-26. 5 vol. Fol. *Brux.* 1825. 4 vol. 8. Portraits. *Ibid.* 1826. 4 vol. 18. Portraits.
    Trad. en allem. :
       Par un anonyme. *Frf.* 1826. 5 volumes 8.
       Par Friedrich Heinrich Ungewitten. *Quedlinb.* 1828-29. 4 vol. 16.
       Par Heinrich Elsner. *Stuttg.* 1841. 5 vol. 8.
    Trad. en ital. *Palerm.* 1841. 5 vol. 8.
    * Napoléon, dans son testament, légua à son biographe la somme de 100,000 francs comme témoignage de sa reconnaissance.

Massias (baron). Napoléon jugé par lui-même, par ses amis et ennemis. *Par.* 1825. 8.

Béraud (Antoine). Nouveaux mémoires pour servir à l'histoire de Napoléon. *Brux.* 1824. 8. Réimpr. s. c. t. Histoire de Napoléon. *Brux.* 1829. 8. Portrait.

Gerstner (Gottfried). Napoleon's wichtigste Lebensmomente von seiner Geburt bis zu seinem Tode, etc. *Augsb.* 1824. 16. Portrait.

Escher (Heinrich). Napoleon Bonaparte, geschildert nach dem Tagebuche des Grafen Las Cases. *Zürch.* 1824. 8.

Dourille (Joseph). Résumé de l'histoire de Napoléon et des armées qui ont été sous son commandement. *Par.* 1825. 18. Trad. en allem. par G... F... W... *Berl.* 1827. 12.

Chennechot (L... E...). Histoire de la vie politique, militaire et privée de Napoléon Bonaparte, précédée de notices biographiques sur ses fidèles compagnons d'infortune, etc. *Par.* 1825. 8. Portrait.

Gallois (Léonard). Histoire de Napoléon d'après lui-même. *Par.* 1825. 8. (*P.*) *Ibid.* 1827. 8. (*P.*) *Ibid.* 1828. 8. 2 portraits. (*P.*)
    Trad. en allem. *Erfurt.* 1829. 12.
    Trad. en ital. *Lugan.* 1828. 2 vol. 8. *Palerm.* 1834. 4 vol. 18.

Amanton (Claude Nicolas). Observations sur l'*Histoire de Napoléon d'après lui-même*, publiée par Léonard Gallois. *Dijon.* 1825.8. *Ibid.*1827. 8. (3e édition.) — (*Lv.*)

Touchard-Lafosse (G.:). Précis de l'histoire de Napoléon. *Par.* 1825. 8. Portrait. *Brux.* 1825. 8. Portrait.

Bergk (Johann Adam). Leben des Kaisers Napoleon, nach Norvins und andern Schriftstellern dargestellt. *Leipz.* 1825. 4 vol. 8. (*L.*)

Henry (Pierre François). Histoire de Napoléon Bonaparte, depuis sa naissance jusqu'à sa mort. *Par.* 1826. 4 vol. 8.

Napoléon devant ses contemporains. *Par.* 1826. 8. *
    Trad. en allem. *Darmst.* 1827-28. 5 vol. 12.
    Trad. en espagn. *Par.* 1827. 2 vol. 12.
    * Ouvrage attribué à son frère Lucien Bonaparte.

Doin (Alexandre). Napoléon et l'Europe; fragments historiques. *Par.* 1826. 2 vol. 8.

(Laurent de l'Ardèche, P... M...). Histoire de Napoléon. *Par.* 1826. 18. *Ibid.* 1839. 8. (Illustré de 500 dessins par Horace Vernet.) *Brux.* 1839. 8. Portrait.
    Trad. en allem. :
       Par Johann Sporschil. *Leipz.* 1840. 8.
       Par Carl Herrmann. *Leipz.* 1840. 3 vol. 12.
    Trad. en angl. *Lond.* 1841. 2 vol. 8. *New-York.* 2 vol. 8.
    Trad. en dan. par Friedrich Schaldemose. *Kjoebenh.* 1840. 8.
    Trad. en espagn. par Eduardo Enry. *Madr.* 1840. 4.
    Trad. en ital. :
       Par Alessandro Lissoni. *Milan.* 1840. 8. *Torin.* 1840. 8.
       Par un anonyme. *Napol.* 1840. 8.

Kolb (Georg Friedrich). Lebensgeschichte Napoleon's. *Speier.* 1826-27. 7 vol. 12.

(Cousin d'Avallon, Charles Yves). Résumé de la vie du prisonnier de Sainte-Hélène, contenant le récit de ses actions depuis sa naissance jusqu'à sa mort, arrivée à cette île, etc. *Par.* 1827. 18. *Brux.* 1827. 18. *
    * Publ. sous les initiales C... D...

Thibaudeau (Antoine Claire de). Histoire générale de Napoléon, de sa vie privée et publique, de sa carrière politique et militaire, de son administration et de son gouvernement. *Par.* 1827-28. 6 vol. 8. *Tubing.* 1827-28. 5 vol. 8. Trad. en allem. *Stuttg.* 1827-30. 6 vol. 8.

Norvins (Jacques **Marquet de Montbreton** de). His-

toire de Napoléon. *Par.* 1827-28. 4 vol. 8. *Leipz.* et *Pesth.* 1828. 4 vol. 8. *Par.* 1829. 4 vol. 8. *Ibid.* 1833. 4 vol. 8. *Ibid.* 1834. 4 vol. 8. *Ibid.* 1837. 4 vol. 8. *Ibid.* 1838. 4 vol. 8. *Ibid.* 1840. 4 vol. 8. Abrég. *Brux.* 1840. 18.
> Trad. en allem. par Friedrich Schott. *Leipz.* 1828-30. 6 vol. 8. *Ibid.* 1839. 6 vol. 8.
> Trad. en dan. par Knud Lyne Rahbek. *Kjoebenh.* 1827-28. 2 vol. 8. (Traduction non terminée.)
> Trad. en espagn. *Par.* 1828-29. 4 vol. 8.
> Trad. en ital. *Bastia.* 1833. 5 vol. 8.

Bonaparte (Louis). Observations sur l'histoire de Napoléon, par M. de Norvins. *Par.* 1834. 12.

(**Jomini**, Henri de). Vie politique et militaire de Napoléon, racontée par lui-même au tribunal de César, d'Alexandre et de Frédéric II. *Par.* 1827. 4 vol. 8. *Stuttg.* 1828. 3 vol. 8. *Brux.* 1840. 8.
> Trad. en allem. *Stutty.* 1828. 4 vol. 8.
> Trad. en ital. *Livorn.* 1829. 12 vol. 12.
> Trad. en russe, par N... N... Uschinski. *Saint-Petersb.* 1838. 8.

Maingarnaud (R... V... de). Les campagnes de Napoléon, telles qu'il les conçut et exécuta, suivies des documents qui justifient sa conduite militaire et politique. *Par.* 1827. 2 vol. 8.

Rueder (Friedrich August). Leben, Thaten und Ende des Kaisers Napoleon, etc. *Ilmenau.* 1827. 12. Port.

Buchholz (Friedrich). Geschichte Napoleon Buonaparte's. *Berl.* 1827-29. 3 vol. 8.

Scott (Walter). Life of Napoleon Buonaparte, emperor of the French, with a preliminary view of the French revolution. *Edinb.* 1827. 9 vol. 8. *Par.* et *Strasb.* 1827. 9 vol. 8. 2 portraits. *Par.* 1827. 9 vol. 12. *Philadelph.* 1829. 3 vol. 8. *Par.* 1834. 8. *Exeter.* 1836. 2 vol. 8. *Par.* 1837. 6 vol. 8. *Lond.* 1839. 3 vol. 8. *New-York.* 1839. 3 vol. 8. *Ibid.* 1847. 3 vol. 8. *Liége.* 1828. 8 vol. 12. *Brux.* 1829. 12 vol. 32.
> Trad. en allem. :
> Par Joseph v. Theobald. *Stuttg.* 1827. 9 vol. 8. *Ibid.* 1827. 33 vol. 12.
> Par Georg Niklas Baermann. *Zwickau.* 1827-28. 21 vol. 16. 21 portraits.
> Par un anonyme. *Danz.* 1827-29. 9 vol. 16.
> Par N... N... Meyer et N... N... Mueller. *Gotha.* 1827-34. 33 vol. 12.
> Par Friedrich Beck. *Gotha.* 1834. 2 vol. 12.
> Trad. en dan. :
> Par Jens Kragh Hoest. *Kjoebenh.* 1829. 9 vol. 8.
> Par Hans Georg Nicolai Nyegaard et A... P... Liunge. *Kjoebenh.* 1827-30. 9 vol. 8.
> Trad. en espagn. *Par.* 1827. 18 vol. 12.
> Trad. en franç. par Antoine Jean Baptiste Defauconpret. *Par.* 1827. 10 vol. 8. *Ibid.* 1827. 18 vol. 12.
> Trad. en holland. par J... G... Swaving. *Dordrecht.* 1828. 9 vol. 8.
> Trad. en ital. *Torin.* 1830-31. 27 vol. 16.

(**Caze**, Jean François). Réfutation de la *Vie de Napoléon* de sir Walter Scott, par M... *Par.* 1827. 2 vol. 12.

G(ourgaud) (Gaspard). Réfutation de la *Vie de Napoléon*, par sir Walter Scott. *Par.* 1827. 2 vol. 8.
Lettre de sir Walter Scott et réponse du général Gourgaud. *Par.* 1827. 8.
General (Gaspard) Gourgaud and sir Walter Scott. *Par.* 1827. 12.

Bonaparte (Louis). Réponse à sir Walter Scott. *Par.* 1828. 12.
> Trad. en allem. *Stuttg.* 1828. 8.
> Trad. en ital. *Firenz.* 1829. 12.

Channing (William Ellery). Analysis of the character of Napoleon Bonaparte. *Boston.* 1827. 8. *Lond.* 1828. 8. Trad. en allem. par Carl Heinrich Hermes. *Leipz.* 1831. 8.

Hazlitt (William). Life of Napoleon. *Lond.* 1828. 4 vol. 8. *Ibid.* 1830. 4 vol. 8. Trad. en allem. par Johann Sporschil. *Leipz.* 1833. 2 vol. 8. (L.) *Ibid.* 1840. 2 vol. 8.
Vita civile, politica e militare di Napoleone Buonaparte, scritta da un militare. *Lugan.* 1828. 32.

Bailleul (Jacques Charles). Histoire de Napoléon Bonaparte; études sur les causes de son élévation et de sa chute. *Par.* 1829-59. 4 vol. 8. (P.)
Life of Napoleon Buonaparte. *Lond.* 1829. 2 vol. 8. *Ibid.* 1830. 2 vol. 8.

Colau (Pierre). Histoire de Napoléon, sa naissance, ses progrès, ses victoires, son élévation et sa chute, sa captivité à Sainte-Hélène, sa mort, etc. *Par.* 1829. 8.

Wunster (Carl). Noch lebt Napoleon! Ein haltbarer Grund statt 18 unhaltare. *Leipz.* 1829. 8.

Weitzel (Johann Ignaz). Napoleon durch sich selbst gerichtet. *Frf.* 1829. 12.

Portrait Napoleon's, des Helden und Schöpfers des französischen Nationalgeistes, im Abglanze der glorreichen Julitage von 1830. *Ilmenau.* 1830. 12. Portrait.

Saint-Maurice (Charles René E... de). Histoire de Napoléon le Grand. *Par.* 1830. 4 vol. 12.

Ardant (Louis). Histoire de Napoléon. Détails sur sa famille, sa naissance, son éducation, son mariage, ses conquêtes, ses généraux, son exil et sa mort. *Limog.* 1830. 12. *Ibid.* 1833. 12. *Ibid.* 1834. 12. *Ibid.* 1835. 12. *Ibid.* 1836. 12. *Par.* 1837. 12.

Raisson (Horace). Histoire populaire de Napoléon et de la grande armée. *Par.* 1830. 10 vol. 18.

(**Jarry de Mancy**, Adrien). Napoléon et son époque. *Par.*; s. d. (1831). 8.

Mazoyer (Vital Benoît). Éloge de Napoléon, suivi de *la Marseillaise* en vers latins. *Lyon.* 1831. 8.

Mordacque (L... A... J...). Histoire de l'empereur Napoléon. *Lond.* 1832. 12. *Ibid.* 1833. 12. *Ibid.* 1847. 12. (Omis par Quérard.)

Passeron (J... S...). Napoléon, son élévation, sa chute et son parti. *Lyon.* 1832. 8.

Schneidawind (Franz Joseph). Kaiser Napoleon im Felde und im Feldlager. *Hanau.* 1832. 8.

Magnenat (C...) et **Last** (C... C... A...). Leven van Napoleon. *Amst.* 1832. 4 vol. 4.

Schlosser (Friedrich Christoph). Zur Beurtheilung Napoleon's und seiner neuesten Tadler und Lobredner, besonders in Beziehung auf die Zeit von 1810-1813. *Frf.* 1832-33. 3 vol. 8.

Hugo (Abel). Histoire de l'empereur Napoléon. *Par.* 1833. 8. Trad. en allem. par Heinrich Elsner. *Stuttg.* 1840. 8.

Tissot (Pierre François). Histoire de Napoléon. *Par.* 1833. 2 vol. 8.

Saint-Ouen (Louise de). Histoire de Napoléon, accompagnée d'un tableau mnémonique des principaux événements de sa vie. *Par.* 1833. 8. *Ibid.* 1832. 12. Trad. en allem. *Augsb.* 1833. 8.

Hammer (Wilhelm). Napoleon als Feldherr, Regent, Staatsmann und Politiker, etc., in einer Auswahl seiner denkwürdigsten Urtheile und Ansichten über Kriegskunst, Politik, Gesetzgebung, Verwaltung, etc. *Stuttg.* 1833. 8.

Auer (C... F... R...). Napoleon und seine Helden, oder Immortellen auf das Grab gefallener Grösse. Sammlung abgekürzter Anecdoten und Charaterzüge, Meinungen und Ansichten von Napoleon und seinen berühmten Zeitgenossen. *Leipz.* 1833-36. 18 parts. 8. Trad. en suéd. *Upsala.* 1837-38. 3 vol. 8.

Saint-M*** (H...). Tableau de l'histoire sur Napoléon. *Nancy.* 1834. 18.

Tousez (Alcide). Vie de Napoléon, racontée dans une fête de village. Scène épisodique (en prose et en vaudeville). *Par.* 1834. 8.

Lee (Henry). Life of the emperor Napoleon, containing an examination of sir Walter Scott's Life of Napoleon Buonaparte. *Lond.* 1834. 8. *New-York.* 1835. 8. Port.

Foerster (Lebrecht Günther). Beschreibungen und Bildnisse Napoleon's, seiner Familie, Verwandten, vertrautesten Marschälle und Generale. *Ronneb.* 1834. 8.

Lockhart (John Gibson). Life of Napoleon Buonaparte. *Lond.* 1835. 2 vol. 16. (*Oxf.*)

Roqueplan (Camille). Histoire de l'empereur Napoléon, racontée par une grand'mère à ses petits-fils. *Par.* 1835. 18.

Kuhn (Adalbert). Der Kaiser Napoleon, oder Beiträge zur Vervollständigung seines Portraits als Mensch, Feldherr und Staatsmann, etc. *Ilmenau.* 1835. 12. Port.

Drouin (Josephine v.). Napoleon's Leben und Thaten. *Münch.* 1835. 12.

Muegge (Theodor). Leben Napoleon's des Grossen. *Berl.* 1836. 8.

Raisson (Horace). Histoire de Napoléon, empereur des Français. *Par.* 1836. 12.

Engelberts-Gerrits (G...). Napoleon en zijn leven, zijne bedrijven en lotwisselingen. *Amst.* 1836. 2 vol. 8.

Lee (Henry). Life of Napoleon Buonaparte, down to the peace of Tolentino and the close of his first campaign in Italy. *Par.* 1837. 8.

Napoléon tel qu'il fut; portrait impartial tracé par un contemporain. *Stuttg.* 1837. 8.

Histoire de Napoléon depuis sa naissance jusqu'à sa mort. *Par.* 1837. 18.

L(ambroso) (G(iacomo)). Compendio della storia di Napoleone, già imperatore de' Francesi. *Milan.* 1837. 2 vol. 16.

Elsner (Heinrich). Wichtige Tage aus dem Leben Napoleon's und der Geschichte unserer Zeit. *Stuttg.* 1837. 8. Portrait.

Saint-Hilaire (Émile Marco de). Nouvelle histoire de Napoléon. *Par.* 1838. 12.

Karr (Alphonse). Histoire de l'empereur Napoléon. *Par.* 1838. 8.

Storia di Napoleone Bonaparte, scritta da un Italiano. *Milan.* 1838-39. 4 vol. 18.

Damitz (Carl v.). Napoleon als Held, Staatsmann und Kaiser. *Cöln.* 1838. 12. *Ibid.* 1839. 12.

Lothario (N... N...). Das Leben Napoleon's, Kaisers der Franzosen. *Stuttg.* 1838. 8.

Reintel (A... v.). Geschichte Napoleon's. *Burg.* et *Berl.* 1839. 8.

(Becker, Gottfried Wilhelm). Napoleon, dargestellt nach den besten Quellen. *Leipz.* 1838-39. 2 vol. 8. Trad. en suéd. par G... C... S... *Stockh.* 1840. 8.

Strahlheim (Conrad Friedrich). Napoleon Bonaparte's vollständige Lebensbeschreibung. *Frf.* 1839-40. 4 vol. 8. Portrait.

Lambroso (Giacomo). Vita privata di Napoleone e cenni storici sopra diversi de' primarii marescialli dell' impero Francese. *Milan.* 1839. 8.

Horne (R... H...). History of Napoleon. *Lond.* 1859. 8.

Mitchell (John). Life of Napoleon. *Lond.* 1839. 3 vol. 8. (*Oxf.*) *Ibid.* 1846. 3 vol. 8.

Bade (Carl). Napoleon im Jahre 1813; politisch-militärisch geschildert. *Alton.* 1839-40. 2 vol. 12.

Sporschil (Johann). Geschichte des Kaisers Napoleon. *Leipz.* 1840. 24.

Clemens-Gerke (Friedrich). Leben Napoleon Buonaparte's. *Hamb.* 1840. 2 vol. 16.

Coston (baron de). Biographie des premières années de Napoléon Bonaparte, c'est-à-dire depuis sa naissance jusqu'à l'époque de son commandement en chef de l'armée d'Italie. *Valence.* 1840. 2 vol. 8. Trad. en allem. par Carl HERRMANN. *Leipz.* 1840. 3 vol. 12.

Joly (N... N...). Abrégé de la vie militaire de l'empereur Napoléon. *Rouen.* 1840. 8.

Fadeville (Théodore). Aperçu critique sur Napoléon et sur les hommes de son époque, renfermant une dissertation très-étendue sur les causes de la défaite de Waterloo. *Par.* 1840. 8.

Ottavi (Giovanni). Notice historique sur l'empereur Napoléon. *Par.* 1840. 8.

Vie de Napoléon. *Par.* 1840. 8.

Simple histoire de Napoléon d'après les notes et mémoires de Las Cases, de Ségur, Fain, Norvins, Tissot, Bignon et autres historiens de l'empire. *Par.* 1840. 3 vol. 52.

Baudus (N... N... de). Etudes sur Napoléon. *Par.* 1840. 2 vol. 8. (*P.*)

Moir-Bussey (George). Life of Napoleon. *Lond.* 1840. 2 vol. 8.

F... (T...). Cenni storici sulla vita e sulle gesta di Napoleone Buonaparte. *Brescia.* 1840. 8.

S(ignori) (B(artolommeo)). Compendio storico della vita di Napoleone Buonaparte. *Milan.* 1840. 16.

Kolb (Georg Friedrich). Leben Napoleon's, volksthümlich und wahrheitsgetreu geschildert, etc. *Speier.* 1840. 16. Portrait.

Bousquet (J...). Veillées du vieux sergent. Histoire de l'empereur Napoléon. *Par.* 1841. 8. Portrait.

Charlot (N... N...). Histoire de la vie de Napoléon, etc. *Par.* 1841. 18.

Teubourg (N... N...). Histoire de Napoléon le Grand. *Nancy.* 1841. 12. *Ibid.* 1843. 12.

Giovanini (Luigi). Rimembranze istoriche ed anedotti della vita di Napoleone Buonaparte. *Firenz.* 1841. 8.

Reiche (Carl Friedrich). Napoleon und seine Zeit. *Leipz.* 1841. 8.

Habndorf (S...). Federzeichnungen zur Geschichte Napoleon's. *Cassel.* 1841. 8.

Heyne (C... T...). Geschichte Napoleon's von der Wiege bis zum Grabe. *Chemn.* et *Leipz.* 1841. 2 vol. 8.

Hodgson (William). Life of Napoleon Bonaparte. *Lond.*, s. d. (1841). 8. (*Oxf.*)

Horne (R... H...). History of Napoleon. *Lond.* 1841. 2 vol. 8. (*Oxf.*)

Histoire populaire de Napoléon. *Par.* 1841. 8.

Vie de Napoléon avec les détails les plus intéressants sur la maladie et la mort de cet homme célèbre. *Montbéliard.* 1841. 18.

Delandine de Saint-Esprit (Jérôme). Histoire de Napoléon. *Par.* 1841. 2 vol. 12.

Fatti d' armi di Napoleone Buonaparte. *Napol.* 1841. 4.

Thompson (Richard). Life of Napoleon Buonaparte. *Lond.*, s. d. (vers 1842), 8. (*Oxf.*)

Saint-Hilaire (Emile Marco de). Histoire populaire, anecdotique et pittoresque de Napoléon et de la grande armée. *Par.* 1842. 2 vol. 8. Trad. en ital. par Alessandro LISSONI. *Torin.* 1843-44. 2 vol. 8.

Meunier (général). Histoire populaire de Napoléon. *Par.* 1842. 18.

Matonti (Vaccaro) et **Rubino** (Francesco). Vita di Napoleone. *Napol.* 1842-43. 4 vol. 8.

Anecdotes sur Napoléon et la grande armée. *Montbéliard.* 1843. 18.

Lurine (Louis). Histoire de Napoléon. *Par.* 1843. 16.

Rath (Friedrich v.). Napoleon Bonaparte, Kaiser der Franzosen; geschichtlicher nach den besten Quellen bearbeiteter Versuch, eingeführt durch Friedrich Christoph SCHLOSSER. *Stuttg.* 1843. 2 vol. 8.

Doublet (Victor). Vie religieuse, militaire et politique de Napoléon. *Limog.* 1844. 12.

Michaud (Louis Gabriel). Vie publique et privée de Napoléon Bonaparte. *Par.* 1844. 8. Trad. en allem. : Par un anonyme. *Leipz.* 1846. 8. Par G... WINCKELMANN. *Ulm.* 1848-49. 8. Portrait.

Malagoli-Vecchj (Marco). Ristretto della vita e dei fatti di Napoleone. *Firenz.* 1844. 18.

Burdon (William). Life and character of Buonaparte. *Lond.* 1844. 8.

Drujon de Beaulieu (N... N...). Napoléon jugé par l'histoire, ou précis historique et critique de la vie de cet empereur. *Lyon* et *Par.* 1844-46. 2 vol. 8.

Henri (Achille). Histoire de Napoléon, offrant le tableau complet de sa vie civile, politique et militaire, etc. *Par.* 1845. 8.

Dubalay (N... N...). Essai sur la vie militaire et politique de l'empereur Napoléon. *Nancy.* 1845. 8.

Villiers (abbé de). Histoire de Napoléon. *Saint-Denis* et *Par.* 1846. 12. *Ibid.* 1852. 12.

Maly (Jakub Budislav). Napoleon; zivotopis ve ctyrech casty. *Prag.* 1847. 12.

Moura (Caetano Lopes de). Historia de Napoleao Bonaparte, desde o seu nascimento ate a sua morte, etc. *Par.* 1846. 2 vol. 12. Portrait.

Headley (J... T...). Napoleon and his marshals. *New-York.* 1846. 2 vol. 12.

Schiff (Hermann). Leben des grossen Napoleon. *Leipz.* 1847. 8.

Notice biographique sur Napoléon. Extrait de la *Galerie historique des contemporains*, etc. *Par.* (*Brux.*) 1848. 18.

Gabourd (Amédée). Histoire de Napoléon Bonaparte. *Tours.* 1847. 8. *Ibid.* 1848. 8. (5e édition.) Trad. en flam. *Tournai.* 1847. 18.

Vliet (J... L... van der). Geschiedenis van keyser Napoleon. *S'Gravenh.* 1848. 8.

Superville (D... M... de). Napoleons loopbaan. *Middelb.* 1848. 8.

Haumann (Max). Napoleon; in einer Auswahl der denkwürdigsten Urtheile, Aussprüche und Begebenheiten, so wie der interessantesten Anecdoten aus seinem Leben. *Gratz.* 1848. 2 vol. 16.

Neergaard (Jens Viebel). Napoleon Bonaparte; hvad var han som Feltherre, Statsmand, Regent og Menneske. *Kjoebenh.* 1848. 2 vol. 8.

Sabina (Karel). Napoleon Bonaparte, okus zivotopisny. *Prag.* 1848. 12.

Breuil (A...). Napoléon Bonaparte jugé par les poëtes étrangers, etc. 1851. 8.

Châteaubriant (François Auguste René de) et **Coëtlogon** (Anatole de). Bonaparte. *Brux.* 1851. 18.

Poore (Benjamin Perley). Early life and first campaigns of Napoleon Bonaparte, etc. *Boston.* 1851. 8.

Aussy de Saint-Jean-d'Angely (Hippolyte d'). Résumé impartial de l'histoire de Napoléon, suivi des faits qui ont précédé l'expédition de M. le prince de Joinville à l'ile de Sainte-Hélène. *Saintes.* 1852. 8.

Histoire de Napoléon Bonaparte. *Avign.* et *Par.* 1852. 2 vol. 18.

Soullier (Charles). Napoléon peint par lui-même. *Par.* 1852. 8.

Napoléon I, empereur des Français. *Par.* 1852. Fol.

Vie de Napoléon, avec les détails les plus intéressants sur la maladie et la mort de cet homme célèbre. *Montbéliard.* 1852. 18.

Doublet (Victor). Histoire de Napoléon. *Limog.* 1852. 8.

Histoire des trois empereurs des Français : Napoléon Ier, Napoléon II et Napoléon III. *Lyon.* 1852. 12.

Fadeville (Théodore). Histoire populaire de Napoléon. *Par.* 1853. 12.

Bégin (Emile Auguste). Histoire de Napoléon, de sa famille et de son époque, au point de vue de l'influence des idées napoléoniennes sur le monde. *Par.* 1853. 5 vol. 8.

Wronski (Hoëné). Secret politique de Napoléon, etc. *Par.* 1853. 8.

Rouzé (Camille). Esquisse historique d'une oraison funèbre de Napoléon. *Toul.* 1853. 8.

Challamel (N... N...). Histoire de Napoléon. *Par.* 1853. 4. (Edition illustrée.)

Porquet (Louis Philippe François de). Histoire de Napoléon I. *Lond.* 1853. 12.

Channing (William Ellery) et **Emerson** (W... E...). Napoleon Bonaparte, door twee Noord-Americanen beschouwd. *Groning.* 1853. 8. (Trad. de l'anglais.)

Schimmel (H... J...). Bonaparte en zijn tijd. *Amst.* 1853. 8.

Martin (de Gray) (N... N...). Histoire de Napoléon I. *Par.* 1853-54. 5 vol. 8.

Bordot (G...). Histoire de l'empereur Napoléon I. *Plancy* et *Par.* 1854. 16.

Histoires drolatiques de l'empereur Napoléon I, racontées par Honoré de BALZAC, Alcide TOUSEZ et Frédéric SOULIÉ, suivies de : Comme quoi Napoléon n'a jamais existé, etc., recueillies par Arthur DELANOUE. *Par.* 1854. 52.

Vies des trois empereurs des Français : Napoléon I, Napoléon II et Napoléon III. *Par.* 1854. 8.

(**Stewarton**, N... N...). Secret history of the court and cabinet of Saint-Cloud. *Lond.* 1806. 3 vol. 8. Trad. en allem. *Lond.* (*Hamb.*) 1806. 2 vol. 8.

(**Goldsmith**, Lewis). Secret history of the cabinet of Buonaparte. *Lond.* 1810. 8. *Ibid.* 1811. 8.
   Trad. en allem. *Emden.* (*Leipz.*) 1815. 2 vol. 8.
   Trad. en franç. *Lond.* 1814. 2 vol. 8. (*Bes.*)
   Trad. en holland. *Amst.* 1815. 8.

Das schwarze Buch des französischen Kaiserhofes. Darstellung der Handlungen und Verbrechen, welche durch Napoleon und seine Gehülfen verübt worden sind. *Dublin.* (*Hamb.?*) 1814. 8. *Quedlinb.* 1816. 8.

Salgues (Jean Baptiste). Mémoires pour servir à l'histoire de France sous le gouvernement de Napoléon Bonaparte. *Par.* 1814-26. 7 vol. 8. (*P.*)

Bonaparte à Sainte-Hélène, ou relation de M. James TYDEN. *Par.* 1816. 8.

(**Montholon-Semonville**, Charles Tristan de). Manuscrit de l'ile d'Elbe et des Bourbons en 1815, (publ. par Barry Edward O'MEARA). *Lond.* 1818. 8. *Brux.* 1818. 8. *
   * Cette édition porte à tort le nom du comte BERTRAND sur le frontispice.

O'Meara (Barry Edward). Documents particuliers (en forme de lettres) sur Napoléon, etc. *Par.* 1819. 8. (*P.*) *Brux.* 1819. 8. *Par.* 1821. 8. *
   * Cet ouvrage, publié originairement en anglais, est connu sous le titre de *Lettres du cap de Bonne-Espérance.*
   Trad. en allem. s. c. t. Darstellung der Verhältnisse, welche seit der Anstellung des Herrn Hudson Lowe, Gouverneurs auf der Insel Sanct-Helena, stattgefunden haben. *Stuttg.* 1819. 8.

Fleury de Chaboulon (P... A... E...). Mémoires pour servir à l'histoire de la vie privée, du retour et du règne de Napoléon en 1815. *Lond.* 1819. 2 vol. 8. *Lond.* (*Leipz.*) 1820. 2 vol. 8. *Hamb.* 1820. 2 vol. 8. *Brux.* 1820. 2 vol. 8.
   Trad. en allem. (par Johann Adam BERGK). *Leipz.* 1820. 8. *Ibid.* 1821. 8. (*L.*)
   Trad. en angl. *Lond.* 1820. 2 vol. 8.

Durand (madame). Mes souvenirs sur Napoléon, sa famille et sa cour. *Par.* 1819. 2 vol. 12. *Ibid.* 1820. 2 vol. 12. Réimprim. s. c. t. Mémoires sur Napoléon, l'impératrice Marie Louise et la cour des Tuileries, etc. *Par.* 1828. 8. Trad. en allem. *Dresd.* 1821. 8.

Las Cases (Marie Joseph Emmanuel Dieudonné de). Mémoires contenant l'histoire de sa vie, avec lettre écrite par lui de Sainte-Hélène à Lucien Bonaparte, laquelle donne des détails circonstanciés du voyage de Napoléon à cette ile, etc. *Par.* 1819. 8. Trad. en allem. *Leipz.* 1819. 8.

—— Mémorial de Sainte-Hélène, ou journal où se trouve consigné, jour par jour, tout ce qu'a dit et fait Napoléon durant dix-huit mois, (publ. par H... DUVAL.)*Par.* 1823-24. 8 vol. 8. *Ibid.* 1824. 8 vol. 8. *Ibid.* 1828. 8 vol. 8. *Brux.* 1828. 10 vol. 8. Portrait de l'auteur. Revu et augment. *Par.* 1830-31. 21 vol. 18. *Par.* 1840. 9 vol. 12.
   Trad. en allem. *Stuttg.* 1822-26. 9 vol. 12. *Dresd.* 1823-24. 6 vol. 8.
   Trad. en angl. *New-York.* 1823. 2 vol. 12. *Boston.* 1823. 2 vol. 8. *Lond.* 1835. 8. *Ibid.* 1836. 4 vol. 16. *Ibid.* 1848. 4 vol. 16.
   Trad. en dan. par Christian MOELLER. *Kjoebenh.* 1823. 8.
   Trad. en espagn. par J... C... PAGÈS. *Par.* 1824. 8 vol. 8. *Ibid.* 1826. 8 vol. 8.
   Trad. en holland. *Dordrecht.* 1823. 8 vol. 8.
   Trad. en ital. par A... BARATTA. *Torin.* 1842-45. 2 vol. 8.

Grille (François) et Victor Donatien de **Musset-Pathay**. Suite du Mémorial de Sainte-Hélène de M. le comte de Las Cases. *Par.* 1824. 2 vol. 8.

Documents pour servir à l'histoire de la captivité de Napoléon Bonaparte à Sainte-Hélène, ou recueil de faits curieux sur la vie qu'il y menait, sur sa maladie et sur sa mort. *Par.* 1821. 8. 5 gravures.

Gourgaud (Gaspard). Mémoires pour servir à l'histoire de France sous Napoléon, écrits à Sainte-Hélène, par les généraux qui ont partagé sa captivité, etc. *Par.* 1822. 8 vol. 8. Augment. de chapitres inédits. *Ibid.* 1830. 9 vol. 8.
   Trad. en allem. *Berl.* 1823. 6 vol. 8.
   Abrég. s. c. t. Geschichte Napoleon's. *Quedlinb.* 1824. 4 vol. 16.
   Trad. en espagn. par J... C... PAGÈS. *Par.* 1825. 6 vol. 12.

O'Meara (Barry Edward). Napoleon in exile, or a voice from Sainte-Helena. *Lond.* 1822. 2 vol. 8. (*Oxf.*) *Hartford* (*Amérique*). 1822. 2 vol. 8. *Philadelph.* 1822. 2 vol. 12. *Boston.* 1823. 2 vol. 12.
   Trad. en allem. :
      Par un anonyme. *Stuttg.* 1822. 2 vol. 8.
      Par Friedrich SCHOTT. *Dresd.* 1822. 2 vol. 8. *Ibid.* 1832. 2 vol. 8.
   Trad. en espagn. par J... C... PAGÈS. *Par.* 1825. 5 vol. 8.
   Trad. en franç. :
      (Par Louise COLLET). *Par.* 1822. 2 vol. 8. *Brux.* 1822. 2 vol. 8. *Par.* 1823. 2 vol. 8. *Ibid.* 1824. 2 vol. 8. *Ibid.* 1825. 2 vol. 8.
      Par A... Roy. *Lond.* 1823. 2 vol. 8.
   Trad. en holland. *Dordrecht.* 1823. 2 vol. 8.

Mémoires du général (Jean) Rapp, écrits par lui-même et publiés par sa famille. *Par.* 1823. 8. *
   * Ces prétendus mémoires ont été rédigés par A... BULOS.
   Trad. en allem. :
      Par Friedrich DOERNE. *Danz.* 1824. 8.
      Par un anonyme. *Gotha.* 1824. 8.

Mémoires de Joseph Fouché, duc d'Otrante. *Par.* 1824. 8. Trad. en allem. par Georg DABELMANN. *Darmst.* 1825. 2 vol. 12.

Antommarchi (Francesco). Mémoires, ou les derniers

moments de Napoléon. *Par*. 1825. 2 vol. 8. *Brux*. 1825. 2 vol. 8.

Trad. en allem. :
Par un anonyme. *Tübing*. 1825. 2 vol. 8. *Leipz*. 1825. 2 vol. 8.
Par Friedrich Schott. *Dresd*. 1825. 2 vol. 8.

Norvins (Jacques **Marquet de Montbreton** de). Portefeuille de 1813, ou tableau politique et militaire renfermant, avec le récit des événements de cette époque, un choix de la correspondance inédite de l'empereur Napoléon, etc. *Par*. 1825. 2 vol. 8.

Trad. en allem. par Johann Friedrich Knapp. *Ilmenau*. 1826. 2 vol. 8.
Trad. en espagn. par N... N... Biesma Guerrero. *Par*. 1827. 4 vol. 12.

Fain (Agathon Jean François). Manuscrit de l'an III (1794-95), contenant les premières transactions de l'Europe avec la république française et le tableau des derniers événements du régime conventionnel, etc. *Par*. 1828. 8. Trad. en allem. *Leipz*. 1829. 8.
—— Manuscrit de 1812, contenant le précis des événements de cette année, pour servir à l'histoire de Napoléon. *Par*. 1827. 2 vol. 8.

Trad. en allem. :
Par Ernst Klein et Heinrich Adolph Schuember. *Leipz*. 1825. 2 vol. 8.
Par Gustav Jacobs. *Gotha*. 1832. 12.
—— Manuscrit de 1814, trouvé dans les voitures impériales prises à Waterloo, contenant l'histoire des derniers six mois du règne de Napoléon. *Par*. 1823. 8. *Berl*. 1823. 8. *Brux*. 1823. 18. *Par*. 1824. 8. *Ibid*. 1825. 8.

Trad. en allem. :
Par un anonyme. *Berl*. 1823. 8.
Par N... N... Schuetze. *Frf*. 1823. 8.

Bausset (Louis François de). Mémoires anecdotiques sur l'intérieur du palais impérial et sur quelques événements de l'empire depuis 1805 jusqu'au 1er mai 1814. *Par*. 1827. 2 vol. 8. *Brux*. 1827. 2 vol. 18. Suite. *Par*. 1828. 2 vol. 8.

Trad. en allem. :
Par Johann Friedrich Knapp. *Landsberg*. 1827-28. 4 vol. 16.
(Par Friedrich Heldmann.) *Darmst*. 1827-29. 4 volumes 12.
Par un anonyme. *Stuttg*. 1827. 2 vol. 12.

Fauvelet de Bourienne (Louis Antoine). Mémoires sur Napoléon, le directoire, le consulat, l'empire et la restauration, (rédig. par Charles Maxime de Villemarest). *Par*. 1829-30. 10 vol. 8. (*Lv*.) *Stuttg*. 1830. 11 vol. 16.

Trad. en allem. *Stuttg*. 1829-30. 10 vol. 8. *Leipz*. 1829-30. 10 vol. 8.

Trad. en angl. :
Par J... S... Memes. *Lond*. 1830. 3 vol. 8.
Par un anonyme. *Lond*. 1831. 4 vol. 8. *Ibid*. 1836. 4 vol. 8.

Trad. en russe par S... de Chaplet. *Sanct-Petersb*. 1834-38. 10 vol. 8.

(**Bulos**, A...). Bourienne et ses erreurs volontaires et involontaires. *Par*. 1830. 2 vol. 8. Trad. en allem. *Leipz*. 1830. 2 vol. 8.

(**Stein**, Carl v.). Herr v. Bourienne und (Dominik Ernst) v. Sahla. *Frf*. 1830. 8.

Lowe (Hudson). Mémorial relatif à la captivité de Napoléon à Sainte-Hélène. *Par*. 1830. 8.

Trad. en allem. *Stuttg*. 1830. 2 vol. 12.
Trad. en holland. *Amst*. 1830. 8.
Trad. en suéd. *Oerebro*. 1831. 8.

(**Villemarest**, Charles Maxime de). Mémoires de Constant, premier valet de chambre de l'empereur, sur la vie privée de Napoléon, sa famille et sa cour. *Par*. 1830-31. 6 vol. 8.

Trad. en allem. *Leipz*. 1830-32. 6 vol. 8.
Trad. en angl. *Lond*. 1830. 2 vol. 8.
Trad. en holland. *Amst*. 1831. 4 vol. 8.

Abrantès (Laurette Junot d'). Mémoires sur Napoléon, la révolution, le directoire, le consulat, l'empire et la restauration. *Par*. 1830-35. 18 vol. 8. Trad. en allem. par Ludwig v. Alvensleben. *Leipz*. 1831-36. 18 vol. 8.

(**Drujon de Beaulieu**, N... N...). Souvenirs d'un militaire pendant quelques années du règne de Napoléon Bonaparte. *Belley*. 1831. 8.

Desmarest (M...). Témoignages historiques sur Napoléon. *Par*. 1833. 8.

Meneval (baron de). Napoléon et Marie Louise; souvenirs historiques. *Par*. 1843. 3 vol. 8. (*Lv*.) *Ibid*. 1844. 5 vol. 12. Trad. en allem. par August Diezmann. *Leipz*. 1844-45. 3 vol. 8. (*L*.)

Abell (Elizabeth). Recollections of Napoleon Buonaparte at Sainte-Helena. *Lond*. 1845. 12. Trad. en allem. *Dresd*. 1846. 8.

Montholon-Semonville (Charles Tristan de). Histoire de la captivité de l'empereur Napoléon. *Par*. 1846. 2 vol. 8. *Brux*. 1846. 2 vol. 18.

Trad. en allem. *Leipz*. 1846. 2 vol. 8.
Trad. en angl. *Lond*. 1846-47. 4 vol. 12. *New-York*. 1847. 4 vol. 18.
Trad. en ital. par Carlo Antonio Valle. *Torin*. 1846. 4 vol. 18.

Champagny de Cadore (Jean Baptiste **Nompère** de). Souvenirs, etc. *Par*. 1846. 8.

Moreau (Achille). Exil et captivité de Napoléon, etc. *Par*. 1846. 8. (Extrait du *Mémorial de Sainte-Hélène*, rédigé par Las Cases, et des *Mémoires* d'O'Meara.)

Nasica (Tommaso). Mémoires sur l'enfance et la jeunesse de Napoléon Bonaparte jusqu'à l'âge de 23 ans. *Bastia* et *Par*. 1852. 8.

(**Callet**, Auguste). Les deux cours et les nuits de Saint-Cloud. Mœurs, débauches et crimes de la famille Bonaparte. *Lond*. et *Brux*. 1853. 18. Trad. en allem. *Hamb*. 1853. 8.

De Sainte-Hélène aux Invalides. Souvenirs de Santini, gardien du tombeau de l'empereur Napoléon I; précédés d'une lettre de M. le comte Emmanuel de Las Cases, rédigés par J... Chautard. *Par*. 1853. 8. Portrait de Santini.

Forsyth (William). True account of the captivity of Napoleon at Sainte-Helena, from the letters and correspondence of the late lieutenant general sir Hudson Lowe and other authentic sources, not before made public. *Lond*. 1853. 3 vol. 8. Portrait. Trad. en allem. par Julius Seybt. *Leipz*. 1853. 3 vol. 8.

Facts illustrative to the treatment of Napoleon Buonaparte in Sainte-Helena. *Lond*. 1819. 8. (*P*.)

Jay (Antoine). Recueil de pièces authentiques sur le captif de Sainte-Hélène. *Par*. 1821-22. 11 vol. 8. (*P*.)

Azais (Pierre Hyacinthe). De Napoléon et de la France. *Par*. 1815. 8. *
 * Cet écrit n'a pas été mis dans le commerce.

—— Jugement impartial sur Napoléon, ou considérations philosophiques sur son caractère, son élévation, sa chute et les résultats de son gouvernement, etc., suivi d'un parallèle entre Napoléon et Cromwell, etc. *Par*. 1819. 8.

Michaud (Louis Gabriel). Tableau historique et raisonné des premières guerres de Napoléon Bonaparte, de leurs causes et de leurs effets. *Par*. 1814. 2 vol. 8.

(**Prudhomme**, Louis). L'Europe tourmentée par la révolution en France, ébranlée par dix-huit années de promenades meurtrières de Napoléon Bonaparte. *Par*. 1816. 2 vol. 12.

Mazoyer (Vital Benoit). Les quatre filles de Napoléon. *Lyon*. 1832. 4. *
 * Les quatre filles sont les quatre batailles de Marengo, Austerlitz, Jéna et Friedland.

(**Pommereul**, François René Jean de). Campagnes du général Bonaparte en Italie pendant les années IV et V de la république française. *Par*., an VI (1797). 8. *Gênes*. 1797. 2 vol. 12. Trad. en angl. par Thomas Edward Ritchie. *Lond*. 1799. 8.

Saintine (X... B...). Histoire des guerres d'Italie, première partie. Campagne des Alpes, depuis 1790 jusqu'en 1796. *Par*. 1826. 18. (Orné de portraits, plans et cartes.)

Petit (Joseph). Marengo, ou campagne d'Italie par l'armée de réserve. *Par*., an IX. 8.

Thiébault (N... N...). Journal des opérations militaires du siège et du blocus de Gênes. *Par*., an IX. 8.

Bosredon Ransijat (N... N...). Journal du siége et blocus de Malte. *Par.*, an IX. 8.

Chasseloup de Laubat (François). Journal historique des opérations militaires du siége de Peschiera, rédigé par N... N... Hénin. *Par.*, an IX. 8.

Lattil (Jean Baptiste). Campagne de Bonaparte à Malte, en Egypte et en Syrie. *Marseille.* 1802. 8. Trad. en holland. *S'Hage et Amst.* 1803. 8.

(**Boissy**, Louis de Laus de). Bonaparte au Caire, ou mémoires sur l'expédition de ce général en Egypte. *Par.*, an VII (1799). 8.

Berthier (Alexandre). Relation des campagnes de Bonaparte en Egypte et en Syrie. *Par.*, an VIII (1800). 8. Augment. s. c. t. Mémoires du maréchal Berthier. *Par.* 1827. 8.

Ader (Jean Joseph). Expédition d'Égypte et de Syrie, revue pour les détails stratégiques par le général Beauvais. *Par.* 1826. 18. Trad. en allem. (par Wilhelm Christian Pabst). *Darmst.* 1827. 2 vol. 12.
Histoire scientifique et militaire de l'expédition française en Egypte, etc. *Par.* 1830-36. 10 vol. 8. *
    * Dédiée au roi Louis Philippe I.

Schneidawind (Franz Joseph Adolph). Geschichte der Expedition der Franzosen nach Aegypten und Syrien in den Jahren 1798-1801. *Zweibr.* 1830-31. 3 vol. 12.

Abdurraham Gabarti. Journal pendant l'occupation française en Egypte, suivi d'un précis de la même campagne par Mou' Ablem Nicolas el Turki, secrétaire du prince des Druzes, trad. de l'arabe par A... Cardin. *Par.* 1838. 8. Trad. par M... Desgranges. *Par.* 1840. 8.

(**Thénot**, N... N...). Relation de la campagne de Syrie, spécialement des siéges de Jaffa et de Saint-Jean d'Acre, etc. *Par.* 1839. 8.

Foudras (Alexandre). Campagne de Bonaparte en Italie, en l'an VIII, etc. *Par.* 1800. 8.

Buelow (Heinrich Wilhelm v.). Histoire des campagnes de Hohenlinden (3 déc. 1800) et de Marengo (14 juin 1800), contenant les notes que Napoléon fit sur cet ouvrage, en 1819, à Sainte-Hélène, publ. par le major Emmet. *Lond.* 1831. 8.

Longuet (A...). Analyse des campagnes de 1806 et 1807, du précis des événements militaires du lieutenant général comte Mathieu Dumas. *Metz.* 1840. 8.

Venturini (Carl Heinrich Georg). Geschichte der spanisch-portugiesischen Thronumkehr und das daraus entstandenen Krieges. *Alton.* 1812-13. 2 vol. 8.

Zschokke (Heinrich). Der Krieg Napoleon's gegen den Aufstand der spanischen und portugiesischen Völker. *Aarau.* 1813. 8.

Rocca (Albert Jean Michel). Mémoire sur la guerre des Français en Espagne. *Lond.* 1814. 8. Augment. *Par.* 1817. 8. Trad. en ital. *Milan.* 1816. 8.

Jones (John T...). Journal of the sieges undertaken by the allies in Spain in the years 1811 and 1812, with notes. *Lond.* 1814. 8.
    Trad. en allem. par F... G... *Berl.* 1818. 8.
    Trad. en franç. par M... G(osselin). *Par.* 1821. 8.
—— Account of the war in Spain, Portugal and the South of France, from 1808 to 1814. *Lond.* 1818. 2 vol. 8. *Ibid.* 1821. 2 vol. 8.
    Trad. en allem. :
      Par un anonyme. *Braunschw.* 1818. 8.
      Par F... A... v. H... *Wien.* 1818. 2 vol. 8.
    Trad. en franç. par Alphonse de Beauchamp. *Par.* 1818. 2 vol. 8.

Marcillac (N... N...). Historia de la guerra entre la Francia y la España, durante la revolucion francesa. *Madr.* 1815. 4.

Carrel (Armand). Précis historique de la guerre d'Espagne et de Portugal de 1808 à 1814, etc., avec des détails sur la bataille de Toulouse. *Par.* 1815. 8.

Naylies (Joseph Jacques de). Mémoires sur la guerre d'Espagne pendant les années 1808, 1809, 1810 et 1811. *Par.* 1817. 8. *Ibid.* 1835. 8.

Cabanes (Francisco Xavier). Historia de la guerra de España contra Napoleon Bonaparte. *Madr.* 1818. 8. *
    * Contenant l'introduction des événements de 1808.

    2

Rigel (Franz Xaver). Der siebenjährige Kampf auf der pyrenäischen Halbinsel vom Jahre 1807 bis 1814, etc. *Darmst.* 1819-22. 3 vol. 8.

Beauchamp (Alphonse de). Histoire de la guerre d'Espagne et de Portugal pendant les années 1807 à 1813. *Par.* 1819. 2 vol. 8.

Gouvion-Saint-Cyr (Louis de). Journal des opérations de l'armée de Catalogne en 1808 et 1809 sous le commandement du général Gouvion-Saint-Cyr. *Par.* 1821. 8. Trad. en allem. par Franz Xaver Rigel. *Rastadt.* 1824. 8.

Lapène (Edouard). Campagnes de 1813 et 1814 sur l'Ebre, les Pyrénées et la Garonne, précédées de considérations sur la dernière guerre d'Espagne. *Par.* 1823. 2 vol. 8.
—— Conquête de l'Andalousie. Campagnes de 1810 et 1811 dans le midi de l'Espagne. *Par.* 1823. 8.

Coelln (Friedrich Wilhelm v.). Chronologische Übersicht der Kriegsereignisse in Spanien und Portugal vom Einfall der Franzosen im Jahre 1808 bis zur Befreiung des Königs von Spanien im Jahre 1823. *Coblenz.* 1824. 8.

Southey (Robert). History of the Peninsular war. *Lond.* 1823-32. 6 vol. 8. *Ibid.* 6 vol. 4.

Foy (Maximilien Sébastien). Histoire de la guerre de la Péninsule sous Napoléon, etc., publ. par l'épouse de l'auteur. *Par.* 1827. 4 vol. 8. *Brux.* 1827. 4 vol. 18. Portrait de Foy. *Par.* 1828. 4 vol. 8.
    Trad. en allem. :
      Par un anonyme. *Stuttg.* 1827. 4 vol. 12.
      Par C... Puttrich, augment. par Friedrich August Rueder. *Leipz.* 1827-28. 4 vol. 8.
    Trad. en espagn. *Par.* 1827-28. 8 vol. 18.
    Trad. en dan. par P...E... Cronhjelm. *Christianstadt.* 1830-34. 4 vol. 8.

Napier (W... F... P...). History of the war in the Peninsula and in South of France, from the year 1807 to the year of 1814. *Lond.* 1828-40. 6 vol. 8. Trad. en franç. par Mathieu Dumas. *Par.* 1828-38. 10 vol. 8.

Londonderry (C... W... Vane of). Narrative of the Peninsular war. *Lond.* 1828. 4.

Maldonaldo (Juan Muñoz). Historia de la guerra de España contra Napoleon. *Madr.* 1830. 3 vol. 8.

Hay (A... L...). Narrative of the Peninsular war. *Edinb.* 1831. 2 vol. 12. *Lond.* 1834. 2 vol. 12. *Ibid.* 1839. 8.

Arguelles (Juan Canga). Observaciones sobre la historia de la guerra de España. *Madr.* 1834. 4 vol. 8.

Suchet d'Albuféra (Louis Gabriel). Mémoires sur les campagnes en Espagne, depuis 1808 jusqu'en 1814, (rédigés d'après les notes par le général Saint-Cyr Nucuès). *Par.* 1829. 2 vol. 8. *Ibid.* 1834. 2 vol. 8. Portrait du maréchal Suchet. Trad. en allem. s. c. t. Die Belagerungen von Lerida, Mequinanza, Tortosa, Sagunt und Valencia, etc., par Wilhelm v. Voigts-Rhetz. *Coblenz.* 1839. 8.
    Trad. en angl. *Lond.* 1829-30. 2 vol. 8.
    Trad. en espagn. par G... D... M... *Par.* 1829-30. 4 vol. 12. Portrait de Suchet.

Régeau (Octave). Aperçu des campagnes de 1813 et 1814 sur les Pyrénées. *Rouen.* 1832. 8.

Choumara (Théodore). Considérations militaires sur les Mémoires du maréchal Suchet, suivies de la correspondance entre les maréchaux Soult et Suchet, etc. *Par.* 1838. 8.

Belmas (J...). Journaux des siéges faits ou soutenus par les Français dans la Péninsule de 1807 à 1814. *Par.* 1838. 4 vol. 8.

Daudebard de Férussac (N... N...). Journal historique du siége de Saragosse. *Par.* 1816. 8.

Pelet (Jean Jacques Germain). Mémoires sur la guerre de 1809, en Allemagne, avec les opérations particulières des corps d'Italie, de Pologne, de Saxe, de Naples et de Walcheren, etc. *Par.* 1824-26. 4 vol. 8. Trad. en allem. par Joseph v. Theobald. *Stuttg.* 1824. 2 vol. 8.

Guesdon-Mortonval (Alexandre Fursy). Histoire des campagnes d'Allemagne et de Prusse, depuis 1807 jusqu'en 1809, revue par le général Beauvais. *Par.* 1826. 18. *Ibid.* 1827. 8. *Brux.* 1827. 2 vol. 18. Portraits, cartes et plans.

Labaume (Eugène). Relation circonstanciée de la campagne de Russie (en 1812). *Par.* 1814. 8. (P.) *Ibid.*

1816. 8. (*P.*) *Ibid.* 1820. 8. (*Lv.*) — (6e édition.) — (*P.*)
Trad. en allem. *Leipz.* 1815. 8. *Ibid.* 1817. 8. (*L.*)
Trad. en dan. par Jacob BADEN. *Kjoebenh.* 1820. 8.
Trad. en ital. par Giovanni AUREGGIO. *Milan.* 1856.
2 vol. 12.

Durdent (René Jean). Campagne de Moscou en 1812.
Par. 1814. 8.

Bourgeois (René). Tableau de la campagne de Moscou.
Par. 1814. 8. (*P.*)

(**Grave**, Carl Ludwig). Skizzen zu einer Geschichte des
russisch-französischen Krieges im Jahre 1812. *Leipz.*
1814. 8.

Lueders (Ludwig). Frankreich und Russland, oder Darstellung des grossen Kampfes im Jahre 1812. *Berl.*
1814-16. 2 vol. 8.

Ker-Porter (Robert). Der russissche Feldzug im Jahre
1812, aus dem Englischen übersetzt von Paul Ludolph
KRITZ. *Leipz.* et *Altenb.* 1815. 8. Trad. en franç. *Par.*
1817. 8.

Sarrazin (Jean). Histoire de la guerre de Russie et
d'Allemagne, 1812 et 1813. *Par.* 1815. 8. Portrait.

Venturini (Carl Heinrich Georg). Russlands und Deutschlands Befreiungskriege von der Franzosenherrschaft
unter Napoleon in den Jahren 1810-15. *Leipz.* 1816-19.
4 vol. 8. (*L.*)

Liebenstein (Johann Ludwig Friedrich v.). Der Krieg
Napoleon's gegen Russland in den Jahren 1812 und
1813. *Frf.* 1818. 2 vol. 8.

(**Chambray**, George de). Histoire de l'expédition de
Russie. *Par.* 1823. 2 vol. 8. *Ibid.* 1825. 3 vol. 8. *Ibid.*
1838. 5 vol. 8. Portrait.
Trad. en allem. par Louis BLESSON. *Berl.* 1824. 2 vol. 8.
Par Friedrich v. KAUSLER. *Stuttg.* 1824. 2 vol. 8.

Boisminart (P... W... d'Auzon de). Herinneringen uit
den veldtogt van Rusland, in den jare 1812. *S'Hage* et
Amst. 1824. 8. Augment. *Ibid.* 1840. 8.

Ségur (Philippe Paul de). Histoire de Napoléon et de la
grande armée pendant l'année 1812. *Par.* 1824. 2 vol. 8.
Ibid. 1835. 2 vol. 8. (11e édition.) *Brux.* 1837, 2 vol. 8.
Portrait de l'auteur. *Stuttg.* 1839. 2 vol. 16.
Trad. en allem. :
Par Joseph v. THEOBALD. *Stuttg.* 1825. 2 vol. 8.
Par un anonyme. *Berl.* 1825. 2 vol. 8.
Par I... F... E... (c'est-à-dire August IFE). *Berl.*
1827. 4 vol. 12.
Par Franz KOTTENKAMP. *Mannh.* 1835. 8.
Par Carl COURTIN. *Stuttg.* 1835. 8. *Ibid.* 1841. 2 vo-
lumes 8.
Trad. en angl. *Philadelph.* 1825. 2 vol. 8. *Lond.*
1856. 2 vol. 12. *New-York.* 1843. 2 vol. 16.
Trad. en dan. par A... T... HOEST. *Kjoebenh.* 1840. 8.
Trad. en espagn. par J... C... PAGÈS. *Par.* 1825.
4 vol. 12.
Trad. en holland. *S'Hage.* 1825. 8. *Amst.* 1835. 8.
Trad. en ital. *Livorn.* 1825. 4 vol. 12.
Analyse de l'*Histoire de Napoléon et de la grande armée*
en 1812. *Par.* 1825. 8.

.Un soldat à un soldat sur l'*Histoire de la campagne de*
Russie, publiée par M. de Ségur. *Par.* 1825. 8.

Boutourlin (N... N... de). Histoire militaire de la campagne de Russie en 1812. *Par.* et *Saint-Pétersb.* 1824.
2 vol. 8. (*P.*) Trad. en russe par N... N... CAALOFF.
Sanct-Petersb. 1838. 8.

Beauchamp (Alphonse de). Critique historique, avec
des observations littéraires, sur l'ouvrage du général
comte de Ségur. *Par.* 1825. 8.

Gourgaud (Gaspard). Napoléon et la grande armée en
Russie, ou examen critique sur l'ouvrage de M. le
comte Philippe de Ségur. *Par.* 1825. 8. *Ibid.* 1826.
2 vol. 18. *Brux.* 1837. 8.

Voelderndorff (E... v.). Observations sur l'ouvrage du
comte de Ségur, *Histoire de Napoléon*, etc. *Munic.*
1826. 8. Trad. en allem. *Nördling.* 1827. 8.

Magalon (J... D...). Campagne de Russie. *Par.* 1826. 52.

Guesdon-Mortonval (Alexandre Fursy). Histoire de la
guerre de Russie en 1812. *Par.* 1828. 2 vol. 12. Trad.
en allem. par Franz Joseph Adolph SCHNEIDAWIND.
Darmst. 1831. 3 vol. 18.

Otunieff (N... N...). Considérations sur les grandes opérations, les batailles, etc., de la campagne de 1812 en
Russie. *Par.* 1829. 8.

Roos (H... U... L... v.). Denkwürdigkeiten aus dem
Kriege des Jahres 1812; oder ein Jahr aus meinem
Leben. Reise von den westlichen Ufern der Donau a
die Newa, südlich von Moskau und zurück an die Be-
resina mit der grossen Armee Napoleon's im Jahre 1812.
Sanct-Petersb. 1832. 8.

Montigny (Louis). Souvenirs anecdotiques d'un officier
de la grande armée. *Par.* 1833. 8.

Soltyk (Roman). Napoléon en 1812. Mémoires historiques et militaires sur la campagne de Russie. *Par.*
1836. 8. Trad. en allem. par Ludwig BISCHOFF. *Wesel.*
1837. 8. *Ibid.* 1838. 8.

Celner (L...). Geschichte des Feldzugs in Russland im
Jahre 1812. *Reutling.* 1839. 12. Portrait de Napoléon.

Danielevski (Michail). Geschichte des vaterländischen
Krieges im Jahre 1812, trad. du russe par Carl R...
GOLDHAMMER. *Riga.* 1840. 4 vol. 8.

(**Mailly**, N... N... de). Mon journal pendant la campagne
de Russie, etc. *Par.* 1841. 8.

Casse (Albert du). Mémoires pour servir à l'histoire de
la campagne de 1812, en Russie, suivis des lettres de
Napoléon au roi de Westphalie (Jérôme Bonaparte)
pendant la campagne de 1813. *Par.* 1852. 8.

Mémoires du colonel Combe sur les campagnes de Russie
(1812), de Saxe (1813), de France (1814 et 1815). *Par.*
1853. 8.

<hr>

(**Vaudoncourt**, Guillaume de). Relation impartiale du
passage de la Bérézina par l'armée française. *Par.*
1814. 8. *Ibid.* 1815. 8. (*P.*)

(**Tchitchagoff**, N... N...). Relation du passage de la Bérézina, écrite d'abord en anglais et traduite en franç.
par un anonyme. *Par.* 1814. 8.

(**Tolstoi**, Jacques). Le passage de la Bérézina, trad. du
russe du général (Michail) Danielevski, d'après des documents authentiques, etc. *Par.* 1842. 8.

Auriol (chevalier d'). Le tambour de Polotsk, épisode
de la campagne de Russie en 1812. *Par.* 1843. 18.

<hr>

Odeleben (Ernst Otto v.). Napoleon's Feldzug in Sachsen
im Jahre 1813. *Dresd.* 1816. 8. * *Ibid.* 1816. 2 vol. 8. **
  * La première édition ne porte pas le nom de l'auteur.
  ** Le second volume, intitulé *Darstellung der Ereignisse in Dresden*,
   a été publ. par Wilhelm Adolph LINDAU.

Scheltema (Jakob). De laatste veldtogt van Napoleon Bonaparte. *Amst.* 1816. 8.

Vaudoncourt (Guillaume de). Histoire des campagnes
d'Allemagne en 1813 et d'Italie en 1813 et 1814. *Par.*
1817. 2 vol. 8.

—— Histoire des campagnes de 1814 et 1815 en France.
Par. 1826. 8. Trad. en allem. par Lebrecht Günther
FOERSTER. *Quedlinb.* 1827. 8.

Plotho (Carl v.). Der Krieg in Deutschland und Frankreich in den Jahren 1813 und 1814. *Berl.* 1818. 4 vol. 8.*
  * Le 4e volume est intitulé *Der Krieg der Verbündeten Europa's*
   gegen Frankreich im Jahre 1815.

Koch (Jean Baptiste Frédéric). Mémoires pour servir à
l'histoire de la campagne de 1814. *Par.* 1819. 2 vol. 8.

Mueffling (Friedrich Carl Ferdinand v.). Napoleon's
Strategie im Jahre 1813 vor der Schlacht bei Gross-
Görschen bis zur Schlacht bei Leipzig. *Berl.* 1827. 8.

Pfuel (Ernst v.). Übersicht der Kriegsjahre 1813, 14 und
15. *Berl.* 1828. 8.

Mauduit (Hippolyte de). Les derniers jours de la grande
armée, ou souvenirs, documents et correspondance inédite de Napoléon en 1814 et en 1815. *Par.* 1850. 2 vol. 8.

<hr>

Napoleon's Kriegszug nach Paris vom 26. Febr. bis zum
20. März 1815. *Frf.* 1815. 8.

Delbare (François Thomas). Nouveaux éclaircissements
sur la conspiration du 20 mars et sur l'histoire des
cent jours (20 mars-22 juin 1815). *Par.* 1820. 2 vol. 8.

Constant (Benjamin). Mémoires sur les cent jours. *Par.*
1822. 8. *Ibid.* 1829. 8.

(**Bonaparte**, Louis). La vérité sur les cent jours. *Par.*
1825. 8. *Brux.* 1825. 8. Trad. en allem. *Stuttg.* 1826. 8.

Battaglia (Giacinto). I centi giorni, o storia di Napoleone
Bonaparte dall' epoca della sua fuga dall' isola d' Elba
fino alla sua seconda abdicazione. *Milan.* 1859. 12.

Capefigue (Baptiste Honoré Raymond). Les cent jours.
Par. 1840. 5 vol. 8. *Brux.* 1841. 3 vol. 8. Trad. en
allem. *Carlsr.* et *Freib.* 1843-44. 2 vol. 8.

Hoest (A... T...). De 100 Dage, eller Napoleon's Felttog i 1815. *Kjoebenh.* 1840. 8.

Ott (Conrad). Geschichte der letzten Kämpfe Napoleon's. *Leipz.* 1843. 2 vol. 8.

Champollion-Figeac (Jean Joseph). Fourier et Napoléon. L'Egypte et les cent jours. Mémoires et documents inédits. *Par.* 1844. 8.

Lefol (M...). Souvenirs sur le retour de l'empereur de l'île d'Elbe et sur la campagne de 1815 pendant les cent jours. *Versaill.* 1852. 8.

Raclet (J... E... M...). Précis historique des événements qui se sont passés à Valenciennes, depuis le retour de Buonaparte jusqu'au rétablissement de Louis XVIII. *Lille.* 1816. 8.

Pons, de l'Hérault (N... N...). De la bataille et de la capitulation de Paris, suivi de la seconde édition du *Congrès de Châtillon*. *Par.* 1828. 8. (*P.*)

Philalethes (Johann Georg Reinwald). Napoleon's Bau und Sturz. *Braunschw.* 1814. 8.

Napoleon's Abdankungsnächte im Jahre 1815. *Leipz.* 1816. 8.

Mitchell (John). The fall of Napoleon; an historical memoir. *Lond.* 1845-46. 3 vol. 8. (*Oxf.*)

Maitland (F... L...). Narrative of the surrender of Buonaparte and of his residence on board M. M. S. *Bellerophon*, with a detail of the principal events that occured in that ship, between the 24th of may and 8th of august 1815. *Lond.* 1826. 8. *Boston.* 1826. 12.

Trad. en allem. :
    Par un anonyme. *Frf.* 1826. 12. *Hamb.* 1826. 8.
    Par Wilhelm Adolph Lindau. *Dresd.* et *Leipz.* 1826. 8.

Trad. en franç. par Théodore Parisot. *Par.* 1826. 8.

Trad. en holland. *Amst.* 1826. 8.

Réfutation de la réfutation du capitaine Maitland, commandant *le Bellérophon*, touchant l'embarquement de Napoléon à son bord. *Par.* 1827. 8.

Cockburn (George). Buonaparte's voyage to Sainte-Helena. *Boston.* 1833. 12.

Relation de la mission du lieutenant général comte Beker auprès de l'empereur Napoléon depuis la seconde abdication jusqu'au passage à bord du *Bellérophon. Clerm. Ferr.* 1841. 8.

(Fabry, Jean Baptiste G...). La régence à Blois, ou les derniers moments du gouvernement impérial. *Par.* 1814. 8. (4ᵉ édition.) *Ibid.* 1815. 8.

(Fabry, Jean Baptiste G...). Itinéraire de Bonaparte, depuis son départ de Doulevent, le 28 mars, jusqu'à son embarquement à Fréjus, le 28 avril, avec quelques détails sur ses derniers moments à Fontainebleau et sur sa nouvelle existence à Porto-Ferrajo, pour servir de suite à la *Régence à Blois*, etc. *Par.* 1814. 8. *Ibid.*

(——). Itinéraire de Bonaparte, de l'île d'Elbe à l'île Sainte-Hélène, ou mémoires pour servir à l'histoire des événements de 1815, etc. *Par.* 1816. 8. *Ibid.* 1817. 2 vol. 8.

(Mayeur de Saint-Paul, François Marie). Itinéraire de Bonaparte depuis son départ de la Malmaison jusqu'à son embarquement pour Sainte-Hélène. *Par.* 1816. 8.

Denniée (baron). Itinéraire de l'empereur Napoléon pendant la campagne de 1812. *Par.* 1842. 18. (*Lv.*)

Dolly (N... N...). Itinéraire de Napoléon Bonaparte, etc. *Par.* 1843. 8.

Perrot (A... M...). Itinéraire de Napoléon. Chronologie du consulat et de l'empire, avec un dictionnaire géographique-napoléonien. *Par.* 1845. Fol.

Het huwelijk van Napoleon en Josephine. *Amst.* 1814. 24.

(Tabaraud, Mathieu Mathurin). Du divorce de Napoléon Buonaparte avec Joséphine, veuve Beauharnais, et de son mariage avec Marie Louise, archiduchesse d'Autriche. *Par.* 1815. 8.

Firmas-Periès (comte de). La bigamie de Napoléon Buonaparte. *Par.* 1815. 8.

Lettres de Napoléon à Joséphine pendant la première campagne d'Italie, le consulat et l'empire, et lettres de Joséphine à Napoléon et à sa fille (Hortense). *Par.* 1833. 2 vol. 8. *Berl.* 1833. 2 vol. 12. *Brux.* 1833. 2 vol. 18.

Trad. en allem. :
    Par Eduard Maria Oettinger. *Berl.* 1833. 16.
    Par Lebrecht Günther Foerster. *Quedlinb.* 1833. 2 vol. 12.
    Par Heinrich Elsner. *Stuttg.* 1838-39. 2 vol. 8.

Trad. en russe par A... Timofejew. *Sanct-Petersb.* 1834. 2 vol. 8.

Goulet (Nicolas). Fêtes à l'occasion du mariage de Napoléon avec Marie Louise. *Par.* 1810. 8. (*Bes.*)

(Doris, Charles). Amours secrets de Napoléon Bonaparte. *Par.* 1815. 4 vol. 12.

(——). Amours secrets des quatre frères de Napoléon. *Par.* 1815. 2 vol. 12. *

  * Ces deux volumes, formant les tomes V et VI de l'ouvrage précédent, ont été publiés s. l. pseudonyme de M. le baron de D...

(——). Chagrins domestiques de Napoléon Bonaparte à Sainte-Hélène, etc. *Par.* 1821. 8.

  * Publ. s. l. pseudonyme d'Edwige Saistiné.

Geheime Geschichte der galanten Abenteuer und Liebes-Intriguen des Kaisers Napoleon und seiner vier Brüder. *Leipz.* 1834. 3 vol. 8. (Extrait des ouvrages de Charles Doris.)

Revel (Jean Henri François). Buonaparte et (Joachim) Murat, ravisseurs d'une jeune femme et quelques-uns de leurs agents complices de ce rapt, etc. *Par.* 1815. 12.

(Sarrazin, Jean). Confessions de Bouaparte à l'abbé (Jean Siffrein) Maury. *Lond.* 1811. 8.

Trad. en allem. :
    S. c. t. Bonaparte's Sündenbekenntniss gebeichtet dem Cardinal Maury, (par Johann Adam Bergk). *Leipz.* 1814. 8.
    Par un anonyme. *Braunschw.* 1814. 8.

Trad. en angl. *Lond.* 1811. 8.

Bricoux (C... F...). Les confessions de Napoléon et de Louis Philippe. *Brux.* 1852. 8.

Michaud (Joseph François). Les adieux à Buonaparte. *Par.* 1800. 12. * *Ibid.* 1814. 8.

  * La même année il en parut 5 éditions. La réimpression de 1814 fut tirée à un très-petit nombre d'exemplaires. Dans le même écrit on trouve (page 85-239) *Les derniers adieux à Buonaparte victorieux.*

Raupach (Ernst). Napoleon der Tyrann, der Unterdrücker, der Verderber Deutschlands. *Dresd.* 1813. 8.

Napoleon ó el verdadero Don Quixote de la Europa, ó sean comentarios critico-patriotico-burlescos á varios decretos de Napoleon y su hermano José. *Madr.* 1813. 8 vol. 4.

La Coudraye (marquis de). Les vérités éternelles qui constituent les empereurs et les rois, d'où il résulte que le révolutionnaire Buonaparte, en osant couronner sa tête, avait lui-même prononcé son arrêt de mort. *Par.* 1814. 8. (Extrêmement rare et recherché par tous les antibonapartistes.)

Bispink (Friedrich Heinrich). Napoleon, ad præcipua regiminis et bellorum suorum momenta, satyricis versibus adumbratus. *Halæ.* 1814. 8.

Wahrlieb (Ernst). Napoleon der Grosse und Bonaparte der Kleine, s. l. 1814. 8.

Hundert und etliche Fanfaronaden des corsikanischen Abenteurers Napoleon Buonaparte, etc. *Leipz.* 1814. 8.

Bonapartiade; biographische Skizze in Blumauer'scher Manier. *Berl.* 1814. 8. (Biographie satirique écrite en vers burlesques.)

Le Néron corse. *Gand.* 1815. 8.

  * Une des plus violentes diatribes lancées contre l'empereur Napoléon. Cette pièce est très-rare et curieuse.

Bonaparte, oder Leben und Thaten des theuern Helden Napoleon Bonaparte, in lustigen Reimen. *Sanct-Helena.* (*Ulm.*) 1816. 8. (Satire assez mordante, composée en vers rimés.)

(Lacretelle, Pierre Louis). Parallèle entre César, Cromwell, Monck et Napoléon. *Par.*, s. d. (1800). 8. *

  * On attribue ce parallèle à Napoléon lui-même et à son frère Lucien Bonaparte.

Bonaparte, Alexander und Cæsar Octavianus Augustus; historische Vergleichung. *Frf.* et *Gotha.* 1800. 8.

Bonaparte und (Oliver) Cromwell; aus dem Französischen übersetzt von Friedrich Christian LAUKHARD, s. l. et s. d. (*Leipz.* 1801.) 8. (*L.*)

Chas (Jean). Parallèle de Bonaparte le Grand avec Charlemagne. *Par.* 1803. 8. (2e édition.)

Das corsische Kleeblatt : Theodor (Baron v. Neuhoff), (Pasquale) Paoli und Bonaparte, etc. *Zerbst.* 1803. 8.

(**Barbet**, L... R...). Les trois hommes illustres, ou dissertation sur les institutions politiques de César Auguste, de Charlemagne et de Napoléon Bonaparte. *Par.*, an XII (1804). 12.

Napoleon und General Bertrand. Unterredung auf der Insel Elba. *Frf.* 1814. 8.

Vater (Johann Severin). Napoleon Bonaparte, der Weltgebieter, und die Päpste des Mittelalters; historische Parallele. *Leipz.* 1814. 8.

Bonaparte und John Bull. *Pirna*, s. d. 8.

Charlemagne et Napoléon; parallèle de nouvelle date. Carl der Grosse und Napoleon, Vergleichung der jüngsten Zeit. *Brux.* 1819. 8. (Ecrit en allem. et en franç.)

Wendel (Johann Andreas). Julius Cæsar, das Vorbild von Napoleon Bonaparte ; ein Programm. *Coburg.* 1820. 4.

Carrion-Nisas (André Henri François Victor). Bonaparte et Napoléon ; parallèle. *Par.* 1821. 8.

Petri (Samuel Friedrich Erdmann). Erinnerungen an Napoleon Bonaparte und Philipp den Macedonier. *Schmalkald.* 1822. 4.

(**Sendtner**, Jacob). Buonaparte und Londonderry. Gespräch im Reiche der Todten. *Münch.* 1822. 8.

Seida und Landensberg (Franz Eugen Joseph v.). Sieyès und Napoleon. *Heidelb.* 1824. 8.

(**Mongellaz**, Fanny **Burnier-**). Louis XVIII et Napoléon dans les Champs-Elysées. *Par.* 1823. 8.

Cromwell et Napoléon, la révolution d'Angleterre et la révolution française parallèlement comparées. *Wolfenb.* 1829. 8.

Minutoli – Menu (Heinrich Carl v.). Friedrich (der Grosse) und Napoleon. *Berl.* 1840. 8.

Goertz (E... C... A... v.). Wer war grösser : Friedrich der Grosse oder Napoleon ? Vergleichende Schilderung dieser grossen Männer als Mensch, Held, Staatsmann und Fürst. *Quedlinb.* 1840. 8.

Couture (Louis). Parallèles historiques Napoléon. — Louis XIV. — Cromwell. — Washington, ou pourquoi finissent les dynasties? Quand et comment elles naissent. *Par.* 1852. 18.

Napoleon als Eroberer von Kunstschätzen. *Wiesbad.* 1816. 8.

Eckard (Jean). Question d'état civil et historique : Napoléon Bonaparte est-il né Français ? *Par.* 1826. 8.

Calendrier Napoléon. *Par.* 1821. 8. *Brux.* 1821. 8.

(**Bergk**, Johann Adam). Napoleons-Calender, oder Nachrichten auf jeden Tag im Jahre aus dem Leben Napoleon's. *Leipz.* 1822. *Quedlinb.*, s. d. (vers 1840). 8. *

* Publ. s. l. pseudonyme de HEINICHEN.

Napoleon in Dresden und auf Elba. *Dresd.* 1814. 8.

Truchsess v. Waldburg (Graf). Napoleon's Reise von Fontainebleau nach Frejus, vom 17-29ten April 1814. *Berl.* 1815. 8.

Trad. en dan. par S... HEMPEL. *Odense.* 1815. 8.

Trad. en franç. *Neufchât.* 1815. 8.

Pichard (N... N...). Napoléon Bonaparte à Auxonne. *Auxonne.* 1842. 8.

Durand (Alexis). Napoléon à Fontainebleau, etc. *Fontaineb.* 1850. 8.

Fauque (Victor). LL. MM. II. et RR. Napoléon et Joséphine et Sa Sainteté Pie VII à Châlons-sur-Saône (avril 1805). *Châlons.* 1852. 8.

Sklower (S...). Entrevue de Napoléon I et de Gœthe (à Erfurt en 1809), suivie de notes et commentaires. *Lille.* 1853. 12. Portrait de Gœthe. *

* La première édition, format in-8o, n'a été tirée qu'à 10 exempl.

L'empereur Napoléon à l'île d'Aix (juillet 1815). *Nantes.*

1853. 8. (Extrait du journal intitulé *Tablettes de la Charente.*)

Rabbe (Alphonse). Méditations sur la mort de Napoléon. *Par.* 1821. 8.

* Cet écrit n'a été mis en vente qu'en 1831.

Arnott (A...). De laatste levensdagen, dood en lijkopening van Napoleon Buonaparte. *Amst.* 1823. 8. (Trad. de l'angl.) Trad. en allem. *Leipz.* 1825. 8.

Héreau (J...). Napoléon à Sainte-Hélène. Opinion d'un médecin sur la maladie de l'empereur Napoléon et sur la cause de sa mort. *Par.* 1829. 8.

Unumstösslicher Beweis, dass Napoleon Bonaparte todt ist, und dass die kürzlich erschienene Flugschrift, wodurch bewiesen werden soll, er sei als Hussein Pascha wieder auferstanden, baarer Unsinn sei. *Danz.* 1829. 8.

(**Bellegingue**, Pierre). Procédure orthographique de la gloire de Napoléon le Grand et du génie de la gente humaine. *Besanç.* 1807. 12. (Ouvrage confisqué par la police.)

(**Mongé**, François Marie de). Prédictions très-remarquables faites les 20 et 23 janvier 1628, qui annoncent d'une manière fort claire la chute de Bonaparte, le rétablissement des Bourbons, la paix générale et le salut de la France. *Par.* 1814. 8.

666, gefunden in dem Namen Buonaparte, oder das Thier, das gewesen ist und nicht ist, wiewohl es doch ist : der Widerchrist. *Berl.* 1840. 8.

Geoffroy (L...). Napoléon apocryphe, 1812-1832; histoire de la conquête du monde et de la monarchie universelle. *Par.* 1841. 18.

Pérès (Jean Baptiste). Comme quoi Napoléon n'a jamais existé, ou grand erratum, source d'un nombre infini d'errata à noter dans l'histoire du XIXe siècle. *Par.* 1838. 32. (5e édition.) *Ibid.* 1842. 52. *

Trad. en allem. *Berl.* 1839. 12.

Trad. en ital. *Genova.* 1838. 8.

* La première édition est anonyme.

Marcadé (N... N...). Comme quoi Napoléon n'a jamais existé, où l'on prouve le symbolisme. *Brux.* 1853. 12.

Wins (Camille). Discours phrénologique sur Napoléon. *Brux.* 1845. 8. Portrait.

Saint-Hilaire (Émile Marco de). Histoire anecdotique et pittoresque des habitations napoléoniennes à Paris. *Par.* 1842. 18. *Brux.* 1842. 18.

—— Napoléon au bivac, aux Tuileries, à Sainte-Hélène. Anecdotes inédites sur la famille de la cour impériale. *Par.* 1843. 18. *Brux.* 1844. 18. Trad. en allem. par J... HOFFA. *Reutling.* 1853. 8.

—— Napoléon en campagne. *Par.* 1844. 2 vol. 8.

Millingen (James). Metallic history of Napoleon. *Lond.* 1819-21. 2 vol. 4.

Rougeot de Briel (N... N...). Histoire numismatique de Napoléon, ou recueil de médailles frappées sur les campagnes et le règne de l'empereur de 1796 à 1815. *Par.* 1836. 8. (Non terminé.)

Collection générale et complète de lettres, proclamations, discours, messages, etc., de Napoléon, etc., rédigée d'après le *Moniteur*, par Christian August FISCHER. *Leipz.* 1807-12. 2 vol. 8. (*L.*)

Goldsmith (Lewis). Recueil de décrets, ordonnances, traités de paix, manifestes, proclamations, discours, etc., de Napoléon Bonaparte, etc., depuis le 18 brumaire an VIII (nov. 1799) jusqu'à l'année 1812 inclusivement. *Lond.* 1813. 4 vol. 8.

Monuments d'éloquence militaire, ou collection raisonnée des proclamations de Napoléon Bonaparte, précédée d'un essai sur les campagnes de la liberté, rédig. par Constantin TAILLARD. *Par.* 1821. 8.

Goujon (Alexandre). Bulletins officiels de la grande armée. *Par.* 1820-21. 4 vol. 12. (*P.*)

(**Pelet de la Lozère**, Jean). Opinions de Napoléon sur divers sujets de politique et d'administration, etc.,

et récit de quelques événements de l'époque. *Par.*
1833. 8.

Beauterne (N... N... de). Sentiments de Napoléon sur
le christianisme. *Par.* 1843. 8. (Troisième édition.)
Trad. en ital. *Torin.* 1843. 16.

(**Dusaulchoy**, N... N...). Histoire du couronnement de
Napoléon, etc. *Par.* 1805. 8. 7 portraits. (*Bes.* et *P.*)

Boymans (J... A...). Le garde d'honneur, ou épisode
du règne de Napoléon Bonaparte. *Brux.* 1822. 8. (*P.*)

Friedrich Stapss. Biographie aus den hinterlassenen Papieren seines Vaters. *Berl.* 1843. 8. *
* Stapss, étudiant allemand, appartient à la bibliographie napoléonienne parce qu'il avait commis, le 15 oct. 1809, au château de
Schoenbrun, un attentat à la vie de Napoléon. Deux jours plus
tard il fut fusillé.

Maubreuil (Marie Armand de **Guerry** de). Adresse
au Congrès (de Vienne), relative à l'assassinat de Napoléon et de son fils. *Par.* 1814. 8, s. l. (*Par.*) 1819.
8. (3e édition.) — (*P.*) *
* Comp. MAUBREUIL, page 1162.

Swart (A... J...). Dissertatio juridica de Napoleonte (!)
legislatore et jurisconsulto. *Amst.* 1838. 8. (*Ld.*)

Cousin d'Avallon (Charles Yves). Bonapartiana. *Par.*
1801. 18. Augment. *Ibid.* 1801. 18.
Trad. en allem. *Leipz.* 1802-03. 2 vol. 12.
Trad. en ital. *Milan.* 1801. 2 vol. 12.
Bonaparteana. *Lond.* 1804. 12.
Tablettes historiques ou anecdotes de Napoléon. *Par.*
1805. 12.
Malo (Charles). Napoleoniana, etc. *Par.* 1814. 8. *Ibid.*
1815. 18.
Buonapartiana, *Par.* 1814. 32. *Ibid.* 1815. 52. *Lille.*
1854. 12.
Napoleana. *Leipz.* 1823-24. 5 parts. 8.
Cousin d'Avallon (Charles Yves). Bonapartiana. *Par.*
1828. 18. *Ibid.* 1829. 18. *Ibid.* 1850. 18. *Ibid.* 1833.
18. Réimprim. par HILAIRE LE GAI. *Par.* 1853. 18. Trad.
en allem. *Quedlinb.* 1834. 8.
Paroles et faits mémorables de Napoléon. *Par.* 1850. 8.

Testament de Napoléon Bonaparte. *Par.* 1821. 12. *Brux.*
1824. 8.
Trad. en allem. :
(Par Johann Adam BERGK). *Leipz.* 1824. 8.
Par un anonyme. *Quedlinb.* 1840. 8.

(**Marmier**, colonel). Notice épisodique sur l'épée de
Napoléon, qui est en ma possession. *Par.* 1851. 4.

Ambert (J...). Colonne napoléonienne. Histoire des
événements militaires qui se rattachent à ce monument voté par l'armée au camp de Boulogne. *Boulogne.* 1842. 8.

Napoléon II (François Charles Joseph Napoléon),
roi de Rome, duc de Reichstadt (20 mars 1811 — 22 juillet 1832).
Barthélemy (Auguste Marseille) et **Méry** (Joseph). Le
fils de l'homme, ou souvenirs de Vienne. *Par.* 1829. 8.
Stuttg. 1829. 8. Portrait. *
* Cet ouvrage, écrit en vers alexandrins, a paru sous les noms de
MM. Barthélemy et Méry, mais le dernier n'y a pas fait un seul vers.
Trad. en allem. :
Par un anonyme. *Augsb.* 1829. 8. Portrait.
Par A(ugust) SCH(AEFFER). *Gmünd.* 1829. 8. Port.
Par Friedrich LENZ. *Tübing.* 1829. 16. Portrait.
(Avec le texte français.)
Trad. en ital. *Brussel.* 1829. 8.
Franz Carl Joseph Napoleon, Herzog von Reichstadt,
seine Geburt, seine Erziehung und jetzige Stellung,
nebst vielen seltenen Zügen aus seinem Leben. *Leipz.*
1831. 12. (Trad. du franç.) — (*L.*)
Montbel (Guillaume Isidore **Baron** de). Le duc de
Reichstadt. Notice sur la vie et la mort de ce prince,
rédigée à Vienne. *Par.* 1832. 8. (*Lv.*) *Ibid.* 1833. 8.
Ibid. 1833. 8. Portrait.
Trad. en allem. :
Par un anonyme. *Leipz.* 1833. 8. (*L.*)
Par Carl v. KRONFELS. *Freiburg.* 1833. 8.

Trad. en espagn. par F... de S... L... *Valencia.*
1836. 8. Portrait.
Trad. en ital. par Gaetano BARBIERI. *Milan.* 1833. 8.
Portrait.
El duque de Reichstadt, hijo de Napoleon. Vida y muerte
de este joven principe. *Barcel.* 1832. 8.
Vita di Napoleone II, s. l. (*Firenz.*) 1852. 12.
Petit (Jean Baptiste). Vie de Napoléon II, ou détails sur
son séjour en Autriche et ses derniers moments. *Par.*
1832. 18.
Suzor (P... de). Napoléon II, duc de Reichstadt. *Brux.*
1841. 18. (5e édition.)
Franc-Lecomte de la Marne (Pierre). Histoire de
Napoléon II, né roi de Rome, mort duc de Reichstadt.
Par. 1842. Portrait.
Marie Louise und der Herzog von Reichstadt, der Sohn
Napoleon's, die Opfer der Politik Metternich's. *Bern.*
1850. 8. (2e édition.)
Histoire des trois empereurs des Français : Napoléon Ier,
Napoléon II et Napoléon III. *Lyon.* 1852. 12.
Chaumont (Louis de). Histoire populaire du roi de
Rome, etc. *Par.* 1852. 4.
Vie du roi de Rome, Napoléon II. *Lyon.* 1853. 8.
Guy de l'Hérault (N... N...). Histoire de Napoléon II,
roi de Rome, suivie du testament politique de Napo-
léon Ier, (manuscrit venu de Sainte-Hélène). *Par.*
1853. 8.
Saint-Félix (Jules de). Histoire de Napoléon II, roi de
Rome, d'après les documents officiels et les meilleurs
renseignements. *Par.* 1853. 12. Portrait.
Vies des trois empereurs des Français, Napoléon Ier, Na-
poléon II et Napoléon III. *Par.* 1854. 8.

Napoléon Bonaparte III (Louis),
empereur des Français (20 avril 1808—élu président de la république pour
quatre ans le 10 déc. 1848 — élu président pour dix ans le 21 déc. 1851
— élu empereur le 22 nov. 1852.

Procès de l'insurrection militaire du 30 octobre 1836, jugé
par la cour d'assises du Bas-Rhin. *Strasb.,* s. d. (1856). 8.
Roch (E...). L'insurrection de Strasbourg présentée
dans les proportions historiques. *Par.* 1856. 8.
Fazy (James). De la tentative de Napoléon Louis, etc.
Genèv. 1856. 8.
Laity (Armand). Relation historique des événements
du 50 oct. 1836. Le prince Napoléon à Strasbourg.
Par. 1838. 8. *
* Cette brochure fut saisie sous le gouvernement de Louis Philippe et
son auteur, l'un des acolytes du prince Louis Napoléon, condamné
par la chambre des pairs à 5 années de prison et à 10,000 francs
d'amende.
Persigny (Jean Gilbert Victor Fialin de). Relation de
l'entreprise du prince Napoléon Louis Bonaparte, et
des motifs qui l'y ont déterminé. *Par.* 1838. 8. *Stuttg.*
1838. 8. Trad. en allem. *Stuttg.* 1838. 8.
Lombard (Jules). Le prince Napoléon Louis Bonaparte
et le ministère Molé. *Par.* 1839. 8.
Prozess des Prinzen Ludwig Napoleon Bonaparte und
seiner Mitangeklagten vor dem Pairshofe; aus dem
Französischen übersetzt von Eugen HUUN. *Carlsr.*
1841. 8. Portrait.
Poggiali (Sylvestre). Napoléon Louis Bonaparte retenu
en prison; simple récit. *Par.* 1846. 8. *
* Cette brochure fut imprimée avant l'évasion du prisonnier de Ham.
Tremblaire (Charles Édouard). Évasion du prince Louis
Napoléon Bonaparte. *Par.* 1846. 8.
Briffault (Eugène). Le prisonnier de Ham. *Par.* 1847.
12. Portrait. Trad. en angl. *Lond.* 1847. 8.
Procès de Louis Bonaparte. Affaires de Strasbourg et de
Boulogne; précédés de sa biographie. *Par.* 1848. 4.
Dupressoir (Charles). Histoire et procès de Louis Na-
poléon Bonaparte. *Par.* 1852. 8. *
* Accomp. des portraits de MM. Fialin de Persigny, Laity, Montholon,
Forestier, etc.
Pelez (Rafaël). Louis Napoléon traité comme il le mé-
rite! *Par.* 1848. 8.
La vérité sur Napoléon Louis Bonaparte. Ses actions,
ses pensées, sa politique, son présent, son avenir.
Par. 1848. Fol.
Biographie fantastique de Louis Napoléon Bonaparte.
Par. 1848. Fol.
Hennequin (Amédée). Histoire de Louis Napoléon Bo-
naparte. *Par.* 1848. 8.
Leblanc (N... N...). Histoire politique, militaire et

privée du prince Napoléon Bonaparte, neveu de l'empereur et représentant du peuple. *Par.* 1848. 18.

Franke (Eduard). Louis Napoleon, erster Präsident der Republik Frankreich. Sein Leben, seine Abenteuer und seine Erhebung auf den Präsidentenstuhl. *Gera.* 1848. 8.

Brinckmeier (Eduard). Louis Napoleon, Präsident der französischen Republik. Sein politisches, militärisches und Privatleben; sein Character und seine Meinungen. *Braunschw.* 1849. 8. Portrait.

Wikoff (Henry). Sketches of the life of Louis Napoleon Bonaparte. *New-York.* 1849. 12.

Boullenot (Alfred). Les réactionnaires du jour. Première livraison : Louis Napoléon Bonaparte. *Par.* 1849. 8.

Histoire du prince Louis Napoléon Bonaparte, neveu de l'empereur, depuis sa naissance jusqu'à sa proclamation comme président de la république, par un vétéran de la grande armée. *Par.* 1849. 18.

Maurin (A...). Histoire de la présidence de Louis Napoléon Bonaparte, 10 déc. 1848 — 31 mai 1850. *Par.* 1851. 18.

Kien (Benjamin). Napoléon ou le neveu de l'empereur. *Douai.* 1851. 12.

(**Charpentier**, N... N...). L'élu du peuple. Précis historique et biographique de la vie politique du prince Louis Napoléon. *Albi.* 1852. 12. (Une demi-feuille.)

Gallix (N... N...) et **Guy** (N... N...). Histoire complète et authentique de Louis Napoléon Bonaparte, depuis sa naissance jusqu'à ce jour, précédée d'un avant-propos, intitulé : *Le 2 décembre devant l'histoire. Par.* 1852. 8. Trad. en allem. par Eduard Schweppenhauser. *Colmar.* 1852. 8.

Vie et histoire impartiale de Louis Napoléon Bonaparte, président de la république française. *Par.* 1852. 8.

(**Chaumont**, Louis de). Histoire populaire et anecdotique de S. A. I. le prince Louis Napoléon. *Par.* 1852. 4.

Boudin (Antoine). Histoire politique du prince Louis Napoléon Bonaparte, depuis 1815 jusqu'à nos jours. *Bordeaux.* 1852. 8.

Histoire des trois empereurs, Napoléon Ier, Napoléon II et Napoléon III. *Lyon.* 1852. 12.

Biographie historique du prince Louis Napoléon Bonaparte, président de la république, racontée par un vieux sergent de l'empire. *Par.* 1852. Fol.

Biographie du prince Louis Napoléon Bonaparte, président de la république française, ou archives pour servir à son histoire politique. *Par.* 1852. 8.

Barbier (A...). Histoire de Louis Napoléon Bonaparte, président de la république française, depuis sa naissance jusqu'à ce jour, contenant l'appréciation de ses actes, le récit authentique de tous les événements du 2 décembre (1851) et des détails inédits sur ses habitudes privées. *Par.* 1852. 8. Portrait.

Le Mullier (Henri). Histoire parlementaire de la présidence depuis l'élection du prince Louis Napoléon Bonaparte (10 déc. 1848) jusqu'au 2 déc. 1851. *Par.* 1852. 8.

Leynadier (Camille). Histoire de Louis Napoléon Bonaparte, comprenant les événements du 2 déc. 1851, tant à Paris qu'en province, suivie de l'histoire de Napoléon, de la famille impériale, des maréchaux de l'empire, etc. *Par.* 1852. 8. Portrait du président de la république.

Lespès (Léon). Histoire politique, anecdotique et philosophique de la première présidence du prince Louis Napoléon Bonaparte, depuis le 10 déc. 1848 jusqu'au 20 déc. 1851. *Par.* 1852. 2 vol. 8.

Boullenot (Alfred). Annales de la présidence, ou recueil méthodique des discours du prince Louis Napoléon. *Par.* 1852. 18.

Renault (B...). Histoire du prince Louis Napoléon, président de la république , sa famille, sa naissance, son exil, etc. *Par.* 1852. 8. Portrait. *Brux.* 1852. 2 vol. 18.

Slater (Truman). Louis Napoleon : the patriot or the conspirator (?), including biography and a history of the coup d'Etat, the results and prospects estimated, with reflexions on the probable chances of war. *Lond.* 1852. 8.

Napoléon III, empereur des Français. *Par.* 1852. Fol.

Hugo (Victor). Napoléon le Petit. *Brux.* 1852. 18 et 32.* Trad. en allem. :
Par H... J... K... Savoye. *Gera.* 1852. 8.
Par Ludwig Font. *Brem.* 1852. 8.
Par un anonyme. *Hamb.* 1852. 8.
* Ouvrage confisqué par le gouvernement français.

Vleeschouwer (Louis). Louis Napoléon et Victor Hugo. *Anvers.* 1852. 8.

(**Callet**, Auguste). Les deux cours et les nuits de Saint-Cloud : mœurs, débauches et crimes de la famille Bonaparte. *Lond.* et *Par.* 1852. 18. Trad. en allem. *Hamb.* 1853. 8.

Schoenhuth (Ottmar F... H...). Ludwig Napoleon Bonaparte, erster Präsident der französischen Republik, wie er war und wie er ist. *Reutling.* 1852. 8.

(**Franz**, Constantin). Louis Napoleon, vom Verfasser *Unsere Politik.* *Berl.* 1852. 8.

Guéronière (Arthur de la). Portraits politiques contemporains. I. Napoléon III. *Par.* 1853. 12. Trad. en angl. par Charles Gillies. *Lond.* 1853. 8.

Saint-Hilaire (Emile Marco de). Les deux Napoléon, Napoléon Ier et Napoléon III. Traits de magnanimité et de générosité, faits remarquables, réponses caractéristiques et anecdotes concernant les deux empereurs. *Par.* 1853. 8.

Pascal (Adrien). Histoire de Napoléon III, empereur des Français. *Par.* 1853. 8.

Lacroix (Paul). Histoire politique, anecdotique et populaire de Napoléon III, empereur des Français, et de la dynastie napoléonienne. *Par.* 1853. 8. Portrait.

Joeglé (Emile) et **Brigaud** (N...). Notice biographique, principaux actes et pensées de S. M. l'empereur Napoléon III. *Par.* 1853. 8.

Fellens (Jean Baptiste). Louis Napoléon, sa vie politique et militaire. *Par.* 1853. 8.

Debraux (L...). Napoléon III, empereur des Français. Esquisse biographique. *Par.* 1853. 8. *
* Imprimé en encre de couleur verte.

Civry (Eugène de). Napoléon III et Abd-el-Kader, Charlemagne et Witikind. Etude historique et politique, etc. *Par.* 1853. 8. Portrait d'Abd-el-Kader.

Lembezat (P...). De la prétendue légitimité de Henri V en regard avec la seule (!) et véritable (?) légitimité de Napoléon III. *Par.* 1853. 8.

Histoire de l'empereur Louis Napoléon , rédigée par un Allemand d'après des sources authentiques et d'après les écrits et les lettres de l'empereur. *Verv.* et *Brux.* 1853. 12.

Geschichte des Kaisers Ludwig Napoleon; nach authentischen Quellen , so wie den Schriften und Briefen des Kaisers bearbeitet. *Berl.* 1853. 8.

Tiedesfreund (A...). Napoleon III, Kaiser der Franzosen, sein literarisches und politisches Leben, mit Rücksicht auf seine Familie. *Berl.* 1853. 8.

Schoenhuth (Ottmar F... H...). Napoleon III, Kaiser der Franzosen, nach seinem Leben und Character dargestellt. *Reutling.* 1853. 8. (Portrait.)

Wesche (Wilhelm Ludwig). Napoleon III, Kaiser der Franzosen. Sein Leben und sein Wirken, nach authentischen Quellen dargestellt. *Wien.* 1853. 8. Portrait.

Vity (Auguste). Histoire de Napoléon III et du rétablissement de l'empire. *Par.* 1854. 8.

Vie des trois empereurs des Français, Napoléon Ier, Napoléon II et Napoléon III. *Par.* 1854. 8.

Durrieu (Xavier). Histoire du coup d'État du 2 décembre (1851). *Brux.* 1851. 32.

Schoelcher (Victor). Histoire des crimes du 2 déc. *Brux.* 1851. 2 vol. 32.

Duprat (Pascal). Les tables de proscription de Louis Napoléon et de ses complices. *Brux.* 1851. 2 vol. 8.

Magen (Hippolyte). Mystères du 2 décembre. *Brux.* 1852. 12.

—— Histoire de la terreur Bonapartiste, préliminaires et présages du coup d'Etat. *Brux.* 1852. 18.

Mayer (Pierre). Histoire du 2 décembre. *Par.* 1852. 8.

Granier de Cassagnac (A...). Récit complet et authentique des événements du 2 décembre 1851. *Par.* 1852. 12. *Brux.* 1852. 18 et 32.

Les aides de camp du 2 décembre. *Brux.* 1853. 32.

Mariage de S. M. Napoléon III, empereur des Français, avec la comtesse Eugénie de Montijo, duchesse de Téba; suivi de la description des cérémonies qui ont eu lieu aux Tuileries et à Notre-Dame, les 29 et 30 janvier (1853). *Par.* 1853. 18.

Stelli (L...). Les nuits et le mariage de César. *Jersey.* (*Brux.*) 1853. 32. *

* Le véritable nom de l'auteur est Auguste CALLET.

Cordus (Cremutius). Ce que coûte l'empire! Liste civile, châteaux, forêts; dotation du sénat, du corps législatif, du conseil d'Etat; ministres, traitements, etc. *Brux.* 1853. 32.

Napoléon Louis Bonaparte,
grand-duc de Berg.

Pascallet (E...). Notice historique sur S. A. I. et R. monseigneur le prince Napoléon Louis Bonaparte, grand-duc de Berg. *Par.* 1853. 8. (Extrait de la *Revue générale, biographique, nécrologique, scientifique et littéraire.*)

Nappi (Francesco),
chevalier de Malte.

Balestrieri (Antonio). Orazione funebre nell' esequie di F. Nappi, commendatore. *Ancon.* 1632. 4.

Narchialli (Carlo),
prêtre italien.

Vita di C. Narchialli, sacerdote dell' istituto della Carità. *Novara.* 1842. 8.

Nardi,
famille italienne.

Curatolo (Marco Antonio). Discorso genealogico della famiglia Nardi. *Napoli.* 1720. 4.

Nardi (Jacopo),
historien italien (1476 — vers 1540).

Nardi (Carlo). Vita di J. Nardi, gentiluomo, poeta ed istorico fiorentino. *Venez.* 1755. 8.

Nardi (Luigi),
théologien italien.

Rocchi (Francesco). Orazione delle lodi del canonico L. Nardi, Savignanese. *Forli*, s. d. (1837). 8.

Nardin (Jean Frédéric),
théologien français († 1728).

Choffin (David Étienne). Vie de J. F. Nardin. *Halle.* 1759. 8. Trad. en allem. par Jacob Christoph DUVERNOY. *Halle.* 1759. 8. (*Bes.*)

Nardini (Bartolommeo),
littérateur italien.

N(ardini) B(artolommeo). Mémoire pour servir à l'histoire des dernières révolutions de Naples, ou détails des événements qui ont précédé l'entrée des Français dans cette ville. *Par.* 1803. 8.

(————). Mes périls pendant la révolution de Naples, ou récits de toutes les horreurs commises dans cette ville par les Lazzaronis et les Calabrois, etc. *Par.* 1806. 8.

Nardini (Pietro),
violoniste italien (1722 — 8 mai 1793).

Rangoni (Giovanni Battista). Saggio sul gusto della musica, col carattere de' tre celebri suonatori di violino Nardini, (Antonio) Lolli e (Gaetano) Puguani. *Livorn.* 1790. 8.

Nardinocchi (Gregorio),
camaldule italien.

Davalli (Paolo). Biografia di D. G. Nardinocchi, vice-procuratore generale della congregazione camaldolese. *Rom.* 1842. 8.

Narese (Gaspare Paraninfo),
jésuite italien.

Piazza (Carlo Maria). Vita e virtù del venerabile servo di Dio, G. P. Narese, della compagnia di Giesù, primo missionario della Sicilia. *Palerm.* 1702. 8.

Narp (Félix Louis, comte de),
général français (19 avril 1786 — 30 janvier 1844).

Faye (Prosper de la). Le général comte de Narp, maréchal de camp, commandant le département de la Dordogne, commandeur de la Légion d'honneur, etc. *Par.* 1845. 8. (Extrait du *Nécrologe universel du XIXe siècle.*)

Narsius (Jan),
médecin hollandais.

Beeldsnijder (G... J...). Das Stammbuch des J. Narsius, von Dordrecht, Leibarztes und Historiographen Gustav Adolph's. *Utrecht.* 1837. 8. Trad. en holland. *Utrecht.* 1837. 8.

Nash (Richard),
magistrat anglais (vers 1674 — 1761).

(**Goldsmith**, Oliver). Life of R. Nash, Esq. of Bath, extracted from his original papers. *Lond.* 1762. 12. 2 portraits. (*Oxf.*)

Nasmith (David),
missionaire anglais.

Campbell (John). Memoirs of D. Nasmith, his labours and travels in Great-Britain, France, the United States and Canada. *Lond.* 1844. 8. Portrait.

Kayser (Friedrich). D. Nasmith, der Arbeiter für Stadtmission, Jünglingsvereine und jegliche Thätigkeit zum innern Aufbau der Kirche. *Hamb.* 1853. 12.

Naso (Procopius),
savant allemand.

Haupt (Ernst Friedrich). Wilhelm und Conrad, Brüder Nesen; Nicolaus v. Dornsprach und Magister P. Naso. *Zittau.* 1843. 8.

Nassarre y Ferriz (Blas Antonio),
jurisconsulte espagnol (4 février 1689 — 13 avril 1751).

Montiano (Augustin de). Elogio historico del doctor B. A. Nassarre y Ferriz, academico de la real academia española, bibliothecario mayor de S. M. *Madr.*, s. d. (1751). 4. (*Oxf.*)

Nassau (Charlotte Flandrine, princesse de),
abbesse du monastère de Sainte-Croix († 1640).

Jean (père). Oraison funèbre de C. F. de Nassau, abbesse de Sainte-Croix de Poitiers. *Poitiers.* 1640. 4.

Allard (Claude). Miroir des âmes religieuses, ou la vie de très-haute et très-religieuse princesse madame C. F. de Nassau, très-digne abbesse du monastère de Sainte-Croix de Poitiers. *Poitiers.* 1653. 4.

Nassau (J... G... Friso, prins van).

Lamigue (J...). Histoire du prince d'Orange et de Nassau (J. G. Friso). *Leeuw.* 1715. 2 vol. 8. (*Ld.*)

Nassau-Siegen (Jan Maurits, prins von),
surnommé **l'Américain**,
gouverneur de Clèves (17 juin 1604 — 20 déc. 1679).

Barlaeus* (Caspar). Rerum per octennium in Brasilia et alibi gestarum sub præfectura Joannis Mauritii Nassaviæ, etc., historia. *Amst.* 1647. Fol. *Clevis.* 1660. Fol. Trad. en allem. s. c. t. Brasilianische Geschichte bey der Regierung Johann Moritzens, Fürsten zu Nassau. *Cleve.* 1659. 8.

* Son véritable nom était BAREEL.

Crane (Jan Willem de). Oratio de Joanne Mauritio Nassaviæ principe, cognomine Americano, s. l. et s. d. (*Groning.* 1816.) 4. (*Ld.*)

Kampen (Nikolaas Godfried van). Johann Moritz von Nassau, genannt der Amerikaner; eine Biographie nach dem Holländischen bearbeitet von Ludwig TAOSS. *Siegen.* 1842. 8.

Driesen (Ludwig). Prinz (Johann) Moritz v. Nassau-Siegen, Churbrandenburgischer Statthalter von Cleve und Mark. Rede, etc. *Cleve.* 1846. 8.

—— Leben des Fürsten (Johann) Moritz von Nassau-Siegen, General-Gouverneurs von Niederländisch-Brasilien, etc. *Berl.* 1849. 8.

Nassau (Lodewijk Henrik, prins van).

Steinberg (J... M...). Panégyriques en l'honneur de Louis Henri, prince de Nassau. *Leyde.* 1660. 4. *Hannov.* 1662. 4. *Herborn.* 1667. 4.

Nassau (Willem Frederick, prins van).

Boëtius (Gellius). Het godtzaligh leven en de gelukzalig sterven van Willem Frederick, voorst tot Nassau. *Leeuward.* 1665. Fol.

Nassau (Willem Lodewijk, prins van).

Emmius (Ubbo). Guilhelmus Ludovicus, comes Nassovius, i. e. Λογος επιταφιος, quo genus, vita, res gestæ et mors hujusce comitis, etc., exposita sunt. *Groning.* 1621. 4.

Heusde (J... A... C... van). Diatribe in Guilhelmi Ludovici Nassavii vitam, ingenium, merita. *Traj. ad. Rhen.* 1855. 8. Portrait.

Nasua,
fondateur de la maison de Nassau.
Geffert (P... B...). Dissertatio de Nasua, fortissimo Suevorum duce, gentis nominisque Nassaviæ conditore. *Herborn.* 1704. 4.

Natale (Gerardo), .
médecin italien († 20 février 1667).
Funebres laudes quas salutaris jatrophysicorum academia Panormitana persolvit in exequiis celeberrimi doctoris D. G. Natalis, philosophi et medici Panormitani. *Panorm.* 1667. 4.

Nathanson (Mendel Levin),
publiciste danois (20 nov. 1789 – ...).
Siesby (Gottlieb). M. L. Nathanson; biographisk Skizze. *Kjoebenh.* 1845. 8.

Nathe (Christoph),
dessinateur allemand (3 janvier 1753 – 10 déc. 1806).
Knebel (Immanuel Gottlieb). C. Nathe. Gedächtnissschrift. *Goerl.*, s. d. 8. (*D.*)

Natzmer (Dubislaw Gneomar v.),
général allemand (14 sept. 1654 – 13 mai 1739).
Schoening (Curd Wolfgang v.). Des General-Feldmarschalls D. G. v. Natzmer auf Channewitz Leben und Kriegsthaten, mit den Hauptbegebenheiten des von ihm errichteten und 48 Jahre als Commandeur en chef geführten bekannten Garde-Reiter-Regiments Gendarmes. Beitrag zur Brandenburgisch-Preussischen Armee-Geschichte. *Berl.* 1838. 8. Portrait.

Nauclerus * (Johann),
jurisconsulte allemand (vers 1430 – vers 1510).
Moller (Daniel Wilhelm). Disputatio circularis de J. Nauclero. *Altorf.* 1697. 4. (*D., L. et Lv.*)
* Son nom originaire était VERGEN.

Naudé (Gabriel),
bibliographe français (2 février 1600 – 29 juillet 1653).
Jacob (Louis). G. Naudæi tumulus, complectens elogia, epitaphia, carmina tum latina, tum gallica variorum clarorum virorum. *Par.* 1659. 4. (Avec le catalogue de ses écrits.) — (*D.*)
Hallé (Pierre). Elogium G. Naudæi. *Genev.* 1661. 8. (*P.*)

Naude (Jacob),
théologien allemand (25 février 1739 – 30 déc. 1799).
Meierotto (Johann Heinrich Ludwig). Memoria J. Naudæi et Caroli Danielis Traue. *Berol.* 1800. Fol.

Naumann (Johann Amadeus ou Gottlieb),
musicien allemand (17 avril 1741 – 23 oct. 1801).
Meissner (August Gottlieb). Bruchstücke zur Biographie des Kapellmeisters Naumann. *Prag.* 1803-04. 2 vol. 8. Portrait. (*D. et L.*)
Schubert (Gotthelf Heinrich v.). Jugendgeschichte des sächsischen Kapellmeisters J. G. Naumann, in sprechenden Zügen dargestellt. *Dresd.* 1844. 12. Portrait.

Naundorf (Carl Wilhelm), voy. **Louis XVII.**

Nauta (B... A...),
Hollandais.
(Bergman, J... T...). Levensschets van B. A. Nauta en van J. J. van Holst, s. l. et s. d. (*Haarl.* 1855.) 8. (Extrait du *Konst- en Letterbode.*) — (*Ld.*)

Nava (Gabrio Maria),
évêque de Brescia.
Bazzoni (Francesco). Orazione in morte di monsignore G. M. Nava. *Bresc.* 1852. 8.
Zambelli (Pietro). Elogio di monsignore G. M. Nava. *Bergam.* 1852. 8.

Navagero (Andrea),
humaniste italien (1483 – 8 mai 1529).
(Meneghelli, Antonio Maria). Elogio di A. Navagero. *Venez.* 1815. 8. (Plusieurs fois réimprimé.)

Navagero (Bernardo), *
cardinal-évêque de Vérone († 1565).
Manin (Leonardo). Elogio del cardinal B. Navagero, vescovo di Verona. *Venez.* 1814. 4.
* Il était l'un des Pères du concile de Trente.

Navailles (Charlotte Françoise Radegonde de **Montault** de),
religieuse française.
Simon de la Vierge. Éloge funèbre de madame C. F.

R. de Montault de Navailles, abbesse du monastère de Sainte-Croix de Poitiers, s. l. 1696. 4.

Navailles (Philippe de **Montault** de **Benac,** duc de),
maréchal de France (1619 – 5 février 1684).
Navailles (Philippe de). Mémoires de sa vie et des principaux événements de son temps (depuis 1658 jusqu'en 1683). *Par.* 1691. 12. *Ibid.* 1701. 12. *Amst.* 1702. 12.

Navarre (Charles de).
Vie de Charles de Navarre. *Lausanne.* 1788. 12.

Navarrette (Alfonso),
missionnaire espagnol (mis à mort le 1er juin 1617).
Parascandolo (Raimondo). Relazione del martirio del B. Alfonso Navarretta. *Napol.* 1621. 4.

Navarrette (Fernandez),
missionnaire espagnol du XVIIe siècle († 1689).
Duflot de Mofras (N... N...). Pedro de Mendoza et Navarrete; notices biographiques. *Par.* 1845. 4.

Navarro (Benito).
Memorial de la causa criminel contra D. B. Navarro. *Barcelon.* 1768. Fol. (*Oxf.*)

Navet (Stanislas),
médecin français (vers 1802 – 1845).
Vingtrinier (Aimée?). Éloge académique du docteur Navet. *Rouen.* 1845. 8.

Navier (Louis Marie Henri),
ingénieur français (15 février 1785 – 23 août 1836).
Prony (Gaspar Clair François Marie **Riche** de). Notice biographique sur Navier, inspecteur des ponts et chaussées. *Par.* (Non mentionné par Quérard.)

Nayler (James),
théologien anglais.
Memoirs of the life, ministry, tryal and sufferings of J. Nayler. *Lond.* 1719. 8.

Naymonowitz (Jacob),
jurisconsulte allemand.
Temberski (Stanislaus). Examinis umbra in exequiis J. Naymonowicii delata. *Cracov.* 1641. 4. (*D.*)

Neal (Charles),
théologien anglais (vers 1780 – 6 août 1816).
Jowett (William). Life of C. Neal. *Lond.* 1848. 8. Trad. en franç. *Toulouse* et *Par.* 1850. 8.

Neale (Cornelius),
pédagogue anglais.
Memoir of C. Neale, fellow of S. John's college, Cambridge. *Lond.* 1855. 8. (*Oxf.*)

Neander (Christoph),
théologien allemand (1566 – 1641).
Ursinus (Simon). Programma in obitum C. Neandri. *Frf.* 1641. 4.

Neander (Christoph Friedrich),
théologien russe (26 déc. 1724 – 21 juillet 1802).
Recke (Constantia Elise v. d.). Über C. F. Neander's Leben und Schriften, publ. par Christoph August **Tiedge.** *Berl.* 1804. 8. (*D. et L.*)

Neander (Johann August Wilhelm),
théologien allemand (16 janvier 1789 – 14 juillet 1850).
Zum Gedächtniss A. Neander's. *Berl.* 1850. 8. *
* Contenant le récit de ses derniers moments par S... RAUM, et trois oraisons funèbres prononcées sur sa tombe par Friedrich STRAUSS, Friedrich Wilhelm KRUMMACHER et C... J... NITZSCH.
Farrer (William). Memorials of A. Neander. *Lond.* 1851. 8.
Krabbe (Otto). A. Neander. Beitrag zu seiner Characteristik. *Hamb.* 1852. 8.

Neander (Martin),
jurisconsulte allemand.
Programma academicum ad exequias M. Neandri. *Lips* 1664. 4. (*D. et L.*)

Neander (Michael),
philologue allemand (1525 – 26 avril 1595).
Mylius (Valentin). Leichenpredigt auf M. Neander. *Leipz.* 1595. 4. (*L.*)
Dieterich (Johann Conrad). Propagatio græcarum literarium et poescos per Germaniam a triumviris litterariis, M. Neandro, Martino Crusio et Laurentio Rhodomanno instituta. *Giess.* 1661. 4.

Keyselitz (Gottlieb). Vita M. Neandri. *Sorav.* 1736. 4. (*D.*)
Bucher (Samuel Friedrich). Schediasma de M. Neandro. *Zittav.* 1752. Fol.
Vollborth (Johann Carl). Lobschrift auf M. Neander. *Goetting.* 1777. 4.
(**Havemann**, Wilhelm). Mittheilungen aus dem Leben M. Neander's. *Goetting.* 1841. 8. (*D.* et *L.*)

Nebo,
théologien italien.

Delafontaine (François). Le pape Alexandre VI et le curé Nebo; histoire catholique. *Par.* 1844. 16. (*P.*)

Nébucadnézar,
roi de Babylone (623 — 562).

Clarke (Samuel). Life and death of Nebuchadnezzer the Great. *Lond.* 1664. 4.
Hilliger (Johann Wilhelm). Dissertatio de metamorphosi Nebucadnezaris. *Witteb.* 1671. 4. *Ibid.* 1703. 4.
Arrhenius (Jakob). Dissertatio de Nebucadnezare primæ monarchiæ auctore. *Upsal.* 1695. 4.
Schweitzer (Johann Jacob). Dissertatio de furore Nebucadnezaris. *Altorf.* 1699. 4.
Palmroot (Johan). Dissertatio de metamorphosi Nebucadnezaris in bestiam. *Upsal.* 1703. 8.
Schroeder (Johann Joachim). Dissertatio de Nebucadnezare Chaldæorum rege. *Marb.* 1719. 4.
Reckenberger (Johann Leonhard). Dissertatio de Nebucadnezare ab hominibus expulso. *Jenæ.* 1733. 4.
Offerhaus (Leonhard). Dissertationes historico-chronologicæ II de rebus sub Nebucadnezare Magno in Oriente gestis. *Groning.* 1734. 4.
Lochner (Jacob Hieronymus). Dissertatio de Nino Nebucadnezare. *Stadæ.* 1736. 4.
Mueller (Johann David). Dissertatio de Nebucadnezaris μεταμορφώσει. *Lips.* 1747. 4.

Bucher (Samuel Friedrich). Die von dem Könige Nebucadnezar zu Babel angelegte Ritterakademie. *Zittau.* 1743. Fol.

Necker (Jacques),
homme d'État français d'origine suisse (30 sept. 1732 — 9 avril 1804).

Collection complète de tous les ouvrages pour et contre M. Necker. *Utrecht.* 1781. 3 vol. 8. Portrait. (*Oxf.*)
(**Marat**, Jean Paul). Dénonciation faite au tribunal du public, par M. Marat, l'ami du peuple, contre M. Necker, s. l. (*Par.*) 1789. 8.
(——). Nouvelle dénonciation contre le même, s. l. (*Par.*) 1790. 8.
(——). Criminelle Neckero-logie, ou les manœuvres infâmes du ministre Necker entièrement dévoilées. *Ge nève.* 1790. 8.
(**Rutlidge**, Jean Jacques). Vie de M. Necker, directeur général des finances, s. l. 1789. 8.
Vie privée et ministérielle de M. Necker, directeur général des finances. *Genève.* 1790. 8. (*P.* et *Lv.*)
Lanjuinais (Jean Denis de). Etudes biographiques et littéraires sur Antoine Arnauld, Pierre Nicole et J. Necker, avec une notice sur Christophe Colomb. *Par.* 1823. 8.
Stael-Holstein (Anne Louise Germaine **Necker** de). Vie privée de M. Necker. *Par.* 1804. 8. Trad. en allem. par Gustav **Kleffel**. *Rostock.* 1806. 8.
Stael-Holstein (Auguste Louis de). Notice sur Necker. *Par.* 1821. 8.

Necker (Noël Joseph),
botaniste français (1729 — 10 déc. 1793).

Willemet (Pierre Remy). Notice sur la vie et les ouvrages de N. J. Necker. *Par.* 1794. 8. (Extrait du *Magasin encyclopédique*.)

Nedderhof (Heinrich Dietrich),
théologien livonien.

Ernesti (Johann August). Elogium H. D. Nedderhofii, Riga-Livoni. *Lips.* 1758. Fol. (*L.*)

Neeffs (Rombaut Corneille Ghislain),
magistrat belge (26 avril 1764 — 29 mars 1847).

Mercier (J...). M. R. C. G. Neeffs, ancien président des administrations des hospices et du bureau de bienfaisance, et ancien membre du conseil communal de Malines. *Par.* 1847. 8. (Extrait du *Nécrologe universel du* XIXᵉ *siècle.*)

Neergaard (Jens Vcibel),
médecin danois (3 juillet 1775 — .:.).

Neergaard (Jens Veibel). Fragment af min Biographi. *Kjoebenh.* 1855. 8.
—— Mit Livs vigtigere Tidragelser. Historisk-psychologisk Fremstillende. *Kjoebenh.* 1844. 2 vol. 8. *Ibid.* 1849. 2 vol. 8. Portrait.

Nees v. Esenbeck (Christian Gottfried),
botaniste allemand, frère du suivant (14 février 1776 — ...).

Bley (Franz Ludwig). Leben und Wirken der Gebrüder Nees v. Esenbeck, s. l. 1844. 8.

Nees v. Esenbeck (Theodor Friedrich Ludwig),
botaniste allemand (26 juillet 1787 — 12 déc. 1837).

Nees v. Esenbeck (Christian Gottfried). T. F. L. Nees v. Esenbeck; den Freunden des Verstorbenen gewidmet. *Bresl.* 1838. 8. (Non destiné au commerce.)

Neff (Felix),
prêtre alsacien († 1829).

Züge aus dem Leben des F. Neff, gewesenen Pfarrers bei den evangelischen Gemeinden der Hoch-Alpen; nach dem Französischen bearbeitet von Gerold **Meyer** v. **Knonau**, avec préface par Gotthelf Heinrich v. **Schubert**. *Erlang.* 1832. 8.
Aus dem Leben F. Neff's, gewesenen Predigers der Waldenser-Gemeinden in den Ober-Alpen. *Basel.* 1833. 8. Portrait.
Bost (A...). Lettres de F. Neff, missionnaire protestant en Suisse, etc., formant la seule biographie complète qui ait paru sur ce prédicateur. *Genève.* 1842. 2 vol. 8. Portrait. (*Oxf.*) Trad. en angl. s. c. t. Letters and biography, etc., par Margaret Ann **Wyatt**. *Lond.* 1843. 8. Portrait. (*Oxf.*)
Vie de F. Neff, pasteur dans les Hautes-Alpes; s. l. et s. d. (*Toulouse.* 1857.) 18. *Ibid.* 1844. 18. *Ibid.* 1852. 18.

Negendank (Johann Werner v.).

Scheffel (Christian Stephan). Programma in obitum J. W. de Negendank, nobilis Megapolitani et S. R. I. equitis, in quo simul de antiquitate et gloria gentis Negendankianæ agitur. *Gryphisw.* 1746. Fol.

Negri (Francesco),
littérateur italien (vers 1504 — 1560).

Roberti (Giovanni Battista). Notizie storico-critiche della vita e delle opere di F. Negri, apostata Bassanese del secolo XVI. *Bassan.* 1859. 4. (*P.*)

Negri (Francesco),
philologue italien (6 février 1769 — 15 oct. 1827).

Fontana (Giovanni Jacopo). Elogio di F. Negri. *Venez.* 1829. 8.
Tipaldo (Emilio de): Della vita e delle opere di F. Negri, Veneziano, narrazione. *Venez.* 1835. 8. Portrait.
(**Fontana**, Giovanni Jacopo). Errata corrige al libercolo *Notizia della vita e delle opere di F. Negri*, etc. *Venez.* 1835. 16.

Negri (Salomon *),
prêtre arabe († 1729).

Freylinghausen (Johann Anastasius). Memoria Negriana, h. e. S. Negri Damasceni vita, etc. *Halæ.* 1764. 4. (*L.*)
* Son nom arabe est Soleyman **Alsadi**.

Negri (Virginia),
fondatrice du couvent des Angéliques de S. Paul converti (vers 1508 — 1555).

Fontana de' Conti (Giovanni Battista). Vita della devota e religiosa Angelica Paul Antonia de' Negri. *Rom.* 1576. 4.

Négrier (N... N...), *
général français.

Poissonnier (Alfred de). Biographie du général Négrier. *Par.* 1848. 8.
* Une des victimes de l'insurrection de juin 1848..

Nehalennia,
personnage mythologique.

Boxhorn (Marcus Zuerius). Aantwoord gegheven op de vraeghen, hem voorgestelt over de bediedinge van de afgodinne Nehalennia, onlancx uijtgegheven, etc. *Leyden.* 1647. 4. (*Ld.*)
Keysler (Johann Georg). Exercitatio historico-philologica de dea Nehalennia numine veterum Walachrorum topico. *Cellæ.* 1717. 4. (*Ld.*)

2

Verhandelinge over de godin Nehalennia, s. l. 1796. 8.
Pougens (Marie Charles Joseph). Doutes et conjectures sur la mythologie des peuples septentrionaux et principalement sur la déesse Nehalennia, révérée en Zélande. *Par.* 1810. 8. *(Ld.)*

Neidhardt (Johann Eberhard),
cardinal allemand (8 déc. 1607 — ... 1680).

Basilico (Girolamo). Panegirico scritto a G. E. Nitardo, confessore della regina. *Madr.* 1668. Fol. *
    * Antonino MONGITORE mentionne dans sa *Bibliotheca Sicula* le même panégyrique sous ce titre latin : *Panegyricus excellentissimo J. E. Nidhardo scriptus.*

Bouhours (Dominique). Relation de la sortie d'Espagne du père Everard, jésuite, confesseur de la reine (Marie Louise) d'Orléans, épouse de Charles II, roi d'Espagne. *Par.* 1669. 12. (Extrêmement rare.)
Macedo (Francisco de Santo Agostinho). D. E. Nithardo elogium. *Patav.* 1672. 4.
Relation des différends arrivés en Espagne entre Don Juan d'Autriche et le cardinal Nitard. *Par.* 1677. 2 vol. 12. (Peu commun.)

Neipperg (Herren v.),
famille allemande.

Klunzinger (Carl). Die Edeln von Neipperg und ihre Wohnsitze Neipperg und Schwaigern, etc. *Stuttg.* 1840. 8.

Neipperg (Albrecht Adam, Graf v.),
général autrichien, second époux de l'impératrice Marie Louise (8 avril 1775 — 22 janvier 1829)

Maëstri (Ferdinando). Elogio del conte A. A. Neipperg. *Parma.* 1829. 4. *(Lv.)*

Neirotti (Antonio),
prêtre italien.

Obermueller (Leopold). Lob- und Sitten-Rede auf den grossen Blutzeugen A. Neurot (!) von Ripolis, aus dem Prediger-Orden, etc. *Pesth.* 1707. 4.
Memorie delle azioni, martirio e culto del B. A. Neirotti. *Torin.* 1813. 4. *(P.)*

Nélis (Corneille François de),
évêque d'Anvers (5 juin 1736 — 21 août 1798).

Water (Jona Willem te). Berigt der letterkundige verdiensten van C. F. de Nélis, laatsten bisschop van Antwerpen. *Amst.* 1803. 8. (Extrêmement rare et recherché.)
Staes (Prosper). Éloge historique de C. F. de Nélis, dernier évêque d'Anvers. *Louvain.* 1848. 12.
Stassart (Goswin Joseph Augustin de). Notice sur C. F. de Nélis, évêque d'Anvers et membre de l'Académie des sciences et belles-lettres de Bruxelles. *Brux.* 1853. 8. *(Bx. et Lv.)*

Neller (Georg Christoph),
jurisconsulte allemand (vers 1710 — 31 oct. 1783).

Hellbronn (Johann Baptist). Oeffentliche Rede, welche bey Gelegenheit der für den Herrn Geheimen Rath Neller begangenen Exequien zu Trier, etc., gehalten worden. *Trier.* 1784. 4.

Nelli (Ottaviano),
peintre italien.

Bonfatti (Luigi). Memorie storiche di Nelli, pittore Eugubino, illustrate con documenti. *Gubbio.* 1843. 8. *(P.)*

Nelson (Horatio, lord viscount),
amiral anglais (29 sept. 1758 — 21 oct. 1805).

Cook (George). Sermon on the death of lord Nelson. *Lond.* 1806. 4. *(Oxf.)*
Beatty (William). Authentic narrative of the death of lord Nelson. *Lond.* 1806. 8.
Magnes (William). Tribute to the memory of lord Nelson. *Lond.* 1806. 4.
Styles (John). Tribute to the memory of lord Nelson, a sermon. *Bright.* 1806. 8.
Blagden (Francis William). History of the life of lord Nelson. *Lond.* 1806. Fol. (Echappé aux recherches de Lowndes.) — *(Oxf.)*
Harrison (James). Life of lord Nelson. *Lond.* 1806. 2 vol. 8. *(Oxf.)*
Orme (Edward). Graphic history of the life, exploits and death of the lord H. Nelson, duke of Bronte, viscount and baron of the Nile. *Lond.* 1806. Fol. *(Oxf.)*
Charnock (John). Biographical memoirs of lord viscount Nelson. *Lond.* 1806. 8. *(Oxf.)* Trad. en allem. par J... G .. H..., BAUMANN. *Brem.* 1807. 8.

(White, Francis). Life of lord Nelson. *Lond.* 1806. 8. (Omis par Lowndes.)
    Trad. en allem. *Hamb.* 1806. 8.
    Trad. en dan. par Andreas Petrus HOEST. *Kjoebenh.* 1806. 8.
    Trad. en holland. *Haarl.* 1806. 8. Portrait.
Lebensgeschichte des englischen Admirals Lord Viscount H. Nelson. *Alton.* 1806. 8. Portrait.
Nelson's Sieg und Tod. *Lüneb.* 1806. 8.
Lebensbeschreibung des Admirals Lord Viscount H. Nelson. *Stuttg.* 1807. 8. Portrait.
Churchill (T... O...). Life of lord viscount Nelson. *Lond.* 1808. 4. *(Oxf.)* *Ibid.* 1813. 4.
Clarke (James Stanier) et **Mac-Arthur** (John). Life of admiral lord Nelson. *Lond.* 1809. 2 vol. 4. *(Oxf.)*
Southey (Robert). Life of Nelson. *Lond.* 1813. 8. *Ibid.* 1831. 8. Portrait. *(Oxf.)* *New-York.* 1856. 18. *Lond.* 1853. 8. (12e édition.)
    Trad. en allem. *Stuttg.* 1837. 8. *(L.)*
    Trad. en dan. par Friedrich SCHALDEMOSE. *Kjoebenh.* 1838. 8.
    Trad. en franç. par F... R... *Par.* 1820. 8.
    Trad. en holland. par Pieter van der VELDEN. *Medemblik.* 1839. 8. Portrait. *Amst.* 1840. 8.
Tucker (J... M...). Memoirs of the life of lord Nelson. *Lond.* 1847. 8.
Pettigrew (Thomas Joseph). Memoirs of the life of vice-admiral lord viscount Nelson, etc. *Lond.* 1849. 2 vol. 8.
Allen (Joseph). Life of the viscount Nelson, duke of Bronte. *Lond.* 1853. 12.
Lamartine (Alphonse de). Nelson (1758-1805). *Par.* 1853. 16.

Letters of lord Nelson to lady (Emma) Hamilton, etc. *Lond.* 1814. 2 vol. 8. (Libelle scandaleux.)

Ceremonial of the public funeral of the late vice-admiral H., viscount Nelson on Wednesday, 9 janv. 1806. *Lond.* 1806. Fol.

Nelson (John),
théologien anglais (.. oct. 1707 — 11 juillet 1774).

Vie de M. J. Nelson, prédicateur de l'Évangile, écrite par lui-même et traduite de l'anglais. *Lille.* 1838. 12. Portrait.

Némésis,
personnage mythologique.

Zeiske (Johann Gottfried). Programma de Dice, Nemeseos cognomine. *Budiss.* 1753. Fol.
— — Programma de Nemesi cum Fato ex stoicorum mente comparata. *Budiss.* 1754. Fol.
Walz (Christian). De Nemesi Græcorum, (programma). *Tubing.* 1852. 4.

Nemours (Jacques d'Armagnac, duc de),
gouverneur de Paris et de l'Ile de France (vers 1434 — exécuté le 4 août 1477).

Hinrichtung des Herzogs von Armagnac, oder die Regierung des Vater- und Brüder-Mörders. *Bresl.*, s. d. 8.

Nemours (Charles Emmanuel de Savoie, duc de),
gouverneur du Lyonnais.

Michalan (Jacques). Oraison funèbre de Mgr. C. de Savoie, duc de Nemours. *Lyon.* 1602. 12.
Péricaud (Antoine). Notice historique sur C. E. de Savoie, duc de Nemours, gouverneur et lieutenant général du Lyonnais, Forez et Beaujolais, etc., pendant la Ligue. *Lyon.* 1827. 8. (Tiré seulement à 100 exemplaires.)

Nemours (Louis de Savoie, duc de).

Hédelin (François). Panégyrique funèbre de L. de Savoie, duc de Nemours. *Nemours.* 1641. 4.

Nemours (Louis Charles Philippe Raphaël, duc de),
second fils de Louis Philippe, roi des Français (25 oct. 1814 — ...).

Pascal (Adrien). Le duc de Nemours, son passé et son avenir politique. *Par.* 1842. 8. *(Lv.)*

Nemours (Marie d'Orléans, duchesse de),
épouse de Henri II de Savoie, duc de Nemours (vers 1652 — 16 juin 1707).

Mémoires de M(adame) L(a) D(uchesse) D(e) N(emours), publ. sur le manuscrit de l'auteur avec quelques notes historiques (par mademoiselle L'HÉRITIER DE VILLANDON). *Cologne.* (*Par.*) 1709. 12. *Amst.* 1718. 8. *Ibid.* 1753. 8.

Neny (Patrice **Mac**),
homme d'État belge (24 déc. 1716 — 1er janvier 1784).

(**Neny**, Patrice **Mac**). Mémoires historiques et politiques sur les Pays-Bas autrichiens, etc. *Neufchât.* 1784. 2 vol. 8. *Brux.* 1786. 2 vol. 12. (6e édition.)

Reiffenberg (Frédéric Auguste Ferdinand Thomas de). P. Mac Neny. *Brux.* 1835. 12. (*Bx.*)

Neocorus (Johann),
théologien danois (25 oct. 814 — ...).

Dahlmann (Friedrich Christoph). Neocorus der Dithmarsche. *Kiel.* 1818. 8. (*D.*)

Neot (Saint),
frère d'Alfred, roi d'Angleterre.

Whitaker (John). Life of S. Neot, the eldest brother of king Alfred. *Lond.* 1809. 8. (*Oxf.*)

Nepomuk (Johann v.),
confesseur de l'impératrice Jeanne, épouse de Wenceslas IV
(vers 1330 — précipité dans la Moldau le 16 mai 1383).

Fama posthuma B. Joannis Nepomuceni. *Prag.* 1641. 4.

Ziwot S. Jana Nepomuckého. *Prag.* 1641. 4.

Dlouhovesky (Jan). O Sv. Janu Nepomuckem. *Praze.* 1668. 8.

Balbinus (Aloys Bohuslaus). Vita B. Joannis Nepomuceni martyris, publ. par Daniel PAPEBROCH. *Antw.* 1680. 4. *Aug. Vind.* 1725. 4. *Ibid.* 1730. 4.

Macarius de Merfelitz. Vita et mors D. Joannis Nepomuceni. *Prag.* 1684. 12.

Ziwot S. Jana Nepomuckého. *Prag.* 1684. 8.

Divus Joannes Nepomucenus in spe publicæ canonisationis gloriosus. *Prag.* 1701. Fol. ·

Karg (Johann Friedrich v.). Vita, mors et gloria S. Joannis Nepomuceni. *Bonn.* 1702. 12.

Bernardus a Sancta Theresa. Alles für Alle : Nemlich der heilige Johannes v. Nepomuk. *Prag.* 1706. 4.

Fonseca (Francisco da). Compendio da vida de S. Joaõ Nepomuceno. *Lisb.* 1708. 12. *Ibid.* 1712. 12.

Fett (Andreas). Oratio rhythmica de S. Joanne Nepomuceno. *Glogov.* 1712. 4.

Mérei (Mikály). Nepomuceni Sz. Jánosnak élete. *Nagy Szombath.* 1716. 4. (Trad. du latin.)

Vitzk (Jan). Lebenslauf Joannis Nepomuceni. *Prag.* 1721. 8.

Ziwot S. Jana Nepomuckého. *Oppaw.* 1722. 8.

Vita, martirio e miracoli di S. Giovanni Nepomuceno. *Neap.* 1722. 8.

Ristretto della vita del glorioso martire Giovanni Nepomuceno. *Prag.* 1722. 12.

Maget (Carl). Vita S. Joannis Nepomuceni. *Oppav.* 1722. 8.

Cultus D. Joannis Nepomuceni. *Monach.* 1724. 12.

Blémur (N... N...). L'image de la perfection chrétienne représentée en la vie et la mort de S. Jean de Népomuk, martyr. *Brux.* 1726. 12.

Kolbe (Wenceslaus). S. Joannes Nepomucenus, metropolitanæ ecclesiæ ad S. Vitum canonicus, ob illæsum sacramenti pœnitentiæ sigillum martyr, etc., symbolis, lemmatis, elogiis ac poemate illustratus. *Prag.* 1729. 4.

Passi (Bartolommeo Antonio). Istoria della vita, del martirio e de' miracoli di S. Giovanni Nepomuceno. *Rom.* 1729. 4. *Venez.* 1736. 8.

Geschichts-Beschreibung von dem Leben, Marter-Peyn und Wunder-Wercken dess in den Moldau-Fluss gestürzten und ertränckten heiligen Johannis v. Nepomuk. *Prag.* 1730. 4.

Vie et miracles de S. Jean Népomucène, chanoine de la métropole de S. Vite à Prague, en Bohême, prêtre et martyr. *Brux.* 1731. 8. Portrait.

Birkl (Jan). Jan Nepomucky, jnenem i skutskem i kazúni. *Olomuc.* 1732. Fol.

Grimm (Ferdinand Anton). Sv. Jan Nepomucky, kanovnik, patron cesky. *Lytomysl.* 1732. Fol.

Calino (Cesare). Compendio della vita, morte e miracoli del B. Giovanni Nepomuceno. *Venez.* 1733. 12.

Velasco (Pedro Andres de). Vida y milagros de S. Juan Nepomuceno, canonigo de la catedral de Praga, protomartir del sigilo de la confesion, etc. *Madr.* 1736. 4. *Ibid.* 1791. 4.

Berghauer (Johann Thomas Adalbert). Joannes Nepomucenus, SS. metropolitanæ ecclesiæ Pragensis cano-

nicus, s. protomartyr pœnitentiæ. *Aug. Vind.* 1736. 4. (Important et curieux.)

Compendio della vita di S. Giovanni Nepomuceno. *Rom.* 1739. 12.

Marne (Jean Baptiste de). Le martyr du secret de la confession, ou la vie de S. Jean Népomucène. *Par.* 1741. 12. *Avign.* 1829. 18.

Oliveira (Filippe de). Sermaõ de S. Joaõ Nepomuceno. *Lisb.* 1746. 4.

Bernardes (Joaquim de **S. Anna**). Sermaõ de S. Joaõ Nepomuceno. *Lisb.* 1746. 4.

Antonio de Deos Campos. Sermaõ de S. Joaõ Nepomuceno. *Lisb.* 1747. 4.

Vita di S. Giovanni Nepomuceno. *Bergam.* 1748. 12.

Dauser (Joseph). Der heilige Johannes v. Nepomuk, ein Weltgeistlicher, s. l. (*Oetting.*) 1751. Fol.

Petity (Jean Raymond de). Panégyrique de S. Jean Népomucène, s. l. (*Par.*) 1757. 8.

Wielens (Joseph). Histoire du saint martyr Jean de Népomuc. *Anvers.* 1759. 8. Figure. Trad. en flam. *Sint-Nicolaes.* 1829. 8.

Braun (Heinrich). Rede auf den heiligen Johann v. Nepomuk. *Münch.* 1769. Fol. -

Mancini (Carl Adam). Rede auf das Fest des heiligen Johann v. Nepomuk. *Münch.* 1772. 4.

Ungar (Carl). Oratio de S. Joanne Nepomuceno. *Prag.* 1776. 8.

Vila y Camps (Antonio). Vida de S. Juan Nepomuceno. *Madr.* 1777. 8.

Sterzinger (Johann Regalius v.). Lobrede auf den heiligen Johann v. Nepomuk. *Innsbr.* 1780. Fol.

Weissenbach (Joseph Anton). Rede auf den heiligen Johann v. Nepomuk. *Bassel.* 1782. 8.

Strnad (Anton). Oratio de S. Joanne Nepomuceno, etc. *Prag.* 1782. 8.

Scheyb (Franz Christoph v.). Geschichte des Lebens, der Marter und der Wunderwerke des Johann v. Nepomuk. *Wien.* 1783. 8. (Trad. de l'ital.)

Steinsberg (N... N... v.). Abhandlung, ob der heilige Johann v. Nepomuk jemals existirt habe? *Prag.* 1784. 8.

Brada (Matthias Johann). Giebt es einen heiligen Johann v. Nepomuk? An den irrenden Ritter v. Steinsberg, s. l. 1784. 8.

Dobner (Gelasius). Vindiciæ sigillo confessionis divi Joannis Nepomuceni protomartyris pœnitentiæ assertæ. *Prag.* et *Vindob.* 1784. 8. Trad. en allem. s. c. t. Kritischer Beweis, etc. *Prag.* 1784. 8.

Kurze Lebensgeschichte des heiligen Johann v. Nepomuk. *Augsb.* 1790.

Mentz (Raymund Joseph). Ehrenrede auf den heiligen Johann v. Nepomuk. *Prag.* 1791. 8.

Pubitschka (Franz). Ehrenrettung des heiligen Johann von Pomuk oder Nepomuk. *Prag.* 1791. 8.

—— Unusne an duo canonici de Pomuk pertubati fuere? 1792. 4.

Jescheck (Johann Sarkander). Encomium in S. Joannem Nepomucenum, canonicum Pragensem, ob sacramentalis confessionis secretum invicta constantia servatum martyrem. *Prag.*, s. d. (1802). 4.

Wittich (Wenzel). Feier des heiligen Märtyrers und böhmischen Landespatrons Johann v. Nepomuk. *Prag.* 1825. 8.

Riegler (Georg). Der heilige Johann v. Nepomuk; zwei Reden, nebst dessen kurzer Lebensbeschreibung, etc. *Augsb.* 1829. 8.

Neumann (Wenzel). Hundertjährige Jubelfeier der Heiligsprechung Johann's v. Nepomuk. *Prag.* 1826. 8.

Beer (Jacob). Das segensreiche Wirken des heiligen Johann v. Nepomuk. *Prag.* 1829. 8.

Zimmermann (Johann Nepomuk). Vorbothe einer Lebensgeschichte des heiligen Johann v. Nepomuk, Beichtvaters der Königin Johanna, etc. *Prag.* 1829. 8. (Ouvrage extrêmement rare.)

Effenberger (Franz Joseph). Legende des heiligen Johann v. Nepomuk. *Leitmeritz* et *Prag.* 1829. 8.

Zahradnjk (Vincenz). Leben des heiligen Johann v. Nepomuk. *Leitm.* 1829. 12.

Weininger (Caspar). Ctitel Svatého Jana Nepomuckého k kostelny pamatce jeho svatovyhlásenj. *Prag.* 1829. 8.

Neumann (Venceslav Franc). Slavná stoletá památka vyhlaseny za Svatého blahoslaveného Jana Nepomuc-

kého, mucedlnika páne a patrona ceske zeme. *Prag.*
1829. 8.
Tomsa (Franc Bohumil). Hlavny doby z ziwota Sv. Jana
Nepomuckého. *Prag.* 1829. 16.
Zimmermann (Johann Nepomuk). Ziwotopis Sv. Jana
Nepomuckého, zpovedlnika kralovny Johany. *Prag.*
1829. 12.
Schottky (Julius Max). Die Carolinische Zeit, etc.,
nebst geschichtlichen Abhandlungen über den heiligen
Johann v. Nepomuk. *Prag.* 1830. 12.
Welleba (W... F...). Glorie der hellstrahlenden Sterne
des heiligen Johann v. Nepomuk, etc. *Prag.* 1830. 8.
Buchfelner (Simon). Lebensgeschichte des heiligen Jo-
hannes v. Nepomuk, etc. *Regensb.* 1837. 8. Portrait.
Vie de S. Jean Népomucène. *Brux.*.1838. 12.
Leben des heiligen Johannes v. Nepomuk. *Schweidnitz.*
1841. 8. Portrait.
Jouhanneaud (Paul). Jean Népomucène. Épisode du
xive siècle. *Limog.* 1831. 12. Portrait.

Nepos, voy. Cornelius Nepos.

Nepping (Esther Rebecca),
empoisonneuse hollandaise.

Broes (Willem). Berigt omtrent, etc., E. R. Nepping,
beruchte vergiftigster. *Amst.* 1812. 8.

Neptune,
personnage mythologique.

Acoluth (Carl Benjamin). Commentatio de Neptuno
reduce. *Jenæ.* 1755. 4.
Emeric-David (Toussaint Bernard). Neptune. Recherches sur ce dieu, sur son culte et sur les principaux
monuments qui le représentent. *Par.* 1839. 8. (*Oxf.*)

Neratius Priscus,
jurisconsulte romain, contemporain de l'empereur Trajan.

Acoluth (Carl Benjamin). Oratio de Neratio Prisco
veteri JCto. *Jenæ.* 1756. 4.
Sickel (Johann Conrad). Dissertatio de Neratio Prisco.
Lips. 1788. 4. (*L.*)

Nerestang (N... N... de),
religieuse française († 1656).

Marsigny (Chérubin de). Le palais de la sagesse, ou le
miroir de la vie religieuse trouvée dans la vie de la
mère de Nerestang, première abbesse de l'abbaye
royale de la Bénissons Dieu. *Lyon.* 1656. 4.

Nergal,
idole perso.

Wichmannshausen (Johann Christoph). Dissertatio de
Nergal Cuthæorum. *Witteb.* 1707. 4.

Neri (Filippo),
fondateur de la congrégation de l'Oratoire (21 juillet 1515 —
26 mai 1595).

Galloni (Antonio). Vita B. P. Philippi Nerii, qui sanc-
timonio et miraculis nostro seculo claruit, in annos di-
gesta. *Rom.* 1600. 4. *Mogunt.* 1602. 8. *Neapol.* 1608. 8.
Vita Philippi Nerii. *Monach.* 1611. 8.
Marlo (Louis Bertran). Vida y hechos milagrosos de
S. Felipe Neri. *Valenc.* 1613. 4. *Ibid.* 1623. 4. Trad. en
lat. par Pietro Giacomo Bacci. *Rom.* 1645. 4.
Bajam (Andre). Panegyricus de Philippo Nerio. *Rom.*
1619. 4.
Bacci (Pietro Giacomo). Vita di S. Filippo Neri, Fioren-
tino. *Rom.* 1622. 4. *Bresc.* 1706. 4. *Venez.* 1772. 8.
Portrait. Augment. *Venez.* 1794. 5 vol. 8. *Rom.* 1818.
4. *Livorn.* 1830. 4. *Milan.* 1845. 2 vol. 16.
Trad. en angl. *Par.* 1659. 8. (*P.*)
Trad. en franç. (par N... N... Doulé). *Chartres.* 1685.
8. (*Bes.*)
Vasquez (Antonio). S. Felipe Neri. Epitome de sua
vida. *Madr.* 1631. 4.
Saussay (André du). Epitome vitæ Philippi Nerii, cum
bulla ejus canonisationis, etc. *Tullii Leucor.* 1664. 4.
Scamardi (Andrea). Il mistero della santità. Panegirico
in lode del glorioso patriarca S. Filippo Neri, fondatore
della venerabile congregatione dell' Oratorio. *Palerm.*
1691. 4.
Poma (Giuseppe). Delle lodi del gran patriarca S. Filippo Neri, oratione panegirica. *Palerm.* 1697. 4.
Magri (Pietro). L'apostolo di Roma. Oratione per S. Filippo Neri, etc. *Madr.* 1636. 4.
Guedes (Balthezar). Epitome da vida de S. Felipe Neri.
Lisb. 1667. 24.

Appiani (Paolo Antonio). Panegyrico in lode di S. Fi-
lippo Neri, fondatore della congregazione de' PP. dell'
Oratorio. *Parma.* 1686. 4.
Crispino (Giuseppe). Scuola del gran maestro di spirito
S. Filippo Neri, etc. *Venez.* 1678. 4.
Leven en mirakelen van den H. Philippus Neri, stichter
van de vergaderinghe van het Oratorie. *Gendt.* 1696. 12.
Detti, ricordi e documenti morali e spirituali di S. Fi-
lippo Neri, etc., raccolti della sua vita. *Rom.* 1721. 12.
Vita del S. patriarca Filippo Neri. *Venez.* 1727. 4.
Laderchi (Giacomo). S. Filippo Neri mostrato. *Roma.*
1730. 4.
Consciencia (Manoel). Vita admiravel de S. Felipe Neri.
Lisb. 1738. 2 vol. Fol. Trad. en espagn. *Madr.* 1760.
2 vol. 4.
Manni (Domenico Maria). Correzioni delle più celebri
vite di S. Filippo Neri. *Firenz.* 1760. 4.
—— Ragguinamenti sulla vita di S. Filippo Neri. *Firenz.*
1785. 4.
Rosmini-Serbati (Antonio de). Lodi di S. Filippo Neri,
Fiorentino. *Venez.* 1821. 8.
Buchfelner (Simon). Geist des Lebens und der Lehre
des heiligen Philippus Nerius. *Münch.* 1825. 12.
Brilli (Giovanni Battista). Elogio di S. Filippo Neri.
Montepulcian. 1841. 8.
Vita di S. Filippo Neri, fondatore della congregazione
dell' Oratorio. *Cremon.* 1844. 16. Portrait.
Gonzati (B...). Orazione panegirica di S. Filippo Neri.
Firenz. 1845. 8.
Vie de S. Philippe de Neri, fondateur de la congrégation
de l'Oratoire de Rome. *Clerm, Ferr.* 1847. 12.
Life of S. Philip Neri, apostle of Rome and founder of
the Oratory. *Lond.* 1847. 8. Portrait.
Poesl (Friedrich). Leben des heiligen Philipp Neri,
Stifters der Congregation des Oratoriums. *Regensb.*
1847. 8.
Fabert (Frederick William). Spirit and genius of S. Phi-
lip Neri, founder of the Oratory, etc. *Lond.* 1850. 8.
Guérin (Paul). La vie, les vertus et l'esprit de S. Philippe de Neri, fondateur de l'Oratoire de Rome. *Lyon.*
1852. 8.
Prau (abbé). Vie de S. Philippe de Neri, fondateur de
la congrégation de l'Oratoire de Rome; trad. du latin
des Bollandistes. *Tournai.* 1853. 12.

Neri (Pompeo),
littérateur italien.

Ridolfi (Angelo). Elogio di P. Neri. *Padov.* 1817. 8.

Nerini (Felice Maria),
prêtre italien.

(**Amaduzzi**, Giovanni Cristoforo). Elogio del P. abate
F. M. Nerini, mona Gerolimino, Milanese. *Rom.* 1787.
Fol.

Nerlich (Heinrich),
jurisconsulte allemand.

Programma academicum ad justa funeralia H. Nerlichii.
Lips. 1679. 4. (D. et *L.*)

Néron (Lucius Domitius Nero Claudius),
empereur romain (13 déc. 37 — 11 juin 68).

Bolton (Edmund). Nero Cæsar, or monarchy depraved;
historical work. *Lond.* 1624. Fol.
Cardano (Girolamo). Neronis encomium. *Amst.* 1640.
16. (Rare et curieux.)
Savile (Henry). End of Nero and beginning of Galba.
Lond. 1642. 8. (Echappé aux recherches de Lowndes.)
Trad. en lat. par Janus Gruter. *Amst.* 1649. 12.
Dieterich (Johann Conrad). Historia Augusti, Tiberii,
Caligulæ, Claudii, Neronis. *Giess.* 1666. 4.
Norrmann (Lars). Nero Heautontimorumenos. *Upsal.*
1691. 8.
Cellarius (Christoph). Dissertatio de Neronis Claudii in
rempublicam et ecclesiam sævitia. *Halæ.* 1703. 4.
Nicolicchia (Marco Antonio). Esito funesto delle con-
giure divisato, che fu fatta contro Claudio Nerone.
Messin. 1708. 12.
Lavaur (Guillaume de). Histoire secrète de Néron, ou
le festin de Trimalcion. *Par.* 1726. 12. (Trad. de
Pétrone.)
Arrhenius (Laurids). Dissertatio de imperatore Claudio
Nerone. *Upsal.* 1728. 8.
Grabener (Gottlieb). Nero Claudius Cæsar, ab adoles-
centia vitiose institutus. *Misen.* 1734. 4.

(**Chastre d'Auvigny**, N... N...). Anecdotes galantes et tragiques de la cour de Néron. *Amst.* (*Par.*) 1735. 8. (*Bes.*)

(**Diderot**, Denis). Essai sur les règnes de Claude et de Néron, etc. *Lond.* 1782. 2 vol. 8. (*Bes.*)

Buhlschaften und Liebesintriguen der Römer unter Nero's Regierung. *Cyprizer* (?). 1792. 2 vol. 8.

Prutz (Robert Eduard). Dissertatio de fontibus, quos in conscribendis rebus inde a Tiberio usque ad mortem Neronis gestis auctores veteres secuti. *Halæ.* 1838. 4.

Reinhold (Werner). Die römische Kaisergeschichte. Ein von den Geschichtschreibern aufgestelltes Zerrbild : Nero, ein Scheusal genannt, als guter Mensch und vortrefflicher Regent, unschuldig verlästert und gebrandmarkt. *Pasewalk.* 1859. 8.

Lazzari (Pietro). Dissertationes selectæ ex historia ecclesiastica de persecutionibus in ecclesia excitatis ævo apostolico. *Rom.* 1749. 4.

Walch (Johann Ernst Immanuel). Marmor Hispaniæ antiquum, vexationis Christianorum Neronianæ insigne documentum, illustratum. *Jenæ.* 1750. 4.

Quell (Christian Friedrich). Commentatio de persecutione Neroniana. *Dresd.* 1762. 4.

Browne (Arthur). The comparative authenticity of Tacitus and Suetonius illustrated by the question, whether Nero was the author of the memorable conflagration of Rome? *Lond.* 1799. 8.

Nerreter (David),
théologien allemand (8 février 1649 — 5 juillet 1726).

Schoettgen (Christian). Letztes Ehrengedächtniss D. Nerreteri. *Starg.* 1726. Fol.

Nerva (Marcus Coccejus),
empereur romain (17 mars 37 — 18 sept. 96 — 27 janvier 98).

Ahasverus (Johann Abraham). Dissertationes II de Marco Coccejo Nerva. *Brem. et Goetting.* 1748-52. 4.

Barrett (Jean Jacques de). Histoire des deux règnes de Nerva et de Trajan. *Par.* 1790. 12.

Nes,
famille hollandaise.

Over het geslacht van v. Nes, s. l. et s. d. 8. (Cet écrit n'a pas été mis dans le commerce.)

Nesen (Conrad)
et
Nesen (Wilhelm),
théologien allemand, frère aîné du précédent (1493 — 5 juillet 1524).

Haupt (Ernst Friedrich). W. und C., Brüder Nesen, Nicolaus v. Dornsprach und Magister Procopius Naso. *Zittau.* 1843. 8.

Nesmond (André de),
jurisconsulte français (vers 1553 — 4 janvier 1616).

Garasse (François). Oraison funèbre d'A. de Nesmond, premier président au parlement de Bordeaux. *Par.* 1616. 4. (*P.*) *Poitiers.* 1617. 4.

Nespoli (Angiolo),
médecin italien.

Bufalini (Maurizio). Discorso in lode del defunto archiatro cavaliere professore A. Nespoli. *Firenz.* 1839. 8. Portrait.

Nessellus (Martin),
poète allemand (10 nov. 1607 — vers 1660).

Opitz (Johann Carl). Commemorabilia de M. Joannis Nicolai Horstio, docto Westphalo, ejusdem aliquamdiu collega, M. Nesselio, poeta laureato cæsareo. *Mind.* 1752. 4.

Nesselrode (Carl Robert, Graf v.),
homme d'État russe (14 déc. 1780 — ...).

(**Loménie**, Louis de). M. de Nesselrode, par un homme de rien. *Par.* 1844. 12.

Nestorius,
chef de la secte de son nom († vers 440 après J.-C.).

Calixtus (Georg). Dissertatio de hæresi Nestoriano. *Helmst.* 1640. 4.

Kortholt (Christian). Dissertatio de Nestorianismo. *Gryphiswv.* 1662. 4.

Mauritius (Caspar). Dissertatio de Nestorianismo. *Rostoch.* 1662. 4.

Franck (Johann Simon). Dissertationes III de Nestorio. *Witteb.* 1670. 4. (*L.*)

Calovius (Abraham). Nestorianismus antiquus et novus. *Witteb.* 1681. 4.

Letsch (Johann Christian). Dissertatio, Nestorianismi historiam complectens. *Witteb.* 1688. 4.

Doucin (Louis). Histoire du Nestorianisme. *Par.* 1697. 4. *Rotterd.* 1698. 4.

Sartorius (Johann). Dissertationes II de Nestorio hæresiarcha. *Thorun.* 1698. 4.

Jablonski (Paul Ernst). Exercitatio de origine et fundamento Nestorianismi. *Berol.* 1724. 8. *Frf. ad Viadr.* 1728. 4. (*D.*)

Klausing (Heinrich). Dissertatio de controversia Nestorianorum. *Lips.* 1725. 4. (*L.*)

Wessel (Johan). Nestorianismus et Adoptianismus. *Rotterd.* 1727. 4.

Ochs (Johannes). De Nestorii doctrina commentatio dogmatico-historica. *Monach.* 1849. 8. (*L.*)

Nestler (Christian Gottfried),
naturaliste alsacien (1778 — 2 oct. 1832).

Ehrmann (C... H...). Discours prononcé sur la tombe de C. G. Nestler. *Strasb.* 1832. 8.

Fée (Antoine Laurent Apollinaire). Discours sur la tombe de C. G. Nestler. *Strasb.* 1832. 8.

Nethenus (Matthias),
théologien allemand (1618 — 1686).

Guertler (Nicolaus). Vita M. Netheni, oratione parentali descripta. *Herborn.* 1687. 4. (*D.*, *L.* et *P.*)

Nettelbeck (Joachim Christian),
patriote allemand (1738 — 10 janvier 1824).

J. Nettelbeck's Lebensbeschreibung, von ihm selbst aufgezeichnet und herausgegeben von Johann Christian Ludwig HAKEN. *Leipz.* 1821-23. 3 vol. 8. Portrait. (*L.*)

J. Nettelbeck, der Bürger, während der Belagerung der Festung Colberg im Jahre 1807. *Berl.* 1808. 8.

Nettelbladt (Daniel),
jurisconsulte allemand (14 janvier 1719 — 5 sept. 1791).

Nettelbladt (Daniel). Nachricht von seinem Leben und seinem Schriften. *Leipz.* 1759. 8. (*L.*)

Westphal (Ernst Christian). Programma in memoriam viri perillustris D. Nettelbladt. *Halæ.* 1791. Fol.

Biographie des Geheimen Raths Nettelbladt. *Halle.* 1792. 8.

Nettelbladt (Heinrich),
jurisconsulte allemand († 1735).

Mantzel (Ernst Johann Friedrich). Programma in obitum B. H. Nettelbladtii, senatoris Rostochiensis. *Rostoch.* 1735. 4.

Nettelbladt (Heinrich),
jurisconsulte allemand (8 mars 1715 — 26 mars 1761).

Quistorp (Johann Jacob). Wohlverdientes Denk- und Ehrenmal H. Nettelbladt's. *Rostock.* 1761. Fol.

Nettleton (A...),
théologien anglo-américain.

Tyler (B...). Memoirs of the Rev. A. Nettleton. *Hartford.* 1848. 12.

Netzker (Johann Jacob),
mathématicien allemand (24 mars 1736 — 11 mai 1781).

Kries (Johann Albinus). Memoria J. J. Netzkeri, professoris gymnasii Thorunensis. *Thorun.* 1781. Fol.

Neubauer (Heinrich),
théologien allemand.

Ehren-Gedächtniss des H. Neubauer. *Dresd.* 1716. 4. (*D.*)

Neubarth (Samuel Gottlieb),
magistrat (?) allemand.

Gerlach (Benjamin Gottlieb). Narratio vitæ M. S. G. Neubarthi. *Goerlic.* 1759. Fol.

Neuber (Theophil Hermann),
théologien allemand.

Schroeder (Johann Joachim). Trauer-Cypressen, oder letztes Ehrengedächtniss T. H. Neuber's, Predigers zu Hülse. *Marb.* 1702. 4.

Neufchâteau (Raoul de),
général français (1788 — 20 mars 1850).

Notice biographique sur le général R. de Neufchâteau, candidat du parti modéré pour l'élection du 24 mars. *Epinal.* 1850. 4.

Neuffer, voy. **Neyffer** (Johann Valentin).

Neufville de Villeroy (Camille de),

archevêque de Lyon (22 août 1606 — 3 juin 1693).

Colonia (Dominique de). C. de Neufville, archiepiscopi Lugdunensis, funebris oratio. *Lugdun.* 1693. 4. (*Lv.*)

Guichenon (Germain). Vie de Mgr. C. de Neufville de Villeroy, archevêque de Lyon. *Trévoux et Lyon.* 1695. 12. (Rare.)

Péricaud (Antoine). Notice historique sur C. de Neufville, archevêque de Lyon, sous Louis XIV. *Lyon.* 1829. 8. (Tiré seulement à 100 exemplaires.)

Neuhaus (Wilhelm),

théologien allemand.

Withof (Johann Hildebrand). Oratio funebris in obitum G. Neuhusii, theologiæ doctoris et professoris. *Vesal.* 1744. 4.

Neuhauss (Carl),

magistrat suisse.

Neuhauss, Schultheiss. *Zürch.* 1846. 8. Portrait.

Neuhofer (Jeremias),

théologien allemand.

Mertens (Hieronymus Andreas). Ehrengedächtniss J. Neuhofer's, des evangelischen Collegiums in Augsburg Ephori. *Augsb.* 1778. 4.

Neuhoff (Théodor Stephan, Baron v.),

roi aventurier des Corses (vers 1690 — 11 déc. 1755).

Nachricht von dem Leben und den Thaten des Barons T. v. Neuhoff und der von ihm gekränkten Republik Genua. *Frf.* 1757. 8. Portrait. *Ibid.* 1787. 8. Portrait.

Histoire des révolutions de Corse et de l'élévation de Théodore I sur le trône de cet Etat. *La Haye.* 1738. 12.

Theodori I, der sich Baron Neuhoff, statt Syburg nennt, Königs der Corsen, Leben und corsische Händel. *Frf.* 1743. 8.

Der träumende Theodor. Abschilderung desselben und der Insel Corsica. *Frf.* 1743. 8.

Das corsische Kleeblatt: Theodor (v. Neuhoff), (Pasquale) Paoli und (Napoleon) Bonaparte, etc. *Zerbst.* 1803. 8.

Neuhusius (Edo),

pédagogue allemand (21 oct. 1581 — ...).

Neuhusius (Reiner). Vita E. Neuhusii. *Frf.* 1677. 8.

Neukrantz (Johannes),

théologien allemand.

Johansen (Cornelius). Leich-Predigt über Mag. J. Neukrantzii Absterben. *Hamb.* 1694. 4.

Neumann (Caspar),

théologien allemand (14 sept. 1648 — 27 janvier 1715).

Tacken (Friedrich Peter). Merkwürdiges Leben des Gottesgelehrten C. Neumann's, Pastors zu Sanct-Elisabeth, etc. *Brest. et Leipz.* 1741. 8. (*D. et L.*)

Leben des vortrefflichen Gottesgelahrten C. Neumann. *Berl.* 1741. 4. (*L.*)

Neumann (Caspar),

chimiste allemand (11 juillet 1683 — 20 oct. 1737).

Lebenslauf Dr. C. Neumann's, königlich preussisschen Hofraths und Professors der Chemie, etc. *Berl.* 1743. 8. (*D.*)

Neumann (Jacob),

évêque de Bergue.

Schwach (Conrad Nicolaus). J. Neumann, Biskop over Bergens Stift, biografisk skildret. *Bergen.* 1848. 8. Portrait.

Neumann (Johann Friedrich),

pédagogue allemand (8 sept. 1737 — 23 nov. 1802).

Schwarze (Christian August). Zum Andenken des J. F. Neumann, *Goerl.* 1802. 4. (*D.*)

(**Schindel**, Carl Wilhelm Otto August v.). J. F. Neumann; characteristischer Versuch. *Leipz.* 1806. 8. (*D. et L.*)

Neumann (Johann Georg),

théologien allemand (1er mai 1661 — 5 sept. 1709).

Loescher (Caspar). Leichen-Predigt auf J. G. Neumann. *Wittenb.* 1709. Fol. (*D.*)

Klausing (Heinrich). Oratio in memoriam J. G. Neumanni. *Lips.* 1709. Fol. (*L.*)

Schoenbach (Johann Heinrich). Vita J. G. Neumanni, doctoris theologiæ. *Witteb.* 1716. 8. Portrait. (*D. et L.*)

Neumayr (Franz),

jésuite allemand (17 janvier 1697 — 1er mai 1765).

Sailer (Sebastian). Rede auf F. Neumayr's Tod. *Augsb.* 1765. 4.

Neumiller (N... N...),

théologien allemand.

Sailer (Johann Michael). Laute aus dem Leben eines Edeln. Neumiller's Freunden gewidmet. *Münch.* 1789. 8.

Neuser (Adam),

apostat allemand († 12 oct. 1576).

Schultze (Johann Georg). Programma ad orationem de A. Neusero, qui ex Lutherano reformatus, ex reformato Arrianus, ex Arriano Muhamedanus factus fuit. *Numburg.* 1729. Fol. (*D. et L.*)

Wild (Carl). A. Neuser, oder Leben und Ende eines Lichtfreundes aus früherer Zeit. *Dresd.* 1830. 16. Port.

Neussel (Johann Peter),

brigand allemand.

Brill (C... F...). Kurze Nachrichten von den persönlichen Verhältnissen und den Verbrechen des zum Tode verurtheilten J. P. Neussel. *Darmst.* 1814. 4.

Neustetter (Erasmus),

poète allemand (7 nov. 1525 — ... 1594).

Feder (Johann Michael). Vita E. Neustetteri, dicti Sturmer. *Wirceb.* 1799. 8. (*D.*)

Neuvillars (mademoiselle de),

religieuse française.

Dusault (Nicolas). Vie de mademoiselle de Neuvillars, miroir de perfection pour les femmes mariées et pour les âmes dévotes, etc. *Par.* 1649. 8.

Neuville (Pierre Jacques Augustin **Berquier**),

jurisconsulte français (4 sept. 1760 — 18 janvier 1840).~

Berville (Saint-Albin). Notice nécrologique sur P. J. A. Berquier-Neuville, ancien membre du conseil des Cinq-Cents et du corps législatif, etc. *Par.* 1849. 8. (Extrait du *Nécrologe universel du XIXe siècle*.)

Neuvillette (Madeleine **Robineau**, baronne de),

dame française, connue par sa haute piété († 1657).

Cyprien (N... N...). Recueil des vertus et des écrits de la baronne de Neuvillette. *Par.* 1660. 8.

Nevers (Catherine de **Lorraine**, duchesse de),

épouse de Charles I, duc de Nevers et de Rhetel (1585 — mariée le 8 février 1599 — 8 mars 1618).

Provenchère (Barthélemy de la). Oraison funèbre de Catherine de Lorraine, duchesse de Nevers. *Par.* 1618. 4.

Nevers (Charles de **Gonzague**, duc de).

Chesne (M... du). Panégyrique funèbre de C. de Gonzague de Clèves I du nom, duc de Mantoue, de Nevers et de Rhetel. *Par.* 1638. 4.

Nevers (Louis de **Gonzague**, duc de),

homme d'État français (1539 — 23 oct. 1595).

Mémoires du duc de Nevers (depuis 1514 jusqu'en 1595), publ. par Marin Le Roy de **Gomberville**. *Par.* 1665. 2 vol. Fol. (*P.*)

Turpin (François René). Histoire de L. de Gonzague, duc de Nevers, pair de France, contenant les principaux événements de la Ligue sous les règnes de François II, Charles IX, Henri III et Henri IV. *Par.* 1789. 12. (*P.*)

Newcastle (Margaret **Lucas**, dutchess of),

seconde épouse du suivant (vers 1625 — 1673).

True relation of the bird, etc., of M. Cavendish, dutchess of Newcastle, written by herself, with a critical preface by Egerton **Brydges**. *Kent.* 1814. 8. Portrait de lady Newcastle.

Newcastle (William **Cavendish**, duke of),

général anglais (1592 — 25 déc. 1676).

Newcastle (Margaret **Lucas** of). Life of W. Cavendish, duke, marquess and earl of Newcastle. *Lond.* 1667. Fol. *Ibid.* 1669. Fol. *Ibid.* 1675. 4. Trad. en lat. *Lond.* 1668. Fol. (*Oxf.*)

Newman (John Henry),

prêtre anglais (21 février 1801 — ...).

Gondon (Jules). Notice biographique sur le R. P. Newman, de l'Oratoire de S. Philippe de Neri. *Par.* 1853. 8.

Newman (William),

théologien anglais.

Pritchard (George). Memoir of the Rev. W. Newman. *Lond.* 1857. 8. (*Oxf.*)

Newton (Isaac),

mathématicien anglais du premier ordre (25 déc. 1642 — 20 mars 1727).

Fontenelle (Bernard de). Éloge de M. le chevalier Newton. *Par.* 1728. 4. (*P.*) Trad. en angl. (par Henry Pemberton). *Lond.* 1728. 4. (*Oxf.*)

Frisi (Paolo). Elogio storico del cavaliere I. Newton. *Milan.* 1778. 8. (*D.* et *Oxf.*)

Etliche merkwürdige Umstände aus I. Newton's Leben. *Frf.* 1791. 8. (*L.*)

Brewster (David). Life of sir I. Newton. *Lond.* 1831. 12. (*P.*) *Ibid.* 1832. 18. (*Oxf.*)

Trad. en allem. par B... M... Goldberg, avec des notes par Heinrich Wilhelm Brandes. *Leipz.* 1833. 8. Portrait. (*L.*)

Trad. en franç. par N... N... Peyrot. *Par.* 1836. 18. (*Lv.*)

Snell (Carl). Newton und die mechanische Naturwissenschaft. *Dresd.* et *Leipz.* 1843. 8. (*D.* et *L.*)

Whewell (William). Newton and (John) Flamsteed. *Cambridge.* 1836. 8. (*Bx.*)

Life of sir I. Newton. 1831. 18.

Newton (John),

théologien anglais (24 juillet 1725 — 31 déc. 1807).

Cecil (Richard). Memoirs of the life and actions of J. Newton. *

* L'original anglais se trouve dans les OEuvres de Richard Cecil, publ. par Josiah Pratt. *Lond.* 1811. 4 vol. 8.

Trad. en allem. par J... G... Bayhinger. *Basel.* 1831. 8. Portrait.

Trad. en holland. s. c. t. Levensbijzonderheden, etc., par Adriaan Goedkoop. *Rotterd.* 1816. 8.

Récit authentique de la vie de J. Newton, recteur de Saint-Mary Woolnoth, à Londres, etc. *Toulouse.* 1836. 12. (Trad. de l'angl.)

Life of the R. J. Newton. *Lond.* 1838. 8. *Ibid.* 1840. 8. (*Oxf.*) Trad. en franç. *Par.* 1842. 2 vol. 18. Portrait.

Memoirs of the R. J. Newton, formerly rector of St. Mary Woolnoth, etc. *Lond.* 1846. 8. Portrait.

Ney, prince de la **Moskowa** (Michel),

maréchal de France (10 janvier 1769 — fusillé le 7 déc. 1815).

Mémoires du maréchal Ney, duc d'Elchingen, prince de la Moskowa, publiés par sa famille. *Par.* 1833. 2 vol. 8. (*Lv.*) *Brux.* 1834. 2 vol. 8.

Trad. en allem. :

Par Carl Geib. *Mannh.* 1833. 8.

Par Lebrecht Günther Foernster. *Quedlinb.* 1834–36. 2 vol. 12.

Trad. en angl. *Lond.* 1833. 2 vol. 8.

Charlemont (Jean Baptiste). Vie du maréchal Ney. *Par.* 1814. 18. *Ibid.* 1816. 18. *Ibid.* 1817. 18. (*P.*)

Le maréchal Ney devant les maréchaux de France. *Par.* 1815. 8. Portrait.

C(otterel) (F... F...). Précis historique de la vie et du procès du maréchal Ney. *Par.* 1816. 8.

Charlemont (Jean Baptiste). Procès du maréchal Ney. *Par.* 1816. 8. *Ibid.* 1817. 18.

(Maiseau, N... N...). Vie du maréchal Ney, duc d'Elchingen, prince de la Moskowa, comprenant le récit de toutes ses campagnes en Suisse, en Autriche, en Prusse, en Espagne, en Portugal, en Russie, etc., sa vie privée, l'histoire de son procès, et un grand nombre d'anecdotes inédites. *Par.* 1816. 2 vol. 8. (*Lv.*) *Brux.* 1816. 2 vol. 8. Portrait.

Bruggemans (Adriaan). Leven van den maarschalk Ney. *Dordrecht.* 1816. 8. Portrait.

Gamot (N... N...). Réfutation en ce qui concerne le maréchal Ney, de l'ouvrage ayant pour titre *Campagne de 1815*, etc., par le général Gourgaud, écrite à Sainte-Hélène. *Par.* 1818. 8.

Leben, Thaten und Schicksale des hingerichteten Marschalls Ney. *Saarlouis.* 1818. 8.

Vergara (Manuel Gomez). Vida del mariscal Ney, duque de Elchingen y principe de Moskowa, etc. *Madr.* 1819. 2 vol. 8. Portrait. (Trad. du franç.)

Rouval (Antoine Achille Jean). Vie du maréchal Ney. *Par.* 1833. 18. 2 portraits. (*P.*)

Vida del mariscal Ney, duque de Elchingen y principe de la Moskowa. *Madr.* 1840. 2 vol. 12.

Nollet-Fabert (Jules). Eloge historique du maréchal Ney, duc d'Elchingen, prince de la Moskowa. *Nancy.* 1852. 8.

Les maréchaux de l'empire. Notice sur le maréchal Ney, surnommé *le Brave des braves. Par.* 1833. 4. *

* Suivi d'une notice sur André Masséna, duc de Rivoli.

Dupin (André Marie Jean Jacques). Discours prononcé à la cérémonie de l'inauguration de la statue du maréchal Ney, sur l'esplanade du Luxembourg, le 7 décembre 1853. *Par.* 1853. (Un quart de feuille.)

Verronnais (Paul). Vie de M. Ney, maréchal de l'empire. *Metz.* 1853. 8. *

* Brochure au profit de la souscription ouverte dans le but d'élever une statue au maréchal Ney sur une des places de la ville de Metz.

D(umoulin) (Évariste). Histoire complète du procès du maréchal Ney, etc., précédée d'une notice historique sur la vie du maréchal. *Par.* 1815. 2 vol. 8. (*P.* et *Lv.*)

Neyffer (Johann Valentin),

jurisconsulte allemand (10 nov. 1572 — 5 avril 1610).

Hafenreffer (Matthias). Leichenpredigt auf Dr. J. V. Neuffer. *Tübing.* 1610. 4. Portrait.

Besold (Christoph). Laudatio funebris J. V. Neyfferi Herrenbergensi, JCti et in academia Tubingensi quondam *Digesti* veteris professoris. *Tübing.* 1610. 4. (*L.*)

Niavis * (Paul),

théologien allemand.

Mueller (Daniel Traugott). Programma de P. Niave, primo rerum Schneebergensium scriptore. *Schneeb.* 1736. 4. (*D.* et *L.*)

* Son nom de famille était Schreyvogel.

Richter (Adam Daniel). Programmata IV de P. Niave. *Zittav.* 1760-61. 4. (*D.* et *L.*)

Nibelius (S... D...),

théologien suédois.

Taxe (Vilhelm). Åminnelse-Tal öfver Contra-Prosten och Kyrkoherden i Vestra Karup, Mag. S. D. Nibelius. *Lund.* 1852. 8.

Nicaise (Saint),

martyr italien.

Venuti (Vincenzo). Discorso dell' esistenza, professione e culto di S. Nicasio martire. *Palerm.* 1762. 4.

Nicander (Carl August),

poète suédois (20 mars 1799 — 7 février 1839).

Crusenstolpe (Magnus Jacob). C. A. Nicander, etc. *Stockh.* 1840. 8.

Nicandro (Saint),

Laguidara (Antonino). L' unacoreta Zancleo, o vero notizie di S. Nicandro, venuto e morto in Messina, etc. *Messin.* 1685. 12.

Nicephorus Gregoras,

historien byzantin (1295–1359).

Schopen (Ludwig). Beiträge zur byzantinischen Geschichte und Chronologie, aus den noch ungedruckten Büchern des Nicephorus Gregoras. *Bonn.* 1834. 4.

Niceron (Jean Pierre),

littérateur français (1685 — 8 juillet 1738).

Goujet (Claude Pierre). Éloge de J. P. Niceron. *Par.* 1738. 8. (Tiré à part à très-petit nombre.) — (*P.*)

Nichet (Pierre Jacques),

médecin français (1803 — 27 oct. 1847).

Potton (F... F... A...). Éloge historique du docteur P. J. Nichet, professeur d'accouchements à l'école secondaire de médecine de Lyon, etc. *Lyon.* 1851. 8.

Nichols (John),

littérateur anglais (2 février 1745 — 26 nov. 1824).

Brief memoirs of J. Nichols. *Lond.* 1804. 8. (Tiré seulement à 12 exemplaires.)

C(halmers) A(lexander). Memoir of J. Nichols, Esq., s. d. (*Lond.*) 1826. 4. (Tiré à part à très-petit nombre.) — (*Oxf.*)

Nicholson (Margaret),

aventurière anglaise, connue par son attentat à la vie de George III.

Fiske (Jonathan). Life and transactions of M. Nicholson. *Lond.* 1785. 8. Portrait. (*Oxf.*)

Nicius (Abraham Friedrich),

magistrat allemand (24 août 1656 — 30 nov. 1725).

Neumann (Johann Georg). Wohlbedächtige Lindigkeit christlicher Regenten. Leichenpredigt, etc., auf den Bürgermeister (der Stadt Goerlitz) Nicius. *Goerl.* 1725. Fol.

Niclassi (Johann Ludwig),
théologien allemand (11 juillet 1685 — 15 janvier 1749).
Gebhard (Johann Heinrich). Leichenpredigt auf J. L. Niclassi: *Darmst.* 1780. 4. Portrait.

Nicodami * (N... N...),
musicien bohème (1758 — 1829).
Biographie de M. Nicodami, maître de piano et professeur de musique au Conservatoire de Paris. *Par.* 1844. 8.
* Son nom originaire était Nіковік.

Nicol (John),
marin anglais.
Life and adventures of J. Nicol, mariner. *Edinb.* 1822. 12. (Autobiographie accomp. de son portrait.) — (*Oxf.*)

Nicolai,
savants allemands.
Boeckmann (Johann Conrad). Schediasma historico-litterarium de doctis Nicolais. *Witteb.* 1712. 8. (*D.* et *P.*)

Nicolai (Christoph Friedrich),
littérateur allemand (18 mars 1733 — 8 janvier 1811).
Fichte (Johann Gottlieb). F. Nicolai's Leben und sonderbare Meinungen. *Tübing.* 1811. 8. (*D.* et *L.*)
Goeckingk (Leopold Friedrich Günther v.). F. Nicolai's Leben und literarischer Nachlass. *Berl.* 1820. 8. (*D.* et *L.*)

Nicolai (Giovanni Battista),
littérateur italien.
Fabris (Jacopo). Aneddoti sopra la vita scientifica di G. B. Nicolai. *Treviso*, s. d. 8.

Nicolai (Gottlob Samuel),
théologien allemand (25 oct. 1725 — 26 mars 1765).
Huch (Ernst Ludwig Daniel). Programma in obitum G. S. Nicolai, theologiae professoris. *Servest.* 1765. Fol.

Nicolai (Melchior),
théologien allemand (14 déc. 1578 — 13 août 1659).
Wagner (Tobias). Oratio de vita M. Nicolai. *Tubing.* 1662. Fol. (*L.*)

Nicolas I,
empereur de Russie (7 juillet 1796 — 30 nov. 1825 — ...).
Schnitzler (J... H...). L'empereur Nicolas, s. l. et s. d. (*Par.*) 8. (Extrait de l'*Encyclopédie des gens du monde.*)
—— Etudes sur l'empire des czars. Histoire intime de la Russie sous les empereurs Alexandre et Nicolas, et particulièrement pendant la crise de 1825. *Par.* 1847. 2 vol. 8.
    Trad. en allem. *Grimma.* 1847. 2 vol. 8.
    Trad. en angl. s. c. t. Secret history of the court and government of Russia, etc. *Lond.* 1847. 2 vol. 8. (*Oxf.*)
(**Nork**, Friedrich). Kaiser Nicolaus I gegenüber der öffentlichen Meinung von Europa, etc. *Weimar.* 1848. 8 *.
* Le véritable nom de l'auteur était Friedrich Korn.
Gilson (Adrien). Nicolas I et Abdul-Medjid. *Par.* 1853. 52. * Trad. en allem. *Leipz.* 1853. 8. Avec leurs port
* Contenant des notices biographiques sur ces deux souverains.

Nicolas IV,
pape succédant à Honorius IV (élu le 15 février 1288 — 4 avril 1292).
Rossi (Girolamo). Vita Nicolai IV papæ, publ. par Antonio Felice MATTEI. *Pisis.* 1761. 8. *
* Publ. s. l. nom latinisé de l'auteur Russo.

Nicolas V,
pape, successeur d'Eugène IV (élu le 6 mars 1447 — 24 mars 1455).
Giorgi (Domenico). Vita Nicolai V, pontificis maximi, etc. *Roma.* 1742. 4.

Nicolas,
évêque de Constantinople.
Schoettgen (Christian). Commentatiuncula de Nicolao, episcopo Constantinopolitano, Dresdæ sepulto. *Dresd.* 1741. 4. (*D.*)

Nicolas le Grand (Saint),
archevêque de Mire.
Niceforo da Bari. Vita S. Nicolai, Myrensis episcopi, atque historia de ejus corporis translatione a Myra Lyciæ civitate Barium. *Frf.* 1556. 12.
Beatillo (Antonio). Storia della vita, miracoli e traslazione di S. Niccolò il Magno, arcivescovo Mirense. *Napol.* 1620. 4. *Milan.* 1696. 4. (*Oxf.*) *Rom.* 1701. 4. *Venez.* 1705. 4.
Ulmo ou Olmi (Fortunato). Historia translationis corporis S. Nicolai terris marique miraculis Magni, episcopo, e Myra Lyciæ Venetias factæ, etc. *Venet.* 1626. 4.

Perin (Léonard). Vita S. Nicolai, Myrensis episcopi. *Mussiponti.* 1627. 12.
Bralion (Nicolas de). Vie de S. Nicolas, archevêque de Mire. *Par.* 1646. 8.
Andrada (Alonso de). Vida y milagros de S. Nicolas el Magno, arzobispo de Mira, patron de la ciudad de Bari, etc. *Madr.* 1671. 8. *Valenc.* 1697. 8.
Ferrari (Francesco). Compendio della vita e miracoli di S. Niccolo, arcivescovo di Mirea (!) *Venez.* 1692. 12.
Albrizzi (Niccolò). Venezia favorita da Dio nella miracolosa invenzione e traslazione del sacro corpo di S. Niccolò il Magno, arcivescovo di Mira, etc. *Venez.* 1698. 4.
(**Durmoy**, Nicolas). Vie du grand et incomparable S. Nicolas, archevêque de Myre et patron de la Lorraine. *Nancy.* 1704. 12.
Albrizzi (Niccolò). La gemma del mare Adriatico, ovvero in corpo di S. Niccolò il Magno, arcivescovo di Mira, trovato e trasportato d' all' armata Veneta spedita per Terrasanto, etc. *Venez.* 1709. 4. *
* Le corps du saint repose dans l'église de S. Niccolò de Lido.
Berardi (Giovanni Battista). Orationes de temperantia, de justitia, de fortitudine super vitam D. Nicolai episcopi. *Venet.* 1710. 4.
Crell (Heinrich Christian). Dissertatio de S. Nicolao. *Lips.* 1718. 4. (*L.*)
Delisle (Joseph). Vie de S. Nicolas; histoire de sa translation et de son culte. *Nancy.* 1745. 8.
Sabbatini d'Anfora (Ludovico). De actis divi Nicolai, archiepiscopi Myrensis, historica dissertatio. *Neapol.* 1753. 8.
Putignano (Niccolò). Vindiciæ vitæ et gestorum S. Thaumaturgi Nicolai, archiepiscopi Myrensis. *Napol.* 1753. 4.
—— Storia della vita e traslazione di S. Niccolò, arcivescovo di Mira. *Napol.* 1771. 4.
Hengel (Wessel Albert van). S. Nikolaas en het Sint-Nikolaas-feest. *Leyd.* 1831. 8. (*Ld.*)

Nicolas de Tolentine (Saint),
patron de l'église de Broue en Bresse.
Frigerio (Ambrogio). Vita gloriosissima e miracoli eccelsi del beato confessore S. Nicola di Tolentino, etc. *Ferrar.* 1588. 4. (*Oxf.*) *Ibid.* 1590. 18.
Roman (Hieronymo). Vita de S. Nicolas Tolentino. *Sevill.* 1600. 8.
Navarro (Bernardo). Vida de S. Nicolas de Tolentino. *Barcelon.* 1612. 8.
Pauli (Matthaeus). Vie de S. Nicolas de Tolentine. *Gand.* 1619. 12.
Ribera Angulo (Francisco de). Discursos quaresmales sobre la vida de S. Nicolas de Tolentino. *Hispal.* 1631. 4.
Curtius (Cornelius). Vita et miracula S. Nicolai Tolentini, etc. *Antwerp.* 1637. 16. Port. *Monach.* 1689. 12. Portrait.
Andrea de Santo Tommaso. Vita e miracoli del glorioso S. Nicolo da Tolentino dell' ordine Augustiniano. *Genov.* 1640. 8.
Augusti (Leo). Oratio in laudem S. Nicolai, publ. par Pierre Possin. *Tolos.* 1643. 4.
Rossi (Luca Antonio). Panegirico in lode di S. Nicolo Tolentino. *Napol.* 1643. 8.
Bonavoglia (Ippolito). Vita gloriosi Nicolai Tolentinatis, ordinis eremitarum S. Augustini, anagrammatibus contexta. *Neapol.* 1651. 8.
Arminio (Fulgenzio). Lettera nella quale se racontano i prodigi fatti della statua di S. Nicola di Tolentino in Venezia. *Venez.* 1652. 4.
Maurice (N... N...). Discours panégyrique des grandeurs de S. Nicolas de Tolentine, de l'ordre de S. Augustin, etc. *Lyon.* 1660. 18.
Hayd (Johann Bonus). Breve compendium vitæ S. Nicolai de Tolentino, cum miraculis ab eo patratis. *Ingolst.* 1694. 4. (Ecrit en allemand.)
Jordanus de Saxonia (Salomon). Vita S. Nicolai de Tolentino, ecclesiæ latinæ thaumaturgi. *Lovan.* 1722. 8. Trad. en flamand. *Gendt.* 1723. 12.
Lodi del prodigioso S. Nicola Tolentino. *Palerm.* 1837. 24.
Cavattoni (Cesare). Vita di S. Nicola da Tolentino, s. l. et s. d. (*Veron.* 1845.) 16.

Nicolas Damascène ou de Damas,
historien et poëte grec (74 — 5 avant J. C.).
Sevin (François). Dissertatio de Nicolao Damasceno. *Lips.* 1804. 8. (*L.*)

Navet (Friedrich). Nikolaus von Damaskus, sein Leben und seine Schriften, nebst Übersetzung der noch erhaltenen Bruchstücke. *Simmern*. 1853. 8.

Nicolas (Armelle),
religieuse française (19 déc. 1606 — 24 oct. 1671).

Triomphe de l'amour divin dans la vie d'une grande servante de Dieu, nommée la bonne A. Nicolas, pauvre villageoise, écrit par une religieuse du monastère de S. Ursule de Vannes *. *Vannes*. 1676. 8. *Nantes*. 1683. 12.
* Cette religieuse se nommait D. O. ESCHALLARD.

Busson (C... J...). Vie d'A. Nicolas, ou le règne de l'amour de Dieu dans une âme. *Par*. 1844. 12.

Nicolas (Pierre François),
médecin français (26 déc. 1743 — 18 avril 1816).

Boisard (François). Notice sur la vie et les ouvrages de P. F. Nicolas. *Caen*. 1816. 8. (Omis par Quérard.)

Nicolaus Diaconus.
Reder (C... F...). Dissertatio de Nicolao Diacono hæreseos Nicolaitarum non auctore. *Lips*. 1756. 4. (*L*.)

Nicolaus von der Flue, *
ermite suisse (21 mars 1417 — 22 mars 1487).

Cysat (Rennward). Vita et historia Nicolai a Rupe subsylvano. *Constanc*. 1597. 8.
* Son nom de famille était LOEWENBRUGGER.

Hugo (Petrus). Nicolai de Rupe, anachoretæ subsilvani in Helvetia, vita ac res gestæ brevi commentario comprehensæ. *Friburg*. 1656. 12. Trad. en allem. par l'auteur lui-même. *Freiburg im Breisg*. 1642. 8.

Stanss (Benno v.). Leben, Wandel, Wunderwercke des seligen Bruder Clausen von Unterwalden. *Luzern*. 1752. 4.

Weissenbach (Joseph Anton). Leben und Geschichte des seligen Nikolaus von der Flue. *Basel*. 1786. 8. *Luz*. 1852. 12. Trad. en franç. *Einsidlen*. 1794. 8.

Goeldlin v. Tieffenau (Franz Xaver Bernhard). Geist und Leben des glückseligen Bruders Niklas von der Flue. *Luz*. 1808. 8.

Widmer (Joseph). Das Göttliche in irdischer Entwicklung und Verherrlichung, nachgewiesen im Leben des seligen Nicolaus van der Flue. *Luz*. 1819. 8.

Nikolaus von der Flue, oder Lebensgeschichte des seligen Bruders Klaus, etc. *Luz*. 1822. 8. Trad. en holland. *Bosch*. 1827. 8.

Businger (Joseph). Bruder Klaus und sein Zeitalter, oder Lebensgeschichte der seligen Nikolaus von der Flue aus Unterwalden. *Luz*. 1827. 8. Portrait.

Der Eremit oder Nicolaus von der Flue, etc. *Coblenz*. 1832. 8.

Leben des heiligen Nicolaus von der Flue, etc. *Schweidnitz*. 1841. 8. Portrait.

Sigrist (Georg). Des seligen Nicolaus von der Flue lehrreiche und wundervolle Geschichte. *Luz*. 1843. 8.

Nicolay (Heinrich Ludwig v.),
poète allemand (29 déc. 1737 — 18 nov. 1820).

Gerschau (Peter v.). Aus dem Leben des Freiherrn H. L. v. Nicolay, weiland kaiserlich russischen Geheimraths, publ. par A... v. BINZER. *Hamb*. 1834. 8.

Nicole (Pierre),
moraliste française (19 oct. 1625 — 11 nov. 1695).

Goujet (Claude Pierre). Essais de morale, contenant la vie de P. Nicole. *Luxemb*. 1752. 12. (Publ. par Simon Antoine Charles DAGUES DE CLAIRFONTAINE.) *Liége*. 1767. 12. Trad. en allem. *Bamb*. et *Würzb*. 1785. 8. (*D.* et *L*.)

Lanjuinais (Jean Denis de). Etudes biographiques et littéraires sur Antoine Arnauld, P. Nicole et Jacques Necker, avec une notice sur Christophe Colomb. *Par*. 1823. 8.

Nicolle (Gabriel Henri),
journaliste français, fondateur du collège Sainte-Barbe (23 mars 1767 — 8 avril 1829).

Notice nécrologique sur H. Nicolle. *Par*. 1829. 8. (*P*.)

Nicollet (Jean Nicolas),
mathématicien piémontais (vers 1786 — 11 sept. 1843).

Quetelet (Lambert Adolphe Jacques). Notice sur J. N. Nicollet, correspondant de l'Académie, né à Sluse, mort à Washington. *Brux*. 1844. 12. (*Bx*.)

Nicolosi (Giovanni Battista),
grand chancelier de la république de Venise.

Petricelli (Giovanni Domenico). In funere illustrissimi atque excellentissimi D. D. J. B. Nicolosi, equitis et serenissimæ reipublicæ Venetæ magni cancellarii, oratio. *Venet*. 1717. 4.

Santinelli (Stanislao). In funeri illustrissimi ac excellentissimi D. D. J. Nicolosii, equitis, magni reipublicæ cancellarii, oratio. *Venet*. 1717. 8.

Nicolovius (Georg Heinrich Ludwig),
homme d'État allemand (13 janvier 1767 — 2 nov. 1839).

Nicolovius (Alfred). Denkschrift auf G. H. L. Nicolovius. *Bonn*. 1841. 8. Portrait. (*L*.)

Nicon, voy. Nikon.
Nicosia (Salvatore),
musicien italien.

(**Pompili**, Gioachimo). Di S. Nicosia, fanciullo Siciliano, straordinario per ingegno musicale, s. l. 1839. 12.

Nidhard, voy. Neidhardt (Johann Eberhard).
Niebuhr (Carsten),
voyageur allemand (17 mars 1733 — 26 avril 1815).

Niebuhr (Barthold Georg). C. Niebuhr's Leben. *Kiel*. 1817. 8. (*D*. et *L*.)

Niebuhr (Barthold Georg),
archéologue danois, fils du précédent
(26 août 1776 — 2 janvier 1831).

Walter (Ferdinand). Über Niebuhr und Schultz. *Bonn*. 1834. 8.

Lieber (Francis). Reminiscenses of Niebuhr the historian. *Philad*. 1835. 8. Trad. en allem. s. c. t. Erinnerungen aus meinem Zusammenleben mit B. G. Niebuhr, par Carl THIBAUT. *Heidelb*. 1857. 8. (*D*.)

Lebensnachrichten über B. G. Niebuhr, etc. *Hamb*. 1838-59. 3 vol. 8. (*D*. et *L*.)

Notice sur B. G. Niebuhr, s. l. et s. d. (*Par*.) 8.

Bunsen (Christian Carl Josias). Life and letters of B. G. Niebuhr, with essays on his character and influence, par N... N... BRANDIS et Johann Wilhelm LOEBELL. *Lond*. 1852. 8. *New-York*. 1852. 12.

Niemann (Christian Abraham),
jurisconsulte allemand.

Seelen (Johann Heinrich v.). Memoria C. A. Niemanni, J. U. D. et consulis. *Lubec*. 1754. Fol.

Niemann (Johann Christoph),
médecin allemand (13 août 1750 — 28 février 1785).

Streithorst (Johann Werner). Gedächtnissrede auf den Hofrath and Doctor der Arzeneygelahrtheit Niemann. *Halberst*. 1785. 4.

Niembsch v. Strehlenau, voy. Lenau (Nicolaus).
Niemcewicz (Julian Ursin),
littérateur polonais (1757 — .. mai 1841).

Niemcewicz (Julian Ursin). Meine Gefangenschaft zu Sanct-Petersburg in den Jahren 1794, 1795 und 1796; nachgelassenes Werk, trad. en allem. par Ludwig EICHLER. *Leipz*. 1844. 8. (*L*.)

Niemeier (Johann Barthold),
théologien allemand (24 juin 1644 — 8 mai 1708).

Wideburg (Christoph Tobias). Programma in funere J. B. Niemeieri. *Helmst*. 1708. 4. (*L*.)

Niemeyer (August Hermann),
théologien allemand (1er sept. 1754 — 7 juillet 1828).

Fritsch (Johann Heinrich). Über des verewigten A. H. Niemeyer's Leben und Wirken. *Halle*. 1828. 8. (*L*.)

Besser (J... A... W...). A. H. Niemeyer als edler Menschenfreund in seinem segensreichen Leben und Wirken. *Quedlinb*. 1829. 8. Portrait.

Jacobs (A...) et **Gruber** (Johann Gottfried). A. H. Niemeyer; zur Erinnerung an dessen Leben und Wirken. *Halle*. 1831. 8. Portrait. (*L*.)

Rein (A... H...). Erinnerungen an A. H. Niemeyer. *Crefeld*. 1841. 8. (*D*.)

Nieremberg (Juan Eusebio),
jésuite espagnol (1590 — 7 avril 1658).

Andrada (Alonso de). Vida del V. P. J. E. Nieremberg. *Madr*. 1658. 4.

Nieto (Juan),
jésuite espagnol.

Cienfuegos (Alvarez). Vida del venerabile padre J. Nieto. *Madr*. 1693. 8.

Nieuport (Charles François Le Prudhomme d'Hailly,
vicomte de),
mathématicien français (13 janvier 1746 — 20 août 1827).

Notice sur le commandeur de Nieuport. *Brux*. 1835. 12.

(Extrait d'un article biographique inséré par Lambert Adolphe Jacques Quetelet, dans le tome V de sa *Correspondance mathématique*.)

Nieuwenhuijzen (Jan),
théologien hollandais (1724 — 25 février 1806).

Kruijff (Jan de). Redevoering ter nagedachtenis van J. Nieuwenhuijzen. *Leijd*. 1806. 8. (*Ld*.)

Scholl van Egmond (C...). Redevoering ter gedachtenis van J. Nieuwenhuijzen. *Haarl*. 1806. 8.

Wertz (C...). Redevoering ter gedachtenis van J. Nieuwenhuijzen, stichter der *Maatschappij*. *Amst*. 1806. 8.

Krom (Johannes Hermannus). De nagedachtenis van den oprigter der Maatschappij *Tot nut van van het Algemeen* : J. Nieuwenhuijzen, dankbaar gevierd bij het departement Gouda. *Gouda*. 1806. 8.

Nieuwland (Pieter),
poète et mathématicien hollandais (5 nov. 1764 — 14 nov. 1794).

Sonsbeeck (Jan Willem van) et **Lennep** (David Jacob van). Ter nagedachtenis van professor P. Nieuwland. *Leijd*. 1794. 8. (*Ld*.)

Michell (Jan Pieter). Iets ter nagedachtenis van P. Nieuwland. *Amst*. 1794. 8. (*Ld*.)

Swinden (Jan Hendrick van). Lijkrede op P. Nieuwland. *Amst*. 1795. 8.

Nigellus Wirekerus, voy. Wireker (Nigel).

Nigidius (Peter),
savant allemand (20 février 1501 — 29 déc. 1583).

Goclenius (Rudolph). Oratio de vita et morte P. Nigidii. *Marb*. 1591. 8. (*L.*)

Nigidius Figulus (Publius),
philosophe romain, contemporain de Cicéron († 45 avant J. C.).

Hertz (Martin). Dissertatio de P. Nigidii Figula studiis atque operibus. *Berol*. 1845. 8.

Nikon,
patriarche de l'Église russe (1613 — 1681).

Bacmeister (Johann Vollrath). Beiträge zur Lebensgeschichte des Patriarchen Nikon. *Riga*. 1788. 8. (*L.*)

Nilssons (Pehr),
savant suédois du xviiie siècle.

Wallin (Georg). Concio in funere P. Nilssons. *Holm*. 1685: 4.

Nilus Rhodius,
grammairien grec.

(Passow, Franz). Dissertatio de Nilo, grammatico adhuc ignoto, ejusque grammatica aliisque grammaticis scriptis. *Vratisl*. 1831. 4.

Nimrod,
premier roi de Babylone.

(Pélissery, N...). Histoire de Nemrot (!), fondateur et premier roy de Babylonne, dans laquelle on voit l'origine et le premier établissement de la royauté. *Par*. 1099. 8.

Froernteich (Benedict Jacob). Dissertatio de forti venatore Nimrodo. *Altorf*. 1706. 4.

Nino (Francisco del),
prêtre espagnol.

Beatillo (Antonio). Historia della vida de Fray F. del Niño. *Veles*. 1624. 4.

Nino, conde de Buelna (Pedro),
homme d'État espagnol.

Vargas y Ponce (N... N...). Varones illustres de la marina española : vida de D. P. Niño, conde de Buelna. *Madr*. 1807. 8.

Games (Gomez Diaz de). Historia de la vida del conde P. Niño de Buelna. *Madr*. s. d. 8.

Ninon, voy. Lenclos (Ninon de).

Ninus,
roi d'Assyrie (2059 — 2007 avant J. C.).

Ats (Michael). Dissertatio historica de conditore amplitudine et fatis Ninives. *Argent*. 1699. 4.

Niobé,
personnage mythologique.

Fabroni (Angelo). Dissertazione sulle statue di Niobe. *Firenz*. 1799. 8.

Burmeister (C... E... J...). Commentatio de fabula quæ de Niobe ejusque liberis agit. *Wismar*. 1836. 8. (Dissertation couronnée.)

Nioche de Tournay (Mathieu Jean Baptiste),
littérateur français (30 déc. 1773 — ... 1844).

Éloges funèbres de M. J. B. Nioche de Tournay, auteur dramatique, chansonnier, etc. *Par*. 1845. 8.

Nisbet (Charles),
théologien anglo-américain.

Miller (Samuel). Memoirs of the Rev. C. Nisbet, D. D. president of Dickingson college, Carlisle. *New-York*. 1840. 12.

Nisius (Albert),
théologien allemand.

Buenemann (Johann Ludolph). Initia reformationis evangelicæ Mindensis anno 1529 susceptæ, et primorum reformatorum, maxime A. Nisii, vita. *Mind*. 1729. 4. (*D*. et *L*.)

Niske (Lorenz),
jurisconsulte allemand.

Programma academicum ad exequias L. Niskii. *Lips*. 1665. 4. (*D*. et *L*.)

Nisroch,
idole des Assyriens.

Iken (Conrad). Dissertatio de Nisroch, idolo Assyriorum. *Brem*. 1747. 4.

Nissen (Peder Schjelderup),
théologien norvégien.

Arentz (Hans Severin). Salig-afgangne Proost og Sognepraest P. Schjelderup Nissen's Minde. *Trondjem*. 1828. 8.

Nitard, voy. Neidhardt (Johann Eberhard).

Nithard,
historien allemand (contemporain de Charlemagne).

Petau (Paul). Breve syntagma di Nithardo Caroli Magni nepote, ac tota ejusdem Nithardi prosapia. *Par*. 1613. 4. (*L*. et *P*.)

Nitsche (Georg),
théologien allemand (12 mars 1663 — 20 nov. 1729).

Ernesti (Johann August). Lob-Rede auf G. Nitsche. *Leipz*. 1731. 4. Portrait. (*D*. et *L*.)

Nitzsch (Carl Ludwig),
théologien allemand (6 août 1751 — 5 déc. 1831).

Hoppe (August). Denkmal des verewigten D. C. L. Nitzsch, Professors der Theologie, Pfarrers und General-Superintendenten, etc. *Halle*. 1832. 8. (*L*.)

Nitzky (Gróf István),
homme d'État hongrois.

Chiolich v. Loewensperg (Maximilian). Oratio funebris piis manibus S. e comitibus Nitzky, etc. *Pesth*. 1777. Fol.

Nivernois (Louis de Gonzague, duc de),
gouverneur de Brie et de Champagne († 1596).

Sorbin (Arnaud). Oraison funèbre L. de Gonzague, duc de Nivernois et de Rhetelois, gouverneur ès pays de Brie et de Champagne. *Par*. 1596. 8. (*P*.)

Nivernois (Louis Jules Barbon Mancini Mazarin,
plus connu sous le nom de duc de),
homme d'État français (16 déc. 1716 — 25 février 1798).

Neufchâteau (Nicolas Louis François de). Éloge du duc de Nivernois, s. l. et s. d. (*Par*. 1807.) 12. (Extrait du *Moniteur*.)

Dupin (André Marie Jean Jacques). Éloge du duc de Nivernois. *Par*. 1840. 8.

Nivière-Chol (Antoine),
magistrat français.

Nivière-Chol, ancien maire de Lyon, met sous les yeux de ses concitoyens la lettre adressée le 9 février 1793 à l'un des membres de la Convention nationale. *Lyon*. 1793. 4. *

* Cette pièce contient la biographie du maire de Lyon.

Nizier (Saint),
évêque de Lyon du vie siècle († 2 avril 573).

Péricaud (Antoine). Notice historique sur S. Nizier, évêque de Lyon, etc. *Lyon*. 1850. 8. (Tiré seulement à 100 exemplaires.)

Noah, voy. Noé.

Noailles (ducs de),
famille française.

Cesena (Amédée de). La maison de Noailles. *Par*. 1842. 8.

(Extrait de la *Revue générale, biographique, politique et littéraire.*)

Noailles (Adrien Maurice, duc de),
maréchal de France (1678 — 24 juin 1766).

Noailles (Adrien Maurice de). Mémoires politiques et militaires pour servir à l'histoire de Louis XIV, depuis 1682 jusqu'en 1756, publ. par Claude François Xavier MILLOT. *Par.* 1777. 6 vol. 12. (*P.*) *Bâle.* 1778. 4 vol. 8. Trad. en allem. s. c. t. Nachrichten von den merkwürdigsten Kriegsbegebenheiten unter Ludwig XIV und Ludwig XV, etc. *Leipz.* 1788. 6 vol. 8. (*L.*) *Heilbr.* 1778. 6 vol. 8.

(**Lubersac**, N... N... de). Oraison funèbre d'A. M., duc de Noailles, pair et maréchal de France, etc. *Brives* et *Par.* 1767. Fol. (*P.*)
Éloge du duc A. M. de Noailles, etc. *Par.* 1770. 12. (*P.*)

Noailles (Anne Jules, duc de),
maréchal de France (1650 — 2 oct. 1708).

Larue (Charles de). Oraison funèbre d'A. J., duc de Noailles, maréchal de France. *Par.* 1709. 4. (*P.*)
Malauberc (N... N...). Oraison funèbre d'A. J., duc de Noailles, etc. *Toulouse.* 1709. 4. (Non mentionné par Quérard.)

Noailles (Louise **Boyer**, duchesse de),
dame française, connue par sa haute piété († 1697).

Lalane (Antoine de). Éloge funèbre de L. Boyer, duchesse de Noailles. *Aurillac.* 1697. 12.
Récit abrégé des vertus et de la mort de L. Boyer, duchesse de Noailles. *Châlons.* 1698. 12.

Noailles (Paul, duc de),
homme d'État français.

Cesena (Amédée de). Le duc de Noailles. *Par.* 1842. 8. (Extrait de la *Revue générale, biographique, politique et littéraire.*)

Noakes (George),
enfant prodige anglais.

Memoirs of G. Noakes , the infant arithmetical prodigy. *Lond.*, s. d. (1826.) 8. (*Oxf.*)

Nobili (Leopoldo),
naturaliste italien (1784 — 1834).

Antinori (Vincenzo). Elogio storico del cavaliere professore L. Nobili. *Firenz.* 1836. 8.

Nobili (Pellegrino),
jurisconsulte italien (1754 — 1841).

Memoria del consigliere P. Nobili. *Pistoja.* 1842. 8. Port.

Nobili (Roberto de'),
cardinal italien.

Torrigio (Francesco Maria). Vita del cardinal R. de' Nobili. *Rom.* 1622. 4. Augment. par Giulio BARTOLOCCI. *Rom.* 1675. 4.
Parigi (Antonio). Notizie del cardinale R. de Nobili degli altri Poliziani e della città di Montepulciano. *Montepulc.* 1836. 8.

Noble (N... N...),
médecin français du XIXe siècle.

Bataille (N... N...). Discours prononcé sur la tombe de M. Noble, médecin en chef de l'hospice civil de Versailles. *Vers.* 1833. 8.
Penard (Louis). Notice biographique sur M. le docteur Noble père. *Vers.* 1833. 8.

Nobletz (Michel le), voy. **Lenobletz.**

Nobolo (Lorenzo del),
poëte italien.

Martini (Francesco). Commemorazione dell' avvocato L. del Nobolo, s. l. et s. d. (*Firenz.* 1837.) 8.

Nodier (Charles),
littérateur français (29 avril 1783 — 27 janvier 1844).

Nodier (Charles). Souvenirs, épisodes et portraits pour servir à l'histoire de la révolution et de l'empire. *Par.* 1831. 2 vol. 8. (*Bes.* et *P.*) *Ibid.* 1833-35. 2 vol. 8.
(**Loménie** , Louis de). M. Nodier, par un homme de rien. *Par.* 1842. 12.
Wey (Francis). Vie de C. Nodier. *Par.* 1844. 8. Portrait. (Tiré seulement à 25 exemplaires.) — (*Oxf.* et *P.*)

Noé,
personnage biblique.

Drexel (Jeremias). Noe architectus arcæ in diluvio navarchus. *Monach.* 1639. 12. *Ibid.* 1642. 12.

Strauch (Ægidius). Dissertatio de tempore diluvii. *Witteb.* 1633. 4.
Bebel (Balthasar). Historia Noachica. *Marb.* 1666. 4.
Kircher (Athanasius). Tractatus de arca Noë. *Amst.* 1675. Fol.
Schoock (Martin). Diluvium Noachi universale. *Genev.* 1676. 4.
Lepelletier (Jean). Dissertation sur l'arche de Noé, etc. *Rouen.* 1700. 12. *Ibid.* 1710. 12.
Vallerius (Johan). Dissertatio de arca Noachi. *Upsal.* 1716. 8.
Buettinghausen (Carl). Anti-Heideggeriana, s. dissertatio de Noachi, vini inventoris, ebrietate excusanda. *Heidelb.* 1761. 4.
Bonsdorff (Johan). De Noacho arcam ingrediente, conjectura historico-philologica. *Aboæ.* 1803. 8.
Buttmann (Philipp Carl). Über den Mythus von der Sündfluth. *Berl.* 1812. 8. *Ibid.* 1819. 8.
Farquharson (James). On the form of the ark of Noah. *Edinb.* (?) 1831. 8.
Webb (Mrs J... B...). Reflexions on the history of Noah. *Lond.* 1846. 12. 2e édition. (*Oxf.*)

Noé (Louis Pantaléon Jude Amédée , comte de),
homme d'État français.

Tisseron (N... N...) et **Quincy** (N... N... de). Notice sur M. le comte de Noé, pair de France. *Par.* 1845. 8. (Extrait des *Fastes parlementaires.*)

Noé (Marc Antoine de),
évêque de Troyes (1724 — 21 sept. 1802).

Luce de Lancival (Jean Charles Julien). Éloge de M. A. de Noé, mort évêque de Troyes et désigné cardinal. *Aux.* et *Par.* 1804. 8. (Couronné par le Musée de l'Yonne.)
Humbert (N... N...). Éloge de M. A. de Noé, évêque de Troyes, ci-devant évêque de Lescar. *Aux.* et *Par.* 1804. 8. (Écrit qui a obtenu l'accessit du même Musée.)

Noël (Paul Godefroy Joseph),
peintre belge (11 avril 1789 — 27 nov. 1822).

Petit de Roosen (Jules). P. Noël, peintre de genre, né à Waulsor. *Liège.* 1845. 8. Portrait.

Noël des Quersonnières (François Marie Joseph),
commissaire général des armées françaises (28 février 1728 — ... 1845).

Notice historique et biographique sur M. Noël des Quersonnières, etc., âgé de 116 ans. *Par.* 1844. 8. Port. (*P.*)

Noesselt (Johann August),
théologien allemand (2 mai 1734 — 11 mars 1807).

Niemeyer (August Hermann). Leben , Character und Verdienst Dr. J. A. Noesselt's. *Halle.* 1809. 8. Portrait. (*D.* et *L.*)

Noessler (Georg),
médecin allemand (10 mai 1591 — 9 juillet 1650).

Koenig (Georg). Leichpredigt auf Herrn Doctor G. Noessler. *Altd.* 1650. 4.
Jungermann (Ludwig). Programma in funere Dr. G. Noessleri. *Altorf.* 1650. 4.
Rittershausen (Nicolaus). Memoria G. Noessleri. *Altorf.* 1651. 4.
Richter (Georg). Memoria Dr. G. Noessleri in oratione publica celebrata. *Altorf.* 1651. 4.

Noessler (Johann Georg),
médecin allemand , fils du précédent.

Saluzzi (Tommaso). Orazione consecrata al merito dell' illustrissimo e generosissimo prorettore e sindico G. G. Noessler, nobile di Norimbergo. *Padov.* 1644. 4.

Noisette (Louis),
agronome français (2 nov. 1772 — 9 janvier 1849).

Rousselon (N... N...). Notice nécrologique sur M. L. Noisette, agronome. *Par.* 1849. 8.

Nolasque (Saint-Pierre),
fondateur de l'ordre de Notre-Dame de la Merci ou de la redemption des captifs (vers 1189 — 23 déc. 1256).

Ramon (Alonso). Vida de S. Pedro Nolasco, fundador de la Merced. *Madr.* 1618. 4.
Vargas (Bernardo de). Additio ad opusculum de vita et gestis S. Petri Nolasci et quorundam filiorum ejus. *Messan.* 1629. Fol.
Athia (Thomas d'). Abrégé de la vie de S. Pierre Nolasque. *Par.* 1650. 8. *Toulouse.* 1656. 8.
Olibana (Francisco). Vida de S. Pedro Nolasco. *Rom.* 1668. 4.

Nold (Christen),
philosophe danois (1699 — 1735).

Vadskjaer (Christian Friderik). Quirinatus collegii regii iu obitum præpositi C. Noldii. *Hafn.* 1735. 4. (*Cp.*)

Nollekens (Joseph),
sculpteur anglais (1738 — 1823).

Smith (John Thomas). Nollekens and his times; comprehending a life of that great sculptor, and memoirs of several contemporaries artists, from the time of Roubiliac Hogarth and Reynolds to that of Fusely, Flaxman and Blake. *Lond.* 1829. 2 vol. 8. Portrait. (*Oxf.*)
Succession de J. Nollekens, célèbre sculpteur anglais, petit-fils de Jean Baptiste Nollekens, et de dame Anne Angélique Leroux, décédé à Londres, laissant une fortune de plus de trois mille livres sterlings. *Par.* 1853. 8. (*P.*) *

> * Il fit trois legs de 1,000 livres sterling chacun : l'un au roi d'Angleterre (Guillaume IV), l'autre à Douce, commentateur de Shakspeare, et la troisième au docteur Kerrick, bibliothécaire à Cambridge.

Nolte (Johann Friedrich),
philologue allemand (15 juin 1694 — 12 juillet 1754).

Ballenstedt (Johann Arnold). Schediasma de vita, scriptis et meritis J. F. Noltenii lycei Schoeningensis rectoris. *Helmst.* 1755. 4. (*L.*)

Nonnato (Raimondo),
prêtre italien.

Marracci (Ippolito). Breve compendio della vita di S. Raimondo Nonnato, dell' ordine della Madonna della Mercede. *Rom.* 1655. 8.

Nonne (plus connue s. l. n. de Sainte Mélarie),
fille de Brocan, prince de la Cambrie.

Sionnet (N... N...). Buhez santez Nonne, ou vie de S. Nonne et de son fils, S. Devy (David), archevèque de Ménevie en 519, mystère composé en langue bretonne, etc., accomp. d'une traduction littérale de N... N... Legonidec. *Par.* 1837. 8. (Tiré à 500 exempl.)

Nonne (Johann Gottfried Christian),
pédagogue allemand.

Moeller (Arnold Wilhelm). J. G. C. Nonne nach seinem Leben und Wirken dargestellt, etc. *Hamm.* 1822. 8.

Nonnus Panopolitain,
poète grec (vers 410 après J. C.).

Weichert (Jonathan August). Dissertatio de Nonno Panopolitano. *Witteb.* 1810. 4.

Uwarow (Sergius). Nonnos von Panopolis, der Dichter, etc. Trad. du russe par Christian Friedrich Graefe. *Sanct-Petersb.* 1817. 4.

(**Naeke**, August Ferdinand). De Nonno, imitatore Homeri et Callimachi. *Bonn.* 1835. 4. (*L.*)

Nonzia (Giulia di),
martyre italienne.

Vitale (Salvatore). Chronica sacra, santuario di Corsica. Vita e martirio della gloriosa vergine e martire S. Giulia di Nonzia, naturale della detta isola, etc. *Firenz.* 1639. 4.

Noodt (Geraard),
jurisconsulte hollandais (1647 — 14 août 1725).

Arntzenius (Jan Hendrick). Oratio de G. Noodtio JCto. *Traj. ad Rhen.* 1788. 4.

Noodt (Henri Nicolas van der), voy. **Van der Noodt.**

Noordkerk (Hermannus),
jurisconsulte hollandais (28 janvier 1702 — 6 nov. 1771).

(**Wagenaar**, Jan). Schets van het leven, den aart en het gedrag van den heere H. Noordkerk. *Amst.* 1771. 8.
Éloge de monsieur l'avocat Noordkerk. *Amst.* 1771. 4.

Norberg (Matthias),
orientaliste suédois (1747 — 11 janvier 1826).

Minne öfver M. Norberg. *Upsal.* 1826. 8.
Schroeder (Johan Henrik). Lefvernes-Beskrifning öfver M. Norberg. *Upsal.* 1826. 8.
Lindfors (A... O...). Memoria M. Norberg. *Lund.* 1852. 8.
Lindgrén (Henrik Gerhard). Memoria Rev. M. Norberg, sacræ theologiæ doctoris, etc. *Lund.* 1852. 8. (*L.*)

Norbert (Pierre **Parisot**,
plus connu sous le nom de **Père**),
missionnaire français (1697 — 7 juillet 1769).

(**Chevrier**, François Antoine). Vie du fameux père P. Norbert, ex-capucin, par l'auteur du *Colporteur.* *Lond.* 1762. 12. (Satire.)

Norbert (Saint),
fondateur de l'ordre des Prémontrés, archevêque de Magdebourg
(vers l'an 1092 — 6 juin 1134).

Sterre (Johann Chrysostomus van der). Vita S. Norberti fundatoris ordinis Præmonstratensis, patriarchæ Magdeburgici. *Antw.* 1622. 4. *Ibid.* 1624. 4. *Ibid.* 1637. 4. Trad. en holland. *Antw.* 1623. 4.

Bergius (Johann). Norberti 13 archiepiscopi Magdeburgensis vita. *Magdeb.* 1623. 4.

Hertoghe (Cornelis Polycarp de). Unius libri nomen S. Norbertus, s. S. Norberti vita. *Antw.* 1650. 8.

Mudzaerts (Dionys). Leven en de veroeringhe van den H. Norbertus, sticht-vader van de witte orde en Premonstrecht (!) *Antwerp.* 1630. 4. (Avec plusieurs gravures.)

Hanegravius (Cornelius). Compendium vitæ et instituti S. Norcherti, fundatoris ordinis Præmonstratensis. *Rom.* 1632. 4.

Camus (Jean Pierre). Vie de S. Norbert. *Caen.* 1640. 8.

Schellenberg (Johann Baptist). Vita et res gestæ S. Noriberti, archiepiscopi Magdeburgensis. *Aug. Vind.* 1641. 12.

Hirnhaim (N... N...). Sermo de S. Norberto, (Præmonstratensium fundatore ac patriarcha). *Prag.* 1676. Fol.

Sagittarius (Caspar). Historia Norberti, archiepiscopi Magdeburgensis, Præmonstratensis ordinis conditoris. *Jenæ.* 1683. 4.

Hugo (Louis Charles). Vie de S. Norbert. *Luxemb.* 1704. 4. (*L.*)

H... Panégyrique de S. Norbert, fondateur de l'ordre des Prémontrés, archevêque de Magdebourg, etc. *Brux.* 1847. 8.

Norblin (Jean Pierre),
peintre-graveur français.

H(illemacher) (Fr(ançois). Catalogue des estampes qui composent l'œuvre de J. P. Norblin, peintre français, graveur à l'eau forte. *Par.* 1848. 8. Portrait. (Tiré seulement à 50 exemplaires.)

Norby (Nils),
littérateur suédois (25 mars 1675 — 11 juillet 1742).

Lange (Nils). Likpredikän öfver Professorn N. Norby. *Stockh.* 1742. 8.

Nordenhielm (Anders),
homme d'État suédois (vers 1633 — 23 déc. 1694).

Obrecht (Elias). Programma funebre in obitum A. Nordenhielm. *Upsal.* 1695. 8.

Nordenskoeld (Anders Johan),
homme d'État suédois (21 déc. 1696 — 26 janvier 1763).

Kryger (Johan Fredrik). Åminnelse-Tal öfver A. J. Nordenskoeld. *Stockh.* 1764. 8.

Nordenskoeld (Carl Fredrik),
homme d'État suédois, frère du précédent
(28 sept. 1702 — 19 mars 1779).

Arbin (A... M... v.). Åminnelse-Tal öfver C. F. Nordenskoeld. *Stockh.* 1780. 8.

Nordevall (Erik),
mécanicien suédois (2 juillet 1753 — 2 mai 1835).

Biographi öfver E. Nordevall. *Stockh.* 1858. 8.

Nordin (Carl Gustaf),
évêque de Hernosand (2 janvier 1749 — 14 août 1812).

Adlerbeth (Gudmund Göran). Åminnelse-Tal öfver Biskopen C. G. Nordin. *Stockh.* 1812. 8.

Nordkroos (N... N...),
homme d'État danois.

Rothe (Caspar Peter). Nordkroos's Levnet. *Kjoebenh.* 1756. 8. *Ibid.* 1786.
Trad. en allem. *Leipz.* 1757. 8. (*L.*)
Trad. en suéd. *Stockh.* 1768. 8.

Nordmark (Zacharias),
physicien suédois (29 oct. 1751 — 26 juin 1828).

Minne af Professorn Z. Nordmark. *Upsal.* 1830. 8.

Nordvall (Olof),
théologien suédois.

Hedborn (Samuel Johan). Parentation öfver Contra-Prosten och Kyrkoherden O. Nordvall i Linköping. *Stockh.* 1825. 8.

Noring (Lars),
théologien suédois (1711 — 9 août 1757).

Halenius (Engelbert). Likpredikan öfver Ofverhofpredikanten L. Noring. *Upsal.* 1757. 8.

Hof (Sven). Parentation öfver Ofverhofpredikanten Dr. L. Noring. *Skara.* 1758. 8.
Norlin (Bengt?),
théologien suédois.
Osander (Olof). Likpredikan öfver Prosten B. Norlin i Skirö. *Wexiö.* 1752. 8.
Normand (Charles Pierre Joseph),
architecte et graveur français (25 nov. 1765 — 13 février 1840).
Notice sur la vie et les ouvrages de C. P. J. Normand, etc. *Par.* 1842. 8. Portrait.
Normand (Marie Anne **Le**),
soi-disant prophétesse française (16 sept. 1768 — 25 juin 1843).
Normand (Marie Anne Le). Souvenirs prophétiques d'une sibylle sur les causes secrètes de son arrestation du 11 décembre 1809. *Par.* 1815. 8. (*P.*)
—— La sibylle au congrès d'Aix-la-Chapelle, etc. *Par.* 1819. 8. Portrait.
—— Souvenirs de la Belgique. Cent jours d'infortune, ou le procès mémorable, etc. *Par.* 1822. 8. Portrait.

Flamet (Hortensius). La sibylle du xixᵉ siècle. Dernières prophéties de mademoiselle Le Normand, avec un commentaire. *Par.* 1843. 16.
Girault (Francis). Mademoiselle Le Normand, sa biographie, ses prédictions extraordinaires, son commerce avec les personnages les plus illustres de l'Europe, etc. *Par.* 1843. 18. *Ibid.* 1843. 32. Portrait.
Dubois (Louis). De mademoiselle Le Normand et de ses deux biographies récemment publiées. *Par.* 1844. 18.
Cellier de Fayel (N... H...). La vérité sur mademoiselle Le Normand. Mémoires, révélations intimes des mystères de la sibylle et de ses adeptes ou consultants. *Par.* 1845. 8.

Norrmann (Lars),
évêque de Gothenburg (1654 — 21 mai 1703).
Lundius (Carl). Oratio funebris in L. Norrmanni obitum. *Upsal.* 1703. 4. *Holm.* 1738. 4.
Norrelius (Anders). Vita L. Norrmanni. *Holm.* 1738. 4.
North (Dudley),
Anglais († 1691).
North (Roger). Life of sir D. North. *Lond.* 1744. 4. Portrait. (*Oxf.*)
North (Henry),
théologien anglais.
North (Isaac William). Brief memoir of the Rev. H. North. *Lond.* 1839. 8. (*Oxf.*)
North (Robert).
Biographical sketch of R. North, with a copy of his singular and interesting will. *Scarborough.* 1823. 8. (*Oxf.*)
Norton (John),
théologien anglo-américain.
Mather (Colton). Lives of John Colton, J. Norton, John Wilson and John Davenport of Boston and of Thomas Hooker, pastor of Hartford. *New-York.* 1695. 12.
Nostitz (Herren v.),
famille allemande.
Knauth (Johann Conrad). Von Ursprung und Ausbreitung des Nostitzschen Geschlechts, s. l. et s. d. 4.
Nostitz (Carl v.),
général allemand.
Aus C. v. Nostitz's, weiland Adjutanten des Prinzen Louis Ferdinand von Preussen und später russischen Generallieutenants, Leben und Briefwechsel. *Leipz.* 1848. 8. (*L.*)
Nostitz (Joachim Ernst v.),
Allemand.
Mentzer (Johann). Memento mori. Parentation auf J. E. v. Nostitz. *Dresd.* 1714. Fol.
Nostitz (Johanna Erdmuthe Ernestine v.),
dame allemande.
Mueller (Johann Gottlieb). Denkschrift auf J. E. E. v. Nostitz. *Goerl.* 1798. 8.
Nostitz-Drzwiecky (Henriette Dorothea v.),
dame allemande.
Mueller (Johann Gottlieb). Denkschrift auf Frau H. D. v. Nostitz-Drzwiecky, geborene v. Miltitz. *Goerl.* 1800. 8.
Nostitz (Friedrich Moritz, Reichsgraf v.),
feld-maréchal d'Autriche (1727 — 19 nov. 1796).
Sonnenfels (Joseph v.). Skizze des Feldmarschalls und Hofkriegsraths-Präsidenten, Grafen v. Nostitz. *Wien.* 1796. 8.

Nostitz (Otto von),
gentilhomme allemand.
Colerus (Christoph). Panegyricus O. libero baroni a Nostiz scriptus. *Vratisl.* 1631. Fol.
Nostredame (Michel de),
médecin-astrologue français (14 déc. 1503 — 2 juillet 1566).
Nostredame (Michel de). Prophéties, etc. (contenant 4 centuries). *Lyon.* 1555. 8. *Avign.* 1556. 8. (contenant 10 centuries). *Lyon.* 1568. 8. *Ibid.* 1668. 8. *Troyes,* s. d. 8. *Leyde.* 1630. 8. Suivies de la vie de l'auteur. *Amst.* 1667. 12. *Ibid.* 1668. 12. *Cologne.* 1689. 12. *Rouen.* 1691. 12. *Amst.* 1767. 12. Mises en concordance avec les événements de la révolution, pendant les années 1789, 1790 et suivantes, et jusques y compris le retour de S. M. Louis XVIII, par N(oël) L(aurent) P(issot). *Par.* 1816. 2 vol. 12.
Trad. en allem. et accomp. d'une notice sur la vie de l'auteur. *Stuttg.* 1840. 16.
Trad. en angl. par Théophile de GARENCIÈRES. *Lond.* 1672. Fol. *Ibid.* 1685. Fol. Portrait. *Ibid.* 1715. 8.
Trad. en holland. *Amst.* 1715. 8.
Chavigny (Jean Aymé de). Commentaire sur les centuries de Nostradamus. *Par.* 1596. 8.
Jaubert (Etienne). Vie de M. Nostradamus, apologie et histoire et les éloges que plusieurs personnes lui ont donnés. *Amst.* 1656. 12. *Ibid.* 1668. 12. *Cologne.* 1669. 12.
Guynaud (Barthélemy). Concordance des prophéties de Nostradamus avec l'histoire, depuis Henri II jusqu'à Louis le Grand, etc. *Par.* 1693. 12. Portrait. *Ibid.* 1709. 12. *Ibid:* 1712. 12.
Tronc de Condoulet (Palamède). Abrégé de la vie de * M. Nostradamus. *Salon.*, s. d. 4. *
* Cette notice, extrêmement rare, ne contient que 12 pages.
Held (Johann Jacob). Historischer Bericht von den prätendirten Propheceyhungen Paracelsi, Nostradami, (Jacob) Boemen's (!) Anna v. Medem, Drabitii, etc., s. l. 1711. 8.
(Haitze, Pierre Joseph de). Vie de M. Nostradamus. *Aix.* 1712. 12. (*P.*)
Vie et testament de M. Nostradamus, docteur en médecine, astrophile, conseiller-médecin du roi, etc. *Par.* 1789. 12.
Bareste (Eugène). Nostradamus. *Par.* 1840. 12. *
* Plus roman que simple histoire.

(Leroux, Jean). Clef de Nostradamus, isagogue ou introduction au véritable sens des prophéties de ce fameux auteur. *Par.* 1710. 12. (Opuscule très-curieux.)
Bouys (Théodore). Nouvelles considérations puisées dans la clairvoyance instructive de l'homme, sur les oracles, les sibylles, les prophètes et particulièrement sur Nostradamus. *Par.* 1806. 8.
Nota (Alberto),
poëte dramatique italien du premier ordre (1775 — 18 avril 1847).
Schedoni (Pietro). Trattenimento sopra le commedie di A. Nota. *Moden.* 1826. 8.
Notarbartolo, marchesa di **San Giovanni** (Teresa),
dame italienne.
Castiglione (Giuseppe). Per M. T. Notarbartolo, marchesa di San Giovanni, cenno biografico ed iscrizioni. *Palerm.* 1857. 8.
Notarianni (Francesco Antonio),
médecin-naturaliste italien.
Sannicola (Giovanni). Biografia di F. A. Notarianni. *Napol.* 1845. 8.
Noter (Pierre François de),
peintre belge.
Cornelissen (Égide Norbert). Notice biographique sur P. F. de Noter, peintre. *Gand.* 1843. 8. (Extrait du *Messager des sciences historiques de Belgique.*)
Notger,
évêque de Liège du xᵉ siècle.
Polain (Mathieu Lambert). Notger. *Brux.*, s. d. 8. Portrait. (Extrait des *Belges illustres.*)
Pitra (J... B...). L'évêque Notger. *Liège.* 1853. 8. (Extrait du *Bulletin de l'Institut archéologique liégeois.*)
Nothomb (Jean Baptiste),
homme d'État belge (3 juillet 1805 — ...).
(Loménie, Louis de). M. Nothomb, par un homme de rien. *Par.* 1844. 12.

Noue, dit **Bras de Fer** (François de la),
gentilhomme françois (1531 — tué en 1591).

Couchois (Étienne). Le tombeau de la Noue. *Melun.*
1594. 8. (*P.*)

Amyraut (Moïse). Vie de F., seigneur de la Noue, dit
Bras de Fer, depuis le commencement des troubles, en
1560, jusqu'à sa mort, en 1591. *Leyde.* 1661. 4. (Assez
rare.) — (*P. et Bes.*)

Kervyn de Volkaersbeke (Philippe). Notice biographique
sur F. de la Noue, surnommé Bras de Fer. *Gand.* 1848. 8.

Noue, comte **du Vair** (Stanislas Louis de la),
officier français (1729 — tué en 1760).

Toustain (vicomte de). Précis historique sur le comte
du Vair, commandant les volontaires de l'armée. *Rennes.* 1782. 8.

Nourrit (Adolphe),
chanteur françois (31 mars 1802 — se donnent la mort le 8 mars 1839).

Quicherat (L...). Obsèques d'A. Nourrit; discours prononcé sur sa tombe. *Par.* 1839. 8.

Dupasquier (Alphonse). A. Nourrit. Pianto. *Lyon.*
1859. 8.

Novelli (Pietro Antonio),
peintre et poète italien.

Avelloni (Giuseppe). Visione in morte di P. A. Novelli,
celebre pittore e poeta. *Venez.* 1804. 8.

Memorie della vita di P. A. Novelli. *Padov.* 1833. 8. Portrait. (Composó par luí-même.)

Novello (Agostino),
fondateur de l'ordre de S. Marie († 19 mai 1310).

Doria (Vincenzo). Il B. Agostino Novello Palermitano;
opera apologetica, in cui si prova, che il B. Agostino
fù di nascita Palermitano della nobile famiglia Termine, contro le opposizioni di Bernardino *Afsalco* ed
altri autori. *Palerm.* 1610. 4.

Lo Cascio (Jacopo). Descrittione dell' origine, vita, co-
tumi, morte e miracoli del B. Agostino da Termine,
detto il Novello, dell' ordine eremitano. *Palerm.* 1611. 4.

Fragali (Leonardo). Brieve ristretto della vita del B.
Agostino Novello. *Palerm.* 1635. 4.

Riera (Bernardo). Vita B. Augustini Novelli, nobilis
Panormitani, ex familia de Thermes, ordinis eremita-
rum S. Augustini, cum annotationibus D. Vincentii
Auria. *Panorm.* 1664. 4. (*Bes.*)

Mongitore (Antonino). Vita del B. Agostino Novello,
Palermitano, della nobile famiglia Termine, dell' ordine di S. Agostino. *Palerm.* 1710. 4.

Vita del B. Agostino Novello. *Palerm.*, s. d. (vers 1835.) 12.

Novello (Giovanni Battista),
architecte italien.

Memoria intorno alla vita di G. B. Novelli, architetto Padovano. *Venez.* 1799. 8.

Novello (Pietro),
peintre italien (2 mars 1603 — ... 1647).

Gallo (Agostino). Elogio storico di P. Novello da Monreale. *Palerm.* 1850. 8.

Noves (Laura de),
amante de François Pétrarque (vers 1308 — 6 avril 1348).

Costaing de Pusignan (Jean Joseph François). La muse
de (François) Pétrarque dans les collines de Vaucluse,
ou Laure des Baux, sa solitude et son tombeau dans la
vallée de Galas. *Par. et Avign.* 1819. 12. (*P. et Lv.*)

Olivier-Vitalis (Hyacinthe d'). L'illustre châtelaine des
environs de Vaucluse, la Laure de Pétrarque. *Par.*
1843. 8. Portrait. (*Lv.*)

Cicognara (Leopoldo). Sul vero ritratto di madama Laura.
Rom. 1822. 8.

Sul presunto ritratto di madama Laura. *Padov.* 1822. 8.

Gandini (Ludovico). Dissertazione sopra il naso scavezzo
della bella Laura. *Venez.* 1581. 4. (Rare.)*

  * L'auteur prétend que l'amante de Pétrarque avait le nez creux ou
retroussé.

Novossiltzoff (Nicolai),
homme d'État russe († 1838).

Lelewel (Joachim). Novossiltzoff à Vilna. *Varsov.* 1831.
8. (Écrit en polonais.)

Nowack (C... G...),
rabbin juif.

C. G. Nowack, Doctor der Philosophie und zweiter Rabbiner in Breslau; biographische Skizze. *Brieg.* 1841. 8.

Nowell (Alexander),
théologien anglais (1571 — 1601).

Churton (Ralph). Life of A. Nowell, dean of St. Pauls.
Oxf. 1809. 8. (*Oxf.*)

Nucheses (Jacques de),
évêque de Châlons-sur-Saône.

Leandre de Dijon. Oraison funèbre de J. de Nucheses.
Châlons-sur-Saône. 1658. 4.

Nuding (Georg Michael),
pédagogue allemand.

Rupprecht (Johann). Programma de vita G. M. Nudingii,
lycei Weissenburgensis rectoris. *Weissenb.* 1753. Fol.

Nuernberger (Christian Friedrich),
anatomiste allemand (1744 — 26 février 1795).

Opfer am Grabe C. F. Nuernberger's. *Wittenb.* 1795. 4. (*D.*)

Der Asche des verewigten C. F. Nuernberger's geweiht.
Wittenb. 1795. 4. (*D.*)

Dem Andenken des C. F. Nuernberger gewidmet. *Wittenb.*
1795. 4. (*D.*)

Titius (Salomon Constantin). Memoria C. F. Nuernber-
geri. *Witteb.* 1799. 4. (*D. et L.*)

Numa Pompilius,
roi-législateur de Rome, successeur de Romulus (715 — 672).

Scheffer (Johann). Dissertatio de vita Numæ Pompilii.
Upsal. 1656. 4.

Arnold (Johann Gerhard). Dissertatio historico-politica
de Numa Pompilio. *Durlac.* 1670. 4.

Bucher (Friedrich Christian). Dissertatio de Numæ (Pompilii) imperio. *Witteb.* 1681. 4.

Gebauer (Georg Christian). Numa Pompilius, observationibus varii generis illustratus. *Lips.* 1719. 4. (*L.*)

Purrucker (Johann). Programma de Numa Pompilio,
secundo Romanorum rege. *Baruth.* 1753. Fol.

—— Continuatio de Numa Pompilio. *Baruth.* 1754. Fol.

Joecher (Christian Gottlieb). Dissertatio de Numæ Pompilii libris combustis. *Lips.* 1755. 4. (*L.*)

Meyer (Jacob). Delineatio vitæ gestorumque Numæ Pompilii. *Basil.* 1765. 8.

Gierig (Gottlieb Erdmann). Zwei Programme von der
Wichtigkeit des Königs Numa Pompilius und ihrer
Quelle. *Fulda.* 1811. 4.

Nunn (William),
théologien anglais.

Pym (Robert). Memoirs of W. Nunn, minister of S. Clement's church, Manchester. *Lond.* 1842. 8. (*Oxf.*)

Nunez de Bernal (Abraham),
martyr juif (brûlé vif le 3 mai 1655).

Bernal (Jacob). Elogios, que Zelosos dedicaron a la felice memoria de A. Nuñez de Bernal, que fue quemado
vivo santificado el nombre de su creador en Cordova
anno 5415 (1655), s. l. et s. d. (*Amst.* 1655.) 4.

Nunziante (Vito),
général italien (12 avril 1775 — 22 sept. 1836).

Palermo (Francesco). Vita e fatti di V. Nunziante. *Firenz.* 1839. 8.

Nursinus (Benedictus),
médecin italien du xve siècle.

Chladenius (Martin). Programma de vita B. Nursini.
Witteb. 1707. Fol.

Nuijen (Wynand Jean Joseph),
peintre hollandais (4 mars 1813 — 3 juillet 1839).

Bogaerts (Félix). Notice biographique sur W. J. J.
Nuijen, peintre hollandais. *Brux.* 1839. 8. Portrait.
(Tiré seulement à 50 exemplaires.)

Nuzellus (Georg Paul),
jurisconsulte allemand.

Bruno (Jacob). Oratio de vita et obitu G. P. Nuzellii.
Altorf. 1645. 4. (*D.*)

Nyerup (Rasmus),
bibliographe danois (12 mars 1759 — 28 juin 1829).

Professor og Ridder R. Nyerup's Levnetslöb, beskrevet
af ham selv, publ. par C...L... Stroem. *Kjoebenh.* 1820. 8.

Molbech (Christian). Mindeord over R. Nyerup. *Kjoebenh.* 1830. 8. (*Cp.*)

Nymmanu I (Hieronymus),
médecin allemand.

Hunnius (Aegydius). Leich-Predigt bei der Begrebnis
H. Nymmanni. *Wittenb.* 1596. 4. (*D.*)

Nymmann II (Hieronymus),
théologien allemand.

Beuther (Tobias). Leich-Predigt bey der Begrebnis des H. Nymmann, Archidiaconus zu Torgau. *Wittenb.* 1597. 4. (*D.* et *L.*)

Nympha (Sainte),
martyre italienne.

Clemente (Pietro). Vita, martirio e morte della gloriosa S. Ninfa, Panormitana, con la pomposa entrata in questa felicissima città di Palermo. *Palerm.* 1598. 4.

Gaetano (Ottavio). De die natali S. Nymphæ, virginis et martyris Panormitanæ. *Panormi.* 1610. 4.

Spucces (Giuseppe). Vita de' SS. martiri Palermitani, S. Mamiliano, arcivescovo di Palermo, S. Ninfa, vergine, S. Proculo, S. Eustotio e S. Golbodeo. *Palerm.* 1658. 12.

Nyrén (Carl),
théologien suédois (20 août 1726 — 25 janvier 1789).

Nyrén (Carl). Charakters-Skildringar och Minnen af sigh sielf, Föräldrar och Syskon, med fl. egenhändigt antecknade. *Linköp.* 1836. 8.

O

O (François, marquis d'),
surintendant des finances de France (vers 1535 — 24 oct. 1594).

Dujon (François). Discours sur la maladie et la mort de défunct monseigneur d'O, etc. *Par.* 1594. 8. (*P.*)

Obadja,
prophète juif.

Goenner (C... F...). Dissertatio de Obadia. *Tubing.* 1787. 4.

Jaeger (Gottlieb Friedrich). Über das Zeitalter Obadja's. *Tübing.* 1837. 4.

Oberhauser (Benedict),
jurisconsulte allemand (25 janvier 1719 — 20 avril 1786).

Memoria biographica viri celeberrimi P. B. Oberhauser, J. U. D. et consiliarii ecclesiastici Salisburgensis. *Salisb.* 1786. 8. (*L.*)

Oberkirch (la baronne d'),
dame allemande.

Mémoires de la baronne d'Oberkirch sur la cour de Louis XVI et la société française avant 1789, publ. par le comte de MONTBRISON. *Par.* 1853. 2 vol. 8. *Brux.* 1854. 2 vol. 18. (Dédié à l'empereur Nicolas de Russie.)

Oberlaender (Martin Gotthard),
homme d'État allemand (7 mai 1807 — ...).

Frey (Arthur). Oberlaender; biographische Skizze. *Dresd.* et *Leipz.* 1848. 8.

Oberlin (Jean Frédéric),
théologien alsacien, frère puîné du suivant
(31 août 1740 — 1er juin 1826).

(**Lutteroth,** Henri). Notice sur J. F. Oberlin. *Par.* 1826. 8. (Omis par Quérard.) Trad. en allem. par Carl Wilhelm KRAFFT. *Strasb.* 1827. 8. Portrait. (*D.*)

Schubert (Gotthelf Heinrich v.). Züge aus dem Leben Oberlin's, gewesenen Pfarrers in Steinthal bei Strasburg. *Nürnb.* 1828. 8. *Ibid.* 1829. 8. *Ibid.* 1832. 8. *Ibid.* 1834. 8. *Ibid.* 1838. 8. (6e édition.)
  Trad. en angl. s. c. t. The good pastor of Ban de la Roche, etc. *Lond.* 1846. 8. Portrait. (*Oxf.*)
  Trad. en holland. s. c. t. Het nuttig leven van J. F. Oberlin. *Devent.* 1839. 8. Portrait.

Rudelbach (Andreas Gottlob). J. F. Oberlin's Levnet og praestelige Virksomhed. *Kjoebenh.* 1828. 8.

Stoeber (D... E...). Vie de J. F. Oberlin, pasteur à Waldbach. *Par.* 1831. 8.

Mathieu (Hubert). Éloge de J. F. Oberlin, pasteur de Waldersbach (!), au Ban de la Roche (Vosges). *Epinal.* 1832. 8.

Merlin (Paul). Le pasteur Oberlin. *Par.* 1833. 8.

Neander (August). Züge aus dem Leben und Wirken des Pastors Oberlin zu Waldbach. *Bert.* 1833. 8.

Vie d'Oberlin, pasteur au Ban de la Roche. *Par.* 1843. 16.

Rothert (A...). Leben J. F. Oberlin's. *Bielef.* 1847. 8.

Relation des funérailles de J. F. Oberlin. *Strasb.* 1826. 8.

Oberlin (Jérémie Jacques),
philologue et antiquaire alsacien (7 août 1735 — 10 oct. 1806).

Blessig (Johann Lorenz). Gedächtnissrede auf Herrn J. J. Oberlin. *Strasb.* 1806. 8. (*Oxf.*)

Schweighaeuser (Johann). Memoriam J. J. Oberlini æqualibus posterisque commendat academia Argentoratensis. *Argent.* 1806. 8. (*D.*, *L.* et *Oxf.*)

Winckler (Gottlieb Friedrich). Notice sur la vie et les écrits de J. J. Oberlin, s. l. et s. d. 8. (*D.* et *Oxf.*)

Stoeber (Ehrenfried). Biographische Notiz über J. J. Oberlin. *Strasb.* 1807. 8. (*L.*)

Stoeber (D... E...). Eloge de J. J. Oberlin. *Strasb.* 1807. 8. (*Oxf.*)

Obermann (Johann Carl).

Wentz (Johann Georg). Vita et merita J. C. Obermanni. *Biponti.* 1767. 4.

Obernitz (Johann Heinrich),
homme d'État allemand (20 déc. 1646 — 24 août 1709).

Sonntag (Ludwig Sebastian). Memoria Dm. J. H. ab Obernitz, dynastæ in Liebschütz, Neidenberga et Grobengereuth, etc. *Altorf.* 1710. Fol.

Oberrauch (Herculan),
prêtre allemand (1728 — 22 oct. 1808).

Nelk (Theophil). H. Oberrauch; eine merkwürdige Lebensgeschichte. *Münch.* 1834. 8. Portrait. *
  * Le véritable nom de l'auteur est WALZEL.

Obrecht (Elias),
historien suédois (13 avril 1653 — 16 janvier 1698).

Lagerloef (Peder). Oratio funebris in memoriam E. Obrecht. *Upsal.* 1698. 4.

Obrecht (Georg),
jurisconsulte alsacien (25 mars 1547 — 7 juin 1612).

Nasser (Bartholomaeus). Leichpredigt bei der Begrebnis G. Obrechti. *Strasb.* 1612. 4. (*D.*)

Parentalia facta G. Obrechto, continentur hic : Joannis Thomæ OBRECHTI Præfatio de scriptis G. Obrechti; Justi MEYERI Programma exequiale; Bartholomæi NASSERI Sermo funebris, et Marci FLORI Oratio parentalis de vita et obitu G. Obrechti. *Argent.* 1612. 4. (*D.*)

Florus (Marcus). Oratio de vita et obitu G. Obrechti, s. l. et s. d. (1612). 4. (*D.*)

Obregon (Bernardino de),
fondateur des Obregons ou frères hospitaliers (1540 — 6 août 1599).

Herrera Maldonado (Francisco de). Libro de la vida y maravillosas virtudes del siervo di Dios Bernardino de Obregon, padre y fundador de la congregacion de los enfermos pobres y autor de muchas obras pias de Madrid y otras partes. *Madr.* 1633. 4.

Occo (Adolph),
numismate allemand (1524 — 28 oct. 1606 *).

Brucker (Jacob). Historia vitæ Adolphorum Occonorum virorum clarissimorum ad illustrandam rem litterariam et medicam seculi XVI. *Lips.* 1734. 4. (*D.* et *L.*)
  * Ou selon d'autres biographies le 13 avril 1605.

Occllus Lucanus,
philosophe grec du ve siècle avant J. C.

Giliberti (Vito). Ricerche sulla patria di Ocello Lucano. *Palerm.* 1790. 8.

Ochino (Bernardino),
prêtre italien (1487 — 1564).

Ochino (Bernardino). Responsio ad Marcum Brixiensem, s. l. 1543. 8. (*D.*)
—— Epistola ai signori di Balia della città di Sienna. *Geneva.* 1543. 8. (*D.*) Trad. en franç. s. l. (Genève.) 1544. 8. (*D.*)

Meyer (Daniel). Essai sur la vie, les écrits et les doctrines de B. Ochin; thèse. *Strasb.* 1851. 8. (*L.*)

Ochosias, voy. **Achasia.**

Ochs (Adam Ludwig v.),
général allemand (1759 — 1823).

Horn (Johann v.). A. L. v. Ochs. Darstellung seiner Schicksale, Verdienste und Feldzüge. *Quedlinb.* 1827. 8.

Ochs (Jean),
industriel français (vers 1807 — 13 déc. 1851).

Schlumberger (Henri). Notice nécrologique sur J. Ochs, etc. *Mulhouse.* 1852. 8.

Ockel (Ernst Friedrich),
théologien allemand (16 nov. 1743 — 22 mars 1816).

Gedächtnissfest der 25jährigen Amtsführung des Curländischen Superintendenten Herrn E. F. Ockel. *Mitau.* 1811. 4.

Zu Ockel's Andenken. *Mitau.* 1816. 4.

O'Connell (Daniel),
agitateur d'Irlande (6 août 1775 — 15 mai 1847).

Huish (Robert). Memoirs private and political of D. O'Connell, compiled from official documents. *Lond.* 1856. 8. (*Oxf.*)

Graeme (John). O'Connell, his contemporaries and career. *Dubl.* 1842. 6 parts. 8. (*Oxf.*)

(Loménie, Louis de). M. O'Connell, par un homme de rien. *Par.* 1842. 12.

Moriarty (Edward Alexander). Leben und Wirken O'Connell's, mit dessen Denkschrift an die Königin (Victoria) von England. *Berl.* 1843. 8. Portrait.

(Perceval, Arthur Philip). Tribute to O'Connel. *Dubl.* 1844. 8. (*Oxf.*)

Schipper (Ludwig). Irland's Verhältniss zu England, geschichtlich entwickelt, und O'Connell's Leben und Wirken. *Soest.* 1844. 8.

O'Connell (John). Life and speeches of D. O'Connell. *Dubl.* 1846-47. 5 vol. 8.

Ventura (Gioachimo). Orazione funebre nelle esequie di D. O'Connell. *Rom.* 1847. 8.

   Trad. en allem. par Wolfgang REITHMEIER. *Münch.* 1847. 8.
   Trad. en espagn. par N... de PENALVER. *Madr.* 1850. 8.
   Trad. en franç. :
     Par un anonyme. *Par.* 1847. 12.
     Par Jules GONDON. *Louvain.* 1847. 8.
   Trad. en holland. *S'Hertogenb.* 1847. 8.

Reminiscences of D. O'Connell, Esq. during the agitation of the Veto, emancipation and repeal, by a Munster farmer. *Lond.* 1847. 8. Portrait.

Duprat (Pascal). D. O'Connell. Trad. en allem. (par Emil Ottocar WELLER). *Leipz.* 1847. 8. (*L.*)

Dairnwoell (George). Le libérateur O'Connell, dernier tribun du peuple. *Par.* 1847. 8.

Gondon (Jules). Biographie de D. O'Connell. *Par.* 1847. 18. (*P.*)

Fagan (William). Life and times of D. O'Connell. *Cork.* 1848. 2 vol. 12. Portrait. (*Oxf.*) *Lond.* 1850. 2 vol. 12. Portrait.

Francheville (J... de). D. O'Connell. Éloge funèbre prononcé à la séance générale du cercle catholique. *Par.* 1848. 8. (Poëme.)

Lacordaire (Henri Dominique). Éloge funèbre sur la tombe de D. O'Connell. *Par.* 1848. 8.

   Trad. en allem. :
     Par Wolfgang REITHMEIER. *Münch.* 1848. 8.
     Par un anonyme. *Wiesbade.* 1848. 8.

Daunt (William). Personal recollections of the late D. O'Connell. *Lond.* 1848. 2 vol. 8.

Maccabe (William). The last days of O'Connell, etc. *Lond.* 1848. 8.

Lutz (Joseph). Über O'Connell und Pius IX von Ventura und Lacordaire; nebst der Rede Lacordaire's auf O'Connell und (Antoine) Drouot. *Tübing.* 1848. 8.

Regnault (Elias). Procès de D. O'Connell et de ses co-accusés, précédé d'un aperçu historique sur l'union des repealers, etc. *Par.* 1844. 8.

Sly (R...). O'Connell und sein Process; quellenmässige Darstellung. *Crefeld.* 1844. 12. Portrait.

Rintel (Carl Gustav Nicolaus). O'Connell's Process. *Münst.* 1845. 8.

O'Connor (Charles),
théologien anglais (1709 — 1er juillet 1791).

O'Connor (Charles). Memoirs of the life and writings of

the late C. O'Connor of Belanagare, Esq. *Dubl.* 1796. 8. (Très-rare.)

O'Connor (Corneille),
prêtre irlandais (?).

Villette (F... J... de). La vie et le martyre du R. P. C. O'Connor et de Frère Eugène Dalii, religieux de l'ordre de S. Trinité et Rédemption des captifs du pays d'Hybernie. *Par.* 1645. 4.

O'Connor (Malvina),
religieuse anglaise († 23 oct. 1836).

Notice sur la vie de M. O'Connor, élève du Sacré-Cœur, etc. *Par.* 1856. 32.

Octavie,
sœur d'Auguste, empereur de Rome († 11 avant J. C.).

Saint-Réal (César Vichard de). Vie d'Octavie, sœur d'Auguste. *Par...* Trad. en allem. *Jena.* 1761. 8. (*L.*)

Oddi (Giulio degli).

Adami (Annibale). Oratio in funere illustrissimi præsulis J. de Odis. *Perus.* 1665. Fol.

Oddi (Jacopo **Baglioni**),
cardinal italien.

Montani (Francesco Fabi). Elogio epigrafico di monsignor J. Baglioni Oddi. *Rom.* 1844. 8.

Oddi (Niccolò),
littérateur italien.

Pinzi (Giuseppe Antonio). Elogium N. Oddii, etc. *Favent.* 1749. 8.

Oddie (Henry Hoyle),
Anglais.

Recollections of the character of H. H. Oddie. *Lond.* 1850. 8. (Non destiné au commerce.) — (*Oxf.*)

Oddsen (Gunnloeg),
littérateur islandais (9 mai 1788 — 2 mai 1835).

Minning G. Oddssonar. *Kaupmanh.* 1838. 8.

Ode (Sainte),
grande-aïeule de Pepin le Bref.

Foulon (Jean Erard). Modèle très-parfait du saint mariage et viduité dans la vie de S. Ode, grande-aïeule de Pepin le Bref. *Mons.* 1641. 12. *Liége.* 1648. 18. *Ibid.* 1665. 12.

Ode (J...),
Hollandais.

Reitz (Johann Friedrich). Oratio funebris in obitum J. Odei. *Traj. ad Rhen.* 1752. 4.

Odebert (Pierre),
jurisconsulte français du XVIIe siècle.

Nicolas de Dijon. Triomphe de la charité, ou discours funèbre à la mémoire de P. Odebert, président aux requêtes du palais. *Dijon.* 1662. 4.

Oderi (N... N...),
prêtre italien.

Mazzoleni (Angelo). Orazione funebre per il padre Oderi, chierico ministro degl' infermi. *Bergam.* 1754. 4.

Oderic de Portenau, voy. **Odorico.**

Oderico (Gaspare Luigi),
numismate italien (24 déc. 1725 — 10 déc. 1803).

Carrega (Francesco). Elogio storico di G. L. Oderico. *Genov.* 1804. 8.

Odescalchi (Carlo),
cardinal italien († 17 août 1841).

Folicaldi (Giovanni Benedetto de'). Elogio funebre del P. C. de' principi Odescalchi, della compagnia di Gesù, etc. *Faenza.* 1841. 8.

Rossi (Stefano). Elogio funebre del P. C. Odescalchi, etc. *Rom.* 1841. 8.

Berlendis (Luigi). Memorie edificanti della vita religiosa del servo di Dio P. C. Odescalchi, della compagnia di Gesù. *Bergam.* 1843. 16. Portrait. Trad. en allem. s. c. t. Erbauliche Erinnerungen aus dem Ordensleben, etc., par Michael SINTZEL. *Landsh.* 1844. 12.

Odhelius (Lars Johan),
médecin suédois (2 mars 1737 — 23 août 1816).

Schulz v. Schulzenheim (David). Åminnelse-Tal öfver Medicinal-Rådet L. Odhelius. *Stockh.* 1817. 8.

Odier (Antoine),
député français (1766 — 1853).

M. Odier. *Par.* 1853. 8. (Notice biographique, extraite du journal *l'Assemblée nationale.*)

Odier (Louis),
médecin français (17 mars 1748 — 13 avril 1817).

Prévost (Pierre). Notice de la vie et des écrits de L. Odier, docteur et professeur de médecine. *Genève et Par.* 1818. 8. (*P.*)

Odile (Sainte),
patronne d'Alsace.

Monceaux (Jean du). Vie de S. Odile, vierge. Extraite d'un ancien manuscrit latin d'Orp-le-Grand. *Liége.* 1614. 12.

Peltre (Hugues). Vie de S. Odile. *Strasb.* 1699. 12. *Ibid.* 1702. 12.

Sifner (N... N...). Zivot Svaté Otilie. *Praze.* 1818. 8.

Bussierre (Marie Théodore de). Histoire de S. Odile, patronne d'Alsace. *Plancy* (*Aube.*) 1849 (?). 18. *Ibid.* 1855. 8.

(**Jaeger**, Cajetan). Lebensgeschichte der heiligen Jungfrau Ottilia; ihren frommen Verehrern gewidmet. *Freib. im Breisg.* 1852. 8. Portrait.

Odilon Barrot (Camille Hyacinthe),
homme d'État français (19 juillet 1790 — ...).

(**Loménie**, Louis de). M. Odilon Barrot, par un homme de rien. *Par.* 1842. 12.

Odin,
personnage mythologique.

Rosén (Johan). Dissertatio de Odino, magia liberato. *Lund.* 1748. 8.

Henrici (Paul Christian). Exercitatio historica de legibus Danorum antiquissimis et de ortu Danorum et Odino non Asiatico. *Alton.* 1763. 4.

Suhm (Peder Friderik). Om Odin og den hedenske Gudelaere. *Kjoebenh.* 1771. 4.

Granstrand (Pehr). Dissertatio de Othino. *Lund.* 1804. 4.

Carlstroem (Carl). Dissertatio de solis cultu apud Scandianos sub Othini nomine. *Lund.* 1805. 2 parts. 4.

Ranchen (Johan Gustaf). Dissertatio de Othino, Scandinavorum numine. *Aboæ.* 1806. 2 parts. 8.

Andersson (Anders). Dissertatio de Odino Indorum. *Lund.* 1808. 8.

Niemeyer (Christian). Sagen, betreffend Othin, das Geschlecht und das Asenthum überhaupt, nach den Überlieferungen Saxo des Grammatikers. *Erfurt.* 1821. 8.

Leo (Heinrich). Über Odin's Verehrung in Deutschland. Beitrag zur deutschen Alterthumskunde. *Erlang.* 1822. 8. (*D. et L.*)

Wallman (N... N...). Om Odin och Buddha. *Stockh.* 1824. 8.

Odoardo-Giorgi (Andrea Domenico),
prêtre italien († 1826).

Pianton (Pietro). Orazione funebre nelle solenni esequie pel Rev. parocco de' SS. Apostoli di Venezia, D. A. D. Odoardo, cappellano, etc. *Venez.* 1826. 8.

Odolant-Desnos (Pierre Joseph),
historien français (21 nov. 1722 — 11 août 1801).

Dubois (Louis François). Notice biographique et littéraire sur P. J. Odolant-Desnos. *Alenç.* 1810. 8. (Omis par Quérard.)

Odontius (Johann Caspar),
mathématicien allemand (9 déc. 1580 — 17 juillet 1626).

Koenig (Georg). Leichpredigt auf Mag. J. C. Odontius. *Nürnb.* 1626. 4.

Odontius * (Paulus),
théologien allemand (1570 — 7 déc. 1605).

Odontius (Paulus). Kurtze und warhafftige historische Erzehlung, wie und welcher Gestalt P. Odontius, gewesener evangelischer Prediger zu Waltstein in Steyermark, wegen der Lehr und Predigt des heiligen Evangelii von der Graetzerischen Inquisition gefänglich eingezogen, auch zweymal zum Tode verurtheilt, aber durch göttliche Hülffe allein wiederumb aus der Feinde Hände und Banden wunderlicher Weise loss und ledig worden, etc. *Dresd.*, s. d. (1603.) 4. *Magdeb.* 1603. 4. Publ. s. c. t. M. Pauli Odontii, etc., historischer Bericht von seiner Gefangennehmung und Befreiung, anno 1603, par Georg Heinrich GOETZE. *Lübeck.* 1714. 8. (*D.*)
* Son nom originaire était ZAHN.

Stichert (Franz Otto). Magister P. Odontius aus Werdau, oder jesuitische Verfolgungswuth und evangelischer Glaubensmuth. *Leipz.* 1843. 12. (*L.*)

Odorico da Udine,
moine-voyageur dalmatien (vers 1286 — 14 janvier 1331).

Asquini (Basilio). Vita e viaggi del beato Odorico da Udine. *Udin.* 1757. 8.

(**Venni**, N... N...). Elogio storico alle gesta del beato Odorico, dell' ordine de' conventuali. *Udin.* 1761. 4.

Odry (Jacques Charles),
comédien français du premier ordre (17 mai 1781 — 23 avril 1853).

Dumersan (Théophile Marion). Biographie de M. Odry, premier comique de France et de Navarre, etc., assaisonnée de quelques-unes de ses poésies fugitives, s. l. et s. d. (*Brux.* vers 1850.) 4. Portrait. (Extrait du *Vert-vert, Moniteur des Théâtres.*)

Odysseus ou **Ulysse**,
personnage mythologique.

Hole (Richard). Essay on the character of Ulysses, delineated by Homer. *Lond.* 1807. 8. (*Oxf.*)

Klausen (Rudolph Heinrich). Die Abenteuer des Odysseus, aus Hesiodus erklärt. *Bonn.* 1834. 8.

Ramus (Jonas). Tractatus quo Ulyssem et Othinum unum eundemque esse ostenditur. *Hafn.* 1702. 8. *Ibid.* 1713. 8. *Ibid.* 1716. 8. (*Cp.*)

Oecolampadius * (Johannes),
théologien allemand (1482 — 24 nov. ou 1er déc. 1531).

Grynaeus (Simon). Vita J. Oecolampadii. *Basil.* 1536. Fol. Trad. en franç. s. c. t. Histoire de la vie, etc. *Lyon.* 1562. 12. (*P.*)
* Son nom de famille était HAUSSCHEIN.

(**Hess**, Salomon). Lebensbeschreibung des Dr. J. Oecolampadius. *Zürch.* 1793. 8. (*L.*)

(**Wagner**, Gottlieb Heinrich Adolph). Lebensbeschreibung des J. Hausschein, genannt Oecolampadius. *Leipz.* 1804. 8. *Ibid.* 1816. 8. Portrait. (*L.*)

Herzog (Johann Jacob). Das Leben J. Oekolampad's und die Reformation der Kirche zu Basel. *Basel.* 1843. 2 vol. 8. (*L.*)

Oedenathus ou **Odenatos**,
l'un des trente tyrans d'Athènes (assassiné en 267 avant J. C.).

Hoyns (Georg). Dissertatio de Zenobiæ atque Odenathi rebus. *Heidelb.* 1847. 8.

—— Geschichte der sogenannten dreissig Tyrannen und hauptsächlich des Oedenathus und der Zenobia, nach dem Zeugnisse der alten Schriftsteller, Münzen und Inschriften dargestellt. *Goetting.* 1852. 8.

Oeder (Georg Christian),
médecin-botaniste allemand (3 février 1728 — 28 janvier 1791).

Halem (Gerhard Anton v.). Andenken an Oeder. *Alton.* 1793. 8. Portrait.

Oeder (Georg Wilhelm),
pédagogue allemand (15 février 1721 — 27 juin 1751).

(**Kries**, Johann Albin). Honor et memoria G. G. Oederi. *Thorun.* 1731. Fol. (*D. et L.*)

Oedipe,
roi fabuleux de Thèbes.

Lassaulx (Ernst v.). Über den Sinn der Oedipus-Sage. *Würzb.* 1841. 4.

Schneidewin (Friedrich Wilhelm). Die Sage vom Oedipus. *Goetting.* 1852. 4.

Oefele (Andreas Felix v.),
historien allemand (17 mai 1706 — 24 février 1780).

Westenrieder (Lorenz). Zum Andenken des, etc., A. F. v. Oefele. *Münch.* 1780. 8. (*D.*)

Vacchiery (Carl Albrecht v.). Rede zum Andenken des churfürstlich bayerischen Raths und Hof-Bibliothekars A. F. v. Oefele. *Münch.* 1781. 4. (*L.*)

Oeggl (Joseph),
théologien allemand.

Huebner (Ignaz). Denkmal J. Oeggl's, Stadtpfarrers in Ingolstadt, gefeiert in einer Rede. *Ingolst.* 1806. 4.

Oehlefeld (Carl Wilhelm **Buirette** v.),
jurisconsulte (?) allemand.

Harles (Gottlieb Christoph). Memoria C. G. Buirette ab Oehlefeld. *Erlang.* 1782. Fol.

Oehlefeld (Isaac Daniel **Buirette** v.),
jurisconsulte allemand.

Reinhard (Johann Paul). Memoria I. D. Buirette ab Oehlefeld, consiliarii intimi, etc. *Erlang.* 1766. Fol.

Oehlenschlaeger (Adam),
poëte danois du premier ordre (14 nov. 1779 — 21 janvier 1850).

A. Oehlenschlaeger's Levnet, fortalt af ham selv. *Kjoebenh.* 1850-31. 2 vol. 8. (*Cp.*) Trad. en allem. *Leipz.* 1846. 2 vol. 8. (*L.*)

Molbech (Christian). Studier over Oehlenschlaegers Poesie og Digtervaerker. *Kjoebenh.* 1850. 8. (*Cp.*)

Oehler (Christoph),
théologien allemand.

Ernst (Daniel). Oehlerisches Ehren-Gedächtniss. *Leipz.* 1666. 4. (*D. et L.*)

Oelhafen (Georg Christoph),
colonel allemand.

Seidel (Christian Heinrich). Gedächtnissrede bei der Gruft des Herrn G. C. Oelhafen. *Nürnb.* 1780. 8. Port.

Oelhafen (Johann Christoph),
jurisconsulte allemand (23 oct. 1574 — 12 mai 1631).

Oelhafen (Tobias). Oratio panegyrica in J. C. Oelhafeni memoriam. *Altorf.* 1651. 4. (*D.*)

Oelhafen (Tobias),
jurisconsulte allemand (23 août 1601 — 27 oct. 1666).

Cregel (Ernst). Memoria T. Oelhafen suprema laudatione celebrata. *Altorf.* 1667. 4.

Harsdoerfer (Christoph Andreas). Panegyricus funebris in memoriam T. Oelhafen. *Norimb.* 1667. 4. (*D.*)

Oelrichs (Johann Carl Conrad),
historien et bibliographe allemand (12 août 1722 — 30 déc. 1798).

Meierotto (Johann Heinrich Ludwig). Memoria J. C. C. Oelrichs. *Berol.* 1799. Fol.

Oelsner (Conrad Engelbert), *
publiciste allemand (11 mai 1764 — 20 oct. 1828).

Politische Denkwürdigkeiten aus Oelsner's Schriften, herausgeg. von Gustav OELSNER-MONMERQUÉ. *Brem.* 1847. 8.
* C'est à tort que la plupart des biographes lui donnent les prénoms de CARL ERNST.

Oemichen (Gerhard),
théologien allemand (✝ 25 mars 1562).

Opitz (Johann Carl). D. G. Oemichii res memorabiles. *Mindæ.* 1753. 4.

Oehminger (Jacob),
théologien suisse.

Cramer (Johann Jacob). Leben und Ende des J. Oehminger aus der Au, der Pfarrei Zell, Cantons Zürich. *Zürch.* 1817. 8.

Oern (Nicolaus),
voyageur lapon du XVIIᵉ siècle.

Hallbeck (Carl). Dissertatio historica de N. Oern, se principem Laponiæ professo. *Lund.* 1808. 8.

Oernhielm, voy. **Arrhenius-Oernhielm** (Claudius).

Oersted (Anders Sandöe),
homme d'État danois (21 déc. 1778 — ...),

Oersted (Anders Sandöe). Af mit Livs og min Tids Historie. *Kjoebenh.* 1851-52. 2 vol. 8. (Mémoires non terminées.)

Oersted (Hans Christian),
naturaliste suédois du premier ordre, frère du précédent (14 août 1777 — 9 mars 1851).

H. C. Oersted's Leben, nebst einem chronologisch geordneten Verzeichniss von Oersted's sämmtlichen litterarischen Arbeiten. Zwei Denkschriften von Christian HAUCH und G... FORCHHAMMER, trad. du dan. par H... SEBALD. *Spandau.* 1853. 8.

Oertel (Eucharius Ferdinand Christian),
hydropathe allemand (13 mai 1765 — 16 mai 1850).

Professor Dr. Oertel als Theolog, Philolog und Hydrolog, von ihm selbst dargestellt, nebst Verzeichniss seiner 70 Druckschriften. *Erlang.* 1840. 8. Portrait. (*D. et L.*)

Oertel (Georg Christoph),
pédagogue allemand (24 déc. 1715 — 7 mai 1790).

Oertel (Christoph Augustin). Memoria M. G. C. Oertelii, scholæ Friderico-Alexandrinæ, quæ floret Neustadii, directoris et inspectoris per 50 et quod excurrit annos, rerum scholasticarum optime meriti, etc. *Neostad.* 1790. 4.

Oertzen (Lina, Gräfin v.),
dame allemande.

Wackerbarth (August Joseph Ludwig v.). Denkmal der Gräfin L. v. Oertzen. *Leipz.* 1794. 4. (*L.*)

Oest (Johann Friedrich),
littérateur holsatien (10 déc. 1755 — 14 janvier 1815).

Knap (Boergo Henrik), Tale ved Prof. J. F. Oest's Jordefaerd. *Odense.* 1815. 8.

Oest (Nicolaus),
théologien alsacien (30 mars 1719 — 21 sept. 1798).

Jacobsen (G...). Biographie des seeligen N. Oest, Predigers zu Neukirchen bei Angeln. *Flensb. et Alton.* 1800. 8. Portrait.

Oesten (Johann),
théologien (?) allemand.

Runge (Jacob). Memoria J. Oesten. *Gryphisw.* 1592. 4.

Oetinger (Friedrich Christoph),
théologien allemand (6 mai 1702 — 10 février 1782).

Des Würtembergischen Praelaten F. C. Oetinger's Selbstbiographie, herausgegeb. von Julius HAMBERGER, mit Vorrede von Gotthelf Heinrich v. SCHUBERT. *Stuttg.* 1845.

Auberlen (Carl August). Die Theosophie F. C. Oetinger's nach ihren Grundzügen. Beitrag zur Dogmengeschichte und zur Philosophie; mit Vorrede von Richard ROTHE. *Tübing.* 1847. 8. (*L.*)

Oetken (Johann Christoph v.),
jurisconsulte allemand (3 mai 1686 — 30 janvier 1755).

Herbart (Johann Michael). Leben des Conferenzraths v. Oetken. *Oldenb.* 1755. 4.

Oetter (Samuel Wilhelm),
historien allemand (25 déc. 1720 — 7 janvier 1792).

Oetter (Friedrich Wilhelm). Einige Nachrichten von dem Leben, Character und den Schriften S. W. Oetter's, s. l. (*Nürnb.*) 1792. 8.

Oettingen (Johann v.),
homme d'État livonien.

Hoernick (Adam Gottfried). Programma ad funus J. ab Oettingen, burggravii cæsarei, etc. *Rigæ.* 1717. Fol.

Oettinger (Eduard Maria),
littérateur allemand (19 nov. 1808 — ...).

Wollheim (Anton Edmund). E. M. Oettinger, auch ein Zeitgenosse. *Lond.* (*Hamb.*) 2 parts. 8. *
* Le premier cahier de ce pamphlet assez drolatique ne porte pas le nom de l'auteur.

Liste sämmtlicher wissenschaftlichen und literarischen Werke des Dr. E. M. Oettinger, s. l. et s. d. (*Brüss.* 1853.) 8. (Tiré seulement à 25 exemplaires non destinés au commerce.)

De Reume (Auguste). Notice bio-bibliographique sur M. E. M. Oettinger. *Brux.* 1854. 8. Port. (Tiré à 100 exempl.)

Oeveren (K... van),
théologien hollandais.

Leven van K. van Oeveren. *Rotterd.* 1790. 4.

O'Farril (Gonzalo),
général espagnol (22 janvier 1754 — 19 juillet 1831).

Memoria de D. Miguel José de Azanza y de D. G. O'Farril sobre los hechos que justifican su conducta política desde marzo de 1808 hasta abril de 1814. *Par.* 1815. 8. Trad. en franç. par Alexandre FOUDRAS. *Par.* 1815. 8.

Muriel (Andrès). Notice sur D. G. O'Farril, lieutenant général de S. M. le roi d'Espagne, son ancien ministre de la guerre, etc. *Par.* 1831. 8.

Offa,
roi de Mercie (758 — 796).

Mackenzie (Henry). Essay on the life and institutions of Offa, king of Mercia. *Lond.* 1840. 8. (*Oxf.*)

Offerhaus (Leonhard),
historien hollandais (26 nov. 1699 — 18 oct. 1779).

Rhoer (Jacob de). Oratio funebris in obitum viri celeberrimi L. Offerhusii, etc. *Groning.* 1780. 4. (*L., Ld.* et *Oxf.*)

Offida (Bernardo da *),
moine-mendiant italien (1604 — 1694).

Leist (Justus Stephan). Lobrede auf den heiligen Bernhard von Ophyde (!). *Augsb.* 1796. 8.
* Son nom de famille était Domenico VENDLI.

Offredi (Offredo),
évêque de Melphi (?).

Carcano (Vettore). Oratio de laudibus O. de Offredis, episcopi Melphitensis, in Veneto dominio nuntii apostolici. *Venez.* 1599. 4.

Piccolomini (Eneo). Oratio in funere O. Offredii, episcopi Melphitensis, pro Clemente VIII, pro Leone XI et pro Paulo V, apud Venetam rempublicam legati. *Venet.* 1605. 4.

Ofterdingen (Heinrich v.),
troubadour allemand (vers la fin du XIIIᵉ siècle).

Spaun (Anton v.). H. v. Ofterdingen und das Nibelungenlied. Versuch, den Dichter und das Epos für Oesterreich zu vindiciren, etc. *Linz.* 1840. 8.

Grabener (Christian Gottfried). Programma de *libro heroico. Dresd.* 1744. 4. *(D. et L.)*

Ogée (N... N...),
architecte français.

Thiollet (François). Notice sur M. Ogée fils, architecte-voyer de la ville de Nantes, etc. *Par.*, s. l. et s. d. 8.

Oghoulmich.

Frémery (N... N... de). Recherches sur un personnage appelé Oghoulmich. *Par.* 1842. 8.

Ogier le Danois,
chevalier danois, l'un des douze pairs de France,
(contemporain de Charlemagne).

Ogier le Danois, duc de Danemark. *Lyon.* 1525. Fol. *Ibid.* 1556. 4. *Ibid.* 1579. 8. *Par.* 1583. 8. *Troyes.* 1606. 4. *Ibid.* 1610. 4.

Trad. en allem. par C... **Eggenberg.** *Frf.*

Trad. en dan. par Christian **Petraeus.** *Kjoebenh.* 1707. 8.

Trad. en ital. *Venez.* 1544. 4. *Ibid.* 1553. 4. *Ibid.* 1599. 4. *Ibid.* 1611. 8. *Ibid.* 1638. 8.

Bartholinus (Thomas). Dissertatio de Holigero Dano. *Hafn.* 1677. 8. *(Cp.)*

Schoenau (Friedrich Christian). Holger Danskes Levnet. *Kjoebenh.* 1751. 8.

Ogilvy (John),
jésuite écossais (1580 — exécuté le 28 février 1615).

Relatio incarcerationis et martyrii P. J. Ogilbei, natione Scoti, e societate Jesu presbyteri. *Duaci.* 1615. 12. *Ingolst.* 1616. 24. *Olomuc.* 1616. 12. *Mogunt.* 1616. 12.

Trad. en espagn. par Marco **Lopez.** *Madr.* 1616. 8.

Trad. en holland. par Frans **de Smidt.** *Antw.* 1615. 8. *Ibid.* 1623. 12.

True relation of the proceedings against J. Ogilvie, a jesuit, executed at Glasgow. *Edinb.* 1625. 4. *(Oxf.)*

Oginski (Michel Cléophas),
général polonais (1765 — 1833).

Oginski (Michel Cléophas). Mémoires sur la Pologne et les Polonais, depuis 1788 jusqu'à la fin de 1815, (publ. par Léonard **Chodzko**). *Par. et Genève.* 1826-27. 4 vol. 8. * *(P.)* Trad. en allem. par Friedrich **Gleich.** *Leipz.* 1827-28. 4 vol. 8. *(L.)*

* Il y a des exemplaires avec un nouveau frontispice, portant la date de 1833 et les mots *seconde édition*.

—— Observations sur la Pologne et les Polonais, pour servir d'introduction aux mémoires précédents, (publ. avec quelques additions par Léonard **Chodzko**). *Par.* 1827. 8. *(P.)*

Oglethorpe (James Edward),
militaire anglais, fondateur de la colonie de Georgie, dans
l'Amérique septentrionale (1698 — 30 juin 1755).

Peabody (O... W... B...). Life of J. Oglethorpe. *New-York*, s. d. 8. (Extrait de l'*American Biography*, publ. par Jared **Sparks.**)

Oheim (Benedict),
médecin allemand.

(**Cahlen**, Friedrich). Memoria B. Oheimii. *Halæ.* 1648. 4. *(D. et L.)*

Oheim (Peter),
magistrat allemand.

Programma academicum ad funus P. Oheimii. *Lips.* 1674. 4. *(D. et L.)*

Oheim (Sebastian),
magistrat allemand.

Programma academicum ad exequias S. Oheimii. *Lips.* 1662. 4. *(D. et L.)*

Ohlmueller (Daniel Joseph),
architecte allemand (10 janvier 1791 — 22 avril 1839).

Marggraff (Rudolph). D. J. Ohlmueller. *Münch.* 1840. 8.

Oisellus (Jacob),
jurisconsulte allemand (21 mai 1631 — 20 juin 1686).

Mensinga (Jan). Oratio funebris in J. Oisellii obitum. *Groning.* 1686. Fol.

O'Keefe (John),
auteur dramatique irlandais (1746 — 1833).

Recollections of the life of J. O'Keefe, the veteran comic dramatist. *Lond.* 1826. 2 vol. 8. * *(Oxf.)* *Philadelph.* 1827. 2 vol. 8.

* Publ. par lui-même et accomp. de son portrait.

Okolitsányi (Michael),
jurisconsulte hongrois (vers 1658 — 23 oct. 1721).

Bucholtz (Georg). Colossus memorialis in exequiis postremo honori D. M. Okolitsányi, etc. *Leutschov.* 1721. Fol.

Olaf,
premier roi de Wermeland en Suède.

Lagerloef (Gustaf Anders). Dissertatio de Olavo Tratalja Wermelandiæ primo rege. *Lund.* 1794. 8.

Olafsen (Eggert),
naturaliste islandais (1721 — se noyant le 30 mai 1768).

Haldorsen (Bjoern). E. Olafsen's Levnet. *Hrapsey.* 1784. 8. (Ecrit en islandais)

Olai (Erik),
historien suédois († 23 déc. 1648).

Celsius (Olof). Dissertatio de E. Olao historico. *Upsal.* 1751. 4. *(L.)*

Olaus I, surnommé **Trygveson,**
roi de Norwége (vers 955 — 995 — se précipitant dans la mer
le 9 oct. 1000).

Peringskjoeld (Johan). Historia regis Olavi, Trygwæ filii. *Holm.* 1622. Fol. *Ibid.* 1697. 8. *Hafn.* 1833. 8.

Verelius (Olaus). Fragmentum Olai Tryggiasons. *Upsal.* 1655. 8.

Rehnhielm (Jakob). Historia Olai Tryggwæ filii, regis Norrigiæ, etc. *Upsal.* 1691. 4.

Johnstone (James). Anecdotes of Olave the Blake, king of Man and the Hebridians Isles, s. l. *(Copenh.)* 1780. 8.

Tollstorp (J... P...). Norske Konungen Olof Tryggweson; historisk Teckning med Sagans Enkelhet. *Stockh.* 1847. 8.

Olaus II, surnommé **le Saint,**
roi de Norwége (vers 992 — assassiné en 1033).

Hagerup (Ejler). Om Oluf den Hellige, Norges Konge, etc. *Kjoebenh.* 1805. 8. *(Cp.)*

Olaus III, dit **Skott-Konung,**
roi de Suède (... — 993 — 1026).

Arrhenius (Laurids). Disputatio historica de Olao Skott-Konung. *Upsal.* 1728. 8.

Neikter (Jakob Frederik). Dissertatio de ætate Olai Skott-Konung, cum capesseret regnum. *Upsal.* 1800. 8.

Olavides (Pablo Antonio José),
homme d'État espagnol (vers 1725 — 1803).

Hennings (August). Olavides, s. l. *(Alton.)* 1779. 8.

Sammlung aller Streitschriften, so das Buch *Olavides* in Dänemark veranlasst hat. *Copenh.* 1780. 8. *(Cp.)*

Oldecop (Heinrich),
théologien allemand du XVIIe siècle.

Hilpert (Johann Jacob). Leichenpredigt auf H. Oldecop, nebst dessen Lebenslauf. *Lüneb.* 1661. 8. *(D.)*

Oldecop (Johann Justus),
théologien allemand (16 ou 25 juin 1635 — 20 mars 1685).

Steigerthal (Johann Georg). Leichenpredigt auf J. J. Oldecop. *Minden.* 1686. 4.

Oldecop (Justus),
jurisconsulte allemand (1579 — 19 février 1667).

Daetrius (Brandanus). Leichenpredigt auf Dr. J. Oldecop, nebst einem kurzen Bericht von Dr. Oldekop's Ankunft, Leben und tödtlichem Abschied. *Wolfenb.* 1668. Fol.

Olden-Barneveldt (Jan van),
grand pensionnaire de Hollande (vers 1549 — exécuté le 13 mars 1619).

Relation des causes et motifs pourquoi le sieur J. d'Olden-Barnevelt a esté décapité à la Haye. *Dordr.* 1619. 8. *Par.* 1619. 8.

Sententie over J. Olden-Barneveldt. *S'Gravenh.* 1619. 8.

Sententie uijtgesprooken ende gheprononciceert over J. Olden-Barneveldt. *S'Gravenh.* 1619, 4.

Gevangenisse, leste woorden en dood van J. van Olden-Barneveldt, s. l. 1620. 4.

Historie van het leven en sterven van J. van Olden-Barneveldt, s. l. 1648-58. 2 vol. 8.

Leven en bedrijf van J. van Olden-Barneveldt. *Amst.* 1669. 8.

(**Franken**, Jan). Waarachtige historie van 't geslacht, geboorte, leven, bedrijf, gevangenisse, examinatie, bekentenisse, rechters, brieven, leste woorden en dood van J. van Olden-Barneveldt. *Rotterd.* 1670. 8.

Brandt (Geerdt). Historie van de rechtspleging van J. van Olden-Barneveldt, Rombouts Hoogerbeets en Huig de Groot. *Rotterd.* 1708. 4. *Ibid.* 1710. 4.

Da Costa (J...). Inlichtingen omtrent het karakter van prins Maurits van Nassau en de regtspleging van J. van Olden-Barnevelt. *Rotterd.* 1825. 2 parts. 8.

Beyerman (Hugo). Olden-Barneveld, de staten van Holland en Leycester in 1585 en 1586, etc. *Devent.* 1847. 8.

Oudemans (A... C...). Het leven en de lotgevallen van J. van Olden-Barneveld. *Amst.* 1826. 8. Portrait.

Beyerman (Hendrik). Olden-Barneveld, de staten van Holland en Leycester in 1585 en 1586. *Devent.* 1847. 8.

Siegenbeek (Matthijs). Verslag van de verhooren, door J. van Olden-Barnevelt ondergaan, etc. *Haarl.* 1849. 8.

Verhooren van J. van Olden-Barneveld, etc. *Utrecht.* 1850. 8.

Kesteloot (Jacques Louis). Olden-Barneveld's heerlykheid. Rodenrys, onuitgegeven opschriften van Vondel, etc. *Gand.* 1852. 8.

Oldenburg (Christoph, Graf von).

Alten (F...). Graf C. von Oldenburg und die Grafenfehde (1534-1536). Ein Beitrag zur Geschichte des Dänischen Interregnums. *Hamb.* 1853. 8.

Oldermann (Johann),
philologue allemand (1686 — 20 oct. 1723).

Programma academicum in J. Oldermanni funere. *Helmst.* 1723. 4. (*L.*)

Olding (John),
théologien anglais.

Addington (Anthony). Sermon on the death of J. Olding, pastor at Butt-Lane Deptford. *Lond.* 1785. 8.

Oldfield (Ann),
actrice anglaise (1683 — 1730).

Egerton (William). Faithful memoirs of the life, amours and performances of Mrs. Oldfield. *Lond.* 1731. 8. Portrait. (*Oxf.*)

Olearius (Gottfried),
théologien allemand (1er janvier 1604 — 20 février 1685).

Praetorius (Johann). Programma in G. Olearii obitum. *Halæ.* 1685. 4. (*Oxf.*)

Olearius I (Johann),
théologien allemand (17 sept. 1546 — 26 janvier 1623).

Merck (Andreas). Leich-Predigt auf J. Olearius. *Halle.* 1623. 4. (*D.*)

Olearius II (Johann),
théologien allemand (17 sept. 1611 — 14 avril 1684).

Hoffmann (Johann Georg). Concio funebris germanica in J. Olearium, cum ejusdem vitæ curriculo; Johann Benedict CARPZOV, justa solennia J. et Godefredi Olearii; Caspar Heinrich GRAUN, justa anniversaria Joan. Olearii; Joachim LEISTENIUS, programma in ejusdem obitum; Johann Jonathan WERENBERG, oratio et programma funebre cum epicediis. *Leucopetr.* 1684. Fol. Portrait. (*D.*)

Leistenius (Joachim). Palma florens in funere J. Olearii. *Leucopetr.* 1684. Fol. (*D.*)

Moebius (Georg). Programma academicum ad orationem in obitum virorum J. Olearii et Godefredi Olearii, s. l. et s. d. Fol. (*D.*)

Olearius III (Johann),
helléniste allemand (5 mai 1639 — 6 août 1713).

Dornfeld (Johann). Leichenpredigt auf J. Olearius, nebt dessen Lebenslauf. *Leipz.* 1713. Fol. (*D. et L.*)

(**Cyprian**, Johann). Programma academicum ad exequias J. Olearii. *Lips.* 1714. Fol. (*L.*)

Boerner (Christian Friedrich). Oratio in exequiis J. Olearii, sacræ theologicæ doctoris. *Lips.* 1713 4. (*L.*)

Olearius (Gottfried). Oratio in memoriam parentis J. Olearii. *Lips.* 1714. Fol. (*L.*)

Olearius (Johann August),
théologien allemand.

Weidling (Christian). Programma in funere J. A. Olearii. *Leucopetr.* 1711. Fol. (*D.*)

Olearius (Johann Christian),
théologien allemand (19 juin 1646 — 8 déc. 1699).

Bodinus (Heinrich). Programma academicum in J. C. Olearii funere. *Halæ.* 1699. Fol. (*L.*)

Olearius (Johann Gottfried),
théologien allemand.

Fordemann (Christian). Leichenpredigt auf J. F. Olearius, nebst dessen Lebenslauf. *Halle.* 1675. 4. (*D.*)

Ole-Bornemann-Bull,
musicien norvégien (5 février 1810 — ...).

Biow (Hermann). Ole-Bull; biographische Skizze, etc. *Hamb.* 1838. 8. Portrait.

Wergeland (Henrik). Ole-Bull, efter Opgivelser af ham selv biografisk skildert. *Christiania.* 1843. 4. Port.

O'Leary (Arthur),
théologien irlandais (1729 — 8 janvier 1802).

England (Thomas R...). Life of the Rev. A. O'Leary, s. l. (*Dubl.*) 1822. 8. Portrait. (*Oxf.*)

Olevian (Caspar),
théologien allemand (1536 — 15 mars 1587).

Mueller (Michael Franz Joseph). Geschichte des von C. Olevian im Jahre 1559 zu Trier erweckten Religionszustandes, etc. *Mainz.* 1788. 8.

Marx (J...). C. Olevian oder der Calvinismus in Trier im Jahre 1559. Beitrag zur Geschichte der Reformation in Deutschland. *Maintz.* 1846. 8.

Olier (Jean Jacques),
curé de S. Sulpice (20 sept. 1608 — 2 avril 1657).

Bretonvilliers (N... N... de). Mémoires sur la vie de M. Olier (publ. par N... N... SIMON), s. l. et s. d. 8.

(**Giry**, François de). Vie de M. J. J. Olier, prêtre, curé de S. Sulpice. *Par.* 1687. 12. (*Bes.*)

(**Nagot**, François Charles). Vie de M. Olier, curé de S. Sulpice, fondateur et premier supérieur du séminaire de ce nom. *Versaill.* 1818. 8.

Vie de M. Olier, etc., accompagnée de notices sur un grand nombre de personnages contemporains. *Mans.* 1851. 2 vol. 8. *Par.* 1853. 2 vol. 8. Portrait.

Olimpio (Francesco),
théatin italien (5 août 1559 — 21 février 1639).

Cirini (Andrea). Vita del venerabile servo di Dio D. F. Olimpio, chierico regolare. *Napol.* 1655. 4.

Silos (Giuseppe). Vita F. Olympii. *Rom.* 1657. 4. Trad. en ital. par lui-même. *Messin.* 1664. 4.

Olimuchievich,
famille arménienne.

Rosatis (Giovanni Battista). Origine della famiglia Ivena Olimuchievich. *Napol.* 1663. 4.

Olin (Stephen),
pédagogue anglo-américain.

Life and letters of S. Olin, D. D. late president of the Wesleyan university in the United-States. *Lond.* 1853. 2 vol. 8.

Oliva (Sainte),
martyre sicilienne.

Spucces (Giuseppe). Vita di S. Oliva, vergine e martire Palermitana. *Palerm.* 1659. 12. *Ibid.* 1670. 12.

Mongitore (Antonino). Vita di S. Oliva, vergine e martire Palermitana. *Palerm.* 1709. 12.

Oliva (demoiselle Le Guay d')*,
une des accusées dans l'affaire du collier.

Mémoire pour la demoiselle Le Guay d'Oliva, fille mineure, émancipée d'âge, accusée, contre M. le procureur général, accusateur, en présence de M. le cardinal-prince de Rohan, de la dame de la Motte-Valois, du sieur Cagliostro et autres, tous coaccusés. *Par.* 1786. 8.

* Cette fameuse courtisane, connue d'abord sous le nom d'Essigny, était une baronne de Turkheim de la Basse-Alsace, et ressemblait beaucoup à la reine Marie Antoinette, qu'elle avait substituée au rendez-vous donné au cardinal de Rohan.

Olivarez (Gasparo de Guzman, duque de),
ministre espagnol (6 janvier 1587 — 12 juillet 1643).

Balboa y Paz (Francisco de). Retrato del privado christiano politico, deducido en las acciones del conde duque de Olivarez. *Napol.* 1635. 4.

Malvezzi (Virgilio). Ritratto del conte duca di San Lucar. *Milan.* 1636. 12. Trad. en portug. *Lisb.* 1650. 8.

Cargos contra el conde duque de Olivarez. *Madr.* 1643. 4.

Guidi (Camillo). Caduta del conte Olivarez. *Ivrea.* 1644. 4. Trad. en franç. par André FÉLIBIEN. *Par.* 1650. 8.

Ischia (Giovanni Giacomo d'). Storia del conte duca d'Olivarez, D. G. de Guzman, favorito del rè Filippo IV. *Udin.* 1655. 4.

Rocca (conde de la). Histoire du ministère du comte G. de Guzman, duc d'Olivarez. *Cologne.* 1673. 12. *
* Traduction d'un ouvrage espagnol, dont nous ignorons l'existence.

Cabral (João Ribeiro). Relacaõ das particulares accões do conde duque de Olivarez. *Lisb.* 1711. 4.

Valdory (Guillaume de). Anecdotes du ministère du comte duc d'Olivarez. *Par.* 1722. 12. (*P.*)

Olivera (Corrado, marchese de),
homme d'État italien.

Gemelli (Francesco). Laudatio funebris marchionis C. de Olivera, senatus Mediolanensis præsidis. *Mediol.* 1784. 8.

Olivet (Joseph **Thoulier** d'),
grammairien français (30 mars 1682 — 8 oct. 1768).

Bousson de Mairet (Emmanuel). Éloge historique et littéraire de l'abbé d'Olivet. *Arbois et Par.* 1859. 8.(*Bes.*)

Oliveyra (Francisco Xavier de),
gentilhomme portugais (21 mai 1702 — 18 oct. 1783).

Le chevalier Oliveyra, brûlé en effigie comme hérétique; comment et pourquoi? Anecdotes et réflexions sur ce sujet, données au public par lui-même. *Lond.* 1762.12. *
* L'inquisition portugaise l'avait condamné à être brûlé pour avoir écrit le *Discours pathétique*, qui a paru à Londres en 1755.

Olivier (François),
homme d'État français (1497 — 30 mars 1560).

Auge (Daniel d'). Oraison funèbre de F. Olivier, grand chancelier sous François I, Henri II et François II. *Par.* 1560. 8. (*P.*)

Espence (Claude d'). Oratio funebris in obitum F. Olivarii. *Par.* 1561. 8. (*P.*)

Olivier (Guillaume Antoine),
entomologiste français (19 janvier 1756 — 1er oct. 1814).

Silvestre (Augustin François de). Notice biographique sur G. A. Olivier. *Par.* 1815. 8. (*P.*)

Cuvier (George). Éloge historique de G. A. Olivier. *Par.* 1827. 8. (Extrait du tome Ier du recueil des *Éloges historiques des membres de l'Académie des sciences.*)

Olivier (Guillermo),
alcalde espagnol.

Sotora (Juan). Historia del ilustre español D. G. Oliver, alcalde I constitucional de Barcelona. *Madr.* 1841. 8. Portrait.

Olivier (Nicolas Théodore),
évêque d'Évreux (1798 — ...).

Notice biographique sur Mgr. Olivier, évêque d'Évreux. *Par.* 1846. 8. (*Lv.*)

Olivier (Séraphin),
cardinal français (1538 — 10 mars 1609).

Dubois (Jean). Oratio funebris cardinalis Oliverii. *Rom.* 1610. 4. (*P.*)

Olivier le Diable,
barbier et favori de Louis XI (pendu en 1484).

Reiffenberg (Frédéric Auguste Ferdinand Thomas de). Notice sur Olivier le Diable ou le Dain, barbier et confident de Louis XI. *Brux.* 1829. 4. (*Bx.*)

Olivieri degli Abbati (Annibale, Camillo),
archéologue italien (17 juin 1708 — 19 sept. 1789).

Marignoni (Fortunato). Orazione funerale ai A. C. Olivieri degli Abbati. *Pesar.* 1789. 8. (*Oxf.*)

Olivieri (Antonio),
prêtre italien.

Enciclopedia morale e civile della vita e costumi ed impegni di religione dell' abate A. Olivieri. *Cosmopoli.* (*Venez.*) 1724. 8. Portrait. (Rare et curieux.)

Olivi (Giuseppe),
naturaliste italien (1769 — 30 août 1795).

Cesarotti (Melchiorre). Elogio dell' abate G. Olivi. *Padov.* 1795. 8.

Olizar (Narcis),
homme d'État polonais.

Olizar (Narcis). Mémoires, première partie : ma prison chez les Russes et ma fuite; deuxième partie : notice sur l'insurrection de la Vollhynie. *Leipz.* 1845. 8. (*L.*)
Trad. en allem. s. c. t. Gefangenschaft und Flucht des Grafen N. Olizar. *Leipz.* 1845. 2 vol. 8. (*L.*)

Ollivier (Remi),
littérateur français (26 février 1725 — 25 déc. 1814).

Amanton (Claude Nicolas). Notice nécrologique sur M. R. Ollivier, (auteur de l'*Esprit de l'Encyclopédie.*) *Dijon.* 1815. 8. (*Lv.*)

Olomuczansky (Stephan),
théologien bohème.

Drazova (Samuel Martin de). Fama posthuma præstantissimi theologi S. Olomuczansky, Bohemi, quondam ad D. Petri et Pauli Neo-Pragæ ecclesiæ pastoris, etc. *Prag.* 1655. 4. (*D.*)

Olpe (Severin Christoph),
théologien allemand (22 oct. 1627 — ... 1673).

Wider (Theodosius). Leichpredigt auf S. C. Olpe. *Coburg.* 1673. 4. (*D.*)

Olshausen (Hermann),
théologien allemand (21 août 1796 — 4 sept. 1839).

Harles (Georg Christian Adolph). Gedächtnissrede bei der Beerdigung des selig entschlafenen Dr. H. Olshausen. *Erlang.* 1839. 8. (*L.*)

Olson (Hans),
médecin norvégien († 1683).

Brand (Povel). Oratio in obitum J. Olsoni, medici Bergensis. *Amst.* 1685. 4.

Oltrocchi (Baldassare),
bibliothécaire de Saint-Marc.

Cighera (N... N...). Memorie della vita e delle studj di B. Oltrocchi. *Milan.* 1804. 8.

O'Mahony (Arthur, comte),
littérateur français.

O'Mahony (Arthur). Souvenirs politiques.*Avign.* 1831. 12.

Omar I,
successeur de Mahomet (assassiné le 1er nov. 644).

Planck (Carl Eduard). Dissertatio de Omaro Chalifa. *Lund.* 1806. 8. (*L.*)

Platen (Otto v.). Geschichte der Tödtung des Chalifen Omar aus der Chronik des Dijarbekir, arabisch und deutsch mitgetheilt. *Berl.* 1857. 8.

Omeis (Magnus Daniel),
philologue allemand (6 sept. 1646 — 23 nov. 1708).

Reusch (Erhard). Memoria Omeisiana. *Altorf.* 1710. Fol.

Omer-Pacha,
général turc.

Notice biographique sur Omer-Pacha, général en chef de l'armée turque du Danube. *Par.* 1854. 8.

Ommeganck (Balthazar Paulus),
peintre belge (1755 — 18 janvier 1826).

Snyers (Jan Adriaan). Lofrede op B. P. Ommeganck, etc., s. l. et s. d. (*Antw.* 1826.) 8.

(**Voisin**, Auguste). Eloge du peintre B. P. Ommeganck. *Gand.* 1826. 8. (Extrait du *Messager des sciences et des arts.*)

Omobono (Saint),
martyr italien.

Compendio della vita di S. Omobono, etc. *Savigliano.* 1856. 12.

Onderdonk (Benjamin),
évêque de New-York.

Proceedings on the trial of bishop Onderdonk. *New-York.* 1845. 8.

Ein scandalöser Prozess! Bischof B. Onderdonk von New-York und seine Verurtheilung vor dem dortigen Bischofshofe, wegen gewaltsamer Verletzung weiblicher Ehre. *Hamb.* 1845. 8.

O'Neill, prince of **Ulster** (Aodh),
roi d'Irlande du xvie siècle.

Mitchell (John). Life and times of Aodh O'Neill, prince of Ulster, called by the English Hugh, earl of Tyrone, with some account of his predecessors Con, Shane and Tirlough. *Dubl.* 1846. 12. (*Oxf.*)

Onias,
grand prêtre des Juifs (vers l'an 200 avant J. C.).

Hase (Theodor). Dissertatio de templo Oniæ Heliopolitano. *Brem.* 1750. 4.

Onkelos Hagger, surnommé le **Prosélyte,**
paraphraste du Pentateuque.

Anger (Rudolph). De Onkelo, Chaldaico, Pentateuchi paraphraste, etc. *Lips.* 1846. 4. (*L.*)

Onofrio (Saint),
ermite persan.

(**Costa,** Pio). Vita et miracoli del glorioso S. Onofrio, anacoreta, rè di Persia, potentissimo prencipe tra l'eletti appo Dio. *Palerm.* 1681. 4. *
* Publ. sous le pseudonyme de Pietro Paorosi.

Onomacrite,
poëte grec (vers 515 avant J. C.).

Eichhoff (Carl). Commentatio I de Onomacrito Atheniensi. *Elberfeld.* 1840. 4. (*L.*)

Onraet (Jean Baptiste),
jésuite belge.

Verheyen (Philippe). Historia de sanguinis fluxu P.
J. B. Onract, S. J. et mirabili ejus sanatione, ope
S. Francisci Xaverii. *Lovan.* 1708. 8. Trad. en franç.
s. c. t. Guérison miraculeuse, etc. *Louvain.* 1709. 12.

Onsenoort (Antoine Gérard van),
médecin belge (27 oct. 1782 — 23 déc. 1841).

Cunier (Florent). Notice sur A. G. van Onsenoort. *Brux.*
et *Leipz.* 1842. 8. Portrait.

Oosterdijk (Hermannus Gerardus),
poëte hollandais (19 nov. 1731 — 19 avril 1795).

Bosch (Jérôme de). Lofrede op H. G. Oosterdijk, s. l. et
s. d. (*Amst.* 1795.) 8. Portrait. (*Ld.*)

Opel (Peter),
théologien allemand (27 oct. 1660 — 17 janvier 1738).

Opel (Johann David). Ein Todter, der aus seinem Grabe
die Güte Gottes erzählet durch den Lebenslauff P. Opel's,
(seines Vaters). *Hof.* 1738. Fol.

Opie (Amelia),
auteur anglaise.

Memorials of the life of A. Opie, selected and arranged
from her diaries, letters and MSS. by Cecilia Lucy
Bnightwell, edited by Thomas Baightwell. *Lond.*
1854. 8.

Opitz (Adam Benjamin),
pédagogue allemand (29 mars 1754 — 16 février 1802).

Rudolph (N... N...). Gedächtnissschrift auf A. B. Opitz.
Zittau. 1802. Fol. (*L.*)

Opitz v. Boberfeld (Martin),
poëte allemand (23 déc. 1597 — 20 août 1639).

Rist (Johann). Lob- Trauer- und Klaggedichte über das
Absterben M. Opitzens, welcher am 6. Sept. 1629 (???)
in Danzig das Leben verlassen. *Hamb.* 1640. 4. (Poëme
de 620 vers.)

Coler (Christoph). Laudatio honori et memoriæ M. Opitii. *Lips.* 1664. 4. Portrait. (*D.* et *L.*)

(**Gerlach**, Benjamin Gottlieb). Memoria sæcularis poetarum Germanicorum principis, M. Opitii a Boberfeld.
Zittau. 1739. Fol. (*L.*)

Gottsched (Johann Christoph). Lob- und Gedächtnissrede auf den Vater der deutschen Dichtkunst, M. Opitz
v. Boberfeld. *Leipz.* 1739. 8. Portrait. (*D.* et *L.*)

Arletius (Caspar). Das hundertjährige Gedächtnissfest
der durch M. Opitz verbesserten deutschen Poesie.
Bresl. 1739. Fol.

Lindner (Caspar Gottlieb). Umständliche Nachricht von
des weltberühmten Schlesiers, M. Opitzen von Boberfeld's, Leben, Tode und Schriften. *Hirschb.* 1740-41.
2 vol. 8. Portrait. (*D.* et *L.*)

Opoix (Christophe),
naturaliste français (28 février 1745 — .. avril 1840).

Ramon (N... N...). Notice nécrologique sur M. Opoix.
Provins. 1841. 8.

Oporinus (Joachim),
théologien allemand (12 sept. 1694 — 5 sept. 1753).

Block (J... E...). Der getroste Muth der Gerechten im
Tode. Leichenpredigt auf J. Oporinus. *Goetting.* 1753. 4.

Murray (Johann Philipp). Trauerrede auf Herrn Doctor J. Oporinus. *Goetting.* 1753. Fol.

Gesner (Johann Matthias). Memoria J. Oporini. *Goetting.* 1748. 8. (*L.*)

Weber (Andreas). Memoria J. Oporini. *Goetting.* 1755.
Fol. (*D.*)

Oporinus (Johann),
imprimeur suisse (25 janvier 1507 — 6 juillet 1568).

Heinzel (Johann Heinrich). De ortu, vita et obitu J.
Oporini. *Argent.* 1569. 8.

Jockisch (Andreas). Oratio de ortu, vita et obitu J.
Oporini, Basiliensis, typographorum Germaniæ principis. *Argent.* 1569. 8. (*D.* et *L.*)

Oppermann (Hanne Louise),
infanticide allemande.

Froebing (Johann Christoph). Hanne Louise Opper-

mann, die Mörderin, in ihrem Gefängnisse und auf
ihrem Todeswege, etc. *Stendal.* 1805. 8.

Oppien,
poëte grec (vers 180 après J. C.).

Rittershusius (Conrad). Prœmium de vita et operibus
Oppiani. *Lugd. Bat.* 1597. 8. (*Ld.*)

Foertsch (Paul Jacob). De Oppiano poeta Cilice nonnulla. *Lips.* 1749. 4. (*L.*)

Opportune (Sainte),
abbesse d'Almanesche († 770).

Gosset (Nicolas). Vie de S. Opportune, enrichie des
antiquités de Paris et de l'abbaye d'Almanesche. *Par.*
1634. 8. *Ibid.* 1633. 8.

Oraison (Marthe, marquise d'),
dame française connue par sa haute piété (1617).

(**Bonnet**, Pierre). L'amour de la pauvreté décrite en la
vie et en la mort de M., marquise d'Oraison, baronne
d'Allemagne et vicomtesse de Valerne. *Par.* 1632. 8. (*P.*)

Orange (princes d'),
dynastie hollandaise.

Pise (Jean de la). Tableau de l'histoire des princes et
principauté d'Orange. *La Haye.* 1639. Fol.

Burton (Richard). History of the house of Orange. *Lond.*
1693. 8. *Westminst.* 1813. 8.

Sagittarius (Caspar). Origines et successiones Arausionensium usque ad Guilielmum III, (regem Angliæ).
Jenæ. 1693. 4.

Ludewig (Johann Peter von). Historia principatus
Arausionensis et fata ejus novissima sub Guilielmo III,
M. Britanniæ rege. *Halæ.* 1694. 4. *Ibid.* 1706. 4. *Jenæ.*
1743. 4. (*D.* et *L.*)

Mears (William). Lives of the princes of the illustrious
house of Orange. *Lond.* 1734. 8. Portraits.

(**Sisteron,** Bonaventure de). Histoire de la ville et principauté d'Orange. *La Haye.* (*Avign.*) 1741. 4.

Historie der lotgevallen van het huis van Oranje. *Amst.*
1791. 8.

Arnoldi (Johann von). Geschichte der Oranien-Nassaui-
schen Länder und ihrer Regenten. *Hadamar.* 1799-
1819. 3 vol. 8.

Aa (C... van der). De doorluchtige vorsten uit den
huis van Oranje-Nassau en derzelver uitmuntende
daden. *Amst.* 1814. 8.

Leven en daden der vorsten uit het huis van Oranje.
Nymweg. 1833. 8.

Traité historique de la succession à la principauté d'O-
range, ou sommaire du droit de la maison d'Orléans-
Longueville sur cette principauté, contre les prétentions de la maison de Nassau. *Par.* 1702. 8.

Orange (Frédéric Henri de Nassau, prince d'),
stadhouder de Hollande (28 février 1584 — 14 mars 1647).

Spanheim (Frédéric). Laudatio funebris Friderici Henrici, principis Arausionensium. *Lugd. Bat.* 1647. Fol.

Montanus (Arnold). Leven en bedrijf van Frederik
Hendrik. *Amst.* 1652. 24. *Ibid.* 1697. 24. (*Ld.*)

Commelin (Jan). Frederik Hendrik van Nassauw, prins
van Orangien, zijn leven en bedrijf. *Utrecht.* 1651-59.
2 vol. Fol. (*Ld.*) Trad. en franç. *Amst.* 1656. Fol.

Mémoires de Frédéric Henri, prince d'Orange, contenant
ses expéditions militaires depuis 1621 jusqu'en 1646
(publ. par Isaac Beausobre). *Amst.* 1733. 4.

Leven van Frederik Hendrik, prins van Oranje. *S'Gravenhage.* 1737. 2 vol. 8.

Swaan (J... S...). Frederik Hendrik van Nassau, en
tegenhanger op het karakter van Maurits van Nassau,
door J... Da Costa. *Hoorn.* 1825. 8.

Zeeman (Hendrik). Leven en daden van Frederik
Hendrik, prins van Oranje. *Amst.* 1832. 8. Portrait.

Orange (Guillaume d'), voy. **Guillaume d'Orange.**

Orange (Jean Maurice d'), voy. **Maurice.**

Orange (Philippe Guillaume de Nassau, prince d').

Capelle (Johannes Pieter van). Filips Willem, prins
van Oranje. *Haarl.* 1828. 8. Portrait. (*Ld.*)

Orange (Philibert de Challon, prince d'),
vice-roi de Naples (1502 — tué le 3 août 1530).

Relation originale de la pompe funèbre de Philibert de
Challon, prince d'Orange, etc., inhumé dans l'église

des Cordeliers de Lons-le-Saunier, le 25 octobre 1530. *Brux.* 1819. *4.*

Orbigny (Alcide d'),
zoologue français du xixe siècle.

Notice analytique sur les travaux zoologiques de M. A. d'Orbigny, 1825-1850. *Corbeil.* 1851. *4.*

Orchan,
empereur turc (... — 1326 — 1360).

Codja Effendi. Histoire du règne du sultan Orchan, second empereur des Turcs. *Lond.* 1652. *12.* (Trad. du turc.)

Orczy (Lörintz, Baro),
général hongrois (9 août 1718 — 28 juillet 1789).

Alexovits (Basilius). Halotti Beszéd Baró Orczy Lörintz, Generalisnak, etc. *Pesth.* 1789. *4.*

Ordre (Marie Toussaint Duwicquet, baron d'),
poëte français (18 déc. 1778 — 22 nov. 1840).

Rosny (H... de). Éloge de M. le baron d'Ordre et notice sur ses ouvrages. *Valencien.* 1844. *8.* (Extrait des *Archives du nord de la France et du midi de la Belgique.*)

Orelli (Aloysius v.),
théologien suisse.

(Orelli, Salomon v.). A. v. Orelli; biographischer Versuch, etc. *Zürch.* 1797. *8.*

Orelli (Johann Caspar v.),
philologue suisse (13 février 1787 — 6 janvier 1849).

Necrolog auf J. C. v. Orelli. *Zürch.* 1849. *8.*
Lebensabriss von J. C. v. Orelli. *Zürch.* 1851. *4.* (*L.*)

Oreste.

Kyllenius (Lars). Dissertatio de Orestis et Pyladis amicitia. *Upsal.* 1707. *8.*

Orfila (Mathieu Joseph Bonaventure),
médecin espagnol (24 avril 1787 — 12 mars 1853).

Foucaud de l'Espagnery (N... N...). Hommage à Orfila. *Par.* 1853. *8.* (Pièce en vers.)
Menière (Pierre). Nécrologie : M. Orfila. *Par.* 1853. *8.* (Extrait du *Moniteur universel.*)

Organna (Andrea),
littérateur italien.

Niccolini (Giovanni Battista). Elogio d'A. Organna. *Firenz.* 1816. *8.* (*Oxf.*)

Oriani (Barnaba),
astronome italien (17 juillet 1752 — 12 nov. 1832).

Gabba (Alberto). Elogio di B. Oriani. *Milan.* 1834. *8.* Portrait. (*Oxf.*)

Orient (Saint),
évêque d'Auch († vers 450).

Schurzfleisch (Heinrich Leonhard). S. Orientius supplemento auctus, etc. *Vinar.* 1716. *4.* (*D.*)

Origanus (David),
mathématicien allemand (9 juillet 1558 — 11 juillet 1628).

(Coldebach, Matthias). Programma academicum in funere D. Origani. *Frf. ad Viadr.* 1629. *4.* (*D.*)

Origène (Adamantius),
docteur de l'Église (vers l'an 185 — 253).

Halloix (Pierre). Origenes defensus, s. Origenis Adamantii presbyteri amatoris Jesu vita, virtutes, documenta, libris IV. *Leod.* 1648. Fol. (*P.*)
Meisner (Johann). Tractatus historico-theologicus de Origene et Origenianis. *Witteb.* 1663. *4. Ibid.* 1712. *4.* (*D.* et *L.*)
Horbius (Johann Heinrich). Historia Origeniana. *Frf.* 1670. *4.*
Buddeus (Johann Franz). Exercitatio de allegoriis Origenis. *Witteb.* 1689. *4.* (*L.*)
Doucin (Louis). Histoire des mouvements arrivés dans l'Eglise au sujet d'Origène et de sa doctrine. *Par.* 1700. *12.* (*P.*)
Dathe (J... A...). De Origene interpretationis librorum SS. grammaticæ auctore. *Lips.* 1756. *4.* (*L.*)
Dellmark (Johann Philipp Ferdinand). Commentationes V de theologia Origenis. *Traj. ad V.* 1786. *4.*
Ringberg (Olav). Vita Origenis Adamantii. *Lund.* 1792. *8.*
Dettmers (Johann Philipp). Commentationes V de theologia Origenis. *Frf. ad Viadr.* 1782-90. *4.*
Hagenbach (Carl Rudolph). Observationes historico-hermeneuticæ circa Origenis methodum interpretandæ S. S. *Basil.* 1823. *8.*

Karsten (J... A...). Dissertatio de Origene oratore sacro. *Groning.* 1824. *8.* (*L.* et *Oxf.*)
Bochinger (Johann Jacob). Programmata III de Origenis allegorica S. S. interpretatione. *Argent.* 1829. *8.*
Schnitzer (Carl Friedrich.) Origenes über die Grundlehren der Glaubens-Wissenschaft. *Stuttg.* 1855. *8.*
Bericht des Porphyrios über Origines. Programm von Johann Baptist Weigl. *Regensb.* 1835. *4.*
Thomasius (Gottfried). Origenes. Beitrag zur Dogmengeschichte des dritten Jahrhunderts. *Nürnb.* 1837. *8.* (*L.* et *Oxf.*)
Redepenning (Ernst Rudolph). Origenes. Darstellung seines Lebens und seiner Lehre. *Bonn.* 1841-46. 2 vol. *8.* (*D.* et *L.*)

Schmidt (Johann Andreas). Dissertatio de lapsu Origenis. *Helmst.* 1704. *4.* (*D.* et *L.*)
Zorn (Peter). Dissertatio de eunuchismo Origenis Adamantii. *Giess.* 1708. *4.* (*D.*)

Origny,
famille française.

Origny (Pierre Adam d'). Mémoire sur la famille des d'Origny, établie à Rheims, publié par Anquetil. *Par.* 1757. *12.*

Orioli (Lorenzo),
jurisconsulte italien.

Castagnoli (Achille). Biografia dell'avvocato L. Orioli. *Bologn.* 1840. *4.*

Orlamuende (Burggrafen v.),
dynastie allemande.

Loeber (Gotthilf Friedemann). Dissertatio de burggraviis Orlamundanis. *Jenæ.* 1741. *4.* (*L.*)

Orlando, voy. Roland le Grand.

Orléans,
dynastie française.

(Peignot, Gabriel). Précis historique, généalogique et littéraire de la maison d'Orléans. *Par.* 1830. *8.* (*Bes.*)
  * Orné du portrait de Louis Philippe, roi des Français.
Geschichtliche Darstellung des Hauses Orleans, etc. *Dessau.* 1830. *8.*
Laurentie (N... N...). Histoire des ducs d'Orléans. *Par.* 1852. 4 vol. *8.*
Marchal (Charles). La famille d'Orléans, depuis Philippe le Fou jusqu'à Louis Philippe. *Par.* 1844. *8.*
Trad. en allem. par August Lebrecht Hermann. *Grimma.* 1846. *8.* (*L.*)
  * Cet écrit fut saisi par la police.
Flobert (A...). Histoire des ducs d'Orléans de la maison de Bourbon (1608-1850). *Par.* 1845-46. 6 vol. *8.*
Taylor (William Cooke). Memoirs of the house of Orleans, including sketches and anecdotes of the most distinguished characters in France during the 17th and 18th centuries. *Lond.* 1849. 3 vol. *8.* 6 portraits. *Philadelph.* 1850. 2 vol. *12.*
Lassalle (Alexandre de). Histoire et politique de la maison d'Orléans. Révélations sur la mort du prince de Condé, etc. *Par.* 1853. *8.*

Orléans (Adélaïde, princesse d'),
sœur de Louis Philippe, roi des Français (23 août 1777 — 31 déc. 1847).

Pillet (Léon). Notice biographique de madame Adélaïde, princesse d'Orléans, sœur de Louis Philippe. *Par.* 1832. *8.*
Raincelin de Sergy (N... N...). Biographie de S. A. R. madame la princesse Adélaïde d'Orléans, etc. *Par.* 1847. *16.*

Orléans, duc de Longueville (Charles Paris d').

Choiseul (Gilbert de). Oraison funèbre de Charles Paris d'Orléans, fils d'Henry II, duc de Longueville. *Par.* 1672. *4.*
Bauyn (N... N...). Oraison funèbre de Charles Paris d'Orléans, etc. *Par.* 1672. *4.*

Orléans (Ferdinand Philippe Louis Charles Henri Joseph, duc d'),
fils de Louis Philippe, roi des Français (3 sept. 1810 — 13 juillet 1842).

Biographie de S. A. R. monseigneur le duc d'Orléans. *Par.* 1842. *8.*
Le duc d'Orléans, sa vie, sa mort, sa généalogie. Réflexions morales et politiques sur l'événement du 13 juillet 1842. *Par.* 1842. *18.* (*Lv.*)
Mort de S. A. R. Mgr. le duc d'Orléans. Nouveaux détails. *Par.* 1842. *12.*

Précis sur la vie et la mort de S. A. R. Mgr. le duc d'Orléans. *Par.* 1842. 12.

Vie privée, publique, anecdotique et militaire de S. A. R. Mgr. le duc d'Orléans. *Par.* 1842. 12. (*Lv.*)

La vie et la mort du prince royal, duc d'Orléans. *Par.* 1842. 8. Portrait. (*Lv.*)

La vie, la mort et les funérailles du prince royal, duc d'Orléans. *Par.* 1842. 18.

Relation historique et pièce authentique touchant la vie et la mort de S. A. R. Mgr. le duc d'Orléans. *Par.* 1842. 8.

Notice sur la vie politique, militaire et privée de S. A. R. Mgr. le duc d'Orléans. *Par.* 1842. 32.

Notice biographique et nécrologique du prince royal, duc d'Orléans, précédée de la relation scrupuleusement exacte de la catastrophe de Sablonville. *Par.* 1842. 8. (*P. et Lv.*)

Notice historique sur la vie et la mort de S. A. R. Mgr. le duc d'Orléans, prince royal. *Par.* 1842. 12.

Monseigneur le duc d'Orléans. *Par.* 1842. 8.

Pascal (Adrien). Vie militaire, politique et privée de S. A. R. Mgr. le duc d'Orléans, avec des notes historiques sur les campagnes d'Afrique, rédigées par le prince. *Par.* 1842. 8. Portrait. (*Lv.*)

Sarrut (Germain) et **Saint-Edme** (B...). Biographie du prince royal Ferdinand Philippe Louis Charles Henri Joseph de Bourbon, duc de Chartres et d'Orléans. *Par.* 1842. 8. (*Lv.*)

Lindall (A... de). Biographie de S. A. R. Mgr. le duc d'Orléans, né à Palerme, mort à Sablonville. *Par.* 1842. 16. (*Lv.*)

Arago (Jacques) et **Gouin** (Édouard). Histoire du prince royal duc d'Orléans. Détails inédits sur sa vie et sur sa mort. *Par.* 1842. 8. * (*Lv.*)

  * Cet ouvrage, dont il existe 4 éditions de la même année, est accompagné du portrait du duc.

(**Fournier**, Anatole). Le 13 juillet; simple récit. *Par.* 1842. 8. (*Lv.*)

M(uret) (Théodore). La vie et la mort du duc d'Orléans. *Par.* 1842. 8. Portrait.

Briffault (Eugène). Le duc d'Orléans, prince royal. *Par.* 1842. 18. Supplément, contenant les funérailles. *Ibid.* 1842. 18. (*Lv.*)

Eyraud (Achille). Histoire de S. A. R. Mgr. le duc d'Orléans. *Par.* 1842. 32.

Boivin (Louis). Souvenirs de la vie du duc d'Orléans. *Par.* 1842. 8.

Guillon (Marie Nicolas Silvestre). Regrets sur la mort prématurée de S. A. R. Mgr. le duc d'Orléans. *Par.* 1842. 8. (*Lv.*)

Sanson (A... J...). Le prince royal est mort! vive le prince royal! *Par.* 1842. 8. (*Lv.*)

Sazerac (Hilaire Léon). Détails exacts sur la mort du prince royal. *Par.* 1842. 18. (*Lv.*)

Janin (Jules). Le prince royal. *Par.* 1842. 18. Portrait. (*Lv.*) Trad. en ital. par L... C... *Milan.* 1842. 18. (*P. et Lv.*)

Bommy (François). Relation historique et médicale de la mort de S. A. R. Mgr. le duc d'Orléans. *Par.* 1842. 8. (*Lv.*)

F... (C...). Neuilly, Notre-Dame et Dreux. *Par.* 1842. 8.

Bourseil (E... C...). Quelques traits de la vie du prince royal, précédés d'une notice sur la vie du roi des Français (Louis Philippe). *Douai.* 1842. 12. *Ibid.* 1845. 12. Portrait. (*Lv.*)

F*** (J... B...). La maison mortuaire du prince royal. *Par.* 1842. 8. (*Lv.*)

Lines of the memory of his royal highness Ferdinand Philip, duke of Orleans. *Par.* 1842. 8.

Mendelssohn (Joseph). Ferdinand Philipp, Herzog von Orleans, Kronprinz von Frankreich, Biographie und Characteristik. *Altenb.* 1842. 8. Portrait. (*Lv.*)

Leben und Tod des Herzogs von Orleans. *Carlsr.* 1842. 8. Portrait. (*Lv.*)

Leben und Ende des Herzogs von Orleans, etc., mit einer Stammtafel der Häuser Bourbon und Orleans. *Burg.* et *Berl.*, s. d. (1842). 8. (*Lv.*)

Krueger-Hansen (N... N...). Des Herzogs von Orleans letzte Stunden. Sendschreiben an Dr. Duval in Paris. *Güstrow.* 1842. 8. (*Lv.*)

Leven, kruygsbedryven en de noodlottige dood van Z. K.

H. Ferdinand Philippe, hertog van Orleans, etc. *Antwerp.* 1842. Portrait.

Orléans (Gaston Jean Baptiste de **France**, duc d'), troisième fils de Henri IV, roi de France (25 avril 1608 — 2 février 1660).

Mémoires de ce qui s'est passé de plus considérable en France depuis l'an 1608 jusqu'en 1635, revus par Algay de Martignac. *Amst.* 1685. 12. *Par.* 1685. 12. *

  * Attribués au duc Gaston d'Orléans.

Favorelles (René François de). Oraison funèbre de Jean Baptiste Gaston, duc d'Orléans. *Blois.* 1660. 4.

Autun (Jacques d'). Oraison funèbre de Jean Baptiste Gaston d'Orléans. *Lyon.* 1660. 4.

Orléans, duc de **Longueville** (Henri d'), souverain de Neufchâtel († 1663).

Lepelletier (Guillaume). Oraison funèbre de Henri II d'Orléans, duc de Longueville, souverain de Neufchâtel. *Caen.* 1663. 4.

Orléans, surnommé le **Bon** (Jean d'), aïeul de François I, roi de France.

Dupont des Rosiers (Jean). Vie de Jean d'Orléans, dit le Bon, comte d'Angoulême, aïeul de François I. *Angoulême.* 1852. 8. 2 portraits. (Tiré à un très-petit nombre d'exemplaires.)

Orléans (Louis, duc d'), fils du régent Philippe, duc d'Orléans (4 août 1703 — 4 février 1752).

Colas-Guyenne (Jean François). Oraison funèbre de Louis d'Orléans, duc d'Orléans, premier prince du sang. *Orléans.* 1752. 4.

Neel (Louis Balthazard). Histoire de Louis, duc d'Orléans, fils du régent, s. l. et s. d. (*Par.* 1753.) 12.

Orléans, surnommé **Égalité** (Louis Philippe Joseph, duc d'), arrière-petit fils de Philippe d'Orléans, régent de France (13 avril 1747 — guillotiné le 6 nov. 1793).

Le sieur d'Orléans tout entier, s. l. et s. d. 8.

Exposé de la conduite du duc d'Orléans dans la révolution, s. l. et s. d. 8.

W... (R... D...). Vie de Louis Philippe Joseph, duc d'Orléans. *Lond.* (*Par.*) 1789. 8. *Ibid.* 1790. 8. Portrait.

Vie de Louis Philippe Joseph Capet, ci-devant duc d'Orléans, ou mémoires pour servir à l'histoire de la révolution française. *Par.*, an II. 8.

Procédure criminelle instruite au Châtelet de Paris sur la dénonciation des faits arrivés à Versailles dans la journée du 6 octobre 1789. *Par.* 1789. 2 vol. 8.

Chabroud (Charles). Rapport de la procédure du Châtelet sur l'affaire des 5 et 6 octobre (1789), fait à l'Assemblée nationale. *Par.* 1790. 8.

Mounier (Jean Joseph). Appel au tribunal de l'opinion publique du rapport de Charles Chabroud et du décret rendu par l'Assemblée nationale le 12 octobre 1789. Examen du Mémoire du duc d'Orléans et du plaidoyer du comte de Mirabeau, et nouveaux éclaircissements sur les crimes des 5 et 6 octobre 1789. *Genève.* 1790. 8. *Lond.* 1791. 8.

Forfaits du 6 octobre 1789, ou examen du rapport de la procédure du Châtelet, fait à l'Assemblée nationale par Charles Chabroud, s. l. 1790. 2 vol. 8.

Relation très-exacte des événements des 5 et 6 octobre, par un témoin oculaire et désintéressé, s. l. 1790. 8.

Mémoire à consulter, et consultation pour M. Louis Philippe Joseph d'Orléans. *Par.* 1790. 8.

Montjoie (Christophe Félix Louis Galart de). Histoire de la conjuration de Louis Philippe Joseph d'Orléans. *Neufchât.* (*Par.*) 1796. 3 vol. 8. *Par.* 1801. 6 vol. 18. Augment. d'une notice sur la vie et les ouvrages de l'auteur, etc. *Par.* 1834. 3 vol. 8. Abrég. *Par.* 1831. 8. *Ibid.* 1832. 8. *Ibid.* 1833. 8.

Vie privée, ou apologie de très-sérénissime prince, mon seigneur le duc (Louis Philippe Joseph) de Chartres. *A 100 lieues de la Bastille.* (*Par.*) 1784. 8. *Ibid.* 1793. 8. Trad. en allem. (par Ludwig Albrecht Schubart). *Nürnb.* 1793. 8. (*L.*)

La vie et les crimes de (Louis) Philippe (Joseph), duc d'Orléans. *Cologne.* 1793. 8. Trad. en allem. *Coeln.* 1793. 8. *Nürnb.* 1793. 8.

Philippe d'Orléans, surnommé Égalité. *Amst.* 1797. 4 vol. 12. *

  * Cet ouvrage anonyme porte pour épigraphe : *Si jamais un fils de ce scélérat monte sur le trône de France, toute l'Europe sera bouleversée.*

Schändliches Leben und Ende Ludwig Philipp Joseph's, Herzogs von Orleans. *Bamb.* 1794. 8. Portrait.

Vita, delitti e supplicio di Luigi Filippo Giuseppe, duca d' Orleans, col suo processo. *Vienn.* 1794. 8. *Triest.* 1794. 8.

(**Rouzet de Folmon**, Jacques Marie). Explication de l'énigme du roman intitulé *Histoire de la conspiration de Louis Philippe Joseph, duc d'Orléans.* Véridistad. (*Par.*) 1796. 4 vol. 8. *

    * Ouvrage tellement rare, que M. Barbier n'en avait vu qu'un seul exemplaire appartenant alors à M. Boulard.

Vie politique de Louis Philippe Joseph, dernier duc d'Orléans. *Par.* 1802. 12. Portrait.

(**Chazet**, René **Alissan** de). Vie politique de Louis Philippe Joseph d'Orléans Egalité, premier prince du sang et membre de la Convention. *Par.* 1832. 8. (*P.* et *Lv.*)

Tournois (François). Histoire de Louis Philippe Joseph, duc d'Orléans, et du parti d'Orléans dans ses rapports avec la révolution française. *Par.* 1842-43. 2 vol. 8.

Backhaus (Ferdinand). Ludwig Philipp Joseph Orleans, genannt Egalité. *Leipz.* 1843. 12. (Trad. du français.)

Ducoin (A...). Etudes révolutionnaires : Philippe d'Orléans Egalité. *Par.* 1843. 8.

Bekenntniss, welches Ludwig Philipp Joseph, Herzog zu Orleans, mit dem Beinamen Egalité, Gott, den Nationen, dem Geiste Ludwig's XVI und Ludwig's XVII, des Märtyrers Sohn, ablegt. *Augsb.* 1794. 8.

Exposé de monseigneur le duc d'Orléans, dans la révolution de France, rédigé par lui-même. *Par.* 1790. 8. (*P.*)

Mémoire justificatif pour Louis Philippe d'Orléans, écrit et publié par lui-même. *Par.* 1790. 8. (*P.*)

Correspondance de Louis Philippe Joseph d'Orléans. *Par.* 1800. 8. (*P.*)

Orléans (Louise Marie Adélaïde **de Bourbon Penthièvre**, duchesse d'),
    épouse du précédent (5 mars 1753 — 22 juin 1821).

Delille (E...). Journal de la vie de S. A. S. Madame la duchesse d'Orléans, douairière. *Par.* 1822. 8. Port. *
    * Il y a des exemplaires qui portent pour titre *Vie religieuse et bienfaisante de S. A. S. Madame la duchesse d'Orléans.*

Orléans, duchesse de **Wurtemberg** (Marie d'),
    fille de Louis Philippe I, roi des Français (12 avril 1813 — 2 janv. 1839).

Delorme (N... N...). Notice nécrologique sur la princesse Marie d'Orléans, duchesse de Wurtemberg. *Par.* 1839. 8. (*Lv.*)

Marie d'Orléans. *Par.* 1839. 18. *
    * La dédicace à ses mânes est signée : Ernest Sasseac.

Orléans (Philippe, duc d'),
    second fils de Louis XIII, roi de France (21 sept. 1640 — 1er juin 1701).

Boishus (N... N... de). La nuit des nuits et le jour des jours, ou la naissance des deux dauphins du ciel et de la terre. *Par.* 1641. 8.

Thiroux (Jean Evangéliste). Oraison funèbre de M. le duc d'Orléans, s. l. 1701. 4.

Bretonneau (François). Oraison funèbre de M. le duc d'Orléans. *Par.* 1701. 4.

Le Camus (André). Oratio funebris Philippo, duci Aurelianensi dicta. *Par.* 1701. 12.

Abrégé de la vie et des actions héroïques de Philippe de France, duc d'Orléans, frère unique du roi (Louis XIV). *Par.* 1701. 4.

Orléans (Philippe, duc d'),
    régent de France pendant la minorité de Louis XV
    (4 sept. 1674 — 25 déc. 1723).

Poncet de la Rivière (Mathieu). Oraison funèbre de Philippe de France, duc d'Orléans, régent du royaume. *Par.* 1724. 4. (*P.*)

Massiac (Gabriel de). Faits mémorables des guerres et des révolutions de l'Europe depuis 1672 jusqu'en 1721. *Toulouse.* 1721. 8.

(**Lamothe**, dit **La Hode**, N... N...). Vie de Philippe d'Orléans, régent du royaume, etc. *Lond.* 1737. 2 vol. 12. (*P.*) * Trad. en allem. *Frf.* 1739. 8.
    * Publ. s. l. lettres M. L. M. D. M.

(**Piossens**, chevalier de). Mémoires de la régence de S. A. R. monseigneur le duc Philippe d'Orléans durant la minorité de Louis XV. *La Haye.* (Rouen.) 1729-33. 5 vol. 12. (Publ. sous le nom de Nicolas Lenglet du Fresnoy.) *Amst.* 1749. 5 vol. 12. (*P.*)

Leven van Philippus, hertog van Orleans, regent van Frankrijk. *S'Gravenh.* 1756. 2 vol. 8. (Avec le portrait du régent et celui de John Law.)

Bruzen de la Martinière (Antoine Auguste). Vie de Philippe d'Orléans, régent, s. l. 1757. 2 vol. 12. (*P.*)

Talbert (François Xavier). Eloge de Philippe d'Orléans, petit-fils de France, régent du royaume pendant la minorité de Louis XV. *Besanç.*, s. d. (1777). 8. (Couronné par l'Académie de Villefranche, en Beaujolois.)

(**Hérissant**, Louis Théodore). Eloge historique de Philippe, duc d'Orléans, régent du royaume. *Par.* 1778. 8.

(**Delandine**, (François Antoine). Eloge de Philippe, duc d'Orléans, etc. *Amst.* (*Lyon.*) 1778. 8.

Massillon (Jean Baptiste). Mémoires de la minorité de Louis XV, publ. par Jean Louis Giraud Soulavie. *Par.* 1792. 8. *Ibid.* 1805. 8. (*P.*) Trad. en allem. *Greiz.* 1794. 8.

Marmontel (Jean François). Régence du duc d'Orléans. *Par.* 1805. 2 vol. 12. (OEuvre posthume.)

Chateauneuf (Agricole Henri **de la Pierre** de). Le duc Philippe d'Orléans ; essai historique. *Par.* 1826. 18. *Ibid.* 1828. 8. Portrait.

Lemontey (Pierre Edouard). Histoire de la régence et de la minorité de Louis XV. *Par.* 1832. 2 vol. 8.

Capefigue (Baptiste Honoré Raymond). Philippe d'Orléans, régent de France. *Par.* 1838. 2 vol. 8.

Musset (Paul de). Les femmes de la régence. *Par.* 1841. 2 vol. 8.

Orléans de Lamotte, voy. **Dorléans** (Louis François Gabriel de **Lamotte**).

Orloff ou **Orlow** (Gregor),
    l'un des favoris de Catherine II, impératrice de Russie († 1783).

Anecdoten zur Lebensgeschichte des Fürsten G. Orlow. *Mannh.* 1791. 8.

Freudenreich (Otto). Die Familie Orloff als Mörder der russischen Kaiser, deren Familie und Anhänger überhaupt als Erzfeinde der russischen Monarchie. *Merseb.* 1852. 8.

Orloff (Gregor Wladimir),
    homme d'État russe († 4 juillet 1826).

Orloff (Gregor Wladimir). Mémoires historiques et littéraires sur la révolution de Naples, publ. par Amaury Pineux Duval. *Par.* 1819-21. 5 vol. 8. *Ibid.* 1823. 5 vol. 8. (*P.*)

Orloff (la comtesse N... N...),
    épouse du précédent.

Duval (Amaury Pineux). Notice sur la comtesse Orloff, etc. *Par.* 1824. 8.

Ormesson (Louis François de Paule **Lefèvre** d'),
    premier président au parlement de Paris (1718 — 26 janvier 1789).

Gaubert (N... N...). Éloge historique de très-haut et très-puissant seigneur, monseigneur L. F. de Paule Lefèvre d'Ormesson de Noiseau, chevalier, seigneur de Thiais, etc. *Par.* 1789. 8. *
    * Cet éloge, imprimé s. l. n. de l'abbé Gaubert, a été revendiqué par Antoine Serixs.

Maherault (Jean François René). Éloge funèbre du président d'Ormesson, s. l. (*Par.*) 1789. 8. (Ecrit en latin.)

Charbonnet (Pierre Mathieu). Elogium funebre in obitum L. F. Lefèvre d'Ormesson. *Par.* 1786. 4. (Rare.)

Ormond (James **Butler**, duke of),
    homme d'État anglais (1610 — 21 juillet 1688).

Life of J. Butler, late duke of Ormond. *Lond.* 1752. 8. *Ibid.* 1759. 8. *Ibid.* 1747. 8. Portrait. (*Oxf.*) Trad. en franç. *La Haye.* 1737. 2 vol. 12.

Carte (Thomas). History of the life of J., duke of Ormond (1610-1688). *Lond.* 1735-36. 3 vol. Fol.

— — Collection of original letters and papers, concerning the affairs of England, 1641-1660, found among the duke of Ormond's papers. *Lond.* 1739. 2 vol. 8. (*Oxf.*)

Ornano (Jean Baptiste d'),
    maréchal de France (1581 — 2 sept. 1626).

Le maréchal J. B. d'Ornano, martyr d'État, ou considérations sur la prison et la mort de ce maréchal, s. l. (*Par.*) 1643. 4. (*P.*)

Foisset (Jean Baptiste Séverin). Éloge du maréchal d'Ornano, ancien gouverneur de la Guyenne. *Bordeaux.* 1818. 8. (Couronné par la Société philosophique de Bordeaux.)

Ornano (Miguel de),
  prêtre espagnol.
Vidal (José). Vida del angelico hermano M. de Ornaño. *Mexic.* 1682. 4. (*Oxf.*)

Ornano (le comte N... N... d'),
  général français.
Sussy (A... de). Notice biographique sur M. le comte d'Ornano, général de division. *Par.* 1852. 8.

Ornay (N... N... d'),
  littérateur (?) français.
Tougard (Jérôme François). Notice historique et biographique sur M. d'Ornay, membre de la Société libre d'émulation de Rouen. *Rouen.* 1855. 8.

Orope.
Drabbe (Jan Christian). Dissertatio litteraria de Oropo. *Lugd. Bat.* 1846. 8. (*L. et Ld.*)

Orosio (Paulo),
  historien espagnol du iv° siècle.
Moller (Daniel Wilhelm). Disputatio circularis de P. Orosio. *Altorf.* 1689. 4. (*L. et Lv.*)
Dalmasses y Roz (Paulo Ignacio de). Dissertacion historica por la patria de Paulo Orosio. *Barcel.* 1702. Fol.
Haumann (Christoph August). Programma, quo P. Orosio nomen tertium Hormisdæ restituitur. *Goetting.* 1752. 4. (*D. et L.*)
Beck (Georg Friedrich Heinrich). Dissertatio de P. Orosii historici fontibus et auctoritate. *Gothæ.* 1834. 8.
Moerner (Philipp Theodor v.). De P. Orosii vita ejusque historiarum libris VIII adversus paganos. *Berol.* 1844. 8. (*L. et Lv.*)

Orosz (Zsigmond),
  prêtre hongrois.
Horányi (Alexis). Oratio in exequiis S. Orosz, scholarum piarum in Hungaria et Transilvania præpositi provincialis, etc., s. l. (*Vacii?*) 1782. 4.

Orphée,
  poète grec.
Kirchbach (Gottfried). Dissertatio de Orphei theologia. *Witteb.* 1685. 4.
Eschenbach (Andreas Christian). Epigenes de poesi Orphica in priscas Orphicorum carminum memorias liber commentarius. *Norimb.* 1702. 4.
Corylander (Johan). Dissertatio de Orpheo, Græcorum philosopho. *Lund.* 1754. 8.
Hauptmann (Johann Gottfried). Programma sistens de Orpheo fabulam. *Geræ.* 1757. 4.
—— Programma considerans Orphei doctrinam. *Geræ* 1757. 4. (*L.*)
Tiedemann (Dietrich). Griechenland's erste Philosophen, oder Leben und Systeme des Orpheus, Pherecydes, Thales und Pythagoras. *Leipz.* 1780. 8. (*L.*)
Lycke (Carl). Dissertatio de Orpheo atque de mysteriis Ægyptiorum. *Hafn.* 1786. 8.
Gerlach (N... N...). De hymnis orphicis. *Goetting.* 1798. 8.
Bode (G... H...). Orpheus, poetarum Græcorum antiquissimus. *Goetting.* 1825. 4. (Dissertation couronnée.)
Lobeck (Christian August). Dissertatio de Orphei theogonia et sermone sacro. *Regiom.* 1827. 4.
Cron (Christian Wilhelm Joseph). Particula dissertationis de Orpheo. *Erlang.* 1859. 8.

Orrery (Charles, earl of),
  littérateur anglais (1676 — 21 août 1731).
Budgell (Eustache). Memoirs of the illustrious family of the Boyles, particularly of C., earl of Boyle, etc. *Lond.* 1752. 8. (*D.*) *Ibid.* 1754. 8. (*Oxf.*) *Ibid.* 1757. 8.

Orsbeck (Johann Hugo v.).
(**Boecler**, Johann Heinrich). Elogium J. H. ab Orsbeck, coadjutoris Treverici. *Argent.* 1672. 4.

Orsel (André Jacques Victor),
  peintre français (25 mai 1795 — 1er nov. 1850).
(**Trianon**, Victor). V. Orsel. *Par.* 1851. 8.
(**Martin Daussigny**, E... C...). Notice sur V. Orsel, de Lyon. *Lyon.* 1851. 8.
Enault (Louis). Souvenirs artistiques : V. Orsel. *Par.* 1854. 8.

Orscolo 1 (San Pietro),
  doge de Venise (élu le 12 août 976 — vers 980).
Manfredi (Fulgenzio). Vita di S. Pietro Orscolo, di doge

e principe di Venetia fatto monaco et eremita in Guascogna. *Venet.* 1606. 4.
Fontanini (Giusto). De S. Petro Urseolo, duce Venetorum, postea monacho ordinis S. Benedicti, dissertatio. *Rom.* 1730. 4. Portrait. (*Oxf.*)
(**Grandi**, Guido). Vita del glorioso prencipe S. Pietro Orseolo, doge di Venezia, indi monaco ed eremita santissimo. *Venez.* 1755. 4. Portrait. (*Oxf.*)

Relazione della reliquia di S. Pietro Orseolo dal monastero di S. Michele di Cossano, mandata in dono alla repubblica di Venezia. *Venez.* 1755. 8. (Peu commun.)

Orsetti (Bernardino),
  littérateur italien.
Zappelli (Pancrazio). Orazione in morte del conte B. Orsetti. *Lucca.* 1823. 8. (*Oxf.*)

Orsi (Carlo Antonio d'),
  prêtre italien.
Sabbatini d'Anfora (Ludovico). Vita del P. D. C. A. d'Orsi. *Napol.* 1748. 4.

Orsi (Giovanni Gioseffo Felice, marchese),
  littérateur italien (19 juin 1652 — 20 déc. 1733).
Muratori (Ludovico Antonio). Vita del marchese G. G. Orsi. *Moden.* 1735. 8. (*Oxf.*)
Grilli (Giovanni Battista). Delle lodi del marchese G. G. Orsi, letterato Bolognese, orazione, etc. *Bologn.* 1822. 8.

Orsina (Maria Magdalena),
  religieuse italienne.
Borselli (Bartolommeo). Della vita e virtu della venerabile madre suor M. M. Orsina, dell' ordine de' predicatori, fondatrice del monastero di S. Maria Maddalena a Monte Cavallo di Roma. *Rom.* 1668. 4.

Orsini (Baldassare),
  directeur de l'Académie des beaux-arts.
Canali (Luigi). Elogio funebre del signor B. Orsini, direttore dell' academia di belle arti in Perugia. *Perug.* 1811. 8.

Orsini (Camillo),
  gentilhomme italien.
Orologgi (Giuseppe). Vita del signor C. Orsini. *Venez.* 1565. 4. Port.

Orsini (Francesco),
  prêtre (?) italien.
Serdonati (Francesco). Orazione funerale delle lodi di F. Orsini. *Firenz.* 1595. 4.

Orsini (Fulvio),
  archéologue italien (11 déc. 1529 — 18 mai 1600).
Castiglione (Giuseppe). G. Orsini vita. *Rom.* 1657. 8.

Orsini, principessa di **Sulmona** (Camilla),
  religieuse italienne.
(**Giacobetti**, N... N...). Vita della venerabile serva di Dio donna C. Orsini Borghese, principessa di Sulmona, dipoi suor Maria Vittoria, religiosa dell' ordine dell' Annunziata, libri VIII. *Rom.* 1717. 4. Portrait. (*Bes.*)
(**Courbeville**, Joseph*). Vie de D. C., princesse des Ursins-Borghèse. *Par.* 1757. 12. (*Bes.*)
 * La *Biographie universelle* de Michaud la nomme par erreur François de Courbeville.

Ortelius ou Ortell (Abraham),
  géographe belge (2 avril 1527 — 28 juin 1598).
Hulst (Félix van). A. Ortelius. *Liége.* 1846. 8. Portrait. (Extrait de la *Revue de Liége.*) — (*Lv.*)

Ortes (Giovanni Maria),
  littérateur (?) italien.
Meneghelli (Antonio Maria). Elogio di G. M. Ortes, Veneziano. *Venez.* 1813. 8. *Ibid.* 1815. 8.

Orthus (Zaccharias),
  poète allemand.
Zober (Ernst Heinrich). Abhandlung über des Stralsundischen Poeten Z. Orthus Leben und Schriften. *Strals.* 1850. 4. (*D. et L.*)

Ortiz (Diego),
  prêtre espagnol.
Baldani (S...). Vita del P. F. D. Ortiz, protomartire nel regno de Peru, l' anno 1571. *Genov.* 1645. 4.

Ortlob (Johann Friedrich),
  médecin allemand (2 août 1661 — 11 déc. 1700).
(**Cyprian**, Johann). Programma academicum in J. F. Ortlobi funere. *Lips.* 1700. Fol. (*L.*)

Ortolani (Francesco),
médecin italien.

Morgante (Luigi). Nelle esequie del medico F. Ortolani. *Veron.* 1842. 8.

Orus,
grammairien grec du IVe siècle.

Ritschel (Friedrich). Commentatio de Oro et Orione. Specimen historiæ criticæ grammaticorum græcorum, etc. *Vratisl.* 1834. 8. (*D., L.* et *Oxf.*)

Orville (Jacob Philipp d'),
jurisconsulte hollandais (28 juillet 1696 — 14 sept. 1751).

Burmann (Pieter). Oratio funebris in obitum viri celeberrimi J. P. d'Orville. *Amst.* 1751. 4.

Os (Anton van der),
théologien hollandais (23 oct. 1722 — ...).

Handelingen des eerwaerdigen kerkenraads van Zwolle, in zake van de onrechtsinnigkeit van Dr. van der Os. *Zwolle.* 1751. 8. (*Ld.*)

Os (N... N... van),
archevêque d'Utrecht.

Pels (Jan A... van der). Dichtmatige levensschets van N. N. van Os, aarts-bisschop van Utrecht. *Amst.* 1825. 8.

Osann (Carl Wilhelm Gottlieb),
savant allemand.

(**Schulze**, Johann Heinrich) et (**Passow**, Franz). Zu C. Osann's Gedächtniss. *Weim.* 1809. 8. (*D.*)

Osanna (Santa),
martyre italienne.

Sylvestri (Francesco). Vita S. Osannæ Mantuanæ. *Mediol.* 1505. 4.

Osbeck (Pehr),
botaniste suédois (9 mai 1723 — 23 déc. 1805).

Faxe (Vilhelm). Åminnelse-Tal öfver Contra-Prosten och Kyrkoherden i Hasstoof af Goetheborgs Stift Dr. P. Osbeck. *Christianst.* 1816. 8.

Oedmann (Samuel Lars). Åminnelse-Tal öfver framlidne Theologiæ Doctorn, Prosten och Kyrkoherden P. Osbeck. *Stockh.* 1815. 8.

Osborn (Elbert),
théologien anglo-américain.

Osborn (Elbert). Passages in his own life and ministry. *New-York.* 1847. 18.

Oscar I,
roi de Suède (4 juillet 1799 — 8 mars 1844 — ...).

Historic Oscar den Foersten. *Christiania.* 1845. 8. *
* Cette histoire, trad. du suédois, est ornée de son portrait.

Osiander (Andreas),
théologien allemand (19 déc. 1498 — 2 oct. 1552).

Strebel (Johann Samuel). Programmata II de vita et elogio A. Osiandri. *Onolzb.* 1760-61. 4.

Lehnerdt (J... C...). Anecdota ad historiam controversiæ ab A. Osiandro factæ pertinentia. *Giess.* 1843. 4.

Wilken (Carl Heinrich). A. Osiander's Leben, Lehren und Schriften, etc. *Strals.* 1844. 4. (*D.*)

Osiander, dit le **Jeune** (Andreas),
théologien allemand. (1562 — 21 avril 1617).

Hafenreffer (Martin). Oratio lugubris in funere Dr. A. Osiandri. *Tubing.* 1617. 4.

Osiander (Friedrich Benjamin),
médecin allemand (9 février 1759 — 25 mars 1822).

Blumenbach (Johann Friedrich). Memoria F. B. Osiandri. *Goetting.*, s. d. (1822). 4. (*D.* et *L.*)

Osiander (Johannes),
théologien allemand (22 avril 1657 — 18 oct. 1724).

(**Abel**, Jacob Friedrich). Lebensbeschreibung J. Osiander's. *Tubing.* 1795. 8. (*L.*)

Schmidt (N... N...). J. Osiander. Volksschrift, worin erzählt wird von einem würtembergischen Magister, der nach einander Professor, Oberkriegscommissär, Oberkriegsrath, Commandant des Schlosses und der Stadt Tübingen, Praelat, Director des Consistoriums, Geheimrath u. s. w. geworden ist, und sich insbesondere in schweren Kriegszeiten als Beschützer und Retter der Stadt Tübingen grossen Ruhm erworben hat. *Tübing.* 1843. 8.

Osiander (Lucas),
théologien allemand (16 déc. 1534 — 17 sept. 1604.).

Magirus (Johann). Leichenpredigt, gehalten bei L. Osiander's Begräbniss. *Tübing.* 1604. 4.

Osiander (Lucas),
théologien allemand, fils du précédent (6 mai 1571 — 10 août 1638).

Nicolai (Melchior). Oratio de vita et obitu L. Osiandri. *Tubing.* 1638. 4.

Osiris,
personnage mythologique.

Roth (Eberhard Rudolph). Dissertatio de Osiride, Iside, Horo ac Typhone, diis olim Ægyptiis. *Jenæ.* 1671. 4.

Tribechovius (Adam). Dissertatio historica de Osiride. *Kilon.* 1671. 5.

Plessing (Friedrich Victor Lebrecht). Osiris und Socrates. *Berl.* et *Strals.* 1784. 8. (*L.*)

Osius (Hieronymus),
historien danois du XVIe siècle.

Gottschalch (Johan). Dissertatio de H. Osio ejusque scriptis. *Aalburg.* 1769. 4.

Osman,
premier empereur des Turcs († 1326).

Jante (Jacques de). Histoire d'Osman, fils du sultan Ibrahim, empereur des Turcs, qui est celle du P. Ottoman de l'ordre des Frères Prêcheurs. *Par.* 1665. 12.

Bulgarini (Ottaviano). Vita del P. M. F. Domenico di S. Tommaso dell' ordine de' predicatori, detto primo Sultan Osman Ottomanno, etc., figlio d'Ibraim, imperator de' Turchi. *Napol.* 1689. 4. *Ibid.* 1698. 4. *Ibid.* 1708. 12.

Histoire d'Osman, empereur des Turcs. *Par.* 1732. 12.

Osorio (Affonso),
prêtre portugais (1506 — 20 août 1580).

Marquez (Juan). Vida del P. A. Osorio. *Madr...* Trad. en ital. par Ludovico Torelli, *Bologn.* 1661. 4.

Ossat (Arnaud d'),
cardinal français (23 août 1536 — 13 mars 1604).

Ossat (Arnaud d'). Lettres au roy Henry IV et à M. de Villeroi, contenant tout ce qui s'est passé à Rome en sa négociation comme protecteur de la France durant le règne de Henry le Grand, (depuis 1594 jusqu'en 1604, publ. par Pierre Dupuy). *Par.* 1624. Fol. et 4. *Ibid.* 1627. Fol. *Ibid.* 1637. Fol. ou 2 vol. 8. *Ibid.* 1641. Fol. *Rouen.* 1643. 4. Avec des notes par Abraham Nicolas Amelot de la Houssaye. *Par.* 1697. 2 vol. 4. *Amst.* 1708. 3 vol. 12. *Ibid.* 1714. 3 vol. 12. *Ibid.* 1732. 5 vol. 12. Trad. en ital. par Girolamo Canini. *Venez.* 1629. 4.

Galluzzi (Tarquinio). Oratio in funere illustrissimi et reverendissimi A. cardinalis Ossati. *Rom.* 1604. 4.

Arconville (Marie Geneviève Charlotte Thiroux d'). Vie du cardinal d'Ossat, avec son discours sur la Ligue. *Par.* 1771. 2 vol. 8. (*P.*) Trad. en allom. (par Johann Daniel Heyde). *Leipz.* (*Wien.*) 1776. 2 vol. 8. (*D.* et *L.*)

Osseville (le comte N... N... d'),
magistrat français.

Notice biographique sur M. le comte d'Osseville, ancien receveur général du Calvados. *Caen.* 1855. 8. (Extrait de l'*Annuaire normand.*)

Ossian,
barde écossais du IIIe siècle († 296).

(**Blair**, Hugh). Critical dissertation on the poems of Ossian, the son of Fingal. *Lond.* 1763. 4. Trad. en allem. par Otto August Heinrich Oelrichs. *Hannov.* 1785. 8.

Mémoire sur les poëmes de M. (James) Macpherson, (éditeur des poésies d'Ossian). *Cologne.* 1765. 12.

Shaw (William). Enquiry into the authenticity of the poems ascribed to Ossian. *Lond.* 1781. 8. (*Oxf.*)

Clark (John). Answer to M. Shaws *Enquiry*, etc. *Lond.* 1781. 8.

Shaw (William). Rejoinder to an *Answer* from Mr. (John) Clark, *Lond.* 1784. 8.

Gurlitt (Johann Gottfried). Programm über Ossian. *Magdeb.* 1802. 4.

Mackenzie (Henry). Report of the committee of the Highland Society of Scotland, appointed to inquire into the nature and authenticity of the poems of Ossian. *Edinb.* 1805. 8. (*Oxf.*)

Macdonald (Alexander). Historical dissertation of the antiquity of Ossian's poems. *Lond.* 1805. 8.

Sinclair (John). On the authenticity of Ossian's poems. *Lond.* 1806. 8. (*Oxf.*)

Graham (Patrick). Essay on the authenticity of the poems of Ossian, etc. *Edinb.* 1807. 8. (*Oxf.*)

Grant (James). Thoughts on the origin and descent of the Gael, etc., with observations relative to the authenticity of the poems of Ossian. *Edinb.* 1814. 8.

Campbell (Donald). Essay on the authenticity of Ossian's poems. *Ayr.* 1825. 8. (*Oxf.*)

Talvy (N... N...). Die Unechtheit der Lieder Ossian's und des Macpherson'schen Ossian's insbesondere. *Leipz.* 1840. 8. (*L.*)

Link (Heinrich Friedrich). Über die Aechtheit der Ossianischen Gedichte. *Berl.* 1843. 8.

Ossolinski (Georg),
homme d'État polonais (1595 — 3 août 1650).

Bohomolec (Franciscus). Vie de G. Ossolinski. *Varsov.* 1777. 8. (Ecrit en polon.)

Ossonne (Pedro **Tellez y Giron**, duque d'),
vice-roi de Naples (.. janvier 1579 — 25 sept. 1624).

Leti (Gregorio). Vita di P. Giron, duca d'Ossunna, vicerè di Napoli e di Sicilia sotto il regno di Filippo III. *Amst.* 1698. 3 vol. 12.
Trad. en franç. *Par.* 1700. 3 vol. 12. (*P.*) *Ibid.* 1712. 3 vol. 12.
Trad. en holland. *S'Gravenh.* 1700. 2 vol. 8. *Amst.* 1731. 2 vol. 8.

Ossoro (Miguel de **Azcarate y**),
pédagogue espagnol (6 mai 1790 — 18 oct. 1851).

D. M. de Azcarate y Ossoro, ancien professeur au séminaire royal des nobles de Vergara (Espagne), membre de plusieurs sociétés savantes. *Par.* 1853. 8. (Extrait du *Nécrologe universel* du XIXe siècle.)

Osswald (Johann Benjamin),
théologien allemand (28 juin 1696 — 14 nov. 1769).

Berner (J... B...). Ehrengedächtniss J. B. Osswald's. *Greiz.* 1770. 8.

Ostermann (Andreas, Graf v.),
homme d'État russe (vers 1680 — 25 mai 1747).

Merkwürdiges Leben und trauriger Fall des russischen Staatsministers A. Grafen v. Ostermann. *Frf.* et *Leipz.* 1742. 8. (*L.*) Trad. en holland. *Amst.* 1744. 8.

Ostertag (Johann Philipp),
pédagogue allemand (29 mai 1734 — 20 nov. 1801).

Ehrengedächtniss J. P. Ostertag's. *Regensb.* 1801. 4. (*D.* et *L.*)

Osterwald (Jean Frédéric),
théologien suisse (25 nov. 1663 — 14 avril 1747).

Durand (David). Vie de J. F. Osterwald, pasteur de Neufchâtel, (publ. par Samuel Beuzeville) *Lond.* 1778. 8. (*Lv.* et *Oxf.*)

Osterwald (Peter v.),
conseiller intime de l'électeur de Bavière (1718 — 19 janvier 1778).

Westenrieder (Lorenz). Akademische Rede zum Andenken P. v. Osterwald's. *Münch.* 1778. 4. (*L.*)

Ostmann (Theodor),
jurisconsulte allemand.

Vagetius (Heinrich). Oratio in honorem et memoriam T. Ostmanni, J. U. L. *Hamb.* 1654. 4.

Ostermeyer (Ahasver Georg),
jurisconsulte allemand (1721 — 2 avril 1772).

Overbeck (Johann Daniel). Leben und Schicksale des Herrn A. G. Ostermeyer. *Lübeck.* 1773. 4.

Ostrowski (Thomasz Adam **Rawicz**),
homme d'État polonais (21 déc. 1739 — 5 février 1817).

Biographie de T. Ostrowski, s. l. et s. d. 8.

O'Sullivan (Samuel),
théologien irlandais.

Martin (J... C...). et **O'Sullivan** (Mortimer). Remains of the Rev. S. O'Sullivan, D. D. *Dubl.* 1855. 3 vol. 8.

Oswald of Dunnikier (James),
homme d'État anglais.

Memorials of the public life and character of the Right Hon. J. Oswald of Dunnikier. *Edinb.* 1825. 8. Portrait. (*Oxf.*)

Osymandias, *
roi d'Égypte.

Bose (G... M...). Dissertatio de Osymandiæ circulo aureo. *Lips.* 1749. 4. (*L.*)
* Osymandias n'est autre que le roi mythologique Mennon.

Otfried le Saxon,
duc de Luxembourg (?) (798 — 604).

Wocquier (Louis). Othfried le Saxon, etc. Chronique luxembourgeoise. *Liége.* 1846. 8.

Otfried,
poëte alsacien du IXe siècle (vers l'an 870).

Hofmann (David). Dissertatio de Otfriedo, monacho Weissenburgensi, IV evangeliorum interprete celeberrimo. *Helmst.* 1717. 4. (*L.* et *Lv.*)

Grandidier (Philippe André). Notice sur la vie et les ouvrages d'Otfried, poëte allemand du IXe siècle. *Strasb.* 1778. 8. (*P.*)

Othon (Marcus Salvius),
empereur romain (32 — se donnant la mort le 20 avril 69 après J. C.).

Horn (Franz). Historische Gemälde : Galba, Otho, Vitellius. *Berl.* 1812. 8. (*L.*)

Weber (Wilhelm Ernst). Kaiser Marcus Salvius Otho. *Frf.* 1815. 12.

Luetkens (Georg). Dissertatio de Marci Salvii Othonis imperatoris αυτοχειρία. *Lips.* 1685. 4. (*L.*)

Othon I, dit **le Grand**,
empereur d'Allemagne (22 nov. 916 — 2 juin 936 — 7 mai 973).

Hroswitha von Gandersheim. Panegyricus de rebus gestis Ottonis Magni, publ. par Conrad Celtes. *Norimb.* 1501. Fol. Réimprim. avec préface par Heinrich Leonhard Schurzfleisch. *Witteb.* 1707. 4.

Sander (Johann). Programma de laudibus Ottonis I seu Magni, imperatoris Romani. *Magdeb.* 1663. 4.

Dieterich (Johann Conrad). Historia imperatorum Germanicorum familiæ Saxonicæ : Henrici I, Ottonis Magni, Ottonis II, Ottonis III, Henrici II. *Giess.* 1666. 4.

Remling (Nicolaus Christoph). Dissertatio de Ottone Magno. *Witteb.* 1680. 4. (*L.*)

Luckius (J... P... G...). Dissertatio de Ottone Magno, Italiæ rege. *Jenæ.* 1746. 4.

Guenderode (Hector Wilhelm v.). Abhandlung von der Staatsverfassung des deutschen Reichs unter der Regierung Otto's I. *Frf.* et *Leipz.*, s. d. (1775). 8. (*L.*)

Voigtel (Traugott Gotthilf). Geschichte des deutschen Reiches unter Otto dem Grossen. *Halle.* 1802. 8. (*L.*)

Kiefhaber (Johann Carl Siegmund). Über das Todesjahr Kaiser Otto's I. *Münch.* 1816. 8.

Vehse (Eduard). Leben und Zeiten Kaiser Otto des Grossen aus dem alten Hause Sachsen ; historischer Versuch. *Dresd.* 1829. 8. (*D.* et *L.*) *Zittau.* 1835. 8.

Giesebrecht (Wilhelm). Jahrbücher des Deutschen. Reichs unter der Herrschaft Kaiser Otto's II. *Berl.* 1840. 8.

Puetter (Johann Stephan). Commentationes VI de instauratione imperii per Ottonem I. *Goetting.* 1770-1775. 4.

Sturm (Gottlieb). Dissertatio, monstrans Ottonem I, imperium Romanum cum regno Germanica non conjunxisse. *Witteb.* 1752. 4.

Othon II,
empereur d'Allemagne (955 — 7 mai 973 — 7 déc. 983).

Dieterich (Johann Conrad). Historia imperatorum Germanicorum familiæ Saxonicæ : Henrici I, Ottonis Magni, Ottonis II, Ottonis III, Henrici II. *Giess.* 1666. 4.

Othon III,
empereur d'Allemagne (980 — 7 déc. 983 — 24 janvier 1002).

Cisner (Nicolaus). Oratio de Ottone III imperatore ejusque instituto conciliorum et septemviris electoralibus. *Frf.* 1870. 4. *Argent.* 1608. 4.

Teuber (Michael). Oratio de Carolo Magno et Ottone III. *Witteb.* 1580. 8.

Dieterich (Johann Conrad). Historia imperatorum Germanicum familiæ Saxonicæ : Henrici I, Ottonis Magni, Ottonis II, Ottonis III, Henrici II. *Giess.* 1666. 4.

(**Ring**, Friedrich Dominik). Kaiser Otto III, genannt *Mirabilia mundi*. *Erlang.* 1789. 8. (*L.*)

Wilmans (Roger). Jahrbücher des Deutschen Reichs unter der Herrschaft König und Kaiser Otto's III, (983-1002). *Berl.* 1840. 8.

Schmidt (Christian). Commentatio de silva Ketil, Ottonis III, imperatoris loco natali, a Ditmaro demonstrato, qua ostenditur Katelburgium innui. *Goetting.* 1735. 4.

Othon IV,
empereur d'Allemagne (1175 — 23 juin 1208 — 19 mai 1218).

Meibomius (Heinrich). Apologia pro Ottone IV contra falsas criminationes et convitia, quibuscum Conradus Urspergensis et aliis insectari, non sunt veriti. *Helmst.* 1624. 4. (*L.*)

Wichhorst (Heinrich). Dissertatio de iniquia expulsione Ottonis IV e regno. *Lips.* 1690. 4. (*L.*)

Bourgeois (N... N...). Recherches historiques sur l'empereur Othon IV, où l'on examine si ce prince a joui du duché d'Aquitaine et du comté de Poitiers en qualité de propriétaire ou de simple administrateur, avec l'abrégé de sa vie. *Amst. et Par.* 1775. 8.

Wichert (G... H... R...). De Ottonis IV et Philippi Suevi certaminibus atque Innocentii labore in sedendam regum contentionem insumto. *Regiom.* 1834. 8.

Othon,
roi de Hongrie († 9 sept. 1312).

(**Seyfried**, Joseph Elias v.). Geschichte der ständischen Gerichtsbarkeit in Baiern, etc., nebst der Geschichte Otto's, Königs von Ungarn und Herzogs von Nieder-Baiern. *Münch.* 1791. 2 vol. 8.

Othon I, dit l'Enfant,
duc de Brunswick (1203 — 1213 — 1252).

Oesterley (Georg Heinrich). Geschichte des Herzogs Otto I, mit dem Beinamen das Kind von Braunschweig. *Goetting.* 1786. 8.

Othon V, surnommé le Grand,
comte palatin de Wittelsbach (1180 — 1183).

Flad (Philipp Wilhelm Ludwig). Novi palmites illustris stemmatis, sive de Ottone illustri comite palatino, duce Bavariæ. *Heidelb.* 1742. Fol.

Scholliner (Hermann). Untersuchung der Voreltern Otto's des Grossen, geborenen Pfalzgrafen von Wittelsbach, etc. *Ingolst.* 1778. 4.

Wundt (Friedrich Peter). Von Otto V, Pfalzgrafen von Wittelsbach, als dem gemeinschaftlichen Stammvater des baierschen und pfälzischen Hauses. *Mannh. et Lautern.* 1779. 4.

Lipowsky (Anton Johann). Genealogische Abhandlung von den Voreltern Otto's des Grossen. *Münch.* 1779. 8.

Holzinger (Aquilin). Verbesserte Stammreihe der Voreltern Otto's des Grossen, ersten Herzogs in Baiern, aus dem pfalzgräflichen Hause Scheyern-Wittelsbach. *Münch.,* s. d. (vers 1810). 4.

Eckschlaeger (Joseph August). Otto der Grosse, Pfalzgraf von Wittelsbach. *Regensb.* 1812. 8.

Lilgenau (Andreas Christian v.). Geschichte Otto's des Grossen, ersten Herzogs von Baiern. *Augsb.* 1817. 8. *Ibid.* 1830. 8.

Buchinger (J... N...). Otto der Grosse, Herzog in Bayern, und seine Brüder, Pfalzgrafen von Wittelsbach; ihr Leben und Wirken unter den Welfen und Hohenstaufen. *Münch.* 1850. 4.

Othon IV, surnommé l'Illustre,
comte palatin et duc de Bavière (... — 1231 — 29 nov. 1253).

Reichert (Ignaz Anton). Otto factis et meritis merito illustris. *Monach.,* s. d. 4.

Othon VI, surnommé le Petit,
margrave de Brandebourg († 1303).

Gerlach (Samuel). Beitrag zur Geschichte Otten's VI oder des Kleinen, Markgrafen von Brandenburg aus dem Hause Anhalt. *Berl.* 1781. 4. Supplément. *Ibid.* 1782. 4.

Othon II,
dernier duc de Méranie.

Oesterreicher (Paul). Abhandlung vom Tode des letzten Herzogs Otto II von Meran. *Bamb.* 1816. 8.

Othon, surnommé le Riche,
margrave de Misnie († 18 février 1190).

Jenichen (Gottlob Friedrich). Programma de Ottone Divite. *Lips.* 1752. Fol. (*L.*)

Othon, dit le Sagittaire,
fils de Henri, landgrave de Hesse (empoisonné en 1359).

Schminke (Johann Hermann). Historische Untersuchung von des Otto Schützen, gebohrnen Prinzen von Hessen, Begebenheiten am Cleve'schen Hofe, etc., herausgegeb. von Friedrich SCHMINKE. *Cassel.* 1746. 4. (*L.*)

Othon,
fils de Frédéric I, empereur d'Allemagne.

Bardi (Girolamo). Vittoria navale ottenuta della repubblica Veneziana contro Ottone, figliuolo di Federigo I. *Venez.* 1584. 4. *Ibid.* 1619. 4.

Othon (Saint),
évêque de Bamberg (1069 — 30 juin 1139).

(**Sell**, Johann Jacob). Otto, Bischof von Bamberg, der Pommern Bekehrer. *Stett.* 1792. 8.

Busch (Andreas Caspar Friedrich). Memoria Othonis episcopi Bambergensis, Pommeranorum apostoli. *Jenæ.* 1824. 8.

S. Otto, Bischof von Bamberg. *Augsb.* 1828. 8.

Bernhard (E...). Otto unser Apostel, d. i. das Ottobüchlein. *Stett.* 1824. 8. Portrait.

Rion (J...). Leben und Thaten des heiligen Otto, Bischofs von Bamberg und Apostels der Pommern. *Bamb.* 1835. 8. Portrait.

Zirngibl (Roman). Bemerkungen über Otto, Domherrn in Regensburg, Probsten in Niedermünster, ehemaligen Bischof zu Bamberg, und über Sophia, Tochter Kaiser Heinrich's III, etc. *Münch.,* s. d. 8.

Othon de Freisingue,
chroniqueur allemand († 22 sept. 1158).

Huber (Bonifacius). Otto von Freising, sein Character, seine Weltanschauung, sein Verhältniss zu seiner Zeit und seinen Zeitgenossen als ihr Geschichtsschreiber, aus ihm selber dargestellt. *Münch.* 1848. 8.
* Mémoire couronné par la Faculté philosophique de Munich.

Wiedemann (Theodor). Otto von Freysingen nach seinem Leben und Wirken; historischer Versuch, mit Vorrede von Carlmann FLON. *Passau.* 1849. 8.

Lang (Lorenz). Psychologische Characteristick Otto's von Freising. Beitrag zur Geschichte der Philosophie und Historiographie des Mittelalters. Dissertatio inauguralis. *Augsb.* 1852. 8.

Otis (James),
Anglo-américain.

Tudor (William). Life of J. Otis, of Massachusetts, containing also : notices of some contemporary characters and events from the year 1760 to 1775. *Boston.* 1823. 8.

Ott (Conrad),
littérateur suisse (9 février 1814 — 13 déc. 1843).

Necrolog auf Herrn C. Ott, etc. *Zürch.* 1842. 8.

Honegger (J...). C. Ott; biographische Skizze. *Glarus.* 1844. 8.

Ottavi (Giuseppe),
littérateur corse (24 juillet 1809 — 9 déc. 1841).

Gozlan (Léon). Notice biographique sur J. Ottavi. *Par.* 1843. 8.

Otter (Christian),
mathématicien allemand (1598 — 9 août 1660).

Buck (Friedrich Johann). Lebensbeschreibung der verstorbenen preussischen Mathematiker überhaupt und des preussischen Mathematikers Otter insbesondere. *Königsb.* 1764. 4. (*L.*)

Otter (Salomon, Baron v.),
homme d'État suédois (1er mai 1693 — 14 oct. 1745).

Celsius (Olof). Åminnelse-Tal öfver Cancelli-Rädet, etc., Baron S. v. Otter. *Stockh.* 1747. 8.

Ottieri (Francesco),
historien italien.

Ottieri (Lottario). Vita di F. M. Ottieri, con indice di tutte le materie trattate nella sua storia. *Rom.* 1762. 4. (*P.*)

Ottilie, voy. **Odile** (Sainte).

Otto von der Lippe,
évêque d'Utrecht.

N(ahuijs) (J... J...). Slag bij Koeverden in 1227, onder. Otto van der Lippe, 34en bisschop van Utrecht, s. l. et s. d. (*Utrecht.* 1850.) 8. (*Ld.*)

Otto, plus connu sous le nom de **Reventlow** (Carl), inventeur d'un nouveau système mnémotechnique (10 déc. 1817 — ...).

Oettinger (Eduard Maria). C. Otto Reventlow, oder die Mnemonik in ihrer höchsten Ausbildung. *Leipz.* 1845. 8. * (*L.*)
* Suivi d'un appendice contenant la bibliographie de l'art mnémotechnique.

Otto (Christian Friedrich),
médecin allemand (vers 1737 — 11 août 1779).

Schwencke (Christian Gotthelf). Gedächtnissschrift bei dem Ableben C. F. Otto's. *Friedrichst.* 1779. 4. (*D.*)

Otto (Eberhard),
jurisconsulto allemand (3 sept. 1685 — 20 juillet 1756).
Programma funebre ad exsequias E. Ottonis. *Bremæ.*
1756. Fol.

Otto (Ernst Julius),
littérateur allemand († 1849).
Thieme (Carl Christian). E. J. Otto der Jüngere. Nekrolog. *Schleusing.* 1849. 12.

Otto (Friedrich Ernst),
théologien allemand.
Billing (Johann Heinrich). Gedächtnisspredigt auf den
Superintendenten F. E. Otto. *Culmb.* 1776. Fol.

Otto (Gottfried),
théologien allemand.
Mueller (Daniel). Programma de vita G. Ottonis. *Chemn.*
1718. Fol. (D.)

Otto ('Johann Georg),
médecin allemand.
Brehme (Michael). Leichenpredigt auf J. G. Otto.
Eisenb. 1724. Fol. (D.)

Otto (Johann Gottlieb),
pédagogue allemand.
Meissner (Christoph). Gedächtnissschrift auf J. G. Otto.
Friedrichst. 1754. 4. (D.)

Ottoboni,
famille vénitienne.
Tondi (Bonaventura). Trionfo della gloria negli eroi
Othoboni, saggi storici. *Genov.* 1691. 4.

Ottoboni (Minotto),
évêque de Padoue.
Rinaldi (Giuseppe). Oratio in funere archiepiscopi
M. Ottoboni, episcopi Patavini. *Patav.* 1742. 8.

Ottocar II Przimislav,
roi de Bohême (1253 — 26 août 1278).
Froelich (Erasmus). Dissertatio de Ottocaro (II) et Rudolpho (I). *Vienn.* 1755. 4.
Pelzel (Franz Martin). Abhandlung von dem Böhmischen König Przimisl Ottocar II, ob ihm die Kaiser-
krone angetragen worden. *Prag.* 1776. 8.

Kurz (Franz Seraphin). Oesterreich unter König Ottocar und Kaiser Albrecht I. *Linz.* 1816. 2 vol. 8.

Gottsched (Christoph Bernhard). Dissertatio, Ottoca-
rum II regem Bohemiæ primum Regiomonti condito-
rem fuisse sistens. *Lips.* 1721. 4. (L.)
Arletius (Johann Caspar). Programma de tribus in historia Ottobari fabulis, non prorsus fabulis. *Vratisl.*
1775. 4.
Minsberg (Ferdinand). Przemyslaw Ottocar, König von
Böhmen, Wohlthäter der Stadt Leobschütz; Programm.
Leobsch. 1824. 4.

Codex epistolaris Primislai Ottocari II. *Vindob.* 1803. 4.

Ottocar von Horneck,
chroniqueur allemand du XIIIe siècle.
Schacht (Theodor). Aus und über Ottocar's von Horneck Reimchronik, oder Denkwürdigkeiten seiner Zeit.
Mainz. 1821. 8. (L.)
Jacobi (Theodor). Dissertatio de Ottocari Chronico Au-
striaco. *Vratisl.* 1839. 8.

Ottolini (Ottolino),
homme d'État italien.
Lombardo (Girolamo). Elogio del nobil signor conte
O. Ottolini. *Veron.* 1793. 8.
Pellegrini (N... N...). Elogio del conte O. Ottolini.
Veron. 1793. 4. (P.)

Ottomann (Georg),
magistrat allemand (23 avril 1520 — 24 nov. 1590).
Richter (Gregor). Lacrymæ civium et musarum in funere G. Ottomannii. *Gorlic.* 1590. 4. (D. et L.)

Otway (Thomas),
poète anglais (3 mars 1651 — 15 avril 1685).
Thornton (Thomas). Life of T. Otway. *Lond.* 1813. 8.
(*Oxf.*)

Oudinot, duc de **Reggio** (Nicolas Charles),
maréchal de France (25 août 1767 — 13 sept. 1847).
Bescherelle (Louis Nicolas). Notice sur la vie politique

et militaire du maréchal Oudinot, duc de Reggio. *Par.*
s. d. 8. (Extrait de *la Renommée.*)
De nos illustrations militaires, s. l. et s. d. (*Par.* 1856.) 8.*
  * Cet extrait de *la Sentinelle de l'armée* est une notice biographique
du maréchal Oudinot. Selon cette esquisse le duc de Reggio est
né le 26 avril 1667 (!!!).
(**Loménie**, Louis de). M. le maréchal Oudinot, par un
homme de rien. *Par.* 1844. 12.
Olincourt (F... d'). Le Bayard des temps modernes, ou
actions héroïques et faits d'armes du maréchal Oudinot, duc de Reggio. *Bar-le-Duc.* 1847. 8.
Nollet Fabert (Jules). Histoire de N. G. Oudinot, maréchal d'empire et duc de Reggio. *Bar-le-Duc, Par.* et
Nancy. 1850. 8. Portrait.
—— Le maréchal Oudinot. *Nancy.* 1853. 8. *
  * Extrait de *la Lorraine militaire*, accomp. du dessin de la statue
érigée à Bar-le-Duc, la ville natale du maréchal.

Oudinot, duc de **Reggio** (Nicolas Charles Victor),
général français, fils du précédent (3 nov. 1791 — ...).
Le général Oudinot, duc de Reggio, avec l'historique
de l'expédition de Rome; notice biographique, etc.
Par. 1851. 8.

Oudoul (Jean François Hilaire),
prêtre français (29 sept. 1800 — ... 1851).
Montenon (Philippe de). J. F. H. Oudoul, curé doyen
de Buzançais (Indre); souvenirs, vie et mort. *Poitiers.*
1852. 52.

Ouel, voy. Owel.

Ouen (Saint),*
archevêque de Rouen (élu 639 — 24 août 683).
Abrégé de la vie de S. Ouen, archevêque de Rouen,
patron de la paroisse de Boursies, diocèse de Cambrai.
Cambr. 1857. 12.
  * En latin AUDÆNUS, connu aussi sous le nom de DONAX.

Ours (Saint).
Arnod (Nicolas Joconde). Vie de S. Ours, confesseur,
co-tutélaire du pays d'Aoste et Meyronnes, etc. *Chambéry,* s. d. 18. (*Bes.*) *Digne.* 1855. 18.

Ouseley (Gideon),
théologien anglais.
Reilly (William). Memorial of the ministerial life of
G. Ouseley. *Lond.* 1847. 8. (*Oxf.*)

Outers (François van),
prêtre belge (12 avril 1639 — 22 oct. 1729).
Luquet (N... N...). Notice biographique sur le vénérable serviteur de Dieu, F. van Outers, de Bruxelles.
Tirlem. 1852. 8.

Outrein (Jan d'),
théologien hollandais (17 oct. 1663 — 24 février 1722).
Nagedachten van den overledenen zeer eerwaerdigen,
godtvrugtigen en welgeleerden heere J. d'Outrein,
Phil. Dr. en predikant te Amsterdam. *Amst.* 1723. 8.

Outremeuse (Jean **Des Prez,** dit d'),
chroniqueur belge (2 janvier 1338 — ... 1400).
Polain (Mathieu Lambert). Recherches sur la vie et les
ouvrages de J. Des Prez, dit d'Outremeuse, chroniqueur liégeois au XIVe siècle. *Gand.* 1834. *Liége.* 1839.
18. (Tiré à 50 exemplaires, numérotés à la presse.)

Ouvrard (Gabriel Julien),
financier français (1770 — 1838).
Ouvrard (Gabriel Julien). Mémoires sur sa vie et ses
diverses opérations financières. *Par.* 1826. 3 vol. 8.
Ibid. 1827. 3 vol. 8. Portrait.

Overbeck (Caspar Nicolaus),
théologien allemand (17 mars 1670 — 17 sept. 1752).
Seelen (Johann Heinrich v.). Monumentum honoris seni
venerabili C. N. Overbeck positum. *Lubec.* 1752. Fol.

Overbeck (Johann Daniel),
théologien allemand (23 juin 1715 — 7 janvier 1802).
Overbeck's Leben, von einem seiner vormaligen Schüler.
Lübeck. 1803. 8.

Overberg (Bernhard),
théologien allemand (5 mai 1754 * — 9 nov. 1826).
(**Reinermann,** J...). B. Overberg in seinem Leben und
Wirken dargestellt. *Münst.* 1829. 8. Portrait.
  * C'est par erreur que la *Biographie universelle* de Michaud le fait
naître le 1er mai.
Krabbe (C... F...). Leben B. Overberg's. *Münst.* 1831.
8. Augment. *Ibid.* 1846. 12. Portrait.
Schubert (Gotthelf Heinrich v.). Erinnerungen an B.

Overberg und Georg Michael Wittmann. *Erlang.* 1835. 8. Port. (*D.*) Trad. en franç. s. c. t. Vie de B. Overberg, par Léon Boré. *Par.* 1843. 18. (*P.*)

Overdatz (Louis),
médecin belge (1er mai 1617 — vers 1682).

Broeckx (Charles). Notice sur L. Overdatz, docteur en médecine, médecin de S. E. le marquis Castel-Rodrigo, syndic des médecins de Bruxelles, etc. *Anvers.* 1854. 8.

Overkamp (Georg Wolfgang),
orientaliste allemand (9 janvier 1707 — 27 juillet 1790).

Warnecros (David Wilhelm). Kurze Nachricht von der Overkamp'schen Armen- und Freischule in Greifswald, nebst dem skizzirten Leben des Stifters. *Greifsw.* 1795. 8.

Overs (John).
True history of the life and sudden death of old J. Overs, the rich Ferry-Man of London, and of his daughter Mary, etc. *Lond.* 1657. 12. *Ibid.* 1744. 8.

Overstraeten (Henri Désiré Louis van),
architecte belge (17 mai 1818 — 24 juillet 1849).

Overstraeten (Isidore van). Hommage funèbre à la mémoire de H. D. L. van Overstraeten. *Brux.* 1849. 8. (*Bx.*)

Ovide Naso (Publius),
poète romain du premier ordre (43 avant — 26 janvier 17 après J. C.).

Lauterbach (Christoph Heinrich). Programma de vita P. Ovidii Nasonis. *Hamb.* 1687. 4.

Masson (Jean). Vita P. Ovidii Nasonis ordine chronologica sic delineata, ut poetæ fata et opera veris adsignentur annis, etc. *Amst.* 1708. 8.

Rosmini (Carlo de'). Vita di P. Ovidio Naso. *Ferrar.* 1789. 8. *Rovered.* 1795. 8. (*Oxf.*) *Milan.* 1821. 8. (*P.*)

Villenave (Mathieu Guillaume Thérèse). Vie d'Ovide, contenant des notions historiques et littéraires sur le siècle d'Auguste. *Par.* 1809. 8. (*P.*)

Hoegblad (Johan). Dissertatio de P. Ovidio Nasone, elegiographo. *Lund.* 1811. 8.

Iddekinge (J... van). Commentatio de insigni in poeta Ovidio Romani juris peritia. *Amst.* 1811. 8.

Lindner (Carl Wilhelm). Quæstiones Ovidianæ. *Upsal.* 1852. 8.

R(ébauld) d(e) R(ochefort) (Jacques). Dissertation sur l'exil d'Ovide, avec quelques anecdotes concernant les deux Julies. *Moulins.* 1742. 4.

(Gerber, August Samuel). Ovid's Schicksale während seiner Verbannung. *Riga.* 1809. 8. *
* Publ. s. l. pseudonyme de Doro Cano.

Owel le Bon,
législateur du pays de Galles (907 — 948).

M(angourit) (Michel Ange Bernard). La Charte d'Hoël le Bon, roi de Galles, au xe siècle. *Par.* 1819. 8. (*P.*)

Owen (Griffith Davies),
théologien anglais.

Foster (J... K...). Recollections of the Rev. G. D. Owen. *Lond.* 1838. 8. (*Oxf.*)

Owen (Heinrich Ernst),
théologien allemand.

Schramm (Johann Heinrich). Vita H. E. Oweni. *Halæ.* 1726. 4. (*L.*)

Owen (James),
théologien anglais (1er nov. 1654 — 11 avril 1706).

Owen (Charles). Some account of the life and writings of the late pious and learned Mr. J. Owen. *Lond.* 1709. 8.

Owen (John),
théologien anglais (1765 — 31 mars 1822). *

Orme (William). Memoirs of the life, writings and religious connections of J. Owen. *Lond.* 1820. 8. Portrait. (*Oxf.*)
* Ou selon d'autres biographes le 26 septembre de la même année.

Laffon de Ladebat (André Daniel). Éloge de J. Owen, l'un des fondateurs de la société biblique britannique et étrangère. *Par.* 1825. 8. (*P.*)

Thomson (Andrew). Life of J. Owen. *Edinb.* 1853. 12.

Owen (Robert),
socialiste anglais.

Reybaud (Louis). Etudes sur les réformateurs contemporains ou socialistes modernes, Saint-Simon, Charles Fourier, Owen. *Par.* 1840. 2 vol. 8. (*P.*) *Brux.* 1849. 2 vol. 8. (6e édition.)

Oxe (Peder),
homme d'État danois.

Ryge (Andreas Nicolai). P. Oxe's til Gistelfeld, Danmarks Riges Raad og Hôfmesters, Liv og Levnetsbeskrivelse, etc. *Kjoebenh.* 1765. 4. (*Cp.*)

Oxenstierna (Axel Gustafsson),
homme d'État suédois (16 juin 1583 — 28 août 1654).

Clypeum virtutis ac honoris A. Oxenstierni. *Sedin.* 1654. 4.

Franck (Sveno). Oratio funebris in excessum A. Oxenstierni. *Lugd. Bat.* 1655. Fol. (Très-rare.)

Oxenstierna (Gabriel Thuresson). Encomium funebre A. Oxenstiernæ Gustavi, regis Sueciæ, cancellario dictum et dicatum. *Holm.* 1655. Fol.

Verelius (Olaus). Oratio funebris in obitum A. Oxenstiernæ. *Upsal.* 1655. Fol.

Helmersen (Paul v.). Oratio memoriæ illustrissimi et excellentissimi D. A. Oxenstiernæ, comitis Moreæ australis, L. baronis in Kimitho et Nynas, domini de Fyholm ac Tidöön, equitis aurati, magni Sueciæ cancellarii. *Rigæ.* 1655. Fol.

Emporagius (Erik Gabriel). Concio funebris in obitum A. Oxenstierna, comitis, regii senatoris et cancellarii magni. *Holm.* 1655. 4.

Ilsbod (Johan). Oratio funebris in obitum illustrissimi comitis A. Oxenstierna, regni cancellarii. *Upsal.* 1655. Fol.

Chemnitz (Bogislaus Philipp v.). Extremum vale A. Oxenstierna, regni Sueciæ cancellario dictum. *Holm.* 1655. Fol.

Loccenius (Johan). Elogium A. Oxenstierna, regni Sueciæ quondam cancellarii memoriæ dedicatum. *Upsal.* 1655. Fol.

Nordenskiold (Johan Lundeberg). Scriptum in funere comitis A. Oxenstierna, ad fratrem Carolum Gustavum. *Holm.* 1680. Fol.

Gezelius (Johan). Åminnelse-Tal öfver A. Oxenstierna. *Upsal* (?). 1774. 8.

Gyllenstolpe (Erik). Åreminne öfver A. Oxenstierna. *Stockh.* 1777. 8.

Hagberg (Carl Pehr). Åreminne öfver A. Oxenstierna. *Stockh.* 1808. 8. (Eloge couronné par l'Académie de Stockholm.)

Granberg (N... N...). Åreminne öfver A. Oxenstierna. *Stockh.* (?) 1809. 8.

Broocman (C... U...). Åreminne öfver A. Oxenstierna. *Stockh.* 1813. 8.

Lundblad (Johan Fredrik). Svensk Plutarch. *Stockh.* . . . . 8. * Trad. en allem. *Strals.* 1826-31. 2 vol. 8.
* Le deuxième volume contient la vie d'Axel Oxenstierna et celle de Pontus, baron de la Gardie.

Oxenstierna (Beata),
dame suédoise.

Hallman (Johan Gustaf). Likpredikan öfver B. Oxenstierna. *Stockh.* 1755. 4.

Oxenstierna (Bengt),
homme d'État suédois (16 juillet 1623 — 12 juillet 1702).

Bellmann (Johan Arendt). Oratio parentalis in obitum illustrissimi herois comitis B. Oxenstierna, senatoris primi et cancellariæ præsidis. *Upsal.*, s. d. (1702). Fol.

Oxenstierna (Bengt Gabrielsson),
homme d'État suédois (16 juillet 1623 — 22 nov. 1672).

Norrmann (Lars). Laudatio funebris B. G. Oxenstierna. *Upsal.* 1675. 8.

Oxenstierna (Christiana Juliana),
dame suédoise.

Bergius (Nicolaus). Kort Beskrifning af Fru C. J. Oxenstiernas Lefvernes Lopp. *Stockh.* 1704. 12.

Minne af C. J. Oxenstierna. *Stockh.* 1856. 8.

Oxenstierna (Erik Axelsson),
chancelier de Suède (13 février 1624 — 23 oct. 1656).

Emporagius (Erik Gustaf). Likpredikan öfver E. A. Oxenstierna. *Stockh.* 1656. 8.

Oxenstierna (Gabriel),
homme d'État suédois.

Oxenstierna (Erik). Oratio funebris mœstæ recordationi D. G. Oxenstierna, Gustavi regis Sueciæ, archidapiferi consecrata. *Holm.* 1641. Fol. *Helmst.* 1641. Fol.

Oxenstierna (Gabriel Gabrielsson , Grefve),
homme d'État suédois (7 juin 1608 — 25 février 1647).

Laurelius (Olof). Likpredikan öfver Presidenten Grefve
G. G. Oxenstierna. *Stockh.* 1647. 8.

Oxenstierna (Gabriel Thuresson),
diplomate suédois (10 oct. 1641 — 28 février 1707).

Bilberg (Johan). Likpredikan öfver Grefve G. T. Oxenstierna. *Stockh.* 1707. 8.

Oxenstierna (Johan),
archevêque de Lund.

Sjoeborg (Nicolaus H...). Dissertatio de archiepiscopo
Joanne VI, Benedicti filio Oxenstierna. *Lund.* 1806. 8.

Oxenstierna (Johan Axelsson),
maréchal de Suède (1611 — 5 déc. 1657).

Schmidius (N... N...). Oratio parentalis in memoriam
J. A. Oxenstierna. *Wismar.* 1658. 4.

Emporagius (Erik Gustaf). Likpredikan öfver J. A.
Oxenstierna. *Stockh.* 1659. 4.

Oyenbrugge, dite **de Duras** (la comtesse Marie d'),
religieuse belge (29 mars 1587 — 18 mai 1648).

Herckenrode (Salomon Jacques François Léon de). Vie
de la comtesse M. d'Oyenbrugge, dite de Duras, première supérieure du couvent de Berlaymont à Bruxelles,
précédée d'une notice sur Marguerite, comtesse de Berlaymont, née comtesse de Lalaing, fondatrice dudit couvent. *Brux.* 1844. 8. 3 portraits.

Ozanam (Antoine Frédéric),
littérateur français (23 avril 1813 — 8 sept. 1853).

Ampère (Jean Jacques). Notice biographique sur A. F.
Ozanam, professeur de littérature étrangère à la Faculté des lettres de l'Académie de la Seine. *Par.* 1853.
8. *Louvain.* 1855. 8.

Collombet (François Zénon). Biographie de F. Ozanam.
Lyon. 1855. 8. (Extrait du *Journal des bons exemples*,
tiré à part à 100 exemplaires.)

Perreyre (Henri). M. F. Ozanam. *Lyon.* 1853. 8. (Extrait du même journal.)

Sainte-Marie (de Lyon) (F... D...). M. A. F. Ozanam,
professeur à la Faculté des lettres, membre de l'œuvre
de S. Vincent de Paule et d'autres associations de bienfaisance. Nécrologie. *Par.* 1853. 8. (Extrait de *la Renommée*.)

Ozanam (Jean Antoine François),
médecin français, père du précédent (9 juillet 1773 — 12 mai 1837).

Levrat (François Marie Philippe). Notice historique sur
J. A. F. Ozanam, ancien doyen des médecins de l'Hôtel-
Dieu de Lyon. *Lyon.* 1838. 8.

P

Paaw (Pieter),
médecin hollandais (1564 — 1er août 1617).

Vorstius (Everard). Oratio funebris dicta honori et memoriæ P. Paawii. *Lugd. Bat.* 1617. 4. (*D. et Ld.*)

Pacca (Bartolommeo),
cardinal-évêque de Frascati (25 déc. 1756 — . avril 1832).

Pacca (Bartolommeo). Memorie istoriche del ministero,
di due viaggi in Francia e della cattività nel castro di
S. Carlo in Fenestrelles. *Rom.* 1830. 3 vol. 8. (*Oxf.*)
   Trad. en allem. *Augsb.* 1831-32. 4 vol. 8. *Ibid.* 1855-
   56. 4 vol. 8. Portrait.
   Trad. en angl. :
     Par un anonyme. *Dubl.* 1843. 8. (*Oxf.*)
     Par George HEAD. *Lond.* 1850. 2 vol. 8.
   Trad. en franç. par N... N... JAMET. *Caen.* 1852.
   2 vol. 8. *Lyon.* et *Par.* 1852. 2 vol. 8. * Augment.
   de pièces authentiques par Louis BELLAGUET. *Par.*
   1853. 2 vol. 8. (*Bes.*)
   * Cette édition, ornée du portrait de Pacca, ne porte pas le nom du
     traducteur.

Der Cardinal-Decan Pacca in Rom und das Buch *Die römische Kirche im 19ten Jahrhundert*. *Mainz.* 1853. 8.

Novelli (Ettore). In morte del cardinale decano B.
Pacca, orazione. *Velletri*. 1844. 8.

Artaud de Montor (Alexandre François). Notice historique sur le cardinal B. Pacca. *Par.* 1846. 8. (*P.*)

Pacca (Francesco),
archevêque de Bénévent (✝ 1832).

Pacca (Bartolommeo). Notizie istoriche intorno alla vita
ed agli scritti di monsignor F. Pacca. *Velletri.* 1857. 8.
Moden. 1858. 8. Avec préface de Carlo GAZOLA. *Orvieto.*
1859. 8. Portrait.

Pacheco, duca de **Uzeda** (Juan Francisco),
homme d'État espagnol.

Fortini (Onofrio). Excellentissimi domini J. F. Pacieci,
ducis Uzedæ, elogium. *Panorm.* 1695. 4.

Pachhelbl v. Gehag (Wolfgang Gabriel),
jurisconsulte allemand (10 juin 1649 — 26 nov. 1728).

Lith (Martin). Leichenpredigt auf W. G. Pachhelbl
v. Gehag. *Baireuth.* 1728. 4.

Pacht (Johann Georg Christoph),
médecin allemand (8 février 1776 — 29 janvier 1823).

Grave (Carl Ludwig). Zur Erinnerung an Dr. J. G. C.
Pacht. *Riga.* 1823. 8.

Pacifico da S. Severino,
prêtre italien.

Ristretto della vita del B. Pacifico da S. Severino, professo dell' ordine de' minori di S. Francesco. *Rom.*
1786. 8.

Nova positio super novos miraculos B. Pacifici a S. Severino ordinis minimorum. *Rom.* 1825. Fol.

Vita di S. Pacifico da San Severino. *Rom.* 1859. 4.

Pacini (Ludovico),
médecin italien du xviiie siècle.

Broschi (Carlo). Vita L. Pacini. *Perus.* 1733. 8. (*D.*)

Pacini (Marco).

Vita e avventure di M. Pacini. *Milan.* 1830. 8.

Pacius (Julius),
jurisconsulte et philosophe italien (9 avril 1550 — ... 1634).

Berriat Saint-Prix (Jacques). Notice sur la vie et les
ouvrages de J. Pacius, à Beriga, célèbre jurisconsulte
et philosophe des xvie et xviie siècles. *Par.* 1840. 8. (*P.*)

Pack (Otto v.),
négociateur allemand (décapité en 1536).

Kneschke (Johann Gottfried). Programmata II de turbis
Paccianis. *Zittav.* 1814. 4. (*L.*)

Pacoud (Dominique François),
médecin français.

Ebrard (E...). Notice biographique sur le docteur Pacoud. *Bourg.* 1848. 8.

Pacthod (Michel Marie),
général sarde (16 janvier 1764 — .. mars 1830).

Précis de la conduite du général de brigade Pacthod dans
son commandement de Marseille pendant l'an III, s. l.
et s. d. 8.

Pacuvius (Marcus),
poète romain (né vers l'an 218 avant J. C.).

Leo (Annibale de). Dissertazione intorno la vita di M.
Pacuvio, antichissimo poeta tragico. *Napol.* 1763. 8.
(*Oxf.* et *P.*)

Naeke (August Ferdinand). Commentatio de M. Pacuvii Duloreste. *Bonn.* 1822. 4. (*L.*)

Stieglitz (Heinrich). Dissertatio de M. Pacuvii Duloreste. *Lips.* 1826. 4. (*L.*)

Paczensky v. Tenczin (Carl Jaroslaus),
savant allemand (19 août 1717 — 25 déc. 1792).

Garve (Christian). Einige Züge aus dem Leben und Character C. J. Paczensky's v. Tenezin. *Bresl.* 1795. 8.
(*L.*)

Padavini (Giovanni Battista),
grand chancelier de la république de Venise.

Finotti (Cristofero). J. B. Padavini, Venetiarum magni
cancellarii, epicedium. *Venet.* 1659. 4.

Padet (Pierre),
philosophe français († 1665).
L'Œuvre (Jean). P. Padetii, Harcurianæ scholæ provisoris, panegyricus. *Par.* 1670. 4. *
* Publ. sous le nom latinisé d'OERRARIUS.

Padial (Emmanuele),
prêtre portugais.
Gonzalvo (N... N...). Vita del P. E. Padial della compagnia di Gesù, trad. du portug. par Francisco de CASTRO. *Parma.* 1728. 8.

Padovani (Antonio),
jurisconsulte italien (1788 — 11 août 1829).
Chiappa (Giovanni del). Necrologia del professore A. Padovani. *Pavia.* 1829. 8.

Paelinck (Joseph),
peintre belge (20 mars 1781 — 19 juin 1839).
Alvin (Louis). Éloge funèbre de J. Paelinck. *Brux.* 1839. 8.

Paetz (Carl Wilhelm),
jurisconsulte allemand (1780 — 26 mars 1807).
Heyne (Christian Gottlob). De obitu G. G. Paetz. *Goetting.* 1807. 4. (*D. et L.*)

Pagan (Jean Pierre Innocent),
jurisconsulte français (28 déc. 1764 — 7 janvier 1852).
Saint-Maurice Cabany (Charles Édouard). J. P. I. Pagan, conseiller à la cour d'appel de Toulouse, chevalier de la Légion d'honneur. *Par.* 1853. 8. (Extrait du *Nécrologe universel du xixᵉ siècle.*)

Pagani (Giuseppe),
pédagogue italien.
Catenazzi (Luigi). Notizie intorno la vita, gli studii e il carattere del sacerdote G. Pagani, rettore del collegio Gallo. *Como.* 1853. 8.

Paganini (Niccolò),
musicien italien du premier ordre (18 février 1784 — 27 mai 1840).
Schottky (Julius Max). N. Paganini's Leben und Treiben als Künstler und als Mensch, mit unpartheiischer Berücksichtigung der Meinung seiner Gegner. *Prag.* 1830. 8. Portrait.
Schuetz (Friedrich Carl Julius). Leben, Character und Kunst des Ritters N. Paganini. *Ilmenau.* 1830. 8. Portrait. (*L.*)
Vineta (Ludolf). N. Paganini's Leben und Character, nach Schottky dargestellt. *Hamb.*, s. d. (1830). 8. Port.
Laphalèque (G... Imbert de). Notice sur le célèbre violoniste N. Paganini. *Par.* 1830. 8. Portrait. (Omis par Quérard.)
Anders (Gottfried Engelbert). N. Paganini, sa vie et sa personne, et quelques mots sur son secret. *Par.* 1831. 8. (Non mentionné par Quérard.)
Fayolle (François Joseph Marie). N. Paganini et (Louis de) Bériot. *Par.* 1831. 8. (*P.*)
Conestabile (Giancarlo). Vita del celebre cavaliere N. Paganini. *Perug.* 1858. 8. *
* Ce titre n'est pas rigoureusement exact.
Fétis (François Joseph). Notice biographique sur N. Paganini, suivie de l'analyse de ses ouvrages et précédée d'une esquisse de l'histoire du violon. *Par.* 1851. 8.

Pagano (Francesco Mario),
jurisconsulte italien (1740 — exécuté le 6 oct. 1800).
Massa (N... N...). Elogio storico di M. Pagano. *Napol.* 1800. 8.

Pagenstecher (Heinrich Theodor),
jurisconsulte allemand (7 déc. 1696 — ... 1752).
Withof (Johann Hildebrand). Pietas academica, s. oratio funebris in obitum H. Pagenstecher. *Duisb.* 1752. 4.

Pagenstecher (Johann Friedrich Wilhelm),
jurisconsulte allemand (1686 — 3 nov. 1746).
Schroder (Gerhard). Oratio funebris in obitum J. F. W. Pagenstecheri. *Harderov.* 1746. 4.

Pagnerre (N... N...),
libraire français (25 oct. 1805 — ...).
Notice biographique sur le citoyen Pagnerre, secrétaire général du gouvernement provisoire. *Par.* 1848. 8.

Pagnini (Luca Antonio),
poëte italien (15 janvier 1737 — 21 mars 1814).
Ciampi (Sebastiano). Elogium R. P. L. A. Pagnini. *Pistoja.* 1814. 8.

2

Pagnino (Sante),
orientaliste italien (vers l'an 1470 — 24 août 1541).
Péricaud (Antoine). Notice sur S. Pagnino. *Lyon.* 1850. 8. (Tiré seulement à 100 exemplaires.)

Pahl (Johann Gottfried v.),
théologien allemand (12 juin 1768 — 18 avril 1839).
Pahl (Johann Gottfried v.). Denkwürdigkeiten aus meinem Leben und meiner Zeit, herausgeg. von Wilhelm PAHL. *Tübing.* 1840. 8.

Paice (Joseph).
Gibson (James). Memoir of the late J. Paice. *Dorking.* 1810. 8. (*Oxf.*)

Paine (Robert Troup),
Anglo-américain.
Memoir of R. Troup Paine, by his parents. *New-York.* 1852. 4.

Paine ou **Payne** (Thomas),
publiciste anglais (29 janvier 1737 — 8 juin 1809 *).
Gifford (John). Plain address to the common sense of the people of England, containing an abstract of Paine's life and writings. *Lond.* 1792. 8.
* C'est à tort que la *Biographie universelle* de Michaud le fait assassiner le 24 déc. 1805).
Oldys (Francis). Life of T. Paine. *Lond.* 1791. 8. *Ibid.* 1793. 8.
Fox (William). Examination of Mr. Paine's writings. *Lond.* 1793. 8.
Cheetham (Robert Farren). Memoirs on the life and writings of T. Paine. *New-York.* 1809. 8. *Phil.* 1818. 8. *Lond.* 1819. 8. (Non mentionné par Lowndes.)
Carlile (N... N...). Life of T. Paine. *Lond.* 1820. 8. *
* A la fin de cette biographie, écrite dans la prison de Dorchester, on trouve une liste de tous les écrits de Paine, publiés par le libraire CARLILE, au nombre de 113 pièces en prose et de 18 en vers.
Some account of T. Paine in his last sickness. *New-York.* 1820. 8.
Vale (George). Life of T. Paine. *New-York.* 1841. 8.

Meijer (Jonas Daniel). Dissertatio juridica : Dubia de T. Payne doctrina. *Amst.* 1796. 8.

Vollständige Acten des Processes der gerichtlichen Untersuchung, etc., gegen T. Paine in Betreff einer Schmähschrift gegen die Religion, (trad. de l'angl. par Carl Friedrich CRAMER). *Copenh.* 1794. 8. (*D. et L.*)

Paisiello (Giovanni),
compositeur italien du premier ordre (9 mai 1741 — 5 juin 1816).
(Arnold, Ignaz Ferdinand). G. Paisiello, seine kurze Biographie und ästhetische Darstellung seiner Werke. *Erfurt.* 1810. 8.
Gagliardo (Giovanni Battista). Onori funebri renduti alla memoria di G. Paisiello. *Napol.* 1816. 4.
Lesueur (Jean François). Notice sur G. Paisiello. *Par.* 1816. 8. (*P.*)
Schizzi (Folchino). Raggionamento della vita e degli studii di G. Paisiello. *Milan.* 1833. 8. Portrait. (*Oxf.*)

Pajon (Claude),
théologien français (1626 — 27 sept. 1685).
Loescher (Valentin Ernst). Exercitatio theologica de C. Pajonii, ministri Aurelianensis, ejus sectatorum, quos Pajonistas vocant, doctrina et fatis. *Lips.* 1692. 12. (*L.*)

Pajou (Augustin),
statuaire français (19 sept. 1730 — 8 mai 1809).
(Chaussard, Jean Baptiste Publicola). Notice inédite et historique sur la vie et les ouvrages d'A. Pajou, statuaire, membre de l'Institut. *Par.* 1806. 8. Portrait. (Extrait du *Pausanias français.*)
Lebreton (Joachim). Notice historique sur la vie et les ouvrages de M. Pajou. *Par.* 1810. 4. (*P.*)

Paladani (Luisa A...),
dame italienne.
Vesi (Antonio). Biografia di L. A. Paladani. *Imola.* 1843. 8.

Palaeologus (Jakob),
théologien grec (vers 1520 — brûlé vif le 22 mars 1585).
Hanka (Wenceslas). J. Palaeologus i památnik Matousi Kolinu z Choterina. *Praze.* 1843. 4.

Palafox y Mendoza (Juan de),
évêque de Puebla en Mexique (1600 — 30 sept. 1659).
Gonzalez de Resende (Antonio). Vida y virtudes del

86

eminentissimo y ilustrissimo D. J. de Palafox y Mendoza, obispo de la Puebla de los Angelos y arzobispo electo de Mexico. *Madr.* 1666. Fol. *Ibid.* 1671. Fol. *Ibid.* 1762. Fol.

(Champion, Pierre). Histoire de D. J. de Palafox, évêque d'Angélopolis et ensuite évêque d'Osme. *Par.* 1688. 12.

(Dinouart, Joseph Antoine Toussaint). Vie du vénérable D. J. de Palafox, évêque d'Angélopolis et ensuite archevêque d'Osme. *Cologne.* (*Par.*) 1767. 2 vol. 8. (*Bes.*) *Ibid.* 1772. 8.

Leben des Bischofs J. v. Palafox. *Freiburg.* 1781. 8.

Palamède,
soi-disant inventeur des jeux.

Nessel (Israel Jakob). Dissertatio historica de Palamede, Nauplii filio. *Upsal.* 1720. 8.

Hauptmann (Johann Gottfried). Programma sistens Palamedem et illius in græcas litteras merita. *Geræ.* 1756. 4. (*L.*)

Jahn (Otto). Palamedes; dissertatio philologica. *Hamb.* 1836. 8.

Palanus,
comte de Lyon, personnage mythique.

Histoire de Palanus, comte de Lyon, mise en lumière, jouxte le manuscrit de la bibliothèque de l'Arsenal, par Alfred de TERREBASSE. *Lyon.* 1833. 8.

Palazzi (Giovanni),
historien italien (1640 — 1713).

Tassis (Giovanni Antonio). Oratio in funere J. Palatii, canonici ac ducalis ecclesiæ vicarii, etc. *Venet.* 1714. 4. Portrait.

Palearius (Aonius),*
l'un des restaurateurs des sciences d'Italie (pendu en 1566).

Hallbauer (Friedrich Andreas). Dissertatio de vita, fatis et meritis A. Palearii. *Jenæ.* 1728. 8. (*L.*)
* Son véritable nom était Antonio della PAGLIA.

Theune (Carl Heinrich). Programma de A. Paleario Verulano. *Sorav.* 1734. 4.

Ekerman (Peter). Dissertatio de A. Paleario Itato, latinitatis, candoris et martyrii fama præcellentissimo. *Upsal.* 1763. 4.

Gurlitt (Johann Gottfried). Leben des A. Palearius, eines Märtyrers des Wahrheit. *Hamb.* 1805. 4. (*D.* et *L.*)

Paleologhina (Teodora **Ducaina**),
épouse de Michel VIII Paléologue.

Carrara (Francesco). T. Ducaina Paleologhina (fille de Jean Ducas, etc. *Vienna.* 1840. 8. *
* Cet écrit n'a pas été mis dans le commerce.

Paléologue (Jacques), voy. **Palaeologus.**

Paleoti (Gabriele),
cardinal-archevêque de Bologne (4 oct. 1524 — 23 juillet 1597).

Orlandi (Alemanno). Oratio in funere G. Paleoti, cardinalis. *Bonon.* 1598. 4.

Ledesma (Alexius). De vita et rebus gestis G. Paleoti, S. R. E. cardinalis, primique archiepiscopi Bononiensis libri III. *Bonon.* 1647. 4. Publ. par Edmond MARTÈNE. *Par.* 1727. Fol. (*P.*)

Palestrina (Giovanni **Pierluigi** da), *
compositeur italien du premier ordre (1524 — 2 février 1594).

Baini (Giuseppe). Memorie storico-critiche della vita e delle opere di G. Pierluigi da Palestrina, capellano cantore e quindi compositore della capella pontificia, maestro di capella delle basiliche Vaticana, Lateranense et Liberiana, detto il principe della musica. *Rom.* 1828. 2 vol. 4. (*Oxf.*) Trad. en allem. par Franz Sales KANDLER, publ. avec des notes par Raphael Georg v. KIESEWETTER. *Leipz.* 1834. 8. (*L.*)
* Proclamé par ses contemporains le prince de la musique.

Winterfeld (Carl Georg August Vivigens v.). J. Pierluigi von Palestrina; seine Werke und deren Bedeutung für die Geschichte der Tonkunst; mit Bezug auf Joseph Baini's neueste Forschungen dargestellt. *Bresl.* 1832. 8.

Paley (William),
théologien anglais (.. juillet 1743 — 25 mai 1805).

Meadley (Georges William). Memoirs of the life and writings of W. Paley. *Sunderl.* 1809. 8. *Edinb.* 1810. 8. (*Oxf.*)

Palfin, voy. **Palfyn** (Jean).

Pálffy v. Erdödi,
famille hongroise.

(Tolvay, E...). Imago heroum qui de cognatis excellentissimis et illustrissimis prosapiis Pálffi ab Erdöd et z Erdödi, de Monyorókerék, sago et toga inclyti ad ætatem hanc in reipublicæ emolumenta longe maxima floruere. *Tyrnav.* 1729. 8. *
* Précédé de la vie du cardinal Thomas Bakacz ab ERDOD.

Pálffy v. Erdödi (Gróf János),
paladin de Hongrie (1663 — 1751).

Laurus Pálffyana, s. synopsis rerum foris domique gestarum immortali gloria pace belloque maximi herois J. comitis Pálffy, proregis, s. l. 1749. 8. *
* Poëme publ. sous ces lettres ST. Z.

(Csapodi, Ladislaus). Laudatio funebris excellentissimi herois comitis J. Palffy ab Erdödi, regni Hungariæ palatini, etc. *Tyrnav.* 1751. 8.

Pálffy v. Erdödi (Gróf Niclós),
feld-maréchal hongrois (1546 — 1600).

Heroes Hungariæ. *Tyrnav.* 1743. 8. *
* On y trouve une notice biographique sur le comte N. Pálffy.

Palfyn ou Palfin (Jean)*,
anatomiste belge (28 nov. 1650 — 21 avril 1730).

Dueren (Martinus Adolphus van). Lofspraak van dem alom beruchten J. Palfyn, heelmeester en leeraar in de zelve konst binnen de stad Gend, (avec la traduction française par Jean Baptiste LESBROUSSART). *Gent,* s. d. (1785). 4. (Omis par Quérard.)
* C'est à lui qu'on doit l'invention du *tire-tête* ou *forceps* qui, plus tard, fut perfectionné par André LEVRET.

Goethals-Vercruysse (Jacques Joseph Ignace Hyacinthe). Notice sur l'anatomiste J. Palfyn, né à Courtrai, mort à Gand. *Gand.* 1822. 8. (Extrait du *Messager des sciences et des arts de Gand*, tiré à part à très-petit nombre.)

Voisin (Auguste). Notice historique et littéraire sur la vie et les travaux de l'anatomiste J. Palfyn, né à Courtrai, mort à Gand. *Gand.* 1827. 8. Portrait. (*Bx.*)

Messeman (Jacques Olivier Marie de). Notice sur J. Palfyn. *Bruges.* 1844. 4. Portrait.

—— Éloge de J. Palfyn. *Brux.* 1845. 8.

Palingotto da Urbino (Saint),
franciscain italien.

Bonucci (Antonio Maria). Vita del B. Palingotto da Urbino, etc. *Rom.* 1709. 4.

Palisot de Beauvois (Ambroise Marie François Joseph),
naturaliste français (27 juillet 1752 — 21 janvier 1820).

Notice des ouvrages de A. M. F. J. Palisot de Beauvois, membre de l'Institut, s. l. et s. d. 8.

Thiébaut de Berneaud (Arsène). Éloge historique de A. M. F. J. Palisot de Beauvois, membre de l'Institut de France. *Par.* 1821. 8. (Couronné par la société des sciences d'Arras.) — (*P.*)

Pallade de Galatie,
évêque d'Hélénople.

Martini (Johann Christoph). Disputatio de vita fatisque Palladii Helenopolitani, Origenismi et Pelagianismi injuste accusati. *Altorf.* 1734. 4.

Palladio (Andrea),
architecte italien du premier ordre (30 nov. 1518 — 19 août 1580).

Gualdo (Paolo). Vita di A. Palladio, publ. par Giuseppe MONTANARI. *Venez.* 1749. 8.

Temanza (Tommaso). Vita di A. Palladio, Vicentino. *Venez.* 1763. 4. (*Oxf.*)

(Rigato, Andrea). Osservazioni sopra A. Palladio. *Padov.* 1811. 8.

Magrini (Antonio). Memorie intorno la vita e le opere di A. Palladio, etc. *Padov.* 1845. 4. Portrait. (*Oxf.*)

Osboli (Matteo). Progetto di un monumento ad A. Palladio nel cimeteo Vicentino. *Vicenz.* 1836. 8.

Palladius (Anton),
flûtiste bohème.

Heindl (Joseph). Kurzgefasste Lebensgeschichte des verewigten Virtuosen auf der Flöte, A. Palladius, etc. *Prag.* 1814. 8. Portrait.

Pallajo (Blasio).

Malacarne (Michele Vincenzo Maria). Notizie biografiche intorno a B. Pallajo. *Venez.* 1796. 4.

Pallavicino (Ferrante),
poëte italien (vers 1618 — décapité le 5 mars 1644).

Brusoni (Girolamo). Vita di F. Pallavicino. *Venez.* 1651. 12. *Ibid.* 1655. 12. (*D.*) *
* Publié s. l. pseudonyme de l'Incognito Aggirato.

Pallavicino (Sforza),
cardinal italien (1607 — 5 juin 1667).

Hottinger (Johann Heinrich). Sfortia Pallavicinus, infelix concilii Tridentini vindex, s. exercitatio historica operis quod cardinalis Pallavicinus de concilio Tridentino scripsit. *Tigur.* 1692. 4. (Dissertation peu commune.)

Affò (Ireneo). Memorie della vita e degli studii del cardinale S. Pallavicino. *Parma.* 1794. 4.

Palletta ou mieux **Paletta** (Giovanni Battista),
médecin italien (1747 — 27 août 1832).

Ferrario (Giuseppe). Vita del professore G. B. Palletta. *Milan.* 1833. 8.

Carron du Villards (N... N...). Notice nécrologique sur le professeur J. B. Palletta. *Par.* 1833. 8. (*P.*)

Palliot (Pierre),
historien français (1608 — 5 avril 1698).

(**Michault**, Jean Bernard). Mémoire sur la vie et les ouvrages de P. Palliot. s. l. et s. d. (*Dijon.* 1699.) 12. (Non mentionné par Quérard.)

Pallister (Hugh),
amiral anglais.

Hunt (Robert M...). Life of sir H. Pallister, admiral of the white and governor of Greenwich hospital. *Lond.* 1844. 8. (*Oxf.*)

Pallotta (Giovanni Battista),
cardinal italien.

Bompiano (Ignacio). Imago purpuratæ constantiæ. Oratio in funere J. B. cardinalis Pallothæ. *Rom.* 1668. 4.

Palm (Hendrik A... van der),
théologien hollandais.

Borger (Elias Anna). Ter gedachtenis van H. A. van der Palm. *Leyd.* 1818. 8. (*Ld.*)

Palm (Johannes Henricus van der),
théologien hollandais (17 juillet 1763 — 8 sept. 1840).

Hengel (Wessel Albert van). Meritorum J. H. van der Palm commemoratio brevis. *Lugd. Batav.* 1840. 8. (*Ld.*)

Siegenbeek (Matthijs). Hulde aan de nagedachtenis van den hoogleeraar J. H. van der Palm, etc. *Leyd.* 1840. 8. (*Ld.*)

Fockens (H... F... T...). J. H. van der Palm, als bijbeluitlegger, redenaar en schrijver gekenschetst. *Leyd.* 1841. 8.

Clarisse (Johannes). Prologus, quo scholas theologicas, praesertim apologeticas a. 1840 ad 1841 habendas, auspicaturus J. H. van der Palm, nuper placide pieque defuncti, exemplum auditoribus, futuris theologis, ad imitandum proposuit. *Lugd. Bat.* 1841. 8. (*Ld.*)

Beets (Nikolaas). Leven en karakter van J. H. van der Palm, aangekondigd en beoordeeld door Jeronymo DE VRIES. *Leyd.* 1842. 8. Portrait. (*Ld.*)

Assen (M... C... J... van). Voorlezing over J. H. van der Palm, s. l. (*Amst.*) 1843. 8. (*Ld.*)

Palm (Johann Georg),
théologien allemand (7 déc. 1697 — 17 février 1743).

Reimarus (Heinrich Samuel). Programma in obitum J. G. Palmii. *Hamb.* 1743. Fol.

Palm (Johann Philipp),
libraire allemand (1766 — exécuté le 26 août 1806).

(**Soden**, Julius v.). J. P. Palm, Buchhändler zu Nürnberg, auf Napoleon's Befehl hingerichtet zu Braunau. *Nürnb.* 1814. 8. (*P.*)

Biographie J. P. Palm's, etc., nebst einem Abdruck von dessen Schrift, *Deutschland in seiner tiefsten Erniedrigung,* als Veranlassung zu Palm's Hinrichtung. *Münch.* 1842. 8.
' L'auteur de cet écrit patriotique fut fusillé par ordre de Napoléon.

Palma (Maria Sepellita, duchessa di),
religieuse italienne.

Giovine (Girolamo). La tristezza sbandita. Orazione fu-

nerale detta per la morte della signora duchessa di Palma, suor Maria Sepellita della Concettione, nel venerabile monastero delle R. monache Mariane della Terra di Palma. *Palerm.* 1692. 4.

Palmegiani ou **Palmezani** (Marco),
peintre italien du xve siècle.

C(asale) G(iovanni). Intorno a M. Palmezani da Forli e ad alcuni suoi dipinti. *Forli.* 1844. 8.

Palmer (William),
théologien anglais.

(**Renouf**, Peter le Page). The character of the Rev. W. Palmer as a controversialist. *Lond.* 1843. 8. (*Oxf.*)

Palmerston (Henry John, baron **Temple**, viscount),
homme d'État anglais (20 oct. 1784 — ...).

(**Loménie**, Louis de). Lord Palmerston, par un homme de rien. *Par.* 1842. 12.

Francis (George Henry). Opinions and policy of the Right Hon. viscount Palmerston, as minister, diplomatist and statesman, during more than forty years of public life. *Lond.* 1852. 2 vol. 8. Portrait. Trad. en allem. par N..., N... ESMARCH. *Cassel.* 1852. 8.

Ficquelmont (Graf v.). Lord Palmerston, l'Angleterre et le continent. *Par.* 1852. 2 vol. 8. Trad. en allem. *Mainz.* 1852. 2 vol. 8.

Palmquist (Fredrik),
mathématicien suédois (28 juillet 1720 — 18 juillet 1771).

Mallet (Fredrik). Åminnelse-Tal öfver F. Palmquist. *Stock.* 1771. 8.

Palmskioeld (Erik),
homme d'État suédois (7 oct. 1608 — 4 juin 1686).

Thun (Joseph). Imago politici Christiani in vita nobilis et generosi viri D. E. Palmskioeldii. *Holm,* s. d. (1709.) 8. (*D.* et *L.*)

Palmstjerna (Nils),
homme d'État suédois (1er nov. 1696 — 10 février 1766).

Trozelius (C... B...). Oratio panegyrica in tumulum N. Palmstiernæ. *Lund.* 1766. 8.

Scheffer (Carl Fredrik). Åminnelse-Tal öfver Landshofdingen N. Palmstjerna. *Stock.* 1767. 8. Trad. en allem. par Ludwig v. HESS. *Hamb.* 1767. 8.

Palombi (Gaetano),
poëte italien (22 avril 1753 — 6 août 1826).

Montana (Francesco Fabi). Elogio storico di G. Palombi. *Rom.* 1837. 8. Portrait.

Palu, sire **de Varambon** (François de la),
Français.

Monnier (Désiré). F. de la Palu, sire de Varambon. *Bourg.* 1841. 8. (Tiré seulement à 50 exemplaires.)

Palud (Magdalène de),
possédée belge.

Historia de tribus energumenis in partibus Belgii, scilicet M. de Palud, Mariæ de Sains, Simoniæ Dourlet. *Par.* 1623. 8.

Paludan (Johan Loenborg),
théologien danois (11 sept. 1757 — 28 sept. 1840).

J. L. Paludans Minde. *Kjoebenh.* 1840. 8. (*Cp.*)

Pamard (Pierre François **Benezet**),
chirurgien français (7 avril 1728 — 2 janvier 1793).

Pamard (Jean Baptiste Antoine **Benezet**). Éloge de P. F. Benezet Pamard. *Avign.* 1803. 8. (*P.*)

Pamèle (Jacques de),
évêque de Saint-Omer (11 mai 1536 — 18 sept. 1588).

Taelboom (Willem). Oratio funebris in obitum J. Pamelii, episcopi Audomaropolitani designati. *Antw.* 1589. 4.

Pamfilo (Santo),
évêque de Solmona.

Simeoni (Gaspare de'). Le geste di S. Pamfilo, vescovo di Solmona. *Rom.* 1650. 8.

Paminger,
famille allemande.

Hirsch (Carl Christian). Commentarius de vita Pamingerorum, publ. par Philipp Albert CHRISTFELS. *Octting.* 1704. 4. (*L.*)

Panaetius,
philosophe grec (vers 185 — 109 avant J. C.).

Ludovici (Carl Guenther). Programma de Panaetii, junioris, stoici philosophi, vita et meritis in Romanorum cum philosophiam, tum jurisprudentiam. *Lips.* 1733. 4. (*L.* et *Lv.*)

Lijnden (F... G... van). Disputatio historico-critica de Panætio Rhodio, philosopho stoico. *Lugd. Bat.* 1802. 8. (*Ld.*)

Panajoti de Sinope,*
prêtre grec († vers 1748).

Barzani (Pietro Antonio). Vita di Panajoti da Sinope. *Bresc.* 1760. 8.*

  * Son véritable nom était Pasagiotes Nikosios.

Panam (Pauline Adélaïde Alexandre),
dame grecque, l'une des maîtresses d'Ernest I, duc de Saxe-Cobourg.

Mémoires d'une jeune Grecque, madame P. A. A. Panam, contre S. A. Sérénissime le prince régnant de Saxe-Cobourg (Ernest I). *Lond.* 1823. 8. *Par.* 1823. 2 vol. 12. *

  * Cet ouvrage, accomp. du portrait de la jeune Grecque et de celui de son fils, est rare et recherché.

Panciera-Zoppola (Girolamo Antonio Giulio Stanislao),
cardinal italien.

Santi (Giovanni Battista). Sunto della vita di G. A. G. S. Panciera-Zoppola. *Veron.* 1836. 8.

Zanier (Giovanni Maria). Elogio storico di A. Panciera, cardinale. *San-Vito.* 1837. 8.

Panckoucke (Charles Joseph),
imprimeur-libraire français (26 nov. 1736 — 19 déc. 1798).

Aucher-Eloy (N... N...) et de **Boisgolin** (Claude Augustin **Vieilh**). Notices sur C. J. et Charles Louis Fleury Panckoucke, etc. *Par.* 1828. 8.

Panckoucke (Charles Louis Fleury),
imprimeur français, fils du précédent (25 déc. 1780 — 11 juillet 1844).

Notice biographique sur M. Panckoucke, officier de la Légion d'honneur. *Par.* 1842. 8. (*P.*)

15 juillet 1844. Obsèques de M. C. L. F. Panckoucke, s. l. et s. d. (*Par.* 1844.) 8.

Panckratius (Michael),
jurisconsulte transylvanien (28 sept. 1631 — 11 juillet 1690).

Nera (N... N...). Tessera amoris et obsequii Dr. M. Pancratio persoluta. *Cibin.* 1690. 4.

Pancratius (Saint).

Salerni (Filippo). I giochi Olimpici. Panegirico di S. Pancratio. *Messin.* 1636. 4.

Capri (Giuseppe). S. Pancratio martire, fondatore della fede Sicula, primo vescovo e principale patrono della notabile città di Taormina. *Palerm.* 1700. 12.

Jenichen (Gottlieb August). Dissertatio de S. Pancratio, urbis et ecclesiæ primariæ Giessensis numine tutelari. *Lips.* 1757. 4. (*L.*)

Pandore,
personnage mythologique.

Pagenstecher (Johann Friedrich Wilhelm). Oratio de pyxide Pandoræ. *Steinfurt.* 1708. 8.

Schoemann (Georg Friedrich). De Pandora commentatio mythologica. *Gryphiæ.* 1833. 4.

Palissy (Bernard),
savant français du xvie siècle († vers 1589).

Morley (Henry). Life of B. Palissy, of Saintes, his labours and discoveries in arts and sciences, with an outline of his philosophical doctrines and a translation of illustrative selections of his works. *Lond.* 1852. 2 vol. 8.

Panfili (Pio),
peintre-graveur italien.

(**Bolognini Amorini**, Antonio). Memorie della vita di P. Panfili. *Bologn.* 1835. 8. Portrait.

Panigarola (Francesco),
évêque d'Asti (1548 — 31 mai 1594).

Giovanni dalle Armi (Fra). Orazione funerale in morte e sopra il corpo di monsignor F. Panigarola, vescovo d'Asti. *Torin.* 1595. 4. (*D.*)

Panin (Nikita Iwanowitsch),
homme d'État russe (15 sept. 1718 — 11 avril 1783).

Précis historique de la vie du comte N. I. de Panin. *Lond.* 1784. 8. *Par.* 1788. 8. (*P.*)

Panormita (Antonio Beccadelli, plus connu s. l. nom de),
littérateur italien (vers 1394 — 6 janvier 1471).

Colangelo (Francesco). Vita di A. Beccadelli, detto il Panormita. *Napol.* 1821. 8.

Panozzi (Agostino),
peintre italien († 6 mars 1839).

Parole sulla tomba di A. Panozzi. *Vicenz.* 1830. 8. Port.

Pansov (Heinrich Johann),
jurisconsulte allemand.

Scheffel (Christian Stephan). Programma academicum ad exequias H. J. Pansovii. *Gryphisw.* 1741. Fol. (*D.*)

Pantaflour (Pierre de),
évêque de Tournai.

Cotreau (Jean). Sermon funèbre de P. de Pantaflour. *Par.* 1580. 8. (*P.*)

Pantagathus (Ottavio Bacato, plus connu sous le nom de Octavius),
servite italien (30 juillet 1494 — 19 déc. 1567).

Rufus (Joannes Baptista). Vita venerabilis P. O. Pantagathi. *Rom.* 1637. 8. (*D.*)

Pantzer (Johann Jacob),
jurisconsulte allemand.

Mayer (Johann Ulrich). Leichen-Predigt auf J. J. Pantzer. *Leipz.* 1674. Fol. (*D.* et *L.*)

Panvinio (Onofrio),
archéologue italien (1529 — 7 avril 1568).

Moller (Daniel Wilhelm). Disputatio circularis de Onuphrio Panvinio. *Altorf.* 1697. 4. (*L.* et *Lv.*)

Panyasis,
poëte grec (florissant vers 490 avant J. C.).

Tzschirner (Friedrich Pistotheus). Dissertatio de Panyasidis Halicarnassei, epici poetæ, vita et carminibus. *Vratisl.* 1837. 8.

Funcke (Friedrich Philipp). Dissertatio de Panyasidis Halicarnassiensis vita ac poesi. *Bonn.* 1837. 8. (*L.*)

Panzacchi (Bernardo),
littérateur italien.

Venturini (?) (N... N...). Elogio storico di monsignore B. Panzacchi. *Bologn.* 1840. 4.

Panzani (Gregorio),
prêtre italien du xviie siècle.

Berington (Joseph). Memoirs of G. Panzani, giving an account of his mission in England in the years 1634-36. *Birmingh.* 1794. 4. (Trad. de l'ital.)

Panzer (Georg Wolfgang Franz),
théologien allemand (16 mai 1729 — 9 juillet 1805).

Panzer (Johann Friedrich Heinrich). Versuch einer Ansicht der vollendeten Lebenstage G. W. F. Panzer's, der Theologie und Philosophie Doctors, Schaffers an der Haupt- und Pfarrkirche zu Sanct-Sebald, etc. *Nürnb.* 1805. 4. (*L.*)

Paola da Foligno,
religieuse italienne.

Marcelli (Michelangelo). Vita della venerabile madre Paola da Foligno. *Rom.* 1659. 4. Portrait.

Paoletti (Ferdinando),
prêtre italien.

(**Nobili**, Uberto). Elogio del sacerdote F. Paoletti, pievano di S. Donnino a Villamagra, s. l. et s. d. (*Firenz.* 1802.) 8.

Paoletti (Niccolò Maria Gasparo),
architecte italien.

Rosso (Giuseppe del). Vita di N. M. G. Paoletti, architetto Fiorentino. *Firenz.* 1813. 8.

Paoli (Pasquale),
général corse (1726 — 5 février 1807).

Boswell (John). Account of Corsica and memoirs of P. Paoli. *Glasg.* 1768. 8. *Lond.* 1768. 8. *Ibid.* 1769. 8. (*Oxf.*)

    Trad. en allem. (par Anton Ernst **Klausing**). *Leipz.* 1768. 8. *Ibid.* 1769. 8. *Ibid.* 1770. 8. *Ibid.* 1789. 8. (*L.*)

    Trad. en franç.:
    Par Jean Pierre **Dubois**. *La Haye.* 1769. 8.
    Par S... D... C... *Par.* 1769. 8. (*P.*)

    Trad. en ital. *Lond.* 1769. 8.

Mertens (Hieronymus Andreas). Auszug aus John Boswell's Beschreibung von Corsica, nebst einigen Anecdoten von General P. Paoli. *Augsb.* 1769. 8.

Das corsische Kleeblatt: Theodor (v. Neuhoff), Paoli und (Napoléon) Bonaparte, etc. *Zerbst.* 1803. 8.

Arrighi (Antonio). Histoire de P. Paoli, ou la dernière guerre de l'indépendance de la Corse (1755-1807). *Par.* 1843. 2 vol. 8. *(P.)*

Klose (Carl Ludwig). Leben P. Paoli's, Oberhauptes der Korsen. *Braunschw.* 1853. 8. Portrait.

Paoli (Sebastiano),
historien italien (1684 — 20 juin 1751).

Paciaudi (Paolo Maria). De rebus·S. Paulii, congregationis matris Dei, commentarius epistolaris, s. l. et s. d. *(Napol.* 1751.) 4.

Paolo Diacono,
historien italien (vers 740 — 13 avril 790).

Moller (Daniel Wilhelm). Disputatio circularis de Paulo Diacono. *Altorf.* 1686. 4. *(L. et Lv.)*

Pap de Fagaras (Jósef),
philosophe hongrois.

(Szigethi, Jósef). Socrates redivivus, s. imago philosophi vere christiani, qua exhibetur clarissimi ac divini ingenii vir J. Pap de Fagaras, A. A. L. L. magister et philosophiæ doctor.· *Claudiopol.* 1783. 4.

Papadopoli (Angelo),
savant italien.

Mosconi (Giacomo). Lettera sulla vita di A. Papadopoli. *Venez.* 1855. 4.

Papadopoli (Antonio),
littérateur italien.

(Veludo, Giovanni). Necrologia del nobile A. Papadopoli. *Venez.* 1843. 8.

Papafava, voy. **Pappafava.**

Paparelli (Veronica),
religieuse italienne.

Bonucci (Antonio Maria). Vita della venerabile serva di Dio, V. Paparelli, monaca Cisterciense nel monastero della SS. Trinità di Cortona. *Napol.* 1714. 4.

Pape (Simon·de),
peintre belge (1623 — .. janvier 1677).

Vandermeersch (D... J...). Gaspard Heeuwick, Jean Snellinck et S. de Pape, peintres belges, et quelques-unes de leurs productions. *Gand.* 1845. 8. (Extrait du *Messager des sciences historiques.*)

Papebroch (Daniel),
carme belge (1682 — 1714).

Valentinus a Sancto Amando. Prodromus carmelitanus, s. P. D. Papebrochii sinceritas discussa. *Colon.* 1682. 8. *(Bes.)*

Camus (Justus). Novus Ismael, s. P. D. Papebrochius, omnes impugnans, orbi expositus. *Aug. Vindel.* 1683. 8. *(Bes.)*

Sebastianus a Sancto Paulo. Exhibitio errorum quos P. D. Papebrochius J. suis in notis ad acta SS. commisit. *Colon. Agr.* 1693. 4. *(Bes.)*

·**Papebroch** (Daniel). Responsio ad Exhibitionem errorum Sebastiani a Sancto Paulo. *Antwerp.* 1695-98. 3 vol. 4. *(Bes.)*

Papencordt (Felix),
historien allemand.

Boré (Léon). Notice biographique sur F.· Papencordt. *Par. et Brux.* 1847. 8. *(D., L. et P.)*

Paphnuce,
évêque de la Haute-Thébaïde.

Schmidt (Johann Andreas). Paphnutius, episcopus coelebs, conjugii clericorum patronus et vindex. *Helmst.* 1705. 4. *(D. et L.)*

Papi (Lazzaro),
voyageur italien (1773 — 1834).

(Bini, Tommaso). In morte di L. Papi. *Lucca.* 1855. 8.

(Fornaciari, Luigi). In morte di L. Papi. *Lucca.* 1855. 8.

Ranalli (Ferdinando). Elogio di L. Papi. *Rom.* 1855. 8.

Papias (Saint),
évêque de Hiérapolis.

Weihenmaier (Elias). Papias Hieropolitanus, in Asia episcopus, ex historia ecclesiastica repræsentatus. *Witteb.* 1694. 4. *(D.)*

Papin (Élie),
maréchal de camp français (vers 1760 — 5 août 1825).

Lestrade (N... N...). Notice sur la vie de M. E. Papin *Par.* 1825. 8. (Extrait du *Moniteur.*)

Papinien (Æmilius),
jurisconsulte romain (140 — exécuté en 212).

Lothmann (Eberhard). Vita Æ. Papiniani, carmine descripta. *Rostoch.* 1558. 4.

Graske (Michael). Oratio de vita Æ. Papiniano. *Witteb.* 1569. 4.

Wesenbeck (Matthias). Oratio de Papiniano, JCto. *Witteb.* 1569. 8. *(D.)*

Lectius (Jacob). De vita et scriptis Æ. Papiniani. *Par.* 1594. 8.

Heige (Peter). Oratio de Æ. Papiniano, præter vitæ mortisque historiam et officia jurisconsultorum maxime insignia, vindicias libertatis viri et JCti optimi continens adversus nuperum obtrectatorem. *Witteb.* 1594. 4. *(D. et L.)*

Faber (Anton). Jurisprudentiæ Papinianæ scientia. *Lugd. Bat.* 1658. Fol.

Slevogt (Johann Philipp). Programma de philosophia Papiniani. *Jenæ.* 1681. 4.

Kress (Johann Paul). Dissertatio de religione judicantium Papiniana. *Helmst.* 1712. 12.

Mencke (Gottfried Ludwig). Papinianus. *Witteb.* 1715. 4. *(L.)*

Otto (Everhard). Papinianus, s. de vita, studiis, scriptis, moribus et morte Æ. Papiniani, ICtorum coryphæo, diatriba. *Lugd. Bat.* 1718. 8. *(D.)* *Brem.* 1743. 8. *(D.)*

Gatzert (Christian Hartmann Samuel). De die natali Papiniani, s. ad § 4. Constitutionem Justin. commentarius. *Goetting.* 1766. 8. *(L.)*

Voorda (Bavius). Papinianus, s. optimi JCti et viri forma in Æ. Papiniano spectata. *Lugd. Bat.* 1770. 4.

Papirius (Publius Sextus),
jurisconsulte romain (contemporain de Tarquin le Superbe).

Glueck (Christian Friedrich). De jure civili Papiriano liber singularis. *Halæ.* 1788. 8.

Einert (Carl). Dissertatio de Papirio et jure Papiriano. *Lips.* 1798. 4. *(L.)*

Salverda (Z...). Dissertatio de jure civili Papiriano. *Groning.* 1825. 8.

Pypers (P... E...). Dissertatio de Papirio, justo jurisconsulto. *Lugd. Bat.* 1825. 8. *Ibid.* 1834. 8.

Papirius Fabianus,
philosophe romain.

Hoefig (Arminius Gustav). Dissertatio de Papirii Fabiani philosophi vita et scriptis. *Vratisl.* 1852.·8.

Papius (Anton),
médecin allemand du xviie siècle († 1622).

Programma academicum in J. Papii funere. *Regiom.* 1622. 4.

Pappacoda, principe di **Centola** (Giuseppe),
homme d'État italien.

Cirillo (Domenico). Elogio funebre di G. Pappacoda, principe di Centola. *Napol.*, s. d. 8.

Pappafava,
famille italienne.

Pappafava (Alessandro). Dissertazione sulla familia Pappafava da Carrara, s. l. 1771. 4.

Ceoldo (Pietro). Albero della famiglia Pappafava da Carrara, nobile di Padova. *Venez.* 1801. 4.

Pappafava (Alessandro),
évêque de Vérone.

Ferrari (Giovanni Battista). Vita A. Pappafava, episcopi Famaugustani et laudatio in ejusdem funere. *Patav.* 1792. 4.

Pappafava (Roberto).

Guarini (N... N...). Parere sopra la causa del signor cavaliere R. Pappafava. *Veron.* 1586. 4.

Pappafava (Scipione),
grand-prieur de Messine.

Ciro (Anselmo). Orazione nei funerali del gran priore di Messina, F. S. Pappafava. *Padov.* 1651. 4.

Pappafava Cittadella (Beatrice, contessa),
poëte italienne (1628 — 14 mars 1730 *).

(Valisnieri, Antonio). Elogio della signora contessa B. Pappafava Cittadella. *Venez.* 1730. 8. Réimprim. par Carlo PALESE. *Venez.* 1799. 12. *Padov.* 1828. 8.

  * Morte à l'âge de 102 ans 7 mois et 1 jour.

Pappenheim (Herren und Grafen v.),
famille allemande.

Pappenheim (Matthaeus v.). De origine et familia illustrium dominorum de Calatin, qui hodie sunt domini a Pappenheim, S. J. R. mareschalci hereditati. *Aug. Vind.* 1555. Fol. Trad. en allem. par J... v. Pappenheim. *Augsb.* 1554. Fol.

Doederlein (Johann Alexander). Matthæus a Pappenheim enucleatus, emendatus, illustratus et continuatus, d. i. historische Nachrichten von dem uralten Haus der Kaiserlichen und des Reichs Marschallen von Calatin und der davon abstammenden ehe- und dermaligen Reichs-Erb-Marschallen, Herren und Grafen zu Pappenheim, etc. *Schwabach.* 1739-41. 2 vol. *4.*

Kern (Johann Ludwig). Dissertatio de juribus et prærogativis S. R. J. mareschallorum hæreditariorum comitum in Pappenheim. *Goetting.* 1753. 4.

    Pappenheim (Carl, Graf zu),
      général allemand († août 1853).

Rede bei der Beisetzung Seiner Erlaucht des königlich (bayerschen) Generalfeldzeugmeisters C., Grafen und Herrn zu Pappenheim am 29 August 1853, dessen Lebenslauf enthaltend. *Pappenh. et Augsb.* 1853. 8.
Predigt zum Gedächtnisse Seiner Erlaucht des königlichen Generalfeldzeugmeisters C., Grafen und Herrn zu Pappenheim, gehalten am 4 Sept. 1853. *Pappenh. et Augsb.* 1853. 8.

    Pappenheim (Johann Christoph v.),
      homme d'État allemand.

Neuberger (Theophil). Leich- und Trost-Predigt auf den Hofmarschall J. C. v. Pappenheim. *Cassel.* 1633. 4.

    Pappus (Johann),
      théologien alsacien (16 janvier 1549 — 13 juillet 1610).

Schaller (Thomas). Sermo funebris in obitum J. Pappi, germanice; Daniel Rixinger, Programma in ejusdem funere. *Argent.* 1610. 4.

    Paquot (Jean Noël),
      historien belge (1722 — 1803).

Piot (Charles). Quelques mots sur les circonstances qui portèrent Marie-Thérèse à nommer Paquot son historiographe; s. l. et s. d. (*Brux.*) 8. (Extrait du *Bulletin des bibliophiles belges.*)

Paracelsus v. Hohenheim (Philippus Aureolus Theophrastus Bombastus), *
      médecin suisse (17 déc. 1493 — 24 sept. 1541).

Gleichmann (Johann Zacharias). Historische Nachricht von N. Paracelso. *Jena* et *Leipz.* 1752. 8. (*L.*)

    * Il se vantait d'avoir découvert le secret de prolonger la vie pendant plusieurs siècles, ce qui ne l'empêcha pas, cependant, de mourir à 48 ans.

Grubel (F... C... J...). Dissertatio de T. Paracelso, mago, astrologo et chimico miraculoso. *Helmst.* 1746. 4.

(**Colonne**, François Marie Pompée). Abrégé de la doctrine de Paracelse et ses archidoxes, avec une explication de la nature et des principes de la chimie, pour servir d'éclaircissement aux traités de cet auteur. *Par.* 1724. 12.

Joyand (Claude François). Lettre sur le siècle de Paracelse, s. l. et s. d. (*Par.* 1786.) 8. (*Lv.*)
——— Précis du siècle de Paracelse. *Par.* 1787. 8.

Rixner (Thaddaeus Anselm) et **Siber** (Thaddaeus). Paracelsus. *Sulzb.* 1819. 8. Portrait. *Ibid.* 1829. 8. Portrait. *

    * Le docteur Moehsen indique dans son ouvrage *Sammlung von Bildnissen berühmter Aerzte* (Berl. 1771. 4.) une série de 35 portraits gravés de ce fameux charlatan.

Scherer (Alexander Nicolaus). Paracelsus, etc., eine Rede. *Sanct-Petersb.* 1822. 8.

Maris (J... C...). Dissertatio de Paracelso. *Lugd. Bat.* 1832. 8.

Bremer (Andreas Frederik). Dissertatio de vita et opinionibus Paracelsi. *Hafn.* 1836. 8. (*Oxf.*)

Marcus (Carl Friedrich v.). Programma de vita et meritis Paracelsi. *Wirceb.* 1838. 4.

Preu (Heinrich Adolph). Das System der Medicin des T. Paracelsus, aus dessen Schriften ausgezogen und dargestellt, etc., avec préface de Johann Michael Leupoldt. *Berl.* 1838. 8.

Lessing (Michael Benedict). Paracelsus; sein Leben und Denken. *Berl.* 1839. 8. Portrait. (*D.*)

Stoerzel (Adolph Friedrich). Dissertatio de T. Paracelsi vita atque doctrina. *Halæ.* 1840. 8.

Marx (Carl Friedrich Heinrich). Zur Würdigung des T. v. Hohenheim. *Goetting.* 1842. 4.

Meihsner (Johann Gustav Carl). Dissertatio de Paracelso. *Berol.* 1847. 8.

Locher (Hans). T. P. B. v. Hohenheim, der Lehrer der Medecin und der grösste Schweizerarzt, etc. *Zürch.* 1851. 8. Portrait.

Cap (Paul Antoine). Paracelse. *Par.* 1852. 8. (Extrait du *Journal de pharmacie.*)

Le Fèvre-Deumier (J...). Études biographiques et littéraires de quelques célébrités étrangères. *Par.* 1854. 12. *

    * Cet ouvrage s'occupe de la vie et des écrits de Jean Baptiste Massini, d'Anne Radcliffe, de Paracelse et de Jérôme Vida.

Hunnius (Nicolaus). Betrachtungen der Paracelsischen und Weigelianischen Theologie. *Wittenb.* 1662. 8.

Preu (Heinrich Adolph). Die Theologie des T. Paracelsus von Hohenheim, in Auszügen aus seinen Schriften dargestellt. *Berl.* 1859. 8.

Lindner (Otto). Theophrastus als Bekämpfer des Papstthums. *Leipz.* 1845. 8. (*L.*)

Held (Johann Jacob). Historischer Bericht von den prätendirten Propheceyhungen Paracelsi, (Michel) Nostradami, (Jacob) Boemen's (!), Anna v. Medem, Drabitii, etc., s. l. 1711. 8.

Brisgovius (Johann Heinrich). Bücher und Schriften des edeln Philosophi und Medici P. T. Paracelsi Bombasti von Hohenheim. *Basel.* 1589-91. 2 parts. 8.

Testamentum Paracelsi. *Strasb.* 1574. 8. Portrait. (Peu commun.)

    Paradès (Victor Claude Anne Robert, comte de),
      homme d'État espagnol (1752 — vers 1786).

Mémoires secrets de R., comte de Paradès, s. l. (*Par.*) 1789. 8. (*P.*)

    Paradisi (Agostino),
      poète italien (26 avril 1786 — 19 février 1783).

Schedoni (Pietro). Elogio del conte A. Paradisi. *Moden.* 1789. 8. *Ibid.* 1793. 8. *Ibid.* 1819. 8.

    Paradisi (Romulo),
      littérateur italien.

Superantius (Joannes). In obitum R. Paradisi oratio. *Rom.* 1623. 4. (*L.*)

    Paramelle (N... N...),
      prêtre français.

Rolland (Jules Teissier). De l'abbé Paramelle et des divers moyens d'amener des eaux à Nîmes. *Nîmes.* 1843. 8.

    Paravicino y Arteaga (Hortensio Felix),
      théologien espagnol (1580 — 12 déc. 1633).

Torres (Chrystofero de). Fama posthuma en las honras de F. H. F. Paravicino. *Madr.* 1654. 4.

Pellicier de Salas y Tovar (José). Fama posthuma del maestro Fr. H. F. Paravicino, predicador de Su Magestad. *Madr.* 1634. 4.

    Parat (Philibert),
      médecin français (.. sept. 1763 — 11 déc. 1838).

Martin (Louis Aimé). Éloge historique de P. Parat, docteur en médecine. *Lyon.* 1839. 8.

    Parcovius (Franz),
      médecin allemand († 19 juin 1611).

Luchtenius (Adam). Programma in F. Parcovii funere. *Helmst.* 1611. 4. (*D.* et *L.*)

    Pardey (Ernst August),
      théologien allemand (1736 — 17 mars 1775).

Mutzenbecher (Esdras Heinrich). Nachricht von dem Leben, Character und Schriften des seligen Herrn E. A. Pardey, Predigers an der Kreuzkirche zu Hannover. *Hannov.* 1776. 8.

    Pardo (Felipe),
      archevêque de Manille.

Histoire de la persécution de deux saints évêques par les jésuites, l'un D. B. de Cerdenas, évêque du Paraguay, l'autre D. P. Pardo, archevêque de Manille, s. l. 1691. 18.

Pardoux (Saint),
patron de Guéret.

Lavillatte (J... Coudert de). Vie de S. Pardoux, patron de Guéret, etc. *Guéret.* 1855. 8.

Paré (Ambroise),
chirurgien français († 20 mars 1590).

Vimont (Pierre). Éloge d'A. Paré, restaurateur de la chirurgie en France. *Par.* 1814. 8. (Couronné par la Société de médecine de Bordeaux.) — (*P. et Lv.*)

Perdrix (M... C...). Notices historiques et biographiques sur A. Paré et Guillaume Dupuytren. *Par.* 1837. 8.

Willaume (Ambroise Mathis Louis). Recherches biographiques, historiques et médicales sur A. Paré, de Laval. *Epernay.* 1858. 8.

Sicotière (N... N... de la). Notice sur le monument élevé à la mémoire d'A. Paré, en la ville de Laval. *Laval.* 1840. 8.

Pareau (Jean Henri),
théologien hollandais.

Heringa (Jan). Levensbericht en karakterschets van wijlen den hoogleeraar J. H. Pareau, s. l. et s. d. (*Leyd.* 1853.) 8. (*Ld.*)

Paredes (Diego Garcia de),
capitaine espagnol (1466—1530).

Tamayo de Vargas (Tomes). D. Garcia de Paredes y relacion breve de su tiempo. *Madr.*, s. d. (1621). 4. Portrait.

Parent (Pierre Jean Joseph),
ex-colonel des volontaires belges (1802 — ...).

Relation des faits d'armes et de la conduite héroïque de P. J. J. Parent. *Brux.* 1831. 8.

(**Parent**, Pierre Jean Joseph). Le complot et le pouvoir, ou explication nécessaire de l'acquitté J. Parent, ex-colonel, avec des réflexions et des détails sur le procès Vandermeeren, Vandersmissen et consorts. *Brux.*, s. d. (1842). 8. *
* Autobiographie du colonel Parent et en même temps virulente satire contre plusieurs sommités belges.

Parent-Réal (Nicolas Joseph Marie),
jurisconsulte français (30 avril 1768 — 28 avril 1834).

Daunou (Pierre Claude François). Notice sur la vie et les ouvrages de M. Parent-Réal, avocat aux conseils du roi et à la cour de cassation, etc. *Par.* 1839. 8. (*P.*)

Paret (Marie),
dominicaine française († 1674).

Guillouzou (Richard). Vie de M. Paret, du tiers ordre de S. Dominique, décédée en odeur de sainteté en la ville de Clermont en Auvergne. *Clerm.* 1678. 12.

Pareus * (David),
théologien allemand (30 déc. 1548 — 15 juin 1622).

Pareus (Johann Philipp). Narratio historica de curriculo vitæ et obitu D. Parei, parentis. *Heidelb.* 1633. 8. (*D. et L.*)
* Son nom de famille était WÄNGLER.

Parini (Giuseppe),
littérateur italien (22 mars 1729 — 15 août 1799).

Pozzetti (Pompilio). Vita di G. Parini. *Piacenz.* 1801. 8.

Paris (Aimé),
littérateur mnémotechnique français (19 juin 1798 — ...).

Notice biographique sur A. Paris. *Metz.* 1845. 12.

Paris (François de),
prêtre français (30 juin 1690 — 1er mai 1727).

(**Doyen**, Barthélemy). Vie de Paris, diacre du diocèse de Paris, *Utrecht.* 1729. 12. *Par.* 1731. 12. Augment. *Par.* 1733. 12. *Ibid.* 1738. 12. *Utrecht.* 1843. 12. *Par.* 1788. 12.

(**Boyer**, François). Vie du bienheureux F. de Paris, diacre. *Brux.* (*Par.*) 1731. 12. (*P.*)

(**Barbeau de la Bruyère**, Jean Louis). Vie de M. F. de Paris. *Par.* 1731. 12. (*P.*)

Paris (Giovanni),
jurisconsulte sarde († 5 janvier 1843).

Parole di encomio all' avvocato G. Paris, di Pinerolo, intendente, primo assessore aggiunto nel reale tribunale di prefettura di essa citta. *Torin.* 1843. 8.

Paris-Duverney (Joseph),
financier français († 1770).

De L***** (N... N...). Histoire de messieurs. Paris. Ou-

vrage dans lequel on montre comment un royaume peut passer dans l'espace de cinq années de l'état le plus déplorable à l'état le plus florissant. *Par.* 1776. 12. (*P.*)

Correspondance de Richelieu, du comte de Saint-Germain et du cardinal (François Joachim de) Bernis avec Paris-Duverney. *Par.* 1789. 8. (*P.*)

Parisio (Santo),
camaldule italien.

Mittarelli (Giovanni Benedetto). Memorie della vita di S. Parisio, monaco Camaldolese, e del monastero di S. S. Cristina e Parigio di Treviso. *Venez.* 1748. 8.

Parisot (Jean Lavalette),
grand-maître de l'ordre de Malte au milieu du xvie siècle.

Mermet (Louis François Emmanuel). Éloge de J. Lavalette Parisot, grand-maître de l'ordre de Malte, né dans la province de Queroy, etc. *Moulins.* 1804. 12. *
* Ouvrage qui a remporté le prix de l'Académie de Montauban.

Parizek (Ales), *
pédagogue bohème.

Stepanek (Jan). Zivot a smrt J. D. P. A. Parizka, cis. kral. reditele hlavni vzorni skoly v Praze. *Praze.* 1823. 8.
* Il existe sur lui une biographie allemande dont nous ignorons le titre.

Park (Mungo),
voyageur anglais (10 sept. 1771 — assassiné en 1805).

Life of M. Park. *Edinb.* 1833. 8. Portrait. (*Oxf.*)

Parke (Daniel),
colonel anglais († 1710).

French (Humphrey?). Life of colonel D. Parke, governor of Barbadoes. *Lond.* 1717. 8. Portrait.

Parker (Matthew),
archevêque de Canterbéry (1502 — 17 mai 1575).

Strype (John). Life and acts of M. Parker, the first archbishop of Canterbury in the reign of queen Elizabeth. *Lond.* 1711. Fol. Portrait. (*D. et Oxf.*) *Oxf.* 1821. 3 vol. 8. Portrait. (Tiré à 50 exemplaires.) — (*Oxf.*)

Parker (Peter),
littérateur (?) anglais.

(**Dallas**, George). Biographical memoir of the late sir P. Parker. *Lond.* 1815. 4. (*Oxf.*)

Parménide,
philosophe grec (vers 500 avant J. C.).

Brandis (Christian August). Commentationum eleaticarum Xenophanis, Parmenidis pars I. *Alton.* 1815. 8.

Suckow (Friedrich Wilhelm). Dissertatio de Platonis Parmenide. *Vratisl.* 1823. 8. (*L.*)

Elster (Wilhelm). Dissertatio de Platonis Parmenide. *Clausthal.* 1833. 4.

Riaux (François). Essai sur Parménide d'Élée. *Par.* 1840. 8. (*P.*)

Parmentier (Antoine Augustin),
agronome français (17 avril 1737 — 17 déc. 1813).

Silvestre (Augustin François de). Notices sur la vie et les ouvrages de quelques hommes, précédées d'un rapport sur les travaux d'A. A. Parmentier. *Par.* 1793. 8. (*P.*)

Virey (Julien Joseph). De la vie et des ouvrages d'A. A. Parmentier. *Par.* 1814. 8.

Cadet-Gassicourt (Charles Louis). Éloge d'A. A. Parmentier, membre de l'Institut. *Par.* 1814. 8. (*P.*)

Mutel (Denis Philippe). Vie d'A. A. Parmentier. *Par.* 1819. 8.

Miquel (Antoine). Éloge de Parmentier. *Par.* 1822. 8. (*P.*)

Grognier (Louis Furcy). Éloge de Parmentier. *Par.* 1823. 8. (*P.*)

Mouchon (Émile). Notice historique sur A. Parmentier. *Lyon.* 1843. 8.

Parmentier (Charles),
jurisconsulte belge (4 avril 1804 — 5 mai 1838).

Duyse (Prudens van). Nécrologie : C. Parmentier. *Gand.* 1838. 8. (Extrait du *Messager des sciences et des arts de Belgique.*)

Parnell (James),
littérateur anglais.

Callaway (Henry). Memoir of J. Parnell, with extracts from his writings. *Lond.* 1846. 8. (*Oxf.*)

Parnell (John).

Memoirs of J. Parnell. *Lond.* 1846. 8. (*Oxf.*)

Parnell (Thomas),
poëte irlandais (1679 — 1718).

Goldsmith (Oliver). Life of Dr. T. Parnell, compiled from original papers and memoirs. *Lond.* 1770. 8. (*Oxf. et P.*)

Parny * (Évariste Désiré **Desforges**, chevalier de),
poëte français (1753 — 5 déc. 1814).

Tissot (Pierre François). Notice sur la vie et les ouvrages de M. de Parny. *Par.* 1826. 18. (*P.*)

* Surnommé à juste titre le *Tibulle français*.

Parr (Samuel),
philologue anglais (15 janvier 1747 — 6 mars 1825).

Field (William). Memoir of the life, writings and opinions of Dr. Parr. *Lond.* 1828. 2 vol. 8. Portrait.
Barker (Edmund Henry). Parriana, or notices of the Rev. S. Parr. *Lond.* 1828-29. 2 vol. 8.

Parr (Thomas) *,
centenaire anglais (1483 — 1635).

Taylour (John). Description d'un très-vieux homme, ou description et vie de T. Parr, Anglais, né en 1483 et actuellement vivant à Londres, âgé de 152 ans, trad. de l'angl. en holland. par H... H... *Delph.* 1636. 4. (*P.*)
The extraordinary life and times of T. Parr, wo lived to be 152 years of age, with remarks upon disease and healt, s. l. et s. d. (*Lond.* (1841.) 8. (*Oxf.*)

* Il avait vécu sous dix rois ou reines d'Angleterre, et sa nourriture pendant toute sa vie avait consisté presque exclusivement en lait, en fromage, en pain et en petite bière.

Parrasio (Giano Aulo),*
grammairien italien (1470 — vers 1534).

Mattei (Saverio). Vita del Parrasio. *Napol.* 1771. 8.

* Son véritable nom était Parisio.

Parry (William),
conspirateur anglais.

True and plaine declaration of the horrible treasons practised by W. Parry the traitor, against the queen's majestie (Elizabeth). *Lond.*, s. d. (1584). 4.

Parsons (G... B...),
missionnaire anglais.

Leslie (A...). Memoir of the late Rev. G. B. Parsons, missionary to India, etc. *Lond.* 1843. 8. (*Oxf.*)

Parsons (John),
anatomiste anglais (1742 — 3 avril 1785).

Duncan (Andrew). Account of the late Dr. J. Parsons. *Lond.* 1786. 8. (*Oxf.*)

Parsons (Levi),
missionnaire anglo-américain.

Morton (Daniel O...). Memoirs of the Rev. L. Parsons, first missionary to Palestine from the United States. *Burlington.* 1830. 12.

Parsons (William),
comédien anglais.

Bellamy (Thomas). Life of W. Parsons, comedian. *Lond.* 1795. 8. (*Oxf.*)

Parteguelfi,
famille italienne.

Servanzi Collio (Severino). Sulla famiglia Parteguelfa, patrizia di Sanseverino, alcune parole. *Sansever.* 1844. 8.

Paruta (Paolo),
historien italien (14 mai 1540 — 6 déc. 1598).

Zeno (Apostolo). Vita di P. Paruta. *Venez.* 1718. 4. (*Oxf.*)
Meneghelli (Antonio Maria). Elogio di P. Paruta. *Venez.* 1812. 8. *Ibid.* 1814. 8.
Mézières (Alfred). Etudes sur les œuvres politiques de P. Paruta. *Par.* 1853. 8.

Pascal (Blaise),
mathématicien français du premier ordre (19 juin 1623 — 19 août 1662).

Jesup (Edward). Lives of Picus (de Mirandola) and Pascal, faithfully collected from the most authentick accounts of them, etc. *Lond.* 1723. 8. (*Oxf.*) *Ibid.*, s. d. 8. (*Oxf.*)
Life and letters of B. Paschal (!). *Lond.* 1744. 2 vol. 8.
(**Bossut**, Charles). Discours sur la vie et les ouvrages de Pascal. *Par.*, s. d. 8. *Ibid.* 1781. 8. * (*P.*)

* La seconde édition a 26 pages de plus que la première.

Becker (Gotthelf Ehrenfried). B. Pascalis vitæ commentarii. Programmata IV. *Dresd.* 1782-84. 4. (*L.*)

Andrieux (Mathieu). Éloge de B. Pascal, etc. *Toulouse.* 1813. 8.
Dumesnil (Alexis). Éloge de B. Pascal. *Par.* 1813. 8. (*P.*)
Quesné (Jacques **Salbigoton**). Eloge de B. Pascal. *Par.* 1813. 8. (*Lv.*)
(**Demousseaux**, N... N...). Éloge de B. Pascal. *Gand.* 1813. 8. (*Lv.*)
Worbe (N... N...). Éloge de B. Pascal, s. l. et s. d. (*Rouen.* 1815.) 8. (*Lv.*)
Raymond (Georges Marie). Éloge de B. Pascal, accompagné des notes historiques et critiques. *Toulouse.* 1816. 8. (*P.*) *Lyon.* 1817. 8. (Couronné par l'Académie des Jeux floraux de Toulouse.) — (*P.*)
Belime (N... N...). Eloge de B. Pascal. *Par.* 1816. 8. (Eloge qui a remporté le second prix.)
Dufay de Livoys (Jean Baptiste). Eloge de B. Pascal. *Nantes.* 1819. 8.
Monier (Jean Baptiste Humbert). Essai sur B. Pascal. *Par.* 1822. 8. (*P.*)
Montel (N... N...). Essai sur Pascal. *Clerm.* 1823. 8.
Pascal's Lebensgeschichte, von seiner Schwester (Madame **Perier**) beschrieben. *Augsb.* 1831. 8. (Trad. du franç.)
Rust (Joseph). Commentationes II de B. Pascale, veritatis et divinitatis religionis christianæ vindice. *Erlang.* 1833. 4. (*L.*)
Reuchlin (Hermann). Pascal's Leben und der Geist seiner Schriften, etc. *Stuttg.* 1840. 8. (*L.*)
Thomas (Alexandre). Dissertatio de B. Pascale, an vere scepticus fuerit. *Par.* 1844. 8. (*P.*)
Flottes (abbé). Etudes sur B. Pascal. *Montpell.* 1846. 8.
Faugère (Prosper). Le génie et écrits de Pascal. *Par.* 1847. 8. (*P.*) *

* Traduction d'un extrait de l'*Edinburgh-Review* (janvier 1847).

Vinet (Alexandre). Études sur B. Pascal. *Par.* 1848. 8. (*P.*)
Maynard (abbé). Pascal, sa vie et son caractère, ses écrits et son génie. *Par.* 1831. 2 vol. 8. (*P.*)

Gonod (Benoît). Recherches sur la maison où Pascal est né, s. l. (*Lyon.*) 1847. 12.

Pascal (Jacqueline),
sœur du précédent.

Cousin (Victor). J. Pascal. *Par.* 1845. 12. (*P.*)
J. Pascal, or convent life at Port Royal; compiled from the French of Victor Cousin, Léon Feugère(?) Vinet, etc. *Lond.* 1854. 8.

Pascal-Lacroix (Jean),
littérateur français (4 août 1771 — 7 sept. 1836).

(**Delcroix**, François). Notice nécrologique sur M. Pascal-Lacroix. *Cambrai.* 1836. 8. (Tiré seulement à 60 exemplaires.)

Pasch (Ulrica Fredrika),
peintre suédoise (10 juillet 1735 — 2 avril 1796).

Wenberg (Thure). Åminnelse-Tal öfver U. F. Pasch. *Stockh.* 1798. 4. (*Oxf.*)

Pascha (Nicolaus Procopius),
théologien allemand.

Lehmann (Michael Gottlieb). Leichenpredigt auf den Archidiaconus N. P. Pascha. *Dresd.* 1653. 4. (*D.*)

Paschal (Carlo), voy. **Pasquali.**

Paschalis II,
pape, successeur d'Urban (... — élu le 12 août 1099 — 22 janvier 1118).

Hartmann (Johann Adolph). Vita Paschalis II, papæ. *Marb.* 1728. 8. (*L.*)

Paschen (Willem),
littérateur hollandais.

Paschen (Willem). Verdediging tegen Carel van der Aa. *Deventer.* 1807. 8.
Aa (Carel van der). Verdediging tegen W. Paschen. *Utrecht.* 1807. 8.

Pascoli (Alessandro),
médecin italien (10 janvier 1690 — 5 février 1757).

Massari (Cesare). Elogio di A. Pascoli, filosofo e medico Perugino. *Perug.* 1839. 8.

Pascoli Angeli (Marianna),
peintre italienne.

Meneghelli (Antonio Maria). Su la Pascoli Angeli e di loro pitture. *Padov.* 1832. 8.

Pasinelli (Lorenzo),
peintre italien (1629 — 1700).

Zanotti (Giovanni Pietro). Nuovo fregio di gloria a Felsina sempre pittrice nella vita di L. Pasinelli, pittore Bolognese. *Bologn.* 1703. 8.

Paskewitsch-Eriwansky (Iwan Féodor),
feld-maréchal russe (8 mai 1782 — ...).

Tolstoï (Jacques). Essai biographique et historique sur le feld-maréchal prince de Varsovie, comte Paskewitsch d'Eriwan. *Par.* 1835. 8. Portrait. *(P.)*

Pasor (Matthias),
théologien allemand (12 avril 1599 — 28 janvier 1658).

Parentalia M. Pasoris, nimirum : Oratio funebris ab Abdia WIDMARO dicta; vita Pasoris, ab ipsomet consignata, et epicedia in ejusdem obitum. *Groning.* 1638. 4. *(D. et L.)*

Pasqual (Augustin Antonio),
augustin espagnol (vers 1608 — 1er juillet 1691).

Laus (Francisco). Vida del V. P. A. A. Pasqual. *Valencia.* 1692. 4.

Pasquali (Carlo), plus connu sous le nom de Paschal,
négociateur italien (1547 — 25 déc. 1625).

Mansueti (Francesco). C. Paschal, illustre Piemontese del secolo XVI. *Cuneo,* s. d. (1844). 8.

Pasquale (Scipione),
poëte italien (1580 — 1624).

Amenta (Niccolò). Vita di S. Pasquali. *Venez.* 1701. 8.

Pasqualigo,
famille italienne.

Cicogna (Emanuele Antonio). Personaggi illustri della Veneta patrizia gente Pasqualigo. *Venez.* 1822. 12.

Pasquier (Étienne), *
jurisconsulte français (1529 — 31 août 1615).

Dupin (André Marie Jean Jacques). Éloge d'É. Pasquier. *Par.* 1843. 8.

* On l'a peint sans mains pour symboliser le désintéressement de son caractère.

Giraud (Charles). Notice sur É. Pasquier. *Par.* 1848. 8.

Manneville (Charles de). Éloge historique d'E. Pasquier. *Par.* 1831. 8.

Guenther (Friedrich). E. Pasquier. Beitrag zur Kenntniss der französischen Sprache im 16ten Jahrhundert. (Schulprogramm.) *Bernburg.* 1851. 4.

Feugère (Léon). Essai sur la vie et les ouvrages d'É. Pasquier. *Par.* 1849. 18. *(P.)*

Pasquier (Étienne Denis),
homme d'État français (22 avril 1767 — ...).

(Loménie, Louis de). M. Pasquier, par un homme de rien. *Par.* 1844. 12.

Pasquier (Joseph Philippe Auguste, baron),
chirurgien français (17 déc. 1794 — 4 janvier 1852).

Lévy (Michel). Notice nécrologique sur J. P. A., baron Pasquier, ex-premier chirurgien du roi et du prince royal (le duc d'Orléans). *Par.* 1852. 8. (Extrait de la *Gazette des hôpitaux.*)

Pasquier (Thomas),
médecin français (1810 — ...).

Hervey (John). Éloge de T. Pasquier. *Par.* 1840. 8.

Pasquino,
fameuse statue à Rome.

(Cancellieri, Francesco Girolamo). Notizie delle due famose statue di un fiume e di Patsaclo, dette volgarmente di Marforio e di Pasquino. *Rom.* 1789. 8. (Rare.)

Passalacqua (Teresa),
religieuse italienne.

Breve ragguaglio di alcune virtù della M. Maria Teresa Vittoria, al secolo T. Passalacqua, monaca in Milano. *Milan.* 1758. 8.

Passavant (Carl Wilhelm),
théologien allemand (27 juillet 1779 — 16 juillet 1846).

C. W. Passavant, weiland Pastor primarius in Bremen, dargestellt aus den Reden bei seiner Leichen- und Begräbniss-Feier. *Brem.* 1847. 8.

Passek (Johann Chrysostomus),
homme d'État polonais.

Denkwürdigkeiten des J. C. Passek, aus den Regierungsjahren der Könige Johann Casimir, Michael Corybut und Johann IV von Polen (1656–1688), polnisch herausgegeb. vom Grafen Eduard RACZYNSKI, ins Deutsche übertragen von Gustav Adolph STENZEL. *Bresl.* 1838. 8. *(L.)*

Passemant (Claude Siméon),
ingénieur français (1702 — 6 nov. 1769).

Sue (Pierre). Précis historique sur la vie et les ouvrages de M. Passemant, ingénieur du roi. *Par.* 1778. 8. *(P.)*

Passeri (Giovanni Battista),
antiquaire italien (10 nov. 1694 — 4 février 1780).

Olivieri degli Abbati (Annibale Camillo). Memorie dell' uditor G. Passeri, frà gli Arcadi Feralbo. *Pesar.* 1780. 4.

Passerin (Johann Caspar),
théologien (?) allemand.

Lessing (Johann Gottfried). Gedächtnissrede auf J. C. Passerin. *Dresd.* 1750. 4. *(D.)*

Passeroni (Giovanni Carlo),
poëte italien (8 mars 1713 — 26 déc. 1802).

Scotti (Cosimo Galeazzo). Elogio di G. C. Passeroni. *Cremon.* 1814. 8. Portrait.

Della vita e delle scritti dell' abate G. C. Passeroni. *Milan.* 1822. 12.

Passi-Lomellini (Giuseppina),
dame italienne.

Memorie sulla vita di donna G. Passi, nata marchesa Lomellini. *Torin.* 1835. 8.

Passionei (Domenico),
cardinal italien (2 déc. 1682 — 5 juillet 1761).

(Goujet, Claude Pierre). Éloge historique du cardinal Passionei. *La Haye.* 1763. 12. *(P.)*

(Galletti, Pietro Luigi). Memorie per servire alla storia della vita del cardinale D. Passionei, secretario de' brevi e bibliotecario della S. Chiesa. *Rom.* 1764. 4.

Passow (Ludwig Carl Friedrich Franz),
philologue allemand (20 sept. 1786 — 11 mars 1833).

Wachler (Albrecht). F. Passow's Leben und Briefe, mit Vorrede von Ludwig WACHLER. *Bresl.* 1839. 8. *(D. et L.)*

Linge (Carl). De F. Passovii in academia Lipsiensi vita et studiis. *Cervimont.* 1839. 4. *(L.)*

Passy (Anton),
théologien allemand (31 mars 1788 — 11 mars 1847).

Passy (Johann Nepomuk). Necrolog des hochwürdigen Herrn P. A. Passy, Priesters aus der Versammlung des heiligen Erlösers. *Wien.* 1847. 8. Portrait.

Passy (Antoine François),
géologue français (23 avril 1792 — ...).

Legoyt (A...). Notice sur A. Passy. *Par.* 1842. 8. (Extrait du *Biographe universel.*)

Pasta (Andrea),
médecin italien (27 mai 1706 — 13 mars 1782).

(Bottagisi, Giovanni). Elogio del medico A. Pasta. *Bergam.* 1784. 8.

Venanzio (Alessandro). Elogio di A. Pasta. *Bergam.* 1843. 8. (Orné de son buste.)

Pastelli (Francesco Antonio),
littérateur (?) italien.

Mazzoldi (Angelo). Discorso in morte del signor F. A. Pastelli. *Bresc.* 1836. 8.

Pastoret (Emmanuel Claude Joseph Pierre, comte de),
pair de France (25 oct. 1756 — 28 sept. 1840).

Berr (Michel). Notice biographique sur le comte (E. C. J. P. de) Pastoret, avec des remarques sur son ouvrage: *Moïse considéré comme législateur et moraliste.* *Nancy.* 1841. 8.

Pastoret (Jean),
jurisconsulte français (1328 — 1405).

Blosseville (Ernest de). Notices historiques sur la famille Pastoret, s. l. et s. d. *(Par.)* 8. (Extrait de la *Biographie universelle* de Michaud. *)

* On y trouve trois notices historiques 1o sur J. Pastoret, 2o sur Claude Emmanuel Joseph Pierre, marquis de Pastoret, accomp. de son portrait, et 3o sur Adélaïde Anne Louise Piscatory, marquise de Pastoret, épouse du précédent (née en 1765, morte le 26 sept. 1843).

Pastre (N... N...),
prêtre français (6 janvier 1779 — 15 mai 1839).

Lyonnet (N... N...). Souvenirs biographiques sur M. l'abbé Pastre, ancien préfet apostolique de l'île de Bourbon, chanoine de l'église pontificale. *Lyon.* 1839. 8. *

* La notice ne donne ni ses prénoms, ni le lieu de sa naissance.

Pataki (Samuel),
médecin transylvanien.

Næniæ lugubris in funere S. Pataki de Sz. Patak, medici dum vixit per principatum Transylvaniæ practici celeberrimi ac L. R. civitatis Claudiopolis polyatri. *Claudiop.* 1766. 4.

Pataroli (Lorenzo),
archéologue italien (1674 — 1727).

Laste (Natale dalle). L. Pataroli vita. *Venet.*1743. 4. (*Oxf.*)

Patch (Richard).

Blanchard (John) et **Ramsay** (David). Trial of R. Patch. *Lond.* 1806. 8.

Paté (Pierre Antoine),
prêtre française († 21 mars 1728).

(**Trigan**, Charles). La vie et les vertus de messire P. A. Paté, prêtre, bachelier en théologie, curé de Cherbourg et doyen de la Hague, décédé en odeur de sainteté, etc. *Coutances.* 1747. 8. (*Bes.*)

Pater (Jean Baptiste),
peintre français (1695 — 1737 ?).

Blanc (Charles). Les peintres des fêtes galantes. *Par.* 1853. 52. *

* Cet opuscule donne des renseignements biographiques sur Antoine Watteau, Nicolas Lancret, J. B. Pater et François Boucher.

Pater (Paul),
mathématicien hongrois (1656 — 7 déc. 1724).

Die Ehre des Verblichenen, wider die im *continuirten gelehrten Preussen* enthaltene unverdiente und grobe Beschimpfung P. Pater's, gerettet von seinem ehemals gewesenen Auditore. *Frf.* et *Leipz.* 1727. 4. (*D.* et *L.*)

Paterin (Claude),
jurisconsulto français (1475 — 1551).

Amanton (Claude Nicolas). Lettres sur trois Lyonnais, premiers présidents au parlement de Bourgogne dans le xvie siècle, de 1503 à 1551, (Humbert de Villeneuve, Hugues Fournier et C. Paterin). Lyon. 1826. 8. (*Lv.*)

Cochard (Nicolas François). Lettre à M. Amanton, au sujet de ses Lettres sur les trois Lyonnais. *Lyon.* 1827. 8.

Paterni (Bernardino),
médecin italien.

Ripa (Raffaelo). In funere B. Paterni, medicinæ in academia Pataviensi professoris, oratio. *Venez.* 1592. 4. (*P.*)

Patin (Guy),
médecin français (30 août 1601 — 30 août 1672).

(**Lancelot**, Antoine). Esprit de G. Patin. *Amst.* 1709. 12. *Ibid.* 1713. 8. * (*P.*)

* Attribué très-souvent à Louis Bordelon.

Patkul (Johann Reginald ou Reinhold v.),
général livonien (1660 — écartelé le 10 oct. 1707).

, Echo, oder rechtmässige Beantwortung auf die von den Schweden ausgestreuten Pasquillen, etc., s. l. 1701. 8. (Apologie écrite par lui-même.)

Thomasius (Christian). Gründliche, doch bescheidene Deduction der Unschuld J. R. v. Patkul's, wider die Lästerungen seiner Feinde, etc. *Leipz.* 1701. 4. (*L.*)

Hagen (Lorenz). Unpartheiischer Bericht von der Aufführung J. R. Patkul's, kurz vor und bey seinem Tode, s. l. 1707. 4. (*L.*)

Unschuldige Nachrichten von J. R. v. Patkul. *Leipz.* 1707. 4. (*L.*)

Muster des wandelbaren Glücks-Rades an dem Rade der Justiz, d. i. Rede des von seinem Leben abgesonderten und antizt auf einem Pflocke steckenden Haupts des weltbekannten J. R. v. Patkul, s. l. 1708. 8.

Letzte Stunden J. R. Patkul's. *Coeln.* 1714. 8.

Short narrative of the life and death of J. R. Patkul. *Lond.* 1717. 8. (Non mentionné par Lowndes.) — (*Oxf.*)

(**Ranft**, Michael). Merkwürdige Lebensgeschichte der vier schwedischen Feldmarschälle Rehnschild, Stenbock, Meyerfeld und Dücker; nebst dem angeführten merkwürdigen Leben und Ende des bekannten Generals J. R. v. Patkul. *Leipz.* 1753. 8. (*L.*) Trad. en suéd. s. c. De olyckelige Generalens J. R. Patkul's märkvärdiga Lefverne och bedröfliga Dod, par Carl Christophersson Gjoerwell. *Stockh.* 1755. 8. *Upsal.* 1756. 8.

Anecdotes concerning the famous J. R. Patkul. *Lond.* 1761. 8. (Omis par Lowndes.) — (*Oxf.*)

Nachrichten von dem Leben und der Hinrichtung J. R. v. Patkul's. *Goetting.* 1785. 8.

Le martyr de la liberté. Lettres originales de l'infortuné Patkul, ambassadeur et général de Pierre le Grand, (publ. par Antoine Serieys). *Par.* 1790. 2 vol. 8. (*P.*)

Bergmann (Benjamin Fürchtegott Balthasar v.). Historische Schriften. *Leipz.* 1803. 2 vol. 8. * (*L.*)

* Le premier volume est intitulé : *J. R. v. Patkul vor dem Richterstuhle der Nachwelt.*

Wernich (Otto A...). Der Livländer J. R. v. Patkul und seine Zeitgenossen. *Berl.* 1849. 8. (*L.*)

Patricelli (Michele Archangelo),
littérateur (?) italien.

Lupoli (Michele Archangelo). Commentariolus de vita M. A. Patricelli. *Neapol.* 1788. 8.

Patrick (Saint),
apôtre d'Irlande (372 — 464).

Stanihurst (Richard). De vita S. Patricii, Hiberniæ apostoli, libri II. *Antw.* 1587. 8. (*D.*)

Thyer (William). Discursus panegyrici de nominibus, tribulationibus et miraculis S. Patricii, Hibernorum apostoli, etc. *Duaci.* 1617. 8. *

* Lowndes attribue cet ouvrage à Patrick Donovan.

B... (B...). Life of the glorious bishop S. Patrick, apostle and primate of Ireland. *Saint-Omer.* 1625. 4.

Perez de Montalvan (Juan). Vida y purgatorio de S. Patricio. *Lisb.* 1646. 24.

Histoire de la vie de S. Patrice. *Par.* 1651. 12.

Falconi (Celso). Vita di S. Patrizio, gran patriarca ed apostolo dell' Ibernia. *Bologn.* 1660. 4.

Archdekin (Richard). Vitæ et miraculorum S. Patricii, Hiberniæ apostoli, epitome. *Lovan.* 1671. 8.

Bouillon (François). Histoire de la vie, miracles et du purgatoire de S. Patrice, archevêque et primat d'Hybernie. *Par.* 1643. 16. *Lyon.* 1674. 12.

Delightful history of the life and death of S. Patrick, champion of Ireland. *Lond.* 1685. 4.

Certani (Giacomo). Il Mosè della Ibernia, o vero vita del glorioso S. Patrizio. *Bologn.* 1686. 4. Trad. en allem. par Georg Schumann. *Passau.* 1722. 4.

Costa (Victorino Jozé da). Vida e purgatorio de S. Patricio. *Lisb.* 1737. 4.

Hearn (F... O...). Oratio de D. Patricii, Hiberniæ apostoli, laudibus. *Lovan.* 1784. 8. (Très-rare.)

Wonderlyk Leven van den grooten H. Patricius, patriarch van Irlandt, en historie van het vagevuur van den zelven heyligen. *Mechel.*, s. d. 12. *Bruss.* 1672. 12. *Ypern.* 1668. 12.

(**O'Sullivan**, Philippe). De S. Patricii vita, purgatorio et miraculis. *Madr.* 1629. 12.

Life of S. Patrick. *Dubl.* 1743. 12. (*Oxf.*)

Swift (Edmund). Life and acts of S. Patrick, the archbishop, primate and apostle of Ireland, now first translated, from the original latin of Jocelin. *Dubl.* 1809. 8.

Patrick (Symon),
évêque d'Ély.

Patrick (Symon). Autobiography, now first published from the original manuscript. *Oxf.* 1839. 8. (*Oxf.*)

Patridge (John),
astrologue anglais († 1715).

The last will and testament of J. Patridge, student in physick and astrology. *Lond.* 1715. 8. (Peu commun.)

Patrin (Eugène Louis Melchior),
minéralogiste français (1742 — 15 août 1815).

Villermé (N... N...). Notice sur la vie et les travaux d'E. L. M. Patrin. *Par.* 1818. 8. (Extrait des *Annales encyclopédiques.*)

Patrizia (Santa),
impératrice de Constantinople.

Manzo (Giovanni Battista). Vita di S. Patrizia, vergine. *Napol.* 1611. 4.

Porcelli (Francesco). Breve discorso, nel qual si narrano i motivi della città di Napoli in reintegrare alla sua padronanza la vergine S. Patrizia, imperadrice di Costantinopoli. *Napol.* 1623. 4. (Très-rare.)

Berzetto (Niccolò). Vita di S. Patrizia, vergine. *Rom.* 1633. 4. *

* Publ. sous l'anagramme de Cleonte Tussizi.

Patroclus,
martyr allemand.

Stute (Johann Peter). Vita et gesta Patrocli martyris, Susatensium patroni, observationibus illustrata. *Lips.* 1712. 4. (*D.* et *L.*)

Patru (Olivier),
jurisconsulte français (1604 — 1681).

Peronne (Prosper). Barreau de Paris : Éloge d'O. Patru, etc. *Par.* 1851. 8.

Patten, surnommé **Waynflete** (William),
évêque d'Ély et de Winchester (vers 1414 — 11 août 1486).

(**Budden,** John). Vita et obitus G. Patteni, cui Waynfleti agnomen fuit, episcopi Wintonensis. *Oxon.* 1602. 4. (*Oxf.*)

Chandler (Richard). Life of W. Waynflete, bishop of Winchester, lord-high-chancellor in England, in the reign of Henry VI, and founder of Magdalen college. *Oxf.* 1811. 8. (*Oxf.*)

Patten (Ruth),
Anglo-américaine.

Patten (William). Memoirs of Mrs. R. Patten. *Hartford.* 1834. 12.

Patterson (John),
officier anglais.

Adventures of captain J. Patterson, of the 50th or Queen's own regiment, with notices of the officiers, etc., from 1807 to 1821. *Lond.* 1836. 12.

Pattrick (George),
théologien anglais.

Memoirs of the life of G. Pattrick, vicar of Aveley, Essex. *Lond.* 1801. 8. (Composé par lui-même.) — (*Oxf.*)

Patuzzi (Giovanni Vincenzo),
théologien italien (19 juillet 1700 — 26 juin 1769).

Sidenio (N... N...). Elogium J. V. Patuzzii. *Vicenza.* 1769. 4.

Patzke (Johann Samuel),
théologien allemand (24 oct. 1727 — 14 déc. 1787).

Ribbeck (Conrad Gottlieb). Predigt zum Gedächtnisse des Herrn J. S. Patzke, (nebst dessen Lebenslauf). *Berl.* 1788. 8.

Paul (Saint),
l'un des douze apôtres.

Crusius (Paul). Paulus naufragus. *Lips.* 1609. 8. (*L.*)

Stolterfoth (Jacob). Gefährliche Schiffart Pauli. *Lübeck.* 1637. 8. *Ibid.* 1638. 8.

Laetus (Georg). Peregrinatio Pauli apostoli. *Lugd. Bat.* 1659. 12. *Frf.* 1650. 12.

Godeau (Antoine). Vie de l'apostre de S. Paul. *Par.* 1647. 12. (*P.*)

Gumppenberg (Wilhelm). Vita di S. Paolo, primo eremita. *Rom.* 1671. 4.

Bucher (Friedrich Christian). De peregrinatione Pauli transmarina. *Witteb.* 1679. 4.

Wilcke (Georg Lebrecht). Diatriba de peregrinatione Pauli Macedonica per Græciam. *Lips.* 1688. 4. (*L.*)

Cellarius (Christoph). Dissertatio de amœnitatibus historicis et geographicis ex itineribus Pauli apostoli collectis. *Halæ.* 1694. 4.

Stryck (Johann Samuel). Dissertatio de jurisprudentia Pauli. *Halæ.* 1703. 4. *Ibid.* 1730. 4.

Wandalin (Johann Friedrich). Dissertatio de Melita Pauli. *Hafn.* 1707. 4.

Quandt (Johann Jacob). Dissertatio de maritima Pauli peregrinatione. *Regiom.* 1710. 4.

Moonen (Arnold). Paulus onder de heijden. *Delft.* 1715. 4.

Hassaeus (Jacob). Dissertatio geographico-politica de navibus Alexandrinis, Paulum in Italiam deferentibus. *Bremæ.* 1716. 8.

Kunze (Peter). Observationes de vexillo navis Alexandrinæ, qua Paulus, gentium doctor, in Italiam vectus est. *Jenæ.* 1724. 4.

Georgius (Ignatius). Paulus apostolus in mari, quod nunc Venetus sinus dicitur, naufragus et Melitæ, Dalmatiensis insulæ, post naufragium hospes, sive de genuino significatu duorum locorum in actibus apostolicis inspectiones anticriticæ. *Venet.* 1730. 4.

Kirchmaier (Georg Wilhelm). Dissertatio de jurisprudentia Paullina. *Witteb.* 1730. 4.

Schumacher (Albert). De naufragio Paulino. *Brem.* 1730. 4.

Zobel (Nicolaus Ernst). Dissertatio de Paulo philosopho. *Altorf.* 1731. 4.

Kirchmeier (Johann Christian). Dissertatio de requie Pauli in Melitæ insula. *Marb.* 1731. 4. (*L.*)

Westenberg (Jan Ortwig). Oratio de Paulo Tarseni jurisconsulto. *Franeq.* 1732. 4.

Syrbius (Johann Jacob). Dissertatio de Pauli in urbem Romanam ingressu. *Jenæ.* 1732. 4.

Gervaise (François Armand). Vie de S. Paul, apôtre des Gentils et docteur de l'Eglise, etc. *Par.* 1734. 3 vol. 12. (*L., Oxf.* et *P.*)

Attardi (Bonaventura). Bilancia della verità, o sia risposta al libro intitolato Paulus apostolus in mari, quod nunc Venetus sinus dicitur, naufragus, etc. *Palerm.* 1738. 4. (Critique de l'ouvrage de Georgius mentionné p. 1581.)

Ciantar (Giovanni Antonio). De B. Paulo apostolo, in Melitam Siculo Adriatici maris insulam naufragio ejecto; dissertationes apologeticæ in inspectiones anticriticas Ignatii. Georgii. *Venet.* 1738. 4.

Rupertus a Sancto Caspare. Divus Paulus apostolus e Melita Illyriciana in Africanam quondam, nunc S. Johannis Hierosolymitani equitum feliciter redux sive antecriticarum inspectionum Ignatii Georgii amica inspectio. *Venet.* 1739. 4.

Picard de Saint-Adon (François). Histoire suivie des voyages de S. Paul et de ses compagnons. *Par.* 1742. 12. (*P.*)

Moldenhauer (Johann Heinrich Daniel). Acta apostoli Pauli chronologice digesta ; dissertationes II. *Halæ.* 1744. 4. (*L.*)

Regnaud (Giovanni Maria). Mire benefiche della grazia nella caduta in sulle vie di Damasco, e le tracce amocevoli della providenza nel naufragio in sulle rive di Malta dell' apostolo S. Paolo, primo tutelare dell' isole di Malta e Gozzo, etc. *Rom.* 1749. 4.

Sciugliaga (Stefano). Naufragio di S. Paolo ristabilito nella Melita Illyrica contro la dissertazione cronologico-geografica del R. P. Carlo Giuseppe di San Fioriano. *Venet.* 1757. 4.

Agio de Soldanis (Giovanni Pietro). Discorso apologetico contro la dissertazione dell' abate Ladvocat intorno il naufragio di S. Paolo, etc. *Venez.* 1757. 4. Trad. en franç. *Avign.* 1757. 4.

Sciugliaga (Stefano). Opuscoli italiani e latini sopra il naufragio di S. Paolo apostolo, contro gli scrittori Filo-Maltesi. *Venez.* 1759. 4.

Critica de' critici moderni, che dall' anno 1731 infino al 1760 scrissero sulla controversi del naufragio di S. Paolo. *Venez.* 1763. 4.

Pagnini-Lanfredini (Giovanni). Descrizione idrografica, che contiene la navigazione ed il naufragio dell'apostolo S. Paolo nell' isola di Malta. *Napol.* 1765. 4.

Lorenz (Johann Michael). Annales Paullini, s. Pauli apostoli fata vitæ, temporum ordine digesta. *Argent.* 1769. 4.

Holbach (Paul Heinrich Dietrich v.). Examen critique de la vie et des ouvrages de S. Paul. *Lond.* 1770. 12.

Peterson (Samuel). Dissertatio de cœcitate Pauli. *Lund. Svev.* 1790. 4.

La Flechère (Jean Guillaume de). Portrait de S. Paul, ou le vrai modèle pour les chrétiens et les pasteurs... Trad. en angl. avec une notice sur l'auteur par Joshua Gilpin. *Lond.* 1791. 2 vol. 8. (Omis par Lowndes.)

Addington (Anthony). Life of Paul the apostle, with remarks on his discourses and writings. *Lond.* 1784. 8.

Bevan (Joseph Gurney). Life of the apostle Paulus, as related in the Scriptures, etc. *Lond.* 1807. 8.

Paley (William). Horæ Paulinæ, or the truth of the scripture history of S. Paul. *Lond.* 1812. 8. Trad. en allem...

Mynster (Jacob Peter). De ultimis annis muneris apostolici a Paulo gesti. *Hafn.* 1815. 8.

Gerhauser (Johann Baptist). Character und Theologie des Apostels Paulus, aus seinen Reden und Briefen. *Landsh.* 1816. 8.

Eisner (H... F...). Paulus apostolus et Jesaias propheta inter se comparati, etc. *Vratislav.* 1819. 4. Specimen II. *Ibid.* 1821. 4.

Menken (Gottfried). Blicke in das Leben des Apostels

Paulus und der ersten Christengemeinde, etc. *Brem.* 1828. 8.

Hemsen (Johann Tychsen). Der Apostel Paulus; sein Lebenswirken und seine Schriften; vier Bücher herausgegeben von Gottfried Christian Friedrich LUECKE. *Goetting.* 1830. 8.

Schrader (Carl). Der Apostel Paulus, etc. *Leipz.* 1830-34. 4 vol. 8. *(L.)*

Schott (Heinrich August). Erörterungen einiger wichtigen chronologischen Puncte in der Lebensgeschichte des Apostels Paulus. *Jena.* 1832. 8.

Scharling (Carl Emil). De Paulo apostolo ejusque adversariis commentatio. *Hafn.* 1836. 8. *(Cp.)*

Hessel (J...). Leben des Apostels Paulus. *Darmst.* 1837. 8.

Woodward (Charles). Analysis of (William) Paleys *Horæ Paulinæ.* *Lond.* 1837. 8. *(Oxf.)*

Robinson (Thomas). The character of S. Paul, the model of the christian ministry, etc. *Cambr.* 1840. 8. *(Oxf.)*

Biber (G... E...). Life of S. Paul, the apostle of the Gentiles, etc. *Lond.* 1849. 12.

Conybeare (W... J...) et **Howson** (W... J... S...). Life and epistles of S. Paul, comprising a complete biography of the apostle, and a paraphrastic translation of his epistles, inserted in chronological order. *Lond.* 1850. 2 vol. 4.

Fleury (Amédée). S. Paul et Senèque. Recherches sur les rapports du philosophe avec l'apôtre, etc. *Par.* 1853. 2 vol. 8.

D... (S...). Histoire de S. Paul, apôtre des Gentils. *Tours.* 1853. 12. (2e édition.)

Polidori (Luigi). Sulle immagini dei SS. Pietro e Paolo, dissertazione. *Milan.* 1834. 8. *(Oxf.)*

Paul II,
pape, succédant à Pie II (vers 1416 — élu le 31 août 1464 — 26 juillet 1471).

Cannesio (Michele). Paul II pontificis maximi vita, publ. par Angelo Maria QUIRINI. *Rom.* 1740. 4. *(Bes.)*

Paul III,
pape, successeur de Clément VII (vers 1466 — élu le 13 oct. 1534 — 20 nov. 1549).

Quirini (Angelo Maria). Imago optimi pontificis expressa in gestis Pauli III. *Brix.* 1745. 4.

Kiesling (Johann Rudolph). Epistola (ad Angelum Mariam Quirinum) de gestis Pauli III pontificis cum Henrico VIII, Angliæ rege. *Lips.* 1747. 4. *(L.)*

——Epistola de gestis Pauli III ad emendationem ecclesiæ maxime spectantibus. *Lips.* 1748. 4. *(L.)*

Pauli III pontificis Romani epistolæ ad Helvetios et aliquot corum episcopos atque abbates, quibus et instituti concilii Tridentini et suscepti contra protestantes belli ratio continetur, s. l. 1546. 4. *Par.* 1547. 8. *(P.)* Trad. en allem., s. l. 1546. 4.

Aesquillus (Paulus). Sendbrieff von dem Todt Pauli, des dritten Babsts dieses Namens, item, was ihm nach seinem Todt begegnet ist, s. l. 1549. 4. (Très-rare.)

Paul IV,
pape, succédant à Marcel II (28 juin 1476 — élu le 23 mai 1555 — 18 août 1559).

Borgo (Lorenzo dal) et **Porcacchi** (Tommaso). Vita di Marcello II e di Paolo IV. *Venez.* 1578. 8.

Caraccioli (Antonio). Collectanea historica de vita Pauli IV. *Col. Agr.* 1612. 4. *(L. et P.)*

Castaldi (Giovanni Battista). Vita del S. pontefice Paolo IV, fondatore della religione de' chierici regolari. *Rom.* 1615. 4.

Magi (Francesco Maria). Disquisitio historica de Pauli IV inculpata vita. *Neap.* 1672. 4.

Bromato da Erano (Carlo). Storia di Paolo IV. pontefice massimo. *Ravenn.* 1748. 2 vol. 4. *

  * Le véritable nom de l'auteur est Bartolomeo CARRARA.

Paul V,
pape, successeur de Léon XI (17 sept. 1552 — élu le 16 mai 1605 — 28 janvier 1621).

Rosières (François de). Oratio panegyrica ad perpetuam memoriam assumptionis Pauli papæ V ad sacræ sedis apostolicæ culmen. *Pontimuss.* 1605. 4.

Capello (Marco Antonio). Parere delle controversie fra Paolo V e la serenissima republica di Venezia. *Venez.* 1606. 4.

Trad. en franç. :

S. c. t. Pièces du mémorable procès esmeu l'an 1606, entre le pape Paul V et les seigneurs de Venise, *Saint-Vincent.* (Genèv.) 1607. 8. *(Bes.)*

S. c. t. Histoire des différends entre le pape Paul V et la république de Venise (trad. par Jean DE CORDES), s. l. 1625. 8. *(Bes.)*

S. c. t. Histoire du démélé du pape Paul V avec la république de Venise (trad. par N... N... LA BORDE). *Avign.* 1759. 8. *(Bes.)*

(**Goujet**, Claude Pierre). Histoire du pontificat de Paul V. *Amst.* (*Par.*) 1765. 2 vol. 12. *(P.)*

Paul V und die Republik Venedig, nach Paolo Sarpi, mit erläuternden Bemerkungen von C... W... *Freiburg.* 1819. 8. *(L.)*

Guidiccione (Lelio). Breve racconto della trasportazione del corpo di papa Paolo V, etc. *Rom.* 1623. 4.

Paul I Petrowitsch,
empereur de Russie (1er oct. 1754 — 9 nov. 1796 — assassiné le 12 mars 1801).

Storch (Heinrich). Historisch-statistisches Gemälde des russischen Reiches zu Ende des 18. Jahrhunderts. *Leipz.* 1797-1803. 3 vol. 8. *(L.)*

Paul I, Kaiser von Russland; von einem unbefangenen Beobachter. *Leipz.* 1801. 8. *(L.)*

Paul I, Kaiser und Selbstherrscher aller Reussen; historische Skizze. *Leipz.* 1802. 8. Portrait. *(L.)*

Geheime Nachrichten von Russland, insbesondere von der Regierung Catharina's II und der Thronbesteigung Paul's I. *Leipz.* 1803. 3 vol. 8. *(L.)*

(**Tannenberg**, Gregoriaetsch v.). Leben Paul's I, etc. nebst einer authentischen Geschichte der Feldzüge der Russen in Italien, in der helvetischen und batavischen Republik gegen die Franzosen. *Frf.* 1804. 8.

(**Hassdenpflug**, Wilhelm v.). Schilderung des Kaisers Paul. *Germanien.* 1803. 8.

Paul I, russischer Kaiser, als Grossmeister des Malthcser-Ordens, etc. *Aarau.* 1808. 8. *(L.)*

Auguis (Pierre René). Histoire de Catherine II et de Paul I. *Par.* 1813. 8. *(P.)*

(**Châteaugiron**, René Charles Hippolyte de). Notice sur la mort de Paul I, empereur de Russie. *Par.* 1820. 8. (Omis par Quérard.) — *(P.)*

(**Oelrichs**, Johann Georg Heinrich). Ausführliche Beschreibung der Reise des Grossfürsten Paul Petrowitsch von Petersburg nach Berlin und zurück. *Berl.* 1776. 8.

Paul d'Égine,
médecin grec du ive siècle.

Vogel (Rudolph Augustin). Prolusiones II de Pauli Æginetæ meritis in medicinam imprimisque chirurgiam. *Goetting.* 1768-69. 4. *(L.)*

Paul de la Croix,
prêtre italien (3 janvier 1694 — 8 oct. 1775).

Vita del venerabile servo di Dio P. Paolo della Croze, fondatore della congregazione de' chierici scalzi della santa croze. *Rom.* 1821. 4. Portrait.

Paul de Samosate,
hérésiarque du iiie siècle.

Baier (Johann Wilhelm). Dissertatio historico-theologica de Paulo Samosateno, Socianorum patriarcha. *Halæ,* s. d. (1680). 4. *(D.)*

Jablonski (Paul Ernst). Genuina Pauli Samosateni episcopi Antiochiæ doctrina. *Frf. ad Viadr.* 1736. 4.

Feuerlein (Jacob Wilhelm). Dissertatio de hæresi Pauli Samosateni, etc. *Goetting.* 1741. 4. *(L.)*

Giacomelli (Michelangelo). De Paulo Samosateno deque illius dogmate et hæresi. *Rom.* 1741. 4.

Ehrlich (Johann Gottlieb). Dissertatio de erroribus Pauli Samosateni. *Lips.* 1745. 4. *(L.)*

Schwab (Johann Baptist). Dissertatio de Pauli Samosateni vita atque doctrina. *Herbipol.* 1839. 8. *(L.)*

Paul Frédéric Auguste,
duc d'Oldenbourg (13 juillet 1783 — 28 mai 1829 — 27 février 1853).

Fuhrken (H...). Predigt zum Gedächtnisse des durchlauchtigen, in Gott ruhenden Grossherzogs und Herrn

Paul Friedrich August, Grossherzogs von Oldenburg. *Oldenb.* 1853. 8.

Gottesdienstliche Feier zum Gedächtniss des Grossherzogs Paul Friedrich August von Oldenburg, etc. *Eutin.* 1853. 8.

Paul et Virginie,
connus par le roman de Bernardin de Saint-Pierre.

Lemontey (Pierre Édouard). Étude littéraire sur la partie historique de Paul et Virginie, accompagnée de pièces officielles relatives au naufrage du vaisseau *le Saint-Géran. Par.* 1825. 8. (*P.*)

Pauli (Broder),
jurisconsulte allemand (3 août 1598 — 19 janvier 1680).

Siver (Heinrich). Memoria D. B. Pauli, J. U. D. et reipublicæ Hamburgensis consulis. *Hamb.* 1680. 4. (*L.*)

Pauli (Daniel Friedrich),
jurisconsulte allemand.

Seelen (Johann Heinrich v.). Memoria D. F. Pauli, J. U. D. *Lubec.* 1729. Fol.

Pauli (Georg Jacob),
théologien allemand (24 juillet 1722 — 23 février 1795).

Pischon (Johann Carl). Predigt zum Gedächtniss des, etc., im 73ten Jahre seines Alters verstorbenen G. J. Pauli. *Halle.* 1795. 8.

Pauli (Hermann Reinhold),
théologien allemand (28 février 1682 — 5 février 1750).

Ursinus (Albrecht Philipp). Gedächtnisspredigt auf H. R. Pauli, nebst dessen Lebenslauf. *Halle.* 1750. Fol.

Pauli (Johann),
moine allemand.

Veith (Carl). Über den Barfüsser J. Pauli und das von ihm verfasste Volksbuch *Schimpf und Ernst*, etc. *Wien.* 1839. 8. (*D.*)

Pauli (Johann Wilhelm),
médecin allemand (19 février 1658 — 13 juillet 1723).

Deyling (Salomon). Concio funebris germanica cum curriculo vitæ; Johann Christoph Liscuwitz, oratio exequialis, et (Gottlieb Friedrich Jenichen) programma academicum in ejus obitum. *Lips.* 1723. Fol. (*D.* et *L.*)

Pauli (Theodor Christian),
jurisconsulte allemand.

Pisanski (Georg Christoph). Denkmal dem Ober-Appellations-und Pupillenrath Dr. T. C. Pauli gestiftet. *Königsb.* 1763. 4.

Pauli (Ludwig Ferdinand),
comédien allemand (1797 — 28 nov. 1841).

Leonhardt-Lyser (Caroline). L. Pauli als Künstler dargestellt. *Leipz.* 1842. 8. (*D.* et *L.*)

L. Pauli. Denkmal zur Erinnerung an ihn. *Dresd.* 1842. 12. (*D.*)

Pauline Christine Wilhelmine von Anhalt-Bernburg,
épouse de Frédéric Guillaume Léopold, prince de Lippe-Detmold (23 février 1769 — mariée le 2 janvier 1796 — 29 déc. 1820).

Weerth (Ferdinand). Zwei Predigten zum Gedächtniss der Fürstin Pauline Christine Wilhelmine von der Lippe. *Lemgo.* 1821. 8.

Paulinus (Pontius Meropius),
évêque de Nôle (353 — 431).

Chifflet (Pierre François). Paulinus illustratus, s. appendix ad opera et res gestas S. Paulini Nolani. *Divion.* 1662. 4.

(**Lebrun-Desmarettes**, Jean Baptiste). Vie de S. Paulin, évêque de Nôle. *Par.* 1686. 8. (*Bes.*)

Gervaise (François Armand). Vie de S. Paulin. *Par.* 1743. 4. (*Oxf.* et *P.*)

Rabanis (N... N...). S. Paulin de Nôle. Études historiques et littéraires. *Bordeaux.* 1841. 8.

Souiry (?) (abbé). Etudes historiques sur la vie et les écrits de S. Paulin, évêque de Nôle. *Bordeaux.* 1853. 2 vol. 8.

Paulinus (Simon),
savant suédois (10 déc. 1652 — 15 oct. 1691).

Achrelius (Daniil Erik). Sincerus professor academicus, doctor parvulorum, j lege verba ponderans, voci evangelicæ obtemperans, contemptor vanitatum S. Paulinus, magister scientiarum, L. L. professor optimus et vere

assiduus, commendatus in exemplum posteritatis. *Aboæ.* 1692. 4.

Paulli (Holger),
fanatique danois (1644 — 1715).

(**Hardt**, Hermann von der). Novus in Belgio Judæorum rex O. Paulli, multis editis monumentis litterariis clarus. *Helmst.* 1701. 4. (*L.*)

Paullini (Christian Franz),
médecin allemand (25 février 1643 — 10 juin 1712).

Dahlborn (Esaias). Vita, studia et gloria Paulliniana fide crena descripta. *Lips.* 1713. 8. (*L.*)

Paul Marie (le Père),
trappiste français.

Vaschy (Jean Baptiste). Vie cénobitique du Père Paul Marie, religieux profès de la Trappe de Notre-Dame de Grâce, près Briquebec (Manche). *Lyon.* 1844. 8.

Paulmier (Julien de),
médecin français (1520 — .. déc. 1588).

Pillet (Victor Evremont). J. de Paulmier. *Bayeux.* 1850. 8.

Paulus (Heinrich Eberhard Gottlob),
théologien allemand (1er sept. 1761 — 10 août 1851).

Paulus (Heinrich Eberhard Gottlob). Zur Sicherung meiner Ehre. Actenstücke, als Manuscript für Freunde und unpartheiische Beurtheiler. *Heidelb.* 1820. 8. (*L.*)

—— Skizzen aus meiner Bildungs- und Lebensgeschichte. *Heidelb.* 1839. 8. (*D.*)

Reichlin-Meldegg (Carl Alexander v.). II. E. G. Paulus und seine Zeit, nach dessen literarischem Nachlasse, bisher ungedrucktem Briefwechsel und mündlichen Mittheilungen dargestellt. *Stuttg.* 1852-53. 2 vol. 8. *

* Le dernier volume contient la vie de Paulus depuis son professorat à l'université d'Heidelberg (13 déc. 1810) jusqu'à sa mort.

Paur (Joseph Valentin),
littérateur allemand.

Paur (Joseph Valentin). Skizze einer Selbst-Biographie; mit einer Beilage in Briefen und einem Anhange von verschiedenen Reise-Reminiscenzen. *Linz.* 1854. 8.

Paurmeister (Tobias),
jurisconsulte allemand (1553 — 17 août 1616).

Mertens (Johann Anton). Memoria T. Paurmeisteri a Kochstet. *Freiburg.* 1809. 4.

Pausanias,
historien grec du 11e siècle.

Siebelis (Carl Gottfried). Quæstio in Pausaniæ Pariegetæ patria et ætate et qualis scriptor esse videatur hic Pausanias. *Budiss.* 1819. 4.

Boeckh (August). Programma de stilo Pausaniæ. *Berol.* 1824. 4.

Koenig (Ferdinand Soph. Christian). Commentatio de Pausaniæ fide et auctoritate in historia, mythologia artibusque Græcorum tradendis præstita. *Berol.* 1832. 8.

Pausière (Victor),
officier français († 11 avril 1852).

Grille (François). Paroles prononcés, etc., sur la tombe de M. V. Pausière, s. l. et s. d. (1852.) 8.

Pauw (Adriaan),
grand pensionnaire de Hollande († 1653).

Koenen (H... J...). A. Pauw. Bijdrage tot de kerk-en handelgeschiedenis der zestiende eeuw. *Amst.* 1842. 8. Portrait. (*Ld.*)

Pavillon (Nicolas),
évêque d'Aleth (17 nov. 1597 — 8 déc. 1677).

Autherive (N... N... d'). Oraison funèbre de N. Pavillon, évêque d'Aleth. *Lyon.* 1678. 4. (*P.*)

(**Lancelot**, Antoine). Relation d'un voyage d'Aleth, contenant des Mémoires pour servir à la vie de M. Pavillon. *Par.* 1755. 12. (*Bes.*)

(**La Chassaigne**, Antoine de). Vie de M. Pavillon. *Saint-Michel.* (*Chartres.*) 1738. 3 vol. 8. (*Bes.*) *Utrecht.* 1749. 3 vol. 12. *

* Barbier attribue cet ouvrage à Charles Hugues Lefèbvre de Saint-Marc.

(**Besoigne**, Jérôme). Vie des quatre évêques engagés dans la cause de Port-Royal, M. d'Aleth (N. Pavillon), M. d'Angers (Henri Arnauld), M. de Beauvais (Choart de Buzanval) et M. de Pamiers (Etienne François de Caulet). *Par.* 1756. 2 vol. 12. (*P.*)

Paxy (Janos Baptist),
évêque d'Agram.

Kereszturi (Joseph). Oratio in obitum J. B. Paxy, episcopi Zagrabiensis. *Vienn.* 1772. 4.

Payen (Auguste),
officier français (vers 1786 — 9 avril 1853).

Nécrologie. Notice sur A. Payen. *Cambrai.* 1853. 8. (Extrait du journal *l'Industriel*, signé C***.)

Payen (Charles Vincent),
médecin français (1784 — 21 avril 1846).

Vassarotti (N... N...). M. C. V. Payen, docteur médecin praticien, chirurgien en chef de la marine au port de Brest, etc. *Par.* 1847. 8. (Extrait du *Nécrologe universel du* XIXe *siècle*.)

Payer (Hieronymus),
musicien allemand (13 février 1787 — vers 1847).

Schmidt (August). Denksteine. Biographien von Ignaz Ritter v. Seyfried, Johann Edlen v. Eybler, Ignaz Franz Edlen v. Mosel, Wolfgang Amadeus Mozart (Sohn), H. Payer, Johann Gänsbacher, Joseph Weigl, Thaddäus Grafen Amadé v. Varkony. *Wien.* 1848. 8. Avec les portraits de ces artistes.

Payne (John Howard),
acteur anglo-américain.

Memoirs of J. H. Payne, the American Roscius, with criticism of his acting. *Lond.* 1815. 8. (P.)

Payne (Thomas), voy. **Paine.**

Paysant (Louis Robert),
évêque d'Angers (25 mai 1787 — 6 sept. 1841).

Laffetay (N... N...). Notice biographique sur Mgr. L. R. Paysant, etc. *Caen.* 1842. 8.

Payson (Edward),
théologien anglais.

Life of the Rev. E. Payson, revised by Edward BICKERSTETH. *Lond.* 1856. 12. (*Oxf.*)

Payson (Edward),
théologien anglo-américain.

Cummings (Asa). Memoir of E. Payson. *Boston.* 1850. 12.
—— Memoirs, select toughts and sermons of the late Rev. E. Payson, pastor of the second church in Portland. *New-York.* 1847. 3 vol. 8. Portrait.

Paz (Francisco de),
médecin espagnol († 1640).

Chifflet (Jean Jacques). Oratio de morte F. de Paz. *Antwerp.* 1640. 4. (*P.*) *Madr.* 1640. 4. (*Oxf.*)

Pazzi,
famille florentine.

Poliziano (Angelo). Pactianæ conjurationis commentariolum. *Florent.* 1478. 4. Publ. avec de nombreux éclaircissements par Giovanni ADIMARI. *Napol.* 1769. 4.

Goselini (Giuliano). Storia della congiura de' Pazzi e de' Salviati in Firenze. *Milan.* 1580. 4. (*P.*)

Lenoble (Eustache). Histoire secrète de la conjuration des Pazzi contre les Médicis. *Par.* 1698. 12. (*Bes.*) Trad. en allem. (par Carl Heinrich FRENTZEL). *Halle.* 1780. 8. (*L.*)

Ammirato (Scipione). Congiura de' Pazzi e guerra della repubblica Fiorentina contro gli stati Romano e Napoletano dal 1478 sino al 1480. *Firenz.* 1826. 8.

Pazzi (Maria Maddalena de'),
carmélite italienne (1566 — 20 nov. 1661).

Vaz de Mertola (Luiz). Vida de la B. M. Maria Magdalena de Pazzi. *Lisb.* 1626. 8. *Ibid.* 1642. 4.

Macé (Jean). Vie de la bienheureuse Marie Madeleine de Pazzi, de Florence, religieuse carmélite de l'ancienne observance. *Poit.* 1627. 8. *Par.* 1654. 8. *Ibid.* 1636. 8.

Abrégé de la vie et miracles de la bienheureuse Marie Madeleine de Pazzi, religieuse professe de l'ordre des carmes de l'observance régulière, etc. *Namur.* 1646. 52.

Lezana (Juan Bautista de). Vida de la bienaventurada y estatica virgen Maria Magdalena de Pazzi, Florentina monja carmelita, beatificada por la santidad de Urbano VIII. *Rom.* 1648. 4. *Saragoss.* 1650. 4.

Fozzi (Giuseppe). Vita di S. Maria Madalena de' Pazzis. *Rom.* 1669. 4.

Olivier de Saint-Anastase. Le triomphe de S. Maria Magdelena de' Pazzi. *Bruges.* 1669. 12.

Cepari (Virgilio). Vita della S. Maria Maddalena de Pazzi. *Rom.* 1669. 4. (*Bes.*)

Patritius a Sancto Jacobo. Vita S. Mariæ Magdalenæ de Pazzis. *Frf.* 1670. 4. (*Bes.*)

Talon (Jacques). Vie de S. Marie Madeleine de Pazzi. *Par.* 1671. 12. (Trad. de l'espagn.)

Puccini (Vincenzo). Vita della S. Maria Maddalena de Pazzi. *Venez.* 1671. 4.
Trad. en allem. :
    Par A... KOLB. *Coeln.* 1654. 8.
    Par N... N... DAVID. *Münch.* 1670. 8. Portrait.
Trad. en angl. *Lond.* 1687. 4.
Trad. en franç. par Louis BROCUAND. *Par.* 1670. 4. (*Bes.*)

Vita di S. Maria Madalena de' Pazzi. *Lucca.* 1716. 4. (*Bes.*)

Péala (Augustin),
prêtre français.

Calemard de la Fayette (Théodore). Vie de A. Péala, prêtre de S. Sulpice, supérieur du séminaire et vicaire général du diocèse du Puy. *Au Puy.* 1853. 12.

Pearce (Samuel),
théologien anglais.

Fuller (Andrew). Memoirs of the late Rev. S. Pearce, minister of the gospel at Birmingham. *Lond.* 1800. 8. (*Oxf.*)

Pearce (William Howard),
missionnaire anglais.

Stane (Edward). The family of God. Sermon, etc., occasioned by the death of W. H. Pearce, baptist missionary, Calcutta. *Lond.* 1840. 8. (*Oxf.*)

Hoby (James). Memoir of Dr. William Yates, D. D. of Calcutta, with an abridgment of his life of W. H. Pearce. *Lond.* 1847. 8. (*Oxf.*)

Pearson (Edward),
théologien anglais.

Hunt (William Powell). Brief memoir of the life, writings and correspondence of Dr. E. Pearson, late rector of Rempstone, Nottinghamshire. *Lond.* 1845. 8. (*Oxf.*) *Cambr.* 1847. 8.

Peccador (Juan),
prêtre espagnol.

Mascarenhas (Jeronymo). Fray J. Peccador, su vida, virtude, etc. *Madr.* 1665. 4.

Pecci (Giovanni Antonio),
littérateur italien (12 déc. 1693 — 3 mars 1768).

Elogio storico del cavaliere G. Pecci, illustrata con note di varie maniere. *Lucca.* 1768. 4.

Pecchio (Giuseppe),
historien italien.

Vita e scritti di G. Pecchio. *Par.* 1836. 12.

Peccorone (Bonifazio),
musicien italien.

Memorie dell' abate B. Peccorone, musico della real cappella di Napoli. *Napol.* 1729. 4. (Ecrit par lui-même.) (P.)

Pechlin (Jan Nicklaas),
médecin hollandais (1646 — .. février 1706).

Scherer (Johann Andreas v.). Beweis, dass (John) Mayow und Pechlin den Grund zu den neuern Theorien des lebenden Organismus gelegt haben. *Wien.* 1802. 8. (*L.*)

Pecis (Giuseppe),
savant italien († 1799).

(**Gatti,** Giuseppe). Cenni intorno alla vita ed alle opere di G. Pecis. *Milan.* 1837. 8.

Peck ou **Pecqui** (Pierre),
homme d'État belge (1562 — 28 juillet 1625).

(**Uwens,** Laurent). Oratio funebris P. Pecquii, a conciliis status et cancellarii Brabantiæ. *Lovan.* 1625. 4. Portrait.

Bavay (Charles de). P. Peckius, chancelier de Brabant, discours, etc. *Brux.* 1845. 8.

Pecocke (Reynold *),
évêque de S. Asaph et Chicester.

Lewis (John). Life of R. Pecocke. *Lond.* 1744. 8. *Oxf.* 1820. 8. (Tiré à 250 exemplaires.) — (*Oxf.* et *P.*)
* Connu s. l. nom latinisé de Reginaldus PAVO.

Pederzanio (Giuseppe),
prêtre italien (vers 1750 — 1837).

(**Beltrami,** Giovanni Pietro). Commentariolum de J. Pederzanio. *Veron.* 1841. 8.

Pedius (Sextus),
jurisconsulte romain.

Tijdeman (Frans Constantin). Specimen juridicum de Pedio JCto. *Lugd. Bat.* 1822. 8. (*D. et Ld.*)

Pedrazzani (Rodolfo),
évêque de Trieste († 7 mars 1320).

Del vescovo R. Pedrazzani, s. l. et s. d. (*Triest.*) 8. (Tiré à part à très-petit nombre.)

Pedro I,
empereur du Brésil (12 oct. 1798, roi de Portugal 10 mars 1826 — 24 sept. 1834).

Werthheim (A... C...). Die Abdankung Dom Pedro's I, ihre Ursachen und nächste Wirkung. *Berl.* 1833. 8.

Grosse (Eduard). Dom Pedro I, oder Geschichte der neuesten Revolution von Brasilien und Portugal. *Leipz.* 1836. 8. (*L.*)

Pedro de Alcantara (San),
fondateur de l'ordre des franciscains déchaussés (1499 — 19 oct. 1562).

Juan de Sancta Maria. Vida y excelentes virtudes y milagros del S. Fr. Pedro de Alcantara. *Madr.* 1629. 8.

Juan de San Bernardo. Chronica de la vida admirable y milagrosas hazañas del glorioso P. S. Pedro de Alcantara. *Napol.* 1667: 4.

Pape (F... H... de). Leven, deughden en de mirakelen van den H. Petrus van Alcantara. *Antwerp.* 1669. 12.

Hueber (Fortunatus). Vita S. Petri de Alcantara. *Monach.* 1670. 4. (Ecrit en allem.)

Talon (Jacques). La vie et les œuvres spirituelles de S. Pierre d'Alcantara. *Par.* 1670. 12.

Vie de S. Pierre d'Alcantara, trad. de l'ital. du P. Marchesi. *Lyon.* 1670. 4. (*Bes.*)

Courtot (François). Vie de S. Pierre d'Alcantara. *Par.* 1670. 12. (*Bes.*)

Souza (Jeronymo de). Oracion panegyrica de S. Pedro de Alcantara. *Napol.* 1671. 4.

Fouel (André). Vie de S. Pierre d'Alcantara. *Par.* 1688. 12. (*Bes.*)

Froes de Figueiredo (Luiz Botelho). Epitome da vida de S. Pedro de Alcantara. *Lisb.* 1714. 4.

Alcala (Marcos de). Vida de S. Pedro de Alcantara. *Madr.* 1736. Fol. *

* Ouvrage dédié al capitan general de la celestial milicia, gran chanciller del cielo S. Miguel archangel (au capitaine général de la milice céleste, au grand chancelier du ciel, à S. Michel, archange).

Carmeli (Michelangelo). Panegirici di S. Pietro d'Alcantara e del B. Giuseppe da Lionessa, capuccino. *Venez.* 1738. 8.

San Bernardo (Alonso de). Vida de S. Pedro de Alcantara. *Madr.* 1783. 8.

Manzares (Blas de). Epitome de la vida y milagros de S. Pedro de Alcantara. *Madr.* 1786. 8.

Pedro de Nogles.

Barboza (Jozé). Vida do B. Pedro de Nogles. *Lisb.* 1738. 8. (Trad. de l'ital.)

Pedro de Victoria,
missionnaire espagnol.

Bisselius (Johannes?). Historia periculorum Petri de Victoria ac sociorum ejus. *Gedan.* 1698. 18.

Pedrozo (Francisco),
théologien portugais.

Monteiro (Manoel). Elogio do F. Pedrozo. *Lisb.* 1754. 4.

Peel (Robert),
homme d'État anglais (6 février 1788 — 2 juin 1850).

(Loménie, Louis de). Sir R. Peel, par un homme de rien. *Par.* 1842. 12.

Sir R. Peel and his era. *Lond.* 1843. 8. (*Oxf.*)

Sir R. Peel, the greatest radical of the age and the best friend of (Daniel) O'Connell. *Lond.* 1843. 8. (*Oxf.*)

Sir R. Peel, as statesman and orator. *Lond.* 1846. 8. (*Oxf.*)

Taylor (William Cooke). Sir R. Peel; his life and times. *Lond.* 1846-50. 3 vol. 8. (*Oxf.*)

Opinions of the Right Hon. sir R. Peel, expressed in parliament and in public, with a biographical memoir. *Lond.* 1850. 12.

Harvey (William). Life of the Right Hon. sir R. Peel, baronet, political and social; as subject and citizen, as legislator and minister and as patron of learning and the arts. *Lond.* 1850. 12. Portrait.

Memoir of the Right Hon. sir R. Peel, baronet; by a master of arts. *Lond.* 1850. 8. Portrait.

Arnould (Joseph). Memorial lines to sir R. Peel. *Lond.* 1850. 8.

Martin (Henry). Personal sketch of the lamented sir R. Peel, as a parliamentary speaker and party leader in the british house of commons, etc. *Hamb.* 1850. 8. Portrait.

Kuenzel (Heinrich). Das Leben und die Reden Sir R. Peel's. *Braunschw.* 1850. 2 vol. 8. Portrait. (*L.*)

Mackay (Charles). Life and times of sir R. Peel. *Lond.* 1851. 4 vol. 8.

Pegado da Silva (Jozé),
Portugais.

Araujo (Miguel Martins de). Elogio de J. Pegado da Silva, etc. *Coimbr.* 1754. 4.

Pehmoeller (Christian Nicolaus),
magistrat allemand.

Petersen (Christian). Memoria viri amplissimi C. N. Pehmoeller, civitatis Hamburgensis nuper senatoris, etc. *Hamb.* 1847. Fol.

Peierle (Johann Baptist),
médecin allemand (8 nov. 1659 — 12 juillet 1683).

Horbe (Johann Heinrich). Gedächtnissschrift auf J. B. Peierle. *Frf.* 1684. 4.

Peifer (David),
jurisconsulte allemand (3 janvier 1530 — 1er février 1601).

Lyser (Polycarp). Predigt gehalten bei dem Begrebniss D. Peifer's. *Dresd.* 1602. 4. (*L.*)

Peignot (Étienne Gabriel),
bibliographe français (15 mai 1767 — 14 avril 1849).

Peignot (Étienne Gabriel). Notice de ses ouvrages tant imprimés que manuscrits. *Par.* 1850. 8. (*Lv. et Oxf.*)

Guillemot (Paul). Notice sur la vie et les ouvrages de G. Peignot, s. l. et s. d. 8. Portrait.

Peilicke (Johann),
jurisconsulte allemand (1er oct. 1650 — 21 août 1704).

Programma academicum ad exequias J. Peilickii. *Lips.* 1704. Fol. (*D. et L.*)

Peiresc (Nicolas Claude **Fabri** de),
jurisconsulte français (1er déc. 1580 — 24 juin 1637).

Naudé (Gabriel). Epistola ad Petrum Gassendum de obitu N. C. Fabricii Peirescii. *Rom.* 1638. 4. (*P.*)

Bouchard (Jean Jacques). Laudatio funebris C. Fabri Peirescii, senatoris Aquensis. *Venet.* 1638. 4. *Aquiis Sext.* 1638. 4. (*P.*)

—— Monumentum romanum N. C. Fabricio Peirescio, senatori Aquensi doctrinae virtutisque causa factum. *Rom.* 1638. 4. Portrait. (*P.*)

Gassendi (Pierre). Vita viri illustris N. C. Fabricii de Peiresc. *Par.* 1641. 4. (*P. et Lv.*) *Hag. Com.* 1651. 12. (*D.*) Augment. par Pierre Borell. *Hag. Com.* 1655. 4. (*D.*) *Quedlinb.* 1706. 8. (*D. et L.*) Trad. en angl. par William Rand. *Lond.* 1657. 8. Portrait.

Vias (Balthasar de). Epicedion in clarissimum virum N. C. Fabri de Peiresc. *Massil.* 1642. 4. *Par.* 1643. 4.

Requier (Jean Baptiste). Vie de N. Peiresc, conseiller au parlement de Provence. *Par.* 1770. 12. (*D., Lv. et Oxf.*)

Peirouse (Philippe **Picot**, baron de la),
naturaliste français (20 oct. 1744 — 18 oct. 1818).

Du Mège (Alexandre Louis Charles André). Notice sur la vie et les écrits de P. Picot, baron de la Peyrouse. *Toulouse.* 1822. 8. (*P.*)

Peitho,
personnage mythologique.

Ekerman (Peter). Dissertatio de dea Pitho, oratorum fautrice fidelissima. *Upsal.* 1763. 4.

Jahn (N... N...). Peitho, die Göttin der Überredung. *Greifsw.* 1846. 8.

Peixotto (N... N...),
financier allemand.

Généalogie curieuse et remarquable de M. Peixotto, juif d'origine, chrétien de profession et banquier de Bordeaux. *Avign.* 1789. 8. (*P.*)

Pélage,
hérésiarque du vie siècle.

Patouillet (Louis). Vie de Pélage, s. l. (*Dijon ?*) 1751. 12.

Lentzen (N... N...). Dissertatio de Pelagianorum doctrinae principiis. *Colon. Agr.* 1833. 8.

Wiggers (Julius). Pragmatische Darstellung des Augus-

tinismus und Pelagianismus. *Hamb.* 1833. 2 vol. 8.
(2ᵉ édition.)

Pélagie (Sainte),
martyre grecque du vᵉ siècle.

Histoire de la conversion de S. Pélagie, fameuse pénitente
de la ville d'Antioche. *Par.* 1704. 12. (*Bes.*)

Pelagonius,
écrivain grec du ivᵉ siècle.

Osann (Friedrich). Quædam de Pelagonio hippiatricorum
scriptore. *Giess.* 1843. 4.

Pelargus * (Christoph),
théologien allemand (3 août 1565 — 10 juin 1633).

Sobolus (Urban). Labores et honores C. Pelargi. *Frf.*
1596. 4. (*D.* et *L.*)
* Son nom de famille était Storcu.

Pelargus * (Johann),
médecin allemand (2 février 1681 — 9 janvier 1751).

Storch (Jacob). J. Storch's, alias Pelargi, Leitung und
Vorsorge des höchsten Gottes, d. i. dessen Lebenslauff,
Schicksale und seeliger Abschied. *Eisenach.* 1752. 4.
(*D.*) **
* Son nom originaire était Storcu.
** Publ. s. l. nom latinisé de Pelargus.

Pélerin (Saint),
premier évêque d'Auxerre.

Lebeuf (Jean). Vie de S. Pélerin, premier évêque
d'Auxerre. *Aux.* 1716. 12.

Pélerin (Adrien Louis),
historien hollandais (10 janvier 1738 — ... 1853).

Franquinet (G... D...). Notice biographique d'A. L. Pélerin. *Maestricht.* 1853. 8.

Peletier (Claude Le),
homme d'État français (1631 — 10 août 1711).

Boivin de Villeneuve (Jean). Vita, elogia et opuscula
C. Peleterii, regni administri. *Par.* 1716. 4. (*P.*)

Pelham (Henry),
homme d'État anglais († 6 mars 1754).

Coxe (William). Memoirs of the administration of the
Right Hon. H. Pelham, chiefly drawn from family do-
cuments and illustrated with original correspondence.
Lond. 1829. 2 vol. 4. *
* Illustré de plusieurs portraits.

Pelingotto da Urbino,
prêtre italien (vers 1240 — 1ᵉʳ juin 1304).

Bonucci (Antonio Maria). Vita del B. Pelingotto da Urbino. *Rom.* 1709. 4.

Pelino (Santo),
évêque de Brindisi.

Airola (Francesco). Vita B. Pelini, episcopi Brundusini
et martyris, ecclesiæ Valvensis patroni. *Venez.* 1544. 8.

Pelissery (Roch Antoine de),
publiciste français du xviiiᵉ siècle.

Lettres de M. de Pelissery, prisonnier onze ans et deux
mois à la Bastille et treize mois à Charenton, que les
sieurs Lenoir, Necker, etc., faisaient passer pour fou,
pour que le roi ne lui rendît plus sa liberté. *Par.* 1792.
8. (Ecrit par lui-même.)

Pélissier (Henri Félix, comte de),
général français (11 déc. 1734 — 23 janvier 1844).

Saint-Maurice Cabany (Charles Édouard). Le général,
comte H. F. de Pélissier, maréchal de camp en retraite,
ancien député et ancien membre du conseil général du
Tarn, etc. *Par.* 1853. 8. (Extrait du *Nécrologe universel du* xixᵉ *siècle.*)

Pelke (Frau v.),
philanthrope allemande.

Sachs (Johann Christian). Programm von den Lebensumständen der Frau v. Pelke, welche dem Carlsruhe-
schen Gymnasio, Waysen und Wittwen 56,000 Gulden
vermacht hatte. *Carlsr.* 1770. 4.

Pellegrini (Giuseppe, conte),
littérateur italien († 1790).

Orazione postuma dell' abate G., conte Pellegrini, ac-
cresciuta dell' elogio dell' autore, scritta di Eriprando
GIULIARI. *Veron,* s. d. (vers 1790.) 8.

Pellegrini (Iguazio),
colonel italien (21 sept. 1715 — 2 oct. 1790).

Vita del conte I. Pellegrini, Veronese, colonnello e ingegnere del granduca di Toscana. *Veron.* 1846. 8. (Ecrit
par lui-même.)

Pellegrini (Isabella),
improvisatrice italienne (30 juillet 1787 — 16 avril 1807).

Montani (Francesco Fabi). Elogio storico d' I. Pellegrini
Romanà. *Bologn.* 1858. 8.

Pellegrini (Luigi),
médecin italien († 3 oct. 1835).

Renier (Giovanni). Elogio funebre del dottore L. Pellegrini. *Padov.* 1836. 8.

Pellegrini (Niccolò),
jurisconsulte italien (1783 — 20 mai 1845).

Adorni (Enrico). Ricordanze intorno i meriti e la persona del dottore consigliere ducale N. Pellegrini. *Milan.* 1845. 8.

Pellegrino (Niccolò),
patron de la ville de Trani.

Orso (Lucio). Orazione in lode di S. Niccolò Pellegrino,
padrone della città di Trani. *Trani.* 1627. 4.

(Saponi, Antonino). Vita di S. Peregrino, confessore,
cavaliere Siracusano. *Messin.* 1662. 16.

Pelletan (Philippe Jean),
chirurgien français (vers 1752 — 28 sept. 1829).

Larrey (Jean Dominique). Discours prononcé sur la
tombe de M. Pelletan. *Par.* 1829. 4. (*P.*)

Pelletier de Chambure (Auguste).

Exposé de la conduite de A. Pelletier de Chambure.
Brux. 1817. 12.

Pellevé (Raoul de),
liguiste français.

(Pastoret, Amédée de). R. de Pellevé. Esquisses du
temps de la Ligue en 1593. *Par.* 1853. 2 vol. 8. (*P.*)

Pellicanus * (Conrad),
théologien alsacien (8 janvier 1478 — 5 avril 1556).

Fabricius (Johann). Oratio historica de vita C. Pelli-
cani. *Marb.* 1608. 4.
* Son véritable nom était Kuerschner.

Hess (Salomon). C. Pellican's Jugendgeschichte. *Zürch.*
1795. 4. Portrait. (*L.*)

Pellico (Silvio),
poëte italien (1789 — 31 janvier 1854).

Pellico (Silvio). Le mie prigioni. *Par.* 1833. 8. *Frf.*
1833. 12. *Ibid.* 1834. 18. *Leone.* 1834. 8. Accomp. d'une
notice sur la vie de l'auteur par Giovanni Battista
GHEZZI. *Lips.* 1834. 12. Portrait. *Capolago.* 1857. 12.
Italia. (*Firenz.*) 1840. 12.
   Trad. en allem. :
      Par Gottfried Wilhelm BECKER. *Leipz.* 1853. 12.
      Par Heinrich KURZ. *St.-Gall.* 1857. 12. Portrait.
      Par C... W... CHRISTERN. *Hamb.* 1846. 52.
      Par Franz Xaver GOERLICH. *Neisse.* 1847. 8.
   Trad. en allem. et en franç. avec le texte ital. *Stuttg.*
1857. 4.
   Trad. en angl. par Thomas ROSCOE. *Lond.* 1836. 8.
Par. 1836. 8. Portrait.
   Trad. en espagn. :
      Par A... A... S... B... *Par.* 1836. 12.
      Par Pedro Martinez LOPEZ. *Bord.* 1836. 12.
      Par D... J... SANCHEZ. *Madr.* 1845. 16.
   Trad. en franç. :
      Par C... DALAUZE. * *Par.* 1833. 2 vol. 12.
      * Anagramme d'Amédée CLAVSADE.
   Précédé d'une introduction biographique par Al-
phonse DE LATOUR. *Par.* 1853. 8. Portrait. *Brux.*
1854. 18.
   Revu et augmenté de nouvelles notes historiques
par Pietro MARONCELLI. *Par.* 1853. 8 ou 2 vol.
52.
   (Par M... M... LALLIER et O... Z...). *Par.* 1853.
2 vol. 18. *Ibid.* 1835. 2 vol. 18.
      Par Oct(avien) B(OISTEL D'EXAUVILLEZ). *Par.* 1834.
2 vol. 18.
      Par A... R... BOUZENOT. *Par.* 1835. 18.
      Par N...N... LAURI (en franç. et en ital.).*Lyon.*1855.
      Par un anonyme. *Avign.* 1855. 2 vol. 18.
      Par Francesco Xavier ANDREANI. *Par.* 1855. 18.
      Par Eugène THUNOT. *Par.* 1836. 8. Portrait.
      Par J... H... SIEVRAC. *Toulouse.* 1856. 12.
      Par un anonyme. *Stuttg.* 1857. 8. *Ibid.* 1858. 8.
      Par Léger NOEL. *Brux.* 1859. 12.
      Par l'abbé BOURASSÉ. *Tours.* 1853. 12. (11ᵉ édition.)

Guerrier de Dumast (Paul). Notice sur S. Pellico, etc. *Par.* 1838. 8. (*P.*)

(**Loménie**, Louis de). M. S. Pellico, par un homme de rien. *Par.* 1842. 12.

Chiala (Vincenzo?). Vita di S. Pellico. *Torin.* 1852. 8.

Nollet-Fabert (Jules). S. Pellico, s. l. et s. d. (*Nancy.* 1854.) 8.

Pellicioni (Pietro Francesco),
prêtre italien.

Carisio (Antonio). Elogio del P. P. F. Pellicioni. *Milan,* s. d. Fol.

Pellieux (Jacques Nicolas),
médecin français (vers 1749 — 24 nov. 1832).

Vergnaud-Romagnési (Charles François). Notice sur la vie et les ouvrages de M. Pellieux, de Beaugency. *Par.* 1833. 8. (*P.*)

Pellisson-Fontanier (Paul),
historien français (1624 — 7 février 1693).

Delort (Joseph). Histoire de la détention de (Nicolas) Fouquet, de Pelisson et de (Antoine Nompar de Caumont, duc de) Lauzun, suivie de celles des philosophes et des gens de lettres à la Bastille et à Vincennes, etc. *Par.* 1829. 3 vol. 8. (*P.*)

Pellizari (Antonio),
prêtre italien (14 mars 1747 — 5 mars 1845).

Fapanni (Francesco Scipione). Necrologia di monsignor A. Pellizari, canonico della chiesa cattedrale di Treviso. *Venez.* 1845. 8.

Peltier (Jean Charles Athanase),
savant français (22 février 1785 — 27 oct. 1845).

Edwards (Henry Milne) et **Gérard** (F... C...). Notice nécrologique sur J. C, A. Peltier. *Par.* 1846. 8. (*P.*) Notice sur la vie et les travaux scientifiques de J. C. A. Peltier, membre de la société philomatique de Paris, correspondant des académies et sociétés de Lyon, Nancy, Liége, Turin, Florence, Pesaro, etc. *Par.* 1847. 8. * (*Bx.*)

* Cette notice, écrite par le fils de Peltier, est ornée du portrait de Peltier père.

Peltier (Jean Gabriel),
journaliste français († 31 mars 1825).

Adams (N... N...). Trial of J. Peltier, Esq. for a libell against Napoleon Buonaparte, first consul of the french republic. *Lond.* 1803. 8. (*Lv.*)

Pelwijk (Johan ter),
jurisconsulte hollandais.

Levensberigt van J. ter Pelwijk, etc. *Zwolle.* 1853. 8.

Pelzek (Joseph v.),
jurisconsulte allemand.

Mazzetti (Antonio). Oratio in funere clarissimi et consultissimi D. J. de Pelzek, appellationis consiliarii et in antiquissima celeberrimaque Vindobonensi universitate publici juris canonici professoris. *Vienn.* 1804. 8.

Pemberton (Charles Reece),
littérateur anglais.

Fowler (John). Life and literary remains of C. R. Pemberton; with remarks on his character and genius, by William Johnson Fox. *Lond.* 1843. 8. (*Oxf.*) *Ibid.* 1847. 8. Portrait.

Pembroke and Montgomery (Philip Herbert, earl of),
homme d'État anglais († 28 janvier 1650).

Life and death of P. Herbert, earl of Pembrock Moungomerie, s. l. (*Lond.*) 1649. 4. (Satire en vers.)

Oldisworth (Michael). The last will and testament of P. Herbert, burgesse for Barkshire, vulgarly called earl of Pembroke and Montgomery, with his life and death and several legacies to the parliament and councell of state, etc. *Nodnol.* 1650. 4.

Pengelly (Thomas),
homme d'État anglais.

Some private passages of the life sir T. Pengelly, lordchief-baron of the Exchequer. *Lond.* 1733. 8. (*Oxf.*)

Penighetto Scarpinello (Giovanni Antonio).

Vita di G. A. Penighetto Scarpinello in Moncaliere. *Torin.* 1791. 8. (*P.*)

Gesner (Johann Georg). Lebensbeschreibung A. D. Penningbuettel's, Pastors am Dom. *Lübeck.* 1767. Fol.

Penn (William),
amiral anglais, père du suivant (1621 — 16 sept. 1670).

Penn (Granville). Memorials of the professional life and times of sir W. Penn, knight, admiral and general of the fleet during the interregnum, admiral and commissioner of the restoration, from 1644 to 1670. *Lond.* 1833. 2 vol. 8. Portrait. (Omis par Lowndes.) — (*Oxf.*)

Penn (William),
législateur de la Pennsylvanie (14 oct. 1644 — 30 mai 1718).

(**Teller**, Wilhelm Albrecht). Lebensbeschreibung des berühmten W. Penn. *Berl.* 1779. 8. (*D.*)

Marsillac (Jean). Vie de G. Penn, fondateur de la Pennsylvanie. *Par.* 1791. 2 vol. 8. (*P.*)

   Trad. en allem. par Carl Julius Friedrich. *Strasb.* 1793. 8.

   Trad. en holland. par A... Houssart. *Rotterd.* 1794. 8.

Clarkson (Thomas). Memoirs of the private and public life of W. Penn. *Lond.* 1813. 2 vol. 8. (*Oxf.*) With a preface in reply to the charges against his character made by Mr. (Thomas Babington) Macaulay in his *History of England*, publ. par W... E... Forster. *Lond.* 1850. 12. (*P.*)

Lil (H... van). Leven, gevoelens en lotgevallen van W. Penn. *Amst.* 1826. 2 vol. 8.

Weems (M... L...). Life of W. Penn, the settler of Pennsylvania, etc. *Philad.* 1829. 12.

Hughues (M...). Life of W. Penn. *Lond.*, s. d. 8.

Fairbairn (Henry). Defence of W. Penn, from the charges in Macaulay's *History of England*. *Philad.* 1849. 8.

Forster (W... E...). W. Penn and Thomas B(abington) Macaulay; being brief observations on the charges made in Mr. Macaulay's *History of England against the character of W. Penn. Lond.* 1850. 8.

Post (Jacob). Popular memoir of W. Penn. *Lond.* 1850. 8.

Dixon (William Hepworth). W. Penn; an historical biography founded on family and state papers. *Lond.* 1851. 8. Portrait. *Ibid.* 1852. 8.

W. Penn, oder die Zustände Englands 1644-1718. Aus dem Englischen frei übertragen von Ernst Bunsen. *Leipz.* 1854. 8.

Du Ponceau (Peter S...) et **Fisher** (John Francis). Memoir of the history of the celebrated treaty, made by W. Penn with the Indians under the Elm Tree, at Shackamaxon in 1682. *Philad.* 1856. 8.

Pennachi (Girolamo),
peintre italien du xvi siècle.

Ricci (Amico). Memorie della vita di G. Pennachi, di Treviso, pittore del secolo xvi. *Bologn.* 1835. 12.

Pennafort (Raimondo de),
dominicain espagnol († 1275).

Diago (Francisco). Historia de la vida di S. Raimondo de Pennafort. *Barcel.* 1601. 4.

Llot de Ribera (Miguel). De laudabili vita et de actis hactenus in curia Romana pro canonizatione B. P. F. Raimundi de Pennaforte. *Rom.* 1594. 4.

Moradell (Vicente Miguel de). Historia de S. Raimondo de Pennaforte. *Barcelon.* 1603. 8. (Ecrit en vers.)

Spada (Giovanni Battista). Raymundi a Pegnafort, ordinis praedicatorum generalis tertii viri. *Papiæ.*1606. Fol.

Perez (Andres). Vida de S. Raimundo de Pennafort. *Salamanc.* 1601. 8.

Steck (Johann Christoph Wilhelm). Programma de interpolationibus Raymundi de Penna Forti, decretalium compilatoris. *Lips.* 1754. 4. (*L.*)

Pennant (Thomas),
naturaliste anglais (14 juin 1726 — 16 déc. 1798).

Literary life of the late T. Pennant, Esq. written by himself. *Lond.* 1791. 4. Portrait. (*Oxf.*) Trad. en allem. par Johann Jacob Carl Timæus, avec preface de Eberhard August Wilhelm v. Zimmermann. *Hannov.* 1794. 8. Portrait. (*D.* et *L.*)

Penningbuettel (August Dietrich),
théologien allemand (16 avril 1695 — 25 avril 1767).

Overbeck (Johann Daniel). Memoria A. D. Penningbuettel, pastoris ad aedem cathedralis. *Lubec.* 1767. Fol.

Penningbuettel (Johann Friedrich),
jurisconsulte allemand.
Overbeck (Johann Daniel). Denkmal J. F. Penning-buettel's, Licentiati Juris. *Lübeck.* 1760. Fol.

Pennington (Isaac), *
lord-maire de Londres en 1640.
Bevan (Joseph Gurney). Memoirs of the life of I. Pen-nington, to which is added a review of his writings. *Lond.* 1807. 8. (*Oxf.*)
* L'un des juges de l'infortuné Charles I; il mourut en prison après la restauration de Charles II.

Penninus,
personnage mythologique.
Zur-Lauben (Anton Johann Dominik v.). Abhandlung über die Penninischen Alpen und den Gott Penninus oder Päninus. *Zürch.* 1780. 8. (*L.*)

Penrose (C... V...),
vice-amiral anglais.
Penrose (John). Lives of vice-admiral sir C. V. Penrose and captain James Trevenen. *Lond.* 1850. 8. 2 portraits.

Pensaben (Zaccaria),
savant italien.
Polacco (Giorgio). Oratio habita in funere Z. Pensa-benii, ecclesiæ SS. apostolorum Venetiarum antistitis D. Marci canonici. *Venez.* 1599. 4.

Penther (Johann Friedrich),
économiste allemand (17 mai 1693 — 17 sept. 1749).
Programma academicum in J. F. Pentheri funere. *Goetting.* 1749. Fol.

Penthièvre (Louis Jean Marie de **Bourbon**, duc de),
fils du comte de Toulouse, prince légitimé de Louis XIV
(16 nov. 1725 — 4 mars 1793).
Guénard de **Méré** (madame). Vie du duc de Pen-thièvre. *Par.* 1802. 2 vol. 12. (*Lv.*)
Fortaire (Savalète). Mémoires pour servir à la vie de M. le duc de Penthièvre. *Par.* 1808. 12. *Ibid.* 1815. 12. (*P.*)

Pepe (Florestano),
général italien (1780 —...).
Carrana (N... N...). Vita del generale F. Pepe. *Genov.* 1851. 8.

Pepe (Guglielmo),
général italien (1782 — ...).
Pepe (Guglielmo). Relazione delle circonstanze relative agli avvenimenti politici e militari in Napoli nel 1820 al 1821. *Par.* 1822. 8.
Trad. en allem. par Georg Friedrich Kaue. *Ilmenau.* 1822. 8.
Trad. en franç. *Par.* 1822. 8. (*P.*)
Memorie del generale G. Pepe, intorno alla sua vita e ai recenti casi d'Italia. *Parig.* 1847. 2 vol. 8. (Ecrit par lui-même.)
Trad. en angl. *Lond.* 1847. 3 vol. 8.
Trad. en franç. *Par.* 1847. 3 vol. 8.
Continuazione delle memorie del generale G. Pepe. *Turin.* 1850. 4 vol. 8.

Pepin, dit le Bref,
second fils de Charles Martel (714 — 23 sept. 768.)
(**Guillon**, Aimé). Le grand crime de Pepin le Bref. Dis-sertation historique et critique sur l'usurpation et intronisation du chef de la seconde dynastie française. *Lond.* (*Par.*) 1800. 8. *
* Cette brochure, saisie par ordre du gouvernement, n'existe qu'en très-petit nombre d'exemplaires.

—— Pepin le Bref et le pape Zacharie, où la consulta-tion dans laquelle le premier aurait été autorisé par le second à s'emparer de la couronne des descendants de Clovis, est démontrée fausse. *Par.* 1817. 8.
Marheinecke (Philipp Conrad). Pipin, oder wie an die Stelle der alten Merovingischen Dynastie das neue Geschlecht der Karolinger gekommen. Historische Re-flexion. *Berl.* 1815. 8.

Pepin (Alphonse),
bibliothécaire de la princesse Adélaïde d'Orléans (vers 1802
— 19 nov. 1842).
Pepin (Alphonse). Deux ans de règne, 1830-1832. *Par.* 1853. 8. (Espèce de mémoires sur le règne de Louis Philippe.)

Pepin (P... T... F...),
marchand épicier, exaccusé de l'attentat de Fieschi (vers 1780
— guillotiné le 19 février 1836).
Pepin (P... T... F...). Relation exacte d'une série de faits sur les funestes événements des 5 et 6 juin 1832, et présentant la réfutation de plusieurs erreurs com-mises dans le rapport de M. le général Schramm et M. le maréchal de camp Tourton, adressées à M. le comte de Lobau, etc. *Par.* 1833. 8. (*P.*)

Pepoli (Andrea),
prêtre italien.
Ruggieri (Serafino de'). Vita del venerabile servo di Dio Fra A. Pepoli. *Napol.* 1741. 8.

Pepperrell (William),
Anglais.
Stevens (Benjamin). Sermon on the death of sir W. Pep-perrell, baronet. *Boston.* 1759. 4. (*Oxf.*)

Pepys (Samuel),
homme d'Etat anglais (vers 1632 — 1703).
Life, journals and correspondence of S. Pepys, Esq. secretary to the admiralty in the reign of Charles II and James II; including a narrative of his voyage and residence at Tangier, etc. *Lond.* 1841. 2 vol. 8. Port.
Diary and correspondence of S. Pepys, edited by lord Braybrooke. *Lond.* 1854. 4 vol. 8. (4e édition.)

Perachon (N... N...),
Le faux satirique puni et le mérite couronné, dans une lettre d'Ariste à l'un de ses amis, contenant l'apologie de M. Perachon, etc., suivi d'une seconde lettre d'A-riste, etc. *Lyon*, s. d. (1699). 4. Avec son buste sur un piédestal.

Peraud (Jeanne),
augustine française.
(**Raphael**, N... N...). La vie et les vertus de J. Peraud, dite de l'Enfant Jésus, religieuse du tiers ordre de Saint-Augustin. *Marseille.* 1680. 8.

Perazzi (Giovanni Benedetto),
poëte italien.
Bortoluzzi (Valentino). Vita sapientis. Oratio in funere J. B. Perazzi. *Venet.* 1707. 4.

Perband (Caspar),
jurisconsulte allemand.
Programma academicum in C. Perbandi funere. *Regiom.* 1665. 4.

Perboyre (Jean Gabriel),
prêtre français (✝ martyrisé le 11 sept. 1840).
Notice sur la vie et la mort de J. G. Perboyre, prêtre de la congrégation de la mission de Saint-Lazare, marty-risé en Chine. *Par.* 1842. 8. Portrait. (*P.*)
Le disciple de Jésus, ou la vie du vénérable Perboyre, prêtre de la congrégation de la mission; suivi d'une notice biographique sur le vénérable Clet, par un prêtre de la même congrégation. *Par.* 1853. 12. Avec le portrait de ces deux martyrs.

Perceval (Spencer),
ministre anglais (1er nov. 1762 — assassiné le 11 mai 1812).
Hogson (Thomas). Report of the trial of J. Bellingham for the murder of the Right Hon. S. Perceval. *Lond.* 1812. 8. (*Oxf.*)
Williams (Charles Verulam). Life and administration of the Right Hon. S. Perceval. *Lond.* 1812. 12. (Omis par Lowndes.) — (*Oxf.*)
Lasalle (Henri de). Essai biographique sur M. Perceval, premier ministre d'Angleterre. *Par.* 1812. 8. (*P.* et *Lv.*)

Perceval (Thomas),
médecin anglais (29 sept. 1740 — 30 août 1804).
Perceval (Edward). Memoirs of the life and writings of Dr. T. Perceval, with a selection from his literary correspondence. *Bath.* 1807. 8. (*Oxf.*)

Percoto (Giovanni Maria),
missionnaire italien (1729 — 1776).
Griffini (Michelangelo). Della vita di G. M. Percoto della congregazione di S. Paolo, libri III. *Udin.* 1781. 4.

Percy (Pierre François, baron de),
chirurgien français (28 oct. 1754 — 18 février 1825).
Silvestre (Augustin François de). Notice biographique sur P. F. Percy. *Par.* 1825. 8. (*P.*)
Laurent (Charles). Histoire de la vie et des ouvrages de P. F. Percy. *Versaill.* et *Par.* 1827. 8. Portrait.

Perdiguier (Agricol),
ouvrier français.
Perdiguier (Agricol). Biographie de l'auteur du *Livre du compagnonage,* etc. *Par.* 1846. 8.

Perdoulx (Barthélemy),
médecin français.

Mentel (Jacques). B. Perdulcis, medici Parisiensis, elogium, s. l. (*Par*.) 1611. 4. (*P*.)

Péréfixe (Hardouin de **Beaumont de**),
archevêque de Paris (1605 — 31 déc. 1670).

Cassagnes (Jacques de). Oraison funèbre de messire H. de Péréfixe, archevêque de Paris et l'un des quarante de l'Académie française. *Par*. 1671. 4. (*P*.)

Gaudin (Jacques). Oraison funèbre de Mgr. H. de Beaumont de Péréfixe. *Par*. 1671. 4. (*P*.)

Peregrini (Marco Antonio),
jurisconsulte italien (1530 — 5 déc. 1616).

Tommasini (Jacopo Filippo). Vita M. A. Peregrini, J. C. D. Marci equitis, serenissimæ reipublicæ Venetæ a consiliis et in gymnasio Patavino juris canonici professoris publici. *Patav*. 1636. 4. (*D*. et *L*.)

Peregrino, voy. **Pellegrino**.

Pereira (Nuño Alvarez), voy. **Pereira**.

Pereira (João),
prêtre portugais.

Joao de San Francisco. Sermaõ nas exequias do P. Fr. J. Pereira. *Lisb*. 1660. 4.

Pereira de Mello (Manoel),
savant portugais.

Correa (Antonio). Sermaõ funebre nas exequias do doutor M. Pereira de Mello. *Coimbr*. 1675. 4.

Pereira da Silva Leal (Manoel),
médecin portugais.

Silva de Sampaio (Antonio da). Elogio do doutor M. Pereira da Silva Leal. *Lisb*. 1744. 4.

Pereira de Mello, duque de **Cadaval** (Nuño Caetano Alvares),
homme d'État espagnol (7 avril 1799 — 14 février 1838).

Rezumida noticia da vida de D. N. C. A. Pereira de Mello, sexto duque de Cadaval. *Par*. 1857. 8. Trad. en franç. s. c. t. Notice succincte, etc. *Par*. 1858. 8. (*P*.)

Pereire (Jaime Rodrigues),
philanthrope portugais (11 avril 1715 — 15 sept. 1780).

Seguin (Édouard). J. R. Pereire, premier instituteur des sourds et muets en France (1744–1780), pensionnaire et interprète du roi, membre de la société royale de Londres. *Par*. 1847. 8. (*P*.)

Perelli (Tommaso),
astronome italien (21 juillet 1704 — 5 oct. 1783).

Frisi (Paolo). Lettera intorno agli studii del signor T. Perelli. *Pisa*. 1784. 8. (*Oxf*.)

(**Pignotti**, Lorenzo). Elogio storico di T. Perelli, professore di astronomia nell'università di Pisa. *Pisa*. 1784. 8.

Perellos (Raimondo de),
grand-maître des chevaliers de Malte.

Relazione della morte del gran maestro Fra R. Perellos e della nuova elezione dell'eccellentissimo Fra Marcantonio Zondadari. *Siena*. 1720. 8.

Peretti Montalto (Alessandro),
cardinal italien.(† 1623).

Filingeri (Placido). Orazione nel funerale di A. cardinal Montalto. *Rom*. 1623. 4.

Giliberti (Vincenzo). Orazione intitolata Montalta nel funerale d' A. Peretti, cardinale Montalto. *Rom*. 1623. 4.

Brivio ou Briccio (Francesco). In funere A. Peretti, cardinalis S. R. E. vice-cancellarii, etc. oratio, etc. *Rom*. 1623. 4.

Peretti-Montalto (Francesco),
cardinal italien.

Bertolotti (Luca). F. Perettus, cardinalis Montaltus. *Rom*. 1642. 4.

Pereyra (Nuño Alvarez),
connétable de Portugal (1360 — 1432).

Chronica do condestabre de Portugal, D. N. A. Pereyra, principiador da caza de Bragança. *Lisb*. 1526. Fol. *Ibid*. 1554. Fol. *Ibid*. 1623. Fol.

Silva (Rodrigo Mendes). Vida y hechos del gran condestable de Portugal D. N. A. Pereyra, etc. *Madr*. 1640. 8.

Escobar (Antonio de). Heroe Portuguez. Vida, hazañas, vitorias, virtud y muerte del excelentissimo señor D. N. A. Pereyra. *Lisb*. 1670. 16. Augment. s. c. t. Discursos politicos y militares en la vida del conde D, N. A. Pereyra, etc. *Zarag*. 1670. 4.

Costa (Antonio Rodrigo da). De vita et rebus gestis N. A. Pereiræ, Lusitaniæ comitis-stabilis, libri II. *Ulissop*. 1723. Fol.

Texeira (Domingos). Vida di D. N. A. segundo condestavel de Portugal, conde de Ourem, Arrayolos e Barcellos, mordomo mor del rey D. Joaõ I, etc. *Lisb*. 1723. Fol.

Menezes (Francisco Xavier de). Paralello de D. N. A. Pereyra, duque de Cadaval, com D. N. A. Pereyra, condestavel de Portugal. *Lisb*. 1735. Fol. (*P*.)

Lobo (Rodriguez). O condestabre de Portugal, D. N. A. Pereira. *Lisb*. 1785. 12. (Poème historique.)

Perez (Antonio),
ministre espagnol (1539 — 3 nov. 1611).

Perez (Antonio). Obras, relaciones y cartas. *Par*. 1598. 4. *Ibid*. 1624. 4, s. l. 1631. 8, s. l. 1644. 8, s. l. (*Genève*.) 1654. 8. *Ibid*. 1676. 8. *Madr*. 1849. 8.

Proceso criminal contra A. Perez, anno 1579. *Madr*. 1788. 8. (*Oxf*.)

Bermudez de Castro (Salvador). A. Perez, secretario de estado del rey Felipe II; estudios historicos. *Madr*. 1841. 8.

Mignet (François Auguste Alexis). A. Perez et Philippe II. *Par*. 1845. 8. (*L*. et *P*.) *Brux*. 1845. 8. *Par*. 1846. 8. Trad. en allem. *Stuttg*. 1846. 8.
Trad. en angl. *Lond*. 1846. 8.
Trad. en espagn. :
    Par Jacinto DE LUNA. *Barcel*. 1845. 8.
    Par un anonyme. *Madr*. 1845. 4.

Perfetti (Bernardino),
poëte-improvisateur italien (7 sept. 1681 — 1er août 1747).

Atti cavati degli archivi Capitolino e Arcadico della solenne coronazione fatta in Campidoglio del signor B. Perfetti, etc. *Rom*. 1725. 4. Portrait. (*D*.)

Pergami (Bartolommeo),
favori de la reine Caroline d'Angleterre.

(**Vatout**, Julien). Mémoires de M. le baron Pergami, chambellan, chevalier de Malte, chevalier du Saint-Sépulcre, etc., trad. d'après le manuscrit italien. *Par*. 1820. 8. Portrait. (*P*.)
Trad. en allem. s. c. t. Pergami und sein Verhältniss zur Königin von England, etc. *Leipz*. 1820. 8. Portrait. (*L*.)
Trad. en dan. :
    Par A... BANG. *Kjoebenh*. 1820. 8. (*Cp*.)
    Par B... C... PETERSEN. *Kjoebenh*. 1820. 8. Port.
Trad. en espagn. *Burdeos*. 1821. 18.
Trad. en holland. *Hage*. 1820. 8. Portrait.

Pergamino (Jacopo).

Torricelli (Francesco Maria). Vita di J. Pergamino, Forsempronese. *Pesar*. 1835. 8.

Pergolesi (Giovanni Battista **Jesi**, surnommé),
compositeur italien du premier ordre (3 janv. 1710 — 26 mars 1736).

Villarosa (marchese di). Lettera biografica intorno alla patria ed alla vita di G. B. Pergolesi, celebre compositore di musica. *Napol*. 1831. 8. (*Oxf*.)

Blasis (Carlo). Biografia di Pergolese. *Milan*., s. d. 8.

Périandre,
l'un des sept sages de la Grèce († 580 avant J. C.).

Schubert (Christian Heinrich). Periander von Korinth, Strafbild des Meineides. *Bert*. 1765. 4.

Wagner (Carl Ernst). Dissertatio de Periandro Corinthiorum tyranno VII sapientibus adnumerato. *Darmst*. 1828. 4.

Periaux (Pierre),
littérateur français (9 déc. 1761 — 15 déc. 1836).

Stabenrath (Charles de). Notice biographique sur P. Periaux, publ. par Nicétas PERIAUX. *Rouen*. 1838. 8.

Péricaud (Antoine),
littérateur français (4 déc. 1792 — ...).

Dumas (Jean Baptiste). Notice des ouvrages imprimés et manuscrits d'A. Péricaud aîné, s. l. et s. d. (*Lyon*. 1859.) 8.

Péricaud (Claude).

Péricaud (Marc Antoine). Fragment historique : 1793 (concernant C. Péricaud). *Lyon*. 1827. 8.

Périclès,
général athénien († 429 avant J. C.).

Kuffner (Christoph). Pericles der Olympier; biographische Darstellung. *Wien.* 1809. 2 vol. 8.

Raumer (Friedrich v.). Pericles und Aspasia, etc. *Berl.* 1810. 8. (*L.*)

Craufurd (Quintin). On Pericles and the arts in Greece. *Lond.* 1817. 8. *

* Fragment d'un ouvrage que l'auteur avait entrepris sur la Grèce, mais qu'il n'a pas terminé.

Assen (C... J... van). Perikles van Athene. *S'Gravenh.* 1819. 8. (*Ld.*)

Kutzen (Joseph August). Specimen de Pericle Thucydideo. *Vratisl.* 1831. 8.

—— Pericles als Staatsmann während der gefahrvollsten Zeit seines Wirkens. *Grimma.* 1834. 8. (*L.*)

Lorentzen (Cæsar Eduard Rudolph). Dissertatio de rebus Atheniensium Pericle potissimum duce gestis. *Goetting.* 1834. 4. (*L.*)

Clarisse (Walrand Cornelis Lodewijk). Vita Periclis ex ipsis fontibus, maximePlutarcho, petita. *Traj. ad Rhen.* 1853. 8.

Dandolo (Tullio). Studii sul secolo di Pericle, libri VI. *Milan.* 1833. 8.

Tromp (Solko Walle). Disputatio historico-literaria de Pericle ejusque reipublicæ Atheniensium administratione. *Lugd. Batav.* 1837. 8. (*Ld.* et *Oxf.*)

Ogienski (Immanuel). Pericles and Plato; inquisitio historica et philosophica. *Vratisl.* 1838. 8. (*Oxf.*)

Périer (Casimir),
homme d'État français (21 oct. 1777 — 16 mai 1832).

Opinions et discours de M. C. Périer, publiés par sa famille. *Par.* 1838. 4 vol. 8. *

* En tête de cette collection figure une notice biographique sur C. Périer, publiée par Charles de Rémusat.

(**Loménie**, Louis de). M. C. Périer, par un homme de rien. *Par.* 1842. 12.

Périer (Guillaume ?).

Brandolini (Raffaelo). Orazione funebre per la morte di G. Pererio. *Rom.* 1500. 4.

Périer (Jacques),
théologien français († 10 sept. 1825).

Fraissinet (Charles). Notice historique sur la vie et les travaux de M. J. Périer, pasteur de l'église de Lasalle. *Nimes.* 1826. 8.

Périgord (la comtesse de),
dame française († 7 février 1854).

Notice sur madame la comtesse de Périgord, etc. *Par.* 1854. 8.

Perizonius (Jacob),
philologue hollandais (26 oct. 1671 — 6 avril 1715).

Schulting (Anton). Oratio funebris in obitum J. Perizonii. *Lugd. Bat.* 1713. 4. (*D.*)

Kramer (Wilhelm). Elogium J. Perizonii. *Halæ.* 1828. 4. *Berol.* 1834. 4. (*L.*)

Perkins (John Henry ?),
littérateur anglo-américain.

Channing (William Henry). Memoirs and writings of J. H. Perkins. *Cincinnati* et *New-York.* 1851. 2 vol. 8.

Perleb (Carl Julius),
médecin allemand.

Oettinger (Ludwig). Gedächtnissrede auf C. J. Perleb, Doctor der Philosophie und Medicin, ordentlichen Lehrer der Naturgeschichte und Botanik, etc. *Freib.* (*im Breisgau.*) 1847. 4. (*Bx.*)

Perlet (Adrien),
acteur français († .. déc. 1850).

(**Samson**, Joseph Isidore). Discours sur la tombe d'A. Perlet. *Par.* 1851. 8.

Perna (Pietro),
typographe italien (vers 1520 — 16 août 1582).

Manni (Domenico Maria). Vita di P. Perna, stampatore di Basilea. *Lucca.* 1763. 4.

Pernon (Camille),
négociant français (3 nov. 1753 — 14 déc. 1808).

Nécrologie : C. Pernon, s. l. et s. d. (*Lyon.* 1808.) 4. (Extrait du *Bulletin de Lyon.*)

Péron (François),
naturaliste français (22 août 1775 — 14 déc. 1810):

Alard (Marie Joseph Antoine). Éloge historique de F. Péron. *Par.* 1811. 4. Portrait. * (*Bes.*) *Weimar.* 1812. 4.

* Tiré à 500 exemplaires, non destinés au commerce.

Perona (Giovanni Antonio),
chirurgien italien.

Vita di G. A. Perona, chirurgo. *Torin.* 1809. 8.

Pérouse (Jean François **Galup de La**)
voy. **Lapeyrouse.**

Perpète (Saint),
évêque d'Utrecht.

Chapeauville (Jean). Vita et miracula S. Perpetui, episcopi Trajectensis. *Lugd. Bat.* 1601. 8.

Perpète (Saint),
évêque de Liége, patron de Dinant.

Historia curationum quæ divinitus opeD. Perpetui, episcopi Leodiensis Dionanti contigerunt; adjecta est vita D. Perpetui, etc. *Leod.* 1601. 4. Trad. en franç. *Liége.* 1601. 4.

Abrégé de la vie et des miracles de S. Perpète, évêque de Liége, patron de Dinant. *Dinant.* 1721. 8.

Perpinien (Pierre Jean),
jésuite espagnol (1530 — 28 oct. 1566).

Lazeri (Pietro). De vita et scriptis P. J. Perpiniani diatriba. *Rom.* 1749. 8. * Portrait.

* Formant le quatrième volume des œuvres du P. Perpinien, publ. par P. Lazeri.

Perponcher (Willem Emmerius de),
savant hollandais († 1819).

Royaards (Hermannus). Oratio, etc., de G. E. a Perponcher, etc. *Traj. ad Rhen.* 1820. 8. (*Ld.*)

Perrault (Charles),
littérateur français (12 janvier 1628 — 16 mai 1703).

Perrault (Charles). Mémoires (depuis 1662 jusqu'en 1683), contenant beaucoup de particularités et d'anecdotes intéressantes du ministère de Jean Baptiste Colbert, (publ. par Pierre **Patte**). *Avign.* (*Par.*) 1759. 12.

Tallemant (Paul). Éloge funèbre de C. Perrault. *Par.* 1704. 4. (*P.*)

Perre (J... A... van de),
littérateur hollandais.

Palm (Jan Hendrik van der). Lofrede op den heer J. A. van de Perre. *Middelb.* 1791. 8.

Perreau (Robert et Daniel),

History of the life, character and conduct of Mr. D. and R. Perreau and Mrs. (Margaret) Rudd. *Lond.*, s. d. (1775.) 8.

The female forger, or the fatal effects of unlawful love, being a minute and circumstantial account of the late extraordinary forgery of the Mess. Perreau, s. l. et s. d. 8.

Perreau (Daniel). Narrative of the unhappy case of R. and D. Perreau, etc. *Lond.* 1775. 8.

Prudence triumphing over vanity and dissipation or history of M. R. and D. Perreau and Mrs. Rudd. *Lond.*, s. d. (1775.) 12. Portraits.

Perrin (Claude), voy. **Louis XVII.**

Perregaux (Alexandre Charles, baron de),
général français (21 oct. 1791 — 6 nov. 1837).

Le général baron de Perregaux. *Par.* 1838. 8. (*P.*)

Perret de la Menue (Jean Mathieu Émile),
militaire français (17 juillet 1778 — 13 mai 1823).

Régny (N... N...). Éloge de M. É. Perret, ancien capitaine d'artillerie de la garde. *Lyon.* 1824. 8.

Perrette-Lamarche (Jérôme Frédéric),
marin français (20 juillet 1779 — 26 déc. 1847).

Verusmor (N... N...). J. F. Perrette-Lamarche, capitaine de vaisseau, ancien major de la marine à Cherbourg, officier de la Légion d'honneur, etc. *Par.* 1851. 8. Portrait. (Extrait du *Nécrologe universel du xixe siècle.*)

Perrien de Crenan (Arthur Charles Louis Sylvestre, comte de),
officier français (6 oct. 1792 — 14 mars 1852).

Saint-Maurice Cabany (Charles Édouard). Le comte A. de Perrien de Crenan, ancien officier de cavalerie,

ancien représentant du Morbihan à l'Assemblée nationale constituante, etc. *Par.* 1853. 8. (Extrait du *Nécrologe universel du xixe siècle.*)

Perrin (André),
prêtre français (24 juillet 1753 — 4 mars 1844).

L'abbé Perrin, aumônier de la prison de Roanne ; notice
biographique. *Lyon.* 1836. 8. (*P.*)
Un apôtre au xixe siècle. M. l'abbé Perrin. *Lyon.* 1837. 8.

Perrin (Louise Adélaïde),
philanthrope française (2 avril 1789 — 15 mars 1838).

Perrin (Théodore). Notice biographique sur L. A. Perrin, fondatrice de l'établissement des jeunes filles incu-
rables de Lyon. *Lyon.* 1852. 8.

Perrin (Olivier Stanislas),
peintre français (1761 — 14 déc. 1832).

Duval (Alexandre). Notice sur la vie de M. O. S. Perrin.
Par. 1835. 8. * (*P.*)
* Cette esquisse biographique, précédant *Breis–Isel ou la Basse-Bre-
tagne* de Perrin, a été tirée à part à quelques exemplaires.

Perrochia (Jean Claude),
manufacturier français.

J. C. Perrochia, manufacturier de Lyon, une des victimes
de la commission des sept, s. l. et s. d. (*Lyon.*) 8.

Perron (Jacques Davy du), voy. **Duperron.**

Perrone di San Martino (N... N...),
général sarde († 20 mars 1849).

Biografia del generale Perrone di San Martino. *Torin.*
1850. 8.

Perronet (Jean Rodolphe),
ingénieur français (1708 — 27 février 1794).

Lesage (Pierre Claude). Notice pour servir à l'éloge de
M. Perronet, premier ingénieur des ponts et chaussées
de France, etc. *Par.* 1805. 4. Portrait. (*P.*)

Perrott (John),
lord-lieutenant d'Irlande (1584 — 1626).

S... (E... C...). Government of Ireland and sir J. Perrott, knight. *Lond.* 1626. 4. Portrait.
History of sir J. Perrott, knight of the Bath and lord-lieutenant of Ireland. *Lond.* 1728. 4. (*Oxf.*)

Perrottet (George Samuel),
naturaliste suisse.

Notices historiques sur G. S. Perrottet et Louis Agassiz.
Lausan. 1831. 8.

Perry (Elizabeth),

Case of E. Perry, of Penshurst Place in Kent, respecting
her claim to the barony of Sydney of Penshurst. *Lond.*
1782. Fol.
Trial at Bar between the earl of Leicester and E. Perry.
Lond. 1782. 4. (*Oxf.*)

Perry (Olivier Hazard),
commodore anglo-américain.

Niles (John M...). Life of O. H. Perry. *Hartford.* 1820.
18.
Mackenzie (Alexander Slidell). Life of commodore O.
H. Perry. *New-York.* 1855. 2 vol. 18. (*Oxf.*) *Ibid.* 1841.
2 vol. 18.

Persico (il conte Giovanni Battista da),
agronome italien.

Emilj (Pietro degli). Elogio del conte G. B. nobile da
Persico, ciambellano di S. M. l'imperatore d'Austria, etc.
Bresc. 1846. 8.

Persigny (Jean Gilbert Victor **Fialin,** vicomte de),
homme d'État français (vers 1800 — ...).

Guéronnière (Arthur de la). Portraits politiques contemporains (M. de Persigny, M. de Morny, M. Adolphe Thiers). *Par.* 1853. 8.

Persius Flaccus (Aulus),
poète romain (34 — 62).

Aprosio (Ludovico). Dissertazione della patria d'A. Per-
sio Flacco. *Genov.* 1664. 4.
Massa (Gasparo). Osservazioni e racconto della vita,
origine e patria di A. Persio Flacco. *Genov.* 1666. 8.
Ibid. 1667. 4.
Kriegk (Georg Nicolaus). Dissertatio de A. Persio Flacco,
poeta satirico. *Jenæ.* 1701. 4. (*L.*)
Breitinger (Johann Jacob). Exercitatio critica in vitam
A. Persii Flacci, (Suetonio vulgo adscriptam). *Frf.*
1729. 8.

Froemmichen (Carl Heinrich). Programma de Persio.
Hildeshem. 1775. 4.
Sélis (Nicolas Joseph). Dissertation sur Perse. *Par.*
1783. 8. (*P.*)

Person (Ludwig),
jurisconsulte allemand (1554 — 19 oct. 1607).

Meisner (Balthasar). Leich-Predigt bey der Begrebniss
L. Person's. *Dresd.* 1607. 4. (*L.*)
Franckenberger (Andreas). Oratio encomiastica in me-
moriam L. Person. *Witteb.* 1608. 4.

Person (William),
Anglo-américain.

Child (D... L...). Life and letters of W. Person. *Cambridge* (*Amérique*). 1820. 18.

Personei (Cinzio),
cardinal italien.

Notizie del cardinale C. Personei della casa Passero Aldo-
brandini. *Bergam.* 1786. 4.

Perthes (Friedrich),
libraire allemand (20 avril 1770 — 18 mai 1843).

Perthes (Clemens Theodor). F. Perthes' Leben, nach
dessen schriftlichen und mündlichen Mittheilungen
aufgezeichnet. *Hamb.* et *Gotha.* 1848. 2 vol. 8. Portrait.
Ibid. 1853. 2 vol. 8. Portrait. Trad. en holland. par
C... M... **Mensing.** *Leeuward.* 1853. 2 vol. 8. Portrait.

Perti (Giacomo Antonio),
compositeur italien (1661 — 10 avril 1756).

Masini (Luigi). Elogio a G. A. Perti, Bolognese. *Bologn.,*
s. d. (1814). 8. (*Oxf.*)

Perticari (Giulio),
littérateur italien (15 août 1779 — .. juillet 1822).

Bertuccioli (Luigi). Memorie intorno la vita del conte
G. Perticari, etc. *Pesar.* 1822. 8.
Costa (Paolo). Elogio del conte G. Perticari. *Bologn.*
1823. 8.
Minius (G... de). Elogio italiano e latino di G. Perti-
cari. *Fermo.* 1835. Fol.
Montanari (Giuseppe Ignazio). Biografia di G. Perti-
cari. *Rom.* 1836. 16. (*Oxf.*)

Tommasini (Giacomo). Storia della malattia per la
quale morì il conte G. Perticari. *Imola.* 1823. 16. *Bologn.* 1823. 8.

Pertile (Angelo),
prêtre italien (13 déc. 1771 — ... 1844).

Alcune parole in morte di A. Pertile. *Padov.* 1843. 8.

Pertinax (Publius Helvius),
empereur romain (126 — 193 — assassiné le 18 mars 193). *

Just (C... A...). Dissertatio de vita et constitutionibus
D. Pertinacis. *Lips.* 1772. 4. (*L.*)
* Son règne n'avait été que de 87 jours.

Pertsch (Johann Georg),
jurisconsulte allemand (10 mars 1694 — 19 août 1754).

Wernsdorf (Johann Christian). Memoria J. G. Pertschii,
JCti. *Helmst.* 1755. 4. (*L.*)

Pertusati (Francesco),
littérateur italien (9 mai 1741 — 22 mai 1823).

Rudoni (Pietro). Cenni sulla vita e sugli scritti del conte
F. Pertusati. *Milan.* 1823. 8.

Perucchini (Girolamo),
jurisconsulte italien († 18 avril 1836).

(**Lantana,** Giovanni Battista). Necrologia di G. Perucchini. *Venez.* 1836. 8. (Extrait de la *Gazetta di Venezia,* tiré à part à un très-petit nombre d'exemplaires.)

Perugino (Pietro **Vannucci,** dit),
peintre italien du premier ordre (1446 — 1524).

(**Orsini,** Baldassare). Vita, elogio e memorie dell' egre-
gio pittore P. Vannucci, detto Perugino, e degli scolari
di esso. *Perug.* 1784. 8. (*P.*) *Ibid.* 1804. 8. Portrait.
(*Oxf.*)
(**Rangiaschi Brancaleoni,** Sebastiano). Lettera scritta
all' autore (B. Orsini) della Vita, etc., di P. Perugino.
Perug. 1804. 8.
Mezzanotte (Antonio). Commentario storico della vita
e delle opere di P. Vannucci, cognominato il Perugino.
Perug. 1836. 8. Portrait. (*Oxf.*)

Perulin (Saint).

Vie de S. Perulin. *Par.* 1686. 8. (*P.*)

Perussis (Louis de),
littérateur français (1524 — 1584).

(**Blégier de Pierregrosse,** Marie Charles Jean Louis Casimir de). Notice biographique et bibliographique sur L. de Perussis. *Avign.* 1859. 12. (Tiré à 50 exemplaires seulement.)

Perwich (Susannach),
musicienne anglaise (1636 — 1661).

Batchiler (John). Virgin's pattern in the exemplary life and lamented death of Mrs. S. Perwich. *Lond.* 1661. 12. Portrait.

Pescara (Fernando Francesco d'Avalos, marchese de),
général italien au service de Charles-Quint (1512 — 4 nov. 1525).

Giovio (Paolo). Vita di D. F. d'Avalos, marchese di Pescara, trad. du lat. par Ludovico Domenichi. *Firenz.* 1556. 8.

Valles (D...). Historia del invictissimo y muy animoso cavallero y capitan D. F. d'Avalos, marques de Pescara, con los hechos memorables de otros siete capitanes del emperador Carlos V : el Prospero Colonna, el duque (Carlos) de Borbon, D. Carlos de Lanoy, D. Hugo de Moncada, Philiberto, principe de Orange, Antonio de Leyva, el marques del Guasto, publ. avec des additions par Diego de Fuentes. *Amber.* 1558. 2 vol. 8. *Zarag.* 1562. Fol. *Amber.* 1570. 2 vol. 8.

Pesaro,
famille vénitienne.

Crasso (Niccolò). Pisaura gens. *Venet.* 1652. Fol. ou 4.

Zabarella (Giacomo). Il Carosio, ovvero origine regia ed augusta della serenissima famiglia Pesaro. *Padov.* 1659.

Pesaro (Benedetto),
amiral de la république de Venise.

Moro (Gabriele). Oratio in funere B. Pisauri, classis Venetæ imperatoris. *Venet.* 1503. 4.

Pesaro (Francesco),
homme d'État italien (1739 — 27 sept. 1797).

Fiammengo (Giovanni). Ragionamento della patria per l'ingresso di F. Pesaro a procuratore di S. Marco. *Padov.* 1781. Fol.

Venier (Antonio). Orazione funebre di S. E. F. Pesaro, commissario estraordinario in Venezia di Francesco II imperatore. *Venez.* 1799. 4 et 8.

Orazione funebre nelle solenni esequie di F. Pesaro, consigliere intimo e commissario estraordinario di Venezia e Terraferma. *Venez.* 1799. 8.

Piva (Giovanni). Le glorie singolari, etc., di F. Pesaro, etc. *Venez.* 1799. 8.

Elogio del cavaliere F. Pesaro, intimo consigliere di stato di S. M. e commissario estraordinario di Venezia. *Venez.* 1799. 4.

Rado (Giovanni). Elogio funebre di F. Pesaro, intimo consigliere attuale di stato. *Venez.* 1799. 4.

Zandonella (Giovanni Battista). Elogio storico di F. Pesaro, etc. *Venez.* 1799. 8.

Pesaro (Giovanni),
doge de Venise (élu en 1658 — 1659).

Gandolfi (Valentino). Præfica liberalis. Oratio in funere J. Pisauri, ducis Venetiarum. *Venez.* 1659. 4.

Mini (Francesco). Panegirico sopra il serenissimo G. Pesaro, defunto doge di Venetia. *Veron.* 1666. 4.

Pescay (François),
agronome français.

Fournier-Pescay (François). Notice biographique sur F. Pescay, cultivateur à Saint-Domingue. *Par.* 1822. 8.

Pessler ou **Besler** (Georg),
théologien allemand (+ 22 août 1536).

Panzer (Johann Friedrich Heinrich). G. Pessler, letzter Probst zu Nürnberg. Kleiner Beitrag zur Nürnbergischen Kirchen- und Reformationsgeschichte. *Erlang.* 1802. 8.

Pestalozzi (Johann Heinrich),
pédagogue suisse (12 janvier 1746 — 27 février 1827).

Abs (Joseph Theodosius). Pestalozzi's Anstrengungen für Menschenbildung, geschichlich dargestellt. Vorlesung bei seiner Geburtsfeier, etc. *Halberst.* 1815. 8.

Pestalozzi (Johann Heinrich). Meine Lebensschicksale als Vorsteher meiner Erziehungs-Institute in Burgsdorf und Iferten. *Leipz.* 1826. 8. * (D. et L.)

* Cet ouvrage est attribué par plusieurs bibliographes à C. Schmid.

Pestalozzi (Johann Heinrich). Selbstbiographie. *Leipz.* 1826. 8. (L. et Oxf.)

Biber (Eduard). Beitrag zur Biographie J. H. Pestalozzi's, etc. *Sanct-Gall.* 1827. 8.

Thou (Adèle Du). Notice sur Pestalozzi. *Genève.* 1827. 8.

Notice sur la vie de Pestalozzi. *Yverd.* 1843. 8. Trad. en allem. s. c. t. H. Pestalozzi, nach seinem Gemüthe, Streben und Schicksale. *Aarau.* 1844. 8.

Bandlin (Johann Baptist). Pestalozzi, seine Zeit, seine Schicksale, seine Wirkungen, etc. *Schaffh.* 1843. 8.

D(iesterweg) (A(...). H. Pestalozzi; ein Wort über ihn und seine unsterblichen Verdienste, etc. *Berl.* 1845. 8. (D. et L.)

Blochmann (Carl Justus). H. Pestalozzi. Züge aus dem Bilde seines Lebens und Wirkens, etc. *Dresd.* 1846. 8. Portrait. (D.)

Bandlin (Johann Baptist). Genius von Vater Pestalozzi, oder der Menschenbildner, seine Idee, seine Methode, seine Schriften, etc. *Zürch.* 1846. 8.

Ahrendts (Ludwig). H. Pestalozzi, sein Leben und sein Wirken, etc. *Frf. a. d. O.* 1846. 8.

Christoffel (Ragat). Pestalozzi's Leben und Ansichten in einem wortgetreuen Auszuge aus sämmtlichen von ihm herrührenden Schriften, etc. *Zürch.* 1846. 4.

Collmann (C... L...). Wort zur Erinnerung an den 100. Geburtstag H. Pestalozzi's, etc. *Cassel.* 1846. 8.

Kortuem (Friedrich). Rückblick auf J. H. Pestalozzi, etc. *Heidelb.* 1846. 8.

Luger (Friedrich). H. Pestalozzi. Beitrag zur Feier seines Andenkens. *Hamb.* 1846. 8.

Oppel (Carl). J. H. Pestalozzi's Leben, Wollen und Wirken, etc. *Frf.* 1846. 8.

H. Pestalozzi, sein Leben und Wirken. *Zürch.* 1846. 8. Portrait. (Tiré à 20,000 exemplaires.)

Hartmann (C... F...). Lebensskizze des edlen Menschenund Kinderfreundes H. Pestalozzi, etc. *Reutling.* 1846. 8.

Elditt (Heinrich Ludwig). Erinnerungen an H. Pestalozzi, etc. *Königsb.* 1846. 8.

Robidé van der Aa (C... P... E...). Pestalozzi's leven en lotgevallen. *Arnh.* 1846. 8. Portrait.

Rosenkranz (Carl). Pestalozzi. Rede zur Festfeier seines hundertjährigen Geburtstags, etc. *Königsb.* 1846. 8.

Meyer (J... F... E...). Pestalozzi als Mensch, Staatsbürger und Erzieher mit seinen eigenen Worten geschildert. Lesefrüchte aus seinen Werken. *Eutin.* 1850. 4.

Zoller (Franz). Pestalozzi und (Jean Jacques) Rousseau; pädagogische Monographie. *Münch.* 1851. 8.

(**Chavannes,** Henriette). Biographie de H. Pestalozzi. *Genève.* 1853. 8.

Pestel (Friedrich Wilhelm),
jurisconsulte allemand (7 janvier 1724 — 16 oct. 1805).

Bilderdijk (Willem). Pestel. Gedachtenisrede. *Leyd.* 1809. 8. (Ld.)

Pestvármegye de Nemügye (Josef),
feld-maréchal hongrois (+ 11 nov. 1743).

Pohrebni kazáni na pohreb pana J. Pestvármegye z Nemügye. *Tyrnav.* 1743. 8.

Petau (Denis),
jésuite français (1583 — 11 déc. 1652).

Valois (Henri). Oratio in obitum D. Petavii, societatis Jesu theologi. *Par.* 1653. 4. (P.)

Allacci (Leone). Melissolyra de laudibus D. Petavii, societatis Jesu presbyteri. *Rom.* 1653. 8. (Pièce en vers.) (D., L. et P.)

Oudin (François). Vita D. Petavii. *Divion.* 1716. 12. (Omis par Quérard.)

Peter, voy. **Pierre.**

Peterborough (Charles **Mordaunt,** earl of),
diplomate anglais (1662 — 5 nov. 1735).

Account of the earl of Peterborows' conduct in Spain. *Lond.* 1707. 8. *Ibid.* 1708. 8. (Oxf.)

Petermann (Andras),
médecin allemand (7 mars 1649 — 5 août 1703).

(**Cyprian,** Johann). Programma academicum in A. Petermanni funere. *Lips.* 1705. Fol. (L.)

Peters (Anzonetta R...),
Anglo-américain.

Clark (J... A...). A. R. Peters. *New-York.* 1843. 12.

Peters (Hugh),
théologien anglais (1599 — exécuté le 16 oct. 1660 *).

The last will and testament of Father Peters, s. l. et s. d. (*Lond.* 1660. 4. *Ibid.* 1717. 8. (Satire burlesque.)
* Il fut exécuté comme complice d'Olivier Cromwell.

History of the life and death of H. Peters, that arch-traytor, from his cradell to the gallowes. *Lond.* 1661. 4.

Yonge (William). Englands shame, or the life and death of that great impostor H. Peters. *Lond.* 1663. 12.* (*Oxf.*)
* Ouvrage dédié à la reine Henriette Marie et accomp. de son portrait.

Harris (William). Account of H. Peters. *Lond.* 1751. 8.

Petersen (Christian Friedrich).

Rosenberger (Otto Benjamin Gottfried). C. F. Petersen, s. l. et s. d. (*Dorpat.* 1810). 8. *
* Cette esquisse n'a pas été mise dans le commerce.

Petersen (Johann Benjamin),
jurisconsulte allemand.

Goetzinger (Johann Carl). Gedächtnissschrift bey dem Ableben J. B. Petersen's. *Friedrichst.* 1782. 4. (*D.*)

Petersen (Johann Wilhelm),
théologien allemand (1er juin 1649 — 31 janvier 1727).

Lebensbeschreibung J. W. Petersen's, der heiligen Schrift Doctoris, vormals Professoris zu Rostock. *Halle.* 1717. 8. Portrait. (*D.*) S. l. (*Ibid.*) 1719. 8. Portrait. (Biographie composée par lui-même.)

Petersen, née v. **Merlau** (Johanna Eleonora),
épouse du précédent.

Leben Frauen J. E. Petersen, gebohrner von und zu Merlau, Herrn Dr. J. W. Petersen's Ehe-Liebsten, s. l. (*Halle.*) 1719. 8. Portrait.
* Cette biographie, écrite par elle-même, est l'appendice ou le second volume de l'ouvrage précédent.

Petersen (Ulrich),
historien danois (vers 1682 — 16 oct. 1735).

Hojer (Andreas). Gedicht auf den verstorbenen Petersen. *Schlesw.* 1635. Fol. *
* Contenant la vie et les voyages d'Ulric Petersen.

Petersen (Vincenz),
théologien allemand († 17 déc. 1667).

Elmenhorst (Heinrich). Memoria V. Petersen, ecclesiastæ Hamburgensis ad D. Catharinam fidelissimi. *Hamb.* 1667. 4. (*L.*)

Peterson (Lars),
premier archevêque protestant d'Upsala (1499 — 1573).

Schinmeier (Johann Adolph). Lebensbeschreibung der drei Schwedischen Reformatoren (Lars) Anderson, Oluf Peterson und L. Peterson, als ein Beitrag zu der Schwedischen Reformations- und Bibel-Übersetzungs-Geschichte. *Lübeck.* 1783. 4. (*L.*)

Pététin (Jacques Henri Désiré),
médecin français (1744 — 27 février 1808).

Martin (Louis Aimé). Éloge historique de J. H. D. Pététin. *Lyon.* 1808. 8. (*P.*)

Notice historique sur la vie et les ouvrages de J. H. D. Pététin, docteur en médecine, s. l. et s. d. 8. *
* Il ne faut pas confondre cette notice avec l'éloge précédent. Celui-ci n'a que 30 pages, l'autre en a 121.

Péthion de Villeneuve (Jérôme),
premier maire de Paris (vers 1753 — 1793).

Vie politique de J. Péthion, ci-devant maire de Paris, ex-député à la Convention nationale et traître à la république française, s. l. et s. d. (*Par.* vers 1793.) 8. Portrait. (*Lv.*)

Pièces intéressantes, servant à constater les principaux événements qui se sont passés sous la mairie de Péthion. *Par.*, an II (1794.) 8. (*Bes.*)

Regnault-Warin (Jean Baptiste Joseph Innocent Philadelphe). Vie de J. Péthion, maire de Paris. *Bar-le-Duc.*, an IV (1796). 12. (*P.* et *Lv.*)

Pethiot (Jean),
médecin (?) français.

Berthe (Jean Nicolas). Éloge de J. Pethiot. *Par.* 1800. 4.

Pétiet (Claude),
homme d'État français (9 février 1749 — 25 mai 1806).

Notice sur la vie de M. C. Pétiet, intendant général de l'armée, etc. *Par.* 1806. 8. Portrait. (*P.*)

Pétion (Alexandre Sabès),
chef de la république d'Haïti (2 avril 1770 — 29 mars 1818).

Régis (Augustin). Mémoire sur Toussaint-Louverture, ci-devant général en chef de l'armée de Saint-Domingue,

justifié par ses actions des accusations dirigées contre lui; suivi d'une notice historique sur M. Pétion, président d'Haïti, jusqu'à sa mort. *Par.* 1818. 8. (*P.*)

Petit (Alexis Thérèse),
musicien français (1791 — 1820).

Biot (Jean Baptiste). Notice historique sur Petit. *Par.* 1821. 4. (*P.*)

Petit (Antoine), *
médecin français (18 — 21 oct. 1794).

Tap (N... N...). Éloge d'A. Petit, médecin, s. l. et s. d. *Par.* 1795. 8.
* Il ne faut pas confondre Antoine Petit avec le médecin Marc Antoine Petit, mentionné plus bas.

Petit (Jean),
chirurgien français (17 janvier 1786 — 5 janvier 1850).

Sauville (Guillaume de). Éloge funèbre de M. le docteur J. Petit, chevalier de la Légion d'honneur, ancien chirurgien-major des armées impériales, etc. *Saint-Ménéh.* 1850. 8.

Petit (Jean Louis),
chirurgien français (13 mars 1674 — 20 avril 1750).

Louis (Antoine). Éloge funèbre de J. L. Petit. *Par.* 1750. 4. (*D.*)

Petit (Louis),
religieux de l'ordre des mathurins.

Anroux (Nazare). Oraison funèbre de L. Petit, grand-maître de l'ordre de la Sainte-Trinité. *Par.* 1652. 4.

Petit (Marc Antoine),
médecin français (3 nov. 1766 — 7 juillet 1811).

Dumas (Jean Baptiste). Hommage rendu à la mémoire de M. A. Petit, docteur en médecine, membre de l'Académie, etc. *Par.* 1811. 8. * (*P.*)
* Pièce en vers suivie de notes intéressantes.

Cartier (Louis Vincent). Éloge de M. A. Petit. *Lyon.* 1811. 8. *
* Cet éloge n'a pas été mis dans le commerce.

Parat (Philibert). Éloge historique de M. A. Petit, docteur en médecine. *Lyon.* 1812. 4. (*P.*)

Baumes (Jean Baptiste Théodore). Éloge de M. A. Petit. *Montpell.* 1812. 4.

Petit (N... N...),
officier français († 2 nov. 1849).

Marquiset (Armand). Notice biographique sur le colonel du génie Petit, blessé mortellement devant Zaatcha. *Besanç.*, s. d. (1850.) 8.

Petit (Pierre),
poète-médecin français (1617 — 12 déc. 1687).

Nicaise (Claude). Elogium et tumulus P. Petiti medici. *Par.* 1687. 4. (*P.*)

Petit (Samuel),
théologien français (25 déc. 1594 — 12 déc. 1643).

Formi (Pierre). Vita S. Petit. *Gratianop.* 1643. 4. (Peu commun.)

Petit-Didier (Matthieu),
évêque de Macra (18 déc. 1659 — 14 juin 1728).

Oudenot (Placide). Oraison funèbre de D. Petit-Didier, évêque de Macra. *Saint-Diez.* 1728. 4.

Petit Manteau-Bleu, voy. **Champion** (Edme).

Petitot (Claude Bernard),
littérateur français (30 mars 1772 — 6 avril 1825).

Monmerqué (Nicolas de). Notice biographique et littéraire sur C. B. Petitot. *Par.* 1827. 8. (*P.*)

Petkum (Hermann v.),
théologien allemand (19 juin 1610 — 21 déc. 1682).

Capellus (Rudolph). Bonæ memoriæ Mag. H. v. Petkum, pastoris parœciæ Hamburgensis Petri et Pauli. *Hamb.* 1683. 4. (*L.*)

Petraeus * (Nicolaus),
théologien danois (1601 — 1630).

Stresow (Conrad Friedrich). Memoria N. Petræi. *Flensb.* 1759. 8.

—— Oratio, N. Petræi symbolum *Moderata durant* explicans. *Flensb.* 1760. 8.

Lassenius (Johann). Nachricht von dem Leben und Familien-Legato N. Petræi Leben und Schriften. *Flensb.* 1763. 4.
* Son nom originaire était Niels Pedersen.

Petrarca (Francesco),
poète italien du premier ordre (20 juillet 1304 — 18 juillet 1374).

Marsand (Antonio). Biblioteca Petrarchesca, etc. *Milan.* 1826. 4. * (*Lv.*)
* Cette bibliographie, ornée du portrait de Pétrarque, renferme plus

dr 800 ouvrages, qui se trouvent réunis dans la bibliothèque impériale du Louvre.

Schroeder (Andreas). Vita F. Petrarchæ, litterarum phœnicis ac parentis, s. l. 1622. 4. (D.)

Tommasini (Jacopo Filippo). Petrarcha redivivus, integram poetæ celeberrimi vitam iconibus ære cælatis exhibens; accessit nobilissimæ fœminæ Lauræ brevis historia. *Patav.* 1635. 4. (*D.* et *Lv.*) *Ibid.* 1650. 4. (*D.* et *Lv.*) *

  * Cette édition, augmentée et ornée de son portrait, contient quatre biographies sur lui, composées par Paolo Vergerio, Gianozzo Manetti, Leonardo Aretino et Ludovico Beccadelli.

Lionardo (Aretino). Le vite di Dante e del Petrarca. *Firenz.* 1672. 12. (*Lv.*)

Casareggi * (Bartolommeo). Difesa del Petrarca dalle opposizione di Ludovico Antonio Muratori. *Lucca.* 1709. 8.

  *'Sous ce pseudonyme, se cachent Giovanni Tommaso Canevari et Antonio Torrasi.

Acker (Johann Heinrich). Vita ac testamentum F.-Petrarchæ, illa ab ipso poeta et Hieronymo Squarzaficho profecta, hoc vero a Paulo Manutio et Joanne Georgio Graevio conservatum. *Rudolst.* 1711. 8. (*D., P.* et *Lv.*)
—— Programma continens supplementa vitæ Petrarchæ. *Altenb.* 1721. 8. (*D.*)

(Sade, Jacques François Paul Alphonse de). Mémoires sur la vie de F. Pétrarque. *Amst.* 1764-67. 3 vol. 4. (*D.* et *Lv.*) Trad. en allem. (par Carl Eberhard Schmidt). *Lemgo.* 1774-77. 3 vol. 8. (*D., L., Lv.* et *P.*)

Beccadelli (Ludovico). Vita di Petrarca. Trad. en angl. par William Pye. *Lond.* 1766. 8.

Dobson (Susannah). Life of Petrarch. *Lond.* 1775. 2 vol. 8. (*Oxf.*) *Ibid.* 1776. 2 vol. 8. (*Lv.*) *Ibid.* 1797. 2 vol. 8. *Ibid.* 1803. 2 vol. 8. (*Lv.*)

(Roman, Jean Joseph Thérèse). Le génie de Pétrarque, etc., précédé de la vie de cet homme célèbre, etc. *Parme* et *Par.* 1778. 8. (*Lv.*) *Avign.* 1778. 12. Publ. s. c. t. Vie de Pétrarque. *Avign.* 1786. 12. (Réimpr. par Agricole Fortia d'Urban.) *Avign.*, an xiii (1804). 12. Portrait. (*Lv.* et *Oxf.*)
Vie de F. Pétrarque, poëte italien, dont les actions et les écrits font une des plus singulières époques de l'histoire et de la littérature moderne, etc. *Vaucluse.* 1786. 8. (*Lv.*)

Bettinelli (Saverio). Delle lodi di F. Petrarca. *Bassan.* 1786. 8. (*P.*) *Mantov.* 1788. 8. (*Lv.*)

(Penrose, Francis). Sketch of the lives and writings Dante (Alighieri) and Petrarch, with account of Italian and Latin literature of the 14. century. *Lond.* 1790. 18. (*Lv.*)

Zaborra (Giovanni Battista). Petrarca in Arquà; dissertazione storico-scientifica. *Padov.*, s. d. (1792.) 8. * (*Lv.*)

  * Accomp. des portraits de Pétrarque et de son amante Laure.

Meinert (Joseph Georg). F. Petrarca's Biographie. *Prag.* 1794. 8. (*D., L.* et *Lv.*)

Butenschoen (Johann Friedrich). Petrarca; ein Denkmal edler Liebe und Humanität. *Leipz.* 1796. (*D.* et *Lv.*)

(Baldelli, Giovanni Battista). Del Petrarca e delle sue opere, libri IV. *Firenz.* 1797. 4. (*D., Lv.* et *P.*)

Fabroni (Angelo). F. Petrarchæ vita. *Parma.* 1799. 4. (*Lv.* et *P.*)

Dionisi (Giovanni Giacomo). De vicendevoli amori di messer F. Petrarca e della celebratissima donna Laura (de Noves). *Veron.* 1802. 8.

Arnavon (François). Pétrarque à Vaucluse. *Par.*, an xiii (1804). 8. (*D.* et *Lv.*)

Guérin (J...). Description de la fontaine de Vaucluse, etc., avec une notice sur la vie et les écrits de Pétrarque. *Avign.*, an xii (1804). 12. (*Lv.*)

Woodhouselee (Alexander Fraser of). Essay historical and critical of the life and writings of Petrarch. *Edinb.* 1810. 8. (*Lv.* et *Oxf.*)
Précis historique, ou abrégé de la vie et des amours de Pétrarque et de Laure, par un amateur vauclusien. *Avign.* 1811. 12. (*Lv.*)

Cavriani (Federigo). Vita di F. Petrarca. *Milan.* 1815. 4. *Mantov.* 1816. 12. (*Lv.*)

Fernow (Carl Ludwig). F. Petrarca, nebst dem Leben des Dichters, publ. par Ludwig Hain. *Leipz.* 1818. 8. (*D., L.* et *Lv.*)

Levati (Ambrogio). Viaggi di F. Petrarca in Francia, in Germania ed in Italia. *Milan.* 1820. 5 vol. 12. (*Lv.*)

(Foscolo, Ugo). Essay on the love, the poetry and the character of Petrarch. *Lond.* 1822. 8. (*Lv.*) Trad. en ital. s. c. t. Saggio sopra il Petrarca, etc. *Lugano.* 1824. 8. (*Lv.*)

Chevalier (Pietro). Una visita ad Arquà. *Padov.*, s. d. 8. (*Lv.*)

Pezzoli (Luigi). Elogio al Petrarca, s. l. et s. d. 8. (*Lv.*)

Rubbi (Andrea). Elogio di F. Petrarca, s. l. et s. d. .8. (*Lv.*)

Mazzuchelli (Giovanni Maria). Vita del Petrarca, scritta da lui medesimo. *Bresc.* 1822. 8. (*Lv.*)

(Rossetti, Domenico de). Raccolta di edizioni di tutti le opere del Petrarca e di Enea Piccolomini (Pio II). *Venez.* 1822. 12. (*D.*) Augment. *Trieste.* 1834. 8. (*D.*)

Weston (Stephen). Petrarchiana, or additions to the visit of Vaucluse, etc. *Lond.* 1822. 8. *

  * Avec le portrait de Pétrarque et celui de son amante Laure de Noves.

(Brachet, Jean François). Mon dernier voyage à Vaucluse, suivi d'une notice historique sur Pétrarque et la belle Laure. *Avign.* 1823. 8.

Goudoever (Anton van). Oratio de F. Petrarcha, literarum humanarum, seculo xiv, instauratore præcipuo. *Traj. ad Rhen.* 1829. 8. (*Ld.*)

Courtet (Victor). Notice sur Pétrarque, avec une pièce inédite (en prose) de Mirabeau sur la fontaine de Vaucluse. *Par.* 1833. 8. (*Lv.*)

Rastoul de Mongeot (Alphonse). Pétrarque. *Par.* 1836. 8. (*Lv.*)

Dulaurens (Achille). Essai sur la vie de Pétrarque. *Avign.* 1839. 8.

Campbell (Thomas). Life of Petrarch. *Lond.* 1841. 2 vol. 12. (*Oxf.*) *Ibid.* 1843. 2 vol. 8. * (*D.* et *Lv.*) *Philadelph.* 1841. 8.

  * Orné des portraits de Pétrarque et de sa belle Laure.

Olivier Vitalis (Hyacinthe d'). L'illustre châtelaine des environs de Vaucluse, la Laure de Pétrarque. Dissertation et examen critique des diverses opinions des écrivains qui se sont occupés de cette belle Laure, etc. *Par.* 1842. 8. (*Lv.*)

Lamers (C... H... G...). Dissertatio de vita et in bonas litteras meritis F. Petrarchæ. *Traj. ad Rhen.* 1842. 8.

Leoni (Carlo). Vita di Petrarca. *Padov.* 1843. 8. Portrait.

Bozoli (Giuseppe Maria). Vita del Petrarca. *Ferrar.* 1843. 8.

(Nonè, Giulio). Lettera intorno ad una biografia di F. Petrarca. *Padov.* 1843. 8. *

  * Critique de l'écrit précédent.

Rastoul de Mongeot (Alphonse). Pétrarque et son siècle. *Brux.* 1846. 2 vol. 18.

Henaux (Ferdinand). Pétrarque à Liége (1333). *Liége.* 1853. 8. (Tiré seulement à 25 exemplaires.)

    Petreus ou **Petrejus** (Heinrich),
       pédagogue allemand.

Heumann (Christoph August). Programmata III quibus memoriam H. Petrei, primi Gottingensium pædagogiarchæ, renovat. *Goetting.* 1724-26. 4.

    Petri (Gottfried Wilhelm),
      théologien allemand (18 janvier 1756 — 21 mars 1804).

Haefeli (J... C...). Gedächtnissfeier des G. W. Petri, Pastor primarius in Bremen. *Brem.* 1804. 8.

    Petri (Jonas),
      évêque de Linkoeping (✝ 1645).

Brask (Samuel Petri). Oratio in obitum M. J. Petri, episcopi Lincopiensis. *Lincop.* 1645. 4.

    Petri (Joseph),
      théologien suédois (?).

Myliander (Laurenz Matthias). Leichenpredigt, etc., auf J. Petri. *Calmar.* 1629. 4.

    Petri (Laurentius),
      archevêque d'Upsala (1499 — 26 oct. 1573).
      et
    Petri (Olaus),
      réformateur suédois; frère du précédent (1497 — 19 avril 1552).

Hallman (Johan Gustaf). The tvenne Bröder O. Petri och L. Petri Phase, till Lefverne och Vandel-Beskrifne. *Stockh.* 1726. 8.

    Petrocca Grumelli (conte Girolamo),
      homme d'État italien.

Mozzi (Luigi). Elogio storico del conte Petrocca Grumelli, arcidiacono di Bergamo. *Bergam.* 1797. 8.

Petrono (Titus Arbiter),
poète romain (+ 66 après J. C.).

Orelli (Johann Caspar v.). Lectiones Petronianæ. *Turic.* 1836. 4. (*L.*)

Studer (Thomas). Observationes criticæ in Petronii cœnam Trimalchionis. *Bern.* 1859. 4.

Moessler (Justinus Gumal). Commentatio de Petronii poemate de Bello civili. *Vratisl.* 1843. 8.

Petronilla,
fille de S. Pierre.

Mayer (Johann Friedrich). Dissertatio de Petronilla, Petri apostoli filia. *Gryphisw.* 1707. 4.

Petronio (Santo),
évêque de Bologne du IIIe siècle.

Negri (Giovanni Francesco). Basilica Petroniana, o vero vita di S. Petronio, con la descrizione della chiesa, etc. *Bologn.* 1680. 4.

Ristretto della vita di S. Petronio. *Bologn.* 1715. Fol.

Compendium prodigiosæ vitæ B. P. Petronii Senensis. *Venez.* 1761. 4.

Peruzzi (Giuseppe?). Di S. Petronio, vescovo. *Bologn.* 1850. 8.

Petrucci (Giuseppe),
poète italien (15 mars 1747 — 20 avril 1826).

Odescalchi (Pietro). Elogio di G. Petrucci. *Rom.* 1827. 4.

Petrucci (Pandolfo),
chef de la république de Sienne à la fin du XVe siècle.

Pecci (Giovanni Antonio). Memorie storico-critiche della città di Siena, che servono alla vita civile di P. Petrucci dal 1480 al 1812, etc. *Siena.* 1755-60. 4 vol. 4. (*Oxf.*)

Petrucci da Fossombrone (Ottaviano dei),
inventeur de l'impression des notes musicales (1503).

Schmid (Aloys). O. dei Petrucci da Fossombrone, der erste Erfinder der Musiknoten-Drucke mit beweglichen Metalltypen, und seine Nachfolger im 16. Jahrhundert. *Wien.* 1847. 8.

Petrunti (Francesco),
chirurgien italien (1778 — 5 mai 1839).

Bocchini (Domenico). Carme apotheosio in occasione della immatura morte di D. F. Petrunti. *Napol.* 1859. 8.

Petrus Acotantus, voy. **Acotantus** (Petrus).

Petschke (Christoph),
théologien allemand (14 mars 1634 — 13 janvier 1704).

Kittel (Johann). Schuldige Lob- und Trauer-Rede auf den Pastor primarius C. Petschke'n. *Budiss.* 1704. 4.

Petzold (Carl Friedrich),
théologien allemand.

(Kapp, Johann Ernst). Programma academicum in C. F. Petzoldi memoriam. *Lips.* 1746. Fol. (*D. et L.*)

Petzolt (Justinus),
médecin allemand.

Dinckel (Johannes). Oratio de J. Petzolto, medico urbisque patriæ physico. *Erphord.* 1583. 8.

Peucer (Caspar),
médecin allemand (6 janvier 1525 — 25 sept. 1602).

Stenius (Simon). Oratio, qua publice in academia Heidelbergensi D. C. Peuceri manibus parentatum est. *Servest.* 1603. 4. (*D.*)

Brendel (Johann). Leichenpredigt auf C. Peucerum, etc., mit kurzer Einführung seines Lebens und tödtlichen Abgangs. *Zerbst.* 1603. 4. (*D.*)

Pezel (Christoph). Historia carcerum et liberationis divinæ C. Peuceri, historici et medici. *Tigur.* 1605. 4. (*L.*)

Leupold (Johann Christian). Lebensbeschreibung des berühmten Dr. C. Peucer's. *Budiss.* 1745. 4. (*D.*)

Eichstaedt (Heinrich Carl Abraham). Narratio de C. Peucero, Philippi Melanchthonis geneto, etc. *Jenæ.* 1841. 4.

Heimburg (Ernst August Heinrich). Oratio de C. Peucero, evangelicæ doctrinæ ingenuo ac constanti defensore, ejusque gravissimis in emendationem sacrorum meritis, etc. *Jenæ.* 1842. 8. (*L.*)

Peurbach ou Purbach (Georg v.),
astronome allemand (30 mai 1423 — 8 avril 1461).

Gassendi (Pierre). Vita Galilæi Galilei, Tychonis Brahei et G. Purbachii. *Hag. Com.* 1655. 4. (*P.*)

Schubert (Gotthelf Heinrich v.). Peurbach und (Johann) Regiomontanus, die Wiedergründer einer selbstständigen und unmittelbaren Erforschung der Natur, etc. *Erlang.* 1828. 8. (*L.*)

Peutinger (Conrad),
archéologue allemand (15 oct. 1465 — 28 déc. 1547).

Lotter (Johann Georg). Historia vitæ atque meritorum C. Peutingeri Augustani, *Lips.* 1729. 4. (*D. et L.*) Publ. par Friedrich Anton VEITH. *Aug. Vind.* 1783. 8. Port. (*D. et Lv*)

—— Historia tabulæ Peutingerianæ. *Lips.* 1752. 4. (*D. et L.*)

Herberger (Theodor). C. Peutinger in seinem Verhältniss zu Kaiser Maximilian I. Ein Beitrag zur Geschichte ihrer Zeit, mit besonderer Berücksichtigung der literarisch-artistischen Bestrebungen Peutinger's und des Kaisers, etc. *Augsb.* 1851. 4. Portrait.

Peyer,
famille suisse.

Screta (Friedrich Lucas). Disputatio de illustri Peierorum familia. *Basil.* 1667. 4.

Peyer (Johann Conrad),
magistrat suisse.

(Koch, Johann Conrad). Manes J. C. Peyeri, inclytæ reipublicæ Schaphusianæ proconsulis et vexilliferi principis. *Tigur.* 1625. 4.

Peyer (Martin),
jurisconsulte suisse (+ 20 mai 1582).

(Jetzler, Johann). Vita clarissimi viri M. Peyeri, Schaphusiani. *Basil.* 1583. 4.

Peyre (Antoine François),
architecte français (5 avril 1739 — 7 mars 1823).

Quatremère de Quincy (Antoine Chrysostôme). Notice sur A. F. Peyre, architecte. *Par.* 1825. 4. (*P.*)

Peyrère (Isaac de la),
chef de la secte des préadamites (1594 — 30 janvier 1676).

Mirus (August Georg). Vita I. Peyrerii, famosi præadamitarum patroni. *Helmst.* 1764. 4. (*L.*)

Peyron (Jean François Pierre),
peintre français (15 déc. 1744 — 20 janvier 1814).

Gault de Saint-Germain (Pierre Marie). Notice sur la vie de M. Peyron. *Par.* 1814. 8. (Extrait du *Magasin encyclopédique.*) — (*P.*)

Peyronnet (Charles Ignace, comte de),
homme d'État français (.. oct. 1778 * — 2 janvier 1854).

Peyronnet (Charles Ignace de). Pensées d'un prisonnier. *Par.* 1834. 8. **

* C'est par erreur que le *Conversations-Lexicon* le fait naître en 1775.

** Contenant la confession politique du ci-devant ministre de Charles X qui pendant sept ans avait été emprisonné au château de Ham.

Vie anecdotique du comte de Peyronnet, etc. *Brux.* 1827. 12.

Peyronie (François Gigot de La),
chirurgien français (15 janvier 1678 — 25 avril 1747).

Briot (Pierre François). Éloge de La Peyronie. *Besanç.* 1820. 8. (Couronné par la société de médecine pratique de Montpellier.) — (*Bes. et P.*)

Peyrot (Jean Claude),
jésuite français (1709 — 1795).

Éloge historique, civil et littéraire de C. Peyrot, ancien prieur de Pradinas. *Milhau.* 1812. 8.

Peyrouse, voy. **La Peyrouse.**

Peytel (Sébastien Benoît),
jurisconsulte français (1804 — exécuté le 28 oct. 1839).

L'affaire de S. B. Peytel, etc. *Bourg.* 1839. 8. Portrait.

Pez v. Lichtenhof (Hermann Hieronymus),
général allemand.

Junge (Christian Gottfried). Standrede bey dem Grabe des Herrn Generals H. H. Pez v. Lichtenhof. *Nürnb.* 1794. Fol. Portrait.

Pezzoli (Luigi),
poète italien (19 déc. 1772 — 28 mars 1834).

Carrer (Luigi). Discorso su la vita e gli scritti di L. Pezzoli. *Venez.* 1834. 8. (Tiré à part à très-petit nombre.)

Pezzoni (Antonio),
évêque d'Esbonen (1777 — 3 oct. 1844).

(Vignati, Cesare). Biografia di monsignore A. Pezzoni da Lodi, vescovo d'Esbonen. *Lodi.* 1845. 8. (*Oxf.*)

Pezzotta (Giovanni Angelo),
prêtre italien.

Bonicelli (Agostino). Elogio funebre del sacerdote G. A. Pezzotta. *Bergam.* 1846. 8.

Pfaff (Christoph Matthaeus),
théologien allemand (25 déc. 1686 — 19 nov. 1760).

Leporin (Christian Polycarp). Verbesserte Nachricht von C. M. Pfaffen's Leben, Controversien und Schriften, nebst einem Catalogo der neuesten Unionsschriften. *Leipz.* et *Aschersleb.* 1726. 4. (*D.* et *L.*)

Pfaff (Johann Leonard),
évêque de Fulda (18 août 1775 — 3 janvier 1848).

J. L. Pfaff, Bischof von Fulda, nach seinem Leben und Wirken geschildert, etc. *Fulda.* 1848. 8. (*L.*)

Pfannenschmid (Jacob Friedrich),
médecin allemand († 1719).

Kettner (Friedrich Ernst). Gedächtniss-Predigt auf J. F. Pfannenschmid. *Quedlinb.* 1719. Fol. (*D.*)

Eckhard (Tobias). Memoria J. F. Pfannenschmidii. *Quedlinb.* 1719. Fol. (*D.*)

Pfauser (Johann Sebastian),
théologien allemand (1520 — 1569).

Strobel (Georg Theodor). Nachricht von dem Leben J. S. Pfauser's, evangelischen Hofpredigers König Maximilian's II, nachmaligen römischen Kaisers. *Nürnb.* 1785. 8. (*L.*)

Pfautz (Christoph),
mathématicien allemand (11 oct. 1645 — 2 août 1711).

(**Cyprian**, Johann). Programma academicum in funere C. Pfautzii Leiphemio-Ulmensis, mathematici Lipsiensis. *Lips.* 1711. Fol. (*D.* et *L.*)

Pfeffel (Gottlieb Conrad),
poète allemand (28 juillet 1736 — 1er mai 1809).

Stoeber (Ehrenfried). Blätter, dem Andenken Pfeffel's gewidmet. *Strasb.* 1809. 8.

Rieder (Johann Jacob). G. C. Pfeffel; biographischer Versuch. *Stuttg.* 1820. 8. (*L.*)

Bernard (G... L...). Discours prononcé à l'occasion de l'installation du buste de feu M. T. C. Pfeffel. *Colmar,* s. d. 8.

Pfefferkorn (Johann Andreas),
pédagogue allemand.

Fresenius (Johann Philipp). Treue Lehrer als brennende und scheinende Lichter. Leichenrede auf Mag. J. A. Pfefferkorn. *Frf.* 1749. Fol.

Pfeffinger (Johann),
théologien allemand (27 déc. 1493 — 1er janvier 1573).

Sartorius (Balthasar). Lebensbeschreibung Dr. J. Pfeffinger's. *Leipz.* 1573. 4. Portrait. (*L.*)

Pfeffinger (Johann Daniel),
théologien alsacien (vers 1661 — 24 nov. 1724).

Wieger (Johann). Programma in J. D. Pfeffingeri obitum. *Argent.* 1724. Fol.

Pfeiff (Daniel),
orientaliste allemand (18 juillet 1618 — 18 juillet 1662).

Bueck (Hieronymus). Leichenpredigt auf D. Pfeiff. *Copenh.* 1664. 8.

Pfeiffer (August),
orientaliste allemand (27 oct. 1640 — 11 janvier 1698).

Pfeiffer (Johann Ehrenfried). Memoria A. Pfeifferi, theologi Lubecensis, e filiorum mœstissimorum pietate extructa, ac ruderibus sermonum quorundam scholasticorum a viro beato dictorum aucta. *Rostoch.* 1700. 4. (*D.* et *L.*)

Pfeiffer (Joachim Ehrenfried),
théologien allemand (6 sept. 1709 — 18 oct. 1787).

Seiler (Georg Friedrich). Denkmal der Hochachtung und Liebe, gesetzt dem weiland hochwürdigen und hochgelahrten Herrn Dr. J. E. Pfeiffer. *Erlang.* 1788. 4. (*L.*)

Pfeiffer (Johann Jacob),
théologien allemand (6 oct. 1740 — 26 nov. 1791).

(**Justi**, Carl Wilhelm). Dem Andenken J. J. Pfeiffer's, Professors in Marburg, geweiht. *Marb.* 1791. 8.

Curtius (Michael Conrad). Memoria M. J. Pfeifferi, sacrarum litterarum doctoris et professoris primarii, etc., s. l. (*Marb.*) 1791. 4. (*L.*)

Pfeiffer (Johann Philipp),
théologien allemand (19 février 1645 — 10 sept. 1695).

Helwich (Christian). Vita J. P. Pfeifferi. *Regiom.* 1695. 4. Trad. en allem. par C(hristian) R(ichard) P(feiffer). *Oliva.* 1695. 8.

Pfenning (Christoph Jacob),
jurisconsulte allemand.

Seelen (Johann Heinrich v.). Memoria C. J. Pfenning, J. U. D. *Lubec.* 1734. Fol.

Pfenninger (Felix),
Suisse.

Empfindungen bey dem Tode des rechtschaffenen Gatten und Vaters F. Pfenninger von Stäfa; von einem redlichen Freunde, s. l. (*Zürch*). 1792. 8.

Pfenninger (Johann Conrad),
théologien suisse (15 nov. 1747 — 11 sept. 1792).

Lavater (Johann Caspar). Etwas über Pfenninger. *Zürch.* 1793-94. 3 parts. 12.

Pfister (Balthasar),
magistrat suisse.

Leben des Bürgermeisters B. Pfister. *Schaffh.* 1765. 4.

Pfister (Johann Ludwig),
théologien suisse (1802 — 1833).

Kirchhofer (Johann). Züge aus dem Leben des seligen J. L. Pfister, Religionslehrers am Gymnasium zu Schaffhausen, etc. *Basel.* 1835. 8.

Pfitzer (Johann Jacob),
théologien allemand (21 oct. 1684 — 10 mars 1759).

Memoria J. J. Pfitzeri, antistis Sebaldi. *Norimb.* 1759. Fol.

Pfitzmayer (August),
linguiste bohème (10 mars 1808 — ...).

Carro (Jean de). Le docteur A. Pfitzmayer de Carlsbad, savant linguiste, professeur des langues turque et chinoise à Vienne, s. l. et s. d. (*Brux.* 1850.) 8. (Extrait du *Bulletin du Bibliophile belge.*)

Pflaum (Johann Caspar),
jurisconsulte allemand.

(**Feller**, Joachim). Programma academicum in J. C. Pflaumii funere. *Lips.* 1689. Fol. (*L.*)

Pflaum (Johann Christoph),
littérateur allemand (4 mars 1751 — 25 août 1796).

Lauter (Gottfried Christian). Rede zu J. C. Pflaum's Andenken. *Heidelb.* 1796. 8.

Pflug (Julius v.),
évêque de Naumburg (1499 — 3 sept. 1564).

Acker (Johann Heinrich). Narratio brevis de J. Pflugio, episcopo Numburgensi, etc. *Altenburg.* 1722. 4. (*D.*) *Ibid.* 1724. 8. (*D.*)

Schubert (Johann Ernst). Disputatio theologica de rationibus theologicis, quibus electio J. Pflugii, episcopi Numburgensis, impugnata et propugnata est. *Helmst.* 1750. 4. (*D.*)

Braune (Christian Heinrich). Dissertatio de J. Pflugio, scientissimo literarum patrono. *Jenæ.* 1764. 4. (*L.*)

Schwarz (Friedrich Immanuel). Acta J. Pflugii in causa religionis, *Eisenberg.* 1774. 4. (*D.*)

Pfluger (Urs Victor),
dernier abbé de Saint-Urbain.

Züge aus dem Leben des hochwürdigen Prälaten Fridericus (U. V. Pfluger), des letzten Abtes des siebenhundertjährigen Gotteshauses Sanct-Urban, zusammengestellt von einem seiner ergebensten Söhne. *Soloth.* 1849. 8.

Pforten (Hermann v. d.),
musicien allemand.

Lozius (Martin). Oratio funebris super obitum H. v. d. Pforten. *Erford.* 1628. 4. (*D.* et *L.*)

Pfordten (Ludwig Carl Heinrich von der),
homme d'État allemand (vers 1808).

Reden und Proclamationen des Professors und königlich sächsischen Ministers L. v. d. Pfordten, gesammelt und zur Würdigung seiner Wirksamkeit als bayerscher Minister herausgegeben. *Leipz.* 1851. 8. (*L.*)

Pforr (David),
théologien allemand (26 janvier 1631 — 26 avril 1688).

Apel (Johann). Leichenpredigt auf D. Pforr. *Schmalkald.* 1688. 4.

Pforr (Johann Wilhelm). Epicedion in obitum D. Pforrii. *Smalcald.* 1688. 4.

Pfyffer (Casimir),
magistrat suisse.

Pfyffer (Casimir) Meine Betheiligung an der Rathsherrn

Leu'schen Mordgeschichte. *Zürch.* 1846. 8. Portrait de l'auteur.

Pfyffer (Eduard),
maire de Lucerne († 11 déc. 1834).

Krauer (Johann Georg). Skizze eines Necrologes des in Olten verstorbenen Schultheissen E. Pfyffer. *Liestal.* 1835. 8.

Steiger (Jacob Robert). Kurze Lebensbeschreibung des weiland Schultheissen E. Pfyffer in Luzern. *Luzern.* 1836. 8.

Phaedrus, voy. **Phèdre.**

Phaëthon,
personnage mythologique.

Upmarck (Johan). Disputatio de Phaëthonte. *Upsal.* 1702. 4.

Sohyllberg (Pehr). Dissertatio de Phaëthonte. *Upsal.* 1712. 8.

Phalaris,
tyran d'Agrigente († 556 avant J. C.).

Dodwell (Henry). Exercitationes II; prima de œtate Phalaris, secunda de œtate Pythagorœ, philosophi. *Lond.* 1701. 8. (*Oxf.*)

(Compain de Saint-Martin, N... N...). De l'utilité du pouvoir monarchique, contenant l'histoire de Phalaris, avec ses lettres sur le gouvernement et les conseils d'Isocrate, ou le modèle des ministres. *Par.* 1726. 2 vol. 12. (*P.*)

Phaller (Saint),
patron de Chabry.

Charpentier (Louis). Vie de S. Phalère, confesseur. *Par.* 1652. 8.

Bruneau (François). Vie de S. Phalier, patron de Chabry en Berri. *Par.* 1645. 8. (*P.*)

Phallus,
idole indienne.

D(ulaure) (J(aques) A(ntoine). Des divinités génératrices, ou du culte du Phallus chez les anciens et les modernes, des cultes du dieu de Lampsaque, de Pan, de Vénus, etc. *Par.* 1805. 8. (*L.* et *P.*)

Phanias Eresius,
philosophe grec (contemporain de Théophraste).

Voisin (Auguste). Diatribe academica de Phanio Eresio, philosopho peripatetico. *Gandav.* 1824. 8.

Pharaildis (Sainte),
martyre belge.

Leven ende mirakelen van de H. Pharaildis, die tot Steynockerseel geviert wordt. *Bruss.,* s. d. 8.

Phare (Sainte),
martyre française.

Papasidera (Agostino). S. Fara di Borgogna, o vero Burgundofora, vergine taumaturga, abbadessa dell' ordine del grand P. S. Benedetto. *Palerm.* 1662. 8.

Phavorinus,
philosophe grec du IIᵉ siècle après J. C.

Gregorius (Immanuel Friedrich). Commentationes II de Phavorino. *Lauban.* 1755. 4. (*L.*)

Phèdre,
poète romain (contemporain de l'empereur Auguste).

Gellert (Christian Fürchtegott). Dissertatio de poesi apologorum eorumque scriptoribus. *Lips.* 1744. 4. *Ibid.* 1773. 8. (*L.*)

Christ (Johann Friedrich). Prolusio de Phædro ejusque fabulis. *Lips.* 1746. 4. (*L.*)

Funccius (Johann Nicolaus). Apologia pro Phædro ejusque fabulis. *Lips.* et *Rintel.* 1747. 8. (*L.*)

Lindner (Joachim Gottlieb). Bemerkungen über den Phædrus. *Arnst.* 1782. 4.

Phelypeaux d'Herbault (Georges Louis),
archevêque de Bourges.

Blin de Sainmore (Adrien Michel Hyacinthe). Éloge historique de G. L. Phelypeaux d'Herbault, patriarche, archevêque de Bourges, s. l. 1778. 8.

Phelypeaux de Pontchartrain (Paul),
secrétaire de Marie de Médicis, reine de France (1569 — 21 oct. 1621).

(Phelypeaux de Pontchartrain, Paul). Mémoires concernant les affaires de la France sous la régence de Marie de Médicis. *Bâle.* 1705. 12. *La Haye.* 1720. 2 volumes 8. (*P.*) *Ibid.* 1729. 2 vol. 8.

Phelypeaux (Raymond Balthasar, marquis de),
homme d'État français (vers 1671 — 1713).

Mémoire contenant les intrigues secrètes et malversations du duc de Savoie, avec les rigueurs qu'il a exercées envers M. Phelippeaux (!), ambassadeur de France. *Bâle.* 1703. 18.

Pherecydes Syrus,
philosophe grec (600 avant J. C.).

Bonitius (Johann). Dissertatio de Pherecyde Syro. *Schneeb.* 1694. 4. (*L.*)

Hardt (Hermann v. d.). Dissertatio de Pherecyde et Herodoto, etc., historicis vetustis. *Helmst.* 1719. 4.

Tiedemann (Dieterich). Griechenlands erste Philosophen, oder Leben und Systeme des Orpheus, Pherecydes, Thales und Pythagoras. *Leipz.* 1780. 8. (*L.*)

Phidias,
statuaire grec du premier ordre (contemporain de Périclès).

Mueller (Carl Ottfried). Commentationes III de Phidiæ vita et operibus. *Goetting.* 1782. 4. (*L.* et *Oxf.*)

Philadelphia,
escamoteur du XVIIIᵉ siècle.

Philadelphia, der grosse Zauberer. Scenen aus seinem Leben. *Leipz.* 1815. 8. (*L.*)

Philandrier (Guillaume),
archéologue français (1505 — 1565).

La Mare (Philibert de). Epistola de vita, moribus et scriptis G. Philandri, Castilionii, civis Romani, etc., s. l. (*Divion.*) 1667. 4. (*D.* et *P.*)

Philarète (Saint),
martyr sicilien.

Mongitore (Antonino). Vita di S. Filareto, confessore Palermitano dell' ordine di S. Basilio, etc. *Palerm.* 1703. 4.

Philelphus, voy. Filelfo (Francesco).

Philemon,
poète grec (contemporain de Ménandre). *

Hauptmann (Johann Gottfried). Dissertatio de Philemone atque illius comœdiis. *Jenæ.* 1743. 4. (*L.*)
* Il mourut, dit-on, de rire sur une de ses comédies, à l'âge de 97 ans.

Philènes (frères),
frères carthaginois.

Roos (Johann Friedrich). Geschichtlicher Versuch über der Brüder Philäni Aufopferung für's Vaterland. *Giess.* 1797. 4.

Philetas Cous,
poète grec (vers 300 avant J. C.).

Bach (Nicolaus). Programma de Phileta Coo, poeta elegiaco. *Vratisl.* 1828. 8.

Philibert I, surnommé le Chasseur,
duc de Savoie (7 août 1464 — 16 avril 1472 — 22 avril 1482).

Castagnini (N... N...). Della vita del principe Filiberto di Savoja. *Torin.* 1630. 4.

Philibert.

Waibel (Adalbert). Pater Philibert's Leben, Weisheit und Lied. *Augsb.* 1833. 8.

Philibert, dit Lafeuillade (François),
soldat français.

Vie de F. Philibert, dit Lafeuillade, soldat au régiment du Vexin. *Lille.* 1854. 18. (5ᵉ édition.)

Philidor (François André Danican, dit),
compositeur français (7 sept. 1726 — 31 août 1795).

Lardin (Jules). Philidor, peint par lui-même, s. l. (*Par.*) 1847. 8. (Extrait du journal *Palamède*, tiré à part à petit nombre.) — (*L.*)

Philipeaux (Pierre),
député à la Convention nationale (1759 — guillotiné le 3 avril 1794).

Philipeaux (Pierre). Mémoires historiques sur la Vendée. *Par.* 1795. 8. (*P.*)

Philippar (François Aken),
horticulteur français (1802 — 25 juin 1849).

Bailly de Merlieux (Claude). Notice biographique sur F. A. Philippar, secrétaire général de la Société d'horticulture de Seine-et-Oise. *Par.* 1850. 8.

Philippe Amyntiades,
roi de Macédoine (383 — 360 — 336).

Reineccius (Reiner). Familiæ regum Macedoniæ, quæ a Carano usque ad captum Persea regnarunt DCXLVI. *Lips.* 1571. 4. (*L.*)

Lacarry (Gilles). Series et numismata regum Macedoniæ. *Claramont.* 1671. 4. (*P.*)

Groenwall (Anders). Dissertatio de Poneropoli Philippi, regis Macedoniæ. *Upsal.* 1757. 8.

(**Seran de la Tour**, N... N...). Histoire de Philippe, roi de Macédoine et père d'Alexandre le Grand. *Par.* 1740. 12. (*P.*)

Olivier (Claude Mathieu). Histoire de Philippe, roi de Macédoine et père d'Alexandre, etc. *Par.* 1740. 2 vol. 12. (*Bes.*)

Leland (Thomas). History of the life and reign of Philip, king of Macedon. *Lond.* 1758. 4. (*Oxf.*) *Ibid.* 1761. 4. *Ibid.* 1769. 4. (Avec plusieurs gravures.) *Ibid.* 1775. 2 vol. 8. *Dubl.* 1806. 2 vol. 8.

Bury (Richard de). Histoire de Philippe et d'Alexandre le Grand, rois de Macédoine. *Par.* 1760. 4. (*Bes.*)

Valckenaer (Ludwig Caspar). Orationes II de publicis Atheniensium moribus et de Philippi Macedoniis indole et virtutibus. *Lugd. Bat.* 1766. 4.

Weiske (Benjamin Gotthold). Dissertationes II de hyperbole errorum in historiam Philippi Amyntæ filii commissorum genetrice. *Lips.* 1817-19. 4 parts. 4. (*L.*)

Brueckner (C... A... F...). König Philipp, Sohn des Amyntas von Makedonien, und die hellenischen Staaten. *Goetting.* 1837. 8.

Calcar (H... van). Introitus in vitam Philippi II, Macedoniæ regis. *Groning.* 1831. 8.

Philippe Arabs (Marcus Julius),
empereur romain (... — 244 — 249).

Kortholt (Christian). Dissertatio de Philippi Alexandri, Mammeæ, Plinii junioris et Senecæ christianismo. *Rostoch.* 1662. 4.

Schurzfleisch (Conrad Samuel). De primo christianorum imperatore (Philippo Arabe). *Witteb.* 1679. 4.

Koeber (Johann Friedrich). Dissertatio de Philippo Arabe, utrum primus christianus imperator fuerit, an potius Constantinus Magnus? *Geræ.* 1680. 4.

Neumann (Johann Georg). Dissertatio historica de Philippo Arabe, primo, ut videtur, christianorum imperatore. *Witteb.* 1684. 4.

(**La Faye**, N... N... de). Entretiens historiques sur le christianisme de l'empereur Philippe. *Bâle.* 1690. 8. *Utrecht.* 1692. 12.

Horn (Theodor). Exercitatio academica de Philippi Arabis fide christiana. *Gryphisw.* 1693. 4.

Cellarius (Christoph). Dissertatio de primo principe christiano. *Halæ.* 1698. 4. *Ibid.* 1705. 4. (*L.*)

Schwarz (Christian Gottlieb). Dissertatio de tempore ludorum sæcularium sub Philippis Augustis celebratorum. *Altorf.* 1723. 4.

Philippe,
empereur d'Allemagne (1178 — 1205 — assassiné le 22 juin 1208).

Wichert (G... H... R...). De Ottonis IV et Philippi Suevi certaminibus atque Innocentii (III) labore in sedendam regum contentionem insumto. *Regiom.* 1834. 8.

Abel (Heinrich Friedrich Otto). König Philipp der Hohenstaufe, etc. *Berl.* 1852. 8.

Philippe II,
roi d'Espagne (21 mai 1527 — 17 janvier 1556 — 13 sept. 1598).

Calvete (Juan Cristophoro). Felicissimo viaje del muy allo y muy poderoso principe D. Felipe, hijo del emperador don Carlos V. *Amber.* 1552. Fol.

Campana (Cesare). Vita del cattolico ed invitissimo Don Filippo II d'Austria; con le guerre de' suoi tempi. *Vicenz.* 1605. 4. *Venez.* 1609. 4 vol. 8.

Herrera (Antonio de). Historia del mundo en el reynado del rey D. Phelipe II desde el año 1554 hasta el de 1598. *Valladol.* 1606. 3 vol. Fol. *Madr.* 1615. 3 vol. Fol.

Cabrera (Luis). Felipe II, rey de España. *Madr.* 1619. Fol.

Hammen y Leon (Laurentius van der). Don Felipe el Prudente II, rey de las Españas y nuevo mundo. *Madr.* 1625. 4. *Ibid.* 1652. 4.

Poreno (Balthasaro). Los dichos y hechos del rey D. Felipe II, llamado il Prudente. *Sevilla.* 1639. 8. *Bruss.* 1666. 12.

Cordova (Antonio de). Vida del rey D. Felipe II. *Bruss.* 1662. 12.

Recueil d'actions et paroles mémorables de Philippe II, roi d'Espagne. *Cologne.* 1671. 12.

Leti (Gregorio). Vita del cattolico rè Filippo II, monarca delle Spagne. *Colign.* (Genev.) 1679. 2 vol. 4.
Trad. en allem. *Leipz.* 1716. 2 vol. 8. (*L.*)
Trad. en franç. :
  (Par J... G... de CHEVRIÈRES). *Par.* 1734. 6 vol. 12.
  (Par Honoré Gabriel Riquetti de MIRABEAU et Jean DURIVAL). *Amst.* 1777-78. 4 vol. 12.
Trad. en holland. *Haag.* 1699. 4 vol. 12. *Amst.* 1733. 4 vol. 12. *Rotterd.* 1778. 2 vol. 8. Portrait.

Watson (Robert). History of the reign of Philipp II, king of Spain. *Lond.* 1777. 2 vol. 4. *Ibid.* 1778. 2 vol. 4. (*Oxf.*) *Bâle.* 1794. 3 vol. 8. *Lond.* 1803. 3 vol. 8.
Trad. en allem. *Lübeck.* 1778. 2 vol. 8. *Leipz.* 1815. 2 vol. 8. (*L.*)
Trad. en espagn. par Z... R... *Madr.* 1822. 2 vol. 8.
Trad. en franç. s. c. t. Portrait de Philippe II. *Amst.* 1785. 8. (*Oxf.*) Publ. s. c. t. Crimes de Philippe II, etc., par M***. *Par.* 1791. 8. (*Oxf.*)
Trad. en holland. *Rotterd.* 1778. 4 vol. 8. (*Ld.*)

(**Mercier**, Louis Sébastien). Portrait de Philippe II, roi d'Espagne. *Amst.* 1785. 8. (*L.* et *P.*) *Bâle.* 1785. 8.

Nomsz (Jan). Leven van Philips II en van Carel V. *Amst.* 1786. 2 vol. 8. Avec 2 portraits en médaillons.

Dumesnil (Alexis). Histoire de Philippe II, roi d'Espagne. *Par.* 1822. 8. (*P.*) *Ibid.* 1824. 8.

San Miguel (Evaristo). Historia del rey D. Felipe II. *Madr.* 1844-45. 4 vol. 4.

Zanetomalo (N... N...). Relazione del governo della famosa corte di Spagna in tempo del rè D. Filippo II. *Cosmopol.* 1572. 8. (Extrêmement rare.)

Galerati (Jacopo Mainoldi). De titulis Philippi Austriæ, regis catholici, liber unus. *Bonon.* 1573. 4.

Velasquez (Isidoro). Entrada que en el reyno de Portugal hizo D. Felipe II, rey de las Españas y de Portugal. *Lisb.* 1583. 4.

Escobar (Antonio de). Felicissima jornada de S. M. del reyno de Portugal. *Valenc.* 1586. 8.

Viperani (Giovanni Antonio). De obtenda Portugallia a rege catholico Philippo historia. *Neapol.* 1588. 4.

Arroyo (Marco Antonio). Relacion del progresso de la armada de la santa liga hecha entre le papa Pio V, el rey catholico Phelippe II y Venetianos contra el Turco. *Milan.* 1576. 4.

Relazione dell' armata, la quale per comandamento del rè Filippo II se congregò nell' porte di Lisbona l' anno 1578. *Rom.* 1578. 4.

Hispanische Armada oder Kriegs-Rüstungs-Relation. *Coeln.* 1588. 4.

Wahrhaffte Relation, Überschlag und Inhalt der Kriegsrüstung der Armada, so Philippus II, König von Hispanien, auf dem Meer bei Lisbona zusammen hat lassen bringen. *Nürnb.* 1588. 4.

Ebert (Adam). Dissertatio de justitia actionum Philippi II. *Frf. ad Viadr.* 1687. 4.

Visscher (C... W...). Dissertatio politico-juridica de legitima Belgarum ejuratione Philippi II, Hispaniarum regis. *Traj. ad Rhen.* 1757. 4. (*Ld.*)

Swinden (S... P... van). Specimen juris publici de imperio ab ordinibus Belgii Philippo II abrogato, etc. *Lugd. Bat.* 1773. 4. (*Ld.*)

Kluit (Adriaan). Oratio de jure, quo Belgæ legitimo suo principi ac domini Philippo imperio abrogav. *Leidæ.* 1779. 4. (*Ld.*) Trad. en holland. *Leyden.* 1779. 8. (*Ld.*)

(**Hultmann**, C... G...). Geschied- en staatskundig onderzoek over den tijd, wanneer Philips II opgehouden heeft heer der vereenigde Nederlanden te zijn. *Arnhem.* 1781. 8. (*Ld.*)

Godoy (Juan Suares de). Muerte y honras del rey D. Felipe II. *Barcel.* 1598. 8. *Ibid.* 1599. 8.

Ammirato (Scipione). Orazione in morte di Filippo II, rè di Spagna. *Firenz.* 1598. 4.

Bissi (Francesco). Sermone nell' esequie, etc., in morte del rè cattolico D. Filippo II. *Palerm.* 1598. 4.

Pitti (Vincenzo). Esequie della sacra cattolica real maestà del rè di Spagna D. Filippo II. *Firenz.* 1598. 8.

Sgrigi (Eliodoro). Oratione funerale nell' esequie della maestà cattolica del rè Filippo II d' Austria. *Palerm.* 1599. 4.

Turamini (Alessandro). Orazione funebre in morte di Filippo II, rè di Spagna. *Napol.* 1599. 4.

Boucher (Jean). Oraison funèbre de S. M. Philippe II. *Anvers.* 1599. 8.

Relation des obsèques faictes à Philippe II, roy d'Espagnes (!) en la cité de Ferrare, y assistant N. S. P. le pape Clément VIII. *Brux.* 1599. 4.

Blasæus (Jacques). Sermon funèbre faict aux funérailles du roy catholique Philippe II. *Brux.* 1599. 4.

Gouvea (Manfredo de). Oratio in funere Philippi II, etc. *Taurin.* 1599. 4.

La Torre (Juan Cervera de). Testimonio autetico y verdadera de las cosas notables que passaron en la muerte del rey D. Felipe II. *Valenc.* 1599. 4. *Madr.* 1600. 4. Trad. en lat. par Franz Guillimann. *Friburg. Brisg.* 1609. 4.

Azevedo (Balthezar de). Funebris oratio in sacris funeribus Philippi II. *Lisb.* 1600. 4.

Galvao (Francisco Fernandes). Sermaõ das exequias del rey D. Filippe. *Lisb.* 1600. 4.

Ribera Flores (Dyonisio de). Exequias del rey Felipe II en Mexico. *Mexico.* 1600. 4.

Yepes (Didacus de). Breve relazione della morte del rè di Spagna, D. Filippo II. *Milan.* 1607. 8.

Philippe III,
roi d'Espagne (14 avril 1578 — 13 sept. 1598 — 30 mars 1621).

Penafiel y Contreras (Didacus Matute de). Genealogia del rey Felipe III. *Madr.* 1614. 4.

Cespedes y Menezes (Gonsalvo). Historia de Don Felipe III. *Madr.* 1631. Fol. *Barcel.* 1634. Fol.

Avila (Gil Gonzalez). Historia de la vida y hechos del inclito monarca amado y santo, D. Felipe III. *Madr.* 1660. Fol.

Yanez (Juan). Memorias para la historia de D. Felipe III, rey de España. *Madr.* 1723. 4. (*Oxf.*)

Watson (Robert). History of the reign of Philip III. *Lond.* 1783. 4. Augment. par William Thompson. *Lond.* 1786. 2 vol. 8. *Bas.* 1792. 2 vol. 8. Trad. en franç. par L... J... A... Bonnet. *Par.* 1809. 3 vol. 8.

Scioppius (Schoppe) (Caspar). Narratio historica gestorum in nuptiis Philippi III, Hispaniarum regis, cum Margarita Austriaca, et Alberti Austriaci cum Isabella Clara Eugenia, Ferrariæ celebratis. *Ingolst.* 1599. 4.

Carvajal (Luis Marmol de). Historia del rebellion y castigo de los Moriscos del reyno de Granada. *Malag.* 1600. Fol. *Madr.* 1797. 2 vol. 4. Trad. en franç. par Nicolas Perrot d'Ablancourt. *Par.* 1667. 4.

Aznar (Hieronymo) et **Cardona** (Embid). Expulsion justificada de los Moriscos Españoles, y summa de las excelencias del rey D. Felipe III. *Huesc.* 1611. 8.

Aguilar (Caspar de). Expulsion de los Moriscos de España por el rey D. Felipe III. *Valen.* 1610. 8.

Quintino (Antonio). Relazione di quello che trattavano i Moreschi di Spagna contro la Maestà del rè D. Filippo III. *Milan.* 1611. 4.

Congiura e tradimento ordinato de' Moreschi contro la Maestà del rè D. Filippo III. *Genov. Milan. Ferrar. Vicenz.* et *Veron.* 1612. 4.

Fonseca (Damiano). Relacion de lo que passo en la expulsion de los Moriscos del reyno de Valencia. *Rom.* 1612. 8.

—— Justa expulsion de los Moriscos de España, con la instruccion, apostasia y traycion dellos. *Rom.* 1612. 8. Trad. en ital. s. c. t. Del giusto scacciamento de' Moreschi da Spagna, par Cosimo Gaci. *Rom.* 1612. 4.

Sans (Blas Verdù de). Engaños y desengaños del tiempo, con un discurso de la expulsion de los Moriscos de España. *Barcel.* 1612. 8.

Guadalajara y Xaviero (Marco de). Memorable expulsion y justissimo destierro de los Moriscos de España. *Pampel.* 1613. 4.

—— Prodicion y destierro de los Moriscos de Castilla. *Pampel.* 1614. 4.

Ripol (Juan). Dialogo de consuelo por la expulsion de los Moriscos de España. *Pampel.* 1614. 4.

Aguilar y Prado (Hyacinto de). Relacion de la entrada que hizo S. M. (Felipe) en Lisboa. *Lisb.* 1619. 4.

Arceo (Francisco). Fiestas reales de Lisboa. *Lisb.* 1619. 4.

Lavanha (Joaõ Bautista). Jornada de D. Felipe III a Portugal e relaçaõ do solemne recebimento, que nella se lhe fez. *Madr.* 1622. Fol.

Barreda (Francisco de). Honras funebres a la memoria de la Magestad de Felipe III. *Toled.* 1621. 4.

Castro (Anna de). Eternidad de el rey D. Felipe III. *Madr.* 1621. 12.

Paez (Balthezar). Sermaõ no officio de D. Felipe III. *Lisb.* 1621. 4.

Fejo (Antonio). Sermaõ nas exequias de Felipe III. *Lisb.* 1621. 4.

Belloni (Paolo). Oratio funebris in obitum Philippi III. *Mediol.* 1621. 4.

Rycquius (Justus). Pietas in funere Philippi III. *Brux.* 1621. 4.

Beyerlinck (Laurent). Sermo funebris Philippo III, Hispaniæ regi. *Brux.* 1621. 4.

Bonincontri (Giacomo). Sermone funerale nell' esequie del cattolico rè di Spagna e dell' Indie, D. Filippo III d'Austria. *Palerm.* 1621. 4.

Requena (Martin de). Exequias del rey Felippe III en Antequera, valle de Oaxaca. *Guaxaca* (*Mexic.*) 1623. 4.

Paravicino y Artiaga (Hortensio Felix). Epitafios o clogios funerales al rey D. Felipe III el Piadoso. *Madr.* 1625. 4.

Malpas (Dionysio de). Imago virtutum in Philippo III, Hispaniæ rege, expressa. *Lovan.* 1628. 8.

Philippe IV,
roi d'Espagne (8 avril 1605 — 36 mars 1621 — 17 sept. 1665).

Cespedes y Menezes (Gonsalvo de). Historia de D. Felipe IV, rey de las Españas. *Lisb.* 1631. Fol. *Barcel.* 1634. Fol.

Malvezzi (Virgilio). Sucessos principales de la monarquia de España en el tiempo de Felipe IV. *Madr.* 1640. 4. Trad. en ital. *Anvers.* 1641. 12.

Dunlop (John). Memoirs of Spain during the reign of Philip IV and Charles II, from 1621 to 1700. *Edinb.* 1834. 2 vol. 8.

Relacion de las fiestas de Lima a levantar estandartes por el rey N. S. Felipe IV. *Lima.* 1622. 4.

Quiros (Pedro). Parentacion al rey D. Felipe IV. *Saragoss.* 1665. 4.

Amonnet d'Hailly (Charles François). Harangue funèbre prononcée aux exeques (!) de Philippe le Grand, roi des Espagnes. *Brux.* 1665. 4.

Maladie, testament et mort du feu Philippe IV, roy d'Espagne, et le commencement du règne de Charles II, s. l. et s. d. (1665). 8.

D'Aubermont (J... A...). Epicedium in exequiis Philippi IV. *Lovan.* 1665. 4.

Houbraken (Judas). Oratio funebris in exequiis Philippi IV, Hispaniarum regis. *Antw.* 1666. Fol. (*Bes.*)

Cabrera Nunez de Guzman (Melchior de). Consuelo en la mayor perdida en la muerte de Felipe IV, rey de España. *Madr.* 1666. 4.

Sarinana (Isidro). Exequias del rey Felipe IV en la ciudad de Mexico. *Mexic.* 1666. 4.

Honras de Felipe IV en el convento de Santo Domingo de Mexico. *Mexic.* 1666. 4.

Maja (Francesco Ambrogio). Oratione funerale in morte del rè Filippo IV N. S. *Palerm.* 1666. 12.

Gandolfi (Girolamo). Tributum doloris in funere Philippi IV cognomento Magni, Hispaniarum et Siciliæ regis, oratione funebri persolutum. *Panorm.* 1666. 4.

Panormitano * (Massimo). L'aquila di Giove. Orazione per l'esequie del cattolico monarca delle Spagne, Filippo il Grande, etc. *Palerm.* 1666. 4.
 : Auteur pseudonyme.

Setajoli (Filippo). Osequii funebri della compagnia del SS. Crocifisso sotto titolo de' Bianchi in morte di Filippo IV, monarca delle Spagne. *Palerm.* 1666. 4.

Muscettola (Antonio). Pompa funebris in morte Philippi IV, regis Hispaniarum. *Napol.* 1666. Fol.

Petralbes (Francesco). Orazione in morte del rè Filippo IV. *Napol.* 1666. 4.

Deshayons (Thomas). Relation de la maladie et de la mort de Philippe IV, roi d'Espagne. *Liége.* 1666. 8. (Trad. de l'espagnol.)

Ogier (François). Oraison funèbre de Philippe IV, roy d'Espagne. *Par.* 1666. 4.

Giovanni Paolo di Epifania. Oratione funerale per la morte di Filippo IV, rè delle Spagne. *Napol.* 1671 (?). 12.

Santa Maria (Juan de). Dichoso fin a la vida humana, y feliz transito a la eternida de Felipe IV. *Napol.* 1675. 4.

Philippe V de Bourbon,
roi d'Espagne (19 sept. 1683 — 1er nov. 1700 — 7 juillet 1746).

Targe (Jean Baptiste). Histoire de l'avénement de la maison de Bourbon au trône d'Espagne. *Par.* 1776. 6 vol. 12. (*P.*)

Coxe (William). Memoirs of the kings of Spain of the house of Bourbon, from the accession of Philipp V to the death of Charles III (1700-1788). *Lond.* 1813. 3 vol. 4. *Ibid.* 1825. 6 vol. 8. (*Oxf.*)
Trad. en franç. par Andrés Muriel. *Par.* 1827. 6 vol. 8.
Trad. en espagn. par Andrés Muriel. *Madr.* 1859. 6 vol. 8.

Viollet (Alphonse). Histoire des Bourbons en Espagne. *Par.* 1843. 8.

Carvajal (J... G...). La España de los Borbones. Historia documental antes de la muerte de Carlo II, hasta la abdicacion de Maria Cristina. *Madr.* 1844. 4 vol. 4.

Navarra (Luis Henriquez de). Laurel historico del rey D. Felipe V. *Madr.* 1708. 4.

Cabrera (Antonio). Glorias del rey D. Felipe V. *Madr.* 1708. 8.

Histoire publique et secrète de la cour de Madrid depuis l'avénement du roi Philippe V jusqu'au commencement de la guerre avec la France (1700-1719). *Cologne.* 1719. 12. *Liége.* 1719. 12. *

*Attribué à Jean Roussey de Missy.

Conde y Oquendo (Francisco Xavier). Elogio de Felipe V, rey de España. *Madr.* 1779. 4. (*Oxf.*)

Vierra y Clavigo (Juan de). Elogio de Felipe V. *Madr.* 1779. 8. (*Oxf.*) Trad. en franç. par Jacques Boncars. *Par.* 1780. 8. (*P.*)

Der durch die Prinzessin von Ursini besessen gewesene, aber nunmehro von seiner Gemahlin und dem Cardinal (Giulio) Alberoni bezauberte Philipp V, König von Spanien. *Frf. et Leipz.* 1719. 8. (*L.*)

Rousset de Missy (Jean). Le procès entre la Grande-Bretagne et l'Espagne, ou recueil de traités, conventions, mémoires et autres pièces touchant les démélés entre ces deux couronnes. *La Haye.* 1740. 8.

Lafitau (Pierre François). Oraison funèbre de Philippe V, roi d'Espagne, s. l. (*Par.*) 1746. 4.

Philippe I,
roi de France (1051 — 4 août 1060 — 29 juillet 1108).

Blondel (David). Diatribe de formula *regnante Christo* in veterum monumentis usu, justas pro regibus maximis Philippi I et II, summaque regum omnium potestate, vindicias complexa. *Amst.* 1646. 4.

Philippe II Auguste,
roi de France (25 août 1165 — 17 sept. 1180 — 14 juillet 1223).

Guilielmus Aremoricus s. Brito. Philippidos libri XII, publ. avec des notes par Caspar Barth. *Cygneæ.* 1657. 4.

Filleau de la Chaise (Jean). Histoire de Philippe Auguste. *Par.* 1688. 4.

Balduin (J...). Dissertatio de Philippis Augustis. *Lips.* 1698. 4. (*L.*)

Baudot de Juilly (Nicolas). Histoire de Philippe Auguste. *Par.* 1702. 2 vol. 12. (*P.*)

Lussan (Marguerite de). Anecdotes de la cour de Philippe Auguste. *Par.* 1733. 3 vol. 12. (*P.*)
—— Suite des anecdotes. *Par.* 1738. 3 vol. 8. (*P.*)

Engelstoft (Laurids). Philip August, Konge i Frankrig, og Ingeborg, Prindsesse af Danmark. *Kjoebenh.* 1801. 8.

Schultz (Johann Matthias). Philipp August, König von Frankreich, und Ingeborg, Prinzessin von Dänemark, etc. *Kiel.* 1804. 8. *

* Traduction libre de l'ouvrage précédent, ornée du portrait de Philippe Auguste et de celui de son épouse.

Capefigue (Baptiste Honoré Raymond). Histoire de Philippe Auguste, roi de France. *Par.* 1829. 4 vol. 8. (*P.*) *Ibid.* 1842. 2 vol. 12. (Ouvrage couronné par l'Académie française.)

Champagnac (Jean Baptiste). Philippe Auguste et son siècle. Tableau historique et détaillé des guerres de ce souverain, de ses conquêtes et des grands événements survenus pendant son règne. *Par.* 1847. 12. *Tournai:* 1849. 18.

Todière (M...). Philippe Auguste. *Tours.* 1853. 8.

Vaublanc (Vincent Marie Viennot de). La France aux temps des croisades, ou recherches sur les mœurs et les coutumes des Français aux xiie et xiiie siècle. *Par.* 1844. 2 vol. 8.

Capefigue (Baptiste Honoré Raymond). Histoire constitutionnelle et administrative de la France, depuis la mort de Philippe Auguste. *Par.* 1850. 2 vol. 8.

Philippe IV, surnommé le Bel,
roi de France (1271 — 6 janvier 1286 — 29 nov. 1314).

Vigor (Simon). Acta inter Bonifacium VIII, Benedictum IX, Clementem V, summos pontifices, et Philippum Pulchrum, regem Francorum, s. l. (*Trecis*). 1615. 12. *Par.* 1614. 4. (*P.*)

Dupuy (Pierre). Histoire du différend entre le pape Boniface VIII et Philippe le Bel, où l'on voit ce qui s'est passé touchant cette affaire, depuis l'an 1296 jusqu'en 1311, ensemble le procès criminel à Bernard, évêque de Pamiers. *Par.* 1655. Fol. (*Bes.*)

Baillet (Adrien). Histoire des démélés du pape Boniface VIII avec Philippe le Bel. *Par.* 1718. 12. (*Bes.*)

Lacurie (N... N...). Dissertation sur l'entrevue de Philippe le Bel et Bertrand de Got, (Clément V). *Saintes.* 1849. 8.

Lessmann (Daniel). König Philipp der Schöne und Alfons Albuquerque. *Berl.* 1829. 8. *

* Formant le premier volume de son ouvrage : *Biographische Gemaelde.*

Géraud (H...). Paris sous Philippe le Bel. *Par.* 1837. 4.

Philippe VI, dit de Valois,
roi de France 1293 — 1er février 1328 — 12 août 1350).

Choisy (François Timoléon de). Histoire de Philippe de Valois et du roi Jean. *Par.* 1688. 4. (*P.*) *Amst.* 1688. 12.

Gaillard (Gabriel Henri). Histoire de la querelle de Philippe de Valois et d'Edouard III, (roi d'Angleterre), etc. *Par.* 1774. 4 vol. 12. (*P.*)

Philippe le Bon,
duc de Bourgogne (13 juin 1396 — 1419 — 15 juillet 1467).

Histoire de Philippe le Bon et de Charles le Hardy, ducs de Bourgogne. *Brux.* 1643. 4.

Robaut (F...). Notice sur Philippe le Bon. *Douai.* 1840. 4. Portrait.

Notice historique sur Philippe le Bon. *Douai.* 1843. 18.

Perneel (J...). Episodes du règne de Philippe le Bon, duc de Bourgogne. *Bruges.* 1847. 8.

Philippe le Hardi,
duc de Bourgogne (1342 — 26 nov. 1364 — 27 avril 1404).

Leven van Philippus den Stouten, hertoch van Bourgonien, ende van Margarethe van Male, gravinne van Vlaenderen. *Gent.* 1851. 8.

Philippe le Magnanime,
landgrave de Hesse (13 nov. 1504 — 1518 — 31 mars 1567).

Kortholt (Franz Justus). Programma de Philippo Magnanimo, Hassiæ landgravio injuste captivo. *Giess.* 1747. 4.

Wenk (Johann Martin). Der grösste Landgraf in dem erhabenen Bilde Philipp's des Grossmüthigen, des Stammvaters aller durchlauchtigsten Fürsten, etc. *Darmst.* 1756. 4.

Mogen (Ludwig Gottfried). Historia captivitatis Philippi Magnanimi, Hassiæ landgravii. *Frf. et Lips.* 1766. 8. (*L.*)

Bachmann (Johann Heinrich). Zwölf Urkunden zur Erläuterung der Geschichte der Gefangennehmung des Landgrafen Philipp von Hessen. *Mannh.* 1768. 8.

Eichenberg (H... G...). Dissertatio de Philippo Magnanimo, etc. *Marb.* 1769. 4.

Boehme (Johann Georg). Programma de Philippi I, Hassorum principis, fide suspecta erga Joannem Fridericum, Saxoniæ ducem. *Lips.* 1775. 4. (*L.*)

Rommel (Christoph v.). Philipp der Grossmüthige, Landgraf von Hessen. Beitrag zur genauern Kunde der Reformation und des sechszehnten Jahrhunderts, etc. *Giess.* 1828-55. 4 vol. 8. Portrait.

Lauze (Wigand). Leben und Thaten des durchlauchtigsten Fürsten und Herrn Philippi Magnanimi, Landgrafen zu Hessen, (herausgegeb. von Carl BERNHARD et N... N... SCHUBERT). *Cassel.* 1841. 2 vol. 4.

Duller (Eduard). Neue Beiträge zur Geschichte Philipp's des Grossmüthigen, Landgrafen zu Hessen. *Darmst.* 1842. 8.

Hoffmeister (Philipp). Leben Philipp's des Grossmüthigen, Landgrafen von Hessen. *Cassel.* 1847. 8. Portrait.

Rinck (Georg). Erinnerungen an Philipp den Grossmüthigen, Landgrafen von Hessen, insbesondere an dessen Verdienste auf dem Gebiete der Kirche, etc. *Darmst.* 1852. 8. Portrait.

Haas (Carl Franz Lubert). Dissertatio de meritis Philippi Magnanimi, Hassiæ landgravii, in reformationem tam extra Hassiam, quam præcipue in ipsa Hassia. *Marb.* 1742. 4.

Knapp (Johann Friedrich). Einige vergleichende Rückblicke auf die Zeiten des Landgrafen Philipp des Grossmüthigen und des Grossherzogs Ludwig I von Hessen, etc. *Darmst.* 1844. 4.

Philippe d'Alsace,
comte de Flandre et de Vermandois.

Smet (Joseph Jean de). Mémoire historique et critique sur Philippe d'Alsace, comte de Flandre et de Vermandois. *Brux.* 1849. 4.

Philippe de Parme,
infant d'Espagne (15 mars 1720 — 17 juillet 1765).

Beauvais (Gilles François de). Oraison funèbre du prince D. Philippe, infant d'Espagne, duc de Parme. *Par.* 1766. 4.

Philippe d'Argirone (Saint),
martyr italien.

Mellauri (Francisco). Vita, morte e miracoli del glorioso confessore S. Filippo d'Argirone. *Messin.* 1605. 4.

Brandi (Giovanni Antonio). Vita e morte di S. Filippo d'Argirone. *Rom.* 1606. 16. *Palerm.* 1623. 16. *Ibid.* 1646. 12.

(Saponi, Antonino). Vita e miracoli del glorioso S. Filippo, sacerdote, volgarmente detto S. Filippo d'Argirone. *Palerm.* 1699. 12.

Philippi (Friedrich),
jurisconsulte allemand, fils du suivant (9 juillet 1650 — 8 déc. 1724).

(Jenichen, Gottlieb Friedrich). Programma in F. Philippi funere. *Lips.* 1724. Fol. (*L.*)

Weiss (Christian). Leichen-Predigt auf F. Philippi. *Leipz.* 1724. Fol. (*D.*)

Philippi (Johann),
jurisconsulte allemand (9 mars 1607 — 21 avril 1674).

(Rappolt, Friedrich). Programma academicum ad funus J. Philippi. *Lips.* 1674. 4. (*D. et L.*)

Philippine d'Angleterre,
épouse d'Éric XIII, roi de Suède (... — mariée en 1406 — ...).

Murray (Johann Philipp). Commentatio de Philippa, regina Sueciæ, Daniæ atque Norvegiæ, Angliæ principe. *Goetting.* 1774. 4.

Philippine de Gheldres,
épouse de René II, duc de Lorraine et roi de Sicile (... — mariée le 28 août 1485 — 25 février 1547).

Grassi (Jodocus). Vita Philippæ Lotharingiæ ducissæ, quæ marito defuncto sanctæ Claræ ordinem amplexa est, a virginibus S. Claræ gallice descripta et nunc in latinam sermonem conversa. *Colon. Agr.* 1604. 12.

Mérigot (Christophe). Vie de Philippine de Gueldre, royne de Hierusalem et de Sicile, duchesse de Lorraine, et depuis pauvre religieuse au couvent de Sainte-

Claire de Pont-à-Mousson. *Pont-à-Mouss.* 1627. 12. Portrait.

Guinet (Nicolas). Vie de la bienheureuse Philippine de Gueldre, femme de René II, duc de Lorraine, et religieuse du couvent de Sainte-Claire de Pont-à-Mousson vers 1519. *Par.* 1685. 8. *Ibid.* 1691. 12.

Montis (N... N... de). Abrégé de l'histoire de la vertueuse mère Philippine de Gheldres, décédée au monastère de Sainte-Claire, à Pont-à-Mousson. *Pont-à-Mouss.*, s. d. 12.

Balthazard (N...). Vie de la vertueuse reine de Sicile, Philippine de Gueldres. *Nancy.* 1721. 12.

(Roland, Aubert). Vie de la bienheureuse Philippine de Gueldres, reine de Sicile, duchesse de Lorraine et de Bar, depuis religieuse au monastère de Sainte-Claire de Pont-à-Mousson. *Toul.* 1756. 12. (*Bes.*)

Collet (Pierre). Histoire abrégée de la bienheureuse Colette Boellet, avec l'histoire de la vertueuse Philippine de Gueldre, duchesse de Lorraine, revue par N... N... DE MONTIS. *Par.* 1771. 12. (*P.*)

Guillaume (Pierre Etienne). Notice sur plusieurs éditions de la vie de Philippe de Gheldres et sur divers objets qui ont appartenu à cette princesse. *Nancy.* 1853. 12.

—— Vie de Philippe de Gheldres, duchesse de Lorraine, puis religieuse au couvent de Sainte-Claire, à Pont-à-Mousson. *Nancy.* 1853. 12.

Phillips (Isaac),
marin anglo-américain.

An impartial examination of the case of captain I. Phillips, U. S. Navy, with original documents. *Baltim.* 1825. 8.

Phillips (Richard).

Memoir of the life of R. Phillips. *Lond.* 1841. 8. (*Oxf.*)

Phillips (Teresia Constantia),
courtisane anglaise († 1765).

Apology for the conduct of Mrs. T. C. Phillips. *Lond.* 1749. 3 vol. 12. Portrait. (*Oxf.*)

Phillips (Ubbo).

Burgmann (Johann Christian). Commentatio historico-ecclesiastica de U. Philippi et Ubbonitis. *Rostoch.* 1733. 4. (*D. et L.*)

Philippsohn (Moses),
pédagogue allemand (9 mai 1775 — 15 mai 1814).

Salomon (Gotthold). Lebensgeschichte des Herrn M. Philippsohn. *Dessau.* 1814. 8.

Philippus Cellensis.

Jung (Johann). Philippus Cellensis in Palatinatu ad Rhenum culta olim celebris, hodie ferme ignotus, sed oblivioni ereptus. *Heidelb.* 1780. 8.

Philips (Edward),
poëte anglais du XVIIe siècle.

Godwin (Thomas). Lives of E. and John Philips, nephews and pupils of John Milton. *Lond.* 1815. 4. (*Oxf.*)

Philips (John),
poëte anglais (1676 — 3 juin 1713).

Sewell (William). Life and character of J. Philips. *Lond.* 1720. 8. (*D. et Oxf.*)

Philipse (Jacob Herman),
jurisconsulte hollandais.

Brouwer (Pieter). Programma academicum ad funus J. H. Philipse. *Groning.* 1828. Fol. (*D.*)

Philistris (?),
reine de Syracuse.

Osann (Friedrich). Commentatio de Philistride, Syracusarum regina. *Giess.* 1823. 4.

Philogone,
évêque d'Antioche.

Heineccius (Johann Michael). Exercitatio epistolica de S. Philogonio, episcopo Antiocheno. *Lips.* 1712. 4. (*L.*)

Philon,
philosophe juif du premier siècle après J. C.

Fabricius (Johann Albert). Dissertatio de Platonismo Philonis Judæi. *Lips.* 1693. 4. (*L.*)

Philon,
philosophe grec contemporain de Cicéron.

Hermann (Carl Friedrich). Disputatio de Philone Larissæo. *Goetting.* 1851. 4.

Philolaos de Crotone,
philosophe grec (vers 500 — 400 avant J. C.).
Boeckh (August). Philolaos des Pythagoräers Leben, etc. *Berl.* 1819. 8.

Philopater,
théologien hollandais.
Leven van Philopater, etc. *Groning.* 1691. 12. (*D.*)

Philoponus (Joannes),
philosophe grec (vers 535 après J. C.).
Scharfenberg (Johann Georg). Dissertatio de J. Philopono, tritheismi defensore. *Lips.* 1768. 4. (*D. et L.*)

Philostrat le Jeune,
sophiste grec (vers 215 après J. C.).
Rehfues (M... P... J...). Über den jüngern Philostrat und seine Gemäldebeschreibung. *Tübing.* 1800. 8.

Philoxène de Cythère,
poète grec (contemporain de Denys 1, tyran de Syracuse). ·
Berglein (Ludwig August). Dissertatio de Philoxeno Cytherio, dithyramborum poeta. *Goetting.* 1843. 8.
Klingender (Wilhelm). Dissertatio de Philoxeno Cytherio. *Marb.* 1845. 8. (*L.*)

Phips (William),
gouverneur de Massachussets-bay (2 février 1651 — 18 février 1695).
Pietas in patriam. Life of H. Excellency sir W. Phips, knight, late captain general and governor of the province of Massachussets-bay. *Lond.* 1797. 12. *Ibid.* 1699. 12.

Phocas,
empereur d'Orient (25 nov. 602 — décapité le 5 oct. 610).
Stopelaar (Antonius van). Oratio pro Phoca. *Amst.* 1732. 4.
Brink (Simon van den). Oratio in Phocam. *Amst.* 1732. 4.

Lorenz (Johann Michael). Examen decreti imperatoris Phocæ de primatu Romani pontificis. *Argent.* 1785. 4.

Phocion,
général athénien (vers 400 — 317 avant J. C.).
Less (Gottfried). Res a Phocione in republica Atheniensi gestæ. *Goetting.* 1787. 4.

Phocylides,
poète grec (vers 540 avant J. C.).
Wachler (Ludwig). Dissertatio de Pseudo-Phocylide. *Rintel.* 1788. 4. (*L.*)

Phœbammon,
orateur grec du ive siècle.
Bose (Johann Jacob). Dissertatio de Phœbammone, rhetore, ejusque de schematibus rhetoricis libello. *Lips.* 1738. 4. (*L.*)

Photin,
hérésiarque du ive siècle.
Petau (Denis). Dissertatio de Photino hæretico ejusque damnatione in 5 synodis facta, etc. *Par.* 1656. 8.
Larroque (Mathieu de). Dissertatio duplex : prima de Photino hæretico ejusque multiplice damnatione; secunda de Libero, pontifice Romano. *Genev.* 1670. 8.

Photius,
patriarche de Constantinople († vers 890).
Wolf (Constantin). Dissertatio de Photio, ephemeridum eruditarum inventore. *Witteb.* 1689. 4. (*D.*)
Philippi (Johann Georg). Commentatio de Photio, ephemeridum eruditarum inventore. *Witteb.* 1699. 4.
Geisler (Johann Gottfried). Dissertatio epistolica de Photii scientia medica. *Lips.* 1746. 4. (*L.*)
F(aucher) (Ch(rysostome). Histoire de Photius, patriarche schismatique de Constantinople. *Par.* 1772. 12.
(**Maultrot,** Gabriel Nicolas). Histoire de S. Ignace, patriarche de Constantinople, et de Photius, usurpateur de son siége, s. l. 1791, 8.
Swalue (Edelhard Bernhard). Dissertatio de discidio ecclesiæ christianæ in græcam et latinam Photii auctoritate maturato. *Lugd. Bat.* 1829. 8.
Klose (Carl Rudolph Wilhelm). Geschichte und Lehre des Marcellus und Photius. *Hamb.* 1837. 8.
Jager (N... N...). Histoire de Photius, patriarche de Constantinople, auteur du schisme des Grecs, etc. *Par.* 1844. 8. Portrait. *Ibid.* 1854. 12.

Phrynichus,
poète grec (vers 511 — 476 avant J. C.).
Droysen (Johann Gustav). Phrynichos, Æschylos und die Trilogie, etc. *Kiel.* 1841. 8. (*L.*)

Phul,
roi d'Assyrie (vers 700 avant J. C.).
Scheuchzer (August). Phul und Nabonassar; chronologische Untersuchung. *Zürch.* 1850. 8.

Phylarchos,
poète grec.
Thoms (Johann Friedrich). Dissertatio de Phylarchi vita et scriptis. *Gryphisw.* 1835. 8.

Piarron de Chamousset, voy. **Chamousset**
(Claude Humbert **Piarron** de).

Piast,
chef de la seconde race des ducs de Pologne († 861).
Thilo (Gottfried). Dissertatio de Piasto, ethnarcha Poloniæ, qui Dei gratia octo seculorum principes Silesiæ dedit. *Witteb.* 1668. 4.

Piat (Saint),
missionnaire romain dans les Gaules († vers 287).
Assertion de l'épiscopat de S. Piat, premier évesque de Tournai. *Tournai.* 1619. 8.
Hérisson (Charles Claude François). Notice historique sur S. Piat, apôtre de Tournai et martyr, etc. *Chartres et Par.* 1816. 8.

Piazza (Andrea),
peintre italien († vers 1670).
Cornazzani (Lazzaro Uberti). Cenni intorno la vita e le opere di A. Piazza, miniatore parmigiano. *Parma.* 1857. 8.

Piazzi (Giuseppe),
astronome italien (16 juillet 1746 — 22 juillet 1826).
Scrofani (Saverio). Elogio del P. G. Piazzi. *Palerm.* 1826. 8.

Pibrac (Gui du Faur, seigneur de),
président à mortier au parlement de Paris (1529 — 27 mai 1584).
Paschal (Charles). Vita G. Fabricii Pibrachii. *Par.* 1584. 12. (*P.*) Trad. en franç. (par Gui du **Faur d'Henmay**). *Par.* 1617. 12. (*P.*)
(**Lespine de Grainville,** Charles Joseph de). Mémoire sur la vie de Pibrac, (augment. par Pierre Jacques **Sépher**), avec les pièces justificatives, ses lettres amoureuses et ses quatrains. *Amst.* (*Par.*) 1758. 12. *Ibid.* 1761. 12.
Goyon d'Arsac (Guillaume Henri Charles). Éloge de G. du Faur de Pibrac, chancelier de la reine de Navarre. *Toulouse.* 1779. 12. (*P.*)
Calvin (Etienne). Eloge de G. du Faur de Pibrac, etc. 1778. 8. (Couronné par l'Académie des Jeux floraux de Toulouse.)
Faye de Brys (Édouard). Trois magistrats français du seizième siècle; études historiques (Antoine) Duprat, G. du Faur, seigneur de Pibrac, Jacques Faye, seigneur d'Espeisses. *Par.* 1844. 8. *
* La vie de Pibrac se trouve pages 83-158.

Picart (Benoit),
prêtre français du xviiie siècle.
Digot (Auguste). Éloge historique du R. P. B. Picart, gardien des capucins de Toul. *Nancy.* 1846. 8.

Picart (François le),
théologien français (16 avril 1504 — 15 oct. 1557).
Coste (Hilarion de). De la vie et de la mort de F. le Picart, docteur de la Faculté de Paris et doyen de Saint-Germain l'Auxerrois, etc. *Par.* 1658. 8.

Piccardi (Aldrago Antonio dei),
évêque de Pedena (6 mai 1708 — 13 sept. 1789).
Jenner (Luigi de). Del vescovo di Pedena, A. A. dei Piccardi, s. l. et s. d. (*Triest.*) 8. (Assez rare.)

Piccart (Johann Andreas),
théologien allemand (11 juin 1620 — 17 avril 1666).
Schmidt (Christoph). Oratio parentalis de vita et obitu J. A. Piccarti. *Norimb.* 1667. 4.

Piccart (Michael),
philologue allemand (29 sept. 1574 — 13 juillet 1620).
Koenig (Georg). Leichpredigt auf Herrn Professor M. Piccart. *Nürnb.* 1620. 4.
Rochsius (Friedrich). Memoria M. Piccarti, ab oblivione vindicata. *Altorf.* 1620. 4.

Piccinelli (Giovanni Antonio),
littérateur italien.
Pallazzini (Giovanni). Vita di G. A. Piccinelli. *Bergam.* 1831. 4.

Piccini (Girolamo),
prêtre italien du xviii° siècle.

Zangiacomi (Carlo). Memorie istoriche della vita del P. G. Piccini dell' ordine de' predicatori, fondatore del monastero di suore terziarie di D. Domenico, intitolato del *Corpus domini* in Conegliano. *Venez.* 1780. 8.

Piccini (Niccolò),
compositeur italien du premier ordre (1728 — 7 mai 1800).

Ginguené (Pierre Louis). Notice sur la vie et les ouvrages de N. Piccini. *Par.*, an ix (1801). 8. (*P.*)

Piccolomini (Æneas Sylvius), voy. **Pie II.**

Piccolomini (Alessandro),
archevêque de Patras (13 juin 1508 — 12 mars 1578).

Bargagli (Scipione). Orazione nella morte di monsignor A. Piccolomini, arcivescovo di Patrasso ed eletto di Siena. *Bologn.* 1579. 4.

Fabiani (Giuseppe). Memorie che servono alla vita di monsignor A. Piccolomini. *Siena.* 1749. 8. *Ibid.* 1759. 8.

Piccolomini (Giacomo **Ammanati**),
cardinal italien (1422 — 19 sept. 1479).

Paoli (Sebastiano). Disquisizione istorica della patria e compendio della vita del cardinale G. Ammanati Piccolomini, detto il Papiense. *Lucca.* 1712. 4.

Piccolomini (Giovacchino),
prêtre italien.

Piccolomini (Giulio). Orazione del B. G. Piccolomini. *Siena.* 1634. 4.

Picenardi (Francesco),
musicien italien.

Pallavicino (Federigo Maria). Vita del virtuoso giovine F. Picenardi. *Torin.* 1827. 24.

Pichard (Jean Marie),
médecin français (22 avril 1781 — 29 août 1836).

Rougier (L... A...). Éloge de J. M. Pichard. *Lyon.* 1836. 8.

Dumas (Jean Baptiste). Éloge historique de J. M. Pichard, membre de l'Académie royale des sciences, belles-lettres et arts de Lyon. *Lyon.* 1837. 8. (*Lv.*)

Pichegru (Charles),
général français (16 février 1761 — 6 mars 1805).

Cousin d'Avallon (Charles Yves). Histoire du général Pichegru, précédée d'une notice sur sa vie politique et militaire. *Par.*, an ix (1801). 12. Portrait. (*Lv.*)

Précis historique de la vie militaire de Pichegru, s. l. et s. d. 8. *

* Notice signée VSAIDXL.

Pichegru, Ober-General der Franzosen, Söldner Englands, Verschworener gegen sein Vaterland, Selbstmörder; biographische Schilderung. *Erfurt*, s. d. 2 vol. 8.

Montgaillard (Jean Gabriel Maurice **Roques** de). Mémoires concernant la trahison de Pichegru dans les années iii, iv et v (1795-1797). *Par.*, an xii (1804). 4. Trad. en allem. par Friedrich BUCHHOLZ. *Berl.* 1804. 8.

Fauche-Borel (Louis). Notices sur les généraux Pichegru et (Jean Victor) Moreau. *Lond.* 1807. 8.

Gassier (Jean Marie). Vie du général Pichegru. *Par.* 1814. 8. (*P.*)

Treilhe (Hippolyte). La vérité dévoilée par le temps, ou le vrai dénonciateur du général Pichegru. *Par.*, s. d. (1814). 8.

Savary de Rovigo (Anne Jean Marie René). Mémoires sur la mort de Pichegru, du capitaine Wright, de M. Bathurst et sur quelques autres circonstances. *Par.* 1825. 8. (*P.*)

Pierret (Charles Marie). Pichegru, son procès et son suicide. *Par.* 1825. 8. (*P.*)

Pichi (Lattanzio),
prêtre italien (13 mai 1673 — 7 oct. 1736).

Gherardi Dragomanni (Francesco). Biografia di monsignor L. Pichi. *Firenz.* 1835. 8.

Pichler, née v. **Greiner** (Caroline),
auteur allemande (7 sept. 1769 — 9 juillet 1843).

Pichler (Caroline). Denkwürdigkeiten aus meinem Leben, 1769-1843, (publ. par Ferdinand WOLF). *Wien.* 1844. 12.

Pickler (Giovanni),
graveur italien (1er janvier 1734 — 25 janvier 1791).

Rossi (Giovanni Gherardo de'). Vita del cavaliere G. Pickler, intagliatore di gemme ed in pietre dure. *Rom.*

2

1762. 8. (*Oxf.* et *P.*) Trad. en franç. par Antoine Marie BOULARD et Aubin Louis MILLIN. *Par.*, an vi (1798). 8. (*L.* et *P.*)

Mugna (Pietro). I tre Pickler (c'est-à-dire : Antonio, G. et Luigi Pickler), maestri in gliptica. *Vienn.* 1844. 8.*
* Accomp. du portrait de Jean et de celui de Louis Pickler.

Pico de la Mirandola, voy. **Mirandola.**

Picquerey (Barthélemy),
prêtre français (1609 — 2 sept. 1685).

Vie de B. Picquercy, prêtre, dit communément le bienheureux Barthélemy. *Cherbourg.* 1841. 12.

Picquet (François),
évêque de Bagdad (12 avril 1626 — 26 août 1685).

(**Anthelmy**, Charles). Vie de messire F. Picquet, consul de France et de Hollande à Alep, ensuite évêque de Césarople, puis de Babylone, vicaire apostolique en Perse. *Par.* 1752. 12. Portrait. (*D.*)

Pictet (Benoît),
théologien suisse (30 mai 1655 — 10 juin 1724).

Maurice (Antoine). Oratio funebris B. Picteti. *Genev.* 1725. 4.

Pictet de Rochemont (Charles),
agronome suisse, frère du suivant (21 sept. 1755 — 29 déc. 1824).

Nécrologie de C. Pictet. *Genève.* 1825. 8. (Extrait de la *Revue encyclopédique.*)

Pictet, connu s. l. nom de **Turretini** (Marc Auguste),
littérateur suisse (23 juillet 1752 — 19 avril 1825).

Vaucher (Jean Pierre Étienne). Nécrologie de M. M. A. Pictet. *Genève.* 1825. 8. (Omis par Quérard.)

Picton (Thomas),
général anglais (1758 — tué le 18 juin 1815).

Robinson (H... B...). Memoirs of lieutenant general sir T. Picton, including his correspondence. *Lond.* 1835. 2 vol. 8. Portrait. (*Oxf.*) Augment. *Ibid.* 1836. 2 vol. 8.

Pie II,
pape, succédant à Calixte III (18 oct. 1405 — élu le 14 août 1458 — 14 août 1464).

Helwing (H... C... E...). Commentatio de Pii II pontificis maximi rebus gestis et moribus. *Berol.* 1825. 4. *Lemgov.* 1826. 8.

Beets (Nikolaas). De Æneæ Silvii postea Pii II morum mentisque mutatione dissertatio. *Harlem.* 1839. 8.

Hagenbach (Conrad Adolph). Erinnerungen an Aeneas Sylvius Piccolomini (Pabst Pius II). *Basel.* 1840. 8. (*L.*)

Verdière (Charles). Essai sur Æneas Silvius Piccolomini. *Par.* 1843. 8. (*P.*)

Koeler (Johann David). Programma de diplomate imperatoris Friderici II, quo Æneas Sylvius Piccolomineus anno 1442 creatus fuit poeta laureatus. *Goetting.* 1741. 4. (*L.*)

Pie V,
pape, successeur de Pie IV (17 janvier 1504 — 7 janvier 1566 — 1er mai 1572).

Catena (Girolamo). Vita del papa Pio V, etc. *Rom.* 1586. 4. (*Oxf.*) *Ibid.* 1588. 8.

Manfredi (Girolamo). Pii V vita. *Cæsen.* 1586. 4.

Fuenmajor (Juan Antonio de). Vida y hechos de Pio V. *Madr.* 1595. 4. *Zarag.* 1633. 8. *Madr.* 1639. 8. *Barcel.* 1640. 4. *Valenc.* 1773. 8.

Gabuzzi (Giovanni Antonio). De vita et rebus gestis Pii V, pontificis maximi, libri VI. *Rom.* 1605. Fol.

Caraccia (Archangelo). De vita Pii V pontificis M. liber. *Papiæ.* 1615. 4.

—— Brevis enarratio gestorum SS. pontificis Pii papæ V. *Rom.* 1629. 8.

Félibien (André). Vie du pape Pie V. *Par.* 1650. 8. *Ibid.* 1672. 12. (Trad. de l'ital. de AGATIO DI SOMMA.) — (*Bes.*)

Moniot (Thomas). Vie du bienheureux Pie V de l'ordre des frères prêcheurs. *Brux.* 1672. 12.

Feuillet (Jean Baptiste). Vie du bienheureux pape Pie V, de l'ordre des frères prêcheurs. *Par.* 1674. 8.

Maffei (Paolo Alessandro). Vita di Pio V. *Rom.* 1712. 4. *Venez.* 1712. 4.

Battelli (Giovanni Cristofero). Oratio de laudibus Pii V. *Rom.* 1712. 4.

Roth (Andreas). Leben und Wunder Pii V, römischen Pabstes, aus dem Orden der Dominicaner. *Augsb.* 1712. 8.

Krotkie zebranie życia y cudow S. Piusa V Papieża. *Warszaw.* 1712. 8.

Bilsen (N... van). Leven van den H. paus Pius V. *Antw.* 1712. 12.

Sampayo (Sebastiaõ de). Compendio da vida de S. Pio V. *Rom.* 1728. 4.

Mendham (Joseph). Life and pontificate of Pius V. *Lond.* 1832. 8. (*Oxf.*) *Ibid.* 1833. 8. (Non mentionné par Lowndes.)

Falloux (vicomte de). Histoire de S. Pie V, pape, de l'ordre des frères prêcheurs. *Angers.* 1846. 2 vol. 8. (*B.*) *Par.* 1855. 2 vol. 8.

Reniger (Michael). De Pii V. et Gregorii XIII furoribus contra Elizabetham, reginam Angliæ. *Lond.* 1582. 16.

Pie VI,
pape, succédant à Clément XIV (27 déc. 1717 — 15 février 1775 — 29 août 1799).

(**Ade**, Christian David). Lebens- und Regierungsgeschichte Papst Pius VI. *Ulm.* 1781-96. 6 vol. 8.

Keppler (Joseph Friedrich). Neueste Geschichte des Papstes Pius VI, bis auf seine Abreise von Wien. *Wien.* 1782. 8.

(**Pezzl**, Johann). Geschichte Papst Pius VI. *Wien.* 1799. 12. (*L.*) Portrait. *Augsb.* 1800. 8.

(**Bourgoing**, Jean François de). Mémoires historiques et philosophiques sur Pie VI et son pontificat jusqu'à sa retraite en Toscane. *Par.*, an VII (1799). 2 vol. 8. (*Bes.* et *Par.*) *Ibid.* 1800. 2 vol. 8.

    Trad. en allem. par Friedrich Johann Lorenz v. **Meyer.** *Hamb.* 1800. 8.

    Trad. en angl. *Lond.* 1799. 2 vol. 8.

Blanchard (Louis). Précis historique de la vie et du pontificat de Pie VI. *Lond.* 1800. 8. Portrait. (*Oxf.*) Trad. en holland. *Amst.* 1801. 8. Portrait.

Histoire ecclésiastique, politique et religieuse de Pie VI. *Avign.* (*Par.*) 1801. 8.

Guénard (madame). Le captif de Valence, ou les derniers moments de Pie VI. *Par.,* an x (1802). 2 vol. 12.

Ferrari (Giovanni Battista). Vita Pii VI, cum appendice. *Patav.* 1802. 4.

Zycie papieźa Piusa VI, s. l. 1804. 8.

Tavanti (Giovanni Battista). Fasti del S. P. Pio VI, con note critiche, documenti autentici e rami allegorici. *Italia.* (*Firenz.*) 1804. 3 vol. 4. (*Oxf.*)

Wolff (Peter Philipp). Geschichte der römisch-katholischen Kirche unter Pius VI. *Zürch.* et *Leipz.* 1793-1806. 7 vol. 8. (*L.*)

Merck (général). La captivité et la mort de Pie VI. *Lond.* 1814. 8. 2 portraits.

Guillon (Aimé). Les martyrs de la foi. *Par.* 1821. 4 v. 8.*

    * Contenant beaucoup de particularités sur les derniers moments de Pie VI.

Durozoir (Charles). Éloge historique et religieux de Pie VI, avec l'histoire religieuse de l'Europe sous son pontificat. *Par.* 1825. 8.

Capecelatro (Giuseppe). Elogio storico di Pio VI. *Napol.* 1826. 8.

Baldassari (Pietro). Relazione delle avversita et patimenti del glorioso papa Pio VI negli ultimi tre anni del suo pontificato. *Bologn.* 1839-40. 2 vol. 8.

Leben des Papstes Pius VI. *Schaffhaus.* 1834. 8. *

    * Faisant partie du recueil *Leben ausgezeichneter Katholiken der drei letzten Jahrhunderte,* publ. par Albert Werfer.

Storia del viaggio del sommo pontefice Pio VI; colla descrizione della accoglienze, ceremonie e funzioni seguite in tutti i luoghi, dove si fermo e specialmente nello stato Veneto nell' anno 1782. *Venez.* 1782. 8.

Memorie di quanto è occorso in occasione del viaggio per Vienna di Pio VI. *Napol.* 1782. Fol.

Bauer (Anton Franz). Geschichte der Reise des Papstes Pius VI von Rom nach Wien. *Wien.* 1782-84. 3 vol. 8.

Viaggio del peregrino apostolico. *Rom.* 1799. 8. *

    * Par un des personnages qui suivirent le pape jusqu'à Valence.

Ausführliche Beschreibung aller merkwürdigen Feyerlichkeiten, die während dem (!) Aufenthalt Seiner päbstlichen Heiligkeit Pius VI allhier in Augsburg vorgefallen sind. *Augsb.*, s. d. (1782). 4.

(**Wende**, Johann Christian). Merkwürdige Scene aus dem Leben Joseph's II und Pius VI. *Wien.* 1782. 8. *Marb.* 1782. 8.

(**Hesmivy d'Auribeau**, Pierre). Mémoires pour servir

à l'histoire de la persécution française, recueillis par les ordres de Pie VI. *Rom.* 1794-95. 2 vol. 8.

(**Hesmivy d'Auribeau**, Pierre). Bienfaits de Pie VI et de ses Etats envers les Français émigrés. *Rom.* 1796. 8. Trad. en ital. *Rom.* 1796. 8.

Guilleaume (D... A...). Vollständige Sammlung aller Briefe, Gewaltertheilungen und Unterhandlungen Pius VI in Betreff der französischen Staatsumwälzüng. *Cöln* et *Münst.* 1797. 3 vol. 8. (Trad. du franç.)

Brancadoro (Cesare). Oratio funebris in obitum Pii VI. *Venez.* 1799. 8.

    Trad. en allem. s. c. t. Leidensgeschichte Pius VI, etc., par Placidius **Muth.** *Erfurt.* 1800. 8.

    Trad. en angl. par William **Coombes.** *Lond.* 1800. 8.

    Trad. en franç. par Pierre **Hesmivy d'Auribeau.** *Venise.* 1799. 8. (*Lv.*)

    Trad. en ital. *Rimini.* 1800. 8.

O'Leary (Arthur). Funeral oration on the late pontiff Pius VI. *Lond.* 1799. 8.

Juszynski (Hieronim). Kazanie na exekwiach za Piusa VI. *Krakow.* 1799. 8.

Zaguri (Marco). Orazione in morte del sommo pontefice Pio VI. *Vicenz.* 1800. 4.

Schneller (Joseph). Trauerrede auf Pius VI, römischen Papsten (!). *Wien,* s. d. (1800). 8.

Pie VII,
pape, successeur de Pie VI (14 août 1742 — 14 mars 1800 — 20 août 1823).

Rennenkampff (Carl Jacob Alexander v.). Über Pius VII und dessen Excommunication Napoleon's. *Sanct-Petersb.* 1813. 8.

Guenthner (Sebastian). Merkwürdige Lebensgeschichte Seiner Heiligkeit des Papsts Pius VII. *Münch.* 1814. 8.

Muth (Placidus). Gedächtnissfeier der Befreiung Pius VII aus französischer Gefangenschaft. *Erfurt.* 1814. 8.

Mueller (Thomas). Lobrede auf Pius VII. *Luzern.* 1814. 8.

(**Tabaraud**, Mathieu Mathurin). Du pape et des jésuites, ou exposé de quelques événements du pontificat de Pie VII. *Par.* 1814. 8. *Ibid.* 1815. 8.

Beauchamp (Alphonse de). Histoire des malheurs et de la captivité de Pie VII, sous le règne de Napoléon Bonaparte. *Par.* 1814. 12. *Ibid.* 1815. 12. *Ibid.* 1823. 12.

    Trad. en holland. *Breda.* 1815. 8.

    Trad. en ital. *Torin.* 1815. 8.

Rzecz o Piusie VII Papiezu od r. 1808. *Warszaw.* 1814. 8.

Brun (Friederike). Briefe aus Rom über die Verfolgung, Gefangenschaft und Entführung Pius VII. *Dresd.* 1816. 8. *Ibid.* 1820. 8.

Storia del pontificato di Pio VII gloriosamente regnante, dal sua essaltazione sino al suo ritorno alla santa sede. *Venez.* 1815. 8.

Ventura (Gioachimo). Orazione funebre in lode del Santissimo Padre Pio VII. *Napol.* 1823. 4. *Pistoja.* 1824. 8. (7e édition.)

Kubelka (Thomas). Dejepis ze zivobyti papeze Pia VII. *Praze.* 1823. 8.

Deani (Marco Antonio). Orazione nei funerali celebrati nella cattedrale di Brescia alla santa memoria del sommo pontefice Pio VII. *Bresc.* 1823. 8. *Torin.* 1823. 8.

Rossi (Giovanni Camillo). Orazione funebre di Pio VII. *Napol.* 1823. 8.

Soulacroix (Auguste). Oraison funèbre de Pie VII. *Brux.* 1823. 8.

Smet (Joseph Jean de). Oraison funèbre de N. S. P. le pape Pie VII. *Alost.* 1823. 8. *Ibid.* 1823. 8. (*Bx.*)

Vie de Sa Sainteté le pape Pie VII. *Par.* 1823. 18. Port.

Cohen (Jean). Précis historique et politique sur le pape Pie VII. *Par.* 1823. 8. Trad. en espagn. s. c. t. Compendio historico de la vida, etc. *Barcelon.* 1824. 2 vol. 12.

Guadet (Jean). Esquisses historiques et politiques sur le pape Pie VII, suivies d'une notice sur l'élection de Léon XII. *Par.* 1823. 8.

Simon (Henri). Vie politique et privée du souverain pontife Pie VII. *Par.* 1823. 18.

Vie politique et privée de Pie VII. *Par.* 1823. 8.

Pius VII nach seinem Leben, merkwürdigen Schicksalen und Werken; biographische Skizze. *Quedlinb.* 1823. 8.

Abriss des Lebens und Leidens Pius VII. *Reutling.* 1824. 8.

Bikel (Johann). Trauerrede auf Pius VII. *Würzb.* 1824. 8.

Pius VII, oder kurzer Abriss der Wahl, der merkwürdigen Schicksale, der Verdienste und des Todes dieses heiligen Vaters. *Augsb.* 1824. 12. Portrait.

Jaeger (N... N...). Lebensbeschreibung des Papstes Pius VII, etc. *Frf.* 1825. 8.

Artaud de Montor (Alexandre François). Histoire de la vie et du pontificat du pape Pie VII. *Par.* 1836. 2 vol. 8. *Louvain.* 1836. 2 vol. 8. *Par.* 1837. 2 vol. 8. (*Bes.*) *Ibid.* 1839. 5 vol. 12. *Lille.* 1839. 2 vol. 12. *Ibid.* 1840. 12.

    Trad. en allem. *Wien.* 1837. 2 vol. 8.

    Trad. en espagn. :

      Par Justino MANTUANO. *Madr.* 1836. 2 vol. 8.

      Par Andrès BORREGO, avec préface de Manoel Lopez SANTAELLA. *Madr.* 1837-38. 2 vol. 4. *

    * Accomp. des portraits de Pie VII et des cardinaux Bartolommeo Pacca et Ercole Consalvi.

Normand (Théodore). Histoire de Pie VII. *Brux.* 1840. 2 vol. 52.

    Trad. en ital. par Cesare ROVIDA. *Milan.* 1837. 2 vol. 12. *Lucca.* 1837. 3 vol. 8. *Milan.* 1838. 4 vol. 12. *Ibid.* 1841. 3 vol. 12. *Ibid.* 1844. 5 vol. 12.

Relation authentique de l'assaut donné le 6 juillet 1809 au palais Quirinal et de l'enlèvement du pape Pie VII par les généraux Miollis et Radet, trad. de l'ital. par A... J... LEMIERRE D'ARGY. *Par.* 1814. 8. Trad. en allem. *Frf.* 1814. 8.

Correspondance authentique de la cour de Rome avec celle de la France, etc. *Par.* 1814. 8. Trad. en allem. par Johann Heinrich KESSLER. *Tübing.* 1814. 8.

Pius VII und Clemens XIV, oder zwei päpstliche Bullen. *Bern.* 1818. 8. *

    * Concernant la réhabilitation de l'ordre des jésuites, supprimé par Clément XIV, le 16 août 1773.

Pie VIII,
pape, succédant à Léon XII (20 nov. 1761 — 31 mars 1829 — 30 nov. 1830).

Elogio de' sommi pontefici Leone XII e Pio VIII. *Rom.* 1829. 8. Portraits.

Rudoni (Pietro). Leone XII e Pio VIII. *Milan.* 1829. 8.

Pius VIII, dessen Wahl zum heiligen Stuhle und Lebensbeschreibung desselben; nebst Leo's XII Biographie. *Augsb.* 1829. 8.

Pius VIII. Abriss seiner Lebensbeschreibung. *Augsb.* 1829. 8.

Diepenbrock (Melchior). Trauerrede auf den Tod Sr. päpstlichen Heiligkeit Pius VIII. *Regensb.* 1830. 4.

Weitz (J... L... S...). Trauerrede auf Pius VIII. *Bonn.* 1831. 8.

Nodari (Antonio). Vita pontificum romanorum Pii VI, Pii VII, Leonis XII, Pii VIII, addito commentario de Gregorio XVI, feliciter regnante. *Patav.* 1840. 8.

Histoire du pape Pie VIII, ouvrage faisant suite aux histoires de Pie VII et de Léon XII. *Par.* 1840. 8. Trad. en ital. par Cesare ROVIDA. *Milan.* 1840. 2 vol. 12.

Walter (Johann Jacob). Tod des Papstes (Pius VIII) und Wahl seines Nachfolgers (Gregor XVI); nach dem Leben geschildert. *Solothurn.* 1846. 8.

Artaud de Montor (Alexandre François). Notices historiques sur les souverains pontifes Pie VII et Pie VIII et sur le cardinal de Pietro. *Par.* 1846. 8. (*P.*)

Pie IX,
pape, successeur de Grégoire XVI (13 mai 1792 — élu le 17 juin 1846 — ...).

Berg (Friedrich). Die beglückte Christenheit an ihren neuerwählten Oberhirten Papst Pius IX, nebst dessen Wahl zum heiligen Stuhle. Lebensbeschreibung, Regierungsantritt, Bildniss und Chronologie der Päpste von Petrus bis Pius IX. *Augsb.* 1846. 8.

(Haltaus, Carl). Papst Pius IX und seine Reformen im Kirchenstaate. *Leipz.* 1847. 8.

Huelsen (Carl v.). Commentatio de Pio IX. *Gedan.* 1847. 12.

Histoire populaire et anecdotique de N. S. P. le pape

Pie IX, trad. de l'ital. par M... A... M... D... *Bord.* 1847. 16.

Balleydier (Alphonse). Rome et Pie IX. *Par.* 1847. 8. Portrait.

Bretonneau (Henri). Notice biographique sur N. S. P. le pape Pie IX. *Par.* 1847. 12. *Gand.* 1847. 12. Portrait.

Reybert (Antony). Notice historique sur le pape Pie IX. *Par.* 1847. 8. Portrait.

Boni (Francesco de). Storia della congiura di Roma contro il papa Pio IX. *Ital.* (*Firenz?*). 1847. 8.

Liancourt (A... C... de **Goddes**). Pius IX, or a year in the life of a pope. *Lond.* 1847. 2 vol. 8.

Le Benoist (N... N...). Vie de S. S. Pie IX ou biographie de cet auguste pontife, suivie d'un tableau chronologique des papes depuis S. Pierre jusqu'à ce jour. *Par.* 1848. 18. Portrait.

Clavé (Félix). Vie et pontificat de Pie IX. *Par.* 1848. 8. 5 portraits. Trad. en espagn. par Luis de TAPIA y SEIJO. *Madr.* 1848. 8.

Sporschil (Johann). Pius IX und Geschichte aller Vorgänger Seiner Heiligkeit auf dem Stuhle des heiligen Apostelfürsten Petrus. *Leipz.* 1848. 8. (*L.*)

Pius IX, or the first year of his pontificate. *Lond.* 1848. 2 vol. 8.

Balmes (Jaime). Pio IX. *Par.* 1848. 16. Portrait. Trad. en franç. *Par.* 1848. 8.

Stupp (Hermann Joseph). Pius IX und die katholische Kirche in Deutschland, mit besonderer Berücksichtigung des Hermesianismus. *Soling.* 1848. 8.

Maldonaldo y Zabraques (José Muñoz). Revolucion de Roma. Historia del poder temporal de Pio IX, desde su elevacion al trono hasta su fuga de Roma, etc. *Madr.* 1849. 8.

Clerc (Jean Baptiste). Pie IX, Rome et l'Italie. *Par.* 1849. 8. Portrait.

Flucht und Heimkehr des heiligen Vaters Pius IX, etc. *Luzern.* 1850. 8.

Pie IX, exil et retour. *Lille.* 1850. 52.

Niccolini (Giovanni Battista). History of the pontificate of Pius IX. *Lond.* 1851. 12.

Spaur (née **Giraud**) (Therese v.). Papst Pius des Neunten Fahrt nach Gaeta (25 Nov. 1848). *Schaffh.* 1852. 8. *

    * L'auteur de cet écrit, épouse de l'ambassadeur d'Autriche auprès du pape et amie confidente de Sa Sainteté, l'avait suivie à Gaëte.

Pie IX. Nouvelle biographie, suivie de la relation du siége de Rome, en 1849. *Tours.* 1852. 12.

M(archal) C(harles). Histoire de Sa Sainteté Pie IX. *Par.* 1854. 2 vol. 8.

Saint-Hermel (E... de). Pie IX. *Par.* 1854. 12.

Piel (Louis Alexandre),
architecte français (20 août 1808 — 19 déc. 1841).

Teyssier (Amédée). Notice biographique sur L. A. Piel, architecte, etc., né à Lisieux, mort à Bosco (Piémont), religieux de l'ordre de S. Dominique. *Par.* 1843. 8. (*P.*)

Sicotiére (L... de la). Notice sur A. Piel, architecte et dominicain. *Caen.* 1844. 8.

Signerin (abbé). L. A. Piel, architecte, religieux de l'ordre des frères prêcheurs. *Lyon.* 1853. 8.

Pieraccioli (Giovanni),
savant italien.

Lode del professore G. Pieraccioli. *Prato.* 1843. 8.

Pierce (Franklin),
président des États-Unis (24 nov. 1804 — ...).

Life of general F. Pierce, *the Granite Statesman*, with a biographical sketch of William R... King, by HENMITAGE. *New-York.* 1852. 12.

Hawthorne (Nathanael). Life of general F. Pearce. *Boston.* 1852. 8.

Pieri (Luigi),
jurisconsulte italien († 1844).

Tamburini (Niccolò Gaetano). Nel funere solenne rinnovato a L. Pieri da Cingoli, etc. *Macerat.* 1844. 16.

Tacci (Giuseppe). Necrologia di L. Pieri da Cingoli. *Loreto.* 1844. 8.

Pierlot (Jacques),
prêtre belge.

Vie de J. Pierlot, prêtre et marguillier de la paroisse de

Verviers, avec tous les détails de son crime, de sa dégradation et de son supplice. *Liége*. 1786. 8. (*P.*)

Relation et circonstances du meurtre, commis à Verviers, par le prêtre Pierlot à la fin de l'année 1785, etc., s. l. et s. d. Fol. Portrait.

Nachricht von der durch den Priester Pirlot (!) in Verviers 1785 begangenen Mordthat, s. l. et s. d. Portrait.

Pier Matteo, voy. **Rubini** (Pietro).

Pierius (Urban),
théologien allemand (1546 — 12 mai 1616).

Beweis-Artikel, dass Dr. U. Picrius zu Wittenberg, jetziger Zeit Pastor, ein Erz-Calvinist sei, etc., s. l. 1591. 4.

Schlicht (Leviathan Johann). Dissertatio de vita U. Pierji, tertii præsulis Lutherani Palæo-Brandenburgici. *Brandenb.* 1714. 4.

Piermarini (Giuseppe),
architecte italien (18 juillet 1734 — 18 février 1808).

(**Silva**, Ercole). Elogio dell' architetto G. Piermarini. *Monza.* 1811. 8.

Fumagalli (Ignazio). Elogio dell' architetto G. Piermarini. *Milan.* 1837. 8.

Pierre (Saint),
l'un des douze apôtres († 65).

Cochlaeus (Johann). De Petro et Roma adversus velenum Lutheranum, s. l. et s. d. 4.

. **Barcos** (Martin de). Traité de l'autorité de S. Pierre et de S. Paul. *Par.* 1645. 4.

Diana (Antonino). De primatu solius D. Petri disceptationes apologeticæ. *Panorm.* 1647. 4.

Petersen (Nicolaus). Dissertatio historico-theologica de vita Petri apostoli. *Witteb.* 1659. 4.

Del primatu dell' apostolo S. Pietro e dei romani pontefici, suoi successori. *Rom.* 1784. 8.

Quis est Petrus? seu qualis Petri primatus? *Ratisb.* 1791. 4. (*Oxf.*)

(**Antonelli**, Luigi). Memorie istoriche della sacra teste de' santi apostoli Pietro e Paolo. *Rom.* 1806. 4.

Jarry (Pierre François Théophile). Dissertation sur l'épiscopat de S. Pierre à Antioche. *Par.* 1807. 8.

Dodd (Philip Stanhope). View of the evidence afforded by the life and ministry of S. Peter to the truth of the Christian revelations. *Lond.* 1837. 8. (*Oxf.*)

Gibbings (Richard). Roman forgeries und falsifications, or an examination of counterfeit and corrupted records, with the especial reference to popery. *Dubl.* 1842. 2 vol. 8.

Zanderigo (Agostino). Orazione in lode di S. Pietro apostolo. *Padov.* 1845. 8.

Derache (D... J...). La suprématie ecclésiastique de S. Pierre, considérée d'après l'exegése de Matthieu, XVI. 18. 18. *Strasb.* 1851. 8.

Beweis, dass Apostel Petrus gen Rom nicht kommen, mithin der römische Babst nicht ein Nachkomme Petri sey, s. l. et s. d. (vers 1520.) 4.

Apologia Simonis Hessi adversus Dom. Roffensem (c'est-à-dire John Fisher), episcopum Anglicanum : an Petrus fuerit Romæ, s. l. et s. d. 4.

Des heiligen Clementis von Rom Historia von den Reisen des Apostels Petri, mit Vorbericht von Gottfried Aaxolo. *Berl.* 1702. 8.

Foggini (Pietro Francesco). De romano D. Petri itinere et episcopatu ejusque antiquissimis imaginibus exercitationes historico-criticæ. *Florent.* 1741. 4. Figure.

Blanc (André). De la prétendue primauté du pape et du séjour de S. Pierre à Rome, en réponse à M. l'abbé Tabardel. *Par.* 1858. 8.

Ellendorf (Johann Otto). Ist Petrus in Rom und Bischof der römischen Kirche gewesen? Eine historisch-kritische Untersuchung, *Darmstadt.* 1841. 8.

(**Scheler**, August). Etude historique sur le séjour de l'apôtre S. Pierre à Rome. *Brux.* 1845. 18. * Trad. en angl. s. c. t. Was S. Peter ever at Rome? etc. (par N... N... WEIGALT). *Lond.* 1846. 12. (*Oxf.*)

.* Publ. s. l. pseudonyme de M. UDALRIC DE SAINT-GALL. (Saint-Gall est la ville natale de l'auteur de cette étude.)

Taillefer (L...). S. Pierre changé en juif errant par la tradition, ou correspondance au sujet du prétendu séjour de S. Pierre à Rome. *Par.* 1846. 8.

—— S. Pierre a-t-il jamais été à Rome, ou réponse à un défi de M. l'abbé Bisson. *Par.* 1847 (?) 8.

Toepffer (H...). Commentatio de Petri apostoli conjugio. *Witteb.* 1718. 4.

Polidori (Luigi). Sulle immagine dei SS. Pietro e Paolo, dissertazione. *Milan.* 1854. 8. (*Oxf.*)

Pierre III, surnommé **le Grand**,
roi d'Aragon (1239 — 27 juillet 1276 — 11 nov. 1285).

Castillo Solorzano (Alonso del). Epitome de la vida y hechos del rey D. Pedro III de Aragon, cognominado el Grande. *Zarag.* 1639. 8.

Pierre I, dit **le Cruel**,
roi de Castille et de Léon (30 août 1334 — 26 mars 1350 — 14 mars 1369).

Lopez de Ayala (Pedro). Cronica de los reyes D. Pedro I, D. Enrique II, D. Juan I y D. Enrique III. *Pampel.* 1591. Fol. Augment. par E... de LLAGUNO Y AMIROLA. *Madr.* 1779-80. 4 vol. 4.

Vera y Zuniga (Juan Antonio de). El rey D. Pedro I llamado el cruel, el justiciero y el necessidado, rey de Castilla, defendido. *Madr.* 1648. 4.

Bayao (Joze Pereyra). Chronica del rey D. Pedro I. *Lisb.* 1735. 8.

(**Spalding**, Carl August Wilhelm). Peter der Grausame. *Berl.* 1787. 8.

Dillon (John Talbot). History of the reign of Peter the Cruel, king of Castille and Leon. *Lond.* 1788. 2 vol. 8.

   Trad. en allem. *Leipz.* 1790. 2 vol. 8. (*L.*)

   Trad. en franç. (par mademoiselle FROIDURE DE REZELLE). *Par.* 1790. 2 vol. 8. (*P.*)

Godinez de Paz (Onel Pidoca Norcof de Paque). Vindicacion del rey D. Pedro de Castilla, en la que se manifiesta por las cronicas abreviadas y vulgar que de este rey escribio D. Pedro Lopez de Ayala, que lejos de merecer el dictado de cruel, es muy acreedor al de benigno y justiciero. *Barcel.* 1831. 8.

Mérimée (Prosper). Histoire de D. Pedro I, roi de Castille et de Léon. *Par.* 1848. 2 vol. 8.

   Trad. en allem. *Leipz.* 1851. 8. Portrait. (*L.*)

   Trad. en angl. *Lond.* 1849. 2 vol. 8.

Pierre I,
roi de Portugal (19 avril 1320 — 28 mai 1356 — 18 janvier 1367).

Pereyra Bayao (Joze). Chronica del rey D. Pedro I deste nome, cognominado o Justiciero. *Lisb.* 1735. 8.

Pierre II,
roi de Portugal (26 avril 1648 — 1667 — 9 déc. 1706).

Account of the court of Portugal. *Lond.* 1700. 8. Trad. en franç. s. c. t. Relation de la cour de Portugal sous Don Pedro II. *Amst.* 1702. 2 vol. 8.

Gamboa (Egidio de). Oraçaõ funeral do senhor rey D. Pedro II. *Lisb.* 1707. 4.

Francisco de Santo Bernardo. Oraçaõ funebre del rey D. Pedro II. *Lisb.* 1707. 4.

Salgueiro (Francisco). Sermaõ nas exequias del rey D. Pedro II. *Evora.* 1707. 4.

Francisco de Santo Thomaz. Oraçaõ funebre do senhor D. Pedro II. *Lisb.* 1707. 4.

Lipowsky (Joseph Felix). Peter II, König von Portugal, und seine zwei Gemahlinnen, Marie Franziska Elisabeth, Prinzessin von Savoyen, und Marie Elisabeth, Prinzessin von Chur-Pfalz und Baiern, historisch geschildert. *Münch.* 1818. 8.

Raison de la nullité du mariage de Don Alphonse VI, roy de Portugal, et de la validité de celui de Don Pedro (II), prince de ce royaume, etc. *Par.* 1674. 12.

Pierre I, surnommé **le Grand**,
empereur de Russie (11 juin 1672 — 29 août 1696 — 8 février 1725).

Acxtelmeyer (Stanislaus Reinhard). Muskowittisches Prognosticon, oder Leben Czaar Peter's Alexowicz. *Augsb.* 1696. 4. (*L.*) *Ibid.* 1698. 4.

L... (J... H... v.). Des grossen Herrn Czaars und Grossfürsten von Moskau, Petri Alexiewicz, Leben und Thaten. *Frf. et Leipz.* 1710. 8. (*L.*) *Nürnb.* 1710. 8.

Buchet (Pierre François). Abrégé de la vie du czar Pierre Alexiewitz. *Par.* 1717. 8.

(**Rabener**, Justus Gottfried). Leben Petri I des Grossen, Czaars von Russland. *Leipz.* 1725. 8. (*L.*)

(**Rousset de Missy**, Jean). Mémoires du règne de Pierre le Grand, empereur de Russie. *La Haye.* 1725-26. 4 vol. 12. *Amst.* 1740. 5 vol. 12. * Augment. des Mé-

* Publ. sous le pseudonyme d'Iwan Nestesuranoy (anagramme du vrai nom de l'auteur).

moires du règne de Catherine, etc. *Amst.* 1740. 5 vol.
12. Publ. s. 1. t. d'Histoire de Pierre I, etc. *Amst.*
1742. 4 ou 5 vol. 12.

Catiforo (Antonio). Vita di Pietro il Grande, imperatore
di Russia. *Venez.* 1736. 8. *Ibid.* 1748. 8. *Ibid.* 1792. 8.
Ibid. 1806. 8.

Mottley (John). History on the life of Peter I, emperor
of Russia. *Lond.* 1739-40. 3 vol. 8. (*Oxf.*)

(**Mauvillon**, Éléazar). Histoire de Pierre I, surnommé
le Grand, empereur de toutes les Russies. *Amst.* 1742.
4 ou 5 vol. 12.

(**Allainval**, Léonor Jean Christine **Soulas** d'). Anecdotes du règne de Pierre I. *Par.* 1745. 2 parts. 12. (*P.*)

Stackelberg (Bernhard Gustav v.). Lobrede auf Peter
den Grossen, Kaiser von Russland, und dessen unsterb-
liche Verdienste um seine Nation, etc. *Goetting.*, s. d.
(1750.) 4.

Gordon of Achintoul (Alexander). History of Peter the
Great, emperor of Russia. *Aberdeen.* 1755. 2 vol. 8. *
Trad. en allem. (par Christian August WICHMANN).
Leipz. 1765. 2 vol. 8. (*L.*)
<small>* Accomp. des portraits de Pierre le Grand, du prince Mentschikoff
et de l'auteur lui-même.</small>

Voltaire (François Marie **Arouet** de). Histoire de l'empire de Russie sous Pierre le Grand, s. l. 1759-63.
2 vol. 8. * *Leipz.* 1764. 2 vol. 8. *Amst.* 1765. 2 vol. 12.
Ibid. 1771. 2 vol. 12. *Ibid.* 1778. 2 vol. 12. *Lausan.*
1787. 2 vol. 8. *Par.* 1803. 2 vol. 18. *Ibid.* 1809. 8. *Ibid.*
1821. 2 vol. 18. Publ. avec des notes par Jean François
SANGUIN. *Leipz.* 1825. 8. *Strasb.* 1826. 18. *Par.* 1831.
2 vol. 18. *Ibid.* 1836. 8.
Trad. en allem. :
   Par Johann Michael HUBE. *Leipz.* 1761. 8. (*L.*) Corrig. par Anton Friedrich BUESCHING. *Goetting.*
   1761-63. 2 vol. 8.
   Par Friedrich GLEICH. *Pesth.* 1827. 3 vol. 16.
Trad. en angl. par Tobias SMOLLET. *Lond.* 1840. 12.
<small>* La première édition ne porte pas le nom de l'auteur.</small>

(**Schtcherbatow**, Michail). Zschurnal ili podennaja za-
piska , c'est-à-dire : Journal de l'empereur Pierre le
Grand depuis 1698 jusqu'à la paix de Nystaedt (1721).
Saint-Pétersb. 1770-72. 2 vol. 4.
Trad. en franç. :
   (Par Simon SCRTCHEPOTIEFF, publ. par Jean Henri
   Samuel FORMEY). *Berl.* 1773. 4.
   Revu par un officier suédois (le baron de L***).
   Stockh. 1774. 8.

Lefebure de Saint-Ildephont (Guillaume René). Éloge
historique de Pierre le Grand. *Utrecht.* 1772. 4.

Bacmeister (Hartwig Ludwig Christian). Beiträge zur
Geschichte Peter's des Grossen. *Riga.* 1774-83. 3 vol. 8.

(**Staehlin-Storksburg**, Jacob v.). Original-Anecdoten
von Peter dem Grossen. *Leipz.* 1784. 8. Trad. en franç.
(par N... N... PERRAULT et L... J... RICHOU), *Strasb.*
1787. 8.

Golikow (Iwan). Heldenthaten Peter's des Grossen.
Sanct-Petersb. 1788-98. 12 vol. 12. (En russe.)
—— Anecdoten von Peter dem Grossen (en russe). *Sanct-
Petersb.* 1798. 8. Trad. en allem. (par Benjamin Fürch-
tegott Balthasar v. BERGMANN), *Riga* et *Leipz.* 1802. 8.

Calvi (Giovanni Battista). Elogio storico di Pietro il
Grande, cesare di tutte le Russie. *Goetting.* 1793. 8.

Claudius (Georg Carl). Peter der Grosse; historisch
bearbeitet. *Riga.* 1798-1800. 3 vol. 8. Portrait. *Ibid.*
1818. 3 vol. 8.

Peter I, Kaiser von Russland, oder Sammlung der interessantesten Züge aus dem Leben dieses grossen Mannes. *Leipz.* 1802. 8. (*L.*)

Halem (Gerhard Anton v.). Leben Peter's des Grossen.
Münst. 1803-05. 3 vol. 8. Portrait.

Bauer (Johann Christian August). Peter I. *Berl.* 1804. 8. *
<small>* Formant le premier volume de l'ouvrage *Unterhaltende Anecdo-
ten aus dem 18. Jahrhundert.*</small>

Militärische Biographien berühmter Helden neuerer Zeit.
Berl. 1805-06. 5 vol. 8. *
<small>* Le premier volume contient l'histoire de Charles XII, roi de Suède,
celle de l'empereur Pierre I et du maréchal (Franç. Henri de Montmorency, duc) de Luxembourg.</small>

Meerman (J... de). Discours sur le premier voyage de
Pierre le Grand, principalement en Hollande. *Par.*
1812. 8. (*Ld.*)

Pflaum (Johann Christoph Ludwig). Lebensbeschrei-

---

bung merkwürdiger Männer, etc. *Stuttg.* 1814-17. 5 volumes 8. * Trad. en holland. *Arnh.* 1816. 8.
<small>* Le premier volume renferme la vie de Pierre le Grand.</small>

Scheltema (Jakobus). Peter der Groote, keizer van
Rusland, in Holland en te Zaandam, in 1697 en 1717.
Amst. 1814. 8. (*Ld.*)
Biographie Peter's des Grossen, Kaisers und Selbstherr-
schers aller Reussen. *Chemn.* 1823. 8. Portrait.

Bergmann (Benjamin Fürchtegott Balthasar v.). Peter
der Grosse, als Mensch und Regent. *Riga.* 1823-26.
3 vol. 8. Supplém. *Mitau.* 1829-30. 5 vol. 8. Trad. en
russe par E... ALADJIN. *Sanct.-Petersb.* 1833-34. 6 vol. 8.

Bantisch-Kamensky (N... N...). Siècle de Pierre le
Grand, ou actions et hauts faits des capitaines et des
ministres qui se sont illustrés sous le règne de cet
empereur. *Par.* 1826. 8. (Trad. du russe.)

Ségur (Philippe Paul de). Histoire de Russie et de Pierre
le Grand. *Par.* 1829. 8. *Ibid.* 1830. 8. *Brunsw.* 1829. 8.
Trad. en allem. :
   Par Joseph Peter KRIEGER. *Zweibrück.* 1829. 8.
   (Par C... D... H... GRIMM), *Stuttg.* 1829. 8.
   Par le même. *Halberst.* 1831-52. 3 vol. 12.
Trad. en holland. *Hage.* 1831. 2 vol. 8.

Dubois (J... N...). Pierre le Grand. *Tours.* 1832. 12.
(4e édition.)

Barrow (John). Life of Peter the Great. *New-York.*
1834. 16.

Wiskowatoff (A...). Biographische Nachricht aus der
Regierungszeit Peter's des Grossen. *Sanct-Petersb.*1834.
8. (Ecrit en russe.)

Grosse (Carl). Peter der Grosse in seinem Leben und
Wirken. Beitrag zur Geschichte des Wachsthums und
der Versittlichung des russischen Reiches und Volkes.
Meiss. 1836. 2 vol. 8. 8 portraits.

Reiche (Carl Friedrich). Peter der Grosse und seine
Zeit. *Leipz.* 1841. 8. (*L.*)

Levensgeschiedenis van Pieter den Grooten. *S'Gravenh.*
1841. 16.

Anecdotes of Peter the Great. *Lond.* 1843. 18.

Binder (Wilhelm). Peter der Grosse Alexiewitsch und
seine Zeit, nach den vorzüglichsten Quellen bearbeitet.
Reutling. 1844. 8.

Pelz (Eduard). Geschichte Peter's des Grossen. *Leipz.*
1849. 8. * Portrait. (*L.*)
<small>* Cet ouvrage forme le septième volume du recueil *Historische Haus-
bibliothek,* rédigé par Friedrich BÜLAU.</small>

Fallet (Céline). Histoire de Pierre le Grand, empereur
de Russie. *Rouen.* 1852. 12. 4 gravures.

Schapiroff (Peter). Raisonnement, was für rechtmässige
Ursachen Peter I gehabt, den Krieg gegen König
Carl XII von Schweden anzufangen. *Sanct.-Petersb.*
1717. 4. (En russe.)

Mars. Moscoviticus, oder das Moscovitische Kriegsglück
Czar Peter's I, s. l. 1710. 8.

Trudi Marsa Russijkajo, s. labores Martis Russici, s. bel-
licæ expeditiones S. Czareæ Majestatis (Petri I) adversus hostes. *Petropol.* 1713. Fol.

Berger (Friedrich Ludwig v.). Politisches Bedenken über
die Frage, ob der kaiserliche Titel und Nahme ohn-
beschadet Kayserlicher Majestät und des Römischen
Staats allerhöchster Würde, nicht weniger der christlichen Könige und freien Staaten Vorrecht und Inte-
resse, dem Czaaren von Russland (Peter I) communiciret
werden könne, s. l. 1722. 4.

Schmeizel (Martin). Oratio de titulo imperatoris, quem
Tznarus Russorum (Petrus I) sibi dare prætendit. *Jenæ.*
1722. 4.

Struve (Burckard Gotthelf). Grundmässige Untersuchung von dem kaiserlichen Titel und Würde, wobei
von der Czaarischen Titulatur gehandelt und Kaiser
Maximilian I angegebenes Schreiben an den Czaar Iwan
Wassiliewitsch beigefüget wird. *Coeln.* 1723. 4.

Gundling (Jacob Paul v.). Bestand des russischen Kay-
ser-Tituls, wobei der von Kayser Maximilian I geschlos-
senen Allianz-Tractat gegen als bisher gemachte nich-
tige Einwürfe vertheidigt wird. *Riga.* 1734. 4.

Theophanes Novogorodensis. Lacrymæ Roxelanæ, s.
de obitu Petri M. brevis narratio, dußæque de laudibus
ejusdem divi principis orationes. *Hamb.* 1726. 4.

Vita Petri M. oder Personalia, welche beim kayserlichen Leichenbegängniss in Sanct-Petersburg, etc., abgelesen worden. *Sanct-Petersb. et Riga.* 1726. 4.

Wackerbarth (August Joseph Ludwig v.). Parallele zwischen Peter dem Grossen und Carl dem Grossen. *Goetting.* 1792. 8.

Politisches Testament Peter des Grossen. *Berl.* 1854. 8.

Pierre II,
empereur de Russie (22 oct. 1715 — 17 mai 1727 — 29 janvier 1730).

Leben Petri II, Kaysers von Russland. *Frf.* 1730. 4. (*L.*)

Pierre III,
empereur de Russie (21 février 1728 — 5 janvier 1762 — 28 juillet 1762).

Denkwürdigkeiten der Lebens- und Staatsgeschichte Peter's III. *Danz.* 1762. 8.

(**Goudar**, Ange). Mémoires pour servir à l'histoire de Pierre III, empereur de Russie, avec un détail historique des différends de la maison de Holstein avec la cour de Dancmark. *Frf. et Leipz.* 1763. 12. Port. (Assez rare.)

S(chwan de la Marche) (Christian Friedrich). Russische Anecdoten von der Regierung und dem Tode Peter's III, ingleichen von der Erhebung und Regierung Catharina's II, etc. *Sanct-Petersb.* 1764. 8.. *Wandsbeck.* 1765. 8. Trad. en franç. *Lond.* 1764. 8. *Ibid.* 1766. 8. (*Oxf. et P.*)

Ranft (Michael). Lebensbeschreibung des russischen Kaisers Peter III. *Leipz.* 1773. 8.

(**Beauclair**, Pierre Louis de). Histoire de Pierre III, avec plusieurs anecdotes singulières, s. l. 1774. 8. (*P.*)

M... (J... C...). Allerneueste geheime Nachrichten vom russischen Hofe. *Zürch.* 1776. 8.

(**Laveaux**, Jean Charles **Thiébault** de). Histoire de Pierre III, empereur de Russie, etc., suivie de l'histoire secrète des amours et des principaux amants de Catherine II. *Strasb. et Par.*, an vi (1798). 3 vol. 8. (*P.*) Trad. en allem. *Leipz.* 1798. 3 vol. 8. (*L.*)

Merkwürdigkeiten der russischen Geschichte unter Peter III und Catharina II. *Leipz.* 1790. 8. (*L.*)

Saldern (H... v.). Biographie Peter's III. *Frf.* 1792. 8. Portrait. *Sanct-Petersb.* 1800. 8. Trad. en franç. s. c. t. Histoire de la vie, etc. *Metz. et Par.* 1802. 8. (*Oxf.*)

(**Goebel**, N... N...). Fragments historiques sur Pierre III et Catherine II. *Par.* 1796. 12.

(**Helbig**, Gustav Adolph Wilhelm v.). Biographie Peter's III. *Stuttg.* 1808-09. 2 vol. 8.

(**Rulhière**, Claude Carloman de). Histoire ou anecdotes sur la révolution de Russie (en 1762). *Par.* 1796. 8. (*P.*) *Strasb.* 1797. 8.
  Trad. en allem. :
  (Par Ludolf Hermann **Tobiesen**).*Deutschland (Hamb.)* 1796. 8.
  Germanien (*Zürch.*) 1797. 8. *Strasb.* 1797. 8.

Pierre de Médicis,
fils de Laurent le Magnifique, duc de Florence (1414 — 1464 — 3 déc. 1469).

Waller (E...). Dissertatio de Cosmo, Petro et Laurentio Mediceis, libertatis Florentinæ oppressoribus. *Lugd. Bat.* 1829. 8. (*Ld.*)

Pierre d'Amiens, dit l'Ermite,
ermite français († 7 juillet 1115).

Oultreman (Pierre d'). Vie du vénérable Pierre l'Hermite, chef et conducteur des princes chrétiens dans les croisades, etc. *Valenc.* 1632. 12. *Par.* 1648. 12. (*P.*)

Schachert (Johann Friedrich). Peter von Amiens und Gottfried von Bouillon, oder Geschichte der Eroberung des heiligen Grabes, publ. par Christian Wilhelm **Spieker.** *Berl.* 1819. 8. (*L.*)

Prat (Henri). Pierre l'Ermite et la première croisade. *Par.* 1840. 8. (*P.*)

(**Grandgagnage,** N...N...). Un ancien manuscrit : Pierre l'Hermite, s. l. (*Brux.*) et s. d. 8.

Pierre de Dresde,
théologien allemand († 1440).

Thomasius (Jacob). Dissertatio historica de Petro Dresdensi. *Lips.* 1678. 4. (*L.*) Trad. en allem. par M... M... *Dresd. et Leipz.* 1702. 8. (*D.*)

Pierre,
évêque de Misnie.

Stemler (Christoph Gotthelf). Lebensbeschreibung Pe-

ter's, Bischofs zu Cythera und Suffragans zu Meissen, aus dem Geschlechte der Heller. *Leipz.* 1765. 8. (*L.*)

Pierre de Ravenne,
jurisconsulte italien du xvᵉ siècle.

Gercken (Carl Christian). Fata Petri Ravennatis per Germaniam. *Dresd.* 1774. 4. (*L.*)

Pierre des Vignes (Petrus de Vineis),
chancelier de l'empereur Frédéric II († 1246).

Durand (J...). Pierre des Vignes, chancelier de l'empereur Frédéric II. Sa biographie, ses lettres, etc. *Toulouse.* 1831. 8.

Pierre de Zittau,
abbé de Kœnigssaal en Bohême (vers 1300).

Pescheck (Christian Adolph). Petrus v. Zittau, Abt zu Königssaal in Böhmen, etc. *Zittau et Leipz.* 1823. 8. (*D.*)

Pierret (Alexandre),
entomologiste français.

Doué (N... N...). Notice nécrologique sur A. Pierret. *Par.* 1850. 8.

Pierron (François Julien),
prêtre français.

Claude, plus connu s. l. n. de **Descharrières** (Jean Joseph). Histoire de la vie de M. F. J. Pierron, chanoine-curé de Belfort, mort en odeur de sainteté. *Strasb.* 1826. 12. (Omis par Quérard.)

Pierrot (N... N...),
médecin français.

Coste (Jean François). Éloge de M. Pierrot, membre de l'Académie de chirurgie. *Nancy.* 1773. 8.

Pietro della Francesca,
peintre italien.

Vasari (Giorgio). Vita di Pietro della Francesca, pittore dal Borgo San Sepolcro. *Firenz.*, s. d. (1835). 8.

Pigalle (Jean Baptiste),
sculpteur français (1714 — 20 août 1785).

(**Mopinot de la Chapotte,** N... N...). Éloge historique de J. B. Pigalle. *Lond.* (*Par.*) 1789. 4. Portrait. (Échappé aux recherches de Quérard.)

Pigault-Lebrun (Guillaume Charles Antoine),
poète français (8 avril 1753 — 24 juillet 1835).

B(arba) (J(ean) N(icolas)). Vie et aventures de Pigault-Lebrun. *Par.* 1836. 8. *Brux.* 1836. 18. *Par.* 1854. 4. Port.

Grimaldi (E... F...). Hommage à la mémoire de Pigault-Lebrun. *Par.* 1850. 8.

Pigeau (Eustache Nicolas),
jurisconsulte français (16 juillet 1750 — 22 déc. 1818).

Bellart (Nicolas François). Notice nécrologique sur E. N. Pigeau. *Par.* 1819. 8. (Extrait du *Moniteur.*)

Pigenat (François),
ligueur français († 1590).

Lapôtre (George). Regrets sur la mort de F. Pigenat. *Par.* 1590. 4. (*P.*)

Pigeon (Jean),
mathématicien français.

Premontval (mademoiselle de). Le mécaniste-philosophe. Mémoire contenant plusieurs particularités de la vie et des ouvrages de J. Pigeon. *La Haye.* 1750. 8. (*D. et Bes.*)

Pignatelli (Giovanni Battista),
Italien.

Santagata (Saverio). Vita di G. B. Pignatelli. *Napol.* 1751. 8.

Pignatelli (Ramon),
homme d'État espagnol († 1796).

Garcia (Juan Augustin). Elogio funebre del S. D. R. Pignatelli de Aragon, etc. *Madr.* 1796. 4.

Santiago ou Sastago? (conde de). Elogio del S. D. R. Pignatelli. *Zaragoç.*, s. d. (1769). 4. Portrait. (*P.*)

Pignatelli, principessa di Campofranco
(Francesca),
dame italienne.

Vaccaro (Emmanuele). Funebre elogio di M. F. Pignatelli, principessa di Campofranco. *Palerm.* 1837. 4.

Pignoria (Lorenzo),
philologue italien (12 oct. 1571 — 15 juin 1631).

Tommasini (Jacopo Filippo). Manus ænea et de vita et de rebus L. Pignorii dissertatio. *Amst.* 1669. 4.

Pignotti (Lorenzo),
poète italien (9 août 1739 — 5 août 1812).

Paolini (Aldobrando). Elogio storico-filosofico di L. Pignotti. *Pisa.* 1817. 8. (*Bes. et Oxf.*)

Pilâtre de Rozier (Jean François),
aéronaute français (30 mai 1756 — 15 juin 1785).

Lenoir (Victor Pierre). Éloge funèbre de J. F. Pilâtre de Rozier. *Lond. et Par.* 1785. 8. (*P.*)

Huet de Froberville (Claude Jean Baptiste). Éloge de M. Pilâtre de Rozier. *Orl. et Par.* 1785. 8.

(**Roederer**, Pierre Louis). Éloge de J. F. Pilâtre de Rozier. *Par.* 1786. 8. (*P.*)

(**Tournon de la Chapelle**, Alexandre). Vie et mémoires de J. F. Pilâtre de Rozier, écrits par lui-même, etc. *Par.* 1786. 12. Portrait. (*P.*)

Pilatus (Pontius),
gouverneur de Judée (se tuant en l'an 40).

Montalto (Ludovico). Tractatus reprobationis sententiæ Pilati. *Par.* 1493. 4. *Ibid.* 1496. 4. *Ibid.* 1498. 4.

Hermansson (Johan). Commentatio de P. Pilato. *Upsal.* 1624. 4.

Motillo (Gregorio). Notizia di P. Pilato e de' suoi iniqui gesti. *Napol.* 1674. 8.

Thomasius (Christian). Dissertatio de injusto P. Pilati judicio. *Lips.* 1675. 4. *Ibid.* 1724. 4. *Ibid.* 1737. 4. (*L.*)

Steller (Johann). Defensio P. Pilati. *Dresd.* 1674. 4. *Lips.* 1676. 4.

Hartnaccius (Daniel). Confutatio dissertationis perquam scandalosæ Joh. Stelleri, qua Pilatum defensum superiori anno turpissime prodidit, quæque ad verbum huic opusculo præfixa est. *Lips.* 1676. 4. *

* Publ. s. l. pseudonyme de Daniel MARNAXATUS.

Goës (Willem). Pilatus judex. *Hag. Com.* 1677. 4. *Ibid.* 1681. 4.

Horn (Theodor). Fabula de Pilato ejusque uxore christiana. *Gryphisw.* 1692. 4.

Hoffkuntz (Anton Friedrich). De ἀνϑρωποϑυσια Pilati. *Lips.* 1721. 4.

Saladinus (Christian Albert). De actis P. Pilati. *Hafn.* 1722. 4.

Hermansson (Johan). Disputatio de P. Pilato, Judææ procuratore. *Upsal.* 1724. 8.

Burckhard (Jacob). Dissertatio de P. Pilato, evangelicæ veritatis teste. *Guelpherb.* 1726. 4.

Reineccius (Christian). De anno, mense et die passionis Christi, nec non de judiciis Pilati et fictis actis. *Leucop.* 1733. Fol.

Richter (Adam Daniel). Jacobi de Voragine Nachricht von P. Pilato. *Annab.* 1746. 4.

Mueller (Johann Martin). Commentatio de enixissimo Pilati, Christum servandi studio, ejusque vera caussa. *Hamb.* 1731. 4.

Altmann (Johann Georg). De epistola Pilati ad Tiberium, qua Christi miracula, etc., recensebantur. *Brem.* 1735. 4.

Legge (Mauro). De Pilato Christi. *Neap.* 1779. 8.

Buerger (F... A...). Dissertatio de P. Pilato. *Misen.* 1782. 4.

Henke (Heinrich Philipp Conrad). De P. Pilati actis in causa dominis nostra probabilia. *Helmst.* 1784. 4.

Mounier (Pierre Jean Jacques). De P. Pilato in causa Servatoris agendi ratione. *Lugd. Bat.* 1823. 4 et 8. (*Ld.*)

Dupin (André Marie Jean Jacques). Jésus devant Caïphe et Pilate. *Par.* 1829. 8. (*P.*)

Helt (Esaias). Disputatio de somnio uxoris Pilati. *Hafn.* 1701. 4.

Gotter (Friedrich Gotthilf). Dissertatio de conjugis Pilati somnio. *Jenæ.* 1704. 4.

Kluge (Johann Daniel). Dissertatio de somnio uxoris Pilati. *Halæ.* 1720. 4.

Herbart (Johann Michael). Examen somnii uxoris Pilati. *Oldenb.* 1733. 4.

Pilgram (Johann Sigismund),
théologien hongrois († 1739).

Serpilius (Samuel). Das in der Gemeinschaft mit Gott gegen treue Lehrer auch in ihrem Absterben fortgesetzte Liebeszeichen der Gemeinde, bey Leichbegängniss des Herrn J. S. Pilgram, evangelischen Predigers in Oedenburg. *Ulm*, s. d. (1739). Fol.

Pilkington (John **Carteret**),
homme d'État anglais.

Real history of J. Carteret Pilkington, written by himself. *Lond.* 1760. 4. *

* Orné d'un portrait de sa mère, Mrs. Lœtitia PILKINGTON.

Life of J. Carteret Pilkington. *Lond.* 1761. 2 vol. 8. (Ecrit par lui-même.)

Pilkington (Lœtitia),
auteur anglaise, mère du précédent (1712 — 1750).

Memoirs of L. Pilkington. *Dubl.* 1748-49. 2 vol. 8. *Ibid.* 1749-54. 3 vol. (Ecrit par elle-même.)

Swift (Jonathan). Mrs. Pilkington's celebrated jests, etc. *Lond.* 1764. 12.

Pilla (Leopoldo),
géologue italien († 29 mai 1848).

Coquand (Henri). Notice biographique sur L. Pilla, s. l. et s. d. (*Par.* 1849). 8. (*L.*)

Pillet, dite **Simplicienne** (Anne Marie),
religieuse française († 18 mars 1721).

Abrégé de la vie et vertus de notre très-chère sœur A. M. Pillet, dite Simplicienne, décédée en odeur de sainteté dans le troisième monastère de la Visitation de Sainte-Marie de Lyon, s. l. et s. d. (*Lyon*, vers 1722). 12.

Pilo (Carl Gustaf),
peintre suédois (19 mars 1712 — 2 mars 1794).

(**Wenberg**, Thure). Minne öfver C. G. Pilo. *Stockh.* 1794. 8.

Pilo (Giuseppe Maria),
évêque d'Ales (1716 — 1er janvier 1786).

Mazari (Giuseppe). Orazione funebre per monsignor G. M. Pilo, vescovo di Ales e Terralba. *Sassari.* 1786. 4.

Pilo-Boyl, barone di **Putifigari** (il marchese Vittorio),
homme d'État italien (15 mai 1778 — 5 février 1834).

Necrologia del marchese V. Pilo-Boyl, barone di Putifigari, etc. *Cagliari.* 1834. 8.

Pilpai ou **Pidpay**,
fabuliste indien.

Le Prévost d'Exmes (François). Vie de Lokman et de Pilpai. *Par.* 1784. 12. (*P.*)

Pinario (Gonsalvo de),
évêque de Visco (1490 — 1567).

Vasconcellos (Diogo Mendes de). Vita G. Pinarii, episcopi Visensis. *Ebor.* 1591. Fol. *Rom.* 1597. 8. *Frf.* 1608. 4.

Pincker I (Christoph),
magistrat allemand.

(**Kromayer**, Heinrich). Programma academicum ad exequias C. Pinckeri. *Lips.* 1637. 4. (*D. et L.*)

Pincker II (Christoph),
jurisconsulte allemand (16 août 1619 — 23 mai 1678).

(**Feller**, Joachim). Programma academicum in C. Pinckeri funere. *Lips.* 1678. Fol. (*D. et L.*)

Mayer (Johann Ulrich). Leichen-Predigt auf C. Pincker. *Leipz.* 1678. Fol. (*D. et L.*)

Pinckney (William),
diplomate anglo-américain (17 mai 1764 — 25 février 1822).

Wheaton (Henry). Memoirs of the life and writings of W. Pinckney. *New-York.* 1826. 8. (Omis par Lowndes.) — (*Oxf.*)

Pindare,
poète grec du premier ordre (519 — 474 avant J. C.).

Vauvilliers (Jean François). Essai sur Pindare. *Par.* 1772. 12. (*P.*)

Schneider (Johann Gottlieb). Versuch über Pindar's Leben und Schriften. *Strasb.* 1774. 8.

Camenz (Wilhelm). Pindari ingenium. *Misen.* 1804. 4.

Brockmueller (Johann Isachar Daniel). Dissertatio de ingenio Pindari. *Rostoch.* 1807. 8.

Wachsmuth (Wilhelm). Disputationes II de Pindaro reipublicæ constituendæ et gerendæ præceptore. *Kilon.* 1825-24. 4. (*L.*)

Clausen (N... N...). Pindaros, der Lyriker. *Elberf.* 1834. 4.

Mommsen (Tycho). Pindaros. Zur Geschichte des Dichters und der Parteikämpfe seiner Zeit. *Kiel.* 1845. 8.

Bippard (Georg). Pindar's Leben, Weltanschauung und Kunst. *Jena.* 1848. 8. (*L.*)

Pindemonte (Ippolito),
poète italien (13 nov. 1753 — 18 nov. 1828).
(Del Bene, Benedetto). Elogio d' I. Pindemonte. *Veron.*
1829. 8.
Riva (Napoleone Giuseppe della). Panegirico d' I. Pindemonte. *Milan.* 1829. 8.
Montanari (Benassù). Della vita e delle opere d' I.
Pindemonte libri VI. *Venez.* 1834. 8. Portrait. (*Bes.*
et *Oxf.*)

         Pinel de Golleville (Marin Joseph),
         médecin français (1811 — ...).
Notice sur M. M. J. Pinel de Golleville, docteur-médecin
de la faculté de Paris, s. l. et s. d. (*Par.*) 8.

         Pinel (Philippe),
         médecin français (20 avril 1745 — 25 oct. 1826).
Dupuytren (Guillaume). Notice sur P. Pinel, membre
de l'Institut, etc. *Par.* 1826. 4. (*P.*)
Gendrin (Augustin Nicolas). Eloges de P. Pinel et de
René Joseph (François) Hyacinthe Bertin. *Par.* 1828.
8. (*P.*)

         Pinelli (Bartolommeo),
         graveur italien (1781 — 1er avril 1835).
Gerardi (Filippo). Biographia di B. Pinelli. *Rom.*
1835. 8.
Raggi (Oreste). Cenni intorno alla vita e alle opere
principali di B. Pinelli. *Rom.* 1835. 8. *Ibid.* 1837. 8.
Portrait.
Falconieri (Carlo). Memoria intorno alla vita ed alle
opere di B. Pinelli. *Napol.* 1835. 8. Portrait. (*Oxf.*)

         Pinelli (Giovanni Vincenzo),
         savant italien (1535 — 4 août 1601).
Gualdo (Paolo). Vita J. V. Pinelli, patricii Genuensis.
Aug.Vind. 1607. 4. Portrait. (*D.*) *Lond.* 1704. 4. (*Oxf.*)

         Pinelli (Pietro Dionigi),
         homme d'État sarde (25 mai 1804 — 23 avril 1852).
Saint-Maurice Cabany (Charles Édouard). Le comte
P. D. Pinelli, président de la chambre des députés et
ancien ministre de l'intérieur des Etats sardes, etc.
Par. 1853. 8. (Extrait du *Nécrologe universel du* xixe
siècle.)

         Pingré (Alexandre Gui),
         astronome française (4 sept. 1711 — 1er mai 1796).
Ventenat (Étienne Pierre). Notice sur la vie d'A. G.
Pingré. *Par.* 1796. 4. (Non mentionné par Quérard.)
(*P.*)

         Pini (Ermenegildo),
         naturaliste italien (17 juin 1739 — 3 janvier 1825).
Rovida (Cesare). Elogio biografico e breve analisi delle
opere di E. Pini. *Milan.* 1832. 8. (*Oxf.*)
(**Cattaneo**, Antonio). Cenni su la vita di D. E. Pini,
padre barnabita. *Milan.* 1835. 4. Portrait.

         Pinier de Romanet (Marguerite),
         dame française connue par sa haute piété.
Paul du Saint-Sacrement. Idée de la véritable piété
en la vie et les écrits de M. Pinier de Romanet. *Lyon.*
1669. 8.

         Pinkney, voy. **Pinckney**.

         Pins (Jean de),
         évêque de Rieux (vers 1470 — 1er nov. 1537).
(**Chardon**, Étienne Louis). Mémoires pour servir à l'éloge historique de J. de Pins, évêque de Rieux, célèbre
par ses ambassades. *Avign.* (*Toulouse*). 1748. 8. (*P.*)

         Pinsdoerffer (Michael),
         théologien livonien.
Hoernick (Adam Gottfried). Programma ad exequias
M. Pinsdoerfferi. *Rigæ.* 1710. Fol.

         Pinson, surnommé **Bero** (Pierre).
Vie et aventures de P. Pinson, dit le chevalier Bero, cordelier manqué. *Frf.* (*Par.*) 1773. 12. (*P.*)

         Pinther (Michael),
         théologien allemand.
Pinther (Michael). Lebensbeschreibung, zum Preise
göttlicher Regierung von ihm selbst aufgesetzt. *Halle.*
1765. 12.

         Pinto (Antonio Cerqueira),
         poète portugais (1679 — 1744).
Oliveira Ferreira (Manoel de). Elogium A. Cerqueiræ
Pinti. *Porto.* 1740. Fol.

         Pinto de Fonseca (Manoel),
         grand-maître de l'ordre de Malte (vers 1682 — 24 janvier 1773).
Godard (Luigi). Orazione delle lodi del gran maestro
Pinto, etc. *Malta.* 1773. Fol.
Relazione della morte del gran maestro Pinto, e dell'elezione dell' Em. F. D. Francesco Ximeneo de Texada.
Malta. 1773. 4.

         Pinto (Thomas de),
         juif portugais.
Pascheles (Wolf). Leben und Wirken Salomon Heine's.
— Necrolog des Wiener Grosshändlers Hermann Tedesco. Vermächtniss des portugiesischen Israeliten T.
de Pinto. *Prag.* 1845. 8.

         Pinturicchio (Bernardino),
         peintre italien (1454 — 1513).
Vermiglioli (Giovanni Battista). Memorie di B. Pinturicchio, pittore Perugino de' secoli xv e xvi. *Perug.*
1837. 8. Portrait. (*Oxf.*)

         Piombo, voy. **Luciano** (Sebastiano).

         Piontkowski (Carl Julius Friedrich, Graf v.),
         colonel polonais (31 mai 1786 — 1er mai 1849).
Saint-Maurice Cabany (Charles Édouard). Le colonel
comte C. J. F. Piontkowski, ancien chef d'escadron de
la garde impériale, ancien officier d'ordonnance de l'empereur Napoléon, officier de la Légion d'honneur. *Par.*
1852. 8. (Extrait du *Nécrologe universel du* xixe *siècle.*)

         Piovani (Giovanni Francesco),
         littérateur italien.
Meneghelli (Antonio Maria). Necrologia del cavaliere
D. G. F. Piovani di Ostiano. *Padov.* 1834. 4.

         Piozzi (Hester Lynch),
         auteur anglaise (1739 — 2 mai 1821).
Love letters of Mrs. Piozzi, written when she was eighty,
to William Augustus Conway. *Lond.* 1843. 8. (*Oxf.*)

         Pipe (John Wilson),
         théologien anglais.
Memoir of J. W. Pipe, with extracts from his diary. *Leicest.*, s. d. (1840). 8. (*Oxf.*)

         Piper (Carl Fredrik, Grefve),
         homme d'État suédois (20 février 1700 — 27 août 1770).
Schoenberg (Anders). Åminnelse-Tal öfver Presidenten Grefve C. F. Piper. *Stockh.* 1770 (?) 8.

         Piper (Carl Gustaf),
         homme d'État suédois, fils du précédent (18 mars 1737
         — 31 janvier 1803).
Ek (Jakob). Åminnelse-Tal öfver Kammarherren C. Piper. *Stockh.* 1803. 8.

         Pippi (Giulio), voy. **Romano**.

         Pipping (Heinrich),
         théologien allemand (2 janvier 1670 — 22 avril 1722).
Mueller (Lorenz). Statua pietatis et observantiæ Dr. H.
Pippingio posita. *Lips.* 1710. 4.
Boerner (Christian Friedrich). Programma de vita et
obitu D. H. Pippingii, concionatoris aub. primarii.
Lips. 1722. 4. (*L.*)
Klausing (Heinrich). Oratio parentalis H. Pippingii.
Lips. 1722. Fol. (*L.*)
Gleich (Johann Andreas). Gedächtniss-Predigt auf H.
Pipping. *Dresd.* 1722. Fol. (*D.*)

         Pippo Spano, voy. **Scolari** (Filippo).

         Piquer (Andres),
         médecin espagnol (1711 — 1772).
Laborie (Jean Baptiste Pierre). Notice biographique sur
A. Piquer. *Par.* 1822. 8. *
     * Cette notice, se trouvant en tête de la traduction française des
     Pronostics d'Hippocrate commentés, etc., publ. par Laborie, a été
     tirée à part à quelques exemplaires.

         Pirckheimer (Bilibald ou Wilibald),
         magistrat allemand (5 déc. 1470 — 22 déc. 1530).
Imhoff (Johann). Lebensbeschreibung B. Pirckheimer's.
Freiburg. 1531. 8. * (*Bes.*)
     * Ce titre n'est pas tout à fait exact.
Panzer (Johann Friedrich Heinrich). W. Pirckheimer
und Charitas Pirckheimer. Kleiner Umriss der Bilder
zweier grossen und guten Menschen. *Erlang.* 1802. 8.
(*D.* et *L.*)
Muench (Ernst Joseph Hermann v.). B. Pirckheimer's
Schweizerkrieg und Ehrenhandel mit seinen Feinden

zu Nürnberg, nebst Biographie und kritischem Schrift-
verzeichniss. *Basel.* 1826. 8. (*L.*)

(**Campe**, Friedrich). Zum Andenken W. Pirckheimer's,
Mitglieds des Rathes zu Nürnberg. W. Pirckheimer's
Aufenthalt zu Neuhof, von ihm selbst geschildert; nebst
Beiträgen zu dem Leben und Nachlasse seiner Schwe-
stern und Töchtern, von M... M... Mayer. *Nürnb.*, s. d.
(1828). 16. Portrait. (*D.*)

Pirckheimer (Charitas),
sœur du précédent (vers 1464 – 1532).

Muench (Ernst Joseph Hermann v.). C. Pirckheimer,
ihre Schwestern und Nichten. Biographie und Nachlass. *Nürnb.* 1826. 12. (*L.*)

Piromalli (Paolo),
archevêque de Nassivan.

Magri (Michelangelo). Notizia biografica di Fra P. Piromalli, arcivescovo di Nassivan, s. l. et s. d. 4. (*Oxf.*)

Piron (Aimé),
poète-apothicaire français (1er oct. 1640 – 9 déc. 1727).

Auguste de *.** Les Pirons, ou vies anecdotiques d'A-
lexis Piron, de son père, A. Piron, et de Bernard Piron,
son neveu. *Par.* 1844. 8. (*P.*)

Piron (Alexis),
poète français, fils du précédent (9 juillet 1689 – 21 janvier 1773).

Perret (Claude). Éloge de M. Piron. *Dijon et Par.*
1774. 8. (*P.*)

Girault (Claude Xavier). Particularités inédites ou peu
connues sur (Bernard de) La Monnoye, (Claude Prosper Jolyot) Crébillon et (Alexis) Piron, avec des notes
de Claude Nicolas Amanton. *Dijon.* 1822. 8. (*Lv.*)

Cousin d'Avallon (Charles Yves). Pironiana, ou recueil
des aventures plaisantes, bons mots, etc., d'A. Piron.
Par. 1800. 18. Portrait. *Ibid.* 1801. 18. *Ibid.* 1809. 12.
Avign. 1813. 32. *Par.* 1816. 18. (*P.*)

(**Peignot**, Gabriel). Voyage d'A. Piron à Beaune, écrit
par lui-même, accompagné de pièces satiriques acces-
soires et de sa biographie anecdotique. *Dijon et Par.*
1847. 8. Portrait. (*Lv.*)

Pirotte (Gaspard),
publiciste belge (1780 – 14 janvier 1847).

(**Cralle**, Aristide). Discours prononcé sur la tombe de
G. Pirotte, par un de ses amis. *Liége.* 1847. 8.

Pirro (Didaco),
littérateur italien.

Chersa (Tommaso). Commentario della vita e degli
scritti di D. Pirro, altramente detto Jacopo Flavio Ebo-
rense. *Firenz.* 1826. 8.

Pirson (François Gérard),
homme d'État belge (24 oct. 1765 – 1er mai 1850?).

Siret (Adolphe). F. G. Pirson; notice biographique.
Namur. 1852. 8. Portrait.

Pisan (Christine de),
historienne française († vers 1430).

Thomassy (Raymond). Essai sur les écrits politiques de
C. de Pisan. *Par.* 1858. 8. (*Lv.*)

Pisani (Aloisio ou Alvise),
doge de Venise (vers 1665 – 1735 – 1741).

Facciolati (Jacopo). Oratio pro funere A. Pisani, ducis
Venetiarum. *Venet.* 1741. 4. *Neapol.* (Venet.) 1742. 4.
Portrait. *Amst.* (Venet.) 1742. 4.

Lombardi (Girolamo). Oratio in funere A. Pisani, serenissimi Venetiarum ducis. *Venet.* 1741. 4.

Pisani (Alvise),
procurateur de Saint-Marc.

Liburnio (Niccolò). Vita inclyta et mors celebris A. Pisani, quondam D. Marci procuratoris. *Venet.* 1529. 4.

(**Gennari**, Giuseppe). Orazione in lode di S. E. A. Pisani, procurator di S. Marco. *Padov.* 1796. 4.

Pisani (Andrea),
homme d'État italien.

Bebasoli (Maria). Gl' inviti alla vera gloria che rendono
fiorita la solitudine co' fiore del Libanone. Discorso in
lode dell' eccellentissimo capitano generale cavaliere
A. Pisani, etc. *Venez.* 1719. 4.

(**Giustiniani**, Saverio). L' idea della nobiltà. Orazione
tributata al merito dell' illustrissimo ed eccellentissimo
signore A. Pisani, provveditor generale inquisitore

dell' isole nel suo solenne ingresso in Corsù l' anno
1715. *Venez.* 1719. 4.

(**Giustiniani**, Saverio). Le tre corone. Orazione funebre
nella morte dell' illustrissimo ed eccellentissimo cavaliere e capitan generale dell' arme Veneti. *Venez.* 1719. 4.

Pisani (Carlo),
procurateur de Saint-Marc.

(**Santinelli**, Stanislao). Orazione a S. E. il signor C. Pisani, cavaliere e procuratore di S. Marco, nel giorno
del suo ingresso. *Venez.* 1752. 4.

Giudice (Antonio). Oratio de C. Pisano, D. M. procuratore. *Patav.* 1752. 4. *

* Publ. s. l. nom latinisé de Judex.

Pisani (Giorgio),
procurateur de Saint-Marc.

Gozzi (Gasparo). Delle lodi di G. Pisani, procuratore di
S. Marco. *Venez.*, s. d. (1780). 4.

Dapponte (N... N...). Elogio di G. Pisani, procuratore
di S. Marco. *Venez.*, s. d. 8.

Vita, processi e pensieri di G. Pisani ex veneto opera dello
stesso. *Ferrar.* 1798. 8.

Pisani (Niccolò),
amiral de la république de Venise.

(**Cataneo**, Tommaso). Orazione in lode di N. Pisani per
l' illustre sagrifizio della sua vita alla religione ed alla
patria nella battaglia marittima dell' anno 1693. *Venez.*
1697. 12.

Pisani (Pietro),
fondateur d'un hôpital des fous à Palerme.

Serio (Bernardo). Biografia di P. Pisani. *Palerm.* 1859.
8. Portrait.

Pisani (Pietro Vettore),
procurateur de Saint-Marc.

Gozzi (Gasparo). Orazione funerale in lode di P. V. Pisani, s. l. et s. d. (*Venez.* 1775.) 4.

Pisani (Sebastiano).

(**Bertagna**, Bartolommeo). Memorie della virtuosa vita
di S. Pisani, detto Vincenzo II, patrizio Veneto. *Venez.*
1759. 8.

Pisani (Vettore),
amiral vénitien († 15 août 1380).

(**Molin**, Giovanni). Memorie che possono servire alla
vita di V. Pisani, nobile Veneto. *Venez.*, s. l. et s. d.
(1767). 8.

Grassi (Domenico). Vita di V. Pisani. *Padov.* 1837. 8. (*Oxf.*)

Piscator (Johann),
théologien alsacien (1547 – 26 juillet 1626).

Pasor (Georg). Oratio funebris in obitum J. Piscatoris,
scholæ Sigenensis Nassovicorum professoris theologiæ.
Herborn. Nass. 1626. 4.

Piscator (Peter),
théologien allemand (7 avril 1571 – 10 janvier 1611).

Hubmeier (Hippolyt). Oratio parentalis in P. Piscatoris
funere. *Jenæ.* 1611. 4. (*D.*)

Pisistrate,
tyran d'Athènes († 527 avant J. C.).

Meursius (Jan). Pisistratus, s. de ejus vita et tyrannide
liber singularis. *Lugd. Bat.* 1632. 4. (*Ld.*)

Pisistrides,

Junius (P... G... F...). Disputatio litteraria de Pisistri-
darum tyrannide. *Lugd. Bat.* 1829. 8. (*Ld.*)

Pison (Lucius),
historien romain.

Liebaldt (H...). Programma de L. Pisone, annalium
scriptore. *Numburg.* 1856. 4.

Pissarro (João),
médecin (?) portugais.

Antonio de San Bernardino. Tractado do nacimento,
vida e morte do doutor J. Pissarro. *Lisb.* 1741. 4.

Pistoris (Modestinus),
jurisconsulte allemand (9 déc. 1516 – ... 1565).

Beust (Joachim v.). Orationes II de vita M. Pistoris et
Joannis Schneidewinii. *Witteb.* 1585. 8. (*D.*)

Pistoris (Simon),
jurisconsulte allemand, père du précédent (28 oct. 1489 – 2 déc. 1562).

Wesenbeck (Matthias). Vita S. Pistoris. *Lips.* 1585. 8.
(*L.*)

Pistorius (Georg),
théologien allemand.

Lehmann (Christian). Leich-Predigt auf G. Pistorius. *Dresd.* 1704. Fol. (*D.*)

Pistorius (Joachim),
théologien allemand.

Wensel (Andreas). Programma in J. Pistorii funere. *Frf.* 1599. 4.

Pistorius (Johannes),
théologien allemand.

Revius (Jacob). J. Pistorii martyrium. *Lugd. Bat.* 1630. 8.

Pistorius (Israel),
théologien allemand (26 nov. 1630 — 20 avril 1678).

Hoffmann (J...). Vita J. Pistorii. *Sondersh.* 1690. 4.

Pistorius (Valentin),
théologien allemand.

Wenzel (Andreas). Programma academicum ad exequias V. Pistorii. *Frf. ad Viadr.* 1607. 4. (*D.*)

Pitcairne (Archibald),
médecin écossais (25 déc. 1652 — 20 oct. 1713).

Webster (Charles). Account of the life and writings of Dr. A. Pitcairne. *Lond.* 1784. 8. (*Oxf.*)

Pithopoeus (Ludolphus),
poète hollandais († 1596).

Hummel (Bernhard Friedrich). Programma de L. Pithopœo, Daventriensi. *Norimb.* 1770. 4.

Pithou (Pierre),
jurisconsulte français (1er nov. 1539 — 1er nov. 1596).

Masson (Jean Papire). P. Pithœi elogium. *Par.* 1597. 4.
Mercier (Josias). P. Pithœi JCti vita, s. l. 1597. 8. (*P.*)
(**Boivin**, Jean). Vita, elogia, opera et bibliotheca P. Pithœi. *Par.* 1713. 4. (*D., Oxf.* et *P.*)
Erdmann (Johann Friedrich Gottlieb). Schediasma, quo de P. et Francisci Pithœi fratribus, jurisconsultis, quædam exponit. *Lips.* (1734.) 4. (*D., L.* et *Lv.*)
(**Grosley**, Pierre Jean). Vie de P. Pithou, avec quelques mémoires sur son père et ses frères. *Par.* 1756. 2 vol. 12. (*D.* et *P.*)
Briquet de Lavaux (N... N...). Éloge de P. Pithou, célèbre jurisconsulte du xvie siècle. *Par.* et *Amst.* 1778. 8. (*L.* et *P.*)

Pitiscus (Bartholomaeus),
théologien allemand (24 août 1561 — 2 juillet 1613).

Vechner (Georg). Vita et obitus B. Pitisci, electoris palatini concionatoris. *Heidelb.* 1613. 4.

Pitiscus (Martin Franz),
littérateur allemand (28 sept. 1722 — 13 nov. 1794).

Nolting (J... H... V...). Vita M. F. Pitisci. *Hamb.* 1794. Fol. (*L.*)

Pitt, earl **of Chatham** (William),
homme d'État anglais (15 nov. 1708 — 12 mai 1778).

W. Pitt's Staatsverwaltung in und ausser Gross-Britannien. *Lond.* (*Bert.*) 1763. 8. Supplém. *Berl.* 1764. 8.
History of the life of W. Pitt, earl of Chatham. *Lond.* 1785. 8.
(**Almon**, John). Anecdotes of the Right Hon. W. Pitt, earl of Chatham, and of the principal events of his times, with his speeches in the parliament, 1736-1778. *Lond.* 1792. 2 vol. 4. *Ibid.* 1801. 3 vol. 8. (*Oxf.*)
Thackeray (Francis). History of the Right Hon. W. Pitt, earl of Chatham. *Lond.* 1824. 2 vol. 4. (*Oxf.*) *Ibid.* 1827. 2 vol. 4.

————

Letters written by the late earl of Chatham to his nephew Thomas Pitt, Esq. afterwards lord Camelford, (publiées par Thomas GRENVILLE). *Lond.* 1804. 8. (*Oxf.*) *Goetting.* 1805. 8.

Pitt (William),
ministre anglais, second fils du précédent (28 mai 1759 — 23 janvier 1806).

(**Wichmann**, Christian August). W. Pitt's des Jüngern verkehrte Ministerstreiche, s. l. (*Zürch.*) 1795-1797. 5 vol. 8.
Beddoes (Thomas). Essai on the public merits of Mr. Pitt. *Lond.* 1796. 8. (Échappé aux recherches de Lowndes.)
W. Pitt's geheime Lebensgeschichte. *Hamb.* 1801. 8. (*L.*)
Chanin (Pierre). Vie de M. Pitt. *Par.* 1805. 8. (*P.*)

Kirby (Thomas). Tribute to the memory of the Right Hon. W. Pitt. *Lond.* 1806. 8. (*Oxf.*)
Shirley (Thomas). Tribute to the memory of the Right Hon. W. Pitt. *Lond.* 1806. 4.
Tomline (Edward Pretyman). Speech on the character of the Right Hon. W. Pitt, etc. *Cambridge.* 1806. 4. (*Oxf.*)
Life of W. Pitt. *Philadelph.* 1806. 12.
(**Evers**, Joachim Lorenz). Leben und Staatsregierung W. Pitt's. *Hamb.* 1806. 8. (*L.*) Trad. en holland. *Sneek.* 1806. 8. Portrait.
W. Pitt's Leben, Grundsätze und Staatsverwaltung, oder Pitt vor dem Richterstuhle der Nachwelt. *Par.* (*Hamb.*) 1806. 8.
W. Pitt naar het leven geschetst, met eene beschrijving van zijn leven en karakter. *Amst.* 1806. 8.
Cleland (Henry). Memoirs of the life of W. Pitt. *Lond.* 1807. 12.
Gifford (John). History of the political life of the Right Hon. W. Pitt, including some account of the time in which he lived. *Lond.* 1809. 3 vol. 4. (*Oxf.*) *Ibid.* 1809. 6 vol. 8. 2 portraits.
Clarkson (Thomas). Memoirs of the public and private life of W. Pitt. *Lond.* 1813. 2 vol. 8. (*Oxf.*)
Gilibert de Merhiac (Martin Guillaume). Essai comparatif entre le cardinal duc de Richelieu et monsieur W. Pitt, etc. *Par.* 1816. 8. (*P.*)
Tomline (George). Life of W. Pitt. *Lond.* 1821. 4. *Ibid.* 1822. 3 vol. 8. (*Oxf.*)
Vieil-Castel (L... de). Essai historique sur les deux Pitt. *Versaill.* et *Par.* 1846. 2 vol. 8.
Age of Pitt and (George) Fox. *Lond.* 1846. 3 vol. 8.
Macaulay (Thomas Babington). W. Pitt, earl of Chatham. *Lond.* 1831. 8.
Vidalin (Auguste). Étude sur la carrière oratoire, politique et financière de W. Pitt. *Strasb.* et *Par.* 1851. 8.

Pittheus Troezenius,
poète grec.

Schneidewin (Friedrich Wilhelm). Commentatio de Pittheo Troezenio. *Goetting.* 1842. 4.

Piva (Giovanni),
prêtre italien († 1818).

Paravia (Pietro Alessandro). Elogio di D. G. Piva, prete Viniziano. *Venez.* 1823. 8. (*Oxf.*)

Pizzella (San Gaëtano).

Novi (Giuseppe). Vanto degli cocchieri Napolitani consacrato al merito singolare del S. G. Pizzella, cocchiera maggiore. *Napol.* 1776. 8. Portrait. (Rare et curieux.)

Pizzelli (Maria),
dame italienne.

(**Hesmivy d'Auribeau**, Pierre d'). Éloge académique de M. Pizzelli. *Rom.* 1802. 12. (Écrit en vers.)

Pizzini (Antonio),
magistrat italien (9 février 1767 — 19 avril 1821).

(**Frapporti**, Giovanni). Memoria sulla vita e sugli scritti di A. Pizzini. *Padov.* 1844. 8.

Placcius (Vincenz),
philologue allemand (4 février 1642 — 6 avril 1699).

Edzard (Georg Eliezer). Επιταφιος honori supremo memoriæque V. Placcii, philologi in gymnasio Hamburgensi P. O. *Hamb.* 1699. 4. (*L.*)

Place (Jane Hodgson),
dame anglaise.

Spalding (Thomas). Memoirs of miss J. H. Place, late of Kentish Town. *Lond.* 1850. 12.

Place (Pierre de la),
jurisconsulte français (vers 1520 — assassiné le 24 août 1572?).

Farnace (Pierre de). Brief recueil des principaux points de la vie de P. de la Place. *Par.* 1581. 12.

Placide (Saint),
martyr italien.

Passari (Felice). Vita di S. Placido e suo martirio. *Venez.* 1589. 4.
Gothi (Filippo). Breve ragguaglio dell' inventione e feste de' gloriosi martiri S. Placido e compagni. *Messin.* 1591. 4.
Marceliano da Ascençao. Epitome da vida de S. Placido, etc. *Coimbr.* 1752. 8.

Placidie (Galla Placidia Augusta),
fille de Théodose le Grand, empereur d'Orient
(vers 388 — 27 nov. 450).

Ritter (Johann Daniel). Disputatio historica de Galla Placidia Augusta, Theodosii filia. *Witteb.* 1743. 4.

Placotomus (Heinrich Gottlieb)*,
théologien allemand (1746 — 1786).

Merkwürdiges Leben des berühmten Predigers Placotomus. *Marb.* 1786. 8.

* Son nom de famille était BRETSCHEIDER.

Plaisance (duc de), voy. **Lebrun**, duc de **Plaisance** (Charles François).

Plamann (Johann Ernst),
pédagogue allemand (22 juin 1771 — 3 sept. 1834).

Bredow (Franz). J. E. Plamann, Vorsteher einer Erziehungsanstalt zu Berlin, etc. *Bresl.* 1836. 8. Portrait.

Planche (Louis Antoine),
pharmacien français du xixe siècle (+ 1840).

Boudet (Félix). Éloge de L. A. Planche. *Par.* 1841. 8. (*P.*)

Planck (Gottlieb Jacob),
théologien allemand (15 nov. 1751 — 31 août ou 23 sept. 1831).

Luecke (Gottfried Christian Friedrich). Dr. G. J. Planck. Biographischer Versuch, nebst einem erneuerten Abdruck einer biographischen Mittheilung über Dr. Heinrich Ludwig Planck. *Goetting.* 1835. 8. Portrait. (*L.*)

Planer (Andreas),
médecin allemand (1546 — 1607).

Fabri (Johannes). Oratio funebris in obitum A. Planeri. *Tubing.* 1607. 8.

Hafenreffer (Matthias). Vita A. Planeri. *Tubing.* 1607. 4.

Planer (Johann Jacob),
médecin-botaniste allemand (25 juillet 1743 — 10 déc. 1789).

Reinhard (Adam Friedrich Christian). Character und Verdienste J. J. Planer's. *Frf.* 1790. 4. (*D.* et *L.*)

Planta (Pompejus de),
seigneur suisse.

Blutige Sanfftmuet der Calvinischen Predicanten. Warhaffte Relation auss einer glaubwürdigen Person Sendschreiben, so den 6ten Martii diss 1621. datirt, was massen der edel vnd gestrenge Herr Pompejus a Planta von dreyen Predicanten vnd andern Calvinischen Mörders-Brüdern in Engadein in seinem Schloss vnfürsehens vberfallen, vnehristlicher Weiss zu todt geschlagen vnd jämmerlich zerfleischet worden, s. l. 1621. 4.

Relation von P. a Planta erduldeten Todtschlag, s. l. 1621. 4.

Plantagenet,
dynastie anglaise.

Todiére (M...). L'Angleterre sous les trois Édouard, premiers du nom, de la dynastie des Plantagenets. *Par.* 1854. 8. (2e édition.)

Plantavit de la Pause (Jean de),
évêque de Lodève (1576 — 21 mai 1651).

Poitevin-Peitavi (Philippe Vincent). Notice sur J. de Plantavit de la Pause, évêque de Lodève, et sur l'abbé Guillaume de Plantavit, son petit-neveu. *Béziers.* 1817. 8.

Plantin (Christophe),
imprimeur français (1514 — 1er juillet 1589).

Hulst (Félix van). C. Plantin. *Liége.* 1846. 8. Portrait. (Extrait de la *Revue de Liége.*) — (*Lv.*)

Plarre (Ernst Martin),
jurisconsulte allemand (28 mai 1684 — 5 mai 1717).

Gundling (Jacob Paul v.). Lebensbeschreibung des geheimen Raths Plarre. *Halle.* 1717. 8. (*L.*)

Plasschaert (Jean Baptiste Joseph Ghislain),
littérateur belge (21 mai 1769 — 19 mai 1821).

Hulst (Félix van). Notice sur J. B. Plasschaert. *Liége.* 1857. 8. Portrait. (Extrait de la *Revue de Liége.*) — (*Lv.*)

Platen,
famille suédoise.

Glimstedt (Olaf). Dissertatio de illustri gente von Platen et inprimis familia Granskevitziana. *Lond.* 1794. 8.

Platen-Hallermünde (August, Graf v.),
poète allemand (24 oct. 1796 — 5 déc. 1835).

Minckwitz (Johannes). Graf v. Platen als Mensch und Dichter, etc. *Leipz.* 1838. 8. (*D.* et *L.*)

Schlichtegroll (Nathanael v.). Erinnerung an A. Grafen v. Platen in seiner Jugend. Züge zu seinem Bilde in

der ersten Entwicklungsperiode seines Dichterlebens, von Freundeshand, etc. *Münch.* 1852. 12. Portrait.

Plater (Émilie, comtesse),
héroïne polonaise (19 nov. 1806 — 23 déc. 1831).

Straszéwicz (Joseph). É. Plater, sa vie et sa mort, avec préface de Pierre Simon BALLANCHE. *Par.* 1834. 8. Portrait. (*P.*)

Life of countess E. Plater. *New-York.* 1842. 12.

Plater (Félix),
helléniste suisse, fils du suivant (1536 — 18 juillet 1614).

Burckhard (Jacob). Oratio funebris de vita et obitu F. Plateri. *Basil.* 1659. 4.

Plater (Thomas),
médecin suisse (1499 — 26 janvier 1582).

Baldinger (Ernst Gottfried). T. Plater's Leben. *Frf.* et *Marb.* 1793. 8. (*L.*)

Franz (Johann Friedrich). T. Plater. Versuch einer Darstellung seines Lebens. *Sanct-Gall.* 1812. 8. Portrait.

Fechter (D... A...). T. und Felix Plater, zwei Autobiographien, etc. *Basel.* 1840. 8.

Platina de Sacchis (Bartolommeo),
historien italien (1421 — 1481).

Moller (Daniel Wilhelm). Disputatio circularis de B. Platina. *Altorf.* 1694. 4. (*D., L.* et *Lv.*)

Platner (Johann Zaccharias),
médecin allemand (16 août 1694 — 19 déc. 1747).

(**Kapp**, Johann Erhard). Programma academicum funebre in memoriam J. Z. Platneri, cum indice scriptorum dissertationum et programmatum. *Lips.* 1747. Fol. (*D.* et *L.*)

Hebenstreit (Johann Ernst). Programma in memoriam J. Z. Platneri. *Lips.* 1748. 4. (*L.*)

Boehmer (Johann Benjamin). Panegyricus memoriæ J. Z. Platneri dicatus. *Lips.* 1748. 4. (*D.* et *L.*)

Platner (Friedrich). Commentatio de vita J. Z. Platneri. *Lips.* 1799. 4. (*D.* et *L.*)

Platon,
philosophe grec du premier ordre (430 — 348 avant J. C.).

Lagus (Conrad). Oratio de vita Platonis. *Witteb.* 1538. 8.

Remarks on the life and writings of Plato. *Edinb.* 1660. 8. Trad. en allem. avec additions et notes par Carl MORGENSTERN. *Leipz.* 1797. 8. (*L.*)

Eys (Pieter van). Dissertatio philosophica de Platone Mosaïzante. *Franeq.* 1715. 4.

Plato, über ihn und seine Philosophie; philosophisches Fragment. *Alton.* 1790. 8.

Folker (Anders). Dissertatio de vita Platonis. *Lund.* 1797. 8.

Swinderen (Theodorus van). Oratio de Platone, optimo in legibus condendis principe magistro. *Groning.* 1807. 4.

Combes-Dounous (Jean Jacques). Essai historique sur Platon, et coup d'œil rapide sur l'histoire du platonisme, depuis Platon jusqu'à nos jours. *Par.* 1809. 2 vol. 12. (*P.*)

Ast (Friedrich). Plato's Leben und Schriften. Versuch, im Leben wie in den Schriften des Plato das Wahre und Echte vom Erdichteten und Untergeschobenen zu unterscheiden, etc. *Leipz.* 1816. 8. (*L.*)

Dacier (André). Plato's Leben, mit einer nähern Angabe seiner philosophischen Lehrsätze, aus dem Französ. übersetzt von Johann Caspar GOETZ. *Augsb.* 1829. 8.

Ogienski (Immanuel). Pericles et Plato. Inquisitio historica et philosophica. *Vratislav.* 1838. 8. (*Oxf.*)

Pufendorff (Esaias). Dissertatio de theologia Platonica. *Lips.* 1653. 4. (*L.*)

Wucherer (Johann Friedrich). Dissertationes II de defectibus theologiæ Platonicæ. *Jenæ.* 1706-07. 4.

Oelrichs (Johann Georg). Commentatio de doctrina Platonis de Deo a Christianis et recentioribus varie explicata et corrupta. *Marb.* 1788. 4. (*L.*)

Jani (Johann Wilhelm). Dissertationes II de Platone judaizante. *Witteb.* 1703. 4.

Georgius Trapezuntius. Comparatio Aristotelis et Platonis. *Venet.* 1523. 4.

Donati (Bernardo). De Platonicæ atque Aristotelicæ philosophiæ differentia. *Venez.* 1540. 8.

Uffelmann (Heinrich). Exercitatio de Platonis, Aristotelis, stoicorum et Epicuri philosophia morum. *Helmst.* 1668. 4.

Rapin (René). Parallèle entre Platon et Aristote. *Par.* 1684. 8.

Socher (Joseph). Über Plato's Schriften. *Münch.* 1820. 8.

Platoff (N... N...),
hetman des Cosaques (vers 1765 — 1818).

Smirnoff (N... N...). Vie de Platoff. *Sanct-Petersb.* 1822. 8. (Ecrit en russe.)

Platter (Thomas),
pédagogue allemand.

T. Platter's merkwürdige Lebensgeschichte. *Stuttg.* 1838. 8. (*D.*) Trad. en angl. par Mrs. FINN. *Lond.* 1846. 18.

Platz (Abraham Christoph),
jurisconsulte allemand (1658 — 18 sept. 1728).

Platz (Abraham Christoph). Lebens-Lauff und letzter Abschied, von ihm selbst aufgesetzt. *Leipz.* 1729. Fol. Portrait. (*D.* et *L.*)

Platz (Anton Wilhelm),
médecin allemand (11 janvier 1708 — 26 février 1784).

Memoria A. G. Plazii. *Lips.* 1785. 4. (*D.* et *L.*)

Plaustrarius (Tobias),
théologien allemand.

Leisring (Simon). Leichenpredigt auf den Tod des Superintendenten T. Plaustrarius, etc. *Darmst.* 1632. 4.

Plaute (Marcus Accius),
poète romain du premier ordre (224 — 184 avant J. C.).

Sagittarius (Caspar). Diatribe de vita ac scriptis Plauti. *Altenb.* 1671. 8. (*L.*)

Riegger (Joseph Anton v.). Specimen I de M. A. Plaute et Publio Terentio Afro. *Vienn.* 1757. 8.

Kordes (Berend). M. A. Plautus und Friedrich Wolfgang Reiz. *Kiel.* 1793. 8.

Andresen (C... G...). Programma de vita M. A. Plauti. *Alton.* 1843. 4.

Loman (Johann Bernhard). Specimen critico-litterarium in Plautum et Terentium. *Amst.* 1843. 8.

Plempius (Vopiscus Fortunatus),
médecin belge (23 déc. 1601 — 12 déc. 1671).

Haan (P... J...). Notice sur la vie et les ouvrages de V. F. Plempius, professeur en médecine à l'université de Louvain. *Louvain.* 1843. 12.

Pleske (Alrich),
théologien allemand (25 juillet 1648 — assassiné le 21 mars 1713).

Lez (Christian Rudolph). Leich-Predigt auf A. Pleske, s. l. 1714. 4. Portrait. (*D.*)

Plesken (Meinhard),
*théologien allemand (8 juin 1696 — 30 mai 1757 *).*

(**Steffens**, Johann Heinrich). Billigstes Denkmaal der Hochachtung und Liebe in der Lebensgeschichte des Herrn Consistorialraths M. Plesken. *Celle.* 1757. 4.

* Ou selon d'autres biographes le 12 déc. de la même année.

Plesken (Peter),
jurisconsulte allemand, fils du précédent (10 mai 1729 — 29 février 1756).

Seelen (Johann Heinrich v.). Monumentum in memoriam P. Plesken. *Brem.* 1756. 4.

Plettenberg (Wolter v.),
grand-maître de l'ordre teutonique.

Kurtzenbaum (C... A...). Kurze Darstellung der Regierung des Ordenmeisters W. v. Plettenberg. *Riga.* 1836. 4.

Kienitz (Oscar). Die Schlachten bei Maholm und Pleskow; ein Denkmal Plettenberg's. *Riga.* 1849. 8.

Pletz (Joseph),
théologien allemand (3 janvier 1788 — 30 mars 1840).

Seback (Vincenz), Dr. J. Pletz; biographische Skizze. *Wien.* 1841. 4. Portrait.

Pléthon, voy. **Gémiste**.

Pléville-Lepelley (George René),
homme d'État français (26 juin 1726 — 2 oct. 1805).

Tisset (François Barnabé). Vie politique et privée des sept ministres de la république (Barthélemy Louis Joseph SCHÉRER, Charles Joseph Mathieu LAMBRECHTS, Charles Maurice de TALLEYRAND, LETOURNEUX, DONDEAU,

RAMELLE (!), George René PLÉVILLE-LEPELLEY). *Par.*, an IV. 8. (Brochure de 8 pages.)

Pline l'Ancien (Cajus),
naturaliste romain (23 — 78 après J. C.).

Eber (Paul). Dissertatio de vita et scriptis C. Plinii. *Witteb.* 1586. 8. *Servest.* 1586. 8.

Fée (Antoine Laurent Apollinaire). Éloge de Pline le naturaliste. *Par.* 1821. 8. (*P.*) *Ibid.* 1827. 8.

Pline le Jeune ou **le Second** (Cajus),
orateur romain, neveu du précédent (62 — vers 110 après J. C.).

Osius (Hieronymus). Carmen elegiacum de vita Plinii Secundi junioris. *Witteb.* 1561. 8.

Palermi (Policarpo). De vera C. Plinii Secundi patria deque Verona libri III, etc. *Veron.* 1608. 4.

Rausch (Heinrich). Dissertatio de Plinio junio rhetore. *Lips.* 1698. 4. (*Lv.*)

Masson (Jean). Vita C. Plinii Secundi, junioris, ordine chronologica digesta. *Amst.* 1709. 8.

Rezzonico (Antonio Giuseppe). Disquisitiones Plinianæ, in quibus de utriusque Plinii patria, scriptis, codicibus, editionibus atque interpretibus agitur. *Parma.* 1763-67. 2 vol. Fol.

Herbart (Johann Michael). Plinius Secundus virtutis naturalis exemplar. *Oldenb.* 1764. 4.

O'Heguerty (Dominique). Essai sur la vie de Pline le Jeune. *Nancy.* 1776. 8. (Non mentionné par Quérard.)

Lehmus (Christian Balthasar). Character des jüngern Plinius. *Soest.* 1776. 4.

Wernsdorf (Ernst Friedrich). C. Plinius Secundus exemplum sapientis liberalitatis. *Witteb.* 1779. 4.

Olpe (Christian Friedrich). Commentatio de C. Plinio Secundo eruditæ vitæ magistro. *Dresd.* 1784. 4.

Schaefer (Joachim Adam). Programma über den Character des jüngern Plinius. *Ansb.* 1786-91. 4.

Gierig (Gottlieb Erdmann). Über den moralischen und literarischen Character des jüngern Plinius. *Dortm.* 1798. 8.

(**Hall**, C... M... van). Pline le Jeune. Esquisse littéraire du siècle de Trajan, trad. du holland. par N... N..., WALLEZ. *Par.* 1825. 8.

Janin (Jules). Pline le Jeune et Quintilien, ou l'éloquence sous les empereurs. *Par.* 1838. 8. *Ibid.* 1846. 8.

Plitt (Johann Jacob),
théologien allemand (27 février 1727 — 7 avril 1773).

Willemer (Johann Jacob). Leichenpredigt auf J. J. Plitt. *Frf.* 1775. 4. (*D.*)

Plobsheim, voy. **Zorn**, Freiherr v. **Plobsheim**.

Ploedtner (Johann August),
théologien allemand.

Briegleb (Johann Christian). Brevis narratio de vita J. A. Ploedtneri. *Coburg.* 1784. 4.

Ploquin (René),
prêtre français.

Bernier (N... N...). Éloge funèbre de Mr. R. Ploquin, curé de Notre-Dame de Cholet. *Cholet.* 1851. 8.

Plotheus (Johann Christoph),
théologien allemand (1756 — 5 déc. 1811).

Spieker (Christian Wilhelm). Leben und Character J. C. Plotheus, Predigers an der Oberkirche zu Frankfurt an der Oder, etc. *Frf. a. d. O.* 1812. 8.

Plotin,
philosophe romain (205 — 270).

Feustking (Johann Heinrich). Dissertatio de tribus hypostasibus Plotini, theologi Platonici. *Witteb.* 1694. 4. (*L.*)

Daunas (A...). Plotin et sa doctrine. 1848. 8.

Kirchner (Carl Hermann). Die Philosophie des Plotin. *Halle.* 1854. 8.

Plotina (Pompeja),
épouse de Trajan, empereur romain († 129 après J. C.).

Arnd (Johann). Dissertatio de Plotina, Trajani optimi imperatoris uxore optima. *Regiom.* 1721. 4.

Ploucquet (Gottfried),
philosophe allemand (25 août 1716 — 13 sept. 1790).

(**Conz**, Carl Philipp). Andenken G. Ploucquet's. *Tübing.* 1790. 4.

(**Huber**, Johann Ludwig). Ploucquet's Denkmahl. *Tübing.* 1790. 4.

Plouvain (Pierre Antoine Samuel),
jurisconsulte français (7 sept. 1754 — 29 nov. 1832).

T(aillar) (E...). Le conseiller Plouvain. *Valencien.* 1853. 8. (Extrait des *Archives historiques et littéraires du Nord de la France et du Midi de la Belgique.*)

Pluche (Noël Antoine),
littérateur français (1688 — 1761).

Estienne (Robert). Éloge historique de N. A. Pluche. *Par.* 1765. 12. Portrait. *

* Cet éloge, qui se trouve à la tête de l'ouvrage *Concorde de la géographie des différents âges* (œuvre posthume de Pluche), a été tiré à part à un très-petit nombre d'exemplaires.

Plum (Frederik),
évêque de Fyen (12 oct. 1760 — 18 janvier 1834).

Faber (Nicolai). Mindetale over Dr. Theologiæ F. Plum, Biskop over Fyens Stift, etc. *Odense.* 1834. 8.

Plutarque,
philosophe grec du premier ordre (vers 50 — vers 120 après J. C.).

Schott (Andreas). Lamprias de vita et scriptis Plutarchi, græce et latine, nunc primum editus. *Aug. Vind.* 1597. 4.

Celero (Decio). Libellum de Plutarchi Chæronei, philosophi gravissimi, vita. *Patav.* 1627. 4.

Mueller (Johann Ernst). Programma de Plutarcho. *Rudolst.* 1697. 4.

Hermann (Carl Friedrich). Dissertatio de fontibus Plutarchearum. *Marb.* 1833. 4.

Schaefer (Carl). Über Biographien überhaupt und die Plutarchischen insbesondere. Programm. *Erlang.* 1834. 4.

Lion (Albert). Commentatio de ordine, quo Plutarchus vitas scripserit. *Goetting.* 1837. 8.

Nitzsch (Gregor Wilhelm). Disputatio de Plutarcho theologo et philosopho populari. *Kilon.* 1849. 4.

Schreiter (Theodor Hilmar). De doctrina Plutarchi et theologica et morali. *Lips.* 1836. 4. (*L.*)

Pocchettini (Luigi Paolo Maria),
évêque d'Ivrée.

Grassotti (Benedetto). Elogio funebre a monsignor L. P. M. Pocchettini, vescovo di Ivrea. *Ivrea.* 1837. 8.

Pochard (Joseph),
théologien français (1715 — 25 août 1786).

Rousseau (Louis). Éloge historique de J. Pochard, s. l. 1788. 8. (Extrait du *Journal ecclésiastique.*)

Poderico (Luigi),
général italien (1608 — 30 janvier 1675).

Cavallo (Bonaventura). Orazione funebre in lode del capitan L. Poderico. *Napol.* 1674. 4.

Noia (Francesco Antonio). Napoli affettuosa in morte di D. L. Poderico. *Napol.* 1675. 4.

Podewils (Heinrich, Graf v.),
homme d'État allemand (14 oct. 1695 — 30 juillet 1760).

Formey (Jean Henri Samuel). Éloges de messieurs les comtes de Podewils et de (Gustave Adolphe de) Gotter. *Berl.* 1763. 8.

Podmore (Mary),
dame anglaise.

Hughes (John). Memoir of M. Podmore, of Knutsford. *Lond.* 1836. 8. (*Oxf.*)

Poederlé (Eugène Joseph Charles Gislain Hubert d'Olmen, baron de),
agronome belge (20 sept. 1742 — 15 août 1813).

Morren (Charles François Antoine). A la mémoire d'E. d'Olmen, baron Poederlé, vicomte de Saint-Albert, s. l. et s. d. (*Liége.* 1853). 8. Portrait.

Poelnitz (Freiherren v.),
famille allemande.

Knup (Johann Georg). Beschreibung des uhralt-adelichen und freyherrlichen Geschlechts derer v. Poellnitz. *Leipz.* 1743. 4. (*L.*)

Poellnitz (Carl Ludwig, Baron v.),
historien allemand (25 février 1692 — 23 juin 1775).

Poellnitz (Carl Ludwig v.). Mémoires pour servir à l'histoire des quatre derniers souverains de la maison de Brandebourg, royale de Prusse. *Berl.* 1791. 2 vol. 8.
Trad. en allem. par Friedrich Ludwig **Baunn**. *Berl.* 1791. 2 vol. 8.
Trad. en angl. *Lond.* 1757-58. 4 vol. 8. *Ibid.* 1745. 5 vol. 8.

Poemer (Bartholomæus),
jurisconsulte allemand (9 mars 1533 — 23 oct. 1590).

Paumgartner (Caspar). Oratio funebris in honorem B. Poemerum. *Altorf.* 1590. 4.

Poemer (Georg Siegmund),
jurisconsulte allemand (22 mai 1648 — 8 sept. 1718).

Wuelfer (Johann). Leichpredigt auf Herrn G. S. Poemer, etc. *Nürnb.* 1718. Fol.

Poetius (Johann Carl),
théologien allemand (15 février 1676 — 25 juillet 1706).

Green (Georg). Leichenpredigt auf J. C. Poetius. *Chemnitz.* 1706. 8. Portrait.

Poezinger (Georg Wilhelm),
mécanicien allemand (13 juillet 1709 — 19 janvier 1753).

Chladen (Johann Martin). Memoria G. W. Poezinger, professoris. *Erlang.* 1755. Fol.

Poggi (Girolamo),
savant italien.

Salvagnoli (Vincenzo). Elogio di G. Poggi. *Firenz.* 1838. 8. Portrait.

Poggiali (Cristofero),
historien italien (21 déc. 1721 — ... 1811).

Bramieri (Luigi). Elogio del proposto C. Poggiali. *Piacenz.* 1811. 4.

Dodici (Gaetano). Elogio storico di C. Poggiali. *Piacenz.* 1811. 4.

Poggio Bracciolini (Francesco),
secrétaire de huit papes (1380 — 30 oct. 1459).

Thorschmidt (Justus Christian). Dissertatio de F. Poggii Bracciolini vita et meritis in rem litterariam. *Witteb.* 1713. 4. (*D.*, *L.* et *Oxf.*)

(Lenfant, Jacques). Poggiana, ou la vie, le caractère, les sentences et les bons mots de Pogge Florentin, etc. *Amst.* 1720. 2 vol. 12. (*P.*) *Ibid.* 1725. 2 vol. 8.

Recanati (Giovanni Battista). Osservazioni critiche ed apologetiche sopra il libro del signor Jacopo Lenfant, intitolato *Poggiana.* *Venez.* 1721. 8.

La Monnoye (Bernard de). Remarques sur le *Poggiana.* *Par.* 1722. 12. (*P.*)

Shepherd (William). Life of Poggio Bracciolini. *Liverp.* 1802. 4. *Lond.* 1857. 8. (*Oxf.*)
Trad. en franc. (par E... **De l'Aubespine**). *Par.* 1819. 8. *Ibid.* 1823. 8. (*D.* et *P.*)
Trad. en ital. par Tommaso **Tonelli**. *Firenz.* 1825. 2 vol. 8. Portrait.

Pohle (Johann Gottlob),
théologien allemand.

Pohle (Johann Gottlob). Die Jahre meiner Kindheit. *Glatz.* 1797. 8.

Pohle (Johann Christian),
missionnaire allemand.

Foertsch (Johann Christian Carl). J. C. Pohle, der Heidenbekehrer in Ostindien, etc. *Leipz.* 1836. 8. (*L.*)

Poidebard (Jean Baptiste),
mécanicien français (vers 1760 — 6 mars 1824 *).

(Bréghot du Lut, Claude). Notice sur J. B. Poidebard. *Lyon.* 1826. 8.

* Et non le 25 février, comme l'avancent plusieurs biographes.

Poilly (François de),
graveur français (1622 — 1693).

Hecquet (Robert). Catalogue des estampes de F. de Poilly. *Par.* 1752. 12.

Poilly (André François **Vulfran** de),
poëte français (30 nov. 1777 — ...).

Prarond (Ernest). Notice biographique sur M. de Poilly, s. l. et s. d. (*Abbeville.*) 8. (Extrait des *Mémoires de la Société d'émulation d'Abbeville.*)

Pointe (Honoré Joseph),
médecin français (24 déc. 1738 — 29 sept. 1797).

Pointe (Jean Pierre). Notice historique sur H. J. Pointe, docteur en médecine. *Lyon.* 1839. 8. (*P.*)

Poiret (Pierre),
théologien français (1646 — 1719).

Jaeger (Johann Wolfgang). Nova purgatio animæ post mortem excocta in cerebro A. Bourignoniæ et P. Poireti, extracta ex fumo infernali rejecta. *Tubing.* 1715. 4. (*L.*)

Poirier (Germain),
bénédictin de la congrégation de Saint-Maur
(8 janvier 1724 — 2 février 1803).

Dacier (Bon Joseph). Éloge de D. G. Poirier. *Par.* 1804. 8. (*P.*)

Poirot (N... N...),
prêtre français.

Claude (abbé). Oraison funèbre de M. Poirot, curé de la cathédrale, prononcée à l'église S. George de Nancy. *Nancy.* 1853. 8.

Poisson (Siméon Denis),
mathématicien français (21 juin 1781 — 25 avril 1840).

Notice sur Poisson, etc., membre de l'Institut. *Orléans.* 1840. 8.

Poissonnier (Pierre Isaac),
médecin-chimiste français (5 juillet 1720 — 15 sept. 1798).

Lalande (Joseph Jérôme Le François de). Notice sur la vie du citoyen Poissonnier. *Par.* 1798. 8. (Extrait du *Magasin encyclopédique.*)

Sue (Pierre). Eloge de P. I. Poissonnier. *Par.*, an VII (1799). 8. (*P.*)

Poissonnier-Desperrières (A... M... G...),
général français (12 janvier 1763 — ...).

Vie politique et militaire du général A. M. G. Poissonnier-Desperrières, l'un des commandants de la Légion d'honneur, etc. *Par.* 1824. 8. * (*Lv.*)
* Cette autobiographie est accomp. de son portrait.

Poitevin (Jacques),
physicien français (1742 — 1807).

Martin de Choisy (P... E...). Éloge de J. Poitevin. *Montpell.* 1808. 4. (Omis par Quérard.)

Poitevin-Peitavi (Philippe Vincent),
littérateur français (19 janvier 1742 — ... 1818).

Rességuier (Jules de). Éloge de M. Poitevin-Peitavi, secrétaire perpétuel de l'Académie des Jeux floraux. *Toulouse.* 1821. 8.

Poitiers (Diane de),
l'une des maîtresses de Henri II, roi de France (3 sept. 1499 * — 22 avril 1566).

(Craufurd, Quintin). Notices sur Agnès Sorel, D. de Poitiers et Gabrielle d'Estrées, depuis duchesse de Beaufort. *Par.* 1819. 8. (Avec les portraits de chacune de ces trois maîtresses de Charles VII, de Henri II et de Henri IV.)
* Et non pas le 14 mars 1500, comme le dit Pierre BAYLE.

Poivre (Pierre),
savant français (19 août 1719 — 6 janvier 1786).

(Dupont de Nemours, Pierre Samuel). Notice sur la vie de M. Poivre, ancien intendant des isles de France et de Bourbon. *Philadelph.* (*Par.*) 1786. 8. (*P.* et *Lv.*)

Torombert (Charles Louis Honoré). Eloge de P. Poivre. *Lyon.* 1818. 8. (Couronné par l'Académie de Lyon.)

Boullée (Aimé). Notice biographique sur M. Poivre et sur M. (Pierre Samuel) Dupont de Nemours. *Lyon.* 1835. 8. (*Bes.*)

Pojarsky (prince).

Malinowsky (N... N...). Biographie du prince Pojarsky. *Moscou.* 1817. 8. (Ecrit en russe.) — (*P.*)

Pola (Francesco),
jurisconsulte italien (1568 — 1627).

Calderini (Domizio). Laudatio funebris F. Polæ, JCti, etc. *Veron.* 1627. 4. (*P.*)

Polack (Johann Friedrich),
mathématicien allemand (25 nov. 1700 — 22 avril 1771).

Crichton (Wilhelm). Memoria virorum bene meritorum J. F. Polaci et Wolfgangi Balthasaris Adolphi Steinwehrii. *Berol.* 1771. 8.

Polchow (Christian Peter),
théologien allemand (23 mai 1742 — 20 août 1770).

Polchow (Johann David). Lebensgeschichte meines jüngsten Bruders C. P. Polchov, s. l. (*Lauenb.*) 1770. Fol.

Polchow (Jacob Bernhard),
théologien allemand, père du précédent (7 mars 1700 — 19 juillet 1758).

Polchov (Johann David). Die letzten Stunden meines seeligen Vaters (J. B. Polchov), *Rostock.* 1756. Fol.

Pole (Reginald),
cardinal-archevêque de Cantorbéry (3 mars 1500 — 13 nov. 1588).

(Beccadelli, Ludovico). Vita R. Poli, Britanni, S. R. E. cardinalis et Cantuarensis archiepiscopi, trad. de l'ital. par Andrew DUDITH. *Venet.* 1563. 4. (*D.* et *Oxf.*) *Lond.* 1690. 8. (*D.*)

Trad. en angl. par Benjamin PYE. *Lond.* 1766. 8. (*Oxf.*)

Trad. en franç. par François DE MAUCROIX. *Par.* 1677. 8. (*P.*)

L(yde) (G(ulielmus)). Some observations upon the life of cardinal R. Polus, of the royal bloud of England. *Lond.* 1686. 8.

Quirini (Angelo Maria). Vita R. Poli. *Bresc.* 1744. 4.

Philipps (Thomas). History of the life of R. Pole. *Oxf.* 1764. 2 vol. 4. Portrait. *Lond.* 1767. 2 vol. 8. Portrait.

Tillard (Richard). Letter to Mrs. Philipps containing some observations on his History of the life of R. Pole. *Lond.*, s. d. (1765). 8.

Stone (Edward). Remarks on the life of R. Pole. *Oxf.* 1766. 8.

Ridley (Glocester). Review of Mr. Philipps history of the life of R. Pole. *Lond.* 1766. 8. (*Oxf.*)

Neve (Timothy). Animadversions on Mr. Philipps' History of the life of R. Pole. *Oxf.* 1766. 8. (*Oxf.*)

Poleni (Giovanni, marchese),
physicien italien (23 août 1683 — 14 nov. 1761).

Cossali (Pietro). Elogio del professor marchese Poleni. *Padov.* 1813. 8. (*Oxf.*)

Gennari (Giuseppe). Elogio del marchese G. Poleni. *Padov.* 1839. 8.

Memorie per la vita, gli studj e costumi del signor G. Poleni. *Padov.* 1839. 8.

Polentone (Xicco ou Secco),
chancelier de l'université de Padoue († 1463).

Kapp (Johann Erhard). Dissertatio de X. Polentono, cancellario Patavino, historiæ litterariæ seculi XV in Italia instauratore. *Lips.* 1753. 4. (*D.*, *L.* et *Lv.*)

Polhem (Christopher),
mécanicien suédois (18 nov. 1661 — 31 août 1751).

Klingenstierna (Samuel). Åminnelse-Tal öfver, etc., C. Polhem. *Stockh.* 1753. 8.

Polhem (Gabriel),
mécanicien suédois, fils du précédent (11 février 1700 — 1er août 1772).

Wargentin (Pehr). Åminnelse-Tal öfver G. Polhem. *Stockh.* 1775. 8.

Poli (Camillo),
militaire italien.

Memoiren des Hauptmanns und Adjutanten unter Napoleon, C. v. Poli, aus dem Französischen übersetzt von A... T... PEUCKER. *Brest.* 1847. 2 vol. 8.

Sunto degli avvenimenti militari e politici del cavaliere C. Poli, maggiore del 1 regimento Lombardo. *Torin.* 1848. 8. (Ecrit par lui-même.)

Poli (Giuseppe Saverio),
naturaliste italien (24 oct. 1746 — 7 avril 1825).

Gatti (Serafino). Biografia di G. S. Poli. *Napol.* 1825. 8.

Giampaolo (Paolo Niccolò). Elogio storico di S. Poli. *Napol.* 1825. 8.

Chiaje (Stefano delle). De præstantissimi equitis Poli vita. *Neap.* 1827. Fol. Portrait.

Poli (Paolo **Conti**, duca di).

Casati (Paolo). Orazione funebre nello esequie di D. Paolo Conti, duca di Poli. *Parm.* 1666. Fol.

Pollander (Johann) *,
théologien allemand († 29 avril 1541).

Rost (Friedrich Wilhelm Ehrenfried). Memoria J. Poliandri repræsentata. *Lips.* 1808. 8. (*D.* et *L.*)
* Son nom originaire était GRAUMANN.

Polichinelle,
personnage poétique.

Lorin (Théodore). Essai sur l'origine des noms de Polichinelle et Arlequin, suivi d'un essai sur le personnage de Jocrisse. *Soissons.* 1844. 12.

Polignac,
famille française.

(Roujoux, Prudence Guillaume de). Précis historique sur la maison de Polignac. *Par.* 1850. 8.

Polignac (Armand Jules, prince de),
homme d'État français.

Martignac (Jean Baptiste Sylvère **Gaye** de). Défense de M. le prince J. de Polignac, ancien président du conseil des ministres, prononcée devant la cour des pairs, le 18 décembre 1850. *Par.* 1850. 8. *(P.)*

Réplique pour M. le prince J. de Polignac. *Par.*, s. d. (1830). 8. *(P.)*

Hochverrathsprozess der Minister Carl's X von Frankreich; mit historischer Einleitung herausgegeb. von Theodor v. HAUPT. *Frf.* 1831. 9.parts. 16. 4 portraits. *(L.)*

Polignac (Melchior de),
cardinal-archevêque d'Auch (11 oct. 1661 – 20 nov. 1741).

Boze (Claude **Gros** de). Éloge de M. le cardinal M. de Polignac. *Par.* 1742. 8. *(P.)*

(**Mairan**, Jean Jacques **Dortous** de). Éloge du cardinal de Polignac. *Par.* 1742. 16. *(P.)*

Faucher (Chrysostome). Histoire du cardinal de Polignac, archevêque d'Auch, commandeur de l'ordre du Saint-Esprit, ambassadeur de France en Pologne, en Hollande et à Rome, etc. *Par.* 1777. 2 vol. 12. *(Bes.)*

Polignac (Yolande Martine Gabrielle de **Polastron,** duchesse de),
gouvernante des enfants de France (vers 1749 – 9 déc. 1793).

Mémoires de la duchesse de Polignac. *Lond.* 1794. 12. *(P.)* Trad. en allem. s. c. t. Über das Leben und den Character der Herzoge v. Polignac, nebst einigen Anecdoten, betreffend die französische Revolution und die Person der Königin Marie Antoinette. *Berl.* 1796. 8.

Vie de G. Y. M. de Polastron, duchesse de Polignac. *Brunsw.* 1817. 8. *(L.)*

Maladie de la duchesse de P(olignac) qui a infecté la cour. *Versailles* et *Par.* 1789. 8. (Assez rare.)

Confession et repentir, ou la nouvelle Madeleine convertie, s. l. et s. d. 8. (Très-rare.)

Testament de la duchesse de Polignac, s. l. et s. d. *(Par.* 1794.) 8.

Polini (Giovanni Giacomo),
prêtre italien.

Bonicelli (Agostino). Elogio funebre del sacerdote D. G. G. Polini, arciprete v. f. che fu di Vilminore, etc. *Bergam.* 1845. 8.

Politi (Odorico),
peintre italien.

Diedo (Antonio). Elogio storico tributato alla memoria di O. Politi, esimio pittore, socio di varie accademie, professore di pittura, etc. *Venez.* 1847. 8. Portrait.

Poliziano (Angelo),
littérateur italien (14 juillet 1454 – 24 sept. 1494).

Moller (Daniel Wilhelm). Disputatio circularis de A. Politiano. *Altorf.* 1698. 4. *(L. et Lv.)*

Clausius (Werner Jacob). Politianus, s. de A. Bassi Politiani, canonici olim Florentini, vita, scriptis et moribus liber. *Magdeb.* 1718. 8. *(D.)*

Mencke (Friedrich Otto). Historia vitæ et in litteras meritorum A. Politiani. *Lips.* 1736. 4. *(D. et L.)*

Greswell (William Parr). Memoirs of A. Politianus, Joannes Picus of Mirandula, Actius Sincerus Jannazarius, Petrus Bembus, Hieronymus Fracastorius, Marcus Antonius Flaminus and the Amalthei, with notes and observations concerning other literary characters of the 15th and 16th centuries. *Manchest.* 1801. 8. *Ibid.* 1805. 8. *(Oxf.)*

Bonafous (Norbert Alexis). A. Politiani vita et operibus disquisitiones. *Par.* 1845. 8. *(P.)*

Polk (James Knox),
président de la république des États-Unis († 15 juin 1850).

Chase (Lucien B...). History of the Polk administration. *New-York.* 1850. 8.

Woodbury (Levi). Eulogy on the life, character and public services of the late ex-president Polk. *Boston.* 1850. 8.

Jenkins (John S...). Life of J. K. Polk, president. *Auburn.* 1850. 8.

Pollich (Martin),
médecin allemand († 27 déc. 1513).

Boerner (Friedrich). Commentatio de vita et meritis M. Pollichii, Mellerstadii, primi in academia Wittembergensi rectoris magnifici et professoris medicinæ. *Guelpherb.* 1751. 4. *(D.)*

Pollinchove (Charles Joseph de),
jurisconsulte français († .. février 1757).

Stempels (François de). Oraison funèbre de très-haut, très-puissant seigneur Mgr. C. J. de Pollinchove, premier président du parlement de Flandre, etc. *Douai.* 1757. 4.

Polito I (Lucas),
théologien allemand (1536 – 31 juillet 1583).

Virling (Franz). Leichenpredigt vom Leben und Absterben L. Pollionis, s. l. *(Frf. a. d. O.)* 1893. 8.

Polito II (Lucas),
théologien allemand (5 août 1605 – 25 avril 1643).

Hoepner (Johann). Leichen-Predigt beym Begräbniss L. Pollionis. *Leipz.* 1643. 4. *(D.)*

(**Leibnitz**, Friedrich). Programma academicum. in L. Pollionis funere. *Lips.* 1643. 4. *(D. et L.)*

Pollion (Cajus Asinius),
orateur romain (contemporain de l'empereur Auguste).

Eckhard (Christian Heinrich). Commentatio de C. A. Pollione, iniquo optimorum latinitatis auctorum censore. *Jenæ.* 1745. 4.

Eckerman (Peter). Dissertatio historico-litteraria de C. A. Pollione, ejusque in auctores censura. *Upsal.* 1745. 4.

Hartwig (O... L...). Dissertatio de A. Pollione iniquo optimorum ætatis suæ auctorum latinorum censore. *Elbing.* 1798. 4.

Bugny (N... N... de). Pollion, ou le siècle d'Auguste. *Par.* 1808. 4 vol. 8. *(P.)*

Thorbecke (Johann Rudolph). Commentatio de C. A. Pollionis vita et studiis doctrinæ. *Lugd. Bat.* 1820. 8. *(L. et Oxf.)*

Pollok (Robert),
littérateur anglais.

Pollok (Daniel). Life of R. Pollok, author of *The course of time.* *Lond.* 1842. 8. Portrait. *Edinb.* 1843. 8.

Polman Az (H...),
théologien hollandais.

Aan de nagedachtenis van H. Polman Az, etc. *Haarl.* 1859. 8.

Polo (Marco),
voyageur italien (1254 – vers 1324).

Zurla (Placido). Di M. Polo e degli altri antichi viaggiatori Veneziani piu illustri. *Venez.* 1818. 2 vol. Fol.

Stein (Christian Gottfried Daniel). Ueber den Venetianer M. Polo. *Berl.* 1821. 4.

Baldelli (Giovanni Battista). Vita di M. Polo. *Venez.* 1827. 4.

Buerck (August). Die Reisen des Venezianers M. Polo im 13. Jahrhundert. Zum ersten Male vollständig nach den besten Ausgaben deutsch mit einem Kommentar; nebst Zusätzen und Verbesserungen von Carl Friedrich NEUMANN. *Leipz.* 1845. 8. *(L.)*

Polonceau (Antoine Remy),
agronome français (7 oct. 1778 – 30 déc. 1847).

Héricart de Thury (Achmet). Notice biographique sur A. R. Polonceau. *Par.* 1848. 8.

Pollux (Julius),
grammairien grec du 11e siècle après J. C.

Ranke (Carl Ferdinand). Commentatio de Polluce et Luciano. *Quedlinb.* 1831. 4.

Polybe,
historien grec du premier ordre (205 – 121 avant J. C.).

Heyd (Ludwig Friedrich). Vita Polybii. *Tubing.* 1812. 8.

Heusde (Philipp Willem van). School van Polybius of geschiedkunde voor de negentiende eeuw. *Amst.* 1841. 8.

Nitzsch (Carl Wilhelm). Polybius; zur Geschichte antiker Politik und Historiographie. *Kiel.* 1842. 8.

Vries (Matthias de). Specimen literarium de historia Polybii pragmatica. *Lugd. Batav.* 1843. 8.

Brandstaeter (Franz August). Bemerkungen über das Geschichtswerk des Polybius. *Danz.* 1843. 8.

—— Geschichten des Aetolischen Landes, Volkes, Bundes, etc., nebst einer historiographischen Abhandlung über Polybius. *Berl.* 1844. 8.

Gravenhorst (Theodor). Commentatio de sæculi Polybiani ingenio Græcorumque ejus ætatis placitis. *Goetting.* 1844. 4.

Bothe (Friedrich Heinrich). Polybiana. *Lips.* 1844. 8. *(L.)*

Polycarpe (Saint),
évêque de Smyrne († 167).

Cruciger (Caspar). Oratio de Polycarpi vita. *Witteb.* 1543. 8. (*D.*)

Groddeck (Gabriel). Dissertatio de anno et die passionis S. Polycarpi. *Gedan.* 1704. 4. (*D.*)

Life of Polycarp, bishop of Smyrna. *Lond.* 1847. 32.

Coëtlosquet (comte de). Vie de S. Ignace, évêque d'Antioche, et de S. Polycarpe, évêque de Smyrne, martyrs. *Metz.* 1852. 12. (*P.*)

Polycrate,
tyran de Samos (VIe siècle avant J. C.).

Veegens (D... J...). Dissertatio historica de Polycrate Samio. *Amst.* 1859. 8.

Polyœnos,
grammairien grec (vers 160 après J. C.).

Kronbiegel (Georg Friedrich). Dissertatio de dictionis Polyæni virtutibus et vitiis. *Lips.* 1770. 4. (*L.*)

Pomarius * (Johann),
théologien allemand (24 juin 1514 — 18 mars 1578).

Berndes (Johann). Leichpredigt über der Begrebnis J. Pomarii oder Baumgarten des Aeltern. *Magdeb.* 1582. 4. (*D.*)

  * Son nom de famille est BAUMGARTEN.

Pomarius (Samuel),
théologien allemand (26 avril 1624 — 2 mars 1683).

Hinckelmann (Abraham). Programma in obitum D. S. Pomarii. *Lubec.* 1683. Fol.

Melle (Johann Heinrich v.). Ausführliche Nachricht von dem Leben und Character des Dr. Pomarius, mit Vorrede von Gottfried Less, herausgeg. von Johann Hermann v. MELLE, etc. *Lübeck.* 1784-90. 3 vol. 8. Portrait. (*D.* et *L.*)

Pombal (Sebastiano José **Carvalho**, conte d'**Oeyras**),
ministre portugais (1699 — 8 mai 1782).

(Faber, Johann Ernst). Nachricht von dem portugiesischen Hofe und der Staatsverwaltung des Grafen Oeyras. *Frf.* 1768. 8. (*L.*)

Ragionamento che contiene l' elogio del marchese di Pombal. *Napol.* 1776. Fol.

Anecdoten aus Pombal's Leben; nebst Nachrichten von der Regierung Joseph Emmanuel's, etc. *Salzb.* 1779. 8.

Gusta (Francesco). Vita di S. G. di Carvalho e Mello, marchese di Pombal, conte d'Oeyras, s. l. (*Firenz.*) 1781-82. 4 vol. 8. *Siena.* 1782. 4 vol. 8. (*Oxf.*)

Trad. en allem. (par Johann Christoph v. JAGEMANN). *Leipz.* et *Dessau.* 1782. 5 vol. 8. (*L.*)

Trad. en franç. (par Claude Marie GATTEL), s. l. (*Lyon*). 1784. 4 vol. 12.

Anecdotes du ministère de S. J. Carvalho, comte d'Oeyras, marquis de Pombal. *Varsov.* (*Amst.*) 1783. 8. *Orange.* 1843. 2 vol. 12.

(Desodeux de Cormatin, Pierre Marie Félicité). L'administration de S. J. de Carvalho et Melo, comte d'Oeyras, marquis de Pombal. *Amst.* (*Par.*) 1788. 4 volumes 8. (*P.*)

Champrobert (Paulin de). Choiseul et Pombal. *Par.* 1836. 8.

Smith (John). Memoirs of the marquis of Pombal. *Lond.* 1843. 8. (*Oxf.*)

Oppermann (Heinrich Albert). Pombal und die Jesuiten. *Hannov.* 1845. 8. (*L.*)

Pommereul (François René Jean de),
général français (12 déc. 1745 — 5 janvier 1823).

Beuchot (Adrien Jean Quentin). Notice sur M. de Pommereul. *Par.* 1824. 8. (Extrait de l'*Annuaire nécrologique,* publ. par Alphonse MAHUL). — (*Lv.*)

Pompadour (Jeanne Antoinette **Poisson,**
marquise de),
l'une des maîtresses de Louis XV, roi de France (1722 — 15 avril 1764).

History of the marchioness of Pompadour. *Lond.* 1758. 2 vol. 12. *Ibid.* 1759. 2 vol. 12. (*Oxf.*)

Trad. en allem. *Lond.* (*Goetting.*) 1759-60. 2 vol. 16. *Ibid.* 1766. 2 vol. 16. *Leipz.* 1759. 2 vol. 12. (*D.* et *L.*)

Trad. en franç. par (madame FAUQUE DE VAUCLUSE). *Lond.* 1759. 2 vol. 12. *

  * Cette traduction a été confisquée par ordre de Louis XV.

(Crébillon, Claude Prosper Jolyot de). Mémoires de la

---

marquise de Pompadour. *Liége.* 1765. 2 vol. 12. (*P.*) *Goetting.* 1766. 2 vol. 8.

Trad. en allem. *Leipz.* 1767. 2 vol. 12.

Trad. en angl. *Lond.* 1766. 2 vol. 12.

Trad. en ital. *Venez.* 1785. 12. *Ibid.* 1789. 8.

(Soulavie, Jean Louis **Giraud**). Mémoires historiques et anecdotiques de la cour de France pendant la faveur de la marquise de Pompadour ; ouvrage conservé dans les portefeuilles de la maréchale d'Estrées. *Par.,* an IX (1802). 8. (*P.*)

Leroy (Charles George). Portraits historiques de Louis XV et de madame de Pompadour. *Par.* 1802. 8. (*P.*)

(Du Hausset, madame). Mémoires ou journal d'une femme de chambre de madame la marquise de Pompadour. *Par.* 1828. 8. Trad. en allem. *Stuttg.* 1832. 8.

Menadier (F... A...). Mémoires de la marquise de Pompadour. *Par.* 1830. 2 vol. 8. Trad. en allem. *Braunschw.* 1850. 2 vol. 8.

Lettres de madame la marquise de Pompadour depuis 1746 jusqu'à 1762. *Par.* 1766. 12. *Leipz.* 1777. 8. *

Trad. en allem. *Leipz.* 1774. 8. Portrait.

Trad. en angl. *Lond.* 1766. 3 vol. 12.

  * Ces lettres apocryphes sont de François BARBÉ-MARBOIS.

Lettres de madame la marquise de Pompadour. *Par.* 1828. 8. *

  * De tous les ouvrages qui portent le nom de madame de Pompadour, ces lettres seules, tirées à 25 exemplaires, sont authentiques.

Pompadour (Philibert de).

Nanche (Hilaire). Discours funèbre sur la mort de P. de Pompadour. *Tulles.* 1635. 8.

Pompée le Grand,
l'un des triumvirs de Rome (106 — 47 avant J. C.).

Upmarck (Johan). Dissertatio de Cnejo Pompejo M. *Upsal.* 1709. 8.

Berger (Johann Wilhelm). Dissertatio de Pompejo Hierosolymitano. *Witteb.* 1742. 4.

Chais van Buren (H... A... C...). Dissertatio de Cnejo Pompejo M. et de legibus ab eo datis. *Lugd. Bat.* 1819. 8. *Ibid.* 1823. 8. (*Ld.*)

Pompei (Girolamo),
philologue italien (1731 — 4 février 1788).

Pindemonte (Ippolito). Elogio storico di G. Pompei. *Veron.* 1789. 8.

Fontana (Francesco). Vita H. Pompei. *Veron.* 1790. 8.

Pompei (Pietro Paolo),
littérateur corse († 1er janvier 1853).

Viale (N... N...) et **Arrighi** (Antonio). Discours prononcés sur le cercueil de M. P. P. Pompei, ancien préfet. *Bastia.* 1853. 8. *

  * Le premier discours est en langue italienne et le second en langue française.

Pietri della Casabianca (Lorenzo Andrea). Anacreontica funebre in morte del signor P. P. Pompei. *Bastia.* 1853. 4.

Pompejus (Christian August);
jurisconsulte allemand.

Hartung (Johann). Leichenpredigt auf C. A. Pompejus, s. l. (*Wittenb.*) 1684. 4. (*D.*)

Pompejus (Cnæus), voy. **Pompée le Grand.**

Pompeo (Santo).

Sarnelli (Pompeo). Ritratto di S. Pompeo, vescovo di Pavia. *Cesena.* 1683. 8.

Pomponazzi (Pietro),
philosophe italien (16 sept. 1462 — vers 1526).

Olearius (Johann Gottlieb). Dissertatio de Pomponatio. *Jenæ.* 1709. 4. (*D.*)

Eckhard (Johann Friedrich). Nachricht von Pomponatius und dessen Tractat *de immortalitate animæ. Eisenach.* 1793. 4. (*D.* et *L.*)

Pompignan (Jean Jacques **Lefranc,** marquis de),
littérateur français (10 août 1709 — 1er nov. 1784).

Barère de Vieuzac (Bertrand). Éloge de J. J. Lefranc de Pompignan. *Par.* 1785. 8. (*P.*)

Reganhac (N... N... **Valet** de). Eloge de J. J. Lefranc, marquis de Pompignan. *Lond.* et *Par.* 1788. 8. (Couronné par l'Académie des belles-lettres de Montauban.)

Pomponius Atticus, voy. **Atticus** (Pomponius).

Pomponius Bononiensis (Lucius),
poète romain.

Munk (Eduard). Commentatio de L. Pomponio Bononiensi Atellanarum poeta ejusque fragmentis. *Glogav.* 1827. 8.

Pomponius (Sextus),
jurisconsulte romain.

Reinoldi (Bernhard Heinrich). Oratio de S. Pomponio. *Herborn.* 1710. 4.

Brokes (Heinrich). Dissertationes II de Pomponio historiæ Romanæ ignaro. *Witteb.* 1755-56. 4. (*D.*)

Pomponius, voy. **Lætus.**

Ponce Pilate, voy. **Pilatus** (Pontius).

Poncelet (Jean Victor),
mécanicien français (1er juillet 1788 — ...).

Notice analytique sur les travaux de M. Poncelet, chef de bataillon au corps royal du génie, etc. *Par.* 1853. 4. (Composé par lui-même.)

Poncet (Benigne),
jurisconsulte français (20 oct. 1767 — 5 février 1835).

Frantin (N... N...). Notice sur M. Poncet, professeur de droit à la Faculté de Dijon. *Dijon.* 1837. 8.

Poncet-Delpech (Saint-Cyr),
littérateur français (8 mai 1780 — ...).

Notice biographique sur la vie et les travaux littéraires de M. Saint-Cyr Poncet-Delpech. *Par.* 1844. 8.

Poncet de la Rivière, contessa **di Carcado**
(N... N...).

Duquesne (N... N...). Éloge historique de madame la comtesse Poncet de la Rivière. *Par.*, s. d. 8. Trad. en ital. (par Maria Pertusati-Olgiati). *Bergam.* 1789. 8. *
* Publ. sous les lettres D. M. P. N. M. O. (c'est-à-dire Donna Maria Pertusati Nata Marchesa Olgiati).

Ponçonnas (Louise Cécile de),
religieuse française († 1675).

Vie de la bienheureuse mère de Ponçonnas, institutrice de la congrégation des bernardines réformées du Dauphiné, etc. *Lyon.* 1675. 8.

Pongrácz (István),
jésuite hongrois.

Virtus purpurata athletarum Cassoviensium, s. trium martyrum Marci Crisini, canonici Strigoniensis, S. Pongrácz, Societatis Jesu, Melchioris Grodeczii vita et mors gloriosa. *Cassov.* 1743. 12.

Poniatowski (Joseph, prince),
maréchal polonais (17 mai 1763 — 18 oct. 1813).

Lebensschilderung des in der Schlacht bei Leipzig (in der Elster) ertrunkenen Generals en chef der polnischen Armee, J. Fürsten v. Poniatowsky. *Prag.* 1813. 8. Portrait.

Morawski (Franciszk). Mova przy obchodzie pogrzebowym J. O. Xiazecia J. Poniatowskiego, (c'est-à-dire éloge funèbre du prince Poniatowski). *Par.* 1814. 18. (*P.*)

Potocki (Stanysłas). Rede gehalten am Grabe des Fürsten J. Poniatowsky, obersten Feldherrn des polnischen Heeres, aus dem Polnischen übersetzt durch J... S... Richter. *Oppeln.* 1826. 4.

Pons (Henri **d'Albret**, sire de),
général français.

Despruetz (Mathieu). Éloge funèbre de H. d'Albret, sire de Pons, etc. *Par.* 1650. 4.

Ponsiglione (Luigi),
officier italien.

Memorie militari del cavaliere L. Ponsiglione. *Cagliar.* 1839-40. 4 vol. 8.

Pontac (Arnaud de),
évêque de Bazas († 1605).

Dupuy (Germain). Oraison funèbre d'A. de Pontac, évêque de Bazas. *Bordeaux.* 1605. 8.

Pontano (Giovanni Gioviano),
littérateur italien (1426 — 1503).

Roberto da Sarno. Vita J. J. Pontani. *Napol.* 1761. 4. Portrait. (*Cp.* et *P.*)

Colangelo (Francesco). Vita di G. G. Pontano. *Napol.* 1820. 8.

Pontanus (Gregor) *,
jurisconsulte allemand (1486 — 20 février 1557).

Ortelius (Vitus). Oratio de G. Pontano. *Witteb.* 1560. 8. (*D.*)
* Son nom de famille était Dautcx.

Wimmer (Johann Abraham). Vita G. Pontani, J. U. D. et trium Saxoniæ electorum cancellarii. *Altenb.* 1750. 8. Portrait. (*D.* et *L.*)

Pontanus (Johann Isaac),
historien et médecin danois (21 janvier 1571 — 6 oct. 1639).

Vita et obitus J. I. Pontani, cum adjunctis epicediis in obitum ejus conscriptis. *Harderv.* 1640. 4. (*L.*)

Bodel-Nijenhuis (J... T...). Levensbijzonderheden van den nederlandschen geschiedschrijver J. I. Pontanus, s. l. et s. d. (*Arnh.* 1839.) 8. (*Ld.*)

Pontaumont (Thomas **Langevin**, sieur de),
historien français ;24 février 1658 — 27 déc. 1713).

Regnault (A...). Vie de T. Langevin de Pontaumont, de Carentan, conseiller du roi au présidial du Cotentin, écrivain latin du xviie siècle. *Par.* 1834. 12.

Ponte (Belchior da),
jésuite portugais.

Fonseca (Manoel da). Vida do P. B. da Ponte. *Lisb.* 1752. 4.

Ponte, dit **Bassan le Vieux** (Giacomo da),
peintre italien (1510 — 1592).

Roberti (Giovanni Battista). Lettera al conte Giovanni Battista Giovio sopra G. da Ponte, detto il Bassano Vecchio, e risposta del medesimo. *Lugan.* 1777. 8.

Ponte (Lorenzo da),
évêque de Ceneda.

Mondolini (Giovanni Battista). Oratio in funere L. e Ponte, episcopi Cenetensis. *Cenet.* 1768. Fol.

Ponte (Lorenzo da),
poète italien (1749 — 17 août 1838).

Memorie di L. da Ponte, da Ceneda. *Nuov. Yorca.* 1823-1827. 4 vol. 8. *Ibid.* 1829. 3 vol. 12. Portrait. (Écrit par lui-même.) Trad. en allem. *Stuttg.* 1843. 2 vol. 18.

Ponte (Ludovico da), voy. **Puente.**

Ponte (Niccolò de),
doge de Venise.

Longo (Antonio). Oratio in funere N. de Ponte, serenissimi Venetiarum principis. *Venez.* 1585. 8.

Pontedera (Giulio),
botaniste italien (1688 — 3 sept. 1757).

Gennari (Giuseppe). Lettera intorno la vita e gli studii del fù G. Pontedera, s. l. et s. d. (*Venez.* 1788). 8.

Ponthieu (ducs et comtes de),
famille belge.

(**Schayes**, Antoine Guillaume Bernard). Notice historique et généalogique sur la branche des ducs et comtes de Ponthieu, d'origine royale, et sur celle des princes et comtes de Ponthieu. *Brux.* 1843. 8.

Pontico-Virunio (Ludovico),
philosophe italien (vers 1467 — 1520).

Ubaldi (Andrea). Vita Pontici Virunii, philosophi. *Bonon.* 1655. 4. (*P.*)

Pontier (Augustin),
médecin français (28 déc. 1756 — 19 sept. 1833).

Notice sur le docteur Pontier, savant bibliographe, s. l. et s. d. (*Aix.* 1835). 8.

Pontis (Louis de),
gentilhomme français (1583 — 14 juin 1670).

Mémoires de L. de Pontis, officier des armées du roi, contenant plusieurs circonstances des règnes de Henri IV, Louis XIII et Louis XIV, depuis l'an 1596 jusqu'en l'an 1652, publ. par Pierre Thomas du Fossé. *Par.* 1676. 2 vol. 12. (*P.*) *Ibid.* 1715. 2 vol. 12. * (*P.*)
* La deuxième édition est défigurée par plusieurs retranchements.

Pontus, voy. **Gardie** (Ponthus, baron de la).

Pope (Alexander),
poète anglais du premier ordre (22 mai 1688 — 30 mai 1744).

Life of A. Pope, with remarks on his works, to which is added his last will. *Lond.* 1744. 8. (*Oxf.*)

Ayre (William). Memoirs on the life and writings of A. Pope. *Lond.* 1745. 2 vol. 8. 2 portraits. (*D.*)

Warton (Joseph). Essay on the genius and writings of Pope. *Lond.* 1756-82. 2 vol. 8. (*Oxf.*) *Ibid.* 1762-82. 2 vol. 8. *Ibid.* 1806. 2 vol. 8.

Mendelssohn (Moses). Pope, ein Metaphysiker. *Berl.* 1757. 8.

Warburton (William). Pensées d'A. Pope, avec un abrégé

de sa vie, publ. par Honoré LACOMBE DE PREZEL. Genève. 1755. 12. Dresd. 1791. 8.

Ruffhead (Owen). Life of A. Pope, Esq. Dubl. 1769. 8. (P.)

Wakefield (Gilbert). Observations on A. Pope. Lond. 1796. 8.

(Teutem, F... van). Geschiedenis van het leven en de schriften van de heere A. Pope, benevens eene verdediging van 's mans karakter tegen de aantijgingen van Mr. Willem BILDERDIJK. Utrecht. 1810. 8.

Biographie A. Pope's. Chemn. 1823. 8. Portrait. (L.)

Life and works of A. Pope, illustrated by J... Portch and J... D... Scott, edited by R... CARRUTHERS. Lond. 1853. 2 vol. 8.

Pope (Thomas),
fondateur du collége de la Sainte-Trinité (vers 1508 — 29 janv. 1559).

Warton (Thomas). Life of sir T. Pope, founder of Trinity college in Oxford, etc. Lond. 1772. 8. Ibid. 1780. 8. (Oxf.)

Popiel I,
roi de Pologne (... — 815 — 830).

Meyer (Johann Friedrich v.). Popiel, König von Polen, nach Andreas GAYPUIUS. Frf. 1803. 8.

Popma (Ausonius v.),
jurisconsulte frison (1563 — 1613).

Richter (Adam Daniel). Programma de vita et scriptis A. a Popma. Annab. 1746. 4. (D. et P.)

Poppe,
famille allemande.

Kluge (Gottlob). De Poppiis, s. l. 1766. 4.

Poppo (Saint),
martyr belge.

Courtejoie (A...). Les illustrations de Stavelot et les vies des saints Remacle, Théodart, Hadelin, Lambert, Hubert, Poppo, et d'autres grands civilisateurs des Ardennes. Liége. 1848. 8.

Poquelin, voy. Molière.

Porati (Antonio),
chimiste italien.

Caccia (Giovanni). Elogio di A. Porati. Milan. 1816. 8. Ibid. 1819. 8.

Porcacci (Marco),
littérateur italien († 4 oct. 1843).

Biografia di M. Porcacci, Veneziano. Venez. 1844. 8.

Porée (Charles),
jésuite français (1675 — 11 janvier 1741).

Desbillons (François Joseph). Epicedium in obitum C. Poræi, sacerdotis ex Societate Jesu. Par. 1741. 12.

Pordenone, voy. Licinio (Giovanni Antonio).

Porphyre,
philosophe grec du IIIe siècle.

Holstenius (Lucas). De vita et scriptis Porphyrii, publ. par Johann Albert FABRICIUS. Hamb. 1711. (L.)

Parisot (Valérien). Dissertatio historica de Porphyrio. Par. 1845. 8. (P.)

Porras (Martin de),
prêtre espagnol.

Medina (Bernardo de). Vida de F. M: de Porras. Lima. 1663. 4.

Porro (Carlo),
naturaliste italien († 1848).

(Michelin, Hardouin). Notice à l'occasion de la mort de M. C. Porro, de Come. Par. 1848. 8.

Porson (Richard),
helléniste anglais (25 déc. 1759 — 25 sept. 1808).

Clarke (Adam). Narrative of the last illness and death of R. Porson, A. M. professor of greek in the university of Cambridge. Lond. 1808. 8.

Savage (James). Account of the last illness of the late R. Porson. Lond. 1808. 8. (Oxf.)

(Weston, Stephen). Short account of the late Mr. R. Porson, M. A. greek professor of Trinity college, Cambridge, with some few particulars relative to his extraordinary talents, etc. Lond. 1808. 8. (Oxf.)

Porta (Conrad),
théologien allemand (1541 — 1585).

Menzel (Hieronymus). Leichenpredigt und Lebenslauff C. Portac. Eisleb. 1586. 4. (D.)

Porta, née Bulgarini (Elena),
dame italienne.

(Colombo, Michele). Elogio di E. Porta, nata Bulgarini. Parma. 1819. 4.

Porta (Giovanni Battista),
physicien italien (vers 1550 — 4 février 1615).

D(uchesne) (Henri Gabriel). Notice historique sur la vie et les ouvrages de J. B. Porta. Par., an IX (1801). 8.* (P.)
* Publié sous la lettre initiale D***.

Colangelo (Francesco). Vita di G. B. della Porta. Napol. 1818. 8.

Porta (Giovanni Bonaventura).

(Castagnola, Gregorio Ferdinando de). Memorie intorno al cavaliere G. B. Porta. Parma. 1843. 8. *
* Publ. sous les lettres initiales G. F. D. C.

Portal d'Albarèdes (Pierre Barthélemi, baron de),
homme d'État français (31 oct. 1765 — 11 janvier 1845).

Portal (Pierre Barthélemi de). Mémoires, etc. Par. 1846. 8.

Portalès (N... N...),
prêtre français.

Mauran (Justin). Le bon pasteur, ou essai sur la vie de M. Portalès, curé de Notre-Dame de Bonne Nouvelle à Paris. Par. 1854. 8.

Portalis (Jean Étienne Marie),
homme d'État français (1er avril 1746 — 25 avril 1807).

Delleville (Philippe). Proposition, etc., relativement au décès de M. Portalis. Par., s. d. (1807). 8.

Dumolard (N... N...). Discours relativement au décès de M. Portalis. Par. 1807. 8.

Notice sur S. E. Mgr. J. E. M. Portalis, s. l. et s. d. 8. *
* Signé R... CABOXDELLY.

Notice sur S. E. Mgr. J. E. M. Portalis. Par. 1807. 8. (P.)

Goepp (Jean Jacques). Discours en commémoration du décès de feu M. Portalis. Strasb. 1807. 8. (Non mentionné par Quérard.)

Blessig (Johann Lorenz). Gedächtnissrede auf den Minister Portalis. Strasb. 1807. 8.

Hacquin (Félix). Portalis; éloge historique. Par. 1845. 8.

Porte du Theil (Jean François Gabriel de La),
helléniste français (16 juillet 1742 — 28 mai 1815).

Sacy (Antoine Isaac Silvestre de). Discours prononcé aux funérailles de M. de Laporte du Theil, membre de la classe d'histoire et de littérature ancienne de l'Institut. Par. 1815. 8. (Lv.)

—— Notice abrégée sur la vie et les ouvrages de M. de Laporte du Theil. Par. 1816. 8.

Porteiro (Pedro),
prêtre portugais.

Resende (Andre da). Sancta vida do Fr. P. Porteiro. Evora. 1570. 4.

Porteous (John),
officier écossais.

Information for His Majesty's advocate against captain J. Porteous. Lond. 1736. 8.

Trial of captain J. Porteous before the high criminal court or lords of justiciary in Scotland. Lond. 1736. 8.

Life and death of captain J. Porteous. Edinb. 1737. 8.

Porteus (Beilby),
évêque de Londres (8 mai 1731 — 14 mai 1818).

Life of Dr. B. Porteus, lord bishop of London, by a Layman of Merton college at Oxford. Lond. 1810. 8. (Oxf.)

Hogdson (Robert). Life of the late bishop Porteus. Lond. 1811. 8. (Oxf.)

Porthan (Henrik Gabriel),
philosophe suédois (9 nov. 1739 — 16 mars 1804).

Tengstroem (Jakob). Oratio funebris in tumulum H. G. Porthan. Upsal. 1804. 8.

Porti (Felice),
capucin italien.

Zucchi (Bartolommeo). Vita del B. F. Porti, capuccino da Cantalice. Veron. 1656. 4.

Portinari (Beatrice),
amante de Dante Alighieri († 1290).

Missirini (Melchiorre). Dell' amore di Dante e del ritratto di B. Portinari. Firenz. 1832. 8. Portrait. (3e édition.)

Portner (Johann Albert),
jurisconsulte allemand (28 déc. 1628 — 2 février 1687).

Lenz (Christian Albert). Oratio funebris in obitum J. A. Portneri. Tubing. 1687. Fol.

Porto Maurizio (Leonardo),
prêtre italien.

Raffaele da Roma. Vita del P. L. da Porto Maurizio. *Rom.* 1754. 4. *(Oxf.)*

Porto (Luigi da),
poête italien (1485 — 10 mai 1529).

Milano (Giacomo). Notizie intorno alla vita ed a gli scritti di L. da Porto. *Padov.* 1850. 8.

Portocarrero (Gioachimo Fernandez),
chevalier de Malte.

Varj componimenti in lode di Fr. D. G. F. Portocarrero, bali della religione Gerosolimitana, etc. *Napol.* 1727. 4.

Portocarrero (Ludovico Emanuele),
cardinal-archevêque de Tolède (1635 — 14 sept. 1709).

Histoire politique et amoureuse du cardinal Portocarrero, archevêque de Tolède. *Par.* 1703. 12.*(P.) Amst.* 1756.12.
Trad. en angl. *Lond.* 1704. 4.
Trad. en holland. *Amst.* 1758. 8.

Portsmouth (Louise Renée de **Querouaille,**
duchesse de),
l'une des maîtresses de Charles II, roi d'Angleterre
(1649 — 14 nov. 1734).

Secret history of the dutchess of Portsmouth, with the intrigues of the court. *Lond.* 1690. 8. *Ibid.* 1734. 8.
Trad. en allem. par Christian August Michaelis. *Leipz.* 1795. 8. *(L.)*
Trad. en franç. *Lond.* 1690. 12.

(**Lacombe**, Jacques). Mémoires secrets de la duchesse de Portsmouth, etc. *Par.* 1805. 2 vol. 12. *(P.)*

Pos (Valerio da).

Zannini (Paolo). Notizie intorno alla vita di V. da Pos. *Venez.* 1822. 8.

Posadas (Francisco),
dominicain espagnol (1644 — 20 sept. 1713).

Castro (Vicente de). Vita di F. Posadas. *Rom.* 1818. 12.

Sopena (Vincenzo). Vita del B. F. de Posadas. *Rom.* 1818. 4. *(Oxf.)*

Moschini (Giovanni Antonio). Della vita del B. F. di Posadas. *Venez.* 1818. 8.

Posadowsky v. Postelwitz (Friedrich Wilhelm, Freiherr v.),
homme d'État allemand (12 avril 1672 — 11 juillet 1730).

Eckhard (Tobias). Vita atque obitus F. G. de Posadowsky L. B. de Postelwitz, etc. *Quedlinb.* 1731. 4. *(D.* et *L.)*

Poser (Herren v.),
famille allemande.

Poser (Carl Friedrich von). Sammlung genealogischer Nachrichten von dem schlesischen Geschlechte derer v. Poser. *Jauer.* 1767. Fol.

Poser (Heinrich v.).

H. v. Poser's Lebensgeschichte. *Jena.* 1675. 4. (Écrit par lui-même.) — *(L.)*

Posner (Siegmund August),
théologien allemand.

Posner (Eduard Wilhelm). Leben des S. A. Posner, Predigers an der Strafanstalt zu Sagan. *Bielef.* 1850. 8.

Posse (Eberhard Gustav, Freiherr v.),
Livonien (?).

Bergmann (Gustav v.). Gedächtnisspredigt auf den Freiherrn E. G. v. Posse. *Ruien.* 1791. 4.

Posse (Gustav Knutson),
homme d'État suédois (29 mai 1626 — 26 juin 1676).

Baaz (Johannes). Concio funebris in obitum D. G. Posse, regni senatoris judiciique regii per Gothiam supremi præsidis, etc. *Holm.* 1677. 4.

Possédée de 12652 diables *.

Scherer (Georg). Christliche Erinnerung bey der Historie von jüngst beschehener Erledigung einer Jungfrawen, die mit zwölf tausent sechs hundert zwey und fünfftzig Teufeln besessen gewesen, etc. *Ingolst.* 1584. 4.
(Rare et recherché.)
* Nous regrettons d'être hors d'état de découvrir le nom de cette intéressante possédée.

Possel (Heinrich),
jurisconsulte allemand.

Possel (Johann). Parentalia exequalia manibus H. Posselii concelebrata. *Rostoch.* 1604. 4. *(D.)*

Posselt (Ernst Ludwig),
historien et publiciste allemand (22 janvier 1763 — se donnant la mort le 11 juin 1804).

Schubart (Ludwig Albrecht). Sendschreiben über Posselt's Leben und Character. *Münch.* 1805. 8 .*(L.)*

Gehres (Siegmund). Lebensbeschreibung des Dr. E. L. Posselt. *Mannh.* 1827. 8.

Boehmer (Georg Wilhelm). Dr. E. L. Possel; zur lehrreichen Warnung für alle Injurianten. *Frf.* et *Leipz.* 1790. 4. *(L.)*

Possevin (Antonio),
jésuite italien (1534 — 26 février 1611).

(**Dorigny**, Jean). Vie du P. A. Possevin, de la compagnie de Jésus, où l'on voit l'histoire des importantes négociations auxquelles il a été employé en qualité de nonce de Sa Sainteté en Suède, en Pologne et en Moscovie, etc. *Par.* 1712. 12. *(D.* et *P.)* Trad. en ital. par Niccolò Ghezzi. *Venez.* 1750. 8.

Post (Hermann v.),
jurisconsulte allemand (3 oct. 1693 — 17 nov. 1762).

Klugkist (Conrad). Leichenrede auf Dr. H. v. Post. *Bremen.* 1762. Fol.

Ahasverus (J... A...). Nachricht von dem Geschlecht, Leben und Eigenschaften des Dr. H. Post. *Brem.* 1762. Fol.

Post (Frederic James),
littérateur anglais.

Memoir of F. J. Post, with extracts from his diary. *Lond.* 1850. 18.

Postel (Guillaume),
visionnaire français (25 mars 1510 — 6 sept. 1581).

Ittig (Thomas). Exercitatio historico-theologica de G. Postello. *Lips.* 1704. 4. *(D.* et *L.)*

(**Desbillons**, François Joseph Terrasse). Nouveaux éclaircissements sur la vie et les ouvrages de G. Postel. *Liége.* 1773. 8. *(D.* et *P.) Manheim.* 1775. 8. *(Oxf.* et *P.)*

Péricaud (Antoine). Florent Wilson, G. Postel et Louis Castelvetro. Fragments extraits d'un supplément à l'*Histoire littéraire de Lyon*, du P. (Dominique) de Colonia. *Lyon.* 1850. 8.

Posthumus,
empereur romain (261 — 267).

Mermet (N... N...). Notice sur Posthumus et son élévation à l'empire (romain), s. l. *(Lyon.)* 1827. 8.

Potamon d'Alexandrie,
philosophe grec (contemporain de l'empereur Auguste).

Gloeckner (Hieronymus Georg). Disputatio de Potamonis Alexandrini philosophia eclectica, etc. *Lips.* 1743. 4. *(D.* et *L.)*

Potemkin (Gregor Alexandrowitsch),
favori de Catherine II, impératrice de Russie
(17 avril 1736 — 15 oct. 1791).

Anecdoten zur Lebensgeschichte des Fürsten Potemkin, nebst einer kurzen Beschreibung von Taurien und der Reise der Kaiserin Catharina II nach der Krimm. *Strasb.* 1792. 8. Portrait.

Privatleben des Fürsten v. Potemkin - Towrodschefskoy. *Leipz.* et *Gratz.* 1793. 8. *(L.)*

Potemkin. Beitrag zur Regierungsgeschichte •Catharina's II. *Dresd.* 1804. 8. *(D.* et *L.)* Trad. en holland. *Zutphen.* 1807. 2 vol. 8.

(**Cerenville**, madame de). Vie du prince Potemkin, feld-maréchal au service de la Russie sous le règne de Catherine II, (revue par N... N... Tranchant de Laverne). *Par.* 1807. 8. *(P.) Ibid.* 1808. 8.

Memoirs of prince Potemkin, field-marshal and commander-in-chief of the Russian armies. *Lond.* 1814. 8. Port.

Nadejdin (Nicolai). Biographie du prince Potemkin. *Odessa.* 1839. 16. (Écrit en russe.)

Potenza (Bonaventura da),
prêtre italien.

Rugilo (Francesco Maria). Vita del venerabile servo di Dio Fra B. da Potenza, s. l. et s. d. 8.

Potgieser (Joachim),
jurisconsulte allemand (1er sept. 1679 — 27 déc. 1745).

Beurhaus (Friedrich Wilhelm). Epistola ad parentem de vita et scriptis J. Potgieseri. *Tremoniæ.* 1743. 4.

Pothier (Robert Joseph),
jurisconsulte français du premier ordre (9 janv. 1699 — 2 mars 1772).

(**Jousse**, Daniel). Éloge de M. Pothier. *Par.* 1772. 8.

Bièvre (N... N... **Lecomte de**). Éloge de M. Pothier, doyen de MM. les conseillers au bailliage et siége présidial d'Orléans, etc. *Par*. 1772. 8. (*P*.)

Le Trosne (Guillaume François). Éloge historique de M. Pothier, s. l. (*Par*.) 1773. 12.

(**Bernadeau**, Pierre). Vie, portraits et parallèles des jurisconsultes (Jean) Domat, (Jean Baptiste) Furgole et Pothier. *Eleuthérop*. (*Bordeaux*). 1789. 12.

Desportes (Charles Édouard **Boscheron-**). Éloge de Pothier. *Orléans*. 1823. 8.

Dupin (André Marie Jean Jacques). Dissertation sur la vie et les ouvrages de Pothier. *Par*. 1825. 8. Portrait. Suivie de trois notices sur Michel l'Hôpital, Denis Talon et M. (Jean Denis de) Lanjuinais. *Par*. 1827. 12. (*P. et Lv.*)

Durante (N... N...). Dissertazione sulla vita e le opere di Pothier. *Livorn*. 1829. 8.

● **Potier** (Charles),
    comédien français (1775 — 1838).

Potieriana, ou recueil complet des calembours, jeux de mots, naïvetés, couplets, pointes, rébus, niaiseries et bêtises de M. Potier. *Par*. 1814. 18. *Ibid*. 1817. 8.

Potocki (Stanyslas),
    homme d'État polonais.

Lachrymæ parentales in obitum S. A. Potock Potocki, Cracoviæ palatini. *Cracov*. 1667. Fol. Portrait.

Potot (Nicolas Marie Dieudonné),
    jésuite français (12 juillet 1771 — 2 mai 1837).

Éloge funèbre de M. l'abbé Potot, etc. *Metz*. 1837. 8.

G... (A... M... D...). Vie du R. P. Potot, de la compagnie de Jésus, ancien avocat au parlement, ancien chef de bataillon, ancien chanoine de Metz. *Par*. 1847. 12.

Vie du R. P. Potot, de la compagnie de Jésus. *Tournai*. 1847. 12.

Pott (David Julius),
    théologien allemand (10 oct. 1760 — 18 oct. 1838).

Koellner (Ludwig). Memoria D. J. Pottii. *Goetting*. 1839. 4. (*L*.)

Potter (Paul),
    peintre hollandais du premier ordre (1625 — 15 janvier 1654).

Lecarpentier (Charles François Joseph). Notice sur P. Potter. *Rouen*. 1818. 8.

Pott (Percival),
    chirurgien anglais (1712 — 6 janvier 1789 *).

Earle (John). Short account of the life of E. P. Pott. *Lond*. 1790. 8. (*Oxf*.)
    * Ou selon d'autres biographes le 22 déc. 1788.

Potter (Israel R...),
    militaire anglo-américain.

Life and adventures of J. R. Potter, a soldier of the revolution. *Providence*. 1824. 12.

Potter (Louis Joseph Antoine de),
    homme d'État belge (26 avril 1786 — ...).

(**Meenen**, N... N... van). Procès contre L. de Potter, F... F... Tielemans, Bartels, de Nève, Coché-Mommens et van der Straeten, etc. *Brux*. 1830. 2 vol. 8.
✦ Trad. en allem. *Haag*. 1830. 8.

Pouchard (Julien),
    littérateur français (1650 — 12 déc. 1705).

Tallemant (Paul). Éloge de J. Pouchard. *Par*. 1706. 8. (Tiré à part à petit nombre.)

Pouchenius (Levin),
    théologien allemand (26 oct. 1594 — 5 mai 1648).

Honor exequialis L. Pouchenio factus, s. l. (*Regiom*.) 1648. 4. (*D*.)

Poucke (Charles van),
    statuaire belge (17 juillet 1740 — 12 nov. 1809).

(**Meyer**, Isaac Joseph de). C. van Poucke. *Par*., s. d. (1845). Fol. (Une seule page.)

Pouffier (Hector Bernard),
    fondateur de l'Académie de Dijon.

Lantin de Damerey (Jean Baptiste). Éloge de Pouffier, doyen du parlement, etc. *Dijon*. 1754. 12.

Pougatscheff, voy. **Pugatcheff**.

Pougens (Marie Charles Joseph de),
    littérateur français (15 août 1755 — 19 déc. 1833).

Mémoires et souvenirs de C. Pougens, etc., commencés par lui et continués par Louis de BRAYER DE SAINT-LÉON. *Par*. 1834. 8. (*Bes*.)

Guilleré (A... F...) et **Loizerolles** (N... N...). Notice sur la vie et les ouvrages de M. Pougens. *Par*. 1836. 8. (*Lv. et P*.)

M. C. J. Pougens, de l'Institut de France, s. l. et s. d. (*Par*. 1825). 8. (Extrait de la *Biographie nouvelle des contemporains*.)

Fortia d'Urban (Agricole de). Discours sur M. le chevalier de Pougens, etc. *Par*. 1834. 18.

Ladoucette (Jean Charles François). Notice sur M. le chevalier de Pougens, s. l. et s. d. (*Par*. 1834). 8. (Extrait des *Mémoires de la Société royale des antiquaires de France*.)

Lorin (Théodore). Notice sur feu M. C. de Pougens. *Valencien*. 1836. 8. (Tiré à 50 exemplaires.)

Silvestre de Sacy (Antoine Isaac). Notice sur la vie et les ouvrages de M. le chevalier de Pougens. *Par*. 1837. 8. (*P*.)

Poullain ou **Pollanus** (Valrand),
    théologien hollandais du xviᵉ siècle.

Withof (Johann Hildebrand). Nachricht von V. Pollani's Aufnahme in Frankfurt am Main. *Duisb*. 1752. 8.

Poulle (Nicolas Louis),
    théologien français (1711 — 8 nov. 1781).

(**Sainte-Croix**, Guillaume Emmanuel Joseph Guilhem **Clermont-Lodève de**). Éloge de l'abbé Poulle. *Avign*. 1783. 8.

Poulpiquet de Brescanvel (Jean Marie Dominique de),
    évêque de Quimper (4 août 1759 — 1ᵉʳ mai 1840).

Graveran (N... N...). Oraison funèbre de Mgr. J. M. D. de Poulpiquet de Brescanvel, etc. *Brest*. 1840. 8.

Poup (Pierre),
    poète français du xviᵉ siècle.

Un poëte inconnu. *Par*. 1847. 8. *
    * Ce poëte inconnu est Pierre Poup, auteur de la *Muse chrétienne*. *Par*. 1590. 12. On ne trouve ce nom dans aucun de nos dictionnaires biographiques.

Poupar (Jean Baptiste),
    littérateur français (27 février 1768 — 1ᵉʳ mars 1827).

Dumas (Jean Baptiste). Éloge historique de J. B. Poupar, ancien inspecteur de l'université, etc. *Lyon*. 1827. 8.

Poussin (Nicolas),
    peintre français du premier ordre (1594 — 19 nov. 1665).

Cambry (Jacques). Essai sur la vie et les tableaux de Poussin. *Rom*. (*Par*.) 1783. 8. * *Par*., an VII (1799). 8. (*Lv. et P*.)
    * La première édition est anonyme.

Guibal (Nicolas). Éloge de N. Poussin, peintre ordinaire du roi, etc. *Par*. 1783. 8. (Couronné par l'Académie de Rouen.)

Ruault (Nicolas). Éloge de N. Poussin. *Par*. 1809. 8. (*P*.)
    * Éloge qui a remporté le prix de la Société des sciences et des arts d'Evreux.

Lecarpentier (Charles François Joseph). Éloge historique de Poussin. *Rouen*. 1805. 8.

Castellan (Charles?). Vie de N. Poussin. *Par*. 1811. 8. (Non mentionné par Quérard.)

Gence (Jean Baptiste Modeste). Notice sur la vie et les tableaux de N. Poussin, s. l. et s. d. 8. (Extrait de la *Biographie universelle*.)

Gault de Saint-Germain (Pierre Marie). Vie de N. Poussin, considéré comme chef de l'école française; suivie de notes inédites et authentiques sur sa vie et ses ouvrages, etc. *Par*. 1806. 8. (*Lv*.)

Graham (Maria). Memoirs of the life of N. Poussin. *Lond*. 1820. 8. Portrait. (*Oxf*.) Trad. en franç. *Par*. 1821. 8. Portrait.

Blanc (Charles). Études sur N. Poussin. *Par*., s. d. 8.

Rochette (Désiré **Raoul-**). Discours sur N. Poussin. *Par*. 1843. 8. * (*Lv*.)
    * Vendu au profit de la souscription du monument en l'honneur de N. Poussin.

Povillard (Jacques Gabriel),
    carme français.

Moreni (D... F...). Notizie necrologiche del P. G. G. Povillard. *Rom*. 1825. 8. (*Oxf*.)

Power Le Poer Trench (N... N...),
    archevêque de Tuam.

D'Arcy Sirr (Joseph). Memoir of the Hon. and Rev.

Power Le Poer Trench, last archbishop of Tuam. *Dubl.* 1845. 8. (*Oxf.*)

Powell (Vavasor).

Life and death of M. V. Powell. *Oxf.* 1671. 8. (*Oxf.*)

Powlett (William),
homme d'État anglais.

Broughton (Rowland). Life and death of W. Powlett, first marquis of Winchester. *Lond.* 1572. 8. *Kent.* 1818. 8. (*Oxf.*)

Poyet (Bernard),
architecte français (3 mai 1742 — 6 déc. 1824).

Vaudoyer (Antoine Laurent Thomas). Funérailles de M. Poyet, etc. *Par.* 1824. 4. (*P.*)

Poyet (Guillaume),
chancelier de France (vers 1474 — 1548).

Histoire du procès du chancelier Poyet, par l'historiographe sans gages et sans prétentions. *Lond.* (*Par.*) 1776. 8. (*Bes.* et *P.*)

Pozza (Michele),
plus connu sous le nom de Fra Diavolo, chef de brigands italiens (1760 — pendu en 1806).

N(ardini) (B(artolommeo)). Les exploits et les amours de Frère Diable, général de l'armée du cardinal Ruffo, trad. de l'ital. par A(drien) C(ésar) E(snon). *Par.*, an IX (1801). 8. (*P.*)

Leben und Heldenthaten des Anton Gargiulo *, Fra Diavolo genannt, Ex-Capuziner, Räuberhauptmann und General der Armeen des Cardinals Ruffo in Calabrien. *Manh.* 1802. 8.
. * Ce nom est faux.

Pozzo (Bartolommeo dal).

Avertimenti a chi legge l'istoria del commendatore Fra B. del Pozzo. *Colon.* 1705. 8.

Pozzo (Bartolommeo Antonio dal).

Maggeri (Giovanni Carlo). Orazione funerale di Fra B. A. dal Pozzo, gran ammiraglio, balio di Napoli, etc. *Veron.* 1722. 4.

Pozzo (Carlo Antonio),
archevêque de Pise (30 nov. 1547 — 18 déc. 1607).

Corsi (Attilio). Orazione in lode di C. A. dal Pozzo. *Firenz.* 1608. 4.

Pozzo (Cassiano dal),
archéologue italien du xviie siècle).

Dati (Carlo Roberto). Orazione in lode del commendatore C. dal Pozzo. *Firenz.* 1664. 4. Portrait.

Pozzo (Francesco),
jurisconsulte italien.

Ferrari (Ottavio Maria). De laudibus F. Putei apud Venetos causarum patroni. *Patav.* 1651. 8.

Pozzo (Luigi, marchese del).

Botero (Giuseppe). Elogio funebre del P. L. de' marchesi dal Pozzo. *Novara.* 1844. 8.

Pozzo di Borgo (Charles André, comte),
diplomate corse au service de la Russie (8 mars 1764 — 15 fév. 1842).

Capefigue (Baptiste Honoré Raymond). Notice sur la vie du comte C. A. Pozzo di Borgo. *Par.* 1844. 8. (Extrait de la *Biographie universelle* de Michaud.)

(**Uwarow**, Sergius). Stein et Pozzo di Borgo. *Saint-Pétersb.* 1846. 16. (Tiré à un très-petit nombre d'exempl.) Trad. en allem. par Robert Lippert. *Sanct-Petersb.* 1847. 8.

Trad. en angl. *Lond.* 1847. 8. (*Oxf.*)

Pradel (Eugène de),
improvisateur français.

Notice sur M. E. de Pradel. *Bourg.* 1845. 8.

Prades (Jean Martin de),
prêtre français (vers 1720 — 1782).

Apologie de M. l'abbé de Prades. *Amst.* 1753. 8. (*D.*)

Pradier (Jean Jacques),
statuaire suisse (1790 — 5 mai 1852).

Funérailles de M. Pradier. Discours prononcés par Désiré Raoul Rochette et L... A... Dumont. *Par.* 1852. 4.

Bell (Georges). Pradier. *Par.* 1852. 8.

Pradt (Dominique Dufour de),
archevêque de Malines (23 avril 1759 — 18 mars 1837).

Procès complet de M. de Pradt, ancien archevêque de Malines, auteur de l'ouvrage intitulé : *De l'affaire de la loi des élections. Par.* et *Rouen.* 1820. 8. (*P.*)

Smet (Joseph Jean de). M. de Pradt et la révolution brabançonne, s. l. et s. d. (*Brux.*) 8. (Extrait du *Bulletin de l'Académie royale de Bruxelles.*)

Praepositus (Jacob),
théologien hollandais (+ 30 juin 1562).

Seelen (Johann Heinrich v.). Epistola de vita, meritis et scriptis J. Præpositi, antistitis Bremensis. *Lubec.* 1747. 8.

Praetorius (Ephraim),
théologien allemand.

Programma in E. Praetorii funere. *Gedan.* 1705. 4.

Praetorius (Hieronymus),
théologien allemand.

Neunesius (Ortolph). Leichenpredigt von der wahren Herzensfreude der Gerechten auf den Superintendenten H. Praetorius. *Gotha.* 1652. 4.

Praet (Joseph Basile Bernard van), voy. **Van Praet.**

Pram (Christen Henriksen),
poète danois (4 sept. 1756 — 25 nov. 1821).

Hoest (Jens Kragh). C. H. Pram. Biografisk Omrids. *Kjoebenh.* 1820. 8. Portrait. (*Cp.*)

Praslin, voy. **Choiseul-Praslin.**

Praslin (César de Choiseul, duc du Plessis-),
maréchal de France (12 février 1598 — 23 déc. 1675).

Praslin (César de **Choiseul du Plessis-**). Mémoires depuis l'an 1628 jusqu'en 1671. *Par.* 1676. 4.

Laisné (Charles). Oraison funèbre de C. de Choiseul, duc du Plessis-Praslin. *Par.* 1677. 12.

Praslin (Charles Bayard Laure Félix, duc de),
homme d'État français (25 mars 1778 — 28 juin 1841).

Aronssohn (Nestor). Notice sur M. le duc de Praslin. *Par.* 1844. 8. (*P.*)

Prasse (Friedrich Wilhelm),
jurisconsulte allemand.

Noezold (Christian Friedrich). Ehren-Gedächtniss auf F. W. Prasse. *Dresd.* 1741. 4. (*D.*)

Prata (Pileo).

Dondi dall' Orologio (Francesco Scipione). Sinodo inedito e memoria della vita di P. Prata. *Padov.* 1795. 4.

Pratt (Alessio),
musicien italien (19 juillet 1750 — 17 janvier 1788).

Laderchi (Camillo). Notizie biografiche intorno alla vita di A. Prati. *Ferrar.* 1825. 8.

Pratje I (Johann Heinrich),
théologien allemand (17 sept. 1710 — 1er février 1791).

(**Schlichthorst,** Hermann). Nachricht von dem Leben, Character und den Schriften J. H. Pratje. *Stade.* 1791. 8. Orné d'une silhouette de Pratje. (*L.*) *Goetting.* 1792. 8. (*L.*)

Pratje II (Johann Heinrich),
économiste allemand, fils du précédent (1736 — 5 janvier 1789).

Nachricht von dem Leben, den Schriften und der Familie des General-Superintendenten J. H. Pratje zu Stade. *Hamb.* 1784. 8. (*L.*)

Prato (Niccolò da),
cardinal italien.

Bandini (Angelo Maria). Vita del cardinale N. da Prato. *Livorn.* 1757. 4. Portrait.

Pratt (Josiah),
théologien anglais.

Pratt (Joseph et J... H...). Memoirs of the Rev. J. Pratt, late vicar of St. Stephen's. *Lond.* 1849. 8. Portrait.

Praun (Daniel Hieronymus v.),
gentilhomme hongrois.

Muench (Philipp Samuel). Letzte Thränen-Pflicht bey Beerdigung des Herrn D. H. v. Praun. *Oedenb.* 1742. Fol.

Praxagoras,
historien grec (contemporain de l'empereur Constantin le Grand).

Kuehn (Carl Gottlob). Commentationes III de Praxagora Coo. *Lips.* 1820. 4. (*L.*)

Praxilla,
poète grecque (vers 450 avant J. C.).

Neue (Friedrich). Commentatio de Praxillæ Sicyoniæ reliquiis. *Dorpat.* 1844. 4.

Praxiphanes,
grammairien grec.

Preller (Ludwig). Disputatio de Praxiphane peripatetico inter antiquissimos grammaticos nobili. *Dorpat.*1842. *4.*

Pray (György),
historien hongrois (1723 — 1801).

Paitner (Michael). Vita G. Pray. *Pesth.* 1802. 8.

Preble (Edward),
commodore anglo-américain (15 août 1761 — 25 août 1807).

Waldo (Samuel Putnam). Biographical sketches of distinguished American naval heroes : commodore Nicholas Biddle, John Paul Jones, E. Preble and Alexander Murray. *Hartford.* 1823. 8.

Prechtl (Maximilian),
théologien allemand.

Weigl (Johann Baptist). Abbt Prechtl, biographische Skizze, etc. *Sulzb.* 1833. 8. Portrait.

Précy (Louis François **Perrin**, comte de),
général français (15 janvier 1742 — 25 août 1820).

Notice historique sur l'exhumation du corps du lieutenant général comte de Précy et sa translation de Marcigny-sur-Loire à Lyon, dans le caveau sépulcral du monument religieux élevé aux Broteaux, à la mémoire des victimes du siége de Lyon (en 1793). *Lyon.* 1822. 4. Portrait.

Pregizer (Johann Ulrich),
théologien allemand (29 mars 1577 — 10 avril 1656).

Wagner (Tobias). Oratio in J. U. Pregizeri memoriam. *Tubing.* 1659. 4.

Preibis (Christoph),
jurisconsulte allemand (1580 — 1er mars 1651).

Huelsemann (Johann). Ehren-Gedächtniss C. Preibisii. *Leipz.* 1651. 4. (*D.*)

Preibis (Johann),
théologien allemand (13 nov. 1587 — 11 juillet 1687).

Klepperbein (Florian). Standrede über der Leiche des Mag. J. Preibis. *Leipz.* 1687. 4. (*L.*)

Fetter (Michael). Leichenpredigt über J. Preibis. *Leipz.* 1687. 4. (*L.*)

Preibis (Valentin),
théologien allemand (10 février 1588 — 17 janvier 1632).

Klopsch (Christian David). De vita Mag. V. Preibisii, quarti evangelicorum Glogoviensium pastoris. *Glogov.* 1859. 4.

Prémontval (André Pierre **Leguay de**),
littérateur français (16 février 1716 — 2 sept. 1764).

Mémoires de A. P. Leguay de Prémontval. *La Haye.* 1749. 8. (*Bes.*)

Premoy (Geneviève),
guerrière française.

Histoire de la Dragonne, contenant les actions militaires et les aventures de G. Premoy, connue sous le nom du *chevalier Balthazar.* *Par.* 1703. 12. (*P.*)

Prenninger (Friedrich),
théologien allemand.

Hartmann (Johann). Memoria F. Prenningeri. *Rotenb. ad Tubar.* 1617. 4.

Prenzel (Carl Gottfried),
jurisconsulte allemand (19 janvier 1752 — 5 juin 1775).

(**Prenzel**, Johann Christoph). Dem Andenken C. G. Prenzel's bey dem zu Venedig erfolgten Ableben. *Budiss.*, s. d. (1775). 4. (*D.*)

Pressigny (Gabriel **Cortois** de),
archevêque de Besançon (11 déc. 1745 — 2 mai 1823).

Bechet (Jean Baptiste). Éloge de Mgr. G. de Pressigny, archevêque de Besançon. *Besanç.* 1824. 8. (Extrait du *Recueil de l'Académie de Besançon.*)

Pretio (Petrus de),
vice-chancelier de l'empereur Conrad IV.

Mosheim (Gottlieb Christian v.). Commentatiuncula de vita P. de Pretio. *Goetting.*, s. d. 4. (*D. et L.*)

Préval (Claude Antoine, comte de),
général français (6 nov. 1776 — .. janvier 1853).

Haillan (J... P... du). Biographie du général Préval. *Par.* 1842. 8. (Extrait de la *Revue générale biographique, politique et littéraire.*)

Bureau (A...). Notice nécrologique sur M. le général de

division comte de Préval, sénateur. *Par.* 1853. 8. (Extrait du *Journal des sciences militaires.*)

Préval (Claude Antoine, vicomte de),
général français († 2 janvier 1808).

(**Pascallet**, Adrien). Notice biographique sur M. le vicomte C. A. Préval. *Par.* 1842. 8. Portrait. (*Lv.* et *Bes.*)

Prever (Giovanni Battista),
prêtre italien.

Vita del P. G. Prever dell' oratorio di S. Filippo di Torino, s. l. (*Rom.*) 1844. 16.

Préville (Pierre Louis **Dubus**, dit),
comédien français (17 sept. 1721 — 18 déc. 1799).

Dazincourt (Joseph Jean Baptiste **Albony**). Notice historique sur Préville. *Par.*, an VIII (1800). 8. (*P.*)

Cahaisse (Henri Alexis). Mémoires de Préville. *Par.* 1812. 8. Portrait. (*P. et Lv.*) Publ. par Maurice **Ourry**. *Par.* 1823. 8.

Dottin (Henri). Notice sur Préville. *Beauv.* 1851. 8.

Prevost (George),
général anglais (1767 — .. janvier 1816).

Some account of the public life of the late lieutenant general sir G. Prevost, baronet; particularly of his services in the Canadas, etc. *Lond.* 1823. 8. (*Oxf.*)

Prévost (Isaac Benoît),
philosophe français (7 août 1755 — 8 juin 1819).

Prévost (Pierre). Notice de la vie et des écrits de B. Prévost, professeur de philosophie à la Faculté de théologie de Montauban. *Genèv.* et *Par.* 1820. 8. (*P.*)

Prévost d'Exiles (Antoine François),
littérateur français (1er avril 1697 — 23 nov. 1763).

Dupuis (Alexandre Nicolas). Pensées de M. l'abbé Prévost d'Exiles , précédées d'un abrégé de sa vie, écrit par lui-même. *Par.* 1764. 12. (*P.*)

(**Bernard**, Pierre). Essai sur la vie et les ouvrages de l'abbé Prévost (d'Exiles). *Par.* 1810. 8.

* Ce morceau, qui se trouve à la tête des *OEuvres choisies* de Prévost d'Exiles, a été aussi imprimé séparément, mais il en existe très-peu d'exemplaires.

Pribezlao,

Koeler (Johann David). Dissertatio de Pribezlao sive Henrico, rege Brandenburgico. *Altorf.* 1723. 4. (*L.*)

Price (Richard),
publiciste anglais (23 février 1723 — 19 mars 1791).

Baras (Marc Antoine). Éloge du docteur Price. *Toulouse.* 1791. 4.

Morgan (William). Memoirs on the life and writings of the Rev. R. Price. *Lond.* 1815. 8. (Non mentionné par Lowndes.) — (*Oxf.*)

Price (Robert),
jurisconsulte anglais (vers 1654 — 1733).

Life of the Hon. R. Price, baron of Exchequer. *Lond.* 1754. 8. Portrait. (*Oxf.*)

Prick (Nicolaus),
jurisconsulte allemand (15 sept. 1630 — 4 oct. 1692).

Tilemann (J... B...). Leichenpredigt auf Dr. N. Prick. *Marb.* 1692. 4.

Percelli (Massimiliano). Laudatio funebris in obitum N. Prickii. *Marb.* 1692. 4. (*L.*)

Pridden ou **Prydden** (Sarah),
plus connue sous le nom de **Sally Salisbury,**
courtisane anglaise († 1723).

Genuine history of Mrs. S. Pridden, usually called S. Salisbury, and her gallants. *Lond.* 1723. 8.

Walker (Charles). Authentick memoirs of the life, intrigues and adventures of the celebrated S. Salisbury, with true characters of her most considerable gallants. *Lond.* 1723. 8. Portrait. (*Oxf.*) Trad. en allem. s. c. t. Der berüchtigten Engelländerin Sally Salisbury seltzahme (!) Lebens- und Liebesgeschichte. *Hamb.* 1723. 12. Portrait.

Prideaux (Humphrey),
historien anglais (3 mai 1648 — 1er nov. 1724).

Life of H. Prideaux, etc. *Lond.* 1748. 8. (*Oxf.* et *P.*)

Pries (Joachim Heinrich),
théologien allemand (12 nov. 1714 — 1er août 1763).

Becker (Johann Heinrich). Wohlverdientes Ehrengedächtniss des seeligen Pries, etc. *Rostock.* 1763. Fol.

Priesnitz (Vincenz),
hydropathe allemand.

Ruppricht (Siegfried). Ehrenrettung des V. Priesnitz und seines Heilverfahrens, etc. *Bresl.* 1840. 8.

Decken-Himmelreich (Leopold v. d.). V. Priesnitz und die Wassercur, etc. *Bresl.* 1843. 8.

- **Guettet** (N... N...). Priesnitz, fondateur de l'hydrothérapie. *Dijon.* 1852. 8.

Priestley (Joseph),
physicien anglais (13 mars 1733 — 6 février 1804).

Character of Dr. Priestley, considered as a philosopher politician and divine, etc. *Lond.* 1790. 8.

Toulmin (Joshua). Biographical tribute to the memory of Dr. Priestley. *Lond.* 1804. 8.

Smith (John Pye). Discourse on the death of Dr. J. Priestley. *Lond.* 1805. 8. (*Oxf.*)

Corry (John). Life of J. Priestley, with critical observations on his works. *Birmingh.* 1805. 8. (*Oxf.*)

Memoirs of Dr. J. Priestley, written by himself, with a continuation to the time of his decease, by his son Joseph PRIESTLEY, and observations on his writings, by Thomas COOPER. *Lond.* 1806-07. 2 vol. 8. (*D.*) — (*Oxf.*)

Cuvier (George). Historical eulogium of J. Priestley, trad. du franç. par D... B... WARDEN. *Par.* 1807. 8.

Prim (conde de **Reuss** (Juan),
général espagnol (.. déc. 1814 — ...).

Vida militar y politica ó reseña biográfica de los generales D. J. Prim y D. Martin Zurbano. *Madr.* 1848. 8.

Primat (Claude François Henri),
archevêque de Toulouse (1746 — 8 oct. 1817).

Jamme (Alexandre Auguste). Éloge historique de M. Primat, archevêque de Toulouse. *Toulouse.* 1818. 8.

Primaticcio (Francesco),
peintre italien du premier ordre (1490 — 1570).

Bolognini-Amorini (Antonio). Vita del celebre pittore F. Primaticcio. *Bologn.* 1858. 8. Portrait. (*Oxf.*)

Prince (Henry John?),
sectaire anglais.

Rees (Arthur Augustus). Rise and progress of the heresy of H. J. Prince. *Weymouth.* 1846. 8. (*Oxf.*)

Pringle (John),
médecin anglais (10 avril 1707 — 18 janvier 1782).

Kippis (Andrew). Life of J. Pringle. *Lond.* 1783. 8. (*Oxf.*)

Vicq-d'Azir (Félix). Éloge de J. Pringle. *Par.* 1787. 8. (*P.*)

Pringle (Thomas).

Conder (Josiah). Biographical sketch of the late T. Pringle. *Lond.* 1855. 8. (*Oxf.*)

Pringle (Walter),

Wood (Walter). Memoirs of W. Pringle. *Edinb.* 1847. 8. (*Oxf.*)

Printzen (Marquard Ludwig v.),
homme d'État allemand (14 avril 1675 — 8 nov. 1725).

Elsner (Jacob). Gedächtnissschrift Herrn M. L. v. Printzen, Seiner königlichen Majestät in Preussen Ober-Hofmarschall, geheimen Etats- und Kriegsrath gesetzet. *Berl.* 1726. 4.

Withof (Johann Hildebrand). Oratio, qua sanctissimis manibus illustrissimi viri M. L. a Prinzen parentatum, etc. *Duisb.* 1726. 4.

Westermann (Nicolaus). Panegyricus in M. L. L. B. a Printzen. *Frf. ad Viadr.* 1726. 4.

Priocca (Clemente Damiano),
homme d'État italien (23 février 1749 — 5 février 1813).

Boucheron (Carlo). Narratio de C. D. Priocca. *Torin.* 1813. 4. (*P.*)

Priolo (Benjamino),
historien italien (1er janvier 1602 — ... 1667).

Rhodius (Jacob). Vita B. Prioli, equitis Veneti, s. l. (*Patav.*) 1672. Fol. *Par.* 1672. 4. (*P.*)

Priolo (Zilia),
épouse du doge de Venise.

Stella (Antonio). In funere Z. Priulæ, inclytæ Venetiarum ducis, oratio. *Venez.* 1566. 8.

Priscilla,
personnage biblique.

Zeltner (Gustav Georg). Dissertatio de Priscilla, Aquilæ

uxore, tanquam feminarum e gente Judaica eruditarum specimine. *Altorf.* 1709. 4.

Pritz (Johann Georg),
théologien allemand (22 sept. 1662 — 24 août 1732).

Ritter (Johann Baptist). Leichenpredigt auf J. G. Pritius. *Frf.* 1732. Fol.

Privat (Saint),
patron du Gévaudan.

Rabeyrolle (N... N...). Vie de S. Privat, martyr, premier évêque et patron du Gévaudan, diocèse de Mende. *Par.* 1857. 18. *Toulouse.* 1848. 18. (*P.*)

Probus (Anton),
théologien allemand (1539 — 7 mai 1613).

Schoenfeldt (Elias). Oratio funebris de vita, studiis, officiis ecclesiasticis et obitu A. Probi. *Jenæ.* 1613. 4. (*L.*)

Procida (Giovanni di),
chef de la conjuration connue sous le nom de Vêpres siciliennes (vers 1225 — vers 1310).

Buscemi (Niccolò). Saggio storico della vita di G. di Procida privata e pubblica. *Palerm.* 1836. 8.

Proclus,
philosophe grec (8 février 412 — ... 485).

Marinus. Procli, philosophi platonici, vita, etc., publ. par Albert FABRICIUS. *Hamb.* 1700. 4. (*Lv.*) Réimprim. par Franz BOISSONADE. *Leipz.* 1814. 8. (*L.*)

Proclus ou **Proculus**,
jurisconsulte romain.

Enschedé (A... J...). Dissertatio de Proclo, JCto. *Lugd. Bat.* 1832. 8. (*Ld.*)

Procope (Saint),
martyr bohême.

Bridelius (Franz). Jiskra slávy Svato Prokopské z rozlienych autoruv sebraná. *Praze.* 1662. 12. *Lytomysl.* 1689. 8. *Ibid.* 1699. 12.

Zimmermann (Johann Nepomuk). Zivotopis Svatého Prokopa. *Praze.* 1845. 8.

Procope de Gaza,
rhéteur grec († 527).

Ernesti (Johann Christian Gottlieb). Epistola de Procopio Gazæo. *Lips.* 1785. 4. (*L.*)

Procope, dit **le Grand** (Andreas),
chef des Hussites (tué le 30 mai 1434).

Leben des böhmischen Edelmanns Prokop des Grossen und Prokop des Kleinen. *Prag.* 1792. 8. (*L.*)

Procopœus (Christian),
théologien suédois.

Gezelius (Johan). Innehäld af en trogen Evangelii predikares lära, s. concio funebris in obitum C. Procopœi, pastoris in Loymjoki. *Aboœ.* 1699. 4.

Prodicus,
philosophe grec du 1ve siècle avant J. C.

Hummel (Johan Christian). Dissertatio historica de Prodico sophista. *Lugd. Bat.* 1847. 8.

Proels (Georg),
soi-disant sorcier allemand (exécuté en 1722).

Ausführliche Erzählung des Verhörs und der Hinrichtung des 1722 der Hexerei beschuldigten G. Proels von Pfettrach in Baiern; aus den Gerichts-Acten mit Anmerkungen, s. l. 1806. 8.

Profe (Gottfried),
pédagogue allemand (11 sept. 1712 — 31 mai 1770).

Henrici (Paul Christian). Memoria G. Profe, philosophiæ ac mathematum professoris. *Alton.* 1770. Fol.

Proles (Andreas),
augustin allemand (1429 — 1508).

Schoettgen (Christian). Lebensbeschreibung eines gelehrten Dresdner's, A. Proles. *Dresd.* 1734. 4. (*L.*)

Schuetze (Gottfried). Leben des Domherrn A. Proles, eines Zeugen der Wahrheit vor Luther. *Hamb.* 1741. 4. *Leipz.* 1744. 8. (*D.* et *L.*)

Prométhée,
personnage mythologique.

Hojer (Günther Otto). Refutatio figmenti de Prometheo poetico. *Cellœ.* 1674. 4.

Ekker (A...). Dissertatio de Prometheo et generis humani ab eo progressione. *Traj. ad Rhen.* 1822. 8.

Weiske (B... C...). Prometheus und sein Mythenkreis, herausgegeb. von H... LEYSEN. *Leipz.* 1842. 8. (*L.*)

Lassaulx (Ernst v.). Prometheus. Die Sage und ihr Sinn. *Münch.* 1843. 8.

Properce (Sextus Aurelius),
pnète romain (52 — 12 avant J. C.).
Donnola (Taddeo). De patria S. A. Propertii dissertatio. *Fulg.* 1629. 4. (Très-rare.)
Schurzfleisch (Heinrich Leonhard). Dissertatio percuriosa de patria S. A. Propertii. *Witteb.* 1715. 8. (*P.*)
Gillet de Moivre (N... N...). La vie et les amours de Properce, chevalier romain, etc. *Amst.* 1744. 12. *Par.* 1746. 12. (*P.*)

Prosch (Peter),
aventurier allemand.
Leben und Ereignisse des P. Prosch, eines Tyrolers von Ried im Zillerthal, etc. *Münch.* 1789. 8.

Prosec v. Jirna (Thomas),
chevalier bohème (†1615).
Kozlansky (Bartholomaeus). Památka pohrebni o zivotu o smrti wrozencho a statecného rytire P. T. Prosece na Jirnach. *Praze*, s. d. 4.

Proserpine,
personnage mythologique.
Gerhard (Eduard). Venus Proserpina illustrata. *Fiesol.* 1826. 8.

Prost de Royer (Antoine François),
jurisconsulte français (5 sept. 1729 – 21 sept. 1784).
Barou du Soleil (Pierre Antoine). Éloge de Prost de Royer. *Lyon.* 1785. 8.
(Moulin, Onuphre Benoit Claude). Notice nécrologique pour servir à l'éloge de Jean François Armand Riolz ; suivie d'une dissertation sur le célèbre Prost de Royer et le fameux Merlin de Douai. *Lyon.* 1817. 8. *
  * Publ. sous le prénom de OsUPHRE.

Proszovianus (Raphael),
prêtre polonais.
Vita servi Dei B. R. Proszoviani. *Posnan.* 1686. 4.

Protagoras,
orateur grec († vers 400 avant J. C.).
Geist (Eduard). Disquisitio de Protagorae sophistæ vita. *Giess.* 1827. 4. (*Oxf.*)
Herbst (Ferdinand). Des Protagoras Leben und Sophistik, etc. *Hamb.* 1832. 8.
Weber (Otto). Über Protagoras aus Abdera. *Marb.* 1849. 4. (*L.*)
Vitringa (Anne Johan). Disquisitio de Protagorae vita et philosophia. *Groning.* 1853. 8.

Proteus,
personnage mythologique.
Aurivillius (Carl). Dissertatio de Proteo Ægyptio. *Upsal.* 1760. 8.

Protzen (Valentin),
théologien allemand.
Toellner (Johann Gottlieb). Ehrengedächtniss des Herrn V. Protzen, Consistorialraths und Pastors der Jacobikirche zu Stettin. *Frf. a. d. O.* 1773. 8.

Proudhon (Pierre Joseph),
socialiste français.
F... (H...). Étude sur M. Proudhon, démocrate et socialiste. *Lyon.* 1848. 8.
Marchal (Joseph). Révélations édifiantes sur P. J. Proudhon et Pierre Leroux. *Brux.* 1850. 8.
Chauvelot (Barnabé). Proudhon et son livre. *Par.* 1852. 12. *
  * Critique de son ouvrage *La Révolution démontrée par le coup d'État du 2 décembre. Par.* 1852. 12.
Vrau (Jules). Proudhon et son système économique. *Par.* 1853. 12.

Prousteau (Guillaume),
jurisconsulte français (1626 – 1715).
Rouxel (P... D...). Clarissimi doctissimique viri G. Prustelli, in academia Aurelianensi legum professoris, elogium. *Aurel.* 1721. 4.

Provanchères (Siméon de),
médecin français (vers 1540 – 1617).
(Arnolf, Jean Baptiste). S. Provancherii tumulus a variis poetis erectis. *Par.* 1617. 4. (Assez rare.) — (*P.*)

Provolo (Antonio),
instituteur des sourds-muets († 2 déc. 1842).
Bresciani (Camillo Cesare). Orazione in morte di D. A. Provolo, fondatore della scuola de' sordi-muti. *Veron.* 1843. 8.

Prudence (Saint),
évêque de Troyes († 6 avril 861).
(Leclerc, Jean). Vie de S. Prudence, avec la critique de ses ouvrages. *Amst.* 1689. 8. (*D.*)
(Breyer, Remi). Vie de S. Prudence, évêque de Troyes, et de S. Maure, vierge. *Troyes.* 1725. 12. (*Bes.*)
Middeldorpf (Heinrich). Commentatio II de Prudentio et theologia Prudentia. *Vratisl.* 1825-26. 4. (*L.*)

Prudentius Clemens (Aurelius),
pnète romain (348 – vers 405).
Ludewig (Johann Peter v.). Dissertatio de vita A. Prudentii Clementis. *Witteb.* 1692. 4. (*D.*)

Prudhon (Jean Baptiste Victor),
jurisconsulte français (1er février 1758 – 20 nov. 1838).
Lorain (N... N...). Éloge biographique de M. Prudhon. *Dijon.* 1858. 8. (*P.*)
Lagier (Firmin). Éloge de M. Prudhon, doyen de la Faculté de droit de Dijon et ancien bâtonnier de l'ordre des avocats. *Dijon.* 1849. 8. (*Lu.*)
Curasson (Jacques). Eloge de M. Prudhon. *Dijon.* 1859. 8.
Tenaille (Félix). Éloge de Prudhon. *Par.* 1841. 8. (*P.*)

Prud'hon (Pierre Paul),
peintre français (6 avril 1760 – 16 février 1823).
Quatremère de Quincy (Antoine Chrysostome). Notice historique sur P. P. Prud'hon. *Par.* 8. (*P.*)
(Vojart, Anne Elisabeth Elise). Notice historique sur la vie et les ouvrages de P. P. Prud'hon, peintre. *Par.* 1824. 8. Portrait. (*P.*)
Blanc (Charles). P. P. Prud'hon. *Par.* 1845. 8. (Extrait de l'*Histoire des peintres français*.)
Delacroix (Eugène). Prud'hon. *Par.* 1846. 8. (Extrait de la *Revue des Deux-Mondes*, tiré à part à petit nombre.)

Prugger (Johann Joseph),
jurisconsulte allemand (1717 – 15 déc. 1788).
Semmer (Georg Xaver). Oratio in obitum Dr. J. J. Pruggeri. *Ingolst.* 1789. 4.

Prunner (Hieronymus),
théologien allemand.
Carsted (Johann Caspar). Memoria de vita H. Prunneri, sexti præsulis Lutherani Palæo-Brandenburgensis. *Brandeb.*, s. d. (1758). 4. (*D.*)

Prydden, voy. **Pridden** (Sarah).

Prynne (William),
jurisconsulte anglais (1600 – 24 oct. 1669).
Catalogue of printed books written by W. Prynne. *Lond.* 1643. 4. (*D.* et *Oxf.*)

Psalmanazar (George),
aventurier français (1679 – 1763).
Memoirs of *** commonly known by the name of G. Psalmanazar. *Lond.* 1764. 8. *Ibid.* 1765. 8. Portrait. *
  * Ces mémoires ont été publiés par mistress Sarah REWALLINC, à qui l'auteur légua tout ce qu'il possédait, et qu'il appelle dans son testament son amie.
Leben G. Psalmanazar's, eines geborenen Formosaners. *Frf.* 1771. 8.

Psilanderhielm (Nils),
savant suédois (26 nov. 1706 – 14 août 1768).
Rabbe (Sten af). Åminnelse-Tal öfver Bergs-Rådet N. Psilanderhielm. *Stockh.* 1770. 8.

Pseaume (Étienne),
bibliographe français (21 février 1769 – assassiné le 27 oct. 1828).
Grande complainte sur l'horrible et épouvantable assassinat commis avec préméditation et guet-apens sur la personne de M. E. Pseaume, etc. *Par.* 1829. 8. (*P.*)

Psyché,
personnage mythologique.
Romance de Mesmont (Germain Hyacinthe de). Recherches philosophiques sur les sens moraux de la fable de Psyché et de Cupidon. *Hamb.* 1798. 8.
Thorlacius (Birger). Disquisitio mythologica de Psyche et Cupidine. *Hafn.* 1801. 12. (*Cp.*)

Ptolémées,
les quatorze successeurs d'Alexandre le Grand (323 – 30 avant J. C.).
Seyssel (Claude de). Histoire des successeurs d'Alexandre le Grand. *Par.* 1550. Fol. (*P.*) *Luxemb.* 1705. 12.
Roseo da Fabriano (Mambrino). Istoria de' successori d' Alessandro Magno. *Venez.* 1570. 12.

Vaillant (Jean). Historia Ptolemæorum, Ægypti regum, ad fidem numismatum accommodata. *Amst.* 1701. Fol.

Heyne (Christian Gottlob). Programma de genio sæculi Ptolemæorum. *Goetting.* 1763. Fol. (*L.*)

Mannert (Conrad). Geschichte der unmittelbaren Nachfolger Alexander's des Grossen. *Leipz.* 1786. 8. (*L.*) Trad. en franç. par Jean Baptiste Baeton. *Par.* 1809. 18. (*P.*)

Champollion-Figeac (Jean Joseph). Annales des Lagides, ou chronologie des rois grecs d'Égypte, successeurs d'Alexandre le Grand. *Par.* 1819-20. 3 vol. 8. (*P.*)

Saint-Martin (Jean Antoine). Observations sur un opuscule de M. Champollion-Figeac, intitulé *Annales des Lagides*, etc. *Par.* 1820. 8. (*P.*)

—— Nouvelles recherches sur l'époque de la mort d'Alexandre et sur la chronologie des Ptolémées, etc. *Par.* 1820. 8. (*P.*)

Drumann (Carl Wilhelm Albert). Dissertatio de rebus Ptolemæorum. *Regiom.* 1821. 4. (*Oxf.*)

Poirson (Auguste) et **Cayx** (Charles). Précis de l'histoire des successeurs d'Alexandre. *Par.* 1828. 8. (*P.*)

Ptolémée II, surnommé Philadelphe,
roi d'Égypte (vers 309 — 2 nov. 285 — 24 oct. 247 avant J. C.).

Green (Georg). Dissertatio de Ptolemæo (II) Philadelpho, Ægypti rege. *Witteb.* 1676. 4. (*L.*)

Ptolémée VII, dit Évergétès II (le Bienfaisant),
roi d'Égypte (5 oct. 170 — 21 sept. 117 avant J. C.).

Forster (Johann Reinhold). Dissertatio de successoribus Ptolemæi VII Evergetis II, cui et nomen Physcon ab Alexandrinis vulgo dabatur. *Goetting.* 1780. 8. (Tiré à très-petit nombre.)

Ptolémée XI, surnommé Aulétès
ou le Joueur de flûte *,
roi d'Égypte (12 sept. 81 — 5 sept. 52 avant J. C.).

Baudelot de Dairval (Charles César). Histoire de Ptolémée Aulétès. *Par.* 1698. 12. (*P.*) *Ibid.* 1708. 4. **

   * Ainsi nommé à cause de la passion désordonnée qu'il avait pour cet instrument.
   ** La première édition est anonyme.

Offerhaus (Leonhard). Dissertatio historica de Alexandro II, Ægypti Cyprique rege, ejusque in regno successore, Ptolemæo (XI) *Groning.* 1759. 4.

Ptolémée Lagidas.

Geier (Robert). Commentatio de Ptolemæi Lagidæ vitæ commentariorum fragmentis. *Halæ.* 1838. 4. (*L.*)

Ptolémée (Claudius),
géographe et astronome grec du IIe siècle.

Raidel (Georg Martin). Commentatio critico-literaria de C. Ptolemæi geographia, etc. *Norimb.* 1737. 4.

Schaubach (Johann Carl). Über den griechischen Astronomen C. Ptolemæus. *Meining.* 1825. 4.

Heeren (Arnold Hermann Ludwig). Commentatio de fontibus geographicorum Ptolemæi tabularumque iis annexarum num ii græcæ an vero tyriæ originis fuerint. *Goetting.* 1828. 4. (*L.*)

Publius (Saint).

Zebug (Pelagio Maria dal). Componimento storico, ossia notizie sacro-profane di S. Publio. *Malta* et *Messin.* 1776. 4.

Pucci (Francesco Filidino),
théologien italien († 1600).

Schmidt (Johann Andreas). Dissertatio de Puccio in naturalistis et indifferentistis redivivo. *Lips.* 1712. 4. (*D.*)

Puccini (Maddalena).

Contrucci (Pietro). Necrologia di M. Puccini. *Firenz.* 1836. 8.

Puchta (Wolfgang Heinrich),
jurisconsulte allemand (3 août 1769 — 6 avril 1845).

Reden am Grabe des Herrn D. W. H. Puchta, (pensionirten Landrichters und Ritters des königlich baierschen Verdienstordens vom heiligen Michael, etc.). *Erlang.* 1845. 8.

Pueckler (Carl Franz, Graf v.),
jurisconsulte (?) allemand.

Raethel (Wolfgang Cristoph). Programma de vita C. F. comitis de Pueckler. *Neostad.* 1709. Fol.

Pueckler-Muskau (Hermann, Fürst v.),
touriste allemand (30 oct. 1785 — ...).

Jaeger (August). Leben des Fürsten v. Pückler-Muskau. *Stuttg.* 1843. 8. Portrait.

Puente (Luis de la),
jésuite espagnol (1554 — 17 février 1624).

Cachupin (Francisco). Vida y virtudes del V. P. L. de la Puente, de la compañia de Jesus, natural de la ciudad de Valladolid. *Madr.* 1630. 4. *Salamanc.* 1652. 4. Trad. en franç. par Nicolas Rogen. *Par.* 1663. 12. (*D.*) Trad. en ital. *Milan.* 1667. 8. *Bologn.* 1675. 12. (*D.*) *Venez.* 1733. 8. (*D.*)

Lamparter (Georg Heinrich). Vita et virtutes L. de Ponte. *Ingolst.* 1662. 8. Trad. en allem. par Magnus Jocham, *Sulzb.* 1840. 2 vol. 16.

Compendio della vita del P. L. da Ponte. *Rom.* 1690. 12.

Tanner (Johannes). Compendium vitæ V. P. L. de Ponte. *Prag.* 1691. 12.

Puestrich,
personnage mythologique.

Weber (Immanuel). Dissertatio de Pustero, veteri Germanorum idolo. *Giess.* 1717. 4.

(Bertram, Joachim Christoph). Kurze Beschreibung und muthmassliche Geschichte des uralten thüringischen Götzen Püstrich, nebst einer treuen Abbildung desselben. *Sondershaus.* 1811. 8. *

   * Cet ouvrage contient l'énumération de 14 écrits relatifs au même sujet.

Pueterich v. Reicherzhausen (Jacob),
poète allemand.

Adelung (Johann Christoph). J. Pueterich v. Reicherzhausen. Beitrag zur Geschichte der deutschen Dichtkunst im schwäbischen Zeitalter. *Leipz.* 1788. 4. (*L.*)

Puetter (Johann Stephan),
jurisconsulte allemand (25 juin 1725 — 12 août 1807).

Puetter (Johann Stephan). Selbstbiographie. *Goetting.* 1798. 2 vol. 8. (*D.* et *L.*)

Pufendorf (Esaias),
théologien allemand (25 juillet 1628 — 26 août 1689).

Mueller (Daniel). Programma de gente Pufendorfiorum. *Chemnic.* 1723. Fol. (*L.*)

Pufendorf (Samuel v.),
historien allemand (8 janvier 1632 — 27 oct. 1694).

Fama et vita litteraria Pufendorffiana. *Lips.* 1710. 8. (*L.*)

Mueller (Daniel). Laudes S. L. B. de Pufendorf. *Chemnic.* 1723. Fol. (*D.*)

Wahlin (Christian). Commentarii de vita academica quam Londini Gothorum degit vir illustris S. Pufendorf. *Lund.* 1781. 8.

Pugatcheff (Yemelka),
imposteur russe (1726 — exécuté le 10 janvier 1775).

Le faux Pierre III, ou la vie et les aventures du rebelle J. Pugatschew, d'après l'original russe de M. F. S. G. W. D. B. *Lond.* 1775. 2 vol. 8. Portrait. (*P.*)

Leben und Abenteuer des berüchtigten Rebellen J. Pugatschew, der sich für Peter III ausgab. *Leipz.* 1775. 8. (Traduction d'un ouvrage russe.) — (*L.*)

Leben des Rebellen Pugatschew. *Leipz.* 1800. 8. Port. (*L.*)

Hordé (Adèle). Histoire de Pugatscheff. *Par.* 1809. 2 vol. 12. (*P.*)

Puschkin (Alexander). Geschichte des Pugatschew'schen Aufruhrs, aus dem Russischen übersetzt durch H... Brandeis. *Stuttg.* 1840. 8. (*D.*)

Puget (Louis de),
naturaliste français (1629 — 1709).

Tricaud (Anthelme). Éloge de L. de Puget, s. l. 1710. 8. (Extrait du *Journal de Trévoux.*)

Puget (Pierre),
sculpteur, peintre et architecte français (31 oct. 1622 — 2 déc. 1694).

(Bougerel, Joseph). Lettre sur P. Puget, sculpteur, peintre et architecte. *Par.* 1752. 8. (*P.*)

(Dumersan, Théophile Marion). Éloge historique de P. Puget. *Par.* 1807. 8. (*Lv.*)

(Duchesne, Jean). Éloge historique de P. Puget, sculpteur, peintre et architecte. *Par.* 1807. 8. (*Lv.*)

Féraud (L... D...). Éloge historique de P. Puget. *Par.* 1807. 8. (Non mentionné par Quérard.) — (*P.*)

Rabbe (Alphonse). Eloge historique de P. Puget. *Par.* 1807. 8. (Omis par Quérard.) — (*P.*)

Pons (Ange Thomas Zénon). Essai sur la vie et les ouvrages de P. Puget. *Par.* 1812. 8. (Peu commun.)

Émeric-David (Toussaint Bernard). Vie de P. Puget, peintre, statuaire, architecte et constructeur de vaisseaux. *Marseille.* 1840. 8. *

   * Réimpression de l'article inséré dans la *Biographie universelle* de Michaud.

Henry (D... M... J...). Sur la vie et les œuvres de P. Puget. *Toulon*. 1853. 8.

Puget, marquis de **Barbatane** (Paul François
Hilarion Bienvenu),
général français (1754 — 27 mars 1828).
Mémoires du général Puget (marquis de Barbatane). *Par.*
1827. 8. (Publ. par lui-même.)

Pugliesi (Giuseppe),
artiste calculateur italien.
(Mayer, Enrico). Ragionamento di G. Pugliesi, fanciullo
Palermitano, straordinario per potenza di calcolo men-
tale, s. l. (*Firenz.*) 1836. 8. Portrait.

Pugnani (Gaetano),
compositeur italien (1727 — 1803). *
Rangoni (Giovanni Battista). Saggio sul gusto della mu-
sica, col carattere de tre' celebri suonatori di violino,
(Pietro) Nardini, (Antonio) Lolli e Pugnani. *Livorn.*
1790. 8.
* Et non pas en 1790 comme le disent plusieurs biographes.
Fayolle (François Joseph Marie). Notices sur (Archangelo)
Corelli, (Giuseppe) Tartini, (Pierre) Gaviniès, Pugnani
et (Giovanni Battista) Viotti. *Par.* 1810. 8. 5 portraits.

Pugnet (Jean François Xavier),
médecin français (16 janvier 1765 — vers 1830).
Neuhaus (Carl). Le docteur Pugnet. *Bern.* 1847. 8.
Portrait.

Puisaye ou **Puysaye** (Joseph, comte de),
l'un des chefs des royalistes français (vers 1755 — 13 oct. 1827).
Mémoires du comte J. de Puisaye, etc., qui pourront
servir à l'histoire du parti royaliste français, durant
la dernière révolution. *Lond.* 1803. 6 vol. 8. *Par.* 1806.
6 vol. 8.
Notice sur le comte J. de Puisaye, lieutenant général, etc.,
s. l. et s. d. (*Par.* 1827.) 8. (*P.*)

Puissequier (Jacquette de),
ursuline française.
Vie de J. de Puissequier, dite de Saint-Sernin, religieuse
de Saint-Augustin, de la congrégation des ursulines de
Grenade. *Toulouse.* 1698. 12.

Pujol (Alexis),
médecin français (10 oct. 1739 — 15 sept. 1804).
Baumes (Jean Baptiste Timothée). Éloge de A. Pujol.
Montpell. 1806. 4.
Boisseau (François Gabriel). Notice sur la vie et les tra-
vaux d'A. Pujol. *Castres.* 1823. 8.

Pujol de Mortry, baron de la **Grave**
(Alexis Denis Joseph),
prévôt de Valenciennes (23 déc. 1737 — 30 août 1816).
Leroy (Aimé Nicolas) et **Dinaux** (Arthur). Notice sur
Pujol de Mortry, ancien prévôt de Valenciennes. *Va-
lenc.* 1827. 4 et 8. (Tiré seulement à 50 exemplaires.)

Puke (Johan, Grefve af),
amiral suédois (27 février 1751 — 21 avril 1816).
Platen (Baltzar Bogislaus v.). Åminnelse-Tal öfver
Grefve J. af Puke. *Stockh.* 1816. 8.
Améen (C... J...). Åminnelse-Tal öfver Admiralen J. af
Puke. *Carlskron.* 1817. 8.

Pulawski (Kasimir),
général polonais (4 mars 1748 — ...1778).
Pulawski vindicated, etc. *Baltimore.* 1824. 8. *
* Ce titre n'est pas tout à fait exact.

Pulcher (Clodius),
Elberling (Carl Wilhelm). Narratio de P. C. Pulchro.
Hafn. 1839. 8.

Pulcheria Augusta (Ælia),
impératrice, sœur de Théodose (19 janvier 399 — 18 février 453).
Crusius (Martin). Oratio de virgine serenissima Augusta
Pulcheria, imperatrix Theodosii M. sorore. *Tubing.*
1600. 4.
Rader (Matthias). Aula sancta Theodosii II s. junioris,
sanctæ Pulcheriæ sororis et Eudoxiæ uxoris, Augustorum res gestas complectens. *Aug. Vind.* 1608. 8. *Monach.* 1614. 8.
Contucci (Arcangelo Cintuccio). Vita dell' imperatrice
Pulcheria. *Rom.* 1754. 8.

Pulgar (Fernandez Perez de),
historien espagnol (1436 — vers 1486).
Martinez de la Rosa (Francisco). Bosquejo histórico

de la vida de H. P. del Pulgar, e de las hazañas del
gran capitan. *Madr.* 1834. 8. *Par.* 1844. 8. (*P.*)

Pullini (Carlo Antonio),
littérateur italien.
Notizie biografiche intorno all' abate C. A. Pullini. *Torin.*
1817. 8.

Pulsky (Johann Georg v.),
jurisconsulto hongrois.
Weinert (Andreas). Schriftliches Denckmal, oder Gedächtnisspredigt des J. G. v. Pulsky aus Éperies in
Ungarn, beyder Rechte Candidaten, sammt dessen Lebenslauf, etc. *Jena.* 1750. 8. (En allem. et en latin.)

Punt (Jan),
peintre et comédien hollandais (1711 — 18 déc. 1779).
Corver (N... N...). Tooneel-aantekeningen over het leven
van J. Punt. *Leyd.* 1786. 8.

Pupikofer (Augustin),
littérateur hongrois.
Szerdahelyi (György András). Memoria A. Pupikofer
in universitate Budensi humaniarum litterarum repe-
tentium professoris, etc. *Budæ.* 1785. 8.

Purmann (Gregorius),
théologien allemand.
Will (Georg Andreas). Narratio de M. Purmanno, decano Lehrbergensi. *Altorf.* 1754. 4.

Purry (David, baron de),
citoyen suisse.
Guy d'Audanger (Charles). Éloge de M. le baron de
Purry, citoyen de Neufchâtel. *Neufchât.* 1787. 8.
Brandt (Frédéric). Notice sur la vie de M. le baron D.
de Purry, suivie de son testament et d'un extrait de sa
correspondance particulière. *Neufchât.* 1826. 8. Portrait.

Pusey,
philosophe anglais.
Hughes (John Gwyther). Sketch of the philosophy of
Puseyism, in seven essays. *Lond.* 1844. 8. (*Oxf.*)

Pusin (Carl Ernst),
théologien courlandais (4 déc. 1746 — 14 mars 1818).
Letzte Worte am Grabe C. E. Pusin's. *Mitau.* 1818. 8.

Pustkuchen, se nommant **Glanzow**
(Friedrich Wilhelm),
littérateur allemand (4 février 1793 — 2 janvier 1834).
Immermann (Carl Lebrecht). Brief an einen Freund
über die falschen *Wanderjahre Wilhelm Meister's* und
ihre Beilagen. *Münst.* 1823. 8.
Schuetz (Friedrich Carl Julius). Goethe und Pustkuchen, oder über die beiden *Wanderjahre Wilhelm Meister's* und ihre Verfasser. Beitrag zur Geschichte der
deutschen Poesie und Poetik. *Halle.* 1825. 8. (*L.*)

Puteanus * (Claudius),
jurisconsulte français (vers 1550 — 1594).
C. Puteani tumulus. *Par.* 1607. 4. (*D.* et *P.*).
* Son véritable nom était Dupuy.

Puteanus * (Erycius),
historien hollandais (4 nov. 1574 — 17 sept. 1646).
Vernulæus (Nicolaus). Oratio in funere E. Puteani.
Lovan. 1646. 4.
* Son nom de famille était Vander Putten.
Broers (Jacobus Karel). Oratio de E. Puteano. *Lugd.
Bat.* 1835. 4. (*Ld.*)
Even (Edward van). E. Puteanus, als liefhebber der
moedertael en nederduitsch dichter, s. l. et s. d.
(*Gand*). 8. * (Extrait du journal *Eendragt,* tiré seule-
ment à 8 exemplaires.)

Puteanus (Petrus), voy. **Dupuy** (Pierre).

Putnam (Israel),
général anglo-américain.
Putnam (Israel). Enquiry into his conduct in relation
to the battle of Bunker or Breed's Hill and remarks
upon Samuel Sweets sketch of that battle. *Boston.*
1819. 8.

Humphreys (David). Essay on the life of Hon. major
general S. Putnam. 1788. 8. *Boston.* 1818. 8.
—— Memoirs of general I. Putnam. *Boston.* 1818. 12.
Memoirs of the life, adventures and military exploits of
general I. Putnam. *Ithaca.* 1839. 18.
Cutter (William). Life of general I. Putnam. *New-York.*
1849. 12.

Putschius (Elias),
philologue hollandais (6 nov. 1580 — 9 mars 1605).

Rittershusius (Conrad). Vita et mors juvenis ornatissimi H. Putschii Antwerpiani descripta. *Hamb.* 1608. 4. (D.) *Ibid.* 1726. 8.

Halenbeck (Lorenz). Ehren- und Trost-Schrift über dem Absterben E. Putschii. *Hamb.* 1608. 4. (D.)

Putschius (Jan),
frère du précédent.

Putschius (Elias). Oratio scripta in funere fratris J. Putschii. *Lips.* 1604. 4. (D. et L.)

Putten en Stryen (Nikolaes van),
gentilhomme hollandais.

Wyn (Hendrik van). Schets van het leven van N. heer van Putten en Stryen; med geslachtslyst, s. l. et s. d. (*Leyd.* 1781.) 4.

Puymaigre (François Gabriel **Boudet,** marquis de),
général français (27 mars 1729 — 25 oct. 1801).

Nollet-Fabert (Jules). Le général Boudet, marquis de Puymaigre. *Nancy.* 1851. 8. (Extrait de la *Lorraine militaire.*)

Puymaigre (Jean François Alexandre **Boudet,** comte de),
fils du précédent (5 oct. 1778 — 19 mai 1843).

Huart (Emmanuel d'). Notice biographique sur le comte de Puymaigre. *Metz.* 1843. 8. (Extrait de la *Revue d'Austrasie*, tiré à part à très-peu d'exemplaires.)

Puységur (Jacques de **Chastenet,** vicomte de),
gouverneur de Berg (1600 — 4 sept. 1682).

Puységur (Jacques de **Chastenet** de). Mémoires sur les règnes de Louis XIII et de Louis XIV (depuis 1617 jusqu'en 1658), publ. par François DUCHESNE. *Amst.* 1690. 2 vol. 8. Augment. *Par.* 1747. 2 vol. 12. (P.)

Puyvallée (Philippe Jacques de **Bengy** de),
homme d'État français (1er mai 1743 — 3 oct. 1823).

Girard de Villesaison (N... N...). Notice historique sur Bengy de Puyvallée. *Par.* 1823. 8. Portrait. (P.)

Pycke (Léonard),
littérateur belge (1781 — 8 février 1842).

Quetelet (Lambert Adolphe Jacques). Notice sur L. Pycke, né à Meulebeke, mort à Courtrai. *Brux.* 1843. 12. (Bx.)

Pypers (Joseph Ignace Hubert),
chimiste belge (31 juillet 1812 — 25 mai 1848).

Broeckx (Charles). Notice sur J. I. H. Pypers, pharmacien, secrétaire de la Société de pharmacie d'Anvers, etc. *Anvers.* 1848. 8. Portrait. (Bx.)

Pyrame et **Thisbé,**
personnages mythologiques.

Hardt (Hermann von der). Celebris Græcorum mythus Pyrami et Thisbe Ovidii Metamorph. IV. 4. *Halæ.* 1736. 4.

Pyrker (Johann Ladislaus v.),
patriarche de Venise, archevêque de Gran (‡ 4 déc. 1847).

Molin (Agostino Maria). Gratulatio J. L. Pirker (!), Venetiarum patriarchæ. *Venet.* 1821. 4.

Pyrrhon,
philosophe grec (vers 340 avant J. C.).

Arrhenius (Jakob). Dissertatio de philosophia Pyrrhoniana. *Upsal.* 1708. 4.

Ploucquet (Gottfried). Dissertatio de epocha Pyrrhonis. *Tubing.* 1754. 4. (L.)

Kindervater (Christian Victor). Adumbratio quæstionis an Pyrrhonis doctrina omnis tollatur virtus. *Lips.* 1789. 4. (L.)

Muench (Johann Gottlieb). Dissertatio de notione et indole scepticismi, nominatim Pyrrhonismi. *Altorf.* 1797. 4.

Pyrrhus,
roi d'Épire (au IIIe siècle avant J. C.).

(**Jourdan,** Jean Baptiste). Histoire de Pyrrhus, roi d'Épire. *Amst.* 1749. 2 vol. 12. (P.) Trad. en angl. par Thomas MORTIMER. *Lond.* 1751. 8. (Oxf.)

Abbott (Jacob). History of Pyrrhus. *Lond.* 1853. 8.

Pyt (Henri),
prêtre français.

Guers (E...). Vie de H. Pyt, ministre de la parole de Dieu. *Par.* 1850. 18.

Pythagoras,
philosophe grec du premier ordre (580 — 500 avant J. C.).

Hamberger (Georg Ludwig). Dissertatio de vita et symbolis Pythagoræ. *Witteb.* 1678. 4.

Mayer (Johann Friedrich). Dissertatio : Pythagoras, utrum fuit Judæus monachusve carmelita? *Hamb.* 1700. 4.

Dacier (André). Vie de Pythagore et vie d'Hiéroclès. *Par.* 1706. 2 vol. 12. (P.) Trad. en angl. par Thomas ROWE. *Lond.* 1707. 8.

Postelman (Adriaan). Leven van Pythagoras. *Amst.* 1724. 8.

Eilstock (N... N...). Historisch-kritisches Leben des Weltweisen Pythagoras. *Copenh.* 1756. 8.

Tiedemann (Dieterich). Griechenlands erste Philosophen, oder Leben und Systeme des Orpheus, Pherecydes, Thales und Pythagoras. *Leipz.* 1780. 8. (L.)

Buddeus (Johann Franz). Dissertatio de peregrinationibus Pythagoræ. *Jenæ.* 1692. 4.

Reisen des Pythagoras nach Aegypten, Chaldæa, Indien, Creta, Sparta, Sicilien, Rom, Carthago, Sparta, Marseille und Gallien, nebst seinen politischen und moralischen Gesetzen. *Chemn.* 1800. 8. (Trad. du franç.)

Joecher (Christian Gottlieb). Dissertatio de Pythagoræ methodo philosophiam docendi. *Lips.* 1741. 4. (L.)

Koch (Conrad Dietrich). Theologiæ Pythagoricæ compendium. *Helmst.* 1710. 4.

Lundius (Laurids). Dissertatio de Pythagora ejusque femore aureo. *Hafn.* 1702. 4. (Cp.)

Krueger (Theodor). Programme de aureo femore Pythagoræ, apotheoseos ejus signo. *Witteb.* 1723. 4.

Closius (Georg). Dissertatio de silentio Pythagorico. *Jenæ.* 1689. 4.

Schmid (Johann Ludwig). Dissertatio de silentio Pythagorico. *Lips.* 1699. 4. (L.)

Wormius (Castanus). Dissertatio de faba Pythagorica. *Hafn.* 1696. 4.

Dornfeld (Christian Friedrich). Dissertatio de symbolis Pythagoræ. *Lips.* 1721. 4. (L.)

Loescher (Caspar). Dissertatio historico-philosophica de metempsychosi Pythagorica. *Lips.* 1666. 4. (L.)

Schilling (Wolfgang Heinrich). De metempsychosi (Pythagorica) dissertatio. *Lips.* 1679. 4. (L.)

Jentzsch (Heinrich). De absurdo metempsychoseos dogmate dissertatio. *Lips.* 1685. 4. (L.)

Doppert (Johann). Programma de vetusto metempsychoseos commento. *Schneeb.* 1714. 4.

Hartmann (Johann Adolph). Metempsychosis Pythagoræ ab imputationibus absurdis liberata. *Marb.* 1733. 4.

Wernsdorf (Gottlieb). De metempsychosi veterum non figurate, sed proprie intelligenda. *Witteb.* 1741. 4.

Heshusius (Anton Günther). Dissertatio de dogmate Pythagorico de abstinentia carnium. *Lips.* 1668. 4.

Boye (Johann Ludwig). Dissertatio de legibus cibariis et vestiariis Pythagoræ earumque caussis. *Jenæ.* 1711. 4.

Terpstra (Jacobus). Dissertatio de sodalitii Pythagorei origine. *Traj. ad Rhen.* 1824. 8.

Gutmann (Carl). Pythagoras und die Pythagoräer nebst einem Auszug der goldenen Sprüche, etc. *Halle.* 1824. 8.

Ritter (Heinrich). Geschichte der Pythagoræischen Philosophie. *Hamb.* 1826. 8.

Reinhold (Ernst). Beitrag zur Erläuterung der Pythagoræischen Metaphysik, etc. *Jena.* 1827. 8.

Wendt (Amadeus). Commentatio philosophico-historica de rerum principiis secundum Pythagoreos. *Lips.* 1827. 8. (L.)

Pythéas,
géographe-navigateur grec (vers 280 avant J. C.).

Fuhr (W... R... Maximilian). Dissertatio de Pythea Massiliensi. *Darmst.* 1835. 8.

Lelewel (Joachim). Pythéas de Marseille et la géographie de son temps, trad. du polon. par Joseph STRASZEWICZ. *Par.* 1836. 8. (P.) Trad. en allem. par S... F... W... HOFFMANN. *Leipz.* 1838. 8. (L.)

Fuhr (W... R... Maximilian). Pytheas aus Massilia; historisch-kritische Abhandlung. *Darmst.* 1842. 4. (L.)

Q

Quad ou **Quade** (Mathias),
poète allemand du xvie siècle.
Matthiae (Friedrich Christian). M. Quad. Beitrag zur deutschen Literatur-und Kunstgeschichte des 16. und 17. Jahrhunderts. *Frf.* 1815. *4.* (*D. et L.*)

Quade (Michael Friedrich),
philologue allemand (28 juillet 1682 — 11 avril 1757).
Oelrichs (Johann Carl Conrad). Memoria viri S. V. atque celeberrimi M. F. Quade. *Rostoch.* et *Wism.* 1758. *4.* (*D. et L.*)

Quadrupani (Carlo Giuseppe),
prêtre italien.
Preti (Luigi). Orazione in lode dell' eloquente P. C. G. Quadrupani, Milanese, clerico regolare della congregazione di S. Paolo predicatore. *Bologn.* 1789. *4.*
Scotti (Cosimo Galeazzo). Elogio di C. G. Quadrupani. *Milan.* 1808. *8.*

Quandt (Johann Georg).
Leben J. G. Quandt's. *Leipz.* 1784. *8.* (*L.*)

Quandt (Johann Jacob),
théologien allemand (27 mars 1686 — 17 janvier 1772).
Borowski (Ludwig Ernst v.). Biographische Nachrichten von Dr. J. J. Quandt; nebst einem Verzeichniss der ostpreussischen Jubelprediger. *Königsb.* 1794. *8.* (*D. et L.*)

Quasina (Giovanni Battista),
évêque de Bosa (13 nov. 1721 — 14 janvier 1785).
Mazari (Giuseppe). Orazione funebre per monsignor G. B. Quasina, vescovo di Bosa. *Sassari.* 1785. *8.*

Quatrefages (Armand de),
médecin français du xixe siècle.
Notice sur les travaux zoologiques de M. A. de Quatrefages, docteur ès-sciences naturelles, etc. *Par.* 1850. *4.*

Quatremère (Anne Charlotte **Bourjot**),
dame française (1732 — 16 mars 1790).
(**Labat**, Daniel). Vie d'A. C. B. Quatremère. *Par.* 1791. *12.* (Omis par Quérard.)

Quatremère de Quincy (Antoine Chrysostome),
archéologue français (28 oct. 1755 — 28 déc. 1849).
Magnin (Charles). Discours prononcé aux funérailles de M. Quatremère de Quincy. *Par.* 1850. *4.* (*P.*)

Quélen (Hyacinthe Louis, comte de),
archevêque de Paris (8 oct. 1778 — 31 déc. 1839).
Ravignan (abbé de). Oraison funèbre de Mgr. H. L. de Quélen, archevêque de Paris. *Par.* 1840. *8.*
Notice sur Mgr. l'archevêque de Paris, sa vie et sa mort, *Par.* 1840. *18.*
Bellamare (N... N...). Monseigneur de Quélen, pendant dix ans. *Par.* 1840. *8.*
Henrion (Mathieu Richard Auguste). Vie et travaux apostoliques de Mgr. de Quélen. *Par.* 1840. *8.* Augm. *Ibid.* 1840. *8.* Portrait. (*P.*)
Exauvillez (Jean Baptiste d'). Vie abrégée de monseigneur de Quélen. *Par.* 1840. *18.* Portrait.
—— Vie de monseigneur de Quélen, archevêque de Paris. *Par.* 1840. 2 vol. *8.* Portrait. (*P.*)

Quélus (Jacques de **Levis**, comte de),
l'un des mignons de Henri III, roi de France († 29 mai 1578).
Sorbin (Arnaud). Oraison funèbre de noble J. de Levis, comte de Kailus (!) gentilhomme, chambellan ordinaire du roi (Henri III). *Par.* 1578. *8.*

Quelmalz ou **Quellmalz** (Samuel Theodor),
médecin allemand (12 mai 1696 — 10 février 1758).
Krause (Carl Christian). Memoria in obitum S. T. Quelmalzii, medecinæ professoris, etc. *Lips.* 1759. *4.* Portrait. (*D. et L.*) Trad. en allem. par G... A... F... Zeisig. *Leipz.* 1759. *4.* (*D. et L.*)

Quenot (Mathieu),
général français (27 mars 1766 — 19 janvier 1843).
Notice biographique sur le général Quenot. *Sedan.* 1843. *8.*

Quenstedt (Joachim),
théologien allemand.
Eckhard (Tobias). Programma in obitum J. Quenstedii. *Quedlinb.* 1733. Fol.

Quenstedt (Johann Andreas),
théologien allemand (13 août 1617 — 22 mai 1688).
Stenzel (Christian Gottfried). Programma academicum in memoriam J. A. Quenstedii. *Witteb.* 1844. Fol. (*D. et L.*)

Quentin (Saint),
patron du Vermandois († 287).
Fons (Claude de la). Histoire de S. Quentin, patron du Vermandois, s. l. (*Saint-Quentin*). 1629. *8.*
Bendier (Claude). Vie du très-illustre martyr S. Quentin, apôtre et patron du Vermandois. *Saint-Quent.* 1673. *4.* *Par.* 1840. *12.* (*P.*)
* 32e édition d'un ouvrage qui ne se trouve indiqué ni dans la *France littéraire* de Quérard, ni dans la *Biographie universelle* de Michaud.
Calliette (Louis Paul). Histoire de la vie, du martyre et des miracles de S. Quentin. *Saint-Quent.* 1767. *12.*

Quériolet, voy. **Legovello** (Pierre).

Quer y Martinez (José),
botaniste espagnol (1695 — 1764).
Ortega (Casimir Gomez de). Elogio historico de J. Quer y Martinez. *Madr.* 1784. *4.* (Tiré à part à un très-petit nombre d'exemplaires. — (*Oxf.*)

Quérard (Joseph Marie),
bibliographe français (25 déc. 1797 — ...).
Notice des travaux bibliographiques de M. J. M. Quérard, de Rennes, avec les jugements portés par les critiques, s. l. et s. d. (*Par.* 1852.) *8.* *
* Cette notice, écrite par lui-même, a été tirée à un très-petit nombre d'exemplaires, non destinés au commerce.

Querini (Francesco),
patriarche de ...
Cornaro (Flaminio). Opuscula IV quibus illustrantur gesta B. F. Querini, patriarchæ Gradensis, etc. *Venet.* 1758. *4.*

Querini (Girolamo),
patriarche de Venise († 1554).
Stella (Antonio). Oratio in funere præclarissimi H. Quirini, patriarchæ Venetiarum. *Venet.* 1554. *12.*

Querlon (Anne Gabriel **Meusnier** de),
littérateur français (1702 — 22 avril 1780).
Éloge de Querlon. *Par.* 1781. *8.* (Extrait du *Nécrologe*, tiré à part à petit nombre.)

Querni (Francesco Maria),
prêtre italien.
Casotti (Giuseppe Maria). Orazione funebre per F. M. Querni, generale degli agostiniani. *Pistoja.* 1731. *8.*

Querret (N... N...),
mathématicien français (1783 — 8 déc. 1839).
Macé (Antonin). Notice sur M. Querret, ancien professeur de mathématiques. *Nant.* 1840. *8.* (*P.*)

Quesnay (François),
médecin français, chef de la secte des économistes (3 juin 1694 — 16 déc. 1774).
Albon (Claude Camille François d'). Éloge historique de M. Quesnay. *Par.* 1775. *8.* * (2e édition.)
* La première édition de la même année est anonyme.
(**Romance de Mesmont**, Germain Hyacinthe de). Éloge de F. Quesney. *Lond.* et *Par.* 1775. *8.* (*P.*)

Quesné (Jacques Salbigoton),
littérateur français (1er janvier 1778 — ...).
Quesné (Jacques Salbigoton). Confessions depuis 1778 jusqu'en 1835. *Par.* 1828-35. 5 vol. *8.* Portrait. (*P.*)

Quesnel (Pasquier),
théologien français (14 juillet 1634 — 2 déc. 1719).
Le Tellier (Michel). Le P. Quesnel, séditieux et hérétique, s. l. (*Liége* ?) 1705. *12.* *
Lebenslauff P. P. Quesnel's, s. l. 1720. *8.* (*L.*)

Quétand (François),
pédagogue français.

Genand (Joseph). Notice sur feu M. l'abbé F. Quétand, recteur de Villard-sur-Thonnes. *Annecy*. 1842. 8.

Quevedo y Villegas (Francisco de),
poète espagnol (1580 — 8 sept. 1645).

Tarsia (Pablo Antonio de). Vida de D. F. Quevedo y Villegas, cavallero del orden de Santiago, secretario de S. M. y señor de la villa de la Torre de Juan Abad. *Madr.* 1663. 8. (*D.*, *Oxf.* et *P.*)

Quibly (Marguerite de),
religieuse française (17 février 1594 — 12 juin 1675).

Polla (Pierre). Oraison funèbre de madame M. Quibly, abbesse du monastère royal de Notre-Dame de la Déserte, de la ville de Lyon. *Lyon*. 1675. 12.

Quillot (Claude),
prêtre français du xviiie siècle.

(**Mauparty**, Hubert). Histoire du Quillotisme ou de ce qui s'est passé à Dijon au sujet du Quiétisme, avec une réponse à l'apologie, en forme de requête, produite au procès criminel par C. Quillot, etc. *Zell.* (*Reims*). 1703.4.*

* Un arrêt du parlement de Dijon ordonna que cet ouvrage serait lacéré et brûlé par la main du bourreau. Il est devenu fort rare.

Quin (James),
acteur anglais (1693 — 21 janvier 1766).

Life of Mr. J. Quin, comedian, with the history of the stage, from his commencing as actor to his retreat to Bath. *Lond.* 1766. 12. Portrait. (*Oxf.*)
Quin's jests, or the facetious man's pocket companion. *Lond.* 1766. 12.

Quinault, duchesse de **Nevers** (Marie Anne),
comédienne française (vers 1715 — 1793).

Lamothe-Langon (Étienne Léon de). Mémoires de mademoiselle Quinault l'aînée, de la Comédie-Française, duchesse de Nevers, chevalière de l'ordre de Saint-Michel, de 1715 à 1793. *Par.* 1856. 2 vol. 8. (*Lv.*) *

* Mémoires non terminés.

Quinault (Philippe),
poète français (3 juin 1635 — 26 nov. 1688).

Crapelet (G... A...). Notice sur la vie et les ouvrages de Quinault, suivie de pièces relatives à l'établissement de l'Opéra. *Par.* 1824. 8. (*P.*)

Quincy (Josiah),
jurisconsulte anglo-américain (1743 — 1775).

Memoirs of the life of J. Quincy, by his son. *Boston*. 1825. 8.

Quincy (Thomas de).

Quincy (Thomas de). Autobiographic sketches. *Lond.* 1854. 2 vol. 8.

Quingey (Simon de).

Salmon (André). Notice sur S. de Quingey et sa captivité dans une cage de fer. *Par.* 1853. 8. (Extrait de la *Bibliothèque de l'école des chartes*.)

Quinot (Hugues Philippe),
prêtre français (13 janvier 1666 — 1er mai 1743).

Dusillet (Léon). Notice historique sur le bienheureux Quinot de Dôle. *Besanç.* 1844. 8. (Tiré à part à très-petit nombre.) — (*Bes.*)

Quintal (Bartholomeu do),
prêtre portugais.

Freire (Francisco José). Vida do V. P. B. do Quintal. *Lisb.* 1741. 8.

Quintana (Juan de la),
général espagnol.

Quintana (Juan de la). Relacion sobre su vida publica y sucesos politicos y militares de la America meridional, etc. *Buenos-Ayr.* 1854. 8.

Quintana (Manuel José),
poète espagnol (11 avril 1772 — ...).

Quintana (Manuel José). Contestacion a los rumores y criticas que se han esparecido contra el, s. l. 1811. 4.
Capmany (A... de). Manifiesto en repuesta a la Contestacion de D. M. J. Quintana, s. l. (*Madr.*) 1811. 4.

Quintilien (Marcus Fabius),
orateur romain (42 — 118 après J. C.).

Olpe (Christian Friedrich). De Quintiliano optimo scholæ regendæ magistro commentationes II. *Torgav.* 1772. 4.

Ruediger (Carl August). Prolusio de Quintiliano pædagogo. *Freiberg*. 1820. 4.
Manso (Johann Caspar Friedrich). Über einige den Quintilian betreffende Meinungen der Gelehrten. *Brest.* 1821. 4.
Otto (N... N...). Quintilian und Rousseau; pædagogische Parallele. *Neisse*. 1856. 4.
Janin (Jules). Pline le Jeune et Quintilien, ou l'éloquence sous les empereurs. *Par.* 1858. 8. *Ibid.* 1846. 8.
Hummel (E...). M. F. Quintiliani vita. *Goetting*. 1843. 4.

Quintin (Pierre),
dominicain français (1559 — 21 juin 1629).

Rechach de Sainte-Marie (Jean Giffre). Vie et actions mémorables des trois plus signalés religieux en sainteté et en vertu de l'ordre des frères-prêcheurs de la province de Bretagne, du P. (Yves) Mahyeuc, d'Alain de la Roche, du P. Quintin. *Par.* 1644. 12. *Ibid.* 1664. 12.
Guillouzou (N... N...). Vie du R. P. P. Quintin. *Par.* 1668. 8. (*P.*)

Quintinie (Jean de la),
agronome français (1626 — 1688).

Briquet (Hilaire Alexandre). Éloge de J. de la Quintinie. *Niort*. 1807. 8. (Extrait des *Mémoires de la Société d'agriculture de Niort*.)

Quintus Curtius Rufus,
historien romain (contemporain de l'empereur Vespasien).

Moller (Daniel Wilhelm). Disputatio circularis de Q. Curtio Rufo. *Altorf*. 1685. 4. (*Lv.*) *Norimb*. 1726. 4.
Brever (Hermann). Dissertatio de Q. Curtii ætate. *Altorf*. 1693. 4.
Omeis (Magnus Daniel). Dissertatio de Q. Curtii ætate. *Altorf*. 1685. 4.
Lauterbach (Christoph Heinrich). Programma de ætate, vita, vitæ genere et scriptis Q. Curtii Rufi. *Luneb*. 1685. 4.
Mueller (Johann Ernst). Programma de Q. Curtio Rufo. *Rudolst*. 1693. 4.
Bagnolo (Giovanni Francesco). Raggionamento storico della gente Curzia e dell' età di Q. Curzio. *Bologn*. 1741. 4. (*Oxf.*)
Hirt (Adolph). Über das Leben des Geschichtschreibers Q. Curtius Rufus. *Berl*. 1820. 8. (*L.*)
Buttmann (Philipp Carl). Über das Leben des Geschichtschreibers Q. Curtius Rufus, etc. *Berl*. 1820. 8.
Jepp (Justus Wilhelm). Specimen quæstionum criticarum de Q. Curtii Rufi historiarum fragmentis. *Guelpherb*. 1853. 4.

Quintus Smyrnæus ou **Calaber**,
poète grec du vie siècle après J. C.

Tychsen (Thomas Christian). Über Namen, Vaterland, Zeitalter, etc., des Quintus Calaber. *Goetting*. 1783. 8.

Quinziano-Stoa (Giovanni Francesco **Conti**,
plus connu sous le nom de),
poète italien (1494 — 7 oct. 1557).

Gozzando (Leonardo). Vita di G. F. Conti-Quinziano-Stoa, poeta laureato. *Bresc*. 1694. 4.
Nember (Giuseppe). Memorie aneddote critiche spettanti alla vita ed agli scritti di G. F. Quinziano-Stoa. *Bresc*. 1777. 8. (*P.*)

Quirini,
famille italienne.

Zabarella (Giacomo). Il Galba, o vero historia delle famiglia Quirina. *Padov*. 1671. 4.

Quirini (Angelo Maria),
cardinal-évêque de Brescia (30 mars 1680 — 6 janvier 1755 *).

Commentarii de rebus pertinentibus ad A. M. Quirinum. *Bresc*. 1749. 2 vol. 8. (*D.* et *Lv.*) Cum appendice. *Bresc*. 1750. 8. (Écrits par lui-même.) *Ibid.* 1754. Fol. (*Oxf.*)

* La *Biographie universelle* le fait mourir en 1759; c'est une erreur.

Vicennalia Brixiensia eminentissimi cardinalis bibliothecarii A. M. Quirini, celebrata in academia Gottingensi. *Goetting*. 1748. 4.
(**Breithaupt**, Justus Friedrich Veit). Geschichte seiner Eminenz des Herrn Cardinals A. M. Quirini in Brescia. *Frf*. 1952. 8. Portrait. (*D.* et *L.*)
Hofmann (Carl Friedrich). Programma de Quirino glorioso. *Witteb*. 1753. 4. (*D.* et *L.*)
(**Gaudenzio da Brescia**). Orazione in occasione delle esequie del cardinale A. M. Quirini. *Bresc*. 1755. 5. *
Sanvitali (N... N...). Orazione funebre per la morte del cardinale A. M. Quirini. *Bresc*. 1755. 4.

Zelini (N... N...). Orazione funerale in morte d' A. M. Quirini, cardinale, etc. *Bresc.* 1755. 4.

Sambuca (Antonio). Lettera intorno alla morte del cardinale Quirini. *Bresc.* 1757. 4. (*D.*)

Gaspari (Giovanni Battista). Delle lodi del cardinale A. M. Quirini, ragionamento. *Vienn.* 1764. 4.

Quistorp,
famille allemande.

Lilienthal (Michael). De meritis Quistorpiorum in ecclesiam et rem litterariam. *Rostoch.* 1706. 4.

Quistorp (Bernhard Friedrich),
théologien allemand (11 avril 1718 — 4 janvier 1788).

Piper (T... C...). Trauerrede vor dem Sarge des Herrn B. F. Quistorp, etc. *Greifsw.* 1788. Fol.

Quistorp (Johann),
théologien allemand (18 août 1584 — 2 mai 1648).

(**Schuckmann**, Hermann). Programma in J. Quistorpii funere. *Rostoch.* 1648. 4. (*D.*)

Rahne (Heinrich). Programma ad exequias J. Quistorpii. *Rostoch.* 1648. 4. (*D.*)

Quistorp (Johann Nicolaus),
théologien allemand (6 janvier 1651 — 9 août 1715).

Krackewitz (Albert Joachim v.). Programma in funere J. N. Quistorpii. *Rostoch.* 1715. 4. (*L.*)

Quistorp (Theodor),
savant allemand.

Petersen (Johann Christian). Programma in funus T. Quistorpii, senatoris. *Rostoch.* 1722. 4.

Quiteria (Sainte).

Henriquez de Abreu (Pedro). Vida e martyrio de S. Quiteria e de suas irmãas. *Coimbr.* 1651. 4.

Quitzov (Hendrik).

Huid (Niels). Ligpraediken over H. Quitzov. *Kjoebenh.* 1670. 8. (*Cp.*)

Quitzow,
famille allemande.

Kloeden (Carl Friedrich). Die Mark Brandenburg unter Kaiser Carl IV bis zu ihrem ersten Hohenzollern'schen Regenten, oder die Quitzows und ihre Zeit. *Berl.* 1846. 4 vol. 8.

R

Raab (Axel Arved),
acteur suédois (2 juin 1793 — 20 sept. 1836).

Beskow (Bernhard v.). A. A. Raab. Minnesteckning. *Stockh.* 1857. 8.

Raab (Christoph v.),
théologien allemand (23 août 1683 — ... 1748?).

Withof (Johann Hildebrand). Oratio funebris in obitum C. v. Raab, theologiæ doctoris et professoris. *Duisb. ad Rhen.* 1748. 4. (*Lv.*)

Raballia (Luigi),
jurisconsulte italien du XIXe siècle.

Adorni (Enrico). Notizia intorno L. Raballia, avvocato. *Milan.* 1845. 8.

Rabanus Maurus, voy. **Hrabanus.**

Rabaut (Paul),
prêtre français (9 janvier 1718 — 1795?).

N* (J... P... de). Notice biographique sur P. Rabaut, pasteur pendant plus de cinquante ans de l'église reformée de Nimes, département du Gard. *Par.* 1808. 8.*
    * L'auteur de cette notice est Jean Pons, de Nimes.

Rabbe (Sten af),
littérateur suédois (17 août 1720 — 21 avril 1773).

Kryger (Johan Fredrik). Åminnelse-Tal öfver S. af Rabbe. *Stockh.* 1775. 8.

Rabelais (François),
littérateur français du premier ordre (7 janvier 1483 — 9 avril 1553).

(**Bernier**, Jean). Jugement et observations sur la vie et les œuvres de F. Rabelais, ou le véritable Rabelais reformé. *Par.* 1699. 8. (*D.* et *P.*)

Kuchholtz (Henri). Notice sur Rabelais. *Montpell.* 1827. 12. (*P.*)

Almquist (Carl Jonas Ludwig). Dissertatio de vita et scriptis F. Rabelæsii. *Lund.* 1838. 8. (*L.*)

Delécluze (Étienne Jean). F. Rabelais. *Par.* 1841. 8. (*P.*)

(**Brunet**, Gustave). Essai d'études bibliographiques sur Rabelais. *Par.* 1841. 8. (Tiré seulement à 60 exempl.)

Labouisse-Rochefort (Jean Pierre Jacques Auguste de). Rabelais a-t-il habité Castres? s. l. et s. d. (*Castres.* 1850.) 8.

Rabenius (Nils),
théologien suédois (27 oct. 1648 — 7 sept. 1717).

Benzelstjerna (Lars). Likpredikan öfver Probsten Mag. N. Rabenius. *Westeras.* 1717. 4.

Rabener (Gottlieb Wilhelm),
moraliste allemand (17 sept. 1714 — 22 mars 1771).

Rabener (Gottlieb Wilhelm). Briefe von ihm selbst gesammelt und nach seinem Tode, nebst einer Nachricht von seinem Leben und seinen Schriften, herausgeg. von Christian Felix Weisse. *Leipz.* 1772. 8. (*L.*)

Murr (Christoph Gottlieb v.). An Rabener's Schatten. *Frf.* 1771. 8.

Rabener (Justus Gottfried),
jurisconsulte allemand, frère du précédent (vers 1702 — 27 fév. 1732).

(**May**, Johann Friedrich). Wohlverdientes Denkmal J. G. Rabener's. *Leipz.* 1752. 4. Portrait. (*D.* et *L.*)

Rabener (Justus Gotthard),
théologien allemand (22 mai 1688 — 24 août 1731).

(**Jenichen**, Gottlob Friedrich). Programma academicum in J. G. Rabeneri funere. *Lips.* 1751. Fol. (*D.* et *L.*)

Rabini (Antonio),
jésuite italien.

Rhodes (Alexandre de). Relation de la bienheureuse mort du P. A. de Rabini et de ses compagnons martyrisés au Japon. *Par.* 1653. 8. (Trad. du latin.)

Rabot (Jean),
jurisconsulte français († 27 juillet 1509).

Allard (Guy). Vie de J. Rabot, conseiller au parlement de Grenoble, publ. par H... Gariel. *Grenoble.* 1852. 8.

Rabut (Éléonore),
actrice française (24 avril 1819 — ...).

Mademoiselle E. Rabut. *Par.* 1859. 8.

Rabutin, voy. **Bussy.**

Raby v. Raba (N... N...),
gentilhomme hongrois.

Justizmord und Regierungstyrannei in Ungarn und Oesterreich, oder actenmässiges Leben und Geschichte des wegen Toleranz verfolgten ungarischen Edlen M. Raby v. Raba und Mura. *Strasb.* (*Hamb.*) 1798. 2 vol. 8. (Morceau d'autobiographie.)

Racagni (Giuseppe Maria),*
physicien italien (1741 — 1822).

Labus (Giovanni). Notizie intorno alla vita e agli scritti del P. G. M. Racagni (di Voghera). *Milan.* 1822. 8. (*Oxf.*)
    * Ce savant barnabite a légué à l'Académie de Milan un prix annuel de 2,000 francs pour l'élève le plus distingué dans les sciences physiques.

Racchetti (Vincenzo),
médecin italien (17 mai 1777 — 9 avril 1819).

Borsi (Giovanni). Memorie intorno alla vita ed alle opere di V. Racchetti. *Crema.* 1820. 8.

Corneliani (Giuseppe). Elogio del professore V. Racchetti. *Pavia.* 1832. 8.

Rachel, voy. **Félix** (Rachel).

Racine (Jean),
poète français du premier ordre (21 déc. 1639 — 22 avril 1699).

Mémoires sur la vie de J. Racine. *Lausan.* et *Genève.* 1747. 12. (*D.* et *P.*) *
    * Écrit par son fils Louis Racine.

Laharpe (Jean François de). Éloge de Racine, etc. *Par.* 1772. 8. (Couronné par l'Académie française.) — (*P.*)

(**Naigeon**, Jacques André). Notice sur la vie de Racine, s. l. (*Par.*) 1783. 8. (*P.*)
Beyle (Louis Alexandre César). Racine et (William) Shakspeare. *Par.* 1823-25. 2 vol. 12.
Schwalb (?) (R...). Notice sur la vie et les ouvrages de J. Racine. *Clèves.* 1848. 8. (*Cp.*)

Racine (Louis),
poëte français, fils du précédent (2 nov. 1692 — 29 janvier 1763).
Lebeau (Charles). Éloge historique de L. Racine. *Par.* 1763. 4. (*P.*)
La Roque (Adrien de). Vie de L. Racine, membre de l'Académie des inscriptions et belles-lettres, suivie d'une notice sur les autres enfants de Jean Racine, etc. *Par.* 1852. 12.

Racle (Léonard),
architecte français (30 nov. 1736 — 8 janvier 1791).
Amanton (Claude Nicolas). Notice biographique sur L. Racle de Dijon. *Dijon.* 1810. 8. (*Lv.*)

Racotzy, voy. Ragoczy.

Rádai (Eszther),
dame hongroise († 1766).
Bod (Peter). Halotti beszéd Rádai E. *Kolosvar.* 1766. 4.
Málnási (Lászlo). Halotti Orátzió Rádai E. *Kolosvar.* 1766. 4.
Deáki (Filep Sámuel). Halotti Predikatzió Rádai E. *Kolosvar.* 1766. 4.
Intze (István). Halotti beszéd Rádai E. *Kolosvar.* 1766. 4.

Rádai (Gróf Gedeon),
poëte hongrois (1er oct. 1713 — 6 août 1792).
Koppi (Carl). Oratio quam viro gratis patriæ civibus commemorabili seniori G. comiti de Rádai monumentum esse voluit. *Pesth.* 1792. 8. Portrait.
Gabelhofer (Johann Julius). Oratio piis manibus III comitis G. a Rádai dictata, s. l. 1792. 8.

Radbod,
roi des Frisons.
Westendorp (Niklaes). Over den voorgenomen doop van den frieschen koning Radbod, s. l. et s. d. (*Amst.* 1859). 4.

Radcliffe (Anne),
romancière anglaise (1764 — 7 février 1823).
Le Fèvre-Deumier (J...). Études biographiques et littéraires de quelques célébrités étrangères. *Par.* 1854. 12. *
> * Renfermant des esquisses biographiques sur Jean Baptiste Manini, A. Radcliffe, Théophraste Paracelse et Jérôme Vida.

Radcliffe (George),
littérateur anglais.
Whitaker (Thomas Dunham). Life and originale correspondence of G. Radcliffe. *Lond.* 1810. 4. (Non mentionné par Lowndes.) — (*Oxf.*)

Radcliffe, earl of Derwentwater (James),
homme d'État anglais du XVIIIe siècle.
Gibson (William Sidney). Dilston Hall, or memorials of the Right Hon. J. Radcliffe, earl of Derwentwater, a martyr in the rebellion of 1715, etc. *Lond.* 1850. 8. Portrait.

Radcliffe (John),
médecin anglais (1650 — 1er nov. 1715).
Exequiæ clarissimo viro J. Radcliffe, M. D. ab Oxoniensi academia solutæ. *Oxon.* 1715. Fol. Portrait. (*Oxf.*)
(**Pittis**, William). Some memoirs of the life of J. Radcliffe. *Oxf.* 1715. 8. *Ibid.* 1736. 8. (Omis par Lowndes.) (*Oxf.*)

Raddi (Giuseppe),
botaniste italien (9 juillet 1770 — 6 sept. 1829).
(**Savi**, Gaetano). Alla memoria di G. Raddi. *Firenz.* 1850. 4.

Radegonde (Sainte),
épouse de Clotaire 1, roi de France (vers 519 — 13 août 587).
Bouchet (Jean). Vie de S. Radegonde, royne de France et fondatrice du monastère de Sainte-Croix de Poitiers. *Poit.* 1527. 4.
Vie de S. Radegonde, avec des notes de Charles Pidoux. *Poit.* 1621. 4.
Monteil (Joseph de). Vie de S. Radegonde. *Rodez.* 1627. 12. (*P.*)
Filleau (Jean). Preuves historiques des litanies de S. Radegonde, contenant par abrégé les actions miraculeuses de sa vie. *Poit.* 1643. 4. (*P.*)

Lampugnano (Agostino). Vita S. Radegundæ quæ ex regina se monialem S. Benedicti fecit, libri V. *Mediol.* 1649. 12.
Falckenstein (Johann Heinrich v.). Tugend- und Ehrenspiegel der heiligen Radegundis, Thüringischen Prinzessin und Fränkischen Königin. *Würzb.* 1740. 4. (*L.*)
Barthélemy (Vincent). Panégyrique de S. Radegonde, autrefois reine de France et de Thuringe. *Par.*, s. d. 12. (*P.*)
Fleury (François ou Édouard de). Histoire de S. Radegonde, reine de France et patronne de Poitiers. *Poit.* 1843. 8.
Bussierre (Théodore de). Histoire de S. Radegonde et de la cour de Neustrie sous Clotaire I et Chilperich. *Plancy* (*Aube*). 1849. 8. Portrait.
Levens van de H. Adelais, keizerin, en van de H. Radegondis, koningin van Frankryk. *Tournai.* 1852. 52.

Rademacher (Johann Gottfried),
médecin allemand.
Bergrath (N... N...). Dr. J. G. Rademacher, Arzt in Goch; biographische Skizze. *Berl.* 1851. 8.

Radetzky (Johann Erst Gottlieb v.),
théologien allemand (1706 — 1784).
Leehr (G...). Über Leben und Character des herzoglich würtemberg-oelnischen Consistorialraths J. E. G. v. Radetzky. *Oels.* 1784. 8.

Radetzky (Joseph, Graf),
feld-maréchal d'Autriche (2 nov. 1766 — ...).
Strack (Joseph). Graf Radetzky während seiner vier und sechzigjährigen Dienstzeit, etc. *Wien.* 1849. 4. Portrait.
Schneidawind (Franz Joseph Adolph). Feldmarschall Graf Radetzky; sein kriegerisches Leben und seine Feldzüge vom Jahre 1784 bis 1850. *Augsb.* 1851. 8.
—— Feldzug der k. k. österreichischen Armee unter Anführung des Feldmarschalls Grafen Radetzky in Italien in den Jahren 1848 und 1849. *Innsbr.* 1853. 3 vol. 8.

Radicati (Felice Maurizio),
musicien italien (1778 — 14 avril 1823).
Pancaldi (N... N...). Cenni intorno F. M. Radicati (di Torino), celebre suonator di violino e contrappuntista. *Bologn.* 1828. 8.

Radicati (Gioachimo),
évêque d'Alghero († 1793).
Soffi (Luigi). Elogio funebre di Mgr. D. G. Radicati, vescovo di Alghero. *Cagliari.* 1793. 4.

Radike (Johann Friedrich),
rose-croix allemand.
Geheime Geschichte eines Rosenkreuzers, aus dessen eigenen Papieren herausgeg. von G... C... Aldrecut. *Hamb.* 1792. 8.

Rado (Giovanni),
littérateur italien († 1831).
M(oschini) G(iovanni) A(ntonio). In morte del parroco de SS. Ermagora e Fortunato D. G. canonico cavaliere Rado. *Venez.*, s. d. (1851). 8.
Rizzi (Angelo). Elogio funebre del reverendissimo D. G. dottore cavaliere, canonico Rado, parroco di SS. Ermagora e Fortunato. *Venez.* 1851. 8.
Fontana (Giovanni Jacopo). Saggio della vita e delle opere di eloquenza del P. G. Rado. *Venez.* 1832. 2 volumes. 8.

Radowitz (Joseph v.),
homme d'État allemand (6 février 1797 — 25 déc. 1853).
Radowitz; eine Silhouette; aus den Papieren des Grafen ***. *Berl.* 1850. 8.
(**Sporschil**, Johann). J. v. Radowitz. *Leipz.* 1850. 8. * (*L.*)
> * Formant la première livraison du recueil : *Die Maenner der Gegenwart.*
(**Joukowsky**, Wassilei). J. v. Radowitz, wie ihn seine Freunde kennen. Briefe eines Nicht-Deutschen in die Heimath. *Carlsr.* 1850. 8. *
> * Cet écrit n'a pas été mis dans le commerce.
Frensdorff (Émile). J. v. Radowitz; eine Characterschilderung. *Leipz.* 1850. 8. (*L.*)
Herr v. Radowitz als Cassandra. *Braunschw.* 1851. 8.
Bressler (G...). J. v. Radowitz und das Gewissen. *Hirschb.*, s. d. 8. (Pamphlet politique.)

Radziejowski (Michael Stephan),
cardinal archevêque de Gnese (15 oct. 1641 * – 13 oct. 1706).

Leben des Cardinals Radziejowski, Erzbisschofs zu Gnesen, etc., von einem genauen Kenner der polnischen Geschichte. *Stockh.* (?) 1741. 8.
* Ou selon d'autres biographes le 3 déc. 1645.

Testamentum cardinalis Radziejowskii, primatis regni Poloniæ. *Danz.* 1705. 4. (Ecrit en allemand et en latin.)

Radtmann (Bartholomaeus),
théologien allemand.

Setser (Jeremias). Programma in B. Radtmanni funere. *Frf.* 1602. 4.

Radzivil (princes de),
famille polonaise.

Kojalowicz (Albrycht Wuch). Fasti Radziviliani. Gesta illustrissimæ domus ducum Radzivil compendio continentes. *Vilnæ.* 1653. 4.

Radzivil (Albrycht Stanisław),
homme d'État polonais (13 juin 1775 – 7 avril 1833).

Raczynski (Edward). Pamiętniki A. S. Radziwilla, kanzlerza w Litewskiego. *Poznan.* 1839. 2 vol. 8. Portrait.

Radzivil (Barbara),
épouse de Sigismond-Auguste, roi de Pologne.

(**Choiseul-Gouffier**, comtesse) B. Radziwil; roman historique, tiré de l'histoire de Pologne au xvi° siècle. *Par.* 1820. 2 vol. 12. Portrait.

Radzivil (Boguslav),
polonais (+ 31 déc. 1669).

Leichenprozession des Fürsten B. Radzivil. *Königsb.* 1670. Fol.

Radzivil (Nicolas),
homme d'État polonais (1549 – 1616).

Alandus (Johannes). Histoire de la vie du prince N. Radziwill (!), fondateur du collège des jésuites à Nieswicz. *Wilna.* 1633. 8. (Ecrit en polonais.)

Raepsaet (Jean Joseph),
historien belge (29 déc. 1750 – 19 février 1832).

Cornelissen (Égide Norbert). Notice sur M. Raepsaet, membre de l'Academie de Bruxelles. *Brux.* 1836. 12. (*Bx.*) Trad. en flam. par Auguste Voisin. *Gand.* 1857. 18.

Notice nécrologique et historique sur J. J. Raepsaet. *Gand.* 1841. 8. Portrait.

Raes de Dammartin,
chevalier français du xviie siècle.

Villenfagne d'Ingihoul (Hilarion Noël de). Éclaircissements sur Raes de Dammartin, chevalier français, qui vint au xviie siècle s'établir dans la principauté de Liége et y laissa une postérité nombreuse, s. l. (*Liége*). 1793. 8.

Raetze (Johann Gottlieb),
pédagogue allemand (+ 21 sept. 1839).

Lindemann (Friedrich). Andenken an J. G. Raetze. *Zittau.* 1840. 8. (*L.*)

Rafelis de Saint-Sauveur (Carlotta).

Sommario nella causa tra il marchese C. E. Ferrero della Marmora contro Carlotta Rafelis de Saint-Sauveur. *Torin.* 1834. 8.

Raffaelli (Giuseppe),
jurisconsulte italien (26 février 1750 – 10 février 1826).

Panvini (Pietro). Elogio del consigliere G. Rafaelli. *Napol.* 1826. 8. (*Cp.*)

Raffet (N... N...),
démagogue français.

Vie politique du citoyen Raffet, ci-devant commandant de la force armée de la section de la Butte-des-Moulins, présentement de la Montagne, s. l. et s. d. (*Par.*, an iii). 8. (Rare.)

Rafinesque-Schmaltz (Constantin Samuel),
botaniste américain (?).

Gray (Asa). Notice of the botanical writings of the late C. S. Rafinesque, s. l. et s. d. (*New-York.*) 8.

Rafn (Carl Christian),
archéologue danois (1795 – ...).

Erslev (N... N...). Udsigt over C. Rafn's Levnet og Skrifter. *Kjoebenh.* 1840. 8. (*Cp.*)

Raffles (Thomas **Stamford**),
gouverneur anglais de Java (6 juillet 1781 – 4 juillet 1826).

Memoirs of the life and public services of sir T. Stamford Raffles, particularly in the government of Java, (1811-1816). *Lond.* 1835. 2 vol. 8. * (*Oxf.*)
* Publ. par sa veuve et orné du portrait de son mari.

Ragazzoni (Girolamo),
évêque de Bergame.

Viscardo (Andrea). Orazione recitata in nome publico nell' ingresso di G. Ragazzoni, vescovo di Bergamo. *Bergam.* 1577. 4.

(**Bonetti**, Paolo). Specchio de' prelak rappresentato nella vita di G. Ragazzoni, vescovo di Bergamo. *Bergam.* 1644. 4.

Ragazzoni (Jacopo).

Gallucci (Giuseppe). Vita del clarissimo signore J. Ragazzoni, conte di Sant' Odorico. *Venez.* 1610. 4.

Raggi (Maria),
dominicaine italienne (+ 1600).

Llot de Ribera (Miguel). Vita venerabilis sororis M. Raggi et Mazzæ Chiensis tertii ordinis S. Dominici. *Barcinon.* 1606. 8. Trad. en ital. par Paolo Minerva. *Napol.* 1610. 8. *Ibid.* 1613. 8.

Vita B. M. Raggiæ, quæ tertii ordinis S. Dominici amplexa obiit in urbe anno 1600. *Duaci.* 1631. 8.

Allacci (Leone). Vita della venerabile serva di Dio M. Raggi da Scio, del terz' ordine di S. Domenico. *Rom.* 1635. 4.

Rágóczy ou **Rakocky** (Franz Leopold, Graf),
général transylvanien (1676 – 8 avril 1735).

(**Lenoble**, Eustache). Histoire du prince Ragotzy, ou la guerre des mécontents sous son commandement. *Par.* 1707. 12. (*P.*)

Bethlem (Niklas). Mémoires historiques sur la Transylvanie, publ. par Pierre François Coq de Villeray, s. l. (*Par.*) 1734-36. 2 vol. 12. (*P.*)

(**Rágóczy**, Franz Leopold). Mémoires pour servir à l'histoire des révolutions de Hongrie. *La Haye.* 1758. 2 vol. 4, ou 6 vol. 12.

Leben und Thaten des Prätendenten von Ungarn und Siebenbürgen, Rágóczy und seiner Vorfahren. *Frf.* 1759. 8.

Merkwürdige Geschichte des Fürsten F. Rágóczy und der durch die ungarischen Missvergnügten erregten Unruhen und Kriege. *Wien.* 1785. 8. *Berl.* 1785. 8.

(**Einhorn**, Joseph). F. Rákóczy II, Fürst von Ungarn und Siebenbürgen (1705-1711). Historisches Characterbild. *Leipz.* 1854. 8. Portrait. *
* Publié sous le pseudonyme de J... E... Horn.

Testament politique et moral du prince Ragoczi. *Par.* 1751. 12. (Ouvrage supposé.)

Rágóczy (Georg, Graf),
général transylvanien (vers 1629 – 1660).

Nitri (Maurizio). Ragguaglio della ultime guerre di Transylvania e d' Ungheria fra l' imperatore Leopoldo I ed il grande signore Mehemet IV, Giorgio Ragoczy ed altri successori principi di Transylvania. *Venez.* 1666. 4.

Grondski (Samuel). Historia belli Cosacco-Polonici et motuum Sveco-Rakotzianorum ab anno 1647 usque ad annum 1666, ex MSS in lucem protulit Carolus Koppi. *Pesth.* 1789. 8. Portrait.

Ragot (Pierre),
prêtre français (+ 13 mai 1683).

Vie de M. Ragot, prestre, curé du Crucifix au Mans, décédé en odeur de saincteté. *Mans.* 1685. 12. *Ibid.* 1697. 12. Réimpr. et précédé d'une notice biographique. *Mans.* 1853. 8.

Ragusa (Girolamo),
jésuite italien (27 oct. 1655 – vers 1718).

Renda-Ragusa (Girolamo). Lettera di ragguaglio sopra gli studi e componimenti di G. Ragusa, della compagnia di Giesù, etc. *Venez.* 1707. 8.

Ragusa (Vincenzo),
minime italien (7 février 1630 – 24 mai 1703).

Renda-Ragusa (Girolamo). Breviario della vita e virtù del venerabile servo di Dio P. F. V. Ragusa, della città di Modica, de' minori osservanti. *Palerm.* 1705. 12.

Rahab,
épouse de Salmon, prince de Juda.

Caunter (John Henry). Inquiry into the history and character of Rahab. *Lond.* 1850. 8.

Rahbek (Knud Lyne),
littérateur danois (18 déc. 1760 — 22 avril 1830).
Rahbek (Knud Lyne). Erindringer af mit Liv. *Kjoebenh.* 1824-29. 4 vol. 8. (*Cp.*) Trad. en allem. par Laurids Kruse. *Leipz.* 1829-30. 2 vol. 8. (*L.*)
Mynster (Jacob Peter). Ved Etatsraad, Professor og Ridder K. L. Rahbek's Jordefaerd, etc. *Kjoebenh.*, s. d. (1830). 8. (*Cp.*)
Beeken (Jens Lorentz). Etatsraad, Professor og Ridder K. L. Rahbek's og Fru Karen Margareta Rahbek's Mindekrands. *Kjoebenh.* 1858. 8.
(**Boye**, Adolf Engelbert). Samling af Skrifter til Erindring om K. L. Rahbek, foed Heger. *Kjoebenh.* 1831. 8. (*Cp.*)
Rahel, voy. **Varnhagen v. Ense** (Rachel).
Rahlff (Georg),
médecin danois (7 mars 1763 — 11 oct. 1833).
(**Mangor**, P... C... V...). Mindeord i Anledning af Dr. Professor og Ridder G. Rahlff's Doed. *Kjoebenh.* 1833. 12. Portrait. (*Cp.*)
Schoenberg (Albrecht v.). Biografiske Efterretninger om Doctor og Professor G. Rahlff. *Kjoebenh.* 1854. 8. Portrait. (*Cp.*)
Drejer (Joachim Lund). Memoria Dr. G. Rahlffii, etc. *Hafn.* 1836. 8. (*L.*) Trad. en dan. *Kjoebenh.* 1856. 8.
Rahn (Caspar),
peintre suisse.
Neujahrsblatt der Künstlergesellschaft in Zürich für 1846; enthaltend das Leben des Landschaftsmalers C. Rahn von Zürich. *Zürch.* 1846. 4. Portrait. *
* Cet écrit contient aussi une table des matières et des auteurs de toutes les publications ultérieures de la Société des artistes de la ville de Zurich.
Rahn (Johann Heinrich),
médecin suisse (23 oct. 1749 — 3 août 1812).
Usteri (Paul). Denkrede auf J. H. Rahn. *Zürch.* 1812. 8. (*D. et L.*)
Raibolini (Francesco),
peintre italien (1450 — 1517).
Calvi (Jacopo Alessandro). Memorie della vita e delle opere di F. Raibolini, detto il Francia, pittore Bolognese. *Bologn.* 1812. 8. (*Oxf.*)
Raidel (Georg Martin),
bibliographe allemand (26 août 1702 — 28 janvier 1741).
Goetz (Andreas). Vita G. M. Raidel, diaconi S. Sebaldi. *Altorf.* 1741. 4.
Raillard (Jean),
médecin français (1766 — 26 juillet 1827).
Chapeau (M... A...). Éloge historique de J. Raillard, médecin en chef de l'hospice de l'Antiquaille, membre de la Société de médecine de Lyon. *Lyon.* 1828. 8.
Raimondi (Marco Antonio),
graveur italien (1488 — 1546).
Belloni (Niccolò). Vita di M. Raimondi. *Padov.* 1815. 4. Portrait.
Delessert (Benjamin). Notice sur la vie de M. A. Raimondi, graveur bolonais, accompagnée de reproductions photographiques de quelques-unes de ses estampes. *Par.* 1853. 4.
Raimondo da Sabunde.
Rothe (N...). Dissertatio de Raymundo de Sabunde. *Turic.* 1846. 8.
Rainbow (Edward),
évêque de Carlisle (1608 — 1684).
Life of E. Rainbow, bishop of Carlisle. *Lond.* (?) 1688. 8. Portrait.
Rainolds (John),
théologien anglais (vers 1549 — 21 mai 1607).
Wake (Isaac). Oratio funebris in obitum J. Rainoldi Angli. *Oxon.* 1614. 8. *Ibid.* 1622. 8. (*Oxf.*)
Rainer,
archiduc d'Autriche, vice-roi du royaume lombardo-vénitien (30 sept. 1783 — 16 janvier 1853).
Naske (Adolph Carl). Biographische Skizze S. kaiserlichen Hoheit-des Erzherzogs Rainer. *Wien.* 1853. 8.
Raittenau (Wolf Dietrich v.),
archevêque de Salzbourg.
Zauner (Judas Thaddaeus). Lebens- und Regierungsgeschichte des berühmten Erzbischofs zu Salzburg, W. D. v. Raittenau. *Salzb.* 1813. 8.

Ralamb (Bror Claesson),
homme d'État suédois (2 oct. 1668 — 27 avril 1734).
Dahl (Zaccharias M...). Lessus funebris super obitum baronis B. C. Ralamb. *Aboæ.* 1734. 8.
Ralamb (Claes),
jurisconsulte suédois (2 mai 1622 — 14 mars 1698).
Franzén (Frans Michael). C. Ralamb. Minnestekning. *Stockh.* 1796. 8.
Raleigh (Walter),
navigateur anglais (vers 1552 — exécuté le 29 oct. 1618).
Declaration of the demeanour and carriage of sir W. Raleigh, knight, as well in his voyage, as in and sithence his return, and of the true motives and inducement, which occasioned His Majestie to proceed in doing justice upon him as has been done. *Lond.* 1618. 4 *
* Publ. par ordre de Jacques II pour justifier sa conduite envers l'infortuné Raleigh.
Sir W. Raleigh, his apology from his voyage to Guiana. *Lond.* 1650. 18. *Ibid.* 1667. 18.
Life of sir W. Raleigh, with his trial at Winchester. *Lond.* 1677. 8. (*D.*)
Oldys (William). Life of sir W. Raleigh. *Lond.* 1755. 8. Portrait. (*Oxf.*) *Ibid.* 1740. 8.
Cayley (Arthur). Life of sir W. Raleigh. *Lond.* 1805. 2 vol. 4. Portrait. *Ibid.* 1806. 2 vol. 8. (*Oxf.*)
Thomson (Mrs. A...T...). Memoirs of the life of sir W. Raleigh, with some account of the period, in which he lived. *Lond.* 1830. 8.
Tytler (Patrick Fraser). Life of sir W. Raleigh, etc., with a vindication of his character from the attacks of (David) Hume and other writers. *Edinb.* 1833. 12. (*Oxf.*) *Ibid.* 1840. 8. (3e édition.)
Whitehead (Charles). Life and times of sir W. Raleigh, with copious extracts from his *History of the world.* *Lond.* 1854. 8.
Ram (Giovanni Battista),
prêtre italien.
Gradenigo (Giovanni Agostino). Vita del venerabile servo di Dio d. G. B. Ram, patrizio Veneto e monaco benedettino Cassinese di S. Giorgio Maggiore. *Venez.* 1761. Fol.
Ram (Johann Paul),
théologien allemand.
(**Kapp**, Johann Erhard). Programma academicum ad concionem funebrem J. P. Ramo habendam. *Lips.* 1741. Fol. (*D. et L.*)
Ramazzotti (Antoniotto de').
Gozzadini (Giovanni). Memorie storiche intorno alla vita di A. de' Ramazzotti. *Firenz.*, s. d. (1836). Fol. *
* Cet opuscule, orné de son portrait, n'a pas été mis dans le commerce.
Rambach (Friedrich Eberhard),
théologien allemand (24 août 1708 — 16 août 1775).
Rambach (Johann Jacob). Leben und Character meines seligen Vaters F. E. Rambach. *Halle.* 1775. 4. (*L.*)
Rambach I (Johann Jacob),
théologien allemand (24 février 1693 — 19 avril 1735).
Fresenius (Johann Philipp). Funebria J. J. Rambachii. *Giess.* 1736. 4.
Der vertheidigte Rambach. *Zelle.* 1736. 8.
Buettner (Daniel). Höchst rühmlicher Lebenslauf Dr. J. J. Rambach's, nebst einer historischen Nachricht von allen seinen Schriften und Controversien. *Leipz.* 1757. 8. Portrait. (*D. et L.*)
Leben des Dr. J. J. Rambach. *Leipz.* 1746. 8. (*L.*)
Leben des berühmten Professors Theologiæ Dr. J. J. Rambach in Halle. *Eisleb.*, s. d. 8.
Rambach II (Johann Jacob),
théologien allemand († 6 août 1818).
Rambach (August Jacob). J. J. Rambach, nach seinem Leben, Character und Verdienst geschildert. *Hamb.* 1818. 8.
Gericke (Johann Moritz Heinrich). Piæ memoriæ J. J. Rambachii monumentum. *Hamb.* 1820. 4. (*D.*)
Rambert (Saint),
martyr français du VIIe siècle († 13 juin 680).
Légende de S. Rambert, martyr. *Bourg.* 1833. 8.
Collombet (François Zénon). Vie de S. Rambert, soldat et martyr au VIIe siècle, patron de S. Rambert-sur-l'Ile-Barbe. *Lyon.* 1851. 32.

Rambures, comte de **Courtenay** (Charles de),
maréchal de camp français.

Saint-Gilles (Robert de). Tableau de la vie et de la mort de C. de Rambures, comte de Courtenay, maréchal des camps et des armées du roi. *Abbev.* 1671. 4.

Rameau (Jean Philippe),
compositeur français du premier ordre (25 oct. 1683 — 12 sept. 1764 *).

Chabanon (Michel Paul **Guy** de). Éloge historique de Rameau. *Par.* 1764. 12. (*P.*)

    * Ou selon d'autres biographes le 25 sept. 1683 — 23 août 1764.

Maret (Hugues). Eloge historique de M. Rameau. *Par.* 1766. 8. (*P.*) *Dijon.* 1767. 12.

(**Solié**, N... N...). Etudes biographiques, anecdotiques et esthétiques sur les compositeurs qui ont illustré la scène française : Rameau. *Ancenis.* 1853. 8.

Ramel (Jean Pierre),
maréchal de camp français (6 oct. 1768 — assassiné le 15 août 1815).

Journal de l'adjudant général P. Ramel, l'un des déportés à la Guyane, sur les faits relatifs à la journée du 18 fructidor, sur le transport , le séjour et l'évasion des déportés. *Lond.* 1799. 8. (*P.*) *Leipz.* 1799. 8. (*L.*)

Combette de Caumont (N... N...). Rapport sur l'assassinat du général Ramel, le 15 août 1815. *Par.* 1815. 8.

Ramel de Nogaret (D... V...),
homme d'État français (vers 1760 — 1829).

Tisset (François Barnabé). Vie politique et privée des sept ministres de la république, (Barthélemy Louis Joseph Schérer, Charles Joseph Mathieu Lambrechts, Charles Maurice de Talleyrand, Letourneux, Dondeau, Ramelle (!), * George René Pléville-Lépelley). *Par.*, an IV. 8. (Opuscule de 8 pages.)

    * Ramel était le l'un IV ministre des finances de la république française. La *Biographie des Contemporains* lui donne le prénom de Jacques ; cela nous paraît une erreur.

Ramenghi (Bartolomeo),
peintre italien.

Vaccolini (Domenico). Memorie della vita e delle pitture di B. Ramenghi, detto Bagnocavallo dal nome della sua patria. *Lugo.* 1835. 8. Augment. s. e. t. Biografia di B. Ramenghi, etc. *Imol.* 1841. 8.

Ramey (Laurent),
guerrier belge du XVIIe siècle.

Rahlenbeek (Charles). Notice sur L. Ramey. *Gand.* 1853. 8. (Extrait du *Messager des sciences historiques*.)

Ramey (N... N...),
statuaire français († 1852).

Funérailles de M. Ramey. Discours prononcés sur sa tombe par Désiré Raoul Rochette et L... A... Dumont. *Par.* 1852. 4.

Ramirez (Martin),
savant espagnol.

(**Andrada**, Alonso de). Vida del P. doctor M. Ramirez. *Madr.* 1658. 8.

Ramler (Carl Wilhelm),
poète allemand (25 février 1725 — 11 avril 1798).

Heinsius (Theodor). Versuch einer biographischen Skizze Ramler's, nebst einer kurzen Darstellung seines poetischen Characters. *Berl.* 1798. 8. (*L.*)

Ramondini (Vincenzo),
naturaliste italien (10 oct. 1758 — 15 sept. 1811).

Tondi (Matteo). Memoria sulla vita di V. Ramondini. *Napol.* 1812. 8. *

    * Ce titre n'est pas tout à fait exact.

Ramorino (N... N...),
général italien (fusillé le 22 mai 1849).

Biografia del generale Ramorino. *Par.* 1842. 8. (*P.*)

Processo del generale Ramorino, condannato a morte e sua esecuzione. s. l. et s. d. (*Torin.* 1849.) 8. Trad. en allem. *Zürch.* 1849. 8.

Ramoux (Gilles Joseph Evrard),
prêtre belge (4 février 1750 — 8 janvier 1825).

Chênedollé (Charles de). Notices nécrologiques sur messieurs G. J. E. Ramoux, associé résidant, et Hilarion Noël, baron de Villenfagne-Inghihoul, etc. *Liége.* 1826. 8. * (*Lv.*)

    *Ces notices, non mentionnées par Quérard, ont été tirées à 200 exemplaires, distribués en cadeaux.

Ramsauer (Johannes),
pédagogue allemand.

Ramsauer (Johannes). Kurze Skizze meines pädagogischen Lebens, etc. *Oldenb.* 1838. 8.

Ramshorn (Ludwig),
philologue allemand (10 mars 1758 — 10 nov. 1837).

Eichstaedt (Heinrich Carl Abraham). Memoriæ Friderici Guilielmi Doeringii et L. Ramshornii. *Jenæ.* 1838. 4. (*L.*)

Ramus (Christian),
évêque de Fyen (1687 — 1762).

Anchersen (Soeren). Oratio funebris in C. Ramum. *Hafn.* 1762. 4. (*Cp.*)

Ramus (Jacob),
évêque de Fyen (6 février 1716 — ... 1785).

Seydlitz (Christian Gotthold). Soergetale over Biskop Ramus. *Odense.* 1786. 8.

Ramus (Pierre La **Ramée**, plus connu sous le nom de),
philosophe français (vers 1502 — égorgé le 24 août 1572).

Freigius (Johann Thomas). Vita P. Rami. *Basil.* 1575. 4. *Ibid.* 1580. 4.

Banosius (Theophilus). De vita P. Rami , professoris regii in academia Parisiensi. *Frf.* 1579. 8.

Nancel (Nicolas de). P. Rami Veromandui vita. *Par.* 1599. 8. (*P.*)

Breithaupt (Christian). Dissertatio historica de tribus logicæ restauratoribus, Ramo, Verulamio et Cartesio. *Jenæ.* 1712. 4. (*D.*)

Lentz (Christian Friedrich). Historia P. Rami, professoris regii Parisiensis, disputationibus duabus exposita. *Witteb.* 1713. 4. (*Cp.* et *Lv.*) *Lips.* 1715. 4. (*L.*)

Waddington-Kastus (C...). Dissertatio de P. Rami vita, scriptis, philosophia. *Par.* 1848. 8. (*P.*)

Ramzelius (Matthaeus),
théologien suédois († 1769).

Benzelstjerna (Lars). Likpredikan öfver Probsten M. Ramzelius. *Westeräs.* 1770. 4.

Rancati (Ilarione),
prêtre italien.

Macedo (Francisco de Santo Agostinho). R. P. H. Rancati laudatio. *Rom.* 1665. 4.

Fumagalli (Angelo). Vita del P. D. I. Rancati, Milanese. *Bresc.* 1772. 8. (*P.*)

Randenraeth (Joanna van),
religieuse belge (18 oct. 1610 — 25 juillet 1684).

Leven en deughden van de weerdighe J. van Randenraedt, geestige dochter onder de bestier der societeyt Jesu. *Antwerpen.* 1690. 8. Portrait.

Rancé (Armand Jean le **Bouthillier** de),
réformateur de l'ordre de la Trappe (9 janvier 1626 — 27 oct. 1700).

(**Larroque**, Daniel de). Les véritables motifs de la conversion de M. l'abbé de la Trappe, le Bouthilier de Rancé, avec quelques réflexions sur sa vie et sur ses écrits. *Cologne.* 1685. 12. (*Bes.* et *P.*)

Acquin (Louis d'). Imago A. Butilieri Rancæi. *Seez.* 1701. 4. (En franç. et en lat.)

(**Maupeou**, Pierre de). Eloge funèbre de M. l'abbé de la Trappe. *Par.* 1700. 12. (*P.*)

—— Vie de D. A. J. le Bouthilier de Rancé, abbé et réformateur du monastère de la Trappe. *Par.* 1702. 2 vol. 12. (*Bes.*)

Marsollier (Jacques). Vie de D. A. J. le Bouthilier de Rancé, abbé régulier et réformateur du monastère de la Trappe, de l'étroite observance des Cîteaux. *Par.* 1703. 4. (*Bes.*) ou 2 vol. 12. (*P.*) *Ibid.* 1758. 2 vol. 12. (*Bes.*) Trad. en ital. (par Niccolò Burlamacchi). *Lucca.* 1706. 4. (*Oxf.*)

Lenain (Pierre). Vie de M. de Rancé, abbé et réformateur de la Trappe. *Rouen.* 1715. 3 vol. 12. (*P.*) *Par.* 1729. 2 vol. 8. *Ibid.* 1734. 2 vol. 8. (*Bes.*) Trad. en allem. *Augsb.* 1751. 4.

Inguimbert (Joseph Dominique Malachie d'). Character genuinus, s. vita A. Butilieri Rancæi, abbatis monasterii de la Trappe. *Rom.* 1718. 18. Trad. en ital. par lui-même. *Rom.* 1725. 4.

Gervaise (François Armand). Jugement critique mais équitable des Vies de M. l'abbé de Rancé. *Lond.* (*Troyes.*) 1742. 12. * (*P.*)

    * Réfutation des erreurs de Maupeou et de Marsollier.

Butler (Charles). Lives of D. A. J. le Bouthilier de Rancé, etc. , and of Thomas a Kempis, with some account of the principal religious and military orders of the roman catholic church. *Lond.* 1814. 8. (*Oxf.*)

Goecking (Leopold Friedrich v.). Leben des D. A. Bou-
thilier Rancé, Abbts und Reformators des Klosters la
Trappe. *Berl.* 1820. 2 vol. 8. Portrait. (*L.*)
Exauvillez (Jean Baptiste d'). Histoire de l'abbé de Rancé,
réformateur de la Trappe. *Par.* 1842. 12. (*Oxf. et P.*)
Chateaubriand (François Auguste de). Vie de Rancé.
Par. 1844. 8. (*P.*) *Milan.* 1844. 52. *Brux.* 1845. 18.
   Trad. en allem. *Ulm.* 1845. 8. (*L.*)
   Trad. en espagn. :
     Par Eugenio de OCHOA. *Madr.* 1844. 8. Portrait de
     Chateaubriand.
     Par un anonyme. *Madr.* 1846. 8.
   Trad. en ital. par Francesco PREDARI. *Milan.* 1844.
     8. *Ibid.* 1844. 18.

Lettres de A. J. de Bouthillé (!) de Rancé, abbé et réformateur de la Trappe, recueillies et publ. par Benoît
GONOD. *Par.* 1859. 8.

Ranchin (François),
     médecin français (1560 — 1640 *).
Broussonnet (Victor). F. Ranchin, professeur et chancelier de l'Université de médecine de Montpellier. *Par.*
1844. 8. Portrait. (*P.*)
   * C'est à tort que la *Biographie universelle* le fait mourir en 1641.

Randolph (John),
     homme d'État anglo-américain († 1833).
Sawyer (Lemuel). Biography of J. Randolph. *New-York.*
1844. 8.
Garland (Hugh A...). Life of J. Randolph, of Roanoke.
New-York. 1850. 2 vol. 12. *Lond.* 1851. 2 vol. 12.

Randulfs (Niels),
     évêque de Bergen (20 août 1630 — ... 1711).
Storm (Ole). Ligpraediken over Biskop N. Randulfs.
Kjoebenh. 1711. Fol. (*Cp.*)

Ranfaing * (Marie Élisabeth de),
     fondatrice de l'Institut de Notre-Dame de refuge en Lorraine
     (30 nov. 1592 — 14 janvier 1649).
Pichard (Remi). De l'admirable vertu des saints exorcismes sur les princes de l'enfer, possédant réellement
vertueuse demoiselle E. de Ranfaing, etc. *Nancy.*
1622. 4. **
   * Plus connue sous le nom de vénérable mère Élisabeth de la Croix
     de Jésus.
   ** L'auteur, aux maléfices duquel on attribuait la soi-disant posses-
     sion de cette dame, fut brûlé le 2 avril 1622.
Boudon (Henri Marie). Triomphe de la croix en la personne de Marie Elisabeth de la Croix de Jésus. *Brux.*
1686. 12. *Ibid.* 1702. 12.
   (**Frizon**, Nicolas). Vie de la mère É. de Ranfaing, institutrice des religieuses du refuge de Nancy. *Avign.*
1755. 8. (*P.*)

Rango (Conrad Tiburtius),
     théologien allemand (9 août 1639 — 3 déc. 1700).
Palthenius (Johann Philipp). Programma in funere C.
T. Rangonis, cum catalogo ejusdem scriptorum. *Gry-
phisw.* 1701. Fol. (*L.*)

Rango (Lorenz),
     jurisconsulte allemand.
Schmidt (Joachim Friedrich). Monumentum prudentiæ
qua valuit L. Rango. *Stargard.* 1710. Fol. (*D.*)

Rangoni (Tommaso),
     philologue italien.
Brevi notizie sulla vita di T. filologo Ranconi, la cui immagine si osserva in istatua di bronzo sopra la porta
della chiesa di S. Giuliano in Venezia. *Venez.*, s. d.
(1856). 4 et 16.

Ranieri (Saint),
     prêtre italien.
Bonucci (Antonio Maria). Istoria e considerazione sulla
vita del nobile Pisano e più nobile confessore di Cristo
S. Ranieri. *Rom.* 1705. 12.

Ranitz (H... de),
     Hollandais.
Baart de la Faille (Jan) et **Modderman** (A...). Ter
nagedachtenis van Mr. H. de Ranitz, s. l. et s. d. 8. *
   * Cette pièce n'a pas été mise dans le commerce.

Ranquet (Catherine de Jésus),
     ursuline française.
Augery (Gaspard). Vie et vertus de la vénérable mère
C. de Jésus Ranquet, religieuse ursuline, native de la
ville de Lyon. *Lyon.* 1670. 4.

Ransonnet (Jean Pierre),
     général belge (13 oct. 1744 — 3 mars 1796).
Hulst (Félix van). Le général Ransonnet et ses quatre
fils. *Liége.* 1856. 8. Port. (Extrait de la *Revue de Liége.*)

Rantzau,
     famille danoise.
Ernst (Heinrich). Genealogia Ranzoviana. *Soræ.* 1646. 4.
Noodt (Johann Friedrich). Versuch einer unpartheyi-
schen historischen Nachricht von der Ranzovischen Familie. *Schlesw.* 1753. 4.

Rantzau (Bredo),
     homme d'État danois.
Janus (Matthias). Concio funebris in obitum B. Ranzovii,
proregis. *Hafn.* 1618. 4.

Rantzau (Cajus),
     conseiller de l'archevêque de Brême.
Pappus (Johann). Leichenpredigt in funere C. Ranzovii.
Strasb. 1591. 4.
Elogia et epitaphia aliquot in obitum C. Ranzovii, archie-
piscopi Bremensis consiliarii defuncti, et Idæ Ranzoviæ,
Caji et Elisabethæ Ranzoviorum F. parentibus Apen-
radæ posita. *Hamb.* 1591. 4.

Rantzau (Christian),
     homme d'État danois.
Poltz (Johann). Trostschrift und Ehrengedächtniss, darin Herrn C. Rantzau's, Ihrer königlichen Majestät in
Dänemark Geheimden-und Lands-Raths, etc., leben-
dige Hoffnung, starker Glaube, Freude im Leiden, etc.,
vorgestellet wird. *Ploen.* 1705. Fol.

Rantzau (Daniel),
     général danois (1529 — 1569).
Moeller (Jens). Mindeskrift over D. Rantzau. *Kjoebenh.*
1818. 8. (*Cp.*)
Boye (Johann). Lovtale over den danske Helt D. Rant-
zau. *Kjoebenh.* 1819. 8.
Tetens (Peter). Lovtale over D. Rantzau. *Kjoebenh.*
1819. 8. (Ouvrage couronné.)
Fibiger (Johann Adolph). Lovtale over D. Rantzau.
Kjoebenh. 1819. 8.
—— D. Rantzau, en Biographie. *Kjoebenh.* 1838. 8. Por-
trait. (*Cp.*)

Rantzau (F... S... de).
Momme (O... P...). Soergetale over Lehnsgreve F. S. de
Rantzau. *Horsens.* 1847. 8.

Rantzau (Heinrich),
     gouverneur du Holstein (1526 — 1er janvier 1578).
H. Ranzovii equitis vita et res gesta. *Witteb.* 1367. 4. (*L.*)

Rantzau (Josias, comte de),
     maréchal de France († 4 sept. 1650).
Relation de ce qui s'est passé à la mort de J., comte de
Rantzau. *Par.* 1650. 4.
Camus (Jean Pierre). Harangue funèbre, sommairement
discourue aux obsèques de haut et puissant seigneur
messire J., comte de Rantzau, maréchal de France, gouverneur de Dunkerque. *Par.* 1650. 4. (*P.*)
Hédelin (François). Panégyrique funèbre de très-haut
et puissant seigneur J., comte de Rantzau, etc. *Par.*
1650. 4. (*P.*)

Rantzau (Siegfried Dietrich v.),
     homme d'État danois.
Lysholm (Christopher). Oratio funebris in obitum S. D.
de Rantzau. *Hafn.* 1752. 4. (*Cp.*)

Raoul ou **Rodolphe**,
     roi de France († 923).
Guillon (Aimé). Raoul ou Rodolphe, devenu roi de
France, l'an 923, ne serail-il pas le même personnage
que Rodolphe II, roi de Bourgogne transjurane, et d'où
vient que le cinquième de nos rois, du nom de Charles,
n'est pas appelé Charles ? *Par.* 1827. 8. (*P.*)

Raoul,
     archevêque de Cantorbéry.
(**Odolant-Desnos**, Pierre Joseph). Dissertation sur Ser-
lon, évêque de Sees, et Raoul, mort archevêque de
Cantorbéry. *Rom.* (*Alençon.*) 1785. 8. (*P.*)

Raoul, voy. **Rollon.**

Raoul (Louis Vincent),
     poète belge (2 février 1770 — 25 mars 1848).
Quetelet (Lambert Adolphe Jacques). Notice sur L. V.
Raoul, membre de l'Académie royale de Belgique. *Brux.*
1849. 12. Portrait. (*Bx.*)

Raoux (Adrien Philippe),
historien belge (30 nov. 1758 — 29 août 1839).
Reiffenberg (Frédéric Auguste Ferdinand Thomas de).
Eloge de M. A. P. Raoux. *Brux.* 1842. 12. (*Bx.*)

Raoux (Louis Alexis),
compositeur belge (11 sept. 1814 — ...).
Smits (Amilcar). Biographie de L. A. Raoux. *Brux.* 1843. 18. (*Bx.*)

Rapaert (François),
médecin belge († 14 juillet 1594).
Meyer (Isaac Joseph de). Notice biographique sur F. Rapaert et ses descendants, médecins pensionnés de la ville de Bruges. *Brug.* 1844. 4. *
* On y trouve le portrait de François Rapaert. Ses descendants sont Pierre Rapaert, fils de François (mort le 27 janvier 1719), Pierre Rapaert, fils du précédent (19 juin 1579 — 21 déc. 1637) et François Rapaert, fils de Pierre (25 août 1607 — 10 nov. 1634).
Mersseman (Jacques Olivier Marie de). Notice sur F. Rapaert. *Brug.* 1844. 4. Portrait.

Rapédius de Berg (Ferdinand Pierre),
homme d'État belge (1740 — 1800).
Rapédius de Berg (Ferdinand Pierre). Mémoires et documents pour servir à l'histoire de la révolution brabançonne, publ. par Pierre Augustin Florent Gérard. *Brux.* 1842-43. 2 vol. 8. 2 portraits. (*Bx.*)

Raphaël d'Urbin ou **Sanzio**,
peintre italien du premier ordre (7 avril 1483 — 7 avril 1520).
Vasari (Giorgio). Vita di Raffaelo Sanzio da Urbino. *Rom.* 1751. Fol. Trad. en franç. par Pierre Daret. *Par.* 1607. 4. *Ibid.* 1651. 12.
(**Bomberg**, N... N... de). Recherches curieuses sur la vie de Raphaël. *Lyon.* 1709. 12. *
* Cet ouvrage, non mentionné par Quérard, n'est qu'une contrefaçon de la précédente traduction de P. Daret.
Comolli (Angelo). Vita inedita di Raffaelo da Urbino. *Rom.* 1791. 4. (*P.*)
(**Duppa**, Richard). Life of Raffaelo Sanzio da Urbino, and the character of the most celebrated painters of Italy, by Joshua Reynolds. *Lond.* 1815. 8. (*Oxf.*)
Braun (Georg Christian). Raphael's Leben und Wirken. *Wiesb.* 1815. 8. (*P.*) *Ibid.* 1819. 8. (*L.*)
Fuessli (Hans Heinrich). Über das Leben und die Werke Raphael Sanzio's. *Zürch.* 1815. 4. Portrait. (*L.*)
(**Kiefhaber**, Johann Carl Sigismund). Leben Raphael's. *Münch.* 1817. 8.
Fea (Carlo). Notizie intorno Raffaelo Sanzio de Urbino. *Rom.* 1822. 8. (*Oxf.*)
Quatremère de Quincy (Antoine Chrysostome). Histoire de la vie et des ouvrages de Raphaël. *Par.* 1824. 8. (*L.*, *Oxf.* et *P.*) Rev. et augm. *Ibid.* 1833. 8. * *Ibid.* 1835. 8. Trad. en ital. par Francesco Longhena. *Milan.* 1829. 8. (*P.*)
* Les trois éditions, peu différentes, sont ornées d'un portrait de Raphaël.
Rehberg (Friedrich). Raphael Sanzio aus Urbino. *Münch.* 1824. 2 vol. Fol.
(**Lepel**, Wilhelm Heinrich Ferdinand Carl v.). Übersicht der Gemälde Raphael's. *Nassen-Heyde.* 1823. 8. *
* Cette notice, illustrée d'un portrait de Raphaël, n'a pas été mise dans le commerce.
(**Pungileoni**, Luigi). Elogio storico di Raffaelo Santi da Urbino. *Urbin.* 1829. 2 vol. 8.
Passavant (Johann David). Raphael von Urbino und sein Vater Giovanni Santi. *Leipz.* 1839. 2 vol. 8. (Avec 14 gravures.) — (*L.*)
Mueller (Nicolas). Das dritte Secularfest zum Andenken von Raphael Sanzio von Urbino am 1. April 1820. *Mainz.* 1820. 8.
Toelken (Ernst Heinrich). Rede bei der Gedächtnissfeier Raphael's, welche zu Berlin den 18. April von den Akademien der Künste, etc., begangen wurde. *Berl.* 1820. 4.
Cicconi (Luigi). Raffaelo e le belle arti sotto Leone X; scene storiche, etc. *Milan.* 1845. 18. 2 portraits.
Siret (Adolphe). Raphaël et (Pierre Paul) Rubens et les peintres de leur école. *Gand.* 1849. 8.*
* Notice couronnée par la Société des beaux-arts de Gand.
Desnoyers (baron Boucher). Appendice à l'ouvrage intitulé : *Histoire de la vie et des ouvrages de Raphaël,* par M. Quatremère de Quincy. *Par.* 1852. 8. (*Lv.*) *Ibid.* 1853. 8. Portrait. ──────

Odescalchi (Pietro). Istoria del ritrovamento degli spoglie mortale di Raffaelo Sanzio da Urbino. *Rom.* 1833. 8. (*Oxf.*)

Rapigio (Andrea),
évêque de Trieste (11 déc. 1533 — 21 déc. 1573).
Jenner (Luigi de). Del vescovo di Trieste A. Rapigio. *Triest.*, s. d. 8. (Tiré à un très-petit nombre.)

Rapotho,
comte palatin.
Moritz (Joseph). Beantwortung der historischen Preisfrage : Wer und von welchem Geschlechte war jener Pfalzgraf Rapotho, von welchem beim Cosmas Pragensis ad annum 1403 gesagt wird, dass er so mächtig und reich war, dass er von Böhmen bis nach Rom durch lauter ihm eigenthümlich angehörende Güter und Kastelle reisen konnte ? *Münch.* (vers 1805). 8.

Rapp (le comte Jean),
général français (26 avril 1772 — 2 nov. 1821).
Mémoires du général Rapp, écrits par lui-même et publiés par sa famille. *Par.* 1823. 8. (*P.*) *Brux.* 1823. 18. *
Trad. en allem. :
Par Friedrich Doerne. *Danz.* 1824. 8.
Par un anonyme. *Gotha.* 1828. 8. (*L.*)
* M. A... Bulos a été le rédacteur de ces prétendus Mémoires.
Boissard (George David Frédéric). Discours funèbre, etc., en commémoration de M. le comte Rapp, pair de France. *Par.* 1822. 8.
Rapp, s. l. et s. d. (*Colmar.*) 8.

Rappard (Friedrich Wilhelm v.),
jurisconsulte allemand.
Rappard (August v.). Selbstbiographie des königlich preussischen Oberlandesgerichts-Präsidenten F. W. v. Rappard. *Hamm.* 1837. 8.

Rappolt (Carl Heinrich),
physicien allemand (17 juin 1702 — 23 oct. 1753).
Lilienthal (Theodor Christoph). Lebensgeschichte des seeligen Professors Rappolt. *Königsb.* 1753. 4.

Rappolt (Friedrich),
théologien allemand (26 janvier 1515 — 27 déc. 1676).
Carpzov (Johann Benedict). Concio funebris et vitæ curriculum F. Rappolti, germanice; Johann Olearius, Sermo funebris latinus in ejus obitum ; (Joachim Fellen) Programma rectoris academiæ Lipsiensis ; Valentin Alberti, Sermo parentalis latinus. *Lips.* 1678. 4. (*D.*, *L.* et *Lv.*)

Rasche (Johann Christoph),
numismate allemand (21 oct. 1733 — 21 avril 1805).
Emmrich (Georg Carl Friedrich). Worte der Achtung und Liebe am Sarge des seligen Rasche. *Meining.* 1805. 8.

Rask (Rasmus Kristian),
philologue danois (22 nov. 1787 * — 14 nov. 1832).
Moeller (Peder Ludvig). R. K. Rask. *Kjoebenh.* 1837. 8. (Biographie écrite en vers.)
* Et non en 1784 comme le disent quelques-uns de ses biographes.

Rasori (Giovanni),
médecin italien (1767 — 13 avril 1837).
Perini (Giuseppe). Cenni sulla mente di G. Rasori. *Milan.* 1857. 8.
Chiappa (Giuseppe Antonio del). Della vita di G. Rasori libri VI. *Milan.* 1838. 8. Portrait.

Rasorio ou **Rosario** (Giovanni Battista),
helléniste italien (vers 1516 — 1578).
Gabuzio (Giovanni Antonio). Vita di G. B. Rasorio. *Milan.* 1656. 4.

Raspail (François Vincent),
publiciste français (29 janvier 1794 — ...).
Notice biographique sur le citoyen F. V. Raspail, nommé à la représentation nationale dans le département de la Seine. *Lyon.* 1848. Fol. Portrait.
Marchal (Charles). Biographie de F. V. Raspail, représentant du peuple. *Par.* 1848. 8.
Biographies de Cavaignac, Lamartine, Ledru-Rollin, Louis Napoléon Bonaparte et Raspail, par Pierre Paul et Jean Baptiste, apôtres. *Gand.* 1850. 12.

Raspe (Gabriel Nicolaus),
libraire allemand (1712 — 25 oct. 1785).
Chemnitz (Johann Hieronymus). Lebensgeschichte des

verdienstvollen Herrn G. N. Raspe. *Nürnb.* 1787. 4. Portrait. (*L.*)

Raspoui (Cesare),
cardinal italien (1615 — 21 nov. 1675).
Gradi (Stefano). In funere C. Rasponi, S. R. E. cardinalis, oratio. *Rom.* 1675. 4.

Raspoui (Federigo),
littérateur italien.
Pavirani (Paolo). Memorie della vita del cavaliere F. Rasponi. *Ravenn.* 1835. 8.

Rasse (Charles Henri Joseph de),
magistrat belge (3 déc. 1774 — .. janvier 1818).
Lehon (Charles). Discours prononcé à l'occasion de la mort de M. le chevalier de Rasse, bourgmestre de la ville de Tournai. *Brux.* 1818. 8. (Extrait du *Mercure belge,* tiré à part à très-peu d'exemplaires.)
Hennebert (Jean Baptiste Joseph Frédéric). Notice biographique sur C. H. J. de Rasse, maire de Tournai. *Tournai,* s. d. (1853.) 8. Portrait.

Rassmann (Friedrich),
littérateur allemand.
F. Rassmann's Leben und Nachlass. *Münster.* 1833. 8.

Rast (Jacques Joseph),
prêtre français (17 nov. 1736 — 17 février 1816).
Notice sur M. J. J. Rast, prêtre, ancien chanoine de Saint-Paul (à Lyon). *Lyon,* s. d. (1816.) 4.

Rateau (le baron Auguste),
jurisconsulte français (1757 — 1833).
Yzard (N... N...). Éloge de M. le baron A. Rateau, procureur général. *Bordeaux.* 1834. 8. (Extrait du *Recueil des actes de l'Académie de Bordeaux.*)

Rath (Joseph Franz Carl, Freiherr v.),
général allemand (27 février 1772 — 31 oct. 1852).
Milde (N... N...). Feldzeugmeister J. Freiherr v. Rath; ein militärisches Lebensbild. *Dresd.* 1852. 8.

Rathier,
évêque de Liège (921 — 974).
(**H...**, **L...** de). Rathier, évêque de Liège et de Vérone. *Liège.* 1853. 8. (Extrait de la *Revue belge.*)
Gantrel (Jean). Biographie belge : Rathier, évêque de Vérone et de Liège. *Gand.* 1837. 8. (Extrait des *Nouvelles archives historiques.*)

Rathmann (Heinrich),
théologien allemand († 14 mars 1821).
Abel (August Theodor). H. Rathmann; biographische Skizze. *Erfurt.* 1822. 8.

Rathmann (Hermann),
théologien allemand (vers 1577 — 30 juin 1628).
Blanck (Michael). Leichpredigt bey dem Begräbniss H. Rathmann's. *Danz.* 1697. 4. (*D.*)
Schuetze (Constantin). Manes Rathmanni intempestive evocati. *Dantisc.* 1697. 4. (*D.* et *L.*)

Rathsamhausen (Cosimir v.),
prêtre alsacien († 1er janvier 1786).
Axinger (Joseph). Leben C. v. Rathsamhausen, Fürst-Abbtes der vereinten Ritterstifte Murbach und Lüders, im Rufe der Heiligkeit gestorben. Beitrag zur Kirchengeschichte des Elsasses. *Strasb.* 1856. 8. (Trad. du latin.)

Ratichius (Wolfgang),
pédagogue allemand (18 oct. 1571 — 27 avril 1635).
Foerster (Johann Christian). Kurze Nachricht von einem berühmten Pädagogen des vorigen Jahrhunderts W. Ratichius. *Halle.* 1782. 8. (*L.*)
Frank (Heinrich August). Von Ratich und seiner Lehrart, etc. *Erfurt.* 1789. 4. (*D.*)

Ratisbonne (Marie Alphonse),
théologien français du xixe siècle.
Bussierre (Théodore de). Conversion de M. A. Ratisbonne; relation authentique. *Par.* 1842. 18. Portrait. (4e édition.) *Lyon.* 1842. 32.
Notizia sulla conversione del signor A. Ratisbonne, israelita di Strasburgo, accaduta in Roma nel gennajo 1842. s. l. et s. d. (1842). 16.
V... (Marie Charles). Vie et conversion miraculeuse de M. A. Ratisbonne, etc. *Par.* 1843. 8.
Walsh (Théobald). Le comte de la Ferronays et M. A. Ratisbonne. *Par.* 1843. 12. (*P.*)

Ratte (Étienne Hyacinthe de),
*astronome,français (1er sept. 1722 — 15 avril 1805 *).*
Poitevin (Jacques). Éloge historique de Ratte. *Montpell.* 1805. 4.* (Omis par Quérard.)
* Ou selon d'autres biographes le 5 août de la même année.

Ratzenberger ou **Razzenberger** (Matthaeus),
médecin-physicien allemand (1501 — 1559).
Poach (Andreas). Vom christlichen Abschied aus diesem Leben M. Ratzenberger's. *Jena.* 1559. 4. (*D.*)

Rau (Christian),
jurisconsulte allemand (5 mai 1742 — 22 janvier 1818).
Jocosus. Anecdoten und Charakterzüge aus dem Leben des weiland hochgelehrten Domherrn und Professor's Dr. juris C. Rau in Leipzig. Vademecum für Lachlustige. *Strasb.* (*Leipz.*) 1834. 12. Portrait. (*D.* et *L.*)

Rau (Johann Eberhard),
orientaliste allemand (16 juillet 1695 — ...1770).
Winckel (Marquard). Programma in memoriam J. E. Ravii. *Herborn.* 1770. Fol.

Rau (Johann Jacob),
médecin-anatomiste allemand (1668 — 1719).
Albinus (Bernhard). Oratio in obitum J. J. Ravii. *Lugd. Bat.* 1719. 4. (*Ld.*)

Rau (Johann Wilhelm),
théologien allemand (9 mars 1745 — 1er juillet 1807).
Ammon (Christoph Friedrich). Gedächtnisspredigt auf J. W. Rau. *Erlang.* 1807. 8.
Harles (Gottlieb Christoph). Memoria J. G. Rau. *Erlang.* 1807. 4. (*L.*)

Rau (Sebaldus Fulco Johan),
théologien hollandais (1765 — 1er déc. 1807).
Lofrede en lijkzang op S. F. J. Rau, de eerste door Jean Thissbrae L'Ange, de laatste door Willem Bilderdijk. *Harl.* 1808. 8. Trad. en allem. par Magdalene Henriette Essler, avec préface de Gottfried Wilhelm Loersbach. *Siegen.* 1810. 8. (*D.*)

Rauchbar (Andreas),
jurisconsulte allemand (vers 1568 — 12 sept. 1602).
Super obitum A. Rauchbari. *Witteb.* 1602. 4. (*D.*)

Raucourt (Françoise Marie Antoinette **Saucerotte**),
actrice française du premier ordre (3 mars 1756 — 15 janvier 1815).
Notice sur l'enterrement de Mlle Raucourt, actrice du Théâtre-Français. *Par.* 1821. 4. *
* Avec une lithographie représentant le tombeau de Mlle Raucourt.

Raucourt (N... N...),
acteur français.
Biographie de M. Raucourt, premier rôle du théâtre de la Porte-Saint-Martin, de Paris. *Saint-Gaudens.* 1851. 4. (Reproduction d'une notice publiée par M. Thouzery dans *le Monde dramatique.*)

Raupach (Bernhard),
théologien allemand (20 avril 1682 — 20 juin 1745).
Raupach (Georg Ehrenfried Paul). Kurze historische Nachricht von dem Leben und den Schriften B. Raupach's. *Hamb.* 1746. 4. Portrait. (*D.*)

Raupach (Ernst Benjamin Salomo),
poète allemand du premier ordre (21 mai 1784 — 18 mars 1852).
Kaehne (C... W...). Raupach und (Wilhelm) Haering, oder Einiges über die Stellung von Preussens Dichtern zu Süd-Deutschland und Europa. *Berl.* 1853. 8.
Raupach-Werner (Pauline). Raupach; biographische Skizze. *Berl.* 1853. 8.* '
* L'auteur de cette esquisse est la veuve du défunt.

Rauquet (Élisabeth).
Vie de damoiselle É. Rauquet. *Par.* 1660. 18.

Rausch (Heinrich),
théologien allemand.
Mueller (Daniel). Programma de vita H. Rauschii. *Chemnic.* 1725. Fol.

Rauschenbusch (Hilman Ernst),
théologien allemand (27 février 1745 — 10 juin 1815).
Leipoldt (Wilhelm). H. E. Rauschenbusch, weiland Pastor der evangelisch-lutherischen Gemeinde Elberfeld, in seinem Leben und Wirken dargestellt. *Barm.* 1840. 8. Trad. en angl. par R... F... Walker. *Lond.* 1843. 8. (*Oxf.*) *Ibid.* 1846. 8.

Rausse (Johann Heinrich?),
hydropathe allemand.

Kapp (Ernst). J. H. Rausse, der Reformator der Wasserheilkunde. *Hamb.* 1850. 8.

Rautenberg (Christian Günther),
théologien allemand (1728 — 2 février 1776).

Fluegge (Johann Dietrich). Predigt, etc., dem Andenken seines Amtsgehülfen und Freundes Herrn C. G. Rautenberg, ersten Predigers der Martinskirche zu Braunschweig. *Braunschw.* 1776. 8.

Rautenkranz (N... N... v.),
général allemand.

Schmeisser (N... N...). Leben des Generals v. Rautenkranz. *Altenb.* 1761. 8.

Rauwenhoff (N... W...),
littérateur hollandais.

Haakman (H...). Redevoering ter nagedachtenis van N. W. Rauwenhoff. *Amst.* 1818. 8.

Rauzan (Jean Baptiste),
prêtre français (1757 — 6 sept. 1847).

Éloge de M. l'abbé Rauzan, ancien supérieur des missions de France et fondateur des prêtres de la Miséricorde. *Bord.* 1848. 8. (*P.*)

Ravagnin de Ravagnini,
famille italienne.

Summario de' memorie historiche della nobile famiglia Ravagnon de Ravagnini da Treviso, gloriosa serva e fedelissima suddita della serenissima repubblica di Venetia. *Venez.* 1687. 4.

Ravaillac (François),
assassin de Henri IV, roi de France (1579 — exécuté le 27 mai 1610).

Prophéties du grand Bombast sur la mort de Henri le Grand. *Par.* 1610. 8.
Arrest de la cour du parlement contre le très-méchant parricide F. Ravaillac. *Par.* 1610. 4. (Pièce de toute rareté.) Trad. en allem. *Strasb.* 1610. 4.
Procès de F. Ravaillac. *Par.* 1610. 8. (*P.*)
De la Garde (J...). Mémoires sur la mort de Henri IV. *Par.* 1610. 4.
Pyramides duæ, una de perpetrato, altera de attentato parricidii in Henricum IV. *Par.* 1610. 4.
Pelletier (Pierre). Discours lamentable sur l'attentat et parricide contre la personne de Henry IV. *Par.* 1610. 8. *Troyes.* 1610. 8.
Brief sommaire de tous les très-méchants parricides qui ont ci-devant attenté contre la personne de Henry IV, s. l. 1610. 12.
Remonstrance à MM. du parlement sur le parricide commis en la personne de Henri le Grand, s. l. 1610. 8.
(**Montlyard**, Jean de). L'anti-jésuite, ou discours adressé au roy Louis XIII sur la mort de Henri le Grand. *Saumur.* 1611. 8.
Lafons (Jacques de). Discours sur la mort de Henry le Grand. *Par.* 1610. 8.
Peyrat (Guillaume du). Discours sur la vie et mort de Henry IV. *Par.* 1610. 8.
Hostal (N... N... de l'). La Navarre en deuil. *Bord.* 1610. 12.
Matthieu (Pierre). Histoire de la mort déplorable de Henri IV. *Par.* 1611. Fol. *Ibid.* 1612. 8. Trad. en espagn. *Madr.* 1625. 8.
L'assassinat du roi, ou maximes du Vieil de la Montagne. *Par.* 1614. 8.
La chemise sanglante de Henri le Grand. *Par.* 1615. 8.
Dujardin (Pierre). La mort de Henri le Grand, découverte à Naples. *Par.* 1619. 8.
Martir-Rizo (Juan Pablo). Muerte del rey de Francia Henrique IV de Borbon. *Madr.* 1625. 8.

Discours sur la mort de Ravaillac, exécuté à Paris le 27 mai 1610. *Lyon.* 1610. 8.
Le praticien démembré, ou Ravaillac sur l'échafaud, s. l. 1610. 8.
Relazione del supplicio e morte di F. Ravallat (sic!). *Venez.* 1610. 8.
Meynard (François). Regicidium detestatum, quæsitum, præcautum. *Aug. Pict.* 1610. 8.

Ravanne (le chevalier),
page de Philippe d'Orléans, régent de France.

Mémoires du chevalier de Ravanne, page du duc-régent et mousquetaire. *Liége.* 1740. 2 vol. 12.

Ravechet (Hyacinthe),
théologien français († 1717).

Relation abrégée de la maladie et de la mort d'H. Ravechet, docteur de la maison et société de Sorbonne et syndic de la Faculté de Paris. *Par.* 1717. 12. (*P.*)

Ravez (M...),
jurisconsulte français.

Féral (Louis). Éloge de M. Ravez, etc. *Toulouse.* 1855. 8.

Ravius (Christian),
hébraïsant allemand (vers 1610 — 21 juin 1677).

Rhode (Marcus). Programma in funere C. Ravii. *Frf. ad Viadr.* 1677. 4. (*Lv.*)

Ravius (Johann Jacob), voy. **Rau.**

Rawson (Edward),
Anglo-américain.

Rawson (S... S...). Memoir of E. Rawson. *Boston.* 1849. 8.

Ray (John),
naturaliste anglais (29 nov. 1628 — 17 janvier 1705).

Derham (William). Select remains of the learned J. Ray, publ. par Georges Scott. *Lond.* 1760. 8. Portrait. (*Oxf.*)
Memorials of J. Ray, consisting of his life by William Derby and biographical notices by J. E. Smith, Cuvier and Dupetit-Thouars, edited by Edwin Lankester. *Lond.* 1846. 8.

Rayger (Carl),
médecin hongrois.

Gensel (Johann Adam). Elogium viri excellentissimi C. Raygeri, practici Posoniensis celeberrimi, s. l. et s. d. 4.

Raymond (Jean Arnaud),
architecte français (9 avril 1742 — 8 janvier 1811).

Notice historique sur la vie et les ouvrages de J. A. Raymond. *Par.* 1812. Fol.

Raymondis (M... de),

Mariétan (Hugues Joseph). Éloge historique et critique de M. de Raymondis, s. l. et s. d. (*Bourg.,* vers 1802.) 8. *Ibid.* 1820. 8.

Raynal (Guillaume Thomas François),
philosophe français (11 mars 1713 — 6 mars 1796).

Défense de M. l'abbé Raynal et de M. Bonnely. *La Haye.* 1783. 8.
G. T. Raynal démasqué, ou lettres sur sa vie et ses ouvrages, s. l. (1791). 8.
Cherhal de Montréal (Étienne). Éloge philosophique et politique de G. T. F. Raynal. *Par.,* an IV (1796). 8. (Omis par Quérard.) — (*D.* et *P.*)
Jay (Antoine). Précis historique sur la vie et les ouvrages de l'abbé Raynal. *Par.* 1821. 8. (*Lv.* et *P.*)

Raynouard (Françoise Juste Marie),
littérateur français (18 sept. 1761 — 28 oct. 1836).

Reiffenberg (Frédéric Auguste Ferdinand Thomas de). A la mémoire de F. J. M. Raynouard, correspondant de l'Académie. *Brux.* 1839. 12. (*Bx.*)

Rayns (Bertrand de),
ermite belge.

Rosny (Lucien de). Notice du XIVe ou XVe siècle sur Bertrand de Rayns, ermite, qui, sous le nom de Baudouin, de Constantinople, cuidoit par sa déception estre comte de Flandres et de Haynau, etc. *Par.* 1858. 8. (Tiré seulement à 150 exemplaires.)

Razin (Stephan),
soldat russe.

Schurzfleisch (Conrad Samuel). S. Razin cosacus perduellis disquisitio exhibitus. *Lips.* 1674. 4. (*L.*) *Ibid.* 1698. 4.

Re (Filippo),
agronome italien (1763 — 26 mars 1817).

Fappani (Agostino). Elogio del conte F. Re. *Milan.* 1820. 8.

Réal, voy. **Saint-Réal** (César Vichard).

Réal (le comte Pierre François),
homme d'État français (vers 1765 — 7 mars 1834).

Réal (Pierre François). Essai sur les journées du 13 et du 14 vendémiaire an IV, s. l. (*Par.*) 1795. 8.
Indiscrétions, 1798-1830. Souvenirs anecdotiques et poli-

tiques tirés du portefeuille d'un fonctionnaire de l'empire (Réal), mis en ordre par N... N... MUSNIER DESCLOZEAUX. *Par.* 1835. 2 vol. 8. (*P.*)

Realino (Bernardino),
jésuite italien (1er déc. 1530 — 2 juillet 1616).

Santa Anna (Leonardo di). Vita venerabilis patris Bernardini, s. l. 1636. 4.

Fuligatti (Giacomo). Vita di B. Realino della compagnia di Gesù. *Viterb.* 1644. 8.

Trad. en lat. par N... N... BAERVOET. *Anvers.* 1643. 12.

Trad. en franç. par François LAMIER. *Tournai.* 1645. 8.

Andrada (Alonso de). Vida del venerable P. B. Realino. *Madr.* 1651. 4. *Ibid.* 1658. 4.

Réaux, voy. **Tallemant de Réaux** (Gédeon).

Rebé (Claude de),
archevêque de Narbonne.

Dabbes (Guillaume). Oraison funèbre de C. de Rebé. *Narbon.* 1659. 4.

Rebecca,
juive polonaise.

Luft (Johann Christian). Dissertatio de Rebecca Polona eruditarum in gente judaica fœminarum raro exemplo. *Altorf.* 1719. 4.

Rebmann (Georg Friedrich),
littérateur allemand (24 nov. 1768 — ... 1824).

Rebmann (Georg Friedrich). Vollständige Geschichte meiner Verfolgungen und meiner Leiden. *Amst.* 1796. 8.

Rebolet (Paul),
théologien suisse (9 mars 1655 — ... 1710).

Iselin (Jacob Christoph). Oratio funebris P. Reboletio Privasiensi Occitano gallicæ Basiliensis ecclesiæ pastori, etc., dicta. *Basil.* 1710. 4. (*Lv.*)

Reboul (Antoine Joseph),
mathématicien français.

(**Reboul,** Antoine Joseph). Mes souvenirs de 1814 et 1815. *Par.* 1824. 8.

Reboul (Jean),
poète français du XIXe siècle.

Collombet (François Zénon). J. Reboul, de Nimes; étude biographique et littéraire. *Lyon.* 1839. 8. (Extrait de la *Revue du Lyonnais*, tiré à part à 100 exemplaires.)

Récamier (Adélaïde),
dame française (3 déc. 1777 — 11 nov. 1849).

Rondelet (Antonin). Madame Récamier, etc., suivi d'une étude sur madame de Staël. *Par.* 1851. 8. (Couronné par l'Académie de Lyon.) — (*P.*)

—— Eloge de madame Récamier. *Lyon.* 1851. 8. (Couronné par la même académie.)

Récamier (Joseph Claude Anthelme),
médecin français (6 nov. 1774 — 28 juin 1852).

Padioleau (N... N...). Notice sur le docteur Récamier. *Nantes.* 1852. 8. *Par.* 1853. 8.

Gouraud (Henri). Eloge de M. Récamier. *Par.* 1853. 8. (*P.*)

Reccard (Johann Friedrich),
médecin (?) allemand.

Reccard (Gotthilf Christian). Nachricht vom Leben und Tode seines Bruders Dr. J. F. Reccard. *Berl.* 1764. 4. (*D. et L.*)

Recco,
famille italienne.

Capecelatro (Francesco). Breve notizia della famiglia Recco. *Napol.* 1677. Fol.

Rechenberg (Carl Otto),
jurisconsulte allemand (26 nov. 1689 — 7 avril 1751).

Bauer (Johann Gottfried). Oratio parentalis C. O. Rechenbergio dicta, JCto consummatissimo. *Lips.* 1752. 4. (*D. et L.*)

Rechid-Pacha,
homme d'État turc (1802 — ...).

Molinari (G... de). Rechid-Pacha. *Par.* 1842. 8. (Extrait de la *Revue générale biographique, politique et littéraire.*)

Reckleben (Hieronymus),
savant allemand.

Programma academicum in exequias H. Reckleben. *Lips.* 1657. Fol. (*D. et L.*)

Reclam (Franz Wilhelm Heinrich),
théologien allemand (1778 — 19 février 1833).

Saint-Martin (Charles Louis). Trauerrede des, etc., zu Prenzlow erfolgten Todes des Professors F. W. H. Reclam. *Berl.* 1833. 8.

Reclam (Pierre Chrétien Frédéric),
théologien français (16 mars 1741 — 22 janvier 1789).

Erman (Jean Pierre). Éloge historique de F. Reclam. *Berl.* 1789. 8. (Non mentionné par Quérard.)

Redecker (Christoph),
jurisconsulte allemand (1652 — 1704).

Quistorp (Johann Nicolaus). Memoria C. Redecker. *Rostock.* 1704. 8.

Reder,
savants allemands.

Kluge (Gottlob). Programma de Rederis, s. l. 1775. 4.

Reder (Heinrich Adolph v. Graf),
homme d'État allemand († 1759).

Strodt (David Benjamin). Parentation des Grafen H. A. v. Reder, Chef-Präsidenten der königlich oberschlesischen Regierung. *Brieg.* 1759. Fol.

Reder (Ignaz),
médecin allemand (10 juillet 1746 — tué le 29 août 1796).

Siebold (Georg Christoph). Dem Andenken I. Reder's. *Nürnb.* 1797. 8. Portrait.

Heusinger (Caspar Friedrich). Biographie des würzburgischen Arztes I. Reder. *Straubing.* 1807. 8.

Redford (Alexander),
théologien (?) anglais.

Harris (William) et **Stoughton** (John). Funeral services, etc., occasioned by the death of A. Redford. *Wallingford.* 1840. 8. (*Oxf.*)

Redi (Francesco),
naturaliste italien (18 février 1626 — 1er mars 1694).

Elogio di F. Redi. *Firenz.* 1781. 8.

Gorani (Giuseppe). Elogj di due illustri scopritori d'Italia, (F. Redi e Sallustio Antonio Bandini). *Siena.* 1786. 8.

(**Fabbroni,** Giovanni Valentino Matteo). Elogio storico di F. Redi. *Napol.* 1796. 4.

Redi (Teresa Margareta),
carmélite italienne.

Donovan (John). Life of sister T. M. Redi, of the heart of Jesus, a barefooted carmelite-nun. *Lond.* 1848. 52. (Trad. de l'ital.)

Redouté (Pierre Joseph),
peintre belge (10 juillet 1759 — 19 juin 1840).

Delsart (N... N...). Notice biographique sur P. J. Redouté. *Valencienn.* 1841. 8.

Bouchard (Louis). Notice nécrologique sur la vie et les travaux de M. Redouté. *Par.* 1840. 8.

Notice sur J. Redouté. *Par.* 1846. 8. (*P.*)

Bonafous (Mathieu). Notice historique sur P. J. Redouté, s. l. et s. d. 8. (*Bx.*)

Reeve (Edward Secundus)
et
Reeve (Harriet).

Reeve (Edward). Family memorial : a sketch of Mr. H. Reeve and E. S. Reeve. *Lond.* 1848. 12.

Réga (Henri Joseph),
médecin belge (26 avril 1690 — 22 juillet 1754).

Baud (Jean Marie). Oratio inauguralis de laudibus quibus efferri potest memoria H. J. Rega. *Lovan.* 1821. 4.

Martens (M...). Notice sur la vie et les ouvrages de H. J. Réga, docteur et professeur de la Faculté de médecine à l'université de Louvain. *Louvain.* 1840. 12. (*Bx.*)

Malcorps (F... J...). Réga, sa vie et ses écrits. *Louvain.* 1846. 8. Portrait.

Martens (M...). Éloge de H. Réga. *Brux.* 1848. 4. (*Bx.*)

Regalado (Antonio).
prêtre espagnol.

Daza (Antonio). Vida del bienaventurado P. Fr. P. Regalado. *Madr.* 1627. 12. Réimpr. avec des notes par Francisco de OCAMPO. *Mediol.* 1634. 4.

Regemorter (Pierre Jean van),
peintre belge (8 sept. 1755 — 17 nov. 1830).
Bogaerts (Félix). Notice sur P. J. van Regemorter.
Gand. 1853. 8. Portrait. (Extrait du *Messager des sciences et des arts*.)

Reggio (Pietro Maria),
jésuite italien.
Bono (Michele del). Predica domestica in lode del molto
R. P. P. M. Reggio della compagnia di Gesù. *Palerm*.
1734. 4.

Regine (Sainte),
martyre alsacienne.
Leben der heiligen Regina, Jungfrau und Märtyrerin.
Gebweiler. 1852. 52.

Regiomontanus, voy. **Mueller** (Johann).

Régis (Jean François),
jésuite français (31 janvier 1597 — 31 déc. 1640).
Broue (Claude de la). Histoire de J. F. Régis. *Puy*.
1650. 4. *Par*. 1650. 12. (*P.*)
Ducreux (François). Vita P. J. F. Régis. *Col. Agr*.
1660. 12. *
* Ce n'est qu'une traduction de l'ouvrage précédent.
Bonnet (Antoine). Vita R. P. J. F. Regis e societate
Jesu. *Tolos*. 1692. 8. (*D.*) s. l. 1716. 8. Trad. en franç.
Lyon. 1694. 12. *Ibid*. 1811. 18. (*P.*) *Annonay*. 1824.
24. *Lyon*. 1825. 24.
Daubenton (Guillaume). Scripta varia in causa beatifi-
cationis J. F. Regis. *Rom*. 1710-12. 2 vol. Fol.
—— Vie de S. J. F. Régis, de la compagnie de Jésus,
apôtre du Vélay, du Vivarais et des Cévennes. *Par*.
1716. 4. (*Bes*.) *Lyon*. 1717. 12. *Ibid*. 1741. 12. (*Bes*.)
Par. 1757. 12. *Lyon*. 1738. 16. Augmenté d'une notice
historique de la translation de ses reliques à Louvesc
en 1802. *Lyon*. 1803. 12. *Par*. 1818. 12. (*P.*) *Ibid*. 1820.
12. *Lyon*. 1823. 12. *Ibid*. 1825. 12. *Ibid*. 1826. 12. *Par*.
1826. 12. *Avign*. 1827. 12. *Clerm. Ferr*. 1834. 12. *Lyon*.
1841. 12. *Liège*, s. d. (1847). 12. *Ibid*. 1853. 12.
Trad. en angl. par C*** M***. *Lond*. 1738. 8.
Trad. en espagn. *Madr*. 1717. 4.
Trad. en ital. :
Par Pietro Maria ZEFFERINI. *Venez*. 1717. 8. Por-
trait. (*D.*)
Par Tommaso Giacinto FERRERO. *Torin*. 1717. 12.
Par Sebastiano Mario ZEFFERINI. *Firenz*. 1717. 8.
(Leclerc, Paul). Abrégé de la vie du bienheureux J. F.
Régis. *Lyon*. 1711. 8. (*P.*)
Tanner (Matthias). Leben des seeligen Paters J. F. Re-
gis, der Societät Priestern. *Prag*. 1716. 12.
Sante (Gilles Anne Xavier de la). Panégyrique du P.
J. F. Régis, de la compagnie de Jésus. *Rouen*. 1717. 4.
(Colonia, Dominique de). Abrégé de la vie du bienheu-
reux J. F. Régis, apôtre du Vélay et du Vivarais, etc.
Lyon. 1717. 12. (*P.*)
Trad. en allem. *Münch*. 1738. 8.
Trad. en ital. par Tommaso Giacinto FERRERO. *Torin*.
1717. 12.
Trad. en lat. *Monach*. 1738. 8.
Neissen (Johann Anton). Leben des seeligen J. F. Regis
von der Gesellschaft Jesu. *Coeln*. 1719. 4. Portrait.
(La Neuville, Anne Joseph de). Vie de S. J. F. Régis,
de la compagnie de Jésus. *Par*. 1757. 12. * (*Bes*.)
Liége. 1738. 12.
* Publ. sous ces lettres initiales A. J. D. L. N.
Bonnet (Antoine). Abrégé de la vie et des miracles du
serviteur de Dieu, J. F. Régis, etc. *Lyon*. 1811. 4 et 18.
Annonay 1824. 24. *Lyon*. 1825. 24.
* Extrait de l'ouvrage latin indiqué ci-dessus.
Lebensgeschichte des heiligen J. F. Regis aus der Gesell-
schaft Jesu, trad. du franç. par Dominik SCHELKLE, avec
préface par Carl EGGER. *Augsb*. 1843. 8. *Ibid*. 1846. 8. *
* Chacune de ces deux éditions est ornée de son portrait.

Reglus (Johann).
Gerlach (Benjamin Gottlieb). Programma de vita J. Regii. *Mulhus*. 1757. 4.

Régius (N... N...).
Travès (Moïse). Essai sur Régius. *Strasb*. 1847. 8.

Regius (Urban) *,
théologien allemand (+ 1541).
Veiel (Elias). Dissertatio de U. Regii memoria et meritis
* Son nom originaire était KOENIG.

in ecclesiam Dei, tempore salutaris reformationis. *Frf*.
et *Ulm*. 1683. 4. (*D.*)
Regius (Ernst). Vita patris sui, U. Regii, (publ. par
Gottfried WAGENER), s. l. (*Witteb*.) 1711. 8. (*D.*)
Schlichthaber (Anton Gottfried). Das evangelisch-luthe-
rische Mindische Prediger-Gedächtniss, 1. Theil, welcher in sich fasset das Andenken U. Regii, durch Vorstellung seines Lebens und Erzählung seiner Schriften.
Frf. et *Leipz*. 1749. 8. (*D.* et *L.*)
Heimbuerger (Heinrich Christian). U. Regius, nach gedruckten und ungedruckten Quellen dargestellt. *Hamb*.
et *Gotha*. 1851. 8.

Regnard (Jean François),
poète français (8 février 1655 — 3 sept. 1709).
Regnard. Notice sur sa vie et ses ouvrages, s. l. et s. d. 8.
Beffara (Louis François). Recherches sur les époques de
la naissance et de la mort de J. F. Regnard. *Par*. 1823.
8. (*P.*)

Regnaud (Marc Antoine),
prêtre français.
(Saillant, Charles Jean). Éloges funèbres de M. A. Regnaud, curé de Vaux; de Louis Eschausses, curé de
Bazarnes, et de Joachim Nicolas Durand, curé de Villiers le Bel, s. l. 1797. 12. *
* Publ. s. l. lettres initiales du nom de l'auteur (C. J. S.).

Regnault de Saint-Gilles,
dominicain français (+ 1220).
Rechac de Sainte-Marie (Jean Giffre). Vie du bienheureux Regnault de Saint-Gilles, doyen de Saint-Aignan
d'Orléans, etc. *Par*. 1646. 8.

Regnault de Saint-Jean d'Angely *
(Michel Louis Étienne),
homme d'État français (1762 — 12 mars 1819).
Regnault de Saint-Jean d'Angely (Michel Louis
Étienne de). Souvenirs. *Par*. 1817. 2 vol. 12. (*P.*)
* Il prit ce nom de sa ville natale, Saint-Jean d'Angely.

Regner Lodbrog,
roi fabuleux de Danemark.
Lysholm (Frederick). Disputatio de certamine Regneri
Lodbrog pro Thora Borgarhjoertur. *Hafn*. 1711. 4. (*Cp.*)
Tibelius (Olof). Dissertatio hypothesin historicam de
pluribus Regnaris Lodbrokiis proponens. *Upsal*. 1764.
4. (*Cp.*)
Schroeter (Heinrich Rudolph). Dissertatio critico-histo-
rica de Regnero Lodbrokio. *Rostoch*. 1820. 4. (*L.*)

Regnier de Bruxelles,
poète belge.
Reiffenberg (Frédéric Auguste Ferdinand Thomas de).
Notice sur Regnier de Bruxelles (Renerus de Bruxella),
poète brabançon du moyen âge, inconnu aux biographes.
Brux. 1841. 4. (Extrait des *Nouveaux mémoires de l'A-
cadémie de Bruxelles*.) — (*Bx*.)

Regnier (Adolphe),
philologue français du XIXe siècle.
Notice des publications et des travaux de philologie et de
grammaire comparée de M. A. Regnier. *Par*. 1854. 4.

Réguier (René François),
archevêque de Cambrai.
M... (E... D...). Notice biographique sur Mgr. R. F. Régnier, évêque d'Angoulême, comte romain, prélat, assistant au trône pontifical, nommé archevêque de Cambrai le 18 mai 1850. *Angoul*. 1850. 18.

Rego (Belchior do),
savant portugais.
Barboza (Jozé). Elogio funebre de B. do Rego. *Lisb*.
1738. 4.

Regoliosi (Giovanni Antonio),
médecin italien.
Necrologia biografica del medico G. A. Regoliosi, scritta
da esso. *Casale*. 1846. Fol.

Régulus (Marcus Attilius),
consul romain (+ 251 avant J. C.).
Ernesti (Johann Heinrich). Dissertatio historico-philo-
logica de Regulo. *Lips*. 1684. 4. (*L.*)
Toland (John). The fabulous death of A. Regulus, or a
dissertation proving the receiv'd history of the tragical
death of M. A. Regulus, the Roman consul, to be a fabel.
Lond. 1696. 4.
Nessel (Israel Jacob). Specimen academicum de M. A.
Regulo. *Aboæ*. 1709. 8.

Gelenius (Jonas). Programma de supplicio M. A. Reguli. *Dresd.* 1716. Fol. *(D.)*

Toerner (Fabian). Dissertatio de M. A. Regulo. *Upsal.* 1720. 8.

Grabener (Theophil). M. A. Regulus ad poenam reditus. *Misen.* 1741. 4. *(L.)*

Keller (Gottlieb Wilhelm). De M. A. Regulo programma. *Vratisl.* 1743. Fol. (Peu commun.)

Roos (Johann Friedrich). Programma de suppliciis quibus M. A. Regulus traditur interfectus. *Giess.* 1790. 4.

Fickenscher (Georg Wolfgang August). Num M. A. Regulus Romanorum dux a Carthaginiensibus affectus sit supplicio. *Erlang.* 1796-98. 3 parts. 8. *(L.)*

Rey (Jean). Dissertation sur Regulus. *Par.* 1836. 8. (Extrait des *Mémoires de la Société royale des antiquaires de France.*)

Rehabeam,
roi des Juifs (975 — 958 avant J. C.).

Rehabeam, der erste König in Juda und Benjamin. *Frf.* 1661. 12.

Polcke (Franz). Rehabeami vita ex I regibus 12. *Witteb.* 1683. 4.

Reime (Heinrich Gottlieb). Harmonia vitarum Rehabeam, Abiæ (938 — 955) atque Asæ (955 — 914), regum Judaicarum, una per novem decem tribuum regum, a Jeroboamo usque ad Achabum. *Jenæ.* 1712. 4.

Zachariæ (Johann Friedrich). Dissertatio de justa populi Israelitici a Rehabeamo desciscentis causa. *Kilon.* 1757. 4.

Kiesling (Johann Rudolph). Historia Rehabeami. *Jenæ.* 1755. 4. *(L.)*

Rehberger (Andreas),
théologien allemand (18 nov. 1716 — 16 mai 1769).

(Dietelmair, Johann Augustin). Ehrengedächtniss des Predigers A. Rehberger, eines um das Nürnbergische Zion hochverdienten Lehrers. *Nürnb.* 1772. 8. Portrait. *(D.)*

Rehberger ou Rechberger (Georg),
théologien allemand (19 mai 1758 — 18 déc. 1808).

Freindaller (Franz Seraphin Joseph). Denkschrift auf G. Rehberger in Linz. *Linz.* 1809. 8.

Rehefeld (Johann),
médecin allemand (vers 1590 — 6 janvier 1648).

Urnæ Rehefeldinæ, s. programma in ejus funere, s. l. et s. d. *(Frf.* 1648). 4. *(D.)*

Rehfeld (Carl Friedrich),
médecin allemand (2 nov. 1735 — 23 janvier 1794).

Wallerius (Johann Gottschalk). Trauerrede auf C. F. Rehfeld. *Greifsw.* 1794. 4.

Rehkopf (Johann Friedrich),
théologien allemand (25 janvier 1733 — 15 mars 1789).

Schedius (Carl Friedrich). Memoria J. F. Rehkopfii. *Fridericost,* s. d. (1789). 4. *(D.)*

Rehmius (Wolfgang Andreas),
jurisconsulte allemand († 1558).

Kellner v. Zennendorf (Wilhelm). Vita et mors W. A. Rehmii a Koetz, U. J. D. cathedralis ecclesiæ Augustanæ præpositi, etc. *Ingolst.* 1590. 4.

Reich (Ephraim Gottfried),
magistrat allemand.

Triller (Daniel Wilhelm). Vita et memoria E. G. Reichii. *Witteb.* 1758. Fol. (*D.* et *L.*)

Reicha (Joseph Anton),
musicien bohème (27 février 1770 — 28 mai 1836).

Delaire (J... A...). Notice sur Reicha, musicien, compositeur et théoriste. *Par.* 1857. 8. Portrait. *(P.)*

Reichard (Daniel),
théologien allemand (29 nov. 1580 — ... 1652).

Weller (Jacob). Leichenpredigt auf D. Reichard, nebst dessen Lebenslauf. *Dresd.* 1653. 4.

Reichard (Heinrich Gottfried),
pédagogue allemand (22 juin 1742 — 22 mai 1801).

Steyer (Johann Adolph). Lessus in obitum H. G. Reichardi, etc. *Lips.* 1802. 8. (*D.* et *L.*)

Reichard (Johann Carl Gottfried),
aéronaute allemand.

Petzholdt (Julius). Professor J. C. G. Reichard in Dochlen. *Dresd.* 1844. 8. (*D.* et *L.*)

Reiche (Johann),
théologien allemand.

Seelen (Johann Heinrich v.). Memoria J. Reichii, archidiaconi Ægidiani (Lubecensis). *Lubec.* 1720. Fol. Trad. en allem. s. c. t. Ehrengedächtniss, etc. *Lübeck.* 1720. Fol.

Reichel (Benjamin Traugott),
théologien allemand.

(Otto, Gottlieb Friedrich). Denkmal des Diaconus B. T. Reichel in Bernstadt. *Goerl.* 1799. 8.

Reichel (Carl Rudolph),
théologien allemand (29 avril 1718 — 23 oct. 1794).

Reichel (Carl Rudolph). Eigen abgefasster Lebenslauf, publ. par Johann Georg Pech. *Herrnhut* et *Leipz.* 1797. 8. *(L.)* Trad. en suéd. *Carlskrone.* 1797. 8.

Reichenbach (Grafen v.),
famille allemande.

Jachmann (Christian Gottlieb). Versuch einer Geschichte der Grafen v. Reichenbach. *Oels.* 1781. 8.

Reichenbach (Johann Gotthilf),
théologien allemand (15 août 1706 — 19 juillet 1767).

Reichenbach (Friedrich Christian). Leben, Character und Amtsführung meines Vaters J. G. Reichenbach, etc. *Alton.* 1767. 8.

Reichenbach (Heinrich v.),
magistrat (?) allemand.

Jaeschcke (Abraham). Parentatio domini H. de Reichenbach. *Lips.* 1715. Fol. *(L.)*

Reichhelm (Jeremias),
jurisconsulte allemand († 15 août 1636).

Galea funeralis in justis D. J. Reichhelmii, JCti excellentissimi, laudatissimæ reipublicæ Hallensis syndici emeriti. *Halæ.* 1636. 4. *(Lv.)*

Reichmann (Jacob),
pédagogue allemand.

Winter (David). Oratio in memoriam J. Reichmanni. *Torgav.* 1688. 4.

Reichstadt (duc de), voy. **Napoléon II.**

Reid (John),
missionnaire anglais.

Wardlaw (Ralph). Memoir of the late J. Reid, of Bellary, East Indies, comprising incidents of the Bellary mission for a period of eleven years from 1830 to 1840. *Glasg.* 1845. 8. *(Oxf.)*

—— Memoirs of the Rev. J. Reid. *Lond.* 1850. 12.

Reid (John),
anatomiste anglais.

Wilson (George). Life of Dr. J. Reid, professor of anatomy in the university of St. Andrews. *Lond.* 1852. 8.

Reid (Thomas),
philosophe écossais (26 avril 1710 — 7 oct. 1796).

Stewart (Dugald). Account of the life and writings of T. Reid. *Lond.* 1803. 8.

—— Biographical memoirs of Adam Smith, William Robertson and T. Reid, etc. *Edinb.* 1811. 4. *(Oxf.)*

Reidanus (Everhard),
homme d'État hollandais (1550 — 1602).

Harn (W... J...). Iets over E. Reidanus, Nassawsche raët, etc., in verband met vele aanzienlijke geslachten in ons vaderland, die voor en na dezen voortreffelijken staatsman geleefd hebben. *Gorinch.* 1852. Portrait.

Reiffenberg (Frédéric Auguste Ferdinand Thomas, baron de),
littérateur belge (14 nov. 1795 — 18 avril 1850).

Heuschling (Xavier). Le baron de Reiffenberg; notice biographique. *Brux.* 1850. 8.

Kervyn de Volkaersbeke (Philippe). Le baron de Reiffenberg. *Gand.* 1850. 8.

Luthereau (Jean Guillaume Antoine). Notice sur M. le baron de Reiffenberg. *Brux.* 1850. 8.

(Mathieu, Adolphe Joseph Ghislain). Notice sur F. A. F. T. baron de Reiffenberg, conservateur de la bibliothèque royale de Belgique, etc. *Mons.* 1851. 8. (Tiré à 100 exemplaires.)

Quetelet (Lambert Adolphe Jacques). Notice sur F. A. F. T. baron de Reiffenberg, membre de l'Académie royale. *Brux.* 1852. 12 et 8. Portrait.

Schoonen (Louis). Notice sur le baron de Reiffenberg.

Brux., s. d. 8. (Extrait du *Bulletin de la Société des gens de lettres belges*.)

(Borgnet, Adolphe). Lettre à M. le baron de Reiffenberg, etc. *Liége*. 1846. 8. *
. * Cette lettre, publiée sous le pseudonyme de Bonaventure Pimpurniaux, est une satire virulente contre le baron de Reiffenberg.

Busscher (Edmond de). Etude des études de M. le baron de Reiffenberg sur les *Loges* de Raphaël. *Gand*. 1846. 8.*
 * Dans cette brochure l'auteur dévoile les plagiats commis par le baron de Reiffenberg.

Quérard (Joseph Marie). Les plagiats Reiffenbergiens dévoilés, s. l. (*Par.*) 1851. 8. (Extrait des *Supercheries littéraires*.)

Reifstein ou **Reifenstein** (Johann Friedrich),
 pédagogue allemand (22 nov. 1719 — 13 oct. 1793).

Schlichtegroll (Friedrich). Reifenstein, biographisches Denkmal. *Gotha*. 1794. 8. (*D. et L.*)

Reigersbergen (Maria van),
 épouse de Hugues Grotius.

Vries (Jeronymo de). Huig de Groot en M. van Reigersbergen. *Amst.* 1827. 8.

Hassen (Martin). An Hugonis Grotii uxor ob liberatum a carcere maritum juste potuisset punire? *Witteb.* 1727. 4. (*L.*)

Reihing (Jacob),
 théologien allemand (6 janvier 1579 — 5 mai 1628).

Osiander (Lucas). Leichenpredigt über den Professor J. Reihing. *Tübing.* 1628. 4.

Rauscher (Johann Martin). Laudatio funebris J. Reihingi. *Tubing.* 1629. 4. Portrait. (*Lv.*)

Reil (Johann Christian),
 médecin frison (20 février 1759 — 2 nov. 1813 *).

Steffens (Heinrich). Denkschrift auf J. C. Reil. *Halle.* 1815. 8. (*L.*)
 * On selon d'autres biographes le 22 novembre.

Reimarus (Hermann Samuel),
 orientaliste allemand (22 déc. 1694 — 1er mars 1767).

Buesch (Johann Georg). Monumentum officii et pietatis memoriæ immortali H. S. Reimari, linguarum orientalium in gymnasio Hamburgensi per 41 annos professoris, etc. *Hamb.* 1767. Fol. (*L.*)

Reimarus (Johann Albert Heinrich),
 médecin allemand (11 nov. 1729 — 6 juin 1814).

Veit (Johann Albert). J. A. H. Reimarus, nach zurückgelegten fünfzig Jahren seiner medicinischen Laufbahn, etc. *Hamb.* 1807. 8. (*D.*)

J. A. H. Reimarus' Lebensbeschreibung, von ihm selbst aufgesetzt und herausgegeben von Carl Sieveking. *Hamb.* 1814. 8. Portrait. (*D. et L.*)

Reimarus (Johann Albert Heinrich). Commentarius de vita sua ; additæ sunt Hermanni Samuelis Reimari narrationes Joanni Georgii Bueschii et Christiani Adolphi Klotzii. *Hamb.* 1815. 8.

Ebeling (Christoph Daniel). Memoria J. A. H. Reimari. *Hamb.* 1815. 4. (*D. et L.*)

Reimmann,
 famille allemande.

Leonardi (Renatus Christoph). Schediasma historico-litterarium de doctis Reimmannis. *Michaelstein.* 1717. 8. (*D. et L.*)

Reimmann (Jacob Friedrich),
 théologien allemand (22 janvier 1668 — 1er février 1743).

Reimmann (Jacob Friedrich). Eigene Lebensbeschreibung, oder historische Nachricht von sich selbst, seiner Person und seiner Schriften, herausgegeb. mit Anmerkungen von Friedrich Heinrich Theune. *Braunschw.* 1745. 8. Portrait. (*D.*)

Reinbeck (Johann Gustav),
 théologien allemand (25 janvier 1683 — 21 août 1741).

*Buesching (Anton Friedrich). Zum Gedächtniss des Herrn J. G. Reinbeck, ersten Predigers an der Cöllnischen Vorstadtkirche zu Berlin, nebst einem Anhange von Nachrichten zur Geschichte dieser Kirche. *Berl.* 1782. 8.

Reinbeck (Philipp Georg v.). Leben und Wirken des Dr. theol. J. G. Reinbeck, weiland königlich preussischen Consistorialraths, Probstes zu Coeln an der Spree, Beichtvaters der beiden Königinnen Sophia Dorothea

und Elisabeth Christiane von Preussen, etc. Beitrag zur Lebens- und Charactergeschichte der Könige Friedrich Wilhelm I und Friedrich II von Preussen. *Stuttg.* 1842. 8. (*L.*)

Reine d'Alise (Sainte),
 martyre française.

Grognot (abbé). Vie et culte de S. Reine d'Alise. *Dijon.* 1855. 18.

Reinelde (Sainte),
 sœur de sainte Gudule.

Vie de S. Reinelde, vierge et martyre, dont les reliques reposent en l'église de Saintes, près de Hal. *Brux.* 1853. 18. Portrait.

Reineccius (Christian),
 pédagogue allemand (22 janvier 1667 — 18 oct. 1752).

Reineccius (Joachim Jacob). Abriss von dem Maasse und Verhältnisse unserer Kräfte, nebst einem Anhange, so von der Familie der Reinecciorum Nachricht ertheilet. *Leipz.* 1753. 4. (*D. et L.*)

Reineccius (Reiner),
 historien allemand (15 mai 1541 — 26 avril 1595).

Haeberlin (Franz Dominik). Prolusio de R. Reineccii meritis in omnem historiam ut et academiam Juliam. *Helmst.* 1746. 4. (*L.*)

Reinel (Johann Georg Samuel),
 théologien allemand.

Suess (Johann Gabriel). Das hervorleuchtende Wunderbarliche im Rathe Gottes aus der Lebens-Geschichte J. G. S. Reinelii, zu dessen Ehren-Gedächtniss gezeiget. *Friedrichst.*, s. d. (1764). 4. (*D.*)

Reinert (Johann Friedrich),
 pédagogue allemand († 19 mai 1820).

Blomberg (Wilhelm v.). Leben J. F. Reinert's, zuletzt Directors des Gymnasiums zu Soest. *Lemgo.* 1822. 8.

Reinertsen (N... N...),
 théologien danois.

Hertzberg (Niels). Soergetale over Provst Reinertsen *Bergen.* 1850. 8.

Reinesius (Johann Georg),
 théologien allemand.

Seelen (Johann Heinrich v.). Memoria J. G. Reinesii, pastoris Jacobæi. *Lubec.* 1745. Fol.

Reinhard (Anna),
 épouse d'Ulric Zwingli, réformateur suisse.

Hess (Salomon). A. Reinhard, Gattin und Witwe von Ulrich Zwingli. *Zürch.* 1819. 8.

Meyer v. Knonau (Gerold). Züge aus dem Leben der A. Reinhard, Gattin Ulrich Zwingli's. *Erlang.* 1833. 8.

Reinhard (Carl Friedrich, Graf),
 diplomate allemand, pair de France (2 oct. 1761 — 26 déc. 1837).

Talleyrand-Périgord (Charles Maurice de). Éloge de M. le comte Reinhard. *Par.* 1838. 8. (*P.*)

Reinhard (Franz Volkmar),
 théologien allemand (12 mars 1753 — 6 sept. 1812).

Koethe (Friedrich August). Über Dr. F. V. Reinhard's Leben und Bildung; zwei Vorlesungen. *Jena.* 1812. 8. Portrait. (*D. et L.*)

Boettger (Carl August). F. V. Reinhard, literarisch gezeichnet. *Dresd.* 1813. 4. (*L.*) *Ibid.* 1816. 8. Port. (*D.*)

Poelitz (Carl Heinrich Ludwig). Dr. F. V. Reinhard, nach seinem Leben und Wirken dargestellt. *Leipz.* 1813-15. 2 vol. 8. (*D. et L.*) Trad. en holland. par D... Yzenbeek. *Amst.* 1850. 8.

Scheibler (Maximilian Friedrich). Memoriam Reinhardi Magni juventuti litterarum studiosæ inprimisque theologis futuris et oratoribus sacris commendat. *Sulzbac.* 1826. 8. (*D. et L.*)

Reinhard (Hans v.),
 magistrat suisse (20 février 1755 — 23 déc. 1835).

Muralt (Conrad v.). H. v. Reinhard, Bürgermeister des eidgenössischen Standes Zürich und Landamman der Schweiz, etc. *Zürch.* 1838. 8. Portrait.

Reinhard (Johann Balthasar),
 théologien allemand.

Weber (Johann Christian). Programma in obitum J. B. Reinhardi. *Nordhus.* 1741. Fol. (*D.*)

Reinhard (Johann Paul),
 historien allemand (17 déc. 1722 — 10 juin 1779).

Schreber (Johann Christian Daniel). Programma acade-

micum quo exequias J. P. Reinhardo celebrandas in-
dicit. *Erlang.* 1779. 4. (*D.*)
Harles (Gottlieb Christoph). Memoria J. P. Reinhardi.
Erlang. 1779. 4. (*L.*)

Reinhardt (Andreas),
théologien allemand.

Kittel (Johann). Schuldiges Denk- und Dankmal dem
gewesenen Pastori primario und Inspector zu Senften-
berg, A. Reinhardten, auffgerichtet. *Budiss.* 1707. 4.

Reinhardt (Johann Friedrich),
publiciste allemand (31 mai 1648 — 13 sept. 1721).

Schumacher (Heinrich August). Epistola·de meritis J.
F. Reinhardti. *Grimm.* 1721. 4.

Reinhardt, dit **Hannickel** (Jacob),
bohémien allemand (pendu le 17 juillet 1787).

Reininger (Anton). Bekehrungsgeschicte des ehemaligen Zigeuneranführers J. Reinhardt, genannt Hannickel, welcher, etc., zu Sulz am Neckar gehängt wurde,
herausgegeb. und mit Anmerkungen begleitet von Lorenz LANG. *Reutling.* 1838. 12.

Reinhardt ou **Reinhard** (Martin),
théologien allemand (17 oct. 1730 — 11 déc. 1771).

Goetz (Andreas). Lebensgeschichte M. Reinhardt's, Diener des Worts bei Sanct-Egidien in Nürnberg. *Schwabach.* 1772. 4.

Reinhardt (Michael Henrich),
théologien allemand.

Sangerhausen (Johann Georg). Ehren- und Denkmahl
des seeligen Herrn Oberhofpredigers zu Weissenfels,
Dr. M. H. Reinhardt's. *Leipz.* 1752. 4. (*L.*)

Reinhart (Elias Sigismund),
théologien allemand (18 mai 1628 — 10 sept. 1669).

(**Kromayer,** Hieronymus). Programma ad exequias E.
S. Reinharti. *Lips.* 1669. 4. (*D.* et *L.*)
Steger (Thomas). Oratio parentalis E. S. Reinharti.
Lips. 1671. 4. (*D.* et *L.*)

Reinhart (Lucas Friedrich),
théologien allemand (7 février 1623 — 25 mai 1688).

Roetenbeck (Georg Paul). Programma in L. F. Rein-
harti funere. *Altorf.* 1688. 4. (*D.*)
Hauer (Johann Christian). Oratio parentalis in L. F.
Reinharti obitum. *Altorf.* 1689. 4. (*D.*)

Reinbold (Carl Leonhard),
philosophe allemand (26 oct. 1758 — 10 avril 1823).

Reinhold (Christian Erich Gottlieb Jens). C. L. Reinhold's Leben und Wirken, etc. *Jena.* 1825. 8. Portrait.
(*L.*)

Reinhold (Johann Michael),
théologien (?) allemand.

Mueller (Daniel). Programma de vita J. M. Reinholdi.
Chemnic. 1725. Fol. (*L.*)

Reinking (Theodor),
jurisconsulte courlandais (10 mars 1590 — 15 déc. 1664).

Arend (Balthasar). Laudatio funebris memoriæ ac honori viri magnifici, etc., T. Reinkingii. *Argent.* 1665. 4.
(*Lv.*) *Frf.* 1676. 4. (*L.*)

Reinoso (Francisco de),
évêque de Cordoue.

Alfaro (Gregorio de). Vida del ilustrissimo señor D. F.
de Reinoso, con la de Geronimo de Reinoso, su sobrino,
canonigo de Palencia. *Pincia* (?) 1617. 4.

Reis ou **Reys** (Antonio dos),
poête portugais (1690 — 1738).

Antonio de S. Jeronimo Justiniano. Elogio aô P. A.
dos Reis. *Lisb.* 1735. 4.
Barboza (Jozé). Elogio do P. A. dos Reis. *Lisb.* 1758. 4.

. **Reisach,** Graf v. **Steinberg** (Carl August v.),
homme d'État allemand (15 oct. 1777 — ...).

C. A. v. Reisach, Graf v. Steinberg, Ex-General-Commis-
sär Seiner Majestät des Königs von Baiern (Maximilian
Joseph's). Charactergemälde nach dem Leben gezeichnet,
s. l. (*Nürnb.*) 1814. 8.

Reiser (Anton),
théologien allemand (7 mars 1628 — 27 avril 1686).

Volckmar (Johannes). Leich-Predigt auf D. A. Reiser,
Haupt-Pastorem zu St. Jacobi (in Hamburg). *Hamb.*
1686. 4.

Reisig (Carl Christian),
poête allemand (17 nov. 1792 — 17 janv. 1829). *

Paldamus (Hermann). Narratio de C. Reisigio Thu-
ringo, etc. *Gryphisw.* 1839. 8. (*L.* et *Oxf.*)
* Ou selon d'autres biographes le 18 déc. 1792 — 14 février 1829.

Reiske (Johann Jacob),
orientaliste allemand (25 déc. 1716 — 14 août 1774).

Morus (Samuel Friedrich Nathanael). De vita J. J.
Reiskii, medecinæ doctoris, Arabicæ linguæ professo-
ris in academia Lipsiensi, scholæ Nicolaitanæ Lipsien-
sis rectoris. *Lips.* 1777. 8. Portrait. (*D.* et *L.*)
J. J. Reiske's eigene Lebensbeschreibung. *Leipz.* 1783. 8.
(*D.* et *L.*) .

Reissmann (Johann Heinrich),
théologien allemand.

Wernsdorf (Gottlieb). David's gottgefällige Entschlies-
sung. Leichenpredigt auf J. H. Reissmann. *Wittenb.*
1720. Fol. (*D.*)

Reiz (Friedrich Wolfgang),
philologue allemand (2 sept. 1733 — 2 février 1790).

Bauer (Carl Gottfried). Denkschrift auf den verstorbe-
nen Professor F. W. Reiz; einige Grundstriche zur
Characteristik desselben. *Leipz.* 1790. 8. (*D.* et *L.*)
Kordes (Berend). Marcus Accius Plautus und F. W.
Reiz. *Kiel.* 1795. 8.

Reiz (Georg Christoph),
théologien allemand.

Speyer (Samuel). Ehrengedächtniss des weiland Herrn
G. C. Reiz, Stadtpfarrers und Decans eines ehrwürdigen
Capitels in der Reichsstadt Windsheim, s. l. 1789. 8.

Reland (Adriaan),
orientaliste hollandais (17 juillet 1676 — 5 février 1718).

Serrurier (Joseph). Oratio funebris in obitum A. Re-
landi. *Ultraj.* 1718. 4. (*L.*)

Remacle (Saint),
martyr belge.

Courtejoie (A...). Les illustrations de Stavelot, et les
vies des saints Remacle, Théodart, Hadelin, Lambert,
Hubert, Poppo, et d'autres grands civilisateurs des
Ardennes. *Liège.* 1848. 8.

Rembert,
archevêque de Hambourg.

Hammerich (P... F... A...). Dissertatio de Remberto,
archiepiscopo Hamburgo-Bremensi. *Hafn.* 1834. 8. (*L.*
et *Oxf.*)

Rembrandt, dit **van Rijn** (Paul),*
peintre hollandais du premier ordre (15 juin 1606 — ... 1674).

Immerzeel (Jan). Lofrede op Rembrandt. *Amst.* 1841.
8. Portrait. (*Ld.* et *Oxf.*)
Nagler (G... C...). Leben und Werke des Malers und
Radirers Rembrandt von Ryn. *Münch.* 1843. 8. (Tiré
à très-petit nombre.)
Burnet (John). Rembrandt and his works, comprising
a short account of his life. *Lond.* 1848. 4. (Accomp. de
19 illustrations.)
Scheltema (Pieter). Redevoering over het leven en de
verdiensten van Rembrandt van Rijn, etc. *Amst.* 1853.
8. Portrait.

Gersaint (E... F...). Catalogue and description of the
etchings of Rembrandt van Rhyn (!), with some account of his life. *Lond.* 1752. 12. (*Oxf.*)
Daulby (Daniel). Descriptive catalogue of the works of
Rembrandt and of his scholars, Bol Livens and Van
Vliet, (avec préface de William Roscoe). *Liverp.* 1796.
8. Portrait. (*Oxf.*)
Claussin (N... N... de). Catalogue raisonné de toutes les
estampes qui forment l'œuvre de Rembrandt et des
principales pièces de ses élèves. *Par.* 1824-28. 2 vol.
8. Portrait. (*P.*)
* On prétend qu'il était si avide d'argent qu'il s'avisa un jour de se
faire passer pour mort afin d'augmenter le prix de ses tableaux.

Remi (Saint),
archevêque de Reims (vers l'an 436 — 13 janvier 533).

Rivarel (N... N...). Vie de S. Remi. *Barcel.* 1609. 12.
Cerisiers (René de). Les heureux commencemens de la
France chrétienne sous l'apôtre de nos rois, ou la vie
de S. Remi. *Reims.* 1633. 4. (*P.*) *Ibid.* 1647. 8.
Marlot (Guillaume). Tombeau du grand S. Remi. *Reims.*
1647. 8.

Saussay (André du). De gloria S. Remigii, proprii Francorum apostoli, libri IV. *Tull. Leucor.* 1661. 4.

Dorigny (Jean). Vie de S. Remi. *Châlons.* (*Par.*) 1714. 12. (*Bes.*)

Aubert (Alexandre). Histoire de S. Remi, pour servir à l'étude des origines de la monarchie française (456-552). *Plancy.* 1849. 18.

Remi (Saint),
évêque de Lyon († 28 oct. 875).

Armand (Prior). Histoire de S. Remi. *Lyon.* 1852. 8.

Remond (Johannes),
savant allemand (23 juillet 1709 — 10 janvier 1793).

Curtius (Michael Conrad). Memoria J. Remondi. *Marb.* 1795. 4. (*L.*)

Remphan,
personnage mythologique.

Schwabe (Johann Georg). Dissertatio de Moloch et Remphan. *Witteb.* 1664. 4.

Jablonski (Paul Ernst). Remphan, Ægyptiorum deus ab Israelitis in deserto cultus, etc. *Frf. et Lips.* 1731. 8. (*L. et Oxf.*)

Schroeder (Nicolaus Wilhelm). Dissertatio de tabernaculo Molochi et stella Remphan. *Marb.* 1745. 4. (*L.*)

Wolff (Christian Gottlob Friedrich). Dissertatio de Chiun et Remphan. *Lips.* 1741. 4. (*L.*)

Harenberg (Johann Christoph). Disquisitio conjecturalis propemptica de idolo Chiun et Remphan, ex ultimis Ægypti antiquitatibus depromta. *Lips.* 1723. 4. (*L.*)

Rémus,
frère de Romulus, fondateur de Rome.

Mueller (Daniel). Disquisitio, utrum Remus à fratre Romulo sit interfectus? *Chemnic.* 1720. Fol.

Remus (Georg),
Allemand.

Apinus (Sigismund Jacob). Oratio de G. Remo. *Aug. Vind.* 1724. 4.

Renaldis (Luca de),
évêque de Trieste.

Calogera (Angelo). Memorie intorno alla vita di monsignor L. de Renaldis, vescovo di Trieste. *Venez.* 1755. 8.

Renar (François),
prêtre français († 1653).

Abelly (Louis). Idée d'un véritable prêtre en la vie de F. Renar, prêtre, directeur des religieuses de Saint-Thomas. *Par.* 1791. 12. (*P.*)

Renau d'Éliçagaray (Bernard),
marin français (1652 — 30 sept. 1719).

Fontenelle (Bernard le **Bovier** de). Éloge de B. Renau d'Eliçagaray. *Par.* 1721. 4.

Renaud (Louis),
dominicain français (1690 — 20 juin 1771).

Labouderie (Jean). Précis de la vie de M. L. Renaud. *Par.* 1807. 8. (*P.*)

Renaudot (Théophraste),
médecin français (1584 — 1653).

Le nez pourry de T. Renaudot, grand gazettier de France et espion de Mazarin, appelé dans les chroniques *Nebulo hebdomadarius de patria diabolorum*, avec sa vie infame et bouquine, s. l. et s. d. 4. (*Lv.*)

Voyage de T. Renaudot, gazettier à la cour, s. l. et s. d. 4. * (*Lv.*)

* Ces deux sanglantes satires, lancées contre lui comme fondateur et éditeur de la *Gazette de France*, sont extrêmement rares. — La fondation de la *Gazette de France* date de l'an 1631.

Renault (Jean François),
officier belge (26 juin 1795 — 12 mars 1843).

Dandelin (Germinal). Discours prononcé sur la tombe du colonel d'artillerie Renault, s. l. et s. d. (*Liége.* 1843). 8. (Extrait de la *Revue militaire belge.*)

Renazzi (Filippo Maria),
jurisconsulte italien (4 juin 1742 — 29 juin 1808).

Montanari (Giuseppe Ignazio). Elogio dell' avvocato F. M. Renazzi. *Rom.* 1836. 8. *Bologn.* 1838. 8. (*Oxf.*)

Rendorp (Johan),
Hollandais.

Rendorp (Johan). Memorien, dienende tot opheldering van het gebeurde gedurende den laatsten engelschen oorlog. *Amst.* 1792. 2 vol. 8. (*Ld.*)

René I d'Anjou,
comte de Provence, roi titulaire de Sicile (16 janvier 1409 — 10 juillet 1480).

Vie de René, roi de Naples et de Sicile, duc d'Anjou et comte de Provence. *Angers.* 1731. 4. (*Lv.*)

Villeneuve de Bargemont (Louis François de). Précis historique sur la vie de René (I) d'Anjou, roi de Naples, comte de Provence. *Marseill.* 1819. 8.

(**Boisson de la Salle**, N... N...). Précis historique sur la vie de René d'Anjou. *Aix.* 1820. 8. (Omis par Quérard.) — (*P.*)

Villeneuve de Bargemont (Louis François de). Histoire de René d'Anjou, roi de Naples, duc de Lorraine et comte de Provence. *Par.* 1825. 5 vol. 8. (*P.*)

Guillaume (Pierre Étienne). Notice sur l'histoire de René d'Anjou, s. l. et s. d. (*Besanç.* 1826). 12.

Schutz (Ferdinand). Louis XI et René I; page oubliée de l'histoire de France. *Nancy.* 1846. 8.

Cordellier-Delanoue (N... N...). René d'Anjou. *Tours.* 1851. 12.

Champollion-Figeac (Jean Jacques). Les tournois du roi René. *Par.* 1826. Fol. * (*P.*)

* Ouvrage tiré à 200 exemplaires, dont chacun coûte 1,300 francs.

René II,
duc de Lorraine (1451 — 2 août 1473 — 10 déc. 1508).

(**Roland**, Aubert). Guerre de René II, duc de Lorraine, contre Charles le Hardi, duc de Bourgogne, où sont détaillées la mort de Charles le Hardi et la déroute de l'armée bourguignonne devant Nancy. *Luxemb.* 1742. 8. Portrait.

Renée d'Este.

Muench (Ernst Joseph Hermann v.). Renea von Este und ihre Töchter : Anna von Guise, Lucrezia von Urbino und Leonora von Este. *Aachen.* 1831. 8. * (*L.*)

* Cet ouvrage porte aussi pour titre : *Erinnerungen an ausgezeichnete Frauen Italiens*, etc.

Renée de France,
épouse d'Hercule II, duc de Ferrare (25 oct. 1510 — mariée en 1528 — 12 juin 1575).

Catteau-Calleville (Jean Paul Guillaume). Vie de Renée de France, duchesse de Ferrare, (fille de Louis XII, roi de France). *Berl.* 1781. 8. (*P.*)

Renée de Lorraine,
épouse de Guillaume V, duc de Bavière (mariée en 1563).

Trojani (Michele di). Vermählungsfeier des Herzogs Wilhelm V von Baiern mit Renata, Tochter des Herzogs Franz I von Lothringen, etc., aus dem Italienischen übersetzt durch F... **Wuerthmann**. *Münch.* 1842. 8.

Renerius (Henrik),
philosophe hollandais (1593 — 1639).

Æmilius (Anton). Oratio in H. Renerii obitum. *Ultraj.* 1639. 4.

Rengger (Albrecht),
homme d'État suisse (1762 — 1835).

Laharpe (Frédéric César de). Notice nécrologique sur A. Rengger, ministre de l'intérieur de la république helvétique. *Genève.* 1836. 8.

Wydler (Wilhelm). Leben und Briefwechsel von A. Rengger, Minister des Innern der helvetischen Republik. *Zürch.* 1847. 2 vol. 8.

Reni (Guido),
peintre italien du premier ordre (1575 — 18 janvier 1642).

Tebaldini (Niccolò). Lodi al signor G. Reni. *Bologn.* 1632. 4. (Fort rare.)

Zanotti (Giovanni Pietro). Dialogo in difesa di G. Reni, etc. *Venez.* 1839. 8.

Bolognini-Amorini (Antonio). Vita del celebre pittore G. Reni. *Bologn.* 1839. 8. Portrait. (*Oxf.*)

Renier (Bernardino),
savant italien.

Meneghelli (Antonio Maria). Elogio di B. Renier, patrizio Veneto. *Padov.* 1831. 8. (*Oxf.*)

Renier (Giovanni),
savant italien du XVIe siècle.

Boselli (Giovanni Battista). Oratio in funere eximii viri J. Rhenii. *Venet.* 1578. 4. (*L.*)

Renier (Paolo),
doge de Venise.

Mocenigo (Pietro). Elogio al doge P. Renier. *Venez.* 1788. 4.

Azevedo (Emmanuele de). Oratio in funere serenissimi principis P. Rainerii. *Venez.* 1789. 4.

Renier (Stefano Andrea),
naturaliste italien (1759 — 6 janvier 1830).

Calcagno (Antonio Maria). Elogio storico di S. A. Renier. *Chioggia.* 1830. 8.

Rennebaum (Johann Sophian Samuel),
théologien allemand (1er mars 1746 — 28 juillet 1792).

Helfrecht (Johann Theodor Benjamin). Brevis delineatio vitæ J. S. S. Rennebaumi. *Curiæ.* 1801. 8. (*D. et L.*)

Rennell (James),
archéologue anglais (3 nov. 1742 — 29 déc. 1830).

Walckenaër (Charles Athanase de). Notice historique sur la vie et les ouvrages de M. le major Rennell. *Par.* 1842. 4. (*P.*)

Rennoir (François),
publiciste belge (2 avril 1820 — 30 sept. 1844).

(**Frensdorff**, Émile). Aux parents de F. J. Rennoir et à ceux qui l'ont aimé. *Liége.* 1844. 8.

Renouard (Antoine Augustin),
libraire-littérateur français (21 sept. 1765 — 15 déc. 1853).

Tardieu (Jules). Nécrologie : M. A. A. Renouard. *Par.* 1854. 8. (Extrait de la *Bibliographie de la France*, tiré à part à un très-petit nombre d'exemplaires.)

Rensselaer (Stephen van),
général hollando-américain.

Bernard (Daniel). Discourse on the life, services and character of general S. van Rensselaer, etc. *Albany.* 1859. 8. (*Bx.*)

Renteln (Gotthard v.),
théologien esthlandais (10 janvier 1632 — 17 déc. 1670).

Stecher (Gottfried). Treuer Lehrer und frommer Christen Erlösung aus allem Übel. Leichenpredigt auf Mag. G. v. Renteln. *Reval.* 1671.

Renty (Gaston Jean Baptiste, baron de),
l'un des fondateurs de la société des frères cordonniers (1611 — 24 avril 1649).

Wesley (John). An extract of the life of Mr. de Renty. *Lond.* 1741. 8. (*Oxf.*)

Saint-Jure (Jean Baptiste de). Vie de M. de Renty, ou le modèle d'un parfait chrétien. *Par.* 1651. 4, ou 12. *Ibid.* 1652. 12. (*Bes.*) *Ibid.* 1653. 12. *Ibid.* 1655. 4. *Ibid.* 1658. 4. *Rouen.* 1659. 12. *Par.* 1664. 12. (*P.*) *Lyon.* 1683. 12. *Avign.* 1853. 12. (*P.*)
Trad. en allem. (par Petrus Lechner.) *Regensb.* 1857. 8.
Trad. en angl. par E... S... *Lond.* 1658. 8. *Ibid.* 1683. 12.
Trad. en ital. *Genova.* 1660. 12.

Poiret (Pierre). Le chrétien réel, contenant la vie du marquis de Renty. *Cologne.* 1701. 12. *Ibid.* 1702. 12.

Renwick (James),
prêtre écossais.

Simpson (Robert). Life of the Rev. J. Renwick, the last of the Scottish martyrs. *Edinb.* 1843. 8. (*Oxf.*)

Repetti (Maria Guiseppa),
dame italienne.

(**Rosmini**, Carlo de'). Vita e morte esemplare di M. G. Repetti, Milanese. *Venez.* 1815. 8. (Très-rare.) — (*Oxf.*)

Requin (Pierre),
officier français (12 août 1757 — 31 juillet 1817).

Chevalier (P... L...). Notice biographique sur l'adjudant-commandant P. Requin, né à Brenod. *Bourg-en-Bresse.* 1850. 12. (Extrait du *Journal de l'Ain.*)

Reresby (John),
gouverneur de York.

Memoirs of sir J. Reresby, baronet, late governor of York, etc. *Lond.* 1734. 8. (*Oxf.*)

Resen (Hans Povelsen),
évêque de Seelande (2 février 1561 — ... 1638).

Scandorph (Niels Povelsen). Ligpraediken over H. P. Resen. *Kjoebenh.* 1639. 4.

Resnel ou Reynel (Juste de **Clermont d'Amboise**,
chevalier de),
officier français.

(**La Rivière**, Henri François de). Abrégé de la vie et de la retraite de J. de Clermont d'Amboise, chevalier de

---

Resnel, brigadier de cavalerie dans les armées du roi. *Par.* 1706. 12. (*Lv.*)

Rétif de la Bretonne (Nicolas Edme.),
romancier français (22 nov. 1734 — 3 février 1806).

(**Rétif de la Bretonne**, Nicolas Edme). M. Nicolas, ou le cœur humain dévoilé, publié par lui-même. *Par.* 1794-97. 16 vol. 12. *

> * Espèce d'autobiographie. L'auteur, après l'avoir terminée, écrivit sur une pierre de l'île Saint-Louis : « Je puis mourir, j'ai fini mon grand ouvrage. » — Cet écrivain cynique et bizarre, surnommé le Rousseau du ruisseau, auteur de plus de deux cents volumes et prote d'imprimerie, composait souvent des passages entiers sans manuscrit.

Monselet (Charles). Rétif de la Bretonne. Sa vie et ses amours ; documents inédits, ses malheurs, sa vieillesse et sa mort ; ce qui a été écrit sur lui, ses descendants ; catalogue complet et détaillé de ses ouvrages, suivi de quelques extraits. *Par.* 1854. 16. * Portrait.

> * Tiré à 520 exemplaires : 400 sur papier vergé, 60 sur vélin, 40 sur papier de Hollande, 20 sur papier rose.

Rétif, veuve **Boiron** (Geneviève),
sœur du précédent.

Berthoud (Henry). Notice sur G. Rétif, veuve Boiron, ancienne cantinière de la garde impériale. *Par.* 1859. 8.

Restituta (Sainte),
martyre romaine.

Tondi (Alessio). Storia di S. Restituta. *Rom.* 1730. 8. (*Oxf.*)

Rettberg (Friedrich Wilhelm),
théologien allemand (21 août 1805 — 7 avril 1849).

Henke (Ernst Ludwig Theodor). Memoria V. S. V. F. G. Rettbergii. *Marb.* 1849. 4. (*L.*)

Retz (Albert de **Gondi**, duc de),
maréchal de France (4 nov. 1522 — 12 avril 1602).

N(ervèze) G(uillaume) B(ernard). Consolation funèbre sur la mort d'A. de Gondy, duc de Rais (!), (c'est-à-dire Retz). *Par.* 1602. 8. (*P.*)

Retz (Jean François Paul de **Gondi**, cardinal de),
homme d'État français (3 oct. 1614 — 24 août 1679).

Retz (Jean François Paul de **Gondi**). Mémoires contenant ce qui s'est passé de plus remarquable en France pendant les premières années du règne de Louis XIV (depuis 1648 jusqu'en 1655). *Par.* (*Nancy.*) 1717. 3 vol. 12. (*P.*) *Lyon.* 1718. 5 vol. 12. *Amst.* 1718. 4 vol. 12. *Ibid.* 1731. 4 vol. 8. *Ibid.* 1754. 4 vol. 12. *Genève.* 1771. 7 vol. 12. *Ibid.* 1777. 4 vol. 8. (*Bes.*) *Par.* 1817. 6 vol. 12. *Ibid.* 1828. 5 vol. 8. Publ. par Jean Jacques Champollion-Figeac et Aimé Champollion, fils. *Par.* 1857. 8.
Trad. en allem. *Jena.* 1798. 3 vol. 8. (*L.*)
Trad. en angl. (par Pierre Daval). *Lond.* 1723. 4 vol. 12. *Ibid.* 1764. 4 vol. 12. Portrait.
Trad. en holland. s. c. t. Leven van kardinaal Retz. *Amst.* 1757. 4 vol. 8.

(**Durey de Meynières**, Jean Baptiste) et **Le Paige** (Louis Adrien). Histoire de la détention du cardinal de Retz et de ses suites. *Vincennes.* 1755. 12. (*P.*)

Musset-Pathay (Victor Donatien de). Recherches historiques sur le cardinal de Retz. *Par.* 1807. 8. (*Bes.* et *P.*)

Retz (Henri de **Gondy**, cardinal de),
archevêque de Paris († 1622).

Leblanc (Jean). Oraison funèbre de H. de Gondy, cardinal de Rets (!), etc. *Par.* 1622. 8. (*P.*)

Retzius (N... B...),
Suédois.

Sivers (Heinrich Jacob). Meletema historicum de N. B. Retzio, etc. *Lincop.* 1748. 8.

Reuchlin (Friedrich Jacob),
théologien alsacien (1605 — 3 juin 1788).

Blessing (Johann Lorenz). Gedächtnissrede auf weiland Dr. F. J. Reuchlin, Probst von St. Thoman, etc. *Strasb.* 1788. 8.

Reuchlin, se nommant **Capnio** (Johann),
l'un des réformateurs allemands (28 déc. 1455 — 30 juin 1522).

Melanchthon (Philipp). Oratio, continens historiam J. Capnionis, Phorcensis, recitata a Martino Simone. *Wilteb.* 1552. 8. (*D. et L.*)

Merula (Paulus). Vita J. Capnionis, cum ejusdem epis-

tolarum libris. *Argent.*, s. d. *4. Lugd. Bat.* 1642. 4. *
* Plusieurs bibliographes doutent de l'existence de cet ouvrage,
cité par Antoine Teisssier.

May (Johann Heinrich). Vita J. Reuchlini' Phorcensis.
Frf. et *Spir.* 1687. 8. *Rostoch.* 1698. 8. Portrait. (*D.*)

Hardt (Hermann v. d.). Jubilæum J. Reuchlini symbolicum in memoriam anni 1512. *Helmst.* 1715. 8.

—— Festum seculare Reuchlini. *Helmst.* 1715. 8.

—— Tertii Reuchlini jubilæum in memoriam secularem.
Helmst. 1722. 8.

—— Exequiæ Reuchlini anno 1522 defuncti. *Helmst.*
1722. 8.

—— Æterna memoria J. Reuchlini et Joannis Gussubelii.
Helmst. 1720. 8. (*L.*)

Gehres (Siegmund Friedrich). J. Reuchlin's Leben
und Denkwürdigkeiten seiner Vaterstadt (Pforzheim).
Carlsr. 1815. 8. Portrait.

Gabler (J... G...). Dissertatio de J. Reuchlino, etc.
Jenæ. 1822. 4. (*L.*)

Mayerhoff (Ernst Theodor). J. Reuchlin und seine Zeit;
mit Vorrede von August Neander. *Berl.* 1830. 8. Portrait. (*D.* et *L.*)

Barham (Francis). Life and times of J. Reuchlin, or
Capnion, the father of the German reformation. *Lond.*
1843. 8. (*Oxf.*) *Ibid.* 1851. 18.

Reuden (Ambrosius),
théologien allemand.

Zigemarius (Ennius). Epos parentale honori et memoriæ Rev. D. A. Reudeni, S. theologiæ doctoris. *Jenæ.*
1615. 4. (*Lv.*)

Reume (Pierre Joseph De),
officier belge (16 déc. 1768 — 18 avril 1853).

Aussy, de Saint-Jean-d'Angely (Hippolyte d'). Notice
biographique sur le commandant De Reume. *Saint-
Jean-d'Angely.* 1854. 8.

Reusch (Erhard),
philologue allemand (2 mai 1678 — 4 février 1740).

Schlaeger (Julius Carl). Oratio ad funus E. Reuschii,
J. U. licentiati, oratoris et poetæ Helmstadiensis, etc.
Helmst. 1740. 4. (*D.*)

Mosheim (Johann Lorenz v.). Memoria E. Reuschii, cum
catalogo ejusdem scriptorum. *Helmst.* 1740. 4. (*L.*)

Reusch (Johann Peter),
théologien allemand (15 août 1691 — 5 juin 1758).

Muenter (Balthasar). Reuschen's Grösse. *Jena.* 1758. 4.
(*D.* et *L.*)

Reusner (Elias),
historien allemand (1555 — 3 sept. 1612).

Gryphiander (Johann). Parentatio E. Reusneri, s. carmen in ejusdem obitum. *Frf.* 1677. 8.

Reusner (Jeremias),
jurisconsulte allemand (4 mai 1500 — 29 sept. 1652).

Calov (Abraham). Enchiridion divinorum officiorum
Davidicum, etc. Leichpredigt auf J. Reusner. *Wittenb.*
1652. 4. (*D.* et *Lv.*)

Reusner (Nicolaus),
jurisconsulte allemand (2 février 1545 — 12 avril 1602).

Mylius (Georg). Predigt über der Leich N. Reusneri.
Jena. 1602. 4. (*D.* et *Lv.*)

Arumæus (Dominik) et **Sagittarius** (Thomas). Parentalia facta N. Reusnero, cum ejusdem vita per Joannem Weitzium descripta. *Jenæ.* 1603. 4. (*D.* et *Lv.*)

Weitz (Johann). Vita N. Reusneri. *Jenæ.* 1603. 4.

Reuss zu Greitz (Eleonore Isabelle, Gräfin),
dame allemande.

Reitz (Wilhelm Gottlieb). Letzte Stunden der hochseligen Frau Gräfin E. J. Reuss zu Greitz. *Greitz.* 1770. 8.

Reussner,
femmes allemandes.

Gebauer (Ernst Ferdinand). Löbliche Fusstapfen gottesfürchtiger Weiber an dem Exempel eines dreifachen
Kleeblattes frommer Personen weiblichen Geschlechts
aus der berühmten Reussnerischen Familie, s. l. et
s. d. 8.

Reuter (Gottfried),
jurisconsulte allemand (1585 — 1634).

Roeber (Paul). Dispositio domus. Leichpredigt auf G.
Reuter. *Wittenb.* 1635. 4. (*D.*)

Reuter ou **Reutter** (Johann),
jurisconsulte allemand (10 août 1515 — 22 janvier 1602).

Fabricius (Melchior). Vita et mors J. Reuteri, erudi-

tione, virtute e dignitate viri clarissimi et reipublicæ
Noerlingensis consulis primarii. *Norimb.*, s. d. (1602).
4. (*Lv.*)

Reuter (Nicolaus),
jurisconsulte allemand.

Engelcken (Hermann Christoph). Programma in funere
N. Reuteri. *Rostoch.* 1721. 4.

Reuvens (Caspar Jacob Christiaan),
archéologue hollandais (1793 — 22 juin 1835).

(**Bergman**, J... T...). Levensberigt van C. J. C. Reuvens, hoogleeraar, etc., s. l. et s. d. (*Haarl.* 1835.) 8.
(Extrait du *Konst-en Letterbode.*) — (*Ld.*)

Leemans (Carel). Epistola, etc., de vita C. J. C. Reuvensii, s. l. et s. d. (*Lugd. Bat.* 1838.) 8. (*Ld.*)

Réva (Petrus de),
homme d'État hongrois († 1622).

Hrabecius (Raphael). Oratio funebris in solennibus
exequiis P. de Réva, dapiferorum regis per Hungariam
magistri et coronæ custodis, etc. *Cassov.* 1623. 4.

Revel (Jean Henri François),
époux de l'une des maîtresses de Napoléon I (vers 1775 — vers 1840).

Revel (Jean Henri François). Buonaparte et (Joachim)
Murat, ravisseurs d'une jeune femme, et quelques-uns
de leurs agents complices de ce rapt, etc. *Par.* 1815. 12.

—— Cause en nullité de divorce entre M. Revel et dame
Louise Catherine Éléonore Denuelle-Laplaigne, son
épouse, etc. *Par.* 1815. 8.

(**Masson**, N... N...). Histoire du prétendu rapt de la comtesse de L(uxbourg) par Bonaparte et Murat. *Par.*
1816. 12.

Revel (Jean Henri François). Nouvelles preuves du
rapt de madame Revel. *Par.* 1816. 12.

—— Préliminaire de l'enfant dit Léon, fils naturel de
Napoléon Bonaparte. *Par.* 1822. 8.

—— Désaveu de paternité de Léon, fils naturel de Napoléon Bonaparte. *Par.* 1822. 8.

Reventlow (Christian Ditlev Frederik, Greve af),
homme d'État danois (11 mars 1748 — 11 oct. 1827).

Bergsöe (Adolph Frederik). Geheimestatsminister Greve
C. D. F. Reventlows Wirksomhed, som Kongens Embedsmand og Statens Borger. *Kjoebenh.* 1837. 2 vol. 8.
(Ouvrage couronné.) — (*Cp.*)

Reventlow (Conrad, Greve af),
homme d'État danois († 1714).

Vinding (Povel). Comitas Reventloviana, s. oratio funebris, in obitum C. comitis de Reventlow. *Hafn.* 1714.
Fol. Trad. en dan. par Frederik Rostgaard. *Kjoebenh.*
1714. Fol.

Reventlow (Detlef),
homme d'État danois.

Poltz (Johann). Sieg des Glaubens : in funere D. Reventlovii, equitis aurati, consiliarii intimi regis Daniæ, etc. *Luneb.* 1702. Fol.

Reventlow, voy. **Otto** (Carl).

Rever (Marie François Gilles),
archéologue français (8 avril 1753 — 12 nov. 1828).

Fresnel (Armand). Notice biographique et littéraire sur
M. F. G. Rever. *Par.* 1830. 8. (*P.*)

Revius (Jacob),
théologien hollandais (vers 1586 — 15 nov. 1658).

Hoornbeek (Ján). Oratio funebris in obitum J. Revii.
Lugd. Bat. 1658. 4. (*D.* et *Lv.*)

Revoil (Pierre Henri),
peintre français (13 juin 1776 — 19 mars 1842).

Martin d'Aussigny (E... C...). Éloge historique de P.
H. Revoil, correspondant de l'Institut, chevalier de la
Légion d'honneur, ancien professeur de peinture à
l'école des beaux-arts de Lyon, etc. *Lyon.* 1842. 8. (*P.*)

Rey (Antoine Gabriel Venance),
général français (22 sept. 1768 — ...).

Exposé de la conduite du général divisionnaire Rey. *Chinon.*, s. d. (1793). 4.

Rey (Jean),
archéologue français (19 mai 1773 — 23 juillet 1849).

Carlier (E...). Notice sur la vie et les ouvrages de M. J.
Rey, membre honoraire de la Société des antiquaires de
France. *Par.* 1850. 16.

Reyberger (Anton),
abbé de Melk.

Janitsch (Aemilianus). Geschichte des uralten und berühmten Benedictinerstifts Melk; mit der Biographie des verstorbenen Abts A. Reyberger. *Wien.* 1819. 8.

Reyger (Gottfried),
naturaliste allemand (4 nov. 1704 — 29 oct. 1788).

Bleich (Ephraim Philipp). Lobrede auf Herrn G. Reyger, etc. *Danz.* 1789. 4.

Reyher (Andreas),
pédagogue allemand (4 mai 1601 — 2 avril 1673).

Lotter (Johann Christian). Predigt bey Leich-Bestattung A. Reyher's. *Gotha.* 1673. 4. (*D.*)

Vockerodt (Gottfried). Programma de A. Reyhero noscendo ex sociis, discipulis et patronis eorumque epistolis. *Gothæ.* 1724. 4. (*L.*)

Reynaud (Jean Louis Charles),
littérateur français (vers 1821 — 22 août 1853).

Obsèques de C. Reynaud. *Vienne.* 1854. 18. *

  * Contenant un compte rendu, signé A... Fabre, et une pièce de vers sur la mort de C. Reynaud, par Francis Ponsard.

Reynel, voy. **Resnel.**

Reynier (Jean Louis Antoine),
naturaliste suisse (25 juillet 1762 — 17 déc. 1824).

Laharpe (Frédéric César de). Notice nécrologique sur M. J. L. A. Reynier. *Lausan.* 1825. 8.

Reynolds (Edward),
évêque de Norwich (1599 — 28 juillet 1676).

Chalmers (Alexander). Life of E. Reynolds, bishop of Norwich. *Lond.* 1818. 8. Portrait. (*Oxf.*)

Reynolds (Frederick),
écrivain anglais (vers 1760 — vers 1825).

Life and times of F. Reynolds, written by himself. *Lond.* 1826. 2 vol. 8.

Reynolds (Joshua),
peintre anglais du premier ordre (16 juillet 1723 — 23 février 1792).

Northcote (James). Life of sir J. Reynolds. *Lond.* 1818. 2 vol. 8. (*Oxf.* et *P.*)

Reynolds (Thomas). Life of J. Reynolds, by his son. *Lond.* 1839. 2 vol. 8. *Par.* 1839. 2 vol. 8. Portrait. (*P.*)

Wackerbarth (August Joseph Ludwig v.). Vergleichende Züge zwischen Anton Raphael Mengs und Sir J. Reynolds. *Lond.* 1794. 8.

Catalogue of portraits engraved from pictures of sir J. Reynolds, s. l. (*Lond.*) 1794. 4.

Reynolds (Richard),
littérateur anglais.

Letters of R. Reynolds, with a memoir of his life, by Hannah Mary Rathbone. *Lond.* 1835. 8.

Reynolds (Thomas),
Anglais.

Reynolds (Thomas). Life of T. Reynolds, formerly of Kilcea Kaste, county Kildare. *Lond.* 1839. 2 vol. 8. (*Oxf.*)

Reynolds (William),
littérateur anglais.

Barret (John). Life of W. Reynolds. *Lond.* 1698. 8. (*Oxf.*)

Reyrac (François Philippe **Dulaurens** de),
poète français (29 juillet 1734 — 21 déc. 1781).

Bérenger (Laurent Pierre). Éloge de Reyrac. *Par.* et *Orl.* 1783. 8. (*P.*)

Reyre (Vincent),
jurisconsulte français (10 juillet 1762 — 14 juin 1847).

Notice nécrologique sur M. le président Reyre. *Lyon.* 1847. 8.

Saint-Maurice Cabany (Charles Édouard). M. V. Reyre, président de chambre à la cour royale de Lyon, membre émérite de l'Académie de Lyon, officier de la Légion d'honneur. *Par.* 1851. 8. (Extrait du *Nécrologe universel du xixe siècle.*)

Reys, voy. **Reis** (Antonio dos),

Rezende (marquis de),
homme d'État portugais du xixe siècle.

Rezende (N... N... de). Éclaircissements historiques sur mes négociations relatives aux affaires de Portugal, depuis la mort du roi D. Jean VI jusqu'à mon arrivée en France comme ministre près cette cour. *Par.* 1852. 8. (*P.*)

Rezzonico della Torre (Carlo Gastone),
poëte italien (3 août 1742 — 20 juin 1796).

Giovio (Giovanni Battista). Della vita e degli scritti di G. Rezzonico. *Como.* 1802. 8. *Ibid.* 1816. 8.

Rhadamanthe,
personnage mythologique.

Westenberg (Jan Ortwin). Rhadamanthus, s. oratio de jure Rhadamanthi. *Lugd. Bat.* 1726. 4.

Rhades (Jacob Jeremias),
savant allemand.

Hecker (Johann Wilhelm). Programm zum feyerlichen Leichenbegängniss des Doctors und Professors J. J. Rhades, mit dessen Biographie. *Stett.* 1772. Fol.

Rhagius (Johann),
poète allemand († 1520).

Fidler (Daniel). Dissertatio de J. Rhagio, Aesticampiano. *Lips.* 1705. 4. (*D.*, *L.* et *Lv.*)

Moller (Samuel). Memoria J. Rhagii. *Friberg.* 1740. 4. (*D.* et *L.*)

Rhane ou **Rhanius** (Heinrich),
jurisconsulte allemand (14 février 1601 — ...1662).

Morhof (Daniel Georg). Memoria H. Rhanii, academiæ Rostochiensis jurisconsulti, publica oratione celebrata. *Rostoch.* 1662. 4. (*L.*)

Rhea,
personnage mythologique.

Toerner (Fabian). Dissertatio de Rhea Gothica. *Upsal.* 1716. 8.

Rhédei (Gróf János),
feld-maréchal hongrois.

Intze (Mihály). Halotti beszéd Gróf Rhédei J. *Kolosvar.* 1768. 4.

Borosnyai (Lukáts Simeon). Halotti Predikatio Gróf Rhédei J. *Kolosvar.* 1768. 4.

Rhediger (Nicolaus),
littérateur allemand.

Henel (Nicolaus). Rhedigeromnema, s. vita N. Rhedigeri commentarius. *Bethan. ad Oderam*, s. d. (1616). 4. (*Lv.*)

Rhediger (Thomas),
savant allemand (1540 — 1576).

Wachler (A... W... J...). T. Rhediger und seine Büchersammlung in Breslau, mit Vorwort von Ludwig **Wachler**. *Bresl.* 1828. 8. Portrait. (*L.*)

Rhenferd (Jacob),
orientaliste allemand (15 août 1654 — 7 oct. 1712).

Andala (Ruard). Lijkreden op J. Rhenferd. *Franck.* 1712. 8.

Rhenius (Charles Theophilus Ewald),
missionnaire anglais (?)

Rhenius (J...). Memoir of C. T. E. Rhenius, comprising extracts from his journals, etc. *Lond.* 1841. 8. (*Oxf.*)

Rhianus,
grammairien grec.

Siebelis (Carl Gottfried). Disputatio de Rhiano. *Budiss.* 1819. 4. (*D.* et *L.*)

Rhigas (Constantin),
homme d'État grec (vers 1753 — décapité le .. mai 1798).

Nicolopoulo (Constantin Agathophron). Notice sur la vie et les écrits de C. Rhigas, l'un des principaux auteurs de la révolution qui a eu pour but l'indépendance de la Grèce. *Par.* 1824. 8. (*P.*)

Schott (A...). Nachricht über C. Rhiga's Leben und Schriften. *Heidelb.* 1825. 8. Portrait. (*L.* et *P.*)

Rhoda (Friedrich Wilhelm v.),
physicien allemand.

Lochner (Josias). Denkmahl auf F. W. v. Rhoda. *Dresd.* 1723. 4. (*D.*)

Rhoda (Paul v.),
théologien allemand (4 janvier 1489 — 12 janvier 1563).

Eckhard (Tobias). Vita P. a Rhoda delineata. *Blancoburg.* 1750. 4.

Rhode (Johann Gottlieb),
publiciste allemand (10 mars 1761 — 23 août 1827).

Nowack (Carl Gabriel). Dr. J. G. Rhode, biographisch dargestellt. *Bresl.* 1850. 8. (Tiré à part à un très-petit nombre d'exemplaires.) — (*L.*)

Rhodius (Ambrosius),
médecin-astrologue allemand (18 août 1577 — 26 août 1633).

(Buchner, August). Programma academicum in A. Rhodii funere. *Witteb.* 1655. Fol. (*P.*)

Mueller (Gottlieb). Lebensgeschichte eines für die Krone Dänemark merkwürdigen Sterndeuters, A. Rhodius von Kemberg in Sachsen, ehemaligen Professors und Domherrn in Norwegen, s. l. (*Wittenb.*) 1760. 4. (*L.*)

Rhodomann (Lorenz),
philologue allemand (1549 — 8 janvier 1606).

Lange (Carl Heinrich). Vita et in Græcas cum primis litteras merita Mag. *L.* Rhodomanni, ex ipsius scriptis aliisque monumentis fide dignis recensita. *Lubec.* 1741. 8. Portrait. (*D.*)

Volborth (Johann Carl). Lobschrift auf L. Rhodomann, etc. *Goetting.* 1776. 4. (*L.*)

Rhoer (Carel Willem de),
historien hollandais (1751 — 1820).

Heusde (Philip Willem van). C. W. de Rhoer gekenschetst, bijzonder als geschiedkundige. *Utrecht.* 1822. 8.
—— Ter nagedachtenis van C. W. de Rhoer en W... H... de Beaufort. *Utrecht.* 1830. 8.

Rhon (Christoph),
théologien allemand.

Seelen (Johann Heinrich v.). Memoria C. Rhon, pastoris Jacobæi. *Lubec.* 1738. Fol. Trad. en allem. *Lübeck.* 1738. Fol.

Rhon (Hermann Anton),
théologien allemand.

Seelen (Johann Heinrich v.). Memoria M. H. A. Rhon, archidiaconi Mariani. *Lubec.* 1750. Fol.

Rhyzellus (Anders Olofsson),
évêque de Linkoeping (4 oct. 1677 — 24 mars 1761).

Munck (Petrus). Oratio parentalis in memoriam A. O. Rhyzelii, theologiæ doctoris et episcopi Lincopensis. *Lund.* 1761. 8.

Riber (Hans Wilhelm),
poète danois (7 janvier 1760 — ... 1796).

Balle (Nicolai Edinger). Mindetale over H. W. Riber. *Kjoebenh.* 1796. 8. (*Cp.*)

Riambourg (Jean Baptiste Claude),
magistrat français (24 janvier 1776 — 16 avril 1836).

Foisset (Théodore). Notice sur M. Riambourg, s. l. et s. d. (*Par.* 1837.) 8.

Riants de Villerey (Susanne Marie de),
religieuse française.

Vie de la vénérable mère S. M. de Riants de Villerey, religieuse de l'ordre de la Visitation dans la maison de l'Antiquaille de Lyon. *Lyon.* 1726. 12. Portrait. (*Bes.*)

Ribe (Evald),
médecin suédois (25 juillet 1701 — 8 oct. 1752).

Moerk (Jakob Henrik). Åminnelse-Tal öfver Archiater E. Ribe. *Stockh.* 1754. 8.

Ribeiro-Sanchez (Munoz).
Notice biographique sur M. Ribeiro-Sanchez. *Par.*, s. d. 12.

Ribera (Juan de),
archevêque de Valencia.

Escriva (Francisco). Vita del ilustrissimo señor D. J. de Ribera, patriarca de Antiochia, arzobispo de Valencia. *Valenc.* 1612. 4. Trad. en ital. *Rom.* 1696. 8.

Ribera, surnommé **l'Espagnolet** (José de),
peintre espagnol (1584 — 1656).

Caballero (Raimondo Diosdado). Observaciones sobre la patria del pintor J. de Ribera, llamado el Españoleta, ilustradas con algunas notas, (par Francisco Xaverio Borrull). *Valenc.* 1824. 4.

Ribier (César),
prêtre français (1762 — 14 mai 1826).

Notice biographique sur C. Ribier, curé de Larajasse, etc. *Lyon,* s. d. (1826.) 8.

Riboud (Thomas Philibert),
jurisconsulte français (24 oct. 1755 — 6 août 1835).

(Milliet, Étienne). Notice sur M. Riboud, ancien député, président honoraire de la cour royale de Lyon, officier de la Légion d'honneur, etc. *Bourg.* 1838. 8. (Tiré seulement à 50 exemplaires.)

Leduc (Philibert). T. Riboud et la Société littéraire de Lyon de 1778. *Lyon.* 1852. 12.

Ricard (Dominique),
littérateur français (25 mars 1741 — 23 janvier 1803).

(Sainte-Croix, Guillaume Emmanuel Joseph Guilhem de Clermont-Lodère de). Notice sur la vie et les ouvrages de M. Ricard, suivie d'une autre notice extraite du *Journal de Paris* (par J... Tonnelier). *Par.*, s. d. (1803.) 16.

Ricard (Pierre Prosper Michel),
agronome français (22 sept. 1769 — 28 juillet 1822).

Blanchet (N... N...). Notice nécrologique sur P. P. M. Richard. *Rouen.* 1824. 8. (Non mentionné par Quérard).

Ricardos (Antonio),
général espagnol (1748 — 1798).

Hervas de Almenaria (José Martinez). Elogio historico del general A. Ricardos. *Madr.* 1798. 8. Trad. en franç. *Par.* 1798. 8. (Traduction échappée aux recherches de Quérard.)

Ricardos Carrillo de Albornoz (Antonio),
général espagnol (10 sept. 1727 — 13 mars 1794).

Elogio historico del general A. Ricardos Carrillo de Albornoz. *Madr.* 1795. 8. Portrait.

Ricasoli (Giuliano di),
savant italien.

Serdonati (Francesco). Orazione funerale delle lodi di G. de Ricasoli. *Firenz.* 1594. 4.

Ricca (Massimiliano),
physicien italien du xixe siècle.

Pendola (Tommaso). Elogio funebre del P. M. Ricca. *Siena.* 1835. 8.

Riccardi (Alessandro),
littérateur italien.

Lavarini (Giovanni Domenico). Orazione per la morte d'A. Riccardi. *Veron.* 1726. 4.

Riccardi (Niccolò),
prêtre italien (1587 — 30 mai 1639).

Inchofer (Melchior). Oratio funebris R. P. N. Richardo, ordinis prædicatorum magistro. *Rom.* 1659. 4.

Riccardi (Riccardo Romolo),
gentilhomme italien.

Lami (Giovanni). Vita R. R. Richardi. *Florent.* 1748. 8. (*D.*)

Riccati (Giordano),
mathématicien italien (25 février 1709 — 20 juillet 1790).

Federici (Domenico Maria). Commentario sopra la vita e gli scritti del conte G. Riccati, nobile Trivigiano. *Trevis.* 1790. 4. (*P.*)

Riccati (il conte Jacopo),
naturaliste italien (28 mai 1676 — 15 avril 1754).

Marzari (Giovanni Battista). Elogio del conte J. Riccati. *Trevis.* 1813. 4.

Riccebach (Giacomo),
astronome italien (1776 — 1841).

Gerardi (Filippo). Vita del canonico D. G. Riccebach. *Rom.* 1842. 8. Portrait.

Ricchino (Francesco),
poète et peintre italien († vers 1568).

Tavecchi (Giovanni Filippo). Elogio storico di F. Ricchino da Rovato, poeta, pittore ed architetto. *Bresc.* 1840. 8.

Ricci (Bartolommeo),
philologue italien (1490 — 1569).

Casa (Gaetano della). Discorso sulla vita e sulle opere di B. Ricci, da Lugo. *Forli.* 1854. 8.

Ricci ou **Rizzo** (Innocenza),
franciscaine italienne.

Sutera (Girolamo da). Vita della serva di Dio I. Ricci, da Trapani, del terz' ordine de' minori osservanti riformati di S. Francesco, publ. par Ludovico Jacobilli. *Fulign.* 1629. 12.

Tognoletti (Pietro). Vita della venerabile serva di Dio suor I. Rizzo e Grimaldi, da Trapani, vergine terziaria de' minori osservanti riformati. *Palerm.* 1659. 4.

Ricci (Catarina de'), voy. **Catherine de Ricci.**

Ricci (Lorenzo),
dernier général des jésuites (9 sept. 1703 — 22 nov. 1775).

(Caraccioli, Louis Antoine de). Vie de L. Ricci, dernier

général de la compagnie de Jésus. *La Haye*. 1776. 12.
Trad. en allem. :
> Par Johann Conrad Engelhard. *Bayreuth*. 1776. 8.
> Par un anonyme. *Ulm.* 1776. 8.
Trad. en flam., s. l. 1776. 12.
Trad. en ital. *Firenz.* 1776. 8.

Unpartheiische Geschichte der Gefangenschaft des Generals der Jesuiten, L. Ricci. *Frf. u. Leipz.* 1781. 8. (*L.*)
— * C'est à tort que quelques biographes le font naître le 22 août de la même année.

Orazione funebre in morte di L. Ricci, ultimo generale dei gesuiti, s. l. 1776. 8. (Trad. de l'allem.)

Ricci, née **Vendramino** (Maria),
philanthrope italienne (✝ 1er juillet 1842).

Tributo di stima ed amicizia offerto al nobilissimo e chiarissimo marchese Amico Ricci, etc., nell' anniversario della morte di M. vedova Ricci, nata Vendramin, illustre dama di lui genitrice. *Fabriano*, s. d. (1843). 8.

Ricci (Matteo),
jésuite italien et fondateur de la mission de la Chine (1552 — 11 mai 1610).

Dorléans (Pierre Joseph). Vie du P. M. Ricci, apôtre de la Chine, s. l. et s. d. (*Par.* 1693). 12. (*Bes.*)
Le P. Giovanni a fait imprimer une vie de ce célèbre jésuite, en langue chinoise.

Ricci (Scipione),
évêque de Pistoie et de Prato (9 janvier 1741 — 27 janvier 1810).

Potter (Louis de). Vie de S. de Ricci, évêque de Pistoie et de Prato et réformateur du catholicisme en Toscane sous le règne de Léopold. *Brux.* 1825. 2 vol. 8.
Trad. en allem. *Stuttg.* 1826. 4 vol. 8. (*L.*)
Trad. en angl. par Thomas Roscoe. *Lond.* 1829. 2 vol. 8. (*Oxf.*)

Ricciardi (Amadeo),
jurisconsulte italien.

Borelli (Pasquale). Elogio dedicato alla memoria di A. Ricciardi, consigliere della corte suprema di giustizia e presidente della gran corte dell' Aquila. *Napol.* 1835. 8.

Ricciardi, conte di Camaldoli (Francesco),
homme d'État italien (12 juin 1758 — 17 déc. 1842).

Ceva-Grimaldi (N... N...). Elogio storico del conte F. Ricciardi da Camaldoli. *Napol.* 1834. 4.

Riccini (Maria),
dame italienne.

Baraldi (Giuseppe). Necrologia di M. Riccini. *Moden.* 1833. 12.

Riccio, voy. **Rizzio** (Davide).

Riccius (Stephan),
théologien allemand.

Rodigast (Valentin). Leichpredigt bei dem Begrebnuss S. Ricci. *Jena.* 1688. 4. (*D.*)

Richard de Cornouailles,
empereur d'Allemagne (5 janvier 1209 — élu 1255 — 2 avril 1272).

Schwartz (J... N...). Dissertatio de interregno magno Richardo Cornubiensi et Alphonso (X), Castiliæ rege. *Jenæ.* 1714. 4. (*L.*)

Gundling (Jacob Paul v.). Geschichte und Thaten Kayser Richard's, Grafen von Cornwallis und Poitou, etc. *Berl.* 1719. 8. (*L.*)

Gebauer (Georg Christian). Leben und denkwürdige Thaten Herrn Richard's, erwählten römischen Kaisers, Grafen von Cornwallis und Poitou. *Leipz.* 1744. 4. (*L.*)

Zentgrav (Johann Jacob). De interregno imperii Germanici ab excessu Conradi IV (1254) usque ad Rudolphum Habsburgicum (1273). *Witteb.* 1668. 8. (*L.*)

Richard I, dit Cœur de Lion,
roi d'Angleterre (10 sept. 1157 — 6 juin 1189 — 6 avril 1199).

Bruns (Paul Jacob). De rebus gestis Richardi Angliæ regis excerptum ex Gregorii Abulpharagii chronico Syriaco. *Oxon.* 1780. 4. (*Oxf.*)

Berington (Joseph). History of Henry II and of Richard and John, his sons. *Birmingh.* 1790. 4. (*Oxf.* et *P.*) *Basil.* 1793. 3 vol. 8. (*L.*)

White (John). Adventures of king Richard, Cœur de Lion. *Lond.* 1791. 3 vol. 8. (*Oxf.*)

Aytoun (W... E...). Life of Richard I of England. *Lond.* 1840. 16.

Champagnac (J... B... J...). Richard Cœur de Lion, duc de Normandie et roi d'Angleterre. *Par.* 1842. 12.

Chronicle of the crusades, being contemporary narratives of the crusade of Richard Cœur de Lion, by Richard of Devizes and Geoffrey de Vinsauf, and the crusade of Saint-Louis, by John de Joinville, etc. *Lond.* 1848. 8.

Richard II,
roi d'Angleterre (1366 — 23 juin 1377 — assassiné le 23 oct. 1399).

Life and death of king Richard II, published by a well-wisher to the commonwealth. *Lond.* 1642. 8. Portrait.

Life and reign of king Richard II, by a person of quality. *Lond.* 1681. 8.

True relation of the deposition of king Richard II. *Lond.* 1689. Fol.

(**Howard**, Robert). Historical observations on the reigns of Edward I, II, III and Richard II, with remarks upon their faithful counsellors and false favourites. *Lond.* 1689. 12. (*Oxf.*)
—— History of the reign of Edward III and Richard II. *Lond.* 1690. 8. (*Oxf.*)

Life and reign of Richard II, with reasonable and useful reflections. *Lond.* 1713. 8.

Evesham (John). Historia vitæ et regni Richardi II, publ. par Thomas Hearne. *Oxon.* 1729. 8. (*Oxf.*)

Life of Richard II and fall of his three favourites, s. l. (*Lond.*) 1783. 8.

Gaillard (Gabriel Henri). Nachricht von einer Erzählung vom Tode Richard's II. *Hildburgh.* 1794. 8. (Trad. du franç.)

Richard III,
roi d'Angleterre (1450 — 27 juin 1483 — tué le 23 août 1485).

More (Thomas). Tragical historie of Richard III. *Lond.* 1641. 12. Portrait. (*Oxf.*) *Chiswick.* 1821. 8. Portrait.

Buck (George). History of the life and reigne of Richard III. *Lond.* 1646. Fol. Portrait. *Ibid.* 1647. Fol.

King Richard III revived. *Lond.* 1655. 4.

Walpole of Oxford (Horace). Historic doubts on the life and reign of king Richard III. *Lond.* 1768. 4. Portrait. Trad. en franç. (par Louis XVI). *Lond.* 1800. 8.

G(uidickins) (F... W...). Answer to M. Horace Walpole's *Historic doubts*, etc. *Lond.* 1768. 4.

Masters (Robert). Some remarks on M. Horace Walpole's *Historic doubts*, s. l. 1772. 4.

Free and candid remarks on M. Horace Walpole's *Historic doubts*. *St. Christopher.* 1791. 4.

Rey (Joseph). Essais historiques et critiques sur Richard III, roi d'Angleterre. *Par.* 1818. 8. (*P.*)

Beale (M...). Richard III and his times. *Lond.* 1844. 8.

Halsted (Caroline A...). Life of king Richard III. *Philadelph.* 1844. 8.

Hutton (William). The battle of Bosworth field between Richard III and Henry, earl of Richmond (1485). *Birmingh.* 1788. 8. Publ. par John Nichols. *Lond.* 1813. 8.

Richard sans Peur,
fils de Robert le Diable.

Histoire de Richard sans Peur, fils de Robert le Diable, etc. *Par.* 1833. 8.

Richard (Achille),
médecin-botaniste français (27 avril 1794 — ... 1852).

Richard (Achille). Notice sur les ouvrages et mémoires de botanique publiés par A. Richard. *Par.* 1850. 8.

Bouchardot (N... N...). Eloges de (Hippolyte Louis) Royer-Collard et d'A. Richard. *Par.* 1853. 8. (Extrait du *Moniteur des hôpitaux*.)

Richard (Johann Hermann),
pédagogue allemand.

Memoria J. H. Richardi. *Osnabr.* 1769. 4. (*D.*)

Richard (Louis Claude Maria),
médecin-botaniste français, père d'Achille R. (4 sept. 1754 — 7 juin 1821).

Kunth (Carl Sigismund). Notice sur L. C. M. Richard, membre de l'Institut, etc., s. l. et s. d. (*Par.* 1824.) 8. (*P.*)

Richard de Saint-Victor,
théologien écossais du XIIe siècle (✝ 1173).

Liebner (Albrecht). Richardi a S. Victori de contemplationis doctrina. *Berol.* 1837. 8.

Engelhardt (Johann Gottlieb Victor). Richard von S. Victor und Johannes Ruysbroek; zur Geschichte der mystischen Theologie. *Erlang.* 1838. 8. (*L.*)

Richarde (Sainte),
épouse de Charles le Gros.

Aubertin (Antoine Nicolas). Vie de S. Richarde, fille d'un roi d'Ecosse. *Nancy*. 1855. 12. *

* Cet ouvrage n'est mentionné ni dans la nouvelle édition de la *Bibliothèque historique* du Père J. Lxtoxa, ni dans le *Catalogue des historiens* de Nicolas Lxsoxxt-Dupaxxsuv.

Richardot (François),
évêque d'Arras (1507 — 26 août 1574).

Stapleton (Thomas). Laudatio in funere F. Richardot, episcopi Atrebatensis. *Atrebat.* 1598. 8.

Richardson (Mary),
dame anglaise du xixe siècle.

Memoir of M. Richardson. *Lond.* 1837. 8. (*Oxf.*)

Richardson (Samuel),
littérateur anglais (1689 — 4 juillet 1761).

Diderot (Denis). Éloge de S. Richardson. *Lyon.* 1762. 12. (*P.*)
Barbauld (Anne Lætitia). Correspondence of S. Richardson, to which are prefixed an biographical account of the author and observations on his works. *Lond.* 1804. 6 vol. 8. (*Oxf.*) Trad. en franç. (la Vie seulement) par Jean Jacques **Leuliette**. *Par.* 1808. 8.
Mangin (Edward). Sketch of the life and writings of S. Richardson. *Lond.* 1811. 8. Portrait. (*Oxf.*)
Jeffrey (Francis). (Jonathan) Swift and Richardson. *Lond.* 1853. 8.

Riche (Claude Antoine Gaspar),
médecin français (29 août 1762 — 5 sept. 1797).

Cuvier (George). Éloge du citoyen Riche. *Par.* 1798. 8. (*P.*)

Richelieu (Alphonse Louis du **Plessis** de),
archevêque de Lyon, frère ainé du cardinal († 23 mars 1653).

Pure (Michel de). Vita A. L. Plessæi Richelii, presbyteri, cardinalis, archiepiscopi Lugdunensis. *Par.* 1655. 12. (*P.*)
Péricaud (Antoine). Notice historique sur A. L. du Plessis de Richelieu, archevêque de Lyon sous Louis XIII et Louis XIV, suivie d'une relation de la peste de Lyon en 1628 et 1629. *Lyon.* 1829. 8. (Tiré à 100 exempl.)

Richelieu (Armand Emmanuel Sophie Septimanie du **Plessis**, duc de),
homme d'État français (25 sept. 1766 — 17 mai 1822).

Bausset (Louis François de). Notice sur M. le duc de Richelieu. *Par.* 1822. 8. (*P.*)

Richelieu (Armand Jean du **Plessis**, duc de),
ministre-cardinal français (1er sept. 1585 — 4 déc. 1642).

Richelieu (Armand Jean du **Plessis** de). Lettres, où l'on voit la politique et le secret de ses négociations. *Cologne.* 1695. 2 vol. 12. *Lyon.* 1696. 2 vol. 12. *Par.* 1696. 2 vol. 12. (*P.*)

(Pure, Michel de). Vita eminentissimi cardinalis A. J. Plessæi Richelii, vitæ et fortunæ exordia ab anno 1585 usque ad annum 1619. *Par.* 1626. 12. (*P.*)
Ferron (Remy du). Vita A. J. cardinalis Richelii, præfecti senatus regis Galliarum. *Aurel.* 1626. 4.
Piccolomini (Hercole). Elogio della vita del principe A. G. du Plessis de Richelieu. *Venez.* 1637. Fol.
Macé (Jean). Journal de ce qui s'est passé à la maladie et à la mort du cardinal de Richelieu, et les dernières paroles qu'il a proférées. *Par.* 1642. 4.
—— Oratio funebris eminentissimi A. J. cardinalis Plessæi, ducis Richelii, regis Ludovici XIII administri primarii. *Par.* 1643. 4.
Apologie cardinale, ou discours contre les plumes satiriques de ce temps, qui montre leur perfidie, leur lâcheté, leur ingratitude, leur envie, leur témérité, leur extravagance, par un gentilhomme d'Artois. *Par.* 1643. 4.
Mascaron (Pierre Antoine). Discours funèbre à la memoire de M. le cardinal de Richelieu. *Mars.* 1643. 4.
Chantounière de la Cremeuil (Michel). Mausolée du cardinal, ou éloge funèbre du cardinal de Richelieu, contenant sa naissance, sa vie, sa mort et sa sépulture, *Lyon.* 1643. 4.
(Morgues de Saint-Germain, Mathieu de). Abrégé de la vie du cardinal de Richelieu. *Par.* 1643. (*Bes.*) Trad. en lat. s. c. t. Vitæ synopsis, etc., s. l. 1643. 4.
Oraison funèbre du cardinal de Richelieu, contenant

l'origine de son illustre maison, le progrès des armes de Sa Majesté pendant les vingt ans qu'il a exercé la charge de chef du conseil et ministre d'Etat. *Par.* 1643. 4. (*P.*)
La Sorbonne en gloire et en dueil, ou discours historique de sa fondation, de son accroissement, des grands fruicts qu'elle a causé, tant dans l'église que dans l'Estat, et des regrets sur la mort de son restaurateur Mgr. le cardinal-duc de Richelieu, qui y a choisi son tombeau. *Par.* 1643. 4.
Cayne (Claude). Les trois couronnes de Mgr. l'éminentissime cardinal de Richelieu; oraison funèbre, etc. *Lyon.* 1643. 4. (Peu commun.)
La Luzerne (D...). Eminentissimi cardinalis ducis Richelii elogium. *Par.* 1643. 4. (*P.*)
Howell (James). Lustra Ludovici, or the life of Lewis XIII and of his cardinal de Richelieu. *Lond.* 1646. Fol. (*Oxf.*)
Journal de Mgr. le cardinal de Richelieu, contenant tout ce qu'il a fait durant le grand orage de la cour en l'année 1630 et 1631, s. l. 1648. 12, s. l. 1649. 8. *Troyes.* 1652. 2 vol. 12. *Amst.* 1664. 12. *Par.* 1665. 2 vol. 16. *Lyon.* 1666. 12.
Histoire du ministère du cardinal de Richelieu. *Par.* 1649. Fol.
(**Vialart de Saint-Paul**, Charles). Mémoires du ministère du cardinal de Richelieu. *Par.* 1649. Fol. (*Bes.*) *Ibid.* 1650. 2 vol. 12. (*Bes.*) *Leyde.* 1651. 4 vol. 8. *Ibid.* 1664. 3 vol. 12. *Par.* 1665. 3 vol. 12. *Ibid.* 1670. 3 vol. 12. *Amst.* 1671. 3 vol. 12. *

* Condamnés au feu par arrêt du parlement, du 11 mai 1650.

Arrêt du parlement contre les *Mémoires du ministère du cardinal de Richelieu*, du 11 mai 1650. *Par.* 1650. 4.
Mémoires du cardinal de Richelieu, contenant ce qui s'est passé à la cour pendant son administration, avec plusieurs procès criminels (de Montmorency, Marillac, Cinq-Mars et de Thou). *Goude.* 1650. 12.
(**Aubery**, Antoine). Histoire du cardinal de Richelieu. *Par.* 1660. Fol. (*Bes.*) *Cologne.* 1666. 2 vol. 12. Trad. en holland. *Amst.* 1667. 2 vol. 12.
—— Mémoires pour l'histoire du cardinal-duc de Richelieu. *Par.* 1660. 2 vol. Fol. (*P.*) *Cologne.* 1667. 5 vol. 12. (*Bes.*)
Illustres cardinales A. J. D. de Richelieu et Mazarinus, regum Franciæ Ludovici XIII et XIV consiliarii intimi, s. secretissima instructio et historia universalis ab anno 1624 usque ad hæc tempora. *Herbipoli.* 1662. 8.
Ministerium cardinalis Richelii, s. secretissima instructio et historia universalis ab anno 1624 usque ad 1642. *Herbipoli.* 1662. 8. Trad. en angl. par James **Dodington**. *Lond.* 1677. 8.
Bourdeilles de Montrésor (Claude de). Mémoires contenant diverses pièces durant le ministère du cardinal de Richelieu, la relation de M. de Fontrailles, et les affaires de MM. le comte de Soissons, le duc de Guise et de Bouillon. *Cologne.* 1663. 2 vol. 12. *Leyde.* 1665. 2 vol. 12. *Cologne.* 1723. 2 vol. 12.
Courtilz de Sandras (Gatien de). Mémoires contenant ce qui s'est passé de plus particulier sous le ministère du cardinal de Richelieu et du cardinal Mazarin. *Cologne.* 1667. 8. (*P.*)
Déageant de Saint-Marcellin (Guichard). Mémoires contenant plusieurs choses particulières depuis les dernières années du règne de Henri VI jusqu'au commencement du ministère du cardinal de Richelieu. *Grenoble.* 1668. 12. (*P.*)
(**Le Clerc**, Jean). Vie d'A. J., cardinal-duc de Richelieu. *Cologne.* 1694. 2 vol. 12. (*P.*) *Ibid.* 1696. 2 vol. 12. *Amst.* 1714. 8. Augment. *Ibid.* 1753. 5 vol. 12. (*P.*)
Valdory (Guillaume de). Anecdotes du ministère du cardinal de Richelieu et du règne de Louis XIII, avec quelques particularités du commencement de la régence d'Anne d'Autriche. *Amst.* 1717. 2 vol. 12.
Montchal (Charles de). Mémoires contenant des particularités de la vie et du ministère du cardinal de Richelieu. *Rotterd.* 1719. 2 vol. 12.
Nraw' Kardinala a Richelje (c'est-à-dire : Le caractère du cardinal Richelieu). *Saint-Pétersb.* 1776. 12.
Intrigues secrètes et politiques du cardinal de Richelieu, publiées d'après un manuscrit du xviie siècle. *Par.* 1803. 12.

Jay (Antoine). Histoire du ministère du cardinal de Richelieu. *Par.* 1816. 2 vol. 8. (*P.* et *Bes.*) *Ibid.* 1825. 2 vol. 8. Portrait. (*P.*)

Capefigue (Baptiste Honoré Raymond). Richelieu, Mazarin, la Fronde et le règne de Louis XIV. *Par.* 1858. 8 vol. 8. (*P.*)

Crapelet (Charles). Portraits historiques : le cardinal de Richelieu. *Par.* 1839. 8. (*P.*)

Todière (M...). Louis XIII et Richelieu. *Tours.* 1852. 12. (2e édition.)

Corne (H...). Le cardinal de Richelieu (1623-1642). *Par.* 1853. 12.

Lives of the cardinals Richelieu and (Jules) Mazarin. *Lond.* 1834. 8. (Edition illustrée.)

Le roi du roi. *Par.* 1633. 4.

L'impiété sanglante du cardinal de Richelieu. *Par.*, s. d. 4.

Le bréviaire et psautier du cardinal de Richelieu, s. l. et s. d. 4.

Rabbi Benonis visiones et doctrina, s. l. 1633. 4.

Tableau du gouvernement présent. *Anvers.* 1657. 8. *Par.* 1649. 4. *

    * Satire composée de 1,000 vers, connue sous le nom de *Milliade* et attribuée à Charles de Brys.

(**Morgues de Saint-Germain**, Mathieu de). L'ambassadeur chimérique ou le chercheur de dupes du cardinal de Richelieu, s. l. (*Par.*) 1643. 4. (*Bes.*)

Dialogue du cardinal de Richelieu, voulant entrer en paradis et sa descente aux enfers; tragi-comédie. *Par.* 1643. 4.

L'ombre du grand Armand, cardinal de Richelieu. *Par.* 1643. 4.

Trésor des épitaphes pour et contre le cardinal de Richelieu. *Par.* 1643. 4.

Saint-Jean (Léon de). Journal de tout ce qui s'est fait et passé à la maladie et à la mort du cardinal de Richelieu, et les dernières paroles qu'il a proférées. *Par.* 1642. 4. (*Lv.*) *Ibid.* 1643. 4.

Villareal (Emmanuel Fernandez de). El politico christiano, o discorso de la vida y acciones del cardinal de Richelieu. *Pampel.* 1642. 8.

    Trad. en franç. par Michel CHANTOUNIÈRE DE LA CREMEUIL. *Par.* 1643. 4.

    Trad. en ital. *Venez.* 1646. 16.

Lettre au marquis de Fontenay Mareuil, ambassadeur à Rome, sur le trépas du cardinal de Richelieu (en franç., espagn., ital. et lat.) *Par.* 1650. 12.

Liste ou extrait des noms de ceux qui ont été éloignés, emprisonnés, condamnés et suppliciés durant le ministère du cardinal de Richelieu. *Par.* 1663. 12.

Tableau de la vie et du gouvernement des MM. les cardinaux de Richelieu et de Mazarin et de M. (Jean Baptiste) Colbert, représenté en diverses satires et poésies ingénieuses, avec un recueil d'épigrammes sur la vie et la mort de M. (Nicolas) Fouquet, surintendant des finances. *Cologne.* 1693. 12. *Ibid.* 1694. 12.

Richard (René). Parallèle du cardinal (François) Ximenes, premier ministre d'Espagne, et du cardinal de Richelieu. *Trevoux.* (*Par.*) 1704. 12. (*P.*) *Rotterd.* 1705. 12. *Amst.* 1716. 12.

—— Parallèle du cardinal de Richelieu et du cardinal Mazarin, contenant les anecdotes de leurs vies et de leurs ministères. *Par.* 1716. 12. *Amst.* 1717. 12. Réimprim. s. c. t. Coups d'Etat des cardinaux de Richelieu et Mazarin, ou réflexions historiques et politiques sur leurs ministères. *Par.* 1723. 12. (*P.*)

Morénas (François). Parallèle du ministère du cardinal de Richelieu et du cardinal (André Hercule) de Fleury. *Avign.* 1743. 12.

Gilibert de Merlhiac (Martin Guillaume). Essai comparatif entre le cardinal duc de Richelieu et M. William Pitt, premier ministre de George III, roi de la Grande-Bretagne. *Par.* 1816. 8. (*P.*)

Testament politique d'A. J. du Plessis, cardinal, duc de Richelieu, pair et grand amiral de France, premier ministre du conseil d'Etat, commandeur des armées de S. M., évêque de Lucon, cofondateur et bienfaiteur de la maison et société de Sorbonne. *Par.* 1688. 2 vol. 12. *Amst.* 1708. 2 vol. 12. (*P.*) *La Haye.* 1757. 2 vol. 12. *Par.* 1764. 2 vol. 8. (*P.*) Trad. en espagn. *Madr.* 1696. 4.

(**Foncemagne**, Étienne Lauréault de). Lettre sur le *Testament politique du cardinal de Richelieu*. *Par.* 1750. 12. *Ibid.* 1764. 8.

Mesnard (Louis). Réfutation du sentiment de M. de Voltaire sur le *Testament politique du cardinal de Richelieu*, s. l. 1750. 8.

Voltaire (François Marie Arouet de). Raison de croire que le livre intitulé *Testament politique du cardinal de Richelieu* est un ouvrage supposé. *Par.* 1756. 8.

—— Doutes nouveaux sur le *Testament* attribué au cardinal de Richelieu. *Genève.* 1765. 8.

Arbitrage entre M. de Voltaire et M. de Foncemagne, s. l. 1765. 8.

Richelieu (Louis François Armand du **Plessis** de), maréchal de France (16 mars 1696 — 8 août 1788).

(**Soulavie**, Jean Louis Giraud). Mémoires du maréchal de Richelieu, pour servir à l'histoire des cours de Louis XIV, de la régence du duc (Philippe) d'Orléans et du règne de Louis XV, etc. *Par.* 1790. 4 vol. 8. Portraits (*P.*) *Liége.* 1790. 4 vol. 8. Portraits. *Par.* 1793. 9 vol. 12. * Portraits. (*P.*) Trad. en allem. (par Johann Carl HESS). *Jena.* 1790-1800. 9 vol. 8. (*L.*)

    * Le fils du maréchal de Richelieu a déclaré publiquement que ces Mémoires sont apocryphes.

Mémoires historiques et anecdotiques du duc de Richelieu. *Par.* 1829. 6 vol. 8. * (*P.*)

    * Ces Mémoires, également supposés, sont attribués à Étienne Léon de LAMOTHE-LANGON.

Faur (N... N...). Vie privée du maréchal de Richelieu, contenant ses amours et intrigues et tout ce qui a rapport aux divers rôles que joua cet homme célèbre pendant plus de quatre-vingts ans. *Par.* 1790. 3 vol. 8. (*P.*) *Ibid.* 1792. 3 vol. 8. *Hamb.* 1791. 3 vol. 8. *Par.* 1803. 3 vol. 8. (*P.*)

    Trad. en allem. :
      (Par un anonyme.) *Strasb.* 1791-93. 3 vol. 8. *Hamb.* 1791. 3 vol. 8. (*L.*)
      (Par Johann Friedrich Leonhard MENZEL und Johann Jacob Meno VALETT). *Bayr.* 1796. 3 vol. 8.

Richemont (le chevalier de), Français.

(**Richemont**, N... N... de). Deux mois de captivité par suite d'une accusation d'attentat contre la personne du roi Léopold (des Belges). *Brux.* 1852. 8.

Richenza, épouse de Lothaire II, empereur d'Allemagne (... — mariée en 1113 — 1141).

(**Schirach**, Gottlob Benedict v.). Portrait historique de la vie de l'impératrice Richenza. *Helmst.* 1779. 8. (Non mentionné par Quérard.)

Richepance (Antoine), * général français (25 mars 1770 — 3 sept. 1802).

Vie militaire du général Richepance, né à Metz, etc. *Metz.* 1837. 8.

    * L'empereur Napoléon honora la mémoire du vaillant général en donnant le nom de ce guerrier à l'une des rues de Paris.

Nollet-Fabert (Jules). Le général Richepance. *Nancy.* 1853. 8. (Extrait de la *Lorraine militaire*.) *

    * A la fin de cette biographie (page 67) on trouve une courte notice sur ses deux fils, Eugène de Richepance (1798 — 26 nov. 1835), et Adolphe Antoine, baron de Richepance, général de brigade, né en 1800, encore vivant.

Richer (Edmond), théologien français (30 sept. 1560 — 28 nov. 1631).

Baillet (Adrien). Vie d'E. Richer, docteur de Sorbonne. *Liége.* 1714. 12. (*Lv.*) *Ibid.* 1715. 12. (*D.* et *P.*) *Ibid.* 1754. 12. * (*L.*)

    * Quérard révoque en doute que Baillet soit l'auteur de cette biographie.

Pérau (Gabriel Louis Calabre). Vie d'E. Richer. *Par.* 1748. 12. (*P.*)

Richer (Édouard), littérateur français (12 juin 1792 — 21 janvier 1834).

Mémoires sur la vie et les ouvrages d'E. Richer, en partie écrits par lui-même et publiés par F... PIET. *Nantes.* 1836. 8.

Souvestre (Émile). Extrait d'une notice sur E. Richer. *Nantes.* 1857. 8.

Richerand (Anthelme), médecin français (4 février 1779 — 23 janvier 1840).

Dubois d'Amiens (Louis). Éloge de Richerand. *Par.* 1851. 4. (Extrait des *Mémoires de l'Académie nationale de médecine*.)

Richert (Ludovico),
jurisconsulte italien.

Richeri (Luigi). Notizie biografiche intorno agli studii e alle opere dell' avvocato L. Richeri. *Torin.* 1856. 8.

Richerius,
bénédictin français du XIIIe siècle.

Reimann (Eduard). Dissertatio de Richerii vita et scriptis. *Olsnic.* 1845. 8.

Richer-Sérisy (N... N...),
publiciste français (vers 1764 — 10 avril 1800).

Aulnois (Augustin d'). Notice sur Richer-Sérisy, rédacteur de *l'Accusateur public,* * jusqu'en 1797, époque de sa déportation à Cayenne, s. l. et s. d. (*Par.* 1815.) 8.

(——) Eloge de Richer-Sérisy, rédacteur de *l'Accusateur public* de la révolution française. *Par.* 1817. 8. (P.)

* Ce journal royaliste, qu'il fit paraître après le 9 thermidor 1794, ne se compose que de 35 numéros. Le 13e, qui devait contenir les événements de la journée du 13 vendémiaire, n'a point paru.

Richertz (Georg Hermann),
théologien allemand (1er avril 1756 — 7 juillet 1791).

Overbeck (Johann Daniel). Memoria G. H. Richertz, pastoris Jacobi. *Lubec.* 1767. Fol.

—— Leben, Verdienste und Schriften des G. H. Richertz. *Lübeck.* 1797. Fol. (*D. et L.*)

Richey (Johann),
jurisconsulte allemand, fils du suivant (6 déc. 1706 — 9 février 1738).

Ehren-Gedächtniss des J. Richey, s. l. (*Hamb.*) 1758. 4. (*D. et L.*)

Richey (Michael),
helléniste allemand (1er oct. 1678 — 10 mai 1761).

Buesch (Johann Georg). Oratio in obitum M. Richey, historiæ et græcæ linguæ professoris. *Hamb.* 1761. Fol. (*L.*)

Schuetze (Gottfried). Vorrede zu M. Richey's Gedichten, nebst dessen Leben. *Hamb.* 1764. 8. (*L.*)

Richmann (Georg Wilhelm),
naturaliste livonien (11 juillet 1711 — 26 juillet 1753).

H(anow) (N... N...). Nachricht aus St. Petersburg von dem berühmten und merkwürdigen Todesfalle des Herrn Professors Richmann. *Leipz.* 1753. 8. (*L.*)

Richmann (Johann),
théologien livonien (24 janvier 1622 — 3 janvier 1671).

Lauterbach (Georg). Fata J. Richmanni. *Riga.* 1671. 4.

Richmond (Legh),
théologien anglais (1774 — 27 mai 1827).

Grimshawe (Thomas Shuttleworth). Life of the Rev. L. Richmond. *Lond.* 1858. 8. Portrait. (*Oxf.*) *Ibid.* 1840. 8. * Trad. en franç. *Valence.* 1844. 12.

* 5e édition d'un ouvrage omis par Lowndes.

Richter (August Gottlieb),
chirurgien allemand (13 août 1742 — 23 juillet 1812).

Mitscherlich (Christoph Wilhelm). Oratio parentalis Christiani Gottlob Heyne, A. G. Richter et Christiani Augusti G... Goede. *Goetting.* 1812. Fol. (*L.*)

Blumenbach (Johann Friedrich). Memoria A. G. Richter. *Goetting.,* s. d. (1813.) 4. (*L.*)

Richter (Carl Sigismund),
charlatan allemand.

C. S. Richter, genannt der schlesische Wunderdoctor; biographische Skizze. *Berl.* 1818. 12.

Schneider (Johann Joseph). Fürst Alexander v. Hohenlohe und C. S. Richter, oder der Wunderdoctor zu Rouen in Schlesien, etc. *Frf.* 1821. 8. (*L.*)

Richter (Caspar),
magistrat allemand.

Memoria C. Richteri. *Lips.* 1770. Fol. (*D. et L.*)

Richter (Christian Friedrich),
médecin allemand (1676 — 5 oct. 1711).

Stryck (Johann Samuel). Programma academicum ad funus C. F. Richteri. *Halæ.* 1714. Fol. (*D. et L.*)

Richter (Christoph),
jurisconsulte allemand.

Niderstetter (Michael). Leich-Predigt bey dem Begrebnuss C. Richter's. *Dresd.* 1611. 4. (*D.*)

Richter (Christoph Adam v.),
homme d'État livonien († 5 janvier 1815).

Grave (Carl Ludwig). Bei dem feierlichen Leichenbe-

gängnisse des Herrn Geheimenraths C. A. v. Richter. *Riga.* 1815. 4.

Richter (Friedrich Wilhelm),
théologien allemand (14 février 1727 — 27 juillet 1791).

Denkmal der Hochachtung und Liebe errichtet dem weiland General-Superintendenten in Braunschweig, F. W. Richter. *Braunschw.* 1791. 8.

Richter (Georg Gottlob),
médecin allemand (4 février 1694 — 28 mai 1773).

Heyne (Christian Gottlob). Memoria G. Richteri. *Goetting.* 1773. 4. (*L.*)

Richter (Gottlob Heinrich),
mathématicien allemand (17 sept. 1718 — 2 avril 1796).

Muecke (Johann Heinrich). Elogium G. H. Richteri, scholæ Grimmanæ mathematici. *Lips.* 1796. 4. (*D. et L.*)

Richter (Heinrich Wenzel),
jésuite bohème (7 sept. 1653 — tué le 17 nov. 1696).

Boye (Emmanuel de). Vita et obitus V. P. H. W. Richteri, Soc. Jesu ex provincia Bohèmiæ in Americam missi et ibi trucidati. *Prag.* 1702. 8.

Richter, plus connu sous ses prénoms **Jean Paul** (Jean Paul Friedrich),
poète allemand du premier ordre (21 mars 1763 — 15 nov. 1825).

Fuelleborn (Georg Gustav). J. P. F. Richter, nebst einigen Collectaneen über ihn. *Bresl.* 1801. 8. Portrait. (*D. et L.*)

Boerne (Ludwig). Denkrede auf J. P. F. Richter. *Erlang.* 1826. 8.

Spazier (Richard Otto). J. P. F. Richter in seinen letzten Tagen und im Tode. *Bresl.* 1826. 8. (*L.*) Wahrheit aus Jean Paul's Leben. *Bresl.* 1826-32. 2 parts. 8. Portrait. *

* La première livraison est de Jean Paul lui-même; les autres ont été publiées par Otto et Ernst Foerster.

Lucenay (M... de). Notice sur la vie et les ouvrages de J. P. Richter. *Par.,* s. d. 8. (Extrait de la *Revue encyclopédique.*)

Doering (Heinrich). J. P. F. Richter's Leben und Characteristik. *Leipz.* 1830-52. 2 vol. 12. (*D.*) *Gotha.* 1831. 8. Portrait. (*L.*)

Kunz (Friedrich). J. P. F. Richter. Worte bei Gelegenheit des ihm zu Baireuth errichteten Denkmals. *Bair.* 1841. 8. * (*D. et L.*)

* Publ. sous le pseudonyme de Z... Funck.

Lee (Eliza). Life of J. P. F. Richter. *Boston.* 1842. 2 volumes 12.

Life of J. P. F. Richter, compiled from various sources, together with his autobiography, etc. *Lond.* 1845. 2 vol. 8. (*Oxf.*)

Richter (Jeremias Benjamin),
chimiste allemand (10 mars 1762 — 4 avril 1807).

Kleinert (Eduard). Dissertatio de J. B. Richteri doctrina. *Vratisl.* 1852. 8.

Richter (Johann Christian),
théologien allemand (3 juillet 1683 — 25 sept. 1742).

Keil (Johann Gottfried). Letztes und wohlmeinendes Andenken der Ehre und Liebe weiland Mag. J. C. Richter'n, Pastori zu Herwigsdorf, nebst beigefügtem Lebenslauff. *Zittau.* 1742. Fol. (*L.*)

Richter (Johann Christoph),
magistrat allemand (29 oct. 1689 — 6 mars 1751).

Programma funebre memoriæ J. C. Richteri consecratum. *Lips.* 1751. Fol. (*D. et L.*)

Richter I (Johann Gottlieb),
jurisconsulte allemand.

Hager (Johann Georg). Memoria J. G. Richteri. *Chemn.* 1768. 4. (*D.*)

Richter II (Johann Gottlieb),
théologien allemand.

Hecht (Friedrich August). Leben und Character J. G. Richter's. *Freyberg.* 1800. 4. (*D.*)

Richter (Johann Zacharias),
magistrat allemand.

Memoria J. Z. Richteri. *Lips.* 1764. Fol. (*D. et L.*)

Richter (Ludwig Adrian).

L. Richter, s. l. et s. d. (*Leipz.* 1852.) 8. (Extrait du journal intitulé: *Grenzboten*, tiré à part à un très-petit nombre d'exemplaires.)

Richter (N... N...),
libraire allemand.

Richteriana. Anecdoten und Characterzüge aus dem Leben des ehemaligen Doctors und Buchhändlers Richter in Dresden. *Hamb.*, s. d. 8.

Rictiovarus,
duc des Francs.

Linde (Peter Adolph). Der Frankenherzog Rictiovarus und die Trevirer Märtyrer. *Trier.* 1852. 8.

Ridiger (Anton),
chimiste allemand (.. août 1720 — 17 nov. 1783).

Nitsche (Andreas). Denkmal der Freundschaft über der Asche A. Ridiger's. *Leipz.* 1785. Fol. (*D. et L.*)

Memoria A. Ridigeri. *Lips.* 1786. Fol. Portrait. (*L.*)

Ridler (Johann Wilhelm),
historien allemand (12 avril 1772 — 23 janvier 1834).

Erinnerung an J. W. Ridler, k. k. Regierungsrath und Vorsteher der Universitäts-Bibliothek in Wien. *Wien.* 1833. 12.

Ridley (Nicholas),
évêque de Londres (vers 1500 — brûlé vif le 10 oct. 1555).

Ridley (Gloucester). Life of Dr. N. Ridley, sometime bishop of London, shewing the plan and progress of the reformation; in which he was a principal instrument, and suffered martyrdom for it, in the reign of queen Mary. *Lond.* 1763. 4. Portrait. (*Cp. et Oxf.*)

Ridolfi (Michele),
peintre italien.

Scritti varii riguardanti le belle arti del dipintore M. Ridolfi, etc. *Lucca.* 1844. 8.

Ridolfini (N... N...),
littérateur italien.

Pozzetti (Pompilio). Elogio dell' abate Ridolfini. *Firenz.* 1789. 8. (*Oxf.*)

Riech (Daniel),
jurisconsulte allemand (16 nov. 1689 — 7 nov. 1767).

Giese (Gottlieb Christian). Lebenslauf D. Riech's, J. U. D. und der Sechsstadt Goerlitz Bürgermeister. *Goerl.* 1768. 4.

Rieck (N... N...),
médecin allemand.

Nast (Johann Jacob Heinrich). Oratio in obitum Dr. Rieckii, medicinæ professoris. *Stuttg.* 1787. 4.

Riederer (Johann Bartholomæus),
théologien allemand (3 mars 1720 — 5 février 1771).

Dietelmair (Johann Augustin). Leichenpredigt auf Herrn Dr. J. B. Riederer. *Altd.* 1771. 4.

Riedner (Johann),
pédagogue allemand (5 mars 1603 — 28 janvier 1657).

Spiess (Christoph Paul). Oratio lugubris pro manibus D. J. Riedneri, antea gymnasii Ægidiani, postmodo scholæ Laurentii rectoris meritissimi consecrata. *Norimb.* 1657. 4.

Rieger (Georg Conrad),
théologien allemand (7 mars 1687 — 16 avril 1743).

Cless (Wilhelm Jeremias). Leichenrede, Lebenslauf und Verzeichniss der Schriften G. C. Rieger's. *Stuttg.* 1744. 8.

Rieger (Gottlieb Heinrich),
théologien allemand († 19 nov. 1814).

Zum Gedächtniss des, etc., verstorbenen Superintendenten Rieger. *Stuttg.* 1815. 8.

Riegg (Ignaz Albrecht v.),
évêque d'Augsbourg (6 juillet 1767 — 15 août 1836).

Baader (Franz v. Paula). Erinnerungen an den Bischof I. A. v. Riegg. *Augsb.* 1839. 8. (*L.*)

Riegger (Joseph Anton Stephan v.),
jurisconsulte allemand, fils du suivant (13 sept. 1742 — 5 fév. 1795).

Gruenwald (Joseph Wander v.). Biographie der beiden Ritter (Paul Joseph und J. A. S.) v. Riegger. *Prag. et Wien.* 1797. 4. (*D. et L.*)

Riegger (Paul Joseph v.),
jurisconsulte allemand (29 juin 1705 — 6 déc. 1775).

Monse (Joseph Wratislaw v.). Pii manes et eximia in rem litterariam merita perillustrissimi ac clarissimi D. P. J. Riegger. *Olomuc.* 1775. 8.

Eybel (Joseph Valentin v.). Oratio funebris ad solemnes exequias P. J. a Riegger. *Vindob.* 1776. 8. Portrait. (*L.*)

Rieger (Philipp Friedrich),
théologien allemand.

Eickhoff (F... H...). Leben P. F. Rieger's. *Bielef.* 1851. 8.

Riegler (Michael Joseph),
théologien allemand.

Steinam (A...). Biographie des M. J. Riegler, k. würtembergischen Pfarrers zu Markelsheim, Kämmerers und Schul-Inspectors. *Heilbronn.* 1826. 8.

Riego y Nunez (Rafael de),
l'un des coryphées de la révolution espagnole
(vers 1785 — exécuté le 7 nov. 1823).

Riego (Miguel). Memoirs of the life of R. de Riego and his family, including a history of Spain from the restoration of Ferdinand VII to the present times. *Lond.* 1824. 8. (*Oxf.*)

San Miguel (E...). Memoria de las operaciones de las tropas nacionales al mando del D. R. de Riego. *Madr.* 1824. 8.

Procès du général R. de Riego, précédé d'une notice biographique. *Par.* 1824. 8. (*P.*)

Denkwürdigkeiten zur Lebensgeschichte des Don R. de Riego. *Stuttg.* 1824. 8. (*L.*)

Riego's Leben und Hinrichtung. *Augsb.* 1824. 8. Portrait.

Nard (Francisco) et **Pirala** (Antonio). Vida militar y politica de D. R. de Riego, mariscal de campo de los ejércitos nacionales. *Madr.* 1844. 8. Portrait.

Burckhardt (Eduard). Riego und Mina. Blicke auf die Verhältnisse Spaniens seit der Cortes-Verfassung vom Jahre 1812 bis auf unsere Tage. *Leipz.* 1835. 8. (*L.*)

Riemenschneider (Tilman),
statuaire allemand du xve siècle.

Becker (C...). Leben und Werke des Bildhauers T. Riemenschneider, eines fast unbekannten aber vortrefflichen Künstlers am Ende des fünfzehnten und Anfang des sechszehnten Jahrhunderts, etc. *Leipz.* 1849. 4. (*L.*)

Riemer (Johann Adolph),
magistrat allemand.

Pretten (Johann), Leichen-Predigt auf J. A. Riemer. *Leipz.* 1690. Fol. (*D. et L.*)

Rienzi (Cola ou Niccolò **Gabrino** di),
dernier tribun de Rome (assassiné le 8 oct. 1354).

(**Fortifiocca**, Tommaso). Vita di C. di Rienzi, tribuno del popolo romano, publ. par Noël Etienne SANADON. *Bracciano.* 1624. 4. Ibid. 1631. 8. (*Oxf.*)

Totti (Pietro). Vita di C. di Rienzi. *Bracciano.* 1631. 16. (Extrêmement rare.)

Ducerceau (Jean Antoine). Conjuration de Nicolas Gabrini, dit de Rienzi, tyran de Rome en 1347; ouvrage posthume (continué par Pierre Baumoy et publ. par Jean François DE COURBEVILLE). *Par.* 1733. 12. Accomp. de notes par Bénigne DUJARDIN*. *Par.* 1743. 12.

  Trad. en allem. s. c. t. Rienzi, Despot von Rom. *Quedlinb.* 1795. 8. (*L.*)

  Trad. en angl. s. c. t. Life and times of Rienzi. *Philad.* 1856. 12.

  * Publ. sous le pseudonyme de Boisréaux.

Gabrini (Tommaso Maria). Osservazioni storico-critiche sulla vita di C. di Rienzi. *Rom.* 1806. 8.

Rè (Zeffirino). Vita di C. di Rienzi, tribuno del popolo romano, illustrata con note ed osservazioni storico-critiche. *Forli.* 1828. 2 vol. 8. * (*Oxf.*)

  * Ce n'est, pour ainsi dire, qu'une réimpression de l'ouvrage de FORTIFIOCCA, mentionné ci-dessus.

Benedetti (Francesco). Vita di C. di Rienzi. *Italia.* (*Firenz*?) 1831. 8.

Paludan-Mueller (Caspar Peter). C. di Rienzi, Tribun og Senator i Rom; historisk Skildring. *Odense.* 1838. 8.

Papencordt (Felix). C. di Rienzi und seine Zeit. *Hamb.* 1841. 8. (*L.*)

  Trad. en franç. par Léon BORÉ. *Par.* 1845. 8. (*P.*)

  Trad. en ital. par Tommaso GAR. *Torin.* 1845. 8.

Riepenhausen (Dietrich Jeremias),
théologien allemand.

Muenden (Christian). Programma in funere D. J. Riepenhausen ad D. Joannis ecclesiastæ et reverendissimi ministerii senioris. *Goetting.* 1716. Fol.

Ries (Franz Ulrich),
théologien allemand (3 janvier 1695 — 6 nov. 1755).

Duysing (Heinrich Otto). Programma in obitum F. U. Riesii. *Marb.* 1755. Fol. (*L.*)

Funccius (Johann Nicolaus). Oratio funebris in obitum F. U. Ries, theologiæ doctoris et professoris. *Marb.* 1755. Fol.

Ries (Tobias),
libraire allemand.

Programma academicum ad funus T. Riesii. *Lips.* 1671. 4. (*D.* et *L.*)

Riesbeck, voy. **Risbeck** (Johann Caspar).

Riesenberg (Bartholomæus),
théologien allemand (24 août 1492 — 10 août 1566).

Hammer (Georg Friedrich). Merkwürdigkeiten von einigen guten Freunden Dr. Martin Lutheri, sonderlich aber von B. Riesenberg, vormals Prediger zu Magdeburg, etc. *Wittenb.* 1728. 8. (*D.* et *L.*)

Rieter (Heinrich),
peintre suisse (1751 — 10 juin 1818).

Neujahrsblatt der Züricher Künstergesellschaft, enthaltend die Lebensbeschreibung H. Rieter's, von Winterthur. *Zürch.* 1819. 8. Portrait.

Rieu (Jules Charles),
théologien suisse (1792 — 28 juin 1821).

Monod (Frédéric Joël Jean Gérard). Notice sur J. C. Rieu, de son vivant pasteur de l'église réformée de Fridericia en Danemark. *Par.* 1822. 8. *Ibid.* 1831. 18. Ende eines Knechts Gottes. Erzählung von dem seligen Heimgange des J. C. Rieu, weiland Pastors zu Fridericia. *Strasb.* 1847. 12.

Rieule (Saint),
évêque de Senlis.

Jaulnay (Charles). Vie de S. Rieule, avec l'histoire ou annales de l'église de Senlis. *Par.* 1648. 8. (*P.*)

Rieussec (Alfred),
jurisconsulte français (1776 — 29 déc. 1839).

Notice biographique et discours prononcés sur la tombe de M. A. Rieussec, avocat à la cour royale de Lyon. *Lyon.* 1839. 8.

Rieussec (Justinien François Paul),
jurisconsulte français (4 déc. 1776 — 30 oct. 1848).

Saint-Maurice Cabany (Charles Édouard). J. F. P. Rieussec, président de chambre à la cour d'appel de Lyon, membre de l'Académie lyonnaise, etc. *Par.* 1851. 8. (Extrait du *Nécrologe universel du xixᵉ siècle*.)

Rieussec (Pierre François),
jurisconsulte français (22 nov. 1738 — 20 juillet 1826).

Guerre (Jean). Notice historique sur la vie de M. P. F. Rieussec, conseiller honoraire à la cour royale de Lyon. *Lyon.* 1827. 8.

Grognier (Louis Furcy). Notice biographique sur P. F. Rieussec. *Lyon.* 1828. 8.

Rieux (René, sire de),
prince de la maison de Bretagne.

Marais (Mathieu). Mémoire de R., sire de Rieux, prince de la maison de Bretagne, et la généalogie de sa maison. *Par.*, s. d. (1710). 4. (*P.*)

Riffaut des Hêtres (Jean René Denis),
chimiste français (vers 1754 — 1827).

Vergnaud-Romagnesi (C... F...). Notice biographique sur M. Riffaut des Hêtres, s. l. et s. d. (*Orléans,* 1828.) 8. (Extrait des *Annales de la Société royale d'Orléans*.)

Rigato (Andrea),
littérateur italien.

Moschini (Giovanni Antonio). Memorie della vita e delle opere di A. Rigato. *Venez.* 1815. 8.

Rigau (Antoine),
général français (14 mai 1758 — 4 sept. 1820).

Notice sur le général Rigau. *Par.* 1843. 8. (*P.*)

Rigaud (Benoît Joseph),
général mulâtre († vers 1812).

Bonnet (N... N...). Exposé de la conduite du général Rigaud, dans le commandement du département du sud de Saint-Domingue, adressé au Directoire exécutif, s. l. et s. d. (*Par.*) 8.

Rigaud de l'Isle (Michel Martin),
agronome français (... — 1782).

Duvaure (Antoine). Notice biographique sur feu M. M. M. Rigaud de l'Isle. *Valence.* 1819. 8. (Couronné par la Société d'agriculture de Paris.) — (*P.*)

Righi (Andrea di Fioravante),
jurisconsulte italien (1770 — 12 janvier 1844).

(**Bresciani**, Carlo). Elogio dell' avvocato A. di Fioravanti Righi. *Veron.* 1845. 8.

Rigny (le comte Henri de),
vice-amiral français (2 février 1782 * *— .. nov. 1835).*

Hennequin (J... F... G...). Notice sur la vie et les campagnes de M. le vice-amiral comte de Rigny. *Par.* 1832. 8. (Extrait des *Annales maritimes*.)

* Et non en 1783, comme on l'a plusieurs fois imprimé.

Rigoletti (Giovanni Domenico),
homme d'État italien.

Detta (Antonio). Elogio storico del senatore G. D. Rigoletti. *Torin.* 1841. 8.

Rigouleuc (Jean),
jésuite français (1595 — 1658).

Champion (Pierre). Vie du P. J. Rigouleuc, de la compagnie de Jésus. *Par.* 1686. 12. *Ibid.* 1690. 12. *Ibid.* 1694. 12. *Ibid.* 1698. 12. *Lyon.* 1755. 12. *Ibid.* 1759. 12. (Omis par Quérard.) — (*Bes.*)

Riguet (François de),
prêtre français du xviiᵉ siècle.

Digot (Auguste). Éloge historique de F. de Riguet, grand prévôt de l'église collégiale de Saint-Dié. *Par.* 1846. 8.

Rima (Tommaso),
chirurgien suisse.

Nardo (Luigi). Tributo alla memoria del professore dottore T. Rima, chirurgo primario Anziano nell' ospital civico provinciale di Venezia. *Venez.* 1843. 8.

Riminaldi (Francesco Maria),
cardinal italien.

Vila (Antonio). Laudatio F. M. S. R. E. cardinalis Riminaldi. *Ferrar.* 1790. 8.

Rimaldini (Ippolito Saracco),
magistrat italien.

Zuffi (Giovanni). Elogio del conte commendatore I. Saracco Rimaldini, già gonfaloniere della città di Ferrara. *Ferrar.* 1845. 8.

Ring (Johann Nepomuck),
prêtre allemand.

Oberndorfer (J... A...). Züge aus dem Leben des Priesters J. N. Ring zu Regensburg. *Landsh.* 1819. 8.

Ringe (Christoph Gottfried),
peintre allemand (14 avril 1713 — 28 août 1797).

Lebensbeschreibung und genaue Abbildung des seit Kurzem verstorbenen Anhalt-Cöthen'schen Hofmalers Ringe. *Coeth.* et *Halle.* 1798. 8. (*L.*)

Ringeltaube (Gottlieb),
théologien allemand.

Glaube, Hoffnung, Liebe in Erinnerungen aus dem Leben des verewigten General-Superintendenten G. Ringeltaube, etc. *Berl.* 1825. 8. Portrait.

Ringeltaube (Michael),
théologien allemand (17 juillet 1730 — 16 février 1784).

Weber (Carl Florian). Denkmahl der Liebe und Freundschaft des M. Ringeltaube. *Oels.* 1786. 4.

Ringwaldt (Bartholomæus),
poète allemand (vers la fin du xviᵉ siècle).

Wippel (Johann Jacob). Leben des märkischen Predigers und Liederdichters B. Ringwaldt. *Berl.* 1771. 4.

Hoffmann v. Fallersleben (Heinrich). B. Ringwaldt und Benjamin Schmolke. Beitrag zur deutschen Literaturgeschichte des xvi. und xvii. Jahrhunderts. *Bresl.* 1833. 8. (*D.* et *L.*)

Rink (Eucharius Gottlieb),
jurisconsulte allemand (11 août 1670 — 9 février 1795).

Schaubert (Johann Wilhelm). Trauerrede auf Herrn E. G. Rink. *Nürnb.* 1745. 4.

Bernhold (Johann Balthasar). Programma academicum ad supremum exequiarum honorem E. G. Rinkio præstandum. *Altorf.* 1745. Fol. Portrait. (*D.*)

(**Heumann**, N... N...). Lebensbeschreibung E. G. Rinken's; Professoris juris in Altdorf. *Altd.* 1749. Fol. (*L.*)

Rink (Johann Christian Heinrich),
musicien allemand (18 février 1770 — .. juillet 1846).

Foelsing (J...). Züge aus dem Leben und Wirken des Dr. C. H. Rink, gewesenen Cantors, Hoforganisten und Kammermusicus zu Darmstadt. *Erfurt.* 1848. 8.

Rinkart (Martin),
poète allemand (27 avril 1586 — 8 déc. 1649).

Plato (Ludwig). Magister M. Rinkart, nach seinem äussern Leben und Wirken. *Leipz.* 1850. 12. Portrait. (*D. et L.*)

Rinoldi (Albano),
jurisconsulte italien († 31 janvier 1846).

Bonturini (Giuseppe). In morte di A. nobile Rinoldi, consigliere d'appelo presso l' I. R. tribunale provinciale di Udine. *Udine.* 1846. 8.

Rinuccini (Alemanno),
littérateur italien du xve siècle.

Fossi (Francesco). Monumenta ad A. Rinuccini vitam. *Firenz.* 1791. 4.

Rio (conti de'),
famille italienne.

Roncetti (Antonio). Notizie biografiche sugli celebri personaggi della famiglia de Rio. *Padov.* 1841. 8. (Ce titre n'est pas tout à fait exact.)

Rio (il conte Niccolò de),
géologue italien (5 août 1765 — 13 avril 1845).

Saint-Maurice Cabany (Charles Édouard). Le comte N. de Rio, président de la Faculté philosophique et des études philosophiques et mathématiques à l'université impériale et royale de Padoue, etc. *Par.* 1845. 8. (Extrait du *Nécrologe universel du* xixe *siècle*.)

Zigno (Achille de). Notice lue, etc., à l'occasion du décès de M. le comte de Rio, etc. *Par.* 1845. 8. (Extrait des *Bulletins de la Société géologique de France.*)

Riolz (Jean François Armand),
jurisconsulte français (20 mars 1742 — 26 déc. 1815).

(Moulin, Onuphre Benoît Claude). Notice nécrologique pour servir à l'éloge de J. F. A. Riolz, suivie d'une dissertation sur le célèbre (Antoine François) Prost de Royer de Lyon et le fameux (Philippe Antoine) Merlin de Douai. *Lyon.* 1817. 8. *

* Publ. sous le prénom d'Oxurnas.

Riouffe (Honoré),
publiciste français (1er avril 1764 — 30 nov. 1813).

(Riouffe, Honoré). Mémoires d'un détenu, pour servir à l'histoire de la tyrannie de Robespierre, s. l. (*Par.*), an III (1794). 8. *Ibid.* 1795. 8.

—— Fragments des mémoires d'un détenu sur le règne de la Terreur. *Amst.* 1797. 8.

(Berr, Michel). Notice sur M. le baron Riouffe, préfet de la Meurthe. *Par.* 1823. 8. (Tiré à 300 exempl.) — (*P.*)

Ripanti (Emilio),
homme d'État italien.

Montani (Francesco Fabi). Biografia del conte E. Ripanti. *Rom.* 1856. 8. (*Oxf.*)

Ripanti (Lucrezia),
dame italienne.

Montani (Francesco Fabi). Elogio di L. Ripanti. *Rom.* 1857. 8.

Ripault (Louis Madeleine),
archéologue français (29 oct. 1775 — 12 juillet 1823).

D(ubois) (L(ouis)). Notice nécrologique sur M. L. M. Ripault, membre de l'Institut d'Égypte, s. l. et s. d. (*Orléans.* 1823.) 8.

Ripert-Monclar (Jean Pierre François, marquis de),
magistrat français (1711 — 1773).

Pièces justificatives concernant la déclaration des sentiments faussement attribués à M. de Ripert-Monclar, procureur général au parlement de Provence. *Lond.* (*Par.*) 1773. 8.

Ripet (Jean),
bourreau de Lyon (vers 1736 — guillotiné le 16 avril 1794).

Jugement de la commission révolutionnaire établie à Commune Affranchie (Lyon), par décret de la Convention nationale du 12 brumaire, qui condamne à mort J. Ripet, exécuteur des jugements criminels, pour avoir mutilé de quatre à cinq coups de hache le patriote (Joseph) Chalier, de la ci-devant ville de Lyon, prononcé le 27 germinal (16 avril 1794). *Commune Affranchie* (*Lyon*). s. d. (1794). 4. (Rare.)

Ripperda (Jan Willem),
aventurier hollandais et ministre espagnol (vers 1698 — 16 nov. 1737).

B... (P... M...). Vie du duc de Ripperda, seigneur de Poelgeest, etc. *Amst.* 1759. 2 vol. 8. (*P.*)

(Campbell, John). Memoirs of the duke of Ripperda. *Lond.* 1740. 8. (*Oxf.*)

Vida del duque de Ripperda. *Madr.* 1740. 2 vol. 8.

Zuverlässige Erzählung der sonderbaren Begebenheiten des Herzogs von Ripperda, primer ministre de España, etc. *Leipz.* 1796. 4. (*L.*)

Moore (Georg). Lives of cardinal Alberoni and the duke of Ripperda, ministers of Philip V, king of Spain. *Lond.* 1806. 2 vol. 8. *Ibid.* 1814. 2 vol. 8. (*Oxf.*)

Riquet de Bonrepos (Pierre Paul),
auteur du canal de Languedoc (1603 — 1er oct. 1680).

Decampe (Louis Antoine). Éloge de P. P. Riquet, etc. *Par.* 1812. 8. (Couronné par l'Académie des Jeux floraux de Toulouse.) — (*P.*)

Don de Cépian (N... N...). Éloge de P. P. Riquet de Bonrepos, auteur du canal de Languedoc. *Toulouse.* 1825. 8. (*P.*)

Jeannier fils (N... N...). Éloge de P. Riquet, auteur du canal du Midi. *Narbonne.* 1850. 8. (Écrit en vers.)

Risbeck (Johann Caspar),
littérateur allemand (vers 1749 — 9 février 1786).

(Pezzl, Johann). Biographisches Denkmal Risbeck's, Verfassers der *Briefe eines reisenden Franzosen*, etc. *Kempt.* (*Wien*). 1786. 8.

Galitzin (Boris de). Notice sur Risbeck. *Par.* 1788. 8. (Extrait du *Mercure de France*.)

Rita (Giovanni Baptista de),
littérateur italien.

(Avellino, Francesco Maria). Elogio di G. B. de Rita, secretario emerito della Società Pontoniana, s. l. et s. d. (*Napol.*) 8.

Ritchie (Thomas Edward),
littérateur anglais.

Ritchie (Thomas Edward). Political and military memoirs of Europe, from the renewal of the war in the continent in 1798 to the peace in 1802, with a view of the treaty of Campo Formio and proceedings of the congress at Rastadt. *Lond.* 1800-02. 5 vol. 8. (*Oxf.*)

Ritson (Joseph),
littérateur anglais (1752 — 3 sept. 1803).

Haslewood (Joseph). Some account of the life and publications of the late J. Ritson, Esq. *Lond.* 1824. 8. Portrait.

Rittenhouse (David),
astronome anglo-américain (8 avril 1732 — 20 juin 1796).

Rush (Benjamin). Eulogium intended to perpetuate the memory of D. Rittenhouse. *Philad.* 1796. 8. (*Oxf.*)

Barton (William). Memoirs of D. Rittenhouse. *Philad.* 1813. 8. (Omis par Lowndes.)

Ritter (Johann),
théologien allemand.

Seelen (Johann Heinrich v.). Memoria J. Ritter, pastoris Petrini. *Lubec.* 1737. Fol.

Ritter (Johann Balthasar),
théologien allemand.

Spener (Philipp Jacob). Die gute Ritterschaft. Leich-Predigt bey'm Begängniss J. B. Ritter des Aeltern. *Frf.* 1685. 4. (*D.*)

Ritter (Johann Christoph),
pédagogue allemand.

Programma funebre in obitum J. C. Ritteri, s. l. (*Freiberg.*) 1711. Fol. (*D.*)

Ritter (Johann Daniel),
historien allemand (16 oct. 1709 — 15 mai 1785).

Boden (Benjamin Gottlieb Lorenz). Elogium J. D. Ritteri. *Witteb.* 1775. 4. (*D.*)

Rittermaier (Appollonius),
prêtre allemand du xixe siècle.

Hoffmann (Johann Georg). Denkwürdigkeiten aus dem Leben eines würdigen Priesters des neunzehnten Jahrhunderts. *Augsb.* 1833. 8. Portrait.

Rittershausen (Conrad),
jurisconsulte allemand (25 sept. 1560 — 25 mai 1613).

Wenzelick v. Sarabiz (Christoph Adam). Panegyris consecrata perpetuæ memoriæ et laudibus clarissimi et summi viri C. Rittershusii. *Altorf.* 1613. 4. (*D. et Lv.*)

Pansa (Caspar). Lessus, s. oratio funebris in obitum C. Rittershusii. *Norimb.* 1614. 4. (*D. et Lv.*)

Rittershausen (Nicolaus);
jurisconsulte allemand (17 février 1597 — 24 août 1670).
Weinmann (Johann). Leichpredigt auf Herrn Doctor und Professor N. Rittershausen. *Altd.* 1670. 4.

Riva (Giacomo),
général des galères de la république de Venise.
Fallasco (Girolamo). Panegirico consecrato all' immortalità dell' illustrissimo ed eccellentissimo signore G. Riva, cavalier, capitan general dei galeoni della serenissima repubblica di Venetia per l'impresa fatta nel posto di Foie contro l'armata Ottomanna. *Venez.* 1649. 8.

Riva Agüero (José de la),
président de la république du Pérou.
Exposicion de D. J. de la Riva Agüero acerca de sa conducta politica en el tiempo que ejercio la presidencia de la republica del Peru. *Lond.* 1824. 8. (Écrit par lui-même.)

Rivarol (Antoine, comte de),
littérateur français (17 avril 1757 — 11 avril 1801).
Rivarol (Louise Mather **Flint** de). Notice sur la vie et la mort de M. de Rivarol, en réponse à ce qui a été publié dans les journaux. *Par.*, an x. (1802). 8. (*P.*)
Imbert de la Platière (Sulpice). Vie philosophique, politique et littéraire de Rivarol. *Par.* 1802. 2 vol. 8. Portrait. (*D.* et *P.*)
—— Esprit de Rivarol. *Par.* 1808. 2 vol. 12. *
* Le premier volume contient la vie et le portrait de Rivarol, et le second renferme le discours *sur l'universalité de la langue française* de cet auteur.
Cousin d'Avallon (Charles Yves). Rivaroliana. *Par.* 1812. 18. (*P.*)
L(aporte) H(ippolyte). Notice sur Rivarol. *Par.* 1829. 8.
(**Le Fevre-Deumier,** J...). Célébrités d'autrefois. Essais biographiques et littéraires. *Par.* 1853. 18. *
* Concernant la vie de Rivarol, Jean Siffren Maury, Carloman de Rulhière, François Joachim de Bernis, Jean Sylvain Bailly et Charles Antoine de Lamotte-Houdart.

Rivaud de la Raffinière (Olivier Macoux),
général français (10 février 1766 — 19 mars 1839).
Notice historique sur M. le comte Rivaud de la Raffinière. *Par.* 1842. 8. (*P.*)

Rive (Jean Joseph),
bibliographe français (19 mai 1730 — 20 oct. 1791).
Chronique littéraire des ouvrages imprimés et manuscrits de l'abbé Rive. *Par.* 1791. 8. (Écrit par lui-même.) — (*P.*)
(**Morénas,** François). Notice des ouvrages imprimés et manuscrits de l'abbé Rive. *Par.*, s. d. (1817). 8. (*Lv.*)

Rive (Johann Goswin),
théologien allemand (‡ 3 sept. 1830).
Wieck (Bernhard Urban v.). Kleiner Nachlass aus dem seelsorglichen Wirkungskreise des verstorbenen J. G. Rive, etc., mit einer kurzgefassten Biographie des Verstorbenen. *Münst.* 1832. 12.

Rive (Théodore De),
imprimeur-littérateur belge (26 juin 1816 — ...).
Notice biographique sur T. De Rive, s. l. et s. d. (*Ixelles.* 1854.) 8. Portrait.

Rivet (André),
théologien français (2 juillet 1572 — 7 janvier 1651).
Dauber (Johann Heinrich). Oratio funebris in excessum A. Riveti. *Lugd. Bat.* 1651. Fol. (*D.*)
(**Coxe,** Nehemiah). Believers triumph or death, exemplified in a relation of the last hours of the Rev. father in God, Dr. A. Rivet, tutor of the prince of Orange. *Hagh.* 1652. 12. Portrait. *Lond.* 1682. 8. (*D.*)

Rivet de la Grange (Antoine),
bénédictin français (30 oct. 1683 — 7 février 1749).
Taillandier (Charles Louis). Éloge historique de Dom Rivet. *Par.* 1750. 4. *
* Cet éloge, qui se trouve en tête du 19e volume de l'*Histoire littéraire de la France*, écrite par l'abbé Rivet, a été tiré à part à très-peu d'exemplaires.

Rivier (mère),
fondatrice de la congrégation des sœurs de la Présentation de Marie (19 déc. 1768 — 3 février 1838).
Vie de madame Rivier, fondatrice et première supérieure de la congrégation des sœurs de la Présentation de Marie. *Avign.* 1842. 12. Portrait.
Vie de la mère Rivier. *Clerm. Ferr.* 1846. 32.

Rivière (Charles François de **Riffardeau**, duc de),
homme d'État français (1765 — 20 avril 1828).
(**Chazet,** René Alissan de). Mémoires posthumes, lettres et pièces authentiques touchant la vie et la mort de C. F., duc de Rivière. *Par.* 1829. 8. (*Bes.* et *P.*)

Rivière (Henri François de La),
auteur français (vers 1652 — 1758).
(**Michault,** Jean Baptiste). Lettres choisies de M. de La Rivière, avec un abrégé de sa vie et la relation du procès qu'il eut avec son épouse et son beau-père (le comte Roger de Bussi-Rabutin). *Par.* 1751. 2 vol. 12.

Rivière (Roch **Le Baillif,** sieur de La),
médecin-astrologue français (‡ 5 nov. 1605).
Rivière (Roch Le Baillif de La). Sommaire défense aux demandes, questions et interrogatoires des docteurs de la Faculté de médecine. *Par.* 1570. 8.
Vray discours des interrogatoires faits en la présence de messieurs de la cour du parlement à R. Le Baillif, surnommé La Rivière, sur certains points de sa doctrine. *Par.*, s. d. (1570). 8.

Rivinus * (Andreas),
médecin allemand (7 oct. 1600 — 4 avril 1656).
(**Kromayer,** Hieronymus). Programma academicum ad funus A. Rivini. *Lips.* 1656. 4. (*D.* et *L.*)
* Son nom originaire était Bachmann.

Rivinus (Andreas Florentin),
jurisconsulte allemand (10 août 1701 — ...).
Hofmann (Carl Gottlieb). Gedächtniss-Predigt auf A. F. Rivinus. *Wittenb.*, s. d. Fol. (*D.*)

Rivinus (August Florentin),
jurisconsulte allemand (31 janvier 1707 — 18 mars 1769).
Monumentum A. F. Rivino sacrum. *Witteb.* 1771. Fol. (*D.* et *L.*)

Rivinus (August Quirin),
médecin-botaniste allemand, fils du précédent (9 déc. 1652 — 30 déc. 1723).
(**Jenichen,** Gottlob Friedrich). Programma academicum in A. Q. Rivini obitum. *Lips.* 1724. Fol. (*D.* et *L.*)
Lischwitz (Johann Christoph). Oratio panegyrica funebris in obitum A. Q. Rivini. *Lips.* 1724. 4. (*L.*)

Rivinus (Johann Florens),
jurisconsulte allemand (27 juillet 1681 — 31 déc. 1755).
Monumentum J. F. Rivino sacrum. *Lips.* 1756. Fol. (*D.* et *L.*)

Rivinus (Quintus Septimius Florens),
jurisconsulte allemand, frère du précédent (16 août 1651 — 22 mars 1713).
(**Cyprian,** Johann). Programma academicum in Q. S. F. Rivini memoriam. *Lips.* 1713. Fol. (*D.* et *L.*)

Rivinus (Tileman Andreas),
théologien allemand, frère du précédent (30 sept. 1654 — 24 janvier 1692).
(**Cyprian,** Johann). Programma academicum in T. A. Rivini funere. *Lips.* 1692. Fol. (*L.*)

Rivius v. Attendorn (Johann),
pédagogue allemand (1er août 1500 — 1er janvier 1553).
Gottleber (Johann Christoph). Dissertatio de J. Rivio, rectoris Annabergensis bene de re scholastica in Misnia merito. *Annaberg.* 1771. 4. (*D.*)
Jahn (Cajetan August). Versuch einer Lebensbeschreibung des J. Rivius v. Attendorn. *Bayreuth.* 1792. 8. (*D.* et *L.*)

Rizzardi (Gaetano),
prêtre italien (‡ 15 mai 1838).
Scarpa (Vincenzo). Elogio di G. Rizzardi, arciprete in S. Tecla di Este. *Este.* 1838. 8.

Rizzi (Giovanni Tommaso),
prêtre italien.
Faccioli (Giovanni Tommaso). Vita, costumi e virtù del servo di Dio P. lettor G. T. Rizzi di Casal Monferrato, dell' ordine de' predicatori. *Vicenza.* 1774. 4.

Rizzi (Marco Antonio),
littérateur italien (‡ 2 déc. 1832).
Breve ragguaglio intorno alla vita di M. A. Rizzi. *Trevis.* 1859. 8.

Rizzio (Davide),
favori de Marie Stuart (assassiné le 9 mars 1566).
Ruthen ou **Ruthven** (lord). Relation of the death of

D. Rizzio, chief favorite to Mary Stuart, queen of Scotland. *Lond.* 1699. 8. * (*Oxf.*)

* L'auteur de cette relation a été l'un des témoins oculaires de l'assassinat de Rizzio.

Some particulars of the life of D. Riccio, chief secretary of Mary, queen of Scots; to which is added the relation of his death, by lord Ruthen, on of the principals concerned in that action. *Lond.* 1815. 4. * (*Oxf.*)

* Une centaine d'exemplaires de cette relation sont ornés du portrait de Rizzio.

Ro ou Rey (Edme),
prêtre français.

(**Morel**, Jean Baptiste). Vie de M. Ro, curé de Persé, proche Tonnerre, diocèse de Langres. *Langr.* 1678. 12. (Publ. par N... N... Dufais.) *Troyes.* 1702. 12.

Roannez (mademoiselle de),
dame française.

Cousin (Victor). Mademoiselle de Roannez. *Par.* 1843. 8. (Extrait de la *Bibliothèque de l'Ecole des chartes.*)

Robbia (Girolamo della),
sculpteur italien du xvie siècle.

Delange (Henri). Notice biographique sur G. della Robbia, auteur présumé des Poteries dites Henri II, et sur sa famille. *Par.* 1847. 8.

Roberjot (Claude),
homme d'État français (1753 — assassiné le 28 avril 1799).

Bottin (Sébastien). Éloge funèbre des citoyens (Ange) Bonnier (d'Arco) et Roberjot, ministres plénipotentiaires de la république française au congrès de Rastadt, lâchement assassinés le 9 floréal an vii par les ordres de la maison d'Autriche. *Strasb.*, an vii (1799). 8. (*P.*)

Robert d'Arbrissel ou d'Arbrisselles,
fondateur de l'ordre de Fontevrault (1047 — 24 février 1117).

(**Pelletier**, Laurent). Légende de Robert d'Arbrisselles, avec le catalogue des abbesses de Fontevrault. *Angers.* 1586. 4.

Cosnier (Michel). Vita Roberti de Arbrissellis. *Flexiœ.* 1641. 4.

Trad. en franç. :
Par Yves Magistri. *Angers.* 1686. 4.
Par Jean Chevalier. *La Flèche.* 1647. 8.

Niquet (Honoré). Histoire de l'ordre de Fontevrault, contenant la vie et les ouvrages merveilles de la sainteté du B. Robert d'Arbrisselles. *Par.* 1646. 4. *Angers.* 1686. 4.

Ganeau (Robert). Vie de Robert d'Arbrisselles. *La Flèche.* 1648. 8.

(**Pavillon**, Balthazar). Vie du bienheureux Robert d'Arbrisselles, patriarche des solitaires de la France. *Saumur.* 1667. 4.

(**Giry**, François de). Roberti Arbrissellensis, ordinis Fontebraldensis conditoris, vita, transitus, elogia et miracula. *Rothomag.* 1668. 8.

Mainferme (Jean de la). Clypeus Fontebraldensis ordinis, in quo antiquitates (hujus) ordinis referentur. *Salmur.* 1692. 8.

(**Soris**, Mathurin). Dissertation apologétique pour le bienheureux Robert d'Arbrisselles sur ce qu'en a dit M. (Pierre) Bayle. *Anvers.* 1701. 8.

Rousset (N... N...). Panégyrique du bienheureux Robert d'Arbrissel, etc. *Par.* 1767. 8.

Feydel (Gabriel). Essai historique sur Robert d'Arbrissel, fondateur de l'ordre de Fontevrault. *Lond.* 1788. 8.

Talbot (Eugène). Études historiques sur la révocation de l'édit de Nantes et sur Robert d'Arbrissel, fondateur de l'ordre de Fontevrault. *Angers.* 1846. 8.

Robert de Knaresborough (Saint).

Metrical life of S. Robert of Knaresborough, s. l. (*Lond.*) 1824. 4.

Robert de Molême (Saint),
instituteur de l'ordre de Cîteaux (vers 1024 — 21 mars 1108).

(**Foulon**, Nicolas). Vie de S. Robert, abbé de Molême, instituteur de l'ordre de Cîteaux, etc. *Troyes.* 1776. 8.

Robert I, surnommé **Bruce,**
roi d'Écosse († 9 juillet 1329).

Gordon (Patrick). Famous history of Robert, surnamed the Bruce. *Dort.* 1615. 4. *Edinb.* 1718. 12. *Glasg.* 1753. 12. (Ecrit en vers.)

Barbour (John). Actes and life of Robert Bruce. *Edinb.*

1616. 8. *Ibid.* 1620. 8. *Ibid.* 1648. 8. *Ibid.* 1665. 8. *Ibid.* 1670. 8. *Ibid.* 1671. 8. *Ibid.* 1672. 8. *Ibid.* 1737. 8. *Ibid.* 1758. 8. Publ. s. c. t. Bruce, or the history of Robert I, etc., par John Pinkerton. *Lond.* 1793. 3 vol. 12. Avec la vie de John Barbour, réimpr. par John Wallace Jamieson. *Edinb.* 1820. 4. (Poëme historique.)

Kerr (Robert). History of Scotland during the reign of Robert I, surnamed the Bruce. *Edinb.* 1811. 2 vol. 8.

Robert II,
roi d'Écosse.

Tarbat (George). Vindication of Robert II, king of Scotland, from the imputation of bastardy, by the clear proof of Elizabeth More, (daughter of sir Adam More of Rowallan), being the first lawful wife of Robert II, then Stewart of Scotland and earl of Strathern. *Edinb.* 1693. 4.

Gordon of Ruthlaw (John). Dissertatio de nuptiis Roberti senescalli Scotiæ atque Elisabethæ Moræ. *Edinb.* 1749. 4.

Hay (Richard). Vindication of Elizabeth More from the imputation of being a concubine, and her children from the tache of bastardy. *Edinb.* 1723. 4.

Robert,
roi de France (971 — 992 — 20 juillet 1031).

Lacarry (Gilles). Dissertatio de primo et ultimo anno regis Hugonis Capeti, atque de anno mortis Roberti, ejus filii. *Claramont.* 1680. 4. (*P.*)

Robert IV,
comte d'Alençon.

Odolant-Desnos (Pierre Joseph). Dissertation sur les héritiers de Robert IV, comte d'Alençon. *Alenç.*, s. l. et s. d. 18.

Robert II, dit le Diable,
fils naturel de Robert I, duc de Normandie (1028 — 1035).

La vie du terrible Robert le Diable, lequel fut après l'homme de Dieu. *Lyon.* 1496. 4. *Par.* 1497. 8. (Roman souvent réimprimé dans le xvie siècle.) Trad. en espagn. *Sevilla.* 1604. 4.

Moreiro de Carvalho (Jeronymo). Historia de Roberto, duque de Normandia. *Lisb.* 1733. 4.

Deville (Albéric). Notice historique sur Robert le Diable. *Par.* 1836. 8. (*P.*)

Robert le Frison,
comte de Flandre.

De Baecker (Louis). Le tombeau de Robert le Frison, comte de Flandre. *Par.* (*Dunkerque.*) 1850. 8.

Robert II de Sorrento,
prince de Capoue (... — 1127 — 1156).

Anastagi (Ludovico Agnello). Lettera apologetica, etc., per la patria di Roberto di Sorrento, principe di Capua. *Napol.* 1750. 4.

Robert de Lincoln, surnommé **Great-Head** ou **Grosseteste,**
évêque de Lincoln († 9 oct. 1253).

Pegge (Samuel). Life of Robert Grosseteste, the celebrated bishop of Lincoln, etc. *Lond.* 1793. 4. (*Oxf.*)

Robert (Carl Wilhelm),
jurisconsulte allemand (21 mars 1740 — 8 avril 1803).

Creuzer (Georg Friedrich). Memoria C. G. Roberti. *Marb.* 1803. 4. (*D.* et *L.*)

Robert (Claude),
prêtre français (vers 1564 — 1636).

Socard (N... N...). Notice historique sur C. Robert, auteur de la *Gallia christiana.* *Troyes.* 1853. 8.

Robert (Hubert),
peintre français (22 mai 1733 — 15 avril 1808).

Vigée (Louis Guillaume Bernard Étienne). Notice biographique sur H. Robert. *Par.* 1808. 8. (Extrait du *Magasin encyclopédique.*)

Robert (Louis Léopold),
peintre français (3 mai 1794 — se donnant la mort le 20 mars 1835).

Valdabon, née de **Saporta** (madame de). L. Robert. *Auxerre.* 1855. 8. (Roman historique.)

Delécluze (Étienne Jean). Notice sur la vie et les ouvrages de L. Robert, peintre. *Par.* 1838. 8. Port. (*P.*)

Feuillet de Conches (F...). Notice historique sur L. Robert. *Par.* 1846. 8.

Feuillet de Conches (F...). L. Robert, sa vie, ses œuvres et sa correspondance. *Par.* 1848. 18. (*P.*) *Ibid.* 1854. 18.

Robert (Paul Ponce Antoine),
peintre-graveur français (11 janvier 1686 — 29 déc. 1733).

Latouche (N... N... de). Notices biographiques sur Claude Gillot et sur P. P. A. Robert, peintres, avec des notes de Aubain Louis MILLIN et Claude Nicolas AMANTON. *Dôle.* 1810. 8. (*Lv.*)

Roberthin (Robert),
poëte allemand (1600 — 1648).

Pisanski (Georg Christoph). Leben R. Roberthin's, eines berühmten Preussen. *Königsb.* 1755. 4.

Roberti (Giovanni Battista, conte),
littérateur italien (4 mars 1719 — 29 juillet 1786).

(**Giovio**, Giovanni Battista). Elogio del conte abate G. B. Roberti. *Bassan.* 1787. 8.

Moreschi (Giovanni Battista Alessandro). Commentario della vita e delle opere dell' abate conte G. B. Roberti. *Bologn.* 1788. 8. (*P.*)

Roberts (John),
littérateur anglais.

Roberts (Daniel). Some memoirs of the life of J. Roberts. *Philadelph.* 1851. 8.

Roberts (Samuel),
littérateur anglais du XIXᵉ siècle.

Autobiography and select remains of the late S. Roberts, author of *the Gipsies*. *Lond.* 1849. 8. Portrait.

Roberts (William),
littérateur anglais du XIXᵉ siècle.

Roberts (Arthur). Memoir of the late W. Roberts, Esq. author of the *Life of Hannah Moore*. *Lond.* 1850. 8.
— — Life, letters and opinions of W. Roberts, Esq. *Lond.* 1851. 8.

Robertson (Thomas),
théologien anglais du XVIIIᵉ siècle.

Hall (Robert). Character of the late Rev. T. Robertson, vicar of St. Mary's Leicester. *Lond.* 1813. 8. (Omis par Lowndes.)

Robertson (William),
historien écossais (1721 — 11 juin 1793).

Stewart (Dugald). Account of the life and writings of W. Robertson. *Lond.* 1801. 8. (Omis par Lowndes.) (*D. et Oxf.*) Trad. en franç. s. c. t. Essais historiques, etc., par J... G... YMBERT. *Par.* 1806. 8. (*Lv.* et *P.*)
— — Biographical memoirs of Adam Smith, W. Robertson and of the late Thomas Reid. *Edinb.* 1811. 4.

(**Suard**, Jean Baptiste Antoine). Notice sur la vie et les écrits du docteur Robertson, s. l. et s. d. (*Par.*) 8.

Robespierre (François Maximilien Joseph Isidore),
l'un des coryphées de la révolution française
(1759 — guillotiné le 27 juillet 1794).

Merlin de Thionville (Antoine Christophe). Portrait de Robespierre, s. l. et s. d. 8.
— — (Louis) Capet et Robespierre, s. l. et s. d. 8.
Le front et la queue de Robespierre, s. l. et s. d. 8.
Robespierre peint par lui-même, s. l. et s. d. 8.
Dood van Robespierre en zyne aenhangelingen, s. l. et s. d. 8.

(**Proyart**, Liévain Bonaventure). La vie vraie et les crimes de Robespierre, surnommé le tyran, depuis sa naissance jusqu'à sa mort, s. l. et s. d. (*Par.* 1794). 8. *Augsb.* 1795. 8. *
    Trad. en allem. par Carl EGGERS. *Augsb.* 1795. 8.
    Trad. en ital. par Gaetano TANURSI. *Rom.* 1795. 8.
    * Publ. sous le pseudonyme de N... N... LEBLOND DE NEUVÉGLISE.

Robespierre (Charlotte). Mémoire sur ses deux frères (Maximilien et Augustin). *Par.*, s. d. (1794). 8. *
    * Avec le portrait de Charlotte ROBESPIERRE.

(**Montjoie**, Christophe Félix Louis Ventre de **Latouloubre**, plus connu sous le nom de **Galart** de). Histoire de la conjuration de M. Robespierre. *Par.* 1794. 8. (*P.*) *Ibid.* 1796. 8, ou 3 vol. 18. *Ibid.* 1801. 2 vol. 12. Portrait. Trad. en allem. (par Johann Wilhelm v. ARCHENHOLZ). *Chemn.* 1795. 8. (*L.*)

(**Duperron**, L...). Vie secrète, politique et curieuse de M. Robespierre, suivie de plusieurs anecdotes sur la conspiration sans pareille. *Par.*, an II (1794). 8. *
    * Avec une gravure représentant la tête de Robespierre montrée au peuple après sa décapitation. Cet écrit est excessivement rare.

Histoire du caractère de M. Robespierre, et anecdotes sur ses successeurs. *Hamb.*, s. d. (vers 1794). 8. (Rare.)

Robespierre, freimüthig geschildert und unbefangen beurtheilt von einem patriotischen Sachsen. *Wittenb.* 1794. 8.

Robespierre, geschildert in seinem Privatleben. *Berl.* 1794. 8.

Vilate (Joachim). Causes secrètes de la révolution du 9 thermidor. *Par.* 1795. 8.

Lecointre (Louis). Conjuration formée dès le 6 prairial de l'an II par neuf représentants du peuple contre M. Robespierre. *Par.*, an IV (1795). 8.

Desessarts (Nicolas Lemoyne). La vie et les crimes de Robespierre et de ses principaux complices. *Par.* 1797. 2 vol. 12, ou 5 vol. 18. Augment. des crimes du duc d'Orléans (Egalité) et son procès. *Par.* 1802. 4 vol. 18.
    Trad. en allem. *Frf.* 1798. 8.
    Trad. en flam. *Gent*, s. d. (1854.) 18.

Robespierre, als Freund seines Vaterlandes, oder merkwürdige Epochen aus der Geschichte Frankreichs. *Leipz.* 1798. 8. (*L.*)

Trunk (Johann Jacob). Des französischen Tyrannen M. Robespierre's politisches Leben, merkwürdige Thaten und trauriges Ende. *Heidelb.* 1808. 8.

Los crimenes de Robespierre y de sus principales complices; su suplicio, la muerte de Marat; su apoteosis y el proceso y suplicio de Carlotta Corday. *Madr.* 1823. 3 vol. 18.

Méda (Charles Alexandre). Précis historique sur les événements qui se sont passés dans la soirée du 9 thermidor. *Par.* 1825. 8.

Papiers inédits trouvés chez Robespierre, Saint-Just, Payans, etc., supprimés ou omis par E. B. Courtois; précédés du rapport de ce député à la Convention nationale. *Par.* 1829. 4 vol. 8.

(**Moreau-Rosier**, N... N...). Mémoires authentiques de M. de Robespierre. *Par.* 1830. 2 vol. 8. * *Brux.* 1830. 2 vol. 12. Portrait. Trad. en allem. par Louis LAX. *Aachen.* 1851. 2 vol. 8.
    * Mémoires supposés.

Schneidawind (H... G... T... R...). Der Umwälzungsmann M. Robespierre und seine Umgebung; historischer Versuch. *Leipz.* 1831. 8. (*L.*)

Elsner (Heinrich). M. Robespierre, Dictator von Frankreich. *Stuttg.* 1835. 8.

(**Schulze**, Friedrich August). Robespierre; mit Beziehung auf die neueste Zeit, dargestellt von einem Wahrheitsfreunde. *Leipz.* 1837. 8. (*L.*)

Delhasse (Alexandre Antoine). Notice sur Robespierre. *Brux.* 1837. 8. (Extrait du journal *le Radical*, tiré à part à très-peu d'exemplaires.)

Lewes (George Henry). Life of M. Robespierre. *Lond.* 1839. 8.

La vie, les crimes et le supplice de Robespierre et des principaux conventionnels. *Par.* 1842. 2 vol. 18. (*P.*)

Tissot (Pierre François). Histoire de Robespierre, de la Convention nationale et des comités révolutionnaires. *Par.* 1844. 2 vol. 8.

Gregus (Akos). Robespierre beszéde az alkotványrul. *Szarvason.* 1848. 8.

Vie de M. Robespierre. *Arras.* 1850. 12.

Opitz (Theodor). Robespierre's Triumph und Sturz. Beitrag zur Geschichte der französischen Revolution. *Leipz.* 1850. 8. (*L.*)

Courtois (Edme Bon). Rapport fait au nom de la commission chargée de l'examen des papiers trouvés chez Robespierre et ses complices, etc. *Par.*, an III (1794). 8. (*P.*) Trad. en allem. (par Heymann Salomon PAPPENHEIMER). *Alton.* 1795. 2 vol. 18.
— — Rapport fait au nom des comités de salut public et de sûreté générale, sur les événements du 9 thermidor an II. *Par.*, an IV (1795). 8.

Tableau des prisons sous le règne de Robespierre, contenant différentes anecdotes sur plusieurs prisonniers. *Par.* 1795. 12. Trad. en allem. *Mannh.* 1795. 12.

(**Riouffe**, Honoré). Mémoires d'un détenu, pour servir à l'histoire de la tyrannie de Robespierre, s. l. (*Par.*) an III (1794). 8. *Ibid.* 1795. 8.

(**Maurice**, Charles). Histoire politique et anecdotique des prisons de la Seine, avec des renseignements inédits sur la période révolutionnaire. *Par.* 1839. 8. *Ibid.* 1841. 8. (*P.*)

Pillet (Fabien). Le Robespierre de M. (Alphonse) de Lamartine, (auteur de l'*Histoire des Girondins*). Lettre d'un septuagénaire à l'auteur *des Girondins*. *Par.* 1847. 8.

Robin (Édouard),
chimiste français du xixe siècle.

Lacoste (Alexis de). Essai biographique sur les travaux en chimie de M. E. Robin. *Par.* 1853. 8.

Robineau (Auguste),
peintre-musicien français.

Les caprices de la fortune, ou les deux muses en pèlerinage. Extrait de la vie d'A. Robineau, peintre et musicien, encore existant, après avoir échappé aux quatre éléments. *Par.* 1816. 8. (*P.*)

Robinet (Jean Baptiste René),
littérateur français (23 juin 1745 — 24 mars 1820).

Notice sur Robinet, s. l. et s. d. (*Par.*) 8. (Extrait de l'*Annuaire nécrologique*, publ. par Alphonse Mahul.)

Robinson (Mary **Darby**),
actrice et auteur anglaise (27 nov. 1758 — 26 déc. 1800).

Memoirs of Mrs. M. Robinson, written by herself. *Lond.* 1801. 4 vol. 12. (*Oxf.*)

Trad. en allem. *Altenb.* 1802. 2 vol. 8. (*L.*)
Trad. en franç. par madame Guériot de Saint-Martin. *Par.*, an x (1802). 2 vol. 8. Portrait. (*P.*)

Robinson (Robert),
théologien anglais (1735 — 8 juin 1790).

Dyer (George). Memoirs of the life and writings of R. Robinson, late minister of the dissenting congregation in St. Andrew's Parish, Cambridge. *Lond.* 1796. 8. (*Oxf.*)

Trad. en allem. s. c. t. Der Pfediger, wie er sein sollte, etc., par Ludwig Theobul Kosegarten. *Leipz.* 1800. 8. Portrait. (*L.*)

Robles (Gaspar de),
gouverneur de la Frise.

Generosissimi D. G. de Robles Frisiæ quondam gubernatoris acta sub variis Belgii gubernatoribus, s. l. et s. d. 4.

Robolini (Giuseppe),
jurisconsulte italien (4 février 1768 — 11 juin 1840).

Cenni biografici intorno al giureconsulto ed avvocato nobile G. Robolini. *Pavia.* 1840. 8.

Robortelli (Francesco),
philologue italien (1516 — 1567).

Grandis (Francesco Giovanni de). Oratio in funere F. Robortelli. *Patav.* 1567. 4. (*P.*)

Robusti, voy. **Tintoretti.**

Roccaforte (Maria),
bénédictine italienne.

Romani (Giuseppe). Brieve compendio dell' ammirabile vita della serva di Dio suor M. Roccaforte, vergine Bivonese dell' ordine di S. Benedetto. *Palerm.* 1678. 8.

Roch (Saint),
martyr français (1295 — 16 août 1327).

Pauli (Matthæus). Vie de S. Roch. *Liége.* 1633. 12.

Rodriguez (Bartholomeo). Vida y milagros del glorioso S. Roque. *Bruss.* 1637. 16.

Le Febvre (Turrien). La gloire de S. Roch, déclarée en sa vie, en la guérison des pestiférés, en sa canonisation, etc. *Douai.* 1661. 12.

Abrégé de la naissance, vie, miracles et mort du glorieux S. Roch. *Liége.* 1758. 12.

Breve compendio della vita di S. Rocco, protettore presso Dio contra la peste ed ogni altro morbo contagioso. *Veron.* 1836. 18.

Memorie istoriche intorno la vita di S. Rocco confessore *Veron.* 1856. 24.

Saint-Alban (comte de). Vie de S. Roch. *Brux.* 1849. 8. Portrait.

Rochambeau (Jean Baptiste Donatien de **Vimeur**, comte de),
maréchal de France (1er juillet 1725 — 10 mai 1807).

Rochambeau (Jean Baptiste Donatien de **Vimeur**, comte de). Mémoires sur les guerres de la révolution française. *Par.* 1824. 8. (*P.*) Trad. en angl. par W... E... Wright. *Par.* 1838. 8.

(**Luce de Lancival**, Jean Charles Julien). Mémoires militaires, historiques et politiques du comte de Rochambeau. *Par.* 1809. 2 vol. 8. *Ibid.* 1824. 2 vol. 8.

Rochat (Auguste),
prêtre suisse.

Burnier (L...). Notice sur A. Rochat, ministre de l'Evangile, etc., et documents historiques sur l'origine de la dissidence et sur les premières persécutions dans le canton de Vaud. *Genève.* 1848. 8.

Roche (comtes de la),
famille belge.

Ernest (S... P...). Des comtes de Durbuy et de la Roche aux xie et xiie siècles, publ. par Edouard Lavalleye. *Liége.* 1856. 8.

Roche-Aymon (Charles Antoine de la),
cardinal-archevêque de Reims (17 février 1692 — 27 oct. 1777).

Perreau (Pierre Joseph). Oraison funèbre du cardinal de la Roche-Aymon, archevêque de Reims, s. l. (*Reims*). 1777. 4.

Rochecotte (Fortuné **Guyon**, comte de),
général français (1769 — fusillé le 29 juin 1798).

Beauchamp (Alphonse de). Mémoires du comte F. Guyon de Rochecotte, ancien officier au régiment du roi, commandant en chef des royalistes du Maine, du Perche et du pays Chartrain depuis 1795 jusqu'en 1798. *Par.* 1819. 8.

Rochefort (H... L..., d'**Aloigni** de).

Rochefort (H... L... d'**Aloigni** de). Mémoires, contenant ce qui s'est passé de plus particulier sous les ministères des cardinaux (Armand du Plessis) de Richelieu et (Jules) Mazarin. *Cologne.* 1688. 12.

Rochefoucauld (maison de La),
famille française.

D'Hozier (Pierre). Généalogie de la maison de La Rochefoucauld. *Par.* 1654. 4.

Rochefoucauld (Dominique de La),
cardinal-archevêque de Rouen (1713 — 23 sept. 1800).

Jarry (Pierre François Théophile). Oraison funèbre du cardinal de La Rochefoucauld. *Munst.* 1801. 8.

Bild eines würdigen Priesters und rechtschaffenen Mannes in der Lebensbeschreibung des Cardinal Erzbischofs de La Rochefoucauld. *Hildesh.* 1802. 8.

Rochefoucauld (François de La),
cardinal-évêque de Senlis (8 déc. 1558 — 14 février 1645).

Arnoux (Nazare). Récit véritable de tout ce qui s'est passé pendant la maladie et la mort, etc., de F. cardinal de La Rochefoucauld, évêque de Clermont, ensuite de Senlis. *Par.* 1645. 8.

Le Moine (Pierre). Le saint aumônier; discours panégyrique et moral des vertus de feu Mgr. le cardinal de La Rochefoucauld. *Par.* 1645. 4.

Castillon (André). Oraison funèbre du cardinal F. de La Rochefoucauld. *Par.* 1645. 4.

Nau (Nicolas). Laudatio funebris in obitum F. de La Rochefoucauld. *Par.* 1645. 8. (*Lv.* et *P.*)

Rouvier (Roverius) (Pierre). De vita et rebus gestis F. de La Rochefoucauld, S. R. E. cardinalis, libri III. *Par.* 1645. 8. (*D.* et *P.*)

Morinière (Michel Martin de la). Les vertus du vrai prélat représentées en la vie de Mgr. l'éminentissime cardinal de La Rochefoucauld. *Par.* 1646. 4. (*Bes.*)

Rochefoucauld (François VI, duc de La),
historien et moraliste français (15 déc. 1613 — 17 mars 1680).

Rochefoucauld (François de La). Mémoires sur la régence d'Anne d'Autriche. *Par.* 1662. 8. * *Cologne.* 1663. 12. *Villefranche.* (*Amst.*) 1688. 2 vol. 12. *Ibid.* 1689. 2 vol. 12. *Amst.* 1710. 2 vol. 12. *Ibid.* (*Trévoux.*) 1715. 2 vol. 12. *Amst.* 1723. 2 vol. 12. *Ibid.* 1754. 2 vol. 12. Augment. et corrig. *Par.* 1804-17. 2 vol. 18. Portrait de l'auteur.

* Cette première édition parut s. c. t. Mémoires de M. D. L. R. sur les brigues à la mort de Louis XIII.

(**Suard**, Jean Baptiste Antoine). Notice sur la personne et les écrits de La Rochefoucauld. *Par.* 1782. 18. (Tiré à 25 exemplaires.)

Depping (Georg Bernhard). Notice sur la vie et les ouvrages de La Rochefoucauld. *Par.* 1822. 8.

Rochefoucauld-Liancourt (Frédéric Gaëtan de La). Notice bibliographique et littéraire sur F., duc de La Rochefoucauld. *Par.* 1825. 8.

La Bruyère et La Rochefoucauld, madame de Lafayette et madame de Longueville. *Par.* 1842. 12.

Rochefoucauld-Liancourt (François Alexandre Frédéric, duc de La),
pair de France (11 janvier 1747 — 27 mars 1827).
Servan de Sugny (Édouard). Détails sur la vie privée du duc de La Rochefoucauld-Liancourt. *Par.*, s. d. 8.
Dupin (Charles). Éloge du duc de La Rochefoucauld-Liancourt, membre de l'Académie de France, etc. *Par.* 1827. 4. (*P.*)
Rochefoucauld-Liancourt (Frédéric Gaëtan de La). Vie du duc de La Rochefoucauld-Liancourt. *Par.* 1827. 8. *Ibid.* 1835. 8. Portrait.
Rochefoucauld (madame de La).
Saulx (Pierre de). Oraison funèbre de madame de La Rochefoucauld. *Par.* 1744. 4.
Rochejaquelein (Henri **Duverger**, comte de La),
l'un des héros de la Vendée (30 août 1772 — tué le 4 mars 1794).
Lambert (Louis Amable Victor). Oraison funèbre de M. de La Rochejaquelein, général en chef de l'armée vendéenne. *Poit.* 1828. 8.
Muret (Théodore). Vie populaire de H. de La Rochejaquelein. *Par.* 1848. 18. (*P.*)
Rochejaquelein (Marie Louise Victoire, marquise de La),
(25 oct. 1772 — ...)
Mémoires de la marquise de La Rochejaquelein, écrits par elle-même et rédigés par A... G... Prosper Brugière de BARANTE. *Bord.* 1815. 8. *Ibid.* 1816. 8. *Ibid.* 1817. 8. Revus, augment. et corrig. *Par.* 1817. 8. Portrait. *Ibid.* 1822. 8. Trad. en allem. par Carl MUECHLER. *Berl.* 1817. 2 vol. 8.
Rochester (John **Wilmot**, earl of),
homme d'État anglais (1648 — 26 juillet 1680).
Parsons (Robert). Sermon preached at the funeral of J., earl of Rochester. *Oxf.* 1680. 4. (*Oxf.*) Trad. en allem. s. c. t. Der bekehrte Atheist. *Hamb.* 1707. 12. (*D.*)
Burnet (Gilbert). Some passages of the life and death of J., earl of Rochester. *Lond.* 1680. 8. (*Oxf.*) Augment. s. c. t. Lives of Matthew Hale and the earl of Rochester; with character of archbishop (Robert) Leigthon, the Hon. Robert Boyle, queen Mary and other eminent persons, avec des notes par John JEBB. *Lond.* 1838. 8. (*D.* et *Oxf.*)
Trad. en allem. :
(Par Christian Friedrich SCHRADER). *Halle.* 1698. 8. (*D.*) *Leipz.* 1735. 8. (*D.* et *L.*)
S. c. t. Denkwürdigkeiten betreffend das Leben, etc. *Halle.* 1775. 8. (*D.*)
Trad. en franç. s. c. t. Mémoires, etc. *Amst.* 1716. 12. (*D.*) *Ibid.* 1754. 12. *Zuric.* 1743. 12. (*D.*) Portrait.
Trad. en holland. *Delft.* 1697. 8.
Rochester (Lawrence **Hyde**, earl of),
homme d'État anglais.
Essay towards the life of L. earl of Rochester. *Lond.* 1711. 8. (*Oxf.*)
Rochlitzer (J... C... G...),
pédagogue allemand du XIXe siècle.
Kurze Biographie des verewigten J. C. G. Rochlitzer, etc. Seminarlehrer. *Freiberg.* 1830. 8.
Rochon (Alexis Marie),
astronome français (21 février 1741 — 5 avril 1817).
Delambre (Jean Baptiste Joseph). Notice biographique sur A. M. Rochon. *Par.* 1818. 8.
Rochow (Friedrich Eberhard v.),
philanthrope allemand (11 oct. 1734 — 16 mai 1805).
Marcus (N... N...). Gedächtnisspredigt auf F. E. v. Rochow. *Brandenb.* 1805. 8.
Zerrenner (Johann Gottlieb). Dem Andenken des Domcapitulars v. Rochow. *Berl.* 1805. 8. (*L.*)
Rochs ou **Rocks** (Johann),
magistrat allemand.
Gesner (Johann Georg). Lebensbeschreibung des Herrn Senators J. Rocks. *Lübeck.* 1762. Fol.
Overbeck (Johann Daniel). Memoria vitæ J. Rocks, reipublicæ Lubecensis senatoris. *Lubec.* 1762. Fol.
Rockingham (Charles Watson **Wentworth**, marquis of),
homme d'État anglais (13 mai 1730 — 1er juillet 1782).
Albemarle (George Thomas of). Memoirs of the marquis of Rockingham and his contemporaries, with original

letters and documents, now first published. *Lond.* 1852. 2 vol. 8.
Rodat d'Olemps (Amans),
magistrat français (.. mars 1778 — 10 février 1846).
Saint-Maurice Cabany (Charles Édouard). M. A. Rodat d'Olemps, conseiller de préfecture, ancien membre du conseil général de l'Aveyron. *Par.* 1847. 8. (Extrait du *Nécrologe universel du XIXe siècle.*)
Rodde (Adolph Matthaeus),
jurisconsulte allemand.
Seelen (Johann Heinrich v.). Memoria A. M. Rodii, J. U. L. et consulis primarii (reipublicæ Lubecensis). *Lubec.* 1729. Fol.
Rodde (Hermann),
jurisconsulte allemand.
Seelen (Johann Heinrich v.). Memoria H. Rodde, consulis primarii (reipublicæ Lubecensis). *Lubec.* 1730. Fol.
Rodde (Johann),
jurisconsulte allemand.
Seelen (Johann Heinrich v.). Memoria J. Roddii, J. U. L. et reipublicæ Lubecensis secretarii. *Lubec.* 1720. Fol.
Rodde (Matthaeus),
magistrat allemand.
Overbeck (Johann Daniel). Leben und Verdienste des Bürgermeisters M. Rodde. *Lübeck.* 1761. Fol.
Rode (Christian Bernhard),
peintre allemand (18 juillet 1725 — 14 juin 1797).
Ramler (Carl Wilhelm). Gedächtnissrede auf B. Rode. *Berl.* 1797. 8. Portrait. (*D.* et *L.*)
Rode (Johann),
archevêque de Brême.
Cassel (Johann Philipp). Programm : Kurze Nachricht von J. Rode, dem 43sten Erzbischof von Bremen und dessen Münzen. *Brem.* 1761. 4.
Rodella (Giovanni Battista),
biographe italien (1er mars 1724 — 5 mai 1794).
Gussago (Jacopo). Notizie intorno alla vita ed agli scritti di G. B. Rodella. *Padov.* 1804. 8. (*Bes.*)
Rodenbach (Alexandre),
philanthrope belge (28 sept. 1786 — ...).
T* (P... D... de). Biographie de M. A. Rodenbach, membre de la chambre des représentants, ancien député au congrès national, etc., s. l. et s. d. (*Brux.* 1847.) 8.
Levensbeschryving van mynheer A. Rodenbach, lid van de kamer der volksvertegenwoordigers, etc. *Rousselaere.* 1852. 8. Portrait.
Rodenbach (Constantin),
historien belge, frère du précédent (25 oct. 1791 — 5 déc. 1847?).
Biographie de C. Rodenbach, s. l. et s. d. (*Brux.*, vers 1848.) 8.
Rodenbach (Pedro),
colonel belge, frère du précédent (28 juin 1794 — 20 janvier 1850).
Notice biographique du colonel P. Rodenbach, s. l. et s. d. (*Brux.* 1850.) 8.
Rodet (Claude Louis),
jurisconsulte français.
M(illiet) É(tienne). Notice sur M. Rodet, ancien député. *Bourg.* 1838. 8. (Tiré seulement à 50 exemplaires.)
Rodil (N... N...),
général espagnol du XIXe siècle.
Rodil. Ligera reseña de sus antecedentes politicos y militares. *Madr.* 1837. 8.
Rodney (George **Brydges**, baronet of),
amiral anglais (.. déc. 1717 — 24 mai 1792).
Mundy (N... N...). Life and correspondence of admiral lord Rodney. *Lond.* 1830. 8. (*Oxf.*) *Ibid.* 1836. 12. Port.
Rodolph, voy. **Rudolph** (Johann Rudolph).
Rodolphe I de Habsbourg,
empereur d'Allemagne (1er mai 1218 — 29 sept. 1273 — 15 juillet 1291).
Murensis * (Dominicus). Origo et genealogia comitum de Habsburg. *Muer.* 1702. 8. *Vratisl.* 1715. 8. (Peu commun.)
　* Le véritable nom de l'auteur est Dominik TSCHUDI.

Lichnowsky (Eduard Maria v.). Geschichte des Hauses Habsburg. *Wien.* 1836-42. 8 vol. 8.

Dornavius (Caspar). Rudolphus Habsburgicus, panegyrico historico celebratus et notis illustratus. *Goerl.* 1615. 4. *Bethan. ad Oder.* 1617. 4. *Goerlic.* 1677. 4.

Rauch (Matthias). De Rudolpho I Habsburgico imperatore Romano ejusque symbolo oratiuncula. *Vrastil.* 1649. 4.

Boecler (Johann Heinrich). Dissertatio de Rudolpho Habsburgico, Germaniæ instauratore. *Argent.* 1671. 12. *Ibid.* 1682. 4.

Marcus (Polycarp). Dissertatio de Rudolpho, Austriacæ domus conditore. *Jenæ.* 1696. 4.

Calemberg (J... H...). Rudolphus I tanquam exemplum restauratæ reipublicæ. *Erford.* 1724. 4.

Hallwachs (Johann Michael). Rerum Rudolphi I imperatoris pars I. *Tubing.* 1756. 4.

Beulwitz (Ludwig Friedrich v.). Dissertatio de memorabilibus in electione Rudolphi I. *Goetting.* 1750. 4.

Fatio (Johann Rudolph). Dissertatio de Rudolpho Habsburgico nondum rege et ejus usque ad summam hanc in Germania dignitatem gestis. *Basil.* 1754. 4.

Froelich (Erasmus). Dissertatio de Ottocaro (II) et Rudolpho (I). *Vienn.* 1755. 4.

Schrattenbach (N... N... v.). De Rudolpho Habsburgico. *Vienn.* 1755. 4.

Gruner (Johann Friedrich). Programma de electione Rudolphi I, cæsaris augusti. *Coburg.* 1757. 4.

Wattrang (Ignaz). Rede auf Rudolph von Habsburg. *Wien.* 1775. 8.

Enzingen (G... v.). Magni Engelhardi, s. Ellenhardi Chronicon, quo res gestæ Rudolphi Habsburgici et Alberti Austriaci, regum Romanorum, egregie illustrantur, publ. par Franz Martin Pelzel. *Prag.* 1777. 8.

Meister (Leonhard). Kaiser Rudolph von Habsburg. *Nürnb.* 1785. 8.

Fischer (Johann Jacob). Biographie Rudolph's I von Habsburg. *Tübing.* 1784. 8.

Hohenthal (C... L... A... v.). Commentatio de statu Germaniæ publico regnante Rudolpho I. *Witteb.* 1789. 4. *(D. et L.)*

Girtanner (Christoph). Characteristik Kaiser Rudolph's von Habsburg. *Leipz.* 1817. 8. *(L.)*

Hunkler (N... N...). Rodolphe de Habsbourg, empereur d'Allemagne. *Limog.* 1843. 12.

Schoenhuth (Othmar Friedrich Heinrich). Geschichte Rudolph's von Habsburg, Königs der Deutschen. *Leipz.* 1843-44. 2 vol. 8. *(L.)*

Riedel (A... F...). Graf Rudolph von Habsburg und Burggraf Friedrich von Nürnberg in ihren Beziehungen zu einander, etc. *Berl.* 1853. 4.

Berduschek (H... A... H...). Graf Albrecht von Zollern-Hohenberg, und sein Verhältniss zu König Rudolph I und König Albrecht I aus dem Hause Habsburg. *Berl.* 1853. 8.

Neugart (Trudpert). Libellus majores Rudolphi I Romanorum regis in Gottfrido duce Allemanniæ proavo Hildegardæ conjugis Caroli M. subsistentes exhibens. *Clagenfurti.* 1853. 4.

Oetter (Samuel Wilhelm). Versuch eines Beweises, dass der Graf Rudolph von Habsburg durch die Einleitung des Burggrafen Friedrich von Nürnberg im Jahre 1273 zum römischen König erwählt worden sei. *Schwabach.* 1782. 8.

Lambacher (Philipp). Démonstratio juris s. tituli, quo imperator Rudolphus Habsburgicus usus est, etc. *Lips.* 1754. 4. *(L.)*

Spiess (Philipp Ernst). Bulla aurea Rudolphi I, Romanorum regis, etc. *Baruth.* 1774. 4.

Lebret (Friedrich Adolph). De prudentia imperatoris Rudolphi I in rebus cum curia papali transactis, ex temporum illorum indole æstimanda. *Tubing.* 1780. 4.

Codex epistolaris Rudolphi I, imperatoris Romani regis, etc., publ. par Martin Gerbert. *Sanct-Blas.* 1772. Fol.

Codex epistolaris Rudolphi I, Romani regis, epistolas CCXXX anecdotas continens, publ. par Franz Joseph Bodmann. *Lips.* 1806. 8. *(L.)*

Rodolphe II,
empereur d'Allemagne (18 juillet 1552 — 12 oct. 1576 — 20 janv. 1612).

Eyzinger (Michael). Fünff Theyl historischer Beschreybungen, damit angezeygt, was sich unter Keyser Rudolph dem andern gedenckwürdiges zugetragen biss auffs Jahr 1596. *Cooln.* 1597. 4.

Brachelius (Johann Adolph). Fama Austriaca. *Col. Agr.* 1627. Fol.

Santorio (Paolo). Vite di Ridolfo (II) e Mattias imperatori. *Venez.* 1664. 8.

Weber (Immanuel). Dissertatio de Rudolpho II Romanorum imperatore. *Giess.* 1707. 4.

Schneid (Joseph Johann Ignaz Xavier Maria). Vollständige Geschichte der römischen Königswahl Rudolph's II. Beitrag zur Geschichte der Churfürstentage und von Königswahlen. *Würzb.* 1792. 8.

Kurz (Franz Seraphin). Oesterreich unter Rudolph (IV). *Linz.* 1821. 8.

Heinrich Julius von Braunschweig. Wahrhafftiger Bericht wegen der nicht erfolgten Abdankung des Passau'schen Kriegsvolks. *Braunschw.* 1610. 4. *

  * L'unique exemplaire se trouve dans la bibliothèque impériale à Vienne.

—— Gründlicher Bericht wegen der zwischen Rudolph dem Andern und dem Könige von Ungarn, Herrn Matthiä, getroffenen Vergleichung, auch Abdankung des Passau'schen Kriegsvolks. *Braunschw.* 1611. 4. *

  * Une des plus rares curiosités de la bibliothèque de Wolfenbuttel.

Kurz (Franz Seraphin). Geschichte des Kriegsvolkes, welches Kaiser Rudolph II im Jahre 1610 zu Passau anwerben liess. *Linz.* 1809. 8.

—— Schicksale des Passau'schen Kriegsvolkes in Böhmen bis zur Auflösung desselben im Jahre 1611. *Prag.* 1831. 8.

Rudolphi, imperatoris cæsaris augusti, epistolæ ineditæ. *Vienn.* 1771. 4.

Kaiser Rudolph's II Majestätsbrief vom Jahre 1609, trad. et publ. par Johann Baptist Bohott. *Goerl.* 1803. 8.

Hosmann (A...). Klag- und Trauerschreiben wegen tödtlichen Abtritts (!) Römisch Kayserlicher Majestät Rudolphi II. *Leipz.* 1612. 4.

Lomniczky v. Budcze (Simon). Carmen bohemicum de obitu Rudolphi II. *Prag.* 1612. 4.

Zpráva o smrti nejosvicenejsiho p Rudolfa II cisare, etc. *Praze.* 1612. 4.

Boudot (Paul). Harangue funèbre de l'empereur Rodolphe II, prononcée à Bruxelles. *Arras.* 1612. 8.

Rodolphe de Souabe,
empereur d'Allemagne (+ 16 oct. 1080).

Strauss (Johann Samuel). Dissertatio de Rudolpho Suevico, pseudo-imperatore, cujus manus, in prœlio amputata, Martisburgi in templo cathedrali asservatur. *Lips.* 1709. 4. *Ibid.* 1722. 4. *Ibid.* 1745. 4. *(L.)*

Gerbert (Martin). De Rudolpho Suevico, comite de Rheinfelden, duce deque ejus familia illustri ex augustissimis ducibus Lotharingicis. *Sanct-Blas.* 1785. 4.

Rodolphe I,
margrave de Bade.

Bader (Joseph). Markgraf Rudolph I von Baden, etc. *Carslr.* 1845. 8.

Rodolphe de Zaeringen,
évêque de Liége († 5 août 1191).

Ring (Maximilien de). Rodolphe de Zaeringen, évêque de Liége. *Gand.* 1841. 8. Portrait. (Extrait du *Messager des sciences historiques de Belgique*.)

Rodrigo,
dernier roi des Visigoths.

Coronica del rey don Rodrigo, postrimero rey de los Godos. *Sevilla.* 1511. Fol. *Vallad.* 1526. Fol. Augment. *Alcal. de Henar.* 1587. Fol. *Vallad.* 1626. Fol.

Abul Cassem ou Abulcacim Tarif Aben Tarique. La verdadera historia del rey don Rodrigo en la qual se treta la causa principal de la perdida de España y de la conquista que della hizzo Miramolin Almançor, trad. de l'arabe en espagn. par Miguel de Luna. *Zarag.* 1603.

4. *Valenc.* 1606. 4. *Ibid.* 1646. 4. *Madr.* 1654. 4. *Ibid.*
1676. 4.

Trad. en franç. s. c. t. :
Histoire de la conqueste d'Espagne par les Maures,
(par J... Leroux). *Par.* 1680. 2 vol. 12.
(Par Guy Alexis Lobineau). *Par.* 1708. 12.

Trad. en ital. s. c. t. Vita del re Jacob Miramolino
Almansor, par Senucci Cirfranci *. *Firenz.* 1663. 4.
* Anagramme de Francisco Bisvccisi.

(Liron, Jean). Question curieuse, si l'histoire des deux
conquêtes d'Espagne, par Abuleacim Tarif Abentarique,
est un roman? *Par.* 1708. 12. *
* L'auteur présume qu'Abentarique est un auteur supposé et que
Miguel de Loxa a écrit ce roman historique.

Rodriguez (Alfonso),
jésuite espagnol (25 juillet 1531 — 31 oct. 1617).
Rosweyde (Heribert). Oeffeninghe der volmaecktheyd
ende christelycker deughden door den eerweerdighen
vader A. Rodriguez, priester der societeyt Jesu. *Antw.*
1626. 8. *Ibid.* 1631. 8. (Trad. de l'espagnol.)
Colim (Francisco). Vida, hechos y doctrina del venerable
hermano A. Rodriguez, religioso de la compañia de
JHS. *Madr.* 1652. 4.
Accolito (Giovanni). Vita del V. F. A. Rodriguez, coad-
jutore temporale della compaguia di Gesù. *Bologn.*,
s. d. (vers 1656). 12. (*D.*)
Jacobi (Louis). Leven, doorluchtige deughden ende godt-
vruchtige oeffeningen van A. Rodriguez, coadjuteur
der societeyt Jesu. *Antwerp.* 1659. 12.
Zivot A. Rodriguez, rozeného Spaniela, etc. *Praze.*
1665. 4.
Boissieu (Antoine). Vie du vénérable frère A. Rodri-
guez. *Lyon.* 1688. 12. Trad. en allem. *Augsb.* 1750. 8.
Ragguaglio della vita del buon servo di Dio A. Rodriguez,
Spagnuolo. *Ferrar.* 1787. 8. Portrait.
Arcangeli (Arcangelo). Vita del B. A. Rodriguez. *Rom.*
1825. 4. Portrait. *Torin.* 1825. 24.
Del Pace (Filippo Stanislao). Compendio istorico della
vita, delle virtù e de' miracoli del B. A. Rodriguez,
coadiutore temporale formato della compagnia di Gesù.
Rom. 1825. 8. Portrait.
Leben des gottseligen Bruders A. Rodriguez, aus der Gesellschaft Jesu ; nach dem Spanischen des Pater Eusebius Nieremberg bearbeitet von Michael Sintzel. *Augsb.*
1845. 8. Portrait.
Leven van den gelukzaligen A. Rodriguez, de la compagnie de Jésus. *Tournai.* 1852. 12.
Leven van den gelukzaligen broeder A. Rodriguez, tyde-
lyde medchelper der societeyt van Jesus, gelukzalig
verklaert den 12 junius 1825 door zyne heiligheid den
paus Leo XII. *Tournai.* 1852. 12.

Rodriguez (Alfonso),
missionnaire espagnol († 1631).
(Lamormaini, Henri de). Relatio martyrii patrum Rochi
Gonzalez, A. Rodriguez et Joannis de Castillo, qui anno
1628 in Urvai Paraguariæ provincia passi sunt. *Vienn.*
1631. 16.

Rodriguez (Ventura),
architecte espagnol († 1785).
Jovellanos (Gaspar Melchor de). Elogio di D. V. Rodriguez, etc. *Madr.* 1790. 8.

Rodt (Bernhard Emmanuel v.),
homme d'État suisse.
Wurstemberg (L...): B. E. v. Rodt. Lebensbild eines
Alt-Berners, als Soldat, Staatsmann, Geschichtsschreiber. *Bern.* 1851. 8.

Rodt (Rudolf v.),
missionnaire suisse (1814 — 29 août 1843).
Bouterwek (Carl Wilhelm). Leben und Wirken R. v.
Rodt's, weiland Missionars der Londoner Missions-
Gesellschaft in Indien. *Elberf.* 1852. 8.

Roe (Peter),
pédagogue anglais.
Madden (Samuel). Memoir of the life of the late Rev.
P. Roe, A. M. rector of Odogh and minister of St. Ma-
rys, Kilkenny, with copious extracts from his correspondence. *Dubl.* 1842. 8. (*Oxf.*) *Lond.* 1843. 8.

Roeber (Elias),
jurisconsulte allemand († 1599).
Wenzel (Andreas). Programma in funere E. Roeberi.
Frf. ad Viadr. 1599. 4. (*Lv.*)

Roeber (Martin),
théologien allemand (vers 1580 — 15 nov. 1633).
Programma academicum in M. Roeberi funere. *Halæ.*
1633. 4. (*Lv.*)

Roeber (Paul),
théologien allemand, frère du précédent (5 février 1587 — 18 mars 1651).
Huelsemann (Johann). Memoriæ sacrum P. Roeberi persolutum. *Lips.* 1651. 4. (*D.* et *L.*)
Buchner (August). Panegyris memoriæ reverendissimi
præsulis P. Roeberi. *Witteb.* 1651. 4. (*Lv.*)
Reichmann (Jacob). Elogium Roeberianum, etc. *Witteb.*
1652. 4. (*D.*, *L.* et *Lv.*)

Roeck (Ludwig Philipp),
magistrat allemand.
Overbeck (Johann Daniel). Memoria L. P. Roeck, reipublicæ Lubecensis consulis. *Lubec.* 1768. Fol.

Roeckner (Christian Gottlieb),
théologien allemand.
Pudor (Carl Heinrich). Erinnerungen an Dr. C. G.
Roeckner, königlich westpreussischen Consistorial-
Director und Pfarrer zu Marienwerder. *Marienw.*
1829. 8.

Roeder (Johann Georg),
médecin allemand (15 mai 1726 — 4 avril 1763).
Kaestner (Abraham Gotthelf). Elogium J. G. Roederi.
Goetting. 1764. 4. (*L.*)

Roederer (Pierre Louis, comte de),
homme d'État français (15 février 1754 — 18 déc. 1835).
Notice biographique concernant M. Roederer. *Par.*
1825. 8. * (*P.*)
* Cette notice, extraite de la *Biographie nouvelle des Contemporains*,
a été tirée à 250 exemplaires qui n'ont pas été destinés au com-
merce.
Mignet (François Auguste Alexis). Roederer, sa vie et
ses travaux. *Par.* 1858. 8. (Extrait de la *Revue des
Deux-Mondes.*)
Sainte-Beuve (Charles Augustin). Le comte de Roederer.
Par. 1853. 8. (Extrait du *Moniteur universel.*)

Roedinghausen (Werner v.).
Neuhaus (Wilhelm). Oratio de vita et morte W. a
Roedinghausen. *Hammon.* 1723. 4.

Roelants (Joachim),
médecin belge du xvie siècle.
Avoine (Pierre Joseph d'). Notice sur le docteur J. Roelants, né à Malines vers la fin du xve siècle. *Malines.*
1846. 8. Portrait. (*Bx.*)

Roeloss-Roeloss (A...),
littérateur hollandais.
Peyma (Willem van). Levensberigten van A. Roeloss-
Roeloss. *Franek.* 1829. 8.

Roels (Pétronelle),
religieuse belge.
Prevost (H...). La vie exemplaire des quatre abbesses :
Marie Lepoyvre, Barbe Blocquel, P. Roels et Louise
de Barbaize, décédées avec opinion de saincteté. *Liége.*
1656. 4.

Roemling (C... A...),
théologien allemand.
Knigge (Hermann). Beschreibung von C. A. Roemling's Ausgange aus dem evangelischen Zioni. *Hamb.*
1711. 8.
Edzard (Sebastian). Matæologia Roemlingiana confutata.
Hamb. 1711. 8. (*L.*)

Roennow (Casten),
médecin suédois (15 février 1700 — 5 mai 1787).
Odhelius (Johan S...). Åminnelse-Tal öfver D. C. Roennow, Conseiller intime och Archiater hos Konungen
Stanislaus, etc. *Stockh.* 1790. 8.

Roennow (Joachim),
évêque de Roeskilde.
Rothe (Waldemar Henrik). J. Roennovius, electus Roes-
kildensis, etc. *Hafn.* 1802. 8. (*Cp.*)
Knudsen (Hans). J. Roennow, udvalgt Biskop til Roeskilde. Bidrag til Oplysning af Faedrenelandets Historie
i Reformations-Tiden. *Kjoebenh.* 1840. 8. (*Cp.*)

Roerdam (Christian Bolle),
théologien danois († 1803).
Rodtwit (Laurids Augustinus). Soergetale over Provst
Roerdam. *Kjoebenh.* 1803. 8. (*Cp.*)

Roeschel (Johann Baptiste),
philosophe hongrois (1652 — 25 mai 1712).
(Planer, Johann Andreas). Vita J. B. Roeschelii. *Witteb.* 1713. 8. Portrait. *(D.)*

Roeschlaub (Andreas),
médecin allemand (21 oct. 1786 — ... 1835).
Matthaei (Carl Christian). Über A. Roeschlaub's Werth, als Schriftsteller, Arzt und Mensch. *Frf.* 1802. 8. *(D.)*
Jaeck (Heinrich Joachim). Biographie des Dr. A. Roeschlaub. *Altenb.* 1814. 4. *(L.)*

Roesing (Johannes).
J. Roesing, sein Leben und Wirken in der Heimath und Fremde. *Brem.* 1843. 8.

Roesler (Christoph),
théologien allemand.
Pertsch (Johann Georg). Leichenpredigt auf C. Roesler, Senior in Kirchenlamitz. *Hof.* 1692. 4.

Roetel (Hieronymus),
médecin allemand.
Mettenius (Johann Georg). Leichenpredigt auf den Professor medicinae Dr. H. Roetel. *Frf.* 1676. 4.

Roetenbeck (Georg Paul),
philosophe allemand (14 avril 1648 — 15 février 1710).
Hildebrand (Heinrich). Programma academicum in G. P. Roetenbeccii funere. *Altorf.* 1710. Fol.

Roetscher (Heinrich Theodor),
littérateur allemand du XIXᵉ siècle.
Adler (C...). Midas-Roetscher und Dr. (Anton Edmund) Wollheim, der Zoïlo-Thersites von Hamburg. *Berl.* 1849. 8.

Roever (Peter),
jurisconsulte allemand (12 nov. 1679 — 7 mars 1710).
Winckler (Johann Friedrich). Elogium P. Roeveri, J. U. L. reipublicae Hamburgensis senatoris, etc. *Hamb.* 1710. 4. *(L.)*

Roger de Weseham,
évêque de Coventry.
Pegge (Samuel). Memoirs of the life of Roger de Weseham, dean of Lincoln, bishop of Coventry and Litchfield, and principal favourite of Robert Grosseteste, bishop of Lincoln. *Lond.* 1761. 4. *(Oxf.)*

Roger, du Loiret (Jacques François, baron),
homme d'État français (26 janvier 1787 — 20 mai 1849).
Saint-Maurice Cabany (Charles Édouard). J. F., baron Roger (du Loiret), représentant du peuple aux assemblées constituante et législative, ancien gouverneur du Sénégal, ancien député, ancien membre du conseil général du Loiret. *Par.* 1850. 8. Portrait. (Extrait du *Nécrologe universel du XIXᵉ siècle*.)

Rogers (John),
théologien anglais.
Bourton (John). Elogium J. Rogers, in ecclesia Wellensi canonici et subdiaconi et ecclesiae S. Ægidii de Cripplegate vicarii. *Lond.* 1754. Fol. (Omis par Lowndes.) *(Oxf.)*

Rogers (Josias),
marin anglais.
Gilpin (William). Memoirs of J. Rogers, Esq., commander of H. Majesty's ship Quebec. *Lond.* 1808. 8. *(Oxf.)*

Rogge (Cornelis),
historien hollandais (1761 — 17 août 1806).
Roemer (J...). Troostrede bij het overlijden van C. Rogge. *Leijd.* 1806. 8.

Roggeveen (Jacob),
navigateur hollandais (1669 — vers 1740).
Bursius (J...). Mededeeling van eenige nog onbekende bijzonderheden aangaande Mr. J. Roggeveen, inzonderheid met betrekking tot zijne godsdienstige denkwijze, s. l. et s. d. *(Leijd.* 1841.) 8. *(Ld.)*

Rogier (Charles),
homme d'État belge (17 août 1800 — ...).
(Loménie, Louis de). M. C. Rogier, par un homme de rien. *Brux.* 1843. 8. Portrait. (Extrait de la *Galerie des Contemporains illustres*.) *
* On présume que l'auteur de cette notice est M. DE REIFFENBERG et non pas M. DE LOMÉNIE.

Rogkenbach (Abraham),
mathématicien allemand (vers 1536 — 23 mars 1611).
Heland (Lorenz). Programma academicum ad exequias A. Rogkenbachii. *Frf.* 1611. 4. *(D.)*

Rogliano (Bernardo da),
prêtre italien.
Tufarelli (Giovanni Leonardo). Vita del P. F. B. da Rogliano, fondatore della novella congregazione di S. Maria di Colorito di Motano, etc. *Cosenza.* 1630. 4.

Rohan (Armand Gaston Maximilien, prince de),
cardinal-évêque de Strasbourg (1674 — 19 juillet 1749).
Cuny (Louis Antoine). Oraison funèbre de très-haut, très-puissant prince A. G. M. de Rohan, cardinal-prêtre de la sainte Eglise romaine, évêque de Strasbourg, prince de l'empire, landgrave d'Alsace, etc. *Par.* 1750. 4. *(P.)*

Rohan (Emmanuel de),
grand-maître de l'ordre de S. Jean de Jérusalem († 1775).
Mallia (Giovanni). Ragguaglio della esaltazione di S. A. S. Fra E. de Rohan al grand magistero. *Malta.* 1776. Fol.
Relazione del primo ingresso che S. A. S. F. E. de Rohan gran maestro ha fatto nella città notabili di Malta. *Malta.* 1776. 4.
Secunda descriptio solemnium festorum ob exaltationem D. F. E. de Rohan ad magnum magisterium. *Melit.* 1776. Fol.

Rohan (Henri, duc de),
chef du parti protestant en France sous Louis XIII
(21 août 1579 — 13 avril 1638).
Rohan (Henri, duc de). Mémoires pour servir à l'histoire de notre temps, écrits sur diverses occurrences des affaires et guerres étrangères depuis 1617 jusqu'en 1632, s. l. 1645. 8. Augment. s. c. t. Mémoires sur les choses advenues en France depuis la mort de Henri le Grand jusqu'à la paix faite avec les réformés, au mois de juin 1629. *Amst.* 1646. 12. *Par.* 1661. 2 vol. 12. *(P.)* Trad. en angl. par George BRIDGES. *Lond.* 1660. 8. *(Oxf.)*

Recueil de plusieurs pièces concernant le duc H. de Rohan et les guerres de Languedoc de son temps en 1627, 1628 et 1629, s. l. 1650. 8.
Ordre tenu par le sieur Pelisson en la conduite du corps de défunt Mgr. le duc de Rohan, depuis Kunigsfeld jusqu'à Genève, et les cérémonies observées au dépôt dudit corps. *Par.* 1638. 12.
Tronchin (Théodore). Oratio qua H., duci Rohanico, Franciæ pari, parentatum fuit. *Genev.* 1638. 4. Trad. en franç. *Genève.* 1638. 4.
(Fauvelet du Toc, Henri). Histoire secrète du duc H. de Rohan. *Par.* 1667. 12. * *(P.)*
* Publ. sous les lettres initiales F... D...
(Courtilz de Sandras, Gatien de). Histoire secrète du duc H. de Rohan. *Cologne.* 1697. 12. *(P.)*
Zur-Lauben (Beat Fidèle Antoine Jean Dominique). Mémoires et lettres de H., duc de Rohan, sur la guerre de la Valteline. *Genève.* *(Par.)* 1758. 3 vol. 8. *(P.)*
Feldzug des Herzogs von Rohan im Veltlin im Jahre 1635. *Dresd.* 1789. 8. *(D.* et *L.)*

Rohan (Louis, prince de),
connu sous le nom de chevalier de **Rohan,**
(vers 1635 — décapité le 27 nov. 1674).
(Courtilz de Sandras, Gatien de). Le prince infortuné, ou histoire du chevalier de Rohan, etc. *Amst. (Rouen.)* 1713. 12.

Rohan (Marguerite, duchesse de),
fille de Henri, duc de Rohan.
Florigenie, ou l'illustre victorieuse, etc. *Par.* 1647. 8. *
* C'est l'histoire de la duchesse Marguerite de Rohan, composée à l'occasion du procès gagné par elle contre le prétendu Tancrède de Rohan, qui revendiquait le nom et les biens du duc Henri de Rohan, père de Marguerite.

Rohan (Marie Éléonore de),
bénédictine française (vers 1620 — 1681).
Anselme (Antoine). Oraison funèbre de M. É. de Rohan, abbesse de Malnoue. *Par.* 1682. 4.

Rohan (Tancrède de),
fils putatif de Henri de Rohan (18 déc. 1630 — 1ᵉʳ février 1649).
(Griffet, Henri). Histoire de T. de Rohan, avec quelques autres pièces concernant l'histoire de France, etc. *Liége.* 1767. 12. *(Bes., Lv.* et *P.)*

Rohan-Chabot (Louis François Auguste, duc de),
archevêque de Besançon (29 février 1788 — 8 février 1833).
Marguerye (François). Panégyrique de Mgr. de Rohan-Chabot. *Besanç.* 1853. 8. *(Bes.* et *P.)*

Notice nécrologique sur Mgr. le duc de Rohan-Chabot.
Besanç. 1853. 12. (*Bes.*)

Rohan-Guéméné (Louis René Édouard, prince de),
cardinal-évêque de Strasbourg (27 sept. 1734 — 16 février 1803).

Recueil de pièces authentiques et intéressantes concernant l'affaire du cardinal Rohan. *Par.* 1786. 12. (*P.*)
Jena. 1786. 12. (*L.*)

Retaux de Vilette (N... N...). Mémoires historiques des intrigues de la cour, et de ce qui s'est passé entre la reine (Marie Antoinette), le comte d'Artois, le cardinal de Rohan, madame de Polignac, madame de la Motte, Cagliostro et MM. de Breteuil et de Vergennes. *Venise.* 1790. 8. (*P.*)

Rohan-Guéméné (le prince Victor Louis Mériadec),
feld-maréchal d'Autriche (20 juillet 1766 — 10 déc. 1846).

Faye (Prosper de la). S. A. S. le prince V. L. M. de Rohan-Guéméné, duc de Bouillon et de Montbazon, feld-maréchal-lieutenant au service d'Autriche, etc. *Par.* 1847. 8. (Extrait du *Nécrologe universel du* XIXᵉ *siècle.*)

Rohmer (Friedrich),
fanatique suisse (?).

Froebel (Julius). F. Rohmer und seine messianischen Geschäfte in Zürich. *Zürch* et *Winterth.* 1842. 8. (*D.*)

Rohr (Julius Bernhard v.),
agronome allemand (28 mars 1688 — 18 avril 1742).

Rohr (Julius Bernhard v.). Historische Nachricht aller von ihm bisher in Druck gegebenen Bücher und Schriften und derer, welche er noch zu elaboriren gesonnen ist. *Leipz.* 1735. 8. (*D.* et *L.*)

Molder (Johann Peter),
poète allemand († 8 avril 1820).

Sailer (Johann Michael). J. P. Roider's Bildung, Character und Leben. *Münch.* 1821. 8. Portrait.

Roier (Christoph),
jurisconsulte allemand.

Programma academicum in funere C. Roieri. *Helmst.* 1607. 4. (*D.*)

Rokyczan (Johannes v.),
archevêque de Prague.

Koeler (Johann David). Dissertatio de J. Rokyczana, famoso Calixtinorum in Bohemia pontifice. *Altorf.* 1718. 8.

Roland (Saint),
abbé de Chézery.

Depéry (Jean Irenée). Notice sur S. Lambert et S. Roland, abbés de Chézery en Jura. *Bourg.* 1834. 8.

Roland le Grand,
l'un des paladins de Charlemagne (tué en 809).

Schumann (Gottfried). Rolandus Magnus variis fabulis involutus explicatus. *Lips.* 1694. 4. (*L.*)

Gryphiander (Johannes). Dissertatio de weichbildis Saxonicis, s. de colossis Rolandinis urbium quarundam Saxonicarum. *Frf.* 1625. 4. *Argent.* 1666. 4.

Rhetius (Johann Friedrich). Dissertatio de statuis Rolandinis jurium quorundam indicibus. *Frf.* 1670. 4.

Meyer (Nicolaus). Dissertatio de statuis et colossis Rolandinis. *Basil.* 1675. 4. *Halæ.* 1759. 4.

Eggeling (J... H...). Dissertatio de statuis Ruhlandinis (!). *Brem.* 1700. 4.

Tuerk (Carl). Dissertatio historico-juridica de statuis Rolandinis. *Rostoch.* 1825. 4. (*L.*)

Stappenbeck (Wilhelm). Über die Rolandssäulen; historisch-kritischer Versuch. *Berl.* 1847. 8. *

* Suivi d'une liste des lieux où se trouvent des statues Rolandines.

Roland (Manon Jeanne **Phlipon**),
épouse de Jean Marie Roland de la Platière *
(1754 — guillotinée le 8 nov. 1793).

Roland (Manon Jeanne). Appel à l'impartiale postérité, ou recueil des écrits qu'elle a rédigés pendant sa détention aux prisons de l'Abbaye et de Sainte-Pélagie. *Par.*, an IV. (1795) 8. Publ. par Etienne Bosc. (*Lv.* et *P.*) Trad. en angl. *Lond.* 1796. 2 vol. 12. (*Oxf.*)

* Roland, né en 1732, se donna la mort huit jours après la nouvelle de l'exécution de son épouse (15 nov. 1793).

OEuvres de M. J. P. Roland, femme de l'ex-ministre de l'intérieur, contenant les mémoires et notices qu'elle a composés dans sa prison, en 1793, sur sa vie privée,

sur son arrestation, sur les deux ministères de son mari et sur la réyolution; son procès et sa condamnation à mort par le tribunal révolutionnaire, etc., etc., précédés d'un discours préliminaire par Louis Auguste CHAMPAGNEUX. *Par.* 1800. 3 vol. 8. Portrait. Revues s. c. t. Mémoires de madame Roland, avec une notice sur sa vie et des éclaircissements historiques par Saint-Albin BERVILLE et Jean François BARRIÈRE. *Par.* 1820. 2 vol. 8. *Ibid.* 1827. 2 vol. 8. Accomp. de notes et d'appendice, précédée d'une notice biographique par Marie ROGER *. *Par.* 1822. 2 vol. 18. (*P.*) Trad. en allem. (par Ludwig Ferdinand HUBER). *Leipz.* 1796-97. 3 parts. 8. (*L.*)

* Nom pseudonyme de madame Alexandrine ABRAGOS.

Schlosser (Friedrich Christoph). Madame de Staël et madame Roland, ou parallèle entre ces deux femmes, etc. *Frf.* 1830. 8. (Trad. de l'allem.)

Colet (Louise). Charlotte Corday et madame Roland. *Par.* 1842. 8. (*P.*)

Lettres autographes de madame Roland adressées à Bancal des Issarts, membre de la Convention, publiées par Henriette BANCAL DES ISSARTS et précédées d'une introduction par Charles Augustin SAINTE-BEUVE. *Par.* 1835. 8. *

* On y trouve une notice biographique sur Jean Henri BANCAL DES
ISSARTS (né le 3 nov. 1750, il est mort le 24 juin 1826), écrite par
sa fille Henriette Bancal des Issarts.

Roland (Philippe Laurent),
statuaire français (13 août 1746 — 11 juillet 1816).

David (d'Angers) (Pierre Jean). Roland et ses ouvrages. *Par.* 1847. 8. Portrait. (*P.*)

Roland des Talents (N... N...),
prêtre français.

Laffetay (N... N...). Notice sur la vie et les écrits de Roland des Talents, chanoine de Bayeux. *Bayeux.* 1852. 8.

Rolander (Daniel),
naturaliste suédois (vers 1720 — vers 1776).

Horneman (Jens Wilken). Om den svenske naturforsker D. Rolander, etc. *Kjoebenh.* 1812. 8. (*Cp.*)

Rolando (Luigi),
anatomiste italien (16 juin 1773 — 20 avril 1831).

Bellingeri (Carlo). Elogio storico del professore L. Rolando, s. l. et s. d. 4.

Carron du Villards (N... N...). Notice sur le professeur Rolando. *Par.* 1851. 8. (*P.*)

Rolans ou **Rolant** * (Barthélemi),
bourgmestre de Liége.

(Chaussée, Jean Dominique de la). Apologie de M. le bourgmestre Rolant, dit Barthel, contre les calomnies de Charles d'Ans. *Liége*, s. d. (1648.) 4. (Très-rare et curieux.)

* Plus connu sous le nom de BARTHEL.

Vérité descouverte freschement, touchant les apologies de B. Rolant et leurs impostures. *Liége.* 1648. 4.

Polain (Mathieu Lambert). Le mal Saint-Gilles ou la capitulation (de Liége) de 1649, s. l. et s. d. (*Liége.*) 8. *

* Avec le portrait de Ferdinand, duc de Bavière.

Rolende (Sainte).

Vie de S. Rolende, vierge royale, s. l. 1706. 12.

Rolfink (Werner),
médecin allemand (15 nov. 1599 — 6 mai 1673).

Wedel (Georg Wolfgang). Oratio funebris G. Rolfincio dicta. *Jenæ.* 1673. 4. (*Lv.*)

Rolfo,
roi des Goths.

Verelius (Olaus). Historia Gœtrici et Rolfonis Westro-Gothiæ regium. *Upsal.* 1635. 8.

Toerner (Fabian). Dissertatio de rege Rolfone. *Upsal.* 1718. 8.

Rolin (Carl Adam),
homme d'État suédois.

Nymanson (N... J...). Slotsfogden C. A. Rolin. *Stockh.* 1774. 8.

Rolland (Pierre de);
général français (8 juin 1772 — 26 déc. 1848).

Notice sur le général Rolland. *Par.* 1849. 8. (*P.*)

Rollenhagen (Georg),
pédagogue allemand (22 avril 1542 — 8 mai 1609).

Burckhart (Aaron). Sermo funebris germanicus in obitum G. Rollenhagii, in qua et narratio de vita ejus continetur. *Magdeb.* 1609. 4. (*D.*)

Luetke (N... N...). G. Rollenhagen's Leben. *Berl.* 1846. 2 vol. 4. (*L.*)

Rollin (Charles),
historien français (30 janvier 1661 — 14 sept. 1741).

Berville (Saint-Albin). Éloge de C. Rollin. *Par.* 1818. 8. (Couronné par l'Académie française.) — (*P.*)

Maillet-Lacoste (Pierre Laurent). Eloge de Rollin, etc. *Par.* 1818. 8. (*P.*)

Trognon (Auguste). Éloge de Rollin. *Par.* 1818. 8. (*P.*)

Rivarol-Etienne (Jean Auguste de). Discours sur la vie et les ouvrages de Rollin. *Par.* 1819. 8. (*Lv.*)

Bousson de Mairet (N... N...). Essai sur la vie et les ouvrages de Rollin. *Lons-le-Saulnier*, s. d. (vers 1840.) 8. (*Bes.*)

Rollin (madame de),
fondatrice de la maison de la Providence à Grenoble (1771 — ...).

Réal (G...). Madame de Rollin, s. l. et s. d. (*Grenoble.*) 8.

Rollock (Robert),
théologien écossais.

Robertson (George) et **Charteris** (Henry). De vita et morte R. Rollocki, Scoti, academiæ Edinburgenæ primarii narrationes. *Edinb.* 1599. 4. *Ibid.* 1826. 4. (*Oxf.*)

Rollon ou Raoul,
premier duc de Normandie (... — 912 — 917).

Denialdus (Robert). Rollo Northmanno-Britannicus. *Rothomag.* 1660. Fol.

Le Canut (N... N...). Raoul I, duc de Normandie, ou la conquête de la Neustrie par les Scandinaves. *Par.* 1781. 2 vol. 12. (Échappé aux recherches de Quérard.) — (*P.*)

Rolof (Michael),
théologien allemand (8 mai 1684 — 22 janvier 1748).

Koeppen (Johann Ulrich Christian). Treuer Knechte Gottes Herz und Sinn wegen ihres seeligen Endes. (Leichenpredigt und Lebenslauf des Probstes M. Rolof.) *Berl.* 1748. Fol. Portrait.

Rolph (Richard).
Life of R. Rolph, the blind peasant of Lakenheath Bury. *St.-Edmund's.* 1841. 8. (4e édition.) — (*Oxf.*)

Roloff (Christian Ludwig),
médecin allemand (6 juin 1726 — 26 déc. 1800).

Augustin (Friedrich Ludwig). Beiträge zur Biographie C. L. Roloff's. *Berl.* 1801. 4. (*D.*)

Romagnosi (Giovanni Domenico),
publiciste italien (11 déc. 1761 — 8 juin 1835).

Sacchi (Giuseppe). Biografia di G. D. Romagnosi, con appendice di Defendente Sacchi. *Milan.* 1855. 8. Portrait. *Siena.* 1855. 8. (*Oxf.*)

Cantù (Cesare). Notizia di G. D. Romagnosi. *Milan.* 1855. 8. *Prato.* 1840. 8.

Ferrari (Giovanni). Saggio sulla mente di G. D. Romagnosi. *Milan.* 1855. 8.

Rosso (Francesco del). Romagnosi criticato e difeso. *Firenz.* 1838. 8.

Romain (Saint),
archevêque de Rouen.

Rigault (Nicolas). Vita S. Romani, archiepiscopi Rothomagensis, e veteri martyrologio edita, cum notis, accessit dissertatio et Ludovici XII privilegium in gratiam Feretri seu capsæ S. Romani concessum. *Rothom.* 1609. 8. *Ibid.* 1652. 8.

Plaidoyers et responses concernant le privilége de la Fierte de S. Romain. *Rouen.* 1611. 8.

Défense du privilége de la Fierte de S. Romain. *Rouen.* 1611. 8.

Bouthillier (D...). Réponse sur le prétendu privilége de la Fierte de S. Romain. *Rouen.* 1611. 8.

Floquet (A...). Histoire du privilége de S. Romain (autrement dit de la Fierte) en vertu duquel le chapitre de la cathédrale de Rouen délivrait anciennement un meurtrier, tous les ans, le jour de l'Ascension. *Par.* 1833-34. 2 vol. 8. (*Bx.* et *P.*)

Romain (François),
dominicain belge (1646 — 1735).

Franquinet (G... D...). Notice biographique sur F. Romain. *Amst.* 1853. 8. (Extrait des *Bouwkundige bijdragen.*)

Romain (Joséphine),
dame française.

Feraud (Jean Joseph Maxime). La vie et les aventures de J. Romain. *Digne.* 1849. 8.

Romaine (William),
théologien anglais (25 sept. 1714 — 26 juillet 1795).

Cadogan (William Bromley). Sermon on the death of M. Romaine. *Lond.* 1795. 8. (*Oxf.*)

—— Life of the Rev. W. Romaine, late rector of the united parishes of St. Andrew. *Lond.* 1796. 8. (Omis par Lowndes.) — (*Oxf.*)

Hawies (Thomas). Life of the Rev. W. Romaine, late rector of St. Ann's blackfriars and lectures of S. Dunstan's. *Lond.* 1797. 8. (*Oxf.*)

Romainville (N... N...),
acteur français (vers 1726 — 1781).

L'Hospital (J... E...). Éloge de Romainville, (comédien du théâtre de Bordeaux). *Lond.* (*Bord.*) 1785. 8. *Bord.* 1851. 8. (La première édition est anonyme.)

Roman (Johan Helmik),
compositeur suédois (1694 — 20 déc. 1758).*

Sahlstedt (Abraham). Åminnelse-Tal öfver J. H. Roman. *Stockh.* 1767. 8.

* C'est à tort que plusieurs biographies le font mourir en 1767.

Romani (Clemente),
philologue italien (vers 1708 — vers 1763).

Vita ed avventure di D. C. Romani, nativo Romano, etc. *Norimb.* 1758. 8.

Merkwürdige Zufälle und Begebenheiten des Don C. Romani. *Erlang.* 1760. 8.

Romani (Giovanni),
grammairien italien (28 juillet 1757 — ... 1822).

Memoria storico-critica di G. Romani, inventore dell'Apparecchio. *Casalmagg.* 1816. 8.

Romano (Antonio),
littérateur italien († 4 juillet 1837).

Romano (Antonio). Elogio dell'abate A. Romano. *Palerm.* 1838. 8.

Romano (Giulio Pippi, dit),
peintre italien du premier ordre (1492 — 1546).

Arco (Carlo d'). Istoria della vita e delle opere di G. Pippi Romano. *Mantov.* 1838. Fol. et 4. Portrait.

Romanow,
dynastie russe (1613 — 1730).

Campenhausen (Balthasar v.). Genealogisch-chronologische Geschichte des Hauses Romanow und seines vorälterlichen Stammhauses. *Leipz.* 1805. 8. (*L.*)

Romanow (Michail Fedorowitsch),
czar de Russie (vers 1596 — élu en 1613 — .. juillet 1645).

Wichmann (Burchard Heinrich v.). Urkunde über die Wahl Michael Romanow's zum Czar des russischen Reichs im Jahre 1613. Beitrag zur Geschichte des russischen Staatsrechts. *Leipz.* 1819. 4. Portrait. (*L.*)

Romanus (Franz),
jurisconsulte allemand.

(**Kromayer**, Hieronymus). Programma academicum in F. Romani funere. *Lips.* 1669. 4. (*L.*)

Romanus (Paul Franz),
jurisconsulte allemand.

Welsch (Gottfried). Commentatio rectoris academiæ Lipsiensis P. F. Romani. *Lips.* 1671. 4. (*L.* et *Lv.*)

(**Rappolt**, Friedrich). Programma academicum ad supremum officium P. F. Romani. *Lips.* 1673. 4. (*D.* et *L.*)

Romanzoff ou Roumanzow (Peter Alexandrowitsch),
général russe (vers 1730 — 17 déc. 1796).

Anecdoten und Characterzüge des Feldmarschalls Grafen P. A. Rumänzow Sadunaiskoi, nebst einem kurzen Abrisse seines Lebens und Schriftwechsels mit Catharina der Grossen (II), etc., aus dem Russischen übersetzt von Friedrich Antzr. *Dorpat.* 1818. 8. (*L.*)

Romé de Lisle (Jean Baptiste Louis),
physicien français (1736 — 1er mars 1790).

Métherie (Jean Claude de la). Éloge de Romé de Lisle. *Par.* 1790. 8. (Extrait du *Journal physique.*)

Romeo de' Montecchi,
amant de Giulietta Cappeletti.

Porto (Luigi da). Istoria novellamente ritrovata dei due nobili amanti, (Romeo et Giulietta), con la loro pietosa morte, (avvenuta in Verona). *Venez.* 1555. 8. *Ibid.* 1555. 8. *Lugano.* 1795. 8. *Lond.* 1817. 4. * *Milan.* 1819. 8. *Ibid.* 1831. 24.

Trad. en allem. par R... **Motherby**. *Königsb.* 1828. 8.
Trad. en franç. par Etienne Jean **Delécluze**. *Par.* 1827. 18. (P.)

* Tiré à un très-petit nombre d'exemplaires présentés aux membres du Roxburghe-Clubb par William Henry **Cann**.

Morosini (Giuseppe). Giulietta e Romeo, ossia i sepolcri dei Cappeletti in Verona. *Veron.* 1822. 16.

Scolari (Filippo). Lettera critica sulla morte pietosa di Giulietta Cappeletti e Romeo Montecchi. *Venez.* 1824. 8.

Pécatier (Adolphe). Roméo et Juliette, ou amours et infortunes de deux amants. *Par.* 1853. 18.

Romero (Diego),
prêtre espagnol.

Diogo de Lisboa. Vida del P. Fray D. Romero. *Mexico.* 1684. 4.

Romieu,
homme d'État français.

Baudier (Michel). Histoire de l'incomparable administration de Romieu, grand ministre d'Etat de Raymond Bérenger, comte de Provence, etc. *Par.* 1635. 8. (P.)

Romieu (N... N...),
artiste français.

Guénot (George). M. Romieu et ses œuvres. *Par.* 1853. 8. (Extrait de la *Revue des beaux-arts.*)

Romiguières (Jean Dominique Joseph Louis),
jurisconsulte français (19 août 1775 — 21 juillet 1847).

Vaïse (Émile). Éloge de M. Romiguières, ancien avocat, procureur général, conseiller à la cour de cassation, pair de France, commandeur à la Légion d'honneur. *Toulouse.* 1853. 8.

Romillon (Jean Baptiste),
théologien français († 1622).

Bourguignon (Claude). Vie du P. Romillon, prêtre de l'Oratoire, fondateur de la congrégation des ursulines en France. *Mars.* 1669. 8. (D.)

Riboti (Augustin). Examen de la *Vie de M. Romillon*, avec plusieurs éclaircissements sur la première institution de la congrégation de la doctrine chrétienne et des ursulines en France. *Toulouse.* 1676. 8.

Romilly (Samuel),
jurisconsulte anglais (vers 1758 — se donnant la mort le 2 nov. 1818).

Constant de Rebecque (Bènjamin). Éloge de sir S. Romilly. *Par.* 1819. 8. (P.)

Memoirs and letters of sir S. Romilly, written by himself with his political diary, (publ. par ses fils). *Lond.* 1840. 3 vol. 8. (Oxf.) *Ibid.* 1842. 3 vol. 8. Portrait.

Romney (George),
peintre anglais (26 déc. 1734 — 15 nov. 1802).

Hayley (William). Life of G. Romney. *Lond.* 1809. 4.

Romney (John). Memoirs of the life and writings of G. Romney, with some particulars of the life of Peter Romney. *Lond.* 1830. 4. (Oxf.)

Romolo (Saint),
évêque et patron de Fiesole.

Foggini (Pietro Francesco). La vera istoria di S. Romolo, vescovo e protettore di Fiesole, liberato dalle calumnie appostele in una scrittura pubblicata (da Federigo **Soldani**). *Lucca.* 1742. 4. *Rom.* 1743. 4.

Gattolini (Jacopo Niccolò). Documenti per la vera storia di S. Romolo, vescovo della chiesa Fiesolana. *Venez.* 1745. 4.

(**Brocchi**, Giuseppe Maria). Annotazioni al libro dato fuori da J. N. Gattolini, contro la vera storia di S. Romolo, s. l. et s. d. 4.

Gattolini (Jacopo Niccolò). Dissertazione II, con nuovi documenti, etc. *Moden.* 1751. 4.
—— Terza apologetica dissertazione sopra l'apostolato e martirio di S. Romolo. *Moden.* 1753. 4.
—— Quarta dissertazione, etc. *Moden.* 1754. 4.

Romuald (Saint),
fondateur de l'ordre des camaldules (vers 956 — 19 juin 1027).

Damiano (Pietro). Vita di S. Romualdo, trad. du lat. par Agostino **Fortunio**. *Firenz.* 1586. 8.

Castaniza (Juan de). Historia de S. Romualdo, padre y fundador della orden camaldulense, etc. *Madr.* 1597. 4. (Rare.)

Trad. en franç. *Lyon.* 1613. 16.
Trad. en ital. par **Timotheus a Balneo**. *Venez.*1603. 4.

Calogera (Angelo). Le virtù di S. Romualdo, padre de' monaci. *Venez.* 1745. 12. *Ibid.* 1750. 12.

Romuald ou Rumoldus (Saint),
archevêque de Dublin et patron de Malines.

Domyns (Jan). Divi archipræsulis christique martyris Rumoldi Mechlinensium tutelaris eximii vita. *Brux.* 1569. 8.

Ward (Hugh). Vita, passio et miracula S. Rumoldi, archiepiscopi Dublinensis. *Mechlin.* 1634. 4.

W(achtendonck) (J(an) v(an). Vita, passio et miracula S. Rumoldi, archiepiscopi Dublinensis, apostoli Mechlinensis et martyris. *Mechlin.* 1638. 16.

Trad. en flam. :
Par Hendrik Frans van den **Bosscue**. *Mechel.* 1659. 8.
Par Jean Baptiste **Gramaye**. *Mechel.*1667. 8. (Rare.)

Publica pietas D. Romualdo Mechlinensium patrono exhibita, cum e sacris illius ossibus pars Humbecam transferretur, s. l. (*Mechlin.*) 1650. 4.

Ward (Hugh). S. Rumoldi martyris inclyti, archiepiscopi Dublinensis, Mechlinensium apostoli, acta, martyrium, etc. *Lovan.* 1662. 4. (Rare.)

R(edel) (A... C...). Leven van den H. Rumoldus, beschreven in poësi. *Mechel.* 1680. 8.

Beschryvinge van de negenhondertjarige jubelfeest van den H. Rumoldus, geviert in het jaer 1680, s. l. et s. d. (*Mechel.* 1680.) 4. Avec gravures.

Sollier (Jean Baptiste). Acta S. Romualdi episcopi et martyris, apostoli et patroni Mechliniensium. *Antw.* 1718. Fol. Figure.

(**Azevedo**, Emmanuel de). Kort begryp van't leven van den H. Rumoldus. *Loven.* 1763. 8.

Munck (Jan Jacob de). Gedenckschriften dienende tot ophelderinge van het leven, lyden, wonderheden ende duysent-jaerige eer-bewysinge van den heyligen bischop ende martelaer Romualdus, apostel en patroon van Mechelen. *Mechel.* 1777. 4. Gravures.

Huleu (J... G...). Lof-reden ter eere van den H. Rumoldus, etc. *Brussel.* 1793. 8.

Vie et miracles de S. Rombaut, patron de la ville de Malines. *Brux.* 1844-46. Fol. (Orné de planches.) *

* Il y a des exemplaires avec les planches coloriées.

Romulus,
premier roi de Rome (753 — assassiné en 716 avant J. C.).

Malvezzi (Virgilio). Romulo. *Venez.* 1635. 12. *Genève.* 1647. 12. Trad. en lat. s. c. t. Tyrannus in vita Romuli repræsentatus. *Lugd. Bat.* 1636. 12.

Blumenthal (Carl Christian v.). Romulus. *Helmst.* 1634. 4.

Rango (Conrad Tiburtius). Vita Romuli. *Frf.* 1661. 4.

Weiss (Christian). Romulus discursibus historico-politicis illustratus. *Lips.* 1664. 4. (L.)

Lefèvre (Tanneguy). Discours sur Romulus. *Saumur.* 1666. 12.

Wegner (Gottfried). Dissertatio historico-politica de Romulo, rege Romanorum primo imperiique conditore. *Regiom.* 1668. 4.

Arnold (Johann Gerhard). Dissertatio sistens Romulum primum Romanorum regem. *Durlac.* 1668. 4.

Gronovius (Jacob). Oratio de origine Romuli. *Lugd. Bat.* 1684. 8.

Boerner (Christian Friedrich). Dissertatio de Romuli cognomine clarisque Quirinis. *Lips.* 1709. 4. (L.)

Gladov (Friedrich). Lebensbeschreibung des ersten römischen Königs Romuli. *Halle.* 1718. 8. (L.)

Gebauer (Georg Christian). Romulus observationibus varii generis illustratus. *Lips.* 1719. 4. (L.)

Toerner (Fabian). Dissertatio de Romulo legislatore. *Upsal.* 1719. 8.

Purrucker (Johann). Programma de Romulo, primo Romanorum rege. *Baruth.* 1752. Fol.

Mueller (Daniel). Disquisitio, utrum Remus a fratre Romulo sit interfectus? *Chemnic.* 1720. Fol.

Balduinus (Franciscus). Libri II in leges Romuli et XII tabularum. *Par.* 1550. 8. (*P.*) *Ibid.* 1553. 4. *Basil.* 1559. 8. *Lugd.* 1589. 4.

Roncelli (Giuseppe),
prêtre italien du xviiie siècle.
Mazzoleni (Angelo). Vita de' servi di Dio G. Roncelli e Giovanni Maria Acerbis, sacerdoti Bergamaschi. *Milan.* 1777. 8.

Rondelet (Jean),
architecte français (4 juin 1734 — 26 sept. 1829).
Vaudoyer (Antoine Laurent Thomas). Discours nécrologique sur la tombe de J. Rondelet. *Par.* 1829. 4. (*P.*)

Rondinelli (Arrigo),
chevalier de Malte.
Ragguaglio della vita del commendatore A. Rondinelli. *Venez.* 1721. 8. *Bologn.* 1759. 8.

Rondolini (Lorenzo),
médecin italien (1752 — 20 mars 1844).
Formiggini (S...). Discorso della vita e delle opere di L. Rondolini. *Triest.* 1844. 4.

Ronge (Johannes),
réformateur allemand (16 oct. 1813 — ...).
J. Ronge's Character, Lehre und Wandel, etc. *Ulm.* 1845. 8.
Vindication of J. Ronge, the Luther of the nineteenth century, translated from the German by Robert Taylor. *Lond.* 1845. 8. (*Oxf.*)
Andresen (A...). Luther revived, or a short account of J. Ronge, the bold reformer in the catholic church in Germany. *Lond.* 1845. 8. (*Oxf.*)
Autobiography and justification of J. Ronge, translated from the German by John Lord. *Lond.* 1846. 8. (*Oxf.*)
Carus (H...). Spiegelbild des J. Ronge, etc. *Augsb.* 1846. 8.
Duller (Eduard). J. Ronge und die freie Kirche. *Frf.* 1849. 8. (*L.*)

Ronna (Tommaso),
évêque de Crema.
Cenni sulla vita di monsignor T. Ronna, vescovo di Crema. *Milan.* 1828. 8.

Ronsard (Pierre),
poëte français (10 sept. 1524 — 27 déc. 1585).
Duperron (Jacques Davy). Oraison funèbre sur la mort de M. de Ronsard. *Par.* 1586. 8. (*P.*)
Binet (Claude). Discours de la vie de P. Ronsard, avec une églogue représentée en ses obsèques, et les vers composés peu avant sa mort. *Par.* 1586. 4. Portrait. (*Cp.* et *P.*)
Critton (George). Oratio funebris in obitum P. Ronsardi. *Par.* 1586. 4.
Veillard (Jacques). Laudatio funebris P. Ronsardi. *Par.* 1586. 4 et 8. (*P.*)

Roo (Lodewijk Frans Emmanuel van),
littérateur hollandais (27 février 1785 — 12 nov. 1836).
Duyse (Prudens van). Levensschets van L. van Roo. *Gent.* 1837. 18. (Extrait du *Nederduitsch letterkundig jaerboekje.*)

Rooke (George),
amiral anglais (vers 1650 — 24 janvier 1709).
Life and glorious actions of sir G. Rooke, vice-admiral of England. *Lond.* 1707. 12. *Ibid.* 1713. 8. (*Oxf.*)

Roonhuysen (Henrik),
chirurgien hollandais du xviie siècle.
Brielle (B... D... F...). Dissertatio historico-chirurgica de H. Roonhusio, praeclaro saeculi xvi chirurgo neerlandico. *Ultraj.* 1849. 8.

Roos (Johann Friedrich),
pédagogue allemand (24 février 1757 — 24 déc. 1804).
Zimmermann (Johann Georg). Über J. F. Roos' Character und Verdienste. *Giess.* 1805. 4. (*L.*)

Roosen (Gerhard),
théologien danois (1612 — 1711).
Roosen (Berend Carl). G. Roosen, weiland Prediger der evangelischen Mennoniten-Gemeinde zu Hamburg und Altona, etc. *Hamb.* 1854. 8.

Roothaan (Jan Philippus),
général des jésuites (23 nov. 1785 — 8 mai 1853).
(**Minini**, Ferdinando). Allocution sur la vie et les vertus du T. R. P. J. Roothaan, général de la compagnie de Jésus, prononcée à la maison professe de Rome. *Par.* 1853. 8. (Trad. du latin.) Appendices par Edouard Terwecoren. *Brux.* 1853. 12.

Roovere de Roosemersch (Luc Joseph Antoine de),
jurisconsulte belge (30 nov. 1784 — 18 juin 1832).
Notice sur feu messire L. de Roovere de Roosemersch. *Brux.* 1843. 8. *

* Cette notice, qui se trouve en tête du catalogue de ses livres, a été tirée à part à peu d'exemplaires.

Rooijens (Gijsbert Johannes),
théologien hollandais.
Wildschut (Didericus Henricus). Een woord ter nagedachtenis van G. J. Rooijens, hoogleeraar in de godgeleerdheid, etc., s. l. et s. d. (*Amst.* 1846.) 8. (*Ld.*)

Roquefort (Jean Baptiste Bonaventure de),
littérateur français (15 oct. 1777 — 17 juin 1834).
Martonne (G... F... de). Notice biographique et littéraire sur J. B. B. de Roquefort. *Par.* 1844. 8. (*P.*)

Roqueplan de Lestrade (N... N...),
général français du xixe siècle.
Tardy (C...). Aperçus historiques, etc., suivis d'une notice historique sur le baron Roqueplan de Lestrade, lieutenant général. *Puy.* 1850. 12.

Roques (Pierre),
théologien français (22 juin 1685 — 12 avril 1748).
Frey (N... N...). Lettre à M. l'abbé Raynal sur la vie de feu M. P. Roques. 1784. 8. (Non mentionné par Quérard.) Trad. en allem. *Leipz.* 1784. 8. (*L.*)

Roquette (Jean),
jurisconsulte français.
Raconis (Ange de). Véritable narré de la conversion de J. Roquette, avocat. *Troyes.* 1653. 8.

Rosa (Andreas),
médecin allemand (12 mars 1665 — 15 maj 1736).
Brunner (Johann Christoph). Leichenpredigt auf den Hofrath und Leibmedicus A. Rosa. *Ansbach.* 1736. Fol.

Rosa e Giurba (Francesco),
prêtre italien.
Argananti (Domenico). L'occaso luminoso del sole della sapienza : oratione funerale nell' esequie del R. P. F. Rosa e Giurba. *Messin.* 1673. 4.

Rosa (Michele),
médecin italien (9 juillet 1731 — 29 sept. 1812).
Costa (Paolo). Elogio di M. Rosa. *Rimini.* 1815. 8.

Rosa (Salvatore),
peintre italien du premier ordre (20 juin 1615 — 15 mars 1673).
(**Angelis**, chevalier de). S. Rosa. *Par.* 1824. 18. (Peu commun.)
Morgan (lady Sidney). Life and times of S. Rosa. *Lond.* et *Dubl.* 1824. 2 vol. 8. *Par.* 1824. 2 vol. 12. Port. (*P.*)
Trad. en allem. :
Par Theodor Hell. *Dresd.* 1824-25. 5 vol. 8. (*L.*)
Par Georg Lotz. *Braunschw.* 1824. 2 vol. 8.
Trad. en franç. (par mademoiselle A... Sobry et par M. Pierhuc). *Par.* 1824. 2 vol. 8. Portrait. (*P.*)
Cantù (Ignazio). S. Rosa. *Milan.* 1844. 8.

Rosæfontanus * (Petrus Parvus),
théologien danois († 1559).
Gamst (Jacob). Schediasma de vita et scriptis P. P. Rosæfontani. *Hafn.* 1755. 8. (*Cp.*)

* Son nom de famille était Peder Lille fra Roskilde.

Rosalie (Sainte),
patronne de Palerme.
Cascini (Giordano). Vita S. Rosaliæ, virginis Panormitanæ, etc. *Rom.* 1627. Fol. *Panorm.* 1651. 4. *Ibid.* 1643. 4. Trad. en ital. par Pietro Salerno. *Palerm.* 1651. Fol.
Porpora (Aurelio). Orazione delle lodi di S. Rosalia, vergine Palermitana. *Siena.* 1629. 4.
Colle (Bernardo). Panegirico della vita e morte di S. Rosalia, vergine Palermitana. *Palerm.* 1656. 4.
Girard (Antoine). Abrégé de la vie et l'invention du corps de S. Rosalie, vierge de Palerme en Sicile. *Par.* 1647. 12. (*P.*)
Cascini (Giordano). Di S. Rosalia, vergine Palermitana, libri III, etc. *Palerm.* 1651. Fol.
Doria (Vincenzo). Ragguaglio delle feste fatte a 13. 14. e

15. di luglio 1649 nell' annual memoria del ritrovamento di S. Rosalia. *Palerm.* 1649. 4. *

* Publ. s. l. pseudonyme d'Andrea Zuosvicixi.

Doria (Vincenzo). La rosa celeste. Discorso historico dell' inventione, vita e miracoli di S. Rosalia, V. P. *Palerm.* 1668. 4.
—— Vita di S. Rosalia, vergine Romita Palermitana. *Palerm.* 1669. 4.

Scafilis (Filippo). Relatione delle pompe di Palermo per la festa dell' inventione del corpo di S. Rosalia, V. P. *Palerm.* 1650. 4.

Paruta (Filippo Onofrio). Relatione delle feste fatte in Palermo nel 1625 per il trionfo delle gloriose reliquie di S. Rosalia. *Palerm.* 1651. 4.

Scuppes (Giuseppe). Resunta de la vida, invencion y milagros de S. Rosalia, virgen Palermitana. *Madr.* 1652. Fol.

Tornamira (Pietro Antonio). L' albero della reale e imperiale prosapia di S. Rosalia. *Palerm.* 1652. Fol.

Galeani (Giuseppe). La S. Rosalia, vergine Romita Palermitana, descritta. *Palerm.* 1653. 12. *Genov.* 1662. 8.

Bissi (Giovanni Battista). Palermo festivo, o le feste nell' inventione di S. Rosalia vergine, per protettione e per nascità Palermitana, etc. *Palerm.* 1654. 4.

Andrès de San Nicolas. Vida de S. Rosalea. *Madr.* 1655. 16.

Setajoli (Filippo). Orazione in lode di S. Rosalia, vergine Palermitana. *Palerm.* 1656. 4.

(**Libassi,** Vincenzo). Brieve compendio della vita di S. Rosalia, vergine Palermitana. *Rom.* 1656. 12. *Palerm.* 1681. 12. *

* Publ. sous le nom de son frère Francesco LIBASSI.

Leven van de H. Rosalia, patronesse tegen de peste. *Antw.* 1658. 8.

(**Casaletti,** Antonio). Pompe trionfali celebrate in Palermo a 13. 14. e 15. di luglio del corrente anno, per l' annuale memoria dell' inventione del sacro corpo di S. Rosalia, vergine Palermitana. *Palerm.* 1661. 4.

Magri (Pietro). Las bodas despreciadas. Oracion evangelica por S. Rosalia, virgen Palermitana de la case real de Sicilia. *Madr.* 1661. 4.

Setajoli (Filippo). Panegirico in lode di S. Rosalia, vergine Palermitana. *Palerm.* 1663. 12.

Ristretto della vita di S. Rosalia, vergine Palermitana. *Bologn.*, s. d. (1666.) 8. Avec 8 gravures.

Maja (Francesco Ambrogio). La Rosalia, vergine Palermitana; orazione panegirica. *Macerat.* 1666. 12.

Albergi (Marzio). La trasformata per amore. Discorso panegirico per la verginale Palermitana S. Rosalia. *Madr.* 1666. 4.

Calasibetta (Manuel). La Rosa di Palermo, antidoto de la pesta y de todo mal contagioso. S. Rosalia, virgen esclarecida, fina amante de Jesus, que vivео anacoreta y solitaria en los desiertos; su celestial vida, etc. *Madr.* 1668. 4.

Tornamira (Pietro Antonio). Idea congieturale della vita di S. Rosalia, V. P. *Palerm.* 1668. 4.

Reitani (Giovanni). Il paradiso nella solitudine. Oratione panegirica in lode di S. Rosalia, V. P. *Palerm.* 1669. 4.

Tornamira (Pietro Antonio). La Giuditta Palermitana, o vero la vergine S. Rosalia, trionfatrice d' Oloferne, cioè della peste, etc. *Palerm.* 1671. 4.

Giovine (Girolamo). La pellegrina della nuova Gerusalemme. Panegirico per le glorie della gran vergine Palermitana S. Rosalia. *Palerm.* 1678. 4.

(**Scoma,** Giuseppe). Vittoria della nobilissima vergine Rosalia nella partita dalla corte al monte Quisquina. *Palerm.* 1680. 8. *Ibid.* 1687. 8.

Millemaggi (Giuseppe). Le gare de' nascondimenti per S. Rosalia, la reale vergine Palermitana; oratione panegirica. *Napol.* 1683. 4.

Reitani (Giovanni). Vita prodigiosa di S. Rosalia, *Palerm.* 1688. 4. *

* Traduction d'un ouvrage écrit en espagnol par Felix Lucio SPINOLA.

Polizzi (Giuseppe Maria). Gli horti esperidi tribulati nella solennità dell' anno 1690 alla vergine patrona S. Rosalia, liberatrice di Palermo, sua patria, dal tifero dragone della pestilenzia, etc. *Palerm.* 1690. 8.

Longi (Jacopo). L' amazone celeste trionfante del mondo, della carne, del demonio. Orazione panegirica per le glorie di S. Rosalia, V. P. *Palerm.* 1690. 4.

Spinelli (Giacomo). Eco festiva de' monti, che far risonare per il mondo le glorie e trionfi della gloriosa patrona S. Rosalia, V. P. *Palerm.* 1690. 4.

Paternoni ou Patavini (Pietro). I trionfi del Tebro superati da quelli dell' Oreto nella solennità dell' anno 1691 consagrata alle glorie di S. Rosalia, vergine Palermitana. *Palerm.* 1691. 4.

Ascensio (Fabio). La mano in tutte le cose operaria. Panegirico di S. Rosalia, vergine Palermitana. *Messin.* 1692. 4.

Perucci (Andrea). Elogio alla gloriosa S. Rosalia, vergine Palermitana. *Napol.* 1693. 8.

Mataplana (Pietro). Vita e miracoli di S. Rosalia, vergine Palermitana. *Palerm.* 1693. 8. (Trad. de l'espagnol.)

Strada (Raimondo). Panegirico sacro alle glorie di S. Rosalia, vergine. *Palerm.* 1694. 4. *

* Publ. sous le nom de IGNATIVS A SANCTO RATMUNDO.

Pantani (Tommaso). Orazione panegirica per le glorie di S. Rosalia. V. P. *Palerm.* 1695. 4.

Tropea (Arcangelo). Il gran segno del cielo Palermitano. Oratione panegirica di S. Rosalia. *Palerm.* 1695. 4.

Archangelus a Sancta Nympha. L'oracolo della santità Palermitana eretto sopra monti. Orazione sacra in lode di S. Rosalia, vergine e protettrice di Palermo. *Palerm.* 1696. 4.

Paruta (Filippo Onofrio). La statua di Stesicrate ideata nel monte Pellegrino per le glorie di S. Rosalia, liberatrice della città di Palermo nell' universale tremoto della Sicilia alli 11 di gennaro del 1698. *Palerm.* 1698. 4.

Vadasusi (Giuseppe). La S. Rosalia, vergine Palermitana; panegirico. *Palerm.* 1699. 4.

Grapheus (Fridericus). La bella maga Isolana. Panegirico di S. Rosalia. *Palerm.* 1701. 4.

Bonucci (Antonio Maria). Vida de S. Rosalia, virgine de Palermo, etc. *Lisb.* 1701. 12.

(**Mongitore,** Antonino). Compendio della vita di S. Rosalia, vergine Romita Palermitana. *Palerm.* 1703. 12.

Vio (Ignazio de). Mitologia sacra, o vero il panteon della gentilità consecrato alle glorie di S. Rosalia. *Palerm.* 1703. 4.

Mancusi (Antonio Ignazio). Istoria dell' ammirabile vita di S. Rosalia, vergine Palermitana, compendiosamente descritta. *Palerm.* 1704. 8.

Vitale (Pietro). La S. Rosalia, V. P. nel paradiso della felicità, fiume di grazie, diramato in più fonti, etc. *Palerm.* 1706. 4.
—— Il tempio della pace dedicato alle glorie di S. Rosalia, V. P. arbitra della pace cattolica. *Palerm.* 1707. 4.
—— La protezione genetliaca di S. Rosalia, V. P. *Palerm.* 1708. 4.
—— La sacra Cerere in Campidoglio corteggiata dagli ossequiosi cenj delle città Siciliane, etc. *Palerm.* 1709. 4.
—— La galleria delle donne illustri del vecchio e nuovo Testamento a confronto della vita e gloriosa protezione di S. Rosalia, V. P. *Palerm.* 1710. 4.
—— La nuova lega de' trionfi disposta da S. Rosalia, V. P., etc. *Palerm.* 1711. 4.
—— Dal merito la gloria e dalla gloria la protezione di S. Rosalia, V. P. *Palerm.* 1712. 4.
—— La vera fortuna della citta felice : S. Rosalia, incontrata con le pompe festive dell' anno 1713. *Palerm.* 1713. 4.

Palamengi (Domenico). La taumaturga rosa di Pietra. Orazione encomiastica alle glorie di S. Rosalia. V. P. *Palerm.* 1709. 4.

Serrovira (Aloisio). In lode di S. Rosalia, V. P. orazione panegirica. *Palerm.* 1711. 4.

Mancusi (Antonio Ignazio). Orazione sacra in lode dell' ammirabile verginella e romita S. Rosalia, cittadina della felicissima e fedelissima metropoli di Palermo, conca d' oro. *Palerm.* 1712. 4.

Rosamel (Claude Charles Marie **Ducampe** de), vice-amiral français (5 juin 1774 — vers 1844).

Rampal (N... N...). Notice sur les campagnes de mer et les services de M. Ducampe de Rosamel, vice-amiral, membre du conseil d'amirauté. *Toulon.* 1854. 8. Portrait. (*P.*)

Rosas (Juan Manoel de),
dictateur de la république argentine.

Lamas (Andres). Apuntes historicos sobre las agresiones del dictador Argentino, Don J. M. de Rosas, contra la independencia de la republica oriental de Uruguay. *Montevideo.* 1849. 8. *

* Ouvrage peu commun, même en Amérique.

Rosaspina (Francesco),
graveur italien.

Bolognini – Amorini (Antonio). Memorie della vita e delle opere di F. Rosaspina, incisore Bolognese. *Bologn.* 1842. 8. (*Oxf.*)

Cappi (Alessandro). Elogio di F. Rosaspina, accademico di merito dell' accademia provinciale delle belli arti in Ravenna. *Ravenn.* 1843. 8.

Rosati (Rinaldo),
prédicateur italien (25 janvier 1769 — 17 mars 1843).

Contrucci (Pietro). Biografia del cavaliere canonico R. Rosati. *Pistoja.* 1843. 8.

Roscelin (Jean),
théologien français du XIᵉ siècle.

Chladen (Johann Martin). Dissertatio de vita et hæresi Roscelini. *Erlang.* 1756. 4. (*L.*)

Roscius ou **Rossi** (Janus Victor),
philologue italien (1577 — 1647).

Fischer (Johann Christian). Vita J. V. Roscii, vulgo Jani Nicii Erythræi. *Colon. Ubior.* 1758. 8. (*Bes.*)

Roscoe (William),
historien anglais (1752 — 30 juin 1831).

Roscoe (Henry). Life of W. Roscoe. *Lond.* 1833. 2 vol. 8. (*Oxf.*)

Rosdraszow (Hieronymus),
évêque polonais.

Bucius (Thomas). Oratio in anniversarium H. comitis a Rosdraszow, olim episcopi Vladislaviensis et Pomeraniæ, in ecclesia collegiata S. Michælis in arce Cracoviensi celebratum. *Cracov.* 1601. 4.

Rosdraszow (Johann, Graf v.).

Will (Georg Andreas). Erläuterung der Lebens- und Geschlechts-Geschichte des polnischen oder böhmischen Grafen v. Rosdraszow. *Altd.* 1766. 4.

Rose * de Lima (Sainte),
dominicaine américaine (1586 — 24 août 1617).

Melendez (Juan). Pompa que huvo por la beatificacion de S. Rosa de Lima en el convento del Rosario. *Lima.* 1622. 8.

* Ainsi appelée à cause de la fraicheur de son teint. Son véritable prénom était ISABELLE.

Vargas de Machuca (Juan). Vida de S. Rosa del Peru, s. l. 1634. 4.

Hansen (Leonard). Vita mirabilis et mors pretiosa venerabilis sororis Rosæ de S. Maria Limensis. *Rom.* 1664. 4. *Lovan.* 1668. 12. *Aug. Vind.* 1668. 8.

Lucchesini (Giovanni Lorenzo). Compendium vitæ admirabilis S. Rosæ de S. Maria. *Rom.* 1665. 24. *Ibid.* 1696. 12.

Pinsger (Johannes). Das ehrwürdige Leben und vil (!) werther Todt der ehrwürdigen Schwester Rosa de S. Maria, von Lima gebürtig. *Innsbr.* 1667. 4. Portrait.

* Cet écrit me parait une traduction de l'ouvrage de Léonard Hansen indiqué ci-dessus.

Scoti (Pietro). Compendiosa relazione della vita ammirabile della B. sposa di Cristo Rosa di Santa Maria Domeni. *Palerm.* 1668. 12.

Parra (Jacinto de la). Vida de la bienaventurada S. Rosa del Peru, dominicana. *Madr.* 1668. 4.

Rosa de S. Maria, virgo Limensis, etc. *Aug. Vind.* 1668. 18.

Setajoli (Filippo). La nuova miniera del Peru. Oratione panegirica per la B. Rosa di Santa Maria, vergine Peruana dell' abito di S. Domenico. *Palerm.* 1669. 4.

Freyre (Domingos). Vida admiravel e morte preciosa de benaventurada S. Rosa de S. Maria, natural da cidade de Lima, religiosa da terceira orden de S. Domingo. *Lisb.* 1669. 4.

Macedo (Antonio de **Sousa**). Epitome panegyrico de la vida admirable y muerte gloriosa de S. Rosa, virgen dominicana. *Lisb.* 1670. 8.

Mirabilis vita S. Rosæ a Sancta Maria, virginis Peruanæ. *Colon. Agr.* 1671. 12.

Vida de la gloriosa S. Rosa de S. Maria, etc., trad. de l'ital. par le P. CAPELLAN DEL CALTUARIO. *Par.* 1852. 52.

Rose (Jean Baptiste),
théologien français (1714 — 12 août 1805).

Grappin (Pierre Philippe). Éloge de J. B. Rose. *Besanç.* 1810. 8. (*Bes.*)

Rose (Michael).
médecin (?) allemand.

Starck (Martin Simon). Andenken an M. Rose. *Dresd.* 1741. 4. (*D.*)

Rose (Toussaint),
secrétaire du cabinet de Louis XIV (vers 1612 — 1701).

Alembert (Jean **Lerond** d'). Éloge de T. Rose. *Par.* 1778. 8. *

* Cet éloge, inséré dans le recueil des éloges publié par d'Alembert, a été tiré à part à très-peu d'exemplaires.

Roselli (Antonio),
jurisconsulte italien (vers 1330 — 1466).

Barozzi (Jacopo). Orazione funebre in la morte di A. Roselli. *Padov.* 1719.

Roselli (Niccolò),
peintre italien (florissant vers 1568).

(Baruffaldi, Girolamo). Vita di N. Roselli e di Bartolommeo e Girolamo Faccini, pittori, (publ. avec des notes par Giovanni PENETTI.) *Venez.* 1850. 8.

Rosellini (Ippolito),
archéologue italien (1800 — 4 juin 1843).

Bardelli (N... N...). Biografia del professore I. Rosellini. *Firenz.* 1843. 8.

Dei (Giuseppe). Biografia del professore I. Rosellini. *Firenz.* 1843. 8.

Champollion-Figeac (Jean Joseph). Tribut de reconnaissance et d'amour à la mémoire d'H. Rosellini. *Par.* 1844. 8.

Cavedoni (Celestino). Biografia d' I. Rosellini. *Moden.* 1843. 8.

Rosemberg (François Toussaint **Forbin de Janson**, comte de),
soldat-trappiste français (12 février 1634 — 21 juin 1710).

Davia (Alessandro). Vita di Fra Arsenio di Janson, monaco Cisteriense della Trappa. *Rom.* 1710. 8. *Firenz.* 1711. 12.

Trad. en franç. :

S. e. t. Relation de la vie, etc. (par Antoine LANCELOT). *Par.* 1711. 12. (*P.*)

(Par Jean Baptiste DAOUET DE MAUPERTUY.) *Avign.* 1711. 12. (*P.*)

Rosén (Axel Pontus v.),
général suédois (28 janvier 1773 — 25 oct. 1834).

Wingård (C... F... af). Åminnelse-Tal öfver A. P. v. Rosén. *Stockh.* 1855.

Rosén (Gustaf Fredrik v.),
homme d'État suédois.

Sandels (Samuel). Åreminne öfver Riks-Rådet Greve G. F. v. Rosén. *Stockh.* 1771. 8.

Rosen (Kunz von der) voy. **Kunz von der Rosen.**

Rosén (Maurice)
officier norvégien (19 août 1805 — 24 sept. 1845).

(**Hiard**, Tiburce). M. Rosen, capitaine d'artillerie norwégienne, auxiliaire à l'armée française d'Afrique, mort à Alger. *Par.* 1851. 8. (Extrait du *Nécrologe universel du XIXᵉ siècle.*)

Rosén v. Rosenstein (Nils),
médecin suédois (1ᵉʳ février 1706 — 16 juillet 1773).

Schulz v. Schulzenheim (David). Åminnelse-Tal öfver N. Rosén af Rosenstein. *Stockh.* 1773. 8.

Ihre (Johan). Programma in memoriam N. Rosén. *Upsal.* 1774. 8.

Floder (Johan). Oratio funebris in memoriam N. Rosen. *Upsal.* 1775. 8.

Rosenadler (Carl Albrecht),
homme d'État suédois.

Adlerbeth (Gudmund Göran). Åminnelse-Tal öfver Presidenten C. A. Rosenadler. *Stockh.* 1800. 8.

Rosenberg (Johann),
pédagogue allemand (24 juin 1634 — 23 juin 1713).

Programma in J. Rosenbergi funere. *Budiss.* 1713. Fol.

Rosenberg-Witkowec (Peter Wok v.),
homme d'État bohème.

Hammer-Purgstall (Joseph v.). Über die Verhandlungen mit Herrn v. Rosenberg während des Einfalls des Passau'schen Kriegsvolkes in Böhmen in Jahre 1611. *Prag.* 1843. 4.

Rosenberg-Witkowec (Wilhelm· v.),
homme d'État bohème du xvie siècle.
Pistolac (Vincenz). Spis ku poctivosti snatku svatelniho p. W. ze Rosenberka. *Praze.* 1877. 4.
Brezan (Wácslaw). Ziwot W. z Rosenberka. *Praze.* 1846. 8.

Rosenblad (Eberhard),
médecin suédois (16 nov. 1714—21 mars 1796).
Wollin (Christian). Rosarum folia in tumulum, etc., D. E. Rosenblad. *Lund.* 1796. 4.

Rosenhane,
famille suédoise.
D'Albedyhll (N... N...). Dissertatio historica de gente Rosenhaneana. *Stockh.*, s. d. 8.
Kolmodin (Olav). Generossissimæ gentis Rosenhaneanæ enarratio. *Upsal.* 1818. 8.

Rosenhane (Johan),
homme d'État suédois (11 février 1611—...1661).
Brask (Samuel Petri). Likpredikan öfver Riks-Rädet J. Rosenhane. *Stockh.* 1662. 4.

Rosenhane (Schering),
homme d'État suédois (6 janvier 1754—6 nov. 1812).
Adlerbeth (Gudmund Göran). Åminnelse-Tal öfver Stats-Secreteraren Friherren S. Rosenhane. *Stockh.* 1813. 8.

Rosenkrants (Erik),
homme d'État danois, fils du suivant (12 mars 1612—...1681).
Grave (Erik). Ligpraediken over E. Rosenkrants. *Kjoebenh.* 1682. Fol. (*Cp.*)

Rosenkrants (Holger ou Oliger),
homme d'État danois (14 déc. 1574—28 oct. 1642).
Jorgensen (Frants). Gratulatio ad nuptias O. Rosen-·krantzii et Sophiæ Brahe. *Hafn.* 1598. 4.
Andersen (Christen). Oratio in obitum H. Rosenkrantzii. *Hafn.* 1642. 4. (*Cp.*)
Ernst (Henrik). Oratio in memoriam O. Rosenkrantzii. *Soræ.* 1642. 4.
Winstrup (Peder Pedersen). Oratio parentalis O. Rosenkrantzio dicta. *Kjoebenh.* 1643. 4.
Vind (Ole). Ligpraediken over H. Rosenkrants. *Kjoebenh.* 1643. 4. (*Cp.*)

Rosenmueller (Johann Georg),
théologien allemand (18 déc. 1736—14 mars 1815).
(**Martell,** Ludwig August Wilhelm). Notizen aus dem Leben J. G. Rosenmueller's, der Theologie Professors und Superintendenten zu Leipzig. *Leipz.* 1815. 8. (*L.*)
Dolz (Johann Christian). J. G. Rosenmueller's Leben und Wirken. *Leipz.* 1816. 8. (*D.* et *L.*)

Rosensparre (Sten),
homme d'État danois.
Bang (Hans). Ligpraediken over S. Rosensparre. *Kjoebenh.* 1612. 8. (*Cp.*) Trad. en allem. par M... J... R... F... *Kopenh.* 1612. 8.

Rosenstein (Carl v.),
archevêque d'Upsala (13 mai 1766—2 déc. 1836).
Thorsander (Johan). Minnesord öfver C. v. Rosenstein. *Upsal.* 1837. 8.
Rabenius (Lars Georg). Minnesord öfver Erke-Biskop Rosenstein, etc. *Upsal.* 1837. 8.
In manes beatos C. v. Rosenstein, etc. *Upsal.* 1837. Fol. (*Oxf.*)

Rosenthal (Gottfried),
théologien allemand.
Nitsch (Georg). Gedächtniss-Predigt auf G. Rosenthal. *Gotha.* 1711. Fol. (*D.*)

Rosenthal (Lucas),
théologien allemand.
Baumgarten (Johann). Wahrhafftige Historia der Leere(!), Lebens und christlichen Absterbens des Pastoris L. Rosenthal. *Magdeb.* 1560. 4. * (*Cp.*)
* Publ. s. l. nom latinisé : J. Pomælius.

Rosing (Michael),
comédien danois (19 février 1756—12 oct. 1818).
Mindeblomster paa M. Rosings Grav. *Kjoebenh.* 1819. 8. (*Cp.*)

Rosing (Ulrik Frederik),
théologien danois (17 déc. 1776—2 avril 1841).
Rasmussen (P... C... J...). Mindeblade om U. F. Rosing, Sognepraest til Horsens. *Horsens.* 1841. 8.

Rosini (Carlo Maria),
évêque de Pouzzoles (1er avril 1748—18 février 1836).
Lusignano (Niccolò). Commentarius de vita et rebus gestis C. M. Rosini, episcopi Puteolani, etc. *Napol.* 1836. 8.
Rosa (Prospero della). Vita di C. M. Rosini. *Napol.* (?) 1837. 8.

Rosinus * (Johannes),
archéologue allemand (1551—7 oct. 1626).
Eckhard (Johann Friedrich). Von dem J. Rosinus und dessen Schriften. *Eisenach.* 1787. 4.
* Son nom de famille était Rossfeld.

Rosir (Johan),
homme d'État suédois (30 nov. 1709—14 juin 1789).
Rosenstein (Nils v.). Åminnelse-Tal öfver Presidenten Friherren J. Rosir. *Stockh.* 1789. 8.

Rosler (Johann Burkhard),
jurisconsulte allemand (22 février 1643—26 mai 1708).
Rosler (Hermann Burkhard). Kurze Nachricht von J. B. Rosler's Leben und Schriften. *Jena.* 1724. 8. (*L.*)

Rosmini-Serbati (Antonio),
philosophe italien.
De Domini (Giovanni Pietro). Uno studio sul nuovo saggio intorno alla origine delle idee dell' abate A. Rosmini-Serbati. *Udine.* 1842. 8.
Gioberti (Vincenzo). Degli errori filosofici di A. Rosmini-Serbati. *Brux.* 1843-44. 3 vol. 8. (*Bx.*) *Capolago.* 1846. 5 vol. 12.

Rosmini (Carlo de'),
historien italien (1758—1827).
Meneghelli (Antonio Maria). Rosmini e suoi opere. *Padov.* 1827. 8.

Ross (Alexander),
théologien anglais.
Memoir of the late Rev. A. Ross, etc., with a preface by John Hayden. *Lond.* 1854. 8.

Ross (Eliza S...),
dame anglaise.
Mann (Thomas). Narrative of the life·and death of E. S. Ross. *Lond.* 1847. 8. (*Oxf.*)

Ross (John),
navigateur anglais.
Huish (Robert). The last expedition of sir J. Ross to the Arctic regions. *Lond.* 1835. 8. (*Oxf.*)

Rosseel (François),
assassin belge (1819 — exécuté le 18 février 1848).
Procès complet de F. Rosseel et G. Vandenplas, exécutés à Bruxelles, etc. *Brux.* 1848. 8. (Avec les portraits de ces deux criminels.)

Rossem (Maarten van),
conspirateur hollandais.
Pape (J... D... W...). Levensgeschiedenis van M. van Rossem. *Hertogenbosch.* 1847. 8.

(**Torrentius,** Levinus). Geldrogallorum grassatio in Lovanienses per M. à Roshem ab eximiæ spei adolescentulo posteritati prodita. *Antwerp.* 1542. 12.
Servilius (Johannes). Geldrogallica conjuratio in totius Belgicæ clarissimam civitatem Antwerpiam duce M. Rosheymio. *Antwerp.* 1542. 8. Trad. en ital. s. c. t. La congiuratione de' Gheldresi contro la città d'Anversa, par Francesco Strozzi. *Venez.* 1548. 8.

Bericht der Fürstin Maria zu Hungern, Regentin der Nidern Erblande, belangend dem Überzug und Einfal durch M. von Roszheim, etc., in Brabant, s. l. 1543. 4.

Verhandeling over het huis van M. van Rossum (!) te Arnhem. *Arnh.* 1780. 8.

Rosset (Joseph),
sculpteur français (1706—3 déc. 1786).
Villette (N... N...). Notice biographique sur J. Rosset, *Par.* 1787. 8. (Extrait du *Journal de Paris.*)

Rossetti (Domenico de),
archéologue italien (19 mars 1774—26 nov. 1842).
Formiggini (S...). Epigrafi biografiche del dottore de Rossetti. *Trieste.* 1843. 8.

Kandler (Pietro). Discorso in onore del dottore D. de Rossetti, cavaliere della Corona ferrea, consigliere di governo, procuratore civico, etc. *Trieste.* 1844. 4.

Rossi,
famille italienne.

Carrari (Vincenzo). Historia della famiglia de' Rossi Parmigiani. *Ravenn.* 1583. 4.

Rossi. (Gasparo). Sommario della historia de' Rossi Parmegiani. *Vicenz.* 1629. 4.

Rossi (Giovanni Battista),
général des carmes du xvie siècle.

Memoria del P. G. B. Rossi, Ravennate, generale dei carmelitani, nato nel 1507 da Domenico Rossi e Antonia Spreti. *Ravenn.* 1856. 8.

Rossi (Giovanni Bernardo de),
orientaliste italien (26 oct. 1742 — ... 1831).

Memorie storiche sugli studii e sulle produzioni di G. B. de Rossi, professore di lingua orientale. *Parma.* 1809. 8. (*Bes.* et *P.*)

Rossi (Giulio de'),
évêque de Pescia.

Contrucci (Pietro). Elogio di monsignore G. de' Rossi da Pistoia, vescovo di Pescia. *Pistoja.* 1839. 8. (6e édition.)

Rossi (Ignazio de),
jésuite italien (3 février 1740 — 25 nov. 1824).

Laureani (Gabriello). Elogio storico del P. I. de Rossi. *Rom.* 1825. 8.

Rossi (Pellegrino Luigi Odoardo),
homme d'État italien (13 juillet 1787 — assassiné le 15 nov. 1848).

Garnier (Joseph). Notice sur la vie et les travaux de M. Rossi, membre de l'Institut, professeur d'économie politique au collége de France, ambassadeur (de France) à Rome. *Par.* 1849. 8. (*P.*)

Huber-Saladin (John). M. Rossi en Suisse, de 1816 à 1853. *Par.* 1849. 8.

Mignet (François Auguste Alexis). Notice historique sur la vie et les travaux de M. Rossi. *Par.* 1849. 8. (*P.*)

Rossi Scutellari (Marietta),
dame italienne.

Petruzzi (Giuseppe). In morte di M. Rossi Scutellari. *Bologn.* 1832. 8. (*Oxf.*)

Rossignol, dit **Sergent** (Jean Antoine),
général français (1759 — . avril 1802).

Rossignol, ex-général des troupes de la république et commandant en chef les armées de l'Ouest, Brest et Cherbourg, aux républicains français, s. l. et s. d. (*Par.*) 4.

Rossillon de Bernex (Michel Gabriel),
évêque de Genève (1657 — 23 avril 1734).

Benevix (N... N... de). Oraison funèbre de M. de Rosillon de Bernex, évêque de Genève. *Annecy.* 1735. 4.

Boudet (Claude). Vie de M. G. Rossillon de Bernex, prince-évêque de Genève, s. l. (*Lyon*.) 1731. 2 vol. 12.

Rossini (Gioachimo),
compositeur italien du premier ordre (29 février 1791 — ...).

(**Beyle**, Louis Alexandre César). Vie de Rossini. *Par.* 1723. 2 vol. 8. *Ibid.* 1824. 2 vol. 8. * *Ibid.* 1854. 8.
Trad. en allem. par Amadeus Wendt. *Leipz.* 1824. 8. Portrait. (*L.*)
Trad. en angl. *Lond.* 1824. 8.
  * Publ. s. l. pseudonyme de Stendhal et ornée d'un portrait de Rossini et de Mozart.

Rossini e la sua musica. *Milan.* 1824. 8.

Musumeci (Liborio). Parallelo tra i maëstri Rossini e (Vincenzo) Bellini. *Palerm.* 1834. 8.

San-Iacinto (M... di). Osservazioni sul merito musicale dei maëstri Bellini e Rossini, in risposta ad un parallelo tra i medesimi, etc. *Palerm.* 1834. 8. *Bologn.* 1834. 8. * Trad. en franç. s. c. t. Rossini et Bellini, etc., par M... de Ferrer. *Par.* 1836. 8.
  * Anti-critique de l'écrit précédent.

Bettoni (Niccolò). Rossini et sa musique. *Par.* 1836. 8.
Vie de G. Rossini, célèbre compositeur, membre de l'Institut, etc. *Anvers.* 1839. 12.

(**Loménie**, Louis de). M. Rossini, par un homme de rien. *Par.* 1842. 12.

Oettinger (Eduard Maria). Rossini. *Leipz.* 1845. 12. *Ibid.* 1848. 2 vol. 8. (Roman biographique.)

Rossmann (Andreas Elias),
jurisconsulte allemand (2 déc. 1708 — 18 janvier 1767).

Reinhard (Johann Paul). Memoria A. E. Rossmanni, jurium professoris. *Erlang.* 1767. Fol. (*L.*)

Rossum (Adrien Charles Joseph van),
médecin belge (vers 1706 — 8 mai 1789).

Ram (Pierre François Xavier de). Notice sur les docteurs van Rossum et (Josse Jean Hubert) Vouck, membres de l'ancienne académie. *Brux.* 1843. 12. (*Bx.*)

Rost (Christoph Jeremias),
pédagogue allemand (10 juillet 1718 — 13 janvier 1790).

Irmisch (Gottlieb Wilhelm). Imago litterati verique scholarum doctoris ac rectoris; monumentum C. J. Rostii, etc. *Lips.* 1790. 4. (*L.*)

Rost (Nicolaus),
théologien allemand.

Mueller (Daniel). Programma de vita N. Rostii. *Chemnic.* 1714. Fol. (*L.*)

Rostgaard (Conradine Sophie),
bel-esprit danoise (1704 — 1758).

Fritz (Hans). Ligpraediken over C. S. Rostgaard. *Soroe.* 1758. 4.

Rostgaard (Hendrik),
homme d'État danois.

Thura (Laurids Lauridsen). H. Rostgaards Liv og Levnet. *Kjoebenh.* 1726. 4. (*Cp.*)

Rostopschin (Fédor),
général russe (12 mars 1765 — 12 février 1826).

Rostopschin (Fédor). La vérité sur l'incendie de Moscou (en 1812). *Par.* 1823. 8. * (*P.*)
  * L'auteur repousse le reproche d'avoir incendié l'ancienne capitale des czars.

(**Poltoratzky**, Sergius). Mémoires du comte Rostopchine, écrits en dix minutes; son mot sur Fouché, Talleyrand et Potier, anecdote de la pelisse. *Par.* 1839. 8. *
  * Curiosité tirée à 300 exemplaires numérotés à la presse.

Roswitha, voy. **Hroswitha.**

Rota (Michel Angelo),
médecin italien (1589 — 1662).

(**Bernardi**, Florio). Dies parentalis addita immortalitati M. A. Rotae, medici hac aetate principis et epidictico luctu celebrata. *Venet.* 1663. 4. (*D.*)

Rota (Vincenzo),
poëte italien (15 mai 1703 — 10 sept. 1785).

(**Fanzago**, Francesco). Memorie intorno alla vita ed agli ameni studj dell' abate V. Rota. *Padov.* 1798. 8.

Rotalier (Charles Édouard Joseph de),
littérateur français (31 mars 1804 — 21 juillet 1849).

Besson (N... N...). Éloge de M. C. É. J. de Rotalier. *Besanç.* 1850. 8. (Extrait du *Bulletin de l'Académie des sciences de Besançon.*)

Roten (Fabien Joseph Maurice),
évêque de Sion (8 avril 1783 — 11 août 1843.

Barande (L...). Mgr. F. J. M. Roten, évêque de Sion. *Par.* 1846. 8. (Extrait du *Nécrologe universel du* xixe *siècle.*)

Rotenhan (Sebastian v.),
voyageur allemand († vers 1550).

Eyring (Ludwig Salomon). Vita S. a Rotenhan, ex fide dignis monumentis descripta. *Jenae.* 1759. 4. Port. (*D.*)

Roth,
idole française.

Le Ver (N... N...). Dissertation sur l'abolition du culte de Roth, soit par S. Mellon, premier évêque, soit par S. Romain, dix-neuvième évêque de Rouen. *Par.* 1829. 8.

Roth (Christoph Friedrich),
philologue allemand.

Roth (Friedrich). Laudatio C. F. Rothii. *Stuttg.* 1814. 8. (*D.* et *L.*)

Roth (Georg),
théologien allemand.

Amling (Wolfgang). Trostpredigt bey der Leich G. Roth's. *Zerbst.* 1589. 4. (*D.*)

Rothardus,
évêque de Soissons.

Rossteuscher (Eduard Adolph). Dissertatio de Rotbardo, episcopi Suessionensi partic. II. *Marb.* 1845. 8.

Rothe (Stephan),
pédagogue allemand.

Rehkopf (Johann Friedrich). Programma de S. Rothio, rectore Cygnensi. *Helmst.* 1775. 4. (*L.*)

Rothelin (Charles d'Orléans de),
littérateur francais (1691 — 1744).

Fréret (Nicolas). Éloge de C. de Rothelin. *Par.*, s. d. 8. (Extrait du *Recueil de l'Académie des inscriptions.*)

Rothfischer (Franz Gregorius),
bénédictin allemand (2 mai 1720 — 20 février 1755).

Rothfischeri memoria, ab academia Helmstadiensi edita. *Helmst.* 1755. 4.

Richter (Georg Gottlob). Memoria viri, dum viveret, excellentissimi doctissimique F. Rothfischeri. *Goetting.* 1755. 4.

Gesner (Johann Matthias). Memoria F. Rothfischeri. *Goetting.* 1755. 4. (*L.*)

Nachricht von F. sonst G. Rothfischer's Übergang zur evangelischen Kirche, s. l. 1752. 4.

Bandel (Joseph Anton v.). Kriegsrecht über den Kloster- und Glaubens-Deserteur Pater G. Rothfischer. *Bamb.* 1752. 4.

Kritische und unpartheyische Nachricht und Beurtheilung der über den Übertritt des Professors Rothfischer von der römisch-katholischen zu der evangelisch-lutherischen Kirche sowohl von ihm, als für und wider ihn herausgekommenen Schriften. *Frf.* et *Leipz.* 1754. 4. (*L.*)

Rothkeppel (Ludwig Christian),
jurisconsulte allemand.

Reinhard (Johann Paul). Memoria L. C. Rothkeppel, jurisprudentiæ cultoris. *Erlang.* 1767. Fol. (*L.*)

Rothmahler (Erasmus),
théologien allemand (+ 28 nov. 1662).

Lesser (Friedrich Christian). Leben E. Rothmahler's, Archidiaconi zu Frankenhausen. *Nordh.* 1749. 4. (*D.*)

Rothman (Göran),
médecin suédois (30 nov. 1730 — 4 déc. 1778).

Minne öfver Assessoren G. Rothman. *Stockh.* 1778. 8.

Rothschild (Nathan Mayer),
financier juif (16 sept. 1777 — 28 juillet 1836).

Notice sur la maison Rothschild, avec la biographie de chacun de ses membres. *Par.* 1851. 8.

Treskow (A... v.). Biographische Notizen über N. M. Rothschild; nebst seinem Testament. *Quedlinb.* 1837. 8.

(Dairnwoell, Georges). Histoire édifiante et curieuse de Rothschild I, roi des Juifs, par SATAN. *Par.* 1846. 12. *Brux.* 1846. 18. Trad. en allem. *Berl.* 1847. 8.

Réponse de Rothschild I, roi des Juifs, à Satan dernier, roi des imposteurs. *Par.* 1846. 8. Trad. en allem. *Berl.* 1846. 8.

(———). Rothschild I, ses valets et son peuple. *Par.* 1846. 18.

Robert (S... Paul). La vérité sur la maison Rothschild. *Par.* 1846. 8.

Raban (P... de). Nouvelle réponse du prince des Israélites, Rothschild I, à un pamphlétaire (Satan). *Par.* 1846. 8.

Mesnard (Jean Baptiste). Dix jours de règne de Rothschild I, roi des Juifs, ou notes pour servir à l'histoire de la fondation de la monarchie de ce souverain. *Par.* 1846. 8.

Michaud (Gabriel Louis) et **Villenave** (Mathieu Guillaume Thérèse). Histoire du Saint-Simonisme et de la famille de Rothschild, ou biographie du comte (Claude Henri) Saint-Simon et de (Amand) Bazard; suivie de la biographie de Mayer Anselme Rothschild et de Nathan, son fils. *Par.* 1847. 8. * (*P.*)
* Avec les portraits de Saint-Simon et de Rothschild.

Doering (Heinrich) Des Handelshauses Rothschild Ursprung, Wachsthum und Schicksale. *Leipz.* 1851. 8. (*L.*)

Rothovius (Isaak),
évêque d'Abo (1er nov. 1572 — 10 février 1652).

Wallenius (Johan Frederik). Vita et merita M. I. B. Rothovii, episcopi quondam Aboënsis programmata XVIII. *Abo.* 1796-1812. 8.

Rothstein (R...),
théologien suédois.

Faxe (Wilhelm). Likpredikan öfver Theologiae Professoren, Prosten och Kyrkoherden Dr. R. Rothstein. *Lund.* 1820. 4.

Roti (Michel Angelo),
capucin italien.

Roti (Giustino). Elogio del P. M. A. Roti, da San Sepolcro, ministro generale de' capuccini. *Città di Castello.* 1844. 8.

Rotrou (Jean de),
poète français (12 août 1609 — 27 juillet 1650).

Blin de Sainmore (Adrien Michel Hyacinthe). Essai sur la vie de J. Rotrou, auteur de *Wenceslas. Par.* 1805. 8. (Extrait du *Magasin encyclopédique.*)

Rottari (Bernardo),
diplomate piémontais.

Manuzio (Aldo Pio). Oratio in funere B. Rottarii, Emmanuelis Philiberti, ducis Sabaudiæ, apud Venetam rempublicam legati, etc., s. l. et s. d. (1578.) 4. *
* Une des plus jolies éditions Aldines.

Rotteck (Carl v.),
historien allemand (1er juin 1775 — 27 nov. 1840).

Muench (Ernst Joseph Hermann v.). C. v. Rotteck, geschildert nach seinen Schriften und nach seiner politischen Wirksamkeit, nebst einem Umrisse seiner vorzüglichsten Lebensmomente. *Haag.* 1831. 8. (*D.* et *L.*)

Rottenkolber (Gregor),
abbé de Tegernsee.

Guenthner (Sebastian). Biographie des G. Rottenkolber, Abtes des ehemaligen Stifts Tegernsee und Primas von Baiern. *Münch.* 1811. 8. Portrait.

Rotth (Albrecht Christian),
théologien allemand (12 janvier 1651 — 10 déc. 1701).

(Cyprian, Johann). Programma in A. C. Rotthii funere. *Lips.* 1701. Fol. (*L.*)

Rottmanner (Simon),
jurisconsulte allemand (2 février 1740 — 5 sept. 1813).

(Socher, Joseph). Hauptzüge aus dem Leben des Dr. S. Rottmanner, Gutsbesitzers zu Ast, etc. *Landsh.* 1814. 8.

Roucel (Étienne),
botaniste belge.

Morren (Charles François Antoine). Notice sur É. Roucel. *Brux.* 1855. 12. (*Bx.*)

Roucher (Jean Antoine),
poète français (22 février 1745 — guillotiné le 26 juillet 1793).

Roucher (Jean Antoine). Consolation de ma captivité, ou correspondance du poëte Roucher décapité en l'an II. *Par.* 1797. 2 vol. 8. Portrait. (*P.*)

Rigaud (Jean Cyrille). Eloge de Roucher. *Montpell.* 1807. 8. (*P.*)

Rouelle (Guillaume François),
chimiste français (1703 — 3 août 1770).

Cap (Paul Antoine). Biographie chimique : Rouelle. *Par.* 1842. 8.

Puiseux (L...) et **Charles** (E...). Notice sur (François de) Malherbe, (Pierre Simon de) La Place, (Louis) Varignon, Rouelle, (Louis Nicolas) Vauquelin, (Victor Collet) Descotils, (Augustin Jean) Fresnel et (Jules Sébastien César) Dumont d'Urville. *Caen.* 1847. 12.

Rouget-Delisle (Joseph),
auteur de la *Marseillaise* (10 mai 1760 — 30 juin 1836).

(Miramont, Cornède de). Biographie de Rouget-Delisle, etc. *Par.* 1842. 8. (*P.*)

Pyat (Félix). La *Marseillaise*, avec une notice littéraire sur Rouget-Delisle. *Par.* 1842. 8.

Sézanne (Frédéric de). Rouget-Delisle et la *Marseillaise. Par.*, s. d. 4. (Edition illustrée.)

Gonon (P... M...). Suppression du dernier couplet de la *Marseillaise*, et captivité de Rouget-Delisle en 1793, s. l. (*Lyon.*) et s. d. (1848.) 8.

Rougnon (Nicolas François),
médecin français (19 avril 1727 — 5 août 1799 *).

Marchant (N... N...). Notice historique sur Rougnon. *Besanç.* 1799. 8.
* La *Biographie universelle* le fait mourir le 13 juillet de la même année.

Rouillé (Louis Pierre),
poète français (28 mars 1757 — 17 oct. 1844).

Hulst (Félix van). Notice sur L. P. Rouillé. *Liége.* 1845. 8. Portrait. (Extrait de la *Revue de Liége.*) — (*Lv.*)

Rousseau (Bernardine),
philanthrope française.

Parenty (N... N...). La mère des pauvres, ou la vie de la sœur B. Rousseau. *Lille.* 1850. 18. (2e édition.)

Rousseau (Jean Baptiste),
poëte français (6 avril 1670 — 17 mars 1741).

Gacon (François). Histoire satirique de la vie et des ouvrages de M. Rousseau, en vers ainsi qu'en prose. *Par.* 1712. 12. Portrait. (*P.*)

Vie de J. B. Rousseau, s. l. 1748. 12. (*P.*) *

  * Cet ouvrage paraît être de VOLTAIRE.

Mémoires pour servir à l'histoire du célèbre Rousseau, où l'on prouve que les fameux couplets, qui lui ont été faussement attribués, sont réellement de Lamotte, Saurin et Malafer. *Par.* 1752. 12.

Maux (N... N... de). Eloge de J. B. Rousseau. *Amiens.* 1799. 8. *

  * Discours qui a remporté le prix proposé par l'Académie d'Amiens.

Passeron (J... S...). François Gacon et J. B. Rousseau. *Lyon.* 1854. 8.

Marchal (Joseph). Notice sur l'exil et le décès de J. B. Rousseau à Bruxelles, s. l. et s. d. (*Brux.* 1843.) 8. (Extrait du *Bulletin de l'Académie royale de Belgique.*)

Bourey (Valmont). J. B. Rousseau; étude littéraire. *Par.* 1852. 8.

Rousseau (Jean Denis),
inspecteur de l'Académie de Caen (3 oct. 1765 — 19 nov. 1835).

Legeay (N... N...). Notice nécrologique sur M. J. D. Rousseau. *Lyon.* 1835. 8.

Edom (N... N...). Notice biographique sur M. l'abbé Rousseau, chevalier de la Légion d'honneur, etc. *Caen.* 1857. 8.

Rousseau (Jean Jacques),
philosophe suisse du premier ordre (28 juin 1712 — 3 juillet 1778).

Barbier (Antoine Alexandre). Notice des principaux écrits relatifs à la personne et aux ouvrages de J. J. Rousseau. *Par.* 1824. 8. * Réimprim. s. c. t. Notice bibliographique sur les diverses éditions des ouvrages de J. J. Rousseau, et sur les principaux écrits relatifs à sa personne et à ses ouvrages. *Par.* 1836. 8. (Extrait du tome VIII de la *France littéraire* de Quérard.)

  * Cette notice, insérée dans les *Annales encyclopédiques* (juillet 1818) a été tirée à part. Elle contient 372 ouvrages.

Rousseau (Jean Jacques). Confessions. *Genève.* 1782. 4 vol. 8. *Ibid.* 1790. 4 vol. 8. *Ibid.*, an VI (1798). 4 vol. 12. *Ibid.* 1808. 4 vol. 12. *Ibid.* 1813. 2 vol. 8. (*D.*) *Ibid.* 1818. 2 vol. 18. *Ibid.* 1832. 4 vol. 18. *Ibid.* 1836. 5 vol. 18.

  Trad. en allem.:
  Par Adolph v. KNIGGE. *Berlin.* 1786-90. 4 vol. 8.
  Par un anonyme. *Tübing.* 1790. 5 vol. 8.
  Par Joseph Heinrich HEUSINGER. *Leipz.* 1830. 12 vol. 16. (*L.*)
  Trad. en angl. *Lond.* 1790. 7 vol. 12. (*Oxf.*)

Remarks on the writings and conduct of J. J. Rousseau. *Lond.* 1767. 12. (*Oxf.*)

Leben der vier berühmtesten Gelehrten unseres philosophischen Jahrhunderts, Rousseau's, Lambert's, Haller's und Voltaire's. *Münch.* 1775. 8.

La Croix (N... N... de). Eloge de J. J. Rousseau. *Par.* 1778. 8. (*D.*)

Le Bègue du Presle (Achille Guillaume). Relation ou notice des derniers jours de M. J. J. Rousseau, circonstances de sa mort, etc. *Lond.* (*Par.*) 1778. 8. * (*Lv.*) Trad. en angl. *Lond.* 1778. 8.

  * Le Bègue, qui fut l'ami de Rousseau, dément dans cet écrit les bruits que Jean Jacques s'est donné la mort.

Éloge de M. Rousseau de Genève. *Par.*, s. d. (1779.) 8.

J. J. Rousseau, Bürger von Genf; characteristische Anecdote des achtzehnten Jahrhunderts. *Frf.* 1779. 8.

Longueville (N... N... de). Portrait de J. J. Rousseau, en dix-huit lettres qui présentent une courte analyse de ses principaux ouvrages. *Amst.* et *Par.* 1779. 8.

Girtanner (Christoph). Fragmente über J. J. Rousseau's Leben, Character und Schriften. *Wien.* 1782. 8. Leben des Bürgers von Genf, J. J. Rousseau. *Leipz.* et *Frf.* 1782. 8. (*D.* et *L.*)

(Brard, A... J...). Réveil de J. J. Rousseau, ou particu-

larités sur sa mort et sur son tombeau. *Genève* et *Par.* 1783. 8.

Barère (Bertrand). Éloge de J. J. Rousseau. *Par.* 1787. 8. (*P.*)

Chas (Jean). Éloge de J. J. Rousseau. *Par.* 1787. 8. (*P.*)
  * Ouvrage qui a remporté le prix de l'Académie des Jeux-Floraux de Toulouse.

(Bilhon, Jean François). Éloge de J. J. Rousseau. *Par.* 1788. 8. *Ibid.* 1799. 8. *
  * La seconde édition porte le nom de l'auteur.

Staël (Anne Louise Germaine de). Lettres sur les ouvrages et le caractère de J. J. Rousseau, s. l. 1788. 12. s. l. 1789. 8. *Par.* 1798. 8. (*P.*)
  Trad. en angl. *Lond.* 1789. 12.
  Trad. en ital. *Mendriso.* 1817. 8.

Barruel-Beauvert (Antoine Joseph de). Vie de J. J. Rousseau. *Lond.* et *Par.* 1789. 8. (*D.*)

Meude-Monpas (Jean Jacques de). Eloge de J. J. Rousseau, avec des anecdotes très-intéressantes, relatives à ce grand homme, etc. *Par.* 1790. 8.

(Le Normant, Charles François). J. J. Rousseau, aristocrate. *Par.* 1790. 8.

Lorthe (Gabriel Antoine de). Éloge de J. J. Rousseau. *Par.* 1791. 8.

Mercier (Louis Sébastien). De J. J. Rousseau, considéré comme un des premiers auteurs de la révolution. *Par.* 1791. 2 vol. 8. (*P.*)

Thierry (N... N...). Éloge de J. J. Rousseau. *Par.* 1791. 8. (*P.*)

Rouvière (Jean Jacques). Éloge de J. J. Rousseau, citoyen de Genève. *Montp.* 1792. 8. (Couronné par la Société populaire de Montpellier.)

Petit (Michel Edme). Eloge de J. J. Rousseau. *Par.* 1792. 8.

Dejaure (Jean Claude Bedeno). Éloge de J. J. Rousseau. *Par.* 1792. 8. (*P.*)

Hennings (Auguste Adolph). Rousseau. *Berl.* 1797. 8.

(Corancez, Olivier de). De J. J. Rousseau, extrait du *Journal de Paris*, des numéros 251, 252, 253, 259, 260 et 261 de l'an VI (1798.) *Par.* 1798. 8.

Buman (Jean Nicolas). Eloge de J. J. Rousseau. *Par.* 1803. 8. (*P.*)

J. J. Rousseau, accusateur des prétendus philosophes de son siècle et prophète de leurs destructions. *Rom.* (*Lyon*). 1807. 12. (Trad. de l'italien.)

Forest (Jean Brunot). Abrégé de la vie de J. J. Rousseau, citoyen de Genève, tiré de ses *Confessions* et de ses autres ouvrages. *Par.* 1808. 8. (*P.* et *Lv.*)

(Patris de Breuil, Louis Marie). Éloge de J. J. Rousseau. *Par.* 1810. 12.

Cousin d'Avalon (Charles Yves). Rousseau, ou recueil d'anecdotes, bons mots, maximes de J. J. Rousseau. *Par.* 1810. 18. *Ibid.* 1811. 18.

Azaïs (Pierre Hyacinthe). Jugement philosophique sur J. J. Rousseau et sur Voltaire. *Par.* 1817. 8.

Musset-Pathay (Victor Donatien de). Histoire de la vie et des ouvrages de J. J. Rousseau. *Par.* 1821. 2 vol. 8. (*D.*) *Ibid.* 1827. 8. (*Oxf.* et *P.*)

Kératry (Auguste Hilarion). Addition à l'histoire de J. J. Rousseau, (contenant une lettre de Rousseau à madame d'Houdetot), avec des notes. *Par.* 1822. 8. (*P.*)

G. G. Rousseau, accusatore dei filosofi. *Imola.* 1836. 8.

Brougham (Francis). Voltaire and Rousseau. *Par.* 1845. 8. (*Oxf.*) Trad. en franç. *Par.* 1845. 8. (*Lv.*)

Genaudet (N... N...). Etude sur J. J. Rousseau. *Reims.* 1849. 8.

Morin (G... H...). Essai sur la vie et le caractère de J. J. Rousseau. *Par.* 1851. 8. (*Lv.* et *P.*)

Martin du Theil (N... N...). J. J. Rousseau, apologiste de la religion chrétienne. *Par.* 18.. 8.

Zoller (Franz Johann Heinrich). (Johann Heinrich) Pestalozzi und Rousseau; pädagogische Monographie. *Münch.* 1851. 8.

Bougy (Alfred de). J. J. Rousseau. Fragments inédits, suivis des résidences de J. J. Rousseau. *Par.* 1853. 8.

Malan (César). La statue de Rousseau, (érigée à Genève en 1828). *Genève.* 1828. 8.

Dialogue entre Jointe et Métra, horlogers, au sujet de la statue de J. J. Rousseau. *Genève.* 1828. 8.

Duvillard (Antoine). Quelques réflexions sur l'érection d'une statue de J. J. Rousseau. *Genève.* 1828. 8.

Thoughts of a stranger on the statue to Rousseau. *Genève.* 1829. 8.

Rousseau (Jean François Xavier),
diplomate français (16 oct. 1738 — 12 mai 1808).

Rousseau (N... N...). Éloge historique de feu J. F. X. Rousseau, ancien consul général de France à Bagdad et à Bassora. *Par.* 1810. 8. (*P.*)

Rousseau (Pierre),
fondateur du *Journal encyclopédique* à Liége (1727 — 6 nov. 1785).

(**Garrigues de Froment**, N... N...). Éloge historique du *Journal encyclopédique* et de P. Rousseau, son imprimeur. *Par.* et *Liége.* 1760. 8. *

* Ce soi-disant éloge est une virulente satire lancée contre l'abbé Rousseau.

Roussel (Gérard),
évêque d'Oléron (+ 1551).

Schmidt (Charles). G. Roussel, prédicateur de la reine Marguerite de Navarre. Mémoires servant à l'histoire des premières tentatives faites pour introduire la réformation en France. *Strasb.* 1845. 8.

Roussel (Pierre),
médecin philosophe français (1742 — 1802).

Alibert (Jean Louis). Éloges de (Lazaro) Spallanzani, de (Luigi) Galvani, de Roussel et de (Marie François Xavier) Bichat. *Par.* 1806. 8. Portrait. (*P.*)

Roussel-Bouret,
avocat français.

Roussel-Bouret (N... N...). Tablau (*sic!*) historique de ma vie politique, etc. *Par.* 1808. 8.*

* Autobiographie écrite par lui-même dans la soixante-dix-neuvième année de son âge. Cette pièce est très-curieuse à cause de la nouvelle orthographie dont il s'est servi.

Rousselet (Pierre).

Breghot du Lut (Claude). Notice sur P. Rousselet. *Lyon.* 1830. 8. (Extrait des *Archives du département du Rhône.*)

Rousselin (Omer Charles Alexandre),
commissaire de la Convention nationale (12 mars 1772 — ...).

Rapport de la mission d'A. Rousselin, commissaire civil national du comité de salut public à Troyes, département de l'Aube. *Troyes*, an III (1795). 8. (Écrit par lui-même.) — (*P.*)

Histoire du terrorisme exercé à Troyes par A. Rousselin et son comité révolutionnaire. *Troyes*, an III (1795). 8. *

* Réponse au rapport précédent.

Rousseville (abbé),
l'un des agents de Maximilien Robespierre.

Aperçus sur la conduite de Rousseville, inspecteur général de la police, s. l. et s. d. 8. *

* Notice signée Augustin.

Roussier (Antoine),
missionnaire français (26 mars 1639 — ...).

Palerne de Sardon (Gabriel). Vie de messire A. Roussier, prestre, catéchiste, missionnaire ès provinces de Lyonnois, Forests (!) et Auvergne. *Par.* 1645. 12.

Roussière (le marquis N... N... de la),
philanthrope français.

(**Dramard**, Marcel). Notice historique sur le monument érigé, par la commune d'Oysonville, à son bienfaiteur M. le marquis de la Roussière. *Par.* 1829. 8.

Roussillon (Gérard de).

Terrebasse (Alfred de). G. de Roussillon; fragment extrait de l'histoire des deux derniers royaumes de Bourgogne. *Lyon.* 1853. 8.

Roussin (Albin Reine, baron),
amiral français (21 avril 1781 — ... 1854).

Funérailles de M. l'amiral baron Roussin. Discours prononcé par N... N... Duperrey. *Par.* 1854. 4.

Rouville (Marie Agnès de),
bénédictine française.

Junot (Jean Baptiste). Oraison funèbre de M. A. de Rouville, abbesse de Saint-Julien de Dijon. *Dijon.* 1683. 4.

Rouville, dit de Beauclair (Jean Pierre Louis),
philologue français (+ 2 oct. 1818).

Wagner (Franz Carl Christian). Memoria J. P. L. Rouville, dicti de Beauclair. *Marb.* 1819. 4. (*L.*)

Roux (Augustin),
médecin français (26 janvier 1726 — 28 juin 1776).

D'Arcet (Jean). Éloge de Roux. *Par.* 1777. 8. (Extrait du *Journal de médecine.*)

(**Deleyre**, Alexandre). Éloge de M. Roux, docteur-régent et professeur de chimie à la Faculté de Paris, etc. *Amst.* 1777. 12.

Roux (Claude Antoine),
mathématicien français (18 juin 1750 — 1er déc. 1829).

Dumas (Jean Baptiste). Notice de M. C. A. Roux. *Lyon*, s. d. (1850). 8.

Roux (Jean Louis Florent Polydore),
naturaliste français (31 juillet 1792 — 12 février 1833).

Barthélemy (M...). Notice nécrologique sur M. P. Roux. *Marseille.* 1856. 8.

Roux (Philibert Joseph),
médecin français (26 avril 1770 — ... 1853).

Funérailles de M. Roux. Discours prononcé par M. Velpeau. *Par.* 1854. 4.

Roux-de-Rochelle (Jean Baptiste Gaspard),
littérateur français (1768 — 1849).

Cortambert (N... N...). Notice biographique sur M. Roux-de-Rochelle. *Par.* 1849. 8. (Extrait des *Mémoires de la Société de géographie*, tiré à part à un très-petit nombre d'exemplaires.)

Rouxel (?) (Jean),
théologien français.

Cahagnes (Jacques). De morte J. Ruxelii oratio funebris. *Cadom.* 1586. 4. (*P.*)

Rouzet (François Joseph Léon),
médecin français (12 sept. 1795 — 10 août 1824).

Bérard (Frédéric). Éloge historique de F. J. L. Rouzet. *Par.* 1824. 8. (Extrait de la *Revue médicale*.) — (*P.*)

Rouzet de Folmon (Jacques Marie),
député à la Convention nationale (1743 — 25 oct. 1820).

(**Rouzet de Folmon**, Jacques Marie). Analyse de la conduite d'un des membres de la célèbre Convention nationale. *Par.* 1814. 8. *

* Ce membre de la Convention est Rouzet lui-même et on présume qu'il est l'auteur de cette analyse.

Rovelli (Carlo),
évêque de Côme (1740 — 3 sept. 1819).

Casarotti (Flavio). Orazione sull' esequie di Rovelli, vescovo di Como. *Como.* 1820. 8.

Porta (Antonio della). Elogio funebre in morte di monsignor C. Rovelli. *Como.* 1820. 8.

Rovelli (Giuseppe),
littérateur italien.

Giovio (Giovanni Battista). Notizie di G. Rovelli. *Como.* 1815. 8.

Rovere (Margherita della),
favorite de Charles Gonzague, duc de Mantoue.

Leti (Gregorio). L' amore di Carlo Gonzaga, duca di Mantova, e della contessa M. della Rovere. *Ragusa.* 1666. 12. *

* Publ. sous le pseudonyme de Giulio Capocoda.

Rovere (Vittoria della),
épouse de Ferdinand II de Médicis, grand-duc de Toscane
(... — mariée en 1635 — ...).

Casini (Lucantonio). Amor vittorioso nelle nozze dell' A. S. di Toscana, Ferdinando II e Vittoria della Rovere. *Bracciano.* 1635. 4. (Poème très-rare.)

Perucci (Francesco). Glorie Toscane. Elogio epitalamico nelle reali nozze de' SS. granduchi Ferdinando II Medici e Vittoria della Rovere. *Reggio.* 1635. 4. (Excessivement rare.)

Minozzi (Pietro Francesco). La Musa festeggiante. Epitalamio nelle nozze di Ferdinando II e Vittoria della Rovere. *Pisa.* 1636. 4.

Natini (Raffaello). Imeneo vittorioso nelle reali nozze di Ferdinando II e Vittoria della Rovere; epitalamio. *Firenz.* 1657. 4.

Adimari (Alessandro). Epitalamio nelle nozze di Ferdinando II, granduca di Toscana, con la serenissima Vittoria della Rovere. *Firenz.* 1657. 4.

Bardi (Ferdinando). Descrizione delle feste celebrate in Firenze in congiuntura delle reali nozze de' serenissimi sposi Ferdinando II, granduca di Toscana, e Vittoria della Rovere, principessa d' Urbino. *Firenz.* 1637. 4.

Coppola (Giovanni Carlo). Nozze degli Dei. Favola rappresentata nelle nozze di Ferdinando II e Vittoria della Rovere. *Firenz.* 1637. 4.

Francini (Giovanni Antonio). Tempio dell' immortalità. Epitalamio per le nozze e feste del serenissimo Ferdinando II e della serenissima Vittoria della Rovere. *Firenz.* 1637. 4.

Rondinelli (Francesco). Relazione delle nozze dei Dei, etc. *Firenz.* 1637. 4.

Roverea (Francesco de),
colonel suisse.

Mémoires du colonel F. de Roverea, écrits par lui-même et publ. par Charles de TAVEL, avec une préface de Charles MONNARD. *Zuric.* 1848. 2 vol. 8: Portrait.

Rovergue. et Rhodez (comtes de),
famille française.

Abrégé historique et généalogique des comtes et vicomtes de Rovergue et de Rhodez, où l'on voit l'origine de Guilbert, comte de Provence. *Rhodez.* 1682. 4.

Roverio (Matteo),
homme d'État italien.

Capella (Girolamo). Orazione funebre nella morte di M. Roverio, consigliere di stato di Sua Maèsta cristianissima, e vice-senescallo nel marchesato di Saluzzo. *Carmagnola.* 1585. 4.

Rowan (Archibald Hamilton),
théologien irlandais du xixe siècle.

Autobiography of A. H. Rowan, with additions and illustrations by William Hamilton DRUMMOND. *Dubl.* 1840. 8. (*Oxf.*)

Mac-Nevin (Thomas). Lives and trials of A. H. Rowan, the Rev. William Jackson, the defenders William Orr, Peter Finnerthy and other eminent Irishmen. *Dubl.* 1846. 8.

Roxas (Simon de),
trinitaire espagnol (1552 — 28 sept. 1624).

Paez (Balthezar de). Sermaõ das excellentes virtudes do V. P. S. de Roxas. *Lisb.* 1625. 4.

Bernardino de Santo Antonio. Summaria relacaõ da vida e morte de Fr. S. de Rojas, do Bernard de Monroy, Joaõ de Aquila e Joaõ de Palacios. *Lisb.* 1625. 4.

Cordara (Giulio Cesare). Ristretto della vita, virtù e miracoli del B. S. de Roxas, dell' ordine della santissima Trinità della redenzione de' schiavi. *Rom.* 1766. 4. Portrait. Trad. en allem. *Wien.* 1767. 8.

Osiminka (András). Ein freier Diener Gottes und dienstbarer Sohn Mariae, der Seelige S. de Roxas aus dem Orden der allerheiligsten Dreyfaltigkeit, etc., in einer Lobrede vorgestellet. *Pesth.*, s. d. (vers 1767.) 4.

Roxburghe (John, duke of),
bibliophile anglais, fondateur du Roxburghe Club (1740 — 1810).

Delepierre (Octave). Notice sur le Roxburghe Club et sur ses publications. *Gand.* 1845. 8. (Extrait du *Messager des sciences historiques de la Belgique*, tiré à part seulement à 12 exemplaires, numérotés à la presse.)

Roy (Antoine, comte),
homme d'État français (15 mars 1763 — ... 1847).

Notice sur la vie et les travaux du comte Roy, ministre des finances. *Par.* 1844. 8. Portrait.

Roy (Pierre Charles),
poète français (1683 — 23 oct. 1764).

Palissot (Charles). Éloge de Roy. *Par.* 1766. 8.

Royaards (Hermannus),
théologien hollandais (7 avril 1753 — 15 janvier 1825).

Royaards (Herman Johan). Leerrede, etc., uitgesproken na het afsterven van wijlen den hoogleeraar H. Royaards. *Utrecht.* 1825. 8. *

* L'auteur de ce discours funèbre est le fils du défunt.

(——) H. Royaards. (Levensschets), s. l. et s. d. (*S'Gravenh.* 1856.) 8. (*Ld.*)

Wildschut (Didericus Henricus). Memoria H. Royaards, theologiae doctoris et professoris in academia Rheno-Trajectina. *Amst.* 1856. 4. Portrait. (*Ld.*)

Royen (Herman (?) van),
théologien (?) hollandais.

Bax (Caspar). Memoria H. van Royen. *Hag. Com.* 1844. 8.

Royer-Collard (Antoine Athanase),
médecin français (1768 — 27 nov. 1825).

Notice nécrologique sur Royard-Collard, s. l. et s. d. (*Par.* 1825.) 8. (Extrait du *Journal des Débats*.)

Royer-Collard (Hippolyte Louis),
médecin français (28 avril 1802 — ... 1851).

Jolly (N... N...). Obsèques de M. H. L. Royer-Collard. *Par.* 1851. 8.

Bouchardot (N... N...). Éloges de Royer-Collard et d'Achille Richard. *Par.* 1853. 8. (Extrait du *Moniteur des hôpitaux.*)

Royer-Collard (Pierre Paul),
homme d'État français (21 juin 1763 — 4 sept. 1845).

(**Loménie**, Louis de). M. Royer-Collard, par un homme de rien. *Par.* 1842. 12.

Royko (Caspar),
historien allemand (1er janvier 1744 — 20 avril 1819).

Wißling (Ignaz Richard). Biographie C. Royko's. *Prag.* 1819. 8. (*L.*)

Roze (Nicolas, chevalier de),
philanthrope français (1671 — 2 sept. 1733).

Autran (Paul). Éloge historique de Roze. *Marseille.* 1821. 8. Portrait.

Rozelli (N... N...).

Memoirs of the life and adventures of signor Rozelli, late of the Hague. *Lond.* 1709. 8. *Ibid.* 1724. 8. *Ibid.* 1732. 8. *Ibid.* 1741. 2 vol. 12.

Rozenbeek (Eduard van),
Hollandais.

Rykens (R... G...). Levensgeschiedenis van E. van Rozenbeek. *Groning.* 1825. 8.

Rozier (François),
agronome français (23 janvier 1734 — tué le 29 sept. 1793).

Cochard (François Nicolas). Notice historique sur M. l'abbé F. Rozier, curé de la paroisse de S. Polycarpe. *Lyon.* 1832. 8.

Boissieu (Alphonse de). Éloge de F. Rozier. *Lyon.* 1832. 8.

Thiébaut de Berneaud (Arsène). Éloge historique de l'abbé Rozier, restaurateur de l'agriculture française, avec une notice bibliographique de ses ouvrages tant imprimés que manuscrits. *Par.* 1833. 8. (*P.*)

Rubbi (Andrea),
jésuite italien (1739 — 1810).

Scolari (Filippo). Della vita e degli studj del P. A. Rubbi, della compagnia di Gesù, memorie storiche. *Venez.* 1817. 8.

Rubbi (Paolina),
épouse du comte Giovanni Rinaldo Carli.

Private disavventure d'una donna di vero spirito, o sia vita della signora P. Rubbi, contessa Carli-Rubbi. *Lucca.* 1832. Fol. * Portrait. (Très-rare.)

* Baldassare Zamboni, l'auteur de *La libreria di Leopardo Martinengo*, assure qu'il n'existe plus que deux exemplaires de cet écrit, composé par l'époux de la comtesse Rubbi. Quelques autres bibliographes attribuent cet ouvrage à Giovanni Maria MAZZUCHELLI; c'est une erreur.

Rubenow (Heinrich),
théologien allemand (tué le 31 déc. 1462).

Biesner (Julius Heinrich). Leben des Dr. H. Rubenow und des Dr. Johannes Bugenhagen Pommer; biographische Skizzen. *Greifsw.* 1857. 8. 2 portraits.

Rubens (Peter Paulus),
peintre belge du premier ordre (29 juin 1577 — 30 mai 1640).

Michel (Jean François Marie). Histoire de la vie de Rubens, chevalier et seigneur de Steen, illustrée d'anecdotes qui n'ont jamais paru au public, etc. *Brux.* 1771. 8. Portrait. (*P.*)

(**Smits**, N... N...). Historische levensbeschryving van P. P. Rubens, ridder, heere van den Steen. *Amst.* 1774. 8. Portrait. Publ. par Victor C... VAN GRIMBERGEN. *Roterd.* 1840. 8.

Réflexions sur Rubens. *Brux.* 1816. 8.

Willems (Jan Frans). Redevoering over het karakter van den nederlandschen schilder P. P. Rubens, s. l. (*Anvers*). 1825. 12.

Reiffenberg (Frédéric Auguste Ferdinand Thomas de). Recherches sur la famille de P. P. Rubens. *Brux.* 1858. 4. (*Bx.*)

—— Nouvelles recherches sur Rubens. *Brux.* 1858. 4. (*Bx.*) Leven van Rubens. *Bruss.* 1859. 52. Portrait.

Waagen (Gustav Friedrich). P. P. Rubens, sein Leben und Genius. * Trad. en angl. par Robert Richard NOEL, publ. par Mrs. Ann JAMIESON. *Lond.* 1840. 12. (*Oxf.*)

* Inséré dans l'almanach *Historisches Taschenbuch. Leips.* 1833..12.

B... (F...). Vie de P. P. Rubens, chevalier et seigneur de Steen, surnommé le prince des peintres flamands. *Brux.* 1840. 12. Portrait.

(**Alvin**, Gobert). Vie de P. P. Rubens, ouvrage entièrement neuf, d'après les données les plus sûres et les plus authentiques, par un homme de lettres. *Anvers.* 1840. 8. Portrait.

Buschmann (Ernest). P. P. Rubens. *Anvers.* 1840. Fol. Portrait. (*Oxf.*)

Boussard (Jean François). Les voyages pittoresques et politiques de P. P. Rubens, depuis 1600 jusqu'en 1633, etc. *Brux.* 1840. 12.

Kerchove d'Exaerde (François Antoine Maximilien). Eloge de P. P. Rubens, dédié à la ville d'Anvers. *Saint-Nicolas.* 1840. 4.

Gens (P... A...). P. P. Rubens. Son histoire d'après des documents authentiques. *Brux.* 1840. 12. Portrait.

Leven van den grooten en vermaerden schilder P. P. Rubens. *Antwerp.* 1840. 12. Portrait.

W(iertz) (Antoine F...). P. P. Rubens. *Brux.* 1840. 8.

Biographie de P. P. Rubens. *Anvers.* 1840. 18. *
* Pièce jetée du haut du char des imprimeurs, qui faisait partie de la cavalcade, le 22 août 1840.

Vie de Rubens. *Brux.* 1840. 32. Portrait.

Verachter (Frédéric). Généalogie de P. P. Rubens et de sa famille. *Anvers.* 1840.

Hasselt (André van). Histoire de P. P. Rubens, suivie du catalogue général et raisonné de ses tableaux, esquisses, dessins et vignettes, avec l'indication des lieux où ils se trouvent, et des artistes qui les ont gravés. *Brux.* 1840. 8. Portrait. (*Lv.*)

Gachet (Emile). Lettres inédites de P. P. Rubens, précédées d'une introduction sur la vie de ce peintre. *Brux.* 1840. 8.

Roy (Jean Jacques van). Vie de P. P. Rubens, chevalier et seigneur de Steen, surnommé le prince des peintres flamands, extrait de différents ouvrages publics sur la vie de ce fameux artiste. *Brux.* 1840. 8. Portrait.

Gachard (L...). Particularités et documents inédits sur Rubens. *Brux.* 1842. 8.

Engelberts Gerrits (G...). P. P. Rubens, zijn tijd en zijne tijdgenooten, geschetst in eenige vlugtige tafereelen, etc. *Amst.* 1842. 8. Portrait.

Verachter (Frédéric). Le tombeau de Rubens. *Anvers.* 1843. 8.

Berthoud (Henry). P. P. Rubens. *Par.* 1844. 2 vol. 8. (Roman historique.)

Siret (Adolphe). Raphaël et Rubens et les peintres de leur école. *Gand.* 1849. 8.

Rubini (Giovanni Battista),
chanteur italien (7 avril 1794 — .. février 1854).

(**Locatelli**, Agostino). Cenni biografici sulla straordinaria carriera teatrale percorsa da G. B. Rubini, cantante di camera, etc. *Milan.* 1844. 8.

Rubini (Pietro),
médecin italien (24 août 1760 — 15 mai 1819).

Pezzana (Angelo). Elogio storico di P. Rubini Parmigiano. *Moden.* 1821. 4. *Parma.* 1822. 8. Portrait. (*Oxf. et P.*)

Rubini (Pietro),
poëte italien du xixe siècle.

(**Locatelli**, Tommaso). Necrologia e biografia di P. Rubini, volgarmente detto Pier Matteo, e sua risposta dagli Elisi. *Venez.* 1836. 8.

Rubio (Pedro Martinez),
archevêque de Palerme.

Ferruggia (Giuseppe). L' aurea statua del sole tramontato : l' eccellentissimo e reverendissimo signore P. M. Rubio, arcivescovo di Palermo e supremo ministro del consiglio di Stato; orazione funerale, etc. *Napol.* 1668. 4.

Ruchat (Abraham),
littérateur suisse (vers 1680 — 1750).

Rosset (Jean Alphonse). Eloge de Ruchat, (avec une notice sur ses ouvrages), s. l. et s. d. (*Lausanne.* 1751.) 8. (Extrait du *Journal helvétique*.)

Ruda (Elias Vilhelm),
poëte suédois (3 sept. 1807 — 18 août 1833).

Boettiger (C... W...). Minnestal öfver E. V. Ruda. *Upsal.* 1853. 8.

Rudbeck (Johan),
archevêque d'Upsala (1581 — 1646).

Lenaeus (Johan Canut). Likpredikan öfver Erke-Biskopen Dr. J. Rudbeck. *Upsal.* 1646. 4.

Rudbeck (Olof),
médecin suédois (1630 — 7 sept. 1702).

Esberg (Johan). Laudatio funebris O. Rudbeckii, medici, etc. *Upsal.* 1703. 4. (*D. et Lv.*)

Rudbeck (Olof),
médecin suédois, fils du précédent (15 mars 1660 — 23 mars 1744).

Ihre (Johan). Oratio funebris in memoriam O. Rudbeckii junioris. *Upsal.* 1741. 4.

Berch (Carl Reinhold). O. Rudbecks Lefvernesbeskrifning. *Upsal.* 1798. 8.

Rudd (Margaret),
dame anglaise.

Law observations relating to the case of Mrs. Rudd, s. l. et s. d. (*Lond.* 1775.) 8. (*Oxf.*)

Case of Mrs. M. Rudd, from her first commitment tho her final acquital at the Old-Bailey. *Lond.*, s. d. (1775). 8.

Bailey (John). Trial of Mrs. Rudd. *Lond.*, s. d. (1775). 4.

Authentic anecdotes of the life and transactions of Mrs. M. Rudd, s. l. et s. d. 2 vol. 12.

Ruddiman (Thomas),
critique écossais (1674 — 19 janvier 1757).

Chalmers (George). Life of T. Ruddiman. *Lond.* 1794. 8. Portrait. (*Oxf.*)

Rudén (Torsten),
évêque de Linkoeping (9 mars 1661 — 9 sept. 1729).

Ihre (Johan). Lacrimæ et flores in tumulum episcopi T. Rudén. *Lincop.* 1729. 4. (*Lv.*)

Rudenschoeld (Carl),
homme d'État suédois (12 oct. 1698 — 10 juin 1783).

Ferrner (Bengt). Åminnelse-Tal öfver Grefve C. Rudenschoeld. *Stockh.* 1785. 8.

Rudenschoeld (Ulrik),
littérateur suédois, frère du précédent (29 juin 1704 — 6 avril 1765).

Kryger (Johan Fredrik). Åminnelse-Tal öfver U. Rudenschoeld. *Stockh.* 1765. 8.

Rudhart (Ignaz v.),
homme d'État allemand (11 mars 1790 — 11 mai 1838).

I. v. Rudhart's Lebensabriss, von ihm selbst verfasst und herausgeg. von Heinrich Holzschuher. *Nürnb.* 1837. 12. Portrait.

Rudnay de Rudna (Alexander, Fürst v.),
cardinal-archevêque de Gran (4 oct. 1760 — 13 sept. 1831).

Hohenegger (Laurenz). Necrolog Sr. Eminenz des Herrn Fürsten A. v. Rudna und Divék-Ujfalu. *Wien.* 1833. 8.

Rudnicki (Simon),
évêque de Warmie.

Rywocki (Jan). Vita illustrissimi et reverendissimi D. S. Rudnicki, episcopi Varmiensis. *Brunsb.* 1645. 4. (Assez rare.)

Rudolph (Johann Christoph),
jurisconsulte allemand (5 nov. 1723 — 28 février 1792).

Pfeiffer (August Friedrich). Memoria J. C. Rudolphi. *Erlang.* 1792. 4. (*D.*)

Harles (Gottlieb Christoph). Memoria J. C. Rudolphi. *Erlang.* 1792. 4. (*L.*)

Rudolph (Johann Philipp Julius),
médecin allemand (7 déc. 1729 — se suicidant le 5 mars 1797).

Harles (Gottlieb Christoph). Memoria J. P. J. Rudolphi, professoris medicinæ et chirurgiæ. *Erlang.* 1797. 4. (*L.*)

Rudolph (Johann Rudolph),
théologien suisse (4 oct. 1646 — 18 déc. 1718).

Altmann (Georg). Oratio funebris in obitum J. R. Rudolph, theologiæ professoris. *Bern.* 1718. 4.

Rudolphi (Carl Asmund),
médecin suédois (14 juin 1771 — 29 nov. 1832).

Mueller (Johannes). Gedächtnissrede auf C. A. Rudolphi, etc. *Berl.* 1837. 4.

Rudoni (Pietro),
théologien italien.

Cenni intorno alla vita ed agli scritti del canonico P. Rudoni. *Milan.* 1856. 12.

Rudorf (Christoph Heinrich),
théologien allemand.

Bergmann (Christian Gottlieb). Denkschrift auf den Tod C. H. Rudorf's. *Friedrichst.* 1767. 4. (*D.*)

Rue (Pieter de la),
littérateur hollandais (30 mai 1695 — 1er déc. 1770).

Lambrechtsen-Ritthem (Nikolaas Cornelis). Hulde aan de nagedachtenis van P. de la Rue. *Middelb.* 1818. 8.

Ruebel (Maria),
clairvoyante allemande du xixe siècle.

Kieser (Dietrich Georg). M. Ruebel, die Hellseherin von Sanct-Koetgen. *Leipz.* 1819. 8. (*L.*)

Stiegler (J... E... A...). Drei Visionairinnen. 1) Friederike Hause, die Seherin von Prevorst. 2) Mademoiselle De Bellère de Tronchay, appelée communément sœur Louise, eine Nonne des siebenzehnten Jahrhunderts. 5) M. Ruebel, die Hellseherin in Langenberg, etc. *Kreuznach.* 1857. 8.

Ruebezahl,
personnage fabuleux.

Mediovilla (Adam a). Narratio de spectro Rubezal. *Colon.* 1658. 4.

Praetorius (Johann). Dæmonologia Rubinzalii Silesii, d. i. ausführlicher Bericht von dem wunderbarlichen Gespenst Rübenzahl. *Liegn.* 1662. 3 vol. 12. (Souvent réimprimé.)

Der reformirende und informirende Rübenzahl, s. l. 1672. 8.

Frenzelius (Simon Friedrich). Disputatio de spiritu in monte gigantео Silesiorum, qui vulgari nomine Rubenzal nuncupatur. *Witteb.* 1673. Trad. en allem. s. c. t. Der schlesische Rübenzal, oder das schosenhaftige Gespenst, etc. *Bresl.* et *Liegn.* 1726. 8. *Ibid.* 1732. 8.

Schlesischer Rübezahl. *Bresl.* 1723. 8.

Schlesischer Rübezahl nebst einer Mandel Plagegeister, s. l. 1750. 8.

Historie von dem weltberufenen Rübezahl. *Hirschb.* 1758. 8.

Riebenzahl im Riesengebirge; abenteuerliches Märchen der Vorzeit. *Prag.* 1796. 8.

Schiffner (Joseph Johann). Das Riesengebirge und sein vorgeblicher Bewohner Riebezahl. *Prag.* 1805. 8. (*L.*)

(**Fischer**, Christian Friedrich Emmanuel). Rübenzahl, oder Volkssagen im Riesengebirge. *Jauer.* 1821. 8.

Ruechel (Ernst Friedrich Wilhelm Philipp v.),
général allemand (21 juillet 1754 — 14 janvier 1823).

Fouqué (Friedrich de la Motte). E. F. W. P. v. Rüchel, General der königlich preussischen Infanterie; militärische Biographie. *Berl.* 1828. 2 vol. 8.

Ruecker (Daniel),
théologien allemand (1er janvier 1603 — 13 mars 1665).

Dietz (Georg Wilhelm). Programmata IV de vita, fatis et meritis D. Rueckeri. *Windshem.* 1745-46. 4.

Rueckert (Friedrich),
poète allemand (16 mai 1789 — ...).

Pfizer (Gustav). (Ludwig) Uhland und Rückert; kritischer Versuch. *Stuttg.* et *Tübing.* 1857. 8.

Rued (Johann Jacob),
théologien allemand (6 avril 1590 — 18 mars 1654).

Streng (Georg). Leichpredigt auf Herrn Mag. J. J. Rued'en, Diaconus und Senior bey Sanct-Lorenzen. *Nürnb.* 1654. 4.

Rueder (N... N...),
théologien allemand.

(**Tanck**, Franz Johann Daniel). Skizzen aus dem Lebenslauf, Charakter und Amtsführung Rueder's. *Hamb.* 1785. 8.

Ruedinger ou Rudinger (Esrom),
philologue allemand (19 mai 1523 — 2 déc. 1590).

Stenius (Simon). Epistola, etc., de obitu E. Rudingeri. *Norimb.* 1591. 4.

Ruef (Caspar),
jurisconsulte allemand.

Amann (Heinrich v.). Zur Erinnerung an Dr. C. Ruef, etc. *Heidelb.* et *Carlsr.* 1856. 8. (*D.*)

Ruegg (Jacob et Rudolph),
Suisses.

Meyer (Ludwig). Leben und Ende der beiden Brüder J. und R. Ruegg, von Verschen, (Canton Zürich). *Zürch.* 1818. 8.

Rueng (Caspar),
musicien allemand.

Overbeck (Johann Daniel). Leben C. Rueng's, Musikdirectors. *Lübeck.* 1755. Fol.

Rues (Johan Andreas),
théologien danois (11 nov. 1794 — 23 mai 1843).

Holm (A... K...), **Muenter** (B...) et **Kjerumgaard** (C...). Pastor J. A. Rues's Minde. *Kjoebenh.* 1843. 8. (*Cp.*)

Ruessow (Balthasar),
chroniqueur livonien († 1600).

Kruse (C... W...). Programm : B. Ruessow, in Erinnerung gebracht. *Mitau.* 1816. 4.

Ruexner (Georg),
historien allemand du xvie siècle.

Runge (Christian). Programma de G. Ruxnero. *Vratisl.* 1745. Fol.

Das Urtheil berühmter Geschichtsschreiber von der Glaubwürdigkeit der deutschen Turnierbücher (und besonders der von G. Ruexner). *Jena.* 1728. 4.

Ruffec (Henri Volvyre de).

Basile de Saint-Jean. Oraison funèbre de H. de Ruffec, comte du Bois de la Roche. *Par.* 1646. 8.

Ruffin (Guillaume),
jésuite français.

(**Leclerc**, Paul). Vie de G. Ruffin, congréganiste, docteur en théologie. *Tours.* 1690. 12. *Ibid.* 1701. 12.

Ruffin (Pierre Jean Marie),
diplomate français (17 août 1742 — 19 janvier 1824).

Bianchi (Thomas Xavier). Notice historique sur M. Ruffin. *Par.* 1825. 8. (*P.*)

Ruffini (Paolo),
médecin italien (23 sept. 1765 — 10 mai 1822).

Lombard (N... N...). Notizie sulla vita e sugli scritti di P. Ruffini. *Firenz.* 1824. 4.

Ruffo, principe di **Scilla** (Fabrizio).

Urso ou Orso (Lucio de). Orazione in morte di Don F. Ruffo, principe di Scilla. *Napol.* 1628. 4.

Ruffo (Fabricio),
cardinal italien (16 sept. 1744 — 13 déc. 1827).

Lacchinelli * (Domenico). Memorie storiche sulla vita del cardinal F. Ruffo, con osservazioni sulle opere di Cuoco, di Botta e di Colletta. *Napol.* 1856. 4. (*Oxf.*) *Ibid.* 1857. 8.

    * C'est par erreur que le catalogue de la bibliothèque d'Oxford le nomme SACCHINELLI.

Ruffo, de' principi **Scilla** (Luigi),
cardinal-archevêque de Naples (25 août 1750 — 17 nov. 1832).

Zelo (Domenico). Orazione funebre del cardinal L. Ruffo, dei principi Scilla. *Napol.* 1852. 8. (*Oxf.*)

Ruffinus (Lucinius),
jurisconsulte romain.

Koenig (Heinrich Johann Otto). Prolusio de L. Rufino, JCto Romano. *Halæ.* 1772. 4. (*L.*)

Rufus (Sextus),
historien romain (vers 374 après J. C.).

Moller (Daniel Wilhelm). Disputatio circularis de S. Rufo. *Altorf.* 1687. 4. (*L.* et *Lv.*)

Ruge (Arnold),
philosophe allemand (13 sept. 1802 — ...).

Gottschall (Rudolph). A. Ruge. *Königsb.* 1848. 8.

Rugendas (Georg Philipp),
peintre allemand (27 nov. 1666 — 10 mai 1742).

(**Fuessli**, Johann Caspar). Leben G. P. Rugendas und Johann Kupetzki's. *Zürch.* 1758. 4. 2 portraits. (*L.*)

Ruggero (Santo),
évêque de Barletta.

Grimaldi (Giovanni Paolo). Vita di S. Ruggero, vescovo e confessore, patron di Barletta. *Napol.* 1607. 4.

Ruggieri (Cosmo),
astrologue italien († 1615).

Histoire épouvantable de deux magiciens, (C. Ruggieri et César), étranglés par le diable, etc. *Par.* 1615. 12. (*P.*)

Ruggieri (Gaetano Alfonso),
médecin italien.

Levi (M... G...). Biografia di G. A. Ruggieri, medico e letterato Veneziano. *Venez.* 1836. 8.

Ruggiero (Domenico Emmanuele Gaetano, conti di),
aventurier italien (pendu le 10 août 1709).

(**Koenig**, Anton Balthasar). Historische Nachricht von

dem betrügerischen Leben und rühmlichen Ende des Grafen D. M. G. Ruggiero, eines falschen Goldmachers. *Berl. et Frf. a. d. O.* 1791. 8.

Rughman (Jonas),
littérateur suédois (1er janvier 1636 — 24 juillet 1679).

Rudbeck (Olof). Programma funebre in obitum J. Rughman. *Upsal.* 1679. 8.

Ruhnken (David),
philologue allemand (2 janvier 1723 — 14 mai 1798).

Wyttenbach (Daniel). Vita D. Ruhnkenii. *Lugd. Bat.* 1799. 8. (*D.* et *P.*) Avec des notes par Friedrich LINDE-MANN. *Friberg.* 1846. 8. (*D., L.* et *Oxf.*)

Ruinart, vicomte de **Brimont** (François Jean Irénée),
maire de la ville de Reims (30 nov. 1770 — 6 janvier 1850).

(**Lacatte-Joltrois**, N... N...). Notice biographique sur M.F.J.I. Ruinart, vicomte de Brimont, ancien député, ancien maire de la ville de Reims. *Châlons.* 1850. 12.

Ruiz Lopez (Hipólito),
botaniste espagnol.

Elogio historico de Don H. Ruiz Lopez. *Madr.* 1815. 8. Trad. en angl. (par A... B... LAMBERT). *Salisbury.* 1831. 8.

Ruiz-Savely (Miguel),
général espagnol du XVIe siècle.

Relacion de los servicios de D. M. Ruiz-Savely. *Madr.* 1717. 4.

Ruland (Ægidius),
médecin allemand (?).

Garmers (Johannes). Elogium A. Rulando scriptum. *Hamb.* 1680. Fol.

Ruland (Johann Arnold),
jurisconsulte allemand.

Withof (Johann Hildebrand). Oratio funebris in obitum J. A. Rulandi, juris professoris, etc. *Assindiæ.* 1748. 4.

Ruland I (Rutger),
jurisconsulte allemand (25 août 1621 — 19 mai 1675).

Kirsten (Michael). Programma in obitum R. Rulandi, J. U. D. et syndici reipublicæ Hamburgensis. *Hamb.* 1675. Fol.

Ruland II (Rutger),
jurisconsulte allemand.

Reimarus (Hermann Samuel). Funus R. Rulandi, J. U. D. reipublicæ Hamburgensis consulis. *Hamb.* 1742. Fol.

Rulhière (Claude Carloman de),
historien français (1735 — 30 janvier 1791).

(**Le Fevre-Deumier**, J...). Célébrités d'autrefois. Essais biographiques et littéraires. *Par.* 1853, 18. *
  * Renferment des esquisses biographiques sur Antoine de RIVAROL, Jean Siffron MAURY, C. de RULHIÈRE, François Joachim de BERNIS, Jean Sylvain BAILLY et Charles Antoine de LAMOTTE-HOUDARD.

Rulich (Valentin),
théologien hongrois.

Reiser (Anton). Vale memoriale V. Rulichio, supremo Schemnizensium in Hungaria inferiori mystæ, scriptum. *Jenæ.* 1658. 4. (*D.*)

Rumford (Benjamin **Thomson**, earl of),
physicien anglo-américain (1753 — 21 août 1814).

Bigelow (N... N...). Some account of the life and writings of B. count Rumfort. *New-York.* 1817. 8. (Tiré à part à très-peu d'exemplaires.)

Éloge de B. Thomson, comte de Rumford. *Par.* 1819. 8.

Rumford (comtesse N... N... de),
philanthrope française (1758 — 10 février 1836).

Guizot (François). Madame de Rumford. *Par.* 1841. 8. (*P.*)

Rumilly (Eugène de),
général de l'ordre des capucins.

Chévrai (N... N...). Oraison funèbre du R. P. E. de Rumilly, etc. *Chambéry.* 1843. 4. Portrait.

Rummen of Loon en Luik (Arnold van),
homme d'État (?) flamand.

Boekel (C... H... van). A. van Rummen of Loon en Luik in de XIVe eeuw. *Gent.* 1847. 12.

Rumohr (Carl Friedrich Ludwig Felix v.),
littérateur allemand (6 janvier 1785 — 25 juillet 1843).

Schulze (Heinrich Wilhelm). C. F. v. Rumohr, sein Leben und seine Schriften; nebst Vorwort von Carl Gustav CARUS. *Leipz.* 1844. 8. (*D.* et *L.*)

Rumohr (Detlev).

Monrad (Johann). Leichenpredigt auf D. Rumohr, Erbherrn auf Düttelbühl. *Rostock.* 1610. 8. *

Rumpel (Hermann Ernst),
philosophe allemand (24 février 1734 — 13 février 1794).

Herel (Johann Friedrich). Denkschrift auf H. E. Rumpel. *Erfurt.* 1794. 4. (*L.*)

Rumpf (Georg Eberhard),
naturaliste allemand (1626 — 1696 *).

Henschel (August Wilhelm Eduard). Vita G. E. Rumpfii, Plinii indici, etc. *Vratisl.* 1833. 8.
  * C'est par erreur que Linné l'a fait mourir en 1706.

Rumpf (Vincenz),
magistrat allemand.

Buesch (Johann Georg). Vita consulis V. Rumpfii. *Hamb.* 1781. Fol.

Rumpler v. Rohrbach (F... L...).

Wahre Geschichte des unstäten Lebens und gählingen Todes eines noch lebenden (!) Domherrn, (F. L. Rumpler v. Rohrbach, zu Strassburg), eigenhändig beschrieben von dem Verstorbenen, (publ. par Dietrich Wilhelm ANDREÆ). *Frf.* 1790. 2 vol. 8.

Rundle (Thomas),
évêque de Derry.

Letters of the late T. Rundle, lord bishop in Ireland; with introductory memoirs by James DALLAWAY. *Glocest.* 1789. 2 vol. 12. (*Oxf.*)

Runeberg (Ephraïm Otto),
ingénieur suédois (29 juillet 1722 — 19 janvier 1770).

Kryger (Johan Frederik). Åminnelse-Tal öfver E. O. Runeberg. *Runeberg.* 1770. 8.

Runge (David),
théologien allemand (1564 — 1604).

Schmidt (Erasmus). Oratio in obitum D. Rungii. *Witteb.* 1604. 4. (*D.* et *Lv.*)

Preil (Augustin). Parentalia in memoriam D. Rungii. *Witteb.* 1604. 4. (*D.*)

Gesner (Salomon). Concio funebris et vitæ curriculum D. Rungii (germanice); Adam Theodor SIEBER, programma publicum in ejusdem funere. *Witteb.* 1604. 4. (*D.* et *L.*)

Neumann (Johann Georg). Programma in festo academiæ Wittebergensis seculari, i. e. de vita D. Rungii. *Witteb.* 1705. 4. (*D.* et *L.*)

Runge (Johann),
médecin allemand.

Cramer (Daniel). Leichpredigt bey dem Begrebnis J. Rungii. *Stett.* 1602. 4. (*D.*)

Runjeet-Singh,
maharadjah de Lahore (2 nov. 1782 — 27 juin 1839).

Prinsep (Henry Thomas). Origine of the power of the Sheiks and the political life of Rungeet-Singh. *Calcutta.* 1839. 8. (*Oxf.*)

Rupert (Saint),
évêque de Salzbourg († 27 mars 723).

Filz (Michael). Historisch-kritische Abhandlung über das wahre Zeitalter der apostolischen Wirksamkeit des heiligen Rupert in Baiern und der Gründung seiner bischöflichen Kirche in Salzburg. *Salzb.* 1851. 8.

Rupert ou **Ruprecht**,
comte palatin et soi-disant empereur d'Allemagne (1352 — 1400 — 18 mai 1410).

Oertel (Friedrich Benedict). Dissertatio de Ruperto, electore Palatino, rege Romanorum renunciato. *Lips.* 1720. 4. (*L.*)

Schoepflin (Johann). Rupertus cæsar defensus, etc. *Monach.* 1767. 4.

Laukhard (Friedrich Christian). Dissertatio de Ruperto Palatino. *Halæ.* 1783. 4.

Heintz (Philipp Casimir). Über die Anerkennung der Vorzüge und Verdienste des Kaisers Ruprecht von der Pfalz. *Münch.* 1827. 8.

Chmel (Joseph). Regesta chronologico-diplomatica Ruperti, regis Romanorum. Auszug aus den im k. k. Archive zu Wien sich befindenden Reichsregistratur-Büchern vom Jahre 1400-1410, etc. *Frf.* 1834. 4.

Rupert Pipan,
comte palatin.

Flad (Philipp Wilhelm Ludwig). Probe einer verbesserten Pfälzischen Geschichte, in einer historisch-genealogischen Nachricht von Ruperto Pipan, Pfalzgrafen bei Rhein. *Heidelb.* 1762. 8.

Rupert,
troisième fils de Frédéric V, électeur palatin (1619 — 29 nov. 1682).

Historical memoirs of the life and death of prince Rupert. *Lond.* 1683. 8. Portrait. (*Oxf.*)

Memoirs of prince Rupert and the *Cavaliers*, including their private correspondence, publ. par Eliot WARBURTON. *Lond.* 1848-49. 3 vol. 8.

Treskow (A... v.). Leben des Prinzen Ruprecht von der Pfalz, Anführers der *Cavaliere* Carl's I von England gegen die Puritaner. *Berl.* 1854. 8. *

* Ce n'est, pour ainsi dire, qu'une traduction abrégée de l'ouvrage précédent.

Ruperti (Christian Friedrich),
théologien allemand (25 août 1765 — 5 juillet 1836).

Rettberg (Friedrich Wilhelm). Zum Andenken an C. F. Ruperti, etc. Predigt, etc. *Goetting.* 1836. 8. (*L.*)

Rupertus (Christoph Adam),
historien allemand (29 déc. 1612 — 27 février 1647).

Koenig (Georg). Leichenpredigt beim Begräbniss des Herrn Professors C. A. Ruperti. *Altd.* 1647. 4.

Brendel (Johann Martin). Programma funebre in obitum C. A. Ruperti. *Altorf.* 1647. 4. (*Lv.*)

Noessler (Georg). Programma in C. A. Ruperti funere. *Altorf.* 1647. 4.

Rupniew Ujeyski (Thomasz),
évêque de Kiew.

Brictius (Johannes). Vita venerabilis P. T. de Rupniew Ujeyski, primum episcopi Chyoviensis et Czernichoviensis in regno Poloniæ, dein religiosi societatis Jesu. *Brunsberg.* 1706. 8.

Rupp (Julius),
théologien allemand (13 août 1809 — ...).

Rasche (Hartmann). Dr. Rupp's öffentliches Auftreten dem deutschen Volke geschildert. *Königsb.* 1846. 8.

Ruprecht, voy. **Rupertus** (Christoph Adam).

Rusand (Mathieu Placide),
philanthrope français (2 janvier 1767 — 15 déc. 1839).

M... (A...). Notice biographique sur M. P. Rusand, ancien imprimeur du roi. *Par.* 1840. 8. (*P.*)

Rusbroek, voy. **Ruysbroek** (Jan),

Rusca (Niccolò),
prêtre suisse (+ 1620).

Martyrium beatæ memoriæ N. Ruscæ, archipresbyteri Sondriensis in Rhetia, superiori sub diœcessi Curiensi, a Luthero-Calvinianis predicantibus in equulei tortura extincti, etc. *Ingolst.* 1620. 4.

Bajacha (Giovanni Battista). N. Ruscæ S. T. D. Sondrii in Valtellina anno 1618 Tuscanæ in Rhætia ab hæreticis necati vita et mors. *Com.* 1621. 4.

Rusconi (Carlo Raffaele),
littérateur italien.

Grossi (Carlo). Elogio storico del marchese C. R. Rusconi. *Monza.* 1819. 16.

Ruse (Hendrik),
voyageur (?) hollandais.

Jonghe (J... C... de). Over H. Ruse, s. l. et s. d. (*Amst.* 1843.) 8. (*Bx.* et *Ld.*)

—— Nog iets over H. Ruse, s. l. et s. d. (*Amst.* 1843.) 8. (*Ld.*)

Rosendahl (Erich Peder). H. Ruse; biographisk Skizze. *Nykjoebing.* 1846. 8.

Rush (Benjamin),
médecin anglo-américain (1745 — 19 avril 1813).

Ramsay (David). Eulogium upon B. Rush. *Philadelph.* 1813. 8.

Mitchill (Samuel Lemuel). Eulogium upon B. Rush. *New-York.* 1813. 8.

Staughton (William). Eulogy upon B. Rush. *Philadelph.* 1813. 8.

Desgenettes (René Nicolas Dufriche). Notice sur B. Rush, docteur et professeur en médecine, etc., s. l. et s. d. (*Par.* 1814.) 12. (*P.*)

Rusius (Albert),
jurisconsulte hollandais (14 nov. 1614 — 18 déc. 1678).

Boeckelmann (Johann Friedrich). Oratio in obitum A. Rusii. *Lugd. Bat.* 1679. 4. (*Lv.*)

Rusius (Johann Reinhard),
théologien allemand.

Wideburg (Johann Bernhard). Programma academi-

cum in funere J. H. Rusii, cum scriptorum illius catalogo. *Jenæ.* 1738. Fol. (*L.*)

Russ (Carl),
peintre allemand (11 août 1779 — 19 sept. 1843).

Melly (Eduard). C. Russ. Umriss eines Künstlerlebens. *Wien.* 1844. 8.

Russdorf (Johann Joachim v.),
homme d'État allemand (1589 — 27 août 1640).

Casparson (Johann Wilhelm Caspar Gustav). Nachricht von der Person und dem Leben J. J. v. Russdorf's, etc. *Frf.* et *Leipz.* 1672. 8. (*D.* et *L.*)

Russel ou **Russell,**
famille anglaise.

Wiffen (John Henry). Historical memoirs of the house of Russel, from the time of the Norman conquest. *Lond.* 1833. 2 vol. 8. Portrait de lord John Russel. (*Oxf.*)

Ross (David). Sketch of the history of the house of Russell. *Dubl.* 1848. 12. (*Oxf.*)

Russel (John lord),
homme d'État anglais (19 août 1792 — ...).

(**Loménie,** Louis de). Lord J. Russel, par un homme de rien. *Par.* 1840. 12.

Russel (Margaret),
dame anglaise.

Russel (Margaret). Autobiography. *Lond.* 1846. 8. (*Oxf.*)

Life of lady M. Russel. *Lond.* 1847. 18.

Russel (Rachel **Wriothesley,** lady),
dame anglaise.

Some account of the life of R. Wriothesley, lady Russel, etc. *Lond.* 1819. 4. *Ibid.* 1821. 8. *Ibid.* 1823. 12.

Russel (William, lord),
Anglais.

Walker (George). The godly life and funeral of W., lord Russel, baron of Thornhaugh. *Lond.* 1614. 4. Portrait.

Russel (William, lord),
homme d'État anglais (29 sept. 1639 — décapité le 21 juillet 1682).

Life and death of W., lord Russel. *Lond.* 1684. 4. Portr.

Russel (John). Life of W., lord Russel, with some account of the times, in which he lived. *Lond.* 1819. 4. *Ibid.* 1820. 2 vol. 8. *Ibid.* 1823. 2 vol. 8. *Ibid.* 1852. 2 vol. 8. *Ibid.* 1853. 2 vol. 8. * (*Oxf.*)

* Ces cinq éditions sont accomp. de son portrait.

Russel, duke of **Bedford** (Francis),
homme d'État anglais (22 juillet 1765 — 2 mars 1802).

Fox (Charles James). Sketch of the character of the last most noble F., duke of Bedford. *Lond.* 1802. 8. (*Oxf.*)

Russo (Michel Angelo),
musicien italien (1830 — ...).

Biographie M. A. Russo's, aus dem Französischen übersetzt von Carl Friedrich KAISER. *Dresd.* et *Leipz.* 1843. 16. Portrait. (*L.*)

Rust (Henrich),
magistrat allemand.

Overbeck (Johann Daniel). Merkwürdige Lebensführungen H. Rust's, Bürgermeisters. *Lubeck.* 1787. Fol.

Rustaing de Saint-Jory (N... N...).

(**Rustaing de Saint-Jory,** N... N...). Mémoires secrets de la cour de France (sous Louis XIV). *Amst.* 1755. 3 vol. 12. (*Bes.*)

Rutherford (Samuel);
théologien anglais.

Thomson (Charles). Letters and life of the Rev. S. Rutherford, professor of divinity at St. Andrews. *Lond.* 1846. 2 vol. 12.

Rutxhiel (Henri Joseph),
sculpteur belge (1775 — 15 sept. 1837).

(**Goethebuer,** Pierre Joseph). Notice sur H. J. Rutxhiel. *Gand.* 1851. 8. Portrait.

Ruysbroek (Guillaume de),
voyageur belge.

Saint-Genois (Jules de). Notice historique et bibliographique sur le voyage de G. de Ruysbrock, ou de Rubruquis, s. l. et s. d. (*Brux.*) 8. (Extrait des *Bulletins de l'Académie royale de Belgique*.) — (*Ld.*)

Ruysbroek * (Jan),
mystique belge (vers 1294 — 2 déc. 1381).

Henriquez (Chrysostomus). Vita J. Rusbrokii, prioris Viridis-Vallis ordinis canonicorum regularium S. Augustini. *Brux.* 1622. 8.

* Appelé ainsi du lieu de ce nom, où il naquit.

Engelhardt (Johann Gottlieb Victor). Richard von
Saint-Victor und J. Ruysbroek ; zur Geschichte der
mystischen Theologie. *Erlang*. 1838. 8. (*L*.)
Vie du bienheureux J. de Ruysbroek, prieur de Groenendael. *Brux*. 1839. 52.
Le B. J. de Ruysbroek, prieur de Groenendael, l'an 1381,
s. l. et s. d. 8.

Ruysch (Frederick),
anatomiste hollandais (23 mars 1638 — 22 février 1731).
Schreiber (Johann Friedrich). Historia vitæ et meritorum F. Ruysch. *Amst*. 1732. 4. (*D*. et *L*.)

Ruysch (Rachel),
peintre hollandaise (1664 — 12 oct. 1750).
Pool (Juriaan). Dichtlovers over de uitmuntende schil-
deresse R. Ruysch, s. l. (*Amst*.) 1750. 8.

Ruyssen (Nicolas Joseph),
peintre français (17 mars 1757 — 18 mai 1826).
Rouzière aîné (N... N...). Notice sur N. J. Ruyssen.
Lille. 1852. 8. (Couronné par l'Académie des sciences
de Lille.)

Ruyter ou **Ruiter** (Michiel Adriaanszoon de),
amiral hollandais (24 mars 1607 — 29 avril 1676).
Brandt (Geerard). Leven en bedrijf van M. van Ruyter.
Amst. 1687. Fol. *Dordr*. 1835-36. 5 vol. 8.
Trad. en allem. *Amst*. 1687. Fol.
Trad. en franç. par N... N... *Audin*. *Amst*. 1698. Fol.
(**Pielat, B...**). La vie et les actions mémorables de M. de
Ruyter. *Amst*. 1687. 12. Portrait.
Life of M. A. de Ruyter. *Lond*. 1687. Fol. Portrait. *
    * Cette biographie nous paroit être une simple traduction de l'ou-
    vrage hollandais de G. Brandt.
(**Styl**, Simon). Leven van M. A. de Ruiter. *Amst*. 1776.
8. * (*Ld*.)
    * Ce n'est qu'un extrait de l'ouvrage de G. Brandt.
Engelberts Gerrits (G...). Leven en daden van M. A.
de Ruyter. *Amst*. 1824. 8. Portrait.
Brand (J... A...). Hulde aan den admiraal M. A. de
Ruyter. *Hage* et *Amst*. 1827. 8.
Last (C... C... A...). Leven van M. A. de Ruyter. *S'Gra-*
venh. 1842. 8. Portrait.
Klopp (Otto). Leben und Thaten des Admirals de Rui-
ter. *Hannov*. 1852. 8. Portrait.

Amorie van der Hoeven (A... des). Redevoering by de
plegtige inhuldiging van het standbeeld van M. A. de
Ruiter, te Vlissingen, 25 august 1841. *Leeuw*. 1841. 8.
(*Ld*.)

Ruzzini,
famille vénitienne.
Parisotti (Girolamo Antonio). Ruzzinorum historiæ ele-
giasticus chronologicus epilogus. *Lugdun*. 1707. 4.

Ruzzini, née **Contarini** (Bianca),
épouse de Carlo Ruzzini.
Paolini (Fabio). Amaryllis ecloga in obitum B. Ruzziniæ,
Caroli Ruzzinii uxoris. *Venet*. 1588. 4.

Ruzzini (Carlo),
doge de Venise (élu le 21 mai 1732 — ... 1735).
(**Pasqualigo**, Benedetto). Notizia giornale della sedia
ducale vacante per la morte del serenissimo principe
D. D. Luigi Mocenigo III, e della creazione del serenissimo principe D. D. E. Ruzzini, doge CXIII di Venezia.
Venez. 1732. 8. Portrait.
Schiantarelli (Bartolommeo). Orazione funebre in morte
del serenissimo principe C. Ruzzinii. *Venez*. 1735. 4.

Arrighi (Antonio). De vita et rebus gestis C. Ruzzini,
Venetorum principis, liber. *Patav*. 1764. 4.

Ruzzini (Luigi),
évêque de Bergame.
Ceva (Tommaso). Vita di monsignor L. Ruzzini, vescovo
di Bergamo. *Milan*. 1706. 4. *Ibid*. 1712. 4. * *Venez*.
1712. 4. Portrait.
    * Ces deux premières éditions sont anonymes.
Arrighi (Antonio). De vita et rebus gestis Aloysii Ruzzini, episcopi Bergomatum liber. *Patav*. 1764. 4.

Rydelius (Anders),
évêque de Lund (24 août 1671 — 1er mai 1738).
Boethius (Daniel). Minne öfver A. Rydelius, Biskop och
Procanceller i Lund, etc. *Stockh*. 1783. 8.
Bring (Erland). Minne öfver A. Rydelius. *Stockh*. 1783. 8.
Stobæus (Niklas). Oratio funebris in A. Rydelii memo-
riam. *Stockh*. 1758. 8.

Rye (Olaf),
général danois (16 nov. 1792 — tué le 6 juillet 1849).
Saint-Maurice Cabany (Charles Édouard). Le général major O. Rye, général de brigade de l'armée danoise, tué à la bataille de Fredericia. *Par*. 1853. 8.
(Extrait du *Nécrologe universel du* xixe *siècle*.)

Rye (Thomas de),
médecin belge (vers 1560 — 1604).
Avoine (Pierre Joseph d'). Notice sur T. de Rye, docteur en médecine, médecin et conseiller intime de S. A.
Ernest de Bavière, archevêque de Cologne et prince-
évêque de Liége. *Malin*. 1847. 8. Portrait.

Rygby (Richard),
littérateur anglais.
Authentic memoirs and a sketch of the real character of
the late Right Hon. R. Rygby. *Lond*. 1788. 8. (*P*.)

Ryge (Johan Christian),
comédien danois (8 février 1780 — 29 juin 1842).
Paulli (Just Henrik). Tale ved kongelig Skuespiller og
Instructeur Dr. J. C. Ryge's Jordefaerd, etc. *Kjoebenh*.
1842. 8. (*Cp*.)
Tryde (N... N...). Mindeblad over J. C. Ryge, etc. *Kjoe-*
benh. 1842. 4. Portrait. (*Cp*.)

Ryhiner (Anne Marie),
dame suisse († 1792).
Bridel (Philippe). Service funèbre pour la sépulture de
madame A. M. Ryhiner, née Bourcard. *Bâle*, s. d.
(1792.) 8.

Ryssel (Johann Jacob v.),
jurisconsulte allemand (27 juin 1627 — 2 juin 1699).
(**Cyprian**, Johann). Programma ad J. J. a Ryselii exequias. *Lips*. 1699. Fol. (*L*.)

Ryssel (Wilhelm v.),
magistrat allemand.
Programma academicum ad justa funebria G. a Ryssel
persolvenda. *Lips*. 1703. Fol. (*D*. et *L*.)

Ryssel.
Lange (Gottfried). Dissertatio de Rysselio, archithalasso
Britannico, Gallos in proelio navali fallente. *Lips*. 1692.
4. (*L*.)

Rzewuski (Wenceslaus),
homme d'État polonais (1705 — 1779).
Vie du comte W. Rzewuski, premier sénateur de Pologne. *Liége*. 1782. 12.

S

Saa (Luiz de),
savant portugais.
Pestana (Antonio Camello). In laudem sapientissimi D.
Fr. L. de Sa. *Ulyssip*. 1641. 4.

Saadi (Moslih-ed-din),
poète persan (vers 1195 — vers 1292).
Fragmente über die Literaturgeschichte der Perser, nach
dem Lateinischen (des Carl Emmerich Alexius Reviczky

v. Revisnie), mit Bemerkungen und dem Leben des persischen Dichters Saadi, von Johann Friedel. *Wien*. 1783. 8.
Langlès (Louis Mathieu). Notice sur la vie et les ouvrages de Sa'ady. *Par*., s. d. (vers 1820.) 8.

Saadia Gaon,
rabbin juif.
Munk (Salomon). Notice sur Rabbi Saadia Gaon et sa
version arabe d'Isaïe, etc. *Par*. 1838. 8. (*P*.)

Saalbach (Christian),
poëte allemand.

Papke (Jeremias). Programma academicum in obitum C. Saalbachii. *Gryphisw.* 1713. Fol.

Saas (Jean),
bibliographe français (4 février 1703 — 20 avril 1774).

Cotton-des-Houssayes (Jean Baptiste). Éloge historique de l'abbé Saas. *Rouen.* 1775. 8. (*P.*)

Saavedra (Miguel), voy. **Cervantes.**

Saavedra y Faxardo (Diego de),
historien espagnol (1584 — 24 août 1648).

Mayans y Siscar (Gregorio). Oracion en alabanza de las eloquentissimas obras de Don D. de Saavedra y Faxardo. *Valenc.* 1725. 4.

Saba de Castiglione (Francesco),
littérateur italien.

Malacarne (Michele Vincenzo Maria). Elogio di F. Saba de Castiglione, ossia commentario della vita e delle opere di questo Milanese cavaliere Gerosolimitano, commendatore di Midola e di Faenza, etc. *Pavia.* 1814. 8.

Sabataï-Sevi,
pseudo-messie des Juifs (1625 — 1676).

Anton (Carl). Kurze Nachricht von dem falschen Messias Sabbataï-Zebhi. *Wolfenb.* 1752. 4. (*L.*)

Sabatier (Pierre de),
évêque d'Amiens (?)

(Dargnies, Louis Michel). Lettre contenant la vie et la mort de P. de Sabatier, s. l. 1735. 4. (*Bes.*)

Sabatier (Raphaël-Bienvenu),
médecin français (11 oct. 1732 — 19 juillet 1811).

Funérailles de M. R. B. Sabatier. (Discours prononcé sur sa tombe par M. **Pelletan**). *Par.*, s. d. (1811.) 4. (*Lv.*)

Percy (Pierre François). Éloge historique de M. Sabatier. *Par.* 1812. 4 et 8. (*Bes.* et *P.*)

Sabbadino (Christofero),
ingénieur italien du xvie siècle.

Ravagnan (Girolamo). Elogio di C. Sabbadino di Chioggia. *Venez.* 1819. 12.

Sabbas (Saint).

Marnavicz (J... Tomcus). Vita S. Sabbæ, abatis Stephani, Nemaniæ Rasciæ regis filii, ex codice autographo, publ. par J... J... **Paulovich Lucich.** *Venet.* 1789. 8. Portrait.

Sabbatini (Ludovico),
théologien italien.

Sabbatini d'Anfora (Ludovico). Vita del P. D. L. Sabbatini, zio del autore. *Napol.* 1750. 4.

Sabellicus (Marcus Antonius Coccius),
historien romain (1436 — 18 avril 1506).

Moller (Daniel Wilhelm). Disputatio circularis de M. A. C. Sabellico. *Altorf.* 1698. 4. (*L.* et *Lv.*)

Sabino (San),
évêque de Canusio.

Beatillo (Antonio). Storia della vita e morte di S. Sabino, vescovo Canusino, protettore della città di Bari; con il catalogo degli arcivescovi di Bari. *Napol.* 1629. 8.

Balla (Filiberto). Notizie istoriche di S. Sabino, vescovo e martire. *Torin.* 1750. 8.

Sabinus (Georg),
jurisconsulte et poëte allemand (23 avril 1508 — 2 déc. 1560).

Praetorius (Abdias). Oratio de G. Sabino. *Frf. ad Viadr.* 1561. 8.

Boticher (Johann). Oratio de vita G. Sabini. *Witteb.* 1562. 8.

Albinus (Peter). Vita G. Sabini, Brandenburgensis jurisconsulti et poetæ laureati, publ. par Theodor Enusius. *Lignic.* 1724. 8. (*L.*)

Heffter (Moritz Wilhelm). Erinnerung an G. Sabinus, den trefflichen Dichter, academischen Lehrer und Diplomaten, den Mitstifter der Universität zu Königsberg in Preussen. *Leipz.* 1844. 8. (*L.*)

Fuerstenhaupt (Adolph). G. Sabinus, der Sänger der Hohenzollern'schen Dynastie; literargeschichtliche Skizze im Rahmen des sechszehnten Jahrhunderts. *Berl.* 1849. 8.

Sabinus, voy. **Masurius Sabinus.**

2

Sabran (Louis Marie Elzéar, comte de),
poëte français (18 mai 1774 — 3 sept. 1846).

Gay (Sophie). Le comte L. M. E. de Sabran, poëte et littérateur. *Par.*, s. d. 8. (Extrait du *Nécrologe universel du* xixe *siècle.*)

Sabunde (Raimondo de), voy. **Raimondo de Sabunde.**

Sacchetti (Alessandro),
théologien italien.

Roselli (Domenico). Elogio del canonico A. Sacchetti, professore di teologia nel seminario di Fiesole. *Fiesol.* 1846. 8. (Non destiné au commerce.)

Sacchetti (Giulio),
cardinal italien.

Macedo (Francisco de Santo-Agostinho). Oratio funebris in obitum cardinalis J. Sacchetti. *Rom.* 1663. 8.

Sacchi (Defendente),
littérateur italien (27 oct. 1796 — 20 déc. 1840).

Carpanelli (Pietro). Elogio di D. Sacchi. *Pavia.* 1844. 8.

Sacchini (Antonio Maria Gasparo),
compositeur italien du premier ordre (13 mai 1735 — 7 oct. 1786).

Framery (Nicolas Étienne). Éloge historique de Sacchini. *Par.* 1787. 8. Portrait. (Extrait du *Journal encyclopédique.*) — (*P.*)

Sacchini (Domenico),
théologien italien.

Pace (Isidoro). Orazione funebre in morte del Rev. signor D. Sacchini. *Napol.* 1710. 4.

Sacer (Gottfried Wilhelm),
jurisconsulte allemand (11 juillet 1635 — 8 sept. 1699).

Ballenstedt (Johann Arnold). Memoria G. G. Saceri. *Helmst.* 1763. 4.

Sacheverel (Henry),
théologien anglais (vers 1670 — 12 juin 1724).

Tryal of Dr. H. Sacheverel. *Lond.* 1710. 8. Port. (*Oxf.*)

Account of the life of Dr. H. Sacheverel. *Lond.* 1710. 8. (*Oxf.*)

Sachs (Hans),
poëte allemand (5 nov. 1494 — 25 janvier 1567).

Ranisch (Salomon). Historisch-kritische Lebensbeschreibung H. Sachsens's, ehemals berühmten Meistersängers zu Nürnberg, etc. *Altenb.* 1765. 8. Portrait. (*L.*)

(Docen, Bernhard Joseph). Andenken an H. Sachs, s. l. 1803. 8.

Furchau (Friedrich). H. Sachs; zwei Abtheilungen, erste Abtheilung : Die Wanderschaft; zweite Abtheilung : Der Ehestand. *Leipz.* 1820. 8. (*L.*)

Die Volksdichter H. Sachs und (Johann Conrad) Grübel im Zusammenhange mit der geschichtlichen Entwickelung der deutschen Poesie betrachtet. *Nürnb.* 1836. 12.

Kimmel (Ernst Julius). Oratio de J. Sachsio, Norimbergensi poeta. *Jenæ.* 1837. 4.

Hoffmann (J... L...). H. Sachs; sein Leben und Wirken aus seinen Dichtungen nachgewiesen. *Nürnb.* 1847. 8. (*L.*)

Sachs v. Loewenheimb (Philipp Jacob),
médecin allemand (26 août 1627 — 7 janvier 1672).

Major (Johann Daniel). Memoria Sachsiana, s. vita P. Sachs a Loewenheimb, physici Vratislaviensis. *Lips.* 1690. 4. (*L.*)

Sachsen, voy. **Saxe.**

Sack (August Friedrich Wilhelm),
théologien allemand (4 février 1703 — 23 avril 1786).

Éloge de M. Sack. *Berl.* 1786. 8.

Peitre (Johann). Predigt zum Andenken des Herrn A. F. W. Sack. *Berl.* 1787. 8.

Sack (Friedrich Samuel Gottfried). Lebensbeschreibung A. F. W. Sack's, gewesenen königlich preussischen ersten Hofpredigers, Oberconsistorial-und Kirchenrathes, etc. *Berl.* 1789. 2 vol. 8. (*L.*)

Sackville (George **Germain,** lord viscount),
homme d'État anglais (26 janvier 1716 — 26 août 1785).

Cumberland (Richard). Character of the late lord G. Germain, viscount Sackville. *Lond.* 1785. 8. (*Oxf.*)

Sacombe (Jean François),
médecin français (vers 1760 — 1822).

Demangeon (N... N...). Examen critique de la doctrine et des procédés du citoyen Sacombe, en contradiction avec les autres accoucheurs. *Par.* 1799. 8.

Résurrection du docteur Sacombe. *Par.* 1818. 8. (Écrit composé par lui-même.)

Sacré (Gérard),
historien belge du xviie siècle.

Pinchart (Alexandre). Biographie de G. Sacré, historien, . s. l. et s. d. (*Brux.*) 8. (Extrait du *Bulletin du Bibliophile belge.*)

Sacy (Antoine Isaac **Silvestre** de),
orientaliste français (21 sept. 1758 — 21 février 1838).

Reinaud (Joseph Toussaint). Notice historique et littéraire sur M. le baron Silvestre de Sacy. *Par.* 1838. 8. (*P.*)

Daunou (Pierre Claude François). Éloge de Silvestre de Sacy. *Par.* 1838. 8. (*P.*)

Sacy (Louis de),
jurisconsulte français (1654 — 20 oct. 1727).

Adry (Jean Félicissime). Notice sur la vie et les ouvrages de M. de Sacy, s. l. (*Par.*) et s. d. 8. (*P.*)

Sacy (madame de),
bénédictine française († 1655).

Lamy (Thomas). Histoire de madame de Sacy, religieuse bénédictine en l'abbaye de Vignals. *Caen.* 1689. 8.

Sade (Donatien Alphonse François, marquis de),
romancier français (2 juin 1740 — 2 déc. 1814).

Janin (Jules). Le marquis de Sade. *Par.* 1834. 12. (*P.*) Trad. en allem. *Leipz.* 1838. 12. (*L.*)

Sade (le comte Xavier de),
homme d'État français (1777 — 24 mai 1846).

Jonquières (Raoul de). M. le comte X. de Sade, député de Château-Thierry, membre du conseil général du département de l'Aisne, etc. *Par.* 1846. 8. (Extrait du *Nécrologe universel du* xixe *siècle.*)

Sadeel * (Antoine),
théologien français (vers 1533 — 23 février 1591).

Leotius (Jacob). Epistola de vita et scriptis A. Sadeelis, *Genève.* 1593. 8. *Ibid.* 1615. 8.
* Son véritable nom était Chandieu.

Sadler (Michael Thomas),
littérateur anglais.

Memoirs of the life and writings of M. T. Sadler. *Lond.* 1842. 8. (*Oxf.*)

Sadler (Ralph),
homme d'État écossais.

Letters and negociations of sir R. Sadler. *Edinb.* 1728. 8. State-papers and letters of sir R. Sadler, edited by A... Clifford, with his life and notes by Walter Scott. *Edinb.* 1809. 2 vol. 4. (*Oxf.*)

Sadler (Thomas),
(† exécuté le 16 mars 1677).

Memoirs on the life and death of that famous thief T. Sadler, etc. *Lond.*, s. d. (vers 1677). 4.

Sadoletti (Jacopo),
cardinal-archevêque de Carpentras (12 juin 1477 — 18 oct. 1547).

Cancellieri (Francesco Girolamo). Elogio storico di J. Sadoletti. *Rom.* 1828. 8. (*Oxf.*)

Péricaud (Antoine). Fragments biographiques sur J. Sadolet, évêque de Carpentras. *Lyon.* 1849. 8.

Sadolin (Niels),
théologien danois (19 oct. 1778 — 6 sept. 1833).

Secher (Adolf). Mindets Ord over Soegnepraest N. Sadolin. *Kjoebenh.* 1849. 8. (*Cp.*)

Saenger (Maria Renata), *
soi-disant sorcière allemande (vers 1730 — brûlée vive le 21 janv. 1749).

Loschert (Oswald). Wahrhafte und umständliche Nachricht von dem Zufalle, so das jungfräuliche Kloster Unterzell nechst (!) Wirzburg (!) des Præmonstratenser Ordens betroffen. *Würzb.* 1749. 4.

Gaar (Gregorius). Christliche Nachred' nächst dem Scheiterhaufen, worauf der Leichnam Mariæ Renatæ (Saenger), einer durch's Schwerdt hingerichteten Zauberin, etc., ausser der Stadt Würzburg verbrennt worden. *Würzb.* 1749. 4.

Grasser (Johann Baptist). Vertheidigung der kritischen Anmerkungen über des Pater Gregorius Gaar's Rede von der Hexe Maria Renata. *Bayreuth.* 1754. 8. *
* Cette malheureuse femme est la dernière victime des soi-disant procès des sorcières en Allemagne.

Sage (John),
évêque de l'église épiscopale d'Écosse.

Gillane (John). Life of the reverend and learned M. J. Sage, bishop of the old episcopal church of Scotland. *Lond.* 1714. 8.

Sageret (Augustin),
agronome français (27 juillet 1763 — 23 mars 1851).

Jussieu (Adrien de). Notice sur A. Sageret. *Par.* 1852. 8.

Saget (Louis Marie Joseph de),
jurisconsulte français (19 mars 1778 — ... 1840).

Petit (Charles). Éloge de M. L. de Saget. *Bordeaux.* 1850. 8.

Sagittarius,
savants allemands.

Genealogia Sagittariana. *Jenæ.* 1694. 4. (*L.*)

Sagittarius (Caspar),
théologien allemand (23 sept. 1643 — 9 mars 1694).

Schmidt (Johann Andreas). Commentarius de vita et scriptis C. Sagittarii, cum appendice, in quo exhibentur programma funebre, catalogus ejusdem scriptorum et alia. *Jenæ.* 1713. 8. (*L.*)

Sagittarius (Thomas),
pédagogue allemand (1577 — 21 avril 1621).

Z... (L... P...). Schediasma de T. Sagittarii obitu et Henningii Wittenii diario biographico. *Vratisl.* 1707. 8. (*L.*)

Sagramosca (Michele Enrico, marchese),
bailli de l'ordre de Malte.

(**Bertola**, Aurelio de' Georgi). Vita del marchese Sagramosca, baly del S. M. ordine di Malta. *Pavia.* 1793. 8.

Sagredo (Luigi),
patriarche de Venise.

Caro (Francesco). Oratio funebris ad exequias Aloysii Sagredo, Venetiarum patriarchæ. *Venet.* 1688. 4.

Saher (Johann Christian),
théologien allemand.

Peuschel (Johann Friedrich). Der in Glauben und Hoffnung der Seeligkeit wohlfundirte Theologus. Leichenpredigt auf den Superintendenten J. C. Saher. *Mönchberg.* 1690. 4.

Sahla (Dominik Ernst, Freiherr v.),
connu par son attentat sur Napoléon.

(**Stein**, Carl v.). Herr (Louis Antonin Fauvelet) v. Bourienne und Sahla. *Frf.* 1830. 8.

Sahlgrén (Nicolas),
directeur de la compagnie suédoise des Indes (18 mars 1701 — 10 mars 1776).

Liljestrale (J... W...). Åminnelse-Tal öfver N. Sahlgrén. *Stockh.* 1776. 8.

Du-Val-Pyrau (N... N...). Éloge de N. Sahlgren, commandeur de l'ordre de Wasa, etc. *Frf.* et *Par.* 1778. 4.

Sailer (Johann Michael v.),
évêque de Ratisbonne (17 nov. 1751 — 20 mai 1832).

Lebensbeschreibung des Bischofs J. M. v. Sailer. *Regensb.* 1833. 8. Portrait.

Train (J... C... v.). Blume auf das Grab des Bischofs J. M. v. Sailer; die wichtigsten Momente seines Lebens, etc. *Augsb.* 1833. 8.

Schenk (Eduard v.). Die Bischöfe J. M. v. Sailer und Georg Michael Wittmann. Beitrag zu ihrer Biographie. *Regensb.* 1838. 8. *
* Accomp. des portraits de ces deux prélats.

Schmid (Christoph v.). Der hochselige Bischof J. M. v. Sailer. *Augsb.* 1833. 8. Portrait.
* Formant le deuxième volume de l'ouvrage *Erinnerungen aus meinem Leben*, autobiographie du chanoine Schmid.

Saillant (François Ignace de **Braglion** de),
évêque de Poitiers († 1698).

Chesnon (Jacques). Oraison funèbre de F. I. de Braglion de Saillant. *Poit.* 1698. 4.

Saincric (Jean Baptiste de),
médecin français (22 mai 1780 — 29 nov. 1845).

Dégranges (E...). Notice biographique sur J. B. de Saincric, docteur-médecin ; appréciation de ses ouvrages. *Bordeaux.* 1850. 8. (Extrait du *Recueil des actes de l'Académie de Bordeaux.*)

Sains (Marie de),
    soi-disant sorcière belge.

Le Normant (Jean). Histoire de ce qui s'est passé sous l'exorcisme de trois filles possédées ès pays de Flandre, et de la découverte et confession de M. de Sains, soi-disant princesse de magie. *Par.* 1623. 2 vol. 12.

Historia de tribus energumenis in partibus Belgii, scilicet Magdalenæ de Palud, M. de Sains, Simoniæ Dourlet. *Par.* 1623. 8.

Saint-Aignan (Paul Hippolyte de **Beauvillier**, duc de),
    homme d'État français (1684 — 22 janvier 1776).

Dupuy (Louis). Éloge historique de M. le duc de Saint-Aignan. *Par.* 1776. 8. (P.)

Saint-Amand (Jean de),
    médecin belge du XIIᵉ siècle.

Broeckx (Charles). J. de Saint-Amand, médecin belge du XIIᵉ siècle. *Malines.* 1848. 8.

Saint-Amans (Jean Florimond **Boudon** de),
    naturaliste français (24 juin 1748 — 28 oct. 1831).

Chaudruc de Crazannes (Jean César Marie Alexandre). Notice sur la vie et les ouvrages de J. F. Boudon de Saint-Amans. *Agen.* 1832. 8. Portrait.

Saint-Amour (Anne Françoise Jeanne Élisabeth de **Fremery** de),
    dame hollandaise, connue par ses guérisons soi-disant merveilleuses
    (11 nov. 1786 — ...).

Richer (Édouard). Des guérisons opérées par madame de Saint-Amour, s. l. et s. d. (*Nantes.*, vers 1828.) 8.

Tollenare (François Louis de). Point d'effet sans cause, s. l. 1828. 8.

Saint-André (Jean Bon),
    député à la Convention nationale (1749 — 10 déc. 1813).

Nicolas (N... N...), J. B. Saint-André; sa vie et ses écrits, mis en ordre, etc. *Montaub.* 1848. 12.

Saint-André Montbrun (N... N...),
    général français († 1673).

(**Mervesin**, Joseph). Histoire du marquis Saint-André Montbrun, capitaine général des armées du roi et général des armées de terre de la république de Venise. *Par.* 1698. 12. (P.)

Saint-Aoust (Jean, comte de),
    gouverneur de Berry.

Chapignon (Hyacinthe). Oraison funèbre de J., comte de Saint-Aoust, maréchal des camps et des armées du roi et lieutenant général en la province de Berry. *Bourges.* 1658. 4.

Saint-Arnaud, voy. **Leroy de Saint-Arnaud** (Jacques).

Saint-Balmon (mademoiselle de),
    dame française, connue par sa haute piété.

V(ernon) (J(ean) M(arie) de). L'amazone chrétienne, ou les aventures de mademoiselle de Saint-Balmon. *Par.* 1678. 12. (P.)

Saint-Belin (Georges de).

Le Paige (Thomas). Harangue funèbre sur la mort de G. de Saint-Belin, seigneur de Bielles, etc. *Saint-Nicolas.* 1629. 12.

Saint-Chamond (Jean Antoine **Mitte de Chevrière**, marquis de),
    maréchal de camp français.

Archange (N... N...). Éloge funèbre de haut et puissant seigneur messire J. A. Mitte de Chevrière, marquis de Saint-Chamond. *Lyon.* 1886. 4.

Saint-Chamond (Melchior **Mitte de Chevrière**, comte de),
    maréchal de camp français († 1649).

Figuière (N... N... de). Dernières paroles de M. le comte de Saint-Chamond, etc., avec un fidèle récit des belles actions de sa vie. *Par.* 1649. 4. (P.)

Saint-Christol (Jacques François de **Bremond**, baron de),
    l'un des agents royalistes (17 oct. 1748 — 7 oct. 1819).

Précis des mémoires de M. le baron de Saint-Christol, adjoint à l'agence royale de Souabe depuis 1796 jusqu'en 1803. *Avign.* 1818. 8. (Écrit par lui-même.)

Saint-Cyran (Jean **Duverger de Hauranne**, plus connu sous le nom d'abbé de),
    théologien français (1581 — 11 oct. 1643).

Lancelot (Claude). Mémoires touchant la vie de M. de

Saint-Cyran, pour servir d'éclaircissements à l'histoire de Port-Royal, (publ. avec une notice sur la vie et les ouvrages de Claude **Lancelot** par Claude Pierre Gou-JET). *Cologne.* (*Utrecht.*) 1738. 2 vol. 12. (P.)

Saint-Donat (Alexandre Auguste Donat Magloire **Coupé** de),
    littérateur français (5 sept. 1775 — 20 nov. 1845).

Saint-Maurice Cabany (Charles Édouard). M. le chevalier A. A. D. M. Coupé de Saint-Donat, ancien chef d'escadron de l'état-major général, etc., poëte, fabuliste, littérateur et historien, etc. *Par.* 1846. 8. (Extrait du *Nécrologe universel du XIXᵉ siècle.*)

Saint-Elie (Marie Augustine de),
    carmélite française (14 oct. 1801 — 19 mai 1835).

Abrégé de la vie de la mère M. A. de Saint-Elie, carmélite professe de Montauban, etc. *Montaub.* 1839. 8.

Saint-Elie (Scholastique de),
    carmélite française du XVIIᵉ siècle.

Saint-Simon (Célestin de). Vie de sœur S. de Saint-Elie, religieuse de l'ordre du mont Carmel. *Douai.* 1689. 8.

Saint-Elme, plus connue sous le nom de **la Contemporaine** (Elzélina **Tolstoy**, Ida de),
    auteur française (1778 — 1845).

Mémoires d'une contemporaine, ou souvenirs d'une femme sur les principaux personnages de la république, du consulat, de l'empire, etc. *Par.* 1827. 8 vol. 8. *Ibid.* 1828. 8 vol. 8. (P.) *Brux.* 1828. 8 vol. 8. (Écrits par madame de **Saint-Elme** et rédigés par MM. **Lesourd** et **Malitourne**.)

(**Saint-Elme**, Ida de). Mes dernières indiscrétions. *Par.* 1834. 2 vol. 8. Portrait. (P.)

(——) Mille et une causeries, par la Contemporaine. *Par.* 1833. 2 vol. 8.

Touchebœuf-Clermont (vicomte de). Mille et unième calomnie de la Contemporaine. *Par.* 1834. 8.

Saint-Évremont (Charles de **Saint-Denis**, sieur de),
    philosophe et poëte français (1ᵉʳ avril 1613 — 20 sept. 1703).

Desmaiseaux (Pierre). Vie du sieur de Saint-Évremont. *Lond.* 1705. 12. *Amst.* 1706. 12. *Ibid.* 1711. 12. Portrait. *La Haye.* (*Rouen.*) 1712. 12. *Ibid.* 1726. 12.

Mémoires de la vie de C. de Saint-Denis, sieur de Saint-Évremont, maréchal des camps et armées du roi, avant sa retraite, etc. *Par.* 1696. 2 vol. 12. *Amst.* 1705. 2 vol. 8. Portrait. (P.)

(**Cotolendi**, Charles). Saint-Évremontiana. *Amst.* 1701. 12. *Ibid.* 1702. 12. *Luxemb.* 1702. 12. *Lond.* 1705. 8. *Amst.* 1706. 8. *Ibid.* 1709. 12. *Rouen.* 1710. 12. *Amst.* 1750. 2 vol. 12.

(——) Dissertation sur les œuvres de Saint-Évremont. *Amst.* 1704. 12. *

    * Publ. sous le nom de **Dupont**.

(**Deleyre**, Alexandre). Esprit de Saint-Évremont, (précédé d'une notice sur sa vie). *Amst.* (*Par.*) 1761. 12.

Saint-Foix (Germain François **Poullain** de),
    littérateur français (5 février 1698 — 25 août 1776).

(**Ducoudray**, Alexandre Jacques). Éloge historique de M. de Saint-Foix, historiographe des ordres du roi, avec plusieurs de ses bons mots et pensées. *Par.* 1776. 12. Portrait. (P.)

Saint-Gabriel (Marie Anne **Legendre**, dite),
    religieuse française († 30 mai 1838).

Bédor (N... N...) Notice nécrologique sur madame Saint-Gabriel, supérieure des sœurs hospitalières de l'Hôtel-Dieu de Troyes. *Troyes.* 1839. 12.

Saint-Gelais,
    famille française.

Castaigne (Jean François Eusèbe). Notice littéraire sur la famille Saint-Gelais. *Angoulême.* 1836. 18.

Saint-Genis (Auguste Nicolas de),
    jurisconsulte français (2 février 1741 — 1ᵉʳ oct. 1808).

Notice sur la vie et les ouvrages de M. A. N. de Saint-Genis, par M***, et publ. avec des notes par Antoine Alexandre **Barbier.** *Par.* 1817. 8. (*Lv.*)

Saint-George (Claude de),
    archevêque de Lyon († 1714).

Colonia (Dominique de). Oraison funèbre de C. de Saint-George, archevêque de Lyon. *Lyon.* 1714. 4.

Saint-Germain (Claude Louis, comte de),
ministre français (15 avril 1707 — 15 janvier 1778).

(**Wimpfen**, Peter Christian v.). Commentaires des mémoires de Saint-Germain, ministre et secrétaire d'État du département de la guerre. *Lond.* 1780. 8. *Ibid.* 1781. 2 vol. 12.

Grimoard (Philippe Henri de). Correspondance particulière du comte de Saint-Germain avec M. Paris-Duvernet. *Lond.* 1789. 2 vol. 8.

Saint-Germain (Joseph, comte de),
fameux aventurier (vers 1700 — vers 1785).

Nachrichten vom Grafen Saint-Germain. *Frf.* 1780. 8.

Oettinger (Eduard Maria). Graf Saint-Germain. *Leipz.* 1844. 16. *Ibid.* 1846. 18. (Roman biographique.)

Saint-Gilles (Regnault de),
dominicain français.

S(enault) (J(ean) F(rançois)). Vie du bienheureux Regnault de Saint-Gilles, doyen de Saint-Agnan d'Orléans, et depuis religieux de Saint-Dominique. *Par.* 1643. 12. (*P.*)

Rechac (Jean de). Vie du bienheureux Regnault de Saint-Gilles, etc. *Par.* 1646. 8. (*P.*)

Saint-Hilaire (Émile **Marco** de),
ci-devant page de l'empereur Napoléon.

(**Saint-Hilaire**, Émile **Marco** de). Mémoires et révélations d'un page de la cour impériale, de 1802 à 1815. *Par.* 1830. 2 vol. 8.

(——) Souvenirs intimes du temps de l'empire. *Par.* 1838. 8.

Trad. en allem. :
S. c. t. Geheime Mittheilungen, etc., par T... **Sebastiano**. *Zürch.* 1839. 8.
S. c. t. Erinnerungen aus Napoleon's Privatleben, etc. *Cassel et Leipz.* 1839. 8. (*L.*)

Saint-Just (Antoine Louis Léon de),
l'un des coryphées de la révolution française
(1768 — guillotiné le 28 juillet 1794).

Nodier (Charles). Fragments sur les institutions républicaines de Saint-Just ; notice. *Par.* 1831. 8. (*P.*)

Fleury (Edouard). Études révolutionnaires : Saint-Just et la terreur. *Par.* 1851. 2 vol. 8.

Les hommes de la terreur. Robespierre, (Jean Paul) Marat, Saint-Just, (George) Danton, (Jean Baptiste) Carrier, Camille Desmoulins, (Jacques René) Hébert, (Antoine Quintin) Fouquier-Tinville, etc. Biographies et anecdotes. *Par.* 1848. 18. Portraits et gravures.

Saint-Lambert (Jean Charles François de),
philosophe français (16 déc. 1717 — 9 février 1803).

Witsen-Geysbeek (P... G...). Letterkundige levensschets van Saint-Lambert. *Amst.* 1805. 8.

(**Puymaigre**, Théodore de). Saint-Lambert. *Metz.* 1840. 8. (*P.*)

Saint-Laurent (Corneille de),
poëte belge.

Reiffenberg (Frédéric Auguste Ferdinand Thomas de). Notice sur Frère C. de Saint-Laurent, poëte belge, inconnu jusqu'ici. *Brux.* 1841. 4. (Extrait des *Nouveaux mémoires de l'Académie de Bruxelles.*) — (*Bx.*)

Saint-Marc Girardin, *
littérateur français (3 février 1801 — ...).

Clément de Ris (L...). Portraits à la plume : Alfred de Musset, Henri Murger, Octave Feuillet, Alphonse Karr, Arsène Houssaye, Prosper Mérimée, Théophile Gautier, Saint-Marc Girardin, Honoré de Balzac, Denis Diderot, Rodolphe Topffer (!), etc. *Par.* 1853. 12.

* Son véritable nom est Marc Girardin.

Saint-Martin (Jean Didier),
missionnaire français (18 janvier 1745 — 15 nov. 1801).

Labouderie (Jean). Notice biographique sur J. D. Saint-Martin. *Par.* 1822. 8. (Tiré à très-peu d'exempl.)

Saint-Martin (Louis Claude de),
plus connu sous le nom du **philosophe inconnu**,
mystique français (18 janvier 1743 — 15 oct. 1703).

M... (J... D...). Notice historique sur les principaux ouvrages du philosophe inconnu et sur leur auteur, L. C. de Saint-Martin, s. l. et. s. d. 8.

Gence (Jean Baptiste Modeste). Notice biographique sur L. C. de Saint-Martin, ou le philosophe inconnu. *Par.* 1824. 8. (*Lv.* et *P.*)

Moreau (Louis). Le philosophe inconnu. Réflexions sur les idées de L. C. de Saint-Martin le théosophe, etc. *Par.* 1850. 12.

Caro (E...). Essai sur la vie et la doctrine de Saint-Martin, le philosophe inconnu. *Par.* 1852. 8. (*P.*)

Saint-Martin (Louis Pierre de),
théologien français (10 janvier 1753 — 13 janvier 1819).

Honneurs funèbres, etc, etc., à la mémoire du vénérable frère de Saint-Martin. *Liége.* 1819. 8.

Saint-Maurice, voy. **Montbarrey** (Alexandre Marie Léonor de **Saint-Maurice**, prince de).

Saint-Méard, voy. **Jourgniac de Saint-Méard**.

Saint-Mégrin (marquis de),
maréchal de camp français.

D'Estrées (Jacques). Histoire du marquis de Saint-Mégrin. *Par.* 1752. 12. (*P.*)

Saint-Non (Jean Claude **Richard** de),
jurisconsulte français (1727 — 25 nov. 1791).

Brizard (Gabriel). Notice sur J. C. Richard de Saint-Non. *Par.* 1792. 8. * (Assez rare.) — (*Bes.*)

* Tous les exemplaires ont été distribués en présent.

Saint-Pierre (Jacques Henri **Bernardin** de),
littérateur français (19 janvier 1737 — 21 janvier 1814).

Patin (Henri). Éloge de Bernardin de Saint-Pierre. *Par.* 1816. 8. * (*P.*)

* Ouvrage qui a remporté le prix de l'Académie de Rouen.

Martin (Louis Aimé). Essai sur la vie et les ouvrages de Bernardin de Saint-Pierre. *Par.* 1821. 8. (*P.*)

—— Supplément à l'Essai, etc., renfermant l'histoire de sa conduite pendant la révolution et de ses relations particulières avec Louis Joseph et Napoléon Bonaparte. *Par.* 1826. 8. (*P.*)

Fleury (A...). Vie de Bernardin de Saint-Pierre. *Par.* 1844. 18. (*P.*)

Fort-Meu (Jean Baptiste). Éloges de Bernardin de Saint-Pierre et de Casimir Delavigne. *Havre.* 1852. 8.

Saint-Priest (Alexis, comte de),
littérateur français.

Barante (Prosper **Brugière** de). Notice sur M. le comte A. de Saint-Priest. *Par.* 1852. 8.

Saint-Remy (N... N... **Lefebvre** de),
chroniqueur français du xve siècle.

E... (L... M...). Notice historique sur Lefebvre de Saint-Remy, chroniqueur du xve siècle. *Par.*, s. d. (1835). 8. (Extrait du *Bulletin de la Société de l'histoire de France*, tiré à part à 25 exemplaires.)

Saint-Rousset de Vauxonne (André Paul),
magistrat français.

F... (C...). Notice sur la vie et les travaux administratifs de M. Saint-Rousset de Vauxonne, ancien maire de la division du midi de Lyon sous le consulat et sous l'empire. *Lyon.* 1853. 8.

Saint-Samson (Jean de),
carme français.

La vie et les maximes spirituelles et mystiques du V. F. J. de Sainct-Samson, aveugle né, religieux, frère lay des pères carmes reformez de la province de Touraine. *Par.* 1651. 4.

Saint-Silvestre (Just Louis **Du Faure**, marquis de),
général français (9 janvier 1627 — 6 février 1719).

Du Faure de Vercours (N... N...). Mémoires historiques sur le marquis de Saint-Silvestre, lieutenant général des armées de France sous Louis XIV, etc. *Brux.* 1825. 8. Portrait.

Saintré ou **Xaintré** (Jean de),
maréchal de camp français (1320 — 25 oct. 1368).

(**La Sale**, Antoine de). Histoire plaisante et chronique du petit J. de Saintré et de la jeune dame des belles cousines, sans autres noms nommer. *Par.* 1515. Fol. *Ibid.* 1523. 4. *Ibid.* 1528. 8. *Ibid.* 1555. 8. Avec des annotations par Thomas Simon **Gueulette**. *Par.* 1724. 3 vol. 12. Revue par Louis Elisabeth de Lavergne de **Tressan**. *Par.* 1791. 18. *Ibid.* 1824. 52. *Ibid.* 1826. 52. *Ibid.* 1829. (Publ. par N... N..., **Lami-Denozan**.) *Par.* 1850. 8. (Tiré à 250 exemplaires.)

Saint-Réal (César **Vichard** de),
historien français (1639 — 1692 *).

Barolo (Giuseppe Ottavio **Falletti** di). Memorie spettanti alla vita ed alle opere dell'abate C. Vichard di Saint-Réal. *Torin.* 1788. 8.

* Et non pas en sept. 1679, comme le disent quelques biographes.

Saint-Sernin (Jean),

pédagogue français (vers 1740 — 9 mai 1816).

Gabel (Valade). Notice sur la vie et les travaux de J. Saint-Sernin, premier instituteur en chef de l'institut royal des sourds-muets de Bordeaux. *Bord.* 1844. 8.

Saint-Simon (Claude Henri, comte de),

créateur de la nouvelle doctrine des Saint-Simoniens
(17 avril 1760 — 19 mai 1825).

Michaud (Gabriel Louis) et **Villenave** (Mathieu Guillaume Thérèse). Histoire du Saint-Simonisme et de la famille de Rothschild, ou biographie du comte de Saint-Simon et de (Amand) Bazard, suivie de la biographie de Mayer Anselme Rothschild et de Nathan, son fils. *Par.* 1847. 8. Portrait de Saint-Simon et de Rothschild.

Fournel (Henri). Bibliographie Saint-Simonienne depuis 1802 jusqu'au 31 décembre 1832. *Par.* 1833. 8. (*P.*)

Lechevalier (Jules). Religion Saint-Simonienne, etc. *Par.* 1831. 8. (*P.*)

Ozanam (Jean Antoine François). Réflexions sur la doctrine de Saint-Simon. *Lyon.* 1831. 8.

Nelken (Friedrich August). Saint-Simon's neue Glaubenslehre. *Augs.* 1831. 8. (Trad. du franç.)

Schiebler (Carl Wilhelm). Saint-Simonismus, oder die Lehre Saint-Simon's und seiner Anhänger. *Leipz.* 1831. 8. (*L.*)

Carové (Friedrich Wilhelm). Der Saint-Simonismus und die neuere französische Philosophie. *Frf.* 1831. 8.

Bretschneider (Carl Gottlieb). Der Simonismus und das Christenthum, oder beurtheilende Darstellung der simonistischen Religion, ihres Verhältnisses zur christlichen Kirche und die Lage des Christenthums in unserer Zeit. *Leipz.* 1832. 8. (*L.*)

Was ist Saint-Simonismus? oder Lehren, Grundsätze und Verfassung der Saint-Simonistischen Religion, nebst Nachricht über das Leben ihres Begründers. *Quedlinb.* 1832. 8.

Vagner (N...). Examen critique de la religion dite Saint-Simonienne. *Nancy.* 1832. 8.

Chevalier (Michel) et **Barraut** (N... N...). Procès des Saint-Simoniens devant la cour d'assises. *Par.* 1832. 8.

Veit (Moritz). Saint-Simon und Saint-Simonismus; allgemeiner Völkerbund und ewiger Friede. *Leipz.* 1834. 8.

Saint-Simon (Louis de **Rouvroy**, duc de),

pair de France (16 janvier 1675 — 2 mars 1755).

Saint-Simon (Louis **Rouvroy** de). Mémoires, ou l'observateur véridique sur le règne de Louis XIV et sur les premières époques des règnes suivants. *Mars.* 1788. 3 vol. 8. Supplément aux Mémoires du duc de Saint-Simon, sur le règne de Louis XIV, (publ. par Jean Louis Giraud de **Soulavie**). *Par.* 1789. 4 vol. 8. (*P.*) Rédigé par François **Laurent**. *Par.* 1818. 6 vol. 8. *Ibid.* 1826. 6 vol. 8. Publ. par M. le marquis de Saint-Simon. *Par.* 1829-31. 21 vol. 8. Trad. en allem. et abrég. s. c. t. Interessante Züge aus dem Privatleben Ludwig's XIV, etc. *Leipz.* 1789. 2 vol. 8. (*L.*)

Starklof (Ludwig). Denkwürdigkeiten des Herzogs v. Saint-Simon. *Leipz.* 1847. 8. (Extrait des Mémoires précédents.) — (*L.*)

Tremblay (Victor). Biographie du duc de Saint-Simon. *Beauv.* 1850. 8.

Saint-Simon (Charles François de **Rouvroy Sandricourt** de),

évêque d'Agde (1727 — guillotiné le 23 juillet 1794).

Notice historique sur C. F. de Rouvroy de Saint-Simon. *Par.* 1808. 8. (Extrait du *Magasin encyclopédique.*)

Saint-Simon (Diane Henriette **Budos**, duchesse de),

Deslyons (Jean). Oraison funèbre de D. H. Budos, duchesse de Saint-Simon, *Par.* 1671. 4.

Saint-Ursin (Marie de),

médecin français (1763 — 5 août 1818).

Notice sur M. de Saint-Ursin, etc., s. l. et s. d. (*Par.* 1819). 8. (Extrait des *Annales encyclopédiques.*)

Saint-Vincens (Alexandre Jules Antoine **Fauris** de),

jurisconsulte français (3 sept. 1750 — 15 nov. 1819).

Fonscolombe (Marcellin **Boyer** de). Notice sur M. Fauris de Saint-Vincens. *Aix.* 1820. 8.

Saint-Vincens (Jules François Paul **Fauris** de),

antiquaire français (1718 — 23 oct. 1798).

(**Saint-Vincens**, Alexandre Jules Antoine **Fauris** de). Notice sur J. F. P. Fauris de Saint-Vincens. *Aix*, an VIII. (1800). 4. (*P.*)

Saint-Vincent (John **Jervis,** earl of),

amiral anglais (9 janvier 1734 — 26 mars 1823).

Pelham-Brenton (Edward). Life and correspondence of the earl Saint-Vincent, lord Meaford, admiral of the british fleet. *Lond.* 1838. 2 vol. 8. (*Oxf.*)

Tucker (Jedediah Stephen). Memoirs of admiral the Right Hon. earl of Saint-Vincent. *Lond.* 1844. 2 vol. 8. 2 portraits. (*Oxf.*)

Sainte-Beuve (Charles Augustin),

littérateur français (23 déc. 1804 — ...).

(**Loménie**, Louis de). M. Sainte-Beuve, par un homme de rien. *Par.* 1841. 12.

Sainte-Colombe (N... N... de),

prêtre français († 30 déc. 1706).

Poisson (N... N...). Oraison funèbre de M. de Sainte-Colombe, aumônier de l'hôpital de Bourg-en-Bresse. *Bourg-en-Bresse.* 1707. 4.

Sainte-Croix (Guillaume Emmanuel Joseph **Guilhem de Clermont-Lodève**, baron de),

archéologue français (5 janvier 1746 — 11 mars 1809).

Boissy d'Anglas (François Antoine). Discours prononcé, etc., aux funérailles de M. de Sainte-Croix, membre de l'Institut de France. *Par.* 1809. 8. (*P.*)

Dacier (Bon Joseph). Notice historique sur la vie et les ouvrages de M. de Sainte-Croix. *Par.* 1811. 8. (Extrait du *Moniteur.*)

(**Picot**, Michel Joseph Pierre). Notice sur M. de Sainte-Croix, membre de l'Institut. *Par.* 1809. 8. (*P.*)

Sacy (Antoine Isaac Silvestre de). Notice sur la vie et les ouvrages de M. de Sainte-Croix. *Par.* 1809. 8. (*P.*)

Sainte-Marthe (Denis de),

bénédictin français (24 mai 1650 — 29 avril 1725).

Castel (Joseph). Lettre circulaire sur la mort du R. P. D. de Sainte-Marthe, supérieur général de la congrégation de Saint-Maur. *Par.* 1725. 4.

Sainte-Marthe (Gaucher ou Scévole de),

littérateur français (2 février 1536 — 29 mars 1623).

Casuet (Jean). Oraison funèbre de S. de Sainte-Marthe. *Saumur.* 1623. 4.

Grandier (Urbain). Oraison funèbre de S. de Sainte-Marthe, président des trésoriers de France à Poitiers. *Par.* 1625. 4. (*P.*)

Renaudot (Théophraste). Oraison funèbre prononcée sur la tombe de S. de Sainte-Marthe. *Loudun.* 1623. 4.

Viri clari S. Sammarthani tumulus, elogia, vita, oratio funebris. *Par.* 1623. 4.

Roche-Maillet (Gabriel Michel de la). Vie de S. de Sainte-Marthe. *Par.* 1629. 4.

Feugère (Léon). Étude sur S. de Sainte-Marthe. *Par.* 1853. 12.

Sainte-Palaye (Jean Baptiste **Lacurne** de),

littérateur français (1697 — 1er mars 1781).

Séguier (Antoine Louis). Éloge de Lacurne de Sainte-Palaye. *Par.* 1782. 8. (*P.*)

Saintignon (Jean Antoine Joseph, comte de),

général français (18 mars 1720 — ... 1803).

Nollet-Fabert (Jules). Le général de Saintignon. *Nancy.* 1852. 8. (Extrait de la *Lorraine militaire.*)

Saintpé (François de),

prêtre français.

Cloysault (Edme Charles). Vie du R. P. de Saintpé, prêtre de l'Oratoire. *Lyon.* 1696. 12. (*P.*) *Par.* 1712. 12. (*Bes.*)

Saisseval (la comtesse de),

philanthrope française.

Notice biographique sur madame la comtesse de Saisseval, etc. *Par.* 1850. 8.

Sajanelli (Girolamo?),

jéronimite italien.

Bajomez (Jean Martin). Breviarium actorum reverendissimi ac eximii magistri Sajanelli de Cremona, ordinis S. Hieronymi congregationis B. Petri (Gambacorti) de Pisis, primigenii historici præfati ordinis et congregationis, una cum vita religiosissima fratris Hieronymi

Martinot, ejusdem ordinis et congregationis. *Bouillon.* 1784. 4.

Saladin,
sultan d'Égypte et de Syrie (1137 — 16 février 1193).

Szeddai Bohadin (F...). Vita et res gestæ sultani Saladini, publ. en arabe et en lat. par Albrecht Schultens. *Lugd. Bat.* 1732. Fol. *Ibid.* 1755. Fol.

Marin (François Louis Claude). Histoire de Saladin, sultan d'Égypte et de Syrie. *La Haye et Par.* 1758-65. 2 vol. 12. (*P.* et *Lv.*) Trad. en allem. (par Elieser Gottlieb Kuester). *Celle.* 1761. 8. (*L.*)

Reinaud (Joseph Toussaint). Notice sur la vie de Saladin, sultan d'Égypte et de Syrie. *Par.* 1824. 8. (*P.*)

Saladini (Girolamo),
mathématicien italien.

C... (S... P...). Mie meditazioni intorno l'elogio scritte per onorar la memoria del canonico G. Saladini, già professore emerito di matematiche sublime nell' università di Bologna, s. l. et s. d. (1859). 8.

Salamontanus (Andreas),
homme d'État suédois.

Achrelius (Daniel Erik). Oratio funebris, s. honor academicus æternitati amplissimi viri A. Salamontani in regio dicasterio adsessoris dicatum. *Aboœ.* 1684. Fol.

Salamontanus (Georg Petrus),
savant suédois.

Fant (Erik Michael). Dissertatio de G. P. Salamontano; programmata II. *Upsal.* 1807. 8.

Salandri (Anna),
religieuse italienne.

Bonis (N... N... de). Lettera su la vita e la morte di una sua penitente (A. Salandri), s. l. (*Rom.*) 1823. 4.

Salandri (Maria Geltruda),
dominicaine italienne.

Vita della venerabile serva di Dio suor M. G. Salandri, dell' ordine di S. Domenico, fondatrice del monastero di S. Rosario in Valentano. *Rom.* 1774. 4. Portrait.

Salberg (Johan Julius),
pharmacien suédois (11 avril 1680 — 8 juin 1751).

Ribe (N... N...). Åminnelse-Tal öfver J. J. Salberg. *Stockh.* 1759. 8.

Saldern (Friedrich Christoph v.),
général allemand (2 janvier 1719 — 14 mars 1785).

Kuester (Carl Daniel). Characterzüge des preussischen General-Lieutenants v. Saldern, mit Anmerkungen über seine militairischen Thaten und über sein Privatleben. *Berl.* 1793. 8. Portrait.

Saleius Bassus,
poète romain.

Held (Julius). De Saleio Basso poeta commentatio. *Vratisl.* 1854. 4.

Salemann (Joachim),
évêque d'Esthlande (9 février 1629 — 3 mars 1701).

Blankenhagen (Justus). Idea boni episcopi, oder der unsträfliche Bischoff (J. Salemann). Leichenpredigt. *Reval.* 1701. 4.

Herlin (Gabriel). Oratio in obitum J. Salemanni. *Reval.* 1701. 4.

Salenius (Johann),
philologue suédois (+ 1697).

Lagerloef (Peter). Laudatio funebris J. Salenii. *Upsal.* 1696. 4.

Sales (François de),
prince-évêque de Genève et instituteur de l'ordre de la Visitation de Sainte-Marie (11 août 1567 — 19 avril 1622).

Malabayla (Philippe). Oratio funebris in obitum Francisci Salesii. *Par.* 1623. 12.
—— Oratio in laudem Francisci Salesii. *Taurin.*, s. d. (vers 1623.) 12.

Pierre de Saint-Bernard. Oraison funèbre de messire François de Sales. *Par.* 1623. 4. Trad. en lat. *Lugdun.* 1623. 4.

Philibert de la Bonneville. Vie du bienheureux François de Sales. *Lyon.* 1623. 4. Augm. s. c. t. Le soleil des parfaits et vertueux prélats de ce siècle, ou le bienheureux François de Sales. *Lyon.* 1625. 4.

Goulu (Jean). Vie du bienheureux François de Sales. *Par.* 1624. 4. *Ibid.* 1725. 8.

Longueterre (N... N... de). Vie du bienheureux François de Sales. *Lyon.* 1624. 8.

Rivière (Louis de la). Vie du B. François de Sales. *Lyon.* 1625. 8. *Ibid.* 1627. 8. *Rouen.* 1651. 8. *Ibid.* 1634. 8.

Godeau (Antoine). Eloge de S. François de Sales. *Aix.* 1633. 8. *Par.* 1663. 12.

Sales (Charles Auguste de). De vita et rebus gestis servi Dei, eximiæ sanctitatis, patris ac patrui sui, Francisci Salesii, libri X. *Lugd.* 1634. 4. Trad. en franç. s. c. t. Histoire, etc. *Lyon.* 1634. 4. (*Bes.*)

Caussin (Nicolas). Spiritus S. Francisci Salesii. *Par.* 1637. 8. (*P.*)

Macé (Jean). Le pontife innocent, ou sermon du B. François de Sales, évêque de Genève. *Par.* 1637. 8. (*P.*)

Camus (Jean Pierre). Esprit de S. François de Sales. *Par.* 1641. 6 vol. 12. Abrég. par Pierre Collet. *Par.* 1727. 8. *Ibid.* 1731. 8. *Ibid.* 1757. 8. *Ibid.* 1747. 8. *Lyon.* 1816. 2 vol. 12. *Par.* 1821. 8. Portrait.
   Trad. en allem. *Wien.* 1850. 2 vol. 8. *Münch.* 1852. 8. *Augsb.* 1853. 2 vol. 12.
   Trad. en ital. *Venez.* 1792. 8.

Giarda (Cristofero). Compendio della vita del S. Francesco de Sales. *Rom.* 1648. 4.

Talon (Nicolas). Vie de S. François de Sales. *Par.* 1650. 4. *Ibid.* 1666. 12. *Nancy.* 1769. 12. Publ. par N... N... de Baudry. *Lyon.* 1857. 18. (*Bes.*)
   Trad. en allem. par Wolfgang Eder. *Münch.* 1674. 4.
   Trad. en lat. par François Lacroix. *Col. Ubior.* 1662. 8. *Ibid.* 1663. 8.

Bottini (Prospero). Oratio de Francisco Salesio, episcopo Genevensi, etc. *Rom.* 1660. 4.

Morel (Andochius). Canonizatio S. Francisci de Sales, XVI discursibus exposita. *Gratianop.* 1661. 8. Trad. en franç. *Grenoble.* 1663. 8.

Piazza (Carlo Bartolommeo). Panegirico in lode di S. Francesco de Sales. *Milan.* 1661. 4.

Franciotti (Antonio). Vita, virtutes et miracula S. Francisci de Sales. *Rom.* 1662. Fol. Trad. en ital. s. c. t. Ristretto de la vita, etc., par Giuseppe Fozzi. *Rom.* 1662. 8.

Frizon (Léonard). Panegyricus in S. Franciscum de Sales. *Par.* 1664. 12.

(Boucher, Louis). Portrait de S. François de Sales, par sa chère Philothée. *Par.* 1665. 8.

Serponti (Bernardo). Vita e miracoli di S. Francesco de Sales. *Milan.* 1668. 12.

Fortia de Tiderzay (N... N...). Tombeau de S. François de Sales, présenté au cardinal des Ursins. *Rom.* 1670. 8.

Gambart (Adrien). Vie symbolique de S. François de Sales, sous 52 emblèmes. *Par.* 1664. 12. (*Bes.*)

Hauteville (Nicolas). Actions de S. François de Sales, ou les plus beaux traits de sa vie en neuf panégyriques, etc. *Par.* 1668. 8.
—— Origine de la maison de Sales, soit la maison naturelle, historique et chronologique de S. François de Sales. *Par.* 1669. 4. (*Bes.*) Réimpr. s. c. t. Histoire de la maison de François de Sales. *Clermont.* 1669. 4. *

   * La troisième partie de cette histoire contient la vie de Charles Auguste de Sales, neveu et successeur de S. François.

Beken (Philipp van der). Aaron christianus, S. Franciscus de Sales per Aaronem Judæum allegorice adumbratus. *Brux.* 1671. Fol.

Salvatore di San Francesco. Gli eroici gesti di S. Francesco di Sales. *Genov.* 1674. 16.

Gatti (Giovanni Domenico). Panegirico in lode di S. Francesco de Sales. *Milan.* 1677. 4.

Leben des H. Bischoffs Franciscus v. Sales. *Einsiedeln.* 1679. 12.

Arnauld (Antoine). Magnifique triomphe de S. François de Sales. *Par.* 1680. 8.

Vie de S. François de Sales. *Par.* 1687. 4.

Cotolendi (Charles). Vie de S. François de Sales. *Par.* 1689. 4.

Karg (Johann Friedrich v.). Lobrede auf Franz v. Sales. *Münch.* 1692. 4.

Portilla (Miguel de la). Vida de S. Francisco de Sales. *Madr.* 1695. 4.

(Mongitore, Antonino). Breve compendio della vita di S. Francesco di Sales, vescovo e principe di Genova. *Palerm.* 1695. 12.

Bussy-Rabutin (Louise de). Abrégé de la vie de S. François de Sales. *Par.* 1699. 12. *Ibid.* 1700. 12. *Ibid.* 1708. 12. *Ibid.* 1717. 12.

Marsollier (Jacques). Vie de S. François de Sales, etc. *Par.* 1700. 4. *Ibid.* 1701. 2 vol. 12. (*Bes.*) *Ibid.* 1717. 2 vol. 12. *Ibid.* 1731. 12. *Ibid.* 1737. 2 vol. 12. *Ibid.* 1774. 2 vol. 12. *Avign.* 1811. 2 vol. 12. *Lyon.* 1820. 2 vol. 12. *Par.* 1826. 2 vol. 18. *Besanç.* 1827. 2 vol. 12. *Lille.* 1829. 2 vol. 18. Portrait. *

Trad. en angl. :
  Par William CRATHORNE. *Lond.* 1737. 3 vol. 12.
  Par William Henry COOMBES. *Shepton-Mallet.* 1812. 2 vol. 12.

Trad. en ital. par Antonio Maria SALVINI. *Firenz.* 1714. 4.

* Il y a des éditions qui ne portent pas le nom de l'auteur.

Fleury (Nicolas). Vie de S. François de Sales, s. l. et s. d. (vers 1710.) 12.

Gallizia (Pietro Giacinto). Vita di S. Francesco di Sales. *Venez.* 1711. 4. *Ibid.* 1720. 4. Trad. en allem. par Franz Xaver GENZINGER. *Münch.* 1730-40. 2 vol. 8. *Wien.* 1834. 2 vol. 8.

Campitello (Martino). Riflessioni morali cavate dalla vita di S. Francesco di Sales. *Rom.* 1732. 8.

Battaglini (Francesco Maria). Panegirico in onori di S. Francesco di Sales. *Venez.* 1741. 4.

Barbieri (Carlo). Orazione panegirica in lode di S. Francesco di Sales. *Padov.* 1742. 8.

Mastalier (Carl). Lobrede auf den heiligen Franciscus v. Sales. *Wien.* 1767. 4.

Roberti (Giovanni Battista). Panegirico di S. Francesco di Sales. *Bologn.* 1778. 8.

D'Angelo (Giovanni). Memoria apologetica riguardo a S. Francesco di Sales, vescovo di Ginevra. *Palerm.* 1798. 4.

Memoirs of Francis, commonly called Saint-Francis de Sales, titular prince and bishop of Geneva. *Ironbridge.* 1814. 8.

Rensing (Bernhard Ambrosius Benedict). Lebensgeschichte des heiligen Franz v. Sales, Bischofs von Genf. *Paderb.* 1818. 8.

Pfeiffer (Benedict Johann Nepomuk). Der heilige Franz v. Sales, Fürstbischof zu Genf, dargestellt nach seinen und seiner Zeitgenossen Schriften. *Augsb.* 1820. 8.

(**Moormann**, Jacob). Kurze Lebensgeschichte des heiligen Franciscus v. Sales. *Münch.* 1835. 8. *Ibid.* 1837. 8.

Loyau d'Amboise (Edouard). Vie de S. François de Sales, prince-évêque de Genève. *Par.* 1833. 8. Portrait. *Ibid.* 1837. 8. Portrait. Trad. en ital. par Filippo de BERNARDI. *Milan.* 1843-44. 8.

Godescard (N... N...). Vie de S. François de Sales, évêque et prince de Genève. *Tours.* 1838. 32.

Raybois (Charles). Vie de S. François de Sales, évêque et prince de Genève. *Nancy.* 1838. 32.

Visschers (Pieter). Levensschets van den H. Franciscus de Sales, bisschop en vorst van Geneve. *Mechel.*, s. d. (1844.) 12.

Boulangé (T...). Histoire de S. François de Sales; sa vie, ses vertus, ses institutions, ses écrits et sa doctrine. *Mars.* 1847. 8. *Par.* 1848. 8.

Schloer (Aloys). Vita S. Francisci Salesii, principis et episcopi Geneviensis, etc. *Græcii.* 1850. 12. Portrait.

Sales (Louis, comte de),
lieutenant du duc de Savoie, frère du précédent
(3 juillet 1577 — 24 nov..1654).

Buffier (Claude). Vie du comte L. de Sales, frère de S. François, modèle de piété dans l'état séculier, etc. *Par.* 1708. 12. *Ibid.* 1718. 12. *Ibid.* 1737. 12. (*Lv.* et *Bes.*) *Annecl.* 1835. 18. *Limoges.* 1849. 12. Trad. en ital. par Giovanni Giuseppe OASI. *Bologn.* 1711. 4. *Ibid.* 1712. 8. *Ibid.* 1713. 4. *Padov.* 1720. 4. *Torin.* 1824. 24.

Sales (Paul François, comte de),
homme d'État sarde (17 nov. 1778 — 26 août 1850).

Notice historique sur M. le comte P. F. de Sales, lieutenant général des armées sardes, ancien ambassadeur, ministre d'État, etc. *Par.* 1853. 8. Portrait.

Salesius (Jacob),
jésuite français (1556 — tué en 1593).

Synopsis vitæ et mortis J. Salesii et Guilielmi Saltamochi, e Soc. Jesu. *Par.* 1658. 8. (*P.*)

Salfi (Francesco),
littérateur italien (24 janvier 1759 — 3 sept. 1832).

Renzi (Angelo). Mémoire sur la vie politique et littéraire de F. Salfi, continuateur de l'*Histoire littéraire d'Italie* (de Pierre Louis GINGUENÉ). *Par.* 1832. 8. Port.

Greco (Luigi). Vita letteraria, ossia analisi delle opere di F. Salfi. *Cosenz.* 1839. 8.

Salgues (Jacques Barthélemy),
littérateur français (vers 1760 — 26 juillet 1830).

Salgues (Jacques Barthélemy). Mémoires pour servir à l'histoire de France sous le gouvernement de Napoléon Buonaparte et pendant l'absence de la maison de Bourbon, contenant des anecdotes particulières sur les principaux personnages de ce temps. *Par.* 1814-28. 9 vol. 8. (*P.*)

Salhusius (Johann),
évêque de Misnie.

(**Thomasius**, Jacob). Programma de Joanne VI, episcopo Misenensi, e Salhusiorum gente oriundo. *Lips.* 1664. 4.

Saliceti (Natale),
médecin italien (1714 — 21 février 1789).

Pasqualoni (Pietro). Orazione delle lode di monsignore N. Saliceti, archiatro pontificio. *Rom.* 1789. 4.

(**Fabroni**, Angelo). Elogio di monsignore N. Saliceti. *Firenz.* 1789. 8.

Salieri (Antonio),
compositeur italien (19 août 1750 — 7 mai 1825).

Mosel (Ignaz Franz v.). Über das Leben und die Werke des A. Salieri. *Wien.* 1827. 8.

Salig (Christian August),
pédagogue allemand (6 avril 1692 — ... 1738).

Ballenstedt (Johann Arnold). Epistola de vita et obitu C. A. Saligii. *Helmst.* 1738. 4. (*L.*)

Salignac, voy. **Fénélon.**

Salino (Francesco Maria),
théologien italien.

Cenno biografico intorno a la vita di F. M. Salino, canonico. *Torin.* 1820. 8.

Salis,
famille suisse.

Stemmatographia Rhæticæ familiæ Salicæorum, vulgo a Salis, etc. *Coira.* 1782. Fol. (Tiré à 36 exemplaires.)

Salis (Anna v.),
dame suisse.

Vita della donna A. de Salis, già moglie del D. Pietro podestà di Salis, conte del S. R. impero. *Coira.* 1768. Fol.

Salis I (Peter v.),
homme d'État suisse († 1749).

Rota (Johann Jacob). Oratio in funere P. Salicæi. *Lindau.* 1749. 4.

Salis II (Peter v.),
homme d'État suisse.

Kind (Paul). Leben P. v. Salis, Präsidenten und Obersten Zunftmeister. *Chur.* 1784. 4. Trad. en lat. *Coira.* 1784. 4.

Salisbury (John of), voy. **John of Salisbury.**

Salisbury (Robert Cecil, earl of),
homme d'État anglais.

Johnson (Richard). Remembrance of the honors due to the life and death of R. earl of Salisbury, lord treasurer of England. *Lond.* 1612. 4. Portrait. (*Oxf.*) *Newcastle.* 1818. 8. Portrait. (Tiré à 136 exemplaires.)

Kervyn de Lettenhove (Joseph). Froissart, Édouard III et le comte de Salisbury. *Brux.* 1853. 8. (Extrait des *Bulletins de l'Académie royale de Belgique.*)

Salisbury (Sally), voy. **Pridden** (Sarah).

Salis-Marschlins (Carl Ulysses v.),
homme d'État suisse (25 août 1728 — 6 oct. 1800).

Denkmahl der kindlichen Ehrfurcht und Liebe, Herrn U. Salis v. Marschlins dem Aeltern, errichtet von seinen verwaisten Töchtern. *Zürch.* 1801. 8.

Salle (Jean Baptiste de la), voy. **Lasalle.**

Sallé (Jacques Antoine),
jurisconsulte français (4 juin 1712 — ... 1778).

Notice sur J. A. Sallé, s. l. et s. d. (*Par.* 1778.) 8. (Extrait du *Nécrologe.*)

Salles (Jean Baptiste),
député à la Convention nationale (1760 — guillotiné le 20 juin 1794).

Réponse de Salles aux calomnies prononcées contre lui par Robespierre. *Par.*, s. d. 8.

Lettre écrite par Salles à son épouse au moment de son exécution. *Par.*, s. d. 8.

Sallet (Friedrich v.),
poète allemand (20 avril 1812 — .. février 1843).

Leben und Wirken F. v. Sallet's, etc. (publ. par plusieurs de ses amis). *Bresl.* 1844. 8. Portrait.

Sallier (N... N...),
magistrat français.

Rouard (E...). Notice historique sur M. Sallier, ancien maire d'Aix, etc. *Aix.* 1833. 8.

Salluste (Cajus Crispus),
historien romain (86 — 35 avant J. C.).

Colerus (Christoph). Sallustius. *Norimb.* 1599. 8.

Moller (Daniel Wilhelm). Disputatio circularis de Crispo Sallustio. *Altorf.* 1684. 4. (*L.* et *Lv.*)

(**Nast**, Johann Jacob Heinrich). Programma de virtutibus historiæ Sallustii. *Stuttg.* 1785. 4.

Roos (Johann Friedrich). Einige Bemerkungen über den moralischen Character des römischen Geschichtsschreibers C. Sallustius Crispus. *Giess.* 1788. 4.

Meierotto (Johann Heinrich Ludwig). De præcipuis rerum romanarum auctoribus et quidem de Sallustii moribus. *Berol.* 1792. 8.

Bregolini (Ubaldo). Vita di C. C. Sallustio, scritta in lingua latina di Le Clerc e tradotta nell' italiana favella. *Venez.* 1802. 8.

Mueller (Otto Moritz). C. Sallustius Crispus, oder historisch-kritische Untersuchung der Nachrichten von seinem Leben, der Urtheile über seine Schriften und der Erklärung derselben, etc. *Züllich.* 1817. 8.

Loebell (Johann Wilhelm). Zur Beurtheilung des C. Sallustius Crispus. *Brest.* 1818. 8. (*L.*)

Gerlach (Franz Dorotheus). Über den Geschichtsschreiber C. Sallustius Crispus. *Basel.* 1831. 4.

Dreis (H... C...). Über Sallust als Geschichtsschreiber, mit besonderer Berücksichtigung der beiden Einleitungen zu *Catilina* und *Jugurtha*. *Itzehoe.* 1843. 4.

Gerlache (Etienne Constantin de). Etudes sur Salluste et sur quelques-uns des principaux historiens de l'antiquité, considérés comme politiques, comme moralistes et comme écrivains, etc. *Brux.* 1847. 8. (*Bx.*)

Liebbard (Ludwig). Commentatio in C. C. Sallustii primordia. *Baruth.* 1664. 4.

Rupertus (Christoph Adam). Observationes ad C. C. Sallustii bellum Jugurthinum et Catilinarium. *Norimb.* 1671. 8.

Peverati (Antonio Maria). Adnotationes in C. Sallustii historiam. *Ferrar.* 1731. 8.

Gordon (Thomas). Political discurses into Salluste. *Lond.* 1744. 4. Trad. en franç. par Etienne de Silhouette. *Par.* 1759. 2 vol. 12.

Briegleb (Johann Christian). Dissertatio de brevitate C. Sallustii. *Coburg.* 1774. 4.

—— Dissertatio de ingenio philosophico Sallustii historici. *Coburg.* 1779. 4.

Loenberg (Carl August). Dissertatio de Sallustio Thucydidem imitante. *Lund.* 1811. 8.

Kreyssig (Joachim Gottlieb). Commentatio C. C. Sallustii historiarum libri III fragmentis. *Misen.* 1828-29. 2 parts. 4. (*L.*)

Kritz (Friedrich). Commentatio de C. Sallustii Crispi fragmentis, a Carolo Debrossio in ordinem digestis rerumque gestarum contexta narratione illustratis. *Lips.* 1829. 4. (*L.*)

(**Lottin**, Antoine Prosper). Liste chronologique des éditions, des commentaires et des traductions de Salluste. *Par.* 1768. 12. (*P.*)

Salm (Grafen v.),
famille allemande.

Reusner (Nicolaus). Aræ sepulcrales familiæ Salmensis. *Argent.* 1586. Fol.

Salm-Dyck (Constance Marie de **Théis**, princesse de),
auteur française (7 nov. 1767 — 13 avril 1845).

L(**adoucette**) (Jean Charles François). Notice biographique sur madame la princesse de Salm-Dyck. *Par.* 1842. 8. (*Lv.*) — (Extrait du *Biographe.*)

Duverger (J...). La princesse Constance de Salm-Dyck. *Par.* 1842. 8. (Extrait de la *Revue générale biographique, politique et littéraire.*)

F... (L... M... de). Notice sur la vie et les travaux littéraires de madame la princesse C. de Salm-Dyck. *Par.* 1843. 8. (*Lv.*)

Pongerville (N... N... de). La princesse de Salm-Dyck, s. l. et s. d. (*Par.*) 8. (*Lv.*) — (Extrait de la *Biographie des femmes auteurs contemporaines françaises*, publ. par Alfred de Montferrand.)

Montémont (Albert). Notice nécrologique sur madame la princesse de Salm-Dyck. *Par.* 1845. 8. (*Lv.*)

Barbier (Louis). Notice biographique sur madame la princesse C. de Salm-Dick (!) s. l. et s. d. (*Par.* 1847.) 8. Portrait. (*Lv.*) — (Extrait de la *Biographie universelle* de Michaud.)

Salm-Kyburg (Frédéric de),
maréchal de camp au service de France (1746 — guillotiné en 1794).

Le rhingrave F. de Salm, innocent ou coupable? *Liége.* 1788. 8 vol. 12.

Salm-Neuburg (Wolfgang, Graf v.),
évêque de Padoue (?) († 6 déc. 1555).

Mylius (Martin). Epicedion W. comitis a Salm et Neuburg ad Oenum ecclesiæ Pataviensis episcopi, etc. *Vindob.* 1556. 4.

Salmasius, voy. **Saumaise**.

Salmuth (Heinrich),
théologien allemand (1522 — 20 mai 1576).

Lebensgeschichte H. Salmuth's, etc. *Leipz.* 1731. 8. (*L.*)

Salomée,
religieuse polonaise.

Opatovisz (Adam). Zywot y Cuda Salomei, Krolowny Galickiey abo Halickiey, etc. *Krakow.* 1634. 4.

Guarnieri (Giuseppe). Vita e miracoli della B. Salomea, regina d'Alicia. *Rom.* 1689. 8.

Pisorski (Sebastian). Flores vitæ B. Salomeæ Virginis, principis Poloniæ, reginæ Haliciæ, ordinis S. Claræ primæ in Polonia fundatricis. *Cracov.* 1691. 4. *Ibid.* 1734. 4. *Varsov.* 1735. 4.

Beltrami (Giovanni Battista). Vita di S. Salomea. *Rom.* 1716. 8.

Salomon,
roi des Juifs (1033 — 1025 — 975 avant J. C.).

Striegel (Victorin). Oratio de rege Salomone. *Lips.* 1565. 8. (*D.* et *L.*)

Cognatus (Joannes). De prosperitate et exitio Salomonis. *Duaci.* 1599. 8.

Pineda (Juan de). De rebus gestis Salomonis libri VIII. *Venez.* 1611. Fol. *Mogunt.* 1613. Fol. *Antw.* 1620. Fol. *Col. Agr.* 1685. Fol.

Meisner (Johann). Curriculum vitæ Salomonis. *Witteb.* 1655. 4. (*L.*)

Choisy (François Timoléon de). Vie de Salomon. *Par.* 1687. 12. (*P.*)

Zwinger (Johann Rudolph). Tractatus de rege Salomone. *Basil.* 1696. 4.

Arrhenius (Jakob). Dissertatio de imperio Salomonis. *Upsal.* 1697. 8.

Wilcke (Johann Georg). Vitæ Salomonis curriculum. *Witteb.* 1701. 4.

Reime (Heinrich Gottlieb). Harmonia vitæ Salomonis. *Jenæ.* 1711. 4.

Lehmann (Theophilus). Staats-und Heldengeschichte des weisen Königs Salomonis. *Hamb.* 1712. 8. *

* Publ. s. le pseudonyme de Pallidos.

Serpilius (Johann). Gedanken über des Königs Salomo Leben und Schriften. *Regensb.* 1715. 8.

Kleuker (Johann Friedrich). Salomonische Denkwürdigkeiten. *Riga.* 1785. 8. (*L.*)

Ewald (Johann Ludwig). Salomo. Versuch einer psychologisch-biographischen Darstellung. *Gera.* 1800. 8.

Théophile ***. Vie du roi Salomon, surnommé le Sage, *Jérusalem.* (*Par.*), an x (1802). 18. (*P.*)

Thomas (Thomas). History of the reign of Salomon. *Oxf.* 1813. 8. (*Oxf.*)

Meynders (Gérard Jean Nepomucène Bernard). Histoire de Salomon, etc. *Brux.* 1842. 8.

Overkamp (Georg Wilhelm). Dissertatio de Salomone, veræ sapientiæ magistro, ex libro *Coheleth* ostenso. *Jenæ.* 1754. 4.

Stiebritz (Johann Friedrich). Dissertatio sistens vindicias Salomonis adversus criminationem scepticismi. *Halæ.* 1760. 4.

Lebell (Frederik). Dissertatio de eloquentia regis Salomonis. *Upsal.* 1772. 8.

Hjelt (Adolph Robert). Disquisitio, an Salomo idolatriæ fuerit deditus? *Aboæ.* 1807. 8.

Bauermeister (Johann Peter). Commentatio in sapientiam Salomonis. *Goetting.* 1828. 8.

Barreiros (Caspar de). Commentarius de Ophira regione. *Antw.* 1600. 8. *Rotterd.* 1616. 8. *Harderv.* 1638. 8.

Lipenius (Martin). Navigatio Salomonis Ophiritica. *Witteb.* 1660. 12.

Beck (Matthias Friedrich). Dissertatio de locis Eden, Ophir atque Tarsis. *Jenœ.* 1676. 4.

Stachaeus (Laurentius Zachariæ). Disputatio de Ophir Salomonis s. negotiatione indica. *Aboœ.* 1688. 8.

Staehlberg (Georg). Marc æneum Salomonis cum selectis quibusdam aphorismis historice et mathematice explicatum. *Aboœ.* 1691. 4.

Wichmannshausen (Johann Christoph). Dissertatio de navigatione Ophiritica. *Witteb.* 1709. 4.

Benzel (Hendrik). Dissertatio de classe Salomonæa in regionem Ophir. *Lund. Svec.* 1733. 4.

Helmkampff (Georg Friedrich). Dissertatio, regionem Ophir esse Phrygiam. *Helmst.* 1746. 4.

Walther (Samuel). Das Salomonische Ophir. *Marb.* 1751. 4. (*L.*)

Reil (Carl Friedrich). Über die Hiram-Salomonische Schifffahrt nach Ophir und Tarsis; biblisch-archäologische Untersuchung. *Dorp.* 1834. 8.

Ribera (Francisco). De templo Hierosolymitano et iis, quæ ad templum pertinent, libri V. *Salamant.* 1591. 8. *Lugd.* 1592. 8. *Antw.* 1593. 8. *Ibid.* 1603. 8. *Duaci.* 1613. 8.

Lightfoot (John). Description of the temple service, as it stood in the days of our Saviour. *Lond.* 1650. 4.

Leo (Jacob Jehuda). De templo Salomonis, trad. de l'hébreu par Johann SAUBERT. *Helmst.* 1665. 4.

　Trad. en allem. par Johann Jacob RAY. *Hannov.* 1665. 8.

　Trad. en franc. s. c. t. Portrait du temple de Salomon. *Amst.* 1603. 8.

Moeller (Nicolaus). Dissertatio de templo Salomoneo. *Jenœ.* 1693. 4.

Sturm (Leonhard Christoph). Sciagraphia templi Hierosolymitani. *Lips.* 1694. 4. (*L.*)

(**Semler** , Christoph). Der Tempel Salomonis nach allen seinen Verhöfen, Mauern, Thoren, Hallen, heiligen Gefässen, etc. *Halle.* 1718. 4. (*L.*)

Demmler (E...). Dissertatio de templo Salomonis. *Harderov.* 1719. 8.

Mel (Conrad). Salem's Tempel, oder Beschreibung des herrlichen Tempels Salomon's. *Frf.* 1727. 4.

Hirt (Aloys Ludwig). Der Tempel Salomonis. *Berl.* 1803. 4.

Meyer (Johann Friedrich v.). Der Tempel Salomonis gemessen und geschildert. *Berl.* 1831. 8.

Kopp (Ernst). Der Tempel Salomo's. *Stuttg.* 1839. 8.

Salomon ben Isaac,
savant juif.

Mulder (G... J...). Over de verdiensten van Rabbi Salomon ben Izak, als verklaarder der heilige schrift en talmudische werken. *Amst.* 1828. 8.

Salomone (Giacomo),
dominicain italien.

Tiepolo (Giovanni). Vita del B. G. Salomone, nobile Venetiano, religioso dell' ordine di S. Domenico e protettore della città di Forli. *Venez.*, s. d. 8.

Salonina (Publia Licinia Julia Cornelia),
épouse de Gallien, empereur romain (... — mariée 243 — 268).

Witte (N... N... de). Mémoire sur l'impératrice Salonine. *Brux.* 1852. 4. (Extrait des *Mémoires de l'Académie royale de Belgique*.) — (*Bx.*)

Salsa (Nicola),
prêtre italien.

Elogio funebre del molto reverendo signor canonico N. Salsa di Saluzzola. *Torin.*, s. d. (1846.) 8.

Salse d'Apremont (Charlotte Françoise Victoire de Rouyn, comtesse de),
(† .. février 1850).

Chalandon (N... N...). Éloge funèbre de madame C. F. V. de Rouyn, comtesse de Salse d'Apremont, etc. *Metz.* 1850. 8.

Salt (Henry),
voyageur anglais (1771 — 3 oct. 1827).

Hall (John James). Life and correspondence of H. Salt,

His Britannic Majesty's late consul general in Egypt. *Lond.* 1834. 2 vol. 8. (2ᵉ édition.) — (*Oxf.*)

Saltamochi (Guglielmo),
jésuite italien († tué en 1593).

Synopsis vitæ et mortis Jacobi Salesii et G. Saltamochi. *Par.* 1658. 8. (*P.*)

Saluzzo (marchesi de'),
famille italienne.

Chiesa (Ludovico della). De vita et gestis marchionum Salutiarum. *Taurin.* 1598. 4.

Dentis (N... N...). Compendio istorico dell' origine de' marchesi in Italia e de' marchesi di Saluzzo, con loro genealogia. *Torin.* 1709. 4.

Muletti (Delfino). Memorie storico-diplomatiche appartenenti alla città ed ai marchesi di Saluzzo. *Saluz.* 1829-33. 6 vol. 8.

Saluzzo (il conte Alessandro),
savant italien.

Le comte A. de Saluces, de Valgrana et de Menusiglio, chevalier de l'ordre suprême de l'Annonciade, etc. *Par.* 1852. 8. (Notice biographique.)

Saluzzo (Giuseppe Angelo),
homme d'État italien (1735 — 16 juin 1810).

Grassi (Giuseppe). Elogio storico del conte G. A. Saluzzo di Menusiglio. *Torin.* 1813. 8. (Tiré à 200 exemplaires.)

Saluzzo-Roëro (Diodata),
poète italienne (31 juillet 1774 — 24 janvier 1840).

Regli (Francesco). Elogio della contessa D. Saluzzo-Roëro. *Milan.* 1840. 8. (*Oxf.*)

Salvador,
famille espagnole.

Pourret (Pierre André). Noticia historica de la familia de Salvador de la ciudad de Barcelona. *Barcel.* 1796. 4.

Salvador (Joseph François de),
prêtre français.

Vie de J. F. de Salvador, second supérieur de la congrégation des prêtres (missionnaires) de Notre-Dame de Sainte-Garde, etc. *Avign.* 1761. 12.

Salvago (Giuseppe Niccolò),
jurisconsulte italien.

Prescimone (Niccolò Giuseppe). S. U. J. D. J. N. Salvago, integerrimi regis consiliarii, elogium sepulchrale. *Panorm.* 1697. 4.

Salvandy (Narcisse Achille, comte de),
homme d'État français (11 juin 1796 — ...).

(**Loménie** , Louis de). M. de Salvandy, par un homme de rien. *Par.* 1841. 12.

Cesena (Amédée de). Biographie de M. le comte de Salvandy. *Par.* 1842. 8. (Extrait du *Biographe universel*.)

Tisseron (N... N...) et **Quincy** (N... N... de). Notice sur M. le comte de Salvandy, ministre de l'instruction publique, grand-maître de l'université, etc. *Par.* 1845. 8.

Robin (Charles). Biographie de M. de Salvandy. *Par.* 1848. 8. Portrait. (Extrait de la *Galerie des gens de lettres du* XIXᵉ *siècle*.)

Salvandy (Pauline Jeanne de Goudin),
dame française, connue par sa haute piété (22 juin 1754 — 22 mars 1848).

Saint-Maurice Cabany (Charles Édouard). Madame de Salvandy, dame de charité des 11ᵉ et 12ᵉ arrondissements de Paris, etc. *Par.* 1846. 8. (Extrait du *Nécrologe universel du* XIXᵉ *siècle*.)

Salvatore da Orta,
prêtre italien († 1567).

Vitalis (Salvatore). Madriperla del B. Salvatore da Orta. *Sassari.* 1639. 4.

Guiso-Pirella (Pacifico). Historia de las heroycas virtudes, milagros, etc., del B. Salvador de Horta. *Cagliari.* 1752. 4.

Salvatore della Pantellaria,
capucin italien.

Panormitano (Ludovico). Vita del venerabile servo di Dio F. Salvatore della Pantellaria, sacerdote capuccino. *Palerm.* 1714. 4.

Salvianus,
prêtre romain († vers 484).

Palms (Hajo Lorenz). Dissertatio de Salviano. *Giess.* 1663. 4.

Salviati (Elisabetta),
religieuse italienne.

Farulli (Giorgio Angelo). Vita della B. E. Salviati. *Bassan.* (*Firenz.*) 1723. 4. *

     * Cet ouvrage parut sous le nom de l'abbé Pietro **Farulli**.

Salviati (Filippo),
Italien.

Arrighetti (Niccolò). Orazione in lode di F. Salviati. *Firenz.* 1614. 4.

Salviati (Leonardo),
philologue italien (1540 – 1589).

Cambi (Pietro Francesco). Orazione funebre di L. Salviati. *Firenz.* 1590. 4.

Salvien, voy. **Salvianus.**

Salvini (Antonio Maria),
philologue italien (12 janvier 1663 – 17 mai 1729).

Mozzi (Marco Antonio). Orazione funerale di A. M. Salvini. *Firenz.* 1729. 4. *Ibid.* 1731. 4.

Peruzzi (Bindo Simone). Orazione nell' esequie di A. M. Salvini. *Firenz.* 1731. 4.

Salvio (Ambrogio),
évêque de Nardò.

Paoli (Sebastiano). Vita del venerabile monsignor A. Salvio, vescovo di Nardò. *Napol.* 1716. 4.

Saly (Jacques François Joseph),
statuaire français (1720 – 1776).

Baden (Torkel). J. F. J. Saly's Verdienste um die (Kopenhagen'sche) Kunstakademie. *Kopenh.* 1821. 8. (*Cp.*)

Salza (Hiob v.).

Eques christianus, h. e. de vita et morte H. a Salza, toparchæ Ebersbachii et majoris Crauschæ, etc., panegyricus. *Bethaniæ.* 1619. 4.

Salzmann (Christian Gotthilf),
pédagogue allemand (1er juin 1744 – 31 oct. 1811).

Ausfeld (Johann Wilhelm). Erinnerungen an C. G. Salzmann's Leben, Gründer der Erziehungsanstalt zu Schnepfenthal. *Schnepf.* 1813. 8. *Ibid.* 1834. 8.

Kurze Lebensgeschichte C. G. Salzmann's, Stifters der Erziehungs-Anstalt zu Schnepfenthal. *Leipz.* 1827. 8. (*L.*)

Salzmann (Johann),
médecin alsacien (29 juin 1679 – 26 avril 1738).

Scherz (Johann Georg). Programma in J. Salzmanni funere. *Argent.* 1738. Fol.

Salzmann (Johann Gottfried),
pédagogue allemand.

Boeckh (Christian Gottfried). Leben Herrn J. G. Salzmann's, Rectors zu Esslingen. *Schwabach.* 1764. 8.

Salzmann (Philipp),
théologien allemand († 1666).

Goetze (Georg Heinrich). Vita et merita P. Salzmanni, theologi Cizensis, in scripta Lutheri, nec non memoria Erasmi Gruberi, sermone scholasticis instaurata. *Lubec.* 1721. 8.

Sam ou **Saum** (Conrad),
théologien allemand (1483 – .. juin 1533).

Veesenmeyer (Georg). Nachricht von C. Sam's, des ersten ordentlich berufenen Ulmischen Reformators Leben, Verdiensten und Schriften. *Ulm.* 1793. 4.

Sambuca (Bernardino della),
minime italien.

Adragna (Arcangelo). Vita e virtù del venerabile servo di Dio F. Bernardino della Sambuca, laico de' minori osservanti reformati della provincia del Val di Mazara. *Palerm.* 1688. 4.

Sambuga (Joseph Anton),
prêtre allemand (9 juin 1752 – 5 juin 1815).

Sailer (Johann Michael). J. A. Sambuga, wie er war. *Münch.* 1816. 8. Portrait.

Samius,
philosophe grec.

Bloch (Niels Hofmann Sevel). Dissertatio de vita Samii philosophi. *Kiton.* 1793. 8.

Sammartino de' duchi di **Montalbo** (Giuseppe),
homme d'État italien.

Pandolfo di Florida (Gaetano). Orazione funebre per lo cavaliere G. Sammartino de' duchi di Montalbo. *Palerm.* 1833. 4.

Sammichell (Michele),
architecte italien (1484 – 1559).

Selva (Antonio). Elogio di M. Sammicheli. *Rom.* 1814. 8. (*Oxf.*)

Sampiero ou **Sampietro,**
guerrier corse (vers 1501 – assassiné le 1er janvier 1567).

Merello (Michele). Della guerra fatta da' Francesi e de' tumulti suscitati poi da Sampiero della Bastellica della Corsica. *Genov.* 1607. 4.

Arrighi (Antonio). Histoire de Sampiero Corso, ou guerre de l'indépendance (de 1553 à 1559). *Bastia.* 1842. 8. (*P.*)

Sampson (William),
Irlandais.

Memoirs of W. Sampson, an irish exile, written by himself. *Lond.* 1852. 12. (*Oxf.*)

Samson (Bernhardin),
théologien suisse.

Hilner (Paul Christian). Dissertatio de Samsone, indulgentiarum in Helvetia præcone. *Lips.* 1736. 4. (*L.*)

Samson (Hermann),
théologien livonien (4 mars 1579 – 16 déc. 1643).

Brever (Johann). Memoria H. Samsonii, regii per Livoniam superintendentis, duabus panegyribus in illustri Rigensium collegio celebrata. *Lubec.* 1644. 4.

Brauer (Michael). Parentatio H. Samsonio habita. *Rigæ.* 1644. 4.

Samuel,
juge et prophète juif (1155 – 1057 avant J. C.).

Nybelius (Sveno Magni). Disputatio de Samuele propheta et judice. *Aboæ.* 1711. 8.

Ortlob (Johann Christoph). Dissertatio de Samuele judice et propheta, non pontifice aut sacerdote. *Lips.* 1714. 4. (*L.*)

Winckler (Johann Dietrich). Vindicatio scholæ Samuelis propheticæ, cujus de honore Thomæ Morgan injuriose detrahere haud erubuit. *Hildesh.* 1734. 4.

Volney (Constantin François **Chasseboeuf** de). Histoire de Samuel, inventeur du sacre des rois. *Par.* 1822. 8. (*Oxf.* et *P.*)

Life and times of Samuel. *Lond.* 1843. 8. (*Oxf.*)

Sanadon (Noël Étienne),
jésuite français (16 février 1676 – 22 oct. 1733).

Éloge historique du P. N. E. Sanadon. *Par.* 1733. 8. (Extrait du *Mercure de France.*)

Sancha Alfonsa,
épouse de Ferdinand IV, roi de Castille et de Léon.

Bazan y Mendoza (Maria). Vida, virtudes y milagros de la serenissima infanta Doña Saucha Alfonsa, hija del rey de Leon D. Alfonso IX, hermana del rey D. Fernando IV. *Madr.* 1651. 4.

Sanchez (Gaspar),
jésuite espagnol.

Geronimo de Florencia. Carta sobra la muerte y virtudes del P. G. Sanchez, s. l. et s. d. Fol. (*Oxf.*)

Sancho II, dit **le Fort,**
roi de Castille et de Léon (... – 1065 – assassiné le 5 oct. 1072).

Sandoval (Prudentio de). Historia de los reyes de Castilla y de Leon, D. Fernando I, D. Sancho II, D. Alonso VI, Doña Urraca y D. Alonso VII. *Pampel.* 1615. Fol. *Ibid.* 1634. Fol. *Madr.* 1792. 2 vol. 4.

Sancho IV, surnommé **le Brave,**
roi de Castille et de Léon (1259 – 4 avril 1284 – 25 avril 1295).

Herrera (Miguel de). Cronica del rey Fernando III, Alonso X el Sabio e del rey D. Sancho IV el Bravo. *Valladol.* 1554. 4.

Sanchoniathon,
historien phénicien (contemporain de Sémiramis).

Ursinus (Johann Heinrich). Exercitationes familiares de Zoroastre Bactriano, Hermete Trismegisto, Sanchoniathone Phœnicio eorumque scriptis. *Norimb.* 1661. 8.

Peringer (Gustaf). Dissertatio de Sanchoniathone. *Upsal.* 1686. 8.

Lobeck (Christian August). Dissertatio de Sanchoniathonis theologia Punica. *Regiom.* 1829. 4.

Grotefend (Carl Ludwig). Die Sanchoniathonische Streitfrage nach ungedruckten Briefen gewürdigt. *Hannov.* 1836. 8. (*L.*)

Schmidt v. **Luebeck** (Georg Philipp). Der neu ent-
deckte Sanchoniathon. *Alton.* 1838. 8. (*L.*)

Vibe (Frederik Ludvig). Commentatio de Sanchoniathone ejusque interprete Philone Byblio. *Christianiæ.*
1842. 4. (*Cp.*)

Sancroft (William),
archevêque de Cantorbéry (vers 1616 — 1693).

Oyly (Georges d'). Life of W. Sancroft, archbishop of
Canterbury. *Lond.* 1821. 2 vol. 8. Portrait. (*Oxf.*)

Sand (Carl Ludwig),
assassin d'Auguste de Kotzebue (5 oct. 1795 — décapité le 20 mai 1820).

Die wichtigsten Lebensmomente C. L. Sand's aus Wunsiedel. *Nürnb.* 1819. 8. Portrait.

Mémoires de C. L. Sand, avec le récit des circonstances
qui ont accompagné l'assassinat de Kotzebue, etc. *Brux.*
1820. 8. Portrait. (2ᵉ édition.)

Nachtrag zu den wichtigsten Lebensmomenten desselben,
mit der vollständigen Erzählung seiner Hinrichtung.
Nürnb. 1820. 8.

Ausführliche Darstellung von C. L. Sand's letzten Lebenstagen und Augenblicken. *Stuttg.* 1820. 8. — Nachtrag.
Ibid. 1820. 8. Portrait.

(**Hohnhorst**, N... N... v.). Vollständige Übersicht der
gegen Sand geführten Untersuchung. *Stuttg.* 1820. 8.

Sand, dargestellt durch seine Tagebücher und Briefe von
einigen seiner Freunde. *Altenb.* 1821. 8. (*L.*)

Acten-Auszüge aus dem Untersuchungs-Processe über
C. L. Sand; nebst andern Materialien zur Beurthei-
lung Sand's und August v. Kotzebue's. *Altenb.* 1821. 8.
(*D.* et *L.*)

Courtin (Carl). C. L. Sand's letzte Lebenstage und Hinrichtung. *Frankenth.* 1821. 8.

Jarcke (Carl). C. L. Sand und sein an Kotzebue verüb-
ter Mord, etc. *Berl.* 1831. 8. (*L.*)

Sand * (George),
auteur française du premier ordre (10 juillet 1798 — ...).

Walsh (Théobald). G. Sand; (examen critique). *Par.*
1837. 8.

* Son véritable nom est Marie Amandine Aurore Dupin, baronne
DUDEVANT.

(**Loménie**, Louis de). G. Sand (madame Dudevant), par
un homme de rien. *Par.* 1843. 18.

Brault (N... N...). Biographie et intrigues de G. Sand,
avec une lettre d'elle et une de M. Dudevant (son
époux). *Par.* 1848. 8.

Guilbert (Anaxagore). Notice sur G. Sand, s. l. (*Rouen.*)
1848. 8. (Pamphlet virulent.)

Mirecourt (Eugène de). G. Sand. *Par.* 1854. 32. * Portrait.

* C'est le 4ᵉ volume du recueil *les Contemporains*.

Sandbichler * (Aloys),
théologien allemand (20 février 1751 — 3 février 1820).

Biographische Skizze dem Andenken A. Sandbichler's.
Salzb. 1822. 8.

* C'est par erreur que plusieurs biographes le nomment SAND-
BUCHLER.

Sandels (Samuel),
littérateur suédois (14 déc. 1724 — 28 mars 1784).

Nicander (Henrik). Åminnelse-Tal öfver Bergsrådet S.
Sandels. *Stockh.* 1789. 8.

Sander (Antonius),
historien belge (1586 — 1666).

Even (Edward van). A. Sanderus, s. l. et s. d. (*Gand*).
8. (Extrait du journal *Eendragt*, tiré à part à très-petit
nombre.)

Sander (Heinrich),
naturaliste allemand (25 nov. 1754 — 5 oct. 1782).

Goetz (Georg Friedrich). Leben H. Sander's. *Hanau.*
1782. 8. Revue et augment. *Dessau* et *Leipz.* 1786. 8.
Portrait. (*L.*)

Feddersen (Jacob). Leben H. Sander's. *Halle.* 1784. 8. (*L.*)

Kuettner (Carl Gottfried). H. Sander's Leben. *Leipz.*
1784. 8. (*L.*)

Sanderson (Robert),
évêque de Lincoln (19 sept. 1587 — 29 janvier 1663).

Walton (Isaac). Life of R. Sanderson. *Lond.* 1678. 8.
Portrait. (*Oxf.*)

Sandifort (Gerard),
médecin hollandais (+ 11 mai 1848).

Suringar (Gerard Conrad Bernard). Memoria G. San-
diforti, etc. *Lugd. Bat.* et *Amst.* 1848. 8.

Sandius (Christoph),
théologien allemand (12 oct. 1624 — 30 nov. 1680).

Mayer (Johann Christoph). De C. Sandio illiusque sen-
tentia, Spiritum Sanctum esse genus Angelorum. *Hamb.*
1700. 4.

Sandoval, duque de **Uceda** (Felix),
homme d'État espagnol.

Barella (Giovanni Battista). Gloria theatrum in solem-
nibus inferiis D. F. Sandovaliæ, Ucedæ ducis. *Milan.*
1671. Fol.

Sandoz (N... N...),
général français.

Sandoz à ses concitoyens, s. l. et s. d. 8.

Justification du général Sandoz, s. l. et s. d. 8.

Sandrart (Joachim v.),
peintre allemand (12 mai 1606 — 14 oct. 1688).

Lebenslauff und Kunstwerke J. v. Sandrart's. *Nürnb.*
1675. Fol.

Sané (Jacques Philippe, baron de),
ingénieur français (vers 1754 — 12 août 1832).

Éloge funèbre de M. le baron de Sané. *Par.* 1832. 8.

Sanejehan (Pierre de),
prêtre français.

Loyac (Jean de). L'homme inconnu, ou discours de la vie
du V. P. P. de Sanejehan, premier supérieur réformé de
l'ordre de Saint-Antoine en Viennois. *Par.* 1643. 8. (*P.*)

Sanese (Franco),
carme italien.

Lombardelli (Gregorio). Vita del B. F. Sanese da
Grotti, dell' ordine de' carmelitani. *Firenz.* 1611. 4.

Sanford (David),
théologien anglo-américain.

Emmon (Nathaniel). Sermon on the death of the Rev.
D. Sanford. *Boston.* 1810. 8.

San-Giorgio (Benvenuto da),
diplomate italien (1450 — 1525).

Vernazza de Freney (Giuseppe). Vita di B. San-Gior
gio, cavaliere gerosolimitano. *Torin.* 1780. 8.

Sanmarco (Vincenzo),
prêtre italien (+ 1688).

La Jacona (Girolamo). La Fenice. Oratione funerale
recitata ne' funerali del signor D. V. Sanmarco, arciprete della città di Caltanisetta. *Trapan.* 1688. 4.

San Martin (N... N...),
général espagnol (1778 — ...).

Biografia del general San Martin, accompanado de una
noticia de su estado presente, etc. *Par.* 1844. 8.

Sannazaro (Jacopo),
poète italien (28 juillet 1453 — 27 avril 1530).

Crispo (Giovanni Battista). Vita di J. Sannazaro. *Rom.*
1593. 8. *Ibid.* 1593. 8. *Napol.* 1633. 8. (*Oxf.*) *Rom.*
1693. 8.

Colangelo (Francesco). Vita di G. Sannazaro. *Napol.*
1819. 8.

(**Angelis**, chevalier d'). Sannazar. *Par.* 1824. 18. * (*P.*)

* Appendice assez rare d'une notice biographique sur Salvator Rosa
du même auteur.

Sansay, voy. **Daviau-Dubois de Sansay.**

Sansedoni (Ambrogio),
prêtre italien.

Sansedoni (Giulio). Vita del B. A. Sansedoni da Siena,
dell' ordine de' predicatori, discepolo del B. Alberto
Magno e condiscepolo di S. Tomaso d'Aquino. *Rom.*
1611. 4.

Sanseverino,
famille vénitienne.

Brunetti (Michelangelo). Sanseverinæ gentis fasti. *Rom.*
1787. 8.

Sanseverino (Francesco Teodoro),
littérateur italien.

Schinosi (Francesco). Vita di F. T. Sanseverino. *Napol.*
1712. 12.

Sansom (Olivier).

Life of O. Sansom. *Lond.* 1710. 12. (*Oxf.*) *Lond.* 1848. 12.

Sanson (Henri),
bourreau de Paris (1767 — 22 août 1840).

(**L'Héritier**, Louis François). Mémoires pour servir à
l'histoire de la révolution française, par Sanson, exécuteur des jugements criminels pendant la révolution.
Par. 1830. 2 vol. 8. (*P.*) Trad. en allem. *Leipz.* 1831.
2 vol. 12. (*L.*)

Dubois (Louis). Recherches historiques et physiologiques sur la guillotine, et détails sur Sanson. *Par.* 1843. 8.

Sanson (N... N...),
　　　　Français.

Brugière (Pierre). Éloges funèbres de MM. Sanson et Minard. *Par.* 1798. 8.

Sansovino ou Tatti (Jacopo),
　　sculpteur et architecte italien (vers l'an 1479 — 27 nov. 1570).

Temanza (Tommaso). Vita di J. Sansovino, Fiorentino, scultore ed architetto chiarissimo. *Venez.* 1752. 4. Portrait. (*Oxf.*)

Vasari (Giorgio). Vita di J. Sansovino, publié avec des notes historiques par Jacopo Morelli. *Venez.* 1785. 8.

Santa-Cruz (Alonso de),
　　　　historien espagnol (✝ 1572).

Navarrete (Martin Fernandez de). Noticia biografica y literaria del cosmografo A. de Santa-Cruz. *Madr.* 1835. 8.

Santa-Cruz (Alvaro **Bazan**, marques de),
　　amiral et homme d'État espagnol (✝ 1587).

Laso de la Vega (Gabriel). Elogios en loor de los tres famosos varones D. Jaime, rey de Aragon, d'A. Bazan, marques de Santa-Cruz, y D. Fernando Cortes, marques del Valle. *Zarag.* 1600. 8.

Ramos (Henriquez). Elogio historico de Bazan, marques de Santa-Cruz. *Madrid.* 1780. 8.

Santa-Cruz (N... N... de),
　　membre de l'Académie royale de Madrid.

Alvarez de Cienfuegos (Nicasio). Elogio del excelentissimo señor marques de Santa-Cruz, director de la real academia española. *Madr.* 1802. 8.

Santa Elia (Maria Gioseffa, duchesse de),
　　　　religieuse allemande.

Passy (Anton). **D**nkwürdigkeiten aus dem Leben der Dienerin Gottes M. J., Herzogin von Sanct-Elias, geb. Gräfin v. Brandis. *Wien.* 1850. 8. Portrait.

Santander (Francisco de Paula),
　　président de la république (2 avril 1792 — ...).

Roeding (C... N...). Biographische Skizze des Generals F. de Paula Santander, Columbia's Moreau. *Hamb.* 1850. 8. Portrait.

Santander (Miguel **Suarez** de),
　　évêque de ...

Apuntaciones para la apologia formal de la conducta religiosa y politica del ilustrissimo señor Fr. M. Suarez de Santander. *Madr.* 1817. 4.

Santander (Pietro, barone di),
　　　　général italien.

Pallazzini (Giovanni). Elogio del generale P., barone di Santander. *Bergam.* 1828. 8.

Santander, voy. **Serna de Santander.**

Sante Cataneo,
　　　　peintre italien.

Memorie intorno la vita ed opere di Sante Cataneo, eccellente pittore, raccolte ed estese da un Cenomano cenomanofilo. *Venez.* 1819. 8.

Santen (Laurens of Louw van),
　　philologue et poète hollandais (1er février 1746 — 10 avril 1798).

(**Bergman**, J... T...). Levensschets van L. of Louw van Santen, s. l. et s. d. (*Nijmeg.* 1840.) 8. (*Ld.*)

Santerre (Antoine Joseph),
　　général de la république française (1752 — 6 février 1809).

Grand détail et explication du procès de M. Santerre contre M. de Lafayette, s. l. et s. d. 8. (Rare.)

Carro (A...). Santerre, général de la république française, sa vie politique et privée, écrite d'après des documents originaux laissés par lui, et les notes d'Augustin Santerre, son fils aîné. *Par.* 1847. 8. Port. (*P.*)

Santerre (René François),
　　prêtre français (1er février 1698 — 10 mai 1732).

(**Devoyon**, Joseph). Vie de R. F. de Santerre, prêtre du diocèse d'Orléans. *Lyon.* 1747. 8.

Vie de Santerre, prêtre du diocèse d'Orléans. *Clerm. Ferr.* 1843. 18.

Santesson (Anders Lars),
　　　　littérateur suédois.

Hedin (Sven Anders). Åminnelse-Tal öfver Assessor A. L. Santesson. *Stockh.* 1810. 8. *Ibid.* 1831 (?) 8.

Santeul (Jean de),
　　poète français (12 mai 1630 — 5 août 1697).

Faydit (Pierre Valentin). Tombeau de M. de Santeul,

ci-devant chanoine régulier de Saint-Augustin, dans l'abbaye de Saint-Victor lez-Paris, et l'éloge de ce grand poëte. *Par.* 1698. 4. (*P.*)

(**Pinel de la Martellière**, N... N...). Santevilliana, ou les bons mots de M. de Santeul, avec un abrégé de sa vie. *La Haye.* 1707. 8. *Par.* 1708. 12. *La Haye.* 1710. 12. *Par.* 1722. 2 vol. 12. Augm. s. c. t. La vie et les bons mots de M. de Santeul. *Cologne.* 1722. 12. *Rouen.* 1738. 12. *Cologne.* (*Par.*) 1742. 2 vol. 12.

Santi (Felice),
　　médecin italien (1758 — 13 juillet 1821).

Canali (Luigi). Orazione delle lodi del dottore F. Santi. *Perug.* 1822. 4.

Santi (Giovanni),
　　peintre italien, père de Raphaël Sanzio.

Guerrini (Vincenzo). Elogio istorico di G. Santi, pittore e poeta, padre del gran Rafaéllo. *Urbin.* (?) 1822. 8.

Passavant (Johann David). Raphaël von Urbino und sein Vater G. Santi. *Leipz.* 1839. 2 vol. 8. (Accomp. de 14 gravures.) — (*L.* et *Oxf.*)

Santi (Michele de),
　　prêtre italien.

Compendio della vita del B. M. de Santi. *Torin.* 1780. 8. (*P.*)

Santinelli (Stanislao),
　　prêtre italien (13 mai 1672 — 8 nov. 1748).

(**Paitoni**, Jacopo Maria). Memorie istoriche per la vita del P. D. S. Santinelli, chierico regolare Somasco. *Venez.* 1749. 8.

Santini (N... N...),
　　gardien du tombeau de Napoléon à Sainte-Hélène.

De Sainte-Hélène aux Invalides. Souvenirs de Santini, gardien du tombeau de l'empereur Napoléon Ier, précédés d'une lettre de M. le comte Emmanuel de Las-Cases, rédigés par J... Chautard. *Par.* 1853. 8. Avec le portrait de Santini.

San Tommaso (Felice **Carrone**, marchese di),
　　littérateur italien (✝ 26 avril 1843).

Aragni (Enrico). Per le solenne esequie per riposo dell' anima del marchese F. Carrone di San Tommaso, elogio funebre. *Torin*, s. d. (1843). 8.

Moreno (N... N...). Elogio del marchese F. Carrone di San Tommaso. *Torin.* 1843. 8.

Santonini (Cesare),
　　jurisconsulte italien.

(**Fossati**, Giuseppe). Elogio del conte C. Santonini, avvocato Veneto, etc. *Venez.* 1794. 12.

Santorini (Giovanni Domenico),
　　anatomiste italien (vers 1681 — 7 mai 1736).

Pollaroli (Niccolò). Notizie per servire alla storia della vita del celebratissimo anatomico G. D. Santorini. *Venez.* 1765. 8.

Santorin (Santori),
　　médecin italien (1561 — 1636).

Grandi (Jacopo). Elogio di S. Santorio. *Venez.* 1671. 4.

Cogrossi (Carlo Francesco). Saggi della medicina Italiana, etc., nelle quali le invenzione del Santorio s'illustrano. *Padov.* 1724. 4.

Capelli (Arcadio). De vita clarissimi viri Sanctorii olim in Patavino gymnasio medicinam theoricam primo loco profitentis, sermo liber. *Venez.* 1750. 4.

Santoroe (Johann Caspar),
　　philosophe allemand.

Koenig (Johann Carl). Programma in obitum J. C. Santoroe, philosophiæ professoris. *Altorf.* 1745. Fol.

Sanuto (Marino),
　　chroniqueur italien (22 mai 1466 — ... 1535).

(**Brown**, Rawdon). Ragguagli sulla vita e sulle opere di M. Sanuto, detto il Juniore, Veneto patrizio e cronista pregevolissimo de' secoli xv e xvi. *Venez.* 1837-38. 3 vol. 8. (*Oxf.*)

San-Vitale (Jacopo Antonio, conte),
　　poète italien (23 mai 1699 — 6 mars 1780).

Pagnini (Giovanni Maria). Orazione in morte del conte J. San-Vitale di Parma. *Parma.* 1780. 4.

San-Vitale (Stefano, conte),
　　homme d'État italien (17 mars 1764 — 10 août 1838).

Adorni (Giovanni). Vita del conte S. San-Vitale. *Parma.* 1840. 8.

Sanz (Juan),
carme espagnol (1557 — 25 juillet 1608).

Pinto de Victoria (Joaõ). Vita del V. F. J. Sanz. *Valencia*. 1612. 8.

Sanzio, voy. **Raphaël d'Urbin.**

Saphir (Moritz Gottlieb),
littérateur allemand (8 février 1794 — ...).

(**Foerster**, Friedrich). M. G. Saphir und Berlin, etc. *Berl*. 1828. 8.

Saphir (Moritz Gottlieb). Der getödtete und dennoch lebende M. G. Saphir, oder dreizehn Bühnendichter und ein Taschenspieler (Habitt) gegen einen einzelnen Redacteur. Schwank voll Wahrheit, etc. *Berl*. 1828. 8.*

* Cette joyeuse satire a eu trois éditions dans la même année.

Curtius (Carl Julius). Der lebende und dennoch maustodte M. G. Saphir, oder eine Salve gegen dreizehn Bühnendichter, einen Taschenspieler und einen einzelnen Redacteur. *Berl*. 1828. 8.

Sapinaud (madame de),
dame française.

Sapinaud de Bois-Huguet (N... N...). Mémoires de madame de Sapinaud sur la Vendée; suivis de notices sur les généraux vendéens, etc. *Par*. 1823. 12. Corrig., augment. (et publ. par André BODARD). *Par*. 1824. 12. (*P*.)

Sappa (Carlo Giuseppe),
évêque d'Acqui († 1835).

Brevi notizie della vita di monsignor C. G. Sappa, vescovo di Acqui. *Alessandr*. 1835. 8.

Sappho,
poète grecque (vers 612 avant J. C.).

Volger (Heinrich Friedrich Magnus). Diatribe historico-critica de Sapphus poetriæ vita et scriptis. *Gothæ*. 1809. 8. (*L*.)

Salm-Dyck (Constance Marie de). Précis de la vie de Sapho. *Par*. 1810. 8. (*P*.)

Welcker (Friedrich Gottlieb). Sappho von einem herrschenden Vorurtheil befreit. *Goetting*. 1816. 8. (*L*.)

Tegnér (Esaias). Sapphus vita et carmina. *Lund*. 1817. 8.

Allier de Hauteroche (Louis). Notice sur la courtisane Sapho. *Par*. 1822. 8.

Milesi (Bianca). Vita di Saffo. *Par*. 1824. 8. (Ouvrage peu commun.)

(**Verri**, Alessandro). Avventure di Saffo, poetessa di Mitilene. *Milan*. 1824. 8. *Ibid*. 1856. 16.

Richter (Franz Wilhelm). Sappho und Erinna nach ihrem Leben beschrieben, etc. *Quedlinb*. 1833. 8. (*L*.)

Saraceni ou Saracino (Carlo),
peintre italien (1585 — 1620).

Moro (Maurizio). Dogliose lagrime sulla morte del celebre pittore C. Saraceni. *Venez*. 1620. 12.

Sarasa (Antonio Alfonso de),
jésuite belge (1618 — 5 juillet 1667).

Fischer (Johann Christian). Commentatio de A. A. de Sarasa, qua varia ejus semper gaudendi artem et vitam illustrantia exhibentur. *Jenæ*. 1740. 4.

Sarasin, née **Battier** (Gertrude),
dame suisse († 1791).

Bridel (Philippe). Service funèbre pour la sépulture de madame G. Sarasin, née Battier, etc. *Bâle*, s. d. (1791). 8.

Sarbiewski (Matthias Casimir),
jésuite polonais (1595 — 2 avril 1640).

Langbein (Lebrecht Gotthelf). Commentatio de M. C. Sarbievii, S. J. Poloni, vita, studiis et scriptis. *Dresd*. 1733. 8. (*D*.) *Ibid*. 1754. 4. (*L*.)

Kolanowski (N... N...). De M. C. Sarbievio Poloniæ Horatio. *Berol*. 1842. 4.

Sarcerius (Erasmus),
théologien allemand (1501 — 29 nov. 1559).

Wigand (Johann). Leichenpredigt auf E. Sarcérium. *Magdeb*. 1560. 4.

Sarcovius (Daniel),
physicien suédois (20 juin 1661 — 30 avril 1704).

Palmroth (Anders). Programma ad D. Sarcovium parentationis solemnia. *Pernav*. 1704. Fol.

Sardagna de Hohenstein (Carlo Emmanuele),
évêque de Césarée.

Elogio funebre di C. E. Sardagna di Hohenstein, vescovo di Cesarea. *Lugan*. 1840. 8.

Sardanapale,
roi d'Assyrie (827 — 787 avant J. C.).

Pico de la Mirandola (Giovanni Francesco). Vita Sardanapali. *Par*. 1596. 4.

Crausius (Jacob). Dissertatio de Sardanapali epitaphio. *Jenæ*. 1666. 4. (*L*.)

Linde (S... v. d.). Dissertatio de Sardanapali corruptissima vita, etc. *Jenæ*. 1669. 4.

Menz (Friedrich). Dissertatio de Sardanapalo, laudabili Assyriorum principe. *Lips*. 1700. 4. (*L*.)

Arrhenius (Jakob). Dissertatio historica de Sardanapalo. *Upsal*. 1701. 4.

Koopmans (Wopko Cnoop). Disputatio historico-critica de Sardanapalo. *Amst*. 1819. 8. (*P*.)

Langlois (Victor). Le Dunuk-Dasch, tombeau de Sardanapale à Tarsous. *Par*. 1853. 8. (Extrait de la *Revue archéologique*.)

Sardi (Alessandro),
savant italien (vers 1520 — 28 mars 1588).

Ferri (Girolamo). De A. Sardi vita commentarius. *Rom*. 1775. 8.

Sardini (Giacomo),
homme d'État italien.

Papi (Lazzaro). Elogio storico del senatore G. Sardini. *Lucca*. 1812. 4.

Sarganeck (Georg),
pédagogue allemand (27 janvier 1702 — 24 mai 1743).

Oertel (Georg Christoph). Vita G. Sarganecii, rectoris. *Norimb*. 1764. 4. Trad. en allem. (par Johann David WECHSLER). *Lindau*. 1765. 8.

Sarmento (Jacob de **Castro**),
médecin portugais.

San Luiz (Francisco Justiniano Saraiva de). Memoria da vida e escriptos de D. J. de Castro Sarmento. *Lisb*. 1857. 8.

Sarnichausen (Heinrich),
théologien allemand († 1656).

Stephani (Christoph). Christliche Leichpredigt über den Todesfall C. Sarnichausen, von Lavelslo aus Westphalen, Pfarr-Herrn der evangelischen Gemeinde in Modor. *Witteb*. 1656. 4.

Memoria posthuma viri doctissimi H. Sarnichausen, Modrensis evangelici pastoris, famæ commendata, etc. *Witteb*. 1657. 4.

Saron, voy. **Bochard de Saron**
(Jean Baptiste Gaspard).

Sarpi (Paolo),
historien italien (14 août 1552 — 14 janvier 1623).

(**Micanzio**, Fulgenzio). Vita del P. Fra Paolo (Sarpi), dell' ordine dei servi e teologo della serenissima repubblica di Venetia. *Leida*. 1646. 12. *Venez*. 1658. 12. *Ibid*. 1677. 12.

   Trad. en angl. *Lond*. 1651. 8. (*Oxf*.)

   Trad. en franç. par F... G....C... A... P... D... B... *Leyde*. 1662. 12. *Amst*. 1664. 12. *Venise*. 1665. 12.

Layritz (Johann Christoph). Petrus Suavis Polanus, s. P. Sarpius Venetus defensus ab Nicolao Amelot de la Houssaye. *Curiæ Narisc*. 1686. 4.

Vita del P. F. P. Sarpi. *Helmstat*. 1750. 4. Portrait.

Nave (Giusto). Fra P. Sarpi giustificato; dissertazione epistolare. *Colon*. 1752. 4.

Griselini (Francesco). Memorie aneddote spettanti alla vita ed agli studj del sommo filosofo e giureconsulto Fra P. Servita. *Losann*. 1760. 8. (*P*.) Trad. en allem. (par Johann Friedrich LEBRET). *Ulm*. 1761. 8. (*L*.)

(**Buonafede**, Appiano). Della impudenza letteraria. Sermone parenetico contro un libro intitolato *Memorie aneddote*, etc., s. l. et s. d. 8. (Publ. s. l. pseudonyme d'Ad(gatòpisto) C(romaziano).)

Marocco (Giuseppe). Vita di Fra P. Sarpi, s. l. et s. d. Fol. Portrait.

Bassaglia (Leonardo). Del genio di Fra P. Sarpi in ogni facoltà scientifica, etc. *Venez*. 1785. 2 vol. 8.

(**Fabritius**, Carl Moritz Eduard). Denkmal P. Sarpi's. *Leipz*. 1791. 8. (*D*. et *L*.)

Fontanini (Giusto). Storia arcana della vita di Fra P. Sarpi, servita. *Venez.* 1803. 8. (*Lv.*) *Milan.* 1805. 8.

Delbrueck (Friedrich Ferdinand). Gedächtniss-Predigt auf P. Sarpi. *Leipz.* 1808. 4. (*L.*)

Antoniutti (Pietro·Antonio). Osservazioni sopra la *Storia arcana* (di Giusto Fontanini). *Venez.* 1813. 8.

Moschini (Giovanni Antonio) et **Cicogna** (Emmanuele Antonio). Memoria del trasporto delle ossa di Fra P. Sarpi dalla demolita chiesa di S. Maria de' servi a quella di S. Michele di Murano. *Venez.* 1828. 8. Portrait.

Bianchi-Giovini (Antonio). Biografia di Fra P. Sarpi, teologo e consultore di stato della repubblica Veneta. *Zurigo.* 1836. 2 vol. 8. Portrait. *Ibid.* 1847. 2 vol. 8. *Firenz.* 1850. 2 vol. 16.

Muench (Ernst Joseph Hermann v.). Fra P. Sarpi, sein Kampf mit dem römischen Curialismus und dem Jesuitismus. *Carlsr.* 1838. 8.

Sarra (Florette de),
épouse de Montcalm de Saint-Véran.

Baduel (Claude). Oratio funebris in funere F. Sarrasiæ habita, etc. *Par.* 1542. (Dédié à la reine Marguerite de Navarre.) Trad. en franç. par Charles de ROZEL. *Lyon.* 1546. 4.

Sarrazin (le comte Adrien de),
littérateur français (1775 — 26 sept. 1852).

Pétigny (J... de). Notice sur le comte A. de Sarrazin, s. l. et s. d. (*Vendôme.* 1853.) 8.

Sarrazin (Jacques),
peintre et sculpteur français (1590 — 4 déc. 1660).

Tremblay (Victor). Notice sur Sarrazin. *Beauvais.* 1848. 8.

Biographie de J. Sarrazin, sculpteur et peintre, né à Noyon, etc., *Noyon.* 1831. 8.

Inauguration de la statue de J. Sarrazin, peintre et sculpteur, recteur et fondateur de l'Académie de peinture, etc. *Noyon.* 1851. Fol.

Sarrazin (Jean),
archevêque de Cambrai († 1598).

De vita D. J. Saraceni, abbatis Vedastini, etc., nuper electi in archiepiscopum Cameracensem. *Atrebat.* 1596. 4.

Sarrazin (Jean),
général français (15 août 1770 — vers 1850).

Mémoires écrits par le général Sarrazin, depuis 1770 jusqu'en 1848. *Brux.* 1848. 8.

Mémoire du général Sarrazin, détenu à la Conciergerie comme prévenu de bigamie. *Par.* 1819. 8.

Deuxième mémoire, ou réfutation de l'arrêt de la cour de cassation du 18 février 1819. *Par.* 1819. 8.

Supplément au deuxième mémoire. *Par.* 1819. 8.

Recueil de pièces authentiques concernant le général Sarrazin. *Lond.* 1828. 8. (*Bresl.*)

Sarret (Louis),
pédagogue français.

Notice nécrologique sur M. L. Sarret, né à Haguenau (*Bas-Rhin*), professeur au lycée Louis le Grand. *Par.* 1852. 8.

Sarriod-d'Introd,
famille sarde.

Sarriod-d'Introd (Jean Brice). Histoire de la noble maison de Sarriod-d'Introd, depuis son origine jusqu'en 1843. *Aoste.* 1843. Fol.

Sartine (Antoine Raymond Jean Gualbert Gabriel de),
lieutenant de police français (1729 — 7 sept. 1801).

La cassette verte de M. de Sartine trouvée chez mademoiselle Duthé. *La Haye.* 1779. 8. (Pièce rare et curieuse.)

Sarto (Andrea de),
peintre italien (1488 — 1530).

Biagi (Luigi). Notizie inedite della vita d'A. del Sarto, raccolte da manoscritti e documenti autentici. *Firenz.* 1830. 8. *Ibid.* 1832. 8. Portrait. (*Oxf.*)

Supplimento alle *Notizie inedite della vita d'A. del Sarto*, raccolte da Luigi BIAGI. *Firenz.* 1832. 8.

Reumont (Alfred). A. del Sarto, etc. *Leipz.* 1835. 8. (*L.*)

Sartorius (Henri Eustache),
jurisconsulte belge (exécuté le 3 mars 1779).

Mémoires de l'avocat Sartorius, pour servir de suite à la

---

cause célèbre de H. E. Sartorius, son frère. *Lond.* 1779. 12. *

<small>* Quérard ne fait pas mention de ces Mémoires.</small>

Sartorius (Johann),
littérateur allemand (21 janvier 1656 — 27 mars 1729).

Programma in J. Sartorii obitum. *Gedan.* 1729. Fol.

Sartorius (Johann Jacob),
pédagogue allemand (4 déc. 1730 — 27 sept. 1790).

Lippert (Johann Baptist). Memoria J. J. Sartorii, (rectoris gymnasii Erlangensis). *Erlang.* 1791. 4. (*L.*)

Sartorius, conde de **San Louis** (Luis José),
homme d'État espagnol.

Historia periodistica parlamentaria y ministerial completa y detallada del Exmo señor D. L. J. Sartorius, primer conde de San Luis. *Madr.* 1850. 4. Portrait.

Sartorius (Valentin),
musicien bohème († 17 août 1631).

In obitum pii et eruditi juvenis V. Sartorii Policeni, baccalaurei recens renunciati, chori Zatecensis cantoris, ex hac turbulenta vita in tranquillitatem coelestem evocati, etc. *Prag.* 1631. 4.

Sassenus (André Dominique),
chimiste belge (12 août 1672 — 19 juillet 1756).

Broeckx (Charles). Notice sur A. D. Sassenus, pharmacien, professeur de chimie et de botanique à l'université de Louvain. *Anvers.* 1850. 8. Portrait.

—— Supplément à la Notice sur A. D. Sassenus. *Anvers.* 1852. 8.

Sastrowen (Bartholomaeus).

B. Sastrowen's Herkommen, Geburt und Lauf seines ganzen Lebens, aus der Handschrift herausgegeben und erläutert von Gottlieb MOHNIKE. *Greifsw.* 1823-24. 3 volumes 8.

Satellico (Maria Crocifissa),
religieuse italienne.

Scaramelli (Giovanni Battista). Vita di suor M. C. Satellico. *Venez.* 1761. 8.

Satler (Daniel Joachim),
médecin allemand.

Seelen (Johann Heinrich v.). Memoria D. J. Satleri, medicinæ doctoris. *Lubec.* 1725. Fol.

Satterup (Laurids),
théologien danois (1732 — 1788).

Benzon (Lorents Jacob). Soergetal over Provst L. Satterup. *Odense.* 1788. 8.

Saturne,
personnage mythologique.

Ignatius (Petrus). Disputatio de Saturno, àn rex fuerit Aboriginum? *Aboæ.* 1712. 8.

Saturnin (Saint),
patron de Minderau.

Sailer (Sebastian). Lobrede auf den heiligen Saturninus, Patron von Minderau. *Augsb.* 1751. Fol.

Sauberer (Andreas),
prémontré hongrois († 1779).

Kényeres (Jósef). Oratio funebris et solennes exequiæ A. Sauberer, ordinis præmonstratensium abbatis Jáczoensis 1779 extincti. *Cassov.*, s. d. (1779.) Fol.

Saubert (Johann),
théologien allemand (1er février 1638 — 29 avril 1688).

Rotenbeck (Georg Paul). Programma in J. Sauberti funere. *Altorf.* 1688. 4.

Geuder (Georg Christoph). Oratio parentalis, qua J. Saubertus Samueli prophetæ genere, moribus, virtutibus, muneribus, conjugio et morte exhibetur quam simillimus. *Altorf.* 1689. 4.

Saucerotte (Louis Sébastien),
chirurgien français (10 juin 1741 — 15 janvier 1814).

Haldat (Charles Nicolas Alexandre de). Éloge historique de Saucerotte. *Nancy.* 1815. 8. (Omis par Quérard.)
— (*P.*)

Saül,
premier roi des Juifs (se donnant la mort l'an 1051 avant J. C.).

Soldan (Justus). Königliche Krone des uralten Reichs des Volks Israelis unter den zwölf Stämmen, d. h. Vorstellung des Lebens, Sitten, Staats und Regierung derer Könige Saul's, David's und Salomon's. *Cassel.* 1668. Fol.

Schultz (Barthold Hieronymus). Dissertatio Saulis regimen antecedentia exhibens. *Argent.* 1674. 4.

Georgi (Ferdinand). Dissertatio historico-politica de Saule, rege Israelitarum. *Lips.* 1690. 4. (*L.*)

Abarbanel (Isaac). Discursus exegetico-moralis de Saulis autocheiria et fatis extremis, trad. de l'hébreu par Johann Conrad Schnamm. *Helmst.* 1700. 4.

Trendelenburg (F... S... A...). Historia mortis Sauli, etc. *Goetling.*, s. d. 4.

Miller (Joseph Augustus). Saul, the first king of Israel; a Scripture study. *Lond.* 1853. 12.

Sauli (Alessandro),
apôtre de la Corse (15 février 1535 — 21 oct. 1592).

Gerdil (Hyacinthe Sigismond). Vita del beato A. Sauli. *Milan.* 1741. 4. *Ibid.* 1828. 16.

Grazioli (Pietro). Della vita, virtù e miracoli del beato A. Sauli. *Bologn.* 1741. 8.

(Vassoult, Jean Baptiste). Abrégé de la vie du bienheureux A. Sauli. *Par.* 1742. 12. (*P.*)

Gabuzzi (Giovanni Antonio). Vita B. A. Saulii Aleriensis, Ticinensis episcopi. *Milan.* 1748. 8.

Ferri (Girolamo). De A. Sauli vita commentarius. *Rom.* 1775. 8.

Cesari (Antonio). Orazione in lode del beato A. Sauli. *Veron.* 1828. 12.

Breve esposizione della vita del beato A. Sauli, barnabita. appellato apostolo della Corsica, s. l. (*Rom.*) 1843. 18.

Saulnier de Beauregard (Anne Nicolas Charles*),
abbé de la Trappe de Melleray (20 août 1764 — 6 janvier 1839).

Notice biographique sur le révérend père Antoine, abbé de la Trappe de Melleray. *Nantes.* 1839. 8. (*P.*)

(Egron, Antoine). Vie du R. P. Antoine, abbé de la Trappe de Melleray, rédigée par deux de ses amis, etc. *Par.* 1840. 8. Portrait. (*Lv.*)
  * Plus connu sous le nom de père Antoine.

Saulx (François d'Agoult, comte du),
maréchal de camp français.

Valencier (Étienne). Discours sur la mort du comte de Saulx. *Par.* 1568. 8. (*P.*)

Saulx de Tavannes (Jeanne de),
épouse de René de Rochechouart de Mortemart († 1627).

Sychard (Adrien). Observations sur la vie et la mort de J. de Saulx de Tavannes. *Poitiers.* 1627. 4.

Saumaise (Claude de),
savant français (15 août 1588 — 3 sept. 1653).

Vorstius (Adolphus). Oratio in excessum C. Salmasii. *Lugd. Bat.* 1654. 4. Trad. en franç. s. c. t. Harangue funèbre, etc., par J... N... P***. *Leyde.* 1663. 4.

Arnd (Josua). Exercitatio de erroribus C. Salmasii in theologia. *Witteb.* 1651. 4. (*L.*)

Sanmarez (James),
amiral anglais (11 mars 1757 — 9 oct. 1836).

Ross (John). Memoirs and correspondence of admiral Saumarez. *Lond.* 1838. 2 vol. 8. (*Oxf.*)

Saunders (Sarah),
auteur anglaise.

Foster (John). Brief memoir of miss S. Saunders, with nine letters addressed to during her last illness. *Lond.* 1847. 32.

Saunier (Françoise),
prétendue possédée française.

(Brisset, N... N...). Factum contre F. Saunier, feignant d'être possédée, s. l. 1694. 4. (Peu commun.)

Saunier (Heinrich),
théologien allemand († 1825).

Schleiermacher (Friedrich). Rede am Grabe des Herrn Saunier. *Magdeb.* 1825. 8.

Saurin (Jacques),
théologien français (6 janvier 1677 — 30 déc. 1730).

Roman (Jean Pierre). Essai sur Saurin; thèse, etc. *Strasb.* 1856. 4. (Non mentionné par Quérard.)

Weiss (Charles). Notice sur la vie et les ouvrages de J. Saurin. *Par.* 1854. 8. *
  * Cette notice, qui se trouve en tête des *Sermons choisis* de Saurin, a été tirée à part à quelques exemplaires.

Sausin (Philippe François de),
évêque de Blois (11 février 1756 — 4 mars 1844).

Pescheux (H... H...). Vie de M. de Sausin, évêque de Blois. *Romorantin.* 1845. 18.

Saussaye (Charles de La),
théologien français (vers 1564 — 21 sept. 1621).

Saussaye (N... N... de la). Abrégé de la vie et de la mort de messire C. de La Saussaye, docteur en théologie, curé de Saint-Jacques de la Boucherie de Paris. *Par.* 1622. 12.

Saussure (Horace Bénédict de),
naturaliste et physicien suisse (17 février 1740 — 22 janvier 1788).

Senebier (Jean). Mémoire historique sur la vie et les écrits de H. B. de Saussure, etc. *Genève et Par.*, an IX (1801.) 8. (*L., Lv., Oxf.* et *P.*)

Sauter (Caspar),
théologien allemand.

Pistorius * (David). Leichenpredigt auf den Senior M. C. Sauter. *Lauing.* 1604. 4.
  * Son véritable nom était Pfister.

Sauvage (Marie Amélie),
dame française (6 oct. 1779 — 13 août 1817).

Sauvage (N... N...). Vie de mademoiselle M. A. Sauvage. *Rennes.* 1840. 18.

Sauvage (Samuel),
littérateur français.

Programma academicum in funere S. Sauvage. *Helmst.* 1700. 4. (*L.*)

Sauvages de la Croix (François Boissier de),
médecin français (12 mai 1706 — 19 février 1767).

(Ratte, Étienne Hyacinthe). Éloge de M. Boissier de Sauvages. *Lyon.* 1768. 4. * (*P.*)
  * Cet écrit a eu plusieurs éditions.

Barbaste (N... N...). Étude biographique, philosophique, médicale et botanique sur F. Boissier de Sauvages. *Montpell.* 1851. 8.

Sauve (Catherine),
hérétique française du xve siècle.

Germain (A...). C. Sauve. Éclaircissement relatif à un fait spécial d'hérésie, survenu à Montpellier au commencement du xve siècle. *Montpell.* 1853. 4. (Extrait des *Mémoires de l'Académie de Montpellier.*)

Sauveur (Toussaint Dieudonné),
médecin belge (26 avril 1766 — 27 janvier 1838).

R.....d (L...). Notice nécrologique sur le docteur T. D. Sauveur, professeur émérite à l'université de Liége. 1838. 8. (Extrait de la *Revue belge.*)

Sauvo (François),
publiciste français (8 nov. 1772 — 30 oct. 1850).

Gruen (Alphonse) et **Corby** (Alexandre). Discours et notice nécrologique sur M. F. Sauvo, ancien rédacteur en chef du *Moniteur universel*, etc. *Par.* 1850. 8. (Extrait du *Moniteur.*)

Sauzet (Jean Baptiste Guillaume),
médecin français (19 sept. 1765 — 10 août 1844).

Vassarotti (N...N...). M. J. B. G. Sauzet, docteur en médecine de l'ancienne Faculté de Paris, ancien médecin en chef de l'hospice de la Charité de Lyon, etc. *Par.* 1846. 8. (Extrait du *Nécrologe universel du xixe siècle.*)

Savage (John),
théologien anglais.

Jefferson (Joseph). Memoirs of the life of the Rev. J. Savage of Farnham in Surrey. *Lond.*, s. d. 8.

Savage (Mistress),
dame anglaise.

Williams (John Bickerton). Life of Mrs. Savage. *Lond.* 1848. 12.

Savage (Richard),
poète anglais (10 janvier 1698 — 1er août 1743).

(Johnson, Samuel). Life of Mr. R. Savage, son of the earl Rivers. *Lond.* 1744. 12. (*Oxf.*) *Ibid.* 1767. 12. Trad. en franç. par Pierre Letourneur. *Par.* 1771. 12. (*P.*)

Doering (Heinrich). R. Savage. Genrebild. *Jena.* 1846. 16. (Biographie romanesque.) — (*L.*)

Savage (Thomas),
criminel anglais.

God's justice against murder; being a relation of a mur-

der committed by one T. Savage, a vintner's appren-
tice. *Lond.* 1668. 12.

Account of T. Savage twice executed. *Lond.* 1668. 12.

A murderer punished and pardoned, or, a true relation
of the wicked life and shameful happy death of T. Savage. *Lond.* 1669. 8.

Relation of the life and execution of T. Savage. *Lond.*
1708. 8. (*Oxf.*)

Life and death of T. Savage, twice executed at Ratcliff,
etc. *Lond.* 1720. 8. (*Oxf.*)

Savaron (Jean),
historien français (1567 * — 1622).

Cochon (Henri). Études historiques et littéraires sur J.
Savaron. *Clerm.-Ferrant.* 1847. 8.

* C'est à tort que la *Biographia universelle* le fait naître en 1550.

Savart (Félix),
physicien français (30 juin 1791 — ... 1841).

Analyse succincte des travaux de M. Savart. *Par.* 1829. 8.

Savary, duc de **Rovigo** (Anne Jean Marie René),
homme d'État français (26 avril 1774 — 2 juin 1833).

Extrait des Mémoires de M. le duc de Rovigo, concernant
la catastrophe de M. le duc d'Enghien. *Par.* 1823. 8. (*P.*)
Trad. en allem. s. c. t. Über die Hinrichtung, etc.
Leipz. 1824. 8. (*L.*) *Stuttg.* 1824. 8.
Trad. en angl. *Par.* 1823. 8.
Trad. en ital. *Milan.* 1839. 4 vol. 12. Portrait.

Maquart (Antoine François Nicolas). Réfutation de l'é-
crit publié par M. le duc de Rovigo sur la catastrophe
de Mgr. le duc d'Enghien, accompagnée de pièces justificatives et suivie de l'éloge de Monseigneur. *Par.*
1823. 8. * (*P.*)

* Ouvrage qui a remporté le prix de l'Académie de Dijon.

(**Chavard**, N... N...). Réponse à M. le duc de Rovigo, ou
opinions d'un ex-commissaire de police sur les motifs
qui ont déterminé M. le duc de Rovigo à faire paraître
une brochure ayant pour titre : *Sur la catastrophe de
Mgr. le duc d'Enghien.* *Par.* 1823. 8. (Omis par Quérard.)

(**Delarue**, François). Recherches de la vérité, ou coup
d'œil sur la brochure de M. le duc de Rovigo. *Par.*
1823. 8. *

* Publ. sous la lettre L...

(**Miel**, Edme François Antoine Marie). Un Français sur
l'*Extrait des Mémoires* de M. de Savary, relatifs à M. le
duc d'Enghien. *Par.* 1823. 8.

(**Maleissye**, A... de). Quelques observations bien françaises sur la brochure intitulée *Un Français sur l'Extrait des Mémoires de M. Savary*, etc. *Par.* 1823. 8.
(Non mentionné par Quérard.)

Roche (Achille). De MM. le duc de Rovigo et le prince
de Talleyrand. *Par.* 1823. 8.

(**Jolicœur**, Benoit). Lettre sur le document publié par
M. le duc de Rovigo. *Par.* 1823. 8.

C'est lui! Ce n'est pas lui! Hé! mais qui donc? ou le La-
vabo politique. *Par.* 1823. 8.

L... (F... E...). Le duc de Rovigo jugé par lui-même et
par ses contemporains, témoins oculaires, à l'occasion
de son écrit sur la catastrophe du duc d'Enghien. *Par.*
1823. 8.

Gautier du Var (Isidore Marie Brignolles). Conduite
de Bonaparte relativement aux assassinats de Mgr. le
duc d'Enghien et du marquis (Louis) de Frotté. *Par.*
1823. 8.

Mémoires du duc de Rovigo pour servir à l'histoire de
l'empereur Napoléon. *Par.* 1828. 8 vol. 8. (*P.*) Trad.
en allem. *Leipz.* 1828. 8 vol. 12. (*L.*)

Sévelinges (Charles Louis de). Le duc de Rovigo en
miniature, ou abrégé critique de ses mémoires. *Par.*
1828. 8. (*P.*)

Savary (Auguste Charles),
médecin français (1776 — 1814).

Lullier-Winslow (N... N...). Notice sur A. C. Savary.
Par. 1815. 8. (Extrait du *Journal de médecine*, tiré à
part à petit nombre d'exemplaires.)

Savary (Mathurin),
évêque de Seez († 1608).

Morel (N... N...). Oraison funèbre de M. Savary, s. l.
(*Par.*) 1699. 4.

Savelli (Troilo),
aventurier italien (exécuté le 18 avril 1592).

Relation of the death of signor T. Savelli, s. l. 1620. 8.

Mathews (Tobie). The penitent bandito, or the history
of the conversion and death of T. Sabelli. *Lond.* 1663.
12. (*Oxf.*)

Saveuse (Charles de),
jurisconsulte français († 1670).

Vernon (Jean Marie de). Vie de C. de Saveuse, prêtre,
conseiller en la grand'chambre du parlement de Paris,
supérieur et restaurateur des ursulines de Magny.
Par. 1678. 8.

Savigny (Friedrich Carl v.),
jurisconsulte allemand (21 février 1779 — ...).

Notice sur la vie et les ouvrages de F. C. de Savigny. *Par.*
1859. 8. (*P.*)

La Boulaye (Édouard). Essai sur la vie et les doctrines
de F. C. de Savigny. *Par.* 1842. 8. (*P.*)

Savigny (Jacques de),
jurisconsulte français.

Gosselin (Antoine). J. Savignæi laudatio funebris. *Ca-
domi.* 1632. 4.

Savigny (Marie Jules César **Lelorgne** de),
archéologue français (5 avril 1777 — 5 oct. 1851).

M. J. C. de Savigny. *Provins.* 1852. 8.

Savile (Henry),
savant anglais (30 nov. 1549 — 19 février 1622).

Ultima linea Savilli, s. in obitum H. Savilii, equitis aurati, etc., justa academica. *Oxon.* 1622. 4. (*Oxf.*)

Savin (Pierre Désiré),
prêtre français.

Éloge funèbre de M. l'abbé P. D. Savin, grand doyen
curé de la Madeleine à Lille. *Lille.* 1851. 8.

Savinien (Saint),
prêtre français.

Binet (Étienne). Vie de S. Savinien et de ses compagnons, ou l'idée des bons prélats. *Par.* 1629. 8.

Savine (Sainte).

(**Courtalon-Delaistre**, Jean Charles). Histoire de la vie
et du culte de S. Savine, vierge et patronne d'une église
sous son invocation dans un faubourg de Troyes.
Troyes. 1774. 12.

Savola (Giovanni Battista, principe di).

Vernazza de Freney (Giuseppe). Vita di Giovanni Battista di Savoia, principe del sangue, e notizia delle sue
monete. *Torin.* 1813. 8.

Savoisy (N... N...).

Vie privée du citoyen Savoisy, etc. *Par.*, an XII (1804). 8.

Savonarola (Girolamo),
prêtre italien (21 sept. 1452 — brûlé vif le 23 mai 1498).

Pico della Mirandola (Giovanni Francesco). Vita R.
P. H. Savonarolæ, notis, additionibus, actis, diploma-
tibus, epistolis, etc., aucta et illustrata. *Par.* 1674.
2 vol. 12. Trad. en franç. par Jean QUÉTIF. *Par.*
1674. 4. (*P.*)

Spangenberg (Cyriacus). Historie von Leben, Lehre
und Tod H. Savonarola, etc. *Wittenb.* 1587. 8.

Neri (Tommaso). Apologia in difesa della dottrina di G.
Savonarolæ. *Firenz.* 1564. 12.

Ekerman (Peter). Dissertatio de H. Savonarola, peracri
vitiorum papisticorum animadversore. *Upsal.* 1762. 4.

Burlamacchi (Pacifico). Vita di Fra G. Savonarola.
Lucca. 1764. 8. (*Oxf.*) *Livorn.* 1782. 4. *Venez.* 1829. 12.
Milan. 1847. 16. Portrait.

(**Scarponio**, Niccolò). Vita del P. G. Savonarola dell'
ordine de' predicatori. *Ginev.* (*Firenz.*) 1781. 8. (Satire sanglante.)

(**Barsanti**, Vincenzo). Della storia del P. G. Savonarola
da Ferrara, libri IV. *Livorn.* 1782. 4. *

* Publ. sous le pseudonyme de P... BOSPANTI.

Rudelbach (Andreas Gottlob). H. Savonarola und seine
Zeit. *Hamb.* 1835. 8. (*Oxf.*) Trad. en franç. par Charles
François RECORDON. *Lausan.* 1857. 8.

Meier (Friedrich Carl). G. Savonarola, etc. *Berl.* 1856.
8. Portrait.

Marion (Emile). Vie de J. Savonarole. *Strasb.* 1859. 4.

Carle (P... J...). Histoire de Fra J. Savonarola. *Par.*
1842. 8. Portrait.

Life and times of G. Savonarola, illustrating the progress
of the reformation during the fifteenth century. *Lond.*
1843. 12.

Madden (R... B...). Life and martyrdom of Savonarola, illustrative of the history of church and state connection. *Lond.* 1853. 2 vol. 8. *Ibid.* 1854. 2 vol. 8.

Perrens (F... T...). J. Savonarole, sa vie, ses prédications, ses écrits, d'après les documents originaux et avec des pièces justificatives en grande partie inédites. *Par.* 1853. 2 vol. 8.

Catarino (Ambrogio). Discorso contro la dottrina e le profetie di G. Savonarola. *Venez.* 1548. 8.

Neri (Tommaso). Apologia in difesa della dottrina di G. Savonarola. *Firenz.* 1564. 8. *

   * Réfutation du discours précédent.

Buddeus (Johann Franz). Disputationes II de artibus tyrannicis H. Savonarolæ. *Jenæ.* 1690. 8.

Savorgnano (signori),
   famille italienne.

Caro (Francesco). Istoria de' signori Savorgnani, detti del Monte, conti di Belgrado. *Veron.* 1685. 8. *Udine.* 1771. 8.

Savorgnano (Giulio),
   jurisconsulte italien.

Leoni (Giovanni Battista). Orazione, etc., in morte di G. Savorgnano. *Venez.* 1595. 4.

Savorgnano (Niccolò e Federico).

Successo di quanto è passato fra li signori Marzio Colloreto, N. e F. Savorgnani. *Bresc.* 1565. 4.

Savot (Louis),
   médecin-numismate français (vers 1579 — vers 1640).

Blondel (François). Elogium L. Savot. *Par.* 1673. 4.

Sawyer (Elizabeth),
   soi-disant sorcière anglaise.

Goodcole (Henry). The wonderful discovery of E. Sawyer, a witch, late of Edmonton, her conviction, condemnation and death, together with the devil's access to her, and their conference together. *Lond.* 1621. 4.

Sawyer (Lemuel),
   littérateur (?) anglo-américain.

Autobiography of L. Sawyer. *New-York.* 1844. 8.

Saxe (Maurice, comte de),
   maréchal de France (15 oct. 1696 — 30 nov. 1750).

(Ranft, Michael). Leben und Thaten des berühmten Grafen Moritz von Sachsen. *Leipz.* 1746. 8. (L.) *Ibid.* 1751. 8. (L.)

Baer (Friedrich Christian). Oraison funèbre du comte Maurice de Saxe. *Par.* 1751. 4. (P.) Trad. en allem. *Frf.* 1751. 8.

(Néel, Louis Balthazard). Histoire de Maurice, comte de Saxe. *Mitau.* 1752. 2 vol. 12. *Dresd.* 1755. 2 vol. 8. (D. et L.)

Thomas (Antoine). Éloge de Maurice, comte de Saxe. *Par.* 1759. 8. (P.) — (Couronné par l'Académie.)
   Trad. en allem. :
   (Par Friedrich Dominik Ring). *Frf.* 1759. 8. (L.)
   Par Johann Georg Meusel. *Erfurt.* 1771. 8.

(Maillet-Duclairon, Antoine), Eloge de Maurice, comte de Saxe. *Dresd.* et *Par.* 1759. 8.

Lalande (Joseph Jérôme Le-François de). Éloge du maréchal de Saxe. *Par.* 1760. 12.

Espagnac (Jean Baptiste Sahuguet d'). Histoire de Maurice, comte de Saxe. *Par.* 1773. 2 vol. 12. *Ibid.* 1775. 2 vol. 12. Considérablement augment. *Par.* 1776. 3 vol. 4. (P.) *Toulouse.* 1789. 2 vol. 12. (P.) Trad. en allem. *Leipz.* 1774. 2 vol. 8.

(Cuno, Adam Christoph Carl). Erneuertes Denkmal des General-Feldmarschalls Moritz, Grafen von Sachsen. *Leipz.* 1778. 8. (L.)

La Barre Duparcq (Édouard de). Maurice de Saxe; biographie et maximes. *Par.* 1851. 8.

Orgies (F... v.). Zur Geschichte der Wahl des Grafen Moritz von Sachsen zum Herzoge von Kurland, s. l. 1819. 4.

Relation fidèle et circonstanciée des obsèques de M. le maréchal, comte Maurice de Saxe, faites à Strasbourg. *Strasb.* 1751. 4.

Discours prononcé par ordre du magistrat de Strasbourg

à l'occasion de la translation du corps de M. le maréchal de Saxe dans l'église de S. Thomas le 20 août 1777. *Strasb.* 1777. 4. Trad. en allem. *Leipz.* 1777. 8. (L.)

Saxe-Altenbourg (Eduard Carl Wilhelm Christian, Prinz von),
   général allemand (3 juillet 1804 — 16 mai 1852).

Saint-Maurice Cabany (Charles Édouard). S. A. E. C. G. C., duc de Saxe, prince d'Altenbourg, lieutenant général au service de la Bavière, etc. *Par.* 1853. 8. (Extrait du *Nécrologe universel du XIXe siècle*.)

Saxe-Coburg-Saalfeld (Friedrich Josias, Prinz v.),
   feld-maréchal d'Autriche (27 déc. 1737 — 26 février 1815).

Biographie des Feldmarschalls Prinzen Friedrich Josias von Sachsen-Coburg. *Wien.* 1795. 8.

Wellhoefer (Friedrich). Sieg des Herrn Friedrich Josias, k. k. Feldmarschalls, bei Martinestie am Rimnich, am 22. Sept. (1789). *Schwabach.* 1789. 4.

Der Feldzug in den Niederlanden unter dem Prinzen Friedrich Josias von Sachsen-Coburg-Saalfeld, im Jahre 1793, etc. *Leipz.* 1830. 8. (L.)

Saxe-Weimar, voy. Bernard, duc de Saxe-Weimar.

Saxo Grammaticus,
   historien danois († 1204).

Hierild (Henrick). Saxo Grammaticus vindicatus, s. dissertatio philologico-historico-critica de puritate linguæ latinæ et castitate historiæ Danicæ in Saxone, etc. *Hafn.* 1702. 4. (Cp.)

Lysholm (Frederik). Exercitium historicum, s. theses apologeticæ pro Saxone Grammatico. *Hafn.* 1712. 4. (Cp.)

Carpzov (Johann Benedict). Dissertatio historico-litteraria de vita, eruditione et scriptis Saxonis Grammatici. *Helmst.* 1762. 4. (L.)

Baden (Gustav Ludvig). Om vor Danske Histories Fader Saxo Grammaticus. *Odense.* 1809. 8.

Saxonius * (Peter),
   mathématicien allemand (16 août 1591 — 16 sept. 1625).

Koenig (Georg). Leichpredigt auf P. Saxonius. *Nürnb.* 1626. 4.

   * Son véritable nom était Sachse.

Say (Jean Baptiste),
   économiste français (5 janvier 1767 — 15 nov. 1832).

Decandolle (Augustin Pyrame). Notice sur J. B. Say. *Genève.* 1832. (Extrait de la *Bibliothèque universelle de Genève*.)

Blanqui (Jérôme Adolphe). Notice sur la vie et les travaux de J. B. Say. *Par.* 1841. 8. (Extrait de la *Revue de législation et de jurisprudence*.)

Sayn-Wittgenstein-Berleburg (Casimir, Graf zu).

Winckel (Friedrich Wilhelm). Aus dem Leben C. weiland regierenden Grafen zu Sayn-Wittgenstein-Berleburg; nebst einer einleitenden Übersicht der Geschichte des Hauses Wittgenstein und der Stadt Berleburg. *Frf.* 1842. 8. *

   * Avec le portrait du comte de Wittgenstein.

Sbaraglia (Giovanni Girolamo),
   médecin-anatomiste italien (28 oct. 1641 — 8 janvier 1710).

Danielli (Steffano). Vita præceptoris sui J. H. Sbaraleæ. *Bonon.* 1710. 4.

Scacerni-Prosperi (Angela, contessa),
   dame italienne.

Fabi Montani (Francesco). Elogio storico della contessa A. Scacerni-Prosperi. *Rom.* 1841. 12. (2e édition.)

Scacoz (Giovanni),
   évêque de Lesina.

Sulla vita di monsignor G. Scacoz, vescovo di Lesina. *Venez.* 1858. 16.

Scævola (Cajus Mucius),
   patricien romain (508 avant J. C.).

Cathérinot (Nicolas). La main de Scévola, ou dissertation sur l'action de Mucius Cordus. *Bourges.* 1682. 4. *

   * L'auteur révoque en doute l'action et même l'existence de cet héros romain.

Crell (Christoph Ludwig). Dissertatio de C. M. Scævola Cordo, regis Porsennæ parricida. *Lips.* 1722. 4. (L.)

Arnaud (George d'). Vita Scævolarum, publ. par Hendrik Jan Aantzen. *Traject. ad Rhen.* 1767. 8.

Zeibich (Heinrich August). Programma de M. Scævola dextram suam adurante. *Geræ.* 1771. 4.

Scævola (Quintus Cervidius),
jurisconsulte romain (contemporain de l'empereur Marc-Aurèle).

Pagenstecher (Alexander Arnold). Dissertatio de Q. C. Scævola. *Groning.* 1707. 4.

Westenberg (Johan Ortwin). Oratio de Q. C. Scævola. *Lugd. Bat.* 1734. 4.

Conradi (Johann Ludwig). Dissertatio de vita et scriptis Q. C. Scævolæ. *Lips.* 1755. 4. (*L.*)

Arnaud (Georg d'). Vitæ Scævolarum, publ. par Hendrik Jan ARNTZEN. *Traject. ad Rhen.* 1767. 8.

Scala (Alessandra),
poète italienne († 1506).

Eck (Johann Georg). A. Scala. *Lips.* 1769. 4. (*L.*)

Scala (Bartolommeo),
homme d'État italien (1430 — 1495).

Manni (Domenico Maria). B. Scalæ, Collensis, equitis Florentini ac Romæ senatoris vita. *Florent.* 1768. 8.

Scala (Mastino II de la),
seigneur de Vérone (1308 — 23 juillet 1329 — 3 juin 1351).

Lessmann (Daniel). Mastino II de la Scala. Beitrag zur Geschichte der oberitalienischen Staaten im Mittelalter. *Berl.* 1820. 8.

Scalichius (Paulus),
théologien allemand († vers 1577).

(**Veesenmeyer**, Georg). Prodomus de P. Scalichii vita, scriptis et placitis præsertim philosophicis. *Ulm.* 1803. 4.

Scaliger,
famille italienne.

Arnd (Josua). Genealogia Scaligerorum. *Hafn.* 1650. 8.

Leubscher (Johann Theodor). Historia Scaligeranorum. *Witteb.* 1695. 4.

Scaligero (Giulio Cesare),
philosophe italien (23 avril 1484 — 21 oct. 1558).

Scaliger (Joseph Justus). Epistola de vetustate et splendore gentis Scaligeræ et J. C. Scaligeri vita, etc. *Lugd. Bat.* 1594. 4.

Briquet (Hilaire Alexandre). Éloge de J. C. Scaliger. *Agen* et *Niort.* 1812. 8. (Couronné par la Société d'agriculture, sciences et arts d'Agen.)

Scaliger (Joseph Justus),
philologue français, fils du précédent (4 août 1540 — 21 janvier 1609).

Heinsius (Daniel). Orationes II in obitum viri illustris J. J. Scaligeri, Julii Cæsaris filii, Agincnsis. *Lugd. Bat.* 1609. 4. *Ibid.* 1658. 4.

Baudius (Dominicus). Oratio funebris dicta honori et memoriæ maximi virorum, J. J. Scaligeri. *Lugd. Bat.* 1609. 4. *Ibid.* 1658. 4.

Nisard (Charles). Le triumvirat littéraire au XVIᵉ siècle. Juste Lipse, J. Scaliger et Isaac Casaubon. *Par.* 1852. 8.

Scamacca (Remigia),
religieuse italienne.

Finicchiardi (Lorenzo). Vita della venerabile serva di Dio suora R. Scamacca e Tornabene. *Catania.* 1680. 4.

Scamozzi (Vincenzo),
architecte italien (1552 — 7 août 1616).

Temanza (Tommaso). Vita di V. Scamozzi, Vicentino, architetto. *Venez.* 1770. 4. Portrait. (*Oxf.*)

(**Scolari**, Filippo). Della vita e delle opere dell' architetto V. Scamozzi, commentario, giuntevi le notizie di Andrea Palladio. *Trevis.* 1837. 8.

—— Lettera d' appendice, etc. *Trevis.* 1838. 8.

Scandellari (Ignazio Agostino),
général des barnabites.

Venturini (Paolo). Vita del R. P. Don I. A. Scandellari, Bolognese, generale de' barnabiti. *Bologn.* 1835. 8.

Scander-Beg (Georg **Castriotto,**
plus connu s. l. nom de),
le dernier des héros de la Macédoine (1404 — 17 janvier 1467).

Vita Scanderbegi. *Rom.* 1524. Fol.

Andrade (Francisco de). Chronica do valerozo Castrioto Scanderburgo. *Lisb.* 1567. Fol. (Très-rare.)

Monardo (Giovanni Maria). Vita di G. Castrioto, detto Scanderbeg. *Venez.* 1591. 4.

Cronica del principe y capitan J. Castrioto, rey de Epiro o de Albania. *Madr.* 1597. Fol. (Ouvrage peu commun.)

Pontanus v. **Breittenberg** (Georg Barthold). Historia G. Castrioti, cognomento Scanderbegi. *Frf.* 1609. 8.

Franco (Demetrio). Gli illustri e gloriosi geste e vittoriose imprese fatte contro i Turchi da Don G. Castrioto. *Venez.* 1610. 8.

Bianco (Francesco). Vita G. Castrioti. *Venet.* 1636. 4.

Tzschimmer (Gabriel). Des streitbaren Castrioti ruhmwürdigste Geschichte, der Nachwelt zum Gedächtnisse vorgestellet. *Dresd.* 1664. 8. (Assez rare.)

Pufendorf (Samuel). G. Castriotæ Scanderbegi historia. *Stadæ.* 1684. 12.

Menezes y Ericeira (Luiz de). Exemplar de virtudes morales en la vida de J. Castrioto, llamado Scanderbeg, principe de los Epirotas y Albaneczes. *Lisb.* 1688. 4.

Barlesio (Marino). De vita et moribus ac rebus præcipue adversus Turcas gestis G. Castrioti, clarissimi Epirotarum principis, qui propter celeberrimam facinora Scanderbegus, hoc est Alexander Magnus cognominatus fuit. *Argent.* 1537. Fol. *Zagrab.* 1743. 4.

   Trad. en allem. par Johannes PINCIANUS. *Frf.* 1561. 4. *Ibid.* 1577. Fol. *Magdeb.* 1606. 8.

   Trad. en angl. *Lond.* 1596. Fol.

   Trad. en franç. par Jacques DE LAVARDIN DU PLESSIS-BOURRAT. *Par.* 1576. 4. *Ibid.* 1597. 8. (*P.*) 2 portraits. *Ibid.* 1621. 4.

   Trad. en ital. par Pietro ROCHA. *Venez.* 1568. 8. *Ibid.* 1580. 8.

Duponcet (N... N...). Histoire de Scanderbeg, roi d'Albanie. *Par.* 1709. 12. (*P.*)

Le grand Castriotto, roi d'Albanie. *Frf.* 1779. 8.

Geschichte Castriotto des Grossen, genannt Scander-Beg, König von Albanien und Grossherzog von Epirus, s. l. (*Brandenb.*) 1780. 8.

Scapinelli (Ludovico),
littérateur italien (1585 — 1634).

Pozzetti (Pompilio). Elogio di L. Scapinelli, cieco dalla nascità. *Parma.* 1801. 8. (*Bes.*)

Scaramuccia,
acteur italien.

(**Constantini**, Angelo). Vie de Scaramouche. *Par.* 1696. 12. Trad. en allem. *Halle.* 1792. 8.

(**Mursinna**, Friedrich Samuel). Leben des Scaramutz. Beitrag zur Geschichte des Grotesk-Komischen. *Halle.* 1789. 8. (*L.*)

Scaramouchiana, s. l. et s. d. 12.

Scaramuccia (Luigi **Pellegrini**),
peintre italien (1616 — 1680).

Le giustissime lagrime della pittura e della poesia pubblicate negli apparati funebri di Pavia per i funerali di L. Scaramuccia, Perugino. *Milan.* 1681. 8. (Opuscule assez rare.)

Scardona (Giovanni Francesco),
médecin italien (1718 — 8 sept. 1800).

Ferrari (N... N...). Vita J. F. Scardonæ. *Rovig.* 1812. 8.

Scari (Filippo),
littérateur italien.

(**Antionolli**, Francesco). Discorso della vita e degli scritti di F. Scari. *Este.* 1856. 8.

Scarlach (Johann),
théologien allemand.

Memoria J. Scarlachii. *Frf.* 1507. 4.

Scarpa (Antonio),
anatomiste italien (13 juin 1747 — 30 oct. 1832).

Tagliaferri (Giacomo). Ragionamento intorno la vita scientifica del cavaliere A. Scarpa. *Milan.* 1854. 12. *Ibid.* 1856. 12.

Scarpellini (Feliciano),
astronome italien (20 oct. 1762 — 1er déc. 1840).

Trompeo (Benedetto). Elogio storico di F. Scarpellini. *Pisa.* 1841. 8. *Rom.* 1841. 8.

Scarpinaro (Saint Aniano),
évêque-patriarche d'Alessandria.

Intorcetta (Francesco). Brieve ragguaglio della vita di S. Aniano Scarpinaro, vescovo e poi patriarca di Alessandria. *Messin.* 1648. 8. *Palerm.* 1696. 8.

Scarron (Paul),
poète français (vers 1611 — 14 oct. 1660).

Pompe funèbre de M. P. Scarron. *Par.* 1660. 12. (*P.*)

Cousin d'Avallon (Charles Yves). Scarroniana. *Par.* 1801. 18.

> **Scarsello dit Scarcellino** (Ippolito),
> peintre italien (1551 — 1621).

Baruffaldi (Girolamo). Vita di I. Scarsello, detto Scarsellino, pittore Ferrarese. *Bologn.* 1859. 8. (*Oxf.*)

Scépeaux, voy. **Vieilleville** (François **Scépeaux** de).

> **Seerlman** (Stefano Domenico),
> évêque de Chioggia (✝ 22 août 1806).

Dall'Acqua (Sebastiano). Orazione funebre per monsignor F. S. D. Sceriman, dell' ordine de' predicatori, vescovo di Chioggia. *Venez.*, s. d. (1806). 4.

> **Schaab** (Carl Anton),
> littérateur allemand (1761 — ...).

De Reume (Auguste). Souvenirs d'Allemagne. Biographie de C. A. Schaab. *Brux.* 1849. 8. (Tiré à cinquante-cinq exemplaires.)

> **Schaaf** (Gerhard Heinrich),
> pédagogue allemand (✝ 5 avril 1808).

Ruhkopf (Friedrich Ernst). Erinnerungen aus dem Leben des, etc., Conrector's G. H. Schaaf. *Bielefeld,* s. d. (vers 1808). 8.

> **Schacher** (Christoph Hartmann),
> jurisconsulte allemand (3 sept. 1633 — 29 août 1690).

(Feller, Joachim). Programma in C. H. Schacheri funere. *Lips.* 1690. Fol. (*L.*)

> **Schacher** (Johann Christoph),
> jurisconsulte allemand, fils du précédent (3 mars 1667 — 29 mars 1720).

Schuetz (Friedrich Wilhelm). Concio funebris germanica in J. C. Schacherum, cum ejus vitæ curriculo, etc. *Lips.* 1720. Fol. (*L.*)

> **Schacher** (Polycarp Gottlieb),
> médecin allemand (1674 — 1737).

(Kapp, Johann Erhard). Programma academicum in P. T. Schacheri obitum. *Lips.* 1757. Fol. (*L.*)

> **Schacher** (Quirin Hartmann),
> jurisconsulte allemand (vers 1649 — 1719).

(Cyprian, Johann). Programma in Q. H. Schacheri memoriam. *Lips.* 1719. Fol. (*L.*)

> **Schachmann** (Carl Adolph v.),
> archéologue allemand (28 nov. 1725 — 28 janvier 1789).

(Wobeser, Ernst Wetislaus Wilhelm v.). Memoriæ viri generosissimi C. A. a Schachmann sacrum. *Gorlic.* 1789. 4.

> **Schacht** (Johann),
> théologien allemand.

Kilian (Gottfried). CXXXjähriges Alter des Mannes Gottes Mose, oder Leichenpredigt über J. Schacht. *Glückstadt.* 1667. 4.

> **Schacht** (Lucas),
> médecin hollandais.

Volder (Burcherius de). Oratio funebris in obitum L. Schacht. *Lugd. Bat.* 1689. 4. (*Ld.*)

> **Schacht** (Valentin),
> théologien allemand (1540 — 1607).

Lubinus (Eilhard). Elogium Dr. V. Schachtii. *Rostoch.* 1607. 4.

> **Schack** (Frau v.),
> dame allemande.

Kuester (Elieser Gottlieb). Über den edlen Character der weiland Oberhofmeisterin v. Schack. *Braunschw.* 1792. 8.

> **Schad** (Johann Baptist),
> philosophe allemand (20 nov. 1758 — 14 janvier 1834).

J. B. Schad's Lebens- und Kloster-Geschichte von ihm selbst beschrieben, mit einer freien Characteristik der Mönche zu Banz und des Mönchthums überhaupt. *Erfurt.* 1803-04. 2 vol. 8. Augment. *Altenb.* 1828. 3 vol. 8. (*L.*)

> **Schade** (Daniel),
> pédagogue allemand.

Pistorius (Philipp). Leichpredigt auf Mag. D. Schade. *Frf.* 1595. 4.

> **Schade** (Johann v.),
> diplomate polonais.

Relation véritable de l'horrible et détestable assassinat commis en la personne de M. de Schade, conseiller et résident du roi de Pologne à la cour de Danemark, etc. *Utrecht.* 1713. 8.

> **Schade** (Johann Caspar),
> théologien allemand (13 janvier 1666 — 25 juillet 1698).

Spener (Philipp Jacob). Ehrengedächtniss Mag. J. C. Schaden's, nebst dessen Lebenslauf. *Halle.* 1698. 4. (*D.* et *L.*)

> **Schade** (Johann Immanuel),
> pédagogue allemand.

Valther (David Christian). Gedächtnissschrift auf J. I. Schade. *Dresd.* 1752. 4. (*D.*)

> **Schade** (Ove),
> théologien danois.

Bysing (Rasmus). Ligpraediken over O. Schade. *Kjoebenh.* 1666. 4. (*Cp.*) Trad. en allem. par Johann **Thessel.** *Kopenh.* 1666. 4.

> **Schaden** (Emil August v.),
> théologien allemand (✝ 13 juillet 1852).

Thomasius (G...). Rede am Grabe des Herrn E. A. v. Schaden, Doctors und ordentlichen Professors der Theologie. *Erlang.* 1852. 4.

Thiersch (Heinrich W... J...). Erinnerungen an E. A. v. Schaden. *Frf.* 1853. 8. Portrait.

> **Schadow** (Johann Gottfried),
> sculpteur allemand (20 mai 1764 — 27 janvier 1850).

Schadow (Johann Gottfried). Kunstwerke und Kunst-Ansichten. *Berl.* 1849. 8. (Autobiographie.)

Toelken (Ernst Heinrich). Dr. G. Schadow. Vortrag bei der am 27. Februar 1850 stattgefundenen Gedächtnissfeier. *Berl.* 1850. 8.

> **Schaefer** (Peter Joseph),
> prêtre allemand.

Biographie des doppelten Meuchelmörders P. J. Schaefer's, Pfarrers in Sennheim, etc. *Coeln.* 1854. 8.

> **Schaeffer** (Carl),
> théologien allemand.

Stapf (Franz). Merkwürdige Lebensgeschichte des verstorbenen Professors C. Schaeffer zu Memmelsdorf; ein Musterbild. *Bamb.* 1818. 8.

> **Schaeffer** (C... R..., Freiherr v.),
> général allemand.

Muhl (Georg). Denkwürdigkeiten aus dem Leben des General-Lieutenants Freiherrn C. R. v. Schaeffer, etc. *Pforzheim.* 1840. 8. Portrait.

> **Schaeffer** (Jacob Christian),
> théologien allemand (30 mai 1718 — 5 janvier 1790).

Grimm (Hieronymus David). Leichenrede bei J. C. Schaeffer's Beerdigung. *Regensb.* 1790. Fol.

> **Schaeffer** (Johann Balthasar),
> prêtre allemand (4 nov. 1684 — 1750).

Merkwürdige Lebensgeschichte J. B. Schaeffer's, etc., von ihm selbst aufgesetzt. *Meining.* 1740. 8. Réimprim. s. c. t. Leben, Schicksale und Vorgänge meines Grossvaters, oder wahrhafte und sehr wunderbare Begebenheiten J. B. Schaeffer's, ehemaligen Augustiner-Paters zu Erfurt und nachherigen Hoftanzmeisters zu Sachsen-Meiningen, herausgegeb. von Johann Christian Heinrich **Schaeffer.** *Jena.* 1791. 8.

> **Schaeffer** (Johann Friedrich),
> théologien allemand (11 déc. 1736 — 10 mai 1782).

Frohberger (Christian Gottlieb). Trauerrede von dem besten Nachrufe eines evangelischen Predigers (J. F. Schaeffer's). *Goerl.* 1783. 4.

> **Schaeffer** (Melchior),
> théologien allemand (28 oct. 1682 — 9 juillet 1733).

(Schultes, Georg Bernhard). Des gar gekannten Schlesier's Erinnerungen an Mag. M. Schaeffer. *Goerl.* 1750. 8.

Rothe (Johann Anton). Leben des Mag. M. Schaeffer, Predigers in Goerlitz. *Goerl.* 1758. 4. Portrait.

> **Schaertlin v. Burtenbach** (Sebastian),
> chevalier allemand (12 février 1496* — 18 nov. 1577).

Lebensbeschreibung des berühmten Ritters S. Schaertlin v. Burtenbach, aus dessen eigenen und Geschlechtsnachrichten vollständig herausgegeb. von Christoph Siegmund v. **Holzschuher** und Bernhard Friedrich **Hummel.** *Frf.* et *Leipz.* 1777-82. 2 vol. 8. (*L.*)

> * Ou selon d'autres biographes le 17 janvier 1495.

Herberger (Theodor). S. Schertlin von Burtenbach und seine an die Stadt Augsburg geschriebenen Briefe, etc. *Augsb.* 1852. 8.

Schaevius (Johann),
jurisconsulte allemand.

Seelen (Johann Heinrich v.). Memoria J. Schaevii, J. U. D. *Lubec.* 1743. Fol.

Schaevius (Johann Friedrich),
jurisconsulte allemand.

Gesner (Johann Georg). Lebensbeschreibung des Senators J. F. Schaevius, beider Rechte Doctor. *Lübeck.* 1766. Fol.

Overbeck (Johann Daniel). Memoria J. F. Schaevii, J. U. D. et senatoris Lubecensis. *Lubec.* 1766. Fol.

Schoff (Augustine),
missionnaire anglaise (??)

A. Schoff, his life and labours; an historical sketch. *Lond.* 1854. 4.

Schaffgotsch (Herren v.),
famille allemande.

Tralles (Johann). Mausoleum Schaffgotschianum. *Lips.* 1621. 4. (*L.*)

Hochverdienstes Lob der Schaffgotschischen Hoheit. *Bresl.* 1704. 8.

Gryphius (Christian). Hochgräflich Schaffgotschisches Ehrenmahl. *Liegn.* 1708. 8.

Krause (Theodor). Miscellanea gentis Schaffgotschianæ, oder historisch - genealogischer Bericht von dem uralten Geschlechte der Herren von Schaffgotsche. *Striegau.* 1715. 4.

Ludewig (Johann Christian). Ehrendenkmal des Geschlechts v. Schaffgotsch. *Hirschb.* 1781. Fol.

Schaffgotsch (Agnes, Gräfin v.).

Neumann (Caspar). Gedächtniss der Gräfin A. v. Schaffgotsch. *Bresl.* 1693. 4.

Schaffgotsch (Christoph v.).

Leichenpredigt auf C. v. Schaffgotsch, s. l. 1601. 8.

Schaffgotsch (Hans v.).

Gottwald (Jeremias). Leichenpredigt auf H. v. Schaffgotsch. *Goerl.* 1584. 8.

Schaffgotsch (Johann Ulrich, Graf v.),
général allemand (25 mars 1595 — décapité le 23 juillet 1635).

Curriculum vitæ J. U. v. Schaffgotsch. *Hamb.* 1743. 8.

Lebensbeschreibung J. U. v. Schaffgotsch des Enthaupteten. *Liegn.* 1751. 8.

Leben und Enthauptung des Grafen J. U. v. Schaffgotsch und des kaiserlichen Generals Baron (Nicolas) Doxat v. Moret. *Bresl.* 1757. 8.

Thomas (Johann George). Geschichte des Grafen J. U. v. Schaffgotsch. *Hirschb.* 1829. 8.

Schaffner (Michael).

Engelhard (Matthias). Epicedion biographicum M. Schaffneri. *Frf.* 1598. 4.

Schaffshausen (Johann Dieterich),
jurisconsulte allemand (26 mars 1643 — 10 nov. 1697).

Edzard (Georg Eliezer). Curriculum vitæ J. D. Schaffshausen, J. U. D. et reipublicæ Hamburgensis consulis. *Hamb.* 1697. 4. (*L.*)

Schaffshausen (Paul),
philosophe allemand (7 août 1712 — 15 février 1761).

Reimarus (Hermann Samuel). Memoria b. P. Schaffshausen. *Hamb.* 1761. 4.

Schah-Allum,
grand mogol de l'Hindostan (1759 — 1797).

Franklin (William). History of the reign of Schah Alaun, emperor of Hindostaun. *Lond.* 1778. 4. (*Oxf.*) Trad. en allem. par Matthias Christian SPRENGEL. *Leipz.* 1808. 8. (*L.*)

Schaller (Jacob),
théologien alsacien (1604 — 24 juin 1676).

Lebenslauf und Ehrengedächtniss J. Schaller's. *Strasb.* 1676. 4.

Schaller (Thomas),
théologien allemand (20 mars 1534 — 13 déc. 1611).

Seber (Wolfgang). Leichenpredigt auf T. Schaller. *Leipz.* 1612. 4. (*L.*)

Schamberg (Johann Christian),
médecin allemand (20 avril 1667 — 4 août 1706).

(**Cyprian**, Johann). Programma academicum in J. C. Schambergii obitum. *Lips.* 1706. Fol. (*L.*)

Schamelius (Johann Martin),
théologien allemand (5 juin 1668 — ... 1742).

Stemler (Johann Christian). Historie und Führung des Lebens J. M. Schamelii, welche er zum Gedächtniss selbst aufgezeichnet. *Leipz.* 1743. 4. (*L.*)

Schamyl,
sultan des Tscherkesses (1797 — ...).

Wagner (Friedrich). Schamyl als Feldherr, Sultan und Prophet, und der Kaukasus. Schilderungen der Völker und Länder Kaukasiens. *Leipz.* 1854. 8. Portrait.

Texier (Edmond). Les hommes de la guerre d'Orient : Schamyl. *Par.* 1854. 8. Portrait.

Warner (major). Schamyl, le prophète du Caucase. *Par.* 1854. 18. * *Brux.* 1854. 18.

* Contenant : Visite à la résidence de Schamyl, entretiens avec lui et sa biographie.

Schaper (Johann Ernst),
médecin allemand.

Detharding (Georg). Programma in funere J. E. Schaperi. *Rostoch.* 1721. 4.

Schaprout (Abou Jousouf Hasdaï Ibn-),
médecin juif du xe siècle.

Luzzatto (Philoxène). Notice sur A. J. H. Ibn-Schaprout, médecin juif du dixième siècle, ministre des khalifes omeyyades d'Espagne Abd-Al-Rahman III et Al-Hakem II, et promoteur de la littérature juive en Europe. *Par.* 1852. 8.

Scharbau (Heinrich),
théologien allemand (25 mai 1689 — 6 février 1759).

Overbeck (Johann Daniel). Leben, Verdienste und Schriften H. Scharbau's, Hauptpastors an der Ægidienkirche. *Lübeck.* 1759. Fol.

Seelen (Johann Heinrich v.). Memoria H. Scharbau. *Lubec.* 1759. Fol.

Scharnhorst (Gebhard David v.),
général allemand (10 nov. 1756 — 28 juin 1813).

Boyen (Hermann v.). Beiträge zur Kenntniss des Generals v. Scharnhorst und seiner amtlichen Thätigkeit in den Jahren 1808-13. *Berl.* 1833. 8.

Scharp (Jan),
savant hollandais (✝ 1828).

Somern (R... H... van). Hulde aan de nagedachtenis van J. Scharp. *Rotterd.* 1828. 8.

Levensschets en bloemlezing uit de geschriften van J. Scharp. *Rotterd.* 1828. 8.

Schartau (Henrik),
théologien suédois (27 sept. 1757 — 2 février 1825).

Lindeblad (Assar). H. Schartau Lefnad och Lära. *Lund.* 1857. 8. Trad. en allem. (par A... MICHELSEN). *Leipz.* 1843. 12. (*L.*)

Melin (H... M...). Minnesteckning af H. Schartau. *Stockh.* 1826. 8.

Schauenburg (Balthazar),
général français.

Schauenburg (Balthazar). Mémoire justificatif, à la Convention nationale, des prisons de l'Abbaye. *Par.*, an II. 8.

Schauenstein (Carl Rudolph, Graf v. Buol),
premier évêque de Saint-Galle.

Fetz (Johann Franz). Gedenkblätter an Carl Rudolph, aus den Grafen v. Buol-Schauenstein, letzten Fürstbischof von Chur, ersten Bischof von Sanct-Gallen, bevorwortet von Friedrich v. HURTER. *Lindau.* 1853. 8. Portrait.

Schaumburg-Lippe (Philipp Ernst, Graf zu).

Erzählung der von P. E., Graf zu Schaumburg-Lippe gegen Georg, Freiherrn v. Mönster-Beck gemachten Verschwörung, etc., s. l. 1783. 8.

Schaumburg-Lippe (Wilhelm, Graf zu).

(**Schmalz**, Theodor Anton Heinrich). Denkwürdigkeiten des Grafen W. zu Schaumburg-Lippe. *Hannov.* 1783. 8.

Leben des regierenden Grafen W. zu Schaumburg-Lippe und Sternberg. *Wien.* 1789. 8.

Schaunburg (Ulrich, Graf v.).

Stuelz (Jodocus). Über den Grafen U. v. Schaunburg, den angeblichen Erzieher des Herzogs Rudolph IV von Oesterreich. *Wien.* 1852. 8.

Schebest (Agnes),
chanteuse allemande (15 février 1815* — ...).

A. Schebest in Carlsruhe; eine Abhandlung. *Carlsr.* 1857. 16.
   * Ou selon d'autres biographes en 1808.

Schechoukoff (N... N...),
vice-amiral russe.

Glinka (Sergius). Biographie du vice-amiral Schechoukoff. *Moskwa.* 1831. 12. (Composé en russe.)

Schechs (Jacob Peter),
théologien allemand (30 avril 1607 — 16 juillet 1659).

Stephani (Johann Carl). Leichenpredigt auf Herrn Mag. J. P. Schechs, Pastor zu Wöhrd, etc. *Nürnb.* 1659. 4.

Scheder (Anders),
homme d'État suédois (1608 — 1659).

Pontin (Magnus). Likpredikan öfver A. Scheder. *Stockh.* 1659. 8.

Scheele (Carl Wilhelm),
chimiste suédois (9 déc. 1742 — 21 mai 1786).

Vicq-d'Azir (Félix). Éloge de C. G. Scheele. *Par.* 1787. 8. (Extrait du *Journal de Paris*.)

Sjoesten (N... N...). Åminnelse-Tal öfver C. W. Scheele. *Stockh.* 1799. 8.

Scheffel (Christian Stephan),
médecin allemand (12 oct. 1693 — ... 1760).

Daehnert (Johann Carl). Memoria C. S. Scheffelii, professoris medicinæ. *Gryphisw.* 1760. 4.

Scheffer (Carl Fredrik, Grefve),
homme d'État suédois (28 mars 1715 — 27 août 1786).

Alix (Magnus). Åminnelse-Tal öfver framledne Riks-Rädet Grefve C. F. Scheffer, etc. *Stockh.* 1788. 8.

Adelskoeld (J... C...). Åminnelse-Tal öfver C. F. Grefve Scheffer. *Venersborg.* 1788. 8.

Schoenberg (Anders). Åminnelse-Tal öfver Riks-Rädet Grefve C. F. Scheffer. *Stockh.* 1792. 8. Trad. en allem. par Caspar Gabriel Groening. *Leipz.* 1795. 8. (*L.*)

Scheffer (Henrik Theophil),
minéralogiste suédois (29 déc. 1710 — 10 août 1759).

Cronstedt (Axel Fredrik). Åminnelse-Tal öfver H. T. Scheffer. *Stockh.* 1760. 8.

Scheffer (Johan),
savant alsacien (2 février 1621 — 26 mars 1679).

Haartman (Johan). Programma exequiale in funere J. Schefferi. *Holm.* 1679. 8.

Fant (Erik Michael). Minne öfver J. Schefferus. *Stockh.* 1785. 8. (Couronné par la Société d'éducation d'Upsala.)

Scheffer (Johann Ecbert),
jurisconsulte allemand († 2 sept. 1749).

Gonne (Johann Gottlieb). Memoria J. E. Schefferi, JCti eximii, etc. *Erlang.* 1750. 4.

Scheffer (Pehr),
homme d'État suédois (11 juillet 1657 — 19 février 1731).

Sorgetecken dä, etc., P. Scheffer. *Upsal.* 1731. 8.

Scheffer (P... J...),
théologien hollandais (?).

Merkwaardige levensschets van P. J. Scheffer, pastoor te Keulen, etc. *Rotterd.* 1804. 8. Portrait.

Scheffer (Reinhard),
jurisconsulte allemand.

Ferinarius (Johann). Oratio, quæ describit vitam et mortem R. Schefferi, Guilielmi principis Hassiæ cancellarii. *Marb.* 1587. 4.

Scheffler (Johann), voy. **Silesius** (Angelus).

Scheffuer (Johann Georg),
théologien allemand († 16 août 1820).

Scheffner (Johann Georg). Mein Leben, wie ich es selbst beschrieben. *Leipz.* 1821-23. 2 vol. 8. Portrait.* (*L.*)
   * Le dernier volume a été rédigé par Johannes Voigt.

Scheffrich.

Memoria Scheffrichiana. *Vratisl.* 1670. 4.

Schegk (Jacob),
médecin allemand (1511 — 1587).

Liebler (Georg). Oratio funebris de vita, moribus et studiis J. Schegkii. *Tubing.* 1587. 4.

Schegk (Jacob Carl),
théologien allemand (14 août 1703 — 1er juin 1782).

Junkheim (Johann Zaccharias Leonhard). Leichenrede auf den Geheimenrath und Consistorialpraesidenten J. C. Schegk. *Erlang.* 1782. Fol.

Scheibler (Christoph),
théologien allemand (1589 — 10 nov. 1653).

Beurhusius (Heinrich). Panegyricus exequialis in obitum C. Scheibleri. *Tremon.* 1653. 4.

Scheibner (Georg Gottlieb),
pédagogue allemand (1785 — 25 juin 1836).

G. G. Scheibner, Professor am königlichen Gymnasium zu Erfurt; biographische Skizze. *Erfurt.* 1836. 8.

Scheidemantel (Heinrich Gottfried),
jurisconsulte allemand (15 sept. 1739 — 31 déc. 1787).

Nast (Johann Jacob Heinrich). Programma in obitum Scheidemantelii, jurium professoris. *Stuttg.* 1788. 4.

Scheidius (Willem),
théologien hollandais.

Kluit (Pieter Willem Provo). De nagedachtenis van W. Scheidius verlevendigd. *Utrecht.* 1804. 8.

Scheidlin (Johann Andreas v.),
jurisconsulte allemand (16 sept. 1643 — 20 déc. 1715).

Auf Herrn J. A. v. Scheidlin, Rechtsconsulenten. *Augsb.* 1715. Fol.
Memoria Scheidliniana. *Aug. Vind.* 1715. Fol.

Scheidt (Johann Valentin),
médecin alsacien (1651 — 1731).

Scheidt (Christian Ludwig). Laudatio funebris persoluta beatis manibus J. V. Scheidii, medicinæ doctoris et professoris. *Argent.* 1751. Fol.

Scheitlin (Peter),
théologien suisse.

Bernet (Johann Jacob). Nekrolog von P. Scheitlin, Dekan und Professor. *Sanct-Gall.* 1852. 8.

Schel (Martin Lucas),
magistrat allemand (10 mars 1683 — 11 janvier 1751).

Schaffshausen (Paul). Vita M. L. Schelii, consulis. *Hamb.* 1751. Fol.

Schelble (Johann Nepomuk),
musicien allemand (16 mai 1789 — 7 août 1837).

Weismann (Johann). J. N. Schelble, Director des Cæcilien-Vereins in Frankfurt am Main. Worte der Erinnerung, etc. *Frf.* 1838. 8.

Schelckens (Sebastian).

Huber (Zaccharias). Oratio funebris in exequiis S. Schelkens, s. l. 1700. Fol.

Schelderup (Peder Jensen),
évêque de Trondhjem (7 sept. 1571 — ... 1646).

Bredalinus (Erich Andreas). Concio funebris in obitum P. J. Schelderup episcopi. *Hafn.* 1648. 4.

Schele (Georg Victor Friedrich Dietrich v.),
homme d'État allemand (1771 — 1844).

Denkstein für den Hannoverschen Minister G. V. F. D. v. Schele. *Hannov.* 1845. 4.

Scheler (Carl, Freiherr v.),
militaire allemand du xviiie siècle.

Leben und Schicksale des Baron v. Scheler. *Leipz.* 1789. 8. (Écrit par lui-même.) — (*L.*)

Schelle (Johann Christian),
jurisconsulte allemand (31 déc. 1675 — 30 mai 1712).

Boerner (Christian Friedrich). Oratio in exequiis J. C. Schellii, etc. *Lips.* 1712. 4. (*L.*)

(**Cyprian**, Johann). Programma academicum in J. C. Schellii obitum. *Lips.* 1712. Fol. (*L.*)

(**Hardt**, Johann Gottlieb). Programma in J. C. Schellii memoriam. *Lips.* 1712. Fol. (*L.*)

Schellenbaur (Johann Heinrich),
théologien allemand († .. déc. 1687).
Lang (Johann Jacob). Leichenpredigt auf den Stifts-Abend-
prediger Mag. J. H. Schellenbaur, etc. *Stuttg.* 1691. 4.

Scheller (Immanuel Johann Gerhard),
philologue allemand (22 mars 1735 — 5 juillet 1803).
Heuser (Johann Friedrich Justus). Denkmal I. J. G.
Scheller's. *Brieg.* (*Bresl.*) 1803. 8. Portrait.

Schellhafer (Heinrich Gottlieb),
littérateur allemand (15 juillet 1707 — 29 sept. 1757).
Buesch (Johann Georg). Memoria H. T. Schellhaferi,
philosophiæ practicæ professoris. *Hamb.* 1759. Fol.

Schelling (Daniel),
théologien allemand (22 janvier 1595 — 18 mars 1685).
Scholl (Johann Andreas). Leichenrede bey dem Tode
Mag. D. Schelling's, Superintendenten zu Blaubeuren.
Stuttg. 1685. 4.

Schelling (Friedrich Wilhelm Joseph v.),
philosophe allemand (27 janvier 1775 — ...).
F. W. J. v. Schelling. Beitrag zur Geschichte des Tages,
von einem vieljährigen Beobachter. *Leipz.* 1843. 8. (*L.*)
Rosenkranz (Carl). Schelling. Vorlesungen , gehalten
im Sommer 1842 an der Universität zu Königsberg.
Königsb. 1843. 8.
— — Über Schelling und (Georg Wilhelm Friedrich) He-
gel. Sendschreiben an Pierre Leroux. *Königsb.* 1843. 8.
(**Loménie** , Louis de). M. Schelling , par un homme de
rien. *Par.* 1844. 12.

Schelling (Pieter van der),
littérateur hollandais.
Schotel (Gilles Dionysius Jacobus). Leven , gedrukte
werken en handschriften van Cornelis van Alkemade
en P. van der Schelling. *Breda.* 1833. 8.

Scheltema (Jakobus),
historien hollandais (14 mai 1767 — vers 1830).
Kops (Jan). Hulde aan de letterkundige verdiensten
van M. J. Scheltema, etc. *Utrecht.* 1856. 8. (*Ld.*)
(**Scheltema**, Pieter). Het leven en de letterkundige verrigtingen van den geschiedschrijver Mr. J. Scheltema,
archivarius te stad Amsterdam, enz. *Amst.* 1849. 8.

Schenck (Martin).
Historia oder warhaffter Bericht, was sich im (15)89 er Jar
mit M. Schencken zu Nümegen in Geldern zugetragen.
Ingolst. 1589. 4.

Schenckel (Lambert Thomas),
mnémoniste hollandais (1547 — vers 1630).
Paepp Galbaicus (Jean). Schenckelius detectus. *Lugd.*
1727. 12. *

* Cet écrit, assez rare, dévoile les soi-disant mystères du système
mnémotechnique de ce fameux charlatan , qui faisait jurer à ses
auditeurs de garder un secret inviolable sur les procédés de son art.

Schenk (Heinrich),
homme d'État allemand (17 avril 1748 — ... 1803).
Roth (Carl Johann Friedrich v.). Zum Andenken H.
Schenk's. *Münch.* 1803. 4.

Schenk (Johann Theodor),
médecin allemand (15 août 1618 — 21 déc. 1671).
Beckmann (Friedrich). Programma in funere J. T.
Schenkii. *Jenæ.* 1671. Fol. (*L.*)

Schenkel (Hendrik),
imprimeur hollandais.
Jacob (J... L... C...). Aanteekeningen over het geslacht
en de drukwerken van H. Schenkel. *S'Gravenhage.*
1843. 18. (Extrait du *Jaerboekje voor Boekhandel.*)

Schenkel (Johannes),
théologien suisse (16 février 1783 — 9 février 1828).
Schenkel (Daniel). J. Schenkel — Pfarrer von Unterhal-
lau. Denkmal auf dem Grabhügel eines Verborgenen
vor der Welt, mit Vorwort von Gottfried Christian
Friedrich Luecke. *Hamb.* 1837. 8.

Schenking (Georg),
homme d'État livonien († 10 nov. 1605).
Hilchen (David v.). Epicedion memoriæ et honori magnifici ac generosi domini G. Schenking, castellani in
Livonia, Vendensi, Cracoviæ demortui, etc. *Zamosc.*
1606. 4. Publ. par Gustav v. Bergmann. *Ruyni.* 1807. 8.

Schenmark (Nils),
philosophe suédois (14 mai 1720 — 23 sept. 1788).
Norberg (Matthias). Programma in funere N. Schen-
mark. *Lund.* 1788. 8.
Nordmark (Zacharias). Åminnelse-Tal öfver Professorn
N. Schenmark. *Stockh.* 1789. 8.

Scheppler (Louise),
servante du pasteur Oberlin (4 nov. 1763 — 25 juillet 1829).
L. Scheppler, pieuse et fidèle servante de (Jérémie Jacques) Oberlin. *Toulouse.* 1853. 18.

Scheremetew (Boris Petrowitsch),
feld-maréchal russe († 17 février 1719).
Mueller (Gerhard Friedrich). Lebensbeschreibung des
Feldmarschalls Grafen B. P. Scheremetew, mit Erläuterungen über die Geschichte Peter's des Grossen, etc.,
aus dem Russischen übers. von Hartwig Ludwig Christian Bacmeister. *Leipz.* 1789. 8. Portrait. (*L.*)

Schérer (Barthélemi Louis Joseph),
général français (1747 — .. août 1804).
Schérer (Barthélemi Louis Joseph). Précis des opérations militaires du général Schérer en Italie. *Par.*
1798. 8. (*P.*)
Tisset (François Barnabé). Vie politique et privée des
sept ministres de la république (B. L. J. Schérer,
Charles Joseph Mathieu Lambrechts, Charles Maurice
de Talleyrand, Letourneux, Dondeau, D... V... Ramel
et George René Pléville-Lepelley). *Par.*, an IV. 8. (Opuscule de 8 pages.)

Scherer (Johann Jacob),
théologien suisse.
Scheitlin (Peter). J. J. Scherer, Pfarrer in Hundwill,
und Georg Caspar Scherer († 27 déc. 1821), Antistes in
Sanct-Gallen, oder Lebensgeschichte und Characteristik
des Vaters und des Sohnes, etc. *Sanct-Gall.* 1823. 8.

Scherer (Volkmar),
jurisconsulte allemand (vers 1555 — 17 déc. 1612).
Bischoff (Melchior). Leichenpredigt bei dem Begräbniss
V. Scherer's. *Coburg.* 1612. 4.
Gerhard (Johann). Parentatio in honorem V. Schereri.
Coburg. 1613. 4.

Schermar (Johann),
jurisconsulte allemand (11 mai 1525 — 23 mai 1616).
Andreae (Johann Valentin). Panegyricus de J. Scher-
mario , jurisconsulto et patricio Ulmensi, etc. *Ulm.*
1690. 4.

Scherschnik (Leopold Johann),
historien allemand (3 mars 1747 — 21 janvier 1814).
Czikann (Johann Jacob Heinrich). L. J. Scherschnik's
Ehrengedächtniss. *Brünn.* 1815. 8. (Assez rare.)

Schertzer (Johann Adam),
théologien allemand (1er août 1628 — 23 déc. 1683).
(**Goldner**, Georg Ludwig). Programma academicum in
J. A. Scherzeri funere. *Lips.* 1683. Fol. (*L.*)
Lehmann (Georg). Memoria theologi summi et de ecclesia
orthodoxa immortaliter meriti D. J. A. Scherzeri. *Lips.*
1684. Fol. (*L.*)

Scheurl (Christoph),
jurisconsulte allemand (11 nov. 1481 — 14 juin 1542).
Soden (Franz v.). C. Scheurl der Zweite und sein Wohn-
haus in Nürnberg. Biographisch-historischer Beitrag
zur Reformation und zu den Sitten des 16ten Jahrhunderts. *Nürnb.* 1837. 8.

Scheuss,
famille suisse.
Buechler (Gottlieb). Geschichte der Familie Scheuss
im Lande Appenzell A(usser) Rh(oden), s. l. 1850. 8.

Schick (Margarethe Louise),
chanteuse allemande (26 avril 1773 — 29 avril 1810).
Levezow (Conrad v.). Leben und Kunst der Frau M. L.
Schick, königlich preussischen Kammersängerin. *Berl.*
1809. 8. Portrait.

Schickard (Heinrich),
architecte allemand.
Gemmingen (Eberhard v.). Lebensbeschreibung H.
Schickard's. *Tübing.* 1821. 8.

Schickard (Wilhelm),
orientaliste allemand (22 avril 1592 — 23 oct. 1635).
Memoria et elogium G. Schickardi. *Tubing.* 1636. 4.

Schier (Christian Samuel),
poète allemand (31 mars 1791 — 4 déo. 1825).

Smets (Wilhelm). Standrede, gehalten am Grabe des Dichters C. S. Schier, nebst einer néerologischen Notiz und Angabe seiner Schriften. *Coeln.*, s. d. (1816). 8.

Schierschmid (Johann Justin),
jurisconsulte allemand (27 déo. 1707 — 26 déc. 1778).

Harles (Gottlieb Christoph). Memoria J. J. Schierschmid. *Erlang.* 1779. 4. (*L.*)

Delius (Heinrich Friedrich). Leben und Character des Geheimen Hofraths Schierschmid. *Erlang.* 1779. 8.

Schikfus (Herren v.),
famille allemande.

Herrmann (Johann). Aulæum familiæ Schikfusianæ. *Oels.*, s. d. 8.

Schill (Ferdinand v.),
colonel allemand (1773 — tué le 23 mai 1800).

Anecdoten und Characterzüge aus dem Leben des königlich preussischen Majors v. Schill, oder kurzer Abriss seines Lebens. *Berl.*, s. d. (vers 1815). 8.

Haken (Johann Christian Ludwig). F. v. Schill's Lebensbeschreibung nach Original-Papieren. *Leipz.* 1824. 2 vol. 8. Portrait. (*L.*)

Goertz (E... C... A... v.). Schill und seine Tapfern; patriotisches Denkmal bei Gelegenheit der feierlichen Beisetzung der gesammelten Überreste von den bei Braunschweig im Juli 1809 erschossenen 14 Schill'schen Husaren, errichtet. *Quedlinb.* 1857. 8.

Das Haupt F. v. Schill's. *Braunschw.* 1838. 8. Portrait.

F. v. Schill. *Leyd.* 1839. 8. Portrait.

Cornelius (Wilhelm). Schill und seine Schaar, etc. *Berl.* et *Strals.* 1842. 8.

Schiller (Johann Christoph Friedrich v.),
poète allemand du premier ordre (10 nov. 1759 — 9 mai 1805).

(**Gruber**, Johann Gottfried). F. Schiller. Skizze einer Biographie und ein Wort über seinen und seiner Schriften Character. *Leipz.* 1805. 8. (*L.*)

* En 1792, l'Assemblée législative conféra au premier poète allemand, par un décret solennel, le titre et les droits de citoyen français. Ce décret, signé DANTON, le nomme naïvement GILLE au lieu de SCHILLER. — Ce fut vraisemblablement pour payer un tribut de reconnaissance à sa patrie adoptive qu'il célébra une des époques les plus brillantes de l'histoire de la France, celle où Jeanne d'Arc, la pucelle d'Orléans, sauva son prince et sa patrie.

(**Oemler**, Carl Wilhelm). Schiller, der Jüngling, oder Scenen und Characterzüge aus seinem frühern Leben. *Stendal.* 1806. 8.

(——) Schiller, oder Scenen und Characterzüge aus seinem spätern Leben. *Stendal.* 1806. 8.

(**Schwaldopler**, Johann). Über F. v. Schiller und seine poetischen Werke. *Wien.* 1806. 8. Portrait. *Ibid.* 1844. 8.

Gruendler (Johannes). Literarisch-biographische Skizze von F. v. Schiller. *Glogau.* 1806. 4.

Schilleriana. Leben, Characterzüge und Schriften F. v. Schiller's. *Hamb.* 1809. 8. Portrait.

Friedrich (Albrecht). Erinnerungen an Schiller zu seiner Gedächtnissfeier. *Mannh.* 1809. 8.

F. v. Schiller's Leben und Beurtheilung seiner vorzüglichsten Schriften. *Heidelb.* 1810. 8. *Ibid.* 1815. 8. *Ibid.* 1817. 8.

S... (S... K...). F. v. Schiller. Biographie und Beurtheilung seiner sämmtlichen Werke. *Wien.* 1810-12. 2 parts. 8.

(**Carlyle**, Thomas). Life of Schiller, comprehending an examination of his works. *Lond.* 1825. 8. *Ibid.* 1850. 8. *Ibid.* 1845. 8. Trad. en allem., avec une introduction de Johann Wolfgang v. GOETHE. *Frf.* 1830. 8.

Lobstein (Charles). Notice historique sur la vie et les ouvrages de Schiller, s. l. et s. d. (*Strasb.*) 8. (*Oxf.*)

Viana (N... N...). Schiller's und Goethe's Leben, nebst kritischer Würdigung ihrer Schriften. *Dünkelsbühl.* 1826. 2 vol. 8.

Greiner (Johann Ludwig). Dem Andenken F. v. Schiller's. *Gratz.* 1829. 16.

(**Wolzogen**, Caroline v.). F. v. Schiller's Leben; verfasst aus Erinnerungen der Familie, seinen eigenen Briefen und den Nachrichten seines Freundes (Theodor) Körner. *Stuttg.* 1830. 2 vol. 8. *Ibid.* 1845. 8. *Ibid.* 1850. 8.

Doering (Heinrich). F. v. Schiller; biographisches Denkmal. *Jena.* 1832. 16. *Ibid.* 1841. 16.

Viana (N... N...). Schiller's Leben und Wirken als Mensch und Gelehrter. *Gratz.* 1836. 8. Portrait.

Hoffmeister (Carl). Schiller's Leben, Geistes-Entwickelung und Werke im Zusammenhang. *Stuttg.* 1838-42. 5 vol. 8. (*L.*)

Reiffenberg (Frédéric Auguste Ferdinand Thomas de). Souvenirs d'un pèlerinage en l'honneur de Schiller. *Brux.* 1839. 8. Gravure. (*Bx.*) *Ibid.* 1840. 8. 2 vol. 18.

Schwab (Gustav). Urkunden über Schiller und seine Familie. *Stuttg.* 1840. 8. (*L.*)

—— Schiller's Leben. *Leipz.* 1840. 8. *Ibid.* 1844. 8.

Schiller und Goethe; psychologisches Fragment. *Hamb.* 1841. 8.

Kurtz (Hermann). Schiller's Heimathsjahre. *Stuttg.* 1843. 5 vol. 8. *

* Histoire romanesque.

Gruen (Carl). F. Schiller als Mensch, Geschichtsschreiber, Denker und Dichter. *Leipz.* 1844. 2 vol. 12. (*L.*)

(**Streicher**, Andreas). Schiller's Flucht von Stuttgart und Aufenthalt in Mannheim von 1782 bis 1785. *Stuttg.* 1846. 8.

Hoffmeister (Carl). Schiller's Leben für den weitern Kreis seiner Leser. *Stuttg.* 1846. 2 vol. 12. *

* Abrégé de l'ouvrage du même auteur, mentionné ci-dessus.

Bulwer (Edward Lytton). Life and works of Schiller. *Lond.* 1847. 8. Trad. en allem. par Hermann KLETKE. *Berl.* 1848. 16.

Rudloff (Friedrich Wilhelm). Shakespeare, Schiller and Goethe relatively considered. *Lond.* 1848. 12.

Hettner (Hermann). Goethe und Schiller in ihrem Verhältniss zur romantischen Schule. *Braunschw.* 1850. 8.

Boas (Eduard). Schiller und Goethe im Xenienkampfe. *Stuttg.* 1851. 2 vol. 12.

Saupe (Ernst Julius). Schiller und sein väterliches Haus. *Leipz.* 1851. 8.

Doering (Heinrich). Schiller's Familien-Kreis. *Leipz.* 1852. 8.

—— Schiller und Goethe. Reliquien, Characterzüge und Anecdoten. *Leipz.* 1852. 8.

—— Schiller's Sturm- und Drang-Periode, etc. *Weim.* 1852. 12.

—— Schiller's Selbstcharacteristik; nach des Dichters Briefen, seit seinem achtzehnten Lebensjahre bis zum letzten entworfen. *Stuttg.* 1852. 8.

Saupe (Ernst Julius). Die Schiller-Goethe'schen Xenien erläutert. *Leipz.* 1852. 8.

Schwabe (Carl Leberecht). Schiller's Beerdigung und die Aufsuchung und Beisetzung seiner Gebeine (1805, 1826, 1827), herausgegeb. von Julius SCHWABE. *Leipz.* 1852. 8.

Weber (E... W...). Der Freundschaftsbund Schiller's und Goethe's. Rede, etc. *Weim.* 1854. 8.

F. v. Schiller's Denkwürdigkeiten und Bekenntnisse über sein Leben, seinen Character und seine Schriften; nebst seinen Urtheilen über berühmte Personen und Werke, Ansichten über Welt und Menschen, Religion und Philosophie, Kunst und Literatur, geschrieben von ihm selbst, geordnet von August DIEZMANN. *Leipz.* 1854. 8.

Schiller-Literatur in Deutschland. Vollständiger Catalog sämmtlicher in Deutschland erschienenen Werke F. v. Schiller's, sowohl Gesammt- als Einzel-Ausgaben, aller bezüglichen Erläuterungs- und Ergänzungsschriften, wie endlich aller mit ihm in irgend einer Beziehung stehenden, sonstigen literarischen Erscheinungen von 1781 bis Ende 1851. *Cassel.* 1852. 8.

Schilter (Gottfried),
jurisconsulte allemand († 9 avril 1679).

(**Feller**, Joachim). Programma academicum in G. Schilteri funere. *Lips.* 1679. Fol. (*L.*)

Schilter (Johann),
jurisconsulte allemand.

(**Kromayer**, Hieronymus). Programma ad J. Schilteri exequias. *Lips.* 1664. 4. (*L.*)

Schimmelmann (Ernst Heinrich, Greve af),
ministre danois (4 déo. 1747 — 9 février 1831).

Oersted (Hans Christian). Mindetale over det Kgl. danske

Videnskabernes Selskabs Praeses, Geheimestatsminister E. H. Greve af Schimmelmann. *Kjoebenh.* 1831. 8.

Johannsen (Johann Christian Gottberg). Gedächtnissrede am Sarge des Grafen E. H. v. Schimmelmann. *Kopenh.* 1834. 8.

Schimmelpenninck (Rutger Jan),
grand pensionnaire de la république batave
(31 oct. 1761 — 13 février 1825).

(**Chas**, Jean). Coup d'œil rapide sur M. Schimmelpenninck, grand pensionnaire de la république batave. *Par.* 1803. 8. *(P.)*

Schimmelpenninck (G...). R. J. Schimmelpenninck en eenige geheurtenissen van zijnen tijd. *S'Gravenh.* et *Amst.* 1846. 2 vol. 8. Portrait. *(Ld.)*

Hall (Maurits Cornelis van). R. J. Schimmelpenninck, voornamelijk als Bataafsch afgezant op het vrede-congres te Amiens, in 1802. Bijdrage tot zijn leven en karakter. *Amst.* 1847. 8.

Schimonsky Schimoni (Emmanuel v.),
prince-évêque de Breslau (1752 — 28 déc. 1832).

Krueger (Daniel). Herr Fürst-Bischof von Breslau E. v. Schimonsky Schimoni; biographische Skizze. *Bresl.* 1826. 4. Portrait.

Schinkel (Carl Friedrich),
architecte allemand (13 mars 1781 — 9 oct. 1841).

Kugler (Franz). C. F. Schinkel; eine Characteristik seiner künstlerischen Wirksamkeit. *Berl.* 1842. 8. Port.

Paetsch (A...). Schinkel's letzte Krankheit und Leichenbefund, etc. *Berl.* 1841. 8.

Schinz (Hans Rudolph),
littérateur suisse (1745 — 12 janvier 1790).

Nuescheler (Felix). Denkmal auf H. R. Schinz. *Zürch.* 1791. 8.

Schinzinger (Johann Jacob),
prêtre allemand.

Hug (Johann Leonhard). Gedächtnissrede auf J. J. Schinzinger. *Freyb.* 1828. 8.

Schioppalalba (Paolo),
prêtre italien († 1772).

Ceroni (Francesco). Laudatio funebris Rev. D. P. Schioppalalbæ plebani, canonici, presbyteri. *Venet.* 1773. 4.

Schischkoff (Alexander Semenowitsch),
amiral russe (1754 — 1830).

Memoiren des Admirals A. Schischkoff über die Zeit seines Aufenthaltes bei der Person des wohlseligen Kaisers Alexander I, während des Krieges mit den Franzosen in den Jahren 1812 bis 1814; aus dem Russischen überseht von C... **Goldammer.** *Leipz.* 1832. 8. *(L.)*

Schjoedte (Laurids),
théologien danois (8 nov. 1792 — 28 juin 1843).

Mindetale over Stiftsprovst Schjoedte. *Viborg.* 1843. 8.

Schlaberndorff (Christoph Georg Gustav, Graf v.),
historien allemand (22 mars 1750 — 21 août 1824).

Goepp (Jean Jacques). Discours funèbre prononcé dans l'église des chrétiens de la confession d'Augsbourg, aux funérailles de G., comte de Schlaberndorff, doyen du chapitre de Magdebourg. *Par.* 1825. 8.

Pirault des Chaumes (Jean Baptiste Vincent). Notice biographique sur feu M. le comte de Schlaberndorff, etc. *Par.* 1828. 4. *(P.)*

Schlaeger (Julius Carl),
orientaliste allemand (25 sept. 1706 — 14 juin 1784).

Index scriptorum editorum et edendorum a J. C. Schlaegero. *Helmst.* 1742. 8.

Schlegel (August Wilhelm v.),
littérateur allemand (5 sept. 1767 — ... 1844).

(**Loménie**, Louis de). M. A. W. de Schlegel, par un homme de rien. *Par.* 1842. 12.

Schlegel (Gottlieb),
théologien allemand (16 février 1739 — 27 mai 1810).

(**Parow**, Johann Ernst). G. Schlegel's Leben, Character und Verdienste. *Greifsw.* 1811. 8.

Overkamp (Christian Wilhelm). Memoria T. Schlegelii. *Gryphisw.* 1811. Fol.

Schlegel (Johann Adolph),
théologien allemand (17 sept. 1721 — 16 sept. 1793).

Bialloblotzky (Johann Heinrich Siegfried). Gedächt-

---

nisspredigt auf den Consistorialrath Schlegel in Hannover, mit einem kurzen Abrisse seines Lebens. *Hannov.* 1793. 8.

Schlegel (Johann Elias),
historien allemand (28 janvier 1718 — 13 août 1749).

Schlegel (Johann Heinrich). Leben J. E. Schlegel's. *Kopenh.* 1770. 8. *(P.)*

Schleger (Theodor August),
médecin allemand (5 mars 1727 — 12 déc. 1772).

Prizier (Carl). Programma funebre in obitum doctoris et professoris medicinæ T. A. Schlegeri. *Cassel.* 1772. 4.

Schleiden (Graf Leopold v.),
homme d'État allemand (14 juin 1772 — 30 août 1845).

Mello (Juan de). Le comte L. de Schladen (!), ancien ambassadeur, conseiller intime actuel, chambellan de S. M. le roi de Prusse, etc. *Par.* 1845. 8. (Extrait du *Nécrologe universel du XIXe siècle*.)

Schleiermacher (Friedrich Ernst Daniel),
théologien allemand (21 nov. 1768 — 12 février 1834).

Hossbach (Johann Wilhelm). Predigt zum Gedächtniss des, etc., selig entschlafenen Pastors, etc., F. E. D. Schleiermacher. *Berl.* 1834. 8.

Baumgarten-Crusius (Ludwig Friedrich Otto). Über Dr. F. Schleiermacher, seine Denkart und seine Verdienste. *Jena.* 1834. 8.

Delbrueck (Ferdinand). Der verewigte Schleiermacher. Beitrag zu gerechter Würdigung desselben. *Bonn.* 1837. 8. *(L.)*

Schweizer (Alexander). Schleiermacher's Wirksamkeit als Prediger. *Halle.* 1834. 8.

Bonnell (Eduard). Erinnerung an Schleiermacher als Lehrer. *Berl.* 1838. 4.

Hanne (Johann Wilhelm). F. Schleiermacher, als religiöser Genius Deutschlands. *Braunschw.* 1840. 8.

Schlemmer (Jacob),
pédagogue allemand.

Kapp (Johann). Programma de J. Schlemmero, primo gymnasii Curiensis rectore. *Baruth.* 1787. 4. *Ibid.* 1788. 4.

Schlez (Johann Ferdinand),
théologien allemand (27 juin 1759 — 7 sept. 1839).

Dieffenbach (Ludwig Christian). J. F. Schlez nach seinem Leben und Wirken. *Giess.* 1840. 8.

Schlicht (Levin Johann),
pédagogue allemand.

Carsted (Johann Caspar). Vita L. J. Schlichtii. *Brandenb.* 1724. 4.

Schlichtegroll (Adolph Heinrich Friedrich v.),
numismate allemand (8 déc. 1765 — 4 déc. 1822).

Weiller (Cajetan v.). Zum Andenken an A. H. F. v. Schlichtegroll. *München.* 1823. 8.

Schlichter (Christian Ludwig),
Allemand.

Zacharie (August Ludwig). Lessus memoriæ C. L. Schlichteri consecratus. *Koethen.* 1765. Fol.

Schlichting (Lorenz Benedict),
théologien allemand.

Stuetzle (Johann Nepomuk). L. B. Schlichting, weiland königlich bayer'scher geistlicher Rath, etc., in seinem Leben und Wirken. *Augsb.* 1845. 8. Portrait.

Schlieffen,
famille allemande.

(**Schlieffen**, Martin Ernst v.). Nachricht von dem pommerschen Geschlechte der v. Sliwin oder Schlieffen, s. l. (*Cassel.*) 1780. 4. Augment. *Ibid.* 1784. 4.

Schlippenbach (Carl Friedrich, Graf v.),
général allemand (7 sept. 1658 — 9 janvier 1723).

Levensbeschrijving van de graave van Schlippenbach, lieutenant-generaal in dienst der vereenigde Nederlanden. *S'Gravenh.* 1757. 8.

Schloezer (August Ludwig v.),
historien allemand (5 juillet 1737 — 9 sept. 1809).

Schloezer (Christian v.). A. L. Schloezer's öffentliches und Privatleben, etc. *Leipz.* 1828. 2 vol. 8. *(L.)*

Doering (Heinrich). Leben A. L. v. Schloezer's; nach seinen Briefen und andern Mittheilungen dargestellt. *Zeitz.* 1836. 16.

Bock (Adolph). A. L. Schloezer. *Hannov.* 1844. 8. *(L.)*

Schlosser (Johann Georg),
jurisconsulte allemand (7 déc. 1739 — 17 oct. 1799).

Nicolovius (Alfred). J. G. Schlosser's Leben und literarisches Wirken. *Bonn.* 1844. 8.

Schlossmann (C... J...),
prêtre allemand.

Aus dem Leben und den Schicksalen des ehemals römisch-katholischen Geistlichen C. J. Schlossmann, etc. *Tübing.* 1833. 3 parts. 8.

Schluesselburg (Gottfried v.).

Oesterreicher (Paul). Der Reichsherr G. v. Schlüsselburg; geschichtlicher Abriss. *Bamb.* 1821. Fol.

Schlueter (David),
magistrat allemand.

Redslob (Gustav Moritz). Memoria viri amplissimi D. Schlueter, J. U. D. in civitate Hamburgensi nuper senatoris magnifici. *Hamb.* 1847. Fol.

Schlueter (Joachim),
théologien allemand (vers 1490 — 19 mai 1532).

Grysius ou **Griese** (Nicolaus). Historia von der Lehre und Lewende und Dode Magister J. Slueter's, ersten evangelischen Predigers tho Rostock, etc. *Rostock.* 1593. 4.

Arndt (Carl Friedrich Ludwig). Magister J. Schlueter, erster evangelischer Lehrer zu Rostock. Beitrag zur Reformationsgeschichte. *Lübeck.* 1832. 8. Portrait.

Serrius (Franz Carl). Magister J. Schlüter, oder die Reformation in Rostock. *Rostock.* 1840. 8.

Schlueter (Johann),
jurisconsulte allemand.

Giseke (Paul Dietrich). Monumentum J. Schlueteri, consulis. *Hamb.* 1779. Fol.

Schlueter (Johann Christoph),
savant allemand (6 nov. 1767 — ...).

Schlueter (Anton Aloys). Mittheilungen aus dem Leben J. C. Schlueter's, Doctors der Philosophie, Professors der deutschen und römischen Literatur an der Universität zu Münster, etc. *Münst.* 1843. 8. Portrait.

Schlumberger (Henri),
industriel alsacien du XIXᵉ siècle.

Scheurer-Rott (A...). Notice nécrologique sur M. H. Schlumberger. *Mulhouse.* 1853. 8.

Schlund (Carl),
théologien allemand.

Sailer (Johann Michael). Erinnerungen an C. Schlund, Pfarrer zu Markt-Offingen, etc. *Münch.* 1819. 8. Port.

Schmauss (Johann Jacob),
jurisconsulte allemand (10 mars 1690 — 8 avril 1757).

Gesner (Johann Matthias). Programma in memoriam J. J. Schmaussii. *Goetting.* 1757. Fol. (*L.*)

Schmeltzel (Martin),
historien allemand (28 mai 1679 — 30 juillet 1747).

Ursinus (Theodor Christoph). Programma in funere M. Schmeitzelii. *Halæ.* 1747. Fol. (*L.*)

Wiedeburg (Friedrich). Memoria in obitum M. Schmeitzelii. *Halæ.* 1747. 4. (*L.*)

Schmerler (Johann Adam),
pédagogue allemand (29 janvier 1765 — 13 nov. 1794).

Sohlez (Johann Ferdinand). J. A. Schmerler's Lebensbeschreibung. *Nürnb.* 1795. 8.

Schmerling (Philippe Charles),
médecin-botaniste hollandais (24 février 1791 — 7 nov. 1836).

Morren (Charles François Antoine). Notice sur la vie et les travaux de P. C. Schmerling. *Brux.* 1838. 12. (*Bx.*)

Schmersahl (Elias Friedrich),
théologien allemand (2 avril 1719 — ... 1774).

Lebensbeschreibung E. F. Schmersahl's (von ihm selbst), herausgeg. von Johann Christoph Ludwig. *Langensalza.* 1759. 8. *Ibid.* 1765. 8. Portrait.

Schmettau (Friedrich Wilhelm Carl, Graf v.),
général allemand (12 avril 1742 — 14 oct. 1806).

Lebensgeschichte des General - Lieutenants Grafen v. Schmettau. *Berl.* 1806. 2 vol. 8.

Schmid (Christoph v.),
littérateur allemand.

Schmid (Christoph v.) Erinnerung aus meinem Leben. Erstes Bändchen : Jugendjahre. *Augsb.* 1853. 8.

Der achtzigste Geburtstag des Jugendfreundes und Schriftstellers C. v. Schmid, Domcapitulars, etc. *Augsb.* 1848. 8.

Schmid (Heinrich),
philosophe allemand (1799 — 29 janvier 1836).

Reichlin-Meldegg (Carl Alexander v.). Leben H. Schmid's, Doctors und ausserordentlichen Professors der Philosophie zu Heidelberg, in kurzem Umrisse dargestellt. *Heidelb.* 1836. 8.

Schmid (Johann),
théologien allemand (19 août 1649 — 31 mai 1731).

(**Jenichen**, Gottlob Friedrich). Programma academicum in J. Schmidii funere. *Lips.* 1731. Fol. (*L.*)

Schmid (Johann Andreas),
médecin allemand.

Breithaupt (Christian). Memoria J. A. Schmidii, doctoris medici, etc. *Helmst.* 1728. 4.

Schmid (Johann Christoph v.),
théologien allemand (24 juin 1756 — 10 avril 1827).

Wagenseil (Christian Jacob). Prälat v. Schmid nach seinem Leben, Wirken und Character. *Augsb.* 1828. 8. Portrait.

Schmid (J... G...).

Nobis (Johann Friedrich). Commentatio funebris in memoriam J. G. Schmidii. *Lips.* 1752. 4. (*L.*)

Schmid (Ludwig Benjamin Martin),
économiste allemand (28 mai 1737 — 2 janvier 1793).

Drueck (Friedrich Ferdinand). Academia Carolina commendat civibus memoriam viri vere venerabilis L. B. M. Schmid. *Stuttg.* 1793. 4.

Schmid (Paul Wilhelm),
jurisconsulte allemand (13 nov. 1704 — 16 avril 1763).

Walch (Johann Ernst Immanuel). Memoria P. G. Schmidii. *Jenæ.* 1763. 4. (*L.*)

Schmid (Peter),
dessinateur allemand.

Perschke (Wilhelm). P. Schmid; eine Lebensgeschichte, etc. *Essen.* 1837. 8. *Berl.* 1842. 8.

Schmidlin (Johann Joseph),
théologien allemand (15 oct. 1725 — 3 oct. 1778).

Hochheimer (Johann Philipp). Leben J. J. Schmidlin's. *Mannh.* 1780. 8. *Oehring.* 1781. 8.

Schmidt (Christian Ernst),
théologien allemand († 27 nov. 1786).

Leben C. E. Schmidt's, Superintendenten zu Merseburg. *Leipz.* 1788. 8. (*L.*)

Schmidt (Eberhard),
théologien allemand.

Schmidt (Gottfried Eberhard). Leben und Verdienste meines Vaters, Herrn E. Schmidt, Weimar'schen Oberconsistorialraths und Generalsuperintendenten. *Eisenach.* 1762. Fol.

Schmidt (Erasmus),
helléniste allemand (27 avril 1560 — 22 sept. 1637).

Roeber (Paul). Leichenpredigt auf E. Schmidt, nebst dessen Lebenslauf. *Wittenb.* 1637. 4.

(**Buchner**, August). Programma academicum in E. Schmidtii funere. *Witteb.* 1637. 4.

Schmidt (Friedrich Rudolph).

Leben F. R. Schmidt's. *Frf.* 1748. 8.

Schmidt (Georg Friedrich),
graveur allemand (1712 — 1775).

Catalogue de l'œuvre de feu G. F. Schmidt, graveur du roi de Prusse. *Lond.* 1789. 8. Portrait.

Schmidt (Johann),
théologien allemand (20 juin 1594 — 27 août 1658).

Lille (Caspar). Oratio memoriæ J. Schmidtii. *Argent.* 1659. 4. *Baruth.* 1675. 4.

Schmidt (Sebastian). Memoria annua obitus J. Schmidii. *Argent.* 1659. 4.

Schmidt (Johann Adam),
médecin allemand (1757 — 19 février 1809).

Scherer (Joseph). Rede zum Andenken des verstorbenen k. k. Rathés und Professors J. A. Schmidt. *Wien.* 1810. 4.

Schmidt (Johann Andreas),
abbé de Marienthal (18 août 1652 — 12 juin 1726).

Mosheim (Johann Lorenz). Laudatio funebris J. A. Schmidii, Vallis Mariæ abbatis. *Helmst.* 1726. 4.

Schmidt (Johann Friedrich),
jurisconsulte allemand († 8 juillet 1637).

Boecler (Johann Heinrich). Laudatio funebris J. F. Schmidii. *Argent.* 1638. 4.

Schmidt (Johann Heinrich),
théologien allemand (26 juin 1781 — 28 janvier 1836).

Bienengraeber (Gustav). Erinnerungen an J. H. Schmidt, ehemaligen Oberprediger und Schulen-In-spector (in Coswig) und nachmals gewesenen Pastor an der Kirche zu S. Johann Evangelista in Magdeburg, nebst einer Darstellung seines Lebens und Wirkens. *Magd.* 1836. 8.

Schmidt (Johann Jacob).

Jetze (Franz Christoph). Leben und Schriften des berühmten J. J. Schmidt. *Starg.* 1762. 4.

Schmidt (Johann Michael),
helléniste allemand.

Meierotto (Johann Heinrich Ludwig). Memoria J. M. Schmidii, græcæ linguæ professoris. *Berol.* 1785. 8.

Schmidt (Melchior),
philologue allemand († vers 1696).

Meibomius (Heinrich). Programma in funere M. Schmidii. *Helmst.* 1697. 4.

Schmidt (Michael Ignaz),
historien allemand (30 janvier 1736 — 1er nov. 1794).

Oberthuer (Franz). M. I. Schmidt's, des Geschichts-schreibers der Deutschen, Lebensgeschichte, etc. *Hannov.* 1803. 8.

Schmidt-Kuenzel (Nicolaus),
savant paysan allemand (20 janvier 1606 — ... 1671).

Scherber (Johann Heinrich). Leben und Selbstbildungs-geschichte des gelehrten Bauers N. Schmidt, sonst Kuenzel benannt, zu Rodenacker in Voigtland. Beitrag zu der Gelehrten- und Sittengeschichte des 17ten Jahrhunderts. *Schleiz.* 1852. 8.

Schmidtmann (Johann Daniel),
théologien allemand.

Elsner (Jacob). Leichenrede bey dem Absterben J. D. Schmidtmann's, königlich preussischen Kirchenraths und ältesten Predigers der reformirten Stadt- und Pfarrkirche in Berlin, gehalten. *Cüstrin.* 1729. Fol.

Schmidtmueller (Johann Anton),
médecin allemand (28 nov. 1776 — 7 mai 1809).

Roeschlaub (Andreas). Rede zur Feier des Andenkens an J. A. Schmidtmueller. *Landsh.* 1809. 8.

Schmincke (Johann Heinrich),
littérateur allemand (13 février 1688 — 18 février 1725).

Fuerstenau (Johann Hermann). Programma in exequiis J. H. Schminckii. *Rintel.* 1725. Fol.

Schmoetzer (Alexander),
bibliographe allemand († 1er mai 1815).

Jaeck (Heinrich Joachim). A. Schmoetzer, königlicher Bibliothekar und Pfarrer am allgemeinen Kranken-hause zu Bamberg. *Bamb.* 1815. 4.

Schmolke (Benjamin),
hymnographe allemand (21 déc. 1672 — 12 février 1737).

Juergensen (Wilhelm). B. Schmolke. Etwas über ihn und von ihm. *Schlesw.* 1826. 8.

Hoffmann v. Fallersleben (Heinrich). Bartholomaeus Ringwaldt und B. Schmolke. Beitrag zur deutschen Literaturgeschichte des 16. und 17. Jahrhunderts. *Bresl.* 1833. 8. (D. et L.)

Schmuck (Vincenz),
théologien allemand (17 oct. 1565 — 1er février 1628).

Hoepfner (Heinrich). Idea veri theologi. in vita gestique D. V. Schmuccii, superintendentis Lipsiensis. *Lips.* 1628. (L.)

Schnabel (Joseph Ignaz),
musicien allemand (24 mai 1767 — 16 juin 1831).

Mehwald (Friedrich). Biographie des Herrn J. I. Schnabel, weiland königlichen Universitäts - Musikdirectors, Domkapellmeisters, etc. *Bresl.* 1831. 8. Portrait.

Schneider (Andreas),
théologien allemand (11 oct. 1558 — 31 déc. 1620).

(Friedrich, Johann). Programma academicum in funere A. Schneider, archidiaconi Thomani Lipsiensis. *Lips.* 1621. Fol. (L.)

Schneider (Daniel),
théologien allemand.

Sendschreiben an den schlesischen Schwärmer D. Schneider, abgesetzten Goldbergischen Pfarrer. *Hundsfeld.* 1704. 8.

Schneider (Johann Georg, et plus tard Eulogius),
théologien allemand (20 oct. 1756 — guillotiné le 1er avril 1794).

E. Schneider, ci-devant accusateur public près le tribunal criminel du département du Bas-Rhin, aujourd'hui détenu à la prison de l'Abbaye, à (Maximilien) Robespierre l'ainé, représentant du peuple, s. l. et s. d. (Par. 1794.) 4. *

  * Cette lettre, écrite de sa prison le 10 pluviôse an II, est excessivement rare.

(**Stumpf**, Andreas Sebastian). E. Schneider's Leben und Schicksale im Vaterlande. *Frf.* 1792. 8.

—— Schicksale in Frankreich. *Strasb.* 1797. 8.

Schilderung der neufränkischen Apostel E. Schneider, Johann Jacob Kaemmerer, Thaddäus Anton Dereser und Carl Franz Schwind in Strasburg, s. l. 1792. 8.

Schneider (Georg),
soi-disant prophète allemand.

(Kiechel, Johann Friedrich). Schneider mit der Zauber-gerte, oder Geschichte des Geisterbeschwörers und falschen Propheten G. Schneider in Höhnheim, ehe-maligen Schulmeisters in Strasburg. *Frf.* 1805. 8.

Schneider (Johann Joseph),
médecin allemand.

Leben des churhessischen Regierungs-Medicinal-Referenten und Ober - Medicinalraths Dr. J. Schneider in Fulda. *Leipz.* 1843. 8. (L.)

Schneider (Michael),
littérateur allemand (20 sept. 1612 — ... 1639).

(**Buchner**, August). Programma academicum in M. Schneideri funere. *Witteb.* 1639. 4.

Schneidewein (Johann),
jurisconsulte allemand (1519 — 4 déc. 1568).

Beust (Joachim v.). Orationes II de vita Modestini Pistoris et J. Schneidewinii. *Witteb.* 1585. 8. (D.)

Schnell (Johann Georg),
théologien allemand.

Porzel (Bernhard). Leichenpredigt auf Mag. J. G. Schnell. *Lindau.* 1752. 8.

Schnell ou Snell (Sebald),
philologue allemand (18 mars 1621 — 18 mai 1651).

Riederer (Johann Bartholomaeus). Epistola gratulatoria de vita S. Schnellii philologi insignis. *Altorf.* 1744. 4.

Schnepff (Erhard),
théologien allemand (1er nov. 1495 — 1er nov. 1558).

Rosen (Johann). Oratio de vita E. Schnepfii. *Lips.* 1562. 8. (L.)

Schnobel (Friedrich Joachim),
théologien allemand.

Becker (Peter Hermann). Lebensgeschichte F. J. Schnobel's. *Lübeck.* 1765. Fol.

Overbeck (Johann Daniel). Memoria vitæ F. J. Schnobel, pastoris Mariani. *Lubec.* 1765. Fol.

Schnobel (Joachim Johann),
théologien allemand.

Seelen (Johann Heinrich v.). Memoria J. J. Schnobel, archidiaconi Petrini. *Lubec.* 1741. Fol.

Schnurrer (Christian Friedrich),
orientaliste allemand (28 oct. 1742 — 9 nov. 1822).

Weber (Christian Friedrich). Schnurrer's Leben, Character und Verdienste. *Stuttg.* 1824. 8.

Schnyder v. Wartensee (Joseph Xaver),
théologien suisse (1750 — 6 juillet 1784).

Mueller (Judas Thaddaeus). Denkmahl auf J. X. Schnyder v. Wartensee, Pfarrer in Schüpfen. *Luzern.* 1784. 8. (Tiré à très-petit nombre.)

Schober (Hulderich),
pédagogue allemand (1569 — 2 oct. 1598).

Nizolius (Matthias). Oratio de vita et morte H. Schoberi. *Thorun.* 1598. 4.

Schober (Johann Jacob),
pédagogue allemand (16 déc. 1666 — 13 déc. 1717).
Oertel (Georg Christoph). De vita ac fatis J. J. Schoberi rectoris. *Norimb.* 1788. 4.

Schoder (Adolph),
publiciste allemand du xixe siècle.
(**Hoelder**, Julius). Leben A. Schoder's. Zur Erinnerung für seine Freunde, etc. *Stuttg.* 1852. 8. Portrait.

Schoder (Johann),
magnétiseur allemand.
Gross (Anton v.). Der Magnetiseur Dr. J. Schoder und sein heilvolles Wirken in Wien, etc. *Ofen.* 1852. 8.

Schoeff (Jean Jacques).
Stoeber (D... E...). Discours prononcé sur la tombe de J. J. Schoeff. *Besanç.* 1829. 8.

Schoeffer (Peter),
co-inventeur de l'art typographique du xve siècle.
Dahl (Johann Conrad). Die Buchdruckerkunst, erfunden von Johannes Gutenberg, verbessert und zur Vollkommenheit gebracht durch P. Schoeffer, von Gernsheim. *Mainz.* 1832. 8.
Schaab (Carl Anton). Bemerkungen über J. C. Dahl's Peter Schoeffer. *Mainz.* 1833. 8.
Kuelb (Philipp Heinrich). P. Schoeffer, der Vollender der Buchdruckerkunst. *Gernsh.* 1856. 8.
Helbig (Henri). Notice sur les descendants de P. Schoeffer, qui exercèrent l'imprimerie à Bois-le-Duc, de père en fils, depuis l'année 1541 jusqu'en 1796. *Gand.* 1846. 8. (Extrait du *Messager des sciences historiques.*)

Schoeffer (Peter),
imprimeur allemand, fils du précédent.
Helbig (Henri). Notice sur P. Schoeffer fils, imprimeur du xve siècle, à Mayence, Worms, Strasbourg et Venise. *Gand.* 1846. 8. (Extrait du *Messager des sciences historiques.*)

Schoell (Maximilian Samson Friedrich),
publiciste allemand (8 mai 1766 — 6 août 1833).
✦ Biographie F. Schoëll's, königlich preussischen Ober-Geheimen-Regierungsraths. *Leipz.* 1821. 8. (*L.*)
Pihan de Laforest (Ange Augustin Thomas). Notice historique sur la vie et les ouvrages de M. S. F. Schoell. *Par.* 1833. 8. (*P.*)
—— Essai sur la vie et les ouvrages de M. S. F. Schoell. *Par.* 1835. 8. (*Bes.* et *P.*)

Schoen (Johann),
publiciste allemand (26 nov. 1802 — ... 1839 ?).
Nowack (Carl Gabriel). J. Schoen; biographische Mittheilung. *Bresl.* 1859. 8.

Schoenaich (Christoph Otto, Freiherr v.),
poète allemand (12 juin 1725 — 15 nov. 1807).
(**Schwabe**, Johann Joachim). Der Lorbeerkranz, welchen Herr C. O. Freyherr v. Schoenaich von der philosophischen Facultät zu Leipzig feierlichst empfangen hat. *Leipz.* 1752. 4. (*L.*)

Schoenaich (Georg v.).
Dornavius (Caspar). Evergetes christianus, s. de vita et morte G. a Schoenaich, etc., panegyricus. *Bethaniæ.* 1619. 4.

Schoenberg (Anders),
historien suédois (6 oct. 1737 — 6 avril 1811).
Oedman (Samuel). Minne af framledne Cancelli-Rädet och Ridder af K. Nordstjerne-Orden A. Schoenberg. *Stockh.* 1812. 8.

Schoenberger (Hulderich),
pédagogue allemand (1er déc. 1601 — 22 avril 1649).
Programma academicum in H. Schoenbergeri obitum. *Regiom.* 1649. 4.

Schoenborn (Gottfried Friedrich Ernst, Freiherr v.),
poète allemand (14 sept. 1737 — ... 1817).
R... (J...). Schoenborn und seine Zeitgenossen, etc. *Hamb.* 1856. 8.

Schoenburg (Grafen v.),
famille allemande.
Stoeckhardt (Gottfried Gerhard). Historisch-genealogische Nachrichten von dem Geschlechte derer Grafen v. Schoenburg. *Waldenburg.* 1768-71. 2 parts. 4.

Schoenburg (Hans Meynhard v.),
homme d'État allemand (28 août 1582 — 3 août 1616).
Leben H. M. v. Schoenburg, Ritters, königlich grossbritannischen Rath's, churpälzischen (!) Geheimenraths, Obermarschalls und Obersten, s. l. 1788. 8. (Assez rare.)

Schoenburg (Margarethe v.),
aïeule de la famille Schoenburg.
Die berühmte Stammmutter M. v. Schönburg. *Leipz.* 1799. 4. (*L.*)

Schoene (Johann),
jurisconsulte allemand.
Seelen (Johann Heinrich v.). Memoria J. Schoenii, J. U. D. syndici. *Lubec.* 1743. Fol.

Schoene (Otto Christian),
magistrat allemand.
Petri (Gottfried Wilhelm). Was heisst eigentlich das Leben nützen? Leichenrede auf den Doctor (juris) und Senator O. C. Schoene. *Brem.* 1792. Fol.

Schoenemann (Daniel),
improvisateur allemand (16 février 1695 — ... 1737).
(**Muller**, Frederik). Bijzonderheden, rakende eenen duitschen improvisator uit de vorige eeuw, D. Schoenemann genaamd, s. l. et s. d. (*Amst.*) 8.

Schoener (Johann Gottfried),
théologien allemand (15 avril 1749 — 28 juin 1818).
J. G. Schoener's Leichenrede, nebst seiner Lebensgeschichte, von ihm selbst noch bei Lebzeiten verfasst. *Nürnb.* 1818. 8.

Schoenfeld (Johann Friedrich v.),
général allemand (1726 — 1764).
Fleischmann (Wilhelm Christian). Letzte Stunden des Generals v. Schoenfeld. *Stuttg.* 1764. 8.

Schoenfeld (W... E... v.),
homme d'État allemand.
Lang (Lorenz Johann Jacob). Memoria W. E. de Schoenfeld, ministri status intimi. *Erlang.* 1779. 4.

Schoenhals (Freiherr v.),
général allemand.
(**Schoenhals**, N... v.). Erinnerungen eines österreichischen Veteranen aus dem italienischen Kriege der Jahre 1848 und 1849. *Stuttg.* 1852. 8. (6e édition.)

Schoenhan (Adam),
théologien allemand.
Back (Reinhard). Leichenpredigt auf M. A. Schoenhan, Archidiaconus zu Grimma. *Freyb.* 1656. 4.

Schoenherr (Carl Johan),
Suédois.
Minne af C. J. Schoenherr. *Upsal.* 1848. 8.

Schoenherr (Johann Heinrich),
théosophe allemand (1771 — 1826).
Olshausen (Hermann). Lehre und Leben des Königsberger Theosophen J. H. Schoenherr. Beitrag zur neuesten Kirchengeschichte. *Königsb.* 1834. 8. (*L.*)
Diezel (Heinrich) et **Ebel** (Johann). Beleuchtung der Schoenherr'schen Irrthümer, auf Veranlassung der Schriften: *Verstand und Vernunft im Bunde mit der Offenbarung Gottes durch die Anerkennung des wörtlichen Inhalts der heiligen Schrift;* zwei Abhandlungen. *Leipz.* 1857. 8. (*L.*)

Schoening (Hans Adam v.),
général allemand (1er oct. 1641 — 28 août 1696).
Schoening (Curt Wolfgang v.). Des General-Feldmarschalls H. A. v. Schöning auf Tamsel Leben und Kriegsthaten, namentlich sein Zug mit 18,000 Brandenburgern gegen die Türken. Beitrag zur Erkenntniss der Zeitverhältnisse in den Churbrandenburgischen und Chursächsischen Landen während der zweiten Hälfte des 18ten Jahrhunderts. *Berl.* 1837. 8. Portrait.

Schoenlein (Johann Lucas),
médecin allemand du premier ordre (30 nov. 1793 — ...).
Lehrs (N... N...) et **Scharlau** (Gustav Wilhelm). Dr. Schoenlein als Arzt und klinischer Lehrer aus der Schilderung des Dr. Gucterbock, einer unabweisbaren Kritik unterworfen. *Berl.* 1842. 8.
Scharlau (Gustav Wilhelm). Dr. Schoenlein und sein Anhang; kahle Abfertigung. *Berl.* 1843. 8.

Richter (C... A... W...). Dr. Schoenlein und sein Verhältniss zur neuern Heilkunde mit Berücksichtigung seiner Gegner dargestellt. *Berl.* 1843. 8.

Schoenwald (Samuel Theodor),
mathématicien allemand (26 mai 1698 — 20 février 1762).

Memoria S. T. Schoenwald, prorectoris gymnasii Thorunensis. *Thorun.* 1762. Fol.

Schoepf (Wolfgang Adam),
jurisconsulte allemand (23 sept. 1679 — 21 mai 1770).

Programma funebre in W. A. Schoepfii obitum. *Tubing.* 1770. Fol.

Schoepfel (Jacob Johann).

Wachler (Albrecht). J. J. Schoepfel, der zufriedene Mann zu Nenrode. Lebensbeschreibung, etc. *Magdeb.* 1846. 8. Portrait.

Schoepffer (Johann Joachim),
jurisconsulte allemand (23 nov. 1661 — 12 sept. 1719).

Carmon (Jacob). Programma funebre manibus J. J. Schoepfferi dicatum. *Rostoch.* 1719. 8.

Schoepflin (Johann Daniel),
historien allemand (6 déc. 1694 — 7 août 1771).

Ring (Friedrich Dominik). Vita J. D. Schoepflini. *Carlsr.* 1764. 8. *Ibid.* 1768. 4.

Lobstein (Johann Michael). Leben J. D. Schoepflin's. *Giess.* 1776. 8.

(**Spach**, Louis). Éloge de Schoepflin. *Colmar.* 1850. 8.

Scheppach ou Schoeppach? (Carl),
pédagogue allemand.

Passow (W... A...). Zur Erinnerung an C. Scheppach. *Meining.* 1844. 8.

Scholl (Johann Eberhard Heinrich),
théologien allemand († 11 oct. 1813).

Koestlin (Immanuel Friedrich). Trauerrede am Sarge des Superintendenten J. E. H. Scholl. *Stuttg.* 1813. 8.

Scholvin (Johann Heinrich),
théologien allemand (vers 1705 — 25 février 1748).

Seelen (Johann Heinrich v.). Memoria J. H. Scholvin, symmistæ Mariani. *Lubec.* 1748. Fol.

Scholz ou Schulz,
savants allemands.

Jachmann (Christian Gottlieb). Centifolium Scholzianum , s. commentatio de doctis Scultetis, Schulziis, Scholziis, Silesiis. *Hirschb.* 1759. 4.

Schomberg (Armand Frédéric, duc de),
maréchal de France (vers 1619 — tué le 11 juillet 1690).

(**Beauchâteau**, Mathieu de). Abrégé de la vie de F., duc de Schomberg, marquis du Saint-Empire, général des armées du roi de la Grande-Bretagne , etc. *Amst.* 1690. 12. * (P.)

    * Publ. s. l. pseudonyme de M... DE LUSANCY.

Kazner (Johann Friedrich August). Leben F. v. Schomberg's oder Schoenberg's. *Mannh.* 1789. 2 vol. 8. Portrait. (Peu commun.)

Schomberg (Barbe Louise Rizzi de),
prétendue épouse de Ménard , comte de Schomberg.

Mantegna (Gioseffo). Vita, accidenti curiosi e peripetia della fortuna di madama di Schomberg. *Parma.* 1669. 12. (P.)

Rizzi (Isidoro). Abrégé des disgrâces de madame B. L. Rizzi, épouse prétendue de Ménard, comte de Schomberg. *Turin.* 1670. 12. (P.)

Schomberg, comte de Nanteuil (Henri de),
maréchal de France (1583 — 17 nov. 1632).

Berthier (Pierre). Oraison funèbre de H. de Schomberg, maréchal de France. *Par.* 1633. 4. *Toulouse.* 1634. 8.

Bachot (Etienne). Tombeau du maréchal H. de Schomberg. *Par.* 1633. 8.

Raconis (Charles François d'Abra de). Lettre sur la mort du maréchal de Schomberg. *Par.* 1633. 8. (P.)

Manifeste des bons Français sur la mort déplorable de M. le maréchal de Schomberg, s. l. 1633. 8.

Schomburg (Carl),
jurisconsulte allemand (11 oct. 1791 — 4 juillet 1841).

(**Bernhardi**, Carl). C. Schomburg. Briefwechsel und Nachlass, mit biographischen Andeutungen. *Cassel.* 1843. 8. Portrait.

Schomer (Justus Christoph),
théologien allemand (1648 — 9 avril 1693).

Fecht (Johann). Programma academicum in J. C. Schomeri. *Rostoch.* 1693. 4.

Schoonen, baron de Gheelandt (Louis),
poëte belge (15 janvier 1820 — ...).

De Reume (Auguste). Notice sur L. Schoonen. *Brux.* 1849. 8. Portrait. (Tiré seulement à 50 exemplaires.)

Schoppe, née Weise (Amalie),
auteur allemande (9 oct. 1791 — ...).

Schoppe (Amalie). Erinnerungen aus meinem Leben , in kleinen Bildern. *Alton.* 1831. 2 vol. 8.

Schoppe (Andreas'),
théologien (?) allemand.

Schuetze (Eustachius Friedrich). Programma de vita et meritis A. Schoppii. *Wernigerod.* 1728. 4.

Schoppe (Caspar),
critique allemand (27 mai 1576 — 19 juillet 1649).

(**Barth**, Caspar). Cave canem, s. de vita, moribus, rebus gestis et divinitate C. Scioppii, apostatæ. *Hannov.* 1612. 12. *

    * Publ. s. l. pseudonyme de TANAXUS HEBEUS A SPENGA.

Schepper (Johann),
théologien allemand († 18 juillet 1542).

Hocker (Johann Ludwig). Dissertatio de vita et meritis J. Schopperi, s. l. 1730. 4.

Schorel de Wilryck (Charles van),
excentrique belge (23 mars 1752 — ...).

C. van Schorel de Wilryck, ou le Fualdès belge. *Lond.* 1823. 8. Portrait. (Autobiographie assez rare.)

Schorer (Christoph),
médecin allemand (1618 — 1671).

Hermann (Johann Georg). C. Schorer's, Dr. Med. et Phil. Ehrengedächtniss. *Ulm.* 1755. 4.

Schorer (Johann Baptist),
théologien allemand.

Pfautz (Christoph). Leichenpredigt auf J. B. Schorer. *Augsb.* 1662. 4.

Schorer (Jacob Hendrik),
homme d'État hollandais (5 février 1760 — 19 janvier 1822).

Kanter (Johan de). Lofrede op den hoog welgeboren heer jonkheer Jacob H. Schorer, in leven kommandeur der orde van den nederlandschen Leeuw, oud gouverneur de provincie Zeeland. *Middelb.* 1822. 8. (Bx.)

Schotanus (Bernhard),
jurisconsulte hollandais (vers 1598 — 5 oct. 1652).

Vinnius (Arnold). Oratio in exequis B. Schotani, jurisprudentiæ professoris. *Lugd. Bat.* 1652. 4. (Lv.)

Schotanus ou Scotanus (Henricus),
jurisconsulte hollandais († 22 janvier 1605).

Adama (L...). Oratio in funere H. Scotani. *Franeq.* 1603. 4. (Cp.)

Schotanus (Meinardus),
théologien hollandais († 1644).

Voetius (Gysbert). Oratio funebris in obitum M. Schotani. *Ultraj.* 1644. 4. (Lv.)

Schotel (Gilles Dionysius Jacobus),
littérateur hollandais (9 avril 1807 — ...).

N... N... Docteur G. D. J. Schotel, s. l. et s. d. 4. (Extrait du journal *Vaderlandsche Oudheidkunde.*)

Schotel (Johannes Christianus),
peintre hollandais (11 nov. 1787 — 21 déc. 1838).

Schouten (Jakob). Bij het graf van J. C. Schotel, s. l. et s. d. (*Dordr.* 1858). 8. (Ld.)

Schotel (Gilles Dionysius Jacobus). Leven van den zeeschilder J. C. Schotel. *Haarl.* 1840. 8. Portrait.

Schotsman (Niklaas),
littérateur hollandais.

Bilderdijk (K... W...). Ter nagedachtenis van N. Schotsman. *Leyd.* 1822. 8.

Schott (André),
jésuite belge (1552 — 9 février 1629).

Hulst (Félix van). A. Schott. *Liège.* 1847. 8. Portrait. (Lv.) — (Extrait de la *Revue de Liège.*)

Baguet (F...). Notice biographique et littéraire sur A.

Schott, s. l. et s. d. (*Brux.* 1848). 4. (Extrait des *Nouveaux mémoires de l'Académie royale de Belgique.*) (*Bx.*)

Schott (August Ludwig),
jurisconsulte allemand (25 nov. 1751 — 5 avril 1787).
(**Harles**, Gottlieb Christoph). Memoria in obitum A. L. Schott, consiliarii aulici et professoris juris publici, etc. *Erlang.* 1787. 4. (*L.*)

Schott (Caspar),
jésuite allemand (1608 — 22 mai 1636).
M(ercier) de Saint-Leger (Barthélemy). Notice raisonnée des ouvrages de G. Schott. *Par.* 1785. 8. (*P.*)

Schott (Heinrich August),
théologien allemand (5 déc. 1780 — 29 déc. 1835).
Danz (Johann Traugott Lebrecht). H. A. Schott, nach seinem Leben, seinem Character, seiner Wirksamkeit dargestellt. *Leipz.* 1836. 8. (*L.*)

Schougard (Johan),
homme d'État danois.
Rasmussen (Hans). Oratio funebris de vita et morte J. Schougardii, regis Friderici II (Daniæ) consiliarii. *Hafn.* 1581. 4. (*Cp.*)

Schouw Fabricius (Jens),
vice-amiral danois.
Rode (Frederik). Ligtaler over Vice-Amiral J. Schouw Fabricius og hans tidligere afdøde Husfrue Elise Marie, født Schive. *Skien.* 1841. 8.

Schrader (Christoph),
philosophe allemand (28 oct. 1601 — 24 avril 1680).
Schmidt (Melchior). Oratio in obitum C. Schraderi. *Helmst.* 1681. 4.

Schrader (Dietrich Otto),
médecin allemand.
Wiedeburg (Christoph Tobias). Memoria D. O. Schraderi. *Helmst.* 1708. 4.

Schrader (Johannes).
Wassenbergh (Everwinus). Laudatio funebris J. Schraderi. *Franeq.* 1784. 8. (*Ld.*)

Schrader (Johann Ernst),
théologien allemand († 26 mars 1689).
Heimburger (Daniel David). Leichenpredigt auf J. E. Schrader, nebst dessen Lebenslauf. *Berl.* 1689. 4.

Schrafel (Joseph),
soldat allemand.
Merkwürdige Schicksale des ehemaligen Feldwebels im königlich bayer'schen 8ten Linien-Infanterie-Regiment J. Schrafel, vorzüglich im russischen Feldzuge und in der Gefangenschaft in den Jahren 1812 bis 1814. *Nürnb.* 1835. 8. (Autobiographie.)

Schramek (Adolph Joseph),
abbé du couvent de Strahow en Bohême
(16 janvier 1747 — 16 déc. 1803).
Dlabacz (Gottfried Johann). Monumentum ad superos elato viro A. J. Schramek. *Vindob.* 1804. 4.

Schramm (Jean Paul Adam, comte de),
général français (1er déc. 1789 — ...).
Brahaut (N... N...). Notice biographique de M. J. P. A. comte de Schramm, général de division, président du comité de l'infanterie, ancien pair de France, etc. *Montmartre.* 1850. 4. *Ibid.* 1853. 4.
Biographie de M. le général Schramm, ministre de la guerre. *Par.* 1850. 4.

Schramm (Johann Heinrich),
théologien allemand (20 mars 1676 — 20 janvier 1753).
Rau (Johann Eberhard). Programma funebre in obitum J. H. Schramm. *Herborn.* 1753. 4.

Schramm (Jonas Conrad),
théologien allemand.
Programma academicum in J. C. Schrammii funere. *Helmst.* 1739. 4.

Schrank (Franz de Paula v.),
théologien allemand (21 août 1747 — 23 déc. 1835).
Martius (Carl Friedrich Wilhelm v.). Denkrede auf F. de P. v. Schrank, etc. *Münch.* 1836. 4.

Schrattenbach (Siegmund, Fürst v.),
prince-archevêque de Salzbourg.
Trauer- und Lobreden auf den Tod des Fürst-Erzbischofs v. Schrattenbach. *Salzb.* 1772. Fol.

Schreber (Johann Christian Daniel v.),
naturaliste allemand (17 janvier 1739 — 10 déc. 1810).
Gros (Carl Heinrich v.). Memoria J. C. D. de Schreber. *Erlang.* 1811. 4.
Harles (Gottlieb Christoph). Memoria J. C. D. de Schreber. *Erlang.* 1811. 4. (*L.*)

Schreiber (Christoph),
théologien allemand (2 oct. 1642 — 11 mai 1690).
Petschke (Christoph). Getreuer Prediger Tod im Leben und Leben im Tod, d. i. Leichenpredigt auf C. Schreiber'n, Pastorem primarium in Camenz. *Budiss.* 1690. 4.
Kittel (Johann). Parentation auf den Pastor primarius M. C. Schreiber. *Budiss.* 1690. 4.

Schreining (Albert),
jurisconsulte allemand (23 janvier 1633 — 8 mai 1688).
Edzard (Georg Eliezer). Επιταφιος viro magnifico A. Schreiningio, J. U. D. et reipublicæ Hamburgensis protosyndico. *Hamb.* 1688. 4. (*L.*)

Schrenk v. Notzing (Aloys Joseph, Freiherr v.),
archevêque de Prague.
Necrolog des Freiherrn A. J. Schrenk v. Notzing, Fürst-Erzbischofs von Prag. *Prag.* 1849. 8.

Schrieck (Adriaan van),
historien belge (26 déc. 1560 — 26 déc. 1621).
Lambin (Jean Jacques). Levensbericht van A. van Schrieck, heer van Rodorne, s. l. et s. d. (*Ypres.* 1853.) 8. (Tirage à part à très-petit nombre.)

Schrimpf (Jonas),
jurisconsulte allemand.
Alkofer (Erasmus Siegmund). Oratio parentalis J. Schrimpfio, consiliario electoriali Saxoniæ, dicta. *Jenæ.* 1696. 4.

Schroeck (Lucas),
médecin allemand (20 sept. 1646 — 2 janvier 1730).
Memoria D. L. Schroeck. *Altorf.* 1733. 4.

Schroeckh (Johann Matthias),
historien allemand (26 juillet 1733 — 1er août 1808).
Poelitz (Carl Heinrich Ludwig). Über J. M. Schrockh's Leben. *Wittenb.* 1808. 8. (*L.*)
Nitzsch (Carl Ludwig). Über J. M. Schroeckh's Studienreise und Maxime. *Weim.* 1809. 8.
Tzschirner (Heinrich Gottlieb). Über J. M. Schroeckh's Leben, Character und Schriften. *Leipz.* 1812. 8. Portrait. (*L.*)

Schroeder (Friedrich Joseph Wilhelm),
médecin allemand (19 mars 1733 — 27 oct. 1778).
Curtius (Michael Conrad). Memoria F. J. G. Schroederi, medicinæ professoris et doctoris. *Marb.* 1778. 4. (*L.*)
Duysing (Heinrich Otto). Programma in obitum F. J. G. Schroederi, medicinæ professoris. *Marb.* 1778. Fol.

Schroeder (Friedrich Ludwig),
comédien allemand du premier ordre (3 nov. 1744 — 3 sept. 1816).
Meyer (Friedrich Ludwig Wilhelm). F. L. Schroeder. Beitrag zur Kunde des Menschen und Künstlers. *Hamb.* 1819. 2 vol. 8. *Ibid.* 1822. 2 vol. 8.
Loebner (L... T...). F. L. Schroeder, biografisk Skizze. *Kjøbenh.* 1847. 8.

Schroeder (Gerhard),
jurisconsulte allemand (12 août 1659 — 28 janvier 1723).
Edzard (Georg Eliezer). Elogium G. Schroederi, J. U. D. reipublicæ Hamburgensis consulis. *Hamb.* 1723. 4. (*L.*)

Schroeder (Heinrich Eilhard),
littérateur allemand (1719 — 8 février 1753).
Gesner (Johann Matthias). Memoria H. E. Schroederi Lubecensis, etc. *Goetting.* 1753. 4. (*L.*)

Schroeder (Johann),
théologien allemand (5 février 1572 — 23 juin 1621).
Matthiae (Christian). Oratio panegyrica de vita et obitu J. Schroederi, pastoris primarii Norimbergensis. *Norimb.* 1622. 4.

Schroeder (Johann Joachim),
théologien allemand (6 juillet 1680 — 19 juillet 1756).
Funccius (Johann Nicolaus). Oratio parentalis beatis manibus viri summe reverendissimi, excellentissimi et doctissimi D. J. J. Schroederi, totius academiæ (Marburgensis) senioris, cum programmate funebri Æmilii Ludovici HOMBERGK ZU VACH. *Marb.* 1756. Fol.

Schroeder (Johann Wilhelm),
philologue allemand (15 juin 1726 — 8 mars 1793).

Curtius (Michael Conrad). Memoria J. G. Schroederi, philosophiæ doctoris. *Marb.*, s. d. (1793.) 4. (*L.*)

Schroederheim (Elis),
homme d'État suédois (26 mars 1747 — 30 août 1795).

Adlerbeth (Gudmund Göran). Äminnelse-Tal öfver Staats-Secretaren E. Schroederheim. *Stockh.* 1796. 8.

Schroederheim, née **Stapelmohr** (Anna Charlotte),
épouse d'Élis Schroederheim († 1791).

Fougt (Elsa). Äminnelse-Tal öfver Frue A. C. v. Schroederheim. *Stockh.* 1792. 8.

Schroepfer (Johann Georg),
visionnaire allemand (se donnant la mort le 8 oct. 1774).

Schlegel (Johann Samuel Benedict). Tagebuch seines mit Schroepfer gepflogenen Umgangs, nebst Briefen und einer Characterschilderung Schroepfer's, herausgeb. von Carl Franz KOEHLER. *Berl.* 1803. 8. (*L.*)

Becker (Balthasar). C... A... Crusius Bedenken über die Schroepfer'schen Geisterbeschwörungen, mit anti-apokalyptischen Augen betrachtet. *Berl.* 1775. 8. (*L.*)

Schroeter (Johann),
médecin allemand (1513 — 31 mars 1593).

Brendel (Zacharias). Vita J. Schroeteri, cui addita sunt: Programmata funebria; diploma cæsareum, quo collata sunt eidem nobilitatis insignia et concio funebris germanica Georgii MYLII. *Jenæ.* 1595. 4. (*L.*)

Schroeter (Wilhelm),
théologien allemand.

Schroeter (Wilhelm). Lebens- und Amts-Erfahrungen, in ihrem psychologisch-geschichtlichen Zusammenhange dargestellt. *Alton.* 1827-52. 2 vol. 8.

Schroetter (Friedrich Leopold, Reichsfreiherr v.),
homme d'État allemand (1er février 1743 — 30 juin 1815).

Baczko (Ludwig v.). Denkschrift auf F. L. Reichsfreiherrn v. Schroetter, königlich preussischen Staatsminister. *Königsb.*, s. d. (1815.) 4.

Schroetteringk (Martin Heinrich),
jurisconsulte allemand († 19 août 1835).

Lohmann (Johann Georg Christian). Memoria viri amplissimi M. H. Schroetteringk, J. U. D. magnifici nuper consulis civitatis Hamburgensis. *Hamb.* 1837. 4.

Schubart (Christian Friedrich Daniel),
poëte allemand (20 mars 1739 — 10 oct. 1791).

Leben und Character C. F. D. Schubart's. *Mannh.* 1778. 8.

C. F. L. Schubart's Leben und Gesinnungen, von ihm selbst, in seinem Kerker (auf der Festung Hohenasperg) aufgesetzt. *Stuttg.* 1791-93. 2 vol. 8.

Schubart (Ludwig Albrecht). C. F. D. Schubart's Character. *Nürnb.* 1789. 8.

Strauss (David Friedrich). Schubart's Leben in seinen Briefen. *Berl.* 1849. 2 vol. 8. Portrait.

Schubart (Georg),
jurisconsulte allemand (21 février 1650 — 18 août 1701).

Kriegk (Nicolaus Georg). Oratio in funere G. Schubarti. *Jenæ.* 1701. 4.

Schubart (Johann Christoph),
littérateur allemand.

Chladen (Johann Martin). Memoria J. C. Schubart, eloquentiæ professoris. *Coburg.* 1744. Fol.

Schubart, Edler v. **Kleefeld** (Johann Christian),
agronome allemand (24 février 1734 — 24 avril 1787).

(Rockstroh, N... N...). J. C. Schubart, Edler v. Kleefeld, etc. *Dresd.* et *Leipz.* 1846. 8. Portrait. * (*L*)
* Mémoire couronné par la Société agronomique de Leipzig.

Schubert (Gottlob),
pédagogue allemand.

Leben G. Schubert's, Lehrers der dritten Classe des Lyceums zu Hirschberg. *Hirschb.* 1793. 8.

Schubert (Paul),
théologien allemand († 1649).

Neuheller (Johann). Christliche Leichpredigt bey Begräbniss des Herrn P. Schubert, evangelischen Predigers und Seniors zu Oedenburg, etc., s. l. (*Oedenb.*) 1650. 4.

Schuberth (Georg Adolph),
jurisconsulte allemand (25 août 1693 — 14 avril 1724).

(Jenichen, Gottlob Friedrich). Programma academicum in G. A. Schuberthi funere. *Lips.* 1724. Fol. (*L.*)

Crell (Christoph Ludwig). Oratio in exequiis G. A. Schuberthi. *Lips.* 1724. Fol. (*L.*)

Schuckmann (Franz),
famille allemande.

Aepinus (Franz Albrecht). Schediasma de gentis Schuckmanniæ in ducatum Meclenburgensem meritis. *Rostoch.* 1705. Fol.

Schuckmann (Friedrich v.),
homme d'État allemand (23 déc. 1755 — 17 sept. 1834).

Luettwitz (N... N... v.). Biographie des königlich preussischen Staatsministers Freiherrn v. Schuckmann. *Leipz.* 1835. 8. (*L.*)

Schuckmann (Hermann),
théologien allemand (1616 — 1686).

Bodock (Lorenz v.). Panegyricus H. Schuckmanno habitus. *Rostoch.* 1686. 4.

Schuder (Friedrich Gustav),
théologien allemand.

Rieper (Albert). Die volle Gnüge der Seeligen im Himmel. Leichenpredigt bey F. G. Schuder's Beerdigung. *Stade.* 1751. Fol.

Schuderoff (Jonathan),
théologien allemand (24 oct. 1766 — ...).

Schroeter (Wilhelm). (Johann Heinrich Bernhard) Draeseke und Schuderoff als Prediger. *Altenb.* 1821. 8. (*L.*)

Schuelen (Maximilian Ludwig Christoph),
théologien allemand du XVIIIe siècle.

Denkmahl dem seligen Herrn M. L. C. Schuelen, Lehrer und Seelsorger der evangelischen Gemeinde zu Essingen, aufgerichtet von seinen hinterlassenen Kindern. *Essing.* 1790. 4.

Schueler (Gottlieb Christian),
jurisconsulte allemand.

Dr. G. C. Schueler, Oberappellations-Gerichtsrath und ordentlicher Professor der Rechte zu Jena. *Jena.* 1850. 4. Portrait.

Schueler (Johann Heinrich),
Seida und Landensberg (Franz Eugen Joseph v.). J. H. v. Schueler; biographisches Denkmal. *Augsb.* 1805. 8.

Schueler (N... N...),
comédien allemand.

Schuetz (Friedrich Carl Julius). Biographie des deutschen Schauspielers Schueler, Vaters der (Schauspielerin Johanna Henriette Sophie) Hendel-Schuetz. *Halle.* 1820. 8.

Schuelin (Johann Heinrich),
théologien allemand (5 sept. 1693 — 20 avril 1775).

Luz (N... N...). Leichenpredigt auf den Dechanten Schuelin. *Weissenb.* 1775. Fol.

Schuermann (Daniel),
pédagogue allemand (vers 1752 — 25 février 1838).

Fasbender (P...). D. Schuermann, ein Bergischer Schulmann, nach seinem Character, Leben und Wirken in gedrängter Kürze dargestellt. *Elberf.* 1838. 8. Portrait.

Schuessler (H... C...),
pédagogue (?) allemand.

Hauptmann (Johann Gottfried). Gedächtniss-Monument H. C. Schuessler aufgerichtet. *Gera.* 1776. 8.

Schuetz (Christian Gottfried),
philologue allemand (19 mai 1747 — 7 mai 1832).

Schuetz (Friedrich Carl Julius). C. G. Schuetz. Darstellung seines Lebens, Characters und Verdienstes, etc. *Halle.* 1834-35. 2 vol. 8. (*L.*)

Schuetz (Friedrich Wilhelm),
théologien allemand.

(Kapp, Johann Erhard). Programma academicum in F. G. Schuetzii funere. *Lips.* 1739. Fol. (*L.*)

Schuetz (Helvich Christoph **Sinold**, genannt v.),
historien allemand.

Geret (Johann Georg). Programma continens elogium H. C. Sinold, dicti de Schuetz. *Onold.* 1740. Fol.

Schuetze (Gottfried),
littérateur allemand (7 mai 1719 — 2 juillet 1784).
Giseke (Paul Dietrich). Memoria G. Schuetze, professoris Hamburgensis. *Hamb.* 1784. Fol.

Schuetze (Henning ou Hoening),
théologien allemand († 1er janvier 1673).
Jetze (Franz Christoph). Das merkwürdige Leben und die Schriften eines gelehrten Pommers, H. Schuetzen, vor hundert Jahren Prediger in Alten-Schlaga. *Stargard.* 1771. 4.

Schuetze (Johann Stephan),
littérateur allemand (1er nov. 1771 — 19 mars 1839).
J. S. Schuetze's Lebensgeschichte. *Neuhaldensleben.* 1834. 2 vol. 8. Portrait. (Autobiographie.)

Schulenburg (Herren von der),
famille allemande.
Danneil (Johann Friedrich). Das Geschlecht der von der Schulenburg. *Salzwed.* 1847. 2 vol. 8.

Schulenburg (Alexander v.),
voyageur allemand (1535 — tué le 21 juin 1568).
Eschner (Johann). A. Schulenburgii, equitis Saxoni. olim et nobilissimi et fortissimi, vita III libris illustrata. *Witteb.* 1587. 12. *
* Ce livre, rare et curieux, écrit en vers latins, a été publié sous le pseudonyme de Joannes Fraxineus Tyriata.

Schulenburg (Johann Matthias, Graf von der),
général allemand au service de la république de Venise
(8 août 1661 — 14 mars 1747).
Leben und Denkwürdigkeiten J. M. von der Schulenburg's. *Leipz.* 1834. 2 vol. 8. (L.)

Schulenburg (Richard v.).
Gasto (Abraham). Oratio de vita et obitu R. Schulenburgii, in qua de origine, progressu et linea familiæ, etc. *Frf.* 1601. 4.

Schulin (Johann Siegmund, Graf v.),
homme d'État danois (18 août 1694 — 13 avril 1760).
Strebel (Johann Samuel). Programmata II de vita et elogio illustrissimi comitis a Schulin. *Onold.* 1757. 4.

Schulte (Johann),
jurisconsulte allemand (14 déc. 1621 — 2 mars 1697).
Mayer (Johann Friedrich). Viri illustris J. Schultenii, JCti et reipublicæ Hamburgensis consulis, elogium. *Hamb.* 1697. 4. (L.)

Schultén (Carl),
orientaliste suédois (1677 — 5 oct. 1730).
Papke (Carl). Parentation öfver Professorn C. Schultén. *Lund.* 1730. 8.

Schultens (Heinrich Albrecht),
orientaliste hollandais (15 février 1749 — 12 août 1793).
Kantelaar (Jacob). Lofrede op H. A. Schultens. *Amst.* 1794. 8.
Rinck (Friedrich Theodor). H. A. Schultens. *Riga.* 1793. 8.

Schulthess (Johann Georg),
théologien suisse (18 déc. 1758 — 20 déc. 1802).
Hess (Salomon). Predigt zum Andenken des, etc., entschlafenen Diaconus J. G. Schulthess. *Zürch.* 1802. 8.

Schulting (Anton),
jurisconsulte hollandais (23 juillet 1658 — 12 mars 1734).
Vitriarius (Johan Jacob). Oratio in obitum A. Schultingii. *Lugd. Bat.* 1735. 4.
Saxe (F...). Oratio de A. Schultingio, JCto. *Davent.* 1789. 4.

Schulting (Jan),
historien hollandais.
Wittich (Christoph). Oratio funebris in obitum J. Schultingii. *Noviom.* 1667. 4.

Schultz (Niels Stockfleth),
théologien norvégien.
Mindekrans N. S. Schultz's. *Throntjem.* 1832. 4.
N. S. Schultz, Minde ved hans Grav. *Christiania.* 1832. 8.

Schultz v. Asscherade (Carl Gustaf),
diplomate suédois.
Schultz v. Asscherade (Carl Gustaf). Res suo ævo gestas memoriæ traditæ. *Holm.* 1798. 8.

Schultze (Benjamin),
missionnaire allemand (1719 — 1760).
Braune (Johann Hartmann). B. Schultze im dänischen

Missionsdienste zu Trankebar und Madras, und seine Mitarbeiter. *Hamb.* 1841. 8. *
* Formant le troisième volume de l'ouvrage Die Heidenboten Friedrich's IV von Daenemark.

Vormbaum (Reinhold). B. Schultze, evangelischer Missionar in Trankebar und Madras, und seine Mitarbeiter. *Düsseld.* 1850. 8.

Schultze (Daniel),
pédagogue allemand (vers 1625 — 19 janvier 1681).
Pfuel (Johann Ernst). Programma in D. Schultzii funere. *Stettin.* 1681. 4.

Schultze (Georg),
jurisconsulte allemand (1599 — 5 oct. 1634).
(Buchner, August). Programma in G. Schultzii funere. *Witteb.* 1634. Fol. (L.)

Schultze (Johannes),
pédagogue allemand († 26 janvier 1709).
Fabricius (Johann Albert). Elogium funebre J. Schultze, scholæ Joannæ rectoris. *Hamb.* 1709. Fol. (L.)

Schultze (Nicolaus),
médecin allemand.
Pfuel (Johann Ernst). Programma in N. Schultzii obitum. *Stettin.* 1680. 4.

Schultze (Samuel),
théologien allemand (28 oct. 1635 — 30 mai 1699).
Mentzer (Balthasar). Programma in funere viri summe reverendi D. S. Schultzii, S. S. theologiæ doctoris, venerabilis ministerii Hamburgensis senioris, ecclesiæ S. Petri et Pauli pastoris et scholarchæ. *Hamb.* 1699. Fol. (L.)

Schulz (Georg ou Guido),
prêtre allemand.
Leben und Schicksale des Paters G. Schulz, Franziscaners in Westphalen, nebst dessen Wanderung nach Rom, s. l. (*Leipz.*) 1802. 8. (L.)

Schulz (Stephan),
théologien allemand (1714 — 16 déc. 1776).
Juengken (Johann Christian). Lebensbeschreibung des Oberdiaconus S. Schulz, mit einer Leichenpredigt. *Halle.* 1777. 8.

Schulz v. Schulzenheim (David),
médecin suédois (16 mars 1742 — 24 avril 1823).
Hagberg (Carl Peter). Griftetal öfver Presidenten D. Schulz v. Schulzenheim. *Stockh.* 1823. 8.
Pontin (Magnus Martin af). Åminnelse-Tal öfver Presidenten D. Schulz v. Schulzenheim. *Stockh.* 1824. 8.

Schulze (Christian Ferdinand),
littérateur allemand.
Schulze (Adolph Moritz). C. F. Schulze, nach seinem Leben und Wirken geschildert. *Gotha.* 1851. 8. (L.)

Schulze (Johann Heinrich),
médecin allemand (12 mai 1687 — 10 oct. 1744).
Wideburg (Friedrich). Elogium J. H. Schulzii. *Halæ.* 1745. Fol. (L.)

Schumacher (Christian Friedrich),
naturaliste danois (15 nov. 1757 — 9 déc. 1830).
Schoenberg (Albrecht v.). Zur Biographie des Etatsrathes C. F. Schumacher. *Kopenh.* 1857. 4. (Bx. et Cp.)

Schumacher (Heinrich Christian),
astronome danois (3 sept. 1780 — 28 déc. 1850).
Quetelet (Lambert Adolphe Jacques). Notice sur H. C. Schumacher, associé de l'Académie royale de Belgique. *Brux.* 1851. 12. (Bx.)

Schumacher (Heinrich Wilhelm),
jurisconsulte allemand.
Seelen (Johann Heinrich v.). Ehrengedächtniss H. W. Schumacher's, J. U. D. *Lübeck.* 1747. 4.

Schumacher (Peter),
pédagogue allemand.
Weber (Daniel Ludwig). Lebensbeschreibung des Pastors Schumacher; als Nachtrag zu Alexander Nicolaus Tolkemit's Elbingisches Lehrer-Gedächtniss, etc. *Elbing.* 1779. 8.

Schumann (Johann Gottfried),
théologien allemand.
Schumann (J... C...). Lebenslauf J. G. Schumann's. *Budiss.* 1717. 4.

Schurff (Hieronymus),
jurisconsulte suisse (20 avril 1480 — 6 janvier 1554).

.**Teuber** (Michael). Oratio de vita H. Schurffii. *Witteb.*, s. d. (1754.) 8.

Lehmus (Johann Georg). Prolusio de H. Schurffio, evangelicæ veritatis adsertore. *Rotenburg. ad Taub.* 1776. 4.

Schurzfleisch (Conrad Samuel),
polygraphe allemand (3 déc. 1641 — 7 juillet 1708).

Wernsdorf (Gottlieb). Laudatio funebris C. S. Schurzfleischii. *Witteb.* 1708. Fol.

Berger (Johann Wilhelm v.). Memoria C. S. Schurzfleischii in illius exequiis. *Witteb.* 1708. 4.

Doppert (Johann). Memoria C. S. Schurzfleischii, programmate celebrata. *Schneeb.* 1708. Fol.

Clarmund * (Adolph). Lebensbeschreibung des weltberühmten Polyhistoris C. S. Schurzfleisch, etc. *Dresd.* et *Leipz.* 1710. 8. (*D.* et *L.*)
   * Le véritable nom de l'auteur est Johann Christian Ruмртеа.

Curtze (Carl Wilhelm Heinrich). Dissertatio de vita et ingenio C. S. Schurzfleischii. *Mengerinhus.* 1837. 4.

Schurman (Anna Maria van),
savante hollandaise (5 nov. 1607 — 5 mai 1678).

Schurman (Anna Maria). Eukleria s. melioris partis electio. Tractatus brevem religionis ac vitæ ejus delineationem exhibens. *Alton.* 1673. 8. (*L.*)

Jacob (Louis). Elogium eruditissimæ virginis A. M. a Schurmann Batavæ. *Par.* 1646. 8. Trad. en franç. *Par.* 1646. 8. (*P.*)

Wickelius (Andreas). Dissertatio de vita et meritis A. M. Schurmanniæ. *Lundæ.* 1796. 8. (*Cp.*)

Schotel (Gilles Dionysius Jacobus). A. M. von Schurman. *S'Hertogenb.* 1854. 8. Portrait.

Schutzercrantz (Herman),
médecin suédois.

Hagstroemer (Anders Johan). Åminnelse-Tal öfver Archiater Dr. H. Schutzercrantz. *Stockh.*, s. d. 8.

Schwab (Gustav),
poète allemand du premier ordre (19 juin 1792 — 4 nov. 1850).

Wassermann (Gottlob). G. Schwab, der edle Barde Schwabens. Gerechte Bedenken über seinen schnellen Tod, etc. *Sanct-Gall.* 1851. 8.

Schwaebl (Franz Xaver v.),
évêque de Ratisbonne.

Diepenbrock (Melchior v.). Trauerrede auf den Hintritt des hochwürdigsten Herrn F. X. v. Schwaebl, Bischofs von Regenburg. *Regensb.* 1841. 8. Portrait.

Schwager (Johann Moritz),
théologien allemand (24 sept. 1738 — 29 avril 1804).

Rolert (N... N...). Gedächtnisspredigt auf J. M. Schwager, Pastor in Joellenbeck, s. l. 1804. 8.

Schwan (Johann Friedrich),
assassin allemand.

Der Sonnenwirthle, oder Leben und Thaten des berüchtigten Räubers und Mörders J. F. Schwan, von Ebersbach, etc. *Tübing.* 1852. 8.

Schwartz (Berthold),
bénédictin allemand du XIVe siècle, inventeur de la poudre à canon.

Jalofsky (Gottfried). Dissertatio de inventore pulveris pyrii et bombardæ. *Jenæ.* 1702. 4. (*L.*)

Schwartz (Christian Friedrich),
missionnaire allemand (26 oct. 1726 — ...).

Pearson (Hugh). Life of the Rev. C. F. Schwartz. *Lond.* 1834. 8. (*Oxf.*) Trad. en allem. par N... N... BLUMHARDT. *Basel.* 1835. 8.

Vormbaum (Reinhold). C. F. Schwartz,. evangelischer Missionar in Trankenbar, Tirutschinapalli und Tanjour in Ostindien, nach seinem Leben und Wirken dargestellt. *Düsseld.* 1851. 8.

Schwarz (Albert Georg v.),
historien allemand.

Daehnert (Johann Georg). Gedächtnissrede auf A. G. v. Schwarz. *Greifsw.* 1755. 4.

Schwarz (Christian Gottlieb),
historien allemand (4 sept. 1675 — 24 février 1751).

Bernhold (Johann Balthasar). Trauerrede auf C. G. Schwarz. *Altd.* 1751. Fol.

Kirsten (Johann Jacob). Programma ad exequias C. G. Schwarzii. *Altorf.* 1751. Fol.

Designatio exercitationum academicarum quas diversis temporibus edidit C. G. Schwarz. *Norimb.* 1734. 4. *Ibid.* 1744. 4.

Schwarz (Friedrich Immanuel),
philosophe allemand (1728 — 25 oct. 1785).

Eck (Johann Georg). Leben F. 1. Schwarz'ens, etc. *Leipz.* 1787. 8. (*L.*)

Masius (Gottfried Leberecht). Von der Aufrichtigkeit in Lehre und Leben. Gedächtnissschrift auf F. 1. Schwarz. *Leipz.* et *Koethen.* 1787. 8. (*L.*)

Schwarz (Georg Christoph),
philosophe allemand (2 août 1732 — 13 sept. 1792).

Jaeger (Wolfgang). Memoria G. C. Schwarzii. *Altorf.* 1792. Fol.

Schwarz (Ildefons),
bénédictin allemand (4 nov. 1752 — 19 juin 1794).

(**Frank**, Othmar). Andenken an I. Schwarz, etc. *Bamb.* et *Würzb.* 1795. 8.

Schwarz (Johann Christoph),
théologien allemand.

Overbeck (Johann Daniel). Lebensgeschichte J. C. Schwarz'ens , Predigers an der Burgkirche. *Lübeck.* 1761. Fol.

Schwarz (Martin Wolf).

Peuschel (Lorenz Friedrich). Denkmal der göttlichen Führung des weiland Legationssecretairs M. W. Schwarz. *Hof.* 1758. 4.

Schwarz (Matthias et Veit Conrad).

Reichard (Elias Caspar). M. und V. C. Schwarz, nach ihren merkwürdigen Lebensumständen und vielfach abwechselnden Kleidertrachten. *Magdeb.* 1786. 8.

Schwarzburg (Albert Anton, Graf v.).

Hoffmann (J...). Biographia metrica A. A. comitis Schwarzburg. *Erford.* 1711. 4.

Schwarzburg (Heinrich, Graf v.),
archevêque de Brême.

Cassel (Johann Philipp). Historische Nachricht von Heinrich, Erzbischoff zu Bremen und Bischoff zu Münster, einem gebohrnen Grafen v. Schwarzburg, und dessen Münzen. *Brem.* 1760. 4.

Schwarze (Christian August),
pédagogue allemand (23 oct. 1755 — 12 février 1809).

Anton (Carl Gottlieb). Zum Andenken des seeligen Herrn Rectors C. A. Schwarze. *Goerl.* 1809. 4. (*L.*)

Schwarzenberg,
famille allemande.

Haimb (Johann Heinrich). Schwarzenberga gloriosa, s. de ortu et gestis gentis Schwarzenbergicæ. *Ratisb.* 1708. 8.

Schwarzenberg (Adam, Graf v.),
général allemand (1587 — 17 mars 1641).

Cosmar (Immanuel Carl Wilhelm). Beitrag zur Untersuchung der gegen den Churbrandenburgischen Geheimen-Rath Grafen A. zu Schwarzenberg erhobenen Beschuldigungen; zur Berichtigung der Geschichte unserer Churfürsten Georg Wilhelm und Friedrich Wilhelm, etc. *Berl.* 1826. 8.

Schwarzenberg (Carl Philipp, Fürst zu),
feld-maréchal d'Autriche (15 avril 1771 — 15 oct. 1820).

Prokesch v. Osten (Anton). Denkwürdigkeiten aus dem Leben des Feldmarschalls Fürsten C. zu Schwarzenberg. *Wien.* 1822. 8. (*L.*) Trad en holland. *Amst.* 1823. 8.

Schwarzenberg (Felix, Fürst zu),
homme d'État allemand (2 oct. 1800 — 5 avril 1852).

Berger (Adolph Franz). F. Fürst zu Schwarzenberg, k. k. Minister-Präsident. Ein biographisches Denkmal. *Leipz.* 1853. 2 vol. 8. Portrait.

Schwarzenberg (Johann, Freiherr v.),
jurisconsulte allemand (24 déc. 1463 — 20 oct. 1528).

Christ (Johann Friedrich). Commentatio de J. Schwarzenbergico. *Halæ.* 1726. 4. (*L.*)

Strobel (Georg Theodor). Zwei sehr merkwürdige Briefe des Freiherrn J. v. Schwarzenberg, nebst einer kurzen Nachricht von dessen Leben und Schriften. *Nürnb.* 1775. 8.

Herrmann (Emil). J., Freiherr zu Schworzenberg. Beitrag zur Geschichte des Criminalrechts und der Gründung der protestantischen Kirche. *Leipz.* 1841. 8. (*L.*)

Schwebel (Nicolaus),
philologue allemand (19 août 1713 — 7 déc. 1773).

Gesner (Johann Carl Friedrich). Memoria N. Schwebelii. *Goetting.* 1773. 4.

Schweder (Anton Heinrich),
théologien allemand.

Gesner (Johann Georg). Lebensbeschreibung A. H. Schweder's, Predigers zu Sanct-Johannis. *Lübeck.* 1766. Fol.

Overbeck (Johann Daniel). Memoria A. H. Schweder, ad domum St. Joannis. *Lubec.* 1766. Fol.

Schweigger (August Friedrich),
médecin allemand (8 sept. 1783 — assassiné le 28 juin 1821).

Bruchstücke aus dem Leben des als Opfer seiner Wissenschaft gefallenen **Dr. A. F. Schweigger**, vormaligen Professors der Medecin und Botanik zu Königsberg, etc. *Halle.* 1830. 8. (*L.*)

Schweigger (Friedrich Christian Lorenz),
théologien allemand (22 août 1743 — 25 juin 1802).

Lippert (Johann Bernhard). Dem Andenken des weiland Herrn Mag. F. C. L. Schweiger, etc., gewidmet. *Erlang.* 1803. 8.

Schweighaeuser (Jean),
philologue alsacien (26 juin 1742 — 19 janvier 1830).

Cuvier (Charles Frédéric). Éloge historique de M. J. Schweighaeuser. *Strasb.* 1830. 8. (*P.*)

Stiévenart (N... N...). Eloge de J. Schweighaeuser. *Strasb.* 1830. 8.

Dahler (Johann Georg). Memoriæ J. Schweighaeuseri sacrum. *Argent.* 1830. 8. (*L.*)

Schweighaeuser (Jean Gottfried),
archéologue français, fils du précédent
(2 janvier 1776 — 14 mars 1844).

Golbéry (Marie Philippe Aimé de). Notice sur la vie et les travaux de J. G. Schweighaeuser. *Par.* 1850. 8. (*P.*)

Schweinichen (Hans v.),
chevalier allemand du xvie siècle.

Buesching (Johann Gustav Gottlieb), Ritter H. v. Schweinichen. Lieben, Lust und Leben der Deutschen im 16. Jahrhunderte, von ihm selbst aufgesetzt. *Bresl. et Leipz.* 1820-23. 3 vol. 8. (*L.*)

Schweinitz (Herren v.),
famille allemande.

Schweinitz (David v.). Genealogie derer v. Schweinitz, vor der Zeit der von Schwentze genannt. *Liegnitz.* 1661. Fol.

Urnæ Schweinitzio-Cranenses, oder etliche aus dem hochlöblichen Schweinitzschen Stammhause Kran von einigen Jahren her nach einander abgeschiedener merkwürdiger Leichen-und Ehrengedächtnisse. *Zittau.* 1685. Fol.

Schweinitz (Ludwig David v.),
savant américain d'origine allemande.

Johnson (W... R...). Memoir of the late L. D. v. Schweinitz, with a sketch of his scientific labours. *Philadelph.* 1835. 8. (*Bx.*)

Schwenckenbecher (Guenther),
musicien allemand (26 nov. 1651 — 9 mars 1714).

Flottwell (Christian). Leichenrede auf den Tod des Cantors G. Schwenckenbecher. *Königsb.* 1714. 4.

Schwendendoerfer (Bartholomeus Leonhard),
jurisconsulte allemand (1631 — 19 juillet 1705).

Ittig (Thomas). Leichenpredigt auf B. L. Schwendendoerfer, nebst dessen Lebenslauf und Johann CYPRIAN's academischem Programm, *Leipz.* 1705. Fol. (*L.*)

Schwendendoerfer (Georg Tobias),
jurisconsulte allemand , père du précédent
(13 nov. 1597 — 16 avril 1681).

(Feller, Joachim). Programma academicum in obitum G. T. Schwendendoerfer. *Lips.* 1681. Fol. (*L.*)

Schwenkfeld (Caspar v.),
fanatique allemand (1490 — 10 déc. 1561).

Kurtze Rechenschaft von C. Schwenkfeld's Vocation, Lauf und Lehre, s. l. 1526. 4.

Hartranft (Lorenz). Widerlegung des Irrthums der Schwenkfelder. *Goerl.* 1578. 8.

Wigand (Johann). Explanatio de Schwenkfeldianismo. *Lips.* 1586. 4. (*L.*)

Held v. Dieffenau (Jacob). Endschaft und Auflösung des Mannes Gottes, C. Schwenkfeld, s. l. 1597. 8.

Osiander (Lucas). Enchiridion controversiarum cum Schwenkfeldianis. *Tubing.* 1605. 4.

Kurtze Lebensbeschreibung C. Schwenkfeld's, s. l. 1697. 8. (*D. et L.*)

Liefmann (Gottlieb). Dissertatio historica de fanaticis Silesiorum. *Witteb.* 1698. 4.

Schneider (Daniel). Unpartheiische Prüfung des C. Schwenkfeld. *Giess.* 1708. 8.

Historische Nachricht von dem vor zweihundert Jahren berühmten und verrufenen schlesischen Edelmann C. Schwenkfeld, von Ossing, sammt beigefügter Anzahl seiner Schriften. *Prenzl.* 1744. 8.

C. Schwenkfeld's und seiner Glaubensgenossen wesentliche Lehre erläutert, nebst ihrer Geschichte. *Leipz.* 1776. 8. (*D. et L.*)

Schweppermann (Seyfried),
l'un des héros de la bataille de Muhldorf († 28 sept. 1322).

Popp (David). S. Schweppermann und das Geschlecht der Schweppermann. Denkschrift zur fünften Säcularfeier. *Sulzbach.* 1822. 8. Portrait.

Fichtner (Johann Georg). Dissertatio sistens vetus dictum teutonicum : *Jedem Mann ein Ei, dem frommen Schweppermann zwei. Altorf.* 1729. 4.

Schwerin (Curt Christoph, Graf v.),
feld-maréchal de Prusse (26 oct. 1684 — 6 mai 1757).

Leven van den grave C. C. van Schwerin, eerste en oudste generaal veldmarschalk van Frederik den Grooten. *Amst.* 1759. 8. Portrait.

Formey (Jean Henri Samuel). Éloges de MM. les maréchaux de Schwerin et de (Jacques) Keith, et de M. de Viereck, s. l. (*Berl.*) 1760. 8.

Toellner (Johann Gottlieb). Ein Christ und ein Held, oder einige besondere Nachrichten von dem preussischen General-Feldmarschall Grafen v. Schwerin. *Frf. a. d. O.* 1758. 8. *Ibid.* 1765. 8.

(Koenig, Anton Balthasar). Lebensbeschreibung des königlich preussischen General-Feldmarschalls Grafen v. Schwerin. *Berl.* 1790. 8. (*L.*)

(Giesebrecht, Ludwig). Denkwürdigkeiten aus dem Leben K. v. Schwerin's. *Stuttg.* 1828. 8.

Varnhagen v. Ense (Carl August). Leben des Feldmarschalls Grafen v. Schwerin. *Berl.* 1841. 8. (*L. et Oxf.*)

Schwind (Carl Franz),
théologien allemand.

Schilderung der neufränkischen Apostel Eulogius Schneider, Johann Jacob Kaemmerer, Thaddäus Anton Dereser und C. F. Schwind in Strasburg, s. l. 1792. 8.

Scigliani (Alessio),
médecin italien (11 février 1805 — 5 mai 1844).

Grasso (Lorenzo Coco). Notizie della vita e delle opere del professore A. Scigliani. *Milan.* 1844. 16.

Scinà (Domenico),
littérateur italien (28 février 1765 — 15 juillet 1837).

Mortillaro (Vincenzo). Su la vita e su le opere dell' abate D. Scinà. *Palerm.* 1837. 8. (*Oxf.*) *Messin.* 1837. 8.

Avella (Domenico). Esequie alla memoria di D. Scinà. *Palerm.* 1838. 4.

Malvica (Ferdinando). Elogio di D. Scinà. *Palerm.* 1838. 8.

Costanzo (Salvador). Vida publica y privada de D. Scinà, etc. *Madr.* 1846. 8.

Sciopplus, voy. Schoppe (Caspar).

Scipio-Æmilianus (Publius Cornelius),
destructeur de Carthage.

Bendinelli (Antonio). P. C. Scipionis Æmiliani, Africani minoris ac Numantioni vita. *Florent.* 1549. 8. *Mutin.* 1549. 8. *Lucca.* 1568. 4. Avec des notes par Isidoro BIANCHI. *Hafn.* 1776. 8. (*Cp.*) Trad. en ital. par Giusto COMPAGNI. *Lucca.* 1556. 8.

Sigonio (Carlo). De vita et rebus gestis P. Scipionis Æmiliani. *Bonon.* 1569. 4.

Starck (C... L...). P. C. Scipio Africanus Velleji Paterculi 1, 12, 13. *Lips.* 1672. 4. (*L.*)

Norrmann (Laurens). Scipio Africanus Major generosus. *Upsal.* 1688. 8.

Gerlach (Franz Dorotheus). Tod des P. C. Scipio Æmilianus; historische Untersuchung. *Basel.* 1839. 8.

Scipion, surnommé **l'Africain** (Publius Cornelius), vainqueur d'Annibal,

Hannibal et Scipion. *La Haye.* 1675. 12.

Seran de la Tour (N... N...). Histoire de Scipion l'Africain, etc., avec les observations du chevalier de Folard sur la bataille de Zama. *Par.* 1738. 12. (*P.*) *Ibid.* 1752. 12. Trad. en angl. par Richard PARRY. *Lond.* 1787. 2 vol. 12. (*Oxf.*)

Sekeyde (N... N...), théologien allemand.

Ender (Franz Anton). Necrolog des Prälaten und königlichen Consistorialraths Dr. Sekeyde. Beitrag zur Geschichte des katholischen Schulwesens in Schlesien. *Glogau.* 1850. 4.

Sclano (Maria Gaetana), augustine italienne (4 mars 1669 — 13 mars 1698).

Pagani (Tommaso). Ristretto delle virtuose azioni della serva di Dio suor M. G. Sclano, monaca nel real monastero di S. Maria Egizziana Maggiore di Napoli. *Napol.* 1717. 12. *

* L'auteur a dédié son ouvrage à S. Marie Égyptienne.

Scolari (Giacomo), jurisconsulte italien.

Canto funebre in morte del dottore G. Scolari di Verona, fù giudice della corte civile e criminale del dipartimento dell' Adriatico. *Venez.* 1811. 8.

Scolari * (Filippo), gouverneur général de la Hongrie (1369 — 27 déc. 1426).

Poggio-Bracciolini (Giacomo). Vita P. Scholarii. *Florent...*

Mellini (Domenico). Vita del famosissimo e chiarissimo capitano F. Scolari (chiamato Pippo-Spano), conte di Temeswar. *Firenz.* 1569. 8. *Ibid.* 1606. 8.

* Plus connu sous le nom de PIPPO SPANO.

Scopoli (Giovanni Antonio), naturaliste tyrolien (13 juin 1723 * — 8 mai 1788).

Maironi da Ponte (Giovanni). Elogio del dottore G. A. Scopoli, professore di chimica. *Bergam.* 1811. 8.

* C'est par erreur que la *Biographie universelle* de Michaud le fait naître en 1725.

Scoresby (William), touriste anglais.

Scoresby (William). Memorials of the sea. My fater; being records of the aventurous life of the late W. Scoresby. *Lond.* 1851. 8.

Scott (Alexander John), théologien anglais.

Recollections of the life of A. J. Scott (lord Nelson's chaplain). *Lond.* 1842. 8. (*Oxf.*)

Scott (David), peintre (?) écossais.

Scott (W... B...). Memoir of D. Scott, R. S. A. containing his *Journal in Italy*, notes on arts and other papers. *Edinb.* 1850. 8.

Scott (Thomas), publiciste anglais († assassiné le 18 juin 1826).

Briefe and true relation of the murther of T. Scott, commited by John Lambert, souldier of the garrison of Utrecht, etc., with his examination, confession and execution. *Lond.* 1826. 4.

Scott (Thomas), théologien anglais.

Scott (Thomas). The force of truth; a marvellous narrative of his own life. *Lond.* 1779. 12. (*Oxf.*) *Ibid.* 1811. 12. (8e édition.)

Biographische Notizen über T. Scott. *Basel.* 1828. 18. Portrait.

Scott (John). Life of the Rev. T. Scott, rector of Aston Sandford, Bucks. *Lond.* 1838. 8. Portrait.

Scott (Walter), romancier écossais du premier ordre (15 août 1771 — 21 sept. 1832).

Pichot (Amédée). Notice sur la vie et les ouvrages de W. Scott. *Par.* 1821. 12. (*P.*)

S... (G... v.). W. Scott; historisch-kritisirendes Gemälde seines schriftstellerischen Geistes. *Naumb.* 1826. 12.

Jacob (Carl Georg). W. Scott; biographisch-litterarischer Versuch. *Coeln.* 1827. 16. Portrait.

Cunningham (Allan). Notice biographique et littéraire sur sir W. Scott, trad. de l'angl. par Antoine Jean Baptiste DEFAUCONPRET. *Par.* 1833. 8. (*Lv.*)

Nayler (B... S...). Memoirs of the life and writings of W. Scott. *Amst.* 1833. 8.

Kraemer (Georg v.). Leben und Werke W. Scott's, nach Allan-Cunningham, Defauconpret und andern authentischen Quellen bearbeitet. *Stuttg.* 1833. 12.

Lockhart (John Gibson). Memoirs of the life of sir W. Scott. *Lond.* 1834-35. 5 vol. 8. (*Oxf.*) *New-York.* 1837. 6 vol. 12. *Par.* 1837. 5 vol. 8. *Edinb.* 1839-42. 10 vol. 8. 5 portraits. *Ibid.* 1848. 10 vol. 8. Trad. en allem. par Moritz BAUENL. *Leipz.* 1839-41. 5 vol. 16. (*L.*)

Hogg (James). Anecdotes of W. Scott. *New-York.* 1834. 12. (*Oxf.*)

—— Private life and domestic manners of sir W. Scott. *Lond.* 1835. 8.

Roberts (S...). W. Scott's Jugendleben, von ihm selbst beschrieben bis zum Jahre 1792. *Leipz.* 1837. 12. (*L.*)

Hagberg (Carl Peter). (Miguel de) Cervantes et W. Scott; parallèle littéraire. *Lund.* 1838. 8.

(**Loménie**, Louis de). Sir W. Scott, par un homme de rien. *Par.* 1841. 12.

Lockhart (John Gibson). Narrative of the life of sir W. Scott. *Lond.* 1852. 2 vol. 8.

Irwing (Washington). Abbatsford and Newstead Abbey. *Lond.* 1835. 8.

Trad. en allem. *Berl.* 1835. 8.

Trad. en franç. par Adèle Sobry. *Par.* 1835. 8.

Scott (Winfield), général anglo-américain (13 juin 1786 — ...).

Mansfield (Edward D...). Life and services of general W. Scott, commander of the United-States army. *New-York.* 1846. 12. *Ibid.* 1852. 12.

Life and public services of W. Scott, general in chief of the army of the United-States, comprising his early life, his services in the war of 1812, etc. *Philadelph.* 1852. 8.

General Scott and his staff, comprising memoirs of generals Scott, (David) Twiggs, (Persifor Francis) Smith, (John A...) Quitman, (James) Shields, (Gideon Johnson) Pillow (né le 10 juin 1806), (Joseph) Lane, (George) Cadwalader, (Robert) Patterson (né le 12 janvier 1792), (Franklin) Pierce; colonels (Thomas) Childs, (Bennet) Riley, (William) Harney and (Pierce M...) Butler and other distinguished officers attached to general Scott's army, etc. *Philadelph.* 1848. 12. *

* Avec les portraits des généraux Scott, Pillow, Twiggs, Shields, Cadwalader, Patterson, du colonel Childs, du général Stephen William Kearny, du colonel John Charles Fremont, du général Roger Jones et du fameux lieutenant Christopher Carson (né en 1810).

Mansfield (Edward D...). Pictorial life of general W. Scott. *New-York.* 1852. 18.

Scotti (Cosimo Galeazzo), littérateur italien (1759 — 13 juillet 1821).

Bello (Luigi). Memorie su la vita e gli scritti di C. G. Scotti. *Cremon.* 1823. 8.

Scotti (Giulio Clemente), jésuite italien (1602 — 9 oct. 1669).

Kneschke (Johann Gottlieb). Dissertatio de auctoritate libelli de *Monarchia Solipsorum.* * *Zittav.* 1811. 4.

* Plusieurs biographes ont attribué à tort cet ouvrage à Melchior Iscuorza, et malgré les preuves incontestables par lesquelles le père Oudin a démontré que l'ouvrage ne peut avoir d'autre auteur que Scotti, les avis restent encore partagés.

Scotus (Johannes Duns), philosophe anglais (vers 1270 — 1308).

Hoyer (Michael). Oratio encomiastica de sanctitate vitæ et divina sapientia J. Duns Scoti. *Duaci.* 1640. 4.

Wadding (Lucas). Vita J. Duns Scoti, ordinis minorum doctoris subtilis, s. l. 1644. 8.

Veglensis (Matthæus). Vita J. Duns Scoti. *Patav.* 1671. 8.

Boyvin (J... G...). Philosophia Scoti. *Par.* 1690. 8.

Scotus Erigena, voy. **Erigena** (Joannes Scotus).

Scotus (Michael),
philosophe écossais du XIIIe siècle.

Schmutzer (Johann Gottfried). Dissertatio de M. Scoto, veneficii injuste damnato. *Lips.* 1759. 4. (*L.*)

Scozio (Costanza),
poëte italienne (11 oct. 1709 — 5 février 1791).

Angeli (Gherardi degli). Orazione in lode di C. Scozio. *Napol.* 1793. 8.

Scribe (Augustin Eugène),
auteur français du premier ordre (25 déc. 1791 —...).

(**Loménie**, Louis de). Notice sur M. Scribe, par un homme de rien. *Par.* 1841. 12.

Scriver * (Christian),
théologien allemand (2 janvier 1629 — 5 avril 1693).

Calvisius (Sethus). Leichpredigt über C. Scriver. *Helmst.* et *Magdeburg.* 1693. 4. (*Cp.*)

Weinschenk (Christian Otto). Erbauliches Leben C. Scriver's. *Magdeb.* 1729. 4. (*Cp.*)

Brauns (Ferdinand). Leben Mag. C. Scriver's. *Bielef.* 1840. 8. (*L.*)

Christmann (Johannes). Kurzer Lebensabriss des um das evangelische Christenthum hochverdienten Mag. C. Scriver, ehemaligen Ober-Hofpredigers, etc., zu Quedlinburg. *Nürnb.* 1829. 12. (*L.*)
* Son nom originaire était SCRIXIXA.

Scrofani (Saverio),
historien italien (21 nov. 1756 — 7 mars 1835).

Vaccaro (Emmanuele). Elogio di S. Scrofani. *Palerm.* 1835. 8.

Scudéry (Madelène de),
auteur française (15 juin 1607 — 2 juin 1701).

Esprit de mademoiselle de Scudéry. *Par.* 1766. 12. (*P.*)

Scuderi-Bonaccorsi (Rosario),
médecin italien (1767 — 1806).

Castorina (Paolo di Giacomo). Elogio di R. Scuderi-Bonaccorsi. *Catania.* 1858. 4.

Scultetus * (Abraham),
théologien allemand (24 août 1566 — 24 oct. 1625).

Narratio apologetica de curriculo vitæ imprimis vero de actionibus Pragensibus A. Sculteti. *Emdæ.* 1625. 4. (Ecrit par lui-même.)
* Son nom de famille était SCHULTES.

Scultetus (Johannes),
médecin allemand (12 oct. 1595 — ... 1645).

Bischoff (Ludwig). Leichenpredigt J. Sculteti, philosophiæ, medicinæ et chirurgiæ doctoris. *Ulm.* 1646. 4.

Scuri (Michele),
prêtre italien (vers 1770 — 1844).

Arrigoni (Giuseppe). Cenno biografico sul sacerdote M. Scuri d'Introbbio. *Milan.* 1845. 8.

Sebald (Johann),
jurisconsulte allemand (1566 — 28 déc. 1617).

Neumann (Johann). Leichenpredigt auf J. Sebaldum. *Brieg.* 1617. 4.

Sebaldt (Carl Fredrik),
jurisconsulte suédois (1er avril 1713 — 19 oct. 1792).

Silfverstolpe (Axel Gabriel). Minnetal öfwer C. F. Sebaldt. *Stockh.* 1792. 8.

Sebaldus (Saint).

Moller (Daniel Wilhelm). Dissertatio de vita et scriptis S. Sebaldi. *Altorf.* 1695. 4.

Sébastiani (Horace François de **La Porta**),
maréchal de France (11 nov. 1775 — vers 1850).

(**Loménie**, Louis de). M. le comte de Sébastiani, par un homme de rien. *Par.* 1841. 12.

Sébastien (Saint),
patron contre la peste.

Ochsenfurth (Isidor v.). Vita et gesta S. martyris Sebastiani rythmo conscripta, d. i. Leben und Thaten des heiligen Sebastiani. *Augsb.* 1693. 8.

Vita et gesta S. Sebastiani singularis contra pestem patroni, d. i. Leben und Thaten des heiligen Mürtyrer's Sebastiani. *Augsb.* 1707. 4.

Vichet (R...). La vie et la mort de S. Sébastien. *Brux.* 1724. 8.

Charles (E...). La vie et l'histoire du culte de S. Sébastien. *Par.* 1729. 12. (*P.*)

Sébastien,
évêque de Breslau.

Stephetius (Matthias Johann). Panegyris dem Fürsten Sebastiano von Rostock, Bischofen zu Breslau. *Bresl.* 1663. Fol.

Rampusch (Zacharias). Glückwunsch dem Fürsten Sebastiano, Bischofen zu Breslau. *Bresl.* 1665. 4.

Sébastien,
roi de Portugal (20 janvier 1554 — 10 juin 1557 — 4 août 1578).

Histoire véritable des dernières guerres advenues en Barbarie, et du succès de D. Sébastien, roi de Portugal, qui mourut en la bataille le 4 août 1578. *Par.* 1879. 8.

Freig (Johann Thomas). Historia de bello Africano, quo Sebastianus rex Portugalliæ periit. *Norimb.* 1581. 8. *Rostoch.* 1581. 4.

Spontone (Ciro). Ragguaglio del fatto d'arme seguito nell' Africa da D. Sebastiano, rè di Portugallo, e Mulci Auda Malucco. *Bologn.* 1601. 4.

Discourse concerning D. Sebastian. *Lond.* 1601. 4.

True history of the late and lamentable adventures of D. Sebastian, king of Portugal. *Lond.* 1602. 4.

Continuation of the lamentable and admirable adventures of Sebastian, king of Portugal. *Lond.* 1603. 4. (*Oxf.*)

Texeira (Johannes). Adventure admirable par dessus toutes autres des siècles passés et présents qui contient un discours touchant les succès du roy D. Sébastien de Portugal, etc., s. l. 1601. 8. (Trad. de l'espagn.)

Castro (Juan de). Discurso da vida do rey D. Sebastião. *Par.* 1602. 8.

—— Ajunta do discurso precedente. *Par.* 1602. 8.

—— Reposta, que os tres estados do reyno de Portugal a sua Nobreza, Clerezia e Povo mandarão, *Par.* 1603. 8.

San-Roman (Antonio de). Jornada y muerte del rey D. Sebastian de Portugal. *Valladol.* 1603. 4.

Mendoça (Hieronymo de). Jornada de Africa por el rey D. Sebastião de Portugal. *Lisb.* 1607. 4.

Morales (Juan Bautista de). Jornada de Africa del rey D. Sebastian de Portugal. *Sevilla.* 1622. 8.

Mesa (Sebastiano de). Jornada de Africa por el rey D. Sebastiano, y union del reyno de Portugal a la corona de Castilla. *Barcel.* 1630. 4.

Torres y Lima (Luis de). Compendio das mais notaveis cousas que no reyno de Portugal acontecerão desde a perda del rey D. Sebastião até o anno 1627. *Lisb.* 1630. 8. *Coimbr.* 1654. 12. *Lisb.* 1722. 8.

Grenaille (François **Chastonnières** de). Mercure politique, ou relation politique de la fameuse révolution d'Etat arrivée depuis la mort de D. Sébastien jusqu'au couronnement de D. Jean IV (duc de Bragance). *Par.* 1643. 12. (*P.*)

D. Sébastien, roy de Portugal. *Par.* 1680. 3 vol. 12. (Roman historique.) — (*P.*)

Baena Pareda (Juan de). Epitome de la vida y hechos de D. Sebastian. *Madr.* 1691. 4.

Bayao (Jozé Pereyra). Chronica do muito alto e muito esclarecido principe D. Sebastião. *Lisb.* 1730. Fol.

—— Portugal cuidadozo e lastimado com a vida e perda do senhor rey D. Sebastião, o dezejado de saudoza memoria, historia chronologica de suas acçoens e successos desta monarquia em seu tempo; suas jornadas a Africa, batalha, perda, circumstancias e consequencias notaveis, etc. *Lisb.* 1737. Fol.

Machado (Diogo Barbosa). Memorias para a historia de Portugal que comprehendem o governo del rey D. Sebastião do anno de 1554 até o anno de 1578. *Lisb.* 1736-51. 4 vol. 4.

Sebisch ou **Sebizius** (Melchior),
médecin alsacien (1539 — 19 juin 1625).

Gloner (Samuel). Vita M. Sebizii. *Argent.* 1626. 4. (Ecrit en vers.)

Sebottendorf (Herren v.),
famille allemande.

Sebottendorf (Abraham Friedrich). Genealogia gentis Sebottendorfiæ, s. l. 1713. 4.

Secco Suardi Grismondi (Paolina),
poëte italienne.

Moroni (Pietro). Elogio della contessa P. Secco Suardi Grismondi, tra le Arcadi Lesbia Cidonia, etc. *Bergam.* 1859. 4.

Seckendorf (Friedrich Heinrich, Graf v.),
feld-maréchal d'Autriche (16 juillet 1673 — 23 nov. 1763).
(Hecker, Heinrich Cornelius). Leben des k. k. Feldmarschalls F. H., Grafen v. Seckendorf. *Amst.* 1758. 8.
Ibid. 1759. 8. *(L.)* * Portrait. Trad. en holland. *Amst.*
1759. 8.
    * Publ. sous le pseudonyme de BELLAMISTES.
(Seckendorf, Theresius v.). Versuch einer Lebensbeschreibung des Feldmarschalls Grafen v. Seckendorf, etc. *Leipz.* 1792-94. 4 vol. 8. *(L.)*
Seckendorf (Veit Ludwig v.),
jurisconsulte et historien allemand (20 déc. 1626 — 18 déc. 1692).
Schreber (Daniel Gottfried). Historia vitæ ac meritorum V. L. a Seckendorf in rem publicam et litterariam incomparabilem, etc. *Lips.* 1733. 4. *(L.* et *P.)*
Secker (Thomas),
archevêque de Cantorbéry (1693 — 1768).
Porteus (Beilby). Review of the life and character of the Right Rev. Dr. T. Secker, late archbishop of Canterbury. *Lond.* 1797. 8. (4e édition.) — *(Oxf.)*
Secundus (Janus),
graveur hollandais (14 nov. 1511 — 24 sept. 1536). *
Kist (Nicolaus Christian). Iets over J. Secundus, als stempelsnijder, en over zijne penningplaat *Vatis amatoris Julia sculpta manu*, s. l. et s. d. *(Leyd.* 1834.) 8. — *(Ld.)*
Pinchart (Alexandre). J. Nicolaï, dit Jean Second. *Brux.*, s. d. 8. (Extrait de la *Revue de la numismatique belge*.)
    * C'est à tort que plusieurs biographes le font mourir le 8 oct. de la même année.
Sedaine (Michel Jean),
poète français (4 juillet 1719 — 17 mai 1797).
Salm-Dyck (Constance Marie de). Éloge historique de M. Sedaine. *Par.*, an v (1797). 8. *(P.* et *Lv.)*
Sedgwick (Henry D...).
Vindication of the character and conduct of H. D. Sedgwick, against certain charges made by Jonas Platt. *New-York.* 1826. 8. (2e édition.)
Seebach (L...),
pédagogue allemand.
Zur Erinnerung an L. Seebach, Director zu Elberfeld, und an G... Simon, Oberlehrer daselbst. *Elberf.* 1853. 8.
Seehofer (Arsatius),
théologien allemand du xve siècle.
Rieger (Georg Conrad). Leben Argulæ v. Grumbach einer Jüngerin Jesu, sammt eingemengter Nachricht von A. Seehofer, erstem evangelischen Prediger zu Leonberg und Winnenden. *Stuttg.* 1737. 8.
Seelen (Erich Simon Heinrich v.),
littérateur allemand.
Overbeck (Johann Daniel). Commentatio de vita, scriptis, meritis E. S. H. a Seelen. *Lubec.* 1756. 4.
Seelen (Johann Heinrich v.),
philologue allemand (8 août 1687 — 21 oct. 1762).
Weidener (Johann Joachim). Programma de vita et scriptis J. H. a Seelen. *Rostoch.* 1725. 4.
Behme (Ernst Leopold Friedrich). Seeleniana, s. commentatio de vita, meritis et scriptis J. H. a Seelen. *Hamb.* 1728. 8.
Gesner (Johann Georg). Pietatis documentum in funere J. H. a Seelen. *Lubec.* 1762. Fol. *(L.)*
Overbeck (Johann Daniel). Memoria vitæ J. H. a Seelen. *Lubec.* 1762. Fol.
Ostermeyer (Joachim Heinrich). Leben J. H. v. Seelen. *Lübeck.* 1762. Fol.
Seelmann (Peter Theodor),
théologien allemand.
Reimarus (Hermann Samuel). Memoria P. T. Seelmanni, pastoris ad ædem S. Michael et reverendissimi ministerii senioris. *Hamb.* 1750. Fol.
Seemiller (Sebastian),
théologien allemand (17 oct. 1752 — 22 avril 1798).
Daisenberger (Johann Nepomuk). Monumentum gratitudinis et singularis observantiæ erga reverendissimum et clarissimum D. S. Seemiller. *Monach.* 1798. 8.
Sefeloge (N... N...),
connu par son attentat sur Frédéric Guillaume IV, roi de Prusse.
Damerow (H...). Sefeloge. Eine Wahnsinns-Studie. *Halle.* 1853. 8.

Segato (Girolamo),
naturaliste italien (vers 1792 — 3 février 1836).
Pellegrini (Giuseppe). Elogio di G. Segato da Belluno. *Firenz.* 1856. 8. *Padov.* 1856. 8.
Vernacchia (Francesco Maria **Riccardi** del). Elogio di G. Segato. *Firenz.* 1856. 4.
Ségaud (Pierre Dominique),
jurisconsulte français (1784 — 27 sept. 1821).
Nécrologie (de l'avocat Ségaud), s. l. et s. d. *(Lyon* 1821.) 8.
Segneri (Paolo),
jésuite italien (21 mars 1624 — 9 déc. 1694).
Massei (Giuseppe). Vita del venerabile servo di Dio, il P. P. Segneri. *Venez.* 1717. 12.
    Trad. en allem. par Franz Joseph SCHERMER. *Regensb.* 1858. 8.
    Trad. en lat. par Anton MAYR. *Ingolst.* 1741. 8.
Meneghelli (Antonio Maria). Elogio storico di P. Segneri. *Padov.* 1815. 8. *(Oxf.)*
Dell' eloquenza del P. P. Segneri, etc. *Venez.* 1845. 8. Portrait.
Segneri (Paolo),
jésuite italien, neveu du précédent (1673 — 15 juin 1713).
Galluzzi (Francesco Maria). Vita del P. P. Segneri juniore. *Rom.* 1716. 8.
Muratori (Ludovico Antonio). Vita del P. P. Segneri. *Moden.* 1720. 2 vol. 8.
Segrais (Jean Regnauld de),
poète français (22 août 1624 — 25 mars 1701).
(Galland, Antoine). Segraisiana, ou mélanges d'histoire et de littérature. *Par.* 1720. 12. *La Haye.* 1720. 12. *Par.* 1721. 12. *(P.) La Haye.* 1722. 12. *Amst.* 1722. 12. *Ibid.* 1723. 12.
Séguier (Antoine Louis),
jurisconsulte français (1er déc. 1726 — 25 janvier 1792).
Portalis (Jean Étienne Marie de). Éloge d'A. L. Séguier, etc., l'un des quarante de la ci-devant Académie française. *Par.* 1806. 8. *(P.)*
Séguier (Dominique),
archevêque (?) de Meaux.
Biroat (Jacques). Oraison funèbre de D. Séguier. *Par.* 1659. 4.
Séguier (Pierre),
chancelier de France (28 mai 1588 — 28 janvier 1672).
Béthune (Armand de). Oraison funèbre de P. Séguier, s. l. 1672. 4.
Cureau de la Chambre (Pierre). Oraison funèbre de P. Séguier, chancelier de France sous Louis XIV. *Par.* 1672. 4. *Ibid.* 1686. 4.
Laisné (Charles). Oraison funèbre de P. Séguier. *Par.* 1672. 4.
Tallemant (François). Éloge funèbre de P. Séguier. *Par.* 1672. 4.
Robin (Pierre). Panegyricus in recenti funere P. Seguieri. *Par.* 1672. 4.
Séguin (Charles Antoine),
jurisconsulte français (20 mars 1708 — 19 sept. 1790).
Genisset (François Jean). Éloge historique de C. A. Séguin. *Besanç.* 1809. 8. (Échappé aux recherches de Quérard.) — *(Bes.)*
Ségur (Alexandre Joseph Pierre, vicomte de),
maréchal de camp français (1756 — 28 juillet 1805).
Ségur (Alexandre Joseph Pierre de). Ma prison depuis le 25 vendémiaire jusqu'au 10 thermidor. *Par.*, an III. (1795). 8. *(P.)*
Ségur (Jean Charles de),
évêque de Saint-Papoul (26 déc. 1695 — 28 sept. 1748).
Abrégé de la vie de J. C. de Ségur, ancien évêque de Saint-Papoul. *Utrecht.* (*Par.*) 1749. 12. *(P.* et *Bes.)*
Ségur (Louis Philippe, comte de),
historien français (11 déc. 1753 — 27 août 1832).
Ségur (Louis Philippe de). Mémoires ou souvenirs et anecdotes. *Par.* 1824. 8. Considérablement augment. *Ibid.* 1827. 5 vol. 8. Portrait.
    Trad. en allem.:
    Par O... v. W... *Stuttg.* 1824-26. 5 vol. 8.
    Par Lebrecht Guenther FOERSTER. *Quedlinb.* 1827-28. 10 vol. 16. *(L.)*

Seherthoss (Freiherren v.),
famille allemande.

Fuelleborn (Johann Friedrich). Genealogie des hochadeligen und freiherrlichen Geschlechts von Seherthoss.
Bresl. 1755. Fol.

Sehested (Christian Thomas),
homme d'État danois (vers 1590 — 6 août 1657).

Bartsker (Hans). Ligpraediken over C. T. Sehested.
Kjoebenh. 1658. Fol.

Bang (Thomas). Oratio in obitum cancellarii C. T. Sehested. *Hafn.* 1658. Fol.

Faber (Johannes). Memoria Sehestediana in obitum C.
T. Sehested. *Soræ.* 1658. Fol.

Rosenkrants (Jens). Oratio in obitum C. T. Sehested.
Soræ. 1658. Fol.

Seidel (Carl),
littérateur allemand.

Bartsch (J...). C. Seidel, sein Leben und Wirken ; ein
Denkmal, etc. *Berl.* 1845. 8. Portrait.

Seidel (Christian Heinrich),
théologien allemand (31 janvier 1743 — 30 janvier 1778).

Sattler (Johann Paul). Denkmahl der Freundschaft bey
dem Grabe des seeligen Herrn C. H. Seidel, Diaconus
an der Pfarrkirche St. Sebaldus zu Nürnberg. *Nürnb.*
1788. 4.

Seidel (Christoph Matthias),
littérateur allemand.

Wiedeburg (Friedrich August). Characterzüge C. M.
Seidel's. *Helmst.* 1797. 4.

Seidel (Christoph Timotheus),
théologien allemand (20 sept. 1703 — 30 mai 1758).

Wernsdorf (Johann Christian). Memoria C. T. Seidelii.
Helmst. 1758. 4.

Seidel (Erasmus),
jurisconsulte allemand.

Heinzelmann (Johann). Panegyricus E. Seidelio dictus.
Frf. ad Viadr. 1658. Fol.

Seidel (Gotthold Emmanuel Friedrich),
théologien allemand (10 mars 1774 — 6 février 1838).

Besenbeck (Gottlieb Ferdinand). Einsegnungsworte am
Grabe des Herrn, etc., G. E. F. Seidel. *Nürnb.* 1838. 8.

Loesch (Johann Christian Ernst). G. E. F. Seidel, nach
seinem Leben und Wirken; nach einer biographischen
Skizze des Verstorbenen dargestellt. *Nürnb.* 1838. 8.

Seidel (Johann Christian),
théologien allemand (13 février 1690 — 18 juin 1773).

Lang (Lorenz Johann Jacob). Leben des Herrn Superintendenten Seidel in Hof. *Erlang.* 1773. Fol.

Seidel (Johann Michael),
littérateur allemand.

Harles (Gottlieb Christian). Memoria J. M. Seidel. *Erlang.* 1776. Fol. (*L.*)

Seidenbecher (Georg Lorenz),
théologien allemand.

Verpoortenn (Albrecht Menno). Commentatio de G. L.
Seidenbecheri vita et institutis, etc. *Gedan.* 1739. 4.

Seider (Friedrich Samuel),
théologien allemand (9 février 1766 — ... 1802).

Todeskampf am Hochgericht, oder Geschichte des unglücklichen Dulders F. S. Seider, chemaligen Predigers zu
Randau in Esthland, etc. *Hildesh.* et *Leipz.* 1803. 8. (*L.*)

Seigneux de Correvon (Gabriel),
littérateur suisse († 1776).

Mémoires sur l'éducation, la vie, les ouvrages et le caractère de feu M. G. Seigneux de Correvon. *Lausanne.*
1776. 8.

Saussure (Horace Bénédict de). Éloge de M. Seigneux
de Correvon. *Lond.* (*Genève.*) 1787. 8.

Seignior (George),
théologien anglais.

Fawket (James). Account of the life and death of Dr.
G. Seignior. *Lond.* 1681. 8. (*Oxf.*)

Seiler (Burkhard Wilhelm),
médecin allemand (11 avril 1779 — 27 sept. 1843).

Nachricht von dem Leben und Wirken des königlich sächsischen Hof-und Medicinalrathes Dr. B. W. Seiler,
weiland Directors der chirurgisch-medicinischen Akademie und der mit ihr vereinigten Thierarzeneischule
zu Dresden; nach Seiler's eigenhändigen Aufzeichnun-

gen herausgegeben von den Professoren der genannten
Anstalten. *Dresd.* 1844. 4. Portrait. (*D.* et *L.*)

Seiler (Georg Friedrich),
théologien allemand (24 oct. 1733 — 13 mai 1807).

Harles (Gottlieb Christoph). Memoria G. F. Seileri. *Erlang.* 1807. Fol. (*L.*)

Ammon (Christoph Friedrich v.). Gedächtnisspredigt auf
G. F. Seiler. *Erlang.* 1807. 8.

Steinbrenner (Wilhelm Ludwig). Dr. G. F. Seiler; eine
dankbare Reminiscenz. *Erlang.* 1807. 8.

Seinsheim (Georg Ludwig v.),
général allemand.

Dinner (Conrad). Expositio historica de ortu, vita et
rebus gestis illustris et generosi herois G. L. a Seinsheim, libri V, s. l. 1590. Fol. Portrait.

   * Cet ouvrage, publié sous le pseudonyme de LIPTA TRASYBULUS, est
très-rare.

Ortmann (Benno). G. Seinsheimer. Biographie zur Beleuchtung des v. Seinsheimischen adeligen Stammes.
Augsb. 1805. 8.

—— Biographie des Grafen G. L. v. Seinsheim, mit
Rücksicht auf die Reichsbegebenheiten. *Augsb.* 1820. 8.

Seitz (Alexander),
médecin allemand.

Dr. A. Seitz, aus Marburg, und seine Schrift über die
Lustseuche vom Jahre 1509, eingeleitet von Albert
MOLL. *Stuttg.* 1855. 8.

Séjan (Ælius),
favori de l'empereur Tibère (étranglé dans sa prison l'an 31 après J. C.).

Matthieu (Pierre). Æ. Sejanus, histoire romaine. *Rouen.*
1626. 12. Publ. par N... N... de VILLENOY. *Rouen.* 1642.
12. Trad. en ital. *Venez.* 1641. 8.

Omeis (Magnus Daniel). Programma in historiam de
A. Sejano ex Cornelii Taciti libr. IV, V, VI annalium.
Altorf. 1680. 4.

Arrhenius (Jakob). Dissertatio de Sejano. *Upsal.* 1696. 8.

Rycquius (Thomas ou Theodor ?). Commentatio de vita
et morte Sejani. *Lugd. Bat.* 1697. 4.

Ortwijn (Cornelis). Leven van E. Sejanus. *Leyd.* 1703. 8.

Toerner (Fabian). Dissertatio historica de Sejano adu-
latore. *Upsal.* 1710. 8.

Rydelius (Magnus). Dissertatio de A. Sejano. *Lund.*
1720. 8.

Selchow (Johann Heinrich Christian v.),
jurisconsulte allemand (26 juillet 1732 — 21 avril 1795).

Curtius (Michael Conrad). Memoria J. H. C. a Selchow.
Marb. 1795. 4. (*L.*)

Seld (Johann Christoph),
théologien allemand (1er mai 1612 — 14 sept. 1676).

(**Stempel**, Johann August). Programma in J. C. Seldii
obitum. *Coburg.* 1676. 8.

Selden (John),
jurisconsulte anglais (16 déc. 1584 — 30 nov. 1654).

Aikin (John). Life of J. Selden. *Lond.* 1812. 8. (*Oxf.*)

Johnson (George William). Memoirs of J. Selden, and
notices of the political contest during his time. *Lond.*
1855. 8. Portrait.

(**Milward**, R...). Seldeniana. *Lond.* 1689. 8. *Ibid.* 1696. 8.
Lond. (*Amst.*) 1716. 8. *Lond.* 1789. 18. *Ibid.* 1813. 16.

Selig (Gottfried),
apostat juif (12 sept. 1722 — 5 mars 1795).

Leben und Bekehrung G. Selig's und seiner drei Schwestern aus dem Judenthume. *Leipz.* 1775. 5 vol. 8. (*L.*)

Seligmann (Caspar Christian),
jurisconsulte allemand (9 déc. 1652 — 13 février 1711).

Gerlach (Benjamin Gottlieb). Programmata II de vita
C. C. Seligmanni, consiliarii Saxonici intimi. *Zittav.*
1740-43. Fol.

Lachmann (Ferdinand Heinrich). Memoria C. C. Seligmanni, etc. *Zittav.* 1856. 8. (*L.*)

Seligmann (Zacharias),
théologien allemand (30 sept. 1627 — 2 août 1687).

Franz (Johann). Das himmlische Seligmänner-Geschlecht.
Leichpredigt auf den Archidiacon Mag. Z. Seligmann.
Zittau. 1687. 4.

Selle (Christian Gottlieb),
médecin allemand (7 oct. 1748 — 9 nov. 1800).

Formey (Johann Ludwig). Biographie Selle's. *Berl.* 1821.
8. Portrait.

Sellon (Jean Jacques de),
homme d'État suisse (1782 — 7 juin 1839).

Mello (Juan de). J. J. de Sellon, ancien chambellan de l'empereur Napoléon, membre du conseil souverain de Genève, etc. *Par.* 1847. 8. (Extrait du *Nécrologe universel du XIXᵉ siècle.*)

Selnecker (Nicolaus),
théologien allemand (6 déc. 1532 — 24 mai 1592).

Mueller (Georg). Leichenpredigt auf N. Selnecker. *Jena.* 1592. 4.

Schroeter (Georg). Oratio de vita N. Selneccerf; superintendentis Hildesiani. *Hildesh.* 1600. 4.

Goetze (Georg Heinrich). Septenarius dissertationum memoriam N. Selnecceri exhibens. *Lubec.* 1723-27. 4.

(Friedrich, Johann). Programma academicum in N. Selnecceri obitum. *Lips.* 1619. Fol. (*L.*)

Seltenreich (Carl Christian),
théologien allemand (19 mars 1765 — 10 nov. 1836).

Ziller (Carl Gottfried). Dr. Seltenreich's , weiland Superintendenten und Pastoris primarii zu Dresden, Leben und Wirken ; biographischer Versuch. *Grimma.* 1857. 12. (*L.*)

Selva (Giovanni Antonio),
architecte italien du XVIIIᵉ siècle.

Sammichele (Michele). Elogio di G. A. Selva. *Rom.* 1814. (Omis par Cicogna.) — (*Oxf.*)

Diedo (Antonio). Elogio del professore G. A. Selva, architetto. *Venez.* 1819. 8. Portrait. (*Oxf.*)

Selva (Lorenzo),
opticien italien.

Santini (Giovanni). Elogio storico di L. Selva, ottico Veneziano, s. l. et s. d. (*Venez.* 1844.) 8.

Selvaggi (Giulio Lorenzi),
théologien italien (11 août 1728 — 10 nov. 1772).

Calefati (Alessandro Maria). De J. L. Selvagii Neapolitani, sacerdotis virique doctissimi vita et scriptis commentarius. *Neap.* 1773. 8.

Selvaggia-Borghini (Maria),
mathématicienne italienne (1654 — 21 février 1731).

Simonelli (Giovanni). Elogio storico di M. Selvaggia-Borghini. *Pisa.* 1731. 8.

Anguillesi (Giovanni Domenico). Discorso academico sulla vita e le opere di M. Selvaggia-Borghini. *Pisa.* 1828. 8. (*Oxf.*)

Selwyn (George),
bel-esprit anglais du XVIIIᵉ siècle.

Jesse (John Heneage). G. Selwyn and his contemporaries, with memoirs and notes. *Lond.* 1843-44. 4 vol. 8. (*Oxf.*)

Semaille (N... N...),
prêtre français († 13 mars 1850).

Heroguer (N... N...). Oraison funèbre prononcée aux funérailles de Semaille, doyen curé de Saint-Pierre à Douai. *Douai.* 1850. 8.

Semeca (Johann),
jurisconsulte allemand († vers 1268).

Schmidt (Johann Andreas). Dissertatio de J. Semeca. *Helmst.* 1715. 4.

Sementini (Antonio),
médecin italien (11 oct. 1743 — 8 juin 1814).

Grillo (Antonio). Elogio storico del doctissimo medico Sementini. *Napol.* 1816. 4. (*Cp.*)

Sémiramis,
reine d'Assyrie (... — 2174 — 2164 avant J. C.).

Wypsáni o královně Semiramidě Babilonské. *Praze.* 1603. 4.

Cagnoli (Belmonte). Difesa di Semiramide. *Avignon.* 1658. 8. (Très-rare). — (*P.*)

Schueller (A...). Dissertatio de Semiramide. *Witteb.* 1669. 4. (*D.* et *L.*)

Walch (Johann Georg). Dissertatio de fabulosa historia Semiramidis. *Lips.* 1713. 4. (*L.*)

Vie de Sémiramis. *Lond.* (*Par.*) 1748. 12. *

    * Quérard , dans la *France littéraire*, attribue cet ouvrage tantôt à Michel François Dandré Bardon (voy. tome II, pag. 382) tantôt à Jean Baptiste Jouardas (tome IV, pag. 252).

Fabre d'Olivet (N... N...). Den babyloniska Drottningen Semiramis's Lefnads-Historia, trad. du franç. par E... O... **Sundstroem.** *Sundswall.* 1843. 8.

Semler (Johann Salomo),
théologien allemand (18 déc. 1725 — 14 mars 1791).

Dr. J. S. Semler's Lebensbeschreibung, von ihm selbst abgefasst. *Halle.* 1781-82. 2 vol. 8.

Wolf (Friedrich August). Über Semler's letzte Lebenstage. *Halle.* 1791. 8. (*L.*)

Hoche (Johann Gottfried). Nachricht von ·Semler's Tod und Leichenbegängniss. *Halle.* 1791. 8. (*L.*)

Thiess (Johann Otto). Dr. Semler's letzte und einige frühere Aeusserungen über religiöse Gegenstände und dessen letzte Lebenstage, verglichen mit einigen Aeusserungen Dr. Martin Luther's. *Stade.* 1791. 8.

Sémonville (Charles Louis **Huguet,** baron de),
pair de France (1754 — 1839).

Mounier (Claude Philippe Édouard). Éloge funèbre de M. le baron Sémonville, grand référendaire honoraire de la chambre des pairs, s. l. et s. d. (*Par.* 1839.) 8. (*P.*)

Senac de Meilhan (Gabriel),
homme d'État français (1736 — 16 août 1803).

Senac de Meilhan (Gabriel). Portraits et caractères des personnages distingués de la fin du XVIIIᵉ siècle, etc., précédés d'une notice sur l'auteur par M... de Levis. *Par.* 1808. 8. (Ouvrage posthume tiré de ses manuscrits.)

Senar ou **Senart** (Gabriel Jérôme),
secrétaire du comité de sûreté générale (1760 — 10 mars 1796).

Senar (Gabriel Jérôme). Révélations puisées dans les cartons des comités de salut public et de sûreté générale , ou mémoires (inédits) de Senar, publ. par Alexis Dumesnil. *Par.* 1824. 8. (*P.*)

Senarmont (H... de),
ingénieur français.

Notice des travaux de M. H. de Senarmont, ingénieur des mines. *Par.* 1848. 4.

Senartmont (Alexandre Antoine **Hureau** de),
général français (11 avril 1769 — 25 oct. 1810).

Marion (N... N...). Mémoire sur le lieutenant général baron A. de Senartmont, etc. *Par.* 1846. 8. Portrait.

Senault (Jean François),
prêtre belge (1599 — 3 août 1672).

Mathieu (Adolphe Charles Ghislain). Biographie belge. J. F. Senault, quatrième général de l'ordre de l'Oratoire, s. l. et s. d. (*Mons*). 8. Portrait.

Sendel (Christian),
médecin allemand (26 déc. 1719 — 25 mai 1789).

(Trendelenburg, Johann Georg). Memoria viri excellentissimi atque experientissimi C. Sendelii, medicinæ doctoris ejusdem physici, etc. *Dantisc.* 1789. 8.

Sendivog (Michael),
alchimiste polonais (vers 1566 — 1646).

Micïgno (Poliarcho). Vita di M. Sendivog. . . . . Trad. en allem. (par Johann Lange). *Hamb.* 1685. 12. *

    * Publ. s. l. lettres J. L. M. C., c'est-à-dire Johann Lange, medicinæ cultor.

Senebier (Jean),
littérateur suisse (6 mai 1742 — 22 juillet 1809).

Maunoir (Jean Pierre). Éloge historique de M. J. Senebier, pasteur et bibliothécaire de la ville de Genève, membre associé de l'Institut, etc. *Genève.* 1810. 8. (*P.*)

Sénèque (Lucius Annæus),
philosophe et poète romain (3 — 65 après J. C.).

Lipsius (Justus). Vita et scripta L. A. Senecæ. *Par.* 1607. Fol. *Lugd.* 1621. 8.

Martyr-Rizo (Juan Pablo). Historia de la vida de L. A. Seneca, Español. *Madr.* 1625. 4.

Mascaron (Pierre Antoine). Vie et dernières paroles de Sénèque. *Par.* 1639. 12. (*P.*)

Brandmueller (Jacob). Dissertatio : Seneca, JCtus. *Basil.* 1675. 4.

Salvadori (Francesco). Il filosofo cortegiano, o sia il Seneca. *Rom.* 1674. 12.

Ekerman (Peter). Vita et dogmata L. A. Senecæ. *Upsal.* 1742. 4.

Detharding (Georg Christoph). Disputatio de Seneca. *Rostoch.* 1749. 4.

(**Diderot**, Denis). Essai sur la vie de Sénèque le philosophe, sur ses écrits et sur les règnes de Claude et de Néron, (publ. avec des notes par Jacques André NAIGEON). *Par.* 1779. 12. *Lond.* 1782. 2 vol. 12. Publ. s. c. t. Vie de Sénèque ou essai, etc. *Par.* 1820. 8. Trad. en allem. par Garlieb HANKER. *Dessau.* 1788. 8. *Leipz.* 1794. 8. * (*D.* et *L.*)
* Publ. s. l. pseudonyme de F... L... EPUEU.

Nuescheler (Felix). L. A. Seneca, der Sittenlehrer, nach dem Character seines Lebens und seiner Schriften entworfen. *Zürch.* 1783. 8.

Rosmini (Carlo de'). Della vita di L. A. Seneca libri IV. *Roveret.* 1793. 8.

Althin (Carl Pehr). Dissertatio de L. A. Seneca. *Lund.* 1793. 8.

Klotzsch (Johann Georg Carl). L. A. Seneca. *Wittenb.* et *Zerbst.* 1799-1802. 2 vol. 8.

— — Dissertatio de L. A. Seneca, uno tragœdiarum, quæ supersunt, omnium auctore. *Witteb.* 1802. 8.

Vernier de Mont-Orient (Théodore). Abrégé analytique de la vie et des œuvres de Sénèque. *Par.* 1812. 8.

Reinhardt (Theodor Friedrich Gottfried). Dissertatio de L. A. Senecæ vita et scriptis. *Jenæ.* 1817. 8.

Brink (B... ten). Commentatio de L. A. Seneca ejusque in philosophiam meritis. *Groning.* 1829. 8.

Hirschig (A...), Dood en gedachtenis van Seneca. *Enkhuiz.* 1831. 8.

Volquardsen (N... N...). Ehrenrettung des L. A. Seneca gegen die Angriffe Carl Hoffmeister's. *Hadersleb.* 1859. 4.

———

Schmidt (Johann Andreas). Dissertatio de Seneca ejusque theologia. *Jenæ.* 1686. 4.

Apinus (Johann Philipp). Dissertatio de religione Senecæ. *Witteb.* 1692. 4.

Strauch (Aegidius). Dissertatio de christianismo Senecæ. *Jenæ.* 1706. 4.

Iserstadt (Christian). Dissertatio, an L. A. Seneca fuerit christianus? *Erford.* 1707. 4.

Schick (H... A...). De caussis quibus Zeno et Seneca in philosophia discrepant. *Rintel.* 1821. 4.

Werner (Ernst Julius Moritz). Dissertatio de Senecæ philosophia. *Vratisl.* 1825. 8.

Senger (Ludwig),
médecin allemand.

Osiander (Lucas). Leichpredigt über Herr L. Senger'n, fürstlichen Leib-Medicum, etc. *Tübing.* 1596. 4.

Sengverdius (Arnold),
philosophe hollandais.

Klencke (Jan). Oratio funebris in obitum A. Sengverdii. *Amst.* 1667. 4.

Sénigon (N... N...),
prêtre français (✝ 16 oct. 1853).

Notice nécrologique sur M. Sénigon, vicaire général du diocèse d'Agen, ex-curé de Notre-Dame de Tonneins, etc. *Marmande.* 1853. 8.

Senkenberg (Heinrich Christian, Freiherr v.),
jurisconsulte allemand (19 oct. 1704 — 30 mai 1768).

Ayrer (Georg Heinrich). Allocutio ad pios manes perillustris ac celeberrimi H. C. L. B. de Senkenberg, sacræ Cæs. Majestatis consiliarii imperii aulici, etc. *Goetting.*, s. d. (vers 1770). 4. (*L.*)

Senkenberg (Renatus Carl v.). H. C. a Senkenberg vita, ab ipso describi inchoata a filio suo ad finem perducta. *Frf.* 1782. 4.

Senkenberg (Renatus Leopold Christian Carl, Freiherr v.),
jurisconsulte allemand (23 mai 1751 — 18 oct. 1800).

Kuenoel (Christian Gottlieb). Memoria R. L. C. C. liberi baronis de Senkenberg. *Giess.* 1800. 4.

Sennen,
patron d'Arles.

Chambeau (Pierre). Vie des bienheureux martyrs Abdon et Sennen, patrons d'Arles sur Tech; suivie d'une notice sur la translation de leurs reliques à Arles. *Perpign.* 1848. 12.

Sennert (Daniel),
médecin allemand (25 nov. 1572 — 21 juillet 1637).

Buchner (August). Panegyricus memoriæ D. Sennerti dicti. *Witteb.* 1638. 4. *Ibid.* 1642. 4. *Ibid.* 1655. 4. (*P.*)

Roeber (Paul). Sennertianum symbolum, etc. *Witteb.* 1638. 4. (*P.*)

Sepmanville (Lieudé François Cyprien Antoine, baron de),
contre-amiral français (2 février 1762 — 28 juin 1817).

Gady (Auguste). Précis de la vie du baron de Sepmanville, ancien contre-amiral, etc. *Versailles.* 1817. 8. (*P.*)

Septalio (Manfredo),
archevêque de Milah (?)

Ceva (Tommaso). Exequiæ in templo S. Nazarii M. Septalio : inscriptiones, emblemata, elogia. *Mediol.* 1680. 4.

Sept Dormants,
martyrs romains, contemporains de l'empereur Décius.

Reineccius (Christian). Disputatio de septem dormientibus germanice *Sieben Schläfern* dictis. *Lips.* 1702. 4.

Celsius (Olof). Dissertatio de septem dormientibus. *Upsal.* 1718. 8.

Curieuse und lesenswerthe Geschichte von den sogenannten Siebenschläfern. *Frf.* 1723. 4.

Vettori (Francesco). De septem dormientibus historia, etc., dissertationibus et veteribus monumentis illustrata. *Rom.* 1759. 8.

Bidermann (Johann Georg). Fabulosa de septem dormientium historia. *Freib.* 1752. 4. (*L.*)

Septimius (Titius),
poète romain.

Weichert (August). Commentatio de T. Septimio poeta. *Grimm.* 1824. 4. (*L.*)

Sept Sages de la Grèce.

(**Korn**, Heinrich). Mausoleum septem Græciæ sapientum, s. elogia cum gnomis versu explicatis. *Prag.* 1643. Fol.

Norrmann (Laurens). Disputatio de septem sapientibus Græciæ. *Upsal.* 1693.

Larrey (Isaac de). Histoire des sept sages de la Grèce. *Rotterd.* 1715-16. 2 vol. 8. *La Haye.* 1721. 2 vol. 8. Publ. avec des notes par Antoine de LABARRE DE BEAUMARCHAIS. *La Haye.* 1734. 2 vol. 12. (*P.*) Trad. en espagnol par Luis HERRERO Y RUBICO. *Madr.* 1738. 8.

Ekerman (Peter). Dissertatio de septem sapientibus Græciæ. *Upsal.* 1775. 4.

Hahn (E... F...). Dissertatio de septem sapientibus Græciæ. *Dresd.* 1793. 8. (*D.* et *L.*)

Characteristik der sieben Weisen Griechenlands. *Nürnb.* 1797. 8. (*L.*)

Serafino (Fardella) de Monte Granario,
capucin italien (✝ 12 oct. 1604).

Tognoletti (Pietro). Vita e santi costumi dell' humil servo di Dio, F. Serafino da Palermo, dell' illustre famiglia Fardella, chierico professo de' minori osservanti riformati della provincia di Sicilia del Val de Mazzara. *Palerm.* 1659. 4.

Abrégé de la vie du bienheureux Frère Séraphin de Monte Granario, religieux profès laïque de l'ordre des FF. mineurs capucins, déclaré bienheureux par Clément XI de glorieuse mémoire le 19 avril 1719, etc. *Luxemb.* 1758. 12. Portrait.

Sérapis,
personnage mythologique.

Lehmann (Johann). Dissertatio historica de Serapide, Ægyptiorum deo maximo. *Witteb.* 1666. 4.

Major (Johann Daniel). Serapis radiatus, medicus Ægyptiorum deus, etc. *Kilon.* 1685. 4.

(**Galliot**, Charles). Dissertation sur le dieu Sérapis, où l'on examine l'origine et les attributs de cette divinité. *Par.* 1760. 8. * (*P.*)
* Tiré à 4 exemplaires, format in-4o.

Zeibich (Heinrich August). Dissertatio de Christianis Serapin colentibus. *Geræ.* 1766. 4.

Guigniaut (Jean Dominique). Le dieu Sérapis et son origine, ses rapports, ses attributs et son histoire. *Par.* 1828. 8. (*P.*)

Sercambi (Giovanni),
littérateur italien du XVe siècle.

Minutoli (Carlo). Discorso intorno la vita e gli scritti di G. Sercambi. *Lucca.* 1846. 8.

Sérène (Jean Jacques Rousseau),
médecin français (14 oct. 1794 — 14 janvier 1829).

Laure (N... N...). Éloge de J. J. Rousseau Sérène. *Toulon.* 1829. 8. (Omis par Quérard.)

Serenius (Jacob),
théologien allemand (25 juillet 1700 — 4 sept. 1776).

Rosén (Gabriel). Likpredikan öfver J. Serenius. *Strengnäs*. 1776. 8.

Ahrberg (N... N...). Oratio parentalis in obitum J. Serenii. *Strengnas*. 1776. 8.

Sergent (Antoine François),
graveur français (9 oct. 1751 — 24 juillet 1847).

Parfait (Noël). Notice biographique sur A. F. Sergent, graveur en taille-douce, député de Paris à la Convention nationale. *Chartres et Par*. 1848. 8.

Sericchi (Lelio),
prêtre italien.

Vecchis (Muzio). Epistola, s. elogium venerabilis servi Dei D. L. Scricchi. *Rom*. 1722. 4.

Seringe (Jean Charles),
naturaliste suisse (13 nov. 1810 — 13 février 1833).

Levrat (François Marie Philippe). Notice historique sur J. C. Seringe. *Lyon*. 1833. 8.

Serini (N... N...),
théologien allemand.

Arnoldt (Daniel Heinrich). Letzte Stunden des Feldpredigers Serini. *Königsb*. 1733. 12.

Serlio (Sebastiano),
architecte italien (1475 — 1552).

Maggiori (Alessandro). Dialogo intorno alla vita e le opere di S. Serlio, architetto Bolognese. *Ancon*. 1824. 8.

Bolognini-Amorini (Antonio). Elogio storico di S. Serlio, architetto Bolognese. *Bologn*. 1832. 4. Portrait. *Ibid*. 1842. Portrait. (*Oxf*.)

Serlon,
évêque de Seez.

(**Odolant-Desnos**, Pierre Joseph). Dissertation sur Serlon, évêque de Sées, et Raoul, mort archevêque de Cantorbéry. *Rom*. (*Alençon*.) 1785. 8.

Sermet (Antoine Pascal Hyacinthe),
évêque constitutionnel de la Haute-Garonne (8 avril 1732 — 24 août 1808).

Grégoire (Henri). Oraison funèbre d'A. P. H. Sermet, ex-provincial de l'ordre des carmes déchaussés, etc. *Par*. 1809. 12. (*P*.)

Sermet (Jean Baptiste Philémon),
jurisconsulte français (18 oct. 1793 — 25 juillet 1847).

Berville (A...). J. B. P. Sermet, juge au tribunal civil de Toulon, ancien maire de la commune du Val (Var) littérateur, etc. *Par*. 1851. 8. (Extrait du *Nécrologe universel du xixe siècle*.)

Serna y Santander (Carlo Antonio de la),
bibliographe espagnol (1er février 1752 — 13 nov. 1813).

Berigt omtrent het leven en de geschriften van C. A. de la Serna Santander, s. l. et s. d. (1813). 8. (Extrait de *Konst-en letterbode*.) — (*Ld*.)

Reiffenberg (Frédéric Auguste Ferdinand Thomas de). Don C. A. de la Serna y Santander. *Brux*. 1847. 8. Portrait. (*Bx*.) — (Extrait du *Bulletin du Bibliophile belge*.)

Sernander (Eric),
théologien suédois († oct. 1774).

Benzelstjerna (Lars). Likpredikan öfwer Prosten Dr. E. Sernander. *Westeräs*. 1775. 4.

Serpilius (Christian),
théologien hongrois († 1714).

Deccard (Johann Christian). Laudatio funebris C. Serpilii, sacrorum apud Sempronienses antistitis. *Ratisb*. 1714. Fol.

Serpilius (Georg),
théologien hongrois (11 juillet 1668 — 8 nov. 1723).

Ehrengedächtniss auf G. Serpilius, etc. *Dresd*. 1723. 4.

Grimm (Johann Melchior). Die von Jesu erworbene Seeligkeit, oder Leichenpredigt auf G. Serpilius, Superintendenten in Regensburg. *Regensb*. 1723. Fol.

Serra (Antonio),
littérateur italien du xviie siècle.

Salfi (Francesco). Elogio storico di A. Serra. *Milan*. 1802. 8.

Serra (Arrigo di),
cardinal-évêque d'Ostia.

Durandi (Jacopo). Elogio d'A. di Serra, cardinale, vescovo d'Ostia. *Torin*. 1784. 8.

Serra (Giuseppe Crescentino),
littérateur italien.

Inaugurazione di un busto in marmo a G. C. Serra, da Crescentino, 11 maggio 1846. *Casale*. 1846. 8. *

* L'éloge de Serra est composé par Federico Rezza et la notice biographique par Secondo Restaldi.

Serra (Victorino Manoel da),
peintre portugais.

Ferreira Leonardo (Manoel). Elogio funebre do pintor V. M. da Serra. *Lisb*. 1728. 4.

Serrao (Francesco),
médecin italien (20 sept. 1702 — 5 août 1783).

Lupoli (Michele Archangelo). Commentariolum de vita et scriptis F. Serrai. *Neapol*. 1783. 8.

(**Fasano**, Tommaso). Commentarius de vita, muniis et scriptis F. Serrai. *Napol*. 1784. 8. (*P*.)

Serrao (Giovanni Andrea),
évêque de Potenza (4 février 1731 — égorgé le 20 mai, ou selon d'autres le 24 février 1799).

D(avanzati) (D(ominique) F(orges). Vie de A. Serrao, évêque de Potenza, dans le royaume de Naples, ou histoire de son temps. *Par*. 1806. 12. (*P*.)

Lamoureux (Jean Baptiste Justin). Notice biographique sur A. Serrao, évêque de Potenza, dans le royaume de Naples. *Par*. 1806. 8.

Serres, seigneur de **Pradel** (Olivier de),
le père de l'agriculture française (1539 — 1619).

Dorthès (Jacques Anselme). Éloge d'O. de Serres. *Montpell*. 1790. 8. (Couronné par l'Académie de Montpellier.)

Neufchâteau (François de). Eloge historique d'O. de Serres. *Par*. 1790. 8. (Tiré à part à peu d'exemplaires.)

Serrone (Francesca del),
franciscaine italienne.

Pagani (Giovanni Battista). Vita in compendio della venerabile serva di Dio suor F. del Serrone, del terz'ordine di S. Francesco. *Palerm*. 1671. 8.

Serroni (Hyacinthe),
archevêque d'Alby (1617 — 1687).

Decamps (François). Éloge d'H. Serroni, premier archevêque d'Alby. *Par*. 1687. 4.

Sersale (Niccolò),
augustin italien.

Sersale (Niccolò). Vita del P. N. Sersale, dell' ordine eremitano di S. Agostino. *Napol*. 1743. 4.

Sérullas (Georges Simon),
chimiste français (21 nov. 1774 — 25 mai 1832).

Analyse succincte des travaux de M. Sérullas. *Par*. 1829. 4. (Écrit par lui-même.)

Virey (Julien Joseph). Notice nécrologique sur G. S. Sérullas. *Par*. 1852. 8. (*P*.)

Servais (Saint),
évêque de Tongres († 384).

Vita S. Servatii Tungrensis civitatis episcopi. *Col. Agr*. 1472. 4. (Très-rare.)

(**Heymbach**, Bernhard). Synopsis vitæ S. Servatii Trajectensium ad Mosam episcopi. *Traject. ad Mosam*, s. d. (1646). 4. (En vers.)

Hélin (Jean). Vie de S. Servais. *Liége*. 1625. 4.

Leurenius (Joannes). Vita S. Servatii. *Col. Agr*. 1649. 12.

Abrégé de la vie de S. Servais. *Maestricht*. 1663. 12.

(**Sluse**, René François Walter de)..De S. Servatio, episcopo Tungrensi ejus nominis unico, adversus nuperum de S. Arvatio vel duobus Servatiis commentum, dissertatio historica. *Leod*. 1684. 8.

Abrégé de la vie de S. Servais, évêque de Tongres, etc. *Liége*. 1772. 12.

Ram (Pierre François Xavier de). Notice sur S. Servais, évêque de Tongres; suivie de remarques sur le prétendu concile de Cologne de l'an 346 et sur l'histoire de l'évêque Euphratas. *Brux*. 1847. 12. (*Bx*.)

Servais (Gaspar Joseph de),
bibliophile belge (13 juillet 1735 — 21 mars 1807).

Reiffenberg (Frédéric Auguste Ferdinand Thomas de). Notice biographique sur G. J. de Servais. *Brux*., s. d. (1848). 8. (Extrait du *Bulletin du Bibliophile belge*.)

Servan (Joseph Michel Antoine de),
jurisconsulte français (3 nov. 1737 — 4 nov. 1807).

Portets (Xavier de). Notice sur la vie et les ouvrages de M. de Servan. *Par*., s. d. (1825). 8.

Hulst (Félix van). Notice historique sur la vie et les ouvrages de Servan. *Liége.* 1843. 8.

M'Roe (Henri). M. Servan, avocat général au parlement de Grenoble. *Lyon.* 1847. 8.

Servan (Michel de),
mécanicien français (12 mai 1745 — 21 juin 1837).

Lyonnet (N... N...). Esquisse biographique sur l'abbé M. de Servan, chanoine de l'église primatiale de Lyon. *Lyon.* 1857. 8.

Servan de Sugny (Pierre Marie François),
littérateur français (24 nov. ou 25 déc. 1796 — 12 ou 20 oct. 1831).

Boissieu (Alphonse de). Éloge de Servan de Sugny. *Lyon.* 1832. 8.

Serventi (Giuseppe),
philanthrope italien.

Tommasini (Antonietta). Ricordi intorno alla vita di G. Serventi. *Parma.* 1838. 12.

Servete (Miguel),
médecin espagnol (1509 — brûlé vif le 27 oct. 1553).

Boysen (Peter Adolph). Historia M. Serveti, dissertatione enarrata. *Witteb.* 1712. 4. (*Lv.*)

Impartial history of M. Servetus, burnt alive at Geneva for heresy. *Lond.* 1724. 8. (*Oxf.*)

Alwoerden (Heinrich van). Historia M. Serveti dissertatione exposita. *Helmst.* 1727. 4. (*L.*) Trad. en holland. *Rotterd.* 1729. 4.

Brief account of John Calvins burning Servetus. *Lond.* 1744. 8. (*Oxf.*)

Mosheim (Johann Lorenz). Anderweitiger Versuch einer vollständigen und unpartheiischen Ketzergeschichte oder Geschichte M. Servet's. *Helmst.* 1748. 4. (*L.*)

—— Neue Nachrichten von dem berühmten spanischen Arzte M. Servete. *Helmst.* 1750. 4.

Jaird (John). Life of Servetus the Antitrinitarian. *Lond.* 1771. 8. (*Oxf.*)

Trechsel (Friedrich). Die protestantischen Antitrinitarier vor Faustus Socinus, oder M. Servet und seine Vorgänger. *Heidelb.* 1839. 8.

Rilliet Decandolle (Albert). Relation du procès criminel intenté à Genève, en 1553, contre Servet. *Genève.* 1844. 8. (Extrait des *Mémoires et documents* publiés par la Société d'histoire et d'archéologie de Genève.) Trad. en angl. s. c. t. Calvin and Servetus, etc., par William K... TWEEDIE. *Edinb.* 1846. 8. (*Oxf.*)

Drummond (William Hamilton). Life of M. Servetus, the Spanish physician, who, for the alleged crime of heresy, was entrapped, imprisoned and burned by John Calvin, the reformer, in the city of Geneva, etc. *Lond.* 1848. 12.

Schadé (Edouard). Etude sur le procès de Servet. Thèse. *Strasb.* 1853. 8.

—————

Wigand (Johann). De Servetismo, s. de Antitrinitariis. *Regiom.* 1575. 8. (Peu commun.)

Servien, marquis de Sablé (Abel),
homme d'État français (1593 — 12 février 1669).

Cotin (Charles). Oraison funèbre d'A. Servien, ministre d'Etat, surintendant des finances, plénipotentiaire à la paix de Munster. *Par.* 1669. 4.

Biroat (Jacques). Oraison funèbre d'A. Servien, etc. *Par.* 1669. 4. (*P.*)

Servin (Louis),
jurisconsulte français († 1626).

Discours sur les mœurs et humeurs de M. Servin, avocat général au parlement de Paris. *Par.* 1617. 12. (*P.*)

La justice en deuil de la mort de M. Servin. *Par.* 1626. 8.

C... (D...P...L...). Le tombeau de M. Servin. *Par.* 1626. 8.

Boutrays (Raoul). L. Servini, Nicolai Verduni, primi præsidis et Hieronymi Haquevillæi, elogia. *Par.* 1626. 8. *Ibid.* 1627. 8.

Grangier (Jean). Oratio funebris in laudem L. Servini. *Par.* 1626. 4.

Serviez (Emmanuel Gervais),
général français (1755 — 1804).

Exposé de la conduite d'E. Serviez, soldat de la liberté depuis la révolution et notamment pendant le blocus de Landau, où il était employé en qualité de général de brigade, s. l. et s. d. (*Par.* 1794.) 4.

Servius (Maurus Honoratus),
grammairien romain du ve siècle.

Teuber (Emmanuel?). Dissertatio de M. S. Honorati grammatici vita et commentariis. *Vratisl.* 1843. 8.

Servius Sulpicius Rufus,
jurisconsulte romain (contemporain de Cicéron).

Otto (Everhard). Liber singularis de vita, studiis, scriptis et honoribus Servii Sulpici Rufi, jurisconsultorum principis. *Ultraj.* 1723. 4.

Schneider (Robert). Quæstionum de Servio Sulpicio Rufo specimina II. *Lips.* 1834. 8. (*L.*)

Servius Tullius,
sixième roi de Rome (578 — 534 avant J. C.).

Hombergk zu Vach (Æmilius Ludwig). Dissertatio de legibus Servii Tullii. *Marb.* 1741. 8.

Purrucker (Johann). Programma de vita Servii Tullii, sexti Romanorum regis. *Baruth.* 1762. Fol.

Unterholzner (Carl August Dominik). Dissertatio de mutata ratione centuriatorum comitiorum a Servio Tullio institutorum. *Vratisl.* 1835. 4.

Gerlach (Franz Dorotheus). Die Verfassung des Servius Tullius in ihrer Entwickelung dargestellt. *Basel.* 1837. 4.

Raumer (Rudolph v.). Dissertatio historica de Servii Tullii censu. *Erlang.* 1840. 8.

Servois (Jean Pierre),
prêtre français (8 août 1764 — 6 juin 1831).

Leglay (André). Notice sur M. l'abbé Servois, vicaire général du diocèse de Cambrai. *Cambrai.* 1833. 8.

Serz (Georg Thomas),
pédagogue allemand (5 février 1735 — 15 février 1803).

(Veillodter, Valentin Carl). Andenken eines verehrten Vollendeten, des Rectors Serz. *Nürnb.* 1805. 4.

Sésostris,
roi de l'Égypte (1468 — ... avant J. C.).

Arrhenius (Jakob). Dissertatio de Vexore s. Sesostri; qui in Sacris dicitur Sesacus. *Upsal.* 1696. 8.

Sestini (Domenico),
numismate italien (1750 — 1832).

Monaldi (Tullio). Elogio di D. Sestini. *Rom.* 1833. 4. (*Oxf.*)

Seth (Gabriel, Grefwe),
homme d'État suédois (24 mars 1690 — 13 mars 1774).

Scheffer (Carl Fredrik). Åminnelse-Tal öfwer Riksrädet Grefwe G. Seth. *Stockh.* 1776. 8.

Setser (Jeremias),
jurisconsulte allemand (8 mars 1568 — 3 oct. 1608).

Programma ad exsequias J. Setseri. *Frf. ad March.* 1608. 4. (*Cp.*)

Sette (Vincenzo),
médecin italien.

Necrologia di V. dottor Sette. *Padov.* 1833. 8.

Seubert (Georg Christian v.),
savant allemand.

Plieninger (Gustav). Leben und Wirken des verewigten G. C. v. Seubert, Doctors der Philosophie. *Stuttg.* 1836. 8.

Seume (Johann Gottlieb),
littérateur allemand (29 janvier 1763 — 13 juin 1810).

Seume (Johann Gottlieb). Mein Leben, vollendet von Christian August Heinrich CLODIUS. *Leipz.* 1813. 8. (*L.*)

L(ohmann) (W(ilhelm)). Seume's Abschied und Vermächtniss, nebt einer biographischen Skizze und einigen erläuternden Notizen ; ein Denkmal für seine Freunde. *Goslar.* 1812. 8.

Doering (Heinrich). Lebensumrisse von Carl August, Grossherzog von Sachsen-Weimar, von (Justus) Moeser, (Johann Daniel) Falk, Seume, (Georg Christoph) Lichtenberg und (Friedrich) v. Matthisson. *Quedlinb.* 1840. 12.

Sevagy ou Sewa-Djy,
fondateur de l'empire Maratte (1628 — 1680).

Guarda (Cosme da). Vida e acçoens do famoso e felicissimo Sevagy da India oriental. *Lisb.* 1730. 8. (*P.*)

Sève (abbé),
prêtre français.

Sève (abbé). Souvenirs d'un aumônier militaire, 1826-1830. *Par.* 1831. 8.

Severa (Sainte),
martyre romaine.

(Lupi, Antonio Maria). Dissertatio et animadversiones ad nuper inventum Severæ martyris epitaphium. *Panorm.* 1734. 4.

Sévère (Alexandre),
empereur romain (vers 209 — 222 — 19 mars 235).

Vignoli (Giovanni). Dissertatio de anno primo imperii Alexandri Severi. *Rom.* 1714. 4.

Valsecchi (Virginio). De initio imperii Alexandri Severi. *Florent.* 1715. 4.

Torre (Filippo della). De annis imperii M. A. Heliogabali ac de initio imperii Alexandri Severi. *Venet.* 1741. 4.

Pio (François Antoine). Sur l'emplacement où fut livrée la bataille entre Sévère et Albin. *Lyon.* 1853. 8.

Séverin (Saint),
apôtre de Bavière († 8 janvier 482).

Reitmayr (Joseph Siegmund). Der heilige Severin der Einsiedler. Ein Bild vom Siege des Christenthums über alle irdische Mächte. *Regensb.* 1829. 8.

Rion (J...). Leben und Wunderthaten des heiligen Severin, etc. *Aschaffenb.* 1854. 12.

Waitzmann (Johann Georg). Lebensgeschichte des heiligen Severin, Apostels von Baiern und Oesterreich, etc. *Augsb.* 1854. 8.

Eugippius. Leben des heiligen Mönches und Apostels der Noriker Severin, aus dem Lateinischen übers. von Carl RITTER. *Linz.* 1853. 8.

Séverin (Saint).

Cancellotti (Giovanni Battista). Vita di S. Severino, vescovo Settempedano, e di S. Vittorino, suo fratello. *Rom.* 1643. 4. (*Oxf.*)

Severino (Marco Aurelio),
médecin italien (1580 — 15 juillet 1656).

Magliari (Mauro). Elogio storico del clarissimo filosofo medico M. A. Severino. *Napol.* 1815. 4. (*Cp.*)

Severoli,
général italien († 1823).

Torriggiani (Tommaso). Elogio storico del generale Severoli, Faentino. *Faenza.* 1825. Fol. Portrait.

Sévigné (Marie de Rabutin-Chantal, marquise de),
auteur française (6 février 1626 * — 18 avril 1696).

Sabatier (André Hyacinthe). Éloge de M. Rabutin-Chantal, marquise de Sévigné. *Avign.* 1777. 12.
* Ou selon d'autres biographes le 5 février 1627.

(**Brisson**, madame de). Éloge de madame la marquise de Sévigné. *Amst. et Par.* 1778. 12. *Par.* 1781. 8. (Couronné par l'Académie de Marseille.)

Girault (Claude). Détails historiques sur les ancêtres, le lieu de naissance, les possessions de madame de Sévigné (Dijonnaise). *Par.* 1819. 12. (Tiré à très-petit nombre.)

Dubois (Louis). Madame de Sévigné et sa correspondance relative à Vitré et aux Rochers. Recherches nouvelles sur les lieux, les faits et les personnages, dont elle a parlé, etc. *Par.* 1858. 8. (Tiré seulement à 20 exemplaires.)

Comte (madame Achille). Éloge de madame de Sévigné. *Par.* 1840. 8. (*Lv.*)
Madame de Sévigné and her contemporaries. *Lond.* 1841. 2 vol. 8. (*Oxf.*) *Philadelph.* 1842. 2 vol. 12.

Walsh (Joseph Alexis). Vie de madame de Sévigné. *Par.* 1842. 12. (*P.*)

Walckenaër (Charles Athanase de). Mémoires touchant la vie et les écrits de M. de Rabutin-Chantal, dame de Bourbilly, marquise de Sévigné, pendant la régence et la Fronde. *Par.* 1842-48. 4 vol. 12. Portrait. (*P.*)

Aubenas (Jules Adolphe). Histoire de madame de Sévigné, de sa famille et de ses amis, suivie d'une notice historique sur la maison de Grignan. *Par.* 1842. 8. (*Oxf. et P.*)

Baldy (A... G...). La bibliothèque de madame de Sévigné. *Beauv.* 1848. 8. (Extrait du *Bulletin de l'Athénée du Beauvaisis*, tiré à part à petit nombre.)

(**Barral**, Pierre). Sévigniana. *Par.* 1756. 12. *Ibid.* 1765. 12. *Ibid.* 1768. 12. *Auxerre.* 1788. 12. *Par.* 1801. 2 vol. 12. *Ibid.* 1803. 2 vol. 12.

Sevin (François),
philosophe françois (1682 — 12 sept. 1741).

Boze (Claude **Gros** de). Éloge de Sevin. *Par.*, s. d. (1742). 8.

Sewa-Djy, voy. **Sevagy.**

Sextro (Heinrich Philipp),
théologien allemand (28 mars 1746 — 12 juin 1838).

Rupstein (Friedrich). Dr. H. P. Sextro, weiland Ober-Consistorialrath, erster Hof- und Schloss-Prediger, etc., zu Hannover. Gedächtnissschrift seines Lebens und Wirkens, wie seiner wohlthätigen Stiftungen. *Hannov.* 1839. 8. Portrait.

Seydelmann (Carl),
comédien allemand du premier ordre (24 avril 1795 — 17 mars 1843).

Lewald (August). Seydelmann und das deutsche Schauspiel. *Stuttg.* 1835. 8.

Boden (August). Seydelmann, oder ein Paar dramaturgische Versuche. *Mainz.* 1841. 8.

(**Lasker**, Ignaz Julius). C. Seydelmann. Blätter der Erinnerung für Freunde und Verehrer des Verewigten. *Berl.* 1843. 8.

Roetscher (Heinrich Theodor). Seydelmann's Leben und Wirken, etc. *Berl.* 1845. 8.

Knispel (Georg) Erinnerungen aus Berlin an C. Seydelmann vom Spätherbste 1842, etc. *Darmst.* 1845. 8.

Seydlitz (Friedrich Wilhelm v.),
général allemand (3 février 1722 — 8 nov. 1773).

Blankenburg (Friedrich v.). Character und Lebensgeschichte des preussischen Generals v. Seydlitz. *Leipz.* 1797. 8. (*L.*)

Varnhagen v. Ense (Carl August). Leben des Generals Freiherrn v. Seydlitz. *Berl.* 1834. 8. Portrait. (*L.* et *Oxf.*)

Seyffert (Christian Friedrich),
théologien allemand.

Wildenhayn (Johann Wilhelm). Denkmal dem Pastor C. F. Seyffert in Tuttendorf gewidmet. *Freib.* 1802. 4.

Seyffart (Johann Andreas),
théologien allemand.

(**Hermann**, Wolfgang Ludwig). Programma de vita J. A. Seyffart, superintendentis Erlangensis. *Baruth.* 1768. 4.

Seyfried (Albinus),
théologien allemand (29 nov. 1622 — 7 avril 1686).

Mueller (Daniel). Programmata III de vita A. Seyfridi. *Chemnic.* 1723-24. Fol.

Seyfried (Ignaz Xavier, Ritter v.),
musicographe allemand (15 août 1776 — 27 août 1841).

Schmidt (August). Denksteine. Biographien von I., Ritter v. Seyfried, Johann, Edlen v. Eybler, Ignaz Franz, Edlen v. Mosel, Wolfgang Amadeus Mozart (Sohn), Hieronymus Payer, Johann Gaensbacher, Joseph Weigl, Thaddaeus, Grafen Amadé v. Várkony. *Wien.* 1848. 8. Avec les portraits de ces huit artistes.

Sforza,
famille italienne.

Ratti (Niccolò). Memorie della famiglia Sforza. *Rom.* 1794-95. 2 vol. 5.

Sforza (Alessandro),
seigneur de Pesaro (1409 — 1473).

Olivieri degli Abbati (Annibale Camillo). Memorie su la vita d'A. Sforza, signore di Pesaro. *Pesar.* 1785. 4.

Sforza-Riario (Caterina),
fille naturelle de Galéas Marie Sforza, duc de Milan († 1500).

Ratti (Niccolò). Memorie su la vita di quattro donne illustri della casa Sforza e di monsignor Virginio Cesarini. *Rom.* 1785. 8.

Buriel (Antonio). Vita di C. Sforza-Riario, contessa d'Imola. *Bologn.* 1785. 5 vol. 8.

Oliva (Francesco). Vita di C. Sforza. *Forli.* 1821. 8.

Sforza I (Francesco Alessandro),
duc de Milan (25 juillet 1401 — 1447 — 8 mars 1466).

(**Simonetta**, Giovanni). De rebus gestis F. Sforzæ, Mediolanensis ducis, libri XXXI. *Milan.* 1480. Fol. *Ibid.* 1480. Fol.
Trad. en ital. :
   Par Cristofero LANDINO. *Milan.* 1490. Fol. *Venez.* 1544. 8. *Ibid.* 1544. 8.
   Par Sebastiano FAUSTO. *Venez.* 1544. 8.

Notizie istoriche relative a F. Sforza, che fu il primo fondatore del grande ospitale di Milano. *Milan.* 1829. 8.

Hoyer (Johann Gottfried v.). F. Sforza I Visconti, durch Tapferkeit und Klugheit Herzog von Mayland, etc. *Magdeb.* 1846. 2 vol. 8. (*L.*)

Sforza II (Francesco Maria),
dernier duc de Milan († 24 oct. 1535).

Assaraci (Andrea). Trivultias, s. historia rerum a F. Sfortia ad Franciscum regem Francorum ducemque Mediolanensem gestarum. *Mediol.* 1516. Fol. (Poème historique.)

Capella (Galeazzo). De bello Mediolanensi, s. de rebus gestis in Italia ab anno 1521 ad annum 1530 pro restitutione Francisci (Maria) Sfortiæ II, Mediolanensium ducis, libri VIII. *Mediol.* 1531. 4. *Norimb.* 1532. 4. *Antw.* 1533. 8. *Par.* 1533. 8. *Hagenov.* 1533. 8. *Venet.* 1535. 8. *Par.* 1537. 16. *Norimb.* 1537. 4. *Argent.* 1538. 8. *Hagenov.* 1538. 8. *Basil.* 1542. 12. *Norimb.* 1553. 8. *Argent.* 1557. 8.

   Trad. en allem. par Wenceslaus Linck. *Wittenb.* 1558. 4.

   Trad. en espagn. :
     Par un anonyme. *Valenc.* 1556. 4.
     Par Bernardo Perez de Chinchon. *Valenc.* 1630. 8.
   Trad. en ital. par Francesco Filipoli. *Venez.* 1532. 8. *Ibid.* 1539. 4.

—— De rebus gestis Francisci (Mariæ) Sforzæ II. *Venet.* 1534. 4. Trad. en ital. *Venez.* 1539. 4.

Giovio (Paolo). Vita Sforziæ ducis clarissimi. *Rom.* 1539. 4.

Urquhart (William Pollard). Life and times of Francis Sforza, duke of Milan. *Edinb.* 1852. 2 vol. 8. *Portrait.*

Steger (Friedrich). Geschichte Franz Sforza's und der italienischen Condottieri. *Leipz.* 1853. 8. *

   * Cette histoire, accomp. du portrait de François Sforza, forme le volume 26 du recueil *Historische Hausbibliothek*, publ. par Friedrich Bülau.

      Sforza, surnommé **le More** (Ludovico),
           duc de Milan († 27 mai 1505).

Monti (Giacomo). Vita di Ludovico Sforza, settimo duca di Milano. *Rom.* 1633. 12.

Andrelini (Fausto). De captivitate Ludovici Sfortiæ, s. l. et s. d. 4. Trad. en franç. par Jean Divay. *Par.*, s. d. 4.

Caranthi (Pietro). Captivitas Ludovici Sfortiæ, s. l. et s. d. 4.

        Sforza (Ippolita),
        dame italienne du xve siècle.

Ratti (Niccolò). Memoria sulla vita di quatro donne illustri della casa Sforza e di monsignor Virginio Cesarini. *Rom.* 1785. 8. *

   * Les femmes dont il s'agit sont Constantia de Varano, Ippolita Sforza, Giovanna et Isabella d'Aragon, qui toutes vécurent au xve siècle.

      Shackleton (Richard and Elizabeth).

Leadbeater (Mary). Memoirs and letters of R. and E. Shackleton, late of Ballisore, Ireland. *Lond.* 1849. 8.

        Shaddock (Rebecca),
       dame écossaise connue par sa haute piété.

Parrott (John). Early piety exemplified in the life and death of R. Shaddock. *Edinb.* 1842. 8. (2ᵉ édition.) — (*Oxf.*)

     Shaftesbury (Anthony **Ashley Cooper**, earl of),
      philosophe anglais (26 février 1671 — 4 février 1713).

(Dunton, John). The compleat statesman demonstrated in the life, actions and politicks of A. earl of Shaftesbury. *Lond.* 1682. 12. Portrait.

Rawleigh redivivus, or the life and death of A. earl of Shaftesbury. *Lond.* 1683. 12. Portrait.

Life of A. A. Cooper, earl of Shaftesbury, s. l. et s. d. 4. (*Oxf.*)

      Shakespeare (William),
      poète anglais du premier ordre (23 avril 1564 — 23 avril 1616).

Dennis (John). Letters on the writings and genius of Shakespeare. *Lond.* 1712. 8.

   * Il est à remarquer que le plus grand poète anglais mourut le même jour et la même année où l'Espagne perdit sa première gloire poétique dans la personne de Miguel Cervantes.

Upton (John). Critical observations on Shakspeare. *Dubl.* 1747. 12. (Non mentionné par Lowndes.)

Whalley (Peter). Enquiry into the learning of Shakespeare, with remarks on several passages of his plays. *Lond.* 1748. 8.

Grey (Zachary). Critical, historical and explanatory notes on Shakespeare, etc. *Lond.* 1754. 2 vol. 8.

Farmer (Richard). Essay on the learning of Shakespeare. *Lond.* 1767. 8. *Cambridge.* 1767. 8. *Lond.* 1777. 8. *Ibid.* 1789. 8. *Ibid.* 1821. 8.

   * Orné des portraits de Shakespeare et de l'auteur de cet essai.

Montagu (Elizabeth). Essay on the writings and genius of Shakespeare, compared with the Greek and French dramatic poets. *Lond.* 1769. 8. *Ibid.* 1770. 8. *Ibid.* 1772. 8. *Ibid.* 1778. 8. *Ibid.* 1785. 8. *Ibid.* 1810. 8.

Trad. en allem. par Johann Joachim Eschenburg. *Leipz.* 1771. 8. (*L.*)
   Trad. en ital. *Firenz.* 1828. 8.

(Prescot, Kenrick). Shakspear; rara avis in terra, s. l. 1774. 4. (Assez rare.)

(Taylor, Edward). Cursory remarks on tragedy, on Shakespeare and on certain French and Italian poets, principally tragedians. *Lond.* 1774. 8.

Richardson (William). Analysis and illustration on some of Shakespeare's dramatic characters. *Lond.* 1774. 8. *Ibid.* 1780. 8. *Ibid.* 1797. 8. Trad. en allem. (par Christian Heinrich Schmid). *Leipz.* 1777. 8. (*L.*)

Baretti (Joseph). Discours sur Shakespeare et M. de Voltaire. *Lond.* 1777. 8. (*P.*)

Uhlmann (Joseph). Shakespeare im sechszehnten Jahrhundert für die englische, Schroeder im achtzehnten Jahrhundert für die deutsche Nation. *Wien.* 1783. 8.

(Whateley, Thomas). Remarks on some of the characters of Shakespeare. *Lond.* 1785. 8. *Oxf.* 1808. 8. (*Oxf.*)

Warnekros (Heinrich Ehrenfried). Der Geist Shakespeare's. *Greifsw.* 1786. 2 vol. 8.

Eschenburg (Johann Joachim). Über W. Shakespeare. *Zürch.* 1787. 8. *Ibid.* 1806. 8. (*L.*)

(Vogt, Niklas). Shakespeare's Beruf und Triumph. *Mainz.* 1792. 8.

Waldron (Francis Godolphin). Shakspearean miscellanies, containing scarce and valuable tracts, biographical anecdotes of theatrical performers, etc. *Lond.* 1802. 4. (*Oxf.*)

(Seymour, Edward Henry). Remarks critical, conjectural and explanatory on the plays of Shakespeare, etc. *Lond.* 1805. 2 vol. 8. (*Oxf.*)

Wheler (R… B…). Life of Shakespeare and copies of several documents relative to him and his family. *Stratford upon Avon*, s. d. (1806). 8.

Lamb (Charles). Tales from Shakespeare. *Lond.* 1808. 8. *Ibid.* 1809. 8. (*Oxf.*) *Ibid.* 1816. 8. *Ibid.* 1822. 8. *Stuttg.* 1843. 16.

   Trad. en allem. :
     Par Heinrich Kuenzel. *Darmst.* 1842. 8.
     Par Friedrich Wilhelm Dralle. *Stuttg.* 1843. 8. Portrait. (*D.* et *L.*)

Douce (Francis). Illustrations of Shakespeare. *Lond.* 1807. 2 vol. 8.

Croft (John). Annotations on plays of Shakespeare. *York.* 1810. 8.

Lofft (Capel). Aphorisms from Shakespeare, arranged according to his plays, etc. *Bury.* 1812. 12. Portrait.

Hazlitt (William). Characters of Shakespeare's plays. *Lond.* 1817. 8.

Drake (Nathaniel). Shakespeare and his times. *Lond.* 1817. 2 vol. 4. (*Oxf.*)

Britton (John). Remarks on the life and writings of Shakespeare. *Lond.* 1818. 8.

Farmer (Richard). Essay on the learning of Shakspeare. *Lond.* 1821. 8.

Malone (Edmund). Life of Shakespeare. *Lond.* 1821. 8.

Horn (Franz). Shakespeare's Schauspiele erläutert. *Leipz.* 1822-31. 5 vol. 8. (*L.*)

Skottowe (Augustine). Life of Shakespeare. *Lond.* 1824. 2 vol. 8. Trad. en allem. par Adolph Wagner. *Leipz.* 1824. 16. Portrait.

Levensberigt van den engelschen dichter Shakespeare en over het eigenaardige van zijne genie. *Zutphen.* 1824. 8.

Wheler (R… B…). Historical and descriptive account of the birth-place of Shakespeare. *Stratford-upon-Avon.* 1824. 8.

Meyer (Joseph). Leben Shakespeare's; nebst einer Literargeschichte und Beurtheilung seiner dramatischen Werke. *Gotha.* 1825. 2 vol. 12.

Drake (Nathaniel). Memorials of Shakespeare, or sketches of his character and genius, etc. *Lond.* 1828. 8.

Duport (Paulin). Essais littéraires sur Shakespeare, ou analyse raisonnée de toutes les pièces de cet auteur. *Par.* 1828. 2 vol. 8.

Wiss (James). On the rudiments of the Shakspearian drama; an inaugural dissertation, etc. *Frf.* 1828. 8. (*Oxf.*)

Collyer (William Bengo). New facts regarding the life of Shakespeare. *Lond.* 1835. 8.

Ulrici (Hermann). Über Shakespeare's dramatische

Kunst und sein Verhältniss zu Calderon und Goethe. *Halle.* 1859. 8.

Assmann (Carl). Shakespeare und seine deutschen Übersetzer; literarisch-linguistische Abhandlung. *Liegn.* 1843. 4.

Courtenay (Thomas P…). Commentaries on Shakspeare's historical plays. *Lond.* 1840. 2 vol. 8.

Schmidt (Alexander). Sacherklärende Anmerkungen zu Shakespeare's Dramen. *Leipz.* 1842. 12.

Knight (Charles). Shakspere; a biography. *Lond.* 1843. 8. (Ouvrage illustré.)

Fairholt (F… W…). The home of Shakespeare illustrated and described. *Lond.* 1847. 8.

May (George). A guide to the birth-town of Shakspere, etc. *Lond.* 1847. 8.

Hunter (Joseph). New illustrations of the life, studies and writings of Shakespeare, etc. *Lond.* 1845. 2 vol. 8. (*Oxf.*)

Birch (W… J…). Inquiry into the philosophy and religion of Shakespeare. *Lond.* 1848. 8.

Halliwell (John Orchard). New life of W. Shakespeare, including many particulars respecting the poet and his family never before published. *Lond.* 1847. 8. *Ibid.* 1850. 8.

Fletcher (George). Studies on Shakespeare in the plays of king John Cymbeline, Macbeth, As you like it, Much ado abouth Nothing, Romeo and Juliet, etc. *Lond.* 1847. 8.

Hudson (William). Lectures on Shakespeare. *New-York.* 1848. 8.

(**Hagberg,** Carl August). Shakspeare och Skalderna, etc. *Lund.* 1848. 8.

Gervinus (Georg Gottfried). Shakespeare. *Leipz.* 1849-50. 4 vol. 8. (*L.*)

Knight (Charles). Studies and illustrations of the writings of Shakspere and of his life and times. *Lond.* 1850. 2 vol. 8.

Chasles (Philarète). Études sur W. Shakspeare, Marie Stuart et l'Arétin (Pietro Aretino). *Par.* 1851. 12.

Guizot (François Pierre Guillaume). Shakspere et son temps. *Par.* 1851. 8. (*P.*)

Delius (Nicolaus). Der Mythus von W. Shakspeare; eine Kritik der Shakspeare'schen Biographien. *Königsb.* 1851. 8.

—— Shakespeare-Lexicon. Handbuch zum Studium der Shakspeare'schen Schauspiele. *Bonn.* 1852. 8.

Tweddell (George). Shakspere, his times and contemporaries. *Lond.* 1852. 12.

Vehse (Eduard). Shakespeare als Protestant, Politiker, Psycholog und Dichter. *Hamb.* 1852. 2 vol. 8.

Rietmann (Johann Jacob). Über Shakspeare's religiöse und ethische Bedeutung; eine praktische Studie. *Sanct-Gall.* 1855. 12.

Madden (Frederic). Observations on an autograph of Shakspere and the ortography of his name. *Lond.* 1838. 8. * (*Oxf.*)

  * D'après l'auteur il y a plus de trente différentes manières d'ortographier le nom du grand poëte.

(**Beckford,** William). Michel Ange en rapport avec Shakespeare. *Lond.* 1802. 8.

Beyle (Louis Alexandre César). (Jean) Racine et Shakespeare. *Par.* 1823-25. 2 brochures 8.

Rudloff (Friedrich Wilhelm). Shakespeare, Schiller and Goethe relatively considered. *Lond.* 1848. 12.

Steevens (George). Proposals for priting the Selton portrait of Shakespeare by William Richardson. *Lond.* 1794. 8.

Boaden (James). Inquiry into the authenticity of various pictures and prints; which, from the decease of the poet to our own times, have been offered to the public as portraits of Shakespere. *Lond.* 1824. 8. 5 portraits.

Wivell (Abraham). Historical account of all the portraits of Shakespeare. *Lond.* 1827. 8.

Shakespeare Society's papers. *Lond.* 1846-49. 4 vol. 8.

Jameson (Anne). Shakespeare's female characters. *Lond.* 1859. 8. *Bielef.* 1840. 12. *Ibid.* 1843. 12.

  Trad. en allem. :

    S. c. t. Frauenbilder, oder Characteristik der vorzüglichsten Frauen in Shakespeare's Dramen, par Adolph Wagner. *Leipz.* 1834. 8.

    Par Levin Schuecking. *Bielef.* 1840. 16.

Heine (Heinrich). Shakespeare's Mädchen und Frauen, mit Erläuterungen. *Par.* et *Leipz.* 1859. 8. (Orné de nombreuses gravures.)

Shakesperiana. Catalogue of all the books, pamphlets, etc., relating to Shakespeare. *Lond.* 1827. 8.

Shakespeare-Literatur in Deutschland. Vollständiger Catalog sämmtlicher in Deutschland erschienenen Ubersetzungen W. Shakespeare's, sowohl in Gesammt- als in Einzel-Ausgaben, aller bezüglichen Erläuterungs- und Ergänzungsschriften, wie endlich aller mit ihm in irgend einer Beziehung stehenden sonstigen literarischen Erscheinungen von 1762 bis 1851, etc. *Cassel.* 1852. 8.

Sharp (Granville),
philanthrope anglais (1735 – 1808).

Hoare (Prince). Memoirs of G. Sharp, etc. *Lond.* 1810. 4. *Ibid.* 1828. 2 vol. 8. Portrait.

Stuart (Charles). Memoirs of G. Sharp. *New-York.* 1836. 12.

Sharp (James),
archevêque de Saint-Andrew's (1618 – assassiné en 1678).

Proclamation upon the horrid murther of James (Sharp), archbishop of St. Andrew's. *Lond.* 1679. Fol.

True account of the murder of J. Sharp, archbishop of St. Andrew's. *Lond.* 1679. 8. Portrait.

(**Simson,** David). True and impartial account of the life of Dr. J. Sharp, archbishop of St. Andrew's. *Edinb.* 1719. Fol. (*Oxf.*)

Stephen (Thomas). Life and times of archbishop Sharp, of St. Andrew's. *Lond.* 1839. 8. (*Oxf.*)

Sharp (John),
archevêque d'York (1644 – 1714).

Sharp (Thomas). Life of J. Sharp, archbishop of York. *Lond.*, s. d. 2 vol. 8.

Shée (Henri, comte),
pair de France (1739 – 1820).

Mortier de Trévise (Edouard Adolphe Casimir Joseph). Eloge de M. le comte Shée. *Par.* 1820. 8.

Sheldon (Anne),
dame anglaise.

Authentic and interesting memoirs of miss A. Sheldon. *Lond.* 1787. 4 vol. 12.

Shelley (Percy Bysshe),
poëte anglais (4 août 1793 – noyé le 8 août 1822).

Beauties of P. B. Shelley, with a biographical preface. *Lond.* 1830. 8.

Medwin (Thomas). Life of P. B. Shelley. *Lond.* 1847. 2 vol. 8. (*Oxf.*)

Shenstone (William),
poëte anglais (vers 1714 – 11 février 1763).

(**Graves,** Richard). Recollection of some particulars in the life of the late W. Shenstone. *Lond.* 1788. 8.

Shepherd (Richard Herne),
théologien anglais.

Memoir of the Rev. R. H. Shepherd, late minister of Ranelagh chapel, Chelsea, with a selection from his publications and correspondence, edited by his son. *Lond.* 1854. 8. Portrait.

Sheppard (Jack),
brigand anglais (exécuté en 1724).

Life and adventures of J. Sheppard, executed at Tyburn. *Lond.* 1724. 8.

History of the remarkable life of J. Sheppard, s. l. et s. d. (1724). 8.

Narrative of the robberies, etc., of J. Sheppard. *Lond.* 1724. 8.

Particulars of J. Sheppard's remarkable trials, convictions and escapes. *Lond.* 1786. 4.

Sheridan (Francisca),
auteur anglaise, mère de R. B. Sheridan (vers 1724 – 17 sept. 1766).

Lefanu (Alicia). Life and writings of Mrs F. Sheridan. *Lond.* 1824. 8. (*Oxf.*)

Sheridan (Richard Brinsley),
auteur anglais (4 nov. 1751 – 7 juillet 1816).

Cobbett (William). The political Proteus. A view of the public character and conduct of R. B. Sheridan. *Lond.* 1804. 8. *

  * Pamphlet omis par Lowndes.

Watkins (John). Memoirs of the Right Hon. R. B. Sheridan. *Lond.* 1816. 2 vol. *4. Ibid.* 1817. 2 vol. 8. Portrait.

Moore (Thomas). Memoirs of the life of the Right Hon. R. B. Sheridan. *Lond.* 1825. *4.* Portrait. *Par.* 1825. 2 vol. 8. Portrait. *Philadelph.* 1825. 2 vol. 8. *Par.* 1830. 2 vol. 8. Trad. en franç. par Jacques Théodore PARISOT. *Par.* 1826. 2 vol. 8. Portrait. (*P.*)

Smyth (William). Memoir of Mr. Sheridan. *Leeds.* 1840. 8. (*Oxf.*)

———

Sheridaniana. *Lond.* 1826. 12.

Sherlock (Sauveur François Louis),
général français.

Sherlock, ex-législateur, au sénat et au premier consul. *Par.*, s. d. 8. *
* Contenant la biographie de cet officier.

Sherman (mistress),
Anglo-américaine.

Sherman (James). Memoirs of Mrs. Sherman. *Philad.* 1849. 12.

Sherwood (mistress),
Anglaise.

Life of Mrs. Sherwood, edited by her daughter. *Lond.* 1854. 8.

Shipton (mother),
soi-disant prophétesse anglaise.

Life and death of mother Shipton. *Lond.* 1677. *4.*

Mother Shipton's life and curious prophecies. *Lond.* 1797. *4.* (*Oxf.*)

History of mother Shipton. *Newcastle*, s. d. *4.*

Shirley,
famille anglaise.

Shirley (Evelyn Philip). Stemmata Shirleiana, or the annals of the Shirley family. *Westminst.* 1841. *4.* * (*Oxf.*)
* Cet ouvrage n'a pas été mis dans le commerce.

Shirley (Walter Augustus),
lord-évêque de Sodor et Man.

Hill (Thomas). Letters and memoir of the late W. A. Shirley, lord bishop of Sodor et Man. *Lond.* 1850. 8.

Shirley (William?),
général anglais.

The conduct of major general Shirley, late general and commander of His Majesty's forces in North America, briefly stated. *Lond.* 1758. *4.* (*Oxf.*)

Shore (Jane),
maîtresse d'Édouard IV, roi d'Angleterre.

History of mistress J. Shore, concubine to king Edward the fourth, who was wife to one Matthew Shore, a goldsmith in London, s. d. 8.

Life and character of J. Shore. *Lond.* 1714. *4.* (*Oxf.*)

Shore (John), voy. **Teignmouth.**

Shoreties (Mihály),
médecin hongrois.

Trnka de Krzovitz (Wenceslaus). Oratio funebris in exequiis M. Shoreties, praxeos clinicæ professoris, etc. *Pesth.* 1786. 8.

Shovel (Cloudesly),
amiral anglais (vers 1650 — 21 oct. 1705).

Life of the admiral C. Shovel. *Lond.* 1724. 12. Port. (*Oxf.*)

Shower (John),
théologien anglais (?)

Tong (William). Some memoirs of the life and death of J. Shower, together with his funeral sermon. *Lond.* 1716. 8. (*Oxf.*)

Shrewsbury (Charles Talbot, duke of),
homme d'État anglais (vers 1660 — 1718).

Memoirs of the life and character of the duke T. of Shrewsbury. *Lond.* 1718. 8.

Shuck (Henrietta),
missionnaire anglo-américaine.

Jeter (J...). Memoir of H. Shuck, (first female missionary to China). *Boston.* 1849. 18.

Siardus,
prêtre hollandais.

Leven B. Siardi, abt des cloosters Marien-gaerde in Vrieslandt. *Antwerp.* 1625. 8.

Sibas (N... N... de),
colonel français (1767 — vers 1845).

Notice historique sur M. de Sibas, chef de bataillon en retraite à Manlé (Basses-Pyrénées). *Pau.* 1846. 8.

Sibbald (Robert),
médecin naturaliste anglais (1643 — 1720).

Autobiography of sir R. Sibbald, to which is prefixed some account of his manuscripts. *Edinb.* 1833. 8. (*Oxf.*)

Siber (Adam),
poète allemand (1515 — 1583).

Caesar (Christoph). Elegia in effigiem ad vivum expressam A. Siberti, complectens curriculi vitæ ejus historiolam. *Witteb.* 1594. 4.

Schumacher (Heinrich August). Historia vitæ clarissimi viri A. Siberi Schoenaviensis. *Lips.* et *Grimmæ.* 1719. 8. (*D.* et *L.*)

Siber (Adam Theodor),
philologue allemand, fils du précédent (6 février 1563 — 5 janv. 1616).

Justa honoraria facta felici A. T. Sibero, professori eloquentiæ Romanæ in academia Wittebergensi. *Witteb.* 1618. 4. (*L.*)

Sibeth (Carl),
médecin allemand.

Seelen (Johann Heinrich v.). Memoria C. Sibeth, medicinæ doctoris. *Lubec.* 1734. Fol. Trad. en allem. s. c. t. Ehrengedächtniss, etc. *Lübeck.* 1734. Fol.

Sibiliato (Clemente),
littérateur italien (10 février 1719 — 14 février 1795).

Elogio funebre di C. Sibiliato. *Padov.* 1795. 8.

Sibour (Marie Dominique Auguste),
archevêque de Paris (4 avril 1792 — ...:.).

A... (Philippe). Biographie de Mgr. M. D. A. Sibour, archevêque de Paris, précédée d'une notice sur la vie, les travaux et la mort de Mgr. Denis Auguste Affre, son prédécesseur, etc. *Par.* 1849. 8. (*P.*)

Sibrand (Jacob),
jurisconsulte allemand.

Schoepfer (Johann Joachim). Programma ad exequias J. Sibrandi junioris. *Witteb.* 1701. 4.

Sibylle de Clève,
épouse de Jean Frédéric Ier, électeur de Saxe.

Melanchthon (Philipp). Oratio de principe Sibylla, conjuge Joannis Friderici, electoris Saxoniæ, recitata a Joanne FORSTERO. *Witteb.* 1554. 8.

Stolze (Johann). Drei Trostpredigten über den Leichen des Churfürsten Johann Friedrich und seiner Gemahlin Sibylla. *Weim.* 1554. 4. (Assez rare.)

Christlicher Abschied der Churfürstin Sibylla, s. l. 1554. 4.

Osius (Hieronymus). Epicedion Sibyllæ, etc. *Witteb.* 1554. 4.

Stuss (Johann Heinrich). De Sibylla Clivensi, Joannis Friderici Magnanimi, electoris Saxoniæ, conjuge. *Gothæ.* 1754. 4.

Sibylle,
épouse de Frédéric, duc de Wurtemberg.

Osiander (Andreas). Oratio de vita et morte dominæ Sibyllæ, conjugis duci Friderici Wurtembergici. *Tubing.* 1615. 4.

Sibylle Élisabeth,
première épouse de Jean Georga, électeur de Saxe (1584 — mariée 1604 — 1606).

Dresser (Matthias). Oratio in exequiis electoris Sibyllæ Elisabethæ, Joannis Georgii ducis Saxoniæ conjugis. *Lips.* 1606. 4.

Steinacker (Gustav). Johann Friedrich der Grossmüthige und Sybilla (!), Churfürst und Churfürstin von Sachsen. Ein Bild, etc., als Beitrag zur 300jährigen Todes- und Gedächtnissfeier des evangelischen Glaubenshelden Johann Friedrich am 5 März 1854. *Weim.*, s. d. (1854). 16.

Sibylles,
personnages mythologiques.

Obsopaeus (Johannes). Sibyllina oracula. *Par.* 1607. 8.

Blondel (David). Des Sibylles célèbres. *Charenton.* 1649. 4. Trad. en angl. par John DAVIES. *Lond.* 1661. Fol.

Reichmann (Jacob). Disputatio de Sibyllis. *Witteb.* 1655. 4.

Green (Georg). Programmata III de Sibyllis. *Witteb.* 1661-62. 4.

Panvinio (Onuphrio). Tractatus de Sibyllis. *Helmst.* 1673. 4.

Hammermueller (Heinrich Christoph). Dissertatio de Sibyllis. *Lips.* 1674. 4. *(L.)*

Crasset (Jean). Dissertation sur les oracles des Sibylles. *Par.* 1678. 12. *Ibid.* 1684. 8.

Odhelius (Olaus). Dissertatio de Sibyllis. *Arosiœ.* 1678. 4.

Vossius (Isaac). Tractatus de Sibyllarum oraculis. *Lugd. Bat.* 1680. 4.

Koerber (Johann Friedrich). Dissertatio de Sibyllarum libris. *Gerœ.* 1680. 4.

Gallé (Servais). Dissertationes II de Sibyllis earumque oraculis. *Amst.* 1688, 4.

Schieferdecker (Johann David). Dissertatio de Sibyllis earumque oraculis. *Cizœ.* 1693. 4.

Nehring (Johann Christian). Neue Bücher sibyllinischer Prophezeihungen, etc., nebst einer Einleitung von der wahren Historie der Sibyllen und ihren Prophezeihungen. *Halle.* 1702. 8. *Ibid.* 1719. 8.

Flachsenius (Jacob). Disputatio de oraculis Sibyllis. *Aboœ.* 1703. 8.

Reichel (Samuel). Dissertatio de libris Sibyllinis. *Chemnic.* 1760. 4.

Thorlacius (Birger). Disquisitio : libri Sibyllistarum veteris ecclesiæ, crisi, quatenus monumenta christiana sunt, subjecti. *Hafn.* 1815. 8.

—— Conspectus doctrinæ christianæ, qualis in Sibyllistarum libris continetur. *Hafn.* 1816. 8.

Struve (Carl Ludwig). Über die sibyllinischen Fragmente im Lactantius. *Königsb.* 1817. 8.

Heidbreede (G... H... F...). Dissertatio de Sibyllis. *Berol.* 1835. 4.

Volkmann (Richard). De oraculis Sibyllinis dissertatio. *Lips.* 1854. 8.

Sickel (Johann Conrad),
théologien allemand.

Bauer (Carl Gottfried). Dr. J. C. Sickel. Schattenriss für die Freunde und Verehrer des Unvergesslichen. *Leipz.* 1837. 8. *(L.)*

Sickingen (Franz v.),
chevalier allemand (1er mars 1481 — 7. mai 1523).

(**Wuerdtwein**, Stephan Alexander). Kriege und Pfedschaften des edlen F. v. Sickingen. *Mannh.* 1787. 8.

Lang (Carl). Historisches Taschenbuch für den deutschen Adel und die Freunde der Geschichte desselben. *Frf.* 1792-93. 2 vol. 8. *

* Contenant les biographies de F. v. Sickingen, de Goetz v. Berlichingen et de Raven v. Helmstaedt, évêque de Spire.

(**Buddeus**, Georg Carl Immanuel). F. v. Sickingen. Geschichte aus dem 16. Jahrhundert. *Gotha.* 1794. 8. *Frf.* 1798. 8. *(L.)*

Lang (Carl). Ritter F. v. Sickingen, etc. *Heilbronn.* 1825. 12. 15 gravures.*

* Deuxième édition de la biographie qui se trouve dans l'ouvrage *Historisches Taschenbuch.*

Muench (Ernst Joseph Hermann v.). F. v. Sickingens Thaten, Plane, Freude und Ausgang. *Stuttg.* 1827-28. 2 vol. 8. *

* Le dernier volume (*Aix-la-Chapelle.* 1829. 8) est intitulé : *Zur Geschichte F. v. Sickingen, Philipps v. Florsheim u. A.*

Sicard (Roch Ambroise **Cucurron**),
instituteur des sourds-muets (20 sept. 1742 — 11 mai 1823).

(**Duvivier**, Joseph Hippolyte). Notice sur l'abbé Sicard, etc., par rapport au serment du 19 fructidor, s. l. et s. d. (*Mons.* 1801.) 8. *(Lv.)*

Bigot de Préameneu (Félix Julien Jean). Éloge funèbre de l'abbé Sicard. *Par.* 1825. 8.

Le Roy (Maximilien). Discours funèbre prononcé sur la tombe de l'abbé Sicard. *Par.* 1823. 8.

Sicler (Sébastien),
ermite français (+ 1695).

Vie de S. Sicler, ermite de l'Arbroye dans le diocèse de Noyon, mort en odeur de sainteté. *Lyon.* 1698. 12.

Siddons (Sarah **Kemble**),
actrice anglaise (1er juillet 1755 — 8 juin 1831).

Boaden (James). Memoirs of the life of Mrs. Siddons. *Philadelph.* 1827. 8. *Lond.* 1832. 8. Portrait.

Campbell (Thomas). Life of S. Siddons. *Lond.* 1834. 2 vol. 8. *(Oxf.)* *New-York.* 1834. 2 vol. 12. *Ibid.* 1859. 2 vol. 8.

Sidmouth (Henry **Addington**, viscount),
homme d'État anglais.

Pellew (George). Life and correspondence of the Right

Hon. H. Addington, first viscount Sidmouth. *Lond.* 1847. 3 vol. 8. Portrait.

Sidney (Philip),
poète anglais (29 nov. 1554 — 16 oct. 1586).

Eickius (Arnold). Elogium D. P. Sidnei. *Ultraj.* 1582. 4.

Harbert (William). Sidney, or Baripenthes briefly shadowing out the rare and never-ending laudes of sir P. Sidney. *Lond.* 1586. 4.

Exequiæ D. P. Sidnæ, gratissimæ memoriæ ac nomini impensæ. *Oxon.* 1587. 4. *(Oxf.)*

Lant (Thomas). Procession on the obsequies of sir P. Sidney, knight. *Lond.* 1587. 4.

Brooke (Fulke Greville of). Life of sir P. Sidney. *Lond.* 1652. 8. Publ. avec préface par Egerton Baynoes. *Kent.* 1816. 8. *(Oxf.)*

Zouch (Thomas). Memoirs of the life and writings of sir P. Sidney. *York.* 1809. 4. Portrait. *(D. et Oxf.)*

Whestone (George). Sir P. Sidney, his honourable life, his valiant death and true vertues. *Lond.* 1816. 4. *(Oxf.)*

Pears (Steuart Adolphus). Correspondence of sir P. Sidney and Hubert Languet, now first collected and translated from the latin, with notes and a memoir of P. Sidney. *Lond.* 1845. 8. *(Oxf.)*

Sidoine Apollinaire (Cajus Sullius),
évêque d'Arvernum (Clermont) — (vers 430 — 21 août 489).

Fertig (Michael). C. S. Apollinaris Sidonius und seine Zeit, nach seinen Werken dargestellt. *Würzb.* et *Passau.* 1845-48. 3 parts. 4. *

* Cet ouvrage n'est pas encore terminé.

Péricaud (Antoine). Notice historique sur Sidoine Apollinaire, etc. *Lyon.* 1825. 8. (Tiré à 100 exemplaires.)

Sidonie de Bohême,
épouse d'Albert le Courageux, duc de Saxe.

Langenn (Friedrich Albert v.). Züge aus dem Leben der Herzogin Sidonie, etc. *Dresd.* 1852. 8.

Siebelis (Carl Gottfried),
helléniste allemand (18 oct. 1779 — vers 1843).

Kurze Lebensbeschreibung des Magisters C. G. Siebelis, Rectors am Gymnasium zu Budissin, von ihm selbst abgefasst und herausgegeben von dessen Sohne. *Bautz.* 1843. 8. *(L.)*

Ameis (Christian Friedrich). Der Gymnasiallehrer in seinem edlen Berufe und als Mensch. Blätter der Erinnerung an C. G. Siebelis. *Gotha.* 1845. 8. *(L.)*

Sieben (Cornelis),
jurisconsulte hollandais.

Burmann (Pieter). Oratio funebris in obitum C. Sieben. *Amst.* 1743. 4. *(Oxf.)*

Siebenkees (Johann Philipp),
littérateur allemand (14 oct. 1759 — 25 juin 1796).

Koenig (Johann Christian). Memoria J. P. Siebenkees. *Altorf.* 1796. Fol.

Sieber (Franz Wilhelm),
médecin allemand (1785 — ...).

Gluckselig (Legis). F. W. Sieber; biographischer Denkstein. *Wien.* 1847. 12. Portrait.

Siebold (Adam Elias v.),
chirurgien allemand (5 mars 1775 — ...).

A. E. v. Siebold's Biographie; aus Bernstein's *Geschichte der Chirurgie* besonders abgedruckt. *Leipz.* 1822. 8. *(L.)*

Siebold (Carl Caspar v.),
médecin allemand (4 nov. 1736 — 3 mai 1807).

Siebold (Johann Bartholomaeus v.). C. C. v. Siebold's Leben und Verdienste. *Würzb.* 1807. 4. Portrait.

Siedenburg (Christoffel),
théologien allemand.

Bergman (J... T...). Herinnering aan C. Siedenburg, evangelisch-lutheranische predikant, s. l. et s. d. (*Amst.* 1837.) 8. *(Ld.)*

Siegfried der Hörnerne.

Reden (N... N...). Versuch einer Entwickelung der Geschichte des hörnernen Siegfried. *Carlsr.* 1818. 8.

Siegfrid (Nicolaus),
théologien allemand (1561 — 10 janvier 1623).

Crudopius (Johann). Oratio de N. Siegfridi vita et obitu. *Rostoch.* 1623. 4.

Sienen (Jacob Albrecht v.),
magistrat allemand.

Krabbe (Otto). Memoria J. A. de Sienen. *Hamb.* 1838.
Fol.

Sieniawski (Alexander),
gentilhomme russe (1602 — 1622).

Luna rorida in obitum A. Sieniawski. *Jaroslav.*, s. d.
(1622.) *4.*

Sieveking (Georg Heinrich),
publiciste allemand (8 janvier 1751 — 25 février 1799).

Buesch (Johann Georg). Zum Andenken meiner Freunde
(Martin) Dorner und Sieveking. *Hamb.* 1799-1808. 8.

Sievers (Jacob Johann, Graf v.),
homme d'État livonien (19 août 1731 — 10 juillet 1808).

Rambach (Friedrich Eberhard). J. J., Graf Sievers.
Vorlesung. *Dorp.* 1809. *4.* Portrait.

Sieyès (Emmanuel Joseph de),
l'un des coryphées de la révolution française
(3 mai 1748 — 20 juin 1836).

Apologie de M. Sieyès, par M. de Mirabeau l'aîné, s. l. et
s. d. 8.

Notice sur la vie de Sieyès, membre de la première Assemblée nationale et de la Convention. *Suisse.* 1795.
8. * (*Lv.*) Trad. en allem. *Leipz.* 1795. 8. (*L.*)
  * Cette notice, assez rare, est attribuée à Sieyès lui-même, mais il
  est plus vraisemblable qu'elle est de Conrad Engelbert Oelsxer.

(Oelsner, Conrad Engelbert). Des opinions politiques
du citoyen Sieyès et de sa vie comme homme public.
Par. 1808. 8.

Seida und Landensberg (Franz Eugen Joseph v.).
Sieyès und Napoleon. Beitrag zur Staats- und Erzie-
hungskunde. *Heidelb.* 1824. 8.

Théorie constitutionnelle de Sieyès. *Par.* 1836. 8. (*Lv.*)

Mignet (François Auguste Alexis). Sieyès, sa vie et ses
travaux. *Par.*, s. d. (1837.) 8. (Extrait de la *Revue des
Deux Mondes.*)

Beauverger (Edmond de). Étude sur Sieyès, s. l. (*Par.*)
1851. 8. (*Lv.*)

Sigalon (Xavier),
peintre français (1790 — 1837).

Saint-Maurice (Charles). Éloge de X. Sigalon. *Par.*
1848. 8. (Couronné par l'Académie de Nîmes.)

Sigaud de Lafond (Jean René),
physicien français (1740 — 1810).

Chevalier (Jean Pierre). Notice sur Sigaud de Lafond.
Bourges. 1841. 8.

Sigebert III (Saint),
roi d'Austrasie (... — 561 — 575).

Aulbery (Georg). Vie de S. Sigebert, écrite par Sigebert
de Gemblours, avec une succincte description de la
Lorraine et de ville de Nancy. *Nancy.* 1616. 8.

Vincent (N... N...). Histoire de la vie de S. Sigebert,
XIIe roy d'Austrasie, IIIe du nom, avec un abrégé de
la vie du roy Dagobert, son fils. *Nancy.* 1702. 8.

Frison (Nicolas). Vie de S. Sigebert III, roi d'Austrasie.
Nancy. 1726. 12.

Sigebert de Gemblours,
historien belge (vers 1030 — 5 oct. 1112).

Hirsch (Siegfried). Commentatio historico-litteraria de
Sigiberti monachi Gemblacensis vita et scriptis. *Berl.*
1840. 8. (*L.* et *Oxf.*)

Bethmann (Ludwig Conrad). Commentatio de Sigiberto
Gemblacensi chronographo. *Hannov.* 1842. Fol.

Sigevinus (Saint),
archevêque de Cologne.

Buenemann (August Rudolph Esaias). Schediasma de
S. Sigevino, Coloniensium XLVI archiepiscopo, ex
medii ævi aliisque monumentis. *Hannov.* 1750. *4.*

Sigfried,
premier évêque de Wexio.

Frondin (Elias). Dissertatio de B. Sigfrido, primo
Wexionensium episcopo. *Upsal.* 1740. 8.

Sighele (Lorenzo de),
littérateur italien.

Cenni sulla vita di L. de Sighele. *Roveret.* 1834. 8.

Sigismond,
empereur d'Allemagne (1368 — 1410 — 2 déc. 1437).

Ramess (Venceslav). Hystorické wypsáni o Sigismun-

dovi Rimském cisari, uherském a Ceském krali, o behu
zivota jeho. *Praze.* 1590. 8.

Gaertner (Carl Wilhelm v.). Dissertatio de Sigismundo,
Romanorum imperatore, Germaniæ, Hungariæ et Bohemiæ rege. *Lips.* 1723. 4. (*L.*)

Boehme (Johann Gottlob). Dissertatio de Sigismundo,
Hungariæ rege vicario. *Lips.* 1755. *4.* (*L.*)

Aschbach (Joseph). Geschichte Kaiser Siegmund's.
Hamb. 1838. 3 vol. 8. (*D.* et *L.*)

Belligraphia inter illustrissimum Sigismundum, Austriæ
archiducem, et magnificum senatum Venetorum, etc.
Aug. Vind. 1488. *4.*

Boehme (Johann Gottlob). Dissertatio de ordine Draco-
nis Sigismundi imperatoris. *Lips.* 1764. 4. (*L.*)

Sigismond I, dit le Grand,
roi de Pologne (1466 — 1er avril 1548).

Cromer (Martin). Oratio in funere optimi et maximi
principis Sigismundi, ejus nominis primi, Polonorum
regis. *Cracov.* 1548. 8.

Sigismond II Auguste,
roi de Pologne (1er août 1520 — 1er août 1548 — 1er juin 1572).

Sulikow de Solki (Johann Demetrius). Oratio in funere
D. Sigismundi Augusti, Poloniæ regis, magni ducis Li-
thuaniæ. *Varsov.* 1573. 4.

Orichovius (Stanislaus). Annalium Poloniæ, regnante
Sigismundo Augusti, libri VI. *Dobromil.* 1611. 8. *Gedan.*
1641. 12.

Werving (Jonas). Konungarne Sigismundi och Carl
den IXs historia, publ. par Anders Anton v. Stjernman. *Stockh.* 1746-47. 2 vol. 8.

Sigismundi Augusti, Poloniæ regis, epistolæ, legationes
et responsa, publ. par Johann Burchard Mencke. *Lips.*
1703. 8. (*L.*)

Sigismond III,
roi de Pologne et de Suède (20 juin 1566 — 1586 — 30 avril 1632).

Ordinum regni Poloniæ de electione Sigismundi legationes, epistolæ, responsa, etc. *Cracov.* 1587. 4.

Lipsky a Lipe (Andreas). De rebus gestis Sigismundi III
Poloniæ ac Sueciæ regis narratio. *Rom.* 1605. 4. (Très-
rare.)

Lubienski (Stanislaus). Funebris laudatio Sigismundi III,
Poloniæ regis, scripta. *Cracov.* 1633. Fol.

Sobieski (Jacob). Commentariorum de bello Chotinensi,
s. Sigismundi III contra Osmanum Turcarum impera-
torem libri III. *Dantisc.* 1656. *4.*

Petricius (Johann Junoe). Historia rerum in Polonia
gestarum anno 1620 et 1621. *Cracov.* 1637. Fol.

Sigismond,
duc de Bavière.

Heller v. Hellersberg (Carl Sebastian). Über den Re-
gierungsverzicht des baierisch-münchener Herzogs Sigismund. *Regensb.* 1798. 8.

Signorelli (Pietro Napoli),
littérateur italien (28 sept. 1731 — 1er avril 1815).

Avellino (Francesco Maria). Elogio storico di P. N. Signorelli. *Napol.* 1815. 4.

Signoroni (Bartolommeo),
chirurgien italien (5 déc. 1796 — 20 nov. 1844).

Cortese (Francesco). Elogio funebre del dottore B. Signoroni, etc. *Venez.* 1845. 8.

Sigonio (Carlo),
savant italien (vers 1520 — 12 août 1584).

Krebs (Johann Philipp). Vita C. Sigonii, viri singulari
virtute, moribus, ingenio, doctrina, meritis præditi, etc.
Weilburg. 1837. *4.*

—— C. Sigonius, einer der grössten Humanisten des
sechszehnten Jahrhunderts; ein Vorbild aller Studiren-
den. *Frf.* 1840. 8.

Sigrai (András),
jésuite hongrois.

Memoria posthuma trium insignium ex Hungarica societate Jesu virorum (Adami Fitter, A. Sigrai, Pauli Ko-
losvári). *Tyrnav.* 1749. 8.

Silas.

Zeune (Johann Carl). Dissertatio, Lucam et Silam non
eundem fuisse. *Lips.* 1771. *4.* (*L.*)

Cellarius (Ludwig Friedrich). Dissertatio de Sila, viro apostolico. *Jenæ.* 1775. 4.

Silberrad (Johann Martin),
jurisconsulte allemand (16 oct. 1707 — 10 juin 1760).

Spielmann (Jacob Reinhold). Programma in exequiis J. M. Silberradii. *Argent.* 1760. Fol.

Silberschlag (Esaias),
théologien allemand (1550 — 3 sept. 1606).

Wedmann (Modestus). Leichenpredigt und Lebenslauf E. Silberschlag's. *Erfurt.* 1606. 4.

Silberschlag (Georg),
hébraïsant allemand.

Poch (Andreas). Leichenpredigt und Lebenslauf G. Silberschlag's. *Erfurt.* 1572. 4.

Silberschlag (Johann Esaias),
théologien allemand (16 nov. 1721 — 22 nov. 1791).

J. E. Silberschlag's Leben, von ihm selbst beschrieben, nebst einem Verzeichniss seiner Schriften, herausgeg. von Erdmann Julius Koch. *Berl.* 1792. 8. Portrait.
Über die Verdienste J. E. Silberschlag's als Schulmann. *Berl.* 1792. 8.

Silchmueller (N... N...),
théologien allemand.

Rasche (Johann Christoph). Trauerrede auf den Superintendenten Silchmueller. *Meining.* 1759. Fol. *Ibid.* 1771. Fol.

Silesius * (Angelus),
mystique allemand.

Wittmann (Patricius). A. Silesius als Convertit, als mystischer Dichter und als Polemiker, etc. *Stadtamthof.* 1841. 8.
Kahlert (August). A. Silesius; literar-historische Untersuchung, etc. *Bresl.* 1853. 8.
Schrader (Wilhelm). A. Silesius und seine Mystik. Beitrag zur Literatur-Geschichte des 17ten Jahrhunderts. *Halle.* 1853. 4.

    * Son véritable nom était Johannes Scheffler.

Silfverstolpe (Axel Gabriel),
littérateur suédois (10 août 1762 — .. sept. 1824).

Moerner (Adolf Göran). Åminnelse-Tal öfwer A. G. Silfverstolpe. *Stockh.* 1824. 8.

Silfverstolpe (Fredrik Samuel, Grefwe),
littérateur suédois (28 déc. 1769 — 2 déc. 1851).

Saint-Maurice Cabany (Charles Édouard). Notice nécrologique sur le comte F. S. de Silfverstolpe, surintendant de l'Académie des beaux-arts de Stockholm, littérateur, poëte et compositeur de musique, etc. *Par.* 1852. 8. (Extrait du *Nécrologe universel du XIXe siècle.*)

Silhouette (Étienne de),
contrôleur général des finances (5 juillet 1709 — 20 janvier 1767).

Testament politique de M. de Silhouette. *Par.* 1773. 12.

Silinon (Caspar v.),
capitaine suisse (tué en 1517).

Oratio funebris habita in exequiis C. de Silinon, capitanei Helvetiorum, etc. *Basil.*, s. d. (1517). 4.

Silius Italicus (Cajus),
orateur et poëte romain (contemporain de l'empereur Néron).

Blumenroeder (D...). Dissertatio historica de C. Silio Italico. *Halæ.* 1698. 4.
Cellarius (Christoph). Dissertatio de C. Silio Italico, poeta consulari. *Halæ.* 1712. 8.
Heister (Lorenz). Epistola de morte Silii Italici, celebris poetæ et oratoris, ex clavo insanabili. *Helmst.* 1734. 4.

Sillem (Garlieb),
jurisconsulte allemand (15 juin 1676 — 26 déc. 1732).

Fabricius (Johann Albert). Justa in celebritate funeris G. Sillem, J. U. L., consulis reipublicæ Hamburgensis persoluta. *Hamb.* 1733. Fol. (*L.*)

Sillem (Martin Garlieb),
magistrat allemand († 24 février 1835).

Petersen (Christian). Memoria viri amplissimi M. G. Sillem, magnifici in civitate Hamburgensi consulis. *Hamb.* 1857. 4.

Sillery (Nicolas **Brulart** de),
chancelier de France (1544 — 1624).

Tournet (Jean). Discours funèbre sur le trépas du dé-

funct Mgr. le chancelier N. Brulart de Sillery. *Par.* 1624. 8.
Boutrays (Raoul). Breviarum vitæ N. Brulartii. *Par.* 1624. 8. (*P.*)

Sillery (Noel **Brulart** de),
chevalier de Malte († 26 sept. 1640).

Notizia dell' esemplarissima vita di N. de Bruslart de Sillery, religioso dell' ordine de' cavalieri di Malta. *Rom.* 1747. 12.
Vie de l'illustre serviteur de Dieu, N. Brulart de Sillery, chevalier de Malte et bailli commandeur grand'croix dans l'ordre. *Par.* 1843. 12.

Silos (N... N... de),
cardinal italien.

Galdi (Vincenzo). Orazione in lode del cardinale de Silos. *Rom.* 1709. 4.

Silva (Donato, conte),
littérateur italien (1690 — 2 juin 1779).

(**Frisi**, Paolo). Elogio storico di D., conte Silva. *Milan.* 1779. 8.

Silva, conte di **Biandrate** (Ercole),
littérateur italien.

Rovida (Cesare). Elogio di E. Silva, conte di Biandrate, etc. *Milan.* 1843. 8.

Silva (Jean Baptiste),
médecin français (13 janvier 1682 — 19 août 1742).

Bruhier d'Ablaincourt (Jean Jacques). Mémoire pour servir à la vie de M. J. B. Silva. *Par.* 1742. 12. *Ibid.* 1744. 12.

Silva (Manoel **Freyre** de),
carme déchaussé portugais.

Historia de la vida, prision y fuga de ella de D. M. Freyre de Silva y en siglo, y F. Manoel de San Josef, etc. *Madr.* 1788. 12.

Silveira (Gonzales de),
jésuite portugais (vers 1525 — exécuté le 25 mars 1561).

Godinho (Nicolaö). Vita P. G. Sylveriæ, soc. Jesu, sacerdotis, in urbe Monomotapa martyrium passi. *Lugd. Bat.* 1612. 8. *Col. Agr.* 1616. 8.
Trad. en allem. par Johann Volck. *Augsb.* 1614. 8.
Trad. en ital. (par Francesco Maria de Amatis). *Rom.* 1615. 12.
Cienfuegos (Bernardo de). Vida del P. G. de Silveira de la compañia de JHS, martyr. *Madr.* 1614. 4.

Silvestre de Sacy, voy. **Sacy** (Antoine Isaac Silvestre de).

Silvestre (Augustin François, baron de),
naturaliste français (7 déc. 1762 — ... 1852?).

Bouchard (L...). Notice biographique sur le baron de Silvestre, etc. *Par.* 1852. 8.

Silvestri (Camillo),
archéologue italien (11 juin 1645 — 6 janvier 1719).

(**Zorsi**, Michelangelo). Vita del signor conte C. Silvestri, nobile di Rovigo, etc. *Padov.* 1720. 4.

Silvestri (Girolamo Cesare),
savant italien..

Grotto (Giuseppe). Orazione delle lodi del canonico G. C. Silvestri. *Padov.* 1789. 8.

Silvestro (San),
prêtre italien.

Neapolis (Sebastianus). Brieve ristretto della vita, morte e miracoli del P. S. Silvestro della città di Troyna, monaco dell' ordine del P. S. Basilio Magno. *Messin.* 1682. 12.

Silvia (Santa).

Cassio (Alberto). Memorie istoriche della vita di S. Silvia. *Rom.* 1755. 4. (*Bes.*)

Silvius (Johan),
littérateur suédois (1620 — 2 juin 1690).

Wagner (Johan?). Memoria J. Silvii. *Stockh.* 1690. 8.

Simeoli (Giuseppe),
théologien italien († 1779).

Rossi (Francesco). J. Simeoli elogium. *Napol.* 1779. 8.

Siméon Stylita (Saint),
anachorète du Ve siècle (vers 390 — 1er sept. 460).

Lautensack (Friedrich Georg). Dissertatio de Simeone Stylita. *Witteb.* 1700. 4.

Krebs (J... C...). Dissertatio de Stylitis. *Lips.* 1755. 4.

Vie de S. Loup, évêque de Troyes, suivie de celles de S. Jean Chrysostome et de S. Siméon Stylita, et d'une revue religieuse du ve siècle. *Par.* 1857. 12.

Uhlemann (Friedrich). Symeon, der erste Säulenheilige in Syrien, und sein Einfluss auf die weitere Verbreitung des Christenthums im Orient. *Leipz.* 1846. 8. (*L.*)

Simeon (Charles),
théologien anglais.

Carus (William). Memoirs of the life of the Rev. C. Simeon, late senior fellow of King's college and minister of Trinity college at Cambridge, with a selection from his writings and correspondence. *Lond.* 1847. 8. *Ibid.* 1848. 12. Portrait. (3e édition.)

Williamson (James). Brief memoir of the Rev. C. Simeon. *Lond.* 1848. 18.

Souvenirs de C. Simeon, ministre de l'église de la Trinité et membre du collége royal à Cambridge. *Toulouse.* 1853. 18.

Siméon (Joseph Jérôme, comte),
homme d'État français (30 sept. 1749 – 19 janvier 1842).

Mignet (François Auguste Alexis). Notice historique sur la vie et les travaux de M. le comte Siméon. *Par.* 1844. 8. (*P.*)

Simeoni ou Symeon (Gabriele),
historien italien (1509 – 1570).

Mencke (Johann Burchard). Dissertatio de vita et scriptis G. Symeonis. *Lips.* 1727. 4. (*L.*)

Simeoni de' Balbi (Paolo),
savant italien.

Cibrario (Luigi). Notizie di P. Simeoni de' Balbi di Chieri. *Torin.* 1826. 8.

Simiane, chevalier de la Coste (Gaspard).

Ruffi (Antoine de). Histoire de G. de Simiane, chevalier de la Coste. *Marseille.* 1655. 12.

Simius (Petrus Paulus),
jésuite français.

Fabri (Honoré). Historia compendiaria de vita et morte P. P. P. Simii. *Lugd.* 1682. 12. (*Bes.*)

Simler (Josias),
historien suisse (6 nov. 1530 – 5 juillet 1576 *).

Stuck (Johann Wilhelm). Vita clarissimi viri J. Simleri, Tigurini, S. theologiæ in schola Tigurina professoris fidelissimi. *Tigur.* 1577. 4. (*Lv.*)

* Haller le fait mourir le 2 juillet 1577.

Simon,
l'un des douze apôtres.

Memorie sull' insigne reliquia di S. Simeone profeta, esistente nella città di Zara. *Vicenz.* 1836. 8.

Simon le Magicien,
hérésiarque du premier siècle.

Schotanus (Christian). Disputatio de Simone Mago et hæresi Simoniarum. *Franeq.* 1662. 4.

Siricius (Michael). Pravitates Simonis Magi, s. disquisitio historica de ejus hæresi. *Giess.* 1664. 4.

Horbius (Johann Heinrich). Dissertatio de origine hæresis Simonis Magi. *Lips.* 1669. 8. (*L.*)

Mosheim (Johann Lorenz v.). Dissertatio historico-theologica de uno Simone Mago, etc. *Helmst.* 1734. 4. (*L.*)

Tostrup (Hans Peder). Dissertatio de vita, erroribus, scriptis et morte Simonis Magi. *Hafn.* 1779. 8. (*Cp.*)

Streisguth (Charles). Essai sur la vie et la doctrine de Simon le Magicien. *Strasb.* 1859. 4. (*L.* et *P.*)

Simon de Crespy (Saint),
prêtre français.

(**Dunod**, Pierre Joseph). Vie de S. Simon de Crespy, fondateur du prieuré de Mouthe en Franche-Comté. *Besanç.* 1728. 12. (*Bes.* et *P.*)

Simon,
famille sarde.

Memorie storico-critiche della vicende sofferte della famiglia sardo-ligure dei Simon. *Cagliari.* 1800. 8.

Simon van Utrecht,
magistrat allemand d'origine hollandaise.

Wal (J... de). Simon van Utrecht, burgemeester der stad Hamburg. *Utrecht.* 1846. 8. (*Ld.*)

2

Simon (Jean Henri),
médailleur belge (28 oct. 1752 – 12 mars 1832).

Guioth (Jacques Léon). J. H. Simon, s. l. (*Brux.*) et s. d. 8. *

* Suivi du catalogue de toutes les médailles gravées par cet artiste.

Simonau (Gustave),
dessinateur belge (10 juin 1812 – ...).

Voisin (Auguste). G. Simonau. *Gand.* 1842. 8. (Extrait du *Messager des Sciences historiques de Belgique.*)

Simonde de Sismondi (Jean Charles Léonard),
historien suisse (9 mai 1773 – 25 juin 1842).

(**Lomenie**, Louis de). M. de Sismondi, par un homme de rien. *Par.* 1841. 12.

Bossi (Luigi). Necrologia di J. C. L. Simonde de Sismondi. *Firenz.* 1842. 8.

Mignet (François Auguste Alexis). Notice historique sur la vie et les travaux de M. de Sismondi, associé étranger de l'Académie (des sciences morales et politiques). *Par.* 1845. 8.

–— Vie et travaux de Simonde de Sismondi. *Par.* 1845. 8. (*P.*)

Simonds d'Ewes,
homme d'État anglais.

Halliwell (John Orchard). Autobiography and correspondence of sir Simonds d'Ewes, baronet, during the reigns of James I and Charles I. *Lond.* 1845. 2 vol. 12. 2 portraits.

Simone di Napoli,
prêtre italien.

Tognoletti (Pietro). Compendio o elogio della vita e morte ed alcuni miracoli del B. F. Simone di Napoli da Calasibetta, fondatore de' minori osservanti riformati di Sicilia. *Palerm.* 1665. Fol.

Simonet (George Antoine),
industriel français.

C... (H...). Notice sur G. A. Simonet, créateur de la fabrique de mousseline de Tarare. *Lyon.* 1846. 8.

Simonetta, née Castagnola (Anna, contessa),

(**Castagnola**, Gregorio Ferdinando di). Memoria intorno all' A. de conti Simonetta, ne' conti di Castagnola. *Parma.* 1845. 16.

Simonetta (Maria Guerrieri),
dame italienne.

(**Castagnola**, Gregorio Ferdinando di). Memoria intorno alla contessa M. Guerrieri Simonetta. *Parma.* 1842. 8. *

* Publ. sous les lettres initiales G. F. D. C.

Simonetti (Christian Ernst),
théologien allemand (30 oct. 1700 – 20 janvier 1782).

From (Nathanael Friedrich). Predigt zum Andenken des Consistorialraths Simonetti. *Frf. a. d. Oder.* 1782. 8.

Simonetto (San),
martyr italien.

Memorie notabili di S. Simonetto, martire di Trento, ucciso dagli Ebrei. *Venez.* 1617. 8. (Excessivement rare.)

Santini (Giuseppe Antonio Maria). Narrazione storica del nascimento, martirio e miracoli del bambino S. Simone da Trento. *Trento.* 1741. 4. *

* Avec une gravure, représentant cet enfant martyrisé par les Juifs.

Cornelio (Flaminio). De cultu S. Simonis, pueri Tridentini et martyris apud Venetos. *Trident.* 1773. 4. (2e édition.)

Simoni (Simone),
médecin italien.

Christgau (Martin Georg). De vita et scriptis S. Simonii, Lucensis, medici ac philosophi quondam celeberrimi. *Frf. ad Viadr.* 1774-75. 4. (*Cp.*)

(**Squarcialupi**, Marco). S. Simonii Romani semper autem athei religio. *Cracov.* 1588. 4.

Simonide,
inventeur de l'art mnémonique (vers 558 – 467 avant J. C.).

Boissy (Louis Michel). Histoire de la vie de Simonide et du siècle où il a vécu. *Par.* 1755. 12. *Ibid.* 1788. 12. (*D.* et *P.*)

Ducker (Pieter Gerhard). Dissertatio de Simonide Ceo, poeta et philosopho. *Ultraj.* 1768. 4. (*Oxf.*)

Lagus (Andreas Johann). Programma academicum Simonidis, quæ supersunt, græce et latine. *Aboæ.* 1796. 4.

Curtmann (Wilhelm Jacob Georg). Simonides et Pythagoras, artis mnemonicæ inventores. *Giess.* 1827. 8.

Morgenstern (Carl). Commentationes III de arte mnemonica. *Dorpat.* 1835. Fol.

Richter (Franz Wilhelm). Simonides der Aeltere von Keos nach seinem Leben beschrieben, etc. *Schleusing.* 1856. 4.

Simonin (François Charles),
littérateur français (16 janvier 1745 — 30 janvier 1822).

Notice sur F. C. Simonin, homme de lettres. *Nancy.* 1842. 8. (Écrit par son père.)

Simons (Menno),
fondateur de la secte mennonite (1496 — 13 janvier 1561).

Kettner (Friedrich Gottlieb). Dissertatio sistens historiam Mennonis ejusque asseclarum. *Lips.* 1696. 4. (*L.* et *Lv.*)

Cramer (A... M...). Leven en verrigtingen van M. Simons, etc. *Amst.* 1837. 8. Portrait.

Simons-Candeille, voy. **Candeille** (Amélie Julie).

Simonius (Johannes),
littérateur allemand (vers 1565 — 29 mai 1627).

Loccenius (Johan). Oratio funebris in obitum J. Simonii, professoris eloquentiæ. *Upsal.* 1627. 4.

Simonneau (Jacques Guillaume),
maire d'Étampes (assassiné le 3 mars 1792).

Grégoire (Henri). Discours prononcé au service célébré pour J. G. Simonneau, maire d'Etampes, assassiné, etc., pour avoir défendu la loi. *Blois.* 1792. 4.

Pouchin (Jacques). Eloge funèbre de J. G. Simonneau, maire d'Etampes, etc. *Saint-Lo*, s. d. (1792.) 12.

(**Tremblay**, N... N...). Détails de la cérémonie, etc.. pour la fête, décrétée par l'Assemblée nationale à la mémoire de J. G. Simonneau, maire d'Etampes, mort pour la défense de la loi, s. l. et s. d. (*Par.* 1792.) 12.

Simons (Pierre),
évêque d'Ypres.

Carton (Charles). Biographie de monseigneur P. Simons, évêque d'Ypres. *Bruges.* 1844. 8. Portrait. (Tiré à petit nombre.)

Simons (Pierre),
ingénieur belge (20 janvier 1797 — 14 mai 1843).

Quetelet (Lambert Adolphe Jacques). Notice sur P. Simons, inspecteur des ponts et chaussées. *Brux.* 1844. 8. (*Bx.*)

Simony (N... N... de),
évêque de Soissons.

Péronne (N... N...). Vie de Mgr. de Simony, évêque de Soissons. *Soissons.* 1852. 12.

Simorilli (Bartolommeo),
prêtre italien.

Vivo (Gennaro da). Vita del B. Simorilli de' chierici regolari minori. *Lecce.* 1634. 4. *Ibid.* 1633. 4.

Simpertus,
évêque d'Augsbourg.

Stengel (Carl). Vita Simperti, episcopi Augustani. *Aug. Vind.* 1615. 8.

Simphorose (Sainte),
patronne de la ville de Tivoli.

Volpi (Giovanni Rocco). Vita di S. Sinforosa e de suoi santi figliuoli e compagni martiri, cittadina e protettrice di Tivoli. *Rom.* 1754. 4.

Simplice,
philosophe grec du VIe siècle après J. C.

Buhle (Johann Gottlieb). Dissertatio de Simplicii vita, ingenio et meritis. *Goetting.* 1816. 4.

Simpson (Thomas),
navigateur anglais.

Simpson (Alexander). Life and travels of T. Simpson, the Arctic discoverer. *Lond.* 1845. 8. Portrait. (*Oxf.*)

Simson,
personnage biblique.

Weissenborn (Christian). Mors Simsonis. *Jenæ.* 1700. 4.

Lehmann (Daniel). Dissertatio de Simsone molitore. *Witteb.* 1711. 4.

Tjassens (Simon). Dissertatio de Simsonis orti et vita, Jud. XIII-XV. *Lugd. Bat.* 1721. 4. (*Ld.*)

Diederichs (Johann Christian Wilhelm). Zur Geschichte Simson's, etc. *Goetting.* 1778-79. 3 parts. 8.

Sidelmann (Jacob). Disputatio de maxilla Samsonitica. *Hafn.* 1796. 4.

Bruce (John). Biography of Samson, illustrated and applied. *Edinb.* 1854. 12.

Simson (Robert),
mathématicien anglais (1687 — 1er oct. 1768).

Trail (William). Account of the life and writings of R. Simson, late professor of mathematics in the university of Glasgow. *Lond.* 1812. 4. (*Oxf.*)

Sinclair (Charles Gédéon),
général français au service de Suède (vers 1730 — 1er sept. 1803).

Adlerbeth (Gudmund Göran). Åminnelse-Tal öfwer Generalen C. G. Sinclair. *Stockh.* 1804. 8.

Sinclair (John),
savant écossais (1754 — 1835).

Memoirs of the life and works of late Right Hon. sir J. Sinclair, written by his son. *Lond.* 1837. 2 vol. 8. (*Oxf.*) Trad. en allem. par L... BOUMANN. *Braunschw.* 1838. 2 vol. 8.

Singer (Anna Renata),
soi-disant sorcière allemande.

A. R. Singer, von Mossau, die letzte deutsche Hexe. Geschichtsbild, dargestellt zur Erinnerung an den nunmehr hundertjährigen Niedergang eines langen und grauenvollen Irrthums und an die Befreiung von der Schmach wälscher Inquisition in Deutschland. *Leipz.* 1847. 8.

Singler (Pierre August),
directeur des théâtres français (17 juillet 1773 — 1er oct. 1847).

Huré jeune (N... N...). Notice biographique sur M. Singier, ancien directeur des théâtres de Lyon et de Feydeau. *Par.* et *Lyon.* 1847. 8.

Singlin (Antoine),
confesseur des religieuses de Port-Royal († 17 avril 1664).

(**Goujet**, Claude Pierre). Vie de M. Singlin, directeur des religieuses de Port-Royal. *Utrecht.* (*Par.*) 1756. 12. (*P.*)

Sinnius Capito,
grammairien romain.

Hertz (Martin). Sinnius Capito. Abhandlung zur Geschichte der römischen Grammatik. *Berl.* 1844. 8.

Sinold, voy. Schuetz (Helvich Christoph).

Sintenis (Christian Friedrich),
théologien allemand (12 mars 1750 — 31 janvier 1820).

Schuetz (Friedrich Wilhelm v.). C. F. Sintenis' Leben und Wirken als Mensch, Schriftsteller und Kanzelredner, etc. *Zerbst.* 1820. 8.

Sirani (Elisabetta),
peintre italienne (1638 — 29 août 1665).

Picinardi (Giovanni Luigi). Pennello lagrimato. Orazione funebre in morte della signora E. Sirani, pittrice famosissima. *Bologn.* 1665. 4. Portrait.
La poesia muta celebrata della pittura loquace, o vero lodi al pennello d'E. Sirani, pittrice Bolognese. *Bologn.*

Siret (Louis Pierre),
grammairien français (30 juillet 1745 — 25 sept. 1798).

Cournaud (Antoine de). Précis de la vie du citoyen Siret. *Par.* 1799. 8.

Sirlet (Guglielmo),
cardinal-archevêque de Squillace (1514 — 8 oct. 1585).

Motta (Lazzaro). Oratio funebris in cardinalem G. Sirletum. *Rom.* 1585. 4.

Arturio (Lattanzio). Orazione nella morte dell' illustrissimo e reverendissimo cardinal Sirleto. *Napol.* 1586. 4.

Sirmond (Jacques),
jésuite français (22 oct. 1559 — 7 oct. 1651).

(**Briet**, Philippe). Elogium R. P. J. Sirmundi, S. J. *Par.* 1632. 4. * (*P.*)
* Avec le catalogue de tous ses ouvrages.

Valois (Henri). Oratio in obitum J. Sirmondi, S. J. Presbyteri. *Par.* 1651. 4.

Vavassor (François). Longævitas ad perpetuam viri de litteris deque tota re christiani meriti, memoriam. *Par.* 1652. 4. (*P.*)

Colomiès (Paul). Vie du R. P. J. Sirmond. *La Rochelle.* 1671. 12.

Sirona,
personnage mythologique.

Matthiæ (F... C...). Prolusio I de Sirona dea. *Frf.* 1806. 4.

Sirot, voy. **Letouf**, baron de **Sirot** (Claude de).

Sisco (N... N...),
jurisconsulte français († 23 août 1827).
Tamiet de Valtamiet (François d'Assise). Notice nécrologique sur feu M. de Sisco, conseiller du roi en la cour royale de Bastia, etc. *Bastia.* 1827. 4.

Sisenna (Lucius Cornelius),
historien romain.
Roth (Carl Ludwig). Vita L. C. Sisennæ, historici Romani. *Basil.* 1854. 4.

Sisgau (Christophe d'Authier de),
évêque de Bethléem († 1667).
Borely (Nicolas). Vie de C. d'Authier de Sisgau, évêque de Bethléem , instituteur de la congrégation du Saint-Sacrement. *Par.* 1667. 8. *Lyon.* 1703. 12. (*Bes.*)

Sismondi, voy. **Simonde de Sismondi.**

Sitzinger (Ulrich),
jurisconsulte allemand.
Chytraeus (David). Oratio de U. Sitzingero, (cancellario ducis Palatini). *Rostock.* 1577. 8.

Sivers (August Friedrich v.),
agronome courlandais (20 juillet 1766 — 4 juillet 1823).
Loewis (Andreas v.). Necrolog A. F. v. Sivers. *Dorpat.* 1823. 8.

Sivers (Henrich),
musicien allemand.
Seelen (Johann-Heinrich·v.). Ehrengedächtniss H. Sivers, Cantoris. *Lübeck.* 1736. Fol.

Sivers (Heinrich Jacob),
naturaliste allemand (8 avril 1709 — 8 août 1758).
Muenter (Hermann). Wehmuthsvolle Thränen bey dem Grabe des Herrn Doctor H. J. Sivers. *Linkoeping.* 1788. 8.

Sixt (Johann Andreas),
théologien allemand (30 nov. 1742 — 30 juillet 1810).
Mueller (Johann Georg Christoph). Trauergefühle vor dem bethränten Sarge des Professors der Theologie Dr. J. A. Sixt, etc. *Nürnb.* 1810. 8.

Sixte V,
pape, successeur de Grégoire XIII (13 déc. 1521 — élu le 24 avril 1585 — 17 août 1590).
Robardi (Vincenzo). Sixti V gesta quinquennalia. *Rom.* 1590. 8.
Leti (Gregorio). Vita di Sisto V. *Lausan.* 1669. 2 vol. 8. *Amst.* 1685. 2 vol. 8. *Ibid.* 1693. 3 vol. 8. *Ibid.* 1721. 3 vol. 8. (*P.*)
  Trad. en allem. *Leipz.* 1706. 8. *Ibid.* 1720. 8. (*L.*)
  Trad. en angl. par Ellis Farneworth. *Lond.* 1754. Fol. (*Oxf.*)
  Trad. en franç. (par L... A... Le Pelletier). *Par.* 1685. 2 vol. 8. Portrait. *Ibid.* 1687. 2 vol. 12. (*Bes.*) *Ibid.* 1698. 2 vol. 12. Portrait. *Par.* 1702. 2 vol. 8. (*P.*) *Ibid.* 1751. 4. (*Bes.*)
  Trad. en holland. par Willem Sewel. *Amst.* 1722. 2 vol. 8. *Ibid.* 1739. 2 vol. 8.
Tempesti (Casimiro). Vita e gesta in compendio dell' immortale pontefice Sisto V. *Rom.* 1754. 2 vol. 4. (*Oxf.*)
Lorentz (Johannes). Sixtus V und seine Zeit. *Mainz.* 1852. 8.

Sjoebring (Pehr),
orientaliste suédois (25 oct. 1776 — 12 janvier 1842).
Minne af P. Sjoebring. *Upsal.* 1842. 8.

Sjoegren (Hakan),
théologien suédois (26 janvier 1727 — 20 mars 1815).
(**Wickelgren**, J... L...). Manibus H. Sjoegren. *Wexioe.* 1815. 8.

Skelton (Philip),
théologien irlandais (1707 — 1787).
Burdy (Samuel). Life of the late Rev. P. Skelton, with some curious anecdotes. *Dubl.* 1792. 8. (*Oxf.*)
Observations ou Samuel Burdy's Life of the late Rev. P. Skelton, by a Lover of truth and common sense. *Dubl.* 1794. 12.
Vindication of Samuel Burdy's Life of P. Skelton, by Detector. *Dubl.* 1795. 12.

Skjoeldebrand (Adolf Fredrik, Grefwe),
homme d'État suédois.
Beskow (Bernhard v.). Minnesteckning öfwer En af Rikets Herrar, Generalen, Stats-Rädet, Riddaren och Kommendören af K. M. Orden, En af de Aderton i Swenska Akademien, Herr Grefwe A. F. Skjoeldebrand, etc. *Stockh.* 1852. 8.

Skronski (Herren v.),
famille allemande.
Thilo (Gottfried). Genealogia Skronskiana. *Bregæ.* 1702. Fol.

Skytte * (Johan),
homme d'État suédois (1577 — 15 mars 1645).
Lindblom (Jacob Axel). Fasti Skyttiani et legatio J. Skytte in Daniam anno 1615, contin. par Jacob Friedrich Neikter. *Upsal.* 1785. Fol.
  * Son nom originaire était Schroeus.
Wenstroem (Johan). Disputatio qua merita J. Skytte litteraria exhibet. *Upsal.* 1786. 4.
Neikter (Jacob Friedrich). Monumenta et literæ historiam J. Skytte senioris illustrantes. *Upsal.* 1801-1802. 2 parts. 8.

Slater (Samuel),
industriel anglo-américain.
White (George S...). Memoirs of S. Slater, the father of the american manufactures, etc. *Philad.* 1856. 8. (2e édition.)

Slovata v. Chlum (Adam),
gentilhomme bohème († 1616).
Teplicky (Wenzeslav Stefan). Kazáni po pohrbu wrozeného p. A. Slavaty. *Praze.* 1616. 4.
Mezricky (Johann Thaddäus). Pohrebni promluveni po pohrbu p. A. Slavaty z Chlum. *Praze.* 1616. 8.

Slee (Isaac),
théologien anglais.
Whitfield (Charles). Memoirs of the late Rev. I. Slee. *Lond.* 1801. 12.

Sleidan * (Johann),
historien allemand (1506 — 31 oct. 1556).
Moller (Daniel Wilhelm). Disputatio circularis de J. Sleidano. *Altorf.* 1697. 4. (*L.* et *Lv.*)
Ende (Christian Ludwig am). Vermischte Anmerkungen über den berühmten Geschichtsschreiber J. Sleidan. *Nürnb.* 1780. 8.
Paur (Theodor). Commentatio de J. Sleidano. *Vratisl.* 1842. 4. (*L.*)
  * Le nom de sa famille était Philipson. Sleida est le nom de sa ville natale.

Slevogt (Johann Philipp),
jurisconsulte allemand, fils du suivant (27 févr. 1649 — 7 janv. 1727).
Programma in obitum J. P. Slevogti. *Jenæ.* 1727. Fol.

Slevogt (Paul),
philosophe allemand (29 avril 1596 — 22 juin 1655).
Kriegk (Georg Nicolaus). Oratio memoriæ et honori P. Slevogtii dicata. *Jenæ.* 1698. 4. (*L.*)

Slingelandt (Simon van),
grand pensionnaire de Hollande († 1736).
Siegenbeek (Matthijs). Lofrede op den raadpensionaris S. van Slingelandt. *Leyd.* 1820. 8. (*Ld.*)

Slodtz (René Michel),
sculpteur français (1705 — 1764).
Cochin (Charles Nicolas). Lettres sur les vies de M. Slodtz et de M. Deshays, (peintre). *Par.* 1765. 12.

Slootmans (Alexandre),
prêtre belge.
Oratio funebris in exequiis A. Slootmans, abatis XXXVI (Parchensis). *Lovan.* 1756. 8.

Sluiter (Jan Otto),
philologue hollandais.
Eck (C... Frandsen van). Leerrede, etc., na den dood van Mr. J. O. Sluiter, hoogleeraar in de Grieksche en Romsche letterkunde, etc. *Devent.* 1815. 8. (*Ld.*)

Sluse (René François Walter, baron de),
mathématicien belge (7 juillet 1622 — 19 mars 1685).
Hulst (Félix van). R. Sluse. *Liège.* 1842. 8. Port. (*Lv.*)

Sluter (Gottfried),
philosophe allemand.
(**Kromayer**, Hieronymus). Programma academicum in G. Sluteri funere. *Lips.* 1666. 4. (*L.*)

Smallenburg (Nicolaus),
savant hollandais.
(**Kist**, Nicolaus Christian). Memoria N. Smallenburg, s. l. et s. d. (*Lugd. Bat.* 1837.) 8. (*Ld.*)

Smejdir (Jan),
citoyen bohème (assassiné en 1618).
Hertvik (Jan). Tumulus horrendi homicidii, to jest : Pohreb slovutného a pocestného muze P. J. J. Smejdire, mestenina prazského. *Praze.* 1618. 4.

Smellie (William),
archéologue écossais († 25 juin 1795).

Kerr (Robert). Memoirs of the life, writings and correspondence of the late W. Smellie. *Lond.* 1811. 2 vol. 8. Portrait. (*Oxf.*)

Smith van der Ketten, plus connu sous le nom de **Smetius** (Jan),
historien hollandais († 30 mai 1651).

Kist (Nicolaus Christian). Levensberigt van J. Smetius. *Leyd.*, s: d. 8. Portrait. (*Ld.*)

Smidenstet (Hartwig),
poëte allemand (1539 — 1595).

Meibomius (Heinrich). Oratio de H. Smidensteto. *Helmst.* 1595. 4.

Smiricky v. Smirié (Albrecht),
chevalier bohème († 1614).

Borovsky de Borov (Blasius). Wypsáni sl. pohrbu p. A. Smirického ze Smiric. *Praze.* 1614. 8.

Mitis (Jacob). Kazáni pohrebni nad p. A. ze Smiric. *Praze.* 1614. 8.

Carion (Wenzeslaw). Kazáni pohrebni nad p. A. Smirickym. *Praze.* 1614. 8.

Dikastus v. Mirzkova (Georg). Kazáni pohrebni nad p. A. Smirickym. *Praze.* 1614. 8.

Martinsky (Viktorin). Kazáni pohrebni nad p. A. Smirickym. *Praze.* 1614. 8.

Palma (Sixtus). Pisen a památka pohrebni o zivotu smrti pohrbu p. A. Smirického. *Praze.* 1618. 8.

Smiricky v. Smiric (Albrecht Jan),
homme d'État bohème († 1618).

Cyrill (Jan). Kazáni pohrebni pri provázeni mrtvého tela p. A. J. Smirického. *Praze.* 1619. 12.

Smiricky v. Smiric (Wenzeslaw),
chevalier bohème († 1615).

Carolides (Daniel). Processus aneb wypsáni slavného pohrbu p. V. Smirického ze Smiric. *Praze.* 1615. 8.

Smiricky v. Smiric (Zigmund),
gentilhomme bohème.

Tesak (Georg). O smrti a slavném pohrbu vysoce wrozeného p. Z. Smirického. *Praze.* 1618. 8.

Smith (Adam),
économiste anglais (5 juin 1723 — 8 juillet 1790).

Stewart (Dugald). Biographical memoirs of A. Smith, of William Robertson and of Thomas Reid. *Edinb.* 1811. 4. (*Oxf.*)

Smith (Constance Spencer),
littératrice française († 21 oct. 1829).

Trébutien (Guillaume Stanislas). Notice nécrologique sur madame C. Spencer Smith. *Caen.* 1827. 8. (Omis par Quérard.)

Smith (James),
colonel anglo-américain.

Account of the remarkable occurences in the life and travels of colonel J. Smith, during his captivity with the Indians in 1755-59. *Philad.* 1831. 18.

Smith (Jeremiah),
homme d'État anglo-américain.

Morrison (John Henry). Life of the Right Hon. J. Smith. *Boston.* 1845. 8.

Smith (John),
missionnaire anglais.

Treffry jun. (Richard). Memoirs of the life, character and labours of J. Smith. *Lond.* 1845. 8. (5ᵉ édition.) — (*Oxf.*)

Wallbridge (Edwin Angel). Memoirs of the Rev. J. Smith, missionary to Demerara, with a preface by W... G... Barrett. *Lond.* 1848. 8.

Smith (John),
officier anglo-américain.

Simms (William George). Life of captain J. Smith. *New-York.* 1846. 12.

Smith (John Christopher),
musicien anglais (1712 — 1795).

Coxe (William). Anecdotes of Georg Friedrich Haendel and J. C. Smith. *Lond.* 1799. 4.
* Accomp. des portraits de ces deux compositeurs.

Smith (John Pye),
théologien anglais.

Medway (John). Memoirs of the life and writings of. G.

P. Smith, etc., late theological tutor of the Old college, Homerton. *Lond.* 1853. 8.

Smith (Joseph ou Joë),
fondateur de la secte des Mormons (23 dec. 1805 — tué le 27 juin 1844).

Turner (J... B...). Mormonism in all ages, or the rise, progress and causes of Mormonism, with the biography of its author and founder, J. Smith. *New-York.* 1842. 8.

Bennett (John Charles). History and exposture of Mormonism. *New-York.* 1842. 8.

Kidder (D... P...).. Mormonism and the Mormons, an historical view of their rise and progress. *New-York.* 1844. 18.

Gunnison (N... N...). The Mormons or Latter-Day-Saints in the valley of the Great Salt Lake. *Philad.* 1852. 8.

Mormonerne eller de ytterste Dagarnes Helige. Ett Bidrag fill Nutidens Historia. *Stockh.* 1853. 8.

Pichot (Amédée). Les Mormons. *Par.* 1854. 12.

Smith (Sarah Lanman),
missionnaire anglaise.

Hooker (Edward W...). Memoirs of Mrs. S. L. Smith, late of the mission in Syria. *Lond.* 1839. 8. (*Oxf.*)

Smith (Thomas),
jurisconsulte anglais (28 mars 1514 — 12 août 1577).

Strype (John). Life of the learned sir T. Smith, doctor of the civil law, etc. *Lond.* 1698. 8. *Oxf.* 1820. 8. Port.

Smith (William),
poëte anglais.

Crane (Thomas). Poetic works of the Rev. W. Smith, late dean of Chester, with some account of the life and writings of the author. *Lond.* 1788. 8. (*Oxf.*)

Smith (Stephen R...),
théologien anglo-américain.

Sawyer (Thomas J...). Memoir of the Rev. S. R. Smith. *Boston.* 1852. 12. Portrait.

Smith (William),
littérateur anglais.

Phillips (John). Memoirs of W. Smith, author of *The Map of the Strata of England and Wales.* *Lond.* 1844. 8.

Smith (William Sidney),
amiral anglais (vers 1764 — 26 mai 1840).

(**Marryat**, Frederick). Memoirs of admiral sir W. Sidney Smith. *Lond.* 1839. 2 vol. 8.

Barrow (John). Life and correspondence of admiral sir W. Sidney Smith. *Lond.* 1847. 2 vol. 8.

Roquette (N... N... de la). Notice historique sur l'amiral Sidney Smith. *Par.* 1860. 8. (*P.*)

Smithson (James),
savant anglo-américain.

Johnson (W... R...). Memoir of the scientific character and researches of the late J. Smithson. *Philadelph.* 1844. 8. (*Bx.*)

Smits (Édouard),
poëte belge (19 mars 1789 — 22 janvier 1852).

Quetelet (Lambert Adolphe Jacques). Notice sur M. É. Smits. *Brux.* 1853. 4. (*Bx.*)

Smollet (Tobias),
littérateur anglais (1721 — 21 oct. 1771).

Anderson (Robert). Life of T. Smollet, with critical observations on his works. *Edinb.* 1803. 8. (*Oxf.*)

Scott (Walter). (Henry) Fielding und Smollet, aus dem Englischen übersetzt von Wilhelm Adolph Lindau. *Leipz.* 1824. 8. (*D. et L.*)

Snakenborg (Helena),
épouse de William Parr, comte d'Essex.

Schroeder (Johan Henrik). William Parr, Grefwe af Essex, marquis af Northampton, och hans Giftermäl med Froeken H. Snakenborg till Tyllingerum och Nörrnas, Hofdam hos Swenska Prinsessan Cecilia, etc. *Upsal.* 1847. 8. (Tiré à un très-petit nombre d'exemplaires.)

Snell (Christian Wilhelm),
philosophe allemand (15 avril 1754 — 31 juillet 1834).

Zur Erinnerung an Dr. C. W. Snell, weiland herzoglich Nassauischen Oberschulrath und Director der Gymnasien zu Idstein und Weilburg. *Wiesb.* 1840. 8.

Snell (Rudolphus),
mathématicien hollandais (1546 — 1613).

Coddaeus (Willem). Oratio funebris in obitum R. Snellii. *Lugd. Bat.* 1615. 4.

Snell (Willebrod de **Royen**),
mathématicien hollandais (1591 — 31 oct. 1626).
Jachaeus (Gilbert). Oratio in W. Snellii obitum. *Lugd.
Bat.* 1626. 4.

Snellinck (Jean),
peintre belge (vers 1544 — 1er oct. 1638).
Vandermeersch (D... J...). Gaspard Heuwick, J. Snellinck et Simon de Pape, peintres belges, et quelques-
unes de leurs productions. *Gand.* 1843. 8. (Extrait du
Messager des sciences historiques.)

Snepff (Dietrich),
théologien allemand (1er nov. 1525 — 9 nov. 1586).
Cellius (Erhard). Oratio funebris de vita et obitu T.
Snepffii, theologiæ professoris. *Tubing.* 1587. 4.

Snepff (Erhard), voy. **Schnepf**.

Sniadecki (Andreas),
savant polonais.
Balinski (N... N...). Biographie d'A. Sniadecki. *Lissa.*
1846. 12.

Snoek (Andries),
comédien hollandais (14 nov. 1766 — 3 janvier 1828).
Barbaz (A... L...). Gedenkzuil voor A. Snoek. *Amst.*
1828. 8. Portrait.
Heyder (D... J... de). Ter nagedachtenis van Neerlands
toneelkunstenaar, A. Snoek. *Breda*, s. d. (vers 1829). 8.
Rup (Henrik van Overvest). Hulde aan de nagedachtenis
van A. Snoeck. *Amst.* 1829. 8.
Westerman (M...). Hulde aan de nagedachtenis van den
heer A. Snoeck. *Amst.* 1829. 8. (En vers.)
Beknopte levensschets van den Nederlandschen toneel-
speler A. Snoek. *Bruss.* 1830. 18. Portrait. (Extrait de
l'*Almanak voor blygeestigen*, tiré à part à très-petit
nombre.)

Snorro Sturleson,
historien islandais (1178 — assassiné le 22 sept. 1242).
Rothstein (Justus Jonas). Dissertatio de Snorrone Sturlæ filio ejusque scriptis. *Lund.* 1804. 8.
Wred (Frans Wilhelm). Disputatio de Snorrone Sturlæ
filio ejusque scriptis. *Lund.* 1806. 8.
Thorlacius (Birger). Inquisitio de Snorronis fontibus
et autoritate. *Hafn.* 1823. 8. (*Cp.*)
Cronholm (Abraham). Dissertatio Snorronis Sturlonidis
historia (*Heimskringla*). Progr. I — IV. *Lund.* 1841. 8.

Soane (John),
architecte anglais du premier ordre (10 sept. 1752 — 20 janvier 1837).
Soane (John). Memoirs of the professional life of an architect (J. SOANE), between the years 1768 to 1833.
Lond. 1834. 4. (Non mentionné par Lowndes.)

Soanen (Jean),
évêque de Sénez (6 janvier 1647 — 25 déc. 1740).
(**Gaultier**, Jean Baptiste). Vie de messire J. Soanen,
évêque de Sénez. *Cologne* (*Par.*) 1750. 12. (*P.*)

Cadry (Jean Baptiste). Histoire de la condamnation de
M. de Soanen, évêque de Sénez, s. l. (*Amst.*) 1728. 4.

Soave (Francesco),
pédagogue italien (1743 — 17 janvier 1806).
Elogium F. Soave. *Pavia.* 1806. 8.
Savioli (Giovanni Battista). Elogio storico di F. Soave.
Milan. 1806. 8. (*Oxf.*)
Catenazzi (Luigi). Elogio di F. Soave. *Como.* 1812. 4.
Vita di F. Soave. *Milan.* 1813. 12.

Sobieski, voy. **Jean III Sobieski**.

Sobnice (Wenzel Jiskra v.),
homme d'État bohème.
Tesak (Georg). Pohrebni kázáni nad wrozeném p. V. J.
ze Sobnice, primatorem mesta Hradie kralová. *Praze.*
1606. 8.

Socinus, voy. **Sozzini**.

Socrate,
philosophe grec (469 — 399 avant J. C.).
Charpentier (François). Vie de Socrate. *Par.* 1650. 12.
Ibid. 1692. 12. *Amst.* 1699. 12. Trad. en allem. par
Christian THOMASIUS. *Halle.* 1693. 8. *Ibid.* 1720. 8. *Ibid.*
1763. 8. (*L.*)
Chifflet (Jean). Socrates, s. de gemmis, ejus imagine cœ-
latis, judicium, s. l. (*Par.*) 1662. 4.
Norrmann (Laurens). Dissertatio de Socrate philosopho.
Upsal. 1686. 4.

Mylius (Ludwig Gottlieb). Dissertatio de Socratis theo-
logia. *Jenæ.* 1712. 4.
Pauli (Gottfried Wilhelm). Dissertatio de philosophia
morali Socratis. *Halæ.* 1714. 4.
Feuerlin (Jacob Wilhelm). Dissertatio de jure naturæ
Socratis. *Altorf.* 1719. 4.
Knorr (Gottlieb Christian). Dissertatio de vita, fatis
atque philosophia Socratis. *Oetting.* 1720. 4.
Winbom (Anders). Dissertatio de Socrate. *Upsal.* 1734. 8.
Dreisig (Siegmund Friedrich). Epistola de Socrate juste
damnato. *Lips.* 1738. 4. (*L.*)
Kettner (Carl Ernst). Dissertatio de Socrate, qua Socratem crimi-
nis majestatis accusatum vindicat. *Lips.* 1738. 4.
Ibbeken (Georg Christian). Dissertatio de Socrate mor-
tem minus fortiter subeunte. *Lips.* 1738. 4.
Adami (Theophil). Dissertatio de statua Socratis, Athe-
niensium pœnitentiæ monimento publico. *Lips.* 1745. 4.
Cooper (Gilbert). Life of Socrates. *Lond.* 1749. 8. (*Oxf.*)
Ibid. 1771. 8. Trad. en franç. *Amst.* 1751. 12.
Hamann (Johann Georg). Socratische Denkwürdigkei-
ten. *Amst.* 1759. 8.
Voorduyn (A...). Oratio in laudem Socratis. *Goudæ.*
1760. 4.
Gesner (Johann Matthias). Socrates sanctus pæderasta.
Ultraj. 1769. 8.
Eberhard (Johann August). Neue Apologie des Socrates,
oder Untersuchung der Lehre von der Seligkeit der
Heiden. *Berl. et Stett.* 1772. 8. Augment. *Ibid.* 1776-78.
2 vol. 8.
   Trad. en franç. *Amst.* 1773. 8.
   Trad. en holland. *S'Gravenh.* 1773. 8.
Edwards (Edward). Socratis system of moral. *Oxf.*
1773. 8. (*Oxf.*)
Plessing (Friedrich Victor Lebrecht). Osiris und So-
crates. *Berl. et Strals.* 1784. 8.
Mayer (N... N...). Socratische Denkwürdigkeiten. *Wien.*
1784. 8.
Schweighaeuser (Jean). Mores Socratis ex Xenophon-
tis memorabilibus delineati. *Argent.* 1785. 4.
Aufschlager (Johann Friedrich). Theologia Socratis ex
Xenophontis memorabilibus excerpta. *Argent.* 1785. 4.
Reinhard (Franz Volkmar). Imago vitæ morumque So-
cratis e scriptoribus vetustis expressa. *Witteb.* 1787. 4.
Boëthius (Daniel). Commentatio de philosophia Socratis.
Upsal. 1788. 4.
Heller (Heinrich Wilhelm). Socrates. *Frf.* 1789, 2 vol. 8.
(**Goechhausen**, Ernst August Anton v.). Materialien zur
Geschichte des Socratismus. *Frf.* 1789. 8. *
   * Publ. sous le pseudonyme de MAX.
Luzac (Jean). Oratio de Socrate cive. *Lugd. Bat.* 1796.
4. Trad. en holland. *Leyd.* 1827. 4.
Krug (Wilhelm Traugott). Dissertatio de Socratis in
philosophiam meritis rite estimandis. *Witteb.* 1797. 4.
Brumbey (Carl Wilhelm). Socrates und Diogenes Laër-
tius. *Lemgo.* 1800. 8.
Studemund (Gotthard). Commentatio de summo bono
Socratico. *Rostoch.* 1804. 4.
Wiggers (Gustav Friedrich). Socrates als Mensch, Bür-
ger und Philosoph, oder Versuch einer Characteristik
des Socrates. *Rostock.* 1807. 8. *Neu-Strel.* 1811. 8. Trad.
en angl. s. c. t. Life of Socrates, etc. *Lond.* 1840. 12.
(*Oxf.*) *Ibid.* 1850. 12.
Delbrueck (Friedrich Ferdinand). Socrates. Betrach-
tungen und Untersuchungen. *Cöln.* 1819. 8.
Paalzow (Christian Ludwig). Der Tod des Socrates.
Berl. 1824. 8.
Gerlach (Franz Dorotheus). Socrates und die Sophisten.
Basel. 1827. 8.
Forchhammer (Peter Wilhelm). Die Athener und So-
crates, die Gesetzlichen und der Revolutionair. *Berl.*
1837. 8.
Rossel (C...). Dissertatio de philosophia Socratis. *Goet-
ting.* 1837. 4.
Heinsius (Theodor). Socrates nach dem Grade seiner
Schuld zum Schutz gegen neuere Verunglimpfung.
Leipz. 1839. 8. (*L.*)
Hanne (Johann Wilhelm). Socrates als Genius der Hu-
manität. Gegenstück zu *Friedrich Schleiermacher als
religiöser Genius der Deutschen. Braunsch.* 1841. 8.
Birkler (N... N...). Socrates und sein Zeitalter. Schulprogramm. *Ellwang.* 1848. 4.

Revel (Léonard). Éloge de Socrate; discours. *Vienne (Dauphiné)*. 1850. 8.

Collan (Fabian). Dissertatio de Socrate philosopho et cive, supplicio capitis affecto. *Helsingfors*. 1850. 4.

La vie et la mort de Socrate, racontée par Xénophon et Platon (470 — 400 avant J. C.). *Par*. 1855. 12.

Olearius (Gottfried). Dissertatio de Socratis dæmonio. *Lips*. 1702. 4. (*L*.)

Palmroth (Anders). Disputatio de genio Socratis. *Pernav*. 1706. 4.

(**Uhle**, August Georg). Vom Genius des Socrates; philosophische Untersuchung. *Hannov*. 1778. 8.

Less (Gottfried). Parallele des Genius Socratis mit den Wundern Christi. *Goetting*. 1778. 8.

(**Koenig**, Johann Christoph). Über den Genius des Socrates; auch eine philosophische Untersuchung. *Frf*. et *Leipz*. (*Nürnb*.) 1778. 8.

Nares (Robert). Essay on the demon of divination of Socrates. *Lond*. 1783. 8.

Fremling (Matthias). Dissertatio de genio Socratis. *Lund*. 1793. 8.

Schaarschmidt (Johann Friedrich). Socratis dæmonium per tot sæcula a tot hominibus doctis examinatum. *Schneeb*. 1812. 8.

Le démon de Socrate. *Par*. 1829. 8.

Socrate, dit le Scholastique,
auteur ecclésiastique (vers 380 après J. C.).

Holzhausen (Friedrich August). Commentatio de fontibus, quibus Socrates, Sozomenus ac Theodoretus in scribenda historia sacra usi sunt. *Goetting*. 1825. 4.

Soderini (Pietro),
gonfalonier perpétuel de la république florentine du xve siècle.

Razzi (Silvano). Vita di P. Soderini, gonfaloniere perpetuo della repubblica fiorentina. *Padov*. 1637. 4.

Soemmering (Johann Thomas),
médecin allemand (24 février 1701 — 24 août 1781).

Hevelke (Johann Andreas). Gedächtnisspredigt auf Herrn J. T. Soemmering. *Thorn*. 1781. 8.

Soemmering (Samuel Thomas v.),
anatomiste allemand (31 janvier 1755 — 2 mars 1830).

Meckel (Johann Friedrich). S. T. a Soemmeringio anatomico et physiologico celeberrimo pia mente gratulatur. *Halæ*. 1824. Fol.

Doellinger (Ignaz). Gedächtnissrede auf S. T. v. Soemmering, etc. *Münch*. 1850. 4.

Wagner (Rudolph). Soemmering's Leben und Verkehr mit seinen Zeitgenossen. *Leipz*. 1844. 2 vol. 8. Portrait. (*D*. et *L*.)

Sogenes.
Hermann (Gottfried). Dissertatio de Sogenis Æginetici victoria quinquertii. *Lips*. 1822. 4. (*L*.)

Sografi (Pietro),
chirurgien italien (29 juillet 1756 — 27 mai 1815).

Caldani (Floriano). Oratiuncula in funere clarissimi viri P. Sografi, in archigymnasio Patavino chirurgiæ professoris. *Patav*. 1815. 8.

Sohn (Georg),
théologien allemand (31 déc. 1551 — 23 avril 1589).

Calvinus (Johann). Oratio de vita et obitu G. Sohnii, sacrarum litterarum in academia Heidelbergensi professoris. *Heidelb*. 1589. 4.

Sohr (Friedrich v.),
général allemand.

Beitzke (H...). Aus dem Leben des königlich preussischen General-Lieutenants F. v. Sohr. *Berl*. et *Posen*. 1846. 8.

Denkmal der Erinnerung an den General-Lieutenant v. Sohr, etc. *Berl*. 1848. Fol. Portrait.

Soissons (Eugène Maurice de Savoie, comte de),
gouverneur de Champagne (1633 — 7 juin 1673).

(**Montfalcon**, N... N...). Abrégé de la vie d'E. M. de Savoie, comte de Soissons. *Par*. 1677. 12. *Ibid*. 1680. 12.

Sokolovic (Mehemet),
grand vizir de Bosnie.

Novina jistosná i pravdivá, jakym spusobem Mechemet (Sokolovic) vezir, v meste Constantinopoli 11 Ryna jest proboden. *Praze*. 1579. 4.

Solano (Francisco),
apôtre du Pérou.

Cordova (Diego de). Vida, virtudes y milagros del apostel del Peru, P. Fray Francisco Solano. *Madr*. 1643. 4.

Reiffenstuel (Anaklet). Vita S. Francisci Solani, ordinis S. Francisci. *Monach*. 1676. 8. (Écrit en allem.)

Courtot (François). Vie du P. François Solano, patron du Pérou. *Par*. 1677. 12. (*Bes*.)

Kellen (L...). Neu erstandener Franciscus, d. i. Erzehlung des Lebens, Tugenden und Wunderwerke des Apostels von Peru, P. Francisci Solani, S. Franziscaner Ordens. *Maintz*. 1677. 8.

Solari (il conte Cesare Ignazio Benedetto),
ermite italien.

Ragguaglio della vita del conte C. I. B. Solari, morto eremita. *Firenz*. 1773. 8.

Solari (Cottardo),
littérateur italien.

R... (G...). Cenni biografici sopra C. Solari. *Genov*. 1833. 8.

Solari (Luigi Andrea),
savant italien.

Orazione funerale sul cavaliere L. A. Solari, professore in Genova. *Torin*. 1820. 8.

Solario (Antonio de),
peintre italien (1382 — vers 1455).

(**Moschini**, Giovanni Antonio). Memorie della vita di A. de Solario, detto il Zingaro, pittore Veneziano. *Venez*. 1828. 8. Portrait. *Firenz*. 1831. 8.

Solaro (Ludovico),
théologien italien.

Elogio storico dell' abate L. Solaro. *Torin*. 1836. 8.

Solbrig (David),
théologien allemand.

Paalzow (Johann Georg). Das rühmliche Andenken D. Solbrig's. *Salzwedel*. 1746. 4.

Soldani (Ambrogio),
naturaliste italien (vers 1733 — 14 juillet 1808).

Bianchi (Giovanni). Elogio storico di A. Soldani. *Siena*. 1808. 8.

Ricca (N... N...). Discorso sopra le opere di A. Soldani. *Siena*. 1810. 8..

Soleyman-el-Hhaleby,
assassin du général Kléber (1776 — condamné au supplice du pal le 17 juin 1800).

Recueil des pièces relatives à la procédure et au jugement de Soleyman-el-Hhaleby, assassin du général en chef Kléber. *Au Caire*, an VIII. 8. *
* Ce recueil, fort rare, est suivi d'une traduction en arabe et en turc.

Solignac (Pierre Joseph de la Pimpie, chevalier de),
historien français (1687 — 28 février 1773).

Ferlet (Edme). Éloge de M. le chevalier de Solignac, secrétaire du cabinet du feu roi de Pologne, (Stanislas Leszynski). *Lond*. et *Par*. 1774. 8. (*P*.)

Soliman II,
empereur turc (1520 — 8 sept. 1566).

Ancillon (Charles). Histoire de la vie de Soliman II, empereur des Turcs. *Rotterd*. 1706. 8.

Moffan (Nicolaus). Descriptio parricidii soltani Solimanni II in proprium filium Mustapham anno 1553 patratum. *Basil*. 1555. 8. Trad. en franç. par J... V... *Par*. 1556. 12.

Newe Zeytung von des Türgkischen Soldan Solimanus tödtlichem abgang und auffsatzung seines sons Selims, s. l. 1566. 4. Portrait.

Sollinus (Cajus Julius),
historien romain.

Moller (Daniel Wilhelm). Disputatio circularis de C. J. Solino. *Altorf*. 1693. 4. (*L*. et *Lv*.)

Solis y Gande (Melchor),
homme d'État espagnol.

Fresneda (Pedro de). Oracion funebre en las honras que se celebraron, etc., a la memoria del señor D. M. Solis y Gande, duque y señor de Atrisco. *Madr*. 1743. 4. (*Oxf*.)

Sollier (Henri Anne),
vicaire général du diocèse d'Avignon (12 nov. 1761 — 21 déc. 1838).

Vie de M. l'abbé Sollier, vicaire général du diocèse d'Avignon, ancien supérieur du séminaire. *Avign*. 1844. 12.

Solminhac (Alain),
évêque de Cahors (vers 1592 — 31 déc. 1659).

Chastenet (Pierre Léon). Vie de Mgr. A. de Solminhac, évêque, comte et baron de Cahors et abbé de Chancellade. *Saint-Brieuc.* 1633. 12. *Cahors.* 1661. 12. *Ibid.* 1665. 12. (*Bes.*) *Ibid.* 1663. 8. *Saint-Brieuc.* 1817. 12.

Solms (Grafen v.),
famille allemande.

Bilgen (A... O...). Genealogia comitum Solmensium. *Frf.* 1622. 4.

Zeibich (Christoph Heinrich). Genealogische Tabellen vom hochgräflichen Hause Solms. *Frf.* 1709. 4.

Solms (Friedrich Ludwig, Graf zu),
homme d'État allemand (2 sept. 1708 — 27 août 1787).

(**Reussmann**, Johann Gottfried). Lebensbeschreibung des Grafen F. L. zu Solms. *Leipz.* 1794. 8. Portrait. (*L.*)

Solon,
législateur grec (592 — 559 avant J. C.).

Meursius (Jon). Solon, s. de ejus vita, legibus, dictis atque scriptis, liber singularis. *Hafn.* 1652. 4.

Schmidt (Gottfried). Dissertatio de Solone legislatore. *Lips.* 1688. 4. (*L.*)

Menz (Friedrich). Cognitiones in Gellii lib. II, cap. 12. de Solonis legibus, et una speciatim. *Lips.* 1701. 4. (*L.*)

Vies de Solon et de (Valère) Publicola, extraites de Plutarque, etc. *Par.* 1748. 12. Trad. en allem. s. c. t. Merkwürdigkeiten aus dem Leben, etc. *Leipz.* 1779. 8. (*D. et L.*)

Abbing (Cornelis Alard). Specimen literarium de Solonis laudibus poeticis. *Ultraj.* 1825. 8.

Kleine (O... F...). Quæstiones quædam de Solonis vita et fragmentis. *Crefeld.* 1832. 4.

Voemel (Johann Theodor). Exercitatio chronologica de ætate Solonis et Croesi. *Frf.* 1832. 4.

Schelling (Hermann). De Solonis legibus apud oratores atticos dissertatio. *Berol.* 1842. 8. (*L.* et *Oxf.*)

Solvyns (François Balthazar),
peintre et littérateur belge (1769 — 10 oct. 1824).

L(**esbroussart**) Ph(ilibert). Notice biographique sur F. B. Solvyns. *Brux.* 1824. 8.

Paepe (Pierre de). Biographie belge : B. Solvyns, s. l. et s. d. (*Liége.* 1837.) 8. (Extrait de la *Revue belge.*)

Somaglia (Bianca **Uggeri Capece** della),
littératrice italienne (1743 — 13 mars 1822).

Gambara (Carlo Antonio). Elogio di B. Uggeri della Somaglia. *Bresc.* 1822. 8.

Somerau-Beeckh (Maximilian Joseph, Freiherr v.),
cardinal-archevêque d'Olmutz († .. avril 1853).

Unkrechtsberg (Eduard v.). Trauer-Rede auf den Tod des hochwürdigsten Herrn Cardinals und Fürst-Erzbischofs von Olmütz, M. J., Freiherrn v. Somerau-Beeckh, etc. *Olmütz.* 1853. 8.

Somère (Édouard Constantin de),
musicien belge (10 février 1798 — 14 avril 1846).

De Mornay (Arthur). M. E. C. de Somère, professeur de piano au conservatoire de musique de Gand, organiste de l'église de S. Michel, etc. *Par.* 1846. 8. (Extrait du *Nécrologe universel du xixᵉ siècle.*)

Somers (John, lord),
homme d'État anglais (4 mars 1650 — 26 avril 1716).

Memoirs of the life of J., lord Somers. *Lond.* 1716. 4.

Cooksey (Richard). Essay on the life and character of J., lord Somers, baron of Evesham : also sketches of an essay on the life and character of Philip, earl of Hardwicke. *Worcest.* 1791. 4. (*Oxf.*)

Maddock (Henry). Account of the life and writings of lord chancellor Somers. *Lond.* 1812. 4. (*Oxf.*)

Somerset (Charles **Seymour**, duke of).

Memoirs of the life, family and character of C. Seymour, duke of Somerset, etc., with several curious anecdotes and occasional remarks. *Lond.*, s. d. 8.

Somigliano (Johann **Abondi**, Freiherr v.),
homme d'État allemand d'origine italienne.

Christ (Johann Franz). Glücklich vollendeter Posttritt, d. i. christliches Leben und seeliger Tod des Herrn J. Abondii, Freyherrn v. Somigliano, kaiserlichen Raths, Residenten zu Nürnberg und Augsburg, Oberst-Wacht-und resp. Reichs-Postmeistern. *Nürnb.* 1678. 4.

Sommar (Joens),
théologien suédois.

Reuterdahl (Henrik). Christelik Likpredikan öfwer Contracts-Prosten och Kyrkoherden Dr. J. Sommar. *Lund.* 1843. 8.

Sommariva (Giovanni Battista),
chef de la république cisalpine († 1826).

Notice sur J. B. Sommariva. *Par.* 1826. 8. (Extrait du *Moniteur*, tiré à part à très-petit-nombre.)

Sommer (Caspar),
théologien allemand.

Jachmann (Johann Gottlieb). De C. Sommeri, pastoris Geischensis, vita et scriptis. *Vratisl.* 1763. 8.

Sommer (Christian Lorenz),
pédagogue allemand.

Waechter (Robert). C. L. Sommer, Dr. Philos. Professor am Gymnasium zu Rudolstadt, nach seinem Leben und Character gezeichnet. *Rudolst.* 1831. 4.

Somnitz (Peter v.),
savant allemand.

Nass (Christian). Programma in obitum P. de Somnitz. *Gedan.* 1646.

Somnitz (Udalrich Gottfried v.),
magistrat allemand.

Preige (Philipp). Oratio parentalis memoriæ U. G. a Somnitz. *Colberg.* 1661. Fol.

—— Elogium Somnitianum. *Colberg.* 1669. Fol.

Sondén (Pehr Adolph),
théologien suédois (12 mai 1792 — 2 juin 1837).

Nekrolog öfwer P. A. Sondén. *Stockh.* 1837. 8.

Soner (Ernst),
philosophe et médecin allemand (1573 — 28 sept. 1612).

Richter (Georg). Oratio funebris in obitum E. Soneri. *Altorf.* 1613. 4.

Sonerden-Martusied (James Pitre),
poëte écossais du xviiᵉ siècle.

Notice sur la vie de sir J. P. Sonerden-Martusied, écrite par lui-même en 1681 et traduite de l'anglais. *Lond.* 1786. 8. (Tiré à très-petit nombre.)

Sonnenberg (Franz v.),
grand-maître de l'ordre de Malte.

Trauer- und Ehren-Rede auf F. v. Sonnenberg. *Luzern.* 1682. 4.

S(**teinkopf**) (P(eter). Der preisswürdige Sonnenberg, vorstellend die historische Erzehlung, welcher massen Herr F. v. Sonnenberg und Ballwyl in den St. Johanniter-oder Maltheser-Orden zu unterschiedlichen Commenthureyen, endlich oberster Meister deutscher Landen und hiemit Fürst des heiligen Römischen Reiches erwählet worden. *Baden.* 1683. 4. Portrait.

Sonnenberg (Franz Anton Joseph Ignaz Maria, Freiherr v.),
poëte allemand (5 sept. 1778 — se donnant la mort le 22 nov. 1805).

Gruber (Johann Gottfried). Etwas über F. v. Sonnenberg's Leben und Character. *Halle.* 1807. 8. (*L.*)

Sonnenberg (Otto v.),
évêque de Constance.

Walchner (Carl). Bischof O. v. Sonnenberg und Ludwig v. Freyberg. Beitrag zur Geschichte des Bisthums Constanz. *Const.* 1818. 8.

Sonnin (Ernst Georg),
architecte allemand (1709 — 8 juillet 1794).

Reincke (J... T...). Lebensbeschreibung des ehrenwerthen Herrn E. G. Sonnin, Baumeisters und Gelehrten in Hamburg. *Hamb.* 1825. 8.

Sonnini de Manoncourt (Charles Nicolas Sigisbert),
naturaliste français (1er février 1751 — 29 mai 1812).

Thiébaut de Berneaud (Arsène). Éloge historique de C. N. S. Sonnini de Manoncourt, célèbre naturaliste et voyageur. *Par.* 1812. 8. (Tiré à 250 exemplaires, non destinés au commerce.)

Sonntag (Christoph),
théologien allemand (28 janvier 1654 — 6 juillet 1717).

Schwarz (Christoph Gottlieb). Programma ad exsequias C. Sonntagii, pastoris primarii. *Altorf.* 1717. Fol.

Zeltner (Gustav Georg). Concio funebris germanica in obitum C. Sonntagii. *Altorf.* 1717. Fol.

Sontag, comtesse de **Rossi** (Henriette),
cantatrice allemande du premier ordre (13 mai 1805 — ...).

Memoir of the countess de Rossi, madame Sontag. *Lond.* 1849. 12.

(**Gautier**, Théophile). L'ambassadrice. Biographie de la comtesse Rossi. *Par.* 1850. 18. *Brux.* 1850. 18.

Sonzogni (Giacomo),
prêtre italien.

Terzi (Giorgio). Elogio funebre del sacerdote G. Sonzogni. *Bergam.* 1826. 8.

Sophie,
duchesse de Brabant.

Justi (Carl Wilhelm). Sophie, erstgeborene Tochter der heiligen Elisabeth, Herzogin von Brabant und Landgräfin von Hessen. *Marb.* 1858. 12.

Sophie de Brandebourg,
épouse de Chrétien I, électeur de Saxe († 1623).

Friederich (Johann). Oratio in exequiis dominæ Sophiæ, electricis Saxoniæ, Christiani I conjugis. *Lips.* 1623. 4.
Helmreich (Paul). Oratio in obitum Sophiæ, electorissæ Saxoniæ. *Witteb.* 1623. 4.
Preil (August). Biga orationum parentalium de stemmate, vita et obitu principis Sophiæ, electorissæ Saxoniæ. *Zittav.* 1623. 4.
Bechmann (Johann). 'Επιταφιος dominæ Sophiæ, viduæ electoris Christiani I dictus. *Freib.* 1623. 4.
Wiedebach (Hans Dietrich v.). Über den seeligen Abschied der Churfürstin Sophia von Sachsen. *Dresd.* 1623. 4. (*D.* et *L.*)
Laurentius (Christoph). Grabschrift der Churfürstin Sophia von Sachsen. *Dresd.* 1623. 4.
Haussmann (Georg). Christliches Ehrengedächtniss der Frau Churfürstin Sophia von Sachsen. *Freib.* 1623. 4.
Lyser (Polycarp). Ehrengedächtniss der Churfürstin Sophia, geborenen Markgräfin von Brandenburg. *Leipz.* 1623. 4. (*L.*)

Sophie,
épouse d'Ernest Auguste, électeur de Hanovre
(1630 — mariée en 1658 — 1714).

Feder (Johann Georg Heinrich). Sophie, Churfürstin von Hannover, im Umriss. *Hannov.* 1810. 8.
Malortie (C... E... v.). Der Hannover'sche Hof unter dem Churfürstin Ernst August und der Churfürstin Sophie. *Hannov.* 1847. 8. Portrait d'Ernest Auguste.

Sophie de Mecklembourg,
épouse de Frédéric II, roi de Danemark
(vers 1557 — mariée en 1574 — 4 oct. 1631).

Reravius (Erasmus). Coronationis et nuptialis festivitatis Friderici (II) et Sophiæ historia ejusque processus et actus. *Hafn.* 1576. 8. (En vers danois.)
Jani (Christian). Sermo funebris in luctu publico exequiisque Sophiæ, D. Friderici conjugis, reginæ Danorum. *Witteb.* 1632. 4.
Wismar (Nicolaus). Regina Sophia laudata, deplorata et vere demum felix estimata, oder christlicher Leichensermon von Frau Sophie, Königin in Dänemarck, geborne Herzogin zu Mecklenburg. *Kopenh.* 1631. 4. (*Cp.*) *Rostock.* 1632. 4.

Sophie Charlotte de Hanovre,
deuxième épouse de Frédéric I, roi de Prusse
(20 oct. 1668 — mariée le 28 sept. 1684 — 1er février 1705).

Neukirch (Benjamin). Der allgemeine Verlust. Trauerrede bei Beerdigung Sophien Charlotten, Königin von Preussen. *Berl.* 1705. Fol.
Kurtze Beschreibung des prächtigen Mausolei, welches J. K. Majestät in Preussen zur unsterblichen Ehre des immerwährenden Andenckens für Dero glorwürdige und höchstseelige Gemahlin Sophie Charlotte im Dome (zu Berlin) aufrichten lassen. *Berl.* 1705. 4.
Erman (Jean Pierre). Eloge historique de Sophie Charlotte de Hanovre, reine de Prusse, I-IV mémoires. *Berl.* 1790-95. 8.
—— Mémoires pour servir à l'histoire de Sophie Charlotte, reine de Prusse. *Berl.* 1801. 8. (*Bes.*)
Varnhagen v. Ense (Carl August). Leben der Königin von Preussen, Sophie Charlotte. *Berl.* 1837. 8. (*D.*, *L.* et *Oxf.*)
Goeschel (Carl Friedrich). Sophie Charlotte, die erste Königin von Preussen. *Berl.* 1851. 8.

Sophie Charlotte de Mecklembourg-Strelitz,
épouse de George III, roi d'Angleterre
(19 mai 1744 — mariée le 8 sept. 1761 — 17 nov. 1818).

Watkins (Frederick). Memoirs of the queen Charlotte. *Lond.* 1818. 8. (*Oxf.*)
Sextro (Heinrich Philipp). Religiöses Andencken an die verewigte Sophie Charlotte, Königin von Grossbritannien. *Hannov.*, s. d. (1818.) 4.

Sophie Dorothée de Celle,
épouse de George I, roi d'Angleterre
(15 sept. 1666 — mariée le 21 nov. 1682 — 13 nov. 1726).

Poellnitz (Carl Ludwig v.). Histoire secrète de la princesse d'Alten, duchesse (Sophie Dorothée) de Hanovre, épouse de George I, roi de la Grande-Bretagne ; les malheurs de cette infortunée princesse : sa prison au château d'Ahlen, où elle a fini ses jours ; ses intelligences secrètes avec le comte Philippe Christophe de Koenigsmark, assassiné à ce sujet. *Lond.* (*Hamb.*) 1732. 12. *Ibid.* 1736. 12. Trad. en allem., s. l. 1735. 8. *Frf.* et *Leipz.* 1782. 8.
Hoest (Jens Kragh). Maerkvaerdigheder i Prindsessen af Celle, Sophia Dorotheas Levnet. *Kjoebenh.* 1820. 8.
Fredegunde, oder Denkwürdigkeiten zur geheimen Geschichte des Hannöverischen Hofes. *Berl.* 1825. 8. *
    * Traduction d'un manuscrit français, contenant beaucoup de particularités sur la vie de Sophie Dorothée, morte prisonnière au château d'Ahlden.

Kurze Erzählung meiner Schicksale und Gefangenschaft von der Fürstin Dora v. Aquilon * nach dem in französischer Sprache geschriebenen Originale übersetzt von Friedrich Moller (Mueller). *Hamb.* 1840. 8.
    * C'est Sophie Dorothée qui s'est cachée sous ce pseudonyme.

Memoirs of Sophia Dorothea, consort of George I, chiefly from the secret archives of Hanover, Brunswick, Berlin and Vienna, including a diary of the conversations of illustrious personnages of those courts , illustrative of his history, with letters and other documents, etc. *Lond.* 1845. 2 vol. 8. Trad. en allem. *Stuttg.* 1847. 8.
Die Herzogin von Ahlden, Stammmutter der königlichen Häuser Hannover und Preussen. *Leipz.* 1851. 8.

(**Braunschweig-Wolfenbüttel**, Anton Ulrich , Herzog von). Roemische Octavia, der hohen loeblichen Nymphen-Gesellschaft an der Donau gewidmet. *Nürnb.* 1685-1707. 6 vol. 8. *Braunschw.*, s. d. 6 vol. 8. *Wien.* 1762. 7 vol. 8.

Sophie Madeleine de Brandebourg-Coulmbach,
épouse de Christian , roi de Danemark
(28 nov. 1700 — mariée le 7 août 1721 — 28 mai 1770).

Pontoppidan (Hans). Ligpraediken over Dronning Sophia Magdalena. *Kjoebenh.* 1771. Fol. (*Cp.*)

Sophocle *,
poëte grec du premier ordre (497 — 406 avant J. C.).

Lessing (Gotthold Ephraim). Leben des Sophocles, publ. par Johann Joachim Eschenburg. *Berl.* 1790. 8.
    * Les admirateurs du grand poëte trouveront dans la *Bibliotheca scriptorum classicorum* de M. Guillaume Engelmann, *Leipz.*, 1847, 8 (pag. 234-239), l'aperçu le plus complet sur toutes les dissertations concernant les tragédies de Sophocle.

Dahl (Christopher). Dissertationes III de Sophocle tragico. *Upsal.* 1797-98. 8.
Schwab (Gustav). Programma de religione Sophoclis rationali. *Stuttg.* 1820. 4.
Lange (Carl Wilhelm). Commentationis de Sophoclis vita partie. I. *Halæ.* 1823. 8.
Limburg-Brouwer (Pieter van). Commentatio de ratione qua Sophocles veterum de administratione et justitia notionibus usus est ad voluptatem tragicam augendam. *Lugd. Bat.* 1820. 8.
Kapp (Friedrich). Programma : inest Ferdinandi Stoeckeri dissertatio critica de Sophoclis et Aristophanis interpretibus Græcis. *Hamm.* 1826. 8.
Wiedemann (C... F...). Dissertatio de Sophocle imitatore Homeri. *Goerl.* 1837. 4.
Reuter (F... J... H...). Dissertatio de Æschylo, Sophocle et Euripide, poetis tragicis, etc. *Aug. Vind.* 1831. 4.
Schultz (Ferdinand). Commentatio de vita Sophoclis poetæ. *Berol.* 1836. (Couronné par l'université de Bonn.)
Schoell (Adolph). Sophocles, sein Leben und Wirken, nach den Quellen dargestellt. *Frf.* 1842. 8.

Soranos,
médecin grec (vers 100 après J. C.).

Haeser (Heinrich). Programma de Sorano Ephesio. *Jenæ.* 1840. 4. (*L.*)

Soranzo,
famille vénitienne.

Parisotti (Girolamo). Reipublicæ venetæ eloginstica historica fragmenta cum contextu chronologiæ Superantiorum. *Venet.* 1715. 4.

Soranzo (Francesco),
procurateur de S. Marc.

Magri (Sebastiano). Orazione panegirica a S. E. F. Soranzo, procuratore di S. Marco. *Venez.* 1715. 4. Port.

Soranzo (Jacopo),
savant italien († 1599).

Gambaris (Prospero de). Oratio in funere viri illustrissimi J. Superantii. *Venet.* 1599. 4.

Sorber (Johann Jacob),
jurisconsulte allemand (29 sept. 1714 — 23 nov. 1797).

Curtius (Michael Conrad). Memoria J. J. Sorberi. *Marb.* 1797. 4. (*D.* et *L.*)

Sorbière (Samuel),
médecin français (1615 — 1670).

(**Graverol**, François). Sorberiana, s. excerpta ex ore S. Sorbière. *Toulouse.* 1691. 12.
Sorberiana, ou bons mots, rencontres agréables, pensées judicieuses, etc., de M. Sorbière. *Par.* (*Amst.*) 1694. 12.

Sordello,
troubadour italien du xiiie siècle.

Sordello. *Cremon.* 1785. 8. (*P.*)

Sordi (Giovanni),
évêque de Vicence.

Vita del B. G. Sordi, vescovo di Vicenza. *Cesen.* 1765. 4.

Sorel (Agnès),
favorite de Charles VII, roi de France (vers 1409 — 9 février 1450).

Riboud (Thomas Philibert). Éloge d'A. Sorel, surnommée la belle Agnès. *Lyon.* 1785. 8. (*P.*)

(**Craufurd**, Quintin). Notices sur A. Sorel, Diane de Poitiers et Gabrielle d'Estrées, depuis duchesse de Beaufort. *Par.* 1819. 8. (Orné des portraits de ces trois maîtresses de Charles VII, de Henri II et de Henri IV.)

Delort (Joseph). Essai critique sur l'histoire de Charles VII, d'A. Sorel et de Jeanne d'Arc. *Par.* 1824. 8. 2 port. (*P.*)

Quatremère de Roissy (Jean Nicolas). Histoire d'A. Sorel et de madame de Châteauroux. *Par.* 1825. 18. (*P.*)

Sorelli (Giulio),
littérateur italien du xixe siècle.

Sorelli (Guido). My confessions to Silvio Pellico, etc. *Lond.* 1856. 8. (Autobiographie.) — (*Oxf.*)

Soreth (Jean),
carme français.

Macé (Jean). Vita venerabilis J. Soreth, ordinis carmelitarum generalis, transcripta ex vetustissimo codice manuscripto R. P. fratris Walterii de Terra-Nova. *Par.* 1625. 4.

Soria (J... Isidoro de),
prêtre espagnol (?).

Odoardus (A...). Vita J. I. de Soria, fundatoris ordinis monach., etc. *Col. Agr.* 1717. 12.

Sormani (Francesco),
jurisconsulte italien († 2 juin 1846).

Cotta Morandini (N... N...). Necrologia del dottor F. Sormani, notaio di Milano. *Milan.* 1846. 8.

Sostegno (Carlo Emmanuele, marchese **Alfieri** di),
diplomate italien (19 février 1764 — 8 déc. 1844).

Saint-Maurice Cabany (Charles Édouard). Le marquis C. E. Alfieri de Sostegno, ancien ambassadeur de Sardaigne, lieutenant général, etc. *Par.* 1847. 8. (Extrait du *Nécrologe universel du xixe siècle.*)

Sotberg (Erik af),
philologue suédois (16 mai 1724 — 30 déc. 1780).

Rosen v. Rosenstein (Nils). Lefnadsbeskrifning öfwer Cancellie-Rädet E. af Sotberg. *Stockh.* 1782. 8.

Soto (Fernandez de),
guerrier espagnol († 25 juin 1552).

Histoire de la conquête de la Floride par les Espagnols sous F. de Soto. *Par.* 1685. 12. (*P.*)

2

Soto (Pedro),
dominicain espagnol.

(**Billuart**, Charles René). Apologie du R. P. P. Soto, dominicain, et des anciennes censures de Louvain et de Douai contre l'*Histoire du Baïanisme,* composée par le père Jean Baptiste **Philipoteau du Chesne**, (*Douai.* 1731. 4.) et condamné à Rome le 17 mars 1734. *Avign.* (*Par.*) 1738. 12.*

* Publ. sous le pseudonyme de Louis de **Lomania**.

Soto-Mayor (Alonso de),
général espagnol.

Caro de Torres (Francisco). Relacion de los servicios, que hizo a S. M. el rey D. Felipe II y III D. A. de Soto-Mayor, del habito de San-Jago, en los estados de Flandres, provincias de Chile y Tierra firme. *Madr.* 1620. 4.

Soubry (N... N...),
homme d'État français.

(**Bruyset de Manévieux**, N... N...). Éloge de M. Soubry, trésorier de France de la généralité de Lyon. *Chambéry.* 1775. 8.

Soudan (Elicio Numa),
médecin français (20 déc. 1796 — 18 mai 1849).

Aulagnier (Alexis François). Notice nécrologique sur Soudan. *Par.* 1851. 8.

Soufflot (Jacques Germain),
architecte français (1714 — 29 août 1781).

Bienaimé (Pierre Théodore). Éloge de Soufflot. *Par.,* s. d. 8.

Soufflot (N... N...).

Ragon-Gillet (N... N...). Discours prononcé à l'occasion de la mort de M. Soufflot, s. l. et s. d. (*Par.* 1808.) 8.

Soulange-Bodin (N... N...),
horticulteur français (1775 — 23 juillet 1846).

Berlèse (abbé). Notice nécrologique sur M. Soulange-Bodin. *Par.* 1846. 8. (Extrait des *Annales de la Société d'horticulture de Paris.*)

Soulé (Pierre),
homme d'État franco-américain.

Mercier (Alfred). Biographie de P. Soulé, sénateur à Washington. *Par.* 1847. 8.

Soulié (Melchior Frédéric),
poète français (23 déc. 1800 — 23 sept. 1847).

Notice nécrologique sur M. F. Soulié, poète et littérateur. *Par.* 1847. 8. * (Extrait du *Nécrologe du xixe siècle.*)

* Les auteurs de cette notice sont Victor **Hugo**, Alexandre **Dumas**, Jules **Janin**, Paul **Lacroix**, Antony **Béraud**, Charles de **Matharal** et Charles **Mosselar**.

Champion (Maurice). F. Soulié, sa vie et ses ouvrages. *Par.* 1847. 12. Portrait. (*P.*)

Soult, duc de **Dalmatie** (Nicolas Jean de Dieu),
maréchal de France (19 ou 29 mars 1769 — 26 nov. 1851).

Mémoires du maréchal Soult, publiés par son fils. *Par.* 1854. 3 vol. 8. (Orné d'un atlas.)

Sallé (Alexandre). Vie politique du maréchal Soult, duc de Dalmatie. *Par.* 1854. 8. Trad. en holland. par J... M... A... E... van **Swieten**. *Zalt-Bommel.* 1855. 8. Portrait.

(**Loménie**, Louis de). Le maréchal Soult, duc de Dalmatie, par un homme de rien. *Par.* 1841. 12.

Tinant (T... L... de). Le maréchal-général Soult, duc de Dalmatie; ses funérailles. *Montpell.* 1852. 8.

Hommage au maréchal Soult, après sa mort. *Toulouse.* 1852. 4. (Notice nécrologique.)

Grozelier (Alfred de). Le maréchal Soult, sa vie militaire, ses exploits, ses derniers moments. *Castres.* 1852. 16.

Soumarokoff voy. **Sumarokoff**
(Alexander Petrowitch).

Soumet (Alexandre),
poète français (8 février 1788 — 30 mars 1845).

Voisins-Lavernière (M... de). Éloge d'A. Soumet, membre de l'Académie française et de l'Académie des Jeux-Floraux. *Par.* 1846. 8. (*Lv.*)

Souquet de Latour (Guillaume Jean François),
prêtre français (13 déc. 1708 — ... 1851).

Notice sur la vie et les écrits de M. G. J. F. Souquet de Latour, curé de Saint-Thomas d'Aquin. *Par.,* s. d. (1851.) 8.

Vie de M. l'abbé Souquet de Latour, curé de Saint-Thomas d'Aquin, par un de ses collaborateurs. *Par.*1852. 8.

Sourches (N... N..., marquis de),
grand prévôt de France.

Sourches (N... N... de). Mémoires secrets et inédits de la cour de France sur la fin du règne de Louis XIV, etc., publ. par Adhelme **Bernier**. *Par.* 1856. 2 vol. 8.

Sourd (le baron Jean Baptiste),
général français (24 juin 1779 — ...).

Biographie du général baron Sourd. *Par.* 1849. 8. (Extrait du *Biographe universel*.)

Sourdis (François **d'Escoubleau** de),
cardinal-archevêque de Bordeaux (vers 1570 – 8 janvier 1628).

Grimauld (Gilbert de). Oraison funèbre de F. d'Escoubleau, cardinal de Sourdis, etc. *Bord.* 1628. 8.

Jouannet (François René Bénit Vatar). Eloge de S. E. le cardinal de Sourdis, archevêque de Bordeaux et primat d'Aquitaine. *Périgueux.* 1814. 8.

Sourdis (Henri **d'Escoubleau** de),
archevêque de Bordeaux, frère du précédent (1595 – 18 juin 1645).

Mémoire de ce qui s'est passé au parlement de Bordeaux en l'affaire que le duc d'Espernon a eue contre l'archevêque de Bordeaux (d'Escoubleau de Sourdis), s. l. (*Bord.*) 1634. 8.

L'ermite du Cordouan, avec le récit de tout ce qui s'est passé le 26 octobre 1634 entre l'archevêque de Bordeaux et le duc d'Espernon, s. l. 1634. 8. (Pamphlet lancé contre le duc d'Espernon.)

Labarde (Denis de). Oraison funèbre de H. de Sourdis, archevêque de Bordeaux. *Par.* 1646. 4.

Sourdis (Henriette **d'Escoubleau** de),
bénédictine française († 1643).

Darbo (Pierre). Oraison funèbre d'H. d'Escoubleau de Sourdis, coadjutrice de l'abbesse de Montmartre. *Par.* 1643. 8.

Sourdis (Madeleine de),
bénédictine française († 1663).

(**Dreux**, Joseph de). Le trône de Dieu dans une âme, ou l'idée d'une parfaite religieuse et d'une sainte abbesse dans la vertueuse vie et les grandes actions de M. de Sourdis, abbesse de Notre-Dame de Saint-Paul-les-Beauvais. *Par.* 1672. 8.

Sousa (João de),
historien portugais (1730 – 1812).

Trigoso (Sebastiano Francisco de **Mendo y**). Elogio historico de F. J. de Sousa. *Lisb.* 1815. 8. (Extrait des *Mémoires de l'Académie de Lisbonne*, tiré à petit nombre.)

Southcott (Joanna),
visionnaire anglaise (vers 1750 – 27 déc. 1814).

Roberts (Daniel). Observations on the divine mission of J. Southcott. *Lond.* 1807. 8. (*Oxf.*)

(**Fairburn**, N... N...). Of the life of Southcott, the prophetess. *Lond.* 1814. 8.

Hughson (David). Life of J. Southcott, illustrative of her supposed mission. *Lond.* 1814. 8. (*Oxf.*)

Reece (Richard). Plain narrative of the circumstances attending the last illness and death of J. Southcott. *Lond.* 1815. 8.

De profeetesse J. Southcott, de nieuwe moeder Gods, of berigt van haar leven, hare daden, etc. *Amst.* 1815. 8.

Southey (Robert),
historien anglais (12 août 1774 – 30 oct. 1833).

Cottle (Joseph). Reminiscences of Samuel Taylor Coleridge, etc., and R. Southey. *Lond.* 1847. 8. (*Oxf.*)

Southey (Charles Cuthbert). Life and correspondence of the late R. Southey. *Lond.* 1849-50. 6 vol. 8. Portrait.

Souty (Jean Jacques Auguste Armand),
chirurgien français (26 sept. 1804 – 28 juillet 1850).

Lefèvre (Amédée). Notice sur la vie et les travaux de M. J. J. A. A. Souty. *Rochef.* 1851. 8.

Souvaroff, voy. **Suwarow**.

Souvré (Gilles de),
évêque d'Auxerre.

Garra (Paul). Le chariot d'honneur sur les vertus de M. G. de Souvré, évêque d'Auxerre. *Par.* 1632. 8. (*P.*)

Souvré, marquis **de Courtenvaux** (Gilles de),
maréchal de France (vers 1540 – 1624).

(**Pelletier**, N... N...). Discours sur la mort de G. de Souvré, marquis de Courtenvaux. *Par.* 1626. 8.

Souza (João de),
archevêque de Lisbonne.

Francisco de Santo Bernardo. Oraçaõ funebre do arcebispo de Lisboa D. J. de Souza. *Lisb.* 1710. 4.

Souza Mexia (João de),
prêtre portugais.

Figueiredo (Alberto Cœtano di). Panegyrico funebre de J. de Souza Mexia. *Lisb.* 1738. 4.

Souza (José de),
savant portugais.

Freire (Francisco José). Elogio de J. de Souza. *Lisb.* 1745. 4.

Souza (Manoel Cœtano de),
Portugais.

Gama (Filippe José de). Oraçaõ funebre de D. M. C. de Souza. *Lisb.* 1734. 4.

Souza Torres Sotomayor (Alexandre de),
médecin portugais.

Nobrega (Antonio Isidoro da). Oraçaõ funebre do doutor A. de Souza Torres Sotomayor. *Lisb.* 1751. 4.

Sowitsch (Christoph),
théologien allemand († 1692).

Dobner (Sebastian Ferdinand). Priesterliches Grabmahl, dem Herrn C. Sowitsch, evangelischen Prediger in Oedenburg aufgerichtet. *Regensb.* 1692. 4.

Barth (Johann Conrad). Servus bonus, d. i. der fromme Knecht, etc., dargestellt in einer Leichenpredigt über C. Sowitsch, evangelischen Prediger zu Oedenburg. *Regensb.* 1692. 4.

Fridel (Johann). Sermo funebris in exequiis viri clarissimi C. Sowitsch. *Ratisb.* 1692. 4.

Sozomène (Hermias),
historien grec du Ve siècle.

Holzhausen (Friedrich August). Commentatio de fontibus, quibus Socrates (Scholasticus) Sozomenus ac Theodoretus in scribenda historia sacra usi sunt. *Goetling.* 1825. 4.

Sozomeno da Pistoja,
chroniqueur italien (1387 – vers 1458).

Ciampi (Sebastiano). Notizie storiche del canonico Sozomeno, illustre letterato del secolo XVI. *Pisa.* 1810. 8. (*Oxf.* et *P.*)

Ram (Pierre François Xavier de). Recherches sur la chronique universelle de Sozomenus de Pistoie. *Brux.* 1851. 8. (*Bx.*)

Sozzi (Michel Angelo),
théologien italien.

Merello (Tommaso). Elogio del canonico, etc., M. A. Sozzi. *Palerm.* 1836. 4.

Sozzini (Fausto),
sectaire italien (1539 – 3 mars 1604).

(**Przipcovius**, Samuel). F. Socini, Senensis, descripta, vita ab equite Polono, s. l. 1634. 4. *Ibid.* 1663. 4. *Ibid.* 1664. 8. Trad. en angl. *Lond.* 1653. 8.

Ashwell (George). Dissertatio de Socino et Socianismo, etc. *Oxf.* 1680. 8. (*Oxf.*)

Radecius (Matthaeus). Epistola de fato F. Socini. *Lugd.* 1699. 8.

Toulmin (Joshua). Memoirs of the life, character, sentiments and writings of F. Socinus. *Lond.* 1778. 8. (*D.* et *Oxf.*)

Schwarz (Friedrich Immanuel). Dissertatio de Socini religionis celeri propagatione, s. l. 1784. 4.

Pisarski (Albert Johan). Dissertatio de vita F. Socini. *Lund.* 1788. 8.

Pisanski (Georg Christoph). Disquisitio, an religio Socinianorum fortioribus, quam ulla alia, rationibus cives ad obsequium imperantibus præstandum obstringat. *Regiom.* 1791. 4. (*D.* et *L.*)

Burmeister (Johann Philipp). Commentatio de systemate Socianorum dogmatico. *Rostoch.* 1850. 4.

Amphoux (Henri). Essai sur la doctrine Socinienne. *Strasb.* 1850. 8. (*L.*)

Sozzini (Lelio),
sectaire italien, oncle du précédent (1525 – 14 mai 1562).

Ashwell (George). Dissertatio de Socino et Socianismo. *Oxon.* 1680. 8. (*Oxf.*)

Illgen (Christian Friedrich). Vita L. Socini. *Lips.* 1814. 8. (*D.* et *L.*)

Illgen (Christian Friedrich). Symbolarum ad vitam et doctrinam L. Socini illustrandam, commentatio historico-theologica. *Lips.* 1824. 2 parts. 4. (*L.*)

Sozzini (Mariano),
prêtre italien.
Massini (Carlo). Vita del venerabile P. M. di Sozzini, dell' Oratorio di Roma. *Rom.* 1747. 8.
Lives of the venerable servant of God, Fabrizio Dall' Aste and of the venerable servant of God, father M. Sozzini. *Lond.* 1850. 12.

Spada (Amadeo, marchese),
gentilhomme italien.
Relazione delle solenni esequie del marchese A. Spada, coll' orazione funebre recitata di Paolo Pasi. *Bologn.* 1708. 4.

Spada (Bernardino),
cardinal italien (1594 — 1661).
Macedo (Francisco de Santo Agostinho). Oratio funebris in obitum cardinalis Spadæ. *Rom.* 1661. 4. *Ulyssip.* 1683. 8.

Spada (Giovanni Andrea).
Memorie apologetiche di G. A. Spada, scritte da se medesimo. *Brescia.* 1801. 8.
(Tentori, Cristofero). Riflessioni sopra un libro intitolato *Memorie apologetiche,* etc. *Brescia,* s. d. (1801). 8.

Spada (Tommaso Maria),
prêtre italien.
Espressione d'osequio de' signori Accademici Raccesi di Palermo al merito del M. R. P. M. F. T. M. Spada dell' ordine de' predicatori. *Palerm.* 1661. 4.

Spalatinus (Georg),
historien allemand (1482 — 16 janvier 1545).
Sagittarius (Caspar). Historia vitæ G. Spalatini, theologi, politici, primique historici Saxonici, etc. *Jenæ.* 1695. 4. Portrait. (*D.* et *L.*)
Ekerman (Peter). Dissertatio de G. Spalatino, in opere reformationis Luthero amicissimo. *Upsal.* 1760. 4.
Wagner (Julius). G. Spalatin und die Reformation der Kirchen und Schulen zu Altenburg, etc. *Altenb.* 1850. 8. Portrait. (*L.*)
Berthel (Eduard Gottlieb). G. Spalatini in emendationem sacrorum merita. *Jenæ.* 1840. 8. (*L.*)

Spalding (Georg Ludwig),
philologue allemand (8 avril 1762 — 7 juillet 1811).
Spalding (Georg Ludwig). Memoria G. L. Spaldingii. *Berol.* 1822. 8.
Friedlaender (David). An die Verehrer, Freunde und Schüler Jerusalem's, Spalding's, Teller's, Herder's und Loeffler's, herausgegeb. von Wilhelm Traugott Krug. *Leipz.* 1823. 8. (*L.*)

Spalding (Johann Joachim),
théologien allemand, père du précédent (1er nov. 1714 — 22 mai 1804).
Teller (Wilhelm Albrecht). Gedächtnispredigt auf J. J. Spalding. *Berl.* 1805. 8.
J. J. Spalding's Lebensbeschreibung, von ihm selbst aufgesetzt und herausgegeb. von seinem Sohne Georg Ludwig Spalding. *Halle.* 1805. 8. (*L.*)

Spallanzani (Lazaro),
naturaliste italien (12 janvier 1729 — 12 février 1799).
Carminati (Bassiano). Elogio funebre di L. Spallanzani. *Pavia.* 1799. 8.
Tourdes (Joseph). Notice sur la vie littéraire de Spallanzini, etc. *Par.* 1799. 8. Augment. *Milan* et *Par.* 1800. 8.
Pozzetti (Pompilio). Elogio storico di L. Spallanzani. *Parm.* 1800. 4. (*Oxf.*)
Brera (Valeriano Luigi). Storia della malattia e morte di L. Spallanzani. *Pavia.* 1801. 4. (*P.*)
Manibus L. Spallanzani, amicitiæ tessera et monumentum. *Bologn.* 1802. 8.
(Alibert, Jean Louis). Éloge historique de Spallanzani, s. l. et s. d. (*Par.* 1806.) 8. (*Lv.*)

Span (Henrik),
amiral danois.
Luetzow (Johan Henrik). Den danske Admiral H. Spans Levnet og Bedrifter. *Kjoebenh.* 1792. 8. (*Cp.*)

Spangenberg (August Gottlieb),
évêque des frères moraves (15 juillet 1704 — 18 sept. 1792).
Risler (Jeremias). Leben A. G. Spangenberg's. *Barby.* 1794. 8. Portrait. (*D. et L.*)

Ledderhose (Carl Friedrich). Leben A. G. Spangenberg's, Bischofs der Brüdergemeinde. *Heidelb.* 1846. 8. Trad. en franç. par N...N... Kauffen. *Toulouse.* 1850. 12.

Spangenberg (Cyriacus),
historien allemand (17 juin 1528 — 10 février 1604).
Leuckfeld (Johann Georg). Historia Spangenbergensis, oder historische Nachricht von dem Leben, Lehren und Schriften Cyriaci Spangenberg's. *Quedlinb.* et *Ascherst.* 1712. 8. Portrait. (*L. et Lv.*) *Groening.* 1720. 4.

Spanheim (Friedrich),
théologien allemand (1er janvier 1600 — 11 mai 1649).
Heidanus (Abraham). Oratio funebris in F. Spanhemii obitum. *Lugd. Bat.* 1649. 4. (*D., L. et Oxf.*)

Spanheim (Friedrich),
théologien suisse, fils du précédent (1er mai 1632 — 18 mai 1701).
Trigland (Jacob). Laudatio funebris F. Spanhemii. *Lugd. Bat.* 1701. 4. (*Ld.*)

Spani (Prospero),
sculpteur italien du xvie siècle.
Fontanesi (Francesco). Di P. Spani, detto il Clemente, scultore Reggiano del secolo xvi, discorso. *Reggio.* 1826. 8. *
* Supplément à l'*Istoria della scultura* di Leopoldo Cicognara.

Spannocchi-Piccolomini (Francesco, barone),
savant italien.
Palloni (Gaetano). Elogio del barone F. Spannocchi-Piccolomini. *Firenz.* 1829. 8.

Sparacio (Giuseppe).
In morte di G. Sparacio, s. l. (*Palerm.*) 1857. 8.

Sparavieri (Francesco).
(Pellegrini, Francesco Carlo). Di F. Sparavieri, Veronese. *Veron.* 1845. 8. *
* Cet écrit n'a pas été mis dans le commerce.

Sparfeldt (Johan),
théologien suédois.
Spegel (Haken). Raphael verus, s. de fida Dei dextera cum peregrinante exposita in concione sacra habita in funere D. J. Sparfeldt. *Holm.* 1675. 4.

Sparr (Johann Gottfried August),
pédagogue allemand (+ 30 janvier 1811).
Heyse (Johann Christian August). Blicke in J. G. A. Sparr's Leben und Wirken, etc. *Nordhaus.* 1812. 8.

Sparre (Erik),
homme d'État suédois (25 juin 1624 — 12 oct. 1673).
Valing (Abraham). Concio sacra in funere illustrissimi D. E. Sparre, satrapæ per Sudermanniam. *Holm.* 1673. 4.

Sparre (Carl, Friherre),
homme d'État suédois (6 déc. 1723 — 28 juin 1791).
Schoenberg (Anders). Åminnelse-Tal öfver Riks-Rådet Friherrn C. Sparre. *Stockh.* 1796. 8.

Sparre (Pehr),
homme d'État suédois.
Fegræus (Haquinus). Laudatio funebris in obitum illustrissimi D. P. Sparre, regni Sueciæ senatoris, ed ad aulam cæsaream legati. *Holm.* 1670. Fol.
Spegel (Haken). Turtur Dei, h. e. cor viduarum ingenuum in obitum illustrissimi D. P. Sparre, regii senatoris, etc. *Holm.* 1675. 4.

Sparre af Croneborg (Johann),
gentilhomme suédois (+ 1656).
Wallwick (Johan Claudius). Oratio funebris in obitum J. Sparre, baronis de Croneborg. *Holm.* 1656. Fol.

Sparre (Thuro),
théologien suédois.
Isogaeus (Simon). Concio funebris in obitum chiliarchæ D. T. Sparre. *Holm.* 1683. 4.

Spartien (Ælius),
historien romain (contemporain de l'empereur Dioclétien).
Moller (Daniel Wilhelm). Disputatio circularis de A. Spartiano. *Altorf.* 1687. 4. (*L. et Lv.*)

Sparwenfeldt (Johan Gabriel),
homme d'État suédois (1655 — 1727).
Wallin (Georg). Parentalia in obitum J. G. Sparwenfeldt, regis Sueciæ a ceremoniis legatorum publicis. *Stockh.* 1750. 4.

Spaur (Grafen v.),
famille tyrolienne.

Cicogna (Emmanuele Antonio). Personaggi illustri della famiglia Tirolese dei conti Spaur richiamati alla memoria. *Venez.* 1840. 8.

Spaur (Franz, Graf v.),
jurisconsulte allemand (20 août 1725 — 1er août 1797).

Biographie des Grafen F. v. Spaur, kaiserlich österreichischen Geheimen Raths. *Salzb.* 1800. 8. (Par un de ses parents.)

Spazier (Johann Carl Gottlieb),
littérateur allemand (20 avril 1761 — 19 janvier 1805).

Spazier (Johann Carl Gottlieb). Carl Pilger's Roman seines Lebens, von ihm selbst geschrieben. *Berl.* 1792-96. 3 vol. 8. *
* Ce roman , ayant pour base les événements de la vie de Spazier lui-même , est rempli de considérations sur la musique.

Specht (Joachim),
théologien allemand.

Klopsch (Christian David). Leben des Magisters J. Specht, des ersten evangelischen Predigers zu Gross-Glogau. *Glogau*, s. d. 8.

Speckbacher (Joseph),
l'un des compagnons d'armes d'André Hofer (14 août 1768 — ... 1820).

Mayr (Johann Georg). Der Mann von Rinn (J. Speckbacher) und die Kriegsereignisse in Tirol 1809, etc. *Innsbr.* 1851. 8. Portrait.

Spedallerl (Niccolò),
publiciste italien (1741 — 24 nov. 1795).

Niccolai (Pietro). Oratio funebris in N. Spedalierum. *Rom.* 1795. 4.

Spee (Friedrich),
jésuite allemand (1595 — 1635).

Werfer (Albert). Leben des Pater F. Spee, Priesters der Gesellschaft Jesu. *Schaffhaus.* 1853. 8. *
* Dans le même volume on trouve aussi une esquisse sur la vie d'Alphonse Marie de Liguori, composée par J... G... Schick.

Speer (David),
bénédictin allemand.

Boost (Johann Adam). Die Geschichte und die Propheten, die wahren Schlüssel zu den Pforten der Zukunft, oder Weissagungen des Mönchs Hermann zu Lehnin über Preussen und jene des Benedictiners D. Speer zu Benedictbeuern über Baiern. *Augsb.* 1848. 8.

Spegel (Haken ou Haquin),
archevêque d'Upsala (14 juin 1645 — 14 déc. 1713).

Gezelius (Johan). Likpredikan öfver H. Spegel. *Stockh.* 1714. 8.

Molin (Lars). Programma in funere H. Spegelii. *Stockh.* 1714. 8.

Upmarck (Johan). Oratio parentalis in H. Spegelii obitum. *Upsal.* 1714. 4.

Sivers (Heinrich Jacob). Elogium Spegelianum, eller Arkebiskopen Dr. H. Spegels Lefverne. *Norrköp.* 1745. 8.

Spencer ou **Spenser** (Edmund),
poète anglais (vers 1553 — 1598).

(Jortin, John). Remarks on Spensers poems. *Lond.* 1754. 8. (*Oxf.*)

Aikin (John). Life of E. Spencer. Trad. en franç. par Antoine Marie Henri Boulard. *Par.* 1818. 8. (*Lv.* et *P.*)

Hart (John S...). Essay on the life and writings of E. Spenser; with a special exposition of the *Fairy Queen*. *New-York.* 1847. 8. Portrait.

Kirkland (Mrs C... M...). Spenser and the *Fairy Queen.* *Philadelph.* 1847. 8.

Willis (John). De lingua Spenseriana ejusque fontibus. *Bonn.* 1848. 8.

Spencer (Thomas),
théologien anglais.

Raffles (Thomas). Memoirs of the life and ministry of the late T. Spencer of Liverpool. *Lond.* 1813. 8.

Spener (Jacob Carl),
jurisconsulte allemand , fils du suivant (1er février 1684 — 12 juin 1730).

Berger (Johann Wilhelm). Programma de vita doctrinaque J. C. Speneri. *Lips.* 1750. 4. (*L.*)

Spener (Philipp Jacob),
théologien allemand (13 janvier 1635 — 5 février 1705).

Blanckenberg (Conrad Gottfried). Leichenpredigt auf P. J. Spener, nebst dessen eigenhändig aufgesetztem Lebenslauf. *Frf.* 1705. Fol.

Petersen (Johann Wilhelm). Parentatio P. J. Spenero scripta. *Magdeb.* 1705. 4. *
* Poème en vers hexamètres.

Canstein (Carl Hildebrand v.). Lebensbeschreibung Dr. P. J. Spener's, publ. avec des notes par Joachim Lange. *Halle.* 1740. 8. (*L.*)

Steinmetz (Adam). Leben P. J. Spener's. *Magdeb.* 1741. 4.

Hossbach (Wilhelm). P. J. Spener und seine Zeit ; kirchenhistorische Darstellung. *Berl.* 1828. 2 vol. 8. Mit Vorwort und Anhang von Gustav Schweder. *Berl.* 1853. 2 vol. 8.

Pfannenberg (Friedrich). P. J. Spener, der Kirchenvater des evangelischen Deutschlands im 17. und 18. Jahrhundert. *Berl.* 1853. 8.

Schott (Heinrich). P. J. Spener's, etc., Geburtstag, etc., nach zweihundert Jahren gefeiert , etc. *Leipz.* 1855. 8. Trad. en holland. *Amst.* 1855. 8.

Thilo (Wilhelm). Spener als Katechet. Beitrag zur Vergegenwärtigung reformatorischen Verdienstes , etc. *Berl.* 1840. 8.

Wildenhahn (August). P. J. Spener ; eine Geschichte vergangener Zeiten für die unsere. *Leipz.* 1842. 2 vol. 8. (*L.*) Augment. *Ibid.* 1847. 2 vol. 8.
Trad. en holland. s. c. t. Spener te Dresden, par R... P... Verbeek. *Utrecht.* 1847. 8.
Trad. en suéd. *Gefle.* 1852. 2 vol. 8.

—— Dr. P. J. Spener. *Bielef.* 1851. 8.

Spengler (Lazarus),
théologien allemand (13 mars 1479 — 7 sept. 1534).

Haussdorf (Urban Gottlieb). Lebensbeschreibung eines christlichen Politici, L. Spengler's, etc. *Nürnb.* 1741. 8.

Spenn (Joseph),
prêtre allemand.

Lebensbeschreibung J. Spenn's, ehemaligen Augustiner-Mönchs, etc. *Magdeb.* 1805. 2 vol. 8. *
* Cette autobiographie est accomp. de son portrait.

Spenser, voy. **Spencer** (Edmund).

Sperelli (Sperello),
littérateur italien.

Vincioli (Giacinto de' conti). Vita del S. Sperelli. *Macerat* (?) 1715. 4.

Sperer (Jeremias),
jurisconsulte allemand.

Baudisius (Leonhard). De vita ac morte J. Spereri, consiliarii et secretarii ducalis Lignicii panegyricus funebris. *Vratisl.* 1650. 4.

Sperling (Johann),
naturaliste allemand (12 juillet 1603 — ... 1658).

(Buchner, August). Programma in J. Sperlingii funere. *Witteb.* 1658. Fol.

Sperling (Paul),
théologien allemand (1606 — 27 avril 1679).

Morhof (Daniel Georg). Programma in P. Sperlingii obitum. *Kilon.* 1679. 4.

Sperling (Paul Gottfried)

Wernsdorf (Gottlieb). Programma in P. G. Sperlingii obitum. *Witteb.* 1709. Fol.

Speroni (Gerardo),
prêtre italien.

Manni (Domenico Maria). Elogio del M. R. P. D. G. Speroni, priore Cassinese. *Lucca.* 1758. 4.

Speusippe,
philosophe grec (vers 348 avant J. C.).

Fischer (Maximilian Achilles). Scriptio academica de Speusippi Atheniensis vita. *Rastad.* 1845. 8.

Speijk (Jan Carel Josephus van),
héros hollandais (31 janvier 1802 — 5 février 1831).

Thesing (A... G...). J. C. J. van Speijk, ou le héros de l'Escaut. *Nimègue.* 1831. 8.

Elink-Sterk (A...). Hulde aan de nagedachtenis van J. C. J. van Speijk. *Hage.* 1831. 4.

Sandwijk (G... van). Leven van J. C. J. van Speijk. *Purmerend.* 1831. 8.

Levensschets van den Hollandschen zeeheld J. C. J. v. Speijck. *Amst.* 1851. 8. Portrait. *
* Publ. s. l. pseudonyme de Primus Historicus.

Anneveld (Henrik). Van Speijk en de zijnen onder de schimmen. *Amst.* 1831. 8.

Lennep (Jan van). Hulde aan de nagedachtenis van Hollands zecheld J. C. J. van Speijk. *Amst.* 1831. 8.

Lipman (S... P...). Gedenkstuk van den heldendood van J. C. J. van Speijk. *Amst.* 1831. 8. (*Ld.*)

Vyver (C... van der). J. C. J. van Speijk, geschetst als voorbeeld van heldenmoed en vaderlandsliefde. *Amst.* 1831. 12.

Meerten (A... B... van). Zelfopoffering van J. C. J. van Speijk, benevens eene schets van zijn leven, etc. *Amst.* 1832. 8. Portrait.

Koning (Jacobus). Leven van J. C. J. van Speijk. *La Haye* et *Amst.* 1832. 8. Portrait. (*Ld.*)

Sphynx,
personnage mythologique.

Dahm (Johann Michael). OEdipus Sphyngis ænigmata solvens. *Mogunt.* 1755. 4. (*Oxf.*)

Reynier (Jean Louis Ebenezer). Sur les sphynx qui accompagnent les pyramides en Egypte. *Par.* 1803. 8.

Jaep (G...). Die griechische Sphynx. Eine mythologische Abhandlung. *Goetting.* 1854. 8.

Spiegel (Adrien van den),
médecin-botaniste belge (1578 — 1625).

Morren (Charles François Antoine). A. Spiegel. Extrait d'une histoire inédite de la botanique belge, etc. *Brux.* 1838. 12. (*Bx.*)

Marinus (J... R...). Éloge de van den Spiegel. *Brux.* 1846. 8. (*Bx.*)

Spiegel (Laurensz Pieter van den),
homme d'État hollandais (1737 — 1800).

Siegenbeek (Matthys). Commentatio de L. P. Spiegelio, postremo Hollandiæ consiliario, de literis et republica optime merito. *Lugd Bat.*, s. d. (1824). 4. (*Ld.*)

Lantsheer (M... F...). De rebus a L. P. van den Spiegel in Zelandia gestis et scriptis. *Traj. ad Rhen.* 1843. 8.

Brieven en negociatien van M. L. P: van de Spiegel, als raadpensionaris van Holland. *Amst.* 1803. 3 vol. 8. Port.

Spiegel van Desenberg (Ferdinand August, Graf v.),
archevêque de Cologne (25 déc. 1764 — 2 août 1835).

Toklot (Johann Andreas). Trauerrede auf den Erzbischof F. A., Grafen Spiegel v. Desenberg und Canstein. *Coeln.* 1835. 8. (*L.*)

Vollständige Biographie des hochseligen Erzbischofs von Coeln, F. A., Grafen Spiegel zum Desenberg und Canstein, Dr. der Theologie, etc. *Aachen.* 1835. 8. (*L.*)

Spieker (Johannes),
théologien allemand (26 mars 1756 — 18 avril 1825).

Dieffenbach (Ernst Wilhelm Christian). J. Spieker's Leben und Leichenfeier. *Marb.* 1828. 8.

Spielmann (Jacob Reinbold),
médecin-chimiste alsacien (31 mars 1722 — 9 mars 1783).

Memoria J. R. Spielmanni. *Argent.* 1785. Fol.

Wittwer (Philipp Ludwig). Dem Andenken des Dr. J. R. Spielmann. *Helmst.* et *Leipz.* 1784. 8. (*L.*)

Spies (Johann Albrecht),
philosophe allemand (18 février 1704 — 4 mai 1766).

Nagel (Johann Andreas Michael). Programma ad funus J. A. Spiesii, etc. *Altorf.* 1766. Fol.

Spies (Johann Carl),
médecin allemand (24 nov. 1663 — 12 juillet 1729).

Hardt (Hermann von der). Memoria J. C. Spiess. *Helmst.* 1729. 4. (*L.*)

Spiess (Johann Christoph),
théologien allemand.

Zimmer (Johann Georg). Zwei Reden zum Gedächtniss des verstorbenen Consistorialraths Spiess. *Frf.* 1829. 8.

Spiess (Philipp Ernst),
historien allemand (27 mai 1734 — 5 mars 1794).

Lebensumstände des Herrn P. E. Spiess, von ihm eigenhändig verfasst; bei seiner Beerdigung abgelesen und, auf vielfältiges Verlangen, nebst der dabei (von Johann Kapp) gehaltenen Standrede, zum Druck befördert (durch Carl Christian Theodor Hacker). *Baireuth.* 1794. 4.

Spilimbergo (Irene di),
peintre italienne du xvie siècle († 1561).

(**Atanagi**, Dionigio). Rime in morte della signora I. di Spilimbergo. *Venez.* 1561. 8.

Belgrado (Bernardo de). Cenno biografico sopra la pittrice I. di Spilimbergo. *Padov.* 1830. 8.

Spiller (James),
comédien anglais († 1729).

Spiller's jests, or the life and pleasant adventures of the late celebrated comedian Mr. J. Spiller, containing his merry jests, diverting songs and entertaining tales. *Lond.*, s. d. 8. (*Oxf.*)

Akerby (Georg). Life of Mr. J. Spiller, comedian. *Lond.* 1729. 8. Portrait. (*Oxf.*)

Spina (Guiseppe),
cardinal italien (1756 — 1828).

Lari (Giacomo). Funerali del cardinale Spina. *Genov.* 1828. Fol.

Spina (Petrus v.),
médecin allemand (26 mars 1563 — 7 oct. 1622).

Venator (Balthasar). Vita P. de Spina. *Heidelb.* 1732. 4.

Spinelli (Antonio),
jésuite italien († 1617).

Albertini (Francesco). Orazione funebre per la morte del P. A. Spinelli, gesuita. *Napol.* 1617. 4.

Spinelli (Maria Felice),
religieuse italienne.

Baldassini (Tommaso). Vita della suor M. F. Spinelli. *Bologn.* 1692. 4. *Venez.* 1752. 4.

Spinelli (Francesco Maria, principe di),
philosophe italien (1686 — 4 avril 1752).

Cirillo (Giovanni Pietro). Elogio funebre di F. M. Spinelli. *Napol.* 1774. 8.

Spino (Pietro),
littérateur italien (1513 — 10 avril 1583).

Serassi (Pietro Antonio). Vita di P. Spino. *Bergam.* 1747. 8. (Tiré à part à très-petit nombre.)

Spinola,
famille italienne.

Lemire (Aubert). Gentis Spinulæ illustrium elogia. *Col. Agr.* 1611. 4.[*]

[*] Publ. sous le nom latinisé de Miræus.

Deza (Massimiliano). Istoria della famiglia Spinola, descritta dalla sua origine sino al secolo xvi. *Piacenz.* 1694. Fol.

Kuehnholtz (Henri). Des Spinola de Gênes, depuis les temps les plus reculés jusqu'à nos jours; suivis de la complaincte de Gennes sur la mort de Thomasine Espinolle, Genoise, dame intendyo du roy, etc., accompagnés d'une notice sur l'historiographe royal (Jean) d'Autun, de la juste appréciation des amours de Louis XII et de Thomasine Espinolle, etc. *Par.* et *Montpell.* 1852. 4. (Tiré à 150 exemplaires.)

Spinola (Agostino),

Paltrinieri (Ottavio Maria). Elogio di A. Spinola, patrizio Genovese, morte convittore nel collegio Clementino di Roma. *Ferrar.* 1794. 8.[*]

[*] On y trouve (pag. 80 et suiv.) un *Catalogo dei convittori illustri del collegio Clementino.*

Spinola (Ambrogio),
général hollandais (1571 — 25 sept. 1630).

Balinus (Joannes). De bello Belgico auspiciis A. Spinolæ. *Brux.* 1609. 8.

Vernulæus (Nicolaus). Elogia oratoria Alberti Pii, Isabellæ, A. Spinolæ, Caroli comitis Bucquoii, Joannis comitis Tillii, etc. *Lovan.* 1634. 8.

Siret (Adolphe). A. Spinola. Episode du temps d'Albert et d'Isabelle (1595-1604). *Anvers.* 1851. 8. (Couronné par la société royale d'Anvers.)

Spinola (Carlo),
jésuite italien (brûlé vif le 10 sept. 1622).

Spinola (Fabio Ambrogio). Vita del P. C. Spinola della compagnia di Giesù. *Rom.* 1628. 8. Trad. en lat. par Hermann Hugo. *Antw.* 1650. 8.

Dorléans (Pierre Joseph). Vie du P. C. Spinola, de la compagnie de Jésus. *Par.* 1672. 12. *Ibid.* (*P.*) 1681. 12. *Ibid.* 1693. 12.

Spinoza (Benedict),
philosophe hollandais du premier ordre (24 nov. 1632 — 21 février 1677).

Kortholt (Christian). De tribus impostoribus magnis. *Kilon.* 1680. 8. (*D.* et *L.*)

Wittich (Christoph). Anti-Spinoza, s. examen ethices B. de Spinoza et commentarius de Deo et ejus attributis. *Amst.* 1690. 4.

Kettner (Friedrich Ernest). Dissertatio de duobus impostoribus, B. Spinosa et Balthasaro Bekkero. *Lips.* 1694. 4. (*D.* et *L.*)

Bayle (Pierre). Het leven van B. de Spinoza, trad. du franç. en holland. *Utrecht.* 1698. 8.

Coler (Jean). Vie de B. Spinoza, tirée des écrits de ce fameux philosophe et du témoignage de plusieurs personnes, qui l'ont connu particulièrement. *La Haye.* 1706. 12. *Amst.* 1712. 12. (*D.* et *P.*)

Trad. en allem. (par Johann FACCIUS). *Frf.* et *Leipz.* 1733. 12. Portrait. (*L.*)

Trad. en angl. *Lond.* 1706. 12. (*Oxf.*)

Staalkopff (Jacob). Dissertatio de B. Spinoza atheismi convicto. *Witteb.* 1707. 4. (*Lv.*)

—— Dissertatio de atheismo B. de Spinoza, adversus Godofridum Arnoldum. *Witteb.* 1707. 4.

—— Dissertatio de atheismo B. de Spinoza, adversus Joannem Georgium Wachterum. *Witteb.* 1707. 4.

—— Dissertatio de Spinocismo post Spinozam. *Witteb.* 1708. 4. (*L.*)

Jaeger (Johann Wolfgang). Spinocismus, s. d. B. Spinosæ famosi atheistæ vita et doctrinalia. *Tubing.* 1710. 4. (*Lv.*)

(**Vraese**, Lucas). La vie et l'esprit de B. de Spinoza, s. l. (*Amst.*) 1719. 8. (Très-rare.)

Vie de Spinoza, par un de ses disciples. *Hamb.* 1735. 8. *

   * Nouvelle édition non tronquée de l'ouvrage de Lucas VRAESE.

Quistorp (Bernhard Friedrich). Commentatio de atheismo (B. Spinozæ). *Rostoch.* 1743. 4.

Renthe (August Ernst). Probatio, quod B. de Spinoza graviter errans non fuerit atheus. *Cœthen.* 1766-67. 8.

Dietz (Heinrich Friedrich v.). B. v. Spinoza, nach Leben und Lehren. *Dessau.* 1783. 8. (*L.*)

Philippson (Moses). Leben B. v. Spinoza. *Braunschw.* 1790. 8. (*D.*)

Stiedenroth (Ernst). Nova Spinocismi delineatio. *Goetting.* 1717. 4.

Rosenkranz (Carl). Dissertatio de Spinozæ philosophia. *Halæ.* 1828. 8.

Marbach (Gotthold Oswald). Gedächtnissrede auf B. v. Spinoza, etc. *Halle.* 1831. 8. (*L.*)

Sigwart (Heinrich Christoph Wilhelm). Der Spinozismus, historisch und philosophisch erläutert, etc. *Tübing.* 1839. 8.

Thomas (Carl). Spinoza als Metaphysiker vom Standpuncte der biblischen Kritik. *Königsb.* 1840. 8.

Saintes (Amand). Histoire de la vie et des ouvrages de B. Spinoza, fondateur de l'exégèse et de la philosophie modernes. *Par.* 1842. 8. Portrait. (*P.*)

Orelli (Conrad v.). Spinoza's Leben und Lehre, nebst einem Abrisse der Schelling'schen und Hegelschen Philosophie. *Aarau.* 1843. 8. Augment. *Ibid.* 1850. 8.

Schaarschmidt (Carl). (René) Descartes und Spinoza. Urkundliche Darstellung der Philosophie Beider. *Bonn.* 1850. 8.

Réfutation inédite de Spinoza, par Leibnitz, précédée d'un mémoire par A...FOUCHER DE CAREIL. *Par.* 1854. 8 *.

   * La Réfutation inédite a pour titre: *Remarques critiques de Leibnitz,* d'après le manuscrit original de la bibliothèque de Hanovre. Elle est en langue latine, avec la traduction française en regard.

Franke (Georg Samuel). Über die neuern Schicksale des Spinozismus und seinen Einfluss auf die Philosophie. *Kiel.* 1808. 8. *Schlesw.* 1812. 8.

Sigwart (Heinrich Christian Wilhelm). Über den Zusammenhang des Spinozismus mit der Cartesianischen Philosophie. *Tübing.* 1816. 8.

Ritter (Heinrich). Über den Einfluss (René) Descartes' auf die Ausbildung des Spinozismus. *Leipz.* 1816. 8. (*L.*)

Spira (Francesco),
jurisconsulte italien (1498—1548).

Erschröckliche Geschicht von F. Spira. *Jena.* 1675. 4.

Roth (E... L...). F. Spira's Lebensende. *Nürnb.* 1829. 8.

Valenti (N... N... de). F. Spira's schreckliches Ende, etc. *Bern.* 1847. 8.

Spiridio (A...),
théologien allemand.

Pasternat (P... W...). Leichenpredigt auf den Tod des ehrwürdigen und hochgelehrten Herrn A. Spiridio, Pfarrers und Seelsorgers der churbaierschen Gemeinde. *Münch.* 1781. 8.

Spiridion (Saint),
évêque de Tremithunt.

Varvesi (Paolo). Vita e miracoli del glorioso taumaturgo S. Spiridione, vescovo di Tremesunda. *Messin.* 1662. 4.

Siber (Urban Gottfried). Vita S. Spiridionis, episcopi Trimithuntini, ubi simul ejus in Turcas a Corcyrensi obsidione profligatos fortitudo examinatur, etc. *Lips.* 1718. 8. Portrait. (*L.*)

Spittler (Ludwig Timotheus v.),
historien allemand (10 nov. 1752 — 14 mars 1810).

Planck (Gottlieb Jacob). Über Spittler als Historiker. *Goetting.* 1811. 8. (*D.* et *L.*)

Heeren (Arnold Hermann Ludwig) et **Spittler** (Gustav Hugo). *Berl.* 1812. 8. (*D.* et *L.*)

Spitzer (Carl Heinrich),
l'une des premières victimes de la révolution de Vienne († 13 mars 1848).

Streng (Carl). Ausführliche Biographie des am 15. März 1848 in Wien gefallenen Freiheitshelden C. H. Spitzer, etc., aus den Mittheilungen seines Erziehers und Arztes, des Dr. Hermann Schlesinger, dargestellt. *Wien.* 1848. 8.

Spleiss (Thomas),
mathématicien suisse.

(**Habicht**, Melchior). Nachricht von dem Leben des Herrn T. Spleiss, öffentlichen Lehrers der Mathematik und Philosophie im Collegio zu Schaffhausen. *Schaffh.* 1776. 4.

Splényi (Ferencz Xaver, báro),
évêque de Waitzen († 1796).

Simonchich (Innocenz). Oratio et solennes exequiæ F. X. L. B. Splényi, episcopi Vaciensis, dicta una cum biographia ejusdem per Josephum SZABO. *Vacii.* 1796. 4.

Splitgerber (Frederik Louis),
botaniste hollandais (9 déc. 1801 — 23 mai 1845).

Vriese (W... H... de). F. L. Splitgerber, s. l. et s. d. (*Amst.* 1845.) 8.

Spoering (H... D...),
savant suédois.

Baeck (Abraham). Åminnelse-Tal öfwer H. D. Spoering. *Stockh.* 1749. 8.

Spoerl (Johann Conrad),
théologien allemand (3 janvier 1701 — 20 mai 1773).

Memoria J. C. Spoerlii, antistitis S. Sebaldi. *Norimb.* 1773. Fol.

Spohn (Friedrich August Wilhelm),
philologue allemand (16 mai 1792 — 17 janvier 1824).

Seyffarth (Gustav). Memoria F. A. G. Spohnii philosophiæ doctoris, etc. *Lips.* 1825. 4. Portrait. (*D.* et *L.*)

Spohr (Ludwig),
musicien allemand (1784 — ...).

Ebers (Johann Jacob Heinrich). Spohr und (Jacques Fromental) Halévy und die neueste Kirchen- und Opern-Musik. *Bresl.* 1837. 8.

Spohr's Jubelfest im Januar 1847. *Cassel.* 1847. 8.

Spolius (Andreas),
mathématicien suédois (13 juin 1630 — 1er août 1699).

Norrmann (Laurens). Memoria vitæ A. Spolii, s. oratio in ejus funere. *Upsal.* 1699. 4.

Spontini (Gasparo),
compositeur italien du premier ordre (14 nov. 1784 — 14 janvier 1851).

Dorn (Heinrich). Spontini in Deutschland, oder unpartheiische Würdigung seiner Leistungen während seines Aufenthalts daselbst in den letzten zehn Jahren. *Leipz.* 1830. 8.

Mueller (Carl Friedrich). Spontini und (Ludwig) Rellstab. Einige Worte zur Beherzigung der Parteien. *Berl.* 1833. 8.

(**Loménie**, Louis de). M. Spontini, par un homme de rien. *Par.* 1841. 12.

Oettinger (Eduard Maria). Spontini. *Leipz.* 1843. 24.

Raoul-Rochette (Désiré). Notice historique sur la vie et les ouvrages de M. Spontini. *Par.* 1852. 4.

Sporck (Franz Anton, Graf v.),
homme d'État allemand (9 mars 1669 — 30 mars 1738).

Stillenau (Gottwald v.). Leben des Herrn F. A., Graf v. Sporck, Herren derer Herrschafften Lyssa, Gredlitz, Konogedt und Herschmanitz, etc., im Königreich Böheimb, s. l. 1720. 4., s. l. 1725. 4. *

   * La première édition parut sous le nom de Ferdinand de ROXAS.

Sporck (Johann, Graf v.),
général allemand (1597 — 1681).
Rosenkranz (G... J...). J., Graf v. Sporck, k. k. öster-
reichischer General der Cavallerie. Abriss seines Lebens. *Paderb.* 1845. 8. Portrait.

Spormann (Peder),
géographe danois (28 sept. 1608 — ... 1661).
Koeneke (Jasper Baltherzen). Carmen in obitum P.
Spormanni. *Hafn.* 1661. 4. (*Cp.*)

Spotorno (Giovanni Battista),
littérateur italien.
Poggi (Filippo). Pei solenni funerali del cavaliere P.
G. B. Spotorno, professore di latina eloquenza nella
real' università di Genova, etc. *Genov.* 1845. 8.

Spotswood (James),
archevêque de Clogher (1585 — 15 nov. 1639).
Brief memorial of the life and death of Dr. J. Spottis-
wood (!) bishop of Clogher in Irland, and of the labyrinth
of troubles he fell into in that kingdom. *Edinb.* 1811. 4.
(*Oxf.*)

Spranger (A... M...),
théologien allemand.
Kiefhaber (Johann Carl Sigmund). Denkmahl der
Freundschaft dem verewigten A. M. Spranger, Diacon
an der Stadtkirche zu Herspruck, errichtet im Namen
des Pegnesischen Blumen-Ordens. *Nürnb.* 1806. 4.

Spreng (Johann Jacob),
historien suisse (31 déc. 1699 — 24 mai 1768).
Grynaeus (Simon). Leichenrede am Grabe J. J. Spreng's.
Basel. 1768. 8.

Sprengel (Kurt Polycarp Joachim),
médecin-botaniste allemand (3 août 1766 — 15 mars 1833).
Schets van het leven van K. Sprengel, s. l. et s. d. 8.
Leroy-Dupré (N... N...). Notice historique sur Sprengel. *Par.* 1850. 8.

Spreti (Camillo),
homme d'État italien.
Vita del marchese C. Spreti. *Ravenna.* 1836. 4.

Spreti (Desiderio),
historien italien du xve siècle.
Ristretto della vita di D. Spreti. *Ravenna.* 1836. 4. (Peu
commun.)

Springer (Johann Christoph Erich, Freiherr v.),
jurisconsulte allemand (11 août 1727 — 6 oct. 1798).
Graebe (Carl Otto). Memoria J. C. Springeri, etc. *Rintel.* 1798. 4.

Spurzheim (Friedrich),
phrénologiste allemand (31 déc. 1776 — 10 nov. 1832).
Carmichael (A...). Life and philosophy of F. Spurzheim.
Lond. 1833. 8. (*Oxf.*) *Boston.* 1833. 12.

Spyers (Frédéric Antoine),
littérateur hollandais (8 avril 1803 — 7 avril 1845).
Duyse (Prudens van). Nécrologie : F. A. Spyers. *Gand.*
1846. 8. (Extrait du *Messager des sciences historiques.*)

Squaglia (Chiara),
dame italienne (+ 21 juillet 1832).
Biografia della giovene C. Squaglia, morta in Roma, etc.
Moden. 1832. 8. (*Oxf.*)

Squarcione (Francesco),
peintre italien (1394 — 1474).
(**Selvatico**, Pietro Estense). Il pittore F. Squarcione;
studii storico-critici. *Padov.* 1839. 8.

Squilletti (Tiberio),
officier italien.
Barzini (Francesco). Nascità, vita ed accidenti occorsi al
capitano T. Squiletti. *Venez.* 1677. 4.

Squirrell (Elizabeth),
auteur écossaise.
Autobiography of E. Squirrell, of Shottisham, and selections from her writings, etc. ; also, facts and opinions
illustrative and suggestive, by one of her Watchers.
Lond. 1853. 8.

Stade (Dietrich v.),
historien allemand (13 oct. 1637 — 19 mai 1718).
Seelen (Johann Heinrich v.). Memoria Stadeniana, s. de
vita, scriptis ac meritis D. a Stade commentarius, etc.
Hamb. 1725. 8.

Stade (Johann Friedrich v.),
théologien allemand.
Lochner (Jacob Hieronymus). Memoria J. F. v. Stade.
Brem. 1740. Fol.

Stadelmann (Johann Christoph),
criminel allemand.
Der Giftmord J. C. Stadelmann's von Wöhrd bei Nürnberg an seiner Ehefrau Anna Elisabetha, geb. Knecht
aus Mannheim, im Juni 1850, etc. *Nürnb.* 1853. 8.

Stadion (Christoph v.),
évêque d'Augsbourg (+ 15 avril 1543).
(**Zapf**, Georg Wilhelm). C. v. Stadion, Bischof von Augsburg. Geschichte aus den Zeiten der Reformation.
Zürch. 1799. 8. Supplément. *Ibid.* 1799. 8. (*L.*)

Stadion (Franz Conrad v.),
prince-évêque de Bamberg (1679 — 6 mars 1757).
Jung (Johann). Imago veri principis, ad consecrationem
episcopi et principis Bambergensis F. C. de Stadion.
Bamb. 1755. Fol.

Stachell (Heinrich),
théologien allemand.
Heim (Johann Jacob). Leben P. Stacheli's, Pfarrers und
Decans. *Bielef.* 1831. 8.

Staegemann (Elisabeth v.),
dame allemande.
(**Dorow**, Wilhelm). E. v. Staegemann. Erinnerungen für
edle Frauen, nebst Nachrichten über die Verfasse-
rin, etc. *Leipz.* 1846. 2 vol. 8. Portrait. (*L.*)

Stachelin (Peter v.),
théologien suisse (+ 1er nov. 1815).
Leben und Wirken P. v. Stachelin's, von ihm selbst beschrieben und herausgegeb. von Johann Georg WIRTH.
Sanct-Gall. 1816. 8.

Staël-Holstein (Anne Louise Germaine **Necker**,
baronne de),
auteur française (22 avril 1766 — 14 juillet 1817).
Hus (Auguste). Esquisse littéraire concernant les ou-
vrages de madame la baronne de Staël. *Par.* 1814. 8.
Portal (Antoine). Notice sur la maladie et la mort de
madame la baronne de Staël. *Par.* 1817. 12. (*P.*)
Necker (Albertine Adrienne de). Notice sur le caractère
et les écrits de madame de Staël. *Par.* 1820. 8. Portrait.
Trad. en allem. par August Wilhelm v. SCHLEGEL.
Strasb. 1820. 8.
Sketch of the life, character and writings of baroness de
Staël-Holstein. *Lond.* 1820. 8. Portrait. (*Oxf.*)
Allart (Hortense). Lettres sur les ouvrages de madame
de Staël. *Par.* 1824. 8. (*P.*)
Puvis (Marc Antoine). Notice sur madame de Staël-
Holstein. *Bourg.* 1828. 8.
Schlosser (Friedrich Christoph). Madame de Staël et
madame Roland, ou parallèle entre ces deux dames, etc.
Frf. 1850. 8. (Trad. de l'allem.)
Baudrillart (Henri). Eloge de madame de Staël, etc.
Par. 1850. 4. (Couronné par l'Académie française.)
Duchesne (N... N...). Eloge de madame de Staël, fille
de M. Necker. *Grenoble.* 1850. 8. (*Lv.*)
Norris (Maria). Life and times of madame de Staël. *Lond.*
1853. 8.

Intrigues de madame de Staël, s. l. 1791. 8.

Cousin d'Avallon (Charles Yves). Staëlliana, ou recueil
d'anecdotes, bons mots, maximes, pensées et réflexions
de madame la baronne de Staël-Holstein, etc. *Par.*
1820. 12.

Staël-Holstein (Auguste Louis de),
littérateur français, fils de la précédente (31 août 1790 — 19 nov. 1827).
Monnard (Charles). Notice sur le baron A. de Staël-
Holstein. *Lausanne.* 1827. 8. Trad. en allem. s. c. t.
Leben, etc., par Gerold MEYER v. KNONAU. *Basel.* 1829. 8.

Staël v. Holstein (Georg Bogislaus),
feld-maréchal de Suède (6 déc. 1653 ou 1685 — 17 déc. 1763).
Boehnen (Johan v.). Parentation öfwer Fältmarskalken, etc., G. B. Staël v. Holstein. *Malmœ.* 1765. Fol.

Staeudlin (Carl Friedrich),
théologien allemand (25 juillet 1761 — 5 juillet 1826).
Hemsen (Johann Tychsen). Zur Erinnerung an C. F.

Staeudlin, weiland Consistorialrath, etc., seine Selbstbiographie nebst einer Gedächtnisspredigt von C... F... RUPERTI. *Goetting.* 1826. 8.

Staeudlin (Jacob),
théologien allemand.

Schoepperlin (Johann Friedrich). Prolusio scholastica, qua J. Steudlini, theologi, vita describitur. *Nordling.* 1769. 4.

Staffeldt (Adolf Wilhelm Schack),
poëte danois (28 mars 1769 — 26 déc. 1826).

Molbech (Christian). Digteren A. W. Schack Staffeldt; biographisk Udkast. *Kjoebenh.* 1851. 8. (*Cp.*)

Stafford (Henry, lord),
conspirateur anglais (décapité en 1483).

Stafford (Anthony). Life of H. lord Stafford. *Lond.* 1640. 4. (*Oxf.*)

Stafford (William, viscount),
homme d'État anglais.

Memoirs of W. viscount Stafford. *Lond.* 1682. 8. (*Oxf.*)

Stagnelius (Erik Johan),
poëte suédois (14 oct. 1793 — 23 avril 1823).

(Hammarskoeld, Lorenzo). E. J. Stagnelius. Ett Kors på hans Graf. *Stockh.* 1825. 8.
E. J. Stagnelius. *Stockh.* 1841. Fol.

Stahl (Georg),
soi-disant chimiste allemand.

M*** (Hofrath v.). Die Richtigkeit der Verwandlung der Metalle aus der wahrhaften Begebenheit, welche sich 1761 auf der Trier'schen Münzstatt zu Coblenz mit einem Adepten, Namens G. Stahl, zugetragen hat. *Leipz.* 1785. 8. (*L.*)

Stahl (Georg Ernst),
médecin allemand (21 oct. 1660 — 14 mai 1734).

Goetz (Johann Christoph). Historia chronologica scriptorum G. E. Stahlii et ad ejus mentem disserentium. *Norimb.* 1726. 4.
Strebel (Johann Samuel). Programmata III de vita G. E. Stahl. *Onoldini.* 1758-59. 4. (*D. et L.*)

Stahly (Georg),
médecin (?) hongrois.

Schraud (Franz v.). G. Stahly. *Pesth.* 1803. 8.

Stain (Johann Friedrich, Freiherr),
homme d'État allemand.

Hartmann (Johann Adolph). Panegyricus viro illustrissimo et excellentissimo D. J. F. L. B. de Stain, Suecorum regis et Hassiæ landgravii ministro status intimo, etc. *Marb.* 1735. 4.

Stainhauser v. Treuberg (Johann Philipp),
jurisconsulte allemand (15 mai 1719 — 15 avril 1799).

Zauner (Judas Thaddaeus). Memoria J. P. Stainhauseri de Treuberg, JCti antecessoris Salisburgensis commendata. *Salisb.* 1799. 8. Portrait.

Stainville (Étienne, comte de),
homme d'État français.

Gérard (Auguste). Oraison funèbre d'É., comte de Stainville. *Nancy.* 1721. 4.

Stair (John Dalrymple, earl of),
homme d'État anglais (1673 — 7 mai 1747).

Henderson (Andrew). Life of J. earl of Stair. *Lond.* 1749. 8.

Stallybrass (Sarah),
épouse du missionnaire anglais Edward Stallybrass.

Stallybrass (Edward). Memoir of Mrs. Stallybrass, wife of Edward Stallybrass, missionary to Siberia. *Lond.* 1836. 8. (*Oxf.*)

Stamberg (Anders Henrik),
physicien suédois (9 déc. 1759 — 31 mai 1840).

Bellander (B... K...). Oratio funebris in memoriam reverendi atque celeberrimi viri A. H. Stamberg, sacræ theologiæ doctoris atque professoris. *Aros.* 1842. 4.

Stampe (Henrik),
homme d'État danois (29 janvier 1713 — 10 juillet 1789).

Baden (Jacob). Laudatio funebris H. Stampii. *Hafn.* 1789. 4. (*Cp.*) Trad. en dan. *Kjoebenh.* 1789. 4.

Stampelius (Georg),
théologien allemand (16 nov. 1561 — 19 février 1622).

Kirchmann (Johann). Oratio de vita et obitu G. Stam-

pelii ecclesiæ Lubecensis superintendentis. *Lubec.* 1622. 4.

Stampeel (Zaccharias),
pédagogue allemand.

Seelen (Johann Heinrich v.). Memoria Z. Stampcelii, subrectoris. *Lubec.* 1731. 4.

Stancari (Vittore Francesco),
mathématicien italien (1678 — 1709).

Manfredi (Eustachio). Elogio storico di V. F. Stancari. *Bologn.* 1713. 4.

Stange (Gustav Theodor),
pédagogue allemand († 13 avril 1834).

Nizze (Ernst). Gedächtnissrede auf Dr. G. T. Stange, weiland Oberlehrer am Gymnasium zu Stralsund. *Strals.* 1834. 4.

Stangl (Gregor),
théologien allemand (vers 1769 — 29 déc. 1803).

Salat (Jacob). Einige Züge aus dem Character eines würdigen Lehrers. Rede gehalten nach dem Tode des Herrn G. Stangl. *Münch.* 1803. 8.

Stanhope (Georg),
théologien anglais.

Butler (Weeden). Account of the life and writings of the Rev. Dr. G. Stanhope, dean of Canterbury. *Lond.* 1797. 8. (*Oxf.*)

Stanislas (Saint), voy. Kotska.

Stanislas I Leszczynski, dit le Bienfaisant,
roi de Pologne et duc de Lorraine (20 oct. 1677 ou 1682 — 1737 — 23 février 1766).

(Ranft, Michael). Merckwürdigstes Leben und Schicksal des weltbekannten Königs Stanislaus I von Polen. *Frf. et Leipz.* 1737. 8. Portrait. (*L.*)
S(eyler) (G... D...). Leben Stanislai I. *Stockh.* (*Magdeb.*) 1737. 8. Portrait. *Ibid.* 1742. 8.
Histoire de Stanislas, roi de Pologne et duc de Lorraine. *Frf.* 1740. 8.
Chevrières (J... G... de). Histoire de Stanislas I. *Lond.* 1741. 2 vol. 12.
Lebensgeschichte Stanislaus I, Königs in Polen, trad. du franç. par D... C... *Nürnb.* 1757. 8.
Musset (Jean). Panegyris de laudibus serenissimi regis Poloniæ Stanislai I desideratissimi principis. *Nancy*, s. d. 4. (*Lv.*)
Boisgelin (Jean de Dieu Raymond de). Oraison funèbre de Stanislas I, roi de Pologne. *Par.* 1766. 4.
Coster (N... N...). Oraison funèbre de Stanislas I le Bienfaisant. *Nancy* 1766. 4. (*Lv.*)
Solignac (Pierre Joseph de La Pimpie). Éloge historique de Stanislas, roi de Pologne, duc de Lorraine et de Bar. *Nancy.* 1766. 4. (*Lv.*)
(Marchand, Jean Henri). Essai d'un éloge historique de Stanislas I. *Par.* 1766. 4. *Brux.* 1766. 8.
Barail (Xavier). Eloge de Stanislas I, roi de Pologne. *Nancy.* 1766. 8.
Maury (Jean Siffrein). Éloge du feu roi Stanislas le Bienfaisant. *Par.* 1766. 12.
Bombart (N... N...). Éloge du roi Stanislas I. *Par.* 1766. 4.
Tressan (Louis Elisabeth de Lavergne de). Portrait historique de Stanislas le Bienfaisant. *Nancy.* 1767. 8.
(Aubert, Antoine). Vie de Stanislas Leszczynski, surnommé le Bienfaisant, etc. *Par.* 1769. 12.
— Trad. en allem. par Christian Friedrich JUENGER. *Leipz.* 1770. 8. (*L.*)
— Trad. en holland. (par J... de JONGHE). *Utrecht.* 1770. 2 vol. 12.
Saint-Ouen (Louise de). Vie de Stanislas I. *Par.* 1827. 8. (*P.*) Trad. en polon. par Kajetan NICZABITOWSKI. *Warsov.* 1828. 8.
Histoire de Stanislas I, roi de Pologne, duc de Lorraine et de Bar, extraite de l'ouvrage de l'abbé PROYART. *Lille.* 1834. 12. (5e édition).

Stanislas Auguste Poniatowsky,
roi de Pologne (17 janvier 1732 — 25 nov. 1764 — détrôné le 25 nov. 1794 — 12 février 1798).

Lelewel (Joachim). Panowanie Stanislawa Augusta Poniatowskiego. *Warsz.* 1831. 8. Trad. en allem. par A... v. DRAKE. *Braunschw.* 1831. 8.

Sammlung einiger Schriften, den 1771 vorgehabten Mord

Stanislaus August's, Königs von Polen betreffend, s. l. 1771. 8.

(**Janozki**, Johann Daniel Andreas). Parens patriæ Stanislaus Augustus a parricidis ereptus redditusque. *Varsov*. 1772. 8.

Slominsky (N... N...). Einleitung des Processes mit den Beweisgründen wider das an der Person des Königs von Polen (Stanislaus August) begangenen Verbrechens. *Danz*. 1775. 4. (Trad. du polon.)

Lindsey (Theophilus). The partage of Poland. *Lond*. 1774. 8. * (*Oxf*.)
     Trad. en franç. (par N... N... Gérard). *Lond*. 1775. 8.
     Trad. en holland. *Keulen*. 1775. 8.
     * Publ. sous le pseudonyme de Gottlieb Pansovszra.

Rulhière (Claude Carloman de). Histoire de l'anarchie de Pologne et du démembrement de cette république, (ouvrage posthume, précédé d'une notice sur l'auteur et publié par Pierre Claude François Daunou). *Par*. 1807. 4 vol. 8. (P.) *Ibid*. 1808. 4 vol. 12. *Leipz*. 1808. 4 vol. 8. (*L*.)

Ferrand (Antoine de). Histoire des trois démembrements de la Pologne, pour faire suite à l'histoire de l'anarchie de Pologne par Claude Carloman de Rulhière. *Par*. 1820. 3 vol. 8. (P.)

Goertz (Johann Eustach v.). Memoires et actes authentiques relatifs aux négociations qui ont précédé le partage de la Pologne. *Weim*. 1810. 8.

Stanley (Edward),
évêque de Norwich.

Alexander (John). Brief memoir of E. Stanley, bishop of Norwich. *Norw*. 1850. 8.

Stanley (Montagne),
Anglais.

Drummond (D... T... K...). Memoir of M. Stanley, A. R. S. A. *Lond*. 1848. 8. *Ibid*. 1852. 8.

Stapfer (Philippe Albert),
littérateur suisse (23 sept. 1766 — 29 mars 1840).

Vinet (Alexandre Rodolphe). Notice sur M. P. A. Stapfer, s. l. et s. d. (*Par*.) 8. (Tiré à part à un très-petit nombre d'exemplaires.)

Staphylus (Friedrich),
théologien allemand (27 août 1512 — 5 mars 1564).

Theander * (Georg). Oratio funebris in exequiis F. Staphyli, Osnabrugensis. *Ingolst*. 1564. 4.
     * Le véritable nom de l'auteur est Gotzmans.

Stapin (Saint),
évêque de Carcassonne.

S. Stapin, s. l. (*Castre*.) 1852. 8.

Stappaerts (Jean Corneille),
médecin belge (22 sept. 1749 — 12 déc. 1812).

Broeckx (Charles). Notice sur le docteur J. C. Stappaerts, président du collège des médecins et de la Société littéraire médico-latine d'Anvers. *Anvers*. 1851. 8. Portrait. (*Bx*.)

Stapss (Friedrich),
étudiant allemand, connu par son attentat à la vie de Napoléon (14 mars 1792 — fusillé le 17 oct. 1809).

F. Stapss. Biographie aus den hinterlassenen Papieren seines Vaters. *Berl*. 1845. 8. (D. et L.)

Starcater,
géant du Nord.

Paullini (Christian Franz). Dissertatio curiosa de Starcatero, famosissimo gigante boreali. *Florent*. 1677. 4. (*Oxf*.)

Hermansson (Johan). Dissertatio de Starcatero. *Upsal*. 1724. 8.

Starck (John),
général anglo-américain.

Life of general J. Starck, and reminiscences of the French war in America. *Concord*. 1831. 12.

Starcke (Sebastian Gottfried),
théologien allemand (1612 — 27 nov. 1670).

Roeber (Paul Philipp). Leichenpredigt auf S. G. Starcke, nebst dessen Lebenslauf. *Freyb*. 1670. 4.

Starhemberg (Ernst Ruediger, Graf v.),
feld-maréchal d'Autriche (1635 — 4 janvier 1701).

(**Huber**, Franz Xaver). R. v. Starhemberg, oder die zwote Belagerung Wien's (durch die Türken). Rhapsodie. *Salzb*. 1788. 8.

Starhemberg (Guidobald, Graf),
feld-maréchal d'Autriche (1657 — 7 mars 1737).

Forchondt (Hieronymus). G. Starhemberg herois fortitudine, consilio, religione Maximi laudatio funebris. *Vienn*. 1737. 4.

Arneth (Alfred). Leben des kaiserlichen Feldmarschalls Grafen G. Starhemberg. Beitrag zur österreichischen Geschichte. *Wien*. 1853. 8. Portrait.

Staring (A... C... W...),
poëte hollandais.

Lulofs (B... H...). A. C. W. Staring in zijn leven en verdiensten geschetst. *Arnhem*. 1843. 8. Portrait. (*Ld*.)

Stark (Bernhard),
théologien allemand.

Leben und Wirken B. Stark's, Capitularius des aufgelösten fürstlichen Reichs- und Benedictiner-Stifts Sanct-Emmeran in Regensburg, Mitgliedes der k. (baierschen) Akademie der Wissenschaften, etc. *Landsh*. 1840. 4.

Stark (Johann Christian),
médecin allemand (28 oct. 1769 — 24 déc. 1837).

Eichstaedt (Heinrich Carl Abraham). Memoria J. C. Starkii, medicinæ, chirurgiæ et artis obstetriciæ doctoris, etc. *Jenæ*. 1838. 4. (D. et L.)

Starkey (Benjamin),
excentrique anglais.

Memoirs of the life of B. Starkey, an eccentric character in Newcastle. *Newcastle*. 1818. 8. Portrait. (*Oxf*.)

Starr (Henry Wellington),
théologien anglais († 15 sept. 1846).

Remains of the late Rev. H. W. Starr, with a memoir of his life, by his sister. *Lond*. 1847. 12.

Stassart,
famille belge.

Vander Heyden (A... J...). Notice historique et généalogique sur l'ancienne et noble maison de Stassart. *Anvers*. 1850. 8. (Extrait du *Nobiliaire de Belgique*, tiré à part à très-petit nombre d'exemplaires.) *
     * On y trouve des esquisses biographiques sur Jacques Joseph de Stassart (25 mars 1711 — 21 mars 1801), sur Jacques Joseph Augustin, baron de Stassart (28 août 1737 — ...) et sur Goswin Joseph Augustin, baron de Stassart, fils du précédent.

Stassart (Goswin Joseph Augustin, baron de),
homme d'État belge (2 sept. 1780 — ...).

Lacroix (Pascal). Le baron de Stassart. *Valencien*. 1850. 8. (Extrait des *Archives historiques et littéraires du nord de la France et du midi de la Belgique*.)

Notice biographique sur G. J. A. baron de Stassart, s. l. et s. d. (*Brux*.) 8. * (Extrait du *Nouveau Dictionnaire de la conversation*.)
     * Réimpression de la précédente notice, revue et augmentée.

Notice biographique sur M. le baron de Stassart, ministre plénipotentiaire, membre de l'Académie royale de Belgique, de l'Institut de France. *Brux*. 1852. 8. Portrait. (Bx. et Lv.)

Labarre (Louis). De la destitution de M. le baron de Stassart, s. l. et s. d. (*Brux*. 1839.) 16.

Statham (Louisa Maria),
dame anglaise.

Statham (John). Memoir of L. M. Statham, by her husband. *Lond*. 1842. 8. (*Oxf*.)

Statius (Publius Papinius),
poëte romain.

Lochmann (Johann Melchior). Programma quo pauca ad defendendum et emendandum P. P. Statium præfatur. *Coburg*. 1774. 4.

Stattler (Benedict),
jurisconsulte allemand (30 janvier 1728 — 21 août 1797).

B. Stattler's kurzgefasste Biographie, s. l. 1798. 8.

Staudinger (Lucas Andreas),
littérateur (?) allemand.

L. A. Staudinger, sein Leben und sein Wirken, etc. *Hamb*. 1843. 8.

Staudner (Michael?),
littérateur allemand.

Panzer (Johann Friedrich Heinrich). Denkmal der

Freundschaft dem verewigten Staudner im Namen des Pegnesischen Blumenordens errichtet. *Nürnb.* 1796. 4.

Staunton (Edmund).

Mayo (Richard). Life and death of E. Staunton. *Lond.* 1673. 8. (*Oxf.*)

Staunton (George Leonard, baronet),
diplomate anglais (vers 1740 — 12 janvier 1801).

Staunton (George Thomas). Memoirs of the life and family of the late sir G. L. Staunton, baronet. *Lond.* 1823. 8. (Omis par Lowndes.) — (*Oxf.*)

Staupitz (Johann),
théologien allemand († 28 déc. 1524).

Goetze (Georg Heinrich). Commentatio de J. Staupitio. *Lubec.* 1715. 4.

Stuss (Johann Heinrich). Programma de J. Staupitii meritis in religionem evangelicam. *Gothæ.* 1732. 4. (*D., L.* et *Oxf.*)

Grimm (Ludwig Wilibald). Dissertatio de J. Staupitio ejusque in sacrorum christianorum instaurationem meritis, s. l. 1837. 8.

Geuder (Anton Theodor). Vita J. Staupitii, etc. *Goetting.* 1837. 8. (*L.*)

Goltz (G... F... G...). Die Schriften des Dr. J. v. Staupitz, etc., mit einer kurzen Lebensbeschreibung desselben versehen. *Berl.* 1843. 8.

Stayley (George),
acteur anglais (1er mars 1727 — vers 1780).

Life and opinions of an actor (G. Stayley). *Dubl.* 1762. 2 vol. 8. (Ecrit par lui-même.) — (*Oxf.*)

Steadman (William),
théologien anglais.

Memoir of W. Steadman, by his son. *Lond.* 1838. 8.(*Oxf.*)

Stechow (Herren v.),
famille allemande.

Hagen (Thomas Philipp v. d.). Historisch-genealogische Beschreibung des uralten Geschlechts derer v. Stechow. *Berl.* 1764. 4.

Stedling (Erhard),
médecin allemand.

Ebeling (Johann). E. Stedingii, philosophiæ ac medicinæ doctoris et poëtæ laureati cæsarei vita, hexametris Græcis exposita. *Guelpherb.* 1659. 4.

Stedling (Hermann Gerhard),
théologien allemand (26 février 1655 — 21 oct. 1737).

Bierling (Conrad Friedrich Ernst). Wohlverdientes Ehrengedächtniss dem hochwohlehrwürdigen Pastor, etc., H. G. Steding aufgerichtet. *Rinteln.* 1737. 4.

Stedingk (Curt Bogislaus Ludwig Christopher Grefwe v.),
feld-maréchal de Suède (26 oct. 1746 — 7 janvier 1837).

Mémoires posthumes du feld-maréchal comte de Stedingk, rédigés par le comte N... N... de BJOERNSTJERNA. *Par.* 1845. 2 vol. 8.

Pettersson (Abraham Zacharias). Minnestal wid Jordfästning i Jakobs-Kyrka, etc. *Stockh.* 1837. 8.

Stedler (Hans Conrad),
architecte suisse.

Neujahrsblatt der Künstlergesellschaft in Zürich für 1843, enthaltend 1. Das Malerbuch. Geschichte desselben und Beschreibung des ersten Bandes. 2. H. C. Stedler von Zürich, Architect, etc. *Zürich.* 1843. 4. Portrait.

Steele (Richard),
poëte anglais (vers 1676 — 21 sept. 1729).

Nichols (John). Epistolary correspondence of sir R. Steele, illustrated with literary and historical anecdotes, etc. *Lond.* 1787. 2 vol. 12. (*Oxf.*)

Steen (Jan),
peintre hollandais (1636 — 1689).

Zwigtman (C...). Levens-bijzonderheden van J. Steen. *Tholen.* 1840. 8. (Poëme orné de son portrait.)

Steenbergen (P... J... van),
Hollandais (1744 — 1833).

Schotel (Gilles Dionysius Jacobus). P. J. van Steenbergen. *Dordr.* 1833. 8.

Stefanelli (Luigi),
prêtre italien († 8 sept. 1737).

Abrégé de la vie de L. Stefanelli, attaché au cardinal Cibo, mort à Rome en odeur de sainteté. *Par.* 1857. 12. (Trad. de l'ital.)

B* (abbé). Vie de S. L. Stefanelli, etc. *Limog.* et *Par.* 1855. 12.

Stefanini (Carlo?),
prêtre italien.

Finazzi (Giovanni). Memorie sulla vita del sacerdote C. Stefanini. *Bergam.* 1832. 8.

Stefanini (Stefano),
prêtre italien.

Grassetti (Simone Giuseppe). Oratio in funere S. Stephanini, plebani ecclesiæ S. Moysis Venetiarum. *Venet.* 1728. 4.

Steffens (Henrik),
savant norvégien (2 mai 1773 — 15 février 1845).

Steffens (Heinrich). Was ich erlebte. Aus der Erinnerung niedergeschrieben. *Bresl.* 1840-43. 10 vol. 8.

Gelzer (Heinrich). Zur Erinnerung an H. Steffens; vier Gedächtnissreden, etc. *Bresl.* 1845. 8. (*D.* et *L.*)

Steger (Adrian),
jurisconsulte allemand (27 avril 1623 — 19 avril 1700).

(Cyprian, Johann). Programma academicum in A. Stegeri funere. *Lips.* 1700. Fol. (*L.*)

Steger (Carl August),
pédagogue allemand (1793 — 8 janvier 1836).

Schirlitz (Samuel Christoph). Zur Erinnerung an C. A. Steger, Oberlehrer am königlichen Gymnasium zu Wetzlar. *Wetzl.* 1836. 8.

Steger (Thomas),
théologien allemand (27 nov. 1628 — 17 mars 1674).

(Rappolt, Friedrich). Programma academicum in funere T. Stegeri, una cum concione funebri germanica Joannis Ulrici Mayeri et curriculo vitæ, itidem germanico. *Lips.* 1675. 4. (*L.*)

Alberti (Valentin). Castor et Pollux, sidera cœlo recepta, s. panegyricus in T. Stegerum et Simonem Loefflerum. *Lips.* 1675. 4. (*L.*)

Stegmaier (Johannes),
jurisconsulte allemand.

Bossert (G...). J. Stegmaier, Schultheiss in Magenheim; biographischer Beitrag zur Sitten- und Rechtsgeschichte des schwäbischen Volks. *Stuttg.* 1840. 8. *Ulm.* 1844. 8.

Stegmann (Johann Gottlieb),
physicien allemand (16 juin 1725 — 3 mai 1795).

Curtius (Michael Conrad). Memoria J. G. Stegmanni, philosophiæ doctoris, logices, metaphysices, matheseos et physicæ professoris ordinarii in academia Marburgensi, s. l. (*Marb.*) 1795. 4. (*L.*)

Steiger (Christian),
philologue allemand.

Riederer (Johann Bartholomaeus). Lebenslauf C. Steiger's, Lehrers der occidentalischen Sprachen zu Altdorf. *Altd.* 1757. 4.

Steiger (Jacob Robert),
homme d'État suisse (6 juin 1801 — ...).

Dr. J. R. Steiger vor dem Criminalgerichte in Luzern. *Zürich.* 1843. 8.

Pfyffer (Casimir). Dr. J. R. Steiger und dessen Staatsprocess in Luzern. *Luzern.* 1843. 8.

Laff (C...). Dr. Steiger's Leben, Verurtheilung und Flucht aus dem Gefängnisse zu Luzern. *Berl.* 1845. 8.

Steiglehner (Cœlestin),
dernier abbé de Saint-Emmeran.

Heinrich (Placidus). Lebensgeschichte des letzten Fürst-Abbts zu Sanct-Emmeran, C. Steiglehner. *Regensb.* 1819. 8.

Stein (Georg Wilhelm),
médecin allemand (3 avril 1737 — 24 sept. 1803).

Creuzer (Georg Friedrich). Memoria G. W. Stein. *Marb.* 1803. 4. (*D.* et *L.*)

Stein (Gottfried),
médecin allemand.

Frosch (Johann Friedrich). Memoria D. G. Stein, archiatri Baruthini. *Baruth.* 1707. Fol.

Stein (Heinrich Friedrich Carl, Freiherr von und zum),
homme d'État allemand (25 oct. 1757 — 29 juillet 1831).

Erinnerungen an den Freiherrn H. F. C. v. Stein und seine Wünsche für Preussen. 1832. 8. Portrait.

Leben des königlich preussischen Staatsministers Freiherrn von und zum Stein. *Leipz.* 1841. 2 vol. 8. (*L.*)

(**Uwarow**, Sergius). Stein et (Charles André, comte) Pozzo di Borgo. *Saint-Petersb.* 1846. 16. (Tiré à un très-petit nombre d'exemplaires.)

    Trad. en allem. par Robert LIPPERT. *Sanct-Petersb.* 1847. 8.

    Trad. en angl. *Lond.* 1847. 8.

Pertz (Georg Heinrich). Leben des Ministers Freiherrn vom Stein. *Berl.* 1849-54. 5 vol. 8. Portrait.

Stein (Johann Peter),
théologien allemand.

Seelen (Johann Heinrich v.). Memoria J. P. Stein, archidiaconi Jacobæi. *Lubec.* 1744. Fol.

Stein (Matthias),
jurisconsulte allemand (8 janvier 1660 — 10 sept. 1718).

Krakewitz (Albert Joachim v.). Programma in obitum M. Steinii. *Rostoch.* 1718. 4.

Schoepfer (Johann Joachim). Programma in M. Steinii funere. *Rostoch.* 1718. 4.

Stein (Michael),
théologien allemand (28 mars 1747 — 20 sept. 1779).

Vacchiery (Carl Albrecht v.). Rede zum Andenken Benno Ganser's und M. Stein's. *Münch.* 1780. 4. (*D.*)

Stein ou Stenius (Simon),
philologue allemand (1540 — 31 janvier 1619).

Zaunschlifer (Otto). Vita S. Stenii. *Groning.*, s. d. (1619.) 4. (*Cp.*)

Hermann (Georg Samuel). Leben des berühmten S. Stein und anderer gelehrten Lommatzscher. *Leipz.* 1725. 4. (*D.* et *L.*)

Steinberg (Christian Gottlieb),
théologien allemand (24 février 1738 — 23 mai 1781).

Rambach (Siegmund Rudolph). Rede bey der Beerdigung C. G. Steinberg's, nebst dessen Lebensgeschichte von Johann Ephraim SCHEIBEL. *Bresl.* 1781. 8.

Steinberg (Christoph v.),
théologien allemand.

Koehler (Jacob David). Die besondern Verdienste Herrn C. v. Steinberg's um die reine evangelische Lehre. *Goetting.* 1753. 4. (*Oxf.*)

Steinberg (Johann),
jurisconsulte allemand (13 janvier 1592 — 23 oct. 1633).

Schoock (Martin). Oratio funebris in obitum J. Steinbergii Gorlicensis, professoris juris Genevensis postea Groningani. *Groning.* 1653. 4.

Steinbruecchel (Johann Jacob),
médecin suisse (1729 — 23 mars 1796).

Hottinger (Johann Jacob). Acroama de J. J. Steinbrychelio. *Tigur.* 1796. 8. Trad. en allem. s. c. t. Characteristik J. J. Steinbrüchel's, etc. (par Hans Caspar Hess). *Zürch.* 1797. 8. (*D.*)

Steiner (Johann Michael),
prêtre allemand (6 sept. 1746 — 1er juillet 1808).

Sailer (Johann Michael). Lebensgeschichte J. M. Steiner's, Pfarrers und Schulraths. *Münch.* 1813. 4. Port.

Steiner (Wernher),
grand bailli de la ville de Zoug († 1517).

Kirchhofer (Melchior). W. Steiner, Bürger von Zug und Zürich. *Winterth.* 1818. 8.

Steinert (Johann Gottlob),
théologien allemand.

Steinert (H... A...). Aus J. G. Steinert's Leben; biographische Skizze. *Oschatz.* 1824. 8. (*D.* et *L.*)

Steininger (Johann),
soldat allemand.

Leben und Abentheuer des J. Steininger, ehemaligen herzoglich würtembergischen und kaiserlich österreichischen Soldaten von 1779-1790, spätern Tambourmaitre und Kanoniers unter der französischen Republik und dem Kaiserreich von 1791 bis 1815, nachherigen königlich würtembergischen Regimentstambours und jetzigen 79 jährigen Invaliden auf Hohenasperg, herausgegeb. von Gustav DIEZEL. *Stuttg.* 1841. 8. Portrait.

Steinmetz (Johann Adam),
abbé du couvent de Bergen (1689 — 10 juin 1763).

Bernhardi (Wilhelm). J. A. Steinmetz, weiland Abt

des Klosters Bergen, etc., dargestellt in seinem gottseligen Leben und segensreichen Wirken, etc. *Berl.* 1840. 8.

Steinmetz (N... W... Schröder-),
littérateur hollandais.

Lulofs (B... H...). Ter gedachtenis van Mr. N. W. Schröder-Steinmetz. *Amst.* 1826. 8.

Steinwehr (Wolfgang Balthasar Adolph v.),
jurisconsulte allemand (9 août 1704 — 4 avril 1771).

Crichton (Wilhelm). Memoria virorum bene meritorum Joannis Friderici Polaci et W. B. A. Steinwehrii. *Berol.* 1771. 8. (*D.* et *L.*)

Stella,
poète romain.

Doelling (Johann Gottlob). Einige Notizen über den Dichter Stella aus Patavium. Programm. *Plauen.* 1840. 4.

Stella, voy. Johnson (Esther).

Stella (Giulio),
homme d'État italien.

Panormitano * (Massimo). Oratio panegyrica in funere illustrissimi domini J. Stellæ, nobilis Aretini, J. U. D. pro eminentissimo principe S. R. E. cardinalis Medices in civitate Veliterno gubernatoris. *Veletri.* 1658. Fol.
    * Auteur pseudonyme.

Stella-Petronilla * (Maria),
aventurière italienne (1772 — 1845).

Mémoires de M. Stella. *Par.* 1829. 8. *Ibid.* 1848. 8.

M. Stella, ou échange criminel d'une demoiselle du plus haut rang contre un garçon de la condition la plus vile. *Par.* 1854. 12. *Brux.* 1846. 12.

Ludwig Philipp, König der Franzosen, ist nicht der Sohn des Herzogs Joseph Philipp von Orleans (damaligen Herzogs von Chartres), sondern das ausgetauschte Kind eines italienischen Gefängnisswärters! *Bern.* 1847. 8.
    * Cette femme prétendait être la fille du duc Philippe Orléans-Égalité, qui, désespéré de n'avoir pas des enfants mâles, l'a échangée contre le fils du geôlier Chiappini, qui fut baptisé sous le nom de Louis Philippe d'Orléans.

Steller (Georg Wilhelm),
médecin-voyageur allemand (1709 — 1745).

(**Gmelin**, Johann Georg). Leben G. W. Steller's, etc., worin die bisher bekannt gemachten Nachrichten von dessen Reisen, Entdeckungen und Tode theils widerlegt, theils ergänzt und verbessert werden. *Frf.* 1748. 8.

Stellini (Giacopo),
moraliste italien (27 avril 1699 — 17 mars 1770).

Caronelli (Pietro). Vita di G. Stellini. *Venez.* 1784. 8. Portrait.

Cossali (Pietro). Elogio del professor P. G. Stellini. *Padov.* 1811. 8. (*Oxf.*)

Croce (Francesco). Elogio di G. Stellini. *Milan.* 1816. 8.

Stellwage (Georg Christoph),
théologien allemand (1711 — 17 juin 1740).

Hallbauer (Friedrich Andreas). Programma funebre in obitum G. C. Stellwagii. *Ansbach.* 1740. 4.

Stelzer (Georg Peter),
savant allemand.

Dietrich (Johann Georg). Der Baireuthische Polyhistor. Dankrede auf den Geheimen Rath G. P. Stelzer. *Baireuth.* 1724. Fol.

Stemler,
famille allemande.

Winckelmann (Friedrich Wilhelm). Commentatio de familia Stemleriana viris bene de re sacra meritis eximia. *Lips.* 1745. 4. * (*L.*)
    * Contenant des notices biographiques sur dix-huit savants de ce nom.

Stenberg (Pehr),
magistrat suédois.

Grundell (F... B...). Minnes Tal-öfwer framlidne Ordförande Mästaren for S. Johannis-Logen i Götheborg, *Salomon à trois serrures*, Lagmannen P. Stenberg. *Götheb.* 1842. 8.

Stenbock (Arvid Niels, Grefwe),
homme d'État suédois.

Oxenstierna (Johan Gabriel). Åminnelse-Tal öfwer Grefwe A. N. Stenbock. *Stockh.* 1785. 8.

Stenbock (Brigitta),
dame suédoise.

Isogaeus (Simon). Concio funebris in obitum illustris virginis comitissæ B. Stenbock. *Holm.* 1682. 4.

Stenbock (Catharina),
troisième épouse de Gustave I Wasa, roi de Suède
(22 juillet 1536 — mariée le 22 août 1553 — 13 déc. 1621).

Franzén (Frans Michael). Åminnelse-Tal öfwer Drottning C. Stenbock. *Stockh.* 1797. 8.

Stenbock (Christina Catharina),
épouse du comte Anders Lennartsson Torstensson.

Betulander (Jonas). Oratio funebris in pompa sepulcrali comitis C. C. Stenbock. *Aboæ.* 1681. 4.

Stenbock (Gustaf Otto),
amiral suédois (17 sept. 1614 — 30 avril 1686).

Isogaeus (Simon). Likpredikan öfver Ofwer-Admiral G. O. Stenbock. *Stockh.* 1686. 4.

Spegel (Haquin). Likpredikan öfver G. O. Stenbock. *Stockh.* 1687. 8.

Stenbock (Magnus),
général suédois (12 mai 1664 — 23 février 1717).

(Nemeitz, Joachim Christophe). Mémoires concernant M. le comte Stenbock, sénateur de Suède et généralissime des armées de S. M., savoir, les campagnes de 1712-1713 de ce général, avec sa justification, etc. *Frf.* 1721. 8. *Ibid.* 1743. 8.

Loenbom (Samuel). M. Stenbocks Lefverne. *Stockh.* 1757-65. 4 vol. 8. Trad. en dan. par Niels Prahl. *Kjoebenh.* 1789-90. 5 vol. 8. (*Cp.*)

Ranft (Michael). Leben und Thaten des Feldmarschalls Grafen M. Stenbock. *Leipz.* 1757. 8. (*L.*)

Oxenstierna (G... L...). M. Stenbock och Villars sammanställde. *Stockh.* 1790. 8. (Couronné par l'Académie de Stockholm.)

Enberg (L... M...). Åreminne öfwer M. Stenbock. *Stockh.* 1817. 8.

Kongliga Rådet och Fältmarskalken Grefwe M. Stenbock's Bedrifter och Oeden. *Stockh.* 1821. 8.

Stendhal, voy. **Beyle** (Louis Alexandre César).

Stender (Gotthard Friedrich),
théologien courlandais (27 août 1714 — 17 mai 1796).

(Czarnewski, Johann Georg Martin Friedrich August). Leben G. F. Stender's. *Mitau.* 1805. 8.

Stengel (Georg, Freiherr v.),
jurisconsulte allemand.

Weiller (Cajetan v.). Gedächtnissrede auf den königlich bayer'schen Ministerialrath G. Freiherrn v. Stengel. *Münch.* 1825. 8.

Stenersen (Stener Johannes),
théologien norvégien.

Minde-Krands over S. J. Stenersen. *Christiania.* 1835. 8.

Stenson (Niclas),
anatomiste danois (10 janvier 1638 — 25 nov. 1687).

Manni (Domenico Maria). Vita del letteratissimo N. Stenone di Danimarca. *Firenz.* 1775. 8. (*Oxf.*)

Stentzel (Christian Gottfried),
médecin allemand (1698 — 21 juin 1748).

Bose (Georg Matthias). Programma in C. G. Stentzelii funere. *Witteb.* 1748. Fol.

Stenzel (Traugott Balthasar Christian),
médecin (?) allemand († 25 nov. 1757).

Triller (Daniel Wilhelm). Programma de vita T. B. C. Stenzelii. *Witteb.* 1758. 4.

Stenzler (Lorenz),
théologien allemand († 1778).

Quistorp (Bernhard Friedrich). Parentation auf Dr. L. Stenzler. *Greifsw.* 1778. Fol.

Daehnert (Johann Carl). Memoria vitæ et meritorum L. Stenzleri. *Gryphisw.* 1778. Fol. (*D.*)

Stephan, voy. **Étienne.**

Stephani (Heinrich),
pédagogue allemand.

Lebensbeschreibung des königlich bayer'schen Kirchenraths Dr. H. Stephani, etc. *Aachen.* 1827. 8. *Erlang.* 1831. 8. Portrait.

Stephenson (John).

Memoir of J. Stephenson, of Tottenham, with extracts from his diary. *Lond.* 1837. 8. (*Oxf.*)

Stepling (Joseph),
jésuite allemand (29 juin 1716 — 11 juillet 1768).

Wydra (Stanislaus). Laudatio funebris J. Stepling, etc., dicta. *Prag.* 1778. 8.

Wydra (Stanislaus). Vita admodum reverendi ac magnifici viri J. Stepling. *Prag.* 1779. 8.

Sterbeeck (François van),
naturaliste belge au xviie siècle.

Kickx (Jean). Esquisses sur les ouvrages de quelques anciens naturalistes belges : F. van Sterbeeck, s. l. (*Brux.*) 1842. 8. (Extrait des *Bulletins de l'Académie royale de Bruxelles.*)

Sterling (John),
poète anglais (20 juillet 1806 — 18 sept. 1844).

Carlyle (Thomas). Life of J. Sterling. *Lond.* 1831. 8. *Ibid.* 1852. 8.

Sternberg (Grafen v.),
famille bohème.

Tanner (Johannes). Vestigia virtutis et nobilitatis Sternbergicæ. *Prag.* 1661. Fol.

Ulmann (Martin). Ætas aurea familiæ Sternbergicæ in octavum seculum in Bohemiæ regno permanens. *Prag.* 1698. Fol.

Tanner (Johannes). Geschichte derer Helden v. Sternen, oder des uralten Geschlechts v. Sternberg, etc. *Prag.* 1752. Fol.

Sternberg (Caspar, Graf v.),
savant bohème (6 janvier 1761 — 20 déc. 1838)
et
Sternberg (Franz, Graf v.),
(4 sept. 1763 — vers 1842).

Palacky (Franz). Die Grafen C. und F. Sternberg und ihr Wirken für Wissenschaft und Kunst in Böhmen. *Prag.* 1842. 4.

Sternberg (Jaroslav v.),
général bohème († vers 1277).

(Eckardt, Friedrich v.). Leben des J. v. Sternberg und des Zdenko v. Sternberg. *Prag.* 1786. 8.

Cornova (Ignaz). J. v. Sternberg, der Sieger der Tartaren. *Prag.* 1813. 8. (*D.*)

Sterne (Lawrence),
littérateur anglais (24 nov. 1713 — 18 mars 1768).

Medalle (mistress). Letters of the late Rev. L. Sterne, etc., to which are prefixed memoirs of his life and family, written by himself. *Lond.* 1775. 3 vol. 8. Portrait.

Ferriar (John). Illustrations of L. Sterne, with other essays. *Manchest.* 1798. 8. (*Oxf.*)

Sterzinger (Ferdinand),
théatin allemand (24 mai 1721 — 18 mai 1786).

Zech (Johann Melchior Felix v.). Rede zum Andenken des Don F. Sterzinger, etc. *Münch.* 1787. 4.

Stésichore,
philosophe grec.

Mirus (August Georg). Dissertatio de Stesichoro, poeta græco lyrico. *Helmst.* 1765. 4.

Kleine (Otto Friedrich). Dissertatio de vita et poesi Stesichori. *Jenæ.* 1825. 8.

Beaumont (Francesco de). Memoria sopra Xanto, Aristossene e Stesicoro. *Palerm.* 1835. 8.

Stetten (Anna Barbara v.),
dame allemande connue par sa haute piété.

Bomhard (N... N...). Rede zur Einweihung des Denkmals für Frau A. B. v. Stetten, geb. Ammann. *Augsb.* 1853. 8.

Stetten (Christoph v.),
magistrat allemand.

Reiser (Anton). Memoria C. v. Stetten. *Aug. Vind.* 1673. 4.

Stetten (David v.),
magistrat allemand.

Mertens (Hieronymus Andreas). Memoria D. de Stetten. *Aug. Vind.* 1774. 4.

Stetten (Paul v.),
historien allemand (8 nov. 1705 — 10 février 1786).

Degmair (Georg Andreas). Leichenrede auf P. v. Stetten. *Augsb.* 1786. Fol.

Stetten (Paul v.),
historien allemand (24 août 1731 — 12 février 1808).

Krauss (Ludwig Friedrich). P. v. Stetten's Leben und Character. *Augsb.* 1809. 8.

Steube (Johann Caspar),
cordonnier-touriste allemand (25 janvier 1747 — 22 avril 1795).

Steube (Johann Caspar). Meine Wanderschaften und Schicksale. *Gotha*. 1791. 8. Portrait.

Steuben (Friedrich Wilhelm, Baron),
général allemand au service des États-Unis (1730 — 1794).

Bowen (F...). Baron Steuben. *New-York*, s. d. 8. (Extrait de l'*American Biography*, publ. par Jared SPARKS.)

Steuchius (Matthias),
archevêque d'Upsala (26 oct. 1644 — 2 août 1730).

Norberg (Georg). Likpredikan öfver M. Steuchius. *Upsal.* 1730. 8.

Celsius (Olof). Oratio parentalis in memoriam M. Steuchii, archiepiscopi per Suioniam. *Upsal.* 1750. 4.

Steudel (Johann Christian Friedrich),
théologien allemand (25 oct. 1779 — 24 oct. 1837).

Rede, gehalten bei der Todtenfeier, etc., J. C. F. Steudel's. nebst einem kurzen Lebensabriss des Verstorbenen. *Tübing.* 1837. 8.

Steuerlin (Samuel),
médecin allemand.

Schade (Johann Immanuel). Lebenslauf Dr. S. Steuerlin's. *Dresd.* 1728. 4. (*D.*)

Stevart (N... N...).
Apologia P. Stevartii. *Ingolst.* 1593. 4. (*Bes.*)

Stevens (William),
littérateur anglais.

Memoirs of W. Stevens, (written by himself). *Lond.* 1812. 8. (*Oxf.*)

Stevin (Simon),
mathématicien belge (vers 1550 — 1633).

Voorduin (Justin Cornelius). Laudatio S. Stevini, Brugensis. *Gand.* 1823. 4. (Ouvrage couronné par l'Académie de Gand.)

(**Delepierre**, Octave). Résumé biographique sur S. Stevin, par un Brugeois. *Brug.* 1840. 8. (Tiré à part à un très-petit nombre d'exemplaires.)

Goethals (Félix Victor). Notice historique sur la vie et les ouvrages de S. Stevin, de Bruges, suivie de remarques sur le Dodoens par P... J... van MEERBEECK. *Brux.* 1841. 8. Portrait. (*Bx. et Ld.*)

(**Van de Weyer**, Sylvain). S. Stevin et M. Dumortier. *Nieuport* (*Lond.*) 1845. 12. *Brux.* 1845. 12. (*Bx.*)

Quetelet (Lambert Adolphe Jacques). S. Stevin. *Brux.* 1845. 8. Portrait. (*Bx.*)

Delafin (J...). Notice sur la vie et les ouvrages de S. Stevin. *Anvers.* 1846. 8. Portrait.

Steichen (N... N...). Mémoire sur la vie et les travaux de S. Stevin. *Brux.* 1846. 8.

Duyse (Prudens van). S. Stevin, naer Voorduin's bekroond werk. *Brux.* 1846. 8.

Notice sur S. Stevin. *Gand.* 1846. 8. (Tiré seulement à 18 exemplaires, dont un sur satin jaune.)

(**Inghels**, A...). Notice historique sur S. Stevin. *Bruges.* 1846. 12.

Notice historique sur S. Stevin, suivie des notices biographiques des hommes illustres, dont les statues, bustes et médaillons décorent la grand'place de la ville (de Bruges) à l'occasion des fêtes inaugurales (de la statue de Stevin). *Bruges.* 1846. 12.

Stickna (Conrad),
réformateur bohème (vers le milieu du XIVe siècle).

Zitte (Augustin). Lebensbeschreibung der drei ausgezeichnetsten Vorläufer des berühmten Johannes Huss : C. Stickna, Johann Miliez und Matthias v. Hanow; nebst kurzer Übersicht der böhmischen Religionsgeschichte bis auf seine (Hussen's) Zeit. *Prag.* 1786. 8.

Stief (Christian),
pédagogue allemand (14 janvier 1675 — 8 juin 1751).

Wohlverdientes Ehrengedächtniss des Rectors C. Stief. *Bresl.* 1752. 4. (*D.*)

Stieglitz (Charlotte Sophie),
bel-esprit allemande (18 juin 1806 — se donnant la mort le 29 déc. 1834).

(**Mundt**, Theodor). C. Stieglitz, ein Denkmal. *Berl.* 1835. 4. Portrait.

Stieglitz (Johann),
médecin allemand (1767 — 30 oct. 1840).

(**Holscher**, Georg Friedrich). Necrolog des weiland Dr. J. Stieglitz. *Hannov.* 1841. 8.

Marx (Carl Friedrich Heinrich). Zum Andenken an Dr. J. Stieglitz, königlich hannoverschen Medicinalrath und Leibarzt. *Goetting.* 1846. 8.

Stieglitz (Johann Conrad),
jurisconsulte allemand (5 déc. 1724 — 1er février 1795).

Jaeger (Wolfgang). Memoria J. C. Stiglitzii. *Altorf.* 1795. 4. (*D. et L.*)

Stifter (Adalbert),
littérateur allemand du XIXe siècle.

A. Stifter. *Cassel.* 1854. 16. Portrait. *

   * Faisant partie du recueil biographique qui se publie s. c. titre: *Moderne Classiker.*

Stigelius (Johann),
poëte allemand (13 mai 1515 — 11 février 1562).

Fincelius (Jobus). Oratio de vita et obitu J. Stigelii. *Jenæ.* 1563. 8. (*D.*)

Stiger (Paul),
capucin suisse.

Leben und Thaten des in der Revolutions-Geschichte Helvetiens so berühmten Kapuziner-Paters P. Stiger, aus dem ehemaligen Kanton Schwytz, s. l. 1798. 8.

Stigzelius (Laurenz Matthias),
archevêque d'Upsala (1598 — 1676).

Scheffer (Johan). Memoria D. L. Stigzelii, archiepiscopi Upsaliensis. *Holm.* 1677. Fol.

Stiles (Ezra),
théologien anglo-américain (29 nov. 1727 — 12 mai 1795).

Holmes (Abiel). Life of E. Stiles, D. D. president of Yale college. *Massachussets.* 1799. 8.

Stilicho ou **Stillicon** (Flavius),
général sous Théodose (décapité le 23 août 408 après J.-C.).

Schulze (Christian Ferdinand). F. Stilicho, ein Wallenstein der Vorzeit. *Altenb.* 1805. 8. *Ibid.* 1809. 8. (*L.*)

Stille (Swen Jonas),
médecin suédois.

M... (J... P...). Minnes-Tafla öfver framlidne Batalions-Läkaren, Med. Doctorn et Chir. Magistern S. J. Stille. *Götheb.* 1859. 8.

Stillingfleet (Benjamin),
littérateur anglais (1602 — 15 déc. 1771).

Coxe (William). Literary life and select works of B. Stillingfleet. *Lond.* 1811. 3 vol. 8. Portrait. (*Oxf.*)

Stillingfleet (Edward),
lord-évêque de Worcester (17 avril 1635 — 27 mars 1699).

Life and character of Dr. E. Stillingfleet, lord bishop of Worcester. *Lond.* 1710. 8. *Ibid.* 1735. 8. (*Oxf.*)

Stillmark (Daniel Gustaf),
théologien suédois († 18 juin 1841).

Minnesord wid Prosten och Kyrkoherden i Delsbo, Herr D. G. Stillmarks Graf. *Gefle.* 1841. 8.

Stilo (Lucius Ælius),
jurisconsulte romain.

Heusde (J... A... C... van). Dissertatio de L. A. Stilone. *Traj. ad Rhen.* 1839. 8.

Stinstra (Pieter),
savant hollandais (16 déc. 1747 — 18 déc. 1819).

Crane (Jan Willem de). Hulde aan de nagedachtenis van P. Stinstra, s. l. et s. d. (*Amst.* 1820.) 8. (*Ld.*)

Stirling (William Alexander, earl of),
général anglo-américain (1726 — 15 janvier 1783).

Duer (William Alexander). Life of W. A., earl of Stirling, major-general in the army of the United-States during the revolution. *New-York.* 1847. 8. Port. (*Lv.*)

Stjerncrantz (Arvid Adrian),
poëte suédois (20 mai 1755 — 13 mars 1785).

(**Lénstroem**, Carl Johan). A. A. Stjerncrantz, en Bellmannian, Skaldeporträtt. *Upsal.* 1842. 8.

Stjernefelt (Peder Mattsson),
homme d'État suédois (24 nov. 1568 — 4 avril 1639).

Petri (Jonas). Likpredikan öfver Hofrätten P. M. Stjernefelt. *Stockh.* 1639. 8.

Stjernhielm (Georg),
savant suédois (2 ou 7 août 1598 — 22 nov. 1672).

Gasnerus (N... N...). Åminnelse-Tal öfver G. Stjernhielm. *Stockh.* 1776. 8.

Wallerius (Nicolaus). Memoria G. Stjernhjelm. *Holm.* 1672. 8.

Geijer (Erik Gustaf). Åreminne öfwer G. Stjernhjelm. *Stockh.* 1850. 8.

Stjernhoek (Johannes Olai),
jurisconsulte suédois (27 février 1596 — 25 juin 1675).

Svebilius (Olaus Georg). Oratio funebris in obitum J. O. Stjernhoek, consiliarii aulæ regiæ, etc. *Holm.* 1676. 4.

Verelius (Olaus). Oratio funebris in obitum J. O. Stjernhoek. *Holm.* 1676. Fol.

Stjernhock (Johan),
savant suédois.

Franzén (Frans Michael). Minne af J. Stjernhoek. *Stockh.* 1833. 8.

Stjernman (Anders Anton v.),
historien suédois (27 sept. 1695 — 2 mars 1765).

Mennander (Carl Fredrik). Åminnelse-Tal öfver Cancelli-Rådet A. A. v. Stjernman. *Stockh.* 1768. 8.

Stjernmarck (Nils),
officier suédois (1692 — 1767).

Hjerta (Hans). Minnestal öfver Ofver-Lieutenant N. Stjernmarck. *Stockh.* 1767. 8.

Stjernskioeld (Georg Claudius),
maréchal de Suède.

Paulini (Lars). Likpredikning öfver Marskall (!) G. C. Stjernskioeld. *Stockh.* 1612. 4.

Stjernskioeld (Nils),
homme d'État suédois (12 juin 1583 — 29 juin 1628).

Paulini (Lars). Likpredikning öfver N. Stjernskioeld, Foordom Sweriges Rykes Rädh, Gubernator öffwer Westergöthland och Daal. *Elbing.* 1628. 8. *Strengnäs.* 1650. 4.

Nordin (Carl Gustaf). Åreminne öfver N. Stjernskioeld. *Stockh.* 1828. 8.

Stjernskoeld (Philipp),
homme d'État suédois.

Wallwiik (Johan Claudius). Oratio funebris in obitum P. Stjernskoeld, baronis, etc. *Holm.* 1663. Fol.

Stjernstedt (Carl Johan),
homme d'État suédois (29 sept. 1686 — 20 nov. 1753).

Schroeder (Jöran). Begrafningstal öfver Ofverste Lieutenant, Riksräd C. J. Stjernstedt. *Stockh.* 1754. 8.

Stjernstolpe (Johan Magnus),
poète suédois (8 déc. 1777 — 16 sept. 1831).

Gravallius (C... O...). Åminnelse-Tal öfwer J. M. Stjernstolpe. *Stockh.* 1832. 8.

Beskow (Bernhard v.). Minnesord öfwer J. M. Stjernstolpe. *Stockh.* 1833. 8. Portrait.

Stobaeus (Anders),
historien et poète suédois (1642 — 15 déc. 1714).

Rydelius (Andreas). Oratio parentalis A. Stobaei. *Lund.* 1715. 4.

Stobaeus (Johann),
musicien allemand († 1646).

Thilo (Valentin). Laudatio funebris in memoriam J. Stobaei, Gaudentini-Borussi, serenissimi electoris Brandenburgensis in Borussia capellæ magistri celeberrimi, musici excellentissimi. *Regiomont.* 1646. 4.

Stobée (Laurens Christopher),
général suédois (10 mai 1676 — 31 mai 1756).

Stobaeus (Anders Pehr). Minne öfver L. C. Stobée. *Stockh.* 1758. 8.

Stock (Michael ?),
théologien allemand.

Pistorius (Wilhelm). Leichpredigt auf den Hofprediger Stock in Barby. *Halle.* 1631. 4.

Stock (Simon),
général de l'ordre du mont Carmel († 16 mai 1265).

Launoy (Jean de). De S. Stochii viso et de scapulari sodalitate. *Lugd. Bat.* 1642. 8. *Par.* 1653. 8. *Ibid.* 1663. 8. (P.)

Stockdale (Percival),
littérateur anglais (1736 — 11 sept. 1811).

Memoirs of the life and writings of P. Stockdale, written by himself. *Lond.* 1819. 2 vol. 8. Portrait. (*Oxf.*)

Stoekenstroem (Erik, Grefwe v.),
homme d'État suédois (9 avril 1703 — ... 1789).

Rosen v. Rosenstein (Niels). Åreminne öfver Grefwe E. v. Stockenstroem. *Stockh.* s. d. (vers 1790.) 8. Trad. en allem. s. c. t. Lobrede, etc. *Leipz.* 1795. 8. (*D.* et *L.*)

Stockfleth (Heinrich Arnold),
théologien allemand (17 avril 1643 — 8 août 1708).

Raethel (Wolfgang Christoph). Programma de vita et meritis superintendentis H. A. Stockfleth. *Neostad.* 1720. Fol.

Stockhausen (Johann Christoph),
théologien allemand (20 oct. 1725 — 4 sept. 1784).

Goetz (Georg Friedrich). Leben des verstorbenen Superintendenten J. C. Stockhausen. *Hanau.* 1784. 8.

Stockmann (Ernst),
théologien allemand (18 avril 1634 — 28 avril 1712).

Heumann (Christoph August). V. E. Stockmanni, su perintendentis Alstetensis. *Isenac.* 1712. Fol.

Stockmans (Pieter),
jurisconsulte belge (3 sept. 1608 — 7 mai 1671).

Bavay (Charles de). P. Stockmans, jurisconsulte belge. *Brux.* 1844. 8.

Brits (N... N...). Étude sur P. Stockmans d'Anvers, s. l. et s. d. 8.

Saint-Genois (Jules de). Note sur une arrière-petitenièce du jurisconsulte P. Stockmans, abbesse du chapitre noble de Savoie à Vienne, s. l. (*Brux.*) et s. d. 8. (Extrait des *Bulletins de l'Académie royale de Belgique.*) (*Bx.* et *Ld.*)

Stockton (Owen),
théologien anglais.

The true dignity of St. Paul's Elder, exemplified in the life of O. Stockton, etc., to which is added his funeral sermon by John FAIRFAX. *Lond.* 1681. 8. (*Oxf.*)

Stodewesscher (Sylvester),
archevêque de Riga (1448 — 1479).

Bergmann (Benjamin Fürchtegott Balthasar v.). S. Stodewesscher, Erzbischof von Riga. *Riga*, s. d. 8. (Tiré à part à un très-petit nombre d'exemplaires.)

Stoeckhardt (Carl Friedrich Gottlieb),
théologien allemand.

Linke (Heinrich Moritz). Erinnerungen an C. F. G. Stoeckhardt, Pastor in Roehrsdorf, etc. *Meiss.* 1836. 8. (*D.* et *L.*)

Stoeckhardt (Gottfried Gerhard),
théologien allemand (1er ou 21 nov. 1721 — 25 sept. 1788).

Haymann (Christian Johann Gottfried). Kurze Geschichte der Societät der christlichen Liebe und Wissenschaften, und Ehrendenkmal des Herrn M. G. G. Stoeckhardt, etc. *Friedrichsst.* 1789. 4. (*D.*)

Stoeffler (Johann),
mathématicien allemand (16 déc. 1452 — 16 février 1531).

Wahl (Johann Friedrich). Singularia nonnulla de insigni quondam mathematico J. Stofflerino. *Giess.* 1743. 4.

Stoeller (Friedrich Christian),
médecin allemand (18 février 1733 — 16 sept. 1807).

Bonitz (Carl Friedrich). Worte der Achtung und der Dankbarkeit, gesprochen an der Gruft des Herrn Dr. F. C. Stoeller. *Langensalza.* 1807. 8.

Stoffels (Louis),
chimiste belge (19 février 1764 — 4 sept. 1853).

Verbert (G... M...). Notice biographique sur L. Stoffels, pharmacien à Malines, etc. *Anvers.* 1854. 8. (Extrait du *Journal de pharmacie d'Anvers.*)

Stolberg (Grafen v.),
famille allemande.

Goth (M...). Fragmentum inclytæ familiæ Stolbergicæ. *Lips.* 1720. 8.

Stolberg (Alfred, Graf v.),
fils de Frédéric Léopold de Stolberg.

Diepenbrock (Melchior). Zum Andenken an A. Stolberg, des Grafen Friedrich Leopold zu Stolberg seligen Sohn. *Regensb.* 1835. 8.

Stolberg (Boto, Graf v.),
aïeul de la maison de Stolberg.

Delius (Heinrich). B., Graf von Stolberg, Ahnherr der

Fürsten Europa's; genealogische Darstellung, etc. *Goetting.* 1799. 4. *
* Cet opuscule n'a pas été mis dans le commerce.

Wendt (Christian Ernst V... v.). Stemma sistens imperatores, reges, principesque Europæ a Bothone VII, comite Stolbergæ et Wernigerodæ descendentes; specimen genealogico-historicum, s. l. et s. d. (*Norimb.* 1820. Fol.

Stolberg (Prinz Carl v.).

Danz (Friedrich Georg). Leben des Prinzen C. v. Stolberg. *Frf.* 1764. 8.

Stolberg (Friedrich Leopold, Graf zu),
poète allemand (7 nov. 1750 — 5 déc. 1819).

Marx (Johann Hermann). Des Grafen F. L. zu Stolberg religiöser Geist. *Münst.* 1818. 8.

Kerp (Matthias Wilhelm). Trauerrede zum Andenken des Grafen F. L. zu Stolberg. *Coeln.* 1820. 8.

(**Schmiesing**, Juliane v.). Aus den letzten Lebenstagen des Grafen F. L. zu Stolberg, gesammelt von seinen bei seiner Krankheit und seinem Tode anwesenden Kindern und als Manuscript für Freunde gedruckt. *Münst.* 1820. 8. *
* Cet écrit n'a pas été mis dans le commerce.

Kurzer Lebensumriss des Grafen F. L. zu Stolberg. *Leipz.* 1821. 8. (*D.* et *L.*)

Nicolovius (Alfred). F. L., Graf zu Stolberg. *Mainz.* 1846. 8. (*L.*)

Druffel (Friedrich Ferdinand v.). Todesursache des F. L., Grafen zu Stolberg. *Münst.*, s. d. (1819.) 8.

Stolberg-Wernigerode-Gedern
(Hermann, Erbgraf zu),
(30 sept. 1802 — 24 oct. 1841).

(**Erbach-Fuerstenau**, Graf zu). Lebensumrisse des Erbgrafen H. zu Stolberg-Wernigerode-Gedern. *Erbach.* 1842. 4. *
* Cette notice n'a pas été mise dans le commerce.

Stolberg-Wernigerode (Sophie Charlotte, Gräfin),
dame allemande, connue par sa haute piété.

Das gottselige Leben und Ende der Gräfin und Frau S. C., Gräfin zu Stolberg-Wernigerode. *Halle.* 1764. 12.

Stoll (Maximilian),
médecin allemand (12 oct. 1742 — 23 mars 1788).

Pezzl (Johann). Denkmal auf M. Stoll, herausgegeb. von Aloys BLUMAUER. *Wien.* 1788. 8. (*D.*)

Andrád (Samuel). Elogium sepulchrale tumulo M. Stoll, inscriptum carminum paribus centum. *Vienn.* 1788. 8.

Stoltenberg (Christian Ulrich),
jurisconsulte allemand.

Overbeck (Johann Daniel). Kurzgefasste Lebensgeschichte C. U. Stoltenberg's, beider Rechte Doctor. *Lübeck.* 1761. Fol.

Stolterfoth (Johann Jacob),
médecin allemand.

Seelen (Johann Heinrich v.). Memoria J. J. Stolterfothi, philosophiæ et medicinæ doctoris ac physici. *Lubec.* 1718. Fol.

Stoltz (Rosine),
cantatrice française du xixe siècle.

Lemer (Julien). Madame R. Stoltz. Souvenirs biographiques et anecdotiques. *Par.* 1847. 16.

Cantinjou (Corneille). Les adieux de madame Stoltz, sa retraite de l'Opéra, sa vie théâtrale, ses concurrentes, son intérieur, etc. *Par.* 1847. 18. Portrait.

Stoltze (Friedrich Lebrecht),
jurisconsulte allemand (12 février 1703 — ... 1760).

Ernesti (Johann August). Memoria F. L. Stoltzii. *Lips.* 1760. Fol. (*D.* et *L.*)

Stoner (David),
théologien anglais.

Dawson (William) et **Hannah** (N... N...). Memoirs of the Rev. D. Stoner, containing copious extracts from his diary and epistolary correspondence. *Lond.* 1846. 18. (5e édition.) — (*Oxf.*)

Storck (Johann), voy. **Pelargus**.

Storck (Nicolaus).

Wagner (Marcus). Einfältiger Bericht, wie durch N. Storck die (!) Aufruhr in Thüringen und umliegenden Reviere angefangen sey worden. *Erfurt.* 1597. 8.

Storck (Peter),
jurisconsulte alsacien († 1627).

Gloner (Samuel). Vita et obitus P. Storckii, heroico carmine descriptus. *Argent.* 1627. 4.

Bernegger (Matthias). Laudatio posthuma P. Storckii. *Argent.* 1627. 4.

Storms (Jean),
médecin belge (29 août 1559 — 9 mars 1650).

Avoine (Pierre Joseph d'). Notice sur J. Storms, docteur en sciences et en médecine, etc. *Malin.* 1848. 8.

Storr (Gottlob Christian),
théologien allemand (10 sept. 1746 — 17 janvier 1805).

Hiller (J... C...). Auf den schnellen und seligen Heingang des churfürstlich Würtembergischen Oberhofprediger's und Consistorialraths G. C. Storr. *Stuttg.*, s. d. (vers 1805). 8. *
* Panégyrique composé en allemand et en latin.

Rieger (Gottlieb Heinrich). Rede am Grabe des Herrn Mag. G. C. Storr, Würtembergischen Oberhofpredigers und Consistorialraths. *Stuttg.* 1805. 8.

Bahnmaier (Jonathan Friedrich). Züge zu Storr's Bild. *Tübing.* 1805. 8.

Story (John),
théologien anglais.

Declaration of the lyfe and death of J. Story, romish canonicall doctor. *Lond.*, s. d. (vers 1572). 8.

Story (Joseph),
jurisconsulte anglo-américain (vers 1780 — 10 sept. 1845).

Story (William). Life and letters of J. Story. *Lond.* 1852. 2 vol. 8.

Story (Thomas),
quaker anglais.

Journal of the life of T. Story, containing an account of his remarkable convincement, etc. *Newcastle upon Tyne.* 1747. Fol.

Kendall (John). Life of T. Story. *Lond.* 1801. 12. (*Oxf.*)

Stosch (Herren v.),
famille allemande.

Moeller (Johann Joachim). Historich - genealogische Nachrichten von den hochadeligen Geschlechte derer v. Stosch, etc., s. l., 1725. 4.

Stosch (Melchior Friedrich v.). Genealogia des v. Stosch'schen Geschlechts. *Bresl.* 1786. 4.

Stosch (N... N... v.),
général allemand.

Lenz (Samuel). Historische Abhandlung von dem ehemaligen General-Major v. Stosch. *Halle.* 1751. 4.

Stothard (Thomas),
peintre anglais (17 août 1755 — 27 avril 1834).

Bray (Anna Eliza). Life of Stothard, with personal reminiscences, illustrated in a novel style of art. *Lond.* 1851. 4.

Stourdza (Michel),
homme d'État valaque.

Moldavie. M. Stourdza et son administration. *Par.* 1846. 8.

Stout (William),
Anglais (1665 — 1752).

Autobiography of W. Stout, of Lancaster, Wholesale and Retail-Grocer and Ironmonger, a member of the society of Friends, edited from the original MS. by John HARLAND. *Manchest.* 1851. 8.

Stowell (N... N..., lord).

Surtees (Willam Edward). Sketch of the life of lords Stowell and Eldon, etc. *Lond.* 1846. 8. (*Oxf.*)

Strabon,
géographe grec († 25 après J. C.).

Bisciola (Lælius). Disquisitio brevis, an libri XVII geographiæ Strabonis sint, an Strabonis, etc. *Col. Agr.* 1618. Fol.

Hennicke (Johann Friedrich). Dissertatio de Strabonis geographiæ fide, ex fontibus unde in hausit, auctoritate æstimanda. *Goetting.* 1791. 8.

Heeren (Arnold Hermann Ludwig). Commentationes II de fontibus geographicorum Strabonis. *Goetting.* 1823. 4. (*D.* et *L.*)

Siebelis (Carl Gottfried). Disputatio de Strabonis patria, genere, ætate, operis geographici instituto atque ratione, qua veterem descripsit Græciam. *Budiss.* 1828. 4. (*D.* et *L.*)

Strafford (Thomas **Wentworth**, earl of),
homme d'État anglais (13 avril 1593 — exécuté le 15 mai 1641).

Life of sir T. Wentworth, earl of Strafford. *Lond*. 1641. 4.
Letters and dispatches of T. Wentworth, earl of Strafford, with an essay towards his life by sir George RADCLIFFE, collected by William KNOWLES. *Lond*. 1759. 2 vol. Fol. Portrait. *Dubl*. 1740. 2 vol. Fol. (*Oxf*.)
Lally-Tolendal (Trophime Gérard de). Essai sur la vie de T. Wentworth, comte de Strafford, principal ministre d'Angleterre et lord-lieutenant d'Irlande sous le règne de Charles I, ainsi que sur l'histoire générale d'Angleterre, d'Ecosse et d'Irlande à cette époque. *Lond*. 1795. 8. *Leipz*. 1796. 8. *Par*. 1814. 8. Trad. en allem. s. c. t. Schilderung des Zustandes Englands, etc., unter der Regierung Carl's I, nebst einem Versuche über den Grafen v. Strafford. *Leipz*. 1796-97. 2 vol. 8. (*D*. et *L*.)
Villemur (V... L... de). Histoire de l'accusation, du jugement et de l'exécution du comte de Strafford, ministre de Charles I, etc. *Par*. 1828. 8. (*P*.)

Strambi (Vincenzo Maria),
évêque de Macerata (1754 — 28 déc. 1824 *).

(Rudoni, Pietro). Compendio della vita di monsignor V. M. Strambi. *Milan*. 1826. 8.
Ferruccini (N... N...). Vita reverendissimi V. M. Strambi, etc. *Macerat*. 1825. 2.
   * Ou selon d'autres biographes le 11 janvier 1825.

Strandberg (Zacharias),
médecin suédois (12 oct. 1712 — 30 avril 1792).

Baeck (Abraham). Åminnelse-Tal öfwer Z. Strandberg. *Stockh*. 1793. 8.

Stransky (Caroline v.),
religieuse allemande (21 février 1820 — 27 juin 1841).

Une religieuse du Bon-Pasteur; petite notice sur C. de Stransky, religieuse du Bon-Pasteur d'Angers. *Metz*. 1845. 8.

Strantz (Herren v.),
famille allemande.

Strantz (C... F... F... v.). Geschichte des dem freien Herrenstande, den Schlossgesessenen und Rittern im Mittelalter angehörenden edlen Geschlechts v. Strantz, etc. *Bresl*. 1838. 4.

Strarabba (Giuseppe),
gentilhomme italien.

Fardella (Angelo). Orazione funerale nell' esequie che fû D. G. Strarabba. *Palerm*. 1648. 4.

Strasser (Franz Carl),
pédagogue allemand.

Muench (Matthias Cornelius). Züge aus dem Leben F. C. Strasser's, Schulprovisors zu Gattnau. *Landsh*. 1819. 8.

Stratico (il conte Giovanni Battista),
littérateur italien.

Bonturini (Giuseppe). In morte di G. B. cavaliere conte Stratico, già J. R. delegato nella provincia del Friuli, orazione. *Udine*, s. d. (1842.) 8.

Stratingh (Simon),
naturaliste hollandais.

Nagedachtenis van S. Stratingh, gevierd in het genootschap ter bevordering der natuurkundige wetenschappen te Groningen. *Groning*. 1841. 8. Portrait.
Swinderen (Theodorus van). S. Stratingh, geschetst in eene openlijke vergadering, etc. *Groning*. 1841. 8. (*Ld*.)

Straton de Lampsaque,
philosophe grec († vers 270 avant J. C.).

Schlosser (Friedrich Philipp). Spicilegium historico-philosophicum de Stratone Lampsaceno, cognomento physico, et atheismo hylozoico, vulgo ipsi tributo. *Witteb*. 1728. 4. (*D*.)
Nauwerck (Carl). Disquisitio de Stratone Lampsaceno philosopho. *Berol*. 1836. 8. (*Oxf*.)

Stratton (Charles),
plus connu sous le nom du général Tom Pouce, nain anglo-américain (1831 — ...).

Biographe du général Tom Pouce, ses amours, son voyage sentimental autour de M. Guizot. *Par*. 1845. 8.
Notice sur la vie, la constitution, le caractère et les manières de C. Stratton, l'Américain en miniature, surnommé le général Tom Pouce, âgé de 14 ans, taille de

67 centimètres et ne pesant que 6 kilogrammes 570 grammes. *Par*. 1845. 8. Trad. en angl. *Par*. 1845. 12.

Strauch (Aegidius),
théologien allemand (23 juin 1583 — 22 janvier 1657).

Weller (Jacob). Leichenpredigt auf A. Strauch, nebst dessen Lebenslauf. *Dresd*. 1657. 4. (*D*.)
Schlegel (Christian). Lebens-Beschreibung Herrn A. Strauch'ens, der heiligen Schrift weitberühmten Doctoris, chursächsischen Consistorial- und Kirchen-Raths, etc. *Dresd*. 1698. 8. Portrait. (*D*. et *L*.)

Strauch (Augustin),
jurisconsulte allemand (1612 — 18 mai 1674).

Weck (Johann Conrad). Memoria A. Strauchii, s. l. 1674. Fol.

Strauch (Francisco Raymundo),
évêque de Vich (1760 — 17 avril 1823).

Raymundo de Jesus. Oracion funebre del illustrissimo S. D. F. R. Strauch y Vidal, obispo de Vich, etc. *Perpign*. 1824. 8.

Strauch (Gustav Adolph v.),
homme d'État allemand (16 mai 1790 — 15 nov. 1839).

Herzog (Christian Gottlob). G. A. v. Strauch, Reuss-Plauenscher Kanzler, Regierungs- und Consistorial-Praesident; biographischer Versuch. *Gera*. 1859. 4.

Strauch (Johann),
jurisconsulte allemand (12 sept. 1612 — 2 déc. 1680).

Hamberger (Lorenz Andreas). Brevis narratio de vita J. Strauchii. *Jenæ*. 1714. 8. (*D*. et *L*.)

Strauss (Carl Gottlieb),
philosophe allemand (6 avril 1743 — 11 juillet 1790).

Memoria viri excellentissimi M. C. G. Straussii, etc. *Dantisc*. 1790. 4.

Strauss (David Friedrich),
théologien allemand (27 janvier 1808 — ...).

Strauss ist ein Christ; von einem Geistlichen. Theologisches Sendschreiben an einen Layen über die Berufung des Dr. Strauss nach Zürich. *Zürch*. 1859. 8.
Doctor Strauss und seine Lehre. Freies Wort an die freien Zürcher. *Zürch*. 1859. 8.
R... (H...). Doctor Strauss als Werkzeug des Radicalismus, oder der Angriff des sich selbst vergötternden Verstandes gegen das gläubige Gemüth, etc. *Sanct-Gall*. 1859. 8.
Doctor Strauss und die Zürcher Kirche; eine Stimme aus Norddeutschland, mit Vorrede von Wilhelm Martin Leberecht de WETTE. *Basel*. 1859. 8.
Strauss darf und soll nicht kommen! Wahrhaftige Geschichte, wie es einem Bauersmanne in Zürich mit dem Dr. Strauss ergangen, etc. *Zürch*. 1859. 8.
Vie de Strauss, écrite en l'an 2859. *Par*. 1859. 8. *
   * On sait que M. Strauss dans la vie de Jésus-Christ ne voit qu'un mythe. L'auteur de la *Vie de Strauss* ne voit à son tour dans ce qu'on raconte de Strauss qu'un mythe représentant l'incrédulité répandue en Europe.

Straussiade in Zürich. Heldengedicht in neun Gesängen von Saorach, Mesach und Abednego. *St.-Gall*. 1840. 8.
Boden (August). Geschichte der Berufung des Dr. Strauss an die Hochschule zu Zürich, etc. *Frf*. 1841. 8.
Stelzer (Heinrich). Die Straussischen Zerwürfnisse in Zürich von 1859. *Hamb*. 1843. 8. (*Oxf*.)
Orelli (J... C...). The opinions of professor D. F. Strauss, with an address to the people of Zurich. *Lond*. 1844. 8. (Trad. en allem.) — (*Oxf*.)

Verhandlungen des Zürcher grossen Raths, betreffend die Zurücknahme der Berufung des Doctor Strauss. *Zürch*. 1859. 8.

Hirzel (Bernhard). Mein Antheil an den Ereignissen des 6. Sept. 1859. *Zürch*. 1859. 8.

Strauss (Gottlieb August Maximilian, Freiherr v.),
homme d'État allemand (8 sept. 1738 — 29 nov. 1796).

(Caemmerer, Johann Vincenz). Dem Andenken des churmainzischen Staats- und Conferenz-Ministers Freiherrn v. Strauss. *Frf*. et *Leipz*. 1796. 8. (*L*.)

Strauss (Johann),
musicien allemand (14 mars 1804 — 21 sept. 1849).

Meisl (Carl). Strauss's Ankunft im Elysium. *Wien*. 1849. 8. (En vers.)

Scheyrer (Ludwig). J. Strauss's musikalische Wanderung durch das Leben. *Wien.* 1850. 8.

Straw (Jack),
rebelle anglais.

Life and death of J. Straw, a notable rebell in England, who was kild in Smithfield by the lord-major of London. *Lond.* 1593. 4.

Just reward of rebels, or the life and death of J. Strand and Wat Tyler. *Lond.* 1642. 4. Portrait. (*Oxf.*)

Strazzeri (Eufrosia Maria),
religieuse italienne.

Mancusi (Antonio Ignazio). Orazione sacra nel monacato di suor E. M. Strazzeri, degnissima figliuola del signor Giovanni Tommaso Strazzeri, barone del Cotomino. *Palerm.* 1709. 4.

Stredonius (Martin),
jésuite bohème.

Schwertfer (Wenzel). Vita P. M. Stredonii, Soc. Jesu. *Prag.* 1673. 4. (*Bes.*)

Streit (Sigismund),
commerçant allemand (13 avril 1687 — 19 déc. 1775).

Buesching (Anton Friedrich). Leben Streit's. *Berl.* 1777. 4 et 8. (*D.*)

Streitberger (Johann),
pédagogue allemand (5 nov. 1517 — 20 avril 1602).

Weiss (Andreas Adolph). Programma de vita J. Streitbergeri, rectoris, cum serie inspectorum, rectorum Curiæ. *Curiæ.* 1717. 4.

Streitberger (Johann Sebastian),
théologien allemand.

Hochmuth (Johann Jacob). Leben und Wirken des J. S. Streitberger, fürst-erzbischöflichen geistlichen Raths, Districts-Schulen-Inspectors, Dechanten und Pfarrers zu Zell am Ziller im Erzbisthum Salzburg. *Salzb.* 1831. 8.

Streith (Wolfgang);
jurisconsulte allemand.

Freig (Johann Thomas). Oratio in obitum W. Streithii. *Basil.* 1573. 8.

Stresow (Conrad Friedrich),
théologien holsatien (15 février 1705 — 17 déc. 1788).

Moller (Olaus Heinrich). Von der Stresow'schen Familie überhaupt und insbesondere von den Vorfahren und Nachkommen, wie auch dem Leben und den Schriften des Herrn C. F. Stresow, etc. *Flensb.* 1781. Fol.

Stricker (Johan Christopher),
théologien suédois (28 janvier 1726 — 24 février 1792).

Oeller (Joeran Johan). Likpredikan öfver Häradsprosten J. C. Stricker. *Kalmar.* (?) 1792. 8.

Striegel (Victorin),
théologien allemand (26 déc. 1525 — 26 juin 1569).

Weissmann (Christian Eberhard). Historia vitæ et controversiarum V. Strigelii, dissertatione exposita. *Tubing.* 1732. 4. (*D. et L.*)

Otto (Johann Carl Theodor). Oratio de V. Strigelio liberioris mentis in ecclesia lutherana vindice. *Jenæ.* 1843. 8. (Avec le catalogue de ses écrits.) — (*Oxf.*)

Strimesius (Samuel),
théologien allemand (2 février 1648 — 28 janvier 1730).

(**Westermann**, Nicolaus). Programma academicum in obitum S. Strimesii. *Frf. ad Viadr.* 1731. Fol.

Jablonsky (Paul Ernst). Oratio funebris anniversaria obitus die S. Strimesii habita. *Frf. ad Viadr.* 1731. Fol. (*D.*)

Strobach (Augustin),
jésuite bohème (tué en 1684).

Boye (Emmanuel de). Vita et obitus V. P. A. Strobochii, S. J. ex provincia Bohemiæ pro insulis Marianis electi missionarii et ibi trucidati. *Olomuc.* 1691. 8. *Ibid.* 1703. 8.

Strodtmann (Adolph Heinrich),
théologien allemand.

Strodtmann (Johann Sigismund). Der Consistorialrath A. H. Strodtmann, Kirchenprobst und Hauptprediger in Hadersleben, nach seinem Leben und Wirken, etc., dargestellt. *Hamb.* 1831. 8.

2

Stroem (Hans),
théologien danois (25 janvier 1726 — ... 1797).

Wille (Hans Jacob). Soergetal over Professor H. Stroem. *Trondjhem.* 1799. 8.

Stroemberg (A... G...),
Suédois.

Froest (Pehr Axel). Minnes-Ord wid A. G. Stroembergs Jordfästning, etc. *Stockh.* 1848. 8.

Stroemer (Morten),
astronome suédois (1707 — 2 janvier 1770).

Ferrner (Bengt). Åminnelse-Tal öfver M. Stroemer. *Stockh.* 1772. 8.

Lindeblad (J... S...). Åminnelse-Tal öfver M. Stroemer. *Upsal.* 1772. 8.

Strohmeyer (Carl Ludwig),
théologien allemand (30 déc. 1639 — 10 juillet 1704).

Beck (Michael). Leichenpredigt bei dem Tode Mag. C. L. Strohmeyer's. *Ulm.* 1704. 4.

Strombeck (Friedrich Carl v.),
jurisconsulte allemand (16 sept. 1771 — ...).

Strombeck (Friedrich Carl v.). Darstellungen aus meinem Leben und meiner Zeit. *Braunschw.* 1833. 2 vol. 8.

Stromer (Johann),
jurisconsulte allemand (22 juillet 1526 — 11 oct. 1607).

Piscator (Peter). Programma in funere J. Stromeri. *Jenæ.* 1607. Fol. (*D.*)

Stromeyer (Ludwig),
médecin allemand (4 juin 1750 — ...).

Blumenbach (Johann Friedrich). Memoria L. Stromeyeri. *Goetting.* 1833. 4. (*D. et L.*)

Strong (Caleb),
gouverneur de Massachussetts.

Bradford (Alden). Biography of the Hon. C. Strong, several years governor of the state of Massachussetts. *Boston.* 1820. 8.

Strouven (Elisabeth),
religieuse hollandaise.

Vie de la vénérable mère E. Strouven, fondatrice et première supérieure du monastère nommé le Mont Calvaire, à Maestricht, trad. (du flamand) par un prêtre du diocèse de Liége. *Liége.* 1722. 12.

Strozzi (Cyriaco),
philosophe italien (1504 — 6 déc. 1565).

(**Masson**, Papire). Vita C. Strozzæ. *Par.* 1604. 4. (*P.*)

Strozzi (Filippo),
homme d'État italien (1488 — se donnant la mort le 18 sept. 1538).

Bandini (Angelo Maria). Vita di F. Strozzi, padre di Piero, maresciallo di Francia. *Livorn.* 1756. 4.

Strozzi (Lorenzo). Vie de P. Strozzi, premier commerçant de Florence et de toute l'Italie, etc., sous les règnes de Charles V et de François I, trad. de l'ital. par Jean Baptiste Requien. *La Haye et Par.* 1762. 12. (*P.*)

Nicolini (Giovanni Battista). Vita di F. Strozzi. *Firenz.* 1847. 8.

Vita di F. Strozzi il Vecchio, scritta da Lorenzo Strozzi, suo figlio, con documenti ed illustrazioni per cura di Giuseppe Bini e di Pietro Bigazzi. *Firenz.* 1851. 8.

Strozzi (Filippo),
capitaine italien (1541 — jeté à la mer le 26 juillet 1582).

Torzay (H... T... de). Vie, mort et tombeau de P. Strozzi. *Par.* 1608. 8. (*P.*)

Strozzi (Laurenzia),
religieuse italienne.

Rouillard (Sébastien). Vita L. Stroziæ, sacri ordinis Dominicani. *Par.* 1610. 4. (*P.*)

Strozzi (Mario),
évêque de Fiesole.

Venturi (Pompeo). Orazione funebre nelle solenni esequie di monsignor M. Strozzi, vescovo di Fiesole. *Lucca.* 1736. 4.

Strozzi (Pallante?),
Italien (1372 — ...).

Fabroni (Angelo). P. Stroctii vita. *Parma.* 1802. 4. (*Lv. et Oxf.*)

Strozzi (Pietro),
maréchal de France (tué le 20 juin 1558).

Trucchi (Francesco). Vita e geste di P. Strozzi, Fiorentino, maresciallo di Francia, scritta di sui documenti originali. *Firenz.* 1847. 12. (*Oxf.*)

Struensee (Adam),
théologien danois (8 sept. 1708 — 20 juin 1791).

(**Matthiae**, Wolf Christian). Kurzer Lebenslauf des königlich dänischen Oberconsistorialraths und Generalsuperintendenten Dr. A. Struensee (in Rendsbürg). *Flensb.* et *Leipz.* 1781. 8. (*L.*)

Struensee v. Carlsbach (Carl August),
homme d'État allemand, fils du précédent (18 août 1735 — 17 oct. 1804).

Held (Hans Heinrich Ludwig v.). Struensee. Skizze für Diejenigen, denen sein Andenken werth ist. *Berl.* 1805. 8.

Struensee (Christian Gottfried),
théologien allemand (19 août 1717 — 14 août 1782).

Leben und Character C. G. Struensee's. *Halle.* 1784. 8. (*D.* et *L.*)

Struensee (Johann Friedrich, Graf),
ministre favori de Caroline Mathilde, reine de Danemark
(5 août 1737 — décapité le 27 avril 1772).

Leben und Begebenheiten der Grafen Struensee und (Enewold) Brandt. *Berl.* 1772. 8.
Lebensbeschreibung, Verhaft und Hinrichtung der beiden unglücklichen Grafen J. F. Struensee und Enewold Brandt, nebst dem Testamente des Erstern. *Kopenh.* 1772. 8. (*Cp.*, *D.* et *L.*)
(**Gritsch**, Johann Christoph v.). Graf Struensee am Rande seiner irdischen Zernichtung (!). *Mannh.* 1772. 8.
Muenter (Friedrich). Bekehrungsgeschichte des Grafen J. F. v. Struensee. *Kopenh.* 1773. 8. (*Cp.*) Trad. en franç. *Lausanne.* 1773. 8.
Schriften in Sachen der Grafen Struensee und Brandt. *Kopenh.* 1773. 8. (*Cp.*)
Versuch einer Lebensbeschreibung der beiden hingerichteten Grafen Struensee und Brandt, s. l. 1775. 8.
Trial of count Struensee, late premier minister to the king of Denmark. *Lond.* 1775. 8. (*Oxf.*)
(**Hessen-Cassel**, Carl, Landgraf v.). Aufklärungen über die Geschichte der Grafen Struensee und Brandt. *Germanien* (*Hamb.?*) 1788. 8. (Trad. du franç.)
(**Falkenskjold**, Seneca Otto). Authentische und höchst merkwürdige Aufklärungen über die Geschichte der Grafen v. Struensee und Brandt. *Germanien* (*Frf.*) 1788. 8.
— Trad. en angl. par B... H... Latrobe. *Lond.* 1789. 8. — Trad. en franç. *Brux.* 1789. 8.
(**Prahl**, Niels). Greve J. F. Struensee, forrige Kongelige danske Geheime Kabinets-Minister og maitre des requêtes, hans Levnetsbeskrivelse og Skajeban, etc. *Kjoebenh.*, s. d. 8.
Hoest (Jens Kragh). Geheime Kabinetsminister Greve J. F. Struensee og hans Ministerium. *Kjoebenh.* 1824. 3 vol. 8. Trad. en allem. *Kopenh.* 1826-27. 2 vol. 8. (*Cp.*)
Falkenskjold (Seneca Otto). Mémoires pour servir à l'histoire de la reine Caroline Mathilde de Danemark. *Par.* 1826. 8. Trad. en allem. s. c. t. Denkwürdigkeiten während des Ministeriums und der Catastrophe des Grafen v. Struensee u. s. w. par L... A... Magnus. *Leipz.* 1826. 2 vol. 8.
Félice (G... de). Le comte J. F. Struenzée (!); biographie religieuse. *Par.* 1838. 8.
Giessing (Hans Peder). Struensee og (Ove Hoegh) Guldberg, eller tvende Revolutiner ved det danske Hof; historisk Skildring. *Kjoebenb.* 1848. 12. (*Cp.*)

Struth (Joseph),
médecin polonais (vers 1510 — 1568).

Oettinger (Joseph). J. Struthii, medici Posnaniensis, vita et duorum ejus operum quorum alterum commentarios ad Luciani astrologiam, alterum vero artem sphygmicam exhibit bibliographico-critica disquisitio. *Cracov.* 1843. 8.

Struther (John),
poête anglais du xixe siècle.

Autobiography and poetical works of J. Struther. *Lond.* 1850. 18.

Struve (Burkhard Gotthelf),
jurisconsulte allemand (26 mai 1671 — 28 mai 1738).

Hausmann (Johann Ernst). Janus Gruterus in B. G. Struvio resuscitatus. *Jenæ.* 1708. 4. (*D.*)

Hallbauer (Friedrich Andreas). Programma funebre in obitum B. G. Struvii. *Jenæ.* 1738. Fol. (*L.*)

Struve (Friedrich Gottlieb),
jurisconsulte allemand (10 nov. 1676 — 23 juillet 1752).

Kortholt (Sebastian). Leichenprogramm auf F. G. Struve. *Kiel.* 1752. Fol.

Struve (Georg Adam),
jurisconsulte allemand (27 sept. 1619 — 15 déc. 1692).

Slevogt (Johann Philipp). Programma in funere illustris viri G. A. Struvii. *Jenæ.* 1692. Fol.
Struve (Burkhard Gotthelf). Pii manes Struviani, s. de vita et scriptis G. A. Struvii. *Jenæ.* 1703. 8. (*D.* et *L.*)

Struve (Gustav v.),
publiciste allemand (11 oct. 1805 — ...).

Loewenfels (M... W...). G. Struve's Leben. *Basel.* 1848. 8.
——, **Neef** (F...) et **Thielmann** (G...). Der zweite republikanische Aufstand in Baden. *Basel.* 1848. 8.

Stryck (Samuel),
jurisconsulte allemand (22 nov. 1640 — 23 juillet 1710).

Boehmer (Justus Henning). Laudatio funebris in obitum S. Stryckii. *Halæ.* 1710. Fol. (*L.*)
Berger (Johann Wilhelm). Programma in S. Stryckii memoriam, qua Stryckius cum Papiniano confertur. *Witteb.* 1711. 4.

Strype (John),
historien anglais (1er nov. 1643 — 11 déc. 1737).

General index to the historical and biographical works of J. Strype. *Oxf.* 1828. 2 vol. 8. (*Oxf.*)

Stuarts,
dynastie écossaise (1603 — 1714).

Peyton (Edward). Divine catastrophe of the kingly family of the house of Stuart, or a short history of the rise, reign and ruin thereof. *Lond.* 1652. 8. *Ibid.* 1731. 8. (Satire.)
Coke (Roger). Detention of the court and state during the reign of king James I, Charles I, Charles II and James II, as also the interregnum. *Lond.* 1697. 2 vol. 8. Contin. jusqu'à la mort de la reine Anne. *Lond.* 1719. 3 vol. 8.
Kennedy (Matthew). Chronological, genealogical and historical dissertation of the royal family of the sanglante Stuarts. *Par.* 1705. 8.
Crawfurd (N... N...). Genealogical history of the royal and illustrious family of the Stewarts. *Edinb.* 1710. Fol.
Hay (Richard). Essay on the origin of the royal family on the Stewarts. *Edinb.* 1722. 4. *Ibid.* 1793. 4.
(**Oldmixon**, John). History of England during the reign of Stuarts (1603-1714). *Lond.* 1730-1739. 3 vol. Fol.
Prévost d'Exiles (Antoine François). Histoire de la maison des Stuarts. *Lond.* (*Par.*) 1760. 3 vol. 4. (*P.*)
Welding (Arthur). Brief history of the kings of England, particulary those of the royal house of Stuart, blessed memory. *Lond.* 1766. 8.
Voss (Christian Daniel). Geschichte der Stuarts auf dem englischen Throne. *Leipz.* 1794-97. 4 vol. 8. (*L.*)
Noble (Mark). Historical genealogy of the royal house of Stuarts. *Lond.* 1795. 4.
Molbech (Christian). Historiske Udsigt over Stuarterners Regjering og Skiebne paa den engelske Throne. *Kjoebenh.* 1805. 8. (*Cp.*)
(**Kortuem**, Friedrich). Geschichte der englischen Revolution unter den Stuarts des 17ten Jahrhunderts. *Zürch.* 1827. 8. (*D.* et *L.*)
Vaughan (R...). Memorials of the Stuarts dynasty. *Lond.* 1831. 2 vol. 8. (*Oxf.*)
Jesse (John Heneage). The court of England during the reign of Stuarts, including the protectorate (d'Olivier Cromwell). *Par.* 1839. 2 vol. 8. (*Oxf.*)
Fortoul (Hippolyte). Etudes sur la maison de Stuart. *Par.* 1839. 8. (*P.*)

David (J... A...). Stuarts et Bourbons. *Lagny* et *Par.* 1843. 2 vol. 8.

Stuart (Charles Edward),
prétendant à la couronne d'Angleterre
(31 déc. 1720 — 31 janvier 1788).

Haeberlin (Franz Dominik). Unpartheiische Betrachtung über das Betragen der Krone Frankreich in Ansehung des Prätendenten (Carl Eduard). *Goelting.* 1745. 4.

Recueil de pièces qui ont paru depuis le passage de Charles Edouard en Ecosse, s. l. (*Par.*) 1746. 8.

Ascanius, ou le jeune aventurier. Histoire véritable contenant un récit très-circonstancié de tout ce qui est arrivé de plus secret et de plus remarquable au prince Charles Edouard Stuart dans le Nord de l'Ecosse depuis la bataille de Culloden donnée le 16-27 avril 1746, jusqu'à son débarquement arrivé le 19-50 septembre de la même année. *Lille.* 1749. 12.

Cordara (Giulio Cesare). Historia expeditionis Caroli Eduardi anno 1745. *Venez.* 1751. 8. Trad. en ital. par Antonio GUSSALLI. *Milan.* 1845. 16.

Storia del principe Carlo Odoardo Stuart. *Milan.* 1760. 8.

Pichot (Amédée). Histoire de Charles Edouard, dernier prince de la maison de Stuart, etc. *Par.* 1850. 2 vol. 8. *Ibid.* 1855. 2 vol. 8. (*L.*)

Klose (Carl Ludwig). Leben des Prinzen Carl Eduard aus dem Hause Stuart, Prätendenten der Krone von Grossbritannien. *Leipz.* 1841. 8. Trad. en angl. s. c. t. Memoirs of prince Charles Stuart, etc. *Lond.* 1845. 2 vol. 8. Portrait. (*Oxf.*)

Jesse (John Heneage). Memoirs of the pretenders and their adherents. *Lond.* 1845. 2 vol. 8.

Marlès (N... N... de). Histoire du chevalier Saint-George, prétendant à la couronne d'Angleterre, et du prince Charles Edouard, son fils. *Limoges*, s. d. (1845.) 12. *Ibid.* 1852. 12. 4 gravures.

Dubois (N... M...) et **Merpan** (M...). Histoire de Charles Edouard, prince d'Ecosse, le dernier-prince de la maison de Stuart. *Fougères.* 1854. 12. Portrait.

Mounsey (Georg Gill). Authentic account of the occupation of Carlisle in 1745 by prince Charles Edward Stuart. *Lond.* 1846. 8. (*Oxf.*)

Stuart (James Frederick Edward), voy. **Jacques Frédéric Édouard**.

Stuart, lord **d'Aubigny** (Bernard),
<small>homme d'État écossais.</small>

Quin (Walter). The memorie of B. Stuart, lord d'Aubigny, renewed, etc. *Lond.* 1619. 4. (*Oxf.*)

Stuart (Martinus),
<small>historien hollandais († 22 nov. 1826).</small>

Westerbaen (Cornelis Willem). Lijkrede over M. Stuart, etc. *Amst.* 1827. 8. (*Ld.*)

Stuart (Moses),
<small>théologien anglo-américain.</small>

Adams (William). Discourse on the life and services of the Rev. M. Stuart. *New-York.* 1852. 8.

Stubenrauch (Amalia),
<small>actrice allemande, maîtresse du roi de Wurtemberg (vers 1806 — ...).</small>

(**Korn**, ps. **Nork**, Friedrich). A. Stubenrauch, die württembergische Lola Montez. *Leipz.* 1848. 16.

Stuber (Johann Georg),
<small>théologien alsacien.</small>

Baum (Johann Wilhelm). J. G. Stuber, der Vorgänger (Johann Friedrich) Oberlin's im Steinthale und Vorkämpfer einer neuen Zeit in Strassburg. *Strassb.* 1846. 12.

Stubritz (Martin),
<small>jurisconsulte et poète allemand (vers 1625 — 8 avril 1684).</small>

Der Stubritz'sche Lorbeer-Crantz, d. h. ausführliche Beschreibung, welchergestalt von dem weltberühmten rüstigen Herrn Rister Herr M. Stubritz, vornehmer Jurist und Poet, mit der unverwelklichen Lorbeer-Crone begabet worden, etc. *Dresd.* 1659. 4. (*D.*)

Stuck (Johann Wilhelm),
<small>théologien suisse (21 mai 1542 — 3 sept. 1607).</small>

Waser (Caspar). Oratio historica de vita et obitu J. G. Stuckii, sacrarum litterarum in schola Tigurina professoris. *Tigur.* 1608. 4. (*D.* et *L.*)

Stuerbout (Thierry),
<small>peintre belge.</small>

Cornelissen (Égide Norbert). Notice sur T. Stuerbout, connu sous le nom de Thierry de Harlem, (Dirk van Haarlem), peintre de l'ancienne école des Pays-Bas. *Gand.* 1855. 8. (Extrait du *Messager des sciences et des arts de la Belgique.*)

Stuerzelius (Johann Georg),
<small>littérateur allemand (1591 — 1668).</small>

Gesner (Andreas Samuel). Elogium J. G. Styrzelii. *Rotenb. ad Tubarim.* 1751. 4.

Stuffo,
<small>personnage mythologique.</small>

Wolf (Johann). Stuffo, kein Thüringer Abgott. *Erfurt.* 1803. 8.

Stulli (Luca),
<small>médecin italien (22 sept. 1772 — 12 sept. 1828).</small>

Ferrucci (Michele). De vita et scriptis L. Stullii, medici Ragusini, commentarius a Catharina Franceschia FERRUCCIA italice redditus. *Bonon.* 1829. 4.

Sture (Anna),
<small>dame suédoise.</small>

Nigrinus (Martin). Laudes A. Sture, feminæ apud Succos inclytæ. *Hamb* (?). 1596. 4.

Sture (Nils),
<small>homme d'État suédois (20 juin 1543 — 8 juillet 1568 ?).</small>

Waldius (L...). Examen causæ Sturianæ. *Upsal.* 1781. 8.

Fant (Erik Michael). Hypomnemata ad historiam cædis Sturianæ. *Upsal.* 1781. 8.

Sture, surnommé **l'Ancien** (Sten),
<small>administrateur du royaume de Suède († 2 janvier 1520).</small>

Geijer (Erik Gustaf). Äreminne öfwer S. Sture. *Stockh.* 1803. 8. (Couronné par l'Académie de Stockholm.)

Granberg (L... A...). Äreminne öfwer S. Sture. *Stockh.* 1804. 8. (*P.*)

Sture, surnommé **le Jeune** (Sten),
<small>administrateur du royaume de Suède († 9 février 1520).</small>

Silfverstolpe (Axel Gabriel). Äreminne öfver Riks Förcständaren S. Sture d. J. *Stockh.* 1791. 8. (Couronné par l'Académie de Stockholm.)

Sture (Svante, Grefve),
<small>homme d'État suédois (23 janvier 1587 — 3 avril 1616).</small>

Stenius (Martin Olaus). Programma funebre S. Sture. *Upsal.* 1616. Fol.

Sturel, née **Paigné** (Marie Octavie),
<small>peintre française (9 mai 1819 — 13 janvier 1854).</small>

Scoutetten (le docteur). Notice sur madame Sturel, née M. O. Paigné. *Metz.* 1854. 8.

Sturm (Beata),
<small>religieuse allemande († 11 janvier 1730).</small>

Leben und Sterben der gottseeligen Jungfrauen B. Sturmin. *Stuttg.* 1752. 8. Portrait. Augment. s. c. t. Die Würtembergische Tabea, oder das merckwürdige äussere und innere Leben und seelige Sterben der weyland gottseeligen Jungfrauen B. Sturmin, etc., mit einem Anhang von dem Leben der Argulæ Grumbachin, gebohrnen v. Stauffen. *Stuttg.* 1737. 8. Port. (3e édition.)

Kanne (J... A...). B. Sturmin's eller den Wurtembergska Tabea Lefnadsteckning. *Stockh.* 1844. 8. (Trad. de l'allemand.)

Sturm (Christoph Christian),
<small>théologien allemand (25 janvier 1740 — 26 août 1786).</small>

Feddersen (Jacob Friedrich). Leben und Character des weiland Hauptpastors C. C. Sturm. *Hamb.* 1786. 8.

Sturm (Jacob),
<small>savant alsacien (1489 — 1553).</small>

Toxita (Michael). Epicedion in funere J. Sturmii. *Argent.* 1554. 8.

Sturm (Jacob),
<small>littérateur allemand (†.. nov. 1848).</small>

Hilpert (Johann Wolfgang). Zum Andenken an Dr. J. Sturm, den Ikonographen der deutschen Flora und Fauna, etc. *Nürnb.* 1849. 8.

Sturm (Johann),
<small>philologue allemand (1er oct. 1507 — 3 mars 1589).</small>

Maues Sturmiani, s. epicedia scripta in obitum summi viri J. Sturmii, etc. *Argent.* 1590. 8.

Sturtzenbecher (Märten),
<small>mathématicien suédois (5 juillet 1760 — 16 oct. 1836).</small>

Pettersson (Abraham Zacharias). Minnesord öfver Oefverste-Lieutenant M. Sturtzenbecher. *Stockh.* 1857. 8.

Sturz (Christoph),
<small>jurisconsulte allemand.</small>

Cothmann (Johann). Programma in C. Sturzii funere. *Rostoch.* 1627. 4.

Stuss (Johann Heinrich),
pédagogue allemand (9 juin 1686 — 6 mai 1775).

Stuss (Justus Christian). Lebensnachrichten von dem gewesenen Rector der herzoglichen Landesschule zu Gotha, Herrn J. H. Stuss., etc., nebst einem Verzeichniss der Schriften desselben, etc. *Goetting.* 1776. 8. (*D.*)

Styl (Simon),
poète hollandais (25 février 1731 — 24 mai 1804).

Scheltema (Jakobus). Levensschets van S. Styl. *Amst.* 1804. 8. (*Ld.*)

Stypmann (Franz),
jurisconsulte allemand (1612 — 1650).

Pommeresche (Johann). Vita F. Stypmanni. *Lugd. Bat.* 1650. Fol. *Nordhus.* 1704. 8. (Tiré à part à très-petit nombre.)

Suabedissen (David Theodor August),
philosophe allemand (14 avril 1773 — 14 mai 1835).

Platner (Eduard). Zur Erinnerung an D. T. A. Suabedissen. *Marb.* 1835. 8. (*D.* et *L.*)

Suailles (Catherine de **Lacroix** de),
religieuse de la Visitation de Sainte-Marie.

(**Ponquières**, Accurse). Vie de C. de Lacroix de Suailles. *Pezenas.* 1687. 4.

Suard (Jean Baptiste Antoine),
littérateur français (15 janvier 1734 — 20 juillet 1817).

(**Suard**, madame). Essai des mémoires sur Suard. *Par.* 1820. 12. * (*Bes.* et *P.*)
* Tiré à 300 exemplaires, tous destinés aux amis de son époux.

Garat (Joseph Dominique). Mémoires historiques sur la vie de M. J. B. A. Suard, sur ses écrits et sur le XVIIIe siècle. *Par.* 1820. 2 vol. 8. (*Bes.*, *Lv.* et *P.*)

Péronnès (François). Eloge de Suard. *Besanç.* 1841. 8. (*Bes.*)

Suares (Francisco),
théologien espagnol (5 janvier 1548 — 25 sept. 1617).

Deschamps (Antoine Ignace). Vita F. Suaresii. *Perpign.* 1671. 4.

Suarez de Alarcon (Martin),
Espagnol.

Alarcon (Alonso de). Corona sepulcral : Elogios en la muerte de D. M. Suarez de Alarcon, hijo primogenito del marques de Trocifal, conde de Torres vedras, etc. *Madr.* 1652. 4.

Suarinus (Abraham),
théologien allemand (15 nov. 1563 — 11 nov. 1615).

Clauder (Joseph). Oratio parentalis de vita, studiis et beatissimo obitu A. Suarini. *Lips.* 1616. 4. (*L.* et *Lv.*)

Suchet, duc **d'Albuféra** (Louis Gabriel),
maréchal de France (2 mars 1770 — 3 janvier 1826).

Bolo (J... D...). Notice sur le maréchal Suchet, duc d'Albuféra. *Lyon.* 1826. 8. Portrait.

— Eloge de L.^r G. Suchet, maréchal de France, duc d'Albuféra. *Lyon.* 1855. 8. (Couronné par l'Académie de Lyon.)

Barrault-Roullon (Charles Henri). Le maréchal Suchet, duc d'Albuféra, etc. Aperçu historique de 1792 à 1815. *Par.* 1854. 8. (Couronné par la même Académie.)

Suckling (Robert Alfred),
théologien anglais.

Williams (Isaac). Short memoir of the Rev. R. A. Suckling. *Lond.* 1853. 12. (2e édition.)

Suckow (Carl Adolph),
plus connu sous le pseudonyme de **Posgaru**,
littérateur allemand (27 mai 1802 — 1er avril 1847).

Falk (Ludwig). Worte gesprochen am Grabe C. A. Suckow's. *Bresl.* 1847. 8.

Suckow (Simon Gabriel),
mathématicien allemand (29 mars 1721 — 16 avril 1786).

Harles (Gottlieb Christoph). Memoria S. G. Succovii. *Erlang.* 1786. 4. (*L.*)

Sudan (Jean Nicolas),
historien français (3 sept. 1761 — 1er avril 1827).

(**Bréghot du Lut**, Claude). Notice sur M. l'abbé J. N. Sudan. *Lyon.* 1827. 8.

Sudbury (John),
théologien anglais.

(**Zough**, Thomas). Memoirs of the life of J. Sudbury,

---

dean of Durham. *Wakefield.* 1808. 4. (Non mentionné par Lowndes.) — (*Oxf.*)

Suell (Frans),
industriel suédois (9 juin 1744 — 15 nov. 1817).

Gullander (A... P...). Minne af Commerce-Rädet F. Suell. *Lund.* 1819. 8.

F. Suell til sine Velindere, Vänner och Bekiendte. *Alton.* 1826. 8.

Falkman (Ludwig B...). Minnesteckning öfver Handlanden och Fabrikören i Malmoe, Kommerce-Rädet och Ridder of K. Wasa-Orden, F. Suell. *Malmoe.* 1849. 8.

Suelto (Tomas Garcia),
médecin-poète espagnol (1778 — 1816).

Hurtado (N... N...). Notice sur la vie et les écrits de T. G. Suelto. *Par.* 1816. 8.

Suess (Lorenz),
théologien allemand.

Lesser (Friedrich Christian). Leben des ersten Lutherischen Pastors L. Suess, s. l. (*Nordhaus.*) 1749. 4. (*D.*)

Suessmayer (Franz Xaver),
compositeur allemand (1766 — 17 sept. 1803).

Sievers (Georg Ludwig Peter). Mozart und Süssmayer, ein neues Plagiat, Ersterm zur Last gelegt, und eine neue Vermuthung, die Entstehung des Requiems betreffend. *Mainz.* 1829. 8.

Suessmilch (Johann Peter),
théologien allemand (3 sept. 1707 — 22 mars 1767).

Foerster (Johann Christian). Nachricht von dem Leben und den Verdiensten des Ober-Consistorialrathes J. P. Süssmilch. *Berl.* 1768. 8. (*D.*)

Suess-Oppenheimer (Joseph),
banquier favori de Charles Alexandre, duc de Wurtemberg (exécuté le 4 février 1738).

Haynóczi (Daniel). Epitaphium Apellæ J. Suss-Oppenheimio ob nefando facinora, conatusque impios anno 1738 jure optimo in furcam ferream acto et caveæ incluso. *Tubing.* 1738. 4.

Sicherer Bericht von dem Juden J. Suess-Oppenheimer, welcher 1738 den 4 Februar bey Stuttgardt executiret worden. *Augsb.*, s. d. (1738). 8.

Leben, Thaten und Ende des Juden J. Suess-Oppenheimer, welcher 1738 in Stuttgart in einem eisernen Käfig an einen eisernen Galgen aufgehangen worden, s. l. et s. d. (*Bresl.*) 8.

Leben und Thaten des berüchtigten Juden Suess-Oppenheimer, ehemaligen Württembergischen Staats- und Kabinets-Ministers, erzählt vom Verfasser des *Musterschultheissen.* *Tübing.* (*Ulm.*) 1833. 8.

Suetendael (Félix),
architecte belge.

Visschers (Pieter). Aen de achtbare jongelingen Joannes Baptist Laumans en F. Suetendael. *Antwerp.*, s. d. 8.

Suetone Tranquillus (Cajus),
historien romain (98 — 138 après J. C.).

Moller (Daniel Wilhelm). Disputatio circularis de C. Suetonio Tranquillo. *Altorf.* 1685. 4. (*L.* et *Lv.*)

Schweiger (Franz Anton Ludwig). Commentatio de fontibus atque auctoritate vitarum XII imperatorum Suetonii. *Goetting.* 1830. 4.

Krause (August). Dissertatio de C. Suetonii Tranquilli fontibus et auctoritate. *Berol.* 1831. 8.

Suevus (Gottfried),
jurisconsulte allemand (vers 1615 — 29 mars 1659).

Berger (Johann Wilhelm). Exemplum JCti placabilis in G. Suevo. *Lips.* 1718. 4. (*L.*)

Suffolk (Henry et Charles, dukes of),
hommes d'État anglais.

Vita et obitus duorum fratrum Suffolcensium, H. et C. Brandoni ducum illustrissimorum, duabus epistolis explicata, etc. *Lond.* 1552. 4. (*Oxf.*)

Suffren de Saint-Tropez (Pierre André de),
amiral français (13 juillet 1726 — 8 déc. 1788).

Trublet (N... N...). Histoire de la campagne de l'Inde par l'escadre française sous les ordres de M. le bailli de Suffren, de 1781 à 1783. *Rennes.* 1802. 8. (*P.*)

Hennequin (Joseph François Gabriel). Essai historique sur la vie et les campagnes du bailli de Suffren. *Par.* 1824. 8. Portrait. (*P.*)

Pellicot (Jean Baptiste). Éloge du bailli de Suffren. *Toulon.* 1829. 8. (En vers.)

Cunat (Charles). Histoire.du bailli de Suffren. *Rennes et Par.* 1852. 8. Portrait.

Suger, abbé de Saint-Denis,
homme d'État français (1087 — 13 janvier 1152),

Baudouin (Jean). Le ministre fidèle, représenté sous Louis VI en la personne de Suger, abbé de Saint-Denis et régent du royaume sous Louis VII. *Par.* 1640. 8. (*P.*)

Baudier (Michel). Histoire de l'administration de l'abbé Suger, sous Louis VI et Louis VII. *Par.* 1645. 4. (P.)

Duchesne (François). Vita Sugerii, abatis S. Dionysii, summi Franciæ ministri regnantibus Ludovici VI et Ludovici VII. *Par.* 1648. 8. (Assez rare.)

(**Gervaise**, François Armand). Histoire de Suger, abbé de Saint-Denis, ministre d'État et régent du royaume sous le règne de Louis le Jeune. *Par.* 1721. 3 vol. 12. (P.)

(**Laussat**, N... N...). Discours sur Suger et son siècle. *Genève.* (*Par.*) 1779. 8.

Garat (Dominique Joseph). Éloge de Suger, abbé de Saint-Denis, etc. *Par.* 1779. 8. *(P.)*

* Discours qui a remporté le prix proposé par l'Académie française.

Jumel (Jean Charles). Éloge de Suger. *Par.* 1779. 8.

(**Hérault de Séchelles**, Marie Jean). Eloge de Suger, abbé de Saint-Denis, ministre d'État sous le règne de Louis VI, dit le Gros, régent du royaume, pendant la croisade de Louis VII, dit le Jeune, etc. *Par.* 1779. 8.*

* Avec l'épigraphe *Justissimus unus.*

(**Romance des Mesmons**, Germain Hyacinthe). Éloge de Suger, abbé de Saint-Denis, premier ministre sous les règnes de Louis le Gros et de Louis le Jeune, etc. *Amst.* (*Par.*) 1779. 8. *

* Tous les exemplaires, donnés par l'auteur à ses amis, portent ces mots écrits de sa main : *Cet ouvrage ne se vend point.*

Chasteler (N... N... de). Éloge historique de Suger, abbé de Saint-Denis, régent du royaume de France. *Amst.* 1779. 8. *

* Opuscule très-rare, parce que l'auteur supprima l'édition avant d'en avoir distribué aucun exemplaire.

Delamalle (Gaspard Gilbert). Éloge de Suger, en réponse à la satire intitulée *Suger, moine de Saint-Denis. Amst. et Par.* 1780. 8.

Espagnac (M... R... **Sahaguet d'**). Réflexions sur l'abbé Suger et son siècle. *Lond.* 1780. 8.

(**Deslyons**, N... N...). Eloge historique de Suger. *Lond.* 1780. 8. (Peu commun.) *Liège.* 1799. 8.

Nettement (Alfred). Histoire de Suger. *Par.* 1842. 12.

Combes (François). L'abbé Suger. Histoire de son ministère et de sa régence. *Par.* 1853. 8. Portrait.

Suhm ou Zaum,
famille allemande.

Moeller (Olaus Heinrich). Historische und genealogische Nachrichten von dem uralten Geschlechte derer v. Zaum oder Suhm, welches im neunten Jahrhundert in Pommern entsprossen ist und sich in folgenden Zeiten in Holland, Schweden, Polen, Russland, Mecklenburg, Sachsen und Holstein, wie auch in Dänemark und Norwegen ausgebreitet hat. *Flensb.* 1775. 4.

Suhm (Peder Frederik),
historien danois (28 oct. 1728 — 7 sept. 1798).

Nyerup (Rasmus). Udsigt over P. F. Suhms Levnet og Skrifter. *Kjoebenh.* 1798. 8. (Cp.) Trad. en allem. par Friedrich ERKARD. *Kopenh.* 1799. 8. *Ibid.* 1814. 8.

—— Suhmiana. *Kjoebenh.* 1799. 8.

Sulcerus * (Johann Heinrich),
théologien allemand (6 avril 1644 — 23 sept. 1705).

Wolph (Johann Rudolph). Historia vitæ et obitus J. H. Suiceri, etc. *Tigur.* 1743. 4.

* Son nom originaire était SCHWEIZZER.

Suidas,
lexicographe grec.

Mueller (Christian Gottfried). Programma de Suida, observationibus Thomæ REINESII ornata. *Lips.* 1796. 8. (D. et L.)

Suitbert (Saint),
apôtre des Frisons.

Vita divi Swiberti Werdensis ecclesiæ episcopi Saxonum Frisiorumque apostoli, etc. *Colon.* 1608. 4.

Marcellinus. Vita S. Swiberti episcopi Werdensis et imprimis urbis Monasterii apostoli. *Dusseld.* 1716. 8.

Leben, Tugenden und Wunder des heiligen Swiberti. *Düsseld.,* s. d. 8.

Leben des heiligen Bischofs Suitbertus, des Apostels in Friesland, Holland und in der hiesigen (Rhein) Gegend. *Düsseld.* 1845. 12.

Sukias de Somal,
archevêque *in partibus* de Siounik (6 fév. 1776 — 10 fév. 1846),

Kahlhorst (A...). Sukias de Somal, archevêque *in partibus* de Siounik, abbé général des Mekhitaristes de Saint-Lazare, etc. *Par.* 1847. 8. (Extrait du *Nécrologe universel* du XIXe siècle.)

Suleke (Peter),
fanatique allemand du XVIe siècle.

Tamms (Carl Heinrich). P. Suleke, ein Religionsschwärmer des 16. Jahrhunderts. Beitrag zur Kirchen- und Stadtgeschichte Stralsunds. *Strals.* 1837. 4.

Sulevicky v. Sulevic (Mathias Kaplir),
chevalier bohème († 1610).

Zabrumensky (Jan). Kazáni nad telem p. M. Kaplir z Sulevic. *Praze.* 1610. 4.

Sulgher-Fantastici-Marchesini (Fortunata),
improvisatrice italienne (27 février 1755 — 13 juin 1824).

Giotti (Cosimo). Elogio storico della signora F. Sulgher. *Firenz.* 1824. 8.

Sulkowsky (Joseph),
adjudant de Napoléon Bonaparte (1744 — tué le 20 vendém. 1798).

Sulkowsky (Joseph). Mémoires historiques, politiques et militaires sur les révolutions de Pologne 1792-1794. la campagne d'Italie 1796-1797, l'expédition du Tyrol et les campagnes d'Egypte 1798, publ. par Hortensius de SAINT-ALBIN. *Par.* 1832. 8. (P.)

Sulkowsky (Alexander Joseph v.),
homme d'État polonais.

Zuverlässige Lebensbeschreibung des ersten Ministers Grafen (Heinrich) v. Bruehl und des Cabinetsministers A. J. v. Sulkowsky. *Frf.* 1766. 8. (D. et L.)

Sulla (Lucius Cornelius),
dictateur romain (138 — 78 avant J. C.).

Hartmann (Johann Adolph). Dissertatio historico-politica de L. C. Sulla. *Marb.* 1727. 4.

Kleeditz (David Heinrich). Dissertatio de L. C. Sullæ monarchico imperio. *Witteb.* 1744. 4.

Guasco (Francesco Eugenio). Sopra la rinungia fatto da L. C. Silla della dittatura, ragionamento. *Rom.* 1763. 4.

Sachse (Ludwig). Lebensbeschreibung des Dictators Sulla, 1. Theil. *Leipz.* 1791. 8. (L.)

Vockestraet (H... M...). Dissertatio de L. C. Sulla legislatore. *Lugd. Bat.* 1816. 4. (Ld.)

Wittig (Alexander). Commentatio de reipublicæ romanæ ea forma, qua L. C. Sulla dictator totam rem publicam, ordinibus, magistratibus, comitiis commutavit. *Lips.* 1834. 8. (Couronné par l'Université de Jéna.) — (D. et L.)

Ramshorn (Carl). Commentatio de reipublicæ romanæ ea forma, etc. *Lips.* 1834. 8. (L.)

Zachariæ (Carl Salomon). L. C. Sulla, genannt der Glückliche, als Ordner des römischen Freistaates. *Heidelb.* 1834-35. 2 vol. 8. (L.)

Cybulski (Adalbert). De bello civili Sullano. *Berol.* 1838. 8.

Sully (Maximilien de Béthune, duc de),
homme d'État français (13 déc. 1560 — 22 déc. 1641).

Sully (Maximilien de Béthune de). Mémoires des sages et royales œconomics d'estat domestiques, politiques de Henri le Grand. *Sully.* 1638. 2 vol. Fol. *Rouen.* 1649. 2 vol. Fol. *Amst.* 1650. 2 vol. Fol. *Ibid.* 1651. 4 vol. 12. Avec des notes par Jean LE LABOUREUR. *Par.* 1662-64. 4 vol. Fol. *Amst.* 1663. 8 vol. 12. *Rouen.* 1663. 8 vol. 12. *Ibid.* 1685. 4 vol. Fol. *Amst.* 1723. 12 vol. 12. Publ. par L... D... L... (Pierre Mathurin de l'ÉCLUSE-DES-LOGES). *Lond.* (*Par.*) 1745. 3 vol. 4, ou 8 vol. 12. *Ibid.* 1747. 3 vol. 4, ou 8 vol. 12. *Lond.* 1752. 8 vol. 12. *Genève.* 1752. 8 vol. 12. *Lond.* (*Par.*) 1763. 8 vol. 12. *Lond.* 1778. 10 vol. 12. *Par.* 1788. 6 vol. 8. *Ibid.* 1814. 6 vol. 8. *Ibid.* 1822. 6 vol. 8. *Ibid.* 1827. 6 vol. 8. Trad. en allem. *Zürch.* 1783-86. 7 vol. 8. Trad. en russe. *Petersb.* 1770-75. 8 vol. 8.

Marbaut (N... N...). Remarques sur les *Mémoires des*

sages et royales œconomies d'estat, etc., de M. de Béthune, duc de Sully. *Par.* 1837. 8.

Thevarus (Godefroy). Vitæ et præclare gestorum M. de Béthune de Sully synopsis. *Par.* 1688. 4. (Peu commun.)
Couanier Deslandes (N... N...). Eloge du duc de Sully. *Par.* 1763. 8.
(**Bury**, Richard de). Éloge historique de Sully. *Par.* 1763. 8. (*P.*)
(**Mascarany**, mademoiselle). Éloge historique de M. de Béthune, duc de Sully. *Lyon.* 1763. 8.
(**Saint-Chamond**, Claire Marie **Mazarelli** de). Éloge de M. de Béthune, duc de Sully. *Par.* 1764. 8.
(**Saint-Vast**, Thérèse **Willems** de). Esprit de Sully, avec le portrait de Henri IV et ses lettres à M. de Sully. *Cologne* et *Par.* 1766. 8. *Par.* 1768. 8. *Dresd.* et *Varsov.* 1768. 8. Trad. en allem. par O... C... R... Welk. *Dresd.* 1769. 8. (*D.*)
Thomas (Antoine). Éloge de Sully. *Par.* 1773. 12. (Couronné par l'Académie française.) — (*P.*)
Hoff (Heinrich Georg). Biographie des Herzogs v. Sully. *Leipz.* 1782. 8. (*L.*)
Leben Sully's und (Jean Baptiste) Colbert's. *Hof.* 1793. 8.
Sewrin (Charles Augustin). Les amis de Henri IV (Théodore Agrippa d'Aubigné, M. de Béthune, duc de Sully, Biron et Philippe de Mornay). *Par.* 1803. 3 vol. 12. Trad. en allem. (par Johann Anton Wilhelm Gesner). *Leipz.* 1806. 3 vol. 8. *Ibid.* 1810. 3 vol. 8. 4 portraits.
Baumstarck (Eduard). Des Herzogs v. Sully Verdienste um das französische Finanzwesen. *Mannh.* 1828. 8. (Dissertation couronnée.)

Sulpicius Rufus, voy. **Servius.**

      Sulpicius (Severus),
      historien romain (vers 363 — vers 420).

Moller (Daniel Wilhelm). Disputatio circularis de S. Sulpicio. *Altorf.* 1686. 4. (*L.* et *Lv.*)

      Sultzberger (Sigismund Ruprecht),
      médecin allemand (11 juillet 1632 — 15 avril 1675).

(**Rappolt**, Friedrich). Programma academicum in funere S. R. Sultzbergeri. *Lips.* 1675. 4. (*L.* et *Lv.*)

      Sulzer (Johann Georg),
      philosophe suisse (5 oct. 1720 — 27 février 1779).

Tiling (Johann Nicolaus). Gedächtnissrede auf weiland Herrn J. G. Sulzer. *Mitau*, s. d. (1779.) 4.
Éloge de M. Sulzer. *Berl.* 1779. 8.
Hirzel (Hans Caspar). Über Sulzer den Weltweisen. *Zürch.* 1780. 2 vol. 8. (*L.*)
J. G. Sulzer's Lebensbeschreibung, von ihm selbst aufgesetzt und aus der Handschrift abgedruckt mit Anmerkungen von Hans Bernhard Merian und Friedrich Nicolai. *Berl.* et *Stett.* 1809. 8.

      Sumarokoff (Alexei Petrowitsch),
      poète russe (14 nov. 1727 — 21 oct. 1777 *).

Dmitriewski (N... N...). Éloge de A. P. Sumarokoff. *Saint-Pétersb.* 1807. 8. (Écrit en russe.)
Vie, etc., d'A. P. Soumarokoff. *Saint-Pétersb.* 1841. 8. (Composé en russe.)
  * C'est par erreur que la *Biographie universelle* de Michaud le fait mourir en mars 1778.

      Summerfield (John),
      théologien anglo-américain.

Holland (John). Memoirs of the life and ministry of the Rev. J. Summerfield. *New-York.* 1829. 8. *Ibid.* 1846. 8. (2e édition.)

      Summermann (Caspar Theodor),
      jurisconsulte allemand (1674 — 5 février 1752).

Withof (Johann Hildebrand). Oratio funebris in obitum C. T. Summermanni, doctoris et professoris juris. *Duisb.* 1752. 4. (*D.*)

      Summers (William),
      fou en titre d'office anglais.

History of the life and death of W. Summers, king Henry VIII jester. *Lond.* 1676. 4. Portrait. (*Oxf.*)
Pleasant history of the life and death of W. Summers, jester of king Henry VIII. *Lond.* 1794. 8.

      Sundon (Viscountess),
      dame d'honneur de la reine Caroline d'Angleterre.

Thomson (A... T...). Memoirs of viscountess Sundon, mistress of the robes to queen Caroline, consort of

George II. *Lond.* 1847. 2 vol. 8. (*Oxf.*) Trad. en allem. Grimma. 1847.

      Sunesen ou **Suno** (Anders),
      archevêque de Lund († 1228).

Sommelius (Gustaf). Dissertatio de meritis et fatis A. Sunonis archiepiscopi et primatis Lundensis. *Lund.* 1796. 8.
Mueller (Jens Paludan). Vita A. Sunonis, archiepiscopi Lundensis. *Hafn.* 1830. 4. (*Cp.*)

      Surcouf (Robert),
      marin français (12 déc. 1773 — 8 juillet 1827).

Cunat (Charles). Histoire de R. Surcouf, capitaine de corsaire. *Par.* 1847. 8. Portrait.

      Surer, surnommé **Wadler** (Franz Thaddaeus),
      mécanicien allemand (20 janvier 1745 — 15 juin 1803).

Character des T. Surer, dermaligen F. Wadler, Mechanicus und Holzuhrmachers zu Nürnberg, etc. *Nürnb.* 1791. 8. (Écrit par lui-même.)

      Surian (Jean Baptiste),
      évêque de Vence (20 sept. 1670 — 3 août 1754).

Guérin (N... N...). Éloge historique de M. Surian, évêque de Vence, l'un des quarante de l'Académie, s. l. (*Aix.*) 1779. 8. *Valence.* 1851. 8.

      Suriano (Antonio),
      patriarche de Venise.

(**Marini**, Giovanni). Oratio funebris in obitum A. Suriani, patriarchæ Venetiarum. *Venet.* 1508. 4. (Excessivement rare.)

      Suriano (Antonio),
      grand-chancelier de la république de Venise.

Piccolomini (Enea). Oratio in funere A. Suriani, magni Venetiarum cancellarii. *Venet.* 1597. 4.

      Suriano (Bernardo),
      archevêque de Corfu († 1585).

Grisaldi (Paolo). Orazione in morte di B. Suriano, arcivescovo di Corfù. *Venez.* 1585. 4.

      Surin (Jean Joseph),
      jésuite français (1606 — 21 avril 1665).

Boudon (Henri Marie). L'homme de Dieu en la personne de J. J. Surin. *Par.* 1683. 8. *Chartres.* 1689. 8. (*Bes.*) Trad. en ital. par Annibale Adami. *Rom.* 1684. 8.

Conduite du P. Surin envers Jeanne des Anges, (l'une des possédées de Loudun). *Par.* 1661. 12.

      Suringar (Lucas),
      théologien hollandais.

Suringar (W... H... D...). Narratio de vita L. Suringaris, theologiæ doctoris et professoris ordinarii in academia Lugd. Bat., s. l. et s. d. (*Lugd. Bat.* 1834). 4. (*Ld.*)

      Surland (Johann Julius),
      jurisconsulte allemand (21 mai 1687 — 23 juillet 1748).

Reimarus (Hermann Samuel). Pietatis officium memoriæ amplissimi, consultissimi J. J. Surlandii, inclytæ reipublicæ Hamburgensis primi syndici, etc., vita functi. *Hamb.* 1748. Fol.

      Surland (Julius),
      jurisconsulte allemand (21 déc. 1657 — 28 juillet 1703).

Anckelmann (Eberhard). Programma in funere J. Surlandii, J. U. L. reipublicæ Hamburgensis consulis. *Hamb.* 1703. 4.

      Surlet de Chokier (Érasme Louis, baron),
      régent de la Belgique (27 nov. 1769 — ...).

Constitution de la Belgique, précédée de la vie et de la nomination de M. le Régent. *Brux.* 1831. 18. Portrait.

      Susanne,
      personnage biblique, fille d'Helcias.

Nessel (Martin). Historia Susannæ. *Brem.* 1646. 4.

      Suschke (Andreas),
      pédagogue allemand.

Steglich (Friedrich August William). Leben des Seminarlehrers A. Suschke. *Dresd.* 1855. 8.

      Suso (Heinrich*),
      ascétique allemand (1295 — 25 janvier 1365).

Morera (Lorenzo). Historia de la vida y milagros de los

beatos E. Suson, dicho Amando, Fra Ambrosio de Sena y Fra Diego Salomon. *Barcelon.* 1624. 8.

Nente (Ignazio del). Vita ed opere spirituali del B. E. Suso, publ. par Giorgio Bovio. *Padov.* 1675. 4.

H. Suso's, genannt Frater Amandus, Leben und Schriften, nach den ältesten Handschriften herausgegeben von Melchior v. DIEPENBROCK, mit Einleitung von Joseph GOERRES. *Regensb.* 1830. 8. *Augsb.* 1837. 8.

Chavin de Malan (François Emile). La vie et les lettres du bienheureux H. Suso, de l'ordre des frères prêcheurs. *Par.* 1842. 18. (*P.*)

* Son nom originaire était Suss.

Sussex (Thomas Radcliffe, earl of),
homme d'État anglais († 1583).

Whestone (George). Remembrance of the life of T., earl of Sussex. *Lond.* 1816. 4. (*Oxf.*)

Susteren (Hendrik Joseph van),
évêque de Bruges.

Beschryvinge der triomphen op den 25 jaerige jubilé van H. J. van Susteren, 14den bisschop van Brugghe, s. l. (*Brugge.*) 1748 (?). 4.

Oratio funebris in exequiis illustrissimi ac reverendissimi D. H. J. van Susteren, XIV Brugensium episcopi. *Brugis.* 1472. (?) 4.

Sutellius (Johann),
théologien allemand (1504 — 28 août 1575).

Beck (Heinrich Christian). Magister J. Sutellius, Reformator und erster Superintendent der Kirchen zu Goettingen und Schweinfurt, Superintendent zu Allendorf und Nordheim, etc. *Schweinf.* 1842. 8.

Suttinger (Carl Benedict),
pédagogue allemand.

Roth (Ernst Gottlich). Erinnerungsblätter an die fünfzigjährige Amtsjubelfeier des Herrn C. B. Suttinger zu Lübben, etc. *Lübben.* 1830. 8.

Sutton (Robert),
conspirateur anglais.

True report of the indictment, conviction, condamnation and execution of John Weldon, William Hartley and T. Sutton, for high treason, s. l. (*Lond.*) 1588. 4.

Sutton (Thomas),
fondateur de l'hôpital de Charter House (1532 — 11 déc. 1611).

Charter House, with the last will and testament of T. Sutton, Esq. *Lond.* 1614. 4.

Burrell (Percival). Suttons synagogue, or the English Centurion. *Lond.* 1629. 4. Portrait.

Herne (Samuel). Domus Carthusiana, or an account of the Charter House, with the life and death of T. Sutton, Esq. *Lond.* 1677. 8. Portrait. (*Oxf.*)

Bearcroft (Philip). Historical account of T. Sutton, Esq. and of his foundation in Charter House. *Lond.* 1738. 8. Portrait. (*Oxf.*)

Charter House, its foundation and history, with a memoir of T. Sutton, Esq., an account of his school, the Poor Brothers, illustrated by W... C... BLANCHARD. *Lond.* 1849. 8.

Suvée (Joseph Benoît),
peintre belge (1743 — 9 février 1807).

Lebreton (Joachim). Éloge historique de Suvée. *Par.* 1807. 8. (Extrait du *Magasin encyclopédique.*)

Suwaroff-Rimninskoi (Peter Alexei Wasiliowitsch),
généralissime de l'armée russe (13 nov. 1729 — 18 mai 1800).

Pons (Philippe Laurent). Portrait du général Souwaroff. *Par.* 1795. 8. (*P.*)

Anthing (S... Friedrich). Versuch einer Kriegsgeschichte des Grafen P. A. W. Souwaroff. *Gotha.* 1796-99. 3 vol. 8.
Trad. en angl. *Lond.* 1799. 2 vol. 8.
Trad. en franç. *Gotha.* 1796-99. 3 vol. 8.

Histoire des campagnes du maréchal Souwaroff. *Par.* 1797. 3 vol. 8. *Ibid.* 1802. 3 vol. 8.

Lebensgeschichte des russischen General-Feldmarschalls Grafen v. Souwaroff. *Wien.* 1795. 8. *Ibid.* 1799. 8.

Leben und Feldzüge des General-Feldmarschalls P. A. W. Suwaroff-Rimninsky in Italien. *Leipz.* 1799. 4. (*L.*)

(Tannenberg, Georg v.). Leben des Grafen P. A. W. Suwaroff-Rimninskoy. *Nürnb.* 1799. 8.

Vita comitis P. A. W. Suwaroff-Rymninskoi. *Budæ.* 1799. 8. Portrait.

(Vulpius, Christian August). Kurze Lebens- und Kriegsgeschichte des Grafen P. A. W. Suwarow-Rimninskoi, nebst einer Characteristik dieses Helden und Anecdoten aus seinem Leben. *Leipz.* 1800. 8. (*L.*)

Leben P. A. W. Suwarow-Rimninskoi's. *Wien.* (1801.) 8. Portrait.

Tranchant de Laverne (Léger Marie Philippe). Histoire du feld-maréchal P. A. W. Souvarow, etc. *Par.* 1809. 8. (*P.*)

Guillaumanches du Boscage (Gabriel Pierre Isidore de). Précis historique sur le célèbre feld-maréchal comte Souwarow. *Hamb.* 1808. 8.

Vie de P. A. W. Souwarow, tracée par lui-même, ou collection de ses lettres et de ses écrits, publ. par Sergius GLINKA. *Moscou.* 1819. 2 vol. 8.

(Fuchs, G... v.). Anecdoten aus dem Leben des Grafen P. A. W. Souwarow. *Leipz.* 1829. 8. (*L.*) Trad. en holland. *Haarl.* 1829. 8. Portrait.

Smitt (Friedrich v.). P. A. W. Souwarow's Leben und Heerzüge im Zusammenhange mit der Geschichte seiner Zeit dargestellt. *Wilna.* 1832-34. 2 vol. 8. *Sanct-Petersb.* 1858. 2 vol. 8.

Fuchs (G... v.). P. A. W. Souwarow's Correspondenz über die russisch-österreichische Campagne im Jahre 1799. *Glogau.* 1835. 2 vol. 8.

Polewoi (N... A...). Geschichte des Fürsten Italinski Grafen Suwaroff-Rimninski, Generalissimus der russischen Armeen, aus dem Russischen übersetzt von J... de la CROIX. *Riga.* 1850. 8. Portrait.

Macready (Edward Nivil). Sketches of Suwarrow (!) and his last campaign. *Lond.* 1851. 8.

Suijlen van Nyevelt (J...),
magistrat hollandais.

Van het leven en daeden van J. Suijlen van Nijevelt, officier der stad Rotterdam. *Dordr.* 1690. 4.

Suze (Louis de la Baume, comte de).

Pigray (Louis de). Oraison funèbre de très-illustre seigneur messire L. de la Baume, comte de Suze. *Avign.* 1714. 4. (Omis par Quérard.)

Svaning (Hans),
archevêque de Seelande (27 mars 1606 — 28 juillet 1668).

Foss (Matthias). Oratio in obitum J. Svaningii archiepiscopi. *Hafn.* 1668. 4. (*Cp.*)

Svantopolk,
duc de Poméranie.

Lucas (N... N...). Dissertatio de bellis Suantopolci, ducis Pomeranorum, adversus ordinem teutonicum gestis. *Regiom.* 1823. 8.

Svave (Peder),
théologien allemand (vers 1496 — 1551).

Sandvig (Berthel Christian). P. Svaves til Gjordslev, K. Kristian den 3s Raad og Kammersekretaer, hans Liv og Levnet. *Kjoebenh.* 1774. 4. (*Cp.*)

Svebelius (Olof Georg),
archevêque de Linkjoeping (1er janvier 1624 — 29 juin 1700).

Arrhenius (Johann). Programma academicum in O. Svebelii funere. *Upsal.* 1700. Fol.

Norrmann (Laurids). Oratio parentalis in O. Svebelii memoriam. *Holm.* 1717. 8.

Svedberg (Jesper),
évêque de Skara, père d'Emmanuel Swedenborg (28 août 1653 — 26 juillet 1735).

Benzelius (Jacob). Likpredikan öfver Biskopen i Skara Dr. J. Svedberg. *Linköping.* 1756. 4.

Knoes (Carl Johan). Dissertatio de vita J. Svedbergii, episcopi Scarensis. *Skaræ.* 1794. 4.

Fahlcrantz (Christian Erik). Minneskrift öfwer Biskopen Dr. Svedberg. *Stockh.* 1852. 8. (Extrait des *Mémoires de l'Académie de Stockholm.*)

Svedelius (Jakob),
théologien suédois.

Herweghr (Daniel) Åminnelse-Tal öfver Domprosten J. Svedelius. *Westerås.* 1765. 8.

Sveno II,
roi de Danemark (1048 — 8 mars 1074).

Lysholm (Christopher). Programma de Svenone Estrithio. *Soræ.* 1769. 8.

Svenonius (Enewold),

évêque de Schonen (24 déc. 1617 — 28 avril 1687).

Gezelius (Johan). Likpredikan öfver Biskopen E. Svenonius. *Stockh.* 1689. 8.

Achrelius (Daniel Erik). Oratio parentalis in memoriam reverendissimi Scanensium episcopi D. Svenonii. *Aboœ.* 1689. 4.

Swaen (Michiel de),

poète flamand.

Duyse (Prudens van). M. de Swaen. *Gent.* 1845. 8.

Swain (Robert),

Anglo-américain.

Morrison (J... H...), Memoirs of R. Swain. *Boston.* 1841. 8.

Swanberg (Joens),

mathématicien suédois († 27 janvier 1851).

Rundgren (C... H...). Minnesord öfwer Konungens Trotjenare Mathematum Professor Emeritus wid Upsala Akademie, Prosten och Kyrkoherden i Alunda och Morkarla, Riddaren af K. Nordstjerne Orden, Ledamoten af K. Wetenskaps Akademien, Theologiœ Doctorn och Jubelmagistern Herr J. Swanberg. *Upsal.* 1851. 8.

Swansea (Matthew **Cradock**, knigt of),

gentilhomme anglais.

Traherne (John Montgomery). Historical notices of sir M. Cradock, knight of Swansea, in the reigns of Henry VII and VIII. *Llandovery.* 1840. 8. (*Oxf.*)

Swantson (Paul),

soldat anglais.

Memoirs of serjent P. Swantson, written by himself. *Lond.* 1850. 8.

Swartenhondt (Joachim Henrikszoon),

amiral hollandais († 1626).

J. H. Swartenhondt; een geschiedkundig tafereel voor de Nederlandsche jeugd. *Amst.* 1835. 12. (*Ld.*)

Swarts-Spork (Philipp, Graf v.),

homme d'État polonais (?).

Ziegler (Gregor). Oratio funebris in exequiis illustrissimi et excellentissimi D. P. comitis de Swarts-Spork. *Cracov.* 1809. 8.

Swartz (Olof),

botaniste suédois (1760 — 18 sept. 1817).

Wikstroem (Johan Emmanuel). Biographie über (!) den Professor O. Swartz. *Stockh.* 1828. 8. Portrait.

Swedelius (Pehr Gustaf),

théologien suédois.

Wid Contracts-Prosten Dr: P. G. Swedelii Graf. *Fahlun.* 1846. 8.

Swedenborg (Emmanuel),

théosophe suédois (29 janvier 1689 — 29 mars 1772).

Sammlung einiger Nachrichten E. Swedenborg betreffend. *Hamb.* 1772. 4.

Sandels (Samuel). Åminnelse-Tal öfver E. Swedenborg. *Stockh.* 1772. 8..

Adskillige curicuse Anmärkninger og Efterretninger om den bekiendte Laerde E. Swedenborg, s. l. (*Kjocbenh.*) 1780. 8.

Over Swedenborgs leven. *Amst.* 1790. 8.

Clowes (James). Letters to a member of parliament on the writings of Swedenborg, containing a refutation of Barruel's calumnies against him. *Lond.* 1799. 8.

Buelow (Heinrich v.). Coup d'œil sur la doctrine de la nouvelle Eglise chrétienne, ou le Swedenborgianisme. *Philadelph.* (*Bert.*) 1819. 8.

Goerres (Joseph). E. Swedenborg, seine Visionen und sein Verhältniss zur Kirche. *Speier.* 1827. 8.

Life of E. Swedenborg, with an account of his writings. *Boston.* 1831. 12.

Vorherr (Johann Michael Christian Gustav). Geist der Lehre E. Swedenborg's aus dessen Schriften, etc. *Münch.* 1852. 12.

Witz (Paul Eugène). Essai sur la vie et sur quelques articles de la doctrine d'E. Swedenborg. *Strasb.* 1855. 4.

Tafel (Johann Friedrich Immanuel). E. Swedenborg und seine Gegner, oder Beleuchtung der Hauptlehren der neuen Kirche, etc. *Tübing.* 1854. 8. *Ibid.* 1842. 8.

— — Sammlung von Urkunden, betreffend das Leben und den Character E. Swedenborg's. *Tübing.* 1859. 8.

— — Zur Geschichte der neuen Kirche. *Tübing.* 1841. 8.

Ranz (Carl Friedrich). E. Swedenborg, der nordische Seher. Sein Leben und seine Lehre, nebst einer kurzen Kritik der letztern vom biblischen Standpunkte aus. *Ravensburg.* 1841. 12. *Halle.* 1831. 8.

Barrett (B... F...). Life of E. Swedenborg, with some account of his writings. *New-York.* 1842. 11.

Abriss des Lebens und Wirkens E. Swedenborg's, etc. *Stuttg.* 1845. 8. (Trad. de l'anglais).

Tafel (Johann Friedrich Emmanuel). Zur Characteristik Swedenborg's und seiner Schriften. *Tübing.* 1846. 4.

Bush (George). (Anton) Mesmer and E. Swedenborg, or the relation of the developments of Mesmerism to the doctrines and disclosures of Swedenborg. *Lond.* 1847. 12. (*Oxf.*)

Rich (Elihu). Biographical sketch of E. Swedenborg, with an account of his works. *Lond.* 1849. 12.

Wilkinson (J... G...). E. Swedenborg; a biography. *Boston.* 1849. 12.

Aus und über Swedenborg, mit Vorrede von Christian DUEBERG. *Wismar.* 1849. 8.

E. Swedenborg. *Par.* 1851. 4. (Extrait des *Archives historiques*, signé G... OR...).

Andeskädaren Swedenborg. En framställning af denne Mans Personlighed och underliga Lefnadsöden, jemte Utdrag ur hans egna Berättelser om sina syner och andeskäderier, etc. *Stockh.* 1851. 8. Portrait.

Hood (Edwin Paxton). Swedenborg, a biography and exposition. *Lond.* 1854. 8.

Beaumont-Vassy (marquis de). E. Swedenborg, ou Stockholm en 1756. *Par.* 1859 (?). 8.

Sweet (Robert),

botaniste anglais.

Trial of R. Sweet, at the Old Bailey, etc. *Lond.* 1824. 8.

Swiatopolk, prince **Czetwertynski** (Janus Joseph),

homme d'État polonais (16 mai 1805 — 29 nov. 1837).

Przezdzyecki (Joseph Janus). Précis de la biographie de J. J. Swiatopolk, prince Czetwertynski, décédé à Tarbes (Hautes-Pyrénées). *Tarbes.* 1858. 8.

Swieten (Geraard van),

médecin hollandais (7 mai 1700 — 18 juin 1772).

Wurz (Ignaz). Trauerrede auf G. van Swieten. *Wien.* 1772. 8.

Trad. en franç. *Vienne.* 1772. 8.

Trad. en ital. par Aloys SCHAUER. *Triest.* 1775. 8.

Baldinger (Ernst Gottfried). Lobrede auf den Freiherrn van Swieten. *Jena.* 1772. 4. (*D.* et *L.*)

Kesteloot (Jacques Louis). Hulde aan G. van Swieten. *Gent.* 1826. 8. (*Ld.*)

Swift (Benjamin),

homme d'État anglo-américain.

Smith (Worthington). Discourse on the death of the Hon. B. Swift, U. S. senator. *St. Albans.* 1848. 8.

Swift (Jonathan),

satirique irlandais (30 nov. 1667 — 19 oct. 1745).

Orrery (John Boyle of). Remarks on the life and writings of Dr. J. Swift, dean of S. Patricks, Dublin, etc., in a series of letters to his son. *Lond.* 1752. 8. (5e édition.) Trad. en allem. s. c. t. Leben Dr. J. Swift's. *Hamb.* 1752. 8. (*D.* et *L.*)

Swift (Deane). Essay on the life, writings and character of Dr. J. Swift. *Lond.* 1755. 8. (*Oxf.*)

Nyrén (Carl). J. Swifts Lefverne. *Götheb.* 1760. 8. Port.'

Vita del dottore G. Swift, Irlandese. *Lucca.* 1762. 12.

Sheridan (Thomas). Life of the Rev. Dr. J. Swift. *Lond.* 1784. 8. (*Oxf.*) *Ibid.* 1785. 8. *Ibid.* 1786. 8. *Ibid.* 1787. 8. Trad. en allem. par Philippine v. KNIGGE. *Hamb.* 1793. 8.

Montmorency (N... N...). Account of the life of dean Swift, with an interlineary version. *Par.* 1800. 8.

Barrett (John). Essay on the earlier part of the life of Swift. *Lond.* 1808. 8. (*Oxf.*)

(**Craufurd**, Quintin). Essai historique sur le docteur Swift, et sur son influence dans le gouvernement d'Angleterre, etc. *Par.* 1808. 4. (*Lv.*)

Scott (Walter). Memoir of J. Swift, dean of St. Patrick's, Dublin. *Par.* 1826. 2 vol. 12. Trad. en franç. *Par.* 1826. 2 vol. 12. (*P.*)

Wilde (W... R...). The closing years of dean Swift's life, with an appendix, etc., and some remarks on Stella (Esther Johnson). *Dubl.* 1849. 8.

Jeffrey (Francis Samuel). Swift and (Samuel) Richardson. *Lond.* 1855. 8.

Swiftiana. *Lond.* 1804. 2 vol. 12. Portrait.

Swinden (Jan Henrik van),
mathématicien hollandais (8 juin 1746 — 9 mars 1823).

Lennep (David Jacob van) et **Klijn** (H... H...). Hulde aan de nagedachtenis van den hoogleeraar J. H. van Swinden. *Amst.* 1824. 8. Portrait.

Moll (Geraard). Redevoering over J. H. van Swinden. *Amst.* 1824. 8. (*Bx.*)

Sybel (Arnold August),
théologien allemand (9 sept. 1804 — 15 déc. 1838).

Liebetrut (Friedrich). A. A. Sybel, zuletzt Diaconus zu Luckenwalde, nach seinem Leben und Wirken, etc., dargestellt. *Berlin.* 1841. 8. Portrait.

Syberg (Jan Hendrik, baron van).

Weyerman (Jan Campo). Levens-bijzonderheden van J. H., baron van Syberg. *Utrecht.* 1733. 12.

Sydenham (Charles, lord),
homme d'État anglais.

Scrope (George Poulett). Memoir of the life of the Right Hon. C., lord Sydenham, with a narrative of his administration in Canada. *Lond.* 1843. 8. Portrait. (*Oxf.*)

Sydenham (Thomas),
médecin anglais du premier ordre (1624 — 29 déc. 1689).

Prunelle (Charles François Victor). Notice sur la vie et les écrits de Sydenham. *Montpell.* 1816. 8.

Goeden (Friedrich Hans Adolph). T. Sydenham. Über seine Bedeutung in der heilenden Kunst. *Berl.* 1827. 8.

Jahn (Ferdinand). Sydenham. Beitrag zur wissenschaftlichen Medicin. *Eisenach.* 1840. 8.

Gernhard (Robert Wilibald). Dissertatio medico-historica de T. Sydenhamo. *Jenæ.* 1843. 4. (*L.*)

Sydney (Algernon),
homme d'État anglais (vers 1617 — exécuté le 7 déc. 1683).

Meadley (George Wilson). Memoirs of A. Sydney. *Lond.* 1813. 8. Portrait. (*Oxf.*)

Santvoord (G... van). Life of A. Sydney. *New-York.* 1851. 12.

Syen (Arnold),
médecin hollandais (1649 — 21 oct. 1678).

Craanen (Theodor). Oratio funebris in obitum professoris A. Syeni. *Lugd. Bat.* 1679. 4. (*Cp.*)

Sykes (Arthur Ashley),
théologien anglais (1684 — 23 nov. 1756)

Disney (John). Memoirs of the life and writings of A. A. Sykes. *Lond.* 1785. 8. (*Oxf.*)

Sylburg (Friedrich),
philologue allemand (1536 — 16 février 1596).

Jung (Johann Georg). Lebensbeschreibung F. Sylburg's Wetterani Hassi, polyhistoris quondam magni. *Frf. et Berleburg.* 1745. 8. (*D. et L.*)

Sylt (N... N...),
artiste (?) danois.

(**Ambrosius**, E...). Kurze Nachricht von Sylt. *Kopenh.* 1792. 8. (*Cp.*)

Sylvestre II,
pape, successeur de Grégoire V (élu le 9 février 999 — 12 mai 1003).

Bzovius (Abraham). Sylvester II pontifex maximus. *Rom.* 1629. 4. (*D.*)

Koeler (Johann David). Dissertatio qua eximius in medio ævo philosophus, Gerbertus, primus Remorum deinde Ravenatum archiepiscopus, postea romanus pontifex Sylvester II, injuriis tam veterum quam recentiorum scriptorum liberatur. *Altorf.* 1720. 4.

Hock (Carl Ferdinand). Gerbert oder Papst Sylvester II und sein Jahrhundert. *Wien.* 1837. 8. (*D. et L.*)
    Trad. en franç. par J... M... **Axinger**. *Par.* 1842. 8. (*P.*)
    Trad. en ital. par Gaetano **Stelzi**. *Milan.* 1840. 8.

Buedinger (Max). Über Gerbert's (Sylvester's II) wissenschaftliche und politische Stellung, etc. *Cassel.* 1851. 8.

Saphary (N... N...). Gerbert, premier pape français, sous le nom de Sylvestre II; sa vie, ses disciples, ses écrits, son caractère. *Par.* 1851. 18.

Sylvius (François de la Boë),
médecin hollandais (1623 — 16 déc. 1672).

Schacht (Lucas). Oratio funebris in obitum F. de la Boë Sylvii. *Lugd. Bat.* 1673. 4. (*Ld., D. et Lv.*)

Symeon (Gabriel), voy. Simeoni.

Symmaque (Quintus Aurelius),
préfet de Rome (en 384).

Rosenberg (Johann). Programma de Symmacho. *Budiss.* 1697. 4. (*L.*)

Morin (Eugène). Étude sur la vie et les écrits de Symmaque, préfet de Rome. *Par.* 1847. 8. (*P.*)

Thieme (Carl August). Dissertatio de puritate Symmachi. *Lips.* 1755. 4. (*L.*)

Synesius de Cyrène,
évêque de Ptolémaïde († vers 430).

Holstein (Lucas). Dissertatio de Synesio et fuga episcopatus. *Mogunt.* 1679. Fol.

Chladenius (Martin). Theologumena Synesii Cyrenensis. *Halæ.* 1714. 4. (*D.*)

Woog (Carl Christian). Historiola de Synesio episcopo et Evagrio philosopho; græce et latine. *Lips.* 1758. 4. (*L.*)

Clausen (Emil Theodor). Commentatio de Synesio philosopho, Libyæ Pentapoleos metropolita. *Hafn.* 1851. 8.

Kolbe (Bernhard). Der Bischof Synesius von Cyrene als Physiker und Astronom beurtheilt. *Berl.* 1850. 8.

Syntipas,
poëte persan du XIVe siècle *.

Boissonade (Jean François). De Syntipa et Cyri filio Andreopulo narratio. *Par.* 1828. 8.
    * On lui doit la traduction en syrien des fables d'Ésope.

Sijpkens (Tammo),
savant hollandais.

Spandaw (Hazo Albert) et **Star Numan** (Charles). T. Sijpkens, tot aandenken voor zijne vrienden geschetst. *Groning.* 1843. 8. (*Ld.*)

Syrbius (Johann Jacob),
philosophe allemand (26 juin 1674 — 9 nov. 1738).

Hallbauer (Friedrich Andreas). Programma funebre in obitum J. J. Syrbii. 1758. Fol. (*L.*)

Szalbeck (Carl v.),
évêque de ... († .. juillet 1785).

Molnár (János Baptista). Oratio funebris ad solemnes exequias C. de Szalbeck, episcopi Scepusiensis. *Leutschov.*, s. d. (1785). Fol.

Szatmáry (Sándor),
mécanicien hongrois (+ 1745).

Justa suprema manibus viri clarissimi, mechanici singularis A. Szatmáry, reform. in Transilvanii typographi ordinarii, juxta sculptoris fusorisque longe dexterrimi (præmisso vitæ curriculo, etc.), s. l. et s. d. (1745). 4.

Széchényi (Gróf Antal),
feld-maréchal hongrois.

Kiskóss (Mihály). Aquila volans. Repülö Sas, az az : Gróf Széchényi A., etc. *Pesth.*, s. d. (1767.) Fol.

Szécsényi (György),
archevêque hongrois.

(**Cséles**, Márton). Decennium G. Szécsényi, metropolitæ Strigoniensis. *Tyrnav.* 1721. 12.

Szégédi (Ferencz Leonhard),
évêque de Gran.

Illyefalvi (István). Lilium sepulchrale, s. F. L. Szégédi, episcopus Agriensis, etc., lugubri dictione celebratus. *Cassov.* 1675. 4.

Székelyi (N... N...),
colonel hongrois.

Freimüthige Bemerkungen über das Verbrechen und die Strafe des Garde-Obrist-Lieutenants Székelyi, s. l. 1786. 8.

Noten zum Texte : *Freimüthige Bemerkungen,* etc., von einem ehrlichen Manne. *Augsb.* 1786. 8.

Székely's Vertheidiger strafbarer als Székelyi. Beleuchtung der *Freimüthigen Bemerkungen,* etc. *Prag.* 1786. 8.

Szela (N... N...),
chef de l'insurrection galicienne (en 1846).

Miczovski (Stanislaus). Szela, der galizische Bauern-chef, oder die Blut- und Schreckens-Scenen in Galizien während des polnischen Aufstandes im Jahre 1846. *Grimma.* 1846. 8. (*L.*)

Szlabigh (Thomas David),
littérateur hongrois († 1784).

Zachár (András). Memoria T. D. Szlabigh, regii archi-gymnasii Tyrnaviensis secundi humaniorum profes-soris. *Tyrnav.* 1784. 8.

T

Tabor (Johann Otto),
jurisconsulte allemand (3 sept. 1604 — 12 déc. 1674).

(**Prasch**, Johann Ludwig). Mausoleum J. O. Taboris. *Ratisb.* 1675. 4. Portrait.

Tacca (Pietro),
statuaire italien († 1640).

Manni (Domenico Maria). Addizione necessarie alle vite di due celebri statuarj Michel Angelo Buonarrotti e P. Tacca. *Firenz.* 1777. 4. (*Oxf.*)

Tacitus (Cajus Cornelius),
historien romain (vers 55 — 99 après J. C.).

Malvezzi (Virgilio). Discorsi sopra C. Tacito. *Venez.* 1622. 4. (*Oxf.*)

Moller (Daniel Wilhelm). Disputatio circularis de C. C. Tacito. *Altorf.* 1686. 4. (*L.* et *Lv.*)

Lambecius (Peter). Collectanea ad C. C. Taciti vitam. *Hamb.* 1724. 8. (*D.* et *L.*)

Pramberg (Petrus). Dissertatio de vita et scriptis C. C. Taciti. *Lund.* 1805. 8.

Maillet-Lacoste (Pierre Laurent). Parallèle de Tacite et de Cicéron. *Par.* 1826. 8. (*P.*)

Boetticher (Wilhelm). De vita, scriptis ac stilo C. C. Taciti, etc. *Berol.* 1834. 8.

Sievers (N... N...). Tacitus und Tiberius. *Hamb.* 1850. 4.

Taconnet (Toussaint Gaspard),
auteur et acteur français (4 juillet 1730 — 29 déc. 1774).

(**Artaud**, Jean Baptiste). Taconnet, ou mémoires histo-riques pour servir à la vie de cet homme célèbre, etc. *Amst.* (*Par.*) 1775. 12. (*P.*)

Taddini (conte Luigi),
savant italien.

Fontana (N... N...). Discorso intorno la vita del conte L. Taddini. *Bergam.* 1829. 8.

Tadini (Antonio),
physicien italien.

(**Bravi**, Giuseppe). Analisi delle opere di A. Tadini. *Bergam.* 1835. 8.

Tadino (Gabriello),
général italien (vers 1480 — 1543).

Gallizzioli (Giovanni Battista). Memorie della vita di G. Tadino. *Bergam.* 1783. 8. *
* Orné d'une médaille, frappée en 1538, en l'honneur de ce général.

Taege (Christian),
littérateur (?) allemand.

(**Gerber**, August Samuel). C. Taege's Lebensgeschichte, nach dessen eigenen Aufsätzen bearbeitet. *Königsb.* 1804. 8. *
* Publ. s. l. pseudonyme de Dono CANO.

Taffin (Francisca),
institutrice des capucines aux Pays-Bas.

Mathias de Saint-Omer. Vie de la vénérable mère sœur Françoise de Saint-Omer, fondatrice de la ré-forme des capucines aux Pays-Bas, en 1614. *Saint-Omer.* 1666. 4.

Leven van de eerwerdige moeder F. Taffin, vrouw van Hocquet, instelster der capucineressen. *Ghendt.* 1721. 8. Portrait.

Tagliacozzi (Gasparo);
chirurgien italien, inventeur de la rhinoplastique
(1546 — 7 nov. 1599).

Muzio de Piacenza. Oratio in obitum G. Tagliacotii. *Bonon.* 1599. 4.

Taglialatela (Paolo),
prêtre italien.

Sabbatini d'Anfora (Ludovico). Orazione in morte del P. D. P. Taglialatela. *Napol.* 1749. 4.

Taglioni (Maria),
danseuse suédoise (23 avril 1809 — ...).

Méry (Joseph). M. Taglioni, s. l. et s. d. 4. Portrait. M. Taglioni, etc. *Triest.* 1843. 4.

Taigi (Anna Maria),
religieuse italienne.

Luquet (J... F... O...). Notice sur la vie et les vertus de l'humble servante de Dieu, A. M. Taigi. *Plancy.* 1851. 12.

Tailhand (Jean Baptiste),
jurisconsulte français (12 nov. 1771 — 9 avril 1849).

Conchon (Henri). Éloge biographique de M. J. B. Tail-hand, président à la cour d'appel de Riom et directeur de l'Académie des sciences, belles-lettres et arts de Clermont-Ferrand. *Clerm.-Ferr.* 1850. 8.

Taillasson (Jean Joseph),
peintre français (1746 — 11 nov. 1809).

Neergaard (Toennes Christian **Bruun**). Notice sur Taillasson, peintre d'histoire. *Par.* 1810. 8. (Omis par Quérard). — (*Par.*)

Taisand (Pierre),
jurisconsulte français (7 janvier 1715).

(**Taisand**, Claude). Vie de Taisand, trésorier de France en la généralité de Bourgogne et Bresse. *Dijon.* 1715. 4. (*Lv.*)

Talæus (Audomarus),
jurisconsulte français.

Lallemant (Pierre). Oratio in funere A. Talæi, in sanc-tiori consilio comitis consistoriani, et primi regis in supremo Galliæ senatu advocati catholici. *Par.* 1655. 4. (*P.*)

Talassio,
personnage mythologique.

Koehler (Johann Bernhard). Eclogæ archæologicæ de Hymenæo et Thalassione, diis Græcorum ac Romano-rum nuptialibus. *Lubec.* 1757. 4.

Talavera (Hernando de),
archevêque de Granada († 14 mai 1507).

Gomez (Francisco). Vida de D. Fr. H. de Talavera, arcobispo de Granada. *Granad.* 1564. 8.

Talbert (François Xavier),
littérateur français (4 août 1728 — 4 juin 1803).

Grappin (Pierre Philippe). Éloge de F. X. Talbert. *Besanç.* 1811. 8. (Non mentionné par Quérard.) — (*Bes.*)

Talbot,
famille anglaise.

Honour of the seals, or memoirs of the noble family of Talbot; with the life of lord chancellor Talbot, s. l. (*Lond.*) 1757. 8.

Talbot.

Seymour (M... Hobart). The Talbot case. An authorita-tive and succinct account from 1859 to the lord-chan-cellors judgment. *Lond.* 1851. 12.

Talbot (Silas),
commodore anglo-américain.

Tuckerman (Henry T...). Life of S. Talbot, commodore in the United-States navy. *New-York.* 1850. 18.

Tallemant des Réaux (Gédéon),
écrivain français (vers 1619 — 10 nov. 1692).

Tallemant des Réaux (Gédéon). Historiettes. Mémoi-res pour servir à l'histoire du xviie siècle, publ. par le marquis de CHATEAUGIRON, Jules TASCHEREAU et Nicolas de MONMERQUÉ. *Par.* 1831-56. 6 vol. 8. (*Oxf.*

et *P.*) *Brux.* 1839. 6 vol. 18. *Ibid.* 1840. 10 vol. 12. 10 portraits.

Monmerqué (Nicolas de). Notice sur Tallemant des Réaux, sur sa famille et sur ses mémoires, etc. *Par.* 1856. 8. (*P.*)

Talleyrand, comte de Chalais (Henri de),
favori de Louis XIII, roi de France
(vers 1599 — décapité le 19 août 1626).

Récit véritable de l'exécution du comte de Chalais, sa prise, les causes de son emprisonnement, la suite des procédures, la teneur de l'arrêt et ce qui s'est passé de plus mémorable à sa mort. *Par.* 1626. 8. (*P.*)

Laborde (Jean Benjamin de). Pièces du procès de H. de Talleyrand, comte de Chalais, etc. *Par.* 1781. 12.* (*P.*)

  * Cet ouvrage, orné des portraits du comte de Chalais et de madame de Chevreuse, se trouve quelquefois s. c. t. : Recueil de pièces intéressantes pour servir à l'histoire des règnes de Louis XIII et de Louis XIV.

Talleyrand-Périgord (Alexandre Angélique de),
cardinal-archevêque de Paris (18 oct. 1736 — 20 oct. 1821).

(**Bausset**, Louis François de). Notice historique sur Son Eminence Mgr. de Talleyrand-Périgord, archevêque de Paris. *Par.* 1821. 8. (*P.*)

(**Jaisson**, N... N...). Oraison funèbre de S. É. Mgr. le cardinal Périgord. *Par.* 1822. 8.

Talleyrand-Périgord (Charles Maurice, prince de),
diplomate français (2 février 1754 — 18 mai 1838).

(**Stewarton**, N... N...). Memoirs of C. M. Talleyrand de Périgord. *Lond.* 1805. 2 vol. 8. (Non mentionné par Lowndes.)

Précis de la vie du prélat d'Autun (C. M. de Talleyrand), digne ministre de la Fédération. *Par.* 1790. 8.

Tisset (François Barnabé). Vie politique et privée des sept ministres de la république (Barthélemi Louis Joseph Scherer), (Charles Joseph Matthieu) Lambrechts, Talleyrand, le Tourneur, Dondeau, Ramelle, (George René) Pléville-Lepelley. *Par.*, an iv. 8.

Sallé (Alexandre). Vie politique de C. M., prince de Talleyrand. *Par.* 1834. 8. *Berl.* 1834. 8. *Ibid.* 1838. 8. Trad. en allem. :

  Par un anonyme. *Quedlinb.* 1834. 8.
  Par A... Neubohr. *Stuttg.* 1834. 8. Portrait.
  Par Johann Sponschil. *Leipz.* 1834. 8. (*L.*)

Life of the prince Talleyrand. *Philadelph.* 1834. 8.

(**Villemarest**, Charles Maxime de). M. de Talleyrand. *Par.* 1834-35. 4 vol. 8. *

  * Avec cette épigraphe : Ni pamphlet, ni panégyrique.

Barante (Prosper **Brugière** de). Éloge de M. le prince duc de Talleyrand. *Par.* 1838. 8. (*P.*)

Bastide (Louis). Vie religieuse et politique de C. M. de Talleyrand, duc de Bénévent. *Par.* 1838. 8. Trad. en allem. *Cassel* et *Leipz.* 1838. 8. (*L.*)

D(ufour de la **Thuilerie**) (S(osthène)). Histoire de la vie et de la mort de M. de Talleyrand-Périgord, prince de Bénévent. *Par.* 1838. 8. (*P.*)

Place (Charles) et **Flourens** (Pierre). Mémoire sur M. de Talleyrand, sa vie politique et sa vie intime. *Par.* 1838. 8. (*P.*)

Extraits des mémoires du prince de Talleyrand-Périgord, publ. par la comtesse O... de C... *Par.* 1838. 2 vol. 8. Trad. en allem. par Eduard Brinkmeier. *Quedlinb.* 1840. 2 vol. 8. *Ibid.* 1846. 2 vol. 8.
Trad. en ital. par A... Piazza. *Milan.* 1839. 4 vol. 18.

(**Sala**, Francesco). Notizie sulla vita pubblica e privata del principe Talleyrand di Périgord, con l'esame frenologico del suo cranio (dai C. Place et P. Flourens) e con elogio suo del barone di Barante. *Milan.* 1838. 8.

Vogel (Gustav Adolph). Talleyrand, der grösste Diplomat seiner Zeit. Skizze seines Lebens, Wirkens und Characters. *Leipz.* 1838. 8. (*D.* et *L.*)

Le prince de Talleyrand, sa vie et sa confession. *Par.* 1838. 8. (*P.*)

G... (André). Biographie des contemporains : Talleyrand-Périgord, prince de Bénévent. *Par.* 1838. 8. Port.

Mignet (François Auguste Alexis). Notice historique sur la vie et les travaux de M. le prince de Talleyrand. *Par.* 1839. 8. (*P.*)

(**Loménie**, Louis de). M. de Talleyrand, par un homme de rien. *Par.* 1841. 12.

Reminiscences of prince Talleyrand, edited from the papers of the late M. Colmache, private secretary to

the prince, publ. par madame Colmache. *Lond.* 1848. 2 vol. 8. (*Oxf.*) Reimprim. s. c. t. Revelations of the life of prince Talleyrand. *Lond.* 1850. 8. Trad. en allem. par Hermann Bartholdi. *Grimma.* 1850. 3 vol. 12. (*L.*)

Michaud (Louis Gabriel). Histoire politique et privée de C. M. de Talleyrand, ancien évêque d'Autun, prince de Bénévent, suivie d'un extrait des mémoires inédits de M. de Semallé, commissaire du roi en 1814, de nouveaux documents sur la mission qui fut donnée à Maubreuil pour assassiner Napoléon, etc. *Par.* 1853. 8. Portrait. (*Lv.* et *P.*)

Rencontre de Napoléon et du prince Talleyrand aux Champs-Elysées. *Par.* 1838. 8. (Dialogue en prose.)

Lesueur-Destourets (P...). Les ombres d'Alexandre I, empereur de toutes les Russies, et du prince Talleyrand, ci-devant évêque d'Autun, etc. *Par.* 1838. 8.

Tallien (Jean Lambert),
député à la Convention nationale (1769 — 16 nov. 1820).

Tallien à ses collègues et à ses concitoyens, s. l. et s. d. 8.
La vérité sur les événements du 2 décembre, s. l. et s. d. 8.
Rapport sur le 13 vendémiaire, s. l. et s. d. 8.

Talma (François Joseph),
tragédien français du premier ordre
(15 janvier 1763 — 19 oct. 1826).

Exposé de la conduite et des torts du sieur Talma envers les comédiens français. *Par.* 1790. 8.

Talma (François). Réponse au (précédent) mémoire de la Comédie-Française. *Par.*, an ii. 8.

Notice biographique sur M. Talma, etc. *Brux.* 1820. 52.

(**Manne**, Edmond de). Parallèle de Talma et de (Jean Bernard Brisebarre, se nommant) Joanny. *Par.*, s. d. (1822). 8.

Lafon (Pierre). Discours prononcé sur la tombe de Talma. *Par.* 1826. 8.

Tissot (Pierre François). Souvenirs historiques sur la vie et la mort de Talma, d'après les documents donnés par lui-même, suivis du journal de ses derniers moments. *Par.* 1826. 8. *Brux.* 1826. 8.

Duval (Emile). Talma. Précis historique sur sa vie, ses derniers moments et sa mort, etc. *Par.* 1826. 8.

Moreau (Claude François Jean Baptiste). Mémoires historiques et littéraires sur F. J. Talma. *Par.* 1826. 8. Portrait. Trad. en holland. s. c. t. Levens van den treurspeler Talma, par A... L... Bardaz. *Amst.* 1826. 8.

Laugier (Adolphe). Notice sur Talma. *Par.* 1827. 8.

Lemercier (Népomucène Louis). Notice biographique sur Talma. *Par.* 1827. 8. Portrait. (Extrait de la *Revue encyclopédique.*)

Regnault-Warin (Jean Baptiste Joseph Innocent Philadelphe). Mémoires historiques et critiques sur F. J. Talma et sur l'art théâtral. *Par.* 1827. 8.

Audibert (Louis François Hilarion). Louis XI, le cardinal de Retz et Talma. *Par.* 1848. 8.

Dumas (Alexandre). Mémoires de F. J. Talma, etc. *Par.* 1849-50. 4 vol. 8. Trad. en allem. :
  Par Wilhelm Ludwig Wesché. *Leipz.* 1850. 4 volumes 8. (*L.*)
  Par A... Heinrich. *Leipz.* 1850. 2 vol. 8.

Talma. *Par.* 1852. 4.

Régnier (M...). Notice historique sur F. J. Talma, de la Comédie-Française. *Par.* 1853. 8. (Extrait du tome LXXXIII de la *Biographie universelle.*)

Bertu (Charles François). Napoléon et Talma aux Champs-Elysées, etc., précédé d'une notice historique sur la vie, etc., de ce grand tragédien. *Par.* 1826. 52.

Talma, née Vanhove (Juliette),
épouse du précédent.

Villenave (Mathieu Guillaume Thérèse). Notice sur madame veuve Talma, née Vanhove, aujourd'hui comtesse de Chalot. *Meudon.* 1856. 8. Portrait. (Tiré à un petit nombre d'exemplaires.)

Talmberg (Johann v.),
évêque de Koenigsgraetz.

Czerwenka (Wenceslaus). Dissertatio historico-politica s. honorum gradus J. de Talmberg, episcopi Reginohradensis. *Prag.* 1677. 4.

Talon (Denis),
jurisconsulte français (.. juin 1628 — 2 mars 1693).

Dupin (André Marie Jean Jacques). Dissertation sur la

vie et les ouvrages de Pothier; suivie de trois notices sur Michel L'Hôpital, D. Talon et (Jean Denis de) Lanjuinais. *Par.* 1827. 12. (*P.*)

Talon (Omer),
jurisconsulte français (vers 1595 — 29 déc. 1652).

Mémoires d'O. Talon, avocat général, continués par son fils jusqu'au mois de juin 1653, et publ. par Antoine François JOLLY. *La Haye.* (*Par.*) 1732. 8 vol. 12. (*Bes.*)

Lallemant (Pierre). Oratio in honorario funere, quo Parisiensis studiorum universitas parentavit illustrissimo viro A. Talæo in sanctiori consilio comiti consistoriano et primo regis in supremo Galliæ senatu advocato catholico. *Par.* 1653. 4. (*P.*)

Talot (Martial),
officier français (vers 1770 — 13 avril 1809).

Roger (Alexandre). Notice nécrologique sur M. Talot, chef de bataillon au 21ᵉ régiment d'infanterie légère. *Par.* 1809. 8. (*P.*)

Talvande (Alexis Michel),
littérateur français (8 oct. 1800 — 11 janvier 1838).

Halgan (Emmanuel). Notice biographique sur A. M. Talvande. *Nantes.* 1838. 8.

Tamariz (Francisco),
prêtre espagnol.

Azevedo (Francisco de). Vida del venerabile P. F. Tamariz. *Madr.*, s. d. 8. Trad. en ital. *Venez.* 1750. 8.

Tamburini (Pietro),
théologien italien (1737 — 14 mars 1827).

Zuradelli (N... N...). Elogio funebre del professore P. Tamburini. *Pavia.* 1827. 8.

Tambeskjelver (Einard),
héros norvégien (contemporain d'Olaus Trygveson).

Monrad (Soeren). Vita E. Tambeskjelver. *Hafn.* 1773. 8. (*Cp.*)

Tamerlan ou **Timour-Beg**,
héros tartare (9 avril 1336 — 18 février 1405).

Perondini (Pietro). Magni Tamerlanis, Scytharum imperatoris, vita. *Basil.* 1551. 12. *Florent.* 1553. 8, s. l. 1597. 12. *Amberg.* 1600. 12.

Molina (Gonzalo Argote de). Historia del gran Tamerlan. *Sevilla.* 1582. Fol.

Macera de Letosio (Bartholomæus). Historia o Tamerlanovi, králi tatarském. *Praze.* 1598. 8.

Dubec de Mortemer (Jean). Histoire du grand Tamerlan, tirée des monuments antiques des Arabes. *Lyon.* 1602. 8. *Brux.* 1602. 8.
Trad. en allem. (par LUDWIG, HERZOG VON ANHALT). *Köthen.* 1639. 8.
Trad. en angl. par H... M... *Lond.* 1597. 4.
Trad. en holland. *Rotterd.* 1615. 8. (Très-rare.)

Sainctyon (N... N... de). Histoire du grand Tamerlan. *Par.* 1629. 12. *Ibid.* 1677. 12. *Amst.* 1678. 12. *Utrecht.* 1679. 12.

Ahmed ben Arabschah. Vitæ et rerum gestarum Timuris, qui vulgo Tamerlanus dicitur, historia, trad. de l'arabe par Jacob GOLIUS. *Lugd. Bat.* 1636. 4. Avec des notes par Samuel Heinrich MANGER. *Leovard.* 1767-1772. 2 vol. 4.
Trad. en franç. s. c. t. Portrait du grand Tamerlan, par Pierre VATTIER. *Par.* 1658. 4.
Trad. en turc, par NAZEMI LADEII. *Constant.* 1142. (1729.) 4.

Boecler (Johann Heinrich). Timur, vulgo Tamerlanes. *Argent.* 1657. 4.

Clarke (Samuel). Life of Tamerlane the Great. *Lond.* 1676. 4. (*Oxf.*)

Lagerloef (Peter). Dissertatio de Tamerlane. *Upsal.* 1691. 8.

Cherefeddin Ali. Histoire de Timour Bey, connu sous le nom du grand Tamerlan, empereur des Mogols et des Tartares, trad. du persan par François PÉTIS DE LA CROIX. *Delft.* 1723. 4 vol. 12. *Par.* 1724. 4 vol. 12.

Margat (N... N...). Histoire de Tamerlan, empereur des Mogols et conquérant de l'Asie. *Par.* 1739. 12. * (*P.*)
* Sous ce titre se cache une satire sur Louis XIV.

Alhacem. History of the life of Tamerlane the Great, trad. de l'arabe par L... VANE. *Lond.* 1753. 8. *Ibid.* 1785. 12. (*Oxf.*)

White (Joseph). Specimen of the civil and military instituts of Timour or Tamerlane. *Oxf.* 1780. 4. (*Oxf.*)
Trad. en allem. par Christian Friedrich PREISS. *Halle.* 1781. 8. (*D. et L.*)

Langlès (Louis Mathieu). Instituts politiques et militaires de Tamerlan. *Par.* 1787. 8. (*P.*)

Tamisier (Rosette).

André (Jean François). Affaire R. Tamisier, précédée d'une notice sur Pierre Michel Vintras et sa secte. *Carpentras.* 1851. 18.

Procès de R. Tamisier. (Miracle de Saint-Saturnin.) *Par.* 1851. 8.

Tamm (Adolf Gustaf),
homme d'État suédois.

Rundgren (C... H...). Minnesord öfwer Directeuren Herr A. G. Tamm, som Jordfästades i Upsala. *Upsal.* 1851. 8.

Tanchou (Stanislas),
médecin français (6 août 1791 — † 1850).

Boys de Loury (N... N...). Notice sur la vie de Tanchou, etc. *Par.* 1850. 8.

Tancke (Joachim),
médecin allemand (1557 — 17 nov. 1609).

Werdenhagen (Johann August). Κωλύτης funebris in memoriam J. Tanckii. *Altenb.* 1610. 4. (*L.*)

Tancrède,
l'un des chefs de la première croisade (1090 — 1112).

Delbare (François Théodore). Histoire de Tancrède, etc. *Par.* 1822. 12. (*P.*)

Schmerbauch (M...). Tancred, Fürst von Galiläa, im Kampfe gegen die Ungläubigen. *Erfurt.* 1850. 8.

Tandel (Nicolas Émile),
philosophe belge (30 mars 1804 — ... 1851).

Loomans (Charles). Notice sur la vie et les travaux de N. E. Tandel. *Liége.* 1852. 8.

Tandon (N... N...),
médecin français († 1808).

Baumes (Jean Baptiste Théodore). Éloge de M. Tandon. *Montpell.* 1808. 4.

Tanfana,
personnage mythologique.

Harrepeter (Johann Conrad). Dissertatio epistolica de Tanfana Marsorum, populi Germaniæ, dea. *Norimb.* 1762. 4.

Tanhaeuser,
chevalier allemand.

Graesse (Johann Georg Theodor). Die Sage vom Ritter Tanhäuser, etc. *Dresd.* 1845. 8. (*D. et L.*)

Tank (Anton),
théologien allemand.

Overbeck (Johann Daniel). Leben und Verdienste A. Tank's, Archidiaconus an Sanct-Jacob. *Lübeck.* 1757. Fol.

Seelen (Johann Heinrich v.). Memoria A. Tank. *Lubec.* 1757. Fol.

Tanner (Henry),
théologien anglais.

Hawker (Robert). Life and writings of the late Rev. H. Tanner of Exeter. *Lond.* 1807. 8. (Non mentionné par Lowndes.) — (*Oxf.*)

Tano (Francisco Diaz),
missionnaire espagnol.

Xarque (Francisco). Vida del venerabile P. F. Diaz Taño. *Madr.*, s. d. 8.

Tantale,
personnage mythologique.

Nitka (C... F... E...). Dissertatio de Tantali nominis verborumque cognatorum origine et significatu. *Regiom.* 1846. 4.

Taou-Kwang,
empereur de Chine (1781 — 1820 — 1850).

Guetzlaff (Carl). Life of Taou-Kwang, late emperor of Chine, with memoirs of the cour of Peking. *Lond.* 1852. 8.
Trad. en allem. :
Par un anonyme. *Leipz.* 1852. 8.
Par Julius SEYBT. *Leipz.* 1852. 8.

Tanzini (Reginaldo),
littérateur (?) italien.

Elogio di R. Tanzini, Fiorentino. *Firenz.* 1852. 8. (*Oxf.*)

Tapfer (Anton),
théologien suisse.

Christliches Andenken an den Professor A. Tapfer, in
Sanct-Luci zu Chur. *Landsh.* 1855. 12.

Tappen (Sylvester),
théologien allemand (31 janvier 1670 — 8 janvier 1747).

Winkler (Johann Dietrich). Die selige Verfassung eines
rechtschaffenen Christen im Leben, Leiden und Sterben an dem Exempel des, etc., S. Tappen vergestellet.
Hannov. 1747. Fol. Portrait.

Tapper (Ruevard),
théologien belge (1488 — 1559).

Broeck (Philibert van den). De R. Tapperi vita et scriptis oratio, etc. *Lovan.* 1854. 18.

Taranti (Angiolo),
homme d'État italien.

(**Pignotti**, Lorenzo). Elogio istorico di A. Taranti, consigliere intimo attuale di Stato. *Firenz.* 1782. 8.

Taranuenus,
personnage mythologique.

Reinhard (Johann Paul). Dissertatio de deo Taranueno.
Erlang. 1766. 4.

Walch (Johann Ernst Immanuel). Commentatio de deo
Taranueno. *Jenæ.* 1767. 8. (*D.*)

Tardieu (Pierre Alexandre),
peintre français (2 mars 1756 — 3 août 1844).

Funérailles de M. Tardieu. Discours prononcé sur sa
tombe par le baron DESNOYERS. *Par.* 1844. 4.

Targa (Leonardo),
médecin italien (1730 — 28 février 1815).

Chiappa (Giuseppe Antonio del). Elogio di L. Targa,
medico (Veronese). *Milan.* 1824. 8.

Pindemonte (Ippolito). Elogio storico di L. Targa. *Milan.* 1825. 8.

Zoppi (Giovanni Battista). La vita e l' elogio del dottor
L. Targa. *Veron.* (?) 1826. 8.

Target (Guy Jean Baptiste),
jurisconsulte français (17 déc. 1733 — 7 sept. 1807).

Muraire (Honoré de). Éloge de G. J. B. Target, ancien
avocat au parlement de Paris, etc. *Par.* 1807. 8. Portrait. (*P.*)

Bulletins de couches de M. Target, s. l. et s. d. 8. (Avec
une gravure représentant les couches de Target.)

Relevailles, rechute et nouvelle conception de M. Target,
s. l. et s. d. 8.

Mort, testament et enterrement de M. Target, s. l. et
s. d. 8.

Inventaire des papiers de M. Target, trouvés chez lui
après son décès, s. l. et s. d. (*Par.* 1807.) 8.

La nouvelle constellation, ou l'apothéose de Target, s. l.
et s. d. (*Par.* 1808.) 8.

Targioni-Tozzetti (Giovanni),
médecin-botaniste italien (1712 — 7 janvier 1783).

Lastri (Marco). Elogio storico di G. Targioni-Tozzetti.
Firenz. 1783. 8. (*Oxf.*)

Targioni-Tozzetti (Ottaviano),
botaniste italien.

Bertoloni (Antonio). Elogio del professore O. Targioni-
Tozzetti. *Moden.* 1857. 4. Portrait.

Tariffa (Alfonso Henriquez de **Ribera**, marchese di),
homme d'État espagnol († 1633).

Spuccea (Giuseppe). Oratione funerale, etc., per l'esequie dell' eccellentissimo signore marchese di Tariffa.
Palerm. 1633. 4.

Tarnov (Paul),
théologien allemand (28 juin 1562 — 6 mars 1633).

Leydæus (Valentin). Programma in funere P. Tarnovii.
Rostoch. 1633. 4.

Tarnov (Hermann). Oratio parentalis supremo honori
P. Tarnovii habita. *Rostoch.* 1634. 4.

Sonntag (Christoph). Dissertatio de præcipuorum quorundam theologorum seculi xvi et xvii : Lutheri, Melanchthonis, Tarnovii, etc.. eruditione, in ecclesiam
meritis et scriptis. *Altorf.* 1710. 8. (*D.*)

Tarnov (N... N...),
théologien allemand.

Lange (Samuel Gottlieb). Aufschlüsse über Herrn Bac-

calaureus und Prediger Tarnov in Rostock. *Rostock.*
1806. 8.

Tarquinius Priscus,
cinquième roi de Rome (616 — 578 avant J. C.).

Purrucker (Johann). Programma de vita Tarquinii
Prisci, quinti Romanorum regis. *Baruth.* 1760. Fol.

Tarquinius Superbus (Lucius),
septième et dernier roi de Rome (534 — 509 avant J. C.).

Malvezzi (Virgilio). Tarquinio Superbo. *Venez.* 1635. 12.
Trad. en espagn. par Francisco BOLLE DE PINTAFLON.
Madr. 1639. 16.
Trad. en lat. s. c. t. Tyrannus in vita Tarquinii Su-
perbi repræsentatus. *Lugd. Bat.* 1636. 12.

Purrucker (Johann). Programmata II de Tarquinii Su-
perbi (septimi regis Romanorum) rebus gestis. *Baruth.*
1764-66. Fol.

Baillot (Pierre). Récit de la révolution de Rome sous
Tarquin le Superbe. *Dijon.* 1791. 8. (*Bes.*)

Tarragua (Gabriel de),
médecin espagnol du xve siècle.

(**Caillau**, Jean Marie). Notice sur G. de Tarragua qui
pratiquait la médecine à Bordeaux en 1500, avec un
extrait raisonné de ses ouvrages. *Bordeaux.* 1819. 8.

Delpit (Jules). Recherches biographiques et bibliographiques sur G. de Tarragua, médecin, établi à Bordeaux vers l'an 1496. *Bordeaux.* 1848. 8.

Tarsia (Galeazzo di),
poète italien (vers 1476 — 1551).

Spiriti (Salvatore). Vita di G. di Tarsia. *Napol.* 1758. 8.

Tartarotti (Girolamo),
littérateur italien (1er janvier 1706 — 16 mai 1761).

Orazione funebre in morte di G. Tartarotti, etc. *Roveret.*
1761. 4.

Raccolta di orazioni funebri alla memoria di G. Tartarotti, etc. *Roveret.* 1762. 4.

Lorenzi (Costantino). De vita H. Tartarotti libri III, etc.
Roboreti. 1805. 8.

Tartini (Giuseppe),
musicien italien (12 avril 1692 — 26 février 1770).

Fanzago (Francesco). Orazione delle lodi di G. Tartini, etc., con varie note illustrata e con un breve compendio della vita del medesimo. *Padov.* 1770. 4.

Elogio di G. Tartini, violinista. *Padov.* 1792. 8.

Taruffi (Giuseppe Antonio),
poète italien (1722 — 20 avril 1786).

Rossi (Giovanni Gherardo de'). Elogio dell' abate G. A.
Taruffi. *Rom.* 1786. 8.

Tascher de la Pagerie (madame),
mère de Joséphine, impératrice des Français.

Musy (abbé). Panégyrique de madame Tascher de la Pagerie, aïeule de. S. M. Louis Napoléon, empereur des
Français. *Brest.* 1853. 8.

Tascher (Maurice et Eugène de),
officiers français.

Tascher (Ferdinand de). Oraison funèbre de M. de Tascher, capitaine légionnaire au 12e régiment de chasseurs à cheval, et d'E. de Tascher, lieutenant au 4e régiment d'artillerie légère, tous deux morts dans la retraite de Moscow, l'un à 27 et l'autre à 20 ans. *Par.*
1814. 8.

Tasman (Abel Janszoon),
navigateur hollandais du xviie siècle.

Lauts (U... G...). A. J. Tasman, s. l. et s. d. (*Amst.*
1843.) 8. (*Ld.*)

Tassis ou **Taxis**,
famille belge (?).

Chifflet (Jean Jacques). Les marques d'honneur de la
maison de Tassis. *Anvers.* 1645. Fol. *

    * Ouvrage orné de plusieurs portraits et planches gravés par C. Galle,
    W. Hollar, etc.

Tasso (Bernardo),
poète italien, père de Torquato Tasso (11 nov. 1493 — 4 sept. 1569).

Serassi (Pietro Antonio). Parere intorno alla patria di B.
Tasso e di Torquato, suo figliuolo, contro l'opinione dell'
abate Antonio Federico SEGHEZZI. *Bergam.* 1742. 8. (*Oxf.*)

Tasso (Giacinto),
médecin italien.

Orazione funebre in lode di G. Tasso, medico condotto di
Pedevena. *Bellun.* 1843. 8.

Tasso (Torquato),
poëte italien du premier ordre (11 août 1544 — 25 avril 1595).

Giacomini Tebalducci-Malespini (Lorenzo). Orazione in lode del Tasso. *Firenz.* 1595. *4. Ibid.* 1596. *4.*

Pellegrini (Lelio). Oratio in obitum T. Tassi. *Rom.* 1597. *4.* (*Cp.*)

Duchi (Lorenzo). Orazione funebre nell' esequie di T. Tasso. *Ferrar.* 1600. *4.*

Manzo (Giovanni Battista). Compendio della vita di T. Tasso. *Napol.* 1619. *4. Venez.* 1621. *12. Ibid.* 1624. *12. Rom.* 1634. *12. Venez.* 1825. *12.* Portrait.

Pietri (Francesco de). Compendio della vita di T. Tasso. *Napol.* 1619. *8. ***

  * Cet ouvrage parait identique avec celui de Giovanni Battista Manzo.

Casoni (Guido). Vita di T. Tasso. *Venez.* 1626. *12.*

Charnes (Jean Antoine de). Vie du Tasse. *Par.* 1690. *12.* (*Lv.*) *Amst.* 1693. *12.* (*P.*) *Par.* 1695. *12.* Portrait. * (*Oxf.* et *P.*)

  * Ce n'est qu'un abrégé de l'ouvrage de Giovanni Battista Manzo.

Serassi (Pietro Antonio). Parere intorno alla patria di Bernardo Tasso e di Torquato, suo figliuolo, contro l'opinione dell'abate Antonio Federico Seguezzi. *Bergam.* 1742. *8.* (*D.* et *Oxf.*)

Jacobi (Johann Georg). Vindiciæ T. Tassi; dissertatio *Goetting.* 1763. *8.*

Serassi (Pietro Antonio). Vita del T. Tasso. *Rom.* 1785. 2 vol. *4.* * *Bergam.* 1790. 2 vol. *4.* (*D., L.* et *Lv.*)

  * Avec son portrait et celui de son père.

Fabroni (Angelo). Elogio del Tasso. *Parma.* 1800. *8.*

Black (John). Life of T. Tasso, with an account of his writings. *Edinb.* 1810. 2 vol. *4.* Portrait. (*Oxf.* et *P.*)

Compagnoni (Giuseppe). Viglie di Tasso e memorie storiche sopra T. Tasso. *Milan.* 1810. *12.*

Buchon (J... Alexandre). Vie du Tasse. *Par.* 1817. *8.* *

  * Cette Vie, imprimée en tête de la traduction de la *Jérusalem délivrée*, a été tirée à part à un très petit nombre d'exemplaires.

Benedetti (Francesco). Orazione per l'anniversario della nascità di T. Tasso. *Firenz.* 1817. *8.*

Ebert (Friedrich Adolph). T. Tasso's Leben und Characteristik, nach Ginguené dargestellt, etc. *Leipz.* 1819. *8.* Portrait. (*D., L.* et *P.*)

Zuccala (Giovanni). Della vita di T. Tasso, libri II. *Milan.* 1819. *8.*

Giacomazzi (Stefano). Dialoghi sopra gli amore, la prigionia, le malattie ed il genio di T. Tasso. *Brescia.* 1827. *12.*

Canonici-Fachini (Gin...). Della prigione di T. Tasso, lettera. *Rom.* 1827. *8.*

Rosini (Giovanni). Saggio sugli amori di T. Tasso e sulle cause della sua prigionia. *Pisa.* 1832. *8.*

Morelli (Niccolò). Della vita di T. Tasso, libri II. *Napol.* 1834. *8.*

Streckfuss (Carl). T. Tasso's Leben, etc. *Berl.* 1840. *8.*

Capponi (N... N...). Sulla causa finora ignota delle sventure di T. Tasso. *Firenz.* 1840-46. 2 vol. *8.*

Wilde (R... H...). History of the madness and imprisonment of T. Tasso. *New-York.* 1842. 2 vol. *12.*

Vimercati-Sozzi (Paolo). Illustrazione su varii argomenti relativi a T. Tasso. *Bergam.* 1844. *8.* Portrait.

Milman (R...). Life of T. Tasso. *Lond.* 1850. 2 vol. *8.*

Tassoni (Alessandro),
poëte italien (28 sept. 1565 — 25 avril 1635).

Muratori (Ludovico Antonio). Vita di A. Tassoni. *Moden.* 1759. *8.*

Dubois-Fontanelle (Jean Gaspard). Vie de Pierre Arétin et d'A. Tassoni. *Par.* 1768. *12.* (*P.*)

Walker (Joseph Cooper). Memoirs of A. Tassoni, publ. par Samuel Walker. *Lond.* 1815. *8.* (*Oxf.*)

Tassoni (Alessandro Maria),
jurisconsulte italien (1749 — 31 mai 1818).

Biondi (Luigi). Vita di monsignor A. M. Tassoni. *Pisa.* 1822. *8.*

Tatham (Mary).

Beaumont (Joseph). Memoirs of Mrs. M. Tatham. *Lond.* 1838. *8.* (*Oxf.*) *New-York.* 1859. *12.*

Tatius (Achilles),
mathématicien grec.

Boden (Benjamin Gottlieb Lorenz). Programma de A. Tatio. *Witteb.* 1773. *4.* (*L.*)

Tatti, voy. **Sansovino** (Jacopo).

Taube (Bernhard, Freiherr v.),
général livonien.

Stecher (Gottfried). Das ruhmwürdige Alter. Gedächtnissrede bei dem Leichenbegängniss des Generalmajors, etc., Baron B. v. Taube. *Reval.* 1698. *4.*

Tauber (Johann Leonhard),
jurisconsulte allemand (4 sept. 1724 — 3 juin 1777).

Steiner (Matthias Jacob Adam). Trauerrede auf J. L. Tauber, Rathsconsulenten und Scholarchen, etc. *Augsb.* 1777. *4.*

Mertens (Hieronymus Andreas). Memoria J. L. Tauberi, J. U. D. *Aug. Vind.* 1777. *4.*

Taubmann (Christian),
jurisconsulte allemand, fils du suivant (27 sept. 1597 — 28 nov. 1651).

Calovius (Abraham). Leichenpredigt auf C. Taubmann, nebst dessen Lebenslauf, etc. *Witteb.* 1652. *4.* (*D.*)

Taubmann (Friedrich),
poëte allemand (16 mai 1565 — 24 mars 1613).

Balduin (Friedrich). Leichenpredigt auf F. Taubmann. *Wittenb.* 1613. *4.*

Schmidt (Erasmus). Oratio F. Taubmanni, poetæ et philologi, memoriæ habita. *Witteb.* 1613. *4.* (*D.*)

Blume (Johann). Laudatio funebris F. Taubmanni. *Bregæ.* 1617. *4.*

Brandt (Friedrich). Der glänzende Taubenflügel, oder umständliche Nachricht vom Leben und Tode F. Taubmann's. *Kopenh.* 1675. *8.*

Wohlgeführtes Christenthum F. Taubmanni, in einer Gedächtnissrede vorgestellt, etc. *Frf.* et *Leipz.* 1705. *8.* (*D.* et *L.*)

Ebert (Friedrich Adolph). Leben und Verdienste F. Taubmann's. *Eisenb.* 1815. *8.* (*D.* et *L.*)

Taubmanniana, oder F. Taubmann's nachdenkliches Leben, scharfsinnige Sprüche, kluge Hof- und scherzhafte Studenten-Reden. *Frf.* et *Leipz.* 1702. 12. *Ibid.* 1703. 12. *Ibid.* 1707. 12. *Ibid.* 1710. 12. *Ibid.* 1715. 12. Portrait. *Ibid.* 1728. 12. *Berl.* 1737. 12. *Wittenb.* 1745. 12. *Berl.* 1746. 12. Publ. par Eucharius Ferdinand Christian Oertel. *Münch.* 1831. 12. Portrait.

Tauentzien v. Wittenberg (Friedrich Bogislav Emmanuel, Graf v.),
général allemand (15 sept. 1760 — 20 février 1824).

Gorszkowski (Carl v.). Leben des Generals Grafen B. Tauentzien v. Wittenberg. *Frf. a. d. O.* 1832. *8.*

Tauler (Johann),
théologien alsacien (vers 1294 — 17 mai 1361).

Heupel (Georg Friedrich). Memoria J. Tauleri instaurata, etc. *Witteb.* 1688. *4.* (*D.* et *L.*)

Der neubelebte Gottesgelehrte, d. h. sonderbare Historie des ehrwürdigen Dr. J. Tauler. *Lüneb.* 1689. Fol.

Siverud (Hans). Taulers Omvendelses-historie. *Kjoebenh.* 1772. 8. (*Cp.*) Réimprim. par Hans Nielsen Hauge. *Christiansand.* 1803. 8.

Oberlin (Jérémie Jacques). Disputatio de J. Tauleri dictione vernacula et mystica. *Argent.* 1786. 4.

Erbaulicher Auszug aus dem Leben und den Schriften J. Tauler's, eines Dominicaners. *Frf.* 1787. 8. (*Bes.*)

Leben J. Tauler's. *Strasb.* 1807. 8.

Testrup (G... A...). Commentatio de mysticismo Tauleri cum symbolica ecclesiæ Lutheranæ doctrina comparato. *Lund, Gothor.* 1826. 8.

Schmidt (Charles). J. Tauler von Strassburg. Beitrag zur Geschichte der Mystik und des religiösen Lebens im vierzehnten Jahrhundert. *Hamb.* 1841. 8. (*L.* et *D.*)

  Trad. en holland. s. c. t. J. Tauler en de godesvrienden, par B... te Gempt. *Tiel.* 1850. 8.

Baehring (Bernhard). J. Tauler und die Gottesfreunde. *Hamb.* 1853. 8.

Edel (Friedrich Wilhelm). J. Tauler, Prediger zu Strasburg im vierzehnten Jahrhundert. *Strasb.* 1853. 12.

Taurin (Saint),
évêque d'Évreux.

Vie de S. Taurin, avec l'histoire de l'invention de son corps. *Lyon.* 1604. 8.

Boudon (Henri Marie). Vie de S. Taurin, évêque d'Évreux. *Rouen.* 1694. 24.

Tausen (Hans),
évêque de Ribe (1494 — 9 nov. 1561).

Broenlund (Lars Jensen). Memoria magistri J. Tausani. *Hafn.* 1721. 4.

Roen (Povel). H. Tausens, Biskop över Riber Stift, etc. märkvärdige Levnet. *Kjoebenh.* 1757. 8. (*Cp.*)

Tauttenburg (Freiherren v.),
famille allemande.

Von Alter, Ankunft und ritterlichen Thaten der edlen Freiherren auff Tauttenburg, etc., s. 1. 1590. 4.

Tavanne (N... N...),
peintre français.

(**Contamine**, N... N... **Cousin** de). Mémoire pour servir à la vie de M. de Tavanne, peintre ordinaire du roi et recteur de l'Académie royale de peinture, etc. *Par.* 1755. 12. (*P.*)

Tavannes (Jacques **de Saulx**, vicomte de),
lieutenant général français (1620 — 1683).

Tavannes (Jacques **de Saulx** de). Mémoires sur la guerre de Paris depuis la prison des Princes, en 1650, jusqu'en 1653. *Par.* et *Cologne.* 1691. 12. (*P.*)

Tavanti (Angiolo),
homme d'État italien.

(**Pignotti**, Lorenzo). Elogio storico di A. Tavanti, consigliere intimo attuale di Stato et di finanze di S. M. R. Pietro Leopoldo, gran duca di Toscana. *Firenz.* 1782. 8. (*Oxf.*) *Ibid.* 1846. 8. *
* La deuxième édition porte le nom de l'auteur.

Tavast (Henrik),
jurisconsulte suédois.

Carlander (Johan Laurids). Concio sermone suecico in funus H. Tavast, (judicis provincialis in Finlandia). *Aboæ.* 1670. 4. (Ecrit en suédois.)

Tavelli (Giuseppe),
prêtre italien (1764 — 24 oct. 1784).

(**Rodella**, Giovanni Battista). Notizia su la vita di G. Tavelli. *Brescia.* 1784. 8.

Tavera (Juan),
cardinal-archevêque de Tolède.

Mendoza (Pedro Salazar y). Chronica de el cardenal D. J. Tavera, arcobispo de Toledo. *Toledo.* 1603. 4.

Taverna (Costanzo, conte),
homme d'État italien.

Cenni intorno alla vita del conte C. Taverna. *Venez.* 1819. 4.

Taverna (Taddeo, conte),
homme d'État italien.

Ceva (Tommaso). Vita del signor conte T. Taverna. *Milan.* 1719. 12.

Taverna (Giuseppe),
littérateur italien.

Testa (Alfonso). La mente dell' abate G. Taverna. *Genov.* 1851. 8.

Tavernier (Jean Baptiste),
voyageur français (1605 — .. juillet 1689).

Friedlaender (Gottlieb). J. B. Tavernier, Kammerherr des grossen Kurfürsten (Friedrich Wilhelm von Brandenburg). *Berl.* 1849. 8.

Tavora,
famille portugaise.

Tavora (Alvaro Pires de). Historia dos varoens illustres do appellido Tavora. *Par.* 1648. Fol.

Tavora e Noronha (Felipe de),
homme d'État portugais.

San Carlos (Manoel de). Panegyrico funeral nas exequias de F. de Tavora e Noronha, balio de Leca, etc. *Lisb.* 1716. 4.

Tavora e Noronha (Luiz Alvarez de),
homme d'État portugais.

Vasconcellos (Joaõ). Sermaõ nas exequias de Fr. L. Alvarez de Tavora, balio de Lessa e Lango. *Lisb.* 1646. 4.

Taxil (Antoine),
grand aumonier de France (10 nov. 1704 — .. juin 1783).

Grosson (Jean Baptiste Bernard). Éloge d'A. Taxil, etc. *Marseille.* 1783. 8.

Taylor (James Brainard),
Anglo-américain.

Rice (J... H...). Memoir of J. B. Taylor. *New-York.* 1853. 12.

Taylor (Jane),
poète anglo-américaine.

Taylor (Isaac). Memoirs and poetical remains of J. Taylor. *Boston.* 1826. 12.

Taylor (Jeremy), *
évêque of Dromore (1610 — 13 août 1667).

Wheeldon (John). Life of bishop Taylor and the purest spirit of his writings, etc. *Lond* (?). 1793. 8.

Bonney (Henry Kaye). Life of J. Taylor, bishop of Down, Connor and Dromore. *Lond.* 1815. 8. Portrait. (*D.* et *Oxf.*)

Heber (Reginald). Life of the Right Rev. J. Taylor, with an critical examination of his writings. *Lond.* 1824. 2 vol. 8. (*Oxf.*) *Ibid.* 1828. 2 vol. 8.

Willmott (Robert Aris). Bishop J. Taylor, his predecessors, contemporaries and successors. *Lond.* 1846. 12. *Ibid.* 1848. 12. *Ibid.* 1850. 12.
* Ses compatriotes l'ont surnommé le *Shakspeare des théologiens.*

Taylor (John),
oculiste anglais du XVIIIe siècle.

Heister (Elias Friedrich). Nachricht von dem Leben und Thaten des englischen Augenarztes Taylor. *Helmst.* 1756. 8. (*D.*)

Mauchart (Burchard David). In D. J. Tayloris Angli merita famamque oratio. *Tubing.* 1750. 4.

History of the travels and adventures of the chevalier J. Taylor, opthalmiater pontifical, imperial and royal. *Lond.* 1762. 3 vol. 8. (Écrit par lui-même.)

Life and extraordinary adventures of the chevalier J. Taylor. *Lond.* 1764. 2 vol. 12. * (*Oxf.*)
* Publ. par son fils John Taylor.

Taylor (John),
Anglo-américain.

Taylor (John). Records of my life. *New-York.* 1833. 8.

Taylor (Sarah Louisa),
dame anglaise.

Jones (Lot). Memoir of Mrs. S. L. Taylor. *Glasg.* 1859. 8. (*Oxf.*)

Taylor (Thomas),
philosophe anglais.

W(elsh) (J(ames J(acob). Brief notice of Mr. T. Taylor, the celebrated Platonist, whit a complete list of his published works. *Lond.* 1831. 8. (*Oxf.*) — (Assez rare.)

Taylor (William),
littérateur anglais.

Robberts (John William). Memoir of the life and writings of the late W. Taylor, of Norwich, containing his correspondence with Robert Southey and original letters from sir Walter Scott and other eminent men. *Lond.* 1843. 2 vol. 8. Portrait. (*Oxf.*)

Taylor (Zachary),
président des États-Unis (24 nov. 1786 — 7 juillet 1850).

Life and public services of general Z. Taylor. *New-York.* 1846. 8.

Z. Taylor and his generals : Worth, Wool and Twiggs. *Philadelph.* 1847. 12.

Powell (Charles Franklin). Life of major general Z. Taylor, etc. *New-York.* 1847. 8.

Owen (Tom). The Bee Hunter. Anecdotes of Z. Taylor and the Mexican war, with a life of general Taylor. *New-York.* 1848. 8.

Conrad (Robert Thomas). Life of general Z. Taylor, etc., comprising ample details of his early life and public and private career, etc. *Philadelph.* 1847. 12. Portrait.

General Z. Taylor and his staff, containing biographies of generals Taylor, Worth, Wool, Butler and all the distinguished officers of the present war with Mexico. *Philadelph.* 1849. 12.

Montgomery (Henry). Life of general Z. Taylor. *New-York.* 1849. *Auburn.* 8. 1851. 12.

Hopkins (J... H...). Address on the death of general Taylor, at Saint-Albans (Vermont), s. 1. (*Vermont.*) 1850. 8.

Ingersoll (Joseph R...). Eulogy on general Z. Taylor, etc. *Philadelph.* 1850. 8.

Obituary addresses, delivered on the death of general Z. Taylor, in the senate and house of representatives, with the funeral sermon, preached by Smith **Pyne**. *Washingt.* 1850. 8.

Taylor (le baron N... N...),
littérateur belge (vers 1790 — ...).
Notice sur M. le baron Taylor et sur les tableaux espagnols achetés par lui d'après les ordres du roi (Louis-Philippe). *Par.* 1857. 8.
Jubinal (Achille). Illustrations artistiques et littéraires : M. le baron Taylor. *Montpell.* 1844. 8. (*Lv.*)
Tebalducci-Malespini (Antonio Giacomini).
Nardi (Jacopo). Vita di A. Giacomini Tebalducci Malespini. *Firenz.* 1597. 4. (*Bes.*) *Lucca.* 1818. 8. *Pisa.* 1818. 8. (*Oxf.*) *Milan.* 1831-52.
Tebaldeo (Antonio),
littérateur italien.
Coddé (Luigi). Notizie biographiche di A. Tebaldo, s. l. (*Rovigo*). 1845. 8.
Tedeschi,
famille italienne.
Carrera (Pietro). Della famiglia Tedeschi libri III. *Catania.* 1642. 4.
Tedeschi, voy. **Todeschi** (Claudio).
Tedesco (Hermann),
banquier juif.
Pascheles (Wolf), Leben und Wirken Salomon Heine's. — Necrolog des Wiener Grosshändlers H. Tedesco. — Vermächtniss des portugiesischen Israeliten Thomas de Pinto. *Prag.* 1845. 8.
Teelinck ou **Teelink** (Willem),
poète hollandais (1580 — 8 avril 1629).
Oosterzee (H... M... C... van). W. Teelinck. *Middelb.* 1853. 12. Portrait. (Extrait de l'almanach *Zeeland,* tiré à part à quelques exemplaires.)
Tegnér (Esaias),
poète suédois du premier ordre (13 nov. 1782 — 3 nov. 1846).
Franzén (Frans Michael). Åminnelse-Tal öfwer E. Tegnér. *Stockh.* 1846. 8. Trad. en allem. par F... F... A... WILKEN. *Berl.* 1847. 8.
Geijer (Erik Gustaf). Åminnelse-Tal öfwer E. Tegnér. *Upsal.* 1846. 8. Trad. en allem. par Gottlieb MOHNICKE. *Leipz.* 1840. 8. (*L.*)
Boettiger (Carl Wilhelm). E. Tegnérs Levnet. *Upsal.* 1847. 8. (*D.*)
Minnesfest öfwer E. Tegnér, firad af Litteratur-Sällskapet i Stockholm. *Stockh.* 1847. 8.
Hagberg (Carl August). Minnestal öfwer E. Tegnér. *Lund.* 1847. 8.
Rappe (Carl Fredrik). Lefnadsteckning öfwer framlidne Biskopen öfwer Wexiö Stift, En af de Aderton i Swenska Akademjen, etc., Herr Dr. E. Tegnér. *Stockh.* 1847. 8.
Rosenquist (Pehr). Skalde Försök till ett Åreminne öfwer E. Tegnér. *Lund.* 1850. 8.
Kahl (Achard). Tegnér och hans somtida i Lund. *Lund.* 1851. 8.
Teignmouth (John **Shore,** lord),
littérateur anglais.
Teignmouth (Charles John Shore). Memoir of the life and correspondence of J. Shore, lord Teignmouth. *Lond.* 1857. 2 vol. 8. (*Oxf.*)
Tékéli, voy. **Toekely.**
Teleky v. Szék (Dominik, Gróf),
agronome hongrois (3 sept. 1773 — 16 sept. 1798).
Schwabe (G... J... H...). Biographie des Reichsgrafen Teleky v. Szék und des Bergraths Tolpe. *Jena.* 1803. 8.
Teleki (Gróf József),
homme d'État hongrois (1er août 1740 — 1er sept. 1796).
Haliczky (András Ferencz). Ode, dem Andenken des Grafen J. Teleki, der königlich ungarischen Krone Bewahrers. *Pesth.* 1796. 8.
Teleki (Gróf Lászlo),
homme d'État hongrois.
Kovásznai (Sándor). Laudatio funebris comitis L. Teleki. *Claudiopol.* 1779. 4.
Málnáli (Lászlo). Halotti Oratzio Gróf Teleki L. *Kolosvar.* 1779. 4.
Borosnyai (Lukáts Simeon). Halotti beszéd Gróf Teleki L. *Kolosvar.* 1779. 4.
Telemann (Georg Philipp),
musicien allemand (14 mars 1681 — 25 juin 1767).
G. P. Telemann's Portrait und Lebensbeschreibung. *Nürnb.,* s. d. Fol. (Assez rare.)

Télésille,
héroïne d'Argos (vers l'an 520 avant J. C.).
Neue (Friedrich). Commentatio de Telesillæ Argivæ reliquiis. *Dorpat.* 1843. 4.
Telesio (Bernardino),
philosophe italien (1509 — 1588).
Aquino (Giovanni Paolo d'). Orazione funebre in morte di B. Telesio. *Cosenza.* 1596. 4.
Lotter (Johann Georg). Dissertatio de B. Telesii, philosophi Itali, vita et philosophia. *Lips.* 1726. 4. (*L.*)
—— Commentarius de vita et philosophia B. Telesii. *Lips.* 1733. 4. (*L.*)
Rixner (Thaddaeus Anselm) et **Siber** (Thaddaeus). Bernard. Telesius. *Sulzb.* 1820. 8. * (*D.*)
* Cette Vie, formant la troisième partie de l'ouvrage *Leben und Lehrmeinungen berühmter Physiker,* est ornée de son portrait.
Bartholmèss (Christian). Dissertatio de B. Telesio. *Par.* 1849. 8. (*P.*)
Télesphore (Saint),
pape, successeur de Sixte I (élu le 5 avril 127 — 5 janvier 138).
Siber (Urban Gottfried). Programma quo Telesphori vitam ab erroribus purgatur. *Lips.* 1714. 4. (*L.*)
Telfair (Charles),
naturaliste irlandais (1778 — 14 juillet 1833).
Desjardins (Julien). Notice historique sur C. Telfair, Esq. fondateur et président de la Société d'histoire naturelle de l'île Maurice. *Port-Louis* (*île Maurice*). 1836. 8.
Telford (Thomas),
ingénieur anglais.
Notice of T. Telford, containing a descriptive narrative of his professional labours. *Lond.* 1838. 8. (*Oxf.*)
Tell (Wilhelm),
l'un des libérateurs de la Suisse (mort vers 1350).
Zur-Lauben (Anton Johann Dominik v.). Histoire de G. Tell. *Par.* 1750. 12. (*P.*) *Ibid.* 1767. 12.
(**Freudenberger,** Uriel). G. Tell; fable danoise. *Bern.* 1760. 8. * Trad. en allem. s. l. et s. d. 8.
* Le canton d'Uri fit brûler cet écrit rare et curieux par la main du bourreau, parce que l'auteur était le premier qui osât révoquer en doute l'existence historique de ce héros suisse, prouvant que G. Tell n'est qu'une imitation du vieux Gothe Toko, fable racontée par Saxo Grammaticus.
(**Balthasar,** Joseph Antoine Félix de). Défense de G. Tell. *Lucerne.* 1760. 8. *
* Le canton d'Uri récompensa l'auteur de cette défense par deux médailles d'or.
Haller (Gottlieb Emmanuel v.). Rede über W. Tell. *Bern.* 1772. 8. (*D.*)
(**Balthasar,** Joseph Antoine Félix) et **Haller** (Gottlieb Emmanuel v.). Vertheidigung des W. Tell. *Bern.* 1772. 8. *Ibid.* 1824. 8.
Le libérateur helvétique. *Neufchât.* 1797. 8.
Hisely (Johann Jacob). Dissertatio historica de G. Tellio, libertatis Helveticae vindice. *Groning.* 1824. 8. (*Ld.* et *Oxf.*)
—— G. Tell et la révolution de 1505, ou histoire des trois premiers cantons jusqu'au traité de Brunnen en 1515 et réfutation de la fameuse brochure G. Tell, fable danoise. *Delft.* 1826. 8.
Schoenbein (Ottmar Friedrich Heinrich). W. Tell. Geschichte aus der Vorzeit. *Reutling.* 1836. 12.
Henning (Adolph Christian Ernst). W. Tell. *Nürnb.* 1836. 8.
Ideler (Julius Ludwig). Die Sage vom Schusse des Tell; historisch-kritische Abhandlung. *Berl.* 1836. 8. (*D.* et *L.*)
Haeusser (Ludwig). Die Sage vom Tell, aufs Neue kritisch untersucht. *Heidelb.* 1840. 8. *
* Dissertation couronnée par la Faculté philosophique de l'Université de Heidelberg.
Histoire de G. Tell, libérateur de la Suisse. *Par.* 1843. 18.
Hisely (Johann Jacob). G. Tell. Mythe et histoire, à propos des recherches critiques sur l'histoire de G. Tell. *Genève.* 1843. 8. (*Bx.*)
G. Tell, ou les Suisses délivrés; suivi du récit de leur victoire sur Charles le Téméraire, et de la mort de ce prince devant Nancy, en 1476. *Par.* 1853. 18.
Teller (Abraham),
théologien allemand (17 janvier 1609 — ... 1658).
Hulsemann (Johann). Concio funebris germanica in A. Tellerum, cum curriculo vitæ. *Lips.* 1658. 4. (*L.*)

(**Kromayer**, Hieronymus). Programma academicum in A. Telleri funere. *Lips.* 1658. 4. (*D. et L.*)

Glauch (Andreas). Parentatio A. Tellero habita. *Lips.* 1659. 4. (*L.*)

Teller (Romanus),
théologien (?) allemand.

Oheim (Johann Philipp). Leichenpredigt auf Dr. R. Teller, etc. *Leipz.* 1692. 8. (*L.*)

Teller (Romanus),
théologien allemand, petit-fils d'Abraham Teller,
(5 déc. 1671 — 8 mars 1721).

(**Cyprian**, Johann). Programma in R. Telleri funere. *Lips.* 1721. Fol. (*L.*)

Teller (Romanus),
théologien allemand (21 février 1703 — 5 avril 1750).

(**Kapp**, Johann Erhard). Programma in R. Telleri memoriam. *Lips.* 1750. Fol. (*L.*)

Teller (Wilhelm Abraham),
théologien allemand (9 janvier 1734 — 9 déc. 1804).

Troschel (Jacob Elias). Gedächtnisspredigt auf W. A. Teller, nebst des Wohlseligen literarischer Biographie, etc. *Berl.* 1805. 8.

Nicolai (Friedrich). Gedächtnissschrift auf Dr. W. A. Teller. *Berl.* 1807. 8. (*D.*)

Tellier, voy. **Letellier** (Michel).

Temanza (Tommaso.),
architecte italien (9 mars 1705 — 14 juin 1789).

Negri (Francesco). Notizie intorno alla persona e alle opere di T. Temanza. *Venez.* 1850. 8. Portrait. (*Oxf.*)

Temme (J… D… H…),
jurisconsulte allemand du XIXe siècle.

Steinmann (Friedrich). Temme; sein Leben und sein Hochverrathsprozess, etc. *Berl.* 1850. 8.

Temmink (M…),
théologien (?) hollandais.

Boskoop (Jan). Lijkrede op Dr. M. Temmink. *Amst.* 1768. 4.

Tempié (Marie),
religieuse française (1756 — 6 mars 1843).

Farjat (François). Notice biographique sur mademoiselle M. Tempié, sœur de M. le pasteur Tempié, de Calvisson. *Par.* 1844. 12. (*P.*)

Temple (Allen),
théologien anglais.

Thankfulners (N… N…). A narrative, comprising passages in the life of the Rev. A. Temple. *Lond.* 1851. 8. (2e édition.)

Temple (William, baronet),
diplomate anglais (1628 — 5 février 1698).

Temple (William). Letters to the king, the prince of Orange and others persons from 1673 to 1679. *Lond.* 1703. 5 vol. 8. (*Oxf.*)

Memoirs of the life and negociations of sir W. Temple, baronet, etc., with an account of his writings. *Lond.* 1714. 8. (*D. et Oxf.*)

Boyer (Abel). Life of sir W. Temple. *Lond.* 1714. 8. Portrait. (*Oxf.*)

Life and character of sir W. Temple, written by a particular friend. *Lond.* 1728. Fol. +
* Attribué par plusieurs bibliographes à Jonathan Swift.

Leven van den ridder W. Temple. *Leyd.* 1756. 8.

Luden (Heinrich). Sir W. Temple's Biographie. *Goetting.* 1808. 8. (*L. et Oxf.*)

Courtenay (Thomas P…). Memoirs of the life and works of sir W. Temple. *Lond.* 1856. 2 vol. 8. (*Oxf.*)

Tencin (Claudine Alexandrine **Guérin** de),
auteur française (1681 — 4 déc. 1749).

(**Barthélemy**, Louis). Mémoires secrets de madame de Tencin, ses tendres liaisons avec Ganganelli, ou l'heureuse découverte relativement à d'Alembert. *Grenoble.* (*Par.*) 1790. 2 parts. 8. (*D. et P.*)

Tencin (Pierre **Guérin** de),
cardinal français, frère de la précédente (22 août 1680 — 2 mars 1758).

Mémoire pour servir à l'histoire du cardinal Tencin, jusqu'à l'an 1743, s. l. et s. d. (*En Hollande.* 1744.) 12. (Virulente satire.) — (*Bes.*)

Tengmalm (Pehr Gustaf),
médecin suédois.

Hedin (Sven Anders). Åminnelse-Tal öfver Prof. Med. P. G. Tengmalm. *Stockh.* 1814. 8. *Ibid.* 1851 (?). 8. .

Tengstroem (Jacob),
archevêque de Finlande († 26 déc. 1832).

Pipping (Frederik Wilhelm). Justa funebria manibus J. Tengstroem. *Helsingfors.* 1834. Fol.

Tenison (Thomas),
archevêque de Cantorbéry (29 sept. 1636 — 4 déc. 1715).

Memoirs of the life and times of T. Tenison, archbishop of Canterbury. *Lond.* 1716. 8. (*Oxf.*)

Tennant (Smithson),
chimiste anglais (1761 — 1815).

Some account of S. Tennant. *Lond.* 1815. 8. (*Oxf.*)

Tenneberg, voy. **Waltershausen**.

Tennemann (Wilhelm Gottlieb),
philosophe allemand (7 déc. 1761 — 30 sept. 1819).

Creuzer (Georg Friedrich). Rede am Grabe Tennemann's. *Marb.* 1819. 8.

Wagner (Carl Franz Christian). Memoria G. T. Tennemanni. *Marb.* 1819. 4. (*D. et L.*)

Tenorio (Pedro),
archevêque de Tolède.

Narbona (Eugenio). Historia de D. P. Tenorio, arçobispo de Toledo. *Toledo.* 1624. 4.

Tenque, voy. **Gerard Tom.**

Tentzel (Jacob),
théologien allemand (1er août 1630 — 25 mars 1685).

Tentzel (Wilhelm Ernst). Comparatio historica inter Jacobum, episcopum Nisibensem, et J. Tentzelium, superintendentem Arnstadiensem, instituta. *Witteb.* 1686. 4. (*D.*)

Tentzel (Wilhelm Ernst),
historien allemand (11 juillet 1659 — 24 nov. 1707).

Hilscher (Paul Christian). Epistola ad Christianum Junckerum de obitu W. E. Tentzelii. *Dresd.* 1707. 4. (*D.*)

Ruediger (Johann Caspar). Vita et scripta W. E. Tentzelii, latine et germanice. *Dresd. et Lips.* 1708. 4. * (*D. et L.*)
* Publ. sous le pseudonyme de Adolphus Clarmundus.

Teobaldo (San),
patron de la ville d'Alba.

Calogera (Angelo). Compendio della vita di S. Teobaldo, monaco ed eremita Camaldolese. *Venez.* 1762. 12.

Costadoni (Giovanni Domenico Anselmo). Ragguaglio divoto della vita di S. Teobaldo, monaco Camaldolese. *Venez.* 1779. 8.

Vita di S. Teobaldo, protettore della città d'Alba. *Alba.* 1841. 8.

Tepsdorpf (Peter Heinrich),
magistrat allemand.

Seelen (Johann Heinrich v.). Memoria P. H. Tepsdorpfii, consulis (Lubecensis). *Lubec.* 1723. Fol.

Terbruggen (J… A…),
magistrat (?) hollandais.

Willems (Jan Frans). Discours sur la tombe de J. A. Terbruggen. *Anvers.* 1819. 8.

Tercier (Jean Pierre de),
historien français (7 oct. 1704 — 21 janvier 1767).

Solignac (Pierre Joseph de **La Pimpie**). Éloge historique de M. de Tercier. *Nancy.* 1767. 12.

Térence Afer (Publius),
poète romain (195 — 159 avant J. C.).

Helmbold (Ludwig). Vita Terentii, et alia ad comœdiam spectantia, carmine breviter descripta, s. l. 1558. 8.

Sagittarius (Caspar). Commentatio de vita et scriptis Plauti, Terentii et Ciceronis. *Altenb.* 1671. 8. (*L.*)

Riegger (Joseph Anton v.). Specimen I de Marco Accio Plauto et P. Terentio Afro. *Viennæ.* 1757. 8.

Schopen (Ludwig). Dissertatio de Terentio et Donato ejus interprete. *Bonn.* 1821. 8.

Loman (Johann Bernard). Specimen II critico-litterarium in Plautum et Terentium. *Amst.* 1845. 8.

Fritsch (Nicolaus). Suetonii vita Terentii emendata et illustrata. *Bonn.* 1851. 8.

Terence (Saint),
évêque de …

Hansen (J… A… J…). Das Fest des heiligen Bischofs und Bekenners Terentius, gefeiert zu Ottweiler am 5 November 1850. *Trier.* 1851. 8.

Terentianus (Maurus),
poëte romain du 1er siècle après J. C.

Reinert (Johann Friedrich). Commentatio de M. Terentiano. *Lemgov.* 1797. 8.

—— De vita M. Terentiani commentatio prima. *Lemgov.* 1808. 4.

Terenzio (San),
patron de la ville de Pesaro.

Olivieri degli Abbati (Annibale Camillo). Memorie di S. Terenzio, martire e protettore della città di Pesaro. *Pesar.* 1776. 5.

Terlaing (N... N...),
prêtre français.

(**Baptifolier**, Nicolas). Notice sur la vie de M. Terlaing, vicaire à Saint-Antoine (Paris). *Par.* 1852. 8.

Terminus,
personnage mythologique.

Strimesius (Johannes Samuel). Dissertatio de deo Romanorum Termino. *Regiomont.* 1710. 4. (*Oxf.*)

Grenz (Adam). Dissertatio de deo Termino, Erasmi sigillo ac symbolo. *Dresd.* 1752. 4. (*Oxf.*)

Terpstra (Jacobus),
philologue hollandais (19 mai 1805 — ... 1837).

Clarisse (Walrand Cornelis Lodewijk). Ter gedachtenis van J. Terpstra; eene voorlezing. *Utrecht.* 1837. 8.

Terradell (Francisco de),
officier espagnol au service de France.

B... (N... N...). Mémoires de don F. de Terradeil, capitaine au régiment royal de Roussillon, contenant ce qui lui est arrivé depuis 1654 jusqu'à la paix de Nimègue. *Maubeuge.* 1705. 12.

Terrasson,
famille française.

(**Coursay**, Jean Marie Joseph **Thomasseau** de). Mémoire sur les savants de la famille de Terrasson. *Trévoux.* 1761. 12. * (*P.*)
* Publ. sous la lettre initiale C***.

Terrasson (Jean),
littérateur français (1670 — 15 sept. 1750).

Moncrif (François Augustin **Paradis** de). Lettre sur la personne et les ouvrages de l'abbé Terrasson. *Par.* 1754. 8. (Non mentionné par Quérard.)

Terray (Joseph Marie),
homme d'État français (.. déc. 1715 — 18 février 1778).

(**Coquereau**, Jean Baptiste Louis). Mémoires de l'abbé Terray, contrôleur général des finances, contenant sa vie, son administration, ses intrigues et sa chute. *Lond.* 1776. 12. (*Oxf.* et *P.*) *Bâle.* 1776. 12.

(——) Mémoire concernant l'administration des finances sous le ministère de M. l'abbé Terray. *Lond.* 1776. 12. Trad. en allem. (par Johann Daniel **Kluge**). *Berl.* 1781-82. 2 vol. 8.

Lebrun, duc de Plaisance (Charles François). Éloge de l'abbé Terray, s. l. (*Par.*) 1786. 8. (*P.*)

Terser (Joens Elai),
évêque de Linkoeping (1605 — 12 avril 1678).

Brodinus (Johan). Funebria J. E. Terseri. *Holm.* 1679. 4.

Tengstroem (Jacob). Minne öfver J. E. Terserus. *Abo.* 1795. 8.

Terser (Olaus),
homme d'État suédois.

Lindbohm (Jacob). Monumentum O. Terseri. *Gryphisw.* 1649. Fol.

Tersteegen (Gerhard),
théologien allemand (25 nov. 1697 — 3 avril 1769).

G. Tersteegen's Lebensbeschreibung. *Soling.* 1775. 8. Trad. en angl. par James **Jackson**. *Lond.* 1846. 8. (4e édition.)

Kerlen (Gerhard). G. Tersteegen, der fromme Liederdichter und thätige Freund der innern Mission, *Mühlheim a. d. Ruhr.* 1851. 8. *Ibid.* 1855. 8.

Tertullien (Quintus Septimius Florens),
docteur de l'Église (vers 160 — vers 245).

Fossé (Pierre Thomas du). Histoire de Tertullien et d'Origène, qui contient d'excellentes apologies de la foi contre les païens et les hérétiques, avec les principales

circonstances de l'histoire ecclésiastique et profane de leur temps. *Par.* 1675. 8. * (*P.*) *Lyon.* 1691. 8. *Ibid.* 1701. 8.
* Publ. s. l. pseudonyme du sieur DE LA MOTTE.

(**Allix**, Pierre). Dissertatio de Tertulliani vita et scriptis, s. l. et s. d. (*Par.* 1680.) 8.

Blumenbach (Johann Heinrich). Liber de senatusconsulto, Q. S. F. presbytero et jurisconsulto Tertulliano. *Lips.* 1755. 8. (*D.* et *L.*)

Noesselt (Johann August). Dissertatio de vera ætate scriptorum quæ supersunt Q. S. F. Tertulliani, part. I-III. *Halæ.* 1757-59. 4. (*D.* et *L.*)

Ekerman (Peter). Dissertatio de Tertulliano, primo Latinæ ecclesiæ patre. *Upsal.* 1761. 4.

Pagenstecher (Johann Alexander Guinard). Oratio de jurisprudentia Tertulliani. *Harderov.* 1763. 8.

Jaeger (Alderich Anton). Dissertatio de Tertulliano, duce Anthropomorphitarum. *Innsbr.* 1774. 8.

Ballenstedt (Heinrich Christian). Tertullian's Geistesfähigkeiten, Religionskenntnisse und Theologie; drei Abhandlungen. *Helmst.* 1785. 8.

Neander (Johann August Wilhelm). Antignostikus. Geist des Tertullianus und Einleitung in dessen Schriften, mit archäologischen und dogmenhistorischen Untersuchungen. *Berl.* 1825. 8.

Coenen (J... A...). Dissertatio de Tertulliano. *Traj. ad Rhen.* 1825. 8.

Arbousse-Bastide (Antoine François). Tertullien et Cyprien, comparés comme littérateurs. *Strasb.* 1848. 8.

Hesselberg (Carl). Tertullian's Lehre aus seinen Schriften entwickelt, etc. *Dorpat.* 1848. 8.

Guerrier (Marcel). Apulée et Tertullien, ou l'Afrique payenne et chrétienne au IIe siècle. *Rouen.* 1853. 4.

Terzi (Feliciano),
jurisconsulte italien.

Mulazzi (Filippo). Necrologia e cantica in morte dell' avvocato F. Terzi di Lodi. *Milan.* et *Lodi.* 1846. 4.

Terzi (Giuseppe),
savant italien.

Salvioni (Agostino). Elogio del marchese G. Terzi. *Bergam.* 1819. 8.

Terzo (Filippo),
savant italien († 1579).

Michele (Agostino). Oratione in morte dell' eloquentissimo et eccellentissimo F. Terzo, s. l. et s. d. (*Venez.* 1579.) 4.

Bellavere (Giovanni Battista). Oratio in funere P. Tertii, summi oratoris. *Venez.* 1580. 4. Portrait.

Tesi (Mauro Antonio),
peintre italien (1730 — 19 juillet 1766).

Aglietti (Francesco). Vita di M. A. Tesi. *Venez.* 1791 (?) 8.

Tessé (René de **Froullay**, comte de),
maréchal de France (vers 1650 — 10 mai 1725).

Mémoires et lettres du maréchal de Tessé, contenant des anecdotes et des faits historiques inconnus sur partie des règnes de Louis XIV et de Louis XV, (publ. par Philippe Henri de **Grimoard**). *Par.* 1806. 2 vol. 8. (*P.*)

Tesselschade, voy. **Visscher**.

Tessin (Carl Gustaf, Grefwe),
homme d'État suédois (vers 1694 — 7 janvier 1770).

Hoepken (Anders Johan). Åminnelse-Tal öfver C. G., Graf Tessin. *Stockh.* 1771. 8.
Trad. en allem. (par Johann Georg Peter **Moeller**). *Greifsw.* 1772. 4. (*D.*)
Trad. en franç. :
Par Johann Jacob v. **Zabern**. *Par.* 1774. 8.
Par H(ermann) v. C(**allenberg**). *Dresd.* 1774. 12.

Gadd (Pehr Adrian). Åminnelse-Tal öfver C. G., Graf Tessin. *Stockh.* 1772. 8.

Scheffer (Carl Friedrich). Éloge du comte de Tessin. *Dresd.* 1774. 8. (Echappé aux recherches de Quérard.) — (*D.* et *L.*)

Ehrenheim (Fredrik Wilhelm v.). Tessin och Tessiniana. Biografy med Anekdoter och Reflexioner, samlade ut ur framledne Riks-Rådet Grefve C. G. Tessins egenh. Manuscripter. *Stockh.* 1819. 8.

Montgomery (Gustaf Adolf). C. G. Tessin's Dagbok med historik Inledning. *Stockh.* 1824. 8.

Testa (Giovanni Domenico),
homme d'État italien (1746 — 1832).

Fabi Montani (Francesco). Elogio storico di monsignore G. D. Testa. *Rom.* 1841. 8.

Testa (Giuseppe Antonio),
médecin italien (1756 — 1814).

Tommasini (Giacomo). Elogio di G. A. Testa. *Pesaro.* 1825. 8. (*Oxf.*)

Teste (Jean Baptiste),
homme d'État français (20 oct. 1780 — 26 avril 1852).

Saint-Maurice Cabany (Charles Édouard). Notice nécrologique sur J. B. Teste, ancien pair de France, président de chambre à la cour de cassation, ancien ministre, etc. *Par.* 1852. 8. (Extrait du *Nécrologe universel du xixᵉ siècle*.)

Testi (Fulvio),
poète italien (23 août 1593 — 28 août 1646).

Tiraboschi (Girolamo). Vita del conte F. Testi. *Moden.* 1780. 8. (*Oxf.* et *P.*)

Tête-de-mort (la comtesse à la),
personnage fabuleux.

Wach (Heinrich). Wunderbare Schicksale und Irrfahrten der persischen Gräfin mit dem Todtenkopfe, etc. *Berl.* 1845. 8.

Tettau (Carl Christoph v.),
savant allemand.

Joecher (Christian Gottlieb). Elogium C. C. a Tettau. *Lips.* 1751. *4.* (*D.* et *L.*)

Tettelbach (Gottfried),
théologien allemand (3 sept. 1679 — 3 mai 1748).

Kretschmar (Christoph). Denkschrift auf G. Tettelbach, Pastor in Rosswein. *Dessau.* 1748. *4.*

Tettelbach (Johann),
théologien (?) allemand.

Vita Nicolai Commerstadii et J. Tettelbachii. *Dresd.* 1751. *4.* (*D.*)

Tettenborn (Friedrich Carl, Freiherr v.),
général allemand (19 février 1778 —...).

Varnhagen v. Ense (Carl August). Geschichte der Kriegszüge des Generals v. Tettenborn in den Jahren 1813 und 1814. *Tübing.* 1815. 8.

Tetzel ou Tezel (Johann),
dominicain allemand (vers 1470 — 4 juillet 1519).

Mayer (Johann Friedrich). Dissertatio de Martino Lutheri thesibus, Tezelio indulgentiarum institutori oppositis. *Witteb.* 1685. *4.* (*D.*)

Hecht (Gottfried) et **Mayer** (Johann Friedrich). Vita J. Tezelii. *Witteb.* 1717. 8. (*L.*)

Vogel (Johann Jacob). Leben des päbstlichen Gnaden-Predigers oder Ablasskrämers J. Tetzel. *Leipz.* 1717. 8. (*D.* et *L.*)

Kapp (Johann Erhard). Dissertatio de nonnullis indulgentiarum quæstoribus sæculorum xv et xvi. *Lips.* 1720. *4.* (*D.* et *L.*)

—— Dissertatio in Ambrosii Altamuræ elogium J. Tetzelii. *Lips.* 1721. *4.* (*L.*)

Ekerman (Peter). Dissertatio de J. Tetzelio, indulgentiarum papæarum nundinatore per Germaniam impudentissimo. *Upsal.* 1761. *4.*

Hofmann (Friedrich Gottlieb). Lebensbeschreibung des Ablasspredigers Dr. J. Tetzel, publ. par Johann Cornelius **Poppe**. *Leipz.* 1844. 8. (*D.* et *L.*) Trad. en holland. *Zalt-Bommel.* 1846. 8.

Stehfest (Carl August). Der Ablasskrämer J. Tetzel, etc. *Schneeb.* 1846. 8. (*D.* et *L.*)

Groene (Valentin). Tetzel und Luther, oder Lebensgeschichte und Rechtfertigung des Ablasspredigers und Inquisitors Dr. J. Tetzel, aus dem Predigerorden. *Soest.* 1853. 8.

Teuber (Michael),
jurisconsulte allemand (15 août 1524 — 15 sept. 1586).

Limmer (Johann), Oratio de vitæ cursu et supremo fato M. Teuberi. *Witteb.* 1590. *4.* (*D.*)

Teulié (Pietro),
général italien (1763 — 12 mai 1807).

Marocco (Giuseppe). Elogio funebre di P. Teulié. *Milan.* 1807. *4.*

F(oscolo) **U**(go). Elogio storico di Teulié. *Milan.* 1808. *4.* (*Oxf.*)

Teutobochus,
géant imaginaire.

Bassot (Jacques). Histoire véritable du géant Teutobochus, roi des Teutons, Cimbres et Ambrosins, défaits par Marius, consul romain, cent cinquante ans avant la venue de notre Sauveur, lequel fut enterré auprès du château nommé Chaumont en Dauphiné. *Par.* 1613. 8. Réimprim. s. c. t. Discours véritable de la vie, mort et des os du géant Teutobochus. *Lyon.* 1613. 12.*
<small>* Le véritable auteur de ce livre, qui eut un grand succès, est le chirurgien **Mazuyer**. Il montra au public, pour de l'argent, les ossements du prétendu roi Teutobochus, qui étaient ceux d'un mastodonte ou éléphant fossile.</small>

Riolan (Jean). L'imposture des os humains supposés et faussement attribués au roi Teutobochus. *Par.* 1614. 8.

Textoris (Joseph Boniface),
médecin français (24 février 1773 — 3 sept. 1828).

Roux (Pierre Martin). Notice biographique sur J. B. Textoris. *Marseille.* 1829. 8.

Teyssonnière (Marie),
dame française, connue par sa haute piété.

Rivière (Louis de la). Histoire de la vie et des mœurs de M. Teyssonnière, native de Valence en Dauphiné. *Par.* 1655. *4.*

Thaer (Albrecht Daniel),
agronome allemand (14 mai 1752 — 26 oct. 1828).

Koerte (Wilhelm). A. Thaer, sein Leben und Wirken als Arzt und Landwirth. *Leipz.* 1839. 8. Portrait. (*D.* et *L.*) Trad. en holland. par E... C... **Enklaar**. *Zwolle.* 1848. 8. (*Ld.*)

Thais,
courtisane égyptienne du ivᵉ siècle après J. C.

Ranquet (Gabriel). L'exil de la volupté, ou l'histoire de Thaïs, Égyptienne, convertie par Paphnuce. *Lyon.* 1611. 12. (*Bes.*)

Thal (Johann),
médecin allemand († 1587).

Lesser (Friedrich Christian). Epistola de vita J. Thalii. *Nordhus.* 1747. *4.*

Thales,
philosophe grec (vers 630 — 548 avant J. C.).

Buddeus (Johann Franz). Dissertatio de ethica Thaletis Milesii. *Halæ.* 1690. *4.* (*L.*)

Mueller (Johann Heinrich). Dissertatio de aqua, principio rerum, ex mente Thaletis. *Altorf.* 1718. *4.*

Doederlein (Christian Albert). Animadversiones historico-criticæ de Thaletis et Pythagoræ theologia rationali. *Goetting.* 1750. 8.

Ploucquet (Gottfried). Dissertatio de dogmatibus Thaletis Milesii. *Tübing.* 1763. *4.*

Tiedemann (Diederich). Griechenlands erste Philosophen, oder Leben und Systeme der Orpheus, Pherecydes, Thales und Pythagoras. *Leipz.* 1780. 8. (*D.* et *L.*)

Harles (Gottlieb Christoph). Programmata III de Thaletis doctrina et rerum principio. *Erlang.* 1780-84. Fol.

Flatt (Johann Friedrich). Dissertatio de theismo Thaleti Milesio abjudicando. *Tubing.* 1785. *4.*

Goess (Georg Friedrich Daniel). Über den Begriff der Geschichte der Philosophie und über das System des Thales. *Erlang.* 1794. 8.

Thamer (Theobald),
théologien allemand († 10 mai 1569).

Neander (August). T. Thamer, Repräsentant und Vorgänger moderner Geistesrichtung im Reformations-Zeitalter. *Berl.* 1842. 8.

Thann (Eberhard v.).

Moerlin (Johann Georg). Programma de E. a Thann. *Lips.* 1755. *4.* (*L.*)

Thaulov (Hans Henrik),
théologien norvégien.

Schive (Soeren). Mindetale over Provst H. H. Thaulov. *Christiania.* 1826. 8.

Thauvonius (Abraham),
évêque de Viborg (1622 — 27 janvier 1679).

Stenberg (Erik). Justa academica sacris manibus eminentissimi viri A. Thauvonii, S. S. theologiæ doctoris et Wiburgensis episcopi, oratione solemni consecrata et persoluta. *Aboæ.* 1679. Fol.

Thauvonius (Gabriel Georg),
théologien suédois.

Hasselquist (Anders). Gudz hierteliga siälewärd, s. concio exequialis in M. G. G. Thauvonium, pastorem in Bierno. *Bierno.* 1684. 4.

Thebesius (Johann Ehrenfried),
médecin allemand (25 avril 1662 — ..., 1723),

Leuschner (Johann Christian). Expositio super vita, meritis et scriptis J. E. Thebesii. *Hirschb.* 1758. 4.

Thecla (Sainte),
martyre grecque.

Basilius. De vita ac miraculis D. Theclæ, virginis martyris Iconiensis, publ. en grec et en lat. par Pierre PANTIN. *Antw.* 1608. 4.

Notice sur S. Thècle, qui a apporté en Maurienne les reliques de S. Jean Baptiste, etc. *Chambéry.* 1840. 8.

Theden (Johann Christian Anton),
chirurgien allemand (13 sept. 1714 — 2 oct. 1797).

Mayer (Johann Christoph Andreas). Theden's Jubelfeier, nebst einer kurzen Lebensbeschreibung des Jubelgreises. *Berl.* 1787. 8. Portrait.

Thein (Johann Stephan),
théologien allemand.

Drechssler (Johann Michael). Dem Andenken des Herrn J. S. Thein, bestverdiensten Pfarrers zu Henfenfeld, Mitglieds des Nürnbergischen Blumenordens, etc. *Nürnb.* 1793. 4.

Theiner (Augustin),
prêtre allemand.

Contradictions historiques du R. P. A. Theiner, prêtre de l'Oratoire, au sujet de la compagnie de Jésus. *Brux.* 1853. 18.

Theiner (Johann Anton),
théologien allemand, frère du précédent (15 déc. 1790 — ...).

Braun (Johann Wilhelm Joseph). Über die schriftstellerischen Leistungen des Professors A. Theiner, die katholische Kirchenverhältnisse Schlesiens und das Priestercœlibat. *Bonn.* 1829. 8.

Franke (Friedrich August). Schattenriss eines grossen Reformators, oder Dr. A. Theiner nach seiner Stellung in der Wissenschaft und im Leben gezeichnet. *Glatz.* 1846. 8.

Théis (Alexandre Étienne Guillaume, baron de),
botaniste français (12 déc. 1765 — 24 déc. 1842).

(**Duverger**, J...). Notice biographique sur M. le baron de Théis. *Par.* 1843. 8. (*P.*)

Thelwall (John),
démagogue anglais (1766 — 1834).

Life of J. Thelwall; with notices of his times and contemporaries, and remarks on the state of society during the state trials of 1794; by his widow. *Lond.* 1857-58. 2 vol. 8. (*Oxf.*)

Thémis,
personnage mythologique.

Elsaesser (Carl Friedrich). Themis Romana, commerciorum fautrix. *Tubing.* 1767. 4.

Thémistius Euphrades,
rhéteur grec du IVe siècle.

Schmieder (Benjamin Friedrich). Dissertatio de Themistio, tolerantiæ patrono. *Halæ.* 1789. 4. (*L.*)

Baret (E...). Dissertatio de Themistio sophista et apud imperatores oratore. *Par.* 1853. 8.

Thémistocle,
général athénien (vers 535 — 470 avant J. C.)

Lilius (Caspar). Commentatio in Cornelii Nepotis Themistoclem. *Lips.* 1652. 4. (*L.*)

Kirchmaier (Georg Caspar). Dissertatio de Themistocle. *Witteb.* 1663. 4. (*D.*)

Finck (Theodor). Commentatio historico-philologica de Themistoclis Neoclis filii Atheniensis, ætate vita ingenio rebusque gestis. *Goetting.* 1849. 8.

Themmen (Philipp Hendrik),
littérateur hollandais.

Ter gedachtenis van C... S... C... van der Meulen en P. H. Themmen. *Groning.* 1817. 8.

Théocrite,
poète grec du premier ordre (285 avant J. C.).

Gering (Jacob). Dissertatio de Theocriti stylo (et vita). *Lips.* 1710. 4. (*L.*)

Naeke (August Ferdinand). Dissertatio de Theocrito principe et inventore poësis bucolicæ. *Bonn.* 1828. 4.

Rouz (Édouard). Dissertatio de Theocriti idylliis. *Par.* 1846. 8. (*P.*)

Theodectes Phaselita,
écrivain grec.

Maercker (Carl Friedrich Traugott). Commentatio I de Theodectæ Phaselitæ vita et scriptis. *Vratisl.* 1835. 8.

Théodelinde,
épouse d'Autharic, roi des Lombards († 625).

Zucchi (Bartolommeo). Istoria di Teodelinda, regina de' Longobardi, e vita di Gherardo di Monza. *Milan.* 1613. 4.

Lesini (Antonio). Memorie di Teodelinda, regina de' Longobardi. *Bologn.* 1646. 12.

Pallhausen (Vincenz v.). Garibald, erster König Bojariens, und seine Tochter Theodelinde, erste Königin in Italien. *Münch.* 1810. 8.

Rion (J...). Theodelinde, Prinzessin von Bayern, nachherige Königin der Longobarden, etc. *Augsb.* 1834. 8.

Théodora,
épouse de l'empereur Justinien († vers 868).

Ribeiro de Macedo (Duarte). Vida da imperatriz Theodora. *Lisb.* 1677. 12.

Wieling (Abraham). Schediasma de Justiniano et Theodora Augustis. *Franeq.* 1729. 4.

Ludewig (Johann Peter v.). Vita Justiniani M. atque Theodoræ Augustorum nec non Triboniani, etc. *Halæ.* 1751. 8. (*D., L.* et *Oxf.*)

Jugler (Johann Friedrich). Schediasma de eruditione Theodoræ Augustæ, conjugis Justiniani. *Hamb.* 1742. 8.

Théodora,
maîtresse du pape Jean X († vers 920).

Loescher (Valentin Ernst). Historie des römischen Hurenregiments der Theodoræ und Maroziæ. *Leipz.* 1703. 4. (Peu commun.) — (*D.* et *L.*)

Théodore,
évêque de Mopsueste (vers 350 — 428).

Meissner (Johann Christian). Dissertatio de Theodoro Mopsvesteno. *Witteb.* 1744. 4. (*D.*)

Lebret (Johann Friedrich). Disquisitio de fragmentis Theodori Mopsvesteni. *Tubing.* 1790. 4. (*L.*)

Sieffert (Friedrich Ludwig). Theodorus Mopsvestenus, veteris testamenti sobrie interpretandi vindex. *Regiom.* 1827. 8.

Water (G... C... H... te). Disputatio de Theodoro Antiocheno, Mopsuestiæ episcopo XII, prophetarum minorum interprete. *Amst.* 1857. 8.

Fritzsche (Otto Fridolin). Commentatio historico-theologica de Theodori Mopsvesteni vita et scriptis. *Halæ.* 1857. 8. (*L.* et *Oxf.*)

Théodoret,
évêque de Cyr (vers 387 — vers 458).

Schulze (Johann Ludwig). Dissertatio de vita et scriptis B. Theodoreti. *Halæ.* 1769. 8.

Richter (Johann Friedrich Christlieb). Commentatio de Theodoreto, epistolarum Paulini interprete. *Lips.* 1822. 8. (*D.* et *L.*)

Théodoric,
roi des Ostrogoths (vers 457 — 475 — 3 août 526).

Ennodius (Magnus Felix). Panegyricus Theodorico, regi Ostrogothorum, dictus. *Par.* 1589. Fol. *Tornaci.* 1610. 8. Publ. avec des notes par Jacques SIRMOND. *Par.* 1611. 8. (*Oxf.* et *P.*)

Cochlæus (Johann). Vita Theodorici, regis quondam Ostrogothorum et Italiæ. *Ingolst.* 1544. 4. Réimprim. avec des remarques par Johan PERINGSKIOELD. *Holm.* 1699. 4. (*L.*)

Boecler (Johann Heinrich). Theodoricus Ostrogothus, Italiæ rex. *Argent.* 1661. 4.

Mattsson (Matthæus). Dissertatio de bello Theodorici, regis Ostrogothorum, cum Odoacro, rege Italiæ. *Lund.* 1811. 8.

Ginanni (Pietro Paolo). Dissertazione sopra il mausoleo di Teodorico, rè de' Goti in Italia, o vero S. Maria della Rotonda. *Cesen.* 1765. 4.

Bock (N... N...). Die Reiter-Statue des Ostgothenkönigs Theodorich zu Aachen. *Bonn.* 1844. 8.

Hurter (Friedrich). Geschichte des ostgothischen Königs Theodorich. *Schaffh.* 1807. 2 vol. 8. (*D.*)

Roure (L... M... du). Histoire de Théodoric le Grand, roi d'Italie. *Par.* 1846. 2 vol. 8. (*P.*)

Théodoric,
archevêque de Magdebourg.

Gerike (Peter). Leben Theodorici, Erzbischofes zu Magdeburg und Primatis in Deutschland. *Hannov.* et *Braunschw.* 1743. 4. (*D.*)

Theodoricus a Monasterio,
moine allemand.

Vita Theodorici a Monasterio, ordinis minorum regularis observantiæ. *Monast.* 1636. 4.

Theodorus (Vitus), voy. Dietrich (Veit).

Théodose I, surnommé le Grand (Flavius),
empereur byzantin (15 mars 346 — 392 — 17 janvier 395).

Pastorius v. Hirtenberg (Joachim). Theodosius M. ex variis auctoribus adornatus. *Jenæ.* 1664. 8.

Fléchier (Esprit). Histoire de Théodose le Grand. *Par.* 1679. 4. (*Bes.*) *Ibid.* 1680. 12. (*P.*) *Ibid.* 1681. 8. *Ibid.* 1682. 8. *Ibid.* 1699. 12. *Ibid.* 1749. 12. *Ibid.* 1776. 12. *Ibid.* 1812. 12. *Ibid.* 1824. 12. *Ibid.* 1825. 12. *Ibid.* 1826. 12. Portrait. *Lyon* et *Par.* 1826. 12. *Limoges.* 1834. 12.

Trad. en allem. *Bresl.* 1765. 8. (*D.* et *L.*)

Trad. en angl. par Thomas MANNING. *Lond.* 1693. 8.

Rechenberg (Adam). Dissertatio de Theodosio M. imperatore excommunicato. *Lips.* 1683. 4. (*L.*)

Koeler (Johann David). Dissertatio de familia Theodosii M. *Altorf.* 1715. 4.

Hermansson (Johan). Dissertatio de Theodosio M. Romanorum Augusto. *Upsal.* 1723. 2 parts. 8.

Gerlach (Benjamin Gottlieb). Programma de Flavio Theodosio M. Eugenii tyranni victore. *Zittav.* 1743. Fol.

Mueller (Peter Erasmus). Commentatio historica de genio, moribus et luxu ævi Theodosiani, part. I. *Hafn.* 1797. 8. part. II. *Goetting.* 1798. 8.

Stuffken (Jan Hendrick). Dissertatio de Theodosii M. in rem christianam meritis. *Lugd. Bat.* 1828. 8. (*Oxf.*)

Olivier (Nicolas). Dissertatio historica de Theodosii M. constitutionibus. *Lugd. Bat.* 1833. 8. (*Ld.*)

Théodose II, dit le Jeune,
empereur byzantin (11 avril 401 — 408 — 28 juillet 450).

Rader (Matthias). Aula sancta Theodosii II, s. junioris, Sanctæ Pulcheriæ sororis et Eudoxiæ uxoris Augustorum res gestas complectens. *Aug. Vind.* 1608. 8. *Monach.* 1614. 8.

Gerlach (Benjamin Gottlieb). Programma de Theodosio juniore. *Zittav.* 1751. Fol.

Ballino (Gentile). Columna Theodosiana. *Venet.* 1557. Fol.

Théodotion,
traducteur de l'Ancien Testament en grec
(contemporain de l'empereur Commode).

Buddeus (Johann Franz). Dissertatio de Theodotione. *Witteb.* 1688. 4.

Théognis,
poète grec (vers 548 avant J. C.).

Graefenhan (Wilhelm). Theognis Theognidens, sive Theognidis, etc. *Mulhus.* 1827. 4.

Theomnestus,
médecin goth.

Heusinger (Carl Friedrich). Theomnestus, Leibthierarzt Theodorich's des Grossen, Königs der Ostgothen, s. l. (*Giess.*) 1843. 4.

Théon de Smyrne,
mathématicien grec.

Gelder (Jan Jakob de). Dissertatio de Theonis Smyrnæi arithmetica. *Lugd. Bat.* 1827. 8.

Théophanie,
épouse d'Othon II, empereur d'Allemagne
(... — mariée en 972 — 15 juin 991).

Murr (Christian Gottlieb v.). Theophaniæ Augustæ Ottonis II imperatoris conjugis corona aurea. *Norimb.* 1804. 8.

Théophile,
évêque de la.

Walpurger (Johann Gottlieb). Theophilus Antiochenus, boni pastoris in ecclesia typus. *Chemnic.* 1735. 4.

Grabener (Gottlieb). Dissertatio de Theophilo, episcopo Antiocheno. *Dresd.* 1744. 4. (*D.*)

Prilessky (Johann Baptist). Acta et scripta S. Theophili Antiocheni et Marci Minutii Felicis. *Vienn.* 1764. 8.

Théophile,
jurisconsulte grec (vers 533 après J. C.).

Mylius (Johann Heinrich). Theophilus, s. de Græcarum juris institutionum earundemque auctoris historia, ætate, auctoritate, fatis, dotibus, nævis, liber singularis. *Lugd. Batav.* 1733. 8.

Théophraste,
philosophe grec (371 — 286 avant J. C.).

Hill (Nicolas). Dissertatio de philosophia epicurea, democritea et theophrastea. *Genève.* 1619. 8.

Schmidt (Max). Dissertatio de Theophrasto rhetore. *Halæ.* 1839. 4. (*L.*)

Speranza (Carlo). Teofrasto primo botanico; discorso. *Firenz.* 1841. 8.

Theophrastus Paracelsus, voy. Paracelsus.

Théophylacte,
archevêque d'Archidie.

Rubeis (Giovanni Francesco Bernardo de). De Theophylacti Bulgariæ archiepiscopi gestis et scriptis ac doctrina. *Venet.* 1754. Fol.

Théopompe,
historien grec (vers 358 — vers 305 avant J. C.).

Koch (Georg Friedrich). Dissertatio de Theopompo Chio, historico Græcorum quondam celeberrimo. *Stett.* 1790. 8.

—— Prolegomena ad Theopompum Chium. *Stett.* 1803. 4.

Aschbach (Joseph). Dissertatio de Theopompo Chio historico. *Frf.* 1823. 4. (*L.* et *Oxf.*)

Pflugk (Julius Edmund). Commentatio de Theopompi Chii vita et scriptis. *Berol.* 1827. 8.

Théos ou Théot, se disant Mère de Dieu
(Catherine *),
visionnaire française (1725 — vers 1800).

(**Vilate**, Joachim). Mystères de la mère de Dieu dévoilés. *Par.* 1795. 8. (*P.*)

* Cette femme a voulu proclamer Robespierre comme nouveau Messie du genre humain. Un de ses pontifes était l'ex-dominicain Dom Gerle. — Les mystères de la Mère de Dieu forment la 3e partie des *Causes secrètes de la révolution* (du 9 au 10 thermidor) furent réimprimés dans la *Collection des mémoires relatifs à la révolution française,* 20e livraison, pages 271 et suivantes.

Chenon (N... N...). Vie privée de C. Théos, se disant mère de Dieu, âgée de 78 ans. *Par.*, s. d. (an III). 12. *

* L'auteur de cette notice, très-rare et recherchée, était le commissaire de police qui a dressé le procès-verbal.

Théramènes,
orateur grec.

Hinrichs (Eduard Philipp). Commentatio de Theramenis, Critiæ et Thrasybuli virorum tempore belli Peloponnesiaci inter Græcos illustrium, rebus et ingenio. *Hamb.* 1820. 4.

Schneither (G... A...). Dissertatio de Theramene, Agnonis filio, Atheniensi. *Lugd. Bat.* 1821. 8. (*Ld.*)

Thérèse (Sainte),
fondatrice des carmélites (28 mars 1515 — 5 oct. 1582).

Vida de Teresa de Jesus. (Ecrit par elle-même.)

Trad. en allem. s. c. t. Bekenntnisse, etc. *Münch.* 1818. 8. *Frf.* 1827. 8.

Trad. en angl. par John DALTON. *Lond.* 1851. 12.

Trad. en franç. :

Par N... N... PERSONNE. *Par.* 1664. 12.

Par Martial CHANUT. *Par.* 1691. 8. (*Bes.*)

Trad. en ital. *Milan.* 1842. 18.

Yepez (Diego de). Vida de la S. Teresa de Jesus. *Madr.* 1587. 4. *Ibid.* 1615. 4. *Par.* 1847. 8. Portrait. Trad. en franç. *Par.* 1643. 4.

Ribera (Francisco de). Vida de la madre Teresa de J. H. S., fundadora de las descalças y descalços carmelitas, repartida en V libros. *Madr.* 1601. 4. *Colon.* 1620. 4. Trad. en franç. par J. D. B. P... et G. D. C. C... *Anvers.* 1607. 12. *Lyon.* 1628. 8. *Par.* 1645. 8.

Trad. en ital. par Cosimo GACI. *Venez.* 1603. 4.

Trad. en flam. *Antw.* 1620. 2 vol. 8.

Trad. en latin par Mathias MARTINEZ. *Col. Agr.* 1620. 4.

Parra (Sebastiano de la). Vita S. Theresæ a Jesu, fundatricis carmelitarum discalceatarum. *Salmant.* 1609. 8. *Ibid.* 1610. 4.

Beatæ Theresæ vitæ relationes Paulo V factæ. *Barcin.* 1621. 8.

Matthew (Tobias). Life of S. Therese. *Lond.* 1625. 8.

Gratz (Jacob). Anatomia cordis Theresiani, s. panegyris de S. Theresa. *Prag.* 1664. 4.

Abrégé de la vie, des vertus et des miracles de la glorieuse vierge S. Thérèse. *Douai.* 1704. 12. Portrait.

Bourgoin de Villefore (Joseph François). Vie de S. Thérèse. *Par.* 1712. 4. (*Bes.*) *Ibid.* 1748. 2 vol. 12. *Tours.* 1850. 12.

Duret (Pierre Claude). Vie de S. Thérèse. *Lyon.* 1718. 12. (*P.*)

Oetinger (Friedrich Christoph). Leben und Briefe der Maria de S. Theresa. *Frf.* 1734. 8.

(**Emery**, Jacques André). Esprit de S. Thérèse, recueilli de ses œuvres. *Lyon.* 1775. 8. *Ibid.* 1779. 8. Augment. d'une notice sur l'auteur. *Avign.* 1825. 2 vol. 12.

Olivier (mademoiselle). Abrégé de la vie de S. Thérèse, s. l. 1777. 8.

Dusserre-Figon (Joseph Bernard). Panégyrique de S. Thérèse, etc. *Par.* 1785. 8.

Boucher (Jean Baptiste Antoine). Vie de S. Thérèse, etc. *Par.* 1810. 2 vol. 8.

Riedhofer (Corbinian Anton). Leben der heiligen Theresia. *Salzb.* 1817. 12.

Capua (Ferdinando de). Predica della vita e miracoli della B. madre Teresa di Giesù, carmelitana, etc. *Napol.* 1822. 4.

Butler (Alban). Leben der heiligen Theresia. *Mainz.* 1823. 8. Trad. en ital. *Monza.* 1857. 12.

Buchfelner (Simon). Lebensgeschichte der heiligen Jungfrau Theresia. *Augsb.* 1826. 8. *Ibid.* 1833. 8.

Cerny (Josef). Zivot sv. Panny Terezie s peipijenou kratkou historij r'adu bosijck Karmelitanek v. Cechach. *Prag.* 1850. 8.

Collombet (François Zénon). Vie de S. Thérèse. *Lyon.* 1856. 8. (*Bes.*)

Federico di Santo Antonio. Vita di S. Teresa di Gesù, fondatrice degli scalzi, etc. *Rom.* 1837. 4 vol. 8. Port. Leben der heiligen Theresia. *Coeln.* 1841. 12.

Gualco (Domenico). Vita di S. Teresa di Gesù. *Genov.* 1842. 8.

Rouix (Marcel). Vie de S. Thérèse, écrite par elle-même. *Tournai.* 1853. 8.

Théroigne, dite **de Méricourt** * (Anne Josèphe Lambertine),
l'une des héroïnes de la révolution française
(13 août 1762 — 9 mai 1817).**

Précis historique sur la vie de mademoiselle Théroigne de Méricourt. *Par.* 1790. 12. (Excessivement rare.)

* Elle adopta ce nom du village de Méricourt, aujourd'hui Marcourt (province de Luxembourg) où elle était née de Pierre Terwagne, car c'est ainsi que le nom doit s'orthographier d'après l'acte de naissance de Lambertine et les recherches faites par M. le baron de Stassart.
** Elle mourut folle à l'hospice de la Salpêtrière.

Chronique de Manége : Accouchement de mademoiselle de Théroigne de Méricourt, s. l. et s. d. 8. *

* Nous présumons que l'auteur de cette pièce rare et curieuse était le journaliste royaliste SULEAU.

(**Lamothe-Langon**, Étienne Léon). Théroigne de Méricourt, ou la jolie Liégeoise; correspondance publiée par Y — γ. *Par.* 1836. 2 vol. 8.

Mathieu (Adolphe Charles Ghislain). Théroigne de Méricourt. *Par.* (*Mons*). s. d. (1848). 8. *

* A la fin de ce poème se trouve une notice biographique sur Théroigne.

Theristi (S. Giovanni),
prêtre italien.

Agresta (Apollinare). Vita di S. G. Theristi. *Rom.* 1653. 4.

Théron (Louis),
prêtre français.

Éloge historique de M. L. Théron, prêtre et curé de la paroisse de Notre-Dame des Tables de la ville de Montpellier. *Montpell.* 1812. 8.

Thésée,
personnage mythologique.

Meursius (Jan). Theseus et Themis Attica, publ. par Jacob Spon. *Ultraj.* 1684. 4.

Sintenis (Carl Heinrich). Dissertatio de Theseo apud inferos æternum sedente. *Witteb.* 1765. 4.

Thespis,
créateur de la tragédie (vers 540 avant J. C.).

Cramer (Johann Christoph). Commentatio de Thespide, primo haud dubio cultoris tragœdiæ auctore. *Jenæ.* 1734. 4. (*L.* et *D.*)

Valett (Johann Jacob Meno). Num Thespis tragœdiæ auctor haberi possit? *Erlang.* 1784. 4. (*L.*)

Theudosie (Sainte),
martyre française.

Gerbet (Philippe). S. Theudosie. *Amiens.* 1855. 8. *Louvain.* 1855. 8. *Brux.* 1854. 8.

Theune (Carl Heinrich),
pédagogue allemand (5 janvier 1707 — ... 1771).

Memoria C. H. Theunii, rectoris Bregensis. *Bregæ.* 1772. 4.

Theuss (Carl),
commerçant allemand.

Theuss (Carl). Rückblicke und Erinnerungen aus den Tagen meiner Gefangenschaft. *Leipz.* 1815. 8. (*L.*)

Theutberge,
épouse de Lothaire II, empereur d'Allemagne.

Borgnet (Adolphe). Le divorce du roi Lothaire II et de la reine Theutberge, s. l. et s. d. 8. (*Bx.*)

Thévenin (Claude),
prêtre français († 1697).

Legendre (Louis). Elogium C. Thevenin, ecclesiæ Parisiensis canonici. *Par.* 1697. 8. (*P.*)

Thévenin (Claude Noël),
prêtre français (1801 — 30 nov. 1849).

Gamen-Dupasquier (A...). Notice nécrologique de M. C. M. Thévenin, peintre d'histoire, président du comité central des artistes, etc. *Montmartre.* 1850. 8.

Thévenot (Magloire),
instituteur français (1746 — 19 février 1821).

(**Patris de Breuil**, Louis Marie). Hommage à la mémoire de M. M. Thévenot, professeur à Troyes. *Troyes.* 1824. 8.

Thiard (Gaspard Ponthus, marquis de),
savant français (26 mai 1723 — 28 avril 1786).

Amanton (Claude Nicolas). Notice sur feu le marquis de Thiard, membre honoraire de l'Académie des sciences, arts et belles-lettres de Dijon. *Dijon.* 1832. 8. (Tiré à 150 exemplaires.) — (*Lv.*)

Thiard de Bissy (Henri),
cardinal français (25 mai 1657 — 27 juillet 1737).

Séguy (Joseph). Oraison funèbre du cardinal de Bissy. *Par.* 1737. 4. (*P.*)

Thibaudeau (Antoine Claire, comte),
député à la Convention nationale (1765 — ...).

Thibaudeau (Antoine Claire de). Mémoires sur la Convention et le Directoire. *Par.* 1824. 2 vol. 8. (*P.*) *Ibid.* 1827. 2 vol. 8.

—— Mémoires sur le Consulat (de 1799 à 1804). *Par.* 1826. 8. (*P.*)

—— Mémoires sur la Convention et le Directoire, ceux sur le Consulat, l'histoire des guerres d'Italie et d'Egypte, enfin le Consulat et l'empire. *Par.* 1824-35. 18 vol. 8. (*P.*)

Thibault (Saint),
martyr français.

Chapelle de S. Thibault. Vie de S. Thibault. *Evreux.* 1853. 8.

Thibault IV,
comte de Champagne et de Brie.

Delbarre (N... N...). Essai sur la vie de Thibault IV, comte de Champagne et de Brie, et roi de Navarre. *Laon.* 1850. 8.

Thibault (Philippe),
carme français.

Hugues de Saint-François. Idée véritable d'un supérieur religieux, formée sur la vie et la conduite de P. Thibault, réformateur en France de l'ordre des carmes. *Angers.* 1663. 4.

Virdou (N... N...). Vie du R. P. P. Thibault, auteur de la réforme des carmes de l'observance de Rennes. *Par.* 1673. 4. (*P.*)

Thibaut (Anton Friedrich Justus),
jurisconsulte allemand (4 janvier 1774 — 28 mars 1840).

Rothe (Richard) et **Dittenberger** (Theophorus Wilhelm). Worte, gesprochen bei der Beerdigung des Geheimen Raths, etc., **A. F. J. Thibaut**. *Heidelb*. 1840. 8.

Baumstark (Edwin), A. F. J. Thibaut. Blätter der Erinnerung. *Leipz*. 1841. 8. (*L*.)

Thibière (Jean Marie Gabriel),
architecte français (14 mars 1758 — 23 mars 1822).

Passeron (J... S...). Notice biographique sur M. Thibière, s. l. et s. d. (*Lyon*. 1822). 8.

Thicknesse (Philip),
littérateur anglais (1719 — 19 nov. 1792). *

Memoirs and anecdotes of P. Thicknesse, late governor of Landguard Fort and infortunately father to Georg Touchet, baron Audley. *Lond*. 1788-91. 3 vol. 8. (Ecrit par lui-même.)

* Ou selon d'autres biographes le 28 septembre de la même année.

(**Adair**, James Mackittrick). Curious facts and anecdotes not contained in the *Memoirs* of P. Thicknesse, Esq. *Lond*. 1790. 8. *

* Publ. s. l. pseudonyme de Benjamin Goostquill et Peter Panachard, et accomp. d'un portrait caricaturique de Thicknesse.

Thiébault (Dieudonné),
littérateur français (26 déc. 1733 — 5 déc. 1807).

Thiébault (Dieudonné). Mes souvenirs de vingt ans de séjour à Berlin, ou Frédéric le Grand, sa famille, sa cour, son gouvernement, son académie, ses écoles et ses amis littérateurs et philosophes. *Par*. 1804. 5 vol. 8. (*L., Oxf*. et *P*.) *Ibid*. 5 vol. 8. Revus par Anne Henri DAMPMARTIN. *Par*. 1813. 4 vol. 8. *Ibid*. 1827. 5 vol. 8. * Trad. en allem. *Leipz*. 1828. 2 vol. 8. (*L*.)
Trad. en angl. s. c. t. Original anecdotes of Frederick II. *Lond*. 1805. 2 vol. 8. (*Oxf*.)

* Les deux dernières éditions sont ornées de 2 portraits.

Thiebault (N... N...),
général français.

Matériaux pour la biographie du général Thiebault. *Par*. 1846. 8.

Thielmann ou Thielemann (Johann Adolph, Freiherr v.),
général allemand (27 avril 1765 — 10 oct. 1824).

Huettel (Carl v.). Der General der Cavallerie, Freiherr v. Thielmann; biographische Skizze mit authentischen Aufschlüssen über die Ereignisse zu Torgau, vom Januar bis zur Mitte des Mai 1813. *Berl*. 1828. 8.

L'Or (Louis de). Kurze Erläuterungen und Berichtigung der Irrthümer, welche in der Skizze des k. preussischen Generals Freiherrn v. Thielmann, herausgegeben von Carl v. HUETTEL, bis zu des Generals Übertritt zu den Truppen der hohen Alliirten im Jahre 1813 enthalten sind. *Dresd*. et *Leipz*. 1829. 8. (*D*. et *L*.)

Oberreit (H...). Beitrag zur Biographie und Characteristik des Freiherrn v. Thielmann. *Dresd*. 1829. 8. (*D*. et *L*.)

Holzendorff (Albrecht v.). Beiträge zu der Biographie des Generals Freiherrn v. Thielmann, und zur Geschichte der jüngst vergangenen Zeit, etc. *Leipz*. 1830. 8. (*D*. et *L*.)

Thieme (Carl Traugott),
littérateur allemand (28 janvier 1745 — 3 mai 1802).

Knebel (Immanuel Gottlieb). Vorarbeiten zu einer vollständigen Biographie und Characteristik C. T. Thieme's. *Goerl*. 1804. 8. (*L*.)

Thieme (Herman Carl Anton),
libraire hollandais (2 mars 1770 — 9 juin 1826).

W...R... (J... v.). H. C. A. Thieme geschetst. *S'Gravenh*. 1843. 18. Portrait. (Extrait du *Jaarboekje voor den boekhandel*.)

Thiene (Domenico),
médecin italien (4 oct. 1767 — 24 nov. 1844).

Spinelli (Niccolò). Elogio di D. Thiene. *Vicenz*. 1844. 8.
(**Podestà**, Gaetano). Cenni sulla vita di D. Thiene, medico Vicentino. *Venez*. 1845. 8. (*Oxf*.)

Thierry (Saint),
martyr français († 533).

Bailly (N... N...). Tableau de la vie et miracles de S. Thierry. *Par*. 1652. 8. (*P*.)

Thierry d'Alsace,
comte de Flandre.

Straten Ponthoz (François van der). Charles le Bon,

causes de sa mort, ses vrais meurtriers. Thierry d'Alsace, des comtes de Metz, seigneur de Bitche et comte de Flandre. *Par*. 1833. 8.

Thierry de Flandre,
empereur de Chypre au XIIIe siècle.

Kervyn de Lettenhove (Joseph). Thierry de Flandre, empereur de Chypre au XIIIe siècle. *Brux*. 1853. 8. (Extrait des *Bulletins de l'Académie royale de Belgique*.)

Thierry de Lusatie,
margrave de Lusatie.

Richter (Adam Daniel). Programma de Theodorico, secundo marchione nondum hereditario in Lusatia superiore. *Gorlic*. 1768. Fol.

Thierry (Augustin),
historien français (20 mai 1795 — ...).

(**Loménie**, Louis de). M. A. Thierry, par un homme de rien. *Par*. 1841. 12.

Thiers (Louis Adolphe),
homme d'État français (15 avril 1797 — ...).

(**Capefigue**, Baptiste Honoré Raymond). Le ministère de M. Thiers, les chambres et l'opposition de M. (François) Guizot. *Par*. 1836. 8.
(**Loménie**, Louis de). M. Thiers, par un homme de rien. *Par*. 1841. 12.
Paradoxes et palinodies de M. Thiers, précédés d'un abrégé de sa vie politique. *Par*. 1844. 8.
Les cent quatre péchés de M. Thiers, les dix vertus de M. (François) Guizot, les cent dix nouveaux députés, les quinze jours de session. *Par*. 1846. 18. (*P*.)

Laya (Alexandre). Etudes historiques sur la vie privée, politique et littéraire de M. A. Thiers, ou l'histoire de quinze ans (1830-1846). *Par*. 1846. 2 vol. 8. (*P*.)

Guéronnière (Arthur de la). Portraits politiques contemporains (M. Jean Gilbert Victor Fialin de Persigny, M. de Morny, M. Thiers). *Par*. 1853. 8.

Thiéry (Jean Paul),
militaire français.

Mémoires de J. P. Thiéry, de Verdun, adjudant, commandant en 1814 les surveillants des palais de Versailles, Trianon, etc., ou ses neuf jugements. *Par*. 1836. 8. (Ecrit par lui-même.) — (*P*.)

Thiess (Johann Otto),
théologien allemand (15 août 1762 — 7 janvier 1810).

Thiess (Johann Otto). Geschichte meines Lebens und meiner Schriften, aus und mit Actenstücken, etc. *Hamb*. 1801-1802. 2 vol. 8.

Thieullen (N... N...),
jurisconsulte français.

Boieldieu (Marie Jacques Amand). Éloge historique de M. Thieullen, premier président de la cour impériale de Rouen. *Rouen*. 1813. 8.

Thilo (Gottfried),
pédagogue allemand.

Grosser (Samuel). Memoria G. Thilonis de Thilau et Sternberg, gymnasii Bregensis rectoris, s. l. 1726. Fol.

Thilo (Johann),
théologien allemand (3 sept. 1637 — 8 nov. 1681).

(**Feller**, Joachim). Programma academicum in J. Thilonis funere. *Lips*. 1681. 4. (*L*.)

Thilo v. Thilau (Georg),
jurisconsulte allemand (5 oct. 1522 — 6 février 1602).

Baudisius (Andreas). Oratio parentalis G. Thiloni dicta. *Liegnic*. 1602. 4.
Lauban (Melchior). Laudatio parentalis G. Thilonis. *Liegnic*. 1604. 4.

Thiry (Charles Eugène Joseph),
ingénieur belge (8 janvier 1783 — 24 janvier 1851).

Quetelet (Lambert Adolphe Jacques). Paroles prononcées aux funérailles de C. E. J. Thiry, membre de l'Académie. *Brux*. 1851. 12. (*Bx*.)
Heuschling (Xavier). Biographie académique et administrative : C. E. J. Thiry. *Brux*. 1852. 8. (Tiré seulement à 25 exemplaires.)

Thisbé,
personnage mythologique.

Hardt (Hermann von der). Celebris Graecorum mythus

Pyrami et Thisbe, Ovidii metamorph. 4. 4. *Halæ.*
1756. 4.

Thistlethwaite (William),
théologien anglais.

Thistlethwaite (George). Memoirs of the life of the
Rêv. W. Thistlethwaite, (his father). *Lond.* 1838. 8.
(*Oxf.*)

Thoennicker (Johann David),
jurisconsulte allemand (26 janvier 1654 — 5 mai 1708).

Mueller (Daniel). Programma de vita J. D. Thoennic-
keri, consulis Chemnicensis. *Chemnic.* 1708. Fol. (*L.*)

Tholen (Jan Pierson),
littérateur hollandais.

Korte levensschets van den hoogleeraar J. P. Tholen.
Amst. 1825. (Extrait du journal *Kunst-en Letterbode.*)

Tholen (Niklaas),
médecin hollandais.

Wassenbergh (Everhard). Redevoering ter gedachtenis
van N. Tholen, kandidaat in de Fakulteit der genees-
kunde. *Franek.* 1820. 8.

Tholosani (Antoine),
abbé de Saint-Antoine.

Loyac (Jean de). Le bon prélat, ou la vie d'A. Tholosani,
abbé général de l'ordre de Saint-Antoine du Viennois.
Par. 1648. 8. (*P.*)

Tholozan (Marie Thérèse de),
religieuse française (vers 1774 — 17 avril 1851).

Abrégé de la vie et des vertus de notre digne mère et
fondatrice, M. T. de Tholozan, décédée en ce monastère
de la Visitation de Sainte-Marie de Metz. *Metz.* 1851. 4.

Thom (Georg),
médecin allemand (8 avril 1757 — 22 mai 1808).

Nebel (Ernst Ludwig Wilhelm). Memoria viri de republica optime meriti Dr. G. Thom. *Giess.* 1810. 4.

Thomae (Johannes),
jurisconsulte allemand (28 août 1624 — 2 mars 1680).

Sagittarius (Caspar). Vita J. Thomæ, cancellarii Saxonici. *Jenæ.* 1680. 4.

Thomann (Mauritius),
jésuite allemand (19 avril 1722 — ... 1790).

M. Thomann's Reise und Lebensbeschreibung, von ihm
selbst verfasst. *Augsb.* 1788. 8. (*D.*)

Thomas (Saint),
l'un des douze apôtres.

Gregory (Carlo Emmanuele de). Vita del gloriosissimo
apostolo S. Tommaso. *Torin.* 1781. 4.

Thomas d'Aquin (Saint),
théologien italien (1227 — 7 mars 1274).

Novelli (Francesco). Panegyricus ubi de D. Thoma Aquinate deque illustribus Columneñ., etc., s. l. et s. d.
(vers 1490.) 4. (*D.*)

Hunaci (Alberto). Oratio in laudem Thomæ Aquinatis.
Venet. 1507. 4. (*D.*)

(**Tocco**, Guglielmo di). Vita di S. Tommaso d'Aquino,
trad. du lat. par Giovanni Battista de LECTIS. *Ferino.*
1577. 8.

Goselini (Bernardino). Oratio in laudem Thomæ Aquinatis. *Patav.* 1604. 4.

Vaenius (Otto). Vita D. Thomæ Aquinatis. *Antwerp.*
1610. 4. Portrait. (*D.*) Trad. en flamand. *Bruss.* 1778.
Fol.

Cianzzi (Ignazio). Laudatio Thomæ Aquinatis, ecclesiæ
doctoris. *Rom.* 1615. 4.

Lucarini (Reginaldo). Laudatio Thomæ Aquinatis. *Rom.*
1622. 4.

Smezers (Hendrik). Oratio de Thoma Aquinatis. *Brux.*
1624. 4.

Prost (Hadrian de). Panegyricus in Thomam Aquina-
tem. *Lovan.* 1650. 4.

Etiro (Partenio). Vita di S. Tommaso d'Aquino, divisa
in III libri. *Venez.* 1650. 8. (*D.*)

Orsini (Latino Pagano). Laudatio Thomæ Aquinatis.
Rom. 1653. 4.

Arriaga (Gonzalo de). Vida de S. Tomas de Aquino.
Madr. 1648. Fol.

Slachetka (Stanislaus). Phœnix alter, s. oratio de Thoma
Aquinate. *Cracov.* 1649. Fol. (*D.*)

Maurocordato (Alessandro). Oratio de divo Thoma
Aquinate. *Patav.* 1663. 4.

Facies Abyssi, s. D. Thomæ Aquinatis adumbratio. *Posnan.* 1665. 4.

Frigerio (Paolo). Vita di S. Tommaso d'Aquino, etc.
Rom. 1668. 4. (*D.*)

Calafatti (Geronimo). Oratio de Thoma Aquinate. *Patav.* 1673. 4. (*Cp.*)

Ostawski (Lucas Joseph). Petra ecclesiæ Dei Aquinatica,
D. Thomas Aquinas cultu panegyrico producta. *Posnan.* 1683. Fol. (*D.*)

Janowski (Hyppolitus). Oratio de laudibus D. Thomæ
Aquinatis. *Varsav.* 1700. Fol.

Siebert (Carl). Oratio de Thoma Aquinate. *Prag.* 1717. 4.

Peter (Georg). Oratio de S. Thoma Aquinate. *Prag.*
1722. 4.

Touron (Antoine). Vie de S. Thomas d'Aquin, avec un
exposé de sa doctrine et de ses ouvrages. *Par.* 1737. 4.
(*D.* et *P.*) *Ibid.* 1740. 4. (*D.*) Trad. en espagn. par Julian de VELASCO. *Madr.* 1792. 2 vol. 4.

Vielmius (Hieronymus). De Thomæ Aquinatis doctrina
et scriptis libri II. *Brix.* 1748. 4. Portrait.

Troyli (Placido). Dissertazione critica, istorica, teolo-
gica in difesa dell' angelico maëstro S. Tommaso di
Aquino. *Napol.* 1749. 4.

Rubeis (Giovanni Francesco Bernardo de). Dissertationes criticæ et apologeticæ de gestis et scriptis ac doctrina S. Thomæ Aquinatis. *Venet.* 1750. Fol. (*D.*)

(**Dufour**, N... N...). Mémoire pour S. Thomas d'Aquin
contre un anonyme calomniateur de sa doctrine, s. l.
1762. 12.

Cardona (Giuseppe Maria). Orazione in lode dell' angelico S. dottore Tommaso d'Aquino. *Palerm.* 1766. 4.

Gruen (Milo Johann Nepomuck). De laudibus angelici
ecclesiæ doctoris D. Thomæ Aquinatis. *Prag.* 1779. 8.

Mader (Dominik). Oratio de laudibus S. Thomæ Aquinatis. *Prag.* 1780. Fol.

Pindemonte (Giovanni). Orazione in lode di S. Tommaso d'Aquino. *Veron.* 1809. 4. (*Oxf.*)

Tholuck (Friedrich August Deofidus). Dissertatio de
Thoma Aquinate atque Pedro Abælardo interpretibus
N. T. *Halæ.* 1842. 8.

Maffei (Pietro). Vita di S. Tommaso d'Aquino. *Rom.*
1842. 24.

Delécluze (Étienne Jean). Grégoire VII. — Saint François d'Assise. — S. Thomas d'Aquin. *Par.* 1844. 2 vol. 8.

Carle (P... J...). Histoire de la vie et des écrits de S.
Thomas d'Aquin. *Par.* 1846. 4.

Bareille (abbé). Histoire de S. Thomas d'Aquin, de l'ordre des frères prêcheurs. *Par.* 1846. 8. Portrait. (*P.*)
Louvain. 1846. 8.

Hoertel (Harry). Thomas von Aquino und seine Zeit,
nach Touron, Delécluze, etc. *Augsb.* 1846. 8. (*L.*)

Hampden (R... D...). Life of Thomas Aquinas. *Lond.*
1848. 18.

Jellinek (Adolph). Thomas v. Aquino in der jüdischen
Literatur. *Leipz.* 1853. 8. (*L.*)

Thomas v. Canterbury, voy. **Beckett** (Thomas).

Thomas de Cori,
prêtre italien.

Breve compendio della vita, morte e miracoli del B. Tommaso da Cori, sacerdote dell' ordine de' minori di S.
Francesco. *Rom.* 1787. 8.

Riccardi (Fulgenzio Maria). Vita del B. Tommaso da
Cori, sacerdote, etc. *Torin.* 1788. 8. (*P.*)

Thomas a Kempis, voy. **Kempis.**

Thomas,
évêque de Finlande.

Rein (Gabriel). Biskop Thomas och Finland in hans tid,
part. I-VII. *Helsingfors.* 1839-40. 8.

Thomas Magister,
moine grec du XIVe siècle.

Wolf (Christian Salomon). Schediasma de Thoma Magistro. *Lips.* 1724. Fol. (*L.*)
* Son véritable nom était THEODULOS.

Thomas de Villanueva (Saint),
archevêque de Valence.

Maigret (George). Abrégé de la vie de S. Thomas de
Villeneuve, archevesque de Valence, de l'ordre des
frères ermites de S. Augustin. *Liége.* 1626. 12.

Pacheco (Duarte). Epitome da vida de S. Thomaz de Villa Nova. *Lisb.* 1629. *4.*

(**Penne**, Giovanni Battista). Vita S. Thomæ Villanovani. *Rom.* 1658. *4.*

Reichenberger (Maximilian). Panegyris de S. Thoma de Villanova. *Prag.* 1659. *4.*

Tugenden und Wunderwerke des heiligen Thomas Villanovus, ordinis eremitarum S. Augustini. *Münch.* 1659. 12. (*D.*)

Biezanowski (J...). Divi Thomæ de Villa Nova eleemosynarii, Æppi Valentiæ, ab Alexandro P. VII in sanctorum numerum relati vita sanctissima septem elogiis celebrata. *Cracov.* 1663. Fol.

Dabert (abbé). Histoire de S. Thomas de Villeneuve, dit l'aumônier, archevêque de Valence (Espagne), de l'ordre des ermites de S. Augustin. *Lyon.* 1855. 8. Portrait.

Thomas von Westen,
apôtre des Lapons (✝ 9 avril 1727).

Brauer (Johann Hartwig). Die Heidenboten Friedrich's IV von Dänemark : Thomas von Westen und Hans Egede. *Alton.* 1859. 8.

Vormbaum (Reinhold). Thomas von Westen, der Apostel der norwegischen Lappen, nach seinem Leben und Wirken dargestellt, etc. *Düsseld.* 1850. 8.

Thomas (Abel C...),
théologien anglo-américain.

Autobiography of the Rev. A. C. Thomas. *Boston.* 1852. 12.

Thomas (Antoine Léonard),
littérateur français (1er oct. 1732 — 17 sept. 1785).

Deleyre (Alexandre). Essai sur la vie et les ouvrages de Thomas. *Par.* 1792. 12. (*D.*, *Oxf.* et *P.*)

Saint-Surin (N... N... de). Notice sur Thomas. *Par.* 1825. 8. (*P.*)

Thomas (Corbinian),
bénédictin allemand (25 sept. 1694 — 10 juin 1767).

Huebner (Beda). Lob- und Trauer-Rede über den zeitlichen Hintritt des (erzbischöflich geistlichen Raths) C. Thomas. *Augsb.* 1767. *4.*

Thomas (Elizabeth),
dame anglaise.

Pylades and Corinna, or memoirs of the life, amours and writings of Richard Gwinnet and Mrs. E. Thomas. *Lond.* 1731. 8. * (*Oxf.*)

* Cet écrit, échappé aux recherches de Lowndes, renferme dans la préface une esquisse sur la vie de Corinne.

Thomas (E... S...),
Anglo-américain.

Thomas (E... S...). Reminiscences of 65 years of his life and times. *Hartford.* 1840. 2 vol. 12.

Thomas (George),
général anglais.

Franklin (William). Military memoirs of M. G. Thomas, who, by extraordinary talents and entreprise, rose from an obscure situation to the rank of a general in the service of the native powers in the North-West of India. *Calcutta.* 1805. *4.* *Lond.* 1806. 8.

Thomas (le baron Jean),
général français (7 juin 1770 — ...).

Le général baron J. Thomas, général de brigade, officier de la Légion d'honneur, baron de l'empire. *Metz.* 1852 4. Portrait.

Nécrologie contemporaine. Le général baron Thomas. *Par.* 1854. 8.

Thomas (Johann),
jurisconsulte allemand.

Sagittarius (Paul Martin). Vita J. Thomæ, cancellarii Saxoniæ Altenburgensis. *Jenæ.* 1680. *4.* (*L.*)

Thomas (John),
évêque de Rochester.

Watson (Samuel). Sermon on the death of Dr. J. Thomas, bishop of Rochester. *Lond.* 1796. 8. (*Oxf.*)

Thomas (G... A...). Life and character of Dr. J. Thomas, bishop of Rochester. *Lond.* 1796. 8. (*Oxf.*)

Thomas (le Père),
chanteur comique ambulant (✝ 27 déc. 1835).

Boitel (Léon). Le Père Thomas, s. l. et s. d. (*Lyon.* 1854.) 8.

Thomas (W... F...),
jurisconsulte allemand.

Lang (Lorenz Johann Jacob). Leben des geheimen Raths W. F. Thomas. *Erlang.* 1776. Fol.

Thomas du Fossé, voy. **Fossé** (Pierre Thomas du).

Thomasis (Giuseppe de),
littérateur italien (1767 — 10 sept. 1830).

Colletta (Pietro). Orazione in memoriam di G. de Thomasis. *Par.* 1837. 8.

Thomasius (Saint Petrus),
archevêque de Crète.

Mazzeriis (Filippo de). Vita S. Petri Thomasii, ex ordine fratrum beatissimæ Virginis Mariæ de Monte Carmelo, episcopi Pactensis et Coronensis, archiepiscopi Cretensis et patriarchæ Constantinopolitani ac legati apostolici, publ. par Gottfried Henschenius. *Antw.* 1659. 8.

Thomasius (Christian),
théologien allemand.

Bentze (S...). Ehren-Bild C. Thomasii. *Ratzeb.* 1692. *4.*

Thomasius (Christian),
jurisconsulte allemand, fils du suivant (1er janvier 1655 — 23 sept. 1728).

Hoffmann (Friedrich). Programma in obitum C. Thomasii, cum ejusdem catalogo scriptorum. *Halæ.* 1729. Fol. (*D.*)

Luden (Heinrich). C. Thomasius nach seinen Schicksalen und Schriften dargestellt, mit Vorrede von Johannes v. Mueller. *Berl.* 1805. 8. (*D.*, *L.* et *Oxf.*)

Thomasius (Jacob),
philologue allemand (25 août 1622 — 12 oct. 1684 *).

(**Feller**, Joachim). Programma academicum in J. Thomasii funere. *Lips.* 1684. Fol. (*L.*)

* Ou selon d'autres biographes le 9 sept. de la même année.

Thomasius (Michael),
jurisconsulte allemand.

(**Kapp**, Johann Ernst). Programma academicum in obitum M. Thomasii. *Lips.* 1759. Fol. (*L.*)

Thomason (Edward),
littérateur anglais.

Thomason (Edward). Memoirs during half a century. *Lond.* 1845. 2 vol. 8. (*Oxf.*)

Thomassieu de Cursay (N... N...),
médecin français.

Hazon (Jacques Albert). Éloge historique de M. Thomassieu de Cursay, conseiller-médecin de Louis XIV. *Par.* 1778. 8. (*P.*)

Thomassin (Jean François),
chirurgien français (1750 — 1828).

Weiss (Charles). Notice historique sur Thomassin. *Besanç.* 1829. 8. (*Bes.*)

Thomassin de Mont-Bel (Pierre),
littérateur français (5 juillet 1799 — 13 sept. 1810).

Notice nécrologique sur M. Thomassin de Mont-Bel. *Par.* 1810. 8.

Thomé (Goethe Oskar),
étudiant suédois.

Ljunggrén (Gustaf). G. O. Thomé. Ett Studentminne, etc. *Lund.* 1852. 8.

Thompson (Charles),
théologien anglais.

Account of the life, death and funeral of C. Thompson. *Mansfield.* 1847. 8. (*Oxf.*)

Thompson (Joseph).

Leben und Begebenheiten J. Thompson's, aus dem Englischen übersetzt (von Johann Friedrich Schnoeter). *Magdeb.* 1765. 2 vol. 8.

Thompson (William),
théologien anglais (vers 1735 — 7 février 1794).

Taylor (Daniel). Memoirs of the life, character, experiences and ministry of the late Rev. W. Thompson, of Boston in Lincolnshire. *Lond.* 1795. 8. (Omis par Lowndes.) — (*Oxf.*)

Thomson (James),
poète écossais (11 sept. 1700 — 27 août 1748).

Buchan (David Stewart Erskine of). Essays on the lives and writings of (Andrew) Fletcher of Saltoun and the poet Thomson, etc. *Lond.* 1792. 8. (*Oxf.*)

Thomson, baron of **Sydenham** (Charles Edward Poulett), voy. **Sydenham** (Charles, lord).

Thonboe (Peder),
théologien danois (1769 — 11 nov. 1806).
Nyholm (Christopher). Soergetale over residerende Capellan P. Thonboe. *Odense.* 1806. 8.

Thor,
personnage mythologique.
Wieland (Jochum). Disputationes II de Thoro, veterum Septentrionalium principe idolo. *Hafn.* 1709-10. (*Cp.*)
Jacobi (J... D...). Dissertatio de Thoro in portis. *Lips.* 1714. 4. (*L.*)
Schwabe (Johann Gottlob Samuel). Commentatio de deo Thoro. *Jenæ.* 1767. 8. (*D.* et *L.*)
Pettersson (Abraham Zacharias). Dissertatio de Thoro, veteri Scandinavorum deo. *Lund.* 1814. 8.
Uhland (Ludwig). Der Mythus von Thor. *Stuttg.* 1856. 8. (*D.* et *L.*)

Thorkild (Thomas),
philosophe suédois (3 mars 1759 — 31 oct. 1808).
Geijer (Erik Gustaf). Thorkild, Tillika en philosophisk eller philosophisk Bekännelse. *Upsal.* 1822. 8.

Thorlacius ou **Thorlaksen** (Gudbrand),
poëte islandais (1542 — 1629).
Arngrim (Jonas). Vita G. Thorlacii. *Hafn.* 1630. 4. (*Cp.*)

Thormodsen (Christen).
(**Borch**, Abraham). C. Thormodsens Levnetshistorie. *Christiania.* 1857. 8.

Thorn (Jean Baptiste),
homme d'État belge (7 mars 1783 — 23 mars 1841).
Bivort (Jean Baptiste). J. B. Thorn, décédé gouverneur du Hainaut. *Mons, s. d.* (1845). 8.

Thornton (Abraham).
Tracts relating to A. Thornton and Mary Ashford, s. l. 1717-18. 8. (*Oxf.*)

Thornton (Spencer),
théologien anglais.
Fremantle (W... R...). Memoirs of the Rev. S. Thornton, late vicar of Wendover, Bucks. *Lond.* 1850. 12. *Ibid.* 1851. 8. (5e édition.)

Thorstensen (Ejner),
évêque danois.
Arnesen (Johan). Biskop E. Thorstensens Levnet. *Kjoebenh.* 1700. 4. (*Cp.*)

Thorup (Peter Nicolaus),
savant danois.
Thorup (C... E...) et **Leth** (Andreas). P. N. Thorup's Levnet. *Kjoebenh.* 1848. 8.

Thorwaldsen (Bertel),
statuaire danois du premier ordre (9 nov. 1770 — 24 mars 1844).
Thiele (Justus Matthias). Den danske Billedhugger B. Thorwaldsen og hans Vaerker. *Kjoebenh.* 1851-52. 2 vol. 4. (*Cp.*) Trad. en allem. *Leipz.* 1852-54. 2 vol. Fol. (*L.* et *Oxf.*)
—— Om den danske Billedhugger B. Thorwaldsen. *Kjoebenh.* 1837. 12. Trad. en allem. par G... F... v. Jenssen. *Hamb.* 1837. 8. (*Oxf.*)
Reumont (Alfred). Thorwaldsen. Gedächtnissrede. *Berl.* 1844. 8. (*D.*)
Hillerup (Frederik Christian). Thorwaldsen og hans Vaerker. *Kjoebenh.* 1841-42. 2 vol. Fol.
(**Loménie**, Louis de). M. Thorwaldsen, par un homme de rien. *Par.* 1841. 12.
Andersen (Hans Christian). B. Thorwaldsen. *Kjoebenh.* 1844. 8. Trad. en allem. par Julius Reuscuen. *Berl.* 1845. 12.
Marcellin (A...). Mémoire sur la vie et les ouvrages de B, A. Torwaldsen (!). *Par.* 1848. 8.
Thorwaldsen's Leben nach den eigenhändigen Aufzeichnungen, nachgelassenen Papieren und dem Briefwechsel des Künstlers, herausgegeb. von Just Matthias Thiele, aus dem Dänischen übers. von Henrick Helms. *Leipz.* 1852. 8. Portrait. (*L.*)
Thiele (Just Matthias). Thorwaldsen's Arbeiten und Lebensverhältnisse im Zeitraume 1828 - 1844. Nach dem Dänischen Original bearbeitet von Frederik Christian Hillerup. *Kopenh.* 1854. 2 vol. 4.

Thott (Elisabeth),
auteur danois (13 déc. 1636 — ... 1656).
Rosing (Hans). Ligpraediken over E. Thott. *Soroe.* 1657. 4. (*Cp.*)

Thott (Otto, Greve),
homme d'État danois (13 oct. 1703 — 10 sept. 1785).
Baden (Jacob) Laudatio in memoriam O., comitis Thottii. *Hafn.* 1785. 4. (*Cp.*)

Thou (Anne de),
épouse de Philippe Hurault de Chiverni.
Beaune (Renaud de). Oraison funèbre d'A. de Thou, femme de Philippe Hurault de Chiverni, chancelier. *Par.* 1584. 4.

Thou (Christophe de),
jurisconsulte français, père de Jacques Auguste
(vers 1508 — 11 nov. 1582).
Prevost (Jean). Oraison funèbre de C. de Thou. *Par.* 1582. 4. (*P.*)
(**Pogosæus**, Alexander). Laudatio funebris in obitum C. Thuani. *Par.* 1583. 4.
Viri amplissimi C. Thuani tumulus. *Par.* 1583. 4.
Masson (Papire). C. et August Thuanorum præsidum elogia. *Par.* 1595. 4. *Ibid.* 1615. 4.

Thou (François Auguste de),
fils du suivant (1607 — exécuté le 12 sept. 1642).
Particularités de tout ce qui s'est passé en la mort de MM. (Henri Coiffier, marquis) de Cinq-Mars et de Thou, décapités le 12 sept. 1642. *Lyon.* 1642. 4. (*P.*)

Thou (Jacques Auguste de),
historien français du premier ordre (3 oct. 1553 — 7 mai 1617).
Thou (Jacques Auguste de). Commentariorum de vita sua libri VI. *Aurel. Allobr.* 1620. Fol. (*P.*) *Ibid.* 1620. Fol.
Trad. en allem. s. c. t. Selbstbiographie, par David Christoph Seybold. *Winterth.* 1797. 8.
Trad. en franç. s. c. t. Mémoires, etc. (par J... G... Le Petit et d'Irs). *Cologne.* 1710. 12. *Rotterd.* 1711. 4. Portrait. *Amst.* 1715. 12. Portrait.
Gevartius (Jean Gaspard). Lacrymæ ad tumulum J. A. Thuani, cum interpretatione Gallica. *Par.* 1618. 4.
Collinson (John). Life of Thuanus, with some account of his writings, etc. *Lond.* 1807. 8. (*Oxf.* et *P.*)
Boulard (Antoine Marie Henri). Notice sur le président de Thou et sur Jacques Harris, auteur de l'*Hermes*. *Par.* 1818. 8. (Trad. de l'anglais.) — (*Lv.*)
Lemontey (Pierre Edouard). Notice sur J. A. de Thou, historien. *Par.* 1821. 8. (Extrait de *la Minerve littéraire*.)
Chasles (Philarète Euphème Ernest). Discours sur la vie et les ouvrages de J. A. de Thou. *Par.* 1824. 4. (*P.*) *
* Couronné par l'Académie française.
Patin (Henri). Discours sur la vie et les ouvrages de J. A. de Thou. *Par.* 1824. 4. *
* Ouvrage qui a partagé le prix décerné au discours de M. Chasles.
Guérard (Bernard). Discours sur la vie et les ouvrages du président J. A. de Thou. *Par.* 1824. 8. *
* Discours qui a obtenu la première mention honorable de l'Académie française.
Ballainvillers (baron de). Discours sur J. A. de Thou. *Par.* 1824. 8. (*P.*)
O'Egger (J... G... E...). Éloge de M. de Thou, etc. *Par.* 1824. 12. *Ibid.* 1827. 12.
Duentzer (Heinrich). J. A. de Thou's Leben, Schriften und historische Kunst, verglichen mit der der Alten. *Darmst.* 1837. 8. (*L.* et *P.*)

Thou (Louise de),
abbesse des Clairets.
Thiers (Jean Baptiste). Oraison funèbre de L. de Thou, abbesse des Clairets. *Par.* 1671. 4. (Omis par Quérard.)

Thouin (André),
botaniste français (10 février 1747 — 27 oct. 1824).
Cuvier (George). Eloge historique de M. A. Thouin. *Par.* 1825. 4. (*P.*)
Geoffroy Saint-Hilaire (Isidore): Notice nécrologique sur A. Thouin, membre de l'Institut. *Par.* 1824. 8. (*P.*)
Silvestre (Augustin François de). Notice biographique sur M. A. Thouin, professeur de culture au jardin du roi, membre de l'Institut. *Par.* 1825. 8. (*Bes.*)
Thiébaut de Berneaud (Arsène). Eloge historique de A. Thouin, président de la Société linnéenne de Paris. *Par.* 1825. 8. (*P.*)

Thouret (Jacques Guillaume),
député à la Convention nationale
(30 avril 1746 — guillotiné le 23 avril 1794).
Mouard (N... N...). Éloge historique de Thouret. *Rouen.* 1806. 8. (Peu commun.)
Desseaux (N... N...). Notice sur Thouret. *Rouen.* 1845. 8.

Thoury (Marie Françoise de **Clermont,** marquise de),
dame française.
Duchemin (Étienne). Oraison funèbre de M. F. de
Clermont, marquise de Thoury. *Blois.* 1702. 4.
Thouvenel (Pierre),
médecin français (1747 — 1er mars 1815).
Haldat (Claude Nicolas Alexandre de). Éloge historique
de feu P. Thouvenel, premier médecin consultant du
roi. *Nancy*, s. d. 8. (*Lv.*)
Thouvenin (Nicolas),
chanoine de Saint-Claude.
Girod (C... J...). Oraison funèbre et historique de mes-
sire N. Thouvenin, chanoine, archiprêtre, official de
Saint-Claude. *Par.* 1829. 8. (*P.*)
Thrasybulos, voy. **Théramènes.**
Thrasyllos,
mathématicien grec.
(**Hermann**, Carl Friedrich). Disputatio de Thrasyllo
grammatico et mathematico. *Goetting.* 1832. 4.
Throckmorton (George).
Short discourse upon the life and death of G. Throck-
morton. *Lond.* 1706. 12. (*Oxf.*)
Thrusch (Thomas),
officier anglais.
Wellbeloved (Charles). Memoir of T. Thrush, Esq.
formerly an officier of rang in the royal navy, who
resigned his commission on the ground of the unrea-
sonableness of war. *Lond.* 1845. 8. Portrait. (*Oxf.*)
Thryllitsch (Georg Friedrich),
théologien allemand.
Leschner (Johann Gottfried). Laudatio funebris G. F.
Thryllitii. *Witteb.* 1715. Fol. (*D.*)
Thucydide,
historien grec (471 — assassiné en 391 avant J. C.).
Camerarius (Joachim). Commentarius de Thucydide
ipsiusque scriptis. *Witteb.* 1566. 8.
Chytræus (David). Chronologia historiæ Herodoti et
Thucydidis. *Helmst.* 1586. 4.
Gernler (Johann Heinrich). Dissertatio sistens bigas
historicorum Græcorum, Herodoti atque Thucydidis.
Basil. 1742. 4.
Heilmann (Johann David). Kritische Gedanken von
dem Character und der Schreibart des Thucydides.
Lemgo. 1758. 4. (*D. et L.*)
Roth (Ferdinand). Vergleichende Betrachtungen über
Thucydides und Tacitus. *Münch.* 1812. 4.
Wigand (E... A...). Andeutungen über das religiöse
Princip in der geschichtlichen Darstellung des Thucy-
dides. *Berl.* 1829. 4.
Krueger (Carl Wilhelm). Untersuchungen über das
Leben des Thucydides. *Berl.* 1832. 4. — Epikritischer
Nachtrag, etc. *Berl.* 1839. 8.
Heimann (Adolph). Dissertatio de Thucydidis orationi-
bus. *Berol.* 1853. 8.
Kortuem (Johann Friedrich Christoph). Die Stellung des
Geschichtsschreibers Thucydides zu den Parteien Grie-
chenlands, etc. *Bern.* 1835. 8.
Lindemann (Friedrich). Zur Beurtheilung des Thucy-
dides vom religiös-sittlichen Standpuncte aus. *Conitz.*
1857. 4.
Wuttke (Heinrich). Specimen de Thucydide scriptore
belli Peloponnesiaci. *Vratisl.* 1859. 8. Continuation.
Lips. 1840. 8. (*L.*)
Roscher (Wilhelm). Leben, Werke und Zeitalter des
Thucydides, mit einer Einleitung zur Aesthetik der
historischen Kunst überhaupt. *Goetting.* 1842. 8.
Ullrich (Franz Wolfgang). Beiträge zur Erklärung des
Thucydides. *Hamb.* 1846. 4. (*Oxf.*)
Bonnell (C... W... E...). De Thucydide et Herodoto
quæstionum historicarum specimen. *Berol.* 1851. 4.
Bjoerkén (Johan). De Thucydide, historiæ scriptore,
commentatio. *Hernœsand.* 1831. 8.

Evers (Arnold August). Dissertatio de prooemio Thucy-
didis. *Goetting.* 1803. 4.
Hausdoerfer (C... F... T...). Commentatio de Thucy-
didis prooemio. *Goetting.* 1835. 8.
Thuemmel (Moritz August v.),
poète allemand (27 mai 1738 — 26 oct. 1817).
Gruner (Johann Ernst v.). Leben M. A. v. Thuemmel's.
Leipz. 1819. 8. Portrait. (*D. et L.*)

Thummius (Theodor),
théologien allemand (8 nov. 1586 — 22 oct. 1630).
Osiander (Lucas). Oratio de vita et obitu T. Thummii,
theologiæ doctoris. *Tubing.* 1651. 4.
Thumshirn (Johann Friedrich v.),
jurisconsulte allemand.
Wilisch (Christian Friedrich). Programma de vita J. F.
de Thumshirn, serenissimi principis Gothensis consiliarii intimi. *Altenb.* 1719. Fol. (*D.*)
Thumshirn (Wolfgang Conrad v.),
jurisconsulte allemand.
Stuss (Johann Heinrich). Programma de vita et meritis
W. C. a Thumshirn, Friderici Guilielmi, ducis Saxo-
Altenburgensis consiliarii intimi et ad pacem Westpha-
licam legati. *Gothæ.* 1750. 4. (*L.*)
Thun (Ernst, Graf v.),
archevêque de Salzbourg.
Textor (Sebastian). Gemma principum. Concio funebris
in celsissimum ac reverendissimum E. archiepiscopum
et principem Salisburgensem ex comitibus de Thun.
Salisb. 1703. Fol.
Thun (Franz Joseph, Graf v.),
gentilhomme bohème, connu par ses cures miraculeuses.
Kuehn (Carl Gottlob). Etwas über die Kuren des Grafen
v. Thun, aus physischen und medicinischen Stand-
puncten betrachtet. *Leipz.* 1794. 8. (*L.*)
Thunberg (Carl Pehr),
botaniste suédois (11 nov. 1743 — 8 août 1828).
Mohnike (Gottlieb). Die schwedischen Naturforscher C.
P. Thunberg und Johan Wilhelm Dalman. *Strals.*
1831. 8. (Trad. du suéd.) — (*L.*)
Billberg (Gustaf. Johannes). Åminnelse-Tal öfver C.
P. Thunberg, etc. *Stockh.* 1832. 8.
Schroeder (Johan Henrik). Vita C. P. Thunberg. *Upsal.*
1832. 8.
Thunmann (Hans Erik),
philosophe suédois (23 août 1746 — 17 déc. 1778).
Eberhard (Johann August). Lobschrift auf Professor J.
Thunmann. *Halle.* 1779. 8. (*D. et L.*)
Thura (Laurids Lauridsen),
évêque de Ribe (20 août 1657 — ... 1713).
Hjort (Niel Schjoerring). Vita L. Thuræ, diœceseos Ri-
pensis episcopi. *Ripis.* 1827. 4.
Thuring (Christopher),
théologien suédois.
Nordmark (Zacharias). Likpredikan öfver Kyrkoherden
C. Thuring, etc. *Stockh.* 1724. 8.
Thurn und Taxis (Carl Alexander Fürst v.).
Kraemer (Bernhard August). Rückblicke auf das Leben
C. A. Fürsten v. Thurn und Taxis, Fürsten zu Buchau
und Krotoszyn; biographische Denkschrift. *Regensb.*
1828. 8.
Thuronius (Andreas),
physicien suédois (2 nov. 1632 — 8 août 1665).
Flachsenius (Johannes). Supremum officium M. A.
Thuronio, physices professori in academia Aboensi, ora-
tione funebri consecratum. *Aboæ.* 1665. 4.
Thurneysser zum Thurn (Leonhard),
médecin suisse (6 août 1531 — vers 1596).
L. Thurneysser's durch Noth abgedrungenes Ausschrei-
ben der Herbrottischen Blutschands-Verkeufferei,
Falschs und Betrugs, auch der ihmb und seinen Kindern zu Basel beschehenen Injurien, Gewaltthat, Spo-
lirung und Rechts-Versagung halber, s. l. (*Basel.*)
1584. 4.
Moehsen (Johann Carl Wilhelm). Beitrag zur Geschichte
der Wissenschaften in der Mark Brandenburg, etc.,
enthaltend das Leben Thurneysser's zum Thurm. Beitrag zur Alchemie. *Berl.* 1783. 4. (*D.*)
Thurot (François),
capitaine de corsaires français (1727 — 20 janvier 1760).
Vie du capitaine Thurot. *Par.* 1791. 8. (*P.*) Trad. en
allem. *Jena.* 1792. 8.
Thurot (Jean François),
philologue français (24 mars 1768 — 16 juillet 1832).
Sacy (Antoine Isaac Silvestre de). Notice sur la vie et les
ouvrages de M. Thurot, s. l. et s. d. (*Par.* 1832). 8.
(Extrait du *Moniteur.*)

Pongerville (Jean Baptiste Antoine Aimé **Sanson** de). Notice sur la vie et les ouvrages de J. F. Thurot, professeur de langue et de littérature grecques au collége de France, etc. *Par.* 1838. 8. (*P.*)

Thurzoni (Georg),
homme d'État hongrois.

Abrahamides (Isaac). Oratio exequialis illustrissimo comiti et domino D. G. Thurzoni de Bethlenfalva, regni Hungariæ Palatino in publico luctu, etc., dicta et recitata. *Leutschov.* 1617. 4.

Thusnelde,
épouse d'Arminius, chef des Chérusques.

Goettling (Carl Wilhelm). Thusnelda, Arminius' Gemahlin, und ihr Sohn Thumelicus in gleichzeitigen Bildnissen nachgewiesen; archäologisch-historische Abhandlung. *Jena.* 1844. Fol.

Thyard de Bissy (Pontus de),
poëte français (vers 1521 — 23 sept. 1605).

Marin (François Louis Claude). Notice sur la vie et les ouvrages de P. de Thyard de Bissy, suivie de la généalogie de cette maison. *Neufchât.* 1784. 8, s. l. 1786. 8. *
     * La deuxième édition paraît douteuse.

Thymius * (Georg),
pédagogue allemand du xvie siècle.

Reichard (Elias Caspar). Nachricht von einem wohlverdienten Schullehrer des Magdeburgischen Gymnasii aus dem sechszehnten Jahrhundert, (G. Thymius). *Magdeb.* 1767. 4.
     * Son nom originaire était KLEE.

Thylesius (Antonio).

Daniele (Francesco). Vita A. Thylesii. *Neap.* 1808. 8.

Thysius (Anton),
théologien hollandais (9 août 1565 — 7 nov. 1640).

Trigland (Jacob). Oratio funebris in obitum A. Thysii. *Lugd. Bat.* 1640. 4. (*Ld.*)

Tibère (Saint),
martyr italien.

Muscettola (Tiberio). Vita di S. Tiberio martire. *Macerat.* 1672. 12.
—— Leben des heiligen Märtyrers Tiberius. *Augsb.* 1746. Fol.

Sailer (Sebastian). Lobrede auf den heiligen Märtyrer Tiberius, Patron von Marchtal. *Riedlingen.* 1756. Fol.

Tibère (Claudius),
empereur romain
(42 avant J. C. — 14 — assassiné le 16 mars 37 après J. C.).

Negisch (Peter). Comparatio inter C. Tiberium et Oliv. Cromwell, s. l. 1657. 4.

Bose (Johann Andreas). Dissertatio de Tiberio cæsare. *Jenae.* 1661. 4.

Lentulus (Cyriacus). Aula Tiberiana et solertissimi ad imperandum principis idea. *Herborn.* 1663. 8.

Horn (Franz). Historische Gemälde : Galba, Otho, Vitellius. *Berl.* 1812. 8. (*L.*)

Prutz (Robert Eduard). Dissertatio de fontibus quos in conscribendis rebus inde a Tiberio usque ad mortem Neronis gestis auctores veteres secuti. *Halæ.* 1838. 4.

Sievers (N... N...). Tacitus und Tiberius. *Hamb.* 1850. 4.

Duruy (Victor). De Tiberio imperatore dissertatio. *Par.* 1853. 8.

Weissenborn (Christoph). Dissertatio de Tiberii prudentia politica ex Cornelio Tacito. *Jenæ.* 1704. 4.

Ehrhardt (Sigismund Justus). Commentatio historico-critica de Claudii Tiberii Neronis in litterarum studia meritis. *Coburg.* 1754. 8.

Hasaeus (Theodor). Dissertatio historica de decreto Tiberii, quo Christum referre voluit in numerum Deorum. *Erfurt.* 1715. 4.

Grevius (Arnold). Dissertatio de apotheosi Christo a Tiberio decreta. *Witteb.* 1722. 4.

Lersch (Laurenz). Das sogenannte Schwerdt des Tiberius, ein römisches Ehrendegen aus der Zeit dieses Kaisers, etc. *Bonn.* 1849. 4.

Tiberi (Francesco),
cardinal italien.

Fabi Montani (Francesco). Vita del cardinal F..Tiberi. *Rom.* 1859. 4.

Tibulle (Albius),
poëte romain (vers 64 — 19 avant J. C.).

Ayrmann (Christoph Friedrich). Vita A. Tibulli, equitis Romani, poetarumque elegiacorum principis, pœmatum ejus enarrationi, temporumque, quibus ille vixit, ac Messalæ in primis vitæ rerumque gestarum illustrationi inserviens. *Witteb.* 1719. 8. (*Bes.* et *L.*)

Gillet de Moivre (N... N...). La vie et les amours de Tibulle et de Sulpicie, dame romaine, etc. *Par.* 1743. 2 vol. 12. (*P.*)

Degen (Johann Ferdinand). Über den Tibull nebst einigen seiner Elegien, etc. *Ansp.* 1780. 8. (*D.*)

Golbéry (Marie Philippe Aimé de). Dissertatio de Tibulli vita et carminibus. *Par.* 1825. 8. (*P.*)
—— Défense de Tibulle contre quelques savants qui veulent le vieillir de quinze ans. *Par.* 1826. 8.

Hedner (Anders). Tibullus, Propertius et Ovidius elegiacæ apud Romanos poesees triumviri. *Lund.* 1841. 8.

Dieterich (Hermann Albrecht). Dissertatio de Tibulli amoribus, s. de Delia et Nemesi. *Marb.* 1844. 8. (*L.*)

Tictel (Cosmas),
médecin allemand.

Wahl (Johann Friedrich). Programma proponens memoriam anecdotam doctoris medicinæ non incelebris, C. Tictel. *Giess.* 1743. 4.

Tieck (Ludwig),
poëte allemand du premier ordre (31. mai 1773 — 28 avril 1853).

(**Loménie**, Louis de). M. Tieck, par un homme de rien. *Par.* 1841. 12.

Sydow (A...). Worte am Sarge L. Tieck's. *Berl.* 1853. 8.

Peip (Albert). Christus und die Kunst, eingeleitet durch Worte der Erinnerung an L. Tieck. *Berl.* 1853. 8.

L. Tieck. *Cassel.* 1854. 16. Portrait. *
     * Faisant partie du recueil biographique, publ. s. c. titre : *Moderne Klassiker.*

Tiecken de Terhove (L... R... de),
officier belge.

Un scandale. Affaire de Tiecken-Hilbert, anciens officiers de cavalerie. Accusation de pédérastie; justification d'Hilbert. *Brux.* 1852. 8.

Tiedemann (Dietrich),
philosophe allemand (3 avril 1748 — 24 mai 1803).

Creuzer (Georg Friedrich). Memoria D. Tiedemanni. *Marb.* 1803. 4. (*D.* et *L.*)

Tiedge (Christoph August),
poëte allemand du premier ordre (14 déc. 1751 — ... 1841).

Falkenstein (Carl). C. A. Tiedge's Leben und poetischer Nachlass. *Leipz.* 1841. 4 vol. 16. Portrait. (*D.* et *L.*)

Eberhard (August Gottlob). Blicke in Tiedge's und in Elisa's Leben. Beiträge zur Characteristik Beider, etc. *Berl.* 1844. 16. (*D.* et *L.*)

Tielke (Johann Gottlieb),
officier allemand (2 juillet 1741 — 6 nov. 1787).

Gerlach (Johann Christoph Friedrich). J. G. Tielken's Leben und Schriften. *Freiberg.* 1797. 4.

Tiepolo (Bajamonte),
chef d'une conspiration contre l'aristocratie vénitienne (en 1310).

Narrazione storica ove si contiene la congiura di B. Tiepolo, seguita in Venezia nel 1310. *Venez.* 1797. 8.

Tentori (Cristofero). Il vero carattere politico di B. Tiepolo. *Venez.* 1798. 8.

Tiepolo (Francesco),
magistrat italien.

Orazione a F. Tiepolo, podestà di Padova. *Padov.* 1752. 4.

Tiepolo (Giovanni),
patriarche de Venise.

Savio (Giovanni Paolo). De electione et laudibus J. Theupoli, patriarchæ Venetiarum, oratio. *Venet.* 1619. 4.

Tiepolo (Giovanni Battista),
peintre italien (1692 — 25 mars 1769).

Componimenti poetici all' esimio pittore signor G. B. Tiepolo. *Veron.* 1761. 8.

Tiepolo (Jacopo),
et
Tiepolo (Niccolò),
poëtes italiens du xvie siècle.

Cicogna (Emmanuele Antonio). Rime di N. e J. Tiepolo, con loro notizie. *Venez.* 1829. 8.

Tiepolo (Lorenzo).

Documenti della causa criminale di L. Tiepolo, patrizio Veneto. *Venez.* 1788. 4.

Tiepolo (Paolo),
diplomate italien.

Cicogna (Emmanuele Antonio). Cenni intorno a P. Tiepolo ambasciadore. *Venez.* 1845. 8.

Tilas (Daniel, Friherre),
naturaliste suédois (23 mars 1712 — 27 oct. 1772).

Sandels (Samuel). Åminnelse-Tal öfver Friherre D. Tilas. *Stockh.* 1773. 8.

Tilemann (Friedrich),
jurisconsulte allemand (1570 — 9 juin 1598).

Jessenius (Johann). Apotheosis F. Tilemanni, J. U. D. et historiarum professoris publici. *Witteb.* 1598. 4.

Tilenus (Daniel),
théologien allemand (4 février 1563 — 1er août 1633).

(Bouillot, N... N...). Notice historique et bibliographique sur D. Tilenus. *Par.* 1806. 8. (Non mentionné par Quérard.)

Tilesius (Melchior),
pédagogue allemand.

Memoria M. Tilesii, scholæ Bregensis rectoris. *Frf. ad. Viadr.* 1604. 4.

Tillander (C... A...),
savant suédois.

Lindgrén (Henrik Gerhard). Memoria C. A. Tiliander. *Lund.* 1807. 8.

Tillaeus (O... A...),
théologien suédois (20 janvier 1663 — 12 juillet 1744).

Kalsenius (Anders). Likpredikan öfver Domprosten Dr. O. A. Tillaeus. *Stockh.* 1744. 8.

Tillandz (Elias),
naturaliste suédois.

Tengstroem (Johan Magnus). E. Tillandz och hans Föregångare. *Helsingfors.* 1843. 8.

Tillemont (Sébastien **Lenain** de),
historien français (30 nov. 1637 — 10 janvier 1698).

(Tronchay, Michel). Idée de la vie et de l'esprit de M. Lenain de Tillemont. *Nancy.* 1706. 12.
—— Vie de M. Lenain de Tillemont, etc. *Cologne.* 1711. 12. (P.) *Utrecht.* 1733. 12.

Tillier (Claude),
littérateur (?) français (11 avril 1810 — 12 oct. 1844).

Notice sur C. Tillier. *Clamecy.* 1845. 12.

Tillotson (John),
archevêque de Cantorbéry (3 oct. 1630 — 22 nov. 1694).

H... (F...). Life of J. Tillotson, etc., with many curious memoirs communicated by the lord bishop Gilbert BurNET, and with a defence of Tillotson and his writings by M. N... N... LECLERC. *Lond.* 1717. Fol. (Omis par Lowndes.)

Birch (Thomas). Life of the most Rev. J. Tillotson, archbishop of Canterbury. *Lond.* 1752. 8. (*Oxf.*) Augment. *Ibid.* 1753. 8.
Trad. en allem. (par Ernst Ludwig PAULI). *Leipz.* 1754. 8. (L.)
Trad. en holland. *Amst.* 1750. 8.
—— Remarks upon the life of the most Rev. Dr. J. Tillotson. *Lond.* 1755. 8. (*Oxf.*)

Tilly (Jean **T'Serclaes**, baron de),
feld-maréchal belge au service d'Autriche (1559 — 20 ou 30 avril 1632).

Relacion verdadera del conde de Tilli (!) de la vitoria, que ganò contra el rey di Dinamarca en 27 de agosto 1626. *Madr.* 1626. Fol. (Rare.) — (*Oxf.*)

Vernulaeus (Nicolaus). Elogia oratoria Alberti Pii, Isabellæ, Ambrosii Spinolæ, Caroli comitis Bucquoii, J. comitis Tillii, etc. *Lovan.* 1634. 8.

J. T'Serclais, Graf v. Tilly; biographische Skizze aus Originalquellen gezogen. *Leipz.* 1792. 8. (L.)

Kutscheit (N... N...). Herr Albert Heising für Tilly und gegen Gustav Adolph. *Magdeb.* 1847. 8.

Tilly (le comte Pierre Alexandre de),
officier français (1764 — se donnant la mort le 26 déc. 1826).

Memoiren des Grafen A. v. T(illy), aus der französischen Handschrift übersetzt, mit einer biographischen Notiz über den Grafen v. Tilly. *Berl.* 1825-27. 3 vol. 8.

Tilly (Pierre Alexandre de). Mémoires pour servir à l'histoire des mœurs de la fin du xviiie siècle. *Par.* 1828. 3 vol. 12. (P.) *Ibid.* 1830. 3 vol. 8.

Timagenes,
historien grec.

Schwab (Gustav). Disputatio de Livio et Timagine, historiarum scriptoribus æmulis. *Stuttg.* 1834. 4.

Timann (Johannes),
théologien hollandais.

Neodesianus (Paul). Wahrhafftige und glaubwürdige Historie von dem christlichen und gottseeligen Abschied aus diesem tödtlichen Leben des J. Timanni Amsterdami, Pastoren der Kirchen zu Sanct-Merten in Bremen. *Hamb.* 1557. 4.

Timmermann (Johann Arnold),
médecin allemand.

Withof (Johann Hildebrand). Oratio funebris in obitum J. A. Timmermanni, medicinæ doctoris et professoris. *Duisb. ad Rhen.* 1742. 4. (Lv.)

Timms (Mary),
dame anglaise.

Morgan (Elijah). Memoirs of Mrs. M. Timms. *Watchet.* 1833. 8. (*Oxf.*)

Timoléon,
homme d'État grec (vers 410 — 337 avant J. C.).

Conz (Carl Philipp). Timoleon's Rückkehr nach Korinth. *Stuttg.* 1801. 8. (D. et L.)

Arnoldt (Johann Friedrich Julius). Über die Quellen zu Timoleon's Leben. (Schulprogramm.) *Gumbinnen.* 1848. 4.
—— Timoleon, biographische Darstellung. *Gumbinnen.* 1850. 8.

Timon, surnommé le **Misanthrope.**

Ekerman (Peter). Dissertatio de Timone misanthropo, ex Ciceronis dialogo *De amicitia,* cap. XXIII. *Upsal.* 1773. 4.

Coopman (L...). Dissertatio historica de Timone misanthropo. *Traj. ad Rhen.* 1841. 8.

Timon Phliasius,
poète grec du iiie siècle avant J. C.

Langheinrich (Joseph Friedrich). Dissertationes III de Timone sillographo. *Lips.* 1720-24. 4. (L.)

Timothée (Saint),
premier évêque d'Éphéso († 22 janvier 97).

Bois-Clair (Gaspard Antoine de). Vie de S. Timothée. *Copenh.* 1695. 8. (Cp.)

Lange (Johann Gotthelf). Commentatio de Timotheo, episcopo Ephesino minus recte asserto. *Lips.* 1755. 4. (D. et L.)

Timour, voy. **Tamerlan.**

Tindal (Matthew),
théologien anglais (10 avril 1656 — 16 août 1733).

(Small, N... N...). Memoirs of the life, writings and vicissitudes of fortune of M. Tindal, with a history of the controversies, wherein he was engaged. *Lond.* 1733. 8. (*Oxf.*)

Korthold (Christian). Epistola gratulatoria de M. Tindalio. *Lips.* 1734. 4. (D. et L.)

Tinius (Johann Georg),*
bibliomane allemand (22 oct. 1764 — vers 1849).

Merkwürdiges und lehrreiches Leben des Mag. J. G. Tinius, Pfarrers zu Poserna in der Inspection Weissenfels. *Halle.* 1813. 8. *
* Ébauché par lui-même et publ. par Johann Georg Ecr.

Rosenmueller (Johann Georg). Lebensgeschichte des Mag. Tinius und die bei seiner Absetzung und Entkleidung gehaltenen Reden. *Leipz.* 1814. 8. (L.)
* Accusé d'avoir assassiné deux personnes pour les voler dans le but de satisfaire à sa bibliomanie, il fut condamné à mort; mais la peine fut commuée en celle de la détention perpétuelle.

Tintoretto (Giacopo **Robusti,** detto il),
peintre italien du premier ordre (1512 — 1594).

Ridolfi (Carlo). Vita di G. Robusti, detto il Tintoretto, celebre pittore. *Venez.* 1642. 4. (*Oxf.*)

Zabeo (Prosdocimo). Elogio di G. Robusti, detto il Tintoretto. *Venez.* 1815. 8. (*Oxf.*)

Tioli (Pietro Antonio),
littérateur italien (19 mai 1712 — 26 nov. 1796).

Cancellieri (Francesco Girolamo). Notizie della vita e miscellanee di monsignor P. A. Tioli. *Pesar.* 1826. 8.

Tippo-Saëb,
dernier nabab de Maïssour (1749 — 10 déc. 1782 — tué le 4 mai 1799).

Les Indiens, ou Tippo-Saïb, etc., avec quelques particularités sur ce prince, etc. *Par.* 1788. 8.

Fantin-Desodoars (Antoine Etienne Nicolas). Révolution de l'Inde pendant le xviiiᵉ siècle, ou mémoires de Tippo-Saëb, sulthan de Maïssour, écrits par lui-même et trad. de la langue indostane. *Par.* 1796. 2 vol. 8. *Ibid.* 1797. 4 vol. 8. (*P.*) * Trad. en allem. *Leipz.* 1790. 2 vol. 8. (*D.* et *L.*)

    * Cet ouvrage apocryphe n'est qu'une compilation romanesque.

Michaud (Joseph). Histoire des progrès et de la chute de l'empire de Mysore sous les règnes d'Hyder-Aly et de Tippoo-Saïb. *Par.*, an ix (1801). 2 vol. 8. * (*P.*)

    * Cet ouvrage, orné du portrait de Tippo-Saëb, est devenu assez rare.

Mackenzie (Roderick). Sketch of the war with Tippoo Sultaun, or an detail of military operations from the commencement of hostilities in 1789 to the peace of 1792. *Calcutta.* 1793. 2 vol. 4. (*Oxf.*)

Dirom (Alexander). Narrative of the campaign in India, which terminated the war with Tippoo Sultaun in 1792. *Lond.* 1793. 4. (*Oxf.*)

Salmond (James). Review of the origin, progress and result of the war with Tippoo Sultaun, etc. *Lond.* 1800. 8. (*Oxf.*)

Beatson (Alexander). View of the origin and conduct of the war with Tippoo Sultaun. *Lond.* 1800. 4. (*Oxf.*)

Tiquet (madame).

Gastaud (François). Oraison funèbre de madame T(iquet), exécutée en 1699 pour avoir attenté à la vie de son mari, s. l. (*Aix.*?) 1699. 4. (Pièce satirique.)

Tiraboschi (Girolamo),
littérateur italien (28 déc. 1731 — 3 juin 1794).

Ciocchi (Carlo). Due lettere riguardanti alcune più importanti notizie della vita e delle opere di G. Tiraboschi. *Moden.* 1794. 8.

Lombardi (Antonio Girolamo). Elogio storico di G. Tiraboschi. *Moden.* 1796. 8. (*Oxf.* et *P.*) Trad. en franç. (par Antoine Marie Henri Boulard). *Par.*, an x (1802). 8. (*Oxf.* et *P.*)

Beltramelli (Giuseppe). Elogio storico del cavaliere Tiraboschi. *Bergam.* 1812. 4. *Ibid.* 1819. 8.

Tiraqueau (André),*
jurisconsulte français (vers l'an 1480 — 1558).

Bourgnon de Layre (N... N...). A. Tiraqueau. *Poitiers.* 1841. 8. (*P.*)

    * Surnommé le Varron de son siècle.

Tiron (Tullius),
affranchi de Cicéron.

Hassen (Martin). Dissertatio de virtutibus in Tirone Ciceronis liberto laudatis. *Witteb.* 1727. 4. (*Lv.*)

—— Dissertatio altera de vitiis in Tirone notatis. *Witteb.* 1727. 4.

—— Dissertatio tertia de vitiis in Tirone falso notatis. *Witteb.* 1727. 4.

Engelbronner (J... C... d'). Dissertatio de M. T. Tirone, M. T. Ciceronis liberto. *Amst.* 1804. 4.

Tischbein (Heinrich Wilhelm),
peintre allemand (1751 — 26 juin 1829).

(**Rennenkampff**, Carl Jacob Alexander v.). W. Tischbein, seine Bilder, seine Träume, seine Erinnerungen in dem herzoglichen Schlosse zu Oldenburg. *Brem.* 1822. 8. (*D.*)

Tischbein (Johann Heinrich),
peintre allemand, frère du précédent (3 oct. 1722 — 22 oct. 1789).

Engelschall (Joseph Friedrich). J. H. Tischbein, chemaliger fürstlich hessischer Rath und Hofmaler, als Mensch und Künstler dargestellt. *Nürnb.* 1797. 8. Portrait. (*D.*, *L.* et *P.*)

Tischer (Johann Friedrich Wilhelm),
théologien allemand (5 août 1767 — 28 avril 1842).

J. F. W. Tischer, Doctor der Theologie und Philosophie, Pastor und Superintendent zu Pirna, etc., sein Amtsjubelfest und seine Begräbnissfeier. *Leipz.* 1842. 4. (*L.*)

Tisio (Benvenuto),
peintre italien.

(**Mora**, Domenico C...). Vite di B. Tisio da Garofalo e di G. F. Barbieri, detto il Guercino da Cento, etc. *Venez.* 1842. 8.

Tissot (Simon André),
médecin suisse (20 mars 1728 — 13 juin 1797).

Eynard (Charles). Vie de S. A. Tissot. *Par.* 1839. 8. (*P.*) Trad. en allem. *Stuttg.* 1843. 8. (*D.*)

Tiszta (Pál),
Hongrois.

Czirbesz (Jonas Andreas). Supremum pietatis munus piis manibus magnifici domini P. Tisztæ devotum. *Leutschov.* 1777. Fol.

Tite-Live,
historien romain du premier ordre (59 avant — 19 après J. C.).

Tommasini (Giacomo Filippo). Vita Titi Livii Patavini. *Amst.* 1630. 4. *Ibid.* 1670. 12.

Zabarella (Giacomo). Tito Livio Padovano, o vero historia della gente Livia Romana e Padovana. *Padov.* 1669. 4.

Moller (Daniel Wilhelm). Disputatio circularis de Tito Livio. *Altorf.* 1688. 4. (*L.* et *Lv.*)

Hand (Johann Christian). De Tito Livio oratore. *Lips.* 1773. 4. (*D.* et *L.*)

Briegleb (Joachim Christian). Dissertatio de Tito Livio ejusque virtutibus. *Coburg.* 1778. 4.

Soeltl (Johann Michael). Titus Livius in seiner Geschichte. *Münch.* 1832. 4.

Meneghelli (Antonio Maria). Vita di Tito Livio. *Padov.* 1835. 8.

Schwab (Gustav). Disputatio de Livio et Timagene, historiarum scriptoribus æmulis. *Stuttg.* 1834. 4.

Macchiavelli (Niccolò). Discorso sopra la prima decada di Tito Livio. *Venez.* 1552. 8. *Firenz.* 1541. 4. *Ibid.* 1543. 4. *Venez.* 1544. 12. *Ibid.* 1554. 12.

    Trad. en allem. (par Friedrich Gottfried Findeisen et Johann Georg Scheffner). *Danz.* 1776. 8.

    Trad. en angl. par Edward Dacres. *Lond.* 1636. 8. *Ibid.* 1674. 8. (*Oxf.*)

    Trad. en franç. :

    Par un anonyme. *Amst.* 1691. 12.

    Par N... N... de Menc. *Par.* 1782. 2 vol. 8.

    Trad. en lat. *Mompelgart.* 1590. 8. *Frf.* 1619. 12. *Marb.* 1620. 8. *Lugd. Bat.* 1649. 12.

Ciccarelli da Foligno (Antonio). Discorsi sopra Tito Livio. *Rom.* 1598. 4.

Sigonio (Carlo). Chronologia Liviana. *Frf.* 1588. Fol.

Robortelli (Francesco). De convenientia supputationis annorum Livii cum marmoribus romanis quæ in Capitolio sunt. *Frf.* 1588. Fol. *Ibid.* 1604. 8.

Facius (Caspar). Politica Liviana, s. dissertationes in Titum Livium. *Altenb.* 1613. 8. *Ibid.* 1617. 4. *Lips.* 1662. 4. (*L.*)

Reiffenberg (Justus). Monita, exempla, consilia politica, s. dissertationes ad Livium. *Frf.* 1619. 8.

Dorn (Georg Martin). Specimen institutionis politicæ Livianæ. *Geiss.* 1637. 8.

Scheffer (Johan). Exercitationes VII in librum I Titi Livii, 8. *Upsal.* 1665. 4.

Crell (Henrich Christian). Programma de Titi Livii dictione. *Frf. ad Viadr.* 1729. 4.

—— Programma de Tito Livio, aptissimo stili cultoris magistro. *Frf. ad Viadr.* 1752. 4.

Parreidt (Joachim Heinrich). Disputatio de suspecta Livii fide. *Lips.* 1743. 4. (*L.*)

Meierotto (Johann Heinrich Ludwig). Programma de candore Livii. *Berol.* 1796. Fol.

—— De testimoniorum Livii fide. *Berol.* 1797. Fol.

—— De Livii arte narrandi et artificio historico. *Berol.* 1798. Fol.

Kruse (Christian). Sectiones II de fide Titi Livii recte æstimanda. *Lips.* 1812. 4.

Lachmann (Friedrich). Commentationes II de fontibus historiarum Livii. *Goetting.* 1822-28. 4.

Esmarch (Heinrich Peter C...). Anmerkungen zu der Geschichte des Livius, bis zum 26sten Buche, etc. *Schleswig.* 1825. 8.

Wolf (Friedrich Carl). Observationum et emendationum Livianarum particul. I-III. *Flensb.* 1827. 4.

Wex (Friedrich Carl). Emendationum Livianarum promulsis. *Ascaniæ.* 1832. 4.

Stange (J... C... G... T...). Programma de fontibus historiæ Romanæ, quatenus Titi Livii libri II et III continentur. *Frf. ad Viadr.* 1834. 4.

Wimmer (Hermann). Observationes Livianæ. *Dresd.* 1859. 8.

Alschefsky (C... F... S...). Über die kritische Gestaltung der Geschichtsbücher des Titus Livius. *Berl.* 1859. *4.*

Kaetzner (Ernst). Quæstiones Livianæ. *Cellis.* 1843. 8.

Welz (Eduard). Emendationes Livianæ. *Neostad.* 1844. 8.

Titelmans (François),
littérateur belge (1498 — 12 sept. 1537).

Thonissen (Jean Jacques). Notice sur la vie et les écrits de F. Titelmans. *Liège.* 1853. 8.

Titius (Gerhard),
théologien allemand (17 déc. 1620 — 7 juin 1681).

Wideburg (Heinrich). Oratio funebris in memoriam G. Titii. *Helmst.* 1681. *4. (D.)*

Calixtus (Friedrich Ulrich). Oratio in G. Titii funere. *Helmst.* 1682. 4. *(D.* et *L.)*

Titius (Gottlieb Gerhard),
jurisconsulte allemand (5 juin 1661 — 10 avril 1714).

G. G. Titii Glaubensbekäntniss und Lebenslauf, wie solches von ihm eigenhändig aufgesetzet und nach seinem Tode unter seinen Schriften gefunden worden. *Leipz.* 1714. 8. (*L.*)

(**Cyprian**, Johann). Programma academicum in G. G. Titii obitum. *Lips.* 1714. Fol. (*L.*)

Rechenberg (Carl Otto). Oratio parentalis in G. G. Titium. *Lips.* 1714. Fol. (*D.*)

Schacher (Johann Christoph). Oratio in memoriam G. G. Titii. *Lips.* 1713. Fol. (*L.*)

Titius (Lucius),
jurisconsulte romain.

Masson (Jean Papire). Vita L. Titii apud jurisconsultos celeberrimi viri, etc. *Lugd.* 1597. 8.

Tits (Arnould Pierre),
théologien belge (1807 — 9 juillet 1851).

Ram (Pierre François Xavier de). Discours prononcé après le service funèbre pour le repos de l'âme de M. A. P. Tits, professeur ordinaire de théologie, etc. *Louvain.* 1852. 8.

Laforet (N... J...). La vie et les travaux d'A. Tits, ancien professeur à la Faculté de théologie de l'Université catholique de Louvain. *Brux.* 1853. 8. Portrait.

Titsingh (Susanna Regina),
savante hollandaise.

Epicedia et elogium S. R. Titsinghiæ. *Harlem.* 1778. 8.

Tittel (Basilius),
magistrat allemand.

(**Thomasius**, Jacob). Programma in funere B. Tittelii (castri Lipsiensis præpositi). *Lips.* 1683. Fol. (*L.*)

Titus Sabinus Vespasianus (Flavius),
empereur romain (30 déc. 40 — 79 — 13 sept. 81).

Wiebers (N... N...). Speculum imperii Titi Flavii Vespasiani. *Argent,* s. d. *4.*

Jung (Johann Heinrich). Dissertatio de Tito imperatore ejusque jurisprudentia. *Traj. ad Rhen.* 1761. 4. (*Oxf.*)

Rolland (Jean François). Histoire des empereurs Vespasien et Titus. *Lyon.* 1850.

Tiuffveskaeg (Sveno),
Danois.

Wellejus (Andreas). Vita S. Tiuffveskaeg. *Soræ.* 1642. 8.

Tiziano, voy. **Vecellio.**

Toaldo (Giuseppe),
astronome italien (1710 — 1798).

Salmon (N... N...). Notice sur la vie et les ouvrages de J. Toaldo. *Par.,* s. d. 8. (Extrait du *Magasin encyclopédique.)*

Tobin (John),
auteur dramatique anglais (1770 — 8 déc. 1804).

Benger (Elizabeth Ogilvy). Memoirs of J. Tobin. *Lond.* 1820. 8. (*Oxf.*)

Tocqueville (Charles Alexis Maurice **Clérel** de),
homme d'État français (29 juillet 1805 — ...).

Cassou (Charles). M. de Tocqueville. *Par.* 1842. 8. (Extrait de la *Revue générale biographique, politique et littéraire.*)

Tode (Johann Clemens),
médecin danois (24 juin 1736 — 16 mars 1805).

Baldinger (Ernst Gottfried). J. C. Tode, Buchkunstrichter in Kjoebenhaven. *Goetting.* 1778. 8. (*Cp.; D.* et *L.*)

Todeschi (Claudio),
prêtre italien.

Baruffaldi (Girolamo). Vita del servo di dio C. Todeschi. *Ferrar.* 1784. 8.

Toekely (Emmerich, Graf v.),
général hongrois (1658 — 13 sept. 1705).

Wahrhaffte eigentliche original Bildnuss nebst denckwürdiger und ominoser ausführlicher Beschreibung des ungarichen Grafen, nunmehr aber von der Ottomanichen Porten (!) bereits erklärten Fürsten E. Toekoely, s. l. 1685. 4. Portrait.

Compendio de la vida de E. Tekeli (!), cabeça de los rebeldes y confederado con los Turcos in Ungria. *Mad.* 1684. *4.* * (*Oxf.*)

* Cet écrit paraît être une traduction de l'ouvrage précédent.

(**Leclerc**, Jean). Histoire d'E., comte de Tékély, ou mémoires pour servir à sa vie. *Par.* 1691. 12. (*P.*) *Cologne.* 1693. 12. (*Oxf.*) *Ibid.* 1694. 8. Trad. en allem. *Berl.* et *Potsd.* 1793. 8. (*L.*)

Toekoely (Baro István),
Hongrois (vers 1582 — 8 nov. 1651).

Serpilius (Joannes). Sertum semper virens, novem constans Metulis, supra Sandapilam S. Toekoely senioris L. B. in Kesmark, etc., in patriam coelestem translati reverenter appensum. *Leutschov.,* s. d. (1651.) *4.*

Toellner (Johann Georg),
théologien allemand (9 déc. 1724 — 26 janvier 1774).

Protzen (Carl Samuel). Ehrengedächtniss J. G. Toellner's, der heiligen Schrift Doctor, etc. *Frf. a. d. O.* 1774. 8. (*D.* et *L.*) Trad. en holland. par Johann **Petsch.** *Utrecht.* 1775. 8.

Toepfer (Conrad Volcmar),
jurisconsulte allemand.

Wolf (Johannes). Der allgemache, vernünftige, beglückte und recht seelige Tod C. V. Toepferi, JCti. *Leipz.* 1687. 4. (*L.*)

Toepfer (Friedrich August),
jurisconsulte allemand (25 oct. 1728 — 1er déc. 1801).

Springer (N... N...). Dem verdienten Andenken des weiland Mag. F. A. Toepfer gewidmet. *Regensb.* 1802. *4.*

Toepfer (Heinrich August),
théologien allemand (11 sept. 1696 — 31 août 1753).

Junack (Joachim August). Memoria viri S. V. H. A. Toepfer, oratione celebrata. *Goetting.* 1753. 4. (*D.*)

Toepfer (Rodolphe),
littérateur suisse.

Clément de Ris (L...). Portraits à la plume : Alfred de Musset, Henri Murger, Octave Feuillet, Alphonse Karr, Arsène Houssaye, Prosper Mérimée, Théophile Gautier, Saint-Marc Girardin, Honoré de Balzac, Denis Diderot, R. Topffer (!), etc. *Par.* 1853. 12.

Toeroek de Telekes (István),
Hongrois.

Haynóczi (Daniel). Oratio funebris in laudes S. Toeroek de Telekes. *Lips.* 1723. 4. (*L.*)

Toerring zu Seefeld (Anton Clemens Reichgraf),
homme d'État allemand († 6 février 1812).

Krenner (Johann Nepomuck v.). Andenken an Graf A. v. Toerring zu Seefeld. *Münch.* 1812. 4.

Tofanelli (Giovanni Stefano),
peintre italien.

Prose e poesie nella morte del senatore G. S. Tofanelli, pittor Lucchese. *Lucca,* s. d. *4.*

Toggenburg (Ida ou Itha, Gräfin v.).

Vita et confraternitas S. Iddæ Tockenburgi cum genealogiis III comitum de Tockenburg, etc. *Constant.* 1685. 8.

(**Waitzenegger**, Franz Joseph). J. Gräfin v. Toggenburg, etc., Seitenstück zur Genovefa. *Augsb.* 1818. *Ibid.* 1852. 8. Portrait. (11e édition.)

Cochem (Martin v.). Ida, Gräfin von Toggenburg, die wunderbare selige Einsiedlerin, oder der Todessturz von 400 Ellen hohen Felsen. *Passau.* 1840. 8. *Ibid.* 1855. 8.

Toillez (Désiré Nicolas),
ingénieur belge.

Pinchart (Alexandre). Biographie de D. N. Toillez.

Gand. 1852. 8. (Extrait du *Messager des sciences historiques*.)

Toiras (Jean du **Caylar de Saint-Bonnet,**
marquis de),
maréchal de France (1er mars 1585 — 14 juin 1636).

Juglaris (Louis). Elogium marescalii de Toiras, s. l. 1656. 4.

Baudier (Michel). Histoire du maréchal de Toiras. *Par.* 1644. Fol. (*P.*) *Ibid.* 1660. 2 vol. 12. (*Bes.*)

Toland (John),
théologien anglais (30 nov. 1670 — 21 mars 1722).

(**Curl**, N... N...). Historical account of the life and writings of J. Toland, etc. *Lond.* 1722. 8. (Non mentionné par Lowndes.) — (*Oxf.*)

Toledo (Juan Garcia Alvarez de),
homme d'État espagnol.

Molina (Bartholomé de). Breve tratado de las virtudes de D. J. G. A. de Toledo, quinto conde de Oropesa. *Madr.* 1621. 8.

Toledo (Maria de),
fondatrice de l'abbaye de Sainte-Isabelle.

Vargas (Tomas Tamajo de). Vida de Doña M. de Toledo, señora de Pinto, despues sor Maria la Pobre, fondadora y primera abadesa de Santa Isabel de los reyes de Toledo. *Toled.* 1616. 4.

Toll (Johan Christopher, Grefwe),
feld-maréchal de Suède.

(**Liljecrona**, N... N...). Fältmarskalken Grefwe J. C. Toll ; biografiskt Teckning. *Stockh.* 1849-50. 4 vol. 8.

Tollenare (François Louis de),
économiste français (4 avril 1780 — 20 déc. 1853).

Priou (J... B... E...). Biographie de F. L. de Tollenare, économiste. *Nantes.* 1854. 8.

Tollens (Hendrik),
poète hollandais (27 sept. 1780 — ...).

Eichstorff (P... F... L... van). H. Tollens, biographische schets en proeve en kritiken van zijne dichtungen. *Leeuward,* s. d. (vers 1848). 8.

Tollius (Herman),
philologue hollandais (28 mai 1742 — ... 1822).

Water (Jona Willem te). Levensbeschrijvinge van M. A. Tollius, s. l. et s. d. 8.

Tollmann (Gottfried),
théologien allemand (26 oct. 1680 — 6 mars 1766).

Kloss (Jacob Gottlieb). Ausführliche Lebensbeschreibung eines alten und wohlverdienten Jubel-Predigers, G. Tollmann's zu Leube. *Lauban.* 1766. 4.

Tolner (Carl Ludwig),
historien allemand (1660 — 3 oct. 1715).

Mieg (Johann Friedrich). Unsterblicher Nachruhm C. L. Tolner's, kurpfälzischen Raths und Historiographi. *Heidelb.* 1715. Fol.

Tolosani (Antoine),
général de l'ordre de S. Antoine de Vienne (1555 — 12 juillet 1615).

Loyac (Jean de). Le bon prélat, ou la vie d'A. Tolosani. *Par.* 1645. 8. (*P.*)

Tomba (Gaetano),
prêtre italien.

Della vita del sacerdote G. Tomba in Bologna. *Bologna.* 1853. 8.

Tomitano (Bernardino),
prêtre italien,

Zanettini (Giovanni Battista). Compendio della vita del B. Feltrese, B. Tomitano. *Milan.* 1858. 8.

Tommaselli (Giuseppe),
naturaliste italien (30 août 1733 — 2 déc. 1818).

Del Bene (Benedetto). Elogio dell' abate G. Tommaselli. *Veron.* 1825. 8.

Tommasi (Giuseppe Maria),
cardinal italien (12 sept. 1649 — 1er janvier 1713).

(**Bernini** , Domenico). Vita del venerabile cardinale D. G. M. Tommasi, de' chierici regolari. *Rom.* 1719. 4. *Ibid.* 1722. 4. *Ibid.* 1753. 8.

Vita del cardinal G. M. Tommasi, teatino. *Rom.* 1803. 4. Portrait.

Borromeo (Antonio Maria). Vita del cardinale Tommasi. *Venez.* 1713. 8.

Lambruschini (Luigi). Orazione panegirico del Beato

G. M. cardinal Tommasi , chierico regolare teatino. *Orvieto.* 1841. 8.

Tommasini (Giacomo),
médecin italien (1769 — 1847).

Spallanzani (Giovanni Battista). Lettere medico-critiche sulla nuova dottrina medica del professore G. Tommasini. *Reggio.* 1818-20. 2 vol. 8.

Fantonetti (Giovanni). Elogio del professore G. Tommasini. *Milan.* 1847. 8.

Tommasini-Paruta (Tommaso),
évêque de ...

Agostini (Giovanni degli). Notizie istoriche spettanti alla vita di monsignor vescovo T. Tommasini-Paruta, dell' ordine de' predicatori. *Venez.* 1759. 12.

Tom Pouce, voy. **Stratten** (Charles).

Tonani (Pietro),
littérateur (?) italien.

(**Pezzana**, Angelo). Ricordi a P. Tonani. *Parma.* 1858. 12.

Tondi (Matteo),
littérateur italien.

Elogio del cavaliere M. Tondi. *Napol.* 1837. 8.

Tone (Theobald Wolfe),
fondateur de l'association des *Irlandais Unis*
(20 juin 1764 — se donnant la mort le... 1798).

Life of T. W. Tone, founder of the United Irish society, written by himself and continued by his son. *Washingt.* 1826. 2 vol. 8. Portrait. *Lond.* 1828. 12. (*Oxf.*)

Tonio (Michel Angelo),
prêtre italien.

Marsella (Domenico Antonio). Commentarius de M. A. Tonio, præfecto generali CC. RR. ministrantium infirmium. *Rom.* 1822. 8. Augment. *Ibid.* 1823. 8.

Toogood (Jonathan),
médecin anglais.

Toogood (Jonathan). Reminiscences of a medical life; with cases and practical illustrations. *Taunton.* 1853. 8.

Tooke, voy. **Horne-Tooke.**

Toperczer (Johann),
médecin (?) hongrois.

Toperczer (Samuel). Supremum pietatis monumentum memoriæ viri olim clarissimi doctoris J. Toperczeri consecratum. *Leutschov.* 1811. 8.

Topino-Lebrun * (François Jean Baptiste),
peintre français (1769 — guillotiné le 31 janvier 1801).

Topino le Brund (!) non jugé, mais condamné à la peine de mort par le tribunal criminel de la Seine, le 19 nivôse an IX, onze heures du soir, s. l. et s. d. 8. (Très-rare.)

* Jacobin du Manège, il se trouvait impliqué dans la conspiration du 10 octobre 1800 contre le premier consul Napoléon Bonaparte.

Toplady (Augustus Montagne),
théologien anglais.

Memoir of some principal circumstances in the life and death of the Rev. A. M. Toplady. *Lond.* 1779. 8. (3e édition.) — (*Oxf.*)

Topp (Johann Conrad Sigismund),
jurisconsulte allemand (18 déc. 1692 — 25 février 1757).

Wernsdorf (Johann Christian). Memoria J. C. S. Toppii. *Helmst.* 1758. 8.

Torch (Jean Baptiste **Colbert,** marquis de),
diplomate français (14 sept. 1665 — 2 sept. 1746).

Torcy (Jean Baptiste **Colbert** de). Mémoires pour servir à l'histoire des négociations depuis le traité de Ryswick jusqu'à la paix d'Utrecht. *La Haye.* (*Par.*) 1756. 5 volumes 12. (*P.*) Trad. en angl. *Lond.* 1757. 2 vol. 8. (*Oxf.*)

Tordenskjold (Peder Wessel),
amiral danois (28 oct. 1691 — 20 nov. 1721).

Hofman (Tycho de). Mémoires du comte (Pierre) de Griffenfeld, de l'amiral général (Cort Siversen) Adeler et du vice-amiral Tordenskjold. *Copenh.* 1746. 4. (*Cp.*) Trad. en dan. par Christian **Liukse**. *Kjoebenh.* 1774. 4.

Rothe (Caspar Peder). Tordenskjold's Liv og Levnet. *Kjoebenh.* 1747-50. 3 vol. 4. (*Cp.*) *Viborg.* 1772. 3 vol. 8. Trad. en allem. *Kopenh.* et *Frf.* 1753. 8. (*D.* et *L.*)

Bie (Jacob Christian). Lovtale over Tordenskjold. *Kjoebenh.* 1770. 4. (*Cp.*)

Hagerup (Matthias). Lovtale over Tordenskjold. *Kjoebenh.* 1792. 8.

Tharup (E...). Vice-admiral P. Tordenskjold's Liv og Levnet. *Kjoebenh.* 1858. 12. (*Cp.*)

Bohr (Henrik Georg Christian). P. Tordenskjold, en Levnetsbeskrivelse. *Kjoebenh.* 1839. 12. Portrait. *Ibid.* 1846. 12. (*Cp.*)

Torelli (B...).

Belgrado (Giacomo). De vita B. Torelli Puppiensis commentarius. *Patav.* 1745. 4.

Torelli (Girolamo),
gentilhomme italien.

(**Carnoli**, Luigi). Vita venerabilis H. Taurellii, nobilis Foroliviensis. *Foroliv.* 1652. 4. *
Publ: s. l. pseudonyme de Giulio Loncani.

Torelli (Giuseppe),
jurisconsulte italien (2 nov. 1721 — 18 août 1781).

Sibiliato (Clemente). De vita J. Torelli commentarius. *Patav.* 1782. 8. (*D.*)

Torelli (Ippolita),
bel-esprit italienne.

Eck (Johann Georg). H. Taurella. *Lips.* 1770. 4. (*L.*)

Torelli (Lelio),
éditeur des Pandectes florentines (28 oct. 1489 — 27 mars 1576).

Manni (Domenico Maria). Vita del celebre senator L. Torelli. *Firenz.* 1770. 4. (*Oxf.*)

Torelli (Niccolò),
médecin italien (26 nov. 1547 — 28 sept. 1608).

Feuerlin (Jacob Wilhelm). Taurellus defensus, h. e. dissertatio apologetica pro N. Taurello, philosopho Altdorfino, atheismi et deismi injuste accusato, etc. *Norimb.* 1734. 4.

Toreno (N... N..., conde),
homme d'État espagnol (1788 — 1843).

(**Loménie**, Louis de). M. Toreno, par un homme de rien. *Par.* 1844. 12.

Torfeson (Thormod),
historiographe de Danemark (1640 — 1719).

Erichsen (Johan). T. Torfesens Levnetsbeskrivelse. *Kjoebenh.* 1788. 8. (*Cp.*)

Toribio, voy. Torriblo.

Torlonia (Carlo),
philanthrope italien (1797 — 31 déc. 1847).

Jouve (Alexis). Le commandeur dom C. Torlonia, lieutenant-colonel du 2e bataillon de la garde civique de Rome, etc. *Par.* 1848. 8. (Extrait du *Nécrologe universel du XIXe siècle.*)

Tornesi (Ignazio),
littérateur italien.

Taddei (Emmanuele). Orazione funebre per I. Tornesi. *Napol.* 1819. Fol.

Torombert (Charles Louis Honoré),
jurisconsulte français (17 déc. 1787 — 8 mai 1829).

Amanton (Claude Nicolas). Notices sur M. (Nicolas Claude) Chatillon et M. Torombert. *Dijon.* 1829. 8. (Tiré à 100 exemplaires.) — (*Lv.*)

Grandperret (C... L:..). Eloge de M. H. Torombert, avocat à la cour royale de Lyon. *Lyon.* 1836. 8.

Torquemada (Juan de San Clemente y).

Sanz del Castillo (Pedro). Vida del excelentissimo señor D. J. de San Clemente y Torquemada, publ. par Miguel Antonio de Montes y Pineiro. *Santiago.* 1769. 4. Portrait.

Torre (Filippo del),
archéologue italien (1657 — 25 février 1717).

Facciolati (Giuseppe). Vita P. Turri. *Patav.* 1729. 8.

Torre (Giovanni Maria della),
physicien italien (1713 — 7 mars 1782).

Bianchi (Antonio). Orazione funebre del P. della Torre. *Napol.* 1782. 4.

Torre (Marco Antonio della).

Marx (C... F... A...). Über M. A. della Torre und Leonardo da Vinci, die Begründer der bildlichen Anatomie. *Goetting.* 1849. 4. (*D.*)

Torrecusa (marques de),
homme d'État espagnol.

Quaranta (Oracio). Relacion de la muerte y entierro del marques de Torrecusa. *Madr.* 1647. Fol. (*Oxf.*)

Torremuzza (Gabriello Lancilotto Castello,
principe di),
archéologue italien (21 janvier 1727 — 27 février 1794).

Carelli (Francesco). Elogio storico del principe di Torremuzza. *Palerm.* 1794. 4.

D'Angelo (Giovanni). Memorie della vita letteraria del principe di Torremuzza. *Palerm.* 1804. 4. (Ecrit par lui-même.)

Torrentino (Lorenzo),
imprimeur hollandais du XVIe siècle.

Moreni (Domenico). Annali della tipografia fiorentina di N. Torelli. *Firenz.* 1811. 8. *Ibid.* 1819. 8.

Torrentius (Lœvinus)*,
archevêque de Molines (1525 — 1595).

Hulst (Félix van). Ch(arles) De Langhe (Carolus Langius) et L. van der Becke (L. Torrentius). *Liége.* 1846. 8. Portrait. (Extrait de la *Revue de Liége.*)

—— Les neveux de L. Torrentius. *Liége.* 1847. 8. (Extrait de la *Revue de Liége.*) — (*Lv.*)
   * Son nom originaire était Liévin van der Becke.

Torres (Anna de),
religieuse belge (11 juin 1662 — 13 janvier 1698).

Leven van A. de Torres, geestelycke dochter, salighlyck in den Heere overleden binnen Antwerpen, etc. *Antwerp.* 1710. 8. Portrait.

Torres (Antonio de),
prêtre italien.

Sabbatini d'Anfora (Ludovico). Vita del P. D. A. de Torres. *Napol.* 1731. 4.

Perrimezzi (Giuseppe Maria). Vita del P. D. A. de Torres. *Napol.* 1733. 4.

Torres Villarroel (Diego de),
savant espagnol.

Vida, ascendencia, nacimiento, crianza y aventuras de el doctor D. Torres Villarroel. *Madr.* 1743. 4. *Ibid.* 1789. 2 vol. 4. (Ecrit par lui-même.)

Torrey (Charles Thomas),
théologien anglo-américain.

Lovejoy (J... C...). Memoir of the Rev. C. T. Torrey. *Boston.* 1847. 12.

Torribio (Alonso),
archevêque de Lima (6 nov. 1538 — 23 mars 1606).

Leon' Pinelo (Antonio de). Vida del ilustrissimo y reverendissimo D. A. Torribio Mongrovejo, arcobispo de la ciudad de los reyes de Lima. *Madr.* 1653. 4. *Lima.* 1653. 4. Trad. en ital. par Antonio Cospi. *Rom.* 1656. 4.

Macedo (Francisco de Santo Agostinho). Vita V. P. Torribii Mongrovegii, archiepiscopi Limensis. *Patav.* 1670. 4.

Herrera (Cypriano de). Mirabilis vita et mirabiliora acta venerabilis servi Dei Toribii Alphonsi Mogobresii Limani archipræsulis, etc. *Rom.* 1670. Fol.

Lebeau (Jean Baptiste). Vita A. Torribii, archiepiscopi Limensis. *Claram.* 1664. 8.

Torriggiani (Tommaso),
philosophe italien (1786 — 16 août 1824).

Maccolini (N... N...). Elogio storico di T. Torriggiani. *Faenza.* 1824. 8.

Torringer (Caspar der),
chevalier allemand.

Das Oberjägermeister- und Banner-Amt, zwei Erbämter des Herzogthums Bayern im Besitze des Hauses Torring, nebst vollständiger und beurkundeter Darstellung des von Caspar dem Torringer gegen Herzog Heinrich von Bayern-Landshut geführten Vehmprocesses. *Münch.* 1842. 8.

Torrington (Arthur Byng, or Herbert, earl of).

Impartial account of some remarkable passages in the life of A., earl of Torrington. *Lond.* 1691. 4. (*Oxf.*) Trad. en dan. par Peder Topp Wandal. *Kjoebenh.* 1780. 8.

Torrita (Fra Giacomo degli Altimanni di),
Italien, artiste en mosaïque (vers 1205 — 1295).

Angelis (Luigi de). Notizie istorico-critiche di Fra G. Torrita, primo ristoratore dell' arte musivaria in Italia. *Siena.* 1821. 8. (*Oxf.*)

Torsten Wikingsons,
Suédois.

Rehnhielm (Jacob). Historia Torstani Wikingsons, etc. *Upsal.* 1680. 4.

Torstensson (Anders Lennarisson),
homme d'État suédois, fils du suivant († 8 nov. 1684).

Holm (Erik). Concio funebris in obitum illustrissimi comitis A. Torstensson, senatoris regii, etc. *Holm.* 1684. 4.

Torstensson (Lennart, Grefve),
général suédois (17 août 1603 — 7 avril 1651).

Emporagius (Erik Gabriel). Concio funebris in obitum L. Torstensonii, comitis, regii senatoris et campi mareschalli. *Holm.* 1651. 4.

Boecler (Johann Heinrich). Elogium illustrissimi comitis L. Torstenssonii tumulo dicatum. *Holm.* 1651. 4.

Keck (Johann Christian). Tumulus L. Torstenssonii, carmine jambico. *Holm.* 1651. 4.

Casstroem (Samuel Nielas). Äreminne öfver L. Torstensson. *Stockh.* 1786. 8. (Couronné par l'Académie de Stockholm.)

Tort de la Sonde (Barthélemy),
coaccusé du général Dumouriez.

Réal (Pierre François). Procès de B. Tort de la Sonde, accusé de la conspiration contre l'Etat et de complicité avec Dumouriez; acte par lequel la Sonde, acquitté, dénonce et accuse, devant le conseil des Cinq Cents, le Directoire exécutif et le ministre de la justice (Merlin de Douai) comme coupables envers lui de prévarication et d'oppression, s. l. (*Par.*) 1796. 8. (*P.*)

Torti (Girolamo),
jurisconsulte italien du xve siècle.

Mayno (Jasone de). Oratio in funere H. Torti.*Frf.*1725.8.

Tortora (Luigi),
chirurgien italien.

Vulpes (B...). Ritratto della pietà nell' elogio di L. Tortora, chirurgo degli ospedali degl' incurabili di Napoli. *Aversa.* 1819. 8. (*Cp.*)

Toscana (Santa),
martyre italienne.

Novarino (Alessandro). Vita della S. Toscana. *Veron.* 1646. 4.

Vita di S. Toscana, scritta in latino dal P. D. Celso MAFFEI e tradotto dal commendatore S. Bartolommeo dal Pozzo. *Veron.* 1721. 12.

Tosi (Luigi),
évêque de Pavie († 15 déc. 1845).

Lanfranchi (Pietro). Orazione funebre nelle solenni esequie di monsignore L. Tosi, vescovo della citta e diocesi di Pavia. *Pavia.* 1846. 8.

Catena (Giovanni). De laudibus A. Tosii oratio. *Milan.* 1846. 8.

Tosi (Paolo),
savant italien.

Nicolini (Giuseppe). Elogio funebre del conte P. Tosi, etc. *Brescia.* 1845. 4. *
* Cet écrit n'a pas été mis dans le commerce.

Tosini (Michele),
peintre italien.

Una pittura di Filippino Lippi in Prato, e cenni storici di due pittori Pratensi (Niccolò Latini e M. Tosini). *Prato.* 1840. 8.

Tossanus (Daniel),
théologien allemand (15 juillet 1541 — 10 janvier 1602).

Mylius (Johann Philipp). Leichenpredigt auf D. Tossanus. *Heidelb.* 1602. 4.

Stenius (Simon). Duæ orationes funebres D. Tossano et Paulo Schedio Melisso dictæ. *Heidelb.* 1682. 4. (*D.*)

Tossanus (Paul). Narratio de vita et obitu D. Tossani Mompelgardiensis, compendio explicata narratio. *Heidelb.* 1603. 4. Trad. en allem. par J... F... W... P... *Neustadt a. d. Hardt,* s. d. (1603). 4.

Fabricius (Johann Sebald). Panegyricus D. Tossano dictus. *Heidelb.* 1656. 4. (*L.*)

Tostado (Alonso),
évêque d'Avila (1400 — 3 sept. 1455).

Davila (Gonzalez). Vida y hechos del maestro Don A. Tostado de Madrigal, obispo de Avila. *Salamanc.* 1611.8.

Viera y Clavijo (José de). Elogio D. A. Tostado, obispo de Avila. *Madr.* 1782. 4. (Couronné par l'Académie royale de Madrid.)

Tott (François, baron de),
capitaine français (15 août 1733 — ... 1793).

Tott (François de). Mémoires sur les Turcs et les Tar-

tares. *Amst.* (*Par.*) 1784. 4 vol. 8. *Ibid.* 1785. 2 vol. 4.
Trad. en allem. *Elbing.* 1786-88. 3 vol. 8. *Nürnb.* 1787-88. 2 vol. 8. *Wien.* 1789. 2 vol. 8.
Trad. en angl. *Lond.*, s. d. (1785.) 2 vol. 8.
Trad. en dan. par Morten HALLANGER.*Kjoebenh.* 1785. 2 vol. 8. (*Cp.*)
Trad. en holland. par YSBR-VAN-HAMMELSVELD. *Amst.* 1789. 8.
Trad. en suéd. *Upsal.* 1800. 2 vol. 8.

Tott (Otto),
savant danois.

Winstrup (Peder Pedersen). Concio funebris in exequiis O. Tott. *Soræ.* 1656. 4.

Tottleben (Gottlob Carl Heinrich, Graf v.),
général allemand (1713 — 19 mars 1772).

Vie du comte de Tottleben. *Leipz.* 1762. 8. (*D.* et *L.*)
Leben des Grafen v. Tottleben. *Leipz.* 1763. 8. (*D.* et *L.*)

Touchard-Lafosse (G...),
littérateur français (5 août 1780 — ...).

Touchard-Lafosse (G...). Souvenirs d'un demi-siècle. Vie publique. Vie intime. Mouvement littéraire. Portraits. 1789-1836. *Par.* 1855. 6 v. 12. *Brux.* 1836. 6 v. 18.

Toulongeon (François Emmanuel, vicomte de),
historien français (1748 — 1812).

Dupont de Nemours (Pierre Samuel). Notice sur M. de Toulongeon. *Par.* 1818. 8. (Extrait du *Mercure de France.*) — (*P.*)

(**Grappin**, Pierre Philippe). Notice sur la vie et les ouvrages de Toulongeon. *Besanç.*, s. d. 8. (*Bes.*)

Toupé (Louise Jeanne),
religieuse française.

Compte rendu de l'affaire de L. J. Toupé, en religion sœur S. Dominique, accusée de deux incendies volontaires consommés dans l'hospice Saint-Yves, auquel elle était attachée en qualité de religieuse. *Rennes.* 1854. 8. (Extrait du journal *le Progrès.*)

Tour (Maurice Quentin de La),
peintre français (5 sept. 1704 — 17 février 1788).

Duplaquet (N... N...). Éloge historique de M. M. Q. de la Tour, peintre du roi, etc. *Saint-Quent.* et *Par.* 1788. 8. (Tiré à 200 exemplaires.) — (*P.*)

Desmaze (Charles). M. Q. de la Tour, peintre du roi Louis XV. *Saint-Quent.* 1855. 8. *Par.* 1854. 8.

Tour d'Auvergne (Frédéric Maurice de La),
maréchal de camp français.

Perière (Jean). Éloge funèbre de F. M. de La Tour d'Auvergne. *Tulles.* 1708. 4.

Tour d'Auvergne (Godefroy, comte de La),
officier français († 29 août 1832).

Sanson (Adolphe). Discours improvisé sur la tombe de G. de La Tour d'Auvergne, ancien capitaine d'état-major. *Par.* 1852. 8.

Tour d'Auvergne-Corret (Théophile Malo de La),
premier grenadier de France (25 déc. 1743 — tué le 27 juin 1800).

Légard (N... N...). Éloge funèbre du citoyen de La Tour d'Auvergne. *Par.*, an VIII (1800). 8.

Debry (Jean). Rapport sur les honneurs à rendre à la mémoire du brave La Tour d'Auvergne, s. l. et s. d. (*Par.* 1800.) 8.

Roujoux (Prudence Guillaume de). Motion sur les honneurs à rendre à la mémoire de La Tour d'Auvergne, s. l. et s. d. (*Par.* 1800.) 8.

Gourlay (N... N...). Discours pour l'anniversaire du 14 juillet et pour célébrer la mémoire de La Tour d'Auvergne. *Par.*, s. d. (1800.) 8.

Roux de Rochelle (Jean Baptiste). Notice sur La Tour d'Auvergne. *Par.*, an VIII (1800.) 8.

(**Mangourit**, Michel-Ange Bernard de). Le premier grenadier de nos armées. Notice sur Corret de La Tour d'Auvergne. *Par.*, an IX (1801). 8. Portrait.

Lecoz (Claude). Quelques détails sur La Tour d'Auvergne, premier grenadier de France, (publ. par Pierre Philippe GRAPPIN). *Besanç.* 1815. 8. (*Bes.*)

Notice sur La Tour d'Auvergne, premier grenadier de France. *Par.* 1859. 4.

Buhot de Kersers (A...). Histoire de T. M. de La Tour d'Auvergne, premier grenadier de France. *Par.* 1841. 12. (*P.*)

Calobar (François). Notice historique sur La Tour d'Auvergne, premier grenadier de France. *Par.* 1841. 8. (*Lv.*)

Gaudry (J...). Notice historique sur La Tour d'Auvergne, premier grenadier de France. *Par.* 1841. 8.

Priou (J... B... E...). Notice sur T. M. de La Tour d'Auvergne-Corret, premier grenadier des armées de la république. *Nantes.* 1843. 8.

Tour d'Auvergne-Lauraguais
(Hugues Robert Jean Charles de la),
cardinal-évêque d'Arras († .. oct. 1851).

Planque (N... N...). Oraison funèbre de Son Éminence Mgr. H. R. J. C. de la Tour d'Auvergne-Lauraguais, etc. *Arras.* 1851. 8.

Auriol (Jules d'). Notice sur la vie et les travaux apostoliques de S. E. Mgr. le cardinal H. R. J. C. de la Tour d'Auvergne-Lauraguais, cardinal-prêtre de la sainte Église romaine, du titre de Sainte-Agnès, *extra mœnia*, évêque d'Arras, etc. *Arras.* 1851. 18.

Tourdes (Joseph),
médecin français.

Coze (R...). Éloge historique de M. J. Tourdes, professeur honoraire de la Faculté de médecine de Strasbourg. *Strasb.*, s. d. (1851.) 4.

Tournefort (Joseph Pitton de),
botaniste français (5 juin 1656 — 28 nov. 1708).

Lauthier (Honoré Marie). Lettre à M. Bégon au sujet de feu M. Pitton de Tournefort, contenant un abrégé de sa vie. *Par.* 1709. 4. (*P.*) *Ibid.* 1717. 4. (La première édition est anonyme.)

Tournefort (Prosper de),
évêque de Limoges (22 déc. 1761 — 7 mars 1814).

P... Notice sur Mgr. P. de Tournefort, évêque de Limoges. *Limog.* 1844. 8.

Tournesol (Prudent Janus).

Histoire de M. P. J. Tournesol. 1773-1850. *Par.* 1851. 4.

Tournon (Charles Thomas Maillard de),
cardinal piémontais (21 déc. 1668 — 8 juin 1710).

Majel (Charles). Oraison funèbre de C. T., cardinal de Tournon, légat apostolique dans la Chine et les Indes orientales. *Rom.* 1712. 12.

Relatio pretiosæ mortis Rev. C. T. Maillard de Tournon, presbyteri cardinalis, s. l. (*Rom.?*) 1712. 4.

Passionei (Domenico). Memorie storiche della legazione e morte del cardinale di Tournon esposti con monumenti rari ed autentici. *Rom.* 1762. 3 vol. 8. (*Oxf.*)

Tournon (François de),
cardinal français (1489 — 21 avril 1562).

Fleury-Ternal (Charles). Histoire du cardinal F. de Tournon, ministre de France sous quatre de nos rois. *Par.* 1728. 8. *Ibid.* 1729. 8.

Tourny (N... N..., marquis de),
homme d'État français.

Saint-Georges (Marie de). Essai historique sur l'administration de M. le marquis de Tourny, conseiller d'État, intendant de Bordeaux, etc. *Brux.* 1782. 8. (*P.*)

Jouannet (François René Bénit Vatar) Eloge de M. de Tourny, ancien intendant de Guyenne. *Périgueux.* 1809. 8. Portrait. (Couronné par la Société des sciences et arts de Bordeaux.)

Tourville (Anne Hilarion de Costentin, comte de),
vice-amiral français (1642 — 28 mai 1701).

Mémoires d'A. H. de Costentin, comte de Tourville, depuis 1687 jusqu'en 1701, publ. par Guillaume Plantavit de la Pause, abbé de Mangon. *Amst.* 1742. 3 vol. 12. *Ibid.* 1758. 3 vol. 12. (Roman.)

(**Richer**, Adrien). Vie du maréchal de Tourville, lieutenant général des armées navales de France sous Louis XIV. *Par.* 1783. 12. (*P.*) *Avign.* 1812. 18.

Toussain (Jacques),
philologue français († 1547).

Turnèbe (Adrien). Oratio in funere J. Tusani, linguæ Græcæ professoris regii. *Par.* 1547. 4. (*P.*)

Toussaint (Pierre),
théologien français.

Mégnin (Pierre François?). Biographie de P. Toussaint, premier surintendant des églises de l'ancien comté de Montbéliard et successeur immédiat de Guillaume Farel. Thèse. *Strasb.* 1851. 8.

Toussaint-Louverture,
chef de l'insurrection des noirs de Saint-Domingue (1743 — 27 avril 1803).

Perin (René). Histoire de Toussaint-Louverture. *Par.* (vers 1795.) 12.

Dubroca (Louis). Vie de Toussaint-Louverture, chef des noirs insurgés de Saint-Domingue. *Par.* 1802. 8. Portrait. (*Lv.* et *P.*)
    Trad. en allem. *Leipz.* 1806. 8. (*L.*)
    Trad. en dan. par Jacob Baerndt Moejnichen. *Kjoebenh.* 1802. 8. (*Cp.*)
    Trad. en holland. *Haarl.* 1802. 8. Portrait.

Cousin d'Avallon (Charles Yves). Histoire de Toussaint-Louverture, chef des noirs insurgés de Saint-Domingue. *Par.* 1802. 12. (*P.*)

Leben Toussaint Louverture's. *Fürth.* 1802. *Nürnb.* 1805. 8. (*D.* et *L.*)

Stephen (James). History of Toussaint-Louverture, etc. *Lond.* 1814. 8. (*Oxf.*)

Régis (Augustin). Mémoire sur Toussaint-Louverture, justifié par ses actions des accusations dirigées contre lui, suivie d'une notice historique sur Alexandre (Sabès) Pétion, président d'Haïti, jusqu'à sa mort. *Par.* 1818. 8.

Saint-Anthoine (N... N... de). Notice sur Toussaint-Louverture. *Par.* 1842. 17.

Notice historique sur la vie de Toussaint-Louverture. *Par.* 1850. 18. (*P.*)

Saint-Remy de Cayex (N... N...). Vie de Toussaint-Louverture. *Par.* 1850. 8. Portrait.

—— Mémoires du général Toussaint-Louverture, écrits par lui-même, précédés d'une notice historique. *Par.* 1853. 8.

Beard (J... R...). Life of Toussaint l'Ouverture, the Negro patriot of Hayti. *Lond.* 1853. 8.

Towgood (Micajah),
théologien anglais (6 déc. 1700 — 1er février 1792).

Manning (James). Sketch of the life and writings of the Rev. M. Towgood. *Exeter.* 1792. 8. (*Oxf.*)

Townsend (John),
philanthrope anglo-américain.

Memoirs of the life of J. Townsend. *Boston.* 1831. 12.

Life of J. Townsend, founder of London Asylum for deaf and dumb. *Boston.* 1833. 8.

Tracy (Antoine Louis Claude, comte Destutt de),
philosophe français (20 juillet 1754 — 10 mars 1836).

Crussolle-Lami (Pierre René). Notice sur les traductions des ouvrages idéologiques de M. le comte Destutt de Tracy. *Par.* 1818. 8.

Daunou (Pierre Claude François). Funérailles de M. Destutt de Tracy, s. l. et s. d. (*Par.* 1836.) 8.

Flourens (Pierre). Discours prononcé aux funérailles de M. le comte Destutt de Tracy. *Par.* 1836. 8. (*P.*)

Tradelius (Georg),
jurisconsulte allemand (?).

G. Tradelii JCti parentalia. *August.* (*Vindel.?*) 1599. 4. (*P.*)

Tradescant (Jan),
naturaliste hollandais († vers 1656).

Hamel (J...). (Jan) Tradescant der Aeltere, 1618 in Russland; der Handelsverkehr zwischen England und Russland in seiner Entstehung, etc. *Sanct-Petersb.* 1847. 4. Portrait.

Traini (Francesco),
peintre italien du xive siècle.

Bonaini (Francesco). Memorie inedite intorno alla vita e ai dipinti di F. Traini ed altere opere di disegno dei secoli xi, xiv e xv, etc. *Pisa.* 1846. 8. (*Oxf.*)

Trajan (Marcus Ulpius),
empereur romain (18 sept. 52 — 98 — 11 août 117).

Plinius Secundus (Cajus). Panegyricus Trajani imperatori dictus, publ. avec des notes par Jan Arntzius. *Amst.* 1738. 4. Réimpr. par Christian Gottlieb Schwarz. *Norimb.* 1746. 4. Trad. en franç. par N... N... Coardi de Quart. *Turin.* 1744. Fol.

—

Morales (Francisco de). Hechos y dichos de Trajano. *Valladol.* 1654. 8.

Arrhenius (Laurids). Dissertatio historica de Trajano imperatore. *Upsal.* 1724. 8.

Berger (Johann Wilhelm). Dissertatio de Trajano non optimo. *Witteb.* 1725. 4. (*L.*)

Bach (Johann August). Divus Trajanus, s. de legibus Trajani imperatoris commentarius. *Lips.* 1747. 8. (*L.*)

Bayeux (Georges). Réflexions sur le règne de Trajan. *Par.* 1787. 4. (*P.*)

Barett (Jean Jacques de). Histoire des deux règnes de Nerva et de Trajan. *Par.* 1790. 12.

Maciejowski (Wilhelm Alexander). Dissertatio de vita et constitutionibus C. Quinti Messii Trajani Decii. *Goetting.* 1810. 8.

Genersich (Johann). Trajan; biographisches Gemälde. *Wien.* 1811. 2 vol. 8. 2 portraits.

Francke (Heinrich). Zur Geschichte Trajan's und seiner Zeitgenossen. *Güstrow.* 1837. 8. *Quedlinb.* 1840. 8.

Ciacone (Alfonso). Historia utriusque belli Dacici a Trajano gesti. *Rom.* 1376. Fol. Publ. par Paolo GRAZIANI. *Rom.* 1585. Fol. *Ibid.* 1616. Fol.

Mannert (Conrad). Res Trajani ad Danubium gestæ. *Norimb.* 1793. 8.

Engel (Johann Christian v.). Commentarius de expeditionibus Trajani ad Danubium, etc. *Vindob.* 1794. 8.

Bellori (Giovanni Pietro). Colonna Trajana evetta dal senato e popolo Romano all' imperatore Trajano scolpita coll' istoria della guerra Dacia contro il rè Decebalo. *Rom.*, s. d. (1672). Fol.

Fabretti (Raffaello). Syntagma de columna Trajani. *Rom.* 1683. Fol. *Ibid.* 1690. Fol.

Bruscho (Bernardo). Redargutio historiæ de anima Trajani ex inferni suppliciis liberata. *Veron.* 1624. 4.

Preuser (Paul). Dissertatio de Trajano imperatore, precibus Gregorii Magni ex infero liberato. *Lips.* 1710. 4. (*D. et L.*)

Tralles (Johann Georg),
mathématicien allemand († 15 nov. 1822).

Encke (Johann Friedrich). Gedächtnissrede auf J. G. Tralles. *Berl.* 1826. 4. (Tiré à part à un très-petit nombre d'exemplaires.)

Trallianus (Alexander),
médecin grec (contemporain de Galenus).

(**Milward**, Edward). Trallianus revivescens, or an account of Trallianus, on of the greek writers, who florished after Galenus, etc. *Lond.* 1754. 8.

Tranchot (N... N...),
capitaine français (1752 — ... avril 1815).

Augoyat (Antoine Marie). Notice sur M. (Michel) Maissiat, chef d'escadron au corps royal des ingénieurs-géographes militaires, etc., et sur M. Tranchot, capitaine au corps royal du génie. *Par.* 1822. 8. (*P.*)

Tranér (Johan),
poète suédois (11 mars 1770 — 8 juillet 1835).

Minne af J. Vindician Tranér. *Upsal.* 1858. 8.

Transo (Giovanna **Spinelli**, marchesa),
dame italienne.

In morte della marchesa Transo G. Spinelli de' principi di Scalea, orazione e rime. *Napol.* 1844. 8.

Trasymaque,
philosophe grec.

Hermann (Carl Friedrich). Disputatio de Trasymacho Chalcedonio sophista. *Goetting.* 1848. 4.

Traue (Carl Daniel),
littérateur allemand (17 sept. 1736 — 5 janvier 1800).

Meicrotto (Johann Heinrich Ludwig). Memoria Jacobi Naudæi et C. D. Traue. *Berol.* 1800. Fol. (*D.*)

Trautmannsdorff (le comte),
homme d'État allemand.

Notes que M. le comte de Trautmannsdorff a remises au cabinet de Vienne pour sa justification, s. l. 1791. 4.

Trautmaunsdorff (comte). Fragments pour servir à l'histoire des événements qui se sont passés aux Pays-Bas, depuis la fin de 1787 jusqu'en 1789. *Amst.* 1792. 8.

Trautvetter (Jacobus),
savant allemand.

Eckhard (Johann Friedrich). Von dem J. Trautvetter, einem zu Eisenach gebornen Gelehrten. *Eisenach.* 1791. 4.

Trautz (Franz Xaver),
pédagogue allemand.

Leben und Glauben des von der römisch-katholischen zur

evangelisch - protestantischen Lehre übergetretenen Schullehrers F. X. Trautz. *Wöhrd.* 1829. 8.

Travelli (Luigi),
savant italien.

Trona (Edoardo). Elogio storico del professore e canonico D. L. Travelli. *Mortara.* 1838. 8. Portrait.

Traversi (Antonio Maria),
patriarche de Constantinople.

Bellomo (Giovanni). Orazione funebre recitata per le solenni esequie di monsignore A. dottore Traversi, patriarca di Constantinopoli, già provveditore del R. liceo convitto. *Venez.* 1845. 8.

Vecchia (Luigi dalla). Discorso nell' inaugurazione del busto di monsignore patriarca di Costantinopoli A. M. Traversi. *Venez.* 1844. 8. Portrait.

Travot (le baron Jean Pierre),
général français (6 janvier 1767 — ... 1836).

Le général Travot dans la Vendée. Biographie. *Par.* 1858. 8. Portrait. (*P.*)

Traziger ou **Traciger** (Adam),
jurisconsulte allemand (vers 1524 — 17 oct. 1584).

(**Wilkens**, Nicolaus). Leben des Kanzlers A. Traziger, mit verschiedenen Beilagen. *Hamb.* 1722. 4. (*D.*)

Trczka v. Lipa (Jaroslav Kristof),
général bohème (tué le 12 oct. 1602).

Dikastus v. Mirzkova (Georg). Pohreb J. K. Trezky z Lipy. *Praze.* 1612. 4.

Trebatius Testa (Cajus),
jurisconsulte romain (contemporain de Cicéron).

Gundling (Nicolaus Hieronymus). C. Trebatius Testa JCtus ab injuriis tam veterum quam recentiorum liberatus, etc. *Halæ.* 1710. 4. (*L.*)

Stange (Otto). Dissertatio de C. Trebatio Testa et de eo loco, quem inter æquales tenuerit. *Berol.* 1849. 8.

Trebellius Pollion,
historien romain (vers 305 après J. C.).

Moller (Daniel Wilhelm). Disputatio circularis de Trebellio Pollione. *Altorf.* 1689. 4. (*L. et Lv.*)

Trebra (G... A... v.),
officier allemand.

Trebra (Friedrich Wilhelm Heinrich v.). Lebensgeschichte des k. preussischen Majors G. A. v. Trebra. *Freib.* 1806. 8.

Trecchi (Paolina),
dame italienne.

Zanelli (Domenico). Vita di P. Trecchi, etc. *Milan.* 1859. 8. (*Oxf.*)

Treffry junior (Richard),
littérateur anglais.

Treffry (Richard). Memoirs of R. Treffry jun., including extracts from his correspondence. *Lond.* 1858. 8. (*Oxf.*)

Trelcatius (Lucas),
théologien belge (1542 — 17 août 1602).

Bertius (Petrus). Oratio funebris in obitum L. Trelcatii. *Lugd. Bat.* 1602. 4.

Trélis (Jean Julien),
littérateur français (23 oct. 1757 — 24 juin 1831).

Pichard (Jean Marie). Éloge de J. J. Trélis, membre de l'Académie de Lyon. *Lyon.* 1833. 8. (Omis par Quérard.)

Trellund (Hans),
évêque de Wiborg (5 oct. 1669 — ... 1735).

Tychonius (Christen Lassen). Ligpraediken over Biskop H. Trellund. *Wiburg.* 1735. Fol.

Goische (Peder Rosenstand). Oratio funebris in obitum J. Trellund. *Hafn.* 1735. Fol.

Holberg (Ludvig). Programma academicum in obitum J. Trellundii. *Hafn.* 1735. Fol. (*Cp.*)

Ostenfeld (Jens). Oratio metrica in obitum J. Trellundii, episcopi Viburgensis. *Hafn.* 1735. Fol.

Trembley (Abraham),
naturaliste suisse (3 sept. 1700 — 12 mai 1784).

Mémoire historique sur la vie et les écrits d'A. Trembley. *Neufch.* et *Genève.* 1787. 12. (*D.* et *P.*)

Trémoille, prince de **Tarente** (Henri Charles de la),
général français (17 déc. 1620 — 14 sept. 1672).

Mémoires de H. C. de la Trémoille, prince de Tarente,

(depuis 1643 jusqu'en 1670, publ. par Henri GAIFFET).
Liége. 1767. 12.

Raguideau (Julien). Oraison funèbre de H. C. de la Trémoille, prince de Tarente. *Vitré.* 1672. 4.

Trémoille ou **Trémouille, prince de Talmont**
(Louis II de La),
surnommé le **Chevalier sans reproche,**
amiral français (1460 — tué en 1525).

Bouchet (Jean). Panégyrique du chevalier sans reproche, contenant les gestes de Louis de la Trémoille, amiral de Guyenne, en prose et en vers. *Poitiers.* 1527. 4; précédé d'une notice sur la vie de l'auteur. *Par.* 1820. 8. (*P.*)

Trémont (le baron N... N... de),
autographophile français († .. juillet 1852).

Funérailles de M. le baron de Trémont; discours prononcé par Pierre Antoine CAP. *Saint-Germain.* 1852. 8. (Extrait du journal *l'Industriel.*)

Trench (Edmond),
théologien anglais (1643 — 1689).

Some remarkable passages in the life and death of E. Trench, etc. *Lond.* 1693. 8. Portrait. (Non mentionné par Lowndes.)

Trenck (Franz, Freiherr v. d.),
colonel des Pandoures (1er janvier 1711 — 4 oct. 1749).

Merkwürdiges Leben und Thaten des Freiherrn F. v. d. Trenck, (von ihm selbst verfasst). *Frf.* et *Leipz.* 1743. 8. (*L.*) *Wien.* 1807. 8.

Leben F. Freiherrn v. d. Trenck's. *Wien.* 1788. 8. (*D.*)

*(**Huebner**, Eberhard Friedrich). F. v. d. Trenck, dargestellt von einem Unpartheiischen, mit Vorrede von Christian Friedrich Daniel SCHUBART. *Stuttg.* 1788-89. 3 vol. 8.

Trenck (Friedrich, Freiherr v. d.),
aventurier allemand (16 février 1726 — guillotiné le 25 juillet 1794).

Merkwürdige Lebensbeschreibung des Freiherrn F. v. d. Trenck. *Berl.* 1787. 3 vol. 8.

Trad. en angl. :
S. c. t. Life, etc., par Thomas HOLCROFT. *Lond.* 1788-93. 4 vol. 12. (*Oxf.*)
S. c. t. Memoirs, etc. *Egerton.* 1788. 2 vol. 8. *Lond.* 1835. 24.

Trad. en espagn. *Madr.* 1804. 2 vol. 12.

Trad. en franç. :
S. c. t. Vie, etc., (par N... N... de BOCK). *Par.* 1788. 8. *Metz.* et *Par.* 1788. 2 vol. 12. *
* La seconde édition porte le nom du traducteur.
Rev. s. c. t. Mémoires, etc., par M. de ***. *Strasb.* et *Par.* 1788. 5 vol. 8. Portrait.
Par N... N... LETOURNEUR. *Anvers.* 1788. 3 vol. 12.

Trad. en hongr., s. l. 1788. 3 vol. 8.

Trad. en ital. par Antonio CHIARI. *Venez.* 1788. 2 vol. 8.

Nähere Beleuchtung der Lebensgeschichte des Freiherrn v. d. Trenck wider die Beschuldigungen Friedrich's des Grossen. *Lausanne.* (*Leipz.*) 1788. 8.

Etwas über die Beleuchtung, des Herrn v. d. Trenck. *Berl.* 1788. 8.

Vertheidigung der Lebensgeschichte F., Freiherrn v. d. Trenck, etc. *Wien.* et *Berl.* 1788. 8. (Ecrit par lui-même.)

(**Szeitz**, Leo). Der entlarvte Trenck; aus eines ungarischen Patrioten Feder und Herzen. *Pesth.* 1790. 8.

(**Trenck**, Friedrich v. d.). Antwort an den elenden Entlarver des, etc., Trenck. *Pesth.* 1790. 8.

Seria Trenkii pœnitudo, seriaque libellorum infamium retractatio, s. l. 1790. 8.

Katona (Stephan). Trenkii bilanx pondere vacua. *Budæ.* 1790. 8.

Nachtrag zu Trenck's Lebensgeschichte, etc. *Alton.* 1792. 8.

(**Bispink**, Friedrich Heinrich). Beiträge, Beleuchtungen und rechtliche Urkunden zu Trenck's Lebensgeschichte. *Wahrheitsburg.* (*Pesth.*) 1793. 8.

Semler (Johann Gottlob). Sendschreiben an den Nationalconvent und den Jacobiner-Klubb in Paris, den Freiherrn v. d. Trenck betreffend. *Halle.* 1793. 8. (*L.*)
—— Characterzüge des Freiherrn v. d. Trenck und Vertheidigung wider den vierten Theil seiner Lebensgeschichte. *Halle.* 1794. 8. (*L.*)

F. v. d. Trenck's Leben und merkwürdige Schicksale,

neu bearbeitet von C... M... RITTLER. *Merseb.* 1822. 8. Portrait. (*D.*)

Wahrmann (Theodor). F. Freiherrn v. d. Trenck Leben, Kerker und Tod. *Leipz.* 1837. 8. (*L.*)

Arthaud (E...). Le baron de Trenck, ou le Latude prussien. *Par.* 1837. 18.

Levensgeschiedenis van F. vrijheer van der Trenck. *Uithwizen.* 1839. 8.

Erich (M... S...). Leben und Schicksale des Abenteurers F. v. d. Trenck, nebst Anecdoten und Characterzügen aus dem Leben seines Vetters, des berühmten und berüchtigten Panduren-Anführers Franz, Freiherrn v. d. Trenck. *Leipz.* 1846. 8. Portrait des deux Trenck.

Boiteau (Paul). Aventures du baron de Trenck, d'après ses mémoires. *Par.* 1853. 12.

Treneuil (Joseph),
bibliothécaire français (27 juin 1763 — 5 mars 1818).

Notice sur M. J. Treneuil, bibliothécaire de S. A. R. Monsieur à l'Arsenal. *Par.*, s. d. (1818). 8. (Extrait de *la Quinzaine littéraire.*)

Trenta (Tommaso),
savant italien.

Ciamberlano (N... N...). Notizie sulla vita del signore T. Trenta. *Lucca.* 1829. 8.

Trento (Girolamo),
prédicateur italien (1728 — 19 avril 1784).

Boscaccio (N... N...). Elogio storico di G. Trento. *Venez.* 1784. 8.

Trescho (Sebastian Friedrich),
théologien allemand (9 déc. 1733 — 29 oct. 1804).

Characterzüge des verstorbenen Diaconus S. F. Trescho. *Königsb.* 1807. 8.

Tresenreuter (Christoph Friedrich),
théologien allemand (8 sept. 1709 — 5 janvier 1746).

Schaubert (Johann Wilhelm). Trauerrede auf Herrn Doctor und Professor C. F. Tresenreuter. *Altd.* 1746. 4.

Tresenreuter (Johann Udalrich),
philologue allemand (31 oct. 1710 — 31 mars 1744).

Roeder (Johann Paul). Memoria Tresenreuteriana, h. e. vita et opuscula J. U. Tresenreuteri. *Norimb.* 1745. 4.

Tresenreuter v. Teutschenbrunn (D... J...),
jurisconsulte allemand.

Nagel (Johann Andreas Michael). Memoria D. J. Tresenreuteri de Teutschenbrunn, s. marchionis Brandenburgico-Culmbachensis consiliarii justitiæ. *Altorf.* 1766. Fol. (*D.*)

Treuer (Gottlieb),
théologien allemand (4 sept. 1657 — 29 oct. 1729).

Ehrengedächtniss G. Treuer's. *Helmst.* 1729. Fol. (*L.*)

Treuttel (Jean George),
libraire alsacien (1744 — 1826).

Obsèques de J. G. Treuttel. *Strasb.* 1826. 8. *
* Contenant deux éloges funèbres par Jean Jacques GOEPP et George David Frédéric BOISSARD.

Trevenen (James),
capitaine anglais.

Penrose (P...). Life of vice-admiral C... V... Penrose and captain J. Trevenen. *Lond.* 1850. 8.

Trevisan (Alvise),
littérateur italien.

Arrigoni (Giovanni Battista). Rime di diversi in lode di A. Trivisan (!), fatto principe dell' Accademia degli Avvedutti. *Padov.* 1602. 4.

Trevisan (Ferdinando),
bénédictin italien.

Costadoni (Giovanni Domenico Anselmo). Vita del P. F. Trevisani di Padova, monaco benedettino. *Venez.* 1772. 8.

Trevisan (Francesco),
évêque de Vérone.

Albertini (Pietro Antonio). Laudatio in funere D. D. F. Trivisani, episcopi Veronensis. *Veron.* 1732. 4.

Trevisan (Gasparo),
littérateur italien.

Arrigoni (Giovanni Battista). Orazione funebre fatta in morte del clarissimo signore G. Trevisan dell' Accademia degli Avveduti, detto il Coraggioso. *Padov.* 1602. 4.

Trevisan (Girolamo).
Meneghelli (Antonio Maria). Biografia del barone G. Trevisani. *Padov.* 1829. 8.

Trevisan (Marcantonio),
<small>doge de Venise (élu le 4 juin 1553 — 31 mai 1554).</small>
Cortes (Francesco). Elogium Niccolò Barbarici et M. A. Trevisani. *Venet.* 1625. 4. (*D.*)

Trevor (Richard),
<small>lord-évêque de Durham.</small>
(**Allan**, George). Sketch of the life and character of the Right Hon. and Rev. R. Trevor, lord bishop of Durham, with a particular account of his illness. *Darlington.* 1776. 4. Portrait.

Trew (Abdias),
<small>mathématicien allemand (29 juillet 1597 — 12 mars 1669).</small>
Reinhardt (Lucas Friedrich). Programma in A. Trew funere. *Altorf.* 1669. 4. (*D.*)

Trew (Christoph Jacob),
<small>médecin-botaniste allemand (26 avril 1695 — 18 juillet 1769).</small>
Monumentum C. J. Trewio factum ab academia Altorfina. *Altorf.* 1769. Fol.
Rumpel (Hermann Ernst). Monumentum Trewio positum. *Erford.* 1769. 4.
Sammlung aller Handlungen und Schriften, welche zum Gedächtniss C. J. Trew's zum Vorschein gekommen sind. *Altd.* 1770. Fol.

Trew (Johann Georg),
<small>théologien allemand (2 juillet 1604 — 17 déc. 1669).</small>
Stoy (Johann Friedrich). Lebensbeschreibung Herrn J. G. Trew's, eines im dreissigjährigen Kriege wohlgeprüften und verdienstlichen Geistlichen, etc. *Nürnb.* 1743. 4. (*D. et L.*)

Trezise (John Edwards),
<small>prêtre anglais.</small>
Treffry jun. (Richard). Memoirs of Mr. J. E. Trezise, of St. Just Cornwell, with some account of methodism in St. Just. *Lond.* 1837. 8. (*Oxf.*)

Triadou (Anaïs),
<small>dame française († 25 février 1853).</small>
Récit de la mort de mademoiselle A. Triadou, endormie au Seigneur. *Toulouse.* 1853. 18.

Tribonien,
<small>jurisconsulte romain (contemporain de l'empereur Justinien).</small>
Chiflet (Jean). Dissertatio apologetica de juris utriusque architectis Justiniano, Triboniano, Gratiano et S. Raymundo, publ. par Everhard OTTO. *Lugd. Bat.* 1725. Fol.
Wybo (Johan). Tribonianus ab emblematibus (Joannis Jacobi) Weissenbachii liberatus. *Traj. ad Rhen.* 1729. 4. (*Oxf.*)
Ludewig (Johann Peter v.). Vita Justiniani Magni atque Theodoræ, Augustorum, nec non Triboniani. *Halæ.* 1731. 4. (*D. et L.*)

Tricalet (Pierre Joseph),
<small>écrivain ascétique français (30 mars 1696 — 31 oct. 1761).</small>
(**Goujet**, Claude Pierre). Abrégé de la vie de M. Tricalet, directeur du séminaire de Saint-Nicolas-du-Chardonneret. *Par.* 1762. 12. (*Bes.*)

Trier (Johann Paul),
<small>théologien allemand (28 nov. 1687 — 24 avril 1768).</small>
Lebensbeschreibung J. P. Trier's, von ihm selbst verfasst und nach seinem Tode herausgeg. von J(ohann) G(eorg) E(ck). *Eisenach.* 1770. 8. (*D.*)

Triest (Pierre Joseph),
<small>théologien belge (31 août 1760 — 24 juin 1836).</small>
(**Commun**, J... J...). Levensbeschryving van mynheer den kanonick Triest, gevolgd van eenen staet van alle de gestigten die hy opgeregt heeft. *Gend.* 1836. 8.
Voisin (Auguste). Notice historique sur le chanoine Triest. *Gand.* 1845. 8. *Ibid. Liége.* 1846. 8. Portrait.

Trievald (Martin),
<small>mécanicien suédois (18 nov. 1691 — 8 août 1747).</small>
Laurel (Lars). Åminnelse-Tal öfver M. Trievald. *Stockh.* 1748. 8.

Trigland (Jacob),
<small>théologien hollandais.</small>
Cocceji (Johann). Oratio in funere J. Triglandii. *Lugd. Bat.* 1654. 4. (*Ld.*)

Trigland (Jacob),
<small>théologien hollandais, fils du précédent (8 mai 1652 — 22 sept. 1705).</small>
Marck (Jan). Oratio funebris in obitum J. Triglandii. *Lugd. Bat.* 1705. 4. (*Cp.*)

Trigoso (Sebastiano Francisco de **Mendo**),
<small>savant portugais.</small>
Costa e Sá (Joaõ de). Elogio historico de S. F. de Mendo Trigoso. *Lisb.* 1825. 8.

Triller,
<small>famille allemande.</small>
Groschuf (Heinrich Augustin). De gentis Trillerianæ ortu, progressu et insignibus. *Lips.* 1705. 4. (*L.*)

Trimmer (Sarah),
<small>auteur anglaise.</small>
Haverfield (Thomas Tunstal). Sermon occasioned by the death of Mrs. Trimmer. *Lond.* 1811. 8.
Some account of the life and writings of Mrs. Trimmer, etc. *Lond.* 1814. 2 vol. 8.

Trincano (Louis Charles Victoire),
<small>ingénieur français (1754 — 5 oct. 1785).</small>
(**Bicquilley**, Charles François de). Éloge funèbre de L. C. V. Trincano. *Besanç.* 1786. 8. (*Bes.*) — (Non mentionné par Quérard.)

Trinius (J... A...),
<small>littérateur allemand.</small>
Zanthier (Georg Friedrich v.). Geschichte des geheimen Kriegs- und Domainen-Raths Trinius. *Quedlinb.* 1799. 8. *Ibid.* 1810. 8.

Tripedi (Elisabetta),
<small>bénédictine italienne.</small>
Tornamira (Pietro Antonio). Vita e felice morte di suor E. Tripedi della Terra di Ciminna, monaca oblata dell' ordine del P. S. Benedetto. *Palerm.* 1674. 4. *Ibid.* 1675. 12.

Trissino (Giovanni Giorgio),
<small>poëte italien (8 juillet 1478 — 8 déc. 1558).</small>
Beni (Paolo). Trattato dell' origine e fatti illustri della famiglia Trissina. *Padov.* 1624. 4.
Castelli (Pietro Filippo). Vita di G. G. Trissino. *Venez.* 1753. 4.

Tristan,
<small>personnage fabuleux.</small>
Mone (Franz Joseph). Über die Sage von Tristan, vorzüglich ihre Bedeutung in der Geheimlehre der britischen Druiden. *Heidelb.* 1822. 8.

Tristan (Flora),
<small>auteur française du xixe siècle.</small>
Blanc (Éléonore). Biographie de F. Tristan. *Lyon.* 1845. 18.

Trithemius ou **Tritheim** (Johannes),
<small>bénédictin allemand (1er février 1462 — 26 déc. 1516).</small>
Trithemius sui ipsius vindex. *Ingolst.* 1616. 4.
Horn (Philipp Franz). J. Trithemius, Abt des vormaligen Klosters Sanct-Jacob in Würzburg; biographische Skizze. *Würzb.* 1843. 4. *

<small>* Cette monographie, peu commune même en Allemagne, est ornée de son portrait.</small>

Triton,
<small>personnage mythologique.</small>
Vater (Friedrich). Triton und Euphemos, oder die Argonauten in Libyen; mythologische Abhandlung. *Kasan.* 1849. 8.

Trivier (Saint),
<small>patron de Bresse.</small>
S. Triverii, confessoris Dumbarum et Bressiæ patroni, vita. *Lugd.* 1647. 8.
Moyron (Jacques): Vie de S. Trivier, solitaire en Dombes, s. l. 1651. 12. (Suite.)

Trivulzio (Giovanni Giacopo),
<small>maréchal de France (vers 1447 — 5 déc. 1518).</small>
Rosmini (Carlo de'). Dell' istoria intorno alle militari impresi e alla vita di G. G. Trivulzio, detto il Grande. *Milan.* 1815. 2 vol. 4. *(*Lv.*)

<small>* Avec 6 portraits qui se trouvent seulement dans 40 exemplaires; les autres n'ont qu'un seul portrait, celui du maréchal Trivulce.</small>

Villarosa (marchese di). Marchionis J. J. Trivultii elogium. *Napol.* 1832. 8. (*Oxf.*)

Troeltsch (Johann Friedrich, Freiherrn v.),
jurisconsulte allemand (8 mars 1728 — 2 sept. 1793).

Mertens (Hieronymus Andreas). Ehrendenkmahl des Freiherrn J. F. v. Troeltsch, kaiserlichen Hofpfalzgrafen, ältesten Raths-Consulenten der Reichstadt Augsburg, etc. *Augsb.* 1793. 4.

Troeltsch (Wallfried Daniel),
théologien allemand (1741 — 14 mars 1811).

Schoepperlin (Johann Friedrich). Rede am Grabe W. D. Troeltsch's. *Nördling.* 1811. 8.

Troler (Martin v.),
criminel allemand (exécuté le 25 février 1803).

M. v. Troier's Hinrichtung zu Breslau, etc., nebst Nachrichten von seinen frühern Schicksalen und Verbrechen. *Bresl.* 1804. 8. Portrait.

Troilius (Magnus),
théologien suédois (†.. sept. 1762).

Benzelstjerna (Lars). Likpredikan öfver Prosten Mag. M. Troilius. *Westeräs.* 1763. 4.

Troilius (Samuel),
archevêque d'Upsal (1706 — 1764).

Mennander (Carl Fredrick). Åminnelse-Tal öfver Erkebiskopen S. Troilius. *Stockh.* 1765. 8.

Ihre (Johan). Oratio in memoriam S. Troilii. *Upsal.* 1766. 8.

Troilius (Uno af),
archevêque d'Upsal, fils du précédent (1764 — 27 juillet 1803).

Dahl (Christopher). Parentation öfver Erkebiskopen U. v. Troil. *Upsal.* 1803. 8.

Adlerbeth (Gudmund Göran). Åminnelse-Tal öfver Erkebiskopen U. v. Troil. *Stockh.* 1804. 8.

Troja (Michele),
médecin italien.

Schoenberg (Albrecht v.). M. Troja's Biographie. *Erlang.* 1828. 4.

Troki (Isaac),
savant juif.

Geiger (Abraham). J. Troki, ein Apologet des Judenthums am Ende des 16ten Jahrhunderts. *Bresl.*, s. d. (1853). 8.

Trolle,
famille suédoise.

Celsius (Olof). Schediasma genealogico-historicum illustrem Trollorum gentem exhibens. *Upsal.* 1751. 4.

Trolle (Herluf),
amiral danois (16 janvier 1516 — 25 juin 1565).

Machabaeus (Christian). Oratio funebris de vita et obitu H. Trolle. *Hafn.* 1566. 8.

Hemmingsen (Niels). Ligprædiken over H. Trolle. *Kjoebenh.* 1572. 8.

Boesen (Ludvig). H. Trolles Levnet. *Kjoebenh.* 1780. 8. (*Cp.*)

Trolle (Georg Herman af),
contre-amiral de Suède (1680 — 1765).

Faxe (Arvid). Åreminne öfver General-Amiralen H. af Trolle. *Carlskr.* 1784. 8.

Trolle (Nicolaus),
homme d'État danois.

Rosenkrants (Ole). Statua triumphalis memoriæ N. Trolle erecta, s. l. (*Hafn*). 1666. 4.

Trolle (Thorkel),
maréchal de Suède.

Roos (Christian). Dissertatio de marescalco regis Thurgillo, Canuti filio, Trolle. *Lund.* 1811. 8.

Trombelli (Giovanni Chrysostomo),
philologue italien (1697 — 24 janvier 1784).

(**Garofali,** Vincenzo). Commentarius de vita J. C. Trombelli. *Bonon.* 1788. 8. (*Oxf.*)

Trombini (Francesco),
médecin italien.

Biscaccia (Niccolò). Elogio del dottore F. Trombini da Rovigo. *Rovig.* 1836. 8.

Tromler (Carl Heinrich),
théologien allemand (28 août 1725 — 16 nov. 1790).

Irmisch (Gottlieb Wilhelm). Memoria C. H. Tromleri, artium magistri, Nivemontii pastoris primarii et scholarum inspectoris, etc. *Schneeb.* 1791. 4. (*L.* et *P.*)

Trommsdorff (Johann Bartholomaeus),
chimiste allemand (8 mai 1770 — 8 mars 1837).

Callisen (Adolph Carl Peter). Dem Andenken des verdienten Chemikers Dr. J. B. Trommsdorff. *Copenh.* 1837. 8. (*Cp.*)

Mensing (J... G... W...). Lebensbeschreibung des Geheimen Hofraths und Professors J. B. Trommsdorff. *Erfurt.* 1839. 8. Portrait. (*D.* et *L.*)

Tromp (Cornelisz),
amiral hollandais (9 sept. 1629 — 29 mai 1691).

Vie de C. Tromp, lieutenant-amiral de Hollande et de West-Frise. *La Haye.* 1694. 12.

Tromp (Martin Harpentz),
amiral hollandais (1597 — 6 août 1653).

Oostkamp (J... A...). Het leven en de daden van M. H. Tromp en Jacob Wassenaar van Obdam. *Devent.* 1825. 8. 2 portraits.

Tron (Andrea),
homme d'État italien.

(**Godard,** Louis). Discours oratoire, contenant l'éloge de S. E. le chevalier A. Tron, ci-devant ministre extraordinaire en Hollande et ambassadeur aux cours de Versailles et de Vienne, élu à la dignité du procureur de S. Marc. *Venise.* 1773. 4. (Omis par Quérard.)

(**Gozzi,** Gasparo). Orazione delle lodi del cavaliere A. Tron, procuratore di S. Marco. *Venez,* s. d. (1775). 4. Portrait.

(**Cicogna,** Giovanni). Elogio di A. Tron, cavaliere e procuratore di S. Marco. *Venez.* 1785. 8.

Tronchay (Louise Agnèse de **Bellère** du),
dame française (1639 — 1694).

Triomphe de la pauvreté et des humiliations, ou la vie de mademoiselle du Tronchay, appelée communément sœur Louise. *Par.* 1735. 12. (*P.*)

Tronchet (François Denis),
jurisconsulte français (1726 — 10 mars 1806).

Neufchâteau (François de). Éloge funèbre de F. D. Tronchet. *Par.* 1806. 8.

Lavallée (Joseph). Notice historique sur F. D. Tronchet. *Par.* 1806. 8. (*P.*)

Delamalle (Gaspard Gilbert). Éloge de M. Denis Tronchet, sénateur, grand-officier de la Légion d'honneur, ancien premier président de la cour de cassation, ancien avocat au parlement de Paris et dernier bâtonnier de l'ordre des avocats. *Par.*, s. d. (1806). 8. (Omis par Quérard.)

Dupin, (André Marie Jean Jacques). Tronchet, Ferey, Poirier. *Par.* 1810. 8. *

   * Éloge de ces trois avocats en forme de dialogue.

Royer (M... de). Cour de cassation. Éloge de F. D. Tronchet, élu président de la cour de cassation le 1er floréal an VIII. *Par.* 1853. 8.

Tronchet (Michel),
minime français.

Morel (François Antoine). Vie du R. P. M. Tronchet, de l'ordre des minimes. *Avign.* 1636. 12.

Troncy (Benoît du),
littérateur français († vers 1600).

(**Bréghot du Lut,** Claude). Biographie lyonnaise. Notice sur B. du Troncy, s. l. et s. d. (*Lyon.* 1826). 8. (Extrait des *Archives du Rhône.*)

Tronson du Coudray (Guillaume Alexandre),
jurisconsulte français (18 nov. 1750 — vers 1799).

Blondeau (Henri). Notice sur Tronson du Coudray. *Par.* 1825. 8. (Tiré à 100 exemplaires.)

Trophime (Saint),
archevêque d'Arles.

Bonucci (Antonio Maria). Storia di S. Trofimo, arcivescovo di Arles. *Rom.* 1711. 8.

Trophonios,
personnage mythologique.

Wieseler (Friedrich). Das Orakel des Trophonios. *Goetting.* 1848. 8.

Troschel (Daniel Philipp),
théologien allemand († 9 janvier 1816).

Ribbeck (Conrad Gottlieb). Gottesdienstliche Feier, etc., zum Gedächtnisse des Herrn Predigers D. P. Troschel, etc. *Berl.* 1816. 8.

Troschel (Jacob Elias),
théologien allemand (9 août 1735 — 17 sept. 1807).
Hanstein (Gottfried August Ludwig). Gedächtnisspredigt auf den Archidiaconus J. E. Troschel, nebst dessen Lebenslauf. *Bert.* 1807. 8. (*D.*)

Trosky (August Wilhelm v.),
homme d'État allemand († 6 mars 1808).
Suessmilch (Friedrich August). A. W. v. Trosky's Leben und Wirken, etc. *Leipz.* 1833. 8. (*L.*)

Trosse (George).
Gilling (Isaac). Life of G. Trosse. *Lond.* 1715. 8. (*Oxf.*)

Trost (Johann Ludwig),
théologien (?) allemand.
Zoëga (Matthias). Oratio funebris in memoriam J. L. Trostii. *Witteb.* 1636. 4.

Trost (Martin),
orientaliste allemand (1588 — 8 avril 1636).
Breithaupt (Joachim Justus). Vita B. M. Trostii, quondam in diversis academiis Julia Helmstadiensi, Regia Sorana et tandem electorali Wittebergensi, professoris orientalium meritissimi, etc. *Halœ.* 1711. 4. (*L.*)

Trost (Peter Hyacinth),
théologien allemand.
Blätter der Erinnerung an den Herrn Domcapitular P. H. Trost. *Aachen.* 1843. 8.

Trotti-Bentivoglio-Arconati (Teresa),
dame italienne.
Mantegazza (Giuseppe). Vita di T. Trotti-Bentivoglio-Arconati. *Milan.* 1810. 8.

Trotzendorff (Valentin Friedland),
pédagogue allemand (14 février 1490 — 26 avril 1556).
Herrmann (Gotthuld). Merkwürdige Lebensgeschichte eines berühmten Schulmannes, V. F. Trotzendorff's, der ehemaligen Schule zu Goldberg in Schlesien hochverdienten Rectoris. *Budiss.* 1727. 8. (*D. et L.*)
Bucher (Samuel Friedrich). Programma de vita V. F. Trocedorfii. *Witteb.* 1756. Fol.
Ekerman (Peter). Dissertatio de V. Trocendorfio per Germaniam scholarchæ scientissimo. *Upsal.* 1763. 4.
Lehmus (Christian Balthasar). Leben V. F. Trotzendorff's. *Soest.* 1778. 4.
Frosch (Friedrich Theodor). V. F. Trotzendorff, Rector zu Goldberg. *Liegn.* 1818. 4.
Pinzger (Gustav). V. F. Trotzendorff. *Hirschb.* 1825. 8. Portrait. (*L.*)
Koehler (Johann Christian). V. F. Trotzendorff; ein biographischer Versuch. *Liegn.* 1848. 8. (*Cp.*)

Trotti Gabrielli (marchesa Catarina),
dame italienne († 14 déc. 1755).
(Bongiacchi, Giovanni Luigi). Elogio della nobil donna marchesa C. Trotti Gabrielli, morta in Roma, etc. *Venez.* 1756. 4.

Troussel (J... F... A...),
médecin français (1797 — 11 oct. 1852).
Boyer (Louis). Éloge du docteur J. F. A. Troussel. *Par.* 1852. 8. (Extrait de *l'Union médicale.*)

Troye (Stanislas Charles),
magistrat belge (28 janvier 1770 — 29 déc. 1844).
Discours funèbre de M. S. C. Troye, décédé à Thuin, etc. s. l. et s. d. (*Thuin.* 1845.) 8.

Trubka v. Rovin (Venceslav),
chevalier bohème.
Tesak (Georg). O smrti wrozeného p. V. Trubky z Rovin. *Praze,* s. d. 8.

Truetzschler (Adolph v.),
membre de l'Assemblée nationale d'Allemagne
(fusillé le 14 août 1849).
Truetzschler's letzte Tage und Abschiedsworte an seine Familie. *Dresd.* 1849. 8.

Truetzschler (Friedrich Carl Adolph v.),
homme d'État allemand, père du précédent
(3 juin 1751 — 31 juillet 1831).
Denkschrift der fünfzigjährigen Dienstjubelfeier Seiner Excellenz des Herrn (Kanzlers) F. A. v. Truetzschler. *Altenb.* 1821. 8.

Trumbull (John),
peintre américain (vers 1756 — 1841).
Autobiography of J. Trumbull, American colonel and painter. *New-York.* 1841. 8. *Philadelph.* 1847. 8.

Trumbull (N... N...),
gouverneur de...
Biographical sketch of the character of governor Trumbull, s. l. et s. d. 8.

Trumeau (Henri Augustin),
épicier français.
Vie de H. A. Trumeau, marchand épicier. *Par.* 1803. 16. Portrait. (*P.*)

Trutpertus (Saint).
Pez (Bernhard). Epistola in qua acta S. Trutperti martyris in Brisgavia auctore Erganbaldo publici juris facit. *Vindob.* 1731. 4.

Trye (Charles Brandon),
médecin anglais.
Lysons (Daniel). Sketch of the life and character of the late C. B. Trye, Esq. *Gloucest.* 1812. 4. Portrait.
Life of C. B. Trye, with extracts from his private papers. *Lond.* 1848. 12.

Tryphon,
grammairien grec (contemporain de l'empereur Auguste).
Schmidt (Moritz). De Tryphone Alexandrino commentatio. *Olsnœ.* 1831. 8.

Tryphonius (Claudius),
jurisconsulte romain (contemporain de l'empereur Alexandre Sévère).
Rau (Christian). Dissertatio de C. Tryphonino, JCto Romano. *Lips.* 1768. 4. (*L.*)

Tscharner (Johann Friedrich v.),
homme d'État suisse.
Planta (Vincenz v.). J. F. v. Tscharner's Leben und Wirken, nebst einer Zugabe aus dessen schriftlichem Nachlasse. *Chur.* 1848. 8. Portrait.

Tschech (Ludwig),
connu par son attentat à la vie de Frédéric Guillaume IV, roi de Prusse
(28 avril 1789 — décapité le 14 déc. 1844).
Kurze Lebensbeschreibung des ehemaligen Bürgermeisters Tschech und seines versuchten Mordanfalls auf S. M. den König von Preussen. *Leipz.* 1845. 8. Port. (*L.*)
Tschech (Elisabeth). Leben und Tod des Bürgermeisters Tschech, welcher am 26. Juli (1844) auf den König von Preussen (Friedrich Wilhelm IV.) schoss, etc. *Bern.* 1849. 12. Portrait.

Tscheggey (Samuel Gottlob),
théologien allemand († 1830).
Hagen (J... F... A...). Amtspredigt zum Gedächtniss des Herrn Doctor Tscheggey. *Bresl.* 1850. 8.

Tschelebi Hadgi Petraki,
primat de Cythérée.
Silbermann (G...). Notice sur Tschelebi Hadgi Petraki, ancien primat du district de Cythérée, dans l'île de Chypre. *Strasb.* 1827. 8.

Tschernembl (Georg Erasmus, Freiherr v.),
homme d'État allemand du XVIIe siècle.
Stuelz (Jodokus). Zur Characteristik des Freiherrn G. E. v. Tschernembl und zur Geschichte Oesterreich's in den Jahren 1608-1610. *Wien.* 1853. 8.

T'Serclaes (Éverard),
capitaine belge (vers 1315 — 31 mars 1388).
Saint-Genois (Jules de). Notice sur É. T'Serclaes. *Gand.* 1835. 8.

Tschirnhausen (Ehrenfried Walther v.),
mathématicien allemand (10 avril 1651 — 11 oct. 1708).
Lebens- und Todes-Geschichte E. W. v. Tschirnhausen's. *Goerl.* 1709. 12. (*D.*)

Tschudi (Ægidius),
homme d'État suisse (1505 — 28 février 1571).
Fuchs (Ildephons). Æ. Tschudi's Leben und Schriften, nach dessen eigenen Handschriften diplomatisch verfasst, etc. *Sanct-Gall.* 1805. 2 vol. 8.

Tubero (Quintus Ælius),
jurisconsulte romain.
Saaymans Vader (P... H...). Dissertatio de Q. Æ. Tuberone, jurisconsulto, ejusque quæ in *Pandectis* exstant, fragmentis. *Lugd. Bat.* 1824. 8.

Tucker (Henry Saint-George),
général anglais.
Kaye (John William). Life and correspondence of H.

S. G. Tucker, late accountant general of Bengal and chairman of the East India compagny. *Lond.* 1854. 8.

Tufo,
famille italienne.

Tufo (Giovanni Battista del). Cronologia della famiglia del Tufo, publ. par Giovanni Battista TESTA. *Napol.* 1627. 4.

Tugal (Saint),
évêque de Lexobie (+ 553).

(**Kerhingant**, Pierre de la Haye de). Vie de S. Tugal, évesque de Lexobie en Basse-Bretagne, patron de Tréguier. *Rennes.* 1605. 8.

Tulich (Hermann),
savant allemand.

Stockhausen (Johann Christoph). Programma de H. Tulichio. *Berol.* 1766. 4.

Tulla (Justus Wilhelm),
théologien allemand.

Miller (Johann Jacob). Leichpredigt bey dem Tode Mag. J. W. Tulla, erster Diakon bey den Barfüssern. *Augsb.* 1688. 4.

Tullberg (Otto Fredrik),
orientaliste suédois (+ 17 avril 1853).

Rundgren (C... H...). Minnes-Ord dä Konungens Trotjenare Professorn i Oesterländska Litteraturen wid Upsala K. Academie Magistern O. F. Tullbergs Jordfästades, etc. *Upsal.* 1853.

Tulle (Sainte),
patronne de la commune de ce nom.

Robert (Louis Joseph Marie). Histoire de S. Tulle, patronne de la commune qui porte ce nom, et connue d'après une légende du xe siècle, sous celui de Tullia, fille de S. Eucher, évêque de Lyon. *Digne.* 1843. 8.

Tullian (Lips),
brigand allemand.

Des bekannten Diebes, Mörders und Räubers L. Tullian's und seiner Complicen Leben und Übelthaten; alles aus den Judicial-Actis mit Fleiss extrahiret. *Dresd.* 1716. 2 vol. 4. Avec plusieurs portraits. (*D.* et *L.*)

Tullie,
fille de Marcus Tullius Cicéron (5 août 77 — 44 avant J. C.).

Sagittarius (Caspar). Historia vitæ et mortis Tulliæ, Ciceronis filiæ. *Jenæ.* 1679. 4. (*L.*)

Dissertation sur Tullie, fille de Cicéron. *Par.* 1681. 12.

Seinsheimer (Andreas). Oratio in Tullia, per patris corpus carpentum agente. *Altorf.* 1685. 4.

(**Lassay**, marquise de). Histoire de Tullie, fille de Cicéron. *Par.* 1726. 12. (*P.*)

Tullus Hostilius,
troisième roi de Rome (672 — 640 avant J. C.).

Gebauer (Georg Christian). Tullus Hostilius, observationibus varii generis illustratus. *Lips.* 1720. 4. (*D.* et *L.*)

Purrucker (Johann). Programma de vita Tulli Hostilii, tertii Romanorum regis. *Baruth.* 1756. Fol.

Schoemann (Georg Friedrich). Dissertatio critica de Tullo Hostilio, rege Romanorum. *Gryphisw.* 1847. 4.

Tulpius (Nicolaus),
médecin hollandais (11 oct. 1594 — 12 sept. 1674).

Wolzogen (Ludwig). Oratio funebris in decessum N. Tulpii. *Amst.* 1674. Fol.

Wittwer (Philipp Ludwig). N. Tulp. *Nürnb.* 1785. 4.

Bochove (L... H... van). Dissertatio historico-medica de N. Tulpio, anatomes practicæ strenuo cultore. *Lugd. Bat.* 1845. 8. (*Ld.*)

Tumiati (Giovanni),
naturaliste italien (10 avril 1761 — 10 mars 1804).

Bertelli (Vincenzo Andrea). Elogio funebre nelle solenne esequie del celebre cittadino dottor G. Tumiati. *Ferrar,* 1804. 4.

Tunander (Nicolaus),
théologien suédois (1668 — 24 février 1679).

Achrelius (Daniel Erik). Vita et obitus N. Tunandri, S. S. theologiæ professoris in academia Aboensi celeberrimi, oratione funebri descripta. *Aboæ.* 1679. Fol.

Tupinier (baron N... N...),
homme d'État français (+ 1850).

Dupin (Charles). Éloge de M. le baron Tupinier, ancien ministre et pair de France. *Par.* 1850. 8.

Tura (Cosimo),
peintre italien du xve siècle.

Baruffaldi (Girolamo). Vita di C. Tura, pittore Ferrarese. *Bologn.* 1836. 8.

Turamini (Alessandro),
jurisconsulte italien du xvie siècle.

Borsieri (Giovanni Battista). Discorso sulla vita e gli scritti di A. Turamini. *Milan.* 1818. 8. (*Oxf.*)

Turc de Castelveyre (Louis),
philanthrope français (25 août 1687 — 21 mai 1755).

Moreau de Saint-Méry (Médéric Louis Élie). Éloges de M. Turc de Castelveyre et de M. (François) Dolioules, fondateurs des deux hospices, appelés maisons de Providence au Cap français, île Saint-Domingue. *Par.* 1790. 8. (*P.*)

Turchi (Domenico Carlo Maria Adeodato),
capucin italien (5 août 1724 — 1er sept. 1803 *).

Scutellari (Giovanni). Orazione funebre in morte del P. A. Turchi. *Parma.* 1803. 4.

Cerati (Antonio). Memorie intorno alla vita ed agli scritti del P. A. Turchi. *Parma.* 1803. 8.

  * Ou selon d'autres biographes le 23 août 1803.

Turchi (Giuseppe),
littérateur italien (19 juin 1759 — 23 janvier 1790).

Montanari (Giuseppe Ignazio). Biografia di G. Turchi. *Rom.* 1858. 8. Portrait.

Turenne (Henri de La Tour d'Auvergne,
vicomte de),
maréchal de France (16 sept. 1611 — tué le 27 juillet 1675).

Fléchier (Esprit). Oraison funèbre de H. de La Tour (d'Auvergne), vicomte de Turenne. *Par.* 1675. 4.

Panégyrique d'H. de La Tour, vicomte de Turenne. *Par.* 1675. 12.

Robin (N... N...). Discours funèbre pour H. de La Tour d'Auvergne, s. l. 1675. 4. (*P.*)

Bossuet (Jacques Bénigne). Oraison funèbre de H. de La Tour d'Auvergne, vicomte de Turenne. *Par.* 1676. 4.

Le Caron (Emard). H. a Turre Avernii, vicecomitis Turennii, laudatio funebris, etc. *Par.* 1676. 4. (*P.*)

Mascaron (Jules). Oraison funèbre aux obsèques du vicomte de Turenne. *Par.* 1676. 4.

Menestrier (François). Discours funèbre sur le trépas du vicomte de Turenne. *Par.* 1676. 4. (*P.*)

Bauyn (N... N...). Oraison funèbre de H. de La Tour d'Auvergne. *Par.* 1676. 4. (*P.*)

Hersan (Marc Antoine). Principi Turennii epicedium. *Par.* 1676. 4.

Cueillens (N... N...). Oraison funèbre de H. de La Tour d'Auvergne. *Lavaux.* 1676. 4.

La vie et la mort du vicomte de Turenne. *Par.* 1675. 4. Abrégé de la vie de M. de Turenne. *Villefranche.* 1676. 12. Leven van den marschalk van Turenne. *Amst.* 1676. 8. Leben des Marschalls v. Turenne. *Frf.* 1677. 8. (Assez rare.) — (*D.*)

Pauletti (Giovanni Andrea). Vita del principe E. de la Torre d'Overgna, visconte di Turenna, maresciallo di Francia. *Par.* 1677. 12. *

  * Il existe une réimpression sous ce titre : *l'Achille di Francia, etc.*

Courtilz de Sandras (Gatien de). Vie du vicomte de Turenne. *Cologne.* 1685. 12. *Ibid.* 1688. 12. *Ibid.* 1689. 2 vol. 12. (*P.*) *La Haye.* 1695. 2 vol. 12. *

  * Publ. s. l. pseudonyme du marquis de Buissox.

Turenne's Lebensbeschreibung. *Leipz.* 1721. 8. (*L.*)

Leben und Thaten des weltberühmten französischen Generals Turenne. *Halle.* 1723. 8.

(**Ramsay**, André Michel de). Histoire du vicomte de Turenne, depuis 1643 jusqu'en 1675. *Par.* 1735. 2 vol. 4. *Amst.* (*Par.*) 1771. 4 vol. 12. Portrait. Trad. en angl. par l'auteur lui-même. *Lond.* 1735. 2 vol. 8.

Raguenet (François). Histoire du vicomte de Turenne. *La Haye,* (*Par.*) 1738. 2 parts. 12. *Par.* 1741. 2 parts. 12. Portrait. *Ibid.* 1744. 2 vol. 12. *Ibid.* 1759. 2 vol. 12. *Ibid.* 1769. 12. Publ. par Jean Félicissime Adry. *Par.* 1806. 12. *Lyon.* 1811. 12. *Ibid.* 1816. 12. *Ibid.* 1817. 12. Portrait. *Avallon.* 1824. 12. *Ibid.* 1825. 12. * *Ibid.* 1827. 12. *Niort.* 1852. 12. *Tours.* 1857. 12.

  * Augment. d'une addition à l'histoire du maréchal, d'une table des matières et accomp. de son portrait et de 16 médailles en taille douce.

(**Deschamps**, N... N...). Mémoires des deux dernières campagnes de M. de Turenne en Allemagne en 1674 et 1675. *Par.* 1678. 2 vol. 12. *Strasb.* 1734. 12. *Ibid.* 1756. 12.

Zanthier (Friedrich Wilhelm v.). Feldzüge des Vicomte de Turenne. *Leipz.* 1779. 4. (*L.*)

Beaurain (J... de). Histoire des quatre dernières campagnes du maréchal de Turenne. *Par.* 1782. Fol. (*P.*) Trad. en allem. et accomp. de notes par Georg Friedrich v. Tempelhoff. *Potsd.* 1783. 4.
Militärische Geschichte des Marschalls v. Turenne. *Mannh.* 1797. 8.

Grimoard (Philippe Henri de). Collection des lettres et mémoires trouvés dans le portefeuille du maréchal de Turenne. *Par.* 1782. 2 vol. Fol. (*P.*)

Monument du maréchal de Turenne, érigé près de Sasbach le 27 juillet 1829; avec des renseignements détaillés sur sa mort, etc. *Carlsr.* 1829. 4.* Trad. en allem. *Carlsr.* 1829. 4.
    * Avec son portrait et les gravures des anciens monuments en l'honneur de Turenne.

L'ombre de Turenne sur les bords du Rhin. *Joly.* 1690. 12.
Les ombres de Turenne et de (Raymond) Montecuculli (!) aux bords du Rhin, s. l. 1691. 12.

Turge (Oscar),
    publiciste français du XIXe siècle.

Aigueperse (P...). Notice biographique sur O. Turge, rédacteur en chef de la *Gazette d'Auvergne*, etc. *Clermont.* 1847. 8.

Turgot (Anne Robert Jacques),
    homme d'État français (10 mai 1727 — 20 mars 1781).

Dupuy (Louis). Éloge historique de Turgot. *Par.* 1781. 8. (*P.*)
(**Dupont de Nemours**, Pierre Samuel). Mémoires sur la vie et les ouvrages de Turgot. *Philadelph.* (*Par.*) 1782. 2 vol. 8. (*P.* et *Lv.*)
(**Condorcet**, M... J... Antoine Nicolas **Caritat** de). Vie de M. Turgot. *Lond.* 1786. 8. (*Lv.*) *Ibid.* 1787. 8. Trad. en allem. *Gera.* 1787-88. 2 vol. 8.

Turkheim (Frédéric de),
    magistrat français (10 déc. 1780 — .. déc. 1850).

Spach (Louis). Notice sur M. F. de Turkheim, (ancien député, ancien maire de Strasbourg). *Colmar.* 1854. 8.

Turnebus (Adrien),
    littérateur français (1512 — 1565).

A. Turnebi tumulus. *Par.* 1565. 4. (*Cp.*)
Monstrol (Lambert). Nænia in obitum A. Turnebi. *Par.* 1565. 4. (*Cp.*)
Seelen (Johann Heinrich v.). Selectorum litterariorum specimen VIII, exhibens disquisitionem de religione A. Turnebi. *Lubec.* 1722. 4.

Turnebus (Odet),
    jurisconsulte français du XVIe siècle.

O. Turnebi, in suprema curia Parisiensi advocati, tumulus. *Par.* 1582. 8. (*P.*)

Turner (Charles?),
    peintre-graveur anglais.

Burnet (John). Turner and his works; illustrated by exemples from his pictures, etc., with a memoir by Peter Cunningham. *Lond.* 1852. 4.

Turner (Edward),
    chimiste écossais († 12 février 1837).

Christison (Robert). Biographical sketch of the late Dr. E. Turner, professor of chemistry in University college. *Edinb.* 1857. 8. (*Oxf.*)

Turpin (Pierre Jean François),
    peintre français (11 mars 1775 — 2 mai 1840).

Notice des travaux de M. P. J. F. Turpin. *Par.*, s. d. (1840.) 4.
Richard (Achille). Notice biographique sur M. Turpin. *Par.* 1840. 4. (*P.*)

Turreau de Garambouville (Louis Marie),
    général français (1756 — 15 déc. 1816).

Turreau de Garambouville (Louis Marie). Mémoires

---

pour servir à l'histoire de la guerre de la Vendée, etc. *Par.*, s. d. (1795.) 8. *Ibid.* 1815. 8. *Ibid.* 1824. 8.

Turrettin (François),
    théologien suisse (17 oct. 1623 — 28 sept. 1687).

Pictet (Benoit). Memoria F. Turretini, theologi Genevensis, oratione parentali celebrata. *Genev.* 1688. 4.

Turriani (Francesco),
    diplomate italien.

Feliciano (Bernardino). Oratio habita in funere illustrissimi viri F. Turriani, Cæsaris apud Venetos oratoris. *Venet.* 1566. 4.

Turte (Carl Daniel),
    officier allemand († 29 oct. 1847).

Necrolog des königlich (preussischen) Obrist-Lieutenant a. D. Professor Dr. C. D. Turte. *Berl.* 1847. 8. (*D.*)

Tuscher (Marcus),
    peintre danois (1705 — 1751).

Spengler (Johan Conrad). M. Tuscher's Levnetsbekrivelse. *Kjoebenh.*, s. d. 4. (*Cp.*)

Tusser (Thomas),*
    agronome anglais (1515 — vers 1580).

Last will and testament of T. Tusser, author of *Five hundred points of good husbandry*, now first printed, to which is added his metrical autobiography. *Lond.* 1846. 4. (*Oxf.*)
    * Surnommé le *Varron anglais*.

Twiggs (N... N...),
    général anglo-américain.

Zachary Taylor and his generals : Worth, Wool and Twiggs. *Philadelph.* 1847. 12.

Tyberchamps (seigneurs de),
    famille belge.

Stroobant (Corneille). Notice historique et généalogique sur les seigneurs de Tyberchamps. *Brux.* 1851. 8.

Tychelaer (Willem),*
    barbier hollandais.

Waerachtigh verhael van 't gepasseerde tusschen W. Tichelaer en Mr. Cornelis de Wit, nopende de conspiratie tegen S. H. den prins (Willem) van Orangen, s. l. (1672.) 4. (Peu commun.)
    * Ce fut lui qui, noté d'infamie pour divers crimes, alla prévenir les états généraux des Provinces-Unies que C. de Witt avait le dessein d'assassiner le prince d'Orange.

Tychonius (Christen Lassen),
    théologien danois (17 août 1680 — ... 1740).

Giessing (Christopher). Tychoniana, etc. C. Lassen Tychonii Liv og Levnet, etc. *Kjoebenh.* 1770-72. 2 vol. 8. (*Cp.*)

Tydeman (B...; F...),
    théologien hollandais (vers 1784 — 21 oct. 1829).

Stronck (C... W...). Ad collegas de morte carissimi collegæ B. F. Tydeman, theologiæ doctoris, s. l. et s. d. (*Dordr.* 1829.) 8. (*Ld.*)
Veltman (J... G...). Redevoering ter nagedachtenis van B. F. Tydeman, s. l. et s. d. (*Zalt-Bommel.* 1856.) 8. (*Ld.*)

Tyler (John),
    président des États-Unis d'Amérique.

Life of J. Tyler, president of the United States, to the close of the second session of the 27th congress. *New-York.* 1844. 8.

Tyndale,
    famille anglaise.

Greenfield (Benjamin Wyatt). Genealogy of the family of Tyndale, together with the predigrees of several families, with whom they have formed alliances. *Lond.* 1843. Fol. (Non mis dans le commerce.) — (*Oxf.*)

Tyrconnel (Richard **Talbot**, earl of),
    conspirateur irlandais.

Life of R. earl of Tyrconnel. *Lond.* 1689. 4. (*Oxf.*)

Tyrtée,
    poète grec (vers 630 avant J. C.).

Matthiæ (August). Dissertatio de Tyrtæi carminibus. *Altenb.* 1820. 4. (*L.*)
Bach (Nicolaus). Über Tyrtæus und seine Gedichte. *Bresl.* 1830. 4. (*D.*)
Schwepfinger (Franz Friedrich Carl). Dissertatio de ætate Tyrtæi. *Isenberg.*, s. d. (1856.) 4. (*Oxf.*)
—— Programma de patria Tyrtæi. *Isenberg.* 1842. 4.

Tzschirner (Heinrich Gottlieb),
théologien allemand (14 nov. 1778 — 17 février 1828).

Poelitz (Carl Heinrich Ludwig). H. G. Tzschirner; kurzer Abriss seines Lebens und Wirkens. *Leipz.* 1828. 8. (*D. et L.*)

Krug (Wilhelm Traugott). Tzschirner's Denkmal, oder kurze Characteristik Tzschirner's als gelehrten Kanzelredners und Menschen. *Leipz.* 1828. 8. (*D. et L.*)

Goldhorn (Johann David). Mittheilungen aus H. G. Tzschirner's letzten Amts- und Lebensjahren. *Leipz.* 1828. 8. (*L.*)

Tittmann (Johann August Heinrich). Memoria H. T. Tzschirneri. *Lips.* 1828. 4. (*D. et L.*)

Ebert (Johann Georg). Ein Abend aus Tzschirner's Leben, etc. *Leipz.* 1828. 8. (*D. et L.*)

Tzschoppe (Johann Michael),
pédagogue allemand (25 mars 1758 — 5 mars 1808).

Neumann (Johann Gotthelf). Etwas zum Andenken und zur Würdigung des Herrn J. M. Tzschoppe, Subrectors am Gymnasium zu Goerlitz. *Goerl.* 1808. 8. (*D.*)

U

Ubaldini,
famille italienne.

Ubaldini (Giovanni Battista). Storia della casa di Ubaldini, con la vita di Niccolò Acciajuoli. *Firenz.* 1588. 4.

Ubaldini (Antonio Maria),
homme d'État italien.

(Leclerc, Paul). Vie d'A. M. Ubaldin, comte de Montée. *La Flèche.* 1686. 12.

Bidermann (Jacob). Ubaldinus, s. breviarum de vita et indole A. M. Ubaldini, Urbinatis, Monteæ comitis. *Ratisb.* 1696. 12. (*D.*)

Ubbelohde (J... G... L... W.),
Allemand.

Zum Andenken an den Oberfinanzrath Ubbelohde in Hannover, enthaltend einen Abriss seines Lebens und Wirkens, etc. *Hannov.* 1851. 8. Portrait.

Udalric voy. Ulric.

Udekem (Ferdinand d'),
magistrat belge (25 sept. 1798 — 28 mars 1853).

De Luesemans (N... N...). Paroles prononcées sur la tombe de F. d'Udekem, ancien bourgmestre de Louvain. *Louv.* 1853. 12.

Udson (Esbern),
héros dannois.

Halse (Balthasar). Historia necis E. Udson in agro Allingensi ab Oveno Stigsen trucidati. *Aalburg.* 1769. 4. (*Cp.*)

Uffelmann (Heinrich),
théologien allemand (1641 — 11 mai 1680).

Sandhagen (Caspar Hermann). Leichenpredigt auf H. Uffelmann, nebst dessen curriculo vitæ. *Lüneb.* 1680. 4.

Uffenbach (Zacharias Conrad v.),
jurisconsulte allemand (22 février 1683 — 6 janvier 1734).

Hermann (Johann Georg). Leben des Herrn Z. C. v. Uffenbach, weiland Schoeffen und Rathsherrn der Reichsstadt Frankfurt a. M. *Ulm.* 1753. 8. (*D. et L.*)

Ugarte (Fernando Arias de),
archevêque de Lima.

Lopez (Diego). Vida de D. F. Arias de Ugarte, arcobispo que murio de Lima. *Lima.* 1638. 4.

Uggieri (Paolo),
savant italien.

Duranti (Durante). Orazione in morte del savio ed onorato cavaliere il signor P. Uggieri. *Brescia.* 1747. 8.

Ugglas (Pehr Gustaf, Grefwe af),
homme d'État suédois († 10 mars 1853).

Tal wid En af Rikets Herrar, f. d. Stats-Rädet, Riddaren och Kommendören af K. M.-Orden, Herr Grefwe P. G. af Ugglas Jordfästning, etc. *Stockh.* 1853. 8.

Ughi,
famille italienne.

Bonini (Simone). Memorie della famiglia degli Ughi. *Lucca.* 1687. 4.

Ugoletto (Taddeo),
bibliothécaire de l'empereur Mathias-Corvin.

Affò (Ireneo). Memorie di T. Ugoletto, Parmigiano, bibliotecario di Mattia Corvino. *Parma.* 1781. 4. (Peu commun.)

Ugone (San).

Feo (Ludovico). Vita di S. Ugone, commendatore di Genova. *Genov.* 1583. 4.

Priani (Giuseppe Maria). Panegirico di S. Ugone, cavaliere Gerosolimitano. *Genov.* 1751. 4.

Compendio della vita e miracoli di S. Ugone, commendatore di Genova. *Genov.* 1753. 8.

Uhden (N... N...),
homme d'État allemand (1695 — 6 janvier 1783).

Formey (Jean Henri Samuel). Éloge de M. Uhden, s. l. (*Berl.*) 1783. 8.

Uhl (Johann Andreas),
théologien allemand (4 janvier 1683 — 31 déc. 1756).

Mack (Johann Jacob). Leichenpredigt auf J. A. Uhl. *Oetting.* 1757. Fol.

Uhland (Ludwig),
poète allemand du premier ordre (26 avril 1787 — ...).

Pfizer (Gustav). Uhland und (Friedrich) Rückert; kritischer Versuch. *Stuttg. et Tübing.* 1837. 8.

(Loménie, Louis de). M. Uhland, par un homme de rien. *Par.* 1841. 12.

Uhle (August Georg),
théologien allemand (16 janvier 1737 — 12 mai 1804).

Reinhold (Georg Friedrich). A. G. Uhle; biographischer Versuch. *Hannov.* 1805. 8.

Uhle (Johann Gottlieb),
théologien allemand (19 avril 1781 — 5 mai 1835).

Kranichfeld (Friedrich Wilhelm Carl). J. G. Uhle für seine Freunde. Erinnerungen aus dem Leben des Pastors Uhle, Begründers und vieljährigen Secretärs des christlichen Vereins im nördlichen Deutschland. *Leipz.* 1839. 8. (*L.*)

Uilkens (Jacob Albert),
théologien hollandais (1er mai 1772 — 26 sept. 1825).

Stratingh (Simon). Redevoering ter plegtige nagedachtenis van wijlen den hoogleeraar J. A. Uilkens. *Groning.* 1825. 8. Portrait.

Cohen (Jan Jacob). Hulde aan de nagedachtenis van J. A. Uilkens, met een Hoog-en Nederduitsche vertaling. *Groning.* 1825. 8.

Ulber (Christian Samuel),
hymnographe allemand (26 août 1714 — 27 août 1776).

Leben und Schriften C. S. Ulber's. *Hamb.* 1777. 8.

Ulemberg (Caspar),
théologien allemand (1549 — 16 février 1617).

Meshovius (Arnold). De vita, moribus et obitu C. Ulembergii liber. *Col. Agr.* 1638. 8. (*D.*)

Ulfeldt (Corfitz, Grev),
homme d'État danois (1604 — 17 février 1664).

Paulli (Jacob Henrik). Machinationes C. Ulfeldii, s. l. et s. d. (1652). 8. Trad. en dan. s. e. t. C. Ulfeldts listige Practiken, s. l. et s. d. (1652). 8.

Ehren-Verantwortung C. Uhlefeld's wider Dina und Walter, s. l. 1632. 4.

Foss (Christian). Judicium de morbo C. Ulfeld. *Hafn.* 1659. 4. (*Cp.*)

Rousseau de La Valette (N... N...). Histoire du comte d'Uhlefeld, grand-maître de Danemark sous le règne de Christiern IV. *Par.* 1678. 12. (*P.*)

Paus (Hans). C. Ulfeldts Levnet. *Kjoebenh.* 1746-47. 2 vol. 4. (*Cp.*) Trad. en allem. par Christian Gottlob Mengel *. *Kopenh.* 1755. 8.,

    * Publ. s. l. pseudonyme de Philander von der Weistrite.

Leben des Grafen C. Uhlefeld. *Bresl.* 1790. 8. (*D.* et *L.*)

Hoest (Jens Kragh). Leben und Schicksale des Reichsgrafen C. Ulfeld und der Gräfin von Schleswig-Holstein, Eleonore Christine, trad. du danois par N… N… v. Jensen. *Schlesw.* 1829. 8. (*Cp.* et *D.*)

      Ulfeldt (Eleonore Christine, Gräfin),
      fille naturelle de Frédéric V, roi de Danemark
      (… – mariée en 1636 – 1698).

Mengel (Christian Gottlob). Merkwürdige Lebensbeschreibung E. C., Gräfin v. Ulefeld. *Kopenh.* 1757. 8.

      Ulfilas,
      évêque des Goths († vers 380).

Heupel (Georg Friedrich). Dissertatio historico-philologica de Ulphila, s. versione IV evangeliorum Gothica. *Witteb.* 1693. 4. (*L.*) *Ibid.* 1771. 8.

Soedermann (Anders). Dissertatio de Ulphila, Gothorum episcopo. *Upsal.* 1700. 8. (*D.*)

Ihre (Johan) et **Sotberg** (Erik). Ulphilas illustratus. *Holm.* 1752. 4.

Waiz (Georg). Über das Leben und die Lehre des Ulfilas. Bruchstücke eines ungedruckten Werks aus dem Ende des vierten Jahrhunderts, etc. *Hannov.* 1840. 4. (*D., L.*), *Ld.* et *Oxf.*)

      Ulivelli (Cosimo),
      peintre italien (1625 – 1704).

Manni (Domenico Maria). Della vita e delle opere di C. Ulivelli pittore. *Firenz.* 1772. 4.

      Ullmann (Johann Christoph),
      naturaliste allemand († 6 août 1821).

Wagner (Carl Franz Christian). Memoria J. C. Ullmanni. *Marb.* 1822. 4. (*L.*)

      Ulloa (Antonio de),
      voyageur espagnol (12 janvier 1716 – 3 juillet 1795).

Hoyos (Francisco). Vida de D. A. de Ulloa. *Madr.* 1847. 8. (*Oxf.*)

      Ulmann (David),
      pédagogue allemand.

Stoecker (Johann Jacob). Vita D. Ulmanni. *Halberst.* 1716. 4. (*D.*)

      Ulphe (Sainte).

Dobeilh (François). Vie de S. Ulphe. *Amiens.* 1672. 12.

      Ulpho (Jakob),
      archevêque d'Upsala.

Fant (Erik Michael). Dissertatio de meritis J. Ulphonis, archiepiscopi Upsaliensis. *Upsal.* 1784. 8.

      Ulpianus (Domitius),
      jurisconsulte romain (assassiné en 228 après J. C.).

Lectius (Jacob). Orationes II de vita et scriptis D. Ulpiani, s. l. et s. d. 1601. 8.

Steger (Adrian). Dissertatio de D. Ulpiano, JCto Romano. *Lips.* 1723. 4. (*L.*)

Heineccius (Johann Gottlieb). Dissertatio de Ulpiani JCti hebraismis, cum notis biographicis Henrici Dusingii. *Frf. ad Viadr.* 1730. 4.

Clodius (Christian August Heinrich). Apologia Ulpiani, s. de notione juris gentium a jure naturali accurate distinguendi. *Lips.* 1811. 4. (*D.* et *L.*)

Schilling (Friedrich Adolph). Dissertatio critica de Ulpiani fragmentis. *Vratisl.* 1824. 8.

      Ulpius Marcellus (Lucio),
      jurisconsulte romain.

Walch (Christian Wilhelm Franz). Dissertatio de ætate Ulpii Marcelli. *Jenæ.* 1738. 8.

Tijdeman (Meyard). Dissertatio historico-juridica de L. Ulpio Marcello JCto. *Traj. ad Rhen.* 1762. 4.

Seger (Johann Theophil). Ulpius Marcellus. *Lips.* 1768. 4. (*D.* et *L.*)

      Ulric (Saint),
      évêque d'Augsbourg († 4 juillet 973).

Udalrici, Augustæ Vindelicorum episcopi, vita. *Aug. Vind.* 1595. 4. (Très-rare.)

Gullmann (Bernhard). Dissertatio de S. Ulrico episcopo. *Lips.* 1693. 4. (*L.*)

Braun (Placentius). Geschichte von dem Leben und den

Wunderwerken des Augsburgischen Bischofs, des heiligen Ulrich. *Augsb.* 1796. 8.

Nelk (Thomas). Lebensgeschichte des heiligen Bischofs Ulrich. *Augsb.* 1851. 12.

      Ulric,
      duc de Mecklembourg (1528 – 1553 – 14 mars 1603).

Rhodomann (Nicolaus). Agatharchus heroicus, i. e. bonus princeps. *Jenæ.* 1597. Fol.

Bacmeister (Lucas). Christliche Predigt, gehalten bei der Leich-Bestätigung des weiland durchlauchtigsten Fürsten und Herrn Ulrich, Herzogen zu Mecklenburg. *Rostock.* 1603. 4.

Fabricius (Johann). Threnodia super funus illustrissimi principis Udalrici. *Rostoch.* 1603. 4.

Lobeck (David). Oratio de Ulrico religioso, justo, pacifico, felice, Nestore Germanico, Megapolitano duce, etc. *Rostoch.* 1603. 4.

Lubinus (Eilhard). Elogium Megapolensium principis Udalrici, patris patriæ, beatissime in Christo defuncti, etc. *Rostoch.* 1603. 4.

Simonius (Johann). Oratio de vita et morte Udalrici ducis Megapolitani. *Rostoch.* 1603. 4.

Bansov (Samuel). Oratio funebris dicta sacræ memoriæ illustrissimi principis Hulderici, ducis Megapolitani. *Tubing.* 1603. 4.

Hederich (Bernhard). Parentatio in memoriam ducis Ulrici. *Rostoch.* 1603. 4.

Sibrand (Johann). Programma ad recolendam memoriam, anniversariam ducis Udalrici, etc. *Rostoch.* 1605. 4.

Kirchmann (Johann). Oratio in memoriam ducis Ulrici. *Rostoch.* 1607. 4.

Sibrand (Johann). Programma ad principis Udalrici memoriam, orationibus a Paulo Tarnovio et Christiano Sledano concelebrandam. *Rostoch.* 1611. 4.

Dassenius (Georg). Programma ad memoriam D. Udalrici. *Rostoch.* 1612. 4.

Simonius (Johann). Oculus videns-mens regia : II panegyrici piis manibus divi Udalrici, ducis Megapolitani, etc. *Rostoch.* 1622. 4.

Ascher (Johann). Programma in parentationem anniversariam illustrissimi principis Udalrici. *Rostoch.* 1615. 4.

Possel (Johann). Parentatio anniversaria duci Udalrico Megapolitano facta, etc. *Rostoch.* 1617. 4.

Lindemann (Thomas). De officio boni principis sacrum solemne anniversarium parentale manibus piis divi Udalrici. *Rostoch.* 1621. 4.

Lauremberg (Johann). Panegyricus fortissimo heroi divo Ulrico duci Megapolitano dictus. *Rostoch.* 1621. 4.

Witte (C… S…). Aehnliche Gesinnungen und Thaten der Herzoge Ulrich und Friedrich (von Mecklenburg). *Schwerin.* 1766. 8.

      Ulric,
      comte de Wurtemberg.

Cless (Heinrich David). Comitum Eberhardi et Ulrici fratrum historia. *Stuttg.* 1783. 8.

      Ulric,
      troisième duc de Wurtemberg
      (15 février 1487 – 1498 – 6 nov. 1550).

Eisenbach (Johann Friedrich). Geschichte und Thaten Ulrich's, Herzogs zu Würtemberg. *Tübing.* 1754. 4.

Necker (Carl). Kurze Lebensgeschichte Herzogs Ulrich von Würtemberg. *Reutling.* 1838. 12. Portrait.

Scherr (Hans). Herzog Ulrich der Verbannte von Würtemberg, etc. *Reutling.* 1859. 12. Portrait.

Heyd (Ludwig Friedrich). Ulrich, Herzog von Württemberg. Beitrag zur Geschichte Württembergs und des deutschen Reichs im Zeitalter der Reformation. *Tübing.* 1842-44. 3 vol. 8.

      * Le dernier volume, orné du portrait d'Ulric, a été publié par Carl Pfaff.

Passavant (Ludwig v.). Verantwortung der Schmach- und Lästerschrift, so Johann Agricola, Eisleben genannt, im Büchlein *Teutsche Sprüchwörter*, wider etliche Ehrenleute und besonders den Fürst Ulrich zu Würtemberg ohne alle Ursach hat ausgehen lassen, s. l. et s. d. (*Stuttg.* 1529). 4. (Extrêmement rare.)

      * L'ouvrage *Teutsche Sprüchwörter* fut publié en 1528 à Stuttgart. Le 56e de ces proverbes contient une offense au duc Ulric.

Hutten (Ulrich v.). Fünf Reden wider den Herzog Ulrich von Würtemberg, etc., trad. du latin par Gottlob Adolph WAGNER. *Chemnitz.* 1801. 8.

Ulrich (Caspar),
théologien allemand (27 février 1558 — 28 déc. 1611).

Theopold (Johann). Leych-Predigt bei dem Begräbnis des weiland Herrn Mag. C. Ulrici. *Zerbst.* 1612. 4.

Ulrich (Johann August Heinrich),
philosophe allemand († 3 février 1813).

Gensler (Johann Caspar). Memoria J. A. H. Ulrici. *Jenæ.* 1813. 4.

Ulrich (Philipp Adam),
jurisconsulte allemand (24 mai 1692 — 8 nov. 1749).

Oberthuer (Franz). Lebensgeschichte P. A. Ulrich's. *Würzb.* 1784. 8. (*D.* et *L.*) Augment. *Sulzbach.* 1825. 8. Portrait.

Ulrique Éléonore de Danemark,
épouse de Charles IX, roi de Suède (1656 — mariée en 1679 — 1693).

Vinding (Povel). Oratio parentalis in obitum Ulricæ Eleonoræ, Sueciæ reginæ. *Hafn.* 1693. Fol. (*Cp.*)

Isogaeus (Simon). Concio in funere serenissimæ reginæ Ulricæ Eleonoræ. *Holm.* 1693. Fol.

Lillienstedt (Johan Paul). Monumentum reginæ Ulricæ Eleonoræ sacrosanctis manibus positum. *Holm.* 1693. Fol. (*Cp.*)

Lindeskjoeld (Erik). Oratio in obitum reginæ Ulricæ Eleonoræ. *Stettin.* 1693. 4.

Flachsenius (Johann Jacob). Oratio funebris in obitum Ulricæ Eleonoræ, reginæ Suecorum. *Witteb.* 1693. Fol.

Berg (Nicolaus). Sermon funèbre à l'occasion des funérailles royales de feu S. M. Ulrique Eléonore, reine de Suède. *Stockh.* 1694. 8.

Hagert (Daniel). Amarantos immortalis reginæ Ulricæ Eleonoræ in sermone panegyrico in ejus obitum sparses. *Aboæ.* 1694. Fol.

Svebilius (Olof). Likpredikan öfver Drottning Ulrika Eleonoras Död. *Stockh.* 1694. Fol.

Boecler (Johann Heinrich). Vita Ulricæ Eleonoræ, Suecorum reginæ, in exequiis recitata. *Holm.* 1697. Fol.

Bergenbielm (Johannes). Vita Ulricæ Eleonoræ, Suecorum reginæ, in exequiis recitata. *Holm.* 1698. Fol.

Ulrique Éléonore,
fille de la précédente, épouse de Frédéric I, roi de Suède
(23 janvier 1688 — mariée en 1718 — 5 déc. 1741).

Sammlung verschiedener Berichte und Staatsschriften, betreffend den Tod Carl's XII (Königs von Schweden) und die im selbigem Reich hierauf erfolgten Veränderungen, besonders aber die Erhebung der Königin Ulrike Eleonore auf den schwedischen Thron. *Freist.* (*Jenæ*) 1719. 8.

Benzelius (Ericus Erici). Likpredikan öfver Drottning Ulrica Eleonora. *Stockh.* 1742. Fol.

Duysing (Justin Gerhard). Programma in funere Ulricæ Eleonoræ Sueciæ reginæ. *Marb.* 1742. Fol.

Berch (Carl Reinhold). Kort Utkast till Drottning Ulrika Eleonoras och Konung Fredriks Lefvernesbeskrifning. *Stockh.* 1788. 8.

Ulysse, voy. Odysseus.

Ungarelli (Luigi),
orientaliste italien (15 février 1779 — 21 août 1845).

Saint-Maurice Cabany (Charles Édouard). Le P. M. L. Ungarelli, assistant général de la congrégation des clercs réguliers de Saint-Paul, dits *Barnabites*, membre du collège philosophique de l'Université romaine et de l'Académie pontificale d'archéologie, etc. *Par.* 1845. 8. (Extrait du *Nécrologe universel du xixe siècle.*)

Ungebaur (Erasmus),
jurisconsulte allemand (2 février 1582 — 23 avril 1639).

Posner (Caspar). Programma funebre in obitum E. Ungebaur. *Jenæ.* 1639. 4. (*D.*)

Unger (Jonas),
théologien suédois († 17 oct. 1851).

Fryxell (Anders). Likpredikan öfver Contracts-Prosten, Kyrkoherden, etc., Herr Magistern J. Unger. *Christinehamn.* 1852. 8.

Ungern-Sternberg (Johann Adolph, Freiherr v.),
jurisconsulte livonien (5 juillet 1726 — 30 nov. 1793).

Sonntag (Carl Gottlob). Standrede bey der Beerdigung des Reichs-Freyherrn J. A. v. Ungern-Sternberg, etc. *Riga.* 1793. 4.

Ungher-Sabatier (Caroline),
cantatrice allemande (vers 1800 — ...).

Trionfi melodrammatici di C. Ungher in Vienna. *Vienna.* 1839. 8.

Unkepunz (Andreas),
Allemand.

Murr (Christoph Gottlieb v.). Laudatio funeralis in obitum M. A. Unkepunz, etc., s. l. (*Norimb.*) 1763. Fol. *Ibid.* 1779. 12. *Ibid.* 1789. 8. *Ibid.* 1803. 8.

Unruh (Erasmus),
jurisconsulte allemand (17 août 1576 — 10 mai 1628).

Braun (Johann). Parentatio, s. vita E. Unruh. *Witteb.* 1628. 4. (*L.*)

Unselt (Samuel Friedrich),
théologien danois (1742 — 1790).

(**Lengnich**, Carl Benjamin). Über Herrn S. F. Unselt, Prediger in Jütland, etc. *Danz.* 1790. 8.

Unterholzner (Carl August Dominikus),
jurisconsulte allemand (3 février 1787 — 24 mai 1838).

Ritter (Joseph Ignaz) et **Baltzer** (N... N...). Andenken an Dr. D. Unterholzner, ordentlichen Professor der Rechte an der königlichen Universität zu Breslau. *Bresl.* 1838. 8. (*D.*)

Unton (Henry),
diplomate anglais.

Correspondence of sir H. Unton in the years 1591 and 1592, edited by Joseph STEVENSON. *Lond.* 1847. 4. * (*Oxf.*)
* C'est une des publications du célèbre *Roxburghe club*. — Unton était ambassadeur de la reine Elisabeth à la cour de Henri IV, roi de France.

Ur.

Mayans y Siscar (Gregorio). De Hispana progenie vocis Ur. *Madr.* 1779. 8.

Urbain (Saint);
patron des vignerons († 376).

Lang (Lorenz). Der heilige Urbanus, Schutzpatron der Weingärtner; christliche Legende. *Reutling.* 1838. 12.

Urbain IV,
pape, successeur d'Alexandre IV (élu le 29 août 1161 — 2 oct. 1264).

Courtalon-Delaistre (Jean Charles). Vie du pape Urbain IV, suivie de celles de Pierre de Celle, Pierre Comestor et de Salomon Jarki. *Troyes.* 1782. 12. (*Bes.*)

Urbain VII,
pape, successeur de Sixte V (élu le 15 sept. 1590 — 28 sept. 1590).

Rossi (Giovanni Pietro). Relatione della morte di papa Urbano VII. *Venez.* 1591. 4. Trad. en allem. *Münch.* 1591. 4.

Arrighi (Lorenzo). Urbani VII vita. *Bonon.* 1614. 4. *Ibid.* 1624. 4.

Urbain VIII,
pape, succédant à Grégoire XV (élu le 6 août 1623 — 29 juillet 1644).

Macedo (Francisco de Santo Agostinho). Panegyricus Urbano VIII. *Rom.* 1644. 4.

Machado (Francisco). Oratio in exequiis Urbani VIII. *Ulyssip.* 1644. Fol.

Simonini (Simone). Sylvæ Urbanianæ, s. gesta Urbani VIII. *Antw.* 1637. 4.

Urban (Johann Christoph),
chantre allemand (30 janvier 1671 — 19 avril 1756).

Rothe (Georg). Abriss der Ehre des seligen Herrn J. C. Urban, angehängt seinem Leichencarmen. *Goert.* 1756. Fol. (*D.*)

Urceus Codrus (Antonio),
littérateur italien (14 août 1446 — ... 1500).

Bianchini (Bartolommeo). Vita A. Codri Urcei. *Bonon.* 1502. 4.

Urfé (marquis d'),
famille française.

Bernard (Auguste). Les Urfé. Souvenirs historiques et littéraires du Forez au xvie et au xviie siècles. *Par.* 1839. 8. *
* Contenant une *Histoire généalogique de la maison d'Urfé*, par J... M... de LANUES, et des notices biographiques sur Anne et Honoré d'Urfé.

Urfé (Honoré d'),
auteur français (11 février 1567 — ... 1625).

Bonafous (Norbert Alexis). Études sur l'*Astrée* et sur H. d'Urfé, (auteur dudit roman). *Par.* 1846. 8. (*P.*)

Urfé (Louis Lascaris d'),
évêque de Limoges.

Ducarrier * (N... N...). Oraison funèbre de L. L. d'Urfé, évêque de Limoges. *Limog.* 1695. 4.
—— Portrait de messire L. L. d'Urfé, évêque de Limoges. *Poitiers.* 1698. 12. (*P.*)

  * Le véritable nom de l'auteur est Coaxtasse.

Uriot (Joseph),
littérateur français (1713 — 18 oct. 1778).

Nast (Johann Jacob Heinrich). Programma in obitum J. Uriot, professoris litteraturæ Gallicæ. *Stuttg.* 1778. 4.

Urlsperger (Samuel),
théologien allemand (20 août 1685 — 20 août 1772).

Urlsperger (Johann August). Ehrengedächtniss S. Urlsperger's, Seniors und Pastors zu Sanct-Annen in Augsburg. *Augsb.* 1773. 4.

Urne (Lago ou Lave),
évêque de Roeskilde (1468 — 1529).

Mueller (Peter Erasmus). Programmata II de vita L. Urne, episcopi Roskildensis. *Hafn.* 1831-33. 4. (*Cp.* et *L.*)

Urquhart (John),
littérateur anglo-américain.

Memoirs and remains of J. Urquhart. *Boston.* 1841 (?). 2 vol. 18.

Urquijo (Mariano Luis de),
ministre espagnol (1768 — 3 mai 1817).

Beraza (Antonio de). Elogio de D. M. L. de Urquijo, ministro secretario de estado de España. *Par.* 1820. 8.

Urraca ou **Urraque**,
reine de Castille et de Léon (1108 — 1126).

Sandoval (Prudenzio de). Historia de los reyes de Castilla y de Leon, D. Fernando I, D. Sancho II, D. Alonso VI, Doña Urraca y D. Alonso VII. *Pampel.* 1615. Fol. *Ibid.* 1634. Fol. *Madr.* 1792. 2 vol. 4.

Perez (Francisco José). Defensa de la reyna Doña Urraca, indignamente mancillada por varios rumores esparcidos en su tiempo, etc. *Madr.* 1782. Fol.

Ursin (Saint),
apôtre du Berri.

Oudoul (Jean François Hilaire). Vie de S. Ursin, apôtre du Berri et de Sainte-Solange, patronne du Berri, *Bourges.* 1828. 8.

Ursins, voy. **Orsini** (Fulvio).

Ursinus (Johann Heinrich),
théologien allemand (26 janvier 1608 — 14 mai 1667).

J. H. Ursini Lebenslauf, den er selbst herausgegeben. *Regensb.* 1666. 8.

Ursinus (Leonhard),
médecin allemand (vers 1618 — 1663).

(**Kromayer,** Hieronymus). Programma academicum in L. Ursini funere. *Lips.* 1664. 4. (*D.* et *L.*)

Ursmer (Saint),
martyr belge.

Bontemps (François Augustin). Sancta tetrarchia sanctorum quatuor cœnobiarcharum SS. Landelini, Ursmari, Ermini, Dodonis, Pont. abbatum Lobbi. *Duaci.* 1594. 8.

Waulde (Gilles). La vie et miracles de S. Ursmer et de sept autres saints, avec la chronique de Lobbes. *Mons.* 1628. 4.

Urso (Pietro).

Pasquali (Gaetano de). Elogio funebre di P. Urso. *Palermo.* 1859. 12.

Ursule (Sainte),
martyre anglaise.

Crumbach (Hermann). Vita et martyrium Ursulæ et undecim millium virginum. *Col. Agr.* 1647. Fol.

Bebius (Philippe) et **Crombach** (Hermann). Vindiciæ Ursulanæ, s. tomus prior, quo primigenia historia SS. Ursulæ et undecim millium virginum cum traditione Coloniensi contra adversarios asseritur. *Col. Agr.* 1647. Fol. (*D.*)

Damien de Saint-Lovys. S. Ursule, triomphante des cœurs de l'enfer, de l'empire et patronne du célèbre collége de Sorbonne. *Par.* 1666. 4.

Confrérie sous la protection de S. Ursule et de onze mille vierges, ses compagnes, érigée à Lille le 20 oct. 1686,

avec un abrégé de la vie et martyre de S. Ursule et ses compagnes. *Lille.* 1745. 12.

De Barry (N... N...). La dévotion à la glorieuse S. Ursule et à ses saintes compagnes, et l'assistance merveilleuse qu'elles accordent à leurs dévotes. *Anvers,* s. d. (1754). 12.

(**Keverberg,** Charles Louis Guillaume Joseph de). Ursule, princesse britannique, d'après la légende et les peintures d'Hemling. *Gand.* 1818. 8.

Reischert (Ludwig). Lebens-Geschichte und Märtyrer-Tod der heiligen Ursula, Prinzessin von Britannien, und ihrer Gesellschaft, etc., nebst einer Beschreibung sämmtlicher in der sogenannten *goldenen Kammer* in der Sanct-Ursula-Kirche (in Cöln) aufbewahrten heiligen Reliquien und Merkwürdigkeiten. *Cöln.* 1857. 12.

Heinen (Engelbert Michael Joseph). Leben, Fahrten und Martyrtod der heiligen Ursula und ihrer Gesellschaft, etc. *Coeln.* 1858. 8.

Delepierre (Octave) et **Voisin** (Auguste). La châsse de S. Ursule. *Brux.* 1841. 4. (Orné de nombreuses gravures.)

Vill (Friedrich). Wegweiser zur Kirche der heiligen Ursula in Coeln, mit geschichtlichen Notizen über das Leben und den Martertod der heiligen Ursula und ihrer Gefährtinnen, etc. *Coeln.* 1853. 16.
  Trad. en angl. *Cologne.* 1853. 16.
  Trad. en franç. *Cologne.* 1853. 16.

Schade (Oscar). Die Sage von der heiligen Ursula und den elftausend Jungfrauen. Ein Beitrag zur Sagenforschung. *Hannov.* 1854. 8.

Urteaga (Pedro de),
Espagnol.

Peralta (Gonsalvo de). Epistola de vita P. Urteaga. *Sevilla.* 1644. 4.

Usher (James),
archevêque d'Armagh (4 janvier 1580 — 20 mars 1655).

Bernard (Nicholas). Life and death of J. Usher. *Lond.* 1656. 4. Portrait.

Parr (Richard). Life of archbishop J. Usher. *Lond.* 1686. Fol. (*Oxf.*)

Life and prophecies of archbishop Usher, s. l. (*Lond.*) 1712. 8. (*Oxf.*)

Aikin (John). Lives of John Selden and J. Usher. *Lond.* 1811. 8. (*D.* et *Oxf.*)

Elrington (C... R...). Life of archbishop J. Usher. *Dubl.* 1848. 8. Portrait.

Usko (Johann Friedrich),
philologue allemand (12 déc. 1760 — ...).

Usko (Johann Friedrich). Brief narrative of his travels and literary life. *Lond.* 1808. 8.

Usson de Bonrepos (François),
diplomate français.

(**Troussière,** N... N... de la). Mémoires de la vie de F. d'Usson, ambassadeur de France en Danemark. *Amst.* 1671. 12. *Ibid.* 1677. 12.

Usteri (Leonhard),
théologien suisse.

Lavater (Johann Caspar). Trauer-Lied der Zürcherischen Töchterschulen nach der Beerdigung ihres Stifters, Herrn Chorherrn und Theologus L. Usteri, s. l. (*Zürch.*) 1789. 8.

Usteri (Paul),
homme d'État suisse (14 février 1768 — 9 avril 1831).

Ehrenkranz, geflochten auf der Ruhestätte des seeligen P. Usteri zu Zürich. *Zürch.* 1831.

Locher-Balber (Hans). Necrolog auf P. Usteri, Med. Dr., Bürgermeister des Cantons Zürich. *Zürch.* 1852. 8. (*D.* et *L.*)

Necrolog denkwürdiger Schweizer, (Usteri *, Johann Gottfried Ebel, Heinrich Fuessli, Johann Caspar Horner). *Zürch.* 1857. 8.

  * L'esquisse de sa vie, écrite par Conrad Otto, se trouve pages 1-94.

Murray (Johann Andreas). Memorial für P. Usteri in Zürich. *Goetting.* 1790. 8. *

  * Pamphlet atrabilaire.

Utecht (Joachim),
jurisconsulte allemand.

Quade (Michael Friedrich). Programma ad exsequias

J. Utechti, judicii oppidani, s. collegii scabinatus adsessoris, etc. *Stett.* 1720. Fol.

Utenhove (Jakob Mauritis Karel, baron van),
astronome hollandais (26 juillet 1773 — 1er sept. 1836).

Quetelet (Lambert Adolphe Jacques). Notice sur J. M. C., baron van Utenhove. *Brux.* 1838. 12. (*Bx.*)

Uxelles (Louis de **Blé**, marquis d'),
gouverneur de Châlons.

Guérin (Gérard). Éloge historique de L. de Blé, marquis d'Uxelles, gouverneur de Châlons-sur-Saône. *Châlons.* 1661. 4. (*P.*)

Uijlenbroeck (Pieter Johannes),
poëte hollandais (7 déc. 1748 — 16 déc. 1808).

Klijn (H... H...). P. J. Uijlenbroeck, geschetst in eene redevoering. *Amst.* 1809. 8. (*Ld.*)

Rijke (P... L...). Dissertatio de meritis P. J. Uijlenbroeck. *Lugd. Bat.* 1846. 8.

Uytterhoeven (Jean Baptiste),
chirurgien belge (22 juin 1765 — vers 1844).

Lequime (N... N...). Notice biographique sur J. B. Uytterhoeven, membre honoraire de l'Académie royale de médecine. *Brux.* 1844. 4. (*Bx.*)

V

Va (René),
plus connu sous le nom de l'**Ermite de Compiègne**,
(1er juin 1617 — 18 sept. 1691).

Buffier (Claude). Vie de l'ermite de Compiègne (R. Va), modèle de piété dans la vie solitaire. *Par.* 1692. 12. *Ibid.* 1752. 12. (*P.*) *Ibid.* 1757. 12.

Vaballathus.

Froelich (Erasmus). De familia Vallabathi, filii Zenobiæ, numis illustrata. *Vindob.* 1762. 4. (*D. et Oxf.*)

Vacarius ou **Vicarius**,
jurisconsulte anglais (?).

Wenck (Carl Friedrich Christian). Magister Vicarius, primus juris Romani in Anglia professor, etc. *Lips.* 1820. 8. (*L.*)

Vacca-Berlinghieri (Andrea),
médecin italien, fils du suivant (1752 — 6 sept. 1826).

Barzellotti (Giacomo). Elogio del professore A. Vacca-Berlinghieri. *Pisa.* 1826. 8.

Rosini (Giovanni). Tributo di dolore e di lode alla memoria del professore A. Vacca. *Pisa.* 1826. 8. Portrait. (*Oxf.*)

Vacca-Berlinghieri (Francesco),
médecin italien (1732 — 6 oct. 1812).

Tartini (Francesco). Elogio del professore F. Vacca-Berlinghieri. *Pisa.* 1813. 8. (*Oxf.*)

Vacchiery (Carl Albert v.),
littérateur allemand (26 août 1746 — 12 nov. 1807).

Westenrieder (Lorenz). Denkrede auf C. A. v. Vacchiery. *Münch.* 1808. 4. (*D.*)

Vachet (Jean Antoine Le),
instituteur des sœurs de l'Union chrétienne (vers 1604 — 6 fév. 1681).

Richard (René). Vie de J. A. Le Vachet, prêtre, instituteur des sœurs de l'Union chrétienne. *Par.* 1692. 12. (*P.*)

Vadé (Jean Joseph),
poète français (8 janvier 1770 — 4 juillet 1757).

Fréron (Élie Catherine). Éloge de Vadé. *Par.* 1757. 12. (Extrait de *l'Année littéraire*, tiré à part à très-peu d'exemplaires.)

Vaernewijck (Marcus van),
historien flamand (21 déc. 1518 — 20 février 1569).

Blommaert (Philippe). Leven van M. van Vaernewijck, s. l. et s. d. (*Gand.* 1853.) 8. (Extrait du journal *De Eendragt.*)

Vagetius (Heinrich),
littérateur allemand (25 déc. 1587 — 4 juin 1639).

Blome (Johann). Vita H. Vagetii. *Rostoch.* 1710. 8.

Vagetius (Joachim),
littérateur allemand († 1613).

Vagetius (Heinrich). Vita et mors J. Vagetii. *Lips.* 1614. 4. (*D. et L.*)

Vagetius (Johann),
philosophe allemand (1633 — 12 juin 1691).

Meier (Gerhard). Memoria J. Vagetii. *Hamb.* 1691. 4. (*D.*)

Vahan,
prince arménien du vᵉ siècle.

Parbe (Lazzaro). Abrégé de la vie politique et guerrière du prince Vahan, le Mamigonien, héros d'Arménie, publ. en franç. par Grégoire **Kabaragy Gabared**. *Par.* 1843. 8. (*Oxf.*)

Vahl (Martin),
naturaliste norvégien (10 oct. 1749 — 24 déc. 1804).

Horneman (Jens Wilken). Om M. Vahls Fortgenester af Naturkyndigheden som Videnskabsmand og Laerer. *Kjoebenh.* 1841. 4. (*Cp.*)

Vaillant (Jean Foy),
numismate français (24 mai 1632 — 23 oct. 1706).

Lafeuille (Claude de). D. J. F. Vaillant, doctoris medici, vita et scripta. *Venez.* 1745. 12. Publ. par Louis **Baudot**. *Lond.* et *Par.* 1786. 4. (*P.*) Publ. sous le nom de Domenico **Passionnei**. *Par.* 1804. 4 ou 8. (*D. et Oxf.*)

Vaira (Antonio),
évêque de ...

Rebustello (Giovanni Antonio). Oratio in funere A. Vairæ, episcopi Adriensis. *Venet.* 1733. 4.

Vaitz (Georg Jacob),
médecin hongrois.

Juncker (Johann Georg). Memoria natalitiorum præclarisque renatæ veteris proavorum in Hungaria Vaitziorum, nobilitalis G. J. Vaitzio, medicinæ doctori, etc. *Jenæ.* 1713. 4.

Vaivolet (Benoit),
naturaliste français (vers 1736 — 26 déc. 1828).

Aunier (N... N...). Notice sur M. B. Vaivolet, membre correspondant de la Société linnéenne de Lyon, s. l. et s. d. (*Lyon,* vers 1828.) 8.

Valaresso (Paolo),
évêque de Concordia († 1723).

Castelli (Giovanni Battista). Oratio pro juris utriusque laurea P. Valaressi, canonici Patavini. *Patav.,* s. d. (1685.) 4.

Valart (Joseph),
grammairien français (1698 — 1781).

Daire (Louis François). Notice sur Valart. *Par.* 1782. 8. (Extrait du *Magasin encyclopédique*.)

Valazé (Charles Éléonore **Dufriche** de),
député à la Convention nationale
(23 janvier 1751 — guillotiné le 30 octobre 1793).

Penières (Jean Auguste). Défense de C. É. Dufriche-Valazé, imprimée d'après son manuscrit trouvé dans la fente du mur de son cachot. *Par.,* an III (1795.) 8. (Omis par Quérard.)

Dubois (Louis François). Notice historique et littéraire sur Dufriche de Valazé, etc. *Par.* 1802. 8. (*P.*) *Ibid.* 1811. 8.

Valbelle (Côme Alphonse de).

Roux (Jean Baptiste). Oraison funèbre de très-haut et très-puissant messire C. A. de Valbelle, chevalier. *Aix.* 1733. 4.

Valcke ou **Valke** (Jacobus),
homme d'État hollandais († 9 juillet 1603).

Dresselhuis (J... ab **Utrecht**). Hulde aan M. J. Valcke, s. l. et s. d. (*Zierikzee.* 1844.) 8. (*Ld.*)

Valdegamas (Juan Donoso **Cortes**, marquis de),
homme d'État espagnol (6 mai 1809 — 3 mai 1853).

Montalembert (Charles de). J. Donoso Cortès, marquis de Valdegamas. *Par.* 1853. 8. *Louvain.* 1853. 8. *Brux.* 1853. 8. (Extrait du *Correspondant*.)

Valdemar, voy. **Waldemar.**

Valdes (Cajetano),
Espagnol.
Frémicourt (C... H... de). Valdès, Vigo et Mina, ou esquisse historique des tentatives faites pour l'indépendance de l'Espagne au mois d'octobre 1830. *Bourg.* 1831. 8. (*Bes.*)

Valens (Salvius Alburnius),
jurisconsulte romain.
Fiers Smeding (Pieter). Dissertatio de S. A. Valente, ejusque, quæ in *Digestis* adsunt, fragmentis. *Lugd. Bat.* 1824. 4 et 8. (*Ld.*)

Valenti-Gonzaga (Silvio),
cardinal italien (1er mars 1690 — 28 août 1756).
Todeschi (Claudio). Elogio storico del cardinale S. Valenti-Gonzaga. *Rom.* 1756. 4. (*Oxf.*)

Valentin (Louis),
médecin français (13 oct. 1758 — .. mai 1829).
Priou (Jean Baptiste). Notice historique et biographique sur L. Valentin de Nancy. *Nantes.* 1829. 8.
Haldat (Claude Nicolas Alexandre de). Eloge historique de feu le docteur L. Valentin. *Nancy.* 1829. 8.

Valentin (Moyse),
peintre français (1600 — 1632).
Blanc (Charles). Étude sur M. Valentin. *Par.* 1845. 8. (Extrait de l'*Histoire des peintres français.*)

Valentina (Sante della),
prêtre italien.
Bettio (Pietro). Necrologia di Don S. della Valentina, cappellano della scuola di S. Rocco. *Venez.* 1826. 8.

Valentino,
évêque et patron de Terni.
Lana-Terzi (Francesco). Rappresentazione di S. Valentino, vescovo martire e protettore di Terni. *Terni.* 1656. 4.

Valentin (Saint),
apôtre des Rhétiens.
Schranzhofer (Roger). Valentin's, des Rhätier Apostels, Reisen, Aufenthalt und Grabstätte zu Mais (in Tyrol) mit dem Anhange : Historischer Versuch, wann zeigt sich die erste Spur der Stadt Meran? *Botzen.* 1794. 8.

Valentinus,
hérésiarque du IIe siècle.
Lodberg (Jacob). Disquisitio historica, de Valentino et Valentinianis, hæreticis seculi II. *Hafn.* 1693. 4. (*Cp.*)

Valentinus (Basilius),
bénédictin allemand du xve siècle.
Wedel (Georg Wolfgang). Propempticon inaugurale de B. Valentino. *Jenæ.* 1704. 4. (*L.*)

Valenza (Niccolò di),
prêtre italien.
Riccardi (Fulgenzio Maria). Vita del B. Niccolò di Valenza, sacerdote. *Torin.* 1788. 8. (*P.*)

Valeriani Molinari (Luigi),
jurisconsulte italien (1er août 1758 — 27 sept. 1828).
Vaccolini (Domenico). Necrologia del professore L. Valeriani Molinari. *Rom.* 1828. 8.
—— Elogio storico di L. Valeriani Molinari. *Lugo.* 1829. 8. *Ibid.* 1830. 8.
Papotti (Tiberio). Elogio storico di L. Valeriani Molinari. *Imola.* 1854. 8.
Montanari (Giuseppe Ignazio). Biografia del professore L. Valeriani Molinari. *Forli.* 1835. 8. Portrait.

Valérien (Publius Licinius),
empereur romain (190 — 253 — 261).
Montégut (Jean François de). Essai historique sur la famille de l'empereur Valérien, s. l. et s. d. (*Toulouse.*) 4. (*P.*)
Schack (N...). Commentatio de Valeriano. *Hafn.* 1814. 4. (*Cp.* et *D.*)

Valerius Antias (Quintus),
historien romain.
Liebaldt (N... N...). Programma de Q. Valerio Antiate, annalium scriptore. *Numb.* 1840. 4.

Valero (Santo),
évêque de Saragosse.
Carrillo (Martin). Historia del glorioso S. Valero, obispo de Zaragoza. *Zarag.* 1615. 4. *
* Suivi d'un catalogue de tous les évêques et archevêques du royaume d'Aragon.

Valeriano (Saint),
martyr thébéen.
Breve notizia della legion tebea e sua decimazione, etc., e di S. Valeriano, martire tebeo, venerato nelle fini di Cumiana sotto il distretto della parrochia di S. Giovanni Battista della Costa. *Torin.* 1846. 8.

Valero y Losa (Francisco),
archevêque de Tolède.
Francisco Antonio de los Reyes. Vida ejemplar del ilustrissimo y reverendissimo D. F. Valero y Losa, obispo antes de Badajoz y despues arzobispo de Toledo, primado de España. *Pamplona.* 1792. 4.

Valette (Bernard de la),
amiral de France (1552 — tué le 11 février 1592).
Robelin (Jean). Discours à là louange de M. de la Valette. *Par.* 1587. 8. (*P.*)
Mauroy (Honoré). Discours de la vie et des faits héroïques de M. de la Valette, amiral de France, gouverneur et lieutenant général pour le roy en Provence, et de ce qui s'est passé durant qu'il a commandé, etc. *Metz.* 1624. 4. Portrait. (*Fort-rare.*) — (*P.* et *Oxf.*)

Valette (Bernard, duc de la),
gouverneur de Bourgogne (1592 — 25 juillet 1661).
Les armes triomphantes du duc d'Esperuon. *Dijon*, s. d. (1663.) Fol.
Serenissimi ducis Espernonii triumphalia, s. honoraria ac superba hujus herois in urbem Divionensium ingressus. *Divion.*, s. d. 4.

Motet (N... N...). Entrée de la duchesse de la Valette dans Metz, en 1650. *Par.* 1654. Fol.

Valette (Jean **Parisot** de la),
grand-maître de l'ordre de Saint-Jean de Jérusalem (1494 — 1568).
Mermet (Louis François Emmanuel). Éloge de J. de la Valette-Parisot, grand-maître de Malte. *Moulins*, an XII. (1803). 12. (*P.*)
Pfaff (Carl). Philippe Villiers de l'Isle-Adam und J. de la Valette; zwei Heldenbilder aus dem sechszehnten Jahrhundert. *Schaffh.* 1851. 8.

Valette (Jeanne de **Saint-Lary**, duchesse de la).
Hersent (Charles). Oraison funèbre de J. de Saint-Lary, duchesse de la Valette. *Par.* 1627. 8.
Saguens (Blaise de). Discours funèbre sur le trépas de la duchesse de la Valette. *Toulouse.* 1627. 8.

Valette (Louis **Nogaret** de la),
cardinal-général français (8 février 1593 — 28 sept. 1639).
Vincent (N... N...). Discours sur la mort du cardinal de la Valette. *Toulouse.* 1643. 4. (*P.*)
(**Talon** , Jacques). Mémoire de L. de Nogaret, cardinal de la Valette, général des armées du roi en Allemagne, en Lorraine, en Flandre et en Italie; ouvrage nécessaire à l'intelligence de l'histoire de Louis XIII, etc. (publ. par Nicolas GONET). *Par.* 1772. 2 vol. 12. (*P.*)

Valfrè (Sebastiano),
prêtre italien (9 mars 1629 — 17 janvier 1710).
Beatificazione del venerabile servo di Dio P. Sebastiano Valfrè dell' Oratorio di Torino, solennizato in Palermo, etc. *Torin.* s. d. (1834). 4.
Marietti (Giacinto). Compendio della vita del beato Sebastiano Valfrè. *Torin.* 1834. 18. Portrait.
(**Calleri** , Giovanni). Vita del beato Sebastiano Valfrè. *Rom.* 1854. 4. Portrait.
Brevi cenni sulla vita del beato Sebastiano Valfrè di Savoia. *Vicenz.* 1855. 8.
Compendio della vita del beato Sebastiano Valfrè. *Venez.* 1855. 16.
Compendio della vita del beato Sebastiano Valfrè. *Torin.* 1855. 16.
Merlo (Giovanni Battista). Compendio della vita del beato Sebastiano Valfrè. *Venez.* 1855. 16.
Compendio della vita del beato Sebastiano Valfrè. *Palerm.* 1855. 12.
Elogio storico-morale del beato Sebastiano Valfrè. *Torin.* 1855. 8.
Vita, virtù e miracoli del beato Sebastiano Valfrè. *Torin.* 1855. 16. Portrait.
Vita breve del beato Sebastiano Valfrè, prete della congregazione dell' Oratorio di Torino. *Veron.* 1836. 8.

Valgius Rufus (Cajus),
poète romain.
Weichert (August). Commentatio de C. Valgio Rufo poeta. *Grimm*. 1827. 4. *(L.)*

Valhubert (Jean Marie **Roger**),[*]
général français (21 mai 1765 — 2 déc. 1805).
D... (M...). Précis de la vie du général Valhubert, etc. *Avranch.* et *Par.* 1852. 8. Portrait.
Boyssou (T...). Relation de la fête célébrée à l'Avranches le 16 septembre 1852 pour l'inauguration de la statue du général R. Valhubert. *Avranch.* 1852. 12.
  [*] Napoléon, par un décret impérial, donna le nom de Valhubert à une des places de Paris.

Valiero,
famille vénitienne.
Zabarella (Giacomo). Gli Valerii, o vero origine e nobiltà della gente Valeria di Roma, di Padova e di Venetia. *Padov.* 1666. 4. Avec plusieurs gravures.

Valerio (Agostino),
cardinal-évêque de Vérone.
Cisani (Giovanni Battista). Menaleas, s. de obitu A. Valerii, Veronæ episcopi et cardinalis, ecloga. *Veron.* 1606. 4.
Ventura (Giovanni). Vita illustrissimi et reverendissimi cardinalis A. Valerii episcopi. *Venet.* 1741. 12. *Ibid.* 1754. 4.

Valiero (Alberto),
évêque de Vérone.
Elogia diversorum in A. Valerium Famaugustanum episcopum. *Veron.* 1591. 4.

Valiero (Bertucci),
doge de Venise (... — élu 1656 — 1658).
Cosmi (Stefano). In funere serenissimi Venetiarum principis B. Valerii. *Venet.* 1658. 4.
Orafi (N... N...). Vita del serenissimo B. Valier, doge di Veneta. *Venez.* 1658. 4.
(Trevisano, Marco). La fortuna fatta savia. Panegirico al doge B. Valiero. *Venez.* 1660. 4.

Valerio (Pietro),
cardinal-archevêque de Crete († 1629).
Pancetta (Camillo). De P. Valerii Cretæ archiepiscopi cardinalatu. *Patav.* 1621. 4.
Orlandis (Nereo de). Oratio ad cardinalem P. Valerium episcopatum Cenetiensem suscipientem. *Coneglani*, s. d. (1626.) 4.

Valiero (Silvestro),
doge de Venise (... — élu 1694 — 5 juin 1700).
Bortoluzzi (Valentino). La vera eredità della gloria. Orazione in lode del doge S. Valier. *Venez.*, s. d. (1700.) 4.
Rovere (Silvestro). Vita del serenissimo prencipe S. Valiere, doge di Venetia. *Venez.* 1704. 8. Portrait.

Valignani (Alessandro),
jésuite italien (1537 — 20 janvier 1606).
Valignani (Ferrante). Vita del P. A. Valignani. *Rom.* 1698. 4.

Valin (René Josué),
jurisconsulte français (10 juin 1695 — 23 août 1765).
Bernons de Salins (N... N...). Éloge de R. J. Valin, etc. *La Rochelle.* 1769. 8.
Beaussant (Pierre Auguste). Éloge de R. J. Valin. *La Rochelle.* 1836. 8.
Lepelletier (Gilles). Éloge de R. J. Valin. *Poitiers.* 1844. 8. *(P.)*

Valke, voy. **Valcke.**

Valla (Lorenzo),
philosophe italien (1406 — 1er août 1457).
Helwing (Christian Friedrich). Programma de iis quæ ad L. Vallæ vitam et fatam pertinent. *Lemgov.*, s. l. (vers 1750.) 4.
Poggiali (Cristofero). Memorie intorno alla vita ed agli scritti di L. Valla, s. l. et s. d. (*Piacenz.* 1790.) 8. *(Oxf.)*
Wildschut (Jacob). Dissertatio de vita et scriptis L. Vallæ. *Lugd. Bat.* 1850. 4. *(Ld.)*

Vallacco (Geremia),
prêtre italien.
Severino (Francesco). Vita di Fra G. Vallacco. *Napol.* 1670. 4.

Valladares (Benito Alonso **Henriquez**, marquès de),
homme d'État espagnol.
Salinas (Diego Blanco de). Manifiesto de la verdad de

el hecho de la alevosa muerte dada a D. B. A. Henriquez, marques de Valladares. *Santiago.* 1766. Fol. *(Oxf.)*

Valle (Guglielmo della),
prêtre italien.
Angelis (Giovanni de). Elogio storico del P. maestro G. della Valle di Mondovi, minor conventuale. *Siena.* 1823. 8.

Vallejo (Juan de),
prêtre espagnol.
Ramon (Alonso). Vida del venerable P. F. J. de Vallejo. *Madr.* 1617. 8.

Valleré (Guillaume Louis Antoine de),
général français au service du Portugal (10 mars 1727 — 12 mai 1796).
Stockler (Francisco de Borgia Garçaõ). Elogio historico de G. L. A. de Valleré, etc. *Lisb.* 1798. 8. Réimprimé avec des additions et des anecdotes sur sa vie par sa fille, Marie Louise de **Valleré.** *Par.* 1808. 8. [*] Portrait. *(Lv.)*
  [*] On y trouve une traduction française en regard.

Vallerius (Harald),
mathématicien suédois.
Upmarck (Johan). Oratio funebris in H. Vallerii obitum. *Upsal.* 1716. 4.

Vallerius (Johan),
mathématicien suédois.
Hermansson (Johan). Memoria vitæ et mortis J. Vallerii. *Upsal.* 1718. 4. *(D.)*

Valletaux (Jean André),
général français (10 mars 1757 — tué le 23 juin 1811).
Hiard (Tiburce). J. A. Valletaux, général de brigade, ancien membre du corps législatif, commandant de la Légion d'honneur, etc. *Par.* 1847. 8. (Extrait du *Nécrologe universel du XIXᵉ siècle.*)

Valletta (Niccolò),
jurisconsulte italien (1750 — 21 nov. 1814).
Rosa (Carlo Antonio de). Elogio storico di N. Valletta. *Napol.* 1815. 8.

Valli (Eusebio),
médecin italien (1762 — 24 sept. 1816).
Caillau (Jean Marie). Éloge d'E. Valli. *Bordeaux.* 1818. 8. *(P.)*

Vallicelli (Lorenzo),
poète italien (1756 — 1817).
Babini (N... N...). Elogio storico di L. Vallicelli. *Ravenna.* 1821. 8.
(Montanari, Giuseppe Ignazio). Biografia di L. Vallicelli, Savignanese. *Perug.* 1838. 12. *(Oxf.)*

Vallier (Paul du),
médecin italien.
Bedel (Jean). Discours aux juifs de Metz sur la conversion du sieur P. du Vallié, appelé le docteur Paulus, médecin du roy en la garnison de Brisach. *Metz.* 1651. 8. *(P.)*

Vallière (Louise Françoise de **La Baume Le Blanc**, duchesse de La),
première maîtresse de Louis XIV (1644 — 6 juin 1710).
Vie de la duchesse de La Vallière, où l'on voit une relation de ses amours et de sa pénitence. *Cologne.* 1695. 12. *Par.* 1708. 12. *(P.)*
Vie de madame de La Vallière. *Rouen.* 1742. 16.
Craufurd (Quintin). Notices sur mesdames de La Vallière, (Françoise Athénais Rochechouart de Mortemart, marquise) de Montespan, (Marie Angélique Scoraille de Roussille, duchesse) de Fontanges et (Françoise d'Aubigné, marquise) de Maintenon, etc. *Par.* 1818. 8. (Orné des portraits de ces quatre maîtresses de Louis XIV.)
Quatremère de Roissy (Jean Nicolas). Histoire de madame de La Vallière, duchesse et carmélite. *Par.* 1823. 18. *(P.)*
(Brieux, M...). Mémoires de madame de la Vallière. *Par.* 1829. 2 vol. 8. [*]
  [*] Ces mémoires sont apocryphes.
F... (N... N...). Prise d'habit de madame de la Vallière (aux carmélites), s. l. (*Par.*) 1675. 12.

Vallisneri (Antonio),
naturaliste italien (3 mai 1661 — 18 janvier 1730).
Configliachi (Luigi). Discorso inaugurale intorno agli scritti del cavaliere A. Vallisneri. *Padov.* 1856. Fol.

Vallotti (Francesco Antonio),
musicien italien (11 juin 1697 — 16 janvier 1780).
Fonzago (Francesco). Orazione ne' funerali di R. P.
F. A. Vallotti. *Padov.* 1780. 4.
—— Elogi di (Giuseppe) Tartini, Vallotti et (Carlo)
Gozzi. *Padov.* 1780. 4. (*Oxf.*)

Valmarana (contessa Attilia),
dame italienne.
(**Murani** , Cristofero). Elogio e breve ragguaglio della
preziosa morte della contessa A. Valmarana, dimessa
in Tiene, s. l. et s. d. (*Vicenz.*) 8.

Valmarana (Leonardo , conte),
homme d'État italien († 25 avril 1765).
Battaggia (Pietro). Nei solenni funerali celebrati nella
cattedrale chiesa di Parenzo, etc., per la morte dell'
illustrissimo e reverendissimo L., conte Valmarana,
Veneto senatore, provveditore generale di Palma, etc.
Venez. 1765. 4.

Valmont de Bomare (Jacques Christophe),
naturaliste français (1731 — 1807).
Notice des travaux du citoyen Valmont de Bomare, professeur d'histoire naturelle, etc., s. l. et s. d. (*Par.*) 8.

Valois (Félix de),
prêtre français.
Macedo (Francisco de Santo-Agostinho). Vitæ SS. Joannis de Matha et Felicis de Valois. *Romæ.* 1660. 8.

Valois, comte d'**Alais** (Louis de),
général français.
(**Nibles**, François d'**Andrea** de). Discours des bons gouverneurs. Tableau du gouvernement de L. de Valois,
comte d'Alais, colonel général de la cavalerie. *Par.*
1645. 8.

Valois, duc d'**Angoulême** (Louis de),
homme d'État français († 3 nov. 1653).
Lescot (Mathieu). Le prince, ou discours funèbre sur
la mort de très-haut, très-illustre et très-puissant
prince Mgr. L. de Valois, duc d'Angoulesme, pair de
France, comte de Ponthieu, d'Alletz, etc., colonel de
la cavalerie légère, etc., gouverneur et lieutenant-
général pour le roy en ses pays et armées de Provence, etc. *Par.* 1654. 8. (*P.*)
Gourreau (Philippe). Oraison funèbre en l'honneur de
très-haut et puissant prince messire L. de Valois, duc
d'Angoulesme, etc. *Par.* 1654. 4.

Valois (Henri de),
historien français (10 déc. 1603 — 7 mai 1676).
Valois (Adrien). De vita H. Valesii, historiographi regii,
liber. *Lips.* 1680. 8. (*D. et L.*)

Valory (N... N..., marquis de).
(**Courtin** , Claude). Éloge du marquis de Valory, s. l.
1766. 8. *
* Publ. sous la lettre initiale du nom de l'auteur.

Valperga, voy. **Caluso.**

Valpolo (Henrique),
prêtre espagnol.
Cresuelo (José). Vida y muerte del P. H. Valpolo.
Zaragoss. 1596. 8.

Valsecchi (Antonio),
dominicain italien (1708 — 1791).
Pellegrini (Domenico Maria). Elogio del P. A. Valsecchi dell' ordine de' predicatori. *Venez.* 1792. 8. (*P.*)

Valton (John),
théologien anglo-américain.
Sutcliffe (Joseph). Life of the Rev. J. Valton. *New-York,*
s. d. 18.

Valther (David Christian),
médecin allemand.
Starck (Martin Simon). Gedächtnissschrift D. C. Valther's. *Dresd.* 1759. 4. (*D.*)

Van Buren (Martin),
président des États-Unis de l'Amérique.
Crockett (David). Life of M. Van Buren. *Philadelph.*
1835. 12.
Holland (W... M...). Life and opinions of M. Van
Buren. *Hartford.* 1835. 12.
Mackenzie (W... L...). Life and times of M. Van
Buren. *Boston.* 1846. 8.

Van Dale (Josephus),
prêtre hollandais.
(**Caytan**, L... A...). Leven van J. Van Dale, priester.
Brugge. 1804. 8. Portrait.

Vandamme, comte de **Huneberg** (Dominique Joseph),
général français (5 nov. 1771 — 15 juillet 1830).
Exposé de la conduite du lieutenant-général comte Van-
damme. *Par.* 1815. 4. * (*Lv.*)
* Justification écrite par lui-même.
Leben des in die Gefangenschaft der hohen verbündeten
Mächte gerathenen französischen Generals Vandamme.
Leipz., s. d. (1815.) 8. Portrait. (*L.*)

Vandenkasteele (Jacques),
médecin belge du xvi° siècle.
Broeckx (Charles). Notice sur J. Vandenkasteele et sur
la suette qui régna épidémiquement à Anvers au mois
de septembre 1829. *Anvers.* 1849. 8. *
* A la fin de cette notice se trouve une bibliographie assez complète
des écrits concernant la suette.

Vandenplas (Guillaume),
assassin belge (1821 — exécuté le 18 février 1848).
Procès complet de F. Rosseel et G. Vandenplas, exécutés
à Bruxelles, *Brux.* 1849. 8.

Van den Sande (Jean Baptiste Augustin),
chimiste belge (16 mai 1746 — 11 oct. 1820).
Broeckx (Charles). Notice sur J. B. A. Van den Sande,
maître en pharmacie à Bruxelles, professeur de physique expérimentale et de chimie, etc. *Anvers.* 1846. 8.
Portrait.

Van den Steen de Jehay (Armand Charles
Herman Joseph, baron),
homme d'État belge (29 mars 1781 — 13 mai 1846).
Saint-Maurice Cabany (Charles Édouard). M. le baron
A. C. H. J. Van den Steen de Jehay, etc., ancien sénateur de Belgique, envoyé extraordinaire et ministre
plénipotentiaire de S. M. le roi des Belges près le
saint-siége et à la cour de Toscane, etc. *Par.* 1847. 8.
(Extrait du *Nécrologe universel du xix° siècle.*)

Van den Zande (Jean Bernard),
médecin belge (vers 1778 — 28 juin 1833).
Broeckx (Charles). Notice sur les travaux de J. B. Van
den Zande, docteur en médecine. *Anvers.* 1839. 8.

Vanderbourc (Martin Marie Charles **Boudens** de),
littérateur français (1765 — 1827).
Daunou (Pierre Claude François). Éloge de Vanderbourc. *Par.* 1859. 8. (Extrait du *Moniteur.*)

Van der Burch (François de),
archevêque de Cambrai (26 juillet 1567 — 23 mars 1644).
Foulon (Louis). Epitome vitæ et virtutum illustrissimi
et reverendissimi D. F. Van der Burch, archiepiscopi
ac ducis Cameracensis. *Insulis.* 1647. 4. Trad. en franç.
Cambrai. 1711. 4. (*P.*) *Mons.* 1712. 4.
Ouvray (abbé). Éloge historique de F. Vanderburk (!),
archevêque-duc de Cambrai, prince du Saint-Empire,
comte du Cambrésis. *Cambrai.* 1785. 12.
Duthilloeul (Hippolyte Romain Joseph). Notice sur
F. Van der Burch, archevêque-duc de Cambrai au
xvii° siècle. *Cambrai.* 1824. 4. *Douai.* 1857. 4. Portrait.
(Couronné par la Société d'émulation de Cambrai).—(*P.*)
Lefebvre (Charles Aimé). Van der Burch, archevêque
de Cambrai. Notice sur sa vie et les institutions de
charité dont il a doté la ville de Cambrai. *Par.* 1855.
8. (Extrait des *Mémoires de la Société d'émulation de
Cambrai.*)

Van der Duyn (le comte),
homme d'État hollandais.
Sirtema de Grovestins (N... N...). Notice et souvenirs
du comte Van der Duyn et du baron de Capellen. *Par.*
1852. 8. *
* Cet ouvrage, tiré à un très-petit nombre d'exemplaires, n'a pas
été mis dans le commerce.

Van der Heyden (Herman),
médecin belge (18 déc. 1572 — vers 1650).
Malcorps (F... J...). Notice sur H. Van der Heyden, de
Louvain, médecin-pensionnaire de la ville de Gand en
1612, s. l. et s. d. (*Anvers.* 1854.) 8. (Extrait des *Annales de la Société de médecine d'Anvers.*)

Vanderlinden (Pierre Bernard),
théologien belge (17 février 1766 — 15 avril 1842).
Notice sur M. P. B. Vanderlinden, ancien professeur à l'université de Louvain. *Louvain.* 1843. 12.

Vanderlinden (Pierre Léonard),
naturaliste belge (12 déc. 1797 — 5 avril 1831).
Morren (Charles François Antoine). Éloge historique de P. L. Vanderlinden. *Gand.* 1833. 8. *
> * Cet extrait du *Messager des sciences et des arts* est accompagné d'un portrait fait d'après le masque en plâtre, moulé après la mort de M. Vanderlinden.

Vanderlyn (John),
peintre (?) anglo-américain.
Review of the *Bibliographical sketch of J. Vanderlyn*, published by William Dunlap in his *History of the arts of designs*, with some additional notices respecting Mr. Vanderlyn, as an artist; by a friend of the artist. *New-York.* 1838. 8.

Van der Meere (le comte),
général belge.
Mémoire justificatif appuyé sur la vie politique et militaire du comte Van der Meere, accusé de complot et d'attentat contre la sûreté de l'État. *Brux.* 1842. 4.

Van der Mersch, voy. **Meersch**
(Jean André van der).

Vander Myle (Cornelis).
Boxhorn (Marcus Zuerius). Oratio in excessum C. Vander-Myle, academiæ Leidensis curatoris. *Lugd. Bat.* 1642. Fol. (*Ld.*)

Van der Noot,
famille belge.
Azevedo de Coutino y Bernal (J... F... A... F... de). Généalogie de la famille de Van der Noot, s. l. (*Louvain*). 1771. Fol.

Van der Noot,
peintre belge.
Gratulatio inaugurato D. Van der Noot Gandaviensi artisti, a patribus capucinis. *Gand.* 1729. Fol.

Van der Noot (Henri Nicolas),
coryphée de la révolution brabançonne (7 janv. 1735 — 13 janv. 1827).
Robineau, dit **Beaunoir** (Alexandre Louis Bertrand). Les masques arrachés, ou vies privées de LL. EE. H. Van der Noot et Van Eupen, de S. E. le cardinal de Malines et leurs adhérents. *Lond.* (*Brux.*) 1790. 2 vol. 18. *Anvers.* 1791. 2 vol. 18. * Trad. en allem. (par Ernst August Christian STRASSER et Johann Andreas GENSSLER). *Hildburgh.* 1791. 8.
> * Cet écrit, publ. s. l. pseudonyme de Jacques LESUEUR, est très-rare.

Vreede (N... N...). Incarcération d'H. Van der Noot à la citadelle de Bois-le-Duc en 1796, s. l. et s. d. 8.
Grafschrift van H. Van der Noot, geb. te Brussel den 7 jan. 1735, gest. te Stroombeeck den 18 jan. 1827, mit berigt over dat geschlacht, s. l. et s. d. (1840). 8. (Extrait du *Konst- en Letterbode*.) — (*Ld.*)

Vanderschelden (Paul),
sculpteur belge du XVe siècle.
Straeten (Edmond van der). Les maîtres de P. Vanderschelden, auteur du portail de la salle échevinale à Audenarde, s. l. et s. d. (*Anvers.* 1853.) 8. (Extrait des *Annales de l'Académie d'archéologie de Belgique*.)

Vandervrecken (Gisbert Jean Alexandre),
jurisconsulte hollandais (16 août 1768 — 7 oct. 1845).
Notice sur M. G. J. A. Vandervrecken, licencié en droit de l'université de Louvain. *Louvain.* 1846. 12.

Van Dyck, voy. **Dyck** (Antoine van).

Vane (Henry),
homme d'État anglais (1612 — décapité le 4 juin 1661).
Life, death and gospel principles of H. Vane, with his tryal, s. l. (*Lond.*) 1662. 4. Portrait. (*Oxf.*)
Life and death of sir H. Vane, s. l. et s. d. (*Lond.*) 1662. 4.
(**Sikes**, Georges). Life and death of sir H. Vane, knight, or a short narrative of the main passages of his earthly pilgrimage. *Lond.* 1662. 4. (*Oxf.*)
Tryal of sir H. Vane. *Lond.* 1662. 4. (*Oxf.*)

Vaneng (Saint),
patron de la ville de Ham.
(**Labbé**, Christophe). Vie de S. Vaneng, fondateur de l'abbaye de Fécamp et patron de la ville de Ham. *Par.* 1700. 12.

Van Espen, voy. **Espen** (Zeger Bernard van).

Van Eupen (Pierre Jean Simon),
l'un des coryphées de la révolution brabançonne (12 nov. 1744 — 14 mai 1804).
Robineau, dit **Beaunoir** (Alexandre Louis Bertrand). Les masques arrachés, ou vies privées de LL. EE. Henri Van der Noot et Van Eupen, de S. E. le cardinal de Malines et leurs adhérents. *Lond.* (*Brux.*) 1790. 2 vol. 18. *Anvers.* 1791. 2 vol. 18. * Trad. en allem. (par Ernst August Christian STRASSER et Johann Andreas GENSSLER). *Hildburgh.* 1791. 8.
> * Cet écrit, publ. s. l. pseudonyme de Jacques LESUEUR, est très-rare.

Van Eycken (Jean Baptiste),
peintre belge (16 sept. 1809 — 19 déc. 1853).
Catalogue des tableaux, esquisses, études à l'huile, dessins, estampes, etc., délaissés par feu J. B. Van Eycken, précédé d'une notice sur J. B. Van Eycken, peintre d'histoire, etc., par Lambert Adolphe Jacques QUETELET. *Brux.* 1854. 8.
Quetelet (Lambert Adolphe Jacques). Discours prononcé aux funérailles de J. B. Van Eycken, s. l. et s. d. (*Brux.* 1854.) 12. (Extrait de l'*Annuaire de l'Académie royale de Belgique*.)

Van Hille (Martin),
médecin belge.
Broeckx (Charles). Notice sur M. Van Hille, licencié en médecine de l'université de Louvain, professeur à l'école de chirurgie d'Anvers. *Anvers.* 1851. 8. Portrait.

Van Hoorebeke, voy. **Hoorebeke**.

Vanhove, voy. **Talma**, née **Vanhove**.

Vanière (Jacques),
poète français (9 mars 1664 — 22 août 1739).
Lombard (Théodore). Vie du P. Vanière. *Par.* 1739. 12. (*P.*) *Ibid.* 1744. 12.

Vanini (Lucilio),
philosophe italien (1585 — exécuté le 19 février 1619).
Olearius (Johann Gottlieb). Dissertatio prior de vita et fatis L. Vanini. *Jenæ.* 1708. 4. (*D.* et *P.*)
—— Dissertatio posterior de L. Vanini scriptis et opinionibus. *Jenæ.* 1708. 4. (*D.* et *L.*)
Schramm (Johann Moritz). De vita et scriptis famosi athei, L. Vanini, tractatus singularis, in quo genus, mores et studia, cum ipsa morte horrenda, e scriptis suis rarioribus et aliis fide dignis auctoribus selecta sunt, etc. *Custrin.* 1709. 4. (*L.* et *Oxf.*) *Ibid.* 1715. 8.
(**Arpe**, Peter Friedrich). Apologia pro L. Vanini, Neapolitano. *Cosmopol.* (*Rotterd.*) 1712. 8.
(**Durand**, David). La vie et les sentiments de L. Vanini. *Rotterd.* 1717. 12. (*Lv.*)
Life of L. Vanini, with an abstract of his writings. *Lond.* 1730. 12. (*Oxf.*)
F(uhrmann) W(ilhelm) D(avid). Leben und Schicksale, Geist, Character und Meinungen des L. Vanini, etc. *Leipz.* 1800. 8. (*D.* et *L.*)
Staeudlin (Carl Friedrich). Spicilegium apologiæ pro L. Vaninio, etc. *Goetting.* 1802. 4.

Vanloo (Carle André),
peintre français (1705 — 15 juillet 1765).
(**Dandré-Bardon**, Michel François). Vie de C. Vanloo. *Par.* 1765. 12. (*P.*)
(**Fontaine-Malherbe**, Jean). Éloge de C. Vanloo. *Par.* 1767. 12. (*P.*)

Van Male (J... P...),
poète hollandais.
Van de Putte (F...). Levensschets van J. P. Van Male, dichter en geschiedenisschrijver. *Brugge.* 1843. 8.

Van Mons, voy. **Mons** (Jean Baptiste van).

Vannetti (Clementino),
biographe italien (14 nov. 1754 — 13 mars 1795).
Lorenzi (Costantino). Memorie intorno alla vita ed opere scritti di C. Vannetti. *Ticini.* 1795. 8. *Rovered.* 1805. 8.
Cesari (Antonio). Vita del cavaliere C. Vannetti da Rovereto. *Veron.* 1818. 8. (*Oxf.*)

Vannetti (Giuseppe Valeriano),
littérateur italien (1719 — vers 1766).
Chiaramonti (Giovanni Battista). Vita del cavaliere G. V. Vannetti. *Bresc.* 1766. 4.

Vannini (Catarina),
religieuse italienne.
(**Borromeo**, Federigo). I tre libri della vita della vene-

rabile madre suor C. Vannini, Sanese, monaco convertita. *Milan.* 1618. 4. *Rom.* 1699. 4. *Padov.* 1756. 8. Portrait.

Alby (Henri). Vie de sœur C. Vannini, converse de Tienne. *Lyon.* 1655. 12.

Vannucci (Pietro), voy. **Perugino**.

Van Praet (Joseph Basile Bernard),
bibliographe belge (29 juillet 1754 — 5 février 1837).

Daunou (Pierre Claude François). Notice biographique sur J. B. B. Van Praet. *Par.* 1839. 8. (*P.*)

Reiffenberg.(Frédéric Auguste Ferdinand Thomas de). Notice biographique sur M. J. B. B. Van Praet, conservateur de la bibliothèque royale de Paris, membre de l'Institut de France, etc. *Brux.* 1840. 12. (*Bx.*)

Magnin (Charles). Notice historique sur J. B. B. Van Praet. *Par.* 1845. 8. (*P.*)

Van Roo (Joannes Bartholomaeus),
prêtre hollandais (24 août 1716 — 5 janvier 1798).

Leven van den zeer eerw. heer J. B. Van Roo, kanonik gradueel en aertspriester der kathedraele kerk tot Yper. *Yper,* s. d. (1802). 8. Portrait.

Van Schaack (Peter),
Anglo-américain.

Van Schaack (Henry Charles). Life of P. Van Schaack. *New-York.* 1842. 8.

Vanvitelli (Ludovico),
architecte italien (1700 — 1er mars 1773).

(**Vanvitelli**, Luigi). Vita dell' architetto L. Vanvitelli. *Napol.* 1825. 8. Portrait. (*Oxf.*)

Varano (Alfonso),
poëte italien (13 déc. 1705 — 23 juin 1788).

Pannelli (Emidio). Elogio storico di A. Varano, s. l. 1790. 8. (*Oxf.*) *Rom.* 1826. 8.

Varchi (Benedetto),
poëte et historien italien (1502 — 18 déc. 1565).

Salviati (Leonardo). Orazione funerale nell' essequie di B. Varchi. *Firenz.* 1565. 4. (*P.*)

Varéliaud (Antoine),
chirurgien français (13 août 1776 — 19 août 1840).

Le docteur A. Varéliaud, chevalier de l'empire, ancien chirurgien de l'empereur Napoléon, membre de la Légion d'honneur. *Par.* 1853. 8. (Extrait du *Nécrologe universel du xixe siècle*.)

Varenbuhler (Johann Conrad),
théologien (?) allemand.

Hessenthaler (Magnus). Cippus bonæ memoriæ J. C. Varenbuleri. *Tubing.* 1637. 4.

Varenbuhler (Nicolaus),
jurisconsulte allemand (1519 — 1604).

Harprecht (Johann). Oratio funebris de ortu, vitæ cursu et obitu N. Varenbuleri. *Tubing.* 1605. 4.

Varenius (August),
théologien allemand (20 déc. 1620 — 15 mars 1684).

Programma academicum in A. Varenii funere. *Rostoch.* 1684. 4.

Varenne de Fenille (Philibert Charles Marie),
agronome français (guillotiné le 14 février 1794).

Mermet (Louis François Emmanuel). Éloge historique de Varenne de Fenille, ancien receveur général des impositions de Bresse et Dombes, etc. *Lons-le-Saulnier.* 1816. 8.

Grognier (Louis François). Éloge de M. Varenne de Fenille, couronné en 1815 par la Société d'émulation et d'agriculture du département de l'Ain. *Par.* 1817. 8.

Varetoni (Osvaldo).

Menegazzi (Giovanni). Elogio di O. Varetoni, piovano di Candide, con aggiunta di alcune memorie relative al Cadore, raccolte dell' abate Cadorin. *Venez.* 1821. 8.

Vargas (Tomás Tamayo de),
historien espagnol († 2 sept. 1641).

Mendez (Juan Francisco). Panegyrico sepulcral a la memoria postuma del D. T. Tamajo de Vargas, cronista major que fue de Su Magestad en los reynos de Castella y las Indias. *Sarag.* 1641. 4.

Varhaona (Lopez),
Espagnol.

Caroli (Stefano). Oratio in laudem L. Varhaonæ, Hispani. *Bonon.* 1579. 4. (*P.*)

Varicourt (Pierre Marie Roulph de),
évêque d'Orléans († 9 nov. 1822).

Chaboux (N... N...). Oraison funèbre de Mgr. P. M. Roulph de Varicourt, évêque d'Orléans. *Orléans.*1825.8.

Desportes (Charles Edouard Boscheron-). Notice historique et biographique, ou éloge de Mgr. P. M. Roulph de Varicourt, évêque d'Orléans. *Par.* et *Orléans.*1823.8.

Varik (Gerrit van),
pédagogue hollandais.

Uitwerf Sterling (Johannes Jacobus). Hulde aan de nagedachtenis van G. van Varik, etc., s. l. et s. d. (*Amst.* 1825.) 8. (*Ld.*)

Varignon (Pierre),
mathématicien français (1654 — 1722).

Puiseux (L...) et **Charles** (E...). Notice sur (François de) Malherbe, (Pierre Simon de) La Place, Varignon, (Guillaume François) Rouelle, (Louis Nicolas) Vauquelin, (Victor Collet) Descotils, (Augustin Jean) Fresnel et (Jules Sébastien César) Dumont d'Urville. *Caen.* 1847. 12.

Varillas (Antoine),
historien français (1624 — 9 juin 1696).

Boscheron (N... N...). Varillasiana. *Amst.* (*Par.*) 1754. 12. * (*P.*)
* En tête de cette brochure se trouve un éloge de Varillas.

Varin (Jean), voy. **Warin** (Jean).

Varius (Lucius),
poëte romain (contemporain de Virgile).

Weichert (August). Commentatio prima de L. Vario poeta. *Grimm.* 1829. 4.
—— Dissertatio de L. Varii et Cassii Parmensis vita et carminibus. *Grimm.* 1836. 8. (*L.*)

Várkony (Thaddaeus, Graf Amadé v.),
musicien hongrois (?).

Schmidt (August). Denksteine. Biographien v. Ignaz Ritter v. Seyfried, Johann Edlen v. Eybler, Ignaz Franz Edlen v. Mosel, Wolfgang Amadeus Mozart (Sohn), Hieronymus Payer, Johann Gänsbacher, Joseph Weigl, T. Grafen Amadé v. Várkony. *Wien.* 1848. 8. Avec les portraits de chacun de ces artistes.

Varnberger (Joseph Valentin),
pédagogue allemand.

Schellhorn (Andreas). J. V. Varnberger, nach seinem Leben und Wirken geschildert, etc. *Erlang.* 1816. 8.

Varnhagen v. Ense, née Marcus
(Rahel Antonie Friederike),
bel-esprit allemande (19 mai 1771 — 7 mars 1833).

(**Varnhagen v. Ense**, Carl August). Rahel. Buch des Andenkens für ihre Freunde. *Berl.* 1834. 3 vol. 8. Portrait. (*L.*)

Kunz (Carl Friedrich). Rahel. Geistes- und Charactergemälde dieser grossen Frau, etc. *Bamb.* 1835. 12. *
* Publ. s. l. pseudonyme de Z... Funck.

Über Rahels Religiosität; von einem ihrer ältern Freunde. *Leipz.* 1836. 8. (*L.*)

Custine (A... de). Madame de Varnhagen. *Lond.* 1838. 12.

Varro (Marcus Terentius),
auteur romain (vers 116 — 27 avant J. C.).

Brever (Johann). M. Varro rei litterariæ Æsculapius. *Marb.* 1640. 4. (*Oxf.*)

Schmid (Carl Ferdinand). Programma de M. T. Varrone legum XII tabularum interprete. *Witteb.* 1794. 4. (*D.* et *E.*)

Berwick (Edward). Life of Asinius Pollio, T. Varro and Cornelius Gallus. *Lond.* 1815. 8. (*Oxf.*)

Pape (Justus Wilhelm). Dissertatio historico-litteraria de M. T. Varrone. *Lugd. Bat.* 1835. 8. (*Ld.*)

Ley (Franz). Programma de vita scriptique Menippi Cynici et de satira M. T. Varronis *Menippea*. *Colon.* 1843. 4.

Varro Atacinus (Publius Terentius),
poëte romain (contemporain de Jules César).

Wuellner (Friedrich). Commentatio de P. T. Varronis Atacini vita et scriptis. *Monast.* 1829. 4.

Varus (Quintilius),
général romain (se tuant l'an 9 après J. C.).

Sokolnicki (Michel). Recherches sur les lieux où périt Varus avec ses légions. *Par.,* s. l. (vers 1812). 8. (*P.*)

Essellen (M... F...). Nachtrag zu der Abhandlung : Über den Ort der Niederlage der Römer unter Varus. *Hamm.* 1853. 8.

Vasconcellos (Luiz Mendes de),
grand-maître des chevaliers de Malte.

Pereyra de Lima (Antonio). Acciones de la vida de F. L. Mendes de Vasconcellos, gran maestro, etc. *Lisb.* 1672. 8. Trad. en portug. (par Miguel Lopes FERREIRA). *Lisb.* 1731. 4.

Vasconcellos Sarmento e Sa (Jozé),
homme d'État portugais.

Cezar (Claudio). Elogio poetico do senhor J. Vasconcellos Sarmento e Sa. *Lisb.* 1780. 4.

Vason (George),
Anglais.

Orange (James). Narrative of the late G. Vason, of Nottingham. *Derby.* 1840. 8. (*Oxf.*)

Vass (Daniel),
jurisconsulto hongrois († 1741).

Tsepregi Turkovitz (Ferencz). Vass D. de Tzege, tabulæ regiæ judiciariæ in Transylvania assessor, etc., dictione funebri collaudatus, s. l. 1741. 4.

Zagoni (András). Halotti Orátió Vass D. *Kolosvar.* 1741. 4.

Deáki (Filep Josef). Halotti Tanitaso Vass D. *Kolosvar.* 1741. 4.

Nádudvari (Samuel). Halotti Predikátzió Vass D. *Kolosvar.* 1741. 4.

Martonfalvi (János). Halotti Beszed Vass D. *Kolosvar.* 1741. 4.

Vassalli-Eandi (Antonio Maria),
physicien italien (30 janvier 1761 — 11 juillet 1825).

Berruti (Secondo). Saggio sulla vita e sugli scritti del professore A. M. Vassalli-Eandi. *Torin.* 1825. 8. Portrait. (*Bx.* et *Oxf.*)

Vassé (Françoise de),
religieuse française († 1694).

(Cohon, N... N...). Lettre sur la mort de F. de Vassé, prieure perpétuelle du monastère et hôpital de S. Anastase dit de S. Gervais, s. l. et s. d. (1694). 4.

Vater (Abraham),
médecin allemand (9 déc. 1684 — 18 nov. 1751).

Weickhmann (Joachim Samuel). Oratio funebris in exequiis A. Vateri, publice perorata. *Witteb.* 1751. Fol. Parentalia bey dem Begräbnisse A. Vater's. *Wittenb.* 1752. 8. (*D.*)

Vater (Christian),
médecin allemand (1651 — 6 oct. 1732).

Wokenius (Franz). Programma in C. Vateri obitum, cum aliorum in eundem orationibus et carminibus, latinis ac germanicis. *Witteb.* 1732. Fol. (*L.*)

Vater (Cristofero),
médecin italien.

Tissot (Agostino). Dissertazione intorno i progressi di vita e di morte di C. Vater. *Padov.* 1783. 8. (*Oxf.*)

Vatout (Jean, dit Julien),
littérateur français.

Bescherelle (Louis Nicolas). Notice sur M. Vatout. *Par.* s. d. 8. (*Lv.*)

Vauban (Sébastien le Prestre de),
maréchal de France (1er mai 1633 — 13 mars 1707).

Carnot (Lazare Nicolas Marguerite). Éloge de S. le Prestre, seigneur de Vauban. *Par.* 1784. 8. *La Haye.* 1786. 8. (Couronné par l'Académie de Dijon.) — (*P.*)

Dembarrère (Jean). Éloge historique du maréchal Vauban, s. l. (*Par.*) 1784. 8.

Curel (Nicolas François de). Mémoire pour servir à l'éloge du maréchal de Vauban, s. l. 1786. 8.

Antilly (A... L... d'). Éloge de Vauban, s. l. (*Par.*) 1788. 8. (Omis par Quérard.)

Vergnes (M... de). Éloge du maréchal de Vauban. *Par.* 1789. 8. (*P.*)

Sauviac (J... A... E... de). Éloge du maréchal de Vauban. *Par.*, s. d. (1790). 8.

Noël (François Joseph). Eloge du maréchal de Vauban. *Par.*, an II (1790). 8. (Couronné par l'Académie française.) — (*P.*)

Amanton (Claude Nicolas). Vauban. *Dijon.* 1829. 8. (Tiré seulement à 50 exemplaires.) — (*Lv.*)

Chambray (George de). Notice historique sur Vauban. *Par.* 1845. 8. (*P.*)

Augoyat (Antoine Marie). Abrégé des services du maréchal de Vauban, fait par lui en 1705, publ. avec un supplément. *Par.* 1839. 8. (*P.*)

Vaublanc (le comte Vincent Marie **Viennot** de),
ministre français (2 mars 1756 — ...).

Vaublanc (Vincent Marie **Viennot** de). Souvenirs. *Par.* 1839. 2 vol. 8. (*P.*)

Vaudoncourt (Frédéric François Guillaume, baron de),
général français (24 sept. 1772 – 2 mai 1845).

Vaudoncourt (Guillaume de). Quinze ans d'un proscrit. *Par.* 1835. 2 vol. 12. (*Lv.*)

Thierry (François). Le général baron F. F. G. de Vaudoncourt, littérateur et historien, chevalier de la Légion d'honneur et de S. Louis, etc. *Par.* 1846. 8. (Extrait du *Nécrologe universel du xixe siècle.*)

Vaudrey (N... N...),
colonel français.

Sarrut (Germain) et **Saint-Edme** (B...). Biographies du colonel Vaudrey et du général Voirol. *Par.*, s. d. 4. Portrait. (Extrait de la *Biographie des hommes du jour.*)

Vauquelin (Louis Nicolas),
chimiste français (16 mai 1763 – 10 nov. 1830).

Puiseux (L...). et **Charles** (E...). Notice sur (François de) Malherbe, (Pierre Simon de) la Place, (Pierre) Varignon, (Guillaume François) Rouelle, (Louis Nicolas) Vauquelin, (Victor Collet) Descotils, (Augustin Jean) Fresnel et (Jules Sébastien César) Dumont d'Urville. *Caen.* 1847. 12.

Chevallier (A...). Inauguration d'un monument à la mémoire de L. N. Vauquelin. Notice biographique de ce chimiste. *Par.* 1850. 8.

Vauquelin de la Fresnaye (Jean),
poète français.

Pichon (Jérôme). Notices biographiques et littéraires sur la vie et les ouvrages de J. Vauquelin de la Fresnaye et de Nicolas Vauquelin des Yveteaux (1536 – 9 mars 1649) gentilhommes et poètes normands. *Par.* 1846. 8. (*P.*) — (Tiré à 100 exemplaires.)

Vautier (Jean Baptiste Dominique),
pédagogue français (14 avril 1792 – 23 février 1846).

Reiffenberg (Frédéric Auguste Ferdinand Thomas de). J. B. D. Vautier. *Brux.* 1847. 8. (Extrait du *Bulletin du Bibliophile belge.*) — (*Bx.*)

Vauvilliers (Jean François),
helléniste français (24 sept. 1737 – 23 juillet 1801).

Duret (N... N...). Notice biographique sur la vie et les ouvrages de Vauvilliers, s. l. et s. d. (*Par.* 1801). 8. (Extrait du *Magasin encyclopédique.*)

Vaux (James Hardy),
filou anglais.

Memoirs of the first thirty-two years of the life of J. H. Vaux, swindler and pickpocket ; now brought for the second time and for life, to New-South-Wales (écrits par lui-même et publ. par N... N... BARRON FIELD). *Lond.* 1819. 2 vol. 12.

Trad. en allem. *Leipz.* 1821. 2 vol. 8. (*L.*)
Trad. en holland. *Amst.* 1822. 2 vol. 8.

Vaz (Jozé),
prêtre portugais.

Rego Bramene (Sebastiano de). Vida de P. D. J. Vaz, etc. *Lisb.* 1745. 4.

Vaz * (Ruffilio),
capucin portugais (14 janvier 1607 — tué le 3 juin 1638).

Emmanuel de Rennes. Abrégé de la vie et martyre des RR. PP. Agathange de Vendôme et Cassien de Nantes, capucins-prêtres. *Rennes.* 1756. 12.
* Plus connu s. l. nom de Père CASSIEN.

Vecchi (Gregorio),
ingénieur italien.

Brigenti (Maurizio). Elogio del professore G. Vecchi, ingegnere in capo della legazione di Bologna. *Lugo.* 1844. 8.

Vecchio (Michele),
peintre italien (1730 — 1779).

Grossi (Mariano). Memoria su la vita e su le opere di M. Vecchio di Arci-Reale. *Palerm.* 1858. 4. Portrait.

Vecelli,
famille de peintres italiens.

Ticozzi (Stefano). Vite dei pittori Vecelli di Cadore, libri IV. *Milan.* 1817. 8. *

  * Contenant des notices historiques sur la vie de huit peintres de la famille Vecelli, c'est-à-dire : Francesco, Orazio, Marco (1545 — 1611), Tizianello, Fabrizio († 1580), Cesare (vers 1600), Tommaso († 1620) et Tiziano Vecelli.

Vecelli ou **Vecellio** (Tiziano),
peintre italien du premier ordre (1477 — 1576).

Breve compendio della vita del famoso Tiziano Vecellio di Cadore, cavaliere e pittore, con l' arborio della sua vera consanguineità. *Venez.* 1622. 4. Portrait. (Publ. par Francesco ACCORDINI.) *Venez.* 1809. 4. (*P.*)

Zondadella (Giovanni Battista). Elogio di Tiziano Vecellio. *Venez.* 1802. 8. (*Oxf.*)

Northcote (James). Life of Tizian, with an account of his pictures. *Lond.* 1830. 2 vol. 8. (*Oxf.*)

Wiegmann (R...). Über die Malweise des Tizian. *Düsseld.* 1827. 8. (*D.*)

Cadorin (Giuseppe). Dello amore ai Veneziani di T. Vecellio, delle sue case in Cadore e in Venezia e della vita de' suoi figlii, notizie. *Venez.* 1833. 4. Portrait.

—— Delle case abitate da T. Vecellio in Venezia, s. l. et s. d. (*Venez.* 1834). 8.

Vechner (David),
théologien allemand (13 mars 1594 — 15 février 1669).

Meirich (Elias). Concio funebris germanica in obitum D. Vechneri, cum ejusdem curriculo vitæ. *Goerlic.* 1670. 4. (Ecrit en allemand.)

Vedaste (Saint),
évêque d'Arras.

Meier (Antonius). Ursus, s. de rebus D. Vedasti, episcopi Atrebatensis, libri III. *Par.* 1580. 8.

Vedel (Anders Soerensen),
historiographe danois.

Wegener (Caspar Friedrich). Om A. S. Vedel, etc. *Kjoebenh.* 1847 (?). 4. *

  * Ce titre n'est pas tout à fait exact.

Vedel (Nicolaus),
théologien allemand.

Macovius (Joannes). Oratio in obitum N. Vedelii in academia Franekerana theologiæ professoris. *Amst.* 1660. 8.

Vega Carpio (Lope Felix de),
poëte espagnol du premier ordre (27 nov. 1562 — 26 août 1638).

Cardozo (Fernando). Oracion funebre de L. de Vega. *Madr.* 1633. 8.

Pellicer de Salas y Tovar (Jose). Epitafio y urna sacra o panegyrico funeral de F. Lope Felix de Vega. *Madr.* 1636. 8. (*Oxf.*)

Larramendi (Juan **Andossilla** de). Planto funebre en la muerte de L. F. de Vega Carpio. *Pamplon.* 1635. 4.

(**Montalvan**, Juan **Perez** de). Fama posthuma a la vida y muerte del doctor Frey L. F. de Vega-Carpio y elogios panegiricos à la inmortalidad de su nombre, etc. *Madr.* 1636. 4. (*Oxf.* et *P.*)

Holland (Henry Richard **Fox**, lord). Some account of the life and writings of L. F. de Vega-Carpio and Guillen de Castro. *Lond.* 1817. 2 vol. 8. (*Oxf.*)

Enk v. d. Burg (Michael Leopold). Studien über Lope de Vega-Carpio. *Wien.* 1839. 8.

Vegesack (Gotthard v.),
magistrat livonien (15 avril 1686 — 30 août 1764).

Ehrengedächtniss den unvergesslichen Verdiensten des weiland Herrn G. v. Vegesack, ältesten und wortführenden Bürgermeisters von Riga, etc. *Riga.* 1764. 4.

Vegni (Lionardo Massimiliano de),
architecte italien.

Rosso (Giuseppe del). Memorie per servire alla vita di L. M. de Vegni. *Firenz.* 1802. 8.

Vehr (Irenæus),
médecin allemand (7 février 1646 — 20 mars 1710).

Hensel (Zaccharias). Leichenpredigt für Doctor J. Vehr. *Frf. a. d. O.* 1710. 4.

Veiel (Elias),
théologien allemand (20 juillet 1635 — 23 février 1706).

Roth (Eberhard Rudolph). Memoria Veieliana. *Ulm.* 1707. 4. Trad. en allem. *Ulm.* 1708. 4. (*D.*)

Veiel (Samuel),
médecin allemand.

Strohmeyer (Carl Ludwig). Leichenpredigt bei dem Tode S. Veicl's, Doctoris medicinæ. *Ulm.* 1707. 4.

Veillodter (Valentin Carl),
théologien allemand (10 mars 1759 — 11 avril 1828).

Seidel (Gotthold Emmanuel Friedrich). Rede zum Andenken an Doctor V. C. Veillodter, etc. *Nürnb.* 1828. 4.

Veitch (William),
historien (?) écossais.

M'Crie (Thomas). Memoirs of Mr. W. Veitch and George Brysson, written by themselves, with other narratives illustrative of the history of Scotland from the restoration of the revolution. *Edinb.* 1825. 8. (*Oxf.*)

Velasco (Luis de),
homme d'État espagnol (décapité en 1625).

Carlier (Jean Joseph). D. L. de Velasco. *Dunkerque.* 1853. 8. (Extrait des *Mémoires de la Société dunkerquoise.*)

Velasco y Cifra (Jean Fernandez de),
connétable d'Espagne.

Lopez de Mendiçorroz (Firmino). Observaciones de la vida del condestable D. J. F. de Velasco y Cifra de sus dictamenes. *Vigeven.* 1625. 4.

Velasquez (Giuseppe),
peintre italien (10 déc. 1750 — 7 février 1827).

Gallo (Agostino). Vita di G. Velasquez, Palermitano, egregio depintore. *Palerm.* 1843. 8. (*Oxf.*)

Velbruck (François Charles, comte de),
prince-évêque de Liège (11 juin 1719 — 30 avril 1784).

Reynier (Augustin Benoit). Éloge funèbre de F. C. de Velbruck. *Liège.* 1785. 4. (Echappé aux récherches de Quérard.)

Velde (Cornelis van den),
jurisconsulte hollandais († 1731).

Hartmann (Johann Adolph). Oratio funebris in obitum C. van den Velde. *Marb.* 1751. 4. (*L.*)

Velde (Jacob van den),
médecin hollandais († ... août 1737).

Hartmann (Johann Adolph). Oratio funebris in obitum J. van den Velde, augusti Succorum regis consiliarii et archiatri primarii, medicinæ professoris, etc. *Marb.* 1757. 4. (*L.*)

Velde (Jan Frañs van de),
évêque de Gand.

Levensschets van J. F. van de Velde, bisschop van Gent. *Gent.* 1838. 8.

Veleda ou **Velleda,**
prophétesse germanique (vers 70 après J. C.).

Dommerich (Johann Christoph). Exercitatio de Aurinia et Veleda, feminis Germanorum faticidis, ad Taciti Germaniæ cap. VIII. *Guelpherb.* 1756. 4. *

Vella (Giuseppe),
imposteur littéraire italien (vers 1750 — vers 1824).

Hager (Joseph). Nachricht von einer literarischen Betrügerei, etc. *Erlang.* 1799. 4. (*D.* et *L.*)Trad. en franç. *Erlang.* 1799. 4.

Vellejus (Paterculus),
historien romain (contemporain de l'empereur Tibère).

Moller (Daniel Wilhelm). Disputatio circularis de Vellejo Paterculo. *Altorf.* 1685. 4. (*L.* et *Lv.*)

Morgenstern (Carl). Commentatio de fide historica Vellei Paterculi, etc. *Gedan.* 1798. 8.

Speckert (L...). Dissertation de la sincérité de Vellejus Paterculus. *Toulouse.* 1848. 8.

Velpius (Rutger),
imprimeur belge du XVIe siècle.

Ch(alon) R(enier). R. Velpius, imprimeur à Mons, s. l. et s. d. (*Brux.*) 8. (Extrait du *Bulletin du Bibliophile belge.*)

Veltheim (Herren v.),
famille allemande.

Nolte (Rudolph August). Commentatio de illustri Velthemiorum familia. *Helmst.* 1727. 4.

Veltheim (August Ferdinand, Graf v.),
historien allemand (18 sept. 1741 — 2 oct. 1801).

Henke (Heinrich Philipp Conrad). Elogium A. F. comitis a Veltheim. *Helmst.* 1802. 4. Portrait. (*D.*)

Velzi (Giuseppe Maria),
cardinal-évêque de Montefiascone.
Ramella (Tommaso Giuseppe). Elogio funebre dell' eminentissimo G. M. Velzi. *Genov.* 1857. *4.*

Venanzi (Luigi),
médecin italien († 5 avril 1836).
Necrologia del dottore L. Venanzi. *Bergam.* 1857. 8.

Venanzio (San),
patron de la ville de Camerino.
Perbenedetti (Andrea). Rappresentazione della vita e martirio di S. Venanzio da Camerino. *Camerin.* 1617. *4.*
Paseucci (Matteo). Vita di S. Venanzio martire. *Pesar.* 1693. *4.*
Atti di S. Venanzio , protettore principale della città e stato di Camerino. *Rom.* 1795. 8.

-Venceslas IV, dit **l'Ivrogne** ou le **Fainéant,**
empereur d'Allemagne et roi de Bohême
(1361 — 1378 — déposé le 22 août 1400 — 16 août 1419).
Thomasius (Christian). Quæstio : an imperator Wenceslaus legaliter sit depositus et tantis vitiis contaminatus ut vulgo creditur? *Aug. Vind.* 1693. *4.*
Schmincke (Johann Hermann). Dissertatio historica de Wenceslao rege Romanorum. *Marb.* 1718. *4. (D.) Lips.* 1742. *4. (L.)*
Ritter (Johann Daniel). Dissertatio qua errores circa captivitates Wenceslai Romanorum Bohemiæque regis ab historicis admissi expediuntur⋄*Witteb.* 1765. *4.*
Will (Georg Andreas). Dissertatio de Wenceslao imperatore et statu utriusque reipublicæ sub eodem. *Altorf.* 1766. *4. (D.)*
Pelzel (Franz Martin). Lebensgeschichte des Römischen und Böhmischen Königs Wenceslaus. *Prag.* 1788-90. 2 vol. 8. Portrait. *(D. et L.)*

———

Griebner (Michael Heinrich). Programma de Wenceslai regis Bohemiæ S. R. J. per terras Misenas orientalem et Pleissensem vicariatu generali. *Witteb.* 1728. *4.*

Vendevilla (Juan de),
jurisconsulte espagnol (24 juin 1527 — 15 oct. 1592).
Enriquez (Juan Chrisostome). Compendio de la vida de D. J. de Vendevilla, consegero de magestad catolica en la consejo privado de Flandes. *Brussel.* 1630. *4.*

Vendôme, duc de **Beaufort** (François),
général des galères.
Cosmi (Stefano). In funere F. Vindocinensis, ducis Belfortii, universæ rei maritimæ regis christianissimi præfecti atque in Cretica expeditione classis pontificiæ imperatoris oratio, etc. *Venet.* 1669. *4.*

Vendôme (Louis Joseph, duc de),
général français (1654 — 11 juin 1712).
Gramen (N... N...). Oraison funèbre de L. J., duc de Vendôme. *Par.* 1712. *4.* (Non mentionné par Quérard.)
Juillard du Jarry (Laurent). Oraison funèbre de L. J., duc de Vendôme. *Par.* 1712. *4.* (Omis par Quérard.)
Bellerive (N... N...). Histoire des dernières campagnes de L. J., duc de Vendôme, etc., avec son éloge, etc. *Par.* 1714. 12.
Villeneuve (N... N... de). Éloge historique de L. J., duc de Vendôme, généralissime des armées de France et d'Espagne. *Agen et Par.* 1785. 8. (Couronné par l'Académie de Marseille.) — *(P.)*
Le duc de Vendôme en Espagne. Précis historique de sa vie et de ses dernières campagnes. *Par.* 1824. 8. *(P.)*

Vendôme (Matthieu de), voy. **Matthieu de Vendôme.**

Vendramino (Francesco),
cardinal-patriarche de Venise.
Grisogono (Simone). Panegirico in lode di F. Vendramino, patriarca di Venezia. *Venez.* 1608. *4.*
Pasini (Pietro). In laudes illustrissimi et reverendissimi D. J. Vendramini, patriarchæ Venetiarum, panegyricus. *Venet.* 1608. *4.* (Poëme en hexamètres.)
Spera (Simonetto). Orazione a F. Vendramino, patriarca di Venezia. *Venez.* 1609. *4.*
Savio (Giovanni Paolo). Oratio in funere F. Vendramini cardinalis patriarchæ Venetiarum. *Venet.* 1619. *4.*
Canobbio (Pietro Giorgio). In funere illustrissimi ac

reverendissimi F. Vendramini cardinalis et patriarchæ Venetiarum oratio. *Venez.* 1619. *4.*

Venduillius (Joannes),
évêque de Tournai.
Zoesius (Nicolaus). J. Venduillii, J. U. D. Lovaniensis et episcopi Tornacensis vita. *Duaci.* 1598. 8. *(Bes.)*

Venediger (Adam),
jurisconsulte allemand (18 février 1585 — 16 oct. 1642).
Schechs (Jacob Peter). Leichpredigt auf Herrn A. Venediger, J. U. L. und des kaiserlichen Gerichts zu Linz Advocati, etc. *Nürnb.* 1642. *4.*

Venel (Gabriel François),
médecin français (5 août 1723 — 29 oct. 1775).
Éloge historique de Venel, médecin de Montpellier, inspecteur des eaux minérales de France. *Grenoble.* 1777. 8.

Venema (Herman),
théologien hollandais (1697 — .. mai 1787).
Verschuir (Jan Henrick). Elogium H. Venemæ, dum viveret SS. theologiæ doctoris, etc. *Franeq.* 1788. 8.*(Lv.)*
Bakker (Jan). Lofrede op H. Venema. *Amst.* 1801. 8.

Venera (Sainte),
martyre italienne.
Gravina (Francesco). Vita di S. Venera, da' Latini detta Veneranda, da' Greci Parasceve, vergine e martire, predicatrice di Cristo. *Palerm.* 1645. 4.
Scandura (Arcangelo). Albero della vita. Discorso panegirico in lode della gloriosa vergine e martire S. Venera. *Messin.* 1656. 4.
Doria (Vincenzo). Vita della gloriosa S. Venera o Veceranda. *Palerm.* 1661. 8. *Ibid.* 1676. 8. *Ibid.* 1678. 8.
Crasso (Anselmo). Ammirande notitie della patria, vita e trionfi della gloriosa S. Venera, della pur Veneranda e da' Greci Parasceve, predicatrice evangelica, vergine e martire del regno di Sicilia, cittadina e tutelar padrona dell' amplissima città di Aci. *Messin.* 1668. *4.*
—— Compendio dell' ammirande notitie della patria, vita e trionfi di S. Venera, etc. *Catania.* 1687. 4. (Abrégé de l'ouvrage précédent.)

Vénérand (Saint),
martyr français.
(Chemin, Jean Baptiste). Vie de S. Mauxe et de S. Vénérand, martyrs. *Evreux.* 1752. 12. *(P.)*

Venerini (Rosa),
religieuse italienne du xviiie siècle.
Andreucci (Andrea Girolamo). Ragguaglio della vita della serva di Dio R. Venerini, Viterbese, istitutrice delle scuole e maëstre pie. *Rom.* 1752. 4. Port. *(Oxf.)*

Venerio (Girolamo),
savant italien.
(Fabris, Luigi). In morte di G. Venerio. *Udin.* 1845. 8.
Bassi (Giovanni Battista). Elogio di G. Venerio. *Udin.* 1844. 8. Portrait.

Venier (Niccolò),
procurateur de Saint-Marc.
(Gozzi, Gasparo). Orazione delle lodi di N. Venier, procuratore di S. Marco. *Venez.* 1740. 4.
Grandi (Giovanni Battista). Orazione nell' ingresso del procuratore N. Venier. *Venez.* 1740. 4.

Venier (Sebastiano),
doge de Venise.
Manzini (Gregorio). Oratio in funere S. Venerii, serenissimi ducis Venetiarum. *Patav.* 1578. 4.

Venier (Sebastiano),
magistrat italien.
Lazzaroni (Lazzaro). Panegirico in lode di S. Venier, patrizio Veneto, provveditore sopra la sanità in Vicentina. *Vicenz.* 1656. 4.

Venier (Sebastiano),
évêque de Vicence.
Vicario (Vincenzo). Oratio in funere S. Venerii, Vicentini episcopi. *Patav.* 1758. 8.

Venier (Sebastiano),
procurateur de Saint-Marc.
Depouthez (Gaetano). Orazione al procuratore di S. Marco S. Venier. *Venez.* 1762. 4.
Tarmetta (Giovanni). Oratio ad S. Venerium, D. Marci procuratorem. *Venet.* 1762. 4.

Oratio de S. Venerio, D. Marci procuratore. *Venet.* 1762. 4.

Venn (Henry),
théologien anglais.

Venn (Henry). Life and selections from the letters of the late Rev. H. Venn, with a memoir by J... **Venn.** *Philad.* 1849. 12. *Lond.* 1855. 12. (7e édition.)

Ventadour (Anne de **Lévis**, duc de),
lieutenant général de Languedoc.

Discours funèbre aux honneurs de messire A. de Levy, duc de Ventadour, lieutenant général en Languedoc. *Tulles.* 1625. 8.

Ventenat (Étienne Pierre),
botaniste français (1er mars 1757 — 13 août 1808).

Notice sur Ventenat. *Par.* 1808. 8. (Extrait du *Journal de botanique.*)
Cuvier (George). Éloge de É. P. Ventenat. *Par.* 1819. 8. (*P.*)

Ventimiglia, marchesa di **Giarratana** (Giovanna d'**Aragona** e),
dame italienne.

Spucces (Fabrizio). Orazione funerale nell' esequie dell' illustrissima signora D. G. d' Aragona e Ventimiglia, marchesa di Giarratana, etc. *Catania.* 1659. 4.

Ventimiglia (Giovanni),
poète italien (1624 — 3 oct. 1665).

Natale (Giovanni). Idea del perfetto filosofo. Orazione funerale per la morte di D. G. Ventimiglia. *Napol.* 1669. 4.

Ventura (Gioachimo),
ex-général des théatins du XIXe siècle.

(**Vavasseur**, E...). Ventura. *Par.* 1851. 8. (*P.*)

Ventura (Manuel),
savant espagnol.

Figueroa (Manuel **Ventura** de). Elogio funebre de M. Ventura. *Madr.* 1783. 4. (*Oxf.*)

Ventura Venier (Teresa),
artiste italienne.

Pianti di Elicona sulla tomba di T. Ventura Venier. *Parma.* 1790. 4.

Venturi (Pietro),
littérateur italien.

Cicconetti (Filippo). Elogio biografico di P. Venturi. *Rom.* 1846. 8.

Venturoli (Angelo),
architecte italien.

Bolognini-Amorini (Antonio). Elogio storico di A. Venturoli, architetto Bolognese. *Bologn.* 1827. 8. Portrait.

Vénus,
personnage mythologique.

Mosbach (Philipp Wilhelm). Programma de diis polymorphis et conjectatio de Venere Ambologera. *Giess.* 1768. 4.
Larcher (Pierre Henri). Mémoire sur la déesse Vénus. *Par.* 1775. 12. (Couronné par l'Académie royale des inscriptions et belles-lettres de Paris.) — (*P.*)
(**Dalléra**, Johann Anton Franz). Über die Attribute der Venus, für Künstler und Alterthumsforscher. *Wien.* 1785. 8. *
* Dissertation publiée sous le pseudonyme de Carl Richter.
Lenz (Carl Gotthold). Die Göttin von Paphos und Baphomet, auf alten Bildwerken. *Gotha.* 1808. 4. (*D.*)
Balbi (Ambrogio). Dissertazione risguardante il culto di Venere Ericina. *Torin.* 1824. 8.
Guignaut (Jean Dominique). La Vénus de Paphos et son temple. *Par.* 1827. 8. (*P.*)
Lajard (François). Recherches sur le culte, les symboles, les attributs et les monuments figurés de Vénus en Orient et en Occident. *Par.* 1837. Fol. (*P.*)

Venuti (Niccolò Marcello, marchese),
archéologue italien (1700 — .. juillet 1755).

Pietosi uffici prestati in Cortona alla memoria del marchese N. M. Venuti. *Livorn.* 1755. 8.
Coltellini (Ludovico). Elogium N. M. Venuti. *Florent.* 1755. 8.

Vera (Francisco de),
diplomate espagnol.

Piccolomini (Enea). Oratio in funere F. de Verá, Aragonci, pro Philippo II, Hispaniarum rege, deinde pro

Philippo III apud Venetam rempublicam legati. *Venet.* 1603. 4. (*P.*)

Vera y Figueroa (Fernandes Carlos Antonio de),
diplomate espagnol:

Cosmi (Stefano). In funere illustrissimi atque excellentissimi D. D. F. C. A. de Vera y Figueroa, comitis de Rocca, etc., Philippi IV regis catholici apud serenissimam rempublicam (Venetiarum) oratoris, oratio. *Venet.* 1662. 4.

Veratti (Giovanni Battista).

Lugli (Giuseppe). Discorso in lode di G. B. Veratti. *Rom.* 1829. 8. (*Oxf.*)

Veratti (Laura Maria Caterina **Bassi**),
savante italienne (30 oct. 1711 — 21 février 1778).

Elogio della signora L. Bassi-Veratti. *Bologn.* 1778.8.(*Oxf.*)

Verbiest (Ferdinand),
missionnaire belge (9 oct. 1623 — 28 janvier 1688).

Carton (Charles). Notice biographique sur le Père F. Verbiest, missionnaire à la Chine. *Bruges.* 1839. 8. Portrait.

Verboecz (István),
homme d'État transylvanien (1475 — 1541).

Wallaszky (Paul). Dissertatio historico-epistolica de S. Verboeczio JCto Hungariæ celeberrimo. *Lips.* 1768. 4.
Izdenczy (Josef). Etwas von Verboecz, dem Verfasser des sogenannten *Juris tripartiti Hungarici*, s. aliquid de Verboeczio, etc., s. l. et s. d. 8. (En allem. et en lat.)

Vercingétorix,
chef gaulois (étranglé 46 avant J. C.).

Villevaut (Isaac). Discours mémorable du siége mis par César devant Gergovia, ancienne et principale ville d'Auvergne, et de la mort de Vercingétorix, roi des Auvergnats. *Par.* 1789. 8. (*P.*)

Verdant (N... N...),
prêtre français (1772 — 2 août 1839).

Notice biographique à l'heureuse mémoire de M. Verdant, ancien curé de Villers. *Besanç.* 1840. 12. (*Bes.*)

Verdi (Giuseppe),
compositeur italien (9 oct. 1814 — ...).

Bermani (Bartolommeo). Schizzi sulla vita e sulle opere del maëstro G. Verdi. *Milan.* 1846. 8.

Verdié (Mesle),
poète français.

Bal (Charles). Essai sur les poésies françaises et gasconnes de M. Verdié, poëte bordelais. *Bordeaux.* 1847. 8.

Verdier (César),
chirurgien français (24 juin 1685 — 19 mars 1759).

Louis (Antoine). Éloge de MM. (Pierre) Bassuel, (Jean) Malaval et Verdier, chirurgiens de Paris et de l'Académie royale de chirurgie. *Par.* 1759. 8. (*P.*)

Verdooren van Asperen (Gerrit),
vice-amiral hollandais.

Oostkamp (J... A...). Leven, voornaamste daden en lotgevallen van G. Verdooren van Asperen, vice-admiral, etc. *Devent.* 1837. 8.

Verdugo (Wilhelm, Graf v.),
général allemand (1578 — 15 janvier 1629).

Staden (Wilhelm v.). Trophæa Verdugiana. *Col. Agr.* 1630. 4. (Assez rare.)

Verdun (Nicolas),
jurisconsulte français († 0 mars 1627).

(**Le Paige**, Thomas). Oraison funèbre de N. Verdun. *Par.* 1627. 8.
Grangier (Jean). Oratio funebris N. Verduni. *Par.* 1627. 8.

Verène (Sainte).

Adler (M(ichael). Beschreibung des Lebens und Sterbens der heiligen Jungfrau und Martyrerinn Verena, zu Zurzach begraben. *Augsb.* 1616. 8. (Avec 4 gravures.)
Richter (Hieronymus). Leben, Leiden und Lehren der Martyrin Verenæ. *Augsb.* et *Stadt am Hof.* 1736. 8.

Vereycken (Godefroy),
médecin belge (1558 — 2 déc. 1635).

Broeckx (Charles). Notice sur G. Vereycken. *Malines.* 1850. 8.

Vergand (Jacques Philippe),
officier français.

Notice nécrologique sur J. P. Vergand, s. l. et s. d. (*Saint-Michel.* 1855.) 8.

Vergani (Giovanni Battista),
architecte italien du XIXe siècle.

Arco (Carlo d'). Alcuni cenni intorno ad un artefice contemporaneo, l'architetto G. B. Vergani. *Mantov.* 1846. 8.

Vergennes (Charles **Gravier**, comte de),
ministre français (28 déc. 1717 — 13 février 1787).

Portrait du comte de Vergennes, s. l. (*Liége*). 1788. 8. (*D., L.* et *P.*)

Vicq-d'Azyr (Félix). Éloge de M. le comte de Vergennes, etc. *Par.* 1788. 8. (*P.*)

(**Rulhières**, Claude Carloman de). Le comte de Vergennes; première cause des états généraux, s. l. et s. d. (1789). 8.

Mayer (Charles Joseph). Vie publique et privée du comte de Vergennes, etc. *Par.* 1789. 8. (*P.*)

Vergerio (Pietro Paolo),
nonce des papes Clément VII et Paul III († 4 oct. 1565).

Schelhorn (Johann Georg). Apologia pro P. P. Vergerio, episcopo Justinopolitano, adversus Joannem Casam, archiepiscopum Beneventanum, etc. *Ulm* et *Memming.* 1754. 4. (*D.*) *Ibid.* 1760. 4. (*L.*)

Vergne (Fleuret Jean Baptiste, comte de la),
économiste français (20 déc. 1809 — ...).

Notice biographique sur M. le comte de la Vergne, littérateur économiste, ancien maire de Macaux. *Bordeaux.* 1853. 8.

Vergniaud (Pierre Victorin),
chef des Girondins (31 mai 1759 — guillotiné le 31 oct. 1793).

Genty de Laborderie (Gédéon). Éloge de P. V. Vergniaud. *Limoges.* 1809. 8. (Couronné par la Société d'agriculture de Limoges.)

Touchard-Lafosse (G...). Histoire parlementaire et vie intime de Vergniaud, chef des Girondins. *Par.* 1847. 18.

Vergy (Clériadus de),
lieutenant général de Bourgogne.

Malpas (Nicolas). Le bon destin de la Franche-Comté, conservé par la prudence et la valeur du sieur de Vergy, ou éloge funèbre de C. de Vergy, lieutenant général de Bourgogne. *Lyon.* 1652. 4.

Verhaeghe (Teresia),
béguine belge († 2 janvier 1853).

Levensschets van joffrouw T. Verhaeghe, beggyntje van het convent van den H. Joseph in het groot beggynhof te Gent, etc. *Gent.* 1853. 8.

Verhaghen (Pierre Joseph),
peintre belge (19 mars 1728 — 3 avril 1811).

Piot (Charles). Notice biographique sur le peintre Verhaghen. *Gand.* 1859. 8. (Extrait du *Messager des sciences historiques de Belgique.*)

Verheiden (Willem),
patriote hollandais du XVIe siècle.

Wenckebach (C... J...). Leven van W. Verheiden, eenen weinig bedenken, in den bevrijdingsoorlog van het Spaansche juk, ten jare 1593, voor Neederland gesneuvelden Nederlander, etc. *S'Gravenh.* 1842. 8. (*Ld.*)

Verheyen (Philippe),
médecin belge (23 avril 1648 — 28 janvier 1710).

François (V... J...). Notice sur la vie et les ouvrages de P. Verheyen, docteur et professeur de la Faculté de médecine de l'université de Louvain. *Louvain.* 1842. 12.

—— Éloge de Verheyen, ancien anatomiste belge et professeur à l'université de Louvain. *Brux.* 1847. 8.

—— Supplément à la Notice sur la vie et les ouvrages de P. Verheyen. *Louvain.* 1848. 12.

Verheyen (Pierre),
musicien belge (1750 — 11 janvier 1819).

Duyse (Prudens van). Notice biographique sur P. Verheyen. *Gand.* 1841. 8. Portrait. (Extrait du *Messager des sciences historiques de Belgique.*)

Verhoeven (Marien),
théologien belge (10 déc. 1808 — 18 janvier 1850).

Ram (Pierre François Xavier de). Discours prononcé

---

après le service funèbre célébré pour le repos de l'âme de M. M. Verhoeven, professeur ordinaire de droit canon à la Faculté de théologie. *Louvain.* 1851. 8.

Saint-Maurice Cabany (Charles Edouard). Notice nécrologique sur M. Verhoeven, protonotaire apostolique du saint-siége, professeur ordinaire de droit canon à la Faculté de théologie de l'université catholique de Louvain, etc. *Par.* 1852. 8. (Extrait du *Nécrologe universel du XIXe siècle.*)

Verhuel (Carel Hendrik),
vice-amiral hollandais (1770 — 1845).

Dunoyer (Hippolyte). Biographie du vice-amiral comte Ver-Huell (!). *Par.* 1842. 8. (Extrait de la *Revue générale, biographique, politique et littéraire.*)

Grandpierre (J... H...). Notice sur le vice-amiral comte C. H. Verhuel, pair de France, président de la Société des missions évangéliques de Paris. *Par.* 1845. 8. Portrait. (*P.*)

Pelet de la Lozère (N... N...). Chambre des Pairs. Eloge de M. le comte Ver Huel (!), vice-amiral, pair de France. *Par.* 1846. 8. (*P.*)

Verhuell (Q... M... R...). Het leven en karakter van C. H. Verhuell. *Amst.* 1847. 2 vol. 8. Portrait.

Verhulst (Pierre François),
mathématicien belge (28 oct. 1804 — 15 février 1849).

Quetelet (Lambert Adolphe Jacques). Notice sur P. F. Verhulst, membre de l'Académie royale de Belgique. *Brux.* 1850. 12. Portrait. (*Bx.*)

Vermandois (mademoiselle de),
religieuse française.

Bruyas (N... N...). Oraison funèbre de mademoiselle de Vermandois, abbesse de Beaumont-les-Tours, s. l. (*Tours*). 1773. 4.

Verme (Pietro di),
homme d'État italien.

Leoni (Michele). Cenni sulla vita di P. di Verme. *Torin.* 1825. 8. (*Oxf.*)

Verme (Taddeo Luigi del),
cardinal-évêque de Ferrare.

Bellati (Antonio Francesco). Orazione funebre in morte del cardinal T. L. del Verme, vescovo di Ferrara. *Parma.* 1718. Fol. *Ferrar.* 1718. 4. *Piacenz.* 1719. 12.

Vermehren (Michael),
théologien allemand (10 nov. 1659 — 25 avril 1718).

Seelen (Johann Heinrich v.). Memoria M. Vermehren, pastoris Ægidiani. *Lubec.* 1718. Fol. (*D.*)

Vermehren (Michael Gottlieb),
jurisconsulte allemand.

Seelen (Johann Heinrich v.). Memoria M. G. Vermehren, J. U. D. et senatoris (Lubecensis). *Lubec.* 1748. Fol. (*D.*)

Vermigli (Pietro Martyr),
théologien italien (8 sept. 1500 — 12 nov. 1562).

Simler (Josias). Oratio de vita et obitu clarissimi viri et præstantissimi theologi P. Martyris, etc. *Tigur.* 1563. 4. (*D.* et *Lv.*)

Taillepied (Noel). Vita Martini Lutheri, Andreæ Carolostadii et P. Martyris. *Par.* 1577. 8. (*P.*)

Schlosser (Friedrich Christoph). Leben Theodor Beza's und P. Martyr's. *Heidelb.* 1809. 8. (*D.* et *L.*) Trad. en holland. *Amst.* 1811. 2 parts 8.

Schmidt (Charles). Vie de P. Martyr Vermigli. *Strasb.* 1855. 4. (*L.*)

Verna (Jean Marie Victor **Dauphin** de),
magistrat français (1776 — 17 juin 1841).

(**Bez**, N... N...). Notice biographique sur M. J. M. V. Dauphin de Verna, chevalier de la Légion d'honneur et de l'ordre de Saint-Grégoire, ancien député, etc. *Lyon*, s. d. (1841). 8.

Vernage (Michel Louis),
médecin français (1697 — 11 avril 1773).

Malouet (Pierre Louis Marie). Éloge historique de M. Vernage. *Par.* 1776. 8. (*P.*)

Vernat (Louise Catherine),
religieuse française (2 nov. 1605 — 10 mai 1689).

Récit de la vie de la vénérable mère L. C. Vernat, supérieure du monastère de la Visitation des Chaines de Lyon. *Lyon.* 1690. 18.

Vernazza e Bruno (Francesca),
religiosa italiana.
Poma (Giuseppe). La morte oratrice. Orazione funerale per l' esequie della signora F. Vernazza e Bruno, detta poi suor Basilia. *Palerm.* 1695. 4. *Ibid.* 1701. 4.

Vernazza de Freney (Giuseppe),
litterateur italien (10 janvier 1745 — 13 mai 1822).
Boucheron (Carlo). Elogio storico di G. Vernazza de Freney. *Torin.* 1823. 8. (*Oxf.*)

Vernet (Antoine Charles Horace),*
peintre français (14 août 1758 — 27 nov. 1836).
Quatremère de Quincy (Antoine Chrysostome). Notice historique sur la vie et les ouvrages de C. Vernet. *Par.* 1837. 8.
Blanc (Charles). Étude sur C. Vernet. *Par.* 1845. 8. (Extrait de l'*Histoire des peintres français*.)
* Plus connu sous ce nom : CARLE Vernet.

Vernet (Claude Joseph),
peintre français du premier ordre (14 août 1714 — 5 déc. 1798).
Bignan (Anne). Éloge historique de C. J. Vernet. *Vaucluse.* 1826. 12. *
* Cet éloge, écrit en vers, a été couronné par l'Athénée de Vaucluse.

Vernet (Horace),
peintre français du premier ordre (30 juin 1789 — ...).
(**Loménie**, Louis de). M. H. Vernet, par un homme de rien. *Par.* 1841. 12.

Vernet (Jacques),
théologien suisse (26 mars 1698 — 29 août 1789).
(**Saladin**, N... N...). Mémoire historique sur la vie et les ouvrages de J. Vernet. *Par.* 1790. 8. (*P.*)

Vernet (N... N...),
prêtre italien.
(**Dabert**, N... N...). Vie de M. Vernet, prêtre de Saint-Sulpice, supérieur du grand séminaire de Viviers, grand-vicaire du diocèse, fondateur et supérieur de la congrégation des sœurs de la présentation de Marie. *Par.* 1848. 8. Portrait.

Verneuil (Élisa),
comédienne française (1804 — 24 sept. 1846).
Fromentin (Alexandre). E. Verneuil (de la Comédie-Française). Souvenirs de sa vie. *Rouen.* 1847. 8. Port.

Verninac de Saint-Maur (Raymond de),
jurisconsulte français (1762 — 1er juin 1822).
Dumas (Jean Baptiste). Éloge historique de R. Verninac, préfet du département du Rhône. *Lyon.* 1826. 8. (*Lv.*)

Vernois (Jean de),
évêque de Saint-Omer († 1600).
Fabre (Adrien). Oratio in funere J. de Vernois. *Audomar.* 1600. 4.

Vernon (Edward),
amiral anglais (12 nov. 1684 — 29 oct. 1757).
Life of admiral Vernon, by an impartial hand. *Lond.* 1758. 12. (*Oxf.*)

Verny (Charles François),
poète français (10 janvier 1753 — 12 janvier 1811).
Agniel (N... N...). Notice sur Verny, s. l. et s. d. (*Par.* 1812.) 12. (Extrait du *Nouvel almanach des muses*.)

Vernyes (Jehan de),
homme d'État français.
Mémoires de J. de Vernyes. 1589-1593. *Clerm. Ferr.* 1838. 4.

Veronus (Saint),
patron de Lembecq.
Galopin (Georg). Miracula S. Veronis Lembecanorum patroni. *Montib.* 1636. 8.
Houwens (Nicolas François). Leven van den H. beleyder Veronus, patroon van Lembeke by Hal. *Antw.* 1649. 8.
Cort begryp van het leven ende mirakelen van den H. Veronus. *Bruss.* 1792. 8. Portrait.
Vie et miracles de S. Veron, patron de Lembecq. *Brux.* 1849. 18. Portrait. Trad. en flam. *Brux.* 1849. 18. Port.

Véron (Louis),
médecin-publiciste français.
Véron (Louis). Mémoires d'un bourgeois de Paris, comprenant la fin de l'empire, la restauration, la monarchie de juillet et la république jusqu'au rétablissement de l'empire. *Par.* 1853-54. 4 vol. 8. *Brux.* 1853-54. 4 vol. 18. Trad. en allem. par Gottlob FINK. *Stuttg.* 1853-54. 4 vol. 16.

Veronese (Sante),
cardinal-évêque de Padoue.
Cognolato (Gaetano). Oratio in funere S. cardinalis Veronesii, episcopi Patavini. *Patav.* 1767. 4.

Veronica di Binasco,
religieuse italienne.
Isolanis (J... de). Wonderlyke daden van de salige Veronica de Binasco, uyt den orden van den H. Augustinus. *Antw.* 1674. 8. Portrait.

Verpoortenn (Albrecht Meno),
pédagogue allemand (13 oct. 1672 — 3 juin 1752).
Wernsdorf (Gottlieb). Memoria A. M. Verpoortennii. *Gedan.* 1752. Fol. (*D.*)

Verpoortenn (Philipp Theodor),
philologue allemand (4 mai 1692 — 30 déc. 1712).
Fischer (Erdmann Rudolph). Vita P. T. Verpoortennii. *Coburg.* 1751. 8. (*D.* et *L.*)

Verpoortenn (Wilhelm Paul),
théologien allemand, fils d'Albrecht (4 sept. 1721 — 17 janvier 1794).
(**Blech**, Ephraim Philipp). Memoria G. P. Verpoortennii. *Gedan.* 1795. 4. (*D.*)

Verquignoeul (Florence de),
première abbesse de la Paix-Notre-Dame à Douai.
Trigault (Marguerite). Vie de la noble dame F. de Werquignoeul. *Douai.* 1753. 8. Portrait. (*P.*)
Parenty (abbé). Histoire de F. de Verquignoeul, etc., institutrice de la réforme de l'ordre de S. Benoît dans le Nord de la France et en Belgique. *Lille.* 1846. 12. Port.

Verri (Alessandro),
litterateur italien, frère du suivant (9 nov. 1741 — 23 sept. 1816).
Levati (Ambrogio). Elogio storico del conte A. Verri. *Milan.* 1817. 8.
Maggi (Giovanni). Vita di A. Verri. *Milan.* 1822. 8.(*Oxf.*)

Verri (Carlo),
litterateur italien, frère du précédent (21 février 1743 — .. juillet 1823).
Rosnati (Bartolommeo Gabriello). Cenni storici del senatore C. Verri. *Milan.* 1842. 8.

Verri (Pietro),
publiciste italien (12 déc. 1728 — 28 juin 1797).
Bianchi (Isidoro). Elogio storico di P. Verri. *Cremon.* 1803. 8. (*Oxf.*)
Ressi (Adeodato). Orazione in lode del conte P. Verri. *Pavia.* 1818. 8.
Custodi (Pietro). Notizie sulla vita del conte P. Verri. *Milan.* 1843. 8. Portrait.
Nessi (Pietro). Elogio di P. Verri. *Milan.* 1844. 8.

Verrolles (N... N...),
évêque de Colomby.
Chable (N... N...). Notice sur la vie et les travaux de Mgr. Verrolles, évêque de Colomby, vicaire apostolique de Mantchourie (Chine). *Caen.* 1847. 8. Portrait.

Verschaffelt (Peter van),
sculpteur hollandais (1710 — 1793).
Kurze Lebensbeschreibung des Ritters P. v. Verschaffelt. *Mannh.* 1797. 8. Portrait. (*D.*)

Verseghi (Ferencz),
poète hongrois (3 avril 1757 — 15 déc. 1822).
Saghy (Alexander). Verseghy F. maradvanyai es élete. *Budapest.* 1825. 8.

Vertot (René **Aubert** de),
historien français (25 nov. 1655 — 15 juin 1735).
(**Renouard**, Antoine Auguste). Notice sur la vie et les ouvrages de R. Aubert de Vertot. *Par.* 1796. 8. Port.

Vertova, voy. **Capitani di Vertova** (Andrea).

Vertua (Antonio),
homme d'État italien.
Volentieri (Angelo). Nelle solenne esequie dell' I. R. consigliere pretorio A. Vertua, elogio ed epigrafi. *Codogno*, s. d. (1843). 8.

Vesale * (André),
anatomiste belge (31 déc. 1514 — 30 oct. 1564).
Burggraeve (Adrien). Études sur A. Vésale, précédées d'une notice historique sur sa vie et ses écrits. *Gand.* 1841. 8. Portrait. (*Bx.* et *Cp.*)
* Son nom de famille était WITTINCK.
Mersseman (Jacques Olivier Marie de). Éloge d'A. Vesale. *Brug.* 1845. 8.
Weynants (Niclaas). A. Vesalii præconium. *Lovan.* 1845. 12.

Burggraeve (Adrien). Éloge de Vesale. *Brux.* 1848. 4. Portrait. (*Bx.*)

Schoonen (Louis). Hommage à A. Vesale. *Brux.* 1847. 8. (En vers.) — (*Bx.*)

Vespasien (Titus Flavius),
empereur romain (17 nov. 10 — 69 — 24 juin 79).

Bernegger (Matthias). Speculum boni principis, s. vita imperatoris Titi Flavii Vespasiani, etc. *Argent.* 1625. 4.

Heumann (Christoph August). Dissertatio de miraculis Vespasiani. *Jenæ.* 1707. 4. (*D.*)

Cnoblach (Johann Andreas). Dissertatio de sic dictis Vespasiani miraculis. *Witteb.* 1711. 4. (*L.*)

Eckhard (Johann Friedrich). Dissertatio de Vespasiano pro Messia habito, veri Messiæ teste. *Isenac.* 1759. 4.

Jung (Johann Heinrich). Dissertatio de Vespasiano imperatore ejusque jurisprudentia. *Lugd. Bat.* 1762. 4.

Spaan (Petrus van). Specimen historico-juridicum de SCto de imperio Vespasiani apud Gruterum. *Lugd. Bat.* 1768. 4. (*Ld.*)

Cramer (Andreas Wilhelm). Flavius Vespanianus, s. de vita et legislatione Vespasiani imperatoris commentarius. *Jenæ* et *Lips.* 1785. 8. (*L.*)

Heimbrod (Carl Joseph). Flavii Vespasiani Romani imperatoris vita. *Glivicii.* 1833. 4.

Vespucci (Amerigo),
navigateur italien (9 mars 1451 — vers 1516).

Vespucci (Amerigo). Mundus novus, s. epistola ad Laurentium Petrum de Medicis de reditu suo ab novis regionibus, s. l. et s. d. (1502.) 4.
Trad. en allem. s. c. t. Allerälteste Nachricht von der neuen Welt, par Martin Friedrich Voss. *Berl.* 1722. 8.
Trad. en franç. par Mathurin de Redouen, s. l. et s. d. 4.

Bandini (Angelo Maria). Vita e lettere di A. Vespucci. *Firenz.* 1745. 4. (*Oxf.* et *P.*) Trad. en allem. *Hamb.* 1748. 8. (*D.* et *L.*)

Compendio della vita di A. Vespucci. *Firenz.* 1779. 4.

Lastri (Mauro). Elogio storico di A. Vespucci. *Firenz.* 1787. 8. (Tiré à 100 exemplaires.) — (*Oxf.* et *P.*)

Canovai (Stanislao). Elogio d' A. Vespucci, con un dissertazione giustificativa di questo celebre navigatore. *Firenz.* 1788. 8. (Couronné par l'Académie de Cortone.) *Ibid.* 1798. 8. Portrait. (4e édition.)

—— Dissertazione sopra in primo viaggio d'A. Vespucci alle Indie occidentali. *Firenz.* 1809. 8.

—— Esame critico del primo viaggio d' A. Vespucci al Nuovo Mondo. *Firenz.* 1811. 8.

Napione (Giovanni Francesco Galeani). Del primo scopritore della terra firma e dei più antichi storici, che ne scrissero. *Torin.* 1809. 4. (*Oxf.*)

—— Esame critico del primo viaggio di A. Vespucci al Nuovo Mondo. *Torin.* 1811. 4.

(**Ring,** Friedrich Dominik). Kurzgefasste Geschichte der drei ersten Entdecker von America (A. Vespucci, Cristofero Colombo und Fernando Cortez). *Frf.* 1781. 8.

Bartolozzi (Francesco). Ricerche istorico-critiche circa alle scoperte di A. Vespucci. *Firenz.* 1789. 8.

Barbos y Souza de Santarem (Manoel Francisco de). Recherches historiques, critiques et bibliographiques sur A. Vespuce et ses voyages. *Par.* 1842. 8. (*Bx., Oxf.* et *P.*) Trad. en angl. par E... V... Childe. *Boston.* 1850. 8.

Lester (Charles Edward) et **Foster** (A...). Life and voyages of A. Vespucius. *New-York.* 1846. 8.

Vesselényi (Gróf István),
homme d'État hongrois.

Monimentum ære perennius, etc., S. Vesselényi, intimi status et in regio Transylvaniæ gubernio activi consiliarii, etc. *Claudiopol.* 1754. 4.

Vesta,
personnage mythologique.

Nicolai (A... L...). Dissertatio de Vesta barbara et orientali. *Giess.* 1671. 4.

Palcani (Luigi). Ragionamento sul fuoco di Vesta. *Bassano.* 1794. 8.

Vestri (Luigi),
acteur italien (24 avril 1781 — 19 août 1841).

Signori (Bartolommeo). Cenni biografici su L. Vestri. *Milan.* 1841. 8.

Veterani (Federigo, conte),
maréchal d'Autriche (vers 1630 — 1695).

Denkwürdigkeiten des Marschalls Grafen F. Veterani

vom Jahre 1683 bis 1694, worinnen die Feldzüge desselben in Ungarn, etc., enthalten sind. *Wien* et *Leipz.* 1771. 8. (Trad. de l'ital.) — (*L.*)

Feldzüge des Grafen Veterani wider die Türken in Ungarn und den angränzenden Ländern, aus dem Italienischen übersetzt (durch den Fürsten v. Waldeck). *Dresd.* 1788. 8. (C'est une traduction des mémoires italiens du comte de Veterani.)

Vettori (Pier ou Pietro),
littérateur italien (11 juillet 1499 — 18 déc. 1585).

Salviati (Leonardo). Orazione funerale delle lodi di P. Vettori. *Firenz.* 1585. 4. Portrait. (*D.* et *Oxf.*)

Bocchi (Francesco). Elogio di P. Vettori. *Firenz.* 1585. 4.

Benivieni (Antonio). Vita di P. Vettori, l' antico, gentilhuomo Fiorentino. *Firenz.* 1585. 4.

Bandini (Angelo Maria). Memorie per servire alla vita del senatore P. Vettori. *Livorn.* 1756. 4. Portrait. (*Oxf.*)

Veuillot (Louis),
littérateur français (1813 — ...).

Margerie (Eugène de). M. L. Veuillot et ses derniers ouvrages. Etude politique et littéraire. *Par.* 1851. 8.

Veuilly (N... N..., baronne de),
religieuse française.

Macé (Jean). Vie de la vénérable mère Marie de Saint-Charles, religieuse de Sainte-Elisabeth. *Par.* 1671. 8. (*P.*)

Veytard (Adolphe),
naturaliste français (28 août 1795 — 12 mai 1850).

Magnien (Édouard). Notice nécrologique sur M. A. Veytard. *Versaill.* 1852. 8.

Vezelize,
poète hébreu du xIIIe siècle.

Berr (Michel). Notice sur Vezelize, poète hébreu du xIIIe siècle, etc. *Par.* 1813. 8. (*P.*)

Viala (Agricole),
surnommé le héros de la Durance.

Précis historique sur A. Viala, s. l. et s. d. (*Par.*) 12. (Peu connu.)

Vialart de Herse (Félix),
évêque de Châlons-sur-Marne (1603 — 10 juin 1680).

(**Goujet,** Claude Pierre). Vie de messire F. Vialart de Herse, évêque et comte de Châlons en Champagne. *Utrecht.* 1738. 12. (*Bes.*) *Ibid.* 1739. 12. *Rouen.* (*P.*) 1741. 12. (*D.* et *P.*)

Recueil de pièces concernant les miracles opérés par l'intercession de F. Vialart (de Herse). *Nancy.* (*Utrecht.*) 1733. 12. (*Bes.*)

Vianay (Jean Marie Baptiste),
prêtre français (1786 — ...).

Pèlerinage d'Ars, ou notice sur la vie de J. M. B. Vianay, curé d'Ars. *Lyon.* 1845. 18. Portrait. *Ibid.* 1850. 18.

Recueil de faits curieux, d'événements et d'anecdotes. Notice sur M. J. B. Vianay, curé d'Ars (département de l'Ain). *Lyon,* s. d. (1847.) 4.

Un saint prêtre, ou notice historique sur la vie, les miracles et les travaux apostoliques du vénérable curé d'Ars, évêché de Belley, par l'auteur des *Plaies sanglantes du Christ.* *Metz.* 1852. 18. Portrait.

Vianden (Yolantha contessa).

Wiltheim (Alexander). Leben der Gräfin Y. v. Vianden, trad. du lat. par P... Stenues. *Luxemb.* 1841. 8. Portrait.

Vianelli (Girolamo),
littérateur italien (3 avril 1718 — ... 1792).

(**Poli,** Pietro). Elogio funebre di monsignore G. Vianelli. *Padov.* 1793. 4.

Viani (Domenico Maria),
peintre italien (1668 — 1711).

Guidalotti-Franchini (Gioseffo). Vita di D. M. Viani, pittore Bolognese. *Bologn.* 1716. 12. (*Oxf.*)

Viani (Giorgio),
numismate italien (1762 — 2 déc. 1816).

(**Ciampi,** Sebastiano). Notizie della vita letteraria e degli scritti numismatici di G. Viani. *Firenz.* 1817. 8. * (*Bes., Oxf.* et *P.*)

* C'est à tort que plusieurs bibliographes attribuent ces notices à Luigi Costa.

Vianoli (Agostino),
grand-chancellier de la république de Venise († 1660).

Cosmi (Stefano). Oratio in funere A. Vianoli, magni reipublicæ Venetæ cancellarii. *Venet.* 1660. 8.

Viaud (Pierre),
marin français.

Naufrage et aventures de M. P. Viaud, natif de Bordeaux, capitaine de navire. Histoire véritable, vérifiée sur l'attestation de M. Sewettenham, commandant du fort Saint-Marc, des Appalaches. *Bordeaux et Liége.* 1770. 12. (*P.*)

Vibius Crispus,
orateur romain (contemporain de l'empereur Néron).

Bruzza (Luigi). Sopra Vibio Crispo, discorso. *Vercelli.* 1846. 8.

Viborg (Erich Nissen),
vétérinaire danois (5 avril 1759 — 25 sept. 1822).

Viborg (C...). Notice biographique sur E. N. Viborg. *Kjoebenh.* 1832. 8. (Écrit en danois.) — (*Cp.*)

Vico (Domenico),
grand-chancellier de la république de Venise.

Piccolomini (Enea). Oratio in funere D. Vicci, magni Venetæ reipublicæ cancellarii. *Venet.* 1603. 4.

Vico (Giovanni Battista),
jurisconsulte et philosophe italien (1668 — 21 janvier 1743).

Vita di G. B. Vico. *Milan.* 1821. 8. (Écrit par lui-même.) — (*D., Oxf. et P.*)

Parma (Michele). Studii IV sopra G. B. Vico. *Milan.* 1838. 8. (*Oxf.*)

Ferrari (J...). Vico et l'Italie. *Par.* 1839. 8. (*P.*)

Rocco (Gennaro). Elogio storico di G. B. Vico. *Napol.* 1844. 8.

Manavit (A...). Éloge du père de Vico. *Toulouse.* 1848. 8.

Vicq-d'Azir (Félix),
médecin français (23 avril 1748 — 20 juin 1794).

Moreau de la Sarthe (Jacques Louis). Éloge historique de F. Vicq-d'Azir, suivi d'un précis des travaux anatomiques et physiologiques de ce célèbre médecin. *Par.*, an vi (1797). 8. (*P.*)

Lemontey (Pierre Edouard). Éloge historique de Vicq-d'Azir. *Par.* 1825. 4. (*P.*)

Victoire de France,
fille de Louis XV, roi de France.

Dernier voyage de Mesdames, tantes du roi Louis XVI, de Caserte à Trieste, et mort de Madame Victoire. *Par.* 1854. 8. (Extrait de la *Revue contemporaine,* signé : comte de Marcellus.)

Victor,
évêque de Vite († vers l'an 487).

(**Liron,** Jean). Dissertation sur Victor de Vite, avec une nouvelle vie de cet évêque. *Par.* 1708. 8. (*P.*)

Victor Amédée I,
duc de Savoie.

Juglaris (Louis). Funerale fatto a Vittorio Amedeo (I), duca di Savoia. *Torin.* 1638. Fol.

Victor Amédée II,
premier roi de Sardaigne (14 mai 1665 — 12 juin 1675 — 31 oct. 1732).

L... (D... F...). Mémoires touchant ce qui s'est passé en Italie entre Victor Amédée II, duc de Savoie, et le roi très-chrétien (Louis XIV). *Aix-la-Chap.* 1697. 12.

(**Radicati de Passeran,** Albert). History of the abdication of Victor Amédée II. *Lond.* 1732. 8. (Echappé aux recherches de Lowndes.)

Lamberti (N... N...). Histoire de l'abdication de Victor Amédée, roi de Sardaigne. *Par.* 1754. 4. (*P.*) *Genève.* 1735. 8. Trad. en allem. *Frf.* 1754. 8.

(**Trevié,** marquis de). Anecdotes de l'abdication du roi de Sardaigne, Victor Amédée II, s. l. 1755. 12.

Victor Amédée III,
roi de Sardaigne (26 juin 1726 — 20 février 1773 — 16 oct. 1796).

(**Maistre,** Joseph de). Éloge de Victor Amédée III, duc de Savoie, roi de Sardaigne, etc. *Lyon.* (*Chambéry.*) 1775. 8.

Pugioni (Maurizio). Orazione funebre per Vittorio Amedeo III, re di Sardegna. *Cagliari.* 1797. 4.

Sisternes (Pietro). Orazione funebre per Vittorio Amedeo III, re di Sardegna. *Cagliari.* 1797. 4.

Soffi (Luigi). Orazione funebre per Vittorio Amedeo III, re di Sardegna. *Cagliari.* 1797. 4.

Victor (Sextus Aurelius),
historien romain.

Moller (Daniel Wilhelm). Disputatio circularis de S. A. Victore. *Altdorf.* s. d. 4. (*L.* et *Lv.*) *Norimb.* 1726. 4.

Victoria,
personnage mythologique.

Schulz (J... H...). Dissertatio de dea Victoria. *Halæ.* 1741. 4. (*D.* et *L.*)

Victoria,
reine d'Angleterre (24 mai 1819 — ...).

Peirol (Juan). Historia anecdotica de Victoria, reina de Inglaterra, desde su nascimiento hasta su coronacion, etc. *Barcelon.* 1839. 8.

Queen Victoria, from her brith to her bridal. *Lond.* 1840. 2 vol. 8. Portraits.

Queen Victoria in Scotland. *Lond.* 1842. 4. (*Oxf.*)

Historia de Victoria, reina de Inglaterra. *Madr.* 1840. 8. Portrait.

French (William). Ancestry of queen Victoria and of prince Albert. *Lond.* 1842. 8.

Vida (Marco Girolamo),
poète italien (vers 1490 — 27 sept. 1566).

Faballi (Girolamo). Oratio in M. H. Vidæ, Albæ episcopi, laudem. *Cremon.* 1561. 4.

Tadisi (Jacopo Antonio). Vita di M. G. Vida. *Bergam.* 1788. 8.

Lancetti (Vincenzo). Della vita e degli scritti di M. G. Vida, Cremonese. *Milan.* 1831. 8. (*Oxf.*)

Schizzi (Folchino). Sulle principali opere di M. G. Vida, etc. *Milan.* 1840. 8.

Mansueti (Francesco). Orazione in lode di M. G. Vida, etc. *Alba.* 1846. 8.

Le Fèvre-Deumier (J...). Études biographiques et littéraires de quelques célébrités étrangères. *Par.* 1853. 12.*
* Concernant la vie et les écrits de Jean Baptiste Marini, Anne Radcliffe, Paracelse et Vida.

Vidal (François Robert Urbain),
savant français (24 mai 1792 — 15 oct. 1845).

Rozand (Louis). F. J. Vidal, inspecteur de l'Académie de Bourges, chevalier de la Légion d'honneur. *Par.* 1845. 8. (Extrait du *Nécrologe universel du* xixᵉ *siècle.*)

Vidal (N... N...),
prêtre français (18 juillet 1626 — 12 février 1707).

Thouez (N... N...). Le bon curé, ou la vie de M. Vidal, ancien curé de Préaux. *Carpentras.* 1827. 18.

Vidian (Saint),
martyr français.

Jammes (Melchior). Vie de S. Vidian, martyr. *Toulouse.* 1841. 8. (*P.*)

Vidaud (Gabriel de),
Français.

Pouget (abbé). Modèle des chrétiens dans le monde, ou la vie de M. G. de Vidaud. *Toulouse.* 1854. 12.

Vidocq (Eugène François),
agent de la police française (23 juillet 1775 — ...).

(**L'Héritier de l'Ain,** Louis François). Mémoires de Vidocq, chef de la police de sûreté jusqu'en 1827. *Par.* 1828-29. 4 vol. 8. Portrait. *Brux.* 1829. 4 vol. 18.

Trad. en allem. s. c. t. Aus dem Leben und den Memoiren eines ehemaligen Galeerensklaven. *Stuttg.* 1829. 4 vol. 12.

Trad. en holland. *Amst.* 1830. 4 vol. 8.

G... (N... N...). Histoire de Vidocq, chef de la brigade de sûreté de la préfecture de police, depuis 1812 jusqu'en 1827. *Par.* 1838. 2 vol. 18. (*Oxf.* et *P.*)

E. F. Vidocq's, Chefs der gefürchteten französischen geheimen Polizei, etc., höchst interessante Selbstbiographie, nach dem französischen Originale bearbeitet von J... A... Michaelis. *Berl.* 1847. 2 vol. 8. *Ibid.* 1848. 2 vol. 8. *Ibid.* 1854. 2 vol. 8. *
* Traduction abrégée des *Mémoires* de Vidocq.

Vidua (Carlo, conte),
savant italien (28 février 1785 — 25 déc. 1830).

Balbo (Cesare). Vita del conte C. Vidua. *Torin.* 1854. 8. (*Oxf.*)

Vieilleville (François Scépeaux de),
maréchal de France (1509 — empoisonné en 1571).

Carlois (Vincent). Mémoires de la vie de F. Scépeaux de Vieilleville, contenant plusieurs anecdotes des règnes de François I, Henri II, François II et Charles IX (revus et publ. par Henri Griffet). *Par.* 1757. 5 vol. 12. (*Bes.* et *P.*).

Vieira (Antonio),
théologien portugais (6 février 1608 — 18 juillet 1697).

Pinheiro (Luiz Gonçalves). Apologia do P. Vieira. *Lisb.* 1727. 4.

Castilho (Jeronymo de). Epaenotaphion encomiasticum P. A. Vieira. *Ulyssip.* 1754. 4.

Fonseca (Francisco da). Resumo da vida do P. Vieira. *Barcel.* 1734. Fol. *Pamplon.* 1735. 8.

Barros (Andre de). Vida do P. A. Vieira. *Lisb.* 1746. Fol.

Freire (Francisco José). Vieira defendido. *Lisb.* 1746. 4.

Vien (Joseph Marie),
peintre français (18 juin 1716 — 27 mars 1809).

(**Chaussard**, Jean Baptiste Publicola). Notice historique et inédite sur Vien. *Par.* 1806. 8. (Extrait du *Pausanias français.*)

Lebreton (Joachim). Notice historique sur la vie et les ouvrages de J. M. Vien. *Par.* 1809. 8. (Extrait du *Magasin encyclopédique.*)

Vien (Rose Céleste **Bache**, comtesse),
poète française († 27 mars 1843).

Coubard d'Aulnay (N... N...). Notice biographique sur madame la comtesse C. Vien (née Bache), membre de l'Académie de Bordeaux. *Par.* 1843. 8. (*Lv.*)

Vierthaler (Franz Michael),
historien allemand (1758 — 3 oct. 1827).

Biographisches Denkmal, dem, etc., F. M. Vierthaler errichtet von einem seiner Verehrer. *Salzb.* 1830. 8. (*D.*)

Vietze (David),
théologien allemand (10 février 1614 — 7 août 1682).

Lange (Caspar). Leichenpredigt, etc., auf D. Vietze, Oberpfarrer in Marklissa. *Zittau.* 1685. 4. (*D.*)

Vieuxtemps (Henri),
musicien belge (17 février 1820 — ...).

(**Delhasse**, Félix). Henri Vieuxtemps. Erratum de la *Biographie universelle des musiciens* par M. Fétis. *Brux.* 1844. 8.

Vigano (Salvatore),
chorégraphe italien (1769 — 10 août 1821).

Ritorni (Carlo). Commentarii della vita e delle opere coredrammatiche di S. Vigano, etc. *Milan.* 1838. 8. Portrait. (*Oxf.*)

Vigier (Nicolas),
cordelier français.

Polius (Jacob). Vita N. Vigerii, provinciæ Coloniensis tertium ministri. *Colon. Agr.* 1846. 12.

Vigilantius,
hérésiarque gaulois du IVᵉ siècle.

Lindner (Otto). Dissertatio de Joviniano et Vigilantio. *Lips.* 1839. 4. (*D.* et *L.*)

Vigile,
pape, successeur de S. Silvestre (élu en 537 — 15 janvier 555).

Wernsdorf (Gottlieb). Dissertatio de Silverio et Vigilio. *Witteb.* 1739. 4.

Schubert (Johann Ernst). Geschichte des Papstes Vigilius nebst Betrachtungen über die Päpste, Concilia und Glaubensformeln. *Halle.* 1769. 8. (*L.*) Trad. en holland. *Amst.* 1770. 8.

Vigile (Saint),
évêque d'Auxerre.

Lebeuf (Jean). Histoire de la vie de S. Vigile, évêque d'Auxerre. *Aux.* 1722. 8.

Viglius de Zuichem,
jurisconsulte hollandais (19 oct. 1507 — 1577).

Delahaye (N... N...). Éloge historique du chef et président Viglius de Zuichem. *Brux.* 1781. 8.

Lesbroussart (Jean Baptiste). Eloge de Viglius de Zuichem. *Gand.* 1781. 8.

O'Sullivan (N... N...). Éloge de Viglius de Zuichem d'Aytta. *Brux.* 1781. 8.

Raoux (Adrien Philippe). Essai d'un éloge historique de Viglius de Zuichem d'Aytta, chef et président du conseil privé aux Pays-Bas sous le règne de Charles V et de Philippe II. *Brux.* 1787. 8.

Dewez (Louis Dieudonné Joseph). Éloge de Viglius de Zuichem. *Nivelles.* 1790. 8. (Non mentionné par Quérard.)

Verraert (Charles). Laudatio Viglii ab Aytta Zuichemii. *Gandav.* 1823. 8. (Extrait des *Annales de l'Académie de Gand.*)

Star-Numan (Charles). Laudatio Viglii ab Aytta Zuichemi. *Gand.* 1856. 4. (Eloge couronné.) — (*Ld.*)

Smet (Joseph Jean de). Le président Viglius (de Zuichem). *Brux.* 1838. 12. (Extrait de la *Revue de Bruxelles.*) — (*Bx.*)

Valintbout (Joseph). V. Zwichemii præconium. *Lovan.* 1844. 12.

Dirks (J...) et **Beyma** (S... van). Ayttiana. *Workum.* 1844. 8. *

* Notice historique sur Viglius, ornée d'une planche représentant le tombeau de ce grand homme, inhumé à Gand dans la cathédrale de Saint-Bavon.

Vignali (Jacopo),
peintre italien (1592 — 1664).

Bartolozzi (Sebastiano Benedetto). Vita di J. Vignali, pittore Fiorentino. *Firenz.* 1755. 4. Portrait.

Vigne (Jean Baptiste),
vicaire général du diocèse d'Aix.

Laboulie (N... N... de). Éloge historique de M. J. B. Vigne, prêtre, vicaire général des diocèses d'Aix, d'Arles et d'Embrun, camérier particulier de S. S. P. VII. *Marseille.* 1823. 8.

Vigne (Michel de la),
médecin français (5 juillet 1588 — 14 juin 1648).

Leclercq (Charles). Panegyricus clarissimo viro D. M. de la Vigne, doctori medico. *Par.* 1614. 8. (*P.*)

Vigneron (Madeleine),
religieuse française († 1678).

Bourdin (Matthieu). Vie de M. Vigneron, du tiers ordre de S. François de Paule. *Rouen.* 1679. 8. *Par.* 1689. 12.

Vignoli (Tommaso),
dominicain italien († 1803).

(**Degola**, Eustachio). Précis sur la vie du R. P. T. Vignoli, s. l. 1804. 8.

Vignolle (Martin, comte de),
général français (1763 — 15 nov. 1824).

Vignolle (Martin de). Précis historique des opérations de l'armée d'Italie en 1813 et 1814. *Par.* 1817. 8.

Bladinières (Antoine Remy). Chacun ses actions, surtout à la guerre, ou examen critique du précis historique de M. le comte de Vignolle. *Lille*, s. d. (1826). 8.

Vigny (le comte Alfred de),
poète français (27 mars 1799 — ...).

(**Loménie**, Louis de). M. A. de Vigny, par un homme de rien. *Par.* 1841. 12.

Vigo (Giovanni Bernardo),
savant italien.

Saluzzo (Alessandro). Notizie intorno alla vita di G. B. Vigo. *Torin.* 1812. 4. (*P.*)

Vigo (N... N...),
Espagnol.

Frémicourt (C... H... de). Valdès, Vigo et Mina, ou esquisse historique des tentatives faites pour l'indépendance de l'Espagne au mois d'octobre 1830. *Bourg.* 1831. 8. (*Bes.*)

Vilain XIIII,
famille belge.

Smet (Joseph Jean de). Note sur l'origine, le nom et la devise de la famille Villain (!) XIIII, s. l. (*Brux.*) et s. d. 8. (Extrait des *Bulletins de l'Académie royale de Bruxelles.*) — (*Bx.*)

Vilhena (Antonio Manoel de),
grand-maître de l'ordre de Malte.

Varj componimenti in lode dell' Emo A. M. Vilhena nella sua essaltazione alla dignità di gran-maestro. *Napol.* 1723. 4.

Figueiredo (Manoel de). Oração funebre nas exequias aõ Serenissimo Fr. D. A. M. de Vilhena. *Lisb.* 1758. 5.

Sancto Joseph (Joachimo de). Oração funebre historica nas exequias de D. Fr. A. M. de Vilhena, gran mestre. *Lisb.* 1738. 4.

Villa (Guido, marchese di),
général italien au service de France (tué le 24 août 1648).

La vie et la mort du marquis G. de Ville. *Par.* 1648. 4. (*Oxf.* et *P.*)

Berni (Francesco). Esequie trionfali del marchese G. di Valle. *Ferrar.* 1656. Fol.

Villablanca (Francesco Maria Emanuele e **Gaetani**, marchese di),
homme d'État italien.

D'Angelo (Giovanni). Elogio storico di F. M. E. e Gaetani, marchese di Villabianca. *Palerm.* 1802. 4.

Villamagna (Gherardo da),
prêtre italien.

Monzecchi (Ottaviano). Ragguaglio della vita di S. Gherardo da Villamagna, etc., s. l. 1709. 4.

Bechi (Niccolò). Lauda sopra la vita di S. Gherardo da Villamagna. s. l. 1741. 4.

Brocchi (Giuseppe). Vita di S. Gherardo da Villamagna. *Lucca.* 1750. 4.

Villamanrique (marquesa de),
vice-reine de la Nouvelle-Espagne († 1619).

Villalobos (Arias de). Epitaphios à les exequias de la marquesa de Villamanrique, vireyna de la Nueva España. *Mexico.* 1619. 4.

Villani (Cipriano Ludovico).

Piatti (Giovanni Battista). Nelle solenni funebri esequie del cavaliere C. L. Villani, elogio funebre. *Biella.* 1846. 8.

Villani (Maria),
religieuse italienne.

Sequino (Biagio Antonio). Aggiunta alla vita della serva di Dio suor M. Villani. *Napol.* 1778. 4.

Villanueva (Joaquin Lorenzo),
savant espagnol (1757 — 1837).

Vida literaria de J. L. Villanueva. *Lond.* 1825. 2 vol. 8. (Ecrit par lui-même.). — (*Oxf.*)

Villanueva, voy. **Thomas de Villanueva.**

Villardi (Francesco),
prêtre italien.

Meneghelli (Antonio Maria). Sulla vita e sulle opere di F. Villardi, minore conventuale. *Padov.* 1834. 8.

Villaret de Joyeuse (Louis Thomas),
vice-amiral français (1750 — 1824).

Lacroix (N... N... de). Eloge de l'amiral Villaret de Joyeuse. *Versailles.* 1824. 8. (Non mentionné par Quérard.)

Le Bastard de Kerguissinec (N... N...). Parallèle des amiraux Villaret Joyeuse et lord (Richard) Howe dans les combats des 9, 10 et 13 prairial an II de la république (28, 29 mai et 1er juin 1794), etc. *Brest,* s. d. (1837). 8.

Villaris (Marc Hilaire),
chimiste français (1720 — 26 mai 1792).

Notice sur la vie de M. H. Villaris. *Par.* 1798. 8. (Extrait du *Magasin encyclopédique.*)

Caillau (Jean Marie). Eloge de Villaris. *Bordeaux.* 1817. 8.

Villarroel (Diego de **Torres**),
mathématicien espagnol.

Vida, ascendencia, nacimiento, crianza y aventuras del Dr. D. D. de Torres Villarroel, catedrático de primero de matematicas en la universidad de Salamanca. *Madr.* 1789. 4. (Ecrit par lui-même.)

Villars (Dominique),
médecin-botaniste français (14 nov. 1745 — 27 juin 1814).

Ladoucette (Jean Charles François). Notice biographique de M. Villars. *Par.* 1818. 8. Portrait. (Omis par Quérard.) — (*P.*)

Villars (Honoré Armand, duc de),
homme d'État français (4 déc. 1702 — .. mai 1770).

Amphoux (N... N...). Oraison funèbre de M. le duc de Villars. *Marseille.* 1770. 12.

Villars (Louis Hector, duc de),
maréchal de France (1653 — 17 juin 1734).

Villars (Louis Hector de). Mémoires, (depuis 1670 jusqu'en 1700, publ. par Guillaume Plantavit de LA PAUSE DE MARGON). *La Haye.* 1734. 3 vol. 12. (*P.*) *Frf.* 1735. 3 vol. 12. Trad. en allem. *Leipz.* 1735. 8. (*D.* et *L.*)

Eymar (Balthasar). Oraison funèbre de M. le maréchal de Villars. *Par.* 1734. 4.

Folard (Melchior de). Oraison funèbre du maréchal L. H. de Villars. *Arles.* 1734. 4.

Séguy (Joseph). Oraison funèbre de M. le maréchal de Villars. *Par.* 1735. 4. (*P.*)

Carlet de La Rosière (N... N...). Campagne du maréchal de Villars et de Maximilien Emmanuel, électeur

de Bavière, en Allemagne, en 1703. *Amst.* (*Par.*) 1766. 12. (*P.*)

Anquetil (Louis Pierre). Vie du maréchal de Villars, écrite par lui-même; suivie du journal de la cour de 1724 à 1734. *Par.* 1784. 4 vol. 12. Portrait. (*Oxf.* et *P.*)

Villars (Pierre de),
archevêque de Vienne (3 mars 1543 — 12 juillet 1613).

Chorier (Nicolas). Elogium P. de Villars. *Vienn.* 1640. 4.

Villedieu (Alexandre de),
grammairien français du XIIIe siècle.

Notice bibliographique sur A. de Villedieu. *Avranch.* 1844. 8.

Villegas (Fernand **Ruiz** de),
poète espagnol (vers le commencement du XVIe siècle).

Rios (Vicente de los). Memorias de la vida y de las obras de Don F. Ruiz de Villegas. *Madr.* 1774. 8.

Villegontier (le comte N... N... de),
homme d'État français (25 janvier 1776 — ...).

Notice biographique sur la vie et les travaux politiques et administratifs de M. le comte de la Villegontier. *Par.* 1846. 8. (*Lv.*)

Villehardouin (Godefroy de),
historien français (vers 1167 — vers 1213).

Vigenère (Blaise de). Histoire de G. de Villehardouin, maréchal de Champagne et de Romanie. *Par.* 1584. 4. (*P.*)

Villèle (Joseph, comte de),
ministre français (1773 — 13 mars 1854).

Sarran (Jean Raymond Pascal). Du ministère Villèle et de ses œuvres. *Par.* 1825. 8. (*P.*)

Labbey de Pompières (Guillaume Xavier). Le ministre Villèle, mis en accusation devant la chambre des députés. *Par.* 1828. 8.

—— Nouvelle accusation de l'ex-ministre Villèle. *Par.* 1829. 8.

Flandin (Jean Baptiste). Révélations sur la fin du ministère de M. le comte de Villèle, etc. *Par.* 1829. 8. (*P.*)

(**Loménie**, Louis de). M. de Villèle, par un homme de rien. *Par.* 1841. 12.

Villemain (Abel François),
homme d'État français (11 juin 1791 — ...).

Villemain (Abel François). Souvenirs contemporains d'histoire et de littérature. *Par.* 1854. 8.

(**Loménie**, Louis de). M. Villemain, par un homme de rien. *Par.* 1841. 12.

Collombet (François Zénon). M. Villemain, de ses opinions religieuses et de ses variations politiques. *Lyon.* (1844). 8.

Villemur (le comte Louis de **Penne**),
général français (9 oct. 1778 — 24 août 1836).

Villemur (Adolphe de). Biographie du lieutenant général de Villemur, ancien ministre de la guerre de S. M. C. Charles V, roi d'Espagne. *Par.* 1836. 8. (*P.*)

Villena (Juan **Pacheco**, marques de),
homme d'État espagnol († 11 oct. 1474).

Nassarre y Ferriz (Blas Antonio). Elogio historico del marques de Villena, s. l. et s. d. (*Madr.* 1738.) 4. (*Oxf.*)

Villena (Leonor Jozefa de).

Rocha Pitta (Sebastião da). Vida e morte de D. L. J. de Villena. *Lisb.* 1721. 4.

Villeneuve (André Charles Louis de),
médecin français (6 août 1781 — 3 août 1853).

Raciborski (N... N...). Discours prononcé sur la tombe de M. le docteur de Villeneuve. *Par.* 1853.

Fodéré (N... N...). Notice sur la vie et les travaux de M. le docteur de Villeneuve. *Par.* 1853. 8.

Villeneuve (Humbert de),
jurisconsulte français († 18 juillet 1515).

Amanton (Claude Nicolas). Lettres sur trois Lyonnais, premiers présidents au parlement de Bourgogne dans le XVIe siècle, de 1503 à 1551 (H. de Villeneuve, Hugues Fournier et Claude Paterin). *Lyon.* 1826. 8. (*Lv.*)

Cochard (Nicolas François). Lettre à M. Amanton, au sujet de ses Lettres sur les trois Lyonnais. *Lyon.* 1827. 8.

Villeneuve-Bargemont (le vicomte Alban de),
historien français (14 août 1784 — .. juillet 1850).

Marseille-Civry (Pierre Antoine Eugène de). Notice sur

M. le vicomte de Villeneuve-Bargemont. *Brux.* 1850. 4. (Extrait du journal : *Moniteur de l'Avenir.*)

Villeneuve (Pauline de **Saint-André** de la **Laurencie** de), dame françoise.

Briand (abbé). Vie de mademoiselle P. de Saint-André de la Laurencie de Villeneuve, de Saint-Jean-d'Angély. *Lyon et Par.* 1852. 8.

Villeneuve (Pierre Charles Jean Baptiste Sylvestre de), vice-amiral françois (31 déc. 1763 — se donnant la mort le 22 avril 1806).

Magendie (Jean Jacques). Mémoire nécrologique sur M. le vice-amiral de Villeneuve. *Toulouse.* 1814. 4. (*P.*)

Villeneuve (Roméo ou Romée), connétable et grand sénéchal de Provence (1170 — vers 1255).

Baudier (Michel). Histoire de l'incomparable administration de Romieu. *Par.* 1635. 16. (*P.*)

Vaissette (Joseph). Dissertation pour servir à l'histoire de Romée de Villeneuve. *Par.* 1751. 8. (*P.*)

Vence (N... N... de). Peregrinazioni ed avventure del nobile Romio da Provenza. *Torin.* 1824. 2 vol. 12.

Villeneuve-Bargemont (Louis François, marquis de), historien françois, frère du vicomte Alban de V. (14 août 1784 — 19 sept. 1850).

Nollet-Fabert (Jules). Notice historique sur la vie et les travaux de M. L. F. de Villeneuve-Bargemont, marquis de Trans, ancien gentilhomme honoraire de la chambre du roi Charles **X**, membre de l'Institut, etc. *Nancy.* 1851. 8.

Villenfagne d'Ingihoul (Hilarion Noël, baron de), bourgmestre de Liége (4 juin 1753 — 23 janvier 1826).

Chênedollé (Charles de). Notices nécrologiques sur messieurs Gilles Joseph Évrard Ramoux, associé résidant, et H. N., baron de Villenfagne d'Ingihoul, etc. *Liége.* 1826. 8. * (*Lv.*)

* Ces notices, échappées aux recherches de Quérard, ont été tirées à 200 exemplaires distribués en cadeaux.

Henaux (Ferdinand). Biographie des historiens liégeois : Villenfagne d'Ingihoul. *Gand.* 1858. 8. (Extrait du *Messager des sciences et des arts.*)

Villeroy, voy. **Neufville.**

Villeroy (François de **Neufville,** duc de), maréchal de France (1643 — 18 juillet 1730).

Renaud (Louis). Description de la pompe funèbre de M. le maréchal duc de Villeroy. *Lyon.* 1730. Fol.

Villeroy (Nicolas de **Neufville** de), homme d'État françois (1542 — 22 nov. 1617).

Villeroy (Nicolas de **Neufville** de). Mémoires d'État, servant à l'histoire de notre temps, depuis 1567 jusqu'en 1604, publ. par Auger de **Mauléon.** *Par.* 1622. 4 ou 4 vol. 12. *Ibid.* 1624. 4. Contin. jusqu'en 1620 et publ. par N... N... **Dumesnil-Basire.** *Par.* 1634-36. 4 vol. 8. *Ibid.* 1636. 4 vol. 12. *Ibid.* 1665. 4 vol. 12. *Amst.* (*Trévoux*). 1729. 7 vol. 12.

(**Terrasson,** Humbert). Discours sur la mort de M. de Villeroy. *Par.* 1617. 8.

David (Joseph). Oraison funèbre de N. de Neufville, duc de Villeroy. *Lyon.* 1618. 4.

Cotton (Pierre). Oraison funèbre de N. de Neufville, seigneur de Villeroy, secrétaire d'État sous le règne de quatre rois. *Par.* 1618. 8. (*P.*)

Matthieu (Pierre). Remarques d'État et d'histoire sur la vie et les services de M. de Villeroy. *Lyon.* 1618. 18. *Rouen.* 1619. 18. *Ibid.* 1622. 12. *Ibid.* 1642. 12. Trad. en angl. par Thomas H... *Lond.* 1638. 4. (*Oxf.*) Trad. en espagn. par Petrus van der **Hammen Gomez y Leon.** *Madr.* 1624. 8. Trad. en holland. *Amst.* 1660. 12. Trad. en ital. *Venez.* 1618. 16. *Milan.* 1618. 12. Trad. en lat. s. c. t. Minister status, s. considerationes politicæ super vita N. Neovilii Villaregii. *Jenæ.* 1661. 4. *Hamb.* 1664. 8.

Villers (Charles François Dominique de), philosophe françois (4 nov. 1765 — 27 février 1815).

Berr (Michel). Notice sur M. C. Villers. *Par.* 1815. 8. (Omis par Quérard.) — (*Oxf.*)

Bégin (Émile Auguste). Villers, madame de Rodde et madame de Staël. *Metz.* 1840. 8. Portrait de Villers.

Villette (Marthe Marguerite de), voy. **Caylus.**

Villers (Jean Baptiste de), prêtre belge.

Vie de J. C. de Villers, prêtre à Douai. *Ypres,* s. d. 12. *Lille.* 1788. 12.

Villers (Servais Augustin de), médecin belge (28 août 1701 — 3 déc. 1759).

Notice sur S. A. de Villers, docteur et professeur en médecine. *Louvain.* 1841. 12. (Tiré à part à un très-petit nombre d'exemplaires.)

Villette (Charles).

Villette (Charles). Lettres sur les principaux événements de la révolution. *Par.* 1792. 8.

Villettes (N... N...), général anglais.

Bowdler (Thomas). Life and character of lieutenant general Villettes, late governor and commander of the forces in Jamaica, etc. *Lond.* 1815. 8. (*Oxf.*)

Villiers de l'Isle-Adam (Philippe), grand-maître de l'ordre de Saint-Jean de Jérusalem (1464 — 21 août 1534).

Pfaff (Carl). P. Villiers de l'Isle-Adam und Johann de la Valette; zwei Heldenbilder aus dem sechszehnten Jahrhundert. *Schaffhaus.* 1851. 8.

Villoison (Jean Baptiste d'**Ansse** de), helléniste françois (5 mars 1750 — 26 avril 1805).

Dacier (Bon-Joseph). Éloge de J. B. d'Ansse de Villoison. *Par.* 1806. 8. (*Oxf.* et *P.*)

Vincens (Marc Antoine Émile), agronome françois (17 déc. 1764 — 29 mai 1850).

Notice sur la vie et les écrits de M. E. Vincens. *Batignolles.* 1850. 8.

Vincens-Saint-Laurent (Jacques), littérateur françois (9 janvier 1758 — 6 mai 1825).

Silvestre (Augustin François de). Notice biographique sur J. Vincens-Saint-Laurent. *Par.* 1826. 8. (*P.*)

Vincent (Saint), comte de Hainaut.

(**Brasseur,** Philippe). S. Vincentius, fundator et primus abbas Altimontensis exindeque Sonegiensis ecclesiæ abbas et patronus. *Mont.* 1636. 12.

Le Fort (Michel). S. Vincent, conte de Hainnav (!), patron de Soignies, etc. *Mons.* 1654. 8.

Vincent de Lerins (Saint), moine françois du ve siècle.

Elpelt (Franz Xaver). Vincentius von Lerina, sein Leben und seine Lehre. *Bresl.* 1840. 8. (*D.*)

Vincent de Beauvais, dominicain françois du xiiie siècle.

Echard (Jacques). S. Thomæ suo autori vindicata, s. de V. F. Vincentii Bellovacensis scriptis dissertatio, in qua quid, de speculo morali sentiendum aperitur. *Par.* 1708. 8.

Vogel (Aloys). Literär-historische Notizen über den mittelalterlichen Gelehrten Vincenz von Beauvais. *Freib. im Breisg.* 1843. 4.

Vincent de Paul (Saint), fondateur de la congrégation de S. Vincent (24 avril 1576—27 sept. 1660).

Abelly (Louis). Vie du vénérable serviteur de Dieu, Vincent de Paul. *Par.* 1664. 4. (*P.*) *Ibid.* 1668. 8. (*Bes.*) *Ibid.* 1684. 4. *Ibid.* 1698. 4. (*Bes.*) *Ibid.* 1729. 4. *Ibid.* 1825. 5 vol. 12. *Ibid.* 1843. 2 vol. 8. Portrait. *Rouen.* 1843. 8. Suivi de la vie de M. René Alméras, l'ami et le successeur de S. Vincent de Paul. *Par.* 1839. 2 vol. 8. Portrait. (*P.*) Trad. en ital. : Par Domenico **Acami.** *Rom.* 1677. 4. Par un anonyme. *Venez.* 1740. 4.

(**Noiret,** Gilbert). Abrégé de la vie du bienheureux Vincent de Paul. *Par.* 1729. 12. *Warsow.* 1729. 8. *Par.* 1733. 12.

Accami (Domenico). Vita del B. Vincenzo Paolo. *Torin.* 1734. 4 et 8. Portrait.

Barboza (Jozé). Vita de S. Vicente de Paulo. *Lisb.* 1738. Fol.

Collet-(Pierre). Vie de S. Vincent de Paul. *Nancy.* 1748. 2 vol. 4. *Louvain.* 1823. 8. (*Bes.*) * *Par.* 1818. 4 vol. 12. Portrait. *Brux.* 1838. 2 vol. 8.

* La première édition est anonyme.

Collet (Pierre). Vie abrégée de S. Vincent de Paul. *Par.* 1764. 12. (*Bcs.*) *Avign.* 1764. 12. *Par.* 1816. 18. *Ibid.* 1818. 18. *Ibid.* 1822. 18. *Lyon.* 1825. 18. *Par.* 1826. 18.

Ansart (André Joseph). Esprit de S. Vincent de Paul, etc. *Par.* 1780. 8. *Lyon.* 1817. 2 vol. 12. Trad. en flamand par P... D... Craceo. *Doornik.* 1849. 18. *Ibid.* 1850. 8. Portrait.

Sambuga (Joseph Anton Franz Maria). Kurze Geschichte des Lebens und der Tugenden des heiligen Vincenz von Paula. *Mannh.* 1785. 8. *Münch.* 1828. 8.

(**Bégat**, N... N..:). Vie de S. Vincent de Paul. *Par.* 1787. 2 vol. 12. (*Bes.*)

Galura (Bernhard). Vincenz von Paula, das schönste Bild eines volkommenen Christen und wahren Seelsorgers. *Augsb.* 1807. 2 vol. 8.

Stolberg (Friedrich Leopold v.). Leben des heiligen Vincenz von Paula. *Münst.* 1818. 8. (*D.*) *Wien.* 1819. 8. *Ibid.* 1820. 8. *Ibid.* 1855. 12. Trad. en holland. par J... G... Le Sage ten Broerk. *Amst.* 1821. 8.

Guénard (madame). S. Vincent de Paul, l'apôtre des affligés. *Par.* 1824. 12.

Boulogne (Etienne Antoine). Panégyrique de S. Vincent de Paul. *Par.* et *Lyon.* 1822. 8. (*Lv.*)

Duthozet (N... N...). Panégyrique de S. Vincent de Paul. *Par.* et *Lyon.* 1824. 8. (*Lv.*)

Lemaire (Henri). Vie de S. Vincent de Paul, etc. *Par.* 1825. 18. (*P.*)

Labouderie (Jean). Notice historique sur S. Vincent de Paul. *Par.* 1827. 8.

Maury (Jean Siffrein). Panégyrique de S. Vincent de Paul, publ. par Louis Siffrein Maury. *Par.* 1827. 8.

Capefigue (Baptiste Honoré Raymond). Vie de S. Vincent de Paul. *Par.* 1827. 8. (Ouvrage couronné.) — (*P.*) Trad. en ital. par Francesco Galvani. *Firenz.* 1846. 8. Portrait.

Reboul-Berville (C... A... de). Vie de S. Vincent de Paul, etc. *Par.* 1828. 12. Portrait.
> Trad. en ital. :
> Par Giovanni Battista Canta. *Milan.* 1843. 12.
> Par Francesco Galvani. *Firenz.* 1846. 8. Portrait.

Naylies (Théodose Marie de). Abrégé de la vie et des vertus de S. Vincent de Paul, avec le bref de sa béatification, etc. *Par.* 1850. 12.

Simonnin (Marie Jacques). S. Vincent de Paul peint par ses actions, avec l'histoire de sa captivité en Afrique, etc., suivi des details les plus exacts sur la conservation de son corps. *Par.* 1850. 8. (*P.*)

Gossin (N... N...). S. Vincent de Paul, peint par ses écrits. *Par.* 1834. 8.

(**Stapf**, Ambrosius Joseph). Der heilige Vincentius von Paul, dargestellt in seinem Leben und Wirken. *Wien.* 1836. 2 vol. 8. *Brixen.* 1837. 2 vol. 8.

Challamel (Augustin). S. Vincent de Paul. *Par.* 1841. 8. (*P.*)

Orsini (abbé). Vie de S. Vincent de Paul. Trad. en allem. par Franz Xaver Steck. *Tübing.* 1843. 8.

Sanz (Ramon). Compendio de la historia de S. Vicente de Paul y de las hijas de la caridad. *Madr.* 1844. 8.

Nisard (Théodore). Vie de S. Vincent de Paul. *Par.* 1844. 8. (*P.*) Trad. en ital. par Luigi Masieri. *Milan.* 1843. 16. (*Oxf.*)

Stulc (Venzeslav). Zivot svatého Vinzentius de Paul. *Praze.* 1844. 12.

Vie de S. Vincent de Paul, par un membre de la Société de S. Vincent de Paul. *Par.* 1850. 18.

Bussierre (Marie Théodore de). Histoire de S. Vincent de Paul et de son époque, tirée des biographies les plus anciennes et les plus authentiques du saint. *Arras* et *Par.* 1850. 2 vol. 8. Portrait.

Maitrias (A...). Histoire de S. Vincent de Paul. *Par.* 1851. 8. Portrait.

Challamel (Augustin). S. Vincent de Paul et le vénérable Jean Baptiste de Lasalle, fondateur de l'Institut des frères des écoles chrétiennes. *Par.* 1853. 12.

Veuillot (Louis). Étude sur S. Vincent de Paul. *Au Mans.* 1854. 12.

Vincent (Charles),
officier français.

Quelques fragments de la vie militaire de M. C. Vincent, capitaine au 67e régiment d'infanterie de ligne, etc. *Toulon.* 1856. 4.

Vincent (François André),
peintre français (1746 — 1816).

(**Chaussard**, Jean Baptiste Publicola). Notice historique et inédite sur Vincent, peintre d'histoire. *Par.* 1806. 8. (Extrait du *Pausanias français*.)

Vincent, née **Labille** (madame),
peintre française, épouse du précédent.

(**Lebreton**, Joachim). Notice nécrologique sur madame Vincent, née Labille, peintre, s. l. et s. d. 8.

Vincenti ou **Vincenzi** (Giovanni Maria),
grand-chancellier de la république de Venise.

Zavanti (Gabriele Arcangelo). Oratio in funere illustrissimi atque excellentissimi D. J. M. Vincenti, equitis ac magni Venetiarum cancellarii. *Venet.* 1746. 4.

Vincentius (Saint),
patron de Soreth.

Sailer (Sebastian). Lobrede auf den heiligen Vincentius, Patron von Soreth. *Augsb.* 1751. Fol.

Vincenzo di Ravenna.

Gercken (Carl Christian). Corollarium ad historiam Petri et Vincentii Ravennatum, s. l. (*Dresd.*) 1773. 4.

Vinci (Leonardo da),
peintre italien du premier ordre (1452 * — 2 mai 1519).

Amoretti (Carlo). Memorie storiche su la vita, gli studj e le opere di L. da Vinci. *Milan.* 1784. 8. *Ibid.* 1804. 8. Portrait. (*Oxf.*)
> * C'est à tort que presque tous les biographes le font naître en 1445.

Venturi (Giovanni Battista). Essai sur les ouvrages physico-mathématiques de L. da Vinci, etc. *Par.* 1797. 4. (Peu commun.)

Bossi (Giuseppe). Vita di L. da Vinci. *Padov.* 1814. 4. Portrait. (*Oxf.*)

Braun (Georg Christian). L. da Vinci's Leben und Kunst, etc. *Halle.* 1819. 8. (*D.* et *L.*)

Brown (John William). Life of L. da Vinci. *Lond.* 1828. 8. Portrait. (*Oxf.*)

Gallenberg (Hugo v.). L. da Vinci. *Leipz.* 1834. 8. Portrait. (*L.*)

Delécluze (Etienne Jean). L. de Vinci (1452-1519). *Par.* 1841. 8. (Extrait du journal *l'Artiste*, tiré à petit nombre.)

Ranalli (Francesco). Considerazioni intorno a L. da Vinci. *Firenz.* 1843. 8.

Delécluze (Etienne Jean). Essai sur L. da Vinci. *Par.* 1844. 8. (*P.*) Trad. en ital. *Siena.* 1844. 8.

Marx (C... F... A...). Über Marco Antonio della Torre und L. da Vinci, die Begründer der bildlichen Anatomie. *Goetting.* 1849. 4.

Rigollot (N... N...). Catalogue de l'œuvre de L. de Vinci. *Par.* 1850. 8.

Vincke (N... N... Freiherr v.),
homme d'État allemand.

Bodelschwingh (Ernst v.). Leben des Ober-Präsidenten Freiherrn v. Vincke. Nach seinen Tagebüchern bearbeitet. Erster Theil : Das bewegte Leben (1774 — 1814). *Berl.* 1853. 8. Portrait.

Vinding (Rasmus),
juriconsulte danois (19 mars 1615 — ... 1684).

Jonaesen (Soeren). Etatsraad R. Vindings Liv og Levnet. *Kjoebenh.* 1684. 4. (*Cp.*)

Vinet (Alexandre Rodolphe),
littérateur suisse (17 juin 1797 — 14 mai 1847).

Schérer (Edmond). A. Vinet. Notice sur sa vie et ses écrits. *Par.* 1853. 8.

Vinet (Élie),
savant français (vers 1519 — 14 mai 1587).

Paschal (Charles). Elogium E. Vineti. *Burdigal.* 1594. 4.

(**Jouannet**, François René Bénit Vatar). Eloge d'E. Vinet, professeur de belles-lettres et recteur principal du collège de Guyenne dans le xvie siècle. *Perigueux.* 1816. 8. (Couronné par l'Académie de Bordeaux.)

Vinnius (Arnold),
juriconsulte hollandais (vers 1588 — 1657).

Thiemen (Adriaan Bokarts van). Oratio funebris in obitum A. Vinnii JCti. *Lugd. Bat.* 1657. 4. (*Cp.*)

Vinold (Christian Andreas),
théologien allemand.

Beyer (August). Nachricht von dem Leben und den

Schriften Mag. C. A. Vinold's, Pastoris zu Pappendorff. *Dresd.* 1737. 4. (*D.*)

Vinta (Belisario),
savant italien.

Minerbetti (Alessandro). Orazione in lode del cavaliere B. Vinta. *Firenz.* 1614. 4.

Vintimille (François de),
chevalier français.

Lisdem (Henri du). Esclavage du brave chevalier F. de Vintimille, des comtes de Marseille et Olieule, à présent commandeur du Plante et Cadillan, etc. *Lyon.* 1608. 12.

Vintras (Eugène Pierre Michel),
tailleur, visionnaire français du XIXe siècle.

(**Charvoz**, Alexandre). Les prisons du prophète actuel (P. M. Vintras), poursuivi par tous les pouvoirs. *Caen.* 1846. 12. *

    * Cet ouvrage, publ. s. l. pseudonyme de l'abbé LA PANAZ, décrit les visions du soi-disant prophète, qui, pour abus de confiance, a été condamné à cinq ans d'emprisonnement et à 100 francs d'amende.

Vio (Bartolommeo),
jésuite italien.

Panegirici dell' abate B. Vio, exgesuita Veneto. *Venez.* 1789. 4.

Viole (Michel),
prêtre français.

Cabot (Vincent). Tumulus, s. laudatio funebris M. Violæi apud Aurelios cœnobiarchæ. *Aurel.* 1592. 4.

Viotti (Giovanni Battista),
musicien italien (1755 — 3 mars 1824).

Baillot (Pierre Marie François de Sales). Notice de J. B. Viotti. *Par.* 1825. 8. * (*P.*)

    * Cette notice, non mentionnée par Quérard, n'a pas été destinée au commerce.

Eymar (Ange Marie d'). Anecdotes sur Vioti (!), s. l. et s. d. 12.

Vipereschi (Livia),
religieuse italienne.

Zappaglia (Francesco). Vita della signora L. Vipereschi, vergine nobile Romana, fondatrice del conservatorio delle Zitelle, dette dell' immacolata concepzione della B. Vergine, presso l'Arco di San Vito di Roma. Opera ascetica et historica. *Rom.* 1717. 4. Portrait.

Vipsanius Agrippa, voy. **Agrippa** (Marcus Vipsanius).

Virdungus (Michael),
historien allemand (5 juin 1575 — 28 oct. 1637).

Rupertus (Christoph Adam). Oratio funebris de genere, vita et obitu M. Virdungi. *Altorf.* 1637. 4.

Viret (Pierre),
réformateur suisse (1511 — 1571).

Chenevière (Charles), (Guillaume) **Farel**, (Antoine) **Froment**, **Viret**, réformateurs religieux. *Genève.* 1835. 8.
Jaquemot (N... N...). Viret, réformateur de Lausanne. *Strasb.* 1856. 4. (*L.*)

Virey (Julien Joseph),
médecin français du XIXe siècle.

Notice des travaux et des principaux mémoires de J. J. Virey. *Par.* 1832. 4. (*P.*)

Virgile Maro (Publius),
poëte romain du premier ordre (70 — 19 avant J. C.).

Codomann (Salomon). Oratio poetica de P. Virgilio Marone. *Giess.* 1610. 8.
Schuller (Johannes). Oratio de Virgilio poetarum latinorum principe. *Frf. ad Viadr.* 1630. 4. (*L.*)
Barth (Michael). Vita P. Virgilii Maronis, carmine heroico descripta, etc., multis in locis correctior et emendatior, publ. par Johann Friedrich HECKEL. *Cygnew.* 1676. 4.
Berger (Johann Wilhelm). Dissertatio de P. Virgilio oratore. *Witteb.* 1703. 4.
Reusch (Erhard). Disquisitio de P. Virgilio Marone jurisconsulto, ex Ecloga III v. 17-24 instituta. *Helmst.* 1728. 4.
Meusel (Johann Georg). Commentatio de Theocriti et Virgilii poësi bucolica. *Goetting.* 1766. 4.
Francke (Carl Gottlieb). Dissertatio de P. Virgilio Marone, scientissimo similitudinis architecto. *Fridrichsst.* 1776. 4.

Tittmann (Johann August Heinrich). De Virgilio Homerum imitante. *Lips.* 1787. 4. (*D.* et *L.*)
Lauter (Gottfried Christian). Dissertatio de Virgilio imitatore Homeri. *Heidelb.* 1796. 4.
Tissot (Pierre François). Etudes sur Virgile, comparé avec tous les poëtes épiques et dramatiques des anciens et modernes. *Par.* 1825-30. 4 vol. 8. (*P.*)
Peignot (Etienne Gabriel). Quelques recherches sur le tombeau de Virgile au mont Pausilipe. *Dijon.* 1840. 8.
Arrhenius (Oskar). Tal om P. Virgilius Maro. *Carlstad.* 1841. 8.
Legris (Jules). Rome, ses novateurs, ses conservateurs et la monarchie d'Octave Auguste. Etudes historiques sur Lucrèce, Catulle, Virgile, Horace. *Par.* 1846. 8. (*P.*)
Helliez (N... N...). Géographie de Virgile, ou notice des lieux dont il est parlé dans les ouvrages de ce poëte. *Par.* 1771. 8. *Ibid.* 1809. 8. Augment. de la Géographie d'Horace et publ. par Jean Gaspard MASSELIN. *Par.* 1820. 12. (*P.*)
Ummius (Johann Ludwig). Dissertatio de mari purpureo Virgilii Georg. IV. 273. *Brem.* 1786. 4.
Toepfer (Heinrich). Virgilii geographia in Æneide opera exhibita. Part. I-IV. *Arnstad.* 1828-54. 4.
Vergerio (Pietro Paolo). De Virgilii statua Mantuæ eversa per Carolum Malatestam, publ. par Michelangelo BIONDO. *Venet.*, s. d. (1540). 8.

Virgilio da Villa Barrea (Benedetto de),
poëte italien.

P(adula) Z(accaria). Cenni storici sulla vita e sulle poesie del cavaliere B. de Virgilio da Villa Barrea. *Napol.* 1841. 8.

Virginie de Médicis,
épouse de César d'Este, duc de Modène (... — mariée 1586 — 1615).

Mascardi (Agostino). Orazione funerale fatta nell' esequie della signora D. Virginia Medici d' Este, duchessa di Modena. *Moden.* 1615. 4.

Virginius (Andreas),
évêque d'Esthlande (9 nov. 1596 — 20 déc. 1664).

Oldekop (Justus Heinrich). Programma exequiale ad honorem A. Virginii, episcopi Esthlandiæ. *Reval.* 1664. 4.

Viriathe,
chef des insurgés lusitaniens.

Becker (Ulrich Justus Heinrich). Viriath und die Lusitanier. *Alton.* 1826. 8. *

    * Formant la première livraison d'un ouvrage non terminé s. c. t. *Kriege der Roemer in Hispanien.*

Viry (Jean Baptiste **Arthaud** de).

Viry * (N... N... **Arthaud** de). Notice historique sur la vie de J. B. Arthaud de Viry. *Roanne.* 1834. 8.

    * C'est le neveu de J. B. de Viry.

Vischer (Georg Friedrich),
numismate allemand (22 avril 1738 — 26 mars 1789).

Nast (Johann Jacob Heinrich). Gedächtniss des Herrn Professors und Oberbibliothekars G. F. Vischer. *Stuttg.* 1789. 8. (*D.*)

Vischer (Johann),
médecin allemand (16 déc. 1524 — 22 avril 1587).

Cellius (Erhard). Oratio funebris de vita et morte J. Vischeri. *Tubing.* 1588. 4.

Visconti,
dynastie italienne.

Barbo Soncino (Scipione). Sommario delle vite de' duchi di Milano, cosi Visconti, come Sforzeschi, etc. *Venez.* 1574. 8. *Ibid.* 1584. Fol.
Giovio (Paolo). Vita dei dodici Visconti, che signoreggiarano Milano. *Milan.* 1645. 4. Plusieurs portraits.

Visconti (Agnese).

(**Ferrand**, Humbert). A. Visconti. *Belley.* 1856. 8. *

    * Publié sous le pseudonyme de Georges ARANDAL.

Visconti (Carlo),
prêtre italien.

Rime in lode del molto reverendo ed eccellentissimo signore dottor C. Visconti, Viniziano, predicatore insigne nel duomo di Pordenone. *Venez.* 1742. 8.

Visconti (Clarissa),
duchesse du Milan.

Prechac (N... N...). Storia di C. Visconti, duchessa di

Milano, con note e tavola cronologica di Giovanni AGRATI. *Milan.* 1817. 12.

Marocco (Pietro). Avventure di C. Visconti, duchessa di Milano. *Milan.* 1828. 12.

Visconti (Enneo Quirino),
archéologue italien (1er nov. 1751 — 7 février 1818).

Quatremère de Quincy (Antoine Chrysostome). Notice sur la vie et les ouvrages de Visconti. *Par.* 1818. 8. (Extrait du *Moniteur.*)

Rossi (Giovanni Gherardo de'). Elogio storico di E. Q. Visconti. *Rom.* 1818. 8. (*Oxf.*)

Labus (Giovanni). Notizie biografiche intorno la vita di E. Q. Visconti. *Milan.* 1818. 8.

Visconti (Filippo),
archevêque de Milan († 13 février 1802).

Cagnola (Luigi). Esequie per l'arcivescovo F. Visconti, celebrate in Milano il giorno 15 febbrajo 1802. *Milan,* s. d. (1802). Fol.

Visconti (Filippo Maria),
duc de Milan (1391 — 16 mai 1413 — 13 août 1447).

Decembrio (Pietro Candido). Vita Philippi Mariæ, vicecomitis Mediolanensis, ducis tertii. *Mediol.* 1625. Fol. Trad. en ital. *Milan.* 1645. 4. (*Oxf.*)

Visconti (Giovanni Battista Antonio),
archéologue italien (26 déc. 1722 — 2 sept. 1784).

Biografia di G. B. Visconti. *Rom.*, s. d. 8. (*Oxf.*)

Visconti (Luchino),
seigneur de Milan (vers 1287 — empoisonné le 24 janvier 1349).

Cavalero (N... N...). Racconto storico della vittoria di L. Visconti a Parabiago (en 1339). *Milan.* 1745. 4.

Visconti (Luigi),
architecte italien (11 février 1791 — 1er janvier 1854).

Funérailles de M. Visconti. Discours prononcés par Désiré RAOUL-ROCHETTE, CARISTIE et HITTORDF. *Par.* 1854. 4. Visconti. *Par.* 1854. 8. (Extrait du *Moniteur.*)

Visdelou (Claude de),
évêque de Claudiopolis (3 août 1656 — 11 nov. 1737).

Norbert (Pierre Parisot). Oraison funèbre de M. de Visdelou, évêque de Claudiopolis et vicaire apostolique en Chine, etc. *Cadix.* 1742. 8.

Visé ou **Vizé** (Jean **Donneau** de),
fondateur du *Mercure galant* (1640 — 8 juillet 1710).

Visé (Jean Donneau de). Mémoires pour servir à l'histoire de Louis XIV, depuis 1658 jusqu'en 1688. *Par.* 1697-1703. 10 vol. Fol. (*P.*)

Visionnaire de Prevorst,
somnambule allemande (1801 — 1829).

Kerner (Justinus). Die Seherin von Prevost (Friederike Hause). Erörterungen über das innere Leben der Menschen und über das Hervorragen einer Geisterwelt in die unsere. *Stuttg.* et *Tübing.* 1829. 2 vol. 8. (*L.*) *Ibid.* 1832. 2 vol. 8. *Ibid.* 1838.

Eschenmayer (Christoph Adolph). Mysterien des innern Lebens, erläutert aus der Geschichte der Seherin von Prevorst, etc. *Tübing.* 1830. 8.

Kieser (Dietrich Georg). Singularis dementiæ species in femina dæmonica Wirtembergica illustrata. *Jenæ.* 1830. 8.

Visscher (Anna* et Maria**),
poètes hollandaises (*1584 — 6 déc. 1651 — **1594 — 20 juillet 1649).

Scheltema (Jakobus). Anna en Maria Tesselschade, de dochters van Roemer Visscher. *Amst.* 1809. 3. Avec les portraits d'Anne et de Marie. (*Ld.*)

Visser (Dorothea),
fanatique allemande.

Die Stigmatisirte zu Gendringen, D. Visser, das mit den Wundmalen Jesu Christi bezeichnete Mädchen. *Borken.* 1840. 8.

Vital (Saint),
fondateur de l'abbaye de Savigni († 1122).

Heumann (Christoph August). Dissertatio de S. Vitali. *Goetting.* 1731. 4.

Vitellius (Aulus),
empereur romain (24 sept. 15 — 15 avril 69 — 29 déc. 69).

Horn (Franz). Historische Gemälde : Galba, Otho, Vitellius. *Berl.* 1812. 8.

Vitet (Louis),
médecin français (1736 — 25 mai 1809).

Pariset (Étienne). Notice historique de L. Vitet. *Par.* 1809. 8. (Omis par Quérard.) — (*P.*)

Vithammer (Claus).

C. Vithammer's Biographie. *Trondhjem.* 1799. 8. Port.

Vitiza, voy. **Witiza.**

Vitringa (Campegius),
théologien hollandais (16 mai 1659 — 30 mars 1722).

Schultens (Albrecht). Laudatio funebris in memoriam C. Vitringæ. *Franeq.* 1722. Fol.

Hemsterhuijs (Tiberius). Oratio funebris in obitum C. Vitringæ. *Franeq.* 1723. 4.

Vitruve Pollio (Marcus),
architecte romain (contemporain de Jules César).

Balde (Bernhard). Vita Vitruvii. *Aug. Vind.*, s. d. 4.

Vitry (Nicolas **de l'Hospital** de),
maréchal de France (1581 — 28 sept. 1644).

Le Paige (Nicolas). Oraison funèbre de N. de l'Hospital, maréchal de Vitry. *Par.* 1644. 4. (*P.*)

Vittorelli (Jacopo),
poète italien (10 nov. 1749 — 12 juin 1835).

Montani (Francesco Fabi). Necrologia di J. Vittorelli. *Rom.* 1835. 8.

Caffi (Francesco). Della vita e del comporre del poeta lirico J. Vittorelli, Bassanese. *Venez.* 1835. 16.

Vittoria (Alessandro),
sculpteur italien (1525 — 1608).

Temanza (Tommaso). Vita di A. Vittoria, (publ. par F... C... TROIS). *Venez.* 1827. 8. Portrait. (*Oxf.*)

Vittorio (Alessandro),
prêtre italien.

Balbo (Pietro). Vita d' A. Vittorio, cappucino d'Antoni. *Torin.* 1805. 4.

Vittorino da Feltre,
pédagogue italien (vers 1379 — 2 février 1447).

Dalle Laste (Natale). De vita Victorini Feltrensis dialogus Francisci Prendilaquæ Mantuani, etc., publ. par Jacopo MORELLI. *Venet.* 1774. 4.

Rosmini (Carlo de). Idea dell' ottimo precettore nella vita e disciplina di Vittorino da Feltre. *Bassan.* 1801. 8. Trad. en allem. s. c. t. Bild eines vorzüglichen Jugendlehrers aus dem Leben und Wirken Victorin's von Feltre, von Ferdinand MINSBERG. *Glog.* et *Leipz.* 1838. 8.

Racheli (Giovanni). Intorno a Vittorino da Feltre. *Milan.* 1832. 8.

Benoît (Elisabeth?). Victorin de Feltre, ou de l'éducation en Italie à l'époque de la renaissance. *Par.* 1853. 2 vol. 8. Portrait.

Vivarino (Giovanni),
peintre italien du xve siècle.

Brandolese (Pietro). Dubbii sull' essistenza del pittore G. Vivarino da Murano. *Padov.* 1807. 8.

Neumann Rizzi (Ignazio). Elogio accademico dei Vivarini, primi padri della veneziana pittura. *Venez.* 1816. 8.

Vivens (François de),
physicien français (1701 — 1780).

Saint-Amans (Jean Florimond Boudon de). Notice biographique sur feu M. le chevalier F. de Vivens. *Agen.* 1829. 8. (Couronné par la Société d'agriculture de Paris.) — (*P.*)

Vives (Juan Luis),
philosophe espagnol (6 mars 1492 — 6 mai 1540).

Schaumann (Johann Christian Gottlieb). De J. L. Vive, Valentino, philosopho præsertim anthropologo. *Halæ.* 1791. 8. (*L.*)

Namèche (A... J...). Mémoire sur la vie et les écrits de J. L. Vives, s. l. et s. d. (*Brux.* 1841.) 4. (Extrait des *Mémoires* couronnés de l'Académie de Bruxelles.)

Braam (Hendrik Geraard). Dissertatio theologica, exhibens J. L. Vivis theologiam christianam. *Groning.* 1835. 3.

Vivonne (Louis Victor **de Rochechouart de Mortemart**, duc de),
maréchal de France (15 août 1636 — 3 avril 1688).

Muret (Pierre). Oraison funèbre de M. le maréchal L. V. de Rochechouart, duc de Mortemart et de Vivonne. *Marseille.* 1688. 4.

Vlaek (Johannes),
théologien hollandais (?).

Leydecker (Melchior). De erroribus J. Vlack, etc. *Ultraject.* 1689. 8.

Vladislas (Saint),
roi de Hongrie (1077 — 1096).

Callimachus (Philipp). De rebus a Vladislao Polonorum et Hungarorum rege gestis libri III. *Aug. Vind.*
1519. 4. *Ibid.* 1584. 4.

Vladislas,
prince polonais.

Amanton (Claude Nicolas). Mémoire historique sur
Vladislas, prince polonais, inhumé en 1388 en l'église
Saint-Bénigne de Dijon. *Dijon.* 1852. 8. (Tiré à part à
petit nombre.) — (*Lv.*)

Vladislav IV,
roi de Pologne (5 juin 1595 — 30 avril 1632 — 20 mai 1648).

Piasecki (Paul). Chronica gestorum in Europa, præsertim in Polonia singularium ab anno 1571 usque ad
annum 1648. *Cracov.* 1648. Fol. *Amst.* 1649. Fol.

Wassenberg (Eberhard van). De rebus gestis Vladislai IV.
Dantisc. 1643. Fol.

Kobierzicki (Stanislaus). Historia Vladislai IV, Poloniæ
et Succiæ principis. *Dantisc.* 1655. 4.

Pastorius (Joachim). Historia Poloniæ, s. de Vladislai IV
extremis secutoque interregno et Joannis Casimiri electione, coronatione et variis expeditionibus ab anno 1647
ad annum usque 1651. *Dantisc.* 1685. 8.

Le Laboureur (Jean). Histoire et relation du voyage de
la reine de Pologne, Marie de Gonzague, de son mariage
avec Ladislas IV en 1646, et du retour de madame la
maréchale de Guébriant, ambassadrice extraordinaire,
etc. *Par.* 1648. 4. (*P.*)

Vlegelius (Janus),
théologien (?) hollandais.

Leven van J. Vlegelius. *Amst.* 1781. 8.

Vlitius (Janus),
poëte hollandais,

A... y (J... F...), Notice sur J. Vlietius, conseiller et
syndic de Breda, poëte latin et éditeur des *Autores rei
venaticæ antiqui,* etc., s. l. et s. d. (*Lyon.*) 8.

Vockerodt (N... N...),
théologien allemand.

Callenberg (Johann Heinrich). Vitæ Vockerodti illus-
tramenta quædam. *Halæ.* 1738. 8. (*L.*)

Voeller (Johann Heinrich),
facteur d'instruments de musique allemand (7 mars 1768 — ...).

Noeding (Caspar). Lebensbeschreibung J. H. Voeller's,
Hof-Instrumentenmachers und Mechanicus zu Cassel.
Marb. 1823. 8.

Voeroesmarty (Mihàli),
poëte hongrois (1er déc. 1800 — ...).

Toldy (Ferencz). Aesthetikai levelek Vocroesmarty M.
epikus munkjáiról. *Pesth.* 1827. 8.

Voes (Heinrich),
théologien hollandais.

Historische Nachricht von dem Märtyrertode der ersten
Blutzeugen Christi, H. Voes, Johann Esch und Lam-
precht Thorn, welche die durch Lutheri Dienst wieder
aus Licht gebrachte Wahrheit des Evangelii in den Niederlanden im Jahre 1523 mit ihrem Blute freudigst
versiegelt haben, etc., nebst einem Anhange Mag. Georg
Winckler's, Dompredigers zu Halle, anno 1527 erlitte-
nen Märtyrertode, von Johann Georg KIACHNER. *Halle.*
1755. 8. (*D.* et *L.*)

Voetius (Daniel),
médecin hollandais, fils du suivant (31 déc. 1629 — ... 1660).

Berckringer (Daniel). Oratio in D. Voetii obitum. *Ultraj.* 1660. 4.

Voetius (Gisbert),
théologien hollandais (3 mars 1589 — 1er nov. 1676).

Essenius (Andreas). G. Voetius, s. oratio funebris in
ejus obitum, etc. *Ultraj.* 1677. 4.

Vogel (Christian Heinrich),
théologien allemand (1737 — 30 août 1771).

Vogel (Wilhelm Julius August). C. H. Vogel's Leben
und Character geschildert. *Erfurt.* 1792. 8. (*D.*)

Vogel (Georg Johann Ludwig),
philosophe allemand (16 mars 1742 — 12 février 1776).

Nagel (Johann Andreas Michael). Programma ad cele-
brandum funus G. J. L. Vogeli, professoris Halensis.
Altorf. 1776. Fol.

Vogel (Johann),
philologue allemand (5 sept. 1589 — 8 mars 1663).

Gundling (Wolfgang). Oratio funebris in obitum J. Vogelii, rectoris Sebaldini meritissimi. *Altorf.* 1663. 4.

Vogel (Rudolph Augustin),
médecin allemand (1er mai 1724 — 5 avril 1774).

Heyne (Christian Gottlob). Elogium R. A. Vogelii. *Goetting.* 1774. 4. (*D.* et *L.*)

Voget (Albrecht),
savant hollandais.

Vos (Jacob Albrecht). Oratio funebris in obitum A. Voget. *Ultraj.* 1771. 4.

Vogler (Georg Friedrich),
théologien allemand (14 déc. 1737 — 19 mai 1782).

Wirthgen (C... F...). Das beständige Wohnen der Gerechten mit Christo bei dem Vater. (Denkschrift auf
den Diaconus G. F. Vogler.) *Dresd.* 1782. 4. (*D.*)

Vogler (Jacob),
pédagogue (?) allemand.

Hauptmann (Johann Gottfried). Vita Dr. J. Vogleri.
Geræ. 1742. 4. (*L.*)

Vogler (Kilian),
jurisconsulte allemand (vers 1516 — 16 mars 1585).

Cellius (Erhard). Oratio funebris de vita et obitu C. Vogleri. *Tubing.* 1585. 4. (*Lv.*)

Vogli (Giovanni Giacinto),
médecin italien (20 avril 1697 — 23 juin 1762).

Schiassi (Filippo). Commentarius vitæ J. Voglii. . . .
Trad. en ital. par Antonio BOLOGNINI-AMORINI. *Bologn.*
1812. 8.

Vogt (Johann),
bibliographe allemand (5 août 1695 — 28 août 1764).

Pratje (Johann Heinrich). Leichenpredigt auf J. Vogt,
nebst dem Verzeichniss seiner Schriften. *Brem.* 1764. 4.

Vogt (Johann Gottlob),
colonel allemand.

Leben und Schicksale J. G. Vogt's, (vormaligen kaiserlich
russischen Rittmeisters und nachherigen königlich nie-
derländischen Hauptmanns). *Gotha.* 1829-31. 3 vol. 8.
(Ecrit par lui-même.)

Vogt (Johann Heinrich),
littérateur allemand (13 mars 1749 — 23 nov. 1789).

(**Dintler,** Wilhelm). J. H. Vogt; ein Denkmal, etc.
Mainz. 1791. 8. *Ibid.* 1814. 8.

Voigt (Carl Gottfried),
théologien allemand (31 août 1737 — 5 février 1801).

(**Seifert,** Gottlob). Gedächtnissschrift auf den, etc., Pfarrer in Tauchritz Mag. Voigt. *Goerl.* 1801. 4. (*D.*)

Voigt (Christian G... v.).

Eichstaedt (Heinrich Carl Abraham). Memoria C. G. de
Voigt. *Jenæ.* 1813. 4. (*L.*)

Voigt (Johann Heinrich),
mathématicien allemand.

Wolpmann (Franz). Leichenpredigt auf J. H. Voigt,
nebst dem Lebenslauf und Verzeichniss der Schriften
desselben. *Stade.* 1691. 4.

Voirol (N... N...),
général français.

Sarrut (Germain) et **Saint-Edme** (B...). Biographie
du colonel Vaudrey et du général Voirol. *Par.*, s. d. 4.
(Extrait de la *Biographie des hommes du jour.*)

Voisin (Auguste),
bibliographe belge (9 mars 1800 — 4 février 1844)

Saint-Genois (Jules de). Notice biographique sur M. A.
Voisin. *Gand.* 1844. 8. Portrait.

Voisin (François),
médecin français (1759 — 1826).

Bataille (N... N...). Éloge de F. Voisin. *Versaill.* 1827. 8.

Voiture (Vincent),
littérateur français (1598 — 1648).

(**Sarrasin,** Jean François). Pompe funèbre de Voiture.
Par. 1649. 4. (*P.*)

Gresse (Alexandre). Discours sur Voiture. *Amiens.*
1847. 8. (Couronné par l'Académie d'Amiens.) — (*P.*)

Dauphin (A...). Discours sur Voiture. *Amiens.* 1847. 8.

Alphen (N... N...). Etude sur Voiture et la société de
son temps. Lettres et poésies inédites de cet écrivain.
Versaill. 1853. 8. (Extrait des *Mémoires de la Société
des sciences de Seine-et-Oise.*)

Volaterrano, voy. **Maffei** (Raffaelo).

Volcatius Gallicanus,
historien romain.

Moller (Daniel Wilhelm). Disputatio circularis de Volcatio Gallicano. *Altorf.* 1690. 4. (*L.* et *Lv.*)

Volkamer (Georg),
homme d'État allemand (30 mai 1560 — 11 mars 1633).

Virdung (Michael). Oratio funebris G. Volcameri, duumviri Norimbergensis. *Altorf.* 1633. 4.

Strasburg (Wilhelm). Oratio funebris in laudem G. Volcameri, regis Sueciæ consiliarii et reipublicæ Norimbergensis duumviri primarii. *Altorf.* 1633. 4.

Oelhafen (Tobias). Oratio in obitum G. Volkameri, etc. *Altorf.* 1633. 4. (*D.*)

Volkamer (Johann Georg),
médecin-botaniste allemand (9 juin 1616 — 17 mai 1693).

Unglenk (Andreas). Leichpredigt auf Herrn D. J. G. Volkamer, kaiserlichen Rath und Leibarzt, etc. *Nürnb.* 1694. 4.

Kirchner (Georg Caspar). Oratio funebris pro gloria et memoria Volkamerana. *Witteb.* 1694. Fol.

Panzer (Georg Wolfgang Franz). Programma de Volkamero, etc. *Norimb.* 1802. 4. (*D.*)

Volckmar (Heinrich),
jurisconsulte allemand (4 nov. 1620 — 25 février 1659).

(**Kromayer**, Hieronymus). Programma academicum in H. Volckmari funere. *Lips.* 1659. 4. (*D.* et *L.*)

Volckmar (Johannes),
théologien allemand (1666 — 27 nov. 1715).

Rademann (Johann Jacob). Kirchenlicht beym Absterben J. Volckmari. *Hamb.* 1715. Fol. et 4.

Memoria J. Volckmari a fautoribus et amicis posteritati commendata, nimirum Joannes Jacobus RADEMANNI et Joanni Henrici MEYERI sermones funebres Germanici cum curriculo vitæ germanico; Joanni Christophori WOLFII programma funebre; Petri Theodori SEELMANNI oratio parentalis latina et variorum epicedia. *Hamb.* 1716. Fol. (*D.*)

Volckmar (Johann Georg),
théologien allemand (1567 — 15 mars 1596).

Fabricius (Lorenz). Oratio de studiis, doctrina, professione et obitu J. G. Volckmari. *Witteb.* 1597. 4. (*L.*)

Voleyr ou **Volkyr de Scrouville** (Nicolas),
historiographe français (vers 1480 — 1542).

Digot (Augustin). Notice biographique et littéraire sur N. Voleyr, historiographe et secrétaire du duc Antoine (de Lorraine). *Nancy.* 1849. 8.

Volder (Burchardus de),
mathématicien hollandais (26 juillet 1643 — 28 mars 1709).

Gronovius (Jacob). Laudatio B. de Volder. *Lugd. Bat.* 1709. 4. (*D.* et *Ld.*)

Volfius (Jean Baptiste),
prêtre français (8 avril 1734 — 8 février 1822).

Amanton (Claude Nicolas). Notice sur M. J. B. Volfius, prêtre du diocèse de Dijon. *Dijon.* 1823. 8. (*Lv.*)

Volianus,
personnage mythologique.

Travers (Nicolas). Dissertation sur Volianus ou Bouljanus, divinité des Namnetes. *Nantes.* 1725. 8.

Volkyr, voy. **Voleyr.**

Volkoff (Théodore),
comédien russe (1729—1763).

M... (A... B...). Biographie de T. Volkoff. *Saint-Pétersb.* 1833. 8. (Ouvrage composé en russe.)

Volland (Ambrosius),
homme d'État allemand (1468 — 1549).

Heyd (Ludwig Friedrich). Der würtembergische Kanzler A. Volland. Beitrag zur Geschichte der Herzöge Ulrich und Christoph zu Würtemberg, etc. *Stuttg.* 1828. 8. (*D.*)

Vollgnad (Heinrich),
médecin allemand (vers 1635 — 3 mai 1682).

Hanke (Martin). Vita H. Vollgnadii, medicinæ doctoris. *Vratisl.* 1688. Fol. (*L.*)

Vollmer (Johann Martin),
théologien allemand (+ 20 nov. 1798).

J. M. Vollmer's Lebensbeschreibung, von ihm selbst entworfen. *Berl.* 1798. 8.

Volmerstein,
famille allemande.

Kindlinger (Venantius Niclas). Geschichte der Familie und Herrschaft v. Volmerstein. *Osnabr.* 1801. 2 vol. 8.

Volney (Constantin François **Chassebœuf**, comte de),
littérateur français (3 février 1757 — 25 avril 1820).

Bossange (Adolphe). Notice sur la vie et les écrits de C. F. Volney, comte et pair de France. *Par.* 1821. 8. (*P.*)

Volpi,
famille italienne.

Volpi (Giuseppe). Genealogia della famiglia de' Volpi. *Napol.* 1718. 4. *

* Publ. sous le nom de Giulio PUPPESI.

Volpicella (Vincenzo),
jurisconsulte italien (15 avril 1748 — 6 avril 1833).

Ajello (Giovanni Battista). Vita di V. Volpicella. *Napol.* 1838. 8. (*Oxf.*)

Volschov (Moritz),
jurisconsulte allemand.

Quade (Michael Friedrich). Programma ad exsequias M. Volschovii, gymnasii Sedinensis professoris juris et civitatis syndici. *Stettin.* 1726. Fol.

Volta (Alessandro),
physicien italien (19 février 1745 — 6 mars 1826).

Zuccala (Giovanni). Elogio storico di A. Volta. *Bergam.* 1827. 8. (*Oxf.*)

Mocchetti (Francesco). Elogio del conte A. Volta. *Como.* 1833. 8.

Arago (Dominique François). Éloge d'A. Volta. *Par.* 1834. 8. (*P.*) Trad. en ital. par Giovanni Battista MENINI. *Como.* 1835. 16.

Seebeck (August). Gedächtnissrede auf A. Volta, etc. *Dresd.* et *Leipz.* 1846. 8. (*D.* et *L.*)

Volta (Leopoldo Camillo),
littérateur italien (23 oct. 1751 — 25 avril 1823).

Cristofori (Andrea). Elogio funebre di L. C. Volta. *Mantov.* 1823. 8. (*Oxf.*)

Voltaire (François Marie **Arouet** de),
poète français du premier ordre (20 février 1694 — 30 mai 1778).

Quérard (Joseph Marie). Bibliographie voltairienne. *Par.* 1844. 8. (Extrait du tome X de *la France littéraire*, du même auteur.)

M. de Voltaire peint par lui-même, ou lettres de cet écrivain, dans lesquelles on verra l'histoire de sa vie, de ses ouvrages, de ses querelles, de ses correspondances et les principaux traits de son caractère, avec un grand nombre d'anecdotes, de remarques et de jugements littéraires. Portrait. *Lausan.* (*Avign.*) 1766. 12. *Toulouse.* 1768. 12. *Lausan.* 1769. 8. *Rouen.* 1772. 12. *Lausan.* 1775. 8.

(**Sabatier de Castres**, Antoine). Tableau philosophique de l'esprit de M. de Voltaire, pour servir de suite à ses ouvrages et de mémoires à l'histoire de sa vie. *Genève* et *Par.* 1771. 8 et 12. Réimprimé. s. c. t. Vie polémique de Voltaire et histoire de ses proscriptions, par G...y. *Par.* 1802. 8. *

* Attribué à Julien Louis GEOFFROY.

Gillet (Johann Friedrich). Voltaire der Reformator. *Berl.* 1772. 8.

Leben der vier berühmtesten Gelehrten unsers philosophischen Jahrhunderts, Rousseau's, Lambert's, Haller's und Voltaire's. *Münch.* 1775. 8.

Zabuessnig (Johann Christoph v.). Historische und kritische Nachrichten von dem Leben und den Schriften des Herrn v. Voltaire und anderer Neuphilosophen unserer Zeit. *Augsb.* 1777. 2 vol. 8. (*L.*) *Ibid.* 1779. 2 vol. 8. (*D.*)

Leben des Herrn v. Voltaire, summarisch. *Berl.* 1778. 8.

(**Frédéric II.**) Éloge de Voltaire. *Berl.* 1778. 8.
Trad. en allem. par Julius August REMER. *Braunschw.* 1778. 8.
Trad. en holland, s. l. 1778. 8.
Trad. en ital. par Antonio LOSCHI. *Venez.* 1779. 8.

(**Cubières de Palmezeaux**, Michel). Éloge de Voltaire. *La Haye* et *Par.* 1778. 8. *Par.* 1785. 8.

Luchet (Jean Pierre Louis de la **Roche du Maine de**). Éloge de M. de Voltaire. *Cassel.* 1778. 8.

Palissot (Charles). Éloge de M. de Voltaire. *Lond.* et *Par.* 1778. 8. Trad. en ital. par Francesco ZACCHIROLI. *Venez.* 1779. 8.

Leven van F. M. Arouet van Voltaire. *Utrecht.* 1779. 8.

Leben des Herrn v. Voltaire, nebst der Anzeige seiner Schriften. *Halle.* 1779. 8. (*L.*)

Pastoret (Emmanuel Claude Joseph Pierre de). Éloge de Voltaire. *Par.* 1779. 8. (*P.*)

Gaudin (mademoiselle de). Éloge de Voltaire. *Par.* 1779. 8. (*P.*)

La Dixmerie (Nicolas **Bricaire** de). Éloge de Voltaire. *Genève* et *Par.* 1779. 8.

Gazon-Dourxigné (Sébastien Marie Mathieu). Éloge de Voltaire, s. l. 1779. 8.

Nougaret (Pierre Jean Baptiste). Éloge de Voltaire, poëme qui a concouru pour le prix de l'Académie française. *Genève* et *Par.* 1779. 8. *Philadelph.* 1779. 8.

Laharpe (Jean François de). Éloge de Voltaire. *Genève.* 1780. 8. (*P.*)

La Vicomterie (Louis de). Éloge de M. de Voltaire, ode qui a concouru pour le prix de l'Académie française. *Hamb.* et *Par.* 1782. 8.

Mémoires et anecdotes pour servir à l'histoire de Voltaire. *Liége.* 1780. 16.

(**Harel**, Elie). Voltaire; recueil de particularités curieuses de sa vie et de sa mort. *Porentruy.* 1780. 8. *Par.* 1817. 8. Trad. en allem. *Augsb.* 1785. 8.

(**Luchet**, Jean Pierre Louis de la **Roche du Maine** de). Histoire littéraire de Voltaire, contenant sa vie littéraire et privée. *Cassel.* (*Par.*) 1782. 6 vol. 8.

(— —) Vie de Voltaire. *Genève.* 1786. 12. *Gotha.* 1787. 8. Trad. en allem. par Michael **Truckenbrot**. *Nürnb.* 1787. 8.

Trad. en angl. par G... P... **Monke.** *Lond.* 1787. 12.

Geheime Nachrichten zum Leben des Herrn v. Voltaire, s. l. 1784. 8.

Condorcet (M... J... Antoine Nicolas **Caritat** de). Vie de Voltaire, suivie des mémoires de Voltaire, écrits par lui-même. *Genève.* 1787. 8. *Lond.* 1790. 2 vol. 18. *Par.* 1790. 2 vol. 18. *Lond.* 1791. 2 vol. 18. Trad. en allem. (par Dietrich Johann Heinrich **Stover**). *Berl.* 1791. 8.

(**Rualt**, Nicolas). Eloge de F. M. de Voltaire, suivi de notes instructives et édifiantes. *A l'abbaye de Séchellières.* 1788. 8. *

* Publ. sous le pseudonyme d'Ecluse.

(**Knueppeln**, N... N...) Gemälde von dem Leben und Character, den Meinungen und Schriften des Philosophen v. Voltaire. *Leipz.* 1792. 8. (*D.* et *L.*)

V... (F... J... B...). Vie de Voltaire, suivie d'anecdotes qui composent sa vie privée. *Par.* 1797. 8.

(**Despréaux**, Simien). Soirées de Ferney, ou confidences de Voltaire, recueillies par un ami· de ce grand homme. *Par.*, an x (1802). 8. (*P.*)

Valsecchi (Antonio). Ritratti e vite litterarie e paralelli di Giovanni Giacomo Rousseau e di Voltaire, di Hobbes e di Spinoza, e vita di Pietro Bayle. *Venez.* 1816. 8.

Lepan (N... N...). Vie politique, littéraire et morale de Voltaire, où l'on réfute Condorcet et les autres biographes, etc. *Par.* 1817. 8. *Ibid.* 1819. 12. *Ibid.* 1838. 18.

(**Lebrun-Tosa**, Jean Antoine). Voltaire jugé par ses faits. *Par.* 1817. 8.

Durdent (René Jean). Histoire littéraire et philosophique de Voltaire. *Par.* 1818. 8.

Standish (F... H...). Life of Voltaire, with particulars of his death. *Lond.* 1819. 8. *Ibid.* 1821. 8. (Omis par Lowndes.)

(**Grafigny**, madame de). Vie privée de Voltaire et de madame Du Châtelet, ou six mois de séjour à Circy, (publ. avec des notes par N... N... Du Boys). *Par.* 1820. 8. (*P.*)

Mazure (F... A... J...). Vie de Voltaire. *Par.* 1821. 8.

Paillet de Warcy (Louis). Histoire de la vie et des ouvrages de Voltaire, etc. *Par.* 1823. 2 vol. 8. 5 port.

Longchamp (S... G...) et **Wagnière** (J... L...). Mémoires sur Voltaire et ses ouvrages. *Par.* 1825. 2 vol. 8.

(**Merault**, N... N...). Voltaire apologiste de la religion chrétienne. *Par.* 1826. 8.

Berville (Saint-Albin). Notice historique sur Voltaire. *Par.* 1827. 8. (*P.*)

Auger (Louis Simon). Notice sur la vie et les ouvrages de Voltaire. *Par.* 1827. 8. (*P.*)

Brougham (Francis). Voltaire and (Jean Jacques) Rousseau. *Par.* 1845. 8. Trad. en franç. *Par.* 1845. 8. (*Lv.*)

Bungener (L... F...). Voltaire et son temps. Etudes sur le xviiie siècle. *Genève* et *Par.* 1850. 2 vol. 12. *Ibid.* 1851. 2 vol. 12. Trad. en angl. *Lond.* 1854. 8.

Julia (Henri). Les amis de Voltaire, esquisses et portraits du xviiie siècle. *Par.* 1850. Fol.

Schulthess (Robert). Friedrich (II) und Voltaire in ihrem persönlichen und literarischen Wechselverhältnisse; literar-historische Skizze. *Nordhaus.* 1850. 8.

Ellissen (Adolph). Voltaire als politischer Dichter dargestellt in einigen seiner kleinern Zeitgedichte; historische Skizze. *Leipz.* 1852. 8. (Extrait de la revue *Epigonen.*)

Nisard (Charles). Les ennemis de Voltaire : (Pierre François Guyot) Desfontaines, (Elie Catherine) Fréron et (Laurent Angliviel de) La Beaumelle. *Par.* 1853. 8.

Nonnotte (Claude François). Les erreurs de Voltaire. *Par.* et *Avign.* 1762. 2 vol. 12. * *Lyon* et *Par.* 1770. 2 vol. 12. (5e édition.) *Par.* 1822. 5 vol. 12.

* La première édition est anonyme.

(**Cayrol**, Louis Nicolas Jean Jacques de). Voltaire étrangement défiguré par l'auteur des *Souvenirs de madame la marquise de Créquy.* *Compiègne.* 1856. 8. *

* Cet écrit, tiré seulement à 150 exemplaires qui n'ont pas été mis dans le commerce, est lancé contre M. Maurice Cousin de Couchanes.

Voltaire de retour des Ombres et sur le point d'y retourner pour n'en plus revenir; à tous ceux qu'il a trompés. *Par.* et *Liége.* 1776. 16. *

* Pamphlet jésuitique dépourvu d'esprit et plein d'absurdités.

Voltairimeros, ou première journée de M. de V*** dans l'autre monde. *Brux.* 1779. 8.

(**Travenol**, N... N...) et **Manourey** (N... N...). Voltairiana, ou éloges amphigouriques de F. M. Arouet. *Par.* 1748-49. 2 vol. 8. (*P.*)

Cousin d'Avallon (Charles Yves). Voltairiana. *Par.* 1801. 18. *Ibid.* 1809. 18. *Ibid.* 1812. 18. *Ibid.* 1819. 18.

Young (Maria Julia). Voltairiana. *Lond.* 1805. 4 vol. 12.

Volusien (Saint),

évêque de Tours.

Lacoudre (N... N... de). Vie de S. Volusien, évêque de Tours. *Limog.* 1722. 12.

Vonck (François),

homme d'État belge (vers 1735 — 1792).

Vonck (François). Mémoire. *Lille.* 1789. 12. *

* Apologie composée par lui-même. Cet écrit, saisi par la police de Van der Noot, est devenu fort rare.

Coomans (Anatole). Vonck. *Anvers.* 1846. 8. (Roman historique.)

Vondel (Joost van den),

poëte hollandais du premier ordre (17 nov. 1587 — 5 février 1679).

Ollefen (L... V...). Leven van den prins der Nederlandsche dichteren J. van den Vondel. *Amst.*, s. d. (1783.) 2 vol. 8. Portrait.

Loots (C...). Hulde aan de nagedachtenis van J. van den Vondel. *Amst.* 1817. 8.

Camper (Pieter). Dissertatio de J. Vondelio, poeta tragico. *Lugd. Bat.* 1819. 4. (Ouvrage couronné.)

Zeeman (Hendrik). Leven van J. van den Vondel. *Amst.* 1831. 12. Portrait.

Sijbrandi (K...). Verhandeling over Vondel en Shakespeare als treurspeldichters. *Haarl.* 1841. 4. (*Ld.*) ·

Vopiscus (Flavius),

historien romain.

Moller (Daniel Wilhelm). Disputatio circularis de F. Vopisco. *Altorf.* 1687. 4. (*L.* et *Lv.*)

Voorst (Jan van),

théologien hollandais (17 mars 1757 — 29 juillet 1833).

Hengel (Wessel Albert van). Memoria J. van Voorst, theologiæ doctoris et professoris in academia Lugduno-Batava. *Lugd. Bat.* 1834. 8. (*Ld.*)

Vorst (Pierre van),

évêque d'Acqui.

Ram (Pierre François Xavier de). Nonciature de P. van Vorst d'Anvers, évêque d'Acqui, en Allemagne et dans les Pays-Bas en 1536 et 1537. *Brux.* 1859. 8. (*Bx.*)

Vorsøe (Peder),

théologien danois.

Barfoed (Hans Peter). Mindetale over Amtsprovst P. Versøe i Aalsøe. *Randers.* 1819. 8.

Vorsselman de Heer (P... O... C...),

naturaliste hollandais.

Sloet tot Oldhuis (B... W... A... E...). Levensschets

van P. O. C. Vorsselman de Heer, met bijlagen van J... F... L... Schroeder, G... J... Mulder en S... van Delden. *Devent*. 1843. 8. Portrait. *(Ld.)*

Vorster (Pancratius),
prince-abbé de Saint-Gall.

Lebensgeschichte P. Vorster's, Fürst-Abts zu Sanct-Gallen. Darstellung des ersten Versuchs, eine bürgerliche Gesetzgebung für den Canton Sanct-Gallen zu entwerfen. *Sanct-Gall*. 1850. 8.

Vorstius (Adolph),
médecin hollandais (23 nov. 1597 — 8 oct. 1663).

Antonides van der Linden (Johann). Oratio funebris in A. Vorstii excessum, etc. *Lugd. Bat.* 1664. 4. *(Ld. et Lv.)*

Vorstius (Ælius Everard),
médecin hollandais, père du précédent (1565 — 22 oct. 1624),

Cunæus (Peter). Laudatio funebris in exequiis Æ. E. Vorstii. *Lugd. Bat.* 1625. 4. *(Ld. et P.)*

Vorstius (Conrad),
théologien allemand (19 juillet 1569 — 29 sept. 1622).

Walther (Marcus). Oratio prolixa de vita et obitu C. Vorstii, s. l. 1624. 4. *(D.)*

Voss (Jenny),
aventurière anglaise.

The German princess revived, or the London jilt; being a true account of the life and death of J. Voss. *Lond.* 1684. 4. *(Oxf.)*

Voss (Johann Heinrich),
poète allemand (20 février 1751 — 30 mars 1826).

Voss (Johann Heinrich). Abriss meines Lebens. *Rudolst.* 1818. 8. *(D. et L.)*

Koerte (Wilhelm). J. H. Voss. *Halberst.* 1808. 8. *(L.)*
Paulus (Heinrich Eberhard Gottlob). Lebens- und Todes-Kunden über J. H. Voss, etc. *Heidelb.* 1826. 8.
Tiedemann (Friedrich). Einige Worte am Grabe J. H. Voss, am 1. April 1826. *Heidelb.* 1826. 8.
Goerres (Jacob Joseph). J. H. Voss und seine Todtenfeier in Heidelberg. *Strassb.* 1826. 8. *(D.)*
Doering (Heinrich). J. H. Voss, nach seinem Leben und Wirken dargestellt. *Weimar.* 1834. 8. *(D. et L.)*

Vossius,
famille hollandaise.

Crane (Jan Willem de). Oratio de Vossiorum Juniorumque familia, s. l. 1821. 4. *(Ld.)*

Vossius (Gerhard Johann),
littérateur allemand (1577 — 19 mars 1649).

Tollius (Cornelius). Oratio de G. J. Vossio, grammatico perfecto. *Amst.* 1649. 4. *Ibid.* 1778. 4.

Vottem (Ferdinand Charles Édouard),
médecin belge (30 août 1797 — 2 juin 1843).

Lavacherie (Valentin de). Notice historique sur feu F. C. E. Vottem, membre titulaire de l'Académie royale de médecine de Belgique. *Brux.* 1843. 8. *(Bx.)*

Vouges de Chanteclair (Marc Antoine Louis André de),
agronome (? français.

Morin (Jean). Recueil biographique sur M. M. A. L. A. de Vouges de Chanteclair. *Lyon*, s. d. (1847.) 8.

Vounck (Josse Jean Hubert),
médecin belge (17 avril 1733 — 20 mars 1799).

Ram (Pierre François Xavier de). Notice sur les docteurs (Adrien Charles Joseph) van Rossum et Vounck, membres de l'ancienne Académie. *Brux.* 1843. 12. *(Bx.)*

Vouty de la Tour (le baron Claude Antoine),
jurisconsulte français (1761 — 4 mars 1826).

Torombert (Charles Louis Honoré). Éloge historique de M. Vouty de la Tour, ancien conseiller au parlement de Dijon, etc. *Lyon.* 1826. 8.

Voyer d'Argenson (Jean),
homme d'État français.

Valet (Antoine). Tombeau de messire J. de Voyer, vicomte de Paulmy, seigneur d'Argenson, composé en plusieurs langues. *Par.* 1571. 4. *(P.)*

Voyer de Paulmy, comte **d'Argenson**
(Marc Pierre de),
homme d'État français (16 août 1696 — 22 août 1764).

Lebeau (Charles). Éloge de M. le comte d'Argenson. *Par.* 1765. 8. Portrait. *(P.)*

Voyer d'Argenson (Marc René de),
homme d'État français (4 nov. 1652 — 8 mai 1721).

Fontenelle (Bernard **Le Bouyer** de). Éloge de M. R.

de Voyer de Paulmy d'Argenson, garde des sceaux sous Louis XV. *Par.* 1721. 12. *(P.) Ibid.* 1812. 18.

Voyer d'Argenson (René de),
diplomate français († 24 juillet 1651).

Triumphus sui. Oratio in funere illustrissimi atque excellentissimi R. de Voyer, domini de Argenson, apud serenissimam rempublicam Venetam Galliæ oratoris. *Venet.* 1651. 4. *

  * Ni le père Lelong, ni son continuateur Fevret de Fontette n'ont connu cette oraison funèbre qui même en Italie est peu commune.

Voyer d'Argenson (N... N...),
homme d'État français (10 sept. 1771 — 1er août 1842).

Notice sur la vie de Voyer d'Argenson, préfet des Deux-Nèthes, membre de la chambre des représentants, député du Haut-Rhin. *Par.* 1843. 8. *(P.)*

Voysin (Martin du),
citoyen de Basle (exécuté le 13 oct. 1608).

Hermann (Gabriel) et **Weber** (Hans Jacob). Wahrhafte Beschreibunge des gerichtlichen und peinlichen Process und Vrtheils, so Meister M. du Voysin, Burger und Passament-Weber zu Basel, den dritten Octobris diss 1608. Jahrs, alten Calenders, von wegen Bekandtnuss des Euangelions aussgestanden, vnd zu Sursee mit Schwerdt und Fewr in Eil ist hingerichtet worden. Mit Vermeldung etlicher denckwürdigen Circumstanzen und Umbstenden, welche sich dazumalen verloffen, s. l. 1608. 4. Trad. en franç. par François D... H... *Frankenthal.* 1609. 8.

Cysat (Rennward). Necessaria refutatio et responsio ad duorum Bernatensium didascalorum insulsum calumniarum ac mendaciorum refertum figmentum, quod spargi et typis vulgari curarunt ob M. du Voysin Basileensem institorem 13 octob. elapsi anni 1608 in oppido Surseio pro meritis morte punitum. Nomine et jussu inclyti et amplissimi senatus catholicæ Helveticæ civitatis Lucernæ, tanquam supremi magistratus Surseiensium tuendæ veritatis gratia justis ex causis edita. *Ingolst.* 1609. 4. Trad. en allem. *Ingolst.* 1609. 4.

Warhaffter und grundlicher Bericht, uss was Ursachen M. du Voysin (zu Basel verburgerter Krämer) inn der Stadt Surseelo im Aergoew, in der catholischen eydgnossischen Stadt Luzern, hohen Oberkeit vnnd Gepiet gelegen, den 13ten Tag Octobris des 1608. Jars erstlich enthauptet und volgends verbrennt worden. In Namen vnd im Befelch eines ehrsamen wolwysen Rhats derselbigen Stadt Lucern, zu Erhaltung der Warheit wider die hierumb vnwarhaffte vssgespreitete Bezyrhungen vssgangen. *Ingolst.* 1609. 4.

Vraincourt (Charles Nicolas, comte **d'Anthouard** de),
général français († 14 mars 1852).

Notice nécrologique sur C. N. comte d'Anthouard de Vraincourt, pair de France, général de division. *Par.* 1853. 8.

Vrancken (Louis Henri Joseph),
médecin belge.

A leur bien-aimé père, le docteur L. H. J. Vrancken, à l'occasion de son jubilé de 50 ans de pratique médicale, ses enfants reconnaissants, le 14 février 1847. Notice biographique, vers et morceaux en prose en français, flamand et latin, et pièces justificatives. *Anvers*, s. d. (1847.) 8. Portrait.

Vrevin (Nicole de),
soi-disant possédée française.

Jovet (N... N...). Triomphe du Saint-Sacrement sur le démon, ou l'histoire de la délivrance de N. de Vrevin, possédée à Lyon, etc. *Laon.* 1682. 12.

Vriemoet (Emmo Lucas),
théologien hollandais (1699 — 1760).

Gillissen (Ægidius). Oratio funebris in obitum E. L. Vriemoet. *Franeq.* 1760. Fol.

Vries (Cornelis de),
théologien hollandais.

G(euns) (J... van). Levensberigt van C. de Vries, rustend leeraar der doopgezinden te Utrecht, s. l. et s. d. (1813.) 8. Portrait. (Extrait du *Konst- en letterbode*.)

  * **Vries** (K... de),
théologien hollandais.

Hulshoff (A...). Lijkrede op K. de Vries. *Amst.* 1766. 4. Portrait.

Vroombroek (Jan),
Hollandais.

Ter aandenking van J. Vroombroek. *Delft.* 1824. 8.

Vry Temmink (Egbert van der),
magistrat hollandais.

Bosch (Jérôme de). In funere E. Vry Temmink, Amstelodamensium consulis. *Amst.* 1785. 4. (*Ld.*)
Ommeren (Richeo van). Elogium E. de Vry Temmink. *Amst.* 1785. 4.

Vulcain,
personnage mythologique.

Éméric-David (Toussaint Bernard). Vulcain. Recherches sur ce dieu, sur son culte et sur les principaux monuments qui le représentent. *Par.* 1838. 8. (*P.*)

Vulgan (Saint),
patron de Lens-en-Artois.

Raisse (Arnold de). Vita sanctissimi Vulganii, ecclesiæ Lensensis patroni tutelaris. *Duaci.* 1623. 18.
Vie de S. Vulgan, confesseur et patron tutélaire de la signalée église collégiale de Notre-Dame de Lens-en-Artois au diocèse d'Arras. *Arras.* 1668. 12. *

* Ce patron guérit les coliques, les gravelles, les ruptures, etc.

Vulgis (Saint),
patron de la Ferté-Milon.

Seurin (Jean Joseph). Vie de S. Vulgis, prêtre et confesseur, patron de la Ferté-Milon. *Par.*, s. d. (vers 1660). 8.

Vulpes (Tarquinio),
littérateur italien.

Vulpes (Giuseppe). Alla memoria di T. Vulpes. *Napol.* 1837. 8. Portrait.

Vulphy (Saint),
patron de Rue.

Brousse (Jacques). Vie de S. Vulphy, curé et patron de Rue, diocèse d'Amiens. *Par.* 1644. 12.

Vultejus (Hermann),
jurisconsulte allemand (16 déc. 1555 — 31 juillet 1634).

Hoeping (Theodor.). Panegyricus H. Vultejo JCto celeberrimo dictus. *Marb.* 1634. 4. (*D.*)
Kuchenbecker (Johann Philipp). Vita H. Vulteji, JCti, etc. *Giess.* 1731. 8. *Marb.* 1737. 8. (*L.*)

Vultejus (Justus),
helléniste allemand (1529 — 31 mars 1575).

Antrecht (Johann). Oratio de vita et obitu J. Vulteji. *Marb.* 1575. 4. (*L.*)

Vylder (Edmond de),
prêtre belge († 1er juillet 1770).

Grove (Thomas de). Oratio funebris in exequiis reverendi, admodum amplissimi domini D. E. de Vylder, celeberrimæ abbatiæ S. Bernardi ad Scaldim, ordinis Cisterciensis abbatis meritissimi. *Antw.*, s. d. (1770). 4.

W

Waardenburg (Hendrick Willem),
médecin hollandais.

Vriese (G... H... de). Memoria amici integerrimi H. G. Waardenburg, medicinæ doctoris Naardensis. *Lugd. Bat.* 1833. 8. (*Ld.*)

Wace (Robert),
poète anglo-normand du xiie siècle.

Pluquet (Frédéric). Notice sur la vie et les écrits de R. Wace, etc. *Rouen.* 1824. 8. (*P.*)
Abrahams (Nicolai Christian Levin). Dissertatio de R. Wacii carmine, quod inscribitur Brutus. *Hafn.* 1828. 8. (*Cp.*)

Wachboltz (Friedrich Ludwig v.),
général allemand.

Vechelde (Carl Friedrich v.). Aus dem Tagebuche des Generals F. L. v. Wachholtz. Zur Geschichte der frühern Zustände der preussischen Armee und besonders des Feldzugs des Herzogs Friedrich Wilhelm von Braunschweig-Oels im Jahre 1809. *Braunschw.* 1843. 8.

Wachtendonck (Arnold de),
historien belge.

Polain (Mathieu Lambert). Notice sur A. de Wachtendonck. *Liége*, s. d. (1835). 8.

Wachtmeister (Hans, Grefwe),
homme d'État suédois.

Humerus (Bonde). Likpredikan öfver Riks-Rådet Grefve H. Wachtmeister. *Stockh.* 1714. 8.
Carlson (Bengts Johan). Dissertatio de vita et meritis H. Wachtmeister. *Lund.* 1793. 8.

Wachtmeister (Carl Axel Trolle, Grefwe),
homme d'État suédois (9 mai 1754 — 5 avril 1810).

Rosen v. Rosenstein (Nils). Lefnadsbeskrifning öfver Riksdrotzet Grefwe T. Wachtmeister. *Stockh.* 1811. 8.

Wack (Christoph),
jurisconsulte allemand (1596 — 1649).

Fleischhauer (August). Leichenpredigt und Lebenslauf C. Wack's, nebst Jeremias Reusner's Programmate funebri. *Wittenb.* 1650. 4.

Wackenitz (Albert),
jurisconsulte allemand.

Pagencopp (Georg). Oratio, qua A. Wackenitii, equitis, JCti, consiliarii provincialis et canonici olim Pomeranici recoluit memoriam. *Gryphisw.* 1706. Fol. (*D.*)

Wackenroder (Wilhelm Heinrich),
poète allemand (1772 — 10 février 1798).

Klein (Johann Gottlieb). Erinnerungen an Wackenroder. *Berl.* 1809. 8.

Wackerbarth (August Christoph , Graf v.),
général allemand (1662 — 14 août 1734).

Frigander (N... N...). Leben und Thaten des chursächsischen Generalfeldmarschalls A. C., Grafen v. Wackerbarth. *Eisenach.* 1738-59. 2 vol. 8. (*D.* et *L.*)

Wackerbarth (August Joseph Ludwig, Graf v.),
historien allemand (7 mars 1770 — 19 mai 1850).

(Ahlwarth, Ernst Friedrich). Lebensbeschreibung des Grafen v. Wackerbarth. *Hamb.* 1820. 8. (*D.* et *L.*)

Wackerbarth (J... E... F... Freiherr v.),
homme d'État allemand.

Wackerbarth (August Joseph Ludwig v.). Blick auf das Leben des J. E. F. Freiherrn v. Wackerbarth in Kogell. *Leipz.* (?) 1794. 4. (*L.*)

Wackerhagen (J... W...),
théologien allemand.

Pavonarius (Christoph). Leichpredigt auf den Pastor J. W. Wackerhagen. *Osterrode.* 1662. 4.

Waechter (Johann),
théologien allemand (5 déc. 1757 — 26 avril 1827).

Wenrich (Johann Georg). J. Waechter, als Mensch, als Diener des Staats und der Kirche dargestellt. *Wien.* 1831. 8. (*D.*)

Wæhlin (Jonas),
théologien suédois.

Munthe (Sven Hansson). Likpredikan öfver Domprosten, Theologiae Doctorn J. Wæhlin. *Lund.* 1777. 8.

Waesberge (Pieter? van),
Hollandais.

Sterck (Leonhard). P. van Waesberge. Gedachtenisrede. *Rotterd.*, s. d. 8.

Waeyen (Jan van der),
théologien hollandais (12 juillet 1639 — 4 nov. 1701).

Schulting (Anton). Oratio funebris in obitum J. van der Waeyen. *Franeq.* 1702. Fol. (*Lv.*)

Waeyen (Jan van der),
théologien hollandais, fils du précédent (20 oct. 1676 — 9 déc. 1716).

Andala (Ruard). Oratio funebris in J. van der Waeyen funere. *Franeq.* 1716. Fol. (*Lv.*)

Wagemann (Johann Georg),
statisticien allemand (1782 — 31 mars 1825).
Destriveaux (Pierre Joseph). Honneur funèbre rendu à la mémoire de M. le professeur Wagemann, recteur magnifique. *Liége.* 1825. 8.
Heuschling (Xavier). Biographie de J. G. Wagemann. *Brux.* 1853. 8.

Wagenaar (Jan),
historien hollandais (31 oct. 1709 — 1er mars 1773).
(**Bakker**, Pieter Huisinga). Het leven van J. Wagenaar, etc. *Amst.* 1776. 8. (*Ld.*)
Siegenbeek (Matthys). Over J. Wagenaar als geschiedschrijver der vaderlandsche historie, s. l. et s. d. (*Amst.*) 1827. 4. (*Ld.*)
(——) De eer van Wagenaar, als historieschrijver, en die van Jacoba van Beijeren, tegen Willem Bilderdijk in zijne *Geschiedenis des vaderlands* verdedigd. *Haarl.* 1835. 8. (*Ld.*)

Wagensell (Johann Christoph),
jurisconsulte allemand (26 nov. 1633 — 9 oct. 1705).
Sonntag (Christoph). Leichpredigt auf Herrn J. C. Wagensell, etc. *Altorf.* 1705. Fol.
Werner (Adam Balthasar). Programma academicum in J. C. Wagenseilii funere. *Altdorf.* 1705. Fol.
Hamaxoschoenomnema, s. memoria Wagenseiliana, etc. *Altorf.* 1709. * Fol. (*L.*)
* Suivi du catalogue de ses ouvrages.
Roth-Scholtz (Friedrich). Vita et consignatio scriptorum J. C. Wagenseilii. *Norimb.* et *Altorf.* 1819. 4. (*D.*)

Wagner,
savants allemands.
Steinbach (Wilhelm). Commentatio subita de Wagneris, seu eruditione, seu scriptis claris. *Witteb.*, s. d. 4. (*Lv.*)

Wagner (Andreas),
jurisconsulte allemand.
(**Kapp**, Johann Erhard). Programma funebre in obitum A. Wagneri. *Lips.* 1740. Fol. (*D.* et *L.*)

Wagner (Bernhard),
théologien allemand.
Osiander (Johann). Leichenpredigt über den Special-Superintendenten B. Wagner. *Tübing.* 1672. 4.

Wagner (Christian),
théologien allemand (18 février 1663 — 26 juillet 1693).
(**Cyprian**, Johann). Programma academicum in C. Wagneri funere. *Lips.* 1693. Fol. (*D.* et *L.*)

Wagner (Christoph),
théologien allemand.
Ringmacher (Daniel). Leichenpredigt bey der Beerdigung Mag. C. Wagner's, Seniors in Ulm. *Ulm.* 1714. 4.

Wagner (Ernst),
poëte allemand (2 février 1768 — 25 février 1812).
Mosengeil (Friedrich). Briefe über E. Wagner; enthaltend lebensgeschichtliche Nachrichten, etc. *Schmalkald.* 1826. 2 vol. 8. (*D.*)

Wagner (Friedrich),
philosophe allemand (21 janvier 1693 — 6 juillet 1760).
Reimarus (Hermann Samuel). Memoria F. Wagneri. *Hamb.* 1760. Fol. (*D.*)

Wagner (Gottfried),
magistrat allemand (24 juillet 1652 — 16 avril 1725).
(**Jenichen**, Gottlob Friedrich). Programma in G. Wagneri memoriam. *Lips.* 1725. Fol. (*L.*)

Wagner (Johan),
théologien suédois.
Oxenstierna (Gabriel Thuresson). Honor exequialis piis manibus J. Wagneri, pastoris in Landere. *Lincop.* 1658. 4.

Wagner (Johann Augustin),
pédagogue allemand (1734 — 14 juin 1807).
Hennicke (Johann August Philipp). Etwas über J. A. Wagner. *Merseb.* 1810. 8.

Wagner (Johann Ehrenfried),
théologien allemand (3 mai 1724 — 1er mars 1807).
Bonitz (Christian August Friedrich). Biographie J. E. Wagner's. *Zwickau.* 1808. 8. (*D.* et *L.*)

Wagner (Johann Gerhard),
médecin allemand († 9 avril 1759).
Overbeck (Johann Daniel). Leben, Verdienste und

Schriften J. G. Wagner's, der Arzeneywissenschaft Doctoris, etc. *Lübeck.* 1759. Fol.

Wagner (Johann Jacob),
philosophe allemand (21 janvier 1775 — ... 1841).
Adam (P... L...) et **Koelle** (August). J. J. Wagner. Lebensnachrichten und Briefe. *Ulm.* 1848. 8.

Wagner (Paul),
jurisconsulte allemand (1617 — 1697).
(**Cyprian**, Johann). Programma ad P. Wagneri exequias. *Lips.* 1697. Fol. (*D.* et *L.*)

Wagner (Peter Christian),
médecin allemand (10 août 1703 — 8 oct. 1764).
Lang (Lorenz Johann Jacob). Memoria P. C. Wagneri. *Baruth.* 1765. Fol.

Wagner (Richard),
musicien allemand (23 mai 1812 — ...)
Kempe (Friedrich). Franz Lisszt. R. Wagner. Aphoristische Memoiren und biographische Rhapsodien. Beitrag zur Kunstgeschichte, etc. *Eisleb.* 1852. 8.
(**Hinrichs**, Friedrich). R. Wagner und die neuere Musik. Eine kritische Skizze aus der musikalischen Gegenwart. *Halle.* 1854. 4.

Wagner (Rudolph Christian),
savant allemand.
Frobes (Johann Nicolaus). Memoria R. C. Wagneri. *Helmst.* 1741. 4. (*D.*)

Wagner (Sebastian),
théologien suisse.
Kirchhofer (Melchior). S. Wagner, genannt Hofmeister. Beitrag zur Schweizerischen Reformationsgeschichte. *Zürch.* 1808. 8.

Wagner (Thomas),
jurisconsulte allemand (6 nov. 1710 — ... 1772).
(**Kapp**, Johann Erhard). Programma academicum in T. Wagneri funere. *Lips.* 1737. Fol. (*L.*)

Wahl (Johann Friedrich),
jurisconsulte allemand (25 août 1693 — 14 juillet 1755).
Gesner (Johann Matthias). Programma de vita J. Wahlii. *Goetting.* 1755. 4. (*D.*)

Wahlbom (Johan Gustaf),
médecin suédois.
Hedin (Sven Anders). Åminnelse-Tal öfver Lifmedicus J. G. Wahlbom. *Stockh.* 1809. 8.

Wahlenberg (Göran),
médecin-botaniste suédois.
Rundgren (C... H...). Minnesord öfwer Konungens Trotjenare Medicinae et Botanices Professorn wid Upsala K. Academie, Riddare af K. Nordstjerne-Orden, Ledamoten af K. Wetenskaps-Academie et Medicinae Doctorn Herr G. Wahlenberg, sam Jordfästades i Upsala. *Upsal.* 1851. 8.
Lefnads-Teckning öfwer Medicinae och Botanices Professorn, etc., Riddare, etc., Dr. G. Wahlenberg. *Stockh.* 1853. 8. (Extrait des *Mémoires de l'Académie de Stockholm.*)

Wailly (Charles de),
architecte français (9 nov. 1729 — 2 nov. 1798).
Andrieux (François Guillaume Jean Stanislas). Notice sur la vie et les ouvrages de C. de Wailly. *Par.* 1799. 8. (*P.*)
Lavallée (Joseph). Éloge historique sur C. de Wailly. *Par.*, an VII (1799). 8. (*P.*)

Wailly (Noël François de),
grammairien français (31 juillet 1724 — 7 avril 1801).
Sicard (Roch Ambroise **Cucurron**). Notice sur la vie et les ouvrages de N. F. de Wailly. *Par.* 1804. 8. (Tiré à part à un très-petit nombre d'exemplaires.) — (*P.*)

Wakefield (Gilbert),
théologien anglais (22 février 1756 — 10 sept. 1801).
Memoirs of the first 56 years of the life of G. Wakefield. *Lond.* 1792. 8. (*Oxf.*) *Ibid.* 1804. 2 vol. 8. (Ecrit par lui-même.)

Wakefield (Thomas),
théologien allemand.
Patteson (Edward). Sermon preached on the erection of

a monument to the memory of the late Rev. T. Wakefield, etc., with a sketch of his character. *Richmond.*
1807. 8. (*Oxf.*)

Wal (Guillaume Eugène Joseph, baron de),
historiographe de l'ordre Teutonique (29 janvier 1736 — 16 mai 1818).

Stassart (Goswin Joseph Augustin de). Notice sur G.
E. J., baron de Wal, commandeur de l'ordre Teutonique. *Brux.* 1848. 8. (*Bx.*)

Wal (Geraard de),
Hollandais.

Gratama (M... S...). Schets van het leven van M. G. de
Wal. *Groning.* 1854. 8.

Walbaum (Johann Julius),
médecin allemand (30 juin 1724 — 21 août 1799).

Brehmer (N... H...). Dem Andenken des geschätzten
Arztes Dr. J. J. Walbaum gewidmet von seinem Schwiegersohne. *Brem.* 1799. 8. (*D.*)

Walbert (Saint),
duc de Lorraine et comte de Hainaut.

Pottier (Nicolas). La noblesse sainte et royale de S. Walbert et de sainte Bertilde, ducs de Lorraine (!) et comtes
de Haynnav, père et mère de sainte Waudru et de sainte
Aldegonde. *Mons.* 1644. 12. *Ibid.*, s. d. (1846). 8.

Walburgis (Sainte),
bénédictine anglaise.

Wolffardus. Commentarius de vita et rebus gestis S. Wal-
purgæ. *Ingolst.* 1616. 4.

Goudin (N... N...). Gnadenbrunn der heiligen engel-
ländischen Jungfrau und Prinzessin Walburgis, Aeb-
tissin zu Heydenheimb. *Regensb.* 1708. 4. Réimp. s. c. t
Leben der heiligen Grossbritannischen Prinzessin und
Aebtissin Walburga aus dem heiligen Benedictiner-
Orden. *Regensb.* 1766. 4.

Pez (Bernhard). Acta et mirabilis vita S. Walburgis virginis. *Aug. Vind.* 1715. 4.

Breve ristretto della prodigiosa vita e morte di S. Walburga. *Eychstett.* 1722. 8.

Cultus Divæ Walburgæ Virginis. *Aug. Vind.* 1751. 12.

Reichmayr (Johann Evangelist). Lebensbeschreibung
der heiligen Aebtissin Walpurgis. *Eichstädt.* 1792. 8.

Walch (Christian Wilhelm Franz),
théologien allemand (25 déc. 1726 — 10 mars 1784).

(Less, Gottfried). Dem Andenken des ehemaligen Consistorialraths Dr. C. W. F. Walch, s. l. (*Goetting.*) 1784.
4. (*D.*)

Heyne (Christian Gottlob). Elogium C. G. F. Walchii.
Goetting. 1784. 4. (*D.* et *L.*)

Walch (Johann Ernst Immanuel),
naturaliste allemand, fils du suivant (30 août 1725 — 1er déc. 1778).

(Hennings, Johann Christoph). Leben und Character
des Professors J. E. I. Walch zu Jena. *Jena.* 1780. 8.
Weim. 1799. 8. (*D.* et *J.*)

Walch (Johann Georg),
théologien allemand (17 juin 1693 — 13 janvier 1775).

Leben und Character des Kirchenraths J. G. Walch. *Jena.*
1777. 4. (*D.* et *L.*)

Waldburg-Zell (Christoph Siegmund, Graf v.),
prince-évêque de Chiemsee.

C. S., Graf Reichserbtruchsess v. Waldburg zu Zeil und
Trauchberg, Fürstbischof von Chiemsee ; biographische
Skizze. *Landsh.* 1815. 8.

Waldeck (Carl August Friedrich, Fürst von),
général allemand (1704 — , avril 1763).

Steinmetz (Johann Franz Christoph). Predigt über den
Todesfall des Fürsten C. von Waldeck, nebst einer
Nachricht von dessen letzten Stunden. *Mengeringhau-
sen.* 1763. 8. *Minden.* 1764. 8.

Waldeck (Benedict Franz),
jurisconsulte allemand (31 juillet 1802 — ...).

Steinmann (Friedrich). Waldeck. Lebensbild für das
Volk, in Erinnerungen und Erlebnissen geschildert.
Berl. 1849. 8. Portrait.

Zaccharias (Max). Waldeck's Leben, Thätigkeit und
Character, nebst seinen sämmtlichen Reden in der
(preussischen) Nationalversammlung und vor den
Wahlmännern. *Berl.* 1849. 8. Portrait.

2

Waldegrave (James, earl of),
homme d'État anglais (1715 — 8 avril 1763).

Waldegrave (James). Memoirs from 1754 to 1750, (avec
une notice biographique sur l'auteur, par lord HOLLAND).
Lond. 1821. 4. (*Oxf.*) Trad. en franç. *Par.* 1823. 8. (*P.*)

Waldemar III,
roi de Danemark (1336 — 25 oct. 1375).

Heinze (Valentin August). Diplomatische Geschichte
des dänischen Königs Waldemar III, Christoph's II
Sohn. *Leipz.* 1781. 8. (*D.* et *L.*)

Waldemar,
margrave de Brandebourg (1295 — 7 sept. 1319).

Reclam (Pierre Chrétien Frédéric). Waldemar, margrave de Brandebourg. *Berl.* 1787. 8. Trad. en allem.
Berl. 1788. 8. (*D.*)

Kloeden (Carl Friedrich). Diplomatische Geschichte des
Markgrafen Waldemar von Brandenburg, etc. *Berl.*
1844-45. 4 vol. 8.

Waldemar (le faux),
imposteur allemand († 1356).

Fouqué (Friedrich de la **Motte**). Über den sogenannten
falschen Waldemar. *Berl.* 1811. 8. (*D.*)

Waldin (Johann Gottlieb),
physicien allemand (28 oct. 1728 — 13 juillet 1795).

Curtius (Michael Conrad). Memoria J. G. Waldini.
Marb. 1795. 4. (*L.*)

Waldmann (Johannes),
homme d'État suisse (vers 1426 — décapité le 8 oct. 1489).

Des anno 1489 in dem hochlöblichen Canton Zürich in
einem Auflauf hingerichteten weitberühmten Burger-
meisters Herrn J. Waldmann geführter Lebenslauf,
etc., s. l. et s. d. Fol.

Fuessli (Johann Heinrich). J. Waldmann, Ritter, Bur-
germeister der Stadt Zürich. Versuch, die Sitten der
Alten aus den Quellen zu erforschen. *Zürch.* 1780. 8.
(*D.* et *L.*)

Coremans (Victor Amadeus). Waldmann, le vainqueur
du Téméraire. Son début, sa gloire, sa mort. *Brux.*
1843. 8. (*Bx.*)

Waldschmid (Johann Jacob),
médecin allemand (13 janvier 1644 — 12 avril 1689).

Zaunschleiffer (Otto Philipp). Statua Waldschmidiana
in capitolio Marburgensi virtutis et honoris causa, i. e.
oratio in funere J. J. Waldschmidii. *Marb.* 1689. 4.
(*D.*, *L.* et *Lv.*)

Waldschmidt (G... C...),
littérateur allemand.

Nachricht von G. C. Waldschmidt's Leben. *Halle.* 1749.
8. (*L.*)

Waldstein (Grafen v.),
famille bohème.

Tanner (Johannes). Amphitheatrum gloriæ spectaculis
leonum Waldsteiniorum adornatum. *Prag.* 1661. Fol.

Czerwenka (Wenceslaus). Splendor et gloria domus
Waldsteinianæ. *Prag.* 1673. 4.

Coronini v. Cronberg (Rudolph). Dissertazione dell'
origine delle nobilissime famiglie di Waldstein e di
Wartenberg. *Goriz.* 1766. 8.

Waldstein (Albrecht), voy. **Wallenstein.**

Waldstein (Eleonora, Gräfin v.),
dame bohème.

Wenzel (Joseph). Gottseliges Leben und Tod Ihrer
hochfürstlichen Excellenz der hoch- und wohlgebore-
nen Frau, Frau E. verwittibten und gebohrnen Gräfin
v. Waldstein. *Constanz.* 1769. 4.

Waldstein (Johanna v.),
dame bohème.

Stelcar (Johann). Nad telem wrozené pani J. z. Wald-
steina w kozeradéch kazané. *Praze.* 1584. 8.

Waldus (Petrus).

Schmieder (N... N...). P. Waldus und Franz von Assisi.
Ein Vortrag, etc. *Berl.* 1854. 8.

Wale (Antoine de),
théologien belge (3 oct. 1573 — 9 juillet 1639).

Kerckhoven (Johan Polyander van). Oratio funebris
in obitum eximii nostræ ætatis theologi A. Walæi.
Lugd. Bat. 1639. 4. (*Lv.*)

Walef (Blaise Henri de **Corte**, baron de),
poète belge (1652 — 1734).

Villenfagne d'Ingihoul (Hilarion Noël de). Notice

sur la vie et les ouvrages du baron de Walef, et notices des artistes liégeois, anciens et modernes, les plus
remarquables. *Liége*. 1788. 8.

Polain (Mathieu Lambert). Notice sur le baron de
. Walef, s. l. et s. d. (*Brux.* 1848.) 8. (Extrait des
Bulletins de l'Académie royale de Belgique.)
Soirées bruxelloises. Etudes critiques et biographiques
sur (Jean Théodore Hubert) Weustenraad, Walef, *
(Alexandre) Lainez et (Antoine) Clesse. *Brux.* 1854. 18.
  * L'esquisse : Walef, sa vie et ses écrits (pages 91-171), est due à la
  plume de Hyacinthe Kunoxy.

       Walem (Johan),
       magistrat hollandais.
Overvreemde en noyt gehoorde proceduren tegen M. J.
Walem, oudt-raedt tot Dordrecht, s. l. (*Dordr.*) 1643. 4.

       Walferdin (Henri?).
Notice sur les travaux scientifiques de M. H. Walferdin,
membre de la Société philomatique, un des membres
fondateurs de la Société géologique de France. *Par.*
1852. 4.

       Walford (William),
       théologien anglais.
Autobiography of the Rev. W. Walford, publ. par John
STOUGHTON. *Lond.* 1851. 8.

       Walkendorf (Christopher),
       homme d'État danois.
Rothe (Caspar Peter). C. Walkendorf's Liv og Levnet,
med Fundatsen for det Walkendorfske Collegium. *Kjoebenh.* 1754. 8. (*Cp.*)

       Walker (George),
       mathématicien anglais (vers 1734 — 1807).
Tayler (James). Sermon, etc. containing a sketch of
the character of G. Walker. *Nottingh.* 1807. 8. (*Oxf.*)

       Walker (Samuel),
       théologien anglais.
Sidney (Edwin). Life, ministry and selections from the
remains of the Rev. S. Walker. *Lond.* 1835. 8. (*Oxf.*)

       Walker (Thomas),
       marchand anglais.
Biographical memoirs of T. Walker, written by himself.
Lond. 1820. 8. (*Oxf.*)

       Wall (Joseph),
       gouverneur de Gorée.
Pennington (Charles Andrew Seltz). Trial of J. Wall,
Esq. governor of Gorée, for the murder of sergeant
Benjamin Armstrong at Gorée in July 1782, s. l. 1802
8. (Omis par Lowndes.)

       Wallace (William),
       guerrier écossais (en 1276 — décapité le 13 août 1305).
De gestis G. Vallæ collectanea varia. *Edinb.* 1705. 12.
(*D.* et *Oxf.*)
Carrick (J... D...). Life of sir W. Wallace. *Edinb.* 1850
2 vol. 8. (*Oxf.*)

       Wallæus (Magnus),   •
       théologien suédois.
Waenerus (Johannes Thuronis). Militis christiani
triumphus. s. oratio funebris in obitum M. Wallæi,
pastoris in Messeby. *Aboæ.* 1689. 4.

       Wallenrodt (Johanna Isabella Eleonora v.),
       auteur allemande (28 février 1740 — 11 oct. 1819).
Leben der Frau v. Wallenrodt, in Briefen an einen
Freund. Beitrag zur Seelenkunde und Weltkenntniss
Leips. et *Rostock.* 1796-97. 2 vol. 8. 2 portraits. (Ecrit
par elle-même.) — (*D.* et *L.*)

       Wallenrodt (N... N..., Freiherr v.),
       Allemand.
Schwartze (Christian). Oratio in obitum L. B. de Wallenrodt. *Regiomont.*, s. d. 4.

       Wallenstein, Herzog von **Friedland**
       (Albrecht Wenceslaus Eusebius, Graf v.),
       généralissime des armées de l'empereur Ferdinand II
       (14 sept. 1583 — décapité le 25 février 1634).
Ribellione e morte del Volestain. *Venez.* 1634. 4.
(**Curtz**, Albert). Conjuratio Alberti Fridlandiæ ducis.
Vienn. 1635. 12. (Trad. de l'allemand.)
Pellicer de Salas y Tovar (José). El Sejano Germa-
nico. Historia de la conjuracion y muerte del duque de
Fritland. *Madr.* 1639. 8.

Pomo (Pietro). Saggi d' istoria, o vero guerre di Germania
dall' invasione del rè di Suedia (Gustavo Adolfo) sino
alla morte di Wolestano. *Venez.* 1640. 4.
Gualdo-Priorato (Galeazzo). Historia della vita d' A.
Valstain, duca di Fritland. *Lione.* 1643. 4. (*Lv.*)
  Trad. en allem. (par Wilhelm Friedrich LINK).
  Nürnb. 1769. 8. (*L.*)
  Trad. en lat. par Josua ANND. *Rostoch.* 1668. 12.
Stief (Carl Benjamin). Programma, paucula ad A.
Waldsteinii historiam spectantia continens. *Vratisl.*
1766. Fol. (*D.*)
Leben und Thaten des Generals v. Wallenstein. *Bunzlau.*
1782. 8. (*D.*)
Herchenhahn (Johann Christian). Geschichte A. v.
Wallenstein des Friedländers. Bruchstücke vom dreis-
sigjährigen Kriege. *Altenb.* 1791-96. 3 vol. 8.
(**Heller**, Wilhelm Friedrich). Leben, Thaten und Schick-
sale des Grafen A. v. Wallenstein, Herzogs von Fried-
land. *Frankenthal.* 1793. 8. *Mannh.* 1814. 8.
(**Grevenitz**, Friedrich August v.). Wahre, bisher im-
mer verfälschte Lebensgeschichte A. v. Wallenstein's,
Herzogs von Friedland; von einem preussischen Gene-
ral. *Berl.* 1797. 8.
Murr (Christoph Gottlieb v.). Die Ermordung A., Her-
zogs von Friedland, etc. *Halle.* 1806. 8. Portrait. (*L.*)
Malmstroem (Michael Simon). De Wallensteinio com-
mentarius. *Lund.* 1815. 8.
Schottky (Julius Max). Über Wallenstein's Privatleben.
Münch. 1832. 12.
Foerster (Friedrich). Wallenstein, Herzog zu Mecklen-
burg, Friedland und Sagan, als Feldherr und Landes-
fürst in seinem öffentlichen und Privatleben, etc.
Potsd. 1834. 8.
Roepell (Richard). Dissertatio de A. Waldsteinio pro-
ditore. *Halæ.* 1834. 8. (*L.*)
Mebold (C... A...). Der dreissigjährige Krieg und die
Helden desselben, Gustav Adolph, König von Schwe-
den, und Wallenstein, Herzog von Friedland. *Stuttg.*
1833-40. 2 vol. 8. 6 portraits.
Mitchell (John). Life of Wallenstein, duke of Fried-
land. *Lond.* 1837. 8. (*Oxf.*) *Ibid.* 1840. 8. Portrait.
Frf. 1841. 4. *Lond.* 1842. 8.
Watterich (Franz Carl v.). Kriegsgeschichtsphilosophi-
sche Ehrengebühr dem Heldencharacter und Feld-
herrnstabe A. Wallenstein's, Grafen und Herzogs von
Friedland. *Prag.* 1843. 12. Portrait.
Foerster (Friedrich). Wallenstein's Prozess vor den
Schranken des Weltgerichts und der K. K. Fiscus zu
Prag. *Leipz.* 1844. 8.
Kroenlein (Johann Heinrich). Wallenstein und seine
neuesten historischen Ankläger und Vertheidiger.
Leipz. 1845. 8. (*L.*)
Aretin (Carl Maria v.). Wallenstein. Beiträge zur nä-
hern Kenntniss seines Characters, seiner Pläne und
seines Verhältnisses zu Bayern. *Münch.* 1846. 8.
Rudhart (N... N...). Einige Worte über Wallenstein's
Schuld, etc. *Münch.* 1850. 4.
Helbig (Carl Gustav). Wallenstein und (Hans Georg,
Graf v.) Arnim (auf Boitzenburg) 1652-34. Beitrag zur
Geschichte des dreissigjährigen Krieges. *Dresd.* 1850. 8.
—— Der Kaiser Ferdinand (II) und der Herzog von Fried-
land während des Winters 1633-1634, etc. mit Wallenstein's Horoscope von Keppler. *Dresd.* 1852. 8.
Rahlenbeck (Charles). Wallenstein, dans ses rapports
avec la cour de Bruxelles et les officiers belges de son
armée. *Gand.* 1852. 8. (Extrait du *Messager des sciences historiques de Belgique*, tiré à part à 40 exempl.)
Conspiration de Walstein (!), épisode de la guerre de
trente ans, par SARRASIN; avec un appendice extrait des
mémoires de Richelieu (1634). *Par.* 1853. 12.

   ———

Nemetsy (·Franz). Das Schloss Friedland, nebst Urkunden und eigenhändigen Briefen des Herzogs A. v. Wallenstein. *Prag.* 1818. 8.

   ———

Foerster (Friedrich). Vertrauliche Briefe und amtliche
Schreiben A. v. Wallenstein's. *Berl.* 1828-29. 5 vol. 8.
Zober (Ernst Heinrich). Ungedruckte Briefe A. v. Wallenstein's und Gustav Adolph's des Grossen. *Strals.*
1830. 8. (*D.* et *L.*)

   ———

Carve (Thomas). Itinerarium cum historia facta Butleri,

Gordon, Lesly et aliorum, vol. I et II. *Mogunt.* 1640-41. Vol. III. *Spiræ.* 1646. 12. *
* Ce dernier volume est assez rare.

Waller (Edmund),
poète anglais (3 mars 1605 — 21 oct. 1687).
Poems on the memory of E. Waller. *Lond.* 1688. 4. (*Oxf.*)

* **Waller** (William),
général anglais († 25 sept. 1660).
Vindication of the character and conduct of W. Waller, knight, etc. *Lond.* 1793. 8.

Wallez (Jean Baptiste Gérard),
littérateur belge (19 février 1783 — 20 sept. 1847).
Notice sur J. B. G. Wallez, s. l. et s. d. (*Gand*, vers 1848.) 8.

Wallia,
fondateur du règne visigoth.
Mueldener (Johann Friedrich). Specimen rei numariæ veteris de tribus aureis numis celebratissimi Visi-Gothorum regis Walliæ. *Francofus.* 1752. 4.

Wallin (Georg),
évêque d'Hœrnæsand (1er mai 1644 — 7 juillet 1722).
Omnberg (Johann). Sermo in funere G. Wallini, lingua Sueca scriptus, cum munere ejusdem parentali, s. vita, latine scripta. *Holm.* 1723. 4.

Wallin (Georg),
évêque de Gothenbourg (1686 — 1760).
Halenius (Engelbert). Likpredikan öfver Biskopen i Götheborg G. Wallin. *Upsal.* 1760. 8.

Wallin (Johan Olof),
archevêque d'Upsala (15 oct. 1779 — 30 juin 1839).
J. O. Wallin. Minnesteckning. *Stockh.* 1839. 8.
Hagberg (Carl Peter). Griftetal öfwer Erke-Biskopen J. O. Wallin. *Stockh.* 1839. 8.
Rydquist (Johan Erik). J. O. Wallin. Minnesteckning. *Stockh.* 1839. 8.
Geijer (Erik Gustaf). Minnes-Tal öfwer Erke-Biskopen Dr. J. O. Wallin. *Stockh.* 1840. 8.
Genzken (Carl). Kurzer Abriss von dem Leben und den Werken des Erzbischofs Wallin. *Schönberg.* (*Lüneb.*) 1842. 8.
Fahlcrantz (Erik). Oratio parentalis in memoriam viri eminentissimi et reverendissimi Dr. J. O. Wallin, ecclesiæ Sveogothicæ archiepiscopi, etc. *Westeräs.* 1843. 4.
Schroeder (Johan Henrik). J. O. Wallin, Svea Rikes Erkebiskop. Minnesteckning. *Stockh.* 1846. 8. (Tiré seulement à 50 exemplaires.) Trad. en danois par J... K... Christie. *Bergen.* 1846. 8. (Tiré à 50 exemplaires.)
Thavenius (Fredrik August). De duumviris ecclesiæ Suecanæ J. O. Wallin et Francisci Michaelis Franzén illustrissimis et concinatoribus sacris et poetis, dissertatio. *Upsal.* 1848. 8.

Wallis (Ralph).
Room for the cobler of Gloucester and his wife, s. l. 1668. 4.
Life and death of R. Wallis, the cobler of Gloucester, s. l. 1670. 4.

Wallraf (Ferdinand Franz),
archéologue allemand (20 juillet 1748 — 18 mars 1824).
Smets (Wilhelm). F. F. Wallraf; biographischer Versuch. *Cöln.* 1825. 8. Portrait. (*D.* et *L.*)

Wallraff (Helena),
visionnaire allemande.
Heinen (Engelbert Michael Joseph). H. Wallraff, von Brüggen, Pfarrei Kirdorf bei Lechenich, die merkwürdigste Seherin am Rhein. Kurze Lebensbeschreibung nebst den Hauptzügen ihrer Offenbarung, etc. *Euskirchen.* (*Coeln.*) 1849. 8.

Walon de Beaupui (Charles),
prêtre français.
(**Lacroix**, N... N... de). Mémoires de la vie de M. Walon de Beaupui, (directeur des écoles de Port-Royal), publ. par Jean Le Clerc. *Utrecht.* (*Par.*) 1751. 12.

Walpole, earl of **Orford** (Horace),
littérateur anglais (1717 — 2 mars 1797).
Walpole (Horace). Memoirs of the last ten years (1751-1760) of the reign of George II. *Lond.* 1822. 2 vol. 4. Plusieurs portraits. (*Oxf.* et *P.*)

(**Pinkerton**, John). Walpoliana. *Lond.*, s. d. (1799). 2 vol. 12. Portrait. (*Oxf.*) 1801. 2 vol. 8. *Ibid.* 1803. 2 vol. 8.

Walpole, earl of **Orford** (Robert),
homme d'État anglais (6 sept. 1674 * — 29 mars 1745).
Leven van den ridder R. Walpole. *Delft.* 1734. 8. Portrait. (Trad. de l'anglais.)
Musgrave (William). Brief and true history of sir R. Walpole and his family, from their original to the present time. *Lond.* 1738. 8. (*Oxf.*) *Ibid.* 1748. 8.
Coxe (William). Memoirs of the life and administration of sir R. Walpole, earl of Orford. *Lond.* 1798. 3 vol. 4. Portrait. (*Oxf.*) Augment. *Lond.* 1816. 4 vol. 8.
* Ou selon d'autres biographes le 26 août 1676.
Walpoliana, or a few anecdotes of sir R. Walpole. *Lond.* 1783. 4. (*Oxf.*)

Walraven (Diederich Adriaan),
jurisconsulte hollandais (17 février 1732 — 15 juin 1804).
Cras (Hendrik Constant). Memoria D. A. Walraven, oratione funebri celebrata. *Amst.* 1804. 8. (*Ld.*) Trad. en holland. s. c. t. Lijkrede, etc. *Amst.* 1804. 8.

Walter von der Vogelweide,
troubadour allemand († vers 1250).
Uhland (Ludwig). Walther von der Vogelweide, ein altdeutscher Dichter. *Stuttg.* 1822. 8. (*D.*)
Walter von der Vogelweide; eine biographische Skizze. *Würzb.* 1834. 8.

Walther.
Walther (Anton Balthasar v.). Centuria celebriorum Waltherorum quorum memoriam, vitas, scripta et res gestæ ex historicum monumentis evocatas brevi hoc schediasmate exhibit. *Frf. ad Viadr.* 1726. 8. * (*Lv.*)
* Contenant des notices biographiques sur cent savants allemands qui s'appelaient Walther.

Walther (Andreas),
théologien allemand (17 février 1577 — 4 déc. 1639).
Lossius (Jacob). Concio funebris in A. Waltherum, cum vitæ curriculo. *Lips.* 1640. 4. (*L.*)

Walther (August Friedrich),
anatomiste allemand (1688 — 31 oct. 1746).
(**Kapp**, Johann Erhard). Programma academicum in A. F. Waltheri funere. *Lips.* 1746. Fol. (*L.*)

Walther (Christoph Theodosius),
missionnaire allemand (1699 — 27 avril 1741).
Schoettgen (Christian). Vita et agon C. T. Waltheri per annos XV missionarii Danici apud Trangambarienses. *Halæ.* 1742. 4. (*D.* et *L.*)

Walther (Georg Conrad),
libraire allemand († 29 janvier 1778).
Walther (Georg Friedrich). Denkmal seines verstorbenen Vaters, G. C. Walther's, königlich polnischen und sächsischen Commerzienraths und Hofbuchhändlers. *Dresd.* 1778. 4. (*D.*)

Walther (Johann Georg),
historien allemand (3 avril 1708 — 13 oct. 1761).
Boehmer (Georg Rudolph). Programma funebre in obitum J. G. Waltheri. *Witteb.* 1761. Fol.

Walther (Michael),
théologien allemand (3 mars 1638 — 21 janvier 1692).
Neumann (Johann Georg). Oratio funebris in obitum M. Waltheri, etc. *Witteb.* 1692. Fol. (*D.*)

Walther (Philipp Franz v.),
chirurgien allemand du premier ordre (3 mars 1781 — 29 déc. 1849).
Ringseis (Johann Nepomuk v.). Rede zum Andenken an den Dr. v. Walther, etc. *Münch.* 1851. 4.

Walton (Isaac),
biographe anglais (1593 — 1683).
Zough (Thomas). Life of I. Walton, including notices of his contemporaries. *Lond.* 1823. 8. (*Oxf.*)

Walton (Bryan),
évêque de Chester (1600 — 1661).
Todd (Henry John). Memoirs of the life and writings of the Right Rev. B. Walton. *Lond.* 1821. 2 vol. 8. Portrait. (*Oxf.*)

Walton (William Charles),
Anglo-américain.
Danforth (J... N...). Life of W. C. Walton. *Hartford.* 1837. 12.

Wandalin (Johann),
évêque de Zéelande (26 janvier 1624 — ... 1675).

Reitzer (Christian). Memoria J. Wandalini. *Hafn.* 1711. Fol. (*Cp.* et *D.*)

Wandesforde (Christopher, lord),
homme d'État anglais († 1640).

Comber (Thomas). Memoirs of the life and death of lord Wandesforde. *Lond.* 1778..8. (*Oxf.*)

Wangenheim (Carl August, Freiherr v.),
homme d'État allemand (14 mars 1773 — 19 juillet 1850).

Mueller (Johann Friedrich Emil). Am Grabe des königlich württembergischen Staatsministers a. D. Herrn C. A. Freiherrn v. Wangenheim, etc. *Coburg.* 1850. 8. (*D.*)

Wanker (Ferdinand Geminian),
théologien allemand († 19 janvier 1824).

Hug (Johann Leonhard). Rede auf Professor F. Wanker. *Freib. im Breisg.* 1825. 8.

Wann (Paul),
théologien allemand.

Hupfauer (Paul). Über den Passau'schen Domherrn P. Wann, über seine Schriften und die verschiedenen Ausgaben derselben. *Landsh.* 1801. 8. (*D.*)

Wansleben (Johann Michael),
voyageur allemand (1er nov. 1635 — 12 juin 1679).

Vockerodt (Gottfried). Programma de J. M. Wansleb, etc. *Gothæ.* 1718. 4. (*D.*)

Warbeck (Perkin),
imposteur anglais (exécuté en 1499).

True and wonderfull history of P. Warbeck, proclaiming himselfe Richard the Fourth. *Lond.* 1816. 4. (*Oxf.*)

Ward (John),
littérateur anglais (1679 — 1758).

Birch (Thomas). Life of J. Ward. *Lond.* 1766. 8. (*Oxf.*)

Ward (Mary),
religieuse anglaise.

Fridl (M...). Leben der hochgebornen M. Ward, Stifterin des Instituts der englischen Fräulein. *Augsb.* 1732. 2 vol. 4.

Ward (Robert Plumer),
jurisconsulte anglais (19 mars 1765 — 13 août 1846).

Phipps (Edmund). Memoirs of the political and literary life of R. Plumer Ward, with selections from his correspondence, diaries and unpublished literary remains. *Lond.* 1850. 2 vol. 8. Portrait.

Ward (Seth),
évêque de Salisbury (1617 — 1689).

Pope (Walter). Life of Seth, lord-bishop of Salisbury and chancellor of the most noble order of the Garter, with a brief account of bishop (N... N...) Wilkens, M. Lawrence Rooke, Dr. Isaac Barrow, Dr. N... N... Turberville and others. *Lond.* 1698. 8. (*Oxf.*)
Appendix to the Life of Seth, bishop of Salisbury, etc., in a letter to the author. *Lond.* 1697. 8.

Wardenburg (W... G... F...),
général allemand.

Leben des grossherzoglich Oldenburgischen General-Majors W. G. F. Wardenburg, Commandeurs des grossherzoglich Oldenburgischen Truppencorps, etc., herausgeg. von einem Bruder des Verstorbenen. *Oldenb.* 1842. 8. Portrait.

Wardle (Gwyllym Lloyd),
officier anglais.

Reid (William Hamilton). Memoirs of colonel L. Wardle. *Lond.* 1809. 12. (Omis par Lowndes.)

Ware (Henry),
théologien anglais.

Ware (John). Memoir of the life of H. Ware, Jun. *Lond.* 1846. 2 vol. 8. Portrait. *Boston.* 1846. 2 vol. 12.

Warens (N... N... de **Latour**, baronne de),
l'une des amies de Jean Jacques Rousseau (1699 — 1759).

(**Doppet**, François Amédée). Mémoires de madame de Warens, suivis de ceux de Claude Anet, pour servir de suite aux *Confessions* de Rousseau. *Chambéry.* 1785. 8. *Genèv.* et *Par.* 1785. 8. (*P.*) *Bern.* 1786. 8. (*D.*)

Warfusée (le comte René de **Renesse**, seigneur de),
chef des finances de Philippe IV.

Warfusée (René de). Remonstrance très-humble, etc.,

des justes raisons de son absence de la ville de Bruxelles. *Liége.* 1632. 4.

Wargentin (Pehr Wilhelm),
astronome suédois (22 sept. 1717 — 13 déc. 1783).

Melanderhjelm (Daniel Melander af). Äminnelse-Tal öfver P. W. Wargentin. *Stockh.* 1784. 8.
Vita P. Wargentini. *Upsal.* 1815. 8.

Franzén (Frans Michael). Minne af P. W. Wargentin. *Stockh.* 1847. 8.

Warin (Jean),
graveur et faux monnayeur belge (1603 — 26 août 1672).

Fétis (Édouard). Les artistes belges à l'étranger. J. Warin. *Brux.* 1853. 8. (Extrait des *Bulletins de l'Académie royale de Belgique*. — (*Bx.*)

Warkotsch (N... N..., Freiherr v.),
gentilhomme allemand.

Kuester (Carl Daniel). Lebensrettungen Friedrich's des Grossen im siebenjährigen Kriege und besonders vom Hochverrath des Baron v. Warkotsch, etc. *Berl.* 1792. 8. (*D.*) *Ibid.* 1797. 8.
(**Krickende**, N... N...). Beleuchtung der bisherigen, und besonders der Küsterschen Darstellung der Warkotschen Verrätherei gegen König Friedrich II. *Grottkau.* 1792. 8. (*L.*)

Warner (Eliza),
religieuse anglaise.

Life of lady Warner of Parham, in Suffolk, called sister Clare of Jesus, s. l. 1692. 8. Portrait.

Warner (Seth),
colonel anglo-américain.

Butler (James Davie) et **Houghton** (George Francis). Addresses on the battle of Lexington, on the life and services of colonel S. Warner, etc. *Burlington.* 1849. 8.*
  * Imprimé par ordre de la Législature de Vermont.

Warner (Trevor),
dame anglaise.

Life of lady T. Warner. *Lond.* 1696. 8. (*Oxf.*)

Warneton (Jean de),
évêque de la Morinie.

Biographie du bienheureux Jean de Warneton, évêque de la Morinie. *Bruges.* 1849. 4.

Warnsdorf (Johann August Adolph v.),
savant allemand.

Donat (Samuel Gottlieb). Das verdiente Lob J. A. A. v. Warnsdorf. *Goerl.* 1765. Fol. (*D.*)

Warnstedt (N... N...),
magistrat danois.

Schmidt (J... L...). Beleuchtung des landesgefährlichen Treibens des Polizeimeisters Warnstedt zu Altona und des Verfahrens der (schleswig-holstein'schen) Statthalterschaft. *Brem.* 1850. 8.

Wartenberg (Grafen v.),
famille allemande.

Helwich (Georg). Historia et origines S. I. R. comitum a Wartenberg. *Amst.* 1710. 8.

Wartenberg-Curland (Prinz Carl Gustav Friedrich Wilhelm **Biron**),
homme d'État allemand (3 déc. 1811 — 21 mars 1848).

Saint-Maurice Cabany (Charles Édouard). S. A. le prince C. G. F. C. de Biron-Wartenberg-Courlande, comte de l'empire, duc de Courlande, ancien capitaine de cavalerie au service de S. M. le roi de Prusse, membre héréditaire de la première chambre de la Diète de Prusse avec voix curiale, etc. *Par.* 1853. 8. (Extrait du *Nécrologe universel du XIXᵉ siècle*.)

Wartensleben,
famille allemande.

Wartensleben (G... v.). Genealogische und biographische Nachrichten von dem Geschlechte derer v. Wartensleben. *Berl.* 1831. Fol. *
  * Cet ouvrage, non destiné au commerce, est accomp. d'un portrait du feld-maréchal Alexander Hermann v. Wartensleben (1650 — 26 janvier 1734).

Warton (Joseph),
littérateur anglais (vers 1722 — 23 février 1800).

Wool (John). Biographical memoirs of the late Rev. J. Warton, etc. *Lond.* 1806. 4. Portrait. (*Oxf.*)

Warwak (Franz),
agronome allemand.

Lebensbegebenheiten des vortrefflichen Menschen und Landwirths F. Warwak. *Prag.* 1796. 8.

Warwick (Guy de **Beauchamp,** earl of),
homme d'État anglais.

Shirley (John). Renowed history of the life and death of G., earl of Warwick. *Lond.* 1681. 4.
History of the earl of Warwick, s. l. 1708. 8. (*Oxf.*)

Warwick (Mary **Boyle,** countess of),
dame anglaise (vers 1725 — 27 avril 1678).

Walker (Anthony). Eureka, Eureka. Sermon at the funeral, etc., of M. (Boyle), countess dowager of Warwick, with so large additions, as may be styled the life of that noble lady, etc. *Lond.* 1678. 8. *Ibid.* 1680. 12. *Ibid.* 1687. 12. Portrait. (*Oxf.*)
Memoir of lady Warwick; with her diary from 1662 to 1672, etc. *Lond.* 1847. 12.

Wasa,
dynastie suédoise.

Moeller (Johann Georg Peter). Die Verdienste der königlichen schwedischen Gustave aus dem Wasa-Stamme um die Wissenschaften und Künste. *Strals.* 1772. Fol.
—— Dissertatio de Gustavorum regum Sueciæ in formam imperii patrii meritis. *Strals.* 1773. 8.

Waser (Caspar),
orientaliste suisse (1er sept. 1565 — 9 nov. 1625).

Kuosen (Jodocus v.). Oratio de vita et obitu C. Waseri. *Basil.* 1626. 4. (*D.*)

Waser (Johann Heinrich),
greffier de Zurich.

Ehrenrettung Herrn J. H. Waser's wider die unstandhafte Angrife weiland Fortunat Sprecher's in seiner neulich erschienenen fortgesetzten Bündtner-Geschichte, betreffend den anno 1643 und 1644 ergangenen Rechtshandel über die innerliche Streitigkeiten des X Gerichten-Bunds, s. l. et s. d. (*Zürch.* 1783.) 8.

Waser (Johann Heinrich),
théologien suisse (1742 — décapité le 27 mai 1780).

Waser, s. l. et s. d. 8.
Merkwürdige Schriften und Anecdoten des, etc., enthaupteten Waser. *Berl.* 1780. 8.
Waser's, des Unglücklichen, Briefe an seine Verwandten, und einige, sein Schicksal betreffende kleine Schriften, nebst Predigt, etc., über dessen Vorfall, von Johann Caspar LAVATER. *Schaffhaus.* 1780. 8.
Beleuchtung des Waser'schen Processes. *Berl.* 1781. 8.
Über Waser's zweite Verurtheilung. *Nürnb.* 1781. 8. (*D.* et *L.*)
Die unglücklichen Pfarrer J. H. Waser und Doctor (William) Dodd. *Basel.* 1781. 8.
(**Becker,** Wilhelm Gottlieb). Über Waser und seinen Process, nebst Anmerkungen von August Ludwig SCHLOEZER. *Frf.* 1782. 4. (*D.* et *L.*)

Washington (George),
premier président des États-Unis de l'Amérique
(22 février 1732 — élu le 30 avril 1789 — 14 déc. 1799).

Leben und Thaten G. Washington's, mit einem Abriss des nordamerikanischen Freistaats. *Hamb.* 1783. 8.
John (John Gale). Oration on the character of Washington. *Lond.* 1797. 8. (*Oxf.*)
Dubroca (Louis). Eloge de Washington. *Par.* 1799. 8. (*P.*)
The last will and testament of general G. Washington. *Boston.* 1800. 8.
Ogden (Uzal). Two discourses occasioned by the death of general G. Washington at Mount-Vernon. *Philadelph.* 1800. 8.
Madison (James). Discourse on the death of general G. Washington. *New-York* (?). 1800. 8.
Miller (Alexander). Sermon on the death of general Washington, etc. *Albany.* 1800. 8.
Beers (William P...). Oration on the death of general Washington. *Albany.* 1800. 4.
Ames (Fisher). Oration on the sublime virtues of general Washington. *Philadelph.* 1800. 8.
Wadsworth (Benjamin). Eulogy on the excellent character of G. Washington. *Lond.* 1800. 8.
Paine (Thomas). Eulogy on the life of general G. Washington. *Lond.* 1800. 8.

Morse (Jedidiah). Sketch of the life of general Washington, with a sermon on his death. *Charlestown.* 1800. 8.
Minot (George Richard). Eulogy of the general G. Washington. *Boston.* 1800. 8.
Fontanes (Louis de). Eloge de Washington. *Par.* 1800. 8. (*Lv.*) Trad. en holland. s. c. t. Lijkrede op Washington. *Amst.* 1800. 8. Portrait.
Corry (John). Life of general G. Washington, interspersed with biographical anecdotes of the most eminent men, who effected the American revolution. *Lond.* 1800. 8. (*P.*) *New-York.* 1807. 12.
Bijdragen ter gedachtenis van G. Washington. *Haarl.* 1801. 8. Portrait.
Marshall (John). Life of G. Washington, commander in chief of the american forces during the war etablished the independence of his country and first president of the United-States. *Lond.* 1804-07. 5 vol. 4. (*P.*) *Philadelph.* 1805. 5 vol. 8. *Lond.* 1807. 5 vol. 8. *Ibid.* 1832. 2 vol. 4. (*Oxf.*) *Philadelph.* 1832-33. 2 vol. 8. *Ibid.* 1836-38. 2 vol. 8. Abrégée. *Philadelph.* 1838. 12.
Trad. en allem. *Hamb.* 1805-08. 4 vol. 8. Portr. (*L.*)
Trad. en franç. par Pierre François HENAY. *Par.* 1807-08. 5 vol. 8. Portrait. (*P.*)
Trad. en holland. par Jan WERNINCK. *Haarl.* 1805-09. 10 vol. 12. Portrait. (*P.*)
Weems (M... L...). Life of general G. Washington, with curious anecdotes, etc. *New-York.* 1805. 8. *Philadelph.* 1809. 12. *Ibid.* 1816. 12. (13e édition.) — (Omis par Lowndes.)
Ramsay (David). Life of general Washington. *Lond.* 1807. 8. (*D.* et *Oxf.*) *Baltim.* 1818. 12.
Trad. en espagn. *Par.* 1819. 8. *New-York.* 1825. 18. *Barcelon.* 1842. 2 vol. 8.
Trad. en franç. *Par.* 1819. 8. (*P.*)
Bancroft (Aaron). Essay on the life of G. Washington. *Worcester.* 1807. 8. *Lond.* 1808. 8. *Boston.* 1844. 2 vol. 12. (*Oxf.*)
(**Gosch**, Josias Ludwig). Washington und die französische Revolution. *Giess.* 1807. 8.
(——) Washington und die Befreiung der nordamerikanischen Freistaaten. *Giess.* 1815. 3 vol. 8. *

* Publ. sous le prénom de Louis.

Kingston (John). Life of G. Washington. *Baltim.* 1813. 12.
Chaudron (Simon). Funeral oration of brother Washington, etc. *Philadelph.* 1819. 8. *

* Avec la traduction française en regard.

Biographie G. Washington's. *Chemnitz.* 1823. 8. Portrait.
Paulding (James Knox). Life of G. Washington. *New-York.* 1835. 2 vol. 18.
Redding (Cyrus). Life of G. Washington. *Lond.* 1835. 2 vol. 8. (*Oxf.*)
Townsend (Isaiah). Éloges funèbres de Washington. *Par.* 1835. 8.
Edmonds (Cyrus R...). Life and times of general Washington. *Lond.* 1835. 2 vol. 12. *Ibid.* 1839. 2 vol. 12. (*Oxf.*)
Mac Guire (E... C...). Religious opinions and character of G. Washington. *New-York.* 1836. 12.
Glass (Francis). Life of general Washington, in latin prose, edited by J... N... REYNOLDS. *New-York.* 1836. 12. (3e édition.)
Girault (A... N...). Vie de Washington. *Philadelph.* 1836. 18.
Parley (Peter). Life of Washington. *New-York.* 1837. 8.
Gehe (Eduard). Leben Washington's. *Barm.* et *Iserlohn.* 1838. 8. (*D.* et *L.*)
Jackson (William). Monuments of Washington's patriotism. *Washingt.* 1838. Fol. (*Bx.*)
Sparks (Jared). Life of Washington, first president of the United-States. *Lond.* 1839. 2 vol. 8. *Boston.* 1839. 2 vol. 8. *Lond.* 1842. 2 vol. 8. (*Oxf.*) *Auburn.* 1852. 8. Trad. en allem. par Friedrich v. RAUMER. *Leipz.* 1839. 2 vol. 8. (*L.*)
Guizot (François). Essai sur la vie du général Washington. *Par.* 1839. 8. (*P.*) *Ibid.* 1844. 8. Trad. en angl. par Henry REEVE. *Lond.* 1840. 8. (*Oxf.*) *Par.* 1840. 8. *New-York.* 1840. 12.
Ritner (Joseph). Vindication of general Washington from the stigma of adherence to secret societies, etc. *Boston.* 1841. 8.

Wislicenus (Ernst). Washington, oder die Entstehung der nordamerikanischen Freistaaten. *Leipz.* 1844. 8. (*D.* et *L.*)

Headley (J... T...). Washington and his generals. *New-York.* 1847. 2 vol. 12.

Pictorial life of general G. Washington. *Philad.* 1847. 12.

Gibbs (George). Memoirs of the administration of Washington and John Adams; edited from the papers of Oliver Wolcott, secretary of the treasury. *New-York.* 1848. 2 vol. 8. 2 portraits..

Winthrop (Robert Charles). Oration prononcée on the occasion of laying the Corner Stone of the national monument to the memory of Washington. *Washingt.* 1848. 8.

Guizot (François). Washington. Fondation de la république des Etats-Unis d'Amérique. Vie de Washington. Histoire de la guerre de l'indépendance et de la fondation de la république des Etats-Unis, etc. *Par.* 1850. 2 vol. 8. (*P.*)

Life of general Washington, first president of the United-States, written by himself, etc., publ. par Charles William UPHAM. *Lond.* 1852. 2 vol. 8. (2e édition.)

Memory of G. Washington, with biographical sketches of his mother and wife (Mary and Martha), relations of Lafayette to Washington and anecdotes of the two patriots. *Boston.* 1852. 12.

Stockmar (E... v.). Washington. Eine Vorlesung, gehalten in Jena. *Braunschw.* 1854. 8.

Santon (J...). Denkwürdiges Gespräch zwischen (Benjamin) Franklin und Washington. *Königsb.* 1815. 8.

Ponteuil (N... N...). Dialogue entre les généraux Washington et (Claude François) Dumouriez, s. l. et s. d. 8.

Washingtoniana. *Lancaster.* 1802. 8.

    Washington (Mary et Martha),
      mère et épouse du général Washington.

Conkling (Margaret C...). Memoirs of the life of Mary and Martha Washington, mother and wife of Washington. *Auburn.* 1850. 16.

    Wasmuth (Matthaeus),
      théologien holstien (29 juin 1625 — 18 nov. 1683).

Programma in exequiis M. Wasmuthi. *Kilon.* 1688. 4. (*D.*)

    Wassenaar (Jacobus van),
      amiral hollandais (vers 1610 — 14 juillet 1665).

Oostkamp (J... A...). Het leven en de daden van Martin Happerth Tromp en J. Wassenaar van Obdam. *Devent.* 1825. 8. 2 portraits. (*Ld.*)

    Wassenbergh (Everhaard van),
      historien hollandais (25 sept. 1742 — 3 déc. 1826).

Crane (Jan Willem de). Narratio de vita et scriptis E. van Wassenberg, deque rebus, quæ Athenæo publico nuper evenerunt. *Franeq.* 1828. 8. (*Ld.*)

    Wassenius-Lagermarck (Johan),
      homme d'État suédois (vers 1622 — 1692).

Achrelius (Daniel Erik). Laudatio funebris in nobilissimi J. Lagermarck, assessoris dicasterii Aboënsis, perennem memoriam. *Aboæ.* 1692. 4.

    Wast (Saint),
      évêque d'Arras (✝ 6 février 540).

Gazet (Guillaume). Vie de S. Wast, évêque d'Arras. *Valenc.* 1622. 8. *Ibid.* 1682. 12. *Ibid.* 1701. 12.

    Wateant (Nicolas Philippe),
      chanoine de Tournai (✝ 5 août 1751).

Le Glay (André). Wateant. Note pour servir à une biographie tournaisienne. *Tournai.* 1859. 8.

    Watelet (Claude Henri),
      littérateur français (1718 — 12 janvier 1786).

Vicq d'Azyr (Félix). Éloge de C. H. Watelet, membre de l'Académie, etc. *Par.* 1786. 8. (Tiré à part à un très-petit nombre.)

    Water (Jona Willem te),
      savant hollandais (28 oct. 1740 — 21 mai 1823 *).

Levensberigt van J. W. te Water, door hem zelven vervaardigd, s. l. et s. d. (*Leyd.* 1825.) 8. (Assez rare.)
  * Ou selon d'autres biographes le 19 octobre 1822.

    Waters (Thomas),
      théologien anglais.

Kershaw (John). The confession of eminent piety : a funeral discourse occasioned by the decease of T. Wa-

ters, with a memoir by Jenkin THOMAS. *Worcester.* 1838. 8. (*Oxf.*)

    Waterland (Daniel),
      théologien anglais (1683 — 1er janv. 1742, ou selon d'autres le 24 déc. 1748).

(Jackson, John). Memoirs of the life and writings of Dr. Waterland, etc. *Lond.* 1756. 8. (*Oxf.*)

    Watson (Henry),
      missionnaire anglais.

Fox (George Townsend). Memoir of the Rev. H. Watson, B. A. missionary of the Teloogoo people, South-India. *Lond.* 1853. 8. (4e édition.)

    Watson (John),
      théologien écossais.

Alexander (W... L...). Memoir of the late Rev. J. Watson, late pastor of the congregational church in Musselburg, etc. *Lond.* 1845. 8. (*Oxf.*)

    Watson (Richard),
      évêque de Landaff (1737 — 15 juillet 1816).

Anecdotes of the life of R. Watson, bishop of Landaff. *Lond.* 1817. 4. (*Oxf.*) *Ibid.* 1818. 2 vol. 8. (Écrits par lui-même.)

Critical examination of the bishop of Landaff's posthumous volume, entitled *Anecdotes of his life. Lond.* 1818. 8.

    Watson (Thomas),
      théologien anglais (1728 — 1793).

Toulmin (Joshua). The character and reward of the faitful servant, considered and improved on occasion of the death of the Rev. T. Watson. *Lond.* 1793. 8. (*Oxf.*)

    Watt (James),
      inventeur des machines à vapeur (19 janvier 1736 — 25 août 1819).

Arago (Dominique François). Vie de J. Watt. *Par.* 1858. 8. (*P.*) Trad. en angl. par James Patrick MUIRHEAD. *Edinb.* 1859. 8. (*Oxf.*)

    Watt (Robert),
      conspirateur écossais.

Trial of R. Watt for high-treason. *Eding.* 1795. 8.

    Watteau (Antoine),
      peintre français (10 oct. 1684 — 18 juillet 1721).

Lecarpentier (C... L... F...). Notice sur A. Watteau. *Rouen.* 1815. 8. (*P.*)

Dinaux (Arthur). Notice sur A. Watteau de Valenciennes. *Valenc.* 1834. 8. Portrait. (*P.*)

Blanc (Charles). Les peintres des fêtes galantes. *Par.* 1853. 32. *
  * Renfermant des notices biographiques sur WATTEAU, Nicolas LANCRET, Jean Baptiste PATER et François BOUCHER.

    Watteville (Johann Michael, Freiherr v.),
      évêque de Gnadenfrey (18 nov. 1718 — 11 oct. 1788).

Ritter (Johann Friedrich Wilhelm). Leben des Freiherrn J. v. Watteville, Bischofs der evangelischen Brüderkirche, und dessen Gemahlin Henriette Benigna Justine, geborenen Gräfin v. Zinzendorf. *Alton.* 1800. 8. Portrait. (*L.*)

    Wattier, voy. **Ziesenis** (Anna Cornelia).

    Watts (Isaac),
      théologien anglais (17 juillet 1674 — 25 nov. 1748).

Ehrengedächtniss des berühmten Dr. I. Watt's; bestehend aus den bei desselben Beerdigung von David Jennings und Samuel Chandler gehaltenen Leichen-und Standreden, nebst dessen Lebenslauf und Verzeichniss seiner sämmtlichen Schriften, aus dem Englischen übersetzt mit Vorrede von Friedrich Christian HAHN. *Hannov.* 1749. 8. (*D.* et *L.*)

Gibbons (Thomas). Memoirs of the Rev. I. Watts. *Lond.* 1780. 8.

Johnson (Samuel). Life of the late Rev. I. Watts. *Lond.* 1785. 8. (*D.* et *Oxf.*)

Memoirs of the life and writings of Dr. I. Watts. *Lond.* 1806. 8. (*Oxf.*)

    Waudru, voy. **Wautrude** (Sainte).

    Waugh (Mansie),
      tailleur écossais.

(Moir, D... M...). Life of M. Waugh, tailor in Dalkeith, written by himself. *Edinb.* 1828. 8. (*Oxf.*)

    Wauters (Charles),
      peintre belge (vers 1802 — ...).

C. Wauters et l'exposition de Gand en 1850, etc. *Brux.* 1850. 8.

Wauters (Pierre Engelbert),
médecin belge (5 déc. 1745 — 8 oct. 1840).

Guislain (Joseph). Discours sur le médecin P. E. Wauters, prononcé le jour de son enterrement. *Gand.* 1840. 8. Portrait.

Kesteloot (Jacques Louis). Notice biographique sur P. E. Wauters, docteur en médecine, etc. *Brux.* 1841. 12.

Wautrude ou **Waudru** (Sainte),
patronne de la ville de Mons.

Simon (Jacques). Vie de S. Wautrude. *Arras.* 1629. 8.
Réimprim. s. c. t. Portrait de l'état de mariage et de continence fait sur la vie de la très-illustre S. Waudru, comtesse du Hainaut, patronne de Mons, etc. *Mons.* 1846. 8. Portrait.

Vie de S. Waudru, patronne de Mons en Hainaut. *Brux.* 1858. 52.

Simon (Jacques). Documents pour faire suite à l'histoire de S. Waudru, patronne de Mons, comtesse du Hainaut. *Mons.* 1846. 8. Portrait.

Wayne (Anthony),
général anglo-américain (1745 — 1795).

Life of general A. Wayne. *Philadelph.*, s. d. 8.

Wayuflete, voy. **Patten** (William).

Wazanini (Thomas),
Allemand.

Jaeck (Heinrich Joachim). Biographie des Herrn T. Wazanini. *Nürnb.* 1816. 8. Portrait.

Wearg (Clement),
jurisconsulte anglais.

Duke (George). Brief memoir of sir C. Wearg, sometime sollicitor general to George I and M. P. for Helston. *Lond.* 1843. 8. (*Oxf.*).

Weber (Adolph Dietrich),
jurisconsulte allemand (1753 — 18 nov. 1817).

Koppe (Johann Christian). Dr. A. D. Weber, weiland Rostock'scher Rechtsgelehrter, nach seinem Leben und Wirken. *Rostock.* 1818. 8.

Weber (Ananias),
théologien allemand (14 août 1596 — 26 janvier 1665).

Lange (Samuel). Oratio in obitum viri summe reverendi A. Weberi, inspectoris ecclesiæ Vratislaviensis. *Lips.* 1666. 4. (*L.* et *Lv.*)

Kempffe (Caspar Friedrich). Memoria A. Weberi instaurata. *Lips.* 1759. 4. (*D.* et *L.*)

Weber (Carl María v.),
compositeur allemand du premier ordre (18 déc. 1786 — 5 juin 1826).

Nachrichten aus dem Leben und über die Musik-Werke C. M. v. Weber's. *Berl.* 1826. Fol. Portrait. (*D.*)

Lebensbeschreibung von C. M. v. Weber. *Gotha.* 1829. 4. Portrait. (*D.* et *L.*)

Magnien (Victor). Étude biographique sur C. M. baron (!) de Weber. *Beauvais.* 1848. 8.

Weber (Christian),
théologien allemand (vers 1600 — 3 juillet 1664).

Cuno (Gottfried). Concio funebris in C. Weberi obitum, cum vitæ curriculo, germanice. *Halæ.* 1664. 4. (*D.* et *L.*)

Weber (Jeremias),
théologien allemand (23 sept. 1600 — 19 mars 1643).

Hoepner (Johann). Concio funebris Germanica cum curriculo vitæ J. Weberi. *Lips.* 1643. 4. (*L.*)

(**Leibnitz**, Friedrich). Programma academicum in J. Weberi funere. *Lips.* 1643. 4. (*D.* et *L.*)

Weber (Johann Georg),
théologien allemand (10 juillet 1687 — 24 nov. 1753).

Boer (Samuel). Leichenpredigt beym Begräbniss J. G. Weber's. *Weimar.* 1756. Fol. Portrait. (*D.*)

Weber (Matthias),
jurisconsulte hongrois.

Weber (Matthias). Onerata crescit, d. i. der unter aller Last der Verfolgung siegprangende evangelische Palm-Baum, oder Valet-Rede, als er (M. Weber) wegen Annehmung des evangelischen Glaubens in das Exilium verwiesen wurde. *Nürnb.* 1756. 8. Portrait.

Weber (Michael),
théologien allemand (8 déc. 1754 — 31 juillet 1833).

Fritzsche (Otto Fridolin). Narratio de M. Webero, primo nuper Halensi theologo. *Halæ.* 1854. 4. (*L.*)

Webster (Charles),
médecin (?) écossais.

Webster (Grace). Memoirs of Dr. C. Webster, with an account of Dr. Alexander Webster. *Edinb.* 1853. 12.

Webster (Daniel),
homme d'État anglo-américain.

Knapp (Samuel L...). Life of D. Webster. *New-York.* 1831. 12.

Life and public career of D. Webster, including a brief outline of his services to the nation. *New-York.* 1852. 8.

Lanman (Charles). Private life of D. Webster. *Lond.* 1853. 8.

Banvard (Joseph). The American statesman, or illustrations of the life and character of D. Webster. *Boston.* 1853. 12.

Maercker (F... A...). D. Webster, der amerikanische Staatsmann, etc., nebst Bruchstücken aus den Gedächtnissreden Barnard's, Everett's, etc. *Berl.* 1853. 8. Port.

Webster (John William),
assassin de George Parkman (exécuté en 1850).

Bemis (George). Report of the case of J. W. Webster, indicted for the murder of G. Parkman, before the supreme judicial court of Massachussetts, etc. *Boston.* 1850. 8. (*D.* et *L.*)

Stone (James W...). Trial of professor J. W. Webster, indicted for the murder of Dr. G. Parkman, March 19, 1850. Phonographic report. *Boston.* 1850. 8. *Ibid.* 1850. 8.

Weckherlin (Georg Rudolph),
poëte allemand (25 sept. 1584 — vers 1651).

Conz (Carl Philipp). Nachrichten von dem Leben und den Schriften G. R. Weckherlin's, etc. *Ludwigsb.* 1803. 8. (*D.* et *L.*)

Wedderkop (Magnus v.),
homme d'État holsatien (1638 — 17 janvier 1721).

Crusius (Magnus). Commentatio de senectute heroica veterum Christianorum, memoriæ M. a Wedderkop consecrata. *Hamb.* 1721. 4.

Wedel (Johann),
théologien allemand.

Sagittarius (Caspar). Statua sepulchralis J. Wedelio erecta. *Jenæ.* 1626. 4. (*D.* et *L.*)

Weert ou **Werth** (Jan de),*
guerrier hollandais (1594 — 6 oct. 1652).

Barthold (Friedrich Wilhelm). J. v. Werth im nächsten Zusammenhange mit der Zeitgeschichte. *Berl.* 1826. 8.

Perreau (Alphonse). Biographie limbourgeoise. J. de Weert. *Tongres.* 1852. 8. (Tiré à part à un très-petit nombre d'exemplaires.)

* Quelques historiens présument que Jean de Weert, favori d'Anne d'Autriche, était le père de Louis XIV.

Wegelin (Andreas),
jurisconsulte suisse.

Das wol-verdiente Lob des wol-edlen, vest-und hohgelehrten Herrn A. Wegelini, beyder Rechten gewessten Professoris publici in Genff. *Basel,* s. d. (vers 1674). 4.

Wegelin (Jacob Dominik v.),
historien suisse (19 juin 1721 — 7 sept. 1791).

(**Fels**, Johann Michael). Biographie des Herrn J. D. v. Wegelin, Professors der Geschichte in Berlin. *Sanct-Gall.* 1792. 8. Portrait. (*D.*)

Wegelin (Joshua),
théologien hongrois.

Estinger (Jacob). Vita et mors viri admodum reverendi atque excellentis J. Wegelini Augustani, Posoniensis evangelici pastoris, brevi oratione recitata, s. l. 1631 ou 1641. 4.

Wegelin (Thomas),
théologien allemand (1577 — 16 mars 1629).

Schmidt (Johann). Oratio parentalis memoriæ et honori T. Wegelini habita. *Argent.* 1630. 4. (*Lv.*)

Wegener (Caspar Frederik),
historiographe danois du XIXe siècle.

Waitz (Georg). Einige Worte über den dänischen geheimen Archivar und Historiographen Dr. C. F. Wegener. *Goetting.* 1850. 8.

Wegleiter (Christoph),
théologien allemand (22 avril 1659 — 16 août 1706).

Sonntag (Christoph). Leichenpredigt auf Herrn Dr. C. Wegleiter. *Altorf.* 1706. 4.

Hoffmann (Johann Moritz). Programma in C. Weglei-
teri funere. *Altorf.* 1706. 4. (*D.*)
Wegner (Balthasar),
théologien allemand.
Thilo (Gottfried). Pastor bonus et orthodoxus, i. e. vita
et fata B. Wegneri, pastoris Goldbergensis, s. l. 1672. 4.
Wehe (Hans Jacob),
théologien allemand (exécuté le 4 avril 1525).
Veesenmeyer (Georg). Nachricht von H. J. Wehe, er-
stem evangelischen Pfarrer in Leipheim. *Ulm.* 1794. 8.
Wehling (Georg),
pédagogue allemand (24 nov. 1644 — 23 mars 1719).
Quade (Michael Friedrich). Programma ad exequias
Mag. G. Wehlingii scholæ senat. rectoris, quondam per
XLVIII annos optime meriti, etc. *Stettin.* 1719. Fol.
Wehner (Paul Matthias),
jurisconsulte allemand (24 février 1583 — 24 déc. 1612).
Ernst (Christoph). Leben des berühmten JCti P. M.
Wehner, mit Vorrede und Anmerkungen von Veronus
FRANCKE. *Nürnb.* 1735. 8. (*D.*)
Wehrs (August v.),
littérateur allemand.
Wehrs (August v.). Rückerinnerungen, Skizzen und
Bemerkungen während meiner Gefangenschaft. *Hannov.*
1817. 8.
Weickhmann (Joachim),
théologien allemand (29 sept. 1662 — 15 mars 1736).
Menz (Friedrich). Programma funebre in J. Weickh-
manni obitum, etc. *Lips.* 1736. 4. (*D.* et *L.*)
Grade (Johann Theodor). Oratio in memoriam J. Weickh-
manni. *Lips.* 1736. 4. (*L.*)
Weidenheim (Caspar Johann),
théologien allemand.
Einem (Johann Justus v.). Leben des Superintendenten
C. J. Weidenheim, Hof-Predigers zu Weimar, etc.
Magdeb. 1754. 4. (*D.*)
Weigel (Valentin),
théologien allemand (1533 — 10 juin 1588).
Hilliger (Johann Zacharias). Dissertatio de vita, fatis et
scriptis M. V. Weigelii. *Witteb.* 1721. 4. (*L.*)
Weigl (Joseph),
musicien allemand (28 mars 1766 — 3 février 1846).
Schmidt (August). Denksteine. Biographien von Ignaz
Ritter v. Seyfried, Joseph Edlen v. Eybler, Ignaz Franz
Edeln v. Mosel, Wolfgang Amadaeus Mozart (Sohn),
Hieronymus Payer, Joseph Gänsbacher, J. Weigl,
Thaddäus, Grafen Amadé v. Várkony. *Wien.* 1848. 8. *
* Accomp. des portraits de ces huit artistes.
Weihe (Friedrich August),
théologien allemand.
Leben und Character F. A. Weihe's. *Minden.* 1780. 8.
Weikard (Melchior Adam),
médecin allemand (27 avril 1742 — 25 juillet 1803).
Biographie M. A. Weikard's. *Berl.* 1784. 8. (*D.*) *Ibid.*
1787. 8. (Ecrit par lui-même.) — (*L.*) *Frf.* 1802. 8. (*D.*)
Weiland (J... C... Otto),
magistrat suisse.
Denkmal Herrn J. C. O. Weiland, des Raths-und Zunft-
meisters in Zürich. *Zürch.* 1784. 4.
Weimann (Daniel),
jurisconsulte hollandais (?) (4 février 1621 — ... 1663).
Scherertzius (Friedrich). Historia vitæ D. Weimanni,
perillustris atque excellentissimi viri, JCti et polyhistoris. *Lugd. Bat.*, s. d. (1663). 4. (*Lv.*)
Weinbrenner (Friedrich),
architecte allemand (29 nov. 1766 — 1er mars 1826).
Denkwürdigkeiten aus F. Weinbrenner's Leben, herausgegeb. von Aloys Wilhelm SCHREIBER. *Heidelb.* 1829. 8.
(Autobiographie.)
—————
Schreiber (Aloys Wilhelm). F. Weinbrenner. Denkmal der Freundschaft. *Carlsr.* 1826. 8. Portrait.
Weinmann (Johann),
théologien allemand (15 sept. 1599 — 30 août 1672).
Reinhart (Lucas Friedrich). Leichpredigt auf Herrn
Doctor und Professor J. Weinmann. *Altd.* 1672. 4.

Weingaertner (Johann Christoph),
mathématicien allemand (1771 — 19 février 1833).
(**Mensing**, J... G... W...). J. C. Weingaertner's Lebensbeschreibung. *Erfurt.* 1834. 4.
Weinrich (Georg),
théologien allemand (23 avril 1554 — 27 janvier 1617).
(**Friederich**, Johann). Programma academicum in G.
Weinrichii funere. *Lips.* 1617. Fol. (*L.*)
Stegmann (Josua). Oratio funebris de vita et obitu
beatissimo viri reverendi ac amplissimi D. G. Weinrichii. *Lips.* 1617. 4. (*D.*, *L.* et *Lv.*).
Weinrich (Johann Michael),
théologien allemand (12 oct. 1683 — 18 mars 1727).
(**Wetzel**, Johann Caspar). Singularia Weinrichiana, oder
Leben und Lieder, etc., J. M. Weinrich's, Hof-Diaconi
zu Meiningen. *Nürnb.* 1728. 8. (*D.*)
Weinwich (Maria),
dame danoise.
Hertzberg (Niels). M. Weinwich's Levnetsloeb. *Bergen.*
1808. 8. (*Cp.*)
Weise (Christian),
littérateur allemand (30 avril 1642 — 21 oct. 1708).
Hoffmann (Gottfried). Programma in C. Weisianæ
historiam breviter recensens. *Zittav.* 1709. Fol. (*D.*)
Grosser (Samuel). Vita C. Weisii, gymnasii Zittaviensis
rectoris, cum commentario de scriptis ejus. *Lips.* 1710.
8. Portrait. (*L.*)
Palm (Hermann). C. Weise. Eine litterar-historische
Abhandlung. *Bresl.* 1854. 4.
Weise (Christian),
théologien allemand.
(**Kapp**, Johann Erhard). Programma academicum in C.
Weisi funere. *Lips.* 1756. Fol.
Weise (Christian Heinrich),
philologue allemand (20 nov. 1688 — 15 mai 1730).
Wilisch (Christian Friedrich). Programma de vita et
obitu C. H. Weisii. *Freib.* 1730. 4.
Zeiske (Johann Gottfried). Leben C. H. Weisen's. *Dresd.*
1730. 4. (*D.*)
Weise (Elias),
pédagogue allemand (vers 1610 — 13 avril 1679).
Weise (Christian). Epistola de vita E. Weisii, parentis.
Zittav. 1679. 4. (*D.* et *L.*)
Weise (Friedrich),
théologien allemand.
Reusche (Erhard). Programma in F. Weisii funere.
Helmst. 1649. 4. (*D.*)
Weise (Gottfried),
théologien allemand (1659 — 1697).
Leichenpredigt auf G. Weise, nebst dessen Lebenslauf.
Rostock. 1697. Fol.
Weise (Martin),
médecin allemand (9 oct. 1605 — 16 mars 1693).
Fidus medicinæ murus oratione funebri memoriæ M.
Weisii postridie solennes exequias dicata. *Berol.* 1695.
Fol. (*D.*)
Weishaupt (Adam),
fondateur de l'ordre des illuminés (6 février 1748 — 18 nov. 1830).
Gottschling (Paul Rudolph). Weishaupt's Schicksale.
Pirna. 1789. 8. (*D.* et *L.*)
Weiss (Franz),
astronome hongrois († 1785).
Szerdahelyi (György András). Memoria F. Weiss, as-
tronomi Budensis celeberrimi. *Budæ.* 1785. 8.
Weiss (Johann),
théologien allemand.
Ursinus (Johann Friedrich). Lebensbeschreibung J.
Weiss'ens, ersten evangelisch-lutherischen Stadtpfarrers zu Meissen. *Dresd.* 1784. 4. (*D.*)
Weiss (Johann Nicolaus),
médecin allemand (9 janvier 1702 — 5 juillet 1783).
Memoria in obitum D. J. N. Weiss, ab universitate Altorfina celebrata. *Altorf.* 1783. Fol.
Weisse (Christian Felix),
poète allemand (28 janvier 1726 — 16 déc. 1804).
Weisse (Christian Felix). Selbstbiographie, herausgegeb.

von dessen Sohne Christian Ernst Weisse und dessen Schwiegersohne Samuel Gottlob Frisch. *Leipz.* 1806. 8. (*L.*) *Ibid.* 1807. 8. Portrait. (*D.*)

(**Plato**, Carl Gottlieb) et **Dolz** (Johann Christian). C. F. Weisse's Todesfeier in der Rathsfreischule zu Leipzig. *Leipz.* 1805. 8. (*L.*)
Bauer (C... G...). Über C. F. Weisse. Beitrag zur Gallerie verdienstvoller Deutschen. *Leipz.* 1805. 8. (*L.*)
Iphofen (Heinrich Carl). Lebensgeschichte C. F. Weisse's, nach dessen eigenen Nachrichten erzählt und herausgegeb. von Gotthilf Ferdinand Doehner. *Freiberg.* 1806. 8.

Weisse (Johann Albert),
jurisconsulte allemand.

Seelen (Johann Heinrich v.). Memoria J. A. Weissii, J. U. L. *Lubec.* 1729. Fol. (*D.*)

Weisse Frau,
personnage fabuleux.

(**Rohde**, Johann Jacob) et **Nagel** (Johann Christian). Dissertatio de celebri spectro quod vulgo nominant *die weisse Frau. Regiom.* 1723. 4. *Witteb.* 1745. 4. (*L.*)
Minutoli (Julius v.). Die weisse Frau. Geschichtliche Prüfung der Sage, und Beobachtung dieser Erscheinung seit dem Jahre 1486 bis auf die neueste Zeit. *Berl.* 1850. 8. *

* La légende raconte que l'apparition de la Dame blanche porte malheur à la maison de Hohenzollern-Brandenbourg.

Weissenborn (Johann),
théologien allemand (21 nov. 1644 — 20 avril 1700).

Bechmann (Friedmann). Programma, cum J. Weissenborn summos in theologia honores Jenæ capesseret, in quo de ejus vita. *Jenæ.* 1694. 4. (*L.*)
Musaeus (Johann Carl August). Das ruhmwürdige Leben Dr. J. Weissenborn's, sächsisch-weimar'schen Ober-Consistorialraths und General-Superintendenten. *Eisenach.* 1761. Fol. (*D.* et *L.*)

Weissmann (Johann Friedrich),
médecin allemand (30 août 1678 — 19 août 1760).

Reinhard (Johann Paul). Memoria J. F. Weissmanni, medicinæ professoris. *Erlang.* 1760. Fol. (*D.* et *L.*)

Weitbrecht (John James),
théologien anglais.

Memoir of the Rev. J. J. Weitbrecht, compiled from his journals, etc., by his widow, with an introduction by Henry Venn. *Lond.* 1854. 8.

Weitzke (Peter),
théologien allemand.

Schlicht (Leviathan Johann). Vita quarti præsulis lutherani Palæo-Brandenburgensis, P. Weitzkii. *Brandenb.* 1715. 4.

Wekede (Gotthard Gottschalck v.),
jurisconsulte allemand.

Seelen (Johann Heinrich v.). Ehrengedächtniss G. G. v. Wekede, Rathsherrn, Erbherrn in Castorf. *Lübeck.* 1737. Fol.

Welcker (Antoine Nicolas),
pédagogue français (?).

Notice biographique sur M. A. N. Welcker, maître de pension primaire et instituteur public de la ville de Montlhéry. *Par.* 1852. 8.

Weld (Francis?),
cardinal anglais.

Wiseman (Nicholas). Funeral oration on cardinal Weld delivered at his solemn obsequies, etc. *Lond.* 1837. 8. (*Oxf.*) *Ibid.* 1846. 8.

Welden (Ludwig, Freiherr v.),
feld-maréchal d'Autriche.

Welden (Ludwig v.). Episoden aus meinem Leben. Beitrag zur Geschichte der Feldzüge der österreichischen Armee in den Jahren 1848 und 1849. *Gratz.* 1853. 8. (2e édition.)

Weldon (John),
conspirateur anglais.

True report of the indictment, conviction, condemnation and execution of J. Weldon, William Hartley and Robert Sutton, for high-treason, s. l. (*Lond.*) 1588. 4. (*Oxf.*)

Weleslawina (Daniel Adam v.),
philologue bohème (1546 — 18 oct. 1599).

Carolides v. Carlsberg (Georg). Lugubria in obitum

D. A. a Weleslawina, architopographi Pragensis. *Prag.* 1599. 4.

- Welf VI,
fils de Henri le Noir (vers 1115 — 1191).

Behrends (Peter Wilhelm). Herzog Welf VI, letzter Welfischer Stammherr in Süd-Deutschland, und seine Zeitgenossen. *Braunschw.* 1829. 8. (*D.* et *L.*)

Wellens (Jacques Thomas Joseph),
évêque d'Anvers († 12 février 1784).

Van Eupen (Pierre Jean Simon). Oratio funebris in exequiis illustrissimi ac reverendissimi D. J. T. J. Wellens, Antverpiensium episcopi XVII. *Antwerp.*, s. d. (1784). 4.

Weller (Carl Gustav),
théologien allemand (6 sept. 1740 — 11 oct. 1818).

Schmid (Johann Christoph). Trauerrede auf C. G. Weller, Stadtpfarrer am Münster in Ulm. *Ulm.* 1818. 8.

Weller (Hieronymus?),
savant allemand.

Dorn (Johann Christoph). Oratio de vita et obitu H. Welleri. *Jenæ.* 1702. 4.

Weller (Johann Gottfried),
théologien allemand (5 sept. 1712 — 12 nov. 1780).

Roeller (Traugott Gottfried). Memoria et elogium viri summe venerandi, amplissimi ac doctissimi Mag. J. G. Welleri, ministerii Zviccaviensis pastoris primarii et diœceseos superintendentis, etc. *Zviccav.*, s. d. (1781.) 8. (*L.*)

Weller v. Molsdorff (Hieronymus),
théologien allemand (5 sept. 1499 — 20 mars 1572).

Spangenberg (Cyriacus). Historie von dem alten christlichen edlen Geschlechte derer v. Molsdorff, genannt Weller. *Erfurt.* 1590. 4. (*D.*)
Laemmel (Christoph Friedrich). Historia Welleriana, oder historische Beschreibung des adeligen Geschlechts und Lebens H. Weller's v. Molsdorff, etc. *Leipz.* 1700. 4. (*D.* et *L.*)

Weller v. Molsdorff (Jacob),
théologien allemand (5 déc. 1602 — 6 juillet 1664).

Lucius (Johann Andreas). Concio funebris germanica, cum curriculo vitæ J. Welleri a Molsdorff. *Luneb.* 1664. 4.
Reichmann (Johann). Memoria J. Welleri. *Witteb.* 1664. 4. (*D.* et *L.*)
Mitternacht (Johann Sebastian). Panegyricus funebris memoriæ J. Welleri a Molsdorff dictus. *Lips.* 1664. 4. (*D.* et *L.*)

Wellesley (Richard Colley, marquess of),
homme d'État anglais (30 juin 1760 — ... 1812).

Pearce (Richard Rouiere). Memoirs and correspondence of the most noble R., marquess Wellesley, etc. *Lond.* 1846. 3 vol. 8. Portrait.

Wellet (Martin),
colonel anglo-américain.

Narrative of the military action of colonel M. Wellet, (publ. par son fils). *New-York.* 1831. 8.

Wellington (Arthur Wellesley, duke of),
feld-maréchal d'Angleterre (1er mai 1769 — 14 sept. 1852).

Clarke (Francis Lewis). Life of the marques of Wellington. *Lond.* 1812. 8. (Non mentionné par Lowndes.) (*Oxf.*) Trad. en holland. *Haarl.* 1814. 8. Portrait.
Elliot (George). Life of A. Wellesley, duke of Wellington. *Lond.* 1814. 8. (*Oxf.*) *Ibid.* 1816. 8. Trad. en franç. par H(enri) L(asalle). *Par.* 1816. 8. (*P.*) Trad. en ital. *Milan.* 1819. 2 vol. 12. Portrait.
Leben und Feldzüge des Feldmarchalls Lord Wellington, Herzogs von Ciudad-Rodrigo. *Prag.* 1815. 8.
Darstellung des Lebens und der Thaten des Herzogs v. Wellington. *Wien*, s. d. (vers 1616.) 8.
Wellington; historisches Gemälde. *Quedlinb.* 1816. 8. (*L.*)
A., Herzog v. Wellington, sein Leben als Feldherr und Staatsmann, (nach Elliot und Clarke bearbeitet von Gottlob Heinrich Adolph Wagner und Friedrich Christian August Hasse). *Leipz.* 1817. 8. (*D.* et *L.*)
Vita e campagne del duca A. di Wellington nell' India e nell' Europa sino alla battaglia di Waterloo, (18 juin 1815). *Milan.* 1819. 2 vol. 8.
Southey (Robert). Life of A. Wellesley, duke of Wellington. *Lond.* 1821. 4. (*Oxf.*)
Sherer (Moyle). Military memoirs of field-marshal duke

of Wellington. *Lond.* 1852. 2 vol. 8. *(Oxf.) Philad.* 1833. 2 vol. 12.

Cenni sulla carriera militare e politica di lord duca Wellington. *Parma.* 1858. 8.

Soane (George). Life of duke of Wellington. *Lond.* 1839-40. 2 vol. 18. *(Oxf.)*

Maxwell (William Henry). Life of field-marshal duke of Wellington. *Lond.* 1839-41. 3 vol. 8. *(Oxf.)*

Jackson (Basil) et **Scott** (Charles Rochfort). Military life of field-marshal duke of Wellington. *Lond.* 1840. 2 vol. 8. Portraits. *(Oxf.)*

(**Loménie**, Louis de). Lord Wellington, par un homme de rien. *Par.* 1842. 12.

Francis (George Henry). Maxims and opinions of field-marshal H. G. the duke of Wellington, selected from his writings and speeches during a public life of more than half a century, with a biographical memoir. *Lond* 1845. 8. Portrait.

Cooper (A...). Life of A., duke of Wellington. *Lond.* 1850. 12.

Phillips (Charles). Historical sketch of A., duke of Wellington. *Lond.* 1853. 8.

Stocqueler (John Henry). Life of field-marshal duke of Wellington. *Lond.* 1853. 2 vol. 8.

Memoir of the duke of Wellington, in four books, illustrated by John Gilbert. *Lond.* 1853. 12.

Life of Wellington, by an *Old Soldier*, compiled from the materials of Maxwell and continued by an eminent author, with an account of his funeral. *Lond.* 1853. 8.

Cumming (John). Wellington ; a lecture. *Lond.* 1853. 8.

Three years with the duke Wellington, or Wellington in private life, by an ex-aide de camp. *Lond.* 1853. 8.

Biographical memoranda of A. duke of Wellington ; compiled by his dispatches, letters, etc. *Lond.* 1853. 12.

Grey (carl de). Characteristics of the duke of Wellington apart from his military talents. *Lond.* 1853. 8. *Ibid.* 1853. 8. (2e édition.)

Maurel (Jules). Le duc de Wellington. Essai sur l'histoire et la biographie du duc de Wellington. *Brux.* 1853. 12.

Gagemon (Charles **Saint-Nexant** de). Le duc de Wellington devant l'histoire. *Par.* 1853. 12.

Wellington und Massena, oder die Befreiung Portugals. *Pesth.* 1813. 8. *Leipz.* 1814. 8. *(L.)*

Timbs (John). Wellingtoniana. Anecdoten, Meinungen und Charakterzüge von dem Herzoge v. Wellington, nebst einer kurzen Lebensbeschreibung des Herzogs v. Wellington. *Nordhaus.* 1853. 12. (Trad. de l'anglais.)

Wellington (Mary Anne).

Cobbold (Richard.). M. A. Wellington, the soldier's daughter, wife and widow. *Lond.* 1846. 3 vol. 8. *(Oxf.) Ibid.* 1847. 8.

Welsch (Georg Hieronymus),
médecin allemand (28 oct. 1624 — 11 nov. 1678).

Schroeck (Lucas). Memoria Welschiana, s. historia vitæ G. H. Welschii, Augustani. *Aug. Vind.* 1678. 4. *(D., L.* et *Oxf.)*

Welsch (Gottfried),
médecin allemand (12 nov. 1618 — 5 sept. 1690).

(**Feller**, Joachim). Programma academicum in G. Welschii funere. *Lips.* 1690. Fol. *(D.* et *L.)*

Welser (Marcus),
magistrat allemand (20 juin 1558 — 23 juin 1614).

Arnold (Christoph). Vita, genus et mors M. Velseri descripta. *Norimb.* 1682. Fol. *(D.)*

Welser (Philippine),
épouse de Ferdinand, archiduc d'Autriche († 24 avril 1580).

P. Welserin. Geschichte aus dem 16ten Jahrhundert. *Berl.* 1797. 8.

Welser v. Neunhof (Paul Carl),
magistrat allemand (vers 1723 — 29 janvier 1788).

Will (Georg Andreas). Denkmal des Danks und der Verehrung dem Curator (der Altdorfer Universität) Herrn P. C. Welser v. Neunhof. *Altd.* 1788. 4. Portrait.

Welz (Thomas v.),
magistrat allemand.

Riesch (Bonaventura). Thomæ vorgenommene Todes-

---

reise. Leichenpredigt, etc., auf den Syndicus T. v. Welz. *Lindau.* 1733. Fol.

Wenceslas (Saint),
duc de Bohême (assassiné le 28 sept. 936).

Zivot a sláva svátého Václava. *Praze.* 1510. 8.

Koruna panská, knizeci svatá, krestanská mucedlniká svátého Václava, rytire bozského. *Praze.* 1642. 4.

Divo Wenceslao Bohemo duci ac martyri inclyto sertum. Venec blahoslavenému a vecne slavenému knizeti ceskému sv. Václavovi. *Praze.* 1643. 8. Portrait.

De D. Wenceslai Bohemiæ ducis et martyris ortu, vita et nece. *Prag.* 1643. 8. 30 portraits. *Ibid.* 1661. 8. (Excessivement rare.)

Gutwirth (Melchior). S. Wenceslai martyris et patroni Bohemiæ virtutes. *Olomuc.* 1651. 8.

Krieger (N... N...). Leben des heiligen Wenceslai, Märtyrers und Hauptpatrons des Königreichs Böheimb. *Prag.* 1661. 8. Gravures.

Tanner (Johannes). Trophæa S. Wenceslai regni Bohemiæ patroni. *Prag.* 1661. Fol. Trad. en bohème par Felix KADLINSKY. *Praze.* 1669. 8. *Ibid.* 1710. 8.

—— Zivot a sláva svátého Václava. *Praze.* 1669. 8. *Ibid.* 1702. 8. *Ibid.* 1710. 8.

Wewerka (Franz). Vyobrazeni a dukladne zivota popsáni svatého Václava. *Praze.* 1818. 8.

Kubelka (Thomas). Vérné popsáni zivota a smrti svatého Václava, mucedlniká boziho a patroná ceského. *Praze.* 1831. 12.

Schuldes (Franz Xaver). Der heilige Wenzel dargestellt im Geiste der Wahrheit. *Wien.* 1848. 8.

Wenceslas,
duc de Brabant.

Bam (Pierre François Xavier de). Particularités concernant les règnes des ducs de Brabant, Jeanne et Wenceslas. *Brux.* 1852. 8. *(Bx.)*

Wenck (Helfrecht Bernhard),
historien allemand (1739 — 27 avril 1803).

Dilthey (Julius Friedrich Carl). Denkmal für die ehemaligen Directoren des Gymnasiums zu Darmstadt, H. B. Wenck, vormals landgräflich hessischen Consistorialrath, Oberschulrath, Professor, Oberbibliothekar und Historiographen, und Johann Georg Zimmermann, vormals Doctor der Philosophie und Professor, etc. *Darmst.* 1854. 4.

Wenckebach (Willem),
savant hollandais.

Rueb (A... S...). Ter nagedachtenis van W. Wenckebach. *Utrecht.* 1847. 8.

Wend (Johann Andreas),
médecin allemand († 1720).

Rolof (Michael). Die edele Kunst der Arzney, bey der Leichenbestattung Herrn J. A. Wend's, Medicinæ Doctoris und Medici des königlichen Friedrichshospitals. *Berl.* 1720. Fol.

Wendeborn (Gebhard Friedrich August),
théologien allemand († 24 mai 1811).

Erinnerungen aus G. F. A. Wendeborn's Leben, von ihm selbst geschrieben und herausgegeben von Christoph Daniel EBELING. *Hamb.* 1813. 2 vol. 8. *(D.* et *P.)*

Wendel (Johann),
pédagogue allemand.

Eck (Johann Georg). Dissertatio de J. Wendelio, rectore Suhlano. *Gothæ.* 1771. 4. *(D.* et *L.)*

Wendelin (Saint),
martyr suisse.

Geiger (Franz). Leben des heiligen Wendelin. *Luzern.* 1854. 12.

Wendhausen (Philipp Ludwig v.),
homme d'État allemand (25 mars 1633 — 17 nov. 1718).

Treuer (Gottlieb Samuel). Ehrengedächtniss des (braunschweig'schen) Kanzlers v. Wendhausen. *Helmst.* 1719. 4.

Wendt (August Joachim),
théologien allemand.

Seelen (Johann Heinrich v.). Memoria A. J. Wendt, archidiaconi cathedralis (Lubecensis). *Lubec.* 1748. Fol. *(D.)* Trad. en allem. s. c. t. Ehrengedächtniss, etc. *Lübeck.* 1748. Fol.

Wendt (Christophorus),
théologien allemand.

Seelen (Johann Heinrich v.). Memoria C. Wendt, senioris et pastoris cathedralis (Lubecensis). *Lubec.* 1719. Fol. (*D.*)

Wendt (Johan Christian Wilhelm),
chirurgien danois (16 sept. 1778 — 4 mars 1838).

Schoenberg (Albrecht v.) J. C. W. Wendt, s. l. (*Kjoebenh.*) 1858. 8. (*Cp.* et *D.*)

Wenham (Jane),
soi-disant sorcière de Walkern.

Tracts relating to J. Wenham, the witch of Walkern, s. l. (*Lond.*) 1712. 4.

Full account of the discovery of the sorcery and witchcraft practised by J. Wenham of Walkerne. *Lond.* 1712. 8. (*Oxf.*)

Tryal and condemnation of J. Wenham and Anne Thorne on a indictment of witchcraft. *Lond.* 1712. Fol. ou 8.

Bragge (Francis). Defence of the proceedings against J. Wenham, s. l. (*Lond.*) 1712. 8. (*Oxf.*)

Wenrich (Johann Georg),
orientaliste transylvanien (13 oct. 1787 — 16 mai 1847).

Wenrich (Caroline v. **Scheidlein-**). J. G. Wenrich, professeur de littérature biblique, professeur de langues et de littératures orientales, membre de la nouvelle académie de Vienne (Autriche). *Par.* 1847. 8. (Extrait du *Nécrologe universel du XIXe siècle.*)

Wense (Caroline von der),
abbesse de Lune.

Muenchmeyer (E... H... W...). Zum Andenken an die verewigte Aebtissin C. von der Wense zu Lüne; biographische Skizze. *Lüneb.* 1859. 8.

Wentzky (Herren v.),
famille allemande.

(**Zimmermann**, N... N...). Gesammelte Nachrichten von der adeligen Familie v. Wentzky. *Bresl.* 1803. 8.

Wenzel, voy. **Venceslas** et **Wenceslas.**

Wepfer (Johann Jacob),
médecin allemand (23 déc. 1620 — ... 1695).

Brunner (Johann Conrad). Memoria Wepferiana magni viri D. J. J. Wepferi, diversorum S. R. I. principum et reipublicae Scaphusianae archiatri, s. l. et s. d. 4. (*Lv.*)

Wepler (Johann Heinrich),
théologien allemand (27 juillet 1755 — 30 nov. 1792).

Curtius (Michael Conrad). Memoria J. H. Wepleri, philosophiae doctoris et professoris ordinarii, theologiae extraordinarii, etc. *Marb.* 1792. 4. (*L.*)

Werdenberg (Rudolph v.),
démagogue suisse.

Bornhauser (Thomas). R. v. Werdenberg im Freiheitskampf der Appenzeller. *Frauenfeld.* 1853. 8.

Werenberg (Jacob),
théologien allemand (1582 — 29 janvier 1623).

Vagetius (Heinrich) Oratio de vita et morte Mag. J. Werenbergii. *Luneb.* 1625. 4 et 8. (*Cp.*)

Werenfels (Peter),
théologien suisse (26 mai 1627 — 24 mars 1733).

Zwinger (Johann Rudolph). Extremum pietatis officium sanctis manibus D. P. Werenfelsii. *Basil.* 1704. 4. (*D.*)

Werenfels (Samuel),
théologien suisse (1er mars 1657 — 1er juin 1740).

Ryhiner (Peter). Vita S. Werenfelsii. *Basil.* 1741. 4. (*D.* et *L.*)

Werff (Pieter Adriaanszoon van de),
magistrat hollandais (14 juin 1529 — ...).

Water (Jona Willem te). Levensbijzonderheden van P. A. van de Werff. *Leyd.* 1814. 8. (*Ld.* et *P.*)

Wergeland (Henrik),
poète norvégien (17 juin 1808 — 12 juillet 1845).

Welhaven (Johan Sebastian). H. Wergeland's Digtekunst og Polemik ved Aktstykker oplyste. *Christiania.*1832.8.

Minde ved H. Wergeland's Grav. *Christiania.* 1845. 8.

W... (**F...**). Wergeland som Digter. *Christiania.* 1847. 8.

Werinherus,
moine-peintre allemand du XIIe siècle.

Kugler (Franz). Dissertatio de Werinhero, sæculi XII monacho Tegernseensi, et de picturis minutis, quibus carmen suum theotiscum de vita beatae Virginis Mariae ornavit. *Berol.* 1831. 8.

Werlhoff (Johann),
jurisconsulte allemand (12 mars 1660 — 24 avril 1711).

Programma memoria JCti illustris J. Werlhofii. *Helmst.* 1711. 4. (*D.* et *Lv.*)

Werneck (N... N..., Freiherr v.),
feld-maréchal d'Autriche (15 oct. 1748 — ...).

Über das Betragen des Feldmarschall-Lieutenants Baron v. Werneck während des Feldzugs am Nieder-Rhein, s. l. 1797. 8. *

    * Justification du général composée par lui-même.

Werner (Saint),
martyr allemand.

Weidenbach (A... J...). Bacharach, Stahleck und die Wernerskirche, nebst der Legende des heiligen Werner's, des letzten rheinischen Märtyrers. *Bonn.* 1854. 8. (2e édition, ornée de 2 gravures.)

Werner (Abraham Gottlob),
naturaliste allemand (25 sept. 1750 — 30 juin 1817).

Frisch (Samuel Gottlob). Lebensbeschreibung A. G. Werner's, etc. *Leipz.* 1825. 8. (*L.*)

Configliachi (Luigi). Memorie intorno alla vita ed alle opere dei due naturalisti Werner e (René Just) Haüy. *Padov.* 1827. 8. (*Oxf.*)

Hasse (J... E...). Denkschrift zur Erinnerung an Werner, etc. *Leipz.* 1848. 8. Portrait. (*D.* et *L.*)

Werner (Adolph),
gymnasiste allemand.

Rasmus (N... N...). Dr. A. Werner in seinem Wirken auf dem Felde der Gymnastik. *Dessau.* 1848. 8. (*L.*)

Werner (Benedict),
dernier abbé de Weltenbourg.

B. Werner, letzter Abt von Weltenburg. *Augsb.*1855. 8.

Werner (Friedrich),
théologien allemand.

(**Kapp**, Johann Erhard). Programma academicum in F. Werneri funere. *Lips.* 1741. Fol. (*L.*)

Werner (Friedrich Ludwig Zacharias),
poète allemand du premier ordre (18 nov. 1768 — 17 janvier 1823).

Kurze Biographie von F. L. Z. Werner. *Landsh.* 1822. 8.

Z. Werner's letzte Lebenstage und Testament. *Wien.* 1825. 8. (*D.* et *L.*)

(**Hitzig**, Julius Eduard). F. L. Z. Werner's Lebensabriss. *Berl.* 1823. 8. (*D.*)

Regiomontanus (Isidorus). Geistesfunken aufgefangen im Umgang mit weiland F. L. Z. Werner. *Würzb.* 1827. 8. Portrait.

Schuetz (N... N...). Z. Werner's Biographie und Characteristik, nebst Original-Mittheilungen aus dessen handschriftlichen Tagebüchern. *Grimm.* 1841. 2 vol. 8. (*D.* et *L.*)

Werner (Georg),
théologien allemand (vers 1582 — 1651).

Exner (Melchior). Jeremias, imago sacerdotum persecutionem patientium. (Leichenpredigt auf G. Werner). *Liegn.* 1661. 4.

Werner (Johann),
théologien allemand.

Warwegk (Caspar). Oratio de vita et obitu J. Werneri. *Rostoch.* 1627. 8.

Werndli (Georg Heinrich),
missionnaire suisse (26 oct. 1693 — 23 août 1744).

Faesi (Johann Caspar). Zum Andenken an G. H. Werndli von Zürich, gewesenen Vorsteher der malayischen Kirche in Ostindien. *Zürch.* 1819. 8.

Wernsdorf (Gottlieb),
théologien allemand (25 février 1668 — 11 juillet 1729).

Coler (Johann Christoph). Dissertatio de G. Wenrsdorfii meritis in rem sacram et litterariam. *Witteb.* 1719. 4. (*D.* et *L.*)

Woken (Franz). Analogia vitae et fatorum D. Martini Lutheri et G. Wernsdorfii, etc. *Witteb.* 1729. Fol. (*L.*)

Berger (Johann Wilhelm). Augustanae confessionis theologus in G. Wernsdorfio spectatus. *Witteb.* 1730. 4.

Wernsdorf (Johann Christian),
savant allemand (6 nov. 1732 — 25 août 1793).

Wiedeburg (Friedrich August). Oratio, qua memoriam J. C. Wernsdorfii defuncti in aede academiae (Juliae Carolinae) concioni funebri commendavit. *Helmst.* 1793. 4.

Werrecoren (Pierre),
imprimeur hollandais du xvᵉ siècle.

Even (Edward van). Notice sur P. Werrecoren, imprimeur à St. Maertensdijk en Zélande (1478). *Brux.* 1851. 8.

Wert ou **Werth**, voy. **Weert** (Jan de).

Werther (Freiherrn und Grafen v.),
famille allemande.

Loew (Johann Georg). Gens liberorum baronum ac comitum de Werther. *Lips.* 1745. 4.

Werther (Georg, Graf v.),
homme d'État allemand.

Kluge (Andreas). Gedächtnisspredigt auf den königlich polnischen und churfürstlich sächsischen Minister G. Graf v. Werther, der lieb- und werthe Werther. *Dresd.* 1721. Fol. (*D.*)

Wertz (C...),
théologien hollandais.

Klijn (B...). Ter nagedachtenis van C. Wertz, etc. *Amst.* 1816. 8. Portrait. (*Ld.*)

Werthheim (Grafen v.),
famille allemande.

Aschbach (Joseph). Geschichte der Grafen v. Werthheim, von den ältesten Zeiten bis zu ihrem Erlöschen im Mannsstamme im Jahre 1556. *Frf.* 1843. 2 vol. 8.

Weseham (Roger de),
évêque de Coventry.

Pegge (Samuel). Memoirs of the life of R. de Weseham, dean of Lincoln, bishop of Coventry and Lichfield. *Lond.* 1761. 4. (*Oxf.*)

Wesele Scholten (Benjamin Pieter van),
jurisconsulte hollandais (vers 1763 — 26 août 1829).

Kappeyne van de Coppello (Johannes). Prolusio scholastica in memoriam viri nobilissimi amplissimique B. P. van Wesele Scholten, J. U. D. *Hag. Com.* 1829. 8. (*Ld.*)

L(imburg) B(rouwer), P(ieter) v(an). Hulde aan de nagedachtenis van B. P. Wesele Scholten, in een brief aan eenen vriend, s. l. et s. d. (*Amst.* 1829.) 8. (*Ld.*)

Wesenbeck (Matthias),
jurisconsulte allemand (25 oct. 1531 — 5 juin 1586).

Leyser (Polycarp). Predigt über der Leiche M. Wesenbeck's. *Witten b.* 1587. 4.

Rauchbar (Andreas). Oratio de vita et obitu M. Wesenbecii Antwerpiani JCti nobilissimi. *Witteb.* 1587. 4. (*L.*)

Perre (Michel van den). Vita M. Wesenbecii. *Lond.* 1647. 4. (*Oxf.*)

Wesley (Charles),
théologien anglais, frère du suivant (1708 — 1788).

Whitehead (John). Some account of the life of the Rev. C. Wesley. *Lond.* 1793. 8. (*Oxf.*)

Wesley (John),
fondateur du méthodisme (17 ou 21 juin 1703 — 2 mars 1791).

Hampson (John). Memoirs of the late Rev. Mr. J. Wesley. *Sunderland.* 1791. 3 vol. 12. Trad. en allem. par August Hermann NIEMEYER. *Halle.* 1793. 2 vol. 8. (*L.*)

Coke (Thomas) et **Moore** (Henry). Life of the Rev. J. Wesley. *Lond.* 1792. 8. Portrait. (*Oxf.*)

Colet (John Annesley). Impartial review of the life and writings, public and private character of the late Rev. Mr. J. Wesley. *Lond.* 1791. 8. (*Oxf.*)

Whitehead (John). Life of the Rev. J. Wesley. *Lond.* 1796. 8. (*D.*, *L.* et *Oxf.*)

Southey (Robert). Life of J. Wesley and the rise and progress of methodism. *Lond.* 1820. 2 vol. 8. (*Oxf.*) Publ. par Charles Cuthbert SOUTHEY. *Ibid.* 1846. 2 vol. 8. Trad. en allem. par Friedrich Adolph KRUMMACHER. *Hamb.* 1828. 2 vol. 8. (*D.*)

Moore (Henry). Life of the Rev. J. Wesley, including the life of his brother Charles Wesley. *Lond.* 1824. 8. *Ibid.* 1827. 2 vol. 8. (*Oxf.*)

Watson (Richard). Life of J. Wesley. *Lond.*... Trad. en allem. avec préface de L... BONNET. *Frf.* 1839. 8. (*L.*) Trad. en franç. *Par.* 1841. 2 vol. 8. Portrait. (*P.*)

Narrative of a remarkable transaction in the early life of J. Wesley, etc. *Lond.* 1848. 8.

Schimdt (Carl Christian Gottlieb). Des J. Wesley Leben und Wirken. *Halle.* 1849. 8. (*D.* et *L.*)

Larrabee (William Charles). Wesley and his coadjutors, publ. par B... F... TEFFT. *Cincinnati.* 1852. 8.

Wessel, dit **Gansfort** (Jan),
théologien hollandais (vers 1419 — 4 oct. 1489).

Goetze (Georg Heinrich). Commentatio historico-theologica de J. Wessolo. *Lubec.* 1719. 4. (*D.*)

Muurling (Willem). Commentatio de J. Wesseli Gansfortii vita et meritis. *Ultraj.* 1831. 8. (*Ld.*)

—— Oratio de J. Wesseli Gansfortii, Germani theologi, principiis atque virtutis, etiam nunc probandis et sequendis. *Amst.* 1840. 8.

Ullmann (Carl). J. Wessel, ein Vorgänger Luther's; zur Characteristik der christlichen Kirche und Theologie in ihrem Übergange aus dem Mittelalter in die Reformationszeit. *Hamb.* 1834. 8. (*D.* et *L.*) Trad. en holland. (par Willem MUNTING). *Leyd.* 1855. 8. Portrait. (*Ld.*)

Baehring (Bernhard). J. Wessel. *Bielef.* 1850. 8.

Wesseling,
savants allemands.

Opitz (Johann Carl). Schediasma de tribus Wesselingiis doctis Westphalis. *Mindæ*, s. d. 4. * (*Lv.*)

* Contenant les biographies de Hermann WESSELING (jurisconsulte), de Johann WESSELING (médecin) et de Andreas WESSELING (théologien).

Wessely (Naphtali Hertz ou Hartwig),
poète juif (1726 — 28 février 1805).

Blumen auf dem Grabe des verewigten H. Wessely; bestehend in einer hebräischen Trauerrede und Grabschrift, etc. *Hamb.* 1805. 8.

Duesseldorf (Moses ben Elieser). Vox lamentationis. Parentatio in funere N. H. Wessely. *Alton.* 1810. 8. (Oraison funèbre écrite en hébreu.) — (*Cp.*)

Friedrichsfeld (D...). Levensbeschrijving van den hebreeuwschen dichter Wessely. *Amst.* 1809. 8.

Carmoly (Eliacin). Wessely et ses écrits, etc. *Nancy.* 1829. 8.

Meisel (Wolf Alexander). Leben und Wirken N. H. Wessely's; biographische Darstellung. *Bresl.* 1841. 8. Portrait. (*D.*)

Wessén (Carl Johan),
bibliothécaire suédois.

Minnes-Ord wid Bibliotheks-Amanuensen Herr Magistern C. J. Wessén's Jordfästning i Upsala. *Upsal.* 1843. 8.

Wessenberg (Ignaz Heinrich Carl, Freiherr v.),
théologien allemand (4 nov. 1774 — ...).

(**Doller**, Johann Leopold). Wessenberg auf der Kehrseite. Seitenstück zu *J. H. Wessenberg und das päpstliche Breve*. *Münch.* 1818. 8.

Wessenberg's Aufenthalt im Breisgau, etc., von einem Zuschauer, der ohne Brille sieht, s. l. (*Bamb.*) 1819. 8.

West (Benjamin),
peintre anglais (10 oct. 1738 — 10 mars 1820).

Galt (John). Life, studies and works of B. West, president of the royal academy of London, etc. *Lond.* 1820. 8. Portrait. *Ibid.* 1826. 4. Portrait. (*Oxf.*)

West Betty (William Henry),
comédien anglais.

Merritt (R...). Memoirs of the life of W. H. West Betty, commonly called the young Roscius. *Lond.* 1804. 12. (*Oxf.*)

Westenberg (Jan Ortwin),
jurisconsulte allemand (28 mai 1667 — 30 juin 1737).

Ruecker (Johann Conrad). Oratio de vita et obitu J. O. Westenbergii. *Lugd. Bat.* 1737. 4. (*Ld.*)

Westenrieder (Lorenz v.),
historien allemand (1ᵉʳ août 1754 — 14 mars 1829).

Gandershofer (Maurus). Erinnerungen an L. v. Westenrieder, Domcapitular zu München. *Münch.* 1850. 8. Portrait. (*D.* et *L.*)

Wester (Hendrik),
poète hollandais (23 janvier 1752 — 21 février 1821).

Adriani (M... J...). Redevoering ter nagedachtenis van H. Wester. *Groning.* 1822. 8.

(**Swinderen**, Theodorus van). Ter nagedachtenis van H. Wester. *Groning.* 1822. 8. Portrait. (*Ld.*)

Wester (Johann Zacharias),
pédagogue allemand.

Glatz (Jacob). Einige Züge aus dem Character J. Z. Wester's aus Kesmark. *Schnepfenthal.* 1798. 8. (*D.*)

Westerbaen (Cornelis Willem),
théologien hollandais († 22 février 1832).

Swart (N...). Lijkrede over C. W. Westerbaen, etc.,
benevens aanspraak bij het graf door Abraham des
AMORIE VAN DER HOEVEN. *Amst.* 1852. 8. (*Ld.*)

Vries (Jeronijmo de). Iets ter vereering van mijnen
vriend C. W. Westerbaen. *Amst.*, s. d. 8.

Westerberg (Pehr),
théologien suédois.

Kullberg (Anders). Likpredikan öfver Comminister P.
Westerberg. *Gotheb.* 1785. 8.

Westerman (Martinus?),
Hollandais.

Bull (N... N... de). Gedachtenis aan M. Westerman.
Amst. (?) 1852. 8.

Westermann (Georg Heinrich),
théologien allemand (vers 1751 — 11 déc. 1796).

Gieseler (Georg Christoph Friedrich). Zum Gedächtniss
G. H. Westermann's. *Hannov.* 1797. 8. (*D.*)

Weston (Thomas),
acteur anglais.

Memoirs of that celebrated comedian and very singular
genius T. Weston. *Lond.* 1776. 8. (*Oxf.* et *P.*)

Westphal (Andreas),
famille allemande.

Mantzel (Joachim). Memoria Westphaliana, s. breve aliquot schediasma epistolicum de doctis (nomine) Westphalis. *Gryphisw.* 1705. 4. (*Lv.*)

Westphal (Andreas),
médecin allemand.

Scheffel (Christian Stephan). Programma in obitum A.
Westphal. *Gryphisw.* 1747. Fol. (*D.*)

Westphal (Ernst Christian),
jurisconsulte allemand (22 janvier 1737 — 29 nov. 1792).

Westphal (Georg Christian Erhard). Über Leben· und
Character E. C. Westphal's. *Halle* et *Leipz.* 1793. 8.
(*D.* et *L.*)

Westphal (Joachim),
théologien allemand (1510 — 16 janvier 1573).

Greve (Arnold). Memoria J. Westphali, superintendentis
Hamburgensis, instaurata. *Hamb.* 1749. 8.

Wette (Wilhelm Martin Leberecht de),
théologien allemand (13 janvier 1780 — 16 juin 1849).

Hagenbach (Carl Rudolph). W. M. L. de Wette. Akademische Gedächtnissrede. *Leipz.* 1849. 8. (*L.*)

Schenkel (Daniel). W. M. L. de Wette und die Bedeutung seiner Theologie für unsere Zeit; zum Andenken
an den Verewigten. *Schaffhaus.* 1849. 8.

Luecke (Gottfried Christian Friedrich). Dr· W. M. L.
de Wette; zur freundschaftlichen Erinnerung. *Hamb.*
1850. 8. (*D.*)

Wetterstedt (Gustaf, Grefwe af),
homme d'État suédois.

P(ontin) M(agnus) af. Minne af Grefwe G. af Wetterstedt. *Stockh.* 1859. 8.

Wettin (Grafen v.),
dynastie allemande.

Cellarius (Christoph). Origines et successiones comitum
Wettinensium, ac serenissimos usque Saxoniæ duces
et electores, qui ab illis omnes orti sunt, etc. *Ilefeld.*
1697. 4. (*D.* et *L.*)

Wettstein (Johann Jacob),
théologien suisse (5 mars 1693 — 23 mars 1754).

Krighout (Jan). Sermo funebris in obitum J. J. Wet-
stenii. *Amst.* 1754. 4. Trad. en holland. par Cornelis
KOZEMANN. *Amst.* 1754. 4.

Frey (Johann Ludwig). Epistola ad J. Krighout de
præcedenti sermone funebri. *Basil.* 1754. 4.

Krighout (Jan). Memoria Wettsteniana vindicata adversus J. L. Frey. *Amst.* 1754. 4.

Wettstein (Johann Rudolph),
magistrat suisse (27 oct. 1594 — 12 avril 1666).

Heussler (A....). Bürgermeister Wettstein's eidgenössi-
sches Wirken in den Jahren 1651-1666, etc. *Basel.*
1845. 8. (*D.*)

Wettstein (Johann Rudolph),
théologien suisse, fils du précédent (5 janvier 1614 — 11 déc. 1684).

Wettstein (Johann Rudolph). Memoria benedicta J. R.
Wettstenii. *Basil.* 1685. 4. (*D.*)

Wettstein (Johann Rudolph),
théologien suisse, fils du précédent (1er sept. 1647 — 24 avril 1711).

Iselin (Jacob Christoph). Oratio consecrandæ memoriæ
J. R. Wettstenii. *Basil.* 1712. 4. (*D.*)

Denkmal auf J. R. Wettstein. *Basel.* 1769. 8. (*D.* et *L.*)

Wetzel (Johann Jacob),
peintre suisse.

Neujahrsblatt der Künstlergesellschaft in Zürich für 1858,
enthaltend : Leben und Character des Malers J. J.
Wetzel. *Zürch.* 1858. 4. Portrait.

Wetzel (Justin),
théologien allemand (8 juin 1667 — 15 sept. 1727).

Pfitzer (Johann Jacob). Leichenpredigt auf Herrn J.
Wetzel, Prediger und Professor, etc. *Nürnb.* 1727. Fol.

Wetzel (Justus Heinrich),
théologien allemand.

Matsko (Johann Matthias). Programma in obitum J. H.
Wetzel, professoris theologiæ et scholæ publicæ rectoris. *Cassel.* 1771. Fol. (*D.*)

Weustenraad (Jean Théodore Hubert),
poëte belge (vers 1480 — 1529.)

Quetelet (Lambert Adolphe Jacques). Notice sur J. T.
H. Weustenraad, correspondant de l'Académie. *Brux.*
1850. 12. Portrait. (*Bx.*)

**Soirées Bruxelloises. Etudes critiques et biographiques
sur Weustenraad** *, (Blaise Henri de Cort, baron de)
Walef, (Alexandre) Lainez et (Antoine) Clesse. *Brux.*
1854. 18.

    * La critique sur Weustenraad (pages 61-91) est composée par Eu-
gène GOFFART.

Wexionius (Olof),
jurisconsulte suédois (vers 1616 — 20 avril 1671).

Miltopaeus (Martin). Oratio funebris in obitum viri consultissimi D. O. Wexionii, U. J. D. *Aboæ.* 1671. 4·

Weyden (Roger van der),
peintre belge (vers 1480 — 1529.)

Wauters (Alphonse). Notice sur R. van der Weyden,
appelé aussi Roger de Bruges, le Gaulois ou de Bruxelles,
peintre belge du xve siècle et Goswin van der Weyden,
son fils. *Gand.* 1846. 8.

Hasselt (André van). Recherches biographiques sur trois
peintres flamands· du xve et du xvie siècles. *Anvers.*
1849. 8. *

    * Contenant des notices biographiques sur Roger van der Weyden,
dit Roger de Bruges, Roger van der Weyden de Bruxelles et Goswin
van der Weyden.

Cels (Josse B...). Quelques pages de critique à propos
des *Recherches biographiques* de M. André van Hasselt
sur les van der Weyden. *Gand.* 1849. 8.

Weijerman (Jacob Campo),
peintre-biographe hollandais (1679 — 1747).

Zeldzaame levensgevallen van J. C. Weijerman. *Amst.*
1756. 8. (*Ld.*) S'*Gravenh.* 1756. 8. Augm. s. c. t. Leven, etc. *Amst.* 1762. 8. (*P.*) Trad. en allem. *Frf.* et
Leipz. 1764. 8. (*D.* et *L.*)

Weijers (Henricus Engelinus),
théologien hollandais (14 mai 1805 — 15 avril 1844).

Juynboll (Theodor Willem Jan). Sermo de H. E.
Weijers. *Groning.* 1844. 8. (*Ld.*)

Weyhenmeyer (Johann Heinrich),
théologien allemand (4 août 1637 — 29 mai 1706).

Beck (Michael). Leichenpredigt bey dem Tode Mag. J.
H. Weyhenmeyer's. *Ulm.* 1706. 4.

Weijnma (P... S...),
empoisonneur hollandais.

Leeuwen (Jan van). Verhaal van den giftmoord door
P. S. Weijnma aan zijne vrouw gepleegd, en van zijne
teregtstelling. *Leeuw.* 1837. 8. (*Ld.*)

Wezel ou **Wetzel** (Johann Carl), *
poëte allemand (31 oct. 1747 — 28 janvier 1819).

Becker (Johann Nicolaus). J. C. Wezel seit seinem Auf-
enthalte in Sondershausen. *Erfurt.* 1799. 8. (*L.*)

    * Dans sa profonde mélancolie il se plaisait à se nommer *vergo de
Dieu.*

Whalley (N... N...),
général anglais.

Stiles (Ezra). History of three of the judges of king
Charles I, major general Whalley, major general Goffe
und colonel Dixwell, who, at the restoration 1660 fled

to America and where secreted and concerted in Massachussetts and Connecticut for near thirty years, etc. *Hartford.* 1794. 8.

Whalley (Richard Chapple),
pédagogue anglais du xixᵉ siècle.

Harford (John S...). Memoir of the R. C. Whalley, late rector of Chelwood. *Lond.* 1846. 12. (*Oxf.*)

Wharton (Philip, duke of),
homme d'État anglais.

Life and writings of P., duke of Wharton. *Lond.* 1752. 2 vol. 8. Portrait. (*Oxf.*)

Wheeler (Daniel),
théologien anglais.

Memoirs of the life and gospel labours of D. Wheeler. *Lond.* 1842. 8. (*Oxf.*)

Whistling (August),
forestier allemand.

Selbstbiographie und Gedichte des erblindeten A. Whistling. Beitrag zur Psychologie, nebst einigen Winken für Blindheitbefürchtende. *Sondershaus.* 1842. 8. (*D. et L.*)

Whiston (William),
mathématicien anglais (1667 — 22 août 1752).

Memoirs of the life and writings of Mr. W. Whiston. *Lond.* 1749-50. 2 vol. 8. (*Oxf.*) *Ibid.* 1753. 2 vol. 8. Portrait.

White (Edward),
littérateur anglais.

Collyer (William Bengo). Select remains of the life of the late E. White, with his life of John FLETCHER. *Lond.* 1812. 8. (*Oxf.*)

White (Henry Kirke),
poète anglais (1785 — 19 nov. 1806).

Southey (Robert). Remains of H. K. White, with an account of his life. *Lond.* 1807. 2 vol. 8. (*Oxf.*) *Ibid.* 1813. 2 vol. 8. (6ᵉ édition.)

Sommermeyer (A...). Essay on the life and writings of H. K. White, in connexion with the contemporary poets of Great-Britain. *Barmen.* 1847. 4.

Life and remains of H. K. White. *Lond.* 1852. 12.

White (Joseph Blanco),
théologien espagnol (vers 1775 — 1841).

Thom (John Hamilton). Life of the Rev. J. B. White. *Lond.* 1845. 3 vol. 8. (*Oxf.*)

Neander (August). Über das Leben des J. B. White. *Berl.* 1846. 8. *

* Critique de la biographie précédente.

White (William),
évêque de Pennsylvanie.

Wilson (Bird). Memoirs of the life of the Right Rev. W. White, M. D. bishop of the protestant episcopal church in the state of Pennsylvania. *Philad.* 1839. 8.

Whitefield (George),
théologien anglais (15 déc. 1714 — 30 sept. 1770).

Life and particular proceedings of G. Whitefield, etc. *Lond.* 1739. 8.

Genuine and secret memoirs relating to the life and adventures of that arch-methodist Mr. G. Whitefield. *Oxf.* 1742. 8. (*Oxf.*)

Gillies (John). Memoirs of the life of the Rev. G. Whitefield, late chaplain to the countess of Huntingdon. *Lond.* 1772. 8. *Ibid.* 1813. 8. Portrait. (*Oxf.*)

Schaffshausen (John). Commentatio historico-litteraria, consilium de conscribenda Methodistarum historia exponens, simulque speciminis loco vitam G. Whitefield, ducis Methodistarum primarii, sistens. *Hamb.* 1743. 4. (*D., L. et Oxf.*)

Life of G. Whitefield. *Edinb.* 1826. 8. Portrait. Trad. en allem. par Friedrich August Gottlieb THOLUCK. *Leipz.* 1854. 8. *Ibid.* 1840. 8. Portrait. (*L.*)

Philip (Robert). Life and times of G. Whitefield. *Lond.* 1838. 8. (*Oxf.*) *New-York.* 1838. 12.

Vie du rév. G. Whitefield. *Toulouse.* 1840. 12. (*P.*)

Leben des ehrwürdigen G. Whitefield. *Cincinnati.* 1849. 8. (Trad. de l'anglais.)

Whitelocke (N... N...),
général anglais.

Blanchard (John) et **Ramsay** (William). Trial of general Whitelocke. *Lond.* 1808. 2 vol. 8. (*Oxf.*)

Whitgift (John),
archevêque de Cantorbéry (1530 — 29 février 1604).

Paule (George). Life of J. Whitgift, archbishop of Canterburie. *Lond.* 1612. 4. Portrait. *Ibid.* 1699. 8. Portrait. (*D. et Oxf.*)

Strype (John). Life and acts of the most Rev. father in God, J. Whitgift, the third and last lord archbishop of Canterbury in the reign of queen Elizabeth, etc. *Lond.* 1718. Fol. Portrait. (*Oxf.*) *Oxf.* 1822. 3 vol. 8. Portrait. (Tiré seulement à 50 exemplaires.) — (*Oxf.*)

Whitman (John),
théologien (?) anglo-américain.

Whitman (Jason). Life of J. Whitman. *Boston.*, s. d. 18.

Whitney (Eli),
Anglo-américain.

Olmsted (Denison). Memoir of E. Whitney. *New-Haven.* 1846. 8.

Whitney (James),
brigand anglais (exécuté le 1ᵉʳ février 1693).

Life of captain J. Whitney, containing his most remarkable robberies and other adventures, etc. *Lond.* 1693. 4.

The jacobite robber. Account of the famous life and memorable actions of captain J. Whitney. *Lond.* 1693. 4.

Life and adventures of J. Witney, John Cottington, alias Mul Sack, and Thomas Waters, three notorious highwaymen and robbers. *Lond.* 1753. 8. (*Oxf.*)

Whittington (Richard),
magistrat anglais (vers 1360 — vers 1425).

Life of sir R. Whittington, knight, for times lord-mayor of London. *Lond.* 1811. 8. Portrait. (*Oxf.*)

Wiborgh (Carl Gustaf),
théologien suédois.

Schroeder (C... A...). Tal wid Kyrkoherden C. G. Wiborghs Jordfästning. *Wadstena.* 1850. 8.

Wiccam (William),
évêque de Worcester.

Martin (Thomas). Life of W. Wiccam, bishop of Worcester. *Oxf.* 1590. 4. (*Oxf.*) *Lond.* 1599. 4. (*Oxf.*)

Wicar (Jean Baptiste),
peintre français (22 janvier 1762 — 27 février 1834).

Dufay (J... C...). Notice sur la vie et les ouvrages de Wicar, peintre d'histoire, né à Lille. *Lille.* 1844. 8. Portrait. (*P.*)

Wicellus, voy. **Witzel.**

Wichmann.
théologien allemand.

Hecht (Gottfried). Dissertatio de Wichmanno, episcopo Cizensi, postea antististe Magdeburgensi. *Witteb.* 1710. 4.

Wichmann (Johann Ernst),
médecin allemand (10 mai 1740 — 5 juillet 1803).

(**Ballhorn**, Georg Friedrich). Wichmann, königlicher Leibarzt in Hannover; biographisches Fragment. *Goetting.* 1802. 8. (*D.*)

Wichmannshausen (Johann Christoph),
orientaliste allemand (3 oct. 1663 — 17 janvier 1727).

Kirchmaier (Georg Wilhelm). Programma academicum in J. C. Wichmannshausen. *Witteb.* 1727. Fol. (*L.*)

Wiclef ou **Wicliffe** (John),
réformateur anglais (1324 — 31 déc. 1387).

Lebensbeschreibung J. Wiclef's. *Nürnb.* 1846. 8.

James (Thomas). Apology for J. Wicliffe. *Oxf.* 1608. 4. (*Oxf. et P.*)

Life of J. Wiclef. *Oxf.* 1612. 8. (*D. et Oxf.*)

Lewis (John). History of the life and sufferings of the reverend and learned J. Wicleff, D. D., warden of Canterbury Hall. *Lond.* 1720. 8. *Ibid.* 1723. 8. Augment. *Oxf.* 1820. 8. (*Oxf.*)

Wirth (Ludwig Philipp). Nachrichten von J. Wiclef's Leben, Lehrsätzen und Schriften. *Bayr. et Hof.* 1754. 4. (*D. et L.*)

Gilpin (William). Lives of J. Wiclef and of the most eminent of his disciples, lord Cobham, John Huss, Jerome of Prague and Zisca. *Lond.* 1765. 8. (*Oxf.*) Trad. en allem. (par Christian Friedrich DUTTENHOFEN). *Frf. et Leipz.* 1769. 8. (*L.*)

Zitte (Augustin). Lebensbeschreibung des englischen Reformators J. Wiclef, etc. *Prag.* 1786. 8. (*D. et L.*)

(**Tischer**, Johann Friedrich Wilhelm). J. Wiclef's

Leben. *Leipz.* 1800. 8. (*D.* et *L.*) *Zopfing.* 1802. 8. Trad. en holland. par G... H... REICHE. *Rotterd.* 1805. 8. (*Ld.*)

Vaughan (Robert). Life and opinion of J. de Wicliffe. *Lond.* 1828. 8. Portrait. *Ibid.* 1831. 2 vol. 8. (*Oxf.*)

Le Bas (Charles Webb). Life of J. Wiclef. *Lond.* 1832. 8. (*Oxf.*) *Ibid.* 1846. 8. Portrait.

Engelhardt (Johann Gottlieb Victor). J. Wicliffe als Prediger. *Erlang.* 1835. 4.

Ruever-Groneman (Sarus Adriaan Jacob de). Diatribe in J. Wiclifi reformationis prodromi vitam, ingenium, scripta. *Ultraj.* 1837. 8. (*Ld.* et *Oxf.*)

Vincens (François). Wiclef; thèse historique. *Montauban.* 1848. 8.

Hubert (H... S... M...). England in the days of Wicliffe. *Thetford.* 1849. 12.

Life and times of J. de Wycliffe. *Lond.* 1831. 18.

Couthaud (Emile). Biographie de Wicliff. Thèse. *Strasb.* 1832. 8.

Vaughan (Robert). J. de Wicliffe, a monograph with some account of the Wycliffe MSS. in Oxford, Cambridge, the British Museum, Lambeth Place, and Trinity college, Dublin. *Lond.* 1853. 4. Portrait.

(**Varillas**, Antoine). Histoire du Wiclefianisme, ou de la doctrine de J. Wiclef, Jean Huss et Jérôme de Prague, etc. *Lyon.* 1682. 12. (*P.*)

Maimbourg (Louis). Histoire du Wiclefianisme. *La Haye.* 1683. 12. (*D.* et *P.*)

Grassi (Pietro Maria). Narratio historica de ortu ac progressu hæresium J. Wiclefi. *Vincent.* 1707. Fol.

Wickenden (William),
théologien anglais.

Some remarkable passages in the life of W. Wickenden, written by himself. *Lond.* 1847. 8. (*Oxf.*)

Widderich (Johann David),
magistrat allemand.

Richerz (Georg Hermann). Leben des Rathsherrn J. D Widderich. *Lübeck.* 1743. 4.

Widebram (Friedrich),
théologien allemand (4 juillet 1532 — 2 mai 1585).

Grunaeus (Johann Jacob). Oratio de vita et morte F. Widebrami, etc. *Heidelb.* 1585. 4.

Wideburg (Heinrich),
théologien allemand (1er février 1641 — 14 mai 1696).

Programma academicum in H. Wideburgii funere. *Helmst.* 1696. 4. (*D.* et *L.*)

Widenmann (Johannes),
médecin allemand.

Boxbart (Anton). Officiosa pietas memoriæ æternæ viri clarissimi J. Widenmanni, medici Ulmensis, exhibita. *Ulm.* 1636. 4.

Widerberg (H... S...),
auteur suédois.

Widerberg (H... S...). En Skådespelerskas Minnen. Sjelfbiografy af H. S. Wideberg. *Gefle.* 1851. 2 parts. 12.

Widmannstadt (Johann Albrecht v.),
orientaliste allemand (vers 1506 — 1557).

Ferber (August Wilhelm). Programma de J. A. Widmannstadio, jurisconsulto, Syriacæ Novi Testamentis versionis primo editore. *Helmst.* 1771. 4. (*D.*)

Waldau (Georg Ernst). J. A. Widmannstadt, östreichischer Kanzler und grosser Orientalist, bio- und bibliographisch dargestellt. *Gotha.* 1796. 8. (*D.* et *L.*)

Widmar (Abdias),
théologien allemand (1591 — 1668).

Maresius (Samuel). Oratio funebris in obitum A. Widmarii. *Groning.* 1668. 4.

Widow (Conrad),
jurisconsulte allemand.

Reimarus (Hermann Samuel). Vita optime de patria meriti consulis, C. Widowii, J. U. L. publice exposita. *Hamb.* 1734. Fol. (*D.*)

Wiebel (Johann Wilhelm v.),
médecin allemand (24 oct. 1767 — 184..).

J. W. v. Wiebel in lebensgeschichtlichen Umrissen. *Berl.* 1834. 8. Portrait.

Wied (Marie Louise Wilhelmine, Fürstin zu),
épouse de ... († .. nov. 1823).

Mess (Johann Jacob). Trauer- und Gedächtnissrede bei dem Ableben der Fürstin Maria Louise Wilhelmine zu Wied, etc. *Neuwied.* 1824. 8.

Wied (Hermann, Graf v.),
archevêque de Cologne (1515 — 1547).

Meshovius (Arnold). Historia defectionis et schismatis II. comitis de Weda. *Col. Agr.* 1620. 8. (*D.*)

Decker (M...). H. v. Wied, Erzbischof und Churfürst von Coeln, etc. *Coeln.* 1840. 8. (*L.*)

Wiederhold (Conrad),
officier allemand (20 avril 1598 — ... 1667).

(**Kessler**, Christian David). Leben C. Wiederhold's, Commandanten der Festung Hohentwiel im dreissigjährigen Kriege, etc. *Tübing.* 1782. 8.

Schoenhuth (Othmar Friedrich Heinrich). C. Wiederhold, der treue Commandant von Hohentwiel im dreissigjährigen Kriege, nach seinem Leben und Wesen dargestellt. *Schwäbisch Hall.* 1844. 16.

Dieterich (Carl). C. Wiederhold und der dreissigjährige Krieg. *Ulm.* 1844. 8. Portrait. (Ouvrage couronné.) *Ibid.* 1851. 8.

Wiegand (Apollo),
savant allemand.

Lesser (Friedrich Christian). Leben eines gelehrten Nordhäusers, Herrn A. Wiegand's. *Nordhaus.* 1752. 4.

Wiegleb (Johann Christian),
chimiste allemand (21 déc. 1732 — 16 janvier 1800).

(**Gumprecht**, Engelmann Gottlieb) et (**Grindel**, David Hieronymus v.). Die gerettete Ehre des Professors Wiegleb zu Langensalza und des Professors und Ritters v. Michaelis, etc., s. l. et s. d. (*Riga*, vers 1795.) 8.

Wieland (Christoph Martin),
poète allemand du premier ordre (5 sept. 1733 — 20 janvier 1813).

Lenz (Jacob Michael Reinhold). Éloge de feu M. ** nd (Wieland), écrivain très-célèbre en poésie et en prose. *Hanau.* 1775. 8. (Pièce satirique, échappée aux recherches de Quérard.)

Schuetz (Friedrich Wilhelm). Wieland's Todtenfeier. *Alton.* 1813. 8.

Gruber (Johann Gottfried). C. M. Wieland geschildert. *Leipz.* et *Altenb.* 1815-16. 2 vol. 8. (*D.* et *L.*) Rev. et augm. *Leipz.* 1827-28. 4 vol. 8. Portrait. (*D.*, *L.* et *P.*)

(**Ladoucette**, Jean Charles François de). Notice sur la vie et les ouvrages de Wieland, surnommé le Voltaire de l'Allemagne. *Par.* 1820. 8. (*P.*)

Conz (Carl Philipp). Laudatio Wielandii. *Tubing.* 1820. 8. (*D.*)

Doering (Heinrich). C. M. Wieland; biographisches Denkmal. *Sangerhaus.* 1840. 8.

Cantù (Ignazio). Wieland ed i suoi contemporanei. *Milan.* 1844. 8.

Tolhausen (Alexander). Klopstock, Lessing and Wieland; treatise on German literature. *Lond.* 1848. 12. (*Oxf.*)

Doering (Heinrich). C. M. Wieland's Biographie. *Jena.* 1853. 16.

Wieland (Johannes),
colonel suisse († .. mars 1832).

Ein Wort der Wahrheit an die eidgenössischen Waffenbrüder über die ausgestreuten Verläumdungen gegen die Person des Obersten Wieland. *Basel.* 1831. 8.

Raillard (Emmanuel). Leichenrede bei der Beerdigung des Herrn Wieland, gewesenen eidgenössischen Oberst, etc. *Basel.*, s. d. (1832). 8.

Wielhorski (Antonius),
prêtre polonais.

Sikorski (Marianus). Elogium R. P. Antonio a S. Joanne Baptista, ex illustrissima Wiethorsciorum gente oriundi, ordinis sanctissimæ Trinitatis redemptionis captivorum, sacerdotis professi, primique in regno Poloniæ ac magno ducatu Lituaniæ ministri provincialis. *Leopol.* 1755. 4.

Wienholt (Arnold),
médecin allemand (18 août 1749 — 1er sept. 1804).

Stolz (Johann Jacob). Gedächtnisspredigt auf den Doctor und Professor A. Wienholt in Bremen. *Hannov.* 1804. 8.

A. Wienholt's Bildungsgeschichte als Mensch, Arzt und Christ, von ihm selbst geschrieben, mit Vorrede von Johann Ludwig EWALD. *Brem.* 1805. 8. (*D.*)

Wier ou Weyer (Johannes),
médecin hollandais (1515 — 24 février 1588).

J. Wier beschouwd als den ijsbreker tegen de leer van den duivel, heksenprocessen, s. l. et s. d. 8. (*Ld.*)

Wigand von Theben, surnommé **Pfaff vom Kahlenberge,**
moine allemand du xive·siècle.
Geschichte des Pfarrhers von Calenberg. *Augsb.*, s. d. *4.*
Wigand (Andreas),
théologien allemand (vers 1606 — 13 juin 1674).
Roth (Eberhard Rudolph). Oratio panegyrica in A. Wigandi obitum. *Jenæ.* 1674. *4.* (*L.*)
Wigand (Johannes),
théologien allemand (1523 — 21 oct. 1587).
Schluesselburg (Conrad). Oratio de vita J. Wigandi, theologi Lutherani, episcopi Pomeraniensis in Borussia. *Frf.* 1591. *4.*
Wilberforce (William),
philanthrope anglais (24 août 1759 — 28 juillet 1833).
Wilberforce (Robert Isaac et Samuel). Life of W. Wilberforce. *Lond.* (*Oxf.*) 1838. 5 vol. 8. Abrégé. *Philadelph.* 1839. 12. *Lond.* 1843. 12.
Trad. en allem. par W... F... UHDEN, avec préface de August NEANDER. *Berl.* 1840. 8. (*D.* et *L.*)
Trad. en holland. *Groning.* 1840. 8. (*Ld.*)
Clarkson (Thomas). Strictures of the life of W. Wilberforce. *Lond.* 1833. 8.
La Rochefoucauld - Liancourt (Frédéric Gaëtan de). Notice historique sur la vie de W. Wilberforce. *Par.* s. d. 8.
Wilberg (Johann Friedrich),
pédagogue allemand.
J. F. Wilberg, der *Meister an dem Rhein,* etc. *Essen.* 1848. 8.
Wilcke (Andreas),
pédagogue allemand (1562 — 13 juin 1629).
Weitz (Johann). Oratio funebris in obitum A. Wilkii. *Jenæ.* 1629. *4.* (*L.* et *Lv.*)
Wilcke (Johan Carl),
théologien suédois.
Nordmark (Zacharias). Åminnelse-Tal öfver Professorn C. Wilcke. *Stockh.*, s. d. 8.
Wild (Johann),
prêtre allemand († 8 sept. 1554).
Dieterich (Elias Gottlieb). Dissertatio historica de J. Fero (id est J. Wild), monacho et concionatore Moguntino, teste veritatis evangelicæ, s. l. (*Altorf.*) 1723. *4.* (*D.* et *Lv.*)
Wild (Jonathan),
voleur anglais.
D... (H...). Life of J. Wild, from his birth to his death. *Lond.* 1725. 8. (*Oxf.*) Trad. en allem. *Copenh.* 1773. 8.
Wildt (Joseph),
théologien allemand (17 avril 1765 — ...).
Krabbe (C... F...). Der geistliche Kinderfreund. Züge aus dem Leben des seligen Vicarius J. Wildt zu Borghorst. *Neustadt.* 1848. 8.
Wilhelm, voy. **Guillaume.**
Wilhelm (Johannes),
philologue allemand (vers 1550 — 1584).
Seelen (Johann Heinrich v.). De J. Gulielmi vita et meritis. *Lubec.* 1723. *4.* (Ce titre n'est pas tout à fait exact.)
Wilhelmi (Christian Ludwig),
médecin allemand.
Hauptmann (Johann Gottfried). Vita C. L. Wilhelmi, medicinæ doctoris. *Geræ.* 1742. Fol. (*L.*)
Wilhelmine Amalie von Braunschweig,
épouse de Joseph I, empereur d'Allemagne (1673 — mariée en 1699 — 1742).
Cito (Antonio). Vita et virtù dell' imperatrice Guglielmina Amalia. *Vienna,* 1744. 8.
Wilhem, voy. **Bocquillot-Wilhem** (Guillaume Louis).
Wilkes (John),
homme d'État anglais (17 oct. 1727 — 26 déc. 1797).
(**Seyfart,** Johann Friedrich). Geschichte J. Wilkes, des berühmten Engländers. *Frf.* et *Leipz.* 1765. 8. (*D.* et *L.*)
Cradock (Joseph). Life of J. Wilkes, etc. *Lond.* 1773. 8.*
* Pamphlet orné des portraits de Wat Tyler, de l'alderman Beckford, de John Gode et de l'écuyer John Wilkes.
Wilke (David),
peintre anglais du premier ordre (1785 — 1er juin 1841).
Cunningham (Allan). Life of sir D. Wilkie, with his

journals and critical remarks on works of art during his tours. *Lond.* 1843. 3 vol. 8. (*Oxf.*)
Wilkinson (James),
général anglo-américain.
Wilkinson (James). Memoirs of my own times. *Philadelph.* 1816. 3 vol. 8.
Wilkinson (Jemima),
théologien anglo-américain.
Hudson (David). History of J. Wilkinson, a preacher of the eighteenth century. *Geneva* (*Amérique*). 1821. 12.
Wilkinson (Tate),
comédien anglais.
Wilkinson (Tate). Memoirs of my own life. *York.* 1790. 4. vol. 12. (*Oxf.*) Trad. en allem. (par Johann Heinrich MEYER). *Berl.* 1795. 8.
Wilkinson (William Watts),
théologien anglais.
Wilkinson (Henry Watts). Memoir of the life and ministry of W. W. Wilkinson, with extracts from his correspondence. *Lond.* 1842. 8.
Wilks (Mark),
démagogue anglais († vers 1820).
Wilks (Sarah). Memoir of M. Wilks. *Lond.* 1821. 12. Portrait.
Wilks (Robert),
comédien anglais (vers 1665 — 1732).
Memoirs of the life of R. Wilks, Esq. *Lond.* 1732. 8. Port. Life of the eminent comedian R. Wilks, Esq. *Lond.* 1733. 8. Portrait. (*Oxf.*)
Will (Georg Andreas),
historien allemand (30 août 1727 — 18 sept. 1798).
Koenig (Johann Christoph). Programma funebre in obitum G. A. Willii. *Altorf.* 1797. Fol. (*D.*)
Kiefhaber (Johann Carl Sigismund). Leben und Verdienste G. A. Will's, kaiserlichen Hof- und Pfalzgrafen, etc. *Nürnb.* 1799. 8. Portrait de l'auteur. (*D.* et *L.*)
Will (Joachim),
théologien allemand (1609 — 7 février 1641).
Gundermann (Johann). Leichpredigt auf Herrn Magister J. Will, Prediger zu U. L. Frauen. *Nürnb.* 1641. *4.*
Peuschel (Leonhard). Merita et virtutes Mag. J. Willii oratione funebri celebratæ. *Altorf.* 1642. Fol.
Willaert (Adrien),
musicien belge (vers 1490 — .. sept. 1563).
Carton (Charles). Notice sur A. Willaert, précédée et suivie de quelques détails sur les musiciens de la Flandre occidentale. *Bruges.* 1849. 8.
Willan (Thomas),
médecin anglais (1757 — 17 avril 1812).
Bateman (Thomas). Biographical sketch of the life of the late Dr. T. Willan. *Edinb.* 1813. (Tiré à part à un très-petit nombre d'exemplaires.)
Willaumez (Jean Baptiste Philibert),
vice-amiral français (7 août 1761 — 19 mai 1845).
Duverger (J...). Le vice-amiral Willaumez. *Par.* 1842. 8. (Extrait de la *Revue générale biographique, politique et littéraire.*)
Willdenow (Carl Ludwig),
naturaliste allemand (1765 — 9 juillet 1812).
(**Schlechtendahl,** Friedrich Ludwig v.). Leben Willdenow's. *Berl.,* s. d. (vers 1814.) 4. (*D.*)
Willebrand (Albrecht),
jurisconsulte allemand.
Schoepffer (Johann Joachim). Programma ad exequias A. Willebrandi, professoris juris. *Witteb.* 1700. *4.* (*L.*)
Willemet (Pierre Remi François de Paule),
médecin français (2 avril 1762 — ... 1790).
Millin (Aubin Louis). Notice sur P. R. F. de Paule Willemet, (médecin de Tippo-Saïb). *Par.* 1790. 4. (Omis, par Quérard.)
Willemet (Pierre Remi),
botaniste français (3 sept. 1735 — 21 juin 1807).
Haldat (Claude Nicolas Alexandre de). Éloge de Willemet. *Nancy.* 1807. 8. (*P.*)
Lamoureux (Jean Baptiste Justin). Notice biographique sur P. R. Willemet, professeur de botanique. *Brux.* 1808. 8. (*Bx.*)

Willems (Jan Frans),
littérateur belge (11 mars 1793 — 24 juin 1846).

Lykkrans ter gedachtenis van J. F. Willems. *Gand.* 1846. 8.

Reiffenberg (Frédéric Auguste Ferdinand Thomas de). J. F. Willems; à ses anciens amis. *Brux.* 1846. 8. (Tiré à part à un très-petit nombre d'exemplaires.)

Decker (Pierre de). Notice sur J. F. Willems. *Brux.* 1847. 12. (*Bx.*)

Saint-Genois (Jules de). Notice nécrologique : J. F. Willems. *Gand.* 1847. 8. Portrait.

Snellaert (Ferdinand Augustin). Korte levensschets van J. F. Willems. *Gent.* 1847. 8. Portrait.

Gedenkzuil aen J. F. Willems toegewyd , etc. *Gent.* 1848. 8.

Levensschets bij het afbeeldsel van J. F. Willems. *Antwerp.*, s. d. 8. Portrait.

Willemsen (Jacobus),
théologien hollandais (1698 — 31 mars 1780).

Krom (Hermann Johannes). Oratio funebris in obitum J. Willemsen, s. l. (*Mediol.*) 1780. 4. (*Oxf.*)

Willenberg (Samuel Friedrich),
jurisconsulte allemand.

Lengnich (Gottfried). Programma ad exequias S. F. Willenberg, jurium doctoris, etc. *Gedan.* 1748. Fol. (*D. et L.*)

Willerding (Heinrich Julius),
théologien allemand (21 oct. 1748 — 12 janvier 1834).

Kraemer (C... A... F...). Dem Andenken an Doctor H. J. Willerding, weiland Haupt-Pastor an der Kirche Sanct-Petri, Scholarchen und Senior des hamburgischen Ministerii. *Hamb.* 1834. 8.

Petersen (Christian). Memoria viri summe venerabilis H. J. Willerding, S. theologiæ doctoris, etc. *Hamb.* 1836. 4.

Willermoz (Jean Baptiste),
agronome français (19 juillet 1730 — 29 mai 1824).

Terme (Jean François?). Notice sur J. B. Willermoz, membre de la Société royale d'agriculture de Lyon. *Lyon.* 1824. 8.

Willett (Marinus),
colonel anglo-américain.

Willett (William Marinus). Memoirs of colonel M. Willett. *New-York.* 1851. 8.

Narrative of the military actions of colonel M. Willett, taken chiefly from his own manuscript, prepared by his son, William Marinus WILLETT. *New-York.* 1851. 8.

Williams,
famille anglo-américaine.

Williams (Stephen William). Genealogy and history of the family of Williams, in America, more particularly the descendants of Robert Williams of Roxbury. *Greenfield* (*Massachussetts*). 1847. 12.

Williams (Daniel).

Memoirs of the life and eminent conduct of D. Williams. *Lond.* 1718. 8. (*Oxf.*)

Williams (David),
littérateur anglais, fondateur du Fonds littéraire (1738 — 29 juin 1816).

Morris (Thomas). General view of the life and writings of D. Williams. *Lond.* 1792. 8. (Omis par Lowndes.) — (*Oxf.*)

William (Elizabeth).

Brief record of the conversion and triumphant death of E. William. *Barnstaple.* 1843. 8. (*Oxf.*)

Williams (Helen Maria),
auteur anglais (27 juin 1769 — 14 déc. 1827).

Williams (Helen Maria). Letters written in France in the summer of 1790 to a friend in England, containing various anecdotes relative to the French revolution, etc. *Lond.* 1790-92. 2 vol. 8. (*Oxf.*) *Ibid.* 1794. 2 vol. 8. (*Oxf.*)

Trad. en allem. *Leipz.* 1792. 8. (*D. et L.*)

Trad. en franç. s. c. t. Souvenirs de la révolution française. *Par.* 1827. 8. *Ibid.* 1828. 8. (*P.*)

Williams (John),
archevêque d'York († 25 mars 1649).

Hacket (John). Scrinia reserata. A memorial offer'd to the great deservings of J. Williams, containing a series of the most remarkable occurrences and transactions of

his life, in relation both the church and state, s. l. (*Lond.*) 1643. Fol. (*Oxf.*)

Philips (Ambrogy). Life of J. Williams. *Cambridge.* 1700. 8. Portrait. *Ibid.* 1703. 8. Portrait. (*Oxf.*)

Williams (John),
missionnaire anglais.

Campbell (John). The martyr of Erromanga , or the philosophy of missions, illustrated from the labours, death and character of the late Rev. J. Williams. *Lond.* 1842. 8. (*Oxf.*)

Prout (Ebenezer). Memoirs of the life of the Rev. J. Williams, missionary to Polynesia. *Lond.* 1843. 8. Portrait. (*Oxf.*) *Ibid.* 1847. 8. (*Oxf.*) Trad. en franç. *Par.* et *Toulouse.* 1848. 12. (*P.*)

Williams (John),
théologien anglo américain.

Williams (Stephen William). Biographical memoir of the Rev. J. Williams, first minister of Deerfield, with the journal of the Rev. Dr. Stephen Williams, during his captivity, and other papers relating to the early Indian wars in Deerfield. *Greenfield* (*Massachussetts*). 1837. 12.

Williams (Richard),
chirurgien anglais.

Hamilton (James). Memoir of R. Williams, surgeon to the Patagonia missionary society in Tierra del Fuego. *Lond.* 1853. 8.

Williams (Roger),
fondateur de Rhode-Island.

Knowles (J... D...). Memoir of R. Williams. *Boston.* 1834. 12. (*Oxf.*)

Gammell (William). Life of R. Williams, founder of the state of Rhode-Island. *Boston.* 1846. 8.

Williams (William),
théologien anglais.

Rees (William). Memoirs of the late Rev. W. Williams, of Wem, trad. du welch par James Rhys JONES. *Lond.* 1846. 12. Portrait. (*Oxf.*)

Williamson (Hugh),
médecin anglo-américain († .. nov. 1819).

Hosack (David). Biographical memoir of H. Williamson, M. D. *New-York.* 1820. 8.

Williamson (Mary),
dame anglaise.

History of the captivity and restoration of M. Williamson, a ministers' wife in New-England. *Lond.* 1682. 4.

Willebrord (Saint Clément),
premier évêque d'Utrecht, apôtre des Pays-Bas (657 — 7 nov. 739).

Lux (A... J... L... M...). Levensschets van den H. Willebrordus, apostel der Nederlanden. *S'Gravenh.* 1859. 12.

Lebensgeschichte des heiligen Clemens Willibrord, ersten Bischofs von Utrecht. *Echternach.* 1847. 8.

Lebensgeschichte des heiligen Clemens Willibrord, Apostels der Niederlande und Stifters der ehemaligen Benedictiner-Abtei Echternach, nach Beda, Alkuin, Thiofried und anderen Urkunden bearbeitet, etc. *Trier.* 1854. 12.

Willich (Jodocus),
médecin allemand (1501 — 12 nov. 1552).

Host (Matthias). Willichius senior, s. narratio de vita, studiis, scriptis ac morte J. Willichii. *Frf. ad Viadr.* 1607. 4. (*D.*)

Willis (Browne),
archéologue anglais (1682 — 5 février 1760).

Ducarel (Andrew Coltey). Some account of B. Willis. *Lond.* 1760. 4. (Excessivement rare.) — (*Oxf.*)

Willisen (N... N... v.),
général allemand du XIXe siècle.

Lueders (Theodor). General-Lieutenant v. Willisen und seine Zeit. Acht Kriegsmonate in Schleswig-Holstein. *Stuttg.* 1853. 8. (3e édition.)

Willm (Joseph),
savant alsacien († février 1853).

Bruch (J...). Discours prononcé, etc., pour rendre les derniers honneurs académiques à M. J. Willm, inspecteur de l'académie du Bas-Rhin, professeur au séminaire protestant, correspondant de l'Institut, membre du conseil municipal de Strasbourg, etc. *Strasb.* 1853. 8.

Spach (Louis). J. Willm. Notice sur sa vie et ses travaux. *Colmar.* 1853. 8. (Extrait de la *Revue d'Alsace.*)

Willmann (David).

Hamel (Adam). Vita D. Willmanni. *Gryphisw.* 1593. 4.

Willmet (Joannes),
orientaliste hollandais (13 nov. 1750 — 20 oct. 1835).

Broens (A... H...). Nekrologie van J. Willmet, Phil. Doct., etc., s. l. et s. d. (*Amst.* 1835.) 8.

Willot (Lambert),
récollet belge (23 avril 1579).

Pinchart (Alexandre). L. Willot et Maximilien Lenglet, s. l. et s. d. 8.

Willoughby (Francis),
naturaliste anglais (1635 — 1676).

Denham (Joshua Frederick). Memoir of F. Willoughby, the naturalist, s. l. et s. d. (*Lond.* 1846). 8. (*Oxf.*)

Willoughby (lady),
dame anglaise.

Fragments of the diary of lady Willoughby, etc. *Lond.* 1844. 12. (*Oxf.*)
Trad. en allem. *Berl.* 1846. 12.
Trad. en franç. par C... S... *Berl.* 1846. 16.

Wilmot (John),
théologien anglais.

Serres (Olivia Wilmot). Life of the Rev. J. Wilmot. *Lond.* 1815. 8. (*Oxf.*)

Wilmot (John Eardly),
Anglais.

Wilmot (John). Memoirs of sir J. E. Wilmot, Esq. *Lond.* 1802. 4. 2 portraits. (*Oxf.*)

Wilmsen (Friedrich Philipp),
littérateur allemand (24 nov. 1770 — 4 mai 1831).

Hesekiel (Christoph Friedrich). Erinnerungen an F. P. Wilmsen, etc., nebst einem vollständigen Verzeichnisse seiner sämmtlichen Schriften. *Berl.* 1833. 8. Portrait. (*D.* et *L.*)

Wilse (Jacob Nicolai),
théologien danois (24 janvier 1736 — ... 1801).

Kort Unterredning om J. N. Wilse, samt en Fortegnelse paa hans Skrifter. *Kjoebenh.* 1786. 8. (*Cp.*)

Wilson (Alexander),
ornithologiste écossais (6 juillet 1766 — 23 août 1813).

Ord (George). Sketch of the life of A. Wilson, the ornithologist. *Philadelph.* 1828. 8. (*Oxf.*)

Peaboby (O... W... B...). Life of A. Wilson. *New-York*, s. d. 8. (Extrait de l'*American Biography*, publ. par Jared SPARKS.)

Wilson (Florent),
théologien écossais (1500 — 1557).

Péricaud (Antoine). F. Wilson, Guillaume Postel et Louis Castelvetro. Fragments extraits d'un supplément à l'*Histoire littéraire de Lyon* du Père (Dominique) de Colonia. *Lyon.* 1850. 8. (Tiré à 100 exemplaires.)

Wilson (Harriet),
actrice anglaise.

Memoirs of H. Wilson, written by herself. *Par.* 1825. 7 vol. 12. Portrait. (*Oxf.*) Trad. en franç. (par Joseph Alexandre LARDIER). *Par.* 1825. 8 vol. 12. *Ibid.* 1826. 6 vol. 8. (*P.*)

Wilson (John),
théologien anglo-américain.

Mather (Colton). Lives of John Colton, John Norton, J. Wilson and John Davenport of Boston, and of Thomas Hoocker, pastor of Hartford. *New-Engl.* 1695. 12.

Wilson (Josias),
théologien anglais.

Memorials of the Rev. J. Wilson, late pastor of the English Presbyterian Church, River Terrace, Islington, consisting of the funeral sermons and adresses by Josias HAMILTON, Josias MORGAN, William NICOLSON and William CHALMERS. *Lond.* 1847. 18.

Hastings (H...). Memoir of the life and labours of the late Rev. J. Wilson; with introductory observations by John BAYSEN. *Lond.* 1850. 12.

Wilson (Margaret),
missionnaire écossaise.

Wilson (John). Memoir of M. Wilson, of the Scottish mission, Bombay. *Lond.* 1844. 8. (4e édition.) — (*Oxf.*)

Wilson (Richard),
peintre anglais (1er août 1714 — .. mai 1782).

Wright (Thomas). Some account of the life of R. Wilson, Esq. with testimonies of his genius and memory, and remarks on his landscapes, etc. *Lond.* 1824. 4. Portrait. (*Oxf.*)

Wilson (Robert Thomas),
commensal du comte Marie Chamas de Lavalette.

Dupin (André Marie Jean Jacques). Procès des trois Anglais R. T. Wilson, John Ely Hutchinson et Michael Bruce, accusés d'avoir facilité l'évasion de Lavalette, etc. *Par.* 1816. 8. 5 portraits. (*P.*)

Wilson (Thomas),
théologien anglais.

Account of the life and death of T. Wilson, minister at Maidstone. *Lond.* 1672. 8. (*Oxf.*)

Wilson (Thomas),
lord-évêque de Man (1663 — 7 mars 1755).

Stowell (Henry). Life of T. Wilson, lord-bishop of Sodor and Man. *Lond.* 1819. 8. Portrait. (*Oxf.*)

Wilson (Thomas),
Anglais.

Wilson (Joshua). Memoir of the life and character of T. Wilson, Esq. treasurer of Highbury college. *Lond.* 1846. 8. *Ibid.* 1849. 8. (*Oxf.*)

Wilthem,
famille belge.

Neyen (Auguste). Notice historique sur la famille de Wilthem. *Arlon.* 1843. 4.

Wimarus,
médecin allemand (contemporain de Charlemagne).

Koehler (Johann David). Primus inter Germanos artis salutaris peritia celebris Wimarus Caroli M. Francorum regis medicus illustratus. *Goetting.* 1737. 4. (*D.*)

Wimpfen (Felix v.),
général allemand au service de France (1745 — 1814).

Le général F. de Wimpfen, s. l. et s. d. (*Par.*, vers 1847). 8.

Wimpfen (Louis Franz, Freiherr v.),
général allemand au service de la république française, frère du précédent (1732 — 24 mai 1800).

Vie privée et militaire du général baron de Wimpfen. *Par.* 1788. 8. (Ecrit par lui-même.) — (*P.*)

Wimpheling (Jacques),
philologue alsacien (27 juillet 1450 — 17 nov. 1528).

Schwalb (Georg August). Notices sur Wimpheling, considéré principalement dans ses rapports avec l'Eglise et les écoles. *Strasb.* 1851. 8.

Winbom (Jonas Arvid),
théologien suédois.

Knoes (Anders Erik). Christelig Likpredikan wid Theologiæ Professorn, Prosten och Kyrkoherden i Tierps, etc., Herr J. A. Winboms Begrafning. *Upsal.* 1841. 4.

Winckelmann (Johann),
théologien allemand (vers 1552 — 12 août 1626).

Himmel (Johann). Threnologia de vita, rebus gestis ac obitu quadrigæ theologicæ, J. Winckelmanni, Balthasari Menzeri, Friderici Balduini et Balthasari Meisneri. *Jenæ.* 1628. 4. (*L.*) *Frf.* 1648. 8. (*D.*)

Winckelmann (Johann Joachim),
archéologue allemand (9 déc. 1717 — assassiné le 8 juin 1768).

Heyne (Christian Gottlob). Lobschrift auf Winckelmann, *Cassel.* 1778. 4. *Leipz.* 1778. 8. (Couronné par l'Académie d'antiquités de Cassel.) — (*D.* et *L.*) Trad. en franç. par Charles BRAK. *Goetting.* 1783. 8.

Gurlitt (Johann Gottfried). Biographische und literarische Nachricht von J. J. Winckelmann. *Magdeb.* 1797. 4.

Dryfhout (A...). Lofrede ter nagedachtenis van J. Winckelmann. *Middelb.* 1797. 8.

Morgenstern (Carl v.). J. Winckelmann; Rede. *Leipz.* 1805. 4. Portrait. (*L.*)

Goethe (Johann Wolfgang v.). Winckelmann und sein Jahrhundert. *Stuttg.* 1805. 8. (*D.* et *L.*)

Rossetti (Domenico de). J. J. Winckelmann's letzte Lebensepoche. Beitrag zu dessen Biographie, mit Vorwort von Carl August BOETTIGER. *Dresd.* 1818. 8. (*P.*)

Gurlitt (Johann Gottfried). Zwei Nachträge zur Biogra-

phie und literarischen Notiz von **J. J. Winckelmann.**
Hamb. 1820-21. 4. (*D.*, *L.* et *P.*)

Krech (A...). Erinnerungen an Winckelmann. Abhandlung (zur 100jährigen Feier von Winckelmann's Aufnahme ins kölnische Gymnasium am 18. März 1755). *Berl.* 1833. 4.

Petersen (Christian). Erinnerung an J. J.Winckelmann's Einfluss auf Literatur, Wissenschaft und Kunst, etc. *Hamb.* 1842. 8. (*D.* et *L.*)

Jahn (Otto). J. J. Winckelmann; eine Rede. *Greifsw.* 1844. 8. (*D.* et *L.*)

Rossetti (Domenico de). Il sepolcro di Winckelmann in Trieste. *Venez.* 1823. 8. (Accomp. de 8 gravures.)

Winckler (Georg),
théologien allemand du xvɪ° siècle.

Gueinzius (Johann Christian). Memoria G. Winckleri, veritatis divinæ contra offucias Romanæ curiæ apud Hallenses seculo xvɪ testis integerrimi. *Halæ.* 1729. 4. (*D.* et *L.*)

Winckler (Johann Gottfried),
jurisconsulte allemand.

(**Kapp**, Johann Erhard). Programma funebre in J. G. Winckleri memoriam. *Lips.* 1740. Fol. (*L.*)

Wind (Gerhardus de),
médecin hollandais (1685 — 1752).

Hemert (Geraard van). G. de Wind ontmaskerd.*Middelb.* 1730. 8.

Wind (Paulus de),
médecin hollandais (1714 — 1771).

Solingen (Adriaan van). Redevoering ter nagedachtenis van P. de Wind. *Middelb.* 1798. 8. Portrait. (*Ld.*)

Windeck (Eberhard).

Droysen (Johann Gustav). E. Windeck. *Leipz.* 1853. 4. (Extrait des *Abhandlungen der k. Sächsischen Gesellschaft der Wissenschaften.*)

Windham (William),
homme d'État anglais (3 mai 1750 — . mai 1810).

(**Malone**, Edmond). Biographical memoir of the Right Hon. W. Windham. *Lond.* 1810. 8. (*Oxf.*)

Windheim (Christian Ernst v.),
philosophe allemand (29 oct. 1722 — 5 nov. 1766).

(**Delius**, Heinrich Friedrich). Memoria viri dum viveret generosissimi atque amplissimi C. E. de Windheim. *Erlang.* 1766. Fol. (*D.*)

Windischgraetz (Alfred, Fürst zu),
feld-maréchal d'Autriche (11 mai 1787 — ...).

(**Herczegy**, Moritz). A., Fürst zu Windischgraetz, k. k. Feldmarschall-Lieutenant und commandirender General in Böhmen. Treue unpartheiische Darstellung der letzten Prager Ereignisse, etc., nebst zwei Original-Actenstücken und einer biographischen Lebensskizze des Fürsten. *Wien.* 1848. 8. *

  * Cette brochure, accompagnée de son portrait, se publie sous la lettre ***n.

Windischmann (Carl Joseph),
médecin allemand (9 oct. 1807 — 7 mars 1839·).

Ram (Pierre François Xavier de). Discours prononcé, etc., après le service funèbre célébré pour le repos de l'âme de M. C. J. Windischmann, professeur ordinaire d'anatomie. *Louvain.* 1839. 8. (*Bx.*)

Biervliet (A... L... van). Discours, etc., pour le repos de l'âme de M. C. J. Windischmann. *Louvain.* 1859. 12.

Wing (Vincent),
astrologue anglais (vers 1619 — 1668).

G... (J...). Brief relation of the life and death of the late famous mathematician and astrologer V. Wing. *Lond.* 1670. 4. (*Oxf.*)

Wingard (Carl Fredrik af),
savant suédois.

Reuterdahl (Henrik). C. F. af Wingård Inträdes-Tal, etc. *Stockh.* 1832. 8.

Wingard (Johan af),
littérateur suédois.

Wingard (Johan af). Minnen af Händelser och Forhällanden under en läng Lifstid. *Upsal.* 1847-50. 4 vol. 8.

Winkelhofer (Sebastian),
théologien allemand (18 janvier 1743 — 16 nov. 1806).

Sailer (Johann Michael). S. Winkelhofer, der Mensch

und der Prediger. *Münch.* 1808. 8. (*D.*) *Ibid.* 1809. 8. (*L.*)

Winkelman (C...).

Leven en zalig afsterven van C. Winkelman. *Rotterd.* 1737. 8.

Winkler (Christoph Heinrich),
théologien allemand (.. mai 1676 — vers 1755).

Zeiske (Johann Gottfried). Gedächtnissschrift auf C. H. Winkler, Pastor in Meissen. *Dresd.* 1755. 4. (*D.*)

Hoere (Johann Gottfried). Programma de vita C. H. Winkleri. *Misen.* 1755. Fol. (*D.* et *L.*)

Winkler (Johann Dietrich),
théologien allemand (29 déc. 1711 — 4 avril 1784).

Walther (Daniel). Historische Nachricht von dem Leben und den Schriften J. D. Winkler's. *Frf.* 1761. 4. (*L.*)

Winshemius (Vitus Ortelius),
médecin allemand (1er août 1501 — 3 janvier 1570).

Winshemius (Vitus). Oratio in exequiis V. O. Winshemii, academiæ Wittebergensis professoris. *Witteb.* 1570. 4. (*D.*)

Winslow (Harriet Wadsworth),
missionnaire anglaise (1796 — 12 janvier 1833).

Winslow (Miron). Memoir of Mrs. H. W. Winslow, combining a sketch of the Ceylon mission. *Lond.* 1838. 8. (Omis par Lowndes.) — (*Oxf.*) *Ibid.* 1839. 8. (*Oxf.*) Trad. en franç. *Toulouse.* 1841. 8. *Par.* 1846. 12. (*P.*)

Winstrup (Peder Pedersen),
évêque de Schonen (1605 — 28 déc. 1679).

Beverlin (Johann Jacob). Præco Winstrupianus. Oratio in laudem H. Winstrupii junioris, Scaniæ episcopi. *Hafn.* 1652. 4. (*Cp.*)

Winter (Cornelius),
théologien anglais.

Jay (William). Memoirs of the Rev. C. Winter, of Painswick. *Lond.* 1808. 8. (*Oxf.*) *Ibid.* 1809. 12.

Winter (Ludwig),
homme d'État allemand (1777 — 27 mars 1838).

Hausrath (August). Rede am Grabe Seiner Excellenz des grossherzoglich badischen Staatsministers L. Winter. *Carlsr.* 1838. 8.

Weick (Wilderich). Reliquien von L. Winter, grossherzoglich badischer Staatsminister und Abgeordneten zur zweiten Kammer der badischen Stände. Biographie und Schriften. *Freib. im Breisg.* 1843. 8. Portrait.

Winter (Peter v.),
compositeur allemand (1755 — 18 oct. 1825).

(**Arnold**, Ignaz Ferdinand). P. Winter's kurze Biographie und ästhetische Darstellung seiner Werke. *Erfurt.* 1810. 8. Portrait. (*D.*)

Winter (Samuel),
théologien anglais.

Life and death of S. Winter, provoest of Trinity college near Dublin in Ireland. *Lond.* 1671. 12. (*Oxf.*)

Winter (Vitus Anton),
théologien allemand (22 mai 1754 — 27 février 1814).

Sailer (Johann Michael). Rede zum Andenken an V. A. Winter. *Landsh.* 1814. 4.

Winterfeldt (Hans Carl v.),
général allemand (4 avril 1707 — tué le 7 sept. 1757).

(**Winterfeldt**, Moritz Adolph v.). Leben des preussischen General-Lieutenants H. C. v. Winterfeldt. *Berl.* 1808. 8. (*D.*)

Varnhagen v. Ense (Carl August). Leben des Generals H. C. v. Winterfeldt. *Berl.* 1836. 8. Portrait. (*L.*, *Oxf.* et *P.*)

Winwood (Ralph),
homme d'État anglais (1565 — 27 oct. 1617).

Winwood (Ralph). Memorials of affairs of state in the reigns of queen Elizabeth and king James I, collected from the original papers by Edward Sawyer. *Lond.* 1725. 3 vol. Fol. Portrait. (*Oxf.*)

Wipprecht (Georg Wilhelm),
jurisconsulte allemand (1er juin 1725 — 15 oct. 1795).

Lang (Lorenz Johann Jacob). Luctuosum monumentum piis manibus G. W. Wipprechtii consecratum. *Erlang.* 1795. Fol. (*L.*)

Wipprecht von Groitzsch,
margrave de Lusatie († 22 mai 1124).

Chronica von Graff Wiprechten von Groitzsch, Markgrafen zu Lausitz, durch einen Münch des Klosters Pegau. *Eisleb.* 1584. 4. (*D.*)

Reineccius (Reiner). Historia Wiperti Groicensis. *Frf.* 1585. Fol. (*L.*)

Hahn (Georg). Historie Graf Wiprecht's von Groitzsch. *Meiss.* 1606. Fol. (*D.*)

Schoettgen (Christian). Historie des berühmten Helden Graf Wiprecht's zu Groitzsch, Markgrafen in Lausitz, und des von ihm gestifteten Klosters Pegau. *Regensb.* 1749. 8. (*D. et L.*)

Graf Wiprecht von Groitzsch. Geschichte aus dem mittlern Zeitalter. *Zürch.* 1791. 2 vol. 8.

Wireker (Nigel),
philosophe anglais (vers 1200).

Thomasius (Jacob). Dissertatio de N. Wirckero. *Lips.* 1679. 4. (*L. et Lv.*)

Wirt (William),
jurisconsulte anglo-américain.

Kennedy (John P...). Memoirs of the life of W. Wirt, attorney-general of the United-States. *New-York.* 1849. 2 vol. 12. *Ibid.* 1850. 2 vol. 12.

Wirth (Michael),
jurisconsulte allemand (6 janvier 1547 — 3 déc. 1611).

Hoepfner (Heinrich). Parentatio memoriæ M. Wirthii, J. U. D., etc. *Witteb.* 1612. 4. (*L.*)

Wirth (Polycarp),
jurisconsulte allemand (1609 — 1654).

(**Kromayer,** Hieronymus). Programma academicum in P. Wirthii funere. *Lips.* 1654. 4. (*D. et L.*)

Wirz (Johann Conrad),
théologien suisse (1688 — 1769).

Lavater (Johann Caspar). Kurze Lebensbeschreibung des Antistes Wirz. *Zürch.* 1769. 8. (*D.*)

Wiselius (Samuel Iperuszoon),
poète hollandais († 15 mai 1845).

Limburg-Brouwer (Pieter van). Leven van Mr. S. I. Wiselius, etc. *Groning.* 1846. 8. Portrait. (*Bx. et Ld.*)

Wisin (Deniss Iwanowitsch van),
poète russe (1745 — 1er oct. 1792).

Wjaesemski (Peter Andrejewitsch). D. I. van Wisin. *Sanct-Petersb.* 1849. 8. (Biographie écrite en russe.)

Wiskott (Wilhelm Gottfried),
artiste allemand.

Leben, Leiden und Schicksale W. G. Wiskott's. *Coeln.* 1806. 2 vol. 8. (*D.*)

Wisseler (Johann Friedrich),
mathématicien allemand.

Grimm (Jacob Ludwig Carl). Denkmal zu Ehren J. F. Wisseler's. *Bonn.* 1824. 8. (*L.*)

Wissenbach (Jan Jakob),
jurisconsulte allemand (8 oct. 1607 — 16 février 1665).

De vita J. J. Wissenbachii epistola. *Lugd. Bat.* 1676. 4. (*D. et Ld.*)

Wistar (Joseph),
théologien anglo-américain.

Gillette (A... D...). Memoir of J. Wistar. *Philadelph.* 1852. 18.

Withington (Hiram),
théologien anglo-américain.

Allen (J... H...). Memoirs of the Rev. H. Withington. *Boston.* 1842. (?) 16.

Withof (Johann Hildebrand),
philologue allemand (27 juillet 1694 — 13 février 1769).

Leidenfrost (Johann Gottlob). Oratio funebris in memoriam J. H. Withofii. *Duisb.* 1769. 4. Portrait. (*L.*)

Witiza,
avant-dernier roi des Visigoths (... — 696 — 713).

Mayans y Siscar (Gregorio). Defensa del rey Witiza. *Valenc.* 1772. 4.

Witsius (Herman),
théologien hollandais (12 février 1636 — 22 oct. 1708).

Marckius (Johan). Oratio funebris in obitum H. Witsii. *Lugd. Bat.* 1708. 4. (*Ld. et Lv.*)

Witt (Cornelisz de),
vice-amiral hollandais (25 juin 1623 — assassiné le 20 août 1672).

Beeckerts à Thienen (Adriaan). Panegyricus dictus C. Wittio. *Lugd. Bat.* 1667. Fol.

Leven van Jan en C. de Witt. *Amst.* 1677. 8. (*Ld.*)

Josselin (G...). Eer en leer van wijlen den heer C. de Witt verdedigt. *Amst.* 1774. 8.

Oostkamp (J... A...). Leven, voornaamste daden en lotgevallen van C. de Witt, vice-admiral van Holland en Westvriesland, etc. *Devent.* 1851. 8. (*Ld.*)

Waerachtigh verhael van 't gepasseerde tusschen Willem Tychelaer en Mr. C. de Witt, nopende de conspiratie tegen S. H. den prins (Willem) van Orangen, s. l. 1672. 4. (Assez rare.)

Consideratie tot begrijp ende overtuijging van de innocentie van C. de Witt, van wegen Maria van Barkelo, zijne huijsvrouwe en vrienden, s. l. 1672. 4.

M... (N... V...). Tragedie van den bloedigen haegh ofte broedermoort van beijde de Witten, geschiet den 20 van oostmaent 1672. *Amst.*, s. d. (1672.) 4.

Witt (Jan de),
grand-pensionnaire de Hollande, frère du précédent
(25 sept. 1625 — assassiné le 20 août 1672).

Ad manes violatos J. de Wit, s. l. et s. d. 8. (Pièce assez rare, écrite en latin et en hollandais.)

Memoriæ J. et C. de Witte, monumentum hocce posuit G. P. C. C. mente non gente Batavus, s. l. et s. d. (1672.) 8. (Pièce très-rare.)

Oudaan (Jan). Haagsche broedermoord, waar agter de verantwoording tegens de lasterlijke beschuldinge van Lambert van den Bosch, etc., de heeren de Witt ten laste gelegt. *Leyd.*, s. d. 8.

Leven van J. en Cornelisz de Witt. *Amst.* 1677. 8. (*Ld.*)

Hoeven (Emmanuel van der). Leven, bedrijf en dood der doorlugtigte heeren gebroeders Cornelisz en J. de Witt. *Amst.* 1705. 4. Portrait. Trad. en franç. par madame DE ZOUTELANDT. *Utrecht.* 1709. 2 vol. 12. (*P.*)

Mémoires de J. de Witt, grand-pensionnaire de Hollande, trad. du holland. par madame DE ZOUTELANDT. *La Haye.* 1709. 12. (*P.*) *Ratisb.* 1709. 8. (*D.*)

Lettres et négociations entre J. de Witt et les plénipotentiaires des Provinces-Unies aux cours de France, d'Angleterre, de Suède, de Danemark et de Pologne, depuis l'an 1652 jusqu'à 1669. *Amst.* 1728. 5 vol. 12.

(**Wagenaar,** Jan). Egt en waar karakter van den raadpensionaris J. de Witt, getrokken uit de brieven van d'Estrades, etc. *Amst.* 1757. 8. (*Ld.*)

Het karakter van J. de Witt en zijne factie, beschreven door d'Estrades. *S'Hage.* 1757. 8.

Naamlijst van alle de voor- en tegenschriften rakende het karakter van den heere J. de Witt, raad-pensionaris van Holland, etc., met aanteekeningen van H... W... TYDEMAN, s. l. et s. d. 8. (*Ld.*)

Hall (F... A... van). Lofrede op J. de Witt, s. l. et s. d. (*Amst.* 1827.) 8. (*Ld.*)

(**Siegenbeek,** Matthys). Het bestuur van den raad-pensionaris J. de Witt, beschouwd uit het oogpunt der ministeriele verantwoordelijkheid. *Leyd.* 1852. 8. (*Ld.*)

—— Iets over J. de Witt, s. l. et s. d. 8. (*Ld.*)

Simons (Pieter). J. de Witt en zijn tijd. *Amst.* 1852-55. 3 vol. 8. (*Ld.*) Trad. en allem. par Ferdinand NEUMANN. *Erfurt.* 1855-56. 2 vol. 8. Portrait. (*D. et L.*)

Dake (R... G... J... C...). De liberationibus J. de Witt cum Francia habitis super provincias Belgo-Hispanicas. *Lugd. Bat.* 1854. 8. (*Ld.*)

Witte (Carl),
jurisconsulte allemand (1800 — ...).

Witte (Carl Heinrich Gottfried). Erziehungs- und Bildungsgeschichte meines Sohnes C. Witte, etc. *Leipz.* 1819. 2 vol. 8. (*L.*)

C. Witte's, jetzt Professors der Rechte in Halle, höchst glückliche Kindes-, Knaben- und angehende Jünglingsjahre; als Manuscript gedruckt auf Kosten seines vielfach gekränkten Vaters, etc. *Berl.* 1843. 8. (*D.*)

Witte (Georg),
magistrat esthlandais.

Stecher (Gottfried). Cippus pii magistratus in funere G. Witte, consulis Revaliensis. *Reval.* 1677. 4.

Witte (Gilles de),
théologien belge (1648 — 7 avril 1721).

(**Leclerc**, Pierre). Idée de la vie et des écrits de M. G. de Witte, pasteur et doyen dans la ville de Malines. *Rom.* (*Amst.*) 1756. 12.

Witte (Henning),
biographe livonien (26 février 1634 — 22 janvier 1696).

Hoernick * (David). Programma ad justa funebria H. Wittii. *Rigæ.* 1696. 4.

    * Publ. s. l. nom latinisé de Hosnicxus.

Witte (Hermann),
théologien livonien (7 déc. 1666 — 24 mars 1728).

Fahlenius (Jonas). Lykprediken öfver H. Witte. *Abo.* 1728. 4.

Berg (Andreas). Oratio funebris in memoriam H. Witte. *Aboæ.* 1728. 4.

Witte (Pierre de),
peintre belge (vers 1548 — 1628).

Carton (Charles). Notes biographiques sur P. de Witte (Pedro Candido). *Bruges.* 1843. 8. (*Bx.*)

Witte v. Lilienau (Johann),
poëte livonien, fils de Hermann Witte (1653 — 28 mars 1679).

Witte (Henning). Memoria J. Wittii a Lilienau. *Rigæ.* 1679. 4.

Witte v. Lilienau (Nicolaus),
médecin livonien (6 déc. 1618 — 5 janvier 1688).

Witte (Henning). Lessus funebris in obitum N. Witte a Lilienau. *Rigæ.* 1688. 4.

Wittekind le Grand, *
duc de Westphalie († vers 805).

Reineccius (Reiner). Wittikindi Magni, regis Saxonum, dynastæ Angrivariorum et illustris stirpis Saxonicæ multarumque præpotentium familiarum conditoris, effigies, insignia, versus epitaphii cum subjecta appendice de Angrivariis, Angrario oppido et ibidem vetusti operis Wittikindi monumento. *Frf.* 1582. Fol. *Helmst.* 1585. Fol. (*D.*)

    * Les deux anciens mots saxons *Witte-kind* signifient l'*Enfant blanc.*

Reusner (Elias). Stemma Wittekindeum. *Jenæ.* 1598. Fol. (*D. et L.*)

Boecler (Johann Heinrich). Dissertatio de Wittekindo. *Argent.* 1671. 4. (*D.*)

Crusius (Johann Andreas). Wittekindus Magnus, s. de Wittekindi vita, moribus, rebus bello paceque præclare gestis, conversione ad Christianismum, obitu monumentisque liber singularis. *Mind.* 1679. Fol.

Dreux du Radier (Jean François). Vie de Wittekind le Grand, s. l. 1757. 12. (*P.*)

Leben Wittekind's des Grossen. *Dresd.* 1775. 8. (*D. et L.*)

Genssler (Johann Andreas). Wittekind, oder gründlicher Beweis, dass das Haus Sachsen aus dem Geschlechte des ältesten sächsischen Regenten, Wittekind des Grossen, in gerader männlicher Linie abstamme. *Coburg.* 1817. 8. (*D. et L.*)

Civry (Eugène de). Napoléon III et Abd-el-Kader, Charlemagne et Wittekind. Etude historique et politique. *Par.* 1853. 8.

───────

Wasserbach (Ernst Casimir). De statua Arminii, Wittekindi et Caroli Magni, ex diversis auctorum monumentis, etc. *Lemgov.* 1698. 8.

Wittelsbach,
dynastie allemande.

Heilmann (J...). Die Wittelsbacher im Thronsaale der neuen Residenz zu München. Eine Reihe von Biographien. *Regensb.* 1854. 8. (Accomp. de 12 portraits gravés en acier.)

Wittemberoq (Louis Joseph),
philosophe belge (26 sept. 1767 — 24 août 1798).

Notice sur L. J. Wittembercq d'Ath, premier à la promotion générale de 1789 et professeur de philosophie. *Louvain.* 1853. 18.

Wittich (Christian Carl Friedrich),
Allemand.

Wittich (Christian Carl Friedrich). Leben, von ihm selbst für seine Bekannte geschildert. *Goetting.* 1817. 8.

Wittich (Christoph),
théologien allemand (7 oct. 1625 — 19 mai 1687).

Gronovius (Jacob). Laudatio funebris recitata post obitum C. Wittichii. *Lugd. Bat.* 1687. 4. (*D. et Ld.*)

Wittigs (Pieter),
poëte hollandais.

(**Meijer**, G... de). Lijkrede en lijkzangen, etc., ter nagedachtenis van P. Wittigs. *Rotterd.* 1853. 8. (*Ld.*)

Wittmann (Georg Michael),
évêque de Miletopolis († 8 mars 1833).

Diepenbrock (Melchior v.). Trauerrede auf Bischof M. Wittmann. *Stadtamthof.* 1833. 4.

(**Sintzel**, Michael). Erinnerung an Bischof G. M. Wittmann. *Regensb.* 1833. 4. *Münch.* 1837. 8. *Ibid.* 1841. 8. Portrait. (*D.*)

Leben und Wirken des Bischofs von Miletopolis und ernannten Bischofs von Regensburg G. M. Wittmann. *Regensb.* 1833. 8. Portrait.

Schubert (Gotthelf Heinrich). Erinnerungen an Bernhard Overberg und G. M. Wittmann. *Erlang.* 1853. 8. (*D. et L.*)

Schenk (Eduard v.). Die Bischöfe Johann Michael v. Sailer und G. M. Wittmann. Beitrag zu ihrer Biographie. *Regensb.* 1838. 8. (Avec le portrait de ces deux évêques.)

Wittola (Marx Anton),
théologien allemand (25 avril 1736 — 24 mars 1797).

Wittola und (Aloysius) Merz, in einem Zweikampf vorgestellt. *Augsb.* 1783. 4. (*D.*)

Wittwer (Johann Conrad),
médecin allemand, père du suivant (26 mars 1720 — 10 mai 1775).

Wittwer (Philipp Ludwig). Denkmal einem verdienten Arzte J. C. Wittwer, errichtet von seinem Sohne. *Nürnb.* 1780. 4.

Wittwer (Philipp Ludwig),
médecin allemand (19 mai 1752 — 24 déc. 1792).

Vogel (Paul Joachim Siegmund). Denkmal der Freundschaft dem verewigten Dr. P. L. Wittwer, ordentlichem Physikus in Nürnberg und Mitgliede des Blumenordens daselbst, errichtet im Namen der Gesellschaft. *Nürnb.* 1793. 4. (*D.*)

Witzel (Georg),
théologien allemand (1501 — 1573).

Neander (August). Commentatio de G. Wicelio ejusque in ecclesia evangelica animo. *Berol.* 1839. 4.

Witzleben (Georg Hartmann v.).

Herold (N... N...). Erinnerungen an G. H. v. Witzleben. *Halle.* 1846. 4. (*D. et L.*)

Witzleben (Job Wilhelm Carl Ernst v.),
général allemand (1785 — 9 juillet 1837).

Dorow (Wilhelm). Mittheilungen J. v. Witzleben's und seiner Freunde zur Beurtheilung preussischer Zustände und wichtiger Zeitfragen, etc. *Leipz.* 1842. 8. Portrait. (*L.*)

Wivine (Sainte),
vierge belge.

La vie et les miracles de S. Wivine, première abbesse et fondatrice de la noble abbaye du grand Bygard, dont le corps et les autres reliques reposent à Bruxelles, en l'église de Notre-Dame de la Victoire au Sablon. *Brux.* 1757. 12. Figure.

Wlast (Graf Peter).

Baro (Johann Gottfried). Anastasis P. Vlast Dunin, vulgo Dani, etc. *Lips.* et *Frf.* 1726. Fol. (*L.*)

Jaxa (N... N...). P. Dunin vulgo Dani gener. *Lips.* 1726. Fol.

Arletius (Caspar). Vermischte Gedanken von Graf Peter dem Dänen. *Bresl.* 1755. Fol.

De Petri Dani, comitis Skrinensis, ruina illustri. *Vratisl.* 1779. Fol.

Kleist (Franz v.). Graf Peter der Däne; historisches Gemälde. *Berl.* 1792. 8.

Wodan,
personnage mythologique.

Leben Wodan's, der Sachsen Held und Gott. *Dresd.* 1775. 8. (*D. et L.*)

Palmblad (Wilhelm Fredrik). Programmata IV de Buddha et Wodan. *Holm.* 1822. 8.

Wodzicki (le comte Stanislas),
homme d'État polonais (1764 — 14 mars 1843).

Thierry (F...). M. le comte S. Wodzicki, ancien président de Cracovie, etc. *Par.* 1846. 8. (Extrait du *Nécrologe universel du xixe siècle.*)

Woelcker (Christoph Carl),
jurisconsulte allemand (7 sept. 1632 — 10 août 1680).
Feuerlein (Conrad). Leichpredigt auf Herrn C. C.
Woelcker, JCtum. *Nürnb.* 1680. 4.

Woelcker (Georg),
jurisconsulte allemand (22 mars 1598 — 1er nov. 1664).
Fabricius (Johann). Leichpredigt Herrn G. Woelcker,
JCto, gehalten. *Nürnb.* 1664. 4.

Woelcker (Georg Carl),
jurisconsulte allemand (5 août 1660 — 19 nov. 1723).
Moerl (Gustav Philipp). Leichpredigt auf Herrn Pro-
kanzlern, etc., G. C. Woelckern. *Nürnb.* 1723. Fol.

Woelcker (Carl Wilhelm v.),
jurisconsulte allemand (11 déc. 1690 — 26 août 1748).
Solger (Adam Rudolph). Leichpredigt auf Herrn C. W.
v. Woelckern, vordersten Consulenten in Nürnberg.
Nürnb. 1748. Fol.

Woeldike (Marcus),
théologien danois (25 nov. 1699 — 26 sept. 1750).
Anchersen (Hans Peder). Oratio in obitum M. Woel-
dike. *Hafn.* 1750. 4.
Vita M. Woeldike, sacræ theologiæ doctoris in universitate
Hafniensi. *Hafn.* 1752. 4. (*Cp.*)

Woellner (Johann Christoph v.),
homme d'État allemand (19 mai 1732 — 11 sept. 1800).
Teller (Wilhelm Albrecht). Denkschrift auf den (preussischen) Staatsminister v. Woellner. *Berl.* 1802. 8.
Woellner's Leben und Thaten. *Spandau*, s. d. 4. (*D.* et *L.*)

Wohlgemuth (Ludwig, Freiherr v:),
feld-maréchal d'Autriche (1789 — 18 avril 1851).
Saint-Maurice Cabany (Charles Édouard). Notice historique sur le baron L. de Wohlgemuth, feld-maréchal
lieutenant impérial et royal, gouverneur civil et militaire du grand-duché de Transylvanie, mort à Pesth, etc.
Par. 1852. 8. (Extrait du *Nécrologe universel du*
xixe siècle.)

Wohlgemuth (Michael),
peintre allemand (1434 — 1519).
Marggraff (Rudolph). Erinnerungen an Albrecht Dürer
und seinen Lehrer M. Wohlgemuth, etc. *Nürnb.*
1840. 8. (*D.*)

Wohn (Christoph Ernst),
théologien allemand († 1696).
Opel (Peter). Akdanckung auf C. E. Wohn, Archidia-
conus in Wunsiedel. *Hof.* 1696. 4.
Pertsch (Johann Georg). Leichpredigt auf C. E. Wohn, etc.
Hof. 1696. 4.

Woken (Franz),
orientaliste allemand (1685 — 18 février 1734).
Programma academicum in F. Wokenii funere. *Witteb.*
1734. Fol. (*L.*)

Woldt (Johann Friedrich),
magistrat (?) allemand.
Overbeek (Johann Daniel). Cenotaphium J. F. Woldtio
positum. *Lubec.* 1766. Fol.

Wolf (Friedrich August),
philologue allemand (15 février 1757 — 8 avril 1824).
Hanhart (Rudolph). Erinnerungen an F. A. Wolf, etc.
Basel. 1825. 8.
Koerte (Wilhelm). Leben und Studien F. A. Wolf's,
des Philologen. *Essen.* 1833. 2 vol. 8. (*D.* et *L.*)
Fritzsche (F... G...). F. A. Wolf als Prediger. *Grimm.*
1842. 8. (*L.*)

Wolf (Gottfried Joachim),
jurisconsulte allemand.
Gesner (Johann Georg). Lebensgeschichte des Herrn
G. J. Wolf, beyder Rechte Licentiats. *Lübeck.* 1771.
Fol. (*D.*)
Overbeek (Johann Daniel). Memoria vitæ G. J. Wolfii,
J. U. L. *Lubec.* 1771. Fol.

Wolf (Hieronymus),
philologue allemand (13 août 1516 — 8 oct. 1580).
Dresser (Matthias). Oratio de H. Wolfio. *Lips.* 1582. 8.
(*L.*)
Gerlach (Benjamin Gottlieb). Dissertatio de vita H.
Wolfii. *Zitav.* 1743. Fol. (*D.* et *L.*)

Wolf (Johann),
jurisconsulte allemand (1537 — 1600).
Rollwagen (N... N...). Oratio de vita et obitu J. Wolfii. *Tubing.* 1601. 4.

Wolf (Johannes),
théologien suisse.
Scherrer (Joseph). J. Wolf, ein schweizerischer Studi-
render der Theologie in seinem Bildungsgange dargestellt. *Zürch.* 1840. 8. (Accomp. de sa silhouette.)

Wolf (Johann Christian),
médecin allemand (28 déc. 1673 — 11 oct. 1723).
Leporin (Christian Polycarp). Memoria Wolfiana, oder
merkwürdiges Leben Dr. J. C. Wolf's. *Leipz.* et *Qued-*
linb. 1725. 8. (*D.* et *L.*)

Wolf (Johann Christoph),
philologue allemand (21 février 1683 — 25 juillet 1739).
Seelen (Johann Heinrich v.). Commentatio de vita, scriptis et meritis in rempublicam litterariam J. C. Wolfii,
theologi et philologi celeberrimi. *Stadæ.* 1717. 4. (*D.*)

Wolf (John Christopher),
homme d'État anglais.
Life and adventures of J. C. Wolf, late principal secretary of state of Jaffanapatnam in Ceylon, etc. *Lond.*
1785. 12. (*Oxf.*)

Wolf (Joseph),
théologien anglo-américain.
Memoirs of the Rev. J. Wolf. *New-York.* 1824. 12.

Wolf (Lorenz),
théologien allemand (1776 — 15 juillet 1833).
Riegler (Georg). L. Wolf, Pfarrer zu Klein-Rinderfeld,
nach seinem Leben und Wirken geschildert. *Bamb.*
1834. 12.
—— L. Wolf's Einkerkerung als Folge seines Streites wegen der Einführung des Katechismus von (Aegidius)
Jais. *Bamb.* 1854. 12. (*D.*)

Wolf (Michael),
philosophe allemand (3 oct. 1584 — 2 avril 1623).
Wilke (Andreas). Oratio de vita et morte M. Wolfii.
Jenæ. 1625. 4. (*D.* et *L.*)

Wolf (Nathanael Matthaeus v.),
médecin allemand (21 janvier 1724 — 15 déc. 1784).
Lampe (Friedrich Adolph). Gedächtnissrede auf Dr. N.
M. v. Wolf. *Danz.* 1785. 4.

Wolf (Nicolaus),
visionnaire suisse.
Die Macht des christlichen Glaubens, dargestellt im Leben des durch auffallende Gebetserhörungen merkwür-
dig gewordenen N. Wolf von Rippertschwand im Canton Luzern; von einem Freunde des Seligen. *Luzern.*
1832. 8. Portrait. *Ibid.* 1834. 16. Portrait. (3e édition.)
Akermann (Johann Stephan). N. Wolf von Rippertschwand. *Luzern.* 1846. 8.

Wolf (Philipp Jacob),
jurisconsulte allemand (18 avril 1603 — 19 avril 1681).
Treuer (Gotthilf). Concio funebris et curriculum vitæ
P. J. Wolfii, una cum Joannis SIMONIS programmate
funebri. *Frf.* 1681. 4. (*D.*)

Wolf (Philipp Wilhelm),
jurisconsulte allemand († 9 avril 1822).
Zum Gedächtniss des Herrn P. W. Wolf, weiland königlichen Superintendenten und Oberpredigers zu Treb-
bin. *Berl.* 1822. 8.

Wolfe (Charles),
théologien anglais (1791 — 21 février 1823).
Russell (John A...). Remains of the late Rev. C. Wolfe,
curate of Donoughmore, diocese of Armagh, with a
brief memoir of his life. *Dubl.* 1825. 2 vol. 12. (*Oxf.*)
Lond. 1846. 12. (9e édition.)

Wolfe (James),
général anglais (15 janvier 1726 — 13 sept. 1759).
Life and correspondence of general J. Wolfe. *Lond.* 1827.
2 vol. 8. (Non mentionné par Lowndes.) — (*Oxf.*)

Wolff (Christian, Freiherr v.),
philosophe allemand (24 janvier 1679 — 19 avril 1754).
Wolff (Christian). Ausführliche Nachricht von seinen
eigenen Schriften, die er in deutscher Sprache von den
verschiedenen Theilen der Weltweisheit herausgegeben. *Frf.* 1733. 8. (*D.*) Publ. avec une dissertation
sur Wolff, par Heinrich WUTTKE. *Leipz.* 1841. 8. (*L.*)
Ludovici (Carl Günther). Ausführlicher Entwurf einer
vollständigen Historie der Wolfischen Philosophie.
Leipz. 1737-38. 3 vol. 8. (*D.* et *L.*)

(**Baumeister**, Christian Friedrich). Vita, fata et scripta C. Wolfii, philosophi. *Lips. et Vratisl.* 1759. 8. (*L.*)

— — De C. Wolfii educatione, studiis juvenilibus, vitaque scholastica memorabilia quædam necdum edita. *Gorlic.* 1754. 8.

Stiebritz (Johann Friedrich). Kurzgefasste Nachricht von C. Freiherrn v. Wolff's, etc., rühmlichst geführtem Leben und erfolgtem seligen Ende, etc. *Halle.* 1754. 8. Trad. en holland. s. c. t. Leven en zalig afsterven van de baron C. Wolff. *Amst.* 1754. 8.

(**Gottsched**, Johann Christoph). Historische Lobschrift auf C. Wolff. *Halle.* 1755. 4. (*D. et L.*) Trad. en holland. s. c. t. Leven van de baron C. Wolff. *Amst.* 1767. 8. (*Ld.*)

Wolff (Elisabeth),
poëte hollandaise (24 juillet 1738 — 5 nov. 1804).

Konijnenburg (Jan). Lofrede op E. Wolff, geb. Bekker, en Agatha Deken. *Amst.* 1805. 8. (*Ld.*)

Wolff v. Todtenwart (Johann Jacob),
diplomate allemand (28 août 1585 — ... 1655).

Kaiser (Albrecht Christoph). Leben des Herrn J. J. Wolff von und zu Todtenwart, comitis palatini, kaiserlichen und hessen-darmstädtischen Rathes, der Stadt Regensburg geheimen Consulenten und Syndici, auch westphälischen Friedensgesandten. Beitrag zur Geschichte des dreissigjährigen Krieges. *Regensb.* 1789. 8. (*D. et L.*)

Wolff (Marc François Jérôme, baron),
général alsacien (4 mars 1776 — ...).

Lestrées (H... de). Le lieutenant général baron Wolff. *Par.* 1842. 8: (Extrait de la *Revue générale biographique, politique et littéraire.*)

Wolffgang ou **Wolfgang** (Saint),
évêque de Ratisbonne († 31 oct. 994).

Leben des heiligen Regenspurger Bischoffs Wolffgangi. *Ingolst.* 1613. 8.

Sulzbeck (Franz Xaver). Leben des heiligen Wolfgang, Bischofs und Hauptpatrons des Bisthums Regensburg. *Regensb.* 1844. 8.

Wolfgang,
duc d'Anhalt (1er août 1492 — 1508 — 23 mars 1566).

Hausmann (Carl Friedrich). Wolfgang, Fürst zu Anhalt, Mitbegründer der evangelischen Kirchenverbesserung. *Zerbst.* 1817. 8.

Krummacher (Friedrich Adolph). Fürst Wolfgang zu Anhalt; geschichtliche Reformationspredigt. *Dessau.* 1820. 8. (*D. et L.*)

Wolfgang,
duc de Deux-Ponts (... — 1532 — 1559).

Bachmann (Johann Heinrich). Herzogs Wolfgang zu Zweibrüken Kriegsverrichtungen. *Mannh.* 1769. 8.

Schlichtegroll (Nathanael v.). Herzog Wolfgang von Zweibrücken und Neuburg, als staatsrechtlich und geschichtlich bedeutsamer Stammvater des bayerschen Königshauses, etc. *Münch.* 1850. 8. Portrait.

Déclaration et protestation du très-illustre prince Wolfgang, comte palatin du Rhin, et des causes qui l'ont meu à venir en France au secours des Huguenots, s. l. 1569. 8.

Wolfgang Maria,
abbé d'Alderspach.

Wiest (Stephan). Programmata II de Wolfgango Maria, abbate Alderspacensi, ordinis Cisterciensis. *Ingolst.* 1789. 4.

Wolffhardt (Paul Philipp),
jurisconsulte allemand (25 janvier 1699 — ... 1759).

Plitt (Johann Jacob). Die gesegnete Verbindung der Gottesgelehrsamkeit mit der Rechtsgelehrsamkeit. Trauerrede bey Beerdigung P. P. Wolffhardt's, der Rechte Doctors und Professors zu Rinteln. *Rinteln.* 1759. 4.

Wolframsdorf (Hermann v.).

Schwarz (Christian Gottlieb). Panegyricus H. de Wolframsdorf, heroi in toga maximo, dictus. *Witteb.* 1705. Fol. (*L.*)

Wolke (Christian Heinrich),
philologue allemand (21 août 1741 — 8 janvier 1825).

Hasselbach (Johann Peter). Lebensgeschichte des kaiserlich russischen Hofraths, etc., C. H. Wolke. *Aachen.* 1826. 8. Portrait.

Wolkenbach (Oswald v.).

Weber (Beda). Oskar von Wolkenbach und Friedrich mit der leeren Tasche, in eilf Büchern. *Innsbr.* 1850. 4.

Wollaib (Johannes),
peintre allemand (31 août 1684 — 3 déc. 1728).

Hartenstein (Johann Friedrich). Leichenpredigt bei dem Tode J. Wollaib's. *Ulm.* 1726. 4.

Wollaston (William Hyde),
physicien anglais (1766 — 1828).

Moll (Geraard). De dood van Dr. W. H. Wollaston, s. l. et s. d. (*Amst.*) 8. (*Bx.*)

Wolle (Christoph),
théologien allemand (26 janvier 1700 — 6 juillet 1761).

(**Ernesti**, Johann August). Memoria C. Wollii. *Lips.* 1761. Fol. (*L.*)

Wollstonecraft (Mary),
auteur anglaise (27 avril 1759 — 10 sept. 1797).

Godwin (William). Memoir of M. Wollstonecraft. *Lond.* 1798. 8. (*Oxf.*) Trad. en allem. s. c. t. Denkschrift auf M. Wollstonecraft Godwin, etc. *Schnepfenthal.* 1799. 8. (*D.*) Trad. en franç. *Par.* 1802. 12. Portrait. (*P.*)

Wolsey (Thomas),
cardinal-archevêque de York (1471 — 29 nov. 1530).

Storer (Thomas). Life and death of T. Wolsey. *Lond.* 1599. 4. (Poëme historique.)

Cavendish (George). Life of cardinal T. Wolsey. *Lond.* 1641. 4. Portrait. Publ. avec des notes par Samuel Weller SINGER. *Chiswick.* 1825. 2 vol. 12. *Lond.* 1827. 8. Portrait. (*Oxf.*)

(**Hunter**, Joseph). Who wrote Cavendish *Life of Wolsey?* s. l. (*Lond.*) 1814. 4.

Life and death of T. Wolsey. *Lond.* 1667. 12. *Ibid.* 1706. 8. Portrait. (*Oxf.*)

Fiddes (Richard). Life of cardinal T. Wolsey. *Lond.* 1724. Fol. (*Oxf.*) *Ibid.* 1726. Fol.

Grove (Joseph). History of the life and times of cardinal Wolsey, prime minister to king Henry VIII. *Lond.* 1742-44. 4 vol. 8. (*Oxf.*)

Galt (John). Account of the life and administration of cardinal T. Wolsey. *Lond.* 1812. 4. Portrait. *Ibid.* 1817. 8. (*Oxf.*) *Ibid.* 1846. 8. Portrait.

(**Laird**, Francis Charles). Cardinal T. Wolsey and his times, courtly, political and ecclesiastical. *Lond.* 1824. 8. Portrait. *(Oxf.)*

* Publ. s. l. pseudonyme de George HOWARD.

Wolter (Johann),
jurisconsulte allemand.

Seelen (Johann Heinrich v.). Memoria J. Wolteri, J. U. D. et reipublicæ Lubecensis senatoris. *Lubec.* 1720. Fol. (*D.*)

Woltersdorf (Ernst Gottlieb),
théologien allemand (31 mai 1725 — 17 déc. 1761).

Leben und Ehrengedächtniss E. G. Woltersdorf's, evangelischen Lehrers zu Bunzlau. *Bunzl.* 1763. 8.

Woltersdorf (Johann Lucas),
théologien allemand.

Leben J. L. Woltersdorf's. *Berl.* 1772. 8.

Wolterstorp (Joachim),
philologue allemand (vers 1500 — 1554).

Praetorius (Gottschalk). Oratio funebris de J. Wolterstorpio. *Magdeb.* 1554. 8.

Wolzogen (Ludewig van),
théologien hollandais (1632 — 13 nov. 1690).

Lettres sur la vie et la mort de L. de Wolzogen, pasteur de l'église wallonne d'Amsterdam. *Amst.* 1692. 12.

Ysarn (N... N...). L. Wolzogenii apologia parentalis. *Amst.* 1693. 8. (*Ld.*)

Wonder (Pieter Christoffel),
peintre hollandais (10 janvier 1777 — 19 juillet 1852).

Cock (A...). Levensschets van P. C. Wonder; eene bijdrage aan de nagedachtenis van wijlen dien kunstschilder gewijd. *Utrecht.* 1852. 8.

Wonna (Georg),
théologien allemand (20 janvier 1637 — 30 nov. 1708).

Metzger (N... N...). Leichenpredigt auf G. Wonna. *Regensb.* 1708. Fol.

Wood (Anthony a),
biographe anglais (17 déc. 1632 — 29 nov. 1695).

(**Rawlinson**, Richard). Life of Mr. A. a Wood, historiographer of Oxford. *Lond.* 1711. 8. (*Oxf.*)

Life of A. Wood, publ. by Thomas Hearne. *Oxf.* 1772. 8. (*D.* et *Oxf.*)

Wood (William),
théologien anglais (vers 1745 – 1er avril 1808).

Wellbeloved (Charles). Memoirs of the life and writings of the late Rev. W. Wood. *Lond.* 1809. 8. (*Oxf.*)

Woodhull (Nathaniel),
général anglo-américain.

Correspondence, between Henry Onderdonck and James Fenimore Cooper, on the capture and death of general Woodhull. *New-York.* 1848. 8. (Extrait du *Home Journal.*)

Wool (N... N...),
général anglo-américain.

Zachary Taylor and his generals : Wool, Worth and Twiggs. *Philadelph.* 1847. 12.

General Zachary Taylor and his staff, containing biographies of generals Taylor, Worth, Wool, Butler and all the distinguished officiers of the present war with Mexico. *Philadelph.* 1849. 12.

Baylies (Francis). Narrative of major general Wool's campaign in Mexico, in 1846-47-48. *Albany.* 1851. 8.

Woolston (Thomas),
théologien anglais (1669 – 27 janvier 1733).

(**Curll**, Edmond). Life of T. Woolston, with an impartial account of his writings. *Lond.* 1733. 8. (*Oxf.* et *P.*)

Lemker (Heinrich Christian). Historische Nachricht von T. Woolston's Schicksal, Schriften und Streitigkeiten, etc. *Leipz.* 1740. 8. (*D.* et *L.*)

Woog (Carl Christian). Commentatio de vita et scriptis T. Woolstoni. *Lips.* 1744. 4. (*D.*, *L.* et *Oxf.*)

Woolstenholme (John),
théologien anglais.

Sigston (James). Brief memoir of J. Woolstenholme, Wesleyan methodist association minister. *Lond.* 1846. 18. (*Oxf.*)

Woordt (Arij van der),
poète hollandais (3 nov. 1770 – 28 sept. 1794).

(**Bergman**, J... T...). Levensschets van A. van der Woordt, s. l. et s. d. (*Nijmeg.* 1844.) 8. (*Ld.*)

Woracz1czk1,
famille bohème.

Franck v. Franckenstein (Michel Adam). Syntagma historico-genealogicum de ortu atque progressu comitum atque baronum Woracziczkiorum. *Prag.* 1708. Fol.

Worbs (Johann Gottlieb),
historien allemand (7 mai 1760 – 12 nov. 1833).

Nowack (Carl Gabriel). Dr. J. G. Worbs, biographisch dargestellt. *Bresl.* 1854. 8. (*D.*)

Worcester (Noah),
théologien anglo-américain.

Ware (Henry). Life of the Rev. N. Worcester. *Boston.* 1842. (?) 12.

Wordsworth (William),
poète anglais (1770 – 1850).

Wordsworth (Christoph). Memoirs of W. Wordsworth. *Lond.* 1851. 2 vol. 8. Publ. par Henry Reed. *Boston.* 1851. 2 vol. 12.

Worge (Richard Alchorne),
général anglais.

Duke (George). Life of major general R. A. Worge, governor of Senegal in Africa, with an account of the settlements of Senegal and Goree. *Lond.* 1844. 8. (*Oxf.*)

Worm (Willum),
médecin danois (11 sept. 1633 – ... 1704).

Vinding (Povel). Wormiana decora, s. laudatio funebris in obitum W. Wormii. *Hafn.* 1704. Fol. (*Cp.*)

Worms (Aaron),
rabbin juif (vers 1754 – 2 mai 1836).

(**Levy**, Gerson). Nécrologie de M. A. Worms, (grand rabbin de la circonscription consistoriale de Metz). *Strasb.* 1856. 8.

Worth (N... N...),
général anglo-américain.

Zachary Taylor an his generals : Worth, Wool and Twiggs. *Philadelph.* 1847. 12.

General Zachary Taylor and his staff, containing biographies of generals Taylor, Worth, Wool, Butler and all the distinguished officiers of the present war with Mexico. *Philadelph.* 1849. 12.

Worthington (Hugh),
théologien anglais.

Carpenter (B...). Memoirs of the life and ministry of H. Worthington. *Dudley.* 1813. 8. (*Oxf.*)

Wotton (Henry),
littérateur anglais (30 mars 1568 – .. déc. 1639).

Walton (Isaac). Lives of Dr. John Donne, sir H. Wotton, Mr. Richard Hooker, Mr. George Herbert and Dr. Robert Sanderson. *Lond.* 1670. 8. (*D.*) *Ibid.* 1675. 8. Portraits. *Ibid.* 1679. 8. Portrait. (*Oxf.*) With notes and the life of Isaac Walton by Thomas Zoucn. *York.* 1796. 4. *Ibid.* 1807. 8. *Ibid.* 1817. 2 vol. 8. (*Oxf.*) *Lond.* 1825. 8. *Ibid.* 1827. 12.

Wowanus (Christian et David),
pédagogues allemands.

Kopf (Traugott). Leben der sorbischen Lehrer C. und D. Wowanus, oder der Sieg des Glaubens, etc. *Berl.* 1850. 8.

Wrangel (Carl),
général suédois.

Rålamb (Bror Claesson). Sermo panegyricus in funere generalis et comitis C. Wrangel. *Lips.* 1707. 8. (*L.*)

Wrangel (Carl Gustaf),
général suédois (13 déc. 1613 – 24 juin 1676).

Fritz (Johann Christoph). Inscriptio funebris quam mortem illustrissimi comitis C. G. Wrangel, senatoris et archistrategi regii orbi lugendam devotissimo ac humillimo animo exponit. *Holm.* 1681. Fol. (Ecrit en allem. et en latin.)

Wrangel (Friedrich v.),
général allemand (vers 1786 – ...).

Leben, Character und Wirken F. v. Wrangel's, etc. *Berl.* 1849. 8.

Seydlitz (N... N...). Wrangel und der Major Luck. *Berl.* 1854. 8.

Wraxall (Nathaniel William),
historien anglais.

Wraxall (Nathaniel William). Historical memoirs of my own time, from 1772 to 1784. *Lond.* 1815. 2 vol. 8. (*D.*, *Oxf.* et *P.*)
Trad. en allem. *Weimar.* 1816. 8. (*D.*)
Trad. en franç. par René Jean Durdent. *Par.* 1817. 2 vol. 8. (*P.*)

Wray (Daniel),
archéologue anglais (1701 – 29 déc. 1783).

Hardinge (George). Biographical anecdotes of D. Wray. *Lond.* 1816. 8. (*Oxf.*)

Wrchowist (Kunrat Wencelik v.),
chevalier bohème.

Luzky (Melchior). Kazáni pri prohrbu wrozenćho rytire K. W. z Wrchowist. *Praze.* 1604. 4.

Wrede (Carl Caspar, Grefve),
savant suédois (21 juillet 1673 – 11 janvier 1701).

Norlind (Daniel). Concio in funere C. C. Wrede, cubicularii regii. *Holm.* 1701. Fol.

Bellman (Johan Arendt). Justa parentalia piis manibus comitis C. C. Wredhe (!) cubicularii regii, exhibita. *Holm.* 1701. Fol.

Wrede (Carl Philipp, Fürst v.),
feld-maréchal de Bavière (29 avril 1767 – 12 déc. 1838).

Riedel (Wilhelm). C. P. v. Wrede, Fürst und Feldmarschall, nach seinem Leben und Wirken. *Ulm.* 1839. 12. Portrait.

Wrede (Henrik),
homme d'État suédois.

Kryger (Johan Fredrik). Åminnelse-Tal öfver Friherren H. Wrede. *Stockh.* 1759. 8.

Wreden (Carl v.),
jurisconsulte allemand.

Dilthey (Julius Friedrich Carl). Oratio, qua de Wreden et Caroli de Grolmann, etc., memoriam commendavit. *Darmst.* 1829. 4. (*D.*)

Wren (Christopher),
architecte anglais (20 oct. 1632 – 25 février 1723).

Elmes (James). Memoirs of the life and works of sir C. Wren. *Lond.* 1823. 4. Portrait. (*Oxf.*)

Elmes (James). Sir C. Wren and his times, with illustrative sketches and anecdotes. *Lond.* 1852. 8.

Wren (Matthew),
évêque d'Ély (23 déc. 1585 — 24 avril 1667).

Wren (Christopher). Parentalia, or memoirs of the family of Wrens ; viz. of Matthew, bishop of Ely, Christopher, dean of Windsor, etc., but chiefly of sir Christopher Wren, publ. par Joseph Ames. *Lond.* 1750. Fol. (*Oxf.*)

Wright (Andrew),
publiciste anglo-américain.

Trial of A. Wright, printer of the *Republican Spy,* for a libel against governor Strong, before chief justice Parsons, at Northampton. *Northampt.* 1806. 8.

Wright (Peter),
jésuite anglais († 20 mai 1615).

R. P. P. Writi sacerdotis Angli e societate Jesu mors, quam ob fidem passus est, etc., s. l. et s. d. (*Lond.* 1651.) 12. Portrait.

Wright (Silas),
gouverneur de New-York.

Hammond (Jabez D...). Life and times of S. Wright, late governor of the State of New-York. *Syracuse* (*Amérique*). 1848. 8.
Jenkins (John S...). Life of S. Wright. *Auburn.* 1849. 12.

Wttewaal (Gerard),
jurisconsulte hollandais (1776 — vers 1838).

Thorbecke (J... R...). Levensschets van den hoogleeraar G. Wttewaal. *Haarl.* 1858. 8.

Wucherer (Johann Friedrich),
théologien allemand (4 août 1682 — 6 février 1736).

(**Hallbauer**, Friedrich Andreas). Programma funebre in obitum J. F. Wuchereri, professoris theologiæ. *Jenæ.* 1736. 4.

Wuelfer (Daniel),
théologien allemand (3 juillet 1617 — 11 mai 1685).

Muehldorf (Andreas). Leichpredigt auf Herrn D. Wuelfer, Prediger zu Sanct-Lorenzen, etc. *Nürnb.* 1685. 4.

Wuelfer (Johann),
orientaliste allemand (7 juin 1651 — 3 sept. 1724).

Pfitzer (Johann Jacob). Leichpredigt auf Herrn J. Wuelfer, Prediger und Professor. *Nürnb.* 1725. Fol.

Wuertz (George Christophe),
médecin-philanthrope français (1756 — 9 sept. 1823).

Quelques notes biographiques sur M. le docteur Wurtz. *Par.* 1823. 8. *
* On y trouve l'oraison funèbre prononcée par le pasteur Boissard.

Hackenschmidt (Christian). Vater Wuertz, der Stifter der Neuhof-Anstalt. *Strasb.* 1847. 18.

Wuertz (Jean George),
libraire français, frère du précédent (8 déc. 1768 — 28 avril 1841).

Notice sur J. G. Wuertz, libraire-éditeur, chevalier de la Légion d'honneur. *Par.* 1845. 8. (*P.*)

Wulfen (Franz Xaver, Freiherr v.),
naturaliste allemand (5 nov. 1728 — 17 mars 1805).

Kunitsch (Michael). Biographie des F. X., Freiherrn v. Wulfen. *Wien.* 1810. 4. Portrait.

Wulfran (Saint),
archevêque de Sens et patron d'Abbeville († 20 mars 720).

Delétoille (François Georges). Éloge de S. Wulfran. *Par.* 1808. 4.

Wullenweber (Jürgen),
bourgmestre de la ville de Lubeck
(vers 1493 — écartelé le 24 sept. 1537).

Altmeyer (Jean-Jacques). Du rôle politique des Pays-Bas dans les révolutions du Nord à l'époque du célèbre bourgmestre G. Wullenwewer (sic!). *Gand.* 1842. 8. (Extrait du *Messager des sciences historiques.*)

Wulveringen (Heribert de).

Riquart Blavoet et H. de Wulferingen. *Bruges.* 1847. 8. (*Ld.*)

Wunderlich (Johann),
philosophe allemand (18 février 1708 — 10 juin 1778).

Giseke (Paul Dietrich). Memoria J. Wunderlich, professoris Hamburgensis. *Hamb.* 1778. Fol. (*D.*)

Wunibald (Saint),
fils de Richard I, roi d'Angleterre.

Stengel (C...). Vita S. Wunibaldi abbatis et confessoris. *Aug. Vind.* 1612. 4.
* Cet ouvrage, fort rare, est omis par Lowndes.

Wunster (August Erdmann),
théologien allemand (7 janvier 1764 — 16 sept. 1837).

Wunster (August Erdmann). Autobiographie, mit einem Nachtrage zum Druck befördert von Carl Gabriel Nowack. *Bresl.* 1857. 8. Portrait.

Wurfbain (Johann Heinrich),
théologien (?) allemand.

Pertsch (Johann Georg). Leichenpredigt auf Dr. J. H. Wurfbain. *Baireuth.* 1694. 4.

Wurfbain (Johann Paul),
médecin allemand (14 déc. 1655 — 12 janvier 1711).

Reusch (Erhard). Memoria J. P. Wurfbainii, comitis palatini, etc. *Altorf.* 1711. 4.

Wurfbain (Leonhard),
jurisconsulte allemand (17 avril 1581 — 1er oct. 1654).

Ruprecht (Tobias). Leichenpredigt auf Herrn Doctor und Consul L. Wurfbain. *Nürnb.* 1655. 4.
Moller (Daniel Wilhelm). Disputatio circularis de L. Wurfbainio. *Altorf.* 1710. 4. (*L.* et *Lv.*)

Wurmser (Dagobert Siegmund, Graf v.),
général autrichien (22 sept. 1724 — 21 août 1797).

(**Donauer**, Georg Friedrich). Kurze Lebensbeschreibung des k. k. Generals Grafen v. Wurmser, s. l. 1778. 8. (*D.*)

Wurmser (Philipp Jacob).

Obrecht (Ulrich). Programma ad funus P. J. Wurmseri. *Argent.* 1676. 4.

Wurst (Raimund Jacob),
pédagogue allemand.

(**Hoegg**, G... H...). R. J. Wurst ; biographische Skizze. *Reutling.* 1846. 8. Portrait.

Wurtz (Adolphe),
savant français.

Notice sur les travaux scientifiques de M. A. Wurtz. *Par.* 1852. 4.

Wyatt (Thomas),
conspirateur anglais (exécuté le 11 avril 1554).

Proctor (John). History of Wyate's rebellion. *Lond.* 1555. 16.

Wyermann, voy. **Weyermann.**

Wykeham (William of),
évêque de Winchester (1324 — 1404).

Historica descriptio complectens vitam ac res gestas beatissimi viri Gulielmi Wicami, quondam Vintoniensis episcopi et Angliæ cancellarii et fundatoris duorum collegiorum Oxoniæ et Vintoniæ. *Oxon.* 1597. 4. *Ibid.* 1690. 4. *
* Attribué à Thomas Martin.

Lowth (Robert). Life of William of Wykeham, founder of Winchester and new colleges. *Lond.* 1758. 8. *Ibid.* 1759. 8. *Oxf.* 1777. 8. (*Oxf.*)
Uvedale (Robert). Examination of bishop (Robert) Lowth's objections to the account given by Leland of the parentage and education of William of Wykeham. *Lond.* 1801. 8. (*Oxf.*)

Wijn (Henrik van),
homme d'État hollandais.

Jonge (J... C... de). H. van Wijn, als geleerde en staatsman geschetst. *S'Hage* et *Amst.* 1842. 8. Portrait. (*Bx.* et *Ld.*)
Chys (P... O... van der). Levensschets van Mr. H. van Wijn, s. l. et s. d. (*Nijmeg.* 1843.) 8. (*Ld.*)

Wynants (Goswin de),
jurisconsulte belge (19 oct. 1661 — 8 mars 1732).

Bavay (Charles de). G. de Wynants, conseiller de Brabant. Discours, etc. *Brux.* 1847. 8.

Wynblad (Johan),
homme d'État suédois.

Skoug (Olaus Jonæ). Concio funebris in obitum D. J. Wynblad, regiæ majestatis secretarii. *Holm.* 1659. 4.

Wyndham, voy. **Windham** (William).

Wijnpersse (Dionysius van de),
philosophe hollandais (1724 — 8 oct. 1808).

Levensschets van professor D. van de Wijnpersse. *Amst.*

1814. 8. (Extrait du journal *Kunst- en Letterbode*.)
Clarisse (Jan). Iets over den wijsgeer D. van den Wijn-persse, s. l. et s. d. 8.

Wyttenbach (Daniel).
théologien suisse (1706 — 29 juin 1779).

Curtius (Michael Conrad). Memoria D. Wyttenbachii. *Marb*. 1779. 4. (*D*. et *L*.)

Bang (Johann Christian). Elogium D. Wyttenbachii. *Bern*. 1781. 8. (*D*. et *L*.)

Wyttenbach (Daniel),
philologue suisse, fils du précédent (7 août 1746 — 17 janvier 1820).

Mahne (Wilhelm Leonhard). Vita D. Wyttenbachii. *Lugd. Bat*. 1823. 8. (*Ld*. et *P*.) Publ. par Friedrich Traugott FRIEDEMANN. *Brunsvig*. 1825. 8. (*Oxf*.)

X

Xaintonge (Anne de),
fondatrice des ursulines en Franche-Comté († 8 juin 1621).

Grosez (Jean Étienne). Vie de la mère A. de Xaintonge, fondatrice de la compagnie de Sainte-Ursule dans le comté de Bourgogne. *Lyon*. 1681. 8. (*P*.) *Ibid*. 1691. 8. (*Bes*.) *Ibid*. 1697. 8. *Ibid*. 1831. 12.

Arnoulx (Claude Bon). Vie d'A. de Xaintonge, fondatrice des ursulines en Franche-Comté. *Avign*. 1755. 12. *Lyon*. 1837. 12. (*Bes*.)

Xanthus de Lydie,
philosophe grec.

Beaumont (Francesco de). Memoria sopra Xanto, Aris-tossene e Stesicoro. *Palerm*. 1835. 8.

Xavier (Saint François),
apôtre des Indes (7 avril 1506 — 2 déc. 1552).

Torsellini (Horazio). De vita Francisci Xaverii, qui primus e societate Jesu in India et Japonia evangelium promulgavit libri VI. *Rom*. 1594. 8. (*P*.) *Ibid*. 1596. 8. Portrait. *Leod*. 1597. 8. (*Bes*.) *Lugd*. 1607. 8. *Rom*. 1614. 4. *Ibid*. 1616. 4. *Antw*. 1616. 8. *Monach*. 1627. 16. *Aug. Vind*. 1797. 8.
Trad. en allem. *Münch*. 1615. 4.
Trad. en angl. par T... F... *Lond*. 1632. 4. Portrait.
Trad. en franç. :
Par Martin CHRISTOPHE. *Douai*. 1608. 8.
Par Michel COISSARD. *Lyon*. 1612. 8.

(**Lucena**, João de). Vida do P. M. Francisco de Xavier. *Lisb*. 1600. Fol. *Ibid*. 1788. 4 vol. 8.
Trad. en espagn. *Sevilla*. 1619. 4.
Trad. en hongr. par Moyzes LESTYÁN. *Kassau*.1759. 4.
Trad. en ital. :
Par Guglielmo TERTUGLIELMI. *Firenz*. 1612. 4.
Par Ludovico MANSONI. *Rom*. 1615. 4.

Petracci (Bartolommeo). Vita del B. Francesco Xaverio, raccolta da' diversi autori. *Messin*. 1605. 4.

Ferus (Georg). Vita S. Ignatii Loyolæ et S. Francisci Xaverii. *Prag*. 1617. 12. *Ibid*. 1629. 12.

Sandoval (Alonso de). Vida de S. Francisco Xavier. *Salamanc*. 1619. 4.

Magnanini (Ottavio). Vita del B. Francesco di Xavier, della compagnia di Giesù. *Ferrar*. 1620. 8. (Très-rare.)

(**Gessius**, Hieronymus). Vita Francisci Xaverii. *Ferrar*. 1620. 4.

Sopranio (Giovanni Girolamo). Compendio della vita di Francesco Xaverio. *Rom*. 1622. 8.

Lopes (Francisco). Feitos heroicos y milagres do S. Xavier. *Lisb*. 1622. Fol.

Binet (Étienne). Vie de S. Ignace et de S. François Xavier, des BB. Louis de Gonzague et Stanislas Kotska. *Par*. 1622. 12.

Balinghem (Antoine de). Abrégé de la vie de S. François Xavier. *Douai*. 1622. 12.

Villacastin (Tomas de). Apostolica vida, virtudes y milagros del S. padre y maestro Francisco Xaverio. *Barcelon*. 1622. Trad. en portug. *Lisb*. 1627. 8.

Gomes (Andre). Relaçaõ das festas da canonizaçam de S. Ignacio de Loyola e S. Francisco de Xavier. *Lisb*. 1623. 8.

Berka (Zdislaus). De laudibus S. Francisci Xaverii (et duorum imperatorum Ferdinandi II et Ferdinandi III). *Olomuc*. 1629. 4.

Avia da Castro (Fernando). Compendio da vida de S. Francisco Xavier. *Lisb*. 1630. 8.

Monteiro (Manoel). Compendio da vida do S. Francisco Xavier. *Lisb*. 1650. 12. *Ibid*. 1652. 16.

Certani (Giacomo). Vita di S. Francesco Xaverio, apostolo dell' Indie. *Bologn*. 1649. 4.

Angelus (Arnould). Oratio de S. Francisco Xaverio. *Pragæ*. 1657. 4.

Toscano (Isidoro). Vita di S. Francesco Saverio. *Rom*. 1658. 4.

Silva (Antonio da). Sol do Oriente : S. Francisco de Xavier. *Lisb*. 1665. 12.

Bartoli (Daniele). De vita et rebus gestis S. Francisci Xaverii. *Lugd*. 1666. 4.

Kastel (Georg). Compendium vitarum S. P. Ignatii et Francisci Xaverii. *Prag*. 1667. 12.

Bussières (Jean de). Vie de François de Xavier, apôtre des Indes, de la compagnie de Jésus. *Lyon*. 1671. 12.

Garcia (Francisco). Vida de S. Francisco Javier. *Madr*. 1672. 4. *Toledo*. 1673. 4.

Libertin (Carl). Divus Franciscus Xaverius Indiarum apostolus elogiis illustratus. *Prag*. 1675. 8.

Bouhours (Dominique). Vie de S. François Xavier, apôtre des Indes et du Japon. *Par*. 1682. 4. *Ibid*. 1693. 4. *Par*. 1754. 2 vol. 12. (*Bes*.) Augm. de quelques opuscu-les, etc., par François Xavier de F(ELLER). *Liège*. 1788. 2 vol. 12. *Avign*. 1817. 8. *Lyon*. 1821. 8. *Par*. 1825. 2 vol. 12. *Ibid*. 1826. 2 vol. 12. Portrait. *Tours*.1850. 12.
Trad. en allem. *Frf*. 1850. 8.
Trad. en angl. par John DRYDEN. *Lond*. 1688. 8.

Frizon (Léonard). Xaverius thaumaturgus. Panegyri-cum poema, cum operibus XV historicis, oratoriis, theologicis de sancto Indiarum apostolo. *Burdig*.1684. 8.

Alberti (Domenico Stanislao). L' apostolo taumaturgo dell' Oriente, S. Francesco Saverio, della compagnia di Giesù, riverito da suoi divoti, etc. *Palerm*. 1704. 24.

Vulcano (Niccolò). Panegirico di S. Francesco Saverio. *Benevent*. 1707. 4.

Menschengen (Ferdinand Gabriel Joseph Franz v.). Cultus S. Francisci Xaverii, e societate Jesu, Indiarum apostoli ac orbis thaumaturgi, in annos, menses, heb-domades ac dies distributus. *Vienn*., s. d. (1715.) 12.
— — Vir desideriorum, S. Franciscus Xaverius, India-rum et Japoniæ apostolus, panegyrica dictione propo-situs, s. l. et s. d. 12.

Massei (Giuseppe). Vita di S. Francesco Saverio della compagnia di Gesù, apostolo dell' Indie. *Firenz*. 1701. 4. *Venez*. 1723. 8. Portrait.

Bellati (Antonio Francesco). S. Francesco Saverio chia-mato da Dio a vita più perfetta. *Piacenz*. 1729. 12. *Venez*. 1730. 12.

Freire (Francisco Jozé). Elogio de D. Francisco Xavier. *Lisb*. 1742. 4.

Esterházy (Pál). Válaszſott edény, az az : Xavier Szent Ferentz, kinek apostoli méltóságat, etc. *Pesth*. 1759. 4.

Pletrich (Emmerich). Panegyricus Divo Francisco Xa-verio dictus. *Tyrnav*. 1760. 12.

Obermueller (Leopold).Lobrede auf den grossen hei-ligen Indianischen Apostel Franciscus Xaverius, da selben im Jahre 1767 zu Ofen als Stadt Ofen als ihren er-klärten Schutzherrn wider die ansteckende Seuche, etc., verehrte. *Ofen*. 1767. 4.

Keglevits (György). Panegyricus S. Francisco Xaverio dictus. *Tyrnav*. 1771. 12.

Crammer (Anton de). Leben des heiligen Franz Xa-verius, Indianer- und Japanescr-Apostels. *Münch*. 1780. 4.

Crauer (Franz Regis). Das Apostelamt des heiligen Franz Xavier. *Basel*. 1780. 8.

Fatti più rimarchevoli della vita di S. Francesco Xaverio,

della compagnia di Gesù. *Rom.* 1793. 8. (Ouvrage orné de 24 planches gravées en taille douce.)

Breitenbach (Caspar Wolfgang). Lob- und Sittenrede auf den grossen Indianer-Apostel Franz Xaver. *Augsb.* 1795. 8.

Xuares (Gasparo). Vida iconologica del apostol de las Indias S. Francisco Xavier. *Rom.* 1798. 8.

Dewora (Victor Joseph). Ignaz v. Loyola und Franz v. Xavier, oder die wahre Denk- und Handlungsweise der Jesuiten. *Trier.* 1816. 8.

Bianchi (Giuseppe). Vita, virtù e meraviglie di Francesco Saverio. *Milan.* 1823. 8.

Cerny (Josef). Zivot svátého Franzisco Xaverského, apostola indyckého. *Gitschin.* 1827. 8.

Raybois (Charles). Vie de S. François Xavier, apôtre des Indes et du Japon. *Nancy.* 1838. 32.
Leben des heiligen Franz Xaver und des heiligen Franz v. Sales, etc. *Schweidnitz.* 1840. 12. Portrait.

Meer-Kuffeler (F... C... van der). Leven van Franciscus Xaverius, bijgenaamd Apostel van Indië, medeoprigter der Jesuiten-Orde. *Leyd.* 1842. 8. Portrait.

Reithmeier (Wilhelm). Leben des heiligen Franz Xaver, Apostels von Indien und Japan. *Schaffh.* 1846. 8.

Croiset (Jean). Abrégé de la vie de S. François Xavier, (publ. par Edouard TERWECOREN). *Brux.* 1851. 18.

Poussines (Pierre). De anno natali S. Franciscii Xaverii dissertatio. *Insulis.* 1680. 12. (3e édition.)

Xavier, prince de Saxe.

Guignard (Philippe). Rapport sur les papiers de S. A. R. le prince Xavier de Saxe, conservés dans les archives du département de l'Aube. *Dijon.* 1853. 4.

Xénocrate de Chalcédoine,
philosophe grec (vers 395 — 314 avant J. C.).

Wijnpersse (Dionysius van de). Diatribe de Xenocrate Chalcedonio, philosopho academico. *Lugd. Bat.* 1822. 8. (*D.* et *Ld.*)

Xénophane de Colophon,
philosophe grec (617 — vers 515 avant J. C.).

Feuerlin (Jacob Wilhelm). Dissertatio historico-philosophica de Xenophane. *Altorf.* 1729. 4.

Buhle (Johann Gottlieb). Commentatio de ortu et progressu pantheismi inde a Xenophane Colophonio, primo ejus auctore, usque ad Spinozam. *Goetting.* 1790. 4. (*D.*)

Xénophon,
historien, philosophe et général grec (vers 450 — 356 avant J. C.).

Creuzer (Georg Friedrich). Programmata II de Xenophonte historico. *Lips.* 1799. 8. (*L.*)

Hacken (Johann Christian Ludwig). Xenophon und die zehntausend Griechen ; historischer Versuch. *Magdeb.* 1803. 8.

Krueger (Carl Wilhelm). Quæstio critica de Xenophontis vita. *Halæ.* 1823. 8. (*D.* et *L.*)

Nobbe (Carl Friedrich August). Vita Xenophontis e Diogene Laertio additis adnotationibus. *Lips.* 1825. 8. (*D.* et *L.*)

Xénophon d'Éphèse,
romancier grec.

Peerlkamp (Pieter Hofmann). Oratio de Xenophonte Ephesio. *Harlem.* 1806. 8. (*Ld.*)

Xerxès,
roi des Perses (522 — 486 avant J. C.).

Artopaeus (Johann Christoph). Dissertationes II ad Justini epitomatoris Trogi libri XXVI, cap. 3, 8, quibus demonstratur Xerxen, decantatissimum Medorum re-

gem eundem esse cum Nabuchodonosore. *Argent.* 1688. 4.

Artopaeus (Johann Christoph). Diatriba historica de Xerxe, Nebucadnezare et Cyro minore, liberatore Judæorum. *Argent.* 1689. 4.

Rosenberg (Johann). Programma de tribus Persarum regibus, Cambyse, Dario Hystaspe et Xerxe. *Budiss.* 1690. 4.

Hussel (Christian Johann Ludwig). Xerxes des Grossen, Königs der Perser, Leben, Thaten und Ende. *Leipz.* 1816. 8. * (*L.*)
* Histoire satirique de Napoléon le Grand.

Ximenes de Cisneros (Francisco),
archevêque de Tolède (3 sept. 1437 — 8 nov. 1517).

Castro (Alvaro Gomez de). De vita et rebus gestis F. Ximenii Cisnerii, archiepiscopi Toletani libri VIII. *Complut.* 1569. Fol. Publ. par Johann SAMBUCUS. *Frf.* 1581. Fol. *Ibid.* 1603. Fol.

Robles (Eugenio de). Compendio de la vida y hazañas del cardenal D. F. Ximenes de Cisneros. *Toled.* 1604. 4. (*Oxf.*)
Histoire du cardinal de Ximenès. *Par.* 1631. 8. (*P.*)

Baudier (Michel). Histoire de l'administration du cardinal Ximenès. *Par.* 1635. 4. (*D.*, *Oxf.* et *P.*) Trad. en angl. par William VAUGHAN. *Lond.* 1671. 8.

Pardo (Manuel). Oratio in anniversario F. Ximenii, cardinalis archiepiscopi Toletani. *Compluti.* 1641. 4.

Quintanilla y Mendoza (Pedro de). Archetypo de virtudes ; espejo de prelados, vida y prodigios del venerable padre y siervo de Dios Fray F. Ximenes de Cisneros. *Palerm.* 1653. Fol. Portrait.
Panegyricos del cardenal de Cisneros. *Rom.* 1654. 4.

Fléchier (Esprit). Histoire du cardinal Ximenès. *Par.* 1693. 4. (*P.*) *Amst.* 1693. 12. (*D.*) *Par.* 1694. 2 vol. 12. (*Lv.*) *Anvers.* 1700. 4 ou 2 vol. 12.
Trad. en allem. par Peter FRITZ. *Würzb.* 1828. 8.
Trad. en espagn. *Zarag.* 1696. 4. *Lione.* 1712. 8. *Madr.* 1775. 4.
Trad. en ital. *Venez.* 1721. 2 vol. 8.

Marsollier (Jacques). Histoire du ministère du cardinal de Ximenès, archevêque de Tolède et régent d'Espagne. *Toulouse.* 1694. 8. Portrait. *Ibid.* 1695. 2 vol. 12. *Par.* 1704. 2 vol. 12. (*P.*) *Ibid.* 1739. 2 vol. 12. (*P.*)

Richard (René). Parallèle du cardinal Ximenès et du cardinal de Richelieu. *Trevoux* (*Par.*) 1704. 12. (*P.*) *Rotterd.* 1705. 12. *Amst.* 1716. 12.
Marsollier découvert et confondu dans ses contradictions écrivant l'histoire du cardinal Ximenès, s. l. (*Par.*) 1708. 12. (*P.*)
Historie von dem Staatsministerio des Cardinals Ximenes. *Hamb.* 1719. 8. (*L.*)
Don F. Ximenes, oder Schilderung der Unternehmungen, des Nationalcharacters und der Sitten der Spanier unter der Staats-Verwaltung des Cardinals Ximenes. *Leipz.* et *Liegnitz.* 1796. 8. (*D.* et *L.*)

Barret (Benjamin). Life of cardinal Ximenes. *Lond.* 1813. 8. (*Oxf.*)

Hefele (Carl Joseph). Der Cardinal Ximenes und die kirchlichen Zustände am Ende des fünfzehnten und zu Anfange des sechszehnten Jahrhunderts. *Tübing.* 1844. 8.

Havemann (Wilhelm). F. Ximenes. *Goetting.* 1848. 8. (*L.*)

Ximenes (Leonardo),
astronome italien (27 déc. 1716 — 3 mai 1786).

Brenna (Luigi). Elogio storico di L. Ximenes. *Bologn.* 1791. 8.

Y

Yates (William),
théologien anglais.

Hoby (James). Memoir of W. Yates, D. D. of Calcutta, with an abridgment of his *Life of William Henry Pearce.* *Lond.* 1847. 8. (*Oxf.*)

Yazolo (Francesco),
prêtre italien.

Bertrandi (Guglielmo). Vita del servo di Dio F. Yazolo,

prete della congregazione dell' oratorio di S. Filippo Neri di Fossano. *Fossan.* 1844. 8.

Yolanthe.

Wilthemius (Alexander). Vita venerabilis Yolandæ, priorissæ ad Mariæ Vallem in ducatu Luciliburgensi, cum appendice de Margarita, Henrici VII imperatoris sorore. *Antw.* 1674. 8.

York,
dynastie anglaise.

Hall (Edward). The union of the two noble and illustrate families of Lancastre and York. *Lond.* 1548. Fol. *Ibid.* 1550. Fol. * Réimpr. s. c. t. Chronicle containing the history of England during the reign of Henry IV and the succeding monarchs to the end of the reign of Henry VIII. *Lond.* 1809. 4. (*Oxf.*)
* Cette édition fut prohibée par décret du parlement d'Angleterre.

Biondi (Giovanni Francesco). Historia delle guerre civili d'Inghilterra tra le due case di Lancastro e York, doppo Richardo II sin' all' Arrigo VII (1399-1483). *Venez.* 1637-47. 3 vol. 4.
     Trad. en allem. par Wilhelm v. STUBENBERG. *Nürnb.* 1650-56. 2 vol. 4.
     Trad. en angl. par Henry of MONMOUTH. *Lond.* 1641-46. 2 vol. Fol. (*Oxf.*)

Rosemont (Jean Baptiste **Dumesnil** de). Histoire des guerres civiles d'Angleterre entre les maisons de Lancastre et de York. *Amst.* 1690. 2 vol. 12. * (*P.*)
* Traduction abrégée de l'ouvrage précédent.

Roberts (Emma). Memoirs of the rival houses of York and Lancaster, historical and biographical. *Lond.* 1827. 2 vol. 8. Portrait d'Elisabeth de York. (*Oxf.*)

York and Albany (Frederik, duke of),
deuxième fils de George III, roi d'Angleterre
(16 août 1763 — 5 janvier 1827).

Scott (Walter). Memoirs of the duke of York. *Lond.* 1828. 2 vol. 8. (*Oxf.*) Trad. en allem. s. c. t. Skizze, etc. *Stuttg.* 1828. 8. (*D.*)

Kaestner (Abraham Gotthelf). Nachricht von dem, was bei Anwesenheit des Herzogs von York (in Göttingen) vorgegangen. *Götting.* 1763. 4. (*D. et L.*)

York (Henry **Stuart,** duke of),
cardinal-évêque de Frascati (6 mars 1752 — 10 juin 1807).

Mastrofini (Marco). Orazione per la morte di E. cardinale denominato duca di Yorch (!), decano del sacro collegio e già vescovo di Frascati. *Rom.* 1807. 8.

York v. Wartenburg (Hans David Ludwig, Graf),
feld-maréchal de Prusse (26 sept. 1759 — 4 oct. 1830).

Hauptmomente aus dem Leben des Grafen York v. Wartenburg, königlich preussischen General-Lieutenants. *Ilmenau.* 1832. 8. (*L.*)

Droysen (Johann Gustav). Leben des Generals York. *Berl.* 1851. 2 vol. 8. Portrait.

Young (J...).
(**Bazzini**, Carlo). Cenni necrologici e biografici intorno a P. J. Young. *Vienn.* 1829. 4.

Young (Thomas),
archéologue anglais (13 juin 1773 — 10 mai 1829).

Memoirs of the life of T. Young, with a catalogue of his works and essays. *Lond.* 1831. 8. (*Oxf.*)

Young (William John).
Young (major). Memoir of his son W. J. Young. *Bath.* 1843. 8. (*Oxf.*)

Youville (N... N... d'),
religieuse française.

Vie de madame d'Youville, fondatrice des sœurs de la Charité de Villemarie, dans l'ile de Montréal, en Canada. *Villemarie (Tours).* 1853. 52.

Ypsilantis (Constantin),
homme d'État grec (vers 1760 — 27 juillet 1816).

Ypsilanti (des jetzigen Bürgers und Nachkommen des letzten christlichen Kaisers Constantin) Thaten und wichtige Schicksale, etc. *Leipz.* 1797. 8. (*L.*)

Yriarte (Juan de),
littérateur espagnol (15 déc. 1702 — 23 août 1771).

Noticias de la vida y literatura de D. J. de Yriarte, s. l. et s. d. 8. Portrait. (*Cp.*)

Yriarte (Tomas de),
poëte espagnol (vers 1750 — vers 1791).

Pignatelli (Carlos). Elogio historico de D. T. Yriarte. *Madr.* 1791. 8.

Ytasse (Alexandrine).
Notice sur la mort d'A. Ytasse, orpheline de la maison de la Providence. *Par.* 1846. 8.

Ythier (Saint),
évêque de Nevers.

Vie de S. Ythier, évêque de Nevers. *Bourges.* 1657. 8.

Yvan (Antoine),
fondateur des religieuses de Notre-Dame de la Miséricorde
(10 nov. 1576 — 8 oct. 1653).

Gondon (Gilles). L'imitateur de Jésus-Christ en la vie du R. P. A. Yvan, prêtre, instituteur de l'ordre de Notre-Dame de la Miséricorde. *Par.* 1662. 4. (*P.*)

Macé (Jean). Le vrai serviteur de Dieu, ou éloge du R. P. A. Yvan, prêtre provincial, fondateur des religieuses de la Miséricorde. *Par.* 1654. 12. *Ibid.* 1657. 12. (*P.*) *Ibid.* 1678. 12. *
* Publ. s. l. nom de LÉON DE SAINT-JEAN.

Montis (N... N... de). Vie du R. P. A. Yvan. *Par.* 1787. 12. (*P.*)

Yvart (Jean Auguste Victor),
agronome et vétérinaire français († 19 juin 1831).

Silvestre (Augustin François de). Notice biographique sur M. J. A. V. Yvart. *Par.* 1832. 8.

Notice sur les principaux travaux de M. Yvart, inspecteur général des écoles vétérinaires et des bergeries nationales. *Par.* 1832. 4.

Yves (Saint),
évêque de Chartres, patron des jurisconsultes
(vers 1036 — 23 déc. 1115).

Coranstus (Henricus). De divi Yvonis laudibus et vita oratio. *Col. Agr.* 1574. 4.

Surius (Laurentius). Vita S. Yvonis. *Rom.* 1605. 8.
     Trad. en franç. s. c. t. Traité de la vie et miracles, etc., par Pierre DE LA HAYE DE KERHINGANT. *Morlaix.* 1623. 16.
     Trad. en ital. par Giacomo GAGINI. *Palerm.* 1619. 8.

La Haye de Kerhingant (Pierre de). Vie de S. Yves. *Morlaix.* 1622. 16.

Chevet (Pietro). Vita e miracoli di S. Ivo, sacerdote e confessore, avvocato dei poveri vedove e orfani. *Rom.* 1640. 4. Portrait.

Andreani (Giovanni Battista). Thaumaturgus Gallicus. s. de S. Ivone, pauperum advocato, oratio. *Rom.* 1641. 4.

Fronteau (Jean). Yvonis, Carnotensis episcopi, vita. *Par.* 1647. Fol. *Hamb.* 1720. 4. *Veron.* 1753. 12.

Curtis (Giovanni de). Compendio brevissimo della vita e miracoli di S. Ivo, avvocato dei poveri e protettore degli oppressi. *Napol.* 1663. 8. *Ibid.* 1666. 8. (Abrégé de l'ouvrage précédent.)

Deloeuvre (N... N...). Vie de S. Yves. *Par.* 1699. 12. (*P.*)

Szerdahelyi (Georg Aloys). S. Ivo, jurisconsultorum patronus, sermone panegyrico celebratus. *Budæ.* 1784. 8. (Contenant trois éloges de ce saint.)

Favé (Jean). Histoire de S. Yves, patron de la Bretagne. *Rennes.* 1851. 8.

Z

Zabarella (Francesco),
cardinal-archevêque de Florence (1339 — 26 sept. 1417).

Hecht (Christian Heinrich). Andenken eines Zeugen der Wahrheit des 15ten Jahrhunderts, F. Zabarella. *Greiz.* 1775. 8. (*L.*)

Vedova (Giuseppe). Memorie storiche intorno alla vita ed alle opere del cardinale F. Zabarella. *Padov.* 1829. 8. (*D.* et *Oxf.*)

Zabarella (Jacopo),
philosophe italien (5 sept. 1513 — .. oct. 1589).

Riccoboni (Antonio). Oratio in obitum J. Zabarellæ, philosophi excellentissimi. *Patav.* 1590. 4.

Zabel (Johann),
jurisconsulte allemand († 17 sept. 1638).

(**Leibnitz**, Friedrich). Programma in J. Zabelii funere, una cum Joannis HOEPFNERI concione funebri et curriculo vitæ germanico. *Lips.* 1638. 4. (*L.*)

Zabeo (Prosdocimo),
théologien italien (6 nov. 1755 — 12 mars 1828).

Valbusa (Angelo). Orazione funebre in morte di P. Zabeo. *Padov.* 1828. 8. (*Oxf.*)

Zabern (Wilhelm),
littérateur danois.

W. Zabern. En Autobiographie, indeholdende hidtilunbekjendte Efterretninger fra Christian II's Dod. *Kjœbenh.* 1854. 8. (*Cp.*)

Christiani (W... C...). W. Zabern. Autobiographie, enthaltend bisher unbekannte Nachrichten aus Christian's II Zeit. *Leipz.* 1856. 8. (Traduction de l'ouvrage précédent.)

Zabler (Jacob),
littérateur allemand (10 avril 1670 — 21 janvier 1753).

Centner (Gottfried). Memoria J. Zableri. *Thorun.* 1755. Fol. (*D.*)

Zaccaria (Antonio Maria),
prêtre italien.

Barelli (Francesco Luigi). Vita del P. A. M. Zaccaria, fondatore degli Barnabiti. *Bologn.* 1706. 12.

Zaccaria (Francesco Antonio),
littérateur italien (27 mars 1714 — 10 oct. 1795).

Cuccagni (Luigi). Elogio storico dell' abate F. A. Zaccaria. *Rom.* 1796. 8. (*Oxf.* et *P.*)

Zacchetti (Vincenzo),
littérateur italien.

Borsa (Giuseppe). Memoria intorno alla vita e alle opere di V. Zacchetti. *Crema.* 1820. 8.

Zacco (Agostino),
évêque de Trévise.

Scoti (Antonio). Commentarium de vita A. archiepiscopi Zacco, episcopi Tarvisani. *Tarvis.* 1829. 4.

Zachár (András),
pédagogue hongrois.

Tertina (Mihály). Encomium A. Zachár de scholis literisque humanioribus meritissimi. *Pesth.* 1796. 8.

Zacharja,
prophète juif.

Friderici (Jeremias). Dissertatio de Zacharia propheto ejusque vaticino. *Lips.* 1717. 4. (*L.*)

Burger (J... D... Friedrich). Etudes exégétiques et critiques sur le prophète Zacharie. *Strasb.* 1841. 8. (*L.* et *P.*)

Zachariae v. Lingenthal (Carl Salomo)
jurisconsulte allemand (14 sept. 1760 — 27 mars 1843).

Zachariae v. Lingenthal (C... E...). C. S. Zachariae's Biographie und juristischer Nachlass. *Stuttg.* et *Tübing.* 1843. 8. (*L.*)

Zachariae (Gotthilf Traugott),
théologien allemand (17 nov. 1729 — 8 février 1777).

Perschke (Christian Gottlieb). Züge des gelehrten und sittlichen Characters G. T. Zachariae's. *Brem.* 1777. 8.

Zachariae (Justus Friedrich Wilhelm),
poëte allemand (1er mai 1726 — 30 janvier 1777).

Eschenburg (Johann Joachim). Leben F. W. Zachariae's. *Braunschw.* 1781. 8. (*D.*)

Zadzicki (Jakub),
théologien polonais.

Starovolski (Simon). Magni antistitis J. Zadzicii elogium et vita. *Cracov.* 1644. 4.

Zadriadès,
roi de la Petite-Arménie († vers 170 avant J. C.).

Sandberger (Guido). Dissertatio de Zadriade, Armeniæ minoris rege primo, etc. *Frf.* 1840. 8.

Zaeringer, voy. **Zéringue.**

Zaguri (Marco),
évêque de Vicence (1738 — 17 sept. 1810).

Bologna (Carlo). Laudatio in funere M. Zagurii, episcopi Vicentini. *Vicent.* 1810. 4. Trad. en ital. s. c. t. Elogio funebre, etc. *Vicenz.*, s. d. (1810.) 4.

Villardi (Francesco). Orazione in lode di M. Zaguri, vescovo di Vicenza. *Veron.* 1816. 8.

Cesari (Antonio). Difesa di monsignor M. Zaguri, vescovo, che fù di Vicenza, o vero risposte alle riflessioni stampate quest' anno contro l' orazione di Francesco Villardi in lode del suddetto vescovo. *Veron.* 1816. 8.

—— Esame dello scritto intitolato : *Difesa di monsignor M. Zaguri*, etc. *Venez.* 1817. 8.

(**Baraldi**, Giuseppe). Notizia biografica su monsignor M. Zaguri, vescovo di Ceneda, poi di Vicenza. *Moden.* 1826. 8. Réimpr. par Giuseppe VEDOVA. *Venez.* 1829. 8.

Zahn (Johann Peter),
théologien (?) allemand.

Stockhausen (Johann Christoph). Memoria J. P. Zahnii. *Darmst.* 1767. Fol.

Zaiotti (Paride),
littérateur italien.

Podestà (Gaetano). Sugli studii litterarii de P. P. Zaiotti discorso, etc. *Venez.* 1844. 8.

Zaleucus,
législateur des Locriens (vers 700 avant J. C.).

Rittershusius (Conrad). Oratio de Zaleuco et Charonda et legum utriusque descriptione. *Altorf.* 1591. 4.

Engelbrecht (Johann Wilhelm). Leges Locrensium Zaleuco auctore promulgatæ. *Lips.* 1699. 4.

Stadler (Peter Conrad). Discours sur la sévérité de Zaleucus, à l'occasion d'une loi violée par son fils. *Neufchât.* 1758. 4. (Echappé aux recherches de Quérard.)

Portoghese (Bonaventura). Frammenti della legislazione di Zaleuco da Locri, posti in rapporto colle legislazioni degli antichi popoli, etc. *Catania.* 1842. 8.

Zallinger zum Thurn (Franz Seraphin v.),
physicien allemand (14 février 1743 — vers 1804).

Biographie des k. k. jubilirten Professors, etc., F. v. Zallinger zum Thurn; mit einem Anhang biographischer Nachrichten von seinen beiden Brüdern Jacob und Johann und ihrem Verwandten Joseph v. Zallinger. *Innsbr.* 1833. 8.

Zallwein (Gregorius),
bénédictin allemand (20 oct. 1712 — 9 août 1766).

Gutrath (Rupert). Trauerrede auf den Hintritt des ehrwürdigen P. G. Zallwein. *Salzb.* 1766. Fol.

Zama Mellini (Giuseppe),
savant italien.

Rambelli (Giovanni Francesco). Notizie della vita e delle opere del professore G. Zama Mellini. *Imol.* 1839. 12. (*Oxf.*)

Zamagna (Bernardo),
poëte italien (9 nov. 1735 — ... 1820).

Appendini (Francesco Maria). De vita et scriptis B. Zamagna. *Zara.* 1830. 8.

Zamba,
l'un des rois africains.

Life and adventures of Zamba, an African Negro king, and his experiences of slavery in South Carolina, written by himself, corrected and arranged by Peter NEILSON. *Lond.* 1847. 8. (*Oxf.*)

Zamboni (Baldassare),
littérateur italien (vers 1730 — 1797).

Gussago (Jacopo). Memorie intorno alla vita e agli scritti di B. Zamboni. *Bresc.* 1702. 8. Portrait. (*Bes.* et *Oxf.*)

Zamet (Sébastien),
duc-évêque de Langres († 2 février 1655).

Abrégé de la vie de S. Zamet, réformateur des religieuses de l'abbaye du Jara. *Lyon.* 1699. 8.

Zamolxis,
législateur des Gètes.

Lund (Carolus). Zamolxis, primus Getarum legislator. *Upsal.* 1687. 4. (*L.*)

Rhousopoulos (Athanasius Sergius). Dissertatio de Zamolxide, secundum veterum auctoritatem. *Goetting.* 1852. 8.

Zamoyski (Jan Sarius),
grand chancelier de Pologne (1er avril 1541 — 3 juin 1605).

Bayam (Andre). Panegyricus in laudem J. Zamoscii. *Rom.* 1617. 4.

Bursius (Adam). Vita et obitus J. Zamoscii. *Cracov.* 1619. 8.

Bohomolec (Franciscus). Vie de J. Zamoyski. *Varsov.* 1775. 8. (Ecrit en polonais.)

Mostowski (Thaddée). Vie de J. Zamoyski, grand chancelier et hetman de la couronne de Pologne. *Varsov.* 1805. 8. (Ecrit en polonais.)

Zampelli (Giovanni Antonio),
prêtre italien († 1675).

Michieletti (Girolamo). Elogio di monsignor G. A. Zampelli, vicario generale, piovano di S. Pantaleone. *Venez.* 1841. 8.

Zampieri (Camillo),
littérateur italien (1701 — 11 janvier 1784).

Paciaudi (Paolo Maria). Elogium C. Zampieri. *Parma.* 1784. 8. (*Oxf.*)

Ferri (Girolamo). Elogio del conte C. Zampieri. *Pisa.* 1784. 8. (Tiré à très-petit nombre.)

Rossi (Giuseppe Luigi). Elogio di C. Zampieri. *Faenza.* 1784. 8.

Zampieri, dit **le Dominiquin** (Domenico),
peintre italien (1581 — 15 avril 1641).

Lecarpentier (C... F... L...). Notice sur D. Zampieri, dit le Dominiquin. *Rouen.* 1812. 8.

Bolognini-Amorini (Antonio). Vita del celebre pittore D. Zampieri, detto Domenichino. *Bologn.* 1839. 8. (*Oxf.*)

Zanchi (Basilio),
poète italien (1501 — 1558).

Serassi (Pietro Antonio). Vita di B. Zanchi. *Bergam.* 1747. 8. (Tiré à part à un très-petit nombre d'exemplaires.)

Zanchi (Girolamo),
théologien italien (2 février 1516 — 19 nov. 1590).

Gallizioli (Giovanni Battista). Memorie istoriche e litterarie intorno alla vita di G. B. Zanchi. *Bergam.* 1785. 8. *
　　* Suivi du catalogue de ses écrits.

Zangari de' Bandi (Cornelia),
dame italienne.

Bianchini (Giuseppe). Parere sopra la cagione della morte della signora contessa C. Zangari de' Bandi, Cesenate, etc. *Veron.* 1731. 8. *Rom.* 1743. 8.

Zanger (Johann),
jurisconsulte allemand (1557 — 6 sept. 1607).

Franzen (Wolfgang). Leichen-Predigt bei J. Zanger's Beerdigung. *Wittenb.* 1607. 4.

Zani,
famille vénitienne.

Zabarella (Giacomo). Il magnifico, o vero la virtù mascherata, dove si scoprono tutte le sublime grandezze della serenissima repubblica di Venetia e della nobilissima casa de' Zani. *Padov.* 1661. 4.

Zannichelli (Giovanni Girolamo),
naturaliste italien (1662 — 11 février 1729).

Duprè (Francesco). Elogio storico di G. G. Zannichelli, farmacista. *Venez.* 1816. 8.

Zannini (Paolo),
médecin italien (21 déc. 1781 — 5 mai 1843).

Nardo (Luigi). In morte di P. Zannini, medico e letterato, primario anziano dello spedale civile di Venezia, discorso. *Venez.* 1843. 8.

Fontana (Giovanni Jacopo). Biografia di P. Zannini. *Venez.* 1843. 8.

Da Pra (Pietro). Della vita e degli studi di P. Zannini, discorso. *Venez.* 1844. 8.

Zannoni (Giovanni Battista),
archéologue italien (vers 1774 — 1832).

Cavedoni (Celestino). Biografia del cavaliere G. B. Zannoni. *Moden.* 1833. 8.

Becchi (Fruttuoso). Elogio del cavaliere G. B. Zannoni. *Firenz.* 1858. 8.

Zanobi del Rosso,
poète italien.

Rosso (Giuseppe del). Vita di Zanobi del Rosso, architetto e poeta Fiorentino. *Firenz.* 1816. 8. (*Oxf.*)

Zanotti (Eustachio),
astronome italien (27 nov. 1709 — 15 mai 1782).

(Garatoni, Gasparo). Commentarius de vita E. Zanotti. *Bonon.* 1784. 8. (*Oxf.*) *Rom.* 1785. 8. (*P.*)

Vannetti (Clementino). Commentarius de vita E. Zanotti. *Parma.* 1786. 8. (*D. et Oxf.*)

Zanotti (Francesco Maria),
littérateur italien (6 janvier 1691 — 24 déc. 1777).

Casali (Gregorio). In morte dell' insigne letterato F. M. Zanotti, s. l. et s. d. 4.

Zanutti (Michele),
poète italien.

Gerardini (Angelo). Elogio funebre di D. M. Zanutti, piovano di S. Canziano di Venezia. *Venez.* 1806. 8.

Zapateiro (Simaõ Gomes),
jésuite portugais.

Veiga (Manoel da). Vida de S. G. Çapateiro. *Lisb.* 1625. 8. *Ibid.* 1723. 8.

Zapf (Heinrich).

Zapf (Georg Wilhelm). Denkmal H. Zapf'ens, eines (?) seiner Väter. *Ulm.* 1769. 8.

Zapolya (Johannes I),
magnat hongrois (1487 — 21 juillet 1540).

Velius (Caspar Ursinus). De bello pannonico a Ferdinando I cum J. Zapolya gesto libri X, publ. par Adam Franz **Kollar** v. **Keresztén**. *Vindob.* 1762. 4.

Zapparoli (Giulio),
prêtre italien.

(Malavasi, Domenico). Memoria sulla vita del sacerdote G. Zapparoli, archiprete e vicario foraneo di Ostiglia. *Mantov.* 1845. 8.

Zappelli (Giovanni Pancrazio),
littérateur italien.

Lucchesini (N... N...). Memorie della vita dell' accademico G. P. Zappelli. *Lucca.* 1829. 8.

Zarlino (Gioseffo),
musicien italien du premier ordre (1517 — 14 février 1590).

Galilei (Vincenzo). Discorso intorno all' opere di G. Zarlino e altri importanti particolari attenenti alla musica. *Firenz.* 1589. 8.

Artusi (Giovanni Maria). Impresa del R. P. G. Zarlino da Chioggia, già maestro di cappella della signoria di Venezia, dichiarata. *Bologn.* 1604. 4.

Ravagnan (Girolamo). Elogio di G. Zarlino di Chioggia, celebre ristauratore della musica nel secolo XVI. *Venez.* 1819. 12. *
　　* Contenant une énumération chronologique de tous les maîtres de chapelle de l'église de Saint-Marc à Venise.

Caffi (Francesco). Narrazione della vita e delle opere del prete G. Zarlino, maestro celeberrimo nella cappella ducale di Venezia. *Venez.* 1836. 8. Portrait. (*Oxf.*)

Zarnack (Joachim August Christian),
pédagogue allemand.

Spieker (Christian Wilhelm). Leben J. A. C. Zarnack's, vormaligen Directors am grossen Militair-Waisenhause zu Potsdam. *Frf. a. d. O.* 1830. 8. (*D.*)

Zaunschliffer (Otto Philipp),
jurisconsulte allemand (9 mars 1653 — 28 février 1729).

Hartmann (Johann Adolph). Oratio funebris in obitum O. P. Zaunschlifferi, J. U. D. et professoris. *Marb.* 1729. 4. (*L.*)

Zavaglia (Maria **Calcagni**, marchesa),
dame italienne.

Petrucci (Giuseppe). Necrologia della marchesa M. Calcagni Zavaglia. *Bologn.* 1846. 8.

Zavona (Massimiano),
littérateur italien.

Mordani (Filippo). Vita di M. Zavona. *Ravenn.* 1845. 8. (*Oxf.*)

Zavoriez (Giovanni Zaccharia),
médecin (?) italien.

Pallazzini (Giovanni) Elogio di G. Z. Zavorit (!). *Bergam.* 1840. 8.

Zeaemann (Jacob),
médecin allemand.

Bischoff (Ludwig). Leichenpredigt am Sarge J. Zeaemann's, Medicinæ Doctoris. *Ulm.* 1647. 4.

Zecchini (Bonaventura),
savant italien.

(Foscolo, Marco). Elogio di B. Zecchini, etc. *Udine.* 1824. 8. (*P.*)

Zech (Bernhard v.),
homme d'état allemand (31 août 1649 — 21 mars 1720).

Berger (Johann Wilhelm v.). Programma : B. Zechius cum Polybio comparatus. *Witteb.* 1721. 4. (*L.*)

Zechendorf (Johann),
philologue allemand (1580 — 19 février 1662).

Peisker (Gottfried Siegmund). Concio funebris et curriculum vitæ J. Zechendorfii, germanice. *Cygneæ*. 1662. 4. (*D.*)

Zedlitz (Caspar v.).

Reimann (B...). Monumentum fidei et spei C. von Zedlitz a Hohenliebenthal, s. l. 1693. 4.

Zedlitz (Siegmund v.),
jurisconsulte allemand.

Arithmæus (Valentin). Oratio de vita et morte S. liberi baronis a Zedlitz, præsidis cameræ Silesiæ. *Vratisl.* 1617. 4. (*D.*)

Zehner (Joachim),
théologien allemand (28 avril 1566 — 29 mai 1612).

Sorger (Jacob). Oratio in obitum J. Zehneri. *Schleusing.* 1612. 4.

Seber (Wolfgang). Concio funebris in J. Zehnerum, cum ejus curriculo vitæ, germanice. *Lips.* 1613. 4. (*L.*)

Zeiblch (Heinrich August),
pédagogue allemand (22 juillet 1729 — 30 mars 1786).

Schuetze (Theodor Johann Abraham). Memoria H. A. Zeibichii. *Geræ.* 1786. Fol. (*D. et L.*)

Zeidler (Heinrich Basilius),
théologien allemand (25 janvier 1640 — 15 avril 1703).

Haas (Nicolaus). Ehrensäule eines Aeltesten, der wohl fürgestanden. Leichenpredigt bey dem Begräbnisse des Pastoris primarii Zeidler in Budissin. *Budiss.* 1703. Fol. Portrait. (*D.*)

Zeller (Martin),
historien-topographe allemand (17 avril 1589 — 6 oct. 1661).

Wollaib (Marx). Leichenpredigt bey dem Tode M. Zeiler's. *Ulm.* 1661. 4.

Zeiller (Franz Aloys v.),
jurisconsulte allemand (24 janvier 1751 — 23 août 1828).

Kudler (Joseph). Dr. F., Edlen v. Zeiller's Necrolog. *Wien.* 1829. Fol. Portrait. (*D.*)

Zelske (Johann Gottfried),
pédagogue allemand (26 oct. 1686 — 27 août 1756).

Heinsius (Johann Sigismund). Das in Gott verborgene Leben. Denkschrift auf J. G. Zeiske. *Dresd.* 1756. 4. (*D. et L.*)

Zell (Catharina),
femme alsacienne.

Roehrich (T... W...). K. Zell, geborene Schuetz. Ein christliches Frauenbild aus der Reformatiohszeit. *Strasbourg.* 1854. 8.

Zellweger (Franz),
médecin suisse (1692 — 1764).

Hirzel (Hans Caspar). Denkmal auf L. Zellweger, aus Trogen. *Zürch.* 1765. 8. *Ibid.* 1785. 8. Portrait. (*D. et L.*)

Zenarl (Vincenzo),
prêtre italien († 10 juillet 1836).

Elogio del sacerdote V. Zenari. *Venez.* 1836. 8.

Zender (Bartolommeo),
prêtre italien.

Coleti (Giacomo). Elogio funebre del reverendissimo monsignore B. dottor Zender, vicario perpetuo della chiesa di S. Bartolommeo di Venezia. *Venez.* 1821. 4. Portrait.

Zendrini (Bernardo),
mathématicien italien (9 avril 1679 — 18 mai 1747).

Zendrini (Angelo). Elogio di B. Zendrini, matematico della repubblica di Venezia. *Venez.* 1807. 8. (*Oxf.*) *Padov.* 1811. 4.

Zeno,
famille vénitienne.

Piacentini (Desiderio). Gli eroi Zeni Veneti, etc. *Trevigi.* 1627. 4.

Zabarella (Giacomo). Trasea Peto, o vero origine della famiglia Zeno di Venezia. *Padov.* 1646. 4.

Zeno (Alessandro),
procurateur de S. Marc.

Facciolati (Jacopo). De A. Zeno, equite D. Marci procuratore electo, oratio. *Venet.* 1746. Fol.

Zeno (Antonio), voy. **Zeno** (Niccolò).

Zeno (Apostolo),
poëte italien (11 déc. 1668 — 11 nov. 1750).

(**Valsecchi**, Antonino). Orazione in morte di A. Zeno, poeta e storico cesareo. *Venez.* 1750. 8.

Menegatti (Giacinto). Oratio in funere A. Zeni. *Venet.* 1750. 8.

Negri (Francesco). Vita di A. Zeno. *Venez.* 1816. 8. Portrait. (*D., Oxf.* et *P.*)

Foppa (Giuseppe). A. Zeno e Pietro Metastasio scoperti in difetto a merito del dramma *Armida e Rinaldo* del signor Domenico Gavi; cicalata. *Venez.* 1814. 8.

Zeno (Battista),.
cardinal italien.

Gabrieli (Angelo). Oratio in laudem reverendissimi cardinalis D. B. Zeni, patricii Veneti, s. l. et s. d. (*Venet.* 1501.) 4. *

> * Emmanuele Antonio Cicogna, l'auteur de l'ouvrage *Saggio di bibliografia Veneziana* (*Venez.* 1847. 8.) dit que c'est la première des oraisons funèbres qui furent annuellement prononcées dans l'église de S. Marc en l'honneur de ce cardinal en présence du doge de Venise. Il serait très-difficile d'enregistrer tous ces discours successivement prononcés depuis l'an 1501 jusqu'en 1796.

Occioni (Giovanni Domenico). Orazione in lode del cardinal B. Zeno. *Venez.* 1796. 4. *

> * C'est le dernier de ces discours funèbres qui fut imprimé.

Zeno (Carlo),
grand amiral de la république de Venise (vers 1334 — 8 mars 1413).

Zeno (Giacomo). De vita, moribus rebusque gestis C. Zeni, etc. * Trad. en ital. par Francesco Querini. *Venez.* 1544. 8. *Bergam.* 1591. 8. *Venez.* 1606. 8. Réimpr. et augm. d'une esquisse biographique sur Jacopo Zeno, évêque de Feltre, et sur Francesco Querini, publ. par Bartolommeo Gamba. *Venez.* 1829. 8.

> * Dédié au pape Pie IV.

Diviaco da Montona (Girolamo). Compendio della vita di C. Zeno, nobile Venetiano. *Bergam.* 1591. 4.

Terzi (Alessandro). Il trionfo dell' illustrissimo ed eccellentissimo signore C. Zeno, etc. *Bergam.*, s. d. (1626.) 4. *

> * C'est un éloge dialogué en l'honneur du héros de la guerre de Chioggia et de toute la famille Zeno.

Zeno (Caterino),
voyageur italien du xvᵉ siècle.

Ramnusio (Giovanni Battista). Dei commentari del viaggio in Persia di C. Zeno e delle guerre fatte nell' imperio persiano dal tempo di Ussum-Cassano. *Venez.* 1558. 8. *

> * Cet ouvrage est de la plus grande rareté.

Formaleoni (Vincenzo). Storia curiosa delle avventure di C. Zeno, tratta da un antico originale manuscritto, etc. *Venez.* 1783. 8. *

> * Ce prétendu manuscrit n'a existé que dans l'imagination de l'éditeur.

Zeno (Niccolò),
navigateur italien du xivᵉ siècle.

Zurla (Placido). Dissertazione intorno ai viaggio et scoperte settentrionali di N. et Antonio fratri Zeni. *Venez.* 1808. 8. (*Oxf.*)

Zénoble (Septimia),
reine de Palmyre.

Wernsdorf (Ernst Friedrich). Dissertatio de Septimia Zenobia Palmyrenorum Augusta. *Lips.* 1742. 4. (*L.*)

Hauteville (J... Jouve de). Histoire de Zénobie, impératrice-reine de Palmyre. *La Haye.* 1758. 8. (*Bes.*, *D.* et *Lv.*)

Cappelle (Arendt Geraard van). Dissertatio de Zenobia Palmyrenorum Augusta. *Traj. ad Rhen.* 1817. 4. (*P.*)

Hoyns (Georg). Dissertatio de Zenobia atque Oedenathi rebus. *Heidelb.* 1847. 8. (*L.*)

—— Geschichte der sogenannten dreissig Tyrannen, hauptsächlich des Oedenathus und der Zenobia, nach dem Zeugnisse der alten Schriftsteller, Münzen und Inschriften dargestellt. *Goetting.* 1852. 8.

Zenoblo (Pietro),
homme d'État italien.

Raccolta di applausi al merito insigne dell' illustrissimo ed eccellentissimo signore P. Zenobio per le di lui gloriose attioni nel reggimento di Trevigi. *Venez.* 1688. 12. *

> * Recueil de différentes pièces en prose et en vers.

Zenoblus,
philosophe grec.

Reiske (Johann Jacob). Commentatio de Zenobio, sophista Antiocheno. *Lips.* 1759. 4. (*L.*)

Zénodote,
écrivain grec.

Heffter (Friedrich Wilhelm). Programma de Zenodoto, ejusque studiis Homericis. *Brandenb.* 1839. 4.

Zénon de Cittium,
fondateur de la secte des Stoïciens (vers 362 — vers 264 avant J. C.).

Forelius (Hemming). Zeno philosophus, leviter adumbratus exercitio academico. *Upsal.* 1700. 8.

(**Jenichen,** Gottlob Friedrich). Programma, etc., de Zenone Cittico. *Lips.* 1724. 4. (*L.*)

Tiedemann (Dietrich). System der stoischen Philosophie. *Leipz.* 1776. 3 vol. 8. (*D.* et *L.*)

Zénon d'Élée,
philosophe grec (vers 463 avant J. C.).

Crell (Christian Ludwig). Programma de Zenone. *Lips.* 1724. 4. (*D.*, *L.* et *Oxf.*)

Lundblad (Johan). Dissertatio de Zenone Eleate. *Lund.* 1805. 8. (*D.* et *L.*)

Zénon (Saint),
évêque et patron de Vérone (+ le 12 avril 380).

Bonacchi (Francesco). S. Zenonis, episcopi Veronensis, epocha. *Venez.* 1751. 12.

Breve compendio della vita di S. Zenone, VIII vescovo e protettore di Verona. *Veron.* 1838. 16.

Vita di Zenone, VIII vescovo e protettore di Verona. *Veron.* 1839. 16.

Zentgrav (Johann Joachim),
théologien allemand (21 mars 1643 — 28 nov. 1707.)

Marbach (Ulrich). Programma in obitum J. J. Zentgravii. *Argent.* 1707. Fol. (*D.*)

J. J. Zentgrafen's christlicher Lebenslauf. *Strasb.* 1707. Fol. (*L.*)

Ferber (Johann Joachim). Oratio anniversaria in memoriam J. J. Zentgravii. *Witteb.* 1708. 4.

Zentner (Georg Friedrich, Freiherr v.),
homme d'État allemand (17 août 1752 — 21 oct. 1835).

Thiersch (Friedrich). Gedächtnissrede auf G. F. Freiherrn v. Zentner, königlich (baierschen) Staats-Minister, etc. *Münch.* 1837. 4. (*D.*)

Zepper (Conrad),
théologien (?) allemand.

Cassel (Johann Philipp). Programma funebre in obitum C. Zepperi, etc. *Magdeb.* 1756. Fol.

Zerlngue (ducs de),
dynastie allemande.

Gremmelspach (Peter). Genealogie der Herzoge zu Zäringen, s. l. 1507. Fol.

Laughans (Jacob). Von Auff-und Abgang der Herzogen zu Zäringen, etc. *Bern.* 1642. 4.

Leichtlein (Julius). Die Zähringer. Abhandlung von dem Ursprunge und den Ahnen der erlauchten Häuser Baden und Oesterreich. *Freib. im Breisg.* 1831. 4.

Walther (Isaac Gottlieb). Kritische Prüfung der Geschichte der Ausrottung des Zähringer Stammes durch Vergiftung zweier Söhne Herzog Berehthold's V. *Bern.* 1765. 8.

Zernecke (Jacob Heinrich),
jurisconsulte allemand (18 nov. 1672 — 29 oct. 1741).

Dragheim (Johann Benjamin). Vita J. H. Zerneckii, consulis Thorunensis. *Frf.* et *Lips.* 1733. 4. (*D.* et *L.*)

Zerran (Conrad Friedrich),
jurisconsulte allemand.

Seelen (Johann Heinrich v.). Memoria C. F. Zerran, J. U. D. *Lubec.* 1741. Fol. (*D.*)

Zesen (Philipp v.),
littérateur allemand (8 oct. 1610 — 13 nov. 1680).

Verzeichniss der sowohl übersetzten als selbst verfassten Zesischen Schriften. *Speyer.* 1687. 8. (Rare.)

Zettler (Anna Maria).

Hoessle (Johann Georg v.). Krankengeschichte der A. M. Zettlerin, welche zehn Jahre lang ohne Speis und Trank lebte. *Augsb.* 1780. 8.

Zeviani (Giovanni Verardo),
médecin italien.

Borsardo (Antonio). Discorso academico sulla vita et sulle opere di G. V. Zeviani. *Pavia.* 1834. 8.

Zibeth (Christian Bogislaus v.),
homme d'État suédois.

Rosen v. Rosenstein (Nils). Åminnelse-Tal öfver Friherren C. B. v. Zibeth. *Stockh.* 1809. 8.

Zichy (Gróf Ferencz),
évêque de Raab.

Roy (Ferencz). Trauerrede auf den Todesfall Seiner Excellenz des Grafen F. Zichy, Bischoff's zu Raab, etc. *Raab*, s. d. (1785).

Mailath (Antal). Oratio in solennibus exequiis F. comitis Zichy, episcopi Jaurinensis. *Raab.* 1783. 4.

Zichy (Gróf Niklós),
homme d'État hongrois.

(**Ruettin,** Theodosius). Lob- und Trauerrede über den Tod des Grafen N. Zichy, etc. *Ofen*, s. d. (1758). Fol.

Zickermann (Christian),
théologien allemand.

Quade (Michael Friedrich). Programma ad exequias C. Zickermanni, pastoris ad ædem D. Petri et Pauli. *Stettin.* 1726. Fol. (*D.*)

Ziegler (Caspar),
jurisconsulte allemand (13 sept. 1621 — 17 avril 1690).

Ziegler (Caspar). Parentalia ad busta suorum suarumque facta. *Witteb.* 1682. 8. (*L.*)

Ziegler (Johann Andreas),
théologien allemand.

Preu (Paul). Leichenpredigt auf den Pastor J. A. Ziegler in Lauf. *Altd.* 1669. 4.

Ziegler (Michael),
médecin allemand.

Moegling (Johann Ludwig). Oratio funebris in obitum M. Ziegleri. *Tubing.* 1616. 4.

Ziegler (Werner Carl Ludwig),
théologien allemand (15 mai 1763 — 24 avril 1809).

Kurze Notizen aus Dr. W. C. L. Ziegler's Leben, von ihm selbst aufgesetzt und mit Anmerkungen herausgeg. von Heinrich Friedrich Link. *Rostock.* 1811. 8.

Ziegra,
famille allemande.

Ziegra (Christian). Familien-Nachrichten von dem Ziegra'schen Geschlechte. *Hamb.* 1758. 8.

Ziel (Friedrich),
théologien allemand.

Blätter der Erinnerung an F. Ziel, Cand. theologiæ. *Ansbach.* 1854. 8.

Zieritz (Johann Conrad v. **Scheres,** dit),
homme d'État allemand (26 oct. 1641 — 2 sept. 1704).

Harles (Gottlieb Christoph). Nachrichten von dem Leben und den Stiftungen des ehemaligen hiesigen (herzoglich Sachsen-Coburg'schen) Kanzlers J. C. v. Scheres, genannt Zieritz. *Coburg.* 1766. 4. (*D.* et *L.*)

Zierlein (Johann Georg),
pédagogue allemand (10 nov. 1746 — 2 sept. 1782).

Buesching (Anton Friedrich). Zum Gedächtniss des Herrn Professors J. G. Zierlein. *Berl.* 1782. 8. (*D.*)

Zierotin (Carl v.),
homme d'État bohême.

Chlumezky (Peter v.). Die Briefe, Diarien, Landtagsscopiarbücher und Amtscorrespondenzen Carl des ältern Herrn v. Zierotin, v. Rossitz, Drewohostitz und auf der Burg Prerau, Landeshauptmannes von Mähren, S. Kaiserlichen Majestät Rathes und Kämmerer. *Brünn.*, s. d. (1855.) 8.

Ziesenis, née **Wattier** (Anna Cornelia),
comédienne hollandaise du premier ordre
(13 avril 1762 — 23 avril 1827).

Lofrede op A. C. Wattier (Ziesenis), met eene schets van haar leven. *Amst.* 1827. 8.

Barbaz (A... L....). Gedenkzuil voor Wattier-Ziesenis. *Amst.* 1827. 8.

Westerman (M...). Hulde aan de nagedachtenis van wijlen Wattier-Ziesenis. *Amst.* 1827. 8. (*Ld.*)

—— Herinnering aan Wattier-Ziesenis. *Amst.* 1828. 8.

Siegenbeek (Matthijs). Wattier-Ziesenis, in eene redevoering geschetst. *Haarl.* 1828. 8. (*Ld.*)

Ziethen (Hans Joachim v.),
général allemand (18 mai 1699 — 26 janvier 1786).

Apotheose des Generals v. Ziethen. *Leipz.* 1785. 8. (*D.* et *L.*)

Ebert (C... G...), Gedanken am Grabe H. J. v. Ziethen. *Leipz.* 1786. 8. (*L.*)
Geissler (Adam Friedrich). Leben und Thaten des Generals H. J. v. Ziethen. *Leipz.* 1787. 8. (*L.*)
Blumenthal (Louise Johanne Leopoldine v.). Leben des preussischen Generals v. Ziethen. *Berl.* 1797. 8. *Ibid.* 1800. 8. *Ibid.* 1806. 8. (*D.*)
   Trad. en angl. par Benjamin BERESFORD. *Lond.* 1802. 2 vol. 8. (*Oxf.*) *Berl.* 1803. 2 vol. 8.
   Trad. en franç. par Pierre Henri CATEL. *Berl.* 1803. 2 vol. 8. (*P.*)
Massenbach (August Ludwig v.). Versuch einer Lobrede auf H. J. v. Ziethen. *Berl.* 1805. 8. (*D.*)
Hahn (Werner). H. J. v. Ziethen, königlich preussischer General der Cavallerie, Ritter des schwarzen Adlerordens, Chef des Regiments der königlichen Leibhusaren, Erbherr auf Wustrau, etc. *Berl.* 1850. 8. Portrait. *Ibid.* 1853. 8. Portrait.

Zilgens (Antonius Leo),
pédagogue belge (13 juillet 1782 — 27 mai 1850).
Visschers (Pieter). Hulde aan de nagedachtenis van de welachtbaren en geleerden heer A. L. Zilgens. *Antwerp.*, s. d. (1850). 8.
—— Biographie de feu A. L. Zilgens, président de la ci-devant société d'instituteurs à Anvers. *Anv.* 1850. 8.

Zillesen (G... J...),
savant hollandais.
Cappelle (A... G... van). Prolegomena in memoriam G. J. Zillesen. *Amst.* 1854. 8.

Zimmer (Patritius Benedict),
théologien allemand (22 février 1752 — 16 oct. 1820).
(**Sailer**, Johann Michael) et (**Widmer**, Joseph). P. B. Zimmer's kurzgefasste Biographie und ausführliche Darstellung seiner Wissenschaft. *Landsh.* 1822. 8. Port.
Widmer (Joseph). Nachtrag zu P. B. Zimmer's kurzgefasster Biographie, etc. *Uri.* 1823. 8.

Zimmermann (Christian Heinrich),
théologien allemand (17 déc. 1740 — 29 août 1806).
Zimmermann (Ernst). Lebens- und Character-Schilderung des verstorbenen Superintendenten C. H. Zimmermann. *Darmst.* 1807. 4.

Zimmermann (Ernst Christoph Philipp),
théologien allemand (18 sept. 1786 — 24 juin 1832).
Clotz (Heinrich). Gedächtnissrede auf den grossherzoglich Hessischen Hofprediger Dr. E. Zimmermann. *Darmst.* 1832. 8.
E. Zimmermann nach seinem Leben, Wirken und Character geschildert. *Darmst.* 1833. 8. Portrait. (Écrit par son frère Carl ZIMMERMANN.)

Zimmermann (Johann Georg v.),
médecin suisse (8 déc. 1728 — 7 oct. 1795).
J. G. v. Zimmermann's eigene Lebensbeschreibung, herausgegeb. von Simon André TISSOT. *Hannov.* 1791. 8.
Marcard (Heinrich Matthias). Beitrag zur Biographie des Ritters v. Zimmermann. *Hamb.* 1796. 8. (*D.* et *L.*)
—— Über das Verhältniss des Ritters v. Zimmermann zur Kaiserin Catharina II, etc. *Brem.* 1803. 8.
Tissot (Simon André). Vie de M. Zimmermann, conseiller d'Etat, premier médecin du roi d'Angleterre à Hanovre, etc. *Lausan.* 1797. 8. *Strasb.* 1798. 8. (*P.*) Trad. en allem. *Hannov.* 1797. 8. (*L.*) *Zürch.* 1797. 8.

Wichmann (Joachim Ernst). Zimmermann's Krankheitsgeschichte; biographisches Fragment für Aerzte bestimmt. *Hannov.* 1796. 8.

Zimmermann (Johann Georg),
poëte allemand.
Zimmermann (Ernst). J. G. Zimmermann, nach seinem Leben und Wirken; biographische Skizze. *Darmst.* 1829. 8.
Dilthey (Julius Friedrich Carl). Denkmal für die ehemaligen Directoren des Gymnasiums zu Darmstadt, Helfrecht Bernhard Wenck, vormaligen landgräflich Hessischen geheimen Consistorialrath, Oberschulrath, Professor, Oberbibliothekar und Historiographen, und J. G. Zimmermann, vormals Doctor der Philosophie und Professor, etc. *Darmst.* 1834. 4.

Zimmermann (Johann Jacob),
théologien suisse (10 déc. 1695 — 30 nov. 1756).
Fritzsche (Otto Fridolin). Vita J. J. Zimmermanni, celeberrimi quondam theologi Turicensis. *Turic.* 1842. 4.

Zimmermann (Johann Lorenz),
théologien allemand (27 nov. 1762 — 11 février 1834).
Wagner (Carl Franz Christian). Memoria viri summe reverendi J. L. Zimmermanni, philosophiæ et theologiæ, professoris. *Marb.* 1834. 4. (*L.*)

Zimmermann (Nicolaus),
pédagogue allemand.
Blech (Gregor). Oratio funebris in memoriam N. Zimmermanni. *Luneb.* 1662. 4.

Zimmern (Grafen v.),
famille allemande.
Ruckgaber (Heinrich). Geschichte der Grafen v. Zimmern. Beitrag zur Geschichte des deutschen Adels, etc. *Rotweil.* 1840. 8.

Zingarelli (Niccolò),
compositeur italien du premier ordre (4 avril 1752 — 5 mai 1837).
Liberatore (Raffaele). Necrologia di N. Zingarelli. *Napol.* 1857. 8. Portrait. (Tiré à un petit nombre d'exempl.)
Guarini (Raimondo). Cenni storici di N. Zingarelli. *Napol.* 1857. 8.
Villarosa (marchese di). Elogio storico di N. Zingarelli. *Napol.* 1857. 8. (*Oxf.*)
Notizie biografiche di N. Zingarelli. *Napol.* 1857. 8.
Meneghelli (Antonio Maria). Discorso per le solenne esequie del cavaliere N. Zingarelli, etc. *Padov.* 1841. 8.

Schmid (Anton). Joseph Haydn und N. Zingarelli. Beweisführung, dass Joseph Haydn der Tonsetzer des österreichischen Volks- und Festgesanges (*Gott erhalte Franz den Kaiser*) sei. *Wien.* 1847. 8.

Zinn (Johann Gottfried),
médecin allemand (4 déc. 1727 — 6 avril 1759).
Gesner (Johann Matthias). Memoria J. G. Zinnii. *Goetting.* 1759. Fol. (*D.*)

Zinzendorf (Nicolaus Ludwig, Graf v.),
chef de la secte des frères moraves (26 mai 1700 — 9 mai 1760).
Rock (J...). Des Grafen v. Zinzendorf und der Herrenhuther Brüder Verbindung. *Frf.* 1740. 4.
Woldershausen (Otto Andreas). Leben des Grafen N. L. v. Zinzendorf. *Wittenb.* et *Zerbst.* 1749. 4. (*L.*)
Jung (Wilhelm Friedrich). Der in dem Grafen v. Zinzendorf noch lebende und lehrende, wie auch leidende und siegende Dr. (Martin) Luther. *Goerl.* 1752. 8. (*D.*)
Spangenberg (August Gottlieb). Leben des Hrn. N. L., Grafen v. Zinzendorf und Pottendorf. *Barby* 1772-75. 8 vol. 8. Trad. en angl. par Samuel JACKSON. *Lond.* 1838. 8. (*Oxf.*)
Reichel (Gottlieb Benjamin). Leben des Grafen N. v. Zinzendorf, Stifters der Brüdergemeinde. *Leipz.* 1790. 8. Portrait. (*D.* et *L.*)
Duvernoy (Jacob Christoph). Kurzgefasste Lebensbeschreibung N. L. Grafen und Herrn v. Zinzendorf und Pottendorf. *Barby* et *Leipz.* 1793. 8.
Mueller (Johann Georg). Über Zinzendorf's Leben und Character. *Winterth.* 1795. 8. *Ibid.* 1825. 8. (*L.*)
Leven van den graaf van Zinzendorf. *Dordr.* 1796. 8. (Trad. de l'allem.)
(**Schrautenbach**, C... F... v.). Erinnerungen an den Grafen v. Zinzendorf. *Berl.* 1828. 8.
Varnhagen v. Ense (Carl August). Leben des Grafen v. Zinzendorf. *Berl.* 1850. 8. *
   * Formant le cinquième volume de son ouvrage *Biographische Denkmale*.
Verbeek (Jacob Wilhelm). Des Grafen N. L. v. Zinzendorf's Leben und Character. *Gnadau* et *Leipz.* 1845. 8. (Extrait de l'ouvrage de SPANGENBERG.) — (*L.*)
Koelbing (Friedrich Wilhelm). Der Graf v. Zinzendorf, dargestellt aus seinen Gedichten. *Gnadau.* (*Leipz.*) 1850. 8. (*D.* et *L.*)
Brauns (Johann Friedrich). Leben des Grafen v. Zinzendorf. *Bielef.* 1850. 8.
Schrautenbach (C... F... v.). Der Graf v. Zinzendorf und die Brüdergemeinde seiner Zeit, herausgegeb. von Friedrich Wilhelm KOELBING. *Gnadau.* 1851. 8.
Jacob (Emile Edouard). Essai sur Zinzendorf et sur l'église de Herrnhut. Thèse. *Strasb.* 1852. 8.
Glaubrecht (Otto). Zinzendorf in der Wetterau. Ein Bild aus der Geschichte der Brüdergemeine, dem Volke vorgestellt. *Frf. a. M.* 1855. 8.

Froereisen (Johann Leonhard). Vergleichung des Gra-fen Zinzendorf mit Mahomet. *Jena.* 1748. 8.

Lepel (Wilhelm Heinrich Ferdinand Carl v.). Verzeich-niss sämmtlicher Schriften des Grafen N. L. v. Zin-zendorf. *Herrnh.* 1824. 8. (*D.*)

Zirardini (Antonio),
jurisconsulte italien (1725 — 1784).

(**Gherardini**, N... N...). Elogio di A. Zirardini, patrizio e giureconsulto Ravennate. *Rom.* 1786. 8. *
* Suivi du catalogue de ses ouvrages.

Zirkel (Gregor v.),
évêque de Wursbourg († 18 déc. 1817).

Erhard (Moritz). Trauerrede bei der Todesfeier des Herrn Weihbischofs G. v. Zirkel. *Bamb.* 1818. 4.

(**Gehrig**, Johann Martin). G. v. Zirkel, Bischof zu Würz-burg. Beitrag zu dessen Characterschilderung. *Bamb.* 1818. 8. (*D.*)

Ziska v. Trocznowa (Jan),
l'un des chefs des Hussites (vers 1380 — 11 oct. 1424).

Kuthen (Martin). Kronika velmi pekna o wrozenem a státečném rytiri J. Zizkovi, pravdy bozi horlivem mi-lovniku. *Praze.* 1564. 8. Portrait.

Rocoles (Jean Baptiste de). Ziska, le redoutable aveugle, capitaine général des Bohémiens évangéliques, avec l'histoire des guerres et troubles par la religion, dans le royaume de Bohême, ensuite du supplice de Jean Huss, etc. *Leyd.* 1685. 12. (*P.*)

Haeberlin (Franz Dominik). Elogium J. de Trocznowa cognomento Ziskae archistrategi Taboritarum formida-bilis. *Goetting.* 1742. 4. (*D. et L.*)

Der durch die bei Czaslau und Chotasitz vorgefallene blutige Schlacht verunruhigte und aufgeweckte Ziska, ehemaliger erster Anführer derer Hussiten. *Frf. et Leipz.* 1742. 4. (*L.*)

Eckardt (Friedrich v.). Leben und Thaten J. v. Trocz-now's, genannt Ziska. *Prag.* 1784. 8. *
* Publ. sous les initiales F... E...

Millauer (Maximilian). Diplomatisch-historische Auf-sätze über J. Ziska v. Trocznow. *Prag.* 1824. 8.

Sand (George). J. Ziska. Episode de la guerre des Hus-sites. *Par.* 1843. 18. *Brux.* 1843. 18. Trad. en allem. par Ludwig **Meyer**. *Leipz.* 1844. 12.

Arnold (Emanuel). Deje Husitu se zvlástnim vzhledem na J. Zizku. *Praze.* 1848. 8.

Zitta ou Zitta (Sainte).

(**Fatello de Fatellis**). Vita B. Zitæ virginis Lucen-sis, etc. *Ferrar.* 1688. 4. Portrait.

Riedhofer (Corbinian Anton). Die heilige Jungfrau Zitta, dem Dienstvolke zur Nachahmung aufgestellt. *Salzb.* 1817. 12.

Montreuil (baron de). Vie de S. Zite, servante de Luc-ques au xiiie siècle. *Par.* 1843. 8.

Zizim ou plus exactement Djem,
prince ottoman (17 déc. 1459 — 25 février 1494).

(**Allard**, Guy). Zizimi, prince ottoman, amoureux de Philippine Hélène de Sassenage, etc. *Grenoble.* 1673. 12.

La vie et les aventures de Zizimi, fils de Mahomet II, empereur des Turcs. *Par.* 1724. 12. (*P.*)

Zobel (Ernst Friedrich),
pédagogue allemand (1er avril 1687 — 2 juillet 1756).

Programma funebre in obitum E. F. Zobelii. *Altorf.* 1756. Fol. (*D.*)

Zobell (Melchior),
évêque de Wurzbourg.

(**Dinner**, Conrad). Elegia de cæde principis M. Zobellii, Herbipolensis episcopi ac orientalis Franciæ ducis. *Basil.* 1561. 4.

Zoëga (Georg),
archéologue danois (20 déc. 1755 — 10 février 1809).

Gierlew (A... Carl). Notice sur la vie de G. Zoëga. *Par.* 1810. 8. (Extrait du *Magasin encyclopédique.*)

Welcker (Friedrich Gottlieb). G. Zoëga's Leben. Samm-lung seiner Briefe und Beurtheilung seiner Werke. *Stuttg. et Tübing.* 1819. 2 vol. 8. Portrait. (*P.*)

Zola (Giuseppe),
littérateur italien (1739 — 5 nov. 1806).

Elogio funebre dell' abate G. Zola, professore di storia e di diplomazia. *Pavia.* (1807). 8. * (*P. et Bes.*)
* La dédicace est signée des initiales S... L...

De J. Zola commentariolum. *Brix.* 1807. 8. (*Bes.*)

Zoll (Hermann),
jurisconsulte allemand (3 février 1643 — 7 février 1725).

Fuerstenau (Johann Hermann). Programma in obitum H. Zollii. *Rintel.* 1725. Fol.

Zoll (Jacob Heinrich),
jurisconsulte (?) allemand.

Vietor (Philipp Otto). Programma funebre in obitum J. H. Zollii. *Rintel.* 1728. Fol. (*L.*)

Zollbrucker (Simon),
théologien allemand.

Haeglsperger (Franz Seraphin). S. Zollbrucker, Pfar-rer und Rural-Decan zu Binabiburg, in seinem Leben und Wirken. *Münch.* 1823 ou 1825. 8.

Zoller (Johann Jacob),
théologien allemand.

Beschreibung des christlichen Wandels und der vor-nehmsten Begebenheiten J. J. Zoller's. *Halle.* 1696. 4.

Zollikofer (Georg Joachim),
théologien suisse (5 août 1730 — 22 janvier 1788).

Dumas (Jean). Discours à l'occasion de la mort de Zollikofer. *Leipz.* 1788. 8. (*D.*) Trad. en allem. *Leipz.* 1788. 8. (*D. et L.*)

Spranger (Christan Gottlieb). Gedächtnissrede auf das Ableben G. J. Zollikofer's. *Leipz.* 1788. 8. (*L.*)

Garve (Christian). Über den Character Zollikofer's. *Leipz.* 1788. 8. (*D. et L.*)

Scheitlin (Peter). Über G. J. Zollikofer von Sanct-Gallen, hochberühmten Prediger in Leipzig. *Sanct-Gall.* 1832. 4. Portrait.

Zon (Angelo),
grand chancelier de la république de Venise.

(**Santinelli**, Stanislao). Corona di fiori di Pindo offerta dalle muse al merito dell' illustrissimo ed eccellentis-simo signor A. Zon, kavalier, nel giorno del suo in-gresso alla serenissima repubblica di Venetia. *Venez.* 1717. 4.

—— In funere illustrissimi ac excellentissimi D. D. A. Zoni, equitis, magni reipublicæ Venetæ cancellarii, oratio. *Venet.* 1724. 4.

Zon (Angelo),
gentilhomme italien.

(**Cicogna**, Emmanuele Antonio). Tributo di amicizia ad A. Zon, nobile Veneto. *Venez.* 1848. 8. (Tiré à part à un très-petit nombre d'exemplaires.)

Zondadari (Marco Antonio),
grand-maître de l'ordre de Malte (26 nov. 1658 — 16 juin 1722).

Grimaldi (Raniero) et **Crivelli** (Baldassare). Oratio et carmen in funere M. A. Zondadarii. *Senis.* 1722. 4.

Zopff (Johann Caspar),
théologien allemand (1607 — 16 février 1682).

Koeber (Johann Friedrich). Memoria, s. oratio panegy-rica J. C. Zopffii. *Geræ.* 1682. 4. (*L.*)

Zopyrus.

Duerr (Johann Friedrich). Dissertatio de Zopyri injus-titia in se et in Babylonios. *Altorf.* 1687. 4. (*Oxf.*)

Zorler (Friedrich),
pédagogue allemand.

Freyberg (Christian August). Programma de M. F. Zor-lero, Cruciani Dresdensis rectore. *Dresd.* 1741. 4. (*D.*)

Zorn, Freiherr v. Plobsheim (Friedrich August),
naturaliste allemand (.. oct. 1711 — 6 février 1789).

Flander (Samuel Benedict). Rede bei der Gedächtniss-feier des Herrn F. A. Zorn, Freiherrn v. Plobsheim. *Danz.* 1789. 4.

Zoroastre,
législateur des Perses.

Jessenius (Johann). Zoroaster. *Witteb.* 1593. 8. (*L.*)

Ursinus (Johann Heinrich). De Zoroastre Bactriano, Her-mete Trismegisto, Sanchoniathône Phœnicio, eorum-que scriptis. *Norimb.* 1661. 8.

Colberg (Ehregott Daniel). Dissertatio de libris antiqui-tatem mentientibus Sibyllarum, Hermetis, Zoroastris. *Gryphisw.* 1694. 8.

Schneider (Heinrich Gottlieb). Dissertationes historico-philologicæ III de nomine et vita Zoroastris. *Witteb.* 1707-08. 4. (*D. et L.*)

Bock (Jean Nicolas Étienne de). Mémoire historique sur Zoroastre et Confucius. *Halle.* 1787. 4. *Metz.* 1789. 8.

Pastoret (Emmanuel Claude Joseph Pierre de). Zoroastre, Confucius et Mahomet comparés comme sectaires, législateurs et moralistes, avec le tableau de leurs dogmes, de leurs lois et de leur morale. *Par.* 1787. 8. (*P.*) Trad. en holland. *Dordrecht.* 1790. 8. (*Ld.*)

Oehrn (Carl). Dissertatio de Zoroastro Bactriano. *Lund.* 1799. 8.

Moberger (Pehr Olaf). Dissertatio de Zoroastre et codice, qui vulgo ei tribuitur, Zend-Avesta. *Lund.* 1807. 8.

Bergsma (T... P...). Dissertatio de Zoroastris quibusdam placitis cum doctrina christiana comparatis. *Lugd. Bat.* 1825. 8. (*D.* et *Ld.*)

Hoelty (Arnold). Zoroaster und sein Zeitalter. *Lüneb.* 1836. 8.

Ménant (Joachim). Zoroastre. Essai sur la philosophie religieuse de la Perse. *Par.* 1844. 8.

Zoubow (Valerian),

général russe (1760 — 4 juillet 1804).

Moussard (Pierre). Quelques fleurs à l'homme regretté ; poëme biographique et philosophique sur S. E. M. le comte V. Zouboff, membre du conseil suprême de S. M. l'empereur de toutes les Russies, général en chef, etc. *Saint-Pétersb.* 1804. 8.

Zorzi, se nommant **Georgius** (Alessandro),

jésuite italien (11 sept. 1747 — 14 juillet 1779).

Vannetti (Clementino). Commentarius de vita A. Georgii, etc. *Siena.* 1779. 8. (*D.* et *Oxf.*)

Zorzi (Benedetto),

savant italien.

Bianco (Vincenzo). Della vita del clarissimo signore B. Giorgio, oratione. *Venez.* 1602. 4.

Zorzi (Luigi),

procurateur de S. Marc.

Arrigoni (Francesco). Teatro della virtù, nel quale si rappresenta la felicissima scena allo stupore per L. Zorzi, procuratore di S. Marco e provveditor generale in Terraferma. *Bergam.* 1637. 4.

Zorzi (Marino),

magistrat italien.

Mazzocchi (Giuseppe). Panegirico recitata a nome del popolo a M. Giorgio, podestà di Bergamo. *Bergam.* 1633. 4.

Zorzi (Pietro Antonio),

cardinal-archevêque d'Udine († 1804).

Dalmistro (Angelo). Ritratto del vero vescovo. Orazione di P. A. Zorzi, arcivescovo di Udine. *Venez.* 1793. 8.

Belgrado (Jacopo). Elogio funebre di P. A. Zorzi, cardinale arcivescovo di Udine. *Udine.* 1804. 4.

Braida (Pietro). Oratio in funere P. A. Georgii (Zorzi), cardinalis archiepiscopi Utinensis. *Utini.* 1804. 4.

Peruzzi (Pietro). In funere P. A. Georgii, cardinalis, oratio. *Utini.* 1804. 4.

Pinzani (Francesco). Laudatio in funere P. A. Georgii, cardinalis archiepiscopi Utinensis. *Utini.* 1804. 4.

Zosime (Saint),

pape, successeur de S. Innocent I (élu 417 — 418) :

Fico (Giovanni Andrea). Notizie istoriche della patria di S. Zosimo, pontefice romano, e suoi atti, etc. *Rom.* 1760. 4. (*Oxf.*)

Zriny (Niklás, Graf v.),

général croate (1518 — tué le 7 sept. 1566).

Mitis (Thomas). Historie památky hodná o zalostivem dobytí Sygethu ; a kterák Mikulas hrabe z Serynu jest statecne ho do smrti bránil. *Praze.* 1568. 4.

Vitezovic (Paul). Oddiljenja Sigetskoga cetiri dela s'uwodom o zivotu cinih i smerti N. kneza Zrinjskoga. *Zagreb (Agram).* 1836. 8. Portrait.

Zriny (Niklás, Gróf),

général hongrois (1616 — tué le 18 nov. 1664).

Keri (János). Oratio funebris qua tristes exequias N. comitis a Zrinio anno 1664 ad S. Helenam supra Cháktornyam prosecutus est, s. l. et s. d. 4.

Doemetri (Georg). Honor posthumus in N. Serinii Bani luctuosum, etc., e vivis excessum. *Tubing.*, s. d. 4.

Forgách (Imre). De Szigetho Hungariæ propugnaculo a Turca anno 1566 obsesso et expugnato opusculum, consecratum virtuti et immortalitati, etc., N. comitis a Zrinyi, etc. *Witteb.* 1587. 4. Portrait.

Zriny (Peter, Gróf),

(exécuté le 30 avril 1671).

Vera et deducta descriptio criminalium processuum et

---

secuti supplicii in tres reos comites Francisci de Nádasd, P. a Zriny et Francisci Christophori Frangipani. *Vienn.* 1671. Fol.

Trad. en franç. s. c. t. Histoire des procédures criminelles, etc. *Amst.* 1672. 12.

Trad. en ital. *Vienn.* 1671. Fol.

Beschreibung, wie es mit denen Criminal-Processen und darauf erfolgten Executionen wider die drei Grafen Franz Nádasdi, P. v. Zriny und Franz Christoph Fraugepan hergegangen, etc. *Nürnb.* 1671. 4. (*D.*)

Zschokke (Johann Heinrich Daniel),

littérateur allemand (22 mars 1771 — 27 juin 1848).

Zschokke (Johann Heinrich Daniel). Selbstschau. *Aarau.* 1841. 2 vol. 12. (*D.*) *Ibid.* 1842. 2 vol. 12. Port. (*L.*)

Trad. en angl. *Lond.* 1845. 8. (*Oxf.*)

Trad. en holland. *Amst.* 1844. 2 vol. 8. *Ibid.* 1847. 8.

Muench (Ernst Joseph Hermann v.). H. Zschokke, geschildert nach seinen vorzüglichsten Lebensmomenten. *Haag.* 1850. 8. (*D.* et *L.*)

Frensdorff (Emile). H. Zschokke. *Liége.* 1844. 8.

Baer (Johann Carl). H. Zschokke. Sein Leben und sein Wirken nach seiner *Selbstschau*, seinen Werken und mündlicher Mittheilung, einfach erzählt. *Winterth.* 1849. 8. Portrait.

Genthe (Friedrich Wilhelm). Erinnerungen an H. Zschokke. Supplement zu Zschokke's Schriften. *Eisleb.* 1850. 8.

Zuallart (Gilles),

récollet belge (1610 — 18 oct. 1672).

et

Zuallart (Jean),

voyageur belge (1514 — ...)

Pinchart (Alexandre). I. J. Zuallart. II. G. Zuallart. *Gand.* 1848. 8.

Zuaznavar y Francia (José Maria de),

littérateur espagnol.

Memorias para la vida de D. J. M. de Zuaznavar y Francia. *Bayonne.* 1834. 8. (Écrit par lui-même.)

Zuccala (Giovanni),

littérateur italien (19 déc. 1788 — 7 mars 1836).

Regli (Francesco). Elogio del professore G. Zuccala. *Milan.* 1838. 8. Portrait. (*Oxf.*)

Zuccarini (Joseph Gerhard),

botaniste allemand (10 ou 12 août 1797 — 18 février 1848).

Martius (Carl Friedrich Philipp v.). Denkrede auf J. G. Zuccarini. *Münch.* 1848. 4. (*D.* et *L.*)

Zuccaro (Vincenzo),

enfant prodige italien.

Malvica (N... N:...). Epistola sopra il famoso fanciullo V. Zuccaro. *Palerm.* 1829. 8.

Zuccato (Giovanni Girolamo),

grand chancelier de la république de Venise.

Laste (Natale Lastesio ou Dalle). De H. Zuccato, equite ac Venetæ reipublicæ magno cancellario, oratio. *Venet.* 1772. Fol. Trad. en ital. s. c. t. Delle lodi, etc., par Giovanni Antonio Coleti. *Venez.* 1772. 4.

Schioppalalba (Giovanni Battista). Laudatio in funere G. H. Zuccati, equitis ac Venetæ reipublicæ magni cancellarii. *Venez.* 1784. Fol.

Zuellich (Michael),

théologien allemand (19 mai 1653 — 9 sept. 1721).

Krakewitz (Albert Joachim v.). De vita M. Zuellichii. *Rostoch.* 1715. 4.

Zumalacarreguy (Tomas),

général espagnol (1789 — 25 juin 1835).

Volcatha (N... N...). Zumalacarreguy et l'Espagne, ou précis des événements militaires qui se sont passés dans les provinces basques depuis 1831. *Nancy.* 1835. 8. (*Oxf.*)

Sabatier (Alexis). Tio Tomas. Souvenirs d'un soldat de Charles V. *Bord.* 1836. 8. Portrait.

Henningsen (Carl Ferdinand). Twelve months of compaign with Zumalacarreguy. *Lond.* 1836. 2 vol. 8.

Trad. en allem. avec un appendice par A... v. Treskow. *Quedlinb.* 1837. 8. Portrait. (*L.*)

Trad. en ital. (par Gaetano Podesta). *Milan.* 1838. 2 vol. 18. Portrait.

E... (F... M...). Memorias de Zumalacarreguy sobre as primas campañas de Navarra. *Madr.* 1839. 8. *

* Extrait de l'ouvrage précédent.

Madrazo (Francisco de Paula). Historia militar y politica de Zumalacarreguy y de los sucesos de la guerra de las provincias del Norte. *Madr.* 1844. 4. *Ibid.* 1846. 8. (*Oxf.* et *P.*)

Zarategui (Francisco Antonio). Vida y hechos de Zumalacarreguy, duque de la Victoria y capitan general del ejercito de Carlos V. *Par.* 1845. 8. Port. Trad. en franç. par Alexandre HOURNON. *Par.* 1845. 8. Port. (*P.*)

Zummo (Giaimo),
chevalier de Malte.

Paoli (Sebastiano). Vita di Fra G. Zummo, cavaliere Gerosolimitano. *Napol.* 1742. 4.

Zumpt (Carl Timotheus),
philologue allemand (20 mars 1792 — 25 juin 1849).

Zumpt (August Wilhelm). De C. T. Zumptii vita et studiis narratio. *Berol.* 1851. 8. Portrait. (*L.*)

Zumsteg (Johann Rudolph),
musicien allemand (10 janvier 1760 — 27 janvier 1802).

(**Arnold**, Ignaz Ferdinand). J. R. Zumsteg, seine kurze Biographie und ästhetische Darstellung seiner Werke. *Erfurt.* 1810. 8. Portrait.

Zuniga (Antonio de),
général espagnol.

Miranda (Martin Affonso de). Discursos historicos de la vida y muerte de A. de Zuñiga, comendador de Ribera, capitan general de S. M. (Philippe II) en el reyno de Portugal. *Lisb.* 1610. 4. *Ibid.* 1618. 4.

Zuniga (Francesco de),
chroniqueur espagnol.

Wolf (Ferdinand). Über den Hofnarren Carl's V, genannt el Conde F. de Zuñiga, und seine Chronik. *Wien.* 1851. 8.

Zurbano (Martin),
l'un des chefs des guérillas espagnoles (vers 1780 — fusillé le .. janvier 1845).

Toro (Manuel de). Vida militar del general D. M. Zurbano, sus hijos y cuñado. *Madr.* 1845. 4. (Ecrit en vers héroïques.)

Vida militar y politica ó reseña biográfica de los generales D. Juan Prim et D. M. Zurbano. *Madr.* 1845. 8.

M... (M...). Notice biographique sur M. Zurbano. *Lille.* 1845. 8.

Zurla (Placido),
cardinal italien (2 avril 1769 — 29 oct. 1834).

Moschini (Giovanni Antonio). Orazione nelle esequie, etc., del cardinale P. Zurla. *Venez.* 1834. 4.

Odescalchi (Pietro). Elogio del cardinale Zurla. *Rom.* 1856. 8. (*Oxf.*)

Zuijlen van Nijevelt (Willem van),
littérateur hollandais.

Schotel (Gilles Dionysius Jacobus). Iets over jonkheer W. van Zuijlen van Nijevelt, s. l. (*Arnhem*). 1842. 8. (*Ld.*)

Zwinger (Jacob),
médecin suisse (15 mars 1569 — 11 sept. 1610).

Dornavius (Caspar). Vita et mors J. Zwingeri. *Gorlic.* 1612. 4. (*D.* et *L.*)

Zwinger (Johann Rudolph),
médecin suisse (3 mai 1692 — 31 août 1777).

Buxtorf (Johann Rudolph). Vita J. R. Zwingeri. *Basil.* 1778. 4. (*D.*)

Zwinger (Theodor),
théologien suisse (21 nov. 1597 — 26 déc. 1654).

Wettstein (Johann Rudolph). Memoria benedicta T. Zuingeri, historica vitæ mortisque illius descriptione celebrata. *Basil.* 1655. 4. (*D.*)

Zwinger (Theodor),
médecin suisse (26 août 1657 — 22 avril 1724).

Mieg (Johann Rudolph). Oratio panegyrica in obitum T. Zuingeri. *Basil.* 1726. 4. (*D.*)

Zwingli (Ulrich ou Huldreich),
réformateur suisse (1er janvier 1484 — tué le 11 oct. 1531).

Buchstab (Johannes). Eygentliche vnd gründliche Kuntschaft auss Göttlicher Biblischer geschrift, dass Magister U. Zwinglein (!) eyn falscher Prophet vnd verfürer dess Christlichen Volks ist, s. l. 1528. 4. (Très-rare.)

Bibliander (Theodor). Joannis Occolampadii et H. Zwinglii vita et obitus. *Basil.* 1556. Fol.

Myconius (Oswald). De vita et obitu H. Zwinglii. *Basil.* 1536. Fol. Trad. en franç. *Lyon.* 1562. 12.

Ziegler (Hans Rudolph). Magister U. Zwingli's und Magister Heinrich Bullinger's, beyder obersten Pfarrer zu Zürich, Lebensbeschreibungen. *Zürch.* 1719. 4.

(**Nuescheler**, Felix). Magister U. Zwingli's Lebensgeschichte und Bildniss. *Zürch* und *Winterth.* 1776. 8. Portrait. Trad. en holland. par Niklaas BARKEY. *S'Gravenh.* 1778. 8. Portrait. (*D.*, *L.* et *P.*)

(**Tischer**, Johann Friedrich Wilhelm). U. Zwingli's Leben. *Leipz.* 1800. 8. (*L.*)

Reiche (George Hendrik). Leven van U. Zwinglius, etc. *Rotterd.* 1802. 8. Portrait.

Hess (Johann Caspar). Vie d'U. Zwingli, réformateur de la Suisse. *Par.* et *Genève.* 1810. 8. (*Lv.* et *Bes.*)
    Trad. en allem. par Leonhard USTERI. *Zürch.* 1811. 8. Portrait.
    Trad. en angl. par Lucy AIKIN. *Lond.* 1812. 8. (*Oxf.*)

Eckschlager (Joseph August). U. Zwingli in Zürich. *Zürch.* 1811. 8. Portrait.

Pestalozzi (Johann). Bilder aus dem Leben U. Zwingli's. *Zürch.* 1819. 8. (En vers.)

Lebensbeschreibung des Schweizer Reformators U. Zwingli. *Zürch.* 1819. 8. Plusieurs portraits.

Rotermundt (Heinrich Wilhelm). Lebensgeschichte des Reformators U. Zwingli. *Brem.* 1819. 8. Portrait.

Mueller (Heinrich). U. Zwingli. *Quedlinb.* et *Leipz.* 1819. 8. (*D.* et *L.*)

Richard (Matthias). U. Zwingli; biographisch geschildert. *Strassb.* 1819. 8.

Schuler (Johann Melchior). U. Zwingli. Geschichte seiner Bildung zum Reformator des Vaterlandes. *Zürch.* 1818. 8. *Ibid.* 1819. 8.

Labouderie (Jean). Notice historique sur Zwingli. *Par.* 1828. 8. Port. (Ext. de la *Biographie univ. de Michaud.*)

Scheler (Siegmund). Das Reformatorenkleeblatt, oder (Martin) Luther, Zwingli und Calvin. *Bern.* 1828. 12.

Roeder (Gottlieb Wilhelm). Erzählungen aus Zwingli's Leben und der Schweizerischen Reformationsgeschichte. *Chur.* 1834. 8. Portrait.

Hottinger (Johann Jacob). H. Zwingli und seine Zeit. *Zürch.* 1842. 16. Portrait.

Zeller (Eduard). Das theologische System Zwingli's dargestellt. *Tübing.* 1853. 8.

Chauffour-Kestner (Victor). Études sur les réformateurs du XVIe siècle. *Par.* 1853. 2 vol. 18. *
    * Le 1er volume a trait à la vie d'Ulrio, le second concerne Zwingli.

Franz (Johann Friedrich). U. Zwingli's Geburtsort. Beitrag zur Reformations-Jubelfeier. *Sanct.-Gall.* 1819. 8.

Die Schlacht bei Kappel H. Zwingli's Todestag. *Zürch.* 1851. 8.

Todesfeier Zwingli's am 11-23 Oct. durch die Studenten in Zürich. *Zürch.* 1818. 8.

Zybach (Peter),
incendiaire suisse.

P. Zybach, gewesener Wirth auf der Grimsel, als Brandstifter vor den Assissen des Berner Oberlandes, etc. *Basel.* 1853. 8.

Zyllenhardt (Carl, Freiherr v.),
jurisconsulte allemand.

Weller (G... v.). Freiherr C. v. Zyllenhardt, grossherzoglich baden'scher Staatsrath, etc., in seinem Leben und Wirken dargestellt. *Mannh.* 1828. 8.

Zypæus (François), *
jurisconsulte belge (vers 1578 — 4 nov. 1650).

Broeck (Philibert van den). De F. Zypæi vita et scriptis oratio, etc. *Lovan.* 1852. 8. Portrait.

Feye (Hendrik). De F. Zypæi vita et meritis oratio. *Lovan.* 1852. 8. Portrait.

—— Discours sur la vie et les travaux de F. Zypæus. *Louvain.* 1853. 18.
    * Son nom de famille était VAN DEN ZYPE.

RÉPERTOIRE

DES

BIO-BIBLIOGRAPHIES

GÉNÉRALES, NATIONALES ET SPÉCIALES.

BIOGRAPHIES GÉNÉRALES.

ENCYCLOPÉDIES, DICTIONNAIRES HISTORIQUES ET BIOGRAPHIQUES.

(Les ouvrages sont classés par ordre chronologique de leurs publications.)

I. — BIOGRAPHIES GÉNÉRALES

ÉCRITES EN ALLEMAND.

Fritsch (Thomas), **Buddeus** (Johann Franz), **Bresler v. Aschenburg** (F... L...), **Uhle** (J... A...) et **Struve** (Burkhard Gotthelf). Allgemeines historisches Lexicon. *Leipz.* 1709. 4 vol. Fol. Augment. par Adam Friedrich GLAFEY, Johann Jacob SCHMAUSS, Johann Matthias GESNER et Michael Christoph HANOV. *Leipz.* 1722. 4 vol. Fol. Réimprim. par Jacob Christoph ISELIN. *Basel.* 1729. 4 vol. Fol. Supplément par Jacob Christian BECK. *Basel.* 1726. 4 vol. Fol.

Hederich (Benjamin). Notitia auctorum antiqua et media, oder Leben, Schriften, etc. *Wittenb.* 1709. 8. *Ibid.* 1714. 8. Augment. par Johann Friedrich SCHWABE. *Wittenb.* et *Zerbst.* 1767. 2 vol. 8.

Cellarius (Christoph). Universal geographisch-historisches Lexicon, vermehrt von E... UHSEN. *Leipz.* 1710. Fol.

Mencke (Johann Burchard). Compendiöses Gelehrten-Lexicon. *Leipz.* 1715. 8. Augment. par Christian Gottlieb JOECHER. *Leipz.* 1726. 2 vol. 8. *Ibid.* 1733. 2 vol. 8.

Gauhe (Johann Friedrich). Historisches Helden- und Heldinnen-Lexicon. *Leipz.* 1717. 8.

Bernhard (Johann Adam). Kurzgefasste curiöse Geschichte der Gelehrten, etc. *Frf.* 1718. 8.

(Zedler, N... N...). Grosses vollständiges Universal-Lexicon aller Wissenschaften und Künste. *Leipz.* 1731-50. 64 vol. Fol.

Goetten (Gabriel Wilhelm). Das jetzt lebende gelehrte Europa, oder Nachrichten von denen vornehmsten Lebensumständen und Schriften jetzt lebender europäischer Gelehrten. *Braunschw.* 1735-40. 5 vol. 8.

Rathlef (Ernst Lorenz Michael). Geschichte jetzt lebender Gelehrten, als Fortsetzung des *Jetzt lebenden gelehrten Europa*. *Zelle.* 1740-44. 8 vol. 8. Fortgesetzt von Johann Christoph STRODTMANN. *Zelle.* 1745-47. 4 vol. 8.

Beyträge zur Historie der Gelahrtheit, worinnen die Geschichten der Gelehrten unserer Zeiten beschrieben werden. *Hamb.* 1748-52. 5 vol. 8.

Schmersahl (Elias Friedrich). Nachricht von jüngst verstorbenen Gelehrten. *Zelle.* 1748-53. 8 part. en 2 vol. 8.

Joecher (Christian Gottlieb). Allgemeines Gelehrten-Lexicon, darinnen die Gelehrten aller Stände, sowohl männ- als weiblichen Geschlechts, welche vom Anfange der Welt bis auf jetzige Zeit gelebt und sich der gelehrten Welt bekannt gemacht, nach ihrer Geburt, Leben, merckwürdigen Geschichten, Absterben und Schrifften aus den glaubwürdigsten Scribenten in alphabetischer Ordnung beschrieben werden. *Leipz.* 1750-51. 4 vol. 4.

Strodtmann (Johann Christoph). Das neue gelehrte Europa. *Wolfenb.* 1752. 8 vol. 8. Fortgesetzt von Ferdinand SROSCH. *Wolfenb.* 1753-81. 13 vol. 8.

Dunkel (Johann Gottlieb Wilhelm). Historisch-critische Nachrichten von verstorbenen Gelehrten und deren Schriften, insonderheit aber Denenjenigen, welche im Jöcher'schen *Gelehrten - Lexicon* mit Stillschweigen übergangen oder mangelhaft angeführet worden. *Coethen.* 1755-60. 12 tomes en 3 vol. 8. (Assez rare.)

Hamberger (Georg Christoph). Zuverlässige Nachrichten von den vornehmsten Schriftstellern vom Anfange der Welt bis zum Jahre Christi 1500. *Lemgo.* 1756-64. 4 vol. 8.

Hamberger (Georg Christoph). Kurze Nachrichten von den vornehmsten Schriftstellern vor dem 16ten Jahrhundert. *Lemgo.* 1766-67. 2 vol. 8.

Mursinna (Samuel). Klassische Biographie. *Halle.* 1767-68. 2 vol. 8. (Trad. de l'anglais.)

Schroeckh (Johann Matthias). Allgemeine Biographie. *Berl.* 1772-91. 8 vol. 8.

(Berisch, Heinrich Wolfgang). Allgemeines Autor- und Literatur-Lexicon in alphabetischer und chronologischer Ordnung. *Hannov.* 1778. 3 vol. 8.

Hoff (Heinrich Georg). Kurze Biographien, oder Lebensabrisse merkwürdiger und berühmter Personen, etc. *Brünn.* 1782-84. 4 vol. 8.

Buesching (Anton Friedrich). Beiträge zur Lebensgeschichte merkwürdiger Personen insonderheit gelehrter Männer. *Halle.* 1783-89. 6 vol. 8.

Adelung (Johann Christoph). Fortsetzung und Ergänzungen zu Joecher's *Allgemeinem Gelehrten-Lexicon*, worin die Schriftsteller aller Stände nach ihren vornehmsten Lebensumständen und Schriften beschrieben werden. *Leipz.* 1784-87. 2 vol. 4. Fortgesetzt von Heinrich Wilhelm ROTERMUND. *Delmenhorst* et *Brem.* 1810-22. 4 vol. 8. *

> * Cet ouvrage s'arrête au nom RINOW.

Gallerie merkwürdiger Männer aus der ältern und neuern Geschichte. *Hannov.* 1794-98. 5 vol. 8.

Hirsching (Friedrich Carl Gottlob). Historisch-literarisches Handbuch berühmter und denkwürdiger Personen, welche in dem 18ten Jahrhundert gestorben sind. *Leipz.* 1794-1815. 17 vol. 8. *

> * Les volumes 8-17 ont été rédigés par Johann Heinrich Matthias ERNESTI.

Grohmann (Johann Gottfried). Neues historisch-biographisches Handwörterbuch, oder kurzgefasste Geschichte aller Personen, etc. *Leipz.* 1796-1806. 10 vol. 8. *

> * Les volumes 7-10 ont été publiés par Wilhelm David FUHRMANN.

(Wagner, Samuel Christian). Gallerie wunderbarer Menschen und menschlicher Schicksale, oder Skizzen aus dem Leben merkwürdiger Menschen, deren Geburt, Schicksal, Krankheit oder Tod sich durch etwas Ausserordentliches auszeichnete. *Magdeb.* 1800. 8.

(Haid, Johann Herenaeus). Neues historisches Handlexicon. *Ulm.* 1800. 4 vol. 8. *

> * Formant les volumes 5-8 de la traduction allemande du *Dictionnaire historique*, etc., de J. B. LADVOCAT. (Voir les *Biographies écrites en français*, page 1954.)

Der Biograph. Darstellung merkwürdiger Menschen der letzten drei Jahrhunderte. *Halle.* 1802-09. 8 vol. 8.

Baur (Samuel). Allgemeines historisches Wörterbuch aller merkwürdigen Personen, welche im letzten Jahrzehend des 18ten Jahrhunderts gestorben sind. *Ulm.* 1803. 8.

—— Neues historisch-biographisch-litterarisches Handwörterbuch, von der Schöpfung der Welt bis zum Schlusse des 18ten Jahrhunderts. *Ulm.* 1807-10. 5 volumes. 8.

Pertsch (Johann Heinrich). Neues allgemeines litterarisch-artistisches Lexicon. *Coburg* et *Leipz.* 1807. 2 vol. 8.

Reichard (Carl). Moderne Biographie, oder kurze Nachrichten von dem Leben und den Thaten der berühmtesten Menschen, welche sich seit dem Anfange der französischen Revolution bis zum Wiener Frieden (1810) als Regenten, Feldherren, Staatsmänner, Ge-

lehrte und Künstler ausgezeichnet haben. *Leipz.* 1811.
6 vol. 8.

Conversations-Lexicon, oder kurzgefasstes Handwörterbuch für die in der gesellschaftlichen Unterhaltung
aus den Wissenschaften und Künsten vorkommenden
Gegenstände. *Leipz.* 1809-10. 6 vol. 8. Supplément.
Ibid. 1810. 2 vol. 8. Augment. s. c. t. Conversations-
Lexicon, oder encyclopädisches Handwörterbuch für
gebildete Stände. *Altenb.* 1814-16. 10 vol. 8. *Leipz.* 1818-
20. 10 vol. 8. (5e édit.) *Ibid.* 1824. 10 vol. 8. *Ibid.* 1826-29.
12 vol. 4. Publ. s. c. t. Allgemeine deutsche Real-Encyclopädie für gebildete Stände. *Leipz.* 1832-37.
10 vol. 8. *Ibid.* 1843-48. 15 vol. 8. *Ibid.* 1851-55.
15 vol. 8. * (10e édition.)

> * Cet ouvrage, plus connu sous le nom de *Conversations-
> Lexicon de Brockhaus* (nom de l'éditeur), est l'un des
> plus propagés de l'Allemagne. La cinquième édition
> (1818-20) a été tirée à 32,000 exemplaires, la septième
> (1826-29) à 27,000, la huitième (1832-37) à 31,000,
> la neuvième (1843-48) à 36,000 exemplaires. Les dix
> éditions comptent à peu près 200,000 exemplaires.

Conversations-Lexicon der neuesten Zeit und Literatur.
Leipz. 1832-34. 4 vol. 8. (Suite de l'ouvrage précédent.)
Conversations-Lexicon der Gegenwart. *Leipz.* 1838-41.
4 vol. 8. (Suite de l'ouvrage précédent.)
Die Gegenwart. *Leipz.* 1848-54. (Suite de l'ouvrage pré-
cédent.)
Baur (Samuel). Handwörterbuch aller merkwürdigen
Personen, die in dem ersten Jahrzehend des 19ten
Jahrhunderts gestorben sind. *Ulm.* 1816. 2 vol. 8.
Geib (Carl). Neue Biographie der Zeitgenossen. *Frf.*
1821-25. 3 vol. 8.
Leidenfrost (Carl Florentin). Historisch biographisches
Handwörterbuch der denkwürdigsten, berühmtesten
und berüchtigsten Menschen aller Stände, Zeiten und
Nationen, etc. *Ilmenau.* 1824-27. 5 vol. 8.
Pierer (Heinrich August). Universal-Lexicon, oder voll-
ständiges encyclopädisches Wörterbuch, etc. *Altenb.*
1824-36. 26 vol. 8. Considérablement augment. s. c. t.
Universal-Lexicon der Gegenwart und Vergangenheit,
oder neuestes encyklopädisches Wörterbuch der Wissenschaften, Künste und Gewerbe, bearbeitet von
mehr als 220 Gelehrten. *Altenb.* 1840-46. 34 vol. 8.
Suppléments. *Altenb.* 1850-54. 4 vol. 8.
Neues Conversations - Lexicon, oder encyclopädisches
Handwörterbuch für die gebildeten Stände, herausgegeb.
von einer Gesellschaft rheinländischer Gelehrten. *Colen.*
1825-30. 12 vol. 8.
Neuestes Conversations-Lexicon, oder allgemeine deutsche
Real-Encyclopädie für gebildete Stände, von einer Gesellschaft von Gelehrten ganz neu bearbeitet. *Wien.*
1825-35. 18 vol. 8.
Neuestes Conversations-Lexicon für alle Stände, von einer
Gesellschaft deutscher Gelehrten bearbeitet. *Leipz.* 1854-
58. 12 vol. 8.
Allgemeines deutsches Conversations-Lexicon für die Gebildeten eines jeden Standes. *Leipz.* 1833-40. 10 vol. 8. *

> * Le rédacteur en chef de cet ouvrage était Julius WEISKE.

Encyclopädische Darstellung des letzten Jahrzehents in
seinen welt- und cultur-geschichtlichen Hauptmomen-
ten. *Leipz.* 1842-44. 2 vol. 8. *

> * Formant le supplément du dictionnaire précédent.

Gutzkow (Carl). Oeffentliche Charactere. *Hamb.* 1835.
8. *

> * Contenant : Talleyrand, Martinez de la Rosa, Château-
> briand, Méhémet-Ali, les Napoléonides, Wellington,
> Daniel O'Connell, Dr. Francia, Armand Carrel, Ancil-
> lon, Rothschild, Sultan Mahmoud.

Gallerie der berühmtesten Zeitgenossen in Characteristi-
ken und Portraits. *Leipz.* 1844. 8. *

> * Contenant : Espartero, Guizot, George Sand, Lamen-
> nais, Victor Hugo, O'Connell, Lamartine, Odilon Barrot,
> Robert Peel, Thiers, Balzac et lord John Russell.

Converstations - Lexicon zum Handgebrauche, oder en-
cyclopädisches Realwörterbuch aller Wissenschaften,
Gewerbe und Künste. *Leipz.* 1846. 4.
Ersch (Johann Samuel) et **Gruber** (J... B...). Allge-
meine Encyklopädie der Wissenschaften und Künste.
Leipz. 4.

New and general biographical dictionary. *Lond.* 1761.
11 vol. 8. *Ibid.* 1780. 11 vol. 8.
New historical, biographical and classical dictionary,
containing a concise and alphabetical account of the
most remarkable events, recorded in ancient history.
Lond. 1771. 12.
Noothouck (James). Historical and classical dictionary,
containing the lives and characters of the most eminent men and learned persons in every age and
nation. *Lond.* 1776. 2 vol. 8.
Chalmers (Alexander). New and general biographical
dictionary, containing an historical and critical account
of the life and writings of the most eminent persons in
every nation, particularly in the British and Irish,
from the earliest account to the present time. *Lond.*
1798-1810. 15 vol. 8. *Ibid.* 1812-17. 32 vol. 8.
Aikin (John) et **Enfield** (William). General biography, or lives, critical and historical, of the most eminent persons of all ages, countries, conditions and professions. *Lond.* 1799-1814. 10 vol. 4.
Rees (Abraham). New cyclopædia, or universal dictionary of arts, sciences and literature. *Lond.* 1803.
44 vol. 4. Figures.
Hardie (James). New universal biographical dictionary
and American remembrancer of departed merit, etc.
New-York. 1805. 4 vol. 8.
Watkins (John). Universal biographical and historical
dictionary. *Lond.* 1807. 8. *Ibid.*, s. d. (1825). 8. Trad.
en franç. par Jean Baptiste L'Écuy. *Par.*, an xi (1803).
2 vol. 8.
Lemprière (John). Universal biography. *Lond.* 1808. 4.
Annual biography and obituary, from the year 1817
to the end of 1836. *Lond.* 1817-37. 21 vol. 8.
Crabb (George). Universal historical dictionary. *Lond.*
1825. 2 vol. 4.
(Philips, R...). Dictionary of universal history, chrono-
logy and historical biography. *Lond.* 1832. 12. (Orné
de gravures et de petites cartes géographiques.)
Davenport (N... N...). Dictionary of biography, comprising the most eminent characters of all ages, nations
and professions. *Boston.* 1832. 8.
Gorton (John). General biographical dictionary, continued to the year 1833. *Lond.* 1835. 4 vol. 8.
Beckett (Willam a.). Universal biography, (alphabeti-
cally arranged), including scriptural, classical and my-
thological memoirs, together with accounts of living
characters, compiled from the most authentic sources.
Lond. 1838. 3 vol. 8.
Rose (Hugh James). New general biographical dictionary, etc. *Lond.* 1848. 12 vol. 8.
Godwin (William?). Handbook of universal biography.
New-York. 1852. 8.
Rich (Edmond). Cyclopædia of biography, containing the
lives of the most remarkable individuals of all times
and nations. *Glasg.* 1854. 8. (Orné de 150 illustrations.)
Darling (James). Cyclopædia bibliographica. A library
manual of theological and general literature, and
guide to books of authors, preachers, students and literary men, analytical, bibliographical and biographical.
Lond. 1854. 8.

Thevet (André). Les vrais portraits et vies des hommes
illustres grecs, latins et payens, etc. *Par.* 1584. 2 vol.
Fol. Réimprim. s. c. t. Histoire des plus illustres et
savants hommes anciens et modernes. *Par.* 1651.
8 vol. 12.
Juigné-Brossinière (D... de). Dictionnaire théologique,
historique et cosmographique, etc. *Par.* 1644. 4. *Ibid.*
1668. 4. * (7e édition.)

> * La plus grande partie des articles dont il est composé
> sont littéralement traduits du Dictionnaire de Charles
> Estienne. (Voir les *Biographies générales écrites en latin*,
> page 1958.)

Moréri (Louis). Grand dictionnaire historique. *Lyon.*
1674. Fol. * *Par.* 1680. 2 vol. Fol. *Ibid.* 1683. 2 vol.
Fol. *Lyon.* 1687-88. 2 vol. Fol. Augmenté par Jean
Leclerc. *Amst.* 1691. 4 vol. Fol. *Ibid.* 1694. 4 vol. Fol.
Ibid. 1698. 4 vol. Fol. Publ. par N... N... Vaultier.
Par. 1699. 4 vol. Fol. *Amst.* 1702. 4 vol. Fol. *Par.*
1704. 4 vol. Fol. *Ibid.* 1712. 4 vol. Fol. *Amst.* 1717.
6 vol. Fol. *Par.* 1718. 5 vol. Fol. *Amst.* 1724. 4 vol.
Fol. *Par.* 1725. 6 vol. Fol. *Bâle.* 1731. 6 vol. Fol. *Par.*
1732. 6 vol. 8. Supplément par Claude Pierre Goujet.
Par. 1735. 2 vol. Fol. *Amst.* 1740. 8 vol. Fol. *Par.*
1742. 8 vol. Fol. ou 16 vol. 4. Nouveau supplément par
Claude Pierre Goujet. *Par.* 1749. 2 vol. Entièrement
refondu par Etienne François Drouet. *Par.* 1759.
10 vol. Fol.

   Trad. en angl. *Lond.* 1694. Fol. *Ibid.* 1702. Fol.

   Trad. en espagn. par José de Miravel y Casadevante.
Par. 1753. 10 vol. Fol.

   Trad. en ital. *Rom.* 1729. 4 vol. Fol.

   * C'est la seule édition qui ait été publiée du vivant de
l'auteur. Il mourut pendant l'impression de la seconde
édition.

Bullart (Isaac). Académie des sciences et des arts, contenant les vies et les éloges historiques des hommes illustres qui ont excellé en ces professions depuis quatre
siècles parmi diverses nations de l'Europe, etc. *Par.*
1682. 2 vol. Fol. *Brux.* 1696. 2 vol. Fol.

Chappuzeau (Simon). Dessein d'un nouveau dictionnaire historique, géographical, chronologique et philosophique. *Celle.* 1694. Fol.

Teissier (Antoine). Eloges des hommes savants, contenant l'abrégé de leur vie, le jugement et le catalogue de
leurs ouvrages. *Utrecht.* 1696. 2 vol. 12. Augmenté.
Leyde. 1715. 4 vol. 8.

Bayle (Pierre). Dictionnaire historique et critique. *Rot-
terd.* 1697. 2 vol. Fol. (Corrigé par Prosper Marchand.)
Rotterd. 1720. 4 vol. Fol. * *Amst.* 1730. 4 vol. Fol.
Avec des remarques de Jean Leclerc. *Trevoux.* 1734.
4 vol. Fol. *Amst.* 1740. 4 vol. Fol. Augment. par Pierre
Desmaizeaux. *Bâle.* 1748. 4 vol. Fol. *Leipz.* 1801. 4 vol.
8. (Non terminé.) Réimprim. par Adrien Jean Quentin
Beuchot. *Par.* 1820-24. 16 vol. 8.

   Trad. en allem. avec préface de Johann Christoph
Gottsched. *Leipz.* 1741-44. 4 vol. fol.

   Trad. en angl. :

   Par James Collier. *Lond.* 1710. 4 vol. Fol.

   Augment. par J... P... Bernard, Thomas Birch et
John Lokman. *Lond.* 1734-41. 10 vol. Fol.

   * Cette édition est rare et recherchée. Il faut voir au
tome II si les articles concernant David, roi des Juifs,
sont entiers. Le premier de ces articles occupe les
pages 963-965 ; le second est imprimé en forme de
carton sur trois feuilles chiffrées 966-968.

Reimmann (Jacob Friedrich). Versuch einer Kritik
über den *Dictionnaire historique et critique* de M. Bayle.
Halle. 1711. 8. ;

Leclerc (Jean). Lettre critique sur le *Dictionnaire historique* de Bayle. *La Haye.* 1732. 12.

(Joly, Philippe Louis). Remarques critiques sur le *Dictionnaire* de Bayle. *Par.* 1748. Fol. *Dijon.* 1752. Fol.

Marsy (François Marie de). Analyse raisonnée de Bayle.
Lond. 1755-75. 8 vol. 12.

Corneille (Thomas). Dictionnaire universel géographique et historique. *Par.* 1708. 3 vol. Fol.

Ancillon (Charles). Mémoires concernant les vies et les
ouvrages de plusieurs modernes célèbres dans la république des lettres. *Amst.* 1709. 12.

Niceron (Jean Pierre). Mémoires pour servir à l'histoire
des hommes illustres dans la république des lettres,
avec un catalogue raisonné de leurs ouvrages. *Par.*
1727-45. 43 vol. 12. Trad. en allem. s. c. t. Nachrichten
von den Begebenheiten und Schriften berühmter Gelehrten, von Sigmund Jacob Baumgarten, mit Zusätzen
von Friedrich Eberhard Rambach und Christian David
Jani. *Halle.* 1749-77. 24 vol. 12. 24 portraits.

Chauffepié (Jacques Georges de). Nouveau dictionnaire
historique et critique, pour servir de supplément ou de
continuation à celui de Bayle. *La Haye.* 1750-56. 4 vol.
Fol.

Ladvocat (Jean Baptiste). Dictionnaire historique por-

tatif des grands hommes. *Par.* 1752. 2 vol. 8. *Ibid.*
1755. 2 vol. 8. *Ibid.* 1760. 2 vol. 8. Corrigé et considérablement augmenté (par N... N... Leclerc). *Par.* 1773.
3 vol. 8. Supplément. (par Leclerc). *Par.* 1789. 8. Rev.,
corrig. et contin. jusqu'en 1789. *Par.* 1821-22. 5 vol. 8.

   Trad. en allem. par O... L... Lohenschiold et Samuel
Baur. *Ulm.* 1760-63. 4 vol. 8.

   Trad. en angl. par Catharina Collignon. *Cambridge.*
1782. 6 vol. 8. *Ibid.* 1799. 3 vol. 8.

   Trad. en ital. :

   Par Antonio Pallazzi. *Milan.* 1758. 3 vol. 8.

   Avec un supplément de Giovanni Origlia Paulino,
annoté par Antonio Maria Lugo, *Napol.* 1760-63.
7 vol. 8.

   Il existe aussi une traduction hongroise.

Marchand (Prosper). Dictionnaire historique, ou mémoires critiques et littéraires, concernant la vie et les
ouvrages de diverses personnes distinguées dans la république des lettres, (publ. par J... N... S... Allemand).
La Haye. 1758-59. 2 vol. Fol.

Barral (Pierre), **Guibaud** (Eustache) et **Valla** (Joseph). Dictionnaire historique, critique et littéraire des
hommes célèbres. *Avign.* 1758-62. 6 vol. 8. *

Nouveau dictionnaire historique et géographique universel. *Bâle.* 1766. 4 vol. 4.

Chaudon (Louis Mayeul). Nouveau dictionnaire historique portatif, par une société de gens de lettres. *Avign.*
1766. 4 vol. 8. Corrig. (par Jean Saas). *Amst.* (Rouen.)
1769. 4 vol. 8. *Lyon.* 1770. 4 vol. 8. Corrig. et augm.
par A... H... Sabbathier. *Par.* 1771. 6 vol. 8. *Caen.*
1779. 6 vol. 8. *Caen.* 1789. 9 vol. 8, et 4 vol. de
supplément. Réimpr. s. c. t. Nouveau dictionnaire,
ou histoire abrégée de tous les hommes qui se sont
fait un nom par des talents, des vertus, des forfaits,
des erreurs, par Louis Mayeul Chaudon et Antoine
François Delandine. *Lyon,* an xii (1804). 13 vol. 8. *
Neuvième édition s. c. t. Dictionnaire universel, historique, critique et bibliographique, enrichi de notes
et d'additions d'Antoine Charles Baotier, (publ. par
Louis Prudhomme). *Par.* 1810-12. 20 vol. 8, avec
1,200 médaillons. Réimprim. s. c. t. Dictionnaire historique et bibliographique, (publ. par Ménard et De-
senne, sous la direction de J... D... Goigoux). *Par.*
1821-23. 30 vol. 8. **

   Trad. en angl. *Lond.* 1798. 15 vol. 8.

   Trad. en ital. *Bassan.* 1796. 22 vol. 8.

   * Le dernier volume contient les *Tables chronologiques.*
   ** Cette (dixième) édition ne porte pas les noms de Chaudon et de Delandine.

(Frédéric II.) Extrait du Dictionnaire historique et
critique de Bayle, etc. *Berl.* 1767. 2 vol. 8. Portrait
de Bayle.

(Lacombe de Prezel, Henri). Dictionnaire des portraits
et des anecdotes des hommes célèbres. *Par.* 1766-68.
3 vol. 8. Trad. en allem. s. c. t. Sammlung historischer
Schilderungen und Anecdoten berühmter Männer in
alphabetischer Ordnung. *Leip.* 1769-70. 3 vol. 8.

Bonnegarde (M... de). Dictionnaire historique et critique, ou recherches sur la vie, le caractère, les mœurs
et les opinions de plusieurs hommes célèbres, tirés des
dictionnaires de MM. Bayle et Chauffepié; ouvrage dans
lequel on a recueilli les morceaux les plus agréables
et les plus utiles de ces deux auteurs; avec un grand
nombre d'articles nouveaux, et de remarques d'histoire, de critique et de littérature, pour servir de
supplément aux différents dictionnaires historiques.
Lyon. 1771. 4 vol. 8.

Feller (François Xavier de). Dictionnaire historique, ou
histoire abrégée de tous les hommes qui se sont fait
un nom par le génie, les talents, les vertus, les erreurs, etc., depuis le commencement du monde jusqu'à nos jours. *Augsb.* (*Liége.*) 1781. 6 vol. 8. * *Augsb.*
et *Liége.* 1789-94. 8 vol. 8. *Liége.* 1797. 8 vol. 8. *Ibid.*
1816. 8 vol. 8. Dictionnaire historique, etc., tomes 9, 10
et 11, etc., précédé d'une notice sur F. X. de Feller,
par Félix de Pachtere. *Bruges.* 1817-18. 3 vol. 8. Rev.,
corrig. et augment. de 4 volumes de supplément (par
Joseph Bocous, Jean Baptiste L'Ecuy et Charles Ga-
nilh). *Par.* 1818-20. 12 vol. 8. *Par.* et *Lyon.* 1821-24.
13 vol. 8. *Par.* 1827-32. 17 vol. 8. Huitième édition
augment. de plus de 1,000 articles. *Lille* (*Besanç.*) 1832-

53. 15 vol. 8. Augment. de plus de 5,000 articles (marqués d'un astérisque), rédigés par François Pérennes. *Par.* 1853-55. 12 vol. 8. Contin. jusqu'en 1857, par M... Henrion. *Par.* 1857. 4 vol. 8. *Ibid.* 1841-42. 12 vol. 8.
Trad. en holland. s. c. t. Geschiedkundig woordenboek, etc. *S'Bosch.* 1850. 9 vol. 8.
Trad. en ital. *Venez.* 1853-56. 18 vol. 8. *Ibid.* 1841-45. 12 vol. 8.

  * Le fond du dictionnaire de Feller est emprunté de celui de Chaudon, lequel a imité le dictionnaire de Ladvocat. Les deux premières éditions du dictionnaire de Feller ont paru sous les lettres initiales F. X. D. F. La troisième édition parut en 1809 après la mort de Feller, mais avec la date de 1797, condition qu'il avait exigée de son vivant.

(**La Platière**, N... N... de). Galerie universelle des hommes qui se sont illustrés dans l'empire des lettres. *Par.* 1787. 8 vol. 4.

Le Prevost d'Exmes (François). Vies des écrivains étrangers tant anciens que modernes. *Par.* 1787. 8.

Galerie historique des hommes les plus célèbres de tous les siècles et de tous les nations. *Par.* 1805-09. 12 vol. 12. (Orné de portraits peints par M. Landon.) Trad. en allem. *Leipz.* 1807-15. 5 vol. 8. (Non terminé.)

Biographie moderne, ou dictionnaire historique et biographique de tous les hommes morts et vivants qui ont marqué à la fin du xviiie siècle et au commencement de celui-ci, (rédigé par Alphonse de Beauchamps, N... N... Giraud, Louis Gabriel Michaud, Henri de Coiffier et autres). *Leipz.* (*Par.*) 1807. 4 vol. 8.

(**Michaud**, Louis Gabriel). Biographie universelle, ancienne et moderne, ou histoire par ordre alphabétique de la vie publique et privée de tous les hommes qui se sont fait remarquer par leurs écrits, leurs actions, leurs talents, leurs vertus ou leurs crimes, etc. *Par.* 1811-38. 52 vol. 8. Supplément. 1843-55. 27 vol. 8. * *Brux.* 1843-45. 21 vol. 8. Portraits. **

  * Un des plus beaux monuments de la littérature française. L'un des principaux rédacteurs de cet ouvrage est M. Charles Weiss de Besançon. L'éditeur dit dans une des préfaces, qu'il a payé près d'un demi-million de francs d'honoraires à ses collaborateurs.

  ** Cette biographie, qui se dit édition augmentée de vingt mille articles, est une mauvaise contrefaçon dépourvue de toute valeur, comme tant d'autres imitations de la grandiose entreprise de M. Michaud.

(**Meignot**, M...). Dictionnaire biographique et bibliographique portatif des personnages illustres, célèbres ou fameux, etc. *Par.* 1813. 4 vol. 8.

(**Ménégault**, Antoine Pierre François). Martyrologe littéraire, ou dictionnaire de sept cents auteurs vivants, par un ermite qui n'est pas mort. *Par.* 1816. 8.

(**Michaud**, Louis Gabriel). Biographie des hommes vivants, ou histoire par ordre alphabétique de la vie publique de tous les hommes qui se sont fait remarquer par leurs actions et leurs écrits, rédigée par une société de gens de lettres et de savants. *Par.* 1816. 5 vol. 8.

Biographie étrangère, ou galerie universelle, historique, civile, militaire, politique et littéraire. *Par.* 1817. 5 vol. 8.

Galerie historique des contemporains, ou nouvelle biographie, dans laquelle se trouvent les hommes morts et vivants de toutes les nations, qui se sont fait remarquer à la fin du xviiie siècle (par Philippe Lesbroussart, De Jullian et Van Ennep). *Brux.* 1817-19. 8 vol. 8. Supplém. *Ibid.* 1820-21. 2 vol. 8. Portraits.

Biographie nouvelle des contemporains, ou dictionnaire historique et raisonné de tous les hommes qui depuis la révolution française ont acquis de la célébrité par leurs écrits soit en France, soit dans les pays étrangers, par Antoine Vincent Arnault, Victor Joseph Etienne, dit de Jouy, Jacques Marquet de Montbreton de Norvins et autres. *Par.* 1820-26. 21 vol. 8. Portraits.

Mahul (Alphonse). Annuaire nécrologique, ou supplément annuel et continuation de toutes les biographies ou dictionnaires historiques, contenant la vie de tous les hommes célèbres par leurs écrits, leurs vertus ou leurs crimes, morts dans le cours de chaque année à commencer de 1820. *Par.* 1821-26. 7 vol. 8. * Portraits.

  * Le dernier volume porte pour titre : *Annales biographiques ou complément annuel,* etc.

Peignot (Étienne Gabriel). Dictionnaire historique et biographique, ou abrégé des personnages illustres de tous les siècles et de tous les pays. *Par.* 1822. 4 vol. 8. Portraits.

Beauvais (Charles Théodore) et **Barbier** (Antoine Alexandre). Dictionnaire historique, ou biographie universelle classique. *Par.* 1826-29. 6 vol. *

  * Nous ne trouvons rien de classique dans cette compilation du général Beauvais.

(**Boisjolin**, Claude Augustin **Vieilh** de). Biographie universelle et portative des contemporains. *Par.* 1828. 8.

Galerie choisie d'hommes célèbres de tous les temps et de toutes les nations. *Brux.* 1828-30. 12 vol. 18. 400 portraits.

Biographie universelle classique, ou dictionnaire historique portatif, par une société de gens de lettres. *Par.* 1829. 3 vol. 8.

Henrion (R... A...). Annuaire biographique, ou supplément annuel et continuation de toutes les biographies ou dictionnaires historiques, contenant la vie de tous les hommes célèbres par leurs écrits, leurs actes politiques, leurs vertus ou leurs crimes, morts dans le cours de chaque année, (depuis 1830 jusqu'en 1834). *Par.* 1830-34. 2 vol. 8.

Dictionnaire de la conversation et de la lecture. *Par.* et *Brux.* 1832-39. 52 vol. 8. Supplément. *Par.* 1840-44. 16 vol. 8. Réimp. s. c. t. Nouveau dictionnaire, etc., publ. par Auguste Wahlen. *Brux.* 1842-45. 23 vol. 8. *

  * Le fond du dictionnaire est emprunté de celui du *Conversations-Lexicon de Brockhaus.*

Biographie universelle, ou dictionnaire historique, contenant la nécrologie des hommes de tous les pays, des articles consacrés à l'histoire générale des peuples, aux batailles mémorables, aux grands événements politiques, etc., depuis le commencement du monde jusqu'à nos jours. *Par.* 1833-35. 6 vol. 8. * Portraits. Publ. par Charles Weiss. *Ibid.* 1841. 6 vol. 8.

  * Ramassis biographique où se trouvent des morceaux de Feller, Chaudon, Delandine et Michaud.

Encyclopédie des gens du monde. Répertoire universel des sciences, des lettres et des arts, avec des notices sur les principales familles historiques et sur les personnages célèbres, morts et vivants, par une société de savants, de littérateurs et d'artistes français et étrangers. *Par.* et *Strasb.* 1833-44. 44 tomes en 22 vol. 8. *

  * L'un des principaux rédacteurs était H... J... Schnitzler.

Barbier (Antoine Alexandre). Examen critique des dictionnaires historiques les plus répandus. *Par.* 1834. 4 vol. 8.

Saint-Edme (Edme Théodore **Bourg**, dit) et **Sarrut** (Germain). Biographie des hommes du jour, etc. *Par.* 1835-36. 2 vol. 4. * (Avec un grand nombre de portraits.)

  * Quelques articles ont été tirés à part.

Biographie universelle et portative des contemporains, ou dictionnaire historique des hommes vivants et des hommes morts depuis 1788 jusqu'à nos jours, etc., publ. sous la direction de MM. Alphonse Rabbe, Claude Augustin Vieilh de Boisjolin et N... N... Sainte-Preuve. *Par.* 1836. 5 vol. 8.

Colomb de Batines (Paul) et **Olivier** (Jules). Mélanges biographiques et bibliographiques. *Par.* (*Valence.*) 1837. 8. (Tiré à 150 exemplaires.)

Pascallet (E...). Le biographe universel. Revue générale, politique et littéraire. *Par.* 1840-53. 12 vol. 8.

(**Loménie**, Louis de). Galerie des contemporains illustres, par un homme de rien, avec une lettre-préface de Chateaubriand. *Par.* 1840-47. 10 vol. 18. Portraits. * *Brux.* 1841-48. 2 vol. 8. Portraits.

  * Le 1er volume de l'édition de Paris contient les notices sur Soult, Thiers, Châteaubriand, Laffitte, Guizot, Lamartine, Berryer, Lamennais, Dupin (ainé), Béranger, Odilon Barrot, Victor Hugo.

  Le 2e volume : Arago, George Sand, Duc de Broglie, Cormenin, Wellington, Molé, Ingrès, Metternich, Alfred de Vigny, Mohamet Aly, Ibrahim Pacha, Garnier-Pagès.

  Le 5e volume : O'Connell, Meyerbeer, Mauguin, Scribe, Mickiewicz, Espartero, Ballanche, Bernadotte, Balzac, lord Palmerston, Augustin Thierry, Rossini.

Le 4e volume : Robert Peel, Silvio Pellico, Royer-Collard, le maréchal Moncey, Martinez de la Rosa, lord John Russell, Casimir Delavigne, Duperré, August Wilhelm Schlegel, Horace Vernet, l'archiduc Charles d'Autriche, Villemain.

Le 5e volume : Lafayette, lord Brougham, Larrey, Lacordaire, Nothomb, Marmont, Alexandre de Humboldt, Alexandre Dumas, Victor Cousin.

Le 6e volume : Casimir Perier, Manzoni, maréchal Gérard, Czartorisky, Gay-Lussac, Villèle, Lebeau, Toreno, Bosio, Pasquier, Eugène Delacroix.

Le 7e volume : Talleyrand, Berzelius, général Bertrand, Reschid-Pacha, Charles Nodier, Thomas Moore, Oudinot, Paul Delaroche, Simonde de Sismondi, Auber, Colettis.

Le 8e volume : Benjamin Constant, Maurocordatos, David d'Angers, Abd-el-Kader, Sébastiani, Tieck, Decazes, Nesselrode, Dupuytren, Armand Carrel, Fenimore Cooper.

Le 9e volume : Cuvier, Andrew Jackson, le maréchal Bugeaud, Thorwaldsen, Sainte-Beuve. Cherubini, Martignac, Barante. Uhland, Walter Scott.

Le 10e volume : Goethe, Spontini, Salvandy, Schelling, Ampère, Montalembert, Saint-Simon et Fourier.

La plupart de ces notices ont été tirées à part.

Harmonville (N... N... de). Dictionnaire des dates, des faits, des lieux et des hommes historiques, ou les tables de l'histoire. Répertoire alphabétique de chronologie universelle, etc. *Par.* 1842-43. 2 vol. 8. *

* Cet ouvrage devient rare.

Encyclopédie biographique du xixe siècle. *Par.* 1843 et suiv. 8. Portraits.

Cet ouvrage se divise en 13 catégories ayant chacune un titre spécial :

1° Galerie des rois et des princes. 8 vol. 8.
2° Fastes de la pairie. 4 vol. 8.
3° Illustrations nobiliaires. 2 vol. 8.
4° Tables de la Légion d'honneur. 2 vol. 8.
5° Académie française. 2 vol. 8.
6° Musée militaire. 2 vol. 8.
7° Illustrations du barreau et de la magistrature. 4 vol. 8.
8° Médecins célèbres. 2 vol. 8.
9° Célébrités universitaires. 1 vol. 8.
10° Contemporains célèbres. 2 vol. 8.
11° Panthéon artistique. 2 vol. 8.
12° Illustrations du clergé. 2 vol. 8.
13° Industriels célèbres. 2 vol. 8.

* Nous n'avons vu que quelques cahiers détachés de cette publication qui est d'un caractère plus spéculatif que scientifique.

Biographie portative universelle, contenant 29,000 noms, suivie d'une table chronologique et alphabétique, où se trouvent répartis en 54 classes différentes les noms mentionnés dans l'ouvrage, par Ludovic LALANNE, Léon RENIER, Théodore BERNARD, Charles LAUMIER, E... JANIN, A... DELLOYE, etc. *Par.* 1844. 12.

Saint-Maurice Cabany (Charles Édouard). Nécrologe universel du xixe siècle. Annales nécrologiques et biographiques des notabilités contemporaines de France et de l'étranger. *Par.* 1843-55. 8 vol. 8. Portraits.

* Toutes les notices du *Nécrologe* ont été tirées à part.

Archives historiques des notabilités de l'époque. Revue biographique. *Par.* 1847. 8.

Perraud de Thoury (E...). Panthéon biographique universel. Revue mensuelle, historique et nécrologique. *Par.* 1849-51. 3 vol. 8.

Glaire (abbé) et **Walsh** (Théobald). Encyclopédie catholique. Répertoire universel et raisonné des sciences, des lettres, des arts et des métiers, avec la biographie des hommes célèbres, depuis l'origine du monde jusqu'à nos jours. *Par.* 183...–... 18 vol. 4.

Nouvelle biographie universelle, depuis les temps les plus reculés jusqu'à nos jours, avec les renseignements bibliographiques et l'indication des sources à consulter, publ. par Firmin Didot frères, sous la direction de Ferdinand HOEFER. *Par.* 1852-54. 9 vol. * 8.

* Une des plus faibles imitations de la *Biographie universelle* de Michaud, un pastiche fourmillant de toutes sortes de fautes de noms et de dates. Le dernier vo-

lume va jusqu'au nom CHABOST. Le monde littéraire ne perdrait rien si la soi-disant *Nouvelle biographie* de MM. Didot s'y arrêtait. C'est un travail pour l'antichambre de la science. *L'indication des sources à consulter* est la reproduction inexacte et corrompue des renseignements qui se trouvent dans la première édition de notre *Bibliographie biographique*, que l'on exploite à chaque page sans avoir la loyauté de la nommer comme source où l'on a puisé.

Chésurolles (D...). Petit dictionnaire biographique, contenant les noms des personnages célèbres de tous les temps et de tous les pays, etc. *Par.* 1855. 18. *

* Ouvrage sans la moindre valeur.

IV. — BIOGRAPHIES GÉNÉRALES

ÉCRITES EN HOLLANDAIS.

Hoogstraten (David van). Groot allgemeen historisch, geographisch, genealogisch en oordeelkundig woordenboeck. *Amst.* 1733. 8 vol. Fol. *

* Les cinq derniers volumes ont été rédigés par J... L... SCHUEN.

Gerrits (G... E...). Handwoordenboeck. Levensbeschrijvingen der meest beroemde personen uit alle eeuwen en volken. *Amst.* 1848. 8.

V. — BIOGRAPHIES GÉNÉRALES

ÉCRITES EN ITALIEN. *

Olivier-Poli (Pietro). Dizionario storico degli uomini illustri di tutti i secoli e tutte le nazioni. *Napol.* 1819. 4 vol. 12.

* Les traductions italiennes des ouvrages écrits en d'autres langues se trouvent indiquées sous l'ouvrage original (comp. Moréri, Ladvocat, Chandon et de Feller, dans la rubrique : *Biographies générales écrites en français*, pages 1953-1954).

VI. — BIOGRAPHIES GÉNÉRALES

ÉCRITES EN LATIN.

Fichard (Johann). Virorum qui seculo xv et xvi eruditione et doctrina illustres atque memorabiles fuerunt, vitæ, etc. *Frf.* 1536. 4. (Très-rare.)

Estienne (Robert). Dictionarium nominum proprium virorum, mulierum, populorum, idolorum, urbium, fluviorum, montium cæterorumque locorum qui passim apud melioris notæ auctores leguntur. *Par.* 1541. 4. *Col. Allobrog.* 1576. 8.

Giovio (Paolo). Elogia clarorum virorum imaginibus apposita. *Venet.* 1546. 4.

Boissard (Jean Jacques). Icones et vitæ virorum illustrium, doctrina et eruditione præstantiorum. *Frf.* 1592-99. 4 part. en 2 vol. 4. *

* Orné de portraits gravés par Théodore DE BRY.

Estienne (Charles). Dictionarium historicum, geographicum et poeticum. *Col. Allobrog.* 1608. 4. *Ibid.* 1618. 4. *Ibid.* 1652. 4. Augment. par A... LLOYD. *Oxon.* 1671. Fol. *Lugd. Bat.* 1678. 4. *Lond.* 1686. Fol.

Quenstedt (Johann Andreas). Dialogus de patriis illustrium doctrina et scriptis virorum, qui ab initio mundi usque ad annum 1600 claruere. *Witteb.* 1619. 4.

Boissard (Jean Jacques). Bibliotheca, s. thesaurus virtutis et gloriæ, in quo continentur illustrium virorum effigies et vitæ. *Frf.* 1628-31. 2 vol. 4.

Tommasini (Giovanni Filippo). Illustrium virorum elogia, iconibus illustrata. *Patav.* 1650-42. 2 vol. 4.

Morhof (Daniel Georg). Polyhistor, s. de notitia auctorum et rerum. *Lubec.* 1652. 2 vol. 4. Augment. s. c. t. Polyhistor litterarius, philosophicus et practicus, par Johann Albert FABRICIUS. *Lubec.* 1747. 2 vol. 4. (4e édit.)

Rossi (Giovanni Vittore). Pinacotheca imaginum illustrium virorum, qui auctori superstite, diem suum obierunt. *Col. Agr.* 1643-48. 3 vol. 12. *Lips.* 1719. 3 vol. 12. *Guelpherb.* 1729. 3 vol. 12. *

* Publ. s. le nom grec latinisé : Janus Nicius Erythræus.

Tommasini (Giovanni Filippo). Parnassus Euganeus, s. de scriptoribus ac literatis hujus ævi claris, etc. *Patav.* 1647. 4.

Gaddi (Jacopo). De scriptoribus, non ecclesiasticis, Græcis, Latinis, Italicis, opus critico-historicum et bipartitum; in prima parte agitur de iis qui opera ediderunt ante annum 1550. Tomus I. *Florent.* 1648. Fol. Tomus II. *Lugdun.* 1649. Fol.

Hallervord (Johann). Bibliotheca curiosa, in qua plurimi rarissimi atque paucis cogniti scriptores, ætas, officium, professio, obitus, scripta, horumque optimæ ac novissimæ editiones, indicantur. *Regiom.* et *Frf.* 1676. 4.

Hoffmann (Joachim Jacob). Lexicon universale historico - geographico - chronologico - philologicum. *Basil.* 1677-83. 4 vol. Fol. *Lugd. Bat.* 1698. 4 vol. Fol.

Bates (William). Vitæ selectæ aliquot virorum, qui doctrina, dignitate aut pietate inclaruere. *Lond.* 1681. 4.

Freher (Paul). Theatrum virorum eruditione singulari clarorum, in quo de vita scriptisque theologorum, jurisconsultorum, medicorum et philosophorum, tam in Germania, quam in, etc., florentium, agitur. *Norimb.* 1688. Fol. *

* Cet ouvrage fut publié après la mort de l'auteur par son neveu Carl Joachim Freher.

Witte (Henning). Diarium biographicum, in quo scriptores post natum Christi seculi xvii præcipui, etc.,

absque nationis, religionis et professionis discrimine, concise descripti adducuntur, librique eorum variis in linguis consignati latino recensentur idiomate. Tomus I. *Gedani.* 1688. 4. Tomus II. *Rigæ.* 1691. 4.

Pope-Blount (Thomas). Censura celebriorum auctorum, s. tractatus, in quo varia virorum doctorum de clarissimis cujusque seculi scriptoribus judicia traduntur, secundum seriem temporis, quo ipsi authores floruerunt digestus. *Lond.* 1690. Fol.

Smith (Thomas). Vitæ quorundam eruditissimorum et illustrium virorum. *Lond.* 1701. 4. Portraits.

Gryphius (Christian). Vitæ selectorum quorundam illustrium virorum. *Vratislaw.* 1703. 8.

Adam (Melchior). Vitæ virorum eruditorum tum Germanorum, tum exterorum. *Frf.* 1705. 2 vol. Fol.

Imperiali (Giovanni). Museum historicum virorum litteris illustrium, elogia vitasque eorundem et mores notantia complexum, avec préface de Johann Albert Fabricius. *Hamb.* 1711. 8.

Mencke (Johann Burchard). Bibliotheca virorum militia scriptisque illustrium. *Lips.* 1734. 8.

Brucker (Jacob). Pinacotheca scriptorum nostra ætate litteris illustrium, exhibens auctorum eruditionis laude scriptisque celeberrimorum, qui hodie vivunt imagines et elogia, vitas, scriptaque literarum merita, etc. *Aug. Vind.* 1741-46. 4 vol. Fol. *

* Orné de nombreuses gravures insérées dans le texte de l'ouvrage.

Waldau (Georg Ernst). Thesaurus bio- et bibliographicus, s. collectio dissertationum, programmatum, etc., quibus vitæ ac scripta doctorum virorum describ., avec préface de Johann Georg Meusel. *Chemnit.* 1792. 8.

BIOGRAPHIES

NATIONALES ET LOCALES.

(Les pays et leurs villes sont classés par ordre alphabétique.)

ALLEMAGNE.

Ziegler (Hieronymus). Illustrium Germaniæ virorum aliquot singularia. *Ingolst.* 1562. 4. (Très-rare.)

Pantaleon (Heinrich). Prosopographia heroum et illustrium virorum totius Germaniæ. *Tigur.* 1566. 3 vol. Fol. (Rare et recherché.)

Callidius (A... L...). Illustrium Germaniæ scriptorum catalogus, quo doctrina simul et pietate illustrium vita et opera celebrantur. *Mogunt.* 1581. 8.

Leporin (Christian Polycarp). Jetzt lebendes gelehrtes Deutschland, oder ausführliche Lebensbeschreibungen gelehrter Männer, etc. *Quedlinb. et Ascherst.* 1724. 8.

Hamberger (Georg Christoph). Das gelehrte Teutschland, oderLexicon der jetzt lebenden teutschen Schriftsteller. *Lemgo.* 1767-70. 8. Avec deux suppléments. Rev. et corr. *Ibid.* 1772. 8. Contin. par Johann Georg MEUSEL. *Ibid.* 1776. 8.

Meusel (Johann Georg). Das gelehrte Deutschland, oder Lexicon der jetzt lebenden deutschen Schriftsteller. *Lemgo.* 1783-84. 4 vol. 8. Erster bis neunter Nachtrag. *Ibid.* 1786-1806. 8 vol. 8. *Ibid.* 1776-1806. 18 vol. 8.

—— Lexicon der von 1750 bis 1800 verstorbenen teutschen Schriftsteller. *Leipz.* 1802-16. 15 vol. 8. *
* Contenant la bio-bibliographie de 6,280 auteurs allemands morts depuis 1750 jusqu'à 1800.

Biographies et anecdotes des personnages les plus remarquables de l'Allemagne durant le XVIIIe siècle. *Nuremb.* 1825-28. 2 vol. 8.

ANHALT-DESSAU.

Rust (Johann Ludwig Anton). Historisch-litterarische Nachrichten von den jetzt lebenden Anhaltischen Schriftstellern. *Wittenb. et Zerbst.* 1776-77. 2 vol. 8.

Schmidt (Andreas Gottfried). Anhalt' sches Schriftsteller-Lexicon, oder historisch-litterarische Nachrichten über die Schriftsteller, welche in Anhalt geboren sind, oder (daselbst) gewirkt haben. *Bernburg.* 1830. 8.

AUTRICHE.

Khautz (Constantin Franz Florenz Anton v.). Versuch einer Geschichte der oesterreichischen Gelehrten. *Frf. et Leipz.* 1755. 8. (Assez rare.)

Pezzl (Johann). Oesterreichische Biographie, oder Lebensbeschreibungen seiner berühmtesten Regenten und Helden. *Wien.* 1791. 4 vol. 8.

Kunitsch (Michael). Biographien merkwürdiger Männer der oesterreichischen Monarchie. 1805-06. 3 vol.8.

Hormayr (Joseph v.). Oesterreichischer Plutarch, oder Leben und Bildnisse aller Regenten, etc. *Wien.* 1807-14. 20 vol. 8. (Orné de 76 portraits.)

Sartori (Franz). Pantheon denkwürdiger Wunderthaten, volksthümlicher Heroen und furchtbarer Empörer des oesterreichischen Gesammt-Reiches. *Prag.* 1816. 3 vol. 8. Portraits.

Oesterreichische National-Encyclopädie, oder alphabetische Darlegung der wissenswürdigsten Eigenthümlichkeiten des oesterreichischen Kaiserthums. *Wien.* 1854-58. 6 vol. 8. *
* Un des principaux rédacteurs de cette encyclopédie était Franz GRAEFFER.

Oesterreichisches biographisches Lexicon. *Wien.* 1851. 8. (Non terminé.)

Vienne.

(**Berisch**, Heinrich Wolfgang). Die Wiener Autoren. Ein Beitrag zum gelehrten Deutschland, s. l. (*Wien.*) 1748. 8.

(**Luca**, Ignaz de). Das gelehrte Oesterreich, oder Verzeichniss aller jetzt lebenden oesterreichischen Schriftsteller und Künstler. *Linz.* 1776-78. 2 vol. 8.

Sartori (Franz). Verzeichniss der gegenwärtig in und um Wien lebenden Schriftsteller. *Wien.* 1820. 8.

Boeckh (Franz Heinrich). Wien's lebende Schriftsteller, Künstler und Dilettanten im Kunstfache. *Wien.* 1821. 8. Augment. *Ibid.* 1823. 8. 2 portraits.

Eder (Georg). Catalogus rectorum et illustrium virorum archigymnasii Viennensis, in quo præter elegantissimam temporum seriem summa quædam continentur quasi capita earum rerum, quæ celeberrimæ huic academia sub cujusque magistratu memoria contigerunt dignæ ab anno 1237 ad annum usque 1559. *Vindob.* 1559. 4. Contin. par Jonas LITTER jusqu'à l'année 1644. *Vindob.* 1645. Fol. Augment. par Paul de SORBAIT. *Vindob.* 1670. 4. *
* Cet ouvrage est plus connu sous ce titre : *Calendarium Ederianum.*

BOHÊME et MORAVIE.

Wokaun v. Wokaunius (Peter). Chronologisches Verzeichniss der berühmtesten Männer Böhmens. *Prag.* 1777. 8.

Born (Ignaz v.). Effigies virorum eruditorum atque artificum Bohemiæ et Moraviæ. *Prag.* 1773-75. 4 vol. 8. Portraits.

Pelzel (Franz Martin). Abbildungen Böhmischer und Mährischer Gelehrten, nebst kurzen Nachrichten von ihrem Leben und Werken. *Prag.* 1773-82. 4 vol. 8.

Balbinus (Aloys Bohuslaus). Bohemia docta; opus posthumum editum notisque illustratum ab Raphaelo (?) UNGAR. *Prag.* 1776-80. 3 vol. 8.

Pelzel (Franz Martin). Böhmische, Mährische und Schlesische Gelehrte aus dem Orden der Jesuiten. *Prag.* 1786. 8. *
* En tête de cet ouvrage on trouve le portrait de Franz Retz, 15e général des jésuites.

Kalina v. Jaetenstein (Matthias). Nachrichten über Böhmische Schriftsteller und Gelehrte, deren Lebensbeschreibungen bisher nicht bearbeitet sind. *Präg.* 1818-20. 3 parts. 8.

Dlabacz (Gottfried Johann). Allgemeines historisches Künstler-Lexicon für Böhmen und zum Theil auch für Mähren und Schlesien. *Prag.* 1815. 3 vol. 4. (Rare.)

Czikann (Johann Jacob Heinrich). Die lebenden Schriftsteller Mährens. *Brünn.* 1812. 8.

Königsgratz.

Scherschnick (Leopold Johann). De doctis Reginohradensibus commentarius. *Prag.* 1775. 8.

Teschen.

Scherschnick (Leopold Johann). Nachricht von Schriftstellern und Künstlern aus dem Teschener Fürstenthume. *Teschen.* 1810. 8. (Peu commun.)

HONGRIE.

Czwittinger (David). Specimen Hungariæ litteratæ, virorum eruditione clarorum natione Hungarorum vitas, scripta, elogia et censuras ordine alphabetico exhibens; accedit bibliotheca scriptorum de rebus Hungaricis. *Frf. et Lips.* 1711. 4.

(**Felker**, András). Res litteraria Hungariæ. *Cassov.* 1735. 12.

Haner (Georg Jeremias). De scriptoribus rerum Hungaricarum et Transylvanicarum sæculi xviii eorundem antiquioribus ordine chronologico digestis adversaria. *Hermannst.* 1774-98. 2 vol. 8.

Horany (Alexius). Memoria Hungarorum et provincialium scriptis editis notorum. *Vienn.* 1775-77. 3 vol. 8. Portrait de l'auteur.

—— Nova memoria Hungarorum, etc. *Posnan.* 1792. 8.

Zips.

Melzer (Jacob). Biographien berühmter Zipser. *Kaschau.* 1833. 8.

STYRIE.

Schier (Xystus). Specimen Styriæ litteratæ. *Vindob.* 1769. 8.

Wincklern (Johann Baptist v.). Biographische und litterarische Nachrichten von den Schriftstellern und Künstlern, welche in dem Herzogthume Steyermark geboren sind. *Grätz.* 1810. 8.

TYROL.

Tartarotti (Girolamo). Saggio della bibliotheca Tirolese, ossia notizie istoriche degli scrittori della provincia del Tirole. *Roveretq.* 1733. 8.

TRANSYLVANIE.

Seivert (Johann). Nachrichten von Siebenbürgischen Gelehrten und ihren Schriften; nebst einer biographischen Skizze Seivert's, von Carl Gottlieb v. Windisch. *Pressb.* 1785. 8.

BADE (GRAND-DUCHÉ DE).

Fribourg.

Schreiber (Heinrich). Literärisches Freiburg (im Breisgau), oder Verzeichniss aller gegenwärtig zu Freiburg lebenden Schriftsteller, mit Angabe der vorzüglichsten Momente ihrer Laufbahn und der von ihnen im Druck erschienenen Schriften. *Freib. im Breisg.*, s. d. 8.

Heidelberg.

Buettinghausen (Carl). Miscellanea historiæ universitatis Heidelbergensis inservientia. *Heidelb.* 1783-86. 2 parts. 4.

Schwab (Johann). Quatuor seculorum syllabus rectorum, qui ab anno 1386 ad annum 1786 in alma et antiquissima academia Heidelbergensi magistratum academicum gesserunt, notis historico-litterariis ac biographicis illustratus. *Heidelb.* 1786-90. 2 vol. 4.

Wundt (Friedrich Peter). Beiträge zur Geschichte der Heidelberger Universität. *Mannh.* 1786. 8.

BAVIÈRE.

Finauer (Peter Paul). Versuch einer baierischen Gelehrten-Geschichte. *Münch.* 1767. 8.

—— Bibliothek zum Gebrauch der baierischen Staats-Kirchen- und Gelehrtengeschichte. *Augsb.* 1772-77. 3 vol. 8.

Kobolt (Anton Maria). Baierisches Gelehrten-Lexicon, worin alle Gelehrten Baierns und der obern Pfalz von 9ten Jahrhundert bis Ende des Jahres 1794 mit ihren Schriften nach alphabetischer Ordnung beschrieben sind. *Landsh.* 1795. 8.

Baader (Clemens Aloys). Das gelehrte Baiern im 18ten Jahrhundert. *Nürnb.* et *Sulzb.* 1804. 8. *

* Cet ouvrage s'arrête à la lettre K.

—— Lexicon verstorbener Baierischer Schriftsteller des 18ten und 19ten Jahrhunderts. *Augsb.* 1824-25. 4 vol. 8.

Gandershofer (Maurus). Ergänzungen, Berichtigungen und Nachträge zu Kobolt's *Baierischem Gelehrten-Lexicon. Landsh.* 1825. 8.

Ansbach.

Mayer (A...). Biographische und litterarische Nachrichten von den Schriftstellern, die gegenwärtig in den Fürstenthümern Ansbach und Bayreuth leben. *Erlang.* 1782. 8.

Vocke (Johann August). Geburts- und Todten (tags)-

Almanach Ansbach'scher Gelehrten, Schriftsteller und Künstler. *Augsb.* 1796-97. 2 vol. 8.

Augsbourg.

Veith (Franz Anton). Bibliotheca Augustana, complectens notitias varias de vita et scriptis eruditorum, quos Augusta Vindelicorum orbi litterario vel dedit vel aluit. *Aug. Vind.* 1786-96. 12 vol. 8.

Baireuth.

Fikenscher (Georg Wolfgang August). Gelehrtes Fürstenthum Baireuth. *Augsb.* et *Nürnb.* 1801-03. 12 vol. 8.

Bamberg.

Jaeck (Heinrich Joachim). Pantheon der Literaten und Künstler Bambergs. *Bamb.* 1812-13. 4.

Erlangen.

Fikenscher (Georg Wolfgang August). Vollständige Gelehrten-Geschichte der Universität Erlangen. *Nürnb.* 1806. 3 vol. 8.

Munich.

Schaden (Adolph v.). Gelehrtes München im Jahre 1834, oder Verzeichniss mehrerer zur Zeit in Baierns Hauptstadt lebenden Schriftsteller. *Münch.* 1834. 8.

Nuremberg.

Will (Georg Andreas). Nürnbergisches Gelehrten-Lexicon, oder Beschreibung aller Nürnbergischen Gelehrten beyderley Geschlechts. *Nürnb.* 1755-58. 4 vol. 4.

—— Nürnbergisches Gelehrten-Lexicon, etc., fortgesetzt von Christian Conrad Nopitsch. *Altd.* 1802-08. 4 vol. 4. *

* Forment les volumes 4-8 de l'ouvrage précédent.

Wurzbourg.

(**Stumpf**, Andreas Sebastian). Biographische Nachricht von merkwürdigen Gelehrten des Hochstifts Würzburg aus ältern Zeiten. *Würzb.* 1794. 8.

BRÊME.

Brema litterata hodie vivens et florens. *Bremæ.* 1708. 8.

Rotermund (Heinrich Wilhelm). Lexicon aller Gelehrten, die seit der Reformation in Bremen gelebt haben. *Brem.* 1819. 2 vol. 8.

FRANCFORT-SUR-LE-MEIN.

Heyden (Eduard). Gallerie berühmter und merkwürdiger Frankfurter. Eine biographische Sammlung. *Frf.* 1849. 8. Portraits.

HAMBOURG.

Beuthner (Arnold Christian). Jetzt lebendes (gelehrtes) Hamburg. *Hamb.* 1722-25. 3 vol. 8.

Fogel (Carl Johann). Bibliotheca Hamburgensium eruditione et scriptis clarorum, qui per tria secula ad nostram ætatem floruerunt, etc. *Hamb.* 1730. 4. *Ibid.* 1738. Fol.

Fogel (Theodor Jacob et Johann Heinrich). Verzeichniss über 500 Hamburgischer Stadtkinder, welche ausserhalb ihres Vaterlandes Ehrenstellen gehabt. *Hamb.* 1735. 8.

—— Verzeichniss derer Hamburger, welche an fremden Orten zu geistlichen Ehrenstellen befördert worden. *Hamb.* 1738. 4.

Beuthner (Arnold Christian). Hamburgisches Staats- und Gelehrten-Lexicon, worinnen die Nahmen, das Leben und die Verdienste derjenigen Männer angeführet werden, welche sich durch Schrifften berühmt gemacht haben, etc. *Hamb.* 1739. 8.

Thiess (Johann Otto). Versuch einer Gelehrten-Geschichte von Hamburg. *Hamb.* 1783. 2 vol. 8.

Schroeder (Hans). Lexicon der Hamburgischen Schriftsteller bis zur Gegenwart. *Hamb.* 1849-54. 4 vol. 8.

HANOVRE.

Rotermund (Heinrich Wilhelm). Das gelehrte Hannover. *Brem.* 1823. 8. *

* Il n'en a paru que le premier volume contenant les lettres A-K.

Aurich.

(**Tiaden**, Ernst Johann Heinrich). „Das gelehrte Ost-Friesland. *Aurich.* 1785-88. 3 vol. 8.

Eichsfeld.

Wolf (Johann). Eichsfeldia docta, s. commentarius de scholis, bibliothecis et doctis Eichsfeldiacis. *Heiligenstad.* 1797. 8.

Göttingue.

Puetter (Johann Stephan). Versuch einer akademischen Gelehrten-Geschichte der Georg-Augustus-Universität zu Goettingen. *Goetting.* 1765-80. 2 vol. 8. Contin. par Friedrich Saalfeld. *Hannov.* 1820. 8.

Gesner (Johann Matthias). Biographia academica Gottingensis, herausgegeb. von Johann Nicolaus Eyring, mit Vorrede von Christian Adolph Klotz. *Halæ* et *Goetting.* 1768-69. 3 vol. 8.

Prutz (Robert Eduard). Der Göttinger Dichterbund. Entwickelung der deutschen Literaturgeschichte von Klopstock bis Goethe. *Leipz.* 1840. 8.

Lunebourg.

Bytemeister (Heinrich Johann). Commentarius historicus de vita, scriptis et meritis suppremorum præsulum in ducatu Lunæburgensi, etc. *Helmst.* 1728. 4.

—— Supplementa et emendationes ad *Commentarium historicum*, etc. *Helmst.* 1730. 4.

Stade.

Seelen (Johann Heinrich v.). Stada literata, doctorum virorum Stadæ anno MDCCXI viventium vitas honores atque opera edita et inedita exhibens. *Stadæ*, s.-d. (1712). 4.

HESSE-CASSEL et HESSE-DARMSTADT.

Strieder (Friedrich Wilhelm). Grundlage zu einer Hessischen Gelehrten- und Schriftsteller-Geschichte, seit der Reformation bis auf die gegenwärtigen Zeiten. *Cassel.* 1781-1806. 15 vol. 8. Fortgesetzt von Ludwig Wachler. *Marb.* 1812. 8. Fortgesetzt von Carl Wilhelm Justi. *Marb.* 1819. 2 vol. 8. *

* Les continuations de Wachler et de Justi forment les volumes 16, 17 et 18 de l'ouvrage de Strieder.

Justi (Carl Friedrich). Grundlage zu einer Hessischen Gelehrten-Schriftsteller und Künstler-Geschichte vom Jahre 1806 bis zum Jahre 1830. *Marb.* 1831. 8.

Scriba (Heinrich Eduard). Biographisch-literärisches Lexicon der Schriftsteller und Gelehrten des Grossherzogthums Hessen im ersten Viertel des 19ten Jahrhunderts. *Darmst.* 1831. 8. *

* C'est la suite du dictionnaire précédent.

LUBECK.

Melle (Jacob v.). Notitia majorum, plurimas Lubecensium aliorumque vitas, merita et scripta comprehendens. *Lubec.* 1707. 4.

Seelen (Johann Heinrich v.). Athenæ Lubecensis, s. de Athenæi Lubecensis insignibus meritis, per institutionem optimorum virorum acquisitis commentarius, præter gloriosas memorias consulum Lubecensium, multas præstantissimorum theologiorum, jurisconsultorum, etc., vitas, partim renovans, partim nunc primum litteris consignatas, adjectam scriptorum editorum et non editorum notitiam habentes, complectens. *Lubec.* 1719. 4.

MECKLENBOURG-SCHWERIN.

Mecklenburgisches Gelehrten-Lexicon, oder kurtze Lebens-Geschichte derer in Mecklenburg in allerley geist- und weltlichen Bedienungen gestandenen Gelehrten. IV Centurien, etc. *Rostock.* 1729-34. 9 parts. 8.

Koppe (Johann Christian). Jetzt lebendes gelehrtes Mecklenburg. *Rostock* et *Leipz.* 1783. 3 parts. 8.

—— Mecklenburgs Schriftsteller von den ältesten Zeiten bis jetzt, nach Vor- und Zunamen, Bedienung und Wohnort in alphabetischer Ordnung. *Rostock.* 1817. 8.

Rostock.

(**Habichhorst**, A... D...). Rostochium litteratum, exhibens litteratorum qui Rostochii anno 1608 et 1699 vixerunt vivuntque syllabum, etc. *Rostoch.* 1700. 8.

(**Krey**, Johann Baptist). Andenken an die Rostockischen Gelehrten aus den drei letzten Jahrhunderten. *Rostock.* 1814-17. 3 parts. 8.

PRUSSE.

Hendreich (C...). Pandectæ Brandenburgicæ, continens 1° bibliothecam auctorum impressorum et manuscriptorum partem, quibus adduntur auctorum quorundam vitæ, detectus, nomina plurimorum anonymorum, etc., explicata, etc. *Berol.* 1699. Fol.

(**Schultz**, G... P...) Preussischer Todes-Tempel, worinnen verstorbener Personen Historie, wie auch neue gelehrte Schriften in Preussen und Pohlen, etc., vorgestellet werden, etc. *Constantinop.* (*Thorn.*), s. d. 4.

—— Das gelahrte Preussen aus neuen und alten, gedruckten und ungedruckten, grossen und kleinen Schriften, wie auch der gelahrten Männer Namen und Leben. *Thorn.* 1722-24. 4 parts en 2 vol. 8.

—— Continuirtes gelahrtes Preussen, oder vierteljähriger Auszug aus allerhand preussischen Büchern, nebst der gelehrten Männer Leben, etc. *Thorn.* 1723. 4 vol. 8.

Kuester (Georg Gottfried). Marchiæ litteratæ specimen 1-23. *Berol.* 1740-62. 4.

Denina (Carlo). La Prusse littéraire sous Frédéric II, ou histoire abrégée de la plupart des auteurs, des académiciens, des artistes qui ont vécu dans les Etats prussiens depuis 1740-1786, etc. *Berl.* 1790-91. 3 vol. 8.

Berlin.

Schmidt (Valentin Heinrich) et **Mehring** (D... G... G...). Neuestes gelehrtes Berlin, oder literarische Nachrichten von jetzt lebenden Berliner Schriftstellern. *Berl.* 1795. 2 vol. 8.

Loewe (S... M...). Bildnisse und Selbstbiographien jetzt lebender Berliner Gelehrten. *Berl.* 1806-07. 3 vol. 8.

Hitzig (Julius Eduard). Gelehrtes Berlin, oder biographische und literarische Nachrichten von den in Berlin lebenden Schriftstellern und Schriftstellerinnen. *Berl.* 1826. 8.

Buechner (Carl). Biographische und litterarische Nachrichten von den in Berlin lebenden Schriftstellern und Schriftstellerinnen. *Berl.* 1833. 8. *

* Cet ouvrage, formant la suite du précédent, n'a pas été terminé.

Cologne.

Hartzheim (Joseph). Bibliotheca Coloniensis, in qua vita et libri typo vulgati et manuscripti recensentur omnium archidiœceseos Coloniensis, ducatuum Westphaliæ, Angariæ, Moersæ, Cliviæ, etc., indigenarum et incolarum scriptorum. *Col. Agr.* 1747. Fol.

Conitz.

Titius (Johann Daniel). Nachricht von den Gelehrten welche aus der Stadt Conitz, des polnischen Preussens, herstammen, etc. *Leipz.* 1763. 4.

Danzig.

Charitius (Andreas). Commentatio historico-litteraria de viris eruditis Gedani ortis, speciatim iis, qui scriptis inclaruerunt. *Witteb.* 1773. 4.

Elbing.

Tolkemit (Alexander Nicolaus). Elbingisches Lehrer-Gedächtniss, d. i. Leben und Schriften aller evangelischen Lehrer, die seit der Reformation in den Kirchen und am Gymnasio gelehrt, etc., nebst einer Nachricht von den Elbingischen Medicis und Physicis. *Danz.* 1753. 4.

Erfurt.

Biantes. * Vitæ illustrium et eruditorum Erfurtensium, d. i. Lebens-Beschreibungen der berühmtesten Erfurther. *Erfurt.* 1722. 12. (Assez rare.)

* Pseudonyme.

Motschman (Johann Christoph). Erfordia litterata, worinnen sowohl von der Beschaffenheit und Einrichtung der Erfurthischen Universität, als auch von denen gelehrten Leuten, welche sich hieselbst mit Schrifften berühmt oder bekannt gemacht, ausführliche Nachricht mitgetheilet wird. *Erfurt.* 1729-52. 2 vol. 8.

Sinnhold (J... N...). Erfordia litterata, oder gelehrtes Erfurt, als eine Fortsetzung des Motschmannschen Werkes. *Erfurt.* 1748. 8.

Halle.

Gasser (Johann Michael). Historia rectorum Halensium post emendationem sacrorum ante gymnasium conditum. *Halœ.* 1745. 4.

—— Rectorum Halensium a condito gymnasio vitæ. *Halœ.* 1744. 4.

Koenigsberg.

Arnoldt (Daniel Heinrich). Ausführliche Historie der Königsberger Universität. Zweiter Theil, welchem eine Nachricht von dem Leben und den Schriften hundert preussischer Gelehrten angehängt ist. *Königsb.* 1746. 8.

Munster.

Driver (Friedrich Matthias). Bibliotheca Monasteriensis, s. notitia de scriptoribus Monasterio-Westphalis. *Monast.* 1799. 8.

Rassmann (Friedrich). Münsterländisches Schriftsteller-Lexicon. Ein Beitrag zur Geschichte der westphälischen Literatur. *Lingen.* 1814. 8. Trois suppléments. *Lingen.* (?) 1815-24. 3 parts. 8. (Rare et recherché.)

Naumbourg.

Schamelius (Johann Martin). Numburgum literatum, in quo viros, quos vel protulit Numburgum, vel fovit ac aluit, eruditione aut scriptis præstantes, secundum temporum seriem breviter recenset, etc. *Lips.* 1727. 4.

Moeller (Christian Friedrich). Verzeichniss der in Zeitz und Naumburg gebohrnen Künstler, Gelehrten und Schriftsteller. *Zeitz.* 1805. 8.

Stolberg.

Neumann (G... F...). Stolberga litterata. *Lips.* 1709. 8.

POMÉRANIE.

Vanselow (A... C...). Gelehrtes Pommern, oder alphabetisches Verzeichniss einiger in Pommern gebohrnen Gelehrten, nach ihren merckwürdigsten Umständen und verfertigten Schrifften zusammen getragen. *Stargard.* 1728. 4.

Jaencke (J... D...). Gelehrtes Pommerland, worinnen die Historie aller in Pommern gebohrnen Gelehrten, die sich durch Schrifften bekandt gemacht haben, mitgetheilet wird. *Alt-Stett.* 1754. 4. (Non terminé.)

Biederstedt (Diedrich Hermann). Nachrichten von dem Leben und den Schriften Neu-Vor-Pommerisch-Rügenscher Gelehrten, seit dem Anfange des 18ten Jahrhundert bis zum Jahre 1822. *Greifsw.* 1824. 4.

SILÉSIE.

John (J... S...). Parnassi Silesiaci, s. recensionis poetarum Siles. Centuria I et II. *Vratislaw.* 1728. 8.

Fuldener (Johann Jacob). Bio- et bibliographia Silesiaca, oder Schlesische Bibliothek und Bücherhistorie. *Bresl.* 1731. 4.

Schlesische gelehrte Neuigkeiten, in welchen, was von hohen und andern Schulen, von Bibliothequen und Cabinetten, von versprochenen und herausgegebenen Schrifften und Gedichten, ingleichen Lebens- und Todesfällen der Gelehrten, darinne merckwürdig in den Jahren 1731-1741 zu erforschen gewesen. *Schweidnitz.* 1737-41. 5 vol. 8.

Kundmann (Johann Christian). Silesii in nummis, oder berühmte Schlesier in Münzen, oder solche, die durch Gelehrsamkeit und Schrifften ihren Nahmen unvergesslich gemacht. *Bresl.* et *Leipz.* 1738. 4.

Streit (Carl Conrad). Alphabetisches Verzeichniss aller im Jahre 1774 in Schlesien lebenden Schriftsteller. *Bresl.* 1776. 8.

(**Peuker**, Johann Georg). Kurze biographische Nachrichten der vornehmsten schlesischen Gelehrten, die vor dem 18ten Jahrhundert gebohren wurden, nebst einer Anzeige ihrer Schriften. *Grottkau.* 1788. 8.

Thomas (Johann Georg). Handbuch der Literaturgeschichte von Schlesien. *Hirschb.* 1824. 8. (Ouvrage couronné.)

Springauf (E... W...). Schlesiens Dichter im 19ten Jahrhundert, oder kurzgefasste Nachrichten über die in Schlesien seit 1800 bis 1850 gestorbenen und (noch) lebenden Dichter. *Bresl.* 1831. 16.

Nowack (Carl Gabriel). Schlesisches Schriftsteller-Lexicon, oder bio-bibliographisches Verzeichniss aller im zweiten Viertel des 19ten Jahrhunderts lebenden Schlesischen Schriftsteller. *Bresl.* 1856-45. 6 parts. 8. *

   * Chaque livraison contient un recueil de biographies rédigées par ordre alphabétique de la lettre A jusqu'à la lettre Z.

Breslau.

Hancke (Martin). Vratislawiensis eruditionis propagatores. 1625-1700. *Lips.* 1701. Fol.

Goldberg.

Ebert (Johann Caspar). Peplum bonorum ingeniorum Goldbergensium. *Olsnæ.* 1704. 8.

Hirschberg.

Ebert (Johann Caspar). Cervimontium literatum, in quo viri, quos dedit Hirschberga Silesiorum, scriptis ac eruditione fulgentes, breviter delineantur. *Vratisl.* 1726. 8. *

   * Contenant des notices biographiques sur cent hommes célèbres, nés dans la ville de Hirschberg.

Landshut.

Adami (Ernst Daniel). De eruditis Landeshutæ oriundis, oder : Das gelehrte Landshut in Schlesien. *Bresl.* et *Leipz.* 1755. 8.

Loewenberg.

Ebert (Johann Caspar). Leorinum eruditum, in quo viri, quos protulit Leoberga Silesiorum, scriptis et eruditione celebres, breviter delineantur. *Vratisl.* 1714. 4. *Ibid.* 1717. 4.

SAXE (ROYAUME DE).

Weiz (Friedrich August). Das gelehrte Sachsen, oder Verzeichniss derer in den churfürstlich Sächsischen und incorporirten Ländern jetzt lebenden Schriftsteller und ihrer Schriften. *Leipz.* 1780. 8.

Dresde.

Klaebe (Johann Gottlieb August). Neuestes gelehrtes Dresden. *Leipz.* 1796. 8.

Haymann (Christoph Johann Gottfried). Dresdens theils neuerlich verstorbene, theils jetzt lebende Schriftsteller und Künstler, etc. *Dresd.* 1809. 8.

Leipzig.

Mencke (Johann Burchard). Oratio de viris eruditis, qui Lipsiam scriptis et doctrina illustrem reddiderunt. *Lips.* 1710. 4.

Kreussler (Heinrich Gottlieb). Geschichte der Universität Leipzig von ihrem Ursprunge bis auf unsere Zeiten. *Leipz.* 1810. 8. * 3 gravures.

   * Renfermant bon nombre de détails biographiques sur les notabilités de l'université de Leipzig.

—— Autobiographien Leipziger Gelehrten. *Leipz.* 1821. 4. (Orné de 27 portraits.)

Verzeichniss der Prediger, welche seit der Reformation in Leipzig gewesen. *Leipz.* 1779. 8.

SAXE-ALTENBOURG.

Gotter (F... G...). Vitæ illustrium et clarorum virorum, qui ducatum Altenburgensem, tum meritis, tum scriptis, maxime illustraverunt, etc. *Jenæ.* 1727. 8.

SAXE-COBOURG.

Wetzel (Johann Caspar). Jetzt lebendes geehrtes und gelehrtes Coburg, mit darzu gehörigen Schrifften, Anmerckungen und Epitaphiis. Itzipoli. (*Gothæ*)? 1718. 8.*

   * Publ. s. l. pseudonyme de A. Coburger.

SAXE-WEIMAR.

Jéna.

Zeumer (Johann Christoph). Vitæ professorum theologiæ, jurisprudentiæ, medicinæ et philosophiæ, qui in illustri academia Jenensi ab ipsius fundatione ad nostra usque tempora vixerunt et adhuc vivunt, etc. *Jenæ.* 1711. 8.

SCHLESWIG-HOLSTEIN.

Moller (Johannes). Cimbria literata, s. scriptorum ducatus utriusque Slesvicensis et Holsatici quibus alii vicini quidam accensentur, historia literata, etc., avec préface par J... GRAMMIUS. *Hafn.* 1744. 3 vol. Fol.

Kordes (Bernd). Lexicon der jetzt lebenden Schleswig-Holstein'schen und Eutinischen Schriftsteller. *Schlesw.* 1797. 8.

Luebker (Detlev Lorenz) et **Schroeder** (Hans). Lexicon der Schleswig-Holstein-Lauenburgischen und Eutinischen Schriftsteller von 1796 bis 1828. *Schlesw.* 1829-51. 2 vol. 8. Portrait de Luebker.

Hadeln, Ottensen, etc.

Mueller (Johann Martin). Gelehrtes Hadeln, Ottensen und Hamburg, s. l. (*Hamb.*) 1754. 8.

SCHWARZBOURG.

Hesse (Johann Ludwig). Verzeichniss gebohrner Schwarzburger, die sich als Gelehrte oder als Künstler bekannt gemacht haben. *Rudolst.* 1815. 15 parties 4. Fortgesetzt von Ludwig Friedrich HESSE. *Rudolst.* 1826. 6 part. 4.

Hesse (Ludwig Friedrich). Verzeichniss Schwarzburgischer Gelehrten und Künstler aus dem Auslande. *Rudolst.* 1831-56. 6 parties. 4.

Arnstadt.

Fischbeck (Christian Michael). Commentatio de præcipuis doctoribus scholæ Arnstadiensis. *Longosal.* 1710. 8.

Hellbach (Johann Christian). Skizze eines Nekrologs der Schwarzburgischen, besonders Arnstädtischen Kanzler. *Arnstadt.* 1815. 4.

WURTEMBERG.

Moser (Johann Jacob). Wurtembergia literaria viva, etc. *Tubing.* 1723. 8.

(Hoerner, Otto Friedrich). Alphabetisches Verzeichniss, oder Lexicon der itzt lebenden Schwäbischen Schriftsteller, etc. *Nördling.* 1771. 12.

Moser (Johann Jacob). Würtembergisches Gelehrten-Lexicon, soviel die jetzt lebenden Würtembergischen Schriftsteller betrifft, s. l. (*Tübing.*) 1772. 2 vol. 8.

Haug (Balthasar). Das gelehrte Würtemberg. *Stuttg.* 1790. 8.

(Kielmann, Christian Friedrich). Versuch kurzer Lebensbeschreibungen berühmter Würtemberger. *Stuttg.* 1791. 12.

Gradmann (Johann Jacob). Das gelehrte Schwaben, oder Lexicon der jetzt lebenden Schwäbischen Schriftsteller, etc. *Ravensb.* 1805. 8.

Athenæum berühmter Gelehrten Würtembergs. *Stuttg.* 1829. 3 part. 8.

Ulm.

Weyermann (Albrecht). Nachrichten von Gelehrten, Künstlern und anderen merkwürdigen Personen aus Ulm. *Ulm.* 1798. 8.

—— Neue historisch-biographisch-artistische Nachrichten von Gelehrten und Künstlern, auch alten und neuen adelichen und bürgerlichen Familien aus der vormaligen Reichsstadt Ulm. *Ulm.* 1829. 8. *

* C'est le supplément du dictionnaire précédent.

AMÉRIQUE.

Hall (John E...). Memoirs of eminent persons, with portraits and fac-similes. *Philadelph.* 1827. 8.

Allen (William). American biographical and historical dictionary. *Boston.* 1855. 8. (2e édition.)

Sparks (Jared). Library of American biography. *Boston.* 1840-48. 25 vol. 12.

Vail (Eugène Antoine). De la littérature et des hommes de lettres des Etats-Unis d'Amérique. *Par.* 1841. 8.

Griswold (Rufus Wilmod). Biographical annual, containing memoirs of eminent persons recently deceased. *New-York.* 1841. 12.

Bradford (Alden). Biographical notices of distinguished men in New-England, statesmen, patriots, physicians, lawyers, clergymen and mechanics. *Boston.* 1842. 12.

Hunt (William). American biographical sketch-book. *Albany.* 1848. 8.

Powell (N... N...). The living authors of America. *New-York.* 1850. 12.

Wynne (James). Lives of eminent literary and scientific men of America. *New-York.* 1850. 12.

Griswold (Rufus Wilmod). The prose writers of America. *Philadelph.* 1852. 8.

—— The poets and poetry of America. *Philadelph.* 1852. 8.

Wilson (Thomas). Biography of the principal American military and naval heroes. *New-York.* 1817-1819. 2 vol. 12.

BRÉSIL.

Pereira da Silva (J... M...). Plutarco Brasileiro. *Rio de Janeiro.* 1847. 2 vol. 8.

COLOMBIE.

Raymond (William). Biographical sketch of the distinguished men of Columbia county. *Albany.* 1851. 8.

INDES.

Thatcher (B... B...). Indian biography, or an historical account of those individuals, who have been distinguished among the Nord-American natives as orators, warriors, statesmen and other remarkable characters. *New-York.* 1832. 2 vol. 12.

Drake (Samuel G...). Biography and history of the Indians of North-America, from its first discovery. *Boston.* 1851. 8. Portraits. (11e édition.)

BELGIQUE.

Valère (André). Bibliotheca Belgica, s. inferioris Germaniæ provinciæ, urbesque, viri item in Belgio vita scriptisque clari et librorum nomenclatura. *Lovan.* 1623. 4.

Sweert (François). Athenæ Belgicæ, s. nomenclator inferioris Germaniæ scriptorum, qui disciplinas philologicas, philosophicas, etc., illustrarunt. *Antw.* 1628. Fol.

Foppens (Jean François). Bibliotheca Belgica, s. virorum in Belgio vita scriptisque illustrium catalogus, librorum nomenclatura. *Brux.* 1759. 2 vol. 4. Portraits.

(Paquot, Jean Noël). Mémoires pour servir à l'histoire littéraire des dix-sept provinces des Pays-Bas, de la principauté de Liége et de quelques contrées voisines. *Louvain.* 1765-70. 3 vol. Fol. ou 18 vol. 8.

Dictionnaire historique, ou histoire abrégée de tous les hommes, nés dans les dix-sept provinces belgiques, qui se sont fait un nom par le génie, les talents, les vertus, les erreurs, etc., depuis la naissance de Jésus-Christ jusqu'à nos jours. *Anvers.* 1786. 2 vol. 8.

Chalmot (J... A... de). Biographisch woordenboeck der Nederlanden. *Amst.* 1800. 8 vol. 8.

Delvenne (Nicolas). Biographie du royaume des Pays-Bas, ancienne et moderne. *Liége.* 1828. 2 vol. 8. (Omis par Quérard.)

(Vandermaelen, Philippe). Dictionnaire des hommes de lettres, des savants et des artistes de la Belgique, présentant l'énumération de leurs principaux ouvrages, etc. *Brux.* 1837. 8.

Holvoet (Auguste). Esquisses biographiques des principaux fonctionnaires tant civils que militaires de la Belgique, ainsi que de tous les originaux indigènes qui méritent de passer à la postérité. *Brux.* 1839. 18.

Goethals (Félix Victor). Lectures relatives à l'histoire des sciences, des arts, des lettres, des mœurs et de la politique en Belgique et dans les pays limitrophes. *Brux.* 1838. 4 vol. 8. Portraits.

—— Histoire des lettres, des sciences et des arts en Belgiqué et dans les pays limitrophes. *Brux.* 1840-44. 4 vol. 8. Portraits.

Le Plutarque belge, ou vies des grands hommes qui ont illustré la Belgique, par une société d'hommes de lettres belges. *Brux.* 1841. 8. 4 portraits.

Hulst (Félix van). Vie de quelques Belges. *Liége.* 1841. 8.

* Contenant les biographies de Philippe de Comines, Car-

lier, Fassin, Ransonnet, Lambrechts, Jardon et Plas-schaert.

Pauwels-Devis (J...). Dictionnaire biographique des Belges, hommes et femmes, morts et vivants, qui se sont fait remarquer par leurs écrits, leurs actions, etc. *Brux.* 1844. 8.

Panthéon national. Les Belges illustres. Première partie. *Brux.*, s. d. 8. *

   * Contenant: Charles-Quint, par Auguste Alexis Baron; Jacques van Artevelde, par Henri George Moke; Jean Ier, par André van Hasselt; Godefroid de Bouillon, par Théodore Juste; Marguerite d'Autriche, par Jean Jacques Altmeyer; Baudouin de Constantinople, par Jules de Saint-Genois; Notger, par Mathieu Lambert Polain; Charles de Lorraine, par Théodore Juste; Tilly, par Charles Hen; Charles le Téméraire, par Philippe Lesbroussart; Clerfayt, par Goswin Joseph Augustin de Stassart; Marie de Bourgogne, par Marie Van Eckel-raede; Vonck, par Théodore Juste; Marnix de Sainte-Aldegonde, par Jean Jacques Altmeyer; Charles de Lannoy, par Laurent Wolffers; Richilde, par Anatole Coomans; Van der Meersch, par Ferdinand Carron; Egmont et Horn, par Frédéric Auguste Ferdinand Thomas de Reiffenberg; les chefs des Franks, par Théodore Juste; Latour, par Charles Soudain de Niederwerth; Van der Noot, par Eugène Robin; Beaulieu, par Goswin Joseph Augustin de Stassart; Philippe van Artevelde, par Henri George Moke; Ernest de Mansfeld, par Charles Hen.

Panthéon national. Les Belges illustres. Deuxième partie. Artistes : peintres, sculpteurs, musiciens, graveurs. *Brux.*, s. d. 8. Orné de nombreuses gravures. *

   * Contenant : Pierre Paul Rubens, par Eugène Robin ; David Teniers, par Victor Joly; Grétry, par Edouard Fétis; Roland de Lattre, par Adolphe Mathieu; Adrien Brauwer et Jean Craesbeck, par Victor Joly; Gérard de Saint-Trond, par André van Hasselt; Lucas Vorsterman, par Edouard Fétis; Vander Meulen, par Edouard Fétis; Antoine van Dyck, par Eugène Robin; François Duquesnoy, par Eugène Gaussoin; Laurent Delvaux, par Auguste Alexis Baron; Otto Venius, par Félix Stappaerts; Hubert et Jean von Eyck, par André van Hasselt; Lambert Lombard, par Marcellin Lagarde; Gossec, par Edouard Fétis; Bernard van Orley, par André van Hasselt; Philippe de Champagne, par Goswin Joseph Augustin de Stassart; Quinte Metsys, par Félix Bogaerts; Charles van Mander, par André van Hasselt; Frans Floris, par Eugène Gens; Jordaens, par Louis Alvin; Gérard Edelinck, par Edouard Fétis; Gaspard de Crayer, par Félix Stappaerts ; les deux Van Oost, par Octave Delepierre; Jean Hemling, par Charles Hen; Bartholomé Spranger, par Victor Joly; Erasme Quillyn, par André van Hasselt.

Panthéon national. Les Belges illustres. Troisième partie. Savants, voyageurs, philosophes, chroniqueurs. *Brux.*, s. d. 8. Gravures. *

   * Contenant : Juste Lipse, par Frédéric Auguste Ferdinand Thomas de Reiffenberg; Charles, prince de Ligne, par Charles Hen; Rembert Dodoens, dit Dodonée, par Charles François Antoine Morren; André Vésale, par Andrien Burggraeve; Charles de l'Ecluse, par Charles Morren; Renkin, par Philippe Lesbroussart; Henri (Goethals) de Gand, par François Huet; Abraham Ortelius, par Félix van Hulst; Philippe de Commines, par Auguste Alexis Baron; Gérard Mercator, par Victor Joly; Baius et Jansenius, par Albert van Limburg, (André van Hasselt?) Christophe Plantin, par Frédéric Auguste Ferdinand Thomas de Reiffenberg; Jean Bolland, par Eugène Gens; Jean Froissard, par Philippe Lesbroussart; Simon Stevin, par Lambert Adolphe Jacques Quetelet; Pierre Joseph Triest, par Albert van Limburg; Jean Baptiste van Helmont, par N... N... Losen van Seltenhof; François Vanderburch, par Félix Stappaerts; Rubruquis, par Victor Joly.

Caron (N... N...). Biographies des contemporains belges. *Brux.* 1847. 2 vol. 8. *

   * Le premier volume contient les biographies de MM. de Muelenaere, Defacqz, de Bériot, du prince de Ligne, Sylvain van de Weyer, du comte Félix de Mérode, Du-

mortier, Ducpétiaux, baron Evain, Szkrynecki et Gendebien.

Le deuxième volume renferme les biographies de MM. Nothomb, Sirant, Raikem, du duc Pasquier, Smits, Anatole Coomans, du comte d'Hane de Steenhuyze, du comte Lehon, Van Meeuen et Mercier. Toutes ces esquisses sont assez mordantes.

Flamme (Jean Baptiste). Biographie des hommes célèbres de la Belgique. *Tournai.* 1848. 8.

(Chabannes, Jean Alphonse *). Album des Belges célèbres. *Brux.* 1848-50. 2 vol. 4. Portraits.

   * Il n'est que l'éditeur de cet ouvrage.

(Roger, Paul). Biographie générale des Belges, morts ou vivants, hommes politiques, membres des assemblées délibérantes, ecclésiastiques, militaires, savants, artistes et gens de lettres. *Brux.* 1849. 8. Figures. *

   * Avec la collaboration de MM. Auguste De Reume, Charles de Chênedollé, Alexandre Pinchart, etc.

Gélis (de Carcassonne) (Jean Baptiste). Précis de biographie belge, ou exposé des principaux traits de la vie des Belges qui se sont illustrés dans les lettres, les sciences, la philosophie, les beaux-arts, la politique, l'industrie, l'art militaire. *La Ferté-sous-Jouarre.* 1855. 8.

(Christyn, Jean Baptiste). Les tombeaux des hommes illustres qui ont paru au conseil privé du roy catholique des Pays-Bas. *Liége.* 1673. 12. *Amst.* 1674. 18.

Swert (P... de). Necrologium (Belgicum) aliquot utriusque sexus romano-catholicorum. *Insul. Batav.* 1759. 8.

(Joly, Victor). Biographie des hommes de la révolution (belge). Humble allocution à nos hommes d'Etat, par un Belge qui a pris la révolution au sérieux. *Brux.* 1832. 8. *

   * Il a paru 4 livraisons de cet écrit, publ. sous le pseudonyme de V. Loy.

Saint-Genois (Jules de). Les voyageurs belges du xiiie au xvie siècle. *Brux.*, s. d. 12. Portraits.

— — Les voyageurs belges du xviiie et du xixe siècles. *Brux.*, s. d. 12.

FLANDRE.

Sanderus (Antonius). De scriptoribus Flandriæ libri III. *Antwerp.* 1624. 4.

Biographie des hommes remarquables de la Flandre occidentale, (publ. par Charles Carton, F... Van den Putte, Jacques Olivier Marie de Mersseman et Octave Delepierre). *Bruges.* 1843. 4 vol. 8.

Bruges.

Sanderus (Antonius). De Brugensibus eruditionis fama claris libri II. *Antwerp.* 1624. 4.

Gand.

Sanderus (Antonius). De Gandavensibus eruditionis fama claris libri III. *Antwerp.* 1624. 4.

HAINAUT.

Brasseur (Philippe). Sydera illustrium Hannoniæ scriptorum, s. elogia et scripta eorum carmine complexa. *Mont.* 1637. 8.

— — Bibliotheca Hannoniæ. *Mont.* 1639. 4.

Mons.

Mathieu (Adolphe Charles Ghislain). Biographie montoise. *Mons.* 1848. 8.

LIÉGE.

Bec-de-Lièvre-Hamal (comte de). Biographie liégeoise, ou précis historique et chronologique de toutes les personnes qui se sont rendues célèbres par leurs talents, leurs vertus ou leurs actions, dans l'ancien diocèse et pays de Liége, depuis les temps les plus reculés jusqu'à nos jours. *Liége.* 1836-57. 2 vol. 8.

— — Biographie contemporaine de la province de Liége. *Liége.* 1859. 8.

Del Vaux de Fouron (Henri). Dictionnaire biographique de la province de Liége, avec des chronologies des princes (évêques) qui ont dominé dans les différents pays formant la province. *Liége.* 1843. 8.

(Capitaine, Ulysse). Nécrologe liégeois pour 1851, 1852 et 1853. *Liége.* 1852-54. 3 vol. 12.

DANEMARK.

Bartholin (Albert). De scriptis Danorum liber posthumus, editus a fratre Thoma BARTHOLINO. *Hafn.* 1668. 8. (*Cp.*, *D.* et *L.*)

Moller (Johannes). Bibliotheca septentrionis eruditi, s. syntagma tractatuum de scriptoribus illius, scorsim hactenus editorum, etc. *Lips.* 1699. 2 vol. 8. (*D.* et *L.*)

Hofman (Tycho de). Portraits historiques des hommes illustres du Danemark, remarquables par leur mérite, leurs charges et leur noblesse, avec leurs tables généalogiques. *Copenh.* 1746. 2 vol. 4. * Trad. en danois. *Kjoebenh.* 1769-79. 3 vol. 4.

    * Ce recueil, rare et recherché, est orné de gravures des plus célèbres artistes contemporains.

Worm (Jens). Forsoeg til et Lexicon over Danske, Norske och Islandske laerde Maend. *Helsing.* et *Kjoebenh.* 1771-84. 3 vol. 8.

Nyerup (Rasmus) et **Kraft** (J... E...). Almindeligt Litteratur-Lexicon for Danmark, Norge og Island. *Kjoebenh.* 1820. 2 vol. 4. (Assez rare et recherché.)

Ost (N... C...). Biographisk-litterarisk Lexicon over Danske, Norske, Goislandske Forfattere. *Kjoebenh.* 1827. 2 vol. 8.

Erslew (T... H...). Almindeligt Dansk Forfatter-Lexicon fra 1814 til naer vaerende Tid. *Kjoebenh.* 1844-46. 5 vol. 8. *

    * Continuation du dictionnaire de Nyerup et Kraft.

Malling (Ove). Grosse und gute Handlungen einiger Dänen, Norweger und Holsteiner; aus dem Dänischen übersetzt von Werner Hans Friedrich ABRAHAMSON. *Kopenh.* 1779-80. 2 vol. 8.

Wandall (Peder Topp). Lebensbeschreibung der verdienten Männer, die zu Jägerprys durch Denksteine verewiget worden; aus dem Dänischen übers. von Christfried Ulrich DAV. *Meldorf.* et *Leipz.* 1787-88. 2 vol. 8.

    Comp. SCHLESWIG-HOLSTEIN.

ESPAGNE.

Pulgar (Hernandez del). Los claros varones de España. *Sevilla.* 1500. 4. *Alcala.* 1524. 4. (Souvent réimprimé.)

Schott (André). Hispaniæ bibliotheca, s. de academiis et bibliothecis; item elogia et nomenclator clarorum Hispaniæ scriptorum, etc. *Frf.* 1608. 4.

Antonio (Nicolas). Bibliotheca Hispana, s. Hispanorum qui usquam unquamve seu latina seu populari, seu alia quavis lingua, scripto aliquid consignaverunt, notitia, etc. *Rom.* 1672. 2 vol. Fol.

—— Bibliotheca Hispana vetus, s. Hispanorum qui usquam unquamque scripto aliquid consignarunt, notitia, complectens scriptores omnes qui ab Octaviani Augusti imperio usque ad annum 1500 floruerunt. *Rom.* 1696. 2 vol. Fol.

Velasquez (L... J...). Origines de la poesia Castellana. *Malaga.* 1727. 4. Trad. en allem. s. c. t. Geschichte der spanischen Dichtkunst, etc., par Johann Andreas DIETZE. *Goetting.* 1769. 8.

Ximeno (Vicente). Escritores del reyno de Valencia chronologicamente ordenados desde el año 1238 hasta el de 1747. *Valencia.* 1747-49. 2 vol. Fol.

Mohedano (Rodriguez). Historia literaria de España. *Madr.* 1776-91. 13 vol. 4.

Lampillas (S...). Saggio storico apologetico della letteratura spagnuola contro le pregiudicate opinioni di alcuni moderni scrittori italiani. *Genov.* 1778-81: 6 vol. 8. Trad. en espagn. par Josepha AMAR Y BORBON. *Zarag.* 1782. 6 vol. 4. *Madr.* 1789. 3 vol. 4. *Ibid.* 1792. 2 vol. 4.

Castro (Juan Rodriguez de). Bibliotheca española. *Madr.* 1781-86. 2 vol. Fol.

Antonio (Nicolas). Bibliotheca Hispana nova, s. Hispanorum scriptorum, qui ab anno 1500 ad annum usque 1684 floruere notitia, etc. *Matrit.* 1783-88. 2 vol. Fol.

Sempere y Guarinos (D... J...). Ensayo de una biblioteca de los mejores escritores del reynado de Carlos III. *Madr.* 1785-89. 6 vol. 8.

Retratos de los Españoles illustres, etc. *Madr.* 1791. Fol.

Latassa y Ortin (N... N...). Bibliotheca antigua de los escritores Aragoneses, que florecieron desde la venida hasta el año 1500. *Saragoss.* 1796. 2 vol. 4.

—— Bibliotheca nueva de los escritores Aragoneses, que florecieron desde el año 1500 hasta el 1802. *Pamplona.* 1798-1802. 6 vol. 4.

Bouterwek (Friedrich). Geschichte der spanischen Literatur... Trad. en espagn. par Juan Gomez de la CORTINA et D... N... HUGALDE Y MOLLINEDO. *Madr.* 1829. 4. Trad. en franç. par madame de STRECK. *Par.* 1812. 2 vol. 8.

Galerie espagnole, ou notices biographiques sur les membres des cortès et du gouvernement, les généraux en chef et commandants des guérillas, des armées constitutionnelles et de la foi, et généralement tous les hommes qui ont marqué dans la Péninsule pendant la guerre de l'indépendance ou depuis la révolution de 1820. *Brux.* 1823. 8. Trad. en allem. par M... LANGE. *Augsb.* 1824. 8.

Quintana (Manoel José). Vidas de algunas Españoles celebres. *Par.* 1827. 2 vol. 12. *Ibid.* 1845. 8.

Fuster (N... N...). Bibliotheca Valenciana de los escritores que han florecido hasta nuestras dias, con adiciones y enmiendas à la de Vicente Ximeno. *Valencia.* 1827-30. 2 vol. Fol.*

    * Formant la suite de l'ouvrage de V. Ximeno mentionné page 1973.

Diaz (Pastor). Galeria de Españoles celebres contemporaneos, o biografias y retratos de todos los personages distinguidos de nuestras dias. *Madr.* 1842-43. 9 vol. 8.

Brinckmeyer (Eduard). Abriss einer documentirten Geschichte der spanischen Nationalliteratur, nebst einer vollständigen Quellenkunde von den frühesten Zeiten bis zum Anfange des 17ten Jahrhunderts. *Leipz.* 1844. 8.

Terradillos (Anjel Maria). Manual historico-critico de la literatura española. *Madr.* 1846. 8.

Villergas (Juan Maria). Juicio critico de los poetas españoles contemporaneos. *Par.* 1854. 8.

BISCAYE.

Landazuri (Juan?). Historia de los hombres ilustres de Biscaya. *Vittoria.* 1786. 4.

Cadix.

Cambiaso y Verdes (Nicolas Maria). Memoria para la biografia y para la bibliografia de la isla de Cadiz. *Madr.* 1829. 8 (Non terminé.)

Minano (N... N...). Diccionario biografico y bibliografico de la isla de Cadiz. *Madr.* 1850. 8.

CATALOGNE.

Amat (Felix Torres). Memorias para ayudar a formar un diccionario critico de los escritores Catalanes y dar alguna idea de la antigua y moderna literatura de Cataluña. *Barcelon.* 1836. 4.

Madrid.

Alvarez y Barena (José Antonio). Hijos de Madrid, ilustres en santitad, dignidades, armas, ciencias y artes. Diccionario historico por orden alfabetico de sus hombres. *Madr.* 1789. 4 vol. 8.

FRANCE.

La Croix du Maine (François **Grudé** de). Bibliothèque, ou catalogue général de toutes sortes d'auteurs qui ont écrit en français depuis 500 ans et plus. *Par.* 1584. Fol.

Duverdier (Antoine). Bibliothèque française, ou catalogue de tous les auteurs qui ont écrit ou traduit en francais, etc. *Lond.* 1585. Fol.

Sainte-Marthe (Scipion Scevole de). Élogia illustrium qui hoc sæculo in Gallia floruerunt. *Aug. Picton.* 1598. 8.

Michel de la Roche-Maillet (Gabriel). Eloges des hommes illustres qui ont fleuri en France de 1502 à 1600. *Par.* 1602. Fol. Portraits.

Sainte-Marthe (Scipion Scevole de). Gallorum doctrina illustrium qui nostra patrumque memoria floruerunt elogia. *Aug. Picton.* 1602. 4.

Perrault (Charles). Eloges des hommes illustres qui ont paru en France pendant ce siècle. *Par.* 1696-1701. 2 vol. Fol. *Ibid.* 1703. 2 vol. Fol. Avec 102 portraits.

Auvigny (Jean du **Castre** d'). Vies des hommes illustres de la France. *Par.* 1739-44. 10 vol. 12. *

   * Les deux derniers volumes ont été publiés par son frère, chanoine de Prémontré.

Goujet (Claude Pierre). Bibliothèque française, ou histoire de la littérature française, etc. *Par.* 1741-47. 12 vol. 12.

Perau (Gabriel Louis **Calabre**). Vies des hommes illustres de la France. *Par.* 1754-60. 11 vol. 8. *

   * Suite de l'ouvrage de Jean du CASTRE D'AUVIGNY.

Duport-Dutertre (François Joachim). La France littéraire, ou dictionnaire des auteurs français vivants. *Par.* 1751. 8. Augment. par Jacques HÉBRAIL et Jean François de LAPORTE. *Par.* 1756. 8.

Formey (Jean Henri Samuel). La France littéraire, ou dictionnaire des auteurs français vivants. *Berl.* 1757. 8. *

   * Ce n'est qu'une réimpression du dictionnaire précédent, mais dans laquelle l'auteur a ajouté la liste des ouvrages français imprimés en Prusse et en Hollande.

(Hébraïl, Jacques et **La Porte**, Jean François de). La France littéraire, contenant 1° les académies établies à Paris et dans les différentes villes du royaume ; 2° les auteurs vivants, avec la liste de leurs ouvrages ; 3° les auteurs morts depuis l'année 1751 inclusivement avec la liste de leurs ouvrages ; 4° le catalogue alphabétique des ouvrages de tous ces auteurs. *Par.* 1769-84. 4 vol. 12, et 2 vol. supplémentaires.

Bibliothèque française de La Croix du Maine et Duverdier, revue et augmentée de remarques historiques, critiques et littéraires de Bernard de LA MONNAYE, par Jean Antoine RIGOLEY DE JUVIGNY. *Par.* 1772-76. 6 vol. 4.

Turpin (François René). Vies des hommes illustres de la France. *Par.* 1767-68. 3 vol. 8.

—— La France illustrée, ou le Plutarque français, contenant les éloges historiques des généraux et grands capitaines, des ministres d'Etat et des principaux magistrats de la nation française. *Par.* 1778-1785. 4 vol. 4, ou 7 vol. 12. 48 portraits.

Sabatier de Castres (Antoine). Les trois siècles de la littérature française. *Par.* 1781. 4 vol. 12.

Handbuch der französischen Sprache und Literatur, enthaltend kurze biographische und litterarische Nachrichten der besten französischen Schriftsteller von den ältesten bis auf die neuesten Zeiten. *Berl.* 1796. 8.

Ersch (Johann Samuel). La France littéraire, contenant les auteurs français de 1771 à 1796. *Hamb.* 1797-1806. 5 vol. 8, et 2 vol. supplémentaires.

Desessarts (Nicolas Lemoyne). Les siècles littéraires de la France, ou nouveau dictionnaire historique, critique et bibliographique de tous les écrivains français morts et vivants jusqu'à la fin du XVIIIe siècle. *Par.* 1800-03. 7 vol. 8.

Dujardin-Sailly (N... N...). Liste alphabétique des auteurs (français) morts jusqu'en 1803. *Par.* 1803. 8.

(Debray, Nicolas Antoine Gabriel). Tablettes biographiques des écrivains français depuis la renaissance des lettres jusqu'à ce jour. *Par.* 1810. 2 part. 8.

(Beuchot, Adrien Jean Quentin). Nouveau nécrologe des hommes nés en France, ou qui ont écrit en français, morts depuis le 1er janvier 1800. *Par.* 1812. 8.

Quérard (Joseph Marie). La France littéraire, ou dictionnaire bibliographique des savants, historiens et gens de lettres de la France, ainsi que des littérateurs étrangers qui ont écrit en français, plus particulièrement pendant les XVIIIe et XIXe siècles. *Par.* 1827-40. 10. vol. 8. *

   * Cet ouvrage est, malgré ses nombreuses omissions, un travail consciencieux et fort remarquable.

Le Bas (Philippe). Dictionnaire encyclopédique de la France. *Par.* 1841-45. 12 vol. 8.

Saint-Maurice Cabany (Charles Édouard). Galerie nationale des notabilités contemporaines. Annales biographiques des principaux fonctionnaires, des représentants, conseillers d'Etat, diplomates, magistrats, des membres du clergé, de l'administration et des finances, des officiers supérieurs de l'armée et de la marine, et des savants, littérateurs, artistes et industriels distingués de la France. *Par.* 1850-51. 3 vol. 8.

ALSACE.

Prox (Jean Henri). De poetis Alsatiæ eroticis medii ævi dissertatio. *Argent.* 1786. 4. (Omis par Quérard.)

(Arnold, G... D...). Notice littéraire et historique sur les poëtes alsaciens. *Par.* 1806. 8.

Hermann (Jean Frédéric). Notices historiques, statistiques et littéraires sur la ville de Strasbourg. *Strasb.* et *Par.* 1818-19. 2 vol. 8.

AUVERGNE.

Aigueperse (P...). Biographie, ou dictionnaire historique des personnages d'Auvergne illustres ou fameux par leurs écrits, leurs exploits, leurs vertus, leurs erreurs ou leur rang. *Clermont.* 1836. 2 vol. 8. Portraits.

—— Biographie, ou dictionnaire historique abrégé des personnages d'Auvergne qui se sont fait remarquer, etc. *Par.* et *Clerm.* 1850. 16.

BOURGOGNE.

Papillon (Philibert). Bibliothèque des auteurs de la province de Bourgogne, avec les catalogues de leurs ouvrages. *Dijon.* 1742-45. 2 vol. Fol. Portrait de l'auteur.

(Grappin, Pierre Philippe). Histoire abrégée du comté de Bourgogne. *Avign.* (*Vésoul.*) 1773. 12. *Besanç.* 1780. 12. *

   * La quatrième partie de cet ouvrage contient des esquisses biographiques sur les grands hommes nés dans la Franche-Comté.

(Girod Novillars, N... N...). Essai historique sur quelques gens de lettres nés dans le comté de Bourgogne, avec une notice de leurs écrits. *Besanç.* 1806. 8.

Dijon.

Paillet (Julien). Panthéon dijonnais, ou hommages des grands hommes de la Côte-d'Or et des départements qui faisaient partie de la ci-devant Bourgogne, avec des notes historiques. * *Dijon*, an XIII (1805). 8.

   * Les notes remplissent les pages 29 à 103.

Girault (Claude Xavier). Essais historiques et biographiques sur Dijon. *Dijon.* 1814. 12.

BRESSE et BUGEY.

Depéry (Jean Irenée). Biographie des hommes célèbres du département de l'Ain qui se sont distingués par leurs sciences, leurs talents, etc. *Bourg.* 1835-36. 2 vol. 8. Portraits.

BRETAGNE.

Miorcec de Kerdanet (Daniel Louis). Notices chronologiques sur les théologiens, jurisconsultes, philosophes, artistes, littérateurs, poëtes, bardes, troubadours et historiens de la Bretagne. *Brest.* 1818. 8.

Levot (Pierre). Biographie bretonne. Recueil de notices sur tous les Bretons qui se sont fait un nom, etc. *Vannes* et *Par.* 1852-55. 3 vol. 4.

CHAMPAGNE.

(Hédouin de Pons-Ludon, Joseph Antoine). Essai sur les grands hommes d'une partie de la Champagne. *Amst.* (*Reims.*) 1770. 8.

(Mathieu, Jean Baptiste). Biographie du département de la Haute-Marne. *Chaumont.* 1811. 8.

Letillois de Mezières (N... N...). Biographie générale des Champenois célèbres. *Par.* 1836. 8.

Georges (abbé). Les illustres Champenois : Jean et Nicole Pithou, Pierre et François Pithou, Jean Passerat, (Pierre Jean) Grosley, s. l. 1849. 4 parties. 8.

Barthélemy (Edouard de). Etudes biographiques sur les hommes célèbres nés dans le département de la Marne. *Châlons.* 1853. 12.

ARDENNES.

Bouillot (abbé). Biographie ardennaise, ou histoire des Ardennais qui se sont fait remarquer par leurs écrits, leurs actions, leurs vertus ou leurs erreurs. *Par.* 1850. 2 vol. 8.

DAUPHINÉ.

Allard (Guy). Bibliothèque du Dauphiné, contenant les noms de ceux qui se sont distingués par leur savoir dans cette province, et le dénombrement de leurs ouvrages, depuis douze siècles. *Grenoble.* 1680. 12. Augm. (par Pierre Vincent Chalvet). *Grenoble.* 1797. 8. *
* La deuxième édition, mutilée, ne remplace pas la première, qui est fort rare.

Colomb de Batines (Paul) et **Olivier** (Jules). Mélanges biographiques et bibliographiques, relatifs à l'histoire littéraire du Dauphiné, tome Ier (et unique). *Valence et Par.* 1837. 8. (Tiré à 150 exemplaires.)

Colomb de Batines (Paul). Catalogue des Dauphinois dignes de mémoire, s. l. (*Gap.*) 1840. 8.

BASSES-ALPES.

(**Feraud**, Jean Joseph Maxime). Biographie des hommes remarquables des Basses-Alpes, ou dictionnaire historique de tous les personnages de ce département qui se sont signalés par leur génie, leurs talents, leurs travaux, la sainteté de leur vie, leurs vertus et leurs actes de bienfaisance, etc. *Digne.* 1850. 8. Portraits.

FOREZ.

Dulac (Jean Baptiste Sonyer). Histoire des grands hommes qu'a produits le Forez, s. l. 1781. 8.

(**Bernard**, Auguste Joseph). Biographie et bibliographie foréziennes, recueillies par l'auteur de l'*Histoire du Forez. Montbrison.* 1856. 8.

FLANDRE.
Douai.

Duthilloeul (Hippolyte Romain Joseph). Galerie douaisienne, ou biographie des hommes remarquables de la ville de Douai. *Douai.* 1844. 8. Portraits.

Dunkerque.

Biographie dunkerquoise. *Dunkerque.* 1827. 18.

Valenciennes.

Hécart (Gabriel Antoine Joseph). Biographie valencenoise. *Valencien.*, s. d. 8. *
* Cet ouvrage, dit l'auteur lui-même, n'est pas terminé. Dieu sait s'il le sera. C'est un relevé (ou, pour mieux dire, la réunion des tirés à part) des articles biographiques qui ont paru dans les feuilles d'annonces de Valenciennes.

Dinaux (Arthur). Nomenclature des personnages qui se sont fait remarquer dans l'arrondissement de Valenciennes. *Valencien.* 1850. 8. (Extrait des *Archives du Nord de la France et du Midi de la Belgique.*)

FRANCHE-COMTÉ.

Monnier (Désiré). Les Jurassiens recommandables. *Lons-le-Saulnier.* 1828. 8.

GUIENNE.

Vidaillet (Jean Baptiste). Biographie des hommes célèbres du département du Lot. *Gourdon.* 1828. 8.

GIRONDE.

Lurbe (Gabriel de). De illustribus Aquitaniæ viris libellus. *Burdigal.* 1591. 8.

ILE-DE-FRANCE.

Daniel (E... et H...). Biographie des hommes remarquables du département de Seine-et-Oise depuis le commencement de la monarchie jusqu'à ce jour. *Rambouillet, Versaill. et Par.* 1852. 8.

Saint-Anthoine (Hippolyte Daniel de). Biographie des hommes remarquables de Seine-et-Oise, depuis le commencement de la monarchie jusqu'à ce jour. *Par. et Versaill.* 1857. 8.

Montmorency.

Flamand-Grétry (N... N...). Itinéraire historique, géographique, topographique, pittoresque et biographique de la vallée de Montmorency. *Par.* 1855. 2 vol. 8. (Orné de nombreuses figures.)

LANGUEDOC.

(**Laurent-Gousse**, Jean Théodore, **Lamothe-Langon** Étienne Léon de, et **Du Mège**, Alexandre Louis Charles André). Biographie toulousaine, ou dictionnaire historique des personnages qui se sont rendus célèbres dans la ville de Toulouse, etc. *Par.* 1823. 2 vol. 8.

Nîmes.

Nicolas (Michel). Histoire littéraire de Nîmes et des localités voisines qui forment actuellement le département du Gard. *Nîmes.* 1854. 3 vol. 12.

LORRAINE.

Calmet (Augustin). Bibliothèque de Lorraine, ou histoire des hommes illustres qui se sont distingués dans la Lorraine et dans les trois évêchés, dans les sciences, dans la piété et dans les beaux-arts. *Nancy.* 1751. Fol.

Chévrier (François Antoine de). Mémoires pour servir à l'histoire des hommes illustres de Lorraine. *Brux.* 1754. 2 vol. 12. *
* Extrait de la Bibliothèque précédente.

Michel (Louis Antoine). Biographie historique et généalogique des hommes marquants de l'ancienne province de Lorraine. *Nancy.* 1829. 12.

Begin (Emile Auguste). Biographie de la Moselle. *Metz.* 1829-34. 4 vol. 8. Portraits.

Nollet-Fabert (Jules). La Lorraine militaire. *Nancy.* 1852-53. 3 vol. 8. Portraits.

Michel (Emmanuel). Biographie du parlement de Metz. *Metz.* 1853. 8. (Par ordre alphabétique.)

LYONNAIS.

Colonia (Dominique de). Histoire littéraire de Lyon, avec une bibliothèque des auteurs lyonnais sacrés et profanes, distribués par siècles. *Lyon.* 1728. 2 vol. 4.

(**Pernetty**, Jacques). Recherches pour servir à l'histoire de Lyon, ou les Lyonnais dignes de mémoire. *Lyon.* 1757. 2 vol. 8.

Bréghot du Lut (Claude) et **Péricaud** (Antoine). Biographie lyonnaise. Catalogue des Lyonnais dignes de mémoire. *Lyon.* 1839. 8.

MAINE.

(**Blondeau**, Charles). Les portraits des hommes illustres de la province du Maine. *Mans.* 1666. 4.

Ansart (Louis Joseph Auguste). Bibliothèque littéraire du Maine, ou traité historique et critique des auteurs de cette province. *Châlons-sur-Marne.* 1784. 8. *
* Ce recueil, qui devait comprendre huit volumes, est resté inachevé.

Ledru (André Pierre). Notices historiques sur la vie et les ouvrages de quelques hommes célèbres de la province du Maine. *Mans.* 1817. 8.

Pesche (Julien Rémi). Dictionnaire historique, topographique et statistique du département de la Sarthe, suivi d'une biographie et d'une bibliographie du Maine, du département de la Sarthe et de ses différentes localités. *Mans.* 1826. 8.
— Iconographie cénomane, ou portraits des plus célèbres Manceaux, dessinés par M. Pelletier. *Mans* et *Par.* 1828-35. 11 livraisons 8.

Huréau (Barthélemy). Histoire littéraire du Maine. *Mans* et *Par.* 1843-46. 4 vol. 8.

NORMANDIE.

(**Rivière**, abbé). Éloge des Normands, où l'on trouvera un petit abrégé de leur histoire, avec les grands hommes qui en sont sortis et les belles qualités qui doivent les rendre respectables à l'univers entier, s. l. 1751. 12. *La Haye.* 1736. 2 vol. 12. Réimprim. s. c. t. Éloge des Normands, ou histoire abrégée des grands hommes de cette province. *Par.* 1748. 2 vol. 8. *
* C'est à tort que Fevret de Fontette attribue cet ouvrage à Philippe Lecerf.

Gilbert (Philippe Jacques Étienne). Mémoires biographiques et littéraires, par ordre alphabétique, sur les hommes qui se sont fait remarquer dans le département de la Seine-Inférieure, par leurs écrits, leurs actions, etc. *Rouen.* 1812. 2 vol. 8. Gravures.

Aumale.

Pape (E... Auguste). Notices historiques et biographiques sur la ville et le canton d'Aumale. *Aumale.* 1849. 8.

CALVADOS.

Boisard (François). Notices biographiques, littéraires et critiques sur les hommes du Calvados qui se sont fait remarquer par leurs actions ou leurs ouvrages. *Caen.* 1848. 12.

Dieppe.

Cochet (Jean Benoît Désiré). Galerie dieppoise, ou notices biographiques sur les hommes célèbres de Dieppe. *Dieppe.* 1846. 8.

Havre.

Lévée (Jean Baptiste). Biographie, ou galerie historique des hommes célèbres du Havre. *Par. et Havre.* 1828. 2 vol. 8.

Saint-Malo.

Manet (F... F... P... B...). Biographie des Malouins célèbres, nés depuis le xve siècle jusqu'à nos jours, etc. *Saint-Malo.* 1824. 8.

ORLÉANAIS.

Brainne (C...), **Debarbouiller** (J...) et **Lapierre** (C... F...). Les hommes illustres de l'Orléanais. Biographie générale des trois départements de Loiret, d'Eure-et-Loir et de Loir-et-Cher. *Par.* (Orléans.) 1852. 2 vol. 8.

PICARDIE.

Biographie des hommes célèbres, des savants, etc., du département de la Somme. *Amiens.* 1857. 2 vol. 8. Avec un supplément. Portraits.

Abbeville.

(**Louandre**, François Charles). Biographie d'Abbeville et de ses environs. *Abbev.* 1829. 8.

Saint-Omer.

Piers (Henri). Biographie de la ville de Saint-Omer. *Saint-Omer.* 1855. 8.

POITOU.

(**Dreux du Radier**, Jean François). Éloges historiques des hommes illustres de la province du Thymérais, avec un catalogue raisonné de leurs ouvrages. *Par.* 1749. 12.

(——) Bibliothèque historique et critique du Poitou, contenant les vies des savants de cette province, depuis le IIIe siècle jusqu'à présent. *Par.* 1754. 5 vol. 12. * Réimprim. s. c. t. Histoire littéraire du Poitou, précédée d'une introduction et continuée jusqu'en 1849 par A... de Lastic-Saint-Jal. *Niort.* 1849-50. 5 vol. 8.
  * La première édition ne porte pas le nom de l'auteur.

PROVENCE.

(**Bougerel**, Joseph). Mémoires pour servir à l'histoire des hommes illustres de Provence. *Par.* 1752. 12.

Bouche (Charles François). Essai sur l'histoire de Provence, suivi d'une notice des Provençaux célèbres. *Marseille.* 1785. 2 vol. 4.

Avignon.

Barjavel (C... P... H...). Dictionnaire historique, biographique et bibliographique du département de Vaucluse. *Carpentras.* 1841. 2 vol. 8.

SAINTONGE et AUNIS.

Rainguet (Pierre Damiens). Biographie saintongeaise, ou dictionnaire historique de tous les personnages qui se sont illustrés par leurs écrits ou leurs actions dans les anciennes provinces de Saintonge et d'Aunis, formant aujourd'hui le département de la Charente-Inférieure, etc. *Saintes.* 1852. 8. Portraits.

(**Feuilleret**, N... N...). Petite biographie des hommes illustres de la Charente-Inférieure. *La Rochelle.* 1853. 18.

TOURAINE.

Dufour (J... M... J... M...). Dictionnaire historique, géographique, biographique et administratif des trois arrondissements communaux du département d'Indre et de Loire. *Tours.* 1813. 2 vol. 8.

Chalmel (Jean Louis). Histoire de Touraine, etc., suivie du dictionnaire biographique des hommes célèbres de cette province. *Par.* 1828. 4 vol. 8.

GRANDE-BRETAGNE.

Bale (John). Illustrium majoris Britanniæ scriptorum, hoc est Angliæ, Cambriæ ac Scotiæ summarium in V centurias divisum. *Grippesvici in Anglia.* 1548. 4.

—— Scriptorum illustrium majoris Britanniæ, quam nunc Angliam et Scotiam vocant, catalogus, a Japheto per 5618 annos usque ad annum D. 1557. *Basil.* 1557. 4. *Ibid.* 1559. 4.

Pits (John). De illustribus Angliæ scriptoribus. *Par.* 1619. 4.

Holland (Henry). Heroologia Anglica, h. e. clarissimorum et doctissimorum aliquot Anglorum, qui floruerunt ab anno Christi MD. usque ad præsentem annum MDCXX, vivæ effigies, vitæ et elogia, s. l. (*Arnhem.*) et s. d. (vers 1620). Fol. (Rare et recherché.)

Ware (John). De scriptoribus Hiberniæ libri II, prior continet scriptores in Hibernia natos, posterior scriptores alios, qui in Hibernia munera aliqua obierunt. *Dublin.* 1639. 4.

Leland (John). Commentarii de scriptoribus Britannicis; ex autographo Lelandino nunc primum edidit A... Hall. *Oxon.* 1709. 2 vol. 8.

Account of the writers ancient and modern of North-Britains. *Edinb.* 1710. Fol.

Kippis (Andrew). Biographia Britannica. *Lond.* 1745-66. 6 vol. Fol. *Ibid.* 1778-93. 5 vol. Fol.

Biographia Britannica, or the lives of the most eminent persons, who have flourished in Great-Britain and Ireland. *Lond.* 1747-66. 7 vol. 8. Abrégé et trad. en allem. par Johann Salomon Semler. *Halle.* 1762-71. 10 vol. 8.

Tanner (Thomas). Bibliotheca Britannico-Hibernica, s. de scriptoribus qui in Anglia, Scotia et Hibernia ad sæculi xvIII initium floruerunt, etc. *Lond.* 1748. Fol.

Walpole (Horace). Catalogue of the royal and noble authors of England, with lists of their works. *Strawberry-Hill.* 1758. 2 vol. 8. *Lond.* 1759. 2 vol. 8. Augment. et contin. par Thomas Park. *Lond.* 1806. 5 vol. 8.

—— Postscript to M. Walpole's catalogue of royal and noble authors of England. *Strawberry-Hill.* 1786. 8.

Mortimer (Thomas). English Plutarque, or the lives of the most illustrious personnages from the reign of Henri VIII to George II. *Lond.* 1762. 12 vol. 8. Trad. en allem. par N... N... v. Teubern. *Züllichau.* 1764-69. 8 vol. 8. Trad. en franç. par la baronne de Vasse. *Par.* 1785. 12 tomes en 6 vol. 8. Portraits.

Granger (James). Biographical history of England, from Egbert the Great to the revolution (Charles I), adapted to a methodical catalogue of engraved british heads. *Lond.* 1769. 3 vol. 4. *Ibid.* 1775. 4 vol. 8. *Ibid.* 1779. 4 vol. 8. *Ibid.* 1804. 4 vol. 8.

Berkenhout (John). Biographia litteraria, or a biographical history of literature, containing the lives of Scottish, English and Irish authors. *Lond.* 1777. 4.

Bamberger (Johann Peter). Biographische und litterarische Anecdoten von den berühmtesten grossbritannischen Gelehrten des 18ten Jahrhunderts. *Berl.* 1786-87. 2 vol. 8. (Trad. de l'anglais.)

Reuss (Jeremias David). Das gelehrte England, oder Lexicon der jetzt lebenden Schriftsteller in Gross-Britannien, Irland und Nord-America, nebst einem Verzeichnisse ihrer Schriften von Jahre 1770-1790. *Berl.* 1791. 8. *
  * Ce même ouvrage parut s. c. t. *Alphabetical register of all the authors actually living in Great-Britain, Irland and North-America*, etc.

Reuss (Jeremias David). Nachtrag und Fortsetzung des *Gelehrten Englands von* 1790-1803. *Berl.* 1804. 2 vol. 8.

Handbuch der englischen Sprache und Literatur, enthaltend kurze biographische und literarische Nachrichten der besten englischen Schriftsteller von den ältesten bis auf die neuesten Zeiten. *Berl.* 1795. 8.

Literary memoirs of living authors of Great-Britain, arranged according to an alphabetical catalogue of their names, and including a list of their works, etc. *Lond.* 1798. 2 vol. 8.

Adolphus (John). British cabinet, containing portraits of illustrious personnages, with biographical memoirs. *Lond.* 1799. 2 vol. 4.

New catalogue of living English authors, with complete lists of their publications and biographical and literary memoirs. *Lond.* 1799. 8.

Gillet (Friedrich Wilhelm). Neuer Brittischer Plutarch, oder Leben und Character berühmter Britten, welche sich während des französischen Revolutionskrieges ausgezeichnet haben. *Berl.* 1804. 8. *

> * Accomp. de 24 portraits en miniature.

Noble (Mark). Biographical history of England, from the revolution to the end of George's I reign, etc. *Lond.* 1806. 3 vol. 8. *

> * C'est la suite de l'ouvrage de James Granger (voir page 1980).

Biographical dictionary of the living authors of Great-Britain and Ireland, comprising literary memoirs and anecdotes of their lives and a chronological register of their publications. *Lond.* 1816. 8. *

> * Nous présumons que l'auteur de cet ouvrage est John WATKINS.

Emmert (Johann Heinrich). British biography, containing brief and accurate accounts of the lives, acts and writings of the most remarkable persons of the british nation, etc. *Goetting.* 1820. 8.

Watt (Robert). Bibliotheca Britannica, or a general index of British and foreign literature in two parts : authors and subjects. *Edinb.* 1824. 4 vol. 4. *

> * Cette bibliographie donne aussi de courtes notices biographiques.

Miller (William). Biographical sketches of British characters, deceased since the accession of George IV, comprising 250 sujects chronologically arranged. *Lond.* 1826. 2 vol. 4.

The Georgian Era. Memoirs of the most eminent persons, who have flourished in Great-Britain, from the accession of George I to the demise of George IV. *Lond.* 1832-34. 4 vol. 12.

Cunningham (Allan). Biographical and critical history of the British literature of the last fifty years. *Par.* 1834. 8. Trad. en allem. par August KAYSER. *Leipz.* 1834. 8.

Colles (A...). The authors of England. Series of medaillion portraits, with notices by H... F... CHORLEY. *Lond.* 1838. 8.

Wright (Thomas). Biographia Britannica literaria, or biography of literary characters of Great-Britain and Ireland, arranged in chronological order, Anglo-Norman period. *Lond.* 1846. 8.

CAMBRIA.

Owen (William). Cambrian biography, or historical notices of celebrated men among the Britons. *Lond.* 1803. 12.

ÉCOSSE.

Dempster (Thomas). Nomenclatura scriptorum Scotorum. *Bonon.* 1619. 4.

Mackenzie (George). Lives and character of the most eminent writers of the Scotish nation, with an abstract and catalogue of their works, their various editions and the judgement of the learned concerning them. *Edinb.* 1708-1711-1722. 3 vol. Fol.

Howie (John). Biographia Scoticana, or an brief account of the lives and writings of the most eminent Scotish worthies (1503-1688). *Glasg.* 1781. 8. (2e édition.)

Dalrymple (David). Biographia Scotica. *Edinb.* 1790. 4.

Irving (David). Lives of Scotish authors. *Edinb.* 1801. 12.

—— Lives of Scotish poets, with preliminary dissertations on the literary history of England, and the early

Scotish drama. *Edinb.* 1804. 2 vol. 8. *Ibid.* 1810. 2 vol. 8.

Scotish biographical dictionary. *Edinb.* 1822. 12.

Chambers (J...). Lives of illustrious and distinguished Scotsmen, with an account of their works. *Glasg.* 1833-55. 4 vol. 8.

WALES.

Williams (R...). Biographical dictionary of eminent Welshmen, from the earliest to the present time. *Lond.* 1847. 8.

Aberdeen.

Bruce (John). Lives of eminent men of Aberdeen. *Aberd.* 1841. 8.

Oxford.

Wood (Anthony). Athenæ Oxonienses, an exact history of all the writers and bishops, etc. *Oxf.* 1691-92. 2 vol. Fol.

GRÈCE ET ROME.

Scheurl (H... J...). Statua Mercurii ad optimos quosque scriptores latinos, etc. *Helmst.* 1637. 8.

Mothe-le-Vayer (François de la). Traité des anciens et principaux historiens grecs et romains dont il nous reste quelques ouvrages. *Par.* 1646. 4.

Vinding (Povell). Ver Græcum, s. dissertatio I de variis linguæ Græcæ scriptoribus. *Hafn.* 1693. 4.

—— Ætas græca, s. dissertatio de eodem argumento. *Hafn.* 1699. 4.

—— Antumnus græcus, s. dissertatio III de eodem argumento. *Hafn.* 1703. 4.

Martignac (N... N...). Entretiens sur les auteurs anciens (grecs et latins), contenant en abrégé leur vie et le jugement de leurs ouvrages, etc. *Par.* 1696. 8.

Arnd (Carl). Schediasma bibliothecæ Græcæ difficilioris, s. notitiæ historico-litterariæ veterum auctorum Græcorum, etc. *Rostoch.* 1702. 4.

Borrichius (Olaus). Conspectus præstantiorum scriptorum latinæ linguæ. *Hafn.* 1703. 8. (5e édition.)

Richey (N...). Notitia auctorum veterum (Græcorum et Romanorum) aureæ præsertim et argenteæ ætatis, ubi de rebus eorundem scriptis, dictione ac editionibus disseritur. *Jenæ.* 1710. 8.

Nachrichten und Urtheile von denen lateinischen Autoribus classicis und ihren noch verhandenen Schrifften. *Halle.* 1715. 12.

Fabricius (Johann Albert). Bibliotheca Græca, s. notitia scriptorum veterum Græcorum quorumcunque monumenta integra aut fragmenta edita extant. *Hamb.* 1718-28. 14 vol. 4. Publ. par Gottlieb Christoph HARLES, avec un supplément inédit de Christoph August HEUMANN. *Hamb.* 1790-1811. 12 vol. 4.

—— Bibliotheca latina, nunc melius detecta, rectius digesta et aucta, diligentia Johann August ERNESTI. *Hamb.* 1721. 3 vol. 8. *Venet.* 1728. 2 vol. 4. *Lips.* 1773-74. 3 vol. 8.

—— Bibliotheca latina mediæ et infirmæ ætatis. *Hamb.* 1734. 6 vol. 8. Publ. avec le supplément de Christian SCHOETTGEN, par Giovanni Domenico MANSI. *Patav.* 1754. 6 vol. 4.

Wagner (G...). Dissertationes III de scriptoribus latinis, iisque Romanis, ex ordine seculorum. *Witteb.* 1755. 4.

Hauptmann (Johann Gottfried). De scriptoribus Atticis dissertatio. *Lips.* 1759. 4.

(Smith, Thomas). Biographia classica, or the lives and characters of on the classic authors, the Grecian and Roman poets, historians, orators and biographers, with an historical and critical account of their writings, etc. *Lond.* 1740. 2 vol. 8.

Mueller (Gottfried Ephraim). Historisch-kritische Einleitung zu nöthiger Kenntniss und nützlichem Gebrauche der alten lateinischen Schriftsteller. *Dresd.* 1747-51. 5 vol. 8.

Wolf (Friedrich August). Geschichte der römischen Literatur, nebst biographischen und literarischen Nachrichten von den lateinischen Schriftstellern, ihren Werken und Ausgaben. *Halle.* 1787. 8.

Harles (Gottlieb Christoph). Introductio in historiam

linguæ Græcæ. *Altenb.* 1792-95. 2 vol. 8. Supplementum ad *Introductionem*, etc. *Jenæ.* 1804-06. 2 vol. 8.

Harles (Gottlieb Christoph). Introductio in notitiam litteraturæ Romanæ. *Lips.* 1794. 2 vol. 8. Supplementum ad *Introductionem*. *Lips.* 1799-1801. 2 vol. 8.

—— Brevior notitia litteraturæ Romanæ. *Lips.* 1799. 8.

—— Brevior notitia litteraturæ Græcæ. *Lips.* 1812. 8.

Rinaecker (Johann August). Handbuch der Geschichte der griechischen Literatur; mit Vorrede von Johann Gottfried Carl Christian Kiesewetter. *Berl.* 1802. 8.

Fuhrmann (Wilhelm David). Handbuch der classischen Literatur, oder Anleitung zur Kenntniss der griechischen und römischen Schriftsteller, ihrer Schriften und den besten Ausgaben und Übersetzungen derselben. *Rudolst.* 1803-10. 4 vol. 8.

Sachse (Carl). Versuch eines Lehrbuchs der griechischen und römischen Literatur-Geschichte und classischen Literatur. *Halle.* 1809. 8.

Mohnike (Gottlieb). Geschichte der Literatur der Griechen und Römer. *Griefsw.* 1813. 8.

Fuhrmann (Wilhelm David). Anleitung zur Geschichte der classischen Literatur der Griechen und Römer. *Rudolst.* 1816. 2 vol. 8. (Abrégé du manuel mentionné ci-dessus du même auteur.) Trad. en holland. par E... C... d'Engelbronner. *Zalt-Bommel.* 1824. 2 vol. 8.

Groddeck (G... E...). Initia historiæ Græcorum litterariæ. *Vilnæ.* 1822. 2 vol. 8. (2e édition.)

Baehr (Johann Christian Felix). Geschichte der römischen Literatur. *Carlsr.* 1828. Augment. *Ibid.* 1832. 8.

Bernhardy (Gottfried). Grundriss der römischen Literatur. *Halle.* 1850. 8.

Matthiae (August). Grundriss einer Geschichte der griechischen und römischen Literatur. *Jena.* 1832. 8. (2e édition.)

Petersen (Friedrich Christian). Handbuch der griechischen Literatur-Geschichte. *Hamb.* 1834. 8.

Petri (Friedrich Erdmann). Vorschule der Literatur-Geschichte von Griechen, Römern und Deutschen. *Hersfeld.* 1856. 8. *Ibid.* 1857. 8.

Roulez (Joseph Emmanuel Ghislain). Manuel de l'histoire de la littérature grecque, etc. *Brux.* 1857. 8.

Biographie 60 berühmter Griechischer Gelehrten. *Berl.* 1780. 8.

Biographie der Hellenen, oder historisch-characteristische Denkwürdigkeiten aus dem Leben der berühmtesten Helden des griechischen Freiheitskampfes. *Carlsr.* 1817-27. 2 parties. 8.

ITALIE.

Crasso (Lorenzo). Elogj d'uomini letterati. *Venez.* 1656. 2 vol. 4.

Gimma (Giacinto). Idea della storia dell' Italia letterata, colla notizia delle storie particolari di ciascheduna scienza e delle arti nobili, degli scrittori più celebri e de' loro libri, e di alcune memorie della storia civile ed ecclesiastica, etc. *Napol.* 1723. 2 vol. 4.

Lami (Giovanni). Memorabilia Italorum eruditione præstantium quibus vertens sæculum gloriatur. *Florent.* 1742. 8.

Fischer (Johann Christian). De insignibus bonarum literarum sæculi xiv usque ad initium sæculi xvi in Italia instauratoribus dissertatio. *Jenæ.* 1744. 4.

Mazzuchelli (Giovanni Maria). Gli scrittori d'Italia, cioè notizie storiche e critiche intorno alla vita e agli scritti dei letterati Italiani. *Brescia.* 1753-63. 6 vol. Fol.

Baretti (G...). The Italian library, containing an account of the lives and works of the most valuable authors of Italy, etc. *Lond.* 1757. 8.

(San Severino), Jules Robert). Les vies des hommes et femmes illustres d'Italie, depuis le rétablissement des sciences et des beaux-arts, par une société de gens de lettres (trad. de l'italien par N... N... d'Açarq). *Par.* 1767. 2 vol. 12. *Yverdon.* 1768. 2 vol. 8.

    Trad. en allem. s. c. t. Italienische Biographie (par Johann Georg Meusel). *Frf.* 1769-70. 2 vol. 8.

    Trad. en holland. *Haarl.* 1769. 2 vol. 8.

Fabroni (Angelo). Vitæ Italorum doctrina excellentium

qui seculis xvii et xviii floruerunt. *Pisis.* 1778-1805. 20 vol. 8.

Fabroni (Angelo). Elogi d'illustri Italiani. *Pisa.* 1786. 2 vol. 8.

Ideler (Ludwig). Handbuch der italienischen Sprache und Literatur, etc., nebst Nachrichten von den Verfassern und ihren Werken. *Berl.* 1800. 2 vol. 8.

Tiraboschi (Girolamo). Storia della letteratura Italiana. *Firenz.* 1805-13. 20 vol. 8.

La Folie (Charles Jean). Tavole cronologiche degli uomini più illustri d'Italia, dal tempo della magna Grecia fino a giorni nostri. *Milan.* 1810. 8.

Ginguené (Pierre Louis). Histoire littéraire d'Italie. *Par.* 1811-19. 9 vol. 8.

Cenni biografici di 565 illustri letterati Italiani. *Perug.* 1828. 8. *

    * Les biographies sont classées par ordre des mois et des jours de chaque mois.

Tipaldo (Emilio de). Biografia degli Italiani illustri nelle scienze, lettere ed arti del secolo xviii e de' contemporanei. *Venez.* 1835-47. 10 vol. 8. *

    * Ouvrage d'un grand mérite.

Cantù (Ignazio). L'Italia scientifica contemporanea. Notizie sugli Italiani ascritti ai cinque primi congressi. *Milan.* 1844. 8.

L'Italia letteraria ed artistica. Galleria di cento ritratti dei poeti, prosatori, pittori, scultori, architetti et musici più illustri, con cenni storici di Giuseppe Zirardini; preceduti da un discorso sul genio italiano, per opera di Etienne Jean Delecluze. *Paris.* 1833. 8. Trad. en franç. *Par.* 1833. 8.

Liste des cent portraits contenus en douze planches.

poetës. — Dante. — Petrarca. — Ariosto. — Tasso; — Poliziano. — Pulci Berni. — Alamanni. — Marino. — Chiabrera. — Tassoni. — Filicaia. — Guidi. — Parini. — Casti. — Monti. — Manzoni. — Leopardi. — Mamiani. — T. Grossi. — Carrer.

femmes poëtes. — Vittoria Colonna. — Veronica Gambara. — Gaspara Stampa. — Laura Terracina. — Isabella Andreini. — Corilla Olimpica. — Diodata Saluzzo. — Teresa Bandettini.

auteurs dramatiques. — Lorenzo de' Medici. — Bibbiena. — Trissino. — Guarini. — Maffei. — Metastasio. — Alfieri. — Goldoni. — Niccolini. — Alberto Nota.

nouvellistes. — Boccaccio. — G. Florentino. — Sacchetti. — Parabosco. — Firenzuola. — Grazzini. — Bandello. — Giraldi. — Erizzo.

prosateurs. — Passavanti. — Giovanni Villani. — Machiavelli. — Castiglione. — Guicciardini. — Della Casa. — Bembo. — Annibale Caro. — Davanzati. — Galileo. — Bentivoglio. — Sarpi. — Pallavicini. — Bartoli. — Redi. — Segneri. — Magalotti. — Gasparo Gozzi. — Cesari. — Ugo Foscolo. — Botta. — Colletta. — Paolo Costa. — Giordani. — Gioberti. — Barbieri.

peintres, sculpteurs et architectes. — Leonardo da Vinci. — Giotto. — Raffaello Sanzio. — Giulio Romano. — Tiziano Vecellio. — Il Correggio. — Il Tintoretto. — Paolo Veronese. — Il Guercino. — Michel Angelo Buonarroti. — Brunelleschi. — Benvenuto Cellini. — Andrea Palladio. — Annibale Carracci. — Albani. — Guido Reni. — Il Domenichino. — Antonio Canova.

musiciens. — Pier Luigi da Palestrina. — Benedetto Marcello. — Alessandro Scarlatti. — Arcangelo Corelli. — Giambattista Pergolese. — Leonardo Leo. — Domenico Cimarosa. — Giovanni Paisiello. — Gioacchino Rossini.

Ariano.

Vitale (Francesco Antonio). Memorie istoriche degli uomini illustri della regia città d'Ariano. *Rom.* 1788. 4.

Ascoli.

Cantalamesa - Carboni (Giacinto). Memorie intorno agli letterati e gli artisti della città di Ascoli nel Piceno. *Ascoli.* 1832. 4.

Asti.

Rolandis (Giuseppe Maria de). Notizie sugli scrittori Astigiani. *Asti.* 1839. 8.

Bassano.

Gamba (Bartolommeo). Dei Bassanesi illustri narrazione, con catalogo degli scrittori di Bassano del secolo xviii. *Bassan.* 1807. 8.

Bergame.

Calvi (Domenico). Scena letteraria degli scrittori Berga-maschi. *Bergam.* 1664. 4.

Bologne..

Orlandi (Pietro Antonio). Notizie degli scrittori Bolo-gnesi e dell' opere loro stampate e manoscritte. *Bologn.* 1714. 4.

Vogli (Giovanni Giacinto). Tavole cronologiche degli scrittori Bolognesi. *Bologn.* 1726. 4.

Fantuzzi (Giovanni). Notizie degli scrittori Bolognesi. *Bologn.* 1781-94. 9 vol. 4.

Belvisi (Ferdinando). Elogj degli illustri Bolognesi. *Parma.* 1791. 4. Portraits.

Brescia.

Rossi (Ottavio). Elogj historici de' Bresciani illustri. *Brescia.* 1620. 4.

Brognoli (Antonio). Elogj de' Bresciani per dottrina eccellenti del secolo XVIII. *Brescia.* 1785. 8.

Cagliari.

Martini (Pietro). Biografia Sarda. *Cagliari.* 1837-39. 3 vol. 8.

Tola (Pasquale). Dizionario biografico degli uomini illustri di Sardegna, o sia storia della vita pubblica e privata de' tutti i Sardi, che si distinsero per opere, azioni, talenti, virtù e delitti. *Torin.* 1837-38. 3 vol. 8. *
* Orné du portrait de l'auteur et de plusieurs célébrités sardes indiquées dans l'ouvrage.

Scotti-Pintor (Giovanni). Storia letteraria di Sardegna *Cagliari.* 1845-44. 4 vol. 8.

Cento.

Atti (Gaetano). Commentario storico-biografico degli uomini illustri di Cento. *Bologn.* 1839. 4. Portraits.

Chambéry.

Grillet (Jean Louis). Dictionnaire historique et littéraire des départements du Mont-Blanc et du Leman, conte-nant l'histoire ancienne et moderne de la Savoie et spé-cialement celle des personnes y étant nées ou domici-liées. *Chambéry.* 1806. 3 vol. 8.

Chiari.

Gussago (Germano Jacopo). Biblioteca Clarense, ovvero notizie istorico-critiche intorno agli scrittori e letterati di Chiari. *Chiari.* 1824. 8.

Chieti.

Ravizza (Gennaro). Notizie biografiche, che risguardano gli uomini illustri della città di Chieti. *Napol.* 1830. 8.
—— Appendice alle *Notizie*, etc. *Napol.* 1834. 8.

Correggio.

Colleoni (Girolamo). Notizie degli scrittori più celebri, che hanno illustrato la patria loro di Correggio, per ordine alfabetico disposti e colla breve indicazione de' proprii scritti, s. l. et s. d. (*Guastalla.* 1776.) 12.

Cosenza.

Spiriti (Salvatore). Memorie degli scrittori Cosentini. *Napol.* 1750. 4.

Cremone.

Lancetti (Vincenzo). Biografia Cremonese, o sia dizio-nario storico delle famiglie e persone memorabili e chiari di Cremona. *Milan.* 1819-20. 4.

Faenza.

Mittarelli (Giovanni Benedetto). De litteratura Faven-tinorum, s. de viris doctis et scriptoribus urbis Faven-tinæ. *Favent.* 1775. Fol.

Ferrare.

Baruffaldi (Girolamo). Dissertatio de poetis Ferrarien-sibus. *Ferrar.* 1698. 4.

Barotti (Giovanni Andrea). Memorie istoriche de' lette-rati Ferraresi. *Ferrar.* 1777. Fol. Contin. par Lorenzo BAROTTI. *Ibid.* 1792-1811. 3 vol. 4.

Baruffaldi * (Girolamo). Notizie delle accademie lette-rarie Ferraresi. *Ferrar.* 1787. 8.
* C'est le neveu de Jérôme Baruffaldi, mentionné ci-dessus.

Ughi (Lorenzo). Dizionario degli uomini illustri Ferraresi. *Ferrar.* 1814. 8.

Florence.

Poccianti (Michele). Catalogus scriptorum Florentino-rum omnis generis, quorum et memoriam extat, atque lucubrationes in litteras relatæ sunt ad nostra usque tempora, etc., publ. par Luca FERRINI. *Florent.* 1589. 4.

Bocchi (Francesco). De illustribus Florentinis. *Florent.* 1607. 4.

Negri (Girolamo). Istoria degli scrittori Fiorentini, la quale abbraccia intorno a due mille autori, etc. *Ferrar.* 1722. Fol.

Villani (Filippo). Le vite d' uomini illustri Fiorentini, coll' annotazioni di Giovanni Maria MAZZUCHELLI. *Venez.* 1747. 4.

Serie di ritratti d' uomini illustri Toscani. *Firenz.* 1766-73. 4 vol. Fol.

Elogj degli uomini illustri Toscani. *Lucca.* 1771-74. 4 vol. 8.

Frioul.

Liruti (Giovanni Giuseppe). Notizie delle vite ed opere scritti da' letterati del Friuli. *Venez.* 1760-80. 3 vol. 4.

Cordelli (N... N...). Gli scrittori Friulani Austriaci. *Goriz.* 1792. 8. (Peu connu.)

Gênes.

Foglietta (Uberto). Clarorum Ligurum elogia. *Rom.* 1574. 4.

Giustiniani (M...). Gli scrittori Liguri. *Rom.* 1667. 4.

Soprani (Raffaele). Gli scrittori della Liguria, etc. *Genov.* 1667. 4. *Ibid.* 1778. 4.

Oldoini (Agostino). Athenæum Ligustinum, syllabus scriptorum Ligurum, etc. *Perus.* 1680. 4.

(**Grillo,** N... N...). Ritratti ed elogi de' Liguri illustri. *Genov.* 1823. Fol.

Imola.

Papotti (Tiberio). Elogj d' illustri Imolesi. *Imola.* 1829-30. 2 vol. 8.

Istrie.

Stancovich (Pietro). Biografia degli uomini illustri dell' Istria. *Venez.* 1832-33. 3 vol. 8. Portrait de l'auteur.

Lodi.

Molossi (Giovanni). Memorie d' alcuni uomini illustri della città di Lodi. *Lodi.* 1776. 2 vol. 4.

Milan.

Picinelli (Filippo). Ateneo dei letterati Milanesi. *Milan.* 1670. 4.

Argellati (Filippo). Bibliotheca scriptorum Mediola-nensium, s. acta et elogia virorum omnigena erudi-tione illustrium, qui in metropoli Insubriæ oppidisque circumjacentibus orti sunt, additis litterariis monu-mentis post eorumdem obitum relictis; aut ab aliis memoriæ traditis; præmittitur J... A... *Saxii* Historia typographica Mediolanensis. *Milan.* 1745. 2 vol. Fol. *
* Le *Giornale de' Letterati* accuse Argellati de plagiat, en désignant Giovanni Andrea Inico comme le véritable auteur de cet ouvrage.

Modène.

Tiraboschi (Girolamo). Biblioteca Modenese, o sia notizie della vita e delle opere degli scrittori nati degli stati del serenissimo signor duca di Modena. *Moden.* 1781. 6 vol. 4.

Naples.

Toppi (Niccolò). Biblioteca Neapolitana e apparato agli uomini illustri in lettere di Napoli e del regno. *Napol.* 1678. Fol.
—— Addizione copioso alla *Biblioteca Neapolitana*, publ. par Leonardo NICODEMO. *Napol.* 1683. Fol.

Tafuri (Giovanni Bernardino). Istoria degli scrittori nati nel regno di Napoli. *Napol.* 1744-70. 9 vol. 12.

Afflito (Eustachio d'). Memorie degli scrittori del regno di Napoli. *Napol.* 1782-94. 2 vol. 4. (Non terminé.)

Soria (Francesco). Memorie degli storici Napolitani. *Napol.* 1781-82. 2 vol. 4.

Giustiniani (Lorenzo). Biblioteca storica e topografica del regno di Napoli. *Napol.* 1793. 4.

Martuscelli (Domenico). Biografia degli uomini illustri del regno di Napoli. *Napol.* 1814-22. 11 vol. 4. Portr.

Minieri Riccio (Camillo). Memorie storiche degli scrittori nati nel regno di Napoli. *Napol.* 1844. 8.

Filamondo (Raffaello Maria). Memorie istoriche d'alcuni capitani celebri Napolitani. *Napol.* 1694. Fol.

Padoue.

Zabarella (Giacomo). Elogia illustrium Patavinorum. *Patav.* 1670. 4.

Ferrari (Giovanni Battista). Vita virorum illustrium seminarii Patavini. *Patav.* 1815. 8.

Vedova (Giuseppe). Biografia degli scrittori Padovani. *Padov.* 1852-37. 3 vol. 8.

Meneghelli (Antonio Maria). Notizie biografiche degli accademici di Padova. *Padov.*

Palerme.

Carrera (Francesco). Pantheon Siculum, s. sanctorum Siculorum elogia. *Genov.* 1679. 4.

Ragusa (Girolamo). Elogia Siculorum qui veteri memoria litteris floruerunt. *Lugd.* 1690. 12.

Mongitore (Antonino). Bibliotheca Sicula, s. de scriptoribus Siculis, qui tum vetera, tum recentiora secula illustrarunt. *Panorm.* 1707-14. 2 vol. Fol.

Zavarroni (Angelo). Bibliotheca Calabra, s. illustrium virorum Calabriæ, qui litteris claruerunt, elenchus. *Napol.* 1753. 4.

Ortolani (Giuseppe Emmanuele). Biografia degli uomini illustri di Sicilia, ornata de' loro rispettivi ritratti. *Napol.* 1817-21. 4 vol. 8. Portraits.

Parme.

Affò (Ireneo). Memorie degli scrittori e letterati Parmigiani. *Parma.* 1789-93. 5 vol. 4. Contin. par Angelo PEZZANA. *Parma.*

Perugia.

Oldoini (Agostino). Athenæum Augustum, in quo Perusinorum scripta publice exponuntur. *Perus.* 1680. 4.

Vermiglioli (Giovanni Battista). Biografia degli scrittori Perugini. *Perug.* 1829. 2 vol. 4.

Piacenza.

(**Poggiali**, Cristofero). Memorie per la storia letteraria di Piacenza. *Piacenz.* 1789. 2 vol. 4.

Piceno.

Biblioteca Picena, o sia notizie istoriche delle opere e degli scrittori Piceni. *Osimo.* 1790-96. 5 vol. 4.

Hercolani (Antonio). Biografia e ritratti degli uomini illustri Piceni. *Forli.* 1857-43. 2 vol. 8. *

Ravenne.

Ginnani (Pietro Paolo). Memorie storico-critiche degli scrittori Ravennati. *Faenza.* 1769. 2 vol. 4.

Rome.

Mandosio (Prospero). Bibliotheca Romana, s. Romanorum scriptorum centuriæ X. *Rom.* 1682-92. 2 vol. 4.

Hercolani (Antonio). Biografia e ritratti degli uomini illustri di tutto lo stato ponteficio. *Forli.* 1857. 3 vol. 8. Portraits.

Salentino.

Papadia (Baldassare). Vita d'alcuni uomini illustri Salentini. *Napol.* 1806. 8.

Sangimignano.

Coppi (Vincenzo). Annali, memorie ed uomini illustri di Sangimignano. *Firenz.* 1695. 4.

Savigliano.

Novellis (N... N...). Biografia de' illustri Saviglianesi. *Torin.* 1830. 8.

Sienne.

Angelis (Luigi de). Biografia degli scrittori Senesi. *Siena.* 1824. 4.

Tortona.

Carnevale (Giacomo). Notizie per servire alla biografia degli uomini illustri Tortonesi. *Vigevano.* 1838. 8.

Turin.

Chiesa (Francesco Antonio della). Catalogo de' tutti gli scrittori Piemontesi ed altri stati di Savoia. *Torin.* 1614. 4. Augment. s. c. t. Catalogo de' tutti gli scrittori Piemontesi, Savoiardi e Nizzardi, publ. par F... A... AGOSTINI. *Carmagnola.* 1660. 4.

Rosetti (A...). Syllabus scriptorum Pedemontii, s. de scriptoribus Pedemontanis, in quo brevis librorum, patriæ, generis et nonnunquam vitæ notitia traditur, etc. *Monteregal.* 1667. 4.

Tenivelli (Carlo). Biografia Piemontese. *Torin.* 1784-92. 5 vol. 8. *

> * L'auteur de cet ouvrage, né en 1756 à Turin, fut fusillé en 1797 par ordre du roi de Sardaigne, pour s'être trouvé dans une insurrection populaire.

Umbrie.

Jacobillus (L...). Bibliotheca Umbriæ, s. de scriptoribus provinciæ Umbriæ, alphabetico. ordine digesta. *Fulginiæ.* 1658. 4.

Urbin.

(**Lazzari**, Andrea). Commentario degli uomini illustri d'Urbino. *Urbin.* 1819. 4.

Venise.

Alberici (Giacomo). Catalogo breve degli scrittori Venetiani. *Bologn.* 1605. 4.

Crasso (Niccolò). Elogia patriciorum Venetorum, belli pacisque artibus illustrium. *Venet.* 1612. 4.

Zeno (Pietro Angelo). Memoria degli scrittori Veneti patrizii, ecclesiastici e secolari. *Venez.* 1662. 12. *Ibid.* 1744. 12.

Foscarini (Marco). Della letteratura Veneziana libri otto, volume primo (ed unico). *Padov.* 1752. Fol.

Agostini (Giovanni degli). Notizie istorico-critiche intorno alla vita e le opere degli scrittori Veneziani. *Venez.* 1752-55. 2 vol. 4. *

> * Ces deux volumes renferment les biographies de 70 auteurs qui ont vécu de 1315 jusqu'en 1591. Le 3e volume se trouve en manuscrit dans la bibliothèque des cordeliers à Venise.

Gamba (Bartolommeo). Galleria dei letterati ed artisti illustri delle provincie Veneziane nel secolo XVIII. *Venez.* 1824. 2 vol. 8.

Vercelli.

Bellini (Carlo Amadeo). Serie degli uomini e donne illustri della città di Vercelli. *Torin.* 1659. 4.

Vérone.

Chiocci (Antonio). De collegii Veronensis illustribus medicis et philosophis, qui vel scribendo, vel publice profitendo collegium et bonas litteras illustrarunt. *Veron.* 1623. 4.

Maffei (Scipione). Verona illustrata. *Veron.* 1732. Fol. *

> * La deuxième partie de l'ouvrage renferme l'histoire littéraire de Vérone ou des notices biographiques sur les auteurs de cette ville.

Vicenza.

Santa Maria (P... A... G... di). Biblioteca e storia di quei scrittori di Vicenza. *Vicenz.* 1772. 6 vol. 4.

JUIFS.

Ebert (Theodor). Chronologia præcipuorum linguæ sanctæ doctorum, ab orbe condito ad suam usque ætatem. *Frf. ad Viadr.* 1615. 4.

Bartolocci (Giulio). Bibliotheca magna rabbinica, de scriptoribus et scriptis hebraicis, ordine alphabetico, hebraice et latine digestis, publ. par Carlo Giuseppe IMBONATI. *Rom.* 1675-93. 4 vol. Fol.

Wolf (Johann Christoph). Bibliotheca Hebræa, s. notitia, tum auctorum Hebræorum cujuscunque ætatis, tum scriptorum, quæ vel hebraice primum exarata, vel ab aliis conversa sunt, ad nostram usque ætatem deducta. *Lips.* 1715-33. 4 vol. 4.

Rossi (Giovanni Bernardo de). Dizionario storico degli autori Ebrei e delle loro opere. *Parma.* 1802. 2 vol. 8. Trad. en allem. par C... H... HAMBERGER. *Leipz.* 1839. 8.

Yung (Philipp). Alphabetische Liste aller gelehrten Juden, Jüdinnen, Patriarchen, Propheten und berühmten Rabbiner, vom Anfang der Welt bis auf die neuesten Zeiten; mit Vorwort von J. LOUIS. *Leipz.* 1817. 8.

Carmoly (Éliacin). Biographies des Israélites anciens et modernes qui se sont fait remarquer par leur génie, leurs talents, etc. *Metz.* 1828. *

  * Il n'en a paru qu'une seule livraison.

(Graeffer, Franz). Jüdischer Plutarch, oder biographisches Lexicon der markantesten Männer und Frauen jüdischer Abkunft. *Wien.* 1848-49. 2 vol. 8. (Avec le portrait de Mlle RACHEL (Félix.)

(Korn, Friedrich *). Jüdisches Athenæum; Gallerie berühmter Männer jüdischen Glaubens. *Grimma.* 1851. 16. 6 portraits.

  * Plus connu sous le pseudonyme de F... NOAK.

NORWÉGE.

Wadskiaer (Christen Fredrick). Aula Norvegiæ erudita, s. de principibus doctis Norvegis. *Hafn.* 1776. 4.

PAYS-BAS.

Paars (Adriaan). Index Batavicus, of naamrol van de Batavise en Hollandse schrijvers, van Julius Cesar af tot dese tijden toe. *Leyde.* 1701. 4. Portraits.

Korte levensbeschrijving der Nederlandsche vorsten, helden en vermaarde mannen, geschikt naar de eeuwen, waarin ze geleeft hebben. *Amst.* 1766. 2 vol. 8.

Levensbeschrijving van eenige voornaame meest Nederlandsche mannen en vrouwen, etc. *Amst.* 1771-81. 10 tomes en 5 vol. 8.

Kok (J...). Vaderlandsch woordenboek. *Amst.* 1785-89. 38 tomes en 19 vol. 8. Portraits.

Proeve van levensschetsen eeniger merkwaardige lieden. *Utrecht.* 1789. 8.

Levensschetsen van vaderlandsche mannen en vrouwen, uitgegeven door de maatschappij *Tot nut van het algemeen. Haarl.* 1798. 8.

Scheltema (Jakobus). Staatkundig Nederland. Een woordenboek tot de biographische kaart van dien naam. *Amst.* 1805. 2 vol. 8.

Vitæ aliquot excellentium Batavorum in usum scholarum. *Harlem.* 1806. 8.

Ader (J...). Plutarque des Pays-Bas, ou vie des hommes illustres de ce royaume; précédé d'une introduction historique. *Brux.* 1828. 3 vol. 8. Portraits.

Otto (Friedrich). Die Gesammtliteratur Niederlands, oder Leben und Wirken der holländischen Schriftsteller seit dem 13ten Jahrhundert bis auf unsere Zeit. *Hildburgh.* 1838. 4.

Crane (Jan Willem de). Letter-en geschiedkundige verzameling van eenige biographische bijdragen en berigten. *Leeuward.* 1841. 8. *

  * Renfermant des esquisses biographiques sur Cornelis Willem Westerbaen, Dirk Rafelsz Kamphuijsen, Tiberius Hemsterhuijs, Campegius Vitringa, N... N... Eisinga, Van der Bild et Everhaard Wassenbergh.

Aa (A... J... van der). Biographisch woordenboeck der Nederlande, bevattende levensbeschrijvingen van zoodanige personen, die zich op eenigerlei wijze in ons vaderland hebben vermaard gemaakt. *Haarl.* 1852-54. 8. *

  * Ouvrage qui se continue.

FRIESLAND.

Hamconius (Martin). Frisia, s. de viris rebusque Frisiæ illustribus libri II. *Franeq.* 1620. 4. *Amst.* 1623. 4. Gravures.

Suffridus (Petrus). De scriptoribus Frisiæ decades XVI et semis, etc. *Col. Agr.* 1593. 8. *Franeq.* 1699. 12.

Vrimoet (E... L...). Athenarum Frisicarum libri II. *Leonard.* 1763. 4.

Leyde.

Meursius (Jan). Athenæ Batavæ, s. de urbe Leidensi et academia, virisque claris, qui utramque ingenio suo atque scriptis illustrarunt, libri II. *Lugd. Bat.* 1625. 4.

Academia Lugduni-Batava, i. e. virorum clarissimorum icones, elogia et vitæ. *Lugd. Bat.* 1693. Fol. Portraits.

Les vrays pourtraits des plus célèbres et plus renommés professeurs depuis le commencement de l'illustre académie de Leyde, s. l. et s. d. 47 portraits.

Utrecht.

Burmann (Caspar). Trajectum eruditum, virorum doctrina illustrium qui in urbe Trajecto et regione Trajectensi nati sunt, sive ibi habitarunt, vitas, fata et scripta exhibens. *Traj. ad Rhen.* 1738. 4.

ZÉLANDE.

Rue (Pieter de la). Geletterd staatkundig en heldhaftig Zeeland, verdeeld in drie afdeelingen, bevattende de schrijvers, geleerden en kunstenaars. *Middelb.* 1741. 4.

Sluijters (Hendrik). Korte levensschetsen van eenige vermaarde en verdienstelijke Zeeuwen. *Middelb.* 1845. 12. * (Classé par ordre alphabétique.)

POLOGNE.

Starovolski (Symon). Εκατοντας, s. centum illustrium Poloniæ scriptorum elogia et vitæ. *Frf.* 1625. 4. *Venet.* 1627. 4.

Janoczi * (Johann Daniel). Polonia litterata nostri temporis. *Vratisl.* 1750-66. 4 parts 8.

—— Lexicon derer jetzt lebenden Gelehrten in Polen. *Bresl.* 1755. 2 vol. 8.

—— Janociana, s. clarorum Poloniæ auctorum mæcenatumque memoriæ miscellæ. *Vratisl.* 1776-79. 2 vol. 8.

  * Son véritable nom était JANISCH.

Tromler (Carl Heinrich). De Polonis latine doctis Diatribe. *Dantis.* 1776. 8.

D(uclos) (M...). Essai sur l'histoire littéraire de Pologne. *Berl.* 1778. 8.

Bentkowski (Felix). Historya litteratury Polskiey. *Warszaw.* 1814. 2 vol. 8.

Muennich (Ludwig). Geschichte der polnischen Literatur. *Warschau.* 1823. 2 vol. 8.

Chodynicki (Ignacy). Dykcyonarz uczonych polakow zawieraiący krotkie rycy ich zycia szczególne wiadomosci o pismach i krytyczny rozbior waznieszych dziet nieksorych. *Lwow.* 1833. 3 vol. 8.

Saint-Edme (Edme Théodore **Bourg**, dit) et **Sarrut** (Germain). Biographies polonaises. *Par.* 1836. 8. Portraits. *

  * Extrait de la *Biographie des hommes du jour*, mentionnée page 1956.

Mata Encyklopedya Polska, etc. *Leszno.* 1841. 8.

Lemberg.

Zimorowicz (Bartholomaeus). Viri illustres civitatis Leopoliensis, metropolis Russii. *Leopol.* 1671. 4.

PORTUGAL.

Barboza Machado (Jozé). Bibliotheca Lusitana, na qual se comprehende a noticia dos authores Portuguezes e das obras que compuseraon. *Lisb.* 1741-59. 4 vol. Fol.

Sommario da *Bibliotheca Luzitana. Lisb.* 1786-1787. 3 vol. 12. (Extrait de l'ouvrage précédent.)

Retratos e elogios dos varones e donnas que illustraram a naçaõ Portugueza. *Lisb.* 1817. 4.

Figaniere (Jorge Cesar de). Bibliographia historica Portugueza. *Lisb.* 1850. 8. *

  * Cette bibliographie donne aussi des renseignements biographiques.

Galeria dos deputados das cortes geraes extraordinarias e constituintes da naçaõ portugueza, instauradas em 26 janeiro de 1821. *Lisb.* 1822. 4.

RUSSIE.

Novikow (Nicolai). Essai d'un dictionnaire historique des auteurs russes. *Saint-Pétersb.* 1772. 8. (Ecrit en russe.)

Grecz ou **Gretsch** (Nicolai J...). Opyt kratkoy istorii ruskoi literatury. *Saint-Petersb.* 1822. 8.

Strahl (Philipp). Das gelehrte Russland. *Leipz.* 1828. 8.

Plaxin (B...). Anleitung zur Kenntniss der russischen Literaturgeschichte. *Sanct-Petersb.* 1833. 8.

Otto (Friedrich). Lehrbuch der russischen Literatur. *Riga.* 1837. 2 tomes en 1 vol. 8.* Trad. en angl. s. c. t. History of the Russian litterature, with an lexicon of russian authors, par George Cox. *Oxf.* 1839. 8. (*Oxf.*)
   * Contenant un dictionnaire biographique des auteurs russes.

Kamenski (B...). Dictionnaire des personnages remarquables de la Russie. *Saint-Pétersb.* 1847. 3 vol. 8. (Ecrit en russe.)

LIVONIE.

Gadebusch (Friedrich Conrad). Livländische Bibliothek, nach alphabetischer Ordnung. *Riga.* 1777-79. 3 vol. 8.

Recke (Johann Friedrich von der) et **Napiersky** (Carl Eduard). Allgemeines Schriftsteller- und Gelehrten-Lexicon der Provinzen Livland, Esthland und Kurland. *Mitau.* 1827-32. 4 vol. 8.

Riga.

Phragmenius (Johann Jacob). Riga litterata. *Rostoch.* 1699. 4.

SUÈDE.

Scheffer (Johan). Suecia literata, s. de scriptis et de scriptoribus gentis Sueciæ, etc. *Hamb.* 1701. 4.

Nettelbladt (Christian). Memoria virorum in Suecia eruditissimorum rediviva, etc. *Rostoch.* 1728-31. 4 parts. 8.
  —— Schwedische Bibliotheek, in welcher verschiedene, sowohl zur alten als neuen Schwedischen Historie gehörige gedruckte und ungedruckte Schriften, Urkunden, Diplomata, Lebensbeschreibungen berühmter Männer, etc., dargeleget werden. *Stockh.* 1728. 3 vol. 4.

Stjernman (Anders Anton). Bibliotheca Suegothica, in qua viri eruditionis fama clara enumerantur, corumque scripta edita et inedita, deperdita ac affecta luci publicæ restituuntur. *Holm.* 1731. 2 tomes en 1 vol. 4.

Schloezer (August Ludwig). Schwedische Biographie, enthaltend eine Sammlung von Lebensbeschreibungen berühmter schwedischer Kriegs- und Staatsmänner. *Alton. et Lübeck.* 1760. 2 vol. 8. Portraits.

Gezelius (Georg). Försök til et biographiskt Lexicon öfver namnkunnige och lärde Swenska Män. *Stockh., Upsal. et Abo.* 1776-78. 3 vol. 8. Supplément. *Ibid.* 1780. 2 vol. 8.
Biographiskt Lexicon öfver namnkunnige Swenska Män. *Upsal.* 1842-54. 22 vol. 8.*
   * Un des principaux rédacteurs de ce dictionnaire très-estimé était Wilhelm Fredrik PALMBLAD.

Thomasson (Pehr). Lefnadsteckningar öfver Sweriges mest utmärkte Bönder. *Christianstad.* 1853. 8.

Abo.

Stjernman (Anders Anton). Aboa litterata. *Holm.* 1709. 4.

Schonen.

Sommelius (Gustaf). Specimen historico-litterarium in specimine Lexici eruditorum Scanensium. *Lund.* 1786-87. 2 vol. 8.

Stockholm.

(**Hardt,** R... von der). Holmia litterata; editio auctior, cum appendice de variis rerum Suecicarum scriptoribus, s. l. (*Holm.*) 1707. 4.

SUISSE.

Leu (Hans Jacob). Allgemeines Helvetisches, Eydgenössisches oder Schweitzerisches Lexicon, in welchem das, was zu wahrer Erkanntniss(!) des che- und diesmaligen Zustandes und der Geschichten der Helvetischen und Eydgenössischen oder Schweitzerischen, etc., und Verbündeten Länder gehört, in alphabetischer Ordnung vorgestellet wird. *Zürch.* 1747-65. 20 vol. 4.

Holzhalb (Hans Jacob). Supplement zu H. J. Leu's Lexicon. *Zürch.* 1786-95. 6 vol. 4. *

Lutz (Marcus). Necrolog denkwürdiger Schweizer aus dem achtzehnten Jahrhundert, nach alphabetischer Ordnung. *Aarau.* 1812. 8.

Bale.

Herzog (Johann Wernhard). Athenæ Rauricæ, s. catalogus professorum academiæ Basiliensis. *Basil.* 1778. 8.
  —— Adumbratio eruditorum Basiliensium meritis apud exteros olim hodieque celebrium. *Basil.* 1780. 8.

Lutz (Marcus). Geschichte der Universität Basel von ihrer Gründung, bis zu ihrer neuesten Umgestaltung. *Aarau.* 1826. 8.

Genève.

Senebier (Jean). Histoire littéraire de Genève. *Genève.* 1786. 3 vol. 8.

Fragments biographiques et historiques, extraits des registres du conseil d'Etat de la république de Genève de 1535 à 1792. *Genève.* 1815. 8. (Orné de 98 portraits.)

Lucerne.

Balthasar (Joseph Antoine Félix de). Museum virorum Lucernatum fama et meritis illustrorum, etc. *Lucern.* 1777. 8.

Saint-Gall.

Bernet (Johann Jacob). Verdienstvolle Männer der Stadt Sanct-Gallen, in Bildnissen und kurzen Lebensbeschreibungen. *Sanct-Gall.* 1830. 12. 12 portraits.

Zurich.

Meister (Leonhard). Berühmte Züricher. *Basel.* 1782. 2 vol. 8. Trad. en franç. par Heinrich PFENNINGER. *Zuric.* 1792. 8.

TURQUIE

ET AUTRES PAYS ORIENTAUX.

Koenig (Georg Matthias). Bibliotheca vetus et nova, in qua Hebræorum, Chaldæorum, Syrorum, etc., per universum terrarum orbem, theologorum, jurisconsultorum, medicorum, philosophorum, etc., patria, ætas, nomina, libri, sæpius etiam eruditorum de iis elogia, testimonia et judicia, a prima mundi origine ad annum usque 1678, ordine alphabetico digesta, recensentur et exhibentur. *Altorf.* 1678. Fol.

Herbelot (Barthélemy de). Bibliothèque orientale, ou dictionnaire universel, contenant les vies et actions remarquables de tous leurs saints, docteurs, philosophes, etc., qui se sont rendus illustres parmi eux, par leur vertu ou par leur savoir, etc. *Par.* 1697. Fol. (Publ. par Antoine GALLAND.) *Maestr. et Par.* 1776-82. 2 vol. Fol. *La Haye.* 1777-84. 4 vol. Augment. par Nicolas LEMOYNE DESSESSARTS. *Par.* 1782. 6 vol. 8. *Ibid.* 1810. 6 vol. 8. Trad. en allem. (en abrégé).

Toderini (Giovanni Battista). Della letteratura turchesca. *Venez.* 1787. 3 vol. 8.
   Trad. en allem. par Philipp Wilhelm Gottlieb HAUSLEUTHNER. *Königsb.* 1790. 2 vol. 8.
   Trad. en franç. par Antoine de COURNAND. *Par.* 1789. 3 vol. 8.

BIOGRAPHIES

SPÉCIALES.

(Les spécialités sont classées par ordre alphabétique.)

ACADÉMICIENS.

Thurmann (Caspar). Bibliotheca academica. *Halæ.* 1700. 4.

Hagelgans (Johann Georg). Orbis litteratus academicus Germanico-europæus, præcipuas musarum sedes, societates, universitates earumque fundationes, etc, repræsentans. *Frf.* 1735. Fol. (Avec les sceaux des universités allemandes.)

Wilmerding (Wilhelm Albert). Verzeichniss der Universitäten, Akademien, gelehrten Gesellschaften, etc., in Spanien, Portugal, Italien, Grossbritannien, der Schweiz, Schweden, Dänemark, Preussen, Polen, Russland und den vereinigten Niederlanden, nebst einer kurzen Übersicht des Zustands der Gelehrsamkeit in den (genannten) Ländern. *Leipz.* 1796. 8.

Anvers.

ACADÉMIE DE SAINT-LUC.

Ertborn (Joseph Charles Emmanuel van). Recherches historiques sur l'Académie d'Anvers, des peintres, sculpteurs, graveurs et architectes qu'elle a produits, etc. *Anvers.* 1806. 8. *Liège.* 1817. 8.

—— Geschiedkundige aenteekeningen, aengaende de Sint-Lucas Gilde en de Rederykkamers van den Olyftak, de Violieren en de Goud-Bloem, te Antwerpen. *Antwerp.* 1822. 8.

Génard (Pierre). Luister der Sint-Lucas Gilde. *Antw.* 1854. 8. Portraits.

Van der Straelen (Jean Baptiste). Geschiedenis der Antwerpsche Rederykkamers. Geschiedenis der Violieren. *Antw.* 1854. 8.

Album der Sint-Lucas Gilde, etc. *Antw.* 1854. 4. Ports.

Arras.

SOCIÉTÉ DES ROSATI.

Dinaux (Arthur). La société des Rosati d'Arras. 1778-1788. *A la Vallée des Roses* de l'imprimerie anacréontique l'an 1000,800,50. *Valenciennes.* 1850. 4. *Ibid.* 1850. 18. * (Extrait des *Archives du Nord.*) — (Ces deux éditions ont été tirées à 25 exemplaires seulement.)

* La Société anacréontique fut fondée le 12 juin 1778, par A... LEGAY. Les principaux membres de la joyeuse académie furent : A... Legay, l'abbé Roman, Carnot, Louis Ferdinand Charamond, Dubois de Fosseux, Beffroy de Reigny, Aimé Ambroise Joseph Feutry et Maximilien Robespierre.

Bologne.

ACADÉMIE CLÉMENTINE.

Zanotti (Giovanni Pietro). Storia dell' accademia Clementina. *Bologn.* 1739. 2 vol. 4.

Clèves.

ORDRE DES FOUS.

Petrasch (C...) et **Brewer** (J... W...). Der Narren-Orden zu Cleve. *Coeln.* 1827. 8.

Florence.

ACADÉMIE DELLA CRUSCA.

Magliabecchi (Antonio). Notizie letterarie ed istoriche intorno agli uomini illustri dell' accademia Fiorentina. *Firenz.* 1700. 4.

Salvini (Salvino). Ragionamento sull' origine dell' accademia della Crusca, etc. *Firenz.* 1714. 8.

—— Fasti consolari dell' accademia Fiorentina. *Firenz.* 1717. 4.

ACADÉMIE PLATONIQUE.

Sieveking (Carl). Geschichte der platonischen Akademie zu Florenz. *Goetting.* 1842. 8.

Koenigsberg.

SOCIÉTÉ DES COULEUVRES.

Voigt (Johannes). Commentatio de societate lacertarum ex fontibus, etc., conscripta. *Regiomont.*, s. d. (1822.) 8.

—— Geschichte der Eidechsen-Gesellschaft in Preussen. *Königsb.* 1823. 8.

Londres.

SOCIÉTÉ ROYALE.

Thomson (Thomas). History of the royal Society from its institution to the end of the XVIIIth century. *Lond.* 1812. 4.

Lyon.

ACADÉMIE ROYALE.

Dumas (Jean Baptiste). Histoire de l'Académie royale des sciences, belles-lettres et arts de Lyon. *Lyon.* 1839. 2 vol. 8.

* Contenant des renseignements bio-bibliographiques sur tous les membres de l'Académie.

Nuremberg.

ORDRE DES BERGERS ET DES FLEURS.

(**Herdegen** , Johann). Historische Nachricht von des löblichen Hirten- und Blumen-Ordens an der Pegnitz Anfang und Fortgang. *Nürnb.* 1744. 8. *

* Publ. s. l. pseudonyme d'AMARANTHES.

Nachricht von dem Blumenorden an der Pegnitz. *Nürnb.* 1778. 8. Gravures.

Paris.

ACADÉMIE FRANÇAISE.

Pellisson-Fontanier (Paul). Histoire de l'Académie française depuis son établissement (en 1654 jusqu'en 1652). *Par.* 1653. 8.

Fontenelle (Bernard **Le Bouyer de**). Éloges historiques des académiciens morts depuis le renouvellement de l'Académie des sciences, avec l'histoire de ce renouvellement, etc. *Par.* 1719. 3 vol. 12. Continué jusqu'en 1739. *Par.* 1742. 2 vol. 12. *Ibid.* 1766. 2 vol. 12.

Olivet (Joseph **Thoulier** d'). Histoire de l'Académie française depuis 1652 jusqu'à l'année 1700. *Par.* 1729. 2 vol. 4. *Ibid.* 1730. 2 vol. 12. *Ibid.* 1743. 2 vol. 12.

Dortous de Mairan (Jean Jacques). Éloges des académiciens de l'Académie royale des sciences, morts dans les années 1741, 1742 et 1743. *Par.* 1747. 8.

Grand-Jean de Fouchy (Jean Paul). Éloges des académiciens de l'Académie royale des sciences, morts depuis 1744, tome Ier (et unique). *Par.* 1761. 12.

Biographie des Quarante de l'Académie française. *Par.* 1826. 8.

TABLEAU

DES MEMBRES DE L'ACADÉMIE FRANÇAISE,

DEPUIS SA FONDATION EN 1634 JUSQU'A NOS JOURS.

(40 fauteuils.)

1.

An de l'élection.	
	Pierre Bardin.
1637.	Nicolas Bourbon.
1644.	Salomon.
1670.	Philippe Quinault.
1689.	Francois de Callières.
1717.	André Hercule de Fleury (voir page 557).
1743.	Pierre d'Albret de Luynes.

1788. Jean Pierre Claris de Florian (voir p. 539).
1797. Charles François Cailhava.
1815. Joseph François Michaud (voir p. 1202).
1840. Pierre Flourens.

2.

Paul Hay du Chastelet.
1657. Nicolas Perrot d'Ablancourt.
1664. Roger, comte de Bussy-Rabutin (voir p. 223).
1693. Paul Bignon.
1743. Jérôme Bignon.
1772. Louis Georges Oudard Feudrix de Bréquigny.
1795. Ponce Denis d'Ecouchard-Lebrun (voir p. 951).
1807. François Marie Juste Raynouard (voir p. 1500).
1836. François Auguste Alexis Mignet.

3.

Philippe Habert.
1657. Jacques Esprit.
1678. Jean Nicolas Colbert, archevêque de Rouen.
1708. Claude François Fraguier.
1728. Charles d'Orléans de Rothelin (voir p. 1567).
1744. Gabriel Girard.
1748. Antoine René Voyer de Paulmy d'Argenson.
1788. Jean Baptiste d'Aguesseau.
1826. Charles Brifaut.

4.

Claude Gaspard Bachet de Méziriac.
1639. François de la Mothe-le-Vayer (voir p. 1247).
1673. Jean Racine (voir p. 1484).
1699. Jean Baptiste Henri du Trousset de Valincourt.
1730. Leriget de la Faye.
1731. Prosper Jolyot de Crébillon (voir p. 375).
1762. Claude Henri Fusée de Voisenon.
1776. Jean de Dieu Raymond de Cucé de Boisgelin, archevêque de Tours (voir p. 168).
1803. Boisgelin (réélu).
1804. Jean Baptiste Joseph René Dureau de Lamalle (voir p. 452).
1807. Louis Benoît Picard.
1829. Vincent Antoine Arnault.
1854. Augustin Eugène Scribe (voir p. 1655).

5.

Auger de Mauléon.
1659. Daniel de Priézac.
1662. Michel le Clerc.
1692. Jacques de Tourreil.
1714. J. Roland Malet.
1736. Jean François Boyer, évêque de Mirepoix.
1755. Nicolas Thyrel de Boismont.
1787. Claude Carloman de Rulhière (voir p. 1579).
1795. Pierre Jean George Cabanis (voir p. 225).
1808. Antoine Louis Claude, comte Destutt de Tracy (voir p. 1798).
1836. François Pierre Guillaume Guizot (voir p. 695).

6.

François d'Arbaud de Porchères.
1640. Olivier Patru (voir p. 1381).
1681. Nicolas Potier de Novion.
1693. Pierre Goibaud du Bois.
1694. Charles Boileau, abbé de Beaulieu.
1704. Gaspard Abeille.
1718. Nicolas Hubert Mongault.
1748. Charles Pinot Duclos (voir p. 442).
1772. Nicolas Beauzée.
1789. Jean Jacques Barthélemy (voir p. 103).
1795. Marie Joseph de Chénier (voir p. 508).
1811. François Auguste René, vicomte de Châteaubriand (voir p. 303).
1848. Paul, duc de Noailles (voir p. 1317).

7.

P. Séguier.
1643. Claude Bazin de Bezons.
1684. Nicolas Boileau-Despréaux (voir p. 168).
1711. J. d'Estrées, archevêque de Cambrai.
1718. René d'Argenson.
1721. Jean Baptiste Joseph Languet de Gergy, archevêque de Sens.

1753. Georges Louis Leclerc, comte de Buffon (v. p. 215).
1788. Félix Vicq d'Azyr (voir p. 1847).
1795. François Urbain Domergue.
1810. Ange François Fariau, dit de Saint-Ange.
1811. François Auguste Parseval de Grandmaison.
1833. Narcisse Achille, comte de Salvandy (voir p. 1602).

8.

Nicolas Faret.
1646. Pierre Duryer.
1658. César, cardinal d'Estrées.
1715. Victor Marie, maréchal d'Estrées (voir p. 493).
1758. De la Trémouille.
1741. Armand Rohan, cardinal de Soubise.
1757. Antoine Malotn de Montazet, archevêque de Lyon.
1788. Stanislas Jean, chevalier de Boufflers (voir p. 186).
1815. Pierre Marie François Louis Baour-Lormian.

9.

François de Maynard (voir p. 1171).
1647. Pierre Corneille (voir p. 558).
1685. Thomas Corneille.
1710. Antoine Houdard de La Motte.
1731. Bussy Rabutin, évêque de Luçon.
1757. Etienne Laureault de Foncemagne.
1780. Michel Paul Guy de Chabanon (voir p. 275).
1795. Jacques André Naigeon.
1810. Népomucène Louis Lemercier (voir le supplément).
1841. Victor Marie Hugo (voir p. 787).

10.

Claude de Malleville.
1648. Jean Balesdens.
1675. Geraud de Cordemoy.
1685. Jean Louis Bergeret.
1695. C. de Saint-Pierre.
1743. Pierre Louis Moreau de Maupertuis (voir p. 1164).
1759. Jean Jacques Lefranc, marquis de Pompignan (voir p. 456).
1785. Jean Siffrein Maury (voir p. 1167).
1803. Michel Louis Etienne Regnault de Saint-Jean-d'Angély (exclu le 24 juillet 1815).— (Voir p. 1504.)
1816. Pierre Simon, marquis de Laplace (voir p. 936).
1827. Pierre Paul Royer-Collard (voir p. 1574).
1846. Charles de Rémusat.

11.

Cauvigny de Colomby.
1649. Tristan l'Hermite.
1655. Hippolyte Jules Pilot de la Mesnardière.
1663. François de Beauvillier, duc de Saint-Aignan.
1687. François Timoléon de Choisy (voir p. 312).
1724. Antoine Portail.
1736. Pierre Antoine Nivelle de la Chaussée.
1754. Jean Pierre de Bougainville.
1763. Jean François Marmontel (voir p. 1146).
1795. Louis Marcellin de Fontanes (exclu en 1797 et réintégré en 1802.)
1821. Abel François Villemain (voir p. 1852).

12.

Vincent Voiture (voir p. 1862).
1649. François Eudes de Mézeray (voir p. 1200).
1685. Jean Barbier d'Aucourt.
1694. François de Clermont-Tonnerre, évêque de Noyon.
1701. Nicolas de Malézieux.
1727. Jean Bouhier (voir p. 187).
1746. François Marie Arouet de Voltaire (voir p. 1864).
1795. Jean François Ducis (voir p. 442).
1816. Raimond Romain Desèze (voir p. 414).
1828. Amable Guillaume Prosper Brugière, baron de Barante (voir le supplément).

13.

Jean Sirmond.
1649. Jean de Montreuil.
1651. François Tallemant des Réaux.
1693. Simon de Laloubère.
1729. Claude Sallier.
1761. Jean Gilles de Coetlosquet, évêque de Limoges.

1784. Anne Pierre, marquis de Montesquiou-Fézensac.
1799. Antoine Vincent Arnault.
1816. Armand Emmanuel, duc de Richelieu.
1822. Bon Joseph Dacier.
1833. Pierre François Tissot.
1852. Félix Antoine Philibert Dupanloup, évêque d'Or-
    léans (voir p. 449).

14.

Claude Favre de Vaugelas.
1649. George de Scudéry.
1668. Marquis de Dangeau.
1720. Louis François Armand, maréchal duc de Riche-
    lieu.
1789. Philippe de Courcillon, duc d'Harcourt.
1803. Lucien Bonaparte (exclu le 24 juillet 1815).
1816. Louis Simon Auger.
1829. Charles Guillaume Étienne (voir p. 497).
1845. Alfred, comte de Vigny (voir p. 1580).

15.

Balthasar Baro.
1650. Jean Goujat.
1689. Eusèbe Renaudot.
1720. E. de Roquette.
1725. Gondrin d'Antin, évêque de Langres.
1755. Nicolas François Dupré de Saint-Maur.
1774. Chrétien Guillaume Lamoignon de Malesherbes
    (voir p. 1065).
1795. François Guillaume Jean Stanislas Andrieux (voir
    p. 44).
1853. Louis Adolphe Thiers (voir p. 1774).

16.

Jean Baudoin.
1650. François Charpentier.
1702. Chamillard, évêque de Senlis.
1714. Louis Hector, maréchal duc de Villars (v. p. 1851).
1754. Honoré Armand, duc de Villars (voir p. 1851).
1770. Athanase Louis Marie Loménie de Brienne.
1795. Jean Gérard de Lacuée, comte de Cessac (v. p. 919).
1841. Charles Alexis Maurice Clérel de Tocqueville (voir
    p. 1786).

17.

Claude de l'Étoile.
1652. A., duc de Coislin.
1704. P., duc de Coislin.
1710. Henri Claude du Cambout, duc de Coislin, évêque
    de Metz.
1733. Jean Baptiste Surian, évêque de Vence.
1754. Jean Lerond d'Alembert (voir p. 23).
1784. Comte de Choiseul-Gouffier.
1803. Jean Etienne Marie Portalis (voir p. 1460).
1807. Pierre Laujon.
1811. Charles Guillaume Étienne (exclu le 21 mars 1816).
1816. Marie Gabriel Antoine Laurent, comte de Choiseul-
    Gouffier (voir p. 511).
1817. Jean Louis Laya (voir p. 948).
1855. Charles Nodier (voir p. 1317).
1844. Prosper Mérimée.

18.

De Sérizay.
1655. Paul Pellisson-Fontanier (voir p. 1593).
1693. François de Salignac de Lamotte-Fénélon (v. p. 520).
1715. Claude Gros de Boze.
1754. Comte de Clermont.
1771. De Belloy.
1775. Emmanuel Félicité, duc de Duras.
1795. Dominique Joseph Garat (exclu en 1816). — (Voir
    p. 600.)
1816. Henri François, cardinal de Bausset (voir p. 111).
1824. Hyacinthe Louis, comte de Quélen, archevêque de
    Paris (voir p. 1479).
1840. Louis Mathieu, comte Molé (voir p. 1216).

19.

Jean Louis Guez de Balzac (voir p. 95).
1654. Hardouin de Beaumont de Péréfixe, archevêque de
    Paris (voir p. 1597).
1670. François Harlay de Chanvallon, archevêque de
    Paris (voir p. 707).

1695. André Dacier.
1722. Guillaume Dubois, cardinal (voir p. 440).
1723. Charles Jean François Hénault (voir le supplém.).
1771. Prince de Beauvau.
1795. Comte Merlin.
1816. Antoine François Claude, comte Ferrand.
1825. Jean François Casimir Delavigne (voir p. 404).
1844. Charles Augustin Sainte-Beuve (voir p. 1594).

20.

Laugier de Porchères.
1654. De Chaumont.
1697. Louis Cousin.
1707. Jacques Louis Valon, marquis de Mimeure.
1719. Nicolas Gédoyn.
1744. François Joachim, cardinal de Bernis (voir p. 141).
1801. Roch Ambroise Cucurron Sicard (voir p. 1675).
1822. Denis Antoine Luc Frayssinous, évêque d'Hermo-
    polis (voir p. 563).
1842. Étienne Denis Pasquier (voir p. 1577).

21.

Germain Habert.
1655. Charles Cotin.
1682. Philippe de Courcillon, marquis de Dangeau.
1723. Fleuriau, comte de Merville.
1752. Jean Terrasson (voir p. 1765).
1750. Comte de Bissy.
1810. Joseph Alphonse Esménard.
1811. Charles Lacretelle.

22.

Abel Servien.
1659. Villayer.
1691. Bernard le Bouyer de Fontenelle (voir p. 542).
1757. Antoine Louis Séguier (voir p. 1686).
1795. Jean Henri Bernardin de Saint-Pierre (v. p. 1592).
1814. Etienne Aignan.
1824. Alexandre Soumet (voir p. 1698).
1845. Louis Vitet.

23.

Guillaume Colletet.
1659. Gilles Boileau.
1670. Jean de Montigny, évêque de Saint-Paul de Léon.
1671. Charles Perrault (voir p. 1400).
1704. Armand Gaston Maximilien, cardinal de Rohan
    évêque de Strasbourg (voir p. 1580).
1749. Vauréal.
1760. Charles Marie de la Condamine.
1774. Jacques Delille (voir p. 405).
1813. François Nicolas Vincent Campenon.
1844. Saint-Marc-Girardin (voir p. 1591).

24.

Marc Antoine Gérard de Saint-Amant.
1661. Jean Cassagnes.
1679. Comte de Crécy.
1710. Antoine de Mesmes.
1723. Pierre Joseph Alary.
1771. Gabriel Henri Gaillard.
1795. Pierre Louis, comte de Roederer (exclu le 21 mars
    1816). — (Voir p. 1548).
1816. Louis Philippe, comte de Ségur.
1830. Jean Pons Guillaume Viennet.

25.

Pierre de Boissat (voir p. 169).
1662. Antoine Furetière.
1688. Jean de la Chapelle.
1723. Joseph Thoulier d'Olivet (voir p. 1537).
1768. Etienne Bonnot de Condillac (voir p. 347).
1780. Louis Elisabeth de la Vergne, comte de Tressan.
1784. Jean Sylvain Bailly (voir p. 91).
1795. Emmanuel Joseph de Sieyès (exclu le 24 juillet
    1815). — (Voir p. 1677.)
1816. Trophime Gérard, marquis de Lally-Tolendal (voir
    p. 925).
1830. S. de Pongerville.

26.

François le Métel de Boisrobert (voir p. 169).
1662. Jean Regnauld de Segrais (voir p. 1656).

1701. Jean Galbert de Campistron.
1725. Philippe Néricault Destouches (voir p. 416).
1754. Louis de Boissy.
1758. Jean Baptiste Lacurne de Sainte-Palaye (v. p. 1594).
1781. Sébastien Roch Nicolas Chamfort (voir p. 275).
1816. Pierre Marc Gaston, duc de Lévis (voir. p 975).
1850. Philippe de Ségur.

27.
Guillaume Bautru de Séran.
1663. J. Testu.
1706. François Joseph de Beaupoil, marquis de Saint-Aulaire.
1743. Jean Jacques Dortous de Mairan.
1771. François Arnaud.
1803. Guy Jean Baptiste Target (voir p. 1755).
1807. Jean Siffrein Maury (exclu le 21 mars 1816).
1816. François Xavier, duc de Montesquiou.
1852. Antoine Jay.
1854. N... N... Silvestre de Sacy.

28.
Louis Giry.
1663. Claude Boyer.
1698. Claude Genest.
1720. Jean Baptiste Dubos (voir p. 440).
1742. Jean François du Resnel du Bellay.
1761. Bernard Joseph Saurin.
1782. Marie Jean Antoine Nicolas Caritat, marquis de Condorcet (voir p. 347).
1795. Noël Gabriel Luce Villar.
1826. Charles Marie Dorimont de Féletz (voir. p. 519).
1850. Jean Marie Napoléon Désiré Nisard.

29.
Jean Olivier de Gombauld.
1666. Paul Tallemant.
1712. Antoine Danchet.
1748. Jean Baptiste Louis Gresset (voir p. 664).
1778. Claude François Xavier Millot (voir p. 1206).
1785. André Morellet (voir p. 1259).
1819. Pierre Edouard Lemontey (voir p. 921).
1826. Jean Baptiste Joseph, baron Fourier (voir p. 548).
1850. Victor Cousin (voir p. 570 et le supplément).

30.
Jean de Silhon.
1667. Jean Baptiste Colbert (voir p. 338).
1684. Jean de Lafontaine (voir p. 922).
1695. Clérembault.
1714. Claude Massieu.
1723. Claude François Houteville.
1743. Pierre Carlet de Chamblain de Marivaux (voir p. 1114).
1763. Claude François Lysarde, abbé de Radonvilliers.
1795. Constantin François Chassebœuf, comte de Volney (voir p. 1864).
1820. Antoine Emmanuel Joseph Louis, marquis de Pastoret.
1841. Édouard Beaupoil de Saint-Aulaire.

31.
Marin Cureau de la Chambre.
1670. François Séraphin Régnier-Desmarais.
1713. Bernard de La Monnoye (voir p. 926).
1727. La Rivière.
1730. Jacques Hardion.
1766. Antoine Léonard Thomas (voir p. 1777).
1786. Jacques Antoine Hippolyte, comte de Guibert (voir p. 676).
1795. Jean Jacques Regis, duc de Cambacérès (exclu le 24 juillet 1816). — (Voir p. 235.)
1816. Louis Gabriel Ambroise, vicomte de Bonald (voir p. 171).
1841. Jacques Arsène François Polycarpe Ancelot.

32.
Honorat de Bueil, marquis de Racan.
1670. Pierre Cureau de la Chambre.
1693. Jean de la Bruyère (voir p. 211).
1696. Claude Fleury (voir p. 558).
1723. Jacques Adam.
1736. Joseph Seguy.

1761. Louis René Édouard, prince de Rohan-Guéménée, cardinal-évêque de Strasbourg (voir p. 1551).
1803. Jean Devaine.
1803. Evariste Désiré Desforges, chevalier de Parny (voir p. 1557).
1815. Victor Joseph Étienne, dit de Jouy (voir p. 865).
1846. Adolphe Empis.

33.
D. Hay du Chastelet.
1671. Jacques Bénigne Bossuet (voir p. 184).
1704. Melchior, cardinal de Polignac (voir p. 1455).
1742. Odet Joseph de Vaux de Giry, abbé de Saint-Cyr.
1761. Charles Batteux.
1780. Antoine Marin Lemierre.
1799. Félix Julien Jean, comte de Bigot de Préameneu (voir p. 152).
1823. Mathieu Jean Félicité, duc de Montmorency-Laval (voir p. 1233).
1826. Alexandre, baron Guiraud.
1847. Jean Jacques Ampère.

34.
Antoine Godeau, évêque de Vence (voir p. 638).
1675. Esprit Fléchier (voir p. 536).
1710. Thomas de Nesmond, archevêque de Toulouse.
1727. J. J. Amelot.
1749. Charles Louis Auguste Fouquet, maréchal de Belle-Isle (voir p. 124).
1761. Nicolas Charles Joseph Trublet.
1770. Jean Charles François, marquis de Saint-Lambert (voir p. 1591).
1803. Hughes Bernard Maret, duc de Bassano (exclu en 1816). — (Voir p. 1079.)
1816. Joseph Louis Joachim, vicomte de Lainé.
1856. Louis Emmanuel Félicité Charles Mercier Dupaty.
1851. Louis Charles Alfred de Musset (voir p. 1261 et le supplément).

35.
De Bourzeys.
1673. Jean Gallois.
1708. Edme Mongin.
1746. Jean Ignace de la Ville.
1774. Jean Baptiste Antoine Suard (voir p. 1755).
1817. François Roger.
1842. Henri Patin.

36.
Marin le Roi de Gomberville.
1674. Pierre Daniel Huet (voir p. 786).
1721. Jean Boivin.
1727. Duc de Saint-Aignan.
1776. Charles Pierre Colardeau.
1776. Jean François de Laharpe (voir p. 624).
1803. Pierre Henri Lacretelle (voir p. 918).
1824. François Xavier Joseph Droz (voir p. 438).
1851. Charles Forbes, comte de Montalembert (v. p. 1224).

37.
Jean Chapelain.
1674. Isaac de Benserade.
1691. Etienne Pavillon.
1703. Sillery.
1715. Duc de la Force.
1726. François Baptiste Mirabaud.
1761. Claude Henri Watelet (voir p. 1885).
1768. Michel Jean Sedaine (voir p. 1655).
1795. Jean François Collin d'Harleville.
1806. Pierre Antoine Bruno, comte Daru (voir p. 565).
1829. Alphonse de Prat de Lamartine (voir p. 626).

38.
Valentin Conrart.
1675. Toussaint Rose (voir p. 1562).
1701. Louis de Sacy (voir p. 1587).
1728. Charles de Sécondat, baron de Montesquieu (voir p. 1229).
1755. Châteaubrun.
1775. François Jean, marquis de Chastellux (voir p. 303).
1789. Aymar Thomas Marie Nicolaï.
1797. Nicolas Louis François de Neufchâteau (voir p. 560).
1828. P. A. Lebrun.

39.

Jean Desmarets.
1676. Jean Jacques de Mesmes, comte d'Avaux.
1688. Mauroy.
1706. Abbé de Louvois.
1719. Jean Baptiste Massillon, évêque de Clermont (voir p. 1157).
1743. Louis Jules Barbon-Mancini, duc de Nivernois (voir p. 1316).
1799. Gabriel Marie Jean Baptiste Legouvé (voir p. 955).
1812. Alexandre Duval-Pineu.
1842. Pierre Simon Ballanche (voir p. 95).
1848. Jean, dit Julien Vatout (voir p. 1855).
1848. Alexis, comte de Saint-Priest (voir p. 1562).
1853. Pierre Antoine Berryer (voir p. 143).

40.

Montmor.
1679. Lavau.
1694. Caumartin, évêque de Blois.
1733. François Augustin Paradis de Moncrif.
1771. Jean Armand de Bessuejouls de Roquelaure, archevêque de Malines.
1818. George Léopold Chrétien Frédéric Cuvier (v. p. 385).
1852. André Marie Jean Jacques Dupin (voir p. 449).

Rome.

ACADÉMIE DES ARCADIENS.

Crescimbeni (Giovanni Maria). Vite degli Arcadi illustri, etc. *Rom.* 1708. 5 vol. 4. *Ibid.* 1727. 5 vol. 4. *
* L'auteur était l'un de ceux qui concoururent à la fondation de l'Académie arcadienne de Rome.

ACADÉMIE DE SAINT-LUC.

Missirini (Melchiorre). Memorie della romana accademia di S. Luca, fino alla morte di Antonio Canova. *Rom.* 1823. 4.

Rossano.

SOCIÉTÉ DES SPENSIERATI.

Gimma (Giacinto). Elogi accademici della società degli Spensierati di Rossano, etc. *Napol.* 1703. 2 vol. 4. Portr.

Sienne.

ACADÉMIE DES ROZZI.

Storia dell' accademia de' Rozzi. *Siena.* 1778. 8. *
* Les membres de cette joyeuse académie, se nommant Rozzi (rustres), composèrent de petites pièces dramatiques pleines de gaieté.

Toulouse.

ACADÉMIE DES JEUX FLORAUX.

(Cazeneuve, Pierre de). Origine des Jeux floraux de Toulouse. *Toulouse.* 1642. 4. *Ibid.* 1659. 4.
Laloubère (Simon de). Traité de l'origine des Jeux floraux de Toulouse. *Toulouse.* 1715. 8.
(Forest, abbé). Mémoires contenant l'histoire des Jeux floraux et celle de Clémence Isaure. *Toulouse.* 1775. 4.
Lagane (N... N...). Discours contenant l'histoire des Jeux floraux et celle de dame Clémence. *Toulouse.* 1775. 4 et 8.
Lamothe-Langon (Étienne Léon de). Clémence Isaure et les troubadours, précédé d'un précis historique sur les troubadours et les Jeux floraux. *Par.* 1808. 5 volumes 12.
Poitevin-Peitavi (Philippe Vincent). Mémoires pour servir à l'histoire des Jeux floraux. *Toulouse.* 1815. 2 vol. 8.

Venise.

Jarcke (Johann). Specimen historiæ academiarum eruditarum Italiæ. *Lips.* 1755. 8.
Battagia (Michele). Delle accademie Veneziane dissertazione storica. *Venez.* 1826. 8.

Porri (Alessio). Oratione in lode dell' accademia Veneta. *Venez.* 1597. 4.
Weesenmeyer (N... N...). Specimen historiæ litterariæ de academia Veneta. *Ulm.* 1794. 4.
Kunze (Johann Georg). Disquisitio de academica Veneta, s. *della Fama. Lips.* 1801. 12.

ACADÉMIE DES GRANELLESCI.

Farsetti (Daniele). Memorie dell' accademia Granellesca. *Treviso.* 1790. 8. (Rare et curieux.)

ACADÉMIE DES INCOGNITI.

Le glorie degli Incogniti, o vero gli uomini illustri dell' accademia de' signori Incogniti di Venetia. *Venez...*

AMIRAUX (ET AUTRES MARINS).

Campbell (John). Lives of the British admirals and other seamen. *Lond.* 1742-44. 8 vol. 4. *Ibid.* 1779. 8 vol. 4. *Ibid.* 1781. 4 vol. 4. *Edinb.* 1785. 8 vol. 4. Réimp. s. c. t. Naval history of Great-Britain, including the history and lives of the British admirals, par H... R... YORKE et William STEVENSON. *Lond.* 1812-15. 8 vol. 4. Avec de nombreux portraits. *Ibid.* 1834. 12. (6e édition.) Abrégé et trad. en allem. (par Eobald TOTZE). *Leipz.* 1785-86. 2 vol. 8.
Richer (Adrien). Vies des plus célèbres marins. *Amst.* (*Par.*) 1784-89. 13 vol. 12.
—— Fastes de la marine française. *Par.* 1789. 2 vol. 12. *
* Contenant la vie de Jean d'Estrées, maréchal de France, et de Victor d'Estrées, son fils.
Charnock (John). Biographia navalis, from the year 1660 to the present time. *Lond.* 1794-98. 6 vol. 8. Portraits.

ANACHORÈTES.

Cavacci (Jacopo). Illustrium anachoretarum elogia. *Venet.* 1625. 4. Augment. par Giovanni Battista BECCI. *Rom.* 1662. 4.

ANCIENS.

Lanteiras (Jean). Tableau abrégé de l'antiquité littéraire, mis à la portée de tout le monde, ou dictionnaire historique et littéraire des poëtes grecs et latins, suivi, etc., de courtes notices des philosophes, auteurs, musiciens, architectes, sculpteurs, peintres, géomètres, médecins, orateurs, femmes célèbres et autres personnages renommés chez les anciens. *Lausanne.* 1791. 8.
Abrégé de la vie des plus illustres philosophes de l'antiquité, avec leurs dogmes, leurs systèmes, leur morale et leurs plus belles maximes, attribué à A. F. Salignac de la Motte Fénélon; auquel on a ajouté un abrégé de la vie des femmes philosophes de l'antiquité. *Par.* 1822. 8. Orné de portraits gravés par F. A. DAVID.

ANONYMES ET PSEUDONYMES (AUTEURS).

Tyardaeus (Petrus). De recta nominum impositione liber. *Lugdun.* 1603. 8.
Geissler (Friedrich). Dissertatio de nominum mutatione et anonymis scriptoribus. *Lips.* 1669. 4. Augment. *Ibid.* 1670. 4. *Ibid.* 1674. 4.
Placcius (Vincenz). De scriptoribus occultis detectis tractatus II. *Hamb.* 1674. 4.
Deckherr (Johann). De scriptis adespotis, pseudoepigraphis et supposititiis conjecturæ, cum additionibus variorum. *Amst.* 1681. 12. Augment. *Amst.* 1686. 12.
Fabricius (Johann Albert). Centuria plagiariorum et pseudonymorum. *Lips.* 1689. 4.
Villani (Giovanni Pietro Giacomo). La viziera alzata. Hecatoste de' scrittori, che vaghi d'andare in maschera fuor del tempo di carnovale sono scoperti, e pentacoste d' altri scrittori. *Parma.* 1689. 12.
Baillet (Adrien). Auteurs déguisés sous des noms étrangers, empruntés, apposés, feints à plaisir, abrégés, chiffrés, renversés, retournés ou changés d'une langue en une autre. *Par.* 1690. 12.
Groddeck (Gabriel). Pseudonymorum Hebraicorum hexacontas. *Gedani.* 1708. 4.
Placcius (Vincenz). Theatrum anonymorum, ex symbolis et collectione virorum per Europam doctissimorum et celeberrimorum, post syntagma dudum editum, etc., avec préface de Johann Albert FABRICIUS. *Hamb.* 1708. 8.*
* Renfermant 6,000 auteurs, dont à peu près 1,000 français; le reste concerne les auteurs anonymes et pseudonymes qui ont écrit en allemand, anglais, hollandais, italien, etc.
Dahlmann (Peter). Schauplatz derer masquirten Gelehrten bey ihren verdeckten und nunmehro entdeckten Schriften. *Leipz.* 1710. 8.
Heumann (Christoph August). De libris anonymis ac pseudonymis schediasma, complectens observationes generales et spicilegium Vincentii Placcii *Theatrum anonymorum et pseudonymorum. Jenæ.* 1711. 8.

Ludovici (Gottfried). Dé scriptis anonymis et pseudonymis in caussa religionis a progressu coercendis, exercitationes theologicæ. *Lips.* 1715. 8.

Leyser (Polycarp). Vindiciæ generales scriptorum, qui vulgo supposititii habentur. *Witteb.* 1715. 8.

Columbi (A...). Dissertatio de occultatione nominum in scriptis frequenti. *Regiomont.* 1715. 4.

Starcke (Caspar Heinrich). Ad Vincentii Placcii *Theatrum* epimetron observationum Hallensium latinarum, auctores quosdam detectos exhibens. *Lips.* 1716. 8.

G... (**C... W... P...**). Virorum eruditorum onomatomorphosis, d. i. etlicher gelehrter Männer gebrauchte Nahmens-Veränderung, insonderheit aber derjenigen, welche ihre Namen mit griechischen und lateinischen Wörtern verwechselt haben. *Frankenhausen.* 1720. 8.

Stjernman (Anders Anton). Anonymorum ex scriptoribus gentis Sueo-Gothicæ centuria prima. *Holm.* 1724. 8.

—— Centuria secunda, nec non decas prima pseudonymorum. *Holm.* 1726. 8.

Hochmuth (A...). Schediasma historico-litterarium de ritu ονομαϑεϑιας, s. nominum impositione et mutatione, etc. *Witteb.* 1725. 8.

Mylius (Johann Christoph). Bibliotheca anonymorum et pseudonymorum detectorum ultra 4,000 scriptores, quorum nominum latebant antea, omnium facultatum scientiarum et linguarum complectens, ad supplendum et continuandum Vincentii Placcii *Theatrum anonymorum et pseudonymorum* et Christophori Augusti Heumanni *Schediasma*, etc. ; avec préface par Gottlob STOLLE. *Hamb.* 1740. 8.

Ersch (Johann Samuel). Verzeichniss aller anonymen Schriften und Aufsätze in der vierten Ausgabe des Gelehrten Deutschlands. *Lemgo.* 1788. 8. Avec trois suppléments. *Ibid.* 1794-96. 8.

Barbier (Antoine Alexandre). Dictionnaire des ouvrages anonymes et pseudonymes, composés, traduits ou publiés en français et en latin, avec les noms des auteurs, traducteurs et éditeurs, accompagné de notes historiques et critiques. *Par.* 1806-09. 4 vol. 8. Augmenté et précédé d'une notice sur la vie et les ouvrages de l'auteur, par Louis BARBIER. *Par.* 1822-27. 4 vol. 8. (Ouvrage épuisé.)

Rassmann (Friedrich). Kurzgefasstes Lexicon deutscher pseudonymer Schriftsteller, von der ältern bis auf die jüngste Zeit, aus allen Fächern der Wissenschaften; mit einer Vorrede über die Sitte der litterarischen Verkappung von Johann Wilhelm Sigismund LINDNER. *Leipz.* 1830. 8.

Manne (N... N... de). Nouveau recueil d'ouvrages anonymes et pseudonymes. *Par.* 1834. 8. *

   * Contenant une liste alphabétique de 2,131 ouvrages anonymes et pseudonymes.

Lancetti (Vincenzo). Pseudonymia, o vero tavole alfabetiche de' nomi finti o supposti degli scrittori, con la contrapposizione de' veri ad uso de' bibliofili, degli amatori della storia letteraria e de' libri. *Milan.* 1836. 8.

Schmidt (Andreas Gottfried). Gallerie deutscher pseudonymer Schriftsteller, vorzüglich des letzten Jahrzehnts. Ein Beitrag zur neuesten Literaturgeschichte. *Grimma.* 1840. 16.

Quérard (Joseph Marie). Les auteurs déguisés de la littérature française du xixe siècle. *Par.* 1845. 8.

—— Les supercheries littéraires dévoilées. Galerie des auteurs apocryphes, supposés, déguisés, plagiaires et des éditeurs infidèles de la littérature française pendant les quatre derniers siècles : ensemble les industriels littéraires et les lettrés qui se sont anoblis à notre époque. *Par.* 1847-52. 4 vol. 8.

(Melzi, Gaetano). Dizionario di opere anonime e pseudonime di scrittori Italiani, o come che sia aventi relazione all' Italia. *Milan.* 1848-52. 2 vol. 8. *

   * Cet ouvrage, qui n'est pas encore terminé (il contient les lettres A-R), a été publié sous les lettres initiales G. M.

ARCHITECTES.

Félibien (Jean François). Recueil historique de la vie et des ouvrages des plus célèbres architectes. *Par.* 1687. 4. *Lond.* 1705. 4 vol. 12. Trad. en allem. par Paul Jacob MARPERGER. *Hamb.* 1711. 8.

Monaldini (Giovanni Antonio). Vite de' più celebri architetti d'ogni nazione e d'ogni tempo. *Rom.* 1768. 4.

Milizia (Francesco). Memorie degli architetti antichi e moderni. *Parma.* 1787. 2 vol. 8. (3e édition.) *Bologn.* 1827. 2 vol. 8.

Quatremère de Quincy (Antoine Chrysostome). Histoire de la vie et des ouvrages des plus célèbres architectes du xie siècle jusqu'à la fin du xviiie siècle. *Par.* 1830. 8. Trad. en allem. par Friedrich HELDMANN. *Darmst.* 1831. 2 vol. 8.

France.

Callet (N... N...). Notice historique sur la vie artistique et les ouvrages de quelques architectes français du xvie siècle. *Par.* 1843. 8. (2e édition.)

Pays-Bas.

Baert (Philippe). Mémoires sur les sculpteurs et architectes des Pays-Bas, publ. par Frédéric Auguste Ferdinand Thomas de REIFFENBERG, s. l. et s. d. (*Brux.* 1847.) 8. (Extrait des *Bulletins de la commission royale d'histoire de Belgique*.)

Venise.

Temanza (Tommaso). Vite de' più celebri architetti e scultori Veneziani, che fiorirono nel secolo xvi. *Venez.* 1777. 2 vol. 4.

Comp. PEINTRES.

ARTISTES DRAMATIQUES.

Blum (Robert), **Herlosssohn** (Carl) et **Marggraff** (Hermann). Allgemeines Theater-Lexicon, oder Encyclopädie alles Wissenswerthen für Bühnenküustler, Dilettanten und Theaterfreunde. *Altenb.* 1839-42. 7 vol. 12.

Allemagne.

(Schmid, Christian Heinrich). Chronologie des deutschen Theaters, s. l. (*Leipz.*) 1775. 8.

Gallerie von teutschen Schauspielern und Schauspielerinnen der älteren und neuern Zeiten. *Wien.* 1783. 8. *

   * L'auteur de cet ouvrage, devenu rare, était Abraham PEIDA.

Reinicke (Heinrich). Biographien einiger deutschen Schauspielerinnen. *Kopenh.* et *Leipz.* 1787. 8.

Amérique.

Dunlap (J...). History of the American theatre. *New-York.* 1832. 8.

Écosse.

Jackson (John). History of the Scottish stage, from its first etablishment to the present time. *Edinb.* 1793. 8.

Espagne.

Pellicer (Juan). Tratado historico sobre el origen y progresos de la comedia y del histrionismo, con la noticia de algunos celebres comediantes y comediantas asi antiguos como modernos. *Madr.* 1804. 2 vol. 4. (Rare.)

France.

(Parfaict, François et Claude). Théâtre françois depuis son origine jusqu'à présent (1734), avec la vie des plus célèbres poëtes dramatiques, un catalogue exact de leurs pièces et des notes historiques et critiques. *Par.* 1734-49. 15 vol. 12.

Beauchamps (Pierre François **Godar de**). Recherches sur les théâtres de France. *Par.* 1735. 4 ou 3 vol. 8. *

   * L'auteur ne s'est pas borné à compiler les titres des pièces de théâtre, il y a joint des particularités sur la vie des comédiens français.

—— Bibliothèque des théâtres, contenant le catalogue alphabétique des pièces dramatiques, opéras-parodies et opéras-comiques, le temps de leurs représentations, avec des anecdotes sur les pièces, les auteurs, musiciens et acteurs. *Par.* 1746. 8.

Mouhy (Charles de **Fieux de**). Tablettes dramatiques, contenant l'abrégé de l'histoire du Théâtre-Français, l'établissement des théâtres de Paris, un dictionnaire des pièces et l'abrégé de l'histoire des auteurs et des acteurs. *Par.* 1752. 12.

Léris (Antoine de). Dictionnaire portatif historique et

littéraire des théâtres, contenant l'origine des différents théâtres de Paris, le nom de toutes les pièces qui y ont été représentées, etc.; le nom et les particularités intéressantes de la vie des auteurs, musiciens et acteurs, avec le catalogue de leurs ouvrages et une chronologie des auteurs, des musiciens et opéras, etc. *Par.* 1754. 8. Augm. 1763. 8.

(**Parfaict,** François et Claude). Dictionnaire des théâtres de Paris. *Par.* 1756. 7 vol. 12. *Ibid.* 1767. 7 volumes 12.

Mouhy (Charles de **Fieux** de). Abrégé de l'histoire du Théâtre-Français depuis son origine jusqu'au 1er juin de l'année 1780; précédé du dictionnaire de toutes les pièces de théâtre jouées et imprimées, du dictionnaire des auteurs dramatiques et du dictionnaire des acteurs et des actrices. *Par.* 1780. 3 vol. 8. Portrait.

Origny (Antoine Jean Baptiste Abraham). Abrégé de l'histoire du Théâtre-Français. *Par.* 1780. 4 vol. 8.

Lemazurier (Pierre David). Galerie historique des acteurs du Théâtre-Français depuis 1600 jusqu'à nos jours. *Par.* 1810. 2 vol. 8.

(**Alhoy,** Maurice). Grande biographie dramatique, ou silhouette des acteurs, actrices, chanteurs, cantatrices, danseurs et danseuses de Paris et des départements, par l'ermite du Luxembourg. *Par.* 1824. 18.

M... (Jules). Petite biographie des acteurs et actrices de Bruxelles, publ. par J... **Frémolle.** * *Brux.* 1829. 18.
 * Poëte cordonnier belge.

(**Burat de Gurgy,** N... N...). Biographie des acteurs de Paris. *Par.* 1837. 18.

Escudier frères (N... N...). Études biographiques sur les chanteurs contemporains, précédées d'une esquisse sur l'art du chant. *Par.* 1840. 8. *
 * Renfermant des notices sur Luigi Lablache (né 1794), Giovanni Battista Rubini (voir page 1575 de notre bibliographie), Antonio Tamburini (né le 28 mars 1800), Giulia Grisi (née en 1812), Fanny Tachinardi-Persiani, Pauline Garcia-Viardot (18 juillet 1821), Gilbert Louis Duprez (voir page 450 de notre ouvrage), madame Dorus-Gras, madame Cinti-Damoreau (née le 6 février 1801) et madame Eugénie Garcia. Chacune de ces notices est ornée du portrait de l'artiste.

Grande-Bretagne.

Baker (David Erskine). Biographia dramatica, or a companion to the playhouse, containing historical and critical memoirs and original anecdotes of British and Irish dramatic writers, etc. *Lond.* 1782. 2 vol. 8.
—— Biographia dramatica, etc., continued thence from 1782 to 1811 by Isaac **Reed,** with very considerable additions, etc., by Stephen **Jones.** *Lond.* 1814. 4 vol. 8.

Irlande.

Hitchcock (Robert). An historical view of the Irish stage. *Dubl.* 1788-94. 2 vol. 12.

Suède.

Thomas (Daniel Heinrich). Chronologie des schwedischen Nationaltheaters. *Strals.* 1780. 8.

ASTROLOGUES.

Rantzau (Heinrich v.). Catalogus imperatorum, regum et principum qui artem astrologicam amarunt. *Lips.* 1590. 8. (Rare et recherché.)

ATHÉES.

Reimmann (Jacob Friedrich). Historia universalis atheismi et atheorum, falso et merito suspectorum apud Judæos, Ethnicos, Christianos, Muhamedanos. *Hildesii.* 1725. 8.

Trinius (Johann Anton). Freidenker-Lexicon. *Leipz.* et *Bernb.* 1759. 8. Supplém. *Leipz.* 1765. 8.

(**Maréchal,** Pierre Sylvain). Dictionnaire des athées anciens et modernes. *Par.* 1800. 8. * Augment. par Joseph Jérôme **Le François de Lalande.** *Par.* 1805. 5. Précédé d'une notice sur la vie et les ouvrages de P. S. Maréchal. *Brux.* 1833. 8.
 * Le gouvernement d'alors empêcha la circulation de cet ouvrage et défendit aux journaux d'en rendre compte.

AVENTURIERS.

Rocoles (Jean Baptiste de). Les imposteurs insignes, ou histoire de plusieurs hommes du néant, de toutes les nations, qui ont usurpé les qualités d'empereurs, rois et princes. *Amst.* 1683. 12. (Rare.) Augm. *Brux.* 1728. 2 vol. 8.
 Trad. en allem. s. c. t. Begebenheiten ausnehmender Betrüger, etc., (par Johann Ludwig **Schulze**), herausgegeb. von Carl Friedrich **Pauli.** *Halle.* 1760. 2 vol. 8. Gravures.
 S. c. t. Begebenheiten merkwürdiger Betrüger. *Weissenf.* 1769. 2 vol. 8. (Orné de 22 portraits.)

(**Chaudon,** Esprit Joseph). Les imposteurs démasqués et les usurpateurs punis, ou histoire de plusieurs aventuriers qui, ayant pris la qualité d'empereur, de roi, de prince, d'ambassadeur, de tribun, de messie, de prophète, etc., ont fini leur vie dans l'obscurité, ou par une mort violente. *Par.* 1776. 12.

Moeller (Christian Friedrich). Biographien berühmter Abenteurer und Grosswessire. *Giess.* 1805. 8.

BRIGANDS.

Biographien berühmter Räuber und Mörder. *Königsb.* 1802. 8.

(**Collin de Plancy,** Jacques Auguste Simon). Histoire des brigands célèbres et des bandits fameux en France, en Angleterre, en Italie, en Belgique, en Portugal, en Suisse, etc., tirée de tous les documents authentiques. *Par. et Brux.* 1837. 18. *
 * Contenant : Schinder-Hannes, Rinaldo Rinaldini, Makandal, Dick Adams, Damien Hessel, Benzel, Streitmatter, Duchâtel, le brigand des Pyrénées, le capitaine Charles Vane, Marie Read, le père Ignace.

CARDINAUX.

Torrigio (Francesco Maria). De eminentissimis cardinalibus scriptoribus. *Rom.* 1641. 4.

Doni d'Attichy (Louis). Flores historiæ sacri collegii S. R. E. cardinalium. *Par.* 1660. 3 vol. Fol. *
 * Renfermant l'histoire de la vie de tous les cardinaux depuis 1049 jusqu'à 1660.

Eggs (Georg Joseph). Purpura docta, s. vitæ, legationes et res gestæ S. R. E. cardinalium, qui eruditione et scriptis ab anno 140 usque ad nostram ætatem incluruere libri IV. *Monach.* 1714. 3 vol. Fol.
—— Supplementum novum *Purpuræ doctæ,* etc. *Aug. Vind.* 1719. Fol.

France.

Frizon (Pierre). Gallia purpurata. *Par.* 1639. Fol. *
 * Contenant l'histoire des cardinaux d'origine française.

Chesne (F... du). Histoire de tous les cardinaux français de naissance. *Par.* 1660. Fol. *Ibid.* 1669. Fol.

Venise.

Gradenigo (Giovanni Girolamo). Tiara et purpura Veneta. *Brescia.* 1761. 4. *
 * Concernant l'histoire des papes et des cardinaux issus de Venise.

CHEVALIERS DE MALTE.

Saint-Allais (N... N... de). L'ordre de Malte, ses grands-maîtres et ses chevaliers. *Par.* 1839. 8. *
 * Contenant les biographies de tous les dignitaires de l'ordre de Malte.

COMMISSAIRES DE POLICE.

Biographie des commissaires de police et des officiers de paix de la ville de Paris, etc. Ouvrage publié sur le manuscrit de M. Guyon. *Par.* 1826. 52. *
 * A la fin de cet opuscule se trouve une biographie de Vidocq, s. c. t. Vidocq et sa bande.

CONDAMNÉS POLITIQUES.

(**Wilder,** George Christoph). Biographien hingerichteter Personen, die sich durch ihre hohe Würde, Gelehrsamkeit, etc., ausgezeichnet haben. *Nürnb.* 1790-93. 3 vol. 8.

M***. Derniers moments des plus illustres personnages français condamnés à mort pour délits politiques, etc., depuis le commencement de la monarchie jusqu'à nos jours. *Par.* 1818. 8.

Imbert (Auguste) et **Bellet** (B... L...). Biographie des condamnés pour délits politiques, depuis la restauration des Bourbons en France jusqu'en 1827. *Brux.* et *Amst.* 1827. 8. *

> * Avec cette épigraphe : *Les grands ne sont grands que parce que nous sommes à genoux ; levons-nous !!!* — Les biographies sont classées par ordre alphabétique.

CRIMINELS.

Pitaval (François **Gayot** de). Causes célèbres et intéressantes, avec les jugements des cours souveraines qui les ont décidées. *Par.* 1734-54. 20 vol, 12. Trad. en allem. *Leipz.* 1747-68. 9 vol. 8.

Richer (François). Causes célèbres et intéressantes, etc. *Amst.* (*Par.*) 1772-88. 22 vol. 12. Trad. en allem. par Carl Wilhelm **Franz**. *Jena.* 1788-92. 4 vol. 8.

Hitzig (Julius Eduard) et **Haering** (Wilhelm). Der neue Pitaval. Eine Sammlung der interessantesten Criminalgeschichten aller Länder aus älterer und neuerer Zeit. *Leipz.* 1844-54. 20 vol. 8.

DÉPUTÉS.

Biographie des députés de la chambre septennale de 1814-1820. *Brux.* 1826. 8.

Raban (N... N...). Petite biographie des députés. *Par.* 1826. 32.

—— Biographie des députés de la nouvelle chambre de 1828. *Par.* 1829. 8. *Brux.* 1829. 8. (Non mentionné par Quérard.)

Biographie des députés, session 1839, (nouvelle législature). *Par.* 1839. 18.

Biographie des 900 représentants du peuple à l'Assemblée nationale (de 1848), par un ancien publiciste. *Par.* 1848. 32. (Portraits de F. D. Arago, Marie Garnier-Pagès, Lamartine et Ledru-Rollin.)

> * Classé par ordre alphabétique des départements.

Biographie des représentants du peuple à l'Assemblée nationale constituante, avec un tableau des députations par départements, par les rédacteurs de *Notre Histoire*. *Par.* 1848. 12.

Biographie parlementaire des représentants du peuple. *Par.* 1848. 8.

(**Baju**, Charles). Les grands corps politiques de l'État. Biographie complète des membres du conseil d'Etat et du corps législatif, par un ancien député. *Par.* 1852. 18.

FAVORIS ET FAVORITES.

(**Du Puy**, Pierre). Histoire des plus illustres favoris anciens et modernes. *Leyde.* (*Par.*) 1659. 4 ou 12. *Ibid.* 1660. 12. *Ibid.* 1661. 12. *Ibid.* 1662. 12. * Augment. par N... N... **Louvet**. *Lyon.* 1677. 3 vol. 12.

> * Les quatre premières éditions, d'origine française, ont été publiées sous les lettres P. D. P.

Bos (L... van den). Toneel van de voorstelijke gunstlingen. *Amst.* 1676. 8.

(**Rocheguilhem**, mademoiselle de la). Histoire des favorites, contenant ce qui s'est passé de plus remarquable sous plusieurs règnes. *Amst.* 1687. 12. *Ibid.* 1703. 12.

(**Moeller**, Christian Friedrich). Biographien gestürzter Günstlinge. *Giess.* 1802. 8.

Corvin (Otto v.). Biographien historisch-berühmter Maitressen. *Lond.* 1848. 8. *

> * Il a paru une seule livraison, concernant la vie de Marie Aurore, comtesse de Königsmark, l'une des maitresses de l'électeur Frédéric Auguste, surnommé le Fort, qui se flattait d'avoir 357 enfants naturels.

France.

(**Vanel**, N... N...). Galanteries des rois de France, depuis le commencement de la monarchie. *Brux.* 1694.

12. *Cologne.* 1695-98. 2 vol. 12. (Augment. des Amours des rois de France, par Henri **Sauval**). *Par.* 1731. 2 vol. 12. *Ibid.* 1739. 2 vol. 12.

(**Sauval**, Henri). Mémoires historiques et secrets contenant les amours de France. *Par.* 1739. 12. Trad. en allem. s. c. t. Liebschaften der Könige von Frankreich. *Glogau.* 1754. 8.

Bourg Saint-Edme (Edme Théodore). Amours et galanteries des rois de France. Mémoires historiques sur les concubines, maitresses et favorites de ces princes depuis le commencement de la monarchie jusqu'au règne de Charles X. *Par.* 1829. 2 vol. 8. *Brux.*

Trad. en allem. :
> Par Johann **Sponschil**. *Schneeb.* 1830. 2 vol. 8.
> Par August **Traxel**. *Cologne.* 1830. 2 vol. 8.

(**Touchard-Lafosse**, G...). Chroniques pittoresques et critiques de l'OEil de Bœuf, des petits appartements de la cour et des salons de Paris, sous Louis XIV, la régence, Louis XV et Louis XVI, publ. par madame la comtesse douairière de B***. *Par.* 1829-32. 8 vol. 8. Trad. en allem. par Ludwig v. **Alvensleben**. *Leipz.* 1830-54. 8 vol. 8.

Fougeret (A...). Galanteries des rois et des reines de France. *Par.* 1837. 2 vol. 8.

Oettinger (Eduard Maria). Der Ring des Nostradamus. Historisch-romantische Skizzen des französischen Hoslebens von 1515 bis 1821. *Leipz.* 1838. 5 vol. 8. *Ibid.* 1843. 3 vol. 8. *Leipz.* 1852. 3 part. en 1 vol. 18.
> Trad. en danois. *Kjoebenh.* 1848. 3 vol. 8.
> Trad. en holland. *Amst.* 1847. 2 vol. 8.
> Trad. en suédois. *Stockh.* 1849. 3 vol. 8.

Russie.

(**Helbig**, G... A... W... v.). Russische Günstlinge. *Tübing.* 1809. 8.

FEMMES.

Foresti (Jacopo Filippo). De feminis illustribus. *Ferrar.* 1497. Fol. *Venet.* 1506. Fol. *Par.* 1521. Fol.

Textor (Jean Ravisius). De memorabilibus et claris mulieribus aliquot diversorum scriptorum opera. *Par.* 1521. Fol.

Pona (Francesco). Galleria delle donne celebre. *Veron.* 1641. 12.

Le Moyne (Pierre). Galerie des femmes fortes. *Leyde.* 1660. 12.

Smids (Lodewijk). Gallerije der uitmuntende vrouwen. *Amst.* 1690. 8.

Ebert (Johann Caspar). Eröffnetes Cabinet dess Gelehrten Frauen-Zimmers, darinnen die Berühmtesten dieses Geschlechtes umbständlich vorgestellet werden. *Frf.* 1706. 8. (Peu commun.)

Platner (Johann Andreas). Tractatus de gynaeceo docto, d. i. von gelehrtem Frauenzimmer. *Witteb.* 1715. 4.

Froes Perin (Damião de). Theatro heroino, abecedario historico e catalogo das mulheres illustres em armas, letras, accoes historicas e artes liberaes. *Lisb.* 1736-40. 2 vol. Fol.

Finauer (Peter Paul). Allgemeines historisches Verzeichniss gelehrter Frauenzimmer. *Münch.* 1761. 4. (Premier et unique volume.)

Gallerie merkwürdiger Frauenzimmer aus der älteren und neueren Zeit. *Leipzig.* 1764-98. 2 vol. 8.

(**La Croix**, Jean François de). Dictionnaire historique portatif des femmes célèbres, contenant l'histoire des femmes savantes, actrices et généralement des dames qui se sont rendues fameuses dans tous les siècles par leurs aventures, les talents, l'esprit et le courage. *Par.* 1769. 2 vol. 8. Considérablement augment. *Par.* 1788. 2 vol. 8.

Biographium foemineum. The female worthies, or memoirs of the most illustrious ladies of all ages and nations. *Lond.* 1770. 8.

Geschichte berühmter Frauenzimmer nach alphabetischer Ordnung. *Leipz.* 1772-75. 3 vol. 8. *

> * Cet ouvrage ne va que jusqu'à la lettre M.

Lebensbeschreibungen einiger gelehrten Frauenzimmer. *Bresl.* et *Leipz.* 1795. 8.

Gallerie der interessantesten Frauenzimmer der alten und neuen Welt, etc. *Berl.* 1802. 8.

Biographien berühmter Weiber des neunzehnten Jahrhunderts. *Pirna.* 1804. 8.

(Vulpius, Christian August). Pantheon berühmter und merkwürdiger Frauen. *Leipz.* 1809-16. 5 parts en 2 vol. Plusieurs portraits.

Dufrénoy (Adélaïde Gillette **Billet**). Biographie des jeunes demoiselles, ou vies des femmes célèbres depuis les Hébreux jusqu'à nos jours. *Par.* 1816. 2 vol. 12. (Orné de 60 portraits.) *Ibid.* 1820. 4 vol. 12.

Levati (Ambrogio). Dizionario biografico delle donne illustri, etc. *Milan.* 1821. 3 vol. 8.

Girard de Propriac (Catherine Jean Ferdinand). Le Plutarque des jeunes demoiselles, ou abrégé des vies des femmes illustres de tous les pays. *Par.* 1823. 2 vol. 12.

(Prudhomme, Louis). Répertoire universel, historique, biographique des femmes célèbres, mortes ou vivantes, qui se sont fait remarquer dans toutes les nations, par des vertus, par du génie, des écrits, des talents pour les sciences et les arts, par des actes de sensibilité, de courage, d'héroïsme, par des malheurs, des erreurs, des galanteries, des vices, etc., depuis les temps les plus reculés jusqu'à nos jours, etc. *Par.* 1826-27. 4 vol. 8.

Canseco (Vicente Diez). Diccionario biografico universal de mujeres celebres, etc. *Madr.* 1844-45. 3 vol. 8.

Allemagne.

Paullini (Christian Franz). Hoch- und wohlgelahrtes Teutsches Frauenzimmer. *Frf.* et *Leipz.* 1712. 16.

Lehms (Georg Christian). Teutschlands galante Poetinnen, mit ihren sinnreichen und netten Proben. *Frf.* 1715. 8. (Orné du portrait de l'auteur.)

Ebert (Johann Caspar). Schlesisches gelehrtes Frauenzimmer und Poetinnen. *Bresl.* 1727. 16.

Deutschland's Schriftstellerinnen. *King-Tsching.* (Mannheim?) 1790. 8. (Assez rare.)

Schindel (Carl Wilhelm Otto August v.). Die deutschen Schriftstellerinnen des neunzehnten Jahrhunderts. *Leipz.* 1823-25. 3 vol. 12. *

> * Dictionnaire biographique des femmes auteurs de l'Allemagne. Le troisième volume est le supplément des deux tomes précédents.

Ramshorn (Carl). Geschichte der merkwürdigsten deutschen Frauen. *Leipz.* 1842-43. 2 vol. 16.

Sternberg (August v.). Berühmte deutsche Frauen des achtzehnten Jahrhunderts in Bildern (?) zusammengestellt. *Leipz.* 1848. 2 vol. 8.

Amérique.

Ellet (Elizabeth F...). The women of the American revolution. *New-York.* 1848. 2 vol. 12.

May (Caroline). American female poets, with biographical and critical notices. *New-York.* (?) 1853. 8.

Danemark.

Thura (Albert). Gynæceum Daniæ litteratum fœminis Danorum eruditione et scriptis claris conspicuum. *Alton.* 1732. 8.

Schoeneau (Friedrich Christian). Samling af Danske laerde Fruentimer, etc. *Kjoebenh.* 1753. 2 vol. 8. (Peu commun.)

France.

Brantome (Pierre de **Bourdeilles** de). Vie des dames illustres. Vie des dames galantes.

Aublet de Maubuy (N... N...). Vies des femmes illustres de la France. *Par.* 1762-66. 6 vol. 12.

(La Porte, Joseph de, et **La Croix**, Jean François de). Histoire littéraire des femmes françaises. *Par.* 1769. 5 vol. 8.

Briquet (Marguerite Ursule Fortunée **Bernier-**). Dictionnaire historique, littéraire et bibliographique des Françaises et des étrangères naturalisées en France. *Par.* 1804. 8. Portrait de l'auteur.

(Lamésangère, Pierre de). Galerie française des femmes célèbres par leurs talents, leur rang ou leur beauté, avec des notices biographiques. *Par.* 1827. 4. *

> * Orné de 70 portraits, peints par LANTÉ et gravés par GATINE.

Boilly (J...). Biographie des femmes auteurs contempo-

raines françaises, etc., (publ. sous la direction d'Alfred DE MONTFERRAND). *Par.* 1836-38. 3 vol. 8. (Non terminé.)

Le Roux de Lincy (N... N...). Les femmes célèbres de l'ancienne France, etc. *Par.* 1848. 12.

Grande-Bretagne.

Fuller (Thomas). History of the worthies of England. *Lond.* 1662. Fol.

Ballard (George). Memoirs of british ladies, who have been celebrated for their writings and skill in the learned languages, arts and sciences. *Lond.* 1752. 4. *Ibid.* 1775. 8.

Griffet de la Beaume (Antoine Gilbert). Notice biographique et littéraire sur les femmes auteurs les plus distinguées de la Grande-Bretagne (par ordre alphabétique). *

> * Cette notice est insérée dans le *Magasin encyclopédique*, VIIe année, tome 3, pages 153 et suiv., et IXe année, tome 1, page 203, etc.

Dyce (Alexander). Specimens of british poetesses, selected and chronologically arranged. *Lond.* 1828. 8.

Elwood (mistress). Memoirs of the literary ladies of England, from the commencement of the last century. *Lond.* 1843. 2 vol. 8. Portraits.

Knight (Charles). Gallery of british worthies. *Lond.* 1845. 12 tomes en 6 vol. 12. 72 portraits.

Leben und Thaten derer berühmtesten Englischen Coquetten und Maitressen, oder curieuse Nachricht von denen geheimen Liebes-Händeln und Intriguen derer Brittischen Könige und anderer Standes- oder vornehmen Personen, so solche mit denen ausbündigen Schönheiten und berühmtesten Maitressen gehabt. *Lond.* (*Hamb.*) 1721. 8. Gravure. (Trad. de l'anglais.)

Grèce.

Durand (Catherine **Bédacier**). Les belles Grecques, ou histoire des plus fameuses courtisanes de la Grèce. *Par.* 1712. 12. *Amst.* 1715. 12.

Chaussard (Jean Baptiste Publicola). Fêtes et courtisanes de la Grèce. *Par.* 1801. 4 vol. 8. *Ibid.* 1821. 4 vol. 8. (4e édition.)

Camboulin (François Romain). Étude sur les femmes d'Homère. *Toulouse.* 1854. 8. (Tiré à 2,000 exemplaires.)

Italie.

Pietrucci (Napoleone). Delle donne illustri di Padova. *Padov.* 1840. 12.

Gamba (Bartolommeo). Ritratti di donne illustre Veneziane, con illustrazioni. *Venez.* 1826. 4. Portraits.

FEMMES DE LA BIBLE.

(Garzoni, Tommaso). Vite delle donne illustri della scrittura sacra, con l'aggiunta delle donne oscure e laice dell'uno e dell'altro Testamento. *Venez.* 1588. 4.

Carrillo (Martin). Elogios de mugeres insignes del Viejo Testamento. *Huesca.* 1636. 4.

FEMMES JUIVES.

Zeltner (Gustav Georg). Dissertatio de fœminis ex Hebræa gente eruditis. *Altorf.* 1708. 4.

FEMMES SAVANTES.

Harless (Christian Friedrich). Die Verdienste der Frauen um Naturwissenschaft, Gesundheits- und Heilkunde, wie auch um Länder-Volker-und Menschenkunde. *Goetting.* 1830. 8.

FEMMES VISIONNAIRES.

Feustking (Johann Heinrich). Gynæceum hæretico-fanaticum. Historie und Beschreibung der falschen Prophetinnen, etc., und anderer sectirerischer Weibs-Personen, durch welche die Kirche Gottes beunruhigt worden. *Frf.* 1704. 8.

Umherschweifungen in den Labyrinthen schwärmerischer und mystischer Frauen. *Leipz.* 1823. 8.

FONDATEURS ET FONDATRICES
DES ORDRES RELIGIEUX.

Alberti (Giovanni Andrea). Vitæ ac elogia XII patrum fundatorum ordinum. *Taurin.* 1658. 8.
Jubin (J... M... N...). Vies des fondatrices des ordres religieux depuis le III° siècle jusqu'à nos jours. *Par.* 1829. 2 vol. 18. (Omis par Quérard.)

FOUS
(ALCHIMISTES, MAGICIENS, SORCIERS, ETC.).

(**Naudé**, Gabriel). Apologie pour les grands hommes soupçonnés de magie, etc. *Amst.* 1712. 12. Trad. en allem. s. c. t. Über den Zauberglauben und andere Schwärmereien, oder Vertheidigung berühmter Männer, die von ihren Zeitgenossen für Zauberer gehalten worden. *Leipz.* 1787. 8. (*L.* et *D.*)
(**Adelung**, Johann Christoph). Geschichte der menschlichen Narrheit, oder Lebensbeschreibungen berühmter Schwarzkünstler, Goldmacher, Teufelsbanner, Zeichen- und Liniendeuter, Schwärmer, Wahrsager und anderer philosophischer Unholde. *Leipz.* 1785-89. 7 vol. 8. (Curieux et recherché.)
Floegel (Carl Friedrich). Geschichte der Hofnarren. *Liegnitz.* 1789. 8. (Assez rare.)
Gallerie der neuen Propheten, apokalyptischer Träumer, Geistersher, etc. Ein Beitrag zur menschlichen Narrheit. *Leipz.* 1799. 8.
Wilhelmi (August). Leben und Schwänke berühmter Volks- und Hofnarren. *Leipz.* 1800. 8.
Garinet (Jules). Histoire de la magie en France, depuis le commencement de la monarchie jusqu'à nos jours. *Par.* 1818. 8. (Peu commun.)
(**Hécart**, Gabriel Antoine Joseph). Stultitiana, ou petite biographie des fous de la ville de Valenciennes, s. l. (*Valencienn.*) 1823. 8. *
* Cet écrit, publ. sous le paronyme d'un *homme en démence*, n'a été tiré qu'à 45 exemplaires.
Collin de Plancy (Jacques Auguste Simon). Dictionnaire infernal, ou bibliothèque universelle sur les êtres, les personnages, les livres, les faits et les choses qui tiennent aux apparitions, à la magie, au commerce de l'enfer, aux divinations, aux sciences secrètes, aux grimoires, aux prodiges, etc. *Par.* 1825. 4 vol. 8. (2° édition, assez rare.) *Brux.* 1846. 8. * Trad. en ital. *Torin.* 1844. 4 vol. 8.
* Édition tronquée.
Les fous célèbres. Histoire des hommes qui se sont le plus singularisés par leur monomanie, leurs originalités et leurs extravagances. *Par.* 1835. 12. Portraits.
Giraldo (Mattia de). Histoire curieuse et pittoresque des sorciers, devins, magiciens, astrologues, voyants, revenants, âmes en peine, vampires, spectres, fantômes, apparitions, visions, gnomes, lutins, esprits malins, sorts jetés, exorcismes, etc., revue et augmentée par N... N... FORNARI. *Par.* 1854. 8.
(**Oettinger**, Eduard Maria). Bedlam universel. Dictionnaire des fous, monomanes, hommes excentriques, hétéroclytes, extravagants et lunatiques de tous les temps et de toutes les nations. . . . . *
* Ce recueil de biographies, encore manuscrit, paraîtra en 1855.

GÉNÉRAUX (ET AUTRES OFFICIERS).

Luehe (Hans Egbert Willibald v. d.). Militair-Conversations-Lexicon, bearbeitet von mehreren deutschen Offizieren. *Leipz.* 1833-41. 8 vol. 18.

Allemagne.

Pauli (Carl Friedrich). Denkmale berühmter Feldherren und anderer berühmter Männer. *Halle.* 1753. 8.
—— Leben grosser Helden des gegenwärtigen Kriegs. *Halle.* 1758-64. 9 vol. 8. *
* Contenant les biographies des coryphées militaires de la guerre de sept ans (1757-1765).

Autriche.

Strack (Joseph). Die Generale der österreichischen Armee. *Wien.* 1850. 2 vol. 12. *
* Contenant la biographie de quarante généraux des temps modernes.

France.

Pavie (François de). Vies de plusieurs grands capitaines français. *Par.* 1643. 4.
Babié de Bercenay (François) et **Beaumont** (Louis). Galerie militaire, ou notice historique sur les généraux en chef, généraux de division, et vice-amiraux et contre-amiraux, etc., qui ont commandé les armées françaises, depuis le commencement de la révolution jusqu'en l'an 1805. *Par.* 1803. 7 vol. 12. 16 portraits.
—— Archives de l'honneur, ou notices historiques sur les généraux, officiers et soldats qui ont fait la guerre de la révolution. *Par.* 1806. 4 vol. 8. (Non terminé.) Militairische Biographie, oder Lebensbeschreibung berühmter französischer Generale, welche seit dem Anfange der Revolution sich ausgezeichnet haben. *Leipz.* 1806. 2 vol. 8. 56 portraits. *
* Cet ouvrage porte aussi pour titre : *Abbildung französischer Generale*, etc.
Courcelles (Jean Baptiste Pierre Jullien de). Dictionnaire historique des généraux français depuis le XI° siècle jusqu'en 1823. *Par.* 1824. 9 vol. 8.
Revue des sommités militaires du XIX° siècle. *Par.* 1847. 8.

Rocard (J...). Biographie militaire du Jura. Généraux et officiers de toutes armes, nés dans ce département (1791-1815). *Lons-le-Saulnier.* 1845. 2 vol. 8.

GIROUETTES ET NON-GIROUETTES.

(**Proisy d'Eppes**, César). Dictionnaire des girouettes, ou nos contemporains peints d'après eux-mêmes ; ouvrage dans lequel sont rapportés les discours, proclamations, extraits d'ouvrages écrits sous les gouvernements qui ont eu lieu en France depuis 25 ans, et les places, faveurs et titres qu'ont obtenus dans les différentes circonstances les hommes d'État, gens de lettres, généraux, artistes, sénateurs, chansonniers, évêques, préfets, journalistes, ministres, etc., par une société de girouettes. *Par.* 1815. 8. (Orné d'une gravure allégorique.) Revu, corrigé et considérablement augmenté. *Par.* 1817. 8. (3° édition.)
(**Heldmann**, Fridrich). Gallerie der neuen Chamäleone, oder Leben, Thaten und Meinungen aller Personen, die in der französischen Revolution seit 1789 bis 1815 eine Rolle gespielt haben, etc. *Par.* (*Aarau.*) 1816. 8. *
* Traduction abrégée du dictionnaire précédent.
(**Beuchot**, Adrien Jean Quentin). Dictionnaire des immobiles, par un homme qui, jusqu'à présent, n'a rien juré et n'ose jurer de rien. *Par.* 1815. 8.
Babié de Bercenay (François). Dictionnaire des non-girouettes. *Par.* 1816. 8.
* Cet ouvrage fut saisi par la police.
(Nouveau) Dictionnaire des girouettes, ou nos grands hommes peints par eux-mêmes. *Par.* 1831. 8 et 12.

GRAVEURS.

Basan ou **Bazan** (Pierre François). Dictionnaire des graveurs anciens et modernes, avec le catalogue de leurs ouvrages. *Par.* 1767. 3 vol. 12. *Ibid.* 1789. 2 vol. 8. *Brux.* 1791. 12. Rev. et augment. d'une notice sur l'art de la gravure par Pierre Philippe CHOFFARD. *Par.* 1809. 3 vol. 8.
Fuessli (Johann Caspar). Raisonnirendes Verzeichniss der vornehmsten Kupferstecher und ihrer Werke. *Zürch.* 1771. 8.
Gori Gandellini (N... N...). Notizie degli intagliatori fino ai nostri giorni ; con dissertazione su l'origine, progressi e varie maniere d'incidere, dei mezzi di conoscer le stampe, di raccoglierle e preservarle. *Siena.* 1771. 3 vol. 8. Considerabelmente augm. ed arrichi della Vie de l'auteur, par Luigi de ANGELIS. *Siena.* 1808-16. 15 vol. 8. Portrait de Gandellini.
(**Heinecken**, Carl Heinrich v.). Dictionnaire des artistes dont nous avons des estampes. *Leipz.* 1778-90. 4 vol. 8. *
* Le 4° volume s'arrête à la syllabe DIZ.
Strutt (John). Dictionary of engravers. *Lond.* 1785. 2 vol. 4.
Huber (Michael). Notice générale des graveurs divisés par nations et des peintres rangés par écoles. *Leipz.*

1787. 8. Augment. s. c. t. Manuel des curieux et des amateurs de l'art, contenant une notice abrégée, etc. *Zurich.* 1797-1808. 9 vol. 8.

Ottley (William Young). Inquiry into the origin and early history of engraving upon copper and in wood, with an account of engravers and their works, from the invention of chalcography by Maso Finiguerra to the time of Mare Antonio Raimondi. *Lond.* 1816. 4.

Heller (Joseph). Practisches Handbuch für Kupferstichsammler, oder Lexicon der vorzüglichsten und beliebtesten Kupferstecher, Formschneider und Lithographen, nebst Angabe ihrer besten und gesuchtesten Blätter. *Bamb.* 1823-25. 2 vol. 8. Augment. *Leipz.* 1848. 2 vol. 8.

Ottley (William Young). Notices of engravers and their works. *Lond.* 1831. 8. (Non mentionné par Lowndes.)

Giulanelli (A... G...). Memorie degli intagliatori moderni in pietre dure, cammei e gioje dal secolo xv fino al secolo xvIII. *Livorn.* 1753. 4.

Belgique.

Siret (Adolphe). Les graveurs belges. *Namur.* 1854. 8. *
* En voie de publication.

Grande-Bretagne.

Walpole (Horace). Catalogue of engravers, who have born in England. *Strawberry.* 1763. 4.

HÉRÉSIARQUES.

Lutzenburg (B...). Catalogus hæreticorum omnium (A-Z.) *Par.* 1524. 4. s. l. (*Col. Agr.*) 1526. 4.

H(ering) (Johann Gottfried). Compendiöses Kirchen- und Ketzer-Lexicon (A-Z.) *Schneeberg.* 1744. 12. (3e édition.)

Bernini (Domenico). Istoria di tutte l' eresie. *Venez.* 1745. 4 vol. 4.

Travasa (Gaetano Maria). Storia critica delle vite degli eresiarchi de' tre primi secole. *Venez.* 1752-62. 5 vol. 8. Portraits.

Broughton (Thomas). Bibliotheca historica sacra, or dictionary of all religions. *Lond.* 1756. 2 vol. Fol. Trad. en allem. s. c. t. Historisches Lexicon aller Religionen, etc. *Dresd.* 1756. 2 vol. 8.

Mehlig (Johann Michael), Historisches Kirchen-und Ketzer-Lexicon. *Chemnitz.* 1758. 2 vol. 8.

Pérennés (François). Dictionnaire de biographie chrétienne et anti-chrétienne, présentant la vie des personnages historiques de tous les pays qui se sont signalés comme apologistes et défenseurs de la révélation, par leurs ouvrages, leur vie ou leur mort, avant et depuis l'ère chrétienne; celle de tous les hérésiarques, chefs de secte, sophistes, incrédules, philosophes, athées, déistes ou révolutionnaires qui ont troublé la paix de l'Eglise, publ. par l'abbé MIGNE. *Par.* 1851. 3 vol. 8.

HISTORIENS.

Buder (Christian Gottlieb). Vitæ clarissimorum historicorum. *Jenæ.* 1740. 8.

Belgique.

Nélis (Corneille François de). De historia belgica et ejusdem scriptoribus præcipuis commentatio. *Parmæ.* 1793. 8.

Brunswick.

Baring (Daniel Eberhard). Succincta notitia scriptorum rerum Brunsvicensium ac Lunæburgensium. *Hannov.* 1729. 8.

Byzance.

Hanke (Martin). De Byzantinarum rerum scriptoribus græcis. *Vratisl.* 1677. 4.

France.

Meibomius (Hermann Dietrich). De Galliæ historiæ periodis ac præcipuis scriptoribus dissertatio. *Helmst.* 1703. 4.

Fabricius (Johann Albert). Isagoge in notitiam scriptorum historiæ Gallicæ. *Hamb.* 1763. 4.

Dupin (Louis Ellies). Bibliothèque universelle des historiens, contenant leurs vies, l'abrégé, la chronologie, la géographie et la critique de leur style, leur caractère et le dénombrement des différentes éditions de leurs œuvres, etc. *Par.* 1707. 8.

Lelong (Jacques). Bibliothèque historique de la France, contenant le catalogue de tous les ouvrages tant im-

primés que manuscrits qui traitent de l'histoire de ce royaume ou qui y ont rapport, etc. *Par.* 1719. Fol. Considérablement augment., etc., par Charles Marie FÉVRET DE FONTETTE. *Par.* 1768-78. 5 vol. Fol.

Collombet (François Zénon). Études sur les historiens du Lyonnais. *Lyon.* 1839-44. 2 vol. 8.

Grèce.

Vossius (Gerhard Johann). De historicis latinis libri III. *Lugd. Bat.* 1651. 4.

—— De historicis græcis libri IV. *Lugd. Bat.* 1651. 4.

—— Tractatus II, unus de historicis latinis, alter de historicis Græcis. *Frf.* 1677. 4. *
* Nouvelle édition des deux écrits précédents.

Sandius (Christoph). Notæ et animadversiones in Vossii libros III de historicis latinis. *Amst.* 1677. 12.

Hanke (Martin). De romanarum rerum scriptoribus libri II. *Vratisl.* 1688. 4.

Fabricius (Johann Albert). Supplementa et observationes ad Vossium de historicis græcis et latinis. *Hamb.* 1709. 8.

Zeno (Angelo). Dissertazioni Vossiane, cioè giunte ed osservazioni intorno agli storici Italiani, che hanno scritto latinamente, rammentati dal Vossio nel libro III *de historicis latinis.* *Venez.* 1752-53. 2 vol. 4.

Hongrie.

Haner (Georg Jeremias). Adversaria de scriptoribus rerum Hungaricarum et Transylvanicarum scriptisque eorumque antiquioribus, ordine alphabetico digestis. *Vienn.* 1774. 8.

Indes.

Elliot (H... M...). Biographical index to the historians of Muhummedan India. *Calcutta.* 1849. 4 vol. 8.

Livonie.

Gadebusch (Friedrich Conrad). Abhandlung von livländischen Geschichtsschreibern. *Riga.* 1772. 8.

Pays-Bas.

De Wind (S...). Bibliotheek der Nederlandsche geschiedschrijvers, of oordeelkundig overzigt der inlandsche geschiedschrijvers der Nederlanden, van de vroegste tijden af tot den jare 1815, etc. *Middelb.* 1831. 2 vol. 8.

Pologne.

Groddeck (Gabriel). De scriptoribus historiæ Poloniæ schediasma. *Dantisci.* 1707. 4.

HYMNOGRAPHES.

Wetzel (Johann Caspar). Hymnopœographia, oder historische Lebensbeschreibung der berühmtesten Liederdichter. *Hernstadt.* 1719-28. 4 parts. 8.

—— Analecta hymnica, etc. *Gothæ.* 1731. 2 vol. 8.

Kluge (Gottlob). Hymnopœographia Silesiaca, oder historische Lebensbeschreibung dererjenigen Schlesischen Liederdichter, derer Leben noch nie oder doch (nur) sehr kurz beschrieben worden. *Bresl.* 1751-55. 3 parts. 8.

Grischow (Johann Heinrich). Verzeichniss der bekannt gewordenen Verfasser der Lieder, so in den beyden Theylen des Freylinghausischen Gesangbuchs, etc., enthalten sind. *Halle.* 1753. 8.

Hoerner (Otto Friedrich). Nachrichten von den Liederdichtern des Augsburgischen Gesangbuches. *Nürnb.* 1770. 8. Augment. *Schwabach.* 1775. 8.

Grischow (Johann Heinrich). Kurzgefasste Nachricht von ältern und neuern Lieder-Verfassern, vermehrt und verbessert herausgegeb. von Johan Christian KIRCHNER. *Halle.* 1771. 8.

Heerwagen (Friedrich Ferdinand Traugott). Literatur-Geschichte der evangelischen Kirchenlieder, aus der alten, mittlern und neuern Zeit. Theil I. *Neustadt a. d. A.* 1792. 8. Theil II. *Schweinf.* 1797. 8. *Wien.* 1802. 2 v. 8.

(**Baetgen**, J... L...). Historische Nachrichten von dem Lüneburger Gesangbuche und dessen ältern und neuern Lieder-Verfassern. *Lüneb.* 1794. 8.

Johannsen (Johann Friedrich). Historisch-biographische Nachrichten von ältern und neuern geistlichen Liederdichtern. *Schlesw. et Leipz.* 1803. 8.

Richter (Gottfried Lebrecht). Allgemeines biographisches Lexicon alter und neuer geistlicher Liederdichter. *Leipz.* 1804. 8.

Stolz (Johann Jacob). Berichtigtes und möglichst voll-ständiges Verzeichniss der Verfasser des Bremischen Gesangbuchs, nebst der Angabe der Lieder, die jedem derselben entweder als ursprünglichem Verfasser oder als neuem Bearbeiter zugehört haben. *Brem.* 1818. 8.

Loeffler (Immanuel). Nachrichten von den Liederdich-tern des Gesangbuchs für die protestantische Gesammt-Gemeinde des Königreichs Bayern. *Sulzb.* 1819. 8.

Mohnike (Gottlieb). Die Dichter des Stralsundischen Gesangbuchs. *Strals.* 1830. 8.

—— Die Dichter, Lieder und Melodien des Stralsundi-schen Gesangbuchs. *Strals.* 1830. 8.

—— Die Dichter, Lieder und Melodien des vermehrten Kirchen- und Haus-Gesangbuchs für Neu-Vorpommern und Rügen. *Strals.* 1830. 8. *

* Ces trois écrits ont paru aussi s. c. titre commun : *Hymnologische Forschungen.*

Evers (Nicolaus Joachim Guilliam). Über die Lieder-dichter und Melodiendes Hamburgischen Gesangbuchs. *Hamb.* 1833. 8.

JURISCONSULTES.

Panciroli (Guido). De claris juris interpretibus libri IV. **Rutilius** (Bernardinus). Veterum jurisconsultorum vitæ. *Rom.* 1535. 8. *Lugd.* et *Argent.* 1538. 8. *Basil.* 1837. 4.

Fichard (Johann). Vitæ recentiorum jurisconsultorum. *Basil.* 1537. 4. *Patav.* 1565. 4. Réimprim. par Christian Gottfried HOFFMANN. *Frf.* et *Leipz.* 1721. 4.

Freymon (Johann Wolfgang). Elenchus omnium scrip-torum, qui in jure tam civili quam canonico claruerunt. *Frf.* 1579. 4.

Bertrandi (Jean). De vitis jurisperitorum. *Tolosæ.* 1617. 4.

Grotius (Willem). Vitæ jurisconsultorum quorum in Pandectis extant nomina. *Hag. Com.*, s. d. 4.

Ebert (Theodor). Eulogia jurisconsultorum et politico-rum, qui linguam hebraicam et reliquias orientales excoluerunt. *Frf. ad Viadr.* 1628. 4.

Henel (Nicolaus). Commentarius de veteris juriscon-sultis, quorum legibus justitiæ Romanæ templum ex-structum est. *Lips.* 1641. 8. *Ibid.* 1654. 8.

Leickher (Friedrich Jacob). Vitæ clarissimorum juris-consultorum. *Lips.* 1676. 8. *Ibid.* 1686. 8.

Historischer Schauplatz vornehmer und berühmter Staats-und Rechtsgelehrten. Erster Theil. *Frf.* et *Leipz.* 1710. 8. Zweiter Theil. *Berl.* 1715. 8.

Sincerus (Claudius). Vollständiges Leben und Schriften grosser Juristen. *Wittenb.* 1715-18. 3 vol. 8.

Francke (Johann Christoph). Vitæ tripartitæ jurisconsultorum veterum a Bernardino Rutilio, Joanne Bertrando et Guilielmo Grotio conscriptæ. *Halæ.* 1718. 4.

Taisand (Pierre). Vies des plus célèbres jurisconsultes de toutes les nations, tant anciens que modernes, (publ. par son fils). *Par.* 1721. 4. Avec des additions par Claude Joseph de FERRIÈRE. *Par.* 1737. 4. *

* Contenant la biographie de près de 500 jurisconsultes, dont 90 Français.

Buder (Christian Gottlieb). Vitæ clarissimorum jure-consultorum. *Jenæ.* 1722. 8.

Eisenhart, (Johann Friedrich). Institutiones historiæ juris litterariæ. *Helmst.* 1752. 8. *Ibid.* 1763. 8.

Nettelbladt (Daniel). Initia historiæ litterariæ juridicæ universalis. *Halæ.* 1764. 8. *Ibid.* 1774. 8.

Jugler (Johann Friedrich). Beiträge zur juristischen Biographie, oder genaue litterarische und critische Nachrichten von verstorbenen Rechtsgelehrten und Staatsmännern. *Leipz.* 1773-80. 6 vol. 8.

Biographien jetzt lebender Rechtsgelehrten mit ihren Bildnissen. *Marb.* 1782. 8.

Lieberkuehn (Christian Ludwig). Auctuarium imagi-num jurisconsultorum in indicem redactarum a Carolo Ferdinando HOMMEL. *Lips.* 1791. 8.

Koppe (Johann Christian). Lexicon der jetzt in Deutsch-land lebenden juristischen Schriftsteller und akademi-schen Lehrer. *Leipz.* 1793. 8. *

* Le tome premier et unique renferme les lettres A-L.

Puettmann (Josias Ludwig Ernst). Vitæ atque memoriæ excellentissimorum aliquot jurisconsultorum et litte-ratorum variis ab auctoribus litteris mandatæ, etc. *Lips.* 1796. 8.

Stepf (Johann Heinrich). Gallerie aller juridischen Au-toren, von der ältesten bis auf die neueste Zeit, mit ihren vorzüglichsten Schriften, nach alphabetischer Ordnung, etc. *Leipz.* 1820-23. 4 vol. 8. *

* Le IVe volume va jusqu'à la lettre K.

Allemagne.

Adam (Melchior). Vitæ Germanorum jurisconsultorum et politicorum, qui superiori seculo et quod excurrit floruerunt. *Heidelb.* 1620. 8.

Moser (Johann Jacob). Lexicon der jetzt lebenden Rechts-gelehrten in Teutschland, welche die Rechte öffentlich lehren oder sich sonst durch Schriften bekannt ge-macht haben. *Züllichau.* 1738. 8.

Jenichen (Gottlob August). Nachrichten von dem Leben und den Schriften der itzt lebenden Rechtsgelehrten in Deutschland. *Leipz.* 1759. 8.

Weidlich (Christoph). Geschichte der jetzt lebenden Rechtsgelehrten in Teutschland, in alphabetischer Ordnung. *Merseb.* 1748-49. 2 vol. 8.

—— Nachrichten von denen jetzt lebenden Rechtsge-lehrten. *Halle.* 1757-65. 6 vol. 8.

Maneke (Ulrich Friedrich Christian). Biographische Skizzen von den Kanzlern der Herzoge von Braun-schweig und Lüneburg, die Rechtsgelehrte gewesen sind. *Lüneb.* 1823. 8.

Autriche.

Zauner (Judas Thaddaeus). Biographische Nachrichten von den Salzburgischen Rechtslehrern, von der Stif-tung der Universität bis auf die gegenwärtigen Zeiten. *Salzb.* 1789. 8. Supplément. *Ibid.* 1797. 8.

Bavière.

Zeidler (Carl Sebastian). Vitæ professorum juris, qui in academia Altorfina inde ab ejus jactis fundamentis vixerunt. *Norimb.* 1770-87. 3 vol. 4. *

* Les deux derniers volumes ont été publiés par J... A... COLMAR.

France.

Bernard (N... N...). Speculum illustrium juris inter-pretum qui publice per quatuor secula professi vel interpretati sunt in universitate Avenionensi. *Avign.* 1712. 4.

Dupin (André Marie Jean Jacques). Manuel des étu-diants en droit et des jeunes avocats, etc. *Par.* 1835. 12. *

* Contenant, entre autres, une biographie par ordre alphabétique des jurisconsultes célèbres, surtout des jurisconsultes français.

Grande-Bretagne.

Welsby (W... N...). Lives of eminent English judges of the 17th and 18th centuries, containing the lives of sir Matthew Hale, lord Keeper Whitelocke, lord Not-tingham, sir John Holt, lord Cowper, lord Harcourt, lord Macclesfield, lord King, lord Talbot, lord Hard-wicke, sir William Blackstone, lord (Henry) Bathurst, lord Mansfield, lord Camden, lord Thurlow, lord Ashburton. *Lond.* 1846. 8.

Hesse-Darmstadt.

Waldmann (Philippe). Biographische Nachrichten von den Rechtslehrern auf der hohen Schule zu Mainz im XVIII Saeculo. *Mainz.* 1784. 8.

Hongrie.

Horvath (Ignaz Stephan). Bibliotheca jurisconsultorum Hungariæ. *Poson.* 1786. 8.

Naples.

(**Giustiniani**, Lorenzo). Memorie istoriche degli scrit-tori legali del regno di Napoli. *Napol.* 1787. 3 vol. 4.

Pays-Bas.

Mourik (Bernardus). Naamrol der rechtsgeleerde en historische schrijvers, welke over regtszaaken en voor-vallen in de rechten in Holland in 't Nederduitsch geschreven hebben. *Amst.*, s. d. (1728). 4.

Wal (Geraard de). Oratio de claris Frisiæ jurisconsul-tis ; acc. annotationes de vita, fatis et scriptis juriscon-sultorum. *Leovard.* 1825. 8.

Savoie.

Regis (Giuseppe Maria). Dizionario biografico di magis-trati e giureconsulti insigni della monarchia di Savoia. *Torin.* 1837. 8.

LÉGIONNAIRES
(MEMBRES DE LA LÉGION D'HONNEUR).

Babié de Bercenay (François) et **Grasset Saint-Sauveur** (Jacques). Archives de l'honneur, ou notices sur la vie militaire des généraux de brigade, adjudants-commandants, colonels, majors, chefs de bataillon et d'escadron, capitaines, lieutenants, sous-lieutenants et légionnaires; capitaines, lieutenants et sous-lieutenants de vaisseaux, frégates et corvettes de la marine française qui, par leurs belles actions, se sont illustrés. *Par.* 1805. 4 vol. 8.

Lavallée (Joseph). Annales nécrologiques de la Légion d'honneur, ou notices sur la vie, les actions d'éclat, les services militaires et administratifs, les travaux scientifiques et littéraires des membres de la Légion d'honneur, décédés depuis l'origine de cette institution. *Par.* 1807. 8. 15 portraits.

MAITRES-POÈTES, voy. MEISTERSAENGER.

MATHÉMATICIENS.

Ferri (Girolamo). Mundus mathematicus...

Baldi (Bernardino). Encomia de' matematici, o vero epitome dell' istoria delle vite loro, etc. *Urbin.* 1707. 4.

Frobes (Johann Nicolaus). Rudimenta biographiæ mathematicum. *Lips.* 1785. 4.

Montucla (Jean Etienne). Histoire des mathématiques. *Par.* 1758. 2 vol. 4. *Ibid.* 1799-1802. 4 vol. 4.

Bernouilli (Johann). Liste des astronomes connus actuellement. *Berl.* 1776. 8.

(**Hollenberg**, Georg Heinrich). Nachrichten von dem Leben und den Erfindungen der berühmtesten Mathematiker, in alphabetischer Ordnung. *Münst.* 1788. 8. (Assez rare.)

(**Braubach**, Daniel). Denkmal grosser Mathematiker. *Bremen.* 1800. 8.

Bohême et Moravie.

Wydra (Stanislaus). Historia mathescos in Bohemia et Moravia cultæ. *Prag.* 1778. 8. *
* Contient les vies des mathématiciens bohèmes et moraves.

Nuremberg.

Doppelmayer (Johann Gabriel). Historische Nachricht von den Nürnbergischen Mathematicis und Künstlern, welche durch ihre Schriften und Kunst-Bemühungen sich bekannt gemacht, etc. *Nürnb.* 1730. Fol.

Prusse.

Buck (Friedrich Johann). Lebensbeschreibungen der Preussischen Mathematiker und Oetter's insbesondere. *Königsb.* 1764. 4.

Wurtemberg.

Boek (August Friedrich). Abhandlung von den Gelehrten Würtembergs, welche sich um die Mathematik vorzüglich verdient gemacht haben. *Tübing.* 1767. 4.

MÉDAILLEURS.

Flad (Philipp Wilhelm Ludwig). Von berühmten Medailleurs und Münzgraveurs, nebst ihren Zeichen. *Heidelb.* 1751. 4.

MÉDECINS.

Champier (Symphorien). De medicinæ claris scriptoribus, veteribus ac recentioribus. *Lugd.* 1506. 8. *Ibid.* 1531. 8. *
* Publ. sous ce nom latinisé : Symphorius CAMPEGIUS.

Braunfels (Otto). Catalogus illustrium medicorum, s. de primis medicinæ scriptoribus, etc. *Argent.* 1550. 4.

Fuchs (Remacle). Illustrium medicorum, qui superiori seculo floruerunt ac scripserunt, vitæ; annexus medicorum catalogus, qui nostris temporibus scripserunt. *Par.* 1541. 8.

Duchatel (Pierre). Vitæ illustrium medicorum, qui toto orbe ad hæc usque tempora floruerunt. *Antwerp.* 1617. 8. *
* Publ. s. l. nom latinisé de Petrus CASTELLANUS.

Zacuto (Abraham). De medicorum principum historia. *Amst.* 1629. 12 vol. 8. *Ibid.* 1642. 12 vol. 8. *Lugdun.* 1642. Fol.

Manget (Jean Jacques). Bibliotheca scriptorum medicorum, in qua veterum et recentiorum virorum vitæ compendio enarrantur, opiniones et scripta recensentur, etc. *Genev.* 1731. 4 vol. Fol. Avec 16 portraits.

Kestner (Christian Wilhelm). Medicinisches Gelehrten-Lexicon, darinnen das Leben der berühmtesten Aerzte, sammt deren wichtigsten Schriften, etc. *Jena.* 1740. 4.

Mourik (Bernardus). Naamrol der medicinale, chirurgicale, chimicale, natuurkundige en astronomische schrijvers. *Amst.*, s. d. (1740.) 4.

Boerner (Friedrich). Nachrichten von den vornehmsten Lebensumständen und Schriften jetzt lebender berühmter Aerzte. I-II Zehend. *Wolfenb.* 1749. 5 parts. 8.

Eloy (Nicolas François Joseph). Dictionnaire historique de la médecine, avec l'histoire des plus célèbres médecins, etc. *Liége.* 1755. 2 vol. 8. Considérablement augmenté. *Mons.* 1778. 4 vol. 4.

Matthiæ (G...). Conspectus historiæ medicorum chronologicus. *Goetting.* 1761. 8.

Baldinger (Ernst Gottfried). Biographien jetzt lebender Aerzte und Naturforscher in und ausserhalb Teutschland. *Jenæ.* 1768. 8.

(**Goulin**, Jean). Mémoires littéraires, critiques, philologiques, biographiques et bibliographiques, pour servir à l'histoire ancienne et moderne de la médecine. *Par.* 1775-76. 2 vol. 4.

Carrère (Joseph Barthélemy François). Bibliothèque littéraire, historique et critique de la médecine ancienne et moderne, contenant l'histoire des médecins de tous les siècles, etc. *Par.* 1776. 2 vol. 4. *
* Cet ouvrage ne va que jusqu'au mot Coivart.

Black (William). Historical sketch of medecine and surgery, from their origin to the present time, and of the principal authors, discoveries, improvements, imperfections and errors. *Lond.* 1782. 8.
Trad. en allem. s. c. t. Entwurf einer Geschichte der Arzeneywissenschaft und Wundarzeneykunst, par J... C... F... SCHERF. *Lemgo.* 1789. 8.
Trad. en franç. s. c. t. Esquisse d'une histoire de la médecine et de la chirurgie, par N... N... CORAY. *Par.* 1798. 8. *
* A la fin de l'ouvrage on trouve un tableau chronologique des auteurs qui ont écrit sur la médecine, etc.

Blumenbach (Johann Friedrich). Introductio in historiam medicinæ litterariam. *Goetting.* 1786. 8.

Metzger (Johann Daniel). Skizze einer pragmatischen Literär-Geschichte der Medicin. *Königsb.* 1792. 8. Supplém. *Ibid.* 1796. 8.

Eycken (Gerhard Wilhelm v.). Gedächtnissblätter, enthaltend Nachrichten von dem Leben und Character verdienter Aerzte und Naturforscher. *Elberf.* 1796. 8. (Non terminé.)

Knebel (Immanuel Gottlieb). Versuch einer chronologischen Übersicht der Literaturgeschichte der Arzeney-Wissenschaft, etc. *Bresl.* 1799. 8.

Hutchinson (B...). Biographia medica, or historical and critical memoirs of the life and writings of the most eminent medical characters, from the earliest account to the present period, with a catalogue of their literary productions. *Lond.* 1799. 2 vol. 8.

Kortum (Carl Arnold). Skizze einer Zeit-und Literaturgeschichte der Arzeneikunst, von ihrem Ursprunge an bis zu Anfange des 19ten Jahrhunderts. *Unna.* 1810. 8. Portrait de l'auteur.

Hanin (Louis). Vocabulaire médical, suivi du dictionnaire biographique des médecins célèbres de tous les temps, avec l'indication des meilleurs ouvrages qu'ils ont publiés, etc. *Par.* 1811. 8.

Biographie médicale, par JOURDAN et DESGENETTES. *Par.* 1820-25. 7 vol. 8.

(**Rubempré**, Morel). Biographie des médecins, etc. *Par.* 1826. 52.

Callisen (Adolf Carl Peter). Medicinisches Schriftsteller-Lexicon. *Copenh.* 1850-45. 33 vol. 8.

Weyland (Gustav Theodor). Gallerie der ausgezeichnetsten Aerzte aller Jahrhunderte, ihre Portraits und Biographien. *Par.* 1834-35. 4. *
* Il n'en a paru que deux livraisons, contenant les vies

et les portraits d'Esculape, Ambroise Paré, Edward Jenner, Samuel Theodor Soemmering, André Vésale, Antonio Scarpa et Johann Christian Reil.

Remer (Carl Julius Wilhelm Peter). Erinnerungen an die gefeiertsten Chirurgen der neuern Zeit. *Bresl.* 1843. 8.

Bartholin (Thomas). De medicis poetis dissertatio. *Hafn.* 1669. 8.

Moerlin (Johann Christoph). Medici ab ecclesia pro sanctis habiti, s. l. 1709. 4.

Moehsen (Johann Carl Wilhelm). Commentatio de medicis equestri dignitate ornatis. *Norimb.* 1767. 4.

Allemagne.

Adam (Melchior). Vitæ Germanorum medicorum, qui seculo superiori, et quod excurrit, claruerunt ad annum usque 1620. *Frf.* 1620. 8. *Ibid.* 1705. Fol.

Elwert (Johann Caspar Philipp). Nachricht von dem Leben und den Schriften jetzt lebender deutscher Aerzte, Wundärzte, etc. *Hildesh.* 1799. 8. (Tome Ier et unique.)

Amérique.

Thacher (James). American medical biography. *Boston.* 1828. 2 vol. 8.

Arabie.

Amoreux (Pierre Joseph). Essai historique et littéraire sur la médecine des Arabes. *Montpell.* 1805. 8.

Bavière.

Grienwaldt (F... J...). Album Bavariæ jatricæ, s. catalogus celebrium aliquot medicorum, qui suis in Bavariæ scriptis medicinam exornarunt ab anno 1450, etc. *Monach.* 1753. 8.

Baier (Johann Jacob). Biographia professorum medicinæ, qui in academia Altorfina vixerunt. *Norimb.* et *Altorf.* 1728. 4.

Belgique.

Broeckx (Charles). Essai sur la médecine belge avant le xixe siècle. *Brux.* 1838. 4. Portraits. (Couronné par la Société de médecine de Gand.)

Brême.

Biographische Skizzen verstorbener Bremischer Aerzte und Naturforscher. *Brem.* 1844. 8.

Danemark.

Bartholin (Thomas). Cista medica Hafniensis. *Hafn.* 1652. 8.

Winther (M...). Bibliotheca Danorum medica, s. plenus conspectus litterarum medicarum et hisce affinium in Dania, Norvegia, Holsatia usque ad annum 1832. *Hafn.* 1832. 8.

Espagne.

Morejon (A... F...). Historia bibliografica de la medecina española. *Madr.* 1842-44. 4 vol. 8.

France.

Hazon (Jacques Albert). Notice des hommes les plus célèbres de la Faculté de médecine en l'université de Paris, depuis 1110 jusqu'en 1750 inclusivement. (Extrait du manuscrit de feu Thomas Bernard Bertrand.) *Par.* 1778. 4.

Sachaile (de la Barre)* (N... N...). Les médecins de Paris, jugés par leurs œuvres, ou statistique scientifique et morale des médecins de Paris. *Par.* 1845. 8.
   * Le véritable nom de l'auteur est Lachaise.

Pointe (Jean Pierre). Notice historique sur les médecins du grand Hôtel-Dieu de Lyon. *Lyon.* 1826. 8.

Astruc (Jean). Mémoires pour servir à l'histoire de la Faculté de médecine de Montpellier, publ. par Anne Charles Lorry. *Par.* 1767. 4.

Grande-Bretagne.

Aikin (John). Specimen of the medical biography of Great Britain. *Lond.* 1777. 8.

—— Biographical memoirs of medicine in Great Britain, from the revical of litterature to the time of (William) Harvey. *Lond.* 1780. 8.

Pettigrew (Thomas Joseph). Medical portraits gallery. Biographical memoirs of the most celebrated physicians, surgeons, etc. *Lond.* 1840. 4 vol. 8.

Grèce.

Wohlfarth (Johann August). Biographie der griechischen Aerzte, zusammengetragen aus der *Geschichte der Medizin* des Th. Clerc. *Halle.* 1770. 8.

Index medicorum inter Græcos Romanosque. *Leipz.* 1829. 4.

Hambourg.

Thiess (Johann Otto). Zur Biographie Hamburgischer Aerzte. *Helmst.* 1782. 2 parts. 8.

Hongrie et Transylvanie.

(**Wesprim**, Stephan). Succincta medicorum Hungariæ et Transylvaniæ biographia; centuria I. *Lips.* 1775-78. 2 parts. 8.

Italie.

Schivardi (Antonio). Biografia de' medici illustri Bresciani. *Bresc.* 1839. 8.

Pescetto (Giovanni Battista). Biografia medica Ligure. *Torin.* 1846-47. 2 vol. 8.

Minicucci (Attilio). Quadro biografico de' piu distinti medici e chirurgi Lucchessi. *Lucca.* 1843. 8.

Corte (Bartolommeo). Notizie istoriche intorno ai medici scrittori Milanesi, etc. *Milan.* 1718. 4.

Bonino (Giovanni Giacomo). Biografia medica Piemontese. *Torin.* 1824. 2 parts. 8.

Mandosio (Prospero). Theatrum, in quo maximos christiani orbis pontificum archiatros spectandos præbet. *Rom.* 1696. 4. (Rare et curieux.)

Marini (Gaetano Luigi). Vite degli archiatri pontefici. *Rom.* 1784. 2 vol. 4.

Levi (M... G...). Ricordi intorno agl' incliti medici e farmacisti, che praticarano loro arte in Venezia dopo l'anno 1740, etc. *Venez.* 1835. 8.

Juifs.

Carmoly (Éliacin). Histoire des médecins juifs anciens et modernes. *Brux.* 1844. 8. (Tome premier et unique.)

Prusse.

Loewenstein (Jacob Samuel). Biographien und Schriften der ordentlichen Professoren der Medicin an der Hochschule zu Frankfurt a. d. O. in den Jahren 1506-1811, s. l. et s. d. (*Bresl.*) 8. (Extrait du journal *Janus.*)

Scheffel (Christian Stephan). Vitæ professorum medicinæ, qui in academia Gryphiswaldensi a primis ejus initiis usque ad finem anni ipsius sæcularis tertii vixerunt. *Gryphisw.* 1757. 8. *Ibid.* 1766. 8.

Boerner (Friedrich). Memoria professorum medicinæ in academia Wittembergensi, inde a primis illius initiis renovata, specimen I. *Witteb.* 1755. 4. Specimen II. *Lips.* 1756. 4.

Suède.

Sacklén (Johan Fredrik). Sveriges Läkare-Historia ifrän Konung Gustaf I's till närwarande Tid, publ. par A... Hilarion Wistrand. *Stockh.* 1853. 8.

MEISTERSAENGER
(MAÎTRES POÈTES).

Wagenseil (J... A...). De phonascorum, vulgo, von der Meistersinger origine, præstantia, utilitate et institutis. *Altorf.* 1697. 4.

MINISTRES.

Wagenseil (Christian Jacob). Geschichte gefallener Minister, Feldherren und Staatsmänner, etc. *Carlsr.* 1823-24. 2 vol. 8. *Ibid.* 1833. 2 vol. 8.

Dictionnaire de tous les ministres depuis la constitution de 1791 jusqu'à nos jours (1825). *Par.* 1825. 8.

Biographies des ministres français, depuis juillet 1789 jusqu'à ce jour (1826). *Par.* 1826. 8. Corrig. et augm. de 28 articles nouveaux et de notes, etc. *Brux.* 1826. 8.

Magallon (Dominique). Petit dictionnaire ministériel. *Par.* 1827. 32.

Saint-Edme (Edme Théodore **Bourg**, dit). Biographie des lieutenants généraux, ministres, directeurs généraux, chargés d'arrondissements, préfets de la police en France, et de ses principaux agents. *Par.* 1829. 8. (Ouvrage épuisé.)

MUSICIENS.

Walther (Johann Georg). Musicalisches Lexicon, oder musicalische Bibliothek, darinnen nicht allein die Musici, welche sowohl in alten, als neuern Zeiten, ingleichen bey verschiedenen Nationen, sich hervorgethan und was von jeden bekannt worden, oder er in Schriften hinterlassen, angeführet wird, etc. *Leipz.* 1732. 8.

Mattheson (Johann). Gloria musica, oder Grundlage einer Ehrenpforte, worin der tüchtigsten Capellmeister, Componisten, etc. Leben, Werke, Verdienste erscheinen sollen. *Hamb.* 1740. 4.

(Gruber, Johann Siegmund). Biographie einiger Tonkünstler. *Frf. et Leipz.* 1790. 8.

Gerber (Ernst Ludwig). Historisch-biographisches Lexicon der Tonkünstler, welches Nachrichten von dem Leben und den Werken musikalischer Schriftsteller, berühmter Componisten, Sänger, etc., enthält. *Leipz.* 1790-92. 2 vol. 8. (Peu commun.)

— — Neues historisch-biographisches Lexicon der Tonkünstler, etc. *Leipz.* 1812-14. 4 vol. 8. *

   * Nouvelle édition augmentée du dictionnaire précédent.

Siebigke (Anton Ludwig Leopold). Museum deutscher Tonkünstler in Kupfern und schriftlichen Abrissen. *Bresl.* 1800-01. 2 vol. 8.

Choron (Alexandre Etienne) et **Fayolle** (François Joseph Marie). Dictionnaire historique des musiciens, artistes et amateurs, morts ou vivants, qui se sont illustrés en une partie quelconque de la musique et des arts qui y sont relatifs, etc. *Par.* 1810-11. 2 vol. 8. *

   * Cet ouvrage est devenu rare, parce que la plupart des exemplaires, avant d'être distribués, ont été consumés par l'incendie de l'imprimerie.

Bertini (Giovanni). Dizionario storico-critico degli scrittori di musica e de' più celebri artisti di tutte le nazione. *Palerm.* 1814-15. 4 vol. 4.

(Arnold, Ignaz Ferdinand). Gallerie der berühmtesten Tonkünstler des achtzehnten Jahrhunderts; ihre kurze Biographien, characterisirende Anecdoten und ästhetische Darstellung ihrer Werke. *Erfurt.* 1816. 2 vol. 8. Dictionary of musicians, from the earliest ages to the present time; comprising the most important biographical contents of the works of Gerber, Choron, Fayolle, count Orloff, Dr. (Charles) Burney, sir John Hawkins. *Lond.* 1825. 2 vol. 8.

Rassmann (Friedrich). Pantheon der Tonkünstler, oder Gallerie aller bekannten, verstorbenen und lebenden Tonsetzer, Virtuosen, Musiklehrer, musikalischer Schriftsteller, etc., des In- und Auslandes; nebst biographischen Notizen, etc. *Quedlinb.* 1831. 8.

Grossmann (G… Benjamin). Chronologisches Verzeichniss vorzüglicher Beförderer und Meister der Tonkunst. nebst einer kurzen Übersicht ihrer Leistungen. *Mainz.* 1831. 8.

Maltitz (Gottfried August v.). Biographien ausgezeichneter Componisten, Virtuosen, etc. *Hamb.* et *Itzehoe.* 1833, 3 parts. 8.

Gathy (August). Musikalisches Conversations-Lexicon. *Hamb.* 1835. 8.

Schilling (Gustav). Encyclopädie der gesammten musikalischen Wissenschaften, oder Universal-Lexicon der Tonkunst. *Stuttg.* 1835-42. 6 vol. 8. *

   * Le dernier volume contient un supplément.

Hirsch (Rudolph). Gallerie lebender Tondichter. Biographisch-kritischer Beitrag. *Güns.* 1836. 16.

Lichtenthal (Peter). Dizionario e bibliografia della musica. *Milan.* 1837-40. 4 vol. 8.

Fétis (François Joseph). Biographie universelle des musiciens et bibliographie générale de la musique. *Brux.* 1838-44. 8 vol. 8. *

   * L'auteur de cet ouvrage très-estimable prépare, dit-on, une nouvelle édition de son travail.

Warren (Joseph). Biographical dictionary of deceased musicians, from the earliest periods to the present time; consisting of five thousand nams of composers, etc. *Lond.* 1845. 8. (Non terminé.)

Bavière.

Lipowsky (Felix Joseph). Baiersches Musik-Lexicon. *Münch.* 1811. 8. Portrait.

Belgique.

Fétis (Édouard). Les musiciens belges. *Brux.*, s. d. (1851). 8. Portraits.

Hesse-Électorale.

(Appell, David v.). Gallerie der vorzüglichsten Tonkünstler und merkwürdigsten Musik-Dilettanten in Cassel, vom Anfange des 16ten Jahrhunderts bis auf gegenwärtige Zeiten. Ein Beitrag zur Hessischen Kunstgeschichte. *Cassel.* 1806. 8.

Naples.

Villarosa (marchese di). Memorie dei compositori di musica del regno di Napoli. *Napol.* 1840. 8.

Silésie.

Hoffmann (Carl Julius). Die Tonkünstler Schlesiens. Ein Beitrag zur Kunstgeschichte Schlesiens vom Jahre 960 bis 1830, enthaltend biographische Notizen über schlesische Componisten, musikalische Schriftsteller, etc. *Bresl.* 1831. 8. *

   * Dictionnaire biographique des compositeurs, etc., de Silésie.

Kossmaly (N… N…) et **Carlo** * (N… N…). Schlesisches Tonkünstler-Lexicon, enthaltend die Biographien aller Schlesischen Tonkünstler, Componisten, etc. *Bresl.* 1846-47. 4 livraisons 8. (Non terminé.)

   * Auteur pseudonyme.

ORDRES RELIGIEUX.

Augustins.

Graziani (Tommaso). Anastasis Augustana, in qua scriptores ordinis Eremitarum S. Augustini, qui ab hinc sæculis duabus vixerunt, digesti sunt. *Antwerp.* 1613. 8.

Curtius (Cornelius). Virorum illustrium ex ordine Eremitarum D. Augustini elogia. *Antwerp.* 1636. 4. Port.

Torelli (Luigi). Ristretto delle vite degli uomini e degli donne illustri dell' ordine Agostiniano, etc. *Bologn.* 1647. 4.

Elssius (Petrus). Encomiasticon Augustinianum, in quo persones ordinis Eremitarum S. Augustini, scriptis, etc., præstantes enarrantur. *Brunsv.* 1654. Fol.

Gandolfi (Domenico Antonio). Dissertatio historica de ducentis celeberrimis Augustinianis scriptoribus, etc. *Rom.* 1704. 4.

Ossinger (Johann Felix). Bibliotheca Augustiniana historica, critica et chronologica, in qua 1400 Augustiniani ordinis scriptores, eorumque opera tam scripta, quam typis edita invenientur. *Ingolst. et Aug. Vind.* 1768. Fol.

Béguines.

Moulaert (B… C… B…). Het groot Beggynhof van Gent. *Gent.* 1850. 8. *

   * Contenant la biographie des principales religieuses de cet établissement et une liste de leurs confesseurs depuis l'an 1500 jusqu'en 1850.

Bénédictins.

Weiss (M…). Lyceum Benedictinum, s. de S. Alcuino aliisque bonarum litterarum ex ordine S. Benedicti professoribus publicis et eorum scriptis. *Par.* 1661. 12.

Pez (Bernhard). Bibliotheca Benedictino-Mauriana, s. de ortu, vitis et scriptis patrum Benedictorum e celeberrima congregatione S. Mauri in Francia, libri II. *Aug. Vind.* 1716. 8.

Lecerf (Philippe). Bibliothèque historique et critique des auteurs de la congrégation de S. Maur, où l'on fait voir quel a été leur caractère particulier, et où l'on donne un catalogue exact de leurs ouvrages, etc. *La Haye.* 1726. 8.

Armellini (Mariano). Bibliotheca Benedictino-Casinensis congregationis, alias S. Justinæ Patavinæ operum ac gestorum notitiæ, etc. *Rom.* 1731-54. 4 vol. Fol.

Ziegelbauer (Magnoald). Historia rei litterariæ ordinis S. Benedicti, augment. par Oliverius LEGIPONTIUS. *Aug. Vind.* et *Herbipol.* 1754. 4 vol. Fol.

(Tassin, René Prosper). Histoire littéraire de la congrégation S. Maur. *Brux.* et *Par.* 1770. 4. Trad. en allem. s. c. t. Gelehrten - Geschichte der Congregation von S. Maur, etc. (par A... RUDOLPH, avec des annotations par Johann Georg MEUSEL). *Frf.* et *Leipz.* 1773-77. 2 vol. 8.

(François, Jean). Bibliothèque générale des écrivains de l'ordre de S. Benoit, contenant une notice exacte des ouvrages de tout genre, composés par les religieux du même ordre, par un bénédictin de la congrégation de S. Vannes. *Bouillon.* 1777. 4 vol. 4.

Kropff (Martin). Bibliotheca Mellicensis, s. vitæ et scripta inde a sexcentis et eo amplius annis Benedictinorum Mellicensium, etc. *Vindob.* 1747. 4.

Camaldules.

Ziegelbauer (Magnoald). Centifolium camaldulense, s. notitia scriptorum camaldulensium. *Venet.* 1750. Fol.

Capucins.

(Toselli, Floriano). Bibliotheca scriptorum ordinis minorum S. Francisci Capucinorum, etc. *Genov.* 1691. 4. * Rev. et augment. par BERNARDO A BONONIA. *Venet.* 1747. Fol.

　　* Publ. s. le nom de DIONYSIUS GENUENSIS.

Carmes.

Trithemius (Joannes). Carmelitana bibliotheca, s. illustrium aliquot Carmelitanæ religionis scriptorum et eorum operum catalogus, auctus recognitus, annotationibus illustratis, etc., ordine alphabetico digestus a Petro Lucio. *Florent.* 1593. 4.

Villiers a Sancto Stephano (Cosmas de). Bibliotheca Carmelitana, notis criticis et dissertationibus illustrata, etc. *Aureliani.* 1649. Fol. Augment. *Ibid.* 1752. 2 vol. Fol.

Martialis a Joanne Baptista. Bibliotheca scriptorum utriusque congregationis et sexus Carmelitarum excalceatorum, collecta. *Burdigal.* 1730. 4.

Pensa (Giuseppe Maria). Teatro degli uomini più illustri della famiglia Carmelitana di Mantova. *Mantov.* 1618. 4.

Chartreux.

Lemire (Aubert). Bibliotheca Carthusiana, s. illustrium Carthusiensis ordinis scriptorum catalogus, etc. *Col. Agr.* 1609. 8. *

　　* Publ. s. l. nom latinisé de A... MIRÆUS.

Cîteaux.

Henriquez (C...). Phœnix reviviscens, s. ordinis Cisterciensis scriptorum Angliæ et Hispaniæ series. *Brux.* 1626. 4.

Visch (Charles de). Bibliotheca scriptorum sacri ordinis Cisterciensis, elogiis adornata, etc. *Douai.* 1649. 4. *Col. Agr.* 1656. 4.

Clercs réguliers.

Celsus de Rosinis. Lycæum Lateranense, illustrium scriptorum sacri apostolici ordinis clericorum canonicorum regularium Salvatoris Lateranensis elogia, etc., libri XX digesta, in quibus eorum opera edita recensentur editionesque notantur, etc. *Cæsenæ.* 1649. 2 vol. Fol.

Sarteschi (Francesco). De scriptoribus congregationis clericorum regularium matris Dei. *Rom.* 1753. 4.

Vezzozi (Antonio Francesco). Gli scrittori de' chierici regolari detti Teatini. *Rom.* 1780. 2 vol. 4.

Cluny (abbés de).

Marrier (Martin). Bibliotheca Cluniacensis, in qua sanctorum patrum abbatum Cluniacensium vitæ, miracula, scripta, etc. *Par.* 1614. Fol.

Dominicains.

Pio (Michele). Delle vite degli uomini illustri dell' ordine di S. Domenico. *Padov.* 1615. Fol.

Michaele (G...). Progenie di S. Domenico in Italia, con le vite di tutti gli uomini illustri dell' ordine suddetto. *Bologn.* 1615. 5 vol. Fol.

Touron (Antoine). Histoire des hommes illustres de S. Dominique. *Par.* 1743-49. 6 vol. 4.

Franciscains.

Willot (H...). Athenæ orthodoxorum sodalitii Franciscani, qui vel selecta eruditione, vel floriodore eloquentia, vel editis scriptis sanctissimæ Dei sponsæ romanæ operam navarunt. *Leod.* 1598. 8.

Franchini (Giovanni). Bibliosofia e memorie litterarie di scrittori Francescani conventuali, che hanno scritto doppo l' anno 1585, etc. *Moden.* 1693. 4.

Josephus a Sancto-Antonio. Bibliotheca universa Franciscana, s. alumnorum trium ordinum S. Francisci, qui ab ordine seraphico condito usque ad præsentem diem latina vel alia quavis lingua scripta aliquid consignarunt, encyclopedia. *Matriti.* 1732. 3 vol. Fol.

Frères prêcheurs.

Alberti (Leandro). De viris illustribus ordinis prædicatorum, libri VI in unum congesti. *Bonon.* 1577. Fol.

Frachet (Gérard de). Vitæ fratrum ordinis prædicatorum. *Duaci.* 1619. 4. *Valencia.* 1657. 4.

Quétif (Jacques) et **Echard** (Jacques). Scriptores ordinis prædicatorum recensiti, notisque historicis et criticis illustrati, etc. *Par.* 1719-21. 2 vol. Fol.

Rovetta (A...). Bibliotheca chronologica illustrium virorum provinciæ Lombardiæ, s. ordinis prædicatorum, qui ab ordine condito ad hæc usque tempora in ecclesiæ utilitatem calamum acuerunt. *Bonon.* 1691. Fol.

Cavalieri (Giovanni Michele). Galleria de' sommi pontefici, patriarchi, arcivescovi e vescovi dell' ordine de' predicatori. *Benevent.* 1796. 2 vol. 4.

Jésuites.

Ribadeneira (Pedro). Catalogus scriptorum religionis societatis Jesu. *Rom.* (?) 1608. 8. *Lugdun.* 1609. 8. *Antw.* 1613. 8.

Alegambe (Philippe). Bibliotheca scriptorum societatis Jesu, post excusum anno 1608 catalogum Petri Ribadeneiræ, nunc hoc novo apparatu librorum ad annum 1642 editorum concinnata. *Antwerp.* 1643. Fol.

Southwell (Nathaniel). Bibliotheca scriptorum societatis Jesu, opus inchoatum a R. P. P. Ribadeneira anno 1602, continuata a Philippo ALEGAMBE ad annum 1642, nunc denuo recognita ac producta. *Rom.* 1675. Fol.

Caballero (Raymundo Diosdado). Bibliothecæ scriptorum societatis Jesu supplementum alterum. *Rom.* 1816. 4.

Backer (Augustin et Alois de). Bibliothèque des écrivains de la compagnie de Jésus, ou notices bibliographiques de: 1° tous les ouvrages publiés par les membres de la compagnie de Jésus, depuis la fondation de l'ordre jusqu'à nos jours, 2° des apologies, des controverses religieuses, des critiques littéraires et scientifiques suscitées à leur sujet. Première série, A-Z. *Liége.* 1853. 8. Deuxième série, A-Z. *Liége.* 1854. 8.

　　* L'ouvrage se composera de cinq ou six volumes. Cette bibliographie donne aussi de courtes notices biographiques sur chaque écrivain.

Alegambe (Philippe). Mortes illustres et gesta eorum, qui in odium fidei ab hæreticis vel aliis occisi sunt. *Rom.* 1657. Fol. *

　　* Biographie générale des jésuites, morts martyrs de leur foi.

— — Heroes et victimæ charitatis societatis Jesu. *Rom.* 1658. 8. *

　　* Biographie des jésuites morts en soignant les malades.

Andrada (Alonso de). Varones ilustres de la compañia de Jesus. *Madr.* 1672. 2 vol. Fol.

Tanner (Matthias). Societas Jesu usque ad sanguinis et vitæ profusionem in Europa, Asia, Africa et America militans, s. vitæ et mortes eorum, qui in causa fidei interfecti sunt. *Prag.* 1675. Fol.

Tableaux des personnages signalés de la compagnie de Jésus. *Douai.* 1623. 8.

Un jésuite par jour. *Par.* 1825. 12.

Collin de Plancy (Jacques Auguste Simon). Biographie pittoresque des jésuites, ou notices abrégées, théologiques et historiques sur les jésuites célèbres. *Par.* 1826. 32.

Smets (Wilhelm). Was that der Jesuiten-Orden für die Wissenschaften ? Verzeichniss der vorzüglichsten Schriftsteller dieses Ordens. *Aachen.* 1833. 8.

Généraux de l'ordre des jésuites.

1. S. Ignace de Loyola, Espagnol, élu en 1541, mort en 1556.
2. Jacques Lainez, de Siguenza, élu en 1558.
3. S. Francisco de Borgia, duc de Gandia, Espagnol, élu en 1568.
4. Everard Mercurien, Belge, élu en 1573.
5. Claudio Aquaviva, de Naples, élu en 1581.
6. Muzio Vitelleschi, de Rome, élu en 1615.
7. Vincenzo Caraffa, de Naples, élu en 1646.
8. Francesco Piccolomini, de Sienne, élu en 1649.
9. Alessandro Gothefridi, de Rome, élu en 1652.
10. Goswin Nickel, de Juliers, élu en 1662.
11. Giovanni Paolo Oliva, de Gênes, élu en 1664.
12. Charles de Noyelle, de Bruxelles, élu en 1682, † 1686.
13. Thyrso Gonzalez, Espagnol, élu en 1697.
14. Michel-Angelo Tamburini, Italien, élu en 1706.
15. Franz Retz, de Prague, élu en 1730.
16. Ignazio Visconti, de Milan, élu en 1751.
17. Luigi Centurioni, de Gênes, élu en 1755.
18. Lorenzo Ricci, de Florence, élu en 1758.

Supprimé en 1773 par le pape Clément XIV (Ganganelli), l'ordre fut toléré en Russie sous la direction successive de trois Lithuaniens : Czerniewicz, Linkiewicz et Caren. Il fut rétabli en 1801 par le pape Pie VII.

19. Franz Xaver Caren, Lithuanien, élu en 1801.
20. Gabriel Gruber, Allemand, élu en 1802.
21. Thaddæus Brezokowski, Polonais, élu en 1814.
22. Luigi Fortis, Italien, élu en 1820.
23. Jan Philippus Roothaan, d'Amsterdam, élu en 1829, mort en 1853.
24. Le R. P. Beckx, né à Sichem (Belgique), le 8 février 1795, élu en 1854.

De ces 24 généraux on compte 11 Italiens, 4 Espagnols, 3 Allemands, 3 Belges, 2 Polonais et 1 Hollandais.

Minimes.

Wadding (Luc). Scriptores ordinis Minorum fratrum, etc. *Rom.* 1650. Fol.

Josephus a Sancto Antonio. Bibliotheca Minorum fratrum. *Salamant.* 1728. 2 vol. 4.

Oratoriens.

Villarosa (marchese di). Memorie degli scrittori Filippini ossia della congregazione dell' Oratorio di S. Filippo Neri. *Napol.* 1846. 4.

Piaristes.

Bielski (Martin). Vitæ Piaristarum. *Cracov.* . . . .

Prémontrés.

Lepaige (Jean). Bibliotheca Præmonstratensis ordinis. *Par.* 1633. Fol. *

   * Divisé en 2 parties dont la première est dédiée à Urbain VIII et la seconde au cardinal-duc de Richelieu.

Trappistes.

Relations de la vie et de la mort de quelques religieux de l'abbaye de la Trappe. *Par. et Brux.* 1702. 12. (2e édition.) *

   * Cet ouvrage est divisé en deux parties. La seconde porte pour titre : *Instruction sur la mort de Dom Muce*, etc.

PAIRS DE FRANCE.

Notices biographiques sur les nouveaux pairs de France, nommés par l'ordonnance du 5 mars 1819. *Par.* 1819. 8. *

   * Contenant la vie de 60 pairs, classés par ordre alphabétique.

Raban (N... N...). Petite biographie des pairs. *Par.* 1826. 32.

PAPES.

Oldoini (Agostino). Necrologium pontificum ac pseudopontificum Romanorum, cum notis. *Rom.* 1671. 8.

—— Athenæum romanum, in quo summorum pontificum ac pseudopontificum, nec non S. R. E. cardinalium et pseudo-cardinalium scripta publice exponuntur. *Perusiæ.* 1676. 4.

—— Catalogus eorum, qui de romanis pontificis scripserunt, publ. par Johann Georg MEUSCHEN. *Frf.* 1752. 4.

Eggs (Georg Joseph). Pontificium doctum, s. vitæ, res gestæ, obitus eorum præcipue, qui ingenio, doctrina, eruditione, scriptis, libris editis, a S. Petro usque ad Clementem XI, inclaruere, etc. *Col. Agr.* 1718. Fol.

Bosquet (François de). Pontificum romanorum qui e Gallia oriundi in ea sederunt, historia ab anno 1305 ad annum usque 1394. *Par.* 1632. 8. Trad. en franç. *Toulouse.* 1632. 8.

Baluze (Etienne). Les vies des papes d'Avignon. *Par.* 1693. 2 vol. 4.

La Vicomterie (Louis de). Crimes des papes depuis S. Pierre jusqu'à Pie VI. *Par.* 1792. 2 vol. 18. (Fort rare.) *Ibid.* 1830. 2 vol. 18.

PEINTRES.

Vasari (Giorgio). Vite de' più eccellenti pittori, scultori ed architetti. *Firenz.* 1550. 3 vol. 4. *Ibid.* 1568. 3 vol. 4. *Bologn.* 1647. 3 vol. 4. Corrigé et augmenté (par Giovanni BOTTARI). *Rom.* 1759-60. 3 vol. 4. *Livorn.* 1767-72. 7 vol. 4. *Firenz.* 1771. 7 vol. 8. *Siena.* 1791-98. 11 vol. 8. *Milan.* 1807. 16 vol. 8. *Venez.* 1828. 20 vol. 16. Avec des annotations (par Giovanni MASSELLI). *Firenz.* 1838. 2 vol. 8.

   Trad. en franç. :

      Par Charles Claude LE BAS DE COURMONT. *Par.*; an XI (1803). 3 vol. 8.

      Par Léopold LECLANCHÉ et commentées par N... N... JEANRON. *Par.* 1839-42. 10 vol. 8. (Orné de 121 portraits.)

Baglione (Giovanni). Vite de' pittori, scultori, architetti ed intagliatori dal pontificato di Gregorio XIII sino ai tempi del papa Urbano VIII nel 1642. *Rom.* 1642. 4. *Ibid.* 1649. 4. Réimprim. avec la vie de Salvatore Rosa, par Giovanni Battista PASSERI. *Napol.* 1733. 4.

Félibien (André). Entretiens sur les vies et les ouvrages des plus excellents peintres anciens et modernes. *Par.* 1685. 5 vol. 4, ou 5 vol. 12.

Orlandi (Francesco Pellegrino Antonio). Abecedario pittorico, nel quale sono descritte le vite degli antichissimi pittori, scultori ed architetti. *Bologn.* 1710. 4. *Napol.* 1733. 4. Augment. par Pietro GUARIENTI. *Venez.* 1753. 4. Continué par Francesco FUGA. *Firenz.* 1776. 2 vol. 4. *Ibid.* 1778. 2 vol. 4.

Piles (Roger de). Abrégé de la vie des peintres. *Par.* 1715. 12. Trad. en allem. par Paul Jacob MARPERGER. *Hamb.* 1716. 12.

Bellori (Giovanni Battista). Vite de' pittori, scultori ed architetti moderni, co' loro ritratti al naturale. *Rom.* 1728. 4.

Pascoli (Lione). Vite de' pittori, scultori ed architetti moderni. *Rom.* 1730-36. 2 vol. 4.

(Dezallier d'Argenville, Antoine Joseph). Abrégé de la vie des plus fameux peintres, avec leurs portraits, les indications de leurs principaux ouvrages, quelques réflexions sur leurs caractères et la manière de connaître les dessins et les tableaux des grands maîtres. *Par.* 1742. 3 vol. 4. *Ibid.* 1762-64. 4 vol. 8. Portraits.

   Trad. en allem. par Johann Jacob VOLKMANN. *Leipz.* 1767-68. 4 vol. 8.

   Trad. en holland. s. c. t. Toncel der uitmundende schilders van Europa en bijzonder van Nederland. *S'Hage.* 1752. 8. Portraits. *

   * C'est le seul volume qui ait été publié de cette traduction.

Harms (A... F...). Tables historiques et chronologiques des plus fameux peintres anciens et modernes. *Wolfenb.* et *Brunsvic.* 1742. Fol. *Ibid.* 1750. Fol.

Fontenai (Louis Abel de **Bonafons**). Dictionnaire des artistes. *Par.* 1767-77. 2 vol. 12.

Pilkington (Matthew). Dictionary of painters, extracted

from the most authentic writers, who have treated on the subject in painting, in latin, italian, spanish, english, french and low dutch, etc. *Lond.* 1770. 4. *Ibid.* 1805. 4. *Ibid.* 1824. 2 vol. 8. *Ibid.* 1829. 2 vol. 8.

Fuessli (Johann Rudolph). Allgemeines Künstler-Lexicon. Erster Band. A-Z. *Zürch.* 1771. 2 tomes en 1 vol. Fol.

Passeri (Giovanni Battista). Vite de' pittori, scultori ed architetti dall' anno 1641 fino all' anno 1672. *Rom.* 1772. 4.

Beckford (William). Biographical memoirs of extraordinary painters. *Lond.* 1780. 8. (Rare et curieux.)

Elwert (Anselm Carl). Kleines Künstler-Lexicon, oder raisonnirendes Verzeichniss der vorzüglichsten Maler und Kupferstecher. *Giess.* et *Marb.* 1785. 8.

(Heinecken, Carl Heinrich v.). Neue Nachrichten von Künstlern und Kunstsachen. *Leipz.* 1786. 8. *Ibid.* 1804. 2 vol. 8. Gravures.

Allgemeines Künstler-Lexicon, oder Lebensbeschreibung 225 berühmter Künstler, Maler, Kupferstecher, etc., nebst Anzeige ihrer Werke. *Augsb.* 1797. 4 vol. 8.

Originalzüge aus dem Leben merkwürdiger Künstler. *Budissin.* 1797. 8.

Oswald (Christian Carl). Beiträge zu Künstlerbiographien. *Leipz.* 1800. 8.

Alexandre (N...). Abrégé de la vie des peintres des écoles allemande, flamande, etc. *Brux.* 1807. 8. (Portrait de Rubens.)

Künstlergallerie, oder Biographien und Characterschilderungen berühmter Maler, etc. *Zürch.* 1807. 8. (Avec leurs portraits.)

Bryan (Michel). Biographical and critical dictionary of painters and engravers, from the revival of the art under Cimabue, and the alledged discovery of engraving by Finiguerra, to the present time. *Lond.* 1816. 2 vol. 4. (Portrait de l'auteur.)

Willingen (Adriaan van der). Woordenboek der kunstschilders, etc. *Haarl.* 1816. 8.

Fuessli (H... H...). Allgemeines Künstler-Lexicon. Zweiter Band. *Zürch.* 1816-21. 12 parts. Fol.

Ticozzi (Stefano). Dizionario dei pittori, etc., dal rinnovamento delle belle arti fino al 1800. *Milan.* 1818. 2 vol. 8.

Handbuch für Gemäldesammler und Diejenigen, welche Gemäldegallerien-besuchen, oder Lexicon der Maler und der Malerei, etc. *Quedlinb.* 1824. 8.

Chronologische Übersicht der berühmtesten Maler, von der Wiederherstellung der Kunst bis zum Ende des 18ten Jahrhunderts, nach den Schulen und nach Jahrhunderten eingetheilt; aus dem Französischen übersetzt, etc., von Johann Christian Ludwig IKEN. *Brem.* 1824. 3 tableaux. Fol.

Elmes (James). The arts and artists, or anecdotes and relics of the schools of painting, sculpture and architecture. *Lond.* 1824-25. 3 vol. 8. (Avec les portraits de Raphaël, Michel-Ange et Titien.)

Winckelmann (Ludwig v.). Neues Maler-Lexicon zur nähern Kenntniss alter und neuer guter Gemälde; herausgegeb. von Joseph HELLER. *Augsb.* 1830. 8.

Ticozzi (Stefano). Dizionario degli architetti, scultori, pittori, intagliatori in rame ed in pietra, coniatori di medaglie, musaistici, etc., d' ogni età e d' ogni nazione. *Milan.* 1830-34. 4 vol. 8. Portraits.

Boye (Fredrik). Mälare-Lexicon til begagnande såsom Handbok for Konstidkare och Taflesamlare. *Stockh.* 1833. 8. (Accomp. de 28 portraits.)

(Campe, Friedrich). Neues Maler-Lexicon zum Handgebrauch. *Nürnb.* 1833. 8.

Nieuwenhuys (C... J...). Review of the life and works of some of the most painters, with remarks on the opinions and statements of former writers. *Lond.* 1834. 8.

Gould (John). Biographical dictionary of eminent artists, comprising painters, sculptors, engravers and architects, from the earliest ages to the present time, interspersed with original anecdotes, (with an appendix and reminiscences of eminent painters by C... J... NIEUWENHUYS). *Lond.* 1835. 2 vol. 8.

Nagler (C... F...). Neues allgemeines Künstler-Lexicon, oder Nachricht von dem Leben und den Werken der Maler, Bildhauer, Baumeister, Kupferstecher, etc. *München.* 1835-52. 22 vol. 8.

Galerie des artistes, ou portraits des hommes célèbres dans la peinture, la sculpture, la gravure et la musique, pendant les trois siècles de la renaissance. *Par.* 1836. 8. (Orné de 52 portraits gravés par les premiers maîtres.)

Siret (Adolphe). Dictionnaire historique des peintres de toutes les écoles depuis les temps les plus reculés jusqu'à nos jours. *Brux.* 1848. 4. *

* En forme de tables classées par ordre des différentes écoles.

Allemagne.

Sandrart (Joachim v.). Deutsche Akademie der edlen Bau-, Bildhauer- und Malerkünste. *Nürnb.* 1675-79. 2 vol. 8. Publ. par Johann Jacob VOLKMANN. *Nürnb.* 1768-75. 8 vol. Fol. * (Orné de nombreuses gravures.)

* Cet ouvrage n'est qu'une traduction de l'ouvrage de Karel van MANDER, mentionné ci-dessous.

Meusel (Johann Georg). Teutsches Künstler-Lexicon. *Lemgo.* 1778-89. 2 vol. 8. Augment. *Ibid.* 1808-09. 3 vol. 8.

Nilson (Christoph Andreas). Über deutsche Kunst, oder biographisch-technische Nachrichten von den vorzüglichsten Meistern in der Malerei, dem Kupferstechen und der Formschneidekunst. *Augsb.* 1833. 8.

Autriche.

Pillwein (Benedict). Biographische Schilderungen, oder Lexicon Salzburgischer, theils verstorbener, theils lebender Künstler. *Salzb.* 1821. 8.

(Lemmen, Jacob v.). Tirolisches Künstler-Lexicon, oder kurze Lebensbeschreibung jener Künstler, welche geborene Tiroler waren, oder in Tirol sich aufgehalten haben. *Innsbr.* 1830. 8.

Bavière.

Lipowsky (Felix Joseph). Baiersches Künstler-Lexicon. *Münch.* 1818. 2 vol. 8.

AUGSBOURG.

Stetten (Paul v.). Nachricht von den noch jetzt lebenden Künstlern in Augsburg. *Augsb.* 1768. 4.

—— Kunst- Gewerbs- und Handwerksgeschichte der Reichstadt Augsburg. *Augsb.* 1779-88. 2 vol. 8.

BAMBERG.

Jaeck (Heinrich Joachim). Leben und Werke der Künstler Bambergs. *Erlang.* 1821-22. 2 vol. 8. (Orné de 6 gravures.)

MUNICH.

Schaden (Adolph v.). Artistisches München im Jahre 1835, oder Verzeichniss gegenwärtig in Baierns Hauptstadt lebender Architecten, Bildhauer, Tondichter, Maler, Kupferstecher, Lithographen, etc. Aus den von ihnen selbst entworfenen oder revidirten Artikeln zusammengestellt, etc. *Münch.* 1836. 8.

NUREMBERG.

Geschichte der nürnbergischen Maler-Akademie, zum Gedächtniss ihrer hundertjährigen Dauer entworfen. *Altd.* 1762. 4.

Die nürnbergischen Künstler, geschildert nach ihrem Leben und ihren Werken. *Nürnb.* 1822-50. 4 livraisons. 4. *

* Contenant la vie de Adam Kraft, C... et H... Guttenberg, W... Jamitzer et Peter Vischer.

Neudoerffer (J...). Nachricht von den vornehmsten Künstlern und Werkleuten, so innerhalb hundert Jahren in Nürnberg gelebt haben, 1546, nebst der Fortsetzung von A... GULDEN, 1660, (herausgegeb. von Friedrich CAMPE). *Nürnb.* 1828. 12.

Belgique et Pays-Bas.

Mander (Karel van). Het schilder-boeck, waerin voor erst de leerlustighe jeught den grondt der edel vrij schilderconst in verscheijden deelen wort voorghedraghen, daernae in drij deelen 't leven der vermaerde doorluchtige schilders der ouden en nieuwen tijds, etc. *Haerlem.* 1604. 4. Avec la vie de l'auteur. *Amst.* 1618. 4.

Bie (Cornelisz de). Het gulden - cabinet van de edele vry

schilder-const, waerinne begrepen is den onsterffelyken
loff van de vermaerste constminnende geesten ende
schilders, architecten, belthouwers ende plaetsnyders
van dese eeuw, so doodt als in 't leven zynde, etc.
Antw. 1662. 4. *

  * Illustré de nombreux portraits gravés par II. Snyers,
    Wenzel Hollar, Pieter de Jode, etc.

Weyerman (Jacob Campo). Levensbeschrijvingen der
Nederlandsche kunstschilders en kunstschilderessen.
S'Gravenh. 1729-69. 4 vol. 8. *

  * Accomp. de portraits gravés par J. Houbraken.

Gool (Jan van). De nieuwe schouwburg der Nederlant-
sche kunstschilders en schilderessen, etc. *S'Gravenh.*
1750-51. 2 vol. 8. *

  * Avec de nombreuses gravures de J. Houbraken.

Houbraken (A...). De groote schouburgh der Neder-
lantsche konstschilders en schilderessen, met hunne
beeltenissen. *S'Gravenh.* 1753. 3 vol. 8. Portraits.

Descamps (Jean Baptiste). Vies des peintres flamands,
allemands et hollandais. *Par.* 1753-64. 4 vol. 8. *

  * Orné de portraits et vignettes.

Mander (Karel van). Leven der doorluchtige Nederlandsche en eenige Hoogduitsche schilders, publ. par
Jacobus de Jongh. *Amst.* 1764. 2 vol. 8. *

  * Illustré de portraits gravés par Jan Ladmiraal.

Eijnden (Roelands van) et **Willigen** (Adriaan van der).
Geschiedenis der vaderlandsche schilderkunst, sedert
de helft der xviii eeuw. *Haarl.* 1816-20. 3 vol. 8. Portr.

Nilson (Christoph Andreas). Über niederländische Kunst,
oder biographisch-technische Nachrichten von den vor-
züglichten Meistern in der Zeichnungskunst und Malerei in den vereinigten Niederlanden. *Augsb.* 1834. 8.

Agneessens (Auguste François). Résumé de la vie des
plus grands peintres de l'école flamande et hollandaise,
avec l'indication des principaux de leurs ouvrages qui
se trouvent dans les édifices publics de la Belgique, etc.
Brux. 1841. 18.
Scènes de la vie des peintres de l'école flamande et hollandaise. *Brux.* 1842. Fol. *

  * Une des publications de la Société des beaux-arts de
    Bruxelles. Les tableaux ornant le texte sont de Madou.

Immerzeel (J...). Levens en werken der Hollandsche en
Vlaamsche kunstschilders, beeldhouwers, graveurs en
bouwmeesters, van het begin der xve eeuw tot heden.
Amst. 1842-43. 3 vol. 8. Portraits.

Balkema (C... H...). Biographie des peintres flamands
et hollandais qui ont existé depuis Jean et Hubert van
Eyck jusqu'à nos jours, etc. *Gand.* 1844. 8.

BRUGES.

Delepierre (Octave). Galerie d'artistes brugeois, ou biographie concise des peintres, sculpteurs et graveurs célèbres de Bruges. *Bruges.* 1840. 8. Portraits.

Michiels (Alfred). Les peintres brugeois. *Brux.* 1846. 8.

GAND.

Busscher (Edmond de). Notice sur l'ancienne corpora-
tion des peintres et sculpteurs à Gand. *Brux.* 1853. 8.
(Extrait des *Bulletins de l'Académie royale de Belgique*, tiré à très-petit nombre.) *

  * Cette notice contient la liste originale des doyens, jurés
    et francs-maîtres, peintres et sculpteurs de cette cor-
    poration, de 1338 à 1559.

LIÉGE.

Malherbe (N... N...). Galerie d'auteurs et d'artistes
liégeois. *Liége.* 1802. 8. (Rare.)

LOUVAIN.

Even (Edward van). Les artistes de l'hôtel de ville de
Louvain. *Louvain.* 1852. 12. (Tiré à 100 exemplaires.)

Danemark.

Weinwich (Niels Henrich). Maler-Billedhugger-Kobber-
stik-Bygnings-og Stempelskiærerkunstens Historie i
Kongerigerne Danmark og Norge samt Hertugdom-
mene under Kongere af det Oldenborgske Huus, etc.
Kjoebenh. 1811. 8.
—— Dansk, Norsk og Svensk Kunstner-Lexicon. *Kjoebenh.* 1829. 8.

Espagne.

Velasco (Antonio Palomino de **Castro y**). Las vidas de
los pintores y estatuarios eminentes españoles. *Lond.*
1739. 8. *Ibid.* 1742. 8.
  Trad. en allem. *Dresd.* 1781. 8.
  Trad. en anglais. *Lond.* 1739. 8.
  Trad. en franç. *Par.* 1749. 12.

Cumberland (Richard). Anecdotes of eminent painters
in Spain during the 16th and 17th centuries, with cursory remarks upon the present state of arts in that kingdom. *Lond.* 1782. 2 vol. 8.

Cean Bermudez (Juan Augustin). Diccionario historico
de los mas ilustres professores de las bellas artes en
España. *Madr.* 1800. 6 vol. 12.

Quillet (François). Dictionnaire des peintres espagnols.
Par. 1816. 8. (Rare, même en France.)

O'Neill (A...). Dictionary of Spanish painters, comprehending simply that part of their biography, immediately
connected with the arts, from the 14th to the 18th century. *Lond.* 1833-34. 2 vol. 8. (Omis par Lowndes.)

Viardot (Louis). Notices sur les principaux peintres de
l'Espagne, etc. *Par.* 1839. 12.

Huart (Etienne). Vie complète des peintres espagnols
et histoire de la peinture espagnole. *Par.* 1859-41.
2 vol. 8.

France.

(Lépicié, François Bernard). Vies des premiers peintres
du roi, depuis M. Lebrun jusqu'à présent. *Par.* 1752.
2 parts. 12.

Durdent (René Jean). Galerie des peintres français du
Salon de 1812, ou coup d'œil critique sur leurs principaux tableaux et sur les différents ouvrages de sculpture, architecture et gravure. *Par.* 1813. 8.

Gault de Saint-Germain (Pierre Marie). Les trois siècles de la peinture en France, ou galerie des peintres
français depuis François I jusqu'au règne de Napoléon, etc. *Par.* 1808. 8.

Lecarpentier (L...). Galerie des peintres célèbres, avec
des remarques sur le genre de chaque maître. *Par.*
1821. 2 vol. 8.

Gabet (Charles). Dictionnaire des artistes de l'école française au xixe siècle : peinture, sculpture, architecture,
gravure, dessin, lithographie et composition musicale.
Par. 1831. 8.

Quatremère de Quincy (Antoine Chrysostome). Recueil de notices historiques lues dans les séances publiques de l'Académie royale des beaux-arts à l'Institut.
Par. 1834. 8. *

  * Contenant des notices biographiques sur Chalgrin, ar-
    chitecte (voir page 274 de notre Bibliographie); François
    André Vincent, peintre (50 déc. 1747 — 5 août 1816);
    Paisiello, musicien (page 1362); Lecomte, sculpteur
    (16 janvier 1737 — 11 février 1817); Dejoux, sculp-
    teur (1731 — 18 oct. 1816); Monsigny, musicien
    (page 1224); Philippe Laurent Roland, sculpteur
    (page 1552); Méhul (page 1179); Enneo Quirino Vis-
    conti (page 1859); Pierre Simon Benjamin Duvivier,
    graveur en médailles (5 nov. 1730 — 10 juin 1819);
    Jacques Gondoin, architecte (7 juin 1737 — 29 déc.
    1818); Gérard van Spaendonck, peintre de fleurs
    (23 mars 1746 — 11 mai 1822); Dufourny, architecte
    (5 mars 1754 — 16 sept. 1818); Charles Clément Ber-
    vic, graveur (page 146); Antoine François Peyre, ar-
    chitecte (page 1410); Pierre Paul Proud'hon, peintre
    (page 1472); Heurtier, architecte (6 mars 1739 — ...);
    Anne Louis Girodet-Triosson, peintre (page 633); Bon-
    nard, architecte (30 janvier 1765 — 29 oct. 1818);
    Hurtault, architecte (8 juin 1765 — 2 mai 1824);
    Charles Mercier Dupaty, statuaire (page 449); Fran-
    çois Frédéric Lemot, statuaire (page 961); Houdon,
    sculpteur (1741 — 16 juillet 1828); Pierre Cartellier,
    sculpteur (12 déc. 1757 — 12 juin 1831); Pierre Nar-
    cisse Guérin, peintre (page 675).

—— Suite du Recueil de notices historiques, etc. *Par.*
1857. 8.

  * La suite renferme des notices sur François Joseph Gos-
    sec, musicien (page 649); Jean Rondelet, architecte
    (page 1557); Jean Baptiste Regnault, peintre (17 oct.
    1754—12 nov. 1829); Nicolas Antoine Taunay, peintre

(1755—20 mars 1830); Charles Simon Catel, musicien (10 juin 1743 — 29 nov. 1850); Molinos et Legrand, architectes (4 juin 1743 — 19 février 1831); Guillaume Guillon Lethière (1760 — 22 avril 1832); Charles Meynier, peintre (1768 — 7 sept. 1852); La Barre, architecte (1764 — 20 mai 1833); François Adrien Boieldieu, musicien (page 168); Antoine Jean Gros, peintre (page 668); Carle Vernet, peintre (page 1843); François Gérard, peintre (page 619).

Waagen (Gustav Friedrich). Kunstwerke und Künstler in England und Paris. *Berl.* 1837-59. 3 vol. 8.

Chennevières-Pointel (Philippe de). Recherches sur la vie et les ouvrages de quelques peintres provinciaux de l'ancienne France. *Par.* 1847-30. 2 vol. 8. Portraits.

Dussieux (L...), **Soulié** (E...), **Chennevières** (Philippe de), **Mantz** (P...) et **Montaiglon** (A... de). Mémoires inédits sur la vie et les ouvrages des membres de l'Académie de peinture et de sculpture, publiés d'après les manuscrits conservés à l'Ecole impériale des beaux-arts.

    * Contenant les notices suivantes : Charles Lebrun, Charles Errard, Sébastien Bourdon,.Laurent de La Hire, Jacques Sarrazin, François Perrier, Henri et Ch. de Beaubrun, Eustache Lesueur, Gérard van Obstal, Simon Guillain, Louis Boulogne, Louis Testelin, Philippe de Champagne, Gilles Guérin, Claude Vignon, Philippe Buyster, François Girardon, Gaspard et Balthazar Marsy, Jean Nocret, Thibaut Poissant, Louis Lerambert, Nicolas Loir, J. B. de Champagne, Nicolas de Plate-Montagne, Étienne Villequin, Philippe Wleughels, Etienne Le Hongre, Michel Corneille, Martin Desjardins, Claude Lefebvre, Guillaume Chateau, Guillaume Vallet, Nicolas Legendre, Laurent Magnier, Antoine Bouzonnet Stella, Michel Anguier et Thomas Regnaudin.

Fons Melicocq (Aloys de la). Les artistes et les ouvriers du Nord de la France (Picardie, Artois, Flandre) et du Midi de la Belgique aux xivᵉ, xvᵉ et xviᵉ siècles. *Bethune.* 1848. 8.

Francfort.

Huesgen (Heinrich Sebastian). Nachrichten von Frankfurter Künstlern und Kunstsachen. *Frf.* 1780. 8. *Dessau.* 1782. 8.

Grande-Bretagne.

Vertue (George). Anecdotes of painting in England, now digested and published from his original Mss. by Horace **Walpole**. *Lond.* 1762-63. 3 vol. 4.

Edwards (Edward). Anecdotes of painters, who have resided or been born in England. *Lond.* 1808. 4. Port. *

    * Continuation de l'ouvrage précédent.

Cunningham (Allan). Life of the most eminent british painters, sculptors and architects. *Lond.* 1830-36. 6 vol. 12. Portraits.

Waagen (Gustav Friedrich). Kunstwerke und Künstler in England und Paris. *Berl.* 1837-39. 3 vol. 8.

Grèce et Rome.

Dati (Carlo). Vite de' pittori antichi. *Napol.* 1730. 4.

Requeno (Domenico Vincenzo). Saggi sul ristabilmento dell' antica arte de' Greci e Romani pittori. *Parma.* 1787. 2 vol. 8. (2ᵉ édition.)

Sillig (Carl Julius). Catalogus artificum, s. architecti, statuarii, sculptores, pictores, etc., Græci et Romani litterarum ordine dispositi, etc. *Dresd.* 1827. 8. Trad. en angl. s. c. t. Dictionary of the artists of antiquity, etc., by H... W... **Williams**. *Lond.* 1837. 8.

Hambourg.

(Eckhardt, Georg Ludwig). Hamburger Künstlernachrichten. Supplemente zu Fuessli's Künstler-Lexicon. *Hamb.* 1794. 8.

Irlande.

Authentic history of the professors of painting, sculpture and architecture, who have practised in Ireland. *Lond.* 1796. 8.

Italie.

Baldinucci (Filippo). Notizie de' professor del disegno da Cimabue (1260-1670). *Firenz.* 1681-88. 6 vol. 4. Avec des additions par Francesco Domenico **Manni.** *Firenz.* 1767-1774. 20 vol. 4.

Lanzi (Luigi). Storia pittorica della Italia dal risorgimento delle belle arti fin presso al fine del xviii secolo. *Pisa.* 1815-17. 4 vol. 8. *Bassan.* 1818. 6 vol. 8. *Milan.* 1824-25. 4 vol. 8.

    Trad. en allem. par Adolph **Wagner**, annoté par Johann Gottlob v. **Quandt.** *Leipz.* 1830-33. 3 vol. 8.

    Trad. en franç. (en abrégé.) *Par.* 1822. 8.

    Par madame Armande **Dieudé.** *Par.* 1824. 5 vol. 8. (3ᵉ édition.)

Fiorillo (Johann Dominik). Über einige italienische Gelehrte und Künstler, welche Matthias Corvinus, König von Ungarn, beschäftigte. *Goetting.* 1812. 8.

      ANCÔNE.

Ricci (Amico). Memorie storiche delle arti e degli artisti della marca di Ancona. *Macerata.* 1834. 2 vol. 8.

      BASSANO.

Verci (Giovanni Battista). Notizie intorno alla vita e alle opere de pittori, scultori e intagliatori della città di Bassano. *Venez.* 1775. 8.

Catalogo degli artisti Bassanesi viventi. *Bassan.* 1807. 8.

      BERGAME.

Tassi (Francesco Maria). Vite de' pittori, scultori ed architetti Bergamaschi. *Bergam.* 1793. 2 vol. 4.

      BOLOGNE.

(Malvasia, Carlo Cesare). Felsina pittrice. Vite (e ritratti) de' pittori, scultori ed architetti Bolognesi. *Bologn.* 1678. 2 vol. 4. (Orné de gravures.)

(Crespi, Luigi). Vite de' pittori Bolognesi non descritte nella *Felsina pittrice*. *Rom.* 1769. 4. Portraits. *

    * Formant le troisième volume de l'ouvrage précédent.

      CENTO.

Righetti (Carlo). Le pitture di Cento e le vite in compendio di vari incisori e pittori della stessa città. *Ferrar.* 1768. 8.

      CRÉMONE.

Zaist (Giovanni Battista). Notizie istoriche de' pittori, scultori ed architetti Cremonesi, publ. par Antonio Maria **Panni.** *Cremon.* 1774. 4.

      FERRARE.

(Cittadella, Cesare). Catalogo istorico de' pittori e scultori Ferraresi e delle opere loro, con in fine una nota esatta delle più celebre pitture delle chiese di Ferrara. *Ferrar.* 1782-83. 2 vol. 8. Portraits.

Baruffaldi (Girolamo). Vite de' più insigni pittori e scultori Ferraresi. *Ferrar....*

      FRIOUL.

Maniago (Fabio di). Storia delle belle arti Friulane, con note e tavole. * *Venez.* 1819. 4. *Udine.* 1833. 8.

    * Avec le portrait d'Irena di Spilimbergo (voir p. 1793 de notre Bibliographie), peint d'après Titien.

      GÊNES.

Soprani (Raffaelo). Vite de' pittori, scultori ed architetti Genovesi e de' forestieri, che in Genova operarono. *Genov.* 1674. 4. Enrichi de nombreuses additions et précédée de la vie de l'auteur, par Carlo Giuseppe **Ratti.** *Genov.* 1768. 2 vol. 4. Portraits.

      MANTOUE.

Volta (Leopoldo Camillo). Notizie de' professori Mantovani. *Mantov.* 1777. 4.

      MESSINE.

Memorie de' pittori Messinesi e degli esteri, che in Messina fiorirono dal secolo xii, fino al secolo xix. *Messin.* 1821. 8. Portraits.

Grano (Gaetano). Memorie de' pittori Messinesi. *Messin...*

      MODÈNE.

Vedriani (Domenico Ludovico). Raccolta de' pittori, scultori ed architetti Modenesi. *Moden.* 1662. 4.

Tiraboschi (Girolamo). Notizie de' pittori, scultori, incisori ed architetti Modenesi, con un appendice de' professori di musica. *Moden.* 1786. 4.

      NAPLES.

Dominici (Bernardo de'). Vite de' pittori, scultori ed architetti Napolitani, non mai date alla luce da autore alcuno. *Napol.* 1742-43. 3 vol. 4. *Ibid.* 1840. 3 vol. 4.

PÉROUGIA.

Pascoli (Lione). Vite de' pittori, scultori ed architetti Perugini. *Rom.* 1732. 4.

Orsini (Baldassare). Memorie dei pittori Perugini del secolo XVIII. *Perugia.* 1806. 8.

ROME.

Alberti (Romano). Origine e progresso del disegno de' pittori, scultori ed architetti di Roma. *Pavia.* 1604. 4.

Passeri (Giovanni Battista). Vite de' pittori, scultori ed architetti, che hanno lavorato in Roma, morti dal 1641 fino al 1673. *Rom.* 1772. 4. Trad. en allem. *Leipz.* 1786. 8.

SIENNE.

Romagnoli (Ettore). Cenni storico-artistici di Siena e suoi suburbii, etc. *Siena.* 1840. 8.

VENISE.

Ridolfi (Carlo). Le maraviglie dell' arte, o vero le vite degl' illustri pittori Veneti e dello stato. *Venez.* 1648. 2 vol. 4. Portraits.

Compendio delle vite de' pittori Veneziani storici più rinomati del presente stato, con suoi ritratti tratti dal naturale, delineati ed incisi da Alessandro Longhi. *Venez.* 1762. Fol. * (Très-rare et recherché.)

  * Cicognara dit que cet ouvrage est orné de 44 portraits, mais il n'en a que 23.

VÉRONE.

Pozzo (Bartolommeo dal). Vite de' pittori, scultori ed architetti Veronesi, raccolti da vari autori stampati e manoscritti e da altre particolari memorie. *Veron.* 1718. 4.

Portugal.

Machado (Cyrillo Wolkmar). Colleçaõ de memorias relativas as vidas dos pintores e escultores, architectos e gravadores portugueses. *Lisb.* 1823. 4.

Raczynski (Auguste de). Dictionnaire historico-artistique du Portugal. *Par.* 1847. 8.

Prusse.

BERLIN.

Nicolai (Friedrich). Nachricht von den Baumeistern, Bildhauern, Kupferstechern, Malern, etc., welche vom 13ten Jahrhundert bis jetzt (1786) in und um Berlin sich aufgehalten haben. *Berl.* 1786. 8.

COLOGNE.

Merlo (Johann Jacob). Nachrichten von dem Leben und den Werken Koelnischer Künstler. *Coeln.* 1850. 8.

—— Die Meister der altkölnischen Malerschule. *Coeln.* 1852. 8.

DUSSELDORP.

Fahne (Anton). Die Düsseldorfer Malerschule in den Jahren 1834, 1835 und 1836. Eine Schrift voll flüchtiger Gedanken. *Düsseld.* 1837. 8.

Scotti (Johann Jacob). Die Düsseldorfer Malerschule oder auch Kunst-Akademie, in den Jahren 1834, 1835 und 1836, und auch vorher und nachher, etc. *Düsseld.* 1837. 8.

Uechtritz (Friedrich v.). Blicke in das Düsseldorfer Kunst- und Künstlerleben. *Düsseld.* 1839-40. 2 vol. 8.

Puettmann (Hermann). Die Düsseldorfer Malerschule und ihre Leistungen seit der Errichtung des Kunstvereins im Jahre 1820. Ein Beitrag zur modernen Kunstgeschichte. *Leipz.* 1859. 8.

Saxe.

Keller (Heinrich). Nachricht von allen gegenwärtig in Dresden lebenden Künstlern, etc. *Leipz.* 1788. 8.

Suisse.

Fuessli (Johann Conrad). Geschichte der berühmtesten Künstler in der Schweiz, nebst ihren Bildnissen. *Zürch.* 1769-79. 4 vol. 8. (Orné de 152 portraits.)

Neujahrsblatt der Künstlergesellschaft in Zürich für 1842. *Zürch.* 1842. Fol. *

  * Cet écrit donne une notice sur le peintre Johann Heinz et, en outre, une liste de tous les artistes contemporains d'origine suisse.

Wurtemberg.

Weyermann (Albrecht). Neue historisch-biographisch-artistische Nachrichten von Gelehrten und Künstlern, etc., aus der vormaligen Reichsstadt Ulm. *Ulm.* 1829. 8.

PÈRES DE L'ÉGLISE.

Trithemius (Joannes). De scriptoribus ecclesiasticis collectanea, additis vitis et nominibus, qui scriptis suis hac nostra tempestate clariores evaserunt. *Par.* 1512. 4.

Suffridus (Petrus). De illustribus ecclesiasticis scriptoribus autores præcipui veteres, etc. *Col. Agr.* 1580. 8.

Bellarmino (Roberto). De scriptoribus ecclesiasticis liber unus. *Par.* 1617. 8. *Lugd.* et *Par.* 1668. *Brux.* 1719. 12.

Lemire (Aubert). Bibliotheca ecclesiastica, s. nomenclatores VII veteres, etc. *Antwerp.* 1639. Fol.

Meelfuhrer (J... C...). Corona centum patrum et doctorum ecclesiæ, ostendens eorum natales, educationem, res gestas, scripta, etc. *Giess.* 1670. 4.

Cave (William). Antiquitates ecclesiasticæ, or the history of the lives, acts, deaths and writings of the most eminents fathers of the church, that flourished in the fourth century, etc. *Lond.* 1683. Fol. *Ibid.* 1687. Fol.

—— Tabulæ ecclesiasticæ. *Lond.* 1674. 8. *Hamb.* 1675. 8. Augment. s. c. t. Chartophylax ecclesiasticus, quo prope 1500 scriptores ecclesiastici, eorumque patria, ordo, secta, munera, ætas, interitus, editiones operum, præstantiores opuscula distinguuntur, etc. *Lond.* 1685. 8. *Ibid.* 1687. 8.

—— Scriptorum ecclesiasticorum historia litteraria, facili methodo digesta, qua de vita illorum et rebus gestis, de scriptis genuinis, dubiis, suppositiis, agitur, etc. *Genev.* 1705. Fol. Augment. *Oxon.* 1740-45. 2 vol. Fol. *Basil.* 1745. 2 vol. Fol.

Oudin (Casimir). Supplementum de scriptoribus vel scriptis ecclesiasticis a R. Bellarmino omissis, etc. *Par.* 1686. 8.

Dupin (Louis Ellies). Nouvelle bibliothèque des auteurs ecclésiastiques, contenant l'histoire de leur vie, le catalogue, la critique et la chronologie de leurs ouvrages, etc. *Par.* 1688-90. 61 vol. 8. *Ibid.* 1690-1711. 19 vol. 4.

Ittig (Thomas). Bibliotheca patrum apostolicorum græcolatina. *Lips.* 1699. 8.

Biographia ecclesiastica, or the lives of the most eminent fathers of the christian church. *Lond.* 1704. 2 vol. 8.

Fabricius (Johann Albert). Bibliotheca ecclesiastica, s. collectanea variorum auctorum de scriptoribus ecclesiasticis. *Hamb.* 1718. Fol.

Ceillier (Remi). Histoire générale des auteurs sacrés et ecclésiastiques, qui contient leur vie, le catalogue, la critique, le jugement, la chronologie, l'analyse et le dénombrement des différentes éditions de leurs ouvrages, ce qu'ils renferment de plus intéressant. *Par.* 1729-63. 23 vol. 4 et 2 vol. contenant les tables des matières.

Stolle (Gottlob). Aufrichtige Nachricht von dem Leben, Schriften und Lehren der Kirchen-Väter der ersten vierhundert Jahre, etc. *Jena.* 1733. 4.

Goujet (Claude Pierre). Bibliothèque des auteurs ecclésiastiques du XVIIe siècle, pour servir de continuation à celle de M. (Louis Ellies) DUPIN. *Par.* 1736. 2 vol. 8.

Walch (Johann Georg). Bibliotheca patristica, litterariis adnotationibus instructa. *Jenæ.* 1770. 8.

Lumper (Gottfried). Historia theologico-critica de vita, scriptis atque doctrina sanctorum patrum aliorumque scriptorum ecclesiasticorum. *Aug. Vind.* 1783-99. 13 vol. 8.

Mayer (Gregor). Compendium historiæ litterariæ theologiæ. *Vindob.* 1784. 8.

Oelrichs (Johann Georg Arnold). Commentarii de scriptoribus ecclesiasticis latinis priorum VI sæculorum, etc., avec préface par Arnold Hermann Ludwig HEEREN. *Lips.* 1790. 8.

PHILANTHROPES.

Wolfrath (Friedrich Wilhelm). Characteristik edler und merkwürdiger Menschen, etc. *Halle.* 1791-92. 2 vol. 8.

Portraits et histoire des hommes utiles. Hommes et femmes de tous pays et de toutes conditions qui ont acquis des droits à la reconnaissance publique par des traits de dévouement, de charité; par des fondations philanthropiques, par des travaux, des tentatives, des perfectionnements, des découvertes utiles à l'humanité, etc., publiés et propagés par et pour la société Montyon et Franklin. *Par.* 1855-40. 8 vol. 8. (Orné de nombreux portraits.)

PHILOSOPHES.

Bielski (Martin). Zywoty filosofow, etc. *Krakow.* 1555. Fol.

Adam (Melchior). Vitæ philosophorum, qui sæculo superiori et quod excurrit philosophicis et humanioribus litteris floruerunt. *Frf.* 1663. 8.

Martin (Benjamin). Biographia philosophica, benig an account of the lives, writings and inventions of the most eminent philosophers and mathematicians. *Lond.* 1764. 8.

Saverien (Alexandre). Histoire des philosophes anciens. *Par.* 1771. 5 vol. 12. Portraits.

—— Histoire des philosophes modernes. *Par.* 1762-69. 8 vol. 4. Portraits.

POËTES ET ROMANCIERS.

POËTES DU MOYEN AGE.

Leyser (Polycarp). Historia poetarum et poematum medii ævi, etc. *Halæ.* 1721. 8.

Allemagne.

Meister (Leonhard). Beiträge zur Geschichte der deutschen Sprache und Nationalliteratur. *Lond.* (*Bern.*) 1777. 2 vol. 8.

—— Vie des principaux savants de l'Allemagne qui ont été les restaurateurs du goût et des belles-lettres. *Berne.* 1796. 8.

(**Kuettner**, Carl August). Charactere teutscher Dichter und Prosaisten, von Kaiser Karl dem Grossen bis auf das Jahr 1780. *Berl.* 1780. 2 vol. 8.

(**Lorenzen**, Wolfgang). Pantheon berühmter deutscher Dichter, mit einem Verzeichnisse ihrer Schriften. *Coburg.* 1798. 8.

Vetterlein (Christoph Friedrich Rudolph). Handbuch der poetischen Litteratur der Deutschen, d. i. kurze Nachrichten von dem Leben und den Schriften deutscher Dichter (1697-1795). *Köthen.* 1799. 8.

Joerdens (Carl Heinrich). Lexicon deutscher Dichter und Prosaisten, enthaltend kurze Biographien, etc. *Leipz.* 1806-12. 6 vol. 8.

—— Denkwürdigkeiten, Characterzüge und Anecdoten aus dem Leben der vorzüglichsten deutschen Dichter und Prosaisten. *Leipz.* 1812-13. 5 vol. 8.

Rassmann (Friedrich). Deutscher Dichter-Nekrolog, oder gedrängte Übersicht der meisten, sowohl ältern als neuern verstorbenen deutschen Dichter, nebst Angabe ihrer Schriften. *Nordhaus.* 1818. 8.

—— Pantheon deutscher, jetzt lebender Dichter und in die Belletristik eingreifender Schriftsteller; begleitet mit kurzen biographischen Notizen der wichtigsten Literatur. *Helmst.* 1823. 8.

—— Literarisches Handwörterbuch der verstorbenen deutschen Dichter und zur schönen Litteratur gehörenden Schriftsteller, in acht Zeitabschnitten, von 1137-1827. *Leipz.* 1827. 8.

Doering (Heinrich). Gallerie deutscher Dichter und Prosaisten, seit der Mitte des 12ten Jahrhunderts bis zur Gegenwart. *Gotha* et *Erfurt.* 1831. 8. (1er volume A-II.)

—— Lexicon der jetzt lebenden deutschen Schriftsteller und Schriftstellerinnen. *Heidelb.* 1857. 4 vol. 8.

Milde (Theodor). Über das Leben und die Werke der beliebtesten deutschen Dichter und Tonsetzer. *Meiss.* 1854. 2 vol. 8.

Wolff (Oscar Ludwig Benno). Encyclopädie der deutschen Nationalliteratur, oder biographisch-kritisches Lexicon der deutschen Dichter und Prosaisten seit den frühesten Zeiten, nebst Proben aus ihren Werken. *Leipz.* 1841-47. 7 vol. 8.

—— Supplement zur Encyclopädie der deutschen Nationalliteratur. *Leipz.* 1848. 4. *

  * Formant le vol. VIII de l'ouvrage précédent.

Martin (Noel ?). Les poëtes contemporains de l'Allemagne. *Par.* 1846. 12.

Belgique.

Snellaert (Ferdinand Augustin). Verhandeling over de nederlandsche dichtkunst in Belgie, sedert hare eerste begin tot aen de dood van Albert en Isabella. *Bruss.* 1854. 4.

Even (Edward van). Onze vlaemsche dichteressen uit den voortyd. Eene alphabetische lyst, s. l. et s. d. (*Gent.* 1851.) 8. (Extrait du journal *Eendragt.*)

Espagne.

Barros (D... L... de). Relacion de los poetas y escritores Españoles de la nacion Judaica. *Amst.* 1685. 8. (Assez rare et recherché.)

France.

Biographia Gallica, or the lives of the eminent French writers, from the restoration of learning under Francis I to the present time. *Lond.* 1752. 2 vol. 12.

Philipon de la Madeleine (Louis). Dictionnaire portatif des poëtes français morts depuis 1050, etc. *Par.* 1805. 18.

(**Pigoreau**, Alexandre Nicolas). Petite bibliographie biographico-romancière, ou dictionnaire des romanciers tant anciens que modernes, tant nationaux qu'étrangers. *Par.* 1821. 8. *

  * L'auteur a donné 22 suppléments depuis 1821 jusqu'à 1851.

G* (Eusèbe). Revue des romans. Recueil d'analyses raisonnées des productions remarquables des plus célèbres romanciers français et étrangers. *Par.* 1839. 2 vol. 8. *

  * Cet ouvrage contient aussi de courtes notices biographiques.

Chaudes-Aigues (J...). Les écrivains modernes de la France. *Par.* 1841. 12.

Robin (Charles). Galerie des gens de lettres au xixe siècle. *Par.* 1848. 8. Portraits.

Desplaces (Auguste). Galerie des poëtes vivants. *Par.* 1848. 12.

Prarond (Ernest). De quelques écrivains nouveaux. *Par.* (*Abbeville.*) 1852. 12.

Puymaigre (Théodore de). Poëtes et romanciers de la Lorraine. *Par.* (*Metz.*) 1848. 12.

Barate (N... N...). Les poëtes normands, portraits d'après les originaux. Notices biographiques, etc. *Rouen.* (?) 1846. 8. (Assez rare.)

De Reume (Auguste). Galerie des fabulistes contemporains. *Brux.* 1855. 8. *

  * Contenant des notices bio-bibliographiques sur les fabulistes français mentionnés dans ce recueil qui n'est pas encore terminé.

Viollet (Alphonse). Les poëtes du peuple (français) au xixe siècle. *Par.* 1846. 12.

  * Recueil curieux, concernant la vie et les productions poétiques de Constant Hilbert, cordonnier à Paris, N. Gonzalle, cordonnier à Reims, Alexis Durand, menuisier à Fontainebleau, Charles Marchand, passementier à Saumur, Hippolyte Violeau, ouvrier à Brest, Magu, tisserand à Lizy-sur-Ourcq, Eugène Orrit, compositeur typographe, Hippolyte Tampucci, Théodore Lebreton, ouvrier imprimeur en indiennes à Rouen, Beuzeville, potier d'étain à Rouen, Louis Charles Poncy, maçon à Toulon, Rathild Bouniol, typographe à Paris, Savinien Lapointe, cordonnier à Paris, Claudius Hébrard, poète de Lyon, Paul Germigny, tonnelier à Châteauneuf sur Loire, Louis Pélabon, ouvrier voilier à Toulon, Jacques Jasmin, coiffeur à Agen, Elise Moreau, Marie Laure, Marie Carpentier et Joseph Lafon Labatut.

Grande-Bretagne.

Philips (Edward). Theatrum poetarum Anglicorum, containing the names and characters of all the English poets, from the reign of king Henry III to the close of the reign of queen Elizabeth. *Lond.* 1675. 8. Réimpr. et augment. de nombreuses additions par S... E... Brydges. *Lond.* 1800. 8.

Winstanley (William). Lives of the most famous English poets, in a brief essay of the works and writings of above two hundred of them from the time of king William the Conqueror to the reign of king James II. *Lond.* 1687. 8.

Langbaine (Gerard). Account of the English dramatik poets, or some observations and remarks on the lives and writings of the British authors, etc. *Oxf.* 1691. 8.

Gildon (Charles). Lives and characters of the English dramatick poets, etc. *Lond.* 1699. 8.

Jacob (Giles). Historic account of the lives and writings of the most eminent English poets, etc. *Lond.* 1720. 8. *Ibid.* 1753. 8.

Poetical register, or the lives and characters of all the English poets, with an account of their writings. *Lond.* 1723. 2 vol. 8.

The muses library, or a series of English poetry, from the Saxons to the reign of king Charles II, containing the lives and characters of all the known writers in the interval, etc. *Lond.* 1737. 8.

Cibber (Theophilus). Lives of the poets of Great Britain and Ireland to the time of dean (Jonathan) Swift; compiled from ample materials, scattered in a variety of books and especially from the MS. notes of the late ingenious Mr. Coxeter and others. *Lond.* 1753. 5 vol. 12.

Johnson (Samuel). Lives of the most eminent English poets, with critical observations of their works. *Lond.* 1793. 4 vol. 12. *Ibid.* 1810. 5 vol. 8. Publ. par William HAZLITT. *Lond.* 1854. 4 vol. 8.

Ritson (Joseph). Bibliographia poetica; a catalogue of English poets from 1201 to 1600, with a short account of their works. *Lond.* 1808. 8.

Scott (Walter). . . . Trad. en allem. s. c. t. Über das Leben und die Werke der berühmtesten englischen Roman-Dichter, par Ludwig RELLSTAB. *Berl.* 1826. 5 vol. 8.

Griswold (Rufus Wilmod). The poets and poetry of England. *Philadelph.* 1846. 8.

Gilfillan (J...?). Modern literature and literatury men of Great Britain. *Lond.* 1851. 12.

Historisch - kritische Nachrichten von dem Leben und den Schriften einiger Dichter in der Westminster-Abtey, etc. *Lübeck.* 1764. 8.

Irving (David). Lives of the Scotish poets, with preliminary dissertations of the literary history of Scottland and the early Scotish drama. *Edinb.* 1804. 2 vol. 8.

Italie.

Crescimbeni (Giovanni Maria). Istoria della volgar poesia. *Venez.* 1730-31. 6 vol. 4.

(**Unzer**, Johann Christoph). Nachricht von den ältern erotischen Dichtern der Italiener. *Hannov.* 1774. 8.

Reumont (Alfred). Die poetische Literatur der Italiener im neunzehnten Jahrhundert. *Berl.* 1844. 8.

ROME.

Crusius (Ludwig). Lebensbéschreibung der römischen Dichter; aus dem Englischen, mit Anmerkungen von Christian Heinrich SCHMID. *Halle.* 1777-78. 2 vol. 8.

Pays-Bas.

Leven der nederlandsche dichteren en dichteressen, etc. *Leyden*, 1782. 8. Portrait.

Witsen-Geijsbeek (P... G...). Biographisch, anthologisch en critisch woordenboek der nederduitsche dichters. *Amst.* 1821-27. 6 vol. 8.

Aa (A... J... van der). Nieuw biographisch, anthologisch en critisch woordenboek van nederlandsche dichters. *Amst.* 1844. 2 vol. 8. *

* Supplément du dictionnaire précédent.

Perse.

Vullers (Johann August). Vitæ poetarum Persicorum ex Dauletschahi historia poetarum excerptæ, persice et latine. *Giess.* 1839. 8.

Ouseley (William Gore). Biographical notices of Persian poets. *Lond.* 1846. 8.

Pologne.

Juszynski (M... H...). Dykczyonarz poetow Polskiey. *Krakow.* 1820. 2 vol. 8.

Turquie.

Chabert (Thomas). Latifi, oder biographische Nachrichten von vorzüglichen türkischen Dichtern. *Zürch.* 1800. 8.

PRÉFETS.

(**Lamothe-Langon**, Étienne Léon de). Biographie des préfets, depuis l'organisation des préfectures (5 mars 1800) jusqu'à nos jours (1825). *Par.* 1826. 8.

(**Raban**, N... N...). Biographie des préfets des 87 départements de la France. *Par.* 1826. 52.

PUBLICISTES.

Texier (Edmond). Histoire des journaux. Biographie des journalistes, contenant l'histoire politique, littéraire, industrielle, pittoresque et anecdotique de chaque journal, publié à Paris, et la biographie de ses rédacteurs. *Par.* 1851. 18.

REINES.

(**Palm**, Georg Friedrich). Biographien, Skizzen und Charactere berühmter Königinnen. *Hamb.* 1797. 8.

France.

Howell (N...). Mémoires et recherches de la dévotion, piété et chasteté des illustres royncs de France, ensemble les églises, monastères, hôpitaux et collèges, qu'elles ont fondés, et édifices en divers endroits de France. *Par.* 1586. 8.

Coste (Hilarion de). Eloges et vies des roynes, princesses, dames et damoiselles illustres en piété, courage et doctrine. *Par.* 1630. 4.

Puget de la Serre (Jean). Le temple de la gloire, contenant les éloges historiques des 15 Annes, roynes et princesses de France. *Par.* 1645. Fol.

Dreux du Radier (Jean François). Mémoires historiques, critiques et anecdotes des reines et des régentes de France. *Par.* 1763. 4 vol. 12. Augm. *Amst.* 1776. 6 vol. 12. *Par.* 1808. 6 vol. 8.

Dubern (Jean). Histoire des reines et des régentes de France et des favorites des rois de France. *Par.* 1856-57. 2 vol. 8.

(**Bérenger**, N... N...). Crimes des reines de France, etc. *Par.* 1791. 12. *

* C'est à tort que quelques bibliographes attribuent cet écrit à Louis PRUDHOMME.

Grande-Bretagne.

Green (V...). History of the queens of England. *Lond.* 1786. 4.

Holt (Jean). Characters of the kings and queens of England. *Lond.* 1786-88. 3 vol. 12.

Strickland (Agnes). Lives of the queens of England. *Lond...*

Pologne.

Kochow-Kochowski (W...). Reginarum Poloniæ elogia. *Cracov.* 1672. 4.

Turlay (W...). Corona australis, s. reginarum Poloniæ e stirpe Austriaca virtutes, etc. *Vilnæ.* 1705. 4.

RÉVOLUTION

(HOMMES ET FEMMES DE LA).

Les grands hommes du jour, s. l. 1790. 8.

Dictionnaire national et biographique pour servir à l'intelligence des mots, dont notre langue s'est enrichie depuis la révolution, et à la nouvelle signification qu'ont reçue quelques anciens mots; enrichi d'une notice exacte et raisonnée des journaux, gazettes et feuilletons antérieurs à cette époque. *Politicopolis.* (*Par.*) 1790. (Biographie satirique, rare et recherchée.)

Boyer de Nismes (N... N...). Histoire des caricatures de la révolution des Français. *Par.* 1792. 2 vol. 8.

Liste générale et très-exacte des noms, âges, qualités et demeures de tous les conspirateurs qui ont été condamnés à mort par le tribunal révolutionnaire établi à Paris par la loi du 17 août 1792, et par le second tribunal établi à Paris par la loi du 10 mars 1793, pour juger tous les ennemis de la patrie. *Par.*, an II de la république, une, indivisible et impérissable. 8. *

> * Cet recueil, très-rare, se compose de 11 numéros dont chacun porte pour épigraphe ce quatrain :
>
> > Vous qui faites tant de victimes,
> > Ennemis de la légalité,
> > Recevez le prix de vos crimes
> > Et nous aurons la liberté.

Ces onze listes renferment les noms de 2,787 guillotinés.

Liste des contre-révolutionnaires et révoltés de la ci-devant ville de Lyon, condamnés à être fusillés et guillotinés, etc. *Par.* 1793. 8.

Gallerie der hingerichteten, gefangenen oder sonst verunglückten Conventsglieder und anderer Revolutionsmänner. *Hannov.* 1794-95. 2 vol. 8.

(Heymann, P...). Revolutions-Gallerie der französischen Republik, darin Namen, Character aller durch's Revolutionsgericht Ermordeter enthalten sind. *Augsb.* 1794-95. 5 vol. 8.

Prudhomme (Louis). Individus envoyés à la mort judiciairement, révolutionnairement et contre-révolutionnairement pendant la révolution (française) et particulièrement sous le règne de la Convention nationale. *Par.* 1796. 2 vol. 8.

Quénard (P...). 200 portraits des personnages célèbres de la révolution, avec des notes historiques. *Par.* 1796-1802. 4 vol. 8.

Prudhomme (Louis). Histoire générale et impartiale des erreurs, des fautes et des crimes commis pendant la révolution, etc. *Par.* 1798. 6 vol. 8.

Adolphus (John). Biographical memoirs of the French revolution. *Lond.* 1799. 4 vol. 8.

Bonnemain (Antoine Jean Thomas). Les chemises rouges, ou mémoires pour servir à l'histoire du règne des anarchistes. *Par.* 1799. 2 vol. 8.

Dictionnaire des jacobins vivants, dans lequel on verra les hauts faits de ces messieurs. *Hamb. (Par.)* 1799. 8.

Dictionnaire biographique et historique des hommes marquants de la fin du XVIIIe siècle et plus particulièrement de ceux qui ont figuré dans la révolution française. *Lond. (Brunsw.)* 1800. 3 vol. 8. *

> * Plusieurs bibliographes ont attribué cet ouvrage, rare et curieux, au marquis de la Maisonfort (voyez Barbier, 5728) ; Quérard, dans *la France littéraire*, le revendique pour Henri Coiffier de Verseux.

Biographie moderne. Lives of remarkable characters during the French revolution. *Lond.* 1801. 3 vol. 8. *Ibid.* 1806. 5 vol. 8. *Ibid.* 1811. 3 vol. 8.

Posselt (Ernst Ludwig). Lexicon der französischen Revolution, oder Sammlung von Biographien der wichtigsten Männer, die sich im Laufe derselben ausgezeichnet haben. *Nürnb.* 1802. 8. (Non terminé.)

R(obert) (M...). Vie politique de tous les députés à la Convention nationale pendant et après la révolution. Ouvrage dans lequel on trouve la preuve que dans le procès de Louis XVI, la peine de mort avait été rejetée à une majorité de six voix. *Par.* 1814. 8. *

> * A l'article Maille l'auteur donne (page 278) la preuve contradictoire.

La Convention se composait de		749 memb.
Il s'est trouvé :		
Absents par commission	15	
Au lieu de 7 membres absents par maladie, il y en avait 9 : Bourgeois, Cayla, Cherrier, Daubermesnil, Ehrmann, Fabre, Hugo, Joseph Mailhe et Topsent	9	51
Absent sans cause	1	
Non votants, Morison, Debourges, Lafond, Noël, Chevalier, François	6	
Reste		718
Majorité absolue	360	
Ont voté pour les fers (Condorcet et A... Dupin)	2	360
Pour la détention et le bannissement en y ajoutant la peine de mort	286	
Pour la mort avec sursis	46	359
Pour la mort dans le sens de Mailhe	26	
Les voix pour la mort sont		359

(Raup de Moulières, Antoine Joseph). Petite biographie conventionnelle, où tableau moral et raisonné de 749 députés qui composaient l'assemblée, dite de la *Convention*, dont l'ouverture eut lieu le 21 septembre 1792 et la clôture le 26 octobre 1795, et dans laquelle on voit figurer des comtes, des curés, des marquis, des bouchers, des évêques, des comédiens, des médecins, des huissiers, des peintres, des moines, des barbiers de village, des gardes du corps, des apothicaires, des avocats, des cardeurs de laine, etc., etc., précédée d'un coup d'œil rapide sur les principales causes de la révolution de 1789; du résultat des votes dans le procès de Louis XVI, et d'une notice curieuse sur ceux des conventionnels qui ont été depuis rejetés de la société pour quelque chose que ce soit, ou qui ont eu le courage d'émettre une opinion libre pendant ce fameux procès. *Par.* 1815. 12. Revu et corrigé et où l'on a inséré textuellement, d'après le procès-verbal authentique de la Convention, le vote de chacun des juges de Louis XVI, afin de rectifier les nombreuses erreurs commises dans la plupart des biographies et autres ouvrages où ce vote est rapporté. *Par.* 1816. 16.

Dubroca (Louis). Les femmes célèbres de la révolution française. *Par. et Strasb.* 1802. 12.

Michelet (Jules). Les femmes de la révolution. *Par.* 1854. 12. Trad. en allem. et accomp. de notes biographiques, etc., par Eduard Maria Oettinger. *Brüss.* et *Leipz.* 1854. 12.

ROIS.

Hiller (Johann Adam). Anecdoten zur Lebensgeschichte grosser Regenten und berühmter Staatsmänner. *Leipz.* 1766-69. 8 parts. 8.

Gallerie unglücklicher Könige und Fürsten. *Eisenach.* 1794. 8.

Gallerie aller Regenten, welche einem gewaltsamen Tode geopfert wurden, oder Hauptbegebenheiten aus dem Leben der Fürsten, welche durch Meuchelmord, in Schlachten und auf andere gewaltsame Weise geendigt haben, etc. *Ilmenau.* 1824. 2 vol. 8. (Trad. du français.)

Les souverains de l'Europe, en 1850, et leurs héritiers présomptifs, leurs gouvernements, leurs cabinets, leurs ambassadeurs, leurs chargés d'affaires dans diverses cours. *Par.* 1850. 8. Portraits.

Les rois contemporains. Biographies des souverains de l'Europe, par Jules Janin, André van Hasselt, Auguste Orts, Théodore Juste, Emma de Villers, Albert van Limburg, capitaine de Bormans, Eugène Gaussoin, Eugène Gens, Ferdinand Carron, etc. *Brux.* 1849. 8. Portraits.

SAINTS.

Surius (Lorenz). Vitæ sanctorum ab Aloysio Lipomanno olim conscriptæ. *Col. Agr.* 1570. 6 vol. Fol.

Bolland (Jean). Acta sanctorum, quotquot toto orbe coluntur. *Brux.* 1643 — 1854. 52 vol. Fol. *

> * Le plan de ce vaste travail fut conçu par Heribert Rossweide, jésuite de la maison professe d'Anvers; mais ce religieux mourut en 1629, sans avoir réalisé ce projet. Jean Bolland entreprit l'exécution de cette grande tache. Les principaux collaborateurs de ce recueil sont : Gothofredus Henscuenius, Daniel Papenroch (1659 — 1714), François Baert (1781 — 1719), Conrad Janning (1679 — 1723), J... Pien (1714 — 1749), Guillaume Cuyper, Jean Baptiste du Sollier (1702 — 1740), P... Boscu (1721 — 1756), Jean Stilting (1772 — 1778), J... Limpen (1741 — 1750), J... van de Velde (1742 — 1747), Constantin Suysken (1747 — 1771), Jean Perier (1747 — 1762), Urbain Sticker (1755 — 1760), J... Clé (1758 — 1760), Corneille de Bie (1762 — 1789), Jacques de Bue (1776 — 1794), Joseph Ghesquière (1765 — 1792), Jean Baptiste Fonson et Huebens (1772 — 1778), tous de la compagnie de Jésus. Dom Bertolo, bénédictin (1787 — 1788), Siard Van Dyck, Cyprien van der Goon et Mathias Stalz (1793) de l'ordre des Prémontrés, participèrent également à ce grand travail. Suspendu par l'ordre des jésuites, repris en 1779, et interrompu pour la seconde fois en 1794 par l'invasion des Français, ce recueil vient d'être repris, sous les auspices du gouvernement belge, par les jésuites de ce pays, qui ont récemment publié deux volumes renfermant les actes de S. Honoré et de S. Thérèse.

Pitra (Dom). Essais sur la collection des *Actes des saints,* publiés par les Bollandistes. *Par.* 1850. 8.

Goujet (Claude Pierre). Vies des saints pour tous les jours de l'année avec l'histoire des mystères de Notre-Seigneur Jésus-Christ. *Par.* 1750. 7 vol. 12. *Ibid.* 1734. 2 vol. 4. *Ibid.* 1740. 2 vol. 4.

Butler (Alban). Lives of the fathers, martyrs and other principal saints. *Lond.* 1745. 5 vol. 4. *Ibid.* 1780. 5 vol. 4. *Edinb.* 1800. 5 vol. 4. Trad. en franç. par l'abbé GODESCARD. *Par.* 1835. 12 vol. 8.

(La Croix, Jean François de). Dictionnaire historique des saints personnages. *Par.* 1772. 2 vol. 12.

Mesenguy (François Philippe). Vies des saints pour tous les jours de l'année, s. l. 1828. 2 vol. 12.

Catalogue général par ordre alphabétique de tous les noms des saints, extraits du Martyrologe romain. *Lille.* 1835. 12.

Heiliges Jahr, oder Leben und Thaten der Heiligen und Freunde Gottes. 365 Lebensbeschreibungen, nebst den Festen des Herrn. *Coeln.* 1851. 4 vol. 12. Figures.

Bzovius (Abraham). Nomenclator sanctorum professione medicorum, s. de sanctis medicis, quorum festivitatem universa colit ecclesia. *Rom.* 1612. Fol. *Ibid.* 1621. 12. *Col. Agr.* 1623. 8.

Marx (Lothar Franz). Ein Dutzend kurzer Lebensgeschichten heiliger Handwerker, etc. *Frf.* 1822. 8. Gravure.

—— Kurze Lebensgeschichte heiliger Künstler und Handwerker. *Frf.* 1829. 8. Trad. en flamand s. c. t. Korte levensschetsen van heilige kunstenaren en ambachtslieden, trad. par A... E... É... HAHN. *Antwerp.* 1859. 8.

SATIRIQUES (BIOGRAPHIES).

(Rivarol, Antoine de). Petit almanach de nos grands hommes, s. l. (*Par.*) 1788. 12. Augment. *Ibid.* 1788. 12. *Par.* 1808. 8. Portrait. *

     * Avec l'épigraphe *Diis ignotis.*

(——) Petit dictionnaire des grands hommes de la révolution, par un citoyen actif, ci-devant rien. *Par.* 1790. 12.

(Raban, N... N...). Grand dictionnaire des petits hommes, par un descendant de Rivarol. *Par.* 1831. 32.

Le Plutarque drolatique, etc. *Par.* 1846. 8.

Gosse (J... S... de). Histoire naturelle, drolatique et philosophique des professeurs du Jardin des plantes, etc. *Par.* 1847. 12.

Citrouillard * (Joseph). Les Binettes contemporaines, hommes de lettres, publicistes, etc. *Par.* 1854. 32.

     * Pseudonyme de Commerson. Cet opuscule, qui contient les biographies satiriques de Béranger, Victor Hugo, Alfred de Musset, Méry, Hippolyte Lucas et Metharel, est publié « pour faire concurrence aux biographies d'Eugène (Jacquot) de Mirecourt. »

SOCIALISTES.

Breynat (Jules). Les socialistes modernes. *Par.* 1849. 12. *

     * Renfermant des études sur Ledru-Rollin, Émile de Girardin, Pierre Joseph Proudhon, Louis Auguste Blanqui, Louis Blanc, Etienne Cabet, François Vincent Raspail, George Sand, Pierre Leroux, Pierre Dupont.

STATISTICIENS.

Aymar-Bression (P...). Galerie biographique historique de la Société française de statistique universelle. *Par.* 1843. 8. *

     * Deux séries contenant 33 biographies.

SUICIDES.

Spiess (Christian Heinrich). Biographien der Selbstmörder. *Prag.* et *Leipz.* 1797. 8. Augment. *Frf.* et *Leipz.* 1799-1802. 4 vol. 8.

(Kuehl, G... A...). Selbstmörder aus Liebe und Eifersucht. *Leipz.* 1803. 8.

Tzschirner (Heinrich Gottlieb). Leben und Ende merkwürdiger Selbstmörder, nebst einigen den Selbstmord betreffenden Abhandlungen. *Weissenf.* et *Leipz.* 1805. 8.

TEMPLIERS.

Villeneuve - Bargemont (Louis François de). Les grands-maîtres de l'ordre des Templiers. *Par.* 1841. 2 vol. 8.

THÉOLOGIENS.

Gleich (Johann Tobias). Dissertatio de singularibus quorundam theologorum fatis. *Lips.* 1704. 4. *Ibid.* 1711. 4.

Pipping (Heinrich). Sacer decadum septenarius, memoriam theologicorum exhibens; accessit septenarius corum, qui scripta ediderunt, aut transtulerunt, aut inchoata reliquerunt, theologica. *Lips.* 1705. 8.

—— Trias decadum sacro decadum septenario jungenda. *Lips.* 1707. 8.

Uhsen (Eduard). Leben der berühmtesten Kirchen-Lehrer und Scribenten des 16ten und 17ten Jahrhunderts. *Leipz.* 1710. 8.

Olearius (Johann Gottfried). Bibliotheca scriptorum ecclesiasticorum. *Jenæ.* 1711. 4.

Pfaff (Christoph Matthaeus). Introductio in historiam litterariam theologiæ. *Tubing.* 1720. 8. Considérablement augm. *Tubing.* 1724. 4.

Verheiden (Jacob). Imagines et elogia præstantium aliquot theologorum, cum catalogis librorum ab iisdem editorum, publ. par Friedrich ROTH - SCHOLTZ. *Hag. Com.* 1725. Fol.

Moser (Johann Jacob). Beitrag zu einem Lexicon der itzt lebenden lutherischen und reformirten Theologen, welche entweder die Theologie öffentlich lehren, oder sich durch theologische Schrifften bekannt gemacht haben. *Züllichau.* 1740. 4.

Neubauer (Ernst Friedrich). Nachricht von den jetzt lebenden evangelisch - lutherischen und reformirten Theologen, etc., als eine Fortsetzung des Moserschen *Lexici. Züllichau.* 1743-46. 2 vol. 4.

Schmersahl (Elias Friedrich). Geschichte jetzt lebender Gottesgelehrten, etc. *Langensalza.* 1751-55. 8 parts. 8.

Cerveau (René). Nécrologe des plus célèbres défenseurs et confesseurs de la vérité. *Par.* 1760-78. 7 vol. 12.

Agricola (Peter Franz). Sæculi XVIII bibliotheca ecclesiastica autorumque notitiæ biographicæ. *Hildesii.* 1778. 4 tomes en 2 vol. 8.

Schleichert (Bonifacius). Institutiones historiæ litterariæ theologicæ. *Prag.* 1778. 8. *Ibid.* 1783. 8. (2e édition.)

Kramer (Friedrich). Institutiones historiæ litterariæ theologiæ. *Poson.* et *Budæ.* 1783. 8.

Schoenemann (Carl Traugott Gottlob). Bibliotheca historico-litteraria patrum latinorum, etc., ad bibliothecam Fabricii latinam accommodata. *Lips.* 1792-94. 2 vol. 8.

Joch (Johann Georg). Vitæ theologorum eruditione et scriptis insignium. *Frf.* 1797. 8.

Sandius (C... C...). Bibliotheca anti-trinitariorum, s. catalogus scriptorum et succincta narratio de vita eorum auctorum, etc. *Freistad.* 1684. 8.

Loescher (Johann Caspar). Verzeichniss durchlauchtiger Personen, welche sich in theologischen Wissenschaften mit Schriften hervorgethan, oder sonst geübet, etc. *Leipz.* 1715. 8.

Allemagne.

Adam (Melchior). Vitæ Germanorum theologorum, qui superiori seculo ecclesiam Christi voce scriptisque propagarunt, etc. *Heidelb.* 1620. 8.

Goetze (Georg Heinrich). Elogia Germanorum theologorum quorundam seculi XVI et XVII. *Lubec.* 1708. 8.

Felder (Franz Carl). Gelehrten- und Schriftsteller-Lexicon der katholischen Geistlichkeit Deutschlands und der Schweiz. *Landsh.* 1817-22. 3 vol. 8. *

     * Les deux derniers volumes ont été publiés par Franz Joseph WAITZENECKER.

ALTDORF.

Zeltner (Gustav Georg). Vitæ theologorum Altorfinorum a condita academia omnium, una cum scriptorum recensu. *Altorf.* 1722. 4. *

     * Dans cet ouvrage, orné de 52 portraits, se trouve aussi la vie de l'auteur.

AURICH.

Reersheim (Adrian). Ostfriesländisches Prediger-Denkmal, oder Verzeichniss der Prediger, welche seit der

Reformation den evangelisch-lutherischen Gemeinen in Ostfriesland und Harlingerland das Evangelium verkündiget haben, nebst einem Verzeichnisse der Rectoren und Conrectoren, etc. *Aurich.* 1763. 8.

Reersheim (Peter Friedrich). Ostfriesländisches Prediger-Denkmal, worinn die evangelisch-reformirten Prediger in Ostfriesland seit der Reformation vorkommen, wie auch die Rectoren und Conrectoren zu Emden und Lehr. *Aurich.* 1774. 8.

BISCHOFSWERDA.

Stern (Johann Christian). Lebensbeschreibung der Pastoren und Superintendenten in Bischofswerda. *Dresd. et Leipz.* 1754. 8.

BORNA.

Lucius (Johann Gottlieb). Biographia ephororum Bornensium. *Lips.* 1712. 8.

BRESLAU.

Pantke (Adam Bernhard). Lebensbeschreibung aller Breslauischen Kirchenlehrer, welche bey den drei Hauptkirchen daselbst als Seniores, Subseniores, Archidiaconi und Diaconi, etc., als Pastores, von der Reformation an, gestanden haben. *Bresl.* 1756. 8.

Kluge (Gottlob). Schlesische Jubelpriester, worinnen das Leben hundert Schlesischer evangelisch-lutherischer Jubelpriester beschrieben wird. *Bresl.* 1763. 4. (Rare.)

DRESDE.

Schlegel (Christian). Lebens-Beschreibungen der ehemals, von Zeiten der Reformation an, in Dresden gewesenen Herren Superintendenten, etc. *Dresd.* 1697. 7 parts. 12. (Accomp. de 7 portraits.)

Gleich (Johann Andreas). Annales ecclesiastici, oder gründliche Nachrichten der Reformations - Historie, nebst umständlicher Lebensbeschreibung derer churfürstlich sächsischen Ober- und übrigen Hoff-Prediger, mit dero Schrifften und Bildnissen. *Dresd. et Leipz.* 1730. 2 vol. 4. Portraits.

Ranfft (Michael). Leben und Schriften aller chur-sächsischen Gottesgelehrten, etc. *Leipz.* 1742. 2 vol. 8.

FRANCFORT-SUR-LE-MEIN.

Guaitta (Gottfried). Merkwürdiges Verzeichniss derer von Zeit der Reformation zu Frankfurt am Main gestandenen evangelischen Prediger, an der Zahl 178. *Frf.* 1774. 4.

GOERLITZ.

Funck (Christian Gabriel). Kurtzer Entwurf der Lebensgeschichte aller Goerlitzschen Prediger und Schullehrer. *Goerl. et Leipz.* 1711. 8.

HAMBOURG.

Witte (Johann). Zuverlässige Nachricht von den lutherischen Predigern in Hamburg. *Hamb.* 1791. 8.

HENNEBERG.

Eck (Johann Georg). Biographische und literarische Nachrichten von den Predigern im sächsischen Antheil der Grafschaft Henneberg. *Leipz.* 1802. 8.

JEVER.

Martens (Martin Bernhard). Jeverisches Prediger-Gedächtniss, oder Verzeichniss der Prediger, welche seit der Reformation der evangelisch-lutherischen Gemeinen in der Stadt und Herrschaft Jever das Evangelium verkündiget haben, etc. *Aurich.* 1785. 8.

KNIEPHAUSEN.

(Martens, Martin Bernhard). Verzeichniss aller Prediger, welche vor und nach der Reformation in Kniephausen gelebt haben. *Aurich.* 1785. 8.

KÖNIGSBERG.

Arnoldt (Daniel Heinrich). Nachrichten von allen, seit der Reformation, an den lutherischen Kirchen in Ostpreussen gestandenen Predigern, herausgegeb. von Friedrich Wilhelm BENEFELDT. *Königsb.* 1775. 4.

LANGENSALZA.

Fischbeck (Christian Michael). Vitæ ephororum Longosalissensium. *Longosal.* 1710.

LUNEBOURG.

Bertram (Johann Georg). Evangelisches Lüneburg, etc., nebst dem Leben und den Schrifften derer Superinten-

denten und Pastorum bis auffs Jahr 1717. *Braunschw.* 1718. 4.

NUREMBERG.

Wuerfel (Andreas). Dipticha ecclesiæ Sebaldinæ, d. i. Verzeichniss und Lebensbeschreibungen der Herren Prediger, Schaffer und Diaconorum, welche seit der Reformation bis hierher an der Haupt-und Pfarrkirche bei-Sanct-Sebald in Nürnberg gedient haben. *Nürnb.* 1756. 4. Orné de 116 portraits.

–— Verzeichniss der Prediger, etc., an der Haupt-und Pfarrkirche Sanct-Lorenzen in Nürnberg, etc. *Nürnb.* 1756. 4. 2 portraits.

–—– Die Geistlichen zu Sanct-Aegidien, der Spitalkirche, zu Sanct-Marien, Sanct-Jacob und der übrigen Kirchen, Klöster und Kapellen zu Nürnberg. *Nürnb.* 1757. 4. Portrait.

OSCHATZ.

Frenckel (Johann Gottlieb). Historie der Superintendenten und Diaconen zu Oschatz in Meissen. *Dresd.* 1722. 8.

PARCHIM.

Mantzel (Joachim). Schediasma historico-litterarium de superintendentibus Parchimensibus in ducatu Megapolitano, publ. par Georg CASPARI. *Rostoch. et Lips.* 1717. 8.

PLAUEN.

Oettel (Johann Paul). Zuverlässige Historie aller Pastoren und Superintendenten in Plauen, seit der Reformation. *Schneeb.* 1747. 8.

SCHLEUSINGUE.

Ludovici (Gottfried). Notitia ephororum Schleusingensium. *Schleusing.* 1711. 8.

STUTTGARD.

Fischlin (Ludwig Melchior). Memoria theologorum Wirtembergensium ressucitata, h. e. biographia præcipuorum virorum, qui in ducatu Wirtembergico vel scriptis vel aliis meritis inclaruere, etc. *Ulm.* 1710. 2 vol. 8.

–— Supplementum ad Memorias theologorum Wirtembergensium, etc. *Ulm.* 1712. 8.

WITTENBERG.

Erdmann (Johann Christoph). Biographie sämmtlicher Pröbste zu Wittenberg. *Wittenb.* 1802. 4.

–— Lebensbeschreibungen und literarische Nachrichten von den wittenbergischen Theologen von 1502 bis 1802. *Wittenb.* 1804. 4.

France.

P... (abbé de la). Dictionnaire biographique et bibliographique des prédicateurs et sermonaires français depuis le xvie siècle. *Par.* 1824. 8. Portraits.

(**Barbier**, Hippolyte). Biographie du clergé contemporain, par un solitaire. *Par.* 1840. 18. Portraits. *Brux.* 1842. 18. Portraits.

(**Capelle**, Louis François). Biographie des prêtres du diocèse de Cambrai, morts depuis 1800 et qui se sont le plus distingués par leurs vertus, leurs talents et leur zèle. *Cambrai.* 1847. 8.

Hongrie.

Klein (Johann Samuel). Nachrichten von den Lebensumständen und Schriften evangelischer Prediger in allen Gemeinen des Königreichs Ungarn. *Leipz. et Ofen.* 1789. 2 vol. 8.

TROUBADOURS.

Nostredame (Jean de). Vies des plus célèbres et anciens poëtes provençaux qui ont floury du temps des comtes de Provence. *Lyon.* 1575. 8.

Trad. en ital. :

Par Giovanni GUIDICE. *Lione.* 1575. 8.

Par Giovanni Maria CRESCIMBENI. *Rom.* 1710. 4.

(**Sainte-Palaye**, Jean Baptiste Lacurne de). Histoire littéraire des troubadours, contenant leurs vies, les extraits de leurs pièces et plusieurs particularités sur les mœurs, les usages et l'histoire du xiie et du xiiie siècle, (publ. par François Xavier MILLOT). *Par.* 1774. 3 v. 8.*

*Cet ouvrage, contenant les biographies de 142 troubadours, est rare et recherché.

Delarue (G...). Recherches sur les ouvrages des bardes

de la Bretagne armoricaine dans le moyen âge. *Caen.* 1815. 8.

Raynouard (François Juste Marie). Des troubadours et des cours d'amours. *Par.* 1816. 8.

Les poëtes françois (!) depuis le xiie siècle jusqu'à Malherbe, avec une notice historique et littéraire sur chaque poëte. *Par.* 1824-26. 6 vol. 8.

Diez (Friedrich). Leben und Werke der Troubadours. Ein Beitrag zur nähern Kenntniss des Mittelalters. *Zwickau.* 1829. 8. Trad. en franç. s. c. t. La poésie des troubadours, par Ferdinand de ROISIN. *Par. et Lille.* 1845. 8.

Galvani (Carlo). Osservazioni sulla poesia di trovadori. *Moden.* 1829. 8.

Delarue (G...). Essais historiques sur les bardes, les jongleurs et les trouvères normands et anglo-normands. *Caen.* 1834. 3 vol. 8. *

   * Cet ouvrage ne se trouve plus dans le commerce.

Dinaux (Arthur). Les trouvères cambrésiens. *Par.* 1837. 8.

—— Les trouvères de la Flandre et du Tournaisis. *Par. et Valencienn.* 1839. 8.

—— Les trouvères artésiens. *Par.* 1840. 8.

Cavedoni (Celestino). Ricerche storiche intorno ai trovatori provenzali accolti ed onorati nella corte dei marchesi d'Este nel secolo xiii. *Moden.* 1844. 8.

Brinckmeïer (Eduard). Die provençalischen Troubadours. *Halle.* 1844. 8. *

   * Pastiche d'après l'ouvrage de Raynouard mentionné p. 2045.

TYPOGRAPHES.

Zeltner (Johann Conrad). Correctorum in typographiis eruditorum centuria speciminis loco collecta. *Norimb.* 1716. 8. Reimpr. s. c. t. Theatrum virorum eruditorum, qui speciatim typographiis laudabilem operam præstiterunt. *Norimb.* 1720. 8. Portrait. *

   * Cet ouvrage est peu commun. On y trouve aussi la vie de l'auteur, écrite par Friedrich RORU-SCHOLZ.

Lackmann (Adam Heinrich). Annalium typographicorum selecta quædam capita. *Hamb.* 1740. 4.

(Née de la Rochelle, Jean François). Vie d'Étienne Dolet, imprimeur à Lyon, dans le seizième siècle, avec une notice des libraires et imprimeurs-auteurs que l'on a pu découvrir jusqu'à ce jour. *Par.* 1779. 8. (Rare.) *

   * Les notices des libraires et imprimeurs (pages 147-202) sont classées par ordre alphabétique.

De Reume (Auguste). Variétés bibliographiques et littéraires. *Brux.* 1848. 8. Portrait. (Tiré seulement à 100 exemplaires.) *

   * Contenant des notices biographiques sur 81 imprimeurs et libraires belges et hollandais, avec leurs marques typographiques.

CURIOSITÉS BIOGRAPHIQUES.

(Les ouvrages sont classés par ordre alphabétique du nom de l'auteur.)

Adami (Johann Samuel). Bücher-Freunde und Bücher-Feinde. *Dresd.* 1695. 8. *

   * Publ. sous le pseudonyme de MISANDER.

Ahlefeld (J... L...). Dissertatio de poetis vino deditis. *Giess.* 1726. 4.

Alberti (Michael). De autochiria litteratorum oratio valedictoria. *Halæ.* 1727. 4.

Boettner (Gottfried). Dissertatio moralis de malis eruditorum uxoribus. *Lips.* 1705. 4.

Curtius (Conrad). Dissertatio philosophica de affectibus eruditorum. *Lips.* 1695. 4.

Ebelt (Ehrenfried). Dissertatio historico-moralis de misocosmia eruditorum, vulgo *schmutzigen Gelehrten*. *Lips.*, s. d. (1717.) 4.

Evers (Johann Friedrich). Dissertatio moralis de misericordia eruditorum, vulgo *von der Gelehrten Gutherzigkeit*. *Helmst.* 1715. 4.

Fibiger (Johann Gottlob). Schediasma de πολιτευνία eruditorum, s. copiosa litteratorum sobole, oder ein Tractat von denen Gelehrten, die von Gott mit vielen Kindern gesegnet worden. *Leipz.*, s. d. 4.

Fischbeck (Christian Michael). Dissertatio de eruditis sine pietate. *Longosal.*, s. d. 4.

Frick (Johannes). Dissertatio de cœcis eruditis. *Ulm.* 1715. 4.

Gerlach (Benjamin Gottlieb). Dissertatio de arrogantia litteratorum. *Zittav.* 1733. Fol.

—— Dissertationes II de πατριδομανία eruditorum. *Witteb.* 1723. 4.

Goetze (Georg Heinrich). Museum eruditi variis memorabilibus conspicuum, vel *die denckwürdige Studier-Stube*, etc. *Lubec.* 1712. 4.

—— Observationes miscellaneæ de sutoribus eruditis, vel *gelehrten Schustern*. *Lubec.* 1708. 4.

—— Diatribe de mercatoribus eruditis, vel *gelehrten Kaufleuten*. *Lubec.* 1705. 4.

Graber (Johann Ernst). Dissertatio de libris auctoribus suis fatalibus. *Wittenb.* 1728. 4.

Heumann (Christoph August). Dissertatio de autochiria philosophorum. *Jenæ.* 1703. 4.

Hoffmann (Christian Gottfried). Dissertatio historico-philosophica de senio eruditorum, vulgo von *denjenigen Haupt-Gelehrten Männern*, die in den letzten drei Sæculis über 70 bis 80 Jahr alt worden sind. *Leipz.* 1711. 4.

Klotz (Johann Christian). De libris auctoribus suis fatalibus liber singularis. *Lips.* 1761. 8. *Ibid.* 1768. 8. *

   * Concernant cent auteurs qui ont été condamnés à mort, etc.

Kortholt (Sebastian). Dissertatio de poetis episcopis. *Kilon.* 1699. 4.

Krause (Theodor). Schediasma historicum de die natali viris insignibus et eruditis emortuali. *Rostock.* 1707. 4. *Vratisl.* 1708. 4.

Lalanne (Ludovic). Curiosités biographiques. *Par.* 1846. 12.

Leopold (Achilles Daniel). Commentatio de cœcis ita natis. *Lubec.* 1726. 4.

Marci (Johann Rudolph). Historische Nachricht von Gelehrten, welche etwas Besonderes an ihren Weibern erlebet. *Jüterbog.*, s. d. 4.

Mencke (Johann Burchard). De charlataneria eruditorum declamationes II. *Lips.* 1715. 12. *Lucæ.* 1726. 12. Trad. en franç. (par David DURAND). *Amst.* 1721. 12.

Meyer (Johann Jacob). Dissertatio de eruditorum pædantismo. *Nordhus.* 1714. 4.

—— Dissertatio de eruditis ignis violentia exstinctis. *Nordhus.* 1717. 4.

Mielcke (Peter Gottlieb). Dissertatio de nobilibus Germanorum poetis, d..h. von adeligen Teutschen Poeten. *Regiomont.* 1715. 4.

Moerlin (N... N...). Dissertatio historico-critica de principibus poetis, etc. *Lips.* 1709. 4.

Otto (Johann Samuel). Semi-centuria virorum Danielis nomine clarorum. *Lips.*, s. d. 4.

Quade (Michael Friedrich). Dissertatio historico-litteraria de viris statura parvis, eruditione magnis. *Gryphisw.* 1706. 4.

Sainte-Marie (Étienne). Dissertation sur les médecins-poëtes. *Par.* 1825. 8.

Schmid (Johann Philipp). Commentatio historico-literaria de scriptis eruditorum, in quorum elaboratione autores multum temporis consumerunt. *Rostoch.* et *Parchim.* 1724. 8.

Schmidt (Samuel Theodor). Dissertatio de theologis in utero Deo consecratis. *Lips.* 1707. 4.

Schroeder (Matthias Georg). Dissertatio de misanthropia eruditorum. *Lips.* 1717. 4.

— — Dissertatio de misogynia eruditorum, d. h. von übelgesinnten Gelehrten gegen das weibliche Geschlecht. *Lips.* 1717. 4. *Ibid.* 1730. 4.

Trinkbusius (Georg). Dissertatio de cœcis sapientia et eruditione claris. *Geræ.* 1672. 4.

Tschanter (Johann Christoph). Dissertatio de eruditis studiorum, intemperie mortem sibi accelerantibus. *Lips.* 1704. 4.

Tschanter (Joh. Chr.). Historische Nachricht von gelehrten Leuten, die sich zu Tode studiert. *Budissin.* 1722. 8.

(**Wagner**, Gottfried). Centuria singularis eruditorum cœlibum. *Witteb.* 1714. 8. *

   * Publ. sous le pseudonyme de Irenæus CARPENTARIUS.

— — Semi-centuria nova eruditorum cœlibum. *Witteb.* 1715. 8.

— — Semi-centuria novissima eruditorum cœlibum. *Witteb.* 1717. 8.

Walch (Georg Ernst). Exercitatio historico-litteraria de eruditis singularis cujusdam libri amatoribus. *Lips.* 1715. 4.

Walch (Georg Ernst) et **Sommerlatt** (Johann Friedrich). Dissertatio secunda de eruditis singularis cujusdam libri amatoribus. *Lips.* 1716. 4.

Weiss (Christian). Dissertatio de spuriis in ecclesia et re litteraria claris, oder *von gelehrten Hurenkindern.* *Witteb.* 1695. 4. *Ibid.* 1735. 4.

PORTRAITS.

Catalogue de la très-belle et précieuse collection de portraits anciens et modernes de M. le chevalier Jacques de Franck, banquier à Vienne, comprenant les portraits gravés, etc., s. l. et s. d. (*Vienne.*) 3 parties en 1 vol. 8.

(**Vatout**, Jean, dit Julien). Catalogue général des portraits formant la collection de S. A. R. Mgr. le duc d'Orléans (mai 1829). *Par.* 1829-50. 4 vol. 8. *

   * Renfermant l'indication de près de neuf mille portraits.

Moehsen (Johann Carl Wilhelm). Sammlung von Bildnissen berühmter Aerzte. *Berl.* 1771. 4.

Tardieu (A...). Collection de 100 portraits des plus célèbres naturalistes. *Par.*, s. d. 8.

France.

Liste générale et alphabétique des portraits gravés des François et Françoises illustres, jusqu'en l'année 1775, extraite de la *Bibliothèque historique de la France*, du Père (Jacques) LELONG. *Par.* 1809. Fol. (Très-rare et très-recherché.)

Lieutaud (Soliman). Liste des portraits omis dans le Père Lelong, etc. *Par.* 1844. 8.

— — Liste alphabétique de portraits français gravés jusques et y compris l'année 1775, faisant le complément de celle de la Bibliothèque historique du Père Lelong. *Par.* 1846. 4. (2e édition de la liste précédente, considérablement augmentée.)

— — Liste alphabétique des portraits des personnages nés dans l'ancien duché de Lorraine, celui de Bar et le Verdunois, dont il existe des dessins, des gravures et lithographies, avec l'indication du format et le nom des artistes. *Par.* 1852. 8.

Grande-Bretagne.

Bromley (Henry). Catalogue of engraved British portraits, from Egbert the Great to the present time, consisting of the effigies of persons in every walk of human life, with an appendix, containing the portraits of such foreigners as may claime a place in the British series; methodically disposed in classes and interspersed with a number of notices, biographical and genealogical, never before published. *Lond.* 1793. 4.

Catalogue of the valuable and extensive collection of British portraits of Mr. Robert Grave. *Lond.* 1804. 8.

Catalogue of a rare collection of English portraits, serving to illustrate Granger's *Biographical history of England*, etc., s. l. et s. d. (*Lond.* 1810.) 8. *

   * Cette collection appartenait à miss Gulston.

Flindall (John Morris). The amateur's pocket companion, or a description of scarce and valuable engraved British portraits. *Lond.* 1813. 12.

Catalogue of the collection of engraved British and foreign portraits, etc., the property of the bishop of Ely. *Lond.* 1813. 4.

Caulfield (James). Calcographiana : the printsellers chronicle and collector's guide to the knowledge and value of engraved British portraits. *Lond.* 1814. 8. Portrait de l'auteur.

The Bindley Granger. A catalogue of the very valuable collection of British portraits; the property of the late eminent amateur James Bindley, Esq. *Lond.* 1819. 5 parts. 4.

Catalogue of the late Rev. Mark Noble's British portraits, collected to illustrate Granger, etc., s. l. et s. d. (*Lond.* 1827.) 8.

Catalogue of the valuable collection of British portraits of general Dowdeswell, etc. *Lond.* 1828. 8.

The Towneley Granger. A catalogue of the very valuable collection of British portraits, illustrative of Granger's *Biographical history of England*, etc., by the late John Towneley, Esq. *Lond.* 1828. 8.

(**Evans**, Edward). Catalogue of a collection of engraved portraits, comprising nearly 20,000 portraits of persons connected with the history of Great Britain. *Lond.* s. d. (vers 1854.) — (Peu commun.)

Nuremberg.

Panzer (Georg Wolfgang Franz). Verzeichniss von Nürnbergischen Portraiten aus allen Ständen. *Nürnb.* 1790. 4. Anhang. *Ibid.* 1801. 4.

Pays-Bas.

Muller (Frederik). Beschrijvende catalogus von 7,000 portretten van Nederlanders en van Buitenlanders, tot Nederland betrekking staande, etc. *Amst.* 1853. 8.

BIBLIOGRAPHIES

BIOGRAPHIQUES.

PREMIER SUPPLÉMENT.

BIBLIOGRAPHIE

BIOGRAPHIQUE.

—

PREMIER SUPPLÉMENT.

A

43455 — 43481

Abailard (Pierre),
prêtre français († 22 avril 1852).
(**Quatrebarbes**, marquis de). Notice nécrologique sur M. P. Abailard, curé de Morannes. *Angers*. 1852. 8.

Abano (Pietro d').
(Voir page 1.)
Colle (Francesco Maria). Notizie sulla vita e sulle opere di P. d' Abano. *Padov*. 1823. 8. (*Oxf*.)

Abbatucci (Carlo),
général corse (1771 — 2 déc. 1796).
Loudun (Eugène). Le général C. Abbatucci. *Par*. 1854. 18. *
* Notice avec la figure de la statue qui sera érigée à Ajaccio cette année.

Abbott (John),
littérateur anglo-américain.
Firfth (John). Life of J. Abbott. *New-York*. 1846. 18.

Abd-el-Kader.
(Voir page 1.)
De France (A...). Cinq mois de captivité chez les Arabes. *Par*. 1843. 18.
Thonissen (Jean Jacques). Biographie d'Abd-el-Kader, etc., publiée d'après les renseignements recueillis sur le théâtre de la guerre par Carl v. Decker. *Anvers*. 1846. 8.
B... (Théodore). Biographie d'Abd-el-Kader. *Par*. et *Charmes* (*Vosges*). 1853. 8.
Civry (Eugène de). Napoléon III et Abd-el-Kader, Charlemagne et Witekind. Étude historique et politique. *Par*. 1853. 8. (Portrait d'Abd-el-Kader.)
Plée (Léon). Abd-el-Kader, nos soldats, nos généraux et la guerre d'Afrique, illustrés par Janet-Lange. *Par*. 1854. 8. (Orné de 27 gravures.)

Abdul-Mejid I,
sultan des Turcs (6 mai 1822 — 1er juillet 1839 — ...).
Gilson (Adrien). Nicolas I et Abdul-Mejid. *Par*. 1853. 52. (Accomp. de leurs portraits.)
Trad. en allem. *Leipz*. 1853. 8.
Trad. en suéd. *Stockh*. 1853. 8.
Christmas (Henry). Lives of the emperor of Russia, Nicholas I, and the sultan of Turkey, Abdul-Mejid-Khan. *Lond*. 1854. 12.
Texier (Edmond). Les hommes de la guerre d'Orient : Abdul-Mejid I. *Par*. 1854. 8. Portrait.

Abeel (David),
missionnaire anglo-américain.
Williamson (G... R...). Memoir of the Rev. D. Abeel, late missionary to China. *New-York*. 1848. 12.

Abélard.
(Voir page 2.)
Braun (Friedrich). Dissertatio philosophico-critica de P. Abælardi ethica. *Marb*. 1852. 8.
Carrière (Moritz). Abälard und Heloise ; ihre Briefe und Leidensgeschichte. *Giess*. 1853. 8. (Trad. du français.)
Lamartine (Alphonse de). Héloïse et Abélard. *Par*. 1854. 18.

Abernethy (John),
anatomiste anglais (1764 — 23 avril 1831).
Macilvain (George). Memoirs of J. Abernethy, F. R. S., with a view of his lectures, writings and character. *Lond*. 1853. 2 vol. 8. *Ibid*. 1853. 2 vol. 8. (2e édition.)

Ablancourt (Nicolas Perrot d'),
traducteur français (5 avril 1606 — 17 nov. 1664).
Barthélemy (Édouard de). Études biographiques sur Claude d'Epense, David Blondel et Perrot d'Ablancourt, nés à Châlons-sur-Marne. *Chál.-sur-M*. 1853. 8.

Abney (Thomas),
magistrat anglais.
Smith (Jeremiah). The magistrate and the christian, or the virtues of public and private life exemplified in the character of sir T. Abney, introduced in a funeral sermon. *Lond*. 1722. 8. (*Oxf*.)

Achard (Frédéric),
acteur français du xixe siècle.
Maxance (Hippolyte). Notice biographique sur M. Achard, artiste dramatique du théâtre du Palais-Royal. *Par*. 1853. 8.

Aconzio-Koever (Stefano).
(Voir page 5.)
Raphael (Alessandro). Vita reverendissimi S. Acontii Kover (!), archiepiscopi Suniensis et generalis abbatis congregationis Mechitaristarum. *Venez*. 1825. 8. (Ecrit en latin et en arménien.)

Adam,
famille anglo-américaine.
Adam (William). Genealogy of the Adam family. *Albany*. 1848. 8.

Adams (Hannah),
dame anglo-américaine.
Memoirs of H. Adams, written by herself. *Boston*. 1852. 18.

Adams (John),
Duer (William Alexander). Eulogy on Adams and (Thomas) Jefferson. *Albany*. 1826. 8.
Cranch (William). Memoirs of the life, character and writing of J. Adams, etc. *Washingt*. 1827. 8.

Adams (John Quincy).
(Voir page 6.)
Lunt (William P...). Discourse, etc., at the interment of J. Q. Adams. *Boston*. 1848. 8.

Adélaïde (Sainte).
(Voir page 6.)
Alberti (J... A...). Historische Lobsbeschreibung der Heiligen Adelheit, (trad. du lat. par N... N... Werndle.) *Straubing*. 1659. 12.

Adlerbeth (Jakob, Friherre),
homme d'État suédois.
Pontin (Magnus af). Minne af Friherre J. Adlerbeth. *Stockh*. 1846. 8.

Adola,
chef de la peuplade des Puris (en Amérique).
Chabert (Xavier). Abrégé historique de la vie et des

aventures d'Adola, chef de la peuplade des Puris, avec la description fidèle des mœurs et des usages des sauvages du pays, s. l. et s. d. 8.

Aerschodt (François Guillaume van),
prêtre belge (22 janvier 1797 — ... 1833).

(**Dhanis**, Michel). Notice nécrologique sur M. l'abbé F. G. van Aerschodt, chanoine honoraire de l'église métropolitaine de Malines et professeur d'éloquence sacrée et de littérature hébraïque à la première section du séminaire archiépiscopal. *Brux.*, s. d. (1833.) 8. (Tiré à petit nombre.)

Æschylus.
(Voir page 10.)

Frensdorff (Émile). Études sur Eschyle. *Brux.* 1846. 8.

Agapite (Saint).

Di S. Agapito Prenestino, della basilica a lui eretta in Palestrina e delle sue reliquie ivi venerate. *Rom.* 1793. 8.

Agathe (Sainte).
(Voir page 11.)

Perelli (Mariano). Vita, morte e traslazione della gloriosa S. Agata, vergine e martire. *Napol.* 1640. 4.
Privitera (Francesco). Epitome della vita, martirio e miracoli dell' invitta, nobilissima e generosa sposa di Giesù, S. Agata, vergine et martire (Catanese). *Catania.* 1690. 4.
Strada (Raimondo). La gloriosa città di Dio. Panegirico sacro alle glorie di S. Agata, vergine e martire. *Catania.* 1704. 4.

Agathocles.
(Voir page 11.)

Hamming (Willem). Dissertatio historica de Agathocle Siculo. *Traj. ad Rhen.* 1833. 8.

Agathon.
(Voir page 11.)

(**Scorsi**, Francesco). Vita S. Agathonis papæ, Panormis civis et patroni. *Panorm.* 1640. 4.

Agneessens ou **Anneessens** (Francis).
(Voir page 11.)

Verhulst (P... F...). Précis historique des troubles de Bruxelles en 1718, avec des détails inédits sur le procès et l'exécution d'Anneessens. *Brux.* 1832. 12.
(**Weustenraad**, Théodore). F. Anneessens, s. l. et s. d. (*Liége.* 1833.) 8. (Extrait de la *Revue belge*.)

Agnès de Montepulciano (Sainte).
(Voir page 12.)

Mas (Diego). Historia de la vida y milagros de la bienaventurada S. Ynes de Montepoliciano, con otras vidas de doze siervas de Dios de la mesma orden. *Valencia.* 1601. 8. (Très-rare.)
Leroux (Joseph). Vie de S. Agnès de Montpolitien (!) dominicaine, canonisée par Benoît XIII. *Par.* 1728. 12.
Dujardin (Thomas). Lof-sermoon van de H. maghet Agnes de Monte - Policiano, religieuse van den orden van de heylighen patriarch Dominicus. *Gand.* 1728. 12.

Agrell (Carl Magnus),
théologien suédois.

Lindgrén (Nils). Åminnelse-Tal öfwer Contracts-Prosten i Allbo-Härad, Kyrkoherden i Skatelöf, etc. Theologiæ Doctorn och Jubel - Magistern C. M. Agrell. *Wexioe.* 1840. 8.

Agrippine (Sainte).

Omodei (Giovanni Leonardo). Historia del martirio di S. Agrippina. *Napol.* 1564. 8.

Aguesseau (Henri François d').
(Voir page 14.)

Thevenin (Edmond). D'Aguesseau. Lecture faite à la Société archéologique et historique du Limousin, etc. *Limog.* 1853. 8.

Aï (le chevalier d'),
poëte français (1746 — 1847).

Le chevalier d'Aï, ses aventures et ses poésies, recueillies et publiées par le marquis de BELLOY. *Par.* 1854. 18.

Aiatumo (Michele).

Boero (Giuseppe). Vita di M. Aiatumo, giovinetto Indiano, alunno del seminario di Boolo, nelle isole Filipine. *Rom.* 1842. 18.

Aignan (Saint).
(Voir page 14.)

Dupanloup (Félix Antoine Philibert). Panégyrique de S. Aignan, évêque d'Orléans, etc. *Orléans.* 1853. 8.

Ajenjo (Cincinato),
agronome espagnol.

Historia de D. C. Ajenjo y de sus esfuerzos y trabajos para mejorar la agricultura. Cuento escrito en frances por el marques de Travanet y arreglada a España por Pascual ASENSIO. *Madr.* 1850. 16.

Akerhjelm (Samuel, Friherre),
homme d'État suédois.

Beskow (Bernhard v.). Minne öfwer Riks-Rådet, Friherre S. Akerhjelm. *Stockh.* 1852. 8.

Alacoque (Marguerite Marie),
(Voir page 15.)

Languet de la Villeneuve de Gergy (Jean Joseph). Vie de la vénérable mère M. M. Alacoque, trad. en ital. *Rom.* 1840. 2 vol. 18.
Boulangé (Théodore). Vie et révélations de la vénérable mère Marguerite Marie (Alacoque), religieuse de la visitation, morte en odeur de sainteté à Paray-le-Monial en 1690. *Tournai.* 1852. 8.

Alaimo (Domenico),
médecin italien.

Gervasi (Agostino). Perfecti medici specimen, s. ars muta cum eloquentia gloriose conjuncta. Oratio funebris in obitum immarescibilis famæ viri D. D. D. Alaymi, medici, dum viveret, longe celeberrimi. *Rom.* 1709. 8.

Alaimo * (Marco Antonio),
médecin italien (1590 — 29 août 1662).

Funebres laudes, quos salutaris medicorum academia (Panormitana) persolvit in obitu bene meretissimi doctoris D. M. A. Alaimi 3 Idus Nov. anno salutis 1662. *Panorm.* 1662. 4.
Vetrani (Andrea). Oratio in funere archiatri et medicinæ doctoris M. A. Alaimi. *Panorm.* 1662. 4.

* C'est par erreur que MORÉRI le nomme ATCAIRUS.

Alaric II,
roi des Goths (... — 484 — 507).

Millin (Aubin Louis). Dissertation sur le second Alaric, roi des Goths, s. l. et s. d. 8. (Extrait du *Magasin encyclopédique*.)

Albert (Saint).
(Voir page 19.)

Egidio de Liega. Vida de S. Alberto, cardenal del titulo de S. Cruz, obispo de Lilia y martyr, trad. du latin par Andres de Soro. *Bruss.* 1613. 8.

Albert ,
évêque de Trente.

Bonelli (Benedetto). Dissertazione intorno alla santità e martirio del B. Adalpreto o Alberto, vescovo di Trento. *Trento.* 1755. 4.

Alberti (Johannes),
philosophe hollandais (6 mars 1698 — 13 août 1772).

Wal (J... de). Levensschets van J. Alberti, s. l. et s. d. (*Assen.* 1845). 8. Portrait. (*Ld.*)

Alby (Ernest),
littérateur français (1er juillet 1809 — ...).

Robin (Charles). Biographie d'E. Alby. *Par.* 1848. 8. Portrait. (Extrait de la *Galerie des gens de lettres au* XIXe *siècle*.)

Alby (Marie d'),
actrice française.

Deschamps (Théophile). M. d'Alby. *Par.* 1853. 8. (Extrait du *Moniteur dramatique*.)

Alciato (Andrea).
(Voir page 21.)

Buckius (Johannes). Oratio de vita A. Alciati. *Rostoch.* 1560. 4. (*Oxf.*)

Alcuin.
(Voir page 22.)

Laforêt (Jean Baptiste). Alcuin, restaurateur des lettres en Occident sous Charlemagne. (Thèse.) *Louvain.* 1851. 8.
Monnier (François). Alcuin et son influence littéraire, religieuse et politique sur les Francks (!) etc. *Par.* 1853. 8.

Alembert (Jean Lerond d').
(Voir page 23.)

Fabbroni (Giovanni Valentino Matteo). Elogio di G. d'Alembert. *Firenz.* 1784. 8.

Alexandre le Grand.
(Voir page 23.)

Petit-Radel (Louis). Sur les portraits d'Alexandre le Grand, s. l. et s. d. 4. (Accomp. de 3 figures.)

Alfenus Varus (Publius).
(Voir page 27.)

Eijk (J... A... van). Dissertatio de P. Alfeno Varo, JCto romano. *Lugd. Bat.* 1831. 8.

Alfieri (Vittorio).
(Voir page 27.)

Ginguené (Pierre Louis). Lettre à un académicien de Turin sur un passage de la vie de V. Alfieri. *Par.* 1809. 8. *
* Pièce curieuse et assez rare.

Cuccetti (Luigi). Della vita e delle opere di V. Alfieri. *Trevis.* 1843. 8.

Alfred le Grand.
(Voir page 27.)

Abbott (Jacob). History of Alfred the Great. *Lond.* 1853. 8.

Allen (Benjamin),
théologien anglo-américain.

Memoirs of the Rev. B. Allen, edited by his brother. *Philadelph.* 1852. 12.

Almada (Andrea Alvarez de),
voyageur espagnol.

Santarem (Manoel Francisco **Barbos y Souza** de). Notice sur A. Alvarez d'Almada et sa *Description de la Guinée. Par.* 1842. 8. (*Bœ*.)

Almeyda (Tomas de).

Notice sur la vie et les écrits du P. T. de Almeyda. *Lavaur.* 1852. 12.

Almonde (Philip van),
vice-amiral hollandais (1646 — 6 janvier 1711).

Jonge (J... C... de). Levensschets van P. van Almonde, s. l. et s. d. 8. Portrait. (Non destiné au commerce.)

Almotacim,
calife.

Matthiessen (C...). Historia chalifatus Almotacimi. *Lugd. Bat.* 1849. 8.

Almquist (Erik Abraham),
évêque de Hernoesand.

Nordquist (Jonas). Oratio in memoriam viri, dum vixit, reverendissimi et celeberrimi D. E. A. Almquist, sacræ theologiæ doctoris, diocesis Hernœsandiæ episcopi, de stella Polari commendatoris. *Hernœsand.* 1859. 8.

Alós y Ruis (Manuel de),
savant espagnol († 1752).

Larraz (Blasio). Laus funebris perillustrissimi D. E. de Alos et de Ruis, cancellarii universitatis Cervariensis. *Cervara.* 1752. 4.

Alphen (Hieronymus van).
(Voir page 31.)

Clarisse (Joannes). Over H. van Alphen als dichter en kinder-dichter. Twee voorlezingen. *Rotterd.* 1850. 8. Portrait.

Koenen (H... J...). H. van Alphen, als christen, als letterkundige en als staatsman. *Amst.* 1844. 8. (*Ld*.)

Alphonse X, surnommé le Sage.
(Voir page 31.)

Schwartz (J... N...). Dissertatio de interregno Richardo Cornubiensi et Alphonso, Castiliæ rege. *Jenæ.* 1714. 4. *
* Après la mort de l'empereur Conrad IV (1254), les factions divisaient l'Allemagne. Tandis qu'une partie des électeurs choisit Richard de Cornouailles, l'autre se déclara pour Alphonse de Castille.

Vargas y Ponce (José de). Elogio del rey Alonso et Sabio. *Madr.* 1782. 4. (*Oxf*.)

Alpin (Saint),
évêque de Châlons-sur-Marne.

Boitel (abbé). Histoire de S. Alpin, huitième évêque de Châlons-sur-Marne et vainqueur d'Attila. *Châlons.* 1853. 12.

Altaroche (Marie Michel),
publiciste français (18 avril 1811 — ...).

Robin (Charles). Biographie de M. Altaroche. *Par.* 1848. 8. Portrait. (Extrait de la *Galerie des gens de lettres au xixe siècle*.)

Alting (Jacob).
(Voir page 34.)

Ypey (Annæus). Oratio de præclaris J. Altingii in disciplinam sanctiorem meritis. *Groning.* 1825. 4.

Alvarez (Balthazar).
(Voir page 34.)

Dupont (Louis). Vie du P. B. Alvarez, religieux de la compagnie de Jésus. *Tournai.* 1846. 2 vol. 12. *
* Ce n'est qu'une nouvelle traduction de l'ouvrage espagnol composé par Ludovico da Ponte.

Alvin (François Joseph),
littérateur français (25 avril 1768 — 6 nov. 1838).

(**Guillery**, Hippolyte). Notice biographique sur M. F. J. Alvin, ancien principal du collége de Nivelles, membre de plusieurs sociétés savantes. *Liége.* 1838. 8. (Extrait de la *Revue de Liége*, publ. s. les lettres initiales H. G.)

Amalteo (Pomponio),
peintre italien du xvie siècle.

Mantoani (Jacopo). Elogio di P. Amalteo. *San-Vito.* 1838. 8. Portrait.

Amand (Saint),
évêque-missionnaire du viie siècle.

Destombes (C... J...). Histoire de S. Amand, évêque-missionnaire au viie siècle. *Lyon.* et *Par.* 1850. 8. Port.

Amaro (Saint).

Vida del bienaventurado S. Amaro y de los peligros que paso hasta que llego al parayso terrenal. *Burgos.* 1552. 4. (Excessivement rare, même en Espagne.)

Amat (Felix),
archevêque de Palmyre (10 août 1750 — 28 sept. 1824).

Torres Amat (Felix). Vida de Amat, arcobispo de Palmyra. *Madr.* 1835. 4.

Amboise (Georges d').
(Voir page 36.)

Bellesrives (Léonce de). Le cardinal G. d'Amboise, ministre de Louis XII. *Limoges.* 1853. 12. Portrait.

Ambroise (Saint).
(Voir page 36.)

B... (G... B...). Compendio della vita di S. Ambrogio, arcivescovo e dottore della chiesa Milanese, cavato dai più accreditati scrittori. *Milan.* 1844. 16. Portrait.

Villemain (Abel). S. Ambroise. *Par.* 1852. 8. (Extrait de la *Nouvelle Biographie universelle*.)

Amédée III.
(Voir page 36.)

Bignotti (Vincenzo). Éloge du bienheureux Amédée (III), duc de Savoie. *Verceil.* 1823. 8.

Amelberga (Sainte).

Heyndricx (Jacob). Leven van S. Amelberga. *Ghendt.* 1625. 8.

Amelot (Jacques Chrétien),
magistrat belge (10 nov. 1769 — 14 avril 1850).

(**Mayer**, Charles). J. C. Amelot, ancien maire et bourgmestre d'Heurne, maire et bourgmestre de la commune de Synghem (Belgique), chevalier de l'ordre de Léopold. *Par.* 1851. 8. (Extrait du *Nécrologe universel du xixe siècle*.)

Amersfoordt (Hendrik),
littérateur hollandais.

Evertsz (U... A...). Woord ter herinnering aan H. Amersfoordt, medeoprigter en lid van het Prov. Friesch Genootschap. *Workum.* 1843. 8. (*Ld*.)

Amico (Filippo),
prêtre italien.

Amico (Carlo). Vita del P. F. d'Amico, prete secolare. *Palerm.* 1671. 4.

Ammann (Johann Carl),
criminel allemand (29 juin 1829 — 5 juillet 1832).

Aktenmässige Darstellung, betreffend J. C. Ammann, von Thailfingen, Königreich Württemberg, etc., verurtheilt von den Assisen zu Thun, etc., zu 20jähriger Kettenstrafe, gestorben in der Infirmerie der Zuchtanstalt zu Bern. *Thun.* 1852. 8.

Amoretti (Giuseppe Maria),
évêque de Syracuse.

L... (**G...**). Orazione funebre di monsignore arcivescovo D. G. M. Amoretti, vescovo di Siracusa. *Napol.* 1842. 4.

Amoros (N... N...),
gymnaste français.

Amyot (C... J... B...). Histoire du colonel Amoros, de sa méthode d'éducation physique et morale, et de la fondation de la gymnastique en France. *Par.* 1852. 8.

Amour (Matthias d'),
Anglais.

Rodgers (Paul). Memoirs of Mr. M. d'Amour. *Lond.* 1856. 8. (*Oxf.*)

Anastasie (Sainte).
(Voir page 39.)

Bichler (Ægidius). Leben, Marter, etc., S. Anastasiæ. *Münch.* 1668. 8.

Anchieta (Jozé).
(Voir page 40.)

(Sgambati, Scipione). Elogio del P. G. Anchieta, della compagnia di Gesù, etc. *Napol.* 1631. Fol.

Audala (Ruard),
philosophe hollandais (1665 — 11 sept. 1727).

Venema (Herman). Oratio funebris in obitum R. Andalæ, theologiæ professoris. *Franeq.* 1727. 4.

Anderson (Christopher),
littérateur anglais.

Anderson (Hugh). Life and letters of C. Anderson. *Lond.* 1854. 8.

Anderson (Johann),
magistrat allemand.

Pitiscus (Martin Friedrich). Vita consulis (Hamburgensis) J. Andersonii. *Hamb.* 1790. 8.

Andrássy de Csik Szent-Király (Antal),
évêque hongrois.

Monumentum A. e L. B. Andrássy de Csik Szent-Király et Kraszna-Horka, episcopo Rosnaviensi, gemmæ episcoporum Hungariæ, in tesseram grati animi et perennam posteritatis memoriam erectum a P... P... A... P... *Pesth.* 1854. 8.

Andreassi (Sainte Ozanna).

Miguel (Seraphino Tomas). Vida admirable de S. Ozanna Andrassia de Mantua. *Valencia.* 1696. 4.

Andrieux (François Guillaume Jean Stanislas).
(Voir page 44.)

Félix (Julien). Notice sur Andrieux, de l'Académie française. *Par.* 1851. 8. (Discours couronné par la Société philotechnique.)

Anfora (Onofrio),
prêtre italien (+ 7 sept. 1640).

Salerno (Filippo). Oratione funerale recitata nell' esequie celebrate, etc., per la morte del reverendissimo padre generale il P. D. O. Anforna, morte in Roma. *Messin.* 1640. 4.

Augelieri (Luigi Leardi, conte),
magistrat italien.

De-Agostini (Giovanni). Orazione e iscrizione pei funerali del conte e cavaliere L. L. Angelieri di Terzo, regio sindaco della prima classe, etc. *Casale.* 1846. 4.

Anglès (le chevalier Annibal Marie),
homme d'État français (3 février 1784 — 25 avril 1846).

Saint-Maurice Cabany (Charles Édouard). Le chevalier A. M. Anglès, ancien chef de division aux préfectures de Lyon et de Gênes, ancien inspecteur général de la librairie et de l'imprimerie à Rome, ancien sous-préfet de l'arrondissement de Vienne (Isère). *Par.* 1847. 8. (Extrait du *Nécrologe universel du* xixe *siècle.*)

Anne (Sainte).
(Voir page 47.)

Trithemius (Johann). De laudibus S. Annæ. *Lips.*, s. d. 4.

Stengel (Carl). Vita et historia Joachimi et Annæ. *Aug. Vind.* 1621. 8. (Avec 9 planches.)

Clisorius (Thomas). Leben und Lob der heyligen Annæ und dess heyligen Joachim's. *Coeln.* 1648. 12.

Vie de S. Anne, mère de la sainte Vierge, etc. *Montbelliard.* 1852. 18.

Anne de Beaujeu,
fille aînée de Louis XI (vers 1462 — 1522).

Trouvé (baron). Anne de Beaujeu, Jeanne de France et Anne de Bretagne. Esquisse des xve et xvie siècles. *Batignolles.* 1855. 12.

Anne de Bretagne.
(Voir page 47.)

Trouvé (baron). Anne de Beaujeu, Jeanne de France et Anne de Bretagne. Esquisse des xve et xvie siècles. *Batignolles.* 1853. 12.

Annibal.
(Voir page 50.)

Robert (Ellis). Treatise on Hannibal's passage of the Alps, in which his route is traced over the little Mont-Cenis. *Lond.* 1854. 8.

Anselme (Saint).

Charma (A...). S. Anselme. Notice biographique, littéraire et philosophique. *Caen et Par.* 1854. 8. (Extrait des *Mémoires de la Société des antiquaires de Normandie.*)

Anthelme (Saint).
(Voir page 52.)

Depéry (Jean Irénée). Vie de S. Anthelme, 7e général des chartreux de Portes, 46e évêque de Belley. *Bourg.* 1829. 2 vol. 8. *Belley.* 1839. 12.

Antinori (Giuseppe, marchese).
(Voir page 53.)

Notizie biografiche del marchese G. Antinori, di Perugia, scritte da se medesimo. *Perugia.* 1839. 8.

Rosini (Giovanni). Biografia del marchese G. Antinori. *Pisa.* 1842. 8. (*Oxf.*)

Antoine de Padoue (Saint).
(Voir page 54.)

Baroni Manfredi (Francesco). Vita di S. Antonio di Padova. *Palerm.* 1643. 4.

Rocchi (Bernardino). Vita e miracoli del glorioso S. Antonio di Padova, etc. *Palerm.* 1654. 12.

Filippazzi (Diego). Il diletto. Panegirico sacro di S. Antonio di Padova. *Firenz.* 1658. 4.

Beutgen (Pacificus). Vita et miracula S. Antonii de Padua. *Mogunt.* 1678. 2 vol. 12.

Arrighi (Giovanni Battista). Il gran limosiniero di Dio. Panegirico in onore di S. Antonio di Padova, etc. *Bologn.* 1743. 4.

Leven van den H. Antonius a Padua. *Antwerp.* 1766. 12.

Van den Borght (Joannes). Cort verhael van de leven, wondere daeden, etc., van den H. Antonius a Padua. *Antwerp.*, s. d. 12.

Antoine (Saint),
ermite belge du xive siècle.

Origine de l'église et du pèlerinage de S. Antoine en Barbefosse, etc. *Mons*, s. d. (1719). 18. (Très-rare.) Réimprim. (avec une introduction historique par Auguste DE REUME). *Brux.* 1854. 18. (Tiré à 100 exempl.)

Apollinaire (Saint).
(Voir page 57.)

Leben, Leyden und Sterben des Bischofs und Martyrers Apollinaris, Patrons der Statt Reimagen. *Coeln.* 1716. 8.

Appleton (Samuel),
Anglo-américain.

Jewett (Isaac A...). Memorial of S. Appleton, of Ipswich, Massachussetts, with genealogical notices of some of his descendants. *Boston.* 1850. 8.

Apulée (Lucius).
(Voir page 58.)

Coutures (Jacques Parrain des). Vie d'Apulée. *Par.* 1698. 12. *Ibid.* 1702. 12.

Guerrier (Marcel). Apulée et Tertullien, ou l'Afrique payenne et chrétienne au iie siècle. *Rouen.* 1853. 4.

Aquaviva (Ridolfo).
(Voir page 58.)

Valignani (Alessandro). Martyrium R. Aquavivæ et quatuor sociorum ejus ex societate Jesu. *Prag.* 1585. 4. Trad. en ital. *Rom.* 1585. 4.

Arago (Dominique François),
(+ 2 oct. 1853. Voir page 59).

(**Loménie**, Louis de). M. Arago, par un homme de rien. *Par.* 1841. 12.

Lunel (B...). Biographie de F. Arago. Sa naissance. Sa vie. Ses travaux. Sa mort. Discours prononcés sur sa tombe. *Par.* 1853. 8.

Barral (Jean Augustin). F. Arago. *Par.* 1853. 8. Portrait. (Notice biographique, extraite du *Journal d'agriculture pratique.*)

Arago (François Dominique). Histoire de ma jeunesse, précédée d'une préface par Alexandre DE HUMBOLDT et suivie d'une notice complétant l'histoire de sa vie et de sa mort, d'après MM. DE HUMBOLDT, FLOURENS, COMBE, l'amiral BAUDIN, Auguste DE LA RIVE (de Genève), QUÉTELET (de Bruxelles), BARRAL, SAINTE-BEUVE, SAINT-MARC-GIRARDIN, Charles DELEUTRE, sur des documents fournis par sa famille. *Brux. et Leipz.* 1854. 32.

Arago (Emmanuel),

jurisconsulte français, fils du précédent (6 août 1812 — ...).

Rey (général). M. E. Arago et les événements de Lyon au 24 février 1848. *Grenoble.* 1849. 8.

Araldi (Maria Luisa Bettoni, dite).

(Voir page 59.)

(Coeuret, Pierre). Biographie de Mlle Bettoni-Araldi. *Grenoble.* 1852. 8.

Arbouze (Marguerite Veni d').

(Voir page 59.)

Bonnet (Louis). B. Margaritæ Arbouziæ a S. Gertrude, panegyricus. *Par.* 1628. 12.

Archélaus.

(Voir page 60.)

Gent (J... M... van). Dissertatio de Archelao, Macedoniæ rege. *Lugd. Bat.* 1834. 8.

Archimède.

(Voir page 60.)

Tartaglia (Nicolao). Raggionamenti sopra Archimede. *Venez.* 1606. 4.

Aresi (Paolo),

évêque de Tortona (1574 — 18 juin 1644).

Cicala (Giuseppe). Oratione, etc., nell' esequie di monsignor P. Aresi, vescovo di Tortona, teatino. *Milan.* 1844. 4.

Aretino (Pietro).

(Voir page 62.)

Berni (Francesco). Vita di P. Aretino. *Perug.* 1557. 8. (*Lond.* 1820.) Portrait. *

* Satire sanglante, tirée à 30 exemplaires.

Chasles (Philarète). Études sur William Shakspeare, Marie Stuart et l'Arétin. *Par.* 1851. 12.

Argentré (Bertrand d').

(Voir page 62.)

Miorcec de Kerdanet (Daniel Louis). Histoire de B. d'Argentré, législateur de la Bretagne. *Brest.* 1852. 8. *

* C'est une nouvelle édition de l'ouvrage du même auteur mentionné page 62. Il donne d'autres dates que celles qui se trouvent dans la Biographie bretonne de P. Levot. D'après les renseignements de Miorcec de Kerdanet, B. d'Argentré est né le 15 mai 1519 et mort le 13 février 1590.

Derome (Théodore). Notice sur B. d'Argentré. *Napoléonville* (*Morbihan.*) 1854. 8.

Argoubet (Jean Jacques d'),

général français (31 juillet 1764 — 21 février 1844).

Hiard (Tiburce). J. J. d'Argoubet, maréchal de camp en retraite. *Par.* 1847. 8. (Extrait du *Nécrologe universel du xixe siècle.*)

Arguelles (Augustin).

(Voir page 62.)

San Miguel (Evaristo). Vida de D. A. Arguelles. *Madr.* 1850. 8.

Arifò (Giuseppe),

sculpteur italien.

Gentiluomo (Filippo). Cenno necrologico di G. Arifò. *Messin.* 1842. 12.

Aristote.

(Voir page 64.)

Krug (Wilhelm Traugott). Dissertatio de Aristotele servitutis defensore. *Lips.* 1813. 4.

Blakesley (William?). Life of Aristoteles. *Cambridge.* 1839. 8.

Zell (Carl). De Aristotele patriarum religionum æstimatore dissertatio. *Heidelb.* 1847. 8. (*Oxf.*)

Arlincourt (Victor le Prevost, vicomte d').

(Voir page 64.)

Saint-Sernin (E... P... de). Le vicomte V. d'Arlincourt. *Par.* 1842. 8. (Extrait de la *Revue générale biographique, politique et littéraire.*)

Arminio (Girolamo),

prêtre italien.

Tornamira (Pietro Antonio). Vita e beata morte del V. P. D. G. Arminio, di Napoli, monaco del Gregoriano monasterio di S. Martino delle Scale di Palermo. *Palerm.* 1674. 4.

Arminius (Jacques Harmensen, dit).

(Voir page 66.)

Stolker (Adriaan). Gedachtenis van J. Arminius bij de tweehonderdste verjaring van zijnen dood, etc. *Leyd.* 1809. 8. (*Ld.*)

Bangs (N...). Memoirs of J. Arminius. *New-York.* 1844. 8.

Arnaud (Henri),

prêtre piémontais.

Muret (Théodore). Histoire de H. Arnaud, pasteur et chef militaire des Vaudois du Piémont. Résumé de l'histoire vaudoise. *Par.* 1853. 8.

Arnauld (Antoine).

(Voir page 66.)

Lanjuinais (Jean Denis de). Études biographiques et littéraires sur A. Arnauld, Pierre Nicole et Jacques Necker, avec une notice sur Christophe Colomb. *Par.* 1823. 8.

Arndt (Johann).

(Voir page 67.)

Arndt (Friedrich). J. Arndt, weiland General-Superintendent des Fürstenthums Lüneburg; ein biographischer Versuch. *Berl.* 1838. 8.

Arnoldi (Franz),

évêque de Munster.

Callenberg (Caspar). Templum honoris in laudem F. Arnoldi, episcopi Monasteriensis et Paderbornensis. *Col. Agr.* 1710. 4.

Arnoul,

évêque d'Orléans du xe siècle.

Certain (Eugène de). Arnoul, évêque d'Orléans. *Par.* 1853. 8. (Extrait de la *Bibliothèque de l'école des chartes.*)

Arnoulf (Saint).

(Voir page 69.)

Pachtere (Félix de). Leven van den H. Arnulphus, bisschop van Soissons, etc. *Brugge.* 1858. 18.

Arnoux (Saint),

patron de Gap.

Depéry (Jean Irénée). Vie de S. Arnoux, patron du diocèse de Gap. *Gap.* 1845. 18.

Arntzenius (Johannes),

jurisconsulte allemand (1702 — 1759).

Vriemoet (Emmo Lucas). Oratio funebris in obitum J. Arntzenii, JCti et historiæ professoris. *Leovard.* 1760. 4.

Arrazola (Lorenzo),

homme d'État espagnol.

C... (D... L...). Historia cientifica, politica y ministerial del excelentisimo señor D. L. Arrazola. *Madr.* 1850. 4. Portrait.

Artevelde (Jacques van).

(Voir page 69.)

Everwyn (Lieven). Korte levensschets van J. van Artevelde (1295-1345), voor het volk geschreven. *Gent,* s. d. (1855). 18.

Arthaud (Saint),

évêque de Belley.

Depéry (Jean Irénée). Vie de S. Arthaud, 48e évêque de Belley. *Bourg.* 1830. 8 et 18.

Ashmead (Jehudi),

théologien anglo-américain.

Life of J. Ashmead. *New-York.* 1855. 8.

Astros (Paul Thérèse David d').

(Voir page 71.)

Salvan (abbé). Éloge de Mgr. le cardinal d'Astros, archevêque de Toulouse. *Toulouse.* 1852. 8.

Caussette (N... N...). Vie du cardinal d'Astros, archevêque de Toulouse. *Par.* 1854. 8. Portrait.

Athanase (Saint).
(Voir page 72.)

Pasch (Arnold). Disputatio de Athanasio episcopo Alexandrino. *Rostoch.* 1678. 4.

Auber (Daniel François Esprit),
compositeur français du premier ordre (29 janvier 1784 — ...).

(**Loménie**, Louis de). M. Auber, par un homme de rien. *Par.* 1844. 12.

Aubigné (Théodore Agrippa d').
(Voir page 74.)

Mémoires de T. A. d'Aubigné, publiés pour la première fois d'après le manuscrit de la bibliothèque du Louvre, etc., par Ludovic LALANNE. *Par.* 1854. 18.
Feugère (Léon). A. d'Aubigné. *Par.* 1854. 8. (Extrait de la *Revue contemporaine.*)

Audibert (Urbain),
botaniste français (27 février 1789 — 22 juillet 1846).

Gasparin (comte de). Notice sur U. Audibert. *Par.* 1847. 8. (Extrait des *Annales de la Société d'horticulture de Paris.*)

Audin (J... M... V...).
(Voir page 75.)

Bez (abbé). Notice historique sur J. M. V. Audin. *Lyon.* 1851. 8.
Gardiol (Aimé). Les grands écrivains catholiques de la France. M. Audin, historien. *Draguignan.* 1853. 8.

Auer (Johann Carl),
théologien allemand (19 déc. 1768 — 6 déc. 1812).

Einige der merkwürdigsten Momente aus dem Leben des zu Wittelsheim verstorbenen Pfarrers J. C. Auer. *Oettingen.* 1827. 12.

Auguste (Octave).
(Voir page 75.)

Kipping (Johann Georg Albrecht). August, der erste römische Kayser, aus den Schriften der Alten vorgestellt. *Helmst.* 1748. 8. (Echappé aux recherches de Meusel.)

Soederberg (J... C...). Kejsar Augusti Tidsälder jemförd med närwarande Tid. *Carlstad.* 1857. 8.

Augustin (Saint Aurèle).
(Voir page 81.)

Lazari (Agostino). La fede trionfante nella conversione del gran padre e patriarca S. Agostino, vescovo d' Ippona et dottore di chiesa santa. *Palerm.* 1703. 8.
Leven van den H. Augustinus. *Roussel.* 1839. 18.

Jujat (abbé). Le père Augustin, épisode de la grande Chartreuse. *Par.* 1852. 8.

Augustinis (Carlo Ambrogio de),
prêtre italien (3 nov. 1763 — 1er juin 1847).

Saint-Maurice Cabany (Charles Edouard). C. A. de Augustinis, bénéficier de Saint-Pierre au Vatican, ci-devant conseiller de S. A. S. le prince-évêque de Fulde, etc. *Par.* 1847. 8. (Extrait du *Nécrologe universel du XIXe siècle.*)

Avellino (Saint Andrea).
(Voir page 83.)

Castaldo (Giovanni Battista). Vita del B. A. Avellino cherico regolare. *Vicenz.* 1627. 8.
Marimont (C...). Leben des heiligen A. Avellini, Theatiner-Ordens-Priester, absonderlichen Beschützer vor den Schlag. *Münch.* 1712. 8.

Aviano (Marco d'),
capucin italien.

Frederigo da Zará. Notizie storiche concernanti l' illustre servo di Dio P. M. d'Aviano, missionario dell' ordine de' cappuccini. *Venez.* 1798. 2 vol. 8. Portrait.

Avrillot (Barbe).
(Voir page 84.)

Moirani (Bartolommeo). Vita della B. Maria dell' Incarnazione, monaca conversa professa dell' ordine delle carmelitane scalze e fondatrice del medesimo ordine in Francia, publ. par Denis Nicolas IMBERT DE CHATENAY. *Rom.* 1791. 4. Portrait.

Azario (Carlo).

Mozzi (Luigi). Pie memorie di C. Azario, etc. *Venez.* 1802. 8.

B

Bacon de Vernlam (Francis).
(Voir page 88.)

Macaulay (Thomas Babington). Lord Bacon. *Lond.* 1852. 8.

Bacon (Samuel),
théologien anglo-américain.

Ashman (John). Memoir of the life and character of the Rev. S. Bacon, agent at Liberia. *Washingt.* 1822. 8.

Baerle (Caspar van),
médecin-poète hollandais (12 février 1584 — 14 janvier 1648).

Meets (G...). C. van Baerle geschetst, s. l. et s. d. 8.
* Plus connu s. l. nom latinisé de BARLÆUS.

Bailly (Jean Sylvain).
(Voir page 91.)

(**Le Fevre Deumier**, J...). Célébrités d'autrefois. Essais biographiques et littéraires. *Par.* 1853. 18. *
* Renfermant des notices biographiques sur Antoine de RIVAROL, Jean Siffren MAURY, Carloman de RULMIÈRE, François Joachim de BERNIS, BAILLY et Charles Antoine de LABOTTE-HOUDART.

Baily (Francis),
astronome anglais (1774 — 30 août 1844).

Herschel (John Frederick William). Memoir of J. Baily. *Lond.* 1845. 8.

Bake (A... J... J...),
littérateur hollandais.

Suringar (W... H... D...). Levensberigt van Mr. A. J. J. Bake, s. l. et s. d. (*Haarl.* 1844.) 8. (Extrait du *Konst- en Letterbode.*) — (*Ld.*)

Baker (William),
archéologue anglais.

Bowen (John). Brief memoir of the life and character

of W. Baker, F. G. S., secretary to the Somerset Archaeological Society, prepared principally from his diary and correspondence. *Lond.* 1854. 8.

Bal (Angelo),
peintre italien († 20 mai 1843).

Vita e poesie del giovanetto A. Bal, Torinese, alunno delle scuole pie in Carcaro, etc. *Torin.* 1846. 8.

Balbis (Giovanni Battista).
(Voir page 92.)

Grognier (Louis Fursy). Notice sur J. B. Balbis, etc., s. l. et s. d. (*Lyon.* 1831.) 8.

Balde (Jacob).
(Voir page 92.)

Dahlgren (Fredrik August). J. Balde, latinisk Skald ur sjuttonde ärhundrat. Afhandling. *Upsal.* 1859. 4.

Baldinucci (Antonio),
jésuite italien.

Galluzzi (Francesco Maria). Vita del venerabile servo di Dio P. A. Baldinucci, della compagnia di Gesù, missionario. *Rom.* 1720. 4. Portrait. *Ibid.* 1756. 4. Port.

Baldwin (E... W...),
Anglo-américain.

Hatfield (E... F...). Memoir of E. W. Baldwin. *New-York.* 1843. 12.

Ballanche (Pierre Simon).
(Voir page 93.)

(**Loménie**, Louis de). M. Ballanche, par un homme de rien. *Par.* 1841. 12.

Aubert (Albert). P. S. Ballanche, membre de l'Académie française, membre de la Légion d'honneur. *Par.* 1847. 8. (Extrait du *Nécrologe universel du* XIXᵉ *siècle.*)

Ballarino (Domenico),
grand chancelier de la république de Venise.

Caro (Francesco). Oratio funebris inter exequias D. Ballerinii, magni Venetiarum cancellarii. *Venez.* 1698. 4.

Ballarino (Giovanni Battista),
grand chancelier de la république de Venise.

Gisberti (Domenico). Epicedio in morte di G. B. Ballarino, gran cancelliere della repubblica di Venetia. *Venez.* 1666. 4.

(**Cosmi**, Stefano). Oratio in funere J. B. Ballarinii, magni Venetorum cancellarii. *Venet.* 1667. 4.

Trevisano (Marco). L'immortalità di G. B. Ballarino, cavaliere, della serenissima repubblica di Venezia gran cancelliere. *Venez.* 1671. 4. Portrait.

Balthasar (Floris),
graveur hollandais.

Bodel Nyenhuis (J... T...). Over de Nederlandsche landmeters en kaartgraveurs F. Balthasar en zijne drie zonen, onbekend aan de levensbeschrijvers, s. l. et s. d. (*Amst.* 1846.) 8. (*Ld.*)

Balzac (Honoré de).
(Voir page 94.)

Aureggio (Gaspare). De Balzac; pensieri. *Milan.* 1859. 8. *

* Apologie de cet écrivain.

(**Loménie**, Louis de). M. de Balzac, par un homme de rien. *Par.* 1842. 12.

Baschet (Armand). H. de Balzac. Essai sur l'homme et l'œuvre, avec notes historiques par N... N... CHAMPFLEURY. *Par.* 1852. 12.

Clément de Ris (L...). Portraits à la plume : Alfred de Musset, Henri Murger, Octave Feuillet, Alphonse Karr, Arsène Houssaye, Prosper Mérimée, Théophile Gautier, Saint-Marc Girardin, H. de Balzac, Denis Diderot, Rodolphe Topffer (!), etc. *Par.* 1852. 12.

Baracchi (Giovanni),
jurisconsulte italien.

(**Cristofori**, Andrea). Alla cara e venerata memoria di G. Baracchi, Mantovano, presidente dell'I. R. tribunale di Brescia. *Bresc.* 1844. 8.

Barante (Amable Guillaume Prosper **Brugière**,
baron de),
homme d'État français (10 juin 1782 — ...).

(**Loménie**, Louis de). M. de Barante, par un homme de rien. *Par.* 1844. 12.

Barbara (Sainte).

Breydel (N...). Leven en miraekelen van de H. maghet en martelaeresse Barbara. *Gent.* 1761. 12.

Barbaste (N... N...),
prêtre français.

Notice sur M. l'abbé Barbaste , chanoine de la cathédrale de Bayonne. *Bayon.* 1853. 16.

Barbosa (Juan),
homme d'État espagnol.

Guercio (Antonino). Il Maccabeo delle Spagne Oration funerale recitata per le seconde esequie del gran servo di Dio D. G. Barbosa, del conseglio di S. Maestà e suo castellano di Castell'a Mare di Palermo. *Palerm.* 1692. 4.

Barceló (Antonio),
Espagnol.

Ortega (Antonio Vasquez). Elogio en obsequio de A. Barceló. *Madr.* 1784. 4. (*Oxf.*)

Barfus (H... A..., Graf v.),
feld-maréchal de Prusse.

Barfus-Falkenberg (Franz Wilhelm v.). H. A., Graf v. Barfus, königlich preussischer General-Feldmarschall. Ein Beitrag zur Kriegsgeschichte unter den Kurfürsten Friedrich Wilhelm und Friedrich III von Brandenburg, insbesondere der Feldzüge gegen die Türken (1685, 1686, 1691). *Berl.* 1854. 8.

Barnes (Albert),
théologien anglo-américain.

Junkin (George). The vindicator, containing the history of the trial of the Rev. A. Barnes. *Philad.* 1856. 12.

Bart (Jean).
(Voir page 102.)

Histoire de J. Bart, chef des escadres françaises sous le règne de Louis XIV. *Par.* 1851. 18.
J. Bart. *Lille.* 1851. 16.

Ricquer (Arnould). Eloge de J. Bart. *Dunkerque*, s. d. (1852). 8.

Bartoletti (Fabrizio),
savant italien.

Paitoni (Jacopo Maria). De vita et meritis F. Bartolethi commentarium. *Venez.* 1740. 8.

Bartolini (Orazio),
grand chancelier de la république de Venise.

Zavanti (Gabriele Arcangelo). Oratio in funere illustrissimi D. H. Bartolini, equitis ac magni Venetiarum cancellarii. *Venet.* 1766. 4.

Barzaeus ou **Barzis** (Caspar).
(Voir page 105.)

Abrégé de la vie du P. G. Barzée, Flamand de nation, compagnon de S. François Xavier dans les Indes, etc. *Metz.* 1853. 4.

Barziza, née **Erizzo** (Giovanna),
dame italienne.

Memoria della straordinaria morte di G. Barziza, nata Erizzo, scritta di suo padre. *Venez.* 1805. 4.

Barzoni (Vittorio).
(Voir page 105.)

Pagani (Giovanni Battista). V. Barzoni; elogio. *Bresc.* 1843. 8.

Basseville ou **Bassville** (Nicolas Jean **Hugou**), *
(7 février 1753 — tué le 13 janvier 1793. Voir page 106).

Relation (officielle) de la mort de Bassville. *Rom.* 1793. 8.

* C'est par une faute d'impression que, page 106, on lit Hugon au lieu de Hugou.

Baudouin I, surnommé **Bras de Fer**.
(Voir page 109.)

Dewez (Louis Dieudonné Joseph). Mémoire sur cette question : à quel titre Baudouin, surnommé Bras de Fer, premier comte de Flandre, a-t-il gouverné cette province? s. l. et s. d. (*Brux.*) 4.

Baudrimont (A...),
savant français du XIXᵉ siècle.

Notice analytique des travaux et publications scientifiques de M. A. Baudrimont. *Bord.* 1853. 4.

Bausset (Louis François de).
(Voir page 111.)

Montesquiou (abbé de). Notice sur le cardinal de Bausset. *Par.* 1824. 8.

Bayard (Jean François),
auteur français (20 mars 1796 — 20 février 1853).

Obsèques de J. F. Bayard, auteur dramatique. *Par.* 1853. 8.

Baylon (Pasquale).
(Voir page 113.)

Ranzon (Pascual). Oracion panegirica de S. Pascual Baylon, etc. *Valenc.* 1675. 4.

Beauharnais (Eugène de).
(Voir page 114.)

Saint-Nexant de Gagemon (Charles). De la capacité militaire du prince Eugène Napoléon de Beauharnais. *Bord.* 1852. 12.

Beauregard (N... N... de),
littérateur français († 20 juillet 1853).

Brisset (J...). M. de Beauregard. *Par.* 1854. 12.

Beautemps-Beaupré (Charles François), *
ingénieur français (6 août 1776 — 16 mars 1854).

Discours prononcés aux funérailles de M. Beautemps-Beaupré. *Par.* 1854. 8.

* Les Anglais l'ont surnommé *le père de l'hydrographie.*

Becket (Saint Thomas).
(Voir page 118.)

Bonnechose (François Paul Émile de). S. T. Becket de Cantorbéry. *Par.* 1854. 8. (Extrait de la *Revue contemporaine.*)

Bedell (Gregory Thomas),
théologien anglais.
Tyng (Stephen H...). Memoirs of the Rev. G. T. Bedell. *Lond.* 1855. 8. (*Oxf.*)

Beeldsnijder (Joannes Jacobus),
graveur hollandais.
Koning (J...). Historisch berigt over J. J. Beeldsnijder, plaatsnijder, etc., s. l. et s. d. (*Amst.* 1831.) 4. Port.

Beethoven (Ludwig van).
(Voir page 118.)
Neumann (W...). L. van Beethoven; eine Biographie. *Casel.* 1854. 16. Portrait. *
* Troisième livraison du recueil biographique : *Die Componisten der neuern Zeit.*

Begge (Sainte).
(Voir page 120.)
Tomlinson (George Cockaine). Life and miracles of S. Bega, patroness of the priory of Saint-Bees, with notes. *Carlisle.* 1842. 8. (*Oxf.*)

Beiling (Albrecht).
(**Lauts**, U... G...). Vrouw Jakoba van Beijeren en A... Beiling, s. l. et s. d. (*Arnhem.* 1859.) 8. (*Ld.*)

Bellarmino (Roberto).
(Voir page 123.)
Sennyey (Ladislaus). Vita et virtutes R. Bellarmini e societate Jesu, S. R. E. presbyteri, cardinalis archiepiscopi Capuæ, fidei propugnatoris, etc. *Græcii.* 1675. 12.

Bellavia (Antonio),
jésuite italien.
Lombardi (Carlo). Vita del R. P. A. Bellavia della compagnia di Giesù. *Palerm.* 1664. 8.

Bellini (Giovanni).
(Voir page 125.)
(**Aglietti**, Francesco). Elogio storico di G. Bellini, s. l. et s. d. (*Venez.* 1812.) 8.

Bellman (Carl Michael).
(Voir page 125.)
Atterbom (Pehr D...). Sweriges komiska Witterhet i Bellman's Tid. Akademisk Afhandling. *Upsal.* 1831. 8.

Bellot (Joseph René),
Français.
Lemer (Julien). J. R. Bellot. Notice biographique. *Par.* 1854. 8.

Belot (Pierre),
poëte français.
Bory (J... T...). Notice nécrologique sur P. Belot, poëte provençal. *Marseille.* 1853. 8.

Belotti (Giovanni).
(Voir page 126.)
Mozzi (Luigi). Vita del servo di Dio D. G. Belotti, arciprete di Vil Minore, plebano e vicario foraneo nella Valle di Scalve della diocesi di Bergamo. *Bergam.* 1793. 12. *
* Titre rectifié de l'ouvrage cité page 126.

Belsunce de Castel-Moron (Henri François Xavier).
(Voir page 126.)
Nuirate (Louis Thomas). Oraison funèbre de Mgr. de Belsunce, évêque de Marseille. *Mars.* 1756. 4.
T... (F...). Etude biographique et littéraire sur Mgr. de Belsunce, évêque de Marseille. *Mars.* 1853. 8.
Pontchevron (abbé de). Eloge historique et biographique de M. de Belsunce, évêque de Marseille; suivi de notes et de pièces justificatives. *Versaill.* 1854. 8.

Bembo (Giovanni),
doge de Venise (élu en 1615 — 1618).
Moravio (Giovanni). Orazione in morte del serenissimo doge G. Bembo. *Venez.* 1618. 4.

Bemmelen (Abraham van),
mathématicien hollandais (vers 1763 — 16 août 1822).
Kappeyne van de Coppello (Jan). Prolusio scholastica in memoriam viri doctissimi A. van Bemmelen, etc. *Hag. Com.* 1822. 8.

Benaïad (Mahmoud),
général au service du bey de Tunis.
Notice sur le général Benaïad, sa famille et son administration à Tunis. *Par.* 1853. 8.

Benato (Elisabetta),
Italienne.
Meneghelli (Antonio Maria). Su la vita d' E. Benato, lettera al cavaliere Pietro Alessandro Paravia. *Padov.* 1838. 8.

Benedetto da San Fradello,
prêtre italien.
Tognoletti (Pietro). Vita e miracoli del venerabile servo di Dio, il B. F. Benedetto da San Fradello dell' ordine de' minori osservanti riformati della provincia di Sicilia, detto communemente il Nero. *Palerm.* 1652. 4.
Metaplana (Pietro). Vida de F. Benito Fradelo, religioso recoleto de la orden de S. Francisco, comunemente nombrado el S. Negro de Palermo. *Madr.* 1702. 4. *
* Ce n'est qu'une traduction de l'ouvrage précédent.

Benedicti (Giovanni Battista).
Vita di G. B. Benedicti, da Niella-Tanaro. *Genov.* 1857. 8.

Bengel (Johann Albrecht).
(Voir page 128.)
Leben J. A. Bengel's, von ihm selbst beschrieben. *Elberf.* 1829. 8.

Benizzi (Saint Filippo).
(Voir page 128.)
Cordone (Andrea). Il servo servito. Raggionamento panegirico del B. Filippo Benizzi, Fiorentino, quinto generale e propagatore dell' ordine de' servi di Maria Vergine. *Napol.* 1636. 4.
Copponi (Giuseppe). Il beato F. Benizzi; panegyrico. *Firenz.* 1636. 4.
Filippazzi (Diego). Le fiamme. Panegirico sacro del P. F. Benitio (!). *Firenz.* 1657. 4.

Benoît (Saint).
(Voir page 130.)
Tornamira (Pietro Antonio). S. Benedetto, abate patriarca e legislatore de' monaci, riedificatore della chiesa romana; historia monastica. *Palerm.* 1673. Fol.
Marsala (Gregorio). Vita e miracoli del glorioso patriarca de' monachi, S. Benedetto. *Palerm.* 1685. 12.

Benoît XIII.
(Voir page 129.)
Pittoni (Giovanni Battista). Vita del sommo pontefice Benedetto XIII dell' ordine dei predicatori. *Venez.* 1750. 4. Portrait.
Piersanti (Venanzio Filippo). In instauratione funeris Benedicti XIII, pontificis maximi, oratio. *Rom.* 1753. 4.

Benson (Joseph),
littérateur anglais.
Treffry (Richard). Memoirs of J. Benson. *Lond.* 1840. 8. (*Oxf.*)

Bentheim (Arnold, Graf v.).
Pagenstecher (Johann). Oratio funebris in obitum A. comitis de Bentheim. *Steinfurt.* 1606. 4.

Bentheim (Philipp Conrad, Graf v.).
Pagenstecher (Werner). Oratio in obitum P. C. comitis in Bentheim. *Ultraj.* 1668. 4.

Bentivoglio (Domenico),
homme d'État italien (5 juillet 1781 — 26 déc. 1851).
Saint-Maurice Cabany (Charles Édouard). Le comte D. Bentivoglio, général de brigade en retraite, ancien commandant du fort Saint-Ange à Rome, conseiller de la présidence militaire, ministre provisoire de la guerre, etc. *Par.* 1853. 8. (Extrait du *Nécrologe universel du XIXe siècle.*)

Bentom (Clark),
théologien anglo-américain.
Statement of facts and law relative to the prosecution of the Rev. C. Bentom, for assuming the office of a dissenting minister of the gospel in Quebec, etc. *Troy.* 1804. 8.

Benvenuti (Pietro),
peintre italien (8 janvier 1769 — 3 février 1844).
Saint-Maurice Cabany (Charles Édouard). P. Benvenuti d'Arezzo, célèbre peintre d'histoire florentin, directeur des beaux-arts à la cour de Toscane, membre de l'Institut de France, etc. *Par.* 1845. 8. (Extrait du *Nécrologe universel du XIXe siècle.*)

Béranger (Pierre Jean de).
(Voir page 131.)
Mirecourt (Eugène de). Béranger. *Par.* 1854. 52. Port.
* Faisant partie du recueil *les Contemporains.*

Berchoux (Joseph),
poëte français (1765 — 1839).
Collombet (François Zénon). Notice sur Berchoux. *Lyon.*
1841. 8. Portrait. (Tiré à 100 exemplaires.)

Beretta (Ignazio),
italien.
Pertile (Giovanni Battista). Parole dette alla bara del
dottor I. Beretta. *Pavia.* 1847. 8.

Bergasse (Alphonse),
magistrat français.
Nepvéur (N... N...). Notice nécrologique sur M. A. Bergasse, ancien magistrat, ancien membre résident de
l'Académie des sciences, belles-lettres et arts de Rouen.
Rouen. 1853. 8.

Berger (N... N...),
prêtre français.
Vie et mort de M. l'abbé Berger, premier vicaire général
de M. l'archevêque de Toulouse, prévôt du chapitre
métropolitain, ancien professeur suppléant à la Faculté
de droit de la même ville, fondateur de la maison de
refuge. *Toulouse.* 1851. 8.

Bergstrand (Carl Henrik),
médecin suédois († 15 mai 1850).
Rundgren (C... H...). Ord wid Grafwen dä Konungens
Troman, Upsala K. Universitetets Rector magnificus,
chirurgiæ et artis obstriciæ Professorn, Riddare af K.
Nordstjerne-Orden, Medicinæ Doctorn, etc., Herr C.
H. Bergstrands Jordfästades, etc. *Upsal.* 1850. 8.

Berlendis (Saint).
Walckiers (J...). Leven van de H. Berlendis, geviert in
de parochie van Meerbeke. *Bruss.* 1757. 8.

Bernard (Philippe),
littérateur belge (28 avril 1797 — 6 déc. 1853).
Quetelet (Lambert Adolphe Jacques). Discours prononcé
aux funérailles de P. Bernard, s. l. et s. d. (*Brux.*
1854). 18. (Extrait de l'*Annuaire de l'Académie royale
de Belgique.*)

Bernat (François Charles),
jurisconsulte français.
Bréghot du Lut (Claude). Discours prononcé sur la
tombe de F. C. Bernat, avocat du roi au tribunal de
première instance de Lyon. *Lyon*, s. d. 8.

Bernetti (Tommaso).
(Voir page 140.)
Biographie du cardinal T. Bernetti, vice-chancelier de
l'Eglise romaine; suivie d'une notice sur le cardinal
César Brancadoro, ancien nonce dans les Pays-Bas.
Louvain. 1852. 8.

Bernis (François Joachim de).
(Voir page 141.)
(**Le Fevre Deumier**, J...). Célébrités d'autrefois. Essais
biographiques et littéraires. *Par.* 1853. 18.
* Contenant des esquisses biographiques sur Antoine de RIVAROL,
Jean Siffren MAURY, Carloman de RULHIÈRE, l'abbé de BERNIS,
Jean Sylvain BAILLY et Charles Antoine de LAMOTTE HOUDART.

Berry (Marie Caroline Ferdinande Louise, duchesse de).
(Voir page 142.)
Chollet (baron de). Madame, Nantes, Blaye, Paris. *Par.*
1832-33. 2 vol. 8.
Dermoncourt (général). La Vendée et Madame, (rédigé
par Alexandre Dumas). *Par.* 1833. 8.

Berryer (Pierre Antoine).
(Voir page 143.)
(**Loménie**, Louis de). M. Bérryer, par un homme de
rien. *Par.* 1841. 12.

Berryer (Pierre Nicolas).
(Voir page 143.)
Chaix d'Est-Ange (Victor Charles). N. Berryer, ancien
avocat au parlement de Paris, chevalier de Malte, etc.
Par. 1847. 8. * (Extrait du *Nécrologe universel du
XIXᵉ siècle.*)
* D'après cette notice biographique P. N. Berryer est mort le 5 juillet
1841 et non le 25 juin, comme le dit la *Nouvelle Biographie uni-
verselle* de MM. Didot.

Berta (Lodovico Francesco),
bibliographe italien (1719 — 7 avril 1787).
(**Orsino di Orbassano**, Carlo Filippo Risbaldo). Elogio
academico di L. F. Berta, bibliotecario, etc. *Torin.*
1787. 8.

Berthelemy (Jean Simon),
peintre français (5 mars 1743 — 1ᵉʳ mars 1811).
Duchange (N... N...). Berthelemy, peintre laonois. *Laon.*
1852. 8. (Extrait du *Bulletin de la Société académique
de Laon.*)

Berthereau (Georges François),
bénédictin français (29 mai 1732 — 26 mai 1794).
Sacy (Antoine Isaac Sylvestre de). Notice sur D. G. F.
Berthereau. *Par.*, s. d. 8. (Extrait du *Magasin encyclopédique.*)

Berti (Alessandro).
Tognoletti (Pietro). Specchio tersissimo di giovanetti
studenti, o vero vita del venerabile servo di Dio, A.
Berti e Medici, nobile Fiorentino. *Palerm.* 1671. 12.

Berti (Girolamo),
prêtre italien.
Rogacci (Benedetto). Vita del servo di Dio G. Berti, canonico della sagrosanta chiesa Lateranense e segretario
della penitenzieria apostolica, estratta da varj autentici documenti. *Rom.* 1727. 4. Portrait.

Bertie,
famille anglaise.
Bertie (Georgina). Five generations of a loyal house
(Bertie). *Lond.* 1845. 8. (*Oxf.*)

Bertini (Giuseppe),
savant italien.
Ghinozzi (Carlo). Necrologia del professore G. Bertini.
Firenz. 1845. 8.

Berton (François),
musicien français (3 mai 1784 — 15 juillet 1832).
Raoul-Rochette (Désiré). Notice historique sur la vie
et les ouvrages de Berton. *Par.* 1832. 8.

Bertoni (Giovanni),
ingénieur italien.
(**Deliliers**, Filippo). In morte del ingegnere dottor G.
Bertoni, di Ferrara. *Ferrar.* 1845. 8.

Bertrand (Saint).
(Voir page 144.)
Fiancette d'Agos (Louis de). Vie et miracles de S. Bertrand, avec une notice historique sur la ville et les évêques de Comminges, la légende des saints du pays et
la description de l'église cathédrale (de Comminges).
Saint-Gaudens. 1854. 16.

Bertrand (Saint Luis).
(Voir page 145.)
Bertha (Louis). Leven van den H. L. Bertrandus. *Ant-
werp.* 1671. 12.

Berzelius (Jöns Jacob, Friherre).
(Voir page 146.)
Mosander (N... N...). Utdrag ur Professor Mulders Minnestal öfwer Berzelius. *Stockh.* 1849. 8.
P(ontin) (M(agnus) af). Minne of J. J. Berzelius. *Stockh.*
1850. 8. (Extrait des *Mémoires de l'Académie de Stockholm.*)
Blomstrand (C... W...). Tal wid den, etc., Minnesfesten öfwer J. J. af Berzelius, etc. *Lund.* 1852. 8.

Besuchet (Jean Claude),
médecin français (13 oct. 1790 — ...).
Pascalet (E...). Notice sur J. C. Besuchet, s. l. et s. d.
(*Par.* 1841). 8. (Extrait de la *Revue générale biographique et littéraire.*)

Beudin (Corneille),
jésuite français (1615 — 1650).
Possoz (N... N...). Notice biographique sur le P. Beudin,
de la compagnie de Jésus, né à Gravelines, etc., et martyrisé dans la Nouvelle-Biscaye. *Dunkerque*, s. d. (1853). 8.

Beuf (Joseph).
Procès et défense de J. Beuf, prolétaire lyonnais. *Lyon.*
1852. 8.
* Il s'est fait connaître par un virulent pamphlet lancé contre Louis
Philippe, roi des Français.

Beuning (Conrad),
diplomate hollandais.

Heim (H... J... van der). De legationibus a C. Beuningio gestis usque ad annum 1672. *Lugd. Bat.* 1847. 8.

Beurnonville (Pierre de **Riel**, comte de).
(Voir page 148.)

Macdonald de Tarente (Jacques Étienne Joseph Alexandre). Eloge du général de Beurnonville, prononcé à la chambre des pairs. *Par.* 1821. 8. (*Extrait du Moniteur.*)

Beuth (Peter Christoph Wilhelm),
homme d'État allemand († 28 sept. 1853).

Jonas (L...). Worte am Sarge P. C. W. Beuth's, gesprochen am 50 Sept. 1853. *Berl.* 1853. 8.

Beuzekom (Willem Karel van),
théologien hollandais.

Hoorn (H... J... van). Kerkelijke rede ter gedachtenis van W. K. van Beuzekom, predikant te Amersfoort. *Amersf.* 1859. 8. (*Ld.*)

Bevilacqua (Bartolommeo),
littérateur italien.

Meneghelli (Antonio Maria). Elogio funebre di B. Bevilacqua. *Venez.* 1815. 8.

Biagio da Caltanisetta,
capucin italien.

Santo Marco (Vincenzo). Orazione funerale per la morte del R. P. Biagio da Caltanisetta, predicatore cappuccino, missionario apostolico. *Napol.* 1685. 12.

Bichat (Marie François Xavier).
(Voir page 151.)

Saucerotte (C...). Étude sur Bichat. *Nancy.* 1853. 8. (Extrait des *Mémoires de l'Académie de Stanislas.*)

Biddle (Nicholas),
commodore anglo-américain.

Waldo (Samuel Putnam). Biographical sketches of distinguished American naval heroes : N. Biddle, John Paul Jones, Edward Preble and Alexandre Murray. *Hartford.* 1825. 8.

Biedermann (Johann Jacob),
peintre suisse.

Neujahrsblatt der Künstlergesellschaft in Zürich für 1855, enthaltend das Leben des Kunstmalers J. J. Biedermann von Winterthur. *Zürch.* 1855. 4. Portrait.

Bileam.
(Voir page 152.)

Frantsen (J...). Observationes in historiam Bilcami. *Lugd. Bat.* 1771. 4.

Geer (B... R... de). Dissertatio de Bileamo. *Traj. ad Rhen.* 1816. 8.

Billette (Tranquille Marie),
marin français (10 avril 1798 — 12 août 1847).

Hiard (Tiburce). T. M. Billette, capitaine de vaisseau, officier de la Légion d'honneur, etc. *Par.* 1851. 8. (Extrait du *Nécrologe universel du xixe siècle.*).

Bima (Giovanni Battista),
prêtre italien.

Orazione funebre delle solenni suffragazioni apprestate, etc., all' anima del molto illustrè e molto reverendo D. G. B. Bima, già parroco degnissimo di Saluzzo. *Saluz.* 1846. 8.

Bisciarah (Abulcher).
(Voir page 155.)

Bresciani (Antonio). Vita del giovane Egiziano A. Bisciarah, alunno del collegio Urbano de Propaganda Fide. *Rom.* 1858. 12.

Bisignani (Aloisio di **San-Severino,** principe di),
homme d'État italien.

Maggi (Francesco Maria). De memorabilibus aliquot gestis D. A. de San-Severino Bisignani principis. *Napol.* 1779. 8. *

* Publ. sous l'anagramme du nom de l'auteur J. F. AXICAISA.

Black-Hawk (N... N...).
(Voir page 156.)

Drake (Benjamin). Life and adventures of Black-Hawk. *Cincinnati.* 1840. 8.

Blakely (John Rix),
Anglais.

Puntis (James). Brief memoirs of J. R. Blakely. *Norwich.* 1838. 8. (*Oxf.*)

Blancard (le baron N... N...),
général français († .. avril 1853?).

Notice sur le baron Blancard, général de division. *Par.* 1853. 8. (Extrait du *Moniteur universel.*)

Blancheton (André Marc Antoine),
médecin français (3 août 1784 — 13 août 1830).

Breschet (Gilbert). Notice sur la vie et les ouvrages d'A. A. Blancheton. *Par.* 1831. 8.

Blanken (Jan),
homme d'État hollandais (15 nov. 1755 — ...).

L... (G... V...). Notice sur J. Blanken, inspecteur général du *waterstaat* et des travaux publics, etc., s. l. (*La Haye.*) 1818. 8. (Extrait de la *Galerie historique des contemporains.*)

Bloccius (Petrus),
théologien hollandais.

Kist (Nicolaus Christian). P. Bloccius. Bijdrage tot de inwendige geschiedenis der nederlandsche kerkhervorming. *Leid.* 1842. 8. (*Ld.*)

Blondel (David),
historien français (1591 — 1655).

Barthélemy (Édouard de). Études biographiques sur Claude d'Épence, D. Blondel et (Nicolas) Perrot d'Ablancourt, nés à Châlons-sur-Marne. *Chât.-s.-M.* 1853. 8.

Blondel (Eugène Roland Joseph),
jurisconsulte français.

Corsy (Emmanuel). Oraison funèbre de très-haut et très-puissant seigneur Mgr. E. R. J. Blondel, chevalier, etc., premier président du parlement de Flandre, etc. *Douai.* 1767. 4.

Blondel (N... N...),
peintre (?) français.

Funérailles de M. Blondel. Discours prononcés sur sa tombe par Désiré RAOUL-ROCHETTE et Léon COGNIET. *Par.* 1853. 4.

Blouet (Abel),
architecte français (6 oct. 1795 — 17 mai 1853).

Funérailles de M. Blouet. Discours prononcé par Désiré RAOUL-ROCHETTE. *Par.* 1853. 4.

Lance (Adolphe). A. Blouet, architecte, membre de l'Institut. Sa vie et ses travaux. *Par.* 1854. 8.

Bobola (Andreas),
jésuite polonais (1590 — 1657).

Pace (Filippo Stanislao de). Notizia su la vita del R. P. A. Bobola. *Rom.* 1853. 8. (Ce titre n'est pas exact.)

De Buck (Victor). Essai historique sur le bienheureux A. Bobola, de la compagnie de Jésus, béatifié par Sa Sainteté le pape Pie IX. *Brux.* 1853. 18.

Précis de la vie du bienheureux A. Bobola, martyr, de la compagnie de Jésus, etc. *Avign.* 1854. 18.

Jérôme (Ambroise). Histoire du B. P. A. Bobola, prêtre de la compagnie de Jésus, martyrisé pour la foi par les schismatiques en 1657. *Par.* 1854. 12. Trad. en polon. *Par.* 1854. 12.

Olivaint (N... N...). Notice historique sur le bienheureux A. Bobola. *Mans.* 1854. 12. Portrait.

Kurze Lebensgeschichte des seligen A. Bobola, aus der Gesellschaft Jesu, selig gesprochen von Seiner Heiligkeit dem Papst Pius IX. *Münst.* 1854. 16.

Werken en lyden van den wonderdadigen martelaer A. Bobola, priester der societeit Jesu, zalig verklaerd door Z. H. den paus Pius IX. *Bruss.* 1854. 12.

Boccadifuoco (Giuseppe),
évêque de Mazzara († 28 juillet 1684).

Paternoni ou **Patavini** (Pietro). La dea Vesta. Panegirico detto nelle pompe funebri del reverendissimo monsignore D. G. Boccadifuoco, clerico regolare, abate di S. Pietro e Paolo d' Itala e vescovo eletto di Mazzara. *Palerm.* 1685. 4.

Boehlen (Julius, Graf v.),
savant allemand.

Biederstedt (Diedrich Hermann). Anzeige des Todes, etc., des Grafen J. v. Boehlen. *Greifsw.* 1813. 8.

Boëthius (Severinus).
(Voir page 166.)

Bergstedt (Carl-Fredrik). De vita et scriptis A. Manlii Torquati S. Boethii dissertatio. *Upsal.* 1842. 8.

R... (P... F...). Ricordanza della vita e delle opere del profondissimo in dottrina patrizio e console romano S. Boezio, onorato del titolo di Santo. *Pavia.* 1844. 8.

Toussaint (N... N...). Dissertatio de Boethio philosopho. *Lovan.* 1848. 8.

Boileau-Despréaux (Nicolas).
(Voir page 168.)

Briquet (Hilaire Alexandre). Éloge de Boileau. *Niort.* 1805. 8. (Assez rare.)

Boilly (Louis Léopold),
peintre français (5 juillet 1761 — 5 janvier 1845).

Dinaux (Arthur). Boilly. *Valencien.* 1845. 8. (Extrait des *Archives du nord de la France et du midi de la Belgique.*)

Boissieu (Jean Jacques de).
(Voir page 169.)

Hommage rendu à la mémoire de **J. J.** Boissieu par le conseil du Conservatoire des arts de Lyon. *Lyon.* 1810. 8.

Bolingbroke (Henry **Saint-John,** viscount of).
(Voir page 170.)

(**Canella,** Salvatore). Elogio di mylord Bolynbrocke (!), quale potrà servire come di preliminare ai di lui *Saggi filosofici. Cosmopoli.* (*Venez.*?) 1794. 8.

Bommel (Richard Antoine Corneille).
(Voir page 171.)

Biographie historique de Mgr. van Bommel. *Liége.* 1847. 12. (Extrait du *Rappel de Paris,* publ. par M. le chanoine CLAVEL.)

Aendenken van Mgr. den bisschop van Luik. Byzondere omstandigheden over zyn leven, zyne ziekten, zyne laetste oogenblikken en zyne begrafenis, in het vlaemsch vertaeld door J... V... D... B... van TONGERN. *Luik.* 1852. 32. Portrait. *

* C'est la traduction flamande de l'ouvrage mentionné page 171, sous le titre de *Souvenirs de Mgr. l'évêque de Liége.* L'auteur de ces souvenirs est J... DEBARTEAU.

(**Capitaine,** Ulysse). Notice sur R. A. C. van Bommel. *Liége.* 1853. 12. (3e édition.)

Bon (Alfred),
jurisconsulte français (14 nov. 1807 — 16 nov. 1846).

Mercier (J...). A. Bon, avocat au barreau de Bourg (Ain), ancien chef de division à la préfecture de l'Ain. *Par.* 1847. 8. (Extrait du *Nécrologe universel du XIXe siècle.*)

Bonafous (Matthieu de),
horticulteur français (1795 — 1853).

Bouchard (L...). Notice biographique sur le chevalier M. de Bonafous, membre de la Société impériale d'horticulture de Paris et centrale de France. *Par.* 1853. 8. (Avec la liste de ses ouvrages.)

Bonald (Louis Gabriel Ambroise, vicomte de).
(Voir page 171.)

Bonald (Victor de). De la vie et des écrits de M. le vicomte de Bonald. Défense de ses principes philosophiques, etc. *Avign.* 1853. 12.

Chaulnes (N... N... de). Notice sur M. le vicomte de Bonald, ancien pair de France. *Au Puy.* 1854. 8.

Bonald (Louis Jacques Maurice de),
cardinal-archevêque de Lyon (20 oct. 1787 — ...).

Laurent (Antoinette). Caractère de Son Éminence Mgr. L. J. M. de Bonald, archevêque de Lyon, Vienne, primat des Gaules, etc. *Lyon.* 1841. 8.

Bonastre (Serafina),
religieuse espagnole.

Oxea (Pedro). Notas y advertencias á la vida de la venerable madre sor S. Bonastre, fundadora del convento de la Incarnacion de carmelitas de la Observancia de Zaragoza. *Zarag.* 1675. 8.

Bonaventura da Barcelona,
prêtre espagnol.

Galluzzi (Francesco Maria). Vita di F. Bonaventura di Barcelona, laico riformato di S. Francesco, ed institutore della Ricollezione ossia Retiro della provincia di Roma. *Napol.* 1723. 4.

Boncompagni (Maddalena),
princesse de Piombino.

Boncompagni (Baldassaro). Alcuni cenni intorno alla vita di M. Boncompagni, principessa di Piombino. *Rom.* 1846. 8.

Bonfiglio (Leone),
prêtre italien († 1647).

Salerno (Filippo). Oratione funerale nell' esequie del R. P. M. L. Bonfiglio, generale del sacro ordine del Carmine. *Messin.* 1647. 4.

Bonfils (François),
médecin français (1769 — 12 déc. 1851.) — (Voir page 173.)

Hequet (Charles). Notice nécrologique sur le docteur Bonfils père, professeur honoraire de médecine de Nancy. *Nancy.* 1853. 8.

Bonhomi (Giovanna Maria),
religieuse italienne.

Cochem (Martin v.). J. M. Bonhomi, Klosterfrau und Aebtissin zu Bassano, die grosse Fürbitterin der armen Seelen im Fegfeuer. *Passau.* 1844. 8. *Ibid.* 1853. 8.

Bonjour (Giovanna),
chimiste français (12 déc. 1754 — 24 février 1811).

Bonjour (Jacques). Notice biographique sur J. F. Bonjour, chimiste, né à Onglières, près Nozeroy (Jura). mort commissaire des salines de l'Est, à Dieuze, en Lorraine. *Lons-le-Saulnier.* 1853. 8.

Bonner (Edmund),
évêque de Londres († 5 sept. 1569).

(**Townsend,** George). Life and defence of the conduct and principles of the venerable and calumniated E. Bonner, bishop of London. *Lond.* 1842. 8. (*Oxf.*)

Bony (N... N...),
criminel français (exécuté le 22 déc. 1853).

Complainte sur la vie et les crimes de Bony, exécuté à Provins. *Provins.* 1854. Fol. (Une demi-feuille.)

Boodt (Anselme **Boëce** de),
naturaliste belge (1550 — 21 juin 1632).

Kickx (Jean). Esquisses sur les ouvrages de quelques anciens naturalistes belges: A. B. de Boodt, s. l. (*Brux.*) 1852. 8. (Extrait des *Bulletins de l'Académie royale de Bruxelles.*)

Boos (Martin),
théologien allemand (25 déc. 1762 — 29 août 1825). — (Voir page 176).

Lebensgeschichte von M. Boos, Prediger der Gerechtigkeit, die vor Gott gilt. *Sanct-Gall.* 1856. 8. Portrait.

Merkwürdige Lebensgeschichte von M. Boos, katholischem Pfarrer in Schwaben. Ein Auszug aus dem grösseren Werke von Johannes GOSSNER. *New-York.* 1853. 16. * Portrait.

* C'est un abrégé de l'autobiographie mentionnée page 176.

Bodemann (Friedrich Wilhelm). M. Boos, ein Prediger der Gerechtigkeit, die vor Gott gilt. *Bielef.* 1854. 8.

Bora (Catharina).
(Voir page 176.)

Weidinger (Carl). Leben der K. v. Bora. Nach den Quellen für das protestantische Volk erzählt. *Greiz.* 1854. 8. Portrait.

Borelli (Jacopo),
savant italien.

Zendrini (Angelo). Lettera, che contiene l' estratto dell' elogio all' abate J. Borelli. *Treviso.* 1822. 8. (*Oxf.*)

Borelly (Jean Baptiste),
prêtre français.

Bonnevie (Pierre Étienne). Éloge funèbre de messire J. B. Borelly, curé de Saint-Polycarpe. *Lyon.* 1818. 8.

Borgella (J... M...),
général français (?).

Ardouin (B...). Études sur l'histoire d'Haïti, suivies de la vie du général J. M. Borgella. *Par.* 1853. 3 vol. 8. Portrait.

Borghese, née **Talbot** (Guendalinda, principessa).
(Voir page 178.)

Baggs (C... M...). Funeral oration delivered at the obsequies of the lady G. Talbot, princess Borghese. *Rom.* 1841. 8. (*Oxf.*)

Borgia (Francesco de).
(Voir page 179.)

Le Roy (Alard). Compendium vitæ B. Francisci de Borgia. *Insulis.* 1624. 12.

Cienfuegos (Alvaro). La heroyca vida, virtudes y milagros del grande S. Francisco de Borgia, antes duque quarto de Gandia y despues tercero general de la compañia de Jesus. *Madr.* 1702. Fol. * *Ibid.* 1726. Fol. Trad. en portug. par Jozé Ribeiro NEVES. *Coimbra.* 1757. 4.

* Titre rectifié de l'ouvrage mentionné page 179. — C'est par erreur que plusieurs biographes français le nomment duc de Candie, au lieu de Gandia.

Born (Bertrand de),
troubadour français.

Mary-Lafon (N... N...). B. de Born. *Par.* 1840. 2 vol. 8.

Borri (Giuseppe Francesco).
(Voir page 180.)

Sententie en executie gewezen en gedaen over S. Exc. J. F. Borri (Milances), door de H. Inquisitie tot Romen, etc. *S'Gravenh.* 1664. 4. (Traduit de l'italien.) (*Ld.*)

Borromée (Saint Charles).
(Voir page 180.)

Negrone (Giulio). Oratione in lode del B. Carlo Borromeo, cardinale. *Milan.* 1605. 8.

Borromeo (Antonio Maria, conte),
littérateur italien (1724 — 25 janvier 1813).

(**Moschini**, Giovanni Antonio). Elogio del conte A. M. Borromeo, Padovano, s. l. et s. d. (*Venez.* 1813.) 8. (Extrait du *Giornale dell' italiana letteratura*, tiré à part à petit nombre.)

Bortolussi (Leonardo),
prêtre italien.

Zanier (Giovanni Maria). Nelle solenni esequie di L. Bortolussi, arciprete di Azzano, orazione. *Udine.* 1845. 8.

Borzaghi (Ignazio),
médecin (?) italien.

Borzaghi-Vesi (Claudia). Biografia del dottore J. Borzagni. *Bologn.* 1842. 8.

Bosch (Jérôme de).
(Voir page 182.)

Bosscha (H...). Laudatio H. de Bosch. *Amst.* 1812. 4.

Bosio (Francesco Giuseppe, baron),
sculpteur italien (19 mars 1769 — 29 juillet 1845).

(**Loménie**, Louis de). M. Bosio, par un homme de rien. *Par.* 1841. 12.

Bosse (Abraham),
graveur français (1611 — 1678).

Catalogue des traittez (!) que le sieur Bosse a mis au jour, s. l. 1674. 8.

Bosse (Frans Antoni),
pédagogue hollandais (14 sept. 1775 — vers 1840).

(**Bergman**, J... T...). Levensschets van F. A. Bosse, Phil. Theor. Mag. Litter. Hum. Doct., laatstelijk rector van de Latijnsche school te Leiden. *Haarl.* 1841. 8.

Bossuet (Jacques Bénigne).
(Voir page 184.)

Poujoulat (G...). Lettres sur Bossuet, à un homme d'État. *Par.* 1854. 8.

Both (Pieter),
peintre (?) hollandais.

Lauts (U... G...). P. Both, s. l. et s. d. (*Utrecht.* 1844.) 8. (Extrait du *Utrechtsche Volks-Almanak.*) — (*Ld.*)

Boucher (François).
(Voir page 185.)

Blanc (Charles). Les peintres des fêtes galantes. *Par.* 1855. 32. *

* Contenant des notices biographiques sur Antoine WATTEAU, Nicolas LANCRET, Jean Baptiste PATER et F. BOUCHER.

Bouhot (Étienne),
peintre français (1780).

Ligeret du Cloiseau (N... N...). Notice historique sur la vie et les ouvrages de E. Bouhot, peintre d'intérieur, directeur de l'école de dessin de Semur-en-Auxois, fondateur et conservateur du musée de cette ville. *Semur.* 1854. 8.

Bourdon (Charles Julien),
littérateur français (1er mai 1799 — ... 1851).

Charma (A...). C. J. Bourdon ; notice biographique, etc. *Caen.* 1853. 8.

Bourdon (Louis Pierre Marie),
géomètre français (16 juillet 1779 — 11 mars 1854).

Notices nécrologiques sur M. Bourdon, conseiller honoraire de l'université. Extraits du *Journal général de l'instruction publique* et du *Journal des Débats.* Par. 1854. 8.

Bourgeoys (N... N...),
religieuse française.

Vie de la sœur Bourgeoys, fondatrice de la congrégation de Notre-Dame de Villemarie en Canada ; suivie de l'histoire de cet institut jusqu'à ce jour. *Villemarie.* (*Tours.*) 1853. 2 vol. 8.

Bourgogne (le chevalier Philippe de),
officier français (28 janvier 1774 — 19 juin 1851).

Faye (Prosper de la). Le chevalier P. de Bourgogne, ancien premier page de Louis XVI, ancien capitaine commandant des chasseurs de Calonne, ancien bourgmestre de la commune d'Estaimbourg (Belgique), bourgeois de Maestricht. *Par.* 1852. 8. (Extrait du *Nécrologe universel du* xixe *siècle.*)

Bourgoingne (Nicolas de),
jurisconsulte belge (29 sept. 1586 — 4 juin 1649).

Bavay (Charles de). N. de Bourgoingne (Burgundus), conseiller de Brabant ; discours, etc. *Brux.*, s. d. (1848.) 8.

Bourgueville (sieur de **Bras**, Charles de),
lieutenant général du bailliage de Caen (6 mars 1504 — ... 1593).

Trebutien (G... S...). Recherches sur C. de Bourgueville, sieur de Bras et de Brucourt. *Caen.* 1850. 8.

Gournay (F... A... de). Etude sur la vie et les ouvrages de C. de Bourgueville, sieur de Bras. *Caen.* 1852. 8. (Extrait des *Mémoires de l'Académie de Caen.*)

Bourguignon d'Herbigny (Pierre François Xavier).
(Voir page 194.)

Saint-Maurice Cabany (Charles Édouard). M. P. F. X. Bourguignon Derbigny (!) homme de lettres, ancien recteur des académies de Grenoble et de Rouen, ancien censeur à Lille, etc. *Par.* 1851. 8. (Extrait du *Nécrologe universel du* xixe *siècle.*)

Bouriat (Denis Placide),
chimiste français (4 oct. 1764 — 10 déc. 1853).

Chevallier (A...). Discours prononcé sur la tombe de M. Bouriat. *Par.* 1854. 8. (Extrait du *Journal de chimie médicale.*)

Bourjé (Johan Pieter),
littérateur hollandais (27 août 1774 — 12 mars 1834).

Lobatto (R...). Levensschets van J. P. Bourjé, s. l. et s. d. (*Amst.* 1834.) 8. (Extrait du *Konst- en Letterbode*, tiré à part à très-peu d'exemplaires.)

Bourtonbourt (madame),
dame française, connue par sa haute piété.

Bonaventure (N... N...). Vie de madame Bourtonbourt, publ. par Charles WILMET. *Namur.* 1841. 12.

Bouzard (Jean),
matelot français (1730 — 16 mars 1794).

(**Cochet**, Jean Benoist Désiré). Inauguration du buste de Bouzard, nommé *le brave homme* par Louis XVI, sur la jetée de Dieppe (15 août 1846), par Michel Ange MARION, s. l. et s. d. (*Dieppe.* 1846.) 8. (Extrait de la *Vigie de Dieppe.*)

Bowditch (Nathaniel).
(Voir page 193.)

Young (Alexander). The varieties of human greatness ; a discourse, etc., on the life and character of the hon. N. Bowditch. *Boston.* 1838. 8. * (*Oxf.*)

* Titre rectifié de l'écrit indiqué page 193.

Bowdler (Thomas),
littérateur anglais.

Bowdler (Thomas). Memoir of the late J. Bowdler, to which is added some account of T. Bowdler, editor of the *Family Shakespeare.* *Lond.* 1825. 8. (*Oxf.*)

Boyer (N... N...),
jurisconsulte français.

Nécrologie. M. Boyer, président honoraire à la cour de cassation. *Par.* 1855. 8. (Extrait du *Moniteur universel.*)

Brahe, née **Koskull** (Aurora, Grefwinne),
dame suédoise († 28 avril 1852).

Gestrin (Johan Nathanael). Tal wid Enkefru Grefwinnan A. Brahes, född Friherrinna Koskull, Begrafning. *Upsal.* 1852. 8.

Brainerd (David).
(Voir page 195.)

Leben von D. Brainerd, Missionar unter den Indianern; nach dem von Jonathan EDWARDS herausgegebenen Tagebuche Brainerd's beschrieben. *New-York.* 1854. 8. *
* L'ouvrage original, écrit en anglais, est mentionné page 195.

Brancaccio (N... N...),
cardinal italien.

Strozzi (Tommaso). Orazione funerale detta nelle solenni esequie celebrate in Napoli all' eminentissimo signor cardinale Brancaccio, etc. *Napol.* 1675. 4.

Brancadoro (Cesare),
cardinal italien (30 août 1755 — 12 sept. 1837). — (Voir page 196.)

Michelesi (Francesco). Elogio funebre di C. Brancadoro, cardinale del titolo di S. Agostino, arcivescovo e principe di Fermo. *Rom.* 1837. 8.
Biographie du cardinal Tommaso Bernetti, vice-chancelier de l'Eglise romaine, suivie d'une notice sur le cardinal C. Brancadoro, ancien nonce dans les Pays-Bas. *Louvain.* 1852. 8.

Brancati (Lorenzo).
(Voir page 196.)

Comandi (Bartolommeo). Vita F. L. Brancati, ex ordine minorum conventualium cardinalis, etc. *Rom.* 1698. 4.

Braun (Charles Théophile),
général français.

Livre d'or des membres de la Légion d'honneur. Notice biographique sur le général C. T. Braun, ancien maréchal de camp, etc. *Par.* 1853. 8.

Bravais (A...),
marin français du XIXe siècle.

Notice des travaux scientifiques de M. A. Bravais, lieutenant de vaisseau, professeur à l'école polytechnique. *Par.* 1854. 8.

Breda (Clara Colomba),
bénédictine italienne.

Mozzi (Luigi). Breve ragguaglio della vita della serva di Dio D. C. C. Breda, monaca Benedettina. *Bergam.* 1793. 8.

Brederode (Pieter Cornelis),
diplomate hollandais († vers 1594).

Vreede (G... W...). P. C. Brederode, s. l. et s. d. (*Arnhem.* 1842.) 8. (*Ld.*)

Bredow (Gabriel Gottfried),
historien allemand (1773 — 5 sept. 1814).

Kunisch (Johann Gottlieb). G. G. Bredow's Leben und Schriften. *Bresl.* 1816. 8.

Breiting (Johann Georg),
médecin suisse.

Neuhofer (Gerhard Adam). Worte der Freundschaft am Grabe des Herrn Dr. J. G. Breiting. *Zürch.* 1809. 8.

Brentano-Mezzegra (Giuseppe Antonio de),
agronome allemand (1766 — 9 mars 1847).

Merville (Henri). J. A. de Brentano-Mezzegra, patricien de Côme, etc. *Par.* 1847. 8. (Extrait du *Nécrologe universel du XIXe siècle*.)

Brès (Guido de),
prêtre. . . .

(**Bachler,** P... B...). G. de Brès, opsteller der nederlandsche geloofsbelijdenis, in zijn en sterven; benevens eenige brieven, kort voor het ondergaan van den marteldood uit de gevangenis aan zijne huisvrouw en moeder door hem geschreven. *Amst.* 1855. 8. (Traduction d'un écrit français, dont nous ignorons le titre.)

Bressani (Gregorio),
littérateur italien.

(**Tempesta,** Guccello). Degli scritti di G. Bressani, Trevigiano. *Trevis.* 1845. 8.

Bresseau (Pierre François),
archéologue français.

Septenville (baron de). Notice sur M. P. F. Bresseau,

de Poix (Somme), membre correspondant de la Société des antiquaires de Picardie. *Amiens,* s. d. (1854). 8. (Extrait du *Bulletin de la Société des antiquaires de Picardie.*)

Bresson (François Léopold),
jurisconsulte français (8 déc. 1771 — 21 nov. 1848).

Paillart (N... N...). Éloge de M. F. L. Bresson, conseiller à la cour de cassation, membre de l'Académie de Stanislas. *Nancy.* 1853. 8. (Extrait des *Mémoires de l'Académie de Stanislas.*)

Brial (Michel Jean Joseph),
. historien français (1743 — 24 mai 1828).

Dacier (Bon Joseph). Notice sur la vie et les ouvrages de dom Brial. *Par.,* s. d. 8. (*P.*)

Briavoine (Amable et Natalis),
, publicistes français.

Pignerre de Labouiloy (N... N...). Notice historique et biographique sur A. et N. Briavoine frères, anciens négociants et épiciers à Paris, actuellement à Bruxelles et collaborateurs du journal *l'Emancipation. Par.* 1852. 4. (Pamphlet.)

Brice (Joseph Nicolas Noël),
général français (24 déc. 1783 — 3 février 1851).

Nollet-Fabert (Jules). Le général Brice. *Nancy.* 1853. 8. Portrait. (Extrait de la *Lorraine militaire.*)

Brighenti (Maria Galvani),
dame italienne.

Cenni biografici della M. G. Brighenti. *Forli.* 1844. 8.

Brinkman (Carl Gustaf, Friherre v.).
(Voir page 202.)

Biografi öfwer C. G. v. Brinkman, Friherre, f. d. Envoyé, Kammarherre, Kommendör af K. Nordstjerne-Orden, En af Aderton i Swenska Akademien. *Stockh.* 1849. 8.

Briot (Pierre François),
chirurgien français (1773 — 29 déc. 1826).

Pécot (N... N...). Éloge de P. F. Briot. *Besanç.* 1828. (Extrait du *Bulletin de l'Académie de Besançon.*)

Brito (João de).
(Voir page 203.)

Prat (abbé). Abrégé de la vie du bienheureux Jean de Britto (!), de la compagnie de Jésus, missionnaire du Maduré et martyr de la foi. *Plancy et Par.* 1855. 8. Portrait.

—— Histoire du bienheureux Jean de Britto, de la compagnie de Jésus, missionnaire du Maduré et martyr de la foi, composée sur des documents authentiques; suivie de la bulle de béatification et d'une notice sur le P. (Jacques) Laines (!) (Laynez). *Plancy et Par.* 1853. 8. Portrait.

Kurze Lebensbeschreibung des seligen Johannes v. Britto, Märtyrers der Gesellschaft Jesu. *Münst.* 1854. 16.

Broadbelt (Ann),
dame anglaise.

Thompson (Samuel). Memoirs of Mrs. A. Broadbelt. *Lond.* 1838. 8. (*Oxf.*)

Broberger (A... E... G...),
général suédois († 1er sept. 1846).

Puke (Johan Carl). Wid General Majoren, foerste Adjutanten, etc., Herr A. E. G. Broberger's Graf. *Stockh.* 1846. 8.

Broek (J... van der),
jurisconsulte hollandais.

Vonck (C... H...). Oratio in funere J. van der Broek, J. U. D. *Amst.* 1759. 4.

Broglie (comtes et ducs),
famille piémontaise.

Généalogie de la maison de Broglie, originaire de Quiers en Piémont; tirée du *Dictionnaire de la Noblesse*, par M... de LA CHENAYE-DESBOIS. *Par.* 1845. 8. 6 portraits.

Broglie (Achille Charles Léonce Victor, duc de),
homme d'État français (1785 —...).

(**Loménie,** Louis de). M. de Broglie, par un homme de rien. *Par.* 1841. 12.

Brooke (James),
... anglais.

Templer (John Charles). Memoirs of Rajah sir J. Brooke,

knigth; in a series of letters addressed to his most intimate friends. *Lond.* 1854. 3 vol. 8.

Broster (Sarah),
dame anglaise.

Turner (Philip C...). Memoir of S. Broster, of Chester. *Lond.* 1859. 8. (*Oxf.*)

Brotero (Felix de **Avellar**),
botaniste portugais (25 nov. 1744 — 4 août 1828 *). — (Voir page 205.)

Noticia biographica do doutor F. de Avellar Brotero. *Lisb.* 1847. 8.
* Les dates indiquées page 205 sont fautives.

Brougham (Henry, lord),
homme d'État écossais (19 sept. 1779 — ...).

(**Loménie**, Louis de). Lord Brougham, par un homme de rien. *Par.* 1842. 12.

Bruen (Matthias),
théologien anglo-américain.

Memoirs of the life and character of the Rev. M. Bruen, of New-York. *New-York.* 1831. 8.

Bruening (Justus v.),
homme d'État allemand (5 oct. 1608 — 2 avril 1689).

Barth (Johann Conrad). Mors justi, s. oratio funebris in obitum J. de Bruning, cum vitæ curriculo. *Nordling.* 1689. Fol.

Meuschen (Johann Gerhard). Vita perillustris viri domini J. de Bruening, S. R. imperii et regni Hungariæ equitis, supremæ curiæ imperialis aulicæ consiliarii, archi-cathedralis capituli Bremensis senioris et ibidem præpositi S. Ansgarii. *Coburg.* 1755. 4. (Extrait de l'ouvrage *Vitæ summorum dignitate et eruditione virorum ex rarissimis monumentis litterato orbi restitutæ*.)

Brueys (Jean Richard de),
jurisconsulte hollandais (6 juin 1778 — 4 février 1848).

Mello (Juan de). J. R. de Brueys, professeur de droit à l'université d'Utrecht. *Par.* 1851. 8. (Extrait du *Nécrologe universel du XIXᵉ siècle*.)

Bruining (G...),
littérateur hollandais.

Bruining (G...). Herinneringen, met betrekking tot de omwentelingen in staat en kerk, gedurende zijnen levenslop. *Dordr.* 1850. 8. (*Ld.*)

Brunehault ou **Brunehaut.**
(Voir page 209.)

Huguenin, jeune (N... N...). Brunechild (!) et les Austrasiens. *Metz.* 1855. 8.

Flobert (Antoine). Brunehault, étude historique. Thèse. *Colmar.* 1855. 8.

Brunel (Marc Isambert).
(Voir page 209.)

Beaurepaire (N... N... de). Notice biographique sur M. I. Brunel, ingénieur. *Caen.* 1855. 8. (Extrait de l'*Annuaire normand*.)

Bruni (Pietro),
littérateur (?) italien.

Pezzana (Angelo). Elogio storico di P. Bruni. *Parma.* 1822. 8. (*Oxf.*)

Brunnow (Ernst Georg, Freiherr v.),
littérateur allemand (6 avril 1796 — 5 mai 1845).

Mayer (Charles). M. le baron E. G. de Brunnow, littérateur et poëte. *Par.* 1845. 8. (Extrait du *Nécrologe universel du XIXᵉ siècle*.)

Bruno (Giordano).
(Voir page 210.)

Bruyn (P... A... de). Dissertatio de vita, doctrina et moribus J. Bruni Nolani. *Groning.* 1857. 8.

Bruyn (Paul de),
prémontré belge († 6 février 1719).

Pauwens (Frans). Oratio in exequiis reverendissimi ac consultissimi domini D. P. de Bruyn, Bruxellensis, celeberrimi et perantiqui Parchensis monasterii ordinis Præmonstratensis, abbatis XXXIV, etc. *Brux.* 1719. 8.

Bruyset-Sainte-Marie (madame),
fondatrice de l'œuvre de la Providence de Fourvières († 23 nov. 1834).

Notice sur madame Bruyset-Sainte-Marie, adressée aux dames de l'œuvre de la Providence. *Lyon, s. d.* 8.

Bucceri (Guglielmo),
prêtre italien.

Perelli (Mariano). Vita del B. G. Bucceri descritta ed illustrata. *Napol.* 1640. 4.

Buch (Leopold v.),
géologue allemand (25 avril 1774 — 4 mars 1853). — (Voir page 212.)

Geinitz (H... B...). Gedächtnissrede auf L. v. Buch, etc. *Dresd.* 1853. 8.

Buckminster (Joseph Stevens),
théologien américain (26 mai 1784 — 9 juin 1812).

Norton (Andrews). Eulogy of the late Rev. J. S. Buckminster. *Boston.* 1812. 8.

Budoy (madame de),
dame française.

Vie et fin déplorable de madame de Budoy trouvée, en janvier 1814, entièrement nue et vivante sur les hautes montagnes du canton de Viedessos, département de l'Arriége. *Par.* 1817. 2 vol. 18.

Buelow v. Dennewitz (Friedrich Wilhelm, Graf),
(Voir page 214.)

Varnhagen v. Ense (Carl August). Leben des Generals Grafen Buelow v. Dennewitz. *Berl.* 1853. 8. Portrait.

Bufalò (Gasparo de).
(Voir page 215.)

Allibert (M...). Éloge funèbre de G. de Bufalo, missionnaire apostolique. *Lyon.* 1843. 18. (Trad. de l'italien.)

Bulmer (Agnes),
auteur anglaise.

Collinson (Anne Ross). Memoir of Mrs. A. Bulmer. *Lond.* 1837. 8. (*Oxf.*)

Buono (Saint Giovanni).
(Voir page 218.)

Rabò (Luigi). In lode di S. G. Buono, comprotettore di Mantova, orazione. *Guastalla.* 1846. 8.

Burke (Edmund).
(Voir page 221.)

Burke (Peter). Life public and domestic of the Right Hon. E. Burke, illustrated with portraits, scenes of events and landscape view, relating to the great orator and the other noted persons of his time and career. *Lond.* 1853. 8.

Burnouf (Eugène).
(Voir page 222.)

Pavie (Théodore). Notice sur les travaux de M. E. Burnouf. *Par.* 1853. 8.

Burr (Aaron).
(Voir page 222.)

Livingston (William). Funeral eulogium on the Rev. M. A. Burr, president of the college of New-Jersey. *New-York.* 1758. 4.

Busbecq (Auger Gislain).
(Voir page 222.)

Kickx (Jean). Esquisses sur les ouvrages de quelques anciens naturalistes belges: A. G. Busbecq, s. l. (*Brux.*) 1838. 8. (Extrait des *Bulletins de l'Académie royale de Bruxelles*.)

Businelli (Marco Antonio),
grand chancelier de la république de Venise.

Mausoleum. Oratio in funere M. A. Businelli, magni Venetiarum cancellarii. *Venet.* 1631. 4.

Bustos (Maria Josefa),
religieuse américaine.

Xuares (Casparo). Elogio de la señora M. J. Bustos, Americana. *Rom.* 1797. 8.

Buzen (Gérard Servais).
(Voir page 224.)

Les actes ministériels, s. l. et s. d. (*Brux.* 1841.) 8. *
* Virulente accusation lancée contre le général Buzen.

22 mois de ministère du général Buzen, ou tableau historique des griefs de l'armée belge, par un citoyen belge. s. l. (*Brux.*) 1842. 18. *
* Réfutation de l'écrit indiqué page 224.

Bye (P... J... de),
Hollandais.

Notice biographique sur P. J. de Bye, rédigée sur des

données authentiques et tirée en partie de la *Galerie des Contemporains. La Haye.* 1837. 8. (*Ld.*)

Bijnkershoek (Cornelis van),
jurisconsulte hollandais (29 mai 1673 — 15 avril 1743).

Philipse (J..., H...). Dissertatio de C. Bijnkershoekio, JCto egregio. *Franeq.* 1822. 4.

Byron (George **Gordon**, lord).
(Voir page 225.)

Bulwer (Henry Lytton). Life of lord Byron. *Par.* 1835. 8.

Byss (Johann Rudolph),
peintre suisse (1660 — 11 déc. 1738).

Leben und Wirken des Malers J. R. Byss, von Solothurn. *Solothurn.* 1854. 4. Portrait.

C

Caccia (Alina Maria).
(Voir page 226.)

Vita di suor A. M. Caccia dell' ordine di S. Domenico nel monastero del *Matris domini* in Bergamo. *Bergam.* 1846. 8.

Cæcina (A...),
écrivain romain.

Zimmermann (Georg). Dissertatio de A. Cæcina scriptore. *Berol.* 1852. 8.

Cagliostro (Giuseppe Balsamo, conte di).
(Voir page 228.)

Ring (Friedrich Dominik). Schutzschrift für den Grafen Cagliostro. *Kehl.* 1786. 8. (Peu commun.)

Cagnuolo (Gerardo),
minime italien.

Baroni Manfredi (Francesco). Vita del B. G. Cagnuolo, religioso de' minori conventuali. *Palerm.* 1643. 4.

Caille (Nicolas Louis de la).
(Voir page 229.)

(**Bailly**, Jean Sylvain). Éloge de M. l'abbé de la Caille, s. l. (*Par.*) 1770. 8. (*P.*)

Caillé (René).
(Voir page 229.)

Courte notice sur R. Caillé et son voyage à Tomboctou (1828). *Strasb.* 1854. 8.

Calasanzio (Saint Giuseppe).
(Voir page 230.)

Muzzi (Salvatore). Vita compendiosa di S. G. Calasanzio. *Milan.* 1857. 12.

Sapeto (Giuseppe). Panegirico di S. G. Calasanzio, fondatore de' chierici regolari delle scuole pie. *Savona.* 1846. 8.

Calciati (Annetta),
dame italienne.

Tributo alla memoria di A. Calciati. *Piacenz.* 1858. 8.

Calderon de la Barca (Pedro).
(Voir page 231.)

Lechanteur de Pontaumont (N... N...). De la littérature espagnole et de Calderon. *Cherbourg.* 1847. 8.

Calderon, conde de **Oliva** (Rodrigo de).
(Voir page 231.)

Ocampo (Manuel de). Oracion lamentable a la muerte de R. Calderon. *Madr.* 1621. Fol. (*Oxf.*)

Calini (Ferdinando),
jésuite italien.

(**Galluzzi**, Francesco Maria). Vita del P. F. Calini della compagnia di Gesù. *Rom.* 1715. 8.

Calixtus (Georg).
(Voir page 232.)

Henke (Ernst Ludwig Theodor). G. Calixtus und seine Zeit. *Halle.* 1853-54. 2 vol. 8.

Callistrate.
(Voir page 232.)

Pinto (A... de). Dissertatio de Callistrati JCti scriptis quæ supersunt. *Lugd. Bat.* 1855. 8.

Callot (Jacques).
(Voir page 233.)

Green (G... H...). Description of the works of Callot. *Lond.* 1814. 12.

Calmpthout (Pieter),
prêtre belge († 1572).

Wichmans (Augustin). Rosa candida et rubicunda, id

est : V. P. Calmpthoutanus, canonicus Norbertinus, martyrio a Geusiis interemptus anno 1572. *Antwerp.* 1625. 8. (Fort rare.)

Calonne (Louis Joseph Dominique de),
jurisconsulte français († 24 juin 1784).

Saingevin (N... N...). Oraison funèbre de très-haut et très-puissant seigneur M. L. J. D. de Calonne, chevalier, conseiller du roi en tous ses conseils, premier président honoraire du parlement de Flandre. *Douai.* 1784. 4.

Calvert (Harry, baronet),
général anglais.

Journals and correspondence of general sir H. Calvert, baronet, etc., comprising the campaigns in Flanders and Holland in 1793-94, etc., edited by his son, Harry **Verney**. *Lond.* 1853. 8.

Calvin (Jean).
(Voir page 234.)

Scheler (Siegmund). Das Reformatorenkleeblatt, oder (Martin) Luther, (Ulrich) Zwingli und Calvin. *Bern.* 1828. 12.

Cambronne (Pierre Jacques Étienne).
(Voir page 235.)

Rogeron de la Vallée (Frédéric). Vie de Cambronne. *Nantes.* 1854. 8. *

* L'ouvrage est précédé d'un écrit ayant pour titre : *Défense du prince Louis Napoléon*, écrit par le même auteur.

Cameron (Ewen),
Écossais.

Drummond (John). Memoirs of sir E. Cameron, of Locheill, chef of the clan Cameron. *Edinb.* 1842. 4. (*Oxf.*) *

* Cet écrit n'a pas été mis dans le commerce.

Cameron (Jenny).
(Voir page 236.)

Lebens- und Liebesgeschichte der Mylady J. Cameron. *Frf.* 1747. 8. *

* Traduction allemande de l'ouvrage anglais mentionné page 236.

Cameron (Richard),
théologien écossais († 20 juillet 1680).

Bell (G... M...). The Scottish martyr, or the life of R. Cameron. *Edinb.* 1843. 8. (*Oxf.*)

Camino (Elisabetta Teresa da),
dame italienne († 12 janvier 1844).

Ricordi su E. T. da Camino, morta in Trieste, etc. *San-Vito.* 1844. 8.

Campbell (John),
missionnaire anglais.

Philip (Robert). Life, times and missionary entreprises of J. Campbell. *Lond.* 1841. 8. (*Oxf.*)

Campbell (John William),
jurisconsulte anglo-américain.

Biographical sketches, with other literary remains of the late J. W. Campbell, judge of the U. S. Court for the district of Ohio. *Columbus* (*Ohio.*) 1838. 8. (Écrit publié par sa veuve.)

Campen (Moses van),
officier anglo-américain.

Hubbard (John N...). Sketches of Border adventures in the life and times of major M. van Campen, a surviving soldier of the revolution. *Bath* (*New-York.*) 1842. 12.

Campian (Edmund).
(Voir page 238.)

(**Persons**, Robert). A true reporte of the death and martyrdome of M. Campian, jesuite and priest and M. (Ralph) Sherwin and M. (Alexander) Bryan, priestes at Tiborne, the first of december 1581. *Lond.* 1582. 16.

    Trad. en franç. *Par.* 1582. 8.

    Trad. en ital. *Milan.* 1582. 8. (Sans pagination.)

    Trad. en lat. par Guillaume Estius. *Lovan.* 1582. 8.

E. Campiani, eines Jesuiters Leben und Leiden, welcher zu London in seinem Vaterland anno 1581 den 17. July gefänglich angenommen, nachmals den 1 December gemartert worden. *Dilling.* 1588. 12.

Campillo y Cossio (José del),
    homme d'État espagnol.

Juan de la Concepcion. Oracion funebre en las solemnes exequins, que se celebraron al señor D. J. del Campillo y Cossio. *Madr.* 1744. 8. (*Oxf.*)

Cancellieri (Francesco Girolamo).
    (Voir page 239.)

Baraldi (Giuseppe). Notizia biografica sull' abate F. Cancellieri. *Moden.* 1828. 8. (*Oxf.*)

Cannabich (J... G... F...),
    géographe allemand.

Keyser (Eduard). J. G. F. Cannabich in seinem Leben und in seiner literarischen Wirksamkeit. Ein biographisches Denkmal für die Schüler, Freunde und Verehrer desselben. *Nordhaus.* 1854. 8.

Cannata (Diego),
    prêtre italien († 15 juillet 1694).

Cardia (Giacomo). Il violento evangelico. Oratione panegirica detta, etc., nel funerale del V. P. D. Cannata, eremita da Taormina, etc. *Messin.* 1700. 12.

Canovaï (Stanislao),
    historien italien (27 mars 1740 — 17 nov. 1811).

Pozzetti (Pompilio). Elogio di S. Canovaï. *Bologn.* 1812. 8.

Cantelmo (Andrea),
    homme d'État espagnol.

Ortigas (Manuel). Oracion funebre en las exequias del excelentisimo señor D. A. Cantelmo, de los duques de Populi, del consejo supremo de guerra, lugarteniente general que fue de Cataluña, s. l. (*Zarag.*) 1641. 4.

Cantova (Aloisio),
    prêtre italien.

Cantova (Giovanni Antonio). Vita et mors A. Cantovæ, canonici S. Stephani majoris. *Mediolan.* 1717. 8.

Capelle (Guillaume Antoine Benoît, baron),
    homme d'État français (3 sept. 1775 — 25 oct. 1843).

Maisonfort (Gustave de). M. le baron G. A. B. Capelle, ancien ministre secrétaire d'Etat au département des travaux publics, ancien préfet des départements de la Méditerranée, de l'Ain, du Doubs et de Seine-et-Oise, conseiller d'Etat, ancien secrétaire général du ministère de l'intérieur, etc. *Par.* 1846. 8. (Extrait du *Nécrologe universel du* XIXᵉ *siècle*.)

Capelle (Bianca).
    (Voir page 243.)

(**Neumann de Rizzi,** Ignazio). Narrazione degli amori di B. Cappello. *Venez.* 1822. 8.

Botta (Carlo). B. Cappello. *Milan.* 1838. 8. Portrait. (Extrait de l'*Iconografia Italiana.*)

Cappello (Zaccaria),
    savant italien.

Cenni sulla vita di Z. Cappello. *Venez.* 1839. 8.

Capreta ou **Capretta** (Gaudenzio Erich),
    théologien italien (22 nov. 1730 — 11 nov. 1806).

Bellomo (Giovanni). Orazione funèbre di G. E. Capretta. *Venez.* 1806. 8.

Caraffa (Carlo),
    cardinal italien.

Millemaggi (Giuseppe). Oratio ne' funerali dell' eminentissimo e reverendissimo cardinale C. Caraffa. *Napol.* 1681. 4.

Caraman (Victor Louis Charles de **Riquet**, duc de),
    général français (1762 — 1839).

Fragments des mémoires du duc de Caraman, ancien ambassadeur. *Par.* 1853. 8. (Extrait de la *Revue contemporaine.*)

Azaïs (Pierre Hyacinthe). Éloge funèbre du duc de Caraman. *Béziers.* 1840. 8.

Carausius (Marcus Aurelius Valerius),
    empereur de la Grande-Bretagne (vers 250 — assassiné en 293).

Stukeley (William). Medallic history of Carausius. *Lond.* 1757-59. 4.

Carbaton (Giovanna Anna Gomez),
    dame italienne.

Setajoli (Filippo). Oratione de' funerali dell' illustrissima signora D. G. A. Gomez Carbaton, madre dell' eccellentissimo e reverendissimo signor D. Pietro Martinez Rubio, arcivescovo di Palermo, presidente e capitan generale nel regno di Sicilia. *Palerm.* 1659. 4.

Cardano (Geronimo).
    (Voir page 246.)

Crossley (John). Life and times of Cardan. *Lond.* 1836. 2 vol. 8.

Morley (Henry). Life of G. Cardano, of Milan, physician. *Lond.* 1854. 2 vol. 8.

Cardenne (F... V...),
    savant français.

Monnier (J...). Notice sur F. V. Cardenne. *Nîmes.* 1834. 8.

Carême (Marie Antoine),
    artiste culinaire (8 juin 1784 — 12 janvier 1833).

Fayot (Frédéric). Notice sur M. Carême. *Par.* 1833. 8. (Extrait du tome XII du *Livre des Cent-et-un.*)

Carissimi (Angela Maria),
    religieuse italienne.

Bendicis (Giacomo). Vita della veneranda e humil serva di Dio A. M. Carissimi, della città di Trapani, dell' ordine de' frati minori conventuali di S. Francesco. *Messin.* 1653. 4.

Caroline Mathilde de Galles.
    (Voir page 251.)

Procès de la princesse Caroline Mathilde, reine de Danemark. *Par.* 1829. 8.

    * Publication de la Société des bibliophiles français, tirée seulement à 29 exemplaires.

Carpzov (Samuel Benedict).
    (Voir page 252.)

(**Cyprian,** Johann). Programma academicum in S. B. Carpzovii. *Dresd.* 1708. Fol.

Carr (Ann),
    dame anglaise.

Williams (Martha). Memoirs of the life and character of A. Carr, containing an account of her conversion to God, etc. *Leeds.* 1841. 8. (*Oxf.*)

Carré (Guillaume Louis Julien).
    (Voir page 253.)

Chauveau (Adolphe). Notice sur Carré. *Par.* 1841. 8.

Carrega (Docio),
    prêtre italien.

Boccadifuoco (Giuseppe). Oratione nell' esequie del V. P. M. F. D. Carrega, dell' ordine de' predicatori. *Palerm.* 1644. 4.

Carrel (Armand).
    (Voir page 253.)

(**Loménie,** Louis de). A. Carrel, par un homme de rien. *Par.* 1841. 12.

Carriera (Rosalba).
    (Voir page 254.)

N... (N...). Memorie intorno alla vita di R. Carriera, celebre pittrice veneziana. *Padov.* 1843. 8.

Casa (Bartolommeo della),
    évêque de Chiapa.

Pio (Giovanni Michele). Vita di F. B. della Casa, vescovo di Chiapa. *Antopoli.* 1621. 4.

Casanova de Seingalt (Giovanni).
    (Voir page 256.)

Gamba (Bartolommeo). Biografia di G. G. Casanova. *Venez.* 1835. 8.

Casaubon (Isaac de).
    (Voir page 256.)

Ephemerides J. Casauboni, cum præfatione et notis ed. John Russell. *Oxon.* 1850. 2 vol. 8.

Casellus (Johann).
    (Voir page 256.)

Burckhard (Jacob). De viri J. Casellii præclaris erga bonas litteras meritis. *Guelpherb.* 1707. 4. (*Oxf.*)

Cass (Lewis),
général anglo-américain.

(**Schoolcraft**, Henry R...). Outlines of the life and character of general L. Cass. *Albany*. 1849. 8.

Cassan (Armand Jules Léon),
archéologue français (26 mai 1803 — 3 février 1837).

Martin (N... N...). Notice nécrologique sur M. Cassan. *Mantes*. 1837. 4. (Omis par Quérard.)

. **Cassan** (Louis Pierre Jean Aphrodise, baron),
général français (23 avril 1771 — 20 janvier 1852).

Hiard (Tiburce). L. P. J. A., baron Cassan, général de brigade en retraite, ancien gouverneur de Pampelune, ancien commandant du département de Vaucluse, ancien gouverneur d'Alger, commandeur de la Légion d'honneur, etc. *Par*. 1853. 8. (Extrait du *Nécrologe universel du* xixe *siècle*.)

Casson (Henry),
théologien anglais.

Steele (A...). Life and labours of the Rev. H. Casson, or christianity in earnest. *Lond.* 1854. 18. *

* Il existe une édition antérieure qui nous est inconnue.

Castaing (Edme Samuel),
médecin français, connu par son crime *
(1796 — guillotiné le 6 déc. 1823).

Procès complet de Castaing. *Par*. 1823. 8.

* Il avait empoisonné son ami Auguste Ballet.

Castel (Louis Bertrand),
mathématicien français (11 nov. 1688 — 11 janvier 1757).

La Porte (Jean François de). Esprit, saillies et singularités du P. Castel. *Amst.* et *Par*. 1763. 12.

Castelvetro (Ludovico).
(Voir page 258.)

Venturi (Giovanni Battista). Elogio di L. Castelvetro. *Moden*. 1778. 8.

Castiglione (Baldassare).
(Voir page 259.)

Rubbi (Andrea). Elogio del conte B. Castiglione. *Venez.* 1780. 4.

Castlereagh, marques of **Londonderry**
(Robert **Stewart**, viscount of).
(Voir page 259.)

Vane of Londonderry (Charles). Memoirs, etc. Trad. en allem. s. c. t. Denkschriften, Depeschen, Schriftenwechsel, etc., par Siegmund FRANKENBERG. *Hamb.* 1853. 3 vol. 8.

Catalde (Saint),
archevêque de Tarente.

Desnos (Nicolas). La vie et les éloges de S. Catalde, vulgairement appelé S. Cartault, archevêque de Tarente, réclamé ès-villes de Sens et Auxerre. *Auxerre.* 1649. 12.

Catherine de Bologne.
(Voir page 260.)

Grassetti (Jacopo). Vita della B. Caterina di Bologna. *Bologn*. 1610. 4. *Ibid.* 1620. 4. *Ibid.* 1639. 4. *Ibid.* 1632. 4. *Rom*. 1712. 4. *Ibid.* 1715. 4. *Bologn.* 1724. 4.

Strozzi (Tommaso). Orazione panegirica in lode della beata Caterina di Bologna, etc. *Bologn.* 1678. 4.

Trapani (Antonino). Brieve ristretto della vita, morte e miracoli della vergine S. Caterina, di Bologna, religiosa professa dell' ordine di S. Chiara d'Assisi. *Palerm.* 1712. 4.

Catherine de Sienne.
(Voir page 261.)

Marinelli (Lucrezia). De' gesti heroici e della vita maravigliosa di S. Catharina di Siena. *Venez.* 1624. 4.

Monsecati (Bernardo). Vita di S. Catharina, vergine e martire. *Napol.* 1660. 12.

Catherine II.
(Voir page 262.)

(**Loschi**, Ludovico Antonio). Elogio di Caterina II. *Venez.* 1793. 8.

Catulle (Cajus Valerius).
(Voir page 265.)

Legris (Jules). Rome, ses novateurs, ses conservateurs et la monarchie d'Octave Auguste. Études historiques sur Lucrèce, Catulle, Virgile, Horace. *Par*. 1846. 8.

Cauvin (Thomas),
peintre français.

Trebutien (G... S...). Notice sur T. Cauvin. *Par*. 1846 (?) 8.

Cavaignac (Jean Baptiste),
député à la Convention nationale, père du suivant (1762 — 24 mars 1829).

Gonon (P... M...). Biographie de J. B. Cavaignac, représentant du peuple à la Convention nationale. *Lyon*, s. d. (1848.) 8. (Extrait de la *Bibliographie lyonnaise*.)

Cavaignac (Louis Eugène).
(Voir page 266.)

E. Cavaignac, Franska Republikens foerste President. Biografiskt Utkast en Teckning af hans Werksamhet under Juni-Revolten i Paris. *Goetheb.* 1848. 8. Port. (Trad. du français.)

Cavolini (Filippo).
(Voir page 266.)

Monticelli (Teodoro). Elogio storico di F. Cavolini. *Napol.* 1810. 4. (*Oxf.*)

Cavos (Catterino),
musicien italien (1775 — 28 avril 1842).

Mercier (J...). C. Cavos, directeur de la musique des théâtres impériaux de Saint-Pétersbourg, chevalier des ordres de Sainte-Anne et de Saint-Vladimir de Russie, etc. *Par*. 1851. 8. Portrait. (Extrait du *Nécrologe universel du* xixe *siècle*.)

Caxton (William).
(Voir page 266.)

Knight (Charles). W. Caxton, the first English printer; a biography. *Lond.* 1844. 8. Portrait.

Cervantes Saavedra (Miguel de).
(Voir page 271.)

Pellicer (Juan Antonio). Vida de Cervantes. *Madr.* 1800. 8.

Cervi (José),
médecin espagnol.

Ortega (José de). Elogio historico del doctor J. Cervi. *Madr.* 1748. 4. (*Oxf.*)

César (Cajus Julius).
(Voir page 271.)

Chrysander (Wilhelm Christian Justus). Dissertatio de C. J. Cesare non scelesto. *Helmst.* 1742. 4. (*Oxf.*)

Cesari (Antonio).
(Voir page 272.)

Mordani (Filippo). Elogio storico del P. A. Cesari. *Ravenna*. 1842. 8.

Cesarotti (Melchiorre).
(Voir page 273.)

Meneghelli (Antonio Maria). Biografia dell' abate M. Cesarotti. *Venez.* 1817. 8.

Cevallos Villagutierrez (Alonso),
homme d'État espagnol.

Oviedo (Juan Antonio de). Elogio funebre del ilustre señor D. A. Cevallos Villagutierrez, presidente de la audiencia de Guatemala. *La Puebla*. 1704. 4.

Chabrol (Mathieu),
médecin français (.. avril 1763 — 12 février 1815).

Notice biographique sur M. M. Chabrol, etc. *Mézières.* 1807. 8.

Chalier (Joseph).
(Voir page 274.)

B(**ertholon**) (César). Biographie lyonnaise. Notice sur Chalier. *Lyon*. 1855. 8. (Extrait de la *Revue du Lyonnais*.)

Cham,
l'un des trois fils de Noé.

Olearius (Philipp). Disputatio de Chamo maledicto. *Lips.* 1707. 4. (*Oxf.*)

Chamier (Daniel),
controversiste français,
(vers 1570 — tué d'un coup de canon le 21 oct. 1621).

Memoir of D. Chamier, minister of the reformed church, with notices of his descendants. *Lond.* 1852. 8.

Champagneux (N... N...),
agronome français.

Roffavier (N... N...). Notice sur M. Champagneux, membre de la Société Linnéenne de Lyon. *Lyon*. 1846. 8.

Chancey (N... N...),
agronome français.

Champagneux (N... N...). Notice sur M. Chancey, membre correspondant de la Société Linnéenne de Lyon. *Lyon*, s. d. (1829). 8.

Changarnier,
général français.

Le général Changarnier. *Par.* 1848. 18.

Chantal (Jeanne Françoise **Frémiot** de).
(Voir page 276.)

Dusserre-Figon (Joseph Bernard). Panégyrique de madame de Chantal, etc. *Par.* 1780. 8.

Chapuis (Grégoire Joseph).
(Voir page 277.)

Précis de la fête célébrée à Verviers en mémoire du martyre du vertueux Chapuis. *Verviers*, an III. 4.

Chapuis de Corgenon (Claudine),
religieuse française (1643 — 21 août 1747. — (Voir page 277).

Vie de la vénérable mère Marie de la Passion, nommée au siècle C. Chapuis de Corgenon, religieuse professe du chœur du premier monastère de S. Elisabeth de Lyon. *Lyon*, s. d. (1751). 12. *

* Titre rectifié de l'ouvrage indiqué page 277.

Charas (Moïse),
médecin français (1618 — 17 janvier 1698).

Cap (Pierre Antoine). Éloge de M. Charas. *Par.* 1840. 8.

Charlemagne.
(Voir page 278.)

Turpin (Jean). De vita Caroli M. et Rolandi historia, publ. par Sebastiano CIAMPI. *Florent.* 1822. 8.

Helpericus ou **Angilbertus.** Karolus M. et Leo, papa. *Turic.* 1832. 8.

Hauréau (B...). Charlemagne et sa cour (742-814). *Par.* 1854. 12.

Rank (Joseph). Kaiser Carl der Grosse; ein Geschichtsbild. *Leipz.* 1854. 8.

Charles-Quint.
(Voir page 282.)

Aquino (Giovanni Martino de). De vita et gestis regis Caroli V imperatoris oratio. *Panorm.* 1538. 4. (Extrêmement rare.)

Rapicius (A...). Oratio de morte Caroli V. *Vienn.* et *Amst.*, s. d. (1559.) 4. (Très-rare.)

Vétus ou **Le Vieil** (Jean). De obitu Caroli V imperatoris oratio. *Par.* 1559. 4.

Seripando (Girolamo). Oratio in funere Caroli V imperatoris. *Neapol.* 1559. 4.

Montoya (Juan de). Relacion de las honras y exequias del emperador Carlos V. *Rom.* 1598. 8. (*Oxf.*)

Breen (Georg). Dissertatio de imperatore Carolo V. *Witteb.* 1672. 4.

Paris (D...). Charles V au couvent de Saint-Just. *Reims et Par.* 1856. 8.

Lechanteur de Pontaumont (N... N...). Vie de l'empereur Charles-Quint. *Par.* 1846. 4. (Tiré à 10 exempl.)

Hannusch (J... J...). Kaiser Carl V, seine Zeit und seine Zeitgenossen; ein geschichtlicher Umriss. *Wien.* 1853. 8.

Droysen (Johann Gustav). Zwei Verzeichnisse, Kaiser Karl's V Lande, seine und seiner Grossen Einkünfte und Anderes betreffend. *Leipz.* 1854. 4. (*L.*)

Gachard (A...). Retraite de Charles V au monastère de Yuste. Lettres inédites. *Brux.* 1854. 8.

Pichot (Amédée). Charles V. Chronique de sa vie intérieure, et son abdication et sa retraite dans le cloître de Yuste. *Par.* 1854. 8.

Mignet (François Auguste Alexis). Charles V. Son abdication, son séjour et sa mort au monastère de Yuste. *Par.* 1854. 4.

Charles VI.
(Voir page 284.)

Riesch (Bonaventura). Trauer- und Gedächtniss-Predigt nach dem Todesfall Kaiser Carl's VI, nebst eingerückter Lebensgeschichte dieses Monarchen. *Lindau.* 1740. Fol.

Foppens (Jean François). Oratio funebris in exequiis Caroli VI imperatoris, s. l. (*Brux.*) 1741. 4.

Stancari (Domenico). In morte di Carlo VI imperatore orazione funerale. *Parma.* 1741. 4.

Charles VII.
(Voir page 285.)

Riesch (Bonaventura). Offene Augen bey dem Anblick eines todten Kaisers, oder Trauer-und Godächtniss-Predigt auf den Hintritt Kaiser Carl's VII, nebst einer Lebens- und Sterbensgeschichte desselben. *Lindau.* 1748. Fol.

Charles X.
(Voir page 289.)

Lorieux (Auguste Julien Marie). Histoire du règne et de la chute de Charles X. *Nantes.* 1834. 8.

Ultima epoca della vita di Carlo X, etc. *Venez.* 1838. 12. *

* Traduction de l'ouvrage de M. de MORTVAT, mentionné page 290.

Charles I Stuart.
(Voir page 290.)

Malt (Samuel). Annales of king James (I) and king Charles I. *Lond.* 1681. Fol.

Wagstaffe (Thomas). Vindication of king Charles, the martyr, etc. *Lond.* 1693. 4. *Ibid.* 1697. 4. *Ibid.* 1711. 4. (Non mentionné par Lowndes.)

(**Raup de Moulières**, Antoine Joseph). Le livre rouge, ou notice historique sur le procès fait aux meurtriers de Charles I. *Par.* 1816. 12.

Charles II Stuart.
(Voir page 293.)

Hoskins (S... Elliott). Charles the Second in the Channel Islands; a contribution to his biography and to the history of his age. *Lond.* 1854. 2 vol. 8.

Charles III.
(Voir page 295.)

Espinosa (Manuel de). Oracion funebre en las solennes exequias, que hizo la villa de Madrid, etc., a la memoria del rey D. Carlos III. *Madr.* 1789. 4. (*Oxf.*)

Yrisarri (Lorenzo de). Oracion funebre en las exequias del rey Carlos III. *Madr.* 1789. 4. (*Oxf.*)

Charles XII.
(Voir page 297.)

Schott (Siegmund). Max Emmanuel, Prinz von Württemberg, und sein Freund Carl XII, König von Schweden; biographisch-historischer Versuch. *Stuttg.* 1859. 8. (Avec les portraits de ces deux princes.) Trad. en suéd. *Stockh.* 1845. 8. 2 portraits.

Charles XIV Jean.
(Voir page 298.)

Atterbom (Pehr D... A...). Minnes-Ord öfwer H. M. Konung Carl XIV Johan. *Upsal.* 1844. 8.

Bergstedt (Carl Fredrik). Tal öfwer H. M. Konung Carl XIV Johan. *Upsal.* 1844. 8.

Carl Johan, Konung af Swerige och Norrige. Biografiskt Utkast. *Strengnäs.* 1844. 8.

Cassel (C... G...). Tal wid Minnesfesten efter Konung Carl XIV Johan, etc. *Stockh.* 1844. 8.

Dahlstroem (C... A...). Teckningar till Carl XIV Johans Historia, etc. *Stockh.* 1844. 8.

Evert (Carl Fredrik). Minnestal öfwer H. M. Konung Carl XIV Johan, etc. *Götheb.* 1844. 8.

Hedrén (Johan Jacob). Carl XIV Johans Döds-Bädd, etc. *Linköping.* 1844. 4. *Lund.* 1844. 4.

Konung Carl XIV Johans Historia, korthed berättad. *Lund.* 1844. 12.

Konung Carl XIV Johans Minne. *Linköping.* 1844. 8.

Lefnadsteckning of H. M. Konung Carl XIV Johan. *Norrköping.* 1844. 8.

Lénstroem (Carl Johan). Carl XIV Johans Tidsälder, etc. *Gefle.* 1844. 8.

Personalier, uppläste wid H. M. Konung Carl XIV Johans Begrafning in Riddarholmskyrkan den 26 April 1844. *Ekesjoe.* 1844. 8.

Sporsén (Pehr). Minnestal öfwer H. M. Konung Carl XIV Johan. *Calmar.* 1844. 8.

Essai d'un caractéristique de Charles XIV Jean, roi de Suéde et de Norvége. *Stockh.* 1844. 8. (Tiré à 100 exemplaires.)

Charles-Emmanuel III.
(Voir page 295.)

Torrini de Fogassiera (N... N...). Éloge historique de Charles-Emmanuel III, roi de Sardaigne. *Milan.* 1759. 8. (Publ. s. c. lettres T. de F.)

(**Orsino d'Orbassano**, Carlo Filippo Risbaldo). Elogio storico di Carlo Emmanuele III, re di Sardegna. *Torin.* 1795. 4.

Charles de Danemark, dit le Bon.
(Voir page 301.)

Pachtere (Félix de). Leven van Carolus den Goeden, veertiensten graef van Vlaenderen. *Brugge.* 1827. 16.

Straten Ponthoz (François van der). Charles le Bon, causes de sa mort, ses vrais meurtriers. Thierry d'Alsace, des comtes de Metz, seigneur de Bitche et comte de Flandre. *Par.* 1853. 8.

Charlet (Jules),
criminel français (exécuté en 1853).

D* (abbé). Les vingt dernières heures d'un condamné, ou conversion et mort de J. Charlet. *Lyon* et *Par.* 1853. 12.

Charlet (Nicolas Toussaint),
peintre français (20 oct. 1792 — 29 déc. 1845).

Janin (Jules). N. T. Charlet, artiste peintre et dessinateur. *Par.* 1847. 8. Portrait. (Extrait du *Nécrologe universel du* xixe *siècle.*)

(**Delacombe**, N... N...). Charlet. Sa vie, ses lettres et ses œuvres. *Par.* 1854. 8. * (Extrait de la *Revue contemporaine.*)

  * Selon l'auteur de cette notice, Charlet est né le 20 décembre 1792.

Chasse (Philander B...),
évêque de New-York.

Chasse (Philander B...). Reminiscences. An autobiography, comprising a history of the principal events in the authors life, to 1847. *New-York.* 1844. 2 vol. 8. *Boston.* 1848. 2 vol. 8.

Chassaignac (N... N...),
médecin français du xixe siècle.

Exposé des titres de M. Chassaignac, agrégé libre à la Faculté de médecine de Paris, chirurgien de l'hôpital de Lariboisière, candidat à l'Académie impériale de médecine. *Par.* 1854. 4.

Châteaubriand (François Auguste René, vicomte de).
(Voir page 305.)

(**Loménie**, Louis de). M. de Châteaubriand, par un homme de rien. *Par.* 1841. 12.

Ensayo sobra la vida y las obras de Châteaubriand. *Valencia.* 1843. 8.

Ancelot (Jacques Arsène François Polycarpe). Vie de Châteaubriand. *Par.* 1853. 4. (Edition illustrée.)

Chaulieu (Guillaume Amfrye de).
(Voir page 307.)

Lemontey (Pierre Édouard). Notice sur Chaulieu, s. l. et s. d. 8.

Chaumond (Saint),
évêque de Lyon (massacré le 28 sept. 657).

L'office et la vie de S. Chaumond, evesque de Lyon et martyr. *Par.* 1692. 12.

Vie de S. Chaumond, évêque de Lyon et martyr. *Par.* 1692. 18.

Chauvy (Auguste),
publiciste français (1800— 21 août 1853).

Vaissière (J...). Notice nécrologique et biographique sur M. A. Chauvy, ancien rédacteur de *l'Ami de la charte*, membre du conseil de gouvernement de l'Algérie. *Clerm.* (*Ferr.*) 1853. 12. (Extrait de *l'Ami de la patrie*.)

Chégaray (Charles),
magistrat français.

Pièces justificatives, produites par M. Chégaray, dans son procès contre *l'Eclaireur des Pyrénées*. *Pau.* 1849. 12.

Chelli (Tommaso),
philosophe italien.

Marini (Andrea). Orazione funebre del dottor T. Chelli. *Venez.* 1823. 8.

Radó (Giovanni). Orazione ne' funerali del dottor T. Chelli. *Venez.* 1823. 8.

Cherubini (Luigi).
(Voir page 308.)

(**Loménie**, Louis de). M. Cherubini, par un homme de rien. *Par.* 1841. 12.

Chervin (N... N...),
médecin français.

Rougier (Louis Auguste de). Éloge historique du docteur Chervin. *Lyon.* 1846. 8.

Chester (John),
théologien anglo-américain.

Obituary notice of the Rev. J. Chester, late pastor of the second presbyterian church, Albany. *Albany.* 1829. 8.

Chezard de Matel (Jeanne Marie),
religieuse française.

Boissieu (Antoine). Vie de la vénérable mère J. M. Chezard de Matel, fondatrice des religieuses de l'ordre du Verbe-Incarné. *Lyon.* 1692. 8.

Chialli (Vincenzo).
(Voir page 309.)

Gherardi Dragomanni (Francesco). Della vita e delle opere del pittore V. Chialli, da Città di Castello, comentario storico. *Costantinopoli.* 1852. 8.

Chimay (Marie Antoinette de Cardenas, princesse de),
dame belge.

Payez (Renier). Oraison funèbre de feu M. A. Cardenas, princesse de Chimay. *Malin.* 1693. 4.

Chinard (Joseph).
(Voir page 310.)

P(asseron) (J... S...). Notice sur J. Chinard. *Lyon*, s. d. (1853). 8. * (Extrait de la *Revue du Lyonnais*.)

  * D'après les renseignements de cette notice, Chinard est mort le 20 juin 1813.

Choesnet (Joseph Pierre Anne Thomas),
jurisconsulte français (1er juillet 1786 — 3 mai 1849).

Faye (Prosper de la). J. P. A. T. Choesnet, président du tribunal civil de Saint-Malo. *Par.* 1851. 8. (Extrait du *Nécrologe universel du* xixe *siècle*.)

Christine.
(Voir page 316.)

Priezac (Salomon de). Icon Christinæ, reginæ Sueciæ. *Par.* 1655. 4. (Assez rare.)

Christophe (Saint).
(Voir page 318.)

(**Costa**, Pio). Vita e miracoli di S. Cristofero martire, apostolo della Licca, cavata da molti scrittori greci, latini, caldei ed arabi. *Venez.* 1680. 8. *

  * Publ. s. le pseudonyme de Prudenzio Abadaspi.

Cicéron (Marcus Tullius).
(Voir page 320.)

Abeken (Bernard Rudolph). Account of the life and letters of Cicero, translated from the German by Charles. Merivale. *Lund.* 1854. 8.

Cicogna (Pasquale).
(Voir page 322.)

Scarano (Lucio). Laudatio funebris P. Ciconiæ, olim Venetæ reipublicæ principis. *Venet.* 1595. 4.

Memoria in obitu serenissimi ducis P. Ciconiæ. *Patav.* 1595. 4.

Piccolomini (Enea). Oratio in funere P. Ciconiæ, Venetiarum principis. *Venet.* 1595. 4.

—— De laudibus P. Ciconiæ, serenissimi Venetæ reipublicæ principis, oratio altera. *Venet.* 1597. 4.

Cicognara (Leopoldo).
(Voir page 322.)

Diedo (Antonio). Discorso funebre in memoria del conte L. Cicognara. *Venez.* 1834. 8. Portrait.

Petruzzi (Giuseppe et Agostino). In morte del conte L. Cicognara prose. *Ferrar.* 1834. 8. (Oxf.)

Cimaroso (Domenico).
(Voir page 322.)

Elogio funebre estemporaneo, etc., ad onore del sempre chiaro e celeberrimo scrittore in musica D. Cimarosa, etc. *Venez.* 1801. 8. Portrait. (Rare, même en Italie.)

Cini (Giovanni),
littérateur (?) italien.

Arcangioli (Giuseppe). Notizie di G. Cini di San Marcello. *Lucca.* 1845. 8.

Cini (Natale),
savant italien.

Martini (Francesco). Sulla vita e sugli studii di N. Cini, discorso. *Livorn.* 1844. 8.

Cirneca (Pietro),
prêtre italien.

Seraphinus a Sancta Catharina Senensi. Vita e religiose virtu del P. Pietro della Madre di Dio, chiamato communemente P. Cirneca, Palermitano, dell' ordine de' redentori scalzi della Mercede. *Palerm.* 1696. 4.

Ciro (Santo),
martyr italien.

Zito e Regio (Giovanni). La fede trionfante nella vita e glorioso martirio di S. Ciro. *Trapani.* 1696. 4. *Palerm.* 1697. 4.

Claire d'Assise (Sainte).
(Voir page 324.)

De More (François). Vie de S. Claire d'Assise, première abbesse du monastère de S. Damien (1194-1253), avec une notice sur les principales saintes de son ordre. *Marseille.* 1848. 8.

Clap (Roger),
Anglo-américain.

Memoirs of R. Clap. *Boston.* 1844. 12.

Clapp (Théodore),
théologien anglo-américain.

Report of the trial of the Rev. T. Clapp, before the Mississippi presbytery, etc. *New-Orl.* 1833. 8.

Claris (Pablo),
prêtre espagnol.

Sala (Gaspar). Lagrimas Catalanas al entierro y obsequias del deputado ecclesiastico de Cataluña, P. Claris, s. l. 1641. 4. (*Oxf.*)

Clarke (Anna Maria),
épouse de Thomas Clarke.

Clarke (Thomas Grey). Memoir of A. M. Clarke, wife of the Rev. T. Clarke. *Lond.* 1854. 12.

Clarkson (Thomas).
(Voir page 326.)

Elmes (James). T. Clarkson; a monograph. *Lond.* 1854. 12.

Claude de Lorraine,
religieuse française.

Radlinski (Jacob Paul). Vita Claudiæ, ducis Lotharingiæ. *Cracov.* 1749. 8.

Claver (Pedro),
(Voir page 327.)

Daurignac (S...). Histoire du bienheureux P. Claver, apôtre des nègres. *Par.* et *Lyon.* 1854. 8. Portrait.

Clay (Cassius Marcellus),
homme d'État anglo-américain.

The writings of C. M. Clay, including speeches and addresses, edited with a preface and memoir, by Horace Greeley. *New-York.* 1848. 8.

Clay (Henri),
homme d'État anglo-américain.

Sargent (Epes). Life and services of H. Clay. *New-York.* 1848. 8.

Clayton (Mrs. George),
dame anglaise.

Sortain (John). Life of Mrs. G. Clayton. *Lond.* 1844. 8. (*Oxf.*)

Clément XI.
(Voir page 329.)

(**Crispo**, Girolamo). Compendium vitæ sanctissimi pontificis Clementis XI. *Ravenn.* 1733. Fol.

Clément XIV.
(Voir page 329.)

L'Aquetta, ou anecdotes sur le pape Ganganelli et sur le conclave qui suivit sa mort. *Par.* 1826. 8. (Peu commun.)

Clémentine (Sainte),
religieuse italienne.

Bouange (abbé). S. Clémentine, vierge martyre romaine, protectrice du monastère de Sainte-Claire du Lavaur, diocèse d'Albi. *Toulouse.* 1853. 18. *Ibid.* 1854. 18.

Clerck (Joannes Benedictus de),
prêtre belge (1753 — 4 juillet 1804).

Leven van den zeer eerweerden heer J. E. de Clerck, pastor van Willebroek. *Antw.*, s. d. (1804). 8.

Clérian (Louis Mathurin),
peintre français (9 nov. 1763 — 14 déc. 1851).

L. M. Clérian, professeur de dessin et peintre d'histoire,

ancien directeur du Musée et de l'école spéciale de dessin d'Aix, etc. *Par.* 1853. 8. (Extrait du *Nécrologe universel du XIXᵉ siècle.*)

Clesse (Antoine),
chansonnier belge (1816 — ...).

Soirées Bruxelloises. Études critiques et biographiques sur (Jean Théodore Hubert) Weustenraad, (Blaise Henri de Cort, baron de) Walef, (Alexandre) Lainez et Clesse. * *Brux.* 1854. 18.
    * La critique sur Clesse, p. 203-228, est composée par N. Peetermans.

Clitherow (James),
théologien (?) anglais.

Stoddart (John). The origin of death and the remedy for death. Funeral sermon on the death of J. Clitherow. *Lond.* 1841. (*Oxf.*)

Cloche (Antonin).
(Voir page 333.)

Place (Dominique de la). Oraison funèbre du P. A. Cloche. *Par.* 1720. 4. (Omis par Quérard.)

Clotilde (Sainte).
(Voir page 333.)

Vie de S. Clotilde, reine de France. *Ouville-l'Abbaye.* 1854. 16.

Clouet (Jean François),
chimiste français (11 nov. 1751 — 4 juin 1801).

Hachette (Jean Pierre Nicolas). Éloge historique de J. F. Clouet. *Par.* 1802. 8. (Extrait de la *Décade philosophique.*)

Cobden (Richard).
(Voir page 354.)

(**Loménie**, Louis de). M. R. Cobden, par un homme de rien. *Par.* 1844. 12.

Cocceji (Heinrich v.).
(Voir page 334.)

Lucanus (August Hermann). Lebensbeschreibung des, etc., H. v. Cocceji. *Frf.* 1741. 4. *Lemgo.* 1722. 4. Augment. *Ibid.* 1750. 4.

Cockerill (John),
industriel anglais (3 août 1790 — ... 1840).

Lecocq (A...). Description de l'établissement de J. Cockerill, à Seraing (en Belgique), accompagnée d'une notice historique sur J. Cockerill. *Liége.* 1853. 12.

Colellis (Antoine de).
(Voir page 339.)

Zuccaroni (Francesco). Il dominio de' cuori. Panegirico nel funerale del reverendissimo P. D. A. de Colellis, confondatore e preposito generale de' PP. pii operarii. *Napol.* 1655. 4. *
    * Titro rectifié de l'ouvrage mentionné page 339.

Coleti (Giacomo),
jésuite italien.

Bosello (Francesco). Elogio funebre del R. P. G. Coleti della compagnia di Gesù. *Venez.* 1827. 8.

Collombet (François Zénon),
littérateur français (28 mars 1808 — 18 août 1853).

Boitel (Léon). Nécrologie. F. Z. Collombet. *Lyon.* 1853. 8. (Extrait de la *Revue du Lyonnais.*)

Christophe (Jean Baptiste). Étude biographique : F. Z. Collombet, etc. *Lyon.* 1853. 8. Portrait. (Tirage à part de la même *Revue.*)

Colombo (Cristofero).
(Voir page 342.)

Lanjuinais (Jean Denis de). Études biographiques et littéraires sur Antoine Arnauld, Pierre Nicole et Jacques Necker, avec une notice sur C. Colomb. * *Par.* 1823. 8.
    * La notice sur Colomb n'est autre chose qu'une réimpression de celle indiquée page 342.

Colombo (Giovanni),
grand chancelier de la république de Venise.

Zavanti (Gabriele Arcangelo). Oratio in funere J. Columbi, equitis et magni Venetiarum cancellarii, etc. *Venez.* 1772. 4.

Colombo (Michele).
(Voir page 343.)

Maëstri (Ferdinando). Elogio storico di M. Colombo. *Lucca.* 1844. 8.

Condé (Godefroi),
évêque de Cambrai.

Condé (Auguste de). Éloge historique de G. de Condé, évêque et comte souverain de Cambrai et du Cambresis. *Cambrai.* 1854. 8. Figure.

Condorcet (Marie Jean Antoine Nicolas **Caritat**, marquis de).
(Voir page 347.)

Lacroix (S... F...). Notice historique sur la vie et les ouvrages de Condorcet. *Par.* 1813. 8. (Extrait du *Magasin encyclopédique*.)

Conegliano (Don Adrien Jeannot **Moncey**, duc de).
(Voir page 348.)

(**Loménie**, Louis de). Le maréchal Moncey, duc de Conegliano, par un homme de rien. *Par.* 1841. 12.

Conflans, vicomte **d'Auchy** (Eustache),
Français.

Poncet (F... M...). Oraison funèbre prononcée le dernier jour d'aoust MDLXXIV en l'église de Brécy-le-Buisson, aux funérailles de messire E. de Conflans, marquis d'Auchy. *Par.* 1574. 8. *
   * Titre rectifié de l'oraison mentionnée page 348, sous le nom de **Conflance**. C'est par erreur qu'il est indiqué comme théologien.

Conneau (N... N...),
médecin de Napoléon III.

Procès du docteur Conneau, après l'évasion de Louis Napoléon Bonaparte. *Par.* 1847. 12.

Cono (Saint),
patron de la ville de Naso (en Sicile).

Draco (Pietro). Della vita e glorie di S. Cono, abate Basiliano, cittadino e protettore di Naso, operetta istorica. *Messin.* 1698. 12. *Palerm.* 1699. 12. *Ibid.* 1703. 12.

Constable (John),
littérateur anglais.

Leslie (C... R...). Memoirs of the life of J. Constable, composed chiefly of his letters. *Lond.* 1843. 4. (*Oxf.*) *Ibid.* 1845. 4. (*Oxf.*)

Constant de Rebecque (Benjamin).
(Voir page 350.)

(**Loménie**, Louis de). M. B. Constant, par un homme de rien. *Par.* 1841. 12.

Constantin le Grand (Cajus Flavius Valerius Aurelius Claudius).
(Voir page 351.)

Simonides (Constantin). Panegyric of that holy and apostolic heaven-crowned king Constantine the Great. *Lond.* 1854. 8.

Contarini (Alvise),
doge de Venise (1676 — 1684).

Foresti (Giovanni Maria). Oratio in funere principis Venetiarum A. Contareni. *Venet.* 1684. 4.

Contarini (Carlo).
(Voir page 353.)

Picinelli (Filippo). Idea del principe republichista nel doge C. Contarini. *Milan.* 1664. 12.

Contarini (Domenico),
doge de Venise (1659 — 1675).

Todeschini (Vincenzo). Oratio in funere D. Contareni, ducis. *Venez.* 1675. 4.

Contarini (Francesco),
doge de Venise (élu en 1623 — 1625 et non 1623.) — (Voir page 353.)

Finotti (Cristofero). Oratio in funere serenissimi ducis F. Contareni. *Venet.* 1625. 4.

Contrucci (Giulia),
dame italienne.

Alla memoria di G. Contrucci ne' conti Carletti, tributo di dolore, d'ammirazione, d'affetto. Necrologia e compozioni diverse. *Firenz.* 1846. 18.

Conversini (Girolamo),
évêque de Cortona.

Baraldi (Giuseppe). Notizia biografica su G. Conversini, vescovo di Cortona. *Moden.* 1827. 8. (*Oxf.*)

Cookworthy (William),
chimiste anglais.

Harrison (George). Memoir of W. Cookworthy, formerly of Plymouth, discoverer of the Cornish China

Clay and Stone, founder of the British porcelain manufacture and an member of the society of Friends. *Lond.* 1854. 8.

Cooper (Fenimore),
littérateur anglo-américain (15 sept. 1789 — 14 sept. 1851).

(**Loménie**, Louis de). M. Cooper, par un homme de rien. *Par.* 1844. 12.

Copernicus (Nicolaus).
(Voir page 355.)

Prowe (Ludwig). Zur Biographie von N. Copernicus. I. Über die Thorner Familien Koppernigk und Watzelrode. II. Über die Zeit der Geburt und des Todes von N. Copernicus, etc. *Thorn.* 1853. 4.

Copleston (Edward),
évêque de Llandlaff.

Whately (Richard). Remains of the late E. Copleston, D. D. bishop of Llandlaff, with an introduction, containing some reminiscences of his life. *Lond.* 1854. 8.

Coppet (N... N... de),
Suisse.

Perdriau (Jean). Éloge historique de M. de Coppet. *Genève.* 1785. 8.

Corleone (Bernardo da).
(Voir page 357.)

Vita del servo di Dio F. Bernardo da Corleone, Siciliano, religioso laico dell' ordine de' capuccini della provincia di Palermo. *Palerm.* 1700. 4.

Cormenin (Louis Marie de la **Haye**, vicomte de).
(Voir page 357.)

(**Loménie**, Louis de). M. de Cormenin, par un homme de rien. *Par.* 1841. 12.

Chapuis-Montlaville (N... N...). Étude sur Timon. *Par.* 1848. 12.

Cornaro (Giovanni),
doge de Venise (1625 — 1629).

Finotti (Cristofero). In funere principis Veneti J. Cornelii oratio. *Venez.* 1630. 4.

Cornaro (Giovanni),
doge de Venise (1709 — 1722).

Lazari (Alvise). Oratio in funere J. Cornelii, Venetiarum ducis. *Venet.* 1722. 4.

Cornaro Lusignana (Caterina),
reine de Chypre.

Trieste (Giovanni). Brevi rispetti spettanti alla vita della regina Caterina Cornaro Lusignana, etc. *Venez.* 1766. 12.

Cornbury (Katherine),
dame anglaise.

Sharpe (John). Sermon, etc., at the funeral of K. lady Cornbury. *Lond.*, s. d. (1706). 8. (*Oxf.*)

Corneille (Pierre).
(Voir page 358.)

Hellis (N... N...). Découverte du portrait de P. Corneille, peint par Charles Lebrun. Recherches historiques et critiques à ce sujet. *Rouen.* 1848. 8. 4 portraits.

Corrozet (Gilles),
imprimeur-libraire français (4 janvier 1510 — 4 juillet 1568).

Bonnardot (A...). Études sur G. Corrozet et sur deux anciens ouvrages relatifs à l'histoire de la ville de Paris, etc. *Par.* 1848. (Tiré seulement à 100 exemplaires.)

Corsetti (Pietro),
évêque de Cefalù († 23 oct. 1643).

Colle (Bernardo). Orazione funerale nella morte dell' illustrissimo e reverendissimo monsignor D. P. Corsetti, vescovo di Cefalù. *Rom.* 1644. 4.

Turtureti (Vincenzo). Oratio in funere D. P. Corsetti Panormitani, episcopi Cephalœdensis, s. l. et s. d. (*Panorm.* 1644.) 4.

Corsini (Andrea).
(Voir page 361.)

Apostoli (Pietro). Vita A. Corsini, episcopi Fiesolani. *Florent.* 1603. 4.

Coscia (Nicolò).
(Voir page 363.)

Glücks-und Unglücks-Fälle des Herrn Cardinals N. Coscia. *Frf.* 1733. 4. (*Oxf.*)

Cospéan ou **Cospeau** (Philippe de).
(Voir page 365.)
Livet (Charles Louis). P. Cospeau, nommé en France P. de Cospéan. 1571-1646. *Par.* 1854. 12.

Cospodt (Anton Christoph v.),
magistrat (?) allemand.
Pritz (Johann Georg). Das freudenreiche Bekenntniss eines bussfertigen Herzens. Leichenpredigt auf A. C. v. Cospodt. *Leipz.* 1766. Fol.

Cottereau, dit Chouan (René),
l'un des chefs de l'armée vendéenne († .. mai 1848).
Faye (Prosper de la). R. Cottereau, dit Chouan, ancien chef de l'armée vendéenne, le dernier des quatre frères qui donnèrent leur surnom aux insurgés de la rive droite de la Loire, etc. *Par.* 1848. 8. (Extrait du *Nécrologe universel du xixe siècle.*)

Courbon (N... N...),
prêtre français († 7 février 1824).
Bonnevie (Pierre Étienne). Quelques mots, jetés par le sentiment dans le désordre de la tristesse commune, sur la tombe de M. Courbon. *Lyon,* s. d. (1824). 8.
(**Nolhac**, N... N...). Notice historique sur M. Courbon, premier vicaire général du diocèse de Lyon, etc. *Lyon.* 1824. 8.

Cousin (Germaine).
(Voir page 370.)
Veuillot (Louis). Vie de la bienheureuse Germaine Cousin, bergère, et notice sur le procès de béatification d'après les documents authentiques. *Toulouse.* 1854. 8. Figure. (Tiré à 8,000 exemplaires.)
C... (H...). Vie nouvelle de Germaine de Pibrac, bergère, morte en odeur de sainteté, dans la paroisse de Pibrac, diocèse de Toulouse ; avec des détails relatifs à sa canonisation. *Saint-Gaudens.* 1854. 16.

Cousin (Victor).
(Voir page 370.)
(**Loménie**, Louis de). M. V. Cousin, par un homme de rien. *Par.* 1842. 12.
M. V. Cousin, membre de l'Institut. *Par.* 1854. 8.
* Cette notice, extraite du *Panthéon biographique universel*, est signée L... C... Corralieu.

Cozza (Cozzo),
italien († 1617).
Libardi (Carlo). Trofei lugubri per li funerali di C. Cozza. *Veron.* 1617. Fol.

Cozza (Liberale),
peintre italien du xixe siècle.
Bellomo (Giovanni). Elogio di L. Cozzo, pittore. *Venez.* 1821. 8.

Crabb (James),
théologien anglais.
Rudall (John). Memoir of the Rev. J. Crabb, late of Southampton. *Lond.* 1854. 8.

Crell (Johann Friedrich).
(Voir page 374.)
Seidel (Christian Timotheus). Programma memoriæ J. F. Crellii consecratum. *Helmst.* 1747. 4. (*Oxf.*)

Creusen (André),
archevêque de Malines († 14 nov. 1666).
Oratio funebris in exequiis illustrissimi ac reverendissimi D. A. Creusen, quinti Mechlinensium archiepiscopi, etc. *Mechlin.,* s. d. (1666). 4.

Crillon (Louis de **Balbis de Berton** de).
(Voir page 376.)
Barret (Louis François André). Éloge de L. Balbe (!) Berton de Crillon, surnommé le Brave. Discours qui a été prononcé publiquement dans le collége de Carpentras. *Carpent.* 1775. 12. (Peu commun.)

Croesus.
(Voir page 377.)
Voemel (Johann Theodor). Exercitatio chronologica de ætate Solonis et Crœsi. *Frf.* 1852. 4.

Cromer (Vincenzo),
savant italien.
Meneghelli (Antonio Maria). Discorso funebre del professore abate V. Cromer. *Padov.* 1859. 8.

Cromwell (Oliver).
(Voir page 378.)
Guizot (François Pierre Guillaume). Histoire de la république d'Angleterre et de Cromwell (1649-1658). *Par.* 1854. 12.
Trad. en allem. par Walter Rogge. *Berl.* 1854. 2 vol. 8.
Trad. en angl. par Andrew R... Scoble. *Lond.* 1854. 2 vol. 8.

Croy (Emmanuel, duc de),
maréchal de France (23 juin 1718 — 30 mars 1784).
Cornu (Henri). Notice historique sur le duc de Croy, maréchal de France. *Valencien.* 1846. 8. Portrait.

Crusius (G... C...),
savant hollandais.
Boeckelmann (J... F...). Laudatio funebris G. C. Crusii. *Lugd. Bat.* 1676. 4.

Cunégonde (Sainte).
(Voir page 383.)
(**Costa**, Pio). Il casto e santo descritto in un brieve ragguaglio della vita di S. Conegunda. *Palerm.* 1688. 4.

Cunier (Florent),
médecin belge (vers 1813 — 19 avril 1853).
Laurillard Fallot (Salomon Louis). Discours prononcé au nom de l'Académie royale de médecine sur la tombe de Cunier, et notice nécrologique sur Cunier, par Joseph Boscu, s. l. et s. d. (*Brux.* 1853.) 8. (Extrait des *Annales d'oculistique*, tiré à part à très-petit nombre.)

Curaeus (Joachim).
(Voir page 384.)
Heusinger (Carl Friedrich). Commentatio de J. Curco (!), summo sæculi decimo sexto medico, theologico, philosopho, historico. *Marb.* 1854. 4.

Cuvier (George Léopold Chrétien Frédéric, baron).
(Voir page 385.)
(**Loménie**, Louis de). M. G. Cuvier, par un homme de rien. *Par.* 1841. 12.

D

Dagobert I.
(Voir page 388.)
Lenoir (Alexandre). Notice sur le tombeau de Dagobert et sur les chapiteaux de l'église de l'abbaye d'Autremoine en Auvergne, s. l. et s. d. 8.

Dahlberg (Erik, Grefwe),
homme d'État suédois.
Pontin (E... M... C...). Äreminne öfver K. M. Räd, Fältmarskalken, General-Guvernören öfver Esthland och Lifland, Kancelaren öfver Universitetet i Dorpt, E. Dahlberg, Grefwe till Skenäs, Friherre till Schroppstad, Herre till Werder, Siggestad och Malma. *Stockh.* 1847. 8.

Dahlgren (Carl Fredrik),
savant suédois.
Arwidsson (Adolf Iwar). Lefnads-Teckning öfver C. F. Dahlgren. *Stockholm.* 1847. 8.

Daillé ou **Dallaeus** (Jean).
(Voir page 389.)
Sabatier (Antoine Michel). Daillé. Thèse historique, s. l. (*Montauban.*) 1854. 8.

Dall' Acqua (Giovanni Maria),
prêtre italien.
Donati (Jacopo). Elogio funebre del sacerdote D. G. M. Dall' Acqua, professore catechista nell' I. R. ginnasio di S. Procolo di Venezia. *Venez.* 1850. 8.

Damhouder (Josse de),
homme d'État belge (7 déc. 1507 — 22 janvier 1581).

Bavay (Charles de). J. de Damhouder, conseiller des domaines et finances de Charles V et de Philippe II. Discours, etc. *Brux.* 1852. 8.

Damiens (Robert François).
(Voir page 390.)

Caulet (Jean de). Discours sur l'attentat commis par Damiens contre la personne de Louis XV. *Grenoble et Par.* 1757. 4.

Dandini (Davide),
évêque de Saona.

Libanori (Antonio). Vita di D. Dandini, vescovo di Saona. *Ferrar.* 1653. 8. (*Oxf.*)

Dangeau (Philippe de **Courcillon**, marquis de),
diplomate français (21 sept. 1638 — 9 sept. 1720).

Journal du marquis de Dangeau, publié et annoté par MM. SOULIÉ, DUSSIEUX, DE CHENNEVIÈRES, DE MONTAIGLON et MANTZ, avec le Commentaire inédit du duc de SAINT-SIMON, publié et annoté par F... FEUILLET DE CONCHES. *Par.* 1854. 8. *

* C'est une nouvelle édition du *Journal de la cour de Louis XIV,* mentionné page 392.

Danner (Louise Christine, Reichsgräfin v.),
voy. **Rasmussen.**

Dante Alighieri.
(Voir page 392.)

Ozanam (Antoine François). Dante et la philosophie catholique au XIIIᵉ siècle, trad. en ital. par Pietro MOLI-NELLI. *Milan.* 1841. 12.

Memorie intorno la vita di Dante Alighieri, tratte da suoi biografi antichi e moderni. *Firenz.* 1844. 8.

Studi inediti su Dante Alighieri. Autori : S... CENTOFANTI, A... TORRI, Paul COLOMB DE BATINES, Lelió ARBIB, P... FRATICELLI. *Firenz.* 1846. 4.

Ruth (Emil). Studien über Dante Alighieri ; ein Beitrag zum Verständniss der *göttlichen Komödie.* *Tübing.* 1853. 8.

Arnoux (E...). Dante, hérétique, révolutionnaire et socialiste. Révélations d'un catalogue sur le moyen âge. *Par.* 1854. 8.

Ferjus Boissard (N... N...). Dante révolutionnaire et socialiste, mais non hérétique. Révélation sur les révélations de M. Arnoux, et défense d'Ozanam. *Par.* 1854. 8. (Portrait du Dante, d'après un masque moulé sur lui après sa mort.)

Dardano (Alvise),
grand chancelier de la république de Venise († 1511).

Rocca (Lorenzo). Oratio pro funere A. Dardani, Veneti scribæ maximi. *Venet.* 1511. 4.

Egnazio (Giovanni Battista). Funebris oratio pro A. Dardano, archigrammateo, etc. *Venet.* 1554 (?). 4.

Daudrillon (Pierre Charles),
peintre français.

Bruun Neergaard (N... N...). Notice sur P. C. Daudrillon, professeur de perspective à Paris. *Par.* 1813. 8.

Dauphin (Paul Antoine),
(Voir page 397.)

Vie du P. Dauphin de la compagnie de Jésus. *Lyon.* 1852. 12.

Daussy (N... N...).
(Voir page 397.)

Notice sur les travaux scientifiques de M. Daussy, membre adjoint et secrétaire du Bureau des longitudes, etc. *Par.* 1854. 4.

David.
(Voir page 397.)

Agudo y Valenzuela (Juan). Epitome de la vida del real profeta David. *Granad.* 1656. 4. (*Oxf.*)

Hofstede de Groot (Pieter). Dissertatio de Davide poeta. *Groning.* 1829. 8. (*Ld.*)

David (Félicien).
(Voir page 398.)

Mirecourt (Eugène de). F. David. *Par.* 1854. 52. Portr. *
* Appartenant au recueil biographique : *les Contemporains.*

Davis (John),
Anglais.

Some account of the life and experience of J. Davis. *Manchest.* 1844. 8. (*Oxf.*)

Daymé (Jenny),
philanthrope française.

Un ange sur la terre, ou notice sur la vie et la mort de J. Daymé. *Lille.* 1846. 18. Portrait.

De Bay (Joannes Balduinus),
prêtre belge (12 juin 1758 — 7 juillet 1835).

Pachtere (Félix de). Ballingschap van den eerweirden heer J. B. De Bay naer de Fransche Guyane in Zuyd-America, ten jaere 1798. *Brugge.* 1857. 8.

Decan de Chatouville (Barthélemy Benoît),
magistrat français (5 sept. 1788 — ...).

Lestrées (H... de). Biographie de M. Decan de Chatouville, maire du 5ᵉ arrondissement de la ville de Paris. *Par.* 1842. 8. (Extrait de la *Revue générale biographique, politique et littéraire.*)

De Carli (Marco),
médecin italien.

Fabrici (Giovanni Pietro). Orazione detta nelle solenni esequie del dottor M. De Carli, medico in Azzano. *San-Vito,* s. d. (1846.) 8.

Decazes, duc de **Gluksbourg** (Élie).
(Voir page 401.)

(**Loménie,** Louis de). M. de Decazes, par un homme de rien. *Par.* 1844. 12.

De Clercq (Willem),
improvisateur hollandais († 1844).

Da Costa (Isaac). Herinneringen uit het leven en den omgang van W. De Clercq. *Amst.* 1850. 8.

Dedemaecker (Joanna),
béguine belge (22 février 1600 — 27 oct. 1631).

Schonenberg (Franciscus van). Het seltsaem ende wonderbaer leven van J. Dedemaecker, certyds beggyntjen in 't beggyn-hof van Aelst, dienende in desen tyd als eene perfecte modelle voor alle beggyntjens ende Godtminnende zielen. *Mechel.* 1662. 12.

De Forest de Lewarde (Édouard Nicolas Joseph),
philanthrope français (1er avril 1765 — 9 janvier 1833).

Capelle (Louis). Éloge historique de M. De Forest de Lewarde. *Douai.* 1852. 8. *
* Discours couronné par la Société d'agriculture, sciences et arts de Douai.

Déjazet (Virginie).
(Voir page 403.)

Mirecourt (Eugène de). Déjazet. *Par.* 1854. 52. Port. *
* Formant le septième volume du recueil *les Contemporains.* Ni la notice, mentionnée page 404, ni celle de M. de Mirecourt ne donnent la date de la naissance de l'actrice ; mais ce dernier, moins discret, nous raconte qu'elle avait débuté à l'âge de six ans sous le Directoire, ce qui prouverait que mademoiselle Déjazet porte sur sa tête environ douze lustres.

Delacroix (Eugène),
peintre français du premier ordre.

(**Loménie,** Louis de). M. Delacroix, par un homme de rien. *Par.* 1844. 12.

Delaundine (Antoine François).
(Voir page 403.)

Dumas (Jean Baptiste). Hommage à la mémoire de M. Delandine, bibliothécaire de la ville de Lyon, etc. *Lyon,* s. d. (1820.) 8.

Delaroche (Michel),
négociant français.

Say (Horace). Notice sur M. M. Delaroche, ancien négociant au Havre. *Batignolles.* 1854. 8.

Delaroche (Paul),
peintre français du premier ordre (1797 — ...).

(**Loménie,** Louis de). M. Delaroche, par un homme de rien. *Par.* 1844. 12.

Delavigne (Jean François Casimir).
(Voir page 404.)

(**Loménie,** Louis de). M. C. Delavigne, par un homme de rien. *Par.* 1841. 12.

Deldir (Louise Soldame Alina),
sultane indienne (vers 1764 — 18 juin 1851).

Dousse (Édouard). Discours prononcé en présence de Son Altesse Impériale la princesse Deldir devant une réunion des membres et à l'occasion de l'anniversaire de la création de l'*Ordre asiatique,* s. l. et s. d. (*Par.*) 8.

Mélano (Antoine Laurent de). Notice historique sur Son Altesse Impériale madame la princesse Alina Deldir

(Louise Soldame), sultane indienne et sur la création de l'*Ordre impérial asiatique*. *Brux.* 1854. 8. Portrait. (Tiré à 100 exemplaires.)

Delecroix (Ignace Joseph),
jurisconsulte français.

Funérailles de M. I. J. Delecroix, officier de la Légion d'honneur, maire de la ville de Douai, bâtonnier de l'ordre des avocats au barreau de Douai. *Douai.* 1840. 8. Portrait.

Delesalle (Joseph Augustin, chevalier),
officier français (22 mars 1775 — 17 juillet 1838).

Villiers (P...). Cent heures d'agonie, ou relation des aventures d'A. Delesalle, sous-lieutenant au 5e régiment des dragons, fait prisonnier par les Arabes, en Syrie, le 23 ventôse an vii. *Par.*, an ix, 8. (Rare et curieux.)

Delorme (Philibert).
(Voir page 406.)

P(asseron) (J... S...). Notice sur P. Delorme. *Lyon.* 1853. 8. (Extrait de la *Revue du Lyonnais*.)

Delvaulx (Nicolas),
prêtre belge (13 mai 1749 — 6 déc. 1826).

Notice sur feu le très-révérend M. N. Delvaulx, chanoine titulaire du chapitre métropolitain et doyen rural du district de Malines, etc. *Anvers*, s. d. (1827.) 8.

Démétrius I, surnommé **Soter**,
roi de Syrie (... — 161 — 150 avant J. C.).

Boze (Claude Gros de). Démétrius Soter, ou le rétablissement de la famille royale sur le trône de Syrie. *Par.* 1745. 12. (P.)

Demeuldre (Hyacinthe Théodore Joseph),
prêtre belge (10 juin 1765 — 14 mars 1824).

Descamps (A... P... V...). Oraison funèbre du R. P. H. H. T. J. Demeuldre, ancien prêtre de l'Oratoire et principal du collége de Soignies. *Soignies.* 1824. 8.

Demidoff (Anatole Nicolaïévitch),
gentilhomme russe (24 mars 1813 — ...). — (Voir page 408.)

Spassky (N... N...). Biographie de A. N. Demidoff. *Saint-Pétersb.* 1853. 8. (Écrit en russe.)

Demidoff (Paul),
homme d'État russe (18 août 1798 — 25 avril 1840).

Saint-Maurice Cabany (Charles Édouard). Le comte P. de Demidoff, ancien chambellan de S. M. l'empereur de Russie, ancien membre du Comité des Invalides, ancien gouverneur civil de Koursk, ancien conseiller d'Etat, ancien veneur de S. M. impériale, etc. *Par.* 1851. 8. Portrait. (Extrait du *Nécrologe universel du xixe siècle*.)

Demonts (le comte Bernard),
général français (21 août 1782 — 11 août 1846).

Saint-Maurice Cabany (Charles Édouard). Le général comte B. Demonts, maréchal de camp, commandeur de la Légion d'honneur, etc. *Par.* 1847. 8. (Extrait du *Nécrologe universel du xixe siècle*.)

Denis (Saint),
premier évêque de Paris.

Vercelly (Emmanuel de). Vie de S. Denis, premier évêque de Paris. *Par.* 1854. 18.

Denk (Johann),
anabaptiste alsacien (?)

Roehrich (Gustave Guillaume). Essai sur la vie, les écrits et la doctrine de l'anabaptiste J. Denk. Thèse. *Strasb.* 1854. 8.

Denti (Lucio),
homme d'État italien.

Tagliavia (Giorgio). Gli ultimi onori dell' illustrissimo signore E. L. Denti, presidente nel supremo consiglio della gran corte nel regno di Sicilia. *Palerm.* 1649. 4.

Denys l'Aréopagite.
(Voir page 410.)

Methodius. Encomium S. Dionysii Areopagitæ martyris, publ. en grec avec la traduction latine, par Petrus Leusselius. *Florent.* 1516. 8. *Par.* 1562. 8.

Depping (Georg Bernhard),
historien allemand (11 mai 1784 — 7 sept. 1853).

Maury (Alfred). Notice sur la vie et les travaux de G. B.

Depping, membre honoraire de la Société impériale des antiquaires de France. *Par.* 1854. 12.

Déprès (Pierre Antoine),
jurisconsulte français (31 mars 1742 — 11 déc. 1820).

Preux (N... N...). Éloge de P. A. Déprès, docteur en droit, ancien professeur de l'université et bâtonnier des avocats de la cour royale de Douai. *Douai.* 1821. 4. (Couronné par la Société centrale d'agriculture, sciences et arts du département du Nord.)

De-Rege, conte di **Gifflenga** (Alessandro),
général italien.

Lampugnani (Giovanni). Elogio funebre del luogotenente generale D. A. De-Rege, conte di Gifflenga. *Vercelli.* 1843. 4.

Dernet (Claude),
peintre-graveur français (1588 — 1660).

Meaume (E...). Recherches sur la vie et les écrits de C. Deruet, peintre et graveur lorrain. *Nancy.* 1853. 8. Portrait.

Descartes (René).
(Voir page 413.)

Bouillier (Francisque). Histoire de la philosophie cartésienne. *Lyon.* 1854. 2 vol. 8.

Deschamps (Émile),
poëte français.

C... (H...). E. Deschamps, s. l. et s. d. (*Par.*) 4. Portrait.

Desenfans (Noel),
poëte (?) anglais.

Memoirs of N. Desenfans, containing also a plan from preserving the portraits of distinguished characters, etc. *Lond.* 1810. 8. (*Oxf.*)

Detry (Peter Friedrich),
théologien allemand.

Tiele (J... N...). Die Amtsentsetzung des Pastors extraordinarius zu St. Martini in Bremen P. F. Detry im December 1715, nebst den vorangehenden und nachfolgenden Streitigkeiten beschrieben. *Brem.* 1852. 8.

Devell (Thomas),
Anglais.

Memoirs of the life and times of T. Devell. *Lond.* 1748. 8. (Écrit par lui-même.) — (*Oxf.*)

Dewsbury (William),
Anglais.

Smith (Edward). Life of W. Dewsbury. *Lond.* 1836. 8. (*Oxf.*)

Diderot (Denis).
(Voir page 419.)

Clément de Ris (L...). Portraits à la plume : Alfred de Musset, Henri Murger, Octave Feuillet, Alphonse Karr, Arsène Houssaye, Prosper Mérimée, Théophile Gautier, Saint-Marc Girardin, Honoré de Balzac, D. Diderot, Rodolphe Topffer (!), etc. *Par.* 1853. 12.

Diedo (Elena Maria **Albrizzi**),
dame italienne.

(**Funsago**, Francesco). Elogio della nobil donna E. M. Albrizzi Diedo, etc. *Padov.* 1801. 12.

Diedo (Giovanni),
grand chancelier de la république de Venise († 1510).

Comino (Bartolommeo). Oratio in funere J. Dedi, Veneti scribæ maximi. *Venet.* 1510. 4.

Diedo (Giovanni Battista),
gentilhomme italien.

(**Funsago**, Francesco). Elogio del giovinetto G. B. Diedo, nobile Veneto. *Venez.* 1810. 8. Portrait.

Diepenbrock (Melchior, Freiherr v.),
(10 janvier 1798 — 20 et non 23 janvier 1853.) — (Voir page 420.)

Chowanetz (Joseph). Leben und Wirken des Cardinals und Fürstbischofs M. v. Diepenbrock, des unvergesslichen Vorkämpfers für kirchliche Wahrheit und Freiheit, nebst einer übersichtlichen Darstellung seiner Predigten, Hirtenbriefe, Gedichte und sonstigen Schriften. *Osnabr.* 1853. 8.

Digby (Kenelm),
Anglais.

Private memoirs of sir K. Digby, written by himself. *Lond.* 1827. 8. (*Oxf.*)

Dima (Saint),
martyr italien.

Orilix (N... N...). Riflessioni istoriche su la vita del glorioso S. Dima, volgarmente detto il buon Ladrone. *Napol.* 1714. 4. Figure. (Très-rare.)

Diog ou **Diogg** (Felix Maria).
(Voir page 423.)

Neujahrsblatt der Künstlergesellschaft in Zürich für 1856, enthaltend Leben und Characteristik des Malers F. M. Diog aus Urseren. *Zürch.* 1856. 4. Portrait.

Diotti (Giuseppe),
peintre (?) italien. — (Voir page 423.)

Salvioni (Agostino). Memorie di G. Diotti e delle sue dipinture. *Bergam.* 1846. 8.

D'Israëli (Benjamin),
homme d'État anglais.

The Right Hon. B. D'Israëli; a literary and political biography, addressed to the new generation. *Lond.* 1854. 8.

Dmitri (les faux).
(Voir page 424.)

Mosquera (Juan). Relacion de la señalada y como milagrosa conquista del paterno imperio conseguido del principe Juan Demetrio, gran-duque de Moscovia, en el año de 1605. *Valladol.* 1606. 4. (Extrêmement rare.) (*Oxf.*)

Dobrowsky (Joseph).
(Voir page 425.)

Palacky (Franz).
Trad. en russe par A... Tžinský. *Moskwa.* 1858. 8.

Dominique (Saint).
(Voir page 428.)

Janssen (Nicolaus). Leven van den H. Dominikus, fundateur der predickheeren-orden. *Antwerp.* 1622. 12. (Traduction de l'ouvrage latin du même auteur, mentionné page 429.)

Petit (Philippe). Abrégé de la vie et des actions mémorables du B. P. Dominique de Gusman, fondateur de l'ordre des frères prescheurs. *Douai.* 1655. 12.

Vita (Onofrio). Patrocinio demostrato in honore del patriarca S. Domenico, patrono e protettore della veneranda città d'Augusta. *Messin.* 1657. 12.

Miguel (Seraphino Tomas). Historia de la vida de S. Domingo. *Valencia.* 1705. Fol.

Cuper (Gisbert). Dissertatio de Guzmanico S. Dominici stemmate. *Antw.* 1740. 8.

Caro (E...). S. Dominique et les dominicains (1170-1221). *Par.* 1853. 8. Trad. en allem., augment. de notes par C... W... *Regensb.* 1854. 8. Portrait.

Lembo ou mieux **Lembotta** (Antonio). Miracoli e grazie operate dall'immagine del P. S. Domenico in Soriano. *Messin.* 1650. 8. (5ᵉ édition d'un ouvrage très-rare.)

Donà (Antonio),
littérateur italien.

(**Meneghelli**, Antonio Maria). Elogio di A. Donà. *Venez.* 1809. 8.

Donat (Saint),
martyr italien.

(**Verpoorten**, J... D...). Leven van den H. Donatus, patroon tegen het onwedder, storm, etc. *Antwerp.* 1759. 12. Figure.

Donati (Gregorio),
prêtre italien.

Taberna (Matteo). In funere reverendissimi P. F. G. Donati, Romani S. P. A. magistri, laudatio. *Rom.* 1612. 4.

Donato (Leonardo).
(Voir page 430.)

Zon (Antonio). Oratio in funere serenissimi Venetiarum principis L. Donati. *Venet.* 1612. 4.

Baffo (Celso). Oratio in funere serenissimi principis L. Donati. *Venet.* 1612. 4.

Morosini (Andrea). L. Donati, Venetiarum principis vita, (voir page 430). Trad. en ital. par Girolamo Ascanio Molin. *Venez.* 1787. 8.

Doria (Gioannettino),
cardinal-archevêque de Palerme († 1643).

Politi (Giacinto). L'aquila nera. Funebre discorso nell' esequie dell'eminentissimo e reverendissimo D. G. Do-

---

ria, cardinale di santa chiesa, col titolo di S. Pietro in Montorio, arcivescovo di Palermo. *Palerm.* 1643. 4.

Cirini (Andrea). Oratione nell'esequie dell'eminentissimo cardinale Doria, arcivescovo di Palermo. *Palerm.* 1643. 4.

Doucet (Frédéric Auguste),
prêtre français (13 nov. 1806—17 mai 1838).

Gaillardin (Casimir). Notice sur la vie de M. l'abbé Doucet. *Par.* 1851. 12.

Dove (Ann et Margaret),
dames anglaises.

M'Ovan (Peter). The two Doves, or memoirs of M. and A. Dove. *Lond.* 1839. 8. (*Oxf.*)

Dove jun. (Christopher),
Anglais.

M'Ovan (Peter). Memoir of C. Dove jun., of Leeds. *Lond.* 1837. 8. (*Oxf.*)

Drach (Nicolaus Martin),
homme d'État allemand.

Mettenius (Johann Georg). Leichenpredigt auf den Geheimenrath N. M. Drach. *Darmst.* 1679. 4.

Draconites (Johann).
(Voir page 435.)

Wiggers (Julius). Tilemann Heshusius und J. Draconites. Ein Beitrag zur Geschichte der Kirchenverfassung und Kirchenzucht. *Rostock.* 1854. 8.

Dragonetti (Domenico),
musicien italien.

Caffi (Francesco). Biografia di D. Dragonetti, Veneziano. *Venez.* 1846. Fol.

Droste zu Vischering (Clemens August, Freiherr v.).
(Voir page 438.)

Die Gefangennehmung des Erzbischofs von Cocln und ihre Motive. *Frf.* 1837-38. 3 parts. 8.

Urkundliche Darstellung der Thatsachen bei Wegführung des Erzbischofs von Cocln. *Regensb.* 1838. 8.

Druon (Saint),
martyr belge.

Gaultran ou **Gautran** (François). Vie de S. Druon ou Drogon, confesseur. *Tournai.* 1652. 12.

Abrégé de la vie et des miracles de S. Druon. *Douai.* 1781. 12.

Dubarry (Marie Jeanne **Gomart de Vaubernier**, comtesse de).
(Voir page 439.)

(**Bernard**, N... N...). Gazette de Cythère, ou aventures galantes et récentes arrivées dans les principales villes de l'Europe; avec le précis de la vie de la comtesse du Barry. *Lond.* 1775. 8. (Assez rare.)

Dubois (Auguste Émile Édouard),
polygraphe français (30 janvier 1810—... 1853).

Didiez (R...). Notice sur A. Dubois. *Valencienn.* 1854. 8. (Extrait des *Archives historiques du Nord de la France et du Midi de la Belgique.*)

Duclos (Charles **Pinot**).
(Voir page 442.)

Auger (Louis Simon). Duclos; notice historique. *Par.*, s. d. 8.

Ducrotay de Blainville (Marie Henri),
naturaliste français.

Flourens (Pierre). Éloge historique de M. H. Ducrotay de Blainville, etc. *Par.* 1854. 4.

Dufau (Pierre),
jurisconsulte français (3 avril 1755—31 août 1846).

Leroux (B...). P. Dufau, ancien président de chambre à la cour impériale de Pau et président honoraire de la cour royale de cette ville. *Par.* 1847. 8. (Extrait du *Nécrologe universel du XIXᵉ siècle*.)

Dufavet (N... N...).
(Voir page 443.)

Notice sur Dufavet. *Lyon.* 1856. 8. Portrait. (Vendu au profit de Dufavet.)

Dufriche-Desgenettes (N... N...),
fondateur de l'archiconfrérie du Cœur de Marie.

Macquin (M...). A tous les dévots de la très-sainte Vierge. Biographie de M. l'abbé Dufriche-Desgenettes, curé de Notre-Dame-des-Victoires, fondateur de l'archiconfrérie du saint et immaculé Cœur de Marie. *Pont-à-Mousson.* 1854. 8.

Duhamel (Omer Bertin),
pharmacien-poète (15 juin 1773 — 15 déc. 1853).

Nécrologie. Article extrait du *Mémorial artésien de Saint-Omer. Par.* 1854. 12. *

* Cette notice biographique sur O. B. Duhamel est signée Victor MEVAZIN.

Dumas (Alexandre).
(Voir page 446.)

A. Dumas, embêté par M. Croton-Duvivier, rentier, ex-fabricant de drap d'Elbeuf, s. l. et s. d. (*Par.* 1854). 8.*

* Pamphlet dépourvu de tout esprit.

Dumas (Charles Louis).
(Voir page 446.)

Parat (Philibert). Éloge historique de C. L. Dumas, etc. *Par.* 1821. 4. (*P.*)

Du Maurier (Aubéry).
(Voir page 446.)

Ouvré (Henri). Aubéry Du Maurier. Étude sur l'histoire de la France et de la Hollande (1566-1636). Thèse, etc. *Par.* 1853. 8. *

* Nous présumons que cet écrit est identique avec celui que nous avons mentionné page 446 sous un autre titre.

Dumay (Victor),
jurisconsulte français (24 août 1798 — 29 juillet 1829).

Berville (A...). V. Dumay, avocat, ancien maire de Dijon, président de l'Académie des sciences, arts et belles-lettres, etc. *Par.* 1851. 8. (Extrait du *Nécrologe universel du* xixe *siècle.*)

Dumersan (Théophile Marion),
littérateur français (4 janvier (1780 — ...).

R... (M...). M. Dumersan, s. l. et s. d. (*Par.*) 4. Portrait.

Dumonceau (Jean Baptiste).
(Voir page 446.)

Sijpestein (Jan Willem van). Leven en karakter van J. B., graaf Du Monceau, oud-marschalk van Holland. *S'Hertogenb.* 1852. 8. Portrait.

Dumont (Artistide),
artiste français († 6 oct. 1853).

Funérailles de M. A. Dumont. Discours prononcé sur sa tombe, par N... N... PETITOT. *Par.* 1853. 4.

Duncan (Marie Lundie),
dame écossaise.

Memoir of M. L. Duncan; being recollections of a daughter, by her mother. *Edinb.* 1854. 8. (6e édition.)

Dunn (Andrew).
(Voir page 448.)

A. Dunn. *New-York.* 1854. 16. (Trad. de l'anglais.)

Dunstan (Saint),
martyr écossais (?).

Robinson (William). Life of S. Dunstan. *Tottenham.* 1844. 4. (*Oxf.*)

Duodo (Pietro),
fondateur de l'*Academia Delia.*

Conti (Ingolfo). Orazione recitata nell' Accademia Delia in morte di P. Duodo, cavaliere e suo fondatore. *Vicenza.* 1611. 4. (Assez rare.)

Duperré (Guy Victor).
(Voir page 449.)

(**Loménie**, Louis de). L'amiral Duperré, par un homme de rien. *Par.* 1841. 12.

Duphot (Léonard),
général français (1779 — assassiné le 26 déc. 1797).

Notice historique sur la mort du général Duphot, né à Lyon, assassiné à Rome par la milice papale le 7 nivôse an VI. *Lyon,* s. d. (1848). 8.

Dupin (André Marie Jean Jacques).
(Voir page 449.)

(**Loménie**, Louis de). M. Dupin aîné, par un homme de rien. *Par.* 1841. 12.

Dupont (Pierre).
(Voir page 450.)

Mirecourt (Eugène de). P. Dupont. *Par.* 1854. 52. Portrait *.

* Faisant partie du recueil *les Contemporains.*

Dupont-Delporte (baron),
homme d'État français.

Delcourt (A...). Notice historique sur M. le baron Dupont-Delporte, préfet, conseiller d'Etat, pair de France sous l'empire et la monarchie constitutionnelle. Considérations administratives et politiques. *Rouen.* 1854. 8. (Tiré à 500 exemplaires.)

Dupuytren (le baron Guillaume).
(Voir page 451.)

(**Loménie**, Louis de). M. Dupuytren, par un homme de rien. *Par.* 1844. 12.

Durand (François),
député français.

F. Durand. *Perpign.* 1853. 8.

Durante (Bonaventura),
minime italien.

Paglia (Baldassare). Oratio in funere P. M. B. Durante, ordinis minimorum. *Neapol.* 1696. 4.

Duranteau (Amand Joseph),
jurisconsulte français (19 juin 1778 — 12 août 1840).

Boissac (H... de). Éloge de M. Duranteau fils, etc. *Bordeaux.* 1854. 8. *Par.* 1854. 8.

Duranteau (Romain),
contre-amiral français (10 nov. 1763 — 8 juin 1850).

R. Duranteau, contre-amiral en retraite, officier de la Légion d'honneur, chevalier de Saint-Louis. *Par.* 1852. 8. (Extrait du *Nécrologe universel du* xixe *siècle.*)

Duret (Francisque),
sculpteur français.

Duret, s. l. et s. d. (*Par.*) 4. Portrait.

Durutte (Joseph François, comte de),
général français (14 juillet 1767 — 18 août 1827).

Précis de la vie militaire du lieutenant général comte F. Durutte, de Douai. *Douai.* 1856. 8. Portrait.

Dutrochet (René Joachim Henri).
(Voir page 453.)

Geoffroy Saint-Hilaire (Isidore). R. J. H. Dutrochet. *Par.* 1853. 8. (Extrait de la nouvelle édition de la *Biographie universelle,* publiée par MICHAUD.)

Duval (Jacques René),
chirurgien français (12 nov. 1758 — 16 mai 1854).

Larrey (Henri). Discours prononcé aux obsèques de M. Duval. *Par.* 1854. 8. (Extrait de la *Gazette des hôpitaux.*)

Duvivier (Jacques Louis, baron),
général français (13 mars 1777 — 6 mars 1853).

(**Rousselle**, Hippolyte). Notice nécrologique sur le lieutenant général baron L. Duvivier. *Mons.* 1853. 8. (Tiré à très-petit nombre.)

Duvivier (Vincent Marie Constantin),
général belge (12 déc. 1774 — 3 nov. 1851).

Saint-Maurice Cabany (Charles Édouard). V. M. C. Duvivier, lieutenant général en retraite, ancien commandant de place à Mons, agent de la banque nationale de Belgique, officier des ordres de Léopold et de la Légion d'honneur. *Par.* 1853. 8. (Extrait du *Nécrologe universel du* xixe *siècle.*)

E

Eckhardt (Jacob Sebald),
théologien allemand.
Loeffler (Immanuel). Predigt bei Beerdigung des Herrn J. S. Eckhardt, Diacons zu Rothenburg. *Augsb.* 1818. 8.

Édouard le Confesseur (Saint).
(Voir page 460.)
Zito e Regio (Giovanni). S. Eduardo, re d' Inghilterra, detto il Pacifico. *Palerm.* 1704. 4.

Édouard III.
(Voir page 460.)
Le Poittevin de la Croix (Edmond). Histoire des expéditions militaires d'Edouard III et du Prince Noir, d'après les sources les plus authentiques, les chartes et les diplômes, les chroniques et les historiens anglais et étrangers. *Brux.* 1854. 8. Portrait de l'auteur.

Édouard VI.
(Voir page 461.)
Dibdin (Robert William). Life of king Edward VI. *Lond.* 1843. 8. (*Oxf.*)

Edwards (Pietro),
peintre italien.
Necrologia di P. Edwards, pittore, custode dell' I. R. galleria della Veneta accademia di belle arti. *Venez.* 1821. Fol.

Egenino (Antonio),
prêtre italien.
(**Tassis**, Angelo). Virtus e tumulo vindicata, s. A. Egenini, præclarissimi D. Augustini parochi, posthuma parentalis oratio. *Venet.* 1691. 4.

Egmont (Lamoral, comte d').
(Voir page 464.)
Bavay (Charles de). Le procès du comte d'Egmont, avec pièces justificatives, d'après les manuscrits originaux trouvés à Mons. *Brux.* 1854. 8.

Egnazio (Giovanni Battista).
(Voir page 464.)
Brizzi (Pietro). In J. B. Egnatii funere oratio. *Venet.* 1533. 4.
Giovanni degli Agostini. Notizie istoriche spettanti alla vita ed agli scritti di G. B. Egnazio, sacerdote viniziano, raccolte, esaminate e distese. *Venez.* 1745. 12.

Ehrenstroem (Johan Albert),
diplomate suédois (28 août 1762 — 15 avril 1847).
Saint-Maurice Cabany (Charles Édouard). J. A. Ehrenstroem, ancien diplomate suédois et ancien conseiller du gouvernement de Suède, conseiller d'Etat russe et conseiller du gouvernement russe en Finlande, ancien secrétaire intime du roi de Suède, Gustave III, etc. *Par.* 1847. 8. (Extrait du *Nécrologe universel du* XIXᵉ *siècle.*)

Éléonore Madelène Thérèse de Neubourg.
(Voir page 467.)
Bressant * (Philibert). Oraison funèbre de l'impératrice Eléonore Marie (!) Thérèse de Neubourg. *Brux.* 1720. 4.
　* C'est par une faute d'impression que le même auteur, cité page 294 sous la rubrique de Charles II, est nommé Philippe Bressand.

Eleuthère (Saint).
(Voir page 468.)
Normand (Théodore). Vie de S. Eleuthère, patron du diocèse de Tournai. *Brux.* 1859. 32.

Élie.
(Voir page 468.)
Fischer (Jean Philippe). Les mythes qui se sont rattachés à la personne d'Elie chez les juifs et les chrétiens. *Strasb.* 1851. 8.

Élisabeth (Sainte).
(Voir page 469.)
Maigret (George). Vie de S. Élisabeth, reine de Portugal, avec les cérémonies faictes à Rome en sa canonization. *Liége.* 1626. 12. *
　* L'auteur avait assisté à cette solennité.

Élisabeth Amélie Eugénie de Bavière,
épouse de François Joseph I, empereur d'Autriche
(24 déc. 1837 — mariée le 24 avril 1854 — ...).
Wurzbach (Constantin). Das Elisabethen-Buch. Festalbum denkwürdiger Fürstinnen. Zur Vermählungsfeier Seiner Majestät des Kaisers Franz Joseph I von Oesterreich mit Elisabeth Eugenie, Herzogin in Baiern. *Wien.* 1854. 8. (Orné du portrait de l'impératrice.)
Ranolder (Johann). Elisabeth, Herzogin in Baiern, erste Königin von Ungarn. Blätter der Erinnerung an die völkerbeglückende Vermählung Seiner K. K. apostolischen Majestät Franz Joseph I mit Ihrer K. Hoheit, der durchlauchtigen Prinzessin Elisabeth, Herzogin in Baiern. *Wien.* 1854. 4.

Eloy (Saint).
(Voir page 475.)
Tornamira (Pietro Antonio). Vita di S. Eligio, volgarmente detto Aloy, vescovo dell' ordine di S. Benedetto. *Palerm.* 1682. 12. (Ouvrage posthume.)

Emerson (J... E...),
théologien anglo-américain.
Clark (R... W...). Memoir of the Rev. J. E. Emerson. *New-York.* (?) 1853. 18.

Emmanuel Philibert.
(Voir page 477.)
(**De-Bayer**, Adolfo). Il 30 agosto 1580, morte di Emmanuele Filiberto, duca di Savoia. *Torin.* 1844. 4.

Emo (Angelo).
(Voir page 478.)
(**Formaleoni**, Vincenzo). Elogio del fù N. H. M. A. Emo, cavaliere e procuratore di S. Marco, capitano estraordinario delle navi della serenissima repubblica di Venezia. *Venez.* 1792. 8. Portrait. *
　* Il ne faut pas confondre cet éloge anonyme avec celui, également anonyme, que nous avons mentionné page 478. L'auteur de l'autre écrit, accompagné du portrait d'Emo, est Marco Barbaro.
Palazoll-Scordilli (Spiridionè). Elogio di A. Emo. *Venez.* 1792. 8.
(**Barzoni**, Vittore). Tributo di un solitario alle ceneri di A. Emo, s. l. et s. d. (*Venez.* 1792.) 8.
Castelli (Francesco Vincenzo). Fasti di A. Emo, cittadino veneto, cavaliere della stola d'oro, procuratore di S. Marco, ammiraglio straordinaro della repubblica di Venezia. *Siracusa.* 1792. 8. (Rare, même en Italie.)

Emo (Giovanni),
ambassadeur de la république de Venise.
Corona di lodi a G. Emo, che dopo la sua ambasceria di Costantinopoli veste la procuratia porpora di S. Marco. *Venez.* 1624. 4.

Empaytaz (Henri Louis),
théologien suisse (1790 — 23 avril 1853).
Notice sur H. L. Empaytaz, ministre de l'évangile, mort dans le Seigneur. *Genève.* 1853. 8. (Tiré du journal *l'Avenir.*)

Empédoclès.
(Voir page 479.)
Stein (Heinrich). Dissertatio de Empedoclis scriptis. *Bonn.* 1851. 8.

Engelbrecht-Engelbrechtssen.
(Voir page 480.)
Sammandrag af Rikshöfwidsmannen och Riksrådet Engelbrekt Engelbrektssons Historia (1430-1436). *Stockh.* 1846. 12.

Enghien (Louis Antoine Henri de Bourbon, duc d').
(Voir page 481.)
Hullin (Pierre Auguste de). Explications offertes aux hommes impartiaux, au sujet de la commission militaire, instituée en l'an XII pour juger le duc d'Enghien. *Par.* 1823. 8.
Choulot-Moulin (N... N... de). Mémoires et voyages du duc d'Enghien. *Par.* 1841. 8. Portrait.

Enrico da Bolzano.
prêtre italien.

Tempesta (Guecello). Orazione in lode del B. Enrico da Bolzano. *Bassan.* 1843. 8.

Pellizzari (Jacopo). Panegirico in onore del B. Enrico da Bolzano. *Trevis.* 1844. 8.

Épée (Charles Michel de l').
(Voir page 483.)

Castberg (Peter Atke). C. M. de l'Épée, et biographisk Forsög. *Kjoebenh.* 1806. 8.

Épinat (Fleury),
peintre français (22 août 1764 — 7 juin 1830).

Vingtrinier (Aimé). Biographie des artistes lyonnais. F. Épinat, peintre. *Lyon.* 1854. 52. *

* Cette notice est, au point de vue typographique, un petit chef-d'œuvre sorti des presses du savant imprimeur, M. A. Vingtrinier.

Episcopius (Simon).
(Voir page 484.)

Calder (Frederick). Memoirs of S. Episcopius, to which is added a brief account of the synod of Dortrecht. *Lond.* 1835. 8. (*Oxf.*)

Érasme (Desiderius).
(Voir page 485.)

Glasius (B...). Verhandeling over Erasmus als Nederlandscher kerkhervormer. *S'Hage.* 1850. 8.

Erhard (Andreas),
littérateur allemand (1791 — 26 nov. 1846).

Mayer (Charles). Le docteur A. Erhart, conseiller aulique, professeur de philosophie à l'Université Louis Maximilienne de Munich, auteur tragique, etc. *Par.* 1847. 8. (Extrait du *Nécrologe universel du XIXᵉ siècle*.)

Erispoë,
roi de Bretagne au IXᵉ siècle.

La Borde (A... de). Défense d'un diplôme du roi Erispoë, où l'on montre que les souverains de Bretagne ont fait usage des sceaux dès le IXᵉ siècle, et où l'on a joint, par occasion, un diplôme inédit de Charles le Chauve. *Rennes.* 1854. 8.

Erizzo (Andrea),
homme d'État italien.

Gambara (Francesco). Elogio del principe A. Erizzo. *Brescia.* 1825. 8.

Erizzo (Niccolò II),
homme d'État italien.

Orazioni funebri recitate nelle due città di Corfù e di Cefalonia in occasione de' pubblici funerali celebrati in morte del cavaliere N. II Erizzo, provveditor generale straordinario all' isole del Levante spettanti al veneto dominio, etc. *Firenz.* 1788. 8.

Teotochi (Spiridione). Elogio a S. E. N. Erizzo, cavaliere della stola d' oro e provveditore estraordinario in Levante, etc. *Venez.* 1788. 4.

Ermelinde (Sainte),
patronne de Meldert (Belgique).

Compaignon (Jacques). Abrégé de la vie de S. Ermelinde, vierge, patronne tutélaire de Meldert. *Louvain*, s. d. 18.

Leven van de heijlige Hermelindis, patrooness van Meldert. *Thienen.* 1849. 12. Figure.

Ernest II.
(Voir page 489.)

Beck (August). Ernst II, Herzog zu Sachsen-Gotha und Altenburg, als Pfleger und Beschützer der Wissenschaft und Kunst. *Gotha.* 1854. 8. Portrait.

Escano (N... N...),
général espagnol.

Quadrada y De Roo (Francisco de Paula). Elogio del general Escaño. *Madr.* 1852. 4. (*Bx.*)

Esmark (Jens),
géologue suédois.

Biografi öfwer J. Esmark, Professor i Bergswetenskap wid Universitet i Christiania, Riddare of K. Wasa-Orden. *Stockh.* 1859. 8.

Ésope.
(Voir page 492.)

Mustoxidi (Andrea). Notizie alla vita di Esopo. *Venez.* 1825. 8. (Assez rare.)

Espartero (Baldomero).
(Voir page 492.)

(**Loménie**, Louis de). Don B. Espartero, duc de la Victoire, par un homme de rien. *Par.* 1844. 12.

Espeja (N... N..., marquès de),
homme d'État espagnol.

Laso (Simon Rodriguez). Elogio del marques de Espeja. *Madr.* 1783. 4. (*Oxf.*)

Espen (Zeger Bernard van). *
(Voir page 492.)

Bavay (Charles de). Van Espen, jurisconsulte et canoniste belge. Discours, etc. *Brux.* 1846. 8.

* Le jour de sa naissance est le 9 juillet 1646.

Espie (Jean Barthélemy),
littérateur français (20 juin 1767 — 29 février 1844).

Senneville (Théodore de). Don B. Espic, ancien chef d'institution, membre de la société philomatique du muséum d'instruction publique de Bordeaux. *Par.* 1847. 8. (Extrait du *Nécrologe universel du XIXᵉ siècle*.)

Espinay (André),
cardinal-archevêque de Bordeaux et de Lyon.

Péricaud (Antoine). Notice sur A. Espinay, archevêque de Bordeaux et de Lyon. *Lyon.* 1854. 8.

Essex (William Parr, earl of),
homme d'État anglais.

Schroeder (Johan Henrik). W. Parr, Grefwe af Essex, marquis af Northampton, och hans Giftermäl med Frocken Helena Snakenborg till Tullingerum och Norrnäs, Hofdam hos Swenska Prinsessan Cecilia, etc. *Upsal.* 1847. 8.

Este (Almerio, principe d'),
général italien.

(**Boschini**, Marco). Venezia afflitta per la morte del principe Almerio d'Este, generale delle genti mandate in soccorso del regno di Candia della corona di Francia. *Venez.* 1661. Fol.

Cosmi (Stefano). In funere serenissimi principis Almerici Estensis, Galliarum in Creta legionum contra Turcas imperatoris, oratio. *Venez.* 1661. 4.

Esther.
(Voir page 494.)

Lehmann (Theophilus). Der schönen Esther Liebesgeschichte. *Leipz.* 1713. 8. (Publ. sous le pseudonyme de PALLIDOR.)

Estienne (Henri),
helléniste français (1532 — 1596).

Feugère (Léon). Essai sur la vie et les ouvrages de H. Estienne, suivi d'une étude sur Scévole de Sainte-Marthe. *Par.* 1853. 12.

Estrées, duchesse de Beaufort (Gabrielle d').
(Voir page 495.)

(**Craufurd**, Quintin). Notice sur Agnès Sorel, Diane de Poitiers et G. d'Estrées, depuis duchesse de Beaufort. *Par.* 1819. 8. (Avec leurs portraits.)

Étienne (Saint).
(Voir page 497.)

Virga (Giacomo). Historia di S. Stefano protomartire. *Palerm.* 1598. 8.

Eucher (Saint).
(Voir page 498.)

Antelmi (Joseph). Assertio pro unico S. Eucherio Lugdunensi episcopo. *Par.* 1726. 4. *

* Titre rectifié de la dissertation mentionnée page 498.

Eudoxie (Sainte),
martyre grecque.

Possin (Pierre). Vita S. Eudoxiæ martyris. *Antw.* 1668. Fol.

Eugène (François de Savoie, appelé le prince).
(Voir page 498.)

(**Orsino d'Orbassano**, Carlo Filippo). Elogio storico del principe Francesco Eugenio di Savoja. *Carmagnola.* 1778. 8.

Euphémie (Sainte),
martyre italienne.

Perdicari (Giuseppe). Vita di S. Eufemia. *Palerm.* 1675. 4.

Euphrosine (Sainte).
(Voir page 501.)
Brosse (Louis Gabriel). Vie de S. Euphrosine. *Par.* 1649. 12.

Eustache (Saint).
(Voir page 502.)
Perrier (Claude). Vita S. Eustachii, Luxoviensis abbatis. *Metis.* 1648. 12.

Evelyn (John),
littérateur anglais.
Diary and correspondence of J. Evelyn, edited by William Bray. Vol. I. *Lond.* 1853. 8.

Everett (Thomas Chivers).
littérateur (?) anglais.
Crump (H... J...). Memoir of T. C. Everett, late of Reading. *Lond.* 1839. 8. (*Oxf.*)

F

Fabre d'Églantine * (Philippe François Nazaire),
député à la Convention nationale
(28 déc. 1755 — guillotiné le 5 avril 1794).
Roussel (Pierre Joseph Alexis). Correspondance amoureuse de Fabre d'Églantine. *Par.* 1796. 3 vol. 12.
  * Ayant obtenu le prix de l'églantine aux Jeux floraux de Toulouse, il ajouta à son nom celui de cette fleur. — La correspondance amoureuse, publ. par Roussel, est précédée d'un fragment de sa vie, écrit par lui-même.

Fabroni (Carlo Agostino).
(Voir page 508.)
Mortara (Alessandro de). Elogio di C. A. Fabroni. *Pistoja.* 1818. 4. (*Oxf.*)

Falck (Petrus Samuel),
théologien suédois († 6 nov. 1849).
Nykicerok (Erik Eriksson). Minnesord wid Contracts-Prosten och Kyrkoherden, Magister P. S. Falck's Jordfästning, etc. *Helsingborg.* 1850. 8.

Falconet (Fleury),
architecte français (18 juin 1785 — 26 janvier 1849.) — (Voir page 511.)
H... (M... A...). Nécrologie : M. Falconet. *Lyon.* 1849. 8. (Extrait du *Courrier de Lyon*, tiré à part à très-peu d'exemplaires.)

Faliero (Marco Antonio),
magistrat de la république de Venise.
Prothesilao Istrana. Il Faliero. Panegirico in lode dell' illustrissimo signore M. A. Faliero, podestà e capitano di Crema, etc. *Bergam.* 1634. 4.

Falk (Johannes),
missionnaire allemand.
(**Oldenberg**, Friedrich). Leben des J. Falk. *Hamb.* 1854. 12.

Falkman (Hans Aron),
magistrat suédois.
Gullander (A... P...). Åminnelse-Tal öfwer Borgmästaren, Lagmannen och Riddaren of K. Nordstjerne-Orden H. Å. Falkman. *Lund.* 1846. 8.

Fantino (Saint),
martyr italien.
Cotrona (Antonio). Vita di S. Fantino, confessore, cavaliere Siracusano. *Messin.* 1662. 16.

Fantoni (Giovanni Battista),
prêtre italien († 12 février 1787).
Mozzi (Luigi). Vita del sacerdote D. G. B. Fantoni, morto in Roveretta, etc. *Bergam.* 1794. 16.

Fargues (Jean Joseph de **Méallet**, comte de).
(Voir page 513.)
Levrat (François Marie Philibert). Journal de la maladie dont est mort M. le comte de Fargues, maire de la ville de Lyon. *Lyon.* 1818. 8.

Farnese (Alessandro).
(Voir page 514.)
Sailly (Thomas). Epitaphius in serenissimum Farnesium, Parmæ et Placentiæ ducem, aurei velleris equitem, summumque olim Belgicæ præfectum. *Col. Agr.* 1598. 12. *
  * Ce recueil contient, entre autres, deux oraisons funèbres du même prince, l'une prononcée par François Benctus, l'autre par Vincente Blasio Garcias.

Farsetti (Daniele),
littérateur italien.
Componimenti nella morte di D. Farsetti, patrizio Veneto. *Venez.* 1787. 12.

Faust (Johannes).
(Voir page 516.)
Zimmermann (Carl). Leben , Thaten und Höllenfahrt des Dr. Faust. *Augsb.* 1854. 12. (2e édition.)

Favara (Bernardo della),
prêtre italien.
Principati (Francesco). Oratione funerale nella morte del V. P. F. B. della Favara, minore osservante reformato. *Messin.* 1689. 12.

Fayd'herbe (Lucas),
sculpteur belge (19 janvier 1617 — 31 déc. 1697).
Vanderpoel (Guillaume Adolphe). Notice sur la vie et les ouvrages de L. Fayd'herbe, sculpteur et architecte malinois. *Malin.* 1854. 8. Portrait.

Featly ou **Fairclough** (Daniel),
théologien anglais (1582 — .. avril 1645).
Featly (John). Life of the Rev. D. Featly. *Douai*, s. d. 8.

Fébronie (Sainte).
(Voir page 518.)
Agitta (Placido). Vita et martirio di S. Febronia, vergine e martire cittadina di Patti in Sicilia, col compendio della vita di S. Liberale, vescovo e martire. *Rom.* 1663. 12.
Proto (Francesco). Vita di S. Febronia. *Messin.* 1605. 8.

Félix (Rachel).
(Voir page 519.)
Rachel et la Comédie-Française. *Par.* 1842. 18. *Brux.* 1842. 18. Portrait.

Fénélon (François **Salignac de Lamotte**).
(Voir page 520.)
Lamartine (Alphonse de). Fénélon (1651-1715). *Par.* 1854. 16.
Teyssier (Jules Alexandre Amédée). Fénélon devant le siècle. *Orléans.* 1854. 8. (Extrait du *Mémorial catholique.*)

Ferdinand II.
(Voir page 521.)
(**Rhò**, Giovanni). Elogium Ferdinando II, Austriaco-Romanorum imperatori, vere pio, vere maximo. *Rom.* 1654. 4. *Viennæ.* 1654. 4. *
  * Publ. sous le pseudonyme de Josephus Busonus.

Fermo (Antonio),
fondateur de la congrégation de Jésus-et-Marie.
Mirello (Antonino). Vita del P. A. Fermo, fondatore della congregazione sotto titolo di Giesù e Maria. *Messin.* 1655. 12.

Fermo (Giulio Evangelista di),
savant italien.
Baraldi (Giuseppe). Notizia necrologica sul commendatore G. E. di Fermo. *Fermo.* 1857. 8. (*Oxf.*)

Ferrand (Antoine Gabriel Jules, vicomte),
homme d'État français (12 mai 1782 — 8 oct. 1849).
Faye (Prosper de la). A. G. J., vicomte Ferrand, ancien préfet des Basses-Alpes et de l'Aveyron, chevalier de la Légion d'honneur. *Par.* 1851. 8. (Extrait du *Nécrologe universel du* xixe *siècle.*)

Ferrand (Michelle),
dame française.
Mémoires publiés dans le procès de demoiselle M. Ferrand, s. l. (*Par.*) 1756-58. 10 pièces en 1 vol. Fol. *
  * Elle était fille de la présidente Ferrand, née Anne Bellizani, auteur de l'*Histoire des amours de Cléante et de Bélise*, s. l. 1696. 12, ou-

vrage dans lequel, sous la forme d'un roman, elle raconte l'histoire de ses amours avec le baron de Breteuil. — Le président Ferrand n'ayant pas voulu reconnaitre Michelle pour sa fille, son épouse la fit élever dans un couvent sous un nom supposé. En 1738, sur la demande de Michelle, le parlement contraignait madame Ferrand à la reconnaître. C'est le recueil de toutes les pièces du procès.

Ferrarelli (Niccolò),
archevêque de Mira (10 sept. 1758 — 29 nov. 1843).

Saint-Maurice Cabany (Charles Édouard). Mgr. N. Ferrarelli, archevêque de Mira, ancien surintendant des principaux lieux sacrés de Rome, etc. *Par.* 1855. 8. (Extrait du *Nécrologe universel du xixe siècle.*)

Ferrari (Bartolommeo),
sculpteur italien du xixe siècle.

Zanotti (Francesco). Delle lodi di B. Ferrari, Vicentino da Marostica, scultore. *Venez.* 1844. 4.

Ferrari (Lucia),
religieuse italienne.

Mondini (Giovanni Pietro). Vita della venerabile serva di Dio suor L. Ferrari, da Reggio. *Rom.* 1709. 4.

Ferrer (Vicente).
(Voir page 527.)

Magdalena (Jacopo). Vita e historia dell' apostolico predicatore S. V. Ferrer, Valentiano, dell' ordine di S. Domenico. *Palerm.* 1600. 8.

Castillo (Matteo de). Breve compendio della vita del prodigioso S. V. Ferrerio, dell' ordine de' predicatori. *Palerm.* 1709. 12.

Miguel (Seraphino Tomas). Vida de S. V. Ferrer. *Valencia.* 1715. 4.

Vita e miracoli del glorioso apostolo delle Spagne S. V. Ferreri, etc. *Napol.* 1842. 16.

Ferretto (Girolamo),
prêtre italien.

Due lagrime di riconoscenza sulla tomba d'un parroco di 59 anni di pastorale ministero nella medesima chiesa, ossia necrologia del reverèndissimo D. G. Ferretto, arciprete e vicario foraneo di S. Giovanni Battista di Cicagna, missionario suburbano. *Chiavari.* 1846. 4.

Ferro (Girolamo),
(† 1561).

Costantino (Jacopo). Orazione recitata in Capodistria il di XI gennaro 1562 nelle esequie celebrate a G. Ferro. *Venez.* 1562. 8.

Ferro (Lazaro),
jurisconsulte italien († 1693).

Borghesaleo (Costantino). Funerali accademici in morte dell' illustrissimo signore, il signor conte L. Ferro, patrizio veneto, giureconsulto ed oratore preclarissimo. *Venez.* 1693. 12.

Ferrusola (Pedro),
jésuite espagnol.

Larraz (Blasio). Relacion de la exemplar vida, virtudes y letras del P. P. Ferrusola de la compañia de Jesus; obra postuma publicada por José Vega y Sentmenat. *Cervara.* 1809. 4.

Fersen (Axel, Grefwe v.),
homme d'État suédois (vers 1750 — assassiné le 20 juin 1810).

Historia om Riksmarskalken A. v. Fersens Mord utanför Rädhuset i Stockholm, etc. *Stockh.* 1844. 8.

Fersen (O... W... v.),
homme d'État livonien (?)

Lang (Jacob). Leichenpredigt bey der Beerdigung des Gouverneurs von Narva, O. W. v. Fersen, (nebst beigefügtem Lebenslauf). *Reval.* 1706. Fol.

Ferté (Émery Marc de),
évêque du Mans († 14 mai 1648).

Delabarre (Jean Baptiste). Oraison funèbre de M. E. M. de la Ferté, évêque du Mans, etc. *Le Mans.* 1648. 4.

Fetter (Michael),
théologien allemand.

Nicius (Christoph Friedrich). Leichenpredigt auf den Pastor primarius M. Fetter. *Goerl.* 1695. Fol.

Feuillet (Octave),
littérateur français.

Clément de Ris (L...). Portraits à la plume : Alfred de Musset, Henri Murger, O. Feuillet, Alphonse Karr,

---

Arsène Houssaye, Prosper Mérimée, Théophile Gautier, Saint-Marc Girardin, Honoré de Balzac, Denis Diderot, Rodolphe Topffer (!), etc. *Par.* 1853. 12.

Feuillien (Saint),
évêque et martyr de Liége.

Bouvier (Sébastien). Miroir de sainteté en la vie de S. Feuillien, évêque et martyr. *Liége.* 1674. 8.

Rousseau (J...). Vie de S. Feuillien, évêque et martyr, patron de la ville de Fosses au pays et diocèse de Liége. *Liége.* 1739. 12.

Feutry (Amé Ambroise Joseph),
poète français (9 oct. 1720 — se donnant la mort le 27 mars 1787).

Dinaux (Arthur). Feutry, s. l. et s. d. (*Valencien.* 1829.) 8. (Extrait des *Archives historiques du Nord de la France et du Midi de la Belgique,* tiré à part à très-petit nombre.)

Février (Charles),
magistrat belge († 1er janvier 1830).

Éloge funèbre de C. Février, décédé à Péruwelz, s. l. et s. d. (*Mons.* 1850.) 8.

Fiancé (Antoine),
médecin français (1er janvier 1552 — 27 mai 1581).

Chavigny (Jean Aimé de). Larmes et soupirs sur le trespas de messire A. Fiancé, Byzontin. *Par.* 1582. 8. (Très-rare.)

Fiacre (Saint).
(Voir page 530.)

Vie du glorieux S. Fiacre, confesseur, patron de Wisbecque. *Mons,* s. d. (1721.) 18.

Ficarra (Antonio della),
prêtre italien († 28 février 1645).

Salerno (Filippo). Orazione funerale recitata nell' esequie celebrate, etc., per la morte del M. R. P. F. A. della Ficarra, ministro provinciale di Sicilia. *Messin.* 1645. 4.

Fieschi (Joseph Marie).
(Voir page 532.)

Bouveiron (A...). Historical and biographical sketch of Fieschi, with anecdotes relating to his life, etc. *Lond.* 1855. 8. (*Oxf.*)

Fiesco (Juan Bautista Judice),
savant espagnol.

Memorial del maestro y doctor D. J. B. J. Fiesco. *Madr.* 1630. 4. (*Oxf.*)

Figino (Giuseppe),
italien († 19 juillet 1802).

(**Ronna**, Tommaso). Elogio storico del cittadino G. Figino, Milanese, etc. *Milan.*, s. d. (1802.) 8.

Figueredo y Victoria (Francisco),
archevêque de Guatemala.

Landivar (Rafael). Funebris declamatio pro justis a societate Jesu exsolvendis in funere illustrissimi D. F. Figueredo et Victoria, Popayanensis primum episcopi, dein Guatimalensis archipræsulis. *Angelopoli.* 1766. 4.

Figueroa (Geronimo),
jésuite espagnol.

Florencia (Francisco de). Vida admirable del religioso P. G. Figueroa, jesuita, misionero quarenta años entre los Indios Tarahumares. *Mexic.* 1689. 4.

Filiasi (il conte Giacomo),
historien et physicien italien (vers 1750 — ...).

Fontana (Giovanni Jacopo). Biografia del conte G. Filiasi. *Venez.* 1840. 8.

Filomena (Sainte).
(Voir page 533.)

Leven en mirakelen van de H. Philomena. *Bruss.* 1855. 12.

Findlater (Robert),
théologien anglais.

Findlater (William). Memoir of R. Findlater. *Glasg.* 1840. 8. (*Oxf.*)

Fisher (John Paul),
littérateur anglais.

Brief memorial of J. P. Fisher. *Lond.* 1843. 8. (*Oxf.*)

Flangini (Ludovico),
amiral de la république de Venise.

Corona poetica in morte di L. Flangini, capitano estraordinario delle navi. *Venez.* 1717. 4.

Fletcher (Joseph).
(Voir page 537.)

Wardlaw (Ralph). The final triumph of God's faithful servants. Sermon on the death of Dr. J. Fletcher, with the funeral adress of Dr. H... F... BURDER. *Lond.* 1843. 8. (*Oxf.*)

Fletcher (Mary),
épouse de John Fletcher.

Gill (Thomas E...). Life of M. Fletcher, relict of John Fletcher, vicar of Madeley. *Lond.* 1845. 8. (*Oxf.*)

Fleury (N... N...),
colonel français.

Galerie des célébrités du sport en France. Turfistes, écuyers, hommes de plaisirs, gentlemen-riders, veneurs et chasseurs. Le colonel **Fleury**. *Par.* 1855. 8. (Extrait du *Journal des haras et des chasses.*)

Flood (Henry),
littérateur écossais.

Memoirs of the life and correspondence of the Right Hon. H. Flood. *Dubl.* 1838. 8. (*Oxf.*)

Florman (Arvid Henrik),
(Voir page 539.)

A. H. Florman ; ett Minnesord, etc. *Lund.* 1840. 8. *

* On y trouve aussi l'oraison funèbre prononcée par N... N... BRAG-
QUIST.

Biografi öfwer A. H. Florman, Professor wid K. Universitetet i Lund, Riddare af K. Nordstjerne Orden. *Stockh.* 1841. 8.

Flyborg (Johan Mauritz),
médecin suédois († 18 février 1853).

Ord wid Medicinæ Doctorn och Riddarn af K. Danska Danebrogs-Orden J. M. Flyborgs Jordfästning, etc. *Helsingb.* 1853. 8.

Fobe (Pieter Richardus),
médecin belge (1797 — 19 juillet 1841).

Martens (J... C...). Lykrede, etc., op het graf van den heer P. R. Fobe, sints jaren geneesheer en heelmeester, etc. *Gent*, s. d. (1841.) 8.

Vandeweghe (Hyacinthus Augustus). Lykrede, etc., ter gelegenheid der ter aerde bestelling der stoffelyke overblyfsels van den braven en deugdryken heer P. R. Fobe, doctor in de medecynen, etc. *Gent*, s. d. (1841.) 8.

Foca (Saint),
martyr italien.

Vita del glorioso martire S. Foca giardiniere. *Milan.* 1846. 16.

Foisset (Jean Louis Séverin),
littérateur français (11 février 1796 — 22 oct. 1822).

Notice nécrologique sur J. L. S. Foisset. *Par.* 1822. 8. *

* Cette notice, publiée dans le *Journal de la Côte-d'Or*, a été repro-
duite en partie dans l'*Annuaire nécrologique* d'Alphonse MAHUL et
tirée à part à très-petit nombre.

Fonfrède (Henri),
jurisconsulte français.

Campan (Charles). Éloge historique de H. Fonfrède. *Bordeaux.* 1845. 8.

Formaleoni (Vincenzo Antonio),
historien italien (vers 1740 — vers 1816).

Di V. A. Formaleoni. *Parma.* 1846. 4. (Assez rare.)

Formenti (Marco Vigilio),
jésuite italien.

(**Galluzzi**, Francesco Maria). Vita del P. M. V. Formenti della compagnia di Gesù. *Rom.* 1750. 4. Portrait.

Fornari (Maria Vittoria).
(Voir page 543.)

Spinola (Fabio Ambrogio). Vita della venerabile serva di Dio madre Maria Vittoria (Fornari), fondatrice dell' ordine dell' Annonziata (!). *Genov.* 1640. 4. * *Ibid.* 1649. 12. Trad. en franç. par Charles LE BRETON. *Par.* 1662. 4.

* Titre rectifié de l'ouvrage cité page 544.

Vita della B. M. V. Fornari Strata, fondatrice dell' ordine della santissima Annunziata, detta le Turchine, etc. *Rom.* 1828. 4. (*Oxf.*)

Fortis * (Raimondo Giovanni),
médecin italien (1603 — 26 février 1678).

Poccobelli (Niccolò). Triumphus Jofortianus. Oratio in laudem R. J. Fortis, Venetorum protomedici, in patrio

lyceæo medicinæ practicæ professoris, equitis D. Marci et Cæsaris archiatri. *Venet.* 1677. 4.

Gavinelli (Faustino). Oratio de R. J. Fortis laudibus, etc. *Venez.* 1687. 4.

Gella (Lorenzo). Veræ fortunæ idea. Oratio lugubris anniversaria R. J. Fortis, equitis, etc. *Venez.* 1692. 4.

* Appelé souvent JANFORTIUS ou ZANFORTI.

Fortoul (Hippolyte),
homme d'État français.

Lacointa (F...). Notice sur M. H. Fortoul, ministre de l'instruction publique et des cultes. *Toulouse.* 1855. 8. (Extrait de *l'Aigle, courrier du Midi*.)

Foscari (Alvise).
(Voir page 545.)

Depouthez (Gaetano). Orazione per il patriarca A. Foscari. *Venez.* 1741. 4.

Michieli (Giovanni Antonio). Oratio in solemni inauguratione A. Foscari, patriarchæ Venetiarum. *Venez.* 1741. 4.

Foscari (Girolamo),
magistrat italien.

Laureato (Florindo). Ghirlanda di allori trionfali per le glorie di G. Foscari, podestà di Trevigi. *Trevig.* 1646. 4.

Foscarini (Girolamo).
(Voir page 545.)

Rossi (Francesco). Il ritratto del vero cittadino aristocratico, o pure la vita di G. Foscarini, procurator di S. Marco, capitan general da mar. *Venez.* 1639. 4. *

* Titre rectifié de l'ouvrage mentionné page 545.

Trevisani (Marco). Gesti heroici di G. Foscarini, procuratore di S. Marco e capitan generale da mar della repubblica di Venezia. *Venez.* 1665. 4.

Foscarini (Jacopo).
(Voir page 545.)

Ridolfi Sforza (Giovanni Antonio). J. Foscareni equitis et D. Marci procuratoris vita. *Venez.* 1623. 4. *

* L'ouvrage indiqué page 545 est seulement la traduction de celui-ci.

Foscarini (Marco).
(Voir page 546.)

Flangini (Ludovico). Orazione in lode di M. Foscarini, doge di Venezia, con un canto panegirico di Melchiorre CESAROTTI, s. l. et s. d. (*Venez.* 1762). 8.

Sibiliato (Clemente). De eloquentia M. Fuscareni, Venetorum ducis. *Patav.* 1765. 4.

Foscarini (Michele),
historiographe de la république de Venise (1622 — 1692).

Cattaneo (Tommaso). Orazione nei funerali di M. Foscarini, storico della repubblica. *Venez.* 1692. 12.

Foscolo (Niccolò Ugo).
(Voir page 546.)

Ragguaglio intorno U. Foscolo. *Lugano.* 1829. 12.

Carrer (Luigi). Vita di U. Foscolo. *Venez.* 1842. 8.

Fossombroni (Giacinto).
(Voir page 546.)

Gherardi Dragomanni (Francesco). Biografia di G. Fossombroni, di Arezzo. *Lucca.* 1840. 4.

Foucaud (Jean),
fabuliste français (5 avril 1747 — 14 janvier 1818).

Péconnet (O...). Foucaud, sa politique et ses fables. Notice lue à la Société archéologique et historique du Limousin. *Limoges.* 1854. 8. (Extrait du *Bulletin* de la dite société.)

Fourcault (Alexandre),
médecin français (26 oct. 1790 — 20 nov. 1853).

Delasiauve (N... N...). Discours prononcé sur la tombe de M. le docteur A. Fourcault. *Par.* 1853. 8.

Fourier (Pierre).
(Voir page 549.)

Vita B. P. Forerii, canonici regularis parochiæ Mataincuriæ, etc. *Monach.* 1750. 8. Portrait.

Abrégé de la vie du R. P. Fourier, curé de Mataincourt en Lorraine, béatifié par Benoît XIII. *Douai.* 1768. 12.

F... (M...). Le bienheureux P. Fourier, de Mattaincourt (!). *Lille.* 1854. 8. Portrait.

Fox (George).
(Voir page 550.)

Janney (Samuel M.). Life of G. Fox ; with dissertation

on his views concerning the doctrines, testimonies and discipline of the Christian church. *Philadelph.* 1853. 8.

Foy (Maximilien Sébastien).
(Voir page 550.)
Une larme sur la tombe du général Foy. *Brux.* 1825. 8. Portrait. *

* Morceau de poésie précédé d'une notice historique.

Franceschini (Francesco),
prêtre italien.
Elogio di F. Franceschini, vicario perpetuo di S. Bartolommeo di Rialto, s. l. 1795. 4.

Francke (August Hermann).
(Voir page 552.)
Bonnechose (Émile de). Notice sur H. Francke, s. l. et s. d. (*Brux.*) 8.

Franco (Filippo),
prêtre italien.
Becchi (Niccolò). Vita del venerabile servo di Dio F. Franco, etc. *Firenz.* 1741. 4.

Franco (Francisco),
jésuite espagnol.
Ranzon (Pascual). Admirable y exemplarisima vida del V. P. J. Franco de la compañia de Jesus. *Zaragoz.* 1691. 4.

Francœur (Louis Benjamin).
(Voir page 553.)
Francœur fils (N... N...). Notice sur la vie et les ouvrages de M. L. B. Francœur, membre de l'Institut, etc. *Par.* 1854. 8.

François d'Assise (Saint).
(Voir page 553.)
Thielmans (Cornelis). Leven van onzen vader Franciscus. *Loven.* 1598. 4. *

* C'est une traduction de l'ouvrage de S. Bonaventura, mentionné page 553.

Trigona (Antonio). Piccolo discorso della vita e costumi del glorioso P. S. Francesco. *Palerm.* 1599. 12.
Ozoli (Florian). Vita S. Francisci. *Poson.* 1752. 4.
Schmieder (N... N...). Petrus Waldus und Franz von Assisi. Ein Vortrag, etc. *Berl.* 1854. 8.

François de Jérôme (Saint).
(Voir page 554.)
Frias (Manuel Antonio de). Admirable vida del V. P. Francisco de Geronimo, de la compañia de Jesus, apostol de la ciudad y reyno de Napoles. *Madr.* 1757. 4. Portrait. *

* Cet ouvrage n'est qu'une traduction de l'écrit de S. Bagnati, mentionné page 554.

Patrignani (Antonio). Vita del B. Francesco di Girolamo. *Palerm.* 1806. 4.
Leven van den gelukzaligen Franciscus de Hieronymo. *Antw.* 1840. 18.

François de Paul (Saint).
(Voir page 554.)
Lancea (Girolamo). Vita del P. S. Francesco di Paolo. *Cosenza.* 1650. 12.
(**Piola**, Luigi). Elogio de S. Francesco di Paolo, fondatore della congregazione della missione e delle figlie della Carità. *Torin.* 1844. 8. Portrait.

François I (Joseph Charles).
(Voir page 556.)
Fantonetti (Giovanni Battista). Orazione in morte di S. M. I. R. Francesco, etc. *Milan.* 1855. 4.

François Joseph I Charles,
empereur d'Autriche (18 août 1830 — 2 déc. 1848 — ...).
Texier (Edmond). Les hommes de la guerre d'Orient : François Joseph I. *Par.* 1854. 8. Portrait.

François Gustave Oscar de Suède,
duc d'Upland , fils de Oscar I, roi de Suède (18 juin 1827 — .. nov. 1852).
H. K. H. Prins Gustafs Minne. *Upsal.* 1852. 8.
Boettiger (Carl Wilhelm). Oefwer Hans Kongl. Höghet Sweriges och Norriges Arffurste Frans Gustaf Oskar, Hertig af Upland. Tal, etc. *Upsal.* 1852. 8.
Hagberg (Jacob Theodor). Minnesord wid Sorgfesten, som i anledning af Hertigens af Upland , Frans Gustaf Oskars, Död, etc. *Upsal.* 1852. 8.
Staaff (Albert Wilhelm). Tal öfwer H. K. H. Sweriges

och Norriges Arffurste Frans Gustaf Oskar, Hertig af Upland, etc. *Upsal.* 1852. 8.
Sundberg (Anton Niclas). Minnesord öfwer H. K. H. Hertigen af Upland , Frans Gustaf Oskar, etc. *Lund.* 1852. 8.

Frank (Joseph),
médecin allemand.
Fantonetti (Giovanni Battista). Elogio del professore G. Frank. *Milan.* 1843. 8.

Frankenberg (Johann Heinrich, Graf v),
(18 sept. 1726 — 11 juin 1804.) — (Voir page 561.)
Blanchandain le Chêne (N... N...). Éloge funèbre du cardinal J. H. comte de Frankenberg. *Milan.* 1804. 8.
Levens-Schets van cardinael J. H. van Frankenberg, aertsbisschop van Mechelen, s. l. et s. d. (*Mechel.* 1804.) 8.
De merkweerdigste voorvallen, daeden, herderlyke brieven, etc., van wylen Joannes Henricus, cardinael-aertsbisschop van Mechelen. *Breda.* 1804. 8.
Description de la cavalcade, lors de la présentation du vin d'honneur à Son Eminence J. H. cardinal de Frankenberg, le 5 juillet 1779, s. l. et s. d. (*Malin.* 1779.) 4. Trad. en flam., accomp. de vers relatifs à cette fête. *Ibid.*, s. d. (1779.) 4.

Franzén (Frans Michael).
(Voir page 563.)
Thavenius (Fredrik August). De duumviris ecclesiæ Suecanæ Joannis Olai Wallin et F. M. Franzén, illustrissimis et concionatoribus sacris et poetis, dissertatio. *Upsal.* 1848. 8.

Fratellini (Domenico),
prêtre italien.
Fabi Montani (Francesco). Elogio storico del canonico D. Fratellini. *Rom.* 1846. 8.

Frédéric III, dit le Pacifique.
(Voir page 564.)
Perger (Bernhard). Oratio in funere Friderici III imperatoris, s. l. et s. d. (*Rom.* 1493.) 4. (Extrêmement rare.) — (*Oxf.*)

Frédéric II, surnommé le Grand.
(Voir page 565.)
(**Mopinot de la Chapette**, N... N...). Frédéric II, roi de Prusse, ou l'école des rois et des peuples. *Brux.* 1790. 8.

Frédéric Guillaume le Grand.
(Voir page 577.)
(**Raumer**, G... W... v.). Friedrich Wilhelm des Grossen, Kurfürsten von Brandenburg, Jugendjahre ; mit dessen Originalbriefen aus dem königlichen Haus-Archiv. Erster Abschnitt : Aufenthalt in Holland 1634 und 1635. *Berl.* 1853. 8.

Frédéric Guillaume IV.
(Voir page 580.)
Haeckermann (A...). Friedrich Wilhelm IV ; eine Lebensskizze. Rede zur Feier des Geburtstages S. M. des Königs, etc. *Greifsw.* 1853. 8.
Texier (Edmond). Les hommes de la guerre d'Orient : Frédéric Guillaume IV. *Par.* 1854. 8. Portrait.

Frédéric II,
duc de Saxe-Gotha et d'Altenbourg,
(28 juillet 1676 — 3 déc. 1695 — 22 mars 1732).
Schulze (Christian Ferdinand). Leben des Herzogs von Sachsen-Gotha und Altenburg, Friedrich's II. Ein Beitrag zur Geschichte Gotha's beim Wechsel des 17ten und 18ten Jahrhunderts ; herausgegeb. von Adolph Moritz Schulze. *Gotha.* 1851. 8.

Frédéric Ferdinand Léopold d'Autriche,
archiduc d'Autriche, contre-amiral (14 mai 1821 — 5 oct. 1847).
Monico (Jacopo). Discorso letto nei funerali di S. A. I. e R. il serenissimo e reverendissimo arciduca Federico, etc. *Venez.* 1847. 8.

Frigel (Pehr),
littérateur suédois.
Beskow (Bernhard v.). P. Frigel. Minnesteckning. *Stockh.* 1843. 8.

Fririon (le baron Joseph François),
général français.
Notice biographique sur M. le général Fririon, commandeur de la Légion d'honneur. *Saint-Etienne.* 1853. 8. *

* Cette notice, signée Joseph Fririon (capitaine au 72e de ligne), ne se trouve pas dans le commerce.

Froest (Pehr Axel),
théologien suédois († 1853).

Ord till Erindring af Prosten P. A. Froest. *Stockh.* 1853. 8.

Fry (Elizabeth).
(Voir page 587.)

Ferguson (Robert). Discourse preached on the death of the late Mrs. E. Fry. *Lond.* 1846. 8. (*Oxf.*)

Corder (S...). Life of E. Fry. *Lond.* 1853. 8.

Lebensbeschreibung der edeln Engländerin E. Fry. *Strasb.* 1854. 8.

Fualdès (Antoine Bernardin de).
(Voir page 588.)

Relation de l'affaire de Fualdès. *Douai.* 1817. 12.

Fuente (Miguel de la),
carme espagnol.

Oxea (Pedro). Vida del venerable penitente P. F. M. de la Fuente, gran lustre de la sagrada religion de Nuestra Señora del Carmen de la Observancia de la provincia de Castilla, predicador apostolico, clarissimo espejo de todas las virtudes, varon insigne en ferverosa oracion y altisima contemplacion, portentoso penitencia y aspereza de vida. *Zarag.* 1674. 4.

Fuessel (Martin),
théologien allemand.

Neuberger (Theophil). Descriptio vitæ et obitus M. Fusselii. *Cassel.* 1629. 4.

Fuoco (Sofia).
(Voir page 591.)

Soler (Andrés). Biografia de la Terpsichore Milanese S. Fuoco. *Madr.* 1850. 4. * Portrait.

* Titre rectifié de l'ouvrage mentionné page 591.

G

Gabriele (Triphone),
ermite italien.

Vita di M. T. Gabriele, nella quale si mostrano a pieno le lodi della vita solctaria e contemplativa. *Bologn.* 1543. 8. *Venez.* 1554. 8.

Gaetano de Thiene (San).
(Voir page 593.)

Castaldo (Giovanni Battista). Vita del B. Gaetano Tiene, fondatore della religione de' chierici regolari. *Vicenz.* 1627. 8.

* Nouvelle édition augmentée de la vie indiquée page 593. C'est par erreur que le nom de l'auteur est écrit Castaldi.

Calasibetta (Manuel). Vida del glorioso y bienaventurado P. S. Cayetano Thiene. *Madr.* 1653. 4. *Ibid.* 1671. 4. *

* Titre rectifié de l'ouvrage mentionné page 593.

Gagini (Antonio).
(Voir page 594.)

Doria (Vincenzo). Il Gagino redivivo, o vero notizia della vita ed opere di A. Gagino, nativo della città di Palermo, scultore famosissimo. *Palerm.* 1698. 4.

Galen (Christoph Bernard v.).
(Voir page 595.)

Nagel (Lucas). Andacht, Gerechtigkeit, Stärke. Leichenpredigt auf den, etc., Bischof Christoph Bernhard (v. Galen) zu Münster. *Münst.* 1678. Fol.

Schaumburg (E... v.). Fürst-Bischof B. v. Galen und die Stadt Münster. Eine historische Studie, etc. *Münst.* 1855. 8.

Galilei (Galileo).
(Voir page 596.)

Scheiner (Christoph). G. Galilei il Saggiatore, h. e. Trutinator, s. de hypothesibus planetarum Jovialium. *Florent.* 1613. 4.

Gallaudet (Thomas Henry),
théologien anglo-américain.

Barnard (Henry). Discourse in commemoration of the life, character and services in connection with education of the Rev. T. H. Gallaudet. *Hartford* (en Amérique.) 1854. 8.

Galli (Domenico),
prêtre italien.

Grapheus (Fridericus). L' aborto del dolore ne contrasegni della disfatta del mondo, ponderata nella morte del M. R. P. M. D. Galli, diffinitore generale de PP. predicatori; oratione funebre. *Palerm.* 1704. 4.

Gallus (Cajus Cornelius),
poëte romain (83 avant J.-C. — 26 après J.-C.) — (Voir page 598.)

Voelker (Carl Christian Conrad). Commentationis de C. C. Galli Forojuliensis vita et scriptis pars prior, quæ est de vita Galli. *Bonn.* 1840. 8.

Galluzzi (Francesco Maria).
(Voir page 598.)

Azon (Philippe d'). Orazione funebre in morte del P. F. Galluzzi, della compagnia di Gesù. *Rom.* 1752. 4.

Gamba (Bartolommeo).
(Voir page 180.)

Pezzana (Angelo). Alcune notizie intorno a B. Gamba. *Bassan.* 1847. 8.

Gambara (Veronica).
(Voir page 599.)

(**Zamboni**, Baldassare Camillo). Vita di V. Gambara. *Brescia.* 1759. 8.

Gambarini (Benedetta),
capucine italienne.

(**Botti**, Agostino). Vita della madre suor B. Gambarini, monaca delle capuccine di Ferrara. *Ferrar.* 1687. 4.

Gardani (il conte Guglielmo),
homme d'État italien.

Pianton (Pietro). Orazione nelle esequie del conte G. Gardani, presidente dell'I. R. tribunale criminale in Venezia. *Venez.* 1825. 8.

Garnier-Chabot (Jeanne Françoise),
fondatrice de l'œuvre du Calvaire de Lyon (1811 — 20 déc. 1853).

Notice sur madame veuve Garnier-Chabot, fondatrice de l'œuvre du Calvaire et de l'association des dames veuves. *Lyon.* 1854. 8.

Garofali (Vicenzo),
archevêque de Laodicée.

Garofali (Annibale). Cenni biografici su V. Garofali, arcivescovo di Laodicea. *Rom.* 1839. 8. (*Oxf.*)

Gaspari (Giovanni Battista de').
(Voir page 602.)

Paravia (Pietro Alessandro). Elogio di G. B. Gaspari. *Venez.* 1852. 4.

Gassendi (Pierre).
(Voir page 603.)

Martin (A...). Histoire de la vie et des écrits de P. Gassendi. *Par.* 1853. 8.

Gasteller (René Georges),
médecin français (1er oct. 1741 — 20 nov. 1821).

Gastelier (René Georges). Notice chronologique de mes ouvrages, etc. *Par.* 1816. 4.

Gattel (Claude Marie),
linguiste français (20 avril 1743 — 19 juin 1812).

(**Bruyset**, Jean Marie). Notice historique sur C. M. Gattel, s. l. et s. d. (*Lyon.* 1813.) 8. *

* Cette notice a été faite pour être placée en tête de l'édition du *Dictionnaire de la langue française*, publié à Lyon en 1813 par madame J. Buyaand, née Bruyset.

Gaudichaud-Beaupré (Charles?),
naturaliste français († 28 janvier 1846.) — (Voir page 605.)

Brongniart (Adolphe). Funérailles de M. Gaudichaud. *Par.* 1854. 4. *

* Le discours prononcé sur la tombe de M. Gaudichaud est de M. DISPARTZ.

Gaup (J... A...),
théologien allemand.

Riesch (Bonaventura). Die Gemeinschaft des Lebens

Jesu und der Gläubigen. Leichenpredigt, etc., auf den Pastor J. A. Gaup. *Lindau.* 1754. Fol.

Gauthier (Louis Philibert Auguste).
(Voir page 606.)
Éloge historique de A. Gauthier, médecin de l'Antiquaille. *Lyon.* 1834. 8. (Extrait de la *Gazette médicale de Lyon*.)

Gautier (Théophile),
littérateur français (vers 1808 — ...).
Clément de Ris (L...). Portraits à la plume : Alfred de Musset, Henri Murger, Octave Feuillet, Alphonse Karr, Arsène Houssaye, Prosper Mérimée, T. Gautier, Saint-Marc Girardin, Honoré de Balzac, Denis Diderot, Rodolphe Topffer (!), etc. *Par.* 1853. 12.

Gay-Lussac (Joseph Louis).
(Voir page 607.)
(Loménie, Louis de). M. Gay-Lussac, par un homme de rien. *Par.* 1841. 12.

Geijer (Erik Gustaf).
(Voir page 609.)
Cronholm (Abraham). Minnestal öfwer E. G. Geijer. *Lund.* 1847. 8.
Stenberg (Sten Johan). Minnestal öfwer E. G. Geijer. *Stockh.* 1848. 8.

Geismar (Heinrich),
jurisconsulte (?, allemand.
Krakewitz (Albert Joachim v.). Programma in funere H. Geismari. *Rostoch.* 1715. 4.

Gence (Jean Baptiste Modeste).
(Voir page 611.)
Biographie littéraire de J. B. M. Gence. *Par.* 1855. 8.

Geneviève (Sainte).
(Voir page 611.)
Guenot (Georges). S. Geneviève, sa confrérie et ses fêtes en l'église de Saint-Etienne-du-Mont. *Par.* 1854. 18.

Geneviève de Brabant (Sainte).
(Voir page 612.)
Innoceny acknowledg'd in the life and death of S. Genofvefa, countesse palatine of Treves. *Gaunt.* 1645. 8. (Rare.)

Gensoul (Ferdinand),
agronome français.
Grognier (Louis Fursy). Notice historique sur M. Gensoul. *Lyon.* 1825. 8.

Gentilini (Giovanni Battista),
jésuite italien (1745 — 16 déc. 1816).
Processo fatto da G. B. Gentilini arciprete, e F. V. de Lonato sopra la sua stessa persona, s. l. et s. d. (*Brescia.* 1798.) 8.

Genoude (Léontine de **Caron de Fleury de**),
dame française (18 août 1795 — 27 février 1834).
Maitre (N... N...). Éloge funèbre de madame de Genoude. *Par.* 1834. 8.

Gérard (Maurice Étienne).
(Voir page 620.)
(Loménie, Louis de). M. le maréchal Gérard, par un homme de rien. *Par.* 1844. 12.

Germain (Saint),
évêque de Poitiers.
Vie et miracles de S. Germain, particulièrement invoqué à Couture-Saint-Germain, près de Waterloo. *Nivelles.* 1850. 52.

Germain (N... N...),
prêtre français (1753 — 18 nov. 1831).
(Albert, abbé). Vie de M. Germain, curé de Roussillon, diocèse de Grenoble, etc. *Lyon.* 1834. 12.

Geronyma de la Assuncion,
religieuse espagnole du XVIIe siècle.
Letona (Bartolomeo de). Perfecta religiosa. Vida de la madre Geronyma de la Assuncion de la orden de S. Clara, fundadora y primera abadessa de las descalzas de Manilla. *Angelopoli.* 1662. 4.

Gerson (Jean **Charlier** de).
(Voir page 623.)
(Richer, Edmond). Apologia pro J. Gersonio. *Lugd. Bat.* 1676. 4.
Perreira de Figueiredo (Antonio). Compendio da vida

e accoeres (?) do veneravel J. Gerson. *Lisb.* 1769. 2 vol. 8.
Mueller (J...). Essai sur J. Charlier Gerson comme réformateur. *Strasb.* 1851. 8. (L.)

Gertrude (Sainte).
(Voir page 625.)
Vayola (Andrea). Vita della gloriosa vergine S. Gertruda di Eysselenia Mansfeldense, abbadessa dell' ordine del patriarca S. Benedetto. *Rom.* 1704. 4. *
  * Traduction de l'ouvrage écrit en espagnol par Alonso de Andrada.

Gerulphus (Saint),
martyr belge (?)
Leven van de HH. martelaeren Basinus ende Gerulphus, patroonen der parochie van Dronghen. *Gent.* 1658. 8.

Giaccarelli (Antonio),
sculpteur italien du XIXe siècle.
Paravia (Pietro Alessandro). Necrologia : A. Giaccarelli, scultore. *Torin.* 1858. 8.

Giacobino di Ayloche,
carme italien du XVe siècle.
Vita del B. Giacobino di Ayloche, cantone di Crevecuore, frate laico carmelitano dell' antica osservanza nel convento di Vercelli al fine del secolo XV, etc. *Vercelli,* s. d. (1846.) 8.

Giaconi (Vincenzo),
graveur italien.
Meneghelli (Antonio Maria). Dell' intagliatore V. Giaconi, Padovano. *Padov.* 1829. 8.

Giafar.
vizir turc.
Hesse (Jonas Fredrik). De cæde Djafari fastisque pristinis Barmekiadarum e chronicis Bedr-Eddini excerpta. *Upsal.* 1841. 4.

Giancardi (Vincenzo),
prêtre italien.
Cristadori (Giovanni Battista). Orazione funerale per la morte del M. R. P. M. V. Giancardo, da Palermo, provinciale di Sicilia dell' ordine de' PP. predicatori. *Palerm.* 1652. 4.

Gianni (Francesco),
littérateur italien.
Fabi Montani (Francesco). Elogio storico di F. Gianni. *Rom.* 1843. 8.

Giberti ou **Gisberti** (Domenico),
littérateur italien.
Lupis (Antonio). La virtù fra i cipressi nell' esequie funebri del signor D. Giberti, orazione, etc. *Venez.* 1677. 4.

Gibillina (Elisabetta Maria, marchesa della),
franciscaine italienne.
Colle (Bernardo). Vita di suor Elisabetta Maria della Passione, nel secolo marchesa della Gibillina e poi monica del terz' ordine di S. Francesco nel monastero di S. Maria di tutte le gratie, detto volgarmente di S. Vito. *Palerm.* 1641. 8.
Sclafani (Francesco). Vita della veneranda madre suor Elisabetta Maria della Passione (già marchesa della Gibillina) del terz' ordine di S. Francesco, etc., publ. par Giovanni Maria Amati. *Palerm.* 1706. 4.

Giessenbier (Franz),
jurisconsulte allemand.
Mentzer (Balthasar). Programma in obitum F. Giessenbier, doctoris et professoris juris et procancellarii, etc. *Rintel.* 1649. Fol.

Gilardoni (Antonio Maria),
prêtre italien.
Contrucci (Pietro ?). Orazione funebre di monsignore A. M. Gilardoni. *Livorn.* 1855. 8.

Gillespie (Robert Rollo),
général anglais.
Memoir of sir R. R. Gillespie. *Lond.* 1816. 8. (*Oxf.*)

Gioberti (Vincenzo).
(Voir page 630.)
Saggio intorno alla dialettica e alla religione di V. Gioberti. *Genov.* 1846. 52. *
  * Diatribe contre Gioberti et apologie de l'ordre des jésuites.

Giocondo (Fra Giovanni).
(Voir page 631.)

Soldati (Sebastiano). Elogio di Fra G. Giocondo, Veronese. *Venez.* 1829. 4.

Giovanelli (Cecilia **Castelli**),
franciscaine italienne.

Melloni (Giovanni Battista). Vita della venerabile serva di Dio C. Castelli Giovanelli, terziaria di S. Francesco, etc. *Bologn.* 1752. 12. Portrait.

Giovanelli (Federigo Maria).
(Voir page 631.)

Cuccetti (Antonio Maria *). Compendio della nascita, vita, gesta e morte del patriarca F. M. Giovanelli. *Venez.* 1800. 8.
* C'est par erreur que nous lui avons donné le prénom de Vincenzo.

Moschini (Giovanni Antonio). Orazione funebre del conte F. M. Giovanelli. *Venez.* 1800. (Ecrit en italien et en latin.)

Agnoletto (Angelo). Specimen vitæ F. M. Giovanelli, patriarchæ Venetiarum. *Patav.* 1843. 4.

Giovanelli (Giovanni Benedetto),
procurateur de S. Marc.

P... (A... M...). Orazione in lode del procuratore di S. Marco, G. B. Giovanelli, s. l. et s. d. (*Venez.* 1779.) Fol.

Giovanni (Giovanni di).
(Voir page 631.)

(Sclavi, Nicolao Maria). Pompa funerale nella morte dell' illustrissimo ed eccellentissimo signore F. D. G. di Giovanni, gran prior di Messina, etc. *Messin.* 1700. 4.

Girard (Pierre),
cardinal français.

C*** (J... P... D...). Recueil des principales actions de l'éminentissime cardinal P. Girard, de Saint-Symphorien-le-Châtel, du diocèse et gouvernement de Lyon. *Lyon.* 1705. 12.

Girardin (Émile de).
(Voir page 633.)

Mirecourt (Eugène de). É. de Girardin. *Par.* 1854. 32. Portrait. *
* Formant le troisième volume du recueil *les Contemporains.*

Giudice (Bernardo lo),
prêtre italien.

Faraci (Cesare). Orazione funerale nell' anniversario del M. R. P. B. lo Giudice dell' ordine de' PP. predicatori. *Catania.* 1657. 4.

Giuliana (Sainte),
martyre italienne.

(Bonsignori, Stefano). Compendio storico della vita e ricerche intorno la patria della B. Giuliana, prima compagna della B. Caterina da Pallanza nella fondazione del monistero del sacro monte di Varese. *Milan.* 1770. 12.

Giunta (Placido),
jésuite italien.

Giunta (Paolo). Vita del P. P. P. Giunta, della compagnia di Giesù. *Messin.* 1682. 8.

Giustiniani (Marco),
évêque de Torcello.

Oratio in funere M. Justiniani, Turcellani episcopi. *Venez.* 1755. 4.

Testamento dell' illustrissimo e reverendissimo monsignore M. Giustiniani, vescovo di Torcello. *Venez.* 1759. 4.

Giustiniani,
famille vénitienne.

Bombardini (Giovanni Maria). Brevis narratio Justinianæ familiæ, ex qua B. Laurentius, primus Venetiarum patriarcha, ortus est. *Venet.* 1620. 4.

Moti (Pietro Antonio). Osyrida laurus æneis Justinianæ gentis. *Patav.* 1697. Fol.

Giustiniani (Giovanni),
diplomate italien.

Sintolo (Ambrogio). Applausi funerali dell' Adria nella morte del cavaliere G. Giustiniani, con una latina orazione di Alessandro **Perlasca.** *Milan.*, s. d. (vers 1632.) 4.

Giustiniani (Girolamo).
(Voir page 635.)

Maironi da Ponte (Giovanni). Elogio di G. Giustiniani, capitanio e fu vice-podestà di Bergamo. *Bergam.* 1785. 8.

Cesarotti (Melchiorre). Telegono. Storia mitologica nell' occasione che termina il reggimento di Padova, S. E. G. Giustiniani. *Padov.* 1795. 8. (Eloge allégorique.)

Giustiniani (Niccolò Antonio),
évêque de Padoue.

Ferrari (Giovanni Battista). Laudatio in funere N. A. Justiniani, episcopi Patavini. *Patav.* 1796. 4.

Gluck (Christoph Willibald, Ritter v.).
(Voir page 637.)

Schmid (Anton). C. W. Ritter v.-Gluck. Dessen Leben und tonkünstlerisches Wirken. Ein biographisch-ästhetischer Versuch und ein Beitrag zur Geschichte der dramatischen Musik in der zweiten Hälfte des 17ten Jahrhunderts. *Leipz.* 1854. 8.

Godi (Elisabetta),
épouse du comte Girolamo Nievo.

(Barbieri, Giuseppe). Elogio in morte della contessa E. Godi, moglie del conte Girolamo Nievo, s. l. et s. d. 12.

Goerres (Jacob Joseph v.).
(Voir page 640.)

(Bruehl, J... A... Moritz). J. J. v. Goerres. Ein Denkmal aus seinen Schriften auferbaut. *Aachen.* 1854. 8. Portrait.

Goethe (Johann Wolfgang v.).
(Voir page 641.)

(Loménie, Louis de). Goethe, par un homme de rien. *Par.* 1844. 12.

Goldoni (Carlo).
(Voir page 644.)

Tirso Pastore *. Elogio funebre dell' eccellente poeta comico, il signor C. Goldoni. *Venez.* 1793. 8. (Couronné par l'Académie des Arcadiens de Rome.)
* Nom supposé.

Pignatorre (Marino). Elogio storico di C. Goldoni. *Venez.* 1802. 8.

Paravia (Pietro Alessandro). Orazione per il monumento eretto al C. Goldoni nell' atrio del teatro della Fenice. *Venez.* 1850. 8.

(Chevalier, Pietro). Di Pietro Metastasio e di C. Goldoni commentarii due. *Venez.* 1834. 8.

Le avventure del celebre avvocato C. Goldoni. *Venez.* 1765. 12. *
* Cet opuscule, écrit *in versi martelliani*, c'est-à-dire en vers burlesques, est très-rare, même en Italie.

Gonzaga,
famille italienne.

Petrejo (Dionigio). Gloriose memorie ed illustri imprese della famiglia Gonzaga. *Trevigi.* 1608. 4.

Gonzaga (Francesco).
(Voir page 646.)

(Castroni, Benedetto Maria). Vita F. Gonzaghæ (!). *Panorm.* 1636. 4. *
* Publ. s. l. pseudonyme de Benedetto **Pasarius.**

Gonzaga (Olympia).
(Voir page 647.)

Savazino (Pompeo). Ristretto della vita e religiose virtù di donna O. Gonzaga, una delle tre illustrissime signore sorelle vergini fondatrici del collegio delle signore vergini di Giesù in Castiglione. *Bologn.* 1649. 16. (Assez rare.)

Gonzague (Saint Louis).
(Voir page 647.)

(Grassetti, Jacopo). Vita del beato Luigi Gonzaga. *Mantov.* 1608. 12. *Ibid.* 1619. 12. *Moden.* 1658. 8.

Draco (Pietro). Brieve compendio della vita del B. Luigi Gonzaga. *Palerm.* 1675. 24. * *Ibid.* 1685. 24.
* La première édition ne porte pas le nom de l'auteur.

Florencia (Francisco de). Panegirico del bienaventurado Louis Gonzago. *Mexic.* 1685. 4.

Marchetti (Annibale). Vita S. Aloysii Gonzagæ e societate Jesu. *Florent.* 1687. 8. *Rom.* 1703. 8. *Monach.* 1755. 8. Trad. en ital. *Rom.* 1705. 4.

Koslowski (Felix). Zywot swietego A. Gonzagi dľa pozytku młodzi naszey. *Lissa.* 1854. 8.

Gorzadoro (Coriolano),
évêque de Cherso.

Monaco (Francesco Maria de). Il sole. Panegirico nella

pompa funerale dell' reverendissimo ed illustrissimo monsignore C. Gorzadoro, vescovo di Cherso e di Ossero e nuntio di S. S. nella Germania. *Vicenz.* 1618. 4. *Padov.* 1618. 4.

Cosme (Lucien),
industriel français (1809 — 27 sept. 1853).

Notice biographique sur M. L. Cosme, (mort à Odessa). *Par.* 1853. 8. (Extrait du *Journal d'Odessa.*)

Goto (Giovanni),
jésuite italien.

(**Rhò**, Giovanni). Martyrium trium beatorum e societate Jesu, Pauli Michi, J. Goto, Jacobi Ghisai, Japonum crucifixorum. *Florent.* 1628. 8. *

* Publ. s. l. pseudonyme de Giuseppe Busoxi.

Gottardo (Saint),
évêque de Como (?).

Omodei (Pietro Antonio). Vita del glorioso S. Gottardo, vescovo. *Como.* 1594. 8. *Ibid.* 1679. 8.

Gotti (Vincenzo Lodovico).
(Voir page 650.)

Fochi (Pio Antonio). Orazione funebre nella morte del cardinale F. V. L. Gotti. *Bologn.* 1742. 4.

Goudanus (Justus),
prêtre belge.

Vita e martyrium B. J. Goudani, Cartusiæ Delphensis professi et sacristæ. *Brux.* 1624. 4. (Rare.)

Gozlan (Léon),
littérateur français (1806 — ...).

H(uart) L(ouis). L. Gozlan, s. l. (*Par.*) et s. d. 4. Portr.

Gozzi (Gasparo).
(Voir page 653.)

Fonzago (Francesco). Delle lodi del conte G. Gozzi. *Venez.* 1788. 4. *

* Titre rectifié de l'ouvrage, mentionné page 653, sous le faux titre : *Vita di G. Gozzi.*

Gradenigo (Bartolommeo),
évêque de Treviso.

(**Brugni**, Pietro). Sacro tributo di divozione consecrato al merito di monsignore B. Gradenigo, vescovo di Trevigi. *Trevigi.* 1669. 4.

Gradenigo (Giovanni Girolamo).
(Voir page 654.)

Vorajo (Claudio). Oratio in funere J. H. Gradenigo, archiepiscopi Utinensis. *Utini.* 1786. 4. *

* Publ. s. le nom latinisé de VORALEJUS.

Gradenigo (Jacopo),
chevalier italien du xive siècle.

Cicogna (Emmanuele Antonio). Documento inedito del secolo xiv ad onore del cavaliere J. Gradenigo. *Venez.* 1845. 4.

Gradenigo (Marco),
patriarche de Venise.

Pasqualigo (Benedetto). In solemni funere M. Gradenici, Venetiarum patriarchæ, oratio. *Venet.* 1734. 4.

Grammer (Andreas),
théologien (?) allemand.

Osiander (Andreas). Oratio funebris in obitum A. Grammeri. *Tubing.* 1612. 4.

Grande (Juan).
(Voir page 656.)

Vie abrégée du bienheureux J. Grande, surnommé Pécheur, de l'ordre de S. Jean de Dieu. *Lyon.* 1854. 18. Portrait. *

* Traduction d'une biographie écrite en italien.

Grandi (Giovanni Alberto de),
évêque de Chioggia.

Cusiani (Ernesti). Vita e costumi di monsignore G. A. de Grandi, canonico regolare della congregazione del Reno e vescovo di Chioggia. *Padov.* 1762. 8.

Grandi (Giovanni Battista),
médecin italien.

Benedetti (Domenico). Oratio in funere J. B. Grandi, philosophiæ et. medicinæ doctoris, viri celeberrimi; s. l. et s. d. (*Venez.* 1763.) 4.

Grandi (Sebastiano de),
prêtre italien.

Galluzzi (Francesco Maria). Vita del P. S. de Grandi,

---

fondatore della congregazione detta dell' ospizio di Camerino. *Rom.* 1719. 4.

Grandier (Urbain).
(Voir page 656.)

Relation of the devil Balams departure out of the body of the mother prioresse of the ursuline nuns of Loudun. *Lond.* 1635. 4. (Peu commun.)

La gloire de S. Joseph, victorieux des principaux démons de la possession des ursulines de Loudun, où se voit particulièrement ce qui arriva le jour des Rois 1636, en la sortie d'Isacazon du corps de la mère prieure par les RR. PP. exorcistes de Loudun. *Au Mans.* 1636. 12.

History of the devils of Loudun. *Lond.* 1696. 8. *Ibid.* 1703. 8. (Rare.)

Granelli (Giovanni),
jésuite italien (1703 — 3 mars 1770).

Elogio del P. G. Granelli della compagnia di Giesù. *Moden.* 1770. 4.

Grant (Charles),
littérateur anglais.

Fisher (Thomas). Memoir of the late C. Grant. *Lond.* 1833. 8. (*Oxf.*)

Grataroli (Pietro Antonio).
(Voir page 658.)

Narrazione apologetica di P. A. Gratarol, nobile Padovano. *Stockh.* 1779. 4, s. l. 1781. 4. Portrait. *Venez.* 1797. 2 vol. 12.

Gray ou Grey (Jane).
(Voir page 659.)

Boot (Arent). Verachtich verhael van het leven en sterven van de christlicke princesse J. Gray, onthooft 1554. *Haerl.* 1635. 8. *

* Cet ouvrage, échappé aux recherches de Lowndes, est extrêmement rare.

Graziani (Carlo),
savant italien.

Bianchi (Celestino). Della vita del D. C. Graziani, discorso. *Firenz.* 1846. 8.

Greber (Conrad),
théologien allemand.

Mettenius (Johann Georg). Ehrengedächtniss auf den Superintendenten Dr. C. Greber. *Giess.* 1671. 4.

Grégoire I, surnommé le Grand.
(Voir page 660.)

Schroeder (Johan Henrik). Legend om Päfwen Gregorius den Store. Academiskt Afhandling. *Stockh.* 1848. 8.

Grégoire X.
(Voir page 661.)

Pietro-Santa (Silvestro). Vita Gregorii X, pontificis maximi. *Rom.* 1655. 4.

Grégoire XVI.
(Voir page 662.)

Artico (Filippo). Discorso in onore di S. S. Gregorio XVI di santa e gloriosa memoria, e in omaggio di Pio IX felicemente regnante. *Asti.* 1846. 4.

Bernardi (Jacopo). Orazione in morte di Gregorio XVI, P. O. M. *Ceneda.* 1846. 8.

Grégoire (Saint),
évêque de Girgenti.

Virga (Giacomo). Compendio della vita et miracoli del glorioso S. Gregorio, vescovo di Girgenti. *Palerm.* 1599. 8.

Grégoire (Saint),
évêque de Tours.

Dupuy (A...). Vie de S. Grégoire, évêque de Tours, premier historien des Francs. *Par.* 1854. 8.

Grenus,
famille suisse.

Grenus (François Théodore Louis de). Notices biographiques sur MM. Jacques, Théodore, Pierre, Gabriel et Jean Louis Grenus. *Genève.* 1849. 8.

Grillotti (Giuseppe),
prêtre italien.

(**Galluzzi**, Francesco Maria). Vita di D. G. Grillotti, sa cerdote Urbinate della congregazione secretta de' SS. Apostoli in collegio Romano. *Rom.* 1731. 8.

Grimani (Giovanni),
patriarche d'Aquileja († 1593).

Paolini (Fabio). Oratio in funere J. Grimani, patriarchæ Aquilejensis. *Venet.* 1593. 4.

Salomoni (Giovanni Domenico). Orazione nell' esequie di G. Grimani, patriarca di Aquileja. *Udine.* 1593. 4.

Valconi (Valconio). Orazione nell' esequie di G. Grimani, patriarca di Aquileja. *Udine.* 1594. 4.

Manzano (Scipione di). Lagrime nell' esequie fatte in Cividale di Friuli a G. Grimani, patriarca di Aquileja. *Padov.* 1594. 4.

Grimani (Marino),
doge de Venise (... — 1595 — 1605).

Michele (Agostino). Le glorie immortali del serenissimo prencipe di Vinigia, M. Grimani, descritte in dodeci singolarissime orationi fatte nella sua creatione, etc. *Venez.* 1896. 4.

Finotti (Cristoforo). In funere serenissimi principis Venetiarum, M. Grimani, laudatio. *Venet.* 1606. 4.

Grimani (Marino),
cardinal italien.

Tumulus reverendissimi et illustrissimi cardinalis M. Grimani, Veneti. *Perusiæ.* 1546. 4. (Ecrit en distiques latins.)

Grimani (Pietro),
doge de Venise (élu en 1741 — 1752).

Schiantarelli (Bartolommeo). In funere P. Grimani, ducis Venetiarum, oratio. *Venez.* 1752. 4.
Apoteosi alla memoria del principe P. Grimani, doge di Venezia. *Venez.* 1752. 4.

Grimani (Vincenzo),
cardinal vice-roi de Naples.

Paterno (Francesco). Oratio in funere V. Grimani, cardinalis. *Neap.* 1710. 4.

Grimm (Friedrich Melchior, Freiherr v.).
(Voir page 667.)

Sainte-Beuve (Charles Augustin de) et **Limayrac** (Paulin). Gazette littéraire de Grimm. Histoire, littérature, philosophie. (1755-1790). Etudes sur Grimm. *Par.* 1854. 8.

Grimminck (Karel Lodewijk),
prêtre hollandais (28 mai 1676 — 12 oct. 1728).

Van de Putte (F...). Leven van den eerbiedwerdigen heer mynheer K. L. Grimminck, pastor van Caester, overleden eremyt te Sint-Jean-in-de-Biezen. *Brugge.* 1849. 8. Portrait. *
* Article rectifié de l'ouvrage mentionné page 667 sous le nom de Gaimaso.

Gritti (Francesco).
(Voir page 667.)

(Martignon, Luigi). Elogio a F. Gritti, poeta Viniziano. *Treviso.* 1827. 8.

Gritti (Luigi),
gouverneur turc de la Hongrie.

Fantini (Girolamo). Successi di Roma e di tutta l' Italia, con l' apparecchio dell' armata contra Barbarossa e di molti accidenti, etc., ultimamente la morte del signor L. Gritti, bassan del Gran-Turco. *Rom.* 1553. 4.

Groen van Prinsterer (G...),
historien et homme d'État hollandais.

Siewertz van Reesema (Willem). Mr. G. Groen van Prinsterer en zijne leere. Eene studie. *Rotterd.* 1854. 8.

Grolier (Pierre),
savant français (20 mars 1754 — 19 avril 1819).

Guéraud (Armand). Documents biographiques sur P. Grolier. *Nantes.* 1854. 8. (Extrait des *Annales de l'Académie de Nantes.*)

Groote (Geraard).
(Voir page 668.)

Clarisse (T... A...). Over den geest en de denkwijze van G. Groote, etc. *Leid.* 1829-45. 4 parts en 1 vol. 8.

Grosley (Pierre Joseph).
(Voir page 668.)

Georges (abbé). Les illustres Champenois : Jean et Nicole Pithou, Pierre et François Pithou, Jean Passerat et Grosley, s. l. 1849. 4 parts. 8.

Grosman (Celestino),
prêtre italien (1733 — 26 août 1757).

Zangiacomi (Carlo). Pie memorie del P. F. C. Grosman, dell' ordine dei predicatori, morto in Venezia, etc. *Venez.* 1771. 8.

Grosso (Filippo),
missionnaire italien.

Cenno geografico-storico su i viaggi e le apostoliche fatiche del P. F. Grosso, di Santia, minore osservante della provincia di S. Tommaso di Torino, missionario apostolico nella China. *Torin.* 1844. 8.

Grotius (Hugo).
(Voir page 670.)

Arnd (Johann). Dissertatio de H. Grotio, s. l. 1712. 4. (*Oxf.*)

Gruebel (Johann Conrad),
poète allemand.

Die Volksdichter Hans Sachs und Gruebel im Zusammenhange mit der geschichtlichen Entwickelung der deutschen Poesie betrachtet. *Nürnb.* 1856. 12.

Grumbach (Argula v.).
(Voir page 671.)

Rieger (Georg Conrad). Leben A. v. Grumbach, einer Jüngerin Jesu, sammt eingemengter Nachricht von A. Seehofer, erstem evangelischen Prediger zu Leonberg und Winnenden. *Stuttg.* 1757. 8.

Guarino (Saint),
cardinal-évêque de Preneste.

(Galluzzi, Francesco Maria). Nove meditazioni sopra la vita e virtù di S. Guarino, cardinale e vescovo Prenestino, stese a benefizio della medesima città e diocesi di Palestrina, in cui si venera con speical (sic!) culto detto Santo, etc. *Rom.* 1721. 12.

Guasto (Andrea del),
prêtre italien.

Fulgentius Caccabensis. Sommario delle cronologiche notitie della vita, virtù e miracoli del V. P. F. Andrea del Guasto di Castrogiovanni, fondatore dell' eremitani reformati Agostiniani della congregatione di Sicilia. *Palerm.* 1677. 4.

Gudule (Sainte),
(Voir page 673.)

Leven en de wonderheden van den H. maegd Gudula, patroonersse der baronnye van Moorssel ende ook van de princelyke stad Brussel. *Aelst,* s. d. (1777). 12.

Guenderode (Caroline v.),
poète allemande (1780 — se suicidant en 1806).

Bettina (v. **Arnim**). Günderode. *Grünberg.* 1840. 2 vol. 8.

Guérard (Benjamin),
directeur de l'école des chartes (1797 — 10 mars 1854).

Le Normant (Charles). Discours prononcé aux funérailles de M. Guérard. *Par.* 1854. 4.

Guerrazzi (Francesco Domenico),
littérateur italien (1805 — ...) — (Voir page 675.)

Apologia della vita politica di F. D. Guerrazzi. *Firenz.* 1851. 8. (Défense composée par lui-même.)

Guerreschi (Celestino),
médecin (?) italien.

Apologia di C. Guerreschini, scritta da lui stesso contro un giudizio del dottore Luigi Guadagnini. *Voghera.* 1842. 8.

Guibert (Saint),
martyr belge.

Bastonnier (J...). Vie et miracles de S. Guibert, fondateur et patron du noble monastère de Saint-Pierre à Gembloux. *Amst.* 1655. 18.

Guido di Arezzo.
(Voir page 676.)

Bottée de Toulmon (Auguste). Notice bibliographique sur les travaux de Gui d'Arezzo. *Par.* 1837. 8.

Guillaume (Henri) **III.**
(Voir page 678.)

Wassenaer (Arnold de). Encomium serenissimi herois Guilielmi Henrici Arausionensis principis 14 nov. 1687 natali ejus die peractum. *Lugd. Bat.* 1687. 4.

Westerhovius (F... G...). Wilhelmi Henrici Oraici vita et gesta heroica. *Dordraci.* 1693. 4.

Histoire (métallique) de Guillaume III, roi d'Angleterre, etc. *Amst.* 1705. 5 vol. 8. (Avec plus de 80 figures.)

Folies extravagantes de la France sur la mort imaginaire de Guillaume III, roy de la Grand'Bretagne, prince d'Orenge (!), s. l. et s. d. (1690). Fol.

Trigland (Jakob). Laudatio funebris Guilhelmi III, Angliæ, Scotiæ et Hiberniæ regis. *Lugd. Bat.* 1702. Fol.

Gronovius (Jakob). Pietas ultima academiæ Luguduno-Batavæ circa Wilhelmum III, Bataviæ gubernatorem. *Lugd. Bat.* 1702. Fol.

Guillaume IV.
(Voir page 679.)

Hardinge (William). Impartial life of William IV, to which are added funeral sermons by Isaac GOSSET and John Pye SMITH. *Lond.* 1837. 8. (*Oxf.*)

Huish (Robert). History of the life and reign of king William IV. *Lond.* 1837. 8. (*Oxf.*)

W(ood) J(ohn) R(yle). Some recollections of the last days of king William IV. *Lond.* 1837. 8. (*Oxf.*)

Wright (G... N...) and **Watkins** (J...). Life and reign of William IV. *Lond.* 1837. 8. (*Oxf.*)

Guillaume I d'Orange.
(Voir page 682.)

Guillaume Frédéric d'Orange, avant son avénement au trône des Pays-Bas sous le nom de Guillaume I, par un Belge. *Brux.* 1827. 8.

Van der Meulen (Jean Baptiste). Willem den Koppigen, ingedrongen koning der Nederlanden. Anleyding gevende tot den opstand der Belgen in 1830, etc. *Brux.* 1833. 2 vol. 8. (Rare et curieux.)

Hoeck (H... H...). Leven van Willem I, prins van Oranje-Nassau, vader des vaderlands en grondlegger van Nederlands vrijheid. *Dordr.* 1850. 8.

Guillaume II d'Orange.
(Voir page 682.)

Ferares (J... van). Lijkrede ter gedachtenis van Z. M. koning Willem II. *S' Hage.* 1849. 8.

Dood en begrafenis van wijlen koning Willem II. *Haarl.* 1849. 8.

Tetar van Elven (H... L...). Een blik in het leven van koning Willem II. *S' Hage.* 1849. 8.

Zeeman (Hendrik). Leven, krijgsbedrijven en regering van Z. M. Willem II, koning der Nederlande. *Amst.* 1849. 8. Portrait.

Bosscha (Jan van). Leven van Willem II, koning der Nederlanden en groothertog van Luxemburg. *Amst.* 1852. 8.

Guillaume III d'Orange,
roi des Pays-Bas (19 février 1817 — 17 mars 1849 — ...).

Lauts (G...). Levensschets van koning Willem III, tot aan de inhuldiging. *Amst.* 1849. 8.

Guillaume II,
stadhouder de Hollande.

Eck (A... van). Een blik op het leven van Willem II, prins van Oranje, en den door denzelven beproefden aanslag of Amsterdam ten jare 1650. *Nijkerk.* 1849. 8.

Guillaume V d'Orange.
(Voir page 682.)

Schenck (W... G... F...). Wilhelm V, Prinz von Oranien, Fürst zu Nassau und Erbstatthalter der vereinigten Niederlande, etc., herausgegeb. von E... G... C... SCHENCK. *Stuttg.* 1854. 8.

Guillaume l'Ermite (Saint).
(Voir page 682.)

Boni (Francesco). Panegirico della vita, morte e attioni illustri di S. Guglielmo Eremita. *Palerm.* 1652. 4.

Guillems,
seigneurs de Montpellier (990 — 1204).

Notice sur les Guillems, seigneurs de Montpellier. *Montpell.* 1837. 4.

Guillotin (Joseph Ignace).
(Voir page 684.)

Sedillot (N... N...). Réflexions historiques et philosophiques sur le supplice de la guillotine. *Par.* 1795. 8.

Guinot (Eugène),
littérateur français (8 avril 1807 — ...).

H(uart) L(ouis). E. Guinot, s. l. (*Par.*) et s. d. 4. Portr.

Guiscard (Robert).
(Voir page 684.)

Schwartz (Carl). Die Feldzüge R. Guiscard's gegen das byzantinische Reich, nach den Quellen dargestellt. (Programm.) *Fulda.* 1854. 4.

Guise (Jacques?),
jésuite français.

(Rhò, Giovanni). Martyrium trium beatorum e societate Jesu, Pauli Michi, Joannis Goto, J. Ghisai, Japonum crucifixorum. *Florent.* 1628. 8. *

* Publ. sous le pseudonyme de Giuseppe Basori.

Guizot (François Pierre Guillaume).
(Voir page 685.)

Mirecourt (Eugène de). Guizot. *Par.* 1854. 32. * Portr.

* Sixième volume du recueil *les Contemporains.*

Gurney (Joseph John).
(Voir page 687.)

Braithwaite (Joseph **Bewan**). Memoirs of J. J. Gurney, with selections from his journals and correspondence. *Lond.* 1854. 2 vol. 8.

Gurrea, condesa de Robres y Mont-Agut
(Esperanza de),
dame espagnole.

Latre y Frias (Miguel Antonio). Oracion funebre en las honras de la ilustrisima señora doña E. de Gurrea, condessa de Robres y Mont-Agut. *Zaragoz.* 1696. 4.

Gustave II Adolphe.
(Voir page 688.)

Helbig (Carl Gustav). Gustav Adolph und die Kurfürsten von Sachsen und Brandenburg. 1630-1632. Nach handschriftlichen Quellen des königlich sächsischen Haupt-Staats-Archivs dargestellt. *Leipz.* 1854. 8.

Gustave III.
(Voir page 691.)

Historia om Konung Gustaf III's Mord på Maskeraden i Stockholm, natten mellan d. 16 och 17 Mars 1792. *Stockh.* 1843. 8.

(Wahrenberg, C... F... J...). Bidrag till Historien om Konung Gustaf III's sednaste regeringsär. *Upsal.* 1851. 8. (Extrait du *Tidskrift för Litteratur.*)

Statssecreteraren Elis Schroederheims Anteckningar till Konung Gustaf den III's Historia. Jemte Brefwexling emellan Konungen och honom. *Oerebro.* 1851. 8.

Gutenberg (Johann **Gensfleisch**, dit).
(Voir page 692.)

Wallmark (P... A...). J. Gutenberg. Hans Uppfinning, dess Utbredande och Framsteg. Historiskt Utkast, etc. *Stockh.* 1840. 4.

Guzman, marques de la **Mina** (Jayme Miguel de),
homme d'État espagnol.

Gila (Roch Antonio). Sermon funchre del excelentisimo señor D. J. M. de Guzman, marques de la Mina, grande de España de primera clase, gentil hombre de camera con egercicio, caballero de la insigne orden del Toyson de Oro y de la Sancti Spiritus, etc., capitan general de los exercitos de S. M. y del principado de Cataluña, y presidente de su real audiencia (!). *Barcelon.* 1767. 4. Portrait.

Gyllenstjerna (Erik Eriksson),
homme d'État suédois.

Schroeder (Johan Henrik). Om E. E. Gyllenstjerna och Westgötha-allmogens uppresning är 1502. Akademiskt Afhandling. *Upsal.* 1851. 8.

H

Habsburg (Grafen v.),
(Voir page 695.)
Lichnowsky (Eduard Maria v.). Geschichte des Hauses Habsburg. *Wien.* 1836-37. 2 vol. 8.

Haentjens (N... N...),
médecin français.
Priou (Jean Baptiste E...). Notice historique sur M. Haentjens, de Nantes. *Nant.* 1856. 8.

Haert (Hendrik Anna Victoria van der).
(Voir page 697.)
Alvin (Louis). Notice sur H. van der Haert. *Brux.* 1854. 12. Portrait. (Extrait de l'*Annuaire de l'Académie royale de Belgique*.)

Haes (Gilles de),
guerrier belge du xviie siècle.
Rahlenbeck (Charles). Hommes de guerre du xviie siècle. G. de Haes, généralissime des armées de Venise. *Gand.* 1854. 8. (Extrait du *Messager des sciences historiques de Belgique*, tiré à part à très-petit nombre.)

Hafenreffer (Matthias).
(Voir page 697.)
Osiander (Lucas). Oratio funebris in obitum M. Hafenrefferi. *Tubing.* 1620. 4.

Haldat Dulys (Charles Nicolas Alexandre de),
médecin français (1770 — 26 nov. 1852).
Grandjean (Charles). Éloge de M. de Haldat Dulys, etc. *Nancy.* 1854. 8.
Simonin père (N... N...). Notice sur la vie et les ouvrages de feu M. le docteur de Haldat Dulys, etc. *Nancy.* 1854. 8.

Hallenberg (Jonas).
(Voir page 701.)
Schroeder (Johan Henrik). Minne af Magister J. Hallenberg, Rikshistoriograf, Canzli-Råd, Riddare af K. Nordstjerne-Orden. *Stockh.* 1859. 8. *
* Titre rectifié de l'ouvrage mentionné page 701.

Hamelin (N... N..., baron),
vice-amiral français (vers 1776 — ...).
Texier (Edmond). Les hommes de la guerre d'Orient : le vice-amiral baron Hamelin. *Par.* 1854. 8. Portrait.*
* Cette notice, superficielle comme toutes les autres du même auteur, ne donne ni la date de la naissance ni les prénoms du baron Hamelin.

Hamilton (James),
grammairien anglais (vers 1775 — ...).
Wurm (Christian Friedrich). Hamilton und (Joseph) Jacotot. Ein Beitrag zur Geschichte der neuesten Reform des Sprachunterrichts. *Hamb.* 1831. 8.
Schwarz (Christian). Kurze Kritik der Hamilton'schen Sprach-Lehrmethode. *Stuttg.* 1837. 8.

Hartmann von der Aue,
poète allemand du xiie siècle.
Barthel (Carl). Leben und Dichten Hartmann's von der Aue, dargestellt. *Berl.* 1854. 8.

Hartung (Otto Bernhard),
empoisonneur allemand (exécuté le 2 déc. 1853.) — (Voir page 709.)
Letzte Stunden O. B. Hartung's, zwiefachen Giftmordes angeklagt, schuldig erklärt von dem königlichen Schwurgericht zu Magdeburg am 5 und 4 März 1853, etc., von einem seiner Jugendfreunde. *Magdeb.* 1853. 8.
Crusius (Friedrich). Der Kaufmann O. B. Hartung, oder die letzten Lebenstage eines Giftmörders, geschildert von seinem Beichtvater. *Magdeb.* 1854. 8.

Haswell (Thomas M...),
théologien (?) anglais.
Turner (Philip C...). Memoir of T. M. Haswell. *Lond.* 1843. 4. (*Oxf.*)

Hebbel (Friedrich),
poète allemand (vers 1812 — ...).
Kuh (Emil). F. Hebbel. Eine Characteristik. *Wien.* 1854. 16.

Heemskerk (Martin van).
(Voir page 718.)
Kerrich (Thomas). Catalogue of the prints, which have

been engraved after M. Heemskerck (!). *Cambridge.* 1829. 8. Portrait.

Heere (Lucas d'),
peintre belge (vers 1534 — 1584).
Blommaert (Philippe). Levensschets van L. d'Heere, kunstschilder te Gent. *Gent.* 1853. 8.

Heiberg (Johan Ludvig),
poète danois (14 déc. 1791 — ...).
Rahl(enbeck) (Charles). De l'art dramatique en Danemark. Heiberg, s. l. et s. d. (*Brux.* 1848.) 8.

Heiden (Lodewijk Sigismund Gustaaf, graaf van),
amiral russe d'origine hollandaise.
Levensschets van L. S. G., graaf van Heiden, admiraal in dienst van Z. M. den keizer aller Russen. *Assen.* 1850. 8.

Hein (Pieter Pauluz).
(Voir page 721.)
Spranckhuijsen (David). Tranen over den doodt van den admirael van Hollandt, P. P. Heijn, en zijn testament aen de West-Indische compagnie. *Delft.* 1629. 4. (Peu commun.)

Heinz (Johann),
peintre suisse du xviie siècle.
Neujahrsblatt der Künstlergesellschaft in Zürich für 1842, enthaltend : Notiz über den Maler J. Heinz, aus Bern, etc., nebst einer Übersicht der jetzt lebenden Schweizer-Künstler. *Zürch.* 1842. Fol. Portrait.

Hélène.
(Voir page 723.)
Mylius (Ludwig Gottlieb). Discours von den Helenen der Alten. *Delitsch.* 1717. Fol. (Assez rare.)

Helenus,
savant hollandais.
Hamer (K...). Helenus. Een portret uit de 17de eeuw. *Schiedam.* 1851. 8.

Helmont (Jean Baptiste van).
(Voir page 725.)
Cap (Pierre Antoine). Éloge de J. B. van Helmont. *Par.* 18... 8.

Hemsterhuys (Frans).
(Voir page 726.)
Roemer (J... G...). Dissertatio de doctrina F. Hemsterhusii de natura divina. *Traj. ad Rhen.* 1859. 8.

Hénault (Charles Jean François),
historien français (8 février 1685 — 24 nov. 1770).
Mémoires du président Hénault, écrits par lui-même, recueillis et mis en ordre par son arrière-neveu, le baron de Vigan. *Par.* 1854. 8.

Hennequin (Victor),*
soi-disant visionnaire français du xixe siècle.
Bertrand (Émile). M. V. Hennequin et sa révélation, au point de vue philosophique, religieux, humanitaire, social et moral, etc., avec un avant-propos sur les tables tournantes. *Par.* 1854. 8.
* M. Hennequin se trouve à présent dans une maison d'aliénés.

Henri II.
(Voir page 729.)
(Mignot, Vincent). Histoire du démêlé de Henri II avec Thomas Becket. *Amst.* (*Par.*) 1756. 12. (*P.*)

Henri VIII.
(Voir page 730.)
Lewis (Edward). The patriot king, displayed in the life and reign of Henry VIII, king of England, from the time of his quarrel with the pope (Clément VII) to his death. *Lond.* 1769. 8. (Echappé aux recherches de Lowndes.)

Cochlœus (Johann). De matrimonio regis Angliæ Henrici VIII. *Lips.* 1535. 4. *
* Livre fort rare, non mentionné par Lowndes.

Henri IV, surnommé **le Grand.**
(Voir page 736.)
Saint-Aulaire (Édouard **Beaupoil** de). Les derniers.

Valois, les Guise et Henri IV. *Par*. 1854. 18. (Extrait du *Journal des Débats*.)

Hepp (Carl Ferdinand Theodor),
jurisconsulte allemand (10 déc. 1800 — 3 mars 1851).

Zur Erinnerung an C. F. T. Hepp. *Tübing*. 1851. 8.

Hercule.
(Voir page 748.)

Cremer (Bernhard Sebastian). Disputationes II de Samsone et Hercule. *Harderov*. 1718. 4. (*Oxf*.)

Hermann Cohen,
aposlat juif (10 nov. 1821 — ...).

G... (J... B...). Conversion du pianiste Hermann (Cohen), père Augustin Marie du très-saint Sacrement, carme déchaussé. *Bordeaux*. 1854. 18. *

* C'est le même R. P., ex-juif, qui joue un rôle dans les mémoires obscènes de la fameuse *Magador* (voir ce nom).

Hermann (Heinrich Leopold),
jurisconsulte allemand.

Marées (Simon Ludwig Eberhard de). Rede bei der Beerdigung des Praesidenten H. L. Hermann, zu Dessau. *Zerbst*. 1762. Fol.

Hermsdorff (Fräulein N... N... v.),
religieuse allemande.

Kanne (Johann Anton). Froeken v. Hermsdorff's Lefnadsteckning. *Stockh*. 1844. 8. (Trad. de l'allem.)

Herschel (Helen S...),
dame anglaise.

Fare above Rubies. Memoir of H. S. Herschel, by her daughter, edited by Ridley H... Herschel. *Lond*. 1854. 12.

Heshusius (Tilemann).
(Voir page 755.)

Wiggers (Julius). T. Heshusius und Johann Draconites. Ein Beitrag zur Geschichte der Kirchenverfassung und Kirchenzucht. *Rostoch*. 1854. 8.

Hierach (N... N...),
rabbin juif.

Leven en sterven van rabbijn Hierach. *S'Hage*. 1848. 8.

Hiltrude (Sainte).
(Voir page 761.)

Leven van den H. maghet Hiltrudis, fondatersse der abdye van Liessies in Hennegouw. *Loven*. 1770. 8.

Hjortsberg (Lars),
homme d'État suédois.

(**Lindeberg**, N... N...). Minnesteckning af framlidne Hof-Intendenten Herr L. Hjortsberg. *Stockh*. 1845. 8.

Hobart (John Henry).
(Voir page 764.)

M' Vicar (John). The early life and professional years of bishop Hobart, with a preface, containing a history of the church in America, by Walter Farquhart Hook. *Oxf*. 1858. 8. (*Oxf*.)

Hoche (Lazare).
(Voir page 765.)

Poussielgue (N... N...). Précis sur la maladie et la mort du général Hoche. *Wetzlar*. 1797. 8.

Botte (Pierre). Eloge funèbre du général Hoche, prononcé dans le temple de la loi à Gand, etc. *Gand*, s. d. (1797). 8.

Dupliet (Jean Louis). Éloge historique de L. Hoche, général en chef de l'armée de Sambre-et-Meuse. *Metz*, s. d. (vers 1800.) 8.

Hoefer (Ferdinand),
médecin-allemand (21 nov. 1811 — ...).

Énumération des travaux de M. Hoefer, docteur en médecine, etc., directeur de la *Nouvelle biographie universelle*. *Par*. 1852. 4.

Hoegqwist (Emilie),
artiste (?) suédoise.

E. Hoegqwist. Minneswärd. *Stockh*. 1847. 8. Portrait.

Hohenhausen (Baron v.),
officier allemand.

Nachricht von der Gefangennehmung des Lieutenants Baron v. Hohenhausen am 25. Nov. 1809. *Leipz*. 1810. 8.

Holland (Henry Richard **Vassal**, lord).
(Voir page 773.)

Holland (Henry Richard). Foreign reminiscences, etc.

'Trad. en franç. s. c. t. Souvenirs diplomatiques, par H... de Cnouski. *Par*. 1851. 18.

Hollander (Jean de),
chroniqueur belge du xvi° siècle.

Hollander (Jean de). Mémoires sur la révolte des Gantois, en l'an 1859, contre Charles V, empereur. *La Haye*. 1747. 4.

Hollingworth (Joseph),
théologien anglais.

Milner (Joseph Thorpe). Memoirs of the Rev. J. Hollingworth, etc. *Sheffield*. 1856. 8. (*Oxf*.)

Holmstroem (Rosina),
dame suédoise.

Minne af R. Holmstroem. *Strengnäs*. 1844. 8.

Homère.
(Voir page 775.)

Heinecke (C...). Homer und Lykurg, oder das Alter der *Iliade* und die politische Tendenz ihrer Poesie. *Leipz*. 1853. 8. (*L*.)

Williams (John). Homerus. *Lond*. 1842. 8. (*Oxf*.)

(**Bergman**, J... T...). Over het leven en de gedichten van Homerus. *Tiel*. 1851. 12.

Hoppe (Heinrich),
pédagogue allemand.

Prange (Ernst Wilhelm). Leichenpredigt auf den Rector H. Hoppe. *Rinteln*. 1654. 4.

Hopper (Isaac Thomas).
(Voir page 778.)

Child (L... Maria). I. T. Hopper. Lebensgeschichte eines amerikanischen Quäkers und seine Beziehungen zur grossen Sklavenfrage, aus dem Englischen übersetzt von Gottlob Fink. *Stuttg*. 1848. 8. *

* Traduction de l'ouvrage anglais mentionné page 778.

Horace Flaccus (Quintus).
(Voir page 778.)

Legris (Jules). Rome, ses novateurs, ses conservateurs et la monarchie d'Octave Auguste. Études historiques sur Lucrèce, Catulle, Virgile, Horace. *Par*. 1846. 8.

Horn (Arwid Bernhard),
homme d'État suédois.

Horn (Gustaf). A. B. Horn. Hans Lefnad; med upplysande Bilagor och Bref frän Konung Carl XII och hans samtida. *Stockh*. 1852. 8.

Houtman (Cornelis),
navigateur hollandais.

Brinkman (M...). Herinnering aan C. Houtman, den eersten Nederlander die den weg naar de Ost-Indië heeft opgespoord. *Gouda*. 1848. 8.

Hovius (Matthias).
(Voir page 783.)

Jansson (Jacques). Oratio funebris, etc., in obitum M. Hovii, archiepiscopi Mechliniensis. *Loven*., s. d. (1620). 4.

Howels (William),
théologien anglais.

Morgan (Edward). Brief memoir of the late Rev. W. Howels, minister of Long Acre Chapel, London. *Lond*. 1854. 8. Portrait.

Hubert (Saint).
(Voir page 784.)

Abrégé curieux de la ville de Liége. La vie de S. Lambert et de S. Hubert. *Liége*. 1677. 8.

Histoire en abrégé de la vie de S. Hubert, 1er évêque et fondateur de la ville de Liége. *Par*. 1678. 8. Figure.

Voshem (Franciscus van). Beknopte levens-beschryving van den heyligen bisschop en belyder Hubertus, gestorven Ter Fure 30 mey 727. *Bruss*., s. d. (1774). 8. Portrait.

Huegli (Niklaus),
suicide suisse.

Gaudard (F...). Lebensgeschichte des unglücklichen Selbstmörders N. Huegli, von Wohlen, nebst einigen kurzen Nachrichten über die den 17. August 1822 mit ihm aus dem Schallenhaus entwichenen Züchtlinge: Niklaus Baumgartner, von Urtenen, Johannes Kolb, von Steffisburg, und Caspar Meyer (genannt Zürich-Caspar) von Wiedekon, Canton Zürich. *Bern*., s. d. (1822). 8.

Huelphers (Abraham),
magistrat suédois.

Angman (Johan Erik). Åreminne öfwer framledne Berg-mästaren A. Huelphers. *Westeräs*. 1851. 8.

Hugo (Louis Joseph),
général français (12 février 1777 — 18 déc. 1853).

Nollet-Fabert (Jules). Le général Hugo (1777-1853). *Nancy*. 1854. 8.

Hugo (Nicolaus),
théologien allemand.

Raethel (Johann). Leichenpredigt auf N. Hugo, Pfarrer in Berg. *Hof*. 1687. 4.

Hugo (Victor Marie).
(Voir page 787.)

Cantù (Cesare). Di V. Hugo e del romanticismo in Francia, giudizii ed esempii raccolti. *Napol*. 1838. 18.

Humbert (Saint).

Blancart (François). Vie de S. Humbert, évêque et patron tutélaire de l'abbaye de Marville. *Douai*. 1722. 8.

Hurel (François Antoine, baron),
général français (5 juin 1774 — 6 mai 1847).

Magnan (Bernard Pierre). Discours sur la tombe de M. le lieutenant-général baron Hurel, s. l. et s. d. (*Par.* 1847.) 8.

Huss (Johannes).
(Voir page 793.)

Trautmannsdorff (Carl Adam). J. Hussen's Martyrer-tod am 6 Juli 1415; den mährischen Brüdern und allen evangelischen Christen gewidmet. *Loeban*. 1854. 8.

Lueders (Gustav Adolph). J. Huss. *Cüstrin*. 1854. 8.

Huygens (Constantijn).
(Voir page 796.)

Schinkel (A... D...). Nadere bijzonderheden betrekkelijk C. Huygens en zijne familie, etc. *S' Hage*. 1851. 8. *
* Cet écrit n'a pas été mis dans le commerce.

Huyn van Amstenraedt (Agnes Maria),
religieuse belge (14 sept. 1614 — 8 juillet 1641).

Croonenborch (Matthias). Het ryck-deughdigt leven van de hoog-edele gheboren maghet suster A. M. Huyn van Amstenraedt, etc. *Bruss*. 1674. 12. Figure.

Hyacinthe (Saint).
(Voir page 796.)

Montealcino (Agostino). Summario della vita di S. Gia-cinto. *Rom*. 1594. 8.

I

Icheri (Francesco),
évêque de Casale.

Rhò (Giovanni). Per l' onore di solenni esequie, che il clero della diocesi straordinariamente rendeva alla gloriosa memoria di monsignor F. Icheri di Malabaila, vescovo di Casale, cavaliere di gran croce, decorato del gran cordon dell' ordine de SS. Maurizio e Lazzaro, etc. *Casale*. 1846. 8.

Ignace (Saint).
(Voir page 797.)

Ciacca (Giacinto). Vita di S. Ignatio, vescovo e martire. *Palerm*. 1678. 12.

Ignace de Loyola (Saint).
(Voir page 798.)

(Scortia, Francesco). Ragguaglio della santa vita del patriarca S. Ignatio Lojola, fondatore della compagnia di Giesù e suo primo generale. *Bologn.*, s. d. (1622.) 52.

Bartoli (Daniello). Della vita e dell' istituto di S. Ignazio, fondatore della compagnia di Giesù, libri V. *Rom.* 1650. Fol. *Venez.* 1673. 12. *Firenz.* 1831. 5 vol. 8. Portrait de l'auteur.

Trad. en allem. par Moritz BAUEHL. *Würzburg*. 1843. 8.

Trad. en franç. *Par.* 1850. 2 vol. 12. *Brux.* 1852. 2 vol. 8.

Borgo (Carlo). Orazione in lode di S. Ignazio di Lojola, fondatore della compagnia di Gesù, s. l. 1786. 8. *Padov.* 1787. 8. *Rom.* 1824. 12. *Napol.* 1827. 12.

Ingelman (G... G...),
poète suédois.

Skalden Ingelman. Minnesblad samlade af hans Wänner. *Stockh.* 1846. 8.

Inghilleri (Benedetto),
franciscain italien.

Mancusi (Antonio Ignazio). Orazione funerale nell' ese-quie celebrate al M. R. P. M. B. Inghilleri del terz' ordine di S. Francesco, con fama di gran servo di Dio. *Palerm.* 1712. 4.

Ingrassia (Giovanni Filippo).
(Voir page 327.)

Insenga (Antonino). Notizie sulla vita e sulle opere di G. F. Ingrassia, da Ragalbuto, con annotazioni critiche. *Catania*. 1842. 8.

Innocenzo de Chiusa,
minime italico.

Tognoletti (Pietro). Vita del gran servo di Dio F. In-nocenzo da Chiusa, detto communemente lo Scalzo di S. Anna, de' minori osservanti riformati della provincia di Sicilia del Val di Mazzara. *Palerm*. 1635. 4. Augm. *Ibid*. 1677. 4. Trad. en espagn. par Diego Soro. *Madr*. 1673. 4.

Interlandi (Giacomo),
général italien.

Ragusa (Sebastiano). La Spada. Orazio funerale per l'ese-quie dell' illustrissimo signore D. G. Interlandi, de Barbarà, Rizzo e Rao, principe di Bellaprima, barone del Casale, etc. *Catania*. 1711. 4.

Irving (Edward).
(Voir page 804.)

Guers (Emilius). Irvingism and Mormonism tested by Scripture, with prefatory notice by James BRIDGES. *Lond*. 1854. 12.

Isabelle Claire Eugénie d'Autriche.
(Voir page 805.)

Altmeyer (Jean Jacques). Isabelle d'Autriche et Chris-tian II, (roi de Danemark). *Brux.* 1842. 8. (Extrait du *Trésor national*.)

Isalberti (Luigi),
médecin italien.

Braga (Paolo). Elogio del dottore L. Isalberti, medico residenziale e direttore dello spedale e del ricovero della reale città di Casalmaggiore. *Casalmagg*. 1843. 4. *
* Cet écrit, non destiné au commerce, est rare, même en Italie.

Isebalde (Saint).
(Voir page 806.)

Pybes (Theodorus). De admiranda et miraculosa inven-tione corporis B. Idesbaldi (!), quinti abbatis monas-terii B. Mariæ de Dunis. *Brugis*. 1624. 4.

Iveglia (Girolamo),
jurisconsulte italien.

Tognoletti (Pietro). L' unica Fenice del nostro secolo, o vero idea d' un perfetto giurista, nella quale si scorge la vita ammirabile del venerabile servo di Dio e dot-tore D. G. Iveglia dell' ingegnosissima città di Noto, avvocato fiscale e giudice più volte della R. G. C. di questo felicissimo regno di Sicilia, fratello de' cordigeri de' minori osservanti riformati. *Palerm*. 1671. 8.

J

Jacotot (Joseph).
(Voir page 811.)

Bachellery (Joséphine). Compte rendu des obsèques de J. Jacotot, (décédé le 30 juillet 1840). *Par.* 1840. 8.

Jacques I ou **Jacques V**, comme roi **d'Écosse.**
(Voir page 811.)

Harrison (Stephen). The arches of triumph erected in honour of James I at His Majesties entrance and passage through his honourable city of London upon the 15th day of march 1603, graven by William Kip. *Lond.* 1604. Fol. 7 gravures. *

* Un des livres les plus curieux que l'on ait sur Jacques I. Les amateurs d'estampes le recherchent ainsi que les bibliophiles.

Rosa (Thomas). Idæa, s. de Jacobi Magnæ Britanniæ regis virtutibus et ornamentis enarratio. *Lond.* 1608. 8. *

* Panégyrique du roi, de ses enfants et de ses favoris.

Kurtze Beschreibung der Geburt, Lebens und Sterbens des Königs Jacobi, etc., s. l. 1625. 4. (*Oxf.*)

Malt (Samuel). Annales of king James and king Charles I. *Lond.* 1681. Fol.

Jaerta (Carl Thomas),
littérateur suédois.

C. T. Jaerta. *Stockh.* 1841. 8.

Jaerta (Hans),
littérateur suédois († 26 avril 1849).

Staaff (Albert Wilhelm). Minnestal öfwer H. Jaerta. *Upsal.* 1853. 8.

Janson, plus connue sous le nom de **Kisa-Mor,**
Suédoise.

Lefnadsteckning af Fru Janson, wanligen kallad Kisa-Mor. *Norrköping.* 1842. 8.

Janus.
(Voir page 817.)

Gebhardi (Brandanus Heinrich). Dissertatio de Jano. *Gryphisw.* 1703. 4. (*Oxf.*)

Jay (William),
théologien anglais.

Wilson (S... S...). Memoir of W. Jay, with an appendix containing remarkable passages from M. Jay's *Discourses.* *Lond.* 1854. 8.

Wallace (Thomas). A pourtraiture of the late Rev. W. Jay, of Bath; an outline of his mind, character and pulpit eloquence, with notes of his conversations and an estimate of his writings and usefulness. *Lond.* 1854. 8.

Jean Baptiste (Saint).
(Voir page 818.)

Paschius (Johann). Disputatio de Joanne Baptista. *Witteb.* 1685. 4.

Poma (Francesco Antonio). Istoria panegirica e morale di S. Giovanni Battista. *Rom.* 1714. Fol.

Arnaud (Giuseppe). Sull' origine del falò di S. Giovanni Battista; monografia storica. *Torin.* 1846. 8.

Wijs (G... E... W...). Johannes der Dooper, geschetst in zijn leven en werken. *Schoonb.* 1851. 8.

Jean l'Évangéliste.
(Voir page 818.)

Pubitschka (Franz). Oratio de S. Joanne Evangelista. *Olomuc.* 1756. Fol.

Trench (Francis). Life and character of J. John the Evangelist. *Lond.* 1850. 8.

Da Costa (Isaac). De apostel Johannes en zijne schriften. Eene bijbelstudie. *Amst.* 1853. 8.

Jean de la Croix (Saint).
(Voir page 818.)

Abrégé de la vie du bienheureux P. Jean de la Croix, premier carme déchaussé. *Douai.* 1675. 8.

Jean de Dieu (Saint).
(Voir page 819.)

Perdicari (Ilarione). Il fuoco celeste. Raggionamento per le lodi del B. Giovanni di Dio, fondatore della religione di quelli, che curano gl'infermi. *Palerm.* 1659. 12.

Perdicari (Ilarione). Cronologiche notizie della vita, morte e miracoli del B. Giovanni di Dio, etc. *Palerm.* 1666. 4.

Donzella (Pietro). Saggio degli applausi festivi per la canonizzazione del glorioso S. Giovanni di Dio della nobile professione degli librari, singolare ornamento e loro protettore dilettissimo. *Palerm.* 1691. 8.

Scodaniglio (Marco Aurelio). Vita di S. Giovanni di Dio, fondatore de' frati ospidaleri, ministri degl' infermi, dette Fate-bene-Fratelli. *Palerm.* 1706. 12.

—— Elogio di S. Giovanni di Dio, estratta dalla sua vita. *Palerm.* 1707. Fol.

Wilmet (Charles). Vie de S. Jean de Dieu, suivie d'une notice sur l'ordre de la Charité ou des frères hospitaliers, etc. *Namur.* 1853. 12. Portrait.

Leguay (Emile). Etude historique : De l'ordre de la charité de S. Jean de Dieu et de ses établissements en France. *Par.* 1854. 8.

Jean de Brienne.
(Voir page 201.)

Montcarmet (Elias de). Jean de Brienne, roi de Jérusalem et empereur de Constantinople. *Limog.* 1854. 12.

Jean XXII.
(Voir page 820.)

Bertrandy (N... N...). Recherches historiques sur l'origine, l'élection et le couronnement du pape Jean XXII. *Par.* 1854. 8. (Extrait de la *Bibliothèque de l'école des chartes.*)

Jean Frédéric I, dit le **Magnanime.**
(Voir page 824.)

Steinacker (Gustav). Johann Friedrich der Grossmüthige und Sybilla, Churfürst und Churfürstin von Sachsen. Ein Bild, etc., als Beitrag zur 300jährigen Todes- und Gedächtniss-Feier des evangelischen Glaubenshelden Johann Friedrich am 5. März 1854. *Weim.* 1854. 16.

Dittenberger (Wilhelm). Predigt bei der 300jährigen Gedächtnissfeier des Todestages Churfürst Friedrich's des Grossmüthigen von Sachsen, etc. *Weim.* 1854. 8.

Jeanne I.
(Voir page 829.)

Ellet (Mrs. E... F...). Scenes in the life of Joanna of Sicily. *Lond.*, s. d. (1840). 8. (*Oxf.*)

Jeanne la Papesse.
(Voir page 831.)

Nicolai (Heinrich). Vom Pabst Johann VIII, dass er eine Frau gewesen, aus beglaubten päbstlichen Scribenten. *Goslar.* 1614. 4. (Fort rare.)

Jeanne d'Arc, dite la **Pucelle d'Orléans.**
(Voir page 832.)

Lafontaine (A... P...). Vie de Jeanne d'Arc. *Orléans.* 1854. 18.

Quicherat (Jules). Histoire du siége d'Orléans et des honneurs rendus à la Pucelle. *Par.* 1854. 18.

Vallet de Viriville (Auguste). Nouvelles recherches sur la famille et sur le nom de Jeanne Darc (!), dite la Pucelle d'Orléans, accompagnées de tableaux généalogiques et de documents inédits. *Par.* 1854. 8. (Extrait de *l'Investigateur*, tiré à petit nombre.)

Jefferson (Thomas).
(Voir page 835.)

T. Jefferson's Selbstbiographie mit einem darauf bezüglichen Anhange ; nach dem Englischen bearbeitet von Wilhelm **Rapp.** *Philadelph.* 1855. 8. Portrait.

Jellinek (Adolph),
orientaliste allemand (26 juin 1820 — ...).

Jost (Isaac Marcus). A. Jellinek und die Kabbala. *Leipz.* 1852. 8.

Jephthé.
(Voir page 837.)

Pfeiffer (August). Dissertatio, an Jephtha filiam suam immolavit. *Witteb.* 1671. 4.

Jérôme (Saint).

(Voir page 838.)

Romani (Vincenzo). Compendio storico della vita e degli scritti di S. Girolamo, dottore massimo della chiesa. *Casalmaggiore.* 1844. 2 vol. 16.

Jésus-Christ.

(Voir page 840.)

Lambert (François). De regno, civitate et domo Dei ac Domini nostri Jesu Christi. *Wormat.* 1538. 8. (Rare.)

Perion (Joachim). De vita Christi. *Par.* 1556. 8. *Col. Agr.* 1571. 12.

Ortel (Hieronymus). Leben, Leiden und Todt Jesu. *Nürnb.* 1611. 4. Gravures.

—— Vita Christi. *Norimb.* 1614. 8. Gravures.

Schabaelie (Jan Philipsz). Historische beschrijving van het leven Jesu Christi. *Alckmaer.* 1647. 4. Figures.

Lancella (Antonio). Della vita e dottrina di N. S. Gesù-Christo, raccolta da' quatro evangelisti. *Palerm.* 1672. 12.

Bynæus (Antonius). De morte Jesu Christi commentarius. *Amst.* 1691. 2 vol. 4.

Oyly (Catharine d'). History of the life and death of our blessed Saviour, *Southampton.* 1794. 8. (*Oxf.*)

Chevignard (N... N...). Vie de Jésus, rappelée à sa simplicité, suivie de maximes tirées de l'*Imitation de Jésus.* *Par.* 1795. 12. Réimpr. s. c. t. Exemple de vertu et instructions élémentaires pour tous les peuples. *Par.* 1805. 12.

Trento (Francesco). Della vita di Gesù Cristo. *Parma.* 1839. 52.

Strickland (John). Life of Jesu-Christ. *Lond.* 1846. 8. (*Oxf.*)

Blin (Aimé). Le caractère spécial de Jésus-Christ comme personnage historique. *Strasb.* 1852. 8.

Kolthoff (E... W...). Vita Jesu Christi a Paulo apostolo adumbrata. *Hafn.* 1853. 8.

Meyboom (L... S... P...). Leven van Jezus, den zoon Gods en de zaligmaker der wereld, wetenschappelijk-populair beschreven. *Groning.* 1853. 8.

Frenay (J... D...). Geboorteboek van Jezus Christus, zoon van David, zoon van Abraham, volgens Mattheus verklaard. *Leyd.* 1853. 8.

Cala (Carlo). Memorie istoriche dell' apparitione delle croci prodigiose. *Napol.* 1661. 4. (Rare et recherché.)

Wagner (Tobias). Inquisitio in oracula Sibyllarum de Christo. *Tubing.* 1664. 4. (Rare et très-curieux.)

Rigola (Giovanni Fedele Antonio). Breve istoria della veneranda e celebre immagine di Nostro Signor Crocifisso, detta il *Volto santo* di Lucca. *Venez.* 1763. 12.

Anstett (Jean Philippe). Étude sur les images du Christ pendant les six premiers siècles. Thèse. *Strasb.* 1853. 8. (*L.*)

Notice historique et critique sur la sainte couronne d'épines de N. S. Jésus-Christ et sur les autres instruments de sa passion qui se conservent dans l'église métropolitaine de Paris, s. l. (*Par.*) 1828. 8.

Gourmont (Gabriel de). Dissertation sur la sainte tunique de N. S. qui est conservée dans le prieuré d'Argenteuil. *Par.* 1667. 12.

Follet (A...). Histoire de la robe sans couture de N. S. Jésus-Christ, conservée dans l'église d'Argenteuil. *Par.* 1842. 12.

Goerres (Jacob Joseph v.). Die Wallfahrt nach Trier. *Regensb.* 1845. 8.

Laven (Philipp). Die kirchliche Tradition vom heiligen Rocke. *Trier.* 1845. 8.

Ritter (Joseph Ignaz). Die Verehrung der Reliquien und besonders des heiligen Rockes in Trier. *Bresl.* 1843. 8.

John of Salisbury.

(Voir page 851.)

Schmidt (Julius). Joannes Parvus Sarisberensis. *Vratisl.* 1858. 8.

Johnson (W... A... B...),

théologien anglais.

Memoir of the Rev. W. A. B. Johnson, with prefatory remarks by William JOWETT. *Lond.* 1852. 8.

Joseph (Saint).

(Voir page 856.)

(**Salembiet**, N... N...). Vie de S. Joseph, époux de la sainte Vierge Marie et père nourricier de Jésus-Christ, par un ancien curé. *Roubaix.* 1857. 18. Portrait.

Joseph II.

(Voir page 856.)

Ducoudray (N... N...). Anecdotes intéressantes et historiques de l'illustre voyageur (Joseph II). *Liége.* 1777. 8.

Joseph Ibn Zadik,

philosophe juif du xiie siècle.

Beer (B...). Rabbi Joseph Ibn Zadik. Ein Beitrag zur Geschichte der Philosophie im 12ten Jahrhundert. *Leipz.* 1854. 8.

Josèphe (Flavius).

(Voir page 859.)

Berggren (Jakob). F. Josephus, der Führer und Irreführer der Pilger im alten und neuen Jerusalem. *Leipz.* 1854. 8.

Joséphine de Beauharnais.

(Voir page 861.)

Guégan (Pierre Joseph). Quelques souvenirs historiques sur Rueil et la Malmaison, les tombeaux de l'impératrice Joséphine et de la reine Hortense. *Par.* et *Versailles.* 1853. 12.

* Ces extraits des *Essais historiques sur Rueil et la Malmaison*, du même auteur, ont été tirés à un très-petit nombre d'exemplaires.

Joséphine Maximilienne Eugénie de Leuchtenberg,

épouse de Oscar I, roi de Suède,

(14 mars 1807 — mariée le 19 mai 1823 — ...).

Oscar och Josephina, Sweriges höga Regentpar. Korta Lefnadsteckningar. *Stockh.* 1845. 16. (Orné du portrait du roi et de celui de la reine.)

Jossaud (Esprite de),

dominicaine française.

Dupont (Jean). Vie de la révérende mère E. de Jésus de Jossaud, du tiers ordre de S. Dominique et de S. François de Paul. *Avign.* 1705. 12.

Jottrand (Lucien Léopold),

jurisconsulte belge (30 janvier 1804 — ...).

Delhasse (Félix). Écrivains politiques belges. M. Jottrand. *Brux.* 1854. 8.

Jovinianus,

moine romain au ive siècle.

Lindner (Otto). Dissertatio de Joviniano et Vigilantio. *Lips.* 1839. 4.

Judas Ischariote.

(Voir page 864.)

Nessel (Martin). De Juda proditore. *Rintel.* 1641. 4. *Brem.* 1666. 4.

Plesken (Meinhard). Disputatio de Juda Ischariote, s. l. (*Brem.*) 1727. 4.

Jules,

duc de Brunswick.

Deipholdius (Rudolph). Oratio de Henrico Julio Gwelphio principe, s. l. (*Helmst.*) 1613. 4. (*Oxf.*)

Julien (Saint),

évêque de Cuenca.

Escudero (Francisco). Vida y milagros del glorioso confessor S. Julian, segundo obispo de Cuenca. *Toled.* 1589. 8. *Cuenca.* 1601. 8.

Junius.

(Voir page 870.)

Ayerst (Francis). Ghost of Junius, or the author identified with lieutenant-general sir R. Rich, baronet. *Lond.* 1853. 8.

Griffin (Frederick). Junius discovered. *Boston.* 1854. 12.

Justin (Saint).

(Voir page 872.)

Kayser (August). De Justini martyris doctrina dissertatio. *Argent.* 1850. 8. (*L.*)

Justinien.

(Voir page 873.)

Brueckner (Wilhelm Hieronymus). An Justinianus imperator fuit uxorius. *Jenæ.* 1705. 4. (*Oxf.*)

Vlaarginderwood (Jacob). Oratio de imperatore Justiniano. *Delphis.* 1735. 4. (*Oxf.*)

K

Keller (Hans),
sculpteur suisse.

Neujahrsstück der Künstlergesellschaft in Zürich für 1859, enthaltend : Lebensbeschreibung und Characteristik des Bildhauers H. Keller. *Zürch.* 1859. 4. Portr.

Kerstenstein (Crispin),
théologien allemand.

Pascha (Nicolaus). Oratio funebris dicta in honorem C. Kerstenstenii senioris. *Regiomont.* 1611. 4.

Kielmann v. Kielmansegg (Johann Adolph),
jurisconsulte holsatien (14 oct. 1612 — 8 juillet 1676).

Musaeus (Simon Heinrich). Panegyricus J. A. Kielmanno a Kielmansegg scriptus. *Kilon.* 1673. 4.

Kiesling (Johann),
médecin allemand.

Lehmann (Michael Gottlieb). Leichenpredigt auf J. Kiesling, Medicinæ Doctoris. *Dresd.* 1654. 4.

Kinker (Johannes),
savant hollandais.

Hall (Maurits Cornelis van). J. Kinker. Bijdrag tot zijn leven , karakter en schriften. *Amst.* 1850. 8. Portrait.

Kirby (William),
pédagogue anglais.

Freeman (John). Life of the Rev. W. Kirby, rector of Barham. *Lond.* 1855. 8.

Kitunen (Märten),
chasseur finnois.

Den Finska Björn Skytten M. Kitunens Lefnad och märkwärdigare Jagtafwentyr. *Upsal.* 1856. 8.

Kleinoel (Philipp Heinrich),
théologien allemand.

Petri (Jacob). Leichenpredigt auf den Pfarrer zu Markstein, P. H. Kleinoel. *Frf.* 1700. 8.

Knibb (William),
(Voir page 895.)

Hoby (James). Memoir of W. Knibb. *Lond.* 1839. 8. (*Oxf.*)

Knobelsdorff (Eustachius v.),
prêtre allemand.

Hildebrand (Michael). Oratio funebris in obitum E. a Knobelsdorff, decani Vratislawiensis et custodis Varmiensis. *Nissæ.* 1571. 4.

Knorring (Lars Jakob v.),
général suédois.

Montgomery (Gustaf). Biografi öfwer framlidne General-Majoren L. J. v. Knorring. *Stockh.* 1846. 8.

Koch (Johann Jürgen),
paysan-poëte allemand.

Leben und Führung von J. J. Koch, einem armen Landmann in Westphalen; nebst einem Sendschreiben und einigen Liedern Koch's. *New-York.* 1855. 16.

Kochanowsky (Johan),
poëte polonais (1532 — 1584).

Rzewuski (Stanislas). De la poésie lyrique et en particulier de J. Kochanowsky, lyrique polonais. *Par.* 1824. 4. (*Oxf.*)

Koenig (Niklaus),
peintre suisse.

Neujahrsblatt der Künstlergesellschaft in Zürich für 1837, enthaltend : Lebensbeschreibung und Characteristik des Malers N. Koenig, aus Bern. *Zürch.* 1837. 4. Portrait.

Koenigsmarck (Grafen),
famille allemande.

Hesekiel (George). Nachrichten zur Geschichte des Geschlechts der Grafen Koenigsmarck. *Bert.* 1854. 8.

Kohlreif (Matthias Erasmus),
théologien allemand.

Pistorius (Johann). Des Seeligen Amtsweg. Leichenpredigt auf den Hofprediger M. E. Kohlreif. *Ratzeb.* 1703. 4.

Kolby (Nicolaus Heinrich),
criminel allemand.

Der Todtenbund. Eine aktenmässige Darstellung der Hauptmomente der wegen eines Complots gegen den Staat, resp. wegen eines Mordanschlags wider den (Bremer) Senat in den Jahren 1852-1853 geführten Criminaluntersuchung wider N. H. Kolby und Consorten. *Brem.* 1854. 8.

Kolettis (Joannis),
homme d'État grec (1788 — .. sept. 1847).

(**Loménie**, Louis de). M. Colettis, par un homme de rien. *Par.* 1842. 12.

Kolokotronis (Theodoros),
général grec (3 avril 1770 — 4 février 1843).

Kolokotronis (Theodoros). Ὁ γέρων Κολοκοτρωνης. (Mémoires depuis 1770 jusqu'en 1836), publ. par Theodoros Konstantinos Kolokotronis. *Athen.* 1851. 8.

Kotska (Saint Stanislas).
(Voir page 904.)

Perdicari (Giuseppe). Brieve ragguaglio della vita del B. S. Kotska. *Palerm.* 1644. 16. *Ibid.* 1677. 24. *Ibid.* 1692. 24.

Bartoli (Daniello). Della vita e miracoli del B. S. Kotska della compagnia di Giesù. *Rom.* 1671. 4. *Venez.* 1754. 8. *Brescia.* 1843. 16.

—— Compendio della vita del B. S. Kotska. *Rom.* 1681. 12. (Abrégé de l'ouvrage précédent.) *Ibid.* 1704. 32. *Napol.* 1856. 52. *Firenz.* 1856. 18. *Milan.* 1840. 24. *Rom.* 1841. 52. *Brescia.* 1843. 16. *Veron.* 1845. 16.

Kossuth (Lájos).
(Voir page 903.)

Hungary, its history and revolutions; with a copious memoir of Kossuth, from new and authentic sources. *Lond.* 1854. 8. Portrait.

Krassow (Herren v.),
famille allemande.

Bohlen (Julius v.). Geschichte des adlichen (!) freiherrlichen und gräflichen Geschlechts v. Krassow. *Berl.* 1853. 2 vol. 4.

Krause (W... A...),
théologien allemand (?).

Stanford (Charles Stuart). Memoir of the late Rev. W. A. Krause, with selections from his correspondence. *Lond.* 1854. 8.

Kylander (Jonas),
évêque de Linkœping († 30 mai 1630).

Gylle (Anders). Oratio in funere reverendissimi viri J. Kylandri, episcopi Lincopiensis. *Upsal.* 1630. 4.

Petri (Jonas Agrivell). Oratio memoriæ M. J. Kylandri, episcopi Lincopiæ. *Upsal.* 1651. 4.

Kyllinger (Jacob Werner),
jurisconsulte allemand (15 avril 1598 — 17 juin 1620).

Goebel (Johann Conrad). Nachricht von J. W. Kyllinger. *Augsb.* 1621. 4.

L

Labadie (Jean de).
(Voir page 915.)
Pauli (Adrian). Examen errorum J. de Labadie. *Hamb.* 1674. 4.
Berkum (Hendrik van). De Labadie en de Labadisten; eene bladzijde uit de geschiedenis der Nederlandsche hervorming-kerk. *Sneek.* 1851. 2 vol. 8.

Labita (Mattia),
carmélite italien.
Carvini (Vito). Vita della serva di Dio suor M. Labita, terziaria de' PP. carmelitani della città di Monte Erice, oggi S. Giuliano. *Palerm.* 1675. 4.

Labrador (Isidro).
(Voir page 916.)
Ezquerra (Joachim). Elogio a S. Isidro Labrador, patron de Madrid. *Madr.* 1779. 8. (*Oxf.*)

Labre (Benoît Joseph).
(Voir page 916.)
Vie de B. J. Labre, mort à Rome en odeur de sainteté. *Rom.* (*Douai*). 1784. 12. *
* Traduction de l'ouvrage italien de Giuseppe MARCONI, indiqué page 916.

Lacordaire (Jean Baptiste Henri Dominique).
(Voir page 918.)
Maffre (Justin). Le R. P. Lacordaire, sa vie et ses ouvrages. *Toulouse.* 1854. 8.

Laet (Jean de),
naturaliste belge (19 janvier 1593 — ... 1651).
Kickx (Jean). Esquisses sur les ouvrages de quelques anciens naturalistes belges : J. de Laet, s. l. (*Brux.*) 1852. 8. (Extrait des *Bulletins de l'Académie royale de Belgique.*)

Lafontaine (Jean de).
(Voir page 922.)
Gaillard (Gabriel Henri). Études sur La Fontaine, ou notes et excursions littéraires sur ses fables, précédées de son éloge inédit. *Par.* 1812. 8.
Guillaume (N... N...). Recherches sur les auteurs dans lesquels La Fontaine a pu trouver les sujets de ses fables. *Besanç.* 1822. 8.
Taine (Henri). Essai sur les fables de La Fontaine. *Par.* 1854. 8. (2e édition.)

Laira (Gabriele),
minime italien.
Vanni (Placido Maria). Orazione funerale in lode di G. Laira, de' clerici regolari minori. *Venez.* 1626. 4.

Lalain (Jacques de).
(Voir page 925.)
Dennetières (Jacques). Le chevalier sans reproche, J. de Lalain. *Tournai.* 1633. 8. Figure.

Lamartine (Alphonse de **Prat** de).
(Voir page 926.)
Mirecourt (Eugène de). Lamartine. *Par.* 1854. 52. Portrait. *
* Faisant partie du recueil *les Contemporains.*
Neumann (W...). Lamartine. Eine Biographie. *Cassel.* 1854. 16. Portrait.

Lambert (Saint).
(Voir page 927.)
Engelbrecht (Philipp). D. Lamberti episcopi Trajectensis martyris vita. *Basil.* 1519. 4. (Rare.)

Lamennais (Hugues Félicité **Robert**, dit de).
(Voir page 928.)
Mirecourt (Eugène de). L'abbé de Lamennais. *Par.* 1854. 52. Portrait. *
* Appartenant au recueil *les Contemporains.*

Lamouroux (Marie Thérèse Charlotte).
(Voir page 929.)
Speroni (Luigi). La buona madre, o sia vita della signora di Lamouroux (!) fondatrice e prima superiora della casa della misericordia di Bordeaux. *Milan.* 1846. 8. *
* Ce n'est qu'une traduction de l'ouvrage de l'abbé POUGET, mentionné page 929.

Lampronti (Cesare),
philanthrope italien.
Levi (Giuseppe). Parole di lode alla memoria di C. di J. Lampronti. *Firenz.* 1846. 8.

Landemann (N... N...),
colonel anglais.
Landemann (colonel). Recollections of my military life. *Lond.* 1854. 2 vol. 8.

Langdale (Henry, lord),
homme d'État anglais.
Hardy (Thomas Duffus). Memoirs of the Right Hon. H., lord Langdale. *Lond.* 1852. 2 vol. 8.

Langlade du Chayla (abbé de),
prêtre français.
Rescossier (M...). Relation de la mort de M. l'abbé de Langlade du Chayla et de plusieurs autres personnes qui ont été massacrées par les fanatiques des Cévennes, du diocèse de Mende. *Toulouse.* 1853. 8.

Langschmidt (Levin Burchard),
théologien allemand (1er nov. 1654 — 23 avril 1722).
Erythropel (David Ruprecht). Leichenpredigt auf den Herrn Pastor L. B. Langschmidt. *Hannov.* 1722. Fol.

Lanuza (Luigi).
(Voir page 935.)
Sanfilippo (Pietro). Vita del venerabile servo di Dio P. L. La Nuza (!). *Rom.* 1859. 52. Portrait.

Larpent (N... N...),
jurisconsulte anglais.
Larpent (George). The private journal of judge advocate general Larpent, attached to the head quarters of lord Wellington during the Peninsular war. *Lond.* 1854. 8. (3e édition.)

Lassala (Manuel),
jésuite espagnol (25 déc. 1738 — 22 mars 1806).
P(eirolon) F(rancisco). Memoria literaria de la vida y escritos de D. M. Lassala. *Valencia.* 1828. 8.

Lasso ou Lassus (Orlando).
(Voir page 940.)
(**Wins,** Camille). De la part que la société des sciences du Hainaut a prise à l'érection de la statue d'O. de Lassus, célèbre compositeur montois. *Mons.* 1854. 18.

Laurent (Saint).
(Voir page 943.)
Carrillo (Francisco de Cordoba. Certamen historico por la patria del esclarecido martyr S. Laurencio, etc. *Cordov.* 1673. Fol.

Lazzari (Sulpizia),
religieuse italienne.
Galuzzi (Francesco Maria). Vita della serva di Dio S. Lazzari, vergine secolare di Città di Castello. *Rom.* 1750. 4. Portrait.

Leclère (Achille René François),
architecte français (9 oct. 1785 — 23 déc. 1833).
Vinit (N... N...). Discours prononcé sur la tombe d'A. R. F. Leclère, secrétaire archiviste de la section d'architecture. *Par.* 1854. 8.
Lance (Adolphe). Notice sur la vie et les travaux de M. A. Leclère, architecte, membre de l'Institut. *Par.* 1854. 8.

Lecomte (Pierre),
fondateur de l'Académie de musique de Douai.
Nutly (Léon). Biographie de P. Lecomte, fondateur de l'Académie de musique de Douai. *Douai.* 1854. 8. (Extrait des *Mémoires de la Société d'agriculture, sciences et arts de Douai.*)

Ledesma (Juan de).
(Voir page 953.)
Perez de Ribas (Andrés). Carta de la muerte y virtudes del P. J. de Ledesma, que murio en el Mexico el año 1636. *Mexic.* 1656. 4.

Lefebvre (Isaac).
(Voir page 953.)
Papal persecutions in France, or memoirs of Marolles and Le Febvre, two French protestants. *Lond.* 1840. 8. (*Oxf.*)

Le Feron (L... J... S...),
commandant de la garde nationale de Compiègne.
Chabanon (Michel Paul Guy de). Éloge historique de L. J. S. Le Féron, premier commandant de la garde nationale de Compiègne, s. l. 1791. 8.

Leicester (Robert **Dudley**, earl of).
(Voir page 957.)
Discours de la vie abominable, ruses, trahisons, meurtres, etc., desquels a usé et use journellement le My Lorde (!) de Lecestre Machiavelliste, etc., s. l. (*Par.*) 1585. 12.
* Titre rectifié de l'ouvrage indiqué page 957.

Lellis (Camillo de).
(Voir page 960.)
Guardi (Camillo). Ristretto cronologico della vita di S. C. de Lellis. *Firenz.* 1846. 8. *
* C'est une réimpression de l'ouvrage anonyme mentionné sous le même titre, page 959.

Lemaistre (Antoine)..
(Voir page 960.)
Delsol (Jean Jacques). Barreau de Paris. Éloge d'A. Lemaistre, etc. *Par.* 1854. 8.

Lemercier (Népomucène Louis),
poète français (21 avril 1771 — 6 juin 1840).
Dufey de l'Yonne (P... J...). N. L. Lemercier; notice nécrologique. *Par.* 1840. 8. (Extrait du *Journal de l'Institut historique*.)

Lemmich (Heinrich),
théologien allemand (?)
Oldenburg (Heinrich). Christliche Sterbekunst. Leichpredigt auf H. Lemmich, Prediger zu Bergen. *Lübeck.* 1674. 4.

Lenartowicz (Kazimiera Albina **Giezgiezlow**),
dame polonaise.
Biografia K. A. Giezgiezlowoca Lenartowicza. *Poznan.* 1844. 8.

Lennartson (Lennart),
Suédois.
S*** (F... v.). Minnesteckning öfwer framlidne Bruckspatron L. Lennartson. *Upsal.* 1848. 8.

Leoluca (Saint),
patron de la ville de Monteleone.
Falcone (Ippolito). Vita di S. Leoluca, protettore della città di Monteleone. *Napol.*, s. d. 12.

Léon X.
(Voir page 963.)
Burgos (Alessandro). In funere Leonis X oratio. *Rom.* 1710. 4.
—— In funere Leonis X oratio altera. *Rom.* 1711. 4.

Léopold I.
(Voir page 968.)
(**Derive**, Théodore). Histoire de S. M. Léopold, roi des Belges. *Liége.* 1848. 18. Portrait.

Lepelletier, comte de **Saint-Fargeau** (Louis Michel).
(Voir page 908.)
Fouque (Jacques Joseph). Oraison funèbre de M. Lepelletier, représentant du peuple français, assassiné le 20 janvier (!) par Paris, ci-devant garde du corps, pour avoir voté pour la mort du tyran (Louis XVI). *Apt.* 1793. 8. *
* Cette oraison, omise par Quérard, est très-rare.

Le Pois (Charles),
médecin français du xviie siècle.
Saucerotte (Charles). Éloge historique de C. Le Pois (Carolus Piso), célèbre médecin lorrain au xviie siècle. *Nancy.* 1854. 8. (Extrait des *Mémoires de l'Académie de Stanislas.*)

Le Rendu (N... N...),
prêtre français.
Macé (abbé). Notice biographique sur MM. Le Rendu et Ménant, curés de Courcy. *Par.* 1854. 8.

Leroy de Saint-Arnaud (Jacques).
(Voir page 969.)
Texier (Edmond). Les hommes de la guerre d'Orient : le maréchal de Saint-Arnaud. *Par.* 1854. 8. Portrait.

Lersner (Otto),
théologien (?) allemand.
Neuberger (Theophil). Leichpredigt auf O. Lersner. *Cassel.* 1631. 4.

Lessey (Theophilus),
théologien anglais.
Hannah (John). Memorials of the life, ministry and correspondence of T. Lessey, etc. *Lond.* 1842. 8. (*Oxf.*)

Lessing (Gotthold Ephraim).
(Voir page 972.)
Schwarz (Carl). G. E. Lessing als Theologe dargestellt. Ein Beitrag zur Geschichte der Theologie im achtzehnten Jahrhundert. *Halle.* 1854. 8.

Lesueur (Jean François),
musicien français (15 février 1760 — 6 oct. 1837).
Ducancel (E... P...). Mémoire pour J. F. Lesueur, l'un des inspecteurs de l'enseignement au Conservatoire de musique. *Par.* 1802. 8.

Letellier (Michel),
jésuite français (16 déc. 1643 — 2 sept. 1719).
Vie du P. Letellier, son origine, ses progrès, sa chute et la déroute de sa société. *La Haye.* 1716. 12.

Levasseur (Jean).
mayeur de Lille du xviie siècle.
Cuvelier (Michel). Mémoires sur la vie de M. J. Levasseur, mayeur de la ville de Lille, au xviie siècle, et sur la fondation de la Chartreuse de la Boutillerie. *Lille.* 1854. 8.

Levasseur (Rosalie),
cantatrice française (5 oct. 1749 — vers 1810).
Dinaux (Arthur). R. Levasseur.· *Valencien.* 1845. 8. Portrait. (Extrait des *Archives du Nord de la France et du Midi de la Belgique.*)

Levis (Marie Catherine Amande **d'Aubusson de la Feuillade**, duchesse de),
dame française.
Tisseron (N... N...) et **Quincy** (N... N... de). Notice nécrologique sur madame la duchesse de Levis. *Par.* 1854. 8.

Liborius (Saint).
(Voir page 978.)
Meinhard (Carl). Die Translation des heiligen Liborius nach Paderborn. Ein historisches Gemälde aus dem kirchlichen Leben des neunten Jahrhunderts. *Trier.* 1854. 16. ·

Lidbetter (Sarah),
Anglaise (vers 1822 — 1831).
Notice sur S. Lidbetter, fille de Bridger et d'Élisabeth Lidbetter de Brighton, morte en 1851, à l'âge de neuf ans et demi. Notice fournie par sa mère. *Nîmes.* 1854. 18.

Ligne (Albert Henri, prince de),
homme d'État belge.
C***. Oraison funèbre sur le trépas de très-haut et puissant seigneur messire A. H. prince de Ligne, prononcée à Bel-OEil. *Douai.* 1624. 4.

Liguori (Alfonso Maria di).
(Voir page 982.)
Guzzoni (Carlo). De A. M. de' Liguori viro sancto libri II. *Fulginiæ.* 1845. 8.

Lind (Jenny).
(Voir page 983.)
J. Lind, den Swenska Näktergalen. En biografiskt Skizz. *Norrköpp.* 1845. 8.

Lindfors (A... O...),
littérateur suédois.
Minne af A. O. Lindfors. *Lund.* 1843. 8.

Ling (Pehr Henrik).
(Voir page 984.)
Werlauff (Erich Christian). Bidrag til P. H. Lings Biographie. *Norrköpp.* 1845. 8.

Lino (Saint),
pape, successeur de saint Pierre.
Galluzzi (Francesco Maria). Nove meditazioni sopra S. Lino, papa secondo e successore immediato di S. Pietro, patrizio e protettore della città di Volterra in Toscana. *Rom.* 1722. 12.

Liwijn (Clas),
Suédois.
Arwidsson (Adolf Iwar). Lefnads-Teckning öfwer C. Liwijn. *Oerebro.* 1830. 8. (Tiré à 20 exemplaires.)

Locatelli (Paolo),
prêtre italien.
(**Vignati**, Cesare). Ricordanza funebre di P. Locatelli, arciprete parroco di S. Gualtiero nei sobborghi di Lodi. *Lodi.* 1845. 4.

Lodi (Emmanuele).
(Voir page 990.)
Bortoluzzi (Giuseppe). In funere E. Lodi, e familia Dominicana, episcopi Utinensis, etc., oratio, s. l. et s. d. (*Utini.* 1845.) 8. (Omis par Cicogna dans son ouvrage *Saggio di Bibliografia Veneziana*.)
Foraboschi (Giovanni Paolo). In funere E. Lodii, ordinis prædicatorum, episcopi Utinensis, S. Petri Rosacensis abbatis, prælati domestici, etc., s. l. et s. d. (*Utini.* 1845.) 8. (Echappé aux recherches de Cicogna.)

Londonio (Carlo Giuseppe).
(Voir page 994.)
Ambrosoli (N... N...). Della vita e degli scritti del cavaliere C. G. Londonio. *Milan.* 1845. 8.

Longo (Maria Laurenzia),
capucine italienne.
Dell' eroiche imprese della venerabile M. L. Longo, fondatrice del magnifico ospedale degli incurabili e del monistero delle religiose cappuccine in Napoli, detta Santa Maria in Gerusalemme. *Napol.* 1855. 8.

Longuerue (Loùis **Dufour**, abbé de),
littérateur français (1652 — 20 nov. 1733).
Longueruana, ou recueil de pensées, de discours et de conversations, etc. *Par.* 1754. 2 vol. 12. *Berl.* 1754. 8. *
* On y trouve une liste de ses ouvrages et de ses manuscrits.

Lorraine (Charles de).
(Voir page 997.)
Galluzzi (Francesco Maria). Ragguaglio della vita del P. Carlo di Loreno, prima vescovo e conte di Verdun e poi professo della compagnia di Giesù. *Rom.* 1723. 4. Portrait.

Louis IX, dit le Saint.
(Voir page 1001.)
Montelet (N... N...). Panégyrique de S. Louis, etc. *Par.* 1691. 4.
Pleuvri (Jacques Olivier). Panégyrique de S. Louis, etc., s. l. (*Par.*) 1737. 4.
Béraud (abbé). Panégyrique de S. Louis, roi de France, etc. *Par.* 1823. 4.

Louis XIV.
(Voir page 1007.)
Lambert (N... N...). Éloge funèbre de Louis le Grand, roi de France. *Douai.* 1715. 4.

Louis XV.
(Voir page 1010.)
Torné (Pierre Anastase). Oraison funèbre de Louis XV, roi de France et de Navarre. *Tarbes.* 1775. 4.

Louis XVI.
(Voir page 1012.)
Richois (Michel Germain). Défense de Louis XVI. Première partie, contenant l'examen des faits antérieurs à l'acceptation de l'acte constitutionnel. *Par.* 1792. 8.
Gouges (Olympe de). Les trois urnes, ou le salut de la France, s. l. et s. d. (*Par.* 1793.) 12.*
* Cette brochure, publiée pendant les débats du procès de Louis XVI, fut la cause ou le prétexte de son arrestation. L'auteur de cette défense — que quelques-uns croyaient bâtarde de Louis XV — porta sa tête sur l'échafaud le 5 novembre 1793. Son écrit est devenu fort rare.
Lequinio (N... N...). Opinion sur la défense de Louis XVI, imprimée par ordre de la Convention. *Par.* 1793. 8. *Douai.* 1794. 8.

Procès de Louis Capet. *Douai, s. d.* (1793). 3 vol. 8.
Seguin (Auguste). Les actes du martyre de Louis XVI, roi de France et de Navarre, etc., suivis de la correspondance particulière de ce monarque. *Avign.* 1837. 8. Portrait.
Burion (Amédée). Louis XVI, martyr dans sa royauté, dans sa famille, dans sa foi. Eloge funèbre. *Par.* 1854. 8.
Anecdotes du temps de Louis XVI. *Par.* 1854. 18.

Louis XVIII.
(Voir page 1020.)
Crowe (Eyre Evans). History of Louis XVIII and Charles X. *Lond.* 1854. 2 vol. 8.

Louis I.
(Voir page 1022.)
Knapp (Johann Friedrich). Einige vergleichende Rückblicke auf die Zeiten des Landgrafen Philipp des Grossmüthigen und des Grossherzogs Ludewig I von Hessen, etc. *Darmst.* 1844. 4.

Louise Marie de France.
(Voir page 1027.)
Deserre-Figon (Joseph Bernard). Oraison funèbre de très-haute, très-puissante et très-excellente princesse Louise Marie de France, carmélite et prieure du monastère de Saint-Denis. *Par.* 1788. 8.

Lucae (Friedrich),
chroniqueur allemand.
Lucae (Friedrich). Der Chronist F. Lucae. Ein Zeit- und Sittenbild aus der zweiten Hälfte des 17ten Jahrhunderts. Nach einer von ihm selbst hinterlassenen Handschrift bearbeitet und mit Anmerkungen, nebst einem Anhange versehen. *Frf.* 1854. 8.

Lucci (Antonio),
franciscain italien.
Vita et mors pretiosa reverendi in Christo patris ac domini A. Lucci, Bovinensium episcopi ex ordine fratrum minorum S. P. Francisci conventualium. *Col. Agr., s. d.* (1754). 12.

Lucie (Sainte).
(Voir page 1031.)
Perelli (Mariano). Vita della gloriosa S. Lucia, vergine e martire Siracusana. *Palerm.* 1632. 4.
Previ (Francesco). Vita della B. Lucia Caltagironese, religiosa dell' ordine S. Francesco. *Messin.* 1664. 12.
Pica (Carlo Maria). Panegirico di S. Lucia. *Palerm.* 1701. 4.
Leven van de H. maget ende martelaeresse Lucia, besondere patronesse tegen den rooden-loop, quaede keélen ende oogen. *Gheel, s. d.* 12.

Lucien de Samosate.
(Voir page 1031.)
Passow (W... A...). Lucian und die Geschichte. *Meining.* 1854. 4.

Luitprand.
(Voir page 1035.)
(**Carpanelli**, Pietro). Epifanio, vescovo santo nel secolo v; Luitprando, vescovo e storico nel secolo x; biografie. *Pavia.* 1845. 8.

Lumisden (Andrew),
archéologue anglais.
Dennistoun (James). Memoirs of sir Robert Strange, engraver, illustrating his artistic life, and of his brother-in-law A. Lumisden, private secretary to the Stuart princes and author of *The Antiquities of Rome.* *Lond.* 1854. 8. *
* En voie de publication.

Luther (Martin).
(Voir page 1037.)
Ohlius (Jacob Heinrich). Leben und Wandel M. Lutheri, insonderheit seiner Jugendjahre. *Königsb.* 1717. 8.
Kort Historia om Dr. M. Luther. *Sundswall.* 1844. 8.
Cnattingius (A... J...). M. Luthers Lefwerne. *Linköping.* 1847. 2 vol. 8.
Rueckert (L... J...). Luther's Verhältniss zum Augsburgischen Bekentniss. Historischer Versuch. *Jena.* 1854. 8.

Lycurgue.
(Voir page 1047.)
Heinecke (C...). Homer und Lykurg, oder das Alter der *Iliade* und die politische Tendenz ihrer Poesie. *Leipz.* 1855. 8. (L.)

M

Macaire (Saint).
(Voir page 1049.)

Leven van den H. Macarius, aerts-bisschop van Antiochien, etc. *Gent.* 1741. 12. Figure.

Kort begryp van het wonderbaer leven en mirackelen van den H. Macarius, ards-bisschop en patriarch van Antiochien. *Gent*, s. l. (1767). 12.

Macdonagh (N... N...),
Irlandais.

Mémoire de Macdonagh, Irlandais de nation, enfermé pendant douze années et sept mois dans un cachot. *Lyon.* 1792. 8. (Assez rare.)

Macdonald (George et James).

Norton (Robert). Memoirs of J. and G. Macdonald, of Port Glasgow. *Lond.* 1840. 8. (*Oxf.*)

Macheda (Bernardino de **Cardines**, duca di),
vice-roi de Sicile.

Baroni Manfredi (Francesco). Sermone recitata nell' esequie dell' eccellentissimo signore D. B. de Cardines, duca di Macheda, vice-re di Sicilia. *Palerm.* 1602. 4.

Macnaghton (John).

Some account particulars of the life of J. Macnaghton, of Benvardon. *Lond.* 1762. 8. (Omis par Lowndes.)—(*Oxf.*)

Madiot (Jacques François),
botaniste français (1er mars 1780 — 20 avril 1832).

Faissolle (N... N...). Notice nécrologique sur M. Madiot, directeur de la pépinière du département du Rhône, membre de la Société d'agriculture de Lyon, etc. *Lyon.* 1833. 8.

Magenta (il barone Pio),
médecin italien.

Chiappa (Giuseppe del). Vita del barone P. Magenta. *Pavia.* 1846. 8.

Maghe (Edmond Jean Augustin Joseph),
prêtre belge (16 juillet 1823 — 10 mars 1837).

Notice sur E. Maghe, décédé à Brugelette, etc. *Tournai*, s. d. (1837). 8.

Magirus (Johannes),
théologien allemand.

Pfeil (Johann). Leichenpredigt über J. Magirum, Probsten. *Stuttg.* 1614. 4.

Osiander (Andreas). Oratio de vita et obitu J. Magiri. *Tubing.* 1614. 4.

Mahomet.
(Voir page 1056.)

Radicati de Passeran (Albert). Parallel between Muhamed and Sosem (Moses), the great deliver of the Jews. *Lond.* 1732. 8. *

* Cet écrit, en faveur de Mahomet, est rare et recherché.

Clootz (Anacharsis). La certitude des preuves du mahométanisme. *Lond.* 1780. 12. (Rare et curieux.)

Galland (Antoine). Recueil des rites et cérémonies du pèlerinage de la Mecque. *Par.* 1754. 12.

Majella (Gerardo).
(Voir page 1063.)

Tannoja (Antonio Maria). Vita del servo di Dio F. G. Majella. *Napol.* 1842. 8. * (9e édition.)

* C'est l'original de la traduction mentionnée page 1063.

Malibran, née **Garcia** (Maria Felicitas).
(Voir page 1067.)

Parkinson (Richard). Sermon, etc., on the day after the funeral of madame Malibran. *Manchest.* 1836. 8. (*Oxf.*)

Malloni (Giovanni Tommaso),
archevêque de Belluno, du XVIIe siècle.

(Schiavo, Alessandro). Notizie istoriche di monsignore G. T. Malloni, Vicentino, chierico regolare Somasco, vescovo prima di Sebenico, indi di Belluno, secolo XVII. *Bellun.* 1839. 8.

Mamiliano (Saint),
archevêque de Palermo.

Fardella (Alberto). Brieve compendio della vita del gloriosissimo martire S. Mamiliano, cittadino e arcivescovo della felice città di Palermo. *Palerm.* 1658. 8.

Spucces (Giuseppe). Vita de' SS. martiri Palermitani, S. Mamiliano, arcivescovo di Palermo, S. Ninfa, vergine, S. Proculo, S. Eustotio e S. Golbodeo. *Palerm.* 1658. 12.

Syracusa (Giacomo). Il campo Campidoglio. Panegirico nel traslazione del capo di S. Mamiliano, cittadino e arcivescovo di Palermo. *Palerm.* 1658. 4.

Mancinelli (Giulio),
jésuite italien (1537 — 1619).

Cellesi (Jacopo). Vita del servo di Dio P. G. Mancinelli della compagnia di Giesù. *Rom.* 1668. 4. Réimpr. (par Pietro Nicola Frontoni). *Ancon.* 1675. 12. Trad. en latin par Simon Main. *Oenipont.* 1677. 4.

Mancini, duchesse de **Mazarin** (Hortense de).
(Voir page 1068.)

Melazzi (Jacopo). Memorie della signora duchessa Mazzarini (!). *Colon.* 1678. 12. *Frf.* 1681. 12. *

* Ce n'est qu'une traduction des Mémoires mentionnés page 1068. — La première édition de cette traduction est anonyme.

Manfredi Maderni (Luigi),
savant italien.

(Grosso, Carlo). Della vita e dei costumi di L. Manfredi Maderni. *Rovig.* 1845. 18.

Mangioni (Pompeo),
prêtre italien.

Hurand (Giacinto). Oratio in funere P. Mangionii utriusque signaturæ decani. *Rom.* 1635. 4.

Manton (Thomas),
théologien anglais.

Harris (William). Some memoirs of the life and character of T. Manton. *Lond.* 1725. 8. (Omis par Lowndes.) — (*Oxf.*)

Manuel (Jacques Antoine).
(Voir page 1073.)

Dubem (Jean). Éloge de Manuel, député. *Douai.* 1833. 8.

Manzoni (Giustiniano?),
savant italien.

Calogera (Angelo). Ragguaglio della vita e della morte di G. Manzoni. *Venez.* 1746. 8.

Marcel (Jean Jacques),
littérateur français (24 nov. 1776 — 12 mars 1854).

Belin (N... N...). Discours prononcé sur la tombe de M. J. J. Marcel, officier de l'ordre impérial de la Légion d'honneur, membre de l'Institut d'Egypte, ancien directeur de l'imprimerie impériale. *Par.* 1854. 8.

Marcellus (Marie Louis Auguste **Demartin du Tyrac**, comte de),
homme d'État français (1776 — 25 déc. 1841).

Gaussens (abbé). Éloges de M. le comte de Marcellus, Mgr. Daviau, M. l'abbé Lacroix, M. l'abbé Lalanne, Mgr. Dubourg, M. l'abbé Rauzan, M. le vicomte de Châteaubriand, Mgr. Frayssinous, M. l'abbé Duburg, M. l'abbé Lacombe, S. Eminence le cardinal de Cheverus. *Bordeaux.* 1854. 8.

Marchellani (Antonio),
magistrat italien.

Grotto dell' Ero (Luigi Ignazio). Alla memoria del dottore A. Marchellani, Udinese, uffiziale dirigente l'archivio, etc., delle finanze di Padova. *Padov.* 1843. 8.

Marchi (Francesco de').
(Voir page 1078.)

Tognetti (Francesco). Elogio di F. de' Marchi, architetto militare. *Bologn.* 1819. 4.

Marcola (Michelangelo),
prêtre italien († 8 août 1845).

Rivato (Antonio). In occasione delle solenni esequie di

M. Marcola, fù archiprete di S. Anastasia. *Veron.*, s. d. (1843.) 8.

Marescotti (Sainte Giacinta).
(Voir page 1079.)

Ventimiglia (Girolamo). Vita della venerabile serva di Dio S. G. Marescotti, monaca del monastero di S. Bernardino di Viterbo. *Rom.* 1695. 4.

Maret, duc de Bassano (Hugues Bernard).
(Voir page 1079.)

Notice biographique sur M. le duc de Bassano, s. l. et s. d. (*Par.*, vers 1856.) 8. (Extrait de la *Biographie des contemporains.*)

Margotti (Francesco, conte),
prêtre italien.

Mascaroli (Giuseppe). Elogio funebre del sacerdote F. de' conti Margotti, parroco di S. Maria in Traveisaca. *Bagnocavallo.* 1843. 4.

Marguerite d'Autriche.
(Voir page 1080.)

Fêtes inaugurales de la statue de Marguerite d'Autriche à Malines. — Vie de Marguerite d'Autriche. — Programme des fêtes, cavalcade. *Malin.* 1849. 4. (Avec la figure de la statue et 12 planches.)

Marguerite d'Autriche.
(Voir page 1081.)

Brief discours touchant l'arrivement en Espagne de la royne Marguerite d'Austriche et les nopces celebrez à Valence. *Brux.* 1599. 4. Trad. en flam. *Ibid.* 1599. 4.

Baroni Manfredi (Francesco). Oratione nell'esequie, etc., per la morte della serenissima D. Margarita d'Austria, regina di Spagna. *Palerm.* 1612. 4.

Marguerite de Castello,
dominicaine italienne.

Pollini (Girolamo). Vita della B. Margherita di Castello, suora del terz' ordine di S. Domenico. *Perug.* 1601. 8.

Pantani (Tommaso). Breve compendio della vita e miracoli della B. Margarita da Castello. *Perug.* 1693. 12.

Marguerite d'Écosse (Sainte).
(Voir page 1081.)

Lesley (William Aloys). Vita di S. Margherita, regina di Scozia, raccolta da diversi autori, etc. *Rom.* 1675. 12. *Ibid.* 1691. 8.

Marguerite de Lorraine.
(Voir page 1082.)

Laurent (E...). Histoire de Marguerite de Lorraine, duchesse d'Alençon, bisaïeule de Henri IV, fondatrice et religieuse de Sainte-Claire d'Argentan (diocèse de Séez). *Par.*, Nancy et Caen. 1854. 18. Portrait.

Marguerite de Valois.
(Voir page 1082.)

Freer (Martha Walker). Life of Marguerite d'Angoulême, queen of Navarra, duchesse d'Alençon et de Berry, sister of François I, king of France. *Lond.* 1854. 2 vol. 8. Portrait.

Marguerite de York,
troisième épouse de Charles le Téméraire, duc de Bourgogne (mariée en 1468 — 1503).

Muench (Ernst Joseph Hermann v.). Maria von Burgund, nebst dem Leben ihrer Stiefmutter Margarethe von York, Gemahlin Carl's des Kühnen, etc. *Leipz.* 1832. 2 vol. 8. (L.)

Marie, la sainte Vierge.
(Voir page 1084.)

Vicemala (Ercole). Mariæ Virginis sanctissimæ miraculorum libri III. *Mediol.* 1579. 4.

Maselli (Lorenzo). Vita della beatissima Vergine, madre di Dio, nella quale si contiene quel tanto, che sin' hora si è scritto da gravi autori intorno alle gratie, bellezza, privilegii, virtuti, antifone, orationi, hinni, immagini, miracoli, chiese e grandezze di lei, ed in particolare e separamente si pone la vita del felicissimo sposo santo Gioseppe. *Napol.* 1606. 4.

Zanoni (Bernardino). Vita e passione di N. S. Gesù Cristo e della sua santissima madre Vergine Maria, distinta in varie libri, etc. *Genov.* 1610. 12.

—— Libro della vita della beatissima Vergine e delle sue heroiche virtù e titoli, etc. *Genov.* 1613. 12.

Vittorelli (Andrea). Gloriose memorie della beata Vergine, madre di Dio. *Rom.* 1616. 8.

Gonon (Benoît). Chronicon sanctissimæ Deiparæ Virginis Mariæ, in quo omnia vitæ ejus acta et celeberrima miracula per totum orbem patrata ad haec usque tempora prolixius describuntur. *Lugd.* 1657. 4. *

* Titre rectifié de l'ouvrage mentionné page 1085.

Calamata (Alessandro). Delle lodi, virtù, meriti e prerogativi della gran madre di Dio, Maria Vergine, discorsi VIII. *Venez.* 1646. 4.

Rincon (François). Gloria gloriarum Deiparæ Virginis Mariæ. *Neapol.* 1648. 4.

Radzivil (Albert Stanislas). Elogium S. Virginis Mariæ. *Dantisc.* 1655. 12.

Quingles (Giovanni). Mistica citta di Dio, miracolo della sua omnipotenza ed abisso della gratia. Istoria divina e vita della Vergine, madre di Dio, regina e signora nostra Maria santissima, riparatrice della colpa d' Eva e mezzana della gratia, etc. *Palerm.* 1701-02. 4 vol. 4.

Charron (Vincent). Calendrier historique de la sainte Vierge Marie. *Nantes*, s. d. 12.

Papuslich (Anton). De D. Virgine Maria. *Budæ.* 1759. 4.

Cazalès (E... de). Vie de la sainte Vierge, d'après les méditations d'Anne Catherine Emmerich, religieuse augustine du couvent d'Agnetenberg, à Dulmen, morte en 1824; rédigée par Clément Brentano. *Brux.* 1854. 8. (Trad. de l'allemand.)

Hirscher (Johann Baptist). Leben der seligsten Jungfrau und Gottesmutter Maria, etc. *Freib. im Breisg.* 1854. 12. (2e édition.)

IMAGES VÉNÉRÉES DANS DIFFÉRENTS PAYS.
(Voir page 1088.)

Allemagne.

Der christliche Pilger. Geschichte der berühmtesten Wallfahrtsorte, etc. *Coblenz.* 1846. 12. Gravures.

Amérique septentrionale.

Florencia (Francisco de). Origen de los mas insignes santuarios en la Nueva Galicia y en la America septentrional. *Mexic.* 1694. 8.

—— Zodiaco Mariano. Historia general de las imagines de la Virgen Maria, que se veneran insignes en la America septentrional; obra postuma, etc., publicada por Juan Antonio de Oviedo. *Mexic.* 1755. 4.

Bohême.

Schiffner (Joseph). Beschreibung der vorzüglichsten Gnadenörter im Königreiche Böhmen. *Prag.*, s. d. 8.

IMAGES VÉNÉRÉES DANS DIFFÉRENTS LIEUX.
(Voir page 1089.)

Absom (Tyrol).

Umständlicher Bericht von dem Bilde der göttlichen Mutter Maria zu Absom, unweit Hall in Tyrol, s. l. (*Absom.*) 1801. 12.

Alassio (États sardes).

Giancardi (Francesco Maria). La citta sacra della gran Madre di Dio per le chiese sue, che sono in Alassio. *Genov.* 1648. 4.

—— Giardino sacro per la Madonna del Suffragio in Alassio. *Genov.* 1651. 4.

Altenlünen (Prusse).

Nagel (Bernhard Theodor). PVLChra Vt LVna Deipara MarIa, d. i. kurtze Beschreibung von Ursprung, Verehrung und Mirakeln des Marienbildnisses zu Altenlünen (im Münsterischen), s. l. et s. d. (*Münst.*, vers 1700). 12.

Alten-Oettingen (Bavière).
(Voir page 1090.)

Lipowsky (Felix Joseph). Geschichte und Merkwürdigkeiten von Alten-Oetting. *Münch.*, s. d. 12.

Kobolt (Anton Maria). Geschichte der uralten heiligen Kapelle U. L. Frauen zu Alten-Oetting in Ober-Baiern und der dortigen weitberühmten Wallfahrt, von ihrem Ursprunge bis auf unsere Zeiten. *Alten-Oetting.* 1800. 8.

Andechs (Bavière).
(Voir page 1091.)

Mons sanCtVs AnDeCIIs In sVperIorI BoIarIa; d. i. kurtzer Begriff oder Innhalt von dem Gnadenreichen Heiligen Berg Andechs, etc. *Münch.*, s. d. 12.

Andesino (Lombardie).

Coleone (Celestino). Historia B. Mariæ Virginis Gratiarum nuncupatæ in oppido Andesino. *Bergomi.* 1622. 8.

Argenta (États romains?).

Bertola (Francesco Leopoldo). Storia della miraculosa immagine di S. Maria, o vero della Madonna della Celtetta, nella terra d'Argenta. *Faenza.* 1761. 4.

Assise (États romains).
(Voir page 1091.)
Cenno storico sopra la celebre indulgenza di Porziuncola, detta volgarmente del Perdone d'Assisi. *Vercelli.* 1842. 12.

Besançon (France).
(Voir page 1092.)
Devoille (A...). Notre-Dame de Consolation. *Besanç.* 1845. 2 vol. 8.

Bilboa (Espagne).

Grando (Tomas de). Historia y milagros de la prodigiosa imagen de Nuestra Señora de Begoña, especial abogada y protectora del muy noble y muy leal señoria de Viscaya, s. l. (*Bilbao?*) 1797. 8.

Bois-le-Duc (Pays-Bas).
(Voir page 1092.)
Een woord bij gelegenheid der herstelling van het miraculeuze beeldt van Onze Lieve Vrouw van 't Hertogenbosch. *Sint-Michiels-Gestel.* 1853. 12. Figure.

Bologne (États romains).
(Voir page 1093.)
Persio (Ascanio). Sacræ imaginis Deiparæ Virginis quæ in Monte Guardiæ Bononiæ adjacente, in S. Lucæ opificiis sui templo asservatur, historia. *Colon.* 1619. 4.
Prospetto storico dell' immagine di Maria Vergine dipinta dall' evangelista S. Luca, conservata e venerata sul monte della Guardia, posto nel comune di Casaglia, diocesi di Bologna, etc. *Bologn.* 1840. 8. Figure.

Botzen (Tyrol).

Marianische Ehrenrede auf die am 23 Sept. 1790 zu Botzen feyerlichst abgehaltene Übersetzung des, etc., Gnadenbildnisses Maria vom Moos. *Augsb.* 1791. 8.

Bourisp (France).

Fiancette d'Agos (Louis de). Notice sur Notre-Dame de Bourisp, dans la vallée d'Aure, ancien diocèse de Comminges. *Saint-Gaudens.* 1854. 12. (Accomp. de 2 pages de musique.)

Brébières (France).
(Voir page 1093.)
Précis sur l'image miraculeuse de la sainte Vierge, honorée en l'église d'Albret (en Picardie), sous le titre de Notre-Dame de Brébières. *Amiens.* 1858. 8. Figure.

Bruges (Belgique).
(Voir page 1093.)
(**Rommel**, Jean). Onze Lieve Vrouwe ter Pottery in Brugge, toevlugt der zondaren en van alle behoeftige menschen, oudste mirakeleus beeld van ons Nederland. *Brugge.* 1852. 18. Figure.

Bruxelles (Belgique).
(Voir page 1094.)
Magnus (Jean). Histoire de l'image de Notre-Dame du Sablon, arrivée miraculeusement de la ville d'Anvers, en la royale cité de Bruselles (!) l'an 1348. *Brux.,* s. d. 8. *
* Titre rectifié de l'ouvrage mentionné page 1094.
L'autel de Marie, mère de miséricorde, dans l'église de la compagnie de Jésus à Bruxelles, s. l. et s. d. 12. Figure.

Buglose (France).
(Voir page 1095.)
Danos (M...). Pèlerinage de S. Vincent de Paul et de Notre-Dame de Buglose, s. l. (*Par.*) 1844. 18.

Campo Dolcino (Suisse).

Chiaverini (Guglielmo). Historia della miracolosa apparitione della Vergine santissima e madre di Dio nella Valle di S. Giacomo di Campo Dolcino. *Como.* 1667. 8.

Caravaggio (Lombardie).
(Voir page 1095.)
Storia dell' origine, progresso e prodigi del santuario di Nostra Signora di Caravaggio. *Milan.* 1759. 8.

Castelleone (Lombardie).

Chiappa (Bartolommeo). Memorie storiche del santuario della B. Vergine della Misericordia di Castelleone, s. l. et s. d. 8.

Ceignac (France).

Cavaignac (N... N...). Recueil des choses mémorables de l'église de Notre-Dame de Ceignac (au diocèse de Rodez). *Rodez,* s. d. (1610). 12.
(**Rudelle**, chevalier de). Miracles et merveilles arrivés dans l'église de Notre-Dame de Ceignac, etc. *Par.* 1823. 18.

Chiavari (États sardes).

Della Croce (Giovanni Tommaso). Istoria della miraculosa immagine di Nostra-Signora dell' Orto (Chiavari nella Liguria occidentale). *Genov.* 1739. 12.

Clermont-Ferrand (France).

Lebon (Hubert). Dévotion à Notre-Dame-du-Port. *Clerm.-Ferr.* 1844. 18. Figure. *
* C'est aussi une Vierge noire.
Thuret (Adrien de). Une fête de Marie. Souvenir de Notre-Dame-du-Port. *Clerm.-Ferr.* et *Par.* 1846. 18.

Constantinople (Turquie).

Catalani (Matteo). Historia della Madonna d'Itria o vero di Costantinopoli. *Rom.* 1596. 8.

Elderen (Bavière).

(**S...**, P... A...). Wunderschöne Früchten des Ottobeurischen Elder-Baums, d. i. kurtze und wahrhafte Beschreibung der Wallfahrt Elderen, nächst Ottobeuren. *Elder.* et *Ottobeur.* 1759. 12.

Erice (Sicile).

Carvini (Vito). Breve relazione del tempio della sacra immagine di S. Maria di Custonaci sotto titolo dell' Immaculata Concettione, nel territorio della città società d'Erice, oggi Monte di San Giuliano. *Palerm.* 1687. 4.

Fryberg (Wurtemberg).

Degen (Johann Baptist). Wunderbarliche Dannen-Frucht aus einem unfruchtbaren Felsen auff dem Schwartzwald entsprossen, oder ausführliche Beschreibung der Wallfahrt Unser Lieben Frauen Mariæ zu Fryberg in der Dannen genannt. *Rotweil.* 1722. 8.

Gallivaccio (Suisse).

Succincta e particolare istoria della miracolosa apparizione di Maria Vergine in Gallivaccio, s. l. 1667. 8.
Macolino (Giovanni Giacomo). Historia della miracolosa apparizione di Maria Vergine in Gallivaccio nella valle di S. Giacomo. *Milan.* 1686. 8. *Ibid.* 1708. 8.
Tognone (Giovanni Battista). Apparizione miraculosa di Maria Vergine in Gallivaccio nella valle di S. Giacomo, contado di Chiavenna. *Milan.* 1742. 8.

Gênes (États sardes).
(Voir page 1101.)
Giancardi (Francesco Maria). Istoria della santissima Vergine delle Vigne, nella città di Genova. *Genov.* 1661. 4.

Graglia (États sardes).

Ragguaglio della divotione della Madonna Santissima di Loreto, di Campra e di S. Carlo di Graglia. *Torin.* 1655. 8.
Muratori (Giuseppe). Del santuario di Graglia, notizie istoriche. *Torin.* 1848. 8.

Hergisswald ou **Herrgottswalde** (Suisse).

Landtstrost vnnd gnadenreiche Hilff Unserer Lieben Frawen in Hergisswaldt (Luzern). *Münch.* 1629. 8. *Luzern.* 1820. 8.
Bruderschaft zur Loretto-Kapelle im Herrgottswald, etc. *Luzern.* 1844. 18. Figure.

Hondingen (Allemagne).

Kurze Geschichte von der uralten Wallfahrt zu Hondingen zu der Gottes-Mutter Maria, etc., s. l. 1821. 8.

Isenberghe (Belgique).

Onze Lieve Vrouw van Bermhertigheyd tot Isenberghe. *Ypres,* s. d. 12. *Brugge,* s. d. (1854). 12.

Kevelaer (Pays-Bas).
(Voir page 1103.)
Verhael van de mirakelen door de voorsprake van de alderheyligste moeder ende altoos maget Maria, geschiet in 't dorp van Kevelaer, gelegen twee mylen van

de stadt Gelder in 't bisdom van Ruremonde. *Rurem.* 1647. 12.

Labessay (France).
(Voir page 1105.)
Rousselot (abbé). La vérité sur l'événement de la Salette du 19 sept. 1846, ou rapport à Mgr. l'évêque de Grenoble sur l'apparition de la S. Vierge à deux petits bergers sur la montagne de la Salette, canton de Corps (Isère). *Grenoble.* 1847. 12.

Gobert (abbé). Un pèlerinage à la Salette. *Lille.* 1854. 12.

Laeken (Belgique).
(Voir page 1104.)
(Meynders, Jean Gérard Népomucène). Notre-Dame de Laeken, etc. *Brux.* 1854. 8.

Lille (France).
(Voir page 1106.)
Abrégé de l'histoire de la très-illustre abbaye du repos de Notre-Dame de l'ordre des Cisteaux à Marquette, et de l'image miraculeuse de la même Vierge, honorée dans sa chapelle sous le nom de Notre-Dame de la Barrière, à la porte dudit monastère, etc. *Lille.* 1723. 52. (Rare.)

Melun (comte de). Des fêtes de Notre-Dame de la Treille; notice. *Lille.* 1854. 12.

A Notre-Dame de la Treille. Jubilé séculaire de Notre-Dame de la Treille, patronne de Lille. Notice historique: Description du cortége triomphal. *Lille.* 1854. 8.

Capelle (Louis François). Notice populaire sur l'image de Notre-Dame de Lille, dite Notre-Dame de la Treille, s. l. et s. d. (*Lille.* 1854.) 8. *

* L'auteur a été chargé par la reine Isabelle d'Espagne, en sa qualité de grande-maîtresse de l'ordre de la Toison d'or, de la représenter dans les solennités du jubilé de Notre-Dame de la Treille, à Lille, à laquelle cet ordre illustre a été consacré.

Programme des fêtes qui seront célébrées dans l'église Sainte-Catherine à Lille, le 25 juin 1854 et jours suivants, à l'occasion du jubilé séculaire de Notre-Dame de la Treille, patronne de cette ville. *Lille.* 1854. 8.

Linde (Prusse).
(Voir page 1106.)
Neufeld (Coelestin Conrad). Disputatio de Linda Mariana Rastenburgum inter et Resselium sita. *Regiomont.* 1720. 4.

Locarno (Suisse).
Stoffio (Giacomo). Descrittione della chiesa di S. Maria del Sasso sopra il magnifico borgo di Locarno. *Locarn.* 1625. 12. Réimprim. avec des additions par Michele Leoni. *Milan.* 1677. 8.

Righetti (Giuseppe). Memorie per lo straniero, che visita il santuario di Nostra Signora del Sasso, posta sopra la città di Locarno. *Locarno.* 1824. 12.

Longpont (France).
Pèlerinage de Notre-Dame-de-Bonne-Garde, ou notice sur l'église de Longpont et l'antique confrérie établie en ce lieu, par ordonnance de Mgr. l'évêque de Versailles, etc. *Par.* 1852. 18.

Lorette (États romains).
(Voir page 1107.)
Nelli (Felice Maria). Almæ domus Lauretanæ perstricta relatio. *Firmi.* 1650. 8.

Florencia (Francisco de). La casa peregrina, o historia de Nuestra Señora de Loreto. *Mexic.* 1689. 4.

Translatio miraculosa ecclesiæ beatæ Mariæ Virginis de Loreto, s. l. et s. d. 8.

(Veuillot, Louis). Rome et Lorette, par l'auteur des *Pèlerinages en Suisse*. *Par.* 1841. 18. *Brux.* 1841. 18. *Tournai.* 1841. 18. *
* C'est l'original de la traduction mentionnée page 1108.

Maestricht (Pays-Bas).
(Voir page 1109.)
Lebens (L... F...). Verhaal van het plegtig feest der opening van Onze Lieve Vrouwe kerk te Maastricht, etc. *Maastr.*, s. d. (1857). 8.

Malines (Belgique).
(Voir page 1110.)
(Schaeffer, Jean). Kort begryp der geschiedenis van het mirakuleus beeld van O. L. V. van Hanswyck binnen Mechelen, of verhael van deszelfs oorsprong, eerdienst, wonderdaden en bezondere plegtigheden, etc. *Mechel.* 1858. 18. Figure.

Marie-Einsiedlen (Suisse).
(Voir page 1110.)
Kurtze doch eigentliche Abbildung und Beschreibung der Gnadencapell zu Maria Einsiedeln. *Einsiedl.* 1760. 8.

Précis de l'histoire de l'abbaye et du pèlerinage de Notre-Dame des Hermites (Marie Einsidlen). *Einsiedl.* 1810. 8. *Ibid.* 1820. 8. *Ibid.* 1834. 8. *Ibid.* 1847. 8. *Ibid.* 1850. 8. *Ibid.* 1855. 12. Figure.

Auszug der Geschichte des Stifts und der Wallfahrt von Maria Einsiedeln von dem ersten Ursprunge bis auf die gegenwärtige Zeit. *Einsiedl.* 1817. 8. *Ibid.* 1820. 8.

Kurzgefasste Geschichte des uralten Gnadenbildes der heiligen Kapelle und des berühmten Wallfahrtsortes Maria Einsiedeln. Zum Andenken der Einsetzung des heiligen Bildnisses Maria Einsiedeln in dem uralten Stift S. Luci in Chur, etc. *Einsiedl.* 1823. 8.

Hecht (Laurenz). Abriss der Geschichte des Klosters und der Wallfahrt zu Maria Einsiedeln. *Einsiedl.* 1854. 12. (Trad. du français.)

Melun (vicomte). Einsidlen. Souvenir de voyage. *Lausanne*, s. d. (1840.) 8.

—— Pèlerinage à Einsiedeln. *Par.* 1841. 8. Figure.

Die Engelweihe in Maria Einsiedeln. Eine Festgabe für fromme Wallfahrter. *Einsiedl.* 1845. 8.

Über die Wallfahrten überhaupt und über jene nach Einsiedeln insbesondere. *Einsiedl.* 1845. 8.

Beschreibung des Klosters und der Wallfahrt zu Maria Einsiedeln, so wie der Wallfahrtskirche, etc. *Einsiedl.* 1847. 12. *Ibid.* 1850. 12. *Ibid.* 1855. 12.

Maria Stein (Suisse).
Gink (Dominik). Lapis probatus angularis Mariæ; bewährter Eck-und Gnadenstein Mariæ, d. i. grund-wahrhafter umständlicher Entwurf und Beschreibung der wunderthätigen Wallstadt zu Unser Lieben Frauen im Stein in Eydgenösseher Solothurner Herrschaft gelegen, etc. *Bruntrut.* 1693. 8.

(Dietler, Anselm). Kurze Geschichte der Wallfahrt Maria Stein. *Solothurn.* 1845. 12. Figure.

Maria Zell (Styrie).
(Voir page 1111.)
Fischer (Christoph Andreas). Historiæ Cellensis liber unus. *Vienn.* 1604. 8.

Lambecius (Peter). Diarum sacræ itineris Cellensis quod Leopoldus I anno 1665 suscepit. *Vindob.* 1666. 4.

Massa (Italie).
Buraschi (Agostino). Relazione dell' origine e progresso del culto, che prestasi all' immagine di Maria santissima nel luogo detto ai Querciuoli (presso Massa di Carrara). *Massa.* 1855. 12.

Messine (Sicile).
(Voir page 1112.)
Preconi (Ottavio). Historia sacræ imaginis Dei genitricis Scalis Messanam insigni miraculo advectæ, etc. *Panorm.* 1700. 8.

Mexique (Amérique).
(Voir page 1112.)
Florencia (Francisco de). Milagroso hallazgo del tesoro escondido. Historia de la imagen de Nuestra Señora de los Remedios de Mexico. *Mexic.* 1686. 4. *Sevilla.* 1745. 4.

Lazcano (Francisco Xavier). Brevis notitia apparitionis mirabilis B. Mariæ Virginis de Guadalupe. *Rom.* 1757. 8.

Vela (José). Panegirico del patronato de la santisima Virgen Maria de Guadalupe en la America septentrional. *Mexic.* 1759. 4.

—— Zodiaco Guadalupano. *Mexic.* 1766. 8.

—— Oracion en la festividad de Nuestra Señora, de Guadalupe de Mexico. *Madr.* 1774. 4. (Non mentionné par Nic. Antonio.)

Montavant (France).
Olivier (Mathieu). Histoire de l'abbaye et des miracles de Notre-Dame de Montavant, etc. *Lyon.* 1617. 8.

Montenero (?).
Oberhausen (Georg). Istoria della miracolosa immagine di Nostra Signora di Montenero. *Lucca.* 1748. 12.

Mont-Serrat (Espagne).
(Voir page 1115.)
Nocilla (Ludovico). Libro dell' historia e de' miracoli

fatti al invocatione di Nostra Donna di Monserrato. *Palerm.* 1607. 8.

Naples (Deux-Siciles).
(Voir page 1115.)

Franchis (Giovanni de). Di S. Maria de' Miracoli d' Andria, libri III. *Napol.* 1606. 4.

Nove (Lombardie).

Novi (Ambrogio). Ristretto delle maraviglie operate in Nove della Madre di Dio Maria Vergine Lagrimosa. *Monreale.* 1694. 8.

Palerme (Sicile).

La Rosa (Giovanni Battista). Discorso e tradizione per l' imagine della gloriosissima Vergine Maria, madre di Dio, la quale si retrova nella metropolitana chiesa di Palermo. *Palerm.* 1597. 4.

Amodei (Michele). Historia delli miracoli di Nostra Signora d' Itria, in ottava rima Siciliana. *Palerm.* 1606. 8.

Perotto de Offida. La celeste Berecinthia, o vero l' eccellenza della Madonna del Soccorso, (revelato in Palermo). *Palerm.* 1611. 12. (Poëme.)

Manni (Giovanni). Brieve descritione dell' effigie della gloriosissima sempre Vergine, madre di Dio, Signora Maria e del modo, che fù trasferita e posta nel venerabile convento dell' Annunciata de' PP. carmelitani, etc. *Palerm.* 1634. 4.

Perdicari (Ilarione). L' iride protetta. Sacro raggionamento recitato, etc., nel giorno della solennità celebrata, etc., in onore di Nostra Signora della Lettera. *Palerm.* 1663. 4.

Donzella (Pietro). Li sacri odori di varii esercitii di divotione dirizatti alla purissima Vergine Nostra Signora Maria dalli Fratelli dell' unione del suo santissimo nome, eretta in S. Domenico di Palermo. *Palerm.* 1683. 12.

Maggi (Francesco Maria). La miracolosa Madonna della Providenza, con l' acqua, che scaturisce sotto il suo altare, etc. *Palerm.* 1685. 8. *

* Publ. s. le pseudonyme de J. F. DI ABACISTA, anagramme du véritable nom de l'auteur.

Natale (Antonio). Origine della devotione della Madonna del Cuore, venerata dal glorioso patriarca S. Ignazio Loyola, fondatore della compagnia di Giesù. *Palerm.* 1692. 24.

Zito e Regio (Giovanni). S. Maria de Cerbellon, detta de Socos, liberatrice de' naviganti ne' pericoli delle tempeste del mare. *Palerm.* 1696. 4.

Mongitore (Antonino). Palermo divoto di Maria Vergine e Maria Vergine, protettrice di Palermo. Opera divisa in IV libri. *Palerm.*, s. d. (vers 1720). 4.

Paris (France).
(Voir page 1117.)

Histoire de la statue miraculeuse de Notre-Dame de Bonne Délivrance, vénérée dans la chapelle des religieuses hospitalières de S. Thomas de Villeneuve, à Paris, etc. *Par.* 1844. 12. Figure.

Ponzevera (États sardes).

Giancardi (Francesco Maria). Istoria della santissima Vergine detta della Guardia in Ponzevera. *Genov.* 1661. 4.

Puy en Velay (France).
(Voir page 1117.)

Caillau (A... B...). Les gloires de Notre-Dame du Puy. *Par.* 1846. 12.

Rankwell (Bavière).

Summer (Johannes Evangelista). Marianischer Wallfahrter zu Maria auf Unser-Lieben-Frauen-Berg zu Rankweil. *Augsb.* 1728. 3 vol. 8.

Ravenne (États romains).

Pasolini (N... N...). Relazione breve e divota della Madonna Greca a Porto, presso Ravenna. *Ravenna.* 1676. 12.

Guerra (Giovanni). Le glorie del greco simulacro di Maria, che si venera in Ravenna nella basilica di Porto. *Lugo.* 1826. 12.

Re (Lombardie?).

Della santa immagine della beatissima Vergine di Re nella Valle di Vegiezzo. *Milan.*, s. d. 12. Figure.

Reggio (Lombardie).

Veridico raconto dell' origine, eccellenza, etc., della Madonna di Reggio. *Moden.* 1666. 12.

Breve descrizione del tempio della B. Vergine della Ghiara (Reggio). *Parma.* 1822. 12.

Rethy (Belgique).

Gisberty (J...). Kort verhael van den oorspronck van de miraculeuse Lieve Vrouwe ter Sneeu, gehecten Hulpe der Christenen tot Werbeecke onder de parochie van Rethy, etc. *Antw.*, s. d. (1664.) 12. (Poëme fort rare.)

Rigy (Suisse).

Luitfridus. Mons regius, der königliche Berg, eingeweyhet und geheyliget der Königin der Himmlen unter dem Titel Maria zum Schnee oder Maria Major, d. i. der Rigyberg, beschrieben in dem Ursprung der wunderthätigen Gnaden-Capell, etc. *Zug.* 1759. 8.

Gotthard (P...). Rigyberg, der Himmelskönigin eingeweiht unter dem Titel Maria zum Schnee, oder Ursprung der heiligen Kapelle, etc. *Zug.* 1820. 18. Figure.

Der Rigiberg, der Gottesmutter geweiht unter dem Titel Maria zum Schnee. *Zug.* 1843. 18. Figure. *

* Il ne faut pas confondre les deux derniers écrits.

Rikenbach (Suisse).

Wuersch (Joseph Aloys). Der fromme Wallfahrter nach Maria Rikenbach im Canton Unterwalden nid dem Wald. *Rikenb.* et *Luzern.* 1849. 8. Figure.

Rimini (États romains).
(Voir page 1118.)

(**Ulrich**, Johann Baptist). Das grosse Wunder unserer Zeit, oder das heilige Mariabild zu Rimini in Italien. *Einsied.* 1850. 12.

Roc-Amadour (France).
(Voir page 1118.)

Caillau (A... B...). Histoire critique et religieuse de Notre-Dame de Roc-Amadour, etc. *Par.* 1854. 8. Figures.

Rogolo (Lombardie?).

Vaninetti (Giuseppe). Narrazione d' alcune grazie della B. Vergine Maria di Rogolo. *Milan.* 1740. 8.

Savona (États sardes).

Giancardi (Francesco Maria). Apparizione augustissima della Madre di Dio in Savona. *Genov.* 1661. 4.

Séville (Espagne).

Nicolas de Santa Maria. Relacion del origen y antiguedad de la santisima imagen de Nuestra Señora de Regla. *Sevilla.* 1645. 4.

Sotteghem (Belgique).

Seer profytigen middel om te onderhouden de devotie tot de alderheyligste maget ende moeder Godts Maria, synde de waere troostersse der bedruckte, welkers wonderbaer beeld rust in de nieuwe capelle van Deynsbeke, gebouwt neffens de stede en de vryhede van Sottegem, lande van Aelst. *Audenaerde*, s. d. 18.

Tirano (Suisse).

Cabassi (Simone). Istoria dell' apparitione della Madonna di Tirano. *Como.* 1601. 8.

Cornacchi (Giovanni Antonio). Breve historia della miracolosa Madonna di Tirano, publ. par Giovanni Stefano OMODEI. *Milan.* 1621. 8. *Parma* et *Milan.* 1629. 8. *Milan.* 1648. 8. *Bologn.* 1636. 8.

Quadrio (Giuseppe Maria). Storia memorabile della prodigiosa apparizione di Maria Santissima seguite in Valtellina nel borgo di Tirano. *Milan.* 1753. 4. Gravures.

—— Storia della Madonna del santuario di Tirano. *Milan.* 1757. 4.

Toulouse (France).
(Voir page 1122.)

Notice sur Notre-Dame de la Daurade. *Toulouse.* 1849. 12. *

* Notice signée : Frédéric DELORAIT.

Trapani (Deux-Siciles).
(Voir page 1122.)

Nobile (Vincenzo). Il tesoro Nascosto discoperto a' tempi nostri; cioè le grazie, glorie ed eccellenze del gloriosissimo santuario di Nostra Signora di Trapani, etc. *Palerm.* 1698. 12.

Turin (États sardes).
(Voir page 1122.)
Arcourt (Domenico). Historica notitia della miracolosa immagine della Madonna santissima della Consolata. *Torin.* 1704. 4.
Istoria del miracoloso ritratto di Maria Vergine, detto della Consolata. *Torin.* 1767. 12.
Cavalli (Carlo Amedeo). Compendio della storia di Maria Vergine, venerata in Torinò, sotto il titolo della Consolata e della sua santa immagine e del suo santuario, con altre particolari nozione. *Torin.* 1819. 4.
Chiaveroti (Colombano). Lettera pastorale in data dei 22 maggio 1827, colla quale annunzia al clero ed al popolo della diocesi di Torino la prossima incoronazione del B. Vergine della Consolata. *Torin.*, s. d. (1827.) 4.
F... (L...). Notizie intorno alla solenne incoronazione della prodigiosa immagine di Maria santissima venerata in Torino sotto il titolo della Consolata, da eseguirsi il 20 guigno 1829. *Torin.* 1829. 12.
Relazione della prima solenne incoronazione della prodigiosa immagine di Maria santissima della Consolata, etc. *Torin.* 1829. 8.
Cenni storici, sulla miraculosa immagine di Maria santissima, venerata in Torino sotto il titolo della Consolata. *Torin.* 1829. 8. Figure.
Santagostino (Domenico). Orazione panegirica ad onore di Maria Vergine santissima Consolatrice nel santuario di lei titolare, etc. *Vercelli*, s. d. (1837.) 8.
Ragguaglio istorico della prodigiosissima immagine della Vergine detta volgarmente la Consolata. *Torin.* 1837. 12.

Valencia (Espagne).
(Voir page 1123.)
Novena devota que para impetrar di eficaz amparo de Maria santisima por medio de su milagrosa imagen de los santos inocentes y Desamparados, singularisima tutelar y protectora de esta ciudad y reino. *Valencia.* 1840. 32.

Valfleury (France).
Notice sur la chapelle et le pèlerinage de Notre-Dame de Valfleury. *Lyon.* 1859. 18. (2e édition.)

Valtellina (Suisse).
Quadrio (Giovanni Battista). Breve relazione di prodigioso salvamento di undici persone naufragate nell' Adda, ottenuto per intercessione della miraculosa Vergine detta della Sassella in Valtellina. *Como.* 1737. 8.

Varallo (Lombardie).
Bevilacqua (Bartolommeo). Guida per ben visitare la nuova Gerusalemme nel Sacro Monte di Varallo. *Milan.* 1747. 8. Figure. *Novara*, s. d. 8.
Bordiga (Giuseppe). Storia e guida del sacro monte di Varallo. *Varallo.* 1830. 8.
Pellico (Silvio). Il sacro Monte di Varallo. *Varallo.* 1836. 8. (Poëme religieux.)

Varèse (Lombardie).
Sartorio (Michele). Il santuario di S. Maria del Monte sopra Varese. Descrizione storica, artistica e religiosa. *Milan.* 1859. 8.

Vassivière (France).
Histoire de la sainte chapelle de Notre-Dame de Vassivière, près de mont Dore (?) en Auvergne, etc., par un religieux bénédictin de la congrégation de Saint-Maur. *Clerm.-Ferr.* 1844. 18. (Avec la figure de la Vierge noire.)

Vienne (France).
(**Teste**, Victor). Pèlerinage à Notre-Dame de l'Ile, patronne de la ville de Vienne et des mariniers, *Vienne.* 1854. 16. Figure.

Viterbe (États romains).
(Voir page 1126.)
Peroni (Vincenzo). Miracoli e grazie della santissima Madonna di Quercia di Viterbo. *Viterb.* 1685. 12.

Wasmes (Belgique).
Boussu (Gilles Joseph de). Histoire admirable de Notre-Dame de Wasmes. *Mons.* 1755. 52. *Ibid.* 1771. 12. Figure. *
* La Vierge miraculeuse apparaît dans un nuage à Gilles de Chin, seigneur de Berlaymont, au moment où celui-ci combat un monstre (le Dragon), qui désolait les environs de Mons.

Werdenstein ou **Werthenstein** (Suisse).
Diva Virgo Werdensteinensis, s. templum ejus et miracula in Helvetia sub illustrissimæ reipublicæ Lucernensis auspiciis domini Nicolai Razenhofferi senatoris atque editis Lucernensis ut et sacræ ædilis illius. *Monach.* 1618. 8.
Puteus aquarum viventium Mariano-Werdtenstenius, d. i. lebendiger Wasserbrunn Unser-Lieben-Frawen zu Werdtenstein, etc. *Markt Embs.* 1649. 8.
Der Wallfahrtsort Werthenstein im Kanton Luzern. *Luzern.* 1841. 18. Figure.

Ypres (Belgique).
Beschryving der feesten en godsdienstige plegtigheden ter gelegenheid van de herstelling der standbeelden van O. L. V. van Thuyne, patrooness der stad Yperen en van de hertogen van Burgundie, herplaetst in den voorgevel der halle te Yperen den 9en ougst 1854. *Yper.*, s. d. (1854). 8. Figure.

Marie Madeleine (Sainte).
(Voir page 1125.)
Corsale (Giacomo). Istoria della vita e morte di S. Maria Madalena. *Napol.* 1679. 12. *
* Traduction d'un ouvrage écrit en français par Claudio Contessi.
(**Mauconduit**, N... N...). Dissertation pour la défense des deux saintes Marie Madeleine et Marie de Béthanie, sœur de S. Lazare; contre l'opinion de ceux qui les confondent et les font une seule personne, et la même que la femme pécheresse. *Par.* 1685. 12.
Anquetin (N... N...). Dissertation sur S. Marie Magdeleine, pour prouver que Marie Magdeleine, sœur de Marthe, et la femme pécheresse, sont trois femmes différentes. *Rouen* et *Par.* 1686. 12.
Monuments inédits sur l'apostolat de S. Marie Madeleine en Provence et sur les autres apôtres de cette contrée, S. Lazare, S. Maximin, S. Marthe et les saintes Maries Jacobé et Salomé, par l'auteur de la dernière *Vie de M. Olier. Par.* 1848. 2 vol. 8. Figures.

Marie d'Oignies (Sainte).
(Voir page 1128.)
Buisseret (François). Vie de S. Marie d'Oignies, s. l. (*Mons.*) 1608. 12.

Marie II d'Angleterre.
(Voir page 1134.)
Thomasius (Leison). Oratio in funus Mariæ Britanniæ reginæ. *Traj. ad Rhen.* 1695. 4. (*Oxf.*)

Marie Amélie de Saxe.
(Voir page 1135.)
Larraz (Blasio). Oracion funebre de S. M. Catolica, la reyna nuestra señora donna Maria Amalia de Saxonia. *Cervara.* 1760. 4.

Marie Antoinette d'Autriche.
(Voir page 1135.)
Procès de Marie Antoinette de Lorraine d'Autriche, reine de France. *Brux.* 1793. 8. (Assez rare.)
Seine (Arthur de). Marie Antoinette de Lorraine, reine de France. *Limoges.* 1854. 12. Portrait.

Marie Leszinska.
(Voir page 1139.)
Montigny (Jean Charles Bidaut de). Éloge funèbre de Marie Leszinska, reine de France, s. l. (*Par.*) 1768. 4.

Marie Thérèse.
(Voir page 1142.)
Gryse (Jacques François de). Elogium funebre in exequiis immortalis memoriæ Mariæ Theresiæ, imperatricis, etc. *Brugis*, s. d. 1781. 4.
Walwein (Antoine Pierre). Oratio funebris Mariæ Theresiæ, imperatricis. *Ipres*, s. d. (1781.) 4.
Dorbeck (Théodore). Oraison funèbre de Marie Thérèse, etc. *Liége.* 1781. 8.

Marie Thérèse d'Autriche.
(Voir page 1144.)
Bossuet (Jacques Bénigne). Oraison funèbre de Marie Thérèse d'Autriche, reine de France. *Par.* 1684. 4. Trad. en angl. *Lond.* 1684. 4. (*Oxf.*)

Marinoni (Giovanni).
(Voir page 1144.)
Castaldo (Giovanni Battista). Vita del B. G. Marinoni de' chierici regolari. *Vicenz.* 1627. 8.

Mariottini (Felice),

peintre (?) italien.

Gherardi-Dragomanni (Francesco). Elogio storico di F. Mariottini da Città di Castello. *Firenz.* 1839. 4.

Marlorat (Augustin).

Kromayer (Charles Dominique). Étude sur A. Marlorat. *Strasb.* 1831. 8.

Marnix de Saint-Aldegonde (Philippe de).

(Voir page 1146.)

Mertens (F... H...) et **Torfs** (K... L...). Apologie van P. Marnix, heer van Sint-Aldegonde, burgemeester van Antwerpen (1585). *Antw.* 1853. 8. Portrait. (Tiré à petit nombre.)

Quinet (Edgar). Fondation de la république des Provinces-Unies. Marnix de Sainte-Aldegonde. *Par.* 1854. 8. (Extrait de la *Revue des Deux-Mondes.*)

Martin (Saint).

(Voir page 1149.)

Paulini (Benedict). De vita Martini episcopi Turonensis libri VI, etc. *Lips.* 1681. 8. (*L.*)

Martin (Alexandre),

prêtre français (9 juin 1630 — 13 juillet 1703).

Recueil des pieux sentiments et des principaux traits de la vie de messire A. Martin, curé du lieu de Saint-Didier, dans le diocèse de Carpentras, fondateur de la chapelle et de la maison de N. D. de Sainte-Garde des Champs. *Avign.* 1761. 12.

Martinot (Jérôme),

jéronimite français (20 oct. 1705 — 12 mai 1782).

Bajomez (Jean Martin). Breviarium actorum reverendissimi ac eximii magistri Sanjanelli de Cremona, ordinis S. Hieronymi congregationis B. Petri (Gambacorti) de Pisis, primigenii historici præfati ordinis et congregationis, una cum vita religiosissima fratris H. Martinot, ejusdem ordinis et congregationis. *Bouillon.* 1784. 4.

Massieu (Guillaume),

littérateur français (1665 — 1722).

Théry (N... N...). Notice sur l'abbé Massieu, suivie de *le Café*, poëme par G. Massieu, de l'Académie française. Texte latin, français en regard. *Caen.* 1854. 8. (Extrait des *Mémoires de l'Académie des sciences, arts et belles-lettres de Caen.*)

Massimo (Saint),

évêque de Taormina.

Capri (Guiseppe). Vita e opere gloriose di S. Massimo, cittadino e vescovo di Tauromina da S. Pietro consacrato. *Palerm.* 1700. 12.

Mastrilli (Andrea),

archevêque de Messine († .. mai 1624).

Cirini (Carlo). Orazione funerale per l' illustrissimo e reverendissimo arcivescovo di Messina, A. Mastrilli. *Messin.* 1624. 4.

Mastrilli (Marcello Francesco).

(Voir page 1158.)

Perez (Hieronymo). Relacion de lo que hasta ahora se ha hallado perteneciente à la vida y martyrio del R. P. M. F. Mastrilli della compañia de Jesus. *Manila.* 1639. 4.

Mazarin (Jules).

(Voir page 1171.)

Lives of the cardinals Richelieu et Mazarin. *Lond.* 1854. 8. (Edition illustrée.)

Mazzini (Giuseppe).

(Voir page 1174.)

Breval (Jules de). Mazzini judged by himself and countrymen. *Lond.* 1853. 8. *

* Traduction anglaise de l'ouvrage mentionné page 1174.

Meaux, seigneur **du Fouilloux** (Charles),

officier français du XVIIe siècle.

C. de Meaux, seigneur du Fouilloux, enseigne des gardes du corps d'Anne d'Autriche. 1630-52. *Par.* 1854. 8.

Médicis (Francesco Maria de').

(Voir page 1177.)

Poma (Giuseppe). L' Italia impoverita. Orazione fune-

---

rale per l' esequie del serenissimo principe Francesco Maria di Medici, etc. *Palerm.* 1711. 4. *

* Domenico Moreni, dans son ouvrage *Serie d' autori di opere risguardanti la celebre famiglia Medici*, ne fait pas mention de cette oraison funèbre.

Medina (Luis de),

jésuite espagnol.

Florencia (Francisco de). Exemplar vida y gloriosa muerte por Christó del fervoroso P. L. de Medina, de la compañia de Jesus, que de la religiosa provincia de Andaluzia passò a la conquista espiritual de las Islas de los Ladrones, que oy se laman Marianas, etc. *Sevilla.* 1673. 4. Portrait.

Mees (Gregorius),

théologien hollandais du XVIIe siècle.

Mees (G...). G. Mees, predikant te Rotterdam in de XVIIe ceuw, en zijn gezin. *Rotterd.* 1851. 8. *

* Cet écrit ne se vend pas.

Meidel (Johannes),

criminel suisse.

Suter (Eduard). Der Weibermörder J. Meidel. Aus der Untersuchung dargestellt. *Zürch.* 1853. 8.

Meister (Joachim),

Allemand.

Richter (Gregor). Parentalia beatis manibus clarissimi viri J. Meister Goerlicii scripta et recitata. *Gorlic.*1587.4.

Melanchthon (Philipp).

(Voir page 1182.)

Preil (Augustin). Oratio de laudibus P. Melanchthonis. *Zittau.* 1616. 4.

Melchisédek.

(Voir page 1183.)

Pauli (Reinhard). Disputatio inauguralis de Melchisedeco. *Heidelb.* 1666. 4.

Melin ou **Mellin** (Henrik Gustaf af),

général suédois.

Dahlgren (Carl). Åminnelse-Tal öfwer Konungens högt betrodde Man, General-Majoren, etc., Herr H. G. af Melin, etc. *Stockh.* 1840. 8.

Mélingue (Étienne **Marin**, dit),

acteur français (1808 — ...).

Dumas (Alexandre). Aventures et tribulations d'un comédien. *Brux.* et *Leipz.* 1854. 32. (Romanesque.)

Mellez (Antoine Joseph),

médecin français (14 mai 1729 — 23 juillet 1804).

Éloge funèbre de M. A. J. Mellez, docteur en médecine, ancien professeur en la Faculté de Douai et maire de ladite ville. *Douai.* 1804. 4.

Ménant (N... N...),

prêtre français.

Macé (abbé). Notice biographique sur MM. Le Rendu et Ménant, curés de Courcy. *Par.* 1854. 8.

Menier (Jean Antoine Brutus),

chimiste français (17 mai 1795 — 19 déc. 1853).

Chevalier (A...). Notice nécrologique sur M. Menier. *Par.* 1854. 8.

Mentschikoff (N... N...),

amiral russe (vers 1784 — ...).

Texier (Edmond). Les hommes de la guerre d'Orient : Menchikoff (!). *Par.* 1854. 8. Portrait.

Mentzer (Balthasar),

théologien (?) allemand.

Mettenius (Johann Georg). Gedächtnisspredigt auf den Dr. B. Mentzer. *Darmst.* 1679. 4.

Mentzer (Balthasar IV),

théologien allemand.

Koenig (H... E...). Leichenpredigt auf B. Mentzer, Generalsuperintendenten, etc. *Hannov.* 1742. Fol. Port.

Merck (Johann Conrad),

Allemand.

Otto (Jacob). Oratio parentalis in memoriam Dr. J. C. Merckii. *Ulm.* 1661. 4.

Merkel (N... N...),

dame allemande.

Merkel (Salomon Friedrich). Denkmal meiner unvergesslichen Mutter. *Schmalkald.* 1787. 8.

Merlin, dit **de Douai** (Philippe Antoine, comte de).
(Voir page 1193.)

(**Moulin**, Onuphre Benoît Claude). Notice nécrologique pour servir à l'éloge de J(ean) F(rançois) A(rmand) Riolz, suivie d'une dissertation sur le célèbre (Antoine François) Prost de Royer, de Lyon, et le fameux Merlin, de Douai. *Lyon.* 1817. 8. *
* Publ. sous le prénom d'Onuphre.

Mesenge (Gabrielle Marie Louise de),
dame française († 14 février 1854).

Louvel (abbé). Oraison funèbre de mademoiselle de Mesenge, prononcée dans l'église d'Aunay (Orne). *Par.* 1854. 8.

Metaxà (Luigi),
naturaliste italien.

Fantonetti (Giovanni Battista). L. Metaxà. *Milan.* 1843. 8.

Metis,
personnage mythologique.

Stobaeus (Anders). Dissertatio de Meti a Jove deglutina dissertatio. *Lond. Goth.* 1706. 4. (*Oxf.*)

Meton,
astronome grec.

Redlich (Carl). Der Astronom Meton und sein Cyclus. Ein Beitrag zur griechischen Chronologie. *Hamb.* 1854. 8.

Michel (Saint).
(Voir page 1202.)

Pfeffinger (Daniel). Disputatio de Michaele angelorum auxiliatore. *Argent.* 1715. 4.

Michelini (Lucrezia).
(Voir page 1203.)

Vie de la bienheureuse Micheline. *Douai.* 1758. 8.

Midas.
(Voir page 1204.)

Hermann (Carl Friedrich). Dissertatio de Mida Anagyrasio. *Goetting.* 1852. 4.

Miel (Edme François Antoine Marie),
littérateur français (6 avril 1775 — 28 oct. 1842).

Hittorff (N... N...). Discours prononcé au nom de la Société libre des beaux-arts aux funérailles de M. Miel; suivi d'une notice biographique, s. l. et s. d. (*Par.* 1845). 4. Portrait (Extrait des *Annales de la Société libre des beaux-arts.*)

Miggliaccio e Marullo, principessa di **Balcina** (Violante),
dame italienne.

Muni (Giuseppe). Sermone funerale predicato nella morte dell' illustrissima signora D. V. Miggliaccio e Marullo prencipessa di Balcina, marchesa di Montemaggiore. *Palerm.* 1655. 4.

Mignia (Giuseppe),
prêtre italien.

Mignia (Vincenzo). Breve relazione della vita esemplare e santa morte del M. R. P. G. Mignia, Palermitano, clerico regolare. *Napol.* 1662. 8.

Miller (Georg Ulrich),
médecin allemand.

Riesch (Bonaventura). Der beste Trost in der besten Hilfe. — Leichenpredigt, etc., auf den Doctor und Physicus G. U. Miller. *Lindau.* 1722. Fol.

Miville (Johann Christian),
peintre suisse.

Neujahrsstück der Künstlergesellschaft in Zürich für 1840, enthaltend : Leben und Character des Malers J. C. Miville. *Zürch.* 1841. 4. Portrait.

Moerl (Maria v.).
(Voir page 1215.)

Boré (Léon). Les stigmatisées du Tyrol, ou l'extatique de Kaltern et la patiente de Capriana. *Par.* 1844. 12.

Moerner (Adolf Göran, Grefwe),
homme d'État suédois.

P(ontin) (M(agnus) af). Biografi öfwer Grefwe A. G. Moerner, En af Rikets Herrar, Stats-Räd, Directör in K. Landbrucks-Academien, Riddare och Kommendör af K. M. Orden, En af de Åderton i Swenska Akademien. *Stockh.* 1859. 8.

2

Mogador (Céleste),
courtisane française du XIXᵉ siècle.

Adieux au monde. Mémoires de C. Mogador. *Par.* 1854. 4 vol. 18. * *Brux.* 1854. 2 vol. 18.
* Saisi par la police française comme ouvrage scandaleux.

Mollière (Jean Baptiste **Poquelin**, dit).
(Voir page 1217.)

Lucas (Hippolyte). Almanach de tout le monde, contenant l'histoire de la vie populaire de Mollière, des analyses de ses ouvrages, des anecdotes sur sa vie et ses comédies, etc. *Par.* 1844. 18. Portrait.

Alexandre (N... N...). Mollière et les médecins; lecture faite à l'Académie d'Amiens. *Amiens.* 1854. 12.

Moller (Paul),
savant allemand.

Cunradi (Henning). Elegia de vita et studiis P. Molleri. *Hamb.* 1569. 4. (Pièce en vers.) — (*Oxf.*)

Molza (Francesco Maria),
poëte italien (18 juin 1489 — 28 février 1544).

Serassi (Pietro Antonio). Vita di F. M. Molza. *Bergam.* 1747. 8.
* Cette biographie, qui se trouve à la tête des OEuvres de Molza publiées par Serassi, a été tirée à part à quelques exemplaires.

Monnier (Jean Charles),
général français (22 mars 1758 — 30 janvier 1816).

Rapport historique des opérations militaires de la division d'Ancône, commandée par le général Monnier, depuis le 29 floréal an VII jusqu'au 25 brumaire an VIII de la république. *Gênes*, s. d. (1800). 4.

(**Mangourit**, Michel Ange Bernard). Défense d'Ancône et des départements romains, le Tronto, le Musone et le Metauro, par le général Monnier, aux années VII et VIII. *Par.* 1802. 2 vol. 8.

Montaigne (Michel **Eyquem** de).
(Voir page 1224.)

Gruen (Alphonse). Dernières années de Montaigne. *Par.* 1854. 8. (Extrait du *Journal général de l'instruction publique.*)

Montaigu (Anne Marie de),
Française.

A. M. Montaigu. Vie et correspondance. *Par.* et *Lyon.* 1854. 8.

Montano (Tomas),
évêque de Oajaca († 1743).

Lazcano (Francisco Xavier). Elogio funebre del ilustrisimo señor D. T. Montaño, doctor, catedratico y rector de la universidad de Mexico, duan de la metropolitana y obispo de Oajaca. *Mexic.* 1743. 4.

Montauzan (François de),
jésuite français (15 déc. 1697 — ...).

Collombet (François Zénon de). Notice sur F. de Montauzan et lettres inédites de lui au marquis de Seytres de Caumont. *Lyon.* 1854. 8. (Extrait de la *Revue du Lyonnais.*)

Montègre (Antoine François **Jenin** de).
(Voir page 1228.)

Broussais (François Joseph Victor). Nécrologie sur le docteur de Montègre, s. l. et s. d. 8. (Extrait du *Journal universel des sciences médicales.*)

Jomard (Edme François). Notice sur feu M. le docteur de Montègre. *Par.* 1818. 8. (Extrait du *Journal d'éducation.*)

Aux manes d'A. F. Jenin de Montègre, docteur en médecine de la Faculté de Paris, né à Belley, département de l'Ain, etc., s. l. et s. d. (*Par.* 1818). 8.

Notices nécrologiques sur A. F. Jenin de Montègre, docteur en médecine de la faculté de Paris, né à Belley, etc., décédé au Port-au-Prince. *Clerm.-Ferr.* 1854. 8. *
* Cet écrit nous paraît être une réimpression du recueil précédent.

Montez, ex-comtesse **de Landsfeld** (Lola).
(Voir page 1229.)

Molla Lontez. En Spansk Dansös Oeden. *Norrköping.* 1847. 12. *
* Traduction suédoise de l'écrit allemand de Eduard Maria Oettinger, mentionné page 1229.

Montgomery (James),
littérateur anglais (?).

Holland (John) et **Everett** (James). Memoirs of the life and writings of J. Montgomery, including selections from his correspondence and conversations. *Lond.* 1854. 2 vol. 8.

Montt (Ippolito),
augustin italien.

Mattioli (Ercole). In obitu reverendissimi prioris magistri F. H. Montii Finalensis, totius ordinis eremitarum S. Augustini quondam generalis, oratio. *Bonon.* 1648. 4.

Moreau (Hégésippe).
(Voir page 1237.)

Thonissen (Jean Jacques). Études sur les poëtes contemporains : H. Moreau. *Louvain.* 1852. 8. (Extrait de la *Revue catholique.*)

Morén (Thorbjoern),
théologien suédois († 15 juillet 1843).

Unger (A...). Liktal Theologiæ Professorn, K. Hofpredikantens, Kyrkoherden, etc., Herr Dr. T. Moréns Begrafning. *Upsal.* 1843. 8.
Minnesteckning af S. Morén. *Upsal.* 1843. 8.

Mostaccio (Cherubino),
minime italien.

Tognoletti (Pietro). Elogio della vita e morte ed alcuni miracoli del B. P. F. C. Mostaccio, da Santa Lucia, sacerdote de' minori osservanti riformati di Sicilia. *Palerm.* 1665. Fol.

Mouhin (Jean Baptiste),
chroniqueur belge (1752 — 15 mai 1842).

(Capitaine, Ulysse). Le dernier chroniqueur liégeois (J. B. Mouhin). *Liége.* 1854. 8. *
* Cet écrit, publ. sous les lettres U. C. S. D. L. I. A. L. (Ulysse Capitaine, secrétaire de l'Institut archéologique liégeois), est extrait du *Bulletin* de ladite société et tiré à part à très-petit nombre.)

Mowatt (Anna Cora),
actrice anglo-américaine.

Mowatt (Anna Cora). Autobiography of an actress, or eight years on the stage. *Boston.* 1854. 8. (Tiré à 8,000 exemplaires.)

Moyse.
(Voir page 1249.)

Radicati de Passeran (Albert). Parallel between Muhamed and Sosen (Moses), the great deliver of the Jews. *Lond.* 1752. 8. (Rare et curieux.)
Glueckstein (L...). Levensbeschrijving van den grooten profeet en heiligen wetgever Mozes; eene stof tot leerzaam onderhoud, etc., s. l. (*Rotterd.*) 1835. 18.

Mozart (Johann Chrysostomus Wolfgang Amadeus).
(Voir page 1251.)
Neumann (W...). W. A. Mozart; eine Biographie. *Cassel.* 1854. 16. Portrait. *
* Formant le deuxième cahier du recueil : *Die Componisten der neuern Zeit.*

Mueller (Heinrich),
théologien allemand.

Aichel (C... O... F...). Dr. H. Mueller, weiland Professor und Superintendent zu Rostock, Verfasser des *evangelischen Herzensspiegels*, der *geistlichen Erquickstunden*, etc. Eine Lebensbeschreibung. *Hamb.* 1854. 8.

Mulot (François Valentin),
prêtre français (1749 — 9 juin 1804).

Rovère (Joseph Stanislas François Xavier) et **Duprat** (S...). Dénonciation d'un complot de l'abbé Mulot, l'un des médiateurs de la France, contre les patriotes des états réunis d'Avignon et du Comtat-Venaissin. *Par.*, s. d. (1791). 4.
Réponse de M. l'abbé Mulot, l'un des médiateurs de la France dans les états d'Avignon et du Comtat-Venaissin, députés par le roi, s. l. et s. d. 4. (*Par.* 1791.)

Murat (Joachim).
(Voir page 1259.)
Ricci (Angelo Maria). Fasti di Gioachimo Napoleone. *Napoli.* 1813. 4.

Musaeus (Peter),
théologien danois.

Pechlin (Johan Nicolaus). Programma funebre de vita Dr. P. Musaei. *Kilon.* 1674. 4.

Musset (Louis Charles Alfred de).
(Voir page 1261.)

Mirecourt (Eugène de). A. de Musset. *Par.* 1854. 52. Portrait. *
* Numéro 8 du recueil *les Contemporains.*

Myconius (Friedrich).
(Voir page 1262.)

Ledderhose (Carl Friedrich). F. Mykonius (!), Pfarrherr und Superintendent von Gotha. Ein Leben aus der Reformationszeit. *Gotha.* 1854. 8. Portrait.

Myllus (Georg).
(Voir page 1263.)

Pomerius (Georg). Bedenken eines evangelischen Christen von dem Leben, Wandel, Sitten und Lehre Dr. G. Mylii, gewesenen Predigers zu Augsburg und nachherigen Professors zu Jena. *Ingolst.* 1607. 4. (Pamphlet assez rare.)

N

Napier (Charles),
amiral écossais.

Texier (Edmond). Les hommes de la guerre d'Orient : l'amiral C. Napier. *Par.* 1854. 8. Portrait.

Napoléon I Buonaparte.
(Voir page 1268.)

Rabaut-Pomier (Jacques Antoine). Napoléon libérateur; discours religieux. *Par.* 1810. 8.
La campagne de Portugal en 1810 et 1811. Ouvrage imprimé à Londres, qu'il était défendu de laisser pénétrer en France sous peine de mort; dans lequel les jactances de Buonaparte sont appréciées, ses mensonges dévoilés, son caractère peint au naturel, et sa chute prophétisée. *Par.* 1814. 8. *
* Cette troisième édition a été imprimée sur l'exemplaire même que possédait l'empereur Napoléon et qu'on lui a soustrait.

Van der Meulen (Jean Baptiste). Napoleon, of de opkomste en veldtogten, strooperyen en godloosheden, schelmstukken en ondergang van den Corsicaen. *Brux.* 1814-15. 4 vol. 8. (Peu commun.)
Lamuel, ou le livre du seigneur. Traduction d'un manuscrit hébreu, exhumé de la bibliothèque tour à tour nationale, impériale et royale. Histoire authentique de l'empereur Apollyon et du roi Béhémot, par le Très-Saint-Esprit. *Liége* et *Par.* 1857. 18. *
* Satire assez rare, ornée d'une figure.

Bonaparte, juge de lui-même. *Nantua.* 1842. 8.
Saint-Hilaire (Émile Marco de). Napoléon en miniature. *Par.* 1845. 18.
Bachelet (N... N...). Histoire de Napoléon I. *Rouen.* 1854. 12.

Napoléon Bonaparte III (Louis).
(Voir page 1290.)

Tremblaire (Charles Édouard). Louis Napoléon, sa vie politique et ses ouvrages. *Par.* 1848. 18.
Notice biographique sur le prince Louis Napoléon Bonaparte, président de la république française. *Lyon* et *Genève.* 1849. 32.
Rohmann (J... L...). Keisar Napoleon den Tredjes och Familien Bonapartes Historia i Sammandrag. *Stockh.* 1855. 8.

Berjeau (Philibert). Biographies bonapartistes. *Lond.* (*Brux.*) 1852. 18.
Le deux décembre devant le code pénal. *Madr.* (*Brux.*) 1855. 52.
Le pilori. *Lond., Geneve* et *New-York* (*Brux.*) 1854. 18. *
* Flagellation des principaux auteurs du coup d'État du 2 décembre.

Napoléon Bonaparte,
fils de Jérôme Bonaparte (9 sept. 1822 — ...).

S. A. I. le prince Napoléon Bonaparte; général de division, nommé au commandement de la 3e division de l'armée d'Orient. *Par.* 1854. Fol. (Cinq couplets.)

Naunton (Robert),
homme d'État anglais.

Memoirs of sir R. Naunton. *Lond.* 1814. 4. Portrait.

Navarijo (Francisco),
savant espagnol.

Lazcano (Francisco Xavier). Elogio funebre del ilustrisimo señor doctor D. F. Navarijo, maestrescuelas dignidad de la metropolitana de Mexico y cancelario de la universidad literaria. *Mexic.* 1758. 4.

Naville (F... M... L...),
littérateur suisse.

(**Viodati**, N... N...). Notice biographique sur M. F. M. L. Naville. *Genève.* 1846. 8. (Extrait de la *Bibliothèque universelle de Genève.*)

Neander (Johann August Wilhelm)..
(Voir page 1296.)

Ter gedachtenis aan A. Neander, met een voorwoord van H... J... ROIJAARDS. *Utrecht.* 1850. 8.

Némésis.
(Voir page 1300.)

Dannreuther (Johann Friedrich). Dissertatio de Nemesi Norica. *Altorf.* 1741. 4. (*Oxf.*)

Nepomuk (Johann v.).
(Voir page 1301.)

Oviedo (Juan Antonio de). Vida de S. Juan Nepomuceno. *Mexic.* 1727. 12.

Galluzzi (Francesco Maria). Vita di S. Giovanni Nepomuceno, canonico della metropolitana di Praga e martire glorioso. *Rom.* 1757. 4. (2e édition.)

Chapelain (Charles Jean Baptiste). Panégyrique de S. Jean Népomucène, patron de l'empire. *Liége.* 1767. 12.

Nericius (Laurentius Petri),
archevêque d'Upsala.

Franzén (Frans Michael). Minne af Erkebiskopen L. P. Nericius. *Stockh.* 1847. 8.

Nerinckx (Charles),
missionnaire belge (2 oct. 1761 — 12 août 1824).

Vie et travaux de M. C. Nerinckx, missionnaire dans l'Amérique septentrionale. *Louvain.* 1850. 8. (Extrait de la *Revue catholique.*)

Nerval (Gérard de),
littérateur français (21 mai 1808 — ...).

Mirecourt (Eugène de). G. de Nerval. *Par.* 1854. 32. Portrait. *

* Numéro 9 du recueil *les Contemporains.*

Neves-Portugal (Alexandre Antonio das),
savant portugais.

Costa e Sa (Joaõ da). Elogio historico de A. A. das Neves-Portugal. *Lisb.* 1844. 8.

Newton (John)..
(Voir page 1309.)

Saunes (G... W...). Korte levensschets van het leven van J. Newton, eerst scheepskadet, vervolgens matroos, slaaf in Afrika, slavenhandelaar, scheepskapitein, tolopzigter en eindelijk evangelieprediker in Londen. *Wilderw.* 1851. 12. *

* Traduction d'un ouvrage allemand dont nous ignorons le titre.

Nibelius (Gustaf),
évêque de Westeras (+ 27 juillet 1849).

Tranéus (A... P...). Likpredikan öfwer framlidne Biskopen Herr Dr. G. Nibelius, etc. *Westerås.* 1849. 8.

Sundwalson (Johan). G. Nibelius, Biskop öfwer Westerås Stift, Ledamot och Kommendör af K. Nordstjerne-Orden, Philosophiæ och Theologiæ Doctor, tecknad till Åminnelse för Westmanlands och Dala Studerande nation i Upsala. *Upsal.* 1850. 8.

Nicander (Carl August).
(Voir page 1310.)

(**Mellin**, Gustaf Henrik). K. A. Nicander. Nekrolog. *Stockh.* 1859. 8.

Nicolas de Guadalaxara,
prêtre espagnol.

Florencia (Francisco de). Relacion de la exemplar vida del P. Nicolas de Guadalaxara. *Mexic.* 1684. 4.

Nicolas I.
(Voir page 1313.)

Lurine (Louis). Le mannequin russe; pamphlet. *Par.* 1854. 8.

Texier (Edmond). Les hommes de la guerre d'Orient : l'empereur Nicolas. *Par.* 1854. 8. Portrait.

La vérité sur l'empereur Nicolas. Histoire intime de sa vie et de son règne, par un Russe. *Par.* 1854. 18.

Christmas (Henry). Nicolas I, emperor and autocrat of all the Russias; a brief memoir of his life and reign, with notices of the country, its army, navy and present prospects. *Lond.* 1854. 8.

—— Lives of the emperor of Russia, Nicholas I, and the sultan of Turkey, Abdul-Medjid-Khan. *Lond.* 1854. 12.

Lee (Robert). The last days of Alexander and the first days of Nicolas (emperors of Russia). *Lond.* 1854. 8.

Michelsen (Edward). Life of Nicholas, emperor of all the Russias, with an appendix, containing an account of the death of the emperor Paul and of the late illness and death of the emperor Alexander, from original sources. *Lond.* 1854. 8.

Nieto (Juan).
(Voir page 1314.)

Cienfuegos (Alvaro). Breve relacion de la vida y heroycas virtudes de el P. J. Nieto de la compañia de Jesus en la provincia de Castilla. *Salamanc.* 1693. 8. *

* Titre rectifié de l'ouvrage mentionné page 1314.

Nikon.
(Voir page 1315.)

Lives of eminent Russian prelates : Nikon, Saint-Demetrius and Michael. *Lond.* 1854. 12.

Norbert (Saint).
(Voir page 1320.)

Vita sanctissimi P. Norberti, archiepiscopi Magdeburgensis, Antwerpiensium apostoli, institutoris ordinis Præmonstratensis. *Bonæ-Spei.* 1703. 4. (Rare.)

S. Norbert, archevêque de Magdebourg et fondateur de l'ordre des chanoines prémontrés. *Lille.* 1854. 12. Gravures.

Nordhammar (Oscar),
théologien suédois.

Rollin (C... G...). Christelig Likpredikan wid Contracts-Prosten i Erlinghundra, Contract-Prosten och Kyrkoherden i Alsike och Knifsta, etc., Herr O. Nordhammars Likbegängelse, etc. *Stockh.* 1852. 8.

Nordstroem (Lars Johan),
théologien suédois (+ 6 janvier 1850).

Sylwan (C... A...). Minnesord wid Prosten och Kyrkoherden, f. d. Contracts-Prosten, Ledamoten af K. Nordstjerne-Orden, Magistern L. J. Nordstroem's Jordfästning, etc. *Lund.* 1850.

Nott (William),
général anglais.

Stocqueler (J... H...). Memoirs and correspondence of general-major sir W. Nott, commander of the army of Candahar. *Lond.* 1854. 2 vol. 8. Portrait.

Noub,
personnage mythologique.

Devéria (Th...). Noub, la déesse d'or des Égyptiens. *Par.* 1854. 8. (Extrait des *Mémoires de la Société des antiquaires de France.*)

Nunez (Antonio),
jésuite espagnol.

Oviedo (Juan Antonio de). Vida y virtudes heroicas del apostolico y venerable P. A. Nuñez, de la compañia de Jesus. *Mexic.* 1702. 4.

Nygrén (Carl Daniel),
Suédois.

Nekrolog af C. D. Nygrén. *Stockh.* 1851. 8.

Nympha (Sainte).
(Voir page 1325.)

Ricciarella (Vincenzo). Historia di S. Ninfa, vergine e martire. *Palerm.* 1595. 8.

O

Oberlin (Jean Frédéric).
(Voir page 1325.)
Lefwernesbeskrifning öfwer J. F. Oberlin. *Stockh.* 1846. 8.*
* C'est une traduction suédoise de l'ouvrage français de D... E... Stober, mentionné page 1325.

Oddi (Sforza),
jurisconsulte italien.
Scortia (Francesco). In funere S. Oddi, Perusini, serenissimi ducis Parmæ consiliarii et primi in Parmensi academia jurisprudentiæ magistri, oratio. *Parma.* 1612. 8.

Odette de Champdivers,
l'une des maîtresses de Charles VI, roi de France († vers 1470).
Lavirotte (César). Odette de Champdivers, ou la petite reine à Dijon après la mort du roi Charles VI. Documents puisés aux archives de Bourgogne. *Dijon.* 1854. 8. (Extrait des *Mémoires de l'Académie de Dijon*.)

Odile (Sainte).
(Voir page 1329.)
Hunkler (T... F... X...). Vie de S. Odile, s. l. et s. d. (*Strasb.*, vers 1840). 8.

Odrada (Sainte),
religieuse belge.
M... (C...). Leven der heilige maegd Odrada. *Meerhout.* 1854. 12.

OEdipe.
(Voir page 1330.)
Dahm (Johann Michael). OEdipus Sphyngis ænigmata solvens. *Mogunt.* 1755. 4. (*Oxf.*)

Oehlenschlaeger (Adam).
(Voir page 1330.)
Stenberg (Sten Johan). Minnes-Tal öfwer A. Oehlenschlaeger, etc. *Stockh.* 1850. 8.

Oliveri (Vincenzo Maria),
prêtre italien († 25 sept. 1708).
Graphæus (Fridericus). Il vaticinio di Geremia avverato nella morte del M. R. P. M. V. M. Oliveri, già due volte provinciale e diffinitore de' PP. predicatori; orazione funerale. *Palerm.* 1708. 4.

Omer-Pacha, *
général turc d'origine croate (6 mars 1806 — ...). — (Voir page 1338.)
Texier (Edmond). Les hommes de la guerre d'Orient : Omer-Pacha. *Par.* 1854. 8. Portrait.
* Son nom de famille est Michel Lattas.

Onofrio (Saint).
(Voir page 1338.)
Vie du glorieux S. Onuphre, hermite, fils d'un roy de Perse. *Brux.* 1661. 12. *Ibid.* 1661. 12.

Origène (Adamantius).
(Voir page 1341.)
Norup (Matthias). Quæstio de lapsu Originis. *Hafn.* 1707. 4. (*Oxf.*)

Orange (princes d').
(Voir page 1340.)
De Bataafsche vrijheid ende tyranny der graven en stadhouders, s. l. 1750. 8. *
* Véhémente diatribe contre les princes d'Orange.
Ligtdal (Karel van). Le despotisme de la maison d'Orange prouvé par l'histoire. *En Hollande*, s. d. 8.

Orléans (Louis, duc d').
(Voir page 1344.)
Renaud (Louis). Oraison funèbre du duc d'Orléans. *Par.* 1752. 4.

Oronzio (San),
martyr italien.
Quarto (Donato Antonio). Vita di S. Oronzio, con diversi considerazioni. *Napol.* 1664. 12.

Ortigas ou **Hortigas** (Manuel),
jésuite espagnol (1609 — 1678).
Alfonso (Martin). Carta circular en el muerte de P. M. Hortigas, de la compañia de Jesus. *Zaragoz.* 1678. Fol.

Oscar I.
(Voir page 1349.)
Den åttonde mars 1844, etc. *Stockh.* 1844. 8.
(**Mellin**, Gustaf Henrik). Oscar den Foerste. Kort lefnadsteckning, etc. 1844. 8.
Oscar och Josephina. Sweriges höga Regentpar. Korta Lefnadsteckningar. *Stockh.* 1845. 16. Portraits du roi et de la reine.

Ossian.
(Voir page 1350.)
Stenberg (Sten Johan). Ossian och hans Sänger; akademiskt Afhandling. *Stockh.* 1842. 8.

Othon I de Bavière,
roi de Grèce (1er juin 1815 — élu le 7 mai 1832 — ...).
Texier (Edmond). Les hommes de la guerre d'Orient : le roi Othon. *Par.* 1854. 8. Portrait.

Ottmann (Georg),
magistrat allemand.
Richter (Gregor). Lachrymæ civium et musarum Gorlicensium in funere M. G. Ottmanni, consulis reipublicæ Gorlicensis. *Gorlic.* 1590. 8.

Oviedo (Juan Antonio de),
jésuite espagnol (25 juin 1670 — 2 avril 1757).
Lazcano (Francisco Xavier). Vida ejemplar y virtudes heroicas del P. J. A. de Oviedo de la compañia de Jesus. *Mexic.* 1760. 4.

Ozanam (Antoine Frédéric).
(Voir page 1360.)
Legeay (Urbain). Étude biographique sur Ozanam. *Par.* 1854. 8.

P

Pæan,
personnage mythologique.
Gebhardi (Brandanus Heinrich). Dissertatio de Pæane. *Gryphisw.* 1703. 4. (*Oxf.*)

Palier (Hendrik),
imprimeur-littérateur hollandais (10 juillet 1785 — 14 juin 1853).
(**Schotel**, Gilles Dionysius Jacobus). H. Palier, s. l. et s. d. (*S'Hertogenb.* 1854.) 8.
* Cette notice, extraite du *Konst-en Letterbode*, a été publiée sous la lettre initiale S.

Pallas (Peter Simon),
naturaliste allemand (22 sept. 1741 — 8 sept. 1811).
Cuvier (Georges). Éloge historique de P. S. Pallas. *Par.*, s. d. 8.

Palmblad (Wilhelm Fredrik),
littérateur suédois (16 déc. 1788 — 8 sept. 1852).
Rundgren (C... H...). Minnes-Ord dä K. M. Trotjenare Græcæ linguæ Professorn wid Upsala Akademie, Riddaren af K. Nordstjerne-Orden, etc., Philosophiæ Magistern W. F. Palmblad Jordfästades, etc. *Upsal.* 1852. 8.

Paoli (Angelo),
carme italien.
Cacciari (Pietro Tommaso). Della vita, virtù e doni sopranaturali del P. A. Paoli, carmelitano. *Rom.* 1756. 4.

Papin (Denis),
physicien français (vers 1652 — 1710).
Ducoux (N... N...). Notice sur D. Papin, inventeur des machines et bateaux à vapeur. Éloge historique, suivi

de notes et documents, publiés par M. Bannistère. *Blois*. 1854. 18. (Mémoire couronné en 1857 par la Société académique de Blois.)

Paredes (Marianna de Jesus),
religieuse américaine.

Boero (Giuseppe). Vie de la bienheureuse M. de Jésus de Parédès y Flores, surnommée le Lis de Quito, vierge séculière d'Amérique, trad. de l'ital. par Céleste Alix. *Au Mans*. 1854. 12.

Park (Mungo).
(Voir page 1374.)

Montémont (Albert). Vie de M. Park, voyageur anglais, *Par.* 1855. 8.

Parseval-Deschênes (Alexandre Ferdinand),
amiral français (27 nov. 1790 — ...).

Texier (Edmond). Les hommes de la guerre d'Orient : l'amiral Parseval-Deschênes. *Par.* 1854. Portrait.

Paskewitsch-Eriwansky (Iwan Fedor).
(Voir page 1377.)

Texier (Edmond). Les hommes de la guerre d'Orient : le maréchal Paskewitsch. *Par.* 1854. 8. Portrait.

Passerat (Jean),
poëte français (1534 — 1602).

Georges (abbé). Les illustres Champenois : Jean et Nicole Pithou, Pierre et François Pithou, J. Passerat, (Pierre Jean) Grosley, s. l. 1849. 4 part. 8.

Passy (Antoine).
(Voir page 1378.)

Notice sur les travaux scientifiques de M. Passy. *Par.* 1854. 4.

Patrono (Antonio),
jésuite italien (1657 — 1752).

Felice de Dio. Orazione funerale in esequie del P. A. Patrono. *Napol.* 1752. 8.

Paul (Saint).
(Voir page 1381.)

Monod (Adolphe). Der Apostel Paulus. Fünf Reden. *Elberf.* 1854. 8. (Trad. du franç.)

Pavone (Francesco),
jésuite italien (1569 — 25 février 1637).

Vita del P. F. Pavone della compagnia di Giesù. *Napol.* 1658. 4.

Pazzi (Maria Maddalena de').
(Voir page 1387.)

Grégoire de Saint-Martin. La vie toute céleste de la vierge extatique S. Marie Madalène (!) de Pazzi, religieuse de l'ancienne observance de l'ordre de Notre-Dame du Mont-Carmel. *Douai.* 1671. 12. Gravure. *Ibid.* 1714. 12.

Pedro de Alcantara (San).
(Voir page 1389.)

Vie admirable de S. Pierre d'Alcantara, religieux récollet de l'ordre de S. François, béatifié par Grégoire XV et canonisé par Clément IX. *Douai.* 1669. 24.

Pena (Gertrudis de la),
religieuse espagnole.

Oviedo (Juan Antonio de). Elogio funebre de la señora doña G. de la Peña, marquesa de los Torres de Herrada, fundadora del templo de la casa profesa de Mexico. *Mexic.* 1759. 4.

Petithan (François),
général belge (.. mars 1789 — ...).

Esquisse biographique sur le général Petithan, commandant supérieur de la garde civique de Bruxelles. *Brux.* 1853. 18.

Petrarca (Francesco).
(Voir page 1406.)

Costaing de Pusignan (Jean Joseph François). La muse de Pétrarque dans les collines de Vaucluse, ou Laure des Baux, sa solitude et son tombeau dans la vallée de Galas. *Par. et Avign.* 1819. 12. (P. et Lv.)

Peyron (Gustaf Abraham, Friherre),
homme d'État suédois († 8 mars 1852).

Tal wid Konungens högdbetrodde Man, f. d. Stats-Rädet, General-Löijtnanten, General-Befälhafwaren i Andra Militär-Distrektet, Ståthällaren pä Gripsholm Slott,

Riddaren, etc., Friherre G. A. Peyron's Jordfästning, etc. *Stockh.* 1852. 8.

Pharaïldis (Sainte).
(Voir page 1413.)

Kort verhael van het leven en de mirakelen van de H. Pharaïldis, maegd, gemeynlyk genaemd Sinte Veerle. *Loven.* 1852. 12.

Philènes (les frères).
(Voir page 1414.)

Middendorf (Hermann). Über die Philänensage, mit Berücksichtigung ähnlicher Erzählungen aus älterer und neuerer Zeit. *Münst.* 1853. 4.

Philippe II.
(Voir page 1415.)

Cajetano (Ottavio). Orazione funerale nell' esequie del cattolico rè di Spagna, Filippo II, etc. *Palerm.* 1601. 4. *Ibid.* 1619. 4.

Philippe le Bon.
(Voir page 1420.)

Pilate-Prevost (N... N...). Notice sur Philippe le Bon. *Douai.* 1840. Fol.

Quenson (N... N...). Notice sur Philippe le Bon, la Flandre et ses fêtes. *Douai.* 1840. 8.

Piazza (Ludovico, conte),
savant italien.

Balducci (Ludovico). Vita del conte L. Piazza. *Forli.* 1726. 4.

Pieneman (Jan Willem),
savant hollandais.

Lee (A... van). J. W. Pieneman en zijne werken. *Amst.* 1852. 8. *

* Cet ouvrage n'a pas été mis dans le commerce.

Pierre (Saint).
(Voir page 1431.)

Leo (Johann Christian). Commentatio de D. Petri itinere et episcopatu. *Lips.* 1743. 4.

Pierre I, surnommé **le Grand.**
(Voir page 1432.)

S*r** (George C...). Peder den Store och hans Tid. *Goetheb.* 1842. 8. *

* Traduction suédoise de l'ouvrage allemand de Carl Friedrich Rxicus, indiqué page 1434.

Pierre d'Amiens, dit l'Ermite.
(Voir page 1435.)

Vion (Michel). Pierre l'Ermite et les croisades, ou la civilisation chrétienne au moyen âge. *Amiens.* 1853. 12.

Grandgagnage (N... N...). Pierre l'Ermite, Liégeois ou Picard? *Liége.* 1854. 8. (Extrait du *Bulletin de l'Institut archéologique liégeois*.)

Dumortier (Barthélemy Charles). Pierre l'Ermite et M. Grandgagnage, s. l. et s. d. (*Louvain.*) 8. (Extrait de la *Revue catholique*.)

Pilatus (Pontius).
(Voir page 1437.)

Eynden (Egbert van den). Dissertatio de injusto P. Pilati judicio. *Traj. ad Rhen.* 1729. 4. (*Oxf.*)

Pinelli (Felice),
gouverneur de l'île de Corse.

Relazione dei tumulti di Corsica in tempo del governatore Genovese F. Pinelli (1728-30); scritta dal medesimo e tratta per la prima volta degli archivi della famiglia Brignole-Sale. *Bastia.* 1854. 8.

Pithou (François),
jurisconsulte français (1543 — 1621),

Pithou (Jean),
médecin français, frère du précédent,

Pithou (Nicolas),
jurisconsulte français, frère des précédents,

Pithou (Pierre).
(Voir page 1443.)

Georges (abbé). Les illustres Champenois : Jean et Nicolas Pithou, Pierre et François Pithou, Jean Passerat, (Pierre Jean) Grosley, s. l. 1849. 4 part. 8.

Plaute (Marcus Accius).
(Voir page 1447.)

Hertz (Martin). T. Maccius Plautus oder M. Accius Plautus. Eine Abhandlung. *Berl.* 1854. 8.

Polycarpe (Saint).

(Voir page 1455.)

Bing (Justinus). Dissertatio de Polycarpo. *Hafn.* 1740. 4. (*Oxf.*)

Polyphème,

personnage mythologique.

Feder (Johann Georg Heinrich). Amor Polyphemi ex Theocrito, Ovidio et Metastasio. *Erlang.* 1765. 4. (*Oxf.*)

Pontin (M... E... C...),

littérateur suédois.

Minne af framledne Kammarherren M. E. C. Pontin, etc. *Stockh.* 1852. 8.

Porée (Charles).

(Voir page 1459.)

Alleaume (N... N...). Notice biographique et littéraire sur les deux Porée. *Par.* 1854. 8. (Couronné par l'Académie des sciences, arts et belles-lettres de Caen.)

Pravaz (Charles Gabriel),

médecin français (24 mars 1791 — 24 juin 1853).

Munaret (Jean Maria Placide). Éloge historique de C. Pravaz. *Lyon.* 1854. 8. *

   * Suivi de la liste des ouvrages publiés par Pravaz.

Puke (Johan Carl, Grefwe'),

homme d'État suédois.

Grefwe J. C. Puke's Biografi. *Stockh.* 1847. 8.

Puschkin (Alexander Sergejewitch),

poète russe du premier ordre

(26 mai 1799 — mort à la suite d'un duel le 10 février 1837).

(**Lénstroem,** Carl Johan). A. Puschkin, Rysslands Byron. Ett Skaldeporträtt. *Upsal.* 1841. 8.

Puttemans (Pierre Guillaume),

médecin belge (1794 — 8 janvier 1850).

Servais (François Xavier Joseph). Discours funèbre prononcé sur la tombe du docteur Puttemans. *Brux.*, s. d. 8. (Tiré à très-petit nombre.)

Q

Quintana y de Aguilar (Blasio Rafael de),

savant espagnol († 1762).

Larraz (Blasio). In funere illustrissimi admodum atque amplissimi viri D. D. B. R. de Quintana et de Aguilar, academiæ Cervariensis cancellarii. *Cervar.*, s. d. (1762.) 4.

Quirin (Saint).

martyr.

Leven ende glorieuse doodt van den H. Quiryn, martelaer. *Bruss.* 1755. 18.

R

Rabaut (Paul).

(Voir page 1483.)

Borrel (A...). Biographie de P. Rabaut, pasteur du désert, et de ses trois fils. * *Nîmes.* 1854. 12.

   * Ses trois fils sont : Jean Paul RABAUT DE SAINT-ÉTIENNE, député à la Convention nationale, (né le .. avril 1743 — guillotiné le 5 décembre 1793) ; Jacques Antoine RABAUT-POMIER, également membre de ladite Convention (24 oct. 1744 — 16 mars 1820) et N... N... RABAUT, surnommé DUPUIS, membre du corps législatif (vers 1746 — 1808).

Radowitz (Joseph v.).

(Voir page 1486.)

J. v. Radowitz. Ein Gedenkblatt den Freunden. *Berl.* 1854. 8.

Raglan (N... N... **Fitzroy Somerset,** lord),

général anglais.

Texier (Edmond). Les hommes de la guerre d'Orient : lord Raglan. *Par.* 1854. 8. Portrait.

Raitenbach (Wolfgang Friedrich v.),

Allemand.

Riedel (Adam Christoph v.). Lob- und Trauerrede auf W. F. v. Raitenbach. Raitenbach als Muster eines vollkommenen Edelmanns. *Hof.* 1759. Fol.

Ralamb (Anders Sigfrid),

Suédois.

Minnestal öfwer Friherre A. S. Rälamb. *Christianstad.* 1841. 8.

Rangone (Gherardo , marchese),

savant italien.

Venturi (Giovanni Battista). Memoria intorno alla vita del marchese G. Rangone. *Moden.* 1818. 4.

Rassmussen, gravinde **Danner** (Louise Christine),

épouse de Frédéric VII, roi de Danemark

(21 avril 1814 (?) — mariée morganatiquement le 7 août 1850 — ...).

Sperling (Jonas). La Dubarry du Nord, ou aventures de la ci-devant marchande de modes J. C. Rassmussen. *Yersey, Genève* et *New-York,* s. d. (1854.) 52. Portrait de la comtesse et de son secrétaire intime BERLING.

Rathier,

évêque de Liège et de Vérone. — (Voir page 1497.)

Vogel (Albrecht). Ratherius von Verona und das zehnte Jahrhundert. *Jena.* 1854. 2 vol. 8. *

   * Le premier volume porte pour titre : *Die Geschichte Rather's und seiner Zeit;* le second est intitulé : *Von den Quellen der Geschichte Rather's.*

Raveaux (Franz),

démagogue allemand (1er avril 1810 — 13 sept. 1851).

Raveaux (Franz). Mittheilungen über die badische Revolution. *Frf.* 1850. 8.

Regis (Saint Jean François).

(Voir page 1503.)

Oviedo (Juan Antonio de). Vida de S. J. F. Regis. *Mexic.* 1727. 12.

Reiffenberg (Frédéric Guillaume Émeric Cuno Marsilius , baron de),

littérateur belge (28 août 1830 — ...).

De Reume (Auguste). Le baron de Reiffenberg, auteur dramatique. *Brux.* 1854. 8.

Reinelde (Sainte).

(Voir page 1508.)

Éloge raccourci des grandeurs de la princesse royale S. Reinelde, vierge et martyre. *Brux.*, s. d. (1774). 12.
Korte beschryving van het leven , den lof en de groot-heden van de koninglyke princesse, de H. Reynildis, maegd en martelaresse. *Halle,* s. d. 12.

Rellstab (Ludwig),

littérateur allemand (13 avril 1799 — ...).

Mueller (Carl Friedrich). (Gasparo) Spontini und Rellstab. Einige Worte zur Beherzigung der Parteien. *Berl.* 1833. 8.

Rembrandt, * dit van **Rijn** (Paul).

(Voir page 1510.)

(**Wilson,** N... N...). Descriptive catalogue of the prints of Rembrandt. *Lond.* 1836. 8.

Peijpers (W... N...). Levensschets van Rembrandt en dichtregelen bij de onthulling van zijn standbeeld. *Amst.* 1852 (?) 8.

   * Son véritable nom était Rembrandt HARMENSZ VAN RYN.

Rémusat (Jean Pierre Abel),

orientaliste français (5 sept. 1788 — 3 juin 1832).

Sacy (Antoine Isaac **Silvestre** de). Notice sur la vie et les ouvrages de J. P. A. Rémusat. *Par.* 1834. 8.

Renouard (Jules),

libraire français.

Pagnerre (N... N...). Notice nécrologique sur M. J. Renouard, libraire, ancien juge au tribunal de commerce, ancien membre de la chambre de commerce, chevalier de la Légion d'honneur. *Par.* 1854. 8.

Reschid-Pacha.
(Voir page 1501.)

Texier (Edmond). Les hommes de la guerre d'Orient : Reschid-Pacha. *Par.* 1854. 8. Portrait.

Reynolds (Joshua).
(Voir page 1517.)

Farrington (N... N...). Memoirs of the life of sir J. Reynolds. *Lond.* 1809. 8.

Rezzonica (Niccolina),
religieuse italienne.

Rossignoli (Carlo Gregorio). Vita e virtù della M. N. Rezzonica, primogenita dell' insigne monistero di S. Orsola, vergine et martire. *Como.* 1682. 12.

Riedel (Zacharias),
théologien allemand (19 mai 1666 — 15 février 1721).

Wenzel (Johann Christian). Denkschrift auf Z. Riedel, Pfarrer zu Bertsdorf bei Zittau. *Zittau.* 1721. Fol.

Rieder (N... N...),
théologien alsacien (5 sept. 1778 — 20 janvier 1852).

Kuntz (N... N...). Rieder's Leben. *Strasb.* 1854. 8.

Rieger (Georg Friedrich),
théologien allemand (1er août 1669 — 28 mai 1768).

Lebenslauf G. F. Rieger's. *Bunzlau.* 1768. 8.

Rizos Nerulos (Jakowakis),
homme d'État grec (1778 — 1850).

Rizos Nerulos (Jakowakis). Fragments historiques sur les événements militaires relatifs à l'invasion d'Ypsilantis en Moldavie. *Moscou.* 1822. 8.

Robert (Louis Léopold).
(Voir page 1538.)

Neujahrsblatt der Künstlergesellschaft in Zürich für 1841; enthaltend : Leben und Characterschilderung des Malers L. Robert aus Chaux de Fonds. *Zürch.* 1852. Fol.*

* C'est par erreur que, à la page 1538, L. Robert est mentionné comme peintre *français* ; il est d'origine suisse.

Robinson (Crusoë).

Hettner (Hermann). Robinson und die Robinsonaden, etc. *Berl.* 1854. 8. *

* Cet écrit contient aussi la biographie de Daniel Defoe (voir page 401), auteur de la *Vie et aventures de Robinson Crusoé*, dont la première édition a paru en 1719 à Londres en langue anglaise.

Rocchini (Niccolò),
prêtre italien.

Galluzzi (Francesco Maria). Vita del V. P. N. Rocchini, della congregazione detta dell' ospizio di Camerino. *Rom.* 1718. 4. Portrait.

Rodde (madame de),
dame française.

Bégin (Émile Auguste). (Charles François Dominique de) Villers, madame de Rodde et madame (Anne Louise Germaine Necker, baronne) de Staël. *Metz.* 1840. 8. Portrait de Villers.

Rohan (François de),
archevêque de Lyon.

Péricaud (Antoine). Notice sur F. de Rohan, archevêque de Lyon. *Lyon.* 1854. 4. (Extrait de la *Revue du Lyonnais*, tiré à part à 100 exemplaires.)

Ronsard (Pierre).
(Voir page 1557.)

Guenther (Friedrich). Ronsard und sein Verhältniss zur Entwickelung der französischen Sprache. *Elberf.* 1846. 8.

Roothaan (Jan Philippus).
(Voir page 1557.)

(Terwecoren, Édouard). Esquisse historique sur le T. R. P. Roothaan, XXIe général des jésuites. *Brux.* 1854. 8. Portrait.

Rosalie (Sainte).
(† 1260). — (Voir page 1558.)

(Mazzara, Baldassare). I grati ossequii della Conca d'oro

a S. Rosalia, vergine Palermitana, nel rinovare la festa del suo ritrovamento. *Palerm.* 1664. 4.

Manfredi (Antonio). La Rosa d'oro e l' aureo complesso delle rose più pellegrine inventa da Dio per più felicitare la città felice Palermo. Panegirica rhodologia. Sagro discorso per le glorie di S. Rosalia, vergine Palermitana, etc. *Napol.* 1688. 8.

Rosen (Gustaf Fredrik, Grefwe v.),
homme d'État suédois.

Beskow (Bernhard v.). Minne öfwer Riks-Rädet och General-Guvernören, Grefwe G. F. v. Rosen. *Stockh.* 1852. 8. (Tiré à 100 exemplaires.)

Rosen v. Rosenstein (Carl),
archevêque d'Upsala.

Rabenius (Lars Georg). Minnes-Ord dä wid framledne, Erke-Biskopen, Pro-Cancelleren, andelige Ledamoten of K. M. Orden, En af de Aderton i Swenska Akademien Dr. C. Rosen v. Rosenstein's Jordfästning, etc. *Upsal.* 1857. 8.

Rosenblad (Mathias, Grefwe),
homme d'État suédois.

Biografi öfwer H. Ex. Herr Grefwe M. Rosenblad, J. D. Justitie-Stats-Minister, etc. *Stockh.* 1849. 8.

Rossini (Gioachino).
(Voir page 1565.)

Oettinger (Eduard Maria). Rossini (comp. page 1565). Trad. en danois (par N... N... Marlow). *Kjoebenh.* 1849. 2 vol. 8. — Trad. en suédois (par N... Lundberg). *Stockh.* 1850. 2 vol. 8. *

* Il existe aussi une traduction française par Henri Blaze de Bury, insérée dans la *Revue des Deux-Mondes* (1er et 15 mai et 1er juin 1854).

Escudier (Frères). Rossini, sa vie et ses œuvres, précédé d'une introduction de Joseph Méry : *l'Avenir de Rossini.* *Par.* 1854. 18.

Rossoline de Villeneuve (Sainte),
religieuse française.

Haitze (Pierre Joseph de). Histoire de S. Rossoline de Villeneuve, de l'ordre des chartreux. *Aix.* 1720. 12.

Rousseau (Jean Jacques).
(Voir page 1569.)

Girardin (Cécile Stanislas Xavier de). Sur la mort de J. J. Rousseau. *Par.* 1824. 8.

Rubens (Peter Paulus).
(Voir page 1574.)

Basan ou **Bazan** (Pierre François). Catalogue des estampes gravées d'après Rubens. *Par.* 1767. 12.
Michiels (Alfred). Rubens et l'école d'Anvers. *Par.* 1854. 8.
—— Catalogue des tableaux et dessins de Rubens, avec l'indication des endroits où ils se trouvent. *Par.* 1854. 8.

Rueckert (Friedrich).
(Voir page 1577.)

Braun (J... E...). F. Rueckert als Lyriker. *Siegen.* 1844. 8.

Ruesne (Jean Baptiste de),
prêtre belge (1er sept. 1751 — ... 1838).

(Descamps, A... P... V...). Éloge funèbre de M. J. B. de Ruesne, curé-doyen de Sainte-Waudru. *Mons.* 1838. 8.

Rupert (Saint).
(Voir page 1580.)

L... (A... J... J...). Lebensgeschichte des heiligen Rupert, Bekenners, ein Vorbild des christlichen Lebens und der Fürsorge für die Armen, wie auch der heiligen Hildegard, Aebtissin am Rupertsberg, und des heiligen Bischofs Disibodus. *Trier.* 1854. 12.

Ruyter ou Ruiter (Michiel Adriaanszoon).
(Voir page 1583.)

Belinfante (Johannes Jacobus). Leven van M. A. de Ruyter. *S'Gravenh.* 1844. 2 vol. 8.

Rydellius (Anders).
(Voir page 1584.)

Sylvander (Gustaf Volmar). A. Rydelius. Disputatio philosophica. *Calmar.* 1851. 8.

S

Sabinus (Georg).
(Voir page 1585.)
Toeppen (Max). Die Gründung der Universität zu Königsberg und das Leben ihres ersten Rectors G. Sabinus; nach gedruckten und ungedruckten Quellen dargestellt, etc. *Königsb.* 1844. 8.

Sablé (madame de),
dame française du xviie siècle.
Cousin (Victor). Madame de Sablé. Études sur les femmes illustres et la société du xviie siècle. *Par.* 1854. 8.

Sabtaï-Datelo,
médecin juif du xe siècle.
Carmoly (Éliacin). Notice sur Sabtaï-Datelo, médecin et astronome du xe siècle, s. l. et s. d. 8.

Sacchini (Antonio Maria Gasparo).
(Voir page 1586.)
Hesmart (N... N...). Éloge d'A. Sacchini, de la Société académique des enfants d'Apollon. *Par.* 1787. 8. Portrait. (Omis par Quérard.)

Sadeler (Jean * et Gilles **),
graveurs belges (* 1550 — 1610 — ** 1570 — 1629).
Fétis (Édouard). Les artistes belges à l'étranger. Les Sadeler. *Brux.* 1854. 8. (Extrait des *Bulletins de l'Académie royale de Belgique*.)

Saint-Ernest (N... N...),
acteur français du xixe siècle.
Biographie de M. Saint-Ernest, premier sujet du théâtre de l'Ambigu à Paris. *Bordeaux.* 1854. 8. *
* Notice signée: J... Bouchardy.

Salamon (Alphonse Antoine Laurent),
magistrat français (12 juin 1747 — vers 1816).
Salamon (Alphonse Antoine Laurent). Précis pour A. Salamon, baron de Salamon, ancien magistrat, ex-maire de Lyon, etc., s. l. 1814. 8.

Salvatierra (Juan Maria),
jésuite espagnol.
Oviedo (Juan Antonio de). El apostol Mariano. Vida del venerable P. J. M. Salvatierra de la compañia de Jesus, conquistador espiritual de la Californias. *Mexic.* 1754. 4.

Salza (Herren v.);
famille allemande.
Salza (Carl v.). Regesten der Familie Salza. *Leipz.* 1855. 8.

Sampayo y Mello (José Constantino, marques **Leyte** de),
homme d'État espagnol.
Mémoires historiques, généalogiques et chronologiques concernant les ascendances de J. C., marquis Leyte de Sampayo et Mello. *Par.* 1854. 4.

Santesson (Berndt Harder),
Suédois.
B. H. Santessons Lefwerne. *Upsal.* 1847. 8. (Extrait du *Biographiskt Lexicon öfver namnkunnige Swenska Man*).

Scafali (Giovanni Battista),
jésuite italien.
Galluzzi (Francesco Maria). Vita di G. B. Scafali, sacerdote secolare, nobile Fulignate, della congregazione secreta de' SS. Apostoli del collegio Romano della compagnia di Gesù. *Rom.* 1725. 8. Portrait.

Schamyl.
(Voir page 1624.)
Notice biographique sur Schamyl, etc. *Par.* 1854. 4.
Zaccone (Pierre). Schamyl ou le libérateur du Caucase. *Par.* 1854. 8.
Wraxall (Lascelles). Schamyl, the sultan, warrior and prophet of the Caucasus. *Lond.* 1854. 4. *
* Traduction de l'ouvrage mentionné indiqué page 1624.

Scheppler (Louise).
(Voir page 1627.)
Bodemann (Friedrich Wilhelm). L. Schoepler (!), Pfarrer Oberlin's Dienstmagd. *Hamb.* 1854. 12.

Schimmelpenninck (Rutger Jan).
(Voir page 1631.)
Hoffmann-Peerlkamp (Pieter). De vita et moribus R. J. Schimmelpenninck. *Hag.* et *Amst.* 1848. 8.

Schneider (Friedrich),
compositeur allemand.
Neumann (W...). F. Schneider. *Cassel.* 1854. 16. Portrait. *
* Appartenant au recueil *Die Componisten der neueren Zeit.*

Schoenberg le jeune (Anders),
Suédois.
Arwidsson (Adolf Iwar). Lefnads-Teckning öfwer A. Schoenberg den y. *Stockh.* 1849. 8.

Schroederheim (Elis).
(Voir page 1643.)
E. Schroederheim. Bidrag till hans Biografi. *Stockh.* 1848. 8.

Scribe (Augustin Eugène).
(Voir page 1653.)
Mirecourt (Eugène de). Scribe. *Par.* 1854. 32. Portr. *
* Faisant partie du recueil *les Contemporains.*

Sébastien (Saint).
(Voir page 1653.)
Den edeln ridder en heyligen martelaar Sebastianus verheft in syn leven, doodt ende wondere wercken, etc. *Antwerp.* 1719. 12.

Sefstroem (Niels Gabriel),
littérateur (?) suédois.
Minnesteckning öfwer N. G. Sefstroem. *Stockh.* 1846. 8.

Segneri (Paolo).
(Voir page 1656.)
Galluzzi (Francesco Maria). Vita del P. P. Segneri Juniore della compagnia di Gesù. *Rom.* 1716. 4. *Lucca.* 1719. 4. Portrait. Trad. en latin. *Ingolstad.* 1742. 8. Portrait.

Sericchi (Lelio).
(Voir page 1656.)
Galluzzi (Francesco Maria). Vita di D. L. Sericchi, canonico di Celano ne' Marsi, etc. *Lucca.* 1722. 4. Portr.

Servais (Saint).
(Voir page 1664.)
Kort begryp van het leven van den H. Servatius, bisschop van Tongern en Maestricht, patroon van de parochiaele kerk van Wemmel. *Brux.*, s. d. 12.
Abrégé de la vie de S. Servais, évêque de Tongres et patron contre la fièvre et les maladies épidémiques. *Liége.* 1772. 12. *
* Titre rectifié de l'écrit mentionné page 1664. La dédicace de l'opuscule est signée J... L... Dusart.

Sévère (Saint),
évêque de Ravenne.
Leven van den H. Severus, bisschop van Ravenna, patroon der lyn- en wolle-weévers, etc. *Antwerp.* 1767. 12.

Séverin (Saint).
(Voir page 1667.)
Giattini (Giovanni Battista). Sermone in lode di S. Severino, vescovo Settempedano. *Rom.* 1646. 4.

Seveste (Jules),
artiste français († 1er juillet 1854).
Discours prononcés sur la tombe de M. J. Seveste, directeur du théâtre lyrique (à Paris). *Par.* 1854. 8. *
* Discours prononcés par le baron de Taylor, M. de Saint-Georges et Adolphe Adam.

Shakespeare (William).
(Voir page 1669.)
Sijbrandi (Karel). Verhandeling over Vondel en Shakespeare als treurspeldichters, etc. *Haarl.* 1814. 4.
White (Richard Grant). Shakespeare's scholar: being historical and critical studies of his text, characters and

commentators, with an examination of Mr. Collier's Folio (edition) of 1632. *Lond.* 1854. 8.

Sharp (Martha T...),
dame anglo-américaine.

Helm (J... J...). Memoir of M. T. Sharp. *Boston* (?) 1853. 18.

Shrewsbury (J... B...),
Anglais.

Life and character of J. B. Shrewsbury, by his father. *Lond.* 1850. 18.

Sidney (Philip).
(Voir page 1676.)

Schotel (Gilles Dionysius Jacobus). Sir F. Sidney, s. l. et s. d. 8. (Tiré à part à très-petit nombre.) — (*Ld.*)

Simson.
(Voir page 1683.)

Cremer (Bernhard Sebastian). Disputationes II de Samsone et Hercule. *Harderov.* 1718. 4. (*Oxf.*)

Smith (Joseph ou Joë).
(Voir page 1688.)

Guers (Emilius). Irvingism and Mormonism tested by Scripture, with prefatory notice by James BRIDGES. *Lond.* 1854. 12.

Speciali (Pietro),
jésuite italien (?)

Oviedo (Juan Antonio de). Vida y virtudes del P. P. Speciali, jesuita de la provincia de Mexico. *Mexic.* 1727. 4.

Spinola (Carlo).
(Voir page 1706.)

Spinola (Fabio Ambrogio). Vita del P. C. Spinola della compagnia di Giesù, morto per la santa fede nel Giappone. *Rom.* 1628. 8. *Ibid.* 1658. Portrait. *Bologn.*, s. d. 52. *Rom.* 1671. 8. Portrait. Trad. en lat. par Hermann Huco. *Antwerp.* 1630. 8. Portrait. *
* Titre rectifié de l'ouvrage mentionné page 1706.

Spohr (Ludwig).
(Voir page 1708.)

Neumann (W...). L. Spohr. *Cassel.* 1854. 16. Portr. *
* Appartenant au recueil : *Die Componisten der neueren Zeit.*

Staël (Anne Louise Germaine Necker, baronne de).
(Voir page 1710.)

Bégin (Émile Auguste). (Charles François Dominique de) Villers, madame de Rodde et madame de Staël. *Metz.* 1840. 8. Portrait de Villers.

Stephoni (Bernardino),
jésuite italien (1560 — 8 déc. 1620).

Ferrari (Giovanni Battista). Orazione funerale in morte del P. B. Stephoni. *Moden.* 1621. 4. *
* L'auteur raconte que Stephoni, se voyant près de mourir, demanda que l'on brûlat tous ses écrits afin qu'il ne restât rien de lui qui pût en rappeler le souvenir, comme n'ayant rien fait, disait-il, qui fût digne de louange.

Strange (Robert),
graveur anglais (1725 — 1795).

Dennistoun (James). Memoirs of sir R. Strange, engraver, illustrating his artistic life; and of his brotherinlaw, Andrew Lumisden, private secretary to the Stuart princes and author of *The antiquities of Rome.* *Lond.* 1854. 8. *
* En cours de publication.

Stuarts.
(Voir page 1732.)

Superville (D... M... de). De dijnastie der Stuarts. *Middelb.* 1852. 8.

Stuart (Charles Edward).
(Voir page 1732.)

Cordara (Giulio Cesare). — (Comp. page 1753.) Trad. en ital. par Antonio GUSSALLI, publ. avec la vie de l'auteur par Luciano SCARABELLI. *Piacenz.* 1843. 16.

Suarez (Francisco),
jésuite espagnol (5 janvier 1548 — 25 sept. 1617).

Descamps (Antoine Ignace). Vida del venerable y excelente doctor el P. F. Suarez de la compañia de Jesus. *Perpinan.* 1671-72. 2 vol. 4. *
* C'est par erreur que la plupart des bibliographes, comme nousmême, ont cité cet ouvrage en langue latine.

Défense du P. F. Suarez, jésuite, injustement attaqué par messire Desqueux, curé de Saint-Estienne et doyen de chrétienté de Lille. *Lille.* 1686. 16. *
* Cette réfutation, écrite par F. Suarez, est publiée sous le pseudonyme de Diego Lorez.

Desqueux (N... N...). Dom Diego Lopez justement réfuté. *Lille.* 1686. 16.

Suarez (Louis Marie de),
jurisconsulte (?) français.

Gourdan (Pierre de). Oraison funèbre de M. L. M. de Suarez. *Avign.* 1674. 12.

Suchet, duc d'Albuféra (Louis Gabriel).
(Voir page 1735.)

Nollet–Fabert (Jules). Les gloires de l'empire. Le maréchal Suchet, duc d'Albuféra, s. l. et s. d. (*Bar.* 1854.) 8. (Tiré à un petit nombre d'exemplaires.)

T

Tachard (Guy),
jésuite français († vers 1714).

Le jésuite démasqué, ou entretien entre le très-saint Père Lachaise, confesseur de Sa Majesté Très-Chrétienne (Louis XIV), le très-chaste Père Peters, confesseur de Sa Majesté Britannique, et le très-pieux Père Tachart (!), ambassadeur de Sa Majesté Siammoise; dans lequel on découvre les principaux moyens dont ces révérends pères prétendent se servir pour la conversion des hérétiques d'Angleterre et les idolâtres de Siam, s. l. et s. d. (*Par.* 1688.) 4.

Tarrible (Jean Dominique Léonard),
jurisconsulte français (1753 — 27 janvier 1821).

Brière de Surgey (N... N...). Discours prononcé sur la tombe de M. Tarrible, s. l. et s. d. (*Par.* 1821.) 8. (Extrait du *Moniteur.*)

Thérèse (Sainte).
(Voir page 1770.)

Woodhead (Abraham). Life of S. Theresa, s. l. 1669. 4.
Chapelain (Charles Jean Baptiste). Panégyrique de S. Thérèse, patronne de S. M. l'impératrice reine de Hongrie et de Bohême. *Par.* 1770. 12.

Thomas (le baron Jean),
général français (7 juin 1770 — 18 déc. 1853.) — (Voir page 1777.)

Virlet (E...). Notice sur le général baron J. Thomas,

membre de l'Académie royale de Metz. *Metz.* 1854. 8. (Extrait des *Mémoires* de ladite Académie.)

Thucydide.
(Voir page 1781.)

Steinhausen (Peter). De Thucydidis ratione theologica et philosophica, dissertatio. *Monast.* 1854. 8.

Toggenburg (Ida ou Itha, Gräfin v.).
(Voir page 1790.)

(Widl, Adam). Vita B. Iddæ Toggenburgicæ, cœnobii Frischingensis patronæ, prosa et heroico versu descripta, cum brevi elogio comitum Toggenburgicorum et Kirchbergensium, etc. *Constant.* 1658. *
* Titre rectifié de l'ouvrage indiqué page 1790.

Torella (Lodovica),
religieuse italienne.

Rossignoli (Carlo Gregorio). Vita e virtù della contessa di Guastalla, L. Torella, nominata poi Paola Maria, fondatrice dell' insigne monistero di S. Paolo e del regio collegio di Maria Vergine detto della Guastalla. *Milan.* 1686. 4.

Tournon (Philippe Camille Casimir Marcellin, comte de),
homme d'État français (24 juin 1778 — 18 juin 1833).

Silvestre (Augustin François de). Notice biographique

sur M. le comte de Tournon, pair de France, grand officier de la Légion d'honneur, conseiller d'Etat, membre de la Société royale et centrale d'agriculture. *Par.* 1834. 8.

évêque d'Orange et de Lavaur († 4 déc. 1669).
Villarmin (François). Elogium J. V. de Tullia. *Arausion.* 1662. 4.

U

Ugarte (Juan de),
jésuite espagnol.
Oviedo (Juan Antonio de). Vida y afanes apostolicos del venerable P. J. de Ugarte, misionero apostolico de las Californias, de la compañia de Jesus. *Mexic.* 1753. 4.

Unger (Johann Georg),
xylographe allemand.
Denkmahl eines berlinischen Künstlers und braven Mannes (des Holzschneiders und Buchdruckers J. G. Unger), von seinem Sohne, s. l. et s. d. (*Berl.* 1789.) 8. Portrait.

V

Valentin (Saint).
(Voir page 1823.)
L... (A... J... J...). Lebensgeschichte des heiligen Bischofs und Märtyrers Valentinus, etc. *Trier.* 1854. 12.

Van den Clite (Liévin),
peintre belge du xve siècle.
Pinchart (Alexandre). Notice sur L. Van den Clite, peintre gantois au xve siècle, s. l. et s. d. (*Brux.* 1854.) 8. (Extrait des *Bulletins de l'Académie royale de Belgique.*)

Varin (Pierre Joseph),
littérateur français (17 sept. 1802 — 12 juin 1849).
Laigle (Charles). P. Varin. *Bar.* 1854. 8.

Vera (Miguel Garcia de),
jésuite espagnol.
Palomar (Francisco Antonio). Compendio historial en forma de carta de la religiosa vida y dichosa morte del P. M. G. de Vera, sacerdote profeso de la religion de la compañia de Jesus, dirigido á los padres superiores de su provincia de Aragon. *Zarag.* 1744. 4.

Véran (Saint),
évêque de Cavaillon, vers le milieu du vie siècle.
Mathieu (François). Vie admirable du bienheureux S. Véran, évêque de Cavaillon. *Avign.* 1665. 4.

Victoria.
(Voir page 1848.)
Texier (Edmond). Les hommes de la guerre d'Orient :

le prince Albert et la reine d'Angleterre. *Par.* 1854. 8. Portrait de la reine.
* Qu'il nous soit permis de demander à M. Texier, si la reine d'Angleterre est aussi un *homme de guerre.*

Vidal (José),
jésuite espagnol.
Oviedo (Juan Antonio de). Vida admirable del venerable P. J. Vidal, profeso de la compañia de Jesus. *Mexic.* 1752. 4.

Vincent de Lérins.
(Voir page 1854.)
Bretegnier (Léon). Essai sur Vincent de Lérins. Thèse. *Colmar.* 1854. 8.

Vincent de Paul (Saint).
(Voir page 1854.)
Leven van den H. Vincentius van Paulo. *Arnhem.* 1850. 16.

Vives (Juan Luis).
(Voir page 1860.)
Bosch-Kemper (Jan de). J. L. Vives, geschetst als christelijk philantroop der 16de eeuw, met eenige plaatsen uit zijne godsdienstige geschriften. *Amst.* 1851. 12.

Voltaire (François Marie **Arouet** de).
(Voir page 1864.)
Nicolardot (Louis). Ménage et finances de Voltaire, avec une introduction sur les mœurs des cours et des salons au xviiie siècle. *Par.* 1854. 8.

W

Wallenstein, Herzog von **Friedland** (Albrecht Wenceslaus Eusebius, Graf v.).
(Voir page 1875.)
Sporschil (Johann). Wallenstein; historischer Versuch. *Leipz.* 1828. 8. Portrait.

Walter von der Vogelweide.
(Voir page 1878.)
Daffis (Anton). Zur Lebensgeschichte Walther's von der Vogelweide. *Berl.* 1854. 8.

Weber,
savants allemands.
Freiesleben (Gottfried Christian). Memoria Weberorum virtute et eruditione clarorum. *Altenb.* 1731. 4.

Wellington (Arthur **Wellesley,** duke of).
(Voir page 1890.)
The military achievements of field-marshal the duke of

Wellington; by a Peninsular and Waterloo officer. *Lond.* 1854. 2 vol. 8.

Wiclef ou Wicliffe (John).
(Voir page 1900.)
Jaeger (Oskar). J. Wycliffe und seine Bedeutung für die Reformation. Eine Untersuchung seiner Lehre, seiner theoretischen und practischen Opposition gegen die katholische Kirche, und seines Verhältnisses theils zu (Johannes) Huss und (Jan) Wessel, theils zu Luther. *Halle.* 1854. 8. (Ouvrage couronné.)

Wijk (Jacobus van),
Hollandais.
Wijer (C... van der). Levensbeschrijving van J. van Wijk, Roelzn-Broeder van de orde der Nederlandsche Leeuw. *Zwolle.* 1849. 8. Portrait.

X

Xavier (Saint François).

(Voir page 1923.)

(Scortia, Francesco). Ristretto della santa vita dell' apostolo dell' Indie, S. Francesco Saverio, della compagnia di Giesù. *Bologn.*, s. d. (1622). 52.

Bartoli (Daniello). Dell' istoria della compagnia di Giesù. L' Asia, prima parte. *Rom.* 1653. Fol. *Genov.* 1656. 4. 5° édition, augment. de la vie du P. Ridolfo Aquaviva.

Rom. 1667. Fol. Trad. en latin par Louis JANIN. *Lugd.* 1666. 4.

Bartoli (Daniello). Miracoli di S. Francesco Saverio, apostolo dell' Indie, della compagnia di Giesù. *Messin.* 1656. 8. (Extrait de l'ouvrage précédent.) Trad. en franç. *Par.* 1675. 8. *Lyon.* 1701. 12.

—— Viaggi e miracoli del grande apostolo dell' Oriente, S. Francesco Saverio. *Voghera.* 1841. 12. (Abrégé de l'ouvrage précédent.)

Z

Zangiacomi (le baron N... N...), juriaconsulte français.

Paillart (N... N...). Éloge de M. le baron Zangiacomi, pair de France, président de chambre à la cour de cassation. *Nancy.* 1854. 8. (Extrait des *Mémoires de l'Académie de Stanislas.*)

Zucchi (Niccolò), jésuite italien.

Bartoli (Daniello). Della vita del P. N. Zucchi della compagnia di Giesù, libri II. *Rom.* 1682. 4.

BIOGRAPHIES GÉNÉRALES.

(Voir page 1948.)

I. — BIOGRAPHIES GÉNÉRALES

ÉCRITES EN ALLEMAND.

(Voir page 1948.)

Der Teutsche Helicon, auf welchem die auf denen Teutschen Universitäten itzt lebende Professores vorgestellet werden. *Leipz.* 1712. 8.

Anecdoten zur Lebensgeschichte berühmter französischer, deutscher, italienischer, holländischer und anderer Gelehrten. *Leipz.* 1762. 2 vol. 8.

Rosenmueller (Georg Hieronymus). Lebensbeschreibungen berühmter Gelehrten des sechszehnten Jahrhunderts. *Leipz.* 1800. 8.

Baur (Samuel). Interessante Lebensgemälde der denkwürdigsten Personen des achtzehnten Jahrhunderts. *Leipz.* 1820-21. 7 vol. 8.

Schlichtegroll (Adolph Heinrich Friedrich v.). Nekrolog der Deutschen.

Neuer Nekrolog der Deutschen. *Weim.* 1823-53. 30 vol. 8.

Das grosse Conversations-Lexicon für die gebildeten Stände, in Verbindung mit Staatsmännern, Gelehrten, Künstlern und Technikern, herausgegeb. von J... MEYER, *Hildburgh.*, *Amst.*, *Par.* et *Philadelph.* 1840-54. 35 vol. 8. et 5 vol. de suppléments. *

  * C'est un de ces ouvrages qui remplacent une petite bibliothèque. Nous préférons cette encyclopédie à toutes les autres qui ont paru en Allemagne jusqu'à présent.

II. — BIOGRAPHIES GÉNÉRALES

ÉCRITES EN FRANÇAIS.

(Voir page 1952.)

Richer (Adrien). Vies des hommes illustres comparés les uns avec les autres, depuis la chute de l'empire romain jusqu'à nos jours. *Amst.* (*Par.*) 1756. 2 vol. 12.

Steiss (Charles) et **Busson** (N... N...). Supplément général au *Dictionnaire historique*, etc., de F. X. de Feller, depuis 1827 jusqu'en mai 1850. *Helmond.* 1851. 8.

III. — BIOGRAPHIES GÉNÉRALES

ÉCRITES EN LATIN.

(Voir page 1958.)

Reusner (Nicolaus). Icones, s. imagines virorum literis illustrium. *Argent.* 1693. 8.

(Ruediger, J... C...). Vitæ clarissimorum in re literaria virorum. *Witteb.* 1708-13. 9 vol. 8. *

  * Publ. s. l. pseudonyme de Joannis CLARAMUNDUS.

Hagen (Friedrich Caspar). Memoriæ philosophorum, oratorum, poetarum, historicorum et philologorum nostræ ætatis clarissimorum. *Baruth.* 1710. 8.

Henrici (Christian). Vitæ eruditissimorum virorum in re litteria ; decas prima et secunda. *Frf.* et *Lips.* 1713. 8.

Poenmann (Daniel Friedrich). Vitæ virorum ex quavis facultate clarissimorum. *Witteb.* 1714. 8.

Gradmann (Christian). Ossa et cineres quorundam in republica orbis Europæi A. O. R. 1716 virorum defunctorum. *Frf.* 1717. 8.

Saxius (Christoph). Onomasticon literarium, s. nomenclator historico-criticus præstantissimorum omnis ætatis, populi artiumque formulæ scriptorum, item monumentorum maxime illustrium. *Traj. ad Rhen.* 1775-90. 7 vol. 8.

BIOGRAPHIES NATIONALES ET LOCALES.

(Voir page 1961.)

ALLEMAGNE.
(Voir page 1961.)

Altdorf (Bavière).

Apinus (Sigismund Jacob). Vitæ et effigies procancellariorum academiæ Altorfinæ. *Norimb.* et *Altorf.* 1721. 4. Portraits.

Gera (Reuss-Schleiz).

Koeber (J... F...). Schediasma de Variscis eruditis, iis præsertim, qui scriptis inclaruere. *Geræ.* 1689. 4.

Goerlitz (Prusse).

Otto (Gottlieb Friedrich). Lexicon der seit dem 15ten Jahrhundert verstorbenen und jetzt lebenden Oberlausitzschen Schriftsteller und Künstler, etc. *Goerl.* 1800-06. 6 tomes en 5 vol. 8.

Schulze (Johann Daniel). Supplementband zu G. F. Otto's *Lexicon der Oberlausitzschen Schriftsteller. Goerl.* 1821. 8.

Halle (Prusse).
(Voir page 1967.)

Foerster (Johann Christian). Übersicht der Geschichte der Universität Halle in ihrem ersten Jahrhundert. *Halle.* 1794. 8.

Heidelberg (Bade).
(Voir page 1963.)

Parnassus Heidelbergensis, omnium hujus academiæ professorum icones, etc., exhibens, s. l. (*Heidelb.*) 1660. Fol.

Helmstaedt (Brunswick).

Bruns (Paul Jacob). Verdienste der Professoren zu Helmstaedt um die Gelehrsamkeit. *Halle* et *Berl.*1810.8.

Hildesheim (Hanovre).

Elwert (Johann Caspar Philipp). De Hildesia per plurimis viris doctis, qui huic civitate ornamento fuere, ab omni tempore clara, s. l. (*Hildes.*) 1821. 4.

Jéna (Saxe-Weimar).
(Voir page 1968.)

Beier (Adrian). Syllabus rectorum et professorum Jenæ in studio generali, judicum in judicio provinciali, ordinariorum in facultate juridica, pastorum et diaconorum in templo. *Jenæ.* 1659. 12.

Richard (Bartholomaeus Christian). Commentatio de vita et scriptis professorum hodie in academia Jenensi publice docentium. *Jenæ.* 1710. 8.

Kiel (Holsatie).

Thiess (Johann Otto). Gelehrten-Geschichte der Universität Kiel. *Hamb.* 1800. 8.

Leipzig (Saxe).
(Voir page 1968.)

Centuria scriptorum insignium, qui in academia Lipsiensi, Wittebergensi et Francofurtana a fundatione ipsarum usque ad annum 1515 floruerunt ab Anonymo concinnata, publ. par Johann Jacob **Maden**. *Helmst.* 1660. 4.

Marienberg (Saxe).

Kleine Bruchstücke zum Versuch einer Gelehrten-Geschichte von gebohrnen Marienbergern. *Freyberg.* 1806. 8.

Mayence (Hesse-Darmstadt).

Knodt (Heinrich). Historia universitatis Moguntinæ per tria ferme sæcula ad hunc usque diem deducta. *Mogunt.* 1751. 4. Portraits.

Nordhausen (Prusse).

Kindervater (N... N...). Nordhusia illustris, oder historische Beschreibung gelehrter Leute, welche in Nordhausen gebohren worden, etc. *Wolfenb.* 1715. 8.

Rostock (Mecklenbourg).
(Voir page 1963.)

Æpinus (Friedrich Albert). De rectoribus academiæ Rostochiensis magnificentissimis. *Rostoch.* 1710. 4.

Krabbe (Otto). Die Universität Rostock im 15ten und 16ten Jahrhundert. *Rostock.* 1854. 2 vol. 8.

Sorau (Silésie).

Literati Soravienses, oder gründliche Nachricht von alten gelehrten Sorauern. *Leipz.* 1758. 4.

Tubingue (Wurtemberg).

Boeck (August Friedrich). Geschichte der herzoglich würtembergischen Eberhard-Carl's-Universität zu Tubingen. *Tubing.* 1774. 8. *

    * Renfermant bon nombre de renseignements biographiques sur les sommités de cette université.

Kluepfel (Carl). Geschichte und Beschreibung der Universität Tübingen. *Tübing.* 1849. 8.

Vienne (Autriche).
(Voir page 1961.)

Reichenau (Joseph). Conspectus historiæ universitatis Viennensis a primis initiis usque ad annum 1465. *Vienn.* 1722. 8.

Waldeck.

Schumacher (Heinrich August). Conspectus Waldecciæ litteratæ. *Dresd.* 1710. 8.

BELGIQUE.
(Voir page 1970.)

Gazet (Guillaume). Tableaux sacrez de la Gaule Belgique. Portraits au modèle du *Pontifical romain*, selon l'ordre et suite des papes et de tous les évesques des Pays-Bas, avec les saincts qui sont honnorés (!) en tous leurs diocèses et la bibliothèque des docteurs, théologiens, canonistes, scholastiques et autres escrivains célèbres, anciens et modernes, de ce pays. *Arras.* 1610. 8. *

    * L'appendice, imprimé à part sous ce titre *Bibliothèque sacrée des Pays-Bas*, renferme les pages 97-122 du corps de l'ouvrage.

FRANCE.
(Voir page 1974.)

Alsace.
(Voir page 1976.)

Franz (Christian Gottfried). Alsatia literata sub Germanis sæculo ix et x. *Argent.* 1786. 4.

Provence.
(Voir page 1979.)

Haitze (Pierre Joseph de). Portraits, ou éloges historiques des premiers présidents du parlement de Provence. *Avign.* 1727. 12.

Achard (Claude François). Biographie des hommes illustres de la Provence et du Venaissin. *Marseille.* 1786-87. 2 vol. 4.

(**Cottier**, François Régis Charles Joseph). Des hauts faits et valeureux exploits des Avignonais dans leur guerre contre Carpentras, s. l. (*Carpentr.*) 1791. 8.

— — Notes historiques concernant les recteurs du ci-devant Comté-Venaissin. *Carpentr.* 1806. 8.

Le Plutarque provençal. Vies des hommes et des femmes illustres de la Provence ancienne et moderne, par Louis **Reybaud**, **Roux-Alphéran**, **Forcade**, Léon Gozlan, E... **Brifaud**, Paul **Autran**, Charles **Poncy**, etc. *Marseille.* 1855. 2 vol. 8.

GRANDE-BRETAGNE.

(Voir page 1980.)

Biographical magazine, or historical library. *Lond.* 1776. 4.
Biographical magazine. *Lond.* 1794. 8. 140 portraits. *

  * Il ne faut pas confondre cet ouvrage avec le précédent.

Harding (Samuel). Biographical mirrour, comprising a series of ancient and modern English portraits, with some account of their lives and works (by F... G... WALDRON). *Lond.* 1793. 3 vol. 4.

Contemporary biography. *Lond.* 1824. 3 vol. 8. (Orné de 150 portraits.)

ITALIE.

(Voir page 1984.)

Tiraboschi (Girolamo). Storia della letteratura Italiana antica e moderna. *Moden.* 1771-82. 13 vol. 4. (Accomp. de notes de Tommaso Maria MAMACHI). *Rom.* 1782-85. 12 vol. 4. *Moden.* 1787-94. 16 vol. 4. *Venez.* 1795. 16 vol. 8. *Firenz.* et *Pisa.* 1805-13. 20 vol. 8. *Milan.* 1822-26. 26 vol. 8. Portrait. * *Venez.* 1822. 20 vol. 8. *Milan.* 1833. 4 vol. 8, à 2 colonnes. *Ibid.* 1836. 52 vol. 16.

  Abrégée et trad. en allem. s. e. t. Geschichte der Künste und Wissenschaften in Italien, par Christoph Joseph JAGEMANN. *Leipz.* 1777-81. 5 vol. 8.
  Abrégée et trad. en franç. par Antonio LANDI. *Rom.* 1784. 5 vol. 8. *Par.* 1786. 5 vol. 8.
  Abrégée en ital. par l'abbé ZANNONI. *Venez.* 1800. 8.

  * Dans cette édition on trouve la vie de l'auteur, traduite du latin d'Angelo FABRONI, par Giovanni Antonio MAGGI.

Mathias (T... J...). Storia della poesia Italiana. *Lond.* 1803. 3 vol. 8. (Extrait de l'ouvrage précédent.)

Corniani (Giovanni Battista). Secoli della letteratura Italiana dopo il suo risorgimento. *Brescia.* 1804-13. 9 vol. 8. *Ibid.* 1818. 9 vol. 16.

Ugoni (Camillo). Della letteratura Italiana, nella seconda metà del secolo XVIII. *Brescia.* 1820. 22 vol. 12.

Lombardi (Antonio). Storia della letteratura Italiana nel XVIII secolo. *Moden.* 1827-30. 4 vol. 8. (Il y a quelques exemplaires in-4º.)

Saggio sulla storia della letteratura Italiana nel primi 25 anni del secolo XIX. *Milan.* 1831. 8.

Elogj italiani. *Venez.* 1782-90. 12 vol. 8.

Este (Italie).

Notizie biografiche e letterarie degli scrittori degli stati Estenti, in continuazione della *Biblioteca Modenese*, del cavaliere abate Girolamo TIRABOSCHI. *Reggio.* 1833-38. 5 vol. 4.

  * Suite de l'ouvrage mentionné page 1986, sous Modène.

Palerme (Sicile).

(Voir page 1987.)

Ragusa (Girolamo). Siciliæ bibliotheca vetus, continens elogia veterum Siculorum, qui literarum fama claruerunt. *Rom.* 1700. 4.

Rome (États romains).

(Voir page 1987.)

Allacci (Leone). Apes urbanæ, s. de viris illustribus, qui A. C. 1630-1632 Romæ adfuerunt; accedit Joannis IMPERIALIS Museum historicum. *Hamb.* 1711. 8.

Sienne (États romains).

(Voir page 1987.)

Ugurgieri (Isidoro). Le pompe Sanesi, o vero relazione delle huomini e donne illustri di Siena e suo stato. *Siena.* 1644. 2 vol. 4.

PAYS-BAS.

(Voir page 1989.)

Til (H... N..., van). Tafereelen uit het leven van belankrijke Nederlandsche mannen van vroegeren en lateren tijd. *Utrecht.* 1850. 8.

Kobus (J... C...) et **Revecourt** (W... de). Beknopt biographisch handwoordenboek van Nederland, behelzende de levensbeschrijving van vele personen, die sich in Nederland hebben bekend gemaakt. *Amst.* 1853. 8. *

  * En voie de publication.

Dubois (J... P... J...). Vies des gouverneurs généraux des Indes orientales, avec l'abrégé de l'histoire des établissements hollandais, etc. *La Haye.* 1763. 4.

TURQUIE.

(Voir page 1992.)

Donado (Giovanni Battista). Della letteratura de' Turchi. *Venet.* 1688. 12.

BIOGRAPHIES SPÉCIALES.

ACADÉMICIENS.

(Voir page 1993.)

Strange (Robert). An inquiry into the rise and etablishment of the royal academy of arts (at London). *Lond.* 1775. 8.

Alembert (Jean Lerond d'). Éloges lus dans les séances publiques de l'Académie française. *Par.* 1779. 12.

Leipzig.

Geisler (Elias). Commentatio de societate Fructifera. *Lips.* 1672. 4.

(**Mencke**, Johann Burchard). Schediasma de instituto societatis Philoteutonico-poeticæ, quæ Lipsiæ congregatur. *Lips.* 1722. 4.

Rome.

Stempel (Friedrich Hannibal). Dissertatio de societate Abbreviatorum Romana. *Jenæ.* 1704. 4.

ARTISTES DRAMATIQUES.

(Voir page 2004.)

Nouvelle galerie des artistes dramatiques (français) vivants. *Par.* 1854. 25 livraisons. 4. Portraits.

CARDINAUX.

(Voir page 2006.)

(**Timon**, Samuel). Purpura Pannonica, s. vitæ et res gestæ S. R. E. cardinalium, qui aut in ditionibus sacræ coronæ Hungariæ nati, aut regibus sanguine conjuncti, aut episcopatibus Hungaricis potiti fuerunt. *Cassov.* 1715. 4. *Ibid.* 1745. 4. *

  * La *Bibliothèque des écrivains de l'ordre de Jésus* (deuxième série, page 638) attribue cet ouvrage à Georg SKODA.

Kugelmueller (Heinrich). Verzeichniss aller Kardinäle, Erz-und Bischöfe aus dem Orden der Barfüsser-Karmeliter. *Augsb.* 1814. 8.

FAVORIS ET FAVORITES.

(Voir page 2007.)

Lapierre de Chateauneuf (Agricol). Les favorites des rois de France depuis Agnès Sorel jusqu'à nos jours. *Par.* 1826. 2 vol. 12.

GÉNÉRAUX.

(Voir page 2011.)

Lapierre de Chateauneuf (Agricol). Cornélius Népos

français, ou notices historiques sur les généraux, les marins, les officiers et les soldats qui se sont illustrés dans la guerre de la révolution. *Par.* 1803-07. 2 volumes 12.

HISTORIENS.

(Voir page 2013.)

Zeiller (Martin). Historici, chronologici et geographici celebres. *Ulm.* 1658. 8. *

* Rédigé par ordre alphabétique.

MÉDECINS.

(Voir page 2017.)

Pariset (V...). Histoire des membres de l'Académie royale de médecine (de Paris). *Par.* 1845. 8.

Ludeking (W... E...). Levensberigten en lettervruchten van Nederlandsche geneeskundige van de vroegste tijden tot op onze dagen. *Brielle.* 1847. 2 vol. (?) 8.

MUSICIENS.

(Voir page 2021.)

Montrond (Maxime de). Les musiciens les plus célèbres. *Lille.* 1853. 12. Gravure.

PEINTRES.

(Voir page 2026.)

Fallet (madame C...). Galerie des artistes célèbres, peintres, sculpteurs, architectes. *Rouen.* 1854. 12. Gravure.

POËTES ET ROMANCIERS.

(Voir page 2035.)

Kunckel (Johann Christoph). Dissertatio de Silesiorum in poesi Germanica præstantia. *Lips.* 1698. 4.

Koeler (Johann David). Prolusio de Scaldis, s. poetis gentium arctoarum vetustissimis. *Altorf.* 1720. 4.

THÉOLOGIENS.

(Voir page 2042.)

Harderwijk (K... J... R... van). Naamlijst en levensbijzonderheden der predikanten, die sedert de kerkhervorming te Rotterdam tot op dezen tijd in dienst zijn geweest. *Rotterd.* 1850. 8.

CURIOSITÉS BIOGRAPHIQUES.

(Voir page 2046.)

Jenichen (Gottlob August). Specimen eruditorum longævorum. *Lips.* 1730. 4. *

* Les notices biographiques sont classées par ordre alphabétique.

ADDITIONS ET RECTIFICATIONS DE QUELQUES DATES ET NOMS.

TABLE DES MATIÈRES.

TOME PREMIER.

TOME SECOND.

www.ingramcontent.com/pod-product-compliance
Lightning Source LLC
Chambersburg PA
CBHW060950280326
41935CB00009B/680